**Rechtsanwaltskanzlei
Gerald Munz**
Hummelbergstraße 28
70195 Stuttgart
Tel.: 07 11 / 305 888-3
Fax: 07 11 / 305 888-4
E-Mail: Info@ra-munz.de
Internet: www.ra-munz.de

Volker Römermann (Hrsg.)
Münchener AnwaltsHandbuch
GmbH-Recht

Münchener Anwalts Handbuch

GmbH-Recht

Herausgegeben von
Prof. Dr. Volker Römermann
Rechtsanwalt, Fachanwalt für Handels- und Gesellschaftsrecht,
für Insolvenzrecht sowie für Arbeitsrecht in Hamburg und Hannover,
Honorarprofessor an der Humboldt-Universität zu Berlin

Bearbeitet von:
Dr. Heino Büsching, Rechtsanwalt, Fachanwalt für Steuerrecht und Steuerberater in Hamburg; *Prof. Dr. Barbara Grunewald,* Universitätsprofessorin in Köln; *Alexander Hamminger,* Rechtsanwalt und Steuerberater in Hamburg; *Dr. Björn Hürten,* Rechtsanwalt in Köln; *Ina Jähne,* Rechtsanwältin in Hamburg; *Oliver Jung,* Rechtsanwalt in Düsseldorf; *Friedrich Graf von Kanitz,* Rechtsanwalt, Wirtschaftsprüfer und Steuerberater in Köln; *Dr. Christof Kautzsch,* Rechtsanwalt in Berlin; *Dr. Michael W. Leistikow,* Rechtsanwalt in Düsseldorf; *Prof. Dr. Tobias Lenz,* Rechtsanwalt in Köln; *Dr. Dieter Leuering,* Rechtsanwalt und Fachanwalt für Steuerrecht in Bonn; *Dr. Norbert Meister,* Rechtsanwalt, Steuerberater und Notar a. D. in Frankfurt am Main; *Prof. Dr. Lutz Michalski* (†), Universitätsprofessor in Bayreuth; *Dr. Felix Mühlhäuser,* Rechtsanwalt, Fachanwalt für Steuerrecht und Steuerberater in Frankfurt am Main; *Dr. Malte Passarge,* Rechtsanwalt und Fachanwalt für Handels- und Gesellschaftsrecht in Hamburg; *Prof. h. c. Dr. Gerhard Picot,* Rechtsanwalt in Köln; *Prof. Dr. Volker Römermann,* Rechtsanwalt, Fachanwalt für Handels- und Gesellschaftsrecht, für Insolvenzrecht sowie für Arbeitsrecht in Hamburg und Hannover; *Prof. Dr. Darius O. Schindler,* Rechtsanwalt für Handels- und Gesellschaftsrecht sowie für Bank- und Kapitalmarktrecht in Karlsruhe; *Dr. Alexandra Schluck-Amend,* Rechtsanwältin, Fachanwältin für Insolvenzrecht und Betriebswirtin in Stuttgart; *Dr. Sebastian Schneider,* Rechtsanwalt in Hamburg; *Henning Schröder,* Rechtsanwalt, Fachanwalt für Handels- und Gesellschaftsrecht sowie für Steuerrecht in Hannover; *Prof. Dr. Christoph H. Seibt,* LL. M., Rechtsanwalt und Fachanwalt für Steuerrecht in Hamburg, Attorney-at-Law (N.Y.); *Dr. Harald Selzner,* Rechtsanwalt in Düsseldorf; *Dr. Emanuel P. Strehle,* Rechtsanwalt in München; *Dr. Matthias Terlau,* Rechtsanwalt in Köln; *Dr. Ingo Theusinger,* Rechtsanwalt in Düsseldorf; *Bich Vu Tuyet,* LL. M., Rechtsanwältin und Fachanwältin für Handels- und Gesellschaftsrecht in München; *Dr. Thomas Wachter,* Notar in München; *Dr. Jobst Wellensiek,* Rechtsanwalt und Fachanwalt für Insolvenzrecht in Heidelberg; *Dr. Götz Tobias Wiese,* Rechtsanwalt, Fachanwalt für Steuerrecht und Steuerberater in Hamburg

3., überarbeitete und erweiterte Auflage

Verlag C. H. Beck München 2014

Zitiervorschlag: MAH GmbH-Recht/*Bearbeiter* § ... Rn. ...

www.beck.de

ISBN 978 3 406 64811 3

© 2014 Verlag C. H. Beck oHG
Wilhelmstraße 9, 80801 München

Druck und Bindung: Beltz Bad Langensalza GmbH,
Neustädter Straße 1–4, 99947 Bad Langensalza

Satz: Druckerei C. H. Beck, Nördlingen
(Adresse wie Verlag)

Gedruckt auf säurefreiem, alterungsbeständigem Papier
(hergestellt aus chlorfrei gebleichtem Zellstoff)

Vorwort zur 3. Auflage

Die Vorauflage war noch von Überlegungen geprägt, wie das Gesetz zur Modernisierung des GmbH-Rechts und zur Bekämpfung von Missbräuchen (MoMiG), das gerade am 1.11.2008 in Kraft getreten war, umzusetzen sein würde. Fünf Jahre später liegen reichlich Erfahrungswerte vor, die Diskussion im Schrifttum hat viele Aspekte ausgeleuchtet und auch die Rechtsprechung hat immer wieder zur Klärung beigetragen. Die Kapitel dieses Handbuches wurden nicht nur, aber insbesondere in dieser Hinsicht überall umfassend aktualisiert, so dass der Benutzer den neuesten Stand verfügbar hat.

Zwei Kapitel sind aufgrund des erkennbar gewachsenen Bedarfs hinzugekommen: Compliance und Prozessführung. Compliance ist kein Trend, der nach einigen Jahren wieder aus dem Alltag der Unternehmen verschwinden wird. Compliance ist eine Haltung: Weg von der rückwärtsgewandten Ahndung punktueller Rechtsverstöße, hin zu einer zukunftsgerichteten Präventionsstrategie und deren Umsetzung, hin zu einer Unternehmenskultur, die Rechtsverstößen entgegenwirkt. Compliance ist kein freiwilliges Phänomen; wer sich als Geschäftsführer nicht um das Thema kümmert, riskiert schon aufgrund dieses Umstandes den Verlust seiner Position. War in den ersten Jahren nur bei den großen, international tätigen Aktiengesellschaften eine erste Berührung mit Compliance-Fragen zu beobachten, so haben sie nun den Mittelstand erreicht und kein GmbH-Geschäftsführer wird es sich langfristig erlauben können, das zu ignorieren. Auch bei einer „normalen" GmbH erwächst daraus ein Beratungsbedarf und das Kapitel im vorliegenden Handbuch soll dazu beitragen, dem Berater einen vertieften Einstieg in das Thema zu ermöglichen.

Streitigkeiten unter Gesellschaftern oder zwischen Geschäftsführern und Gesellschaftern zählen zu den häufigen Mandaten im Alltag von GmbH-Beratern. Sie haben nicht nur materielle, sondern oftmals mindestens genau so wichtig prozessuale Aspekte, in denen man sich auskennen muss, um die Interessen der Mandanten optimal wahrnehmen zu können. Etwa einstweilige Verfügungsverfahren bei (möglichen) Beschlussmängeln haben dabei so manche prozessrechtliche Tücke. Das neu aufgenommene Kapitel zu diesem Thema soll einen raschen und kompakten Zugriff auf das hierbei erforderliche Know-how bieten.

Das Anliegen des Handbuches ist es, dem Praktiker zu dienen. Für ihn sollen die Informationen, die er in seiner Beratungspraxis benötigt, gebündelt und leicht zugänglich verfügbar sein. Manches positives Feedback aus der Praxis zeigt uns, dass wir damit in den ersten Auflagen auf dem richtigen Weg waren. Autoren und Herausgeber würden sich freuen, wenn die vorliegende Auflage dem Zweck ebenfalls gerecht würde.

Hamburg und Hannover, im November 2013   Dr. Volker Römermann

Vorwort zur 1. Auflage

In Deutschland gibt es derzeit mehr als 600.000 Gesellschaften mit beschränkter Haftung. Damit ist die GmbH nach wie vor die wichtigste Gesellschaftsform in unserer Wirtschaftsordnung. Die Verbreitung der Rechtsform in der Praxis und die Vielzahl unterschiedlichster Fragen im Recht der GmbH führen zu einem erheblichen Beratungspotential für die Anwaltschaft. Kaum ein Rechtsanwalt wird nicht regelmäßig mit Problemen aus dem Bereich des GmbH-Rechts konfrontiert, sei es aus Sicht des Geschäftsführers, eines Gesellschafters, Beiratsmitglieds, Arbeitnehmers oder eines sonstigen Vertragspartners.

Das vorliegende Werk soll dem anwaltlichen Praktiker zum einen durch eine übersichtliche und verständliche Darstellung eine schnelle Einarbeitung in die teilweise komplexen Themen des GmbH-Rechts ermöglichen. Zum anderen soll es als Nachschlagewerk bei der Lösung von konkreten Fällen behilflich sein und hierfür Musterformulierungen und Checklisten für typische Konstellationen bereit halten. Der Aufbau des Werkes folgt im wesentlichen dem Lebenszyklus einer Gesellschaft „von der Wiege" (Gründung) „bis zur Bahre" (Insolvenz, Liquidation). In den Beiträgen stehen die zivil- bzw. gesellschaftsrechtlichen Aspekte im Vordergrund. Gleichzeitig wurde jedoch ein besonderes Augenmerk auf die steuerrechtlichen Gesichtspunkte der jeweiligen Themen gelegt, da sie gerade in der Gestaltungsberatung von entscheidender Bedeutung sind.

Die Autoren hatten die nicht immer leichte Aufgabe zu bewältigen, eine ständig anschwellende Flut von Rechtsprechung und Literatur auf das Wesentliche zu komprimieren und sich nicht von einem – insbesondere im Steuerrecht – „hyperaktiven" Gesetzgeber überholen zu lassen. Das Lektorat (Rechtsanwälte Dr. Thomas Schäfer und Burkhard Schröder) leistete jederzeit tatkräftige Unterstützung. Der Herausgeber dankt allen Beteiligten für ihr Engagement und ihre aufopferungsvolle Autorentätigkeit neben dem Hauptberuf, ohne die ein solches Praktikerwerk nicht denkbar wäre.

Hannover, im Juli 2002   Dr. Volker Römermann

Inhaltsübersicht

Inhaltsverzeichnis		IX
Autorenverzeichnis		XXVII
Abkürzungs- und Literaturverzeichnis		XXXI

Teil A. Gründung

§ 1	Rechtsformwahl *(Büsching)*	1
§ 2	Satzung *(Seibt)*	61
§ 3	Gründungsvorgang *(Strehle)*	193
§ 4	Unternehmergesellschaft (haftungsbeschränkt) *(Wachter)*	231

Teil B. Finanzierung

§ 5	Kapitalaufbringung *(Wiese/Schneider)*	299
§ 6	Kapitalerhaltung *(Schröder)*	363
§ 7	Gesellschafterdarlehen in der Insolvenz *(Selzner/Leuering)*	389

Teil C. Geschäftsführer

§ 8	Organstellung *(Lenz)*	429
§ 9	Anstellungsverhältnis *(Terlau/Hürten)*	441
§ 10	Haftung *(Terlau/Hürten)*	463

Teil D. Gesellschafter

§ 11	Treuhand *(Leistikow)*	549
§ 12	Wettbewerbsverbot *(Michalski/Römermann/Jähne)*	572
§ 13	Unternehmensnachfolge *(Michalski/Vu Tuyet)*	599
§ 14	Wechsel der Gesellschafter *(Römermann/Passarge)*	634
§ 15	Gesellschafterversammlung *(Römermann)*	662

Teil E. Rechnungslegung

§ 16	Rechnungslegung der GmbH *(Kanitz/Hamminger)*	703

Teil F. Steuern

§ 17	Besteuerung der GmbH *(Mühlhäuser)*	825

Teil G. Aufsichtsrat und Beirat

§ 18	Aufsichtsrat und Beirat *(Kautzsch)*	877

Teil H. GmbH & Co KG

§ 19	GmbH/UG (haftungsbeschränkt) & Co KG *(Grunewald)*	931

Teil I. Konzernrecht

§ 20	Die GmbH im Konzern *(Römermann)*	973

Inhaltsübersicht

Teil J. Unternehmenskauf

§ 21 Unternehmenskauf, Mergers & Acquisitions *(Picot)* 1027

Teil K. Umwandlung und Auflösung

§ 22 Umwandlung und Auflösung *(Meister)* 1079

Teil L. Krise und Insolvenz

§ 23 Die GmbH in der Krise und in der Insolvenz *(Wellensiek/Schluck-Amend)* .. 1209

Teil M. Besondere Beratungsfelder

§ 24 Corporate Compliance in der GmbH *(Theusinger/Jung)* 1317
§ 25 Prozessführung – Corporate Ligitation *(Schindler)* 1342

Sachverzeichnis 1359

Inhaltsverzeichnis

Teil A. Gründung

§ 1 Rechtsformwahl	1
I. Problemstellung	3
1. Rechtsformwahl und deren Anlässe	3
2. Zahlenmäßige Bedeutung der GmbH	3
II. Notwendige Vorüberlegungen	4
1. Bestandsaufnahme des konkreten Vorhabens	4
2. Einschränkungen bei der Rechtsformwahl	4
3. Entscheidungskriterien	5
4. Weiterer Gang der Darstellung	6
III. Die Weichenstellung: Personengesellschaft, Einzelunternehmen oder Körperschaft?	6
1. Strukturelle Unterschiede	6
2. Unterschiede in der Besteuerung	8
3. Bedeutung des Steuerrechts für die Rechtsformwahl	10
IV. Überblick über die Rechtsformen im Gesellschaftsrecht	11
1. Körperschaften	11
2. Personengesellschaften	14
3. Misch- und Sonderformen, ausländische Gesellschaften	15
V. Entscheidungskriterien für die Rechtsformwahl	20
1. Finanzierung unter Berücksichtigung der laufenden Besteuerung	20
2. Vergütungen an Unternehmer	33
3. Haftungsbegrenzung und Publizitätspflicht	34
4. Leitung, Überwachung und Mitbestimmung	37
5. Konzern	41
6. Unternehmenskauf und -verkauf	42
7. Immobilien im Unternehmensvermögen	46
8. Unternehmensnachfolge	49
9. Umwandlung	50
10. Gründungsaufwand	52
11. Internationale Aspekte	53
VI. Fazit und Checklisten	56
1. Checkliste: Rechtsformwahl aufgrund unterschiedlicher Besteuerung	56
2. Checkliste: Rechtsformwahl aufgrund gesellschaftsrechtlicher Unterschiede	59
§ 2 Satzung	61
I. Rechtsnatur, Inhalt, Auslegung, Form und Sprache der Satzung	63
1. Rechtsnatur	63
2. Inhalt der Satzung	64
3. Auslegung der Satzung	69
4. Form der Satzung	70
5. Sprache der Satzung	72
II. Checklisten zur Bestimmung der Satzungsstruktur	72
III. Erläuterungen zu Einzelbestimmungen	78
1. Firma	78
2. Sitz	80

Inhaltsverzeichnis

3. Gesellschaftszweck; Unternehmensgegenstand	82
4. Stammkapital, Geschäftsanteile und Nebenleistungspflichten	85
5. Nachschusspflichten	95
6. Geschäftsführung	96
7. Vertretungsbefugnis	104
8. Gesellschafterversammlung	106
9. Gesellschafterbeschlüsse	113
10. Aufsichtsrat/Beirat	119
11. Wettbewerbsverbot; Verschwiegenheitspflicht	132
12. Verfügungen über Geschäftsanteile	135
13. Teilung von Geschäftsanteilen	147
14. Zusammenlegung von Geschäftsanteilen	148
15. Gesellschafterliste	149
16. Ehelicher Güterstand	151
17. Nachfolgeregelung im Todesfall; Testamentsvollstreckung	152
18. Gemeinsamer Vertreter bei Mitberechtigung an Geschäftsanteilen und in sonstigen Fällen	155
19. Einziehung von Geschäftsanteilen	155
20. Geschäftsjahr	162
21. Jahresabschluss/Lagebericht	163
22. Ergebnisverwendung	167
23. Leistungsverkehr mit Gesellschaftern	177
24. Dauer der Gesellschaft	179
25. Kündigung/Austrittsrecht, Ausschluss	180
26. Liquidation	185
27. Bekanntmachung	187
28. Gründungsaufwand/Kosten der Kapitalerhöhung	187
29. Schriftform	189
30. Salvatorische Klausel	189
31. Streitbeilegung	190
§ 3 Gründungsvorgang	**193**
I. Vorgründungsvertrag und Vorgründungsgesellschaft	195
1. Rechtsstellung der Vorgründungsgesellschaft	195
2. Haftung in der Vorgründungsgesellschaft	197
3. Vertretung	199
4. Steuerrechtliche Fragen	199
II. Abschluss des Gründungsvertrages	200
1. Gründungsvarianten	200
2. Gründungsprotokoll	201
3. Obligatorischer und fakultativer Satzungsinhalt	208
4. Gründungsmängel	209
III. Vor-GmbH	210
1. Rechtsstellung der Vor-GmbH	210
2. Gesellschafterwechsel und Auflösung	212
3. Haftung in der Vor-GmbH	216
4. Vor-GmbH aus steuerrechtlicher Sicht	218
IV. Anmeldung und Eintragung	219
1. Anmeldungsverfahren	219
2. Prüfung durch das Registergericht	225
3. Auswirkung der Eintragung auf die Haftung	225
V. Sonstige Probleme der GmbH-Gründung	226
1. Kosten der Gründung	226
2. Sonderfälle	227

Inhaltsverzeichnis

§ 4 Unternehmergesellschaft (haftungsbeschränkt)	231
I. Einführung	233
II. Rechtsgrundlagen der Unternehmergesellschaft (haftungsbeschränkt)	235
III. Individuelle Gründungsurkunde oder gesetzliches Musterprotokoll	237
1. Überblick	237
2. Individuelle Gründungsurkunde	239
3. Gesetzliches Musterprotokoll	250
IV. Gründung einer Unternehmergesellschaft (haftungsbeschränkt)	269
V. Stammkapital	269
1. Mindestkapital	269
2. Höchstkapital	275
3. Kapitalaufbringung	275
4. Kapitalaufholung (gesetzliche Rücklage)	278
5. Drohende Zahlungsunfähigkeit	285
VI. Firma und Rechtsformzusatz	285
VII. Gesellschafter	287
1. Überblick	287
2. Begrenzungen bei Verwendung des Musterprotokolls	287
VIII. Geschäftsführer	288
1. Überblick	288
2. Musterprotokoll und Geschäftsführer	289
3. Gesellschafterliste	294
IX. Besteuerung der Unternehmergesellschaft (haftungsbeschränkt)	296
X. Umwandlung der Unternehmergesellschaft (haftungsbeschränkt)	296
1. Überblick	296
2. Einzelne Umwandlungsvorgänge	296
XI. Rückblick und Ausblick	298

Teil B. Finanzierung

§ 5 Kapitalaufbringung	299
Vorbemerkung	301
I. Freiheit der Kapitalausstattung der GmbH	302
1. Eigenkapital	302
2. Fremdkapital	303
3. Grenze: Unterkapitalisierung	304
II. Das Stammkapital der GmbH	305
1. Funktion	305
2. Einteilung	306
3. Geschäftsanteil	306
4. Zuführung von Stammkapital	308
5. Abgrenzung: Aufgeld (Agio), Zuschuss und Nachschuss	308
III. Relevanz der Kapitalaufbringungsgrundsätze	310
1. Gesellschaftsrecht	310
2. Durchsetzung von Einlageforderungen/Kaduzierung	322
3. Haftung für Kapitaleinlagen	324
4. Bilanz- und Steuerrecht	328
5. Insolvenz	336
IV. Kapitalaufbringung bei Gründung	338
1. Allgemeines	338
2. Bargründung	338
3. Sachgründung	343

Inhaltsverzeichnis

V. Kapitalerhöhung 347
  1. Allgemeines 347
  2. Kapitalerhöhung gegen Einlagen 349
  3. Kapitalerhöhung aus Gesellschaftsmitteln 359

§ 6 Kapitalerhaltung 363
I. Überblick 363
II. Erhaltung des Stammkapitals 364
  1. Einleitung 364
  2. Kapitalerhaltung nach § 30 GmbHG 365
  3. Haftungstatbestände bei Verletzung des § 30 GmbHG 376
  4. Erwerb eigener Geschäftsanteile (§ 33 GmbHG) 380
  5. Kreditgewährung an Gesellschaftsvertreter (§ 43a GmbHG) 380
III. Kapitalherabsetzung 381
  1. Überblick 381
  2. Wirtschaftlicher Zweck der Kapitalherabsetzung 382
  3. Ordentliche Kapitalherabsetzung 382
  4. Vereinfachte Kapitalherabsetzung 386

§ 7 Gesellschafterdarlehen in der Insolvenz – Eigenkapitalersatz nach MoMiG 389
I. Einführung zum bisherigen Eigenkapitalersatzrecht 392
  1. Die Finanzverfassung der GmbH 392
  2. Finanzierungsfolgenverantwortung 393
  3. Zweistufiges Schutzsystem 394
II. Deregulierung des Eigenkapitalersatzrechts durch das MoMiG ... 398
  1. Abschaffung der Rechtsprechungsregeln zu §§ 30, 31 GmbHG analog 399
  2. Verlagerung der §§ 32 a, 32 b GmbHG a.F. in das Insolvenzrecht 400
  3. Abkehr von der Finanzierungsfolgenverantwortung 401
  4. Überblick über die Kernpunkte der Deregulierung 402
III. Der Grundtatbestand (§ 39 Abs. 1 Nr. 5 InsO) 402
  1. Erfasste Gesellschaften 402
  2. Gesellschafterdarlehen 404
  3. Verzicht auf das Merkmal der „Krise" 408
  4. Einbeziehung „stehen gelassener" Darlehen 409
  5. Darlegungs- und Beweislast 410
IV. Rechtsfolgen 410
  1. Gesetzlicher Rangrücktritt in der Insolvenz (§ 39 Abs. 1 Nr. 5 InsO) 411
  2. Insolvenzanfechtung 412
  3. Exkurs: Die Anfechtung in der Einzelzwangsvollstreckung 414
V. Erstreckung auf wirtschaftlich vergleichbare Rechtshandlungen 414
  1. Wirtschaftlich vergleichbare andere Rechtshandlungen 415
  2. Gleichstellung von Nichtgesellschaftern mit Gesellschaftern ... 418
VI. Gesellschafterbesicherte Drittdarlehen (§ 44a InsO) 421
VII. Das Sanierungsprivileg 421
  1. Tatbestand 422
  2. Rechtsfolgen 423
VIII. Das Kleinbeteiligungsprivileg (§ 39 Abs. 5 InsO) 423
  1. Bedeutung 423
  2. Tatbestand 423
  3. Rechtsfolgen 425
IX. Fortgeltung des bisherigen Eigenkapitalersatzrechts in Altfällen ... 425

X. Bilanzielle Behandlung und Rangrücktritt	426
1. Handelsbilanz	426
2. Überschuldungsstatus	426

Teil C. Geschäftsführer

§ 8 Organstellung	429
I. Bestellung des Geschäftsführers	429
1. Zuständigkeit für die Bestellung	429
2. Beschlussfassung	431
3. Eignungsvoraussetzungen	432
4. Dauer	433
5. Annahme	433
6. Unterscheidung vom Anstellungsverhältnis	434
II. Die Anmeldung des Geschäftsführers zum Handelsregister	434
1. Eintragungspflichtige Tatsachen	434
2. Durchführung der Anmeldung	434
III. Beendigung der Organstellung	436
1. Abberufung	436
2. Amtsniederlegung	438
3. Erlöschen des Amtes	438
IV. Anmeldung des Ausscheidens eines Geschäftsführers	439
1. Zuständigkeit	439
2. Durchführung	439
§ 9 Anstellungsverhältnis	441
I. Die gestalterische Aufgabe	442
1. Wahl des Vertragstypus	442
2. Die Beweggründe für ausführliche Anstellungsverträge	442
3. Geschäftsführer als Arbeitnehmer bzw. als Verbraucher	443
4. Verhältnis zwischen Anstellungs- und Organverhältnis	444
II. Abschluss des Geschäftsführervertrages	444
1. Geschäftsführervertrag und Bestellungsakt	444
2. Vertragsparteien und zuständiges Organ	445
3. Form des Anstellungsvertrages	445
4. Fehlerhaftigkeit des Anstellungsvertrages	445
III. Tätigkeit des Geschäftsführers	450
1. Umfang	450
2. Geheimhaltungspflichten	450
IV. Vergütung	451
1. Angemessene Höhe	451
2. Variable Vergütungsbestandteile	451
3. Die Problematik der verdeckten Gewinnausschüttung beim Gesellschafter-Geschäftsführer	451
4. Die Geschäftsführervergütung in der Krise	452
5. Anspruch auf Aufwendungsersatz und Dienstwagen	452
6. Urlaub	453
7. Alters- und Hinterbliebenenversorgung	453
V. Wettbewerbsverbot	454
1. Wettbewerbsverbot während der Dauer der Organstellung	454
2. Nachvertragliches Wettbewerbsverbot	454
VI. Beendigung des Anstellungsverhältnisses	455
1. Beendigung des Anstellungsvertrages durch Abberufung	455
2. Beendigung durch Befristung	456

Inhaltsverzeichnis

3. Beendigung durch ordentliche Kündigung	456
4. Beendigung durch außerordentliche Kündigung	457
5. Beendigung durch Insolvenzverfahren	460
6. Beendigung durch Aufhebungsvertrag	460
7. Sonstige Beendigungsgründe	460
8. Zuständiges Organ für Beendigung des Anstellungsvertrages	460
9. Folgen der Kündigung	461

§ 10 Haftung ... 463

I. Das haftungsrechtliche Mandat	467
1. Einführung	467
2. Haftungsvorsorge	468
3. Haftungsprozess	469
II. Überblick über die Haftungsgrundlagen	469
1. Haftung des Geschäftsführers gegenüber der Gesellschaft	469
2. Haftung des Geschäftsführers gegenüber den Gesellschaftern	470
3. Haftung des Geschäftsführers gegenüber Dritten	471
4. Haftung gegenüber der KG in der GmbH & Co. KG	471
III. Haftung gegenüber der Gesellschaft	471
1. Haftung wegen Verletzung der Pflicht zur Sorgfalt eines ordentlichen Geschäftsmannes (§ 43 GmbHG)	471
2. Zahlungen aus gebundenem Vermögen, rechtswidriger Erwerb eigener Geschäftsanteile (§ 43 Abs. 3 GmbHG)	498
3. Haftung für fehlerhafte Angaben bei Gründung oder bei Kapitalerhöhung (§§ 9a Abs. 1, 57 Abs. 4 GmbHG)	500
4. Haftung wegen existenzvernichtender Zahlungen an Gesellschafter (§ 64 S.3 GmbHG)	502
5. Haftung wegen Zahlungen nach Zahlungsunfähigkeit oder Feststellung der Überschuldung (§ 64 S. 1 GmbHG)	505
6. Verletzung des Anstellungsvertrages und Haftung wegen Eigengeschäftsführung (§ 687 Abs. 2 BGB)	512
7. Haftung wegen Verletzung der gesellschafterlichen Treuepflicht durch Gesellschafter-Geschäftsführer	512
8. Haftung wegen Verletzung von Rechtsgütern und Rechten der Gesellschaft (§ 823 Abs. 1 BGB)	512
9. Haftung wegen Verletzung von Schutzgesetzen zulasten der Gesellschaft (§ 823 Abs. 2 BGB)	513
10. Haftung wegen existenzvernichtenden Eingriffs (§ 826 BGB)	516
11. Geltendmachung von Ansprüchen der Gesellschaft gegen einen Geschäftsführer	517
IV. Haftung gegenüber den Gesellschaftern	519
1. Actio pro societate	519
2. Kein Anspruch der Gesellschafter aus § 43 Abs. 2 GmbHG	519
3. Haftung aus dem Anstellungsvertrag	520
4. Sachwalterhaftung (§ 311 Abs. 3 BGB)	520
5. Haftung wegen Verletzung absoluter Rechte oder Rechtsgüter (§ 823 Abs. 1 BGB)	520
6. Haftung wegen Verletzung von Schutzgesetzen (§ 823 Abs. 2 BGB)	521
7. Sonstige Anspruchsgrundlagen	522
V. Haftung gegenüber Dritten	522
1. Vertragshaftung	522
2. Sachwalterhaftung (§ 311 Abs. 3 BGB)	523
3. Prospekthaftung des Geschäftsführers	526

Inhaltsverzeichnis

4. Haftung wegen Verletzung von Rechtsgütern und absoluten Rechten (§ 823 Abs. 1 BGB)	526
5. Haftung wegen Verletzung von Schutzgesetzen (§ 823 Abs. 2 BGB)	528
6. Haftung wegen vorsätzlicher sittenwidriger Schädigung (§ 826 BGB)	540
7. Haftung wegen Wettbewerbsverstößen (§ 9 UWG)	541
8. Haftung für Steuerschulden (§§ 34, 69 AO)	541
9. Geltendmachung von Ansprüchen der Gesellschaft durch Gläubiger	544
VI. D&O-Versicherung	544
1. Allgemeine Fragen zum Abschluss einer D&O-Versicherung	544
2. Versicherungsbedingungen	545

Teil D. Gesellschafter

§ 11 Treuhand	549
I. Vorbemerkung	550
1. Begriff und Rechtsnatur der Treuhand	550
2. Abgrenzung zu anderen Formen der Beteiligung am Geschäftsanteil	550
3. Arten der Treuhand	552
4. Motive für Treuhandverhältnisse	553
II. Begründung und Beendigung von Treuhandverhältnissen	554
1. Formbedürftigkeit	555
2. Zustimmungserfordernisse und besondere statutarische Voraussetzungen	556
3. Übertragung der treuhänderischen Beteiligung	557
4. Sicherung des Treugebers und Ausgestaltung der Beendigungstatbestände	557
III. Rechtsstellung von Treugeber und Treuhänder	559
1. Stimmrecht	559
2. Sonstige Mitgliedschaftsrechte	563
3. Haftung des Treugebers	564
IV. Treuhand in der Insolvenz	565
V. Treuhand in der Zwangsvollstreckung	567
VI. Steuerrechtliche Behandlung der Treuhand	568
1. Anerkennung der Treuhand	568
2. Einkommensteuer	569
3. Umsatzsteuer	569
4. Grunderwerbsteuer	569
5. Bilanzierung	570
VII. Checkliste	571
§ 12 Wettbewerbsverbot	572
I. Einführung	574
II. Beratungssituationen	575
1. Vertragliche Vereinbarung von Wettbewerbsverboten	575
2. Verstoß gegen ein Wettbewerbsverbot	576
3. Befreiung vom gesetzlichen oder vertraglichen Wettbewerbsverbot	576
III. Vertragliche Wettbewerbsverbote	576
1. Wettbewerbsverbote in der personalistischen GmbH	577
2. Wettbewerbsverbote in der kapitalistischen GmbH	577
3. Besonderheiten beim Umfang vertraglicher Wettbewerbsverbote	579
IV. Nachvertragliche Wettbewerbsverbote	580
1. Grundlagen für die Zulässigkeitsprüfung	580
2. Umfasster Personenkreis	581
3. Erste Stufe der Prüfung – Berechtigtes Interesse der Gesellschaft	582
4. Geltungserhaltende Reduktion	584

Inhaltsverzeichnis

5. Zweite Stufe der Prüfung – Berufliches Fortkommen und Karenzentschädigung	584
V. Wettbewerbsverbote bei Anteilsverkäufen	585
1. Wettbewerbsverbot bei Unternehmensverkäufen	585
2. Wettbewerbsverbot bei reinen Anteilsverkäufen	586
3. Wettbewerbsverbot des Gesellschafter-Geschäftsführers	586
VI. Gesetzliche Wettbewerbsverbote	586
1. Herleitung aus der Treuepflicht	586
2. Umfasste Personengruppe	586
3. Einzelfälle	586
VII. Umfang	587
1. Prüfungsschema	587
2. Geschäftsbereich der Gesellschaft	587
3. Relevante Tätigkeiten	588
VIII. Gesellschaftsrechtliche Geschäftschancenlehre	589
1. Herleitung	589
2. Fallgruppen einer der Gesellschaft gehörenden Geschäftschance	589
3. Rechtsfolgen	590
4. Steuerrechtliche Geschäftschancenlehre	590
IX. Befreiung vom Wettbewerbsverbot	590
1. Einführung	590
2. Hintergrund für eine Befreiung	590
3. Anforderungen an eine Befreiung	590
4. Konkludente Befreiung	592
5. Widerruf der Befreiung	593
X. Rechtsfolgen bei Verstoß gegen das Wettbewerbsverbot	593
1. Unterlassungsanspruch	593
2. Schadensersatzanspruch	594
3. Vorteilsherausgabe	594
4. Eintrittsrecht der Gesellschaft	595
5. Ausschluss des Gesellschafters	595
6. Ansprüche des Mitgesellschafters	596
XI. Geltendmachung der Ansprüche	597
1. Ansprüche der Gesellschaft	597
2. Ansprüche der Gesellschafter	597
XII. Steuerrechtliche Folgen einer unerlaubten Wettbewerbstätigkeit	597
1. Verstoß gegen ein Wettbewerbsverbot	597
2. Die steuerrechtliche Geschäftschancenlehre	598
§ 13 Unternehmensnachfolge	**599**
I. Einführung	599
II. Die lebzeitige Unternehmensnachfolge	601
1. Formen der vorweggenommenen Erbfolge	601
2. Familienrechtliche Zustimmungs- und Genehmigungserfordernisse	605
3. Beschränkung der lebzeitigen Unternehmensnachfolge	607
III. Die Unternehmensnachfolge auf erbrechtlicher Basis	612
1. Die gesetzliche Regelung	612
2. Regelung der Unternehmensnachfolge durch Verfügung von Todes wegen	616
3. Probleme der Regelung der Unternehmensnachfolge auf erbrechtlicher Basis	623
IV. Möglichkeiten und Grenzen der Nachfolgeregelung im Gesellschaftsvertrag	625
1. Ausschluss der Vererblichkeit	627
2. Einschränkung der Nachfolge in den GmbH-Anteil	628

Inhaltsverzeichnis

3. Die Abfindung der weichenden Erben als Problem der gesellschaftsvertraglichen Nachfolgeregelung	631
§ 14 Wechsel der Gesellschafter	**634**
I. Übertragung von Geschäftsanteilen nach § 15 GmbHG	635
1. Überblick	635
2. Freie Veräußerlichkeit, § 15 Abs. 1 GmbHG	635
3. Form der Abtretung nach § 15 Abs. 3 und 4 GmbHG	637
4. Gesellschaftsvertragliche Abtretungsbeschränkungen gem. § 15 Abs. 5 GmbHG	641
II. Vererbung der Geschäftsanteile	643
III. Gutgläubiger Erwerb, § 16 Abs. 3 GmbHG	644
1. Gegenstand des gutgläubigen Erwerbs	644
2. Erwerb durch Rechtsgeschäft	646
3. Rechtsscheinträger	646
4. Gutgläubigkeit des Erwerbers	646
5. Dreijahresfrist	647
6. Kein Widerspruch	648
IV. Insolvenz eines Gesellschafters	648
V. Verpfändung von Geschäftsanteilen	648
1. Bestellung des Pfandrechtes	649
2. Verwertung des Pfandrechtes	649
3. Pfändung von Geschäftsanteilen	650
4. Treuhand	650
VI. Erwerb eigener Geschäftsanteile durch die Gesellschaft	651
1. Voraussetzungen	651
2. Rechtsfolge	652
3. Inpfandnahme eigener Geschäftsanteile, § 33 Abs. 2 S. 2 GmbH	653
4. Erwerb gegen Abfindung bei Verschmelzung, Spaltung oder Formwechsel gemäß § 33 Abs. 3 GmbHG	653
VII. Kaduzierung	654
VIII. Austritt und Ausschließung eines Gesellschafters	654
1. Austritt	655
2. Ausschluss	657
3. Abfindung	660
§ 15 Gesellschafterversammlung	**662**
I. Aufgaben der Gesellschafterversammlung	663
1. Grundsatz	663
2. Gesetzlicher Aufgabenkreis	663
3. Aufgabenerweiterung und -einschränkung durch die Satzung	667
4. Kompetenzen von Aufsichtsräten und Beiräten	667
II. Vorbereitung der Gesellschafterversammlung	669
1. Einberufung der Gesellschafterversammlung	669
2. Recht zur Teilnahme an der Gesellschafterversammlung	678
III. Durchführung der Gesellschafterversammlung	681
1. Versammlungsleitung	681
2. Beschlussfassung	681
3. Stimmrechte und Stimmverbote	684
4. Feststellung des Beschlussergebnisses und Protokollierung	691
5. Sonderfälle der Beschlussfassung	692
IV. Nichtigkeit und Anfechtbarkeit von Gesellschafterbeschlüssen	694
1. Nichtigkeit von Beschlüssen	694

Inhaltsverzeichnis

2. Anfechtbarkeit von Beschlüssen	696
3. Ergebnisfeststellungsklage	701
V. Besonderheiten bei der Ein-Personen-Gesellschaft	702

Teil E. Rechnungslegung

§ 16 Rechnungslegung der GmbH	703
I. Überblick	705
II. Rechnungswesen	705
1. Aufbau und Zweck	705
2. Buchführung	710
3. Inventur und Inventar	724
III. Jahresabschluss und Lagebericht	730
1. Einführung	730
2. Verhältnis von Handelsbilanz und Steuerbilanz	735
3. Grundsätze für den Jahresabschluss	738
4. Bilanz	758
5. Gewinn- und Verlustrechnung	791
6. Anhang	794
7. Lagebericht	796
8. Aufstellung	800
9. Prüfung	801
10. Offenlegung	807
11. Beispielfall X-GmbH	808
IV. Ergebnisfeststellung und Ergebnisverwendung	816
1. Allgemeines	816
2. Gewinnermittlung Hamminger	817
3. Feststellung des Jahresabschlusses	819
4. Ergebnisverwendungsbeschluss	820
5. Gewinnauszahlungsanspruch	822

Teil F. Steuern

§ 17 Besteuerung der GmbH	825
I. Allgemeines	827
1. Überblick	827
2. Besteuerung von GmbH und Gesellschafter	827
II. Steuerpflicht und zu versteuerndes Einkommen	828
1. Unbeschränkte Steuerpflicht	828
2. Beschränkte Steuerpflicht	829
3. Beginn und Ende der Steuerpflicht	829
4. Steuerbefreiungen	830
5. Das zu versteuernde Einkommen (Körperschaftsteuer)	830
6. Gewerbesteuer	832
III. Besteuerung von Gewinnausschüttungen	834
1. Beteiligungen an inländischen Kapitalgesellschaften	834
2. Beteiligungen an ausländischen Kapitalgesellschaften	837
IV. Verkauf von Beteiligungen an Kapitalgesellschaften	838
V. Sonderregelung für Kreditinstitute, Finanzdienstleistungsinstitute und Finanzunternehmen	840
VI. Hinzurechnungsbesteuerung (Außensteuerrecht)	840
VII. Veränderung des Stammkapitals	842
1. Kapitalerhöhung	842
2. Kapitalherabsetzung	843

VIII.	Übertragung von Bezugsrechten	844
IX.	Erwerb eigener Anteile	846
X.	Verdeckte Gewinnausschüttungen	847
	1. Der Tatbestand einer vGA	847
	2. Rechtsfolgen einer vGA	849
XI.	Einlagen	850
XII.	Eigenkapitalfinanzierung	851
	1. Finanzierung über die Ausgabe von neuen Geschäftsanteilen	851
	2. Finanzierung über (atypisch) stille Beteiligungen	852
	3. Finanzierung über Genussrechte	852
XIII.	Fremdkapitalfinanzierung	853
	1. Formen der Fremdfinanzierung	853
	2. Rangrücktritt und Darlehensverzicht	854
	3. Besonderheiten bei Gesellschafterdarlehen	855
XIV.	Zinsschranke	856
	1. Überblick	856
	2. Ausnahmen	857
XV.	Verlustabzugsbeschränkung	858
XVI.	Organschaft	860
	1. Finanzielle Eingliederung	860
	2. Gewinnabführungsvertrag	861
	3. Rechtsfolgen der Organschaft	863
	4. Ausgleichsposten	864
	5. Verfahren	865
	6. Gewerbesteuerliche Organschaft	865
XVII.	Der Steuertarif	866
	1. Körperschaftsteuertarif	866
	2. Solidaritätszuschlag	866
	3. Gewerbesteuertarif	866
XVIII.	Die Steuerveranlagung	866
XIX.	Gesellschafterwechsel	867
	1. Anteile im Privatvermögen einer natürlichen Person	867
	2. Anteile im Betriebsvermögen einer natürlichen Person	868
	3. Kapitalgesellschaft als Anteilseigner	868
XX.	Erwerb einer GmbH	868
XXI.	Liquidation	869
	1. Abwicklungszeitraum	870
	2. Abwicklungsgewinn (Liquidationsgewinn)	870
	3. Auswirkungen der Liquidation auf den Gesellschafter	871
XXII.	Umsatzsteuer	872
XXIII.	Erbschaft- und Schenkungsteuer	872
XXIV.	Grunderwerbsteuer	874

Teil G. Aufsichtsrat und Beirat

§ 18 Aufsichtsrat und Beirat		877
I.	Einleitung	879
	1. Erscheinungsformen	879
	2. Aufgaben	880
	3. Motive für die Einrichtung	880
II.	Fakultativer Aufsichtsrat	881
	1. Gesetzliche Regelungen und Verweisung auf das AktG	881

2. Aufgaben und Rechte des Aufsichtsrats	883
3. Einrichtung und Beseitigung des fakultativen Aufsichtsrats	888
4. Mitgliedschaft und Vergütung	888
5. Beschlussfassung und innere Ordnung des Aufsichtsrats	901
III. Der obligatorische Aufsichtsrat nach dem DrittelbG	911
1. Überblick	911
2. Anwendungsvoraussetzungen	912
3. Aufgaben und Rechte des Aufsichtsrats DrittelbG	913
4. Einrichtung und Beseitigung des Aufsichtsrats nach DrittelbG	915
5. Größe und Zusammensetzung des Aufsichtsrats nach DrittelbG	917
6. Mitgliedschaft und Vergütung	917
7. Beschlussfassung und innere Ordnung des Aufsichtsrats	921
IV. Der obligatorische Aufsichtsrat nach dem MitbestG	923
1. Überblick	923
2. Anwendungsvoraussetzungen	924
3. Aufgaben und Rechte des Aufsichtsrats nach MitbestG	924
4. Größe und Zusammensetzung des Aufsichtsrats nach MitbestG	925
5. Mitgliedschaft und Vergütung	926
6. Beschlussfassung und innere Ordnung des Aufsichtsrats	926
V. Sonstige Formen eines obligatorischen Aufsichtsrats	927
VI. Beiräte	927
1. Überblick	927
2. Satzungsmäßiger Beirat	928
3. Schuldrechtlicher Beirat	929

Teil H. GmbH & Co KG

§ 19 GmbH/UG (haftungsbeschränkt) & Co KG	931
I. Motive für die Gründung einer GmbH/UG (haftungsbeschränkt) & Co KG	933
1. Haftung	933
2. Regeln über Geschäftsführung und Vertretung	933
3. Flexibilität bei der Kapitalaufbringung und -erhaltung	934
4. Mitbestimmung	934
5. Rechnungslegung	934
6. Steuerrechtliche Aspekte	935
II. Gründung einer GmbH/UG (haftungsbeschränkt) & Co KG	935
1. Gründung der GmbH	935
2. Gründung der UG (haftungsbeschränkt)	936
3. Gründung der KG	936
4. Eintritt einer GmbH/UG (haftungsbeschränkt) in eine bestehende KG	939
III. Haftung der Gesellschafter	939
1. Haftung der GmbH/UG (haftungsbeschränkt)	939
2. Haftung der Kommanditisten	939
IV. Gesellschafterdarlehen und gesplittete Einlage	942
1. Gesellschafterdarlehen	942
2. Finanzplanfinanzierung/Gesplittete Einlage	942
V. Geschäftsführung und Vertretung	943
1. Weisungsrecht und Geschäftsführungsbefugnis	943
2. Vertretung	945
3. Bestellung des GmbH-Geschäftsführers	946
4. Abberufung des Geschäftsführers	947

Inhaltsverzeichnis

VI. Haftung des Geschäftsführers gegenüber der KG und den Kommanditisten	948
1. Haftung gegenüber der KG	948
2. Haftung gegenüber den Kommanditisten	949
VII. Rechtsstellung der Kommanditisten	949
1. Wettbewerbsverbot	949
2. Treuepflicht und actio pro socio	950
3. Informationsrecht	951
4. Beschlussfassung unter den Gesellschaftern	954
VIII. Rechtsnachfolge in die Gesellschafterstellung	958
1. Übertragung des Kommanditanteils unter Lebenden	958
2. Ausscheiden eines Kommanditisten	960
IX. Jahresabschluss, Gesellschafterkonten, Ergebnisverteilung, Entnahmen	964
1. Jahresabschluss	964
2. Gesellschafterkonten	965
3. Ergebnisverteilung	966
4. Entnahmerecht	968
X. Beirat	969
XI. Sonderformen der GmbH/UG (haftungsbeschränkt) & Co KG	969
1. Die personengleiche GmbH/UG (haftungsbeschränkt) & Co KG	969
2. Die Einheits-GmbH/UG (haftungsbeschränkt) & Co KG	970
3. Die doppelstöckige GmbH & Co KG	971

Teil I. Konzernrecht

§ 20 Die GmbH im Konzern	973
I. Systematischer Überblick	975
1. Einführung	975
2. Grundbegriffe des Konzernrechts	975
II. Unternehmensverträge	981
1. Abschluss von Unternehmensverträgen	982
2. Inhalt von Unternehmensverträgen	985
3. Rechtsfolgen bei fehlerhaften Verträgen	993
4. Änderung und Beendigung von Unternehmensverträgen	994
5. Internationale Unternehmensverträge	996
III. Schutz von Gesellschaftern im Konzern	996
1. Überblick	996
2. Entstehen eines faktischen Konzerns	996
3. Minderheitenschutz beim beherrschten Unternehmen	997
4. Besonderheiten beim internationalen Konzern	1002
IV. Haftung der Muttergesellschaft	1003
1. Überblick	1003
2. Vertragliche Haftungsübernahme im Konzern	1004
3. Direkte Haftung	1006
4. Haftung aus § 128 HGB analog	1013
5. Besonderheiten bei internationalen Konzernen	1014
V. Abschluss von Austauschverträgen innerhalb von Konzernen	1015
1. Vorüberlegungen	1015
2. Verrechnungspreise	1015
VI. Arbeitsrechtliche Aspekte des Konzerns	1018
1. Überblick	1018
2. Kündigungsschutz	1018
3. Mitbestimmung	1019
4. Betriebsrentenrecht	1020

Inhaltsverzeichnis

VII. „Cash Pooling" im Konzern	1021
1. Grundlegendes zum „Cash Pooling"	1021
2. Bisherige Rechtsprechung	1022
3. Rechtslage seit Inkrafttreten des MoMiG	1022
VIII. Hinweise zur Rechnungslegung im Konzern	1023
1. Überblick	1023
2. Zweck der Konzernrechnungslegung	1023
3. Pflicht zur Konzernrechnungslegung	1023
4. Konzernabschluss nach deutschem Recht	1024
5. Konzernabschluss nach internationalen Grundsätzen	1025

Teil J. Unternehmenskauf

§ 21 Unternehmenskauf, Mergers & Acquisitions	**1027**
I. Allgemeines zum Unternehmens- und Anteilskauf bei der GmbH	1028
1. Mergers & Acquisitions – Ein weltweiter Markt für Unternehmen	1028
2. Planung, Durchführung und Implementierung des Unternehmens- und Anteilskaufes bei der GmbH als ganzheitlicher Vorgang	1029
II. Die Durchführung des Unternehmens- und Anteilskaufes bei der GmbH im Einzelnen	1034
1. Die Bedeutung des Vertragsrechts für den Unternehmens- und Anteilskauf bei der GmbH	1034
2. Arten des Unternehmens- und Anteilskaufes bei der GmbH: Kauf einzelner Wirtschaftsgüter (Asset Deal) und Kauf einer Gesellschaft bzw. eines Anteils an einer Gesellschaft (Share Deal)	1035
III. Das vorvertragliche Verhandlungsstadium	1036
1. Geheimhaltungsvereinbarungen	1036
2. Verhandlungsprotokolle/Punktation	1037
3. Letter of Intent (LoI)	1037
4. Option	1039
5. Vorvertrag	1039
6. Due Diligence und Pre Acquisition Audit	1039
IV. Die Gestaltung des Unternehmens- und Anteilskaufvertrages bei der GmbH	1043
1. Die Internationalisierung der Vertragsgestaltung und die Auswirkungen der Schuldrechtsreform	1043
2. Der Vertragsgegenstand beim Asset Deal und beim Share Deal	1045
3. Die Gegenleistung, insbesondere der Kauf- und/oder Tauschpreis	1051
4. Der Zeitpunkt des wirtschaftlichen Überganges und andere Stichtagsregelungen	1054
5. Die Übernahme von Rechten und Pflichten aus Vertragsverhältnissen, insbesondere aus Arbeitsverhältnissen	1054
6. Das Gewährleistungs- und Haftungsrecht	1059
7. Die Haftung für Altverbindlichkeiten	1067
8. Wettbewerbsvereinbarungen	1067
9. Verfügungsbeschränkungen und Zustimmungserfordernisse	1068
10. Die Form des Vertrages und andere formale Aspekte	1070
11. Das Closing	1071
V. Rückabwicklung von Unternehmensübertragungen	1075
VI. Der internationale Unternehmenskauf	1076

Inhaltsverzeichnis

Teil K. Umwandlung und Auflösung

§ 22 Umwandlung und Auflösung 1079
    I. Einführung 1082
        1. Betriebswirtschaftliche Anlässe zur Umstrukturierung 1082
        2. Überblick über die Gestaltungsformen 1083
        3. Typenzwang bei Gesamtrechtsnachfolge 1086
        4. Zeitliche Anforderungen 1087
        5. Kostenrelevante Aspekte 1088
        6. Überblick über die Steuerfolgen 1089
        7. Minderheitenschutz 1092
        8. Planung von Umwandlungen 1093
    II. Verschmelzung 1095
        1. Gestaltung des Verschmelzungsvorganges 1095
        2. Entscheidungsprozesse 1099
        3. Finanzielle Aspekte 1101
        4. Verschmelzungsvertrag 1111
        5. Verschmelzungsbericht und -prüfung 1118
        6. Gesellschafterbeschlüsse 1121
        7. Nebenerklärungen 1125
        8. Handelsregisteranmeldungen 1127
        9. Vollmachten 1131
        10. Wirkung der Verschmelzung 1133
        11. Bearbeitungshinweise 1135
    III. Spaltung (Auf-/Abspaltung) 1138
        1. Arten der Spaltung 1138
        2. Gegenstand der Spaltung 1140
        3. Gewährung von Gesellschaftsrechten 1144
        4. Steuerliche Eckdaten 1145
        5. Haftung 1150
        6. Arbeitsrechtliche Aspekte 1150
        7. Dokumentation 1152
        8. Bearbeitungshinweise 1158
    IV. Ausgliederung 1160
        1. Strukturierung der Ausgliederung 1160
        2. Sonderregeln gegenüber Auf-/Abspaltung 1162
        3. Steuerliche Aspekte 1164
        4. Dokumentation 1165
        5. Bearbeitungshinweise 1167
    V. Formwechsel 1169
        1. Möglichkeiten des Formwechsels 1169
        2. Wirkungen des Formwechsels 1171
        3. Finanzielle Aspekte 1179
        4. Umwandlungsbeschluss 1183
        5. Sonstige Dokumentation 1190
        6. Vollmachten 1192
        7. Bearbeitungshinweise 1194
    VI. Auflösung 1195
        1. Auflösungsmöglichkeiten 1196
        2. Durchführung der Liquidation 1198
        3. Steuerliche Folgen 1202
        4. Erlöschen der GmbH 1205
        5. Nachtragsliquidation 1207

Inhaltsverzeichnis

Teil L. Krise und Insolvenz

§ 23 Die GmbH in der Krise und in der Insolvenz 1209
- I. Begriff und Definition der Krise 1212
  - 1. Betriebswirtschaftliche Aspekte der Krise 1213
  - 2. Rechtliche Aspekte der Krise 1214
  - 3. Frühwarnsysteme 1217
- II. Bewältigung der Krise außerhalb der Insolvenz 1220
  - 1. Sanierungspflicht 1221
  - 2. Sanierungsfähigkeit 1222
  - 3. Sanierung 1223
  - 4. Pflichten des Geschäftsführers 1236
  - 5. Pflichten des Beraters 1238
- III. Auflösung und gesellschaftsrechtliche Liquidation der GmbH 1238
  - 1. Anwendungsbereich 1238
  - 2. Allgemeines; Vorgang und Zweck der Liquidation 1239
  - 3. Auflösungsgründe 1240
  - 4. Fortsetzung der aufgelösten GmbH 1240
  - 5. Anmeldung und Eintragung der Auflösung 1243
  - 6. Grundzüge der Abwicklung der GmbH 1243
- IV. Insolvenz 1253
  - 1. Allgemeines 1254
  - 2. Insolvenzgründe 1255
  - 3. Insolvenzfähigkeit 1264
  - 4. Insolvenzeröffnungsverfahren 1264
  - 5. Entscheidung über den Insolvenzantrag 1276
  - 6. Die Insolvenzmasse 1281
  - 7. Die Rechtsstellung der Verfahrensbeteiligten 1282
  - 8. Eigenverwaltung des Schuldners, §§ 270 ff. InsO 1292
  - 9. Schutzschirmverfahren 1297
  - 10. Insolvenzplan 1302

Teil M. Besondere Beratungsfelder

§ 24 Corporate Compliance in der GmbH 1317
- I. Begriffsbestimmung 1319
  - 1. Corporate Governance 1319
  - 2. Corporate Compliance 1319
- II. Funktionen von Compliance 1319
- III. Rechtliche Grundlagen 1320
  - 1. Legalitätspflicht 1320
  - 2. Einführung von Risikomanagementsystemen 1320
  - 3. Organisationspflichten nach §§ 130, 30, 9 OWiG 1321
  - 4. Deliktsrechtliche Organisationspflichten 1323
  - 5. Informationsmanagement 1324
  - 6. Einfluss ausländischer Rechtsordnungen 1324
  - 7. Besonderheiten in Konzernstrukturen 1325
- IV. Umsetzung von Compliance 1326
  - 1. Risiko-Analyse 1326
  - 2. Organisation 1327
  - 3. Kommunikation 1329
  - 4. Dokumentation 1329

5. Überwachung	1330
6. Rechtliche Verankerung	1330
V. Herausforderung: Der „Compliance-Vorfall" und „Compliance-Remediation"	1332
1. Einleitung	1332
2. Recht und Pflicht zur Durchführung von unternehmensinternen Untersuchungen innerhalb einer GmbH	1333
3. Remediations-Maßnahmen	1336
VI. Herausforderung: Compliance bei Vertrieb und Beschaffung	1338
1. Einleitung	1338
2. Compliance beim Einsatz von Vertriebsberatern	1338
3. Compliance in der Lieferkette	1340
§ 25 Prozessführung – Corporate Litigation	**1342**
I. Prozessuale Vorfragen	1343
1. Prozessfähigkeit und Vertretung durch Geschäftsführer	1343
2. Verfahren mit Geschäftsführern	1344
3. Vertretung durch Aufsichtsrat	1344
4. Actio pro socio	1345
5. Vorläufiger Rechtsschutz	1346
6. Gerichtsstand	1346
II. Prozessführung in der GmbH	1347
1. Einstweiliger Rechtsschutz vor der Beschlussfassung	1347
2. Gerichtliche Beschlusskontrolle	1349
3. Einstweiliger Rechtsschutz nach der Beschlussfassung	1357
Sachverzeichnis	**1359**

Autorenverzeichnis

Dr. Heino Büsching, Rechtsanwalt,
Fachanwalt für Steuerrecht und Steuerberater
CMS Hasche Sigle
Hamburg

Prof. Dr. Barbara Grunewald
Universität zu Köln
Lehrstuhl für Bürgerliches Recht und Wirtschaftsrecht
Institut für Gesellschaftsrecht
Köln

Alexander Hamminger, Rechtsanwalt
und Steuerberater
ADSR Rechtsanwaltsgesellschaft mbH
Hamburg

Dr. Björn Hürten, Rechtsanwalt
Osborne Clarke
Köln

Ina Jähne, Rechtsanwältin,
Fachanwältin für Handels- und Gesellschaftsrecht
Römermann Rechtsanwälte Aktiengesellschaft
Hamburg

Oliver Jung, Rechtsanwalt
Noerr LLP
Düsseldorf

Friedrich Graf von Kanitz, Rechtsanwalt,
Wirtschaftsprüfer und Steuerberater
RBS RoeverBroennerSusat GmbH & Co. KG
Köln

Dr. Christof Kautzsch, Rechtsanwalt
Dentons
Berlin

Dr. Michael W. Leistikow, Rechtsanwalt
Hogan Lovells
Düsseldorf

Prof. Dr. Tobias Lenz, Rechtsanwalt,
Professor an der Rheinischen Fachhochschule Köln
Friedrich Graf von Westphalen und Partner
Köln

Dr. Dieter Leuering, Rechtsanwalt und
Fachanwalt für Steuerrecht
Flick Gocke Schaumburg
Bonn

Autorenverzeichnis

Dr. Norbert Meister, Rechtsanwalt,
Steuerberater und Notar a. D.
Frankfurt am Main

Prof. Dr. Lutz Michalski (†)
Universität Bayreuth
Lehrstuhl für Bürgerliches Recht,
Handels-, Gesellschafts- und Wirtschaftsrecht
Bayreuth

Dr. Felix Mühlhäuser, Rechtsanwalt
Fachanwalt für Steuerrecht und Steuerberater
Clifford Chance
Frankfurt am Main

Dr. Malte Passarge, Rechtsanwalt,
Fachanwalt für Handels- und Gesellschaftsrecht
Passarge + Killmer Rechtsanwaltsgesellschaft mbH
Hamburg

Prof. h.c. Dr. Gerhard Picot, Rechtsanwalt
PICOT Rechtsanwaltskanzlei
Köln

Prof. Dr. Volker Römermann, Rechtsanwalt,
Fachanwalt für Handels- und Gesellschaftsrecht, Fachanwalt für Insolvenzrecht,
Fachanwalt für Arbeitsrecht
Römermann Rechtsanwälte Aktiengesellschaft
Hamburg und Hannover

Prof. Dr. Darius Schindler, Rechtsanwalt
Fachanwalt für Handels- und Gesellschaftsrecht,
Fachanwalt für Bank- und Kapitalmarktrecht
Karlsruhe

Dr. Alexandra Schluck-Amend, Rechtsanwältin,
Fachanwältin für Insolvenzrecht und Betriebswirtin
CMS Hasche Sigle
Stuttgart

Dr. Sebastian Schneider, Rechtsanwalt
Latham & Watkins LLP
Hamburg

Henning Schröder, Rechtsanwalt und Betriebswirt (BA),
Fachanwalt für Handels- und Gesellschaftsrecht,
Fachanwalt für Steuerrecht
Rechtsanwaltskanzlei Henning Schröder
Hannover

Prof. Dr. Christoph H. Seibt, LL. M. (Yale), Rechtsanwalt,
Fachanwalt für Steuerrecht, Attorney-at-Law (N.Y.),
Honorarprofessor an der Bucerius Law School Hamburg
Freshfields Bruckhaus Deringer LLP
Hamburg

Autorenverzeichnis

Dr. Harald Selzner, Rechtsanwalt
Latham & Watkins LLP
Düsseldorf

Dr. Emanuel P. Strehle, Rechtsanwalt
Hengeler Mueller
München

Dr. Matthias Terlau, Rechtsanwalt
Osborne Clarke
Köln

Dr. Ingo Theusinger, Rechtsanwalt
Noerr LLP
Düsseldorf

Bich Vu Tuyet, LL.M., Rechtsanwältin,
Fachanwältin für Handels- und Gesellschaftsrecht
Watson, Farley & Williams
München

Dr. Thomas Wachter, Notar
München

Dr. Jobst Wellensiek, Rechtsanwalt,
Fachanwalt für Insolvenzrecht
Wellensiek Rechtsanwälte Partnergesellschaft
Heidelberg

Dr. Götz Tobias Wiese, Rechtsanwalt,
Fachanwalt für Steuerrecht und Steuerberater
Latham & Watkins LLP
Hamburg

Abkürzungs- und Literaturverzeichnis

Hinweis: Literatur, die nur Bezug zu speziellen §§ des Werkes hat, wird dort aufgeführt (insbesondere Zeitschriftenaufsätze).

a. A.	anderer Ansicht
a. a. O.	am angegebenen Ort
Abg.	Abgeordneter
Abh.	Abhandlung(en)
abl.	ablehnend
ABl.	Amtsblatt
ABl. EG	Amtsblatt der Europäischen Gemeinschaften
Abs.	Absatz
Abschn.	Abschnitt
Abt.	Abteilung
Achilles/Ensthaler/ Schmidt	GmbHG, Kommentar, 2003
abw.	abweichend
AcP	Archiv für die civilistische Praxis (Zeitschrift; zitiert nach Band und Seite)
ADHGB	Allgemeines Deutsches Handelsgesetzbuch von 1861
A/D/S	*Adler/Düring/Schmaltz,* Rechnungslegung und Prüfung der Unternehmen, Kommentar zum HGB, AktG, GmbHG, PublG nach den Vorschriften des BilRiLiG, Band 1, Rechnungslegung; Band 2, Prüfung/Feststellung/ Rechtsbehelfe, 5. Aufl. 1987–1992, 6. Aufl. 1997, 7. Aufl. 2011
a. E.	am Ende
a. F.	alte(r) Fassung
AG	Die Aktiengesellschaft (Zeitschrift); Aktiengesellschaft; Amtsgericht (mit Ortsnamen)
AGB	Allgemeine Geschäftsbedingungen
AGBGB	Ausführungsgesetz zum BGB
AktG	Aktiengesetz
allg.	allgemein
allg. M.	allgemeine Meinung
Alt.	Alternative
a. M.	anderer Meinung
Ammon/Burkert/ Görlitz	Die GmbH, 2. Aufl. 2002
Amtl. Begr.	Amtliche Begründung
AnfG	Gesetz betr. die Anfechtung von Rechtshandlungen eines Schuldners außerhalb des Konkursverfahrens idF v. 20. 5. 1898 (RGBl. S. 709)
Anh.	Anhang
Anm.	Anmerkung
AnwBl	Anwaltsblatt (Zeitschrift)
AO	Abgabenordnung (AO 1977) idF v. 16. 3. 1976 (BGBl. I S. 613), ber. (BGBl. 1997 I S. 269)
AöR	Archiv des öffentlichen Rechts (Zeitschrift, zitiert nach Band und Seite)
AP	Arbeitsrechtliche Praxis (Nachschlagewerk des Bundesarbeitsgerichts)
ArbG	Arbeitsgericht
ArbGeb	Der Arbeitgeber (Zeitschrift)
ArbGG	Arbeitsgerichtsgesetz idF v. 2. 7. 1979 (BGBl. I S. 853)
ArbuR	Arbeit und Recht (Zeitschrift für die Arbeitsrechtspraxis)
ArbZG	Arbeitszeitgesetz
Arch.	Archiv
Art.	Artikel
AT	Allgemeiner Teil
Aufl.	Auflage
AÜG	Arbeitnehmerüberlassungsgesetz AuR Arbeit und Recht, Zeitschrift für die Arbeitsrechtspraxis

XXXI

Abkürzungs- und Literaturverzeichnis

AWD	Außenwirtschaftsdienst des Betriebsberaters (Zeitschrift) – seit 1975 RIW –
B	Bundes-
BABl	Bundesarbeitsblatt (Zeitschrift)
BadNotZ	Badische Notar-Zeitschrift
BadRpr	Badische Rechtspraxis
BAG	Bundesarbeitsgericht
BAGE	Entscheidungen des Bundesarbeitsgerichts
Balser/Bokelmann/Piorreck	*Balser/Bokelmann/Piorreck,* Die GmbH, 13. Aufl. 2005
BankRHdB/*Bearbeiter*	Bankrechts-Handbuch, 2 Bände, hrsg. v. *Schimansky/Bunte/Lwowski,* 3. Aufl. 2007
BAnz.	Bundesanzeiger
Baumbach/Lauterbach/Albers/Hartmann	Zivilprozessordnung, Kommentar, 72. Aufl. 2014
Baumbach/Hopt	Handelsgesetzbuch, Kurzkommentar, 35. Aufl. 2012
Baumbach/Hefermehl/Casper	Wechsel- und Scheckgesetz, 23. Aufl. 2008
Baumbach/Hueck/*Bearbeiter*	GmbH-Gesetz, Kommentar, 20. Aufl. 2013
BauR	Baurecht
BayNotZ	Bayerische Notariats-Zeitung und Zeitschrift für die freiwillige Rechtspflege der Gerichte in Bayern
BayObLG	Bayerisches Oberstes Landesgericht
BayVBl.	Bayerische Verwaltungsblätter (Zeitschrift)
BB	Der Betriebs-Berater (Zeitschrift)
Bd. (Bde.)	Band (Bände)
Bearb., bearb.	Bearbeitung/Bearbeiter, bearbeitet
BeckOK	Beck'scher Online-Kommentar
BeckBilKomm	Beck'scher Bilanz-Kommentar, Handels- und Steuerrecht, 8. Aufl. 2012, bearb. v. *Budde/Clemm/Ellrott/Förschle/Hoyos/Pankow/Sarx/Winkeljohann*
BeckNotar-HdB	Beck'sches Notar-Handbuch, hrsg. v. *Brambring/Jerschke,* 5. Aufl. 2009
Beck'sches HdbGmbH	Beck'sches Handbuch der GmbH, Gesellschaftsrecht, Steuerrecht, hrsg. v. *W. Müller/Hense,* 4. Aufl. 2009
Beck'sches HdbRechnungslegung	Beck'sches Handbuch der Rechnungslegung, hrsg. v. *Castan/Heymann/Müller u. a.,* Loseblatt
Begr.	Begründung
Begr. RegE	Begründung zum Regierungsentwurf
Bek.	Bekanntmachung
Bem.	Bemerkung
ber.	berichtigt
bes.	besonders
Beschl.	Beschluss
bestr.	bestritten
betr.	betreffend, betreffs
BetrAV	Betriebliche Altersversorgung, Mitteilungsblatt der Arbeitsgemeinschaft für betriebliche Altersversorgung
BetrR	Der Betriebsrat (Zeitschrift)
BetrVG	Betriebsverfassungsgesetz idF v. 23. 12. 1988 (BGBl. 1989 I S. 1)
BeurkG	Beurkundungsgesetz v. 28. 8. 1969 (BGBl. I S. 1513)
BFH	Bundesfinanzhof
BFHE	Sammlung der Entscheidungen und Gutachten des Bundesfinanzhofs
BGB	Bürgerliches Gesetzbuch
BGBl.	Bundesgesetzblatt
BGH	Bundesgerichtshof
BGHR	BGH-Rechtsprechung (in Zivilsachen und in Strafsachen)
BGHZ	Entscheidungen des Bundesgerichtshofs in Zivilsachen
Biener	AG, KGaA, GmbH, Konzerne, Rechnungslegung, Prüfung und Publizität nach den Richtlinien der EG, 1979

Abkürzungs- und Literaturverzeichnis

BImSchG	Bundesimmissionsschutzgesetz idF v. 14. 5. 1990 (BGBl. I S. 880)
Binz/Sorg	GmbH & Co. KG, begr. v. *Hennerkes*, 11. Aufl. 2010
BiRiLiG	Bilanzrichtlinien-Gesetz v. 19.12.1985 (BGBl. I S. 2355)
BKartA	Bundeskartellamt
BKR	Zeitschrift für Bank- und Kapitalmarktrecht
Blümich	*Blümich/Klein/Steinbring/Stutz,* Einkommensteuergesetz, Kommentar, Loseblatt
BMF	Bundesfinanzministerium
BNotO	Bundesnotarordnung idF v. 24. 2. 1961 (BGBl. I S. 98)
BORA	Berufsordnung für Rechtsanwälte
Bork/Schäfer	GmbHG, Kommentar, 2. Aufl. 2012
BPatA	Bundespatentamt
BPatG	Bundespatentgericht
BRAK-Mitt.	Mitteilungen der Bundesrechtsanwaltskammer (Zeitschrift)
Brandmüller	*Brandmüller,* Der GmbH-Geschäftsführer im Gesellschaftsrecht, Steuerrecht und Sozialversicherungsrecht, 18. Aufl. 2006
Brandmüller/Küffner	Bonner Handbuch GmbH, Loseblatt
BRAO	Bundesrechtsanwaltsordnung v. 1. 8. 1959 (BGBl. I S. 565)
BR	Bundesrat
BR-Drucks.	Drucksache des Deutschen Bundesrates
BReg.	Bundesregierung
Brönner/Rux/Wagner	GmbH & Co. KG in Recht und Praxis, 8. Aufl. 1998
BSG	Bundessozialgericht
BSGE	Entscheidungen des Bundessozialgerichts
BStBl.	Bundessteuerblatt
BT	Besonderer Teil; Bundestag
BT-Drucks.	Drucksache des Deutschen Bundestages
BT-Prot.	Protokoll des Deutschen Bundestages
Buchst.	Buchstabe
Budde/Förschle/Winkeljohann	Sonderbilanzen, 4. Aufl. 2008
Bumiller/Harders	Freiwillige Gerichtsbarkeit, 10. Aufl. 2011
Bunnemann/Zirngibl	Die Gesellschaft mit beschränkter Haftung in der Praxis: Die GmbH in der Praxis, 2. Aufl. 2011
BVerfG	Bundesverfassungsgericht
BVerfGE	Entscheidungen des Bundesverfassungsgerichts
BVerwGE	Entscheidungen des Bundesverwaltungsgerichts
BZRG	Gesetz über das Zentralregister und das Erziehungsregister (Bundeszentralregistergesetz) idF v. 21. 9. 1984 (BGBl. I S. 1229, ber. 1985 I S. 195)
bzgl.	bezüglich
bzw.	beziehungsweise
c. i. c.	culpa in contrahendo
Centrale für GmbH	GmbH-Handbuch (Loseblatt)
Coenenberg	Jahresabschluss und Jahresabschlussanalyse, 22. Aufl. 2012
DAV	Deutscher Anwaltverein
DB	Der Betrieb (Zeitschrift)
ders.	derselbe
Deutler	Das neue GmbH-Recht in der Diskussion, 1981
dgl.	desgleichen, dergleichen
d. h.	das heißt
dies.	dieselbe/n
DIHT	Deutscher Industrie- und Handelstag
Diss.	Dissertation
DJ	Deutsche Justiz (Zeitschrift)
DJT	Deutscher Juristentag
DJZ	Deutsche Juristenzeitung (Zeitschrift)
DNotZ	Deutsche Notar-Zeitung (Zeitschrift)
DRiG	Deutsches Richtergesetz idF v. 19. 4. 1972 (BGBl. I S. 713)
DRiZ	Deutsche Richterzeitung (Zeitschrift)

Abkürzungs- und Literaturverzeichnis

DRS	Deutscher Rechnungslegungs Standard (des DRS C)
DRspr.	Deutsche Rechtsprechung, Entscheidungssammlung und Aufsatzhinweise
DStR	Deutsches Steuerrecht (Zeitschrift)
DStRE	Deutsches Steuerrecht (Zeitschrift) – Entscheidungsdienst
DZWir; DZWIR	Deutsche Zeitschrift für Wirtschaftsrecht; ab 1999: Deutsche Zeitschrift für Wirtschafts- und Insolvenzrecht
E	Entwurf, Entscheidung (in der amtlichen Sammlung)
ebd.	ebenda
Ebenroth/Boujong/ Joost/Strohn	HGB, Kommentar, 1. Aufl. 2001, 2. Aufl. 2008/2009
EBIT	Earnings Before Interest and Taxes (Ergebnis vor Zinsen und Steuern)
EBITA	Earnings Before Interest, Taxes and Amortization (Ergebnis vor Zinsen, Steuern und Firmenwertabschreibung)
EBITDA	Earnings Before Interest, Taxes, Depreciation and Amortization (Ergebnis vor Zinsen, Steuern und Abschreibungen auf Anlagegegenstände)
EG	Einführungsgesetz; Europäische Gemeinschaft
Einf.	Einführung
Einl.	Einleitung
einschl.	einschließlich
Emmerich/Habersack	Konzernrecht, 10. Aufl. 2013
entspr.	entsprechend
Entw.	Entwurf
Erg.	Ergänzung
erhebl.	erheblich
Erl.	Erlass, Erläuterung
Erman	Handkommentar zum Bürgerlichen Gesetzbuch, Band I und II, 13. Aufl. 2011
ESt	Einkommensteuer
EuGH	Gerichtshof der Europäischen Gemeinschaften
EuGHE	Entscheidungen des Gerichtshofes der Europäischen Gemeinschaften
EuZW	Europäische Zeitschrift für Wirtschaftsrecht
e. V.	eingetragener Verein
evtl.	eventuell
EWG	Europäische Wirtschaftsgemeinschaft
EWGV	Vertrag zur Gründung der Europäischen Wirtschaftsgemeinschaft v. 25. 3. 1957
EWiR	Entscheidungen zum Wirtschaftsrecht (Zeitschrift)
EWS	Europäisches Wirtschafts- und Steuerrecht (Zeitschrift)
EZ	Erhebungszeitraum
f., ff.	folgend(e)
FamFG	Gesetz über das Verfahren in Familiensachen und in Angelegenheiten der freiwilligen Gerichtsbarkeit
FG	Finanzgericht
FGG	Gesetz über die Angelegenheiten der freiwilligen Gerichtsbarkeit
FGPrax	Praxis der Freiwilligen Gerichtsbarkeit (Zeitschrift)
FinG	Finanzgericht
FinMin	Finanzministerium
FK-InsO	Frankfurter Kommentar zur Insolvenzordnung, hrsg. v. *Wimmer*, 5. Aufl. 2009
Fn.	Fußnote
FS	Festschrift
G	Gesetz
GBl.	Gesetzblatt
GBO	Grundbuchordnung idF v. 26. 5. 1994 (BGBl. I S. 1114)
GbR	Gesellschaft des bürgerlichen Rechts
gem.	gemäß
Gehrlein	GmbH-Recht in der Praxis, 2009
Gehrlein/Witt	GmbH-Recht in der Praxis, 2. Aufl. 2008
GenG	Gesetz betreffend die Erwerbs- und Wirtschaftsgenossenschaften
GeschäftsO	Geschäftsordnung

Abkürzungs- und Literaturverzeichnis

GesR	Gesellschaftsrecht
Ges., ges.	Gesetz, gesetzlich
Geßler/Hefermehl/ Eckardt/Kropff	Aktiengesetz, Kommentar, 1973–1994
GewA	Gewerbe-Archiv (Zeitschrift)
GewO	Gewerbeordnung idF v. 1. 1. 1987 (BGBl. I S. 425)
GewStG	Gewerbesteuergesetz idF v. 21. 3. 1991 (BGBl. I S. 814)
GG	Grundgesetz für die Bundesrepublik Deutschland
ggf.	gegebenenfalls
GKG	Gerichtskostengesetz idF v. 15. 12. 1975 (BGBl. I S. 3047)
gl. Ans.	gleiche Ansicht
GmbH	Gesellschaft mit beschränkter Haftung
GmbHÄndG	Gesetz zur Änderung des Gesetzes betreffend die Gesellschaften mit beschränkter Haftung und anderer handelsrechtlicher Vorschriften v. 4. 7. 1980 (BGBl. I S. 836)
GmbHG	Gesetz betreffend die Gesellschaften mit beschränkter Haftung idF v. 20. 5. 1898 (RGBl. S. 846)
GmbH-Handbuch	Loseblatt, hrsg. v. *Centrale für GmbH*
GmbHR	GmbH-Rundschau (Zeitschrift)
GmbH-Reform	*Barz/Forster/Knur/Limbach/Rehbinder/Teichmann*, GmbH-Reform, 1970
GmbH-StB	GmbH-Steuerberater (Zeitschrift)
GNotKG	Gesetz über Kosten der freiwilligen Gerichtsbarkeit für Gerichte und Notare (Gerichts- und Notarkostengesetz)
GoA	Geschäftsführung ohne Auftrag
GoB	Grundsätze ordnungsmäßiger Buchführung
Goette	Die GmbH. Darstellung anhand der Rechtsprechung des BGH, 2. Aufl. 2002
ders.	Einführung in das neue GmbH-Recht, 2008
GoI	Grundsätze ordnungsgemäßer Inventur
GoS	Grundsätze ordnungsgemäßer Speicherführung
Gottwald	Insolvenzrechts-Handbuch, 4. Aufl. 2010
Goutier/Seidel	Handkommentar zum GmbH-Gesetz und zur GmbH-Novelle, 1990
grds.	grundsätzlich
GroßkommAktG	Aktiengesetz, Großkommentar der Praxis, bearb. v. *Barz u. a.*, 3. Aufl. 1970–1975, 4. Aufl. 1992 ff., hrsg. v. *Hopt/Wiedemann*
GroßKommHGB	Handelsgesetzbuch, Großkommentar, begr. von *Staub*, hrsg. v. *Canaris*, 4. Aufl. 1983 ff.
GRUR	Gewerblicher Rechtsschutz und Urheberrecht (Zeitschrift)
GRURInt.	Gewerblicher Rechtsschutz und Urheberrecht, internationaler Teil (Zeitschrift)
Gündel/Katzorke	GmbH-Reform 2008 (MoMiG), 2008
GVBl	Gesetz- und Verordnungsblatt
GVG	Gerichtsverfassungsgesetz
Habersack	Europäisches Gesellschaftsrecht, 4. Aufl. 2011
Hachenburg	Gesetz betreffend die Gesellschaften mit beschränkter Haftung (GmbHG), Großkommentar, bearb. v. *Behrens u. a.*, 7. Aufl. 1975–1984; Ergänzungsband 1985; 8. Aufl. 1992 ff.
Halbbd.	Halbband
Halbs.	Halbsatz
Hamann/Sigle	Vertragsbuch Gesellschaftsrecht, 2. Aufl. 2012
HansOLG	Hanseatisches Oberlandesgericht
Happ	Die GmbH im Prozess, 1997
HdB	Handbuch
HdB Personengesellschaften	Handbuch der Personengesellschaften, hrsg. v. *H. Westermann/Scherpf/ Siegloch u. a.*, Loseblatt, Stand 1994
HdU	Handbuch der Unternehmensbesteuerungen, 2. Aufl. 1990, hrsg. v. *H. Becker*
Heim	Handbuch des Aktienrechts, 1978
Henze Handbuch zum GmbH-Recht	*Henze*, Handbuch zum GmbH-Recht, 2. Aufl. 1997

XXXV

Abkürzungs- und Literaturverzeichnis

Henze/Born	GmbH-Recht, Höchstrichterliche Rechtsprechung, 2012
Henze/Triller	Die GmbH & Co., 11. Aufl. 1973
Heymann	Handelsgesetzbuch, Kommentar, 2. Aufl. 1995 ff.
Heymann/Kötter	Handelsgesetzbuch, Kommentar, 21. Aufl. 1971
HEZ	Höchstrichterliche Entscheidungen (Entscheidungssammlung)
HFA	Hauptfachausschuss des IDW
HGB	Handelsgesetzbuch v. 10. 5. 1897 (RGBl. S. 219)
hins.	hinsichtlich
HintO	Hinterlegungsordnung v. 10. 3. 1937 (RGBl. S. 285)
HK-GmbHR	Heidelberger Kommentar zum GmbH-Recht, hrsg. v. *Bartl/Fichtelmann/Koch*, 7. Aufl. 2013
HK-InsO	Heidelberger Kommentar zur Insolvenzordnung, hrsg. v. *Kreft*, 6. Aufl. 2011
h. L.	herrschende Lehre
h. M.	herrschende Meinung
Hoffmann/Liebs	Der GmbH-Geschäftsführer, 3. Aufl. 2009
Hoffmann/Preu	Der Aufsichtsrat. Ein Leitfaden für Aufsichtsräte, 5. Aufl. 2003
HReg	Handelsregister
Hrsg., hrsg.	Herausgeber, herausgegeben
Hüffer	Aktiengesetz, Kommentar, 10. Aufl. 2012
i. A.	im Allgemeinen
IAS	International Accounting Standards (s. auch: IFRS)
IASB	International Accounting Standards Board
i. d. F. (v.)	in der Fassung (vom)
i. d. R.	in der Regel
IDW	Institut der Wirtschaftsprüfer in Deutschland e. V.
i. E.	im Einzelnen
i. Erg.	im Ergebnis
i. e. S.	im engeren Sinne
IFRS	International Financial Reporting Standards (vormals IAS)
i. G.	in Gründung
IHK	Industrie- und Handelskammer
INF	Die Information über Steuer und Wirtschaft (Zeitschrift)
insbes.	insbesondere
InsO	Insolvenzordnung
IPR	Internationales Privatrecht
IPRax	Praxis des Internationalen Privat- und Verfahrensrechts (Zeitschrift)
i. S.	im Sinne
i. S. d.	im Sinne des (der)
i. Ü.	im Übrigen
i. V. m.	in Verbindung mit
i. w. S.	im weiteren Sinne
JM	Justizministerium
JMBl	Justizministerialblatt
jP	juristische Person
JR	Juristische Rundschau (Zeitschrift)
JurBüro	Das juristische Büro (Zeitschrift)
JuS	Juristische Schulung (Zeitschrift)
Justiz	Die Justiz (Zeitschrift)
JVBl.	Justizverwaltungsblatt (Zeitschrift)
JW	Juristische Wochenschrift (Zeitschrift)
JZ	Juristenzeitung (Zeitschrift)
KAGG	Gesetz über Kapitalanlagegesellschaften
Kap.	Kapital
KapAEG	Kapitalaufnahmeerleichterungsgesetz
KapESt	Kapitalertragsteuer
KapGes.	Kapitalgesellschaft
KapGesR	Kapitalgesellschaftsrecht
KartG	Kartellgericht

Abkürzungs- und Literaturverzeichnis

KG	Kammergericht (Berlin); Kommanditgesellschaft
KGaA	Kommanditgesellschaft auf Aktien
Kirchhof	Einkommensteuergesetz, Kompaktkommentar, 12. Aufl. 2013
KK-OWiG	Karlsruher Kommentar zum Gesetz über Ordnungswidrigkeiten, hrsg. v. *Senge*, 3.Aufl. 2006
Klauss/Birle GmbH	Die GmbH, 5. Aufl. 1992
Klauss/Birle GmbH & Co. KG	Die GmbH & Co. KG, 7. Aufl. 1988
Klunzinger	Grundzüge des Gesellschaftsrechts, 16. Aufl. 2012
KO	Konkursordnung idF v. 20. 5. 1898 (RGBl. S. 612); aufgehoben mit Wirkung vom 1. 1. 1999
Koller/Roth/Morck	Handelsgesetzbuch, Kommentar, 7. Aufl. 2011
KölnKommAktG/ *Bearbeiter*	Kölner Kommentar zum Aktiengesetz, hrsg. v. *Zöllner*, 3. Aufl. 2004 ff.
Komm.	Kommentar
KonTraG	Gesetz zur Kontrolle und Transparenz im Unternehmensbereich
KostO	Gesetz über die Kosten in Angelegenheiten der freiwilligen Gerichtsbarkeit (Kostenordnung) idF v. 26. 7. 1957 (BGBl. I S. 960)
Kraft/Kreutz	Gesellschaftsrecht, 12. Aufl. 2008
krit.	kritisch
KritJ	Kritische Justiz (Zeitschrift)
KSchG	Kündigungsschutzgesetz idF v. 25. 8. 1969 (BGBl. I S. 1317)
KSt	Körperschaftsteuer
KTS	Zeitschrift für Konkurs-, Treuhand- und Schiedsgerichtswesen; ab 1989 Zeitschrift für Insolvenzrecht – Konkurs, Treuhand, Sanierung
Kübler	Gesellschaftsrecht, 6. Aufl. 2006
KuT	Konkurs- und Treuhandwesen (Zeitschrift) ab 1989 ersetzt durch: KTS
Küting/Weber Konzernrechnungslegung	Handbuch der Konzern – Rechnungslegung, 2. Aufl. 1998
Küting/Weber Rechnungslegung	Handbuch der Rechnungslegung, 5. Aufl. 2013, Band 1 a, 4. Aufl. 1995
KV	Kostenverzeichnis
Leistikow	Das neue GmbH-Recht, 2009
LG	Landgericht
Lit.	Literatur
LM	Lindenmaier/Möhring, Nachschlagewerk des Bundesgerichtshofs
LS	Leitsatz
Lutter UmwG	Umwandlungsgesetz, Kommentar, 4. Aufl. 2009
Lutter Holding-Handbuch	Holding-Handbuch, 4. Aufl. 2004
Lutter/Hommelhoff	GmbH-Gesetz, 18. Aufl. 2012
Lutter/Scheffler/ Schneider	Handbuch der Konzernfinanzierung, 1998
Lutter/Ulmer/Zöllner	100-Jahre-GmbH-Gesetz, 1992 = FS 100 Jahre GmbHG
Lutter Unternehmensrecht	Lutter, Europäisches Unternehmensrecht, 5. Aufl. 2012
m. abl. Anm.	mit ablehnender Anmerkung
Maiberg	Gesellschaftsrecht, 7. Aufl. 1990
m. Änd.	mit Änderung(en)
MarkenG	Markengesetz
MBl.	Ministerialblatt
MDR	Monatsschrift für Deutsches Recht (Zeitschrift)
m. E.	meines Erachtens
Meyer-Landrut/Miller/ Niehus	Kommentar zum GmbH-Gesetz, 1987
Michalski	Kommentar zum Gesetz betreffend die Gesellschaften mit beschränkter Haftung (GmbH-Gesetz), 2. Aufl. 2010
MitbestG	Gesetz über die Mitbestimmung der Arbeitnehmer
Mitt.	Mitteilung(en)

Abkürzungs- und Literaturverzeichnis

MittBayNot.	Mitteilungen des Bayerischen Notarvereins (Zeitschrift)
MittRhNotK	Mitteilungen der Rheinischen Notarkammer (Zeitschrift)
m. krit. Anm.	mit kritischer Anmerkung
MoMiG	Gesetz zur Modernisierung des GmbH-Rechts und zur Bekämpfung von Missbräuchen v. 23. 10. 2008 (BGBl. I, S. 2006)
MünchHdbArbR/ *Bearbeiter*	Münchner Handbuch des Arbeitsrechts, Band 3: Kollektives Arbeitsrecht, 1993, hrsg. v. *Richardi/Wlotzke*
MünchHdBGesR(I–IV)/ *Bearbeiter*	Münchner Handbuch des Gesellschaftsrechts, Band 1: BGB-Gesellschaft, OHG, PartG, EWiV, 1995. hrsg. v. *Riegger/Weipert;* Band 2: Kommanditgesellschaft, stille Gesellschaft, 1991, hrsg. v. *Riegger/Weipert;* Band 3: Gesellschaft mit beschränkter Haftung, 1996, hrsg. v. *Priester/Mayer;* Band 4: Aktiengesellschaft, 2. Aufl. 1999, hrsg. v. *Hoffmann-Becking*
MünchenerVertrags-HdB/*Bearbeiter*	Münchener Vertragshandbuch, Band 1: Gesellschaftsrecht, hrsg. v. *Heidenhain/Rieger,* 6. Aufl. 2005
MünchKommAktG/ *Bearbeiter*	Münchener Kommentar zum Aktienrecht, hrsg. v. *Goette/Habersack,* 3. Aufl. 2008
MünchKommBGB/ *Bearbeiter*	Münchener Kommentar zum Bürgerlichen Gesetzbuch, hrsg. v. *Rebmann/Säcker/Rixecker,* 2. Aufl. 1984 ff.; 3. Aufl. 1992 ff., 4. Aufl. 2000 ff., 5. Aufl., 6. Aufl. 2013 ff.
MünchKommHGB/ *Bearbeiter*	Münchener Kommentar zum Handelsgesetzbuch, hrsg. v. *K. Schmidt,* 2. Aufl. 2008, 3. Aufl. 2013
MünchKommInsO/ *Bearbeiter*	Münchener Kommentar zur Insolvenzordnung, hrsg. v. *Kirchhof/Stürner/Eidenmüller,* 2. Aufl. 2008, 3. Aufl. 2013 f.
MünchKommZPO/ *Bearbeiter*	Münchener Kommentar zur Zivilprozessordnung, hrsg. v. *Lüke/Wax,* 3. Aufl. 2007, 4. Aufl. 2013 f.
m. w. N.	mit weiteren Nachweisen
m. zahlr. Nachw.	mit zahlreichen Nachweisen
m. zust. Anm.	mit zustimmender Anmerkung
nachf.	nachfolgend
Nachw.	Nachweis
n. F.	neue Fassung
NJ	Neue Justiz (DDR-Zeitschrift)
NJW	Neue Juristische Wochenschrift (Zeitschrift)
NJW-RR	Neue Juristische Wochenschrift Rechtsprechungs-Report Zivilrecht (Zeitschrift)
NotBZ	Zeitschrift für notarielle Beratungs- und Beurkundungspraxis
Nov.	Novelle
Nr.	Nummer(n)
NRW	Nordrhein-Westfalen
NWB	Neue Wirtschaftsbriefe (Loseblatt-Sammlung)
NZA	Neue Zeitschrift für Arbeits- und Sozialrecht
NZG	Neue Zeitschrift für Gesellschaftsrecht
NZI	Neue Zeitschrift für Insolvenz und Sanierung
o.	oben
o. a.	oben angegeben
OFD	Oberfinanzdirektion
OFH	Oberster Finanzgerichtshof
OHG	offene Handelsgesellschaft
OLG	Oberlandesgericht
OLGE	Die Rechtsprechung der Oberlandesgerichte auf dem Gebiete des Zivilrechts, hrsg. v. *Mugdan/Falkmann* (1.1900–46.1928)

Abkürzungs- und Literaturverzeichnis

OLGZ	Rechtsprechung der Oberlandesgerichte in Zivilsachen, Amtliche Entscheidungssammlung
OVG	Oberverwaltungsgericht
OWiG	Gesetz über Ordnungswidrigkeiten
Palandt/*Bearbeiter*	Bürgerliches Gesetzbuch, Kommentar, 72. Aufl. 2013
PartGG	Partnerschaftsgesellschaftsgesetz
PS	Prüfungsstandards des IDW
RA	Rechtsausschuss, Rechtsanwalt
rd.	rund
RdErl.	Runderlass
Rdnr.	Randnummer(n)
RdSchr.	Rundschreiben
RefE	Referentenentwurf
RegE	Regierungsentwurf
RG	Reichsgericht
RGBl.	Reichsgesetzblatt
RG-Praxis	Die Reichsgerichtspraxis im deutschen Rechtsleben, Festgabe der jur. Fakultäten zum 50jährigen Bestehen des Reichsgerichts, 1929
RGRK	Das Bürgerliche Gesetzbuch, Kommentar, hrsg. von Mitgliedern des Bundesgerichtshofs, 11. Aufl. 1959–1970, 12. Aufl. 1974 ff.
RGZ	Amtliche Sammlung v. Entscheidungen des Reichsgerichts in Zivilsachen
Richtl.	Richtlinien
Rischbieter/Gröning	Gründung und Leben der GmbH nach dem MoMiG, GmbH-Handbuch für Praktiker, 2009
RIW	Recht der internationalen Wirtschaft (Zeitschrift)
Röhricht/v. Westphalen	HGB-Kommentar, 3. Aufl. 2008
Römermann/Wachter	GmbH-Beratung nach dem MoMiG, 2008
Roth/Altmeppen	GmbHG, Kommentar, 7. Aufl. 2012
Rowedder/ Schmidt-Leithoff	GmbHG, Kommentar, 5. Aufl. 2013
Rpfleger	Der deutsche Rechtspfleger (Zeitschrift)
RPflG	Rechtspflegergesetz
RS	Rechnungslegungsstandards des IDW
Rspr.	Rechtsprechung
RuW	Recht und Wirtschaft (Zeitschrift)
RWP	Rechts- und Wirtschaftspraxis (Loseblatt-Ausgabe)
S.	Seite, Satz
s.	siehe
Schlegelberger	Handelsgesetzbuch, Kommentar von Geßler, Hefermehl, Hildebrandt und Schröder, 5. Aufl. 1999
K. Schmidt Gesellschaftsrecht	Gesellschaftsrecht, 4. Aufl. 2002
K. Schmidt Handelsrecht	Handelsrecht, 5. Aufl. 1999
K. Schmidt/Uhlenbruck	Die GmbH in Krise, Sanierung und Insolvenz, 4. Aufl. 2009
Schmidt EStG	Einkommensteuergesetz, 32. Aufl. 2013
Schmitt/Hörtnagl/ Stratz	Umwandlungsgesetz, Umwandlungssteuergesetz, Kommentar, begr. v. *Dehmer*, 11. Aufl. 2013
Schmolke	Kapitalerhaltung in der GmbH nach dem MoMiG, 2009
Scholz	Kommentar zum GmbH-Gesetz, 10. Aufl. 2006 ff., 11. Aufl. 2013
Scholz/Fischer	GmbH-Gesetz, Kleinkommentar, 8. Aufl. 1977
SG	Sozialgericht; Schmalenbach Gesellschaft für Betriebswirtschaft e. V.
Smid/Depré	Insolvenzordnung, Kommentar, 2. Aufl. 2001
s. o.	siehe oben
Soergel/Bearbeiter	Bürgerliches Gesetzbuch mit Einführungsgesetz und Nebengesetzen, begr. v. *Soergel*, 10. Aufl. 1967 ff., 11. Aufl. 1978 ff.; 12. Aufl. 1987 ff.; 13. Aufl. 2000 ff.

Abkürzungs- und Literaturverzeichnis

sog.	so genannt
Sp.	Spalte
st.	ständig(e)
StatJb.	Statistisches Jahrbuch für die Bundesrepublik Deutschland, hrsg. v. Statistischen Bundesamt (Jahr und Seite)
StbJb.	Steuerberater-Jahrbuch
Staudinger/*Bearbeiter* ...	Kommentar zum Bürgerlichen Gesetzbuch, 10./11. Aufl. und 12. Aufl. 1978 ff., 13. Aufl. 1993 ff., 14. Aufl. 2013 ff.
StBerG	Steuerberatungsgesetz
StBp.	Die steuerliche Betriebsprüfung (Zeitschrift)
Stein/Jonas/Berger	Kommentar zur Zivilprozessordnung, 22. Aufl. 2006
StGB	Strafgesetzbuch
StiftG	Stiftungsgesetz
StPO	Strafprozessordnung
str.	streitig
st. Rspr.	ständige Rechtsprechung
StuB	Steuer- und Bilanzpraxis (Zeitschrift)
StuW	Steuer und Wirtschaft (Zeitschrift)
s. u.	siehe unten/siehe unter
Sudhoff Gesellschaftsvertrag	Der Gesellschaftsvertrag der GmbH, 8. Aufl. 1992
Sudhoff/ GmbH & Co. KG	GmbH & Co. KG, 6. Aufl. 2005
teilw.	teilweise
Thomas/Putzo	Zivilprozessordnung mit Gerichtsverfassungsgesetz und den Einführungsgesetzen, Kommentar, 34. Aufl. 2013
Tillmann/Mohr	GmbH-Geschäftsführer, 10. Aufl. 2013
Tipke/Lang	Tipke/Lang, Steuerrecht, 21. Aufl. 2013
Tipke/Kruse	Tipke/Kruse, Abgabenordnung – Finanzgerichtsordnung, Loseblatt
u.	und, unten, unter
u. a.	unter anderem, und andere
Ulmer/Habersack/ Winter	GmbHG Großkommentar, 1. Aufl. 2008
Ulmer/Habersack/ Löbbe	GmbHG Großkommentar, 2. Aufl. 2013
UmwG	Umwandlungsgesetz
UmwR	Umwandlungsrecht
Urt.	Urteil
USt	Umsatzsteuer
UStR	Umsatzsteuerrichtlinien; Umsatzsteuer-Rundschau (Zeitschrift)
u. s. w.	und so weiter
u. U.	unter Umständen
UVR	Umsatzsteuer- und Verkehrsteuer-Recht (Zeitschrift)
UWG	Gesetz gegen den unlauteren Wettbewerb v. 7. 6. 1909 (RGBl. S. 499)
v.	vom, von
VereinsG	Vereinsgesetz
Verf.	Verfassung
Verh.	Verhandlung(en)
Veröff.	Veröffentlichung
VerschmG	Verschmelzungsgesetz
VersR	Versicherungsrecht, Juristische Rundschau für die Individualversicherung (Zeitschrift)
Verw.	Verwaltung
VerwG	Verwaltungsgericht
VerwGH	Verwaltungsgerichtshof
VerwR	Verwaltungsrecht
Vfg.	Verfügung
VGA	Verdeckte Gewinnausschüttung
VGH	Verfassungsgerichtshof

Abkürzungs- und Literaturverzeichnis

vgl.	vergleiche
VGR	Gesellschaftsrechtliche Vereinigung
VO	Verordnung
VOBl.	Verordnungsblatt
Voraufl.	Vorauflage
Vorb.	Vorbemerkung
VVaG	Versicherungsverein auf Gegenseitigkeit
VwGO	Verwaltungsgerichtsordnung
VwVfG	Verwaltungsverfahrensgesetz
VwZG	Verwaltungszustellungsgesetz
WarnR	Rechtsprechung des Reichsgerichts, herausgegeben von *Warneyer* (Band u. Nr.), ab 1961: Rechtsprechung des Bundesgerichtshofs in Zivilsachen
WBl.	Wirtschaftsrechtliche Blätter (österreichische Zeitschrift)
WiB	Wirtschaftsrechtliche Beratung (Zeitschrift) bis zum 31.12.1997; ab 1.1.1998 ersetzt durch NZG
Wicke	Gesetz betreffend die Gesellschaften mit beschränkter Haftung (GmbHG), 2. Aufl. 2011
Widmann/Mayer	Umwandlungsrecht, Kommentar, Loseblatt
Winnefeld	Bilanz-Handbuch, 4. Aufl. 2006
WiR	Wirtschaftsrat, Wirtschaftsrecht
Wistra	Zeitschrift für Wirtschaft, Steuer und Strafrecht
WM	Wertpapiermitteilungen (Zeitschrift)
WP	Wirtschaftsprüfer
WPg	Die Wirtschaftsprüfung (Zeitschrift)
WPH	Wirtschaftsprüfer-Handbuch, hrsg. v. Institut der Wirtschaftsprüfer in Deutschland, Bd. 1 12. Aufl. 2000, Bd. 2 11. Aufl. 1998
WpHG	Gesetz über den Wertpapierhandel (Wertpapierhandelsgesetz)
WPO	Wirtschaftsprüferordnung idF v. 5.11.1975 (BGBl. I S. 2803)
WPÜG	Wertpapiererwerbs- und Übernahmegesetz
WRP	Wettbewerb in Recht und Praxis (Zeitschrift)
WuB	Entscheidungssammlung zum Wirtschafts- und Bankrecht (Zeitschrift)
WuR	Die Wirtschaft und das Recht (Zeitschrift)
z.	zu(m)
ZAP	Zeitschrift für Anwaltspraxis
z. B.	zum Beispiel
ZBB	Zeitschrift für Bankrecht und Bankwirtschaft
ZfA	Zeitschrift für Arbeitsrecht
ZfB	Zeitschrift für Betriebswirtschaft
ZfbF	Schmalenbachs Zeitschrift für betriebswirtschaftliche Forschung
ZHR	Zeitschrift für das gesamte Handels- und Wirtschaftsrecht (bis 1960: Zeitschrift für das gesamte Handelsrecht und Konkursrecht)
ZinsO	Zeitschrift für das gesamte Insolvenzrecht
ZIP	Zeitschrift für Wirtschaftsrecht und Insolvenzpraxis
ZNotP	Zeitschrift für die Notarpraxis
Zöller/Bearbeiter	Zivilprozessordnung, Kommentar, 30. Aufl. 2014
ZPO	Zivilprozessordnung
ZRP	Zeitschrift für Rechtspolitik
z. T.	zum Teil
zust.	zustimmend
zutr.	zutreffend
ZVG	Gesetz über die Zwangsversteigerung und Zwangsverwaltung
z. Z.	zur Zeit

Teil A. Gründung

§ 1 Rechtsformwahl

Übersicht

	Rn.
I. Problemstellung	1–4
1. Rechtsformwahl und deren Anlässe	1/2
2. Zahlenmäßige Bedeutung der GmbH	3/4
II. Notwendige Vorüberlegungen	5–17
1. Bestandsaufnahme des konkreten Vorhabens	6–9
2. Einschränkungen bei der Rechtsformwahl	10–12
3. Entscheidungskriterien	13–16
4. Weiterer Gang der Darstellung	17
III. Die Weichenstellung: Personengesellschaft, Einzelunternehmer oder Körperschaft?	18–36
1. Strukturelle Unterschiede	21–26
a) Personengesellschaften	23/24
b) Körperschaften	25/26
2. Unterschiede in der Besteuerung	27–35a
a) Personengesellschaften und Einzelunternehmen	28–32
b) Körperschaften	33–35a
3. Bedeutung des Steuerrechts für die Rechtsformwahl	36
IV. Überblick über die Rechtsformen im Gesellschaftsrecht	37–67
1. Körperschaften	38–48
a) Verein	38
b) GmbH	39/39a
c) UG	40
d) AG	41
e) Kleine AG	42
f) SE	43/44
g) KGaA	45
h) Stiftung	46
i) Eingetragene Genossenschaft	47
j) Versicherungsverein auf Gegenseitigkeit	48
2. Personengesellschaften	49–52
a) GbR	49/50
b) OHG	51
c) KG	52
3. Misch- und Sonderformen, ausländische Gesellschaften	53–67
a) GmbH/UG & Co. KG	53
b) AG & Co. KG	54
c) GmbH & Co. KGaA	55
d) GmbH & Still	56
e) Unterbeteiligung	57
f) Stiftung & Co. KG	58
g) Partnerschaftsgesellschaft	59
h) EWIV	60
i) Partenreederei	61
j) Betriebsaufspaltung	62
k) Ausländische Gesellschaftsformen	63–65
l) Europäische Entwicklungen (SPE, FE)	66/67
V. Entscheidungskriterien für die Rechtsformwahl	68–222
1. Finanzierung unter Berücksichtigung der laufenden Besteuerung	71–117
a) Außenfinanzierung	72–78
b) Refinanzierung des Anteilseigners aus Steuerminderungen in Verlustsituationen	79–93
c) Innenfinanzierung	94–120

		Rn.
2. Vergütungen an Unternehmer		118–123
3. Haftungsbegrenzung und Publizitätspflicht		124–134
a) Formen der Haftungsbegrenzung – Mithaftung für nicht erbrachte Einlagen		125–127
b) Eintragung als Voraussetzung der Haftungsbegrenzung		128/129
c) Gefahren des Haftungsdurchgriffs		130/131
d) Publizitätspflicht		132–134
4. Leitung, Überwachung und Mitbestimmung		135–151
a) Leitung		135–142
b) Überwachung		143–146
c) Mitbestimmung		147–151
5. Konzern		152–160
a) Konzernhaftung und Konzernleitung		154–157
b) Besteuerung		158–160
6. Unternehmenskauf und -verkauf		161–175
a) Erwerber		162–165
b) Veräußerer		166–175
7. Immobilien im Unternehmensvermögen		176–191
a) Grunderwerbsteuer		177–191
b) Ertragsteuerrecht		192–197
8. Unternehmensnachfolge		198–206
9. Umwandlung		207–212
10. Gründungsaufwand		213–221
11. Internationale Aspekte		213–222
a) Überblick		213–217
b) Vorteilsvergleich bei In- und Outboundinvestitionen		218–221
c) Zusammenfassung/Fazit		222
VI. Fazit und Checklisten		223–226
1. Checkliste: Rechtsformwahl aufgrund unterschiedlicher Besteuerung		225
2. Checkliste: Rechtsformwahl aufgrund gesellschaftsrechtlicher Unterschiede		226

Schrifttum: *Baumert/Schmidt-Leithoff,* Die ertragsteuerliche Belastung der Betriebsaufspaltung nach der Unternehmensteuerreform 2008, DStR 2008, 888; *Beckmann,* die AG & Co. KG, 1992; *Blaurock,* Handbuch der stillen Gesellschaft, 7. Aufl. 2010; *Ernst & Young/BDI,* Die Unternehmensteuerreform 2008, 2007; *Fritz/Hermann,* Die Private Limited Company in Deutschland, 2008; *Frodermann/Jannott,* Handbuch der Europäischen Aktiengesellschaft, 2005; *GugenbergerSchotthöfer,* Die EWIV in Europa, 1995; *Hirte,* die Europäische Aktiengesellschaft – ein Überblick nach In-Kraft-Treten der deutschen Ausführungsgesetzgebung, DStR 2005, 653 ff. (Teil 1) und 700 ff. (Teil 2); *Helios,* Handbuch der Genossenschaft – Recht, Steuerrecht, Rechnungslegung, 2008; *Hölters/Deilmann,* Die „kleine" Aktiengesellschaft, 2. Aufl. 2002; *Hommelhoff/Teichmann,* Auf dem Weg zur Europäischen Privatgesellschaft (SPE), DStR 2008, 925 ff.; *Jacobs,* Internationale Unternehmensbesteuerung, 7. Aufl. 2011, 6. Teil, 2. Kapitel, S. 920 ff.; *Jorde/Götz,* Kapital- oder Personengesellschaft? Steuerliche Gesichtspunkte der Rechtsformwahl – national und international, BB 2008, 1032 ff.; *Krüger,* Zweckmäßige Wahl der Unternehmensform, 7. Aufl. 2002; *Leuering,* Die GmbH und der internationale Wettbewerb der Rechtsformen, ZRP 2006, 201 ff.; *Levedag,* Die Betriebsaufspaltung im Fadenkreuz der Unternehmensteuerreform 2008, GmbHR 2008, 281 ff.; *Lutter,* Europäisches Unternehmensrecht, 4. Aufl. 1996; *Müller/Winkeljohann,* Beck's Handbuch GmbHR, 4. Aufl. 2009; *Müller/Hoffmann,* Beck's Handbuch Personengesellschaften, 3. Aufl. 2009; *Ortmann-Babel/Zipfel,* Unternehmensteuerreform 2008 Teil I: Gewerbesteuerliche Änderungen und Besteuerung von Kapitalgesellschaften und deren Anteilseignern, BB 2007, 1869 ff.; *dies.,* Unternehmensteuerreform 2008, Teil II: Besteuerung von Personengesellschaften insbesondere nach Einführung der Thesaurierungsbegünstigung, BB 2007, 2205 ff.; *Rödder,* Unternehmensteuerreformgesetz 2008, Beihefter zu DStR 40, 2007, 2 ff.; *Römermann,* Die Limited in Deutschland – eine Alternative zur GmbH?, NJW 2006, 2065 ff.; *K. Schmidt,* Gesellschaftsrecht, 4. Aufl. 2002; *Seibert/Kiem/Schüppen,* Handbuch der kleinen AG, 5. Aufl. 2008; *Seifart/von Campenhausen,* Handbuch des Stiftungsrechts, 3. Aufl. 2009; *Stöber/Otto,* Handbuch zum Vereinsrecht, 10. Aufl. 2012; *Sudhoff,* GmbH & Co. KG, 6. Aufl. 2005; *Ulmer/Schäfer,* Gesellschaft bürgerlichen Rechts und Partnerschaftsgesellschaft, 5. Aufl. 2009; *Wälzholz,* Die GmbH & Still nach der Unternehmensteuerreform 2008, GmbH-StB 2008, 11 ff.; *Wicke,* Die Europäische Aktiengesellschaft – Grundstruktur, Gründungsformen, Funktionsweise, MittBayNot 2006, 196 ff.

I. Problemstellung

1. Rechtsformwahl und deren Anlässe

Die Frage nach der optimalen **Rechtsform einer Unternehmung** stellt sich den Beteiligten zwangsläufig in der Gründungsphase. Aber auch nach der Gründung muss in regelmäßigen Abständen geprüft werden, ob nicht geänderte Rahmenbedingungen eine Umwandlung der Unternehmung in eine andere Rechtsform nahelegen. Auslösende Faktoren für eine Rechtsformoptimierung können beispielsweise der Ein- oder Austritt bzw. Tod von Gesellschaftern, die Berufsunfähigkeit eines geschäftsführenden Gesellschafters, Veränderungen der wirtschaftlichen Marktgegebenheiten oder auch Änderungen auf dem Gebiet des Steuer- oder Gesellschaftsrechts sein. 1

Besteht aufgrund einer geplanten Neugründung oder einer möglichen Umwandlung Anlass, sich Gedanken über die zu wählende Rechtsform zu machen, so muss zunächst festgehalten werden, dass es neben den „gängigsten" Rechtsformen, insbesondere der GmbH, eine Vielzahl von möglichen Alternativen gibt. Diese Vielzahl ist aufgrund des im Gesellschaftsrecht geltenden **numerus clausus der Rechtsformen**[1] zwar begrenzt, die zur Verfügung stehende Anzahl von Alternativen aber dennoch beträchtlich. In Betracht kommen neben dem Einzelunternehmen als gesetzlich geregelte Grundtypen die GmbH, Unternehmergesellschaft (UG), AG, SE, KG, KGaA, OHG, GbR, Partnerschaftsgesellschaft, Verein, Stiftung, EWIV, Partenreederei, eingetragene Genossenschaft und Versicherungsverein auf Gegenseitigkeit. Als **Sonderformen bzw. Mischformen** kommen in Betracht die GmbH/UG & Co. KG, AG & Co. KG, GmbH & Co. KGaA, GmbH & Still, Unterbeteiligung, Betriebsaufspaltung und Stiftung & Co. KG. Einen Überblick über die wesentlichen Merkmale der einzelnen Rechtsformen und einen Ausblick auf den Einsatz von Rechtsformen anderer Mitgliedstaaten der europäischen Union, insbesondere der englischen Limited, sowie die europäischen Entwicklungen enthält Abschnitt IV. 2

2. Zahlenmäßige Bedeutung der GmbH

Von den zur Verfügung stehenden Rechtsformen nimmt die GmbH die gewichtigste Rolle ein. Während es im Jahre 1973 in den alten Bundesländern 112.063 GmbHs gab, waren es 1992 bereits ca. 510.000. Im wiedervereinigten Deutschland gab es in 1998 ca. 815.000 GmbHs[2] und im Jahr 2012 wurde die Zahl der GmbHs auf über 1,07 Mio. geschätzt.[3] Von der stetig steigenden Beliebtheit der GmbH profitiert auch die „kleine Schwester" der GmbH, die UG. Seit der Einführung der UG im Jahre 2008 wurden bereits über 64.371 solcher Gesellschaften gegründet.[4] Damit hat die UG – der sich insbesondere in Deutschland bei „Kleingewerbetreibenden" zwischenzeitlich großer Beliebtheit freuenden Rechtsform – der englischen Limited den Rang abgelaufen.[5] Hiergegen erscheint die zahlenmäßige Bedeutung der AG – trotz einer signifikanten Zunahme um die Jahrtausendwende – als gering. Im Jahre 2012 waren in Deutschland insgesamt 16.705 Aktiengesellschaften registriert. Zum Vergleich: Diese Zahl entspricht ungefähr sämtlicher in deutschen Handelsregistern eingetragenen ausländischen Gesellschaften.[6] 3

Die zahlenmäßige Verbreitung der einzelnen Rechtsformen ist natürlich weder ein Kriterium für ihre wirtschaftliche Bedeutung noch präjudiziert sie die Entscheidung für die Aus- 4

---

[1] Vgl. hierzu *K. Schmidt*, Gesellschaftsrecht, § 5 II Nr. 1.
[2] *Baumbach/Hueck/Fastrich*, Einl. GmbHG, 20. Aufl. 2013, Rn. 16.
[3] *Kornblum*, Bundesweite Rechtstatsachen zum Unternehmens- und Gesellschaftsrecht (Stand 1.1.2012), GmbHR 2012, 728–735.
[4] *Kornblum*, Bundesweite Rechtstatsachen zum Unternehmens- und Gesellschaftsrecht (Stand 1.1.2012), GmbHR 2012, 729.
[5] Nach *Kornblum*, Bundesweite Rechtstatsachen zum Unternehmens- und Gesellschaftsrecht (Stand 1.1.2012), GmbHR 2012, S. 729 bestehen sind in Deutschland „noch" 12.553 englische Limited registriert.
[6] *Kornblum*, Bundesweite Rechtstatsachen zum Unternehmens- und Gesellschaftsrecht (Stand 1.1.2012), GmbHR 2012, S. 729.

wahl der Rechtsform im konkreten Einzelfall. Die starke Verbreitung der GmbH ist jedoch Beleg für ihre vielseitige Verwendbarkeit.

II. Notwendige Vorüberlegungen

5   Es gibt für die Wahl der richtigen Rechtsform kein Patentrezept. Vielmehr sind die jeweiligen Umstände des Einzelfalles entscheidend.[7]

1. Bestandsaufnahme des konkreten Vorhabens

6   Der Entscheidung über die Rechtsform ist deshalb eine umfassende Bestandsaufnahme der die geplante Unternehmung betreffenden Umstände voranzustellen. Dazu gehören Zweck der Unternehmung und die mit der Unternehmung verfolgten Ziele ebenso wie die persönlichen Verhältnisse sämtlicher Beteiligter und deren Beziehungen zueinander.

7   **In persönlicher Hinsicht** sollte hier geklärt werden, was die Beteiligten wollen und welche Gestaltungen grundsätzlich möglich sind. Dazu ist festzustellen, inwieweit die einzelnen Beteiligten der Unternehmung ihre Arbeitskraft oder Kapital zur Verfügung zu stellen beabsichtigen, welche fachlichen Qualifikationen und Erfahrungen vorhanden sind, ob gegebenenfalls einzelne Beteiligte über Erlaubnisse, Lizenzen u. ä. verfügen,[8] welche Herrschaftsverhältnisse angestrebt werden, wie hoch die Haftungsbereitschaft der Beteiligten ist und wie viel Vertrauen sich die Beteiligten untereinander entgegenbringen. Es ist auch nach der rechtsformbezogenen Erfahrung der Beteiligten zu fragen. Fehlende rechtsformbezogene Erfahrung kann sich gegebenenfalls begrenzend auf die Komplexität der zu wählenden Konstruktion auswirken. So können beispielsweise die für Aktiengesellschaften geltenden strengen Vorschriften durchaus zu einer Überforderung der mit ihrer Leitung betrauten Personen führen, wenn diesen die entsprechende Erfahrung fehlt und eine ständige qualifizierte Beratung nicht in Anspruch genommen wird.

8   **In wirtschaftlicher Hinsicht** ist festzustellen, wie viel Kapital der Unternehmung zur Verfügung steht bzw. von wem es beschafft werden kann, wie hoch die jeweiligen Gründungsaufwendungen und laufenden Organisationskosten sind, ob spätere Gesellschafterwechsel oder eine Börsennotierung geplant ist, welche Besonderheiten der Standort aufweist, welche internationalen Aspekte eine Rolle spielen, wie sich die Belegschaft zusammensetzt und ob die Belegschaft gegebenenfalls an der Unternehmung beteiligt werden soll.[9]

9   Dieser Fragenkatalog ist natürlich nicht abschließend. Es sind vielmehr sämtliche für den Einzelfall relevanten Feststellungen zu treffen, sofern sie dazu dienen, die Interessen der Beteiligten klarer zu definieren. Dabei sind erkennbare Veränderungen der rechtlichen und tatsächlichen Rahmenbedingungen zu berücksichtigen. Nach Abschluss dieser möglichst umfassenden Untersuchung sollten die für die Beantwortung der Rechtsformfrage benötigten Informationen zur Verfügung stehen.

2. Einschränkungen bei der Rechtsformwahl

10 In den Fällen, in denen das **Gesetz für bestimmte Unternehmenszwecke die zu wählende Rechtsform vorschreibt oder die Auswahl einschränkt,** kann unter Umständen bereits hier entschieden werden. Gesetzliche Regelungen existieren beispielsweise für Versicherungen, die entweder als Aktiengesellschaft oder als Versicherungsverein auf Gegenseitigkeit betrieben werden müssen (§ 7 Abs. 1 VAG). Hypothekenbanken und Schiffspfandbriefbanken können nur als Aktiengesellschaften oder als Kommanditgesellschaft auf Aktien betrieben werden (§ 2 HypBankG, § 2 Abs. 1 SchiffspfandbriefbankG). Sonstige Bankunternehmen müssen von Handelsgesellschaften betrieben werden (§ 2a KWG). Für Kapitalanlagegesell-

---

[7] Hierauf wird im Detail unter → Rn. 68 ff. eingegangen.
[8] Handwerksbetriebe beispielsweise bedürfen grundsätzlich der Eintragung in die Handwerksrolle. Voraussetzung dafür ist das Bestehen einer entsprechenden Meisterprüfung durch den Betriebsleiter (§ 7 Abs. 1 HwO). Zu Ausnahmen vom Meisterzwang siehe §§ 7 Abs. 2 bis 9 und §§ 7a, 7b, 8, 9 HwO.
[9] Vgl. zur Bestandsaufnahme *Krüger,* S. 1; auch MünchKommGmbHG/*Fleischer* Einl Rn. 300.

schaften schreibt § 1 Abs. 3 KAGG die Rechtsform der Aktiengesellschaft oder der GmbH vor. Für deutsche REITs sieht das Gesetz zwingend die Rechtsform einer börsennotierten AG vor (§ 1 REITG).[10] Weitere Beschränkungen gelten für Apotheken (§ 8 ApothG) und Steuerberatungs- und Wirtschaftsprüfungsgesellschaften (§ 49 StBerG, § 27 WPO).[11] Besonderheiten bestehen auch bei der gemeinschaftlichen Berufsausübung von Rechtsanwälten.[12]

Aus der geplanten **Gesellschafterstruktur** können sich ebenso Beschränkungen der Rechtsformenwahlmöglichkeiten ergeben. So kann eine einzelne natürliche Person keine OHG, KG oder GbR betreiben. Die Errichtung von GmbH, AG und GmbH & Co. KG als Einmann-Gesellschaften durch eine einzelne natürliche Person ist dagegen möglich.

Regelmäßig werden die obigen Vorüberlegungen allein noch nicht zu einem eindeutigen Ergebnis führen. Die optimale Rechtsform muss dann anhand von Entscheidungskriterien und deren Abwägung bestimmt werden.

3. Entscheidungskriterien

Zunächst ist zu prüfen, welche besonderen Merkmale der zur Verfügung stehenden Rechtsformen für das konkrete Vorhaben von besonderer Bedeutung sind. Diese Prüfung sollte jedenfalls die nachfolgenden Kriterien berücksichtigen:[13]

Checkliste: Entscheidungskriterien für die Rechtsformwahl

- ☐ Finanzierung unter Berücksichtigung der laufenden Besteuerung
- ☐ Vergütungen an Unternehmer
- ☐ Haftungsbegrenzung und Publizitätspflicht
- ☐ Leitung, Überwachung, Mitbestimmung
- ☐ Konzern
- ☐ Unternehmenskauf, -verkauf
- ☐ Immobilien im Unternehmensvermögen
- ☐ Unternehmensnachfolge
- ☐ Immobilien im Unternehmensvermögen
- ☐ Umwandlung
- ☐ Gründungsaufwand
- ☐ Internationale Aspekte

Daneben können gegebenenfalls Aspekte wie der Gründungsaufwand und laufende Organisationskosten, Börsenfähigkeit und rechtsformabhängige Imagefragen eine Rolle spielen. Weitere Kriterien können sich aus den Gegebenheiten der konkreten Unternehmung ergeben.

Anschließend ist mit Blick auf die konkrete Unternehmung und die Interessen der Beteiligten eine umfassende Abwägung durchzuführen. Abzuwägen ist dabei zwischen den so für

---

[10] REIT steht für Real-Estate-Investment-Trust. Zu den Rechtsformalternativen zum REIT und der Besteuerung, *Amort* DStR 2009, 1772 ff.

[11] *K. Schmidt* Gesellschaftsrecht § 5 II Nr. 2.

[12] Nach der Entscheidung des BGH vom 18.7.2011 (BeckRS 2011, 20471) können Rechtsanwaltsgesellschaften nicht in der Rechtsform der GmbH & Co. KG betrieben werden; vgl. hierzu auch *Karl*, NJW 2010, 967–972; *Schnittker/Leicht* BB 2010, 2971. Etwas anderes gilt § 59c BRAO für die Rechtsform GmbH. Am 19.7.2013 ist das Gesetz zur Einführung einer Partnerschaftsgesellschaft mbH und zur Änderungen des Berufsrechts der Rechtsanwälte, Patentanwälte, Steuerberater und Wirtschaftsprüfer (BT-Drs. 17/10487) in Kraft getreten, wonach freie Berufe ihre Haftung aus beruflichen Fehlern beschränken können; hierzu *Römermann* NJW 2013, 2305–2310; *Ruppert* DStR 2013, 1623–1628; vgl. auch zur Berufsausübung freier Berufe in der Rechtsform der UG, *Hommerich/Kilian* AnwBl. 2009, 861–862.

[13] *Grashoff* Steuerrecht Kapitel 2, Rn. 372–377; *Breithaupt/Ottersbach*, Kompendium GesR 2010, Abschnitt A, Rn. 1; *Leistikow*, Beck'sches Rechtsanwalts-Handbuch GesR und Unternehmensrecht, 10. Aufl. 2011 § 44 Rn. 19–35; *Lüdicke/Sistermann/Rödding* Unternehmenssteuerrecht § 3 Rn. 1–68 halten unterschiedliche Kriterien für die Rechtsformwahl für erheblich.

die Unternehmung festgestellten notwendigen bzw. wünschenswerten Eigenschaften der einzelnen Rechtsformen. Die Gewichtung anhand der in die Untersuchung einbezogenen Kriterien wird dann den Weg zu einer bestimmten Rechtsform weisen. Dabei lassen sich auf diese Weise zunächst Rechtsformen ausschließen, die das Ergebnis des beschriebenen Abwägungsprozesses nicht zu tragen vermögen. Zwischen den verbleibenden Alternativen ist dann die optimale Rechtsform auszuwählen. Kompromisse werden sich dabei oftmals nicht vermeiden lassen.

4. Weiterer Gang der Darstellung

17 Wie aber ist der hier skizzierte Entscheidungsprozess im Einzelnen zu bewerkstelligen? Dazu wird im Folgenden unter III. die Einteilung der zur Verfügung stehenden Rechtsformen in Personengesellschaften und Einzelunternehmen einerseits und Körperschaften andererseits sowie deren grundsätzliche Unterschiede dargestellt. Diese Unterscheidung stellt für die Rechtsformwahl eine wesentliche Weichenstellung dar. Nach Darstellung der einzelnen Rechtsformen im Gesellschaftsrecht (→ Rn. 37 ff.) werden unter → Rn. 68 ff. die abwägungsrelevanten Entscheidungskriterien im Einzelnen dargelegt.

III. Die Weichenstellung: Personengesellschaft, Einzelunternehmen oder Körperschaft?

18 Für die Wahl der Rechtsform einer Unternehmung ist die Unterscheidung zwischen **Personengesellschaft und Einzelunternehmen einerseits und Körperschaft andererseits** von erheblicher Bedeutung. Denn zwischen diesen Grundtypen bestehen grundsätzliche Unterschiede hinsichtlich Struktur und Besteuerung. Auf das Einzelunternehmen wird im Rahmen der Unterschiede hinsichtlich der Besteuerung eingegangen. Ein Einzelunternehmen kommt als Rechtsformalternative naturgemäß nur dort in Betracht, wo lediglich eine Person ein Unternehmen betreiben möchte. Jedes Vorhaben mehrerer Personen zum Betrieb eines Unternehmens muss sich an den zur Verfügung stehenden Rechtsformen des Gesellschaftsrechts orientieren.

19 Die oben im Überblick aufgezählten Rechtsformen können wie folgt eingeteilt werden:

Personengesellschaften
- GbR
- OHG
- KG

Körperschaften
- Verein
- GmbH/UG
- AG/„kleine" AG
- SE
- Stiftung
- eingetragene Genossenschaft (eG)
- Versicherungsverein a. G. (VVaG)

20 Folgende Sonder- und durch Grundtypenvermischung entstandene Mischformen werden zu den **Personengesellschaften** gerechnet:
- GmbH/UG & Co. KG
- G & Co. KG
- GmbH & Co. KGaA
- GmbH & Still
- Unterbeteiligung
- Stiftung & Co. KG
- Partnerschaftsgesellschaft (PartG/PartGmbB)
- EWIV
- Partenreederei

1. Strukturelle Unterschiede

21 Zwischen Personengesellschaften und Körperschaften bestehen grundlegende, sowohl das Innen- als auch das Außenverhältnis betreffende, strukturelle Unterschiede. Regelungen für

das Innenverhältnis fehlen für ein Einzelunternehmen gänzlich; auch für das Außenverhältnis spielen letztlich lediglich allgemeine zivilrechtliche Kriterien eine Rolle. Eine weitere Darstellung erübrigt sich daher. Allerdings lassen sich durch entsprechende **Gestaltung der Gesellschaftsverträge** die Unterschiede weitgehend auflösen. Beispielsweise können in der Satzung einer GmbH vielfältige personenbezogene Regelungen getroffen und die GmbH so dem Grundtypus der Personengesellschaft angenähert werden (und umgekehrt).

Ausgangspunkt für strukturelle Unterschiede der Rechtsformen sind die gesetzlichen Grundformen. Eine Darstellung der grundsätzlichen strukturellen Unterschiede ist daher für das Verständnis rechtsformbedingten Gestaltungspotentials unerlässlich. 22

a) **Personengesellschaften.** Grundform der Personengesellschaft ist die Gesellschaft bürgerlichen Rechts (GbR), §§ 705 ff. BGB. Nach dem gesetzlichen Leitbild ist die Personengesellschaft ein **gegenüber ihren Mitgliedern nur ansatzweise verselbstständigter Personenverband**. Gesetzlich vorgesehen ist nur für die Handelsgesellschaften OHG und KG, dass diese unter ihrem eigenen Namen klagen und verklagt werden können, § 124 Abs. 1 HGB.[14] 23

Als Folge dieses gesetzlichen Leitbildes sind folgende Prinzipien erwähnenswert: 24
- regelmäßig kleine Mitgliederzahl, beruhend auf dem persönlichen Vertrauen der Beteiligten,
- das Ausscheiden eines Gesellschafters hat grundsätzlich die Auflösung der Gesellschaft zur Folge, vgl. §§ 723 ff. BGB – dispositive Regelung, § 736 BGB,
- Übertragung der Gesellschaftsanteile ist nicht vorgesehen, vgl. §§ 717, 719 BGB, wird jedoch allgemein für zulässig gehalten, bedarf dann aber der Zustimmung aller Mitgesellschafter oder einer entsprechend abweichenden Regelung im Gesellschaftsvertrag,
- Entscheidungen werden grundsätzlich einstimmig getroffen, Einstimmigkeitsprinzip, § 709 Abs. 1 BGB – weitgehend dispositiv,
- grundsätzlich müssen stets alle Gesellschafter gemeinsam als Geschäftsführer/Vertreter für die Gesellschaft tätig werden, §§ 709 Abs. 1, 714 BGB (anders bei der KG vgl. § 164 HGB) – Einzelgeschäftsführung/Vertretung ist grundsätzlich möglich,
- Grundsatz der Selbstorganschaft – nur Gesellschafter können organschaftliche Geschäftsführungs- und Vertretungsbefugnis haben,
- Entstehung durch Vertragsschluss zwischen den Mitgliedern (grds. formfrei – Ausnahmen z. B. wegen § 311b BGB bei Einlage von Grundstücken und § 15 GmbHG bei Einlage von Geschäftsanteilen),
- unmittelbare Außenhaftung – die Gesellschafter haften grundsätzlich den Gläubigern für die Gesellschaftsverbindlichkeiten unmittelbar mit ihrem Privatvermögen (der Kommanditist haftet nur bis zur Höhe seiner Einlage vgl. § 171 HGB).

b) **Körperschaften.** Grundform der Körperschaft ist der Verein, §§ 21 ff. BGB. Die Körperschaft ist nach dem gesetzlichen Leitbild **eine gegenüber ihren Mitgliedern verselbstständigte Verbandsperson.** Körperschaften lassen sich weiter unterteilen in nicht rechtsfähige (nicht rechtsfähiger Verein, § 54 BGB) und rechtsfähige Körperschaften (rechtsfähiger Verein, § 21 BGB; AG, § 1 Abs. 1 AktG; KGaA, § 278 Abs. 1 AktG; GmbH, § 13 Abs. 1 GmbHG). Eine weitere Unterteilung ist möglich in **nicht kapitalistische Körperschaften** (rechtsfähiger und nicht rechtsfähiger Verein, eingetragene Genossenschaft) und in **Kapitalgesellschaften** (AG, KGaA, GmbH). Für Kapitalgesellschaften ist charakteristisch, dass der Gesetzgeber ein bestimmtes Mindestkapital (Grund- oder Stammkapital) vorschreibt, das als Kreditgrundlage und Haftungsbasis der Gläubiger dient. 25

Im Unterschied zu den Personengesellschaften zeichnet sich der Grundtypus der **Körperschaften** durch folgende Merkmale aus: 26
- Das Ausscheiden und der Wechsel von Mitgliedern lässt den Bestand der Körperschaft unberührt. Die Mitgliedschaft ist grundsätzlich – bei Kapitalgesellschaften – frei übertragbar,

---

[14] Für die GbR hat die Rechtsprechung dies erst im Jahr 2001 nach langem Streit anerkannt, BGH NJW 2001, 1056 ff.

- Es gilt grundsätzlich das Mehrheitsprinzip, nur bei Satzungsänderungen ist regelmäßig eine qualifizierte Mehrheit von 75 % der abgegebenen Stimmen erforderlich,
- Für Geschäftsführung und Vertretung sind besondere Organe (Geschäftsführung/Vorstand) vorgesehen; die Gesamtheit der Gesellschafter wird grundsätzlich nicht im Bereich der Geschäftsführung und Vertretung tätig,
- Die Geschäftsführungs- und Vertretungsorgane müssen nicht notwendig auch Mitglieder sein – Grundsatz der Drittorganschaft –,
- Registrierungssystem – die Entstehung der Körperschaft erfordert grundsätzlich neben dem (notariellen) Vertragsabschluss noch die Eintragung in besonders geführte Register (Vereins- bzw. Handelsregister),
- Der Gesellschafter schuldet im Innenverhältnis seine Einlage; eine darüber hinausgehende Haftung den Gesellschaftsgläubigern gegenüber besteht grundsätzlich nicht. Bei den Kapitalgesellschaften kommt deshalb der Kapitalaufbringung und Kapitalerhaltung besondere Bedeutung zu.

2. Unterschiede in der Besteuerung

27 Der wesentliche Unterschied zwischen Personengesellschaften bzw. Einzelunternehmen einerseits und Körperschaften andererseits liegt in der Besteuerung. Dies hat für die Rechtsformwahl besondere Bedeutung, weil die Parteien Unterschiede in der Besteuerung vertraglich nicht ausräumen können.[15]

28 **a) Personengesellschaften und Einzelunternehmen.** Die **Personengesellschaft** ist im Einkommensteuerrecht kein selbständiges Steuersubjekt, d. h., sie **schuldet keinerlei Einkommensteuer**. Subjekt der Besteuerung sind die Gesellschafter der Personengesellschaft. In der Sprache des Steuerrechts ist die gewerblich tätige Personengesellschaft eine sog. Mitunternehmerschaft, vgl. § 15 Abs. 1 Nr. 2, Abs. 3 EStG. Bei gewerblicher Betätigung der Gesellschaft ist Mitunternehmer derjenige, der Mitunternehmerinitiative entfaltet und Mitunternehmerrisiko trägt. Dies ist beim Gesellschafter einer OHG immer der Fall. Da der Komplementär einer KG von wesentlichen unternehmerischen Entscheidungen nicht ausgeschlossen werden kann, entfaltet er Mitunternehmerinitiative und trägt wegen seiner Verlustbeteiligung ein Mitunternehmerrisiko. Bei der Feststellung der Mitunternehmerinitiative und des -risikos lässt die Rechtsprechung im Allgemeinen genügen, dass der Kommanditist Rechte innehat, die dem gesetzlichen Leitbild des Kommanditisten entsprechen.[16] Mitunternehmerinitiative und Mitunternehmerrisiko entscheiden auch bei den anderen Personengesellschaften über die Mitunternehmerschaft der einzelnen Gesellschafter.

29 Der steuerliche Gewinn einer gewerblich tätigen Personengesellschaft wird einheitlich und gesondert vom Betriebsfinanzamt der Personengesellschaft festgestellt und dann jeweils auf die Gesellschafter verteilt, §§ 179 Abs. 2 S. 2, 180 Abs. 1 Nr. 2a, 18 Nr. 2 AO. Auf diese Weise wird die Besteuerung der Gesellschafter einer Personengesellschaft der Besteuerung eines Einzelunternehmers angenähert. Diese Annäherung ist gewollt und hat für die Gesellschafter von Personengesellschaften erhebliche Konsequenzen. Dem nach § 15 Abs. 1 Nr. 1 EStG gewerblich tätigen Einzelunternehmer wird sein steuerlicher Gewinn direkt zugeordnet. Er kann sich keine Vergütung für die Geschäftsführung, für die Hingabe eines Darlehens oder die Überlassung von Wirtschaftsgütern an seine Unternehmung zahlen, weil er keine Verträge mit sich selbst abschließen kann. Dasselbe gilt nach § 15 Abs. 1 Nr. 2 S. 1 EStG auch für die Gesellschafter von gewerblich tätigen Personengesellschaften. Vergütungen für Dienste eines Gesellschafters obiger Art werden dem Gewinn des Gesellschafters aus der Personengesellschaft zum Zwecke der Besteuerung hinzugerechnet. Hintergrund dieser Regelung ist die bezweckte Gleichstellung der Gesellschafter von Personengesellschaften mit dem Einzelunternehmer, § 15 Abs. 1 Nr. 2 S. 1, 2 Hs. EStG.

---

[15] Vgl. zu den steuerlichen Gesichtspunkten der Rechtsformwahl zwischen Personen- und Kapitalgesellschaften (national und international), *Götz/Jorde* BB 2008, 1032 ff.
[16] BFH BStBl. II 1984, 751, 769.

Bei den Gesellschaftern einer Personengesellschaft und dem Einzelunternehmer wird der zugewiesene Gewinn als **Einkünfte aus Gewerbebetrieb mit dem jeweiligen persönlichen Steuersatz** besteuert, d.h. in der Spitze mit einem Steuersatz von 45 %. Nicht entnommene Gewinne können auf Antrag des Gesellschafters unter den Voraussetzungen des § 34a EStG einem im Vergleich zum persönlichen Steuersatz des Gesellschafters regelmäßig günstigeren Steuersatz von 28,25 % unterworfen werden. Diese „**Thesaurierungsbegünstigung**" wirkt jedoch tatsächlich nicht wie eine endgültige Steuersatzsenkung, sondern aufgrund der zu einem späteren Zeitpunkt zwingend eintretenden Nachversteuerung der begünstigten Gewinne lediglich wie eine Steuerstundung.[17] Gemäß § 35 EStG[18] ermäßigt sich die tarifliche Einkommensteuer – zuvor vermindert um die sonstigen Steuerermäßigungen mit Ausnahme der §§ 34f, 34g, 35a EStG und nur soweit sie auf gewerbliche Einkünfte entfällt – um das 3,8fache des für den Veranlagungszeitraum und das Unternehmen festgesetzten gewerbesteuerlichen Steuermessbetrages. § 35 Abs. 1 S. 5 EStG begrenzt den Abzug des Steuerermäßigungsbetrages auf die tatsächlich zu zahlende Gewerbesteuer, um Überkompensationen zu vermeiden. 30

Gewinn und Verlust ergeben sich zum einen aus dem Vorhandensein und Einsatz des Gesamthandsvermögens, zum anderen aus dem sog. **Sonderbetriebsvermögen der einzelnen Gesellschafter**, also der Vermögensgegenstände, die dem Bereich der Personengesellschaft dienen, den Gesellschaftern aber persönlich gehören (sog. Sonderbetriebsvermögen I – z.B. ein Grundstück, das der Gesellschafter der Personengesellschaft überlässt), sowie der Vermögensgegenstände der Gesellschafter, die die Beteiligung des Gesellschafters an der Personengesellschaft betreffen (sog. Sonderbetriebsvermögen II – z.B. ein Darlehen zur Finanzierung der Beteiligung). Entsprechendes gilt für persönliche Verbindlichkeiten. Schließlich sind Ergebnisse aus Ergänzungsbilanzen der Gesellschafter zu berücksichtigen, die für steuerliche Zwecke von der Handelsbilanz abweichende Werte für den einzelnen Gesellschafter festhalten und fortschreiben (z.B. nach Anteilskauf bei Bezahlung von stillen Reserven). Der aus Gesamthands- und Sonderbetriebsvermögen und Ergänzungsbilanzen resultierende Erfolg der Personengesellschaft bildet auch die Ausgangs–Bemessungsgrundlage für die Ermittlung des Gewerbeertrages der Personengesellschaft, die als solche selbständig gewerbesteuerpflichtig ist, § 5 Abs. 1 S. 3 GewStG. 31

Gewinnermittlung für einen Mitunternehmer:
Gewinnermittlung 1. Stufe: Gewinn der Personengesellschaft nach Handelsbilanz + Steuerrechtliche Anpassungen = Gewinn der Mitunternehmerschaft 1. Stufe
+ Gewinnermittlung 2. Stufe Ergebnis der Sonderbilanzen der einzelnen Mitunternehmer (Sondervergütungen wie z.B. Geschäftsführergehalt, Zinsen für Gesellschafterdarlehen)
+ Ergänzungsbilanzen Ergebnis der Ergänzungsbilanzen für einzelne Mitunternehmer (von der Gesamthandsbilanz abweichende Fortschreibung der Buchwerte für einzelne Gesellschafter, z.B. nach Anteilskauf bei Bezahlung stiller Reserven)
= Gewinn des Mitunternehmers

32

b) **Körperschaften.** Die Körperschaft ist **über die gesamte Breite des Steuerrechts subjektiv steuerpflichtig** und nicht nur – wie die Personengesellschaft bezüglich der Einkommensteuer – „Durchleitstation" für die Besteuerung ihrer Gesellschafter. Im Bereich der Ertragssteuern gibt es für die Körperschaft – neben der Gewerbesteuer, die sie als Handelsgesellschaft immer zu entrichten hat –, als besondere Steuer die Körperschaftsteuer. Diese beträgt nach 33

---

[17] Zur begrenzten Wirkung der Thesaurierungsbegünstigung → Rn. 96–98.
[18] § 35 EStG wurde mit der Steuerreform 2001 eingeführt, um die für gewerbesteuerpflichtige Personengesellschaften bzw. Einzelunternehmen und Körperschaften geltenden Steuertarife einander anzunähern.

§ 23 Abs. 1 KStG einheitlich 15 % des zu versteuernden Gewinns ohne Differenzierung zwischen Einbehaltung (Thesaurierung) und Ausschüttung des Gewinns.

34 Dieser Gewinn kann durch angemessene Entgelte gemindert sein, die an Gesellschafter für schuldrechtlich vereinbarte und realisierte Dienst-, Darlehens- oder Mietverträge oder andere Vertragsbeziehungen gezahlt werden. Der Höhe und/oder dem Grunde nach unangemessene Vergütungen für Gesellschafterleistungen stellen allerdings sog. **verdeckte Gewinnausschüttungen** dar und mindern das Einkommen nicht, § 8 Abs. 3 S. 2 KStG. Die hieraus resultierenden Aufwendungen werden dem ausgewiesenen Gewinn für Zwecke der Besteuerung außerbilanziell hinzugerechnet. Wenn die Körperschaft – offen oder verdeckt – Gewinnausschüttungen an ihre Gesellschafter durchführt, führen diese bei den Gesellschaftern, soweit sie natürliche Personen sind, zu einkommensteuerpflichtigen Einnahmen. Für Kapitalgesellschaften, die als Gesellschafter an einer anderen Kapitalgesellschaft beteiligt sind, erhöhen Gewinnausschüttungen den körperschaftsteuerpflichtigen Gewinn. Ebenso wie offene Gewinnausschüttungen sind sie zu 95 % steuerfrei, § 8b Abs. 1, 5 KStG.

35 Eine Zweifachbesteuerung des in der Gesellschaft erwirtschafteten und versteuerten Gewinns wird – abhängig davon, ob die Anteile im Privat- oder Betriebsvermögen des Gesellschafters gehalten werden – bei einer Ausschüttung an die Gesellschafter durch das sog. Teileinkünfteverfahren bzw. die Abgeltungssteuer vermieden. Auf im **Betriebsvermögen** gehaltene Anteile findet das **Teileinkünfteverfahren** Anwendung.[19] Hiernach sind 60 % der ausgeschütteten Einkünfte zu versteuern, § 3 Nr. 40 EStG. Im Gegenzug zu dieser 40%igen Steuerbefreiung kann der Gesellschafter nach § 3c Abs. 2 EStG Aufwendungen und Verluste, die mit den dem § 3 Nr. 40 EStG zugrundeliegenden Einnahmen in wirtschaftlichem Zusammenhang stehen, nur zu 60 % abziehen. Genau genommen ist das Teileinkünfteverfahren also ein ‚Teileinnahmen' und ‚Teilausgaben'-Verfahren, denn es werden jeweils nur 60 % der Einnahmen und Ausgaben für steuerliche Zwecke angesetzt. Im **Privatvermögen** gehaltene Anteile unterliegen der **Abgeltungsteuer**. Danach werden Ausschüttungen unabhängig vom persönlichen Steuersatz des Steuerpflichtigen mit 25 % besteuert, § 32d Abs. 1 EStG. Ausnahmen bestehen u. a. für Kapitalerträge aus der Beteiligung an einem Handelsgewerbe als stiller Gesellschafter, aus partiarischen Darlehen oder sonstigen Kapitalforderungen, wenn Gläubiger und Schuldner nahestehende Personen sind oder von einer Kapitalgesellschaft an einen Anteilseigner gezahlt werden, der zu mindestens 10 % an der Gesellschaft beteiligt ist, § 32d Abs. 2 Nr. 1 EStG. Auf Antrag findet statt der Abgeltungssteuer das Teileinkünfteverfahren Anwendung, wenn der Steuerpflichtige unmittelbar oder mittelbar zu mindestens 25 % an der Kapitalgesellschaft beteiligt ist oder zu mindestens 1 % an der Kapitalgesellschaft beteiligt und beruflich für diese tätig ist. Ob Veräußerungsgewinne eher im Privatvermögen als im Betriebsvermögen einer GmbH realisiert werden sollten, lässt sich pauschal nicht beantworten, sondern hängt von einer Vielzahl von Faktoren ab.[20]

35a Auch Gewinne aus der Veräußerung im Privatvermögen gehaltener Aktien oder GmbH-Anteile unterliegen der Abgeltungsteuer, § 20 Abs. 2 i. V. m. § 32d EStG. Ab einer Mindestbeteiligung des Gesellschafters von 1 % des Stammkapitals zu irgendeinem Zeitpunkt innerhalb der letzten fünf Jahre findet auf den Veräußerungsgewinn allerdings weiterhin der progressive Steuersatz Anwendung, da es sich nach wie vor um Einkünfte im Sinne des § 17 EStG handelt, der insoweit dem § 20 Abs. 2 EStG vorgeht (§ 20 Abs. 8 EStG).[21]

3. Bedeutung des Steuerrechts für die Rechtsformwahl

36 Die laufende Besteuerung ist also für die Rechtsformwahl von erheblicher Bedeutung. Andererseits muss davor gewarnt werden, allein die laufende Besteuerung auf Kosten von gesellschaftsorganisatorischen oder haftungsrechtlichen Kriterien in den Vordergrund zu stellen. Leicht können sich die Steuertarife ändern. Auf diese Weise kann sich ein im Wege

---

[19] Vor dem UntStRefG 2008 galt das sog. Halbeinkünfteverfahren. Vor der Steuerreform 2001 kam das sog. Anrechnungsverfahren zur Anwendung.
[20] Vgl. *Wehrheim/Bensheim* DStR 2008, 989–993, zur dynamischen Vorteilhaftigkeitsanalyse bei Veräußerungen im Privat- und Betriebsvermögen.
[21] Schmidt/*Weber-Grellet* EStG § 20 Rn. 151; *ders.* § 20 Rn. 196 f.

eines steuerlichen Belastungsvergleichs zwischen Personengesellschaft und Körperschaft im Einzelfall gefundenes Ergebnis durch Änderungen der Steuertarife später in sein Gegenteil verkehren. Die Bedeutung des Steuerrechts für die Rechtsformwahl ist jedenfalls nicht auf Fragen der laufenden Besteuerung begrenzt.

IV. Überblick über die Rechtsformen im Gesellschaftsrecht

Im Folgenden werden die **zur Auswahl stehenden Rechtsformen in ihren wesentlichen Zügen zusammenfassend dargestellt.** Auf eine vertiefte Darstellung unter Berücksichtigung auch der jeweils einschlägigen Ausnahmen wird zugunsten einer besseren Übersichtlichkeit verzichtet. Der Rechtsformsuchende muss beachten, dass ihm aufgrund der oben skizzierten Einschränkungen bei der Rechtsformwahl und der Grundentscheidung zugunsten Personengesellschaft oder Körperschaft für das konkrete Unternehmen nur noch einzelne der folgenden Rechtsformen zur Verfügung stehen.

1. Körperschaften

a) **Verein.**[22] Der Verein ist gesetzlich geregelt in den §§ 21 ff. BGB – rechtsfähiger Verein – und § 54 BGB – nicht rechtsfähiger Verein. Der Verein ist ein auf Dauer angelegter, körperschaftlich organisierter Zusammenschluss von Personen mit einem gemeinsamen Zweck. Die körperschaftliche Organisation des Vereins liegt in dem einheitlichen Namen des Zusammenschlusses, der Vertretung durch einen Vorstand und der Unabhängigkeit des Vereins von der Identität seiner Mitglieder.[23]

b) **GmbH.** Die Gesellschaft mit beschränkter Haftung (GmbH) ist eine **selbständige juristische Person** (§ 13 Abs. 1 GmbHG). Nach außen handelt sie grundsätzlich durch ihre Geschäftsführer als Organe der Gesellschaft. Als Stammkapital sind mindestens 25.000,– EUR aufzubringen und zu erhalten. Das Grundkapital gliedert sich in Stammeinlagen der einzelnen Gesellschafter, deren jeweiliger Mindestwert ein Euro beträgt. Die Übertragung von Gesellschaftsanteilen muss notariell beurkundet werden und kann von der Zustimmung der Gesellschaft abhängig gemacht werden. Die **Satzung** der GmbH **ist umfassend gestaltbar.** Die GmbH kann deshalb zu jedem gesetzlich zulässigen Zweck errichtet werden. Die GmbH ist unabhängig von ihrem Zweck Handelsgesellschaft i. S. d. Handelsgesetzbuches, selbst wenn sie kein Handelsgewerbe betreibt. Die Gesellschafterversammlung ist gegenüber der Geschäftsführung weisungsbefugt und kann Geschäftsführer jederzeit abberufen. Die Gesellschafter haben gegenüber der Gesellschaft weitgehende Einsichts- und Auskunftsrechte. Es besteht die Möglichkeit, einen Aufsichtsrat als weiteres Organ der Gesellschaft zu installieren, § 52 GmbHG. Den Gläubigern der Gesellschaft haftet nur das Gesellschaftsvermögen. Die Gesellschafter der GmbH haften mit ihrer im Gesellschaftsvermögen befindlichen Stammeinlage. Eine persönliche Haftung der Gesellschafter ist grundsätzlich ausgeschlossen.

Da die GmbH zu jedem gesetzlich zugelassenen Zweck errichtet werden kann, findet sie auch im nicht kommerziellen Sektor vielfach Verwendung. Sie kann beispielsweise zur Erfüllung gemeinnütziger, wissenschaftlicher oder politischer Zwecke dienen und von der öffentlichen Hand zur Erfüllung öffentlicher Aufgaben verwandt werden. Die Abkürzung gGmbH – **gemeinnützige GmbH** – stellt dabei keine zulässige Angabe der Gesellschaftsform dar und darf nicht in das Handelsregister eingetragen werden.[24]

c) **UG.**[25] Die Unternehmergesellschaft stellt **keine eigenständige Rechtsform** dar. Es handelt sich vielmehr um eine GmbH, für die bestimmte im GmbH-Gesetz geregelte Sonderbestimmungen gelten. So muss die Firma der UG den Zusatz „Unternehmergesellschaft (haf-

---

[22] Vgl. hierzu *Stöber/Otto* Handbuch zum Vereinsrecht, 10. Aufl. 2012.
[23] MünchKommBGB/*Reuter* §§ 21, 22 Rn. 1.
[24] OLG München DStR 2007, 126 ff.
[25] *Miras*, NZG 2012, 486 ff.; *Gasteyer* NZG 2009, 1364 ff.

tungsbeschränkt)" oder „UG (haftungsbeschränkt)" enthalten, § 5a Abs. 1 GmbHG. Das vom Gesetzgeber mit der Einführung der UG verbundene Ziel, Existenzgründern den Zugang zu einer haftungsbeschränkten Rechtsform zu erleichtern und die GmbH im Wettbewerb der europäischen Rechtsformen, insbesondere gegenüber der englischen Limited,[26] zu stärken, wurde schon nach kurzer Zeit erreicht.[27] Im Gegensatz zur „echten" GmbH muss zur Gründung einer UG nur ein Euro Stammkapital aufgebracht werden. Sacheinlagen sind nicht zulässig. Bei drohender Zahlungsunfähigkeit der UG ist die Gesellschafterversammlung unverzüglich einzuberufen, § 5a Abs. 4 GmbHG. In den Jahren nach der Gründung ist ein Viertel des Jahresgewinns einzubehalten, bis der Betrag von 25.000,– EUR erreicht ist. Die so entstandene GmbH entspricht rechtlich vollständig der GmbH, die direkt als solche gegründet wurde. Die Gesellschaft kann jetzt auch unter dem Firmenzusatz GmbH auftreten.

41   d) **AG.**[28] Die Aktiengesellschaft (AG) ist ebenfalls eine **selbständige juristische Person.** Sie ist **börsenfähig.** Das Grundkapital der AG beträgt mindestens 50.000,– EUR. Die Anteile an der AG, die Aktien, sind im Unterschied zu den Anteilen an der GmbH im Grundsatz frei übertragbar (Ausnahme: § 68 AktG für vinkulierte Namensaktien). Die Geschäftsführung der AG obliegt dem Vorstand. Dieser wird für eine bestimmte Amtszeit von jeweils maximal fünf Jahren bestellt und kann nur aus wichtigem Grund vorzeitig abberufen werden. Der Vorstand ist in Belangen der Geschäftsführung nicht weisungsabhängig. Lediglich für bestimmte Entscheidungen von grundsätzlicher Bedeutung für die AG bedarf der Vorstand der Zustimmung des Aufsichtsrats (z.B. zur Ausgabe neuer Aktien, § 202 Abs. 3 AktG) und gegebenenfalls der Hauptversammlung (z.B. zur Satzungsänderung, § 179 Abs. 1 AktG). Der Aufsichtsrat bestellt und überwacht den Vorstand. Der Aufsichtsrat wird – vorbehaltlich der Mitbestimmungsregeln – durch die Hauptversammlung der Aktionäre gewählt. Der Einfluss der Aktionäre auf die Geschäftsführung ist deshalb grundsätzlich indirekter Natur, da er beschränkt auf die Wahl der Aufsichtsratsmitglieder. Im Gegensatz zu der für die GmbH typischen Freiheit der Satzungsgestaltung unterliegt die Satzung der AG strengen Anforderungen an Inhalt und Form, sog. **Satzungsstrenge.** Gestalterische Freiräume bestehen deshalb nur dort, wo das AktG dies ausdrücklich zulässt oder keine abschließende Regelung enthält. Den Gläubigern haftet grundsätzlich nur das Gesellschaftsvermögen.

42   e) **Kleine AG.**[29] Bei der kleinen AG handelt es sich in jeder Hinsicht um eine **„normale" AG in obigem Sinne.** Insofern ist die Bezeichnung irreführend. Unter kleiner AG werden AGs verstanden, die **bestimmte Kriterien des Aktiengesetzes** erfüllen und so in den Genuss von **Erleichterungen** kommen. Erleichterungen in dieser Hinsicht gelten beispielsweise für nicht börsennotierte AGs sowie für AGs, deren Aktionäre entweder sämtlichst namentlich bekannt oder zu einer Hauptversammlung vollständig erschienen bzw. vertreten sind. Es handelt sich dabei unter anderem um formale Erleichterungen hinsichtlich der Einberufung – ggf. eingeschriebener Brief ausreichend (§ 121 Abs. 4 AktG) – und Durchführung der Hauptversammlung – notarielle Mitwirkung ggf. entbehrlich (§§ 121 Abs. 6, 130 Abs. 1 Satz 3 AktG) – aber auch hinsichtlich der Satzung – Stimmrecht der Aktionäre gestaltbar bei nicht börsennotierten AGs (§ 134 Abs. 1 S. 2 AktG). Bei AGs mit weniger als 500 Arbeitnehmern, die nach dem 10.8.1994 eingetragenen worden sind, entfällt die Arbeitnehmervertretung im Aufsichtsrat (§ 76 Abs. 6 BetrVG 1952).

43   f) **SE.**[30] Die Societas Europaea (Europäische Aktiengesellschaft) ist eine **genuin europäische Rechtsform,** die seit dem Inkrafttreten der SE-Verordnung[31] am 8.10.2004 zur Verfü-

---

[26] Zur Limited → Rn. 53 ff.
[27] Die UG hat die englische Limited auf dem Gebiet der Bundesrepublik als Rechtsform für Existenzgründer verdrängt, → Rn. 3.
[28] Vgl. hierzu *Hoffmann-Becking (Hrsg.),* Münchener Handbuch des Gesellschaftsrechts, Band 4, Aktiengesellschaft, 3. Aufl. 2007.
[29] Vgl. hierzu *Seibert/Kiem/Schüppen,* Handbuch der kleinen AG, 5. Aufl. 2008; *Hölters/Deilmann,* Die „kleine" Aktiengesellschaft, 2. Aufl. 2002.
[30] Zur empirischen Analyse der SE vgl. *Eidenmüller/Engert/Hornuf* AG 2009, 845–855.

gung steht. Die maßgeblichen Regelungen zur SE finden sich zum einen in der SE-Verordnung und zum anderen in den Ausführungsgesetzen der Mitgliedstaaten. Eine in Deutschland gegründete SE unterliegt also der SE-Verordnung und dem SE-Ausführungsgesetz (SEAG).[32] Wie die AG ist auch die SE eine **Aktiengesellschaft mit eigener Rechtspersönlichkeit**. Ihre Leitung kann wie bei der AG mit Vorstand und Aufsichtsrat dualistisch ausgestaltet werden. Daneben gibt es auch die Möglichkeit, ein sogenanntes monistisches System mit nur einem Verwaltungsorgan zu installieren.

Die SE ist als **Rechtsform für große, international tätige Unternehmen** ausgestaltet. Das zeigt sich schon am relativ hohen Mindestkapital von 120.000,– EUR. Zudem kommen als Gründer einer SE nur bestimmte Gesellschaften in Betracht, keinesfalls aber natürliche Personen. Insbesondere aber setzen die in der Verordnung abschließend normierten Gründungsvorgänge alle einen Mehrstaatenbezug voraus.[33] So kann die SE zum Beispiel durch Verschmelzung zweier oder mehrerer Aktiengesellschaften entstehen, wenn mindestens zwei der beteiligten Gesellschaften dem Recht unterschiedlicher EG-Staaten unterliegen, Art. 2 Abs. 1 SE-VO. Daneben besteht die Möglichkeit, eine **Holding-SE** zu gründen, Art. 32–34 SE-VO. Dazu bringen die Gründungsgesellschafter jeweils mindestens 50 % ihrer Anteile an den Gründungsgesellschaften in die zu gründende SE ein, wofür sie im Gegenzug Aktien an der SE erhalten. Zuletzt besteht die Möglichkeit der Gründung einer Tochter-SE, Art. 2 Abs. 3 SE-VO. Anders als bei den anderen Gründungsformen können nicht nur AGs und GmbHs an der Gründung beteiligt sein, sondern auch andere juristische Personen des öffentlichen oder privaten Rechts sowie Gesellschaften im Sinne des Art. 48 Abs. 2 EGV, wozu auch gewerbliche Personengesellschaften zählen.[34] Die Gründung einer SE als Tochtergesellschaft ist auch durch eine bereits bestehende SE selbst möglich, Art. 3 Abs. 2 S. 1 SE-VO. 44

g) **KGaA.**[35] Die Kommanditgesellschaft auf Aktien (KGaA) hat ihre gesetzliche Grundlage in §§ 278 ff. AktG. Sie ist **börsenfähig**,[36] aber nur selten börsennotiert. Bei der KGaA **haftet mindestens ein Gesellschafter persönlich unbeschränkt** – persönlich haftender Gesellschafter –, während die anderen Gesellschafter – Kommanditgesellschafter – an dem **in Aktien zerlegten Grundkapital** beteiligt sind, ohne persönlich für die Verbindlichkeiten der Gesellschaft zu haften. Das Rechtsverhältnis der persönlich haftenden Gesellschafter untereinander sowie zu der Gesamtheit der Kommanditaktionäre und Dritten bestimmt sich nach den die KG betreffenden Vorschriften des HGB. So obliegt die Geschäftsführung den persönlich haftenden Gesellschaftern. Darüber hinaus findet weitgehend das AktG Anwendung. Die KGaA verfügt über einen Aufsichtsrat, dessen Rechte im Vergleich zur AG beschränkt sind. Der Aufsichtsrat kann die Geschäftsführung durch die persönlich haftenden Gesellschafter weder reglementieren noch die persönlich haftenden Gesellschafter bestellen oder abberufen. 45

h) **Stiftung.**[37] Die Stiftung ist eine juristische Person. Sie dient mit ihrem Vermögen einem vom Stifter gesetzten Stiftungszweck. Gesetzlich geregelt ist die Stiftung in den §§ 80 ff. BGB. § 86 BGB erklärt **im Wesentlichen Vereinsrecht** für anwendbar. Die Stiftung bedarf der behördlichen Erlaubnis. Sie hat keine Mitglieder, sondern lediglich Begünstigte, die der Stifter bestimmt. Mit der Stiftung kann die vom Stifter bestimmte Begünstigung von Personen oder Institutionen auch über den Tod des Stifters hinaus verfolgt werden. In Stiftungen werden häufig Geldvermögen oder Gesellschaftsanteile eingebracht. Die der Stiftung so zuflie- 46

---

[31] VO (EG) Nr. 2157/2001 des Rates v. 8.10.2001 über das Statut der Europäischen Gesellschaft (SE), ABl. EG L 294 1 ff.
[32] Eingeführt durch das „Gesetz zur Einführung der Europäischen Aktiengesellschaft (SEAG)" v. 22.12.2004, BGBl. I 2004, 3675.
[33] Vgl. zu den verschiedenen Gründungsformen *Wicke* MittBayNotZ 2006, 196, 198 ff.; *Frodermann/Jannott* 3. Kapitel.
[34] *Frodermann/Jannott* 3. Kapitel Rn. 16.
[35] Vgl. hierzu MünchKommAktG/*Semler/Perlitt* § 278.
[36] *Schwark* BörsG § 36 Rn. 6 ff.
[37] Vgl. hierzu *Seifart/von Campenhausen*, Handbuch des Stiftungsrechts, 3. Aufl. 2009.

ßenden Erträge können dann beispielsweise für die Förderungen kultureller oder wissenschaftlicher Belange verwendet werden. Besonderer Beliebtheit erfreuen sich dabei ausländische (Familien-)Stiftungen. Die Erträge solcher Stiftungen unterliegen allerdings bei unbeschränkt steuerpflichtigen Stiftern oder Begünstigten der deutschen Einkommensteuer, § 15 Abs. 1 S. 1 AStG.

47 i) **Eingetragene Genossenschaft.**[38] Die eingetragene Genossenschaft (eG) fördert den eigenen Erwerb und die eigene Wirtschaft ihrer Mitglieder durch einen gemeinschaftlichen Geschäftsbetrieb. So kann die eG beispielsweise Produkte, die ihre Mitglieder benötigen, zentral beschaffen oder ihren Mitgliedern Finanzierungshilfen zur Verfügung stellen. Die eG ist eine juristische Person, deren Verhältnisse durch das Genossenschaftsgesetz (GenG) zwingend geregelt sind. Sie ist offen für den Beitritt neuer Mitglieder. Für die Verbindlichkeiten der eG haftet den Gläubigern nur das Gesellschaftsvermögen.

48 j) **Versicherungsverein auf Gegenseitigkeit.**[39] Der Versicherungsverein auf Gegenseitigkeit (VVaG) beruht auf einem **mitgliedschaftlichen Zusammenschluss von Rechtssubjekten zur Deckung von Risiken oder Schadensfällen.** Zu diesem Zweck bildet der VVaG durch Beiträge ein gemeinsames Vermögen. Für Versicherungsunternehmen, die nicht auf mitgliedschaftlicher Basis operieren, sondern sich gegen Prämienzahlung zur Übernahme eines Risikos Dritter durch Versicherungsvertrag verpflichten, ist die Rechtsform der Aktiengesellschaft vorgeschrieben, vgl. § 7 VAG.

2. Personengesellschaften

49 a) **GbR.**[40] Die Gesellschaft bürgerlichen Rechts (GbR) wird auch als Gesellschaft des bürgerlichen Rechts (GdbR) oder als BGB-Gesellschaft bezeichnet. Gesetzliche Regelungen zur GbR finden sich in §§ 705 ff. BGB. Eine GbR entsteht mit der Förderung eines gemeinsamen Zwecks durch zwei oder mehr Gesellschafter aufgrund eines Gesellschaftsvertrages. Der Abschluss des Gesellschaftsvertrages ist grundsätzlich formlos möglich – Ausnahmen z. B. wg. §§ 311b, 518 BGB, § 15 GmbHG, § 34 GWB – und kann durch ein entsprechendes Verhalten der Gesellschafter erfolgen. Die GbR ist rechts- und parteifähig, soweit sie als Teilnehmer am Rechtsverkehr eigene Rechte und Pflichten begründet, d. h. als GbR am Rechtsverkehr teilnimmt.[41] Die GbR kann auch Eigentümerin eines Grundstücks sein, wenn sich im Grundbuch alle Gesellschafter mit dem Zusatz „in GbR" eintragen lassen, § 47 Abs. 2 GBO.

50 Die GbR ist auch im Zivilprozess aktiv- und passivlegitimiert. Die Gesellschafter führen die Geschäfte der GbR gemeinsam, sofern eine andere Regelung nicht getroffen wurde. Sie haften für die Verbindlichkeiten der GbR persönlich unbegrenzt. Die Haftung der Gesellschafter mit ihrem Privatvermögen kann nur durch individuelle Vereinbarung des für die GbR handelnden Gesellschafters mit dem jeweiligen Vertragspartner auf das Gesellschaftsvermögen begrenzt werden.[42] Die Bezeichnung der GbR als „GbR mbH" u. ä. allein reicht nicht aus. In steuerlicher Hinsicht ist bei der GbR wie bei allen anderen Personengesellschaften zu beachten, ob diese gewerblich i. S. d. § 15 EStG tätig ist oder lediglich privates Vermögen ihrer Gesellschafter verwaltet. Im Fall einer gewerblichen Tätigkeit hat die GbR Gewerbesteuer zu entrichten. Ihre laufenden Veräußerungsgewinne sind auf Ebene der Gesellschafter zu versteuern. Bei privater Vermögensverwaltung kann die GbR beispielsweise Immobilien nach Ablauf der 10-Jahresfrist des § 23 Abs. 1 Nr. 1 EStG steuerfrei verkaufen. Gewinne aus der Veräußerung von Anteilen an Kapitalgesellschaften und anderen Wertpapieren sind allerdings ab dem Veranlagungszeitraum 2009 auch bei nicht-gewerblicher Tätigkeit der GbR steuerpflichtig, § 20 Abs. 2 EStG.

---

[38] Vgl. hierzu *Helios*, Handbuch der Genossenschaft – Recht, Steuerrecht, Rechnungslegung, 2008.
[39] Vgl. hierzu *K. Schmidt*, GesR § 42.
[40] Vgl. hierzu *Ulmer/Schäfer*, Gesellschaft bürgerlichen Rechts und Partnerschaftsgesellschaft, 6. Aufl. 2013.
[41] BGH BB 2001, 374 ff.
[42] BGH BB 1999, 2152 ff.

b) OHG.[43] Die offene Handelsgesellschaft (OHG) ist in den §§ 105 ff. HGB geregelt. Sie entsteht im Grundsatz durch Gesellschaftsvertrag und bedarf der Eintragung in das Handelsregister.[44] Die OHG betreibt ein **Handelsgewerbe unter gemeinschaftlicher Firma.** Zur Geschäftsführung sind alle Gesellschafter berufen und befugt, wobei abweichende Gestaltungen zulässig sind. Die Gesellschafter **haften sämtlichst persönlich unbeschränkt.** Die OHG wird mit den Namen der Gesellschafter in das Handelsregister eingetragen.

c) KG.[45] Die Kommanditgesellschaft (KG) ist gesetzlich geregelt in §§ 161 ff. HGB. Die KG verfügt über einen **persönlich haftenden Gesellschafter** – Komplementär – sowie **zumindest einen weiteren Gesellschafter** – Kommanditist –, der nur in Höhe einer von ihm zu erbringenden Hafteinlage haftet. Die KG wird mit der Angabe der Gesellschafter sowie der Höhe der Hafteinlagen in das Handelsregister eingetragen. Der Zeitpunkt der Eintragung der KG in das Handelsregister markiert zugleich den spätestmöglichen Zeitpunkt ihrer Entstehung im Außenverhältnis zu Dritten. Die KG entsteht aber auch im Außenverhältnis zu einem früheren Zeitpunkt, wenn sie bereits vor der Eintragung ihre Geschäfte aufnimmt.[46] Im Innenverhältnis entsteht die KG bereits mit Abschluss des Gesellschaftsvertrags. Sie ist keine juristische Person, kann aber unter ihrer Firma Rechte erwerben und Verbindlichkeiten eingehen sowie vor Gericht klagen und verklagt werden, § 124 Abs. 1 HGB. Die Geschäftsführung obliegt dem Komplementär bzw. den Komplementären. Die Kommanditisten sind – vorbehaltlich abweichender Regelungen im Gesellschaftsvertrag – von der Geschäftsführung ausgeschlossen, §§ 114, 161 HGB.

3. Misch- und Sonderformen, ausländische Gesellschaften

a) GmbH/UG & Co. KG.[47] Die GmbH & Co. KG ist eine im Wege der Grundtypenvermischung entstandene **Sonderform.** Sie ist in der Praxis sehr beliebt. Die Besonderheit der GmbH & Co. KG liegt darin, dass der persönlich haftende Gesellschafter einer KG – der Komplementär – eine GmbH ist. Auch der Einsatz einer UG als Komplementärin sollte möglich sein.[48] Da die GmbH nur mit ihrem Gesellschaftsvermögen haftet, ergibt sich für die KG so eine effektive Haftungsbegrenzung. Der oder die Kommanditisten haften nur mit ihrer eingebrachten Kapitaleinlage. Die GmbH & Co. KG kann durch nur eine natürliche Person errichtet werden. Diese ist dann einziger Gesellschafter der Komplementär-GmbH und Kommanditist der KG. Die Geschäftsführung der GmbH & Co. KG wird faktisch durch den Geschäftsführer der GmbH, rechtlich durch die Komplementär-GmbH ausgeübt. Das hat gegenüber der KG den Vorteil, dass der Geschäftsführer nicht aus dem Kreis der Gesellschafter kommen muss. Aus steuerlicher Sicht ist dabei zu beachten, dass die GmbH & Co. KG stets – also auch wenn sie nur vermögensverwaltend tätig ist – Einkünfte aus Gewerbebetrieb erzielt, wenn nicht neben der Komplementär-GmbH eine natürliche Person als Gesellschafter-Geschäftsführer bestellt wird, § 15 Abs. 3 Nr. 2 EStG. Folge dieser „gewerblichen Prägung" ist u. a. die Gewerbesteuerpflicht. Nach der Rechtsprechung des BFH können auch solche ausländischen Kapitalgesellschaften, die nach ihrem rechtlichen Aufbau und ihrer wirtschaftlichen Gestaltung einer inländischen Kapitalgesellschaft entsprechen, eine Personengesellschaft gewerblich prägen im Sinne des § 15 Abs. 3 Nr. 2 S. 1 EStG.[49]

b) AG & Co. KG. Die AG & Co. KG ist eine weitere Grundtypenmischung, bei der eine Kapitalgesellschaft die Stellung des Komplementärs einnimmt. Unterschiede zur GmbH & Co. KG ergeben sich bei der AG & Co. KG im Wesentlichen aus den **Besonderheiten des Aktienrechts.**[50] Hierdurch verliert die Gesellschaftsform gesellschaftsvertragliche Flexibilität.

---

[43] Vgl. hierzu Beck'sches HdbPersG/*Müller/Hoffmann* 1. Abschnitt.
[44] Die Ausführungen zur KG unter → Rn. 45. gelten im Übrigen entsprechend.
[45] Vgl. hierzu Beck'sches HdbPersG/*Müller/Hoffmann* 1. Abschnitt.
[46] BGH DStR 2004, 1094–1096.
[47] Vgl. hierzu *Sudhoff*, GmbH & Co. KG, 6. Aufl. 2005.
[48] *Bormann* GmbHR 2007, 897 (899). Siehe aber auch *Veil* GmbHR 2007, 1080 (1084).
[49] BFH BStBl. II 2007, 924.
[50] Vgl. hierzu *Beckmann*, AG & Co. KG.

55 **c) GmbH & Co. KGaA.**[51] Die GmbH & Co. KGaA ist keine besondere Form der GmbH & Co. KG, sondern der KGaA. Bei dieser Gesellschaftsform tritt an Stelle einer natürlichen Person als persönlich haftender Gesellschafter eine GmbH, die lediglich mit ihrem Gesellschaftsvermögen haftet. Die Zulässigkeit dieser Grundtypenmischform hat die Rechtsprechung mittlerweile anerkannt.[52]

56 **d) GmbH & Still.**[53] Die **stille Gesellschaft** besteht in der Beteiligung eines Dritten an dem Handelsgewerbe eines Anderen (§ 230 HGB). Die so entstehende stille Gesellschaft wird nicht im Handelsregister eingetragen und ist deshalb **für Außenstehende nicht zu erkennen.** Sie ist eine reine Innengesellschaft. Bei der GmbH & Still beteiligt sich der Dritte entsprechend an einer GmbH. In diesem Fall geschieht die Beteiligung durch Kapitaleinlage in das Vermögen der GmbH. Zu unterscheiden ist die **typisch stille** und die **atypisch stille Gesellschaft.** Für die rechtliche Einordnung als atypisch oder typisch stiller Gesellschafter stellt die Rechtsprechung auf einen Vergleich des stillen Gesellschafters mit den Befugnissen ab, die einem Kommanditisten nach dem Regelstatut der §§ 161 f. HGB zukommen. Danach ist steuerlich von einer atypisch stillen Gesellschaft jedenfalls dann auszugehen, wenn dem stillen Gesellschafter die Mitwirkungs- und Kontrollbefugnisse nach §§ 164, 166 HGB zukommen, er an den stillen Reserven beteiligt ist und mit seiner Einlage auch im Außenverhältnis hinter den übrigen Gläubigern zurücksteht.[54]

57 **e) Unterbeteiligung.**[55] Die Unterbeteiligung ist die „stille Beteiligung" des Unterbeteiligten am Gesellschaftsanteil des Hauptbeteiligten. Der Unterbeteiligung ist daher nicht an der Gesellschaft selbst beteiligt, sondern am Gesellschaftsanteil des Hauptbeteiligten. Die Unterbeteiligung ist eine Personengesellschaft und mangels gesamthänderisch gebundenen Vermögens eine reine **Innengesellschaft.**[56] Die Unterbeteiligung ist gesetzlich nicht normiert. Es sind die Vorschriften über die GbR und ergänzend der stillen Gesellschaft (§§ 230 ff. HGB) anwendbar. Der Hauptbeteiligte beteiligt den Unterbeteiligten wirtschaftlich am Gewinn (nicht zwingend auch am Verlust) seines Gesellschaftsanteils, ohne es dem typischen Unterbeteiligten zu ermöglichen, als Gesellschafter maßgeblichen Einfluss auf die Gesellschaft ausüben zu können.[57] Daher werden Unterbeteiligungsverhältnisse in der Praxis häufig im Zusammenhang mit vorweggenommenen Erbfolgeregelungen eingesetzt. Der Unterbeteiligungsvertrag bedarf in solchen Fällen wegen § 518 Abs. 2 BGB der notariellen Form. Das Unterbeteiligungsverhältnis kann – analog zur stillen Gesellschaft – auch atypisch ausgestaltet werden. Dem Unterbeteiligten können umfangreiche Geschäfts- und Weisungsrechte eingeräumt werden, wodurch dieser Einfluss auf die Hauptbeteiligung nehmen kann. Geregelt werden sollte auch die Frage, ob der Unterbeteiligte an den Wertsteigerungen des Geschäftsanteils sowie an den stillen Reserven beteiligt wird. Die Unterscheidung zwischen **typischer und atypischer Unterbeteiligung** spielt auch für die einkommensteuerliche Behandlung eine grundlegende Rolle. Der atypisch Unterbeteiligte ist Mitunternehmer i. S. v. § 15 Abs. 1 Satz 1 Nr. 2 EStG.

58 **f) Stiftung & Co. KG.**[58] Die Stiftung tritt als persönlich haftender Gesellschafter – Komplementär – einer KG in Erscheinung. Die Stiftung & Co. KG ist eine **Personengesellschaft.** Gegenüber der GmbH & Co. KG kann die Stiftung & Co. KG mitbestimmungsrechtliche Vorteile haben. Beispielsweise kann so die Bildung eines Aufsichtsrates verhindert werden, da das MitbestG die Stiftung nicht als mitbestimmungspflichtige Gesellschaft nennt. Zur Stiftung → Rn. 46).

---

[51] Vgl. hierzu *K. Schmidt,* GesR § 32 II Nr. 2, III Nr. 2.
[52] BGH BB 1997, 1220 ff.
[53] Vgl. hierzu *Blaurock,* Handbuch der stillen Gesellschaft, 7. Aufl. 2010; *Morshäuser/Dietz-Vellmer* NZG 2011, 1135 ff.
[54] BFH BStBl. II 1996, 269 ff.
[55] *Blaurock,* Stille Gesellschaft, §§ 30, 31; *Blaurock* NZG 2012, 521 ff.; *Strnad* ZEV 2012, 394 ff.; *Sudhoff/Froning,* Unternehmensnachfolge, 2005, § 43, IV.; *Westermann* ZIP 2012, 1007 ff.
[56] *Blaurock,* Stille Gesellschaft § 30.1.
[57] *Sudhoff/Froning,* Unternehmensnachfolge, 2005, § 43 Rn. 32.
[58] Vgl. hierzu *Seifart/von Campenhausen/Pöllath,* Handbuch des Stiftungsrechts, § 12 Rn. 85 ff.

g) Partnerschaftsgesellschaft.[59] Die Partnerschaft ist eine Gesellschaft, in der sich **Angehörige freier Berufe** zur Ausübung ihrer Berufe zusammenschließen, § 1 Abs. 1 S. 1 Partnerschaftsgesellschaftsgesetz (PartGG). Die Partnerschaftsgesellschaft ist keine Handelsgesellschaft. Sie übt kein Handelsgewerbe aus. Die Partnerschaftsgesellschaft führt einen eigenen Namen und kann eigene Rechte haben, Verbindlichkeiten eingehen, verklagt werden und klagen. Sie bedarf der Eintragung in das Partnerschaftsregister, § 4 PartGG. Neben dem Vermögen der Partnerschaft haften die Partner grundsätzlich persönlich als Gesamtschuldner, § 8 Abs. 1 PartGG. Die persönliche Haftung ist allerdings auf den oder die im Einzelfall handelnden Partner beschränkt, der oder die mit der Bearbeitung des Auftrages befasst waren, § 8 Abs. 2 PartGG. Sofern die Partnerschaft den Zusatz „mit beschränkter Berufshaftung" oder „mbB" führt und eine entsprechende Berufshaftpflichtversicherung unterhält, haftet den Gläubigern für Verbindlichkeiten der Partnerschaft aus Schäden wegen fehlerhafter Berufsausübung nur das Gesellschaftsvermögen, § 8 Abs. 4 PartGG.

h) EWIV.[60] Die Europäische Wirtschaftliche Interessenvereinigung (EWIV) ist eine jedenfalls in der Grundform in allen Mitgliedstaaten der EU einheitlich geregelte Rechtsform. Sie ist gesetzlich in der EWIV-VO geregelt. Die EWIV stellt aus deutscher Sicht eine **der OHG angenäherte Gesellschaftsform** dar, deren Regeln subsidiär auch für die EWIV gelten. Die EWIV ist jedoch auf Hilfstätigkeiten für die Geschäftstätigkeit ihrer Gesellschafter begrenzt. Sie hat den Zweck, europaweit die wirtschaftliche Tätigkeit ihrer Gesellschafter (Mitglieder) zu erleichtern oder zu entwickeln. Sie hat nicht den Zweck, Gewinn für sich zu erzielen. Entsprechend stellt sie ein Vehikel für Kooperationen und die Zusammenarbeit mehrerer selbständiger Unternehmen oder auch von Freiberuflern dar. Die EWIV ist eine **Personengesellschaft,** die von mindestens zwei Gesellschaftern errichtet und betrieben wird. Die Gesellschafter müssen dabei aus mindestens zwei verschiedenen EU-Mitgliedstaaten stammen. Die Gesellschafter haften gesamtschuldnerisch persönlich für die Verbindlichkeiten der EWIV. Die Geschäftsführung der EWIV kann Personen übertragen werden, die nicht Gesellschafter sind – Fremdorganschaft.

i) Partenreederei.[61] Eine Partenreederei betreiben mehrere Personen, die für gemeinschaftliche Rechnung ein ihnen gemeinschaftlich zustehendes **Schiff zum Erwerbe durch die Seefahrt** verwenden. Dies gilt nicht, sofern das Schiff einer Handelsgesellschaft gehört. Die Mitreeder haften im Verhältnis der Größe ihres Schiffsparts persönlich. Die Partenreederei ist gesetzlich in den §§ 484 ff. HGB geregelt. Die Partenreederei ist eine Personengesellschaft und i. S. v. § 15 Abs. 1 S. 1 Nr. 2 EStG eine Gesellschaft, bei der die Gesellschafter als Mitunternehmer anzusehen sind.[62] Die praktische Bedeutung der Partenreederei ist gering.

j) Betriebsaufspaltung. Die Betriebsaufspaltung ist **gesetzlich nicht normiert.** Bei der sog. echten Betriebsaufspaltung handelt es sich um eine Konstruktion, durch die das Vermögen einer Gesellschaft (oder eines Einzelunternehmens) auf zwei Gesellschaften (bzw. Einzelunternehmen und Gesellschaft) aufgeteilt und in diesem Sinne „aufgespalten" wird. Typischerweise wird dabei das Anlagevermögen, z.B. die Betriebsgrundstücke, auf eine Personengesellschaft (Besitzgesellschaft) übertragen. Diese überlässt das Anlagevermögen entgeltlich einer Kapitalgesellschaft (Betriebsgesellschaft), die den Betrieb der Unternehmung übernimmt. Regelmäßig sind die an den Gesellschaften beteiligten Personen identisch (personelle Verflechtung); zumindest müssen die gleichen Personen beide Unternehmen beherrschen. Der Vorteil der Betriebsaufspaltung ist heute in einer Haftungsbegrenzung sowie unter Umständen zur Erleichterung einer Nachfolgeregelung zu sehen; allerdings ist gerade in Nachfolgefällen zu gewährleisten, dass die personelle Verflechtung nicht zerstört wird, weil sonst steuerlich eine steuerwirksame Entnahme stattfinden kann. Als sog. unechte Betriebsaufspaltung wird eine Konstruktion bezeichnet, wenn Besitz- und Betriebsgesellschaft

---

[59] Vgl. hierzu *Ulmer/Schäfer*, Gesellschaft bürgerlichen Rechts und Partnerschaftsgesellschaft, 6. Aufl. 2013; vgl. im Einzelnen: *Michalski/Römermann*, Kommentar zum Partnerschaftsgesellschaftsgesetz, 4. Aufl. 2013.
[60] Vgl. hierzu MünchHdbGesR I/*Salger/Neye* 5. Teil.
[61] Vgl. hierzu *K. Schmidt* GesR § 65.
[62] MünchKommBGB/*K Schmidt* § 1008 Rn. 38.

von vornherein als selbständige Unternehmen errichtet werden. **Steuerrechtlich wird die Betriebsaufspaltung** insoweit **nicht anerkannt,** als auch das Besitzunternehmen nach der Rechtsprechung des BFH gewerbliche Einkünfte erzielt und nicht Einkünfte aus Vermietung und Verpachtung. Der BFH rekurriert dabei ausdrücklich auf den Gesichtspunkt, dass die Gewerbesteuerbemessungsgrundlage durch die Betriebsaufspaltung nicht geschmälert werden dürfe.[63] Darüber hinaus ist die Betriebsaufspaltung gegenüber einer reinen Personen- oder Kapitalgesellschaft steuerlich nachteilig, da der Gesetzgeber die gewerbesteuerlichen Kürzungs- und Hinzurechnungstatbestände im Hinblick auf anfallende Pachtzinsen bewusst asynchron ausgestaltet hat (vgl. § 8 Abs. 1 Nr. 1 GewStG und gleichzeitiger Wegfalls des § 9 Nr. 4 GewStG) und daher Pachtzinsen zugleich die gewerbesteuerliche Bemessungsgrundlage des verpachtenden als auch des pachtenden Unternehmens erhöhen. Die praktische Bedeutung der Betriebsaufspaltung hat daher erheblich abgenommen.

63 k) **Ausländische Gesellschaftsformen.** Ein spezielles internationales Gesellschaftsrecht existiert derzeit weder auf europäischer noch auf nationaler Ebene. Das auf europäischer Ebene partiell vereinheitlichte internationale Privatrecht schließt das Gesellschaftsrecht ausdrücklich aus (Art. 1 Abs. 2 lit. f) Rom-I-VO, Art. 1 Abs. 2 lit. d) Rom-II-VO). Daher bleibt die Regelung des internationalen Gesellschaftsrechts vorwiegend der Rechtsprechung und Literatur überlassen. Aufgrund der Rechtsprechung des EuGH zur Niederlassungsfreiheit stehen deutschen Unternehmen heute auch **Rechtsformen aus dem EG-Ausland zur Verfügung.**[64] Hiernach kann die nach dem Recht eines EG- oder EWR-Staates gegründete Gesellschaft auch in Deutschland dem Gesellschaftsrecht ihres Heimatlandes unterliegen.[65] Insbesondere ausländische Kapitalgesellschaftsformen wie die englische Limited oder die französische SARL werden in Deutschland seither verwendet. Aber auch Mischformen zwischen Kapital- und Personengesellschaft wie die englische Limited Liability Partnership (LLP), die insbesondere für Freiberufler attraktiv sein kann, werden mittlerweile in Deutschland eingesetzt.[66] Diese Entwicklung kann als Auslöser für das MoMiG verstanden werden, mit dem der Gesetzgeber ausdrücklich bezweckt, die GmbH international wettbewerbsfähig zu machen.[67] Insbesondere die neue UG bietet eine Alternative zur englischen Limited.

64 Die **englische Limited** soll wegen ihrer wichtigen Bedeutung als ausländische Rechtsform in Deutschland und ihrer Ähnlichkeit mit der deutschen GmbH an dieser Stelle kurz dargestellt werden. Eine private company limited by shares (Limited) ist eine **juristische Person** nach englischem Recht. Die Geschäftsleitung und die Vertretung der Limited nach außen stehen einem oder mehreren Direktoren zu. Die Befugnisse dieser *directors* können im Einzelnen in der Satzung *(articles of association)*[68] geregelt werden. Üblicherweise wird ein *managing director* eingesetzt, dem die Führung des Tagesgeschäfts obliegt. Daneben muss schon bei der Gründung der Limited ein Gesellschaftsekretär *(company secretary)* benannt werden, der zur Wahrnehmung bestimmter Verwaltungsaufgaben verpflichtet ist.[69]

65 Die Eintragung einer Limited beim englischen Handelsregister kann innerhalb kürzester Zeit erreicht werden.[70] Es besteht auch die Möglichkeit, einen bereits existierenden Limited-

---

[63] BFH BStBl. II 2006, 173.
[64] EuGH ZIP 1999, 438 ff. („Centros"); EuGH NJW 2002, 3614 ff. („Überseering"); EuGH NJW 2003, 3331 ff. („Inspire Art").
[65] Vgl. zur aktuellen Rechtslage (auch in steuerrechtlicher Hinsicht) der deutschen GmbH mit Verwaltungssitz im Ausland, *Leuering/Rubner* NJW-Spezial 2011, 463 ff.
[66] Vgl. hierzu *Schnittger/Bank* Die LLP in der Praxis: Gesellschaftsrecht und Steuerrecht der Limited Liability Partnership, 2008; *Bank* BB 2010, (Special 3 zu Heft 49), 4 ff.; *Rehm* BB 2010, (Special 3 zu Heft 49), 10 ff.; *Leicht* BB 2010, (Special 3 zu Heft 49), 14 ff.; *Schnittker* BB 2010, (Special 3 zu Heft 49), 20 ff.; *Eilers* BB 2010, (Special 3 zu Heft 49), 27 ff.; *Roth* BB 2010, (Special 3 zu Heft 49), 29 ff. Über eine Änderung des Berufsrechts für Rechtsanwälte und die Einführung der Partnerschaftsgesellschaft mbH wird derzeit beraten, → Rn. 10.
[67] RegE MoMiG, S. 1.
[68] Die Satzung einer Limited besteht aus zwei Dokumenten. Neben den *articles of association* gibt es das *memorandum of association.* Während die *articles* das Innenverhältnis der Gesellschaft regeln, bestimmt das *memorandum* die Beziehung zu Dritten, vgl. *Just,* Die englische Limited III./1., Rn. 75.
[69] Zu Direktoren und Gesellschaftssekretär der Limited: *Just,* Die englische Limited, V, VI.
[70] *Römermann* NJW 2006, 2065 (2066).

Mantel zu erwerben. Allerdings besteht für eine Limited mit Verwaltungssitz in Deutschland grundsätzlich das Erfordernis, eine Zweigniederlassung im deutschen Handelsregister eintragen zu lassen.[71] Zur Gründung einer Limited muss kein gesetzliches Mindestkapital aufgebracht werden und die Stückelung des Gesellschaftskapitals in Gesellschafteranteile kann nach Belieben erfolgen.[72] Die **Haftung der Gesellschafter** ist nach dem maßgeblichen englischen Gesellschaftsrecht auf ihren Anteil am Kapital der Gesellschaft **beschränkbar**.[73] Zu beachten ist aber die Rechtsprechung des BGH,[74] wonach die Existenzvernichtungshaftung nunmehr einen Unterfall der Haftung nach § 826 BGB darstellt. Die Voraussetzungen der Existenzvernichtungshaftung liegen vor, wenn die Gesellschafter ohne Kompensation auf das Vermögen der Gesellschaft zugreifen und diese dadurch insolvent wird oder ihre Insolvenz sich vertieft. In diesem Fall haften die Gesellschafter gegenüber ihrer Gesellschaft für den entstandenen Schaden. Da es sich beim existenzvernichtenden Eingriff seit der Trihotel-Entscheidung nicht mehr um eine gesellschaftsrechtliche, sondern eine deliktsrechtliche Haftung handelt, ist davon auszugehen, dass auch die Gesellschafter einer englischen Limited in Deutschland dieser Haftung ausgesetzt sind.[75]

l) Europäische Entwicklungen (SPE, FE).[76] Das Gesetz zur Einführung der Europäischen Privatgesellschaft (Societas Privata Europaea – SPE) sollte ursprünglich am 1.7.2010 in Kraft treten, ist jedoch gegenwärtig noch Gegenstand der Beratungen auf europäischer Ebene.[77] Wie die SE der AG entspricht,[78] soll die SPE die supranationale **europäische** Gesellschaftsform und damit **Alternative zur deutschen GmbH** werden. Sie soll durch die gegenüber der SE erleichterten Gründungsvoraussetzungen, insbesondere durch den Verzicht auf das Erfordernis der Mehrstaatlichkeit, auch kleinen und mittleren Unternehmen (KMU) zur Verfügung stehen.[79] Für größere Unternehmen eignet sie sich insbesondere zur Gründung ausländischer Tochtergesellschaften.[80] Die Regelungen zur SPE ergeben sich zu einem großen Teil direkt aus der Verordnung (bzw. dem Entwurf einer Verordnung (SPE-VO-E)). Nationales Gesellschaftsrecht kommt dann zur Anwendung, soweit Verordnung oder Satzung keine Regelungen vorsehen. Außerhalb des Gesellschaftsrechts, insbesondere im Arbeits-, Steuer- und Insolvenzrecht wird ausschließlich auf nationales Recht zurückgegriffen. Nach dem SPE-VO-E kann eine SPE von einer oder mehreren natürlichen oder juristischen Personen gegründet werden, wobei bei Vorlage einer Solvenzbescheinigung lediglich ein Stammkapital von einem Euro, alternativ 4 von 8.000,– EUR aufgebracht werden muss.[81] Sie ist eine haftungsbeschränkte, nicht-börsenfähige Gesellschaft mit eigener Rechtspersönlichkeit. Die Leitung der SPE kann im Gesellschaftsvertrag monistisch (Vorstand) oder dualistisch (Vorstand und Aufsichtsrat) ausgestaltet werden. Die Verlegung des Sitzes der SPE von einem Mitgliedstaat in einen anderen ist ohne Auflösung der Gesellschaft und unter Wahrung ihrer Rechtspersönlichkeit möglich.[82] Steuerrechtlich wird die SPE als Körperschaft Steuerrechtssubjektivität besitzen.[83] Damit wird eine in Deutschland ansässige SPE mit ihrem Welteinkommen unbeschränkt körperschaft- und gewerbesteuerpflichtig sein.

---

[71] *Fritz/Hermann*, Die Private Limited Company in Deutschland, Rn. 99 m.w.N.
[72] *Just*, Die Englische Limited, Rn. 95.
[73] *Just*, Die Englische Limited, Rn. 91 ff.
[74] BGH NJW 2007, 2689 – Trihotel.
[75] Vgl. *Gloger/Goette/van Huet*, Die neue Rechtsprechung zur Existenzvernichtungshaftung mit Ausblick in das englische Recht, DStR 2008, 1141 ff. (Teil I) und 1194 ff. (Teil II).
[76] *Hommelhoff/Teichmann* DStR 2008, 925 ff.; *Peters/Wüllrich* NZG 2008, 807 ff.; auch *Bremer* NZG 2012, 459 ff.; zur Grenzüberschreitenden Sitzaufspaltung der SPE aus Sicht des deutschen Steuerrechts vgl. *Schädle/Eich* DStR 2012, 2341.
[77] *Schädle/Eich* DStR 2012, 2341 ff.; *Jung* EuZW 2012, 129 ff.; Vorschlag für eine Verordnung des Rates über das Statut der Europäischen Privatgesellschaft, KOM/2008/0396.
[78] Zur SE → Rn. 43–44.
[79] Begründung zum Vorschlag für eine Verordnung des Rates über das Statut der Europäischen Privatgesellschaft, KOM/2008/0396, S. 2.
[80] Vgl. hierzu *Hommelhoff/Teichmann* DStR 2008, 925.
[81] Änderungsvorschlag Nr. 33 des EU-Parlaments zu Art. 19 IV VO-E, vgl. auch *Hennrichs* NZG 2009, 925.
[82] KOM/2008/0396, S. 10.
[83] *Jacobs/Endres/Spengel* Internationale Unternehmensbesteuerung, 7. Aufl. 2011, 200; *Balmes* DStR 2009, 1557 ff.

67 Darüber hinaus hat die EU-Kommission am 8.2.2012 einen Vorschlag über das Statut der Europäischen Stiftung (Fundatio Europaea – **FE**) vorgelegt.[84] Nach dem Verordnungsentwurf (FE-VO-E) soll die FE eine EU-weit einheitliche supranationale Rechtsform zum Zwecke der **Verfolgung gemeinnütziger Zwecke** vorsehen. Die FE und ihre Spender sollen in den Genuss der gleichen steuerlichen Vergünstigungen kommen, die die EU-Mitgliedsstaaten gebietsansässigen gemeinnützigen Einrichtungen und deren inländischen Spendern gewähren.[85]

V. Entscheidungskriterien für die Rechtsformwahl

68   Nachfolgend sollen ausgewählte Kriterien dargestellt werden, die steuer- und gesellschaftsrechtlich für die optimale Rechtsformwahl erheblich sind. Dabei verbietet sich freilich eine auf einzelne Kriterien bezogene isolierte Betrachtungsweise. Auszugehen ist immer von den Umständen des Einzelfalls. Je nachdem, ob die betreffenden Kriterien für den Fall bedeutsam sind, und je nachdem, welches Gewicht der Unternehmer den einschlägigen Kriterien beimisst, wird sich die eine oder andere Rechtsform empfehlen. Dabei ist eine einmal getroffene Rechtsformwahl selbstverständlich nicht endgültig. Vielmehr bietet das Umwandlungsrecht Möglichkeiten, gesellschaftsrechtlich von einer Rechtsform in eine andere Rechtsform zu gelangen; das Umwandlungssteuerrecht lässt unter gewissen Voraussetzungen den steuerneutralen Übergang von einer Rechtsform in eine andere zu (→ Rn. 198 ff.).

69   Nachfolgend stehen **Kriterien des Steuerrechts** im Vordergrund. Um es vorwegzunehmen: Keine Steuerreform hat das immer wieder postulierte Ziel der einheitlichen Besteuerung von Unternehmen erreicht. Im Gegenteil gibt es deutliche Unterschiede, die für bestimmte Situationen die Wahl einer bestimmten Rechtsform als empfehlenswert erscheinen lassen. Dies hat in erster Linie Bedeutung für die Finanzierung des Unternehmens (→ Rn. 71 ff.). Hier spielt die laufende Besteuerung der Gesellschaft und Gesellschafter eine wesentliche Rolle. Im Übrigen gibt es mit Ausnahme der Aktiengesellschaft[86] wenig, was nicht durch Gestaltung des Gesellschaftsvertrages den Bedürfnissen des Unternehmers angepasst werden könnte.[87] Vom Blickpunkt des Gesellschaftsrechts haben sich nachfolgende Ausführungen daher auf die Kriterien zu beschränken, die sich nicht durch vertragliche Regelungen angleichen lassen. Das sind neben der Besteuerung die Kriterien der Haftungsbegrenzung, Rechnungslegung und Publizitätspflicht (→ Rn. 124 ff.) sowie der Leitung, Überwachung, Mitbestimmung (→ Rn. 135 ff.) des Konzerns (→ Rn. 152 ff.) sowie des Gründungsaufwands (→ Rn. 207 ff.).

70   Die Ausführungen beschränken sich auf Entscheidungskriterien für die Rechtsformwahl bei Unternehmungen, welche auf Gewinnerzielung ausgerichtet sind (→ Rn. 38 ff. Unternehmungen mit gemeinnütziger Zwecksetzung bleiben nachfolgend unberücksichtigt.

1. Finanzierung unter Berücksichtigung der laufenden Besteuerung

71   Bei der Finanzierung von Unternehmen ist die Außen- und Innenfinanzierung zu unterscheiden. Bei der Außenfinanzierung fließt der Gesellschaft Kapital von außen, das heißt nicht aus dem betrieblichen Umsatzprozess, sondern aus Kapitaleinlagen und Kapitalgewährungen zu.[88] Wenn finanzielle Mittel aus dem Umsatzprozess stammen, also in dem Unternehmen selbst erwirtschaftet werden, spricht man von Innenfinanzierung.[89]

72   a) **Außenfinanzierung.** Die Außenfinanzierung kann eine **Einlagen- oder Beteiligungsfinanzierung** einerseits oder eine **Kreditfinanzierung** andererseits sein. Eine Einlagen- oder Beteiligungsfinanzierung erfolgt durch die Zuführung von Eigenkapital oder durch den Erst-

---

[84] Vgl. hierzu *Jung* EuZW 2012, 1743 ff.
[85] *Stöber* DStR 2012, 804 ff.
[86] Hier gilt gemäß § 23 Abs. 5 AktG die sogenannte Satzungsstrenge.
[87] Vgl. zur GmbH *Ulmer/Habersack*, Einl Rn. A 49; Baumbach/Hueck/*Fastrich* Einl. Rn. 4.
[88] *Wöhe*, Einführung in die Allgemeine Betriebswirtschaftslehre, 17. Aufl. 1990, fünfter Abschnitt, I. 5b)
[89] *Perridon/Steiner*, Finanzwirtschaft der Unternehmung, 11. Aufl., S. 353 ff., 464 ff.

erwerb von Anteilen an Kapitalgesellschaften (Eigenfinanzierung). Die Kreditfinanzierung wird durch die Zuführung von Fremdkapital vorgenommen (Fremdfinanzierung).[90]

Nachfolgend sollen die Rechtsformunterschiede mit Blick auf die Eigenfinanzierung (→ Rn. 73 ff.) und die Fremdfinanzierung (→ Rn. 75 ff.) betrachtet werden.

aa) Eigenfinanzierung. Rechtsformunterschiede im Hinblick auf Möglichkeiten der Eigenfinanzierung folgen daraus, dass der Erwerb und die Veräußerung von Beteiligungen an den verschiedenen Rechtsformen für Eigenkapitalgeber aus steuerrechtlicher Perspektive unterschiedlich attraktiv sind. 73

Die Möglichkeiten der Eigenfinanzierung sind allgemein dann beschränkt, wenn die Anteile nicht an der Börse gehandelt werden können.

Nachteilig bei **Personengesellschaften** und bei **GmbHs** ist die von Gesetzes wegen erschwerte Übertragbarkeit der Anteile. Bei Personengesellschaften ist grundsätzlich die Zustimmung aller Gesellschafter erforderlich,[91] die Übertragung von GmbH-Anteilen bedarf der notariellen Beurkundung (§ 15 Abs. 3 GmbHG), ein gutgläubiger Erwerb von GmbH-Anteilen ist dabei möglich (§ 16 GmbHG). Gesellschaftsverträge der Personengesellschaften können vorsehen, dass die Aufnahme neuer Gesellschafter durch Mehrheitsbeschluss erfolgt. Die Gesellschafter können sich beim Abschluss des Aufnahmevertrages auch vertreten lassen. Die Vollmacht dazu kann bereits im Gesellschaftsvertrag erteilt werden, z. B. indem der Geschäftsführer der Gesellschaft ermächtigt wird, neue Gesellschafter aufzunehmen.[92] Allerdings muss insoweit der Gesellschaftsvertrag besonderen Anforderungen genügen.[93] Zu denken ist daran, dass der Kreis der Beitrittskandidaten möglichst klar umrissen wird. 74

Für den Unternehmer sind Möglichkeiten der Refinanzierung in der Verlustsituation im Wege der Minderung des steuerpflichtigen Einkommens wichtig (→ Rn. 79 ff.). 75

bb) Fremdfinanzierung. Die **Kreditfinanzierung** empfiehlt sich in dem Fall, in dem die Zinsen für die gewährten Kredite als den steuerpflichtigen Gewinn mindernde Betriebsausgaben geltend gemacht werden können. Bei der Personengesellschaft werden Zinsen aus der Gewährung von Darlehen durch Gesellschafter gem. § 15 Abs. 1 Nr. 2 S. 1 2. Hs. EStG dem steuerpflichtigen Einkommen des Gesellschafters als Sonderbetriebseinnahmen hinzugerechnet. Solche Darlehenszinsen mindern den steuerlichen Gesamtgewinn der Gesellschaft, der einheitlich und gesondert festgestellt wird, also nicht. Allerdings kann der Gesellschafter Zinsen für die Refinanzierung seiner Einlage auch als Sonderbetriebsausgaben geltend machen. Dagegen wird durch Darlehenszinsen, die eine Kapitalgesellschaft an einen Gesellschafter zu zahlen hat, das steuerpflichtige Einkommen der Kapitalgesellschaft durch die Berücksichtigung der Darlehenszinsen als Betriebsausgaben vermindert. Indessen müssen die Zinseinkünfte auch auf der Ebene des Gesellschafters versteuert werden (§ 20 Abs. 1 Nr. 7 EStG). Tendenziell stellt sich die Besteuerung aber für die Fremdfinanzierung einer Kapitalgesellschaft seitens der Gesellschafter als günstiger dar. Denn die Zinsen erhöhen lediglich das steuerpflichtige Einkommen des Gesellschafters, der den Kredit gewährt hat. Vorteil der Kreditfinanzierung von Seiten der Gesellschafter bei Kapitalgesellschaften ist somit, dass die Bemessungsgrundlage des steuerpflichtigen Gewinns der Kapitalgesellschaft für ertragsteuerliche Zwecke vermindert wird. Hinzurechnungen für die Gewerbesteuer sind zu beachten (vgl. insb. § 8 Abs. 1 Nr. 1 GewStG). 76

Weiter ist zu beachten, dass die Bedingungen, zu denen das Darlehen gewährt wird, einem **Drittvergleich** standhalten müssen. Ist z. B. die Verzinsung, die ein Anteilseigner für die Gewährung eines Darlehens erhält, unangemessen hoch, wird die Verzinsung in Höhe des unangemessenen Teils als verdeckte Gewinnausschüttung qualifiziert. In dieser Höhe wird das steuerpflichtige Einkommen der Gesellschaft nicht gemindert (§ 8 Abs. 3 S. 2 KStG).[94] 77

---

[90] *Wöhe*, Einführung in die Allgemeine Betriebswirtschaftslehre, 17. Aufl. 1990, fünfter Abschnitt, I. 5b).
[91] § 717 BGB als Ausdruck eines allgemeinen Rechtsgrundsatzes im Personengesellschaftsrecht, vgl. auch *Ulmer/Habersack/Winter*, 2. Aufl., Einl Rn. A 51.
[92] Vgl. Beck'sches HdbPersG/*Sauter* § 2 Rn. 203.
[93] *Ulmer/Schäfer*, Gesellschaft bürgerlichen Rechts und Partnerschaftsgesellschaft, 6. Aufl. 2013, § 709 BGB Rn. 82.
[94] Vgl. im Einzelnen *Streck* KStG 7. Aufl., § 8 Anh, Rn. 248 ff. „Darlehen".

78 Bei der Fremdfinanzierung ist schließlich rechtsformübergreifend die Zinsschranke zu beachten, §§ 8a KStG, 4h EStG. Danach sind Zinsaufwendungen grundsätzlich nur bis zur Höhe der Zinserträge des Betriebs, darüber hinaus nur bis zur Höhe von 30 % um die Zinsaufwendungen erhöhten und die Zinserträge verminderten Gewinns zum Betriebsausgabenabzug zugelassen.[95] Die Zinsschranke ist jedoch nicht anzuwenden, wenn der Nettozinsaufwand die Freigrenze von 3 Mio. EUR nicht übersteigt, der Betrieb zu einem Konzern gehört (*Stand-alone*-Klausel) oder der Betrieb zu einem Konzern gehört und seine Eigenkapitalquote am Schluss des vorangegangenen Abschlussstichtages gleich hoch oder höher (2 % Toleranz auf IFRS-Basis) ist als die des Konzerns (sog. *Escape*-Klausel), § 4h Abs. 2 S. 1 EStG.[96]

79 **b) Refinanzierung des Anteilseigners aus Steuerminderungen in Verlustsituationen.** Mit der Finanzierung des Unternehmens hängt die Möglichkeit der Refinanzierung auf der Ebene der Gesellschafter zusammen. Denn für jeden Gesellschafter ist von Interesse, ob und wie er geleistete Einlagen refinanzieren kann. Diese Frage bezieht sich auf den Gesellschafter und ist von der Ebene der Gesellschaft zu trennen. Sie stellt sich immer dann, wenn der Gesellschaft von außen Mittel zugeführt werden. Nimmt der Gesellschafter einen Kredit auf, fragt sich, ob er die damit einhergehenden eigenen Finanzierungsaufwendungen (Zinsen) steuermindernd geltend machen kann (→ Rn. 92, 93). Finanziert der Gesellschafter die Einlagen aus seinem Vermögen, ist es von Bedeutung, ob der Gesellschafter Anlaufverluste der Gesellschaft steuermindernd geltend machen kann (→ Rn. 80 ff.).

80 *aa) Einkommensteuer.* Bei **Personenunternehmen** können die aus der unternehmerischen Tätigkeit entstehenden Verluste einkommensteuerlich unmittelbar den Gesellschaftern zugerechnet und bei diesen – vorbehaltlich besonderer Regelungen wie § 15a EStG – in den Verlustausgleich und die Verlustverrechnung einbezogen werden, wenn die Tätigkeit nicht als „Liebhaberei" eingestuft wird.[97] Bei Kapitalgesellschaften ist dagegen die Besteuerung der Gesellschafter von der Besteuerung der Kapitalgesellschaft getrennt.[98] Das bedeutet, dass Verluste ausschließlich auf der Gesellschaftsebene ausgeglichen und verrechnet werden können (Trennungsprinzip).

Beispiel 1:
A und B haben in das Betriebsvermögen der A-OHG jeweils 150.000,– EUR als Einlage eingebracht. Wegen hoher Investitionen und geringer Umsatzerlöse erleidet die A-OHG in 01 einen Verlust von 500.000,– EUR. A hat ein steuerpflichtiges Einkommen ohne Einbeziehung der A-OHG in Höhe von 200.000,– EUR, das (vereinfacht) mit 40 % zu versteuern ist. Es entsteht also Einkommensteuer in Höhe von 80.000,– EUR. B hat ein entsprechendes Einkommen in Höhe von 100.000,– EUR, das (vereinfacht) mit 25 % zu versteuern ist, so dass er 25.000,– EUR Einkommensteuer schuldet. Beide sind am Ergebnis der A – OHG zur Hälfte beteiligt.
Für A und B ergibt sich für 01 ein steuerpflichtiges Einkommen von null. Sie können ferner den das Einkommen übersteigenden Verlustbetrag auf den vorangegangenen Veranlagungszeitraum (Verlustrücktrag) oder auf kommende Jahre vortragen (Verlustvortrag), § 10d EStG. Auf diese Weise kann A allein in 01 80.000,– EUR, B 25.000,– EUR refinanzieren, weil A auf 200.000,– EUR und B auf 100.000,– EUR keine Steuern zu zahlen braucht.

81 Bei den Sonderformen der *GmbH & Co. KG* (a), der *GmbH & Still* (b) oder durch Bildung einer *Organschaft* (c) kann der Kommanditist, der (atypisch) stille Gesellschafter oder der Organträger den Verlust der Gesellschaft auf sein persönliches Einkommen anrechnen lassen.

82 Entscheidet sich der Gesellschafter für eine GmbH & Co. KG, hat er § 15a EStG zu beachten. Denn ein Kommanditist darf einen anteiligen Verlust nur insoweit steuermindernd geltend machen als die insgesamt aufgelaufenen Verluste die Höhe seiner geleisteten Einlage,

---

[95] Vgl. dazu die Zinsschranken-Prüfungsschemata bei *Rödder* Beihefter zu DStR 40, 2007, 2, 11.
[96] Vgl. dazu *Rödding* DStR 2009, 2649 ff.; *Weber-Grellet* DStR 2009, 557 ff.
[97] Liebhaberei liegt vor, wenn eine Gewinn- und Einkünfteerzielungsabsicht verneint wird, vgl. grundlegend: BFH GS BStBl. II 1984, 751, 765. Über die Frage, wann Liebhaberei vorliegt, besteht im Einzelnen viel Rechtsunsicherheit, vgl. nur Schmidt/*Seeger* EStG § 2 Rn. 23 ff.
[98] → Rn. 56 ff.

die auf dem Kapitalkonto dokumentiert ist oder in deren Höhe er gemäß § 171 Abs. 1 HGB zu haften hat, aufgezehrt worden ist.

Beispiel 2:
Ein Kommanditist ist verpflichtet, eine Einlage von 1.000.000,- EUR zu leisten, wovon er bereits 500.000,- EUR eingezahlt hat. Die ins Handelsregister eingetragene Haftsumme beträgt 1.000.000,- EUR. Dem Kommanditisten sind insgesamt anteilige Verluste gemäß § 15 Abs. 1 Nr. 2 EStG von 1.200.000,- EUR zuzurechnen.
Der Kommanditist kann die Verluste in Höhe der 1.000.000,- EUR (Haftsumme) mit seinen sonstigen Einkünften verrechnen, § 15a EStG, denn auf diesen Betrag ist seine Haftung beschränkt, § 171 Abs. 1 HGB.

Der Gesellschafter kann sich auch dafür entscheiden, die Anlaufverluste der GmbH durch eine **stille Beteiligung** zu finanzieren.[99] Wird er dabei als Mitunternehmer im steuerrechtlichen Sinn betrachtet (atypisch stiller Gesellschafter), dann sind die Verluste der stillen Gesellschaft auf seine sonstigen Einkünfte steuermindernd anzurechnen, § 15 Abs. 1 Nr. 2 EStG.[100] Gilt er dagegen als (typisch) stiller Gesellschafter und damit nicht als Mitunternehmer, ist die Berücksichtigung von Verlusten im Grundsatz nicht mehr möglich. Die Einnahmen aus der Beteiligung zählen zu den Einkünften aus Kapitalvermögen (§ 20 Abs. 1 Nr. 4 EStG).[101] Der Abzug der tatsächlichen Werbungskosten ist daher gemäß § 20 Abs. 9 EStG ausgeschlossen.

Da es sich bei Verlustanteilen, die dem Gesellschafter zuzuordnen sind, nach Auffassung des BFH um Werbungskosten handelt,[102] muss wohl auch für diese das Abzugsverbot gelten. Auf die Verlustbeschränkung in § 20 Abs. 6 EStG, wonach Verluste aus Kapitalvermögen nicht mit Gewinnen aus anderen Einkunftsarten verrechenbar sind, kommt es bezüglich dieser Verluste danach nicht mehr an.[103] § 32d Abs. 2 EStG normiert Ausnahmetatbestände, in denen der 25 %-ige Abgeltungsteuersatz keine Anwendung findet, aber dafür der Werbungskostenabzug wieder auflebt. Die Voraussetzungen des Abs. 2 liegen insbesondere dann vor, wenn der stille Gesellschafter eine „nahe stehende Person" ist, also z.B. bei stillen Beteiligungen am Unternehmen des Ehegatten oder wenn der stille Gesellschafter einen Anteil von mindestens 10 % hält. Folge der Anwendung von § 32d Abs. 2 EStG ist eine Besteuerung nach dem persönlichen Steuersatz des Gesellschafters bei gleichzeitigem Abzug der tatsächlichen Werbungskosten. Beim Inhaber des Unternehmens, an dem der stille Gesellschafter beteiligt ist, mindern dessen Gewinnanteile als Betriebsausgaben den einkommens- oder körperschaftsteuerpflichtigen Gewinn aus Gewerbebetrieb.[104]

Auch der Möglichkeit des atypischen stillen Gesellschafters, Verluste von Einkünften abzusetzen, sind Grenzen gesetzt: Der einem stillen Gesellschafter zuzurechnende Anteil am Verlust der stillen Gesellschaft darf nicht mit anderen Einkünften aus Gewerbebetrieb oder Einkünften aus anderen Einkunftsarten ausgeglichen werden, soweit ein negatives Kapitalkonto entstehen würde, § 15a Abs. 5 Nr. 1 oder § 20 Abs. 1 Nr. 4 Satz 2 i.V.m. § 15a EStG. Damit kann ein stiller Gesellschafter, unabhängig davon, ob er eine typische oder atypische Beteiligung hält,[105] stets nur den Betrag steuermindernd geltend machen, den er in die stille Gesellschaft zuvor eingelegt hat.[106]

Insbesondere bei der stillen Gesellschaft zwischen Familienangehörigen ist darauf zu achten, dass diese steuerrechtlich als Mitunternehmerschaft anerkannt wird. Dabei sind Kriterien wie die Angemessenheit des Gewinnanteils[107] oder die Frage, ob die stille Gesellschaft

---

[99] → Rn. 59.
[100] BFH BStBl. II 1999, 286, 289.
[101] *Blaurock*, Rn. 22.168. Die Regelung gilt ab dem 1.1.2009.
[102] Vgl. BFH BStBl. II 1997, 724.
[103] Anders wohl *Wälzholz*, GmbH-StB 2008, 11, 14.
[104] *Blaurock*, Rn. 22.124; zu nahestehenden Personen vgl. Rn. 22. 301 ff.
[105] Gemäß § 20 Abs. 1 Nr. 4 S 2 EStG ist § 15a EStG auf typische stille Beteiligungen entsprechend anwendbar.
[106] Vgl. Schmidt/*Wacker* 2013, § 15a, Rn. 197 f m. w. N.
[107] Vgl. dazu *Kirchhof/Reiß* § 15 EStG Rn. 11. Aufl., 2012, Rn. 426 ff.; Schmidt/*Wacker* § 15, Rn. 770 ff.

langfristig auf Gewinnerzielung ausgerichtet ist oder ob es sich lediglich um „Liebhaberei" handelt, bei der Verluste steuerrechtlich nicht wirksam sind,[108] bedeutsam.

87 Die einzige Möglichkeit, laufende Verluste einer **Kapitalgesellschaft** für steuerliche Zwecke dem Anteilseigner zuzurechnen, ist die Begründung eines **Organschaftsverhältnisses**. Denn bei einer Organschaft wird das (positive oder negative) Einkommen der Organgesellschaft dem Organträger zugerechnet und von diesem versteuert. Voraussetzung ist, dass der Organträger ein Gewerbebetrieb ist und der inländischen Besteuerung unterliegt. Für die Begründung eines Organschaftsverhältnisses ist eine Mehrheitsbeteiligung (finanzielle Eingliederung) und ein Gewinnabführungsvertrag erforderlich (§ 14 Abs. 1 S. 1 Nr. 1, 3 KStG). Bei der Prüfung, ob eine finanzielle Eingliederung vorliegt, können mittelbare Beteiligungen nur dann berücksichtigt werden, wenn die Beteiligung an jeder vermittelnden Gesellschaft die Mehrheit der Stimmrechte gewährt, § 14 Abs. 1 Satz 1 Nr. 1 S. 2 KStG. Der Gewinnabführungsvertrag muss auf mindestens 5 Jahre abgeschlossen sein und auch tatsächlich durchgeführt werden. Dies hat zur Folge, dass der Organträger auch die angefallenen Verluste mit zu übernehmen hat, §§ 302 f. AktG direkt oder analog.[109] Die Beschränkung der Haftung wird damit aufgehoben.

Beispiel 3:
Der Einzelunternehmer A hält an der A-GmbH eine Beteiligung von 30 %. Ferner hält die B-GmbH an der A-GmbH eine Beteiligung von 70 %. A ist an der B-GmbH zu 50 % beteiligt. Die Stimmrechtsverhältnisse entsprechen den Beteiligungsverhältnissen. Die A-GmbH macht einen Verlust von 100.000,– EUR. A hat mit der A-GmbH einen Gewinnabführungsvertrag geschlossen.
Der Verlust der A-GmbH kann A nicht anteilig zugerechnet werden. Eine finanzielle Eingliederung liegt nicht vor. Denn A hat nicht die Mehrheit der Stimmrechte im Sinne von § 14 Abs. 1 S. 1 Nr. 1 KStG. Nicht ausreichend ist die Addition von einer unmittelbaren und einer mittelbaren Beteiligung, wenn die Beteiligung an der vermittelnden Gesellschaft nicht die Mehrheit der Stimmrechte gewährt. Vorliegend hält A an der B-GmbH 50 % und damit nicht die Mehrheit. Eine finanzielle Eingliederung wäre dann anzunehmen, wenn A an der B-GmbH zu 51 % beteiligt wäre.[110]

Praxistipp:
Die Personengesellschaft ist gegenüber der Kapitalgesellschaft wegen der möglichen (anteiligen) Verrechnung von Verlusten aus der Personengesellschaft mit sonstigen Einkünften vorteilhaft. Einlagen können auf diese Weise in Verlustsituationen über Einsparungen bei Steuerzahlungen refinanziert werden. Verluste der Kapitalgesellschaft sind wegen deren steuerrechtlicher Selbständigkeit nicht den Gesellschaftern zuzurechnen. Etwas anderes gilt nur für die Organschaft, die aber jeweils die volle Verlustübernahme seitens des Organträgers voraussetzt. Die GmbH & Co. KG oder die GmbH & Still ist der Kapitalgesellschaft unter der Voraussetzung gleichgestellt, dass das Kapitalkonto des Kommanditisten oder des stillen Gesellschafters verbraucht (negativ) ist.

88 Bei den Sonderformen der GmbH & Co. KG oder der GmbH & Still ist darauf zu achten, dass Vergütungen an die Gesellschafter-Geschäftsführer, die auch zugleich Kommanditisten oder (atypisch) stille Gesellschafter und damit Mitunternehmer sind, nicht mehr als Betriebsausgaben abzugsfähig sind, § 15 Abs. 1 Nr. 2 S. 1, 2. Hs. EStG (→ Rn. 118).

89 *bb) Gewerbesteuer.* Die Gewerbesteuer ist anders als die Einkommensteuer an den Gewerbebetrieb gebunden. Sie steht in **keinem Zusammenhang mit den sonstigen Einkünften des Personengesellschafters**.[111] Dabei ist die Personengesellschaft gegenüber der Kapitalgesellschaft insoweit benachteiligt, als Voraussetzung des gewerbesteuerlichen Verlustabzuges gem. § 10a GewStG ist, dass nicht nur das Unternehmen, sondern auch die Unternehmer im Verlustentstehungs- und im Verlustanrechnungsjahr identisch sein müssen.[112]

---

[108] Vgl. dazu *Sterzenbach* DStR 2000, 1669 (1670 f.).
[109] → Rn. 152 ff.
[110] Vgl. auch R 57 KStR 2004.
[111] Zur Frage der Steuerermäßigung bei Einkünften aus Gewerbebetrieb gem. § 35 EStG n. F. vgl. unter III. 2. a).
[112] R10 a 2, R10 a 3, R10 a 4 GewStR 2009.

90 Bei Kapitalgesellschaften ist dabei regelmäßig von der Unternehmeridentität auszugehen.[113] Lediglich in Fällen, in denen mehr als ein Viertel bzw. mehr als die Hälfte der Anteile an einer Kapitalgesellschaft übertragen werden, kommt es zum anteiligen bzw. sogar vollständigen Untergang des Verlustabzugs (§ 10a S. 10 GewStG i. V. m. § 8c KStG, „Mantelkauf").[114] Bei der Personengesellschaft geht der Verlustabzug dagegen verloren, soweit der Fehlbetrag anteilig auf die ausgeschiedenen Gesellschafter entfällt.[115]

91 Der Gewerbeverlust ist also **betriebsgebunden** und kann daher auch bei Personenunternehmen nicht den einzelnen Gesellschaftern zugerechnet werden. Vielmehr muss zum Gewerbeverlustabzug eine Unternehmens- und Unternehmeridentität vorliegen: Bei der Personengesellschaft erfolgt die Beschränkung des Abzugs anteilig je ausgeschiedenem Gesellschafter, bei der Kapitalgesellschaft erfolgt sie anteilig, wenn mehr als 25 % und in voller Höhe, wenn mehr als 50 % der Anteile der Gesellschaft übertragen werden.

92 *cc) Abzugsfähigkeit fremdfinanzierter Einlagen.* Die Beteiligung an **Kapitalgesellschaften** ist steuerrechtlich dann nachteilig, wenn der Anteilseigner die Einlage fremdfinanziert hat. Denn natürliche Personen oder Personengesellschaften können, soweit sie ihre Anteile an Kapitalgesellschaften im Privatvermögen halten, was z. B. bei vermögensverwaltenden Gesellschaften der Fall ist, auf die Beteiligungsanschaffung entfallende Zinsaufwendungen nur bis zur Höhe des Sparer-Pauschbetrages in Höhe von 801,– EUR geltend gemacht werden, § 20 Abs. 9 Satz 1 EStG. Dieses Abzugsverbot der tatsächlichen Finanzierungskosten lässt sich als Preis für die mit 25 % vergleichsweise niedrige Abgeltungsteuer betrachten.[116] Für im Betriebsvermögen gehaltene Beteiligungen gilt, dass insoweit anfallender Zinsaufwand aufgrund des Teileinkünfteverfahrens nur zu 60 % bei natürlichen Personen oder Personengesellschaften abzugsfähig ist. Denn die Zinsaufwendungen stehen in unmittelbarem Zusammenhang mit zu 40 % steuerfreien Dividenden, § 3 Nr. 40 EStG i. V. m. § 3c Abs. 2 EStG.[117]

93 Kapitalgesellschaften sind gegenüber Personengesellschaften im Hinblick auf die Absetzbarkeit von Finanzierungsaufwand für Beteiligungen an Kapitalgesellschaften zwar im Vorteil, da die Abzugsbeschränkung des § 3c keine Anwendung findet, § 8b Abs. 5 Satz 2 KStG. Auch für Kapitalgesellschaften ist jedoch die Zinsschranke zu beachten, §§ 4h EStG, 8a KStG.[118] Insgesamt wird der Abzug von Zinsaufwendungen im Rahmen der Betriebsausgaben oder der Werbungskosten also erheblich eingeschränkt.

Praxistipp:
Mit Blick auf die steuermindernde Geltendmachung von Zinsaufwendungen bei fremdfinanzierten Einlagen ist die Personengesellschaft gegenüber der Kapitalgesellschaft vorzugswürdig. Bei letzterer können Zinsaufwendungen nur in bestimmten Konstellationen steuermindernd geltend gemacht werden. Greift allerdings die Zinsschranke ein, ist der Abzug von Finanzierungsaufwand sowohl bei Personen- als auch bei Kapitalgesellschaften erheblich eingeschränkt.

94 *c) Innenfinanzierung.* Stammen die finanziellen Mittel aus dem betrieblichen Umsatzprozess, so spricht man von Innenfinanzierung. Zu unterscheiden sind zwei Formen der Innenfinanzierung: die Finanzierung aus Gewinnen (Selbstfinanzierung) und die Finanzierung aus

---

[113] Vgl. *Streck* § 8 Rn. 152: Wirtschaftliche Identität könne nur in „krassen Ausnahmefällen" verneint werden. *Streck/Olbing* KStG 7. Aufl. 2008, § 8 Rn. 427.
[114] Anders als bei der bis zur Unternehmensteuerreform 2008 geltenden Regelung zum Mantelkauf in § 8 Abs. 4 KStG a. F. ist für den Verlust der wirtschaftlichen Identität allerdings nicht mehr Voraussetzung, dass die Kapitalgesellschaft ihren Geschäftsbetrieb mit überwiegend neuem Betriebsvermögen fortführt oder wieder aufnimmt.
[115] BFH BStBl. II 1993, 616 ff.
[116] So Schmidt/*Weber-Grellet* § 20 Rn. 250; *ders.*, § 20, Rn. 206.
[117] Das Teileinkünfteverfahren kommt erstmals im VZ 2009 zur Anwendung, vgl. § 52a Abs. 2, 3 EStG.
[118] S. bereits → Rn. 77–78.

langfristig nicht liquiditätswirksamen Rückstellungen, insbesondere aus Pensionsrückstellungen. Erstere ist eine Eigenfinanzierung, da die Mittel den Anteilseignern zustehen, letztere eine Fremdfinanzierung, da die den Pensionsrückstellungen entsprechenden Vermögenswerte zum Zwecke späterer Auszahlung an die berechtigten Arbeitnehmer angesammelt werden.[119] Der einer Pensionsrückstellung zugeführte Betrag ist Aufwand und vermindert den steuerpflichtigen Gewinn. Auf die Pensionsrückstellung wird unter 2. näher eingegangen, weil Unterschiede zwischen Kapital- und Personengesellschaften dann festzustellen sind, wenn für Gesellschafter Pensionsrückstellungen (für Altersvorsorge als eine Form der Vergütung) gebildet werden.

95 Nachfolgend soll auf die **Selbstfinanzierung** eingegangen werden. Dabei steht die steuerrechtliche Betrachtung im Vordergrund (→ Rn. 96 ff.). Gesellschaftsrechtlich ist hier von Interesse, dass die Gesellschafter je nach Rechtsform unterschiedliche Möglichkeiten der Einflussnahme auf die Gewinnverwendung haben (→ Rn. 114 ff.).

96 *aa) Steuerrecht. (1) Besteuerung einbehaltener Gewinne.* Im Hinblick auf die Besteuerung einbehaltener Gewinne hat der Gesetzgeber mit der Einführung einer Thesaurierungsbegünstigung in § 34a EStG versucht, die Belastung von Einzelunternehmern und Personengesellschaften der bis dahin deutlich niedrigeren Belastung der Kapitalgesellschaften anzunähern.[120] Gemäß § 34a EStG besteht die Möglichkeit, nicht entnommene Gewinne einem Steuersatz von 28,25 % zu unterwerfen. Die Anwendung erfolgt gesondert für jeden Gesellschafter auf dessen Antrag, wobei jeder Gesellschafter antragsberechtigt ist, dessen Anteil am Gewinn der Personengesellschaft mehr als 10 % beträgt oder 10.000,– EUR übersteigt, § 34a Abs. 1 S. 2 und 3.[121]

97 Die Einführung der Thesaurierungsbegünstigung ändert jedoch nichts daran, dass die Kapitalgesellschaft mit Blick auf die Selbstfinanzierung gegenüber der Personengesellschaft regelmäßig im Vorteil ist. Denn während die einbehaltenen Gewinne der Kapitalgesellschaft stets mit 15 % besteuert werden, kommt die Thesaurierungsbegünstigung für Personengesellschaften wegen der hohen Nachversteuerungsbelastung gemäß § 34a Abs. 4 EStG für die meisten Unternehmen gar nicht in Betracht.[122] So wird sich die Höhe der Besteuerung der einbehaltenen Gewinne bei Personengesellschaften auch weiterhin grundsätzlich nach der Progression des betreffenden Gesellschafters richten.

98 Folgendes tabellarisch dargestellte **vereinfachte Beispiel** soll deshalb zunächst die weiterhin gegebene Vorteilhaftigkeit der Kapitalgesellschaft bei Nichteingreifen der Thesaurierungsbegünstigung verdeutlichen.

Beispiel 4:

Ausgegangen wird von einem Gewinn vor Steuern von 120.000,– EUR und einem Gewerbesteuerhebesatz von 400 %, also einem Steuersatz von 14 % (400 % x 3,5 %). Ferner wird vorausgesetzt, dass der Gesellschafter mit seinem steuerpflichtigen Einkommen in der obersten Progressionsstufe (ohne „Reichensteuer", also 42 %) liegt. Es wird davon ausgegangen, dass der Gewinn der Kapitalgesellschaft in voller Höhe einbehalten wird und die Voraussetzungen des § 34a EStG bei der Personengesellschaft nicht vorliegen.[123]

---

[119] Zum Ganzen: BeckBil-Komm/*Ellroth/Riehl* § 249 Rn. 1, 151 ff.
[120] Vgl. BR-Drs. 220/07 101.
[121] § 34a EStG i. d. F. des UntStRefG ist erstmals anwendbar für den VZ 2008, § 52 Abs. 48 EStG.
[122] → Rn. 100, 103.
[123] Dieses und die nachfolgenden Beispiele 6 bis 10 sollen **stark vereinfacht** die unterschiedliche Wirkungsweise der Besteuerung von Personengesellschaften und ihrer Gesellschafter unter Berücksichtigung bestimmter Einflussfaktoren darstellen. Die Beträge sind auf volle Hundert auf- bzw. abgerundet. Aus Gründen der Vereinfachung sind dabei auch der Freibetrag für Personengesellschaften und natürliche Personen unberücksichtigt geblieben (§ 11 Abs. 1 S. 3 Nr. 1 GewStG) i. H. v. 24.500,– EUR.
Unberücksichtigt geblieben sind in diesem und den nachfolgenden Beispielen auch der Solidaritätszuschlag und die ggf. anfallende Kirchensteuer.

	Personengesellschaft	Kapitalgesellschaft
Gewinn vor Steuern	120.000,– EUR	120.000,– EUR
– GewSt (14 %)	16.800,– EUR	16.800,– EUR
– ESt (42 %) bzw. KSt (15 %)	50.400,– EUR	18.000,– EUR
+ GewSt-Messbetrag (x 3,8) (§ 35 EStG – Gutschrift)	16.000,– EUR	
[Steuerbelastung]	[51.200,– EUR]	[34.800,– EUR]
= Gewinn nach Steuern	68.800,– EUR	85.200,– EUR
Steuerbelastungsquote bezogen auf Gewinn vor Steuern von 120.000,– EUR	**42,7 %**	**29 %**

Das Beispiel veranschaulicht, dass die Kapitalgesellschaft im Fall der Einbehaltung des Gewinns, wenn bei der Personengesellschaft die Voraussetzungen des § 34a EStG nicht vorliegen, die vorzugswürdige Rechtsform ist. Daran ändert sich auch nichts dadurch, dass sich die Einkommensteuer des Personengesellschafters um den (anteiligen) 3,8-fachen Gewerbesteuermessbetrag ermäßigt (§ 35 EStG). Das Beispiel zeigt aber auch: Bei Unternehmen mit sehr niedrigen Erträgen unter Einbeziehung der Vergütungen an Unternehmer und Ergebnissen aus Ergänzungsbilanzen fällt für Personengesellschaften und natürliche Personen praktisch kaum Gewerbesteuer an. In Folge der nunmehr erhöhten Anrechnung der Gewerbesteuer auf die Einkommensteuer im Rahmen der Vorschrift des § 35 EStG wirken sich diese Vergünstigungen der Personengesellschaft um so weniger aus, je niedriger der Hebesatz der Gemeinde und je höher der Gewinn der Personengesellschaft unter Einbeziehung von Sondervergütungen an Mitunternehmer und Ergebnissen aus Ergänzungsbilanzen der Gesellschafter ist. Bei dem hier vorausgesetzten – in der Wirklichkeit häufig allerdings übertroffenen – Gewerbesteuerhebesatz von 400 % wird die anfallende Gewerbesteuer vollständig, bei einem Gewerbesteuerhebesatz über 400 % nur teilweise kompensiert.[124] Allerdings setzt § 35 EStG voraus, dass überhaupt eine Einkommensteuerschuld des Steuerpflichtigen besteht. Entsteht etwa infolge Verlustausgleichs (innerhalb der Einkunftsart (horizontal) oder mit verschiedenen Einkunftsarten (vertikal)) keine Einkommensteuer, geht die Anrechnung ins Leere, weil im Vor- oder Rücktrag nicht vorgesehen ist. Eine Entlastung von der Gewerbesteuer erfolgt daher gerade nicht in Verlustsituationen, bei denen die steuerliche Leistungsfähigkeit ohnehin gemindert ist. Für Kapitalgesellschaften gewinnt die Gewerbesteuer mit der Senkung des Körperschaftsteuersatzes von 25 % auf 15 % stark an Bedeutung. Gerade in Gemeinden mit hohem Hebesatz kann die Gewerbesteuer ein entscheidender Belastungsfaktor sein,[125] da die geschuldete Gewerbesteuer nicht als Betriebsausgabe den einkommensteuerpflichtigen Gewinn mindert (§ 4 Abs. 5b EStG).

An einem weiteren Beispiel soll gezeigt werden, wie sich die Situation der Personengesellschaft derjenigen der Kapitalgesellschaft annähert, wenn Gewinne vollständig einbehalten werden und gleichzeitig die Voraussetzungen der **Thesaurierungsbegünstigung** nach § 34a EStG gegeben sind:

Beispiel 5:
Wie Beispiel 4. Nunmehr soll davon ausgegangen werden, dass bei der Personengesellschaft die Voraussetzungen der Thesaurierungsbegünstigung nach § 34a EStG vorliegen.

---

[124] Genau beträgt der Grenzwert 400,9 %, siehe dazu Schmidt/*Glanegger* § 35 Rn. 19.
[125] Vgl. *Rödder*, Beihefter zu DStR 40, 2007, 2, 3.

	Personengesellschaft	Kapitalgesellschaft
Gewinn vor Steuern	120.000,– EUR	120.000,– EUR
– Gewerbesteuer (bei einem Hebesatz von 400 %) (Erläuterung siehe Beispiel 5)	16.800,– EUR	16.800,– EUR
– ESt (28,25 % gem. § 34a EStG) bzw. KSt (15 %)	33.900,– EUR	18.000,– EUR
+ GewSt-Messbetrag (x 3,8) (§ 35 EStG – Gutschrift)	16.000,– EUR	
[Steuerbelastung]	[34.700,– EUR]	[34.800,– EUR]
= Gewinn nach Steuern	85.300,– EUR	85.200,– EUR
Steuerbelastungsquote bezogen auf Gewinn vor Steuern von 120.000,– EUR	**28,9 %**	**29 %**

101 Das Beispiel zeigt, dass § 34a EStG die Belastung von einbehaltenen Gewinnen bei Personengesellschaften zunächst deutlich senkt. Im Vergleich zu Kapitalgesellschaften besteht bei vollständiger Thesaurierung und nach Anrechnung des Ermäßigungsbetrages gemäß § 35 EStG keine höhere Belastung der Personengesellschaften mehr. Da der ermäßigte Steuersatz gemäß § 34a EStG nur auf den einbehaltenen Teil der Gewinne angewendet wird, der übrige Teil aber weiterhin dem jeweiligen Steuersatz der Gesellschafter unterliegt, fällt die Begünstigung natürlich entsprechend geringer aus, wenn weniger als 100 % der Gewinne einbehalten werden.[126] Von einer vollständigen Einbehaltung der Gewinne kann realistischerweise nicht ausgegangen werden, da der Unternehmer zumindest die zu zahlende Einkommen- und Gewerbesteuer in der Regel aus dem Betriebsvermögen und nicht aus seinem Privatvermögen begleichen wird.[127]

102 Zu beachten ist auch, dass der Begünstigungseffekt mit sinkenden Steuersätzen der Gesellschafter kleiner wird. Liegt deren persönlicher Steuersatz unter dem nach § 34a EStG auf 28,25 % festgelegten Tarif, tritt überhaupt keine begünstigende Wirkung ein.

103 Die thesaurierungsbegünstigende Wirkung des § 34a EStG wird jedoch erheblich dadurch eingeschränkt, dass zu einem späteren Zeitpunkt entnommene Gewinne einer **Nachversteuerung** unterliegen. Stellt der Steuerpflichtige den Antrag auf Anwendung des begünstigenden Steuersatzes nach § 34a Abs. 1 Satz 2 EStG, entsteht gemäß § 34a Abs. 3 EStG ein sog. nachversteuerungspflichtiger Betrag. Dieser ergibt sich – stark vereinfacht dargestellt – aus dem auf Antrag begünstigten Gewinn abzüglich der darauf gezahlten Einkommensteuer in Höhe von 28,25 %. Der so festgestellte Nachversteuerungsbetrag unterliegt einer Steuer von 25 %, sobald ein die Nachversteuerung auslösender Tatbestand verwirklicht wird. Dazu zählt insbesondere die in § 34a Abs. 4 EStG näher umschriebene spätere Entnahme von Gewinnen, aber auch die Betriebsveräußerung oder -aufgabe, § 34a Abs. 6 Nr. 1 EStG. Tritt der Fall der Nachversteuerung ein, ergibt sich in der Regel eine höhere Steuerbelastung, als wenn der Steuerpflichtige den Antrag auf Thesaurierungsbegünstigung von vornherein nicht gestellt hätte.

Dies soll an einem weiteren tabellarisch dargestellten Beispiel verdeutlicht werden:

Beispiel 6:
Wie Beispiel 5. Diesmal soll davon ausgegangen werden, dass im Jahr nach der Wahl der Anwendung des begünstigenden Steuersatzes gem. § 34a EStG die gesamten Gewinne entnommen werden, so dass die Nachversteuerung gem. § 34a Abs. 4 EStG ausgelöst wird.

---

[126] Vgl. Grafik zum Zusammenhang zwischen Thesaurierungsquote und Steuerbelastung bei *Ortmann-Babel/Zipfel* BB 2007, 2205 (2214).
[127] *Jorde/Götz* BB 2008, 1032, 1033.

	Personengesellschaft
Gewinn vor Steuern	120.000,– EUR
– Gewerbesteuer (bei einem Hebesatz von 400 %) (Erläuterung siehe Beispiel 5)	16.800,– EUR
– ESt (28,25 % gem. § 34a EStG)	33.900,– EUR
+ GewSt-Messbetrag (x 3,8) § 35 EStG – Gutschrift)	16.000,– EUR
[Steuerbelastung ohne Nachversteuerung]	[34.700,– EUR]
= Gewinn nach Steuern ohne Nachversteuerung	85.300,– EUR (Steuerbelastungsquote 28,9 %)
– Nachversteuerung § 34a Abs. 3 und 4 EStG: 25 % des Nachversteuerungsbetrags (120.000,– EUR – 33.900,– EUR = 86.100,– EUR)	21.500,– EUR
[Steuerbelastung mit Nachversteuerung]	[56.200,– EUR]
Gewinn nach Steuern und Nachversteuerung	63.800,– EUR
Steuerbelastungsquote bezogen auf Gewinn vor Steuern von 120.000,– EUR	**46,8 %** (im Vergleich zu 42,7 % in Bsp. 4)

Aufgrund der hohen Nachversteuerungsbelastung ist also sorgfältig zu prüfen, ob sich ein Antrag auf Anwendung des § 34a EStG überhaupt anbietet. Unter Berücksichtigung der Nachversteuerungsbelastung stellt die Thesaurierungsbegünstigung **keine dauerhafte Steuerminderung,** sondern vielmehr eine **bloße Steuerstundung** dar. Ein Vorteil entsteht also nur in Gestalt des Zinsgewinns, den die Gesellschaft durch Investition der gestundeten Steuer erzielt. Da die Höhe des Zinsgewinns neben der Rendite des Investitionsobjekts maßgeblich von der Dauer der Anlage abhängt, wird sich die begünstigende Wirkung des § 34a EStG regelmäßig nur einstellen, wenn sichergestellt ist, dass die Gewinne langfristig einbehalten werden.[128] Trotz der Thesaurierungsbegünstigung des § 34a EStG ist die Kapitalgesellschaft in der ganz überwiegenden Zahl der Fälle also gegenüber der Personengesellschaft im Vorteil, soweit es um die Besteuerung einbehaltener Gewinne geht. Nur für solche Unternehmen, die damit rechnen können, über mehrere Jahre Investitionen aus eigenen Gewinnen zu finanzieren, ist die Rechtsform der Personengesellschaft in dieser Hinsicht gleichwertig.

(2) Besteuerung ausgeschütteter Gewinne. Für die Kapitalgesellschaft verschlechtert sich die Situation allerdings in dem Augenblick, in dem Gewinne nicht einbehalten, sondern an die Gesellschafter ausgeschüttet werden. Damit rückt auch im Vergleich der Rechtsformen die Art der Gewinnverwendung als Entscheidungskriterium in den Vordergrund.

Kapitalgesellschaften versteuern ihren Gewinn immer mit 15 % Körperschaftsteuer (§ 23 Abs. 1 KStG) sowie mit ca. 15 % Gewerbesteuer (abhängig u. a. vom Hebesatz der Gemeinde). Wird der Gewinn an die Gesellschafter ausgeschüttet, dann wird der Gewinn auf der Ebene der Gesellschafter nochmals, also **doppelt besteuert.** Allerdings unterliegen die Ausschüttungen der Gesellschaft, soweit die Beteiligung im Privatvermögen gehalten wird, nicht mehr dem persönlichen Steuersatz des Gesellschafters, sondern der Abgeltungsteuer in Höhe von 25 %. Da die Abgeltungsteuer auf die gesamte Ausschüttung Anwendung findet, ist die **Steuerbelastung von Dividenden im Privatvermögen** mit Einführung der Abgeltungsteuer gestiegen. Trotz der Senkung des Körperschaftsteuersatzes von 25 auf 15 % durch die Un-

---

[128] Vgl. hierzu die tabellarische Darstellung bei *Ortmann-Babel/Zipfel* BB 2007, 2205 (2215).

ternehmenssteuerreform 2008 bleibt die Kapitalgesellschaft damit im Vergleich zur Personengesellschaft nachteilig, soweit Gewinne an Gesellschafter ausgeschüttet werden, die natürliche Personen sind.

107 Soweit der Gesellschafter die **Beteiligung im Betriebsvermögen** hält, unterliegen die Ausschüttungen beim Gesellschafter zum Zwecke der Vermeidung einer doppelten Steuerbelastung nur einer teilweisen Besteuerung. Nach dem Teileinkünfteverfahren sind 40 % der Dividenden steuerfrei, § 3 Nr. 40 EStG. Im Betriebsvermögen gehaltene Kapitalgesellschaften, die ihren Gewinn ausschütten, sind nach dieser Gesetzesänderung nach wie vor steuerlich stärker belastet als Personengesellschaften in der gleichen Situation. Folgendes Beispiel zeigt die Unterschiede:

Beispiel 7:

Zugrunde gelegt wird der Steuersatz von 42 %. Es wird davon ausgegangen, dass der Gewinn in voller Höhe an die Gesellschafter (natürliche Personen) ausgeschüttet wird, die ihre Beteiligung an der Gesellschaft im Privatvermögen / im Betriebsvermögen halten.

	Personengesellschaft	Kapitalgesellschaft
Gewinn vor Steuern	120.000,– EUR	120.000,– EUR
– Gewerbesteuer (bei einem Hebesatz von 400 %)	16.800,– EUR	16.800,– EUR
– ESt (42 %) bzw. KSt (15 %)	50.400,– EUR	18.000,– EUR
+ GewSt-Messbetrag (x 3,8)	16.000,– EUR	
= Gewinn nach Steuern	68.800,– EUR	85.200,– EUR
– ESt auf Dividende (Beteiligung im Privatvermögen: Abgeltungsteuer 25 %/ Beteiligung im Betriebsvermögen: 42 % auf 60 % der Dividende, § 3 Nr. 40 EStG)	– entfällt hier (Transparenzprinzip) –	21.300,– EUR/21.500,– EUR
[Steuerbelastung]	[51.200,– EUR]	[56.100,– EUR/56.300,– EUR]
= Einkünfte nach Steuern (Ebene der Gesellschafter)	68.800,– EUR	63.900,– EUR/63.700,– EUR
Steuerbelastungsquote Bezogen auf Gewinn vor Steuern von 120.000,– EUR	42,7 %	46,8/46,9 %

108 *(3) Berücksichtigung von Vergütungen an die Gesellschafter.* Diesem unter (2) dargestellten Vorteil der Personengesellschaft gegenüber der Kapitalgesellschaft kann dadurch entgegengewirkt werden, dass man Gesellschafter-Geschäftsführern *Vergütungen* gewährt. Bei Kapitalgesellschaften werden Vergütungen nämlich als den Gewinn mindernde Betriebsausgaben anerkannt. Die Vergütung wird demnach allein auf der Ebene des Gesellschafters besteuert. Der entscheidende Vorteil dabei: Die Vergütung mindert auch die Bemessungsgrundlage für die Gewerbesteuer. Insgesamt verbessert sich damit die Situation der Kapitalgesellschaft gegenüber dem oben angeführten Beispiel. Geht man davon aus, dass der Gewinn einbehalten wird, ist die Kapitalgesellschaft gegenüber der Personengesellschaft im Vorteil.

Beispiel 8:

Es wird davon ausgegangen, dass dem Gesellschafter-Geschäftsführer eine Vergütung i. H. v. 40.000,– EUR gewährt wird; im Übrigen gilt das zum Beispiel 4 Gesagte.

	Personengesellschaft	**Kapitalgesellschaft**
Gewinn vor Steuern	160.000,– EUR*	120.000,– EUR**
– GewSt (Hebesatz 400%)	22.400,– EUR	16.800,– EUR
– ESt (42%) bzw. KSt (15%)	67.200,– EUR	18.000,– EUR
+ GewSt-Messbetrag (x 3,8)	21.300,– EUR	
= Gewinn nach Steuern (Ebene der Gesellschaft)	91.700,– EUR	85.200,– EUR
+ GF-Vergütung nach Steuern (ESt: 42% x 40.000,– EUR)		23.200,– EUR
[Steuerbelastung]	[68.300,– EUR]	[51.600,– EUR]
= Einkünfte nach Steuern (Ebene der Gesellschafter)	91.700,– EUR	108.400,– EUR
Steuerbelastungsquote Bezogen auf einen Gewinn vor Steuern und Geschäftsführervergütung von 160.000,– EUR	42,7%	32,3%

* Die Geschäftsführervergütung ist nicht abziehbar.
** Nach Abzug der Geschäftsführervergütung.

Wie man sieht, wird durch die Gewährung von Vergütungen an die Gesellschafter-Geschäftsführer der Vorteil der Kapitalgesellschaft gegenüber der Personengesellschaft nochmals verstärkt.

Allerdings ist Vorsicht geboten. Denn es werden hohe Anforderungen gestellt, damit Vergütungen an Gesellschafter-Geschäftsführer auch steuerrechtlich anerkannt werden (→ Rn. 118ff.). Zum anderen ist für den Fall hoher Vergütungen der Nachteil im Falle einer **unvorhergesehenen Verlustsituation** der Kapitalgesellschaft schwerwiegender. Denn in diesem Fall muss der Gesellschafter-Geschäftsführer, obwohl die Kapitalgesellschaft Verluste erleidet, Steuern auf seine Vergütungen zahlen. Bei der Personengesellschaft käme es wegen der Zurechnung der Vergütung zum steuerpflichtigen Einkommen des Mitunternehmers gem. § 15 Abs. 1 Nr. 2 S. 1 2. Hs. EStG zu einer Verrechnung und damit zu einer Vermeidung der Besteuerung.

Im Anwendungsbereich des § 15a EStG, also insbesondere bei der GmbH & Co. KG, stehen Rechtsprechung und Verwaltung allerdings auf dem Standpunkt, dass verrechenbare, d.h. nicht sofort ausgleichsfähige Verluste, nicht mit Einnahmen aus Sonderbetriebsvermögen einschließlich Sondervergütungen saldiert werden können.[129]

Beispiel 9:[130]
Das Kapitalkonto des Kommanditisten K an der A-KG weist zum 31.12.2012 0,– EUR aus. Sein vertraglicher Verlustanteil beträgt 50%. Für 2013 beträgt der Verlust der A-KG 150.000,– EUR einschließlich einer als Aufwand behandelten Tätigkeitsvergütung für K in Höhe von 50.000,– EUR.
Der Gewinn des K im Sonderbetriebsvermögensbereich beträgt 50.000,– EUR. Dieser Gewinn ist voll zu versteuern. Sein Verlustanteil beträgt zwar 75.000,– EUR, ist aber nicht ausgleichsfähig.

(4) Berücksichtigung von Vergütungen bei Ausschüttung des Gewinns. Werden dagegen Teile des Gewinns ausgeschüttet, nähern sich Personengesellschaft und Kapitalgesellschaft aufgrund der doppelten Belastung der Gewinne der Kapitalgesellschaft auf Ebene der Gesellschaft und auf Gesellschafterebene wieder an.

Beispiel 10:
Ausgehend vom vorangegangenen Beispiel soll im folgenden Beispiel der gesamte Gewinn an die Gesellschafter ausgeschüttet werden.

---

[129] BMF BStBl. I 1993, 976; BFH BStBl. II 1999, 163 ff.
[130] Beispiel nach Schmidt/*Wacker* § 15a EStG Rn. 109.

	Personengesellschaft	Kapitalgesellschaft
Gewinn vor Steuern	160.000,– EUR*	120.000,– EUR**
– ESt (42 %) bzw. KSt	67.200,– EUR	18.000,– EUR
+ GewSt-Messbetrag (x 3,8)	21.300,– EUR	
= Gewinn nach Steuern	91.700,– EUR	85.200,– EUR
+ GF-Vergütung nach Steuern (ESt: 42 % x 40.000,– EUR)		23.200,– EUR
– ESt auf Dividende (Beteiligung im Privatvermögen: Abgeltungsteuer 25 %/Beteiligung im Betriebsvermögen: 42 % auf 60 % der Dividende, § 3 Nr. 40 EStG)	– entfällt hier (Transparenzprinzip) –	21.300,– EUR/21.500,– EUR
[Steuerbelastung]	[68.300,– EUR]	[72.800,– EUR/73.000,– EUR]
= Einkünfte nach Steuern auf ausgeschütteten Gewinn	91.700,– EUR	87.200,– EUR/87.000,– EUR*
Steuerbelastungsquote bezogen auf einen Gewinn vor Steuern und Geschäftsführervergütung von 160.000,– EUR	42,7 %	45,5/45,6 %

* Die Geschäftsführervergütung ist nicht abziehbar.
** Nach Abzug der Geschäftsführervergütung.

113 Kapitalgesellschaften mit einem hohen Anteil einbehaltener Gewinne sind also weniger steuerbelastet als Personengesellschaften. Das Problem in der Praxis wird aber regelmäßig sein, im Voraus zu bestimmen, wie sich die Ertragskraft des Unternehmens langfristig entwickeln wird. Denn in dem Maße, wie der Anteil der einbehaltenen Gewinne gegenüber dem Anteil der ausgeschütteten Gewinne abnimmt, vermindert sich auch der Vorteil der Kapitalgesellschaft. Entsteht eine Verlustsituation, ist die Kapitalgesellschaft sogar nachteilig.

> **Praxistipp:**
> Deshalb gilt: Nur, wenn sich eine hohe Ertragskraft und eine Reinvestition der Gewinne in den Betrieb und eine geringe Ausschüttungsquote mit Gewissheit vorhersagen lässt, sollte ein Unternehmer das Kriterium der Selbstfinanzierung seiner Rechtsformentscheidung entscheidend zugrundelegen.

114 *(bb) Gesellschaftsrecht.* Gesellschaftsrechtlich bestehen Rechtsformunterschiede mit Blick auf die Möglichkeiten der Gewinnverwendung. Hier ist zunächst allgemein zu unterscheiden zwischen Kapitalgesellschaften und Personengesellschaften (1) und dann im Einzelnen auf die Unterschiede zwischen GmbH und Aktiengesellschaft einzugehen (2).

115 *(1) Kapitalgesellschaften und Personengesellschaften.* Bei Kapitalgesellschaften ist anders als bei Personengesellschaften an die Begrenzungen der Vorschriften der Rechnungslegung zu denken, nach denen die Ausschüttung von Gewinnen dann unzulässig ist, wenn dadurch die Eigenkapitalziffer den gesetzlich vorgeschriebenen Mindestwert unterschreitet, § 30 GmbHG, § 57 AktG. Danach muss zumindest das Stammkapital oder das Grundkapital erhalten bleiben. Darüber hinaus verpflichtet das Gesetz zur Bildung bestimmter Rücklagen.[131] Die UG unterliegt dabei der besonderen Verpflichtung, in den Jahren nach ihrer Gründung Rücklagen in Höhe von jeweils einem Viertel des Jahresgewinns zu bilden, bis

---

[131] Vgl. im Einzelnen § 272 Abs. 2 HGB: Kapitalrücklage und § 272 Abs. 4 HGB: Rücklage für eigene Anteile sowie § 150 AktG: Gesetzliche Rücklage und Kapitalrücklage müssen zumindest in Höhe von 10 % des Grundkapitals aus Jahresüberschüssen gebildet werden.

das Mindeststammkapital einer GmbH in Höhe von 25.000,– EUR erreicht ist. Hintergrund ist, dass bei Kapitalgesellschaften die Haftung auf das Gesellschaftsvermögen beschränkt ist und die Grund-/Stammkapitalziffer für eine ausreichende Vermögensausstattung Gewähr bieten soll.

(2) GmbH und AG. Die Verfügungsbefugnis der Aktionäre beschränkt sich auf die Entscheidung über die Verwendung des Bilanzgewinns, §§ 174 Abs. 1, 57 Abs. 3 AktG. Das ist immer nur der Gewinn des jeweiligen Geschäftsjahres zuzüglich etwaiger Gewinnvorträge und abzüglich etwaiger Verlustvorträge aus vergangenen Geschäftsjahren. Wurden demnach einmal Gewinne den Gewinnrücklagen zugeführt, sind diese Gewinne in der Aktiengesellschaft der Dispositionsbefugnis der Aktionäre entzogen. Bestimmt darüber hinaus die Satzung der Aktiengesellschaft, dass ein bestimmter Anteil des Gewinns in die Rücklagen einzustellen ist oder wird nichts Abweichendes in der Satzung vereinbart, können Vorstand und Aufsichtsrat bis zu 50 % der Gewinne den Rücklagen zuführen, § 58 Abs. 2 AktG. Bei der GmbH kann dagegen die Gesellschafterversammlung über die Verwendung des Gewinns zuzüglich der auflösbaren Rücklagen entscheiden, § 29 GmbHG.[132]

Aus Sicht der Gesellschaft/des Managements bietet die Aktiengesellschaft bessere Möglichkeiten der Gewinnthesaurierung. Aus der Sicht der Gesellschafter bietet die GmbH einen größeren Spielraum bei der Verwendung des Gewinns einschließlich der Auflösung von Rücklagen. Dies gilt nur eingeschränkt für die UG, die in den ersten Jahren nach ihrer Gründung Rücklagen in Höhe von einem Viertel des Jahresgewinns bilden muss, bis die Summe von 25.000,– EUR erreicht ist.

2. Vergütungen an Unternehmer

Anders als bei der Personengesellschaft (§ 15 Abs. 1 Nr. 2 S. 1, 2 Hs. EStG) werden bei der Kapitalgesellschaft schuldrechtliche Vereinbarungen zwischen der Gesellschaft und ihren Gesellschaftern grundsätzlich anerkannt. Derartige Leistungsvergütungen können unter anderem in Form von Gehältern oder Pensionszusagen auftreten. Sie sind Betriebsausgaben und mindern daher den steuerpflichtigen Gewinn der Kapitalgesellschaft. Auf der Ebene der Gesellschafter-Geschäftsführer führen sie zu einer Besteuerung nach dem geltenden Einkommensteuertarif.

Diese Möglichkeit stellt tendenziell einen Vorteil der Kapitalgesellschaft gegenüber der Personengesellschaft dar.[133] Entscheidend ist, ob der Finanzierungsbedarf der Gesellschafter durch (angemessene) Leistungsvergütungen gedeckt werden kann. Auch insoweit kommt es auf die richtige Einschätzung von Seiten des Gesellschafter-Geschäftsführers an. Auf die rechtlichen Rahmenbedingungen soll nachfolgend kurz eingegangen werden.

Mit Blick auf das **Geschäftsführergehalt** steht steuerrechtlich die Frage der Angemessenheit im Vordergrund. Gelangt das Finanzamt zu dem Ergebnis, dass das Geschäftsführergehalt nicht angemessen ist, wäre dies als *verdeckte Gewinnausschüttung* zu qualifizieren. Dies hätte zur Folge, dass das Gehalt in Höhe seines unangemessenen Teils als Gewinnausschüttung zu qualifizieren wäre. Damit wäre die Verminderung des steuerpflichtigen Gewinns im Wege des Betriebsausgabenabzuges rückgängig zu machen und auf der Ebene der Kapitalgesellschaft mit 15 % zu versteuern, § 8 Abs. 3 S. 2 KStG. Maßstab für die Frage der Angemessenheit sind sämtliche an den Gesellschafter-Geschäftsführer geflossenen Leistungen, wie Urlaubsgeld, Weihnachtsgratifikation, Umsatztantieme, PKW-Überlassung, betriebliche Altersversorgung und vermögenswirksame Leistungen. Dabei wird in der Rechtsprechung das Verhältnis zwischen der Geschäftsführervergütung zu dem der GmbH verbleibenden Gewinn vor Steuern als Kriterium der Angemessenheitsprüfung angesehen.[134]

Mit Blick auf **Pensionszusagen** sind im Wesentlichen zwei Probleme zu sehen: Erstens ist darauf zu achten, dass Pensionszusagen schon dem Grunde nach nicht als verdeckte Ge-

---

[132] Dies umfasst auch die Auflösung von Rücklagen in den Grenzen des § 272 Abs. 4 HGB: Lutter/Hommelhoff/*Hommelhoff* § 29 Rn. 30.
[133] → Rn. 108 ff.
[134] Vgl. hier nur BFH BStBl. II 1989, 854 und BFH BStBl. II 1978, 234; vgl. im Übrigen Körperschaftsteuerhinweise 2008: H36, Abschnitt IV; BMF-Schreiben BStBl. I 2002, 972.

winnausschüttung angesehen werden. Zweitens ist für den Fall von Unternehmensveräußerungen darauf zu achten, dass der Verzicht auf die Ansprüche auf die Pensionen von Seiten des veräußernden Gesellschafters gegen Erwerb der Ansprüche aus der Rückdeckungsversicherung nicht zu einem steuerpflichtigen Vorgang führt.

122 Insbesondere die **steuerrechtliche Anerkennung von Pensionszusagen** hängt von vielen Bedingungen ab.[135] Sie müssen zivilrechtlich wirksam entstanden sein, d.h. für Vorstandsmitglieder ist § 112 AktG zu beachten, für Geschäftsführer einer GmbH fällt der Abschluss in den Zuständigkeitsbereich der Gesellschafterversammlung.[136] Des Weiteren muss die Pensionszusage dem Grunde und der Höhe nach angemessen sein. Hierzu gehört beispielsweise, dass der Gesellschafter-Geschäftsführer eine sogenannte Mindestdienstzeit erfüllt.[137] Dies setzt nach der Rechtsprechung voraus, dass er für die Gesellschaft mindestens 10 Jahre arbeiten können muss, bevor er die Pensionen in Anspruch nimmt. Außerdem darf er bei Erteilung der Pensionszusage das 60. Lebensjahr noch nicht vollendet haben.[138] Das vereinbarte Pensionsalter darf nicht unter 62 Jahren liegen.[139] Ferner ist eine Probezeit zwischen der Anstellung und der Unterzeichnung der Pensionszusage von bis zu fünf Jahren zu beachten, von der allerdings im Einzelfall abgesehen werden kann.[140] Außerdem ist eine Wartezeit regelmäßig von 60 Monaten zwischen dem Abschluss der Pensionszusage und der erstmaligen Entstehung von Ansprüchen aus der Pensionszusage einzuhalten.[141] Schließlich wird gefordert, dass die Pension bei Eintritt des Versicherungsfalles auch erbracht werden kann – hier ist auf die Ertrags- und Vermögenssituation der betreffenden Gesellschaft abzustellen –, und die Pensionszusage darf nicht mehr als 75 % der Bruttobezüge des Gesellschafter-Geschäftsführers betragen.[142]

123 Bei **Unternehmensverkäufen** wird der Gesellschafter-Geschäftsführer als Verkäufer regelmäßig ein Interesse daran haben, dass ihm die Rückdeckungsansprüche abgetreten werden. Im Gegenzug verzichtet er auf seinen gegen die Gesellschaft gerichteten Anspruch auf Pension. Wird dieser Vorgang durch die Finanzverwaltung und Finanzgerichtsbarkeit *als durch das Gesellschaftsverhältnis veranlasst* i.S.d. § 8 Abs. 3 S. 2 KStG angesehen, drohen hier Risiken der Nachversteuerung auf Gesellschafts- und Gesellschafterebene.[143] Die Abfindung ist dann nicht durch das Gesellschaftsverhältnis veranlasst, wenn die vertragliche Grundlage der Pensionszusage eine Abfindungsklausel enthält. Altersvorsorgezusagen an Gesellschafter-Geschäftsführer sollten also Abfindungsklauseln für den Fall des Unternehmensverkaufs enthalten.[144]

> **Praxistipp:**
> Vergütungen an Gesellschafter-Geschäftsführer bieten bei Kapitalgesellschaften den Vorteil des Betriebsausgabenabzuges auf Gesellschaftsebene. An deren steuerrechtliche Anerkennung werden allerdings hohe Anforderungen gestellt. Vorsicht ist geboten bei Verzicht auf Pensionszusagen im Rahmen eines Unternehmensverkaufs.

3. Haftungsbegrenzung und Publizitätspflicht

124 Durch Vertragsgestaltung lassen sich Personengesellschaften z.B. als GmbH & Co. KG in der Weise errichten, dass die Haftung der Gesellschafter auf ihre Einlage beschränkt ist. So

---

[135] Vgl. BMF-Schreiben BStBl. I 1999, 512 sowie BMF-Schreiben BStBl. I 2005, 875; R 38 KStR 2004.
[136] BGH GmbHR 1991, 363.
[137] BFH BStBl. II 1995, 419.
[138] BFH BStBl. II 1995, 420 f.
[139] *Oppenländer/Tröllitzsch/Weber,* GmbH-Geschäftsführung, 2. Aufl. 2011, § 40 Rn. 80. Vor dem 31.12.2011 lag die Altersuntergrenze bei 60 Jahren; vgl. BFH BStBl. II 1982, 612.
[140] BFH BStBl. II 1999, 318.
[141] Dabei erkennen Rechtsprechung und Finanzverwaltung an, dass durch eine Rückdeckungsversicherung die Finanzierbarkeit regelmäßig sichergestellt wird, vgl. FG RhPf EFG 1996, 832.
[142] BFH BStBl. II 1996, 204.
[143] Vgl. BFH BStBl. II 1998, 307.
[144] Hierzu *Hoffmann,* Anm. zu BFH GmbHR 2006, 822, 826.

ist der einzig persönlich haftende Komplementär in der Kommanditgesellschaft eine GmbH, bei der die Haftung auf ihr Gesellschaftsvermögen beschränkt ist, § 13 Abs. 2 GmbHG. Auch wenn die Haftung der GmbH & Co. KG und der GmbH wie die Haftung einer Aktiengesellschaft (§ 1 Abs. 1 S. 2 AktG) letztlich auf die Höhe der Einlage der Gesellschafter beschränkt ist, bestehen für den Fall, dass ein Gesellschafter seine Einlage nicht leistet oder eine Rückzahlung zu einer Unterbilanz führt, in der Haftung der übrigen Gesellschafter insoweit Unterschiede (→ Rn. 125 f.). Zu beachten ist, dass eine Haftungsbegrenzung auf das Gesellschaftsvermögen erst ab dem Zeitpunkt gilt, in dem Aktiengesellschaft oder GmbH sowie bei der Kommanditgesellschaft der Kommanditist in das Handelsregister eingetragen worden sind (→ Rn. 128 f.). Darüber hinaus bestehen bei Kapitalgesellschaften allgemein Gefahren des Haftungsdurchgriffs (→ Rn. 130 f.), auf die nachfolgend nur kurz hingewiesen werden soll. Nach geltendem Recht hat eine Haftungsbegrenzung in den Formen der AG, der GmbH oder der GmbH & Co. KG zur Folge, dass diese Gesellschaften publizitätspflichtig werden. Die Frage der Haftungsbegrenzung wird für den Unternehmer mit der Frage der Publizitätspflicht folglich zwangsläufig verknüpft (→ Rn. 132 f.).

a) Formen der Haftungsbegrenzung – Mithaftung für nicht erbrachte Einlagen. Das Prinzip der solidarischen Haftung von Gesellschaftern einer GmbH stellt einen nicht unwesentlichen Nachteil der GmbH gegenüber der Aktiengesellschaft dar. 125

Beispiel 11:
An der A-GmbH sind A und B jeweils mit einem Geschäftsanteil von 12.500,– EUR beteiligt. Die Stammeinlagen sind jeweils in voller Höhe geleistet. A übernimmt aus einer Kapitalerhöhung um 1.975.000,– EUR eine Stammeinlage in gleicher Höhe. Diese Stammeinlage wurde jedoch nicht geleistet. Über das Vermögen der A-GmbH wurde das Insolvenzverfahren eröffnet. A hat die Stammeinlage auch nach Fristsetzung unter Androhung der Kaduzierung nicht geleistet. Die Stammeinlage wurde für verlustig erklärt (§ 21 GmbHG). Eine Veräußerung des kaduzierten Anteils ist nicht möglich.[145]
Konsequenz: B ist verpflichtet, den Betrag der von A nicht erbrachten Einlage in Höhe von 1.975.000,– EUR zu leisten (§ 24 GmbHG).

Dieses Haftungsprinzip bezieht sich nicht nur, wie im Beispiel 11 gezeigt, auf die Fälle der Kapitalaufbringung, d.h. die Übernahme und Leistung von Stammeinlagen, sondern auch auf die Fälle der Kapitalerhaltung:[146] Erlangt ein Gesellschafter unter Verstoß gegen das Kapitalerhaltungsgebot aus dem Gesellschaftsvermögen eine Leistung, hat er diese der Gesellschaft zu erstatten, § 31 Abs. 1 GmbHG. Ist die Erstattung von dem Empfänger nicht zu erlangen, haften die übrigen Gesellschafter nach dem Verhältnis ihrer Geschäftsanteile für den zu erstattenden Betrag, soweit er zur Befriedigung der Gesellschaftsgläubiger erforderlich ist, § 31 Abs. 3 S. 1 GmbHG. Verbotswidrige Auszahlungen sind dann anzunehmen, wenn eine Auszahlung das Stammkapital einer GmbH angreift. Dies ist der Fall, wenn eine Auszahlung dazu führt, dass die Summe der Vermögensgegenstände abzüglich sämtlicher Verbindlichkeiten einschließlich Rückstellungen die Stammkapitalziffer unterschreitet.[147] Auch verdeckte Gewinnausschüttungen – also unangemessene Leistungen der Gesellschaft an ihre Gesellschafter, d.h. wenn Geschäfte einem Drittvergleich nicht standhalten, mit dritten Personen also nicht in gleicher Weise abgeschlossen worden wären[148] – können eine haftungsbegründende Auszahlung darstellen.[149] 126

Das Prinzip der solidarischen Haftung ist im Hinblick auf die Kapitalerhaltung (§§ 30, 31 GmbHG) auch anwendbar, sofern Zahlungen an Nur-Kommanditisten der GmbH & Co. 127

---

[145] Vgl. den Fall des LG Mönchengladbach ZIP 1986, 306.
[146] Vgl. *Gätsch* BB 1999, 701.
[147] Vgl. Baumbach/Hueck/*Fastrich* GmbHG, 20. Aufl. 2013, § 30 Rn. 13 ff.; Lutter/Hommelhoff/*Hommelhoff* § 30 GmbHG Rn. 8 ff.
[148] Baumbach/Hueck/*Fastrich* GmbHG, 20. Aufl. 2013, § 29 Rn. 70; Lutter/Hommelhoff/*Hommelhoff* § 29 Rn. 50 ff.
[149] Baumbach/Hueck/*Fastrich* GmbHG, 20. Aufl. 2013, Rn. 20; Lutter/Hommelhoff/*Hommelhoff* § 29 Rn. 53.

KG geleistet worden sind.[150] Dies gilt sowohl für Leistungen aus dem Vermögen der Komplementär-GmbH als auch für Leistungen aus dem Vermögen der Kommanditgesellschaft.[151] Im Ergebnis kann also die Haftungsbeschränkung bei der GmbH durch das Prinzip der Ausfallhaftung der Gesellschafter wirtschaftlich auf die Höhe der ausstehenden Einlagen durchbrochen werden.

128 **b) Eintragung als Voraussetzung der Haftungsbegrenzung.** Die Haftungsbegrenzung gilt erst vom Zeitpunkt der Eintragung der AG oder GmbH im Handelsregister. Ist der Vorstand oder Geschäftsführer vor Eintragung mit Zustimmung der Gründer für die Gesellschaft tätig geworden und beträgt zum Zeitpunkt der Eintragung das Vermögen der Gesellschaft weniger als die im Handelsregister ausgewiesene Eigenkapitalziffer, haben die Gründer in Höhe der Differenz gegenüber der Gesellschaft zu haften, und zwar nicht auf die Höhe der Kapitalziffer beschränkt (unbeschränkte Innenhaftung).[152] Daneben haften die handelnden Vorstandsmitglieder (§ 41 Abs. 1 S. 2 AktG) oder die handelnden Geschäftsführer (§ 11 Abs. 2 GmbHG). Um Missbräuche zu vermeiden, wendet die Rechtsprechung diese Vorschriften entsprechend an, wenn zur Gründung eines Unternehmens eine bereits eingetragene (Mantel-)AG oder GmbH ohne Unternehmensgegenstand erworben wird (wirtschaftliche Neugründung).[153] Unterbleibt die Offenlegung gegenüber dem Registergericht, haften die Gesellschafter entsprechend den vorstehenden Grundsätzen.[154]

129 Auch die Haftung der Kommanditisten ist erst in dem Augenblick auf ihre Einlage beschränkt, in dem der Kommanditist und die Höhe der zu leistenden Einlage im Handelsregister eingetragen wurde, § 172 Abs. 1 HGB.[155]

130 **c) Gefahren des Haftungsdurchgriffs.** Nach § 13 Abs. 2 GmbHG gilt für die GmbH die Beschränkung der Haftung auf das Gesellschaftsvermögen. Dies gilt selbst in den unter a) genannten Fällen, dass ein Gesellschafter seine Einlage nicht geleistet oder die Unterbilanzhaftung ausgelöst hat. In diesen Fällen können die Gläubiger der Gesellschaft aber die Ansprüche der Gesellschaft gegen die betreffenden Gesellschafter pfänden.[156]

131 Bei bestimmten Fällen bestehen allerdings Gefahren des Haftungsdurchgriffs auf die Gesellschafter, wobei hier zwischen den Kapitalgesellschaften und den Personengesellschaften ohne persönlich haftenden Gesellschafter keine Unterschiede bestehen.[157] Deshalb sei auf die Risiken nur kurz hingewiesen. Ein Haftungsdurchgriff wird angenommen, wenn[158]
- die Vermögen der betreffenden Gesellschaft und ihrer Gesellschafter vermischt sind;
- die Gesellschaft völlig unzureichend mit Kapital ausgestattet ist;
- die Haftungsbeschränkung des Gesellschafters bewusst zum Nachteil der Gläubiger eingesetzt wird;
- ferner unter den Voraussetzungen des existenzvernichtenden Eingriffs (→ Rn. 156).

132 **d) Publizitätspflicht.** Die Offenlegungspflichten für Handelsgesellschaften ergeben sich aus §§ 325 ff. HGB. Danach sind die gesetzlichen Vertreter von Kapitalgesellschaften verpflichtet, den Jahresabschluss nebst Lagebericht im Bundesanzeiger zu veröffentlichen und zum Handelsregister einzureichen. Dabei gibt es größenabhängige Erleichterungen: Kleine Kapitalgesellschaften müssen lediglich Bilanz und einen um die die Gewinn- und Verlustrechnung betreffenden Angaben gekürzten Anhang, mittelgroße Kapitalgesellschaften müssen eine verkürzte Bilanz und einen verkürzten Anhang beim Handelsregister einreichen.

---

[150] Vgl. BGH ZIP 1995, 736 (738); vgl. Lutter/Hommelhoff/*Hommelhoff* § 31 Rn. 25.
[151] Vgl. *Ulmer/Habersack/Winter* § 31 Rn. 6; BGH ZIP 1990, 578.
[152] BGH DStR 2005, 2197 zur Vor-GmbH und OLG Karlsruhe ZIP 1998, 1961 zur Vor-AG.
[153] BGH NJW 2003, 892.
[154] BGH NJW 2012, 1875.
[155] Vgl. GroßkommHGB/*Schilling* § 172 Rn. 2.
[156] Baumbach/Hueck/*Fastrich* GmbHG, 20. Aufl. 2013, § 13 Rn. 7; Lutter/Hommelhoff/*Lutter/Bayer* § 13 Rn. 5.
[157] Vgl. zur Aktiengesellschaft: *Hüffer* § 1 Rn. 19 ff.; zur GmbH: Lutter/Hommelhoff/*Lutter/Bayer* § 13 Rn. 11 ff. und zur GmbH & Co. KG: *Sudhoff/Liebscher*, GmbH & Co. KG § 2 Rn. 59.
[158] Baumbach/Hueck/*Fastrich* GmbHG, 20. Aufl. 2013 § 13 Rn. 43 ff.; Lutter/Hommelhoff/*Lutter/Bayer* f§ 13 Rn. 18 ff.

Beide sind nur verpflichtet, im Bundesanzeiger bekannt zu machen, bei welchem Handelsregister und unter welcher Nummer eine Einreichung der Unterlagen erfolgt ist,[159] § 325 Abs. 1 und 2 HGB. Ferner sind Kapitalgesellschaften, die einen Konzernabschluss aufzustellen haben, verpflichtet, den Konzernabschluss einschließlich Konzernlagebericht im Bundesanzeiger bekannt zu machen und die Bekanntmachung unter Beifügung der bezeichneten Unterlagen zum Handelsregister des Sitzes der Kapitalgesellschaft einzureichen, § 325 Abs. 3 HGB. Zur Aufstellung des Konzernabschlusses sind Kapitalgesellschaften verpflichtet, die unter einer einheitlichen Leitung Beteiligungen von mehr als 20 % an anderen Unternehmen halten, § 290 Abs. 1 HGB.[160]

Die genannten Vorschriften sind auch auf offene Handelsgesellschaften und Kommanditgesellschaften anzuwenden, bei denen nicht wenigstens ein persönlich haftender Gesellschafter eine natürliche Person oder eine offene Handelsgesellschaft, Kommanditgesellschaft oder andere Personengesellschaft mit einer natürlichen Person als persönlich haftendem Gesellschafter ist oder sich die Verbindung von Gesellschaften in dieser Art fortsetzt, § 264a Abs. 1 HGB. Damit unterfällt auch die GmbH & Co. KG den Offenlegungspflichten der §§ 325 ff. HGB. 133

Die Offenlegungspflichten lassen sich vermeiden, wenn bei einer Gesellschaft auf jeder Gesellschafterebene mindestens eine natürliche Person persönlich haftender Gesellschafter ist.[161] 134

Beispiel 12:
Bei der A-OHG sind A-GmbH und B-KG Gesellschafter. Komplementär der B-KG ist die natürliche Person B. Lösung: Da auf der Ebene der Gesellschafter der A-OHG eine Personengesellschaft mit einer natürlichen Person als persönlich haftendem Gesellschafter besteht, ist auf die A-OHG § 264a HGB nicht anwendbar. Die A-OHG ist somit nicht zur Offenlegung verpflichtet.
Anders läge der Fall, wenn Komplementärin der B-KG eine KGaA wäre, bei der wiederum B als natürliche Person Gesellschafter wäre. In diesem Fall würde die Zwischengesellschaft in der Rechtsform einer Kapitalgesellschaft (KGaA) einen haftungsrechtlichen Durchgriff verhindern. Eine Befreiung nach § 264a HGB kommt somit nicht in Betracht, selbst wenn Komplementärin einer KGaA eine natürliche Person ist.[162]

> **Praxistipp:**
> Nach geltendem Recht steht der Unternehmer vor der Alternative: persönliche Haftung oder Publizitätspflicht. Will er eine Publizitätspflicht ausschließen, lässt sich eine Haftung mit seinem Privatvermögen nicht ausschließen. Zu achten ist immer auf die Tatbestände, die zur Durchbrechung der Haftungsbeschränkung auf das Gesellschaftsvermögen führen.

4. Leitung, Überwachung und Mitbestimmung

Neben Haftung und Publizität sind Leitung, Überwachung und Mitbestimmung weitere wichtige gesellschaftsrechtliche Kriterien für die Rechtsformwahl. Nachfolgend soll der Frage nachgegangen werden, welche rechtsformspezifischen Unterschiede mit Blick auf die Leitung (→ Rn. 136 f.), die Überwachung der Geschäftsleitung (→ Rn. 143 f.) und die Mitbestimmung (→ Rn. 147 f.) bestehen. 135

a) Leitung. Wie bereits unter III. verdeutlicht, besteht mit Blick auf die Ausübung der Leitungsmacht in der Unternehmung zwischen Kapitalgesellschaften und Personengesellschaften der Unterschied zwischen Selbst- und Fremdorganschaft. In Personengesellschaften kann die Leitungsmacht ausschließlich von Gesellschaftern ausgeübt werden. Demgegenüber wird in Kapitalgesellschaften die Leitungsmacht durch ihre Organe ausgeübt: bei der Aktiengesellschaft durch den Vorstand (§ 76 AktG), bei der GmbH durch den Geschäftsführer (§ 35 136

---

[159] Vgl. im Einzelnen Beck'sches HdbGmbH/*Langseder* § 9, 4. Aufl. 2009, Rn. 271 ff.
[160] Vgl. im Einzelnen Beck'sches HdbGmbH/*Langseder* § 9, 4. Aufl. 2009, Rn. 271 ff.
[161] *Baumbach/Hopt* HGB § 264a Rn. 2, 35.
[162] Vgl. Begr RegE, BT-Drs. 14/1806, 18; auch *Baumbach/Hopt* HGB § 264a Rn. 2.

GmbHG). Bei der GmbH & Co. KG erfolgt die Geschäftsführung durch den Komplementär und damit durch die Geschäftsführer der GmbH. Die Kommanditisten sind von der Geschäftsführung ausdrücklich ausgeschlossen, § 164 HGB. Damit ist Geschäftsführer der GmbH & Co. KG, wer gleichzeitig Geschäftsführer der GmbH ist.

> **Praxistipp:**
> Will der Unternehmer nicht die Geschäfte des Unternehmens führen, empfiehlt sich die Wahl einer Kapitalgesellschaft oder der GmbH & Co. KG.

137 Weiter stellt sich die Frage, inwieweit **der Gesellschafter in die Unternehmensführung eingreifen** will.

138 Das **GmbH**-Recht verankert eine weitgehende Eingriffsbefugnis in die Unternehmensführung von Seiten der Gesellschafter.[163] Danach besteht ein Grundsatz der Weisungsabhängigkeit des Geschäftsführers. Der Geschäftsführer ist verpflichtet, Weisungen der Gesellschafter zu befolgen. Die Gesellschafter können dem Geschäftsführer Weisungen auch ohne satzungsgemäße Grundlage in jeder beliebigen Angelegenheit der Geschäftsführung und mit jedem beliebigen Inhalt erteilen; dabei ist es gleichgültig, ob es sich um allgemeine Richtlinien oder um Einzelfallentscheidungen handelt.[164] Die Grenze des Weisungsrechts liegt dort, wo die Gefahr einer Insolvenz zum Greifen naheliegt.[165] Geschäftsführer können jederzeit ohne wichtigen Grund abberufen werden, wenn nicht die Satzung einen wichtigen Grund erfordert, § 38 GmbHG, oder etwas anderes individualvertraglich vereinbart ist.

139 Bei der **GmbH & Co. KG** werden die für die Geschäftsführung wichtigen Entscheidungen in der Komplementär-GmbH gefällt. Insoweit gilt bezüglich der Gebundenheit der Geschäftsführung der Komplementär-GmbH an die Weisungen ihrer Gesellschafterversammlung das bereits Gesagte.[166] Zur Koordination der Stimmverhältnisse in der Komplementär-GmbH einerseits und der KG andererseits ist auf Beteiligungsidentität und eine inhaltliche Abstimmung der Gesellschaftsverträge zu achten (zu den Auswirkungen auf die Mitbestimmung → Rn. 147 f.).

140 Bei der **GmbH & Still** sind die Eingriffsrechte des Stillen Gesellschafters von der Gestaltung des Gesellschaftsvertrages zwischen der GmbH und dem Stillen Gesellschafter abhängig. Je nach der Gestaltung reichen die Mitwirkungsbefugnisse des (atypisch) Stillen von einem bloßen Widerspruchsrecht über Zustimmungsrechte bis hin zur Geschäftsführungsbefugnis.[167]

Entsprechendes gilt bei der **Unterbeteiligung.** Auch hier hängen die Eingriffsrechte des Unterbeteiligten von der Gestaltung des Unterbeteiligungsvertrages ab. Der Vertrag kann so ausgestaltet sein, dass der atypisch Unterbeteiligte über das Abstimmungsverhalten des Hauptbeteiligten entscheidet, z.B. durch einen Stimmbindungsvertrag und somit mittelbar (über den Hauptbeteiligten) Einfluss auf die Gesellschaft ausübt.[168]

141 In der **Kommanditgesellschaft** ist der Kommanditist von der Geschäftsführung ausgeschlossen, § 164 HGB. Die Geschäftsführung obliegt allein dem Komplementär.

Es können auch persönlich haftende Gesellschafter von der Geschäftsführung durch Gesellschaftsvertrag ausgeschlossen werden, § 114 HGB. Geschäftsführer einer offenen Handelsgesellschaft oder einer Kommanditgesellschaft darf die Geschäftsführung (nachträglich) nur entzogen werden, wenn ein wichtiger Grund vorliegt, § 117 HGB.

---

[163] Vgl. Lutter/Hommelhoff/*Kleindiek* § 37 Rn. 17; Baumbach/Hueck/*Fastrich* § 37 Rn. 17 ff.
[164] Scholz/*Schneider* GmbHG § 37 Rn. 30; *Wicke* GmbHG, § 37 Rn. 4; *Ziemons/Jaeger* BeckOK GmbHG, 2013, § 37 Rn. 17, OLG Düsseldorf ZIP 1984, 1478.
[165] *Ziemons/Jaeger* BeckOK GmbHG, 2013, § 37 Rn. 23; *Roth/Altmeppen* 37 Rn. 7; OLG Frankfurt am Main GmbHR 1997, 346.
[166] *Baumbach/Hopt* HGB Anh § 177a Rn. 26 ff.
[167] Vgl. BGH NJW 1992, 2696.
[168] *Singhof/Seiler/Schlitt*, Mittelbare Gesellschaftsbeteiligungen Rn. 462; vgl. auch *Zöllner* ZHR 155 (1991), 178; a. A. für den Fall der verdeckten Unterbeteiligung GroßkommHGB/*Ulmer* HGB § 105 Rn. 112.

Die Geschäftsleitung in der **Aktiengesellschaft** liegt in den Händen des Vorstands. Er hat 142
unter eigener Verantwortung die Gesellschaft zu leiten, § 76 Abs. 1 AktG. Beschränkungen
der Vertretungsbefugnis des Vorstands sind unzulässig, § 82 Abs. 1 AktG. Der Vorstand unterliegt damit weder den Weisungen der Hauptversammlung noch denen des Aufsichtsrates.
Es können bzw. müssen aber Geschäfte in der Geschäftsordnung des Vorstands oder in der
Satzung bestimmt werden, nach denen die vorherige Zustimmung des Aufsichtsrates erforderlich ist, §§ 82 Abs. 2, 114 Abs. 4 S. 2 AktG. Der Aufsichtsrat kann aber nicht aktiv in die
Geschäftsleitung eingreifen. Ihm obliegen allein Beratungs- und Kontrollaufgaben. Die Bestellung von Vorstandsmitgliedern ist befristet: Sie beläuft sich längstens auf 5 Jahre, § 84
Abs. 1 AktG. Eine Abberufung ist nur aus wichtigem Grund möglich, § 84 Abs. 3 AktG.

> **Praxistipp:**
> Die GmbH ermöglicht dem Gesellschafter weitgehenden Spielraum bei der Gestaltung der Leitungsbefugnis. Ähnlich ist es bei der Personengesellschaft. Bei der Aktiengesellschaft obliegt die
> Leitung dem Vorstand. Dies ist aufgrund der im Aktienrecht geltenden Satzungsstrenge (§ 23
> Abs. 5 AktG) allenfalls insoweit abweichend zu regeln, als dem Aufsichtsrat Zustimmungsvorbehalte gewährt werden können bzw. müssen.

b) **Überwachung.** Grundlage jeder Überwachung ist die hinreichende Information. Sehr 143
weit geht das Informationsrecht des Gesellschafters einer **GmbH**. Der Geschäftsführer hat jedem Gesellschafter auf Verlangen unverzüglich Auskunft über die Angelegenheiten der Gesellschaft zu geben und die Einsicht in die Bücher und Schriften zu gestatten, § 51a GmbHG. Der Geschäftsführer kann das Auskunftsbegehren des Gesellschafters nur verweigern, wenn
Grund zu der Besorgnis besteht, dass die erhaltenen Informationen zu gesellschaftsfremden
Zwecken verwendet und dadurch der GmbH ein nicht unerheblicher Nachteil zugeführt
wird.[169] Die Verweigerung bedarf ferner eines Gesellschafterbeschlusses. Bei der **GmbH & Co.
KG** hat der Kommanditist, der zugleich Gesellschafter der Komplementär-GmbH ist, das Informationsrecht aus § 51a GmbHG auch hinsichtlich der Angelegenheiten der KG.[170]

Umfassend, aber nicht so weitgehend wie bei der GmbH, ist das Auskunftsrecht des Aktionärs in der **Aktiengesellschaft** gem. § 131 AktG. Dieses Auskunftsrecht erstreckt sich auf 144
sämtliche Informationen, die der Aktionär für die sinnvolle Ausübung seiner Rechte, insbesondere der Ausübung seines Stimmrechtes, in der Hauptversammlung braucht.[171] Die
Möglichkeiten des Vorstands, die Auskunft zu verweigern, zählt das Aktiengesetz enumerativ auf, § 131 Abs. 3 AktG. Dabei ist von besonderer Bedeutung, dass die Auskunft verweigert werden kann, wenn die Erteilung der Auskunft geeignet ist, der Gesellschaft oder einem
verbundenen Unternehmen einen nicht unerheblichen Nachteil zuzufügen.[172] Dabei besteht
bei unzulässigerweise nicht gegebenen Auskünften das Risiko, dass der Beschluss, auf den
sich das Auskunftsbegehren bezogen hat, anfechtbar ist, § 243 Abs. 1 AktG.[173] Durch Querulanten kann die Aktiengesellschaft auf diese Weise in eine unangenehme Situation mit einem hohen Grad an Rechtsunsicherheit gelangen.[174]

---

[169] Vgl. *Lutter/Hommelhoff* § 51a Rn. 26.
[170] *Ziemons/Jaeger* BeckOK GmbHG § 51a Rn. 80; Scholz/*Schmidt* § 51a Rn. 52; 23 OLG Düsseldorf WM 1990, 1823.
[171] *Hüffer* § 131 Rn. 1.
[172] Dies ist z.B. regelmäßig zu bejahen, wenn in einer börsennotierten Gesellschaft eine Preiskalkulation offengelegt werden soll, vgl. OLG Düsseldorf AG 1987, 21 – RWE. Weitere Beispiele bei *Semler/Volhard*, Arbeitshandbuch für die Hauptversammlung, 3. Aufl. 2011, § 11 Rn. 38 ff.
[173] Vgl. *Hüffer* § 131 Rn. 44.
[174] Der Gesetzgeber hat das Missbrauchspotential sog. „räuberischer Aktionäre" durch die Einführung eines Freigabeverfahrens durch das UMAG (Gesetz zur Unternehmensintegrität und zur Modernisierung des Anfechtungsrechts) und das ARUG (Gesetz zur Umsetzung der Aktionärsrichtlinie) erheblich eingeschränkt. Die Rechtsprechung hat darüber hinaus Aktionäre, die Anfechtungsklagen alleine mit dem Ziel erheben, einen Mitaktionär durch den eintretenden Aufschub einer wirtschaftlich wichtigen Maßnahme zu schädigen, zu Schadensersatz aus § 826 BGB verurteilt; vgl. OLG Frankfurt, Entscheidung vom 13.1.2009, Az. 5 U 183/07.

145 Nur-Kommanditisten können in der **Kommanditgesellschaft** die abschriftliche Mitteilung des Jahresabschlusses verlangen und dessen Richtigkeit unter Einsicht der Bücher und Papiere prüfen, § 166 Abs. 1 HGB. Bücher und Papiere umfassen alle Unterlagen der Gesellschaft, auch Prüfungsberichte. Das Einsichtsrecht ist aber auf die Kontrolle des Rechnungsabschlusses beschränkt.[175] Bei wichtigem Grund, z.B. bei drohender Schädigung der Gesellschaft oder des Kommanditisten oder bei Abstimmung über außergewöhnliche Geschäfte, besteht ferner ein außerordentliches Informationsrecht, § 166 Abs. 3 HGB. Anders als das Informationsrecht des nicht geschäftsführenden OHG-Gesellschafters ist das allgemeine Informationsrecht funktionsgebunden und besteht nicht zwecks Einwirkung auf die Geschäftsführung.[176] Dem Informationsrecht des Kommanditisten entspricht das Informationsrecht des **stillen Gesellschafters** gemäß § 233 HGB.[177]

146 Weiter reicht das Informationsrecht des **persönlich haftenden Gesellschafters**, auch wenn er von der Geschäftsführung ausgeschlossen ist, § 118 HGB. Er kann Unterrichtung in allen Angelegenheiten der Gesellschaft verlangen, was vor dem Hintergrund seiner persönlichen Haftung verständlich ist.[178]

147 c) Mitbestimmung. Kriterium der Rechtsformwahl kann schließlich die – von dem Unternehmer regelmäßig nicht gewollte – Mitbestimmung von Arbeitnehmern sein.

148 Bei **Handelsgesellschaften mit einem persönlich haftenden Gesellschafter** ist jede Art der Mitbestimmung ausgeschlossen.

149 Für **Aktiengesellschaften, die nach dem 10.8.1994 eingetragen worden sind, und GmbHs, die mehr als 500 Arbeitnehmer haben (§ 1 Abs. 1 DrittelbG)**, gilt:[179] Die GmbH und AG haben einen Aufsichtsrat zu bilden, der mit den Rechten eines Aufsichtsrates einer Aktiengesellschaft ausgestattet ist. Der Aufsichtsrat bei GmbH und AG hat zu einem Drittel aus Vertretern der Arbeitnehmer zu bestehen, § 4 Abs. 1 Drittelbeteiligungsgesetz.

150 Auf **Aktiengesellschaften und GmbHs sowie auf GmbH & Co. KGs,**[180] **bei denen die Mehrheit der Kommanditisten unter den Voraussetzungen des § 4 Abs. 1 MitbestG die Mehrheit der Anteile an der Komplementär-GmbH hält**, ist das Mitbestimmungsgesetz anzuwenden, wenn die Gesellschaften mehr als 2000 Arbeitnehmer beschäftigen, § 1 Abs. 1 MitbestG. Soweit ein Aufsichtsrat nicht aufgrund anderer Vorschriften gebildet wurde (GmbH & Co. KG), ist ein Aufsichtsrat zu bilden, § 6 Abs. 1 MitbestG. Der Aufsichtsrat wird paritätisch besetzt, § 7 MitbestG. Die Arbeitnehmervertreter werden durch die Arbeitnehmer gewählt. Der Aufsichtsratsvorsitzende und sein Stellvertreter sind mit einer Mehrheit von zwei Dritteln der Mitglieder des Aufsichtsrates zu wählen. Wird diese Mehrheit nicht erreicht, findet ein zweiter Wahlgang statt, bei dem die Vertreter der Anteilseigner den Vorsitzenden und die Arbeitnehmervertreter dessen Stellvertreter wählen, § 27 MitbestG. Muss im Aufsichtsrat wegen Stimmengleichheit eine Abstimmung wiederholt werden, erhält der Aufsichtsratsvorsitzende einen Stichentscheid, § 29 Abs. 2 MitbestG.

151 Die Anwendung des Mitbestimmungsgesetzes kann durch die Beteiligung einer ausländischen Kapitalgesellschaft als Komplementärin an einer KG vermieden werden, da die Mitbestimmungsgesetze nur für die dort enumerativ aufgelisteten deutschen Kapitalgesellschaften gelten. Aus dem selben Grund kann auch durch den Einsatz einer SE als Holdinggesellschaft der Anwendungsbereich des deutschen Mitbestimmungsrechts umgangen werden.[181]

---

[175] Vgl. *Baumbach/Hopt* HGB § 166 Rn. 4.
[176] Vgl. *Baumbach/Hopt* HGB § 166 Rn. 11.
[177] *Baumbach/Hopt* HGB § 233 Rn. 1.
[178] *Baumbach/Hopt* HGB § 118 Rn. 3.
[179] Bei Aktiengesellschaften, die vor dem 10.8.1994 eingetragen wurden, muss der Aufsichtsrat immer zu einem Drittel aus Arbeitnehmervertretern bestehen; es sei denn es handelt sich um Familienaktiengesellschaften, § 1 Abs. 1 Nr. 1 S. 2 DrittelbG.
[180] Anwendbar ist das Mitbestimmungsgesetz ferner auf die Kommanditgesellschaft auf Aktien, die bergrechtliche Gewerkschaft mit eigener Rechtspersönlichkeit oder einer Erwerbs- oder Wirtschaftsgenossenschaft, § 1 Abs. 1 Nr. 1 MitbestG.
[181] Zu den verschiedenen Gestaltungen: *Wisskirchen/Bissels/Dannhorn* DB 2007, 2258 ff.

Praxistipp:
Im Hinblick auf Leitung und Überwachung durch Gesellschafter sind GmbH und GmbH & Co. KG außerordentlich attraktiv. Die Aktiengesellschaft lässt sich aufgrund der zwingenden Geltung des Aktienrechts nicht an die Gegebenheiten des Einzelfalls anpassen. Mit Blick auf die Mitbestimmung sind Personengesellschaften mit persönlich haftenden Gesellschaftern (keine Mitbestimmung) oder die GmbH & Co. KG (Mitbestimmung u. U. ab 2.000 Arbeitnehmer) vorzugswürdig.

5. Konzern

152 Der Konzern ist die Zusammenfassung mehrerer als Rechtsträger selbständig bleibender Unternehmen unter einheitlicher Leitung, sei es durch vertragliche Regelung (Vertragskonzern) oder durch Mehrheitsbeteiligung (faktischer Konzern).[182]

153 Für die Frage, in welcher Rechtsform die Holding und die Tochtergesellschaften bestenfalls zu fassen sind, soll nachfolgend auf gesellschaftsrechtliche Gesichtspunkte der Konzernhaftung und der Konzernleitung → Rn. 154 f. und auf Aspekte der Besteuerung → Rn. 158 f. eingegangen werden.

154 **a) Konzernhaftung und Konzernleitung.** Das Konzernrecht ist im Aktienrecht im Einzelnen kodifiziert.[183] Das GmbH-Konzernrecht ist durch Rechtsprechung dem Aktienkonzernrecht weitgehend angenähert worden, wenngleich hier noch vieles strittig ist.[184] Auf den Personengesellschaftskonzern (mit Ausnahme des GmbH & Co. KG-Konzerns) wird dagegen das Aktienkonzernrecht als wenig geeignet zur entsprechenden Anwendung angesehen.[185]

155 Die **Konzernleitung** lässt sich in einem GmbH-Konzern dadurch vollziehen, dass die Gesellschafterversammlung der Geschäftsführung Weisungen erteilen kann. Handelt es sich bei der Tochtergesellschaft um eine GmbH, dann kann die Holding, gleich welche Rechtsform für diese gewählt wurde, den Geschäftsführer der GmbH bestellen und abberufen und hat ein uneingeschränktes Weisungsrecht. Eine der GmbH vergleichbare Beherrschung lässt sich auch bei der GmbH & Co. KG durch entsprechende Gestaltung der Gesellschaftsverträge herstellen. Handelt es sich dagegen bei der Tochtergesellschaft um eine Aktiengesellschaft, besteht ein vergleichbarer Einfluss nur nach Abschluss eines Beherrschungsvertrages. Für den Personengesellschaftskonzern ist zur Begründung eines Abhängigkeitsverhältnisses grundsätzlich die vorherige Zustimmung aller Gesellschafter der eingegliederten Gesellschaft erforderlich.[186]

156 Für die Frage der **Konzernhaftung** bei GmbH und GmbH & Co. KG im (faktischen) Konzern ist entscheidend, ob die Voraussetzungen des „existenzvernichtenden Eingriffs" gegeben sind.[187] Ein solcher liegt vor, wenn der GmbH-Gesellschafter missbräuchlich und ohne Kompensation in das Gesellschaftsvermögen eingreift und dies zur Insolvenz oder Vertiefung der Insolvenz der GmbH führt. In einem (faktischen) Konzern haftet unter diesen Voraussetzungen also die Muttergesellschaft für die Verbindlichkeiten der GmbH. Der BGH ordnet die Haftung aus existenzvernichtendem Eingriff seit seiner Trihotel-Entscheidung[188] dogmatisch als Fallgruppe deliktischer Haftung für eine vorsätzliche, sittenwidrige Schädi-

---

[182] Vgl. die aktienrechtlichen Definitionsnormen §§ 15–19 AktG, die auch auf den GmbH-Konzern (*Baumbach/Hueck/Zöllner* GmbH-KonzernR Rn. 5) und auf die Personengesellschaft (GroßkommHGB/*Ulmer* § 105 Rn. 23) anwendbar ist.
[183] §§ 291 bis 337 AktG.
[184] Vgl. Lutter/Hommelhoff/*Lutter/Hommelhoff* Anh § 13.
[185] Vgl. BeckHdbPersG/*Rosenbach* 3. Aufl. 2009, § 24 Rn. 3.
[186] *Baumbach/Hopt* HGB § 105 Rn. 102; GroßkommHGB/*Ulmer* Anh § 105 Rn. 44.
[187] Mit seinem Grundsatzurteil BGHZ 149, 10 – Bremer Vulkan – v. 17.9.2001 hat der BGH seine Rechtsprechung zum qualifiziert faktischen Konzern aufgegeben und stattdessen die Haftung aus existenzvernichtendem Eingriff entwickelt.
[188] BGH NJW 2007, 2689 – Trihotel.

gung des Gesellschaftsvermögens durch den Gesellschafter ein. Es handelt sich um eine Innenhaftung des Gesellschafters gegenüber der GmbH, so dass die Gläubiger der GmbH nicht zum Durchgriff auf die Gesellschafter berechtigt sind, sondern nur mittelbar über das Gesellschaftsvermögen als Haftungsmasse geschützt sind. Im Hinblick auf die genauen Voraussetzungen des existenzvernichtenden Eingriffs sind noch nicht alle Einzelheiten geklärt.[189] Insofern ist die weitere Entwicklung der Rechtsprechung zu beobachten.

157 Bei der Aktiengesellschaft wird dagegen eine Ausgleichspflicht der herrschenden Gesellschaft bei Bestehen eines Beherrschungs- und Gewinnabführungsvertrages immer ohne weitere Voraussetzungen angenommen (§§ 302, 303 AktG). Ohne solche Verträge fehlen dem herrschenden Unternehmen vergleichbare Möglichkeiten der Einflussnahme, wie sie bei einer GmbH als beherrschte Gesellschaft bestehen.

158 b) Besteuerung. Als Holding für Kapitalgesellschaften empfiehlt sich vor dem Hintergrund der Besteuerung eine Kapitalgesellschaft. Der Kapitalgesellschaft kommt § 8b KStG zu Gute. So sind Einkünfte aus Gewinnausschüttungen, Bezüge aus Kapitalherabsetzungen oder aus der Auflösung der Gesellschaft steuerbefreit (§ 8b Abs. 1 KStG). Allerdings gelten 5 % der Gewinnausschüttungen oder anderen Bezüge, die einer Kapitalgesellschaft zufließen, als nichtabziehbare Betriebsausgaben, § 8b Abs. 5 KStG. Faktisch kommt es also zu einer Deinitivbesteuerung von 5 % der Bezüge. Tatsächlich angefallene Zinsaufwendungen für fremdfinanzierte Beteiligungen können daneben als Betriebsausgaben steuermindernd geltend gemacht werden, obwohl sie im Zusammenhang mit faktisch zu 95 % steuerfreien Einkünften stehen, vgl. § 8b Abs. 5 S. 2, der die Anwendung des § 3c Abs. 1 EStG ausschließt.

159 Zudem erfolgt eine Steuerfreistellung von Gewinnen unter anderem aus der Veräußerung von Anteilen an Kapitalgesellschaften, der Auflösung von Nennkapital, der Wertzuschreibung aufgrund wieder erhöhter Teilwerte und verdeckter Einlagen (§ 8b Abs. 2 KStG).

160 Gewinnausschüttungen von Kapitalgesellschaften an *Personengesellschaften* führen dagegen zu einer Besteuerung des Mitunternehmers im Teileinkünfteverfahren. Insoweit ist also die Personengesellschaft benachteiligt.

> **Praxistipp:**
> Im Hinblick auf Konzernhaftung und Konzernleitung sind die GmbH und die GmbH & Co. KG gegenüber anderen Rechtsformen vorzugswürdig. Im Rahmen des uneingeschränkten Weisungsrechtes lässt sich die Politik des herrschenden Unternehmens auch ohne Beherrschungsvertrag durchsetzen. Eine Konzernhaftung besteht nur unter der Voraussetzung, dass das herrschende Unternehmen auf die Belange der abhängigen Gesellschaft keine Rücksicht genommen hat. Vom Blickwinkel des Steuerrechts aus stellen sich Kapitalgesellschaften als Anteilseigner anderer Kapitalgesellschaften als vorteilhaft dar, weil insoweit Bezüge weitgehend steuerbefreit sind.

6. Unternehmenskauf und -verkauf

161 Für das Kriterium des Unternehmenskaufs und -verkaufs ist es entscheidend, aus wessen Blickwinkel Kauf oder Verkauf betrachtet werden sollen. Stellt man auf den Erwerber ab, hat dieser ein vorrangiges Interesse daran, dass er seinen Kaufpreis im Wege von Abschreibungen steuerlich geltend machen möchte. Der Veräußerer ist dagegen bestrebt, seine aus dem Veräußerungserlös folgende Steuerlast so niedrig wie möglich zu halten. Der unterschiedlichen Interessenlage entsprechend folgen Ausführungen zum Unternehmenskauf aus Erwerber- und aus Veräußerersicht.

162 a) Erwerber. Die Interessenlage des Erwerbers besteht häufig darin, den entrichteten Kaufpreis vollständig in (steuerliches) **Abschreibungsvolumen** zu transferieren. Die hieraus

---

[189] Zu den Fallgruppen des existenzvernichtenden Eingriffs nach bisheriger Rechtsprechung: *Heeg/Manthey* GmbHR 2008, 798.

resultierende Steuerersparnis bewirkt eine Verbesserung des Cash-Flow, aus dem wiederum Zins- und Tilgungsverpflichtungen bedient werden können.

aa) Kauf von Anteilen an Kapitalgesellschaften. Bei Zugrundelegung dieser Zielsetzung ist der Kauf von Anteilen an **Kapitalgesellschaften** (Share Deal) nachteilig. Anschaffungskosten für Anteile an Kapitalgesellschaften können im Allgemeinen nicht in Abschreibungen transformiert werden, da Beteiligungen zu den nicht abnutzbaren Wirtschaftsgütern zählen, § 6 Abs. 1 Nr. 2 EStG. Für den Erwerber bleibt nur die Möglichkeit, auf die Anteile eine (Teilwert-)Abschreibung vorzunehmen, sofern der Anteilswert unter die Anschaffungskosten gesunken ist. Dies ist aber nur unter strengen Voraussetzungen möglich, wie anhaltende Verlustsituation, Anschaffung als Fehlmaßnahme oder Substanzwertminderungen aufgrund von Gewinnausschüttungen.[190] Aus diesem Dilemma für den Erwerber einer Kapitalgesellschaft gibt es nur beschränkte Ausflüchte.[191] 163

Bisher wurde ein Share-Deal oftmals als vorteilhaft angesehen, wenn das erworbene Unternehmen Verlustvorträge aufweist. Allerdings ist insoweit an die Voraussetzungen des § 8c KStG zu denken, der den Verlustabzug beim „Mantelkauf" einschränkt. Danach führt ein Anteilseignerwechsel von mehr als 25 % bzw. mehr als 50 % des Kapitals innerhalb von fünf Jahren zur anteiligen bzw. vollständigen Verlustabzugsbeschränkung. 164

bb) Erwerb von Beteiligungen an Personengesellschaften. Der Erwerb eines Mitunternehmeranteils wird dagegen **wie der Erwerb von Wirtschaftsgütern** behandelt. Daher hat der Erwerber einer Beteiligung an einem Personenunternehmen die anteilig erworbenen Wirtschaftsgüter mit den Anschaffungskosten zu aktivieren. Liegt der Kaufpreis – wie es regelmäßig der Fall sein wird – über dem Buchwert, dann wird der Wert der Wirtschaftsgüter bis zu den Teilwerten entsprechend anteilig aufgestockt; ein darüber hinausgehender Betrag ist als Geschäfts- oder Firmenwert zu aktivieren. Diese Aufstockung wird jedoch nicht in der Gesamthandsbilanz, sondern in der Ergänzungsbilanz des Erwerbers vorgenommen. Der aufgestockte Betrag kann durch den Erwerber steuermindernd abgeschrieben werden. 165

> **Praxistipp:**
> Für den Erwerber ist damit der Erwerb von Anteilen einer Personengesellschaft interessanter als der Erwerb von Anteilen einer Kapitalgesellschaft, weil das geschaffene Abschreibungspotential die Finanzierung des Unternehmenskaufs verbessert.

b) Veräußerer. *aa) Veräußerung von Beteiligungen an Personengesellschaften.* Die Veräußerung von Beteiligungen an Personengesellschaften führt bei natürlichen Personen bei Erzielung eines Veräußerungsgewinns zu Einkünften aus Gewerbebetrieb oder zu Einkünften aus selbständiger Arbeit (§ 16 Abs. 1 EStG oder § 18 Abs. 3 EStG). Sie sind steuerpflichtig, unterfallen aber nicht der Gewerbesteuer, vgl. § 7 S. 2 GewStG. Hat der Veräußerer das 55. Lebensjahr vollendet oder ist er im sozialversicherungsrechtlichen Sinne dauernd berufsunfähig, wird der Veräußerungsgewinn auf Antrag zur Einkommensteuer nur herangezogen, soweit er 45.000,– EUR übersteigt. Der Freibetrag ermäßigt sich in dem Maße, wie der Veräußerungsgewinn 136.000,– EUR übersteigt (§ 16 Abs. 4 EStG) und ist dem Veräußerer nur einmal im Leben zu gewähren. 166

---

[190] Vgl. § 253 Abs. 2 HGB und § 6 Abs. 1 Nr. 2 EStG.
[191] Der Asset-Deal hat für den Veräußerer den Nachteil, dass bei einer anschließenden Ausschüttung des Veräußerungsgewinns, der auf der Ebene der Kapitalgesellschaft der Gewerbe- und Körperschaftsteuer unterlegen hat, zu einer extrem hohen Gesamtsteuerbelastung führt, weil die Ausschüttung erneut im Teileinkünfteverfahren besteuert wird. Um dennoch den Unternehmensverkauf aus Erwerber- und Veräußerersicht wegen möglicherweise höheren Kaufpreises vorteilhaft zu gestalten, könnte ein Veräußerer über 55 Jahren das Unternehmen in eine Personengesellschaft umwandeln, wobei er die offenen Reserven – Buchwerte abzüglich der Anschaffungskosten – im Teileinkünfteverfahren, §§ 3 Nr. 40, 3c EStG, zu versteuern haben wird. Bei der anschließenden Veräußerung der Personengesellschaft kann er § 34 Abs. 3 EStG für sich in Anspruch nehmen. Dies ist allerdings gemäß § 18 Abs. 3 UmStG gewerbesteuerpflichtig, sofern die Veräußerung binnen 5 Jahren nach der Umwandlung erfolgt.

167 Darüber hinaus kommt es zu einer Vergünstigung der Steuerprogression nach § 34 EStG.[192] § 34 EStG nimmt eine Tarifermäßigung außerordentlicher Einkünfte vor und soll das Jahressteuerprinzip systematisch ergänzen.[193] Im Zeitpunkt der Betriebsaufgabe oder der Betriebsveräußerung werden typischerweise die während vieler Jahre entstandenen stillen Reserven zusammengeballt realisiert. Dagegen gehört der Veräußerungsgewinn bei Anteilen an Kapitalgesellschaften nicht zu den außerordentlichen Einkünften, wenn er nach dem Teileinkünfteverfahren teilweise steuerbefreit ist (§ 34 Abs. 2 Nr. 1 EStG i.V.m. § 3 Nr. 40 und § 3c Abs. 2 EStG → Rn. 174).[194]

Zwei Varianten können unterschieden werden:

168 *(1) Ermäßigter Steuertarif.* Der mindestens 55-jährige Mitunternehmer oder der sozialversicherungsrechtlich dauerhaft berufsunfähige Mitunternehmer kann einmal in seinem Leben beantragen, dass ein Veräußerungserlös, der insgesamt 5 Mio. EUR nicht übersteigen darf, lediglich mit dem halben Einkommensteuersatz zu besteuern ist. Dabei beträgt der ermäßigte Steuertarif 56 % des durchschnittlichen Steuersatzes, der sich ergäbe, wenn die tarifliche Einkommensteuer nach dem gesamten zu versteuernden Einkommen zuzüglich der dem Progressionsvorbehalt unterliegenden Einkünften zu bemessen wäre, mindestens aber 16 %, § 34 Abs. 3 EStG. Geht man beispielsweise von einer Spitzenbesteuerung von 45 % aus, dann betrüge der maßgebliche Steuersatz betreffend den Veräußerungserlös 22,25 %.

169 *(2) Fünftelregelung.* In allen anderen Fällen gilt die sogenannte Fünftelregelung (§ 34 Abs. 1 EStG).[195] Dieser Besteuerung liegt der Gedanke zugrunde, dass der Steuersatz maßgeblich sein soll, der gelten würde, wenn sich die Einkünfte aus der Veräußerung auf fünf Jahre verteilen würden. Der auf den Veräußerungserlös entfallende Einkommensteuertarif wird in drei Schritten ermittelt:
1. Von dem einkommensteuerpflichtigen Einkommen wird der Veräußerungserlös abgezogen und der Steuertarif für das so verminderte Einkommen berechnet (verbleibendes zu versteuerndes Einkommen, § 34 Abs. 1 S. 2 EStG).
2. Dem verbleibenden zu versteuernden Einkommen gem. 1. wird ein Fünftel des Veräußerungserlöses hinzugerechnet und der dafür geltende Steuertarif ermittelt.
3. Die in 1. und 2. ermittelten Einkommensteuerbeträge werden gegenüber gestellt und die Differenz mit dem Faktor 5 multipliziert.

170 Veräußert die **Kapitalgesellschaft** eine Beteiligung an Personengesellschaften, sind Veräußerungserlöse hieraus steuerpflichtig, da die Beteiligung an einer Personengesellschaft nicht zu den privilegierten Beteiligungen des § 8b Abs. 2 KStG zählt. Der Veräußerungsgewinn unterliegt zudem in voller Höhe der Gewerbesteuer, § 7 S. 2 GewStG.

171 *bb) Veräußerung an Anteilen an Kapitalgesellschaften.* Veräußern **Kapitalgesellschaften** Beteiligungen an anderen Kapitalgesellschaften, sind Veräußerungserlöse nicht steuerpflichtig, § 8b Abs. 2 KStG. 5 % des Veräußerungserlöses gelten allerdings als nichtabziehbare Betriebsausgaben § 8b Abs. 5 S. 1 KStG, so dass effektiv 95 % des Veräußerungserlöses steuerbefreit sind. Auch insoweit gilt die Einschränkung, dass der Anteil nicht in früheren

---

[192] *Kirchhof/Mellinghof* § 34 EStG Rn. 1; Schmidt/*Seeger* EStG, 32. Aufl. 2013, § 34 Rn. 1.

[193] Bei der Anwendung von § 34 EStG ist zu berücksichtigen, dass dieser nur dann zur Anwendung kommt, wenn eine zusammengeballte Realisierung der stillen Reserven gegeben ist. Eine zusammengeballte Realisierung ist zu verneinen, wenn Wirtschaftsgüter, die wesentliche Betriebsgrundlage sind, nicht veräußert werden, BFH BStBl. II 1998, 104. Wesentliches Betriebsvermögen sind alle Wirtschaftsgüter, die funktional unmittelbar der betrieblichen Leistungserstellung dienen und solche Wirtschaftsgüter, die erhebliche stille Reserven enthalten, auch wenn sie funktional nicht wesentlich sind, vgl. *Kirchhof/Reiß,* 11. Aufl. 2012, EStG § 16 Rn. 48 ff. und Schmidt/*Wacker* EStG 32. Aufl. 2013, § 16 Rn. 100 ff. Auch Sonderbetriebsvermögen kann zu den wesentlichen Betriebsgrundlagen des Unternehmens gehören, BFH BStBl. II 1998, 104. Das bedeutet: Wenn der Mitunternehmer sein wesentliches Sonderbetriebsvermögen zu Buchwerten in anderes eigenes Betriebsvermögen oder Sonderbetriebsvermögen bei einer anderen Mitunternehmerschaft überführt, führt dies dazu, dass dem betreffenden Mitunternehmer die Begünstigung des § 16 Abs. 4 und § 34 EStG zu versagen ist.

[194] → Rn. 171–175.

[195] Diese Regelung bringt in der Regel nur eine vergleichsweise geringe Erstattung, vgl. auch *Andreas Schmidt* GmbH-StB 2001, 22, 25 Fn. 15.

Jahren auf den niedrigeren Teilwert abgeschrieben und die Gewinnminderung nicht ausgeglichen wurde, § 8b Abs. 2 S. 4 KStG. Ferner gilt die Befreiung von der Steuerpflicht nicht, wenn die Anteile an einer Kapitalgesellschaft durch Sacheinlage eines Betriebes, Teilbetriebes oder Mitunternehmeranteils unter dem Teilwert erworben und innerhalb von sieben Jahren wieder veräußert werden, § 22 Abs. 1 UmwStG. Der steuerpflichtige Teil verringert sich ratierlich, § 22 Abs. 1 S. 3 UmwStG. Bei einer Weiterveräußerung vor dem 12.12.2013 sind die Regelungen zu § 8b Abs. 4 S. 1 Nr. 1 KStG a. F. (einbringungsgeborene Anteile) zu berücksichtigen.[196]

Hinsichtlich der Veräußerung von Beteiligungen an Kapitalgesellschaften durch **Personengesellschaften** ist danach zu differenzieren, ob es sich um eine Beteiligung im Betriebsvermögen oder um eine Beteiligung im Privatvermögen (bei vermögensverwaltenden Personengesellschaften) handelt.

Handelt es sich um eine Beteiligung im Betriebsvermögen, erfolgt eine Besteuerung des Veräußerungserlöses nur zu 60 % (Teileinkünfteverfahren, § 3 Nr. 40 Buchst. a) EStG). Aus diesem Grunde sind allerdings für diese Beteiligung vorgenommene Aufwendungen auch nur zu 60 % abzugsfähig (§ 3c Abs. 2 EStG).[197] Die Anwendung des Teileinkünfteverfahrens gilt bei Mitunternehmerschaften, an denen natürliche Personen (unmittelbar oder mittelbar über weitere Personengesellschaften) beteiligt sind, auch für Zwecke der Gewerbesteuer, § 7 S. 4, 1. Hs.

Beispiel 13:

A hält Anteile an der B-GmbH in Höhe von 5 % im Betriebsvermögen seines Einzelunternehmens. Der Buchwert der Anteile beträgt 20.000,– EUR. A veräußert die Anteile im Jahr 03 für 100.000,– EUR. Ihm entstehen Kosten der Veräußerung i. H. v. 10.000,– EUR.
Der Veräußerungserlös ist in Höhe von 60.000,– EUR anzusetzen. Als Aufwendungen können nur jeweils 60 % des Buchwertes, also 12.000,– EUR, und der Veräußerungskosten, 6.000,– EUR, angesetzt werden. Der steuerpflichtige Gewinn beträgt damit 42.000,– EUR.

Sollte sich aus der Veräußerung ein Verlust ergeben, ist dieser ebenfalls lediglich zu 60 % zu berücksichtigen. Gewinne aus der Veräußerung von Beteiligungen, die sich im Privatvermögen befinden, unterliegen der Abgeltungsteuer, §§ 32d, 20 Abs. 2 S. 1 Nr. 1 EStG.[198] Dagegen werden Gewinne aus der Veräußerung von Beteiligungen mit mindestens 1 % zu Einkünften aus Gewerbebetrieb umqualifiziert, § 17 Abs. 1 EStG. Die Veräußerungsgewinne unterliegen dem Teileinkünfteverfahren, § 3 Nr. 40 Buchst. c) EStG. Es gilt ein Veräußerungsfreibetrag von 9.060,– EUR, der sich in dem Maße ermäßigt, wie der Veräußerungsgewinn den Teil von 36.100,– EUR übersteigt, der dem veräußerten Anteil an der Kapitalgesellschaft entspricht, § 17 Abs. 3 EStG.

---

[196] Einbringungsgeboren sind Anteile an einer Kapitalgesellschaft, die bis zum 12.12.2006 durch Sacheinlage eines Betriebes, Teilbetriebes oder Mitunternehmeranteils unter dem Teilwert erworben wurden. Könnten diese Anteile ohne Auflösung der stillen Reserven steuerfrei veräußert werden, wäre nicht auszuschließen, dass die stillen Reserven aufgelöst werden, ohne dass hierauf Steuer zu zahlen wäre. Dies gilt es zu vermeiden. Die Regelung des § 8b Abs. 4 KStG wurde zwar im Zuge der Neuordnung des Umwandlungsteuerrechts durch das SEStEG v. 7.12.2006 gestrichen. Allerdings erklärt § 34 Abs. 7a KStG den § 8b Abs. 4 a. F. für weiterhin anwendbar auf bis zu diesem Zeitpunkt entstandene „einbringungsgeborene Anteile". Findet die Veräußerung allerdings später als 7 Jahre nach der Einbringung statt, ist eine steuerfreie Veräußerung möglich, § 8b Abs. 4 S. 2 Nr. 1 KStG a. F. Daher ist die Regelung des § 8b Abs. 4 a. F. auf Veräußerungen nach dem 12.12.2013 nicht mehr anwendbar.

[197] Veräußerungsgewinne und Dividenden für Anteile, die beim kurzfristigen Eigenhandel von Banken und Finanzdienstleistern entstehen, sind von der Begünstigung des Teileinkünfteverfahrens ausgeschlossen, § 3 Nr. 40 Sätze 3 und 4. Ausgenommen von dem Halbeinkünfteverfahren sind ferner einbringungsgeborene Anteile, § 3 Nr. 40 Sätze 3 und 4 EStG a. F. i. V. m. § 52 Abs. 4b EStG. Dabei handelt es sich um Anteile an einer Kapitalgesellschaft, die der Veräußerer durch eine Sacheinlage unter dem Teilwert vor dem 13.12.2006 erworben hat, § 21 Abs. 1 S. 1 UmwStG a. F. Das Halbeinkünfteverfahren gilt allerdings dann, wenn der Tag der Einlage im Zeitpunkt der Veräußerung der Anteile mindestens 7 Jahre zurückliegt, § 3 Nr. 40 S. 4 Buchst. a) EStG a. F.

[198] Die Regelungen über die Abgeltungsteuer auf Kapitalerträge und Veräußerungsgewinne sind erst ab dem Veranlagungszeitraum 2009 anzuwenden, § 52a Abs. 15 EStG.

> **Praxistipp:**
> Die Veräußerung von Beteiligungen an Personengesellschaften wird gegenüber derjenigen an Kapitalgesellschaften steuerrechtlich tendenziell schlechter gestellt.

175 Allerdings wäre ein Rechtsformvergleich im Hinblick auf die Besteuerung von Veräußerungsvorgängen unvollständig, stellte man allein auf die steuerliche Belastung der Veräußerungsgewinne ab. Folgende Umstände lassen eine Personengesellschaft auch bei ihrer Veräußerung als nicht so nachteilig dastehen, als dies auf den ersten Blick den Anschein hat:
- Die Veräußerung von Kapitalgesellschaftsanteilen durch eine andere Kapitalgesellschaft ist zwar zunächst zu 95% steuerfrei (§ 8b Abs. 2, 3 KStG). Wird der Veräußerungsgewinn aber ausgeschüttet, fällt auf die Ausschüttungen Abgeltungsteuer oder Einkommensteuer nach Maßgabe des Teileinkünfteverfahrens an, wenn an der veräußernden Kapitalgesellschaft natürliche Personen oder Personengesellschaften beteiligt sind.
- Ferner ist die Möglichkeit, den Anteilskaufpreis bei dem Erwerb von Personengesellschaften abschreiben zu können, in vielen Fällen kaufpreisbeeinflussend. Der Veräußerer von Kapitalgesellschaftsanteilen wird den insoweit bestehenden Nachteil mit Kaufpreiseinbußen bezahlen.
- Schließlich ist die Veräußerung von Kapitalgesellschaftsanteilen nachteilig, wenn es zu Veräußerungsverlusten kommt. Denn diese können bei Personengesellschaften vollständig geltend gemacht werden, während für Kapitalgesellschaften die Beschränkungen des § 17 Abs. 2 S. 6 EStG, des § 8b Abs. 3 S. 3 KStG und des § 3c Abs. 2 EStG gelten.

Angesichts der genannten Punkte wird deutlich, dass sich auch insoweit pauschale Aussagen verbieten. Eine Gesamtwürdigung lässt in manchen Fällen Vorteile für die Personengesellschaft auch aus der Sicht des Veräußerers erkennen.

7. Immobilien im Unternehmensvermögen

176 Gehören zum Vermögen des Unternehmens Grundstücke, kann dies vor allem dann Kriterium für die Rechtsformwahl sein, wenn in den Immobilien erhebliche stille Reserven ruhen oder aufgebaut werden. Nachfolgend sollen die steuerlichen Konsequenzen von Immobilien im Unternehmensvermögen a) zunächst unter dem Gesichtspunkt des Grunderwerbsteuerrechts, b) sodann unter dem Blickwinkel des Ertragsteuerrechts betrachtet werden.

177 a) *Grunderwerbsteuer*. Dabei soll zwischen zwei Fällen unterschieden werden: (aa) die Übertragung des Grundstücks auf die betreffende Gesellschaft; (bb) der Wechsel im Bestand der Gesellschafter.

178 *aa) Übertragung des Grundstücks auf die betreffende Gesellschaft.* Werden Grundstücke auf *Einzelunternehmen* oder *Personengesellschaften* übertragen, ist danach zu differenzieren, inwieweit der (übertragende) Eigentümer des Grundstücks an der Personengesellschaft beteiligt ist. Im Verhältnis seiner Beteiligung an der Personengesellschaft wird Grunderwerbsteuer nicht erhoben, § 5 Abs. 2 GrEStG.

Beispiel 14:
A ist Alleineigentümer eines Grundstückes, das er in die A KG einbringt, an der er mit 50% beteiligt ist. A ist mit dem weiteren Gesellschafter B nicht verwandt. Das Grundstück hat einen für grunderwerbsteuerliche Zwecke maßgeblichen Wert von 200.000,– EUR.
Der Vorgang ist steuerbar (§ 1 Abs. 1 Nr. 1 GrEStG), aber i. H. v. 100.000,– EUR steuerfrei (§ 5 Abs. 2 GrEStG).

179 Darüber hinaus sind bei Familienpersonengesellschaften die personenbezogenen Befreiungsvorschriften nach ständiger BFH-Rechtsprechung analog anwendbar.[199]

Abwandlung zu Beispiel 14:
Ist B der Sohn des A, dann ist die Übertragung insgesamt steuerfrei (§ 3 Nr. 6 GrEStG analog).

---
[199] § 3 Nr. 4–6 GrEStG, vgl. BFH BStBl. II 1981, 177.

Werden dagegen Grundstücke auf *Kapitalgesellschaften* übertragen, so finden die vorgenannten Vorschriften zur Steuerbefreiung keine Anwendung.[200]

bb) Wechsel im Bestand der Gesellschafter. Personengesellschaften sind Gesamthandsgemeinschaften, auf die die Befreiungsvorschriften der §§ 5 und 6 GrEStG anwendbar sind. Der Wechsel im Personenbestand führt grundsätzlich nicht zu einer Besteuerung nach der Grunderwerbsteuer. Gleiches gilt für Verschiebungen im Anteilsverhältnis. Dies gilt jedoch nicht, wenn innerhalb von 5 Jahren mindestens 95 % der Anteile auf neue Gesellschafter übergehen, ausgenommen sind hiervon Erbfälle, § 1 Abs. 2a GrEStG. 180

Die *Kapitalgesellschaft* ist als juristische Person Eigentümerin des Grundstückes, das Grundstück ist Bestandteil ihres Vermögens. Sofern allerdings mindestens 95 % der Anteile der Gesellschaft in einer Person vereinigt werden oder Rechtsgeschäfte einen darauf gerichteten Anspruch begründen, unterliegt dies ebenfalls der Grunderwerbsteuer, § 1 Abs. 3 GrEStG. 181

Beispiel 15:
A hält 75 % der Anteile der grundbesitzenden A&B-GmbH, B 25 %. B überträgt seinen Anteil auf A. Da durch die Übertragung die Anteile des A mindestens 95 % betragen, ist der Vorgang steuerbar, § 1 Abs. 3 GrEStG.

Bei mehrstufigen Beteiligungsstrukturen waren in der Vergangenheit Änderungen im Gesellschafterbestand einer Personengesellschaft nur grunderwerbsteuerpflichtig, wenn auf jeder Beteiligungsebene die 95 %-Grenze erreicht worden ist, woraus sich Gestaltungsmöglichkeiten ergaben.[201] Mit der Einführung des § 1 Abs. 3a GrEStG kann die Übertragung eines Grundstücks grunderwerbsteuerfrei nicht mehr in der Weise gestaltet werden, dass der Erwerber lediglich 94 % der Anteile der Beteiligungs-GmbH und 94 % der Anteile der grundstücksbesitzenden GbR und damit wirtschaftlich 99,6 % am Grundstück erwirbt (sog. RETT-Blocker). 182

Auf diese Vorgänge finden die personenbezogenen Befreiungsvorschriften des Grunderwerbsteuergesetzes keine Anwendung.[202] Dies hat insbesondere beim Erwerb von Todes wegen zur Folge, dass eine hierbei erfolgte Vereinigung von mindestens 95 % aller Anteile Grunderwerbsteuer auslöst. Werden allerdings bereits vereinigte Anteile weiter übertragen, finden die Befreiungsvorschriften des § 3 Nrn. 4–6 GrEStG Anwendung. Bemessungsgrundlage für steuerbare- und- pflichtige Übertragungen nach § 1 Nr. 2a und 3 GrEStG ist der Bedarfswert gemäß §§ 138 ff. BewG, § 8 Abs. 2 Nr. 3 GrEStG. 183

Steuervergünstigungen bestehen im Hinblick auf Umstrukturierungen im Konzern, § 6a GrEStG. Allerdings ist der Anwendungsbereich der Vorschrift aufgrund der restriktiven Interpretation der Finanzverwaltung in der Praxis erheblich eingeschränkt.[203] 184

> **Praxistipp:**
> Mit Blick auf die Grunderwerbsteuer ist die Kapitalgesellschaft gegenüber der Personengesellschaft bzgl. personenbezogener Befreiungen und Übertragung zwischen Gesellschaft und Gesellschafter nachteilig.

b) Ertragsteuerrecht. Ertragsteuerrechtlich ist zu prüfen, inwieweit durch die Übertragung von Grundstücken stille Reserven aufgelöst werden müssen und inwieweit Veräußerungsgewinne zu besteuern sind. 185

Für **Personengesellschaften** gilt § 6 Abs. 5 EStG, nach dem bestimmte Übertragungen zwingend zu Buchwerten zu erfolgen haben. Folgende Übertragungen sind hiervon erfasst:
• Übertragung zwischen zwei Betrieben eines Steuerpflichtigen, 186

---
[200] BFH BStBl. II 1974, 41 und vgl. *Pahlke/Franz*, Grunderwerbsteuerrecht, 4. Aufl. 2010, § 3 Rn. 10 m. w. N.
[201] Vgl. BMF-Schreiben v. 25.2.2010, BStBl. I, 245.
[202] BFH BStBl. II 1988, 785.
[203] Gleichlautend der Erlass der obersten Finanzbehörden der Länder v. 19.6.2012, BStBl. I 2012, 662.

- Übertragung aus dem Einzelunternehmen des Steuerpflichtigen in ein Sonderbetriebsvermögen bei einer Personengesellschaft und umgekehrt,
- Übertragung vom Sonderbetriebsvermögen des Steuerpflichtigen bei einer Personengesellschaft in sein Sonderbetriebsvermögen bei einer anderen Personengesellschaft,
- Übertragung aus dem Einzelunternehmen eines Steuerpflichtigen in das Gesamthandsvermögen einer Personengesellschaft und umgekehrt,
- Übertragung vom Sonderbetriebsvermögen eines Mitunternehmers in das Sonderbetriebsvermögen eines anderen Mitunternehmers.

187 In der Frage, ob auf der Grundlage von § 6 Abs. 5 EStG Betriebsgrundstücke aus dem **Gesamthandsvermögen einer Personengesellschaft zu Buchwerten in das Gesamthandsvermögen einer gesellschafteridentischen anderen Personengesellschaft** übertragen werden können, vertreten der I. und IV. Senat des BFH unterschiedliche Auffassungen.[204] Auch der Übertragung von Grundstücken zu Buchwerten – insoweit dem Wortlaut des § 6 Abs. 5 EStG folgend –, indem mehrere buchwertneutrale Vorgänge hintereinandergeschaltet werden: Gesamthandsvermögen A-OHG in das Sonderbetriebsvermögen des Gesellschafters A (1), Sonderbetriebsvermögen des Gesellschafters A in das Sonderbetriebsvermögen des Gesellschafters A bei der B-OHG (2) und von dort in das Gesamthandsvermögen der B-OHG (3) hat die Finanzverwaltung bereits mit Verweis auf die sog. Gesamtplanrechtsprechung des BFH eine Absage erteilt.[205]

188 Dagegen müssen die stillen Reserven aufgelöst und versteuert werden, soweit Mitunternehmeranteile von Kapitalgesellschaften gehalten werden, § 6 Abs. 5 Sätze 5 und 6 EStG.[206]

Beispiel 18:
An der A-GmbH & Co. KG ist A mit 80 % und die Komplementär-GmbH mit 20 % beteiligt. A hat ein schuldenfreies Grundstück in seinem Sonderbetriebsvermögen (Buchwert: 50.000,– EUR; Teilwert: 1 Mio. EUR). Dieses wird im Jahr 2001 ohne Gewährung von Gesellschaftsrechten in das Gesamthandsvermögen der A-GmbH & Co. KG übertragen.
Der Übertragungsvorgang ist nur in Höhe von 80 % zum Buchwert anzusetzen, im Übrigen ist der Teilwert anzusetzen (nicht 10.000,– EUR, sondern 200.000,– EUR). Damit werden stille Reserven in Höhe von 190.000,– EUR realisiert, in dieser Höhe entsteht bei A ein steuerpflichtiger Übertragungsgewinn.

189 Zu beachten ist das Verhältnis von § 6 Abs. 5 EStG zu § 6 Abs. 6 S. 1 EStG, der eine Gewinnrealisierung bei einem Tausch anordnet. Es ist davon auszugehen, dass Übertragungen zu marktüblichen Bedingungen nicht in den Anwendungsbereich des § 6 Abs. 5 EStG fallen.[207] Teilentgeltliche Leistungen sind nach der sog. Trennungstheorie in einen entgeltlichen und einen unentgeltlichen Bestandteil zu zerlegen, wobei es zur anteiligen Realisierung der auf den entgeltlichen Teil entfallenden stillen Reserven kommt.[208] Dem Wortlaut der Vorschrift nach ist denkbar, dass bei Einbringung eines Wirtschaftsgutes in eine Personengesellschaft gegen Gewährung von Gesellschafterrechten ein Tausch im Sinne von § 6 Abs. 6 S. 1 EStG anzunehmen ist.[209] Daher stellt § 6 Abs. 6 S. 4 mittlerweile klar, dass § 6 Abs. 5 als *lex specialis* die Vorschriften zum Tausch insoweit verdrängt.[210]

190 Für **Kapitalgesellschaften** gibt es keine entsprechenden Möglichkeiten, Grundstücke – die keine Teilbetriebe oder Betriebe darstellen –, zu Buchwerten zu übertragen. Allerdings be-

---

[204] Bejahend BFH v. 15.4.2010 – IV B 105/09 NJW-RR 2010, 1126 ff.; hierzu BMF-Schreiben v. 29.10.2010, BStBl. I 2010, 1206; ablehnend BFH I R 72/08 v. 25.11.2009, BStBl. II 2010, 471; hierzu BMF-Schreiben v. 8.12.2001, BStBl. I 2011, 1279, Rn. 18, 19. Der Streit wird wohl nach Entscheidung des IV. Senats in der Hauptsache vom Großen Senat entschieden werden müssen; hierzu Schmidt/*Kulosa* § 6 Rn. 702; *Niehus/Wilke* SteuK 2010, 385 ff.

[205] BMF-Schreiben v. 8.12.2011, BStBl. I 2011, 1279, Rn. 19. Gegen einen Missbrauchsfall im Sinne des § 42 AO spricht, dass ein gestaffeltes Vorgehen vom Gesetzgeber nicht ausdrücklich untersagt worden ist. Zum Meinungsstand siehe Nachweise bei Schmidt/*Kulosa* § 6 Rn. 702.

[206] Mit dieser Regelung sollte vermieden werden, dass der Anteil der Kapitalgesellschaft an dem Wirtschaftsgut unmittelbar oder mittelbar erhöht wird, ohne dass dies steuerpflichtig wäre.

[207] Vgl. BMF-Schreiben v. 8.12.2011, BStBl. I 2011, 1279, Rn. 8.

[208] Hermann/Heuer/Raupach/*Niehus/Wilke* EStG § 6 Rn. 1453 m. w. N.

[209] BFH BStBl. II 2000, 230 u. BMF-Schreiben BStBl. I 2000, 462; vgl. aber OFD Koblenz DB 2001, 839.

[210] BMF-Schreiben v. 8.12.2011, BStBl. I 2011, 1279, Rn. 39.

steht insoweit die Möglichkeit, eine Tochtergesellschaft als Immobilienkapitalgesellschaft mit dem einzigen Zweck des Erwerbs und der Bewirtschaftung einer Immobilie zu gründen. Ergeben sich aus der Veräußerung des Grundstücks Gewinne, fallen bei der Tochter hierauf 15 % Körperschaftsteuer zuzüglich Gewerbesteuer an. Werden die Gewinne an die Muttergesellschaft, ebenfalls Kapitalgesellschaft, ausgeschüttet, ist dies zu 95 % steuerfrei, § 8b Abs. 1, 5 KStG. Damit wäre der Veräußerungsgewinn einmalig mit 5 % zu besteuern. Erst bei Weiterausschüttung an die natürliche Person als Anteilseigner oder bei Veräußerung der Anteile greift die Teileinkünftebesteuerung oder die Abgeltungsteuer. Statt der Veräußerung des Grundstücks durch die Tochtergesellschaft kommt für die Muttergesellschaft auch die Veräußerung der Anteile an der Tochtergesellschaft in Betracht. Die hieraus resultierenden Gewinne sind bei der Muttergesellschaft zu 95 % steuerfrei, § 8b Abs. 2, Abs. 3 KStG.

Eine Gewerbesteuerbelastung entsteht (auch für Personengesellschaften) nicht, wenn das Unternehmen ausschließlich eigenen Grundbesitz und eigenes Kapital verwaltet. In diesen Fällen kommt es auf Antrag zur Kürzung des Gewerbeertrags nach § 9 Nr. 1 S. 2 GewStG.

> **Praxistipp:**
> Ertragsteuerlich bietet die Personengesellschaft die Möglichkeit der Übertragung von Grundstücken zu Buchwerten. Kapitalgesellschaften können sich bei Veräußerungen den § 8b Abs. 2 KStG durch Gründung von Tochterkapitalgesellschaften zunutze machen, was solange vorteilhaft ist, wie es nicht zu einer Weiterausschüttung der Gewinne aus der Veräußerung von Grundstücken an natürliche Personen kommt.

8. Unternehmensnachfolge

Das Kriterium der Unternehmensnachfolge und (vorweggenommenen) Erbfolge soll nachfolgend unter gesellschaftsrechtlichem und steuerrechtlichem Blickwinkel betrachtet werden.

Gesellschaftsrechtlich lässt sich die Unternehmensnachfolge in vielfacher Weise vertraglich regeln: Bei vorweggenommener Erbfolge kann der Gesellschaftsanteil auf den Nachfolger übertragen werden, wobei Formvorschriften, Zustimmungserfordernisse sowie ggf. bestehende Vorkaufsrechte der übrigen Gesellschafter zu beachten sind. Die Übertragung von Aktien wird dabei regelmäßig am einfachsten zu bewerkstelligen sein.[211]

Im Erbfall bieten Personengesellschaften die Möglichkeit, dass versterbende Gesellschafter ohne Abfindung aus der Gesellschaft ausscheiden.[212] Weder bei der GmbH noch bei der Aktiengesellschaft ist es dagegen zulässig, die Vererblichkeit der Gesellschaftsanteile auszuschließen.[213] Dagegen kann – ggf. auch unentgeltlich – in der Satzung der GmbH vorgesehen werden, dass die GmbH beim Tode eines Gesellschafters den Geschäftsanteil des verstorbenen Gesellschafters einziehen darf oder muss.[214] Vergleichbares lässt das Aktienrecht nicht zu. Anders als die GmbH und die Aktiengesellschaft eröffnet die Rechtsform der Personengesellschaft die Möglichkeit, einem verstorbenen Gesellschafter einen bestimmten Erben kraft Gesetzes nachfolgen zu lassen (qualifizierte Nachfolge).[215] Bei der GmbH und Aktiengesellschaft rückt dagegen jeweils die Erbengemeinschaft in die Stellung des verstorbenen Gesellschafters nach. Allerdings können die Miterben nach der Satzung oder aufgrund letztwilliger Verfügung des Erblassers verpflichtet sein, den Anteil auf einen von ihnen oder einem Dritten zu übertragen.[216] Zur Erfüllung ist eine formgerechte Abtretung erforderlich.[217] Im Ergebnis lässt sich also sowohl bei der GmbH als auch bei der GmbH &

---

[211] Beachte aber die ggf. bestehenden Zustimmungserfordernisse bei vinkulierten Namensaktien, § 68 Abs. 2 AktG.
[212] *Ulmer/Schäfer,* Gesellschaft bürgerlichen Rechts und Partnerschaftsgesellschaft § 738 BGB Rn. 61.
[213] Zur Aktiengesellschaft: *Hüffer* AktG, § 68 Rn. 11; zur GmbH vgl. Baumbach/Hueck/*Hueck/Fastrich* § 15 Rn. 12; Lutter/Hommelhoff/*Bayer* § 15 Rn. 11 ff.
[214] Baumbach/Hueck/*Fastrich* § 34 Rn. 10; Lutter/Hommelhoff/*Lutter* § 34 Rn. 98.
[215] *Ulmer/Schäfer,* Gesellschaft bürgerlichen Rechts und Partnerschaftsgesellschaft, § 727 BGB Rn. 41.
[216] Baumbach/Hueck/*Hueck/Fastrich* § 15 Rn. 15; Lutter/Hommelhoff/*Bayer* § 15 Rn. 3, Rn. 11 ff.
[217] Baumbach/Hueck/*Hueck/Fastrich* § 15 Rn. 11.

Co. KG das gewünschte Ergebnis einer qualifizierten Nachfolge weitgehend durch entsprechende Vertragsgestaltung erreichen, wenn sich auch der Ausgangspunkt der GmbH zur Personengesellschaft unterscheidet.

195 Mit der Reform des Erbschafts- und Schenkungssteuerrechts im Jahre 2009 hat der Gesetzgeber die Vorteilhaftigkeit von Personen- gegenüber Kapitalgesellschaften, die nach altem Recht maßgeblich auf der unterschiedlichen Bewertung der Gesellschaften oder Beteiligungen beruhte, abgeschafft.[218] Während bei Personenunternehmen die Ertragsaussichten des Unternehmens grundsätzlich unberücksichtigt blieben, waren Anteile an Kapitalgesellschaften nach altem Recht mit gemeinem Wert anzusetzen.

196 Nach der Erbschaftssteuerreform kann **Unternehmensvermögen** unter bestimmten Voraussetzungen **steuerbegünstigt vererbt** werden (vgl. im Einzelnen §§ 13a und 13b ErbStG).[219]

Das aktuelle Erbschaftssteuer- und Bewertungsrecht sieht vor, auch das Betriebsvermögen von Personengesellschaften nach ihrem Verkehrswert zu bewerten, § 109 BewG. Eine unterschiedliche Behandlung zwischen Anteilen an Kapitalgesellschaften und Anteilen an Personengesellschaften (Mitunternehmeranteilen) ergibt sich jedoch insoweit, als Anteile an Kapitalgesellschaften unter 25 % grundsätzlich nicht als begünstigungsfähiges Unternehmensvermögen behandelt werden. Eine Zusammenrechnung von an sich nicht begünstigten Anteilen an Kapitalgesellschaften kann jedoch erfolgen, wenn diese Anteile einem Stimmbindungsvertrag und spezifischen Verfügungsbeschränkungen unterliegen.

197 Auch das reformierte Erbschafts- und Schenkungssteuerrecht sieht sich verfassungsrechtlichen Bedenken gegenüber. **Der BFH hat dem BVerfG das ErbStG zur Prüfung seiner Verfassungsmäßigkeit vorgelegt,** weil nach Auffassung des BFH die Begünstigungsvorschriften zur Übertragung von Betriebsvermögen (§§ 13a, 13b ErbStG) nicht durch ausreichende Sach- und Gemeinwohlgründe gerechtfertigt sind.[220]

> **Praxistipp:**
> Erbschafts- und schenkungssteuerrechtlich ist die Personengesellschaft der Kapitalgesellschaft insbesondere bei niedrigen Beteiligungsquoten (unter 25 %) vorzuziehen, da unter bestimmten Voraussetzungen Betriebsvermögen steuerbegünstigt übertragen werden kann, §§ 13a, 13b ErbStG.

9. Umwandlung

198 Gesellschaftsrechtlich bietet das Umwandlungsgesetz vielfältige Möglichkeiten zur Änderung der Rechtsform und Übertragung von Vermögen im Wege der Gesamtrechtsnachfolge. Das Umwandlungsgesetz hat hier zahlreiche Erleichterungen gebracht. Das Umwandlungssteuergesetz (UmwStG) will im Falle der Umwandlung grundsätzlich sicherstellen, dass bisher noch nicht versteuerte Gewinne (stille Reserven) steuerlich erfasst werden. Dieser Grundsatz wird allerdings größtenteils durchbrochen, um eine wirtschaftlich sinnvolle Änderung der Unternehmensform steuerlich nicht zu erschweren. Aus diesem Grunde ermöglicht das Umwandlungssteuergesetz, Unternehmen steuerneutral zu übertragen oder in Unternehmen anderer Rechtsform umzuwandeln.

199 Ein Nachteil bei der übertragenden oder formwechselnden Umwandlung von **Kapitalgesellschaften** in Personengesellschaften ergibt sich daraus, dass nach dem Umwandlungssteuerrecht ein Übernahmeverlust außer Ansatz bleibt, § 4 Abs. 6 UmwStG.[221] Damit lässt sich ein in der Kapitalgesellschaft aufgelaufener Verlust nicht mehr im Wege der Umwandlung auf die Ebene der Gesellschafter transferieren. Auf der anderen Seite muss der Mitunter-

---

[218] BR-Drs. 888/08.
[219] Vgl. zu den Überlegungen zur Rechtsformwahl bei Gründung eines Familienpools, *Ivens* ZErb 2012, 65–72; 93–97.
[220] BFH Beschl. v. 27.9.2012, NJW 2012, 3680; BFH, Beitrittsaufforderung an BMF, ZEV 2011, 672; hierzu *Pondelik* SteuK 2012, 495 ff.; *Geck* ZEV 2012, 399 ff.; *Tölle* SteuK 2012, 70 ff.
[221] Auch der Verlustvortrag der Personengesellschaft geht nicht auf die Kapitalgesellschaft über, § 4 Abs. 2 S. 2 UmwStG. Dies gilt auch bei der Verschmelzung einer Kapitalgesellschaft auf eine andere Kapitalgesellschaft, § 12 Abs. 3, 2. Hs. UmwStG.

nehmer seinen Übernahmegewinn nur zu 60 % versteuern, wenn er einen Anteil von mehr als 1 % hat, § 4 Abs. 7 S. 2 UmwStG i. V. m. § 3 Nr. 40 EStG. Handelt es sich bei dem Mitunternehmer um eine Kapitalgesellschaft, dann ist ihr Übernahmegewinn bis auf 5 % steuerfrei, § 4 Abs. 7 S. 1 UmwStG i. V. m. § 8b Abs. 2, 3 KStG.[222]

Beispiel 19:
A und B sind an der Z-GmbH beteiligt. A hält 40 % im Privatvermögen und hat seinen Anteil 2003 erworben (Anschaffungskosten: 400.000,– EUR). B hält 60 % im Betriebsvermögen zum Buchwert von 60.000,– EUR. Das Eigenkapital der Z-GmbH beläuft sich auf 200.000,– EUR, die auf das Stammkapital entfallen. Die Z-GmbH wird im Veranlagungszeitraum 2013 in eine Z-KG umgewandelt, wobei B die Stellung des Komplementärs übernimmt. Im Übrigen sind die Gesellschafter entsprechend ihrer bisherigen Beteiligungsquote an der Z-GmbH auch an der Z-KG beteiligt.
Wird das Betriebsvermögen der Z-GmbH in der steuerlichen Schlussbilanz zu Buchwerten angesetzt und ein entsprechender Antrag gestellt, kommt es auf der Ebene der Z-GmbH nicht zur Aufdeckung stiller Reserven, § 3 Abs. 2 Satz 1 UmwStG. Für A und B ist ein Übernahmeergebnis zu ermitteln, § 5 Abs. 2 Satz 1 und Abs. 3 Satz 1 UmwStG. Für A ergibt sich ein Übernahmeverlust in Höhe von 320.000,– EUR, den er nicht in der Ergänzungsbilanz aktivieren und entsprechend der Nutzungsdauer abschreiben kann, § 4 Abs. 6 UmwStG. Für B ergibt sich ein Übernahmegewinn in Höhe von 60.000,– EUR, der zu 60 % sein steuerpflichtiges Einkommen erhöht, § 4 Abs. 7 Satz 2 UmwStG.

Ein Vorteil der **Personengesellschaft** besteht darin, dass neben dem Umwandlungsteuerrecht § 6 Abs. 5 EStG steuerneutrale Vorgänge ermöglicht: Danach sind einzelne Wirtschaftsgüter im Rahmen von Personengesellschaften zum Buchwert zu übertragen, § 6 Abs. 5 S. 1 bis 3 EStG. 200

Damit können Einzelwirtschaftsgüter nur in der Personengesellschaft erfolgsneutral übertragen werden. Das Umwandlungsteuerrecht knüpft dagegen zumindest an den Teilbetriebsbegriff an, so dass bei weitem nicht alle Fälle unternehmerisch gewünschter Umstrukturierungen abgedeckt sind.[223] 201

Eine formwechselnde Umwandlung führt gesellschaftsrechtlich nicht zur Übertragung von Vermögenswerten. Steuerrechtlich ist nach dem Umwandlungsteuerrecht zu differenzieren: Formwechselnde Umwandlungen von Kapitalgesellschaften in Kapitalgesellschaften anderer Rechtsformen und von Personengesellschaften in Personengesellschaften anderer Rechtsformen sind steuerrechtlich irrelevant. 202

Anders ist dies bei formwechselnden Umwandlungen von Kapitalgesellschaften in Personengesellschaften und umgekehrt: Hier fingiert das Steuerrecht einen Vermögensübergang. Hintergrund ist, dass Personengesellschaften steuerrechtlich anders als Kapitalgesellschaften behandelt werden (→ Rn. 27 ff.). Ein wesentlicher Unterschied in der steuerrechtlichen Behandlung von Formwechsel Kapitalgesellschaft in Personengesellschaft einerseits und Personengesellschaft in Kapitalgesellschaft andererseits besteht darin, dass letzterer wie eine Einbringung behandelt wird, während ersterer wie eine Verschmelzung behandelt wird (vgl. zu letzterem: § 25 i. V. m. §§ 20 ff. UmwStG; zu ersterem: § 13 i. V. m. §§ 3 ff. UmwStG). Dies hat zur Folge, dass eine formwechselnde Umwandlung von einer Personengesellschaft in eine Kapitalgesellschaft nur dann zu Buchwerten erfolgen kann, wenn die umgewandelte Personengesellschaft alle wesentlichen Betriebsgrundlagen einschließlich des Sonderbetriebsvermögens umfasst.[224] 203

Beispiel 20:
A und B sind Gesellschafter einer OHG, die Maschinen produziert. Die Werkhalle befindet sich auf einem im Eigentum des A stehenden Grundstück, das folglich Sonderbetriebsvermögen der OHG ist. Die OHG soll im Wege des Formwechsels in eine GmbH umgewandelt werden. A will sich langfristig aus dem Unternehmen zurückziehen.
Nur unter der Voraussetzung, dass A auch sein Grundstück in die GmbH einbringt, besteht hinsichtlich der eingebrachten Wirtschaftsgüter ein Bewertungswahlrecht, §§ 25 Satz 1, 20 Abs. 1, 2 UmwStG.

---

[222] Vgl. BMF-Schreiben v. 11.11.2011, BStBl. I 2011, 1314 ff. (UmwSt-Erl.), Rn. 04.40–04.45.
[223] Vgl. BMF-Schreiben v. 11.11.2011, BStBl. I 2011, 1314 ff. (UmwSt-Erl.), Rn. 15.02–15.03; hierzu *Rogall* NZG 2011, 810–812.
[224] Vgl. BMF-Schreiben v. 11.11.2011, BStBl. I 2011, 1314 ff. (UmwSt-Erl.), Rn. 25.01 i. V. m. 20.06.

204 Bringt A im Beispiel sein Grundstück nicht in die GmbH ein, haben A und B die stillen Reserven aufzudecken. Dies gilt sowohl für das Betriebs- als auch für das Sonderbetriebsvermögen.[225] Die Zurückbehaltung wesentlicher Betriebsgrundlagen hat zur Folge, dass die im eingebrachten Vermögen ruhenden stillen Reserven aufzudecken und zu versteuern sind; dies gilt wohl auch im Fall einer Betriebsaufspaltung.[226] Die zurückbehaltenen Wirtschaftsgüter, im Beispiel das Grundstück, sind als entnommen zu behandeln mit der Folge der Versteuerung der in ihrem Buchwert enthaltenen stillen Reserven.[227]

205 Eine weitere Konsequenz der formwechselnden Umwandlung von einer Personengesellschaft in eine Kapitalgesellschaft besteht darin, dass die im Rahmen einer Einbringung erworbenen Anteile gem. §§ 25, 22 Abs. 1 UmwStG steuerlich verhaftet sind. Das bedeutet: Jede Veräußerung der erworbenen Anteile an der Kapitalgesellschaft innerhalb von sieben Jahren – unabhängig von der Beteiligungshöhe – führt zu einer rückwirkenden Versteuerung des Einbringungsgewinns bei den Mitunternehmern der Personengesellschaft. Der Einbringungsgewinn wird ermittelt als die Differenz zwischen Buch- und Verkehrswerten zum Zeitpunkt der Einbringung. Allerdings ist der zu versteuernde Einbringungsgewinn um ein Siebtel für jedes seit der Einbringung vergangene Jahr zu kürzen, § 22 Abs. 1 S. 3 UmwStG.[228]

206 Schließlich ist nicht unbeachtlich, dass bei Vermögensübertragungen zwischen Personengesellschaften die Möglichkeit besteht, handelsrechtlich eine das Eigenkapital erhöhende Aufstockung vorzunehmen und gleichzeitig das Entstehen von Veräußerungsgewinnen durch Bildung von (negativen) Ergänzungsbilanzen zu verhindern.[229]

> **Praxistipp:**
> Im Hinblick auf ihre Flexibilität sind Personengesellschaften bei Umwandlungen steuerrechtlich tendenziell vorteilhaft; insbesondere lassen sich einzelne Wirtschaftsgüter zu Buchwerten, ohne Aufdeckung und Versteuerung der stillen Reserven, übertragen.

10. Gründungsaufwand

207 Der Gründungsaufwand ist je nach Rechtsform unterschiedlich. Zunächst sehen GmbH-Gesetz und Aktiengesetz Mindesteinlagen vor: Bei der **GmbH** muss das Stammkapital zumindest 25.000,– EUR betragen, § 5 Abs. 1 GmbHG. Wird die GmbH als UG gegründet, muss das Stammkapital zwar nicht im Zeitpunkt der Gründung vorhanden sein, ist aber durch die gesetzlich vorgeschriebene Bildung von Gewinnrücklagen in den Folgejahren aufzubringen. Bei der **Aktiengesellschaft** müssen zumindest 50.000,– EUR in die Gesellschaft eingelegt werden, § 7 Abs. 1 AktG.

208 Hinzu kommen Kosten der notariellen Beurkundung: Nach § 2 Abs. 1 GmbHG ist der Gesellschaftsvertrag einer GmbH notariell zu beurkunden, nach § 23 Abs. 1 AktG gilt gleiches für die Aktiengesellschaft. Bei der Aktiengesellschaft bedarf ferner die erstmalige Bestellung des Aufsichtsrates durch die Gründer der Gesellschaft der notariellen Beurkundung, § 30 Abs. 1 AktG. Zwar bietet das GmbHG die Möglichkeit, eine GmbH im vereinfachten Verfahren unter Verwendung des Musterprotokolls zu gründen. Das Musterprotokoll gilt dabei als Gesellschaftsvertrag, bedarf allerdings ebenfalls der notariellen Form, § 2 Abs. 1, 1a S. 5 GmbHG. Zudem ist die Gründung im vereinfachten Verfahren nur für Gesellschaften mit nicht mehr als drei Gesellschaftern zulässig.

209 Wollen die Gesellschafter ihre Einlagen nicht in bar, sondern in Form von Sacheinlagen erbringen, ergeben sich hinsichtlich der Werthaltigkeitsprüfung der Sacheinlagen bei GmbH und Aktiengesellschaft weitere besondere Erfordernisse, §§ 5 Abs. 4, 8 Abs. 1 Nrn. 4, 5 GmbHG, § 34 Abs. 1 Nr. 1 AktG.

---

[225] Vgl. BMF-Schreiben v. 11.11.2011, BStBl. I 2011, 1314 ff. (UmwSt-Erl.), Rn. 25.01 i. V. m. 20.06.
[226] Vgl. BMF-Schreiben v. 11.11.2011, BStBl. I 2011, 1314 ff. (UmwSt-Erl.), Rn. 25.01 i. V. m. 20.06.
[227] Vgl. BMF-Schreiben v. 11.11.2011, BStBl. I 2011, 1314 ff. (UmwSt-Erl.), Rn. 25.01 i. V. m. 20.07.
[228] Zu dem bis zum 12.12.2006 geltenden System der einbringungsgeborenen Anteile → Rn. 171
[229] Vgl. BMF-Schreiben v. 11.11.2011, BStBl. I 2011, 1314 ff. (UmwSt-Erl.), Rn. 24.13.-24.14.

Bei Aktiengesellschaften hat ferner eine Gründungsprüfung durch Vorstand und Aufsichtsrat, bei bestimmten Konstellationen auch durch einen externen Gründungsprüfer zu erfolgen, § 33 AktG. Zu beachten ist schließlich, dass von der Hauptversammlung von Aktiengesellschaften gefasste Beschlüsse grundsätzlich notariell zu beurkunden sind, § 130 Abs. 1 S. 1 AktG. Gleiches gilt für Beschlüsse, mit denen die Satzung einer GmbH geändert wird, § 53 Abs. 2 GmbHG. Ausgenommen von der Beurkundungspflicht sind Hauptversammlungen von nicht börsennotierten Aktiengesellschaften, sofern sie keine Beschlüsse umfassen, für die das Aktiengesetz eine Dreiviertel- oder größere Mehrheit bestimmt, § 130 Abs. 1 S. 3 AktG.

Bei **Personengesellschaften** fallen dagegen lediglich Kosten im Hinblick auf die Eintragung im Handelsregister oder Partnerschaftsregister an. Dies gilt nicht für Gesellschaften bürgerlichen Rechts, die nicht im Register einzutragen sind.

Rechtsformunabhängig sind Gründungen, bei denen Grundstücke in die Gesellschaft eingebracht werden sollen, notariell zu beurkunden. Gleiches gilt für Sacheinlagen in Form von Geschäftsanteilen an einer GmbH. Insoweit sind § 311b BGB sowie § 15 Abs. 3 GmbHG zu beachten. Ein formelles Prüfungsverfahren für Sacheinlagen gibt es im Recht der Personengesellschaften nicht; ein Nachweis empfiehlt sich schon wegen der Enthaftung des Kommanditisten bei geleisteter Einlage (vgl. § 171 Abs. 1 HGB).

Praxistipp:
Der Gründungsaufwand von Kapitalgesellschaften, insbesondere von Aktiengesellschaften, ist wesentlich größer als der Gründungsaufwand bei Personengesellschaften. Entsprechendes gilt für den Aufwand im Zusammenhang mit Sacheinlagen der Gesellschafter. Eine gewisse Erleichterung bietet jedoch die UG.

11. Internationale Aspekte

a) Überblick. Auch für unternehmerische Aktivitäten von Ausländern im Inland oder Inländern im Ausland hat die Wahl der Rechtsform Einfluss auf deren Steuerbelastung. Es bestehen verschiedene Gestaltungsalternativen, die unterschiedliche steuerrechtliche Konsequenzen nach sich ziehen. Systematisch sind die Inbound- und die Outboundinvestitition zu unterscheiden. Eine Inboundinvestition liegt vor, wenn ein ausländischer Unternehmer in Deutschland investiert. Bei der Outboundinvestition hingegen investiert ein deutscher Unternehmer im Ausland. Für beide Investitionsrichtungen gibt es gemeinsame Faktoren, die aus steuerrechtlicher Sicht für die Wahl der Rechtsform von Bedeutung sind.

aa) Investorenebene. Die GmbH als Kapitalgesellschaft agiert als rechtlich eigenständiges Subjekt und wird auch als solches besteuert, während ein Einzelunternehmen oder eine Personengesellschaft steuerlich nicht als eigenständig angesehen wird. Es kommt deshalb zunächst darauf an, wie das investierende Unternehmen, das sog. Stammhaus (bei Betriebsstätten) oder Spitzen- bzw. Muttergesellschaft (bei Gesellschaften), als Kapitalgesellschaft oder Personenunternehmen (Einzelunternehmer, Personengesellschaft) ausgestaltet ist.

bb) Investitionsebene. Als Gestaltungsformen für die Investition stehen sowohl im In- als auch im Outbound-Fall die Betriebsstätte sowie die Personen- oder Kapitalgesellschaft zur Verfügung. Die Einordnung der rechtlichen Einheiten im In- und Ausland hat eine große Bedeutung für die Besteuerung von Gewinnen aus den Beteiligungen. Im Rahmen eines so genannten Typenvergleichs wird ermittelt, ob die vorhandenen Merkmale eher einer Körperschaft oder einer Personengesellschaft zuzuordnen sind.[230]

Betriebsstätten (im Handelsrecht als Haupt- und Zweigniederlassung bekannt) sind, rechtlich und steuerlich gesehen, **unselbstständige ausgelagerte Teile von Unternehmen**, welche örtlich eingerichtet und auf eine gewisse Dauer angelegt sind. Sie gehören unmit-

---

[230] Kessler/Kröner/Köhler/*Köhler*, Konzernsteuerrecht § 7 Rn. 8.

telbar zum Unternehmen und dienen diesem.[231] Ihre Einkünfte werden deshalb dem Gesamtbetrieb zugerechnet. Der Gewinn einer ausländischen Betriebsstätte eines deutschen Unternehmens unterliegt gemäß § 2 Abs. 1 und § 9 Nr. 3 GewStG nicht der deutschen Gewerbesteuer. **Personengesellschaften** unterliegen nicht der Einkommen- oder Körperschaftsteuer, sondern ihr Gewinn wird den einzelnen Mitunternehmern anteilig zugerechnet und bei diesen besteuert. Es kommt vor, dass Personengesellschaften im Ausland wie Körperschaften, also als eigenständige Steuerrechtssubjekte, besteuert werden (**Qualifikationskonflikt**). **Kapitalgesellschaften** unterliegen als steuerrechtlich eigenständige Subjekte der Ertragsbesteuerung. Besteuert werden die Gewinne auf Ebene der Gesellschaft und die Dividenden auf Ebene der jeweiligen Gesellschafter.

216   *cc) Steuerpflicht.* Für das Entstehen einer Steuerpflicht muss zwischen dem jeweiligen Staat und dem Steuerpflichtigen eine persönliche oder sachliche Bindung bestehen. Bei natürlichen Personen liegt die persönliche Bindung in der Staatsangehörigkeit oder dem Wohnsitz, bzw. dem gewöhnlichen Aufenthalt (§ 1 Abs. 1 bis 3 EStG). Bei juristischen Personen begründet sie sich durch deren **Sitz bzw. den Ort der Geschäftsleitung** (Nationalitätsprinzip bzw. Wohnsitz-/Ansässigkeitsprinzip), § 1 KStG. Besteht eine so ausgestaltete persönliche Bindung, handelt es sich um einen **Steuerinländer**. Rechtsfolge ist eine **unbeschränkte Steuerpflicht,** von der das weltweit erzielte Einkommen und weltweit vorhandene Vermögen betroffen ist (Welteinkommens-/Universalitätsprinzip), § 1 Abs. 1 EStG; § 1 Abs. 2 KStG. Die Steuerpflicht kann ebenfalls durch eine **sachliche Bindung** ausgelöst werden. Diese entsteht durch **Erwirtschaftung von Einkommen** oder durch **Vermögen** in einem Staat (Quellen- bzw. Ursprungsprinzip). Ein so genannter **Steuerausländer** unterliegt lediglich einer beschränkten **Steuerpflicht,** von der nur das in dem jeweiligen Staat erzielte Einkommen des Steuerpflichtigen erfasst wird, vgl. § 49 EStG; § 2 KStG. Kapitalgesellschaften werden mit den von ihnen erzielten Gewinnen im Domizilstaat (Ansässigkeitsstaat) unbeschränkt steuerpflichtig. Höhe und Umfang der Steuerpflicht richten sich nach dem Steuerrecht des jeweiligen Staates. Ihre Gesellschafter sind in ihrem Domizilstaat (Wohnsitz- oder Ansässigkeitsstaat) für die Dividenden der ausländischen Kapitalgesellschaft beschränkt steuerpflichtig; zur Ausnahme bei der Hinzurechnungsbesteuerung siehe §§ 7ff. AStG.

217   *dd) Maßnahmen zur Vermeidung von Doppelbesteuerungen.* Durch die unbeschränkte Steuerpflicht auf Investitionsebene und beschränkte Steuerpflicht auf Investorenebene (oder umgekehrt) besteht die **Gefahr einer Doppelbesteuerung.** Um dies zu verhindern, werden verschiedene Maßnahmen seitens der jeweiligen Staaten ergriffen. Unilaterale Maßnahmen beruhen auf einseitigen, gesetzlich verankerten **Verzichtserklärungen** eines Staates (vgl. 34c EStG; 26 KStG), wohingegen bilaterale Maßnahmen als **Doppelbesteuerungsabkommen (DBA)** zwischen den jeweiligen Staaten ausgestaltet sind. Viele Staaten – so auch die Bundesrepublik Deutschland – haben Abkommen zur Vermeidung von Doppelbesteuerungen geschlossen, in denen die Zuweisung von Besteuerungsrechten und die Befreiung oder Anrechnung von Steuern geregelt sind. Muster für viele DBA ist das OECD-Musterabkommen (OECD-MA). **Abkommensberechtigt** sind gemäß Art. 3 (1) a OECD-MA natürliche Personen und Gesellschaften, wenn sie in einem oder beiden Vertragsstaaten ansässig sind und dort der unbeschränkten Steuerpflicht unterliegen. Gesellschaften iSd. Art. 3 (1) a OECD-MA sind alle Rechtsträger, die wie juristische Personen besteuert werden, Art. 3 (1) b OECD-MA.

218   b) **Vorteilsvergleich bei In- und Outboundinvestitionen.** Nachfolgend werden bedeutende Gesichtspunkte für die Steuerbelastung im In- und Outboundfall kurz erläutert. Eine detaillierte Darstellung aller möglichen Konstellationen ist an dieser Stelle wegen ihres Umfangs nicht möglich. Für eine ausführliche Modellrechnung sei deshalb auf Jacobs, Internationale Unternehmensbesteuerung[232] verwiesen. Wesentlich für die Investitionsplanung sowohl im In- als auch im Outboundfall ist, ob der Investor eine Kapitalgesellschaft oder ein Perso-

---

[231] Vgl. § 12 I 1 AO; Kessler/Kröner/Köhler/*Wassermeyer* Konzernsteuerrecht § 7 Rn. 276.
[232] *Jacobs,* Internationale Unternehmensbesteuerung, 7. Aufl. 2011, 6. Teil, 2. Kapitel, S. 920 ff.

nenunternehmen ist und ob ein DBA vorliegt oder nicht. Im Folgenden wird jeweils von einer **Kapitalgesellschaft** als **Investor** ausgegangen.

aa) Investitionen ausländischer Unternehmer in Deutschland (Inbound-Fall). Im Fall der Thesaurierung sind die Investitionen in Betriebsstätte und Tochterkapitalgesellschaft gleichgestellt. Schüttet jedoch die Tochterkapitalgesellschaft ihre Gewinne an die Mutterkapitalgesellschaft aus, fällt Kapitalertragsteuer (als Quellensteuer) an, §§ 43a ff. EStG. Diese wird im DBA-Fall entsprechend den Bestimmungen des DBA reduziert, Art. 10 OECD-MA. Hat die Tochtergesellschaft ihren Sitz in der EU, so entfällt die Quellensteuererhebung auf Schachteldividenden auf Grundlage der Mutter-Tochter-Richtlinie, sodass der steuerliche Nachteil der Kapitalgesellschaft nicht mehr besteht, § 43b EStG. Bei einem reinen Zahlenvergleich ergibt sich bei Inboundinvestitionen, dass für eine ausländische Mutterkapitalgesellschaft die Betriebsstätte die steuerlich gesehen vorteilhaftere Variante ist, wenn die Gewinne ausgeschüttet werden sollen und sich der Sitz der Muttergesellschaft nicht in der EU befindet.[233] Ansonsten steht die Investition in eine Tochterkapitalgesellschaft derjenigen in eine Betriebsstätte steuerlich gesehen gleich.[234] 219

bb) Investitionen deutscher Unternehmer im Ausland (Outbound-Fall). Bei der Investition durch eine Kapitalgesellschaft in eine ausländische Betriebsstätte in einem Nicht-DBA-Staat wird die inländische Kapitalgesellschaft im Ausland regelmäßig mit dem Gewinn der Betriebsstätte beschränkt körperschaftsteuerpflichtig nach dem im Ausland geltenden Körperschaftsteuersatz. 220

Im Inland fällt keine Gewerbesteuer an, § 9 Nr. 3 GewStG. Die Gewinne der ausländischen Betriebsstätten werden mit 15 % Körperschaftsteuer besteuert, die ausländische Körperschaftsteuer wird gem. § 26 Abs. 1 KStG angerechnet. Erfolgt die Investition in eine ausländische Tochterkapitalgesellschaft, wird diese im Ausland unbeschränkt körperschaftsteuerpflichtig. Im Fall der Thesaurierung fallen keine weiteren Steuern an (zu Ausnahmen siehe § 42 AO und §§ 7 ff. AStG). Wird an die inländische Muttergesellschaft ausgeschüttet, erfolgt eine Quellensteuererhebung auf die Bruttodividende.[235] Im Inland bleiben die ausländischen Dividenden an die Muttergesellschaft zu 95 % nach § 8b Abs. 1, 5 KStG unberücksichtigt. Eine Anrechnung der ausländischen Quellensteuer ist deshalb nicht möglich. Bei Weiterausschüttung der Dividenden an den Gesellschafter werden diese entweder mit 25 % Abgeltungssteuer erfasst, § 32d EStG, oder zu 60 % nach dem so genannten Teileinkünfteverfahren mit dem jeweiligen Einkommensteuersatz des Gesellschafters besteuert, § 32d Abs. 2; § 3 Nr. 40 Buchstabe a EStG. **Im DBA-Fall** ändert sich für die Errichtung einer Betriebsstätte nichts (vgl. Art. 7 Abs. 1 OECD-MA).

Im Unterschied zum Nicht-DBA-Fall wird bei der Ausschüttung einer Tochterkapitalgesellschaft an die Muttergesellschaft die Quellensteuer entsprechend der Regelungen des DBA reduziert. Im Inland erfolgt die Freistellung der Dividenden entweder nach § 8b Abs. 1, 5 KStG oder einem im DBA enthaltenen Schachtelprivileg (vgl. Art. 10 (2) OECD-MA). Hat die Tochtergesellschaft ihren Sitz in der EU, so findet, wie im Inbound-Fall, die Mutter-Tochter-Richtlinie Anwendung (vgl. § 43b EStG). Auch hier liegt der Vorteil der Betriebsstätte bzw. der Nachteil der Tochterkapitalgesellschaft in der Besteuerung der Dividenden. 221

c) **Zusammenfassung/Fazit.** Die steueroptimale Rechtsformwahl hängt gerade auch bei grenzüberschreitenden Investitionen von vielen verschiedenen Faktoren ab und lässt kein Patentrezept zu. Betrachtet man die Modellrechnungen bei *Jacobs*, so stellt die Betriebsstätte gegenüber der Tochterkapitalgesellschaft insbesondere im Ausschüttungsfall die steuergünstigere Variante dar. Dies gilt sowohl für den In- als auch für den Outbound-Fall. Die Tochterkapitalgesellschaft genießt jedoch einige Privilegien gegenüber der Betriebsstätte. So wird durch die Mutter-Tochter-Richtlinie innerhalb der EU keine Quellensteuer erhoben 222

---

[233] Vgl. Berechnungsschema bei *Jacobs*, Internationale Unternehmensbesteuerung, S. 939 und Erläuterungen ebd. S. 937 f.
[234] *Jacobs*, Internationale Unternehmensbesteuerung, S. 938.
[235] Lüdicke/Sistermann/*Brinkmann*, Unternehmensteuerrecht, § 4 Rn. 216.

und die Dividenden können im Rahmen des nationalen Beteiligungsprivilegs gem. § 8b KStG zu 95 % für die Berechnung des Einkommens bei der Muttergesellschaft unberücksichtigt bleiben. Darüber hinaus sind in den Doppelbesteuerungsabkommen oftmals so genannte Schachtelprivilegien verankert. Diese sehen eine Freistellung der Dividenden unter bestimmten Voraussetzungen (Beteiligungsquote, Aktivität der Gesellschaft, tatsächliche Quellenbesteuerung im Ausland) vor. Auch außersteuerlich sprechen verschiedene Gründe für die Errichtung einer Tochterkapitalgesellschaft gegenüber der Investition in eine Personengesellschaft oder Betriebsstätte. Bei Personengesellschaften besteht z.B. die Gefahr des Qualifikationskonfliktes, weil das Transparenzprinzip auf internationaler Ebene nicht immer in den gleichen Fällen angewendet wird wie in Deutschland. Betriebsstätten sind zwar aus rein steuerlicher Sicht kostengünstiger; als rechtlich unselbstständiger Teil des Unternehmens können mit ihnen z.B. keine Verträge geschlossen werden, was sich in der Praxis als erhebliches Hindernis darstellen kann. Für die Investitionsplanung dürfen die außersteuerlichen, wirtschaftlichen und gesellschaftsrechtlichen, Aspekte demnach nicht außer Acht gelassen werden. Es bedarf immer einer Gesamtbetrachtung der Unternehmensstrategie und -entwicklung, sodass die steuerlich günstigste Rechtsform nicht zwingend die für das Investitionsvorhaben an sich sinnvollste ist.

VI. Fazit und Checklisten

223 Abschließend bleibt festzuhalten, dass ein Blick auf die genannten Entscheidungskriterien lohnt, wenn über die Auswahl einer Rechtsform entschieden werden soll. Maßgeblich sind die Umstände des Einzelfalls. Pauschal lassen sich Entscheidungen nicht treffen. Deshalb wird es in der anwaltlichen Beratung entscheidend darauf ankommen, mit dem Mandanten die Entscheidungskriterien auf ihre Relevanz durchzugehen.

224 Zur besseren Übersichtlichkeit seien nachfolgend die Entscheidungskriterien nochmals zusammengefasst in zwei Checklisten dargestellt und – nur um eine grobe Orientierung zu geben – mit einem Plus oder Minus gekennzeichnet. Dabei wird mit Blick auf Unterschiede in der Besteuerung (unter 1.) und im Gesellschaftsrecht (unter 2.) differenziert:

1. Checkliste: Rechtsformwahl aufgrund unterschiedlicher Besteuerung

225

Entscheidungskriterien	Personengesellschaft	Kapitalgesellschaft
FINANZIERUNG – Kreditfinanzierung von Seiten der Gesellschafter	(–) Zinsen aus der Gewährung von Darlehen seitens des Gesellschafters sind gem. § 15 Abs. 1 Nr. 2 EStG dem steuerpflichtigen Einkommen hinzuzurechnen.	(+) Zinsen können grds. als den Gewinn mindernde Betriebsausgaben geltend gemacht werden, die Zinseinkünfte sind allerdings auf der Ebene des Gesellschafters zu versteuern. Zudem ist die Zinsschranke zu beachten, §§ 4h EStG, 8a KStG.
– Aus Umsatzprozess (Einbehaltung von Gewinnen)	(–) abhängig von der Besteuerung der einzelnen Gesellschafter; regelmäßig nachteilig bei einem Gewinn vor Steuern von mehr als 50.000,– EUR Spitzensteuersatz: 45 %	(+) Steuersatz: 15 % (zuzüglich Gewerbesteuer)

Entscheidungskriterien	Personengesellschaft	Kapitalgesellschaft
REFINANZIERUNG DES ANTEILSEIGNERS Anlaufverluste	(+) Möglichkeiten, Anlaufverluste mit sonstigen Einkünften zu verrechnen; bei Kommanditisten und stillen Gesellschaftern ist aber § 15a EStG zu beachten. Verlust ist hinsichtlich Gewerbesteuer betriebsgebunden, bei Personengesellschaft muss Unternehmens- und Unternehmeridentität vorliegen, d. h. anteiliger Abzug bereits bei Ausscheiden eines Gesellschafters. Zinsaufwand als Sonderbetriebsausgabe.	(–) Einkünfte der Kapitalgesellschaft sind von denen ihrer Gesellschafter getrennt. Eine Verrechnung ist nicht möglich. Ausnahme: Organschaftsverhältnis Körperschaftsteuerlicher Verlust und Gewerbeverlust gehen (anteilig) verloren, wenn innerhalb von fünf Jahren mehr als (25 %) 50 % der Anteile übertragen werden (Mantelkauf, §§ 8c KStG, 10a S. 10 GewStG).
Fremdfinanzierte Einlagen	(+) mit Einkünften aus Gewerbebetrieb verrechenbar. Für Kommanditisten gilt die Grenze des § 15a EStG.	(+)/(–) Zinsaufwand – für Anteile im Betriebsvermögen von Personengesellschaften/natürlichen Personen nur zu 60 % abzugsfähig, §§ 3 Nr. 40, 3c Abs. 2 EStG; – für Anteile im Privatvermögen gar nicht abzugsfähig, § 20 Abs. 9 EStG; – für Anteile im Vermögen von Kapitalgesellschaften vollständig abziehbar, vgl. § 8b Abs. 5 S. 2 KStG.
Vergütungen an Unternehmer	(–) steuerlich nicht abzugsfähig, § 15 Abs. 1 Nr. 2 EStG.	(+) steuerlich abzugsfähig als Betriebsausgaben (Ausnahme: verdeckte Gewinnausschüttungen).
Konzern, hier: Kapitalgesellschaft als Holding	(–) Gewinn ist mit 15v.H. zu versteuern. Allerdings keine Gewerbesteuerbelastung wegen Kürzung gemäß § 9 Nr. 2 S. 1 GewStG.	(+) Freistellung von der Steuer bei Einkünften aus Gewinnausschüttungen zu 95 %, § 8b Abs. 1, 5 KStG.
UNTERNEHMENSKAUF	(+) Der Wert der erworbenen Wirtschaftsgüter (einschl. Firmenwert) wird in der Ergänzungsbilanz anteilig in Höhe des Betrages aufgestockt, um den der Kaufpreis über dem Buchwert liegt.	(–) Anschaffungskosten für Anteile an Kapitalgesellschaften können nicht in Abschreibungsvolumen transformiert werden.

Entscheidungskriterien	Personengesellschaft	Kapitalgesellschaft
	Der aufgestockte Betrag kann steuermindernd abgeschrieben werden; Kauf wirkt daher praktisch wie „asset-deal", § 39 Abs. 2 Nr. 2 AO.	
Verkauf	(–) Veräußerung von Beteiligungen führt bei natürlichen Personen bei Erzielung eines Veräußerungsgewinns zu Einkünften aus Gewerbebetrieb, Vergünstigungen unter engen Voraussetzungen nach §§ 16 Abs. 4, 34 EStG, bei Kapitalgesellschaften sind Erlöse aus der Veräußerung von Personengesellschaften steuerbar. Bei Kapitalgesellschaften unterliegt der Veräußerungsgewinn zudem der Gewerbesteuer, § 7 Abs. 1 S. 2 GewStG.	(+) Veräußerungen durch Kapitalgesellschaften sind zu 95 % steuerfrei, § 8b Abs. 2, 3 KStG; sofern Personengesellschaft Beteiligung veräußert, ist Veräußerungserlös entweder mit 25 % (Abgeltungsteuer) oder nach dem Teileinkünfteverfahren zu versteuern.
Immobilien im Unternehmensvermögen	(+)	(+)/(–)
	Grunderwerbsteuerrechtlich gibt es bei der Personengesellschaft eine Reihe von Ausnahmevorschriften, die für Kapitalgesellschaften nicht gelten, ertragsteuerrechtlich ist bei Personengesellschaften die Übertragung von Grundstücken zu Buchwerten möglich. Kapitalgesellschaften sind hingegen wegen § 8b Abs. 2 KStG bei Veräußerungsvorgängen oft vorteilhaft.	
Unternehmensnachfolge	(+)/(–) Bewertung mit Verkehrswert Vergünstigungen der §§ 13a, 19a ErbStG unabhängig von Beteiligungshöhe.	(+)/(–) Vergünstigungen der §§ 13a, 13b, 19a ErbStG sind erst dann anwendbar, wenn mehr als 25 % an Kapitalgesellschaft gehalten werden, wobei Zusammenrechnung bei Stimmrechtsbindung und bestimmten Verfügungsbeschränkungen möglich ist.
Umwandlung	(+) bei formwechselnder Umwandlung in eine Kapitalgesellschaft sind steuerliche Besonderheiten zu beachten (§§ 20, 25 UmwStG).	(–) Übernahmeverlust bei Umwandlung in eine Personengesellschaft bleibt außer Ansatz.
Internationale Aspekte	(+)/(–) Transparenzprinzip/Gefahr des Qualifikationskonfliktes.	(+)/(–) Trennungsprinzip/i. d. R. klare Qualifikation.

2. Checkliste: Rechtsformwahl aufgrund gesellschaftsrechtlicher Unterschiede

Entscheidungs-kriterien	AG	GmbH/UG	GmbH&Co. KG	Personengesellschaft mit mindestens einer natürlichen Person als persönlich haftenden Gesellschafter
FINANZIERUNG Zur Verfügung stehendes Startkapital	(–) Mindestkapital 50.000,– EUR	(+) kein Mindestkapital bei Personengesellschaften und (anfänglich) lediglich 1,– EUR bei UG, 25.000,– EUR bei GmbH.		
Kapitalbeschaffung an der Börse	(+) Börsenfähig	(–) Nicht börsenfähig		
Möglichkeiten der Eigenfinanzierung	(+) Insbesondere, wenn die AG börsennotiert ist.	(+)/(–) zur Übertragung der Anteile ist notarielle Beurkundung erforderlich; breite Streuung der Anteile über Börse nicht möglich.	(–) zur Übertragung ist grundsätzlich die Zustimmung aller Gesellschafter erforderlich, allerdings sind abweichende Bestimmungen, z. B. Mehrheitsbeschluss, im Gesellschaftsvertrag zulässig; breite Streuung der Anteile über Börse nicht möglich.	
aus dem Umsatzprozess	(+) Vorstand und Aufsichtsrat haben im Regelfall umfangreiche Möglichkeiten, Gewinne in der Gesellschaft einzubehalten.	(+)/(–) als Kapitalgesellschaft gibt es auch insoweit Verpflichtungen zur Bildung von Rücklagen, im Übrigen können Gesellschafter aber Ausschüttung beschließen. Verpflichtung zur Rücklagenbildung bei der UG, bis zur Stammkapitalerhöhung auf mindestens 25.000,– EUR	(+)/(–) Die Gesellschafter sind frei, über die Verwendung des Jahresüberschusses zu beschließen. Bildung von Rücklagen ist möglich.	
Haftungsbegrenzung	(+) Haftung auf das Gesellschaftsvermögen beschränkt, wenn AG im Handelsregister eingetragen ist.	(+) Haftung auf das Gesellschaftsvermögen der GmbH/Komplementär-GmbH oder auf die Einlage der Kommanditisten beschränkt, wenn Eintragung im Handelsregister erfolgt ist. Allerdings besteht eine Verpflichtung zur solidarischen Haftung, sofern ein GmbH-Gesellschafter seine Einlagen nicht erbringen kann oder an ihn Zahlungen erfolgt sind, die zu einer Unterbilanz der Gesellschaft führen.		(–) natürliche Person, die unbeschränkt mit ihrem persönlichen Vermögen haftet.

Entscheidungs-kriterien	AG	GmbH/UG	GmbH&Co. KG	Personengesellschaft mit mindestens einer natürlichen Person als persönlich haftenden Gesellschafter
Publizitätspflicht	(–) Verpflichtung, Jahresabschluss nebst Lagebericht im Bundesanzeiger zu veröffentlichen und zum Handelsregister einzureichen; größenabhängige Erleichterungen.			(+) eine Publizitätspflicht besteht nicht.
Leitungsmacht	(–) Vorstand ist in der Leitung der Gesellschaft nicht an Weisungen gebunden.	(+) Fremdorganschaft ermöglicht es, Nicht-Gesellschafter zu Geschäftsführern zu machen, ohne dass die Gesellschafter Möglichkeiten der direkten Einflussnahme verlieren würden: Sie sind uneingeschränkt weisungsbefugt.		(+/–) Geschäftsführung muss durch Gesellschafter erfolgen; im Übrigen gibt es Gestaltungsspielräume im Rahmen des Gesellschaftsvertrages.
Mitbestimmung	(–) Mitbestimmung bei AG, die nach dem 10.8.1994 eingetragen wurden, ab 500 Arbeitnehmern (Drittel), ab 2000 Arbeitnehmern zur Hälfte.	(–) Mitbestimmung bei GmbH mit mehr als 500 Arbeitnehmern (Drittel), bei mehr als 2.000 Arbeitnehmern zur Hälfte.	(+/–) Mtbestimmung bei mehr als 2.000 Arbeitnehmern zur Hälfte.	(+) jede Art der Mitbestimmung ist ausgeschlossen.
Konzern (abhängige Gesellschaft)	(–) Weisungen sind nur im Rahmen von Unternehmensverträgen möglich, dann Haftung nach §§ 302, 303 AktG.	(+) Weisungen können auch ohne Unternehmensvertrag erteilt werden, Haftung unter den Voraussetzungen des existenzvernichtenden Eingriffs (§ 826 BGB).		(–) streitig, ob ein Beherrschungsvertrag zulässig ist, Rechtsunsicherheit.
Gründungsaufwand	(–) umfangreicher Gründungsprozess mit Gründungsbericht, Gründungsprüfung etc. Strenge formelle Voraussetzungen bei Sacheinlagen.	(–) notarielle Beurkundung der Satzung erforderlich; strenge formelle Erfordernisse bei Sacheinlagen.	(+)/(–) formloser Abschluß des KG-Vertrages möglich; notarielle Beurkundung für Komplementär-GmbH; keine besonderen Erfordernisse bei Sacheinlagen	(+) keine Formerfordernisse

§ 2 Satzung

Übersicht

	Rn.
I. Rechtsnatur, Inhalt, Auslegung, Form und Sprache der Satzung	1–25
1. Rechtsnatur	1/2
2. Inhalt der Satzung	3–17
a) Zwingender materieller Satzungsinhalt	7
b) Fakultative Satzungsbestimmungen	8/9
c) Inhaltliche Schranken für Satzungsbestimmungen	10
d) Nebenvereinbarungen	11–17
3. Auslegung der Satzung	18/19
4. Form der Satzung	20–24
5. Sprache der Satzung	25
II. Checklisten zur Bestimmung der Satzungsstruktur	26–33
III. Erläuterungen zu Einzelbestimmungen	34–357
1. Firma	34–42
2. Sitz	43–46
3. Gesellschaftszweck; Unternehmensgegenstand	47–54
4. Stammkapital, Geschäftsanteile und Nebenleistungspflichten	55–80
a) Stammkapital	55–57
b) Geschäftsanteile	58–70
c) Bezugsrecht bei Kapitalerhöhungen	71–74
d) Genehmigtes Kapital	74a/74b
e) Verschiedene Gattungen von Geschäftsanteilen (Vorzugsgeschäftsanteile); Sonderrechte von Gesellschaftern	75–77
f) Nebenleistungspflichten (einschließlich Leistung von Aufgeldern)	78–80
5. Nachschusspflichten	81–84
6. Geschäftsführung	85–116
a) Organstellung	85–87
b) Zuständigkeit für Bestellung/Abberufung	88–102
c) Dauer der Bestellung	103–105
d) Geschäftsführungsbefugnis	106–115
e) Entscheidungskompetenz einzelner Gesellschafter für Geschäftsführungsmaßnahmen	116
7. Vertretungsbefugnis	117–121
a) Einzel-/Gesamtvertretungsbefugnis	117/118
b) Beschränkung der Vertretungsmacht	119
c) Befreiung vom Selbstkontrahierungsverbot	120/121
8. Gesellschafterversammlung	122–138
a) Zuständigkeit	122
b) Einberufung	123–126
c) Tagesordnung	127/128
d) Einberufungsmängel	129
e) Versammlungsleitung	130
f) Protokoll	131
g) Vertretung	132–134
h) Recht zur Hinzuziehung von Beratern	135
i) Informationsrechte der Gesellschafter/Berichtspflichten der Geschäftsführer	136–138
9. Gesellschafterbeschlüsse	139–154
a) Beschlussfassung	139
b) Beschlussfähigkeit	140/141
c) Stimmrechte; Stimmabgabe	142/143
d) Vertretung	144
e) Mehrheitserfordernisse; Patt-Auflösung	145–149
f) Besondere Zustimmungserfordernisse	150
g) Stimmrechtsausschluss	151–153
h) Anfechtung von Gesellschafterbeschlüssen	154
10. Aufsichtsrat/Beirat	155–188
a) Typologie der Gremien	155–164

b) Fakultativer Aufsichtsrat bzw. Beirat	165–173
c) Obligatorischer drittelparitätisch besetzter Aufsichtsrat (DrittelbG)	174–181
d) Obligatorischer paritätisch besetzter Aufsichtsrat (MitbestG)	182–188
11. Wettbewerbsverbot; Verschwiegenheitspflicht	189–195
a) Wettbewerbsverbot der Gesellschafter	189–194
b) Verschwiegenheitspflicht der Gesellschafter	195
12. Verfügungen über Geschäftsanteile	196–225
a) Zustimmungsvorbehalt bei Verfügungen über Geschäftsanteile	199–209
b) Vorkaufs- und Ankaufsrechte	210–214
c) Vorerwerbsrechte bzw. Andienungspflichten	215–217
d) Andienungsrechte	218–220
e) Mitverkaufsrechte und -pflichten (Tag along- und Drag along-Rechte)	221–225
f) Sonstige Ausstiegsklauseln	225 a/225 b
13. Teilung von Geschäftsanteilen	226–228
14. Zusammenlegung von Geschäftsanteilen	229–231
15. Gesellschafterliste	231 a–231 d
16. Ehelicher Güterstand	232–236
17. Nachfolgeregelung im Todesfall; Testamentsvollstreckung	237–243
a) Grundsatz der Vererblichkeit	237/238
b) Nachfolgeregelungen; Einziehungs- und Abtretungsregelungen	239–242
c) Testamentsvollstreckung	243
18. Gemeinsamer Vertreter bei Mitberechtigung an Geschäftsanteilen und in sonstigen Fällen	244/245
19. Einziehung von Geschäftsanteilen	246–262
a) Voraussetzungen der Zwangseinziehung	247–252
b) Zwangsabtretung anstelle der Einziehung	253
c) Abfindungsleistung und Auszahlungsmodalitäten	254–262
20. Geschäftsjahr	263/264
21. Jahresabschluss/Lagebericht	265–275
a) Aufstellung des Jahresabschlusses/Lagebericht, Form, Fristen und Inhalt	265/266
b) Publizität und Prüfung des Jahresabschlusses	267–271
c) Feststellung des Jahresabschlusses	272–275
22. Ergebnisverwendung	276–312
a) Kompetenz für Ergebnisverwendungsbeschluss	276
b) Inhaltliche Vorgaben	277–302
c) Vorabausschüttung	303
d) Gewinnanteile der Gesellschafter	304–312
23. Leistungsverkehr mit Gesellschaftern	313–318
24. Dauer der Gesellschaft	319
25. Kündigung/Austrittsrecht, Ausschluss	320–333
a) Ordentliches Austrittsrecht/Kündigungsrecht	322
b) Austrittsrecht aus wichtigem Grund	323–328
c) Ausschluss aus wichtigem Grund	329–333
26. Liquidation	334–341
a) Auflösungsgründe	334/335
b) Auflösungsbeschluss	336
c) Verfahren der Abwicklung bei Auflösungsbeschluss	337/338
d) Verteilung des Liquidationserlöses	339–341
27. Bekanntmachung	342
28. Gründungsaufwand/Kosten der Kapitalerhöhung	343–346
29. Schriftform	347/348
30. Salvatorische Klausel	349
31. Streitbeilegung	350–357
a) Streitbeilegung durch ordentliche Gerichte (Gerichtstandsklausel)	350
b) Streitbeilegung durch Schiedsgerichte/Schlichter	351–353
c) Streitbeilegung durch Mediation	354–357

Schrifttum: *Altmeppen,* In-sich-Geschäfte der Geschäftsführer in der GmbH, NZG 2013, 401; *Bacher,* Einrichtung eines schuldrechtlichen GmbH-Beirats, GmbHR 2005, 465; *Binz/Sorg,* Die verdeckte Gewinnausschüttung nach der Unternehmenssteuerreform, DStR 2001, 1457; *Blumers/Beinert/Witt,* Individuell gesteuerter Gewinnfluss zur Gesellschafterebene bei Kapitalgesellschaften (Teil III), DStR 2002, 616; *Casper/Risse,* Mediation von Beschlussmängelstreitigkeiten, ZIP 2000, 437; *Fasselt,* Ausschluss von Zugewinnausgleichs- und Pflichtteilsansprüchen bei Beteiligungen an Familienunternehmen, DB 1982, 939; *Fox/Hüttche/Lechner,*

Mitarbeiterbeteiligung an der GmbH – Aktuelle Entwicklung, steuerliche Aspekte, Gestaltungsmöglichkeiten, GmbHR 2000, 521; *Gehrlein,* Ausschluss und Abfindung von GmbH-Gesellschaftern, 1997; *Geißler,* Die Kassation anfechtbarer Beschlüsse im GmbH-Recht, GmbHR 2002, 520; *Götze/Mörtel,* Zur Beurkundung von GmbH-Anteilsübertragungen in der Schweiz, NZG 2011, 727; *Hirte,* Neuregelungen mit Bezug zum gesellschaftsrechtlichen Gläubigerschutz und im Insolvenzrecht durch das Gesetz zur Modernisierung des GmbH-Rechts und zur Bekämpfung von Missbräuchen (MoMiG), ZInsO 2008, 689; *ders.,* Die „Große GmbH-Reform" – Ein Überblick über das Gesetz zur Modernisierung des GmbH-Rechts und zur Bekämpfung von Missbräuchen (MoMiG), NZG 2008, 761; *Hommelhoff,* Satzungsklauseln zur Ergebnisverwendung in der GmbH, DNotZ 1986, 323; *Hommelhoff/Priester,* Bilanzrichtliniengesetz und GmbH-Satzung – Gestaltungsmöglichkeiten und Gestaltungsgrenzen, ZGR 1986, 463; *Kallrath,* Der Gesellschaftsvertrag der GmbH bei Beteiligung von Minderheitsgesellschaftern, MittRhNotK 1999, 325; *Katschinsiki/Rawert,* Stangenware versus Maßanzug: Vertragsgestaltung im GmbH-Recht nach Inkrafttreten des MoMiG, ZIP 2008, 1993; *Kleinert/Xylander,* Das Geschäftsjahr als notwendiger Gesellschaftsvertragsbestandteil? Ein exemplarischer Gestaltungsvorschlag, GmbHR 2003, 506; *Kögel,* Der Sitz der Gesellschaft und seine Bezugspunkte, GmbHR 1998, 1108; *Kowalski,* Vinkulierte Geschäftsanteile – Übertragungen und Umgehungen, GmbHR 1992, 347; *Lange,* Neues zu Abfindungsklauseln – Anmerkungen zu den Urteilen des OLG Dresden, NZG 2000, 1042 und des BGH, NZG 2000, 1027, NZG 2001, 635; *Lenz,* Gestaltung gesellschaftsvertraglicher Kündigungsbestimmungen, GmbHR 2001, 1032; *Lohr,* Der Stimmrechtsausschluss des GmbH-Gesellschafters (§ 47 IV GmbHG), NZG 2002, 551; *ders.,* Das Stimmrecht des Gesellschafters. Stimmrechtslose und Mehrstimmrechts-Anteile, Zustimmungsvorbehalte und ähnliche Gestaltungen, GmbH-StB 2007, 387; *Möller,* Das neue Firmenrecht in der Rechtsprechung – Eine kritische Bestandsaufnahme, DNotZ 2000, 830; *Müther,* Überlegungen zum neuen Firmenbildungsrecht bei der GmbH, GmbHR 1998, 1058; *Noack,* Satzungsergänzende Verträge der Gesellschaft mit ihren Gesellschaftern, NZG 2013, 281; *Otto,* Gesellschafterstreit und Anteilsfungibilität in der gesellschaftsrechtlichen Vertragspraxis, GmbHR 1996, 16; *Priester,* Bestimmungen zum Unternehmensvertrag in der Satzung der GmbH, DB 1989, 1013; *ders.,* Festlegung des Geschäftsjahres durch die Geschäftsführung?, GmbHR 1992, 584; *ders.,* Unternehmenssteuer-Reform und Gesellschaftsvertrag – Kautelarpraktische Überlegungen, DStR 2001, 795; *Römermann,* Die vereinfachte Gründung mittels Musterprotokoll, GmbHR 2008, 16; *Schiffers,* Konsequenzen verdeckter Gewinnausschüttungen nach dem Systemwechsel bei der Besteuerung von Kapitalgesellschaften, GmbHR 2001, 885; *Schockenhoff,* Die Auslegung von GmbH- und AG-Satzungen, ZGR 2013, 76; *Schulte/Sieger,* Russian Roulette und „Texan Shoot Out". Zur Gestaltung von radikalen Ausstiegsklauseln in Gesellschaftsverträgen von Joint-Venture-Gesellschaften (GmbH und GmbH & Co. KG), NZG 2005, 24; *Schulze zur Wiesche,* Gewinnverteilungsvereinbarungen bei Körperschaften (I und II), DB 1973, 2363, 2420; *Servatius,* Die Bestellung des GmbH-Geschäftsführers als materieller Satzungsbestandteil, NZG 2002, 708; *Sieker,* Gesellschaftsrechtliche Auswirkungen der Unternehmenssteuerreform, in: Gesellschaftsrecht in der Diskussion 2000, VGR-Band 3, 2001, S. 163; *Sina,* Geschäftstätigkeit und Unternehmensgegenstand der GmbH, GmbHR 2001, 661; *Spindler/Kepper,* Funktionen, rechtliche Rahmenbedingungen und Gestaltungsmöglichkeiten des GmbH-Beirats, DStR 2005, 1738 und 1775; *Stopp,* Unwirksame Begrenzung des Abfindungsanspruchs durch Satzungsänderung. Zugleich Anmerkung zu OLG Hamm, U. v. 4.12.2002 – 8 U 40/02, NZG 2003, 1153; *Streuer,* Die Gestaltung des Unternehmensgegenstands in der GmbH-Satzung, GmbHR 2002, 407; *Tiedtke/Wälzholz,* Kapitalerhöhungskosten und verdeckte Gewinnausschüttung – Zugleich eine Besprechung des BFH-Urt. v. 19.1.2000 – I R 24/99, GmbHR 2001, 223; *Tillmann/Mohr,* GmbH-Geschäftsführer, 9. Aufl. 2009; *Wälzholz,* Alternative Regelungstypen zum Gesellschafterausschluss. Texan Shoot out, Tag along, Drag along, Russian Roulette, Bieterverfahren, GmbH-StB 2007, 84; *Werner,* Kautelarjuristische Strategien zur Trennung zerstrittener Gesellschafter, GmbHR 2005, 1554; *Willemsen/Hohenstatt/Schweibert/Seibt,* Umstrukturierung und Übertragung von Unternehmen, 3. Aufl. 2008; *Zwissler,* Gesellschafterversammlung und Internet, GmbHR 2000, 28.

I. Rechtsnatur, Inhalt, Auslegung, Form und Sprache der Satzung

1. Rechtsnatur

Der Gesellschaftsvertrag[1] hat eine Doppelfunktion: Zum einen enthält er die Einigung der Gründer über die Errichtung der GmbH (sog. Errichtungsgeschäft), wodurch sich die Gründer in diesem mehrseitigen (aber nicht gegenseitigen) Vertrag zur weiteren Mitwirkung bei der Errichtung der Gesellschaft bis zur Eintragung verpflichten. Zum anderen bildet der Gesellschaftsvertrag die Verfassung der Gesellschaft i. S. v. § 25 BGB, in der deren Organisation sowie mitgliedschaftliche Rechte und Pflichten der Gesellschafter zur Gesellschaft und untereinander geregelt werden. Nach Entstehung der Gesellschaft durch Eintragung der Errichtung im Handelsregister ist nur noch die zweite Funktion des Gesellschaftsvertrags,

1

---

[1] Das GmbHG spricht durchgehend (z. B. § 3 Abs. 1) vom Gesellschaftsvertrag.

nämlich die Bestimmung der normativen Grundordnung der Gesellschaft (oder kurz: die Satzung der Gesellschaft) von Bedeutung.[2]

2 Die Rechtsnatur der Satzung ist umstritten, weil sie einerseits ein grundsätzlich für alle gegenwärtigen und zukünftigen Mitglieder der Gesellschaft gleichermaßen verbindliches Statut bildet und andererseits auch Rechtswirkungen auf den allgemeinen Rechtsverkehr (insbesondere auf Gesellschaftsgläubiger) entfaltet.[3] Die Pole in dieser Diskussion bilden die Vertragstheorie und die Normentheorie. Während nach der **Vertragstheorie** der Gesellschaftsvertrag ein Rechtsgeschäft wie andere Verträge auch ist, schaffen nach der **Normentheorie** die Gründer kraft staatlicher Delegation mit der Feststellung der Satzung objektives Recht. Heute werden vor allem vermittelnde Positionen vertreten, denenzufolge zwar der Abschluss des Gesellschaftsvertrages (erste Funktion) rechtsgeschäftlichen Regelungen untersteht, die Regelungen der Satzung der Gesellschaft ab deren Eintragung im Handelsregister (zweite Funktion) Normencharakter zukommt. Während das überwiegende Schrifttum den Vertragscharakter der Satzung unterstreicht (sog. **modifizierte Vertragstheorie**),[4] heben Rechtsprechung und Praxis den Normencharakter der Satzungsregelungen hervor (sog. **modifizierte Normentheorie**).[5] Bedeutung hat dieser Streit vor allem für die Frage, in welcher Weise und nach welchen Regeln Satzungsbestimmungen auszulegen sind (hierzu → Rn. 18).

2. Inhalt der Satzung

3 Rechtliche Bestimmungen über die Organisation der Gesellschaft und die mitgliedschaftlichen Rechte und Pflichten der Gesellschafter zur Gesellschaft und untereinander sind weder zwingend in ihrer Gesamtheit in der Satzung zu verankern noch teilen sie zwingend dieselbe Rechtsqualität und -verbindlichkeit. Es ist vielmehr üblich, zwischen folgenden Regelungen zu unterscheiden: (i) den Bestimmungen des zwingenden materiellen Satzungsinhalts; (ii) den fakultativen Satzungsbestimmungen, denen Wirksamkeit nur bei Verankerung in der Satzung zukommt; (iii) fakultativen Satzungsbestimmungen, deren Verankerung in der Satzung keine Wirksamkeitsvoraussetzung ist (also gleichfalls in einer gesellschaftsvertraglichen Nebenabrede hätten verankert werden können); (iv) gesellschaftsvertragliche Regelungen in Nebenabreden.

4 Daneben ist es wichtig, zwischen sog. echten und unechten Satzungsbestandteilen zu unterscheiden, da nur echte Satzungsbestandteile den besonderen Auslegungsregelungen (hierzu → Rn. 18) und den Vorschriften der Satzungsänderung (§ 53 GmbHG) unterliegen. Zu den **echten Satzungsbestandteilen** gehören alle die Verfassung der Gesellschaft und die Mitgliedschaft als Beziehung zwischen Gesellschafter und Gesellschaft einschließlich gesellschaftsrechtliche Sonderrechte betreffende Regelungen, daneben aber auch Regelungen über gesellschafts- bzw. mitgliedschaftsbezogene Rechtsbeziehungen zwischen den Gesellschaftern und kooperationsrechtliche Regelungen der Gesellschaft zu Dritten.[6] Demgegenüber werden als **unechte Satzungsbestimmungen** solche Regelungen verstanden, die ausschließlich eine individualrechtliche Bindungswirkung zwischen den Gesellschaftern schaffen sollen oder bloß faktische Mitteilungen oder Verlautbarungen (ohne Regelungscharakter) über das Gesellschaftsverhältnis sind.[7] Die wichtige Abgrenzung zwischen echten und unechten Satzungsbestimmungen ist nicht selten schwierig. Es entscheidet dann der ggf. durch Auslegung zu ermittelnde Parteiwille.[8] Für die Auslegung heranzuziehende Anhaltspunkte sind:

---

[2] Vgl. K. *Schmidt* Gesellschaftsrecht § 5 I 1 S. 795 ff.; Lutter/Hommelhoff/*Bayer* § 2 Rn. 12 – daher wird im Folgenden entsprechend dem allgemeinen Sprachgebrauch von der Satzung der GmbH gesprochen.

[3] Zu dieser Diskussion eingehend z. B. K. *Schmidt* Gesellschaftsrecht § 5 I 1 S. 75 ff.; *Wiedemann* Gesellschaftsrecht I S. 165 ff.

[4] Z. B. Ulmer/Habersack/Löbbe/*Ulmer/Löbbe* § 2 Rn. 4 ff.; Scholz/*Emmerich* § 2 Rn. 6 f.; K. *Schmidt* Gesellschaftsrecht § 5 I 1c S. 77 f.; *Wiedemann* Gesellschaftsrecht S. 159 ff.

[5] Vgl. RGZ 165, 140, 143 f.; BGHZ 21, 370, 373 f. = NJW 1956, 1793; BGHZ 47, 172, 179 f. = NJW 1967, 1268; OLG Frankfurt WM 1985, 1466, 1468.

[6] Hierzu z. B. Baumbach/Hueck/*Zöllner/Noack* § 53 Rn. 6 ff.

[7] Baumbach/Hueck/*Zöllner/Noack* § 53 Rn. 17.

[8] BGHZ 38, 155, 160 f.; BGH WM 1970, 246, 247; BGH BB 1969, 1410; Baumbach/Hueck/*Hueck/Fastrich* § 3 Rn. 55; Lutter/Hommelhoff/*Bayer* § 3 Rn. 86; Scholz/*Emmerich* § 3 Rn. 108; *Priester* DB 1979, 681, 683 f.

- Festlegungen in der Satzung sprechen regelmäßig für den Willen der Parteien zur Bestimmung eines echten Satzungsbestandteils,[9] und umgekehrt werden privatschriftliche Vereinbarungen außerhalb der formellen Satzung regelmäßig gültige schuldrechtliche Abreden sein, nicht etwa formnichtige echte Satzungsbestimmungen.[10]
- Sind an einer vertraglichen Abrede nur einzelne Gesellschafter beteiligt, so spricht dies trotz Aufnahme dieser Abrede in der Satzung regelmäßig für einen unechten Satzungsbestandteil.[11]
- Hat die Gesellschaft ein über das Ausscheiden des aus der Abrede belasteten Gesellschafters hinaus ein fortdauerndes Interesse an persönlicher Erfüllung der Abrede, so spricht dies für die Regelung als unechte Satzungsbestimmung.[12]
- Schließlich spricht es für einen echten Satzungsbestandteil, wenn ein Gesellschafter durch statutarische Regelung zur Erbringung einer wertvollen Leistung verpflichtet wird, ohne hierfür eine besondere Gegenleistung über die Beteiligung hinaus zu erhalten.[13]

Vor dem Hintergrund der erheblichen Bedeutung der Einordnung einer formellen Satzungsbestimmung als echte oder unechte Satzungsbestimmung ist zu empfehlen, in der betreffenden Satzungsbestimmung selbst ausdrücklich zu regeln, wenn nur eine einfache schuldrechtliche Bindung der Gesellschafter gewollt ist.

Formulierungsvorschlag: (Zustimmungskatalog für die Geschäftsführung)

Der im vorstehenden § ...... aufgeführte Katalog zustimmungsbedürftiger Rechtsgeschäfte und Maßnahmen ist nicht Satzungsbestandteil im materiellen Sinne, sondern eine lediglich intern bindende Richtlinie für die Geschäftsführung. Die zustimmungsbedürftigen Rechtsgeschäfte und Maßnahmen können daher durch formlosen Gesellschafterbeschluss ohne Einhaltung der für eine Satzungsänderung erforderlichen Formvorschriften (§ 53 GmbHG) – auch einzelnen Geschäftsführern gegenüber – jederzeit erweitert, eingeschränkt oder aufgehoben werden.

Formulierungsvorschlag: (Geschäftsführerbestellung und -vergütung)

Der Gesellschafter A ist zum Geschäftsführer der Gesellschaft bestellt. Er vertritt die Gesellschaft alleine, auch wenn mehrere Geschäftsführer bestellt sind; er ist von den Beschränkungen des § 181 BGB befreit. Er erhält für seine Geschäftsführertätigkeit eine jährliche Vergütung von ...... EUR, zahlbar in zwölf gleichen, nachschüssig auf den ersten Werktag des nachfolgenden Monats zu zahlenden Raten von je ...... EUR.
Durch die im vorstehenden § ...... geregelte Geschäftsführerbestellung von Gesellschafter A wird diesem kein Sonderrecht auf das Geschäftsführeramt i. S. v. § 35 BGB eingeräumt. Auch die weiteren Regelungen zur Geschäftsführerbestellung von Gesellschafter A (einschließlich der Regelung über die Geschäftsführervergütung) sind nicht Satzungsbestandteil im materiellen Sinne und können daher durch formlosen Gesellschafterbeschluss ohne Einhaltung der für eine Satzungsänderung erforderlichen Formvorschriften (§ 53 GmbHG) jederzeit geändert oder aufgehoben werden.

ABC der Rechtsprechung:

- **Deckungsbeitrag.** Die Pflicht, jährlich mit einem bestimmten Deckungsbeitrag zu den Gesamtkosten der Gesellschaft beizutragen, ohne dass diese Verpflichtung an den Gesellschaftsanteil gebunden ist, ist ohne körperschaftsrechtlichen Charakter möglich.[14]

---

[9] So Scholz/*Emmerich* § 3 Rn. 108; Lutter/Hommelhoff/*Bayer* § 3 Rn. 87; *Roth*/Altmeppen § 3 Rn. 48; a. A. Baumbach/Hueck/*Hueck*/Fastrich § 3 Rn. 55.
[10] BGH BB 1969, 1410, 1411; BGH BB 1993, 676, 677; Lutter/Hommelhoff/*Bayer* § 3 Rn. 87.
[11] So auch Scholz/*Emmerich* § 3 Rn. 107.
[12] BGH BB 1969, 1410; Baumbach/Hueck/*Hueck*/Fastrich § 3 Rn. 55; Scholz/*Emmerich* § 3 Rn. 109.
[13] So OLG Dresden GmbHR 1997, 746, 747; Scholz/*Emmerich* § 3 Rn. 108; Baumbach/Hueck/*Hueck*/Fastrich § 3 Rn. 55.

- **Erwerbsrecht.** Das Recht, den Gesellschaftsanteil eines Gesellschafters bei Ableben seiner Ehefrau von Erben zu erwerben, sowie eine sich darauf beziehende, in einer besonderen Urkunde niedergelegte Schiedsabrede ist unechter Satzungsbestandteil.[15]
- **Geschäftsführerbestellung.** Die Bestellung der Geschäftsführer bereits im Gesellschaftsvertrag stellen in der Regel unechte Satzungsbestandteile dar.[16]
- **Geschäftsführerbezüge.** Die Festsetzung der Vergütung der Geschäftsführer im Gesellschaftsvertrag bedeutet regelmäßig einen unechten Satzungsbestandteil.[17]
- **Nebenleistungspflichten.** Die Präzisierung von im Gesellschaftsvertrag nur allgemein umschriebenen Nebenleistungspflichten der Gesellschafter in der Satzung ist vom Reichsgericht als unechte Satzungsbestimmung eingeordnet worden.[18]
- **Stimmrechtsvereinbarungen** der Gesellschafter im Gesellschaftsvertrag haben keinen korporationsrechtlichen Charakter.[19]
- **Wettbewerbsverbot.** Die Gesellschafter persönlich und auch nach dem Ausscheiden aus der Gesellschaft treffende Wettbewerbsverbote stellen unechte Satzungsbestandteile dar.[20]
- **Witwenversorgung.** Die Verpflichtung der Gesellschafter, den Witwen der Geschäftsführer im Fall von deren Tod monatliche Zahlungen in festgelegter Höhe zu zahlen, besitzt lediglich individualrechtlichen Charakter.[21]

7 **a) Zwingender materieller Satzungsinhalt.** Der zwingende materielle Mindestinhalt der Satzung umfasst (abschließend) Angaben zur Firma, zum Sitz, zum Unternehmensgegenstand, zum Betrag des Stammkapitals und zu Anzahl und Nennbeträgen der Geschäftsanteile der Gesellschafter (§ 3 Abs. 1 GmbHG). Die insoweit notwendigen Angaben müssen hinreichend bestimmt und unbedingt sein.[22] Fehlen diese zwingende Mindestangaben, ist die Satzung in ihrer Gesamtheit nichtig, und die Eintragung ins Handelsregister ist nach § 9c Abs. 2, Nr. 1 GmbHG abzulehnen. Nach Eintragung der Satzungsfeststellung ins Handelsregister können Satzungsmängel nach § 3 Abs. 1 GmbHG nur noch beschränkt und mit Wirkung für die Zukunft geltend gemacht werden. Fehlen Angaben über die Höhe des Stammkapitals oder über den Unternehmensgegenstand oder sind diese Bestimmungen in sonstiger Weise nichtig, liegt ein Mangel vor, der die Erhebung einer Nichtigkeitsklage nach § 75 Abs. 1 GmbHG rechtfertigt; daneben kommt in diesen Fällen auch eine Amtslöschung nach § 397 S. 2 FamFG in Betracht.[23] In den übrigen Fällen kann nur das Amtsauflösungsverfahren nach § 399 Abs. 4 FamFG durchgeführt werden, das zur Auflösung der Gesellschaft führen kann (§ 60 Abs. 1, 5 GmbHG); wobei der Mangel durch entsprechende Satzungsänderung auch während des Amtsauflösungsverfahrens geheilt werden kann (§ 399 Abs. 1 S. 1 und Abs. 2 FamFG).[24]

8 **b) Fakultative Satzungsbestimmungen.** Neben dem zwingenden Mindestinhalt der Satzung gibt es eine Reihe von Regelungsinhalten, deren konkrete Regelung den Gesellschaftern zwar freigestellt ist, für eine wirksame Bestimmung jedoch eine Verankerung in der notariell beurkundeten Satzung notwendig ist. Dies gilt beispielsweise für die zeitliche Beschränkung des Unternehmens (§ 3 Abs. 2 GmbHG), Nebenleistungspflichten der Gesellschafter (§ 3 Abs. 2 GmbHG), Sacheinlagevereinbarungen (§§ 5 Abs. 4 S. 1, 19 Abs. 2 S. 2 GmbHG), Erschwernisse für Anteilsabtretungen (§ 15 Abs. 5 GmbHG), die Nachschusspflicht der Gesellschafter (§ 26 Abs. 1 GmbHG), die Einforderung und Einzahlung von Nachschüssen (§ 28), Regelungen zur Ergebnisverwendung (§ 29 GmbHG), die Einziehung

---

[14] BGH ZIP 1993, 432, 433 f. = BB 1993, 676.
[15] BGHZ 38, 155, 160 f.
[16] BGHZ 18, 205, 207 f.; anders aber BGH GmbHR 1982, 129, 130 = BB 1981, 926: Die Begründung eines Sonderrechts auf die Geschäftsführung kann nur im Gesellschaftsvertrag erfolgen; vgl. auch OLG Hamm BB 2002, 1063; *Servatius* NZG 2002, 708 f.
[17] BGHZ 18, 205, 207 f.
[18] RGZ 87, 261, 265 f.
[19] BGH v. 20.1.1983 – LM Nr. 32 zu § 47 GmbHG = GmbHR 1983, 196.
[20] RG DR 1940, 2013.
[21] BGH v. 29.9.1954 – LM Nr. 25 zu § 549 ZPO.
[22] Baumbach/Hueck/*Hueck*/Fastrich § 3 Rn. 19.
[23] Vgl. Baumbach/Hueck/*Hueck*/Fastrich § 3 Rn. 23; Scholz/*Emmerich* § 3 Rn. 5.
[24] Vgl. Baumbach/Hueck/*Hueck*/Fastrich § 3 Rn. 23.

von Geschäftsanteilen (§ 34 Abs. 1 GmbHG), Abweichungen von der Gesamtvertretung (§ 35 Abs. 2 Satz 2 GmbHG), Beschränkungen der Geschäftsführungsbefugnis (§ 37 Abs. 1 GmbHG), die Beschränkung des Widerrufs von Geschäftsführern (§ 38 Abs. 2 GmbHG), Rechte der Gesellschafter (§ 45 Abs. 2 GmbHG), die anwendbaren aktienrechtlichen Vorschriften im Fall der Aufsichtsratsbestellung (§ 52 Abs. 1 GmbHG), Mehrheitserfordernisse bei Satzungsänderungen (§ 53 Abs. 2 GmbHG) und Auflösung der Gesellschaft (§ 60 Abs. 1 Nr. 2 GmbHG), für über den gesetzlichen Katalog hinausgehende Auflösungsgründe (§ 60 Abs. 2 GmbHG), die Bestimmung von Liquidatoren (§ 66 Abs. 1 GmbHG), die Vermögensverteilung im Fall der Auflösung (§ 72 Satz 2 GmbHG) und die Erstattung von Gründungsaufwand (analog § 26 Abs. 2 AktG).

Schließlich können die Gesellschafter auch weitere Regelungen in die Satzung aufnehmen, ohne dass dies für deren Wirksamkeit unbedingt erforderlich wäre. Ob durch die Aufnahme solcher Regelungen in die formelle Satzung diese zu echten Satzungsbestandteilen werden, die auch zukünftige Gesellschafter berechtigen und verpflichten und deren Änderung den besonderen Formvorschriften des § 53 AktG unterliegen, ist eine Frage der Auslegung (hierzu → Rn. 4).

c) Inhaltliche Schranken für Satzungsbestimmungen. Die Rechte der GmbH-Gesellschafter bestimmen sich, soweit nicht gesetzliche Vorschriften entgegenstehen, primär nach der Satzung (§ 45 Abs. 1 GmbHG; **Grundsatz der Satzungsautonomie**). Insoweit genießen also die Satzungsbestimmungen Vorrang vor den weitgehend dispositiven Bestimmungen der §§ 45 bis 51 GmbHG. Allerdings gibt es – neben den ausdrücklich vom GmbH-Gesetz als zwingend angeordneten Schutzrechten (z. B. § 51a Abs. 3 GmbHG) – auch einen unverzichtbaren Kernbereich von Gesellschafterrechten, zu denen das Einberufungs-, Teilnahme- und Stimmrecht bei der Gesellschafterversammlung[25] sowie die Anfechtungsbefugnis und das Recht zur Gesellschafterklage[26] gehören, deren konkreter Umfang allerdings noch nicht hinreichend konturiert ist,[27] welche die Satzungsautonomie begrenzen. Daneben finden sich zwingende Regelungen im GmbH-Gesetz insbesondere im Hinblick auf den Rechtsverkehr schützende Vorschriften des „Außenverhältnisses". Differenzhaftung gemäß §§ 9 und 9a GmbHG,[28] Kapitalaufbringung und -erhaltung gemäß §§ 30 und 31 GmbHG,[29] organschaftliche Vertretung durch Geschäftsführer gemäß § 35 GmbHG)[30] sowie ungeschriebene Rechtsgrundsätze, insbesondere im Hinblick auf das Prinzip der Verbandssouveränität der GmbH[31] und die Organisationsstruktur der GmbH (z. B. Stellung der Gesellschafterversammlung als oberstes Organ).[32] Schließlich setzen allgemeine Gesetze, soweit sie ihrerseits zwingenden Charakter haben (z. B. Unternehmensmitbestimmungsrecht) oder Verbotsnormen enthalten, der Satzungsautonomie Schranken. So folgt aus § 138 BGB, dass sittenwidrige Satzungsklauseln unwirksam sind,[33] z. B. ein fünfjähriges Wettbewerbsverbot für einen ausscheidenden Gesellschafter.[34]

d) Nebenvereinbarungen. Außerhalb der Satzung können die Gesellschafter untereinander durch Nebenverträge beliebige zusätzliche Verpflichtungen im Hinblick auf das Gesellschaftsverhältnis begründen.[35] Solche häufig **Gesellschafter- oder Konsortialvereinbarungen**

---

[25] Ulmer/Habersack/Winter/*Hüffer* § 45 Rn. 7.
[26] Ulmer/Habersack/Winter/*Hüffer* § 45 Rn. 8.
[27] Hierzu *Zöllner*, FS 100 Jahre GmbH-Gesetz, 1992, S. 85, 89 f.
[28] *Zöllner*, FS 100 Jahre GmbH-Gesetz, 1992, S. 85, 89 m. w. N.
[29] Baumbach/Hueck/*Hueck/Fastrich* § 30 Rn. 1, § 31 Rn. 1.
[30] KG GmbHR 1991, 579; Baumbach/Hueck/*Zöllner/Noack* § 35 Rn. 76.
[31] Ulmer/Habersack/Winter/*Hüffer* § 45 Rn. 13 m. w. N.
[32] RGZ 137, 305, 308 ff.; RGZ 169, 65, 80; BGHZ 43, 261, 264; Baumbach/Hueck/*Zöllner* § 45 Rn. 7 m. w. N.
[33] Hierzu BGH NJW 1985, 2421, 2422 f. = WM 1985, 772, 773 (für KG); Staudinger/*Sack/Fischinger* § 138 Rn. 54, 473 ff. m. w. N.; vgl. auch *Zöllner*, FS 100 Jahre GmbH-Gesetz, S. 85, 91.
[34] OLG Karlsruhe WM 1986, 1473, 1475; vgl. auch Staudinger/*Sack/Fischinger* § 138 Rn. 363.
[35] RGZ 79, 332, 335; RGZ 82, 206, 218 f.; RGZ 112, 273, 277; RGZ 151, 321, 324; BGH WM 1965, 1076 f.; BGH BB 1969, 1410 f.; BGH BB 1977, 1729; BGH DB 1993, 829; Baumbach/Hueck/*Hueck/Fastrich* § 3 Rn. 56; *Jäger* DStR 1996, 1935, 1936 f.

genannten Absprachen können zwischen einigen oder sämtlichen Gesellschaftern vereinbart werden und Leistungspflichten einzelner oder aller Gesellschafter regeln; es können aber auch Verpflichtungen gegenüber der Gesellschaft und Rechte zugunsten der Gesellschaft selbst verankert werden (§ 328 BGB).[36] In der Praxis finden sich bei mehrgliedrigen Gesellschaften recht häufig ergänzende Gesellschaftervereinbarungen, vor allem aus folgenden Gründen: Zunächst unterliegen solche Gesellschaftervereinbarungen nicht der Registerpublizität, können also gegenüber Dritten vertraulich gehalten werden. Darüber hinaus unterliegen die Gesellschaftervereinbarungen nur den allgemeinen zivilrechtlichen Regelungen, bedürfen aber (ebenso wie ihre Änderung) keiner besonderen Form;[37] aus Beweisgründen ist jedoch die Schriftform empfehlenswert. Bei Einigkeit zwischen den an der Gesellschaftervereinbarung Beteiligten (aber eben auch nur dann!) sind daher Änderungen und Anpassungen leichter, mit sofortiger Wirkung und ohne Auslösung besonderer Kosten durchführbar.[38]

12 Indes ist die rechtliche Bindungswirkung von Gesellschaftervereinbarungen vom Grundsatz her beschränkt. Zwar begründen derartige, auf die gemeinsame Ausübung der Gesellschafterrechte gerichtete Vereinbarungen ihrerseits regelmäßig eine (Innen-)Gesellschaft bürgerlichen Rechts i. S. d. §§ 705 ff. BGB.[39] Bezogen auf die regelungsgegenständliche Gesellschaft wirken sie jedoch nur rein schuldrechtlich und nicht gesellschaftsrechtlich. So werden Erwerber von Geschäftsanteilen oder anderweitig neu eintretende Gesellschafter nicht automatisch Partei von Gesellschaftervereinbarungen, sondern es bedarf hierzu eines ausdrücklichen Vertragsbeitritts.[40] Organbeschlüsse mit der Gesellschaft (z. B. Gesellschafterbeschlüsse) bleiben wirksam, auch wenn sie gegen entgegenstehende formelle oder materielle Regelungen aus Gesellschaftervereinbarungen verstoßen.

13 Nach der – im gesellschaftsrechtlichen Schrifttum häufig kritisierten – Rechtsprechung des Bundesgerichtshofes haben indes **omnilaterale Gesellschaftervereinbarungen,** also Nebenabreden zwischen sämtlichen Gesellschaftern einer Gesellschaft, eine stärkere Bindungswirkung insoweit, als Verstöße gegen solche schuldrechtlichen Verpflichtungen zur Anfechtbarkeit von an sich satzungsgemäßen Gesellschafterbeschlüssen führen.[41] Auf der Grundlage dieser BGH-Rechtsprechung können Gesellschafter den in der Vernichtung eines solchen Beschlusses liegenden Prozesserfolg entsprechend den Grundsätzen zu § 243 AktG dadurch vorläufig sichern, dass sie eine einstweilige Verfügung gemäß §§ 935 ff. ZPO auf Unterlassung der Ausführung des Beschlusses gegen die Gesellschaft erwirken.[42] Dabei setzt der Verfügungsanspruch voraus, dass der Antragsteller für eine Anfechtungsklage antragsberechtigt ist und diese schlüssig erhoben hat oder noch fristgerecht erheben kann; der Verfügungsgrund erfordert, dass mit der tatsächlichen Ausführung des Beschlusses bereits begonnen worden ist oder dies unmittelbar bevorsteht oder eintragungspflichtige Beschlüsse zum Handelsregister angemeldet werden.[43]

14 Eine andere Zielsetzung haben **Geschäftsordnungen** für die Geschäftsführung oder den Aufsichtsrat. Diese enthalten i. d. R. Verfahrensregelungen für die Einberufung und Abhaltung von Sitzungen sowie für Beschlussfassungen, Informations- und Berichtspflichten gegenüber anderen Gesellschaftsorganen sowie – in der Praxis am wichtigsten – die Regelungen von Rechtsgeschäften und Maßnahmen, die der Zustimmung eines anderen Gesellschaftsorgans bedürfen. Alles dies kann selbstverständlich auch in der Satzung selbst gere-

---

[36] Vgl. OLG Hamm GmbHR 1978, 271 f.; MünchHdbGesR III/*Priester* § 21 Rn. 4, 7 f.
[37] Vgl. Ulmer/Habersack/Winter/*Ulmer/Löbbe* § 2 Rn. 27, § 3 Rn. 122; MünchHdbGesR III/*Priester* § 21 Rn. 14.
[38] Hierzu z. B. *Hoffmann-Becking* ZGR 1994, 442, 446.
[39] Vgl. BGH NZG 2013, 220, 221; BGH NZG 2009, 183, 184 – Schutzgemeinschaftsvertrag II; *Wälzholz,* GmbHR 2009, 1020, 1023.
[40] Ulmer/Habersack/Löbbe/*Ulmer/Löbbe* § 3 Rn. 123; Baumbach/Hueck/*Hueck/Fastrich* § 3 Rn. 56.
[41] BGH NJW 1983, 1910 – Kerbnägel; BGH NJW 1987, 1890; Scholz/*Emmerich* § 3 Rn. 121; Scholz/ *K. Schmidt* § 45 Rn. 116, § 47 Rn. 53; Zöllner RWS-Forum Gesellschaftsrecht 1995, 89 ff.; *Jäger* DStR 1996, 1935, 1938 ff.; zur Kritik z. B. Ulmer/Habersack/Löbbe/*Ulmer/Löbbe* § 3 Rn. 130 ff.; Lutter/Hommelhoff/ *Bayer* Anh. § 47 Rn. 44; *M. Winter* ZHR 154 (1990) 258, 268 ff.; Mertens AG 1989, 241, 243.
[42] OLG Frankfurt BB 1982, 274; *Heinze* ZGR 1979, 293, 295 f., 306 ff.
[43] OLG Hamm GmbHR 1993, 163.

gelt werden, was wegen des regelmäßig auftretenden Anpassungsbedarfs dieser Regelung indes häufig nicht angezeigt ist.

Schließlich finden sich auch in den **Anstellungsverträgen der Geschäftsführer** einzelne Bestimmungen, die inhaltsgleich in der Satzung der Gesellschaft geregelt sein könnten. Dies betrifft vor allem Regelungen zur Beschränkung der Geschäftsführungsbefugnis (z.B. Katalog zustimmungspflichtiger Geschäfte) sowie im Hinblick auf Informations- und Berichtspflichten gegenüber der Gesellschafterversammlung bzw. dem Aufsichtsrat. Vorteil einer Verankerung von Zustimmungskatalogen nur im Anstellungsvertrag ist zwar die vereinfachte Abänderbarkeit der korporationsrechtlichen Befugnisse des Geschäftsführers durch Weisung auf Grund eines mit einfacher Mehrheit gefassten Gesellschafterbeschlusses. Bei der Frage der Verortung dieser Regelung ist allerdings zu berücksichtigen, dass eine Änderung des Anstellungsvertrages (also der arbeitsrechtlichen Grundlage) grundsätzlich nur mit Zustimmung des Geschäftsführers möglich ist. Daher ist – neben einem anfänglichen – auch ein nachträgliches Auseinanderfallen beispielsweise des satzungsmäßigen und des anstellungsvertraglichen Katalogs zustimmungspflichtiger Geschäftsführungsmaßnahmen des Geschäftsführers denkbar.

Dabei kann der Anstellungsvertrag den **Umfang der Geschäftsführungsbefugnis** zunächst in größerem Maß als die gesellschaftsvertragliche Grundlage einschränken.[44] Überschreitungen der lediglich anstellungsvertraglich beschränkten Geschäftsführungsbefugnis lösen keine korporationsrechtlichen Folgen aus.[45] Der Geschäftsführer ist daher nach zutreffender Auffassung auch schuldrechtlich nicht verantwortlich, solange er sich im Rahmen der ihm durch die Satzung zugewiesenen Befugnisse hält,[46] und liefert keinen Grund für seine Abberufung als Geschäftsführer. **Beschränkungen der Geschäftsführungsbefugnis** durch den Gesellschaftsvertrag, die weiter gehen als die anstellungsvertraglichen Regelungen, sind – sofern diese Konstellation für zulässig erachtet wird[47] – korporationsrechtlich vorrangig.[48] Der Geschäftsführer ist gemäß § 37 Abs. 1 GmbHG an die jeweils geltende Fassung des Gesellschaftsvertrags gebunden. Er kann daher regelmäßig nur den Vertrag gemäß § 626 Abs. 1 BGB kündigen und Schadensersatz wegen Nichterfüllung des Anstellungsvertrags geltend machen (§ 628 Abs. 2 BGB bzw. nach den Grundsätzen der positiven Forderungsverletzung, wenn kein Recht zur Kündigung besteht), wenn eine nachträgliche Satzungsänderung anstellungsvertraglich zugesicherte Geschäftsführungsbefugnisse beschneidet.

Es ist daher empfehlenswert, von detaillierten Kompetenzbegrenzungen im Anstellungsvertrag Abstand zu nehmen und statt dessen an dieser Stelle nur eine Öffnungsklausel für Eingrenzungen der Geschäftsführungsbefugnis durch die Satzung und Weisungsbeschlüsse der Gesellschafterversammlung vorzusehen. Weiterhin ist zu überlegen, ob der Katalog zustimmungspflichtiger Maßnahmen der Geschäftsführung in der Satzung nicht kurz gehalten werden sollte, um bei Anpassungen des Katalogs die Anforderungen an Satzungsänderungen zu vermeiden; die Katalogtatbestände könnten in einer mit einfacher Mehrheit gefassten Geschäftsordnung (= Gesellschafterbeschluss) festgehalten werden.

3. Auslegung der Satzung

Auf dem Boden der sog. modifizierten Normentheorie (hierzu → Rn. 2) unterscheidet die Rechtsprechung des Bundesgerichtshofes zur Auslegung von Satzungsbestimmungen danach, ob es sich um körperschaftsrechtliche oder um individualrechtliche Bestimmungen handelt. Zu den **körperschaftsrechtlichen Regelungen** werden in erster Linie die Bestimmungen gezählt über den Gesellschaftszweck und den Unternehmensgegenstand, über die

---

[44] Vgl. Rowedder/Schmidt-Leithoff/*Koppensteiner/Gruber* § 37 Rn. 31.
[45] Rowedder/Schmidt-Leithoff/*Koppensteiner/Gruber* § 35 Rn. 84; *Tillmann* GmbH-Geschäftsführervertrag Rn. 18; Scholz/*U. H. Schneider/S. H. Schneider* § 37 Rn. 67.
[46] So auch Rowedder/Schmidt-Leithoff/*Koppensteiner/Gruber* § 35 Rn. 84; Lutter/Hommelhoff/*Kleindiek* Anh. § 6 Rn. 17.
[47] Verneinend wohl *Tillmann* GmbH-Geschäftsführervertrag Rn. 76.
[48] OLG Düsseldorf ZIP 1984, 1476, 1478 f.; *Jaeger*, Der Anstellungsvertrag des GmbH-Geschäftsführers, S. 14 ff., 57.

Kapitalausstattung einschließlich der Zulassung von Sacheinlagen, über die Vinkulierung von Geschäftsanteilen, über die Zuständigkeit der Gesellschafterversammlung, über Rechte und Pflichten von Gesellschaftsorganen (z. B. Aufsichtsrat oder Beirat), Sonderrechte und Nebenleistungspflichten von Gesellschaftern, über Vermögens- oder Verwaltungsrechte der Gesellschafter oder über die Kündigung oder das Ausscheiden einzelner Gesellschafter. Da diese Bestimmungen in gleicher Weise für gegenwärtige und zukünftige Gesellschafter sowie für Gesellschaftsgläubiger gelten, wird hier eine normähnliche, objektive Auslegungsmethode befürwortet. Daher haben solche Umstände außer Betracht zu bleiben, die außerhalb der Vertragsurkunde liegen und nicht allgemein erkennbar sind;[49] die Realstruktur der konkreten Gesellschaft findet bei der Auslegung zudem keine Berücksichtigung.[50] Dementsprechend ist ein Rückgriff auf die Entstehungsgeschichte, Vorentwürfe und nicht in der Satzung (bzw. in sonst zu den Handelsregisterakten gelangten Dokumenten) hervorgetretene Motive der Gründer ausgeschlossen. Die Praxis hat sich hierauf einzustellen, indem die körperschaftsrechtlichen Regelungen in der Satzung hinreichend präzise zu formulieren sind.

19 Demgegenüber wendet die Rechtsprechung bei **individualrechtlichen Bestimmungen** (d. h. bei den unechten Satzungsbestandteilen) die allgemeinen Auslegungsregeln an, d. h. die Auslegung richtet sich nach den §§ 133, 157 BGB.[51]

4. Form der Satzung

20 Die Satzung bedarf nach § 2 GmbHG des Abschlusses in **notarieller Form** (§§ 6 ff. BeurkG). Sie ist von sämtlichen Gesellschaftern zu unterzeichnen und eine Vertretung ist nur auf Grund einer notariell errichteten oder beglaubigten Vollmacht zulässig (§ 2 Abs. 2 GmbHG). Bei Verletzung der Formvorschrift ist die Satzung nichtig (echtes Wirksamkeitserfordernis).[52] Wird die Gesellschaft trotz Verstoßes gegen die Formvorschriften des § 2 GmbHG in das Handelsregister eingetragen, sind die Formmängel geheilt.[53]

20a Nachdem noch der Regierungsentwurf zum MoMiG die Möglichkeit der Gründung einer GmbH durch die Verwendung einer nicht beurkundungs-, sondern lediglich beglaubigungspflichtigen **Mustersatzung** vorgesehen hatte, behält das in Kraft getretene MoMiG auf Vorschlag des Rechtsausschusses die Pflicht zur notariellen Beurkundung des Gesellschaftsvertrages uneingeschränkt bei.[54] In einfach gelagerten Fällen kann allerdings die Gründung einer GmbH oder Unternehmergesellschaft durch die Verwendung eines standardisierten **Musterprotokolls**,[55] das Gesellschaftsvertrag, Geschäftsführerbestellung und Gesellschafterliste in einer Urkunde zusammenfasst, vollzogen werden. Auf diese Weise sollen eine beschleunigte Gesellschaftsgründung ermöglicht und die Gründungskosten begrenzt werden (vgl. zu letzterem die Neuregelung des § 41d KostO).[56] Die Verwendung des Musterprotokolls ist indes nur möglich, wenn die Gesellschaft maximal drei Gesellschafter und nur einen Geschäftsführer hat (§ 2 Abs. 1a S. 1 GmbHG); allerdings können nach der Handelsregistereintragung weitere Geschäftsführer bestellt und zusätzliche Gesellschafter aufgenommen werden. Der rechtliche Gestaltungsspielraum beim **vereinfachten Gründungsverfahren** ist zudem sehr beschränkt; zum einen räumt das Musterprotokoll selbst kaum Optionen ein, zum anderen dürfen gemäß

---

[49] BGHZ 14, 25, 26 f. = NJW 1954, 1401; BGHZ 36, 296, 314 = NJW 1962, 864; BGHZ 48, 141, 143 f. = NJW 1967, 2159; BGHZ 96, 245, 250 = NJW 1986, 1033; BGHZ 116, 359, 364, 366 = NJW 1992, 892, 893 f.; BGHZ 123, 347, 350, 352 = NJW 1994, 51, 52 – IBH/Powell Duffryn; BGH NJW 2005, 2618; BayObLG GmbHR 1979, 139, 140 f.; OLG Düsseldorf ZIP 1987, 227, 230; OLG Köln WM 1987, 375, 376; OLG Hamburg GmbHR 1996, 610, 611; OLG Naumburg NZG 2001, 1043, 1044; OLG Hamm BB 2002, 1063, 1064.
[50] BGHZ 14, 25, 37 = NJW 1954, 1401; BGH BB 1981, 926 f. = GmbHR 1982, 129.
[51] Vgl. BGHZ 14, 25, 36 f.; OLG Naumburg NZG 2001, 1043.
[52] Scholz/*Emmerich* § 2 Rn. 24; Ulmer/Habersack/Löbbe/*Ulmer/Löbbe* § 2 Rn. 28.
[53] Scholz/*Emmerich* § 2 Rn. 20; Baumbach/Hueck/*Fastrich* § 2 Rn. 15; Lutter/Hommelhoff/*Bayer* § 2 Rn. 25; Ulmer/Habersack/Löbbe/*Ulmer/Löbbe* § 2 Rn. 30; vgl. auch BGHZ 21, 378, 381 – zur Nichtigkeit wegen Scheingeschäft nach § 117 BGB.
[54] Dazu z. B. *Seibert/Decker* ZIP 2008, 1208, 1209; *Gehrlein* Das neue GmbH-Recht, 2009, S. 12 ff.
[55] Abrufbar im Internet unter www.musterprotokolle.de.
[56] Vgl. Begr. Beschlussempfehlung und Bericht des Rechtsausschusses, BT-Drucks. 16/9737 S. 93; *Hirte* NZG 2008, 761 ff.; *Katschinski/Rawert* ZIP 2008, 1993 ff.; *Römermann* GmbHR 2008, 16 ff.

§ 2 Abs. 1a S. 3 GmbHG über den Wortlaut des Musterprotokolls hinaus keine vom Gesetz abweichenden Bestimmungen getroffen werden: So wären z. B. Bestimmungen zur Anteilsvinkulierung, zum Kündigungsrecht, zur Ausschließung oder zur Anteilseinziehung nichtig. Der Geschäftsführer muss bei Verwendung des Musterprotokolls von sämtlichen Vorschriften des § 181 BGB befreit sein. Darüber hinaus darf das Stammkapital ausschließlich durch Bar-, nicht jedoch durch Sacheinlagen erbracht werden. Schließlich gilt die durch das MoMiG eingeführte Möglichkeit der Anteilsstückelung (§ 5 Abs. 2 S. 2 GmbHG) nicht. Damit beschränkt sich die Satzungsautonomie der Gründer letztlich auf die Bestimmung der Firma, des Sitzes und des Unternehmensgegenstandes der Gesellschaft, auf die Festlegung der Höhe des Stammkapitals und die Nennbeträge der Geschäftsanteile sowie die Vertretung. Stellt man diese starke Begrenzung der Vertragsfreiheit bei Wahl des vereinfachten Gründungsverfahrens in Rechnung, so ist zweifelhaft, ob dem Musterprotokoll in der Rechtspraxis signifikante Bedeutung zukommen wird.[57]

Die Satzung muss **in einer Urkunde** enthalten sein; eine Aufteilung auf mehrere Urkunden macht die Satzung unwirksam.[58] Zulässig und durchaus üblich ist hingegen bei Errichtung einer Gesellschaft ein **Rahmenprotokoll** zu erstellen, in dem auf die durch Schnur und Siegel verbundene festgestellte Satzung als Anlage verwiesen wird, sofern nur in der Anlage alle Bestimmungen, die nach dem GmbHG vorgeschrieben sind, aufgenommen sind (also insbesondere auch die Gesellschafter und ihre Geschäftsanteile).[59] 21

Eine einheitliche Verhandlung über die Errichtung der Gesellschaft mit den Gründern ist nicht erforderlich.[60] Demgegenüber ist eine **sog. Stufengründung unzulässig**, derzufolge zunächst mehrere Gründer einen formgerechten Gesellschaftsvertrag feststellen und dann später Dritte in notarieller Form ihren Beitritt zu der Gesellschaft erklären.[61] 22

Änderungen der Satzung bedürfen sowohl **vor Eintragung der Errichtung der Gesellschaft** als auch hiernach der notariellen Form. Ist die Errichtung der Gesellschaft noch nicht ins Handelsregister eingetragen, bedürfen die Satzungsänderungen (genauer: die Änderung der Gesellschaftserrichtung) wegen § 311 Abs. 1 BGB darüber hinaus eines einstimmigen Beschlusses; § 53 GmbHG gilt in diesem Fall nicht.[62] 23

Ob die Beurkundung der Satzungsfeststellung bei Errichtung der Gesellschaft sowie spätere Satzungsänderungen auch durch **ausländische Notare** wirksam vorgenommen werden können, ist trotz Beschluss des Bundesgerichtshofs vom 16.2.1981[63] umstritten.[64] In dieser Entscheidung hatte der BGH festgestellt, dass das in § 53 Abs. 2 GmbHG vorgeschriebene Beurkundungserfordernis grundsätzlich auch ein ausländischer Notar erfüllen kann, wenn die ausländische Beurkundung der deutschen gleichwertig, d. h. wenn die Beurkundung durch einen ausländischen Notar erfolgt, der dem deutschen Notar nach Ausbildung, Auswahl und Stellung gleichwertig ist. Diese Gleichwertigkeit wird bei Notaren einzelner schweizer Kantone,[65] bei österreichischen Notaren[66] und Notaren des sog. lateinischen No- 24

---

[57] Skeptisch auch *Katschinski/Rawert* ZIP 2008, 1993, 1994.
[58] OLG Frankfurt/Main BB 1981, 694; OLG Hamm NJW 1987, 263.
[59] Vgl. OLG Köln Rpfleger 1972, 410; OLG Stuttgart DNotZ 1979, 359; OLG Frankfurt/Main WM 1981, 698 = BB 1981, 694.
[60] Lutter/Hommelhoff/*Bayer* § 2 Rn. 15; Baumbach/Hueck/*Fastrich* § 2 Rn. 10; Scholz/*Emmerich* § 2 Rn. 16.
[61] Scholz/*Emmerich* § 2 Rn. 16; Baumbach/Hueck/*Fastrich* § 2 Rn. 11.
[62] OLG Düsseldorf NJW-RR 1996, 550; Baumbach/Hueck/*Fastrich* § 2 Rn. 13; Scholz/*Emmerich* § 2 Rn. 21.
[63] BGH WM 1981, 376 = BB 1981, 926 = GmbHR 1982, 129.
[64] Aus der umfangreichen Literatur: *Kröll* ZGR 29 (2000) 111 ff.: Wirksamkeit von Auslandsbeurkundungen; *Knoche*, Jubiläums-FS Rheinisches Notariat, 1998, S. 297 ff.: keine Wirksamkeit von Auslandsbeurkunden; vgl. auch Staudinger/*Winkler von Mohrenfels*, Bearb. 2007, Art. 11 EGBGB Rn. 284 ff.; *Sick/Schwarz* NZG 1998, 540 ff.
[65] BGHZ 80, 76 ff. = BB 1981, 926 = GmbHR 1982, 129: Satzungsänderung in Zürich; LG Nürnberg-Fürth DB 1991, 2029: Verschmelzungsvertrag in Basel; LG Köln DB 1989, 2214: Verschmelzungsvertrag in Zürich; OLG München DB 1998, 125: Abtretung von Geschäftsanteilen in Basel-Stadt; Lutter/Hommelhoff/*Bayer* § 2 Rn. 19.
[66] BayObLG DB 1977, 2320 f.: Abtretung von Geschäftsanteilen in Österreich; Lutter/Hommelhoff/*Bayer* § 2 Rn. 19.

tariats (insbesondere Belgien, Frankreich, Italien, Niederlande und Spanien)[67] angenommen.[68] Nach Beiträgen von *Goette* in den Jahren 1996 und 1997[69] ist indes unsicher geworden, ob eine Rechtsprechungsänderung des BGH jedenfalls im Hinblick auf die die Verfassung der GmbH betreffende Beurkundungsvorgänge (also eben auch betreffend die Satzungsfeststellung und -änderung) bevorsteht.[70]

Der klassische Streit über die Gleichwertigkeit der Beurkundung der Abtretung von deutschen GmbH-Anteilen durch einen ausländischen Notar intensivierte sich in jüngerer Zeit durch die durch das MoMiG eingeführten Neuerungen im deutschen GmbH-Recht sowie durch die mit Gesetz vom 17.10.2007 beschlossene Reform des Schweizer GmbH-Rechts. Dabei hat die Gesetzesnovellierung in der Schweiz, im Zuge derer das Erfordernis der öffentlichen Beurkundung für die Abtretung von GmbH-Anteilen aufgegeben wurde, nach zutreffender Ansicht jedoch keinen Einfluss auf die Beurteilung der Gleichwertigkeit einer Beurkundung durch einen Schweizer Notar.[71] Denn bei der Frage nach der Gleichwertigkeit und der Möglichkeit einer Substitution geht es um die Wahrung der deutschen Geschäftsform; auf die ausländische Geschäftsform kommt es gerade nicht an. Schwieriger zu beurteilen sind die Auswirkungen des MoMiG, obwohl i. E. auch diesbezüglich die besseren Gründe für die grundsätzliche Zulässigkeit der Auslandsbeurkundung sprechen. Insbesondere aus der in § 40 Abs. 2 GmbHG eingeführten Pflicht des Notars zur Einreichung einer aktualisierten Gesellschafterliste bei von ihm beurkundeten Anteilsübertragungen lassen sich keine zwingenden Argumente für ein exklusiv im Inland durchzuführendes Beurkundungsverfahren ableiten.[72] Beurkundet ein ausländischer Notar zulässigerweise die Anteilsübertragung, verbleibt die Zuständigkeit der Einreichung der veränderten Gesellschafterliste gem. § 40 Abs. 1 GmbHG gleichwohl beim Geschäftsführer, da § 40 Abs. 2 GmbHG den inländischen Notar weder verpflichten noch berechtigen kann.[73]

Auch einzelne Handelsregister verweigerten in der Vergangenheit die Eintragung der Satzungsfeststellung und von Satzungsänderungen, wenn die Beurkundung durch einen ausländischen Notar vorgenommen worden ist.[74] Da die Notarkosten regelmäßig bei Errichtung der Gesellschaft mit Satzungsfeststellung bzw. bei Satzungsänderungen keine erheblichen Höhen erreichen,[75] wird man die Beurkundung sicherheitshalber durch einen inländischen Notar durchführen lassen; andernfalls muss eine Abstimmung mit dem zuständigen Handelsregister erfolgen.

5. Sprache der Satzung

25   Die Satzung kann auch in einer fremden Sprache festgestellt und beurkundet werden (§ 5 Abs. 2 BeurkG). Bei der Anmeldung der Satzungsfeststellung oder von Satzungsänderungen zum Handelsregister ist dann jedoch eine beglaubigte Übersetzung beizufügen.[76]

II. Checklisten zur Bestimmung der Satzungsstruktur

26   Die Entscheidung über die für ein Unternehmen angemessene Rechtsform[77] und die Ausgestaltung der Satzung ist ein höchst komplexer Erkenntnisprozess. Weitgehende Gestal-

---

[67] Lutter/Hommelhoff/*Bayer* § 2 Rn. 19; zu Spanien *Löber* RIW 1989, 94.
[68] Fehlende Gleichwertigkeit bspw. bei kalifornischen *notary public*, OLG Stuttgart DB 2000, 1218, 1219.
[69] *Goette* DStR 1996, 709 ff.; *ders.* FS Boujong, 1996, S. 131 ff.; *ders.* MittRhNotK 1997, 1 ff.
[70] Vgl. *Wilken* EWiR Art. 11 EGBGB 1/96, 937, 938; *Haerendel* DStR 2001, 1802 ff. – vgl. auch GroßkommAktG/*Röhricht*, 4. Aufl., § 23 Rn. 47 ff.; Ulmer/Habersack/Löbbe/*Behrens/Hoffmann* Einl. B Rn. 199 f.
[71] So die mittlerweile h. M., z. B. OLG Düsseldorf NZG 2011, 388; MünchKommGmbHG/*Reichert/Weller* § 15 Rn. 88; Scholz/*Seibt* § 15 Rn. 87; *Olk/Nikoleyczik* DStR 2010, 1576, 1579.
[72] Vgl. OLG Düsseldorf NZG 2011, 388 ff., vgl. außerdem ausführlich und m. w. N. zum Diskussionsstand Scholz/*Seibt* § 15 Rn. 87a ff.
[73] OLG München NZG 2013, 340; ausführlich MünchKommGmbHG/*Heidinger* § 40 Rn. 224 ff.
[74] Vgl. z. B. Notarkammer Frankfurt am Main, Rundschreiben 3/96 – Sonderrundschreiben vom 30.7.1996; auch das Handelsregister in Hamburg akzeptiert solche Beurkundungen grundsätzlich nicht.
[75] Hierzu → § 3 Rn. 90 ff.
[76] OLG Düsseldorf GmbHR 1999, 609; Baumbach/Hueck/*Fastrich* § 2 Rn. 9 a. E.
[77] Hierzu → § 1.

tungsfreiheit bei der Ausgestaltung des Gesellschaftsvertrages einerseits bzw. die Satzungsstrenge andererseits sind gerade Kriterien bei der Wahl der angemessenen Rechtsform des Unternehmens. Darüber hinaus gibt es eine Vielzahl von wirtschaftlichen und rechtlichen Parametern, die bei der Wahl der Rechtsform zu berücksichtigen und ebenfalls für die konkrete Ausgestaltung des Gesellschaftsvertrages von Bedeutung sind. Hieraus folgt: **Beim Beratungsgespräch sollte die Frage nach der angemessenen Rechtsform und der Satzungsausgestaltung zusammen behandelt werden.** Dies gilt nicht nur bei der erstmaligen rechtlichen Organisation eines Unternehmens (also bei der Errichtung der Gesellschaft), sondern auch wenn sich die rechtlichen oder wirtschaftlichen Rahmenbedingungen für das Unternehmen danach ändern. Dies kann beispielsweise der Fall sein bei wesentlichen Änderungen der gesellschaftsrechtlichen, bilanzrechtlichen, steuerrechtlichen oder unternehmensmitbestimmungsrechtlichen Vorschriften, aber auch im Zusammenhang stehen mit Änderungen des Unternehmensgegenstandes oder der Geschäftsbereiche, dem Eintritt neuer Gesellschafter oder einer neuen Geschäftsführung, einem veränderten Finanzierungsbedarf oder ähnlichen Umständen. Es empfiehlt sich darüber hinaus, Rechtsform und Satzung in mittelfristigen Abständen einer Kontrolle zu unterziehen, um losgelöst von singulären Ereignissen die Angemessenheit der Rechtsform und der Satzungsgestaltung beim Unternehmen zu überprüfen und ggf. Anpassungen vorzunehmen.

Als stark typisierter Anhalt für das erste Beratungsgespräch über die angemessene Struktur der Satzung einer Gesellschaft (bei der die Wahl der Rechtsform bereits auf die Gesellschaft mit beschränkter Haftung gefallen ist) kann die nachfolgende Checkliste benutzt werden:

Checkliste 1: Allgemeine Beratungsgrundsätze	
Satzungsrelevante Parameter der Realstruktur des Unternehmers/Gesellschafterkreises	Bedeutung der Parameter für Satzungsbestimmungen (Beispiele)
A. Unternehmensbezogene Parameter	
1. Funktion und Unternehmensgegenstand der Gesellschaft	• Unternehmensgegenstand • Stammkapital (Eigenkapitalausstattung) • Aufstellung/Feststellung Jahresabschluss und Ergebnisverwendung • Dauer der Gesellschaft (einschließlich Kündigung)
• operativ tätiges Unternehmen oder Geschäftsführungsgesellschaft • Ein-Geschäftsbereich-Unternehmen oder Mehr-Sparten-Unternehmen • Einzweck-Unternehmen oder dynamischer Unternehmensgegenstand	
2. Abhängigkeit der Gesellschaft von Gesellschafterbeiträgen/Finanzierungsstruktur	• Stammkapital, Art der Geschäftsanteile, genehmigtes Kapital • Nebenleistungspflichten der Gesellschafter • Nachschusspflichten der Gesellschafter • Leistungsverkehr mit den Gesellschaftern • Vorabausschüttung • Aufstellung/Feststellung Jahresabschluss und Ergebnisverwendung • Wettbewerbsverbot

Satzungsrelevante Parameter der Realstruktur des Unternehmers/Gesellschafterkreises	Bedeutung der Parameter für Satzungsbestimmungen (Beispiele)
3. Wesentliche wirtschaftliche Kennzahlen der Gesellschaft (bzw. Konzernverband)	
• Arbeitnehmerzahl	• Aufsichtsrat
• Bilanzsumme und Umsatzerlöse	• Aufstellung Jahresabschluss/Lagebericht, Inhalt und Fristen
	• Prüfung Jahresabschluss
• Ertragsprognosen, Cash-Flow-Prognosen	• Aufstellung/Feststellung Jahresabschluss und Ergebnisverwendung
B. Gesellschafterbezogene Parameter	
4. Anzahl der Gesellschafter	
5. Gesellschafterzusammensetzung	
5.1 Gesellschafterkreis (abstrakte Typologie)	• Umfang der Ausnahmen zu Verfügungsbeschränkungen (einschließlich Nachfolgeregelungen)
	• Erfordernis der Bestellung von gemeinsamen Vertretern
• Natürliche Personen (In-/Ausland)	
• Personengesellschaften (In-/Ausland)	
• Kapitalgesellschaften (In-/Ausland)	
5.2 Gesellschafterkreis (konkret)	
• Gesellschafter mit aktivem Geschäftsbeitrag (z. B. Geschäftsführer)	→ siehe Checkliste 3
• Mitarbeiterstellung	→ siehe Checkliste 6
• Bestehen von schuldrechtlichen Leistungsbezeichnungen	• Nebenleistungspflichten der Gesellschafter
	• Leistungsverkehr mit Gesellschaftern
• Bestehen von Familienbanden (als Voraussetzung für Gesellschafterstellung)	→ siehe Checkliste 7
• Bestehen von besonderen Qualifikationen (als Voraussetzung für Gesellschafterstellung)	• Verfügungsbeschränkungen
	• Einziehung von Geschäftsanteilen/ Ausschluss von Gesellschaftern
• Familienstand der Gesellschafter	• Vorgaben für den ehelichen Güterstand der Gesellschafter
5.3 Interessen der Gesellschafter	
• Bestehen eines überwiegend strategischen (industriellen) Interesses (Strategischer Investor)	→ siehe Checkliste 5
• Bestehen eines überwiegend finanziellen Interesses (Finanzinvestor)	→ siehe Checkliste 4
6. Anteilsverteilung	
• Anteilsverteilung in der Gesellschaft je Gesellschafter	• Mehrheitserfordernisse bei Organbeschlüssen
• Koalitionsbildung	• Regelungen zur Blockadeüberwindung
	• Zu Minderheitsschutzbestimmungen → siehe Checkliste 2
7. Binnenstruktur (Organe)	
7.1 Geschäftsführung	
• Gesellschafter-Geschäftsführer oder Fremdgeschäftsführer	• Sonderrecht auf Geschäftsführeramt und Abberufungsregelungen
• Bestellungskompetenz	• Benennungs-/Bestellungsrecht
	• Sonderrecht auf Einzelgeschäftsführungsbefugnis
• Umfang der Geschäftsführungsbefugnis	• Begrenzung der Geschäftsführungsbefugnis (Katalog zustimmungspflichtiger Geschäfte; ggf. in Geschäftsordnung)
	• Sonderrecht auf Einzelvertretungsbefugnis

Satzungsrelevante Parameter der Realstruktur des Unternehmers/Gesellschafterkreises	Bedeutung der Parameter für Satzungsbestimmungen (Beispiele)
7.2 Organ der Geschäftsführungskontrolle (Gesellschafterversammlung, Einzelgesellschafter oder Aufsichtsrat) • Fachkompetenz • Funktionalität, Effizienz	• Kompetenzen Gesellschafterversammlung/ Aufsichtsrat • Zustimmungsvorbehalte zugunsten von Gesellschaften • Begrenzung der Hinzuziehung von Vertretern/Beratern zu Gesellschafterversammlungen • Informationsrechte der Gesellschafter, Berichtspflichten der Geschäftsführung
7.3 Organ der Leitlinien der Unternehmenspolitik (Gesellschafterversammlung, Einzelgesellschafter oder Aufsichtsrat) • Fachkompetenz • Funktionalität, Effizienz	
7.4 Aufgaben, Kompetenzen und Zusammensetzung fakultativer Organe	
8. Offenheit des Gesellschafterkreises/ Fungibilität der Geschäftsanteile	• Verfügungsbeschränkungen (einschließlich Vorkaufsrechte u. ä.) • Auseinandersetzung der Gesellschafter; Exit-Routes • Verschwiegenheitsverpflichtung der Gesellschafter • Begrenzung der Hinzuziehung von Vertretern/Beratern zu Gesellschafterversammlungen • Teilung/Zusammenlegung von Geschäftsanteilen

Berät man einen Minderheitsgesellschafter, so sind typischerweise die in der nachfolgenden Checkliste aufgeführten Regelungsbereiche zu besprechen:

Checkliste 2: Typische Sonderbestimmungen zugunsten von Minderheitsgesellschaftern ohne Geschäftsführeramt

- ☐ Benennungs-/Bestellungsrecht für Geschäftsführer und Abberufungsregelungen (→ Rn. 95–101)
- ☐ Zustimmungsvorbehalte zugunsten des Minderheitsgesellschafters bei Strukturmaßnahmen und wesentlichen Geschäftsführungsmaßnahmen (→ Rn. 116) bzw. qualifizierte Mehrheitserfordernisse für Gesellschafterbeschlüsse über solche Maßnahmen (→ Rn. 108, 146–147)
- ☐ Einrichtung eines Aufsichtsrats/Beirats mit Entsendungsrecht (→ Rn. 155–160, 168)
- ☐ Informationsrechte und Berichtspflichten der Geschäftsführung (→ Rn. 136–138)
- ☐ Regelungen zum Leistungsverkehr (→ Rn. 313–318)
- ☐ Gewinnausschüttungsklauseln (→ Rn. 276–302)
- ☐ Andienungsrecht bei bestimmten Umständen (→ Rn. 218–220) bzw. Kündigungsrecht mit angemessener Abfindungsklausel (→ Rn. 323–328); ggf. Mitverkaufsrecht (→ Rn. 222)

29 Besonderheiten ergeben sich, wenn der Minderheitsgesellschafter gleichzeitig Geschäftsführer der Gesellschaft ist.

> **Checkliste 3: Typische Sonderbestimmungen zugunsten von Minderheitsgesellschaftern mit Geschäftsführeramt**
>
> ☐ Sonderrecht auf Geschäftsführeramt (→ Rn. 92–94)
> ☐ Sonderrecht auf Befugnis zur Einzelgeschäftsführungsbefugnis (→ Rn. 110)
> ☐ Sonderrecht auf Befugnis zur Einzelvertretungsbefugnis (→ Rn. 117)
> ☐ Zustimmungsvorbehalte zugunsten des Minderheitsgesellschafters bei Strukturmaßnahmen und wesentlichen Geschäftsführungsmaßnahmen (→ Rn. 116) bzw. qualifizierte Mehrheitserfordernisse für Gesellschafterbeschlüsse über solche Maßnahmen (→ Rn. 108, 146–147)
> ☐ Gewinnausschüttungsklauseln (→ Rn. 276–302)
> ☐ Andienungsrecht bei bestimmten Umständen (→ Rn. 218–220) bzw. Kündigungsrecht mit angemessener Abfindungsklausel (→ Rn. 323–328); ggf. Mitverkaufsrecht (→ Rn. 222)

30 Berät man Finanzinvestoren (mit Minderheitsbeteiligung), so werden typischerweise die in der nachfolgenden Checkliste aufgeführten Sonderbestimmungen diskutiert.

> **Checkliste 4: Typische Sonderbestimmungen zugunsten von Finanzinvestoren**
>
> ☐ Mehrstimmrecht (→ Rn. 75)
> ☐ Koppelung der Einlagenverpflichtung (Aufgeld/sonstige freiwillige Zuzahlung) an Erfüllung bestimmter Unternehmensziele (Milestones) (→ Rn. 80), Erhöhung der Beteiligungsquote durch Bezugsrechtsausschluss der übrigen Gesellschafter bei Ausübung des genehmigten Kapitals (→ Rn. 746)
> ☐ Einrichtung eines Aufsichtsrats zur Geschäftsführungskontrolle und Beratung (→ Rn. 155–160)
> ☐ Entsendungsrecht in den Aufsichtsrat (→ Rn. 168)
> ☐ Zustimmungsvorbehalte bei Strukturmaßnahmen und wesentlichen Geschäftsführungsmaßnahmen (→ Rn. 116)
> ☐ Informationsrecht und Berichtspflicht der Geschäftsführung (→ Rn. 136–138)
> ☐ Einziehung bzw. Verpflichtung zur Übertragung von Geschäftsanteilen von Schlüsselmitarbeiter-Gesellschaftern bei Beendigung deren Anstellungsverhältnis mit der Gesellschaft (→ Rn. 248) bzw. Ausschluss dieser Gesellschafter (→ Rn. 332/333)
> ☐ Veräußerungsbeschränkungen für Schlüsselmitarbeiter-Gesellschafter (→ Rn. 203)
> ☐ Wettbewerbsverbot für Schlüsselmitarbeiter-Gesellschafter (→ Rn. 189–194)
> ☐ Mitverkaufsrechte/Mitverkaufspflichten (→ Rn. 221–225)
> ☐ Andienungsrechte (→ Rn. 218–220)
> ☐ Vorzugsrecht bei Gewinnbezugsrechten (→ Rn. 307)
> ☐ Vorzugsrecht bei Liquidationserlös (→ Rn. 341)
> ☐ Zwang zur Prüfung des Jahresabschlusses (→ Rn. 270)
> ☐ Thesaurierungsklauseln (→ Rn. 291–296)

31 Bei Gemeinschaftsunternehmen mit zwei oder mehreren strategischen Partnern werden typischerweise die in der nachfolgenden Checkliste aufgeführten Sonderbestimmungen eine Rolle spielen.

> **Checkliste 5: Typische Sonderbestimmungen bei Gesellschaften mit strategischem Interesse in Gemeinschaftsunternehmen**
>
> ☐ Nebenleistungsverpflichtungen der Gesellschafter (→ Rn. 78–79)
> ☐ Benennungs-/Bestellungsrecht für Geschäftsführer und Abberufungsregelungen (→ Rn. 95–101)
> ☐ Einrichtung eines Aufsichtsrats/Beirats mit Entsendungsrecht (→ Rn. 155–160, 168)
> ☐ Entscheidungsprozeduren in der Geschäftsführung, der Gesellschafterversammlung und im Aufsichtsrat/Beirat und Regelungen zur Auflösung von Blockadesituationen (→ Rn. 110–112, 145–149)
> ☐ Veräußerungsbeschränkungen (einschließlich Vorkaufsrechte) (→ Rn. 196–214)
> ☐ Andienungsrechte/-pflichten bei bestimmten Umständen (→ Rn. 215–220)
> ☐ Verfahren zur Auseinandersetzung (→ Rn. 340)
> ☐ Wettbewerbsverbot (→ Rn. 189–194)
> ☐ Einziehung von Geschäftsanteilen bei bestimmten Umständen (→ Rn. 246–262)

Werden Mitarbeiter an der Gesellschaft beteiligt, so soll dies vor allem durch die Ergebnisbeteiligung der Motivationssteigerung dienen. Auf der anderen Seite soll die Beteiligung einer Vielzahl von Mitarbeitern nicht die Funktionsfähigkeit der Gesellschaft beeinträchtigen. Typischerweise soll auch die Beteiligung mit der Beendigung des arbeitsrechtlichen Anstellungsverhältnisses enden. **32**

> **Checkliste 6: Typische Sonderbestimmungen bei Beteiligung (und zu Lasten) von Mitarbeitern**
>
> ☐ Nebenleistungsverpflichtung der Mitarbeiter-Gesellschafter (z. B. Verpflichtung zur Geschäftsführung) (→ Rn. 79)
> ☐ Stimmrechtslosigkeit der Geschäftsanteile (→ Rn. 75)
> ☐ Zwang zur Bestellung eines gemeinsamen Vertreters (→ Rn. 245)
> ☐ Einziehung von Geschäftsanteilen bei Beendigung des Anstellungsverhältnisses mit der Gesellschaft (→ Rn. 248) bzw. Ausschluss (→ Rn. 332/333)
> ☐ Veräußerungsbeschränkungen (→ Rn. 203)
> ☐ Begrenzung des Abfindungsanspruchs bei Einziehung von Geschäftsanteilen/Ausschluss (→ Rn. 255)
> ☐ Ausschluss des Bezugsrechts bei künftigen Kapitalerhöhungen und genehmigtem Kapital (→ Rn. 74)
> ☐ Begrenzung/Ausgestaltung des Gewinnbezugsrechts (z. B. Tracking Stock) (→ Rn. 309–312)

Bei der Ausgestaltung von Satzungen, deren Gesellschafterkreis einer oder mehreren Familien(stämmen) zugeordnet werden können, wird typischerweise versucht, einerseits den Gesellschafterkreis vor dem Eindringen familienfremder Dritter zu schützen, andererseits die Funktionsfähigkeit der Gesellschaft nicht zu beeinträchtigen und schließlich die Finanzierungsinteressen der Gesellschaft zu beachten. **33**

> **Checkliste 7: Typische Sonderbestimmungen bei Familiengesellschaften**
>
> ☐ Sonderrechte für „Seniorgesellschafter" (z. B. Geschäftsführeramt, Einzelgeschäftsführungsbefugnis, Einzelvertretungsbefugnis, Zustimmungsvorbehalte bei Strukturmaßnahmen und wesentlichen Geschäftsführungsmaßnahmen, Entsendungsrecht in Gesellschafterausschuss/Beirat/Aufsichtsrat) (→ Rn. 92–94, 108, 110, 116, 117, 146/147, 168)

- ☐ Bestellung eines neuen „Seniorgesellschafters" nach dessen Ableben oder Ausscheiden (→ Rn. 241)
- ☐ Vorgaben für den ehelichen Güterstand der Gesellschafter (→ Rn. 232–236)
- ☐ Einrichtung eines Gesellschafterausschusses/Beirates/Aufsichtsrats (→ Rn. 155–160)
- ☐ Erfordernis der Bestellung eines gemeinsamen Vertreters (→ Rn. 245)
- ☐ Verfügungsbeschränkungen (Privilegierung von Verfügungen innerhalb eines Familienstamms bzw. an Familienangehörige i. S. v. § 15 AO) (→ Rn. 203)
- ☐ Nachfolgeregelungen bei Ableben von Gesellschaftern (→ Rn. 237–243)
- ☐ Verschwiegenheitspflicht der Gesellschafter (→ Rn. 195)
- ☐ Begrenzung der Hinzuziehung von Vertretern/Beratern zu Gesellschafterversammlungen (→ Rn. 132–135)
- ☐ Ergebnisverwendungsbestimmungen (insbes. kombinierte Ausschüttungs-/Thesaurierungsklauseln, → Rn. 302) und Vorabausschüttung (→ Rn. 303)

III. Erläuterungen zu Einzelbestimmungen

1. Firma

34 Die Firma ist der Name der Gesellschaft, unter dem diese im Handelsregister eingetragen wird und am Rechtsverkehr teilnimmt. Sie ist nach § 3 Abs. 1 Nr. 1 GmbHG wesentlicher Inhalt des Gesellschaftsvertrages, d. h. eine unzulässige Firma führt nicht nur zur Nichtigkeit der entsprechenden Regelung sondern im Zweifel zur Nichtigkeit der gesamten Satzung[78] und stellt damit nach § 9c Abs. 2 Nr. 1 GmbHG ein Hindernis für die Eintragung der Gesellschaft in das Handelsregister dar. Mit Eintragung der Gesellschaft in das Handelsregister entsteht die Gesellschaft gleichwohl in wirksamer Weise. Die Gesellschafter bleiben aber zur Änderung der Firma verpflichtet. Das Registergericht kann andernfalls entweder nach § 399 FamFG das **Amtsauflösungsverfahren** anstrengen, an dessen Ende die GmbH nach § 60 Abs. 1 Nr. 6 GmbHG aufgelöst wird, oder aber ein **Firmenmissbrauchsverfahren** nach §§ 37 Abs. 1 HGB, 392 Abs. 1 FamFG einleiten.

35 Die Regeln für die Bildung der Firma einer GmbH ergeben sich seit dem Handelsrechtsreformgesetz[79] in erster Linie aus den allgemeinen Regeln der §§ 17 ff. HGB; § 4 GmbHG ergänzt sie im Hinblick auf den für eine GmbH erforderlichen Rechtsformzusatz. Wird eine sog. Unternehmergesellschaft nach § 5a GmbHG errichtet, so muss die Firma eine entsprechende Bezeichnung enthalten.[80]

Zulässig als Firma einer GmbH sind sowohl **Sach- und Personalfirmen** als auch – seit dem 1.1.1999 – reine **Phantasiefirmen**.[81] Die Gesellschafter einer GmbH haben damit eine sehr weitgehende Gestaltungsfreiheit bei der Wahl der Firma.[82] Sie müssen dabei folgende Funktionen der Firma beachten:

36 • Eine Firma muss zunächst **Kennzeichnungskraft** aufweisen (§ 18 Abs. 1 HGB), d. h. abstrakt namensfähig sein. Dies ist immer dann der Fall, wenn eine wörtliche und aussprechbare Bezeichnung gewählt wird.[83] Nicht als Firma eintragungsfähig sind daher insbesondere Bilder und nicht aussprechbare Buchstabenfolgen,[84] aber auch das Zeichen

---

[78] Vgl. Baumbach/Hueck/*Fastrich* § 3 Rn. 22, § 4 Rn. 28 ff.
[79] BGBl. I 1998 S. 1474 ff.
[80] Zu dieser neuen, durch das MoMiG eingeführten Unterform der GmbH *Freitag/Riemenschneider* ZIP 2007, 1485 ff.; *Veil* GmbHR 2007, 1080 ff.; rechtsökonomisch *Leyendecker* GmbHR 2008, 302 ff.
[81] Hierzu z. B. Scholz/*Emmerich* § 4 Rn. 42 ff.; Übersicht bei *Müther* GmbHR 1998, 1058 ff.; *Möller* DNotZ 2000, 830 f.
[82] Bis zur Reform des Firmenrechts durch das Handelsrechtsreformgesetz unterlag die Firmenbildung zusätzlichen Anforderungen. Insbesondere musste sich die Sachfirma am Unternehmensgegenstand und die Personalfirma am Gesellschafterkreis orientieren. Vgl. zur alten Rechtslage Ulmer/Habersack/Löbbe/*Heinrich* § 4 Rn. 6 ff.
[83] BGHZ 14, 155, 159 f.
[84] Hierzu BGH BB 1997, 2611.

„@".⁸⁵ Etwas anderes gilt für Buchstaben und Ziffern, soweit sie einprägsam und klar aussprechbar sind.⁸⁶

- Eine Firma muss von der Firma anderer Unternehmen **unterscheidbar** sein (§ 18 Abs. 1 HGB). Zur Vermeidung des Risikos von Verwechslungen mit anderen Gesellschaften, insbesondere solchen, die in gleichen oder ähnlichen Branchen tätig sind,⁸⁷ sollte die Firma möglichst spezifisch und phantasievoll sein.⁸⁸ Darüber hinaus muss sich die Firma von anderen Firmen im Bereich des Handelsregisters unterscheiden, in dem sie eingetragen ist (§ 30 Abs. 1 HGB). 37

- Eine Firma darf schließlich **nicht irreführend** sein (§ 18 Abs. 2 S. 1 HGB) und damit dem Gebot der Firmenwahrheit widersprechen. Dies kann immer dann der Fall sein, wenn die Firma einen Geschäftsgegenstand oder aber auch Umfang der Geschäftstätigkeit suggeriert, der mit der tatsächlich ausgeübten Tätigkeit nicht übereinstimmt. Ein nur lokal tätiges Unternehmen darf beispielsweise nicht den Begriff „International" in seiner Firma führen. Das Irreführungsverbot ist begrenzt auf die geschäftlichen Verhältnisse, die für die angesprochenen Verkehrskreise wesentlich sind. Um die Prüfungstätigkeit des Registergerichts zu entlasten, wird die Eignung zur Irreführung vom Registergericht nach § 18 Abs. 2 S. 2 HGB außerdem nur dann berücksichtigt, wenn sie „ersichtlich" ist. 38

Zwingender Bestandteil der Firma ist der **Rechtsformzusatz**, also die Bezeichnung „Gesellschaft mit beschränkter Haftung" oder eine allgemein verständliche Abkürzung (§ 4 GmbHG), im Fall der Unternehmergesellschaft „Unternehmergesellschaft (haftungsbeschränkt" bzw. „UG (haftungsbeschränkt)" (§ 5a Abs. 1 GmbHG). Üblich ist der nachgestellte Zusatz „GmbH". Ausreichend ist allerdings auch eine Wortverbindung wie z.B. „XYZ-Warenhandelsgesellschaft mbH". Der Rechtsformzusatz kann ebenfalls an den Beginn der Firma gestellt werden. 39

Die gemäß § 29 HGB erforderliche Anmeldung der Firma zur Eintragung in das Handelsregister hat das **Registergericht in formeller und materieller Hinsicht zu prüfen**.⁸⁹ Die materielle Prüfung erstreckt sich insbesondere auf die Firmenfähigkeit des Anmelders und die Zulässigkeit der Firmenbildung. Eine genauere Prüfung findet allerdings nur statt, wenn konkrete Anhaltspunkte für die Unzulässigkeit der Firma bestehen.⁹⁰ Im Rahmen der materiellen Firmenprüfung hat der Registerrichter, der gemäß § 23 HRV (Handelsregisterverfügung)⁹¹ dafür sorgen muss, dass die gesetzlich vorgeschriebenen Eintragungen in das Handelsregister erfolgen, „bei Eintragung neuer Firmen und Firmenänderungen in der Regel, sonst in zweifelhaften Fällen, das Gutachten der Industrie- und Handelskammer einzuholen, falls dies nicht aus besonderen Gründen untunlich ist" (§ 23 Satz 2 HRV). Die entsprechende Mitwirkungspflicht der IHK ergibt sich aus § 380 FamFG. Es ist empfehlenswert und entspricht regelmäßiger Praxis in den meisten Registerbezirken, dass der beratende Anwalt oder der beurkundende Notar zum Zweck der Beschleunigung des Eintragungsverfahrens entweder vorab eine Stellungnahme der IHK einholt oder jedenfalls eine Kopie der Urkunden unmittelbar an die IHK mit der Bitte einer Stellungnahme gegenüber dem Registergericht übersendet.⁹² Zusätzlich sollte dem Registergericht mitgeteilt werden, dass eine Stellungnahme der IHK ohne gerichtliche Aufforderung erfolgen wird, um eine zeitaufwändige Übersendung der Unterlagen vom Gericht an die IHK zu vermeiden. 40

---

⁸⁵ Vgl. BayObLG GmbHR 2001, 476, m. krit. Anm. *Wachter* GmbHR 2001, 477, m. krit. Anm. *Spindler* EWiR § 18 HGB 2/2001, 729; OLG Braunschweig WRP 2001, 287, m. krit. Anm. *Mankowski* EWiR § 18 HGB 1/2001, 275; a. A. *Obergfell* CR 2000, 855, 857; *Odersky* MittBayNot 2000, 533.
⁸⁶ Vgl. die Beispiele bei Lutter/Hommelhoff/*Bayer* § 4 Rn. 18: „C&A", „Pro 7", „Bank 24", „01 051-Telecom".
⁸⁷ BGH BB 1997, 2611.
⁸⁸ Baumbach/Hueck/*Fastrich* § 4 Rn. 6 ff.
⁸⁹ RGZ 127, 153, 156; MünchKommHGB/*Krafka* § 29 Rn. 14; zur Sittenwidrigkeit einer zur Handelsregistereintragung angemeldeten Firmenänderung im Fall einer „organisierten Bestattung" einer insolventen GmbH AG Memmingen GmbHR 2004, 952 m. Anm. *Wachter*.
⁹⁰ OLG Köln GmbHR 1990, 399, 400.
⁹¹ AV des RJM über die Führung und Einrichtung des Handelsregisters, DJ 1937, 1251, abgedruckt in *Baumbach/Hopt* Handelsgesetzbuch, (4) HRV.
⁹² *Ulbert*, Die GmbH im Handelsregisterverfahren, S. 13.

41 Eine GmbH kann auch eine fremde Firma nach Maßgabe von § 22 HGB bei Übernahme eines Handelsgeschäfts (jedenfalls seiner wesentlichen Bestandteile) fortführen. Entscheidet sich die GmbH zur **Firmenfortführung,** so sind grundsätzlich nur unwesentliche Änderungen dieser Firma, die das Firmenerscheinungsbild als ganzes nicht berühren, zulässig.[93] Da die GmbH nur eine Firma führen kann, nötigt die Entscheidung zur Fortführung zur Aufgabe der bisherigen Firma,[94] wobei die überwiegende Meinung eine Vereinigung beider Firmen dann für zulässig erachtet, wenn das übernommene Handelsgeschäft mit dem bisherigen Unternehmen der GmbH verbunden wird.[95] Zu beachten ist jedoch, dass nach §§ 25, 27 HGB die Fortführung der alten Firma eine Haftung für alle in dem übernommenen Handelsgeschäft begründeten Verbindlichkeiten zur Folge hat. Dies gilt auch bei Änderung und Zusätzen im Rahmen des Zulässigen.

42 Enthält die Firma den Namen eines Gesellschafters und scheidet später dieser Gesellschafter aus der Gesellschaft aus, so ist die Gesellschaft im Zweifel berechtigt, die Firma fortzuführen,[96] und diese sogar mit dem gesamten Unternehmen (nicht jedoch nur mit einer Zweigniederlassung) weiterzuveräußern.[97] Eine abweichende Regelung wäre in der Satzung vorzusehen.

> **Formulierungsvorschlag:**
> Scheidet ein Gesellschafter (auch durch Tod) aus der Gesellschaft aus, kann er bzw. seine Erben verlangen, dass sein Name in der Firma gelöscht wird.

> **Alternative:**
> Scheidet ein Gesellschafter (auch durch Tod) aus der Gesellschaft aus, kann er bzw. seine Erben nicht verlangen, dass sein Name in der Firma gelöscht wird, soweit die Gesellschaft mit dem ausscheidenden Gesellschafter bzw. seinen Erben keine anderweitige Vereinbarung trifft.

2. Sitz

43 Der Sitz einer GmbH ist in der Satzung zu bestimmen (§ 4a GmbHG). Die Regelung ist nach § 3 Abs. 1 Nr. 1 GmbHG zwingender Satzungsbestandteil. Der statutarische Gesellschaftssitz ist vor allem für die Zuständigkeit des Registergerichts (§ 7 Abs. 1 GmbHG), des Prozessgerichts (§ 17 ZPO) und des Insolvenzgerichts (§§ 3, 4 InsO) von Bedeutung; normalerweise sollen an diesem Ort auch die Gesellschafterversammlungen abgehalten werden.[98]

44 Durch Streichung des § 4a Abs. 2 GmbHG a. F. kann seit In-Kraft-Treten des MoMiG nunmehr **ein vom tatsächlichen Verwaltungssitz abweichender Satzungssitz** gewählt werden, der jedoch nach wie vor im Inland liegen muss.[99] Der **Verwaltungssitz** kann hingegen auch **im Ausland** liegen.[100] Zu beachten ist in diesem Zusammenhang jedoch die Pflicht nach § 8 Abs. 4 Nr. 1 GmbHG, demzufolge in der Handelsregisteranmeldung eine inländische Geschäftsanschrift der Gesellschaft anzugeben ist, welche insbesondere im Fall eines ausländi-

---

[93] Hierzu GroßkommHGB/*Hüffer* § 22 Rn. 44; *Baumbach/Hopt* HGB § 22 Rn. 15 ff.; Baumbach/Hueck/ *Fastrich* § 4 Rn. 21; Ulmer/Habersack/Löbbe/*Heinrich* § 4 Rn. 57 ff.
[94] OLG Stuttgart BB 1983, 1688.
[95] Baumbach/Hueck/*Fastrich* § 4 Rn. 22; Ulmer/Habersack/Löbbe/*Heinrich* § 4 Rn. 59; *Roth/Altmeppen* § 4 Rn. 41; einschränkend Scholz/*Emmerich* § 4 Rn. 50 ff.
[96] BGHZ 58, 322; Ulmer/Habersack/Löbbe/*Heinrich* § 4 Rn. 62.
[97] BGH WM 1983, 149; BGH WM 1980, 1360.
[98] Die Rspr. leitet dies aus einer entsprechenden Anwendung von § 121 Abs. 4 S. 1 AktG ab, BGH WM 1985, 567, 568.
[99] Gleiches gilt nach § 5 AktG n. F. für die AG. Zur Rechtslage vor In-Kraft-Treten des MoMiG vgl. Vorauflage sowie ausführlich *Kögel* GmbHR 1998, 1108, 1109 ff.
[100] Vgl. MoMiG Gesetzesbegründung BT-Drucks. 16/6140 S. 29; ausführlich *Peters* GmbHR 2008, 245 ff.; *Fingerhuth/Rumpf* IPRax 2008, 90 ff.

schen Verwaltungssitzes die Zustellung von Erklärungen an die Gesellschaft sicherstellen soll.[101] Zwingender Satzungsbestandteil ist lediglich der Satzungssitz (§ 3 Abs. 1 Nr. 1 GmbHG). Damit die Gesellschaft die vom Gesetzgeber intendierte Flexibilität bei der Unternehmensmobilität nutzen kann, sollte davon abgesehen werden, den tatsächlichen Verwaltungssitz in die Satzung aufzunehmen; andernfalls wäre für die Verlegung nämlich stets eine Satzungsänderung erforderlich. Bei der Verlegung des tatsächlichen Verwaltungssitzes ins Ausland handelt es sich nicht um eine bloße Geschäftsführungsmaßnahme der Geschäftsführer, sodass ein Gesellschafterbeschluss notwendig ist.[102] Dieser kann jedoch auch – was allerdings selten der Interessenlage der Gesellschafter entsprechen wird – antizipiert erfolgen, indem der Geschäftsführer in der Satzung zur Verlegung des tatsächlichen Verwaltungssitzes ermächtigt wird.

> **Formulierungsvorschlag:**
> Satzungsmäßiger Sitz der Gesellschaft ist [Ort]. Der Sitz der Verwaltung der Gesellschaft ist nicht an den satzungsmäßigen Sitz gebunden. Dem/den Geschäftsführer/n der Gesellschaft steht es frei, den Sitz der Verwaltung sowohl innerhalb des Gebiets der Bundesrepublik Deutschland als auch ins Ausland zu verlegen.

Als Satzungssitz kann grundsätzlich nur *ein* bestimmter Ort (im Sinne einer politischen Gemeinde) innerhalb der Bundesrepublik Deutschland gewählt werden.[103] Auch hierdurch sollen Gläubigerschutz, postalische Erreichbarkeit der Gesellschaft und eine effektive Registerführung gewährleistet werden.

Die GmbH kann ihren **Satzungssitz** durch Änderung der Satzung **innerhalb der Bundesrepublik Deutschland verlegen**.[104] Der Verwaltungssitz kann darüber hinaus – wie sich aus der Streichung des § 4a Abs. 2 GmbHG a. F. ergibt – auch ins Ausland verlegt werden.[105] Demgegenüber entspricht es weiter der herrschenden Meinung in Rechtsprechung und Literatur, dass die identitätswahrende Satzungssitzverlegung ins Ausland nicht möglich ist und zur Auflösung einer GmbH in Deutschland (mit Schlussbesteuerung nach §§ 11, 12 KStG) führt.[106] Im Fall des „Verwaltungssitzzuzugs" ausländischer Kapitalgesellschaften nach Deutschland ist bereits durch die EuGH-Judikatur in den Entscheidungen *Centros*,[107] *Überseering*,[108] *Inspire Art*[109] und *SEVIC*[110] anerkannt, dass der Zuzugsstaat der zuziehenden Gesellschaft keine gegenüber Inlandsgesellschaften hinausgehenden Anforderungen auferlegen darf, da sonst ein Verstoß gegen die Niederlassungsfreiheit aus Art. 43, 48 EGV vorliegt. Zuziehende ausländische Kapitalgesellschaften aus Drittstaaten außerhalb des EWR können sich hingegen im Grundsatz nicht auf die Niederlassungsfreiheit berufen.[111] Eine

---

[101] Vgl. MoMiG Gesetzesbegründung BT-Drucks. 16/6140 S. 35 f. – Bei Änderung der Anschrift ergibt sich eine entsprechende Anmeldepflicht nunmehr aus § 31 HGB.
[102] Scholz/*U. H. Schneider/S. H. Schneider* § 37 Rn. 18, der die Verlagerung der Produktion ins Ausland als ungewöhnliche Maßnahme qualifiziert.
[103] Baumbach/Hueck/*Fastrich* § 4a Rn. 3 m. w. N.
[104] Die Verlegung des Satzungssitzes ins Ausland ist nicht möglich: *Franz/Laeger* BB 2008, 678 f.; *Leuering* NJW-Spezial 2008, 111 f. Diese Einschränkung der sog. „Wegzugsfreiheit" ist mit der Niederlassungsfreiheit (Art. 43, 48 EGV) vereinbar; vgl. EuGH v. 16.12.2008 – Rs. C-210/06 – Cartesio, ZIP 2009, 24; hierzu *Seibt* FAZ v. 24.12.2008, S. 23.
[105] Hierzu → Rn. 44.
[106] BayObLG GmbHR 1992, 529, 530; OLG Hamm GmbHR 2001, 440; OLG Düsseldorf GmbHR 2001, 438; Scholz/*Westermann* Einl. Rn. 152 ff.; a. A. Scholz/*Schmidt/Bitter* § 60 Rn. 13a: im Zweifel nur nichtiger Satzungsänderungsbeschluss.
[107] EuGH GmbHR 1999, 474 – Centros.
[108] EuGH RIW 2202, 954 – Überseering.
[109] EuGH BB 2003, 2195 ff. – Inspire Art.
[110] EuGH IPRax 2006, 596 – SEVIC.
[111] Die Niederlassungsfreiheit gilt auch für die EFTA-Staaten durch den EWR-Vertrag, vgl. *Fingerhuth/Rumpf* IPRax 2008, 90, 91. Zwischen den USA und Deutschland besteht durch den deutsch-amerikanischen Freundschaftsvertrag vom 29.10.1954 die gegenseitige Pflicht zur Anerkennung der Gesellschaften des jeweils anderen Staates; vgl. BGH DStR 2004, 2113; BGH NJW-RR 2004, 1618; BGH NJW 2003, 1607.

allgemeine Gleichstellung von Nicht-EWR-Unternehmen könnte zukünftig in diesem Bereich Art. 10 Abs. 1 EGBGB-E (in der Fassung des Referentenentwurfs vom 7.1.2008)[112] schaffen, der die „Gründungstheorie" in Deutschland kodifiziert.[113]

3. Gesellschaftszweck; Unternehmensgegenstand

47   Der **Gesellschaftszweck** ist das gemeinsame Ziel, das mit dem Zusammenschluss der Gesellschafter verfolgt wird. Dabei kann eine GmbH erwerbswirtschaftliche, sonstige wirtschaftliche und ideelle Zwecke (z. B. gemeinnützige Zwecke i. S. d. Abgabenordnung)[114] verfolgen.[115] Im Gegensatz zum Unternehmensgegenstand, der die Mittel zur Erreichung des Gesellschaftszwecks umschreibt, muss der Gesellschaftszweck in der Satzung nicht genannt werden.[116]

48   Der **Unternehmensgegenstand** gehört demgegenüber nach § 3 Abs. 1 Nr. 2 GmbHG zum notwendigen Inhalt der Satzung, so dass Mängel für die Gesellschaft ein Eintragungshindernis nach § 9c Abs. 2 Nr. 1 GmbHG bilden. Er gibt das konkret-abstrakte Betätigungsfeld einer Gesellschaft an. Im Verhältnis zum allgemeinen Rechtsverkehr soll er – insbesondere über die Eintragung ins Handelsregister – Aufschluss über den Schwerpunkt der Geschäftstätigkeit geben.[117] Im Gesellschaftsinnenverhältnis bindet er die Geschäftsführer (§ 37 Abs. 1 GmbH) zur Gesellschafterversammlung durch die Begrenzung deren Geschäftsführungsbefugnis[118] und dient damit mittelbar auch dem (Minderheiten-)Gesellschafterschutz.[119]

49   Eine im Verhältnis zum tatsächlich ausgeübten Tätigkeitsbereich der Gesellschaft zu enge Formulierung des Unternehmensgegenstands behindert die Geschäftsführung und setzt diese Haftungs- und Abberufungsrisiken aus.[120] Minderheitsgesellschafter können wegen eines den Unternehmensgegenstand überschreitenden Geschäftsführerhandelns gegen die Gesellschaft auf Unterlassung klagen.[121] Eine zu weite Fassung des Unternehmensgegenstands begründet – vor allem für die Minderheit – das Risiko einer vom Gesellschafterwillen abgelösten Geschäftsführung und setzt die Geschäftsführung der Gefahr der Verletzung des gesetzlichen Wettbewerbsverbots aus.[122] Aus der durch das MoMiG erfolgten Streichung der Vorlegungspflicht von Genehmigungsurkunden bei der Anmeldung durch Aufhebung der bisherigen §§ 8 Abs. 1 Nr. 6 GmbHG und § 37 Abs. 4 Nr. 5 AktG wird teilweise[123] – allerdings zu unrecht – gefolgert, dass der Unternehmensgegenstand nur noch sehr allgemein zu umschreiben sei, obwohl die ursprünglich vorgesehene Mustersatzung, die eine Auswahlliste vorsah (Handel, Produktion oder Dienstleistung), nicht Gesetz geworden ist. Eine zu enge oder zu weite Bestimmung des Unternehmensgegenstands ist auf den Umfang der Vertretungsmacht der Geschäftsführung nach außen ohne jeden Einfluss (§ 37 Abs. 2 GmbHG). Schließlich ist die Wechselwirkung zwischen Unternehmensgegenstand und Wettbewerbsverbot des Gesellschafters zu berücksichtigen. Schadenersatzansprüche sowie verdeckte

---

[112] Vgl. RefE Gesetz zum Internationalen Privatrecht der Gesellschaften, Vereine, und juristischen Personen, S. 8; ausführlich *Wagner/Timm* IPRax 2008, 81 ff.; *Fingerhuth/Rumpf* IPRax 2008, 90, 96.
[113] *Franz/Laeger* BB 2008, 678, 682; *Leuering* NJW-Spezial 2008, 111. – gegen eine Vorwirkung von Art. 10 Abs. 1 EGBGB-E für Schweiz. AG mit Verwaltungssitz in Deutschland BGH v. 27.10.2008 – II ZR 158/06, DB 2008, 2825.
[114] Zur Satzungsgestaltung bei einer gemeinnützigen GmbH *Neumayer* GmbH-StB 1998, 146 ff.; *Dahlbender* GmbH-StB 2006, 17 ff.
[115] Zu den zulässigen Zwecken z. B. Scholz/*Emmerich* § 1 Rn. 4 ff.
[116] Vgl. Scholz/*Emmerich* § 1 Rn. 3; Baumbach/Hueck/*Fastrich* § 1 Rn. 5.
[117] Vgl. BGH 1981, 163, 164; Ulmer/Habersack/Löbbe/*Ulmer/Löbbe* § 3 Rn. 15; Baumbach/Hueck/*Fastrich* § 3 Rn. 7.
[118] Vgl. zur Pflichtwidrigkeit des Organhandelns bei Betrieb unternehmenszweckswidriger Geschäfte BGH NZG 2013, 293 ff.
[119] Vgl. Baumbach/Hueck/*Fastrich* § 3 Rn. 7; *Streuer* GmbHR 2002, 407, 408.
[120] Scholz/*Priester/Veil* § 53 Rn. 34; *Sina* GmbHR 2001, 661.
[121] Scholz/*Priester/Veil* § 53 Rn. 34; *Sina* GmbHR 2001, 661.
[122] Vgl. *Streuer* GmbHR 2002, 407, 408, 409 ff.
[123] *Hirte* ZinsO 2008, 933, 936.

Gewinnausschüttung scheiden nämlich nur dann von vorneherein aus, wenn das Gesellschafter-Wettbewerbsverhalten außerhalb des Unternehmensgegenstandes stattfindet.[124]

Anzugeben ist der **Schwerpunkt der Tätigkeit der Gesellschaft in seiner konkreten Ausprägung**, die eine Individualisierung und Zuordnung zu einem Geschäftsbereich bzw. einem nichtwirtschaftlichen Bereich zulässt.[125] Eine Orientierungshilfe kann § 23 Abs. 3 Nr. 2 AktG bieten, der für Industrie- und Handelsunternehmen die Angabe der Art der Erzeugnisse und Waren verlangt, die hergestellt und gehandelt werden sollen. Nicht ausreichend sind demnach allgemeine Formulierungen wie Hinweise auf das „Betreiben von Handelsgeschäften"[126] oder „Produktion und Vertrieb von Waren aller Art".[127] Der Unternehmensgegenstand einer Komplementär-GmbH einer Kommanditgesellschaft ist nur hinreichend bestimmt, wenn sowohl auf die Beteiligung an der Kommanditgesellschaft und die Übernahme der KG-Geschäftsführung durch die GmbH hingewiesen als auch der Unternehmensgegenstand der Kommanditgesellschaft selbst bezeichnet wird.[128]

> **Formulierungsvorschlag:**
> Gegenstand des Unternehmens ist die Beteiligung als persönlich haftende Gesellschafterin an der ...... GmbH & Co. KG mit dem Sitz in ......, die ...... zum Gegenstand hat.

Eine zulässige Ausnahme vom Konkretisierungserfordernis für den Unternehmensgegenstand stellen die Anforderungen bei **sog. Vorratsgesellschaften** dar. Dabei handelt es sich um Gesellschaften, die nicht gegründet werden, um einen aktiven Geschäftsbetrieb aufzunehmen. Vielmehr sollen sie in der Regel einen Erwerber von dem bei einer Gründung bis zur Eintragung der Gesellschaft in das Handelsregister erforderlichen Zeitaufwand entlasten. Die Gründung solcher Gesellschaften wird mittlerweile zu Recht allgemein für zulässig gehalten,[129] muss aber durch eine entsprechende Formulierung des Unternehmensgegenstands offengelegt werden, der den Gegenstand einer solchen Gesellschaft auf die Verwaltung eigenen Vermögens beschränkt.

> **Formulierungsvorschlag:**
> Gegenstand des Unternehmens ist die Verwaltung eigenen Vermögens.

Üblich ist es, nach der Umschreibung des Hauptgegenstandes der Tätigkeit der Gesellschaft erweiternde **Zusätze** aufzunehmen (z.B. „... und alle Geschäfte, die dem Gesellschaftszweck unmittelbar oder mittelbar zu dienen geeignet sind", „... und damit verwandte Geschäfte"). Solche Zusätze sind zwar nicht zwingend erforderlich, stellen aber klar, dass die Geschäftsführung im Rahmen des Unternehmensgegenstandes flexibel handeln kann.[130] Die Aufnahme negativer Abgrenzungen zum Tätigkeitsbereich der Gesellschaft (z.B. „... ausgenommen sind erlaubnispflichtige Geschäfte") sind wegen der ersatzlosen Streichung von § 8 Abs. 1 Nr. 6 GmbHG, welcher die Eintragung der Gesellschaft ins Han-

---

[124] Zum Wettbewerbsverbot → Rn. 189–194.
[125] BGH WM 1981, 163, 164; BayObLG DB 1993, 2225; BayObLG BB 1994, 1811; OLG Frankfurt/Main DB 1980, 75; Baumbach/Hueck/*Fastrich* § 3 Rn. 8.
[126] BayObLG DB 1995, 1801.
[127] BayObLG BB 1994, 1811.
[128] BayObLG NJW 1976, 1694; OLG Hamburg BB 1968, 267; *Sachs* DNotZ 1976, 355; offen gelassen allerdings bei BayObLG DB 1995, 1801. Die überwiegende Literatur hält die Angabe des KG-Unternehmensgegenstands für entbehrlich, Ulmer/Habersack/Löbbe/*Ulmer/Löbbe* § 3 Rn. 20; Baumbach/Hueck/*Fastrich* § 3 Rn. 9; Lutter/Hommelhoff/*Bayer* § 3 Rn. 7; Scholz/*Emmerich* § 3 Rn. 17; MünchHdbGesR III/*Heidinger* § 19 Rn. 90.
[129] BGHZ 117, 323 (für eine AG), vgl. auch Baumbach/Hueck/*Fastrich* § 3 Rn. 11 m.w.N.
[130] So auch Baumbach/Hueck/*Fastrich* § 3 Rn. 8; Ulmer/Habersack/Löbbe/*Ulmer/Löbbe* § 3 Rn. 19; MünchHdbGesR III/*Heidinger* § 19 Rn. 91.

delsregister vom Vorliegen behördlicher Genehmigungen abhängig machte, nun nicht mehr erforderlich.[131] Dabei ist lediglich das Vorliegen der Genehmigung zum Zeitpunkt der Eintragung der Gesellschaft ins Handelsregister (nicht während des Geschäftsbetriebs!) entbehrlich, so dass insofern die Versicherung genügen wird, dass die entsprechende Genehmigung bei der zuständigen Stelle beantragt wurde. Das Betreiben des jeweiligen Unternehmens ohne die erforderlichen Genehmigungen kann indessen empfindliche Folgen wie etwa die Löschung der Gesellschaft von Amts wegen sowie deren zwangsweise Auflösung haben.[132] Nach überwiegender Auffassung sind nicht näher bestimmte Öffnungsklauseln (z. B. „gestattet ist jede andere erwerbswirtschaftliche Tätigkeit, auch in anderen Branchen") nicht zulässig.[133]

53 Es wird häufig empfehlenswert sein, bereits im Unternehmensgegenstand klarzustellen, ob die Gesellschaft (d. h. dann grundsätzlich die Geschäftsführung) auch zur Gründung von Beteiligungsgesellschaften und zum Erwerb von Beteiligungen sowie zur Konzernbildung (sog. **Konzernbildungsklauseln**) berechtigt ist.[134] Dabei sollte die Gesellschaft bei Bedarf sicherheitshalber auch dazu ermächtigt werden, den Unternehmensgegenstand auf das Halten und Verwalten von Beteiligungen in Form einer bloßen Holding-Gesellschaft zu beschränken (sog. qualifizierte Konzernbildungsklausel), wie es für die Satzung einer AG vielfach gefordert wird.[135] Auch im Hinblick auf den Abschluss von Unternehmensverträgen sollte die Satzung Ermächtigungen enthalten, wobei eine allgemeine Satzungsbestimmung weder bei dem herrschenden noch gar beim abhängigen Unternehmen den notwendigen Gesellschafterbeschluss entbehrlich macht.[136]

> **Formulierungsvorschlag:**
>
> Die Gesellschaft ist berechtigt, im In- und Ausland gleichartige oder ähnliche Unternehmen oder sonstige Unternehmen, die der Erreichung des Gesellschaftszweckes dienen, zu gründen, zu erwerben, sich an solchen zu beteiligen oder deren Vertretung in jeder Rechtsform zu übernehmen und Unternehmensverträge abzuschließen. Sie kann sich auch auf die Verwaltung der Beteiligungen beschränken. Die Gesellschaft kann Zweigniederlassungen im In- und Ausland errichten und unterhalten. Sie ist berechtigt, ihre Geschäftstätigkeit auch durch Tochter-, Beteiligungs- und Gemeinschaftsunternehmen auszuüben und Betriebe ganz oder teilweise auf verbundene Unternehmen auszugliedern oder verbundenen Unternehmen zu überlassen.

54 Umgekehrt kann es sich im Einzelfall auch anbieten, durch entsprechende Satzungsbestimmung beim Unternehmensgegenstand klarzustellen, dass die Gesellschaft ihr Unternehmen auch in der **Rolle einer abhängigen Gesellschaft** führen kann. Denn in der gesellschaftsrechtlichen Literatur wird vertreten, dass die Begründung der Abhängigkeit i. S. v. § 17 AktG den Unternehmensgegenstand verändere und hierfür eine Satzungsänderung notwendig sei.[137]

> **Formulierungsvorschlag:**
>
> Die Gesellschaft kann ihr Unternehmen auch als abhängige Gesellschaft i. S. v. § 17 AktG führen.

---

[131] Zur früheren Rechtslage vgl. Vorauflage sowie Scholz/*Emmerich* § 3 Rn. 15 m. w. N.
[132] Vgl. *Mohr* GmbH-StB 2006, 206.
[133] Scholz/*Emmerich* § 3 Rn. 15; *Tieves* Unternehmensgegenstand S. 132 ff.; *Strener* GmbHR 2002, 407, 408 f.; a. A. *Sina* GmbHR 2001, 661, 663.
[134] Die Beteiligung an anderen Unternehmen hält im Rahmen des Unternehmensgegenstandes nicht für erforderlich OLG Frankfurt GmbHR 1987, 231; Scholz/*Priester/Veil* § 53 Rn. 120; Haunhorst/Schmidt/*Haunhorst* GmbH Rn. 43; *Sina* GmbHR 2001, 661, 662; einschränkend Scholz/*Emmerich* § 3 Rn. 15 und Anh. Konzernrecht Rn. 62 ff.; offen gelassen bei BGHZ 83, 122, 130 – Holzmüller.
[135] Vgl. MünchHdbGesR IV/*Wiesner* § 9 Rn. 17; Happ/*Pühler* Ziff. 1.01 Rn. 9 (S. 42 f.) jeweils m. w. N.
[136] Hierzu *Priester* DB 1989, 1013 ff.
[137] Vgl. z. B. *Kallmeyer* GmbHR, 2001, 745, 746; a. A. Emmerich/*Habersack*, Aktien- und GmbH-Konzernrecht, 5. Aufl. 2008, Anh. § 318 Rn. 20 f.

Eine solche Regelung erübrigt sich allerdings, wenn die Übertragung von Geschäftsanteilen an die Zustimmung der übrigen Gesellschafter oder an einen mit qualifizierter Mehrheit (mindestens 75%) gefassten Gesellschafterbeschluss gebunden ist, da eine derartige Regelung den gleichen Übernahme- und Konzerneingangsschutz bewirkt.

4. Stammkapital, Geschäftsanteile und Nebenleistungspflichten

a) **Stammkapital.** Das nach §§ 3 Abs. 1 Nr. 3, 5 Abs. 1 GmbHG als zwingender Bestandteil in die Satzung aufzunehmende Stammkapital bildet das bei der Gründung oder einer Kapitalerhöhung von den Gesellschaftern aufzubringende (Mindest-)Vermögen der Gesellschaft. Das Stammkapital muss als Festbetrag in Euro angegeben werden; eine Nennung in anderen Urkunden, z. B. der Handelsregisteranmeldung, genügt nicht.[138] Ferner ist es nicht ausreichend, anstelle des Stammkapitals lediglich die einzelnen Geschäftsanteile ohne ihre Summe oder einen lediglich ungefähren oder einen Höchstbetrag des Stammkapitals in der Satzung aufzuführen.[139]

Die wesentliche **Funktion der Stammkapitalangabe** besteht darin, den Gläubigern der Gesellschaft als Haftungsmasse zur Verfügung zu stehen. Durch Aufbringung des Stammkapitals sollen die Gesellschafter sich grundsätzlich von ihrer Finanzierungsverpflichtung für die Gesellschaft befreien können. Die Kehrseite dieses „Privilegs" stellen umfangreiche Vorschriften über die Aufbringung des Stammkapitals[140] und Kapitalerhaltung[141] dar.

Das Stammkapital muss mindestens 25.000,– EUR betragen[142] und soll grundsätzlich für den Geschäftsbetrieb der Gesellschaft und die mit ihm im Zusammenhang stehenden Verlustrisiken angemessen sein.[143] Dabei kommt es nicht darauf an, dass allein der Nennbetrag des Stammkapitals ausreichend ist. Die Gesellschafter können die Gesellschaft auch durch Leistung von Aufgeldern bei der Übernahme von Einlageverpflichtungen, durch Einlagen ohne Ausgabe von Geschäftsanteilen und Darlehen finanzieren. Die besondere Finanzierungsverantwortung der Gesellschafter kommt post MoMiG nur noch in der Insolvenz der Gesellschaft zum Ausdruck. Zum einen ist von einem Gesellschafter gewährtes Fremdkapital gem. § 39 Abs. 1 Nr. 5, Abs. 4, 5 InsO nachrangig, zum anderen können zur Befriedigung oder Besicherung entsprechender Darlehensansprüche führende Rechtshandlungen nach Maßgabe von § 135 InsO angefochten werden. Praktisch nicht durchgesetzt haben sich hingegen Forderungen in der Literatur, die Gesellschafter im Falle einer **materiellen Unterkapitalisierung** der Gesellschaft für Verluste verantwortlich zu machen. Auf der Grundlage der hierzu vertretenen Auffassungen wären die Gesellschafter in Abhängigkeit von den von einer Gesellschaft verfolgten Zwecken verpflichtet, den Nennbetrag des Stammkapitals in einer bestimmten Höhe festzulegen.[144] Diesen Überlegungen ist die Rechtsprechung jedoch ausdrücklich nicht gefolgt, die weder ein generelles Haftungsinstitut der materiellen Unterkapitalisierung anerkennt noch in diesen Fällen den Anwendungsbereich des Instituts des existenzvernichtenden Eingriffs eröffnet wissen möchte. Ob daneben im Rahmen des grundsätzlich anwendbaren § 826 BGB Anlass und Raum ist für die Bildung einer eigenständigen Fallgruppe der „Haftung wegen materieller Unterkapitalisierung einer GmbH", hat der BGH offen gelassen.[145] Einen allgemeinen Grundsatz, dass die Gesellschafter in

---

[138] Baumbach/Hueck/*Fastrich* § 3 Rn. 15; MünchHdbGesR III/*Heidinger* § 19 Rn. 95.
[139] So auch Scholz/*Emmerich* § 3 Rn. 48 f.; Lutter/Hommelhoff/*Bayer* § 3 Rn. 39; Rowedder/Schmidt-Leithoff/*Schmidt-Leithoff* § 3 Rn. 15; MünchHdbGesR III/*Heidinger* § 19 Rn. 95; a. A. Baumbach/Hueck/ *Fastrich* § 3 Rn. 15; Ulmer/Habersack/Löbbe/*Ulmer/Löbbe* § 3 Rn. 26.
[140] Siehe nachfolgend → § 3.
[141] Siehe nachfolgend → § 4.
[142] Die im Rahmen des MoMiG diskutierte Absenkung auf 10.000,– EUR wurde wegen der Möglichkeit der Errichtung einer sog. Unternehmergesellschaft (haftungsbeschränkt) wieder aufgegeben, vgl. Begründung des Rechtsausschusses des Bundestags, BT-Drucks. 16/9737 S. 94 f.
[143] BGHZ 31, 258, 268.
[144] Ulmer/Habersack/Löbbe/*Raiser* § 13 Rn. 138 ff.; Scholz/*Bitter* § 13 Rn. 143 ff.; Lutter/Hommelhoff/ Lutter/*Bayer* § 13 Rn. 20 ff. Ablehnend insbesondere BGHZ 68, 312.
[145] BGH NZG 2008, 547 ff. – GAMMA.

Fällen einer Unterkapitalisierung ihrer Gesellschaft für deren Verbindlichkeiten haften müssten, wäre im Übrigen auch nicht mit dem Grundsatz der Selbständigkeit der GmbH als juristischer Person im Verhältnis zu ihren Gesellschaftern (sog. **Trennungsprinzip**) vereinbar. Eine persönliche Haftung der Gesellschafter einer GmbH kommt daher nur in bestimmten, von der Rechtsprechung entwickelten Fallkonstellationen in Betracht.[146]

58   b) **Geschäftsanteile.** Jeder Gesellschafter muss bei Gründung einer GmbH einen Geschäftsanteil übernehmen, dessen Nennbetrag auf volle Euro lauten muss (§ 5 Abs. 2 GmbHG); die Mindeststammeinlage beträgt – anstatt zuvor 100,- EUR nunmehr einen Euro. Ein Gesellschafter kann jetzt bereits bei Errichtung der GmbH mehrere Geschäftsanteile – auch mit unterschiedlichen Nennbeträgen – übernehmen. Die Summe der Nennbeträge der Geschäftsanteile muss dem Stammkapital gleichkommen.

59   In der Satzung sind bei Gründung der Gesellschaft sowohl die Gesellschafter als auch die Nennbeträge der von ihnen übernommenen Geschäftsanteile genau zu bezeichnen. Die Geschäftsanteile sind zur Gewährleistung des sachenrechtlichen Bestimmtheitsgrundsatzes durchgehend zu nummerieren (§ 8 Abs. 1 Nr. 3 GmbHG). Bei der Festsetzung von Bareinlagen können diese nachträglich im Rahmen einer Satzungsänderung gestrichen werden, wenn sie erfüllt worden sind.

60   *aa) Geldeinlage.* Die Satzungsbestimmungen über Geldeinlagen der Gesellschafter weisen keine Besonderheiten auf.

> **Formulierungsvorschlag:**
> 1. Das Stammkapital der Gesellschaft beträgt 100.000,- EUR (in Worten: Euro einhunderttausend).
> 2. Auf das Stammkapital übernehmen:
>   - Herr A (i) einen Geschäftsanteil im Nennbetrag von 25.000,- EUR (in Worten: Euro fünfundzwanzigtausend) (Geschäftsanteil 1) sowie (ii) einen Geschäftsanteil im Nennbetrag von 25.000,- EUR (in Worten: Euro fünfundzwanzigtausend) (Geschäftsanteil 2);
>   - Frau B einen Geschäftsanteil im Nennbetrag von 25.000,- EUR (in Worten: Euro fünfundzwanzigtausend) (Geschäftsanteil 3);
>   - C GmbH einen Geschäftsanteil im Nennbetrag von 25.000,- EUR (in Worten: Euro fünfundzwanzigtausend) (Geschäftsanteil 4).
> 3. Die Einlagen werden in Geld erbracht.

61   Zum Zeitpunkt der Handelsregisteranmeldung müssen die zur Leistung von Geldeinlagen verpflichteten Gesellschafter mindestens ein Viertel des auf den Nennbetrag ihrer Geschäftsanteile entfallenden Betrages, insgesamt jedoch mindestens die Hälfte der auf sämtliche Geschäftsanteile entfallenden Nennbeträge an die Gesellschaft leisten (§ 7 Abs. 2 GmbHG). Abweichend davon darf bei der mit dem MoMiG eingeführten Unternehmergesellschaft die Anmeldung erst erfolgen, wenn das Stammkapital in voller Höhe eingezahlt ist (§ 5a Abs. 2 S. 1 GmbHG). Ohne eine besondere Satzungsregelung kann die Gesellschafterversammlung nach § 46 Nr. 2 GmbHG jederzeit über die Einforderung der restlichen Bareinlage entscheiden. Die **Einlageforderung** wird dann im Zeitpunkt des Beschlusses[147] bzw. – soweit der betreffende Gesellschafter nicht bei Fassung des Beschlusses anwesend war – in dem Moment fällig, in dem die Geschäftsführung die Zahlungsanforderung dem Gesellschafter mitteilt.[148] In der Regel enthält die Satzung aber genaue Regelungen, wann und in welchem Umfang Bareinlagen zur Zahlung fällig sind. In diesem Zusammenhang bietet sich auch die Regelung der Verzugsfolgen an.

---

[146] Vgl. Baumbach/Hueck/*Fastrich* § 13 Rn. 10 ff.; siehe auch BGHZ 173, 246 = NJW 2007, 2689 – Trihotel; BGHZ 151, 181 = NJW 2002, 3024 – KBV; BGHZ 149, 10 = NJW 2001, 3622 – Bremer Vulkan; BGH BB 2002, 1012.
[147] OLG Dresden GmbHR 1999, 233.
[148] Scholz/*Veil* § 19 Rn. 13; Lutter/Hommelhoff/*Bayer* § 46 Rn. 12.

> **Formulierungsvorschlag:**
>
> Die Einlagen sind in Geld zu erbringen und [sofort in voller Höhe/sofort zur Hälfte und hinsichtlich des Restbetrags am 1.10.2008/sofort zu einem Viertel und im Übrigen nach einem Beschluss der Gesellschafterversammlung auf Anforderung durch die Geschäftsführung] zur Zahlung fällig.
> Gerät der Gesellschafter mit seiner Einlageverpflichtung in Verzug, so schuldet dieser Verzugszinsen in Höhe von 8% p.a. [5% p.a. im Fall eines Verbrauchers] über dem jeweiligen Basiszinssatz der Europäischen Zentralbank. [Der Gesellschafter muss ferner eine Vertragsstrafe in Höhe von 5.000,– EUR für jeden Fall der Säumnis leisten. Die Rechte der Gesellschafter aus § 21 GmbHG (Kaduzierung) bleiben unberührt.

Möglich ist außerdem, die **Einforderungskompetenz** an die Geschäftsführung zu übertragen. Eine solche Bestimmung muss insbesondere hinreichend klar sein.[149] **62**

> **Formulierungsvorschlag:**
>
> Die ausstehenden Einlagen können von der Geschäftsführung ohne einen weiteren Beschluss der Gesellschafterversammlung im Verhältnis der Größe ihrer Geschäftsanteile von den Gesellschaftern eingefordert werden.

bb) Sacheinlage. Verpflichtet sich ein Gesellschafter keine Bar- sondern eine Sacheinlage zu erbringen, so muss die Satzung[150] eine Sacheinlagevereinbarung mit einer Reihe von Festsetzungen enthalten. Nach § 5 Abs. 4 S. 1 GmbHG gehören hierzu zunächst sowohl deren Gegenstand als auch der Nennbetrag des Geschäftsanteils, auf den sich die Sacheinlage bezieht. Obwohl das Gesetz dies nicht ausdrücklich fordert, ist für das Verständnis der Einlagepflicht außerdem die Angabe der Person des verpflichteten Gesellschafters erforderlich. **63**

Sacheinlagen bedürfen einer **genauen Bezeichnung,** die zwar nicht dem sachenrechtlichen Bestimmtheitsgrundsatz genügen, aber die Identifikation des Einlagegegenstandes ermöglichen muss. Da eine Sacheinlage in der Regel auf Grund einer separat abgeschlossenen Sacheinlagevereinbarung mit dinglicher Wirkung an die Gesellschaft übertragen wird, verlangt die herrschende Meinung außerdem, in der Satzung auch alle übrigen Bestandteile und Nebenabreden dieses Vertrages anzugeben, die zu dessen Verständnis erforderlich sind.[151] Zu beachten ist, dass die Angaben über die Sacheinlage zur Sicherung etwaiger Differenzhaftungsansprüche der Gesellschaft nach § 9 GmbHG auch nach Eintragung der Gründung in das Handelsregister bzw. nach deren Erfüllung mindestens fünf Jahre in der Satzung beibehalten werden müssen.[152] **64**

Gegenstand einer Sacheinlage können alle Sachen, Rechte und sonstigen Vermögensgegenstände sein, welche die Funktion des Stammkapitals, nämlich die Bereitstellung einer Haftungsmasse für die Gläubiger der Gesellschaft, erfüllen können. Hierfür geeignet sind alle Güter, die verkehrsfähig sind, einen Vermögenswert haben und in die Gesellschaft zu deren freier Verfügung eingebracht werden können.[153] Anerkannt ist die Einlagefähigkeit **65**

---

[149] Vgl. BGH DStR 1996, 111 m. Anm. *Goette;* OLG Celle GmbHR 1997, 748, 749; Baumbach/Hueck/*Fastrich* § 19 Rn. 6.
[150] Umstritten ist, ob diese Festsetzungen auch in einer Anlage aufgenommen werden können, die Teil des Gründungsprotokolls ist (hierfür: *Röll* GmbHR 1982, 251, 252; Baumbach/Hueck/*Fastrich* § 5 Rn. 43; dagegen: MünchHdbGesR III/*Freitag/Riemenschneider* § 9 Rn. 20; Scholz/*Veil* § 5 Rn. 86; Ulmer/Habersack/Löbbe/*Ulmer/Casper* § 5 Rn. 135 ff.). Auch wenn § 9 Abs. 2 S. 2 BeurkG alle Dokumente, auf die in einer Niederschrift verwiesen wird und die dieser beigefügt sind, zum Gegenstand der Niederschrift macht, können die Anforderungen des § 5 Abs. 4 S. 1 GmbHG nicht von sämtlichen Bestandteilen der Gründungsurkunde sondern nur von solchen Anlagen erfüllt werden, die Bestandteil der Satzung selbst sind.
[151] Scholz/*Veil* § 5 Rn. 86.
[152] Scholz/*Veil* § 5 Rn. 86; Baumbach/Hueck/*Fastrich* § 5 Rn. 49; a. A. LG Hamburg GmbHR 1968, 207 (analoge Anwendung der §§ 27 Abs. 5, 26 Abs. 5 AktG, die zu einer Frist von 30 Jahren führt).
[153] Scholz/*Veil* § 5 Rn. 37.

insbesondere für Sachen, obligatorische Gebrauchs- und Nutzungsrechte,[154] Forderungen, Immaterialgüterrechte, Sach- und Rechtsgesamtheiten (etwa Warenlager oder die Geschäftsausstattung eines Unternehmens) und gesamte Unternehmen. Als Sacheinlage nicht geeignet sind u. a. Dienstleistungen und persönliche Werkleistungspflichten. Auf die Nachweise zur reichhaltigen Rechtsprechung und Literatur zur Einlagefähigkeit sei verwiesen.[155] Die Bezeichnung der Sacheinlage in der Satzung muss zwar nicht dem sachenrechtlichen Bestimmtheitsgrundsatz genügen, aber deren eindeutige Identifikation erlauben.[156]

66 Die **Bewertung einer Sacheinlage** wird von den Gesellschaftern selbst vorgenommen. Hierdurch wird das Risiko begründet, dass deren Wert die Höhe des Nennbetrags des Geschäftsanteils nicht erreicht und Vorschriften zur Sicherung der Aufbringung des Stammkapitals eingreifen. Hierzu gehören § 9 GmbHG (Differenzhaftung), § 9a GmbHG (Gründungshaftung), § 9c GmbHG (Scheitern der Handelsregistereintragung), § 19 GmbHG (Erfüllung der Einlageverpflichtung) und § 82 GmbHG (Strafbarkeit falscher Angaben). Auf eine präzise Formulierung der Einlageverpflichtung und die Vermeidung einer Überbewertung der Einlage ist daher besondere Sorgfalt zu legen. Der Bewertung zugrunde zu legen ist höchstens der aktuelle Zeitwert des Einlagegegenstandes. Die Gesellschafter sind frei, einen niedrigeren Wert zu wählen und die Differenz zum Zeitwert in die Kapitalrücklage der Gesellschaft einzustellen. Der entscheidende Zeitpunkt für den Wert der Sacheinlage ist der Tag der Handelsregisteranmeldung. Die Differenzhaftung der Gesellschafter bezieht sich allerdings auf das Datum der Eintragung der Gesellschaft in das Handelsregister.

67 Um dem Handelsregister nach § 9c Abs. 1 S. 2 GmbHG die Möglichkeit zur Prüfung der Bewertung der Sacheinlagen zu geben, sind sämtliche Gesellschafter, d. h. auch solche, die Bareinlagen erbringen, nach § 5 Abs. 4 S. 2 GmbHG zur persönlichen[157] Aufstellung eines schriftlichen **Sachgründungsberichts** verpflichtet. In ihm sollen die wesentlichen Umstände dargelegt werden, aus denen sich die Angemessenheit der Leistung für die Einlageverpflichtung ergibt. Über den konkreten Inhalt dieses Berichts macht § 5 Abs. 4 S. 2 GmbHG keine Angaben. Es besteht aber Einigkeit, dass der Bericht sowohl die angewandten Bewertungsmethoden erkennen lassen und die zugrunde gelegten Wertmaßstäbe offenlegen muss.[158] Welche Umstände hierfür heranzuziehen sind, ist nach den konkreten Umständen des Einzelfalls zu entscheiden. Diese können z. B. sich auf den Einbringungsgegenstand beziehende Börsen- und Marktpreise, Kaufverträge und Sachverständigengutachten sein. Bei der Einbringung eines Unternehmens ist u. a. dessen Jahresergebnis für die beiden letzten Geschäftsjahre (Jahresüberschuss bzw. -fehlbetrag i. S. v. §§ 266 Abs. 3 A V, 275 Abs. 2 Nr. 20 bzw. Abs. 3 Nr. 19 HGB)[159] anzugeben. Im Hinblick auf deren teilweise unterschiedlichen Anforderungen ist insbesondere bei der Einbringung von Unternehmen ggf. auch eine Abstimmung mit dem zuständigen Handelsregister zu empfehlen.

68 Die Sacheinlagen müssen der Gesellschaft nach § 7 Abs. 3 GmbHG zum Zeitpunkt der Anmeldung der Gesellschaft zum Handelsregister zur Verfügung stehen.

69 *cc) Mischeinlage/gemischte Sacheinlage.* An Stelle der Erbringung einer reinen Bar- oder Sacheinlage kann ein Gesellschafter beide Formen verbinden und einen Teil seiner Einlageverpflichtung in Geld und einen weiteren Teil als Sacheinlage erbringen. Eine solche **Mischeinlage**[160] muss wie eine Sacheinlage insgesamt den Anforderungen von § 5 Abs. 4 GmbHG folgend in der Satzung festgesetzt werden. Jeder Teil einer Mischeinlage wird dann für sich nach den Regeln der Bar- bzw. Sacheinlage behandelt.

70 Von der Mischeinlage zu unterscheiden ist die sog. **gemischte Sacheinlage,** die besondere Anforderungen an die Formulierung in der Satzung stellt. Dabei handelt es sich um die Ver-

---

[154] Das Sachnutzungsrecht muss allerdings in seinem rechtlichen Bestand weitgehend gesichert sein, indem etwa eine kurzfristige Beendigung vertraglich ausgeschlossen ist, vgl. Lutter/Hommelhoff/*Bayer* § 5 Rn. 22. Vgl. insbesondere zur Einlagefähigkeit von Lizenzen BGH GmbHR 2000, 870 – adidas.
[155] Baumbach/Hueck/*Fastrich* § 5 Rn. 24; Lutter/Hommelhoff/*Bayer* § 5 Rn. 18; Scholz/*Veil* § 5 Rn. 51.
[156] Vgl. OLG Düsseldorf GmbHR 1996, 214, 215; Scholz/*Veil* § 5 Rn. 88.
[157] Eine rechtsgeschäftliche Vertretung ist nicht zulässig, Baumbach/Hueck/*Fastrich* § 5 Rn. 54.
[158] Scholz/*Veil* § 58 Rn. 104.
[159] OLG Naumburg GmbHR 1998, 385; Lutter/Hommelhoff/*Bayer* § 5 Rn. 33.
[160] Baumbach/Hueck/*Fastrich* § 5 Rn. 20.

einbarung einer Einlageleistung eines Gesellschafters an die Gesellschaft, deren Wert insoweit vergütet werden soll, als er die Einlageverpflichtung übersteigt.[161] Für die wirksame Vereinbarung einer gemischten Sacheinlage ist sorgfältig auf die Beachtung der Anforderungen für eine Sacheinlage zu achten.[162] Dies bedeutet, dass die gesamte Vereinbarung in der Satzung festgelegt werden muss und als einheitliches Rechtsgeschäft den Regeln über die Sachgründung, insbesondere den Anforderungen für die Werthaltigkeit der Einlage nach § 9 Abs. 1 GmbHG, unterliegt. Die dem Gesellschafter zu gewährende Gegenleistung muss dabei nicht konkret festgelegt werden; es genügt vielmehr, wenn sie nach objektiven Kriterien bestimmbar ist.[163] Bei der Einbringung eines Unternehmens könnte dies etwa der Hinweis auf eine von einem Wirtschaftsprüfer nach bestimmten Kriterien zu erstellende Bewertung sein. Versäumen die Beteiligten die korrekte Festsetzung der an den Gesellschafter zu gewährenden Gegenleistung, so hat der Einleger keinen Anspruch auf eine Vergütung von der Gesellschaft,[164] wenn nicht alle Gesellschafter einvernehmlich an einer korrigierenden Änderung der Satzung mitwirken.

> **Formulierungsvorschlag:**
>
> Herr A übernimmt einen Geschäftsanteil im Nennbetrag von 1.000,– EUR gegen Einbringung eines Geschäftsanteils an der ABC GmbH mit Sitz in A-Stadt im Nennbetrag von 1.000,– EUR unter Zuzahlung eines Betrages von 25.000,– EUR durch die Gesellschaft.

> **Alternative:**
>
> Herr A übernimmt einen Geschäftsanteil im Nennbetrag von 10.000,– EUR gegen Einbringung seines unter der Firma A Elektrohandel betriebenen und im Handelsregister des Amtsgerichts B-Stadt unter HRA 12 345 eingetragenen einzelkaufmännischen Unternehmens mit allen Aktiven und Passiven zum 30. Juni 2008. Herrn A wird ein Geldbetrag in der Höhe durch die Gesellschaft erstattet, um den der Wert seiner Einlage einen Betrag von 100.000,– EUR übersteigt. Der Wert des Unternehmens von Herrn A wird verbindlich für Herrn A und die Gesellschaft durch ein von der A-Wirtschaftsprüfungsgesellschaft in B-Stadt zu erstattenden Gutachtens ermittelt.

c) Bezugsrecht bei Kapitalerhöhungen. Den GmbH-Gesellschaftern steht nach überwiegender Meinung ein **gesetzliches Bezugsrecht** (analog § 186 AktG) zu, ohne dass dies im GmbHG ausdrücklich geregelt wäre.[165] Danach steht jedem GmbH-Gesellschafter gegenüber der Gesellschaft ein Anspruch auf Erwerb eines seiner bisherigen Beteiligung entsprechenden Anteils am durch die Kapitalerhöhung erhöhten Stammkapitals zu.[166] Aus Sicherheitsgründen (immerhin ist das gesetzliche Bezugsrecht der GmbH-Gesellschafter bei Kapitalerhöhungen noch nicht gänzlich unumstritten) kann man dieses Bezugsrecht der Altgesellschafter auch in der Satzung formulieren.

> **Formulierungsvorschlag:**
>
> Bei Kapitalerhöhungen sind zur Übernahme der neuen Geschäftsanteile bzw. der Aufstockungsbeträge zunächst die Gesellschafter im Verhältnis ihrer bisherigen Geschäftsanteile zuzulassen.

---

[161] Vgl. zur gemischten Sacheinlage jüngst BGH NZG 2012, 69 ff. – Babcock (zur AG).
[162] Baumbach/Hueck/*Fastrich* § 5 Rn. 20; Scholz/*Veil* § 5 Rn. 83; OLG Stuttgart GmbHR 1982, 109, 110 f.
[163] Scholz/*Veil* § 5 Rn. 83; Baumbach/Hueck/*Fastrich* § 5 Rn. 20.
[164] Scholz/*Veil* § 5 Rn. 84; Ulmer/Habersack/Löbbe/*Ulmer/Casper* § 5 Rn. 132 jeweils m. w. N. zur Rechtsprechung.
[165] *Priester* DB 1980, 1925, 1927 ff.; Scholz/*Priester* § 55 Rn. 42; Baumbach/Hueck/Zöllner/*Fastrich* § 55 Rn. 20; Lutter/Hommelhoff/Lutter/*Bayer* § 55 Rn. 17; *Ehlke* GmbHR 1985, 258; abweichend Ulmer/Habersack/Winter/*Ulmer* § 55 Rn. 46; Roth/Altmeppen § 55 Rn. 20; Rowedder/Schmidt-Leithoff/*Schnorbus* § 55 Rn. 33.
[166] Hierzu und den weiteren Einzelheiten der Ausübung des Bezugsrechts Scholz/*Priester* § 55 Rn. 48 ff.

72 Um die Gesellschafter bei Nichtausübung ihres Bezugsrechts vor einer **wirtschaftlichen Verwässerung ihrer Beteiligung** zu schützen, kann es sich weiterhin empfehlen, eine Regelung über die Höhe bzw. das Verfahren zur Bestimmung des Ausgabebetrages der neuen Geschäftsanteile in der Satzung zu regeln.

> **Formulierungsvorschlag:**
>
> Nehmen nicht alle Gesellschafter an der Kapitalerhöhung teil, ist ein Ausgabebetrag für die neuen Geschäftsanteile auf der Grundlage einer auf den Zeitpunkt des Kapitalerhöhungsbeschlusses zu erstellenden Unternehmensbewertung der Gesellschaft festzusetzen. [Verfahren zur Unternehmensbewertung]

73 Schließlich fordern **Finanzinvestoren** (insbesondere bei Venture Capital-Beteiligungen) einen besonderen wirtschaftlichen Verwässerungsschutz, nämlich insoweit, als bei ihrem Gesellschaftsbeitritt nachfolgenden Kapitalerhöhungen der Ausgabebetrag für die neuen Geschäftsanteile mindestens dem Betrag entsprechen muss, den der Finanzinvestor selbst für den Erwerb seiner Geschäftsanteile gezahlt hat.

> **Formulierungsvorschlag:**
>
> Werden auf Grund von Kapitalerhöhungen neue Geschäftsanteile an der Gesellschaft ausgegeben und liegt das gewogene Mittel des Ausgabebetrages dieser Geschäftsanteile („Niedriger Ausgabepreis") unter dem Betrag, den der Gesellschafter A für den Erwerb seiner Geschäftsanteile [einschließlich von Zahlungen in die Kapitalrücklage gemäß § ...... dieser Satzung] gezahlt hat, so sind die [übrigen Gesellschafter/Gesellschafter B und C] zur Mitwirkung an den unter § ...... genannten erforderlichen Maßnahmen verpflichtet, durch die der Gesellschafter A vor der (wirtschaftlichen) Verwässerung seiner Beteiligung geschützt wird. [Hiervon ausgenommen ist die Ausgabe von Geschäftsanteilen auf Grund eines Mitarbeiterbeteiligungsprogramms im Umfang von ...... % des Stammkapitals der Gesellschaft.]
>
> Zur Erfüllung ihrer Verpflichtung nach vorstehendem § ...... sind die [übrigen Gesellschafter/Gesellschafter B und C] verpflichtet, den Gesellschafter A gegen Zahlung des (rechnerischen) Nennbetrags der neu auszugebenden Geschäftsanteile im Rahmen einer Kapitalerhöhung in dem Umfang zur Übernahme neuer Geschäftsanteile zuzulassen, die erforderlich sind, damit der Gesellschafter A dieselbe Beteiligung erreicht, über die er verfügen würde, falls er den von ihr gehaltenen Geschäftsanteil zu dem Niedrigeren Ausgabepreis erworben hätte. [Die nicht betroffenen Gesellschafter werden bei diesen kompensierenden Kapitalerhöhungen auf ihre Bezugsrechte verzichten.] Der (rechnerische) Nennbetrag der von dem Gesellschafter A neu übernommenen Geschäftsanteile ist diesem von den [übrigen Gesellschaftern/Gesellschaftern B und C] im Verhältnis von deren jeweiliger Beteiligung an der Gesellschaft zu erstatten.

74 Sind **Arbeitnehmer** an der Gesellschaft gesellschaftsrechtlich beteiligt, wird nicht selten deren Bezugsrecht bei künftigen Kapitalerhöhungen statutarisch abgedingt.[167] Es ist zu empfehlen, diese Satzungsregelung schon vor Beteiligung der Mitarbeitergesellschafter in die Satzung einzufügen, da deren Einführung andernfalls von der Zustimmung aller Gesellschafter (einschließlich der Mitarbeitergesellschafter) abhängig ist.[168]

74a **d) Genehmigtes Kapital.** Auf Vorschlag des Bundesrates wurde mit dem MoMiG ein dem Aktienrecht nachgebildetes genehmigtes Kapital auch für die GmbH eingeführt (§ 55a GmbHG).[169] Zur Begründung hat der Bundesrat in seiner Stellungnahme angeführt, mit diesem Instrument könnten „für den Erwerb von Beteiligungen, Unternehmen oder zur Realisierung von Kapitalerhöhungen kurzfristig neue Anteile geschaffen werden (...), um im

---

[167] Vgl. *Fox/Hüttche/Lechner* GmbHR 2000, 521, 531.
[168] Vgl. *Fox/Hüttche/Lechner* GmbHR 2000, 521, 531.
[169] Hierzu *Priester* GmbHR 2008, 1117 ff.; vgl. für eine kurze Muster-Formulierung *Schelp* GmbH-StB 2013, 58 ff.

richtigen Moment rasch handeln zu können". Wenngleich bei der GmbH wegen der im Regelfall gegenüber der AG personalistischeren Gesellschafterstruktur und der unterschiedlichen Überwachungsstruktur der Geschäftsführung bei GmbH und AG das Bedürfnis für die Regelung eines genehmigten Kapitals geringer als bei der (börsennotierten) AG sein wird, so sind durchaus Konstellationen denkbar, in denen die statutarische Verankerung eines genehmigten Kapitals interessengerecht sein kann: Beispielsweise können Gesellschafter über ansonsten mögliche, schuldrechtliche Gesellschaftervereinbarungen hinaus, in denen eine Verpflichtung zur Durchführung einer Gesellschafterversammlung mit Kapitalerhöhungsbeschluss geregelt sind, zu einem frühen Zeitpunkt verbindlich regeln, dass die Eigenkapitalbasis durch Kapitalerhöhung bei Vorliegen bestimmter Umstände (z. B. Erreichen sog. Milestones oder Unterschreiten bestimmter Finanzkennzahlen) erfolgt.

Das genehmigte Kapital setzt eine Satzungsgrundlage voraus, der zu Folge die Geschäftsführer auf die Dauer von höchstens fünf Jahren (berechnet vom Zeitpunkt des Wirksamwerdens der Satzungsbestimmung) ermächtigt sind, das Stammkapital bis zu einem Betrag von maximal 50% des zum Zeitpunkt der Ermächtigung vorhandenen Nennkapitals durch Ausgabe neuer Geschäftsanteile – und nach zutreffender Ansicht auch durch Aufstockung der Nennwerte bereits bestehender Geschäftsanteile – gegen Einlagen zu erhöhen (§ 55a Abs. 1 und Abs. 2 GmbHG). Geschäftsanteile dürfen gegen Sacheinlagen nur ausgegeben werden, wenn die Ermächtigung dies gestattet (§ 55a Abs. 3 GmbHG). Die Satzungsbestimmung kann die Ermächtigung zeitlich, volumenmäßig oder inhaltlich einschränken, z. B. die Angabe eines Mindestbetrages für eine Erhöhung vorsehen. Das Bestehen eines genehmigten Kapitals ist analog zu § 39 Abs. 2 AktG im Handelsregister gesondert zu vermerken. Für die Ausübung der Ermächtigung sind die Geschäftsführer zuständig. Die Satzung kann allerdings das Erfordernis vorsehen, dass die Ausübung der Zustimmung eines bei der GmbH bestehenden, obligatorischen oder fakultativen Aufsichtsrats bedarf. Im Rahmen der Satzungsbestimmung bleiben Weisungsbeschlüsse der Gesellschafter zulässig (§ 37 GmbHG). Als Annexkompetenz kommt den Geschäftsführern auch die Zuständigkeit zu, die Durchführung der Kapitalerhöhung zu bewirken, also insbesondere die Übernahmeverträge mit den Inferenten für die Gesellschaft abzuschließen, die Durchführung der Kapitalerhöhung zum Handelsregister anzumelden und die Satzungsbestimmung nach der Durchführung redaktionell anzupassen. Aus Rechtssicherheitsgründen empfiehlt es sich allerdings, diese Annexkompetenzen ausdrücklich in der Satzungsbestimmung festzulegen.

> **Formulierungsvorschlag:**
> 1. Das Stammkapital der Gesellschaft beträgt 100.000,– EUR (in Worten: Euro einhunderttausend).
> ...
> 3. Die Geschäftsführer sind ermächtigt, das Stammkapital der Gesellschaft bis zum [Datum, maximal fünf Jahre nach Wirksamwerden der Satzungsbestimmung] [mit Zustimmung des Aufsichtsrats] um bis zu [maximal 50% des Stammkapitals nach Absatz 1] durch einmalige oder mehrmalige Ausgabe von neuen Geschäftsanteilen [oder durch Aufstockung der Nennwerte bereits bestehender Geschäftsanteile] gegen Bareinlagen [Alternative: Bar- und/oder Sacheinlagen] zu erhöhen (genehmigtes Kapital); [die Ausübung der Ermächtigung muss sich mindestens auf eine Erhöhung des Stammkapitals von ...... EUR beziehen]. Die Ausübung der Ermächtigung erfolgt im Rahmen des pflichtgemäßen Ermessens durch textförmlich niedergelegten Beschluss der Geschäftsführer. Den Gesellschaftern steht ein Bezugsrecht zu. [ggf. Regelung weiterer Vorgaben zur Ausstattung der Geschäftsanteile].
>
> Die Geschäftsführer sind ermächtigt, [mit Zustimmung des Aufsichtsrats [und vorbehaltlich von Weisungen durch Gesellschafterbeschlüsse]] die weiteren Einzelheiten der Kapitalerhöhung sowie deren Bedingungen festzulegen, die hierauf bezogenen Übernahmeverträge für die Gesellschaft abzuschließen und den vorstehenden Absatz 1 nach vollständiger oder teilweiser Durchführung der Erhöhung des Stammkapitals entsprechend der jeweiligen Inanspruchnahme des genehmigten Kapitals und nach Ablauf der Ermächtigungsfrist anzupassen.

74b Das auch bei der GmbH bestehende gesetzliche Bezugsrecht der Gesellschafter kann durch die Satzungsregelung des genehmigten Kapitals selbst ausgeschlossen werden oder die Satzungsbestimmung zum genehmigten Kapital kann die Geschäftsführer dazu ermächtigen, das Bezugsrecht in bestimmten Fällen auszuschließen. Dabei unterliegt der Bezugsrechtsausschluss bei der GmbH wegen der dort regelmäßig bestehenden personalistischen Realstruktur strengeren Voraussetzungen als bei der AG. Er muss (i) einen im Gesellschaftsinteresse liegenden Zweck verfolgen, der sich ohne den Bezugsrechtsausschluss nicht erreichen lässt, und (ii) die Vorteile auf Seiten der Gesellschaft dürfen nicht außer Verhältnis zu den Nachteilen bei dem vom Bezugsrecht ausgeschlossenen Gesellschaftern stehen. In der Praxis werden Fallkonstellationen im Vordergrund stehen, bei denen ein Investor eine abgesicherte Rechtsposition auf Erhalt einer Gesellschaftsbeteiligung bzw. einer erhöhten Beteiligungsquote bei Eintritt bestimmter Umstände erhalten möchte, z.B. gegen Einbringung dringend benötigter Barmittel, von Darlehensrückzahlungsansprüchen (sog. Debt-Equity-Swap) oder von dringend benötigten Vermögensgegenständen (z.B. Anlagevermögen, Patente oder Lizenzen, Unternehmen oder Unternehmensbeteiligungen).

> **Formulierungsvorschlag [Bezugsrechtsausschluss durch Satzungsbestimmung]:**
>
> Das Bezugsrecht der Gesellschafter ist für den folgenden Fall der Ausübung des genehmigten Kapitals ausgeschlossen, und die Geschäftsführer sind in diesem Fall zur Ausübung des genehmigten Kapitals verpflichtet:
>
> Die Geschäftsführer werden das genehmigte Kapital in Höhe von ...... EUR durch Ausgabe eines neuen Geschäftsanteils gegen Sacheinlage in Form von [genaue Beschreibung der Sacheinlage] an Gesellschafter A ausgeben und entsprechend das Stammkapital um ...... EUR erhöhen. Die Ausübung des genehmigten Kapitals hat zu erfolgen, wenn [Beschreibung des Umstands]. Es hat eine Sacheinlagenprüfung durch [Name des Sachverständigen] stattzufinden, dessen Ergebnis für sämtliche Gesellschafter untereinander und in deren Verhältnis zur Gesellschaft verbindlich sein soll. Erreicht die solchermaßen durchgeführte Sacheinlagenprüfung nicht mindestens den Wert von ...... EUR, so ist der Differenzbetrag durch den Gesellschafter A in Geld zu leisten.

> **Formulierungsvorschlag [Ermächtigung an die Geschäftsführer zum Bezugsrechtsausschluss]:**
>
> Die Geschäftsführer sind ermächtigt, das Bezugsrecht der Gesellschafter [mit Zustimmung des Aufsichtsrats] einmalig oder mehrmalig auszuschließen,
> - soweit die neuen Geschäftsanteile gegen Bareinlagen ausgegeben werden [oder die Aufstockung der Nennwerte der bereits bestehenden Geschäftsanteile gegen Bareinlagen erfolgt] und der auf die neue auszugebenden Geschäftsanteile [bzw. auf die Aufstockung der Nennwerte der bereits bestehenden Geschäftsanteile] insgesamt entfallende Betrag des Stammkapitals den Betrag von ...... EUR nicht überschreitet und der Ausgabepreis je 1,00 EUR/Neu-Geschäftsanteil [bzw. Aufstockungsbetrag] mindestens [...... EUR/einem Betrag von 8 × EBITDA des der Ausübung der Ermächtigung vorangehenden Geschäftsjahres] entspricht;
> - soweit die neuen Geschäftsanteile gegen Sacheinlagen ausgegeben werden [oder die Aufstockung der Nennwerte bereits bestehender Geschäftsanteile gegen Sacheinlagen erfolgt], insbesondere in Form von Unternehmen, Teilen von Unternehmen, Beteiligungen an Unternehmen, Lizenzrechten oder Forderungen, und der auf die neu auszugebenden Geschäftsanteile [bzw. auf die Aufstockung der Nennwerte der bereits bestehenden Geschäftsanteile] insgesamt entfallende Betrag des Stammkapitals den Betrag von ...... EUR nicht überschreitet und der Ausgabepreis je 1,00 EUR/Neu-Geschäftsanteil [bzw. Aufstockungsbetrag] mindestens [...... EUR/einem Betrag von 8 × EBITDA des der Ausübung der Ermächtigung vorangehenden Geschäftsjahres] entspricht.

75 **e) Verschiedene Gattungen von Geschäftsanteilen (Vorzugsgeschäftsanteile); Sonderrechte von Gesellschaftern.** Durch ausdrückliche Satzungsbestimmung können die Geschäftsanteile einer Gesellschaft in ihrem Rechte- und Pflichtenbestand unterschiedlich ausgestattet (sog. Vorzugsgeschäftsanteile), oder es können einzelnen Gesellschaftern besondere, ihnen individualrechtlich zukommende Sondervorteile (sog. Sonderrechte i. S. v. § 35 BGB) zugebilligt werden. Bei **Vorzugsgeschäftsanteilen** sind die Vorrechte mit dem Geschäftsanteil selbst verbunden, sind gleichsam Inhalt der Mitgliedschaft und gehen daher bei Übertragung des Geschäftsanteils auf den Erwerber über.[170] Dabei besteht bei der inhaltlichen Ausgestaltung der Vorzugsgeschäftsanteile Dispositionsfreiheit, soweit nicht zwingendes Recht entgegensteht oder unverzichtbare Rechte anderer Gesellschafter verkürzt werden.[171] In der Praxis finden sich häufig vermögensrechtliche Vorrechte, insbesondere Ansprüche auf einen Gewinn- und/oder Liquidationserlös vorab oder erhöhte Gewinn- und/oder Liquidationserlösrechte. Für den Fall der Liquidation können auch Vorrechte auf Auskehrung bestimmter Vermögensgegenstände vereinbart werden, was durchaus bei Satzungen von Gemeinschaftsunternehmen empfehlenswert sein kann. Schließlich finden sich in der Praxis auch Erwerbsvorrechte bei Anteilsveräußerungen und Kapitalerhöhungen. Auch bei den Verwaltungsrechten finden sich an bestimmte Geschäftsanteile gekoppelte Vorrechte bzw. Einschränkungen. So ist die Verankerung von stimmrechtslosen Anteilen (z. B. für Mitarbeiter-Gesellschafter) genauso zulässig wie die Regelung von Mehrstimmrechten (z. B. zugunsten von Finanzinvestoren, Seniorgesellschaftern), Vorrechte bei der Benennung oder Bestellung von Mitgliedern der Geschäftsführung, des Aufsichtsrates oder des Beirates oder von Zustimmungspflichten bei bestimmten Geschäften und Maßnahmen.

> **Formulierungsvorschlag:**
> 1. Das Stammkapital beträgt 1.000.000,– EUR (in Worten: Euro eine Million).
> 2. Das Stammkapital besteht aus
>   - einem (1) Stammgeschäftsanteil im Nominalbetrag von 500.000,– EUR (in Worten: Euro fünfhunderttausend) (Geschäftsanteil 1) und
>   - einem (1) Vorzugsgeschäftsanteil im Nominalbetrag von 500.000,– EUR (in Worten: Euro fünfhunderttausend) (Geschäftsanteil 2).
> 3. Dem Vorzugsgeschäftsanteil kommen die in §§ ...... dieser Satzung bestimmten Vorrechte zu. Diese Vorrechte gehen bei Übertragung des Vorzugsgeschäftsanteils auf den Erwerber insoweit über, als der Vorzugs-Geschäftsanteil übertragen wird.

Im Gegensatz zu Vorzugsgeschäftsanteilen stehen die Sondervorteile beim sog. **Sonderrecht** dem begünstigten Gesellschafter unabhängig von seinem Geschäftsanteil höchstpersönlich zu.[172] Der Inhalt dieser Sondervorteile kann in gleicher Weise gezogen werden wie bei den Vorzugsgeschäftsanteilen. 76

Es ist durch präzise Satzungsformulierung klarzustellen, ob ein bestimmtes Vorrecht tatsächlich an eine bestimmte Person oder an einen bestimmten Geschäftsanteil geknüpft sein soll. Denn dies erlangt insbesondere beim Übergang von Geschäftsanteilen Bedeutung. 77

f) Nebenleistungspflichten (einschließlich Leistung von Aufgeldern). Bestimmungen, durch die Gesellschafter außer der Leistung der Einlagen auf die Geschäftsanteile noch andere gesellschaftliche[173] Verpflichtungen gegenüber der Gesellschaft auferlegt werden sollen, bedürfen zwingend der Aufnahme in die Satzung (§ 3 Abs. 2 GmbHG). Die spätere Einführung von zusätzlichen Leistungen kann nur mit Zustimmung sämtlicher beteiligter Gesellschafter beschlossen werden (§ 53 Abs. 3 GmbHG). Dabei müssen die Nebenleistungsver- 78

---

[170] Vgl. Scholz/*Seibt* § 14 Rn. 63; Lutter/Hommelhoff/*Bayer* § 14 Rn. 8; MünchHdbGesR III/*Schiessl/Böhm* § 31 Rn. 13. Seit dem 1.1.2008 erlaubt auch das Schweizerische Obligationenrecht die Ausgabe sog. Vorzugsstammanteile (Art. 799 OR); vgl. dazu Süß/Wachter/*Staiger* Handbuch des internationalen GmbH-Rechts, S. 1399.

[171] Scholz/*Seibt* § 14 Rn. 21 ff.; Ulmer/Habersack/Löbbe/*Ulmer/Casper* § 5 Rn. 185; Ulmer/Habersack/Löbbe/*Raiser* § 14 Rn. 29 ff.

[172] Vgl. Lutter/Hommelhoff/*Bayer* § 14 Rn. 8; MünchHdbGesR III/*Schiessl/Böhm* § 31 Rn. 13.

[173] Gesellschaftliche Nebenleistungspflichten beruhen – im Gegensatz zu nur schuldrechtlichen Verpflichtungen der Gesellschafter untereinander – auf der Mitgliedschaft, sind daher mit dem Geschäftsanteil verbunden und wirken satzungsmäßig, also gegenüber allen auch künftigen Gesellschaftern und ggf. Dritten; vgl. Baumbach/Hueck/*Fastrich* § 3 Rn. 31 ff., 50 und 56.

pflichtungen soweit **konkretisiert und bestimmbar** sein, dass der verpflichtete Gesellschafter ebenso wie zukünftige Gesellschafter das Ausmaß der auf sie zukommenden Verpflichtung ohne weiteres zu überschauen vermögen.[174] Dazu ist es im Regelfall erforderlich, dass der fraglichen Satzungsbestimmung eine betragsmäßige und zeitliche Eingrenzung der den Gesellschaftern auferlegten Pflichten entnommen werden kann.[175] Allgemeine Verpflichtungen wie beispielsweise die Verpflichtung, die Gesellschaft „mit Rat und Tat" oder „durch Bürgschaften und sonstige Sicherheitsleistungen" oder „mit Finanzmitteln" zu unterstützen laufen ins Leere und sind unwirksam.[176] Um Auslegungsschwierigkeiten und Gesellschafterstreitigkeiten zu vermeiden, sollten in der Satzung selbst (hilfsweise auch in einem schuldrechtlichen Ausführungsvertrag)[177] die Einzelheiten der Verpflichtung, der Gegenleistung (ggf. auch der Unentgeltlichkeit) und die Konsequenzen ihrer Verletzung (z. B. Vertragsstrafe, Anschluss des Gesellschafters, Einziehung von Geschäftsanteilen) geregelt werden.

79 Der **Inhalt der möglichen Nebenleistungspflichten** unterliegt keiner speziellen Beschränkung; insoweit besteht Gestaltungsfreiheit wie im allgemeinen Schuldrecht. Das gilt sowohl für den Leistungsgegenstand selbst – Geld- oder Sachleistung, Tun oder Unterlassen – als auch für die Ausgestaltung im Übrigen.[178] In der Praxis nicht selten finden sich Verpflichtungen von Gesellschaftern zur Zahlung von Aufgeldern (Agio), zur Übernahme bestimmter Gesellschaftsschulden, zur Gewährung von Darlehen sowie zur Zahlung von Beiträgen zur Verlustdeckung. Verpflichtungen zu Sachleistungen betreffen häufig die Gebrauchsüberlassung von betriebsnotwendigen Sachen (z. B. Geschäftsräume, Patente, Marken oder andere gewerbliche Schutzrechte). Ein Aufgeld (Agio) ist als Kapitalrücklage (§ 272 Abs. 2 Nr. 1 HGB) auszuweisen; steuerrechtlich ist ein Aufgeld eine Einlage. Unter den Handlungspflichten ist die Pflicht zur Geschäftsführung[179] verbreitet, bei Dienstleistungsgesellschaften auch eine allgemeine Tätigkeitsverpflichtung. Die Verankerung von Wettbewerbsverboten ist die in der Praxis häufigste Unterlassungspflicht (hierzu → Rn. 189–194).

80 Nicht selten findet man insbesondere bei der Beteiligung von **Finanzinvestoren** Satzungsbestimmungen,[180] welche die Verpflichtung zur Zahlung von Aufgeldern oder sonstiger Geldleistungsverpflichtungen von dem Eintritt bestimmter wirtschaftlicher Sachverhalte (sog. **Milestones**) abhängig macht. Anders als bei Aktiengesellschaften (vgl. § 36a Abs. 1 AktG)[181] ist die Zahlung von Aufgeldern nicht zwingend sofort fällig, und die Verpflichtung kann selbst Bedingungen unterstellt werden.[182] Die Bedingungen (Milestones) müssen hinreichend bestimmt sein, um feststellen zu können, ob und wann den Gesellschafter die Nebenleistungsverpflichtung trifft. Zulässige Bedingungen sind beispielsweise das Erreichen bestimmter wirtschaftlicher Kennziffern (Umsatz, EBT, EBIT, EBITDA, Anzahl von Kunden mit bestimmten Umsätzen, Renditekennziffern), der Abschluss von näher definierten Kooperationsvereinbarungen mit strategischen Partnern, das Erreichen der Produktreife bestimmter Forschungsprojekte, das Erlangen eines Patent- oder Markenschutzes für Produkte des Unternehmens etc. Schließlich kann zum Schutz des Nebenleistungsverpflichteten auch vorgesehen werden, dass die Zahlungsverpflichtung nicht nur dann erlischt, wenn die Milestones nicht erreicht werden, sondern auch in dem Fall, wenn bis zum Leistungstermin die Fortführung der Gesellschaft objektiv gefährdende wirtschaftliche oder rechtliche Risiken erkennbar werden.

---

[174] BGH GmbHR 1989, 151 f.; Scholz/*Emmerich* § 3 Rn. 70; Baumbach/Hueck/*Fastrich* § 3 Rn. 38.
[175] BGH GmbHR 1989, 151 f.; Scholz/*Emmerich* § 3 Rn. 70.
[176] Vgl. Scholz/*Emmerich* § 3 Rn. 71; Baumbach/Hueck/*Fastrich* § 3 Rn. 38.
[177] Hierzu Ulmer/Habersack/Löbbe/*Ulmer/Löbbe* § 3 Rn. 70.
[178] Hierzu Baumbach/Hueck/*Fastrich* § 3 Rn. 39 ff.; Scholz/*Emmerich* § 3 Rn. 69, 74 ff.
[179] Hierzu – im Entscheidungsfall ablehnend – OLG Hamm BB 2002, 1063, 1064; zust. *Servatius* NZG 2002, 708 ff.; vgl. auch Scholz/*Emmerich* § 3 Rn. 77.
[180] Bei Aufnahme der Verpflichtung zur Zahlung von Aufgeldern in der Satzung wird eine Verbindlichkeit der Gesellschafter gegen die Gesellschaft begründet, die in der Insolvenz vom Insolvenzverwalter geltend gemacht werden kann, es sei denn, es wird in der Satzung klargestellt, dass mit der Satzungsbestimmung nur Verbindlichkeiten der Gesellschafter untereinander begründet werden sollen; vgl. *Harrer* GmbHR 1994, 361.
[181] Hierzu *Hüffer* AktG, 10. Aufl. 2012, § 36a Rn. 2; vgl. auch LG Frankfurt AG 1992, 240.
[182] Vgl. Scholz/*Emmerich* § 3 Rn. 72.

> **Formulierungsvorschlag:**
> Der Gesellschafter A ist verpflichtet, am …… ein Aufgeld in Höhe von …… EUR an die Gesellschaft zu zahlen, sofern [die nachfolgenden/zwei der nachfolgenden drei] Milestones erreicht sind: ……
> Werden [die vorstehenden Milestones nicht erreicht/nicht wenigstens zwei der vorstehenden drei Milestones erreicht], so entfällt die im vorstehenden Satz 1 geregelte Nebenleistungsverpflichtung des Gesellschafters A ersatzlos, und es besteht dauerhaft kein Rechtsanspruch der Gesellschaft gegenüber dem Gesellschafter A zur Zahlung des Aufgeldes.
> [Die im vorstehenden Satz 1 geregelte Nebenleistungsverpflichtung des Gesellschafters A entfällt überdies ersatzlos und es besteht dauerhaft kein Rechtsanspruch der Gesellschaft gegenüber dem Gesellschafter A zur Zahlung des Aufgeldes, wenn die Fortführung der Gesellschaft im Rahmen des von den Gesellschaftern durch Gesellschafterbeschluss vom …… gefassten Business-Plans objektiv gefährdende wirtschaftliche oder rechtliche Risiken erkennbar werden und dies vom Sachverständigen …… bestätigt wird.]

5. Nachschusspflichten

Neben der Begründung von Pflichten zur Leistung der Sacheinlage sowie von Nebenverpflichtungen i. S. v. § 3 Abs. 2 GmbHG können auch Nachschusspflichten durch die Satzung verankert werden. Hierbei handelt es sich um gesellschaftsvertraglich vorgesehene Einzahlungen, deren Aufbringung zwar besonders gesichert ist, allerdings nicht in einer vergleichbar strengen Weise wie bei der Einlageverpflichtung nach § 14 GmbHG.[183] Nachschusspflichten bedürfen der Festsetzung in der Satzung[184] oder bei späterer Zulassung (oder Erweiterung) außer einem satzungsändernden Gesellschafterbeschluss der Zustimmung sämtlicher betroffener Gesellschafter (§ 53 Abs. 3 GmbH).[185] Nachschusspflichten können sich nur auf **Geldzahlungen** beziehen.

Die Einforderung des Nachschusses setzt zwingend einen **Beschluss der Gesellschafterversammlung auf der Basis einer entsprechenden Satzungsregelung** voraus (§ 26 Abs. 1 GmbHG).[186] Der Zahlungsanspruch der Gesellschaft entsteht erst mit dem Gesellschafterbeschluss,[187] wobei dann dieser sofort fällig ist, falls nicht die Satzung oder der Gesellschafterbeschluss eine abweichende Regelung trifft. Der Gesellschafterbeschluss muss die Nachschusseinforderung gegenüber allen Gesellschaftern in gleichmäßiger, dem Nennbetrag der einzelnen Geschäftsanteile entsprechender Weise regeln, anderenfalls ist der Beschluss – wenn nicht die Zustimmung der nachteilig Betroffenen vorliegt – anfechtbar.[188]

Bei den Nachschusspflichten wird zwischen beschränkten und **unbeschränkten Pflichten** unterschieden. Letztere finden sich in der Praxis selten und sind im Gefüge einer auf Beschränkung der Haftung angelegten Gesellschaftsform an sich systemwidrig. Daher sieht § 27 GmbHG zum Ausgleich ein Preisgaberecht (sog. **Abandon**) vor. Wenn die Geschäftsführung bei einer unbeschränkten Nachschusspflicht den Gesellschafter zur Zahlung eines weiteren, über den Nennbetrag des Geschäftsanteils hinausgehenden Betrages auffordert, kann der Gesellschafter sich von seiner Zahlungspflicht befreien, indem er sich seinen Geschäftsanteil zur Verfügung stellt. Die Gesellschaft kann ihren Zahlungsanspruch dann befriedigen, in dem sie den Geschäftsanteil im Wege einer öffentlichen Versteigerung (im Einverständnis mit dem Gesellschafter auch auf andere Weise) verwertet. Das Preisgabe-

---
[183] Hierzu Ulmer/Habersack/Löbbe/*Müller* § 26 Rn. 14, 20 ff.
[184] RGZ 70, 326, 330; Ulmer/Habersack/Löbbe/*Müller* § 26 Rn. 19, 29 f.; Baumbach/Hueck/*Fastrich* § 26 Rn. 3.
[185] Ulmer/Habersack/Löbbe/*Müller* § 26 Rn. 29; Baumbach/Hueck/*Fastrich* § 26 Rn. 7; Scholz/*Emmerich* § 26 Rn. 9a.
[186] OLG Frankfurt/Main GmbHR 1992, 665; Ulmer/Habersack/Löbbe/*Müller* § 26 Rn. 39; Baumbach/Hueck/*Fastrich* § 26 Rn. 8; Scholz/*Emmerich* § 26 Rn. 14.
[187] RGZ 70, 326, 330; vgl. auch BGH DStR 1994, 1129.
[188] Vgl. Baumbach/Hueck/*Fastrich* § 26 Rn. 9.

recht kann vom Gesellschafter im Wege einer formlosen Erklärung gegenüber der Geschäftsführung der Gesellschaft ausgeübt werden. Erfüllt der Gesellschafter seine Nachschusspflicht nicht und erklärt er auch nicht die Preisgabe, kann die Gesellschaft die Voraussetzungen für eine öffentliche Versteigerung auch herbeiführen, in dem sie dem Gesellschafter mit eingeschriebenem Brief erklärt, dass sie dessen Geschäftsanteil als zur Verfügung gestellt ansieht.

84 Bei der Regelung einer **beschränkten Nachschusspflicht** ist darauf zu achten, dass diese Beschränkung präzise gefasst wird. Dies kann entweder durch die Einführung einer betragsmäßigen Grenze oder durch einen am Nennbetrag der Geschäftsanteile orientierten Prozentsatz (z.B. 50%) geschehen.

> **Formulierungsvorschlag:**
>
> Die Gesellschafterversammlung kann durch Beschluss mit einer Mehrheit von drei Vierteln der abgegebenen Stimmen die Einforderungen von weiteren Einzahlungen (Nachschüssen) bis zu einem Gesamtbetrag von 100.000,– EUR (in Worten: Euro einhunderttausend) mit der Maßgabe beschließen, dass die Nachschüsse von den Gesellschafter nach dem Verhältnis ihrer Geschäftsanteile zu zahlen sind. Die Nachschüsse werden zudem im Gesellschafterbeschluss bezeichneten Zeitpunkt fällig, frühestens jedoch zum Ende desjenigen Kalendermonats, der dem Kalendermonat folgt, in welchem der Gesellschafterbeschluss gefasst wurde.

6. Geschäftsführung

85 a) **Organstellung.** Als juristische Person ist eine GmbH nicht ohne weiteres handlungsfähig. Zum Erwerb von Rechten und zur Begründung von Pflichten handelt sie durch die Geschäftsführung als hierfür zuständigem Organ. Neben der rechtsgeschäftlichen Vertretung der Gesellschaft im Außenverhältnis, die eine unentziehbare Kompetenz der Geschäftsführer darstellt, ist die Führung der Geschäfte der Gesellschaft im Innenverhältnis die Hauptaufgabe der Geschäftsführer. Die Abgrenzung der Aufgaben von Gesellschafterversammlung und Geschäftsführern wird durch das GmbHG nicht abschließend geregelt. Da die Gesellschafterversammlung den Geschäftsführern gegenüber weisungsbefugt ist, kann sie in die Geschäftsführung eingreifen oder sie gar übernehmen. Im Gegensatz zur eigenverantwortlichen Leitungsmacht des Vorstands einer AG (§ 76 Abs. 1 AktG) schützt das GmbHG zugunsten eines Geschäftsführers nur einen kleinen **Kernbereich eigenverantwortlicher und unentziehbarer gesetzlicher Aufgaben** (dazu gehören neben der organschaftlichen Vertretung der Gesellschaft z.B. die Einhaltung zwingender gesetzlicher Pflichten aus §§ 30, 31, 33, 64 GmbHG, Pflichten im Zusammenhang mit Buchführung und Jahresabschluss gemäß §§ 41, 42 GmbHG, zur Einberufung der Gesellschafterversammlung nach § 49 GmbHG sowie im Zusammenhang mit Handelsregisteranmeldungen etwa nach §§ 7, 10, 39, 54, 57 ff. GmbHG).

86 Die Stellung eines Geschäftsführers als Organ einer GmbH ist strikt zu trennen vom Anstellungsverhältnis mit diesem. Selbstverständlich gibt es aber Wechselwirkungen. Die Organstellung kann insbesondere an die Laufzeit eines Geschäftsführeranstellungsvertrages gekoppelt werden.

87 Die Organstellung beginnt mit der Bestellung des Geschäftsführers. Die Eintragung in das Handelsregister hat lediglich deklaratorische Bedeutung.

88 b) **Zuständigkeit für Bestellung/Abberufung.** Zuständig für die Bestellung und Abberufung der Geschäftsführer ist grundsätzlich die **Gesellschafterversammlung** (§§ 6 Abs. 3 Satz 2, 46 Nr. 5 GmbHG).

> **Formulierungsvorschlag:**
>
> Die Geschäftsführer werden durch Gesellschafterbeschluss bestellt und abberufen.

89 Diese Befugnis kann durch Satzungsregelung allerdings auf **andere Organe** und einzelne Gesellschafter (nicht aber auf die Geschäftsführer) übertragen werden.[189] Häufig finden sich Regelungen über die Bestellung und Abberufung der Geschäftsführer durch einen Aufsichtsrat, einen Ausschuss der Gesellschafterversammlung oder einen Beirat. Ob auch außenstehenden Dritten (z.B. Konzernobergesellschaft oder Kreditgebern) die Kompetenz zur Bestellung von Geschäftsführern zugewiesen werden kann, ist sehr streitig.[190]

90 Im Geltungsbereich der **Mitbestimmungsgesetze** (nicht indes nach dem DrittelbG) liegt die Personalkompetenz zwingend beim Aufsichtsrat. Darüber hinaus ist im Anwendungsbereich des Mitbestimmungsgesetzes ein Arbeitsdirektor zwingend als gleichberechtigtes Mitglied der Geschäftsführung zu bestellen, der für das Personal- und Sozialwesen zuständig ist (§ 33 Abs. 1 S. 1 MitbestG). Einer entsprechenden Bestimmung in der Satzung bedarf es nicht und weder Satzung noch eine Geschäftsordnung der Geschäftsführung können ihm die Zuständigkeit für den „Kernbereich" seines Ressorts entziehen.[191] Ein fakultativer Aufsichtsrat hat gemäß § 52 Abs. 1 GmbHG die Bestellungs- und Abberufungskompetenz im Zweifel nicht, so dass hier eine ausdrückliche Satzungsregelung notwendig ist.

91 Die Bestellung oder Abberufung eines Geschäftsführers erfolgt grundsätzlich mit der einfachen Mehrheit der Stimmen in der Gesellschafterversammlung (§ 47 Abs. 1 GmbHG).[192] Zum Schutz von in der Geschäftsführung aktiven Minderheitsgesellschafter sind daher in der Satzung besondere Bestimmungen vorzusehen.

92 *aa) Geschäftsführerbestellung als Satzungsbestandteil und Einschränkung der Abberufung.* In der Geschäftsführung aktive Minderheitsgesellschafter können ihre Rechtsposition dadurch absichern, dass ihre Geschäftsführerbestellung in die Satzung aufgenommen wird. Dabei ist jedoch zu berücksichtigen, dass die bloße Aufnahme in die Satzung nicht zwingend dazu führt, dass die Abberufung des Geschäftsführers eines satzungsändernden Beschlusses bedarf. Die Rechtsprechung geht nämlich im Zweifel davon aus, dass die Geschäftsführerbestellung nur unechter Satzungsbestandteil ist, soweit nicht weitere Anhaltspunkte in der Satzung für eine gegenteilige Auslegung sprechen.[193] Es ist daher in der Satzung ausdrücklich klarzustellen, dass die Geschäftsführerbestellung echter Satzungsbestandteil sein soll.

93 Eine noch stärkere Rechtsposition als durch bloße Satzungsregelung wird dem Minderheitsgesellschafter eingeräumt, wenn ihm das Geschäftsführeramt als **Sonderrecht** i.S.d. § 35 BGB zugewiesen wird. Ein solches Sonderrecht kann nämlich dem Gesellschafter nur mit seiner Zustimmung wieder entzogen werden. Aber auch hier gilt: Die bloße Bestellung in der Satzung bedeutet im Zweifel nicht, dass der Gesellschafter ein Sonderrecht zur Geschäftsführung erhalten soll.[194] Auch muss in der Satzung geregelt werden, ob das Sonderrecht bei Übergang des Geschäftsanteils auf den Rechtsnachfolger übergehen soll. Da ein Sonderrecht auf Geschäftsführung im Zweifel als höchstpersönliches Recht ausgestaltet ist, geht es vorbehaltlich einer abweichenden Satzungsregelung nicht über.[195] Aus der Verankerung eines mitgliedschaftlichen Sonderrechts auf Geschäftsführung kann nicht zwingend auf eine Verpflichtung zur Geschäftsführung als Nebenpflicht (§ 3 Abs. 2 GmbHG) geschlossen werden;[196] allerdings sollte diese Frage in der Satzung ausdrücklich behandelt werden.

---

[189] Vgl. Baumbach/Hueck/*Zöllner* § 46 Rn. 34 a.
[190] Für die Zulässigkeit z.B. Baumbach/Hueck/*Fastrich* § 6 Rn. 31; *Roth/Altmeppen* § 6 Rn. 59; *Beuthien/Gätsch* ZHR 157 (1993) 483, 492 ff.; gegen die Zulässigkeit z.B. Ulmer/Habersack/Löbbe/*Ulmer/Löbbe* § 3 Rn. 45 ff.; Ulmer/Habersack/Winter/*Hüffer* § 46 Rn. 77; Scholz/*U. H. Schneider/S. H. Schneider* § 6 Rn. 86 f., Scholz/*K. Schmidt* § 46 Rn. 72.
[191] BVerfGE 50, 290, 378; BGH DB 1984, 104, 106 f.; OLG Frankfurt/Main DB 1985, 1459; Henssler/Willemsen/Kalb/*Seibt* § 33 MitbestG Rn. 3.
[192] Für mitbestimmte Gesellschaften verlangt § 31 MitbestG eine Mehrheit von zwei Dritteln der Stimmen im Aufsichtsrat.
[193] BGH NJW 1961, 507; BGH DB 1968, 2166; OLG Hamm BB 2002, 1063, 1064 f.
[194] Scholz/*U. H. Schneider/S. H. Schneider* § 6 Rn. 79 ff.
[195] Scholz/*Seibt* § 14 Rn. 24.
[196] Vgl. OLG Hamm BB 2002, 1063, 1064.

94 Durch die Aufnahme der Geschäftsführerbestellung in die Satzung und auch die Schaffung eines Sonderrechts wird die Möglichkeit der Abberufung aus wichtigem Grund nicht eingeschränkt (§ 38 Abs. 2 GmbHG).[197] Dies ist weiterhin durch einfachen Mehrheitsbeschluss möglich,[198] der indes notariell zu beurkunden ist;[199] die Satzung kann die Abberufung aus wichtigem Grund auch nicht an eine höhere Mehrheit als die einfache Stimmenmehrheit binden.[200]

> **Formulierungsvorschlag:**
>
> Der Gesellschafter A ist kraft Sonderrechts (§ 35 BGB) Geschäftsführer. Das Sonderrecht geht auf Rechtsnachfolger in die Beteiligung von A [nicht] über. Aus diesem Sonderrecht folgt [keine/eine] Verpflichtung zur Geschäftsführung als Nebenpflicht (§ 3 Abs. 2 GmbHG). Der Gesellschafter A kann als Geschäftsführer nur aus wichtigem Grund abberufen werden.

95 *bb) Benennungs- oder Bestellungsrecht.* Ist der Minderheitsgesellschafter nicht selbst Geschäftsführer, will er aber dennoch sicherstellen, dass eine Person seines Vertrauens Geschäftsführer wird, so muss zu seinen Gunsten das statutarische Recht geregelt werden, einen Geschäftsführer zu bestimmen. Ein solches Bestimmungsrecht kann natürlich auch für solche Fälle vorgesehen werden, in denen der Minderheitsgesellschafter zwar zunächst selbst in die Geschäftsführung einzieht, er zugleich aber Vorsorge für die Zeit nach seinem Ausscheiden aus der Geschäftsführung treffen möchte. Ein solches Bestimmungsrecht kann als sog. Benennungs- oder sog. Bestellungsrecht ausgestattet werden.[201]

96 Beim sog. **Benennungsrecht** hat der Gesellschafter ein bindendes Vorschlagsrecht, durch das die Mitgesellschafter verpflichtet werden, ihre Stimme in der Gesellschafterversammlung zugunsten des Benannten beim Bestellungsbeschluss abzugeben. Die Bestellung erfolgt dabei wirksam erst durch den Gesellschafterbeschluss, nicht durch die Ausübung des Benennungsrechts. Dabei kann in der Satzung auf verschiedene Weise geregelt werden, in welchen Fällen die Mitgesellschafter die Stimmabgabe zugunsten des Vorgeschlagenen verweigern dürfen. Die Position des Benennungsrechtsinhaber ist dann besonders stark, wenn die Satzung vorsieht, dass die Mitgesellschafter nur im Falle eines wichtigen Grundes im Sinne des § 38 Abs. 2 GmbHG berechtigt sind, gegen die Bestellung des Benannten als Geschäftsführer zu stimmen.

97 Die Entscheidung über die Abberufung des vom Benennungsrechtsinhaber vorgeschlagenen Geschäftsführer trifft ebenfalls die Gesellschafterversammlung. Allerdings bedarf der Gesellschafterbeschluss der Zustimmung des vorschlagsberechtigten Gesellschafters,[202] es sei denn, es liegt ein wichtiger Grund zur Abberufung i. S. v. § 38 Abs. 2 GmbHG vor. Verlangt der Benennungsrechtsinhaber selbst die Abberufung des Geschäftsführers, so sind die Mitgesellschafter verpflichtet, der Abberufung zuzustimmen.[203]

> **Formulierungsvorschlag:**
>
> Dem Gesellschafter A steht das Sonderrecht (§ 35 BGB) zu, eine Person zur Bestellung als Geschäftsführer vorzuschlagen. Die Bestellung erfolgt durch Gesellschafterbeschluss. Die Mitgesellschafter sind verpflichtet, bei dem Gesellschafterbeschluss über die Geschäftsführerbestellung ihre Stimme zugunsten des vom Gesellschafter A Benannten abzugeben, es sei denn, in der Person des Benannten liegt ein wichtiger Grund i. S. v. § 38 Abs. 2 GmbHG vor.

---

[197] OLG Nürnberg GmbHR 2000, 561, 562; Scholz/*Seibt* § 14 Rn. 21.
[198] MünchHdbGesR III/*Diekmann/Marsch-Barner* § 42 Rn. 60.
[199] OLG Nürnberg GmbHR 2000, 563, 564.
[200] BGHZ 86, 177, 179; BGH WM 1984, 29; BGH WM 1988, 23.
[201] Hierzu ausführlich *Kallrath* MittRhNotK 1999, 325, 327 f.
[202] MünchHdbGesR III/*Diekmann/Marsch-Barner* § 42 Rn. 51.
[203] Lutter/Hommelhoff/*Kleindiek* § 38 Rn. 4.

98 Eine schwächere Rechtsposition käme dem Benennungsrechtsinhaber zu, wenn alternativ formuliert würde, dass die Mitgesellschafter die Stimmabgaben zugunsten des Benannten „nur aus sachlichen, im Interesse der Gesellschaft liegenden Gründen verweigern dürfen".[204]

99 Der Minderheitsgesellschafter kann sich anstelle eines Benennungsrechts auch das Recht einräumen lassen, eine Person als Geschäftsführer selbst unmittelbar zu bestellen, ohne dass es noch eines weiteren Gesellschafterbeschlusses bedarf (sog. **echtes Bestellungsrecht**).[205] In diesem Fall kann nur der berechtigte Gesellschafter auch den Geschäftsführer selbst wieder abberufen, es sei denn, es liegt ein wichtiger Grund für die Abberufung vor.

> **Formulierungsvorschlag:**
> Dem Gesellschafter A steht das Sonderrecht (§ 35 BGB) zu, eine Person als Geschäftsführer zu bestellen. Für die Abberufung dieses vom Gesellschafter A bestellten Geschäftsführers ist alleine der Gesellschafter A zuständig; dies gilt nicht, wenn ein wichtiger Grund i.S.v. § 38 Abs. 2 GmbHG zur Abberufung dieses Geschäftsführers vorliegt.

100 Das Benennungsrecht bleibt in der Praxis hinter dem Bestellungsrecht insbesondere dann zurück, wenn die Mitgesellschafter mit der Person des Benannten nicht einverstanden sind und die Bestellung verhindern wollen. Hat der Minderheitsgesellschafter nämlich nur ein Benennungsrecht, so muss er für die Bestellung des von ihm vorgeschlagenen Geschäftsführers den Gerichtsweg beschreiten.[206] Hat der Minderheitsgesellschafter demgegenüber ein Bestellungsrecht inne, kann er die von ihm ausgesuchte Person selbst mit sofortiger Wirkung als Geschäftsführer bestellen.

101 Die mit dem Benennungs- und Bestellungsrecht verbundenen Risiken für die Gesellschaft, können in einem gewissen Umfang dadurch abgemildert werden, indem **Mindestvoraussetzungen**, z.B. hinsichtlich des Alters, der Ausbildung und der Berufserfahrenheit der **für das Geschäftsführeramt vorgeschlagenen Person** in der Satzung geregelt werden.

102 Grundsätzlich ist als Geschäftsführer einer GmbH jede natürliche, unbeschränkt geschäftsfähige Person geeignet (§ 6 Abs. 2 Satz 1 GmbHG). Ungeeignet sind hingegen Personen, die wegen einer in § 6 Abs. 2 S. 2 Nr. 3 Buchst. a–e GmbHG genannten Straftat verurteilt worden sind oder denen durch gerichtliches Urteil oder die vollziehbare Entscheidung einer Verwaltungsbehörde die Ausübung eines Berufs, Berufszweiges, Gewerbes oder Gewerbezweiges untersagt worden ist, die jeweils unter den Gegenstand der Gesellschaft fallen. Diese Umstände haben die Geschäftsführer in der Anmeldung ihrer Bestellung zum Handelsregister zu versichern. Über diese formalen Kriterien hinaus kann die Satzung zusätzliche qualitative Anforderungen an die als Geschäftsführer geeigneten Personen stellen. So kann die Satzung die Gesellschaftereigenschaft als Voraussetzung für die Geschäftsführerbestellung regeln.[207] Nicht selten finden sich beispielsweise in Satzungen von Familiengesellschaften auch die Koppelung der Bestellung mindestens eines Geschäftsführers an die Zugehörigkeit zu einem Familienstamm[208] oder an die Zugehörigkeit zu einer bestimmten Berufsgruppe bzw. an den Nachweis bestimmter Fertigkeiten.

103 **c) Dauer der Bestellung.** Für die Dauer der Organstellung enthält das GmbHG keine Vorgaben. Daher gilt die Bestellung in Ermangelung einer abweichenden Regelung **auf unbestimmte Zeit**. Eine Ausnahme von diesem Grundsatz gilt für Gesellschaften, die der **Unternehmensmitbestimmung** unterliegen, auf der Grundlage der §§ 31 Abs. 1 MitbestG, 12 MontanMitbestG, 13 MontanMitbestErgG. Hier ist über die §§ 112, 84 AktG eine Bestellung für höchstens fünf Jahre möglich, wobei erneute Bestellungen möglich sind.

---

[204] Hierzu MünchHdbGesR III/*Diekmann*/*Marsch-Barner* § 42 Rn. 24; Scholz/*K. Schmidt* § 46 Rn. 83.
[205] MünchHdbGesR III/*Diekmann*/*Marsch-Barner* § 42 Rn. 27.
[206] Vgl. Scholz/*K. Schmidt* § 45 Rn. 182: positive Beschlussfeststellungsklage; Ulmer/Habersack/Winter/ *Raiser* Anh. § 47 Rn. 274: Klage auf Stimmabgabe.
[207] Vgl. Baumbach/Hueck/*Fastrich* § 6 Rn. 8.
[208] Vgl. OLG Hamm GmbHR 1989, 257, 258.

104 Die Organstellung des Geschäftsführers endet außerdem mit seiner Abberufung durch die Gesellschafterversammlung oder das anderweitig durch Bestimmung der Satzung hierfür zuständige Organ. Es ist möglich, die Abberufung durch eine gesellschaftsvertragliche Regelung auf das Vorliegen eines wichtigen Grundes zu beschränken. Ein gänzlicher Ausschluss der Abberufungsmöglichkeit ist nicht zulässig.[209]

105 Fällt eine in der Satzung geregelte persönliche Eignungsvoraussetzung für die Bestellung als Geschäftsführer später weg, so endet das Geschäftsführeramt bei Ermangelung abweichender Satzungsbestimmungen nicht automatisch; eine Abberufung aus wichtigem Grund wird indes dann zulässig sein.[210]

106 **d) Geschäftsführungsbefugnis.** Die den Geschäftsführern obliegende Geschäftsführung umfasst alle Maßnahmen im Rahmen des gewöhnlichen Geschäftsbetriebes. Im Mittelpunkt ihrer Tätigkeit steht dabei die Planung, Vorbereitung, Abwicklung und Überwachung des Tagesgeschäfts, die Entwicklung kurzfristiger Pläne und Taktiken sowie die Weiterentwicklung der – von den Gesellschaftern entschiedenen – Unternehmensstrategie.[211]

107 *aa) Grenzen der Geschäftsführungsbefugnis.* Die Geschäftsführungsbefugnis der Geschäftsführer ist jedoch in mehrfacher Hinsicht begrenzt. Zunächst bedürfen alle außerhalb des gewöhnlichen Geschäftsbetriebes oder des Unternehmensgegenstandes liegende Maßnahmen, insbesondere auch Entscheidungen über die Grundsätze der Unternehmenspolitik[212] und Entscheidungen über für die Gesellschafter wesentliche Strukturentscheidungen (sog. **Holzmüller-Fälle**),[213] der Zustimmung der Gesellschafter. Darüber hinaus begrenzen Satzungsbestimmungen, Regelungen einer Geschäftsordnung für die Geschäftsführung sowie Beschlüsse der Gesellschafterversammlung (§ 37 Abs. 1 GmbHG) die Geschäftsführungsbefugnis.

> **Formulierungsvorschlag:**
>
> Die Geschäftsführer sind verpflichtet, die Geschäfte der Gesellschaft in Übereinstimmung mit dem Gesetz, dieser Satzung, einer durch die Gesellschafterversammlung erlassenen Geschäftsordnung sowie den Beschlüssen der Gesellschafterversammlung [und des Aufsichtsrats] zu führen.

Der vorstehende Formulierungsvorschlag hat zwar keine rechtliche Funktion, da dies auch ohne besondere Anordnung gilt. Eine Aufnahme in die Satzung kann sich aber empfehlen (und ist auch durchaus üblich), um den Beteiligten deutlich zu machen, auf welcher Grundlage die Geschäftsführer in ihrer Tätigkeit im Innenverhältnis zur Gesellschaft wirksam beschränkt sind bzw. werden können.

108 Die Gesellschafter können in der Satzung, durch eine Geschäftsordnung für die Geschäftsführung (also durch Gesellschafterbeschluss) oder durch Ad hoc-Gesellschafterbeschlüsse bestimmte, abstrakt formulierte Maßnahmen und Rechtsgeschäfte von ihrer Zustimmung abhängig machen. Durch eine derartige Begrenzung der Geschäftsführungsbefugnis wird eine klare Kompetenzverteilung zwischen Gesellschafterversammlung und Geschäftsführung erreicht, deren Verletzung die Sanktion der Abberufung[214] und außerdem

---

[209] Baumbach/Hueck/Zöllner/Noack § 38 Rn. 7.
[210] Vgl. Baumbach/Hueck/Zöllner/Noack § 35 Rn. 25 a. E.; Rowedder/Schmidt-Leithoff/*Koppensteiner*/*Gruber* § 35 Rn. 75.
[211] Scholz/*U. H. Schneider*/*S. H. Schneider* § 37 Rn. 3, 10.
[212] BGH WM 1991, 635; OLG Frankfurt/Main AG 1988, 335; LG Berlin WM 1992, 22; Ulmer/Habersack/Löbbe/*Paefgen* § 37 Rn. 8 ff.; Scholz/*U. H. Schneider*/*S. H. Schneider* § 37 Rn. 5 ff., 15 ff.; a. A. Baumbach/Hueck/Zöllner/Noack § 37 GmbHG Rn. 6, 13.
[213] Vgl. BGHZ 83, 122 – Holzmüller sowie die Folgeentscheidungen BGHZ 159, 30 – Gelatine I und BGH NZG 2004, 575 – Gelatine II. Zur Anwendung der Holzmüller-Doktrin im GmbH-Recht Ulmer/Habersack/Löbbe/*Raiser* § 14 Rn. 52 ff.; Ulmer/Habersack/Winter/*Paefgen* § 37 Rn. 23; Baumbauch/Hueck/Zöllner/Noack § 53 Rn. 54.
[214] Für den Fall eines schwerwiegenden Verstoßes gegen die Kompetenzverteilung BGH WM 1983, 750, 751 f.; OLG Hamburg GmbHR 1992, 43, 46; Scholz/*U. H. Schneider*/*S. H. Schneider* § 38 Rn. 49 ff.

Schadenersatzansprüche nach § 43 GmbHG[215] rechtfertigt. Darüber hinaus hat die **Verankerung von Zustimmungsvorbehalten zugunsten der Gesellschafterversammlung** auch minderheitsschützende Wirkung. Durch Zustimmungserfordernisse wird nämlich erreicht, dass Minderheitsgesellschafter zumindest erfahren, dass besondere Geschäfte bevorstehen, auch wenn sie nicht an der Geschäftsführung beteiligt sind. Werden die Zustimmungserfordernisse noch einem qualifizierten Mehrheitserfordernis unterworfen, so verstärkt sich die minderheitsschützende Wirkung. In gleicher Weise sprechen insbesondere minderheitsschützende Erwägungen für eine Verankerung von Zustimmungsvorbehalten in der Satzung, da dann eine Änderung oder Aufhebung bereits von Gesetzes wegen einen mit $^3/_4$-Mehrheit zu fassenden Gesellschafterbeschluss voraussetzt (§ 53 Abs. 2 Satz 1 GmbHG). Zudem erleichtert die Verankerung von Zustimmungsvorbehalten in der Satzung, die ja zum Handelsregister einzureichen ist, die Geltendmachung seitens der Gesellschaft gegenüber einem Geschäftsgegner, dass ein Geschäft nach den allgemeinen Grundsätzen über den Missbrauch der Vertretungsmacht unwirksam ist, wenn der Geschäftsgegner wusste oder sich ihm aufdrängen musste, dass der Geschäftsführer ohne einen im Innenverhältnis erforderlichen Gesellschafterbeschluss gehandelt hat.[216] Dies gilt natürlich in besonderem Maße für Geschäfte der Gesellschaft mit einem seiner Organmitglieder oder Gesellschafter.[217] Wird ein Kataloggeschäft ohne Zustimmung der Gesellschafterversammlung mit einem beherrschenden Gesellschafter oder einer ihm nahe stehenden Person abgeschlossen, liegt aus formellen Gründen eine verdeckte Gewinnausschüttung vor.[218]

Für die Regelung in einer Geschäftsordnung für die Geschäftsführung oder durch Ad hoc-Gesellschafterbeschlüsse spricht auf der anderen Seite die größere Flexibilität im Hinblick auf die Anpassung des Zustimmungskatalogs an veränderte Umstände.

> **Formulierungsvorschlag (allgemeine Zustimmungsklausel ohne Katalogmaßnahmen):**
> Die Geschäftsführer sind verpflichtet, die Weisungen der Gesellschafter zu befolgen, insbesondere eine von den Gesellschaftern aufgestellte Geschäftsordnung zu beachten und von den Gesellschaftern als zustimmungspflichtig bezeichnete Geschäfte nur mit deren Zustimmung vorzunehmen.

> **Formulierungsvorschlag (Zustimmungsklausel mit Katalogmaßnahmen):**
> Die Geschäftsführer bedürfen der vorherigen Zustimmung durch Gesellschafterbeschluss für die folgenden Maßnahmen und Rechtsgeschäfte:
> - Errichtung, Verlagerung und Aufhebung von Zweigniederlassungen oder Betriebsstätten, Aufnahme neuer oder Aufgabe bestehender Geschäftszweige;
> - Erwerb, Veräußerung oder Belastung von Beteiligungen an anderen Unternehmen, einschließlich stiller Beteiligungen, Unterbeteiligungen und treuhänderischer Beteiligungen;
> - Veräußerung oder Belastung von Betrieben, Teilbetrieben oder Vermögensteilen, die bei wirtschaftlicher Betrachtungsweise im Wesentlichen einen Betrieb oder Betriebsteil ausmachen;
> - Erwerb, Veräußerung oder Belastung von Grundstücken, grundstücksgleichen Rechten oder Rechten an Grundstücken;
> - Schuldübernahmen, Eingehung von Wechsel-, Bürgschafts-, Garantie-, Gewährleistungs- und ähnlichen wirtschaftlichen Zwecken dienenden Verbindlichkeiten, sowie Hingabe von Darlehen oder Aufnahme von Krediten, ausgenommen bankübliche Dispositionskredite bis zu einer Höhe von ...... EUR;
> - Einzelinvestitionen, Erwerb und Veräußerung von Gegenständen des Anlagevermögens oder sonstige Verträge, die einen Betrag bzw. Vertragswert von ...... EUR p.a. oder im Einzelfall überschreiten; dies gilt nicht für Maßnahmen, die im Investitionsplan der Gesellschaft vorgesehen sind und denen von der Gesellschafterversammlung zugestimmt worden ist (einschließlich einer betragsmäßigen Abweichung von höchstens 10%);

---

[215] Vgl. Scholz/*U. H. Schneider* § 43 Rn. 46; MünchHdbGesR III/*Diekmann/Marsch-Barner* § 46 Rn. 7.
[216] BGH WM 1988, 707; BGH WM 1984, 305.
[217] Baumbach/Hueck/*Zöllner/Noack* § 37 Rn. 41 m.w.N.
[218] BFH GmbHR 1999, 667; kritisch hierzu *Paus* GmbHR 1999, 1278 ff.; FG Niedersachsen GmbHR 1992, 391.

- Abschluss von Dienstleistungs-, Miet-, Pacht-, Leasing- oder Lizenzverträgen oder sonstigen Dauerschuldverhältnissen, deren vertragsmäßige Zahlung ...... EUR pro Monat (einschließlich aller Nebenkosten, aber zuzüglich MwSt) überschreiten;
- Abschluss, Änderung und Beendigung von Arbeitsverträgen oder Verträgen mit freien Mitarbeitern („Personalmaßnahmen"), die eine feste Laufzeit von mehr als einem Jahr und Jahresbruttobezüge von mehr als ...... EUR vorsehen, einschließlich – in jedem Fall genehmigungsbedürftiger – Pensions- und Versorgungszusagen sowie sonstiger Nebenleistungen; dies gilt nicht für Personalmaßnahmen, die im Personalplan der Gesellschaft vorgesehen sind und denen von der Gesellschafterversammlung zugestimmt worden ist (einschließlich einer betragsmäßigen Abweichung von höchstens 10%);
- Einführung von Mitarbeiterbeteiligungsprogrammen oder Gewinnbeteiligungssystemen;
- Bestellung und Abberufung von Prokuristen und von Handlungsbevollmächtigten;
- Abschluss von Verträgen mit Gesellschaftern, mit ihnen verbundenen Unternehmen i. S. v. § 15 AktG oder Angehörigen von Gesellschaftern i. S. v. § 15 AO;
- alle Maßnahmen und Rechtsgeschäfte, die über den gewöhnlichen Geschäftsbetrieb der Gesellschaft hinausgehen.

109   Bei Konzernstrukturen ist wegen der Mediatisierung der Gesellschafterrechte bei Beteiligungsgesellschaften daran zu denken, dass auch die **Ausübung von Gesellschafterrechten** (insbesondere Stimmrechte bei Gesellschafterbeschlüssen) **in der Beteiligungsgesellschaft** durch die Geschäftsführung der Obergesellschaft entsprechenden Zustimmungsvorbehalten unterliegt. Ansonsten könnte die Geschäftsführung der Obergesellschaft die ihr auferlegten Beschränkungen dadurch umgehen, dass sie die Katalogmaßnahmen unter Ausübung ihrer Gesellschafterrechte (z. B. mittels entsprechender Weisungsbeschlüsse an die dortige Geschäftsführung) zwar nicht in der Obergesellschaft, aber in der Beteiligungsgesellschaft durchführt.

Formulierungsvorschlag:

Dies gilt auch für die Ausübung von Gesellschafterrechten (insbesondere von Stimmrechten auf Anteilseignerversammlungen und von Informations- und Anfechtungsrechten) bei Beteiligungsgesellschaften im Hinblick auf die in § ...... aufgeführten zustimmungspflichtigen Rechtsgeschäfte und Maßnahmen.

110   *bb) Einzel-/Gesamtgeschäftsführungsbefugnis.* Das GmbHG enthält keine Regelung für die Verteilung der Geschäftsführungsbefugnis (Innenverhältnis) bei der Bestellung mehrerer Geschäftsführer. Nach allgemeiner Meinung ist ohne besondere Satzungsregelung von der Gesamtgeschäftsführungsbefugnis mehrerer Geschäftsführer auszugehen.[219] Dabei kann die Satzung die Geschäftsführungsbefugnis auch für die einzelnen Geschäftsführer unterschiedlich regeln[220] (z. B. als Sonderrecht zum Schutz von Minderheitsgesellschaftern mit Geschäftsführeramt). Ist Gesamtgeschäftsführungsbefugnis geregelt, erfordern Entscheidungen Einstimmigkeit,[221] sofern nicht die Satzung – wie üblich – Mehrheitsbeschlüsse zulässt.

111   Eine ausdrückliche Verankerung einer **Gesamtgeschäftsführung** (ohne Mehrheitsklausel) bietet sich daher in Fällen an, in denen verschiedene Gesellschafter(-stämme) ihren Einfluss über von ihnen zu benennende Geschäftsführer sichern wollen. Sofern das Risiko eines Patts bei der Abstimmung über wesentliche Geschäftsführungsmaßnahmen besteht, empfiehlt sich

---

[219] RGZ 98, 98, 100; Ulmer/Habersack/Winter/*Paefgen* § 35 Rn. 104; Baumbach/Hueck/*Zöllner/Noack* § 37 Rn. 29; Scholz/*U. H. Schneider/S. H. Schneider* § 37 Rn. 25; Lutter/Hommelhoff/*Kleindiek* § 37 Rn. 28. – gilt für die Vertretung Einzelvertretungsbefugnis, so ist auch Einzelgeschäftsführungsbefugnis zu vermuten, vgl. BGH WM 1992, 2055; Scholz/*U. H. Schneider/S. H. Schneider* § 37 Rn. 30.
[220] Scholz/*U. H. Schneider/S. H. Schneider* § 37 Rn. 29; Baumbach/Hueck/*Zöllner/Noack* § 37 Rn. 30.
[221] Scholz/*U. H. Schneider/S. H. Schneider* § 37 Rn. 25; Rowedder/Schmidt-Leithoff/*Koppensteiner/Gruber* § 37 Rn. 17.

die Aufnahme einer Satzungsregelung zu seiner Auflösung. Hierfür kann beispielsweise geregelt werden, dass (i) einem Geschäftsführungsmitglied bei einer Pattsituation eine Zweitstimme zukommen oder (ii) die Sache dann einem anderen Gesellschaftsorgan, z. B. der Gesellschafterversammlung, dem Aufsichtsrat oder einem anderen Gremium, zur Entscheidung vorgelegt werden soll. Wird keine solche **Pattauflösungsregelung** getroffen, sollte klargestellt werden, dass Beschlüsse der Geschäftsführung bei Stimmengleichheit als nicht gefasst gelten.

Eine Formulierung für eine Gesamtgeschäftsführungsbefugnis mit Mehrheitsklausel könnte z. B. wie folgt lauten: 112

> **Formulierungsvorschlag:**
> Sofern die Gesellschaft mehrere Geschäftsführer hat, sind diese – unbeschadet ihrer Vertretungsmacht nach außen – nur gemeinschaftlich zur Geschäftsführung befugt. Sofern [die Gesellschafterversammlung/der Aufsichtsrat] nicht etwas Abweichendes festlegt, beschließen sie über Geschäftsführungsmaßnahmen mit einfacher Mehrheit. Bei Stimmengleichheit [gilt ein Antrag als abgelehnt/ist der Beschlussgegenstand der Gesellschafterversammlung/dem Aufsichtsrat zur Entscheidung vorzulegen]. [Die Gesellschafterversammlung/der Aufsichtsrat] kann durch Beschluss eine Geschäftsordnung erlassen, die auch Abweichungen von den Bestimmungen dieses Absatzes vorsehen kann.

Auch bei einer Regelung der **Einzelgeschäftsführung** für bestimmte Geschäftsbereiche werden die jeweils übrigen Geschäftsführer nicht vollständig aus ihrer Verantwortung für die Gesellschaft entlassen (**Grundsatz der Gesamtverantwortung**).[222] Es besteht vielmehr eine wechselseitige Informations- und Überwachungsverantwortung, die ihren Ausdruck u. a. auch im Widerspruchsrecht nach § 115 HGB findet.[223] Im Kernbereich der organschaftlichen Verantwortung der Geschäftsführer kann die Geschäftsführungsbefugnis ohnehin nicht eingeschränkt oder delegiert werden. Dies bezieht sich z. B. auf bestimmte Meldepflichten gegenüber dem Handelsregister (vgl. § 78 GmbHG) sowie die Insolvenzantragspflicht (§ 64 Abs. 1 GmbHG).[224] 113

cc) Stellvertretende Geschäftsführer. Bei der GmbH können auch stellvertretende Geschäftsführer bestellt werden (§ 44 GmbHG), was in der Praxis insbesondere bei größeren Unternehmen durchaus nicht selten vorkommt. Diese Befugnis gilt auch, wenn die Satzung dies nicht ausdrücklich vorsieht. Für die stellvertretenden Geschäftsführer gelten die gleichen gesetzlichen Bestimmungen wie für Geschäftsführer (§ 44 GmbHG), insbesondere ist ihre Vertretungsmacht nicht einschränkbar (§ 37 Abs. 2 i. V. m. § 44 GmbHG). Selbstverständlich kann der Umfang der Geschäftsführungsbefugnis – wie bei Geschäftsführern – frei bestimmt werden.[225] In der Literatur ist umstritten, ob aus der bloßen Bezeichnung als stellvertretender Geschäftsführer eine Beschränkung der Geschäftsführungsbefugnis, insbesondere auf den Fall der Verhinderung der oder einer der übrigen Geschäftsführer, abgeleitet werden kann.[226] Wegen dieser Rechtsunsicherheit ist in der Satzung klarzustellen, ob die Bestimmungen für die Geschäftsführungsbefugnis von Geschäftsführern auch für stellvertretende Geschäftsführer gelten sollen oder ob die Geschäftsführungsbefugnis von stellvertretenden Geschäftsführern in jedem Fall auf bestimmte Umstände beschränkt ist. 114

---

222 BGH GmbHR 1990, 298; BGH GmbHR 1997, 25, 26; Scholz/*U. H. Schneider* § 43 Rn. 35.
223 Vgl. Scholz/*U. H. Schneider* § 43 Rn. 39.
224 BGH GmbHR 1994, 460, 461; Scholz/*U. H. Schneider* § 43 Rn. 42; Lutter/Hommelhoff/*Kleindiek* § 37 Rn. 35.
225 Ulmer/Habersack/Winter/*Paefgen* § 44 Rn. 6.
226 Bejahend *Sudhoff* GmbH S. 232; Baumbach/Hueck/*Zöllner/Noack* § 44 Rn. 5; Scholz/*U. H. Schneider* § 44 Rn. 8; Rowedder/Schmidt-Leithoff/*Koppensteiner/Gruber* § 44 Rn. 3; Roth/*Altmeppen* § 35 Rn. 48; verneinend Ulmer/Habersack/Winter/*Paefgen* § 44 Rn. 6; Lutter/Hommelhoff/*Kleindiek* § 44 Rn. 2; offen gelassen in BGH ZIP 1998, 152.

> **Formulierungsvorschlag:**
>
> Die Gesellschaft hat einen oder mehrere Geschäftsführer. Sie kann einen oder mehrere stellvertretende Geschäftsführer bestellen. Die Vorschriften für Geschäftsführer gelten auch für stellvertretende Geschäftsführer.
>
> **Alternative:**
>
> Die Gesellschaft hat einen oder mehrere Geschäftsführer. Sie kann einen oder mehrere stellvertretende Geschäftsführer bestellen. Die Geschäftsführungsbefugnis von stellvertretenden Geschäftsführern ist unbeschadet der weiteren Regelungen in dieser Satzung und unbeschadet ihrer Vertretungsmacht nach außen insoweit beschränkt, dass sie nur im Falle der Verhinderung [der/einer der] übrigen Geschäftsführer für die Gesellschaft handeln dürfen.

115 *dd) Verstärkung der Geschäftsführungsbefugnis.* Die Satzung einer GmbH kann den Geschäftsführern oder einzelnen von ihnen Befugnisse übertragen, die grundsätzlich der Gesellschafterversammlung vorbehalten sind. Hierzu gehören insbesondere Maßnahmen der Gesellschafterversammlung nach § 46 GmbHG wie die Einforderung von Einlagen, die Rückzahlung von Nachschüssen und die Zustimmung zur Teilung, Zusammenlegung sowie zur Einziehung von Geschäftsanteilen.[227] Dabei ist allerdings zu beachten, dass die Stellung der Gesellschafterversammlung als oberstes Organ der Gesellschaft nicht angetastet werden darf. Aus diesem Grund darf insbesondere die Bestellung und Abberufung von Geschäftsführern und deren Entlastung sowie die Maßnahmen zur Überwachung der Geschäftsführung nicht auf diese selbst übertragen werden.[228]

116 *e) Entscheidungskompetenz einzelner Gesellschafter für Geschäftsführungsmaßnahmen.* Sowohl die Satzung als auch eine Geschäftsordnung kann einzelnen Gesellschaftern **Sonderrechte in Form von Zustimmungs- oder Einspruchsrechten bei Gesellschafterbeschlüssen zu Struktur- oder Geschäftsführungsmaßnahmen sowie von Weisungsrechten gegenüber der Geschäftsführung** einräumen,[229] die dann den begünstigten Gesellschaftern nicht ohne deren Zustimmung (Ausnahme: Vorliegen eines wichtigen Grundes für die Entziehung) entzogen werden können.[230] Demgegenüber können gesellschaftsfremden Dritten weder durch die Gesellschafter noch durch die Gesellschaft mitgliedschaftliche Weisungsrechte gegenüber der Geschäftsführung eingeräumt werden.[231]

7. Vertretungsbefugnis

117 *a) Einzel-/Gesamtvertretungsbefugnis.* Die Vertretung der Gesellschaft obliegt nach § 35 Abs. 1 GmbHG den Geschäftsführern. Für die Passiv-Vertretung gilt zwingend Einzelvertretung (§ 35 Abs. 2 S. 3 GmbHG).[232] Für die Aktiv-Vertretung gilt hingegen bei Bestellung mehrerer Geschäftsführer **grundsätzlich Gesamtvertretung**, soweit die Satzung nichts anderes bestimmt (§ 35 Abs. 2 S. 1 und 2 GmbHG). Die Satzung kann (auch für jeden Geschäftsführer unterschiedlich und abweichend von dessen Geschäftsführungsbefugnis) folgende Regelungen treffen:[233] (1) der Geschäftsführer ist einzelvertretungsberechtigt **(Einzelvertretung)**; (2) der Geschäftsführer ist gemeinschaftlich mit einem oder mehreren weiteren Geschäftsführern vertretungsberechtigt; (3) der Geschäftsführer ist berechtigt, die Gesellschaft gemeinschaftlich mit einem (oder mehreren weiteren) Geschäftsführern oder einem (oder mehreren) Prokuristen zu vertreten (sog. unechte Gesamtvertretung). Zum

---

[227] Vgl. Baumbach/Hueck/*Zöllner* § 46 Rn. 93.
[228] Vgl. Baumbach/Hueck/*Zöllner* § 46 Rn. 93.
[229] Vgl. Scholz/*Seibt* § 14 Rn. 21.
[230] Scholz/*Seibt* § 14 Rn. 26 f.
[231] OLG Frankfurt/Main ZIP 1997, 450, 451; Scholz/*U. H. Schneider/S. H. Schneider* § 37 Rn. 41; a. A. Ulmer/Habersack/Winter/*Paefgen* § 37 Rn. 17; Rowedder/Schmidt-Leithoff/*Koppensteiner/Gruber* § 37 Rn. 20; MünchHdbGesR III/*Marsch-Barner/Diekmann* § 44 Rn. 72.
[232] Scholz/*U. H. Schneider/S. H. Schneider* § 35 Rn. 60.
[233] Hierzu z. B. Scholz/*U. H. Schneider/S. H. Schneider* § 35 Rn. 107 ff.

Schutz von Minderheitsgesellschaftern mit Geschäftsführeramt kann auch ein **Sonderrecht auf Befugnis zur Einzelvertretungsbefugnis** in der Satzung geregelt werden. Die Regelung der **unechten Gesamtvertretung** durch einen Geschäftsführer gemeinsam mit einem Prokuristen ist dann unzulässig, wenn nicht mindestens zwei Geschäftsführer bestellt worden sind, da andernfalls die Vertretungsmacht eines alleinigen Geschäftsführers zwingend an die Mitwirkung eines Nicht-Organs gebunden wäre, oder wenn die Regelung vorsieht, dass ein Geschäftsführer zwar gemeinsam mit einem Prokuristen, aber nicht auch gemeinschaftlich mit einem anderen Geschäftsführer vertretungsberechtigt ist.[234]

Unzulässig sind weiterhin Regelungen, die Geschäftsführer ganz von der Vertretung ausschließen.[235] Eine vom gesetzlichen Prinzip der Gesamtvertretung abweichende Regelung kann nur durch die Satzung selbst oder auf Grund einer in der Satzung enthaltenen Ermächtigung verankert werden.[236] Dabei kann die Satzung die Regelungsbefugnis den Gesellschaftern oder anderen Organen, etwa dem Aufsichtsrat, einem Beirat oder Gesellschafterausschuss (nicht hingegen entsprechend § 78 Abs. 3 AktG den Geschäftsführern selbst)[237] übertragen.[238] In der Praxis wird häufig die Regelung der sog. unechten Gesamtvertretung gewählt.

118

> **Formulierungsvorschlag:**
> Die Gesellschafter hat einen oder mehrere Geschäftsführer. Sind mehrere Geschäftsführer bestellt, so sind jeweils zwei von Ihnen gemeinschaftlich oder einer von ihnen gemeinschaftlich mit einem Prokuristen zur Vertretung der Gesellschaft befugt. Hat die Gesellschaft nur einen Geschäftsführer, so vertritt dieser die Gesellschaft allein. Die Gesellschafterversammlung kann einem oder mehreren Geschäftsführern die Befugnis zur Einzelvertretung der Gesellschaft erteilen.

b) **Beschränkung der Vertretungsmacht.** Die Satzung kann keine Beschränkungen der Vertretungsmacht von Geschäftsführern vorsehen (§ 37 Abs. 2 GmbHG).[239] Auch eine je nach Art des Geschäfts unterschiedliche Ausgestaltung der Art der Einzelvertretungsmacht (z.B. Einzelvertretungsbefugnis für Tagesgeschäfte, Gesamtvertretungsbefugnis für außerhalb des gewöhnlichen Geschäftsbetriebs fallende Maßnahmen) oder nach Maßgabe anderer Umstände ist nicht zulässig.[240] Die Satzung kann auch nicht vorsehen, dass einem Geschäftsführer Einzelvertretungsbefugnis dann zukommt, wenn die anderen Geschäftsführer verhindert sind.[241] Etwas anderes gilt nach überwiegender Auffassung nur für stellvertretende Geschäftsführer, deren Vertretungsbefugnis auf den Fall der Verhinderung eines Geschäftsführers beschränkt werden kann.[242]

119

c) **Befreiung vom Selbstkontrahierungsverbot.** Einem GmbH-Geschäftsführer ist es grundsätzlich nicht erlaubt, als Vertreter einer GmbH mit sich selbst oder als Vertreter eines Dritten Rechtsgeschäfte abzuschließen (§ 181 BGB).[243] Die meisten GmbH-Satzungen sehen die Befugnis der Gesellschafterversammlung vor, von dieser Beschränkungen ganz oder teil-

120

---

[234] Ulmer/Habersack/Winter/*Paefgen* § 35 Rn. 86; Scholz/*U. H. Schneider/S. H. Schneider* § 35 Rn. 113.
[235] Ulmer/Habersack/Winter/*Paefgen* § 35 Rn. 81; Scholz/*U. H. Schneider/S. H. Schneider* § 35 Rn. 14.
[236] Scholz/*U. H. Schneider/S. H. Schneider* § 35 Rn. 103 f.; Baumbach/Hueck/Zöllner/*Noack* § 35 Rn. 106.
[237] Umstritten; wie hier Baumbach/Hueck/Zöllner/*Noack* § 35 Rn. 106; a. A. Ulmer/Habersack/Winter/ *Paefgen* § 35 Rn. 79; Rowedder/Schmidt-Leithoff/*Koppensteiner/Gruber* § 35 Rn. 53; Scholz/*U. H. Schneider/ S. H. Schneider* § 35 Rn. 106.
[238] RGZ 164, 177, 182; BGH NJW 1975, 1741; OLG Düsseldorf GmbHR 1991, 20; Ulmer/Habersack/ Winter/*Paefgen* § 35 Rn. 79; Scholz/*U. H. Schneider/S. H. Schneider* § 35 Rn. 103.
[239] Die Regelung des § 37 Abs. 2 GmbHG kann jedoch durch Vereinbarung mit Dritten wirksam abbedungen werden; vgl. BGH ZIP 1997, 1419.
[240] Ulmer/Habersack/Winter/*Paefgen* § 35 Rn. 82; Scholz/*U. H. Schneider/S. H. Schneider* § 35 Rn. 108 f.; Baumbach/Hueck/Zöllner/*Noack* § 35 Rn. 107; Roth/*Altmeppen* § 35 Rn. 47.
[241] Ulmer/Habersack/Winter/*Paefgen* § 35 Rn. 82; Scholz/*U. H. Schneider/S. H. Schneider* § 35 Rn. 108.
[242] Siehe → Rn. 114.
[243] Allgemein zu Insichgeschäften im Gesellschaftsrecht; *Altmeppen* NZG 2013, 401 ff.; *Suttmann* Mitt-BayNot 2011, 1 ff.

weise zu befreien. Da mit der **generellen Befreiung** die gesetzliche Vertretungsbefugnis geändert wird, bedarf es einer satzungsmäßigen Festlegung.[244] Soll die Gesellschaft im Wege des vereinfachten Verfahrens nach § 2 Abs. 1a GmbHG gegründet werden, so ist diese Befreiung zwingend aufzunehmen.[245] Eine beispielhafte „Öffnungsklausel" lautet wie folgt:

> **Formulierungsvorschlag:**
> Die Gesellschafterversammlung kann einen oder mehrere Geschäftsführer ganz oder teilweise von den Beschränkungen des § 181 BGB befreien.

Ist der Geschäftsführer einer Konzernobergesellschaft von den Beschränkungen des § 181 BGB nicht befreit, so kann er sich nicht selbst zum Geschäftsführer von Tochtergesellschaften bestellen,[246] was insbesondere bei Holdingobergesellschaften zu berücksichtigen ist. Bei Einpersonen-GmbH ist eine solche Stimmabgabe entgegen § 181 BGB unwirksam und führt auch zur Unwirksamkeit (nicht zur Anfechtbarkeit) des Gesellschafterbeschlusses.[247]

121 Auch der **Alleingesellschafter-Geschäftsführer** ist den Beschränkungen des § 181 BGB unterworfen (§ 35 Abs. 4 GmbHG). Eine Befreiung von den Beschränkungen des § 181 BGB ist jedoch auch hier möglich. Sie muss aber in jedem Fall entweder im Gesellschaftsvertrag selbst (z. B. „Der Geschäftsführer A ist von den Beschränkungen des § 181 BGB befreit und damit berechtigt, die Gesellschaft bei Rechtsgeschäften mit sich im eigenen Namen oder als Vertreter eines Dritten zu vertreten") oder auf Grund einer im Gesellschaftsvertrag enthaltenen Ermächtigung („Der Geschäftsführer A kann/Die Geschäftsführer können von den Beschränkungen des § 181 BGB befreit werden") erfolgen.[248] Allgemeine Bestimmungen in der Satzung wie „Ist der Alleingesellschafter zugleich Geschäftsführer, ist er von den Beschränkungen des § 181 BGB befreit", „Der Alleingesellschafter-Geschäftsführer ist stets von den Beschränkungen des § 181 BGB befreit" oder „Der Geschäftsführer A ist solange von den Beschränkungen des § 181 BGB befreit, wie er Gesellschafter ist" sind hingegen nicht ausreichend, da weder das Registergericht noch Dritte ohne weiteres nachprüfen können, wer (Allein)Gesellschafter ist.[249]

8. Gesellschafterversammlung

122 a) **Zuständigkeit.** Die Gesellschafter sind das oberste Willensbildungs- und Entscheidungsorgan in einer GmbH. Die Gesellschafterversammlung ist nicht selbst das Organ, sondern das regelmäßige Verfahren, in dem die Gesellschafter beschließen.[250] Zu den regelmäßig ihrer Bestimmung unterliegenden Gegenständen gehören vor allem die Feststellung des Jahresabschlusses nebst Verwendung des Ergebnisses, die Einforderung von ausstehenden Einlagen, die Rückzahlung von Nachschüssen, die Teilung, Zusammenlegung sowie Einzie-

---

[244] BayObLG DB 1984, 1517; BayObLG GmbHR 1985, 392 = EWiR § 66 GmbHG 2/85, 691 *(Meyer-Landrut)*; OLG Köln GmbHR 1993, 37; Scholz/*U. H. Schneider/S. H. Schneider* § 35 Rn. 145; *Tiedtke* GmbHR 1993, 385, 389; a. A. Baumbach/Hueck/*Zöllner/Noack* § 35 Rn. 132; *Roth/Altmeppen* § 35 Rn. 75 ff. – allerdings kann bei Fehlen einer satzungsmäßigen Gestattung **im Einzelfall** das Organ Befreiung vom Selbstkontrahierungsverbot erteilen, das für die Bestellung und Abberufung des Geschäftsführers zuständig ist; vgl. BGHZ 33, 189, 192; BGHZ 87, 59, 60; KG GmbHR 2002, 327; Scholz/*U. H. Schneider* § 35 Rn. 144.
[245] Vgl. Anlage 1 zum GmbHG, Ziff. 4 des Musterprotokolles.
[246] BayObLG NJW-RR 2001, 469; LG Berlin NJW-RR 1997, 1534 f. (zur AG); Scholz/*U. H. Schneider/S. H. Schneider* § 35 Rn. 176; vgl. zur Bestellung von Vorstandsmitgliedern einer AG zu Geschäftsführern einer Tochter-GmbH jüngst OLG München NZG 2012, 710 ff. (mit Besprechung von *Cramer* NZG 2012, 765 ff.), das entgegen dem zitierten Urteil des LG Berlin in der Bestellung von Vorstandsmitgliedern als Geschäftsführer in der Tochter-GmbH keinen Fall von § 112 AktG erblickt.
[247] BayObLG NJW-RR 2001, 469.
[248] BGHZ 89, 59, 60; BayObLG NJW 1981, 1565; BayObLG DB 1984, 1517; OLG Köln GmbHR 1993, 37; Scholz/*U. H. Schneider/S. H. Schneider* § 35 Rn. 166 f.; Baumbach/Hueck/*Zöllner/Noack* § 35 Rn. 140; Lutter/Hommelhoff/*Kleindiek* § 35 Rn. 51, 53; a. A. *Bachmann* ZIP 1999, 85, 88.
[249] Vgl. BGHZ 87, 59, 62 f.
[250] Scholz/*Seibt* § 48 Rn. 1; vgl. auch → Rn. 139.

hung von Geschäftsanteilen, die Bestellung, Abberufung und Entlassung von Geschäftsführern, die Überwachung der Geschäftsführung, die Bestellung von Prokuristen und Handlungsbevollmächtigten, die Geltendmachung von Ersatzansprüchen gegen Geschäftsführer oder Gesellschafter (§ 46 GmbHG) sowie im Einzelfall die Auslegung der Satzung.[251] Die Satzung kann diesen Katalog beschränken und einzelne Aufgaben an andere Organe (z. B. die Geschäftsführung, einen Aufsichtsrat oder Beirat) übertragen oder aber erweitern, wie dies häufig durch Kataloge zustimmungspflichtiger Geschäfte geschieht.

b) Einberufung. Die Gesellschafterversammlung wird in erster Linie durch die **Geschäftsführer** einberufen (§ 49 Abs. 1 GmbHG). Zwar geht die ganz herrschende Meinung davon aus, dass auch einzelne, nicht einzelvertretungsberechtigte Geschäftsführer die Gesellschafterversammlung einberufen können,[252] zur Vermeidung von Missverständnissen sollte dies allerdings ggf. in der Satzung klargestellt werden. Umgekehrt kann in der Satzung auch eine Einberufungszuständigkeit für einen oder mehrere bestimmte Geschäftsführer geregelt werden.[253] Zur Einberufung weiterhin zuständig sind der **Aufsichtsrat in einer mitbestimmten GmbH** § 52 Abs. 1 GmbHG i. V. m. § 111 Abs. 3 S. 1 AktG), sowie nach § 50 Abs. 1 GmbHG Gesellschafter, die Geschäftsanteile im Nennbetrag von mindestens 10% des Stammkapitals halten. Die einberufungsberechtigten **Minderheitsgesellschafter** sind verpflichtet, vor einer eigenen Einberufung der Gesellschafterversammlung ein entsprechendes Verlangen an die Geschäftsführung zu stellen und eine angemessene Frist (in der Regel ca. 1 Monat) abzuwarten.[254] Die Satzung darf die Anforderungen an das Einberufungsrecht der Gesellschafterminderheit nicht verschärfen, kann den Minderheitsschutz indes erweitern.[255] Durch Satzungsregelung ist auch eine Ausdehnung der Einberufungszuständigkeit auf jeden Gesellschafter (unabhängig von der Beteiligungsquote) oder andere Personen und Institutionen zulässig.[256] Nach umstrittener Ansicht ist die Einberufungszuständigkeit der Geschäftsführer nach § 49 Abs. 1 GmbHG sogar in der Weise dispositiv, dass diese Einberufungszuständigkeit auch beseitigt (d.h. durch das Einberufungsrecht einer anderen Person ersetzt) werden kann.[257] Diese Ansicht ist indes wegen der aus § 43 Abs. 1 GmbHG abgeleiteten Leitungsaufgabe sehr zweifelhaft,[258] worauf sich die Praxis einrichten sollte.

Formulierungsvorschlag:
Die Einberufung der Gesellschafterversammlung erfolgt durch
- die Geschäftsführung, wobei jeder Geschäftsführer allein einberufungsberechtigt ist;
- den Aufsichtsrat, wobei der Einberufung ein mit einfacher Mehrheit gefasster Aufsichtsratsbeschluss vorangehen muss;
- jeden Gesellschafter, wobei es nicht auf den Umfang des von diesem gehaltenen Anteils am Stammkapital ankommt.

Gesellschafterversammlungen sind zunächst einzuberufen, wenn Beschlüsse gefasst werden müssen, die auf Grund Gesetz oder Satzung der Gesellschafterversammlung zugewiesen sind. Darüber hinaus ist die Geschäftsführung verpflichtet, eine Gesellschafterversammlung einzuberufen, wenn dies im Interesse der Gesellschaft erforderlich ist (§ 49 Abs. 2 GmbHG). Dies ist bei bedeutsamen oder außergewöhnlichen Geschäften sowie sonstigen Geschäften der Fall, deren Billigung durch die Gesellschafter objektiv zweifelhaft und im Interesse der Gesellschaft im vorhinein einzuholen ist,[259] z. B. wenn ein neuer Geschäftszweig unter Auf-

---
[251] Vgl. BGH ZIP 2003, 116.
[252] Vgl. Scholz/*Seibt* § 49 Rn. 4; Baumbach/Hueck/*Zöllner* § 49 Rn. 3.
[253] Ausführlich Scholz/*Seibt* § 49 Rn. 15 m. w. N.
[254] BGH GmbHR 1985, 256; OLG München GmbHR 2000, 486, 489; Scholz/*Seibt* § 50 Rn. 17.
[255] Scholz/*Seibt* § 49 Rn. 9 und § 50 Rn. 5.
[256] Scholz/*Seibt* § 49 Rn. 15.
[257] Michalski/*Römermann* § 49 Rn. 52; MünchKommGmbHG/*Liebscher* § 49 Rn. 38.
[258] Scholz/*Seibt* § 49 Rn. 15; Baumbach/Hueck/*Zöllner* § 49 Rn. 4; jetzt auch Ulmer/Habersack/Winter/*Hüffer* § 49 Rn. 31; Lutter/Hommelhoff/*Bayer* § 49 Rn. 8.
[259] Ausführlich Scholz/*Seibt* § 49 Rn. 20 ff., insbes. 22.

wendung umfangreicher finanzieller Mittel aufgebaut werden soll. Darüber hinaus muss die Geschäftsführung bei einem Verlust, der die Hälfte des Stammkapitals übersteigt, die Gesellschafterversammlung einberufen (gesetzlicher Sonderfall des § 49 Abs. 3 GmbHG); im Fall einer Unternehmergesellschaft (haftungsbeschränkt) nach § 5a GmbHG kommt es hingegen auf eine drohende Zahlungsunfähigkeit der Gesellschaft an (§ 5a Abs. 4 GmbHG). Im Regelfall wird es nicht sinnvoll sein, neben einem Katalog von Maßnahmen und Rechtsgeschäften, die der Zustimmung der Gesellschafterversammlung unterliegen (→ Rn. 108) noch einen weiteren Katalog von Sachverhalten zu regeln, bei deren Vorliegen die Geschäftsführung zur Einberufung einer Gesellschafterversammlung verpflichtet ist. Allerdings indiziert das Vorliegen eines zustimmungspflichtigen Rechtsgeschäfts oder einer Maßnahme, dass die Geschäftsführung zur angemessenen Willensbildung und Entscheidung eine Gesellschafterversammlung einzuberufen hat.

125 **Form und Frist für die Einberufung einer Gesellschafterversammlung** regelt § 51 Abs. 1 GmbHG. Hiernach muss die Einladung mittels eines eingeschriebenen Briefes (streitig ist, ob hierfür das Einwurf-Einschreiben ausreicht)[260] mit einer Frist von nur einer Woche vorgenommen werden. Auch der Beginn der gesetzlichen Wochenfrist ist im Einzelnen streitig,[261] so dass eine Präzisierung in der Satzung auch für diese Fragen empfehlenswert ist. Dies gilt ebenfalls für die gesetzlichen Form- und Fristbestimmungen, die für viele Gesellschaften nicht ausreichend flexibel sind. Insbesondere die Möglichkeit zur Nutzung moderner Kommunikationsmittel wie Telefax und E-mail muss ausdrücklich vorgesehen werden.[262] Zu bedenken ist dabei allerdings, dass die Gesellschaft im Streitfall für den Zugang der Einladung beweispflichtig ist.[263] Insbesondere in wichtigen Fällen sollte daher auf die Einladung per eingeschriebenem Brief zurückgegriffen werden.

> **Formulierungsvorschlag:**
> Die Einberufung der Gesellschafterversammlung erfolgt durch die Geschäftsführung, wobei jeder Geschäftsführer allein einberufungsberechtigt ist. Die Gesellschafterversammlung ist mit einer Einberufungsfrist von mindestens zwei Wochen mittels Brief, Telefax oder E-mail unter Mitteilung der Tagesordnung einzuberufen. Die Einberufungsfrist beginnt im Falle der Einladung per Telefax oder E-mail mit Absendung der Einladung, ansonsten zwei Tage nach ihrer Absendung. Der Tag der Versammlung wird bei der Berechnung der Frist nicht mitgezählt.
>
> Falls die Geschäftsführung einem Verlangen der Gesellschafter, die gemäß § 50 Abs. 1 GmbHG die Einberufung einer Gesellschafterversammlung verlangen können, nicht binnen [angemessener Frist/21 Kalendertagen] Folge leistet, ist derjenige, der die Einberufung verlangt hat, selbst berechtigt, die Gesellschafterversammlung unter Beachtung der vorgenannten Form- und Fristvorschriften einzuberufen.

126 Die **Einladung** hat Ort und Zeit der Gesellschafterversammlung anzugeben. Für den Ort ist in der Regel entsprechend § 121 Abs. 4 AktG der Sitz der Gesellschaft (i.d.R. Geschäftsräume der Gesellschaft) zu wählen, wenngleich auch die Bestimmung eines anderen, die Gesellschafter nicht beeinträchtigenden Ortes zulässig ist.[264] Dabei kann der statutarische Versammlungsort auch im Ausland liegen.[265] Diese Einzelfragen können auch in der Satzung

---

[260] Bejahend Scholz/*Seibt* § 51 Rn. 12; *Emde* GmbHR 2002, 8, 17; verneinend Baumbach/Hueck/*Zöllner* § 51 Rn. 12; Ulmer/Habersack/Winter/*Hüffer* § 51 Rn. 5.
[261] Nach Auffassung des BGH und der herrschenden Meinung in der Literatur beginnt die Frist an dem Tag, an dem normalerweise die Einladung ausgeliefert wird, d.h. zwei bis drei Tage nach Aufgabe, BGHZ 100, 264, 267 f.; Scholz/*Seibt* § 51 Rn. 14 m.w.N. Teilweise wird auch vertreten, dass der Tag der Einlieferung entscheidend ist, vgl. die Nachweise bei Baumbach/Hueck/*Zöllner* § 51 Rn. 19.
[262] Zur Zulässigkeit der Einberufung per E-mail: *Zwissler* GmbHR 2000, 28, ablehnend jüngst BGH GmbHR 2006, 538, 539; vgl. auch Nachweise bei Scholz/*Seibt* § 51 Rn. 11.
[263] Vgl. Scholz/*Seibt* § 48 Rn. 6 ff.; Ulmer/Habersack/Winter/*Raiser* Anh. § 47 Rn. 112; *Zwissler* GmbHR 2000, 28.
[264] BGH WM 1985, 567, 568; Ulmer/Habersack/Winter/*Hüffer* § 48 Rn. 4.
[265] OLG Düsseldorf GmbHR 1990, 169, 171; Lutter/Hommelhoff/*Bayer* § 3 Rn. 72; Scholz/*Seibt* § 48 Rn. 9 f. m.w.N.

festgelegt werden, was aber regelmäßig wegen der ansonsten bestehenden Einschränkung der Flexibilität nicht erfolgt.

c) Tagesordnung. In der Einberufung zur Gesellschafterversammlung ist den Gesellschaftern der Zweck der Versammlung mitzuteilen, so dass diese sich ein Bild der einzelnen Beschlussgegenstände machen können und sich angemessen vorbereiten können. Auch die Tagesordnung sollte aus praktischen Erwägungen möglichst zu diesem Zeitpunkt mitgeteilt werden. Der unter → Rn. 125 genannte Formulierungsvorschlag verlangt daher die Übermittlung der Tagesordnung zum Zeitpunkt der Einberufung. Ohne eine besondere Regelung in der Satzung muss die Tagesordnung den Gesellschaftern nach § 51 Abs. 4 GmbHG spätestens drei Tage vor der Gesellschafterversammlung per eingeschriebenen Brief zugehen, damit Beschlüsse auf Grund von Mängeln nicht anfechtbar bzw. nichtig sind. Für die Berechnung dieser Frist für die Übermittlung der Tagesordnung gelten die gleichen Grundsätze wie für die Einladung. 127

> **Formulierungsvorschlag:**
> Die Tagesordnung ist grundsätzlich spätestens [drei (3)] Tage vor Abhaltung der Gesellschafterversammlung den Gesellschaftern mittels Brief, Telefax oder E-mail zu übermitteln. In von dem Einberufungsberechtigten zu begründenden Ausnahmefällen darf die Tagesordnung auch noch zu einem späteren Zeitpunkt mit Eilanträgen ergänzt und den Gesellschaftern gegenüber bekannt gemacht werden. Dabei ist den Gesellschaftern in jedem Fall eine angemessene Vorbereitungszeit (mindestens aber von 16 Stunden nach regelmäßigem Zugang) unter Berücksichtigung des Eilbedürfnisses des ergänzten Eilantrages, zu gewähren.

Die Satzung kann auch regeln, dass nach Einberufung einer Gesellschafterversammlung jeder Gesellschafter verlangen kann, dass weitere Anträge zur Beschlussfassung auf die Tagesordnung gesetzt werden. 128

> **Formulierungsvorschlag:**
> Sobald eine Gesellschafterversammlung ordnungsgemäß einberufen ist, kann jeder Gesellschafter verlangen, dass weitere Anträge zur Beschlussfassung auf die Tagesordnung gesetzt werden. Solche Anträge sind den übrigen Gesellschaftern und der Geschäftsführung spätestens [acht (8)/drei (3)] Kalendertage vor Abhaltung der Gesellschafterversammlung schriftlich bekanntzumachen.

d) Einberufungsmängel. Mängel bei der Einberufung der Gesellschafterversammlung können sowohl zur Nichtigkeit als auch zur Anfechtbarkeit von Beschlüssen führen.[266] Da das GmbHG keine eigenen Regelungen hierüber enthält, finden die Vorschriften des AktG insoweit entsprechende Anwendung, als sie nicht im Hinblick auf die Struktur der GmbH ungeeignet sind. So sind in analoger Anwendung von § 241 Nr. 1 AktG Beschlüsse nichtig, wenn keine Einladung ergangen ist, die Einberufung durch Unbefugte erfolgte oder aber nicht an alle Gesellschafter gesandt wurde. Sofern alle Gesellschafter in einer Vollversammlung zusammenkommen, empfiehlt es sich, eingangs des Versammlungsprotokolls einen Verzicht der Gesellschafter auf alle Formen und Fristen der Einberufung festzuhalten. Die Anfechtung ist andernfalls in der Regel erst nach Ablauf einer Frist von einem Monat ausgeschlossen.[267] Zur Geltendmachung der Nichtigkeit oder Anfechtbarkeit von Gesellschafterbeschlüssen → Rn. 154. 129

e) Versammlungsleitung. Der Versammlungsleiter erfüllt in einer Gesellschafterversammlung Ordnungsaufgaben, indem er z.B. das Wort erteilt, das Recht der Gesellschafter zur 130

---
[266] Hierzu Scholz/*Seibt* § 51 Rn. 26 ff.; *Müther* GmbHR 2000, 966 ff.
[267] Die einmonatige Anfechtungsfrist nach § 246 Abs. 1 AktG wird allgemein zwar nicht als im GmbH-Recht analog anwendbar gesehen, soll aber eine „Leitbildfunktion" haben, vgl. Baumbach/Hueck/*Zöllner* Anh. § 47 Rn. 145 ff. m. w. N.

Stellungnahme gewährleistet, auf die Einhaltung von Redezeitbeschränkungen und die Einhaltung formaler Kriterien wie die Feststellung der ordnungsgemäßen Einberufung und die Erfüllung des Teilnahmerechts achtet. Darüber hinaus kann er die Beschlussfähigkeit der Gesellschafterversammlung und die Fassung von Gesellschafterbeschlüssen feststellen. Zur Durchführung einer ordnungsgemäßen Gesellschafterversammlung ist die Wahl eines Versammlungsleiters zwar nicht zwingend erforderlich,[268] aber in der Regel empfehlenswert. Auch ohne Satzungsregelung können die in der Gesellschafterversammlung zusammengekommenen Gesellschafter jederzeit und nach zutreffender Auffassung dann mit einfacher Stimmenmehrheit[269] einen Versammlungsleiter wählen. Insbesondere bei Gesellschaften mit einem größeren Gesellschafterkreis ist eine ausdrückliche Regelung über (i) die Person des Versammlungsleiters bzw. das Wahlverfahren (einschließlich Mehrheitserfordernis) und (ii) dessen Kompetenzen zur Vermeidung von Auseinandersetzungen zu empfehlen.

> **Formulierungsvorschlag:**
>
> Die Versammlung wählt vor Eintritt in die Tagesordnung unter Leitung des ältesten Gesellschafters mit Mehrheit der abgegebenen Stimmen einen Vorsitzenden, der die Versammlung leitet. [Hat die Gesellschaft einen Aufsichtsrat, obliegt dessen Vorsitzendem die Versammlungsleitung]. Der Versammlungsleiter stellt die Beschlussfähigkeit der Gesellschafterversammlung und die Fassung von Gesellschafterbeschlüssen fest und entscheidet über die Art der Abstimmung, sofern die Gesellschafterversammlung nicht etwas anderes beschließt.

131 f) **Protokoll.** Die Anfertigung eines Protokolls über den Verlauf der Gesellschafterversammlung und die dort gefassten Beschlüsse ist in einfacher schriftlicher Form erforderlich, wenn die Gesellschaft nur einen einzigen Gesellschafter hat (§ 48 Abs. 3 GmbHG). Eine notarielle Protokollierungspflicht besteht für die Fassung von satzungsändernden Beschlüssen (einschließlich von Beschlüssen über Verschmelzung, Spaltung, Formwechsel und Unternehmensverträge). Auch im Übrigen ist bereits aus Beweiszwecken die Anfertigung eines Protokolls ratsam. Eine entsprechende Satzungsbestimmung sollte allerdings klarstellen, ob die Anfertigung eines Protokolls Wirksamkeitsvoraussetzung für Beschlüsse sein soll, wovon jedenfalls die Rechtsprechung bei Regelung einer notariellen Protokollierungspflicht ausgeht.[270]

> **Formulierungsvorschlag:**
>
> Zu Beweiszwecken und nicht als Wirksamkeitsvoraussetzung ist über Beschlüsse der Gesellschafterversammlung ein schriftliches Protokoll aufzunehmen, das vom Versammlungsleiter bzw. bei anderen Gesellschafterbeschlüssen von allen Gesellschaftern zu unterzeichnen und allen Gesellschaftern in Abschrift zu übersenden ist. Unberührt hiervon bleiben gesetzliche oder durch diese Satzung begründete Erfordernisse zur notariellen Beurkundung von Gesellschafterbeschlüssen.

132 g) **Vertretung.** Ein Gesellschafter muss nicht persönlich an Gesellschafterversammlungen teilnehmen. Er kann ohne weiteres einen Vertreter bevollmächtigen, sofern diese Möglichkeit jedenfalls bei einer personalistisch strukturierten GmbH nicht durch die Satzung ausgeschlossen ist.[271] Die Bevollmächtigung bedarf in der Regel zu Zwecken des Nachweises der Vertretungsmacht gegenüber der Gesellschaft der Schriftform (§ 47 Abs. 3 GmbHG). Solange der Gesellschafter einen Vertreter bevollmächtigt hat, ruht sein eigenes Recht zur Teil-

---

[268] BGHZ 51, 209, 213; BGHZ 76, 154, 156.
[269] So OLG München GmbHR 2005, 624; Scholz/*Seibt* § 48 Rn. 33; Baumbach/Hueck/*Zöllner* § 48 Rn. 16; Lutter/Hommelhoff/*Bayer* § 48 Rn. 15; Ulmer/Habersack/Winter/*Hüffer* § 48 Rn. 29; a. A. (Einverständnis aller anwesenden Gesellschafter) OLG Frankfurt/Main NZG 1999, 406.
[270] RGZ 122, 367, 369; hierzu Scholz/*Seibt* § 48 Rn. 51. – zur Auslegung von Satzungsbestimmungen auch Rowedder/Schmidt-Leithoff/*Koppensteiner*/*Gruber* § 48 Rn. 17.
[271] Hierzu Baumbach/Hueck/*Zöllner* § 47 Rn. 44.

nahme an der Gesellschafterversammlung.[272] Die Mehrheit der Gesellschafter kann den betroffenen Gesellschafter allerdings von dieser Einschränkung durch einen einfachen Beschluss befreien.

> **Formulierungsvorschlag:**
> Jeder Gesellschafter kann sich in der Gesellschafterversammlung durch einen Dritten vertreten lassen. Die Vertretungsbefugnis muss – wenn der Nachweis verlangt wird – durch Vorlage einer schriftlichen Vollmacht nachgewiesen werden.

Selbstverständlich kann die Satzung auch vorsehen, dass nur ein begrenzter Kreis von Personen als Vertreter in Frage kommt, z.B. nur ein Mitgesellschafter oder eine zur beruflichen Verschwiegenheit verpflichtete Person.[273] Dies soll insbesondere die Vertraulichkeit (und daneben die Sachlichkeit) der Beratungen der Gesellschafterversammlung sichern.

> **Formulierungsvorschlag:**
> Jeder Gesellschafter kann sich in der Gesellschafterversammlung durch einen anderen Gesellschafter oder durch eine zur beruflichen Verschwiegenheit verpflichtete Person (z.B. Rechtsanwalt, Steuerberater oder Wirtschaftsprüfer) vertreten lassen.

Schließlich kann die Satzung auch vorsehen, dass ein Gesellschafter nur *einen* Vertreter bevollmächtigen kann, um auch auf diese Weise die Handlungsfähigkeit und Vertraulichkeit von Gesellschafterversammlungen zu sichern.[274]

h) Recht zur Hinzuziehung von Beratern. Ein Recht zur Teilnahme an Gesellschafterversammlungen kommt grundsätzlich nur den Gesellschaftern bzw. von diesen bevollmächtigten Vertretern oder gerichtlich bestellten Pflegern, Testamentsvollstreckern, Insolvenzverwaltern sowie Nachlassverwaltern zu.[275] Nach überwiegender Auffassung hat ein Gesellschafter ohne entsprechende Satzungsregelung grundsätzlich nicht das Recht, einen Sachverständigen oder Berater (Anwalt, Steuerberater, Wirtschaftsprüfer etc.) zur Gesellschafterversammlung hinzuzuziehen, es sei denn, die Gesellschafterversammlung gestattet dies ausdrücklich durch einfachen Mehrheitsbeschluss.[276] Unter besonders gravierenden Umständen soll aber die gesellschaftsrechtliche Treuepflicht gebieten, eine Beistandsperson zuzulassen, insbesondere wenn eine schwerwiegende Entscheidung zu fällen ist und der Gesellschafter die erforderliche Sachkunde nicht besitzt.[277] Wegen dieser unsicheren Rechtslage kann es sich bei entsprechender Realstruktur der Gesellschaft anbieten, das Recht der Gesellschafter zur Beziehung von Beratern zu verankern und die Einzelheiten zu regeln, z.B.

---

[272] OLG Stuttgart GmbHR 1994, 257, 259; Scholz/*Seibt* § 48 Rn. 24; Lutter/Hommelhoff/*Bayer* § 48 Rn. 4; vgl. auch OLG Koblenz ZIP 1992, 844: Teilnahme des Gesellschafters neben stimmbevollmächtigtem Nießbraucher.
[273] Scholz/*Seibt* § 48 Rn. 24; Baumbach/Hueck/*Zöllner* § 47 Rn. 45.
[274] Hierzu BGH GmbHR 1989, 120; Baumbach/Hueck/*Zöllner* § 48 Rn. 8; Scholz/*Seibt* § 48 Rn. 24.
[275] Vgl. Baumbach/Hueck/*Zöllner* § 48 Rn. 6 ff.
[276] OLG Stuttgart ZIP 1993, 1474; OLG Naumburg GmbHR 1996, 934; Baumbach/Hueck/*Zöllner* § 48 Rn. 13; Scholz/*Seibt* § 48 Rn. 25 f.; Lutter/Hommelhoff/*Bayer* § 48 Rn. 8. Umstritten ist, ob es zusätzlich zur satzungsrechtlichen Erlaubnis bzw. zum Gesellschafterbeschluss eines Sachgrundes für die Hinzuziehung des Beraters (dringendes Beratungsbedürfnis) bedarf, so etwa Baumbach/Hueck/*Zöllner* § 48 Rn. 12. Richtigerweise ist dieses zusätzliche Kriterium aber als zu unbestimmt abzulehnen (so im Ergebnis auch Lutter/Hommelhoff/*Bayer* § 48 Rn. 8). Nach einer vermittelnden Ansicht (Michalski/*Römermann* § 48 Rn. 124) darf jedenfalls der Wunsch, einen Berater hinzuzuziehen, der beruflich zur Verschwiegenheit verpflichtet ist (Steuerberater, Rechtsanwalt, Wirtschaftsprüfer), nicht zurückgewiesen werden.
[277] OLG Düsseldorf GmbHR 2002, 67; OLG Düsseldorf GmbHR 1992, 610; OLG Stuttgart GmbHR 1997, 1107; OLG Naumburg GmbHR 1996, 934; Fingerhut/*Schröder* BB 1999, 1230, 1231 f.; Baumbach/Hueck/*Zöllner* § 48 Rn. 13; Lutter/Hommelhoff/*Bayer* § 48 Rn. 8; → § 15 Rn. 78 (*Römermann*), wonach die Hinzuziehung eines Beistands auch ohne Satzungsregelung gestattet ist, wenn andernfalls ein erhebliches Ungleichgewicht zwischen den Gesellschaftern bezogen auf ihre Sachkenntnis bestehen würde.

Höchstanzahl von Beratern, Qualifikation und Übernahme einer Verschwiegenheitsverpflichtung des Beraters.

> **Formulierungsvorschlag:**
>
> Jeder Gesellschafter hat das Recht zur Hinzuziehung eines zur beruflichen Verschwiegenheit verpflichteten sachkundigen Beistands oder Beraters (z. B. Rechtsanwalt, Steuerberater oder Wirtschaftsprüfer) bei der Behandlung außerordentlicher Beschlussgegenstände in der Gesellschafterversammlung.

136 **i) Informationsrechte der Gesellschafter/Berichtspflichten der Geschäftsführer.** § 51a GmbHG gewährt jedem Gesellschafter (Individualrecht) umfassende Auskunfts- und Einsichtsrechte über alle die Gesellschaft betreffenden Angelegenheiten. Dieses Recht kann der Gesellschafter nicht nur im Rahmen von Gesellschafterversammlungen, sondern auch außerhalb von solchen geltend machen. Eine besondere Begründung oder die Geltendmachung eines wichtigen Grundes sind keine Voraussetzung für die Ausübung dieser Informationsrechte.

137 Streitig ist die Frage, in welchem Umfang und in welcher Art das Auskunfts- und Informationsrecht einer Regelung durch die Satzung zugänglich ist. Denn das in § 51a GmbHG geregelte **Informationsrecht ist materiell satzungsfest** ausgestaltet (§ 51a Abs. 3 GmbHG). Nicht untersagt sind aber statutarische Erweiterungen des Informationsrechts.[278] Problematisch sind vor allem Rechtseinschränkungen. Unwirksam ist eine Satzungsbestimmung, die das Informationsrecht des Gesellschafters im zeitlichen Umfang begrenzt, z. B. auf eine Stunde je Monat.[279] Zulässig ist hingegen die Regelung eines bestimmten Verfahrens für die Informationserteilung (z. B. schriftliches Auskunftsverlangen außerhalb von Gesellschafterversammlungen, kurze Ankündigungsfrist vor Einsichtnahme)[280]oder die Zulassung von zur Berufsverschwiegenheit verpflichteten Sachverständigen.[281] Die überwiegende Meinung in der Literatur hält sogar eine Satzungsregelung für zulässig, der zufolge das Einsichtsrecht allein – d. h. unter Ausschluss des Gesellschafters – durch zur Berufsverschwiegenheit verpflichtete Sachverständige ausgeübt werden darf.[282]

> **Formulierungsvorschlag:**
>
> Jeder Gesellschafter kann von der Geschäftsführung verlangen, dass ihm in angemessener Frist Auskunft über die Angelegenheiten der Gesellschaft erteilt und Einsicht in die Bücher und Schriften gestattet wird. [Er kann zur Einsichtnahme einen zur Berufsverschwiegenheit verpflichteten Dritten hinzuziehen oder ihn damit beauftragen./Zur Einsicht in die Bücher und Schriften der Gesellschaft hat er einen zur Berufsverschwiegenheit verpflichteten Dritten zu beauftragen].

138 **Finanzinvestoren** machen eine Unternehmensbeteiligung häufig von der Vereinbarung umfangreicher **Berichtspflichten** abhängig.[283] Sie müssen nicht in einer Satzung geregelt werden, sondern können auch in Beteiligungsverträgen und in Geschäftsordnungen für die Geschäftsführer vereinbart oder durch einfachen Beschluss der Gesellschafter festgelegt werden. In dem Umfang, in dem die Berichte über den Inhalt von Auskünften hinausgehen, die einem Gesellschafter von der Gesellschaft ohnehin zur Verfügung gestellt werden müssen, kann sich ihre Sicherung in der Satzung in Verbindung mit einer Bestimmung, die eine

---

[278] Scholz/*K. Schmidt* § 51a Rn. 50; Lutter/Hommelhoff/*Lutter/Bayer* § 51a Rn. 32.
[279] BayObLG GmbHR 1989, 201 = EWiR 1989, 273 *(Priester)*.
[280] BayObLG GmbHR 1989, 201, 202; Scholz/*K. Schmidt* § 51a Rn. 51.
[281] BayObLG GmbHR 1989, 201, 202; Scholz/*K. Schmidt* § 51a Rn. 51.
[282] Baumbach/Hueck/*Zöllner* § 51a Rn. 3, 40; Ulmer/Habersack/Winter/*Hüffer* § 51a Rn. 70; *Ivens* GmbHR 1988, 249; *Hirte* BB 1985, 2208, 2210; a. A. Scholz/*K. Schmidt* § 51a Rn. 51; Lutter/Hommelhoff/ *Lutter/Bayer* § 51a Rn. 34; *Meyer-Landrut* § 51a Rn. 7.
[283] Zur gesetzlichen Berichterstattungspflicht: Scholz/*U. H. Schneider* § 43 Rn. 143; *Grunewald* ZHR 146 (1982) 211, 225 f.

Änderung dieser Satzungsbestimmung ohne Zustimmung des Minderheitsgesellschafters ausschließt, jedoch anbieten.

> **Formulierungsvorschlag:**
> Die Geschäftsführer werden den Gesellschaftern alle von diesen erbetenen und außerdem unaufgefordert die folgende Unterlagen vorlegen:
> - geprüfte Jahresabschlüsse einschließlich der Bilanzen innerhalb von drei (3) Monaten nach Jahresende;
> - ungeprüfte Quartalsabschlüsse (Bilanz sowie Gewinn- und Verlustrechnung) innerhalb von zwanzig (20) Tagen nach Quartalsende einschließlich eines Soll-Ist-Vergleichs dieser Daten mit den Planzahlen und den Vorjahreszahlen, und zwar jeweils kumuliert für den bisher zurückgelegten Teil des Geschäftsjahres, eines Berichtes über alle wesentlichen im Wirtschaftsplan enthaltenen Vorgaben sowie über die Vermögens-, Finanz- und Ertragslage und die Liquiditätsplanung für die jeweils folgenden zwölf Monate;
> - Wirtschaftsplan des kommenden Geschäftsjahres einschließlich Investitions- und Personalplan bis zum 15. November eines Jahres;
> - Berichte über sonstige wesentliche Umstände unmittelbar nach deren Bekanntwerden.

9. Gesellschafterbeschlüsse

a) **Beschlussfassung.** Beschlüsse werden von den Gesellschaftern regelmäßig in Gesellschafterversammlungen gefasst (§ 48 Abs. 1 GmbHG). § 48 Abs. 2 GmbHG sieht zur Erleichterung der Beschlussfassung ausdrücklich vor, dass auch außerhalb einer Versammlung Beschlüsse gefasst werden können, wenn sämtliche Gesellschafter sich mit einem schriftlichen Verfahren einverstanden erklären. In diesem Zusammenhang wird häufig eine Satzungsregelung sinnvoll sein, die ausdrücklich die zulässigen Kommunikationsformen (z. B. schriftlich, fernschriftlich, telefonisch, per Telefax oder per E-mail) bestimmt.[284] Die Satzung kann darüber hinaus die Zulässigkeit der Beschlussfassung außerhalb von Versammlungen in anderer Weise erweitern, sie ausschließen oder beschränken und Einzelheiten zum Verfahren (z. B. Protokollierungspflicht) regeln.[285] Die sog. kombinierte Beschlussfassung, bei dem ein Teil der Gesellschafter ihre Stimmen im Rahmen der Gesellschafterversammlung abgibt und der andere Teil der Gesellschafter außerhalb der Versammlung, beispielsweise schriftlich, textförmig oder mündlich,[286] ist nach einem jüngeren Urteil des Bundesgerichtshofs nur zulässig, wenn eine entsprechende Satzungsregelung vorhanden ist.[287]

139

> **Formulierungsvorschlag:**
> Gesellschafterbeschlüsse werden in Gesellschafterversammlung oder – falls sämtliche Gesellschafter sich hiermit einverstanden erklären – auf schriftlichem oder fernschriftlichem Wege, per Telefax, per E-Mail oder telefonisch gefasst. Das Schweigen eines Gesellschafters auf die Aufforderung zur schriftlichen, fernschriftlichen (einschließlich per Telefax oder per E-Mail) oder telefonischen Stimmabgabe gilt als [Ablehnung/Zustimmung]. Dies gilt auch für eine kombinierte Beschlussfassung, also bei Stimmabgabe durch einzelne Gesellschafter im Rahmen einer Gesellschafterversammlung und Stimmabgabe anderer Gesellschafter zum selben Beschlussgegenstand auf anderem Wege (z. B. auf schriftlichem oder fernschriftlichem Wege, per Telefax, per Email oder telefonisch). [Gesellschafterbeschlüsse, die im schriftlichen, fernschriftlichen (einschließlich per Telefax oder per E-Mail) oder telefonischen Umlaufverfahren gefasst werden, müssen von der Geschäftsführung der Gesellschaft gegenüber sämtlichen Gesellschaftern schriftlich niedergelegt und übermittelt werden.]

---

[284] Zur Zulässigkeit: Scholz/*Seibt* § 48 Rn. 61, 63 – zur Zulässigkeit einer Beschlussfassung bzw. Stimmabgabe per E-mail: *Noack* ZGR 1998, 592, 595 f.; *Zwissler* GmbHR 2000, 28, 29 f.
[285] Scholz/*Seibt* § 48 Rn. 64 ff.
[286] Scholz/*Seibt* § 48 Rn. 65.
[287] BGH NJW 2006, 2044, der damit auch die Streitfrage verneint, ob zur Vereinbarung einer kombinierten Beschlussfassung auch ein einstimmiger Gesellschafterbeschluss ausreichend ist; krit. *Liese/Theusinger* GmbHR 2006, 682; Scholz/*Seibt* § 48 Rn. 65.

> Gesellschafterbeschlüsse werden wirksam:
> - in einer Gesellschafterversammlung: mit Abstimmung;
> - bei einer Abstimmung außerhalb der Gesellschafterversammlung: mit Abgabe aller Stimmen gegenüber der Gesellschaft;
> - bei einer kombinierten Stimmabgabe: mit Feststellung des Beschlussergebnisses.

140 **b) Beschlussfähigkeit.** Das GmbHG stellt bei einer ordnungsgemäß erfolgten Einberufung keine weiteren Anforderungen an die Beschlussfähigkeit einer Gesellschafterversammlung: Sie ist beschlussfähig, wenn auch nur ein stimmberechtigter Gesellschafter teilnimmt.[288] Dies wird in vielen Fällen nicht als interessengerecht angesehen. Häufig finden sich in GmbH-Satzungen daher – insbesondere zur Vermeidung von Zufallsmehrheiten – ausführliche Regelungen eines Quorums für die Beschlussfähigkeit zumindest für die erstmalige Einberufung einer Gesellschafterversammlung. Dabei kann auf die Anwesenheit einer bestimmten Zahl von Gesellschaftern oder die Vertretung eines bestimmten Teils des Stammkapitals bzw. einer bestimmten Anzahl stimmberechtigter Stimmen abgestellt werden.[289]

> **Formulierungsvorschlag:**
> Die Gesellschafterversammlung ist beschlussfähig, wenn alle Gesellschafter ordnungsgemäß geladen sind und mindestens die Hälfte aller Gesellschafterstimmen anwesend oder vertreten sind. Erweist sich eine Gesellschafterversammlung als nicht beschlussfähig, so ist eine neue Gesellschafterversammlung mit gleicher Tagesordnung innerhalb von zwei Wochen nach den Bestimmungen dieser Satzung einzuberufen, die dann ohne Rücksicht auf die vertretenen Gesellschafterstimmen beschlussfähig ist; hierauf ist in der wiederholten Einberufung hinzuweisen.

141 Die oben stehende Formulierungsvorschlag berücksichtigt nicht, dass bei einer Gesellschafterversammlung Gesellschafter anwesend oder vertreten sein können, die im Hinblick auf einzelne Beschlussgegenstände von der Abstimmung ausgeschlossen sind (**Stimmrecht**).[290] Diese im Hinblick auf einzelne Beschlussgegenstände vom Stimmrecht ausgeschlossenen Gesellschafter sind bei der Gesellschafterversammlung ansonsten anwesend oder vertreten. Aus diesem Grund kann es sich anbieten, in der Satzungsregelung konkret auf die Stimmbefugnis bei einzelnen Beschlussgegenständen abzustellen.

> **Formulierungsvorschlag:**
> Die Gesellschafterversammlung ist im Hinblick auf einen konkreten Beschlussgegenstand beschlussfähig, wenn alle Gesellschafter ordnungsgemäß geladen sind und mindestens die Hälfte aller für diesen konkreten Beschlussgegenstand stimmberechtigten Gesellschafterstimmen anwesend oder vertreten sind. Erweist sich eine Gesellschafterversammlung im Hinblick auf einen konkreten Beschlussgegenstand als nicht beschlussfähig, so ist eine neue Gesellschafterversammlung mit diesem konkreten Beschlussgegenstand innerhalb von zwei Wochen nach den Bestimmungen dieser Satzung einzuberufen, die dann ohne Rücksicht auf die vertretenen und stimmberechtigten Gesellschafterstimmen beschlussfähig ist; hierauf ist in der wiederholten Einberufung hinzuweisen.

142 **c) Stimmrechte; Stimmabgabe.** Grundsätzlich gewährt jeder Euro eines Geschäftsanteils eine Stimme bei der Fassung von Gesellschafterbeschlüssen (§ 47 Abs. 2 GmbHG). Möglich ist auch, durch entsprechende Satzungsgestaltung eine sog. **gespaltene Stimmabgabe aus einem einheitlichen Geschäftsanteil** zuzulassen. Dies ist insbesondere bei Treuhandverhältnis-

---

[288] OLG Köln GmbHR 2002, 492, 495; Scholz/*Seibt* § 48 Rn. 43; Baumbach/Hueck/*Zöllner* § 48 Rn. 3; Lutter/Hommelhoff/*Bayer* § 48 Rn. 20.
[289] Vgl. Scholz/*Seibt* § 48 Rn. 43.
[290] Zu diesem Problem BGH NJW 1992, 977, 978; Scholz/*Seibt* § 48 Rn. 43.

sen sinnvoll, bei denen nur ein Teil des Anteils treuhänderisch gebunden ist oder bei denen in einem Anteil mehrere Treugeber (z. B. Mitarbeiter, Familienangehörige) gebündelt sind.[291]

> **Formulierungsvorschlag:**
> Sowohl die unterschiedliche Stimmabgabe als auch eine teilweise Stimmenthaltung aus einem einheitlichen Geschäftsanteil ist zulässig.

Die GmbH-Satzung kann das Stimmrecht auch **abweichend von der Kapitalbeteiligung** regeln. Zulässig ist demnach das Stimmrecht von der tatsächlichen Einlageleistung abhängig zu machen, ein **Stimmrecht nach Köpfen** vorzusehen (z. B. verbreitet bei Freiberufler-GmbH), einzelnen Geschäftsanteilen **Mehrstimmrechte** zu verleihen, ein Stimmenkraftmaximum (sog. **Höchststimmrecht**) vorzuschreiben oder Geschäftsanteile auch **stimmrechtslos** zu gestalten.[292] Dabei ist zu berücksichtigen, dass selbst einem Gesellschafter mit stimmrechtslos gestellten Geschäftsanteilen eine Reihe unabdingbarer Zustimmungsrechte zustehen, insbesondere bei Beschlüssen, die für diesen Gesellschafter eine Mehrbelastung (entsprechend des Grundgedankens des § 53 Abs. 3 GmbHG) bedeuten (z. B. Begründung von Nachschusspflichten sowie Nebenpflichten, nachträgliche Vinkulierung der Geschäftsanteile, Zwangseinziehung des Geschäftsanteils und Ausschluss des Gesellschafters).[293] Die Gewährung von Mehrstimmrechten wird nicht selten in Fällen geregelt, in denen einem aktiven Gesellschafter/Geschäftsführer gegenüber einem Finanzinvestor oder einem Seniorgesellschafter nach Abgabe von Anteilen gegenüber seinen Nachfolgern eine Mehrheit gesichert werden soll.

143

> **Formulierungsvorschlag:**
> Jeder Euro eines Geschäftsanteils gewährt eine Stimme. In Abweichung zu vorstehendem Satz 1 gewährt jeder Euro der vom Gesellschafter A gehaltenen Geschäftsanteile (Geschäftsanteile 1 bis 5) [fünf] Stimmen.

d) **Vertretung.** Gesellschafter können sich bei der Fassung von Gesellschafterbeschlüssen außerhalb von Gesellschafterversammlungen nach den gleichen Grundsätzen wie in Gesellschafterversammlungen (siehe → Rn. 132–134) vertreten lassen.

144

e) **Mehrheitserfordernisse; Patt-Auflösung.** Gesellschafterbeschlüsse werden im Regelfall mit einer einfachen Mehrheit der abgegebenen Stimmen gefasst (§ 47 Abs. 1 GmbHG). Ein Beschlussantrag ist demnach angenommen, wenn im Hinblick auf diesen mindestens eine Ja-Stimme mehr abgegeben wird als Nein-Stimmen; Enthaltungen zählen dabei nicht mit.[294] Die Satzung kann einen Stichentscheid zugunsten eines Gesellschafters (im 1. oder einem 2. Wahlgang) bei Stimmengleichheit vorsehen.[295] Zulässig ist auch die Pattauflösung durch andere Gesellschaftsorgane, auch durch ein fakultatives Organ,[296] sowie durch ein Schiedsgericht.[297] Demgegenüber kann ein Stichentscheidsrecht einem gesellschaftsfremden Dritten nach h. M. nicht zugewiesen werden.[298]

145

---

[291] Vgl. LG München I GmbHR 2006, 431 mit Anm. *Schüppen/Gahn*; *Lohr* GmbH-StB 2007, 387, 388.
[292] Vgl. Baumbach/Hueck/*Zöllner* § 47 Rn. 69 ff.; Lutter/Hommelhoff/*Bayer* § 47 Rn. 5; *D. Mayer* GmbHR 1990, 61 ff., einschränkend bei Beseitigung der Sperrminorität nach gesetzlichem Normalstatut (Wertung aus § 53 Abs. 2 GmbHG) *Ivens* GmbHR 1989, 61 ff. – zur statutarischen Zulassung einer uneinheitlichen Stimmabgabe aus einem einheitlichen Geschäftsanteil *Priester*, FS 50 Jahre FAfStR, 153, 162 f.
[293] *Ebert/Nebeling* GmbHR 2001, 664 ff.
[294] OLG Celle GmbHR 1998, 140; Baumbach/Hueck/*Zöllner* § 47 Rn. 23.
[295] RGZ 49, 141, 147; Scholz/*K. Schmidt* § 47 Rn. 10; Baumbach/Hueck/*Zöllner* § 47 Rn. 23; Michalski/*Römermann* § 47 Rn. 574.
[296] Ausführlich *Dauner-Lieb/Winnen* in: FS Brambring 2011, S. 45, 47 ff.; *Blasche* GmbHR 2013, 176.
[297] *Dauner-Lieb/Winnen*, FS Brambring 2011, S. 45, 60 ff.
[298] So Baumbach/Hueck/*Zöllner* § 47 Rn. 23; Michalski/*Römermann* § 47 Rn. 575; *Dauner-Lieb/Winnen*, FS Brambring, 2011, S. 45, 59 f.; a. A. Rowedder/Schmidt-Leithoff/*Koppensteiner/Gruber* § 47 Rn. 17; *Blasche* GmbHR 2013, 176, 177 ff.

> **Formulierungsvorschlag:**
>
> Gesellschafterbeschlüsse werden, sofern nicht diese Satzung oder das Gesetz etwas anderes bestimmen, mit der einfachen Mehrheit der abgegebenen Stimmen gefasst. Enthaltungen werden nicht mitgezählt.
>
> Entfallen auf einen Beschlussantrag ebenso viele Ja-Stimmen wie Nein-Stimmen, kommt dem Gesellschafter A [in einer zweiten Abstimmung] eine Zweitstimme zu.

146 **Qualifizierte Mehrheitserfordernisse** sieht das Gesetz für Satzungsänderungen einschließlich Kapitalerhöhung und Kapitalherabsetzung (§ 53 Abs. 2 S. 1 GmbHG) sowie für bestimmte Strukturmaßnahmen vor. Für solche Maßnahmen kann die Satzung die gesetzlichen Mehrheitserfordernisse noch weiter bis zum Einstimmigkeitserfordernis steigern, nicht hingegen darf das Mehrheitserfordernis für satzungsändernde Beschlüsse durch Satzung reduziert werden.[299] Sofern die Satzung eine höhere als die gesetzlich erforderliche Mehrheit für bestimmte Beschlüsse vorsieht, wird im Zweifel die Satzungsauslegung ergeben, dass dasselbe Erfordernis auch für die Änderung einer solchen Satzungsbestimmung gilt.[300] Eine entsprechende Klarstellung ist allerdings angebracht.[301]

> **Formulierungsvorschlag:**
>
> Die Änderung dieser Satzung bedarf eines mit einer Mehrheit von mindestens [80%] der abgegebenen Stimmen gefassten Gesellschafterbeschlusses. Dieses im vorstehenden Satz 1 geregelte Erfordernis eines mit qualifizierter Mehrheit gefassten Gesellschafterbeschlusses gilt auch für die Änderung dieser Bestimmung.

147 Die Bestimmung von Mehrheitserfordernissen für bestimmte Arten von Geschäftsführungsmaßnahmen sowie Strukturmaßnahmen ist eine der wichtigsten Stellschrauben für den Interessenausgleich zwischen Mehrheits- und Minderheitsgesellschaftern. Die Gesellschafter müssen durch Satzungsbestimmung regeln, welche Beschlussgegenstände dem einfachen Mehrheitsvotum bzw. einer qualifizierten Mehrheit unterliegen oder bei welchen Beschlussgegenständen einem bestimmten Gesellschafter ein Veto-Recht zugebilligt wird bzw. bei welchen Maßnahmen jedem einzelnen Gesellschafter ein praktisches Veto-Recht gegen Beschlussfassungen zukommen soll.

148 Bei der Formulierung von Satzungsbestimmungen zu Mehrheitserfordernissen, die von den gesetzlichen Vorgaben abweichen, ist darauf zu achten, auf welche Basis sich das Mehrheitserfordernis bezieht, also ob es sich bezieht auf die (i) insgesamt vorhandenen, (ii) die auf einen Beschlussgegenstand abgegebenen oder (iii) die bei der Gesellschafterversammlung vertretenen Stimmen.

149 Insbesondere bei **Gemeinschaftsunternehmen,** bei denen die Gesellschafter bzw. die Gesellschafterstämme jeweils 50% der Stimmrechte an der Gesellschaft halten, bietet es sich an, in der Satzung Regelungen vorzusehen, in welcher Weise ein Patt bei (bestimmten) Abstimmungen über Beschlussgegenstände aufzulösen ist. Als **Verfahren zur Pattauflösung** kann man beispielsweise regeln, dass (i) dem Vorsitzenden der Gesellschafterversammlung eine Zweitstimme zukommt (bei gleichzeitiger Regelung eines Verfahrens zur Bestimmung der Person des Vorsitzenden der Gesellschafterversammlung und ggf. zum periodischen Wechsel dieser Person), (ii) der Beschlussgegenstand an ein anderes Gesellschaftsgremium (z.B. Aufsichtsrat oder Beirat), (iii) an die Vorsitzenden der Geschäftsleitung der jeweiligen Gesellschafter oder (iv) an ein Schiedsgericht, einen Schiedsrichter oder einen Experten vorgelegt werden müssen (ggf. auch kombiniert). Bei (dauerhaft) nicht auflösbaren Patt-Situationen kann man ferner in der Satzung regeln, dass jedem Gesellschafter bzw. dem Ge-

---

[299] Vgl. Baumbach/Hueck/*Zöllner/Noack* § 53 Rn. 61 ff.
[300] A. A. allerdings OLG Hamm ZIP 2001, 1915, 1917 (für Einstimmigkeit) = GmbH-StB 2001, 309 m. abl. Anm. *Schwetlik.*
[301] Baumbach/Hueck/*Zöllner/Noack* § 53 Rn. 64; offen gelassen von BGHZ 76, 191, 195.

sellschafter, dessen Stimmabgabe in der Gesellschafterversammlung durch einen Pattauflösungsmechanismus überwunden wurde, ein Austrittsrecht aus wichtigem Grund oder (ii) eine Put- oder Call-Option zukommt oder (iii) dieser seine Geschäftsanteile trotz statutarischer Regelungen zur Veräußerungsbeschränkung frei veräußern kann.

f) **Besondere Zustimmungserfordernisse.** Die Satzung der Gesellschaft oder Gesellschafterbeschlüsse können besondere Anforderungen für die Fassung von Beschlüssen aufstellen. Häufig finden sich außerdem Zustimmungserfordernisse für bestimmte Beschlussgegenstände zugunsten von einzelnen Gesellschaftern.[302] Diese werden in der Regel als **Sonderrechte** i. S. v. § 35 BGB in die Satzung aufgenommen. Dabei bedarf es allerdings einer ausdrücklichen Bestimmung dahingehend, dass dem bzw. den Gesellschaftern ein individuelles, ausschließlich im Einverständnis aller Gesellschafter aufhebbares Mitgliedschaftsrecht eingeräumt werden soll.[303] Die **Verankerung eines Einstimmigkeitserfordernisses** für eine bestimmte Art von Gesellschafterbeschlüssen reicht im Zweifel nicht für die Annahme eines individualrechtlich schützenden Sonderrechts aus.[304] Daher kann auch die Satzungsbestimmung, die ein Einstimmigkeitserfordernis für Gesellschafterbeschlüsse vorsieht, mit satzungsändernder Mehrheit (also ggf. ohne Zustimmung jedes einzelnen Gesellschafters) wieder geändert werden.[305] Weiter ist auch zu berücksichtigen, dass zwischen der Regelung eines Einstimmigkeitserfordernisses für Gesellschafterbeschlüsse und dem Erfordernis der Zustimmung aller Gesellschafter durchaus ein sachlicher Unterschied besteht. Denn im Falle eines einstimmigen Gesellschafterbeschlusses kommt es lediglich auf die Stimmen der in der Gesellschafterversammlung anwesenden und wirksam an der Abstimmung beteiligten Gesellschafter an, so dass das Fehlen von einzelnen Gesellschaftern oder die Ungültigkeit einzelner Stimmen die Einstimmigkeit nicht beeinträchtigt. 150

g) **Stimmrechtsausschluss.** Nach der – weitgehend dispositiven – Regelung des § 47 Abs. 4 GmbHG ist ein Gesellschafter in vier Fällen vom Stimmrecht ausgeschlossen, nämlich (i) wenn er durch die Beschlussfassung entlastet oder (ii) von einer Verbindlichkeit befreit werden soll oder (iii) wenn ein Beschluss die Vornahme eines Rechtsgeschäfts oder (iv) die Einleitung oder Erledigung eines Rechtsstreites gegenüber diesem betrifft. Durch diese gesetzliche Vorschrift sollen Sonderinteressen von betroffenen Gesellschaftern von der Einwirkung auf die die Gesellschaft betreffenden Entscheidungen ferngehalten werden.[306] In den vier in § 47 Abs. 4 GmbHG geregelten Fällen begnügt sich das Gesetz nicht mit der Kontrolle der Stimmabgabe im Einzelfall, sondern verlegt den Schutz der Gesellschaftsinteressen dadurch nach vorn, dass es auf Grund typisierender Betrachtung den Gesellschafter generell von der Beteiligung an einer Abstimmung ausschließt, es sei denn, die Satzung bestimmt etwas Abweichendes.[307] 151

Keine Anwendung findet die gesetzliche Vorschrift des § 47 Abs. 4 GmbHG nach überwiegender Auffassung auf sogenannte **Sozialakte** (z. B. Bestellung und Abberufung sowie Anstellung[308] und Kündigung von Organmitgliedern oder die Beschlussfassung über die Einziehung eines Anteils, die Kündigung eines Gesellschafters oder die Auflösung der Gesellschaft)[309] oder für die Genehmigung der Übertragung von vinkulierten Anteilen[310] sowie für den Abschluss von Umwandlungs- und Unternehmensverträgen.[311] Die Satzung kann 152

---

302 Zur Zulässigkeit Baumbach/Hueck/*Zöllner* § 47 Rn. 29.
303 Vgl. OLG Hamm ZIP 2001, 1915, 1917.
304 Vgl. OLG Hamm ZIP 2001, 1915, 1917.
305 So auch OLG Hamm ZIP 2001, 1915, 1917; a. A. Ulmer/Habersack/Winter/*Ulmer* § 53 Rn. 98.
306 Baumbach/Hueck/*Zöllner* § 47 Rn. 76.
307 *Goette* Anm. zu BGH DStR 2001, 1260.
308 Zur Abänderung eines (Gesellschafter-)Geschäftsführerdienstvertrags OLG Hamm NZG 2003, 545.
309 Vgl. Baumbach/Hueck/*Zöllner* § 47 Rn. 82 ff.; *Lohr* NZG 2002, 551, 556 ff.
310 OLG Hamm ZIP 2001, 1915, 1918 *(obiter dictum)*; Lutter/Hommelhoff/*Bayer* § 47 Rn. 45; *Lohr* NZG 2002, 551, 559; a. A. Baumbach/Hueck/*Zöllner* § 47 Rn. 90.
311 Vgl. Scholz/K. *Schmidt* § 47 Rn. 114, 115; Rowedder/Schmidt-Leithoff/*Schnorbus* Anh. § 77 Rn. 93; Rowedder/Schmidt-Leithoff/Koppensteiner/*Schnorbus* Anh. § 52 Rn. 93; *Lohr* NZG 2002, 551, 558 f.; a. A. Baumbach/Hueck/*Zöllner* § 47 Rn. 90.

unbedenklich Ergänzungen und Erweiterungen des Stimmverbots regeln.[312] Demgegenüber sind die Grenzen noch nicht deutlich konturiert, innerhalb derer die Satzung (ein einfacher Gesellschafterbeschluss ist nicht ausreichend) auch das gesetzliche Stimmverbot einschränken kann. Während die überwiegende Meinung das Stimmverbot bei Rechtsgeschäften, die den Gesellschafter betreffen, für satzungsdispositiv hält,[313] soll dies nicht gelten für die Fälle, in denen darüber abgestimmt wird, ob der Gesellschafter als Geschäftsführer entlastet[314] oder auf Schadenersatz verklagt oder aus wichtigem Grund abberufen wird.[315] Nur das Verbot des „Richtens in eigener Sache" ist mit dieser überwiegenden Meinung als nicht satzungsdispositiv anzusehen.[316]

153 Die Entscheidung, ob und inwieweit der Stimmrechtsausschluss des § 47 Abs. 4 GmbHG eingeschränkt werden soll, ist in der Praxis deshalb besonders schwierig, weil die Interessenlage der Gesellschafter diesen regelmäßig im Zeitpunkt der Feststellung der Satzung noch nicht bekannt ist, die Gefahren für die Gesellschaft evident und die Regelung unmittelbar das Ergebnis der Beschlussfassung beeinflussen kann. Die Einschränkung der Stimmverbote wirkt tendenziell zugunsten von Mehrheitsgesellschaftern, da diese dann bei Rechtsgeschäften mit sich selbst voll stimmberechtigt sind.

> **Formulierungsvorschlag:**
> Die Gesellschafter sind, soweit gesetzlich zulässig, abweichend von § 47 Abs. 4 GmbHG stimmberechtigt.

154 h) **Anfechtung von Gesellschafterbeschlüssen.** Das GmbHG regelt die Nichtigkeit bzw. Anfechtbarkeit von Gesellschafterbeschlüssen nicht. Die überwiegende Meinung zieht hierfür die **aktienrechtlichen Vorschriften als Leitbild** heran.[317] Danach müssen Beschlussmängel, abgesehen von besonders schweren Verstößen (entsprechend § 241 AktG), die zur Nichtigkeit führen, durch Anfechtungsklage geltend gemacht werden, wobei als **Anfechtungsfrist** die Monatsfrist des § 246 AktG als Maßstab anzusehen ist.[318] Die Satzung darf hier bei „zwingenden Gründen" eine längere Frist vorsehen, nicht hingegen eine kürzere als die Monatsfrist;[319] gelegentlich wird allerdings – wohl aus Sicherheitsgründen – vorgeschlagen, allgemein eine mindestens zweimonatige Anfechtungsfrist vorzusehen.[320] Die Geltendmachung der Nichtigkeit eines Gesellschafterbeschlusses wegen besonders schwerwiegender Mängel kann in keinem Fall befristet oder sogar ausgeschlossen werden.[321] Neben der Regelung einer bestimmten Anfechtungsfrist kann die Satzung auch vorsehen, dass denjenigen Gesellschaftern (entsprechend § 245 Nr. 1, 2 AktG) kein Anfechtungsrecht zukommt, die bei der Gesellschafterversammlung anwesend waren, dem Beschluss aber nicht widersprochen haben, oder die trotz ordnungsmäßiger Einladung bei der Gesellschafterversammlung nicht erschienen oder vertreten waren.[322] Solche Satzungsregelungen zur Ausgestaltung des Anfechtungsrechts sind zur Wahrung der Rechtssicherheit regelmäßig sinnvoll, insbesondere

---

[312] BGHZ 92, 386, 395; BGH WM 1977, 192; Ulmer/Habersack/Winter/*Hüffer* § 47 Rn. 191; Scholz/ *K. Schmidt* § 47 Rn. 172; *Lohr* NZG 2002, 551, 560.
[313] Vgl. BGH DStR 2001, 1260: Kein Stimmverbot bei nur mittelbarer Besserstellung des Gesellschafters (Aufrechnung von Forderungen).
[314] BGH WM 1989, 1090, 1092; Scholz/*K. Schmidt* § 47 Rn. 173.
[315] BGH WM 1980, 649, 650; Scholz/*K. Schmidt* § 47 Rn. 173.
[316] Vgl. Scholz/*K. Schmidt* § 47 Rn. 173, 132 ff.; Lutter/Hommelhoff/*Bayer* § 47 Rn. 33; Baumbach/Hueck/ *Zöllner* § 47 Rn. 106; Ulmer/Habersack/Winter/*Hüffer* § 47 Rn. 192 f.; *Lohr* NZG 2002, 551, 561 f.
[317] Vgl. Scholz/*K. Schmidt* § 45 Rn. 61 ff., 93 ff. m. w. N.; *Geißler* GmbHR 2002, 520 ff.
[318] Vgl. BGH NJW 1993, 129; BGHZ 111, 224, 225 f. = NJW 1990, 2625; OLG Hamm ZIP 2001, 1915, 1916; OLG Naumburg NZG 2001, 1043.
[319] BGH BB 1988, 993; BGHZ 101, 113, 117; KG GmbHR 1995, 735; OLG Naumburg NZG 2001, 1043; *Nehls* GmbHR 1995, 703, 705 ff.; *Geißler* GmbHR 2002, 520, 527.
[320] So *Priester* DStR 1992, 256; MünchHdbGesR III/*Mayer* § 20 Rn. 69.
[321] Baumbach/Hueck/*Zöllner* Anh. § 47 Rn. 29; Scholz/*K. Schmidt* § 45 Rn. 146; zur Unzulässigkeit der Befristung der Anfechtung von Gesellschafterbeschlüssen, die die Gesellschafterversammlung nach dem Inhalt des Gesellschaftsvertrages (einer Personengesellschaft) nicht hätte fassen dürfen BGH GmbHR 1977, 177.
[322] Vgl. Scholz/*K. Schmidt* § 45 Rn. 129.

bei Gesellschaften, deren Gesellschafterbestand aus mehreren Gesellschafterstämmen besteht oder bei denen es ausgeprägte Auseinandersetzungen zwischen Gesellschaftermehrheit und -minderheit gibt.

> **Formulierungsvorschlag:**
>
> In einer Gesellschafterversammlung gefasste Gesellschafterbeschlüsse können nur innerhalb einer Frist von [zwei (2) Monaten] seit der Beschlussfassung [alternativ: seit Zugang der Niederschrift] und nur unter den Voraussetzungen des § 245 Nr. 1, 2 AktG durch Klage angefochten werden, andere Beschlüsse innerhalb derselben Frist ab der Absendung der Niederschrift nach § ......

10. Aufsichtsrat/Beirat

a) **Typologie der Gremien.** Nach dem Leitbild des GmbH-Gesetzes ist die GmbH mit lediglich zwei Organen ausgestattet, nämlich mit der Gesellschafterversammlung und mit den Geschäftsführern. Bei Gesellschaften, in deren inländischen Betrieben regelmäßig mehr als 500 Arbeitnehmer beschäftigt sind, fordern die **Unternehmensmitbestimmungsgesetze** die obligatorische Einrichtung eines – dann auch mit Vertretern der Arbeitnehmer zu besetzenden – Aufsichtsrates (sog. obligatorischer Aufsichtsrat). Daneben wird in der Praxis nicht selten ein weiteres Organ bzw. Gremium geschaffen, das abhängig von den jeweils zugeordneten Funktionen und Kompetenzen als Aufsichtsrat, Beirat oder Gesellschafter- bzw. Verwaltungsausschuss bezeichnet wird. Dabei können diesem Gremium nur dann organschaftliche Kompetenzen zukommen, wenn dessen Errichtung und Kompetenzen in der Satzung selbst verankert (sog. **organschaftlicher Aufsichtsrat**), und nicht nur im Wege eines einfachen Gesellschafterbeschlusses oder schuldrechtlichen Vertrages (sog. **schuldrechtlicher Beirat**) geregelt sind.[323] 155

Mit der Errichtung eines solchen zusätzlichen Gremiums verfolgen die Gesellschafter häufig eine oder mehrere der nachfolgenden Ziele:

- Das Gremium soll die Geschäftsführer überwachen (**Überwachungsfunktion**). Hierzu können dem Gremium Berichts- und allgemeine Informationsrechte gegenüber der Geschäftsführung eingeräumt sowie ein Katalog von Maßnahmen und Rechtsgeschäften verankert werden, vor deren Vornahme die Geschäftsführer die Zustimmung dieses Gremiums einholen müssen. Weitergehend kann dem Gremium auch die Kompetenz zugewiesen werden, Geschäftsführer zu bestellen und abzuberufen und mit diesen deren Anstellungsverträge abzuschließen, zu ändern oder zu beenden (**Personalkompetenz**). Ein Gremium mit diesen Kompetenzen wird gemeinhin als Aufsichtsrat bezeichnet. 156
- Zur Überwachung der Geschäftsführer und zur Ausübung der Personalkompetenz kann aber auch die Gesellschafterversammlung einen Ausschuss bilden, der aus Repräsentanten der Gesellschafter besteht und der zur Entlastung des Gesamtgremiums sowie Vereinfachung der Willensbildung die Kompetenzen der Gesellschafterversammlung ausübt (**Entlastungsfunktion**). Häufig wird ein solches Gremium Verwaltungs- oder Gesellschafterausschuss genannt. 157
- Es kann weiter ein Gremium geschaffen werden, dessen Primärfunktion die sachverständige Beratung entweder der Gesellschafterversammlung oder der Geschäftsführung bei Ausübung von deren Organkompetenzen ist (**Beratungsfunktion**).[324] In diesem Fall kommen dem Beratungsgremium keine eigenen Entscheidungsbefugnisse zu, sondern es bereitet lediglich die Entscheidung eines anderen Organs durch fachkundige Beratung und empfehlende Stellungnahmen vor. Ein solches Gremium wird gemeinhin Beirat genannt. Daneben wird häufig mit einem solchen Beirat auch eine verbesserte Kontaktpflege zu Dritten erstrebt (**Kontaktpflegefunktion**). 158

---

[323] Vgl. hierzu Scholz/U. H. Schneider § 52 Rn. 49 m. w. N sowie Bacher GmbHR 2005, 465 mit Formulierungsvorschlägen.
[324] Diese Funktion spielt insbes. in mittelständischen Unternehmen eine wichtige Rolle, vgl. Spindler/Kepper DStR 2005, 1738; Rieger/Sandmeier/Keese 2003, S. 57; Gaugler/Heimburger, 1985, S. 62 f.

159 • Weiter kann dem Gremium die Kompetenz zugeordnet werden, bei Patt-Situationen in der Gesellschafterversammlung oder zwischen den Geschäftsführern diese aufzulösen und die Handlungsfähigkeit der Gesellschaft wieder herzustellen (**Schieds- oder Entscheidungsfunktion**).

160 Die Gesellschafter sind frei, solche Gremien zu schaffen und mit Kompetenzen auszustatten. Dies gilt auch, wenn die Gesellschaft auf Grund der Unternehmensmitbestimmungsgesetze zwingend einen mit Arbeitnehmervertretern zu besetzenden Aufsichtsrat zu errichten hat. Allerdings können diesen Gremien keine Kompetenzen zugewiesen werden, die einem anderen Gesellschaftsorgan aus zwingenden Gründen zukommen. So muss der Gesellschafterversammlung die Kompetenz zu Satzungsänderungen und strukturändernden (Holzmüller-)Beschlüssen ebenso vorbehalten bleiben wie unmittelbare Weisungsrechte gegenüber der Geschäftsführung.[325] Im Verhältnis zu den Geschäftsführern bestehen die weiteren Grenzen der Kompetenzverlagerung darin, dass die Geschäftsführung in jedem Fall die organschaftliche Vertretung der Gesellschaft ausübt und zur Buchführung sowie zur Erstellung des Jahresabschlusses verpflichtet bleibt. Schließlich kann ein fakultativer Aufsichtsrat, Beirat oder Verwaltungs- bzw. Gesellschafterausschuss keine Kompetenzen wahrnehmen, die ein Unternehmensmitbestimmungsgesetz zwingend dem obligatorischen Aufsichtsrat zuweist.

161 Ein **obligatorischer Aufsichtsrat** ist bei einer GmbH unter folgenden Voraussetzungen zu bilden:[326]

162 • **Drittelparitätisch besetzter Aufsichtsrat nach Drittelbeteiligungsgesetz:** § 1 Abs. 1 Nr. 3 DrittelbG verlangt die Einrichtung eines Aufsichtsrats bei einer GmbH, die in der Regel mehr als 500 Arbeitnehmer hat. Ein solcher Aufsichtsrat muss zu einem Drittel mit Vertretern der Arbeitnehmer besetzt sein. Bei der Berechnung der Anzahl der Mitarbeiter der GmbH gelten nach § 2 Abs. 2 DrittelbG die Arbeitnehmer von Betrieben abhängiger Unternehmen als Arbeitnehmer des herrschenden Unternehmens, wenn (i) zwischen beiden Unternehmen ein Beherrschungsvertrag besteht oder (ii) das abhängige Unternehmen in das herrschende Unternehmen eingegliedert ist. Kein Aufsichtsrat ist nach § 1 Abs. 2 Satz 1 Nr. 2, Satz 2 DrittelbG für sogenannte „Tendenzbetriebe", die politischen, gewerkschaftlichen, konfessionellen, karitativen, erzieherischen, wissenschaftlichen, künstlerischen und ähnlichen Bestimmungen dienen, einzurichten.

163 • **Paritätisch besetzter Aufsichtsrat nach Mitbestimmungsgesetz:** Nach §§ 1, 6 Abs. 1, 7 MitbestG ist ein obligatorischer Aufsichtsrat in Unternehmen, die in der Regel mehr als 2.000 Arbeitnehmer beschäftigen, zu bilden. Dieser setzt sich paritätisch aus Vertretern der Arbeitgeber und Arbeitnehmer zusammen. Ausgenommen von dieser Verpflichtung sind (i) ausländische Unternehmen, (ii) Tendenzunternehmen und Religionsgemeinschaften (§ 1 Abs. 4 MitbestG) sowie (iii) Montan-Gesellschaften, die die Voraussetzungen eines der beiden Montanmitbestimmungsgesetze erfüllen. Sofern eine GmbH persönlich haftende Gesellschafterin einer GmbH & Co. KG ist, wird die Zahl der Mitarbeiter der KG der Mitarbeiterzahl der GmbH hinzugerechnet. Voraussetzung hierfür ist, dass (i) die Mehrheit der Kommanditisten (berechnet nach den Mehrheitsanteilen der Stimmen) die Mehrheit der Anteile oder Stimmen der Komplementär-GmbH innehat und (ii) die Komplementärin keinen eigenen Geschäftsbetrieb mit in der Regel mehr als 500 Arbeitnehmern unterhält (§ 4 Abs. 1 S. 1 MitbestG). Nach § 5 Abs. 1 MitbestG gelten außerdem die Arbeitnehmer nachgeordneter Konzernunternehmen als Arbeitnehmer des herrschenden Unternehmens, so dass ein paritätisch mitbestimmter Aufsichtsrat einzurichten ist, wenn im Konzernverbund mehr als 2.000 Arbeitnehmer beschäftigt werden.

164 • **Paritätisch besetzter Aufsichtsrat nach Montan-Mitbestimmungsgesetz:** Das Montan-MitbestG verlangt die Einrichtung eines mitbestimmten Aufsichtsrats in einer GmbH mit mehr als 1.000 Arbeitnehmern. Das MitbestErgG erstreckt die Montan-Mitbestimmung auf Konzernspitzenunternehmen, die zwar nicht selbst die Voraussetzungen des Montan-

---

[325] Vgl. Lutter/Hommelhoff/*Bayer* § 45 Rn. 8; Scholz/*U. H. Schneider* § 52 Rn. 162 m. w. N.
[326] Hierzu ausführlich Willemsen/Hohenstatt/Schweibert/*Seibt*, Rn. F 3 ff.

MitbestG erfüllen, aber einen Konzern führen, der durch Unternehmen der Montan-Industrie i. S. v. § 3 Abs. 2 S. 1 MitbestErgG gekennzeichnet sind.

b) Fakultativer Aufsichtsrat bzw. Beirat. Beim fakultativen Aufsichtsrat bzw. Beirat sollten – sofern ihm organschaftliche Befugnisse zukommen sollen – in der Satzung (i) die Mitgliederzahl und die Zusammensetzung (einschließlich etwaiger Entsendungsrechte), (ii) die Amtszeit, (iii) das Verfahren zur Wahl und zur Abberufung der Mitglieder, (iv) die Kompetenzen des Aufsichtsrates, (v) seine innere Ordnung und (vi) die Vergütung der Aufsichtsratsmitglieder geregelt werden.[327]

Vorgaben für die Ausgestaltung der statutarischen Regelungen für freiwillig eingerichtete Gremien finden sich über § 52 Abs. 1 GmbHG nur für Aufsichtsräte im engeren Sinne, d. h. für Gremien denen jedenfalls die Überwachung der Geschäftsführung und die Abschlussprüfung zukommt.[328]

Die **Mitgliederzahl** eines fakultativen Aufsichtsrates kann von den Gesellschaftern frei bestimmt werden, sofern ihm jedenfalls drei Mitglieder angehören (§ 52 Abs. 1 GmbHG i. V. m. § 95 S. 1 AktG); für sonstige freiwillige Gremien ist auch eine Besetzung mit nur einer einzelnen Person möglich, wenngleich in der Praxis wohl kaum empfehlenswert (Ausnahme: Schiedsperson zur Entscheidung von Patt-Situationen). Ein Geschäftsführer kann nicht gleichzeitig zum Mitglied eines fakultativen Aufsichtsrates bestellt werden.[329]

Die **Besetzung** eines freiwilligen Gremiums können die Gesellschafter verhältnismäßig frei gestalten. Verschiedene Verfahren sind dabei denkbar: Die Mitglieder können durch die Gesellschafterversammlung oder einen Gesellschafterausschuss gewählt, direkt von den Gesellschaftern entsandt (Minderheiten- oder Proporzschutz!) oder auch von den Mitgliedern des Gremiums kooptiert werden. Ferner sind Mischformen denkbar; z. B. können zwei Gesellschafterstämme jeweils ein Mitglied entsenden, die sich dann auf ein drittes Mitglied einigen.

Gesetzliche Beschränkungen für die Regelung der **Amtszeit** der Gremienmitglieder gibt es nicht. Für die Abberufung der Gremienmitglieder gilt Entsprechendes. Allerdings ist zu berücksichtigen, dass die Ausgestaltung der Regelungen über die Wahl bzw. Entsendung und die Abberufung der Gremienmitglieder in Wechselwirkung steht zur Funktion und zur Bereitschaft von qualifizierten Personen, an einem solchen Gremium mitzuwirken: Je enger die Anbindung der Gremienmitglieder an die Gesellschafter ist, desto schwieriger wird es zu erreichen sein, dass das Gremium sachkundig und unabhängig seine Kompetenzen ausüben kann.

Auch bei der Gestaltung der **inneren Ordnung** des fakultativen Aufsichtsrates sind die Gesellschafter bzw. die Gremienmitglieder (über die Schaffung einer Geschäftsordnung für ihr Gremium) weitgehend frei. Ob jedenfalls Mindestregelungen über die Einberufung, Beschlussfähigkeit, Beschlussfassung und Mehrheitserfordernisse, Außenvertretung etc. in der Satzung durch die Gesellschafter oder durch die Gremienmitglieder über eine selbstgeschaffene Geschäftsordnung geregelt werden sollten, wird vor allem davon abhängen, in welchem Maße der fakultative Aufsichtsrat auch Schutzfunktionen für die Gesellschafter (vor allem auch für Minderheitsgesellschafter) wahrnehmen soll.

Steht bei diesem Gremium die **Wahrnehmung gesellschafterbezogener Kontrollmechanismen** gegenüber der Geschäftsführung im Vordergrund, so bietet sich auch eine statutarische Regelung der inneren Ordnung an. Steht die **Beratungsfunktion** im Vordergrund, ist die Regelung der inneren Ordnung des Gremiums durch eine Geschäftsordnung regelmäßig ausreichend.

> **Formulierungsvorschlag (Gestaltung der inneren Ordnung):**
> [Die Gesellschaft hat einen Aufsichtsrat./Die Gesellschafter können im Wege eines Gesellschafterbeschlusses beschließen, dass die Gesellschaft einen Aufsichtsrat erhält.]

---

[327] Vgl. auch *Fröhlich* GmbH-StB 2013, 126 ff.
[328] Vgl. Lutter/Hommelhoff/*Bayer* § 52 Rn. 13.
[329] OLG Frankfurt BB 1981, 1542 f.

> Der Aufsichtsrat besteht aus drei Mitgliedern, die von der Gesellschafterversammlung bestellt und abberufen werden. Mitglied des Aufsichtsrates kann auch sein, wer an der Gesellschaft nicht als Gesellschafter beteiligt ist. [Aufsichtsratmitglieder sollen Persönlichkeiten sein, die nach Ausbildung, Können und Erfahrung in der Lage sind, die dem Aufsichtsrat übertragenen Aufgaben ordnungsgemäß zu erfüllen.] Mitglied des Aufsichtsrates kann allerdings nicht sein, wer
> - Geschäftsführer oder Arbeitnehmer der Gesellschaft ist oder
> - Geschäftsleitungsorgan (Komplementär, Geschäftsführer, Vorstand) oder Arbeitnehmer eines Unternehmens ist, an dessen Kapital die Gesellschaft zu mehr als einem Viertel unmittelbar oder mittelbar beteiligt ist, oder
> - Geschäftsleitungsorgan oder Arbeitnehmer eines Konkurrenzunternehmens [ggf. Definition] ist.
>
> [Gesellschafter, die am Stammkapital der Gesellschaft mit mindestens [25]% beteiligt sind, haben das Recht auf Entsendung eines Vertreters in den Aufsichtsrat. Ist ein Entsendungsrecht nicht spätestens [5] Tage vor der anstehenden Wahl der Aufsichtsratmitglieder durch Gesellschafterbeschluss durch Erklärung gegenüber den übrigen Gesellschaftern ausgeübt, entscheiden die Gesellschafter auch über dieses Aufsichtsratsmitglied durch Wahl.]
>
> Die Aufsichtsratmitglieder werden jeweils für die Zeit bis zu Beendigung der ordentlichen Gesellschafterversammlung bestellt, die über ihre Entlastung für das vierte Geschäftsjahr nach dem Beginn der Amtszeit beschließt. Dabei wird das Geschäftsjahr, in dem die Amtszeit beginnt, nicht mitgerechnet. Eine Wiederbestellung ist [nicht] zulässig. [Die Amtszeit endet in keinem Fall vor der Neu- oder Wiederbestellung.] Legt ein entsandtes Aufsichtsratmitglied sein Amt nieder oder scheidet es aus einem anderen Grund aus, so hat der jeweilige Entsendungsberechtigte [innerhalb von [4] Wochen] ein neues Aufsichtsratmitglied zu entsenden.
>
> Der Aufsichtsrat wählt aus seiner Mitte einen Vorsitzenden und einen Stellvertreter. Der Vorsitzende, bei Verhinderung der Stellvertreter, vertreten den Aufsichtsrat nach außen und sind ermächtigt, die zur Durchführung der Beschlüsse des Aufsichtsrates erforderlichen Willenserklärungen abzugeben und entgegenzunehmen.
>
> Der Aufsichtsrat wird durch seinen Vorsitzenden oder zwei seiner Mitglieder einberufen. [Die Einzelheiten der Einberufung werden in der Geschäftsordnung des Aufsichtsrates geregelt./Für die Einberufung des Aufsichtsrates gelten im Übrigen die Bestimmungen dieser Satzung über die Einberufung von Gesellschafterversammlungen entsprechend.] [Jedes Aufsichtsratmitglied kann sich in einer Aufsichtsratssitzung, an der teilzunehmen es verhindert ist, durch ein anderes Aufsichtsratmitglied vertreten lassen. Der Vertreter muss eine schriftliche Vollmacht des verhinderten Aufsichtsratsmitgliedes in der Aufsichtsratssitzung vorlegen.]
>
> [Der Aufsichtsrat ist beschlussfähig, wenn sämtliche Aufsichtsratmitglieder anwesend oder vertreten sind./Der Aufsichtsrat ist beschlussfähig, wenn mindestens zwei seiner Mitglieder anwesend oder vertreten sind.]
>
> Der Aufsichtsrat gibt sich eine Geschäftsordnung. Er kann aus seinen Mitgliedern Ausschüsse bilden, deren Aufgaben und Befugnisse festsetzen und ihnen Entscheidungsbefugnisse übertragen. Die Mitglieder des Aufsichtsrates sind nach Maßgabe des § 93 AktG zur Verschwiegenheit verpflichtet. Eine Haftung der Aufsichtsratmitglieder ist auf Vorsatz und grobe Fahrlässigkeit beschränkt.

172 Hauptregelungspunkt der Satzungsbestimmungen zum Aufsichtsrat ist die Zuweisung seiner **Kompetenzen,** und damit auch der Umfang der Verweisung auf die aktienrechtlichen Vorschriften zum Aufsichtsrat.

> **Formulierungsvorschlag (Überwachungsfunktion mit Personalkompetenz und Verweis auf AktG):**
> Der Aufsichtsrat überwacht die Geschäftsführung. Dabei finden neben den Bestimmungen dieser Satzung § 52 GmbHG und die dort genannten aktienrechtlichen Bestimmungen Anwendung.
>
> Die Geschäftsführung hat dem Aufsichtsrat folgende [schriftliche] Berichte zu erstatten:
> ......
>
> Für die folgenden Maßnahmen und Rechtsgeschäfte bedürfen die Geschäftsführer der vorherigen Zustimmung durch Beschluss des Aufsichtsrates:
> ......

Der Aufsichtsrat ist ferner zuständig für folgende Maßnahmen:
- Bestellung und Abberufung von Geschäftsführern;
- Abschluss, Änderung und Beendigung von Anstellungsverträgen mit Geschäftsführern;
- Ermächtigung von Geschäftsführern zur Einzelvertretung;
- Erlass einer Geschäftsordnung für die Geschäftsführer.

Der Aufsichtsrat entscheidet durch Beschluss. Beschlüsse werden mit der einfachen Mehrheit der abgegebenen Stimmen gefasst. [Bei Stimmengleichheit ist die Stimme des Vorsitzenden ausschlaggebend./Ergibt eine Abstimmung im Aufsichtsrat Stimmengleichheit, so hat bei einer erneuten Abstimmung über denselben Gegenstand, wenn auch sie Stimmengleichheit ergibt, der Aufsichtsratsvorsitzende zwei Stimmen.]

Die Gesellschafter können jederzeit [mit einfacher Mehrheit der abgegebenen Stimmen/mit einer Mehrheit von drei Vierteln der abgegebenen Stimmen] beschließen, dass § 52 Abs. 1 GmbHG und die dort genannten aktienrechtlichen Bestimmungen keine Anwendung mehr auf den Aufsichtsrat finden und/oder dass dem Aufsichtsrat Kompetenzen, die diesem durch diesen § ...... zugewiesen wurden, nicht weiter zustehen.

Über Sitzungen und Beschlüsse des Aufsichtsrates ist eine Niederschrift anzufertigen, die der Vorsitzende zu unterzeichnen hat. In Niederschriften über Sitzungen des Aufsichtsrates sind Ort und Tag der Sitzung, die Teilnehmer, die Gegenstände der Tagesordnung, der wesentliche Inhalt der Verhandlung und die Beschlüsse des Aufsichtsrates, in Niederschriften über Beschlüsse, die außerhalb von Sitzungen gefasst wurden, sind Tag, Art und Teilnehmer der Beschlussfassung sowie der Inhalt der Beschlüsse anzugeben. Jedem Mitglied des Aufsichtsrates ist auf Verlangen eine Abschrift der Niederschrift auszuhändigen.

Alternativformulierung (Beratungsfunktion ohne Verweisung auf AktG):

Der Aufsichtsrat berät die Geschäftsführung und die Gesellschafterversammlung, die ihm die Wahrung von Rechten der Gesellschafterversammlung durch einen [mit einfacher Mehrheit der abgegebenen Stimmen/mit einer Mehrheit von drei Vierteln der abgegebenen Stimmen] zu fassenden Gesellschafterbeschluss übertragen kann. Auf den Aufsichtsrat finden § 52 Abs. 1 GmbHG und die dort genannten aktienrechtlichen Bestimmungen keine Anwendung.

Während ein **Anspruch auf Aufwandsentschädigung** ohne besondere Regelung besteht (§§ 675, 670 BGB),[330] muss eine **Vergütung der Mitglieder** eines Aufsichtsrates oder sonstigen Gremiums durch Satzung oder Gesellschafterbeschluss geregelt werden (§ 52 Abs. 1 GmbHG i.V.m. § 113 AktG).[331] Darüber hinaus bedürfen nach wohl überwiegender Ansicht **Haftpflicht-/D&O-Versicherungen**, die für die Organmitglieder auf Kosten der Gesellschaft abgeschlossen werden, ebenfalls einer Satzungsregelung bzw. eines Gesellschafterbeschlusses.[332] Wird für die Aufsichtsratsmitglieder eine entsprechende Versicherung abgeschlossen, sollte in der Regel ein angemessener Selbstbehalt vereinbart werden (vgl. Ziffer 3.8 Abs. 3 DCGK),[333] wenngleich ein derartiger Selbstbehalt keine Zulässigkeitsvoraussetzung ist.

Die Höhe der Vergütung liegt im Ermessen der Gesellschafter. Dem Aufsichtsratsvorsitzenden sowie seinem Stellvertreter sollte im Regelfall eine höhere Vergütung gewährt werden (vgl. auch Ziffer 5.4.6 Abs. 1 DCGK).[334] Um den Interessengleichlauf (in Bezug auf den wirtschaftlichen Erfolg der Gesellschaft) zwischen den Gesellschaftern und den Organen der Gesellschaft zu fördern, sollte neben einer festen auch eine erfolgsorientierte Vergütung ge-

---

[330] Vgl. Baumbach/Hueck/*Zöllner*/*Noack* § 52 Rn. 61.
[331] Vgl. BGH DStR 1992, 551; OLG Stuttgart AG 1991, 404 (zur AG); Baumbach/Hueck/*Zöllner*/*Noack* § 52 Rn. 60; K. Schmidt/Lutter/*Drygala* AktG § 113 Rn. 6.
[332] Zum aktienrechtlichen Streitstand *Seibt* AG 2002, 249, 258 Fn. 85; K. Schmidt/Lutter/*Drygala* AktG § 113 Rn. 12; zur steuerlichen Behandlung FinMin Nds. DStR 2002, 678; Marsch-Barner/Schäfer/*Mutter*, Handbuch börsennotierte AG, 2009, § 22 Rn. 111.
[333] Deutscher Corporate Governance Kodex (in der Fassung vom 13.5.2013); zur Bestimmung der Angemessenheit K. Schmidt/Lutter/*Krieger*/*Sailer-Coceani* AktG § 93 Rn. 37 ff.
[334] K. Schmidt/Lutter/*Drygala* AktG § 113 Rn. 15.

währt werden, die auch den langfristigen Unternehmenserfolg honoriert (vgl. Ziffer 5.4.6 Abs. 2 DCGK).[335] Sofern Gesellschafter einem solchen Gremium angehören, ist dabei zu beachten, dass keine verdeckte Gewinnausschüttung vorgenommen werden darf. Um sie zu vermeiden, ist eine klare und eindeutige Vereinbarung im Voraus erforderlich. Die Vergütungen sind beim Aufsichtsratsmitglied Einkünfte aus sonstiger selbstständiger Arbeit (§ 18 Abs. 1 Nr. 3 EStG) und unterliegen der Umsatzsteuer (§ 2 Abs. 1 Satz 1 i.V.m. § 1 Abs. 1 Nr. 1 UStG).[336] Die Vergütungen sind bei der Gesellschaft nur zur Hälfte als Betriebsausgaben abziehbar (§ 10 Nr. 4 KStG).[337] Allerdings fallen Aufwandsentschädigungen nicht unter diese Begrenzung des Betriebskostenabzugs, soweit sie dem im Einzelfall erforderlichen Aufwand nicht übersteigen.[338] Die an die Mitglieder des Aufsichtsrates insgesamt gezahlten Gesamtvergütungen (einschließlich etwa bestehender Haftpflicht-/D&O-Versicherungen) sind im Anhang zum Jahresabschluss (§ 285 Nr. 9 Buchst. a HGB) sowie im Corporate Governance Bericht (Ziffer 5.4.6 Abs. 3 DCGK) – sofern ein solcher auf freiwilliger Basis und mit Zustimmung der Organmitglieder ausnahmsweise besteht – in individualisierter Form auszuweisen.

> **Formulierungsvorschlag:**
> Jedes Mitglied des Aufsichtsrates hat Anspruch auf Ersatz seiner angemessenen Aufwendungen sowie auf einen jährlichen Betrag [in Höhe von ...... EUR] zzgl. Umsatzsteuer als feste Vergütung. [Die Höhe der Vergütung wird durch Gesellschafterbeschluss jährlich im Voraus festgesetzt.] Die Gesellschaft schließt für jedes Mitglied des Aufsichtsrates eine Haftpflicht-/D&O-Versicherung ab, deren Kosten die Gesellschaft zu tragen hat. Daneben wird jedem Mitglied des Aufsichtsrates eine Beteiligung in Höhe von [......%] am Jahresgewinn der Gesellschaft als erfolgsorientierte Vergütung gewährt. Für die Berechnung der erfolgsabhängigen Vergütung gilt § 52 Abs. 1 GmbHG i. V. m. § 113 Abs. 3 Satz 1 AktG. [Die erfolgsabhängige Vergütung ist auf [...... EUR p. a.] begrenzt.] Der Vorsitzende des Aufsichtsrates erhält das Doppelte des festen Vergütungsbetrages eines sonstigen Aufsichtsratsmitglieds. Die Vergütung ist jeweils nach Ablauf des Geschäftsjahres zahlbar.

174 **c) Obligatorischer drittelparitätisch besetzter Aufsichtsrat (DrittelbG).** Sofern die Vorschriften der §§ 1 ff. DrittelbG die Errichtung eines drittelparitätisch besetzten Aufsichtsrates anordnen, sind die Spielräume der Gesellschafter bei der Satzungsgestaltung eingeschränkt.

175 Für die **Mitgliederzahl** bestimmt § 1 Abs. 1 Nr. 3 DrittelbG i.V.m. § 95 AktG, dass der Aufsichtsrat aus mindestens drei Mitgliedern besteht oder – bei entsprechender Satzungsanordnung – aus einer höheren, durch drei teilbaren Mitgliederzahl. Die Höchstzahl der Aufsichtsratsmitglieder ist abhängig vom Stammkapital der Gesellschaft und beträgt bei bis zu 1,5 Mio. EUR neun Mitglieder, bei einem Stammkapital von mehr als 1,5 Mio. EUR aber weniger als 10 Mio. EUR 15 Mitglieder sowie bei einem Stammkapital von mehr als 10 Mio. EUR höchstens 21 Mitglieder. Ein Drittel der Mitglieder muss aus Vertretern der Arbeitnehmer bestehen (§ 4 Abs. 1 DrittelbG).[339]

176 Die Vertreter der Anteilseigner werden durch die Gesellschafterversammlung gewählt (§ 52 Abs. 1 GmbHG i.V.m. § 101 Abs. 1 S. 1 AktG) oder auf Grund eines in der Satzung vorgesehenen Entsendungsrechts entsandt, wobei das Entsendungsrecht nach überwiegender Auffassung nicht auf ein Drittel der Gesamtzahl oder der von den Anteilseignern zu be-

---

[335] Ausführlich K. Schmidt/Lutter/*Drygala* AktG § 113 Rn. 24 ff.
[336] BFH BStBl. 1987 II, 42, 43; K. Schmidt/Lutter/*Drygala* AktG § 113 Rn. 33.
[337] Hierzu K. Schmidt/Lutter/*Drygala* AktG § 113 Rn. 33 f.
[338] Vgl. R 50 (1) Satz 3 KStR 2004; K. Schmidt/Lutter/*Drygala* AktG § 113 Rn. 34.
[339] Zur eingeschränkten Satzungsdispositivität dieses Grundsatzes der Drittelparität Willemsen/Hohenstatt/Schweibert/*Seibt* Rn. F 13 ff.; Baumbach/Hueck/*Zöllner/Noack* § 52 Rn. 160 ff.; Lutter/Hommelhoff/*Lutter* § 52 Rn. 37; Ulmer/Habersack/Winter/*Raiser/Heermann* § 52 Rn. 5; MünchHdbGesR III/*Marsch-Barner/Diekmann* § 48 Rn. 103; einschränkend Rowedder/Schmidt-Leithoff/*Schmidt-Leithoff* Einl. Rn. 243 ff.

stellenden Aufsichtsratsmitglieder beschränkt[340] ist. Die Bestellung der Arbeitnehmervertreter erfolgt durch Wahl der Arbeitnehmer (§ 2 Abs. 1, §§ 4–7 DrittelbG).

Die **Amtszeit** der Aufsichtsratsmitglieder darf höchstens bis zur Beendigung der Gesellschafterversammlung dauern, die über die Entlastung für das vierte Geschäftsjahr nach dem Beginn der Amtszeit beschließt, wobei das Geschäftsjahr, in dem die Amtszeit beginnt, nicht mitgerechnet wird (§ 1 Abs. 1 Nr. 3 DrittelbG i. V. m. § 102 Abs. 1 AktG). Die Satzung kann allerdings eine kürzere Amtszeit festsetzen, und zwar auch für die Arbeitnehmervertreter. Allerdings ist eine zeitlich verkürzte Amtszeit ausschließlich für Arbeitnehmervertreter nicht zulässig.[341] Die Satzung kann auch vorsehen, dass sowohl die Anteilseignervertreter als auch die Arbeitnehmervertreter turnusmäßig ausscheiden.[342]

177

Für die Regelung der **inneren Ordnung** verweist § 1 Abs. 1 Nr. 3 DrittelbG auf die aktienrechtlichen Vorschriften der §§ 107–110 AktG. Dabei gelten die in Bezug genommenen aktienrechtlichen Vorschriften zwingend, soweit sie nicht selbst Abweichungen durch Satzungsregelung zulassen.[343] Von der in § 107 AktG geregelten Vorschrift zur inneren Ordnung des Aufsichtsrates kann im Hinblick auf die Wahl des Vorsitzenden des Aufsichtsrates allenfalls abgewichen werden, indem die Zuständigkeit für die Wahl der Gesellschafterversammlung zugewiesen wird für den Fall, dass im Aufsichtsrat eine Patt-Situation die Wahl verhindert.[344] Die Satzung kann allerdings bestimmte qualifizierte Anforderungen für die Beschlussfähigkeit des Aufsichtsrates, bei bestimmten Beschlussgegenständen qualifizierte Mehrheiten vorsehen sowie bestimmen, dass bei Stimmengleichheit die Stimme des Vorsitzenden – z.B. der Regelung des § 29 Abs. 2 MitbestG nachbildend – den Ausschlag gibt.[345] Für die Einrichtung von Ausschüssen ist ausschließlich der Aufsichtsrat selbst zuständig. Die Gesellschafter können insofern keine Satzungsregelung treffen, insbesondere die Errichtung von Ausschüssen weder vorschreiben noch untersagen noch Ausschüssen bestimmte Aufgaben zuweisen.[346]

178

Zu den **Kompetenzen:** Von Gesetzes wegen kommt dem obligatorisch drittelparitätisch besetzten Aufsichtsrat weder die Zuständigkeit für die Bestellung und Abberufung von Geschäftsführern noch für den Abschluss, die Änderung oder die Beendigung von Geschäftsführeranstellungsverträgen zu. Die Satzung kann dies allerdings dem Aufsichtsrat zuweisen.[347]

179

Dem Aufsichtsrat kommt von Gesetzes wegen ein Recht auf Berichterstattung durch die Geschäftsführer, die Überwachungspflicht gegenüber Geschäftsführern mit einem Recht zur Regelung von Zustimmungsvorbehalten bei bestimmten Geschäften sowie die Prüfungspflicht des Jahresabschlusses, des Lageberichts und des Vorschlages zur Ergebnisverwendung zu (§ 1 Abs. 1 Nr. 3 DrittelbG i. V. m. § 90 Abs. 3, 4, 5 S. 1 und 2, §§ 111, 171 AktG).

180

Formulierungsvorschlag:

Die Gesellschaft hat einen Aufsichtsrat. Für diesen gelten die Bestimmungen der §§ 1–12 DrittelbG, die in § 1 Abs. 1 Nr. 3 DrittelbG in Bezug genommenen aktienrechtlichen Bestimmungen sowie die Bestimmungen dieser Satzung.

Der Aufsichtsrat besteht aus [sechs] Mitgliedern. [Zwei] Mitglieder sind nach den Bestimmungen des DrittelbG zu wählen, während die übrigen Mitglieder durch Gesellschafterbeschluss bestellt werden. [Für jedes durch Gesellschafterbeschluss zu bestellende Aufsichtsratsmitglied ist gleichzeitig mit seiner Bestellung durch Gesellschafterbeschluss ein Ersatzmitglied zu bestellen, das Mitglied des Aufsichtsrates wird, wenn das Aufsichtsratsmitglied vor Ablauf seiner Amtszeit wegfällt.]

---

[340] Vgl. Scholz/*U. H. Schneider* § 52 Rn. 232; a. A. Baumbach/Hueck/Zöllner/*Noack* § 52 Rn. 177: Entsendungsrechte nur für ein Drittel der Anteilsinhabersitze.
[341] Scholz/*U. H. Schneider* § 52 Rn. 283; Ulmer/Habersack/Winter/*Raiser/Heermann* § 52 Rn. 198.
[342] Scholz/*U. H. Schneider* § 52 Rn. 283.
[343] Scholz/*U. H. Schneider* § 52 Rn. 71; Ulmer/Habersack/Winter/*Raiser/Heermann* § 52 Rn. 95 ff.
[344] Vgl. Ulmer/Habersack/Winter/*Raiser/Heermann* § 52 Rn. 201 m. w. N.
[345] Vgl. Ulmer/Habersack/Winter/*Raiser/Heermann* § 52 Rn. 230.
[346] Scholz/*U. H. Schneider* § 52 Rn. 443; Ulmer/Habersack/Winter/*Raiser/Heermann* § 52 Rn. 206 ff.
[347] Vgl. Baumbach/Hueck/*Zöllner* § 46 Rn. 34; Baumbach/Hueck/Zöllner/*Noack* § 52 Rn. 122.

> Die Amtszeit der Aufsichtsratsmitglieder dauert bis zur Beendigung der Gesellschafterversammlung, die über die Entlastung für das vierte Geschäftsjahr nach dem Beginn der Amtszeit beschließt, wobei das Geschäftsjahr, in dem die Amtszeit beginnt, nicht mitgerechnet wird. [Das Amt des Ersatzmitgliedes erlischt spätestens mit Ablauf der Amtszeit des wegfallenden Aufsichtsratsmitgliedes.]
>
> Aufsichtsratsmitglieder [, sowie Ersatzmitglieder, welche durch Gesellschafterbeschluss gewählt sind,] können vor Ablauf ihrer Amtszeit [ohne Angabe von Gründen/nur aus wichtigem Grund und] durch Gesellschafterbeschluss [mit Mehrheit der abgegebenen Stimmen/mit einer Mehrheit von drei Vierteln der abgegebenen Stimmen] abberufen werden.
>
> Aufsichtsratsmitglieder [und Ersatzmitglieder] können ohne Angabe von Gründen vor Ablauf ihrer Amtszeit durch schriftliche Erklärung gegenüber der Gesellschaft [mit einer Frist von [vier] Wochen] ihr Amt niederlegen.
>
> Der Aufsichtsrat wählt aus seiner Mitte für die Dauer seiner Amtszeit einen Vorsitzenden und einen stellvertretenden Vorsitzenden. Scheidet der Vorsitzende oder der stellvertretende Vorsitzende vor Ablauf seiner Amtszeit aus, so hat der Aufsichtsrat unverzüglich einen neuen Vorsitzenden oder stellvertretenden Vorsitzenden zu wählen. Der stellvertretende Vorsitzende hat nur dann die Rechte und Pflichten des Vorsitzenden, wenn dieser verhindert ist.
>
> Der Aufsichtsrat entscheidet durch Beschluss. Er ist nur beschlussfähig, wenn mindestens [vier] seiner Mitglieder an der Beschlussfassung teilnehmen. Beschlüsse werden mit der einfachen Mehrheit der abgegebenen Stimmen gefasst. [Bei Stimmengleichheit ist die Stimme des Vorsitzenden ausschlaggebend./Ergibt eine Abstimmung im Aufsichtsrat Stimmengleichheit, so hat bei einer erneuten Abstimmung über denselben Gegenstand, wenn auch sie Stimmengleichheit ergibt, der Aufsichtsratsvorsitzende zwei Stimmen.]
>
> Über Sitzungen und Beschlüsse des Aufsichtsrates ist eine Niederschrift anzufertigen, die der Vorsitzende zu unterzeichnen hat. In Niederschriften über Sitzungen sind Ort und Tag der Sitzung, die Teilnehmer, die Gegenstände der Tagesordnung, der wesentliche Inhalt der Verhandlungen und die Beschlüsse des Aufsichtsrates, in Niederschriften über Beschlüsse, die außerhalb von Sitzungen gefasst wurden, sind Tag, Art und Teilnehmer der Beschlussfassung sowie der Inhalt der Beschlüsse anzugeben. Jedem Mitglied des Aufsichtsrates ist auf Verlangen eine Abschrift der Niederschrift auszuhändigen.

181 Die wesentlichen gesetzlichen Charakteristika des obligatorischen drittelparitätisch besetzten Aufsichtsrats und die eröffneten Felder einer Satzungsregelung können wie folgt zusammengefasst werden:

Obligatorischer drittelparitätisch besetzter Aufsichtsrat (DrittelbG)

	gesetzliche Regelung	Satzungsautonomie (Beispiele)
Mitgliederzahl, Zusammensetzung	• mind. 3 Mitglieder • Höchstmitgliederzahl je nach Stammkapitalhöhe (§ 1 Abs. 1 Nr. 3 DrittelbG i. V. m. § 95 S. 4 AktG) • Drittelbesetzung durch Arbeitnehmervertreter	• Zulässigkeit höherer durch 3 teilbarer Mitgliederzahl bis zur Höchstmitgliederzahl
Bestellung der Aufsichtsratsmitglieder	• Wahl der Anteilseignervertreter durch Gesellschafterversammlung (§ 1 Abs. 1 Nr. 3 DrittelbG i. V. m. § 101 Abs. 1 S. 1 AktG) • Wahl der Arbeitnehmervertreter durch Arbeitnehmer (§ 2 Abs. 1, §§ 4–7 DrittelbG)	• Zulässigkeit Entsendungsrecht für Gesellschafter ohne Beschränkung (str.)

	gesetzliche Regelung	Satzungsautonomie (Beispiele)
Amtszeit der Aufsichtsratmitglieder	• Höchstdauer: Beendigung der Gesellschafterversammlung, die über die Entlastung für das vierte Geschäftsjahr nach Amtszeitbeginn beschließt (§ 1 Abs. 1 Nr. 3 DrittelbG i. V. m. § 102 Abs. 1 AktG)	• Zulässigkeit kürzerer Amtszeit für alle Aufsichtsratmitglieder • Zulässigkeit turnusmäßigen Ausscheidens aller Aufsichtsratsmitglieder
Innere Ordnung	• Aktienrechtliche Grundregelungen (§ 1 Abs. 1 Nr. 3 DrittelbG i. V. m. §§ 107–110 AktG)	• Zulässigkeit bestimmter qualifizierter Anforderungen für Beschlussfähigkeit • Zulässigkeit bestimmter qualifizierter Beschlussmehrheiten • Zulässigkeit Zweitstimme des Vorsitzenden bei Patt-Situationen • Zulässigkeit Haftungsbeschränkung für Aufsichtsratsmitglieder
Kompetenzen	• keine Zuständigkeit für Bestellung/Abberufung von Geschäftsführern (vgl. § 1 Abs. 1 Nr. 3 DrittelbG) • keine Zuständigkeit für Abschluss, Änderung, Beendigung von Geschäftsführeranstellungsverträgen • keine Zuständigkeit für Kreditgewährungen der Gesellschaft an Aufsichtsratsmitglieder • Recht zur Berichterstattung durch Geschäftsführer (§ 1 Abs. 1 Nr. 3 DrittelbG i. V. m. § 90 Abs. 3, 4, 5 S. 1 und 2 AktG) • Überwachungspflicht gegenüber Geschäftsführern neben Gesellschafterversammlung mit Recht zur Regelung von Zustimmungsvorbehalten bei bestimmten Geschäften (§ 1 Abs. 1 Nr. 3 DrittelbG i. V. m. § 111 AktG)	• Zulässigkeit der Kompetenzerweiterung (Grenze: Letztentscheidungsrecht der Gesellschafterversammlung bei Geschäftsführungsmaßnahmen)
	• Prüfungspflicht Jahresabschluss, Lagebericht, Vorschlag für Ergebnisverwendung (§ 1 Abs. 1 Nr. 3 DrittelbG i. V. m. § 171 AktG)	

d) **Obligatorischer paritätisch besetzter Aufsichtsrat (MitbestG).** Findet das Unternehmensmitbestimmungsregime des MitbestG auf eine GmbH Anwendung, besteht der **Aufsichtsrat je nach Belegschaftsstärke des Unternehmens** aus 12 Mitgliedern (i. d. R. zwischen 2.000 und 10.000 Arbeitnehmern), aus 16 Mitgliedern (i. d. R. zwischen 10.000 bis 20.000 Arbeitnehmern) oder aus 20 Mitgliedern (i. d. R. mehr als 20.000 Arbeitnehmern) (§ 7 Abs. 1 S. 1 MitbestG). Diese Regelung ist nicht satzungsdispositiv, mit der Einschränkung, dass statutarisch bestimmt werden kann, dass der Aufsichtsrat eines Unternehmens, dessen Belegschaftsstärke eigentlich nur 12 Aufsichtsratsmitglieder erfordert, aus 16 oder 20 Mitgliedern und der eines Unternehmens, dessen Belegschaftsstärke eigentlich nur 16 Mitglieder erfordert, aus 20 Mitgliedern bestehen kann (§ 7 Abs. 1 S. 2 und 3 MitbestG).

Der Aufsichtsrat besteht dabei je zur Hälfte aus Mitgliedern der Anteilseigner und Mitgliedern der Arbeitnehmer, wobei die Zusammensetzung der Arbeitnehmerbank (Arbeitnehmer des Unternehmens einerseits und Vertreter der Gewerkschaften andererseits) in § 7 Abs. 2 MitbestG geregelt ist. Alles dies sind zwingende, der Satzungsdisposition entzogene Regelungen.[348]

183 Die Bestellung der Mitglieder der Anteilseigner erfolgt durch die Gesellschafterversammlung mit der einfachen Mehrheit der abgegebenen Stimmen. Allerdings kann die Satzung abweichende Regelungen treffen, insbesondere das Mehrheitserfordernis für die Beschlussfassung heraufsetzen[349] oder Entsendungsrechte zugunsten von Gesellschaftern vorsehen, wobei auch hier nach zutreffender Auffassung – wie beim DrittelbG – keine Höchstgrenze besteht.[350] Die Wahl der Arbeitnehmervertreter erfolgt zwingend nach den maßgebenden Vorschriften des MitbestG sowie den zugehörigen Wahlordnungen. Die Bestellung von Ersatzmitgliedern ist zulässig. Allerdings kann die Satzung die Bestellung von Ersatzmitgliedern weder ausschließen noch vorschreiben.[351]

184 Für die **Amtszeit** der Aufsichtsratsmitglieder gilt das zum Mitbestimmungsregime nach dem DrittelbG Aufgeführte (→ Rn. 177).

185 Bei der Gestaltung der **inneren Ordnung** des Aufsichtsrates sind die Spielräume geringer als unter Geltung des DrittelbG, denn neben den zwingenden Vorschriften des AktG sind auch diejenigen des MitbestG zu beachten. Außerhalb dieser gesetzlichen Vorschriften besteht allerdings Satzungsautonomie.[352] Insbesondere sind die verfahrensrechtlichen Regelungen zur Wahl des Aufsichtsratsvorsitzenden (§ 27 Abs. 1 und 2 MitbestG) sowie die Regelung zur Zweitstimme (§ 29 Abs. 2 MitbestG) zwingend.[353] Nach § 28 MitbestG ist der Aufsichtsrat nur beschlussfähig, wenn mindestens die Hälfte der Mitglieder, aus denen er insgesamt zu bestehen hat, an der Beschlussfassung teilnimmt. Durch die Satzung können an die Beschlussfähigkeit keine geringeren Anforderungen (z.B. Beschlussfähigkeit bei Teilnahme von einem Drittel der Gesamtmitglieder) gestellt werden.[354] Nach zutreffender Meinung können statutarisch allerdings strengere Anforderungen an die Beschlussfähigkeit gestellt werden;[355] allerdings darf die Beschlussfähigkeit nicht von der Teilnahme des Vorsitzenden oder seines Stellvertreters oder von der Teilnahme einer bestimmten Anzahl von Anteilseignervertretern abhängig sein.[356] Eine Vertretung bei der Stimmabgabe ist beim paritätisch mitbestimmten Aufsichtsrat ausgeschlossen und kann auch nicht durch die Satzung zugelassen werden.[357] Der Aufsichtsrat entscheidet i.d.R. mit der einfachen Mehrheit der abgegebenen Stimmen, soweit nicht im MitbestG ausdrücklich etwas anderes bestimmt ist (§ 29 Abs. 1 MitbestG). Diese Bestimmung der Mehrheitserfordernisse ist nach überwiegender Meinung zwingend, abschließend und einer abweichenden Satzungsregelung nicht zugänglich.[358]

186 Zu den **zwingenden Kompetenzen** des Aufsichtsrates einer dem MitbestG unterfallenden GmbH gehört die Bestellung und Abberufung von Geschäftsführern (§ 31 MitbestG i.V.m. §§ 84, 85 AktG). Weder die Satzung noch der Aufsichtsrat selbst können das Bestellungs- und Abberufungsrecht auf einen Aufsichtsratsausschuss übertragen.[359] Die Satzung kann auch nicht bestimmen, dass die Abberufung von Geschäftsführern vor Ablauf der Amtszeit

---

[348] *Raiser* § 7 MitbestG Rn. 2.
[349] Vgl. *Raiser* § 8 MitbestG Rn. 3 f.; Ulmer/Habersack/Henssler/*Ulmer/Habersack* § 8 MitbestG Rn. 1.
[350] Vgl. Scholz/*U. H. Schneider* § 52 Rn. 239.
[351] Ulmer/Habersack/Henssler/*Ulmer/Habersack* § 6 MitbestG Rn. 75 m.w.N.
[352] BGHZ 83, 144, 149; LG München DB 1980, 678, 679; Ulmer/Habersack/Henssler/*Ulmer/Habersack* § 25 MitbestG Rn. 133 f.
[353] Vgl. Ulmer/Habersack/Henssler/*Ulmer/Habersack* § 27 MitbestG Rn. 1, Ulmer/Habersack/Henssler/ *Ulmer/Habersack* § 29 MitbestG Rn. 1.
[354] Ulmer/Habersack/Henssler/*Ulmer/Habersack* § 28 MitbestG Rn. 4 f.; *Raiser* § 29 MitbestG Rn. 14.
[355] So OLG Hamburg DB 1984, 1616, 1617 f.; Scholz/*U. H. Schneider* § 52 Rn. 412; a.A. OLG Karlsruhe NJW 1980, 2137, 2139; Ulmer/Habersack/Henssler/*Ulmer/Habersack* § 28 MitbestG Rn. 4a.
[356] BGHZ 83, 151, 153; Scholz/*U. H. Schneider* § 52 Rn. 412.
[357] Scholz/*U. H. Schneider* § 52 Rn. 429.
[358] Vgl. *Raiser* § 29 MitbestG Rn. 7.
[359] Ulmer/Habersack/Henssler/*Ulmer/Habersack* § 31 MitbestG Rn. 5.

auch ohne wichtigen Grund zulässig ist, oder festlegen, welche Umstände als wichtige Gründe für eine Abberufung anzusehen sind.[360] Auch die Zuständigkeit zum Abschluss, zur Änderung oder Beendigung des Geschäftsführeranstellungsvertrages liegt – anders als im Regime des DrittelbG – zwingend beim Aufsichtsrat.[361] Allerdings kann die Satzung allgemeine Richtlinien für den Inhalt von Geschäftsführeranstellungsverträgen festlegen, z.B. im Hinblick auf die Gehalts- und Tantiemenstruktur und die Altersversorgung.[362]

Der Aufsichtsrat hat ferner zu bestimmen, dass bestimmte Arten von Geschäften seiner **Zustimmung** bedürfen (§ 25 Abs. 1 S. 1 Nr. 2 MitbestG i.V.m. § 111 Abs. 4 S. 2 AktG). Der Gesetzgeber hat zwar die Festsetzung von Zustimmungserfordernissen zwingend vorgeschrieben, allerdings darauf verzichtet, konkrete inhaltliche Vorgaben im Sinne eines Kataloges zustimmungspflichtiger Geschäfte bereit zu stellen.[363] Es entspricht jedenfalls guter Corporate Governance, dass Geschäfte von grundlegender Bedeutung unter den Zustimmungsvorbehalt des Aufsichtsrates gestellt werden (Ziffer 3.3 DCGK). Hierzu gehören Entscheidungen oder Maßnahmen, welche die Vermögens-, Finanz- oder Ertragslage des Unternehmens grundlegend verändern. In der Praxis werden die Zustimmungsvorbehalte üblicherweise in der Geschäftsordnung des Aufsichtsrats geregelt;[364] möglich ist aber auch die Aufnahme in die Satzung. 187

> **Formulierungsvorschlag:**
> Dem Aufsichtsrat kommt in Ausfüllung von § 25 Abs. 1 S. 1 Nr. 2 MitbestG i.V.m. § 111 Abs. 4 S. 2 AktG für folgende Rechtsgeschäfte und Maßnahmen ein Zustimmungsvorbehalt zu:
> - Jahresplanung (Budget) und Investitionsplanung sowie deren wesentliche Änderungen und Überschreitungen (Wesentlichkeit bei 10% Abweichung von Plandaten);
> - Gründung von Tochtergesellschaften und Niederlassungen im In- und Ausland, soweit diese nicht nur reine Vertriebsaufgaben erfüllen;
> - Erwerb und Veräußerung von Unternehmen und Unternehmensteilen ab einem Wert von [1 Mio. EUR/10% des Stammkapitals/5% des Jahresumsatzes];
> - Erwerb und Veräußerung von Grundstücken [mit einem Gegenwert von mehr als 500.000,– EUR];
> - Gewährung von Krediten mit einem Valutabetrag von mehr als [500.000,– EUR/10% des Stammkapitals/5% des Jahresumsatzes];
> - Einführung und Änderung von Optionsplänen oder von Altersversorgungsprogrammen gleich welcher Ausgestaltung für Mitarbeiter;
> - Aufnahme neuer Produkte und Produktionen sowie deren Aufgabe;
> - Bestellung und Abberufung von Vorständen und Geschäftsführern in wesentlichen Tochtergesellschaften.

Wird der Katalog in der Geschäftsordnung des Aufsichtsrats geregelt, so sollte in der Satzung die Pflicht des Geschäftsführers verankert werden, für entsprechende Zustimmungsvorbehalte in Tochtergesellschaften zu sorgen sowie seine Zustimmung zu solchen Maßnahmen in den Tochtergesellschaften stets erst nach Zustimmung des Aufsichtsrates zu erteilen.

Diese Zustimmungsbefugnis kann die Satzung dem Aufsichtsrat auch nicht **entziehen**. Umgekehrt können die Gesellschafter ihr im Wege von Gesellschafterbeschlüssen auszuübendes Weisungsrecht gegenüber den Geschäftsführern nicht auf den Aufsichtsrat **übertragen**. Eine über die gesetzlichen Vorschriften ansonsten hinausgehende Kompetenzausweitung des Aufsichtsrates ist zulässig, wenngleich sich im Konfliktfall die Gesellschafterversammlung durchsetzt.[365] Bei gerichtlichen Auseinandersetzungen mit den Geschäftsführern vertritt der Aufsichtsrat die Gesellschaft. 187a

---

[360] *Raiser* § 31 MitbestG Rn. 37.
[361] BGHZ 89, 48, 57f.; Ulmer/Habersack/Henssler/*Ulmer/Habersack* § 31 MitbestG Rn. 38ff.
[362] Ulmer/Habersack/Henssler/*Ulmer/Habersack* § 31 MitbestG Rn. 40.
[363] K. Schmidt/Lutter/*Drygala* AktG § 111 Rn. 52.
[364] *Lutter/Krieger*, Rechte und Pflichten des Aufsichtsrats, 2002, Rn. 107 (Beispielskatalog in Rn. 109).
[365] Vgl. *Raiser* § 25 MitbestG Rn. 88; Baumbach/Hueck/*Zöllner/Noack* § 52 Rn. 253f.; Scholz/U.H. *Schneider* § 52 Rn. 129ff.

Formulierungsvorschlag:

Die Gesellschaft hat einen Aufsichtsrat. Für diesen gelten die Bestimmungen des MitbestG, die dort in Bezug genommenen aktienrechtlichen Bestimmungen sowie die Bestimmungen dieser Satzung.

Der Aufsichtsrat besteht aus [12] Mitgliedern. [Sechs] Mitglieder sind nach den Bestimmungen des MitbestG und den entsprechenden Wahlordnungen zu wählen; die übrigen Mitglieder werden durch Gesellschafterbeschluss bestellt.

......

Der Aufsichtsrat wählt aus seiner Mitte gemäß § 27 Abs. 1 und 2 MitbestG einen Vorsitzenden und einen Stellvertreter. Ergibt sich im zweiten Wahlgang gemäß § 27 Abs. 2 MitbestG bei der Wahl des Vorsitzenden oder des Stellvertreters Stimmengleichheit, so zählt die Stimme des an Lebensjahren ältesten Mitgliedes der Anteileigner bzw.: im Fall der Wahl des Stellvertreters – der Arbeitnehmer zweifach. Die Wahl erfolgt im Anschluss an die Gesellschafterversammlung, in der die von der Gesellschafterversammlung zu wählenden Aufsichtsratsmitglieder der Anteilseigner bestellt worden sind, in einer ohne besondere Einberufung stattfindenden Aufsichtsratssitzung. Sind zu diesem Zeitpunkt die übrigen Aufsichtsratsmitglieder noch nicht gewählt, erfolgt die Wahl des Vorsitzenden und des Stellvertreters unverzüglich nach der Wahl der übrigen Aufsichtsratsmitglieder in einer durch das an Lebensjahren älteste Aufsichtsratsmitglied der Anteilseigner mit einer Frist von [4] Wochen einzuberufenden Aufsichtsratssitzung.

Der Aufsichtsratsvorsitzende und der Stellvertreter sind für die Dauer der Amtszeit des Aufsichtsrates gewählt, falls der Aufsichtsrat nicht bei der Wahl für beide eine kürzere Amtszeit bestimmt. Der Aufsichtsrat kann die Bestellung des Vorsitzenden oder des Stellvertreters vor Ablauf der Amtszeit ohne Angabe von Gründen widerrufen. Der Vorsitzende kann den Vorsitz vor Ablauf seiner Amtszeit ohne Angabe von Gründen durch Erklärung gegenüber der Gesellschaft – mit einer Frist von [vier] Wochen – niederlegen. Gleiches gilt für seinen Stellvertreter. Ein Ausscheiden des Vorsitzenden vor Ablauf der Amtszeit aus seinem Amt berührt die Fortdauer des Amts des Stellvertreters nicht, wie auch das Gleiche im umgekehrten Fall gilt. Scheidet der Vorsitzende oder Stellvertreter vor Ablauf der Amtszeit aus seinem Amt aus, hat der Aufsichtsrat unverzüglich eine Neuwahl für die restliche Amtszeit des Ausgeschiedenen vorzunehmen.

Der Aufsichtsrat hat sich eine Geschäftsordnung zu geben.

Gemäß § 27 Abs. 3 MitbestG bildet der Aufsichtsrat unmittelbar nach der Wahl des Aufsichtsratsvorsitzenden und seines Stellvertreters zur Wahrnehmung der in § 31 Abs. 3 Satz 1 MitbestG bezeichneten Aufgabe einen Ausschuss, dem der Aufsichtsratsvorsitzende, sein Stellvertreter sowie je ein von den Aufsichtsratsmitgliedern der Arbeitnehmer und von den Aufsichtsratsmitgliedern der Anteilseigner mit der Mehrheit der abgegebenen Stimmen gewähltes Mitglied angehören.

Der Aufsichtsrat kann dem gemäß vorstehendem § ...... gebildeten Ausschuss weiter Aufgaben und Befugnisse zuweisen. Der Aufsichtsrat kann aus seiner Mitte auch weitere Ausschüsse bilden und deren Aufgaben und Befugnisse festsetzen. Soweit rechtlich zulässig, kann der Aufsichtsrat den Ausschüssen auch Entscheidungsbefugnisse übertragen.

[Ist der Vorsitzende des Aufsichtsrates Mitglied eines aus der gleichen Zahl von Aufsichtsratsmitgliedern der Anteilseigner und der Arbeitnehmer bestehenden Ausschusses und ergibt eine Abstimmung im Ausschuss Stimmengleichheit, so ist eine erneute Abstimmung über denselben Gegenstand durchzuführen, bei welcher der Vorsitzende zwei Stimmen hat, wenn sich andernfalls wiederum Stimmengleichheit ergäbe. Auf die Abgabe der zweiten Stimme ist § 108 Abs. 3 AktG anzuwenden. Dem Stellvertreter steht die zweite Stimme nicht zu.]

Beschlüsse des Aufsichtsrates werden in Sitzungen gefasst. Außerhalb von Sitzungen können sie, soweit nicht zwingendes Recht eine andere Form vorschreibt, durch schriftliche (einschließlich per E-Mail), fernschriftliche oder fernmündliche Abstimmung gefasst werden, wenn [dies der Vorsitzende anordnet/kein Mitglied diesem Verfahren innerhalb einer vom Vorsitzenden bestimmten angemessenen Frist widerspricht].

Sitzungen des Aufsichtsrates werden vorbehaltlich des Einberufungsrechts gemäß § 110 Abs. 2 AktG vom Vorsitzenden einberufen. Die Einberufung erfolgt schriftlich mit einer Frist von zwei Wochen. In dringenden Fällen kann der Vorsitzende die Frist abkürzen und fernschriftlich, telegrafisch, mündlich oder fernmündlich einberufen. Mit der Einberufung sind die Gegenstände der Tagesordnung und etwa vorliegende Beschlussvorschläge mitzuteilen.

Die Vorbereitung und Leitung der Sitzungen des Aufsichtsrates obliegt dem Vorsitzenden. Dieser bestimmt die Reihenfolge der Verhandlungsgegenstände sowie Reihenfolge und Art der Abstimmungen.

Der Vorsitzende kann eine von ihm einberufene Sitzung oder die Beschlussfassung über einzelne oder sämtliche Punkte der Tagesordnung unterbrechen oder vertagen. Falls bei einer Sitzung nicht alle Mitglieder des Aufsichtsrates anwesend sind oder schriftliche Stimmabgaben überreichen lassen, ist die Sitzung oder Beschlussfassung zu vertagen, soweit mindestens [zwei] der anwesenden Mitglieder dies beantragen. [Vertagungen für mehr als zwei Monate sind unzulässig.] [Eine zweimalige Vertagung der Beschlussfassung über denselben Tagesordnungspunkt ist unzulässig.]

Ein abwesendes Aufsichtsratsmitglied kann an der Beschlussfassung dadurch teilnehmen, dass es seine schriftliche Stimmabgabe durch ein anderes Aufsichtsratsmitglied als Stimmboten überreichen lässt. Das gilt auch für die Abgabe der zweiten Stimme des Vorsitzenden des Aufsichtsrates.

Der Aufsichtsrat ist beschlussfähig, wenn mindestens die [Hälfte/zwei Drittel] der Mitglieder, aus denen er insgesamt zu bestehen hat, an der Beschlussfassung teilnimmt. § 108 Abs. 2 S. 4 AktG ist anzuwenden.

[Beschlüsse, deren Gegenstände nicht ordnungsgemäß angekündigt worden sind, können nur gefasst werden, wenn mindestens zwei Drittel der Mitglieder, aus denen der Aufsichtsrat zu bestehen hat, anwesend sind und nicht widersprechen, und die abwesenden Mitglieder Gelegenheit erhalten, ihre Stimme binnen einer vom Vorsitzenden gesetzten angemessenen Frist nachträglich schriftlich abzugeben.]

Beschlüsse des Aufsichtsrates werden mit der Mehrheit der abgegebenen Stimmen gefasst, soweit das Gesetz nicht etwas anderes bestimmt. Falls dem Vorsitzenden des Aufsichtsrates bei Stimmengleichheit kraft Gesetzes eine zweite Stimme zusteht, ist er berechtigt, aber nicht verpflichtet, von dieser Gebrauch zu machen.

Die wesentlichen gesetzlichen Charakteristika des obligatorischen paritätisch besetzten Aufsichtsrats und die verbliebenen Satzungsspielräume können wie folgt zusammengefasst werden:

Obligatorischer paritätisch besetzter Aufsichtsrat (MitbestG)

	gesetzliche Regelung	Satzungsautonomie (Beispiele)
Mitgliederzahl, Zusammensetzung	• Sollmitgliederzahl je nach Mitarbeiterzahl (§ 7 Abs. 1 MitbestG) • Halbbesetzung durch Arbeitnehmervertreter in bestimmter Zusammensetzung (§ 7 Abs. 2 MitbestG)	• Zulässigkeit höherer Mitgliederzahl (§ 7 Abs. 1 S. 2, 3 MitbestG)
Bestellung der Aufsichtsratsmitglieder	• Wahl der Anteilseignervertreter durch Gesellschafterversammlung (§§ 8, 6 Abs. 2 MitbestG i. V. m. § 101 Abs. 1 S. 1 AktG) • Wahl der Arbeitnehmervertreter durch Arbeitnehmer (§§ 9–8 MitbestG, WahlO)	• Zulässigkeit Entsendungsrecht für Gesellschafter bis zu 1/3 sämtlicher Mitglieder
Amtszeit der Aufsichtsratmitglieder	• Höchstdauer: Beendigung der Gesellschafterversammlung, die über die Entlastung für das vierte Geschäftsjahr nach Amtszeitbeginn beschließt (§ 6 Abs. 2 S. 1 MitbestG i. V. m. § 102 Abs. 1 AktG)	• Zulässigkeit kürzerer Amtszeit für alle Aufsichtsratsmitglieder • Zulässigkeit turnusmäßigen Ausscheidens der Anteilseignervertreter
Innere Ordnung	• Aktienrechtliche Grundregelungen (§ 1 Abs. 1 Nr. 3 DrittelbG i. V. m. §§ 107–110 AktG)	• Zulässigkeit bestimmter qualifizierter Anforderungen für Beschlussfähigkeit

	gesetzliche Regelung	Satzungsautonomie (Beispiele)
	• Wahlverfahren für Vorsitzenden (§ 27 MitbestG) • Zweitstimme des Vorsitzenden bei Patt-Situationen (§ 29 Abs. 2 MitbestG)	
Kompetenzen	• Zuständigkeit für Bestellung/ Abberufung von Geschäftsführern • Zuständigkeit für Abschluss, Änderung, Beendigung von Geschäftsführeranstellungsverträgen • Zuständigkeit für Kreditgewährungen der Gesellschaft an Aufsichtsratsmitglieder • Recht zur Berichterstattung durch Geschäftsführer (§ 25 Abs. 1 S. 1 Nr. 2 MitbestG i. V. m. § 90 Abs. 3, 4, 5 S. 1 und 2 AktG) • Überwachungspflicht gegenüber Geschäftsführern neben Gesellschafterversammlung mit Pflicht zur Regelung von Zustimmungsvorbehalten bei bestimmten Geschäften (§ 25 Abs. 1 S. 1 Nr. 2 MitbestG i. V. m. § 111 AktG) • Prüfungspflicht Jahresabschluss, Lagebericht, Vorschlag für Ergebnisverwendung (§ 25 Abs. 1 S. 1 Nr. 2 MitbestG i. V. m. § 171 AktG)	• Zulässigkeit der Kompetenzerweiterung (Grenze: Letztentscheidungsrecht der Gesellschafterversammlung bei Geschäftsführungsmaßnahmen)
Geschäftsführung	• Arbeitsdirektor als Geschäftsführungsmitglied mit geschütztem Kompetenzbereich (§ 33 Abs. 1 S. 1 MitbestG) • mind. 2 Geschäftsführer	

11. Wettbewerbsverbot; Verschwiegenheitspflicht

189   a) **Wettbewerbsverbot der Gesellschafter.** Es ist allgemein anerkannt, dass trotz des Fehlens einer entsprechenden Bestimmung im GmbHG sowohl der GmbH-Geschäftsführer – und zwar unabhängig davon, ob er Gesellschafter ist oder nicht – als auch der Gesellschafter einer GmbH – dieser indes nur wenn er einen maßgeblichen Einfluss auf die Geschäftsführung auszuüben vermag[366] – einem Wettbewerbsverbot unterliegt. Dabei leiten Rechtsprechung und Literatur das Wettbewerbsverbot für Gesellschafter aus der **allgemeinen gesellschaftlichen Treuepflicht** her.[367] Einen das Wettbewerbsverbot auslösenden bestimmenden Einfluss auf die Geschäftsführung wird jedenfalls bei einer Mehrheitsbeteiligung angenommen, ggf. aber auch schon dann, wenn die Gesellschaftsbeteiligung ins Gewicht fällt (z. B. 40%) oder durch sonstige Umstände oder Rechtszuweisungen ein maßgeblicher Einfluss ausgeübt werden kann. Der sachliche Umfang des Wettbewerbsverbots richtet sich zunächst nach dem tatsächlich ausgeübten Unternehmensgegenstand der Gesellschaft und erstreckt sich ggf. auf deren Geschäftschancen (sog. **Geschäftschancen-Lehre**).[368]

---

[366] BGH NJW 1984, 1351; BGH GmbHR 1988, 334, 335 f.; OLG Frankfurt DB 1992, 2489, 2490; OLG Köln BB 1991, 859, 860; OLG Karlsruhe GmbHR 1999, 539 f.
[367] BGHZ 89, 162, 166.
[368] Vgl. BGH GmbHR 1977, 129; BGH ZIP 1989, 986, 987; MünchHdbGesR III/*Schiessl/Böhm* § 32 Rn. 22; Scholz/*Seibt* § 14 Rn. 59.

190 Ob ein Wettbewerbsverbot für Gesellschafter tatsächlich in der Satzung verankert werden sollte, hängt im besonderen Maße von der Gesellschafterstruktur und der Branchenzugehörigkeit der Gesellschaft ab. Entscheidet man sich für eine Inkorporation des Wettbewerbsverbots, sind die Geschäftsbereiche von Gesellschaft und Gesellschafter hinreichend bestimmt abzugrenzen. Das entspricht jedenfalls auch den **steuerlichen Anforderungen** zur Vermeidung einer verdeckten Gewinnausschüttung bei Befreiung vom Wettbewerbsverbot von beherrschenden Gesellschaftern, Gesellschafter-Geschäftsführern und Geschäftsführern, die einem beherrschenden Gesellschafter nahe stehen.[369]

191 Aus steuerlicher Sicht ist weiter folgendes zu beachten: Erfolgt eine Befreiung vom Wettbewerbsverbot in der Gründungssatzung, so führt dies nicht zu einer Annahme einer verdeckten Gewinnausschüttung, sofern nur die Geschäftsabgrenzung klar und eindeutig vorgenommen ist. Demgegenüber werden nachträgliche Befreiungen vom Wettbewerbsverbot von der Finanzverwaltung im Anschluss an die neuere Rechtsprechung des BFH als verdeckte Gewinnausschüttung behandelt, es sei denn, (i) die Befreiung erfolgt im Voraus, (ii) beim beherrschenden Gesellschafter durch satzungsändernden Beschluss und beim Minderheitsgesellschafter-Geschäftsführer im Anstellungsvertrag mit Zustimmung der Gesellschaftermehrheit und (iii) die Befreiung enthält eine klare und eindeutige Aufgabenabgrenzung sowie die Vereinbarung einer angemessenen Gegenleistung.[370]

192 Wollen die Gesellschafter über die Wettbewerbsverbots-Befreiung von Gesellschaftern (oder von Geschäftsführern) im Einzelfall entscheiden, so ist eine Öffnungsklausel in die Satzung aufzunehmen, die es der Gesellschafterversammlung erlaubt, Art und Umfang der Befreiung, die Aufgabenabgrenzung sowie die Gegenleistung durch Beschluss zu regeln.[371] Hieraus folgt: Soll ein Gesellschafter wegen des ansonsten bestehenden erheblichen Risikopotenzials für die Gesellschaft einem Wettbewerbsverbot unterworfen werden, so ist dieses in der Satzung unter klarer Abgrenzung der Geschäftsbereiche von Gesellschaft und Gesellschafter zu regeln. Das Gleiche gilt, wenn ein Gesellschafter ausdrücklich mit keinem Wettbewerbsverbot belegt werden soll, obwohl er maßgeblichen Einfluss auf die Geschäftsführung auszuüben vermag. Wird ein Wettbewerbsverbot für Gesellschafter verankert, sollte ggf. eine Öffnungsklausel vorgesehen werden, um im Einzelfall flexibel von dem umfassenden Wettbewerbsverbot befreien zu können. Zum Schutz von Minderheitsgesellschaftern kann der Befreiungsbeschluss besonderen Kautelen (insbesondere einem qualifizierten Mehrheitserfordernis) unterworfen werden.

193 In der Satzungsregelung über das Wettbewerbsverbot für Gesellschafter sollte nach Möglichkeit eine **Vertragsstrafe** für den Fall der Verletzung vorgesehen werden, da ein Schaden der Gesellschaft häufig nicht ohne weiteres nachweisbar bzw. bezifferbar sein wird. Bei der Vertragsstraferegelung ist auch ein Verzicht auf die Einrede des Fortsetzungszusammenhanges bei dauernden Verstößen vorzusehen, um die Vertragsstrafe für jeden definierten Zeitabschnitt anfallen zu lassen. Schließlich sollten die Gesellschafter dazu verpflichtet werden, der Gesellschaft Einsicht in die Unterlagen zu gewähren, über die Art und Weise und Umfang des Wettbewerbsverstoßes Auskunft zu geben, umso ggf. einen Schadenersatzanspruch der Gesellschaft geltend machen zu können.

Formulierungsvorschlag:

Die Gesellschafter [Alternative: Jeder Gesellschafter mit einem Anteil am Grundkapital von mindestens 25%] unterliegen im Kerngeschäftsfeld der Gesellschaft ([Definition des sachlichen und/oder örtlichen Kerngeschäftsfeldes]) einem Wettbewerbsverbot [(entsprechend § 112 HGB)], von dem die Gesellschafterversammlung durch Beschluss [mit einer einfachen Mehrheit] der abgegebenen Stimmen befreien kann. Der Beschluss hat Art und Umfang der Befreiung sowie ggf. die an die Gesellschaft zu gewährende Gegenleistung zu bestimmen. Bei einem solchen Beschluss ist der zu befreiende Gesellschafter vom Stimmrecht ausgeschlossen.

---

[369] Vgl BFH BSBl. II 1981, 448; BFH BStBl. II 1983, 487; BFH BStBl. II 1987, 461; BFH BStBl. 1989 II, 673; BFH/NV 1996, 645; BFH GmbHR 1997, 315.
[370] BMF-Schreiben BStBl. I 1992, 137.
[371] BMF-Schreiben BStBl. I 1993, 556.

> Im Falle eines Verstoßes gegen das Wettbewerbsverbot ist der betreffende Gesellschafter unter Verzicht auf die Einrede des Fortsetzungszusammenhangs zur Zahlung einer Vertragsstrafe von ...... EUR an die Gesellschaft verpflichtet. [Je [vier (4) Wochen] einer fortgesetzten Zuwiderhandlung gegen das Wettbewerbsverbot gelten als unabhängige und selbstständige Zuwiderhandlung.] Das Recht, Schadenersatz oder Unterlassung von dem Verletzer zu verlangen, wird durch die Zahlung der Vertragsstrafe nicht berührt. Die Vertragsstrafe wird auf etwaige Schadenersatzansprüche der Gesellschaft [nicht] angerechnet. [Statt Schadenersatz kann die Gesellschaft von dem betreffenden Gesellschafter verlangen, dass er die unter Verstoß gegen das Wettbewerbsverbot gemachten Geschäfte als für Rechnung der Gesellschaft eingegangen gelten lässt und die aus diesen Geschäften für fremde Rechnung bezogene Vergütung an die Gesellschaft herausgibt oder seinen Anspruch auf die Vergütung an die Gesellschaft abtritt.]
>
> Die Geltendmachung eines Anspruches der Gesellschaft im Zusammenhang mit einem Verstoß gegen das in diesem § ...... geregelten Wettbewerbsverbot bedarf eines vorherigen Beschlusses der Gesellschafterversammlung, der mit der [einfachen] Mehrheit der abgegebenen Stimmen zu fassen ist.
>
> Der Verletzer ist verpflichtet, der Gesellschaft Einsicht in alle Schriften und Unterlagen zu gewähren, die die Gesellschaft zur Verfolgung von Schadenersatzansprüchen für erforderlich hält.

194 Schließlich ist zu entscheiden, ob Gesellschafter oder Geschäftsführer einem **nachvertraglichen Wettbewerbsverbot** durch Satzungsbestimmung (Gesellschafter) oder Regelung im Anstellungsvertrag (Geschäftsführer) unterworfen werden soll. Gesetzlich gilt dies nicht,[372] und die Grenzen solcher nachvertraglichen Wettbewerbsverbote ergeben sich vor allem aus § 1 GWG[373] und aus Art. 2, 12 GG, §§ 138, 242 BGB.[374] Hiernach ist ein fortwirkendes Wettbewerbsverbot nur zulässig, soweit es keine spürbare Auswirkung auf die Marktverhältnisse entfaltet (§ 1 GWB), einem berechtigten Interesse der Gesellschaft entspricht und den Verpflichteten nach Dauer, räumlichem Geltungsbereich und Gegenstand nicht unbillig in seinem Fortkommen beschwert (Art. 2, 12 GG, §§ 138, 242 BGB). Wenngleich es für die Ausgestaltung eines nachvertraglichen Wettbewerbsverbots auf die Umstände des Einzelfalls ankommt, wird ein für mehr als zwei Jahre nach Beendigung der Gesellschafterstellung fortwirkendes Wettbewerbsverbot regelmäßig unzulässig sein.[375] Umgekehrt ist im Regelfall ein nachvertragliches Wettbewerbsverbot für zwei Jahre nach Ablauf des Dienstverhältnisses zwischen einem GmbH-Geschäftsführer und der Gesellschaft – jedenfalls soweit es sich um eine sog. „Kunden- und Mandantenschutzklausel" handelt – rechtlich nicht zu beanstanden.[376] Ein über die Gesellschafterstellung hinausreichendes Wettbewerbsverbot wird nur in der Satzung zu regeln sein, wenn ein nicht unerhebliches Risiko besteht, dass der Gesellschafter Kenntnisse, die er während seiner Zeit als Gesellschafter erworben hat, nutzt, um mit der Gesellschaft in Wettbewerb zu treten und jener Schaden zufügen kann.

Formulierungsvorschlag:

Scheidet ein Gesellschafter aus der Gesellschaft aus oder werden seine sämtlichen Geschäftsanteile eingezogen, so ist diesem für die Dauer von zwei Jahren untersagt, mit der Gesellschaft in deren Kerngeschäftsfeld ([Definition des sachlichen und/oder örtlichen Kerngeschäftsfeldes]) unmittelbar oder mittelbar in Wettbewerb zu treten. [Vertragsstraferegelung].

---

[372] Vgl. BGH DB 1986, 214; Scholz/*U. H. Schneider* § 43 Rn. 173 m. w. N.; zum nachvertraglichen Wettbewerbsverbot bei Geschäftsführern: *Heller* GmbHR 2000, 371 ff.
[373] Vgl. BGHZ 68, 6, 10 ff.; BGHZ 70, 331, 334; OLG Karlsruhe BB 1986, 2365, 2366.
[374] BGH DB 1965, 468; BGH WM 1974, 74, 76; BGHZ 91, 1, 7; BGH WM 1986, 1282; BGH GmbHR 1990, 77, 79; OLG Hamm ZIP 1988, 1254; OLG Karlsruhe BB 1986, 2365, 2366; OLG Düsseldorf GmbHR 1993, 581; *Bauer/Diller* GmbHR 1999, 885, 890 ff.
[375] Vgl. BGH NJW 2004, 66 zu einer Freiberuflersozietät; BGHZ 91, 1, 7.
[376] BGH ZIP 2008, 1379.

b) Verschwiegenheitspflicht der Gesellschafter. Die Gesellschafter einer GmbH unterliegen einer **gesellschaftlichen Treuepflicht**, die gegenüber der Bindung in und an einer Personengesellschaft zwar gemindert ist, aus der sich gleichwohl die Pflicht zur vertraulichen Behandlung gesellschaftsinterner Informationen ergibt.[377] Diese Verpflichtung ist Gegenstück zum Informationsrecht nach § 51a GmbHG. Aus der Verschwiegenheits-Treuepflicht folgt z. B., dass ein Gesellschafter seine Kenntnisse über die Gesellschaft nicht ohne weiteres an einen potentiellen Kaufinteressenten für seinen Geschäftsanteil[378] oder an eine kreditgebende Bank weitergeben darf. Kann der Bruch der Verschwiegenheitsverpflichtung der Gesellschafter zu einem erheblichen Schaden bei der Gesellschaft führen und besteht auf Grund der Realstruktur der Gesellschaft ein erhebliches Risikopotential, so kann sich die ausdrückliche Aufnahme der Verschwiegenheitsverpflichtung in der Satzung anbieten. Als Sanktion bei Verletzung der Verschwiegenheitsverpflichtung (und damit der Satzungsbestimmung) kann die Verwirkung einer Vertragsstrafe oder die Einziehung der Geschäftsanteile bzw. der Ausschluss des Gesellschafters vorgesehen werden.

195

> **Formulierungsvorschlag:**
>
> Jeder Gesellschafter ist verpflichtet, über vertrauliche Angaben und Geheimnisse der Gesellschaft, die ihm in seiner Eigenschaft als Gesellschafter [oder im Rahmen einer Tätigkeit für die Gesellschaft] zur Kenntnis gelangen, insbesondere über Betriebs- oder Geschäftsgeheimnisse, die Bilanzen und Wirtschaftspläne sowie die Verhandlungen und Beschlüsse der Gesellschafter Dritten gegenüber Stillschweigen zu wahren. Diese Verpflichtung besteht auch nach dem Ausscheiden aus der Gesellschaft fort. [Die Verschwiegenheitsverpflichtung gilt nicht (i) für die Vorlage von Bilanzen der Gesellschaft bei Banken oder (ii) von Gesellschaftsdaten an staatliche Stellen, deren Mitteilung auf Grund von Rechtsvorschriften erforderlich ist. Außerdem darf jeder Gesellschafter vertrauliche Angelegenheiten einer zur gesetzlichen Berufsverschwiegenheit verpflichteten Person anvertrauen, wenn und soweit dies zur Wahrung seiner eigenen berechtigten Interessen erforderlich ist. Weitere Ausnahmen von der Verschwiegenheitsverpflichtung können im Einzelfall durch Gesellschafterbeschluss zugelassen werden.]
>
> [Verletzt ein Gesellschafter die im vorstehenden § ...... geregelte Verschwiegenheitsverpflichtung, so verwirkt er für jeden Fall der Verletzung ...... EUR als Vertragsstrafe an die Gesellschaft. Das Recht der Gesellschaft Unterlassung und Schadenersatz zu verlangen, wird hierdurch nicht berührt.] [Ggf. Regelung der Verletzung der Verschwiegenheitsverpflichtung als Grund für die Einziehung von Geschäftsanteilen]

12. Verfügungen über Geschäftsanteile

Von der gesetzgeberischen Grundkonzeption sind GmbH-Geschäftsanteile – anders als Gesellschaftsanteile an Personengesellschaften – frei übertragbar (§ 15 Abs. 1 GmbHG; **Grundsatz der freien Übertragbarkeit**). Das GmbHG sieht aber bereits in § 15 Abs. 5 GmbHG ausdrücklich die Möglichkeit vor, durch entsprechende Satzungsregelungen die Übertragung von Geschäftsanteilen von der Zustimmung der Gesellschaft oder von beliebigen anderen Wirksamkeitsvoraussetzungen abhängig zu machen. Derartige Beschränkungen der Übertragbarkeit (sog. **Vinkulierungsklauseln**) sind in der heutigen Vertragspraxis üblich, und das nicht nur bei Familiengesellschaften oder anderen stark personalistisch strukturierten GmbH.

196

Bei der Gestaltung der Satzungsbestimmungen, die Verfügungen über Geschäftsanteile regeln, steht das Interesse der Gesellschafter an einer möglichst unbeschränkten Übertragbarkeit und Belastung ihrer Beteiligung dem Interesse der jeweils anderen Mitgesellschafter auf Kontrolle des Gesellschafterbestandes entgegen. Dabei wird in einigen Fällen bereits bei der Gesellschaftsgründung offensichtlich sein, dass ein Teil der Gesellschafter (z. B. Finanzinvesto-

197

---

[377] Vgl. Scholz/*Seibt* § 14 Rn. 59; Baumbach/Hueck/*Fastrich* § 13 Rn. 28; MünchHdbGesR III/*Schiessl* § 32 Rn. 16.
[378] Hierzu Lutter/Hommelhoff/*Lutter/Bayer* § 51a Rn. 24 f.; *Bremer* GmbHR 2000, 176, 178; *Oppenländer* GmbHR 2000, 535, 537 f.

ren) eine Beteiligung nur eingehen wird, wenn ihnen jedenfalls nach Ablauf einer bestimmten Periode die unbeschränkte Möglichkeit der Beteiligungsveräußerung zusteht (sog. Exit-Route). Auf der anderen Seite wird in einigen anderen Fällen von den Gesellschaftern erstrebt sein, den Gesellschafterkreis möglichst lange unverändert zu lassen bzw. nur bei Zustimmung aller einen Gesellschafterwechsel zuzulassen (z. B. Familiengesellschaft). In vielen Fällen wird die Interessenlage der jeweiligen Gesellschafter aber nicht von vornherein klar sein. Darüber hinaus wird regelmäßig entsprechend der Gesellschafterzusammensetzung zu ermitteln sein, welche Verfügungen über Geschäftsanteile der Art nach oder dem Kreis der Begünstigten nach von der Übertragungsbeschränkung ausgeschlossen sein sollen. Weiterhin wird zu entscheiden sein, ob hinsichtlich der Übertragungsbeschränkung jedem Gesellschafter ein Zustimmungsvorbehalt zukommen soll (strenges Gleichbehandlungsgebot) oder ob die Satzungsregelungen Mehrheitsentscheidungen vorsehen sollen; im letzteren Fall werden häufig Minderheiten schützende Begleitregelungen notwendig sein. Ferner ist festzustellen, ob nicht nur passive Veräußerungsbeschränkungen verankert werden sollen, sondern auch aktive Veräußerungspflichten bei Vorliegen bestimmter Umstände (insbesondere zur Ermöglichung von 100%-Verkäufen an Dritte). Schließlich ist die nunmehr bestehende Möglichkeit eines gutgläubigen Anteilserwerbs vom Nichtberechtigten nach § 16 GmbHG zu beachten.[379]

198 Den Gesellschaftern stehen zur Umsetzung ihrer Interessen eine Vielzahl möglicher Satzungsregelungen zur Verfügung:
- Zustimmungsvorbehalte als Wirksamkeitsvoraussetzung bei Verfügungen über Geschäftsanteile;
- Vorkaufsrechte i. S. d. §§ 463 ff. BGB bei Übertragungen von Geschäftsanteilen zugunsten der nicht veräußernden Mitgesellschafter;
- Andienungsverpflichtung des eine Übertragung von Geschäftsanteilen beabsichtigenden Gesellschafters bzw. Vorerwerbsrechte der übrigen Mitgesellschafter;
- Andienungs- bzw. Verkaufsrechte (Put-Optionen) zugunsten von Minderheitsgesellschaftern oder von Gesellschaftern, deren Anteilsübertragungswunsch von den übrigen Mitgesellschaftern nachhaltig vereitelt wurde;
- Mitverkaufsrechte (Tag along-Rechte) und Mitverkaufspflichten (Drag along-Rechte) zugunsten bestimmter Gesellschafter gegenüber den Mitgesellschaftern;
- Texan-Shoot-out-Verfahren bzw. Auktionsverfahren.

199 **a) Zustimmungsvorbehalt bei Verfügungen über Geschäftsanteile.** Eine Kontrolle über den Gesellschafterkreis und eine Beschränkung der Gesellschaftermacht bewirkt die Regelung eines Zustimmungsvorbehalts bei Verfügungen über Geschäftsanteile. Bei der Gestaltung einer derartigen Satzungsbestimmung ist regelmäßig über fünf Regelungskomplexe Einigkeit zwischen den Gesellschaftern zu erzielen:
- Umfang des sachlichen Anwendungsbereichs des Zustimmungsvorbehalts;
- Ausnahmen vom Zustimmungsvorbehalt bei bestimmten Arten von Geschäften oder bei Verfügungen zugunsten bestimmter Personen;
- qualitative Vorgaben für die Zustimmungserteilung;
- Zuordnung der Entscheidungsprärogative, Mehrheitserfordernis und Verfahrensregelungen;
- Konsequenzen der Zustimmungsversagung.

200 Zunächst ist also die Frage zu beantworten, wie weit der Kreis der Verfügungen über Geschäftsanteile oder vergleichbarer Maßnahmen gezogen werden soll, die dann der Zustimmung von einer oder mehreren Personen oder einem Organ unterliegen (**Umfang des sachlichen Anwendungsbereichs**). Begnügt sich die Satzungsbestimmung damit, „Verfügungen über Geschäftsanteile" dem Zustimmungsvorbehalt zu unterwerfen, so bestehen erhebliche Rechtszweifel, ob die folgenden, wirtschaftlich z. T. vergleichbaren Gestaltungen von dieser Klausel erfasst werden:

---

[379] Die Vorschrift wurde durch das MoMiG eingeführt; hierzu ausführlich *Schockenhoff/Höder* ZIP 2006, 1841; *Bohrer* DStR 2007, 995; *Götze/Bressel* NZG 2007, 894; *Harbarth* ZIP 2008, 57.

- Begründung und Auflösung eines **Treuhandverhältnisses** mit Übertragung eines Geschäftsanteils auf den Treuhänder bzw. Rückübertragung auf den Treugeber sowie Treuhänderwechsel mit Übertragung des Geschäftsanteils von einem Treuhänder auf einen anderen Treuhänder;[380]
- Einräumung einer **Unterbeteiligung** an einem Geschäftsanteil und Auflösung der Unterbeteiligung an einem Geschäftsanteil sowie Übertragung der Unterbeteiligung im Wege der Änderung des Unterbeteiligungs-Gesellschaftsvertrages;[381]
- **Verschmelzung** des einen Geschäftsanteil haltenden Rechtsträgers auf einen Dritten;[382]
- **Ausgliederung** bzw. **Abspaltung** eines Geschäftsanteils auf einen Dritten oder Aufspaltung eines Rechtsträgers, wodurch ein GmbH-Geschäftsanteil auf einen Dritten übergeht;[383]
- Übergang eines Geschäftsanteils im Wege der **Anwachsung** des Gesellschaftsvermögens nach Austritt (bzw. Anteilsübertragung) des vorletzten Gesellschafters auf den dann alleinigen Gesellschafter gem. § 738 Abs. 1 S. 1 BGB;[384]
- Übertragung von Geschäftsanteilen im Wege der **Erbauseinandersetzung**;[385]
- Übertragung von Anteilen am Gesellschafter, der die durch die Vinkulierungsklausel belasteten Geschäftsanteile hält (sog. **Change-of-Control-Fall**).[386]

Vor dem Hintergrund der in diesem Bereich noch weitgehend offenen Rechtslage ist im Gesellschafterkreis zu klären, ob tatsächlich jeder rechtliche und wirtschaftliche Übergang von Geschäftsanteilen dem Zustimmungsvorbehalt unterliegen soll, oder ob nur auf die unveränderte rechtliche Zuordnung der Geschäftsanteile (d.h. kein Zustimmungserfordernis bei der Einräumung, Aufhebung und Übertragung von Unterbeteiligungen oder in Change-of-Control-Fällen) oder auf die unveränderte wirtschaftliche Zuordnung (d.h. kein Zustimmungserfordernis bei der Einräumung und Aufhebung von Treuhandverhältnissen sowie bei Treuhänderwechseln) abgestellt werden sollte, oder ob z.B. Übergänge von Geschäftsanteilen im Wege der Gesamtrechtsnachfolge vom Zustimmungsvorbehalt ausgenommen werden sollten (um den Übergang größerer Vermögensbestände nicht zu behindern).

201

Formulierungsvorschlag (Zustimmungsvorbehalt nur für rechtsgeschäftliche Verfügungen mit Rechtsinhaberwechsel):

Jede rechtsgeschäftliche Verfügung über einen Geschäftsanteil oder einen Teil eines Geschäftsanteils an der Gesellschaft wie z.B. und einschließlich einer Veräußerung, Abtretung, Verpfändung oder sonstige Belastung, die Eingehung oder Aufhebung eines Treuhandverhältnisses oder den Wechsel eines Treuhänders über einen Geschäftsanteil (nicht hingegen die Einräumung, Aufhebung oder Übertragung einer Unterbeteiligung) bedarf der Zustimmung [sämtlicher Gesellschafter/durch Gesellschafterbeschluss] [mit einer einfachen Mehrheit/mit einer Mehrheit von drei Vierteln der abgegebenen Stimmen]. Entsprechendes gilt für eine Verfügung über Ansprüche aus dem Gesellschaftsverhältnis, wie insbesondere über Gewinn- und Abfindungsansprüche.

---

[380] Bejahend für die Abtretung von Rechten des Treugebers RGZ 159, 272, 281; verneinend für die Rückabtretung eines Geschäftsanteils nach vorausgegangener Sicherungsabtretung unter Zustimmung der Mitgesellschafter BGH NJW 1965, 1376; vgl. auch Baumbach/Hueck/*Fastrich* § 15 Rn. 55 ff. m.w.N.; Scholz/*Seibt* § 15 Rn. 227 ff.; differenzierend nach zustimmungspflichtiger Erwerbs- und zustimmungsfreier Vereinbarungstreuhand *Schaub* DStR 1995, 1634, 1637.
[381] Zustimmungspflicht verneinend OLG Frankfurt GmbHR 1987, 57; OLG Frankfurt DB 1992, 2489; Baumbach/Hueck/*Fastrich* § 15 Rn. 59 m.w.N.; Scholz/*Seibt* § 15 Rn. 224 ff.; *Schaub* DStR 1995, 1634 m.w.N.
[382] Vgl. Scholz/*Seibt* § 15 Rn. 114; Beck'sches HdbGmbH/*Schacht* § 12 Rn. 43. – Zustimmungspflicht mit Blick auf § 13 Abs. 2 UmwG bejahend *Reichert* GmbHR 1995, 176, 179; *Lutter/Drygala* § 13 UmwG Rn. 22 ff.
[383] Vgl. die Nachweise in → Fn. 372.
[384] Nach hier vertretener Ansicht liegt keine Zustimmungspflicht vor, vgl. *Seibt*, in: FS Röhricht, 2005, S. 603, 612 f.; nicht eindeutig *Sudhoff* Gesellschaftsvertrag S. 316; *Petzoldt* GmbHR 1976, 82.
[385] Das Eingreifen einer allgemeinen Vinkulierungsklausel verneinend OLG Düsseldorf GmbHR 1990, 504, 507 f., bejahend Scholz/*Seibt* § 18 Rn. 13; für die Übertragung eines Miterbenanteils, zu dem ein Geschäftsanteil an einer GmbH gehört, *Henze*, Höchstrichterliche Rechtsprechung, S. 236.
[386] Dazu OLG Naumburg NZG 2004, 775; das Eingreifen einer allgemeinen Vinkulierungsklausel wegen § 137 S. 1 BGB verneinend *Lutter/Grunewald* AG 1989, 409, 410; differenzierend und das Eingreifen der Vinkulierungsklausel im Fall einer reinen Holdinggesellschaft bejahend *Kowalski* GmbHR 1992, 347, 353 f.; Scholz/*Seibt* § 15 Rn. 111a.

> **Formulierungsvorschlag (Zustimmungsvorbehalt bei rechtsgeschäftlichen Verfügungen und gesetzlichen Anteilsübergängen):**
>
> Jede Verfügung über einen Geschäftsanteil oder einen Teil eines Geschäftsanteils an der Gesellschaft wie z. B. und einschließlich einer Veräußerung, Abtretung, Verpfändung oder sonstige Belastung, die Eingehung oder Aufhebung eines Treuhandverhältnisses oder der Treuhänderwechsel über einen Geschäftsanteil, die Einräumung, Aufhebung oder Übertragung einer Unterbeteiligung, eine Übertragung als Einlage gegen Gesellschafterrechte oder im Rahmen von Umwandlungen nach dem Umwandlungsgesetz oder im Wege der Anwachsung bedarf der Zustimmung [sämtlicher Gesellschafter/durch Gesellschafterbeschluss] [mit einer einfachen Mehrheit der abgegebenen Stimmen/mit einer Mehrheit von drei Vierteln der abgegebenen Stimmen]. Entsprechendes gilt [für Verfügungen im Rahmen von Erbauseinandersetzungen sowie] für Verfügungen über Ansprüche aus dem Gesellschaftsverhältnis, wie insbesondere über Gewinn- und Abfindungsansprüche.

> **Formulierungsvorschlag (Zustimmungsvorbehalt auch bei Change of Control bei einem Gesellschafter):**
>
> Der Zustimmung [sämtlicher Gesellschafter/durch Gesellschafterbeschluss] [mit einfacher Mehrheit der abgegebenen Stimmen/mit einer Mehrheit von drei Vierteln der abgegebenen Stimmen] bedarf es auch, wenn mindestens 50% der Anteile am Stamm-, Grundkapital oder festen Kapital eines Gesellschafters oder der Stimmrechte auf einen Dritten übertragen werden [, es sei denn, dieser Dritte ist Angehöriger i. S. v. § 15 AO oder verbundenes Unternehmen i. S. v. § 15 AktG dieses Gesellschafters].

> **Formulierungsvorschlag (kein Zustimmungsvorbehalt für Verfügungen im Rahmen von Erbauseinandersetzungen):**
>
> Verfügungen im Rahmen von Erbauseinandersetzungen unterliegen nicht dem Zustimmungsvorbehalt nach vorstehendem Satz ......

Bei der Bestimmung von Zustimmungserfordernissen für Maßnahmen, die zum gesetzlichen Anteilsübergang führen (Erbfall, Verschmelzung, Spaltung, Anwachsungsmodelle), oder die auf Change-of-Control-Sachverhalte abstellen, ist zu berücksichtigen, dass die Verletzung dieser statutarischen Pflicht nicht zur Folge hat, dass die sachgegenständlichen Geschäftsanteile nicht übergehen. Es ist daher gesondert eine Rechtsfolgenregelung zu statuieren, z. B. die Einziehung der sachgegenständlichen Geschäftsanteile oder (sogar) den Ausschluss des satzungsverletzenden Gesellschafters.

202 Hiernach ist im Gesellschafterkreis zu klären, ob bestimmte Arten von Geschäften bzw. bestimmte Umstände (z. B. Erbauseinandersetzungen; siehe → Rn. 200) oder Verfügungen zugunsten bestimmter Personen vom Zustimmungsvorbehalt ausgenommen werden sollten. Auf der anderen Seite kann die Vinkulierung auch nur zu Lasten bestimmter Personen(-Kreise) verankert werden (z. B. zu Lasten von Schlüsselmitarbeiter-Gesellschaftern. In der Praxis findet man häufig **Ausnahmen vom Zustimmungsvorbehalt** zugunsten von **Angehörigen i. S. v. § 15 AO** bzw. Personen, die einem in bestimmter Weise definierten Familienstamm angehören, oder – bei in Konzernstrukturen eingebundene Gesellschaftern – zugunsten **von verbundenen Unternehmen i. S. v. § 15 AktG**.

203 Dabei können in diesem Fall Verfügungen an einen bestimmten Personenkreis von vornherein aus dem sachlichen Anwendungsbereich der Vinkulierungsklausel herausgenommen werden oder es kann bestimmt werden, dass die Gesellschafter zur Zustimmung verpflichtet sind, wenn eine Verfügung zugunsten des insoweit bestimmten Personenkreises vorgenommen wird. Für den letzteren Regelungsmechanismus spricht, dass in diesem Fall die übrigen Gesellschafter in jedem Fall über den Verfügungsvorgang informiert werden müssen.

> **Formulierungsvorschlag:**
> Bei Verfügungen zugunsten von Angehörigen i. S. v. § 15 AO oder zugunsten von verbundenen Unternehmen i. S. v. § 15 AktG sind die Gesellschafter verpflichtet, ihre Zustimmung durch positive Stimmabgabe („Ja") im Rahmen des entsprechenden Gesellschafterbeschlusses zu erteilen.

Sind an einer Gesellschaft **Private Equity- oder Venture Capital-Unternehmen** beteiligt, so ist in deren Interesse bei Verfügungen zugunsten der von ihnen verwalteten Fonds-Gesellschaften eine Ausnahme vom Zustimmungsvorbehalt vorzusehen. 204

> **Formulierungsvorschlag:**
> Der im vorstehenden § ...... geregelte Zustimmungsvorbehalt gilt nicht für Verfügungen durch [Private Equity- oder Venture Capital-Gesellschaft] an Gesellschaften, deren Unternehmensgegenstand überwiegend in dem Erwerb, der Verwaltung und/oder der Veräußerung von Beteiligungen an anderen Unternehmen besteht, wenn
> (i) diese von [Private Equity- oder Venture Capital-Unternehmen] verwaltet bzw. beraten werden oder
> (ii) [Private Equity- oder Venture Capital-Unternehmen] persönlich haftende Gesellschafterin der Gesellschaft ist.

Die Regelung von Ausnahmetatbeständen bei Verfügungen zugunsten bestimmter Personengruppen birgt indes die Gefahr in sich, dass eine wirksame Kontrolle des Gesellschafterkreises ausgehöhlt wird. Insbesondere bei Verwendung der Konzernklausel ist zu entscheiden, ob der Austritt des Anteilsempfängers aus dem Konzernverbund eine Rückübertragungsverpflichtung auf die ursprünglich verfügende Gesellschaft oder die Einziehung der Geschäftsanteile zur Folge haben sollte. Entscheidet man sich für die Regelung einer Rückübertragungsverpflichtung, sollte in der Satzung zugleich bestimmt werden, dass sich der verfügende Gesellschafter zur Annahme der Rückübertragung verpflichtet hat. Regelt man weiterhin, dass die Rückabtretung durch den Verlust der Mehrheitsbeteiligung durch den die Beteiligung haltenden Gesellschafter bedingt ist, ist sogar jeglicher Einfluss eines Dritten auf die Geschäfte der Gesellschaft auch für die Zeit bis zur Rückabtretung ausgeschlossen, da die Geschäftsanteile dann bei Bedingungseintritt automatisch an den verfügenden Gesellschafter zurückfallen (sog. **verlängerte Konzernklausel**).[387] 205

> **Formulierungsvorschlag:**
> Für den Fall, dass der Empfänger eines übertragenen Geschäftsanteils seine Eigenschaft als verbundenes Unternehmen des verfügenden Gesellschafters i. S. v. § 15 AktG verliert, überträgt der Empfänger den empfangenen Geschäftsanteil bereits hiermit aufschiebend bedingt zurück auf den verfügenden Gesellschafter. Der verfügende Gesellschafter nimmt die Abtretung hiermit an.

> **Alternativformulierung:**
> Geht ein Geschäftsanteil durch Umwandlung nach dem Umwandlungsgesetz oder durch Einbringung oder Anwachsung auf einen Dritten über, ist den anderen Gesellschaftern im Verhältnis ihrer jeweiligen Beteiligung an der Gesellschaft das Vorkaufsrecht an dem/den Geschäftsanteil(en) des übertragenden Gesellschafters oder mit ihm i. S. v. § 15 AktG verbundenen Unternehmens an dem neuen Rechtsinhaber des Geschäftsanteils einzuräumen, das ihnen an dem übergegangenen Geschäftsanteil zustand. Die Nichteinräumung binnen einer Frist von [drei (3) Monaten] ab dem rechtlichen Übergang des Geschäftsanteils rechtfertigt einen Beschluss nach § ...... [Zwangseinziehung].

---

[387] *Kowalski* GmbHR 1992, 347, 350.

> **Alternativformulierung (Aufspaltung des den Geschäftsanteil haltenden Rechtsträgers):**
> Geht ein Gesellschafter durch eine Aufspaltung nach dem Umwandlungsgesetz unter, haben die übrigen Gesellschafter das Recht, durch Gesellschafterbeschluss mit einer Mehrheit von drei Vierteln der abgegebenen Stimmen zu bestimmen, auf welchen der übernehmenden Rechtsträger der Anteil übergeht.

206 Ferner ist zu klären, ob die Entscheidung des für die Zustimmung kompetenten Organs durch **bestimmte inhaltliche Vorgaben** begrenzt werden sollte. So kann durch die Satzung angeordnet werden, dass bei bestimmten Verfügungsarten oder bestimmten Verfügungsempfängern eine Zustimmung erteilt werden muss oder dass der Verfügungsempfänger bestimmte Qualifikationen (z.B. Alter, Berufsqualifikation) besitzen oder bestimmte Pflichten übernehmen muss (z.B. Übernahme von Nebenpflichten, wie Finanzierung der Gesellschaft durch Gesellschafterdarlehen oder Beitritt zu einer Gesellschaftervereinbarung). Die Satzung kann aber auch allgemein bestimmen, dass die Zustimmung nur bei Vorliegen eines wichtigen Grundes verweigert werden darf. Regelt die Satzung hierzu nichts, liegt die Erteilung der Zustimmung im pflichtgemäßen Ermessen der dazu Berechtigten,[388] d.h. die Ablehnung der Zustimmung muss nicht durch einen wichtigen Grund gerechtfertigt werden (Grenze: Verstoß gegen die gesellschaftliche Treuepflicht oder Rechtsmissbrauch).[389]

207 Weiterhin ist in der Satzung zu regeln, wer über die Zustimmung zur Verfügung über Geschäftsanteile entscheidet. Die Satzung kann vorsehen, dass die **Entscheidungsprärogative** (i) den einzelnen Gesellschaftern, (ii) der Gesellschafterversammlung, (iii) der Geschäftsführung oder (iv) einem anderen Gremium (z.B. Aufsichtsrat oder Beirat) zukommt. Bei der Bezeichnung des Entscheidungsträgers ist besondere Sorgfalt erforderlich. Verweist man nur auf eine erforderliche „Zustimmung der Gesellschafter" bleibt offen, ob jeder Gesellschafter zustimmen muss, oder ob ein mit einfacher Mehrheit der abgegebenen Stimmen gefasster Gesellschafterbeschluss ausreicht.[390] Ebenso zu Auslegungsschwierigkeiten führt die Formulierung „Zustimmung der übrigen Gesellschafter", da hierdurch nur zweifelsfrei geregelt wird, dass dem verfügenden Gesellschafter kein Mitwirkungsrecht zukommt.[391] Wird lediglich auf die „Zustimmung der Gesellschaft" verwiesen, so ist unklar, ob die Zustimmung wirksam durch die Geschäftsführer erteilt wird (ggf. auf der Grundlage eines im Innenverhältnis erforderlichen Gesellschafterbeschlusses) oder ob ausschließlich der Gesellschafterversammlung die Entscheidungsprärogative zukommt;[392] im Zweifel wird aber die Zuständigkeit der juristischen Person selbst begründet, so dass den Geschäftsführern der vertretungsberechtigten Zahl die Erklärung der Zustimmung obliegt.[393] Achtzugeben ist auch auf die Unterscheidung, ob sämtliche Gesellschafter der Verfügung zustimmen müssen oder ob das Zustimmungserfordernis in einem einstimmigen Gesellschafterbeschluss besteht. Der zweite Regelungsansatz bietet in doppelter Hinsicht einen schwächeren Minderheitenschutz: Zum einen kann die Satzungsbestimmung – vorbehaltlich einer ausdrücklichen Regelung – mit der satzungsändernden Mehrheit herabgesetzt werden;[394] zum anderen kommt es beim einstimmigen Gesellschafterbeschluss lediglich auf die Stimmen der an der

---

[388] RGZ 88, 319, 325; OLG Düsseldorf GmbHR 1964, 250; Scholz/*Seibt* § 15 Rn. 127; Ulmer/Habersack/Löbbe/*Löbbe* § 15 Rn. 241 ff.; Baumbach/Hueck/*Fastrich* § 15 Rn. 46.
[389] Scholz/*Seibt* § 15 Rn. 127.
[390] Zum Meinungsstreit LG Köln GmbHR 1993, 109; Baumbach/Hueck/*Fastrich* § 15 Rn. 44 m.w.N. – Für i. Zw. Mehrheitsentscheidung: Ulmer/Habersack/Löbbe/*Löbbe* § 15 Rn. 238; Scholz/*Seibt* § 15 Rn. 126; Lutter/Hommelhoff/*Bayer* § 15 Rn. 68; K. Schmidt, in: FS Beusch, 1993, S. 759, 766; für i. Zw. Einstimmigkeit Rowedder/Schmidt-Leithoff/*Görner* § 15 Rn..185.
[391] Ebenso Scholz/*Seibt* § 15 Rn. 126.
[392] Zum Meinungsstreit Baumbach/Hueck/*Fastrich* § 15 Rn. 42. – nach BGH GmbHR 1988, 260, 261 ist die Geschäftsführung in diesem Fall nur berechtigt, die Zustimmung zu erteilen, wenn ein Zustimmungsbeschluss unter Zustimmung aller Gesellschafter gefasst wurde; vgl. auch OLG Hamburg ZIP 1992, 1085.
[393] Vgl. Scholz/*Seibt* § 15 Rn. 123 m.w.N.
[394] So OLG Hamm ZIP 2001, 1915 ff. = GmbH-StB 2001, 309 m. abl. Anm. *Schwetlik* – hierzu bereits → Rn. 146.

Gesellschafterversammlung anwesenden und wirksam an der Abstimmung beteiligten Gesellschafter an, so dass das Fehlen von Gesellschaftern oder die Ungültigkeit einzelner Stimmen die Einstimmigkeit nicht beeinträchtigt.[395] Allerdings ist zu berücksichtigen, dass eine Satzungsregelung, die ein Zustimmungserfordernis zugunsten einzelner oder aller Gesellschafter vorsieht, dazu führt, dass auch bei einem etwaigen Umwandlungsbeschluss abweichend von §§ 50 Abs. 1 Satz 1, 125, 133 Abs. 2, 233 Abs. 2, 240 Abs. 1 S. 1 UmwG, sämtliche Gesellschafter diesem zustimmen müssen.[396]

Neben der Zuständigkeit für die Zustimmungserteilung ist zu regeln, ob der **verfügende Gesellschafter stimmberechtigt** sein soll (was er ohne ausdrückliche Regelung wäre),[397] ggf. welche Mehrheitserfordernisse bei der Beschlussfassung gelten und welches Verfahren einzuhalten ist. Die Frage des Mehrheitserfordernisses spiegelt im besonderen Maße den möglichen Konflikt zwischen den Interessen der Gesellschaftermehrheit und denjenigen der Gesellschafterminderheit wider. **208**

Schließlich ist bei der Gestaltung der Satzungsbestimmung zu entscheiden, ob und ggf. in welcher Weise ein Ausgleich für die Verfügungsbeschränkung zugunsten des die Verfügung erstrebenden Gesellschafters erforderlich ist. Dies ist von besonderer Relevanz in den Fällen, in denen die Satzungsbestimmung ausnahmslos und ohne inhaltliche Vorgaben Verfügungen beschränkt. Denn in diesem Fall wird der verfügungswillige Gesellschafter gegen seinen erklärten Willen in der Gesellschaft gehalten, ohne dass er eine Wertkompensation hierfür erhält. Die Verweigerung der Zustimmung zu einer Verfügung über Geschäftsanteile berechtigt den betroffenen Gesellschafter nämlich nicht ohne weiteres zum **Austritt aus wichtigem Grund gegen Wertersatz seiner Beteiligung.**[398] Die Satzung kann aber zum Ausgleich insbesondere vorsehen, dass der betroffene Gesellschafter bei Zustimmungsversagung (ggf. auch nach mehrfacher Zustimmungsversagung) aus der Gesellschaft gegen Wertersatz seiner Beteiligung ausscheiden kann. **209**

Formulierungsvorschlag:

Erteilt die Gesellschafterversammlung ihre Zustimmung zu einer Verfügung i.S.v. § ...... [Vinkulierungsklausel] nicht, ist der betreffende Gesellschafter mit einer Frist von sechs Monaten zum Jahresende zum Austritt aus der Gesellschaft berechtigt. Für die von ihm gehaltene Beteiligung an der Gesellschaft erhält er eine Abfindung, deren Höhe sich nach § ...... [Zwangseinziehung] bestimmt.

b) **Vorkaufs- und Ankaufsrechte.** Ein Zustimmungsvorbehalt bei Verfügungen über Geschäftsanteile zugunsten sämtlicher Gesellschafter führt in der Praxis häufig zu einer bloßen Blockade der beabsichtigten Verfügung, obwohl bei rationalem Verhalten sämtlicher Beteiligten eigentlich keine entstehen oder eine solche aufgelöst werden sollte (z.B. durch Verfügung an Gesellschafter anstelle des Dritten oder durch Ausgleichszahlungen an Gesellschafter). Das Schwert des einstimmigen Zustimmungsvorbehalts ist daher in der Praxis oftmals zu scharf. Auf der anderen Seite kann ein Zustimmungsvorbehalt die Kontrolle über den Gesellschafterbestand nicht wirksam sichern, wenn die Zustimmungserteilung faktisch bloß in der Hand der Gesellschaftermehrheit liegt. **210**

Zum Ausgleich zwischen einer wirksamen Kontrolle über den Gesellschafterbestand auf der einen Seite und der Übertragungsfähigkeit der Geschäftsanteile auf der anderen Seite werden häufig Vorkaufsrechte in Satzungen geregelt. Da ein Vorkaufsrecht indes nur schuldrechtlich zwischen den Gesellschaftern wirkt,[399] sollte seine Durchsetzung über die ergän-

---

[395] Vgl. OLG Hamm ZIP 2001, 1915, 1917.
[396] Hierzu *Reichert* GmbHR 1995, 176, 179 ff.
[397] Vgl. BGHZ 48, 163, 167; BGH BB 1974, 431 f.; Ulmer/Habersack/Löbbe/*Löbbe* § 15 Rn. 234; Scholz/*Seibt* § 15 Rn. 125; Baumbach/Hueck/*Fastrich* § 15 Rn. 42; a. A. Baumbach/Hueck/*Zöllner* § 47 Rn. 90.
[398] Vgl. Baumbach/Hueck/*Fastrich* Anh. § 34 Rn. 18; Ulmer/Habersack/Winter/*Ulmer* Anh. § 34 Rn. 55; Scholz/*Seibt* Anh. § 34 Rn. 9; Lutter/Hommelhoff/*Lutter* § 34 Rn. 74, 45; Roth/*Altmeppen* § 60 Rn. 110.
[399] BGH NJW 1967, 2159, 2161.

zende Regelung eines Zustimmungsvorbehalts für die dingliche Übertragung gesichert werden.

211 Bei der Ausgestaltung des statutarischen Vorkaufsrechts wird man sich in der Regel nicht auf einen Verweis auf die gesetzliche Regelung des Vorkaufsrechts in §§ 463 ff. BGB beschränken können. Insbesondere die Möglichkeit einer formlosen Ausübung des Vorkaufsrechts nach § 464 Abs. 1 S. 2 BGB sowie die Wochenfrist des § 469 Abs. 2 BGB sind regelmäßig nicht für die Bestimmung des Verhältnisses der Gesellschafter einer GmbH untereinander geeignet. Es empfiehlt sich zudem, das genaue **Verfahren der Ausübung des Vorkaufsrechts** in der Satzung zu regeln.

212 Im Hinblick auf den **sachlichen Anwendungsbereich des Vorkaufsrechts** wird – entsprechend den Überlegungen beim Zustimmungsvorbehalt – zu klären sein, ob bestimmte Verfügungsarten oder Verfügungen zugunsten bestimmter Personen (z. B. Angehörige i. S. v. § 15 AO oder verbundene Unternehmen i. S. v. § 15 AktG) tatsächlich vom Vorkaufsrecht erfasst werden sollten.

213 Schließlich ist zu entscheiden, ob das Vorkaufsrecht auch auf Tauschvorgänge und Schenkungen entsprechende Anwendung finden sollte (sog. Ankaufsrechte). In diesem Fall sind in der Satzungsbestimmung auch Bewertungsmethoden für den Geschäftsanteil vorzusehen.

Formulierungsvorschlag (Vorkaufsrecht):

214 Für den Fall, dass ein Gesellschafter einen ihm gehörenden Geschäftsanteil ganz oder teilweise verkauft, haben die jeweils anderen Gesellschafter nach dem Verhältnis ihrer Beteiligung an der Gesellschaft ein Vorkaufsrecht. Ist Käufer des Geschäftsanteils ein Gesellschafter, so gilt er für den Fall der Ausübung des Vorkaufsrechts durch einen Gesellschafter seinerseits als Vorkaufsberechtigter, der sein Vorkaufsrecht ausgeübt hat. [Das Vorkaufsrecht darf auch durch ein verbundenes Unternehmen i. S. d. §§ 15 ff. AktG geltend gemacht werden.] [Das Vorkaufsrecht gilt nicht bei Geschäftsanteilsübertragungen durch einen der Gesellschafter an ein verbundenes Unternehmen i. S. d. §§ 15 ff. AktG und nicht bei Geschäftsanteilsübertragungen an Angehörige i. S. d. § 15 AO.]

Das Vorkaufsrecht ist innerhalb von zwei Wochen seit dem Zeitpunkt auszuüben, in dem der veräußerungswillige Gesellschafter seinen Kaufvertrag mit dem Käufer sämtlichen Vorkaufsberechtigten mitgeteilt hat. Das Vorkaufsrecht kann von jedem Gesellschafter nur im ganzen ihm jeweils zustehenden Umfang durch schriftliche Erklärung gegenüber dem veräußerungswilligen Gesellschafter ausgeübt werden. Soweit einzelne Vorkaufsberechtigte ihr Vorkaufsrecht nicht ausüben, steht es den Vorkaufsberechtigten, die ihr Vorkaufsrecht ausgeübt haben, nach dem Verhältnis ihrer Beteiligung an der Gesellschaft zu. Die Frist zur Ausübung dieses weiteren Vorkaufsrechts beträgt zwei Wochen seit dem Zeitpunkt, in dem der veräußerungswillige Gesellschafter den verbleibenden Vorkaufsberechtigten mitgeteilt hat, in welchem Umfang die verzichtenden Gesellschafter ihr Vorkaufsrecht nicht ausgeübt haben. Um insgesamt von ihrem Vorkaufsrecht Gebrauch zu machen, müssen die Gesellschafter auch dieses weitere Vorkaufsrecht im ganzen ihnen zustehenden Umfang durch schriftliche Erklärung gegenüber dem veräußerungswilligen Gesellschafter ausüben. Falls mehrere Gesellschafter ihr Vorkaufsrecht ausüben, ist der von dem Vorkaufsrecht betroffene Geschäftsanteil entsprechend zu teilen. Nicht teilbare Spitzenbeträge eines Geschäftsanteils stehen demjenigen Vorkaufsberechtigten zu, der sein Vorkaufsrecht als erster ausgeübt hat.

Im Falle des Verkaufs eines Geschäftsanteils auf Grund dieses Vorkaufsrechts sind die Gesellschafter verpflichtet, die nach dieser Satzung erforderlichen Zustimmungserklärungen zu erteilen sowie ggf. den Geschäftsführer anzuweisen, die Teilung des Geschäftsanteils zu genehmigen.

Formulierungsvorschlag (Ankaufsrecht):

Für den Fall, dass ein Gesellschafter einen ihm gehörenden Geschäftsanteil ganz oder teilweise verkauft oder anderweitig entgeltlich oder unentgeltlich überträgt, haben die jeweils anderen Gesellschafter nach dem Verhältnis ihrer Beteiligung an der Gesellschaft ein nach den nachfolgenden Sätzen dieses § ...... ausgestaltetes Ankaufsrecht. [Sätze 2–10 wie Formulierungsvorschlag (Vorkaufsrecht)]

> Hat der veräußerungswillige Gesellschafter den Geschäftsanteil nicht verkauft, sondern auf anderer schuldrechtlicher Grundlage unentgeltlich oder entgeltlich übertragen, so kommt mit Ausübung des Ankaufsrechts der Kauf zwischen den Ankaufsberechtigten und dem veräußerungswilligen Gesellschafter unter solchen Bestimmungen (insbesondere über die Gegenleistung) zustande, die ein [von der Gesellschaft benannter] Wirtschaftsprüfer [unter Beachtung der vom Institut der Wirtschaftsprüfer in Deutschland e. V. veröffentlichten Grundsätze zur Durchführung von Unternehmensbewertungen (derzeit IDW Standard 1 i. d. F. 2008 vom 2.4.2008)] für die Beteiligten verbindlich festsetzt.
>
> Im Fall der Übertragung eines Geschäftsanteils auf Grund dieses Ankaufsrechts sind die Gesellschafter verpflichtet, die nach dieser Satzung erforderlichen Zustimmungserklärungen zu erteilen sowie ggf. die erforderliche Teilung des Geschäftsanteils zu beschließen.

c) **Vorerwerbsrechte bzw. Andienungspflichten.** Das Vorkaufs- oder Ankaufsrecht wird erst in dem Moment ausgelöst, in dem ein Gesellschafter mit einem Dritten einen notariell beurkundeten Anteilskauf- und/oder Anteilsübertragungsvertrag abgeschlossen hat. Dies hat zum einen den Nachteil, dass die übrigen Gesellschafter unter Umständen erst zu einem verhältnismäßig späten Zeitpunkt in den Verkaufsprozess eingebunden werden, zum anderen aber auch den weiteren Nachteil, dass gesellschaftsfremde Dritte zwingend von Verkaufsabsichten im Gesellschafterkreis erfahren.

Ein **Vorerwerbsrecht** (aus Sicht des veräußerungswilligen Gesellschafters auch als **Andienungspflicht** bezeichnet) greift dagegen bereits im Vorfeld einer Veräußerung ein. In diesem Fall hat ein veräußerungswilliger Gesellschafter den übrigen Gesellschaftern seinen Geschäftsanteil zum Erwerb anzubieten. Regelungsbedürftig sind hier vor allem das Verfahren der Ausübung des Vorerwerbsrechts sowie die Bestimmung des für den angebotenen Geschäftsanteil zu zahlenden Preises (einschließlich der Zahlungsbedingungen). Zur Absicherung des Vorerwerbsrechts kann auch zusätzlich noch ein Vorkaufsrecht im engeren Sinne geregelt werden. Hierdurch werden Umgehungen der Vorerwerbsrechte durch „Scheinangebote" wirksam ausgeschlossen.

215

216

> **Formulierungsvorschlag:**
> Jeder Gesellschafter hat eine Beteiligung, die er veräußern oder anderweitig übertragen will, zunächst den übrigen Gesellschaftern mit Angabe der Konditionen in notarieller Form zum Erwerb anzubieten. Diese können das Angebot innerhalb eines Monats ab Zugang im Verhältnis ihrer Beteiligung am Stammkapital annehmen. Soweit ein Erwerbsberechtigter von seinem Erwerbsrecht nicht oder nicht fristgerecht Gebrauch macht, steht es wiederum binnen Monatsfrist den übrigen Gesellschaftern im Verhältnis ihrer Beteiligung am Stammkapital zu, nach dem der die Veräußerung beabsichtigende Gesellschafter ihnen die Nichtausübung mitgeteilt hat. Dadurch entstehende unteilbare Spitzenbeträge stehen dem Gesellschafter zu, der sein Erwerbsrecht zuerst ausgeübt hat.
>
> Im Falle des Verkaufs eines Geschäftsanteils auf Grund dieses Vorerwerbsrechts sind die Gesellschafter verpflichtet, die nach dieser Satzung erforderlichen Zustimmungserklärungen zu erteilen sowie ggf. den Geschäftsführer anzuweisen, die Teilung des Geschäftsanteils zu genehmigen.

217

> **Alternativformulierung:**
> Jeder Gesellschafter hat eine Beteiligung, die er veräußern oder anderweitig übertragen will, zunächst den übrigen Gesellschaftern durch eingeschriebenen Brief mit Angabe der Konditionen unter schriftlicher Benachrichtigung der Gesellschaft zum Erwerb anzubieten. Soweit eine Gegenleistung nicht in Geld bestehen soll, ist von dem veräußerungswilligen Gesellschafter für Zwecke der Andienungspflicht der Verkehrswert dieser Gegenleistung in Geld anzugeben. Bei Zweifeln an der Richtigkeit dieser Angabe können Gesellschafter, die unter Ausschluss des veräußerungs- bzw. übertragungswilligen Gesellschafters über eine einfache Stimmenmehrheit verfügen, bei einem unabhängigen Sachverständigen die Anfertigung eines für Zwecke dieser Andienungspflicht verbindlichen Gutachtens über den Verkehrswert der Gegenleistung einholen.

> Jeder Gesellschafter hat das Recht, die angebotene Beteiligung zu den angegebenen Konditionen (ggf. unter ersatzweiser Zahlung von Geld) zu erwerben, wenn er seine Erwerbsbereitschaft innerhalb von zwei Wochen seit Zugang des Angebotsschreibens durch eingeschriebenen Brief unter schriftlicher Benachrichtigung der Gesellschaft erklärt. Das Erwerbsrecht kann nur bezüglich der gesamten angebotenen Beteiligung ausgeübt werden. Üben mehrere Gesellschafter das Erwerbsrecht aus, so gilt – mangels einer anderen Verständigung zwischen ihnen – das Erwerbsrecht von den Gesellschaftern als im Verhältnis ihrer bisherigen Beteiligungen ausgeübt, wobei ein unteilbarer Spitzenbetrag dem Gesellschafter zusteht, der sein Erwerbsrecht zuerst ausgeübt hat.
>
> Im Falle des Verkaufs eines Geschäftsanteils auf Grund dieses Vorerwerbsrechts sind die Gesellschafter verpflichtet, die nach dieser Satzung erforderlichen Zustimmungserklärungen zu erteilen sowie ggf. den Geschäftsführer anzuweisen, die Teilung des Geschäftsanteils zu genehmigen.

218 **d) Andienungsrechte.** Zur Kompensation von statutarischen Verfügungsbeschränkungen, wie z. B. Zustimmungsvorbehalten, Vorkaufsrechten oder Vorerwerbsrechten, können in der Satzung auch Andienungsrechte oder Verkaufsrechte (Put-Optionen) zugunsten einzelner oder sämtlicher Gesellschafter geregelt werden. Ein solches Andienungsrecht oder Verkaufsrecht erlaubt dem begünstigten Gesellschafterkreis, bei Vorliegen bestimmter Umstände die Übertragung seiner Beteiligung an die übrigen Gesellschafter bzw. einen Mitgesellschafter (häufig den Mehrheitsgesellschafter) zu vorher festgelegten Bedingungen zu verlangen. Regelungsbedürftig sind dabei insbesondere die Umstände, bei deren Vorliegen das Andienungsrecht ausgeübt werden kann (z. B. Zustimmungsverweigerung zu Verfügungsbegehren;[400] Beschlussfassungen über Strukturmaßnahmen oder wesentliche Geschäftsführungsmaßnahmen gegen die Stimmen des begünstigten Gesellschafters; Durchführung bestimmter (faktischer) Konzernierungsmaßnahmen; Vorliegen bestimmter wirtschaftlicher Daten beim Unternehmen). Ferner zu regeln sind das bei der Andienung einzuhaltende Verfahren sowie die Bestimmung der Gegenleistung für den angebotenen Geschäftsanteil (z. B. Unternehmensbewertung nach Ertragswert- oder Discounted Cash Flow-Methoden).[401]

219 Da Andienungsrechte in der Regel nicht zugunsten aller Gesellschafter vereinbart werden, finden sie sich häufiger Gesellschaftervereinbarungen als in (notariell zu beurkundenden) Satzungen.

Formulierungsvorschlag:

220 Der Gesellschafter A ist, solange seine Beteiligung an der Gesellschaft unter [25%/50%] beträgt, berechtigt, seine sämtlichen Geschäftsanteile den übrigen Gesellschaftern zum Erwerb anzudienen, wenn einer der nachstehenden Umstände vorliegt: (......)

Diese übrigen Gesellschafter sind danach verpflichtet, die Geschäftsanteile des Gesellschafters A pro rata ihrer Beteiligung und innerhalb von drei Monaten nach Zugang der Andienungserklärung zu einem dem anteiligen Unternehmenswert entsprechenden Kaufpreis und unter Ausschluss jeglicher Gewährleistung (mit der Ausnahme von Rechtsgewährleistungen über die rechtliche und wirtschaftliche Inhaberschaft sowie die Belastungsfreiheit der Geschäftsanteile) zu erwerben. Kommt innerhalb dieser Frist eine Einigung über den Kaufpreis nicht zustande, haben sich die Beteiligten innerhalb von weiteren drei Wochen auf einen Sachverständigen zu einigen, der den Kaufpreis unter Beachtung der vom Institut der Wirtschaftsprüfer in Deutschland e. V. veröffentlichten Grundsätze zur Durchführung von Unternehmensbewertungen (derzeit IDW Standard 1 i. d. F. 2008 vom 2.4.2008) als Schiedsgutachter zu ermitteln hat. Können sich die Parteien auf einen Schiedsgutachter nicht einigen, ist dieser auf Antrag einer der Parteien durch den Vorsitzenden des Instituts der Wirtschaftsprüfer in Deutschland e. V. zu benennen. Die Kosten des Schiedsgutachtens tragen die aus dieser Bestimmung Berechtigten und Verpflichteten je zur Hälfte.

---

[400] Siehe → Rn. 199–209.
[401] Häufig werden hierfür herangezogen die vom Institut der Wirtschaftsprüfer in Deutschland e. V. erarbeiteten Grundsätze zur Durchführung von Unternehmensbewertungen (IDW Standard 1) vom 2.4.2008, FN-IDW 2008, S. 271 ff.

e) **Mitverkaufsrechte und -pflichten (Tag along- und Drag along-Rechte).** Schließlich finden sich im Zusammenhang mit den statutarischen Regelungen über Veräußerungsbeschränkungen (in jüngster Zeit häufiger) Mitverkaufsrechte (Tag along-Rechte) und Mitverkaufspflichten (Drag along-Rechte). Beide Regelungsinstrumentarien schränken die Umlauffähigkeit von Geschäftsanteilen nicht ein, sondern erhöhen diese bei Vorliegen bestimmter Umstände. 221

Mitverkaufsrechte geben insbesondere Minderheitsgesellschaftern das Recht, an der Beteiligungsveräußerung eines anderen Gesellschafters (regelmäßig des Mehrheits- oder Großgesellschafters) zu in der Regel denselben Bedingungen teilzunehmen. Damit können sich Minderheitsgesellschafter davor schützen, dass sie eine Veräußerung eines Mehrheitspakets an der Gesellschaft nicht verhindern können und anderenfalls gezwungen wären, einen neuen Mehrheits- bzw. Großgesellschafter zu akzeptieren. Darüber hinaus kann sich der Mitverkaufsberechtigte auf diese Art und Weise die Verhandlungsführung seines regelmäßig wirtschaftlich stärkeren Mitgesellschafters sichern. Mitverkaufsrechte werden häufig zugunsten von **Finanzinvestoren** oder zugunsten von geringfügig beteiligten Mitarbeitern vorgesehen, um diesen Sicherheit zu geben, dass diese ihre Beteiligung „versilbern" können, wenn eine strategische Beteiligung an der Gesellschaft veräußert wird. Die Regelung eines Mitverkaufsrechts ist dabei – je nach konkreter Situation – an die Beteiligungsquote des veräußerungswilligen Gesellschafters oder an die Beteiligungsquote des in Aussicht genommenen Beteiligungserwerbers anzuknüpfen. 222

Formulierungsvorschlag:

Will ein Gesellschafter („Veräußerungswilliger Gesellschafter") [seine ganze Beteiligung/eine Beteiligung von mehr als 50% des Stammkapitals] an der Gesellschaft [unter Vereinbarung einer Gegenleistung] übertragen und wird von den nach dieser Satzung bestehenden Vorerwerbsrechten kein Gebrauch gemacht, so ist der Veräußerungswillige Gesellschafter

(i) verpflichtet, die übrigen Gesellschafter über seine Veräußerungsabsicht sowie über den Verlauf etwaiger Veräußerungsverhandlungen zu unterrichten und

(ii) auf Verlangen einzelner oder aller übrigen Gesellschafter verpflichtet, alles zu unternehmen, damit alle mitveräußerungswilligen Gesellschafter ihre Beteiligungen zu proportional identischen wirtschaftlichen Bedingungen mit übertragen können.

Der Veräußerungswillige Gesellschafter hat ferner den mitveräußerungswilligen Gesellschaftern spätestens [14 Tage] vor Abschluss des entsprechenden Anteilskaufvertrages (bzw. des entsprechenden, der Anteilsübertragung zugrundeliegenden Vertrages) den Vertragsentwurf zuzuleiten, der sämtliche materielle Bedingungen des beabsichtigten Anteilsverkaufs enthalten muss. Jeder der mitveräußerungswilligen Gesellschafter ist dann berechtigt, durch schriftliche Mitteilung an den Veräußerungswilligen Gesellschafter, die diesem spätestens [7] Tage nach Zugang des Kaufvertragsentwurfes bei dem entsprechenden mitveräußerungswilligen Gesellschafter zugehen muss, zu verlangen, dass die von ihm gehaltenen Geschäftsanteile (bei Teilveräußerung durch den Veräußerungswilligen Gesellschafter: ein entsprechender Anteil der Geschäftsanteile) zu proportional identischen wirtschaftlichen Bedingungen an den Erwerber mitveräußert werden.

Ist der Erwerber nicht bereit, auch die Anteile der mitveräußerungswilligen Gesellschafter zu übernehmen, hat der Veräußerungswillige Gesellschafter zu bewirken, dass der Erwerber die von ihm gewünschte Beteiligung von dem Veräußerungswilligen Gesellschafter und den mitveräußerungswilligen Gesellschaftern im Verhältnis ihrer jeweiligen Beteiligung zueinander erwirbt (Mitverkaufsrecht). Ist der Erwerber nicht zu einem Erwerb von Anteilen der mitveräußerungswilligen Gesellschafter bereit, so hat der Veräußerungswillige Gesellschafter für den Fall, dass er Anteile an den Erwerber veräußert, gegenüber den mitveräußerungswilligen Gesellschaftern entsprechend der vor dieser Veräußerung an den Erwerber bestehenden Beteiligungsverhältnisse ein Kaufangebot zu denselben Konditionen, wie mit dem Erwerber vereinbart, gegenüber den mitveräußerungswilligen Gesellschaftern abzugeben und bei Annahme die Anteile an der Gesellschaft zu übernehmen.

Wird das in den vorstehenden Sätzen 1 bis 3 zum Mitverkaufsrecht geregelte Verfahren eingehalten, sind alle Gesellschafter verpflichtet, die nach dieser Satzung für die Übertragung von Geschäftsanteilen erforderlichen Zustimmungserklärungen zu erteilen.

> **Alternative:**
>
> Sollte ein Gesellschafter („Veräußerungswilliger Gesellschafter") die Veräußerung seiner Beteiligung an der Gesellschaft ganz oder teilweise an einen oder mehrere [Dritte/Nichtgesellschafter] beabsichtigen, die hiernach eine Beteiligung von mehr als 50% des Stammkapitals an der Gesellschaft halten (einschl. aller diesem Dritten gemäß § 16 Abs. 2 S. 1, Abs. 4 und § 20 Abs. 2 AktG zuzurechnenden Anteile), so ist der Veräußerungswillige Gesellschafter
> (i) verpflichtet, die übrigen Gesellschafter über seine Veräußerungsabsicht sowie über den Verlauf etwaiger Veräußerungsverhandlungen zu unterrichten und
> (ii) auf Verlangen einzelner oder aller übrigen Gesellschafter verpflichtet, alles zu unternehmen, damit alle mitveräußerungswilligen Gesellschafter ihre Beteiligung zu proportional identischen wirtschaftlichen Bedingungen mitübertragen können. (.....)

Probleme können sich schließlich hinsichtlich der Preisgestaltung ergeben, wenn der Erwerber in irgendeiner Weise mit dem veräußerungswilligen Gesellschafter verbunden ist oder diesem anderweitig nahe steht. Um dieses Missbrauchspotential auszuschließen, kann den Mitgesellschaftern auch ein (Letzt-)Vetorecht bzw. alternativ ein Vorkaufsrecht eingeräumt werden.[402]

223 **Mitverkaufspflichten** (Drag along-Rechte) dienen dazu, bestimmten Gesellschaftern die Möglichkeit einzuräumen, bei eigener Verkaufsabsicht und Vorliegen weiterer Umstände die übrigen Gesellschafter zur Mitveräußerung zu zwingen. In der Praxis werden derartige Mitverkaufspflichten insbesondere zugunsten von **Finanzinvestoren** geregelt, die damit einen möglichen Ausstieg aus der Gesellschaft (sog. Exit-Route) absichern. Denn in diesem Fall können sie gegenüber Erwerbsinteressenten sicherstellen, dass diese auch sämtliche Beteiligungen an der Gesellschaft erwerben können und nicht etwa Minderheitsgesellschafter im Unternehmen verbleiben. Dazu sollte die Klausel möglichst schon bei Gründung der Gesellschaft in der Satzung verankert werden, da eine diesbezüglich nachträgliche Satzungsänderung der Zustimmung aller Betroffenen bedarf und eine schuldrechtliche Vereinbarung möglicherweise den Restriktionen der Rechtsprechung unterliegt.[403]

> **Formulierungsvorschlag:**
>
> Sofern die Gesellschafterversammlung auf Vorschlag des Gesellschafters A den Beschluss fasst/der Gesellschafter A unter Vorlage des Anteilskaufvertrages, der sämtliche materielle Bedingungen des Anteilsverkaufs enthalten muss, verlangt, dass sämtliche Geschäftsanteile an einen [Dritten/Nicht-Gesellschafter] unter Vereinbarung einer Gegenleistung zu proportional identischen wirtschaftlichen Bedingungen übertragen werden sollen, sind alle übrigen Gesellschafter [unter Verzicht auf alle nach dieser Satzung bestehenden Vorkaufs- und Vorerwerbsrechte] verpflichtet, hieran mitzuwirken und ihre Geschäftsanteile an diesen Dritten zu veräußern [, sofern der Gegenleistung eine Bewertung aller Geschäftsanteile an der Gesellschaft von mindestens ...... EUR zugrunde liegt].

224 Gegebenenfalls kann eine Mitverkaufspflicht auch **mit einem Vorkaufsrecht der betroffenen Gesellschafter kombiniert** werden.

> **Formulierungsvorschlag:**
>
> Jeder Gesellschafter hat jedoch das Recht, innerhalb von vier Wochen nach dem Zugang des Veräußerungsverlangens des Gesellschafters A (= veräußerungswilliger Gesellschafter) diesem gegenüber schriftlich zu erklären, anstelle des [Dritten/Nicht-Gesellschafters] sämtliche Geschäftsanteile zu den gleichen Bedingungen zu erwerben, die mit dem [Dritten/Nicht-Gesellschafter] vereinbart worden sind. Üben mehrere Gesellschafter dieses Vorkaufsrecht aus, so erwerben sie die Anteile an der Gesellschaft in dem Verhältnis ihrer Anteile zum Zeitpunkt der Ausübung dieses Vorkaufsrechts.

---

[402] Vgl. *Wälzholz* GmbH-StB 2007, 84, 85; *Otto* GmbHR 1996, 16, 21.
[403] Vgl. *Priester*, FS Hopt 2010, S. 1139, 1149 f.

Finanzinvestoren verlangen darüber hinaus häufig, dass die Mitverkaufspflicht durch ein **Vorrecht auf** den von den Gesellschaftern in ihrer Gesamtheit erzielten **Veräußerungserlös** gekoppelt wird.

> **Formulierungsvorschlag:**
> Der Gesamterlös, den alle Gesellschafter auf Grund der Veräußerung ihrer Geschäftsanteile an den Dritten erlangt haben („Gesamterlös"), wird nach Maßgabe der nachfolgenden Sätze 2 bis 4 und vorbehaltlich entgegenstehender zwingender gesetzlicher Regelungen unter den Gesellschaftern verteilt: Zunächst erhält der Gesellschafter A vorab die von ihm für den Erwerb der an den Dritten veräußerten Geschäftsanteile an der Gesellschaft getätigten jeweiligen Aufwendungen (Einlagen, Aufgelder, sonstige Zuzahlungen und Erwerbsnebenkosten wie z.B. Beratungskosten; „Anschaffungskosten"). Reicht der Gesamterlös nicht aus, um diesen Vorzugsanspruch vollständig zu erfüllen, so ist der zur Verfügung stehende Betrag des Gesamterlöses allein an den Gesellschafter A auszukehren. Nach der Befriedigung des Vorzugsanspruches des Gesellschafters A gemäß vorstehendem Satz 3 wird ein etwa verbleibender Betrag des Gesamterlöses an die [sämtlichen/übrigen] Gesellschafter nach dem Verhältnis ihrer veräußerten Geschäftsanteile ausgekehrt.

f) Sonstige Ausstiegsklauseln. Hingewiesen sei noch auf zwei weitere mögliche Regelungstypen zum Gesellschafterausschluss: das sog. Texan-Shoot-Out-Verfahren[404] sowie das sog. Auktionsverfahren.[405]

Beim **Texan-Shoot-Out-Verfahren**,[406] welches sinnvollerweise nur in zweigliedrigen Gesellschaften geregelt wird,[407] wird dem ausscheidungswilligen Gesellschafter die Möglichkeit gegeben, seinen Geschäftsanteil mithilfe eines im vorhinein festgelegten (und der Satzung beigefügten) Kaufvertragstextes dem anderen Gesellschafter zum Kauf anzubieten. Hierbei bestimmt der ausscheidungswillige Gesellschafter den Preis; der andere Gesellschafter entscheidet sodann, ob er das Angebot annimmt oder seinerseits seinen Geschäftsanteil dem ausscheidungswilligen Gesellschafter zum selben Preis überlässt. Im letzeren Fall ist der ursprünglich ausscheidungswillige Gesellschafter zur Übernahme des Anteils zu dem von ihm festgelegten Preis verpflichtet, wodurch ein möglichst marktgerechter Angebotspreis erzielt wird.

Das **Auktionsverfahren**[408] eignet sich dagegen auch für mehrgliedrige Gesellschaften. Hierbei bietet der ausscheidungswillige Gesellschafter seinen Mitgesellschaftern ebenfalls mithilfe eines im vorhinein festgelegten (und der Satzung beigefügten) Kaufvertragstextes innerhalb einer festgelegten Frist den Ankauf aller anderen Geschäftsanteile und den Verkauf seines Geschäftsanteils zu einem von ihm festzulegenden Kaufpreis an, wobei An- und Verkaufspreis identisch sein müssen. Anschließend geben alle Mitgesellschafter ebenfalls entsprechende Angebote ab; der Meistbietende muss schließlich sämtliche Geschäftsanteile kaufen, wodurch die übrigen Gesellschafter den bestmöglichen Preis erzielen.

13. Teilung von Geschäftsanteilen

Bislang versuchte das GmbHG, die Umlauffähigkeit von Geschäftsanteilen auch dadurch zu beschränken, dass diese nach Möglichkeit einheitlich bleiben sollten (§§ 15 Abs. 2, 17

---

[404] Auch „Russian Roulette", „Shotgun-Klausel" oder „Showdown-Klausel" genannt, vgl. *Wälzholz* GmbH-StB 2007, 84, 86; *Werner* GmbHR 2005, 1554, 1556.
[405] Auch „Meistbieterverfahren" bzw. „Angebotshinterlegungsverfahren", *Wälzholz* GmbH-StB 2007, 84, 89.
[406] Ausführlich hierzu *Wälzholz* GmbH-StB 2007, 84, 86 ff.; *Werner* GmbHR 2005, 1554, 1556 ff.; *Schulte/Sieger* NZG 2005, 24 ff.
[407] In der Praxis wird es überwiegend bei Joint-Venture-Gesellschaften eingesetzt, vgl. ausführlich *Ley/Schulte*, Joint-Venture-Gesellschaften, 2003, Rn. 785 ff.
[408] Hierzu *Wälzholz* GmbH-StB 2007, 84, 89; *Otto* GmbHR 1996, 16, 19; *Schulte/Sieger* NZG 2005, 24, 25; *Werner* GmbHR 2005, 1554, 1556.

GmbHG a. F.). Durch Änderung des § 5 Abs. 2 GmbHG sowie der ersatzlosen Streichung des § 17 GmbHG ist es den Gesellschaftern jedoch nunmehr gestattet, mehrere – selbständige – Geschäftsanteile zu übernehmen. Daraus folgt, dass das GmbHG auch einer sog. Vorratsteilung nicht mehr entgegensteht.[409]

227 Allerdings kann die Satzung die Möglichkeit zur Teilung von Geschäftsanteilen auch weiterhin gänzlich ausschließen oder für den nach § 46 Nr. 4 GmbHG erforderlichen formfreien Gesellschafterbeschluss besondere Anforderungen regeln (Rn. 228). Dies kann für alle oder für einzelne Geschäftsanteile oder für gewisse Erwerbsfälle geschehen, in dem z. B. nur für Erbteilungsfälle die Teilung zugelassen wird.[410] Umgekehrt kann die Satzung wegen der Dispositivität von § 46 GmbHG die Teilung von Geschäftsanteilen auch an mildere Voraussetzungen knüpfen (z. B. Gestaltungsrecht jedes Gesellschafters).

228 Die Satzung kann die Teilung also auch erschweren, z. B. durch ein Beurkundungserfordernis, durch Abhängigmachen von einem einstimmigen Gesellschafterbeschluss oder von einem Aufsichtsratsbeschluss oder dadurch, dass die aus der Teilung entstehenden Geschäftsanteile – zur Vermeidung von Zwerganteilen – bestimmte Mindestnennbeträge haben müssen.[411] Wird entgegen einer solchen Satzungsbestimmung eine Genehmigung zur Teilung durch die Gesellschaft erteilt, ist diese unwirksam.

> **Formulierungsvorschlag:**
>
> Die Veräußerung von Teilen eines Geschäftsanteils bedarf der Genehmigung der Gesellschaft. Über die Erteilung der Genehmigung entscheidet die Gesellschafterversammlung durch [einen mit der einfachen Mehrheit der abgegebenen Stimmen gefassten/einstimmigen] Gesellschafterbeschluss. [Die Teilung eines Geschäftsanteils ist in jedem Fall nur zulässig, wenn jeder der Teil-Geschäftsanteile einen Nennbetrag von mindestens [1.000,– EUR] hat.] [Für die Teilung von Geschäftsanteilen verstorbener Gesellschafter unter deren Erben ist abweichend von den vorstehenden Sätzen keine Zustimmung durch Gesellschafterbeschluss erforderlich.]

14. Zusammenlegung von Geschäftsanteilen

229 Mehrere Geschäftsanteile in der Hand eines Gesellschafters behalten grundsätzlich ihre Selbständigkeit (§ 15 Abs. 2 GmbHG). Damit bleibt bei nicht voll eingezahlten Einlagen ein Rückgriff gegen die vorherigen Inhaber des jeweiligen Geschäftsanteils möglich (§ 22 Abs. 4 GmbHG). Soweit Geschäftsanteile daher voll eingezahlt sind oder ein Rückgriff gegen die vorherigen Inhaber des Geschäftsanteils aus sonstigen Gründen nicht möglich ist,[412] können diese auf Grund eines Beschlusses der Gesellschafterversammlung mit Zustimmung des betroffenen Gesellschafters zusammengelegt werden.[413] Eine Zusammenlegung von Geschäftsanteilen ist indes unzulässig, wenn die betroffenen Geschäftsanteile unterschiedlich mit Rechten oder Pflichten ausgestattet oder mit Rechten Dritter belastet sind.[414]

230 Für alle anderen Fälle stellt § 46 Nr. 4 GmbHG nunmehr klar,[415] dass die Zusammenlegung von Geschäftsanteilen auch ohne entsprechende Satzungsregelung in den Aufgabenkreis der Gesellschafter fällt. Es empfiehlt sich dennoch aus Gründen der Rechtssicherheit, das konkrete Beschlussverfahren in der Satzung festzulegen, und zu bestimmen, ob der betroffene Gesellschafter der Zusammenlegung zustimmen muss.

---

[409] Vgl. etwa *Noack* DB 2007, 1395, 1398.
[410] Scholz/*Seibt* § 17 a. F. Rn. 9.
[411] Vgl. Scholz/*Seibt* § 17 a. F. Rn. 9.
[412] Baumbach/Hueck/*Fastrich* § 15 Rn. 19 m. w. N.
[413] Ulmer/Habersack/Löbbe/*Löbbe* § 15 Rn. 288; Scholz/*Seibt* § 15 Rn. 46; Lutter/Hommelhoff/*Bayer* § 15 Rn. 23.
[414] Ulmer/Habersack/Löbbe/*Löbbe* § 15 Rn. 287.
[415] Zur h. M. vor In-Kraft-Treten des MoMiG vgl. Vorauflage sowie etwa MünchHdbGesR III/*U. Jasper* § 24 Rn. 214 m. w. N.

> **Formulierungsvorschlag:**
> Die Gesellschafterversammlung kann mit Zustimmung des betroffenen Gesellschafters durch Beschluss mehrere Geschäftsanteile eines Gesellschafters zu einem Geschäftsanteil zusammenlegen, sofern diese voll geleistet sind und eine Nachschusspflicht nicht besteht. [Dieser Beschluss bedarf einer Mehrheit von drei Vierteln der abgegebenen Stimmen.]

Die Zusammenlegung von Geschäftsanteilen, die nur vermeintlich voll eingezahlt sind, ist unwirksam und kann damit insbesondere auch nachfolgende Kapitalmaßnahmen in ihrer Wirksamkeit beeinträchtigen. 231

15. Gesellschafterliste

Während von der Gesellschafterliste im Sinne von § 40 GmbHG nach bisheriger Rechtslage keine Rechtswirkung ausging und diese Listen in der Praxis nicht selten veraltet waren oder ein unzutreffendes Bild von den Gesellschafterverhältnissen vermittelten, hat die Gesellschafterliste durch das MoMiG erheblich an praktischer Bedeutung, vor allem aber auch an Rechtswirkung gewonnen:[416] Nach § 16 Abs. 1 GmbHG n. F. können Gesellschafterrechte aus betroffenen Geschäftsanteilen wirksam erst nach Änderung der Gesellschafterliste ausgeübt werden. Zudem ist nun nach § 16 Abs. 3 GmbHG n. F. ein gutgläubiger Erwerb von GmbH-Geschäftsanteilen und Rechten an diesen möglich, sofern der Veräußerer als Inhaber der betreffenden Geschäftsanteile in der im Handelsregister aufgenommenen Gesellschafterliste eingetragen ist, es sei denn, die Liste ist hinsichtlich dieser Geschäftsanteile weniger als drei Jahre unrichtig und die Unrichtigkeit ist dem Berechtigten nicht zuzurechnen. 231a

Die Geschäftsführer trifft nach § 40 Abs. 1 GmbHG n. F. die Pflicht, ihnen zur Kenntnis gelangte Veränderungen in den Personen der Gesellschafter oder im Umfang der Beteiligung nach einer gewissen Plausibilitätsprüfung in der Gesellschafterliste zu vermerken und unverzüglich zum Handelsregister einzureichen. Bei offenkundigen Unschlüssigkeiten der Gesellschaftermitteilung und der übermittelten Nachweise hat er jedenfalls Rückfragen bei den beteiligten Personen zu stellen. Wirkt an der Beteiligungsveränderung ein Notar mit, trifft diesen „anstelle" der Geschäftsführer die Einreichungspflicht (§ 40 Abs. 2 GmbHG n. F.). Die Einreichung kann mangels spezieller Regelung durch einfache elektronische Aufzeichnung erfolgen (§ 12 Abs. 2 Satz 2 Hs. 1 HGB).[417] Das Gesetz spezifiziert die Art und Weise der Veränderung im Bestand der Gesellschafter oder im Umfang der Beteiligung und die Form der entsprechenden Nachweise nicht weiter, ebenso wenig wie das Prüfungs- und Einreichungsverfahren durch die Geschäftsführer. Die Satzung kann die gesetzlichen Pflichten des Geschäftsführers näher konkretisieren und im Regelfall wird sich dies auch im Gesellschafterinteresse und aus Beweissicherungsgründen anbieten. Dabei darf die statutarische Konturierung der gesetzlichen Geschäftsführerpflichten aber nicht dazu führen, dass die gesetzlich vorgesehene Möglichkeit eines gutgläubigen Erwerbs von Nichtberechtigten unangemessen beschränkt wird. 231b

Zwar könnte aus der Regelung des § 15 Abs. 5 GmbHG, demzufolge die Abtretung der Anteile durch Satzungsbestimmung von der Zustimmung der Gesellschaft abhängig gemacht oder sogar ausgeschlossen werden kann, mit einem *argumentum a majore ad minus* geschlossen werden, dass dann auch die Satzung einen Erwerb vom Nichtberechtigten nach Maßgabe des § 16 Abs. 3 GmbHG n. F. beschränken können müsste. Diese Überlegung findet allerdings im Wortlaut von § 16 Abs. 3 GmbHG n. F. keine Stütze, da dort kein Satzungsvorbehalt geregelt ist. Darüber hinaus hat der Gesetzgeber die Anregung im Gesetzgebungsverfahren verworfen, eine Regelung vorzusehen, wonach die Gesellschafter in der Satzung bestimmen können, ob die Geschäftsanteile an der Gesellschaft einem gutgläubigen Erwerb zugänglich sind oder nicht. Die Satzungsdispositivität von § 16 Abs. 3 GmbHG n. F. 231c

---

[416] Zur (neuen) Funktion der Gesellschafterliste *Götze/Bressler* NZG 2007, 894 ff.; *Preuss* ZGR 2008, 676 ff.
[417] Vgl. *Peetz* GmbHR 2006, 852, 860; *Preuss* ZGR 2008, 676 ff.

stünde auch dem Verkehrsschutzinteresse der Allgemeinheit und der Zielsetzung des Gesetzgebers entgegen, die Fungibilität von Geschäftsanteilen zu erhöhen und die Transaktionskosten (z. B. durch aufwendige Due Diligence-Prüfung historischer Erwerbsketten) zu senken. Schließlich ist es keineswegs zwingend aus der Möglichkeit, die Übertragbarkeit eines Rechts auszuschließen zu können, zu folgern, auch die grundsätzliche Möglichkeit eines gutgläubigen Erwerbs sei durch Rechtsgeschäfts ausschließbar. So lässt sich etwa die Übertragbarkeit einer Grundschuld ausschließen, ohne allerdings dass der Eigentümer des belasteten Grundstücks und der Gläubiger einer übertragbaren Grundschuld mit Wirkung gegen Dritte die Nichtanwendbarkeit der Regelung des § 892 BGB vereinbaren können. In gleicher Weise beseitigt die Aufnahme einer Vinkulierungsklausel in die Satzung (vgl. Rn. 196 ff.) keineswegs die Möglichkeit eines gutgläubigen Erwerbs, nämlich in dem Fall, dass der Antrag des Nichtberechtigten auf Zustimmung positiv beschieden wird. Im Ergebnis kann also die Satzung den gutgläubigen Erwerb von Nichtberechtigten materiell nicht beschränken oder gar ausschließen.

231d Noch nicht abschließend geklärt ist die Frage, ob auch Belastungen von Geschäftsanteilen (in Form eines Nießbrauchs oder eines Pfandrechts) in die Gesellschafterliste aufgenommen werden *können*. Dies wird in der Literatur zum Teil mit der Begründung abgelehnt, dass Belastungen weder die Person des Gesellschafters noch den Umfang der Beteiligung betreffen.[418] Diese Ansicht ist allerdings nur überzeugend, soweit mit der Eintragung der Belastung in die Gesellschafterliste auch verbunden sein soll, dass diese Belastungen nach Maßgabe der sonstigen Voraussetzungen des § 16 Abs. 3 GmbHG n. F. wie das Eigentumsrecht des Berechtigten verloren gehen. Die Satzungsgestaltung kann keine Auswirkungen auf die gesetzliche Reichweite des etwaigen gutgläubigen Erwerbs haben und nach der gesetzlichen Konzeption ist ein gutgläubig-lastenfreier Erwerb von Geschäftsanteilen nicht vorgesehen.[419] Allerdings ist eine Satzungsbestimmung zulässig, die den Gesellschaftern vorschreibt, Belastungen der von ihnen gehaltenen Geschäftsanteile aus Informationszwecken zur Eintragung in die Gesellschafterliste zu bringen. Mit einer solchen inhaltlichen Erweiterung der Gesellschafterliste können die Gesellschafter ein umfassendes Dokument der rechtlichen und wirtschaftlichen Beteiligungstransparenz schaffen. Im Regelfall wird es allerdings nicht dem Interesse der Gesellschafter entsprechen, das Bestehen von Belastungen an Geschäftsanteilen über den Kreis der Gesellschafter hinaus der Öffentlichkeit offenzulegen, so dass gleichzeitig die Geschäftsführung dann angewiesen werden wird, zum Handelsregister nur die Gesellschafterliste mit dem gesetzlich vorgeschriebenen Mindestinhalt einzureichen.

Formulierungsvorschlag:
Veränderungen im Bestand der Gesellschafter oder im Umfang der Beteiligung sind von den hiervon betroffenen Gesellschaftern innerhalb von [14 (vierzehn)] Tagen mittels eingeschriebenen Briefs [(Einwurf-Einschreiben ist ausreichend)] den Geschäftsführern gegenüber anzuzeigen und durch beglaubigte Kopien der jeweiligen Unterlagen (z. B. Abtretungsvertrag, Umwandlungsvertrag bzw. -beschluss, Erbschein) nachzuweisen, es sei denn, die Gesellschaft war an der Veränderung in rechtlich erheblicher Weise beteiligt. Die Geschäftsführer sind verpflichtet, diese Veränderungsanzeige binnen [7 (sieben)] Tagen nach Eingang bei der Gesellschaft den übrigen Gesellschaftern zur Kenntnis zu bringen und nach einer Plausibilitätsprüfung anhand der von den Gesellschaftern übermittelten Unterlagen die Gesellschafterliste zu aktualisieren und zu unterzeichnen. Die unterzeichnete Gesellschafterliste ist binnen [14 (vierzehn)] Tagen nach Eingang der Veränderungsanzeige zum Handelsregister einzureichen. Bis zur Einreichung der Gesellschafterliste ruhen sämtliche Gesellschafterrechte des betroffenen Gesellschafters. [Erhalten die Geschäftsführer Kenntnis von Umständen, aus denen sich die Unrichtigkeit der Gesellschafterliste ergeben, so informieren diese die Gesellschafter unverzüglich von diesen Umständen und melden unverzüglich Widerspruch zur Gesellschafterliste beim Handelsregister an.]

---

[418] *Vossius* DB 2007, 2299; so wohl auch, aber ohne Begründung *Schockenhoff/Höder* ZIP 2006, 1841, 1844.
[419] *Harbarth* ZIP 2008, 57, 63 f.; *Schockenhoff/Höder* ZIP 2006, 1841, 1844; *Rau* DStR 2006, 1892, 1898 f.

> Die Gesellschafterliste enthält Name, Vorname, Wohnort und Geburtsdatum bzw. Firma und Sitz aller Gesellschafter, die Nennbeträge und laufenden Nummern der von ihnen gehaltenen Geschäftsanteile [einschließlich etwaiger Belastungen] sowie sämtlicher untergegangenen Geschäftsanteile. Die Einreichung der Liste zum Handelsregister erfolgt in elektronischer Form nach § 126a BGB / in elektronisch beglaubigter Abschrift nach § 39a BeurkG. Sämtliche Gesellschafter erhalten eine Kopie mittels E-Mail.
>
> Wirkt bei der Veränderung ein Notar mit („Mitwirkungsnotar"), so leiten die Geschäftsführer sämtliche Mitteilungen und Nachweise hinsichtlich etwaiger Veränderungen in der Beteiligungsstruktur unverzüglich an den Mitwirkungsnotar weiter. Insbesondere überprüfen die Geschäftsführer laufend, ob bestehende (aufschiebende oder auflösende) Bedingungen hinsichtlich der Veränderungen eingetreten oder hinfällig geworden sind und teilen dies dem Mitwirkungsnotar unverzüglich mit. Die Geschäftsführer wirken auf eine möglichst zügige Erfüllung der Einreichungspflicht nach § 40 Abs. 2 GmbHG durch den Mitwirkungsnotar hin.

16. Ehelicher Güterstand

232 Der eheliche Güterstand der GmbH-Gesellschafter berührt die Gesellschaft und die Mitgesellschafter vor allem in dreierlei Hinsicht: Zum einen kann der eheliche Güterstand die Befugnis einschränken, über GmbH-Geschäftsanteile zu verfügen, zum anderen kann die Ausübung von Gesellschafterrechten modifiziert sein. Schließlich kann die Beendigung der Ehe eines Gesellschafters auf jenen einen derartigen wirtschaftlichen Druck zur Erfüllung der Ausgleichsansprüche ausüben, dass dieser die Gesellschaft kündigen muss, was wiederum zum Liquiditätsabfluss bei der Gesellschaft führen kann. Um dieses Risiko zu verringern, kann in der Satzung vorgesehen werden, dass verheiratete Gesellschafter verpflichtet sind, Gütertrennung zu vereinbaren oder die von diesem gehaltenen Geschäftsanteile aus der Zugewinnberechnung auszunehmen (modifizierte Zugewinngemeinschaft).

233 Im gesetzlichen Güterstand der **Zugewinngemeinschaft** bleibt ein Geschäftsanteil im Vermögen des jeweils erwerbenden Ehegatten (§ 1363 Abs. 2 BGB) und der Gesellschafter ist uneingeschränkt verfügungsbefugt.[420] Eine Ausnahme gilt, wenn ein Geschäftsanteil das ganze oder nahezu das ganze Vermögen eines Ehegatten ausmacht. In einem solchen Fall ist die Zustimmung des anderen Ehegatten für die Übertragung des Geschäftsanteils nach § 1365 BGB erforderlich. Dies gilt nicht erst für die dingliche Übertragung des Geschäftsanteils, sondern bereits für den Abschluss eines bindenden Verpflichtungsvertrages.[421] Diese Verfügungsbeschränkung kann jedoch durch einen Ehevertrag wirksam ausgeschlossen werden.[422]

234 Haben die Ehegatten **Gütergemeinschaft** vereinbart, werden das Vermögen von Ehemann und Ehefrau gemeinschaftliches Vermögen beider Ehegatten, ohne dass es einer notariell zu beurkundenden Abtretung nach § 15 Abs. 3 GmbHG bedarf. Der Geschäftsanteil fällt in das Gesamtgut (§ 1416 BGB), welches mangels gegenteiliger Vereinbarung von beiden Ehegatten gemeinsam verwaltet wird (§§ 1421, 1450 ff. BGB). Sofern die Satzung allerdings die Abtretung eines Geschäftsanteils an Ehegatten ausschließt oder eine Zustimmung nach § 15 Abs. 5 GmbHG unterbleibt, verbleibt der Geschäftsanteil nach § 1417 Abs. 2 BGB im Sondergut des betreffenden Gesellschafter-Ehegatten.[423] Um die Übertragbarkeit eines Geschäftsanteils ohne Zustimmung des Ehegatten sicherzustellen, kann die Satzung dem Gesellschafter auch die Pflicht auferlegen, den Geschäftsanteil durch Ehevertrag zum Vorbehaltsgut nach § 1418 Abs. 2 Nr. 1, Abs. 3 BGB zu erklären.

235 Demgegenüber wirkt sich der Güterstand der **Gütertrennung**, bei der jeder Ehegatte ohne Einschränkungen über einen ihm gehörenden Geschäftsanteil verfügen kann (§ 1414 BGB), nicht auf die Gesellschaft und die Mitgesellschaft aus.

---

[420] Scholz/*Seibt* § 15 Rn. 238.
[421] BGH DStR 1996, 1903.
[422] BGH NJW 1964, 1795, 1797.
[423] Ulmer/Habersack/Löbbe/*Löbbe* § 15 Rn. 150.

236 Insbesondere bei Familiengesellschaften sind daher Satzungsregelungen durchaus verbreitet,[424] die entweder die Gesellschafter zur Wahl des Güterstandes der Gütertrennung zwingen oder zwar dem Gesellschafter die Wahl des Güterstandes freistellen, für den Fall der Wahl der Zugewinngemeinschaft diesen indes verpflichten, die Verfügungsbeschränkungen nach § 1365 BGB und einen etwaigen Zugewinnausgleich betreffend den Geschäftsanteil bei Beendigung des Güterstandes auszuschließen, für den Fall der Wahl der Gütergemeinschaft muss der Geschäftsanteil dem betreffenden Gesellschafter als Vorbehaltsgut zugewiesen werden. In jüngeren Satzungen ist zumeist die zweite Alternative gewählt.

Formulierungsvorschlag:

Verheiratete Gesellschafter sind verpflichtet zu gewährleisten, über von ihnen gehaltene Geschäftsanteile ohne Mitwirkung ihres Ehegatten verfügen zu können. Zu diesem Zweck müssen sie nach ihrer Wahl entweder durch Ehevertrag Gütertrennung vereinbaren, oder, falls sie Gütergemeinschaft vereinbart haben, ihre Beteiligung an der Gesellschaft im Ehevertrag zu ihrem Vorbehaltsgut erklären und dies ins Güterrechtsregister eintragen lassen oder im Falle der Zugewinngemeinschaft durch Ehevertrag vereinbaren, selbst nicht den Beschränkungen des § 1365 BGB zu unterliegen. Die Gesellschafter werden die von ihnen abgeschlossenen Eheverträge an veränderte Umstände anpassen, um ihre dauerhafte Wirksamkeit zu gewährleisten. Im Ehevertrag soll ferner vereinbart werden, dass alle Informationen (insbesondere unternehmensinterne Zahlen) gegenüber jedermann absolut vertraulich zu behandeln sind; diese Vereinbarung soll nach Möglichkeit durch eine angemessene Vertragsstrafe abgesichert werden. Darüber hinaus soll für alle vermögensrechtlichen Streitigkeiten aus der Ehe die Zuständigkeit eines Schiedsgerichts vereinbart werden, bei dem die Öffentlichkeit ausgeschlossen ist.

Die vorstehende Verpflichtung gilt unabhängig davon, ob auf die Ehe deutsches oder ausländisches Ehegüterrecht anwendbar ist. Die Verpflichtung gilt entsprechend für förmliche Lebenspartnerschaften nach in- oder ausländischem Recht.

Auf schriftliche Anforderung der Gesellschaft oder eines Mitgesellschafters hat jeder betroffene Gesellschafter die Erfüllung dieser Verpflichtung unverzüglich, spätestens jedoch binnen einer Frist von [drei/zwölf] Monaten nach Zugang der Aufforderung nachzuweisen. Im Falle eines Verstoßes gegen diese Pflicht kann die Gesellschafterversammlung mit einfacher Mehrheit der abgegebenen Stimmen über die Einziehung des Geschäftsanteils des betroffenen Gesellschafters entsprechend § ... [Einziehung] beschließen.

17. Nachfolgeregelung im Todesfall; Testamentsvollstreckung

237 a) **Grundsatz der Vererblichkeit.** GmbH-Geschäftsanteile sind frei vererblich (§ 15 Abs. 1 GmbHG). Die Vererblichkeit kann durch Satzungsregelung (z. B. Vinkulierungsklauseln) weder ausgeschlossen noch beschränkt werden.[425] Dies bedeutet, dass mit dem Tod eines Gesellschafters dessen Beteiligung gemäß § 1922 Abs. 1 BGB unmittelbar und ungeteilt auf dessen Erben bzw. eine Erbengemeinschaft übergeht. Um die Gesellschafterrechte aus den übergegangenen Geschäftsanteilen wirksam ausüben zu können, muss der Erbe jedoch zunächst in die Gesellschafterliste aufgenommen werden (§ 16 Abs. 1 S. 1 GmbHG).[426]

238 Mehreren Miterben steht ein Geschäftsanteil gemäß § 18 Abs. 1 GmbHG ungeteilt zu. Sie können über ihn nur gemeinschaftlich verfügen (§ 2040 BGB). Verwaltungsmaßnahmen können von der Erbengemeinschaft intern mit Stimmenmehrheit beschlossen werden (§§ 2038 Abs. 2, 745 BGB). Dabei bemessen sich intern die Stimmrechte nach den Erbquoten.

239 b) **Nachfolgeregelungen; Einziehungs- und Abtretungsregelungen.** Den Gesellschaftern einer GmbH stehen verschiedene Instrumentarien zur Verfügung, um die Handlungsfähig-

---

[424] Zur zweifelhaften Zulässigkeit solcher Güterstandsklauseln *Fasselt* DB 1982, 939 ff.
[425] OLG Düsseldorf GmbHR 1990, 504, 507; Ulmer/Habersack/Löbbe/*Löbbe* § 15 Rn. 6, 9 ff.; Scholz/*Seibt* § 15 Rn. 27 f.; Lutter/Hommelhoff/*Bayer* § 15 Rn. 11.
[426] Vgl. *Götze/Bressler* NZG 2007, 894.

keit der Gesellschaft bei Übergängen von Geschäftsanteilen von Todes wegen zu sichern oder – weitergehend – das ungewollte Eindringen Dritter in ihre Gesellschaft auf Grund eines Erbfalls zu verhindern.

Hierzu gehören zunächst **Rechtsbeschränkungen,** die dem Erben bzw. den auf ihn übergegangenen Geschäftsanteil durch die Satzung auferlegt werden können.[427] So kann in der Satzung bestimmt werden, dass Sonderrechte (z. B. Mehrstimmrechte, Bestellungsrechte für die Geschäftsführung, Zustimmungsvorbehalte bei Geschäftsführungsmaßnahmen) nicht auf den Nachfolger übergehen oder dass einzelne allgemeine Mitgliedschaftsrechte (soweit abdingbar) mit dem Tod des Anteilsinhabers ganz oder teilweise entfallen.[428] Ferner kann die Satzung auch regeln, dass mehrere Erben eines Gesellschafters selbst nach Teilung des Geschäftsanteils die abdingbaren **Gesellschafterrechte** (insbesondere die Stimmrechte) nur **gemeinschaftlich durch einen Vertreter ausüben** können.[429] 240

> **Formulierungsvorschlag:**
>
> Gehen Geschäftsanteile von Todes wegen auf mehrere Rechtsnachfolger über, können diese die sich aus diesen Geschäftsanteilen ergebenden Gesellschafterrechte nur durch einen gemeinsam Bevollmächtigten ausüben, der entweder Gesellschafter oder eine zur gesetzlichen Berufsverschwiegenheit verpflichtete Person sein muss. [Auch die Vertretung durch einen Testamentsvollstrecker ist zulässig, wenn er überdies zur gesetzlichen Berufsverschwiegenheit verpflichtet ist.] Bis zur Bestellung eines gemeinsamen Bevollmächtigten ruhen die Gesellschafterrechte mit Ausnahme der Gewinnbezugsrechte.

Ferner entspricht es häufig dem Interesse der Gesellschafter vom gesetzlichen Grundprinzip beim Ableben eines Gesellschafters, nämlich der Fortsetzung der Gesellschaft mit allen Erben des verstorbenen Gesellschafters, abzuweichen und den Kreis der Personen, die dem Gesellschafter in die Beteiligung nachfolgen, zu beschränken. Zulässig ist die **namentliche Benennung einzelner Personen in der statutarischen Nachfolgeklausel** (ggf. sogar mit der Bestimmung, dass diesem Nachfolger bestimmte Sonderrechte eines Seniorgesellschafters zukommen sollen), wenngleich dies häufig als zu starke Bindung an diese Person angesehen werden dürfte. Weiter kann auch die **qualifizierte Nachfolgeklausel** in der Weise ausgestaltet werden, dass die Gesellschaft immer nur mit einem Erben fortgesetzt wird, der durch den Erblasser in der letztwilligen Verfügung zu bestimmen ist. Damit diese Klausel bei fehlender letztwilliger Verfügung nicht ins Leere läuft, sollte in der Satzung ein Auffangtatbestand formuliert werden. Schließlich können in der statutarischen Nachfolgeklausel auch nur solche Rechtsnachfolger zugelassen werden, die mit dem verstorbenen Gesellschafter in einem bestimmten Verwandtschaftsverhältnis stehen (z. B. Angehörige i. S. v. § 15 AO oder – enger – Abkömmlinge ersten Grades) oder die bestimmte persönliche Eigenschaften (wie z. B. Alter, Berufsausbildung) besitzen. 241

> **Formulierungsvorschlag:**
>
> Geht ein Geschäftsanteil von Todes wegen auf einen [Mitgesellschafter, Ehegatten des Gesellschafters oder eheliche Abkömmlinge des Gesellschafters] über, so wird die Gesellschaft mit den Nachfolgern fortgesetzt. Zur Durchführung der Erbauseinandersetzung und/oder zur Erfüllung von Vermächtnissen kann ein Geschäftsanteil auch ohne Zustimmung der Gesellschaft abgetreten oder geteilt werden, wenn der Abtretungsempfänger zu dem im vorstehenden Satz 1 genannten Personenkreis gehört. Ist Abtretungsempfänger ein Vermächtnisnehmer, der zu dem im vorstehenden Satz 1 genannten Personenkreis gehört, so wird die Geschäftsführung hiermit vorsorglich angewiesen, in diesem Rahmen eine etwa erforderliche Genehmigung zu erteilen.

---

[427] Vgl. BGH DStR 1996, 1979; Scholz/*Seibt* § 15 Rn. 34.
[428] Scholz/*Seibt* § 15 Rn. 34.
[429] Scholz/*Seibt* § 15 Rn. 34 – siehe auch → Rn. 134, 245.

> Sind andere als die im vorstehenden § ...... benannten Personen von Todes wegen Nachfolger eines Gesellschafters geworden, so kann innerhalb einer Frist von [zwei] Monaten nach Vorlage eines Erbscheins gegenüber allen Gesellschaftern, spätestens aber innerhalb einer Frist von [zwölf] Monaten nach Kenntnis aller Gesellschafter von der Erbfolge, gemäß § ...... [statutarische Regelung zur Einziehung/Zwangsabtretung] verfahren werden. Ist Nachfolger eine Erbengemeinschaft, an der – sei es als Miterbe oder rechtsgeschäftliche Erwerber eines Erbanteils – Personen beteiligt sind, die gemäß vorstehendem § ...... nicht nachfolgeberechtigt sind, kann ebenfalls nach § ...... [statutarische Regelung zur Einziehung/Zwangsabtretung] verfahren werden, es sei denn, der betreffende Geschäftsanteil des Erblassers wird im Falle dieses Satzes 2 innerhalb einer Frist von [drei] Monaten nach dem Erbfall an Personen abgetreten, die gemäß vorstehendem § ...... nachfolgeberechtigt sind.

242 Schließlich kann auch in der Satzung vorgesehen werden, dass die **Rechtsnachfolger** in die Beteiligung des verstorbenen Gesellschafters **gegen Abfindung automatisch ausgeschlossen bzw. die betreffenden Geschäftsanteile eingezogen** werden. Dieser Automatismus wird in wenigen Fällen dem Interesse der Gesellschafter entsprechen, da es durchaus im Interesse der übrigen Gesellschafter liegen kann, die Gesellschaft mit den Rechtsnachfolgern in der Beteiligung fortzuführen oder jedenfalls einen Liquiditätsabfluss durch die Abfindungszahlung zu verhindern. Wird eine weitgehende Kontrolle über den Gesellschafterbestand auch bei Rechtsnachfolgen von Todes wegen gewünscht, kann in der Satzung geregelt werden, dass ein Geschäftsanteil nach einem Erbfall nach Weisung der Gesellschaft an einen Dritten übertragen wird bzw. nach den gleichen Grundsätze wie unter Rn. 247–250 beschrieben eingezogen werden kann.[430] In einem solchen Fall ist ebenfalls eine Abfindung erforderlich. Der Gesellschaftsvertrag sollte einen Zeitrahmen und die Kriterien für einen entsprechenden Gesellschafterbeschluss festlegen, um den Zeitraum für die Erben nicht unangemessen lang werden zu lassen und damit das Risiko einer Unwirksamkeit der entsprechenden Klausel zu begründen.[431] Ein Erwerb durch die Gesellschaft ist nur bei vollständiger Leistung der Einlage nach § 33 Abs. 1 GmbHG möglich.

> **Formulierungsvorschlag:**
>
> Geht ein Geschäftsanteil von Todes wegen auf eine oder mehrere Personen über, die nicht Gesellschafter [oder Angehörige i. S. v. § 15 AO des verstorbenen Gesellschafters] sind, kann die Gesellschafterversammlung unter Ausschluss des Stimmrechts des betroffenen Gesellschafters [oder Angehörigen], innerhalb von drei Monaten nach Kenntnis des Erbfalls die Einziehung oder Übertragung des Geschäftsanteils auf einen Dritten beschließen. § ...... [Einziehung] gilt entsprechend.

243 c) **Testamentsvollstreckung.** Die Testamentsvollstreckung an GmbH-Geschäftsanteilen ist auch ohne besondere Satzungsregelung zulässig. Sofern über einen Geschäftsanteil Testamentsvollstreckung – entweder in der Form der Abwicklungsvollstreckung nach § 2203 BGB oder als längerfristig angelegte Verwaltungsvollstreckung nach § 2204 BGB – angeordnet ist, sind die Erben nicht zur Ausübung der Rechte aus dem Geschäftsanteil berechtigt. Diese liegen vielmehr beim Testamentsvollstrecker (§ 2211 BGB). Die Satzung kann indes die Ausübung von Verwaltungsrechten durch einen Testamentsvollstrecker ausschließen[432] oder den Personenkreis möglicher Testamentsvollstrecker begrenzen.[433] In solchen Fällen bleiben die Erben zur Ausübung der Gesellschafterrechte weiter befugt. Im Üb-

---

[430] BGH BB 1977, 563; OLG München ZIP 1984, 1349; Scholz/*Seibt* § 15 Rn. 30.
[431] BGH NJW 1989, 834, 835.
[432] Ulmer/Habersack/Löbbe/*Löbbe* § 15 Rn. 29; Baumbach/Hueck/*Fastrich* § 15 Rn. 17; Scholz/*Seibt* § 15 Rn. 250; Lutter/Hommelhoff/*Bayer* § 15 Rn. 21; *Petzoldt* GmbHR 1977, 25, 28; *Priester*, FS Stimpel, 1985, S. 463, 471; a. A. *Wiedemann*, Die Übertragung und Vererbung von Mitgliedschaftsrechten bei Handelsgesellschaften, S. 338.
[433] Scholz/*Seibt* § 15 Rn. 250.

rigen kann ein Testamentsvollstrecker im Rahmen einer Verwaltungsvollstreckung sämtliche Gesellschafterrechte ausüben. Ausgenommen hiervon sind jedoch Satzungsänderungen, die persönliche Verpflichtungen oder Rechte der Erben begründen oder beschränken. Dies gilt insbesondere für die Einführung persönlicher Gesellschafterpflichten oder die Veränderung von Sonderrechten.[434]

18. Gemeinsamer Vertreter bei Mitberechtigung an Geschäftsanteilen und in sonstigen Fällen

§ 18 GmbHG regelt das Verhältnis zwischen einer GmbH und solchen Gesellschaftern, denen ein Geschäftsanteil gemeinschaftlich zusteht, und zwar unabhängig davon, ob die betreffenden Gesellschafter den Geschäftsanteil in Bruchteils- oder Gesamthandsgemeinschaft halten. Die Gesellschaft wird geschützt, indem die betreffenden Gesellschafter nur zur gemeinschaftlichen Rechtsausübung befugt sind und außerdem für Verpflichtungen der Gesellschaft gegenüber gesamtschuldnerisch haften.

Die Satzung einer GmbH kann indes bestimmen, dass Gesellschafter, denen ein Geschäftsanteil gemeinschaftlich zusteht, einen **gemeinsamen Vertreter** bestimmen müssen und sie kann besondere Anforderungen an diese Person (z. B. Qualifikation, Berufserfahrung, Wohnsitz) aufstellen.[435] Das Innenverhältnis der Mitberechtigten kann die Satzung hingegen nicht wirksam regeln.[436] Allerdings ist bei der Satzungsregelung zu bedenken, dass der Umgang der Gesellschaft mit den betreffenden Gesellschaftern durch die Verpflichtung zur Bestellung eines gemeinsamen Vertreters nicht unbedingt vereinfacht wird, da andernfalls die Gesellschaft gegenüber jedem mitberechtigten Gesellschafter handeln kann.

> **Formulierungsvorschlag:**
> Steht ein Geschäftsanteil mehreren Mitberechtigten i. S. v. § 18 Abs. 1 GmbHG ungeteilt zu, so sind diese verpflichtet, durch schriftliche Erklärung gegenüber der Gesellschaft einen gemeinsamen Vertreter zur Ausübung ihrer Rechte aus dem Geschäftsanteil zu bestellen. Bis zur Bestellung eines gemeinsamen Vertreters ruhen die Rechte aus dem Geschäftsanteil.

Darüber hinaus kann die Satzung auch in sonstigen Fällen – sofern dies zur Vermeidung von Unklarheiten und Beeinträchtigungen des Gesellschaftslebens im Interesse der GmbH zweckmäßig ist – die Rechtsausübung durch einen gemeinsamen Vertreter vorschreiben und nähere Bestimmungen über seine Person treffen.[437] Solche Regelungen kommen namentlich zur Bündelung von **Mitarbeiter-Gesellschaftern** oder von Gesellschafterstämmen insbesondere bei **Familiengesellschaften** in Betracht.

19. Einziehung von Geschäftsanteilen

Durch Einziehung eines Geschäftsanteils wird ein Geschäftsanteil bei Beibehaltung des Stammkapitals der Gesellschaft vernichtet.[438] Die mit dem eingezogenen Geschäftanteil verbundenen Rechte und Pflichten (mit Ausnahme persönlicher Nebenleistungspflichten) entfallen mit Wirksamwerden der Einziehung automatisch auf die verbleibenden Gesellschafter im Verhältnis ihrer Beteiligungen, wobei allerdings die Nennbeträge der übrigen Geschäftsanteile nicht automatisch erhöht werden;[439] die Gesellschafterversammlung kann jedoch mit einfacher Mehrheit einen Anpassungsbeschluss fassen und damit alle verbleiben-

---

[434] Baumbach/Hueck/*Fastrich* § 1 Rn. 45.
[435] Ulmer/Habersack/Löbbe/*Löbbe* § 18 Rn. 23; Scholz/*Seibt* § 18 Rn. 21; Baumbach/Hueck/*Fastrich* § 18 Rn. 6; Lutter/Hommelhoff/*Bayer* § 18 Rn. 7.
[436] Scholz/*Seibt* § 18 Rn. 2, 5 ff., 24, 32.
[437] Scholz/*Seibt* § 18 Rn. 19; Baumbach/Hueck/*Fastrich* § 18 Rn. 1a. E., 6.
[438] Im Unterschied zum Erwerb eigener Anteile wird der eingezogene Geschäftsanteil insbes. nicht als eigener Geschäftsanteil bilanziert, vgl. Scholz/*Westermann* § 34 Rn. 62.
[439] BayObLG GmbHR 1992, 42; Scholz/*Westermann* § 34 Rn. 66 f.; Baumbach/Hueck/*Fastrich* § 34 Rn. 20; a. A. Lutter/Hommelhoff/*Lutter* § 34 Rn. 2.

den Geschäftsanteile aufstocken[440] oder aber einen neuen Geschäftsanteil bilden (sog. Revalorisierung). Im Ergebnis führt daher die Einziehung zum Ausschluss des von der Einziehung seiner Geschäftsanteile betroffenen Gesellschafters bei Fortsetzung der Gesellschaft durch die übrigen Gesellschafter.[441] In diesem Zusammenhang darf nicht vergessen werden, die Änderung des Gesellschafterbestandes in die Gesellschafterliste nach § 40 GmbHG eintragen zu lassen.

247 a) **Voraussetzungen der Zwangseinziehung.** Wegen der schwerwiegenden Bedeutung eines Einziehungsbeschlusses für den betroffenen Gesellschafter bedarf die Einziehung der ausdrücklichen Zulassung in der Satzung (§ 34 Abs. 1 GmbHG). Stimmt der Inhaber des Geschäftsanteils der Einziehung nicht zu, so ist die Einziehung nur zulässig, wenn die Voraussetzungen der Einziehung in der Satzung bereits vor dem Erwerb des Geschäftsanteils durch den Anteilsberechtigten festgelegt worden sind (§ 34 Abs. 2 GmbHG).[442] Eine **nachträgliche Einführung einer statutarischen Einziehungsregelung** ist nur wirksam, wenn (i) diese hinreichend konkret ist und (ii) alle bzw. alle später ggf. von einer Einziehung betroffenen Gesellschafter dieser Satzungsänderung zugestimmt haben.[443] Das Gleiche gilt für **Änderungen der statutarischen Einziehungsregelungen,** sofern dadurch die Voraussetzungen für eine Zwangseinziehung erweitert werden, oder für nachträgliche Einschränkungen des Abfindungsanspruchs des von der Zwangseinziehung betroffenen Gesellschafters.[444] Vor diesem Hintergrund sollte auf die Formulierung der Einzelheiten der Zwangseinziehung von Geschäftsanteilen besondere Sorgfalt gelegt werden.

248 Die Einziehung eines Geschäftsanteils ohne Zustimmung des betroffenen Gesellschafters ist nur zulässig, wenn ein statutarisch konkret bezeichneter **Einziehungsgrund** verwirklicht ist. Regelmäßig werden Einziehungsgründe in der Satzung verankert, die das Eindringen Dritter in den Gesellschafterkreis gegen den Willen der Gesellschafter zu verhindern suchen. Sie betreffen daher z. B. die Pfändung eines Geschäftsanteils oder Zwangsvollstreckung in diesen, die Eröffnung des Insolvenzverfahrens über das Vermögen des Gesellschafters sowie die Abgabe einer Versicherung an Eides statt über das vom Gesellschafter aufgestellte Vermögensverzeichnis oder die satzungswidrige Übertragung von Geschäftsanteilen. Darüber hinaus werden nicht selten auch schwerwiegende Verletzungen von bestimmten Satzungsbestimmungen (z. B. Überschreitung der Geschäftsführungsbefugnisse oder Verletzung des Wettbewerbsverbotes) oder – insbesondere bei Arbeitnehmerbeteiligungen – die Beendigung der aktiven Mitarbeit in der Gesellschaft als Einziehungsgrund geregelt werden. Insbesondere bei Gesellschaften mit Beteiligung von **Finanzinvestoren** wird bei der Beendigung der Mitarbeit als Einziehungsgrund danach differenziert, ob das Geschäftsführeramt und/oder der Anstellungsvertrag des Gesellschafters vor einem bestimmten Zeitpunkt (i) freiwillig und aus eigenem Antrieb (d. h. ohne dass die Gesellschaft bzw. die übrigen Gesellschafter einen von ihnen zu vertretenden wichtigen Grund gesetzt haben) aufgegeben oder aus wichtigem Grund, der von dem betreffenden Geschäftsführer-Gesellschafter zu vertreten ist, beendet wurde (sog. **Bad Leaver-Bestimmung**), oder ob das Geschäftsführeramt und/oder der Anstellungsvertrag aus sonstigen Gründen beendet wurde (sog. **Good Leaver-Bestimmung**), und zwar entweder bei der Entscheidung über das Vorliegen eines Einziehungsgrundes oder bei der Bestimmung der Abfindungshöhe. Zu weiteren Gründen siehe auch → Rn. 331–333 beim Ausschluss von Gesellschaftern.

249 Aus Gründen der Rechtssicherheit sollte ferner in der Satzung bestimmt werden, dass ein Einziehungsbeschluss nur auf solche Umstände gegründet werden kann, die allen Gesellschaftern noch nicht länger als eine bestimmte Zeit (z. B. 6 oder 12 Monate) bekannt waren.[445]

---

[440] Lutter/Hommelhoff/*Lutter* § 34 Rn. 2; *Singer/Mertens* ZIP 1996, 1493, 1496 ff.
[441] Vgl. auch BGH GmbHR 1984, 74; *Lenz* GmbHR 2001, 1032, 1034 f.
[442] BGH DB 1999, 2253, 2254 f. m. Anm. *Gehrlein* = GmbHR 1999, 194 m. Anm. *Bärwaldt*.
[443] Vgl. BGHZ 9, 157, 160; BGH WM 1977, 1276, 1277; BGH ZIP 1992, 237, 238; Ulmer/Habersack/*Winter*/*Ulmer* § 34 Rn. 35; vgl. auch BGH NJW 1990, 2622, 2623; Scholz/*Westermann* § 34 Rn. 21 f.
[444] BGH ZIP 1992, 237.
[445] Vgl. z. B. BGH ZIP 1995, 835, 836 f.; BGH NJW 1990, 2622 f.: Nichtigkeit einer Vereinbarung, die Gesellschafterstellung eines Mitgesellschafters „nach freiem Belieben" beenden zu können.

Weitere Voraussetzung für die Einziehung eines Geschäftsanteils ist ein **Beschluss der Ge- 250 sellschafterversammlung** und dessen **Erklärung gegenüber dem betroffenen Gesellschafter** durch die Gesellschafterversammlung bzw. die Geschäftsführer in vertretungsberechtigter Anzahl.[446] Die Satzung kann allerdings auch ein anderes Organ (z. B. Geschäftsführer, Aufsichtsrat, Beirat) für die Entscheidung über die Zwangseinziehung vorsehen.[447]

Bei dem Gesellschafterbeschluss hat der auszuschließende Gesellschafter grundsätzlich ein 251 Stimmrecht, sofern die Einziehung nicht aus einem in der Person des betroffenen Gesellschafters liegenden Grund erfolgen soll.[448] Die Satzung kann das **Stimmrecht des von der Einziehung betroffenen Gesellschafters** aber auch – wie häufig – generell ausschließen.

Formulierungsvorschlag:
1. Die Einziehung von Geschäftsanteilen ist zulässig.
2. Die Einziehung des Geschäftsanteiles eines Gesellschafters ohne dessen Zustimmung ist zulässig, wenn
    2.1 der Geschäftsanteil von einem Gläubiger des Gesellschafters gepfändet oder sonst wie in diesen vollstreckt wird und die Vollstreckungsmaßnahmen nicht innerhalb von [zwei] Monaten, spätestens bis zur Verwertung des Geschäftsanteils, aufgehoben werden;
    2.2 über das Vermögen des Gesellschafters das Insolvenzverfahren eröffnet oder die Eröffnung eines solchen Verfahrens mangels Masse abgelehnt wird oder der Gesellschafter die Richtigkeit seines Vermögensverzeichnisses an Eides statt zu versichern hat;
    2.3 in der Person des Gesellschafters ein seine Ausschließung rechtfertigender Grund vorliegt, insbesondere wenn er
        2.3.1 über einen Geschäftsanteil entgegen § ...... [Vinkulierungsklausel] verfügt hat;
        2.3.2 nachhaltig gegen die Geschäftsführungsbeschränkungen in § ...... oder gegen das Wettbewerbsverbot in § ...... verstoßen hat;
        2.3.3 die Mitarbeit des Gesellschafters in der Gesellschaft nicht nur vorübergehend endet, wobei von einer nicht nur vorübergehenden Beendigung der Mitarbeit auszugehen ist, wenn die Mitarbeit – gleich aus welchem Grund und unabhängig von einem Vertretenmüssen des Gesellschafters – für einen Zeitraum von mehr als [sechs] Monaten entfallen ist;
        2.3.4 ......
3. Steht ein Geschäftsanteil mehreren Mitberechtigten ungeteilt zu, so ist die Einziehung gemäß Ziff. 2 auch zulässig, wenn deren Voraussetzungen nur in der Person eines Mitberechtigten vorliegen, es sei denn, diejenige Person, bei der die Voraussetzung der Ziff. 2 erfüllt sind, scheidet vor der Beschlussfassung gemäß nachfolgender Ziff. 4 Satz 2 aus der Gemeinschaft hinsichtlich des Geschäftsanteils aus.
4. Die Einziehung wird durch die Geschäftsführung erklärt. Sie bedarf eines Gesellschafterbeschlusses [mit einer einfachen Mehrheit der abgegebenen Stimmen/einer Mehrheit von drei Vierteln der abgegebenen Stimmen]. Dem betroffenen Gesellschafter steht bei der Abstimmung kein Stimmrecht zu; seine Stimmen zählen nicht mit.
5. Die Beschlussfassung nach vorstehender Ziff. 4 Satz 2 darf nur innerhalb von [sechs] Monaten gefasst werden, nachdem das Vorliegen des Einziehungsgrundes (Ziff. 2) allen Gesellschaftern bekannt geworden ist.
6. Die durch die Einziehung des Geschäftsanteils des betroffenen Gesellschafters entstehende Abweichung zwischen dem Stammkapital und der Summe der Nennwerte aller verbleibenden Geschäftsanteile ist dadurch zu beseitigen, dass die Nennwerte der verbleibenden Geschäftsanteile verhältniswahrend erhöht werden. Die Gesellschafter verpflichten sich, einen entsprechenden Aufstockungsbeschluss zu fassen.
7. Die Änderung der Nennwerte der Geschäftsanteile ist durch die Geschäftsführer zum Handelsregister anzumelden.

---

[446] BayObLG GmbHR 1992, 42; Lutter/Hommelhoff/*Lutter* § 34 Rn. 47 (Erklärung durch Geschäftsführer); Scholz/*Westermann* § 34 Rn. 42, 45 (primäre Zuständigkeit bei der Gesellschafterversammlung, d. h. keine Notwendigkeit der Erklärung durch Geschäftsführer bei Teilnahme des Gesellschafters an der Gesellschafterversammlung); Baumbach/Hueck/*Fastrich* § 34 Rn. 16.

[447] Vgl. LG Heilbronn GmbHR 1994, 322 (GmbH mit genossenschaftsähnlichem Zweck); Baumbach/Hueck/*Fastrich* § 34 Rn. 14; Ulmer/Habersack/Winter/*Ulmer* § 34 Rn. 115; Scholz/*Westermann* § 34 Rn. 42; einschränkend Rowedder/Schmidt-Leithoff/*Görner* § 34 Rn. 14: nicht Geschäftsführer.

[448] BGHZ 9, 157, 176; BGH GmbHR 1977, 81, 82.

252 Mit Wirksamwerden der Einziehung geht zunächst der Geschäftsanteil unter. Darüber hinaus kann die Satzung bestimmen, dass der Gesellschafter auch schon vor Zahlung einer ihm zustehenden Abfindung endgültig aus der Gesellschaft ausscheiden soll.[449]

> **Formulierungsvorschlag:**
>
> Der Gesellschafter erhält ein Abfindungsentgelt nach den in § ... niedergelegten Regelungen über Abfindungen und Auszahlungsbedingungen. Er scheidet jedoch unabhängig von der Zahlung des Abfindungsentgelts in dem Zeitpunkt aus, in dem ihm der Einziehungsbeschluss bekannt gemacht wird.

Enthält die Satzung keine entsprechende Regelung, so verliert der Betroffene nach der (noch) herrschenden Meinung seine Mitgliedschaft mit allen Rechten und Pflichten jedoch erst, wenn er die ihm zustehende Abfindung vollständig erhalten hat.[450] Durch Satzungsbestimmung kann indes angeordnet werden, dass die Rechte des betroffenen Gesellschafters (insbesondere dessen Stimmrechte) während der Schwebezeit zwischen Gesellschafterbeschluss und vollständiger Zahlung der Abfindung ruhen.[451]

> **Formulierungsvorschlag:**
>
> Haben die Gesellschafter die Einziehung eines Geschäftsanteils beschlossen, ruht das Stimmrecht aus diesem Geschäftsanteil bis zum Zeitpunkt der Wirksamkeit des Ausscheidens.

253 **b) Zwangsabtretung anstelle der Einziehung.** Bei der Einziehung eines Geschäftsanteils ist der **Grundsatz der Kapitalerhaltung** in zweierlei Hinsicht zu berücksichtigen. Zunächst dürfen Geschäftsanteile nur eingezogen werden, auf die die Einlagen vollständig geleistet worden sind und niemand bereit ist, den vollen Betrag anstelle des von der Zwangseinziehung betroffenen Gesellschafters zu übernehmen.[452] Darüber hinaus ist bei der Zahlung einer Abfindung nach § 34 Abs. 3 GmbHG das Auszahlungsverbot des § 30 Abs. 1 GmbHG zu beachten. Dies bedeutet, dass Zahlungen nur aus dem das Stammkapital übersteigenden freien Gesellschaftsvermögen geleistet werden dürfen.[453] Die Gesellschaft muss also über ausreichend hohe Kapitalrücklagen verfügen, um eine Einziehung überhaupt durchführen zu können. Eine gleichzeitige Kapitalherabsetzung könnte an dem Erfordernis des Mindeststammkapitals von 25.000,– EUR scheitern. Schließlich kann es wegen der mittelbaren Veränderung der Beteiligungsquoten der Gesellschafter durch die Einziehung zu steuerlichen Problemen bei den verbleibenden Gesellschaftern kommen (Verlust der Steuerfreiheit nach § 17 EStG). Daher sollte in der Satzung neben der Einziehung wahlweise auch die **Zwangsabtretung der betreffenden Geschäftsanteile** bestimmt werden, damit die „Einziehung" des Geschäftsanteils in jedem Fall durchgeführt werden kann. Denn das Problem der Erhaltung des Stammkapitals stellt sich bei der Zwangsabtretung an einen Mitgesellschafter oder einen Dritten nicht, da dann der Anteilsempfänger und eben nicht die Gesellschaft selbst das

---

[449] BGH NJW-RR 2003, 1265 („Die Satzung einer GmbH kann anordnen, dass ein ... Gesellschafter auch schon vor Zahlung seiner Abfindung endgültig aus der Gesellschaft ausscheidet."); Lutter/Hommelhoff/*Lutter* § 34 Rn. 48.

[450] BGHZ 9, 157, 170 (zum Ausschluss aus wichtigem Grund); BGH DStR 1997, 1336 m. Anm. *Goette* DStR 1997, 1337f.; OLG Düsseldorf ZIP 2007, 1064; OLG Frankfurt/Main ZIP 1997, 644, 645; Baumbach/Hueck/*Fastrich* § 34 Rn. 19; *Singer/Mertens* ZIP 1996, 1493, 1494 f.; a. A. KG ZIP 2006, 1098 – n. rkr.

[451] BGHZ 88, 320, 325 ff. = NJW 1984, 489, 490 f.; OLG Frankfurt/Main ZIP 1997, 644, 645; Baumbach/Hueck/*Fastrich* § 34 Rn. 41; a. A. Scholz/*Westermann* § 34 Rn. 60 – zur vergleichbaren Rechtslage beim Ausschluss eines Gesellschafters aus wichtigem Grund siehe Rn. 330.

[452] Vgl. BGHZ 9, 157, 168.

[453] Vgl. BGHZ 9, 157, 169; BGH NJW 2000, 2819, 2820 f.; OLG Frankfurt/Main ZIP 1997, 644, 645; OLG Köln GmbHR 1996, 609; OLG Celle NJW-RR 1998, 175, 176 f.; OLG Dresden GmbHR 2001, 1047, 1048 f. – Dabei kommt es nicht auf den Zeitpunkt der Entstehung des Abfindungsanspruchs oder der Fälligkeit einer der Raten, sondern vielmehr allein auf den jeweiligen Zeitpunkt der Auszahlung an.

Abfindungsguthaben zahlen muss. Zudem ändern sich die Beteiligungsquoten der verbleibenden Gesellschafter nicht.

> **Formulierungsvorschlag:**
> In allen Fällen, in denen gemäß § ...... die Einziehung von Geschäftsanteilen zulässig ist, können die Gesellschafter statt der Einziehung wahlweise auch die sofort wirksame Übertragung der Geschäftsanteile des betroffenen Gesellschafters beschließen (Zwangsabtretung). Die Übertragung der Geschäftsanteile kann auf die Gesellschaft selbst, einen oder mehrere Gesellschafter oder einen oder mehrere Dritte erfolgen, sofern der Abtretungsempfänger spätestens im Zeitpunkt der Beschlussfassung sein Einverständnis zur Übernahme der Geschäftsanteile erklärt hat. Für die Beschlussfassung zur Zwangsabtretung gelten die vorstehenden Bestimmungen in § ...... zur Beschlussfassung über die Einziehung entsprechend. Die Beschlussfassung über die Zwangsabtretung sowie die Einverständniserklärung des Anteilsempfängers bedürfen der notariellen Beurkundung. Die in § ...... niedergelegten Regelungen über die Abfindung und die Auszahlungsbedingungen gelten entsprechend.
> Im Falle der Zwangsabtretung nach vorstehendem § ...... schuldet der Anteilserwerber die nach Maßgabe von § ...... zu bestimmende Abfindung. Erwerben mehrere Personen, so schuldet jeder Erwerber dem betreffenden Gesellschafter nur den Teil des Gegenwertes, der auf den von ihm erworbenen Teil-Geschäftsanteil bzw. Bruchteil- oder Gesamtheitsanteil in den Fällen des § 18 GmbHG entfällt. Eine Gesamtschuld mehrerer Erwerber ist in den Fällen dieses § ...... [statutarische Regelung zur Zwangsabtretung] ausgeschlossen, sofern sie nicht ausdrücklich vertraglich vereinbart wird.

c) **Abfindungsleistung und Auszahlungsmodalitäten.** Wenn die Satzung keine besondere Regelung enthält, hat der Inhaber des einzuziehenden Geschäftsanteils Anspruch auf Zahlung einer Abfindung in Höhe des **vollen wirtschaftlichen Werts** (d. h. des Verkehrswerts) seiner Beteiligung.[454] Dieser entspricht grundsätzlich dem auf den eingezogenen Geschäftsanteil entfallenden Anteil des Wertes aller Geschäftsanteile bei deren Veräußerung.[455] In der Regel **unzulässig ist ein vollständiger Ausschluss** der Abfindung. Ausnahmen sind allenfalls unter besonderen Umständen sachlich gerechtfertigt. Hierzu können etwa Gesellschaften gehören, die keinen Erwerbszweck sondern ideelle Ziele verfolgen. Abhängig von den Umständen des konkreten Falls kann ein vollständiger Ausschluss der Abfindung weiterhin in Familienunternehmen gerechtfertigt sein, in denen eine entsprechende Klausel zur Bewahrung des Gesellschafterkreises dienen soll.[456]

254

Innerhalb des Rahmens zwischen dem Ersatz des vollen wirtschaftlichen Werts und dem vollständigen Ausschluss der Abfindung bietet die Satzung den Gesellschaftern einen **Gestaltungsspielraum** bei der Festlegung des genauen Umfangs der Abfindung. Sie können dabei verschiedene Gesichtspunkte berücksichtigen, zu denen beispielsweise der besondere, nicht primär auf Gewinnerzielung gerichtete Zweck der Gesellschaft, deren Charakter als Familiengesellschaft, die Zeitdauer der Gesellschafterstellung, die besonderen Beiträge einzelner Gesellschafter (z. B. Mitarbeiter-Gesellschafter) und die durch die Auszahlung verursachte Belastung der Liquidität der Gesellschaft gehören. Um wirksam zu sein, muss eine Satzungsregelung, auf Grund derer eine geringere Abfindung als der Verkehrswert gewährt werden soll, die Einschränkung für die Gesellschafter hinreichend erkennen lassen.[457]

255

Bei der Gestaltung einer Abfindungsklausel ist zu beachten, dass (aa) die Höhe der Abfindung nicht in ein grobes Missverhältnis zum wirtschaftlichen Wert der Beteiligung gerät, (bb) die Gesellschafter unter gleichen Voraussetzungen gleich behandelt werden und (cc) die Gläubiger des betroffenen Gesellschafters nicht unangemessen benachteiligt werden.

256

---

[454] BGHZ 116, 359, 365, 370f., 375; BGHZ 144, 365, 369; Baumbach/Hueck/*Fastrich* § 34 Rn. 22; Ulmer/Habersack/Winter/*Ulmer* § 34 Rn. 72ff.; Scholz/*Westermann* § 34 Rn. 25.
[455] BGHZ 116, 359, 370f.; Baumbach/Hueck/*Fastrich* § 34 Rn. 22.
[456] BGH WM 1977, 192, 193 = GmbHR 1977, 81, 82; vgl. auch BGH DStR 1997, 336 zur Begrenzung der Abfindung auf 220% des Nennwerts des eingezogenen Anteils.
[457] BGH NJW 1977, 2316; BayObLG BB 1983, 84; Scholz/*Westermann* § 34 Rn. 32; Baumbach/Hueck/*Fastrich* § 34 Rn. 25.

257 *aa) Grobes Missverhältnis der Abfindung zum wirtschaftlichen Wert.* Die Gefahr eines **groben Missverhältnisses** zwischen Abfindungsanspruch und dem wirtschaftlichen Wert des eingezogenen Anteils wird insbesondere durch sog. **Nennwertklauseln** begründet, die einen Anspruch nur auf den Nominalbetrag des eingezogenen Geschäftsanteils beschränken. Einen höheren Anspruch, der gleichwohl häufig das Risiko der Unwirksamkeit begründet, gewähren **Buchwertklauseln**.[458] Bei ihnen orientiert sich die Abfindung an den Buchwerten des Gesellschaftsvermögens abzüglich der Schulden unter Berücksichtigung offener Rücklagen und einschließlich eines etwaigen Gewinnvortrages. Sofern der nach diesen Grundsätzen berechnete Buchwert des eingezogenen Geschäftsanteils in einem groben Missverhältnis zu seinem Verkehrswert steht, besteht ein hohes Risiko der Unangemessenheit der entsprechenden Regelung. Von der Rechtsprechung anerkannt sind sog. **Substanzwertklauseln,** die von der Erstattung nur den anteiligen Geschäfts- und Firmenwert ausschließt.[459] Bei besonders ertragsstarken Unternehmen bergen allerdings auch sie das Risiko, unangemessen und damit unwirksam zu sein. Früher fanden sich in Satzungen nicht selten sog. Vermögenssteuerwertklauseln, bei denen der Wert des Geschäftsanteils nach Maßgabe des *Stuttgarter Verfahrens*[460] unter Berücksichtigung des Vermögens und der Ertragsaussichten der Gesellschaft ermittelt wird. Da diese Methode – auch wegen Änderungen in den zugrundeliegenden gesetzlichen Bewertungsvorschriften – zu deutlichen Fehlbewertungen bei hohem Bewertungsaufwand führen kann, wird ihre Verwendung heute nicht mehr anzuraten sein.[461] Üblich sind heutzutage in einer großen Zahl von Fällen sog. **Ertragswertklauseln.** Bei ihnen wird der Unternehmenswert auf der Grundlage der zukünftigen Gewinne berechnet, die mit einem Kapitalisierungszinssatz abgezinst werden. Auch bei ihnen kann die Höhe der Abfindung begrenzt werden. Insbesondere durch die Auswahl des Kapitalisierungszinssatzes sowie eine prozentuale Verkürzung des Abfindungsanspruchs kann die Höhe einer auf der Basis des Ertragswerts zu zahlende Abfindung gesteuert werden.

258 Die Wirksamkeit einer Abfindungsklausel wird mit Blick auf den Zeitpunkt beurteilt, in dem sie Teil der Satzung geworden ist und nicht – wie dies teilweise früher vertreten wurde – bezogen auf den Zeitpunkt ihrer ggf. viele Jahre später erfolgenden praktischen Anwendung. Sollte eine Abfindungsregelung daher nachträglich unangemessen geworden sein, hätte dies keinen Anspruch auf den Verkehrswert des eingezogenen Geschäftsanteils zur Folge. Vielmehr würde in einem Rechtsstreit eine angemessene Regelung an die Stelle der unwirksamen Regelung gesetzt werden.[462]

259 *bb) Gleichbehandlung der Gesellschafter.* Die Gesellschafter müssen bei der Berechnung der Abfindung grundsätzlich gleich behandelt werden. Dies schließt sachlich begründete Differenzierungen nicht aus. Zulässig ist z. B. eine Differenzierung nach der Dauer der Gesellschafterstellung,[463] da sie ein Maß für die Nutzung des vom Gesellschafter zur Verfügung gestellten Kapitals darstellt.

260 Da ein Verstoß gegen diesen Grundsatz nur das Verhältnis der Gesellschafter untereinander betrifft, wird eine Regelung, die die Gesellschafter ungleich behandelt, ohne besondere zusätzliche Umstände nicht als sittenwidrig beurteilt, sondern führt nur zu ihrer Anfechtbarkeit.[464] Sowohl nichtige als auch anfechtbare Satzungsregelungen können in analoger Anwendung von § 242 Abs. 2 AktG drei Jahre nach Eintragung der Gesellschaft bzw. der Satzungsänderung in das Handelsregister wirksam werden.[465]

---

[458] Hierzu Baumbach/Hueck/*Fastrich* § 34 Rn. 35.
[459] BGHZ 65, 22, 26 f.
[460] Vgl. R 96–108 ErbStR; zur Unangemessenheit einer Abfindung i. H. v. einem Drittel des so ermittelten Zeitwerts OLG Hamm NZG 2003, 440; hierzu *Stopp* NZG 2003, 1153.
[461] Vgl. *Heller* GmbHR 1999, 594 ff.; *Göllert/Ringling* DB 1999, 516 ff.; *Hülsmann* GmbHR 2007, 290 ff.; *Weber/Reinhardt* GmbH-StB 2002, 22, 23. – Zur Auslegung „steuerorientierter Abfindungsklauseln" bei Änderung des Steuerrechts Scholz/*Seibt* § 14 Rn. 13; *Casper/Altgen* DStR 2008, 2319, 2322 ff.
[462] BGHZ 123 281 ff.; BGH NJW 1993, 2101, 2102; BGHZ 144, 365, 368 (entsprechende Anwendung von § 242 Abs. 1 S. 1 AktG); BGH DStR 2002, 461, 462 m. Anm. *Goette* DStR 2002, 464 f. = NZG 2002, 176 f.
[463] BGHZ 116, 359, 374.
[464] Baumbach/Hueck/*Fastrich* § 34 Rn. 31; Lutter/Hommelhoff/*Lutter* § 34 Rn. 96.
[465] BGHZ 116, 259, 368.

cc) Keine Gläubigerbenachteiligung. Vergleichbare Ursachen für eine Einziehung und Ab- **261** findung müssen gleich behandelt werden. Bei der Formulierung einer Abfindungsregelung ist daher zu beachten, dass die Höhe der Abfindung nicht von der Art des Einziehungsgrundes abhängig sein darf. Insbesondere darf die Abfindung bei Einziehung von Geschäftsanteilen nicht nur wegen einer Insolvenz des Gläubigers oder Vollstreckung in seinen Geschäftsanteil reduziert werden. Da hier das Außenverhältnis zu Dritten betroffen ist und diese einseitig benachteiligt würden, wäre eine entsprechende Regelung nach § 138 BGB nichtig.[466]

dd) Auszahlungsmodalitäten. Die Auszahlung der gesamten Abfindung in nur einer Rate **262** unmittelbar nach dem Einziehungsbeschluss kann eine schwere Belastung für die Liquidität der betroffenen Gesellschaft darstellen. Üblicherweise enthält die Satzung daher eine Regelung über eine **Zahlung in mehreren Raten**. Die Auszahlung der Raten darf nicht über einen derart langen Zeitraum gestreckt werden, der zu einer weitgehenden wirtschaftlichen Entwertung des Anspruchs führt. Zwar kommt es für die Bewertung der konkreten Ratenzahlungs- und Stundungsregelung auf die Umstände des Einzelfalls an, aber eine Ratenzahlungsdauer von fünf Jahren wird i. d. R. zulässig sein.[467] Zum Ausgleich der Liquiditätsinteressen von Gesellschaft und ausscheidendem Gesellschafter kann es auch sinnvoll sein, eine Satzungsbestimmung zu wählen, bei der die Teilbeträge in abnehmender Höhe über die Ratenzahlungsdauer ausgezahlt werden. Auf diesem Wege wird dem ausscheidenden Gesellschafter der Aufbau einer selbstständigen Existenz außerhalb der Gesellschaft erleichtert. Darüber hinaus bedürfen Ratenzahlungsregelungen einer Kompensation durch die Bestimmung einer verkehrsüblichen Verzinsung.[468] Bei Verankerung einer über fünf Jahre laufenden Ratenzahlungsperiode ist schließlich zu empfehlen, eine sich an §§ 775 Abs. 1 Nr. 1, 321 BGB anlehnende Sicherheitsregelung zu verankern (z. B. „Verschlechtern sich die Vermögensverhältnisse der Gesellschaft in so wesentlicher Weise, dass der Abfindungsanspruch konkret gefährdet ist, wird die zu diesem Zeitpunkt noch nicht ausgezahlte Abfindung nebst Zinsen sofort fällig").[469] Ferner können selbstverständlich zur Wahrung der Interessen des ausscheidenden Gesellschafters auch andere **Formen der Sicherheitsleistung** in der Satzung vorgesehen werden.

Formulierungsvorschlag (Buchwertklausel):

1. Dem von der Einziehung betroffenen Gesellschafter steht eine Abfindung zu, die in einem Geldbetrag in Höhe desjenigen Anteils am Reinvermögen (Stammkapital zuzüglich der Rücklagen und eines etwaigen Bilanzgewinns, abzüglich eines etwaigen Bilanzverlustes) der Gesellschaft zum Stichtage besteht, der dem Verhältnis des eingezogenen Geschäftsanteils zum Stammkapital entspricht, abzüglich des in Ziff. 3 bezeichneten und zuzüglich des in Ziff. 4 bezeichneten Betrages. Stichtag ist der Schluss des letzten vor Einziehung oder Übertragung abgelaufenen Geschäftsjahres der Gesellschaft.
2. Nachträgliche Änderungen der Jahresabschlüsse der Gesellschaft infolge steuerlicher Außenprüfungen oder aus anderen Gründen (mit Ausnahme einer Anfechtung des den betreffenden Jahresabschluss feststellenden Gesellschafterbeschlusses) bleiben auf die Abfindung ohne Einfluss.
3. Von dem Teil des Reinvermögens im Sinne von Ziff. 1, der auf den Geschäftsanteil des ausscheidenden Gesellschafters entfällt, ist ein Betrag in Höhe desjenigen Teiles des in der Bilanz zum Stichtag ausgewiesenen Bilanzgewinns abzuziehen, der an den ausscheidenden Gesellschafter ausgeschüttet wird.

---

[466] BGHZ 65, 22, 28 f.; BGH NZG 2000, 1027; Baumbach/Hueck/*Fastrich* § 34 Rn. 30; Scholz/*Westermann* § 34 Rn. 30; Lutter/Hommelhoff/*Lutter* § 34 Rn. 96; *Lange* NZG 2001, 635, 639.
[467] BGH NJW 1989, 2685 f.: 15-jährige Raten sind unwirksam; Scholz/*Westermann* § 34 Rn. 34: 10 Jahre Obergrenze; Ulmer/Habersack/Winter/*Ulmer* § 34 Rn. 92: 5 Jahre Obergrenze; vgl. auch *Lange* NZG 2001, 635, 636: 5 Jahre i. d. R. unbedenklich.
[468] Vgl. OLG Dresden NZG 2000, 1042; *Lange* NZG 2001, 635, 637.
[469] Vgl. OLG Dresden NZG 2000, 1042; *Lange* NZG 2001, 635, 637.

4. Dem Anteil am Reinvermögen im Sinne von Ziff. 1, der auf den Geschäftsanteil des ausscheidenden Gesellschafters entfällt, ist derjenige Betrag hinzuzurechnen, der an den ausscheidenden Gesellschafter ausgeschüttet werden müsste, wenn der auf seinen Geschäftsanteil zeitanteilig entfallende Teil des ausschüttungsfähigen Jahresüberschusses des Geschäftsjahres, in dem die Einziehung oder Übertragung erfolgt, voll an ihn ausgeschüttet würde.
5. Streitigkeiten über die Höhe der Abfindung werden von einem durch die Industrie- und Handelskammer am Sitz der Gesellschaft zu benennenden Wirtschaftsprüfer als Schiedsgutachter, der auch über die Kosten seiner Inanspruchnahme entsprechend den Bestimmungen der §§ 91 ff. ZPO zu befinden hat, für alle Beteiligten endgültig entschieden.
6. Die Abfindung ist in [drei] gleichen Teilbeträgen zu entrichten. Der erste Teilbetrag ist sechs Monate nach Erklärung der Einziehung oder Übertragung durch die Geschäftsführung der Gesellschaft zahlbar. Die folgenden Teilbeträge sind jeweils ein Jahr nach Fälligkeit des vorausgehenden Teilbetrages zur Zahlung fällig. Steht zu einem Fälligkeitstage die Höhe der Abfindung noch nicht fest, so hat die Gesellschaft auf Grund einer Schätzung am Fälligkeitstage Abschlagszahlungen auf Hauptbetrag und Zinsen zu leisten.
7. Der jeweils offen stehende Teil der Abfindung ist vom Tage der Erklärung der Einziehung oder Übertragung durch die Geschäftsführung mit ...... Prozentpunkten über dem jeweiligen [EURIBOR für zwölfmonatige Einlagen/Basiszinssatz der Europäischen Zentralbank] zu verzinsen. Die Zinsen auf den jeweils offen stehenden Teil der Abfindung sind jährlich im Nachhinein zu dem Zeitpunkt zahlbar, zu welchem ein Teilbetrag der Abfindung zu zahlen ist. Die Gesellschaft ist jederzeit berechtigt, die Abfindung ganz oder teilweise unter Verrechnung mit den nächst fälligen Zahlungen vorzeitig zu entrichten, ohne zum Ausgleich der dem ausscheidenden Gesellschafter dadurch entgehenden Zinszahlungen verpflichtet zu sein.
Falls, soweit und solange Zahlungen gegen § 30 Abs. 1 GmbHG verstoßen würden, gelten Zahlungen auf den Hauptbetrag als zum vereinbarten Satz verzinslich gestundet, Zinszahlungen als unverzinslich gestundet.
8. Der ausscheidende Gesellschafter ist nicht berechtigt, von der Gesellschaft Sicherheitsleistung für die jeweils ausstehenden Zahlungen einschließlich Zinsen zu verlangen.

Alternative (zu Ziff. 1, 3 und 4; Ertragswertklausel):

Dem von der Einziehung betroffenen Gesellschafter steht eine Abfindung in Höhe des seinem eingezogenen Geschäftsanteil entsprechenden anteiligen Unternehmenswertes zu. Der Unternehmenswert der Gesellschaft ist auf der Grundlage der vom Institut der Wirtschaftsprüfer in Deutschland e. V. veröffentlichten Grundsätze zur Durchführung von Unternehmensbewertungen (derzeit IDW Standard 1 i.d. F. 2008 vom 2.4.2008) auf den letzten, vor dem Einziehungsbeschluss liegenden oder mit ihm zusammenfallenden 31. Dezember zu ermitteln. Stehen derartige Bewertungsgrundsätze nicht mehr zur Verfügung, so bestimmt im Streitfall der Schiedsgutachter (Ziff. 5) die Bewertungsmethode und die Einzelheiten der Bewertungsgrundsätze. [Von dem ermittelten anteiligen Unternehmenswert ist ein Abschlag von [25%] zum Unternehmensschutz für die Bestimmung der Abfindung zu machen.]

20. Geschäftsjahr

263   Das GmbHG verlangt nicht zwingend das Geschäftsjahr der Gesellschaft in der Satzung zu regeln. § 2 Abs. 2 S. 2 HGB legt für die Dauer nur fest, dass ein Geschäftsjahr nicht länger als zwölf Monate dauern darf. Ohne eine ausdrückliche Regelung in der Satzung entspricht das Geschäftsjahr nach allgemeiner Ansicht dem Kalenderjahr.[470] Dennoch **empfiehlt sich eine ausdrückliche Regelung.** In dieser Satzungsregelung ist auch zu bestimmen, dass das erste Rumpfgeschäftsjahr – wie auch steuerlich und bilanziell – mit Aufnahme der Geschäftstätigkeit (und nicht erst mit Eintragung der Errichtung der Gesellschaft im Handelsregister) beginnt.

---

[470] Rowedder/Schmidt-Leithoff/*Zimmermann* § 53 Rn. 23.

> **Formulierungsvorschlag:**
> Geschäftsjahr ist das Kalenderjahr. Das erste Geschäftsjahr ist ein Rumpfgeschäftsjahr, das am 31. 12. des Jahres endet, in dem die Gesellschaft nach Errichtung ihre Geschäftstätigkeit aufgenommen hat.

Eine Satzungsbestimmung, welche die Geschäftsführung zur Änderung des Geschäftsjahres bevollmächtigt, ist – trotz einer gegenteiligen Entscheidung des OLG Stuttgart[471] – unwirksam, da die Satzungsbestimmung über das Geschäftsjahr **korporativer Natur ist**.[472] Eine Umstellung eines Geschäftsjahres vom Kalenderjahr auf einen vom Kalenderjahr abweichenden Zeitraum erfordert – neben der Satzungsänderung – steuerlich nach § 7 Abs. 4 S. 3 KStG das **Einvernehmen des Finanzamts**. Dies wird regelmäßig nur erteilt, wenn die Gesellschaft nachvollziehbare wirtschaftliche Gründe für die Umstellung geltend macht.[473]

21. Jahresabschluss/Lagebericht

a) **Aufstellung des Jahresabschlusses/Lagebericht, Form, Fristen und Inhalt.** Die Geschäftsführung einer GmbH[474] hat nach §§ 264 Abs. 1 HGB, 41 GmbHG innerhalb der ersten drei Monate des Geschäftsjahres einen Jahresabschluss nebst Lagebericht für das vorangegangene Geschäftsjahr aufzustellen, d. h. den Entwurf des Jahresabschlusses unter Abschluss der laufenden Buchführung zu erstellen.[475] Kleine Kapitalgesellschaften i. S. v. § 267 Abs. 1 HGB[476] sind von der Aufstellung des Lageberichts dispensiert. Sofern dies einem ordnungsmäßigen Geschäftsgang entspricht, brauchen sie den Jahresabschluss darüber hinaus nur innerhalb der ersten sechs Monate eines Geschäftsjahres aufzustellen (§ 264 Abs. 1 S. 3 HGB). Diese Fristen (die vor dem Hintergrund der Publizitätsregelung in §§ 325 ff. HGB zu sehen sind)[477] können durch die Satzung nicht verlängert werden.[478] Nach der Rechtsprechung des Bayerischen Obersten Landesgerichts sollen sogar Satzungen von kleinen Kapitalgesellschaften unwirksam sein, sobald die Frist für die Aufstellung des Jahresabschlusses und des Lageberichts **allgemein** auf den Ablauf des sechsten Monats nach dem abgelaufenen Geschäftsjahr festlegen.[479] Demgegenüber ist nach überwiegender Meinung eine Fristverkürzung zulässig und in der Praxis auch nicht selten in Konzernfällen sowie bei Gesellschaften mit Finanzinvestoren zu finden. Der aufgestellte Jahresabschluss ist dann ggf. durch einen Abschlussprüfer (§§ 316 ff. HGB) sowie durch den Aufsichtsrat (§ 42a Abs. 1 S. 3 GmbHG) zu prüfen (hierzu → Rn. 269–271) und hiernach den Gesellschaftern (bzw. einem anderen Organ) unverzüglich zur Feststellung vorzulegen (hierzu → Rn. 272–275).

> **Formulierungsvorschlag:**
> Der Jahresabschluss (Bilanz, Gewinn- und Verlustrechnung [sowie Anhang]) und der Lagebericht sind von der Geschäftsführung in der gesetzlichen Frist nach Ablauf eines Geschäftsjahres (§ 264 Abs. 1 HGB) aufzustellen und [den Gesellschaftern/dem Beirat] unverzüglich hiernach zur Feststellung vorzulegen.

---

[471] OLG Stuttgart GmbHR 1992, 468; zustimmend *Kleinert/Xylander* GmbHR 2003, 506.
[472] So auch *Priester* GmbHR 1992, 584; Beck'sches HdbNotar/*D. Mayer*, 4. Aufl. 2006, D I 32.
[473] Vgl. BFH BStBl. III, 238; Dötsch/Jost/Pung/Witt/*Werner*/Pung KStG Bd. 1 § 7 Rn. 47.
[474] Dabei ist die Geschäftsführung berechtigt, die technische Durchführung auf einen Angehörigen der steuerberatenden oder wirtschaftsprüfenden Berufe zu übertragen.
[475] Vgl. Scholz/*Crezelius* § 42a Rn. 30; Scholz/*K. Schmidt* § 46 Rn. 9; *Hommelhoff/Priester* ZGR 1986, 463, 473 f.
[476] Kleine Kapitalgesellschaften dürfen danach zwei der folgenden drei Kriterien nicht überschreiten: (i) 4.015.000,– EUR Bilanzsumme nach Abzug eines auf der Aktivseite ausgewiesenen Fehlbetrags, (ii) 8.030.000,– EUR Umsatzerlös in den zwölf Monaten vor dem Abschlussstichtag, (iii) 50 Arbeitnehmer im Jahresdurchschnitt. – Zum Jahresabschluss der kleinen GmbH ausführlich *Farr* GmbHR 1996, 92 ff., 185 ff.
[477] Scholz/*Crezelius* § 42a Rn. 40.
[478] Baumbach/Hopt/*Merkt* HGB § 264 Rn. 9.
[479] BayObLG BB 1987, 869.

266 Der Jahresabschluss hat unter Beachtung der Grundsätze ordnungsmäßiger Buchführung ein den tatsächlichen Verhältnissen entsprechendes Bild der Vermögens-, Finanz- und Ertragslage (**Grundsatz des „true and fair view"**) zu vermitteln (§ 264 Abs. 2 S. 1 HGB). Dabei dürfen steuerrechtliche Bewertungsvorschriften nur dann für die Aufstellung der Handelsbilanz herangezogen werden, soweit dies gesetzlich möglich ist, d. h. soweit das Steuerrecht die Anerkennung von Ansätzen davon abhängig macht, dass sie sich aus der Handelsbilanz ergeben.[480]

> **Formulierungsvorschlag:**
> Der Jahresabschluss hat den handelsgesetzlichen Vorschriften zu entsprechen und soll den steuerlichen Vorschriften genügen. Von der Steuerbilanz weicht die Handelsbilanz ab soweit dies notwendig ist, um ein den tatsächlichen Verhältnissen entsprechendes Bild der Vermögens-, Finanz- und Ertragslage zu vermitteln (§ 264 Abs. 2 Satz 1 HGB).

267 b) **Publizität und Prüfung des Jahresabschlusses.** *aa) Publizität.* Jede GmbH hat unabhängig von ihrer Einordnung als kleine, mittlere oder große Kapitalgesellschaft nach § 267 HGB ihren Jahresabschluss offenzulegen. Dies hat seit dem 31.12.2005 (für alle Kapitalgesellschaften) durch Einreichung und Bekanntmachung im elektronischen Bundesanzeiger zu erfolgen (§ 325 Abs. 1 HGB).[481] Die Publizitätspflicht kann durch statutarische Regelung nur erweitert, nicht aber eingeschränkt werden (§ 325 Abs. 5 HGB). Werden die gesetzlichen Publizitätspflichten – was selten vorkommt – in die Satzung aufgenommen, wird hierdurch neben der gesetzlichen auch eine gesellschaftsvertragliche Pflicht der Geschäftsführung zur Publizität verankert.

268 Im Fall eines Versäumnisses der Publizitätspflichten droht ein Ordnungsgeldverfahren nach § 335 HGB, welches nunmehr in die Zuständigkeit des Bundesamtes für Justiz (§ 334 Abs. 4 HGB) bzw. – für Finanzdienstleistungsinstitute – der Bundesanstalt für Finanzdienstleistungsaufsicht (BaFin) fällt (§§ 340n, 341n HGB). Das Ordnungsgeld beträgt mindestens 2.500,– EUR und höchstens 25.000,– EUR.[482]

269 *bb) Prüfung des Jahresabschlusses durch Abschlussprüfer.* Mittlere und große Kapitalgesellschaften müssen nach § 316 Abs. 1 HGB ihren Jahresabschluss durch einen Abschlussprüfer prüfen lassen. Findet bei einer an sich prüfungspflichtigen Kapitalgesellschaft keine Prüfung des Jahresabschlusses statt, ist der darauf basierende Verwendungsbeschluss nichtig.[483] Der Abschlussprüfer wird grundsätzlich durch die Gesellschafterversammlung vor Ablauf des Geschäftsjahres gewählt.[484] In die Satzung kann eine Bestimmung aufgenommen werden, die die Auswahl des Abschlussprüfers einem anderen Organ oder auch einzelnen Gesellschaftern (nicht aber den Geschäftsführern) überträgt.[485] Weiter kann in der Satzung die zeitliche Abfolge (mit Fristen) von Aufstellung des Jahresabschlusses, Abschlussprüfung, Zuleitung des Prüfungsberichtes an die Gesellschaft und Feststellung des Jahresabschlusses sowie der „erste" Empfänger des Prüfungsberichtes geregelt werden. Zulässig ist z. B. eine satzungsmäßige Anordnung, dass der Prüfungsbericht unmittelbar den Gesellschaftern zuzuleiten ist, wobei den Geschäftsführern dann unverzüglich Kopien zugehen müssen.[486]

> **Formulierungsvorschlag:**
> Der Jahresabschluss (Bilanz, Gewinn- und Verlustrechnung [und Anhang]) und der Lagebericht sind von der Geschäftsführung innerhalb der ersten drei Monate nach Ablauf eines Geschäftsjahres aufzustellen und dem Abschlussprüfer unverzüglich nach der Aufstellung zur Prüfung vorzulegen.

---

[480] Vgl. z. B. §§ 279 Abs. 2, 280 Abs. 2 HGB; § 6 Abs. 3 EStG.
[481] Vgl. hierzu MünchKommHGB/*Fehrenbacher* § 325 Rn. 5.
[482] Hierzu Baumbach/Hopt/*Merkt* HGB § 335 Rn. 3.
[483] *Seitz* DStR 1991, 315, 316; *Rauch* BB 1997, 35, 36.
[484] § 318 Abs. 1 HGB.
[485] Vgl. Baumbach/Hopt/*Merkt* HGB § 318 Rn. 1.
[486] Scholz/*Crezelius* § 42a Rn. 22; *Hommelhoff*/*Priester* ZGR 1986, 463, 493.

> Die Geschäftsführer haben den Gesellschaftern den Jahresabschluss (Bilanz, Gewinn- und Verlustrechnung [und Anhang]) und den Lagebericht gemeinsam mit dem schriftlichen Prüfungsbericht des Abschlussprüfers unverzüglich nach Fertigstellung mit ihren Vorschlägen zur Gewinnverwendung und zur Beschlussfassung über die Feststellung und die Ergebnisverwendung vorzulegen.
>
> **Alternative:**
> (......) Der Abschlussprüfer übermittelt unverzüglich nach Abschluss seiner Prüfung den Gesellschaftern seinen schriftlichen Prüfungsbericht sowie den von der Geschäftsführung aufgestellten Jahresabschluss (Bilanz, Gewinn- und Verlustrechnung [und Anhang]) und den Lagebericht sowie die Vorschläge der Geschäftsführung zur Gewinnverwendung; die Geschäftsführung erhält von dem Abschlussprüfer unverzüglich hiernach eine Kopie von dessen Prüfungsbericht.

Auch kleine Kapitalgesellschaften können in ihrer Satzung eine (**freiwillige**) **Prüfungspflicht** für den Jahresabschluss sowie Einzelheiten des Ablaufs festlegen.[487] Dies geschieht häufig zugunsten von Minderheitsgesellschaftern, insbesondere **Finanzinvestoren**.

cc) Prüfung des Jahresabschlusses durch den Aufsichtsrat. Daneben bestimmt § 171 AktG i. V. m. § 1 Abs. 1 Nr. 3 DrittelbG bzw. § 25 Abs. 1 Nr. 2 MitbestG, § 3 Abs. 2 Montan-MitbestG, § 3 Abs. 2 S. 1 MitbestErgG, § 3 KAGG eine besondere Prüfungspflicht des Jahresabschlusses durch den Aufsichtsrat für Gesellschaften, die nach den vorgenannten Vorschriften einen obligatorischen Aufsichtsrat haben. Dabei unterscheidet sich die Prüfung durch den Aufsichtsrat von der Prüfung durch den Abschlussprüfer inhaltlich dadurch, dass die Aufsichtsratsprüfung auch bilanzpolitische Ermessensentscheidungen der Geschäftsführer mitumfasst.[488] Nach der gesetzlichen Konzeption hat die Vorlage des Aufsichtsratsberichts unverzüglich nach dessen Erstellung durch die Geschäftsführer zu erfolgen (§ 42a Abs. 1 S. 3 GmbHG); der Aufsichtsrat hat die Gesellschafterversammlung darüber hinaus über das Ergebnis seiner Prüfung schriftlich zu unterrichten (§ 171 Abs. 2 AktG). Für den in der Satzung geregelten, fakultativen Aufsichtsrat gilt dies alles gemäß § 52 Abs. 1 GmbHG.

> **Formulierungsvorschlag:**
> Den Jahresabschluss (Bilanz, Gewinn- und Verlustrechnung [und Anhang]) und der Lagebericht sind von der Geschäftsführung innerhalb der Ersten drei Monate nach Ablauf eines Geschäftsjahres aufzustellen und dem Aufsichtsrat zusammen mit dem Gewinnverwendungsvorschlag der Geschäftsführung zur Prüfung gemäß § 171 AktG vorzulegen. Werden Jahresabschluss und Lagebericht durch Abschlussprüfer geprüft, so hat die Geschäftsführung dem Aufsichtsrat diese Unterlagen unverzüglich nach Eingang des Prüfungsberichts der Abschlussprüfer zusammen mit diesem Prüfungsbericht vorzulegen.
> [Die Geschäftsführung hat den Jahresabschluss (Bilanz, Gewinn- und Verlustrechnung [und Anhang]) und den Lagebericht gleichzeitig mit der Vorlage beim Aufsichtsrat den Gesellschaftern zur Kenntnis vorzulegen. Sobald der Geschäftsführung der Bericht des Aufsichtsrats gemäß § 171 Abs. 2 AktG vorliegt, hat sie diesen den Gesellschaftern unverzüglich mit ihrer eigenen Stellungnahme zum Bericht des Aufsichtsrats zur Beschlussfassung über den Jahresabschluss und über die Ergebnisverwendung vorzulegen.]

c) Feststellung des Jahresabschlusses. Zwischen der Aufstellung des Jahresabschlusses, seiner Feststellung und der Ergebnisverwendung ist präzise zu unterscheiden. Während die Aufstellung des Jahresabschlusses Teil der den Geschäftsführern auferlegten Bilanzierungs-

---
[487] Vgl. Baumbach/Hopt/*Hopt*/Merkt HGB § 316 Rn. 5; Lutter/Hommelhoff/*Kleindiek* Anh. § 42 Rn. 62.
[488] *Adler/Düring/Schmaltz* § 171 AktG Rn. 17, 21; Kölner KommAktG/*Ekkenga* § 171 Rn. 22; *Forster*, in: FS Kropff, 1997, S. 71, 84 ff.

pflicht ist, der Jahresabschluss also zu diesem Zeitpunkt noch lediglich ein Entwurf der Geschäftsführung ist, ist die Feststellung des Jahresabschlusses die Verbindlicherklärung des Jahresabschlusses durch das dazu berufene Gesellschaftsorgan.[489] Der festgestellte Jahresabschluss bildet dann wiederum die Grundlage für den Beschluss über die Ergebnisverwendung. Die Feststellung des Jahresabschlusses hat damit der Ergebnisverwendung stets voranzugehen.[490] Diese Unterscheidung hat insbesondere insofern eine praktische Bedeutung, als die Unverbindlichkeit des Jahresabschlusses bis zur formellen Feststellung im Feststellungsorgan die Möglichkeit ergibt, den bestehenden bilanzpolitischen Spielraum im Hinblick auf das verwendungsfähige Ergebnis zu nutzen.[491]

273 Die Gesellschafterversammlung muss nach § 42a Abs. 2 GmbHG innerhalb der ersten acht Monate oder, wenn es sich um eine kleine Kapitalgesellschaft i. S. v. § 267 Abs. 1 HGB handelt, innerhalb der ersten elf Monate des Geschäftsjahres über die Feststellung des Jahresabschlusses und die Ergebnisverwendung beschließen. Diese Fristen dürfen durch die Satzung nicht verlängert werden (§ 42a Abs. 2 S. 3 GmbHG).[492] Für die Feststellung zuständig ist, sofern die Satzung nicht etwas anderes bestimmt, die Gesellschafterversammlung (§ 46 Nr. 1 GmbHG). Die Feststellung des Jahresabschlusses kann aber auch einem oder mehreren Gesellschaftern, einem Beirat oder – in der Praxis nicht selten – einem Aufsichtsrat übertragen werden.[493] Die überwiegende Meinung hält auch eine Kompetenzverlagerung auf die Geschäftsführung kraft Satzungszuweisung für zulässig.[494]

> **Formulierungsvorschlag:**
>
> Die Gesellschafter haben den Jahresabschluss innerhalb der gesetzlichen Frist festzustellen und über die Ergebnisverwendung zu beschließen (§ 42a Abs. 2 GmbHG).

> **Alternative:**
>
> Der [Beirat] hat den Jahresabschluss [und den Lagebericht] innerhalb der gesetzlichen Frist festzustellen und über die Ergebnisverwendung zu beschließen.

274 Der **Beschluss über die Feststellung des Jahresabschlusses** erfolgt mit einer einfachen Mehrheit der Stimmen der Gesellschafterversammlung (§ 46 Abs. 1 GmbHG). Stimmberechtigt sind auch die geschäftsführenden Gesellschafter, die den Jahresabschluss aufgestellt haben.[495]

275 Bei **Gemeinschaftsunternehmen**, bei denen die Gesellschafter jeweils 50% der Stimmrechte halten, kann es sich anbieten, einen besonderen **Patt-Auflösungsmechanismus** in der Satzung vorzusehen. Dabei kann die Feststellung des Jahresabschlusses beispielsweise an einen Sachverständigen überantwortet werden, sofern kein mit der notwendigen Mehrheit gefasster Gesellschafterbeschluss zustande kommen sollte.

---

[489] Scholz/*Crezelius* § 42a Rn. 30.
[490] Scholz/*Crezelius* § 42a Rn. 31; Ulmer/Habersack/Winter/*Hüffer* § 46 Rn. 21; *Adler/Düring/Schmaltz* § 42a GmbHG Rn. 29.
[491] So auch Scholz/*Crezelius* § 42a → Rn. 31; *Hommelhoff/Priester* ZGR 1986, 463, 473 f. – zu den Bilanzierungs- und Gewinnrücklagenklauseln s. → Rn. 286–290.
[492] Baumbach/Hueck/*Haas* § 42a Rn. 19; Scholz/*Crezelius* § 42a Rn. 44.
[493] Vgl. BGHZ 84, 209, 214; BGH BB 1961, 304; Ulmer/Habersack/Winter/*Hüffer* § 46 Rn. 22; Baumbach/Hueck/*Zöllner* § 46 Rn. 16; Scholz/*Crezelius* § 42a Rn. 34; *Hommelhoff/Priester* ZGR 1986, 463, 475 f.
[494] So Scholz/*Crezelius* § 42a Rn. 35; Baumbach/Hueck/*Haas* § 42a Rn. 16; *Hommelhoff/Priester* ZGR 1986, 463, 476 f.; *Adler/Düring/Schmaltz* § 42a GmbHG Rn. 33; a. A. Ulmer/Habersack/Winter/*Hüffer* § 46 Rn. 22 (fehlende Rechts- und Zweckmäßigkeitskontrolle bei Satzungszuweisung an Geschäftsführung).
[495] RGZ 49, 141, 146; Ulmer/Habersack/Winter/*Hüffer* § 46 Rn. 10; Baumbach/Hueck/*Haas* § 42a Rn. 17; Scholz/*K. Schmidt* § 46 Rn. 16.

Formulierungsvorschlag:
Kommt in zwei aufeinander folgenden Gesellschafterversammlungen kein Gesellschafterbeschluss über die Feststellung des Jahresabschlusses [und des Lageberichts] zustande, so entscheidet über die Feststellung ein Sachverständiger, der vom [Präses/Geschäftsführer] der für die Gesellschafter zuständigen Industrie- und Handelskammer auf Antrag der Geschäftsführung bestellt wird, als Schiedsgutachter endgültig [, sofern nicht die Gesellschafterversammlung mit einfacher Stimmenmehrheit einen Sachverständigen wählt]. [Kommt die Geschäftsführung ihrer Antragspflicht nicht binnen einer Frist von 14 Tagen nach der zweiten Gesellschafterversammlung nach, ist jeder Geschäftsführer und jeder Gesellschafter, auf den mehr als 10% der Stimmrechte einer Gesellschaft entfallen, berechtigt, den Antrag auf Bestellung eines Sachverständigen bei der für die Gesellschaft zuständigen Industrie- und Handelskammer zu stellen.]

22. Ergebnisverwendung

a) Kompetenz für Ergebnisverwendungsbeschluss. Nach § 46 Nr. 1 GmbHG ist grundsätzlich die Gesellschafterversammlung für den Beschluss über die Verwendung des Ergebnisses zuständig. Diese Kompetenz kann – ebenso wie die Feststellung des Jahresabschlusses – auch auf einen oder mehrere Gesellschafter, einen Gesellschafter-Bilanzausschuss, einen Beirat, einen Aufsichtsrat oder ein anderes Organ, nach überwiegender Meinung sogar auf die Geschäftsführer[496] übertragen werden;[497] eine Kompetenzzuweisung an gesellschaftsfremde Dritte ist hingegen nicht zulässig.[498] Es empfiehlt sich, die Kompetenz für die Feststellung des Jahresabschlusses und den Beschluss über die Ergebnisverwendung nicht auseinanderfallen zu lassen, da beide Beschlüsse inhaltlich korrespondieren. 276

b) Inhaltliche Vorgaben. Die Gesellschafter einer GmbH haben nach § 29 Abs. 1 GmbHG grundsätzlich einen Anspruch auf Ausschüttung des Jahresüberschusses zuzüglich des Gewinnvortrages und abzüglich eines Verlustvortrages. Ein präziser inhaltlicher Rahmen wird durch das GmbHG – anders als bei der Aktiengesellschaft mit den Vorschriften über die Bildung von Rücklagen nach § 150 AktG – nicht vorgegeben. Aus diesem Grund finden sich in fast allen Satzungen Regelungen über die Gewinnverwendung. Dabei ist einerseits das Finanzierungsinteresse der Gesellschaft durch Thesaurierung und andererseits das – in der Praxis häufig sehr unterschiedlich ausgeprägte[499] – Ausschüttungsinteresse der Gesellschafter zu berücksichtigen und ggf. zu einem Ausgleich zu bringen. Voraussetzung für eine präzise Satzungsformulierung ist die Verwendung der gesetzlichen Terminologie des HGB. Unter Jahresergebnis wird nach § 266 Abs. 3 A V HGB der Jahresüberschuss zuzüglich des Gewinnvortrages und abzüglich des Verlustvortrages verstanden. Bilanzgewinn ist nach §§ 29 Abs. 1 S. 2 GmbHG, 268 Abs. 1 HGB das Jahresergebnis abzüglich Zuführungen zur Rücklage und zuzüglich Auflösung von Rücklagen. Ergebnisverwendung ist der Oberbegriff für (i) die Gewinnverteilung (d. h. Ausschüttung an die Gesellschafter), (ii) die Zuführung zu Gewinnrücklagen und (iii) den Gewinnvortrag. Nach der gesetzlichen Grundkonzeption gibt es für die Verwendung des Jahresergebnisses drei Möglichkeiten:[500] 277

- Der zu thesaurierende Ergebnisanteil kann mit Aufstellung des Jahresabschlusses in die Gewinnrücklagen nach § 266 Abs. 3 A III Nr. 4 HGB eingestellt werden. Die Gesellschafter entscheiden dann schon im Beschluss über die Feststellung des Jahresabschlusses nach §§ 42a Abs. 2 S. 1, 46 Nr. 1 GmbHG über die Thesaurierung und ihren Umfang. Nur der Restbetrag wird dann in der Bilanz als Bilanzgewinn ausgewiesen, über den dann im Ergebnisverwendungsbeschluss beschlossen wird. Materiell ist damit der Feststellungsbe- 278

---

[496] So Baumbach/Hueck/*Zöllner* § 46 Rn. 16; Scholz/*K. Schmidt* § 46 Rn. 46; *Hommelhoff/Priester* ZGR 1986, 463, 476; a. A. Ulmer/Habersack/Winter/*Hüffer* § 46 Rn. 22.
[497] Baumbach/Hueck/*Zöllner* § 46 Rn. 16.
[498] Baumbach/Hueck/*Zöllner* § 46 Rn. 16; Ulmer/Habersack/Winter/*Hüffer* § 46 Rn. 23.
[499] Hierzu z. B. *Arnold*, Der Gewinnauszahlungsanspruch des GmbH-Minderheitsgesellschafters, 2001, S. 3 f.; *Bork/Oepen* ZGR 2002, 241 f.
[500] Hierzu z. B. *Hommelhoff* DNotZ 1986, 323, 324 f.

schluss zugleich auch Ergebnisverwendungsbeschluss, der indes erforderlich bleibt, um die Auszahlungsansprüche der einzelnen Gesellschafter zu begründen.

279
- Die Gesellschafter entscheiden ausschließlich im Ergebnisverwendungsbeschluss nach §§ 29 Abs. 2, 46 Nr. 1 GmbHG über die Thesaurierung. Einzubehaltende Beträge werden hierdurch von der Verteilung an die Gesellschafter (§ 29 Abs. 1 S. 1 GmbHG) ausgenommen und entweder der Gewinnrücklage (§ 266 Abs. 3 A III. Nr. 4 HGB) zugeführt oder als Gewinnvortrag (§ 266 Abs. 3 A. IV. HGB) ausgewiesen. Findet sich für eine Thesaurierung keine Mehrheit, so ist das Jahresergebnis auszuschütten.

280
- Beide Thesaurierungsmethoden können miteinander verknüpft werden.

281
Im Rahmen dieser Möglichkeiten kann die Satzung die Ergebnisverwendung entweder durch sog. **Bilanzierungsklauseln** (erster Spiegelstrich) oder durch sog. **Verwendungsklauseln** (zweiter Spiegelstrich) vorstrukturieren. Dabei können sich die statutarischen Verwendungsklauseln sowohl auf das gesamte Jahresergebnis als auch nur auf einen bestimmten Teil beziehen. Während Gesamtergebnisklauseln die Verwendung des gesamten jeweiligen Jahresergebnisses im Gesellschaftsvertrag regeln und den Gesellschaftern daher keinen Spielraum für flexible Finanzierungsentscheidungen belassen, regeln Teilergebnisklauseln nur die Verwendung eines Teils des Jahresergebnisses und sind wegen der damit verbundenen Möglichkeit aktuell erforderliche Entscheidungen zu treffen, aus Sicht der Gesellschaft vorzugswürdig.[501]

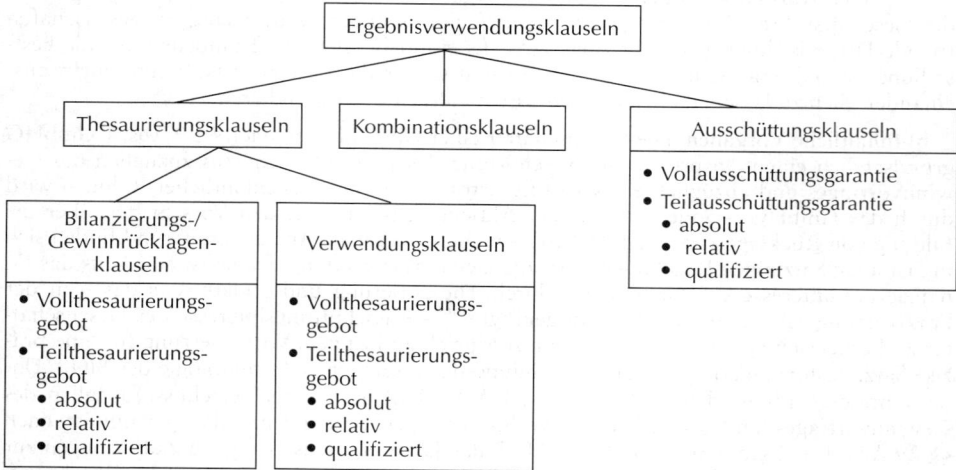

282
Bei der Abwägung zwischen dem Finanzierungsinteresse der Gesellschaft (Thesaurierungsklauseln) und dem Ausschüttungsinteresse der Gesellschafter (Ausschüttungsklauseln) sind neben dem Binnenfinanzierungsbedarf der Gesellschaft insbesondere auch die steuerlichen Rahmenbedingungen für Thesaurierung und Ausschüttung des steuerlichen Jahresergebnisses in Ansatz zu bringen. Dabei sind die durch das Unternehmensteuerreformgesetz 2008[502] bewirkten **Veränderungen des Unternehmenssteuerrechts** zu beachten:[503] Mit Wirkung zum 1.1.2008 sieht das seit 2001 praktizierte[504] klassische Körperschaftsteuersystem für die Gewinne von Körperschaften einen Steuersatz von 15% anstelle von bislang 25%

---

[501] So auch *Hommelhoff* DNotZ 1986, 323, 328.
[502] BGBl. I 2007 S. 1912.
[503] Dazu *Knief* DStR 2008, 160; *Streck* NJW 2007, 3176; ausführlich Lüdicke/Sistermann/*Teufel*, Unternehmensteuerrecht, 2008, § 2.
[504] Zum Steuersenkungsgesetz vom 23.10.2000, welches das bis Ende 2000 bestehende Körperschaftsteueranrechnungsverfahren abgeschafft hat, vgl. *Priester* DStR 2001, 795 ff.; *Sieker*, Gesellschaftsrechtliche Auswirkungen der Unternehmensteuerreform, in: Gesellschaftsrecht in der Diskussion 2000, VGR Band 3, 2001, S. 163.

vor (§ 23 Abs. 1 KStG n. F.). Für die seit 2001 erneut der Ertragsbesteuerung unterworfenen Dividenden von Anteilseignern, die natürliche Personen sind, ist als Kompensation für die Doppelbelastung das sog. Teileinkünfteverfahren[505] vorgesehen, durch das Dividenden zu 40% von der Steuer freigestellt sind (§§ 3 Nr. 40, 20 Abs. 1 Nr. 1 EStG n. F.);[506] Dividendeneinkünfte bei Kapitalgesellschaften sind weiterhin steuerfrei (§ 8b Abs. 1 KStG).

Die Absenkung der Körperschaftsteuer auf 15% legt eine Ergebnisverwendung nahe, die zu möglichst hohen Rücklagen und dementsprechend niedrigen Ausschüttungen führt.[507] Auch das früher verbreitete Ausschüttungs-Rückhol-Verfahren,[508] bei der eine Vollausschüttung mit der Verpflichtung der Gesellschafter kombiniert wird, die Gewinne ganz oder teilweise an die Gesellschaft zum Zwecke der Einstellung in offene Rücklagen zurückzugewähren, hat nach der Systemänderung in 2001 seine praktische Bedeutung verloren.[509] 283

Vor diesem Hintergrund der steuerlichen Privilegierung von Gewinnthesaurierungen gewinnt der Schutz von Minderheitsgesellschaften an Bedeutung, die auf Ausschüttungen angewiesen sind. Diese werden in Zukunft noch stärker bestrebt sein, einen jedenfalls teilweisen Ausschüttungszwang des Jahresergebnisses in der Satzung zu verankern. Denn in diesem Fall bedarf ein abweichender Gewinnverwendungsbeschluss gemäß § 53 Abs. 2 S. 1 GmbHG einer Mehrheit von ¾ der abgegebenen Stimmen. Der Übergang zur Vollthesaurierung durch Satzungsänderung bzw. satzungsdurchbrechenden Beschluss bedarf entsprechend § 53 Abs. 3 GmbHG sogar der Zustimmung aller Gesellschafter, da eine solche Maßnahme einen schwerwiegenden Eingriff in das Gewinnbezugsrecht der Gesellschafter darstellt.[510] 284

Ein gesetzlicher (indes nur schwacher) Schutz der Gesellschafterminderheit ergibt sich aus den allgemeinen gesellschaftlichen Treuepflichten.[511] Die Nichtausschüttung muss nämlich durch das Interesse der Gesellschaft an einer soliden Eigenkapitalausstattung gerechtfertigt sein, wobei als Maßstab hier die vernünftige kaufmännische Beurteilung i. S. d. § 254 Abs. 1 AktG anerkannt ist. Bloße Gesellschafterinteressen rechtfertigen eine Thesaurierung dagegen nicht.[512] Diese Begrenzung erlangt angesichts der speziellen Thesaurierungsanreize durch die Unternehmenssteuerreform eine besondere Bedeutung. Dient die Rücklagenbildung lediglich dem Zweck, die private Einkommensteuerbelastung gering zu halten, so ist das Thesaurierungsinteresse der Mehrheit als gesellschaftsfremd und daher als nicht geeignet anzusehen, einen Eingriff in das Dividendeninteresse der widersprechenden Minderheit zu rechtfertigen.[513] Das gilt sowohl für Satzungsänderungen als auch für Gesellschafterbeschlüsse, die dementsprechend analog § 243 Abs. 1 AktG anfechtbar sind. Ist die Rücklagenbildung jedoch unternehmerisch gerechtfertigt, um die Gesellschaft ausreichend mit Kapital auszustatten oder um geplante Investitionen vorzunehmen, muss das Ausschüttungsinteresse der Minderheit zurücktreten. 285

aa) Bilanzierungs- und Gewinnrücklagenklauseln. Die Ergebnisverwendung kann nicht nur durch Ergebnisverwendungsklauseln, sondern bereits zu einem früheren Stadium, näm- 286

---

[505] Vormals Halbeinkünfteverfahren.
[506] Für von Privatpersonen gehaltene Beteiligungen unterhalb von 1% des Stammkapitals der Gesellschaft gilt ab 1.1.2009 hingegen die sog. Abgeltungsteuer i. H. v. 25%; vgl. dazu *Spengel/Ernst* DStR 2008, 835; zum Ganzen Lüdicke/Sistermann/*Teufel*, Unternehmensteuerrecht, 2008, § 2 Rn. 79 ff.
[507] Nach rein steuerrechtlichen Überlegungen wäre eine 100%ige Thesaurierung optimal, vgl. *Sieker*, Gesellschaftsrechtliche Auswirkungen der Unternehmensteuerreform, in: Gesellschaftsrecht in der Diskussion 2000, VGR-Band 3, 2001, S. 163, 165; *Günkel/Fenzl/Hagen* DStR 2000, 445, 451.
[508] Hierzu z. B. *Orth* GmbHR 1987, 195 ff. – zu den steuerlichen Vorteilen Dötsch/Eversberg/Jost/Witt/*Dötsch* KStG § 27 Rn. 224 ff.
[509] *Priester* DStR 2001, 795, 798.
[510] Lutter/Hommelhoff/*Bayer* § 53 Rn. 23; Scholz/*Priester/Veil* § 53 Rn. 142; Ulmer/Habersack/Winter/*Ulmer* § 53 Rn. 130; *Priester* DStR 2001, 795, 797.
[511] OLG Hamm BB 1992, 33; OLG München BB 1990, 368 f.; Baumbach/Hueck/*Fastrich* § 29 Rn. 30 ff.; Lutter/Hommelhoff/*Hommelhoff* § 29 Rn. 24; Scholz/*Verse* § 29 Rn. 75 ff.; vgl. Bork/Oepen ZGR 2002, 241, 243 ff.
[512] *Priester* DStR 2001, 795, 796.
[513] *Sieker*, Gesellschaftsrechtliche Auswirkungen der Unternehmensteuerreform, in: Gesellschaftsrecht in der Diskussion 2000, VGR-Band 3, 2001, S. 163, 170.

lich bei der Aufstellung des Jahresabschlusses (teilweise) geregelt werden. Diese statutarischen Klauseln zur Rücklagenbildung beschränken nämlich wirksam den sachlichen Umfang des Ergebnisverwendungsbeschlusses und wirken demnach wie Thesaurierungsklauseln. Anders als die Thesaurierungsklauseln steuern die Bilanzierungs- oder Gewinnrücklagenklauseln die Ergebnisverwendung jedoch von einem konkret bezifferten Eigenkapital der Gesellschaft her.[514] Solche Bilanzierungsklauseln empfehlen sich gegenüber Thesaurierungsklauseln insbesondere dann, wenn der Eigenkapitalbedarf der Gesellschaft bereits bei ihrer Gründung absehbar ist und beziffert werden kann, gleichzeitig die Interessen der Minderheitsgesellschafter vor fortlaufender Thesaurierung über diesen Eigenkapitalbedarf geschützt werden sollen.

287 **Absolute Gewinnrücklagenklauseln** regeln ausschließlich den Gesamtbetrag der Rücklagendotation.

> **Formulierungsvorschlag:**
>
> Bei der Aufstellung und Feststellung des Jahresabschlusses ist zu berücksichtigen, dass zunächst eine Gewinnrücklage in Höhe von ...... EUR zu bilden bzw. zu erhalten ist.

288 Im Gegensatz zu den absoluten Gewinnrücklagenklauseln begrenzen sog. **relative Gewinnrücklagenklauseln** den Umfang der Rücklagendotation in Abhängigkeit vom Stammkapital.

> **Formulierungsvorschlag:**
>
> Bei der Aufstellung und Feststellung des Jahresabschlusses ist zu berücksichtigen, dass zunächst eine Gewinnrücklage in Höhe von ......% des Stammkapitals zu bilden bzw. zu erhalten ist.

289 Schließlich können sog. **qualifizierte Gewinnrücklagenklauseln** in der Satzung verankert werden, die vorgeben, dass Gewinnrücklagen nur zu bestimmten Zwecken verwendet werden dürfen. Das sichert über die absoluten und relativen Gewinnrücklagenklauseln hinaus den Thesaurierungszweck insofern, als es einer einfachen Gesellschaftermehrheit verwehrt ist, durch schlichten Ergebnisverwendungsbeschluss Gewinnrücklagen aufzulösen und an die Gesellschafter auszuschütten.

> **Formulierungsvorschlag:**
>
> Die [ggf. näher zu bezeichnenden] Gewinnrücklagen dürfen nur zum Ausgleich eines Jahresfehlbetrages, eines Verlustvortrages oder zur Kapitalerhöhung aus Gesellschaftsmitteln verwendet werden. Für andere Zwecke können diese Gewinnrücklagen nur verwendet werden, wenn dies die Gesellschafter mit [drei Vierteln der abgegebenen Stimmen] beschließen.

290 Schließlich sollte die Satzung regeln, ob eine **Pflicht zur Wiederauffüllung der Gewinnrücklagen** besteht, wenn diese durch einen entsprechenden Ergebnisverwendungsbeschluss der Gesellschafter unter den in der Satzung vorgesehenen Umfang absinken.

> **Formulierungsvorschlag:**
>
> Aufgelöste oder zur Abdeckung eines Jahresfehlbetrags, Verlustvortrags und zur Kapitalerhöhung aus Gesellschaftsmitteln verwendete Rücklagen müssen [nicht] ergänzt werden.

291 *bb) Thesaurierungsklauseln.* Thesaurierungsklauseln empfehlen sich vor allem dann, wenn ein absehbarer künftiger Kapitalbedarf der Gesellschaft besteht und Streitigkeiten unter den Gesellschaftern über die Ausschüttung von Gewinnen vermieden werden sollen.

---

[514] Vgl. *Hommelhoff* DNotZ 1986, 323, 332.

> **Formulierungsvorschlag:**
> Der gesamte jeweils ausschüttungsfähige Jahresüberschuss ist einer Gewinnrücklage der Gesellschaft zuzuführen. [Diese darf nur zum Ausgleich eines Jahresfehlbetrages, eines Verlustvortrages oder zur Kapitalerhöhung aus Gesellschaftsmitteln verwendet werden.]

Dabei haben Thesaurierungsklauseln eine inhärent minderheitsschützende Wirkung. Denn gemäß § 29 Abs. 2 GmbHG können die Gesellschafter grundsätzlich mit einfacher Mehrheit der abgegebenen Stimmen (§§ 46 Nr. 1 i.V.m. 47 Abs. 1 GmbHG) beschließen, Beträge in die Gewinnrücklagen einzustellen. Durch Satzungsbestimmung kann – in erster Linie eben im Interesse der Minderheitsgesellschafter – das Zustimmungserfordernis zu einem Thesaurierungsbeschluss verstärkt werden, indem anstelle der im Gesetz vorgesehenen einfachen Mehrheit eine qualifizierte Mehrheit oder gar die Zustimmung aller Gesellschafter verlangt wird.

> **Formulierungsvorschlag:**
> Im Beschluss über die Verwendung des Ergebnisses können die Gesellschafter nur mit einer Mehrheit von drei Vierteln der abgegebenen Stimmen [mit Zustimmung aller Gesellschafter] Beträge in die Gewinnrücklagen einstellen oder als Gewinn vortragen.

Soll nur eine teilweise Dotationspflicht der Gesellschafter vorgesehen werden, ist zu unterscheiden zwischen sog. relativen und sog. absoluten Thesaurierungsklauseln. **Relative Thesaurierungsklauseln** orientieren sich häufig an den Prozentzahlen des Jahresergebnisses und sehen vor, dass eine Einstellung ohne Rücksicht auf die Höhe der bereits angesammelten Gewinnrücklagen stattzufinden hat. Ausschüttungsinteresse der Gesellschafter und Thesaurierungsinteresse der Gesellschaft stehen hierbei gleichrangig nebeneinander.

> **Formulierungsvorschlag:**
> Vom Jahresüberschuss zuzüglich eines Gewinnvortrags und abzüglich eines Verlustvortrags (Jahresergebnis) sind ......% in eine Gewinnrücklage der Gesellschaft einzustellen. [Diese darf nur zum Ausgleich eines Jahresfehlbetrages, eines Verlustvortrages oder zur Kapitalerhöhung aus Gesellschaftsmitteln verwendet werden.]

Daneben können **absolute Thesaurierungsklauseln** anordnen, dass ein nach dem Betrag festgelegter Teil des Jahresergebnisses in die Gewinnrücklagen einzustellen ist. Solche Klauseln sind aber stets deshalb problematisch, weil die Höhe der künftigen Jahresergebnisse nur in den seltensten Fällen sicher abgeschätzt werden kann.

> **Formulierungsvorschlag:**
> Vom Jahresüberschuss zuzüglich eines Gewinnvortrags und abzüglich eines Verlustvortrags (Jahresergebnis) sind, soweit das Jahresergebnis ausreicht, zunächst bis zu ...... EUR in die Gewinnrücklagen einzustellen.

Relative und absolute Thesaurierungsklauseln können auch als sog. **qualifizierte Thesaurierungsklauseln** ausgestaltet sein. Diese knüpfen die Pflicht zur Einstellung in die Gewinnrücklagen an weitere sachliche Voraussetzungen, die in der Satzung zu präzisieren sind.

> **Formulierungsvorschlag:**
> Vom Jahresüberschuss zuzüglich eines Gewinnvortrags und abzüglich eines Verlustvortrags (Jahresergebnis) können mehr als ......% oder, soweit das Jahresergebnis ausreicht, mehr als ...... EUR in die Gewinnrücklagen eingestellt werden, wenn dies zur Abwendung eines der Gesellschaft drohenden Schadens erforderlich ist.

296 Soll entsprechend den vorgenannten Klauseln nur ein Teil des Jahresergebnisses thesauriert werden, sollte die Satzung ergänzend klarstellen, ob der verbleibende Teil des Ergebnisses vollständig an die Gesellschafter auszuschütten ist oder ob weitere Thesaurierungen stattfinden können.

> **Formulierungsvorschlag:**
> 1. Der verbleibende Rest des Jahresergebnisses ist an die Gesellschafter auszuschütten.
> 2. Über die Verwendung des weiteren Jahresergebnisses entscheiden die Gesellschafter mit einfacher Mehrheit [mit qualifizierter Mehrheit]. Sie dürfen auch weitere Beträge in die Gewinnrücklagen einstellen oder als Gewinn vortragen [, sofern hierfür ein wichtiger Grund vorliegt].

297 *cc) Ausschüttungsklauseln.* Ausschüttungsklauseln sichern das Dividendeninteresse insbesondere von Minderheitsgesellschaftern, indem sie vorsehen, dass Vollausschüttungen oder jedenfalls Mindestausschüttungen in bestimmter Höhe zu erfolgen haben.

> **Formulierungsvorschlag (Vollausschüttungspflicht):**
> Der Jahresüberschuss ist in voller Höhe auszuschütten. Jeder Gesellschafter ist hieran mit einem Betrag beteiligt, der dem Anteil des Nennbetrags seiner Geschäftsanteile am Stammkapital der Gesellschaft entspricht.

298 Statt auf den Jahresüberschuss kann entsprechend § 29 Abs. 1 S. 2 GmbHG auf den Bilanzgewinn als Ausschüttungsgröße abgestellt werden, wenn die Bilanz unter Berücksichtigung der teilweisen Ergebnisverwendung oder der Rücklagenauflösung aufgestellt wurde.

299 Soweit die Satzung eine zwingende Teilausschüttung vorsieht, ist wieder zwischen relativen, absoluten und qualifizierten Verwendungsklauseln zu unterscheiden. **Relative Ausschüttungsklauseln** ordnen an, dass ein bestimmter Prozentsatz des Jahresergebnisses an die Gesellschafter auszuschütten ist. Thesaurierungsinteresse der Gesellschaft und Ausschüttungsinteresse der Gesellschafter sind hierbei gleichrangig berücksichtigt, über die Höhe des auszuschüttenden Prozentsatzes kann eine Feinabstimmung erfolgen.

> **Formulierungsvorschlag:**
> Aus dem jeweiligen ausschüttungsfähigen Jahresüberschuss [dem Bilanzgewinn] ist an jeden Gesellschafter ein Betrag auszuschütten, der einem um ...... Prozentpunkte über dem jeweiligen [EURIBOR für dreimonatige Einlagen/Basiszinssatz der Europäischen Zentralbank] liegenden Prozentsatz des Nennbetrags seiner Geschäftsanteile entspricht.

300 **Absolute Ausschüttungsklauseln** bestimmen, dass jährlich ein bestimmter Betrag an die Gesellschafter auszuschütten ist. Solche Klauseln sind im Hinblick auf das Thesaurierungsinteresse der Gesellschaft meist problematisch. Dies ist nur dann nicht der Fall, wenn Gewinne in entsprechender Höhe mit relativer Sicherheit erwartet werden können.

> **Formulierungsvorschlag:**
> Soweit das Jahresergebnis ausreicht, sind zunächst ...... EUR an die Gesellschafter auszuschütten.

301 **Qualifizierte Ausschüttungsklauseln** können die in der Satzung festgelegte Mindestausschüttung nach dem Vorbild des § 254 Abs. 1 AktG an weitere sachliche Voraussetzungen knüpfen.

Formulierungsvorschlag:

Vom Jahresüberschuss zuzüglich eines Gewinnvortrags und abzüglich eines Verlustvortrags (Jahresergebnis) sind ......% [, soweit das Jahresergebnis ausreicht, ... EUR an die Gesellschafter auszuschütten. Etwas anderes gilt, wenn dies zur Abwendung eines der Gesellschaft drohenden Schadens erforderlich ist.

dd) Kombinationsklauseln. Schließlich kann die Satzung Kombinationsklauseln enthalten. Solche Klauseln können bestimmte Thesaurierungen ebenso wie bestimmte Gewinnausschüttungen vorsehen. Daneben bietet es sich an, die Verwendung eines weiteren Teils des Jahresüberschusses der Beschlussfassung durch die Gesellschafterversammlung zu überlassen. 302

Formulierungsvorschlag (Priorität der Thesaurierung):

Ein Teilbetrag von ......% des jeweiligen ausschüttungsfähigen Jahresüberschusses ist einer Gewinnrücklage der Gesellschaft zuzuführen. [Diese darf nur zum Ausgleich eines Jahresfehlbetrages, eines Verlustvortrages oder zur Kapitalerhöhung aus Gesellschaftsmitteln verwendet werden.]
Aus dem nach Bedienung der Gewinnrücklage gemäß Abs. 1 verbleibenden Teil des jeweiligen ausschüttungsfähigen Jahresüberschusses [des Bilanzgewinns] ist an jeden Gesellschafter ein Betrag auszuschütten, der einem um ...... Prozentpunkte über dem jeweiligen [EURIBOR für dreimonatige Einlagen/Basiszinssatz der Europäischen Zentralbank] liegenden Prozentsatz des Nennbetrags seiner Geschäftsanteile und des auf diese entfallenden Teils der gemäß Abs. 1 gebildeten Gewinnrücklagen entspricht.
Soweit der ausschüttungsfähige Jahresüberschuss [der Bilanzgewinn] nicht gemäß Abs. 1 und Abs. 2 verwendet wird oder nach der Verwendung gemäß Abs. 1 und Abs. 2 ein Teil des ausschüttungsfähigen Jahresüberschusses [Bilanzgewinns] verbleibt, ist über dessen Verwendung durch Gesellschafterbeschluss mit Mehrheit der abgegebenen Stimmen zu entscheiden.

Formulierungsvorschlag (Priorität der Ausschüttung):

Aus dem jeweiligen ausschüttungsfähigen Jahresüberschuss ist an jeden Gesellschafter ein Betrag auszuschütten, der einem um ...... Prozentpunkte über dem jeweiligen [EURIBOR für dreimonatige Einlagen/Basiszinssatz der Europäischen Zentralbank] liegenden Prozentsatz des Nennbetrags seiner Geschäftsanteile und des auf diese entfallenden Teils der gemäß Abs. 2 gebildeten Gewinnrücklagen entspricht.
Aus dem nach der Ausschüttung gemäß Abs. 1 verbleibenden Teil des jeweiligen ausschüttungsfähigen Jahresüberschusses ist ein Teilbetrag von ......% einer Gewinnrücklage der Gesellschaft zuzuführen. [Diese darf nur zum Ausgleich eines Jahresfehlbetrages, eines Verlustvortrages oder zur Kapitalerhöhung aus Gesellschaftsmitteln verwendet werden.]
Soweit der ausschüttungsfähige Jahresüberschuss [der Bilanzgewinn] nicht gemäß Abs. 1 und Abs. 2 verwendet wird oder nach der Verwendung gemäß Abs. 1 und Abs. 2 ein Teil des ausschüttungsfähigen Jahresüberschusses [Bilanzgewinns] verbleibt, ist über dessen Verwendung durch Gesellschafterbeschluss mit Mehrheit der abgegebenen Stimmen zu entscheiden.

c) **Vorabausschüttung.** Bei der GmbH ist die Ausschüttung einer Abschlagsdividende zulässig, soweit sie nicht im Einzelfall das zur Erhaltung des Stammkapitals erforderliche Vermögen (§ 30 Abs. 1 GmbHG) angreift.[515] Ob die Ausschüttung von Abschlagsdividenden einer ausdrücklichen Ermächtigung im Gesellschaftsvertrag bedarf, ist in der Literatur umstritten,[516] so dass eine ausdrückliche Satzungsbestimmung zweckmäßig ist. In dieser sollte auch auf jeden Fall geregelt werden, ob über die Ausschüttung von Abschlagsdividen- 303

---

[515] RGZ 85, 43; RGZ 92, 77; BGH DB 1972, 1575; Ulmer/Habersack/Winter/*Müller* § 29 Rn. 137, 142; a. A. OLG Hamburg GmbHR 1973, 123; *Böttcher* DB 1973, 358.
[516] Vgl. Ulmer/Habersack/Winter/*Müller* § 29 Rn. 136 ff. m. w. N.

den die Gesellschafter durch Beschluss entscheiden oder aber – was selten interessengerecht sein dürfte – die Geschäftsführer. Noch nicht hinreichend geklärt ist in der Literatur weiter, ob die Ausschüttung einer Abschlagsdividende eine **Zwischenbilanz** voraussetzt;[517] häufig wird dies aber auch in der Satzungsregelung geregelt.

> **Formulierungsvorschlag:**
>
> Die Gesellschafter können beschließen, im Laufe eines Geschäftsjahres eine Abschlagsdividende zu zahlen, wenn zu erwarten ist, dass der ausschüttungsfähige Jahresüberschuss mindestens den Betrag der Abschlagsdividende erreicht. [Ob dies der Fall ist, wird durch einen Zwischenabschluss und eine Ertragsvorschau für die noch verbleibende Zeit des Geschäftsjahres festgestellt.] Falls sich später ergibt, dass die Abschlagsdividende die ausschüttungsfähigen Überschüsse übersteigt, haben die Gesellschafter den übersteigenden Betrag zuzüglich angemessener Zinsen zurückzuzahlen. Aufrechnung und Zurückbehaltung sind ausgeschlossen. § 32 GmbHG findet keine Anwendung.

304 d) **Gewinnanteile der Gesellschafter.** Mit dem Ergebnisverwendungsbeschluss der Gesellschafterversammlung, von dem im festgestellten Jahresabschluss ausgewiesenen Jahresüberschuss bzw. Bilanzgewinn einen bestimmten Betrag an die Gesellschafter auszuschütten, entsteht zugunsten der Gesellschafter ein sofort fälliger Anspruch auf Gewinnauszahlung (Dividendenrecht).[518] Dabei erfolgt die Verteilung des Gewinns grundsätzlich im Verhältnis der Geschäftsanteile, wobei deren Nennbeträge maßgebend sind, nicht die tatsächlich geleisteten Einlagen (einschließlich Agio).[519]

305 In der Satzung kann der **Verteilungsmaßstab** indes im weiten Umfang anders geregelt werden; einzelne Gesellschafter können sogar ganz von der Gewinnverteilung ausgeschlossen werden.[520] Dabei reicht es nach jüngster Rechtsprechung auch aus, in der Satzung eine bloße Öffnungsklausel vorzusehen, die eine Abweichung von der Regelverteilung des § 29 Abs. 3 S. 1 GmbHG durch Gesellschafterbeschluss zulässt, ohne dass die Satzung selbst geändert werden müsste.[521]

> **Formulierungsvorschlag:**
>
> Der ausgeschüttete Bilanzgewinn wird zwischen den Gesellschaftern nach dem Verhältnis der von ihnen gehaltenen Geschäftsanteile verteilt, soweit nicht durch Gesellschafterbeschluss unter Zustimmung der nachteilig betroffenen Gesellschafter etwas anderes beschlossen wird.

306 Die Satzung kann z. B. aber auf das Verhältnis der tatsächlich geleisteten Einlagen abstellen oder den Gewinnbezug von einer Volleinzahlung abhängig machen.[522]

> **Formulierungsvorschlag:**
>
> Aus dem jeweiligen ausschüttungsfähigen Jahresüberschuss ist an jeden Gesellschafter ein Betrag auszuschütten, der einem um ...... Prozentpunkte über dem jeweiligen [EURIBOR für dreimonatige Einlagen/Basiszinssatz der Europäischen Zentralbank] liegenden Prozentsatz des Nennbetrags seiner Geschäftsanteile und des auf diese entfallenden Teils der gemäß Abs. 2 gebildeten Gewinnrücklagen entspricht. Der Anspruch nach Satz 1 setzt sich für jeden Gesellschafter jeweils in dem Maße herab, in dem der von ihm tatsächlich auf die Einlage geleistete Betrag hinter dem Nennbetrag seines Geschäftsanteils zurückbleibt.

---

[517] Vgl. Ulmer/Habersack/Winter/*Müller* § 29 Rn. 141.
[518] BGH NJW 1998, 1314; BGH NJW 1998, 3646; Baumbach/Hueck/*Fastrich* § 29 Rn. 49; Scholz/*Verse* § 29 Rn. 78 ff.
[519] Scholz/*Verse* § 29 Rn. 72; Baumbach/Hueck/*Fastrich* § 29 Rn. 51; Lutter/Hommelhoff/*Hommelhoff* § 29 Rn. 37.
[520] Umfassend *Schulze zur Wiesche* DB 1973, 2363 ff., 2420 ff.; *Blumers/Beinert/Witt* DStR 2002, 565 ff., 616 ff.
[521] BayObLG DB 2001, 1981; vgl. auch *Priester*, FS Wulf Müller, S. 113, 116 ff.
[522] BGHZ 14, 273; Baumbach/Hueck/*Fastrich* § 29 Rn. 52.

Die Satzung kann auch eine bevorzugte Berücksichtigung bestimmter Gesellschafter vorsehen (**Vorzugsdividende**), z. B. zugunsten von **Senior-Gesellschaftern in Familiengesellschaften** oder von **Finanzinvestoren** bei Wachstums- oder Turn around-Unternehmen. Dabei stellt die Rechtsprechung hohe Anforderungen an die Bestimmtheit der Satzungsregelung.[523] 307

> **Formulierungsvorschlag:**
> Der Gesellschafter A erhält aus dem jeweiligen ausschüttungsfähigen Jahresüberschuss vorab eine Ausschüttung von ......% des Nennbetrags seines Geschäftsanteils. Anschließend werden auf die übrigen Gesellschafter ......% des Nennbetrags ihres jeweiligen Geschäftsanteils verteilt.
> Reicht der Überschuss eines oder mehrerer Geschäftsjahre nicht zur Vorabausschüttung nach vorstehendem Satz 1 aus, so werden die fehlenden Beträge ohne Zinsen aus dem Jahresüberschuss der folgenden Geschäftsjahre nachgezahlt, und zwar nach Verteilung des Ausschüttungsbetrags des Gesellschafters A für diese Geschäftsjahre und vor einer Ausschüttung an die übrigen Gesellschafter. Das Nachzahlungsrecht ist Bestandteil des Gewinnanteils des Geschäftsjahres, aus dessen Überschuss die Nachzahlung geleistet wird.
> Über die Verwendung eines nach Durchführung von Absatz 1 und 2 verbleibenden Jahresüberschusses beschließt die Gesellschafterversammlung. [Der nach einem solchen Gesellschafterbeschluss zur Ausschüttung bestimmte weitere Jahresüberschuss wird zur Zahlung eines zusätzlichen Ausschüttungsbetrags an alle Gesellschafter im Verhältnis der Nennbeträge ihrer Geschäftsanteile verwendet.]

Möglich ist schließlich auch, **das Dividendenrecht** der Gesellschafter nicht an das Ergebnis der Gesamtgesellschaft, sondern eines **bestimmten abgrenzbaren Geschäftsbereichs** anzuknüpfen. Zweck einer solchen Regelung ist es, die Gesellschafter gezielt an dem Ertrag eines Geschäftsfeldes und nicht der ganzen Gesellschaft zu beteiligen und so eine maßgeschneiderte Kapitalanlage zur Verfügung zu stellen. Eine derartige spartenbezogene Vermögensbeteiligung[524] hat unter dem Schlagwort „Tracking Stocks" bei börsennotierten Aktiengesellschaften in den USA eine gewisse Verbreitung gefunden und dient dort vor allem dem Abbau des von Mischkonzernen am Kapitalmarkt zu zahlenden sog. Diversifikationsabschlags.[525] Wegen der Realisierungsschwierigkeiten auf Grund der Formenstrenge des deutschen Aktienrechts wird das Tracking Stock-Modell zunehmend als interessante Gestaltungsvariante für die GmbH diskutiert, z. B. im Rahmen von Gemeinschaftsunternehmen.[526] Für eine Verankerung solcher **Geschäftsbereichsanteile** bedarf es statutarischer Regelungen (i) zur hinreichend bestimmten Definition der „getrackten" Geschäftsbereiche oder Sparten sowie zum Verfahren einer Neubeschreibung dieser Geschäftsbereiche, (ii) zur Aufstellung einer Spartenrechnungslegung, (iii) zu Zustimmungsvorbehalten zugunsten der Gesellschafterversammlung bzw. eines anderen Organs (z. B. Aufsichtsrat) bei Maßnahmen oder Rechtsgeschäften, die einen wesentlichen Einfluss auf die Ertragssituation bzw. die langfristige Wertbildung der getrackten Geschäftsbereiche haben, sowie (iv) zur Verteilung des Gewinns und des Liquidationserlöses. 308

Eine durch die Satzung statuierte divisionalisierte Gewinnbeteiligung ist bei der GmbH **im Rahmen des § 29 Abs. 3 S. 2 GmbHG zulässig**.[527] Für die Bestimmung des zu verteilenden Gewinns bleibt ungeachtet dessen als Bezugsgröße das Jahresergebnis maßgeblich, so 309

---

[523] BayObLG DB 1987, 2349.
[524] Zur Zulässigkeit disproportionaler Rücklagenzuordnung *Priester*, GS Knobbe-Keuk, 1997, S. 293, 299 f.; *ders.* DStR 2001, 795, 797; *Fox/Hüttche/Lechner* GmbHR 2000, 521, 529.
[525] Eingehend *Tonner*, Tracking Stocks – Eine Untersuchung zu Zulässigkeit und Gestaltungsmöglichkeiten von Geschäftsbereichsaktien nach deutschem Aktienrecht, 2002; *ders.* IStR 2002, 317 ff.; *Thiel*, Spartenaktien für deutsche Aktiengesellschaften, 2001; *Sieger/Hasselbach* BB 1999, 1277 ff.; *dies.* AG 2001, 391 ff.; *Baums*, FS Boujong, 1996, S. 19 ff.; aus betriebswirtschaftlicher Sicht *Natusch*, „Tracking Stock" als Instrument der Beteiligungsfinanzierung diversifizierter Unternehmen, 2. Aufl. 2000, passim.
[526] *R. Müller* WiB 1997, 57, 60 f.; *Fox/Hüttche/Lechner* GmbHR 2000, 521.
[527] *R. Müller* WiB 1997, 57, 60; *Fox/Hüttche/Lechner* GmbHR 2000, 521, 529; *Breuninger/Krüger*, in: FS W. Müller, 2001, S. 527, 529. – Dies gilt nach § 72 Satz 2 GmbHG ebenso für eine divisionale Verteilung des Liquidationserlöses; vgl. Baumbach/Hueck/*Haas* § 72 Rn. 12; Scholz/K. *Schmidt* § 72 Rn. 9 f.

dass der festgestellte Jahresabschluss die im Rahmen der Gewinnverteilung disponible Masse bindend festlegt. Eine präzise Satzungsgestaltung ist vor allem für den Fall erforderlich, dass nur einer von mehreren Bereichen der Gesellschaft gewinnbringend arbeitet, während der andere Bereich Verluste erwirtschaftet. Zwar sind auf Grund des gelockerten Kapitalerhaltungssystems bei der GmbH auch Zahlungen an Gesellschafter außerhalb der Verteilung eines laufenden Gewinns zulässig, solange nicht das für die Erhaltung des Stammkapitals notwendige Gesellschaftsvermögen berührt wird. Soll jedoch das Gesellschaftsvermögen auch oberhalb dieser Grenze nicht unnötig geschmälert werden, bietet es sich an, anstelle des Rückgriffs auf vorhandene Rücklagen die Ausschüttung auf den vorhandenen Jahresüberschuss der Gesamtgesellschaft zu beschränken und für die Folgejahre Nachzahlungsansprüche der ausgefallenen Gesellschafter im Sinne echter Prioritätsvorzüge vorzusehen.

> **Formulierungsvorschlag:**
> 1. Der Gesellschafter A hat einen vorweg zu bedienenden Anspruch auf den Jahresüberschuss der [getrackten Einheit (Sparte oder Tochtergesellschaft)] zuzüglich eines Gewinnvortrags und abzüglich eines Verlustvortrags. Der insgesamt höchstens zur Ausschüttung zur Verfügung stehende Betrag ist der geringere von (i) dem nach dem Gesetz für eine Ausschüttung bei der Gesellschaft zur Verfügung stehende Betrag und (ii) dem nach dem Gesetz für eine Ausschüttung bei der [getrackten Einheit (Sparte oder Tochtergesellschaft)] zur Verfügung stehende Betrag [abzüglich darauf etwa anfallende Steuern].
> 2. Die übrigen Gesellschafter unter Ausschluss des Gesellschafters A haben einen Anspruch auf den verbleibenden Jahresüberschuss zuzüglich eines Gewinnvortrags und abzüglich eines Verlustvortrags.
> 3. Reicht der Überschuss eines Jahres nicht zu einer Ausschüttung nach Ziff. 1 oder Ziff. 2 aus, so werden die fehlenden Beträge ohne Zinsen aus dem Jahresüberschuss der folgenden Jahre nachgezahlt, und zwar vor Verteilung entweder auf die übrigen Gesellschafter oder auf den Gesellschafter A.
> 4. Im Beschluss über die Verwendung des Jahresüberschusses kann die Gesellschafterversammlung diesen ganz oder teilweise in Gewinnrücklagen einstellen, jedoch nur mit der Maßgabe, dass der in der [getrackten Einheit (Sparte oder Tochtergesellschaft)] entstandene Überschuss in eine dieser [getrackten Einheit (Sparte oder Tochtergesellschaft)] zugewiesenen Rücklage eingestellt wird und ein im [übrigen Unternehmen] entstandener Gewinn einer diesem [übrigen Unternehmen] zugewiesenen Rücklage eingestellt wird."

310 Soll den Gesellschaftern der Gewinn des von ihren Geschäftsanteilen „getrackten" Bereichs unabhängig von einem Jahresüberschuss der Gesamtgesellschaft ausgeschüttet werden, kann die Satzung eine Nachschusspflicht für die Gesellschafter vorsehen, deren Sparte in dem betreffenden Geschäftsjahr verlustbringend gearbeitet und daher eine Ausschüttung des positiven Spartenergebnisses verhindert hat.

> **Alternative zur Nr. 3:**
> 3. Reicht der Überschuss eines Jahres nicht zu einer Ausschüttung nach Ziff. 1 oder Ziff. 2 aus, so haben entweder der Gesellschafter A oder die übrigen Gesellschafter den Fehlbetrag durch Zahlung an die Gesellschaft auszugleichen.

311 Alternativ zu den vorstehenden Satzungsbestimmungen kann auch an den Bilanzgewinn als Ausschüttungsgröße angeknüpft werden. Voraussetzung für ein bereichsbezogenes Gewinnbeteiligungsrecht ist stets eine spartenbezogene Rechnungslegung, d. h. die Zuordnung jedes Bilanzpostens zu einem Geschäftsbereich. Eine solche Pflicht zur Spartenrechnungslegung ist weder durch das Bilanzrecht des HGB noch durch internationale Rechnungslegungsstandards (IAS, US-GAAP) vorgegeben, kann aber auf Grund freiwilliger Satzungsregelung geschaffen werden.[528]

---

[528] Eingehend dazu *Prinz/Schürner* DStR 2001, 759 ff.

Aus **steuerlicher Sicht** unterliegen solche Tracking Stock-Gestaltungen allerdings noch Bedenken. Der Bundesfinanzhof erkennt dabei disproportionale Gewinnausschüttungsklauseln im Grundsatz zwar durchaus an. So akzeptierte der BFH mit Entscheidung vom 25. November 1997[529] eine Gewinnabrede, durch die den Gesellschaftern eine Beteiligung am Gewinn einer bestimmten Niederlassung zugewiesen wird, die von dem betreffenden Gesellschafter eigenverantwortlich geführt wird und sah in dieser Regelung keinen Gestaltungsmissbrauch i.S. v. § 42 AO. Im Jahre 1999 bestätigte der BFH diese Rechtsprechung zur disquotalen Gewinnausschüttung im Rahmen eines Schütt-aus-Hol-zurück-Verfahrens.[530] Wenngleich die Literatur zu Recht diese Entscheidungen als Bestätigung der steuerlichen Anerkennung von Tracking Stocks anführt,[531] ist darauf hinzuweisen, dass die Finanzverwaltung dann einer inkongruenten Gewinnausschüttung die steuerliche Anerkennung versagen will, wenn für diese nicht besondere Leistungen eines oder mehrerer Gesellschafter ursächlich sind (z.B. unentgeltliche Nutzungsüberlassung von Grundstücken oder unentgeltliche Geschäftsführung).[532] Liegen solche wirtschaftlich beachtlichen Gesellschafterleistungen nicht vor, so sind nach Auffassung der Finanzverwaltung die Ausschüttungen den Gesellschaftern im Verhältnis ihrer Beteiligung am Nennkapital zuzurechnen.[533] Dieses Erfordernis zusätzlicher Gesellschafterbeiträge ist eine Ausprägung der Anordnung, missbräuchliche Gestaltungen gemäß § 42 AO steuerlich nicht zu berücksichtigen, und gilt daher nicht für Tracking Stock-Strukturen, da hier sehr wohl wirtschaftliche Gründe im Vordergrund stehen (und eben nicht eine für § 42 AO vorausgesetzte Steuerminderungsabsicht).[534] [535]

23. Leistungsverkehr mit Gesellschaftern

Der Leistungsverkehr zwischen der Gesellschaft und ihren Gesellschaftern birgt das Risiko verdeckter Gewinnausschüttungen in sich, d.h. von Leistungen an einen Gesellschafter, die außerhalb der förmlichen Gewinnverwendung vorgenommen werden und denen keine gleichwertigen, einem Fremdvergleich standhaltenden Gegenleistungen (arm's length principle) gegenüberstehen. Wenngleich im GmbH-Recht nicht das strenge aktienrechtliche Verbot der Einlagenrückgewähr (§§ 57, 58 Abs. 5 AktG) gilt, unterliegen auch hier verdeckte Gewinnausschüttungen ganz wesentlichen Einschränkungen, deren Umfang allerdings umstritten ist.[536] Verdeckte Gewinnausschüttungen sind zunächst dann gesellschaftsrechtlich unzulässig, wenn diese zur Beeinträchtigung des zur Erhaltung des Stammkapitals erforderlichen Gesellschaftsvermögens führen (§ 30 GmbHG).[537] Darüber hinaus hat die verdeckte Gewinnausschüttung den Gleichbehandlungsgrundsatz zu beachten, d.h. sie muss allen Gesellschaftern entsprechend ihrer Beteiligung zugute kommen, es sei denn, die Satzung regelt dies abweichend.[538] Schließlich verstößt die verdeckte Gewinnausschüttung in formaler Hinsicht nicht selten gegen die innergesellschaftliche Kompetenzverteilung dadurch, dass ihr kein Gesellschafterbeschluss zugrundeliegt, sondern bloßes Geschäftsführerhandeln.[539]

---

[529] BFH BStBl. II 1998, 257; vgl. auch BFH BStBl. II 1998, 695.
[530] BFH BStBl. II 2001, 43; kritisch dazu *Groh* DB 2000, 1433 ff.
[531] *Breuninger/Krüger*, FS W. Müller, 2001, S. 527, 542 ff.; Anm. zu BFH DStR 1999, 1853; vgl. auch *Breuninger/Prinz* DStR 1996, 1761, 1764 ff.; *Plewka*, Gestaltungsmöglichkeiten mit „Tracking Stocks" bei Kapital- und Personengesellschaften, in: Haarmann Hemmelrath & Partner, Gestaltung und Analyse in der Rechts-, Wirtschafts- und Steuerberatung von Unternehmen, 1998, S. 133, 137.
[532] Nichtanwendungserlass des BMF BStBl. I 2001, 47; so auch *Groh* DB 2000, 1433 ff.; vgl. auch Lüdicke/Sistermann/*Brinkmann*, Unternehmensteuerrecht, 2008, § 13 Rn. 99.
[533] Nichtanwendungserlass des BMF BStBl. I 2001, 47.
[534] Zur Steuerminderungsabsicht, BFH BStBl. II 1991, 107; BFH BStBl. II 1999, 729; BFH BStBl. II 2001, 43.
[535] So auch *Breuninger/Krüger*, FS W. Müller, 2001, S. 527, 547 ff.; *Tonner* IStR 2002, 317, 324; *Balmes/Graessner* DStR 2002, 838, 840 f.; *Blumers/Beinert/Witt* DStR 2002, 616, 619.
[536] Baumbach/Hueck/*Fastrich* § 29 Rn. 71 ff.
[537] OLG Düsseldorf DB 1989, 1963; OLG Celle NJW 1993, 739; Baumbach/Hueck/*Fastrich* § 29 GmbHG Rn. 72.
[538] Baumbach/Hueck/*Fastrich* § 29 Rn. 73.
[539] Hierzu Baumbach/Hueck/*Fastrich* § 29 Rn. 75.

314 Bei Vorliegen einer gesellschaftsrechtlich unzulässigen verdeckten Gewinnausschüttung steht der Gesellschaft ein Anspruch auf Rückforderung der gewährten Leistungen zu. Dieser **Rückgewähranspruch** ergibt sich aus §§ 30, 31 GmbHG, sofern die verdeckte Gewinnausschüttung das Stammkapital der Gesellschaft angegriffen hat. In den vielen anderen Fällen, ist die Rechtsgrundlage[540] und der Anspruchsumfang (insbesondere die Frage, ob Steuergutschriften des begünstigten Gesellschafters und Steuernachteile der Gesellschaft auszugleichen sind)[541] in der Literatur umstritten.

315 Aus **steuerlicher Sicht** liegt eine verdeckte Gewinnausschüttung nach § 8 Abs. 3 S. 2 KStG bei einer Vermögensminderung oder verhinderten Vermögensmehrung vor, die durch das Gesellschaftsverhältnis veranlasst ist und in keinem Zusammenhang mit einer offenen Ausschüttung steht.[542] Dabei nimmt der Bundesfinanzhof für die Mehrzahl der Sachverhalte eine Veranlassung der Vermögensminderung durch das Gesellschaftsverhältnis dann an, wenn die Kapitalgesellschaft ihren Gesellschaftern einen Vermögensvorteil zuwendet, den sie bei Anwendung der Sorgfalt eines ordentlichen und gewissenhaften Geschäftsleiters einem Nichtgesellschafter nicht gewährt hätte (arm's length principle).[543] Unter Geltung des Körperschaftsteueranrechnungsverfahrens (im Regelfall bis 2000)[544] führte die Umqualifizierung einer Leistungsvergütung (verdeckte Gewinnausschüttung) in Einkünfte aus Kapitalvermögen nach § 20 Abs. 1 Nr. 1 S. 3 EStG bei der Gesellschaft häufig zu steuerlichen Nachteilen, da eine verdeckte Gewinnausschüttung weniger verwendbares Eigenkapital liefert, als für sie erforderlich ist.[545] Darüber hinaus wird derjenige Gesellschafter begünstigt, der die verdeckte Gewinnausschüttung erhalten hat, da dieser nämlich außer dem Betrag der verdeckten Gewinnausschüttung (= Differenzbetrag zwischen angemessener, dem Fremdvergleich standhaltender und der tatsächlich geleisteten Vergütung) auch noch das hierauf entfallende anrechenbare Körperschaftsteuerguthaben von $3/7$ (= 42,86%) erhält.[546]

316 Auch nach dem im Regelfall ab 2001 anwendbaren Halbeinkünfteverfahren (nunmehr Teileinkünfteverfahren) führen verdeckte Gewinnausschüttungen zu einer höheren Steuerbelastung auf der Ebene der Gesellschaft sowie häufig zu einer Begünstigung auf der Ebene des die verdeckte Gewinnausschüttung erhaltenden Anteilseigners (bei natürlicher Person seit 2008 Steuerfreistellung zu 40%!).[547]

Der **Systemwechsel vom Anrechnungs- zum Halbeinkünfteverfahren** (nunmehr Teileinkünfteverfahren) hat also an der Problematik der verdeckten Gewinnausschüttung für die Gesellschaft (Nachbelastung) sowie der steuerlichen Begünstigung des Empfängers der Leistung nichts Wesentliches geändert. Allerdings ist der Einkommensteuervorteil des Anteilseigners – anders als beim Anrechnungsverfahren – von seiner individuellen einkommensteuerlichen Situation abhängig, wobei die Qualifikation als Gewinnausschüttung für den Anteilseigner umso günstiger ist, je höher der individuelle Steuersatz des empfangenden Anteilseigners ist.[548]

317 Vor dem Hintergrund der in der Praxis verbleibenden Unsicherheiten hinsichtlich Grundlage und Höhe eines Erstattungsanspruches der Gesellschaft gegenüber dem eine verdeckte Gewinnausschüttung empfangenden Anteilseigners – sofern denn ein sicherer Rückgriff auf

---

[540] Teilweise wird § 31 GmbHG entsprechend angewandt, teilweise wird auf die allgemeinen bereicherungsrechtlichen Grundsätze gemäß §§ 812 ff. BGB, die Regelungen zur Geschäftsführung ohne Auftrag (§§ 677 ff. BGB) oder auf die Grundsätze der gesellschaftsrechtlichen Treuepflicht verwiesen. Zum Diskussionsstand z. B. Dötsch/Jost/Pung/Witt/*Wochinger* § 8 Abs. 3 KStG Rn. 112, 137 ff.; *Pezzer*, Die verdeckte Gewinnausschüttung im Körperschaftsteuerrecht, 1986, S. 199 ff.; hierzu Baumbach/Hueck/*Fastrich* § 29 Rn. 76.
[541] Hierzu (bejahend) *Stingel/Scholderer* ZGR 1997, 41 ff.
[542] Dötsch/Jost/Pung/Witt/*Wochinger* § 8 Abs. 3 KStG Rn. 4; Lüdicke/Sistermann/*Kotyrba* § 5 Rn. 93.
[543] St. Rechtsprechung, vgl. z. B. BFH BStBl. II 1995, 419; vgl. auch Lüdicke/Sistermann/*Eilers/Ottermann* § 8 Rn. 41 ff.
[544] Annahme: Wirtschaftsjahr = Kalenderjahr; vgl. § 34 Abs. 1, Abs. 1a, Abs. 6d Satz 1 Nr. 1, Abs. 8a KStG, § 52 Abs. 4a Nr. 1, Abs. 8a EStG.
[545] Hierzu z. B. *Binz/Sorg* DStR 2001, 1457, 1458.
[546] Hierzu z. B. *Binz/Sorg* DStR 2001, 1457, 1458.
[547] Vgl. *Binz/Sorg* DStR 2001, 1457, 1459 f.; *Priester* DStR 2001, 795, 798; *Schiffers* GmbHR 2001, 885, 887 ff.
[548] Zur Ausnahme im Fall der Abgeltungsteuer vgl. Fn. 514.

den begünstigten Gesellschafter gewollt ist (Regelfall: Interesse der Minderheitsgesellschafter) – ist zu empfehlen, in der Satzung eine Steuerklausel aufzunehmen, wonach bei Qualifikation einer Leistungsvergütung als verdeckte Gewinnausschüttung durch die Finanzverwaltung nicht das gesamte Rechtsgeschäft hinfällig werden soll, sondern nur der steuerlich nicht anerkannte Vergütungs- oder Vertragsteil, und der wirtschaftliche Vorteil (einschließlich der Steuermehrbelastung der Gesellschaft) an die Gesellschaft auszugleichen ist.[549]

Ob eine in der Satzung aufgenommene Steuerklausel darüber hinausgehend das Entstehen einer verdeckten Gewinnausschüttung mit steuerlicher Wirkung verhindern kann, ist umstritten. Der Bundesfinanzhof sowie die Finanzverwaltung verneinen dies;[550] die Rückzahlung des Gesellschafters soll eine Einlage darstellen[551] und nicht zu negativen Einnahmen des Gesellschafters bei den Einkünften aus Kapitalvermögen führen.[552] Auch bei Anlegung dieser – nicht überzeugenden – Auffassung des Bundesfinanzhofes droht jedenfalls kein steuerlicher Schaden durch eine vGA-Klausel: 318

Formulierungsvorschlag:

Abgesehen von Leistungen, die auf Grund eines ordnungsmäßigen Gewinnverteilungsbeschlusses erfolgen, ist es der Gesellschaft untersagt, einem Gesellschafter oder einer einem Gesellschafter nahe stehenden natürlichen oder juristischen Person durch Rechtsgeschäft oder in sonstiger Weise Vorteile irgendwelcher Art zu gewähren, die unabhängigen Dritten unter gleichen oder ähnlichen Umständen von einem pflichtgemäß handelnden ordentlichen Geschäftsführer nicht gewährt würden oder die steuerlich als verdeckte Gewinnausschüttung anzusehen wären oder die gegen § 30 GmbHG verstoßen.

Im Falle der Zuwiderhandlung entsteht für die Gesellschaft bereits im Zeitpunkt der Vorteilsgewährung gegenüber dem Begünstigten ein Anspruch auf Erstattung des Vorteils (einschließlich des steuerlichen Vorteils bei dem die Leistung empfangenden Gesellschafter) oder, nach Wahl der Gesellschaft, Ersatz seines Wertes in Geld, sowie auf Zahlung angemessener Zinsen für die Zeit zwischen der Gewährung des Vorteils und der Erstattung oder Ersatzleistung.

Als Begünstigter im Sinne dieser Vorschrift gilt derjenige, dem der Vorteil steuerlich zuzurechnen ist, und zwar ohne Rücksicht darauf, ob dieser letztlich einem Dritten zugute gekommen ist, und wie sich der Begünstigte mit diesem auseinandersetzt. Falls und soweit aus rechtlichen Gründen gegen den Begünstigten kein Anspruch gegeben ist, richtet sich der Anspruch gegen den Gesellschafter, dem der Begünstigte nahesteht. Einem Gesellschafter gegenüber kann der Anspruch auch durch Aufrechnung mit dessen Gewinnansprüchen geltend gemacht werden.

Die Gesellschaft hat den ihr entstehenden Erstattungs- oder Ersatzanspruch in der Handelsbilanz für den Zeitraum in dem der Anspruch entstanden ist – gegebenenfalls durch nachträgliche Bilanzberichtigung – zu aktivieren und einen so entstehenden Handelsbilanzgewinn auf Grund eines Gesetz und Gesellschaftsvertrag entsprechenden, gegebenenfalls neu zu fassenden Gewinnverteilungsbeschlusses an die Gesellschafter auszuschütten.

24. Dauer der Gesellschaft

Ohne eine besondere Regelung in der Satzung (§§ 3 Abs. 2, 60 Abs. 1 Nr. 1 GmbHG) ist die Dauer einer GmbH grundsätzlich unbeschränkt. Sofern eine Auflösung der Gesellschaft ohne einen besonderen Beschluss der Gesellschafterversammlung gewünscht wird, sind die Voraussetzungen in die Satzung aufzunehmen. In Betracht kommt vor allem eine Befristung, die kalendermäßig bestimmt werden sollte. Die Bestimmbarkeit eines Termins auf Grund 319

---

[549] So auch *Binz/Sorg* DStR 2001, 1457, 1460; *Herzig* WPg 2001, 253, 262; *Priester* DStR 2001, 795, 798; *Schiffers* GmbHR 2001, 885, 889.
[550] BGH GmbHR 1985, 346; BFH/NV 1989, 460; BMF-Schreiben BStBl. 1981 I, 599; zweifelnd allerdings BFH DB 1998, 1994, 1995 f. m. Anm. *Wassermeyer* DB 1998, 1997 = DStR 1998, 1547 m. Anm. *Gosch* DStR 1998, 1550 ff.; *Ahmann* DStZ 1999, 233, 237.
[551] Vgl. BFH BStBl. II 2001, 226; BFH BStBl. II 1997, 92.
[552] Vgl. BFH BStBl. II 2001, 173. Sie kann beim Gesellschafter ggf. im Rahmen des § 17 EStG als nachträgliche Anschaffungskosten des Gesellschafters auf seine Beteiligung an der Kapitalgesellschaft berücksichtigt werden.

objektiver Kriterien ist allerdings ausreichend. Alternativ kommt eine Beendigung der Gesellschaft auch beim Eintreten eines bestimmten Ereignisses in Betracht.

25. Kündigung/Austrittsrecht, Ausschluss

320 In GmbH-Satzungen finden sich häufig Kündigungsbestimmungen, die grob in drei Kategorien unterteilt werden können:
- ordentliches Kündigungsrecht des Gesellschafters (Austrittsrecht);
- außerordentliches Kündigungsrecht des Gesellschafters (Austrittsrecht) bei Vorliegen eines wichtigen Grundes;
- Ausschlussrecht bzw. Hinauskündigungsrecht der Gesellschafter gegenüber einem Gesellschafter bei Vorliegen eines wichtigen Grundes.

321 Beim Austrittsrecht des Gesellschafters kann wiederum differenziert werden zwischen solchen Bestimmungen, denenzufolge die Kündigung durch den Gesellschafter zur Auflösung der Gesellschaft und deren Abwicklung führt (sog. **Auflösungsklauseln**) und solchen, bei der die übrigen Gesellschafter die Gesellschaft fortführen (sog. **Fortführungsklauseln**). Abgesehen von dem Ausnahmefall der durch die Kündigung ausgelösten Auflösung und Abwicklung der Gesellschaft sind die Kündigungsregelungen funktional vergleichbar mit den satzungstypischen Bestimmungen zur Zwangseinziehung. Dabei setzen die Kündigungsbestimmungen eben nicht an den Gesellschaftsanteilen des betroffenen Gesellschafters, sondern an seiner Mitgliedschaft in der Gesellschaft an. Da der Ausschluss als Gesellschafter durch Kündigung immer ergänzend den Vollzug durch die Einziehung der Geschäftsanteile des betroffenen Gesellschafters erfordert, gleichzeitig jedoch ein Gesellschafterbeschluss zur Zwangseinziehung eines Geschäftsanteils auch die Entscheidung der Gesellschaft über den Ausschluss des davon betroffenen Gesellschafters beinhaltet,[553] finden sich in der Satzungspraxis eher Einziehungs- als Kündigungs- bzw. Ausschlussbestimmungen.[554]

322 a) **Ordentliches Austrittsrecht/Kündigungsrecht.** In der Satzung kann zugunsten von Gesellschaftern ein ordentliches Kündigungsrecht (Austrittsrecht) geregelt werden;[555] von Gesetzes wegen besteht es nicht. Im Falle einer statutarischen Regelung eines ordentlichen Kündigungsrechts sollte allerdings auch in der Satzung klargestellt werden, dass die Gesellschaft bei Kündigung fortgesetzt wird. Andernfalls geht die – jedenfalls ältere – Rechtsprechung[556] entgegen einer starken Auffassung in der Literatur[557] von der Auflösung der Gesellschaft aus. Ferner ist auch für den Fall eines ordentlichen Austritts- bzw. Kündigungsrechts die Zahlung einer angemessenen Abfindung ausdrücklich zu regeln. Es kann weiterhin festgesetzt werden, dass die Abfindung nicht Zug-um-Zug gegen Einziehung bzw. Abtretung des Geschäftsanteils des austretenden/kündigenden Gesellschafters geleistet werden muss.[558]

Formulierungsvorschlag:

1. Jeder Gesellschafter kann ohne Angaben von Gründen mit einer Frist von sechs Monaten zum Ende eines Geschäftsjahres seinen Austritt aus der Gesellschaft erklären. Das Recht zum Austritt aus wichtigem Grund bleibt hiervon unberührt.
2. Der Austritt ist nur wirksam, wenn er mittels eingeschriebenen Briefs (wobei ein Einwurf-Einschreiben [nicht] genügt) gegenüber der Gesellschaft erklärt wird. Empfangsberechtigt ist jeder Geschäftsführer.

---

[553] BGH 1984, 74; *Lenz* GmbHR 2001, 1032, 1034 f. – hierzu auch → Rn. 246.
[554] So auch *Lenz* GmbHR 2001, 1032, 1034 f.
[555] Scholz/*Seibt* Anh. § 34 Rn. 6; *Lenz* GmbHR 2001, 1932, 1034.
[556] RGZ 113, 147, 149; BayObLG BB 1957, 249 f.; OLG Karlsruhe GmbHR 1960, 24 f.; vgl. auch Ulmer/Habersack/Winter/*Casper* § 60 Rn. 115 f.; Baumbach/Hueck/*Haas* § 60 Rn. 90; Scholz/*K. Schmidt/Bitter* § 60 Rn. 77 f.; *Lenz* GmbHR 2001, 1032, 1033; offen gelassen durch BGH GmbHR 1997, 501, 502.
[557] Lutter/Hommelhoff/*Kleindiek* § 60 Rn. 27; Rowedder/Schmidt-Leithoff/*Gesell* § 60 Rn. 45; *Hofmann* GmbHR 1975, 217, 223.
[558] Vgl. BGH NJW-RR 2003, 1265; *Lohr* GmbH-StB 2004, 347, 348.

3. Der ausscheidende Gesellschafter ist verpflichtet, die Einziehung seines Geschäftsanteils nach § ..... bzw. die Zwangsabtretung nach § ..... zu dulden. Das Abfindungsentgelt muss nicht Zug-um-Zug gezahlt werden. Jeder Gesellschafter bevollmächtigt hiermit unwiderruflich die Gesellschaft unter Befreiung vom Verbot des § 181 BGB und über den Tod des Vollmachtgebers hinaus, die Abtretungserklärung in seinem Namen abzugeben.
4. Der ausscheidende Gesellschafter erhält ein Abfindungsentgelt nach § ..... . Er scheidet jedoch unabhängig von der Zahlung des Abfindungsentgelts in dem Zeitpunkt aus, in dem ihm gegenüber der Einziehungsbeschluss bekannt gemacht wird, im Fall der Abtretung mit dem Zeitpunkt des Wirksamwerdens der Abtretung. Soweit die Gesellschaft die Abtretung des Gesellschaftsanteils an eine von ihr bezeichnete Person verlangt, wird die Abfindung für den abzutretenden Gesellschaftsanteil von dem Erwerber des Gesellschaftsanteils geschuldet. [Die Gesellschaft haftet für deren Zahlung wie ein Bürge, der auf die Einrede der Vorausklage verzichtet hat.] § 30 Abs. 1 GmbHG bleibt unberührt.

Alternative zu Nr. 4:
4. Der den Austritt erklärende Gesellschafter scheidet erst mit der vollständigen Zahlung des Abfindungsentgelts aus der Gesellschaft aus. [Sämtliche Gesellschafterrechte mit Ausnahme der Gewinnrechte ruhen jedoch mit Ablauf der Kündigungsfrist.]

b) **Austrittsrecht aus wichtigem Grund.** Das Recht eines GmbH-Gesellschafters, aus seiner Gesellschaft aus wichtigem Grund auszutreten, kann durch die Satzung nicht ausgeschlossen oder wesentlich beschränkt (z.B. Vertragsstrafe, diskriminierende Abfindungsregelungen) werden.[559] Nach herrschender Meinung ist ein Austritt aus wichtigem Grund allerdings nur zulässig, wenn ein Gesellschafter seinen Geschäftsanteil aus rechtlichen Gründen nicht veräußern kann. Hierzu gehören etwa die auf Grund der Satzung erforderliche, von der Gesellschafterversammlung aber nicht erteilte Zustimmung zur Veräußerung oder die Verbindung des Geschäftsanteils mit einer Nebenleistungspflicht, die zu einer praktischen Unverkäuflichkeit führt.[560] Nicht ausreichend ist hingegen die Aussichtslosigkeit der Veräußerung des Geschäftsanteils aus rein tatsächlichen Gründen.[561]

Die Austrittserklärung eines GmbH-Gesellschafters führt nicht dazu, dass dieser automatisch seine Gesellschafterstellung verliert. Die Gesellschaft hat vielmehr ab diesem Zeitpunkt das Recht, den Geschäftsanteil entweder einzuziehen, selbst zu erwerben oder die Übertragung auf einen Dritten zu verlangen.[562] Der austretende Gesellschafter muss sich hiermit grundsätzlich nur gegen Zahlung einer Abfindung bereit erklären. Erhält er innerhalb einer angemessenen Zeit keine Abfindung, ist er zur Erhebung einer Auflösungsklage gegen die Gesellschaft berechtigt, bei deren Erfolg die Gesellschaft ggf. zu liquidieren ist.[563] Nach einem neueren Urteil des BGH kann die Satzung jedoch wirksam bestimmen, dass der Gesellschafter nach Einziehung mit sofortiger Wirkung aus der Gesellschaft ausscheidet.[564] Bei der Auszahlung einer Abfindung durch die Gesellschaft ist zu beachten, dass nicht gegen die Kapitalerhaltungsvorschrift des § 30 Abs. 1 GmbHG verstoßen wird. Im Zweifelsfall ist die Abfindung über einen längeren Zeitraum in mehreren Raten auszuzahlen. **Voraussetzungen und Verfahren des Austritts eines Gesellschafters aus wichtigem Grund** sehen demnach wie folgt aus:

---

[559] BGHZ 116, 359, 369; BayObLG BB 1975, 249, 250; *Röhricht*, in: FS Kellermann, 1991, S. 361, 366 ff.; Scholz/*Seibt* Anh. § 34 Rn. 6 ff.; *Lenz* GmbHR 2001, 1033, 1034.
[560] Vgl. OLG Karlsruhe BB 1984, 2015, 2016; Scholz/*Seibt* Anh. § 34 Rn. 7; Lutter/Hommelhoff/*Lutter* § 34 Rn. 72 f.
[561] Scholz/*Seibt* Anh. § 34 Rn. 7; a. A. Roth/*Altmeppen* § 60 Rn. 67, 110.
[562] Vgl. *Grunewald* GmbHR 1991, 185: Abnahmepflicht der Gesellschaft.
[563] RGZ 125, 114, 118; BGHZ 88, 320, 326; BayObLG BB 1975, 249 f.
[564] BGH NJW-RR 2003, 1265; vgl. auch Lutter/Hommelhoff/*Lutter* § 34 Rn. 75; vgl. auch oben → Rn. 252.

325

Checkliste:
Austritt aus wichtigem Grund

- ☐ Vorliegen eines wichtigen Grundes;[565]
- ☐ Austritt ist ultima ratio, d. h. es gibt keine anderen geeigneten und angemessenen Mittel (z. B. Erhebung einer Nichtigkeits- oder Anfechtungsklage gegen belastenden Gesellschafterbeschluss, Kündigung einer belastenden Nebenleistungspflichtung);[566]
- ☐ Einseitige Erklärung des Austritts durch den Gesellschafter gegenüber der Gesellschaft;
- ☐ Verwertung des Geschäftsanteils durch die Gesellschaft durch Einziehung oder Übertragung auf sich oder einen Dritten unter Berücksichtigung von § 30 GmbHG.

326 Die Einzelheiten werden regelmäßig in der Satzung geregelt.

Formulierungsvorschlag:

Tritt ein Gesellschafter aus wichtigem Grund aus der Gesellschaft aus, hat er seinen Austritt gegenüber der Gesellschaft mittels eingeschriebenen Briefs zu erklären. [ggf. Beispielsfälle für wichtige Gründe]

Die Verwertung des Geschäftsanteils des austretenden Gesellschafters erfolgt durch Einziehung. Die Gesellschaft kann statt dessen auch verlangen, dass der Gesellschaftsanteil an die Gesellschaft oder eine von ihr bezeichnete Person, bei der es sich auch um einen Gesellschafter handeln kann, abgetreten wird, und zwar auch dergestalt, dass der Geschäftsanteil teilweise eingezogen wird und im Übrigen an die Gesellschaft oder die von ihr bezeichnete Person abzutreten ist.

Die dem ausscheidenden Gesellschafter von der Gesellschaft zu zahlende Abfindung richtet sich nach § .... Soweit die Gesellschaft die Abtretung des Gesellschaftsanteils an eine von ihr bezeichnete Person verlangt, wird die Abfindung für den abzutretenden Gesellschaftsanteil von dem Erwerber des Gesellschaftsanteils geschuldet. [Die Gesellschaft haftet für deren Zahlung wie ein Bürge, der auf die Einrede der Vorausklage verzichtet hat.] § 30 Abs. 1 GmbHG bleibt unberührt.

327 Ohne eine besondere Satzungsregelung müssen austretende Gesellschafter grundsätzlich **zum Verkehrswert abgefunden** werden.[567] Darunter ist die Zahlung eines auf den Geschäftsanteil des Austretenden entfallenden anteiligen Betrages zu verstehen, den ein Erwerber für das gesamte Unternehmen zahlen würde.[568] In die Satzung muss daher eine Regelung für die Ermittlung des Abfindungsbetrages aufgenommen werden, wenn dieser niedriger als der Verkehrswert sein soll. Es gelten hierbei dieselben Grundsätze wie bei der Gestaltung einer Klausel für die Abfindung bei Einziehung eines Geschäftsanteils.[569] Unabhängig davon, ob der Geschäftsanteil eingezogen wird oder die Gesellschaft die Abtretung an sich oder an einen Dritten verlangt, richtet sich der Abfindungsanspruch gegen die Gesellschaft.[570]

328 Neben der Bestimmung des Abfindungsanspruchs sollte in der Satzung eine Regelung zu den **Auszahlungsmodalitäten** der Abfindung verankert werden. Auch hier sind die gleichen Problemkreise zu beachten wie bei der Zwangseinziehung von Geschäftsanteilen.[571] Regelungsbedürftig ist schließlich, ob die Stimmrechte des austretenden Gesellschafters zwischen der Erklärung des Austritts und der Einziehung bzw. Verwertung des Geschäftsanteils ruhen sollen.[572]

---

[565] Beispiele z. B. bei Scholz/*Seibt* Anh. § 34 Rn. 10 ff.
[566] Vgl. OLG München GmbHR 1990, 221 f.
[567] OLG Köln GmbHR 1999; 712; Scholz/*Seibt* Anh. § 34 Rn. 22.
[568] BGHZ 116, 359, 370.
[569] Vgl. oben → Rn. 254–261.
[570] Scholz/*Seibt* Anh. § 34 Rn. 22.
[571] Vgl. oben → Rn. 262.
[572] BGHZ 88, 320, 323.

c) **Ausschluss aus wichtigem Grund.** Der Ausschluss eines Gesellschafters aus wichtigem 329
Grund ist nach allgemeiner Auffassung auch dann zulässig, wenn die Satzung hierüber keine
Regelung trifft.[573] Dabei wird von der Rechtsprechung nicht zwischen personalistischen und
kapitalistischen Gesellschaften unterschieden. Er stellt jedoch immer das letzte und äußerste
Mittel dar, um unträgbare Zustände zu beseitigen.[574]

Folgendes **Verfahren** ist einzuhalten: Zunächst muss die Gesellschafterversammlung 330
(entsprechend § 60 Abs. 1 Nr. 2 GmbHG) mit einer Mehrheit von drei Vierteln der Stimmen (oder der statutarisch vorgesehenen Mehrheit für die Auflösung der Gesellschaft) ohne
die Stimmen des Auszuschließenden einen entsprechenden Beschluss fassen.[575] Anschließend kann die Gesellschaft gegen den auszuschließenden Gesellschafter eine Ausschließungsklage erheben. Nach Rechtskraft des Ausschlussurteils (das ja nur die Mitgliedschaft
des Gesellschafters, nicht die von ihm gehaltenen Geschäftsanteile betrifft) können die vom
Gesellschafter gehaltenen Geschäftsanteile eingezogen werden. Ebenso wie bei der Zwangseinziehung von Geschäftsanteilen bleibt insbesondere nach der Rechtsprechung die Gesellschafterstellung des von der Ausschlussklage betroffenen Gesellschafters solange bestehen,
bis der Geschäftsanteil von der Gesellschaft durch Einziehung bzw. Übertragung an sich
oder einen Dritten gegen Zahlung einer Abfindung verwertet worden ist.[576]

Allerdings ist umstritten, ob der betroffene Gesellschafter mit Rechtskraft des Aus- 331
schlussurteils seine Befugnis zur Ausübung seiner Gesellschafterrechte (insbesondere des
Stimmrechts) automatisch verliert.[577] Wegen dieser Rechtsunsicherheit ist zu empfehlen,
diese Frage – wie bei der Zwangseinziehung – ausdrücklich durch Satzungsbestimmung zu
regeln. Aus Sicht der übrigen Gesellschafter wird man dabei die – zulässige – statutarische
Anordnung wählen, dass die Rechte aus der Mitgliedschaft – jedenfalls im Hinblick auf die
Stimmrechte des betroffenen Gesellschafters – nach Rechtskraft der Ausschließungsklage
bzw. nach Ausschließungsbeschluss ungeachtet der Zahlung der Abfindung ruhen.[578]

Die Erhebung einer Ausschließungsklage ist nicht notwendig, wenn die Satzung eine aus- 332
drückliche Regelung über den Gesellschafterausschluss trifft.[579] Dabei ist ein Bezug auf einen wichtigen Grund wohl ausreichend,[580] aber im Einzelfall auslegungsbedürftig, so dass
sich eine möglichst konkrete, von den Umständen des Einzelfalls abhängige Regelung empfiehlt. Dabei muss es sich um sachliche Gründe handeln, die eine innere Rechtfertigung in
sich tragen.[581]

Formulierungsvorschlag:

Die übrigen Gesellschafter können den Ausschluss eines Gesellschafters beschließen, wenn
a) über das Vermögen des Gesellschafters das Insolvenzverfahren eröffnet oder die Eröffnung
mangels einer kostendeckenden Masse abgelehnt wird oder die Zwangsvollstreckung in ein
Auseinandersetzungsguthaben oder ein sonstiges Gesellschafterrecht auf Grund eines nicht nur
vorläufig vollstreckbaren Titels betrieben wird oder der Gesellschafter die Richtigkeit seines
Vermögensverzeichnisses an Eides statt zu versichern hat;
b) der Gesellschafter ihm zustehende Gesellschafterrechte willkürlich in gesellschaftsschädigender
Weise missbraucht;

---

[573] BGHZ 9, 157, 159; BGHZ 16, 317, 322.
[574] BGH WM 1964, 1188, 1191.
[575] BGHZ 9, 157, 177; OLG Frankfurt/Main DB 1979, 2127; Lutter/Hommelhoff/*Lutter* § 34 Rn. 60;
a. A. LG Köln GmbHR 2000, 141, 143; Baumbach/Hueck/*Fastrich* Anh. § 34 Rn. 9; Scholz/*Seibt* Anh. § 34
Rn. 39: alle einfache Mehrheit.
[576] Vgl. BGHZ 9, 157, 164 ff.; Baumbach/Hueck/*Fastrich* Anh. § 34 Rn. 15.
[577] So Ulmer/Habersack/Winter/*Ulmer* Anh. § 34 Rn. 34 ff.; Scholz/*Seibt* Anh. § 34 Rn. 50 ff.; einschränkend
BGHZ 9, 157, 176; vgl. auch BGHZ 88, 320, 324 = NJW 1984, 489, 491.
[578] Hierzu BGHZ 88, 320, 322 ff. = NJW 1984, 489, 490 f.; OLG Naumburg NZG 2001, 1043, 1044 (zur
ordentlichen Kündigung); *Lenz* GmbHR 2001, 1033, 1034. – Dabei erstreckt sich das Ruhen der Stimmrechte
auf solche außerordentliche Gesellschafterbeschlüsse, die ihrem Inhalt nach geeignet sind, den Abfindungsanspruch oder dessen Zahlung zu beeinträchtigen oder zu gefährden.
[579] BGH GmbHR 1991, 362; Baumbach/Hueck/*Fastrich* Anh. § 34 Rn. 16.
[580] BGH GmbHR 1978, 131.
[581] BGHZ 68, 212, 215; BGHZ 81, 263, 266 f.; BGHZ 105, 213, 216 f.; BGHZ 112, 103, 107 f.

c) der Gesellschafter vorwerfbar ein tiefgreifendes Zerwürfnis zwischen den Gesellschaftern herbeigeführt hat;
d) der Gesellschafter gegen das Wettbewerbsverbot gemäß § ...... verstößt oder sonst der Gesellschaft in deren Geschäftszweig in erheblich geschäftsschädigender Weise Konkurrenz macht;
e) der Gesellschafter, der seinen Geschäftsanteil auf Grund eines Mitarbeiterbeteiligungsprogramms der Gesellschaft erlangt hat, aus den Diensten der Gesellschaft ausscheidet;
f) die Bestellung des Gesellschafters zum Geschäftsführer widerrufen wird;
g) der Gesellschafter Verfehlungen im außergesellschaftlichen oder privaten Lebensbereich begangen hat oder begeht, die sich unmittelbar geschäftlich auswirken und zu einer Schädigung des Gesellschaftsunternehmens führen;
h) der Gesellschafter eine kraft Satzung oder Gesellschaftszweck vorausgesetzte, bestimmte berufliche Qualifikation nicht erfüllt;
i) der Gesellschafter seinen Geschäftsanteil im Wege der Einheirat erworben hat und seine Ehe innerhalb von zwei Jahren nach Erwerb des Geschäftsanteils geschieden wird;
j) sonst ein wichtiger Grund vorliegt.

Der Ausschluss des Gesellschafters wird mit der Bekanntgabe des Beschlusses, im Falle der Einzelzwangsvollstreckung jedoch erst einen Monat nach der Bekanntgabe des Beschlusses, wirksam, es sei denn, dass der betroffene Gesellschafter bis dahin die eingeleiteten Vollstreckungsmaßnahmen abgewendet hat.

Die Abfindung des betroffenen Gesellschafters und die Übernahme seiner Beteiligung erfolgen entsprechend der Regelung in § ...... dieses Vertrages. Erfolgt der Ausschluss durch Gesellschafterbeschluss gemäß vorstehendem Satz 1 Buchst. b) bis d), g) oder j), so wird abweichend von § ...... die Auseinandersetzung nach Buchwerten betrieben.

Alternative zur Wirksamkeit:

(......)

Der Ausschluss des Gesellschafters wird nicht bereits mit der Bekanntgabe des Beschlusses, sondern erst mit vollständiger Leistung der in § ...... dieses Vertrages geregelten Abfindung wirksam. Dem vom Ausschlussbeschluss betroffenen Gesellschafter stehen bis zum Wirksamwerden des Ausschlusses alle sich aus der Gesellschafterstellung ergebenden Rechte zu. [Allerdings ruht sein Stimmrecht von der Bekanntgabe des Ausschlussbeschlusses an.]

333 Einige Anmerkungen zu den in dem Formulierungsvorschlag unter Buchst. a) bis j) aufgeführten Ausschließungsgründen, die im Wesentlichen den eine Zwangseinziehung rechtfertigenden Gründen entsprechen: Vom Ausschließungsgrund des **Ausnutzens von Gesellschafterrechten** (Buchst. b)) wird z. B. erfasst das ständige und willkürliche Ausnutzen von Mehrheitsrechten bei der Beschlussfassung bzw. eigennützige Eingriffe eines Mehrheitsgesellschafters gegenüber der Geschäftsführung[582] sowie die ständige, willkürlich erscheinende Geltendmachung von Auskunfts- und Einsichtsrechten ebenso wie das ständige, willkürliche Verlangen, eine Gesellschafterversammlung einzuberufen (§§ 50, 51a GmbHG).[583] Bei der **Zerwürfnisklausel** (Buchst. c)) ist die schuldhafte Herbeiführung einer Störung der Vertrauensgrundlage zwischen den Gesellschaftern vorausgesetzt,[584] wobei eine umfassende Gesamtabwägung aller Umstände (auch solche, die über den Tatbestand des Zerwürfnisses hinausgehen) erforderlich ist.[585] Die Zulässigkeit sog. Leaver-Klauseln (Buchst. e)) hat der BGH bestätigt;[586] sie stellen insbesondere keinen Verstoß gegen das sog. Hinauskündigungsverbot dar und sind daher nicht nach § 138 BGB nichtig. Die heute in GmbH-Satzungen eher selten zu findende **Verfehlungsklausel** (Buchst. g)) umfasst ein weites Feld

---

[582] BGHZ 9, 157, 178.
[583] Ulmer/Habersack/Winter/*Ulmer* Anh. § 34 Rn. 13.
[584] BHGZ 80, 346, 349; *Henze,* Handbuch zum GmbH-Recht, Rn. 807.
[585] BHGZ 80, 346, 360.
[586] BGHZ 164, 98 = NJW 2005, 3641 (entgegen OLG Frankfurt a. M. ZIP 2004, 1801); vgl. auch Anm. *Goette* DStR 2005, 798.

denkbarer Vorkommnisse: Unter der Voraussetzung, dass sich diese unmittelbar geschäftlich auswirken, können hierunter fallen z. B. ständiger Alkoholmissbrauch,[587] ehebrecherische Beziehungen zum Ehegatten eines Mitgesellschafters,[588] die Begehung schwerer Straftaten im außergeschäftlichen Bereich[589] ebenso wie das Verschweigen strafgerichtlicher Verurteilungen,[590] nicht aber die Ehescheidung in einer Ehegatten-GmbH, die das Gesellschaftsverhältnis nicht unmittelbar berührt,[591] oder ein Verhalten des Gesellschafters vor Erwerb des Geschäftsanteils, wenn dessen Fortwirken das Verbleiben eines Gesellschafters in der Gesellschaft nicht als untragbar erscheinen lässt.[592] Mit der **Generalklausel des wichtigen Grundes** (Buchst. j)) werden dann, neben den bereits in den Buchst. a) bis i) konkretisierten Umständen, z. B. noch Vorkommnisse erfasst, wie eine unberechtigte Strafanzeige gegen einen Mitgesellschafter,[593] das Anschwärzen der Gesellschaft beim Gewerbeaufsichtsamt,[594] gesellschaftsschädigende Störungen eines Vertragsverhältnisses, das ein Gesellschafter mit der Gesellschaft wie ein außenstehender Dritter abgeschlossen hat,[595] das Verleiten eines Mitarbeiters zur Offenbarung von Betriebsgeheimnissen,[596] die heimliche Entnahme erheblicher Gesellschaftsmittel zu eigenen Zwecken,[597] die Bildung einer Schwarzgeldreserve,[598] die eigenmächtige, faktische Stilllegung des Geschäftsbetriebs in Abwesenheit des Geschäftsführers,[599] übermäßige Entnahmen außerhalb des strafrechtlich relevanten Bereichs[600] sowie ein zugunsten der Gesellschaft begangener Versicherungsbetrug.[601] Wichtig ist allerdings, dass weder die Generalklausel noch einzelne konkretisierte Klauseln dazu dienen dürfen, die Entscheidung über den Ausschluss eines Gesellschafters in das freie Belieben einer bestimmten Gesellschaftermehrheit zu stellen.[602]

26. Liquidation

a) **Auflösungsgründe.** Die Gründe und die weiteren Voraussetzungen, aus bzw. unter denen eine Gesellschaft aufgelöst wird, sind in § 60 Abs. 1 GmbHG geregelt, wobei § 60 Abs. 2 GmbHG die gesetzliche Regelung für eine satzungsrechtliche Bestimmung weiterer Auflösungsgründe öffnet. 334

Daneben regelt § 61 GmbHG bei Vorliegen eines wichtigen Grundes die Auflösung der Gesellschaft durch Auflösungsklage (auch bei entsprechender Satzungsregelung vor einem Schiedsgericht)[603] einer qualifizierten Gesellschafterminderheit. Außerhalb der Satzung (z. B. in einer schuldrechtlichen Gesellschaftervereinbarung) kann weder ein die Gesellschaft auflösendes Kündigungsrecht noch ein sonstiger Auflösungsgrund für die Gesellschaft geschaffen werden.[604] Als statutarische Auflösungsgründe können z. B. in Betracht kommen: der Tod eines Gesellschafters, die Eröffnung des Insolvenzverfahrens über das Vermögen eines Gesellschafters, der Ablauf oder der Widerruf einer öffentlich-rechtlichen Erlaubnis, der Verlust eines gewerblichen Schutzrechts oder die Feststellung des Tatbestands der Unterbilanz.[605] 335

---

[587] *Gehrlein* Rn. 47.
[588] *Gehrlein* Rn. 47.
[589] *Gehrlein* Rn. 47.
[590] Scholz/*Seibt* Anh. § 34 Rn. 30.
[591] BGH NJW 1973, 92 f.
[592] BGH GmbHR 1987, 302 f.
[593] OLG Frankfurt/Main GmbHR 1980, 56 f.
[594] BGH GmbHR 1991, 362 f.
[595] OLG Hamm GmbHR 1993, 660, 662.
[596] BGH NJW-RR 1990, 530.
[597] BGHZ 32, 17, 21.
[598] BGH ZIP 1995, 835.
[599] OLG Frankfurt/Main GmbHR 1980, 56.
[600] BGHZ 32, 17, 20.
[601] BGH ZIP 1995, 835 f.
[602] BGHZ 112, 103, 107; Baumbach/Hueck/*Fastrich* § 34 Rn. 9.
[603] BayObLG BB 1984, 746.
[604] RGZ 79, 418, 422 f.; Ulmer/Habersack/Winter/*Casper* § 60 Rn. 110; Scholz/*K. Schmidt*/*Bitter* § 60 Rn. 74.
[605] Beispiele bei Scholz/*K. Schmidt*/*Bitter* § 60 Rn. 75.

336 **b) Auflösungsbeschluss.** Nach § 60 Abs. 1 Nr. 2 GmbHG wird eine GmbH durch Beschluss der Gesellschafter aufgelöst, wobei der Beschluss grundsätzlich einer Mehrheit von drei Vierteln der abgegebenen Stimmen bedarf. Die Satzung kann die Kompetenz für den Auflösungsbeschluss nicht auf ein anderes Gesellschaftsorgan verlagern.[606] In der Satzung kann aber die Beschlussfassung durch die Gesellschafterversammlung sowohl erschwert (z.B. durch Bestimmung eines Einstimmigkeitserfordernisses) als auch erleichtert werden.[607]

337 **c) Verfahren der Abwicklung bei Auflösungsbeschluss.** In dem Auflösungsbeschluss der Gesellschafterversammlung ist neben der Auflösung der Gesellschaft auch die Person des Liquidators und dessen Vertretungsmacht zu bestimmen. Dabei besteht kein allgemeiner Grundsatz, dass die für den Geschäftsführer bestehenden Regelungen der Satzung über die Vertretung und zur Befreiung der Geschäftsführer vom Verbot des Selbstkontrahierens auch für den Liquidator gelten,[608] so dass eine ausdrückliche Satzungsbestimmung ratsam ist.

> **Formulierungsvorschlag:**
>
> Im Fall der Auflösung erfolgt die Liquidation durch die Geschäftsführer im Rahmen ihrer bisherigen Vertretungsmacht (einschließlich deren etwaiger Befreiung vom Verbot des Selbstkontrahierens gemäß § 181 BGB), sofern die Liquidation nicht durch Gesellschafterbeschluss einer oder mehreren anderen Personen übertragen wird.

Im Hinblick auf die Beschränkungen der Vertretungsbefugnis nach § 181 BGB und die hiervon mögliche Befreiung gilt für den Liquidator das Gleiche wie für den Geschäftsführer (siehe hierzu → Rn. 120).

338 Nach Fassung des Auflösungsbeschlusses ist die Auflösung nach § 65 Abs. 1 GmbHG zum Handelsregister anzumelden. Die Auflösung ist drei verschiedene Male in den in § 30 Abs. 2 GmbHG bezeichneten öffentlichen Blätter bekanntzumachen. Dabei sind die Gläubiger aufzufordern, sich bei der Gesellschaft zu melden.

Während des Liquidationsverfahrens hat der Liquidator die Aufgaben nach § 70 GmbHG. Dies bedeutet, dass er die laufenden Geschäfte zu beendigen, die Verpflichtungen der Gesellschaft zu erfüllen und deren Forderungen einzuziehen hat sowie das Vermögen der Gesellschaft in Geld umzusetzen hat. Der Liquidator hat die Pflicht, für den Beginn der Liquidation eine Eröffnungsbilanz nebst einem erläuternden Bericht sowie am Schluss eines jeden Geschäftsjahres einen Jahresabschluss mit einem Lagebericht aufzustellen. Soweit die Gesellschaft prüfungspflichtig ist, kann das Gericht nach § 71 Abs. 3 GmbHG von der Prüfung des Jahresabschlusses und des Lageberichts durch einen Abschlussprüfer befreien, wenn die Verhältnisse der Gesellschaft eine Prüfung nicht rechtfertigen.

339 **d) Verteilung des Liquidationserlöses.** Nach Abschluss der Liquidation haben die Gesellschafter gegen die Gesellschaft einen gesellschaftsrechtlichen Anspruch auf Ausschüttung ihres Anteils an dem nach Befriedigung der Gläubiger verbleibenden Gesellschaftsvermögen. Nach der gesetzlichen Regelung ist dabei für die Verteilung unter den Gesellschaftern maßgebend das Verhältnis der Nennbeträge der Geschäftsanteile der Gesellschafter zueinander (§ 72 S. 1 GmbHG).[609]

340 Die Satzung kann indes ein anderes **Verteilungsverhältnis** bestimmen (§ 72 Satz 2 GmbHG). Dabei kann auch der Anspruch einzelner Gesellschafter auf ihren Anteil am Liquidationserlös vollständig ausgeschlossen werden.[610] Es kann auch in der Satzung be-

---

[606] Vgl. Scholz/*K. Schmidt*/*Bitter* § 60 Rn. 12, 19; Baumbach/Hueck/*Haas* § 60 Rn. 17; Ulmer/Habersack/Winter/*Casper* § 60 Rn. 29; Lutter/Hommelhoff/ *Kleindiek* § 60 Rn. 6; *Hofmann* GmbHR 1975, 217, 218 f.

[607] Scholz/*K. Schmidt*/*Bitter* § 60 Rn. 19; Baumbach/Hueck/*Haas* § 60 Rn. 17; Ulmer/Habersack/Winter/*Casper* § 60 Rn. 38; Lutter/Hommelhoff/*Kleindiek* § 60 Rn. 6; *Hofmann* GmbHR 1975, 217, 219.

[608] BayObLG DNotZ 1986, 170, 172; OLG Düsseldorf GmbHR 1989, 465 f.; BayObLG MittRhNotK 1996, 141.

[609] Vgl. Baumbach/Hueck/*Haas* § 72 Rn. 4; Ulmer/Habersack/Winter/*Paura* § 72 Rn. 3; Scholz/*K. Schmidt* § 72 Rn. 13.

[610] Baumbach/Hueck/*Haas* § 72 Rn. 13.

stimmt werden, dass der Liquidationserlös anderen Personen als den Gesellschaftern zufallen soll.[611] Schließlich kann auch geregelt werden, dass bestimmte Vermögensgegenstände (z.B. Teilbetriebe) an die jeweiligen Gesellschafter ausgezahlt werden, was nicht selten bei Gemeinschaftsunternehmen vorkommt.

Finanzinvestoren fordern häufig ein **Vorzugsrecht bezogen auf den Liquidationserlös** über den Erlös aus wirtschaftlich vergleichbaren Vorgängen. 341

> **Formulierungsvorschlag:**
> Im Fall der Veräußerung, Einbringung, Übertragung der wesentlichen Vermögensgegenstände der Gesellschaft bzw. eines wirtschaftlich vergleichbaren Vorgangs, beispielsweise der Verschmelzung oder Spaltung der Gesellschaft, oder einer Liquidation der Gesellschaft wird der Erlös bzw. der ausschüttbare Gewinn („Liquidationserlös") nach Maßgabe der nachfolgenden Sätze 2 und 3 und vorbehaltlich entgegenstehender zwingender gesetzlicher Regelungen unter den Gesellschaftern verteilt: Zunächst erhält der Gesellschafter A vorab die von ihm für den Erwerb der von ihm gehaltenen Geschäftsanteile an der Gesellschaft getätigten Aufwendungen (Einlagen, Aufgelder, sonstige Zuzahlung und Erwerbsnebenkosten wie z.B. Beratungskosten; „Anschaffungskosten"). Reicht der Liquidationserlös nicht aus, um diesen Vorzugsanspruch vollständig zu erfüllen, so ist der zur Verfügung stehende Betrag des Liquidationserlöses vollständig und ausschließlich an den Gesellschafter A auszukehren. Nach einer Befriedigung des Vorzugsanspruches des Gesellschafters A gemäß vorstehendem Satz 2 wird ein etwa verbleibender Betrag vom Liquidationserlös an die [übrigen/sämtlichen] Gesellschafter nach dem Verhältnis ihrer Beteiligung an der Gesellschaft ausgekehrt.

27. Bekanntmachung

Die Satzung sollte jedenfalls aus Kostengründen eine Vorschrift über das **alleinige Veröffentlichungsblatt** für die Bekanntmachungen der Gesellschaft, die nach den §§ 30 Abs. 2 (Rückzahlung von Nachschüssen), 58 Abs. 1 Nr. 1 (Kapitalherabsetzung) und 65 Abs. 2 S. 1 GmbHG (Auflösung) erforderlich sind, enthalten. Ohne eine ausdrückliche Festlegung eines Veröffentlichungsblattes müssen nämlich diese Bekanntmachungen in allen vom jeweiligen Registergericht festgelegten Blättern erfolgen (§§ 10, 11 HGB, 30 Abs. 2 S. 2 GmbHG). Üblicherweise wird heute der elektronische Bundesanzeiger als alleiniges Bekanntmachungsblatt festgelegt. 342

> **Formulierungsvorschlag:**
> Die Bekanntmachungen der Gesellschaft erfolgen nur im elektronischen Bundesanzeiger für die Bundesrepublik Deutschland.

28. Gründungsaufwand/Kosten der Kapitalerhöhung

Nach allgemeiner Auffassung ist in der Satzung (nicht nur im Gründungsprotokoll!) in analoger Anwendung von § 26 Abs. 2 AktG der Gründungsaufwand unter Angabe des Gesamtbetrages festzulegen, der zu Lasten der GmbH an Gründer oder Dritte gezahlt werden soll.[612] Ohne entsprechende Satzungsregelung besteht das Risiko, dass die Gründung der Gesellschaft nicht in das Handelsregister eingetragen wird, weil das Stammkapital bei 343

---

[611] RGZ 169, 65, 82; BGHZ 14, 264, 272; Baumbach/Hueck/*Haas* § 72 Rn. 13; Ulmer/Habersack/Winter/ *Paura* § 72 Rn. 8; Scholz/*K. Schmidt* § 72 Rn. 5.
[612] BGHZ 101, 1, 5 f. = ZIP 1989, 448, 450; OLG Düsseldorf GmbHR 1987, 59; OLG Düsseldorf GmbHR 1991, 20, 21; BayObLG BB 1988, 2195, 2196; Baumbach/Hueck/*Fastrich* § 5 Rn. 57; Scholz/*Veil* § 5 Rn. 112; Lutter/Hommelhoff/*Bayer* § 3 Rn. 78 – Die Finanzverwaltung lässt nicht einmal eine Heilung durch satzungsändernden Nachtrag nach Anmeldung, aber vor Eintragung der Gesellschaft zu; vgl. FG Niedersachsen GmbHR 2000, 783 = GmbH-StB 2000, 306.

Eintragung nicht vorhanden ist (§ 9c GmbHG).[613] Darüber hinaus würde der Kostenersatz zugunsten der Gesellschafter ohne rechtswirksame Satzungsfestsetzung steuerrechtlich als verdeckte Gewinnausschüttung qualifiziert werden.[614] Die Satzungsfestsetzung ist für mindestens fünf Jahre beizubehalten.[615]

344 Zweifelsfrei zum Gründungsaufwand gehören die Notarkosten, Gerichtskosten sowie Veröffentlichungskosten des Registergerichts. Noch nicht abschließend geklärt ist hingegen, ob hierzu auch Beratungskosten etwa durch Rechtsanwälte und Steuerberater gehören.[616]

345 Als grober Anhalt für den in Abhängigkeit zum Stammkapital der Gesellschaft stehenden, **steuerlich berücksichtigungsfähigen Gründungsaufwand**, der als Obergrenze in der Satzungsbestimmung zu verankern ist, können folgende Beträge gelten:

Stammkapital	Berücksichtigungsfähiger Gründungsaufwand
25.000,– EUR	2.500,– EUR
50.000,– EUR	5.000,– EUR
100.000,– EUR	8.000,– EUR
200.000,– EUR	14.000,– EUR
500.000,– EUR	30.000,– EUR
1.000.000,– EUR	50.000,– EUR

> **Formulierungsvorschlag:**
> Die Kosten der Gründung der Gesellschaft (Gerichtsgebühren, Veröffentlichungskosten, Notarkosten sowie ggf. Vergütung für vorbereitende Beratungstätigkeit durch Rechtsanwälte und Steuerberater) bis zu einer Höhe von höchstens insgesamt ...... EUR werden von der Gesellschaft getragen.

346 Bei einer entsprechenden Regelung in einem Kapitalerhöhungsbeschluss trägt die GmbH grundsätzlich die **Kosten einer Kapitalerhöhung,** ohne dass es hierfür einer besonderen Regelung in der Satzung bedarf. Jüngst ist hingegen die Frage aufgetaucht, ob auch die Beglaubigungs- bzw. Beurkundungskosten[617] für Übernahmeerklärungen betreffend die neuen Geschäftsanteile auf die Gesellschaft übergewälzt werden können. Der BFH hat in einer Entscheidung vom 19.1.2000[618] entschieden, dass diese Kosten grundsätzlich im Interesse des betreffenden Gesellschafters seien und eine Übernahme durch die Gesellschaft daher als verdeckte Gewinnausschüttung zu qualifizieren sei. Um dem zu begegnen, wird eine entsprechende Satzungsregelung empfohlen.[619]

> **Formulierungsvorschlag:**
> Die Kosten von Kapitalerhöhungen (Gerichtsgebühren, Veröffentlichungskosten, Notarkosten sowie ggf. Vergütung für vorbereitende Beratungstätigkeit durch Rechtsanwälte und Steuerberater) und ihrer Durchführung (einschließlich der Kosten von Übernahmeerklärungen der Gesellschafter) trägt die Gesellschaft.

---

[613] Vgl. Ulmer/Habersack/Winter/*Ulmer*/*Casper* § 5 Rn. 207; Lutter/Hommelhoff/*Bayer* § 3 Rn. 78; Scholz/ *Veil* § 5 Rn. 113.

[614] Vgl. BFH BStBl. II 1990, 89; BFH/NV 1997, 711; BMF-Schreiben BStBl. I 1991, 661; OFD Karlsruhe GmbHR 1999, 252.

[615] LG Berlin GmbHR 1993, 590; Ulmer/Habersack/Winter/*Ulmer*/*Casper* § 5 Rn. 208; Baumbach/Hueck/ *Fastrich* § 5 Rn. 57.

[616] Dafür Lutter/Hommelhoff/*Bayer* § 3 Rn. 78; MünchHdbGesR III/*Mayer* § 20 Rn. 107; *Sommer* GmbH-StB 1998, 176 f.

[617] § 55 Abs. 1 GmbHG verlangt für die Übernahme eines neuen Geschäftsanteils eine notarielle Aufnahme oder Beglaubigung der Übernahmeerklärung. Zur Kostenersparnis zu empfehlen ist die notarielle Beglaubigung, da eine Beurkundung eine volle 10/10-Gebühr nach § 36 Abs. 1 KostO auf der Grundlage des Ausgabebetrages des neuen Geschäftsanteils auslöst. Eine Unterschriftsbeglaubigung verursacht hingegen nach § 45 Abs. 1 KostO nur eine Viertel-Gebühr und ist auf 130,– EUR begrenzt.

[618] BFH GmbHR 2000, 439 f.

[619] Vgl. *Tiedtke*/*Wälzholz* GmbHR 2001, 223, 227.

29. Schriftform

Die Satzung und spätere Änderungen sowie Ergänzungen bedürfen notarieller Beurkundung (§§ 2, 53 Abs. 3 S. 1 GmbHG). Zur Beurkundung durch einen **ausländischen Notar** siehe → Rn. 24. 347

Andere das Gesellschaftsverhältnis betreffende **schuldrechtliche Vereinbarungen** zwischen Gesellschaftern oder zwischen der Gesellschaft und Gesellschaftern können demgegenüber grundsätzlich formlos getroffen werden. Jedenfalls aus Beweisgründen (aber auch unter steuerrechtlichen Gesichtspunkten)[620] ist es regelmäßig zweckmäßig, für diese Vereinbarungen in der Satzung Schriftform vorzuschreiben, wobei klargestellt werden sollte, ob das Schriftformerfordernis auch Wirksamkeitsvoraussetzung i. S. v. § 125 S. 2 BGB für die Abreden ist. Da die Gesellschafter nach überwiegender Meinung auf ein vereinbartes Schriftformerfordernis formlos und auch konkludent verzichten können,[621] sollte der Gesellschaftsvertrag auch für den Verzicht auf das Schriftformerfordernis die Schriftform verlangen.[622] 348

> **Formulierungsvorschlag:**
> Alle das Gesellschaftsverhältnis betreffenden Vereinbarungen zwischen Gesellschaftern oder zwischen der Gesellschaft und Gesellschaftern bedürfen zu ihrer Wirksamkeit der Schriftform, soweit nicht kraft Gesetzes eine notarielle Beurkundung vorgeschrieben ist. Das gilt auch für einen etwaigen Verzicht auf das Erfordernis der Schriftform.

30. Salvatorische Klausel

§ 75 GmbHG (Nichtigkeitsklage) regelt unter Verdrängung von § 139 BGB die Satzungsmängel, die zur Umwirksamkeit des Vertrages insgesamt führen. Trotz dieser gesetzlichen Bestimmung kommt dem statutarischen Ausschluss von § 139 BGB durch eine salvatorische Klausel Bedeutung zu, nämlich für die Zeit bis zur Eintragung der GmbH im Handelsregister und darüber hinaus für das Innenverhältnis zwischen den Gesellschaftern.[623] Einzelne Registergerichte haben in der Vergangenheit salvatorische Klauseln beanstandet, denenzufolge anstelle etwa unwirksamer Bestimmungen ohne weiteres wirksame Bestimmungen gelten sollen, die deren wirtschaftlichen Zweck möglichst nahekommen (sog. **Fiktionsklauseln**).[624] Daher ist in der Satzungsbestimmung sicherheitshalber vorzusehen, dass die Gesellschafter die Satzung in solchen Fällen entsprechend ändern bzw. ergänzen werden (sog. **Ergänzungsklauseln**). Allerdings ist dann zu beachten, dass die Nichtigkeitsfolge solange gilt, bis die Parteien eine Ersatzvereinbarung (ggf. mit gerichtlicher Hilfe nach Maßgabe der §§ 894 ff. ZPO) getroffen haben.[625] 349

---

[620] Zum Erfordernis einer schriftlichen Vereinbarung zwischen Gesellschaft und (beherrschendem) Gesellschafter zur Vermeidung verdeckter Gewinnausschüttungen vgl. R 36 (2) KStR 2004: „Im Verhältnis zwischen Gesellschaft und beherrschendem Gesellschafter ist eine Veranlassung durch das Gesellschaftsverhältnis auch anzunehmen, wenn es an einer zivilrechtlich wirksamen, klaren und im voraus abgeschlossenen Vereinbarung darüber fehlt, ob und in welcher Höhe ein Entgelt für eine Leistung des Gesellschafters zu zahlen ist, oder wenn nicht einer klaren Vereinbarung entsprechend verfahren wird" und H 36 KStR 2004 (Mündliche Vereinbarung): „Wer sich auf die Existenz eines mündlich abgeschlossenen Vertrages beruft, einen entsprechenden Nachweis aber nicht führen kann, hat den Nachteil des fehlenden Nachweises zu tragen, weil er sich auf die Existenz des Vertrages zur Begründung des Betriebsausgabenabzuges beruft".
[621] BGH NJW 1962, 1908; BGH NJW, 1965, 293; BGH DB 1966, 296.
[622] Zur Wirksamkeit einer derartigen Klausel BGH DB 1976, 1328.
[623] Vgl. *Sudhoff* GmbH S. 631 m. w. N.
[624] Hierzu *Sommer/Weitbrecht* GmbHR 1991, 449 ff.; MünchHdbGesR III/*Mayer* § 20 Rn. 106.
[625] BGH WM 1996, 22, 24.

> **Formulierungsvorschlag:**
>
> Falls einzelne Bestimmungen dieser Satzung unwirksam sein sollten oder diese Satzung Lücken enthält, wird dadurch die Wirksamkeit der übrigen Bestimmungen nicht berührt. Anstelle der unwirksamen Bestimmung werden die Gesellschafter diejenige wirksame Bestimmung in gehöriger Form vereinbaren, welche dem Sinn und Zweck der unwirksamen Bestimmung entspricht. Im Falle von Lücken werden die Gesellschafter diejenige Bestimmung in gehöriger Form vereinbaren, die dem entspricht, was nach Sinn und Zweck dieses Vertrages vernünftigerweise vereinbart worden wäre, hätte man die Angelegenheit von vornherein bedacht.

31. Streitbeilegung

350 a) **Streitbeilegung durch ordentliche Gerichte (Gerichtstandsklausel).** Die Gesellschafter einer GmbH sind allein auf Grund dieser Stellung keine Kaufleute, so dass sie nach § 38 ZPO grundsätzlich für Streitigkeiten untereinander keinen Gerichtsstand vereinbaren können. Im Hinblick auf die Regelungen der §§ 17, 22 ZPO, die den Sitz der Gesellschaft als Gerichtsstand anordnen, ist eine ausdrückliche Regelung auch weitgehend entbehrlich. Eine wichtige Funktion können Gerichtsstandsklauseln jedoch insbesondere dann haben, wenn die Gesellschaft ausländische Gesellschafter hat. Insbesondere im Anwendungsbereich des EuGVÜ können dann auch Gesellschafter gebunden werden, die nicht Kaufleute sind.[626]

> **Formulierungsvorschlag:**
>
> Gerichtsstand für alle Auseinandersetzungen der Gesellschafter untereinander und zwischen der Gesellschaft und den Gesellschaftern ist der Sitz der Gesellschaft.

351 b) **Streitbeilegung durch Schiedsgerichte/Schlichter.** *aa) Gegenstand der Schiedsklausel.* Die Zulässigkeit einer Schiedsklausel für Streitigkeiten über Beschlussmängel im Wege von Anfechtungs- und Nichtigkeitsklagen ist immer noch heftig umstritten.[627] Der Bundesgerichtshof verneint gegen die überwiegende Meinung im gesellschaftsrechtlichen Schrifttum die Zulässigkeit einer schiedsgerichtlichen Erledigung von Beschlussmängelstreitigkeiten mit der Begründung, dass es hier an der für die Entscheidung von Beschlussmängelstreitigkeiten letztlich unverzichtbaren Erga-Omnes-Wirkung fehle, die den einer Anfechtungs- oder Nichtigkeitsklage stattgebenden Urteilen staatlicher Gerichte analog §§ 248 Abs. 1 S. 1, 249 Abs. 1 Satz 1 AktG zukomme.[628] Wenngleich nach zutreffender Auffassung diese Bedenken durch entsprechende Ausgestaltung der Satzung und der Schiedsvereinbarung ausgeräumt werden können,[629] ist die Durchführung eines Schiedsverfahrens auf der Grundlage einer entsprechenden Satzungsklausel mit dem Risiko behaftet, dass der Bundesgerichtshof die Einrede des Schiedsvertrages in einem Verfahren vor staatlichen Gerichten nicht durchgreifen lässt.

352 Vor dem Hintergrund der wachsenden Zustimmung im gesellschaftsrechtlichen Schrifttum zur **Zulässigkeit von Schiedsklauseln** in GmbH-Satzungen (die eine Änderung der Rechtsprechung in diesem Punkt bewirken können) kann bei entsprechender Interessenlage eine statutarische Schiedsklausel verankert werden, die unter Verweis auf das jeweils rechtlich zulässige Maß auch Einwendungen der Gesellschafter gegen Gesellschafterbeschlüsse

---

[626] EuGH WM 1992, 943 – Powell Duffryn; BGHZ 123, 347; *Bork* ZHR 1993, 48, 53 f.
[627] Für einen Überblick zum Streitstand: Ulmer/Habersack/Winter/*Raiser* Anh. § 47 Rn. 228 ff.; Baumbach/Hueck/*Zöllner* Anh. § 47 Rn. 32 ff.; Scholz/*K. Schmidt* § 45 Rn. 150.
[628] BGHZ 132, 278, 281 = GmbHR 1996, 437; OLG Celle NZG 1999, 167, 168; kritisch zu der BGH-Entscheidung z.B. *G. Bender* DB 1998, 1900; *Bork* ZHR 160 (1996) 374; *Ebbing* NZG 1998, 281, 285 ff.; *Lenz* GmbHR 2000, 552, 553; *Lüke/Blenske* ZGR 1998, 253 ff.; *K. Schmidt* ZHR 162 (1998) 265, 269 f.; *Trittmann* ZGR 1999, 340, 352 ff.
[629] So z. B. Baumbach/Hueck/*Zöllner* Anh. § 47 Rn. 36; Scholz/*K. Schmidt* § 45 Rn. 150; differenzierend Ulmer/Habersack/Winter/*Raiser* Anh. § 47 Rn. 228 ff.

erfasst. Die statutarische Schiedsklausel sollte auch die Zusammensetzung, Bestellung und das Verfahren des Schiedsgerichts im Einzelnen regeln.

> **Formulierungsvorschlag:**
> Über alle Streitigkeiten zwischen den Gesellschaftern oder zwischen der Gesellschaft und Gesellschaftern, die diese Satzung, das Gesellschaftsverhältnis oder die Gesellschaft betreffen, entscheidet unter Ausschluss des ordentlichen Rechtsweges ein Schiedsgericht nach der Schiedsordnung der [Deutschen Institution für Schiedsgerichtsbarkeit (DIS)], sofern dem nicht zwingendes Recht entgegensteht. Die Entscheidungskompetenz des Schiedsgerichts erstreckt sich insbesondere auf folgende Gegenstände:
> - die Gültigkeit der Satzung, deren Inhalt und Auslegung;
> - das Rechtsverhältnis der Gesellschafter zur Gesellschaft bzw. deren Organe;
> - die Gültigkeit der Schiedsvereinbarung;
> - Anfechtungs- und Nichtigkeitsklagen in Bezug auf Gesellschafterbeschlüsse.
>
> Das Schiedsgericht besteht aus drei Schiedsrichtern und setzt sich wie folgt zusammen: Kläger und Beklagte benennen jeweils einen Schiedsrichter, der Vorsitzende des Schiedsgerichts wird vom Präsidenten des Oberlandesgerichts in ...... benannt. Sind auf Seiten des Klägers oder des Beklagten zwei oder mehrere Personen beteiligt, so gelten diese hinsichtlich der Bestellung des Schiedsrichters als eine Partei. Sie haben sich einvernehmlich über die Person des von dieser Partei zu benennenden Schiedsrichters zu einigen. Können sich die Beteiligten nicht innerhalb von zwei Wochen nach Aufforderung eines Beteiligten auf die Person des von dieser Partei zu benennenden Schiedsgutachters einigen, so ist dieser Schiedsrichter ebenfalls durch den Vorsitzenden des Oberlandesgerichts in ...... zu benennen. Sobald ein Beteiligter dem Schiedsverfahren erst später beitritt, so muss er den für die jeweilige Partei bereits bestimmten Schiedsrichter bzw. das bereits konstituierte Schiedsgericht akzeptieren.

bb) Schiedsvertrag. Nach § 1027 ZPO a. F. war eine in der Satzung (und nicht in einer gesonderten Schiedsurkunde) enthaltene Schiedsklausel insoweit problematisch, als sie sich auf schuldrechtliche (die Gesellschaft betreffende) Auseinandersetzungen bezog. Es wurden daher regelmäßig separate Schiedsverträge abgeschlossen. Die Neufassung von § 1031 Abs. 5 S. 1 ZPO erleichtert die Vereinbarung einer Schiedsklausel, indem von dem Erfordernis einer separaten Urkunde bei notarieller Beurkundung der Vereinbarung dispensiert wird. Eine Schiedsvereinbarung kann somit im Rahmen der Beurkundung einer Satzung und auch in der Satzung selbst wirksam getroffen werden[630] und bindet auch künftige Gesellschafter an diese.[631] 353

c) Streitbeilegung durch Mediation. Zur Lösung von Gesellschafterstreitigkeiten (insbesondere aber auch zur Beilegung von Beschlussmängelstreitigkeiten) wird verstärkt in den letzten Jahren alternativ zur Streitbeilegung durch Schiedsgerichte die Mediation als Verfahren zur Konfliktbeilegung empfohlen. In der GmbH-Praxis kann dies insbesondere bei industriellen Gemeinschaftsunternehmen und bei Beteiligung US-amerikanischer oder britischer Gesellschafter an der Gesellschaft beobachtet werden. In der Mediation unterstützt ein neutraler Dritter die Gesellschafter in ihren Verhandlungen. Im Gegensatz zum Schiedsrichter verfügt ein Mediator über keine Entscheidungskompetenz. Der Vorteil gegenüber Schiedsgerichtsverfahren wird häufig darin gesehen, dass keine strikte Bindung an einen festgelegten Streitgegenstand besteht, andererseits in einer in besonderem Maße sachlichen Verhandlungssituation kosten- und zeiteffiziente Lösungen entwickelt werden können. 354

Auf der Grundlage der Rechtsprechung des Bundesgerichtshofes zur Schiedsfähigkeit von Beschlussmängelstreitigkeiten geht die überwiegende Auffassung zu recht davon aus, dass eine statutarische Verankerung der Mediation jedenfalls dann zulässig ist, wenn sich *alle* Gesellschafter an ihr beteiligen. Berücksichtigt die Satzungsausgestaltung diese Anforderung, so ist die Mediation gleichsam eine Gesellschafterversammlung in anderem Gewand 355

---

[630] So OLG München NZG 1999, 780 m. Anm. *Ebbing* NZG 1999, 754; *Ebbing* NZG 1998, 281, 282.
[631] Baumbach/Hueck/*Zöllner* Anh. § 47 Rn. 39; vgl. auch BGH NJW 1979, 2567.

und unter externer Leitung.[632] Nehmen alle Gesellschafter an der Mediation teil, besteht zudem die Möglichkeit, die in einem Mediationsvergleich vereinbarten Neuregelungen im Rahmen einer Vollversammlung gem. § 51 Abs. 3 GmbHG umzusetzen.[633]

356 Die Satzungsregelung sollte insbesondere die Einleitung der Mediation, das einzuhaltende Verfahren und die Rechtsfolgen des erfolgreichen Mediationsverfahrens regeln.

> **Formulierungsvorschlag:**
>
> Die Gesellschafter verpflichten sich, zur gütlichen Beilegung von Streitigkeiten zwischen den Gesellschaftern oder zwischen der Gesellschaft und Gesellschaftern, die diese Satzung, das Gesellschaftsverhältnis oder die Gesellschaft betreffen, insbesondere auch im Zusammenhang mit Anfechtungs- und Nichtigkeitsklagen Bezug auf Gesellschafterbeschlüsse, ein Mediationsverfahren durchzuführen.
>
> Die Erhebung einer Anfechtungsklage ist erst zulässig, wenn ein Gesellschafter die Mediation nach einer ersten Mediationssitzung aller Gesellschafter für gescheitert erklärt oder wenn seit dem schriftlich an alle anderen Gesellschafter gerichteten Antrag eines Gesellschafters auf Durchführung der Mediation 30 Tage vergangen sind, ohne dass es zu einer gemeinsamen Mediationssitzung aller Gesellschafter gekommen ist.
>
> Für die Dauer des Mediationsverfahrens ist die Frist für die Erhebung einer Anfechtungsklage (§ ...... der Satzung) gehemmt. Die Hemmung beginnt mit Abgabe des Antrags auf Durchführung einer Mediation und endet mit der Beendigung der Mediation.
>
> Die Mediation endet durch den Abschluss eines teilweisen oder vollständigen Vergleichs zwischen den Gesellschaftern oder zwischen der Gesellschaft und Gesellschaftern, durch die Erklärung eines Gesellschafters nach Durchführung einer Mediationssitzung, dass die Mediation gescheitert ist, oder nach Ablauf von 30 Tagen ab Stellung des Antrags auf Durchführung einer Mediation durch einen Gesellschafter.

357 Selbstverständlich kann man in der Satzung auch auf einen Mediationsvertrag oder auf eine Mediations-Verfahrensordnung verweisen, z.B. diejenige der Gesellschaft für Wirtschaftsmediation und Konfliktmanagement (GWMK).[634]

---

[632] So *Casper/Risse* ZIP 2000, 437, 443.
[633] Vgl. *Casper/Risse* ZIP 2000, 437, 443.
[634] Vgl. www.gwmk.de.

§ 3 Gründungsvorgang

Übersicht

	Rn.
I. Vorgründungsvertrag und Vorgründungsgesellschaft	1–25
1. Rechtsstellung der Vorgründungsgesellschaft	1–10
a) Teilrechtsfähigkeit der Vorgründungsgesellschaft	3/4
b) Prozessuale Fragen	5–10
2. Haftung in der Vorgründungsgesellschaft	11–23
a) Haftung der Gesellschaft	11
b) Haftung der Gesellschafter	12/13
c) Haftungsbeschränkungen	14–23
3. Vertretung	24
4. Steuerrechtliche Fragen	25
II. Abschluss des Gründungsvertrages	26–72
1. Gründungsvarianten	26–28
2. Gründungsprotokoll	29–56
a) Normalfall der Gründung	30
b) Vereinfachte Gründung unter Verwendung eines Musterprotokolls	31–34
c) Besonderheiten bei Vertretung im Rahmen der Gründung	35–40
d) Stammkapital und Geschäftsanteile	41–45
e) Abgrenzung von Bar- und Sachgründung	46–55
f) Einmann-Vor-GmbH	56
3. Obligatorischer und fakultativer Satzungsinhalt	57–68
a) Obligatorische Bestimmungen	57–65
b) Fakultative Bestimmungen	66–68
4. Gründungsmängel	69–72
a) Nichtigkeits- und Anfechtungsgründe	69–71
b) Eintragung der GmbH	72
III. Vor-GmbH	73–113
1. Rechtsstellung der Vor-GmbH	73–82
a) Rechtsfähigkeit	74–77
b) Stellung der Geschäftsführer	78–81
c) Verfahrensfragen	82
2. Gesellschafterwechsel und Auflösung	83–97
a) Gesellschafterwechsel vor Eintragung	83–89
b) Sonderproblem Vorrats- und Mantelgesellschaften	90–94
c) Auflösung/Liquidation	95–97
3. Haftung in der Vor-GmbH	98–112
a) Haftung der Vor-GmbH	98
b) Handelndenhaftung	99–101
c) Haftung der Gesellschafter	102–112
4. Vor-GmbH aus steuerrechtlicher Sicht	113
IV. Anmeldung und Eintragung	114–134
1. Anmeldungsverfahren	114–129
a) Form der Anmeldung	114
b) Inhalt der Anmeldung	115–122
c) Einzureichende Anlagen	123–129
2. Prüfung durch das Registergericht	130/131
a) Prüfungsumfang	130
b) Verfahren	131
3. Auswirkung der Eintragung auf die Haftung	132–134
a) Haftung der GmbH	132
b) Haftung der Handelnden	133
c) Haftung der Gesellschafter	134
V. Sonstige Problembereiche der GmbH-Gründung	135–146
1. Kosten der Gründung	135–140
a) Umfang der Kosten	135–139
b) Kostentragung	140

	Rn.
2. Sonderfälle	141–145
a) Auslandsbeurkundung	141
b) Gründung einer Zweigniederlassung einer ausländischen GmbH	142–145
VI. Checkliste: Wesentliche Formfragen bei der GmbH-Gründung	146

Schrifttum: *Altmeppen,* Das unvermeidliche Scheitern des Innenhaftungskonzeptes in der Vor-GmbH, NJW 1997, 3272; *ders.,* Zur Verwendung eines „alten" GmbH-Mantels, DB 2003, 2050; *Bayer/Hoffmann/Schmidt,* Satzungskomplexität und Mustersatzung. Eine Untersuchung vor dem Hintergrund des Regierungsentwurfs zum MoMiG, GmbHR 2007, 953 f.; *Bednarz,* Die Gesellschafterliste als Rechtsscheinsträger für einen gutgläubigen Erwerb von GmbH-Geschäftsanteilen, BB 2008, 1854; *Berger/Kleissl,* Neue Unsicherheiten bei der Auslandsbeurkundung von GmbH-Geschäftsanteilen, DB 2008, 2235; *Böcker/Poertzgen,* Kausalität und Verschulden beim künftigen § 64 Satz 3 GmbHG, WM 2007, 1203; *Böttcher/Blasche,* Die Grundbuchfähigkeit der GbR im Lichte der aktuellen Rechtsentwicklung, NZG 2007, 121; *dies.,* Gutgläubiger Erwerb von Geschäftsanteilen entsprechend der in der Gesellschafterliste eingetragenen Stückelung nach dem MoMiG, NZG 2007, 565; *Bohrer,* Fehlerquellen und gutgläubiger Erwerb im Geschäftsanteilsverkehr – Das Vertrauensschutzkonzept im Regierungsentwurf des MoMiG, DStR 2007, 995; *Braun,* Nochmals: Einziehung von GmbH-Geschäftsanteilen und Konvergenz nach § 5 III 2 GmbHG, NJW 2010, 2700; *Büchel,* Kapitalaufbringung, insbesondere Regelung der verdeckten Sacheinlage nach dem Regierungsentwurf des MoMiG, GmbHR 2007, 1065; *Dötsch/Pung/Möhlenbrock,* Die Körperschaftssteuer, Loseblatt 2013; *Eidenmüller/Rehberg,* Umgehung von Gewerbeverboten mittels Auslandsgesellschaften, NJW 2008, 28; *Freitag/Riemenschneider,* Die Unternehmergesellschaft – „GmbH light" als Konkurrenz für die Limited?, ZIP 2007, 1485; *Frotscher/Maas,* Kommentar zum Körperschaftssteuergesetz, Loseblatt 2013; *Gesell,* Verdeckte Sacheinlage & Co. im Lichte des MoMiG, BB 2007, 2241; *Götze/Bressler,* Praxisfragen der Gesellschafterliste und des gutgläubigen Erwerbs von Geschäftsanteilen nach dem MoMiG; *Goette,* Auslandsbeurkundung im Kapitalgesellschaftsrecht, DStR 1996, 709; *ders.,* Auslandsbeurkundung im Kapitalgesellschaftsrecht, MittRhNotK 1997, 1; *ders.,* Die Rechtsprechung des BGH zum Gesellschaftsrecht im Jahre 1997, ZNotP 1998, 42; *ders.,* Haftungsfragen bei der Verwendung von Vorratsgesellschaften und „leeren" GmbH-Mänteln, DStR 2004, 461; *ders.,* Einführung in das neue GmbH-Recht, München 2008; *Greulich/Rau,* Zur partiellen Insolvenzverursachungshaftung des GmbH-Geschäftsführers nach § 64 S. 3 GmbHG-RegE, NZG 2008, 284; *Gummert,* Münchener Anwaltshandbuch Personengesellschaftsrecht, 2005; *Haas,* § 64 S. 3 GmbHG – Erste Eckpunkte des BGH, NZG 2013, 41; *Habersack,* Neues zur verdeckten Sacheinlage und zum Hin- und Herzahlen – das „Qivive"-Urteil des BGH, GWR 2009, 129; *ders.,* Wider das Dogma von der unbeschränkten Gesellschafterhaftung bei wirtschaftlicher Neugründung einer AG oder GmbH, AG 2010, 845; *ders.,* Verdeckte Sacheinlage, nicht ordnungsgemäß offengelegte Sacheinlage und Hin- und Herzahlen – Geklärte und ungeklärte Fragen nach „Eurobike", GWR 2010, 107; *Harbarth,* Gutgläubiger Erwerb von GmbH-Geschäftsanteilen nach dem MoMiG-RegE, ZIP 2008, 57; *Heidenhain,* Anwendung der Gründungsvorschriften des GmbH-Gesetzes auf die wirtschaftliche Neugründung einer Gesellschaft, NZG 2003, 1051; *Heckschen,* Die GmbH-Reform – Wege und Irrwege, DStR 2007, 1442; *Hildebrandt,* Ballermann und Prinz: Ist die Gesellschaft bürgerlichen Rechts markenregisterfähig?, DStR 2004, 1924; *Huep,* Die Haftungsbeschränkung zugunsten der Gesellschafter einer BGB-Gesellschaft, NZG 2000, 285; *Karsten,* Kann man eine GmbH auf einem Bierdeckel gründen? Anmerkung zur Mustersatzung aus dem MoMiG, GmbHR 2007, 958; *Kleindiek,* Verdeckte (gemischte) Sacheinlage nach MoMiG: Rückwirkende Neuregelung und Wertanrechnung, ZGR 2011, 334; *Knof,* Die neue Insolvenzverursachungshaftung nach § 64 Satz 3 RegE-MoMiG, DStR 2007, 1536 (Teil 1), 1580 (Teil 2); *Koch,* Die verdeckte gemischte Sacheinlage im Spannungsfeld zwischen Kapitalaufbringung und Kapitalerhaltung, ZHR 175, 55; *Leistikow,* Das neue GmbH-Recht, München 2009; *Leyendecker,* Rechtsökonomische Überlegungen zur Einführung der Unternehmergesellschaft (haftungsbeschränkt), GmbHR 2008, 302; *de Lousanoff,* Partei- und Prozessfähigkeit der unechten und fehlgeschlagenen Vor-GmbH, NZG 2008, 490; *Miras,* Aktuelle Fragen zur Unternehmergesellschaft (haftungsbeschränkt), NZG 2012, 486; *Müller,* Rechtsfolgen verdeckter Sacheinlagen, NZG 2011, 761; *Ott,* Zur Grundbuchfähigkeit der GbR und des nicht eingetragenen Vereins, NJW 2003, 1223; *Peters,* Verlegung des tatsächlichen Verwaltungssitzes der GmbH ins Ausland – Aufgabe der Sitztheorie durch das MoMiG?, GmbHR 2008, 245; *Preuß,* Die Wahl des Satzungssitzes im geltenden Gesellschaftsrecht und nach dem MoMiG-Entwurf, GmbHR 2007, 157; *Reiff,* Die Haftungsverfassung der GbR nach dem Urteil des BGH vom 27-9-1999, NZG 2000, 281; *Römermann,* Die vereinfachte Gründung mittels Musterprotokoll, GmbHR Sonderheft Oktober 2008, 16; *ders.,* Auflösung einer GmbH aufgrund der Einziehung eines GmbH-Geschäftsanteils? Auswirkungen der Neufassung des § 5 Abs. 3 Satz 2 GmbHG für Alt- und Neufälle, DB 2010, 209; *Saenger/Scheuch,* Auslandsbeurkundung bei der GmbH – Konsequenzen aus MoMiG und Reform des Schweizer Obligationenrechts, BB 2008, 65; *K. Schmidt,* Theorie und Praxis der Vorgesellschaft nach gegenwärtigem Stand, GmbHR 1987, 77; *ders.,* Zur Haftungsverfassung der Vor-GmbH, ZIP 1997, 671; *ders.,* Haftung aus Rechtsgeschäften vor Errichtung einer GmbH, GmbHR 1998, 613; *ders.,* Die BGB-Außengesellschaft – rechts- und parteifähig, NJW 2001, 993; *ders.,* Vorratsgründung, Mantelkauf und Mantelverwendung, NJW 2004, 1345; *ders.,* GmbH-Reform auf Kosten der Geschäftsführer? Zum (Un-) Gleichgewicht zwischen Gesellschafterrisiko und Geschäftsführerrisiko im Entwurf eines MoMiG und in der BGH-Rechtsprechung, GmbHR 2008, 449; *Schmidt-Ott,* Befreiung von § 181 BGB durch einen nicht befreiten Vertreter?, ZIP 2007, 943; *Schöpflin,* Die Grundbuchfähigkeit der Gesellschaft bürgerlichen Rechts, NZG

2003, 117; *Schockenhoff/Höder*, Gutgläubiger Erwerb von GmbH-Anteilen nach dem MoMiG – Nachbesserungsbedarf aus Sicht der M&A-Praxis, ZIP 2006, 1841; *Spiegelberger/Walz*, Die Prüfung der Kapitalaufbringung im Rahmen der GmbH-Gründung, GmbHR 1998, 761; *Tettinger*, UG (umwandlungsbeschränkt)?, Der Konzern 2008, 75; *Theusinger/Liese*, Keine verdeckte Sacheinlage bei Einlage von Dienstleistungen, NZG 2009, 641; *Ulmer*, Unbeschränkte Gesellschafterhaftung in der Gesellschaft bürgerlichen Rechts, ZGR 2000, 339; *ders.*, Der „Federstrich des Gesetzgebers" und die Anforderungen der Rechtsdogmatik, ZIP 2008, 45; *ders.*, Die Einziehung von GmbH-Anteilen – ein Opfer der MoMiG-Reform? Zur seltsamen Wirkungsgeschichte einer überraschenden Aussage in der MoMiG-Regierungsbegründung, DB 2012, 321; *Veil*, Die Unternehmergesellschaft nach dem Regierungsentwurf des MoMiG, GmbHR 2007, 1080; *Vossius*, Gutgläubiger Erwerb von GmbH-Anteilen nach MoMiG, DB 2007, 2299; *Wachter*, Persönliche Haftungsrisiken bei englischen private limited companies mit inländischem Verwaltungssitz, DStR 2005, 1817; *ders.*, Gründung einer GmbH nach MoMiG, GmbHR Sonderheft Oktober 2008, 5; *ders.*, Die neue Unternehmergesellschaft (haftungsbeschränkt), GmbHR Sonderheft Oktober 2008, 25; *ders.*, Die GmbH nach MoMiG im internationalen Rechtsverkehr, GmbHR Sonderheft Oktober 2008, 80; *Wanner-Läufer*, Die Zwangseinziehung von Geschäftsanteilen nach § 34 GmbHG, Veränderungen durch die Reform des GmbH-Rechts, NJW 2010, 1499; *Wicke*, Abweichungen und Änderungen beim Musterprotokoll gemäß § 2 Abs. 1a GmbHG, DNotZ 2012, 15; *Wilhelm*, Zur Unterbilanzhaftung, EWiR 2006, 143; *ders.*, „Unternehmergesellschaft (haftungsbeschränkt)" – der neue § 5a GmbHG im RegE zum MoMiG, DB 2007, 1510; *Wirsch*, Die Legalisierung verdeckter Sacheinlagen – Das Ende der präventiven Wertkontrolle?, GmbHR 2007, 736.

I. Vorgründungsvertrag und Vorgründungsgesellschaft

1. Rechtsstellung der Vorgründungsgesellschaft

Durch die ausdrückliche oder konkludente Vereinbarung mehrerer Personen über die Gründung einer GmbH entsteht die sog. **Vorgründungsgesellschaft**.[1] Diese ist weder Vorläufer der zukünftigen GmbH noch der Vorgesellschaft. Die Aktiva und Passiva der Vorgründungsgesellschaft gehen nach ganz h.M. nicht auf die spätere GmbH über. Entsprechendes gilt im Verhältnis von Vorgründungsgesellschaft und Vorgesellschaft.[2] Soweit der sog. Vorgründungsvertrag[3] die Verpflichtung zur Errichtung der späteren GmbH enthält, bedarf er analog § 2 GmbHG ebenso der notariellen Form,[4] wie eine Vollmacht zum Abschluss des Gesellschaftsvertrages.[5] **1**

Formulierungsvorschlag Vorgründungsvertrag:
Die Erschienenen baten um die Beurkundung des nachfolgenden Vorgründungsvertrags.

1. [Der Erschienene zu 1] und [der Erschienene zu 2] verpflichten sich zur Gründung einer GmbH unter der Firma [......] mit Sitz in [......] und mit folgendem Unternehmensgegenstand: [......].
2. Das Stammkapital der GmbH soll Euro [......] betragen und in voller Höhe sofort geleistet werden. [Der Erschienene zu 1] soll seine Einlage in Höhe von Euro [......] durch Einbringung des Unternehmens [......], [der Erschienene zu 2] seine Einlage in Höhe von Euro [......] durch Leistung in bar erbringen.
3. Beide Gesellschafter sollen zu einzelvertretungsberechtigten Geschäftsführern bestellt werden.

2

---

a) Teilrechtsfähigkeit der Vorgründungsgesellschaft. Beschränkt sich der vereinbarte Zweck der Vorgründungsgesellschaft (allein) auf die eigentliche Gründung der GmbH, liegt eine **Gesellschaft bürgerlichen Rechts (GbR)** vor. Betreiben die Gründungsgesellschafter **3**

---

[1] Entgegen BGH GmbHR 1985, 114 sollte die Gesellschaft vor Abschluss des notariellen Vertrages keinesfalls als „GmbH in Gründung" bezeichnet werden.
[2] Vgl. Ulmer/Habersack/Löbbe/*Ulmer/Habersack* § 11 Rn. 30; Baumbach/Hueck/*Fastrich* § 11 Rn. 38.
[3] Zur Terminologie Scholz/*K. Schmidt* § 11 Rn. 9.
[4] St. Rechtsprechung, vgl. nur BGH NJW-RR 1988, 288; BGH DStR 1991, 1465, 1466 m.w.N.; Ulmer/Habersack/Löbbe/*Ulmer/Habersack* § 11 Rn. 30; Lutter/Hommelhoff/*Bayer* § 11 Rn. 4; Scholz/*K. Schmidt* § 11 Rn. 13: Formerfordernis gilt für alle Verpflichtungen, die später Teil der GmbH-Satzung werden sollen.
[5] Vgl. Ulmer/Habersack/Löbbe/*Ulmer/Löbbe* § 2 Rn. 53; MünchHdbGesR III/*Priester* § 15 Rn. 12; Rowedder/Schmidt-Leithoff § 2 Rn. 85; Michalski/*Michalski* § 2 Rn. 76.

hingegen bereits vor Unterzeichnung des notariellen Vertrages ein **Handelsgewerbe**, so finden die für die **OHG** geltenden Bestimmungen der §§ 105 ff. HGB Anwendung.[6] Die Gesellschaft endet in der Regel automatisch mit Zweckerreichung durch Abschluss des notariellen Gesellschaftsvertrages, § 726 BGB.[7] Nach Möglichkeit sollte die Vorgründungsgesellschaft wegen der damit für die Gründungsgesellschafter verbundenen Haftungsrisiken noch **keine geschäftlichen Aktivitäten** entfalten.

4 Die **Rechtsfähigkeit** der OHG folgt bereits aus § 124 Abs. 1 HGB. Für die GbR, „soweit sie durch Teilnahme am Rechtsverkehr eigene Rechte und Pflichten begründet", ist seit dem Urteil des BGH vom 29.1.2001 (II ZR 331/00)[8] die Rechtsfähigkeit ebenfalls anerkannt. Die Haftung für Gesellschaftsverbindlichkeiten richtet sich grundsätzlich nach dem Akzessorietätsmodell. Es kommen die allgemeinen Regelungen für die OHG bzw. GbR zur Anwendung. Der BGH weist in diesem Zusammenhang darauf hin, dass einzelne Einreden der Gesellschafter die GbR selbst nicht vor der Inanspruchnahme schützen.[9]

5 **b) Prozessuale Fragen.** Für die Vorgründungsgesellschaft als **OHG** bestehen prozessual keine Besonderheiten. Die Gesellschaft kann unter ihrer Firma **klagen oder verklagt werden**. Für die Zwangsvollstreckung ist ein Titel gegen die Gesellschaft erforderlich (§ 124 Abs. 2 HGB).

6 Der BGH hat in dem oben angesprochenen Urteil mit der Anerkennung der Rechtsfähigkeit der **GbR** zugleich auch deren **Parteifähigkeit** nach § 50 ZPO als notwendige prozessrechtliche Konsequenz anerkannt. Das bisher praktizierte Modell, wonach die aktive und passive Prozessführungsbefugnis hinsichtlich das Gesellschaftsvermögen betreffender Forderungen und Verbindlichkeiten bei den Gesellschaftern als notwendigen Streitgenossen im Sinne des § 62 Abs. 1 ZPO liegt, ist damit überholt.

7 Danach ist die GbR nunmehr unter ihrer Firma zu verklagen. Das Urteil kann gegen die GbR als solche ergehen. Dieses dient als Grundlage zur Vollstreckung in das Gesellschaftsvermögen. Dies deckt sich zwar nicht mit dem Wortlaut des § 736 ZPO. Diese Bestimmung geht davon aus, dass eine Vollstreckung in das Gesellschaftsvermögen einen Titel gegen alle Gesellschafter verlangt, und nicht bloß einen Titel gegen die Gesellschaft. Der BGH entscheidet sich in diesem Zusammenhang für eine Auslegung contra legem und sieht § 736 ZPO nur als weitere Möglichkeit an, neben der von der OHG bekannten Möglichkeit auch dann einen Titel gegen die Gesellschaft zu erlangen, wenn gegen alle Gesellschafter geklagt wurde. Es steht der anderen Prozesspartei grundsätzlich frei, die GbR, die Gesellschafter oder beide gemeinsam zu verklagen.[10]

8 Zweckmäßigerweise sollten im Regelfall auch weiterhin die Gesellschafter mitverklagt werden, da das Gesellschaftsvermögen keinerlei Publizitäts- und Kapitalerhaltungspflichten unterliegt. Dies empfiehlt auch ausdrücklich der BGH. Die Gesellschaft und ihre Gesellschafter sollten deshalb möglichst genau individualisiert werden, da auf eine Registeranmeldung nicht zurückgegriffen werden kann.

9 Das Urteil des BGH zum Markenrecht,[11] welches die Markenfähigkeit der GbR ablehnte, ist nach dem Urteil des für das Gesellschaftsrecht zuständigen Zweiten Senats[12] als überholt anzusehen. Aus der Anerkennung der Rechtssubjektivität der GbR folgt auch die Markenfähigkeit.[13]

10 Durch § 47 Abs. 2 GBO, § 15 Abs. 1 lit. c GBV sowie § 899a BGB hat der Gesetzgeber zudem mittlerweile die GbR auch als grundbuchfähig anerkannt.[14] Der frühere Streit in Literatur[15] und Rechtsprechung[16] hat sich damit erledigt.

---

[6] BGHZ 91, 148, 151 = NJW 1984, 2164; BGH NJW 1983, 2822; abw. *K. Schmidt* GmbHR 1998, 613, 614 f.
[7] Ulmer/Habersack/Löbbe/*Ulmer/Habersack* § 11 Rn. 30; Scholz/*K. Schmidt* § 11 Rn. 14.
[8] BGH NJW 2001, 1056; BGH NJW 2003, 1043; BGH MittBayNot 2008, 67.
[9] BGH NZG 2001, 311, 315.
[10] BGH NJW 2007, 2257.
[11] BGH LM Nr. 1 zu § 7 MarkenG (Ballermann).
[12] BGH NJW 2001, 1056.
[13] Dazu *Hildebrandt* DStR 2004, 1924 f.
[14] Zuvor bereits bejahend BGH NJW 2009, 494.

2. Haftung in der Vorgründungsgesellschaft

a) Haftung der Gesellschaft. Handeln die Gesellschafter für die Vorgründungsgesellschaft, so wird diese nach den Grundsätzen des unternehmensbezogenen Geschäfts verpflichtet[17] und **haftet** mit ihrem gesamten **Gesellschaftsvermögen**.

b) Haftung der Gesellschafter. Die Haftung der Gesellschafter in diesem Stadium richtet sich nach den allgemeinen Haftungsvorgaben für die BGB-Gesellschaft bzw. die OHG,[18] da § 11 Abs. 2 GmbHG erst mit dem Abschluss des Gesellschaftsvertrages gilt.[19] Die Gesellschafter haften somit für die Verbindlichkeiten der Gesellschaft persönlich, unmittelbar, unbeschränkt und **gesamtschuldnerisch**.[20] Daneben kommt eine Haftung nach allgemeinen Rechtsscheingrundsätzen in Betracht.[21] Wer im Namen einer vorgeblich schon gegründeten „GmbH i. G." oder „GmbH" handelt, haftet entsprechend § 179 BGB, solange nicht die GmbH entstanden ist und das Geschäft wirksam genehmigt, wenn und weil die fehlende Gründung nicht offen gelegt und im Namen einer nicht vorhandenen Rechtscheinträgerin gehandelt wird.[22]

Bei der Gründung einer **Einpersonen-Gesellschaft** passt das für die GbR maßgebliche Haftungskonzept des Akzessorietätsmodells nicht, da es keine Mehrheit von Gesellschaftern und gesamthänderisch gebundenes Gesellschaftsvermögen gibt.[23] Überwiegend wird die Einpersonen-Vorgesellschaft als Rechtsträgerin anerkannt mit der Folge, dass sie als solche auch Schuldnerin sein kann.[24] Neben die Haftung der Einpersonengesellschaft tritt dann die unbeschränkte Haftung des Gesellschafters,[25] so dass sich der Sache nach keine Unterschiede gegenüber der Gesellschafterhaftung bei der Mehrpersonen-Gesellschaft ergeben.[26]

c) Haftungsbeschränkungen. Selbst wenn die unbeschränkte Haftung der Gesellschafter einer GbR oder OHG der gesetzliche Regelfall ist, kommt eine wirksame **Haftungsbeschränkung**, insbesondere auf das Gesellschaftsvermögen, in Betracht.

aa) Vorgründungsgesellschaft als GbR. Nach Auffassung des BGH ist eine einseitige Haftungsbeschränkung – etwa durch eine Begrenzung der Vertretungsmacht der für die GbR Handelnden – nicht möglich.[27] Grundlage hierfür ist die Überlegung, dass die Möglichkeit der Beschränkung der Haftung auf das Gesellschaftsvermögens eine vom Gesetz nicht vorgesehene neue Gesellschaftsform schaffen würde. Das Gesetz stelle für die Gründung einer Gesellschaft, bei der die Haftung auf das Gesellschaftsvermögen beschränkt ist, besondere Voraussetzungen zur Sicherstellung der Haftungsmasse (Kapitalaufbringung und Publizität) auf, die mit einer „GbR mbH" umgangen würden. Ein bloßer Namenszusatz oder Hinweis auf den Willen zur lediglich beschränkten Haftung sei unzureichend. Damit ist eine Beschränkung der Haftung auf das Gesellschaftsvermögen **nur durch** eine **Individualvereinbarung** mit dem entsprechenden Gläubiger möglich.[28] Eine Vereinbarung in AGB ist

---

[15] Die Grundbuchfähigkeit zuvor bejahend etwa *Ott* NJW 2003, 1223; *Böttcher/Blasche* NZG 2007, 121. Verneinend etwa *K. Schmidt* NJW 2001, 993; *Schöpflin* NZG 2003, 117.
[16] Zuvor bejahend OLG Stuttgart NJW 2008, 304. Zuvor verneinend etwa BayObLG NJW 2003, 70; OLG Celle NJW 2006, 2194.
[17] BGH GmbHR 1998, 633, 634; BGHZ 91, 148, 152 = NJW 1984, 2164.
[18] BGH DStR 1991, 1465 f.
[19] BGHZ 91, 148 = GmbHR 1984, 316; OLG Hamm NJW-RR 1989, 616.
[20] BGHZ 91, 148, 151 = NJW 1984, 2164.
[21] Vgl. auch BGH GmbHR 1998, 633.
[22] OLG Koblenz NZG 2003, 32; OLG Brandenburg Praxis Unternehmensrecht 2011, 169; Scholz/ *K. Schmidt* § 11 Rn. 22.
[23] Ulmer/Habersack/Löbbe/*Ulmer/Habersack* § 11 Rn. 21.
[24] Vgl. Scholz/*K. Schmidt* § 11 Rn. 167; Baumbach/Hueck/*Fastrich* § 11 Rn. 41 f.; *Raiser/Veil* § 26 Rn. 87, 89; Rowedder/*Schmidt-Leithoff* § 11 Rn. 143 f.; *Roth*/Altmeppen § 11 Rn. 76 f.
[25] BGHZ 134, 333, 341 = NJW 1997, 1507, 1509.
[26] Vgl. Scholz/*K. Schmidt* § 11 Rn. 175.
[27] BGH NJW 1999, 3483 m. Anm. *Altmeppen* = DStR 1999, 1704 m. Anm. *Goette*; BGH MittBayNot 2008, 67; *Huep* NZG 2000, 285; *Reiff* NZG 2000, 281; *Ulmer* ZGR 2000, 339.
[28] BGH NJW-RR 2005, 400.

regelmäßig unzulässig.[29] An eine konkludente Vereinbarung sind hohe Anforderungen zu stellen.[30]

16 *bb) Vorgründungsgesellschaft als OHG.* Eine Beschränkung der Haftung auf das Gesellschaftsvermögen durch schlichte Begrenzung der Vertretungsmacht **scheitert** bei der OHG bereits **an § 126 Abs. 2 HGB,** wonach die Vertretungsmacht **im Außenverhältnis unbeschränkbar** ist. Auch hier kann eine Haftungsbeschränkung **nur** durch eine **Individualvereinbarung** mit dem entsprechenden Gläubiger erfolgen.

17 *cc) Praktische Handhabung.* Falls die spätere Geschäftstätigkeit schon vor Entstehung der Vor-GmbH durch die GbR/OHG aufgenommen werden soll, ist dringend von der Aufnahme des Zusatzes „m.b.H." oder vor sonstigen Versuchen, die Haftung einseitig auf das Gesellschaftsvermögen zu beschränken, abzuraten.[31] Es drohen neben der Wirkungslosigkeit der Haftungsbeschränkung **wettbewerbsrechtliche Folgen** wegen eines Verstoßes gegen § 3 UWG, da der Zusatz „GbR mbH" wegen der Verwechslungsgefahr mit der GmbH irreführend ist.[32] Gelingt der Abschluss einer Individualvereinbarung mit einem Gläubiger, sollte der Inhalt schriftlich niedergelegt werden, da die Gesellschafter für den Abschluss der Haftungsbeschränkung beweispflichtig sind.[33] In der Praxis sollten zwei Varianten unterschieden werden:

18 **Variante 1:** Der Vertrag soll erst dann wirksam werden, wenn die Vor-GmbH oder GmbH entsteht. In diesem Fall muss der Vertrag ausdrücklich im Namen der künftig entstehenden (Vor-)GmbH abgeschlossen und später von der (Vor-) GmbH genehmigt werden.[34] Es reicht nicht aus, die künftige GmbH bloß zu erwähnen.[35] Die Formulierung muss in jedem Fall deutlich machen, dass für eine juristische Person gehandelt wird, die bei Abschluss der Vereinbarung noch nicht existiert, da sonst nach den Grundsätzen des unternehmensbezogenen Geschäfts die derzeit bestehende Vorgründungsgesellschaft und damit doch wieder die Handelnden selbst verpflichtet werden.[36] Bei der Formulierung ist zur Vermeidung der Eigenhaftung der Gesellschafter gem. § 179 BGB darauf zu achten, dass der Vertrag unter der **aufschiebenden Bedingung** der späteren Genehmigung abgeschlossen wird:[37]

Formulierungsvorschlag:

19 Dieser Vertrag wird allein im Namen der noch zu errichtenden [Name der Gesellschaft] GmbH geschlossen und wird nur und erst dann wirksam, wenn er durch diese innerhalb von sieben Tagen [nach dem notariellen Abschluss des Gesellschaftsvertrages/nach der Eintragung in das Handelsregister] schriftlich gegenüber dem Vertragspartner genehmigt wird.

20 **Variante 2:** Die aufschiebende Bedingung der späteren Genehmigung ist jedoch dann kein geeignetes Mittel zur Haftungsbegrenzung, wenn der Vertrag schon vor Abschluss des Gesellschaftsvertrages wirksam werden soll. Das betrifft vor allem Dauerschuldverhältnisse.
In diesem Fall lässt sich die persönliche Haftung der Gesellschafter der Vorgründungsgesellschaft zumindest bis zur Entstehung der Vor-GmbH nur noch durch eine **Individualvereinbarung** mit dem entsprechenden Gläubiger vermeiden. Falls dies nicht gelingt, muss zumindest bewirkt werden, dass die Gesellschafter dann nicht mehr weiter haften. Denn mit der Existenz der Vor-GmbH steht ein weiteres Haftungsobjekt zur Verfügung, auf das die Haftung übergeleitet werden kann. Da zwischen Vorgründungsgesellschaft und Vor-GmbH keine Identität besteht,[38] muss der Vertrag nach Entstehung der Vor-GmbH auf diese geson-

---

[29] BGH NJW 2002, 1642; Palandt/*Sprau* § 714 Rn. 18 m.w.N.
[30] Münchener AnwaltsHb Personengesellschaftsrecht/*Gummert* § 3 Rn. 163; Baumbach/*Hopt* § 128 Rn. 38.
[31] Zur Unzulässigkeit des Zusatzes BayObLG NJW 1999, 297.
[32] OLG München MittBayNot 1999, 196.
[33] BGH NJW 1983, 2822.
[34] Für die generelle Anwendbarkeit der §§ 177ff. BGB beim Handeln für eine noch nicht entstandene juristische Person MünchKommBGB/*Schramm* § 177 Rn. 7; OLG Hamm NJW-RR 1987, 1109, 1110; für die Zulässigkeit dieser Konstruktion: *K. Schmidt* GmbHR 1998, 613, 616; vgl. auch OLG Hamm NJW-RR 1989, 616.
[35] OLG Hamm NJW 1989, 616.
[36] OLG Hamm NJW-RR 1989, 616.
[37] Scholz/*K. Schmidt* § 11 Rn. 70, 154; Rowedder/*Schmidt-Leithoff* § 11 Rn. 90.
[38] OLG Hamm NJW-RR 1989, 616, 617.

dert übergeleitet werden. Dies erfolgt zweckmäßigerweise im Wege der **Vertragsübernahme**.[39] Diese kann auch konkludent erfolgen, etwa wenn die Tatsache, dass die Gesellschafter als Gründer einer GmbH handeln, gegenüber dem Gläubiger offengelegt wird.

Zur Klarstellung empfiehlt sich aber in jedem Falle eine ausdrückliche Vereinbarung. Da hierfür neben der Mitwirkung der Gesellschafter der OHG/GbR und der Vor-GmbH die Zustimmung des Vertragspartners erforderlich ist, sollte dieser schon bei Abschluss des Vertrages der späteren Vertragsübernahme zustimmen. Die Zustimmung zu einer Vertragsübernahme kann im Voraus gegeben werden.[40] Möglich – aber in der Regel zu umständlich – ist dagegen der Weg, dass die Gesellschafter unter Befreiung von den Beschränkungen des § 181 BGB vom Vertragspartner bevollmächtigt werden, den Vertrag später auf die Vor-GmbH überzuleiten.

Beispiel: Eine Vorgründungsgesellschaft (bestehend aus den Gesellschaftern X, Y und Z) will wegen einer günstigen Gelegenheit bereits vor Beurkundung des GmbH-Vertrages den Mietvertrag für die künftige GmbH abschließen.

Formulierungsvorschlag:
Dem Vermieter ist bekannt, dass X, Y und Z, handelnd als GbR [OHG], die A-GmbH gründen wollen und dieser Mietvertrag für die zukünftige A-GmbH abgeschlossen wird. Im Hinblick darauf stimmt der Vermieter Folgendem zu:
(1) Die gesamtschuldnerische Haftung der Herren X, Y und Z wird auf 25.000 Euro beschränkt.
(2) Nach Abschluss des notariellen Gesellschaftsvertrages der A-GmbH übernimmt die (Vor-) GmbH alle Rechte und Pflichten aus diesem Mietvertrag im Wege befreiender Schuldübernahme gem. §§ 414, 415 BGB. Der Vermieter stimmt dem bereits hiermit unwiderruflich zu.

3. Vertretung

Entsteht mit dem Abschluss des Vorgründungsvertrags eine Innengesellschaft, gilt nach §§ 709, 714 BGB Gesamtgeschäftsführung und -vertretung, wobei eine abweichende Vereinbarung zulässig ist. Mit der Aufnahme der Geschäftstätigkeit nach außen entsteht regelmäßig eine OHG, so dass nach § 125 HGB jeder Gesellschafter mangels einer abweichenden vertraglichen Regelung (vgl. § 125 Abs. 2 S. 1 HGB) allein befugt ist, die Gesellschaft zu **vertreten**. Handelt ein Gesellschafter als solcher oder im Rahmen der Geschäftstätigkeit der Gesellschaft, liegt ein **unternehmensbezogenes Geschäft** vor.[41]

4. Steuerrechtliche Fragen

Die Vorgründungsgesellschaft wird steuerlich noch nicht als Kapitalgesellschaft anerkannt.[42] Die **Besteuerung** erfolgt daher unabhängig von der späteren Eintragung der GmbH auf der **Ebene der Gesellschafter**.[43] Ertragsteuerlich liegt eine Mitunternehmerschaft nach § 15 Abs. 1 Nr. 2 EStG vor.[44] Die Einkünfte werden nach § 180 Abs. 1 Nr. 2a AO einheitlich und gesondert festgestellt und den Gesellschaftern anteilig und unmittelbar zugerechnet. Die Gründungsgesellschafter haften zudem für Steuerschulden unbeschränkt persönlich.[45] Lediglich im Falle unternehmerischer Tätigkeit ist die Vorgründungsgesellschaft selbst Steuersubjekt für betriebsbezogene Steuern (z. B. Gewerbesteuer).[46] Es handelt sich bei Vorgründungsgesellschaft und der GmbH um unterschiedliche Besteuerungssubjekte, so dass Verluste der Vorgründungsgesellschaft nicht mit späteren Gewinnen der GmbH verrechenbar

---

[39] OLG Hamm NJW-RR 1989, 616, 617; restriktiv zur Möglichkeit einer konkludenten Schuldübernahme: BGH NJW 1998, 1645.
[40] BGH WM 1996, 128, 131; ebenso für eine Schuldübernahme nach § 414 BGB: BGH NJW 1998, 1645.
[41] Scholz/*K. Schmidt* § 11 Rn. 17.
[42] *Tipke/Lang* § 11 Rn. 26.
[43] FG Niedersachsen GmbHR 1992, 391.
[44] Schmidt/*Wacker* EStG § 15 Rn. 169.
[45] Allgemein für Personengesellschaften: BFH NJW 1990, 2086; FG Saarland EFG 1991, 446.
[46] Beck'sches HdbGmbH/*Schwaiger* § 2 Rn. 11.

sind.⁴⁷ Da Rechte und Verbindlichkeiten der Vorgründungsgesellschaft nicht unmittelbar auf die Vor-GmbH oder die spätere GmbH übergehen, müssen sie rechtsgeschäftlich übertragen werden.⁴⁸

II. Abschluss des Gründungsvertrages

1. Gründungsvarianten

26   Seit Inkrafttreten des MoMiG sieht das GmbHG unterschiedliche Gründungsmöglichkeiten vor. Es besteht die **Möglichkeit eines vereinfachten Gründungsverfahrens** nach § 2 Abs. 1a GmbHG. Dabei wird ein Gründungsprotokoll mit gesetzlich festgelegtem Inhalt notariell beurkundet. Voraussetzung für eine Gründung im vereinfachten Verfahren ist, dass die Gesellschaft **höchstens drei Gesellschafter und einen von den Beschränkungen des § 181 BGB befreiten Geschäftsführer mit Einzelvertretungsberechtigung** hat. Weitere Voraussetzung für die Verwendung des Mustervertrages ist, dass es sich um eine **Bargründung** handelt. Für die Gründung im vereinfachten Verfahren wird das als Anlage zum GmbHG beigefügte **Musterprotokoll** verwendet, das zugleich als Gesellschafterliste gilt (§ 2 Abs. 1a Satz 4 GmbHG). Daneben gelten die Vorschriften über den Gesellschaftsvertrag entsprechend (§ 2 Abs. 1a Satz 5 GmbHG).

27   Das vereinfachte Verfahren gilt sowohl für die GmbH als auch für die **Unternehmergesellschaft** (haftungsbeschränkt).⁴⁹ Nach § 5a GmbHG muss eine Gesellschaft, die mit einem niedrigeren Stammkapital als 25.000 Euro gegründet wird, in der Firma die Bezeichnung „Unternehmergesellschaft (haftungsbeschränkt)" oder „UG (haftungsbeschränkt)" führen. Nach § 5a Abs. 2 GmbHG sind Sacheinlagen ausgeschlossen und die Anmeldung der Gesellschaft zum Handelsregister ist von der Einzahlung des Stammkapitals in voller Höhe abhängig. Ob die Vor-GmbH im Stadium vor Eintragung in das Handelsregister hingegen noch in eine Unternehmergesellschaft (haftungsbeschränkt) „umgewandelt" werden kann, ist umstritten.⁵⁰

28

Überblick		
Gründung UG ohne Musterverwendung	Vereinfachte Gründung GmbH oder UG mit Musterverwendung	Gründung GmbH ohne Musterverwendung
– Stammkapital unterschreitet 25.000 Euro – Keine Vorgaben zur Gründeranzahl – Gründung auch durch juristische Personen – Nur Bargründung mit Volleinzahlung – Keine Sachgründung – Keine Vorgaben zur Anzahl und Vertretungsmacht der Geschäftsführer – Keine Vorgaben zur Anzahl der Geschäftsanteile je Gründer	– Mindeststammkapital für GmbH 25.000 Euro – Maximal drei Gründer – Nur natürliche Personen – Nur Bargründung mit Teileinzahlungsmöglichkeit bei normaler GmbH; bei UG Volleinzahlung – Maximal ein Geschäftsführer, der von den Beschränkungen des § 181 BGB befreit sein muss – Maximal ein Geschäftsanteil je Gründer	– Mindeststammkapital 25.000 Euro – Keine Vorgabe zur Anzahl der Gründer – Gründung auch durch juristische Personen – Bargründung mit Teileinzahlungsmöglichkeit oder Sachgründung – Keine Vorgaben zur Anzahl der Geschäftsführer sowie zur Vertretungsmacht – Mehrere Geschäftsanteile für die Gründer möglich

---

⁴⁷ Dötsch/Pung/Möhlenbrock/*Graffe* § 1 KStG Rn. 106; *Frotscher*/Maas § 1 KStG Rn. 91.
⁴⁸ BGH NJW-RR 2001, 1042.
⁴⁹ Näheres zur Unternehmensgesellschaft unter § 4. Zur Einführung der Unternehmergesellschaft durch das MoMiG vgl. *Freitag/Riemenschneider* ZIP 2007, 1485 f.; *Leyendecker* GmbHR 2008, 302 f.; *Veil* GmbHR 2007, 1080 f.; *Wachter* GmbHR Sonderheft Oktober 2008, 25; *Wilhelm* DB 2007, 1510 f. Aktuell *Miras* NZG 2012, 486. Zu umwandlungsrechtlichen Fragen *Tettinger* Der Konzern 2008, 75 f.
⁵⁰ Bejahend OLG Frankfurt GmbHR 2011, 894 mit ablehnender Anm. *Wachter*.

2. Gründungsprotokoll

29 Die Gründung einer GmbH erfolgt mittels eines sog. Gründungsprotokolls, das notariell zu beurkunden ist.

30 a) **Normalfall der Gründung.** Das **Standard-Gründungsprotokoll** könnte für die GmbH wie folgt lauten:

> Der/Die Erschienene/n, handelnd wie angegeben, erklärte/n:
> Ich/Wir errichte/n hiermit eine Gesellschaft mit beschränkter Haftung unter der Firma [......] mit dem Sitz in [......] und schließen den in der Anlage zu dieser Niederschrift beigefügten Gesellschaftsvertrag.
> Zum Geschäftsführer wird/werden bestellt: [jeweils Name, Geburtsdatum und Privatanschrift]
> Der Geschäftsführer [Name] ist einzelvertretungsberechtigt, auch wenn mehrere Geschäftsführer bestellt sind. (evtl. zusätzlich: Er ist von den Beschränkungen des § 181 BGB befreit. Alternativ: Er ist von den Beschränkungen des § 181 Alt. 2 BGB befreit.)
> (oder alternativ hierzu:) Der Geschäftsführer [Name] vertritt die Gesellschaft gemeinsam mit einem Geschäftsführer oder einem Prokuristen. Solange er alleiniger Geschäftsführer ist, vertritt er die Gesellschaft einzeln.
> [notarielle Belehrungen]

31 b) **Vereinfachte Gründung unter Verwendung des Musterprotokolls.** Mit der Einführung eines Musterprotokolls[51] stellt der Gesetzgeber für standardisierte Fälle nachfolgende Muster zur Verfügung, die den Zugang zur Rechtsform der GmbH erleichtern soll. Dem GmbHG sind Musterprotokolle für die Gründung einer Einpersonengesellschaft und die Gründung einer Mehrpersonengesellschaft mit bis zu drei Personen als Anlage beigefügt.

Musterprotokolle (Anlage zum GmbHG) zur Gründung von Ein- und Mehrpersonengesellschaften

Musterprotokoll für die Gründung einer Einpersonengesellschaft	Musterprotokoll für die Gründung einer Mehrpersonengesellschaft mit bis zu drei Gesellschaftern
UR. Nr. [......] Heute, den [......], erschien vor mir, [......], Notar/in mit dem Amtssitz in [......], Herr/Frau[1)] [......][2)].	UR. Nr. [......] Heute, den [......], erschien vor mir, [......], Notar/in mit dem Amtssitz in [......], Herr/Frau[1)] [......][2)], Herr/Frau[1)] [......][2)], Herr/Frau[1)] [......][2)].
1. Der Erschienene errichtet hiermit nach § 2 Abs. 1a GmbHG eine Gesellschaft mit beschränkter Haftung unter der Firma [......] mit dem Sitz in [......].	1. Die Erschienenen errichten hiermit nach § 2 Abs. 1a GmbHG eine Gesellschaft mit beschränkter Haftung unter der Firma [......] mit dem Sitz in [......].
2. Gegenstand des Unternehmens ist [......].	2. Gegenstand des Unternehmens ist [......].
3. Das Stammkapital der Gesellschaft beträgt [......] EUR (i.W. [......] Euro) und wird vollständig von Herrn/Frau [......][1)] (Geschäftsanteil Nr. 1) übernommen. Die Einlage ist in Geld zu erbringen, und zwar sofort in voller Höhe/zu 50% sofort, im Übrigen sobald die Gesellschafterversammlung ihre Einforderung beschließt.[3]	3. Das Stammkapital der Gesellschaft beträgt [......] EUR (i.W. [......] Euro) und wird wie folgt übernommen: Herr/Frau[1)] [......] übernimmt einen Geschäftsanteil mit einem Nennbetrag in Höhe von [......] EUR (i.W. [......] Euro) (Geschäftsanteil Nr. 1),

32

---

[51] Zur Einführung des Musterprotokolls durch das MoMiG vgl. näher *Bayer/Hoffmann/Schmidt* GmbHR 2007, 953 f.; *Karsten* GmbHR 2007, 958 f.; *Römermann* GmbHR Sonderheft Oktober 2008, 16. Aktuell *Wicke* DNotZ 2012. 15.

Herrn/Frau[1] [......] übernimmt einen Geschäftsanteil mit einem Nennbetrag in Höhe von [......] EUR (i.W. [......] Euro) (Geschäftsanteil Nr. 2),
Herrn/Frau[1] [......] übernimmt einen Geschäftsanteil mit einem Nennbetrag in Höhe von [......] EUR (i.W. [......] Euro) (Geschäftsanteil Nr. 3).
Die Einlagen sind in Geld zu erbringen, und zwar sofort in voller Höhe/zu 50% sofort, im Übrigen sobald die Gesellschafterversammlung ihre Einforderung beschließt[3].

4. Zum Geschäftsführer der Gesellschaft wird Herr/Frau [......][4], geboren am [......], wohnhaft in [......], bestellt. Der Geschäftsführer ist von den Beschränkungen des § 181 des Bürgerlichen Gesetzbuches befreit.

5. Die Gesellschaft trägt die mit der Gründung verbunden Kosten bis zu einem Gesamtbetrag von 300 EUR, höchstens jedoch bis zum Betrag ihres Stammkapitals. Darüber hinausgehende Kosten trägt der Gesellschafter.

6. Von dieser Urkunde erhält eine Ausfertigung der Gesellschafter, beglaubigte Ablichtungen die Gesellschaft und das Registergericht (in elektronischer Form) sowie eine einfache Abschrift das Finanzamt – Körperschaftsstelle –.

7. Der Erschienene wurde vom Notar/von der Notarin insbesondere auf folgendes hingewiesen: [......]

Hinweise:
1. Nicht Zutreffendes streichen. Bei juristischen Personen ist die Anrede Herr/Frau wegzulassen.

2. Hier sind neben der Bezeichnung des Gesellschafters und den Angaben zur notariellen Identitätsfeststellung[52] ggf. der Güterstand und die Zustimmung des Ehegatten sowie die Angaben zu einer etwaigen Vertretung zu vermerken.

3. Nicht Zutreffendes streichen. Bei der Unternehmergesellschaft muss die zweite Alternative gestrichen werden.

4. Nicht Zutreffendes streichen.

4. Zum Geschäftsführer der Gesellschaft wird Herr/Frau[4] [......], geboren am [......], wohnhaft in [......], bestellt. Der Geschäftsführer ist von den Beschränkungen des § 181 des Bürgerlichen Gesetzbuches befreit.

5. Die Gesellschaft trägt die mit der Gründung verbunden Kosten bis zu einem Gesamtbetrag von 300 EUR, höchstens jedoch bis zum Betrag ihres Stammkapitals. Darüber hinausgehende Kosten tragen die Gesellschafter im Verhältnis der Nennbeträge ihrer Geschäftsanteile.

6. Von dieser Urkunde erhält eine Ausfertigung jeder Gesellschafter, beglaubigte Ablichtungen die Gesellschaft und das Registergericht (in elektronischer Form) sowie eine einfache Abschrift das Finanzamt – Körperschaftsstelle –.

7. Die Erschienenen wurden vom Notar/von der Notarin insbesondere auf folgendes hingewiesen: [......]

Hinweise:
1. Nicht Zutreffendes streichen. Bei juristischen Personen ist die Anrede Herr/Frau wegzulassen.

2. Hier sind neben der Bezeichnung des Gesellschafters und den Angaben zur notariellen Identitätsfeststellung[53] ggf. der Güterstand und die Zustimmung des Ehegatten sowie die Angaben zu einer etwaigen Vertretung zu vermerken.

3. Nicht Zutreffendes streichen. Bei der Unternehmergesellschaft muss die zweite Alternative gestrichen werden.

4. Nicht Zutreffendes streichen.

---

[52] Die Angaben zur notariellen Identitätsfeststellung beinhalten Name, Vorname, Geburtsdatum, Geburtsort, Staatsangehörigkeit, Ausweispapiere (mit Datum der Ausstellung, ausstellender Behörde und Gültigkeitsdatum).
[53] Siehe Fn. 52.

Der Regelungsgehalt des Gründungsprotokolls beschränkt sich auf die Mindestangaben **33** nach § 3 GmbHG und wird ergänzt durch Musterregelungen zur Vertretung und zum Gründungsaufwand. Daneben gelten im Übrigen die gesetzlichen Bestimmungen. Mit der Zusammenfassung von Gesellschaftsvertrag, Geschäftsführerbestellung und Gesellschafterliste in einem Musterdokument wird eine formelle Erleichterung geschaffen.

Die Musterverwendung ist vollumfänglich an die Vorgaben des Musters gebunden. Das **34** bedeutet insbesondere, dass über die Regelungen des Musterprotokolls hinaus keine zusätzlichen Bestimmungen in die Urkunde mit aufgenommen werden dürfen. Praktisch wichtige Regelungsbereiche wie beispielsweise die Vinkulierung von Geschäftsanteilen, Abfindungsregelungen, Zustimmungsvorbehalte der Gesellschafterversammlung, Einziehungsklauseln oder das Ausscheiden eines Gesellschafters können daher nicht im Wege des vereinfachten Gründungsverfahrens unter Verwendung des Musterprotokolls berücksichtigt werden. Besteht über die Mustersatzung hinausgehender Regelungsbedarf, scheidet das vereinfachte Verfahren aus und die Gründung muss im herkömmlichen Verfahren erfolgen.

c) Besonderheiten bei Vertretung im Rahmen der Gründung. Abgesehen von Organen **35** oder Prokuristen (§ 49 HGB), bedarf ein Vertreter zum Abschluss des Gründungsvertrags einer notariell errichteten oder beglaubigten Vollmacht (§ 2 Abs. 2 GmbHG).

> **Formulierungsvorschlag:**
> Wir, die Unterzeichneten, bevollmächtigen hiermit [Name(n), Adresse(n)], **36**
> (soweit erforderlich:) gemeinsam (oder: jeden für sich allein),
> uns bei der Gründung einer Gesellschaft mit beschränkter Haftung mit dem Sitz in [......] unter der Firma [......] (ggf. weiter:) oder einer anderen, von dem/den Bevollmächtigten bestimmten Firma
> zu vertreten, insbesondere für uns eine Stammeinlage in Höhe von nominal [......] Euro (in Worten: [......] Euro) zu übernehmen, sowie in unserem Namen alle sonstigen in diesem Zusammenhang erforderlichen Erklärungen abzugeben.
> Unser/e Bevollmächtigter/n ist/sind ferner bevollmächtigt, in unserem Namen Geschäftsführer zu bestellen, sowie deren Vertretungsmacht zu bestimmen (evtl. weiter:) und ist/sind von den Beschränkungen des § 181 BGB befreit und berechtigt, im Umfang ihrer Vertretungsmacht Untervollmacht zu erteilen.

Bei mehreren Bevollmächtigten ist die Art der Vertretung (Einzel- oder Gesamtvertretung) **37** klarzustellen. Die Beschränkung auf eine vorgegebene Firmierung mag im Einzelfall problematisch sein, sofern sich diese als unzulässig herausstellt oder aus anderen Überlegungen doch anders lauten soll. Mehrfachvertretungen und Insichgeschäfte sind nur zulässig, wenn der Vertretene sie gestattet (§ 181 BGB). An die Befreiung von § 181 BGB (und die zulässige Unterbevollmächtigung) ist insbesondere in den Fällen zu denken, in denen der künftige Geschäftsführer selbst bevollmächtigt werden soll und sich nachfolgend selbst bestellen muss. Die Gestattung muss hierbei grundsätzlich vom Geschäftsherrn selbst ausgehen. Die einschlägige Musterprotokollregelung[54] sieht für den alleinigen Geschäftsführer eine Befreiung von den Beschränkungen des § 181 BGB vor.

Ein rechtsgeschäftlich nicht von den Beschränkungen des § 181 BGB befreiter Vertreter **38** kann die Befreiung nicht sich selbst oder einem Unterbevollmächtigten gegenüber erteilen.[55] Zu beachten ist, dass nach Ansicht des BayObLG die Befreiung vom Verbot des § 181 BGB durch Organe von juristischen Personen nur dann zulässig sein soll, wenn diese selbst von diesen Beschränkungen befreit sind.[56]

---

[54] Vgl. Ziffer 4 des Musterprotokolls.
[55] Allg. Ansicht; vgl. nur BGHZ 58, 118; Palandt/*Ellenberger* § 181 Rn. 12.
[56] BayObLG MittBayNot 1993, 150. Die Entscheidung des BayObLG sollte jedoch richtigerweise allein als Verweis auf die Unzulässigkeit der **rechtsgeschäftlichen** Untervertretung in derartigen Konstellationen verstanden werden. Denn wenn zwei gesamtvertretungsberechtigte Vorstände einer Aktiengesellschaft (Regelfall) ei-

39 Die Gründungsvollmacht kann auch vor einem **ausländischen Notar** beglaubigt werden. Der notarielle Beglaubigungsvermerk wird von deutschen Registergerichten ohne Weiteres anerkannt, wenn zwischen Deutschland und dem Staat, in dem der beglaubigende Notar ansässig ist, ein entsprechendes Abkommen besteht.[57] Bei den Vertragsstaaten des Haager Übereinkommens vom 5. Oktober 1961[58] genügt eine von der zuständigen ausländischen Behörde des jeweiligen Landes erteilte Apostille (Überbeglaubigung), mit der die Amtseigenschaft des Notars bestätigt wird.[59] Wird die Beglaubigung in einem Staat vorgenommen, der kein Vertragsstaat des Haager Übereinkommens ist, dann sind sowohl eine Zwischenbeglaubigung der dort zuständigen Behörde (die auch für die Erteilung der Apostille zuständig ist) sowie die Legalisation durch das zuständige deutsche Konsulat oder die Konsularabteilung der deutschen Botschaft in dem jeweiligen Land erforderlich (§ 13 KonsG).

40 Darüber hinaus ist nicht zuletzt wegen der Gründerhaftung üblicherweise ein **Existenznachweis** für ausländische Gesellschaften erforderlich. Inhalt und Ausführung richten sich nach dem jeweiligen nationalen Recht der betreffenden Gesellschaft. Regelmäßig wird ein (beglaubigter und legalisierter oder zumindest mit der Apostille versehener) Auszug aus dem ausländischen „Handelsregister" ausreichen, sofern der betreffende Staat ein solches Register führt. Handelt es sich um Gesellschaften in den USA oder Großbritannien wird zumeist mit sog. „Secretary's Certificates" gearbeitet, die notariell beglaubigt und sodann mittels Apostille vereinfacht überbeglaubigt werden. Andernfalls ist eine sonstige, dem Registernachweis vergleichbare Bescheinigung vorzulegen. Probleme wirft der Nachweis insbesondere bei Gesellschaften auf, die sich selbst noch im Gründungsstadium befinden. Neben dem Existenznachweis ist für gesetzliche Vertreter der Gesellschaft auch ein **Vertretungsnachweis** vorzulegen. Auch dieser richtet sich nach dem Ortsstatut, so dass der Nachweis entsprechend dem Existenznachweis erbracht werden muss. Im Zweifel sollten die vorzulegenden Nachweise und ihre Form mit dem Registergericht abgesprochen werden.

41 d) **Stammkapital und Geschäftsanteile.** Das Stammkapital der **normalen GmbH** (anders bei der Unternehmergesellschaft) muss **mindestens 25.000,– EUR** betragen (§ 5 Abs. 1 GmbHG).[60]

42 Es ist zwischen **Stammkapital, Geschäftsanteil** und **Nennbetrag** zu differenzieren. Das Stammkapital gibt das nominale Gesellschaftskapital wieder, das bei Gründung durch Einlagen insgesamt zu erbringen ist. Es zerfällt in Geschäftsanteile, deren Nennbetrag auf **volle Euro** lauten muss (§ 5 Abs. 2 Satz 1 GmbHG). **Ein Gesellschafter** kann bei Errichtung der Gesellschaft **mehrere Geschäftsanteile,** auch mit unterschiedlichem Nennbetrag übernehmen

---

nen Bevollmächtigten von dem Verbot des § 181 BGB befreien wollen, so liegt keine Interessenkollision vor, die ihrerseits eine Befreiung der Vorstände erfordern würde. § 181 BGB ist hierbei schon vom Wortlaut her nicht anwendbar. Es liegt in diesem Fall nämlich rechtlich keine „Untervollmacht" vor, weil die Organe nicht rechtsgeschäftlich, sondern **organschaftlich** vertretungsberechtigt sind. Aber auch eine analoge Anwendung kommt nicht in Betracht, weil ein Unterlaufen des Schutzzwecks zumindest bei der organschaftlichen Vertretungsmacht nicht vorliegt. Dies entspricht auch der Auffassung des LG München I NJW-RR 1989, 997 f.; ebenso *Schmidt-Ott* ZIP 2007, 943, 946.

[57] Dies ist derzeit bei Belgien, Dänemark, Frankreich, Italien und Österreich der Fall.
[58] BGBl. 1965, II 876.
[59] Vertragsstaaten des Haager Übereinkommens sind derzeit außer Deutschland, Belgien, Frankreich, Italien und Österreich: Albanien, Andorra, Antigua und Barbuda, Argentinien, Armenien, Aserbaidschan, Australien, Bahamas, Bahrein, Barbados, Belize, Bosnien-Herzegowina, Botswana, Brunei Daressalam, Bulgarien, China, Cook Islands, Costa Rica, Dänemark, Dominica, Dominikanische Republik, Ecuador, El Salvador, Estland, Fidschi, Finnland, Georgien, Grenada, Griechenland, Honduras, Hong Kong, Indien, Irland, Island, Israel, Japan, Kap Verde, Kasachstan, Kirgisistan, Kolumbien, Kroatien, Lesotho, Lettland, Liberia, Liechtenstein, Litauen, Luxemburg, Malawi, Malta, Marshallinseln, Mauritius, Mongolei, Mexiko, Monaco, Montenegro, Namibia, Nicaragua, Neuseeland, Niederlande, Niue, Norwegen, Oman, Panama, Peru, Polen, Portugal, Republik Moldau, Rumänien, Russische Föderation, Samoa, San Marino, Sao Tome and Principe, Schweden, Schweiz, Serbien, Seychellen, Slowakei, Slowenien, Spanien, St. Kitts and Nevis, St. Lucia, St. Vincent und die Grenadien, Surinam, Südafrika, Südkorea, Swasiland, Tonga, Trinidad und Tobago, Tschechische Republik, Türkei, Ukraine, Ungarn, Uruguay, Usbekistan, Vanuatu, Venezuela, Vereinigte Staaten von Amerika, Vereinigtes Königreich Großbritannien, Weißrussland und Zypern.
[60] Der Regierungsentwurf zum MoMiG sah zunächst die Reduzierung des Mindestkapitals auf 10.000,– EUR vor, BT-Drucks. 16/6140 S. 2, die letztlich aber nicht Gesetz geworden ist.

(§ 5 Abs. 2 Satz 2 GmbHG). Die Höhe der Nennbeträge der einzelnen Geschäftsanteile kann unterschiedlich festgesetzt werden. Die Summe der Nennbeträge aller Geschäftsanteile muss mit dem Stammkapital übereinstimmen (§ 5 Abs. 3 GmbHG).

Notwendiger Inhalt des Gesellschaftsvertrages ist nach § 3 Abs. 1 Nr. 4 GmbHG die Angabe der Nennbeträge der Geschäftsanteile. Nach § 5 Abs. 2 GmbHG muss der Nennbetrag jedes Geschäftsanteils auf volle Euro, also **mindestens einen Euro**, lauten. Ein Gesellschafter kann bei Errichtung der Gesellschaft und, nach Aufhebung des § 17 GmbHG, auch bei der Teilung eines Geschäftsanteils mehrere Geschäftsanteile übernehmen. Die Geschäftsanteile können dabei verschiedene Nennbeträge haben. Die Möglichkeit, mehrere Geschäftsanteile zu vereinbaren, erlaubt die vorsorgliche Reservierung von Geschäftsanteilen bereits bei Gründung. Bei der vereinfachten Gründung unter Verwendung des Musterprotokolls (§ 2 Abs. 1a GmbHG) ist die Übernahme mehrerer Geschäftsanteile durch einen Gesellschafter dagegen nicht möglich.

Nach dem neu gefassten § 5 Abs. 3 Satz 2 GmbHG muss die Summe der Nennbeträge aller Geschäftsanteile mit dem Stammkapital übereinstimmen. Dies wirkt sich beispielsweise bei der Einziehung des Geschäftsanteils eines Gesellschafters gem. § 34 GmbHG aus, wenn der betreffende Geschäftsanteil nicht zugleich an einen anderen Gesellschafter oder Dritte übertragen werden soll bzw. kann: Das Stammkapital bleibt trotz Verringerung der Summe der Nennbeträge der Geschäftsanteile aufgrund der Einziehung gleich. Zur Vermeidung der nach § 5 Abs. 3 Satz 2 GmbHG unzulässigen Abweichung der Summe der Nennbeträge der Geschäftsanteile vom Nennbetrag des Stammkapitals haben die Gesellschafter drei Möglichkeiten: Die Kopplung der Einziehung mit einer entsprechenden Kapitalherabsetzung (§ 58 GmbHG), die Bildung eines neuen Geschäftsanteils oder die Anpassung der Summe der Nennbeträge der Geschäftsanteile an das Stammkapital durch nominelle Aufstockung (§ 57h Abs. 1 GmbHG). Sofern die Gesellschafter von keiner der drei Anpassungsmöglichkeiten im Hinblick auf das Stammkapital Gebrauch machen und lediglich den Geschäftsanteil einziehen, fallen die Summe der Nennbeträge und das Stammkapital auseinander. Die Folge eines solchen entgegen § 5 Abs. 3 Satz 2 GmbHG gefassten Einziehungsbeschlusses ist umstritten: Eine Ansicht vertritt die Auffassung, dass insbesondere aufgrund der Regierungsbegründung[61] ein Verstoß gegen § 5 Abs. 3 Satz 2 GmbHG die Nichtigkeit des Einziehungsbeschlusses gem. § 134 BGB nach sich ziehen müsse.[62] Die andere Ansicht spricht sich gegen eine Nichtigkeit des Einziehungsbeschlusses aus.[63] Sie argumentiert etwa mit dem Wortlaut der Norm, der gerade keine Aussage zum einem Verbot treffe. Ferner wird angeführt, dass § 5 Abs. 3 Satz 2 GmbHG systematisch unter der Überschrift „Errichtung der Gesellschaft" stehe, ohne dass § 34 GmbHG auf die Norm verweise.

Bis zur endgültigen, höchstrichterlichen Klärung dieser Rechtsfrage empfiehlt es sich für die Praxis jedenfalls, von einer der drei oben genannten Möglichkeiten Gebrauch zu machen und damit die Anpassung des Stammkapitals an die Summe der Nennbeträge der Geschäftsanteile zu erreichen.

Gem. § 40 GmbHG sind Geschäftsanteile im Rahmen der **Gesellschafterliste** mit **laufenden Nummern** zu versehen. Sofern ein Gesellschafter bereits bei Errichtung mehrere Geschäftsanteile übernimmt, empfiehlt es sich, auch in der Satzung laufende Nummern für die Geschäftsanteile aufzunehmen.

e) Abgrenzung von Bar- und Sachgründung. Das GmbHG unterscheidet zwischen Bar- und Sachgründung.[64] Den Gesellschaftern steht die Wahl zwischen Bar- und Sachgründung frei. Bareinlagen sind in „Geld" zu erbringen; nur Bareinlagen befreien von der Einlageschuld. Sacheinlagen sind Einlagen, welche Sachen oder Vermögensgegenstände zum Gegenstand haben, einschließlich Sachübernahmen, d. h. die Übernahme derartiger Vermögensge-

---

[61] Regierungsbegründung zum MoMiG, BT-Drs. 16/6140, S. 31.
[62] LG Essen NZG 2010, 867; LG Neubrandenburg ZIP 2011, 1214; *Römermann* DB 2010, 209.
[63] OLG Saarbrücken NZG 2012, 180 = GWR 2012, 40 in einem obiter dictum mit Anm. *Petrovicki*; LG Dortmund ZIP 2012, 1247 = GWR 2012, 326 mit Anm. *Dreier*; *Braun* NJW 2010, 2700; *Ulmer* DB 2010, 321; *Wanner-Laufer* NJW 2010, 1499.
[64] Vgl. dazu Beck'sches HdbGmbH/*Schwaiger* § 2 Rn. 90 ff.

genstände durch die Gesellschaft gegen Vergütung.⁶⁵ Die konkrete Sacheinlagefähigkeit ist im Einzelfall zu prüfen.

47 Von der Erbringung der Einlagen macht das Gesetz die Anmeldung zur Eintragung in das Handelsregister abhängig. Sind Sacheinlagen vereinbart, so darf die Anmeldung gem. § 7 Abs. 3 GmbHG erst erfolgen, wenn diese vollständig erbracht wurden. Sind Bareinlagen vereinbart, so darf die Anmeldung nach § 7 Abs. 2 GmbHG erst dann erfolgen, wenn auf jeden Geschäftsanteil **ein Viertel des Nennbetrags** und insgesamt auf das Stammkapital mindestens soviel eingezahlt ist, dass der Gesamtbetrag der eingezahlten Geldeinlagen zuzüglich des für Sacheinlagen zu leistenden Gesamtnennbetrags der Geschäftsanteile **mindestens die Hälfte des Mindeststammkapitals** von 25.000,– EUR erreicht.

48 Auch Sacheinlagen sind nach § 7 Abs. 3 GmbHG vor der Anmeldung zum Handelsregister vollständig und in der Weise zu erbringen, dass sie endgültig zur freien Verfügung der Geschäftsführer stehen.

49 Die Geschäftsführer haben gem. § 8 Abs. 2 Satz 1 GmbHG in der Handelsregisteranmeldung zu versichern, dass die in § 7 Abs. 2 und 3 GmbHG bezeichneten Leistungen auf die Geschäftsanteile bewirkt sind und der Gegenstand der Leistungen sich endgültig in der freien Verfügung der Geschäftsführer befindet. Falsche Angaben in diesem Zusammenhang sind strafbar gem. § 82 Abs. 1 Nr. 1 GmbHG.

50 Als Erleichterung zur Beschleunigung des Eintragungsprozesses kann das Registergericht gem. § 8 Abs. 2 Satz 2 GmbHG nur ausnahmsweise bei **erheblichen Zweifeln** an der Richtigkeit der Versicherung **Nachweise** verlangen. Für die **Sachgründung** bestimmt § 9c Abs. 1 Satz 2 GmbHG, dass die Eintragung durch das Registergericht nur dann abgelehnt werden darf, wenn die **Sacheinlagen nicht unwesentlich überbewertet** worden sind. Weitere Unterlagen dürfen vom Registergericht deshalb nur angefordert werden, wenn sich auf Grundlage der mit der Anmeldung eingereichten Unterlagen konkrete Anhaltspunkte für eine wesentliche Überbewertung der Sacheinlage ergeben. Der Gesetzgeber geht davon aus, dass die Pflicht zur Einreichung eines Sachgründungsberichts sowie Unterlagen darüber, dass der Wert der Sacheinlagen den Nennbetrag der dafür übernommenen Geschäftsanteile erreicht (§ 8 Abs. 1 Nr. 5 GmbHG) und die Strafbewehrung von Falschangaben im Rahmen der Versicherung nach § 8 Abs. 2 Satz 1 GmbHG als Sanktion genüge.⁶⁶ Für den Fall des Hin- und Herzahlens gem. § 19 Abs. 5 GmbHG wird allerdings vertreten, dass das Registergericht regelmäßig einen Bonitätsnachweis für die Angaben zu Liquidität und Vollwertigkeit des Rückgewähranspruchs verlangen könne.⁶⁷ § 8 Abs. 2 Satz 2 GmbHG stünde dem nicht entgegen, da die Norm sich auf die Versicherung des Geschäftsführers nach § 8 Abs. 2 Satz 1 GmbHG beziehe, in der gerade anzugeben ist, dass die Leistungen auf die Geschäftsanteile bewirkt sind und der Gegenstand der Leistung sich endgültig in der freien Verfügung der Geschäftsführer befindet. Bei der Einführung des § 19 Abs. 5 GmbHG hätte ferner nicht der Gesichtspunkt der Vereinfachung und Beschleunigung des Eintragungsverfahrens im Vordergrund gestanden.

51 Durch das MoMiG wurde die Problematik der **verdeckten Sacheinlage** einer gesetzlichen Regelung zugeführt. Nach § 19 Abs. 4 Satz 1 GmbHG liegt eine verdeckte Sacheinlage vor, **wenn eine Geldeinlage eines Gesellschafters bei wirtschaftlicher Betrachtung und aufgrund einer im Zusammenhang mit der Übernahme der Geldeinlage getroffenen Abrede vollständig oder teilweise als Sacheinlage zu bewerten ist.** Der Gesetzgeber hat damit die von der Rechtsprechung⁶⁸ entwickelten Grundsätze aufgegriffen. Danach setzte die verdeckte Sacheinlage tatbestandlich zwei Merkmale voraus, nämlich die wirtschaftliche Entsprechung und die vorherige Abrede. Fehlt es an einem dieser Merkmale, liegt keine verdeckte Sacheinlage

---

⁶⁵ Zum Begriff vgl. Baumbach/Hueck/*Fastrich* § 5 Rn. 16; *Raiser/Veil* § 26 Rn. 54 f.; Rowedder/*Schmidt-Leithoff* § 5 Rn. 18.
⁶⁶ BT-Drucks. 16/6140 S. 83.
⁶⁷ OLG München GmbHR 2011, 422 mit ablehnender Anm. *Wachter*.
⁶⁸ Grundlegend BGHZ 132, 141 = GmbHR 1996, 351; BGHZ 155, 329 = NJW 2003, 3127. Zur Rechtslage nach dem MoMiG vgl. BGHZ 180, 38 = NJW 2009, 2375 – Qivive; BGHZ 182, 103 = NJW 2009, 3091 – Cash-Pool II; BGHZ 184, 158 = NJW 2010, 1747 – Eurobike (zu § 27 Abs. 3 AktG); BGHZ 185, 44 = GmbHR 2010, 700 – ADCOCOM.

vor und die Bareinlage ist nicht zu beanstanden, möglicherweise aber an § 30 GmbHG zu messen.

Der Gesetzgeber hat die Problematik der verdeckten Sacheinlage mit dem MoMiG einer **Anrechnungslösung**[69] unterworfen.

Verträge über die Sacheinlage und die Rechtshandlungen zu ihrer Ausführung sind zwar nicht unwirksam. Eine Befreiung des Gesellschafters von der Einlageverpflichtung tritt jedoch nicht ein, so dass diese fortbesteht. Für diese fortbestehende Einlagepflicht sieht das Gesetz in § 19 Abs. 4 S. 3 GmbHG einen Rechtsfolgenautomatismus vor: Der Wert der verdeckten Sacheinlage wird automatisch auf die Einlagepflicht angerechnet, ohne dass es hierzu der Abgabe entsprechender Willenserklärungen bedarf. Maßgeblich ist der Wert des Vermögensgegenstandes im Zeitpunkt der Anmeldung der Gesellschaft zur Eintragung im Handelsregister oder im Zeitpunkt seiner Überlassung, falls diese später erfolgt. Die Anrechnung erfolgt dabei nicht vor Eintragung der Gesellschaft in das Handelsregister. Die Beweislast für die Werthaltigkeit des Vermögensgegenstandes trägt der Gesellschafter.

Im Ergebnis wird die verdeckte Sacheinlage damit zwar als wirksam behandelt, aber vom Gesetzgeber in mehrfacher Richtung sanktioniert:[70] Einerseits kann und darf der Geschäftsführer in der Anmeldung nach § 8 GmbHG nicht versichern, die Geldeinlage sei zumindest durch Anrechnung erloschen und damit erfüllt, da die Anrechnung erst nach Eintragung in das Handelsregister erfolgt. Versichert er im Falle der verdeckten Sacheinlage bei der Anmeldung, alle Bareinlagen seien geleistet, stellt dies wegen der noch nicht erfolgten Anrechnung eine Falschangabe dar, die nach § 82 Abs. 1 Nr. 1 GmbHG strafbar ist. Zudem kann der Richter die Eintragung nach § 9c GmbHG auch dann ablehnen, wenn der Wert der verdeckten Sacheinlage den Wert der geschuldeten Geldeinlage erreicht.

Von der verdeckten Sacheinlage abzugrenzen ist die Fallgruppe des sog. „**Hin- und Herzahlens**". Diese ist dadurch gekennzeichnet, dass die Einlageleistung aufgrund einer vorherigen Absprache wieder an den Gesellschafter zurückfließen soll. In solchen Fallgestaltungen tritt gemäß § 19 Abs. 5 GmbHG **Erfüllungswirkung** ein, wenn vor der Einlage eine entsprechende Vereinbarung getroffen wird und ein vollwertiger Rückzahlungsanspruch besteht. Dieser muss liquide sein, d.h. jederzeit fällig, oder die Herbeiführung der Fälligkeit durch die Gesellschaft durch fristlose Kündigung muss möglich ein. Schließlich ist das Hin- und Herzahlen bei der Anmeldung der Gesellschaft zur Eintragung in das Handelsregister gem. § 8 GmbHG offen zu legen. Erfolgt keine Offenlegung, so kommt es anders als bei der verdeckten Sacheinlage nicht zu einer Anrechnung. Vielmehr ist dann die Einlage insgesamt ausstehend. Der Gesetzgeber hat somit bei der Hin- und Herzahlung bewusst eine „Alles-oder-Nichts-Lösung" gewählt. Dies hält der Gesetzgeber – im Unterschied zu der für die verdeckte Sacheinlage gewählten Anrechnungslösung – für gerechtfertigt, weil der Registerrichter überprüfen können soll, ob die Voraussetzungen einer Erfüllungswirkung gegeben sind.[71] Wird das Hin- und Herzahlen von den Geschäftsführern trotz Kenntnis des Sachverhalts in der Handelsregisteranmeldung nicht offen gelegt, so stellt dies eine nach § 82 Abs. 1 Nr. 1 GmbHG strafbare Falschangabe dar.

f) **Einmann-Vor-GmbH.** Die Einmann-Vor-GmbH ist seit der Zulassung der Einmann-GmbH ebenfalls möglich.[72] Besonderes Augenmerk hat der Gründungsgesellschafter in diesem Fall auf eine strikte Trennung des Privat- und des Gesellschaftsvermögens zu legen. Eine Einmann-Vorgründungsgesellschaft kann es hingegen aus dogmatischen Gründen nicht geben, weil dies eine unzulässige Einmann-Personengesellschaft wäre. Die bislang bei der Gründung einer Einmann-GmbH zu beachtenden Sonderregelungen betreffend die Kapitalaufbringung sind durch das MoMiG ersatzlos gestrichen worden.

---

[69] Vgl. zur Neuregelung der verdeckten Sacheinlage im Rahmen des Regierungsentwurfes zum MoMiG *Ulmer* ZIP 2008, 45, 50 f.; *Büchel* GmbHR 2007, 1065 f.; *Gesell* BB 2007, 2241 f.; *Wachter* GmbHR Sonderheft Oktober 2008, 5; *Wirsch* GmbHR 2007, 736 f. Nach MoMiG *Kleindiek* ZGR 2011, 334; *Koch* ZHR 175, 55; *Müller* NZG 2011, 761; *Theusinger/Liese* NZG 2009, 641.
[70] Vgl. BT-Drucks. 16/9737 S. 97.
[71] Vgl. BT-Drucks. 16/9737 S. 97.
[72] Beck'sches Hdb GmbH/*Schwaiger* § 2 Rn. 149; Baumbach/Hueck/*Fastrich* § 11 Rn. 41.

3. Obligatorischer und fakultativer Satzungsinhalt

57 a) **Obligatorische Bestimmungen.** § 3 Abs. 1 GmbHG bestimmt die inhaltlich zwingenden Bestandteile des Gesellschaftsvertrages. Die Vorschrift gilt auch im Fall der Gesellschaftsgründung im vereinfachten Verfahren bei Verwendung des Musterprotokolls, da nach § 2 Abs. 1a Satz 4 GmbHG auf das Musterprotokoll die Vorschriften über den Gesellschaftsvertrag entsprechende Anwendung finden. Die nachfolgenden Angaben sind nach § 3 Abs. 1 GmbHG obligatorisch in den Gesellschaftsvertrag aufzunehmen:

58 • **Firma:** Die Gesellschafter sind hierbei in der Wahl grundsätzlich frei, müssen jedoch den Zusatz „Gesellschaft mit beschränkter Haftung" oder eine allgemein verständliche Abkürzung („GmbH") verwenden (§ 4 GmbHG).

59 • **Sitz:** Sitz der Gesellschaft ist der Ort im Inland, den der Gesellschaftsvertrag bestimmt (§ 4a GmbHG). An den Sitz knüpfen vor allem die Zuständigkeit des Registergerichts (§ 7 GmbHG) und der Gerichtsstand der GmbH (§ 17 ZPO) an. Der Sitz muss nicht identisch sein mit dem Ort, an dem sich die Geschäftsleitung befindet oder die Verwaltung geführt wird. Dadurch ist es möglich, einen vom Satzungssitz abweichenden Verwaltungssitz zu wählen, der auch außerhalb Deutschlands liegen kann.[73] Die Flexibilisierung der Wahl des Verwaltungssitzes ermöglicht es deutschen Unternehmen, auch für ihre ausländischen Aktivitäten auf die ihnen bekannte Rechtsform der GmbH zurückzugreifen. Damit reagierte der Gesetzgeber auf die Rechtsprechung des EuGH zu EU-Auslandsgesellschaften bzw. Gesellschaften aus dem EWR-Bereich, für die ebenfalls die Vorgaben der EU-Niederlassungsfreiheit gelten.[74] Nach den Urteilen *Überseering*[75] und *Inspire Art*[76] ist es solchen Gesellschaften gestattet, ihren effektiven Verwaltungssitz in einem anderen Staat zu wählen, wenn deren Gründungsstaat eine derartige Verlagerung des Verwaltungssitzes erlaubt. Deutschen Gesellschaften steht einer Wahl des effektiven Verwaltungssitzes in einem Mitgliedsstaat damit aus deutscher Seite nichts entgegen.

60 • **Gegenstand des Unternehmens:** Bei der Beschreibung des Tätigkeitsbereichs ist vor allem auf hinreichende Bestimmtheit zu achten. Die Genehmigungsbedürftigkeit des Unternehmensgegenstandes[77] spielt mit der Streichung des § 8 Abs. 1 Nr. 6 GmbHG a. F. durch das MoMiG für die Anmeldung zum Handelsregister keine Rolle mehr, bleibt aber freilich darüber hinaus zu beachten. Sofern die Gesellschaft nur eine Holding-Struktur hat, sollte dies im Unternehmensgegenstand aufgenommen werden, ggf. unter Hinweis darauf, dass die Gesellschaft das Unternehmen selbst oder durch Tochtergesellschaften führt und lenkt und dass die Gesellschaft etwaige Holdingleistungen (z. B. Buchführung, Rechtsabteilung, Marketing, Markenverwaltung) erbringt.

61 • **Stammkapital:** Betrag des Stammkapitals von mind. 25.000,– EUR (§ 5 Abs. 1 GmbHG) bei der GmbH.

62 • **Geschäftsanteile:** Nennbetrag des Geschäftsanteils eines jeden Gesellschafters, der mind. 1 EUR beträgt (§ 5 Abs. 1 und 3 GmbHG), wobei die Höhe der Nennbeträge der einzelnen Geschäftsanteile verschieden bestimmt werden kann und die Summe der Nennbeträge aller Geschäftsanteile mit dem Stammkapital übereinstimmen muss (§ 5 Abs. 3 GmbHG). Bei Sacheinlagen müssen zusätzlich der Gegenstand und der Nennbetrag, auf den er sich bezieht (§ 5 Abs. 4 GmbHG), festgesetzt werden.

63 Sofern die Gesellschafter derartige **Abreden** treffen, sind nach § 3 Abs. 2 GmbHG ferner **zwingend** in die Satzung aufzunehmen:

64 • **Befristung der Gesellschaft:** Wahrung der Bestimmtheit oder zumindest Bestimmbarkeit, um die Eintragung des Auflösungstermins zu ermöglichen.

---

[73] Vgl. zur Wahl des Satzungssitzes *Peters* GmbHR 2008, 245 f.; *Preuß* GmbHR 2007, 57 f.; *Wachter* GmbHR Sonderheft Oktober 2008, 80.
[74] Island, Liechtenstein und Norwegen mit Ausnahme der Schweiz.
[75] EuGH NJW 2002, 3614.
[76] EuGH NJW 2003, 3331.
[77] Eingehend Scholz/*Winter*/*Veil* § 8 Rn. 14–17.

- **Nebenleistungspflichten der Gesellschafter:** Auferlegung weiterer Verpflichtungen gegenüber der GmbH über die Leistung der Einlage hinaus, z. B. Sachwerte, Dienstleistungen oder Überlassungen.

b) Fakultative Bestimmungen. Den Gesellschaftern steht es abgesehen vom Fall der Verwendung des Musterprotokolls (§ 2 Abs. 1a GmbHG) frei, weitere Regelungen in den Gesellschaftsvertrag aufzunehmen. Im vereinfachten Gründungsverfahren hat das Musterprotokoll insoweit Bindungswirkung, als nach § 2 Abs. 1a S. 3 GmbHG keine weitergehenden vom Gesetz abweichenden Bestimmungen getroffen werden dürfen.

In der Praxis sind insbesondere folgende Regelungen bedeutsam:
- Vertretungsregelungen
- Befreiung von § 181 BGB (meist empfehlenswert bei Einmann-GmbH)
- Vinkulierung der Geschäftsanteile (§ 15 Abs. 5 GmbHG)
- Vereinbarung von Vorkaufsrechten oder sonstigen Vorerwerbsrechten
- Schaffung eines fakultativen Aufsichtsrats oder Beirats
- Regelung zustimmungsbedürftiger Rechtsgeschäfte
- Wettbewerbsverbote bzw. Einschränkungen oder Befreiungen diesbezüglich

Schließlich steht es den Gesellschaftern frei, in der Satzung weitere Bestimmungen zu treffen, die jedoch nicht an der materiellen Satzungswirkung teilhaben (**unechte Satzungsbestandteile**). Hierzu zählt insbesondere die Geschäftsführerbestellung in der Satzung. Hiervon zu trennen sind rein schuldrechtliche Vereinbarungen außerhalb des Gesellschaftsvertrages (**Gesellschafter- oder Konsortialverträge**), z. B. hinsichtlich Stimmbindung, Ämterbesetzung, Finanzierung, strategischer Ausrichtung, Call- und Put-Optionen usw.

4. Gründungsmängel

a) Nichtigkeits- und Anfechtungsgründe. Die Missachtung der notariellen Form führt ebenso wie wesentliche Mängel im Beurkundungsverfahren zur Nichtigkeit des Gesellschaftsvertrags. Dasselbe gilt für die Verfolgung eines unzulässigen oder unmöglichen Zwecks oder die Nichtbeachtung der gesetzlichen Vorgaben zum Mindestinhalt der Satzung (§ 3 GmbHG).[78]

Ebenso sind die besonderen Wirksamkeitsvoraussetzungen bei einer Beteiligung Minderjähriger zu berücksichtigen. Hier bedarf es nach §§ 1909, 1915, 1629 Abs. 2 S. 1, 1795, 1822 Nr. 3 und 10 BGB der vorherigen Bestellung eines Ergänzungspflegers, sofern der gesetzliche Vertreter selbst Gründer ist, sowie in jedem Fall der vormundschaftsgerichtlichen Genehmigung.[79] Die Genehmigung kann nachgeholt werden. Das Wirksamwerden eines ohne Genehmigung abgeschlossenen Gesellschaftsvertrages setzt jedoch die Mitteilung dieser Genehmigung an die Vertragsbeteiligten voraus (§ 1829 Abs. 1 S. 2 BGB). Der Minderjährige kann nach Eintritt der Volljährigkeit formlos die Genehmigung erteilen.

Nach § 723 Abs. 1 S. 3 Nr. 2 BGB kann er die Vorgründungsgesellschaft allerdings selbst bei erteilter vormundschaftsgerichtlicher Genehmigung binnen drei Monaten nach Eintritt der Volljährigkeit aus wichtigem Grund kündigen. § 1629a BGB bewirkt ferner eine Haftungsbeschränkung auf das bei Eintritt der Volljährigkeit vorhandene Vermögen.

b) Eintragung der GmbH. Die Geltendmachung von Gründungsmängeln vor Eintragung im Wege der Klage auf Feststellung der Nichtigkeit oder der Anfechtungsklage[80] führt nach Ansicht des BGH[81] zur automatischen Auflösung der Gesellschaft. Eines Rückgriffs auf die Auflösungsklage (§ 61 GmbHG) bedarf es bei der Vor-GmbH nicht. Mit Eintragung der GmbH in das Handelsregister werden sämtliche Gründungsmängel, die nicht unter § 75 GmbHG fallen, **geheilt**.[82]

---

[78] Baumbach/Hueck/*Fastrich* § 3 Rn. 22.
[79] Rowedder/*Schmidt-Leithoff* § 2 Rn. 15; Ulmer/Habersack/Löbbe/*Ulmer/Löbbe* § 2 Rn. 84 f.
[80] Zur „Gleichstellung" von Nichtigkeits- und Anfechtungsgründen *Goette* ZNotP 1998, 42, 53.
[81] BGHZ 51, 30, 34 = NJW 1969, 509.
[82] Lutter/Hommelhoff/*Bayer* § 2 Rn. 25.

III. Vor-GmbH

1. Rechtsstellung der Vor-GmbH

73 Mit der Beurkundung des Gesellschaftsvertrages entsteht die sog. Vor-GmbH, die ihrerseits mit Eintragung im Handelsregister zur GmbH wird.

74 a) *Rechtsfähigkeit.* aa) *Personenvereinigung eigener Art.* Die Vor-GmbH ist nach überwiegender Auffassung keine Gesamthandsgemeinschaft, sondern eine Personenvereinigung eigener Art,[83] auf welche die GmbH-Regeln anwendbar sind, sofern diese die Eintragung nicht zwingend voraussetzen. Der Vor-GmbH kommt als „werdender juristischer Person"[84] auch weitgehend „Rechtsfähigkeit" zu.[85] Nach heutigem Verständnis kann die Vor-GmbH Komplementärin einer zu gründenden GmbH & Co KG sein.[86] In bestimmten Fällen kommt hingegen kein GmbH-Recht zur Anwendung: so bestimmt sich die Kaufmannseigenschaft allein nach § 1 Abs. 2 HGB und nicht nach §§ 6 HGB, 13 Abs. 3 GmbHG.[87] Auch muss die Firma den Zusatz „i.G." enthalten,[88] da die Verwendung des Zusatzes „mbH" irreführend i.S.d. § 3 UWG ist.[89] Ferner sind die Gründer, nicht hingegen die Vor-GmbH, Gewerbetreibende gem. § 35 GewO.[90] Sofern die Vor-GmbH ein Handelsgewerbe betreibt, ist sie Handelsgesellschaft, auf die die besonderen Vorschriften des HGB (insb. §§ 48 ff., 238 ff., 343 ff.) Anwendung finden.[91]

75 bb) *Keine Identität zwischen Vorgründungsgesellschaft und Vor-GmbH.*[92] Mangels Identität zwischen Vorgründungsgesellschaft und Vor-GmbH geht etwaiges Vermögen der Vorgründungsgesellschaft nicht automatisch auf die Vor-GmbH über. Deshalb bedarf es einer gesonderten Übertragung der Vermögensgegenstände auf die Vor-GmbH.[93] Für die Vorgründungsgesellschaft handeln die Gesellschafter, auf der Seite der Vor-GmbH handeln der oder die Geschäftsführer. Ein der Übertragung zugrunde liegender Kaufvertrag ist hierbei nicht zwingend erforderlich, da sich die Verpflichtung zur Übertragung bereits aus dem Gesellschaftsvertrag der Vorgründungsgesellschaft oder der Vor-GmbH oder § 667 BGB ergibt.[94] Da eine derartige Übertragung – soweit rechtlich zulässig (vgl. §§ 873, 925 BGB) – auch konkludent erfolgen kann, sind an eine solche Übertragung keine übertriebenen Anforderungen zu stellen. Die Erwähnung im Gesellschaftsvertrag oder die Verbuchung in den Unterlagen der Vor-GmbH mag hierfür ausreichen.[95] Aus Klarstellungsgründen dürfte aber eine entsprechende Erklärung sämtlicher Gesellschafter wünschenswert sein.

Formulierungsvorschlag:

76 Hiermit übertragen wir in unserer Eigenschaft als geschäftsführungs- und vertretungsberechtigte Gesellschafter sämtliche Rechte und Pflichten der Vorgründungsgesellschaft auf die durch notarielle Urkunde vom [Datum] gegründete [Name der Gesellschaft]. Soweit die Gründungsgesellschafter mangels befreiender Schuldübernahme weiterhin für Verbindlichkeiten haften sollten, stellt die Gesellschaft diese hiervon frei.

---

[83] BGHZ 21, 242, 246 = NJW 1956, 1435; BGHZ 51, 30, 32 = NJW 1969, 509; Ulmer/Habersack/Löbbe/*Ulmer/Habersack* § 11 Rn. 9 f.
[84] Rowedder/*Schmidt-Leithoff* § 11 Rn. 13.
[85] BGHZ 117, 323, 326 = NJW 1992, 1824; Scholz/*K. Schmidt* § 11 Rn. 36 ff.; Ulmer/Habersack/Löbbe/ Ulmer/Habersack § 11 Rn. 59 f.; einschränkend Beck'sches Hdb GmbH/*Schwaiger* § 2 Rn. 15 bis 17.
[86] BGHZ 80, 129 = NJW 1981, 1373.
[87] Scholz/*K. Schmidt* § 11 Rn. 37; Ulmer/Habersack/Löbbe/*Ulmer/Habersack* § 11 Rn. 61.
[88] Ulmer/Habersack/Löbbe/*Ulmer* § 11 Rn. 61; Baumbach/Hueck/*Fastrich* § 4 Rn. 18.
[89] OLG Karlsruhe WRP 1993, 42.
[90] BVerwG NJW 1993, 1346.
[91] Lutter/Hommelhoff/*Bayer* § 11 Rn. 8; anders Rowedder/*Schmidt-Leithoff* § 11 Rn. 76: mangels Eintragung keine Handelsgesellschaft.
[92] BGHZ 91, 148, 151 = NJW 1984, 2164; a.A. *K. Schmidt* GmbHR 1987, 77 f.
[93] BGHZ 91, 148, 151 = NJW 1984, 2164; LG Düsseldorf GmbHR 1986, 235.
[94] BGH DStR 1991, 1465, 1466.
[95] Vgl. BGH DStR 1991, 1465, 1466.

Unterschrift sämtlicher Gesellschafter der Vorgründungsgesellschaft, sowie Geschäftsführer in vertretungsberechtigter Anzahl

Sofern nicht nur Rechte, sondern auch Verpflichtungen der Vorgründungsgesellschaft auf die Vor-GmbH übertragen werden sollen, ist eine **Vertragsübernahme** erforderlich, die die Zustimmung des Vertragspartners voraussetzt. Das bloße Handeln für die GmbH i. G. reicht hierfür nicht aus.[96] Bei wichtigen und längerfristigen Verträgen (z. B. Miet- oder Leasingverträge) sollte ein derartiges Einverständnis und die Beschränkung der Haftung auf das Vermögen der GmbH nach deren Eintragung ausdrücklich vereinbart werden.[97]   77

b) Stellung der Geschäftsführer. *aa) Beschränkte Geschäftsführungs- und Vertretungsmacht.* Abweichend von dem vor Eintragung noch nicht anwendbaren § 37 Abs. 2 Satz 1 GmbHG erstreckt sich die Vertretungsmacht der bestellten Geschäftsführer der Vor-GmbH nach bislang überwiegender Auffassung regelmäßig nur auf die Geschäfte, die zur Herbeiführung der Eintragung sowie zur Werterhaltung der eingebrachten Gegenstände während des Gründungsstadiums erforderlich sind.[98] Es mehren sich jedoch die Stimmen, die eine unbeschränkte Vertretungsmacht der Geschäftsführer befürworten.[99]   78

bb) Unbeschränkte Befugnisse. Eine umfassende Geschäftsführungs- und Vertretungsmacht setzt nach bislang überwiegender Auffassung die einstimmige Erweiterung der Befugnisse durch die Gesellschafter im Wege einer Bevollmächtigung voraus,[100] die jedoch auch konkludent erfolgen kann. Hiervon wird man idR bei einer Sachgründung ausgehen dürfen, sofern ein Unternehmen eingebracht werden soll, da hierbei eine Unterbrechung der wirtschaftlichen Tätigkeit des Unternehmens dem Willen der Gründer regelmäßig widerspricht.[101]   79

Formulierungsvorschlag:
Der Geschäftsführer ist auch schon vor Eintragung der Gesellschaft uneingeschränkt zur Vertretung der Gesellschaft berechtigt.   80

Die ausdrückliche Zulassung der Geschäftstätigkeit vor Eintragung der Gesellschaft kann auch im Gesellschaftsvertrag erfolgen. Sofern die Erweiterung der Befugnisse zeitlich nach der Gründung erfolgt, aber gleichwohl vor Eintragung, setzt dieser Beschluss als Änderung des Gesellschaftsvertrags wegen des erhöhten Haftungsrisikos zwar nicht die Form des § 2 GmbHG, wohl aber Einstimmigkeit voraus.[102]   81

c) Verfahrensfragen. Die **Vor-GmbH** ist als mit **eigenen Rechten und Pflichten** ausgestattetes „Rechtsgebilde" nach allgemeiner Ansicht konto- und grundbuchfähig, aktiv und passiv wechsel- und scheckfähig, im FamFG-Verfahren beteiligten- und beschwerdeberechtigt sowie im Zivilprozess aktiv[103] und passiv[104] parteifähig. Der BGH bejaht die **Partei- und Prozessfähigkeit** auch für die fehlgeschlagene Vor-GmbH.[105] Von einer fehlgeschlagenen oder unechten Vor-GmbH wird gesprochen, wenn trotz formgerechten Gesellschaftsvertrages die Gründung einer GmbH von vornherein nicht beabsichtigt war oder später aufgege-   82

---

[96] BGH GmbHR 1998, 633, 634; BGH GmbHR 1984, 316 f.; eingehende Darstellung bei *K. Schmidt* GmbHR 1998, 613 f.
[97] Zur Formulierung siehe unter I. 3a. E.
[98] BGHZ 80, 129, 139 = NJW 1981, 1373; Rowedder/*Schmidt-Leithoff* § 11 Rn. 45m. w. N.
[99] Scholz/*K. Schmidt* § 11 Rn. 72 f.; Raiser/*Veil* § 26 Rn. 107.
[100] BGHZ 80, 129, 139 = NJW 1981, 1371; OLG Hamm WM 1985, 658, 659.
[101] BGHZ 45, 338, 343 = NJW 1966, 1311; Ulmer/Habersack/Löbbe/*Ulmer/Habersack* § 11 Rn. 37; Rowedder/*Schmidt-Leithoff* § 11 Rn. 38.
[102] BGHZ 80, 129, 139 = NJW 1981, 1373.
[103] BGH NJW 1998, 1079, 1080.
[104] BGH DB 1992, 1228; BGHZ 79, 239, 241 = NJW 1981, 873.
[105] BGH NJW 2008, 2441 mit Anm. *de Lousanoff* NZG 2008, 490.

ben wird.[106] Die Parteifähigkeit der Vor-GmbH ergibt sich aus ihrer Rechtsfähigkeit, sei es als Vor-GmbH in Liquidation bis zur vollständigen Abwicklung, sei es bei Fortführung als GbR oder OHG vom Zeitpunkt des Wegfalls der Gründungsabsicht bzw. bei von vornherein fehlender Gründungsabsicht. Die Prozessfähigkeit nach § 51 ZPO ist von der Parteifähigkeit zu unterscheiden. Das Fehlschlagen der Vor-GmbH ist nach Auffassung der Rechtsprechung im Hinblick auf die Prozessfähigkeit unbeachtlich, wenn die Gesellschaft durch einen Prozessbevollmächtigten vertreten wird und die Eintragungsabsicht im Zeitpunkt der Klageerhebung schon und noch vorhanden ist.[107] Der nach der Klageerhebung mit dem Wandel in eine Abwicklungsgesellschaft verbundene Wechsel der Vertretung – vom Geschäftsführer auf den Liquidator bzw. auf die Gesellschafter – wirkt sich danach auf das laufende Verfahren nicht unmittelbar aus.

2. Gesellschafterwechsel und Auflösung

83 a) **Gesellschafterwechsel vor Eintragung.** Es ist nicht möglich, vor Eintragung der Gesellschaft die Geschäftsanteile nach § 15 GmbHG zu übertragen.[108] Vor Eintragung der GmbH kann ein Gesellschafterwechsel nur durch eine Vertragsänderung erreicht werden und setzt neben der **Zustimmung sämtlicher Gesellschafter** die notarielle Beurkundung voraus.[109] Das Gleiche gilt für den Beitritt neuer Gesellschafter.[110] Enthält der Gesellschaftsvertrag kein generelles Zustimmungserfordernis für Verfügungen über Geschäftsanteile, ist die Zustimmung der übrigen Gesellschafter dennoch nur dann entbehrlich, wenn der Gesellschafter über seinen **künftigen Geschäftsanteil** notariell verfügt. In diesem Fall wird die Verfügung jedoch erst mit Eintragung der GmbH wirksam.[111]

Formulierungsvorschlag 1 (Einstimmige Satzungsänderung):

84 Die Erschienenen erklärten:

Wir sind die alleinigen Gesellschafter der am [......] zur Niederschrift des Notars [......] (UR ....../......) gegründeten [Name] GmbH i. G. mit dem Sitz in [......]. Die Gesellschaft wurde noch nicht zur Eintragung in das Handelsregister angemeldet.

Der Erschienene zu 1) hat einen Geschäftsanteil im Nennbetrag von 12.500 Euro, der Erschienene zu 2) einen Geschäftsanteil im Nennbetrag von ebenfalls 12.500 Euro übernommen. Die Einlagen auf die Geschäftsanteile sind noch nicht erbracht.

Der Erschienene zu 1) überträgt hiermit auf den Erschienenen zu 3) seine Gesellschafterstellung mit allen Rechten und Pflichten.

§ 3.2 des Gesellschaftsvertrages wird wie folgt neu gefasst:
„Hiervon übernehmen
- [Name (Erschienener zu 3)] einen Geschäftsanteil im Nennbetrag von 12.500 Euro, sowie
- [Name (Erschienener zu 2)] einen Geschäftsanteil im Nennbetrag von 12.500 Euro."

Der Erschienene zu 3) stellt den Erschienenen zu 1) von sämtlichen Einlageverpflichtungen frei und erstattet ihm sämtliche im Zusammenhang mit der Gründung entstandenen Kosten und Auslagen.

---

85 Sofern die Gründung der Gesellschaft bereits zur Eintragung angemeldet und die Einlagen erbracht worden sind, empfiehlt sich eher die Abtretung des künftigen Anteils. Wird den-

---

[106] BGHZ 22, 240 = NJW 1957, 218; BGH NZG 2004, 663.
[107] BGH NJW 2008, 2441.
[108] BGHZ 29, 300 = NJW 1959, 934.
[109] BGHZ 29, 300, 303 = NJW 1959, 934; BGHZ 21, 242, 245 = NJW 1956, 1435; OLG Frankfurt a. M. GmbHR 1997, 896; Baumbach/Hueck/*Fastrich* § 2 Rn. 13; *Roth*/Altmeppen § 11 Rn. 63. Bei der wegen Aufgabe der Eintragungsabsicht fehlgeschlagenen GmbH-Gründung entfällt hingegen der Formzwang, vgl. OLG Brandenburg NZG 2001, 896.
[110] BGHZ 15, 204 f. = NJW 1955, 219.
[111] BGHZ 21, 242, 245 = NJW 1956, 1435; BGH ZIP 1997, 679.

noch der Weg der Vertragsänderung gewählt, hat eine erneute Anmeldung hinsichtlich der Änderung zu erfolgen.¹¹²

Nach § 16 Abs. 1 GmbHG gilt derjenige als Gesellschafter, der in der zum Handelsregister eingereichten Gesellschafterliste eingetragen ist. Die Eintragung und Aufnahme der Liste in das Handelsregister ist für den Erwerb des Geschäftsanteils indessen keine Wirksamkeitsvoraussetzung, da die Wirksamkeit der Übertragung hiervon unabhängig ist.¹¹³ Unabhängig hiervon ist der eintretende Gesellschafter nicht zuletzt wegen der Möglichkeit des gutgläubigen Erwerbs eines Geschäftsanteils (§ 16 Abs. 3 GmbHG) gut beraten, die Einreichung einer aktualisierten Liste sicher zu stellen.

> **Formulierungsvorschlag 2 (Abtretung des künftigen Anteils):**
> Die Erschienenen baten um Beurkundung der nachstehenden Vereinbarung betreffend den Verkauf und die Abtretung eines künftigen Geschäftsanteils:
> Am [......] wurde vor dem Notar [......] die [Name der Gesellschaft] GmbH gegründet (UR ....../......). Die Gesellschaft wurde am [......] zur Eintragung in das Handelsregister angemeldet. Die Eintragung ist jedoch bislang nicht erfolgt.
> 1. Im Rahmen der Gründung hat der Erschienene zu 1 einen Geschäftsanteil im Nennbetrag von 12.500 Euro des insgesamt 25.000 Euro betragenden Stammkapitals übernommen. Die Geschäftsanteile sind in bar zu erbringen und sind bereits voll einbezahlt.
> 2. Der Erschienene zu 1 verkauft seinen zukünftigen Geschäftsanteil im Nennbetrag von 12.500 Euro an den Erschienenen zu 2 und tritt diesen Geschäftsanteil bereits jetzt an den Erschienenen zu 2) ab. Der Erschienene zu 2) nimmt den Verkauf und die Abtretung hiermit an. Die dingliche Übertragung des Geschäftsanteils steht unter der aufschiebenden Bedingung der Eintragung der Gesellschaft im Handelsregister.
> 3. Der Kaufpreis beträgt 12.500 Euro und wird mit Eintragung der Gesellschaft in das Handelsregister fällig.
> 4. Der Erschienene zu 2 stellt den Erschienenen zu 1 von sämtlichen Einlageverpflichtungen frei, erstattet ihm sämtliche im Zusammenhang mit dem Erwerb des Geschäftsanteils entstandenen Kosten und trägt auch die durch den Abschluss dieses Vertrages entstehenden Kosten.
> Die Erschienenen erklärten, die Gesellschaft habe keinen Grundbesitz.

Die Abtretung des künftigen Geschäftsanteils ist meist (erheblich) **kostengünstiger** als die einstimmige Vertragsänderung, weil letztere kostenrechtlich als gänzliche Neuvornahme angesehen wird und an den gesamten Wert der Gesellschaft anknüpft. Es wird nur in Ausnahmefällen ein besonderes Interesse an dem Weg der Änderung des Gesellschaftsvertrages bestehen, weil die Neuordnung der Beteiligung regelmäßig erst ab Eintragung von Bedeutung sein wird.

Aufgrund des Gesellschaftsvertrages sind die Gründer zur Mitwirkung beim Entstehen der GmbH verpflichtet. Hierzu zählt bei Mangelhaftigkeit oder Unklarheiten des beurkundeten Gesellschaftsvertrages, nicht notwendig allein aufgrund von Beanstandungen des Registergerichts, auch die Verpflichtung, im Rahmen des Zumutbaren bei Änderungen des Gesellschaftsvertrages mitzuwirken.¹¹⁴

b) Sonderproblem Vorrats- und Mantelgesellschaften. Aufgrund der Dauer des Gründungsvorgangs besteht vielfach ein praktisches Bedürfnis an der Verwendung bereits bestehender Gesellschaften. Dies gilt vor allem bei M&A Transaktionen oder bei Konzernum-

---

¹¹² KG DB 1997, 270; BayObLG DB 1988, 2354, 2355; Ulmer/Habersack/Winter/*Ulmer/Habersack* § 54 Rn. 5; Scholz/*Priester/Veil* § 54 Rn. 16; nach aA findet § 54 Abs. 1 S. 1 GmbHG auf die bereits erfolgte, aber unvollständige Anmeldung der Gründung keine Anwendung, vgl. BayObLG DB 1978, 880; OLG Zweibrücken NJW-RR 2001, 31; Rowedder/*Schnorbus* § 54 Rn. 3 f.; Michalski/*Hoffmann* § 54 Rn. 24. Zur Anmeldung der Änderung vgl. beim Abschnitt „Anmeldung".
¹¹³ *Heckschen* DStR 2007, 1442, 1450.
¹¹⁴ Vgl. Ulmer/Habersack/Löbbe/*Ulmer/Habersack* § 11 Rn. 40; Rowedder/*Schmidt-Leithoff* § 11 Rn. 39.

strukturierungen. Sofern solche Gesellschaften extra zu diesem Zweck gegründet werden, spricht man von **Vorratsgründung**. Greift man auf geschäftlich bereits tätig gewordene, aber derzeit inaktive Gesellschaften zurück, liegt eine **Mantelverwendung** oder -gründung vor. Die Rechtsprechung lässt Vorratsgründungen und Mantelverwendungen nur zu, sofern diese offengelegt werden.[115]

91 Die Angabe eines fiktiven Unternehmensgegenstandes kann zur Annahme der Nichtigkeit der Gründung (§ 75 GmbHG) führen.[116] Werden diese Mantelgesellschaften später für andere geschäftliche Zwecke verwendet, so ist dies unter Anwendung der Gläubigerschutzbestimmungen als „Neugründung" anzusehen.[117] Zur Vermeidung unzulässiger verdeckter Vorratsgründungen sollte daher als Unternehmensgegenstand (ausschließlich oder zumindest ausdrücklich) die **„Verwaltung des eigenen Vermögens"** angegeben werden. Sofern (auch) ein anderer Unternehmensgegenstand angegeben wird, ist sicherzustellen, dass dieser in absehbarer Zeit verwirklicht wird. Denn bei der nachträglichen Mantelverwendung unter Änderung des Unternehmensgegenstandes sind die Gläubigerschutzbestimmungen erneut zu prüfen. Der BGH folgert aus dem Grundsatz der realen Kapitalaufbringung, dass die Aktivierung einer Vorrats- oder Mantelgesellschaft offen zu legen ist und der Geschäftsführer zu versichern hat, dass das Stammkapital der Gesellschaft – abgesehen vom Gründungsaufwand – vom Nettovermögen der Gesellschaft gedeckt ist.

92 Neben die registerrechtliche Kontrolle durch die Offenlegung des Unternehmensgegenstandes und die Versicherung der Kapitalaufbringung treten weitergehende haftungsrechtliche Folgen: So finden die Unterbilanzhaftung[118] und die Handelndenhaftung (§ 11 Abs. 2 GmbHG)[119] entsprechende Anwendbarkeit.[120] Daneben führt eine unterbliebene oder fehlerhafte Offenlegung der Aktivierung zu einer Haftung der Geschäftsführer entsprechend § 9a Abs. 1 GmbHG.[121]

93 Beim Gesellschafterwechsel im Zuge der Vorrats- oder Mantelverwendung ist zu beachten, dass die Registergerichte vielfach eine Vorlage der Abtretungsurkunde verlangen und sich nicht mit der Vorlage der geänderten Gesellschafterliste begnügen.

Formulierungsvorschlag zur Aktivierung einer Vorratsgesellschaft:

94 Wir teilen mit, dass die als Vorratsgesellschaft gegründete Gesellschaft erstmals den aktiven Geschäftsbetrieb aufnehmen wird.

Wir, die sämtlichen Geschäftsführer der Gesellschaft, versichern,
- dass auf die übernommenen Geschäftsanteile von dem Gesellschafter [......] ein Betrag von Euro [......] und von dem Gesellschafter [......] ein Betrag von Euro [......] jeweils durch Überweisung auf ein Bankkonto der Gesellschaft geleistet wurde und damit die Gesellschafter die Geschäftsanteile vollständig einbezahlt haben, (Anmerkung: Diese Passage ist an die Satzung anzupassen)
- dass der Gegenstand der von den Gesellschaftern auf die Geschäftsanteile erbrachten Leistungen sich endgültig in unserer freien Verfügung befindet,
- dass das Stammkapital der Gesellschaft – abgesehen von den Eintragungskosten und den Bekanntmachungskosten (Gründungsaufwand) im Betrag von insgesamt höchstens Euro [......] – vom Nettovermögen der Gesellschaft gedeckt ist.

---

[115] BGHZ 153, 158 = NJW 2003, 892; BGHZ 117, 323 = NJW 1992, 1824 (für die AG); zur Zulässigkeit von Vorratsgründung und Mantelkauf *K. Schmidt* NJW 2004, 1345 f.

[116] Baumbach/Hueck/*Schulze-Osterloh/Zöllner* § 75 Rn. 14.

[117] Vgl. BGHZ 153, 158 = NJW 2003, 892; BGHZ 155, 318 = NJW 2003, 3198; eingehend dazu *Goette* DStR 2004, 461.

[118] Dazu grundlegend BGHZ 80, 129, 140 f. = NJW 1981, 1373; siehe auch BGH ZIP 2012, 817. Die analog § 9 Abs. 2 GmbHG zu bemessene Frist für die Verjährung der Unterbilanzhaftung beginnt nicht erst mit der Anmeldung oder Offenlegung bei dem Handelsregister, sondern bereits mit dem Vorgang der wirtschaftlichen Neugründung, vgl. BGH NZG 2008, 147 mit Anm. *Goette* DStR 2008, 934. Zur Unterbilanzhaftung bei Vorratsgründungen vgl. Scholz/*Emmerich* § 3 Rn. 33 ff.

[119] BGH ZIP 2011, 1761.

[120] BGHZ 155, 318 = NJW 2003, 3198. Zur Kritik an dieser Rechtsprechung vgl. *Altmeppen* DB 2003, 2050; *Heidenhain* NZG 2003, 1051; *K. Schmidt* NJW 2004, 1345; *Habersack* AG 2010, 845.

[121] Siehe dazu BGH ZIP 2011, 1761.

§ 3 Gründungsvorgang

c) Auflösung/Liquidation. aa) *Auflösung*. Sofern die Eintragung der Gesellschaft scheitert, 95 wird die Vor-GmbH bei rechtskräftiger Ablehnung der Eintragung aufgelöst.[122] Die einvernehmliche Auflösung der Vorgesellschaft erfolgt als Liquidation nach den für die GmbH geltenden Vorschriften, wobei die Aufgabe der Liquidatoren regelmäßig den Geschäftsführern zufallen wird.[123] Für den Auflösungsbeschluss ist eine satzungsändernde Mehrheit ausreichend, da eine möglicherweise entgegenstehende Minderheit ohnehin nach Eintragung die Auflösung nicht verhindern könnte.[124] Bei der Einmann-Vor-GmbH ist eine Liquidation hingegen entbehrlich, so dass das Vermögen unmittelbar auf den Gründungsgesellschafter übergeht.[125] Die Vor-GmbH wird im Liquidationsstadium nur dann zu einer Personengesellschaft in der Rechtsform der GbR oder OHG, wenn die Gründer die Geschäftstätigkeit trotz gescheiterter Eintragung fortsetzen (sog. unechte Vorgesellschaft).[126]

bb) Kündigung. Die **Kündigung** der Vor-GmbH analog § 723 BGB ist nicht zulässig, weil 96 die Vor-GmbH bereits weitgehend GmbH-Recht unterliegt und § 723 BGB somit nicht anwendbar ist.[127] Eine außerordentliche Kündigung aus wichtigem Grund ist dennoch möglich, wenn die vertraglich vereinbarte Gründung der GmbH bzw. die gemeinsame Zweckverfolgung mittels der GmbH nach deren Eintragung für den Kündigenden unzumutbar ist.[128]

cc) Insolvenz. Die Vor-GmbH ist insolvenzfähig.[129] Die Insolvenzgründe der Zahlungs- 97 unfähigkeit bzw. drohenden Zahlungsunfähigkeit oder Überschuldung (§§ 17 Abs. 2, 18 Abs. 2, 19 Abs. 2 InsO) finden auf die Vor-GmbH Anwendung.[130] Der durch das Finanzmarktstabilisierungsgesetz eingeführte zweistufige Überschuldungsbegriff gilt nunmehr ohne zeitliche Beschränkung auf den 31.12.2013 fort.[131] Daher scheidet im Falle einer positiven Fortführungsprognose eine Überschuldung grundsätzlich aus.[132] Den Geschäftsführer trifft nach § 64 GmbHG eine Ersatzpflicht gegenüber der Gesellschaft für Zahlungen nach Eintritt der Zahlungsunfähigkeit oder nach Feststellung der Überschuldung der Gesellschaft (§ 64 Satz 1 GmbHG) sowie für Zahlungen an Gesellschafter, soweit diese zur Zahlungsunfähigkeit der Gesellschaft führen mussten (§ 64 Satz 3 GmbHG), es sei denn, die Zahlungen waren mit der Sorgfalt eines ordentlichen Geschäftsmanns vereinbar.[133] Ob dies auch für die Vor-GmbH gilt, ist gesetzlich nicht geregelt, letzlich aber entgegen einer Mindermeinung aufgrund der Nähe zur GmbH zu bejahen.[134] Die Eröffnung des Insolvenzverfahrens stellt einen Auflösungsgrund für die Vor-GmbH dar.[135] Die Geschäftsführung geht auf den Insolvenzverwalter über, während der den Weisungen des Insolvenzverwalters unterstellte Geschäftsführer vorwiegend die internen Angelegenheiten der Gesellschaft wahrnimmt.

---

[122] Baumbach/Hueck/*Fastrich* § 11 Rn. 30; Rowedder/*Schmidt-Leithoff* § 11 Rn. 66; Scholz/K. *Schmidt* § 11 Rn. 64.
[123] Heute herrschende Auffassung, vgl. BGH NJW 1998, 1079, 1080; Lutter/Hommelhoff/*Bayer* § 11, Rn. 20; Baumbach/Hueck/*Fastrich* § 11 Rn. 31; a. A. – noch zum alten Verständnis, wonach das Liquidationsrecht der Personengesellschaften entsprechend anzuwenden war, BGHZ 51, 30, 34 = NJW 1969, 509.
[124] Lutter/Hommelhoff/*Bayer* § 11 Rn. 20; Rowedder/*Schmidt-Leithoff* § 11 Rn. 66.
[125] Ulmer/Habersack/Löbbe/*Ulmer/Habersack* § 11 Rn. 57.
[126] Baumbach/Hueck/*Fastrich* § 11 Rn. 32; Lutter/Hommelhoff/*Bayer* § 11 Rn. 21 f.
[127] OLG Hamm GmbHR 1994, 706.
[128] Ulmer/Habersack/Löbbe/*Ulmer* § 11 Rn. 53. Bei personalistisch geprägter Gesellschaftsstruktur kann der wichtige Grund auch die Person eines Gesellschafters betreffen, vgl. Baumbach/Hueck/*Fastrich* § 11 Rn. 30.
[129] BGH ZIP 2003, 2123; Ulmer/Habersack/Löbbe/*Ulmer* § 11 Rn. 64.
[130] Baumbach/Hueck/*Fastrich* § 11 Rn. 17; a. A. bzgl. Überschuldung Scholz/K. *Schmidt* § 11 Rn. 43; Roth/*Altmeppen* Vor § 64 Rn. 10.
[131] Vgl. Artikel 18 des Gesetzes zur Einführung einer Rechtsbehelfsbelehrung im Zivilprozess und zur Änderung anderer Vorschriften vom 5.12.2012 (BGBl. I 2012, 2418).
[132] Baumbach/Hueck/*Haas* § 64 Rn. 43c.
[133] Vgl. zur Neuregelung durch das MoMiG *Böcker/Poertzgen* WM 2007, 1203 f.; *Greulich/Rau* NZG 2008, 284 f.; *Knof* DStR 2007, 1536 f. (Teil I), 1580 f. (Teil II); K. *Schmidt* GmbHR 2008, 449 f. Aktuell BGHZ 195, 42 = NZG 2012, 1379; *Haas* NZG 2013, 41.
[134] Baumbach/Hueck/*Haas* § 64 Rn. 16; Michalski/*Nerlich* § 64 Rn. 4; *Haas* DStR 1999, 985, 986; a. A. Roth/*Altmeppen* Vor § 64 Rn. 10.
[135] Rowedder/*Schmidt-Leithoff* § 11 Rn. 66.

3. Haftung in der Vor-GmbH

98 **a) Haftung der Vor-GmbH.** Soweit die Vor-GmbH eigenständig Verbindlichkeiten eingegangen ist oder solche von der Vorgründungsgesellschaft wirksam übernommen hat, haftet sie als unmittelbar Verpflichtete mit ihrem gesamten Vermögen. Entsprechend § 31 BGB haftet die Vor-GmbH auch für deliktische Handlungen der Geschäftsführer oder sonstiger Organmitglieder.[136]

99 **b) Handelndenhaftung.** Nach § 11 Abs. 2 GmbHG haftet der vor Eintragung der GmbH „Handelnde" bis zur Eintragung persönlich und unbeschränkt. Ein Rückgriff auf § 179 BGB ist demnach entbehrlich. Ob der Handelnde Vertretungsmacht hatte, ist letztlich unerheblich. Der Anspruch steht dem Gläubiger im Gegensatz zu § 179 BGB sogar dann zu, wenn der Gläubiger die fehlende Vertretungsmacht hätte kennen müssen. Auch die positive Kenntnis des Gläubigers von der fehlenden Eintragung der GmbH ist unbeachtlich. Lediglich in den Fällen, in denen dem Gläubiger das Fehlen der Vertretungsmacht bekannt ist, gebietet die fehlende Schutzbedürftigkeit die teleologische Reduktion und führt zur Nichtanwendbarkeit.[137]

100 Während der Haftung ursprünglich Straf-, Sicherungs- und Druckfunktion gegenüber dem handelnden Geschäftsführer beigemessen wurde,[138] besteht ihre Funktion nach heutigem Verständnis darin, den Gläubigern einen Ausgleich dafür zu geben, dass ihnen vor Eintragung der Gesellschaft im Handelsregister eine durch Prüfung des Registergerichts und die Kapitalerhaltungsvorschriften gewährleistete Kapitalgrundlage fehlt.[139] Die Haftung greift allerdings **erst mit Gründung** der Vor-GmbH, nicht bereits im Stadium der Vorgründungsgesellschaft.[140] Die Haftung besteht nach ihrem Schutzzweck nur Dritten gegenüber, nicht gegenüber den Gesellschaftern.[141] Sie erfasst auch die Fälle der Verwendung einer **Vorratsgesellschaft** vor Offenlegung der wirtschaftlichen Neugründung, wenn Geschäfte aufgenommen werden, ohne dass alle Gesellschafter zugestimmt haben.[142] Es macht keinen Unterschied, ob der Handelnde für die GmbH oder „im Namen der Vor-GmbH" auftritt.[143] Als **Organhaftung**[144] erfasst § 11 Abs. 2 GmbHG nur die zum Geschäftsführer Bestellten oder diejenigen, die als solche auftreten (faktische Geschäftsführer). Dies gilt auch dann, wenn sie nicht selbst, sondern über bevollmächtigte Dritte handeln.[145] Wer lediglich als **Bevollmächtigter** oder als Prokurist für die Vor-GmbH tätig wird, ist **nicht als „Handelnder"** anzusehen.[146] Für diesen Personenkreis richtet sich die Haftung nach § 179 BGB. Wird für eine Vor-GmbH als Komplementärin einer GmbH & Co KG gehandelt, so erlischt die Haftung spätestens mit der Eintragung der KG.[147] Hiervon unberührt bleibt eine Haftung nach Rechtsscheingesichtspunkten, z.B. im Rahmen eines Vertragsschlusses ohne Rechtsformzusatz. Nicht hierunter fallen aber mündliche Vereinbarungen.[148]

101 Die Haftung erstreckt sich regelmäßig nur auf rechtsgeschäftlich begründete Verbindlichkeiten, nicht auf solche, die kraft Gesetzes eintreten.[149] Deliktisches Handeln von Mitgeschäftsführern wird dem Handelnden nicht zugerechnet. Zudem muss der Handelnde konkret auf die Geschäftstätigkeit Einfluss nehmen, da die bloße Anknüpfung an die formelle

---

[136] Ulmer/Habersack/Löbbe/*Ulmer/Habersack* § 11 Rn. 85.
[137] Ulmer/Habersack/Löbbe/*Ulmer/Habersack* § 11 Rn. 139.
[138] Vgl. dazu näher Ulmer/Habersack/Löbbe/*Ulmer/Habersack* § 11 Rn. 122.
[139] BGHZ 80, 182, 183; Michalski/*Michalski/Funke* § 11 Rn. 88; Scholz/*K. Schmidt* § 11 Rn. 103.
[140] Allg. Auffassung vgl. Baumbach/Hueck/*Fastrich* § 11 Rn. 50 m. w. N.
[141] Beck'sches HdbGmbH/*Schwaiger* § 2 Rn. 35; Rowedder/*Schmidt-Leithoff* § 11 Rn. 121.
[142] BGHZ 155, 318 = NJW 2003, 3198; BGH ZIP 2011, 1761; Lutter/Hommelhoff/*Bayer* § 11 Rn. 25. Ablehnend Scholz/*K. Schmidt* § 11 Rn. 109.
[143] BGHZ 91, 148, 149 = NJW 1984, 2164; Baumbach/Hueck/*Fastrich* § 11 Rn. 48; Rowedder/*Schmidt-Leithoff* § 11 Rn. 118.
[144] Scholz/*K. Schmidt* § 11 Rn. 104, 112 bis 116 m. w. N.
[145] BGHZ 53, 206, 208 = NJW 1970, 1043.
[146] Lutter/Hommelhoff/*Bayer* § 11 Rn. 26.
[147] Sudhoff/*Ihrig* § 11 Rn. 25.
[148] BGH NJW 1996, 2645.
[149] BSG DB 1986, 1291; Baumbach/Hueck/*Fastrich* § 11 Rn. 49; Michalski § 11 Rn. 95.

Stellung als Geschäftsführer unzureichend ist.[150] Regelmäßig wird der handelnde Geschäftsführer jedoch einen Erstattungs- bzw. Freistellungsanspruch gegen die Gesellschaft haben, die ihrerseits einen Anspruch gegen die Gesellschafter aus der Unterbilanzhaftung hat.[151] § 11 Abs. 2 GmbHG erlangt mithin Bedeutung vor allem in den Fällen, in denen der Geschäftsführer seine Vertretungsmacht überschreitet, weil er ohne die Zustimmung der Gesellschafter bereits vor Eintragung die Geschäfte aufgenommen hat. § 11 Abs. 2 GmbHG nimmt somit dem Gläubiger, der die internen Belange der Gesellschaft regelmäßig nicht kennen kann, die Ermittlung des letztlich Verantwortlichen ab.[152]

c) **Haftung der Gesellschafter.** Die Haftungsregelung des § 13 Abs. 2 GmbHG greift nur für die nach Eintragung der Gesellschaft in deren Namen begründeten Verbindlichkeiten. Bei späterer Nichteintragung der Vor-GmbH oder einer Unterbilanz bei Eintragung kann sich daher in der Praxis die Frage nach dem Rückgriff gegen die Gesellschafter wegen der vor der Eintragung entstandenen Verbindlichkeiten stellen.[153]

aa) Grundsatz der Verlustdeckungshaftung. Nach der Abkehr vom sog. Vorbelastungsverbot[154] haften die Gesellschafter – gleichsam als Korrektiv – analog § 9 Abs. 1 GmbHG auf die Differenz zum satzungsmäßigen Stammkapital bzw. – bei Geschäftsaufgabe – auf die Deckung der Verluste (sog. Unterbilanz- bzw. Verlustdeckungshaftung),[155] sofern sie sich mit der vorzeitigen Geschäftsaufnahme einverstanden erklärt haben. An ein derartiges **konkludentes Einverständnis** stellt die Rechtsprechung[156] jedoch nur geringe formelle Anforderungen. Die summenmäßige Ermittlung einer Unterbilanz zum Zeitpunkt der Eintragung hat bei positiver Fortbestehensprognose durch Erstellung einer Eröffnungsbilanz nach der Ertragswertmethode zu erfolgen.[157]

bb) Haftungsrichtung. Entgegen einem Teil der Literatur,[158] der analog § 128 HGB von einer Außenhaftung ausgeht, verfolgt der BGH bei der Vor-GmbH das Konzept der sog. **Innenhaftung.**[159] Die Gesellschafter haften demnach lediglich der GmbH gegenüber auf den Differenzbetrag. Allein die Eintragung könne hinsichtlich des Haftungskonzepts keinen Unterschied machen, da nach Eintragung nur eine Innenhaftung in Frage komme und für die Vor-GmbH für die Zeit vor der Eintragung nichts anderes gelten könne. Ein Systemwechsel von einer Außen- zu einer Innenhaftung allein infolge der Eintragung sei dogmatisch nicht begründbar.[160] Eine unmittelbare Inanspruchnahme im Wege einer Außenhaftung zog der BGH zunächst ausnahmsweise bei der Einmann-GmbH, der Vermögenslosigkeit der Vor-GmbH, der Abweisung des Insolvenzantrags mangels Masse und dem Nichtvorhandensein weiterer Gläubiger in Erwägung, da in diesen Fällen der „Umweg" über die GmbH für die Gläubiger unzumutbar sei.[161] Mittlerweile hält der BGH jedoch bei der **Einmann-Vor-GmbH** und bei Vermögenslosigkeit der Gesellschaft ausdrücklich an der Innenhaftung fest und versagt den Gläubigern einen unmittelbaren Zugriff auf den Gesellschafter.[162] Diese müssen also Ansprüche gegen die Vor-GmbH geltend machen und sich deren Ansprüche gegen die Gesellschafter abtreten bzw. pfänden und überweisen lassen.

---

[150] OLG Hamburg NJW-RR 1986, 116.
[151] Lutter/Hommelhoff/*Bayer* § 11 Rn. 30; Scholz/*K. Schmidt* § 11 Rn. 126.
[152] Ulmer/Habersack/Löbbe/*Ulmer/Habersack* § 11 Rn. 123.
[153] Goette ZNotP 1997, 82 ff.; eingehend Beck'sches HdbGmbH/*Schwaiger* § 2 Rn. 34.
[154] BGHZ 80, 129 = NJW 1981, 1371.
[155] BGH 134, 333 = NJW 1997, 1507 m. Anm. *Altmeppen.* Dem haben sich die anderen Bundesgerichte angeschlossen, vgl. BAG GmbHR 1997, 694; BAG GmbHR 1998, 39; BFH GmbHR 1998, 854; BSG GmbHR 2000, 425 = NJW-RR 2000, 1125.
[156] BGHZ 72, 45, 49 = NJW 1978, 1978.
[157] BGH GmbHR 1999, 31; BGH WM 2002, 967; Lutter/Hommelhoff/*Bayer* § 11 Rn. 34 m. w. N.
[158] Scholz/*K. Schmidt* § 11 Rn. 91 f.; *K. Schmidt* ZIP 1997, 671, 672 f.; *Altmeppen* NJW 1997, 3272 f.; *Wilhelm* EWiR 2006, 143.
[159] BGHZ 134, 333 = NJW 1997, 1507; BGHZ 149, 273 = NJW 2002, 824 (für die Vor-Genossenschaft).
[160] BGH NJW 1996, 1210.
[161] Vgl. BGH NJW 1996, 1210, 1212; BGHZ 134, 333, 340 ff.; zustimmend ausdrücklich BSG GmbHR 2000, 425, 428: unbeschränkte, aber – gemessen am Kapitalanteil – nur anteilige Außenhaftung; hierzu ferner BAG GmbHR 1997, 694; BAG GmbHR 2000, 1041; ferner BFH NJW 1998, 2926 f.
[162] BGH NZG 2006, 64.

105 *cc) Haftungsart.* Während die Literatur teilweise von einer gesamtschuldnerischen Haftung sämtlicher Gesellschafter ausgeht, vertritt der BGH die Ansicht, dass die Gesellschafter lediglich anteilig haften, jedoch mit einer **Ausfallhaftung** analog § 24 GmbHG.

106 *dd) Haftungsumfang.* Nach der neuen Rechtsprechung ist die Haftung grundsätzlich **unbeschränkt**. Die teilweise gegenläufige Ansicht[163] geht von einer auf die Höhe der übernommenen Einlagen beschränkten Haftung aus, da das Vertrauen der Gläubiger über den Gesamtbetrag der vereinbarten Einlagen hinaus nicht schützenswert sei. Diese Auffassung verkennt jedoch, dass mangels Anwendbarkeit des § 13 Abs. 2 GmbHG nicht die unbeschränkte, sondern die beschränkte Haftung begründungsbedürftig ist.

107 *ee) Praktische Probleme.* Die strikte Anwendung der Rechtsprechung des BGH birgt in der Praxis vielfältige Erschwernisse, die der BGH[164] als „für die Gläubiger nicht unzumutbar" bezeichnet:

108 • Gläubiger müssen zunächst die GmbH verklagen, um sich deren Ansprüche gegen die Gesellschafter pfänden und überweisen lassen zu können.[165] Dies führt zu einer erheblichen Verzögerung des Verfahrens.

109 • Nach Pfändung und Überweisung trägt der Gläubiger wegen der nur anteiligen Haftung der Gesellschafter ein erhebliches **Prozessrisiko**, da ihm mangels Eintragung der Gesellschaft die Höhe der Gesellschafterbeteiligung regelmäßig nicht bekannt sein wird.[166] Der auf jeden Gesellschafter entfallende Betrag hängt u. a. von der Zahlungsfähigkeit der übrigen Gesellschafter, dem Vorliegen von Vollstreckungsversuchen Dritter und eventuell zwischen den Gesellschaftern intern erfolgten Ausgleichszahlungen ab.

110 • Empfehlenswert kann die umgehende **Einbeziehung des Geschäftsführers** im Rahmen der prozessualen Geltendmachung sein. Da dieser persönlich nach § 11 Abs. 2 GmbHG haftet, intern aber regelmäßig einen Anspruch auf Freistellung gegen die Gesellschafter haben wird, trägt sein Verhalten, z. B. die Offenlegung der Gesellschafter und ihrer Anteilsverhältnisse, entscheidend zur Realisierung der Ansprüche bei.

111 • Eine Abweisung des Insolvenzantrags mangels Masse kann streng genommen nur dann erfolgen, wenn keiner der Gesellschafter solvent ist. Andernfalls steht der Gesellschaft ein realisierbarer Anspruch gegen die Gesellschafter zu, der u. U. sogar die Zahlungsunfähigkeit ausschließen kann.[167]

112 *ff) Unechte Vorgesellschaft.* Scheitert die Eintragung der Gesellschaft oder wird sie nicht weiter verfolgt, das von der Vor-GmbH bereits betriebene Unternehmen aber trotzdem weitergeführt, spricht man von einer sog. unechten Vorgesellschaft.[168] Die Haftung der Gesellschafter bestimmt sich in diesem Fall von Anfang an nach den **Regeln der GbR** bzw. OHG.[169] Es besteht daher eine unmittelbare und unbeschränkte Außenhaftung der Gesellschafter, und zwar für alle, auch die bereits vorhandenen Geschäftsverbindlichkeiten.[170]

4. Vor-GmbH aus steuerrechtlicher Sicht

113 In steuerrechtlicher Hinsicht wird die Vor-GmbH der GmbH gleichgestellt und als von den Gesellschaftern **separates Steuersubjekt** angesehen.[171] Die Besteuerung richtet sich somit

---

[163] Vgl. auch frühere Ansicht des BGH in BGHZ 65, 378, 382; 80, 182, 184.
[164] BGH ZIP 1997, 679, 681.
[165] *Raiser/Veil* § 26 Rn. 110.
[166] *K. Schmidt* ZIP 1997, 671, 672; *Altmeppen* NJW 1997, 3272, 3273 f.
[167] *Altmeppen* NJW 1997, 3272 f.
[168] Die Terminologie *unechte Vorgesellschaft* wird üblicherweise verwendet: BFH GmbHR 1998, 854; Ulmer/Habersack/Löbbe/*Ulmer/Habersack* § 11 Rn. 26; Scholz/*K. Schmidt* § 11 Rn. 100. Vgl. dazu bereits oben III 1c).
[169] Vom BGH in BGHZ 134, 333, 341 noch offen gelassen. Für eine unmittelbare Außenhaftung nunmehr jedoch BGHZ 152, 290 = NJW 2003, 429; BAGE 86, 38, 42 = NJW 1998, 628, 629 und BFHE 185, 356, 359 = DStR 1998, 1129, 1130 mit Anm. *Goette* = NJW 1998, 2926.
[170] BGHZ 152, 190 = NJW 2003, 429.
[171] BFH BStBl. II 1993, 352; BFH WM 1983, 690; Beck'sches HdbGmbH/*Schwaiger* § 2 Rn. 19 bis 23; eingehend Rowedder/*Schmidt-Leithoff* § 11 Rn. 152 ff.

nach den für Kapitalgesellschaften geltenden Bestimmungen, d. h. in erster Linie nach dem Körperschaftsteuergesetz.[172] Die Körperschaftsteuerpflicht beginnt mit dem Abschluss des notariell beurkundeten Gesellschaftsvertrages.[173] Ferner verlangt der BFH für die Körperschaftsteuerpflicht, dass der Eintragung keine wesentlichen Hindernisse entgegenstehen, die Eintragung später tatsächlich erfolgt sowie die Aufnahme einer nach außen in Erscheinung tretenden Tätigkeit der Vor-GmbH.[174] Letzteres Erfordernis ist auch für die Gewerbesteuer zu beachten, da die Vor-GmbH anders als die eingetragene GmbH nicht bereits kraft Rechtsform der Gewerbesteuer unterliegt.[175]

IV. Anmeldung und Eintragung

1. Anmeldungsverfahren

a) Form der Anmeldung. Die künftige GmbH ist in öffentlich beglaubigter Form (§§ 12 Abs. 1 HGB, 129 BGB, 40 BeurkG) bei dem Amtsgericht, in dessen Bezirk das jeweils für den Gesellschaftssitz zuständige Landgericht seinen Sitz hat, zur Eintragung anzumelden (§ 7 Abs. 1 GmbHG i. V. m. § 376 Abs. 1 FamFG). Die Anmeldung hat durch sämtliche Geschäftsführer persönlich zu erfolgen. Nicht zuletzt wegen der gleichzeitig in der Anmeldung abzugebenden Versicherung nach § 8 Abs. 2 GmbHG ist hierbei eine Stellvertretung unzulässig.[176] Bei ursprünglich fremdsprachlichen Urkunden ist zu bedenken, dass diese regelmäßig durch einen bei dem jeweiligen Gericht zugelassenen vereidigten Übersetzer übersetzt und insgesamt auf Deutsch vorgelegt werden müssen (§ 184 GVG).

b) Inhalt der Anmeldung. Die Anmeldung hat folgende Punkte zu umfassen:

> **Checkliste**
>
> ☐ Anmeldung der Gesellschaft als solcher mit inländischer Geschäftsanschrift
> ☐ Anmeldung der Geschäftsführer mit Wohnort/Geburtsdatum (§§ 24 Abs. 1, 43 Nr. 4 HRV) unter Angabe der Vertretungsbefugnis (§ 8 Abs. 4 Nr. 2 GmbHG, z. B. Gesamt- oder Einzelvertretung, Befreiung von den Beschränkungen des § 181 BGB); erforderlich ist hierbei die Vertretungsangabe
> – **abstrakt**, d. h. entsprechend der Satzungsregelung, und
> – **konkret**, d. h. für jeden einzelnen Geschäftsführer gesondert unter Berücksichtigung einer in der Satzung zugelassenen abweichenden Bestimmung durch die Gesellschafterversammlung.
> ☐ Beglaubigte Zeichnung der Unterschriften der Geschäftsführer (vgl. § 12 Abs. 1 HGB)
> ☐ Abgabe der erforderlichen Versicherungen nach § 8 Abs. 2 GmbHG
> ☐ Belehrung gem. § 8 Abs. 3 S. 2 GmbHG:
> Die Belehrung nach § 53 Abs. 2 des Bundeszentralregistergesetzes kann schriftlich vorgenommen werden. Sie kann aber auch durch einen Notar oder einen im Ausland bestellten Notar, durch einen Vertreter eines vergleichbaren rechtsberatenden Berufs oder einen Konsularbeamten erfolgen:

---

[172] Rowedder/*Schmidt-Leithoff* § 11 Rn. 154 ff.; zur (rückwirkenden) steuerlichen Behandlung als Personengesellschaft bei Aufgabe der Eintragungsabsicht vgl. BFH BStBl. II 1998, 531; FG Berlin GmbHR 2000, 834 f. mit Anm. *Peetz* (S. 837).
[173] St. Rspr., vgl. BFH BStBl. III 1952, 172; BFH BStBl. II 1973, 568; BFH BStBl. III 1981, 600.
[174] FG Brandenburg EFG 2003, 1330; grundlegend BFH BStBl. II 1960, 319.
[175] Vgl. BFH GmbHR 1991, 129; Abschnitt 18 Abs. 2 Sätze 6 bis 9 GewStR 1998.
[176] BayObLG NJW 1987, 136 (für die Kapitalerhöhung); Hachenburg/*Ulmer* § 7 Rn. 12; Scholz/Winter/ *Veil* § 7 Rn. 11; Rowedder/*Schmidt-Leithoff* § 7 Rn. 8.

Zweisprachiges Muster der Belehrung nach § 8 Abs. 3 S. 2 GmbHG durch den Notar:

Notarial Advice to a Managing Director	Notarielle Belehrung eines Geschäftsführers
Dear Mr. […],	Sehr geehrter Herr […],
I have been informed that you are to be appointed as managing director of the above company. Your appointment must be registered with the local commercial register. However, you must first be instructed about the following requirements and obligations as provided under German law:	ich bin davon unterrichtet, dass Sie zum Geschäftsführer der vorgenannten Gesellschaft bestellt werden sollen. Ihre Bestellung muss in das zuständige Handelsregister eingetragen werden. Zuvor jedoch müssen Sie nach geltendem deutschen Recht über bestimmte Erfordernisse und Verpflichtungen belehrt werden.
Pursuant to Section 6 para 2 sentences 2 and 3 Act on Companies with Limited Liability ("GmbHG"), the following persons cannot be managing director of a German company with limited liability ("GmbH"):	Nach § 6 Abs. 2 Sätze 2 und 3 GmbHG können folgende Personen nicht Geschäftsführer einer deutschen Gesellschaft mit beschränkter Haftung ("GmbH") sein:
1. persons who, as a ward, fully or partly, are subject to a reservation of consent (Section 1903 German Civil Code) in respect of the management of their financial affairs	1. Personen, die als Betreuter bei der Besorgung ihrer Vermögensangelegenheiten ganz oder teilweise einem Einwilligungsvorbehalt (§ 1903 BGB) unterliegen,
2. persons who have been prohibited from performing and conducting a profession, a field of profession, a trade or a field of trade, by court judgment or by enforceable decision of an administrative authority, if the purpose of the company fully or partially corresponds to the subject matter of the prohibition,	2. Personen, denen durch gerichtliches Urteil oder durch vollziehbare Entscheidung einer Verwaltungsbehörde die Ausübung eines Berufes, Berufszweiges, Gewerbes oder Gewerbezweiges untersagt ist, sofern der Unternehmensgegenstand ganz oder teilweise mit dem Gegenstand des Verbots übereinstimmt,
3. persons who, in the last five years, have been finally convicted of one or more of the following willfully committed criminal offences with the proviso that the five-year period commences on the date the court decision became final and non-appealable and that the time during which they were confined to an institution by order of the authorities, if any, will not be counted as part of this five-years period:	3. Personen, die während der letzten fünf Jahre wegen einer oder mehrerer der folgenden vorsätzlich begangenen Straftaten rechtskräftig verurteilt wurden, wobei die Frist von fünf Jahren mit dem Datum der Rechtskraft beginnt[177] und etwaige Zeiten, in welchen sie auf behördliche Anordnung in einer Anstalt verwahrt wurden, in dem genannten Zeitraum von fünf Jahren nicht einzurechnen sind,
a) for having omitted to submit an application for the commencement of insolvency proceedings (delaying insolvency),	a) wegen Unterlassens der Stellung des Antrags auf Eröffnung des Insolvenzverfahrens (Insolvenzverschleppung),
b) under Sections 283 through 283d of the German Penal Code (for misappropriation of assets in case of bankruptcy, certain aggravated acts with regard to such bankruptcy, violation of bookkeeping duties, unlawful preference of creditors or debtors – insolvency offences),	b) nach §§ 283 bis 283d Strafgesetzbuch (wegen Bankrotts, schweren Bankrotts, Verletzung der Buchführungspflicht, Schuldner- oder Gläubigerbegünstigung – Insolvenzstraftaten),
c) for making false statements pursuant to Section 82 GmbHG or Section 399 German Stock Corporations Act,	c) wegen falscher Angaben nach § 82 GmbHG oder § 399 AktG,

---

[177] BGH v. 7.6.2011, DNotZ 2011, 790.

d) for incorrect representation under Section 400 German Stock Corporations Act, Section 331 German Commercial Code, Section 313 Transformation Act or Section 17 German Act on Publishing Corporate Information, or

e) under Sections 263 through 264a or Sections 265b to 266a German Criminal Code (for fraud, computer fraud, subsidy fraud or capital investment fraud, credit fraud, breach of fiduciary duties or for criminally withholding and misusing workers' compensation), sentenced to one year or longer in jail,

f) for a criminal offence committed in a foreign country which offence is comparable to offences listed in no. 3 lit. a) through e).

Upon submitting the application for registration of his appointment to the Commercial Register, the managing director must assure that no circumstances exist which would prevent his appointment under the aforementioned nos. 2 and 3.

In order to enable the Court to check the correctness of that representation, the Court may obtain information from the Federal Central Register (for criminal judgments). The managing director has an unlimited disclosure obligation, including on those convictions that he would otherwise not be required to disclose to third parties.

By this letter, I want to notify you of the legal situation described above, and in particular of your unlimited disclosure obligation to the Court. I am required to expressly instruct you about this because the unlimited disclosure obligation prescribed by the GmbHG will only exist in this manner if you have been instructed accordingly, inter alia, by a German judge or notary.

The German version of this instruction is the authoritative version.

Please confirm receipt of this letter on the enclosed copy.

Place/Date, Signature (Notary)

Confirmation

I have received the original of this letter and taken full note of its contents.

Place, Date, Signature

d) wegen unrichtiger Darstellung nach § 400 AktG, § 331 HGB, § 313 UmwG oder § 17 PublG oder

e) nach §§ 263 bis 264a oder §§ 265b bis 266a Strafgesetzbuch (wegen Betrugs, Computer-, Subventions- oder Kapitalanlagebetrugs, Kreditbetrugs, Untreue oder wegen Vorenthalten und Veruntreuen von Arbeitsentgelt), zu einer Freiheitsstraße von mindestens einem Jahr,

f) wegen einer im Ausland begangenen, mit Nr. 3a) bis e) vergleichbaren Straftat.

Der Geschäftsführer hat bei seiner Anmeldung zur Eintragung in das Handelsregister zu versichern, dass keine Umstände vorliegen, die seiner Bestellung gemäß den vorstehenden Nummern 2 und 3 entgegenstehen.

Um dem Gericht die Möglichkeit zu geben, die Richtigkeit dieser Versicherung zu überprüfen, kann das Gericht eine Auskunft aus dem Zentralregister einholen. Der Geschäftsführer ist zur unbeschränkten Auskunft verpflichtet, also auch hinsichtlich derjenigen Verurteilungen, die er gegenüber sonstigen Dritten nicht zu offenbaren bräuchte.

Ich möchte Sie mit diesem Schreiben auf diese Rechtslage hinweisen, insbesondere auf die vorerwähnte unbeschränkte Auskunftspflicht gegenüber dem Gericht. Ich muss Sie hierüber ausdrücklich belehren, da die vom GmbH-Gesetz vorgeschriebene uneingeschränkte Auskunftspflicht nur dann in diesem Umfang besteht, wenn Sie darüber etwa von einem deutschen Richter oder Notar entsprechend belehrt worden sind.

Die deutsche Fassung dieser Belehrung ist maßgeblich.

Bitte bestätigen Sie den Empfang dieses Briefes auf der beigefügten Kopie.

Ort, Datum, Unterschrift (Notar)

Bestätigung

Ich habe das Original dieses Briefes erhalten und von seinem Inhalt Kenntnis genommen.

Ort, Datum, Unterschrift

117 Sämtliche Geschäftsführer und Gesellschafter haften gesamtschuldnerisch für falsche Angaben (§ 9a Abs. 1 GmbHG). Falsch sind die Angaben, wenn sie objektiv unrichtig oder auch nur unvollständig sind, soweit dadurch aus der Sicht eines neutralen Dritten ein objektiv falscher Gesamteindruck entsteht.[178] Die Haftung setzt Verschulden voraus, allerdings mit einer Beweislastumkehr (§ 9a Abs. 3 GmbHG).

118 **Formulierung** einer Anmeldung für eine voll eingezahlte Bargründung:

In der neu anzulegenden Handelsregistersache [Firma der Gesellschaft]
überreiche(n) ich/wir, der/die unterzeichnete(n) Geschäftsführer:
1. beglaubigte Abschrift der notariellen Niederschrift vom [Datum] (UR-Nr. . . . . . . des Notars [Name] in [Ort]), die den Gesellschaftsvertrag und die Geschäftsführerbestellung enthält,
2. Liste der Gesellschafter,

Ich/wir melde(n) die Gesellschaft und mich/uns als deren Geschäftsführer zur Eintragung in das Handelsregister an.

Zur Vertretungsberechtigung melde(n) ich/wir an:
Die Gesellschaft wird durch einen Geschäftsführer allein vertreten, wenn er alleiniger Geschäftsführer ist oder wenn die Gesellschafter ihn zur Einzelvertretung ermächtigt haben. Im Übrigen wird die Gesellschaft durch zwei Geschäftsführer oder durch einen Geschäftsführer gemeinschaftlich mit einem Prokuristen vertreten.

(Zur Vertretungsberechtigung für jeden Geschäftsführer konkret:)
Ich, der Geschäftsführer [Name, Geburtsdatum, Wohnort], bin einzelvertretungsberechtigt, auch wenn mehrere Geschäftsführer bestellt sind. Ich bin von den Beschränkungen des § 181 BGB befreit.

(oder: Ich, der Geschäftsführer [Name, Geburtsdatum, Wohnort], vertrete die Gesellschaft gemeinsam mit einem Geschäftsführer oder einem Prokuristen. Solange ich alleiniger Geschäftsführer bin, vertrete ich die Gesellschaft allein.)

Als Geschäftsführer versichere/n ich/wir, dass
- auf den einzigen Geschäftsanteil (oder: Aufgliederung auf die einzelnen Geschäftsanteile bei mehreren Geschäftsanteilen) von Euro [. . . . . .] ein Betrag von Euro [. . . . . .] (oder: der volle Betrag) eingezahlt worden ist und sich endgültig in meiner/unserer freien Verfügung befindet und
- das Stammkapital nur mit den mit der Gründung verbundenen Kosten der Beurkundung des Gesellschaftsvertrages, der Anmeldung der Gesellschaft zum Handelsregister und der Eintragung im Handelsregister sowie den Veröffentlichungskosten bis zur Höhe von Euro [. . . . . .] und im Übrigen durch keinerlei Verbindlichkeiten vorbelastet ist,

Als Geschäftsführer versichere/n ich/wir ferner, dass
- für mich/uns kein Betreuer im Sinne der §§ 1896 ff BGB bestellt wurde,
- mir/uns die Ausübung eines Berufes, Berufszweiges, Gewerbes oder Gewerbezweiges weder durch gerichtliches Urteil noch durch vollziehbare Entscheidung einer Verwaltungsbehörde verboten wurde
- dass ich/wir während der letzten fünf Jahre nicht rechtskräftig wegen einer oder mehrerer vorsätzlich begangener Straftaten
  - des Unterlassens der Stellung eines Antrags auf Eröffnung des Insolvenzverfahrens (Insolvenzverschleppung),
  - nach §§ 283 bis 283d Strafgesetzbuch (Bankrott, schweren Bankrott, Verletzung der Buchführungspflicht, Gläubiger- oder Schuldnerbegünstigung) – Insolvenzstraftaten –,
  - der falschen Angaben nach § 82 des GmbH-Gesetzes oder § 399 des Aktiengesetzes,
  - der unrichtigen Darstellung nach § 400 des Aktiengesetzes, § 331 des Handelsgesetzbuches, § 313 des Umwandlungsgesetzes oder § 17 des Publizitätsgesetzes oder
  - nach den §§ 263 bis 264a oder den §§ 265b bis 266a des Strafgesetzbuches (Betrug, Computerbetrug, Subventionsbetrug, Kapitalanlagebetrug, Kreditbetrug, Untreue, Vorenthalten und Veruntreuen von Arbeitsentgelt) zu einer Freiheitsstrafe von mindestens einem Jahr

---

[178] OLG Bremen GmbHR 1998, 40, 41; Lutter/Hommelhoff/*Bayer* § 9a Rn. 4 f.

im Inland oder (wegen einer oder mehrerer mit den genannten Straftaten vergleichbarer Taten) im Ausland verurteilt worden sind/bin, wobei die Frist von fünf Jahren mit dem Datum der Rechtskraft beginnt und etwaige Zeiten, in welchen ich/wir auf behördliche Anordnung in einer Anstalt verwahrt wurde/n, in dem genannten Zeitraum von fünf Jahren nicht eingerechnet worden sind, und

- dass ich/wir über unsere unbeschränkte Auskunftspflicht gegenüber dem Gericht durch den beglaubigenden Notar [einen im Ausland bestellten Notar/einen Vertreter eines vergleichbaren rechtsberatenden Berufs oder einen Konsularbeamten] belehrt worden bin/sind.

Die Geschäftsräume der Gesellschaft befinden sich in [......]; dies ist zugleich die inländische Geschäftsanschrift gem. § 8 Abs. 4 Nr. 1 GmbHG.

Die Versicherungen gem. § 8 Abs. 2 GmbHG betreffen hierbei ausschließlich die Mindestleistungen, die für jeden Gesellschafter gesondert nach Höhe anzugeben sind, sofern keine Volleinzahlung vorliegt.[179] **119**

Sofern eine Satzungsänderung vor Eintragung der Gesellschaft erfolgt ist, z. B. wegen eines Gesellschafterwechsels oder -beitritts, hat eine **erneute Anmeldung** zu erfolgen, die jedoch ergänzend auf die ursprüngliche Anmeldung verweisen darf. **120**

Formulierungsvorschlag (Anmeldung der Satzungsänderung vor Eintragung): **121**
In der Handelsregistersache [Firma der Gesellschaft] i. G.
überreiche(n) ich/wir, der/die unterzeichnete(n) Geschäftsführer:
1. beglaubigte Abschrift der notariellen Niederschrift vom [Datum] (UR-Nr. ...... des Notars [Name] in [Ort]), sowie
2. den vollständigen Wortlaut des Gesellschaftsvertrages in der aktuellen Fassung samt notarieller Bescheinigung nach § 54 Abs. 1 S. 2 GmbHG.
Ich/wir melde(n) zur Eintragung in das Handelsregister an:
Die Firma der Gesellschaft ist in [......] geändert worden.
Ich/Wir versichere/versichern weiter, dass die in der ursprünglichen Anmeldung enthaltenen Angaben und Versicherungen, soweit sie nicht durch diese Anmeldung geändert wurden, weiterhin zutreffend sind.

Diese Anmeldung hat lediglich dann von **sämtlichen** Geschäftsführern zu erfolgen, wenn die von diesen abzugebenden Versicherungen nach § 8 Abs. 2 GmbHG von den Änderungen betroffen sind. Sie hat zwingend sowohl die beglaubigte Abschrift der Änderungsurkunde als auch den vollständig neu gefassten Wortlaut der Satzung zu enthalten.[180] Soweit Bestandteile geändert wurden, die gem. § 10 GmbHG eintragungspflichtig sind, hat die o. g. „Anmeldung der Satzungsänderung" die geänderten Bestimmungen schlagwortartig zu bezeichnen. **122**

c) Einzureichende Anlagen. Eine „gesetzliche Checkliste" ergibt sich insoweit aus § 8 Abs. 1 GmbHG:[181] **123**
- Original oder beglaubigte Abschrift des Gesellschaftsvertrags, ggf. samt Gründungsvollmacht oder beglaubigte Abschrift hiervon
- Beschluss über die Bestellung der Geschäftsführer, sofern diese nicht – wie im Regelfall – bereits in notariell beurkundeter Gründungsurkunde enthalten ist, was bei der Verwendung des Musterprotokolls zwingend vorgesehen ist.[182]
- Liste der Gesellschafter

---
[179] Rowedder/*Schmidt-Leithoff* § 8 Rn. 17 m. w. N.
[180] BayObLG DB 1978, 880; BayObLG DB 1988, 2354.
[181] Näher *Langenfeld* Rn. 429 f.
[182] Vgl. Ziffer 4 des Musterprotokolls.

124 Formulierungsvorschlag:

Gesellschafterliste gem. § 40 GmbHG der [Name der Gesellschaft], HR B [.....]; Stand: [.....]

Name	Nennbetrag des Geschäftsanteils	Geburtsdatum	Wohnort/Sitz	Laufende Nummer des Geschäftsanteils
Gerhard Mustermann	Euro 25.000,–	14. Juni 1952	Ulmenstraße 22 60325 Frankfurt a. M.	1
Summe	Euro 25.000,–			1

Ort, Datum   Unterschriften sämtlicher Geschäftsführer

125 • **Versicherungen:**
Hinsichtlich der Erbringung des Stammkapitals: Nach § 8 Abs. 2 GmbHG ist die Versicherung abzugeben, dass die Leistungen auf die Geschäftsanteile bewirkt worden sind und dass der Gegenstand der Leistungen sich endgültig in der freien Verfügung der Geschäftsführer befindet. Durch den im Rahmen des MoMiG neu eingefügten § 8 Abs. 2 Satz 3 GmbHG wird die Nachweiserbringung über die Leistung der Bareinzahlungen zum Ausnahmefall, da das Gericht nur noch bei erheblichen Zweifeln an der Richtigkeit der Versicherung Nachweise verlangen kann.

126 • Soweit erforderlich: **Sachgründungsbericht**
(§§ 5 Abs. 4 Satz 2, 8 Abs. 1 Nr. 4 und 5 GmbHG) mit plausibler Darlegung der Werthaltigkeit der Einlage. Die Verpflichtung zur Erstellung obliegt sämtlichen Gesellschaftern als höchstpersönliche Verpflichtung.[183] Eine Stellvertretung ist mithin unzulässig. Aufgrund des umfassenden Einsichtsrechts Dritter in die Handelsregisterunterlagen (§ 9 HGB) sollten vertrauliche Informationen im Bericht nicht enthalten sein. Die individuelle Ausgestaltung hängt vom konkreten Einzelfall ab. Die Gesellschafter haben „die für die Angemessenheit der Leistungen der Sacheinlagen wesentlichen Umstände darzulegen".[184]

127 **Rahmen-Formulierungsvorschlag für Sachgründungsbericht** (Einbringung eines Unternehmens):

Der unterzeichnete [Name des Gesellschafters] ist der alleinige Gesellschafter der zu gründenden [Name der Gesellschaft] GmbH, nachfolgend „Gesellschaft" genannt. Im Zuge der Gründung erbringt der Unterzeichnete seinen Geschäftsanteil in Höhe von Euro [.....] in voller Höhe (oder: in einer Höhe von Euro......) durch Leistung einer Sacheinlage.

Der Unterzeichnende erstattet folgenden Sachgründungsbericht:
Die Sacheinlage wird durch Einbringung der Einzelfirma [Name der Einzelfirma], eingetragen im Handelsregister des [Registergericht] unter Nr. [.....] mit allen Aktiva und Passiva in die Gesellschaft mit unmittelbarer Wirkung zum [.....] erbracht. Das Geschäft der Einzelfirma besteht aus folgendem:
[genauestmögliche Beschreibung der Tätigkeit des Unternehmens].

Das Unternehmen hatte für die letzten beiden Geschäftsjahre (§ 5 Abs. 4 Satz 2 GmbHG) folgende Ergebnisse:
Ergebnis des Jahres [.....]: [.....]; Ergebnis des Jahres [.....]: [.....].
Das in der Schlussbilanz zum [Datum] ausgewiesene Eigenkapital des Unternehmens weist einen Gesamtbetrag von Euro [.....] aus. Der Wert des Unternehmens wird durch eine Werthaltigkeitsbestätigung der [.....] Wirtschaftsprüfungsgesellschaft vom [Datum] bestätigt. Hinsichtlich der Angemessenheit der Leistung mache ich mir die in dieser Bestätigung getroffenen Aussagen inhaltlich zu eigen.

Soweit der Wert der eingebrachten Einzelfirma den Nennbetrag des übernommenen Geschäftsanteils überschreitet, wird er gem. § 272 Abs. 2 Nr. 4 HGB in die Rücklagen eingestellt.

---

[183] Lutter/Hommelhoff/*Bayer* § 5 Rn. 34.
[184] Zu den Angaben zur Sacheinlage und Sachgründungsbericht vgl. Michalski/*Zeidler* § 5 Rn. 151 ff.

- Nicht mehr erforderlich ist nach der Streichung des § 8 Abs. 2 Nr. 6 GmbHG die Vorlage der Genehmigungsurkunde bei staatlicher Genehmigungspflicht **128**
- Soweit erforderlich: Urkunde der Aufsichtsratsbestellung (§ 52 Abs. 2 GmbHG i.V.m. § 37 Abs. 4 Nr. 3 AktG) **129**

2. Prüfung durch das Registergericht

a) Prüfungsumfang. Die zur Eintragung erforderliche Prüfung der Satzung auf die Vereinbarkeit mit den gesetzlichen Vorgaben ist in zweierlei Hinsicht **eingeschränkt:** Die inhaltliche Kontrolle beschränkt sich zum einen auf die Prüfung der Verletzung zwingender oder bekanntzumachender Festsetzungen, Verstöße gegen Bestimmungen zum Schutz der Gläubiger oder des öffentlichen Interesses oder das Vorliegen einer vollständigen Nichtigkeit der Satzung (§ 9c Abs. 2 GmbHG). Zum anderen ist die Beanstandung rechtmäßiger aber unklarer oder **unzweckmäßiger** Regelungen nicht zulässig.[185] Die Gesellschafter haben insoweit einen Anspruch auf Eintragung. Ebenso stehen **Vorbelastungen** der Vor-GmbH, die zeitlich nach der Anmeldung entstanden sind, einer Eintragung nur dann ausnahmsweise entgegen, wenn das Registergericht berechtigte Zweifel an der Erfüllung der Unterbilanzhaftung hat.[186] Bei der Prüfung der Bewertung von Sacheinlagen (§ 9c Abs. 1 S. 2 GmbHG) beschränkt sich die Prüfung nach Inkrafttreten des MoMiG darauf, dass diese nicht unwesentlich überbewertet worden sind. **130**

b) Verfahren. Das nach § 376 Abs. 1 FamFG i.V.m. § 4a GmbHG zuständige Registergericht prüft in einem Verfahren unter Geltung des **Amtsermittlungsgrundsatzes** (§ 26 FamFG) nach Eingang der Unterlagen in den vorgenannten Grenzen die ordnungsgemäße Errichtung und Anmeldung.[187] Vielfach wird eine Stellungnahme der IHK hinsichtlich der Zulässigkeit der Firma eingeholt (§ 23 HRV). **Bei Zweifeln** an der Richtigkeit oder Vollständigkeit der Dokumente ist das Gericht gehalten, weitergehende Informationen und Nachweise anzufordern;[188] in Bezug auf die ordnungsgemäße Aufbringung der Einlagen darf das Gericht gem. § 8 Abs. 2 S. 2 GmbHG nur bei erheblichen Zweifeln an der Richtigkeit der Versicherung Nachweise verlangen. Bei Streitigkeiten kann die Entscheidung ausgesetzt, bei nicht oder nicht fristgerechter Behebung der Mängel kann die Eintragung abgelehnt werden; hiergegen hat die Vor-GmbH die Möglichkeit der **Beschwerde** (§ 58 FamFG). **131**

3. Auswirkung der Eintragung auf die Haftung

a) Haftung der GmbH. Mit Eintragung erlischt die Vor-GmbH automatisch; die mit ihr rechtlich identische GmbH (Grundsatz der Gesamtrechtsnachfolge) haftet für sämtliche Verbindlichkeiten fort.[189] **132**

b) Haftung der Handelnden. (§ 11 Abs. 2 GmbHG): Die Handelndenhaftung erlischt grundsätzlich mit Eintragung der GmbH in das Handelsregister.[190] Sie besteht jedoch ausnahmsweise darüber hinaus fort, soweit sie Verbindlichkeiten betrifft, die nicht auf die GmbH übergehen. Dies kann z.B. der Fall sein, wenn die Vor-GmbH wegen **fehlender Vertretungsmacht** nicht wirksam vertreten wurde. **133**

c) Haftung der Gesellschafter. Die Rechtsprechung des BGH zur Verlustdeckungshaftung führt zu einem Gleichlauf[191] mit den Grundsätzen der Unterbilanzhaftung. Die Gesellschafter haften anteilig (mit **Ausfallhaftung**)[192] und **unbeschränkt** gegenüber der GmbH (**Innenhaftung**). Andernfalls hätten die Gründungsgesellschafter kein Interesse an der Eintragung **134**

---

[185] Baumbach/Hueck/*Fastrich* § 9c Rn. 6; Michalski/*Tebben* § 9c Rn. 10.
[186] BayObLG GmbHR 1992, 109; Baumbach/Hueck/*Fastrich* § 9c Rn. 6; *Roth*/Altmeppen § 9c Rn. 12 f.
[187] Eingehend zur Prüfung der Kapitalaufbringung *Spiegelberger/Walz* in GmbHR 1998, 761 bis 774.
[188] OLG Düsseldorf DB 1998, 250; Lutter/Hommelhoff/*Bayer* § 9c Rn. 3.
[189] Ulmer/Habersack/*Löbbe*/*Ulmer/Habersack* § 11 Rn. 89; kritisch zum Begriff der „Gesamtrechtsnachfolge" Rowedder/*Schmidt-Leithoff* § 11 Rn. 135.
[190] BGHZ 80, 182, 185 = NJW 1981, 1452.
[191] BGH NJW 1996, 1210.
[192] BGHZ 80, 129, 141 = NJW 1981, 1373.

einer wirtschaftlich schon vor ihrer Eintragung gescheiterten GmbH. Angesichts der Weisungsgebundenheit der Geschäftsführer würde die Nichteintragung der gescheiterten GmbH zu einem Interessenskonflikt führen. Die Geschäftsführer werden nämlich erst durch die Eintragung von ihrer Haftung nach § 11 Abs. 2 GmbHG befreit. Die einlageähnliche Haftung der Gesellschafter wird ohne gesonderten Beschluss mit Eintragung fällig und **verjährt** analog § 9 Abs. 2 GmbHG nach zehn Jahren.[193]

V. Sonstige Probleme der GmbH-Gründung

1. Kosten der Gründung

135   a) **Umfang der Kosten.**[194] Grundsätzlich ist der Gründungsvorgang eine reine Notariatstätigkeit. Sofern die Gründer jedoch unabhängig hiervon vorab Rechtsrat bei einem Anwalt einholen, gelten hierfür die allgemeinen Regeln des RVG. Ferner fallen ggf. Kosten für Wirtschaftsprüfer an, z.B. für die Werthaltigkeitsprüfung und -bescheinigung bei der Einbringung eines Unternehmens oder anderer Vermögensgegenstände als Sacheinlage.

Bei den anfallenden **Notarkosten** ist zwischen der Gründung im erleichterten und der Gründung im normalen Verfahren zu unterscheiden.

136   Im vereinfachten Verfahren sehen die Musterprotokolle vor, dass die Gesellschaft die mit der Gründung verbundenen Kosten bis zu einem Gesamtbetrag von 300 Euro, höchstens jedoch bis zum Betrag ihres Stammkapitals trägt und alle darüber hinaus gehenden Kosten in der Einpersonengesellschaft der Alleingesellschafter bzw. bei der Mehrpersonengesellschaft die Gesellschafter im Verhältnis der Nennbeträge ihrer Gesellschaftsanteile zu tragen haben.[195]

137   Eine kostenrechtliche Privilegierung des vereinfachten Verfahrens ergibt sich aus der Regelung in § 105 Abs. 6 des am 1. August 2013 in Kraft getretenen GnotKG (Gesetz über die Kosten der freiwilligen Gerichtsbarkeit für Gerichte und Notare – Gerichts- und Notarkostengesetz), die dem mit Wirkung vom 1. November 2008 durch das MoMiG in die Kostenordnung (Gesetz über die Kosten in Angelegenheiten der freiwilligen Gerichtsbarkeit) eingefügten § 41d KostO entspricht: In Fällen der Gründung einer Gesellschaft nach § 2 Abs. 1a GmbHG und für Änderungen des Gesellschaftsvertrags, die keine Abweichung vom Musterprotokoll darstellen, gelten keine Mindestwerte für die Berechnung der Kosten. Vor allem bei der Unternehmergesellschaft (haftungsbeschränkt) mit geringem Stammkapital führt diese Regelung zu einer erheblichen Kostenersparnis.

138   Bei einer GmbH (Bargründung im Normalverfahren) mit einem Stammkapital von 25.000,– EUR berechnen sich die Notarkosten wie folgt:

Entwurf der Gründungsvollmacht mit Unterschriftsbeglaubigung gem. KV-Nr. 24101 mindestens   60,– EUR
Beurkundung des Gesellschaftsvertrages (Ein-Mann-GmbH, ohne Geschäftsführerbestellung durch Beschluss) gem. KV-Nr. 21200   125,– EUR
Beurkundung des Gesellschaftsvertrages (mehrere Gesellschafter, ohne Geschäftsführerbestellung durch Beschluss) gem. KV-Nr. 21100   250,– EUR
Entwurf der Handelsregisteranmeldung mit Unterschriftsbeglaubigung gem. KV-Nr. 24102   62,50 EUR

139   Daneben fallen **Registerkosten** für die Eintragung der Gesellschaft in das Handelsregister an. In diesem Zusammenhang hat der EuGH die Unvereinbarkeit der Gebührenberechnung anhand des Geschäftswerts (§ 39 KostO) mit der Gesellschaftssteuerrichtlinie[196] festgestellt.[197] Nach der Richtlinie ist eine Gebührenberechnung nur auf Grundlage der Kosten

---
[193] BGHZ 105, 300, 305 = ZIP 1989, 27.
[194] Hierzu auch Rowedder/*Schmidt-Leithoff* § 2 Rn. 99 ff.
[195] Vgl. Ziffer 5 des Musterprotokolls.
[196] Richtlinie v. 17.7.1969 (69/335/EWG) idF. v. 10.6.1985 (85/303/EWG).
[197] EuGH NJW 2002, 2377.

zulässig,[198] so dass eine Neuregelung der Kostenordnung, die bislang auf die Höhe des Stammkapitals abstellte, erforderlich wurde, welche in das GNotKG übernommen worden ist. Für eine GmbH mit einem Stammkapital von 25.000,- EUR betragen die Kosten für die Registereintragung nunmehr gem. § 58 GNotKG i. V. m. Nr. 2100 bzw. Nr. 2101 HReg-GebV[199] 150,- EUR bei Bargründungen[200] und 240,- EUR bei Sachgründungen.[201] Für die nach § 8 Abs. 1 Nr. 3 GmbHG einzureichende Gesellschafterliste wird bei Gericht eine Gebühr gem. Nr. 5002 HRegGebV von 30,- EUR erhoben.

Veröffentlichungskosten fallen seit Einführung des elektronischen Bundesanzeigers nur noch in geringem Umfang an.

b) **Kostentragung.** Kostenschuldner gegenüber dem Registergericht ist die GmbH (§ 2 Nr. 1 KostO). Die Gründungsgesellschafter haben jedoch im Verhältnis zur Gesellschaft grundsätzlich die für die Gründung anfallenden Kosten zu tragen. Sofern die Kostentragung durch die Gesellschaft ausdrücklich in der Satzung vorgesehen ist, bestehen hiergegen allerdings keine Bedenken.[202] Die Satzung hat insoweit neben der allgemeinen Kostentragungspflicht durch die Gesellschaft allerdings eine Bezeichnung der einzelnen Kostenpositionen oder zumindest des **Gesamtbetrages** zu enthalten.[203] Die Übernahme auch der Beratungskosten für Rechtsanwälte und Steuerberater wird in der Praxis aber mitunter als unzulässig angesehen. **140**

2. Sonderfälle

a) **Auslandsbeurkundung.** Ausgehend von den im Ausland vielfach deutlich geringeren Kosten einer notariellen Beurkundung stellt sich bei einem sehr hohen Stammkapital die Frage der Zulässigkeit einer Auslandsbeurkundung. Die Kostenproblematik hat sich mit Einführung einer Höchstbetragsgrenze für den Geschäftswert in der Kostenordnung[204] zwar erledigt,[205] aber entschärft. Kernfrage für die Zulässigkeit der Auslandsbeurkundung ist, ob **Art. 11 EGBGB** auch für gesellschaftsrechtliche Beurkundungsvorgänge gilt und somit die Wahrung der am Ort der Beurkundung vorgeschriebenen Form ausreicht. Nach Auffassung des BGH ist eine ausländische Beurkundung zumindest dann statthaft, wenn sie einer deutschen Beurkundung „gleichwertig" ist.[206] Hierfür wird eine einem deutschen Notar vergleichbare Ausbildung und Stellung gefordert.[207] Die Entscheidungen des BGH betreffen jedoch keine Gründungsakte.[208] Angesichts der Vielzahl der im Rahmen des Gründungsvorgangs zu beachtenden Formalitäten und einer zudem nur beschränkten registergerichtlichen Überprüfung (vgl. § 9c Abs. 2 GmbHG) sollte die **Gründung** einer GmbH **stets** vor einem **deutschen Notar** erfolgen.[209] Dies entspricht auch der Ansicht des Vorsitzenden Richters am II. Zivilsenat Goette,[210] der u.a. bei Gründungsakten völlig zu Recht die Gleichwertigkeit **141**

---

[198] EuGH NJW 2002, 2377 (zum deutschen Recht); EuGH NZG 1998, 277 (zum dänischen Recht); EuGH NZG 2001, 792 (zum portugiesischen Recht).
[199] BGBl. I 2004, 2562.
[200] Vgl. Anlage zur HRegGebV, GVHR 2100.
[201] Vgl. Anlage zur HRegGebV, GVHR 2101.
[202] BGHZ 107, 1, 5 = NJW 1989, 1610.
[203] BGHZ 107, 1, 2 = NJW 1989, 1610; Ulmer/Habersack/Löbbe/*Ulmer/Casper* § 5 Rn. 208; Baumbach/Hueck/Fastrich § 5 Rn. 57.
[204] Nach § 18 Abs. 1 S. 2 KostO beträgt der Geschäftswert höchstens 60 EUR Millionen.
[205] *Saenger/Scheuch* BB 2008, 65.
[206] BGHZ 80, 76, 78 = NJW 1981, 1160; BGH NJW-RR 1989, 1259, 1261; Lutter/Hommelhoff/*Bayer* § 2 Rn. 19 m. w. N.; Beck'sches HdbGmbH/*Schwaiger* § 2 Rn. 72 m. w. N.; Ulmer/Habersack/Löbbe/*Behrens/Hoffmann* Einl. B Rn. 198 sowie Ulmer/Habersack/Löbbe/*Ulmer/Löbbe* § 2 Rn. 20 f.; vgl. insbesondere für die Schweiz *Berger/Kleisel* DB 2008, 2235.
[207] Keine Gleichwertigkeit nimmt das OLG Stuttgart NZG 2001, 40 (Abtretung eines GmbH-Anteils) für den US-amerikanischen „notary public" an.
[208] BGHZ 80, 76 ff. (Satzungsänderung); BGH NJW-RR 1989, 1259 ff. (Anteilsabtretung).
[209] Vgl. auch *Langenfeld* Rn. 409; Ulmer/Habersack/Löbbe/*Ulmer/Hoffmann* § 2 Rn. 21; Scholz/Priester/Veil § 53 Rn. 71 bis 76, jeweils m. w. N.; aA Rowedder/Schmidt-Leithoff § 2 Rn. 42.
[210] *Goette* DStR 1996, 709 ff. (abgedr. auch in FS Boujong, 1996, S. 131 ff.); *ders.* MittRhNotK 1997, 1 ff.

wegen fehlender materieller Richtigkeitsgewähr des ausländischen Notars verneint. Gesteigerte Bedeutsamkeit erlangt die Mitwirkung eines deutschen Notars im Zusammenhang mit der Gesellschafterliste: Das GmbHG misst der im Handelsregister aufgenommenen Gesellschafterliste (§ 40 GmbHG) beim Anteilserwerb gem. § 16 GmbHG die Funktion eines Rechtsscheinträgers bei.[211] Bei notarieller Mitwirkung an jeder Veränderung in den Personen der Gesellschafter oder des Umfangs ihrer Beteiligung hat der Notar nach § 40 Abs. 2 GmbHG unverzüglich die Gesellschafterliste zu unterschreiben, zum Handelsregister einzureichen und eine Abschrift der geänderten Liste an die Gesellschaft zu übermitteln. Diese Regelung ist öffentlich-rechtlicher Natur und kann nach einer in der Literatur vertretenen Auffassung nur deutsche Notare verpflichten.[212]

142 **b) Gründung einer Zweigniederlassung einer ausländischen GmbH.** Für ausländische Unternehmen stellt sich vielfach die Frage, ob statt der Gründung einer neuen Gesellschaft die Gründung einer Zweigniederlassung vorzuziehen ist. Zweigniederlassungen ausländischer Gesellschaften sind anmelde- und eintragungspflichtig. Für das inländische Registerverfahren und damit die Eintragung einer Zweigniederlassung einer ausländischen Gesellschaft gilt **deutsches Recht**.[213] Die Zulässigkeit der Eintragung beurteilt sich daher nach §§ 13d, e und g HGB, jedoch dürfen an die Registrierungspflicht von Zweigniederlassungen von Gesellschaften aus der EU keine Anforderungen geknüpft werden, die eine Verletzung der Niederlassungsfreiheit (Art. 43, 48 EGV) nach sich ziehen.[214] Bei unterlassener Eintragung greifen registerrechtliche Sanktionsinstrumente; einer persönlichen Handelndenhaftung des Geschäftsführers analog § 11 Abs. 2 GmbHG steht die Niederlassungsfreiheit entgegen.[215] Ferner ist zu beachten, dass die Fortlassung des Rechtsformzusatzes zu einer Rechtsscheinhaftung des für die Gesellschaft handelnden Vertreters führt, wenn der durch diesen verursachte Rechtsschein in Deutschland entstanden ist und sich dort ausgewirkt hat.[216]

143 Nach Inkrafttreten des MoMiG sind Bestellungshindernisse für die gesetzlichen Vertreter der Gesellschaft (§ 6 Abs. 2 S. 2 und 3 GmbHG) bei der Gründung einer Zweigniederlassung zu beachten (§ 13e Abs. 3 S. 2 HGB). Der BGH hat zur früheren Rechtslage entschieden, dass die beantragte Eintragung einer Zweigniederlassung einer Limited verweigert werden kann, wenn gegen den einem GmbH-Geschäftsführer gleichstehenden director im Inland ein vollziehbares Gewerbeverbot verhängt wurde.[217]

144 Die Gründung einer Zweigniederlassung ist mit einer Reihe von Formalitäten verbunden, die die Neugründung vielfach als einfacher erscheinen lassen. Zu beachten ist ferner, dass jede Änderung der Personen in der Geschäftsführung der ausländischen Gesellschaft oder sonstige strukturelle Änderungen, wie Kapitalerhöhungen, Sitzverlegungen etc., im inländischen Handelsregister der Zweigniederlassung nachvollzogen werden müssen. Nicht nur die Errichtung, sondern auch das Unterhalten der Zweigniederlassung bedeutet somit einen nicht unerheblichen Verwaltungsaufwand. Schließlich haftet die ausländische Gesellschaft mit ihrem gesamten Vermögen für die Verbindlichkeiten der Zweigniederlassung.

---

[211] Vgl. zur gesetzlichen Neuregelung durch das MoMiG, insbesondere zum gutgläubigen Erwerb von Geschäftsanteilen *Bednarz* BB 2008, 1854 f.; *Böttcher/Blasche* NZG 2007, 565 f.; *Götze/Bressler* NZG 2007, 894 f.; *Harbarth* ZIP 2008, 57 f.; *Schockenhoff/Höder* ZIP 2006, 1841 f.; *Vossius* DB 2007, 2299 f.
[212] Vgl. *Bohrer* DStR 2007, 995, 1000.
[213] BGHZ 172, 200 = NJW 2007, 2328; vgl. auch *Wachter* GmbHR Sonderheft Oktober 2008, 80, 83 f.
[214] EuGH NJW 1999, 2027 (Centros); EuGH NJW 2002, 3614 (Überseering); EuGH NJW 2003, 3331 (Inspire Art).
[215] BGH NJW 2005, 1648 zum Fall der Nichteintragung der Zweigniederlassung einer englischen Limited, wonach sich die Haftung des Geschäftsführers nach dem am Ort der Gründung maßgeblichen Recht richtet. Vgl. zu dieser Entscheidung *Wachter* DStR 2005, 1817.
[216] BGH NJW 2007, 1529 für die ohne Rechtsformzusatz in Deutschland geführte Zweigniederlassung einer niederländischen Besloten Vennootschap (BV).
[217] BGHZ 172, 200 = NJW 2007, 2328 mit Besprechung *Eidenmüller/Rehberg* NJW 2008, 28.

Formulierungsvorschlag für die Anmeldung einer Zweigniederlassung bei einer ausländischen „GmbH" (§§ 13, 13d, e, g HGB):

I. In der neu anzulegenden Handelsregistersache [Name der Gesellschaft, Zweigniederlassung] melde(n) ich/wir, der/die unterzeichneten Geschäftsführer (in vertretungsberechtigter Zahl) zur Eintragung in das Handelsregister an:

   1. Wir haben unter der Firma [......] eine Zweigniederlassung in [......] errichtet. Die Geschäftsräume befinden sich in [......]. Gegenstand der Zweigniederlassung ist [......].
(Fakultativ: Die Zweigniederlassung ist mit einem Betriebskapital von Euro [......] ausgestattet worden.)
Bekanntmachungen, welche die Zweigniederlassung betreffen, erfolgen ausschließlich im elektronischen Bundesanzeiger.

   2. Vertretungsberechtigt für die Zweigniederlassung sind die folgenden Personen, denen auf die Zweigniederlassung beschränkte Einzelprokura (oder: Gesamtprokura) erteilt wurde: [Angabe der vertretungsberechtigten Personen]
Herr/Frau [......] sind berechtigt, die Zweigniederlassung jeweils gemeinsam mit einem anderen Prokuristen zu vertreten.

   3. (Nur erforderlich, sofern keine Prokuristen bestellt werden:) Ständige Vertreter gem. § 13e Abs. 2 S. 5 Nr. 3 HGB für die Tätigkeit der Zweigniederlassung, die diese gerichtlich und außergerichtlich vertreten, sind: [......]. Sie vertreten jeweils einzeln (oder: gemeinsam mit einem anderen ständigen Vertreter). Die Zweigniederlassung hat darüber hinaus keine Handlungsbevollmächtigten, denen eine ständige Prozessführungsbefugnis eingeräumt worden ist und die deshalb auch als ständige Vertreter gem. § 13e Abs. 2 S. 5 Nr. 3 HGB anzumelden wären.

II. Zur Hauptniederlassung machen wir folgende Angaben:
Die [Name der Gesellschaft] mit Sitz in [......] besteht in der Rechtsform einer [......]. Sie ist im Register [......] unter [......] eingetragen. Gegenstand der Gesellschaft ist [......]. Am [......] wurde der Gesellschaftsvertrag geschlossen, und zwar gem. [......] unbefristet (oder: für die Dauer von ......). Die Satzung wurde zuletzt am [......] geändert. Das Stammkapital beträgt [......] Euro.
(Bei Anmeldung der Zweigniederlassung innerhalb von zwei Jahren nach Gründung der Hauptniederlassung: Angaben gem. § 5 Abs. 4 GmbHG)
Gem. [......] hat die [......] [Anzahl] Geschäftsführer, die die Gesellschaft gem. [......] vertreten. Geschäftsführer sind derzeit [......(Vorstehend Angaben zur Frage, wie die Gesellschaft durch welches Gremium geleitet wird, wie sich dieses Gremium zusammensetzt, woraus sich die Vertretungsbefugnis ergibt; Namen, Berufe und Anschriften.)]
Gem. [......] erfolgen Bekanntmachungen der [......] in [......]. (Falls nicht EU-Staat:) Für die [Name] gilt das Recht von [......].

Dieser Anmeldung sind folgende Anlagen beigefügt:
a) Existenzbescheinigung [Registerauszug, Konzessionsurkunde oder Konsulatsbescheinigung]
b) beglaubigte Abschrift des Gesellschaftsvertrages der Hauptniederlassung mit beglaubigter Übersetzung (ggf. entsprechende Unterlagen über Änderungen von Firma, Kapital etc.)
c) Legitimation der Geschäftsführer (falls nicht im Gesellschaftsvertrag enthalten)[218]
d) Versicherung, dass keine Umstände vorliegen, die einer Geschäftsführerbestellung nach § 6 Abs. 2 GmbHG entgegenstehen

Ort, Datum
Unterschriften der Geschäftsführer der ausländischen „GmbH" in vertretungsberechtigter Zahl

---

[218] Hinsichtlich der Legitimation der Geschäftsführer ist zu beachten, dass die Registergerichte hier regelmäßig die Beschlüsse über die Bestellung der gesetzlichen Vertreter verlangen und diese auch auf ihre Wirksamkeit prüfen.

VI. Checkliste: Wesentliche Formfragen bei der GmbH-Gründung

1. Vorgründungsstadium
   - ☐ Notarieller Vorgründungsvertrag
   - ☐ Übertragung der Rechte und Pflichten auf Vor-GmbH (keine Identität)
2. Gründung der GmbH
   - ☐ Notariell errichtete oder beglaubigte Gründungsvollmacht (ggf. unter Befreiung von § 181 BGB)
   - ☐ Beteiligung Minderjähriger: Ergänzungspfleger, Vormundschaftsgericht
   - ☐ Inländische Gesellschaft als Gesellschafterin: Vertretungsnachweis
   - ☐ Gründung im Ausland auch bei „Gleichwertigkeit" unzulässig (str.)
   - ☐ Ausländische Gesellschaft als Gesellschafterin: Existenz-, Vertretungsnachweis
   - ☐ Ausländische Beglaubigungen ggf. mit Apostille und Legalisation; Belehrung gem. § 8 Abs. 3 S. 2 GmbHG
   - ☐ Änderungen des Gesellschaftsvertrages vor Eintragung nur einstimmig
3. Anmeldung der GmbH
   - ☐ Form der Anmeldung: öffentlich beglaubigt, durch sämtliche Geschäftsführer höchstpersönlich; ggf. Übersetzung ausländischer Urkunden; bei Änderungen vor Eintragung erneute Anmeldung
   - ☐ Form der einzureichenden Anlagen: Original oder beglaubigte Abschrift
   - ☐ Ausländischer Geschäftsführer: Einreiseberechtigung bei Nicht-EU-Bürgern

§ 4 Unternehmergesellschaft (haftungsbeschränkt)

Übersicht

	Rn.
I. Einführung	1–4
II. Rechtsgrundlagen der Unternehmergesellschaft (haftungsbeschränkt)	5–7
III. Individuelle Gründungsurkunde oder gesetzliches Musterprotokoll	8–73
1. Überblick	8–10
2. Individuelle Gründungsurkunde	11–16
3. Gesetzliches Musterprotokoll	17–73
a) Überblick	17–20
b) Entstehungsgeschichte des Musterprotokolls	21–23
c) Vor- und Nachteile der einzelnen Gründungsurkunden	24–49
d) Hinweise des beurkundenden Notars	50–55
e) Satzungsautonomie und Alles-oder-nichts-Prinzip	56–72
f) Spätere Satzungsänderungen	73
IV. Gründung einer Unternehmergesellschaft (haftungsbeschränkt)	74–76
V. Stammkapital	77–147
1. Mindestkapital	77–97
a) Rechtliche Vorgaben für das Mindestkapital	77–79
b) Kritik an dem Mindestkapital	80/81
c) Angemessenheit des Mindestkapitals im Einzelfall	82–86
d) Mögliche Haftungsrisiken aufgrund des geringen Mindeststammkapitals	87–93
e) Zwischenergebnis	94–97
2. Höchstkapital	98
3. Kapitalaufbringung	99–111
a) Überblick	99
b) Bargründung	100–104
c) Sachgründung	105–111
4. Kapitalaufholung (gesetzliche Rücklage)	112–136
a) Überblick	112–114
b) Verpflichtung zur Bildung der Rücklage	115–132
c) Sanktionen bei Verstoß gegen die Rücklagenbildung	133/134
d) Verwendung der Rücklage	135
e) „Umwandlung" der Unternehmergesellschaft (haftungsbeschränkt) in eine (normale) GmbH	136–144
5. Drohende Zahlungsunfähigkeit	145–147
VI. Firma und Rechtsformsatz	148–151
VII. Gesellschafter	152–161
1. Überblick	152–155
2. Begrenzungen bei Verwendung des Musterprotokolls	156–161
a) Höchstens drei Gesellschafter	156–158
b) Nur natürliche und juristische Personen	159–161
VIII. Geschäftsführer	162–206
1. Überblick	162
2. Musterprotokoll und Geschäftsführer	163–196
a) Bestellung des Geschäftsführers	163–172
b) Anzahl der Geschäftsführer	173–176
c) Vertretungsbefugnis	177–195
d) Entsprechende Anwendung für die Liquidation der Gesellschaft	196
3. Gesellschafterliste	197–206
a) Überblick	197
b) Gesellschafterliste bei gesetzlichem Musterprotokoll	198–200
c) Gesellschafterliste bei individueller Gründungsurkunde	201–206
IX. Besteuerung der Unternehmergesellschaft (haftungsbeschränkt)	207–209
X. Umwandlung der Unternehmergesellschaft (haftungsbeschränkt)	210–224
1. Überblick	210

	Rn.
2. Einzelne Umwandlungsvorgänge	211–224
a) Verschmelzung	211–215
b) Spaltung	216–218
c) Formwechsel	219–224
XI. Rückblick und Ausblick	225

Schrifttum: *Altmeppen,* Irrungen und Wirrungen um den täuschenden Rechtsformzusatz und seine Haftungsfolgen, NJW 2012, 2833; *Axmann/Deister,* Die Unternehmergesellschaft (haftungsbeschränkt) – Geeignete Rechtsform für Anwälte?, NJW 2009, 2941; *Bayer/Hoffmann,* Vier Jahre Unternehmergesellschaft, GmbHR 2012, R 322; *dies.,* Unternehmergesellschaften in der Insolvenz, GmbHR 2012, R 289; *dies.,* Frühsterblichkeit von Unternehmergesellschaften, NZG 2012, 887; *dies.,* Neue Daten zur Unternehmergesellschaft, GmbHR 2012, R 51; *dies.,* Was ist aus der ersten Generation von Unternehmergesellschaften geworden?, GmbHR 2011, R 321; *dies.,* Zwei Jahre Unternehmergesellschaft – ein Geburtstagsgruß!, GmbHR 2010, R 369; *dies.,* Die Unternehmergesellschaft im Vertragskonzern – ein erster empirischer Befund, GmbHR 2010, R 311; *dies.,* Triumphzug der Unternehmergesellschaft: Marke von 30.000 überschritten, GmbHR 2010, R 161; *dies.,* Rund 20.000 Unternehmergesellschaften nach nur 12 Monaten, GmbHR 2009, R 358; *dies.,* Die Musterprotokoll-Unternehmergesellschaft (haftungsbeschränkt), GmbHR 2009, R 225; *dies.,* Erste Unternehmergesellschaften (haftungsbeschränkt) seit Inkrafttreten des MoMiG, GmbHR 2008, 1302; *dies.,* Die Unternehmergesellschaft (haftungsbeschränkt) des MoMiG zum 1.1.2009 – eine erste Bilanz, GmbHR 2009, 124; *Bayer/Hoffmann/Lieder,* Ein Jahr MoMiG in der Unternehmenspraxis, Rechtstatsachen zu Unternehmergesellschaft, Musterprotokoll, genehmigtes Kapital, GmbHR 2010, 9; *Beck/Schaub,* Haftung des Geschäftsführers einer UG bei falscher Firmierung, GmbHR 2012, 1331; *Berninger,* Aufstieg der UG (haftungsbeschränkt) zur vollwertigen GmbH, GmbHR 2011, 953; *Berninger,* Die Unternehmergesellschaft (haftungsbeschränkt) – Sachkapitalerhöhungsverbot und Umwandlungsrecht, GmbHR 2010, 63; *Cannivé/Seebach,* Unternehmergesellschaft (haftungsbeschränkt) versus Europäische Privatgesellschaft (SPE): Wettbewerb der Ein-Euro-Gesellschaften?, GmbHR 2009, 519; *Dahlbender/Schelp,* Die Einpersonen-Unternehmergesellschaft (haftungsbeschränkt), GmbH-StB 2009, 23; *Eberle,* Anmerkungen zu Kadel, Die Umwandlung eines Einzelunternehmens in eine UG (haftungsbeschränkt) bzw. GmbH, BWNotZ 2010, 178; *Fastrich,* Erste Erfahrungen mit der UG (haftungsbeschränkt), in: Gesellschaftsrechtliche Vereinigung (Hrsg.), Gesellschaftsrecht in der Diskussion, Köln 2011, S. 119 ff.; *Flore/Traut,* Die Unternehmergesellschaft, 2. Auflage, Stuttgart 2013; *Forst,* Unternehmensmitbestimmung in der Unternehmergesellschaft (haftungsbeschränkt), GmbHR 2009, 1131; *Fuhrmann,* Die Unternehmergesellschaft (haftungsbeschränkt) & Co. KG als ertragsteuerlicher Organträger, in: Festschrift für Volker Beuthien, München 2009, S. 607 ff.; *Gasteyer,* UG: Zulässigkeit der Sacheinlage bei einer Kapitalerhöhung auf mindestens 25.000 Euro, NZG 2011, 693; *ders.,* Die Unternehmergesellschaft (haftungsbeschränkt), NZG 2009, 1364; *Gößl,* Neues zur Kapitalerhöhung bei der UG, MittBayNot 2011, 438; *Gude,* Erfolgsmodell Unternehmergesellschaft? Eine Risiko-Analyse zum 2. Geburtstag der Unternehmergesellschaft, ZInsO 2010, 2385; *Haack,* Die Unternehmergesellschaft (haftungsbeschränkt) – eine Zwischenbilanz, NWB 4/2013, S. 214; *Heckschen,* Die Umwandlungsfähigkeit der Unternehmergesellschaft, in: Festschrift für Sebastian Spiegelberger, 2009, S. 681 ff.; *Heeg,* UG – geeignetes Vehikel für erlaubnisfreie Beschäftigung ausländischer Spezialisten, GmbHR 2001, R 305; *ders.,* Die UG (haftungsbeschränkt) & Co. KG als (weiteres) hybrides Rechtsgebilde im deutschen Gesellschaftsrecht, DB 2009, 719; *Heidinger/Blath,* Das Musterprotokoll – Mehr Fluch als Segen?, ZNotP 2010, 376 (Teil 1) und ZNotP 2010, 402 (Teil 2); *Heinemann,* Die Unternehmergesellschaft als Zielgesellschaft von Formwechsel, Verschmelzung und Spaltung nach dem Umwandlungsgesetz, NZG 2008, 820; *Hennrichs,* Kapitalschutz bei GmbH, UG (haftungsbeschränkt) und SPE, NZG 2009, 921; *ders.,* Die UG (haftungsbeschränkt) – Reichweite des Sacheinlageverbots und gesetzliche Rücklage, NZG 2009, 1161; *Herrler/König,* Aktuelle Praxisfragen zur GmbH-Gründung im vereinfachten Verfahren (Musterprotokoll), DStR 2010, 2138; *Hildner,* Die vereinfachte GmbH-Gründung, Ökonomische Analyse des Rechtsinstituts gesetzlicher Mustersatzungen und Musterprotokolle, Hamburg 2012; *Holzner,* Die Unternehmergesellschaft (haftungsbeschränkt) im Wettbewerb der Gesellschaftsrechtsformen, Hamburg 2011; *Jerg,* Eine Analyse der Unternehmergesellschaft (haftungsbeschränkt) unter besonderer Berücksichtigung des Gläubigerschutzes, Frankfurt am Main 2013; *Kadel,* Die Umwandlung eines Einzelunternehmens in eine UG (haftungsbeschränkt) bzw. GmbH, BWNotZ 2010, 46; *Klein,* Wenn die Unternehmergesellschaft (haftungsbeschränkt) erwachsen werden will, NZG 2011, 377; *Klose,* Die Stammkapitalerhöhung bei der Unternehmergesellschaft (haftungsbeschränkt), GmbHR 2009, 294; *Kock/Vater/Mraz,* Die Zulässigkeit einer UG (haftungsbeschränkt) & Co. KG auch bei Gewinnausschluss zu Lasten der Komplementärin, BB 2009, 848; *Kornblum,* Die UG hat die Ltd. überholt, GmbHR 2010, R 53; *Korts,* Die Unternehmergesellschaft (haftungsbeschränkt), 2. Auflage, Frankfurt am Main 2009; *Lange,* Wenn die UG erwachsen werden soll – „Umwandlung" in die GmbH, NJW 2010, 3686; *Langenfeld,* Der Gesetzgeber als Vertragsgestalter im Gesellschaftsrecht – eine Fehlbesetzung, in: Festschrift für Sebastian Spiegelberger, 2009, S. 809 ff.; *Lieder/Hoffmann,* Zwei auf einen Streich: BGH klärt wichtige Streitfragen zu UG-Kapitalerhöhungen, GmbHR 2011, R 193; *dies.,* Upgrades von Unternehmergesellschaften, GmbHR 2011, 561; *Lohr,* Von der UG (haftungsbeschränkt) in die GmbH im Wege der Sachkapitalerhöhung, GmbH-StB 2011, 249; *ders.,* Der Wechsel von der UG (haftungsbeschränkt) in die GmbH, GmbH-StB 2009, 346; *Meckbach,* Haftungsfolgen unrechtmäßiger Firmierung einer UG (haftungsbeschränkt)?, NZG 2011, 968; *Metzger,* Strukturelle Aspekte zu Unternehmergesellschaften, GmbHR 2010, R 342; *Miras*, Die neue Unternehmergesellschaft, 2. Auflage, München 2011; *ders.*, Anwaltliche Beratung bei der Gründung einer Unternehmergesellschaft (haftungsbeschränkt), NJW 2013, 212; *ders.*, Handelndenhaftung für fehlerhafte Firmierung im Rechtsverkehr, NZG 2012, 1095; *ders.*, Aktuelle Fragen zur Unternehmergesellschaft (haftungsbeschränkt), NZG 2012, 486; *ders.*, Die bisherige Rechtsprechung zur Unternehmergesellschaft – Eine kritische Analyse, DB 2010, 2488; *Müller, Hans-Friedrich*, Die gesetzliche Rücklage bei der Unternehmergesellschaft, ZGR 2012, 81; *Neideck*, Rückforderungsansprüche der Unternehmergesellschaft bei Verstoß gegen die Rücklagenverpflichtung, GmbHR 2010, 624; *Niemeier*, „Triumph" und Nachhaltigkeit deutscher Ein-Euro-Gründungen, Rechtstatsachen und ein Zwischenbericht zur Unternehmergesellschaft, in: Festschrift für Günter H. Roth, München 2011, S. 533 ff.; *Oberbeck/Winheller*, Die gemeinnützige Unternehmergesellschaft, DStR 2009, 516; *Patt*, Beteiligung der UG (haftungsbeschränkt) an Umstrukturierungsvorgängen, GmbH-StB 2011, 20; *Peetz*, Gewinnthesaurierung wider Gewinnabsaugung – ein Praxisproblem der Unternehmergesellschaft, GmbHR 2012, 1160; *Pfeiffer*, Auswirkungen der geplanten Notarkostenreform auf gesellschaftsrechtliche Vorgänge und M&A Transaktionen, NZG 2013, 244; *Priester*, Kapitalbildung bei der UG (haftungsbeschränkt) – einer GmbH mit ernst zu nehmenden Sonderregeln, in: Festschrift für Günther H. Roth, München 2011, S. 573 ff.; *ders.*, Wann endet das Sonderrecht der UG (haftungsbeschränkt)?, ZIP 2010, 2182; *Ries*, Muster ohne Wert?, NZG 2009, 739; *ders.*, Geschäftsführer und Musterprotokoll, NZG 2009, 1293; *Römermann*, Volleinzahlungsgebot und Sacheinlagen bei der UG (haftungsbeschränkt), NZG 2010, 1375; *ders.*, Die Unternehmergesellschaft – manchmal die bessere Variante der GmbH, NJW 2010, 905; *ders.*, Die vereinfachte Gründung mittels Musterprotokoll, in: GmbH-Beratung nach dem MoMiG, GmbHR Sonderheft Oktober 2008, 16; *Römermann/Jähne*, Praxisprobleme beim Aufstieg der UG (haftungsbeschränkt) zur Voll-GmbH, NWB 13/2011, S. 1088 ff.; *dies.*, Die Unternehmergesellschaft und ihre praktische Relevanz, NWB 42/2010, S. 3369; *dies.*, Die GmbH & Co. KG ist tot – es lebe die UG & Co. KG!, ZIP 2009, 1497; *Rubel*, Konzerneinbindung einer UG (haftungsbeschränkt) durch Gewinnabführungsverträge, GmbHR 2010, 470; *Sawada*, Der Gläubigerschutz in der UG (haftungsbeschränkt) & Co. KG, München 2012; *Schäfer*, Kapitalerhöhung in der Unternehmergesellschaft: Gründung und Durchführung unter Unternehmergesellschaft, ZIP 2011, 53; *Schmidt, J.*, Unternehmergesellschaften in der Insolvenz, Köln 2013; *Schneider, S.*, Die neuen Gebühren im Handelsregister zum 1.1.2011, notar 2011, 111; *Schwegmann*, Der Gläubigerschutz in der Unternehmergesellschaft (haftungsbeschränkt), Hamburg 2013; *Seebach*, Die Unternehmergesellschaft (haftungsbeschränkt) in der notariellen Praxis, RNotZ 2013, 261; *Specks*, Kapitalerhöhungen bei der Unternehmergesellschaft (haftungsbeschränkt), RNotZ 2011, 234; *Spies*, Unternehmergesellschaft (haftungsbeschränkt), Berlin 2010; *Stenzel*, Die Pflicht zur Bildung einer gesetzlichen Rücklage bei der UG (haftungsbeschränkt) und die Folgen für die Wirksamkeit des Gesellschaftsvertrags einer UG (haftungsbeschränkt) & Co. KG, NZG 2009, 168; *Ullrich*, Die gemeinnützige GmbH nach dem MoMiG, Gemeinnützige Unternehmergesellschaft und Verzinsung von „eigenkapitalersetzenden" Gesellschafterdarlehen?, GmbHR 2009, 750; *Veil*, Die Unternehmergesellschaft im System der Kapitalgesellschaften, ZGR 2009, 623; *Waldenberger/Sieber*, Die Unternehmergesellschaft (haftungsbeschränkt) jenseits der „Existenzgründer", GmbHR 2009, 114; *Wansleben/Niggemann*, Verdeckte Sacheinlagen und das Sacheinlagenverbot in der Unternehmergesellschaft, NZG 2012, 1412; *Weber*, Die Unternehmergesellschaft (haftungsbeschränkt), BB 2009, 842; *Weigl*, Die Geschäftsführerbestellung im Musterprotokoll gemäß MoMiG und Änderungen der Bestellung und Vertretung, notar 2008, 378; *Werner*, Aktuelle Entwicklungen des Rechts der Unternehmergesellschaft, GmbHR 2011, 459; *Westermann*, Wettbewerb zwischen haftungsbeschränkenden Gesellschaftsrechtsformen mit geringem Kapitaleinsatz – wirklich notwendig?, in: Festschrift für Uwe H. Schneider, Köln 2011, S. 1437 ff.; *Witt*, Verdeckte Sacheinlage, Unternehmergesellschaft und Musterprotokoll, ZIP 2009, 1102.

I. Einführung

Mit dem „Gesetz zur Modernisierung des GmbH-Rechts und zur Bekämpfung von Missbräuchen (MoMiG)"[1] wurde die sogenannte „Unternehmergesellschaft (haftungsbeschränkt)" geschaffen (§ 5a GmbHG).[2] Dabei handelt es sich um keine neue Rechtsform,[3] sondern lediglich um eine Erscheinungsform der Gesellschaft mit beschränkter Haftung. Die

---

[1] BGBl. I 2008, S. 2026.
[2] Ulmer/Habersack/Löbbe/*Ulmer*, GmbHG, 2. Auflage 2013, Einl. A. Rn. A 92 sieht in der Unternehmergesellschaft (haftungsbeschränkt) eine (von zwei) *„grundlegende(n) Neuerungen der MoMiG-Reform"*. – Zu der neuen Unternehmergesellschaft (haftungsbeschränkt) siehe u. a. die Antwort der Bundesregierung auf die kleine Anfrage der Fraktion Bündnis 90/Die Grünen und weiterer Abgeordneter, BT-Drucks. 16/10739 vom 31.10.2008.
[3] Siehe etwa Beschlussempfehlung und Bericht des Rechtsausschusses, BT-Drucks. 16/9737, S. 83 und S. 95 (*„Unterform der GmbH", „GmbH-Variante"*), und BR-Drucks. 354/07 S. 71 (*„Der Entwurf entscheidet sich nicht dafür, eine eigene Rechtsform unterhalb oder neben der GmbH für Unternehmensgründer zu schaffen. (…) Vielmehr schlägt der Entwurf vor, innerhalb der Gesellschaft mit beschränkter Haftung einige Erleichterungen vorzusehen (…). Diese Variante der Gesellschaft mit beschränkter Haftung fügt sich in das GmbHG nahtlos ein;"*).

Unternehmergesellschaft (haftungsbeschränkt) ist somit eine Gesellschaft mit beschränkter Haftung, darf sich aber nicht als solche bezeichnen.[4] Wesentliches Kennzeichen der neuen Unternehmergesellschaft (haftungsbeschränkt) ist, dass sie bereits mit einem Stammkapital von 1,– EUR gegründet werden kann. In der Tagespresse wurde die neue Rechtsformvariante daher vielfach auch als „1,– Euro GmbH" oder „Mini-GmbH" bezeichnet.

2   Anlass für die Schaffung der Unternehmergesellschaft (haftungsbeschränkt) war vor allem die (tatsächliche oder vermeintliche) Konkurrenz[5] durch die englische *private limited company*.[6] Die Unternehmergesellschaft (haftungsbeschränkt) stellt eine Alternative zur englischen *private limited company* dar. Unternehmensgründer sollen auch in Deutschland die Möglichkeit haben, eine Kapitalgesellschaft mit nur 1,– EUR *„preiswert, schnell und unkompliziert"* zu gründen.[7] Aus Sicht eines deutschen Unternehmers dürfte somit kein (sachlicher) Grund mehr bestehen, eine englische *private limited company* mit Verwaltungssitz in Deutschland zu gründen.[8] Die deutsche Unternehmergesellschaft (haftungsbeschränkt) erscheint im Vergleich zur englischen *private limited company* regelmäßig sogar vorzugswürdig, weil bei dieser einheitlich deutsches Recht gilt und somit das Zusammentreffen von zwei nicht aufeinander abgestimmten Rechtsordnungen von vornherein vermieden wird.[9] In der Praxis ist die englische *private limited company* mit Verwaltungssitz in Deutschland heute praktisch bedeutungslos. Dagegen hat sich die neue Rechtsformalternative der Unternehmergesellschaft (haftungsbeschränkt) fünf Jahre nach ihrer Einführung gut etabliert. Zwischenzeitlich bestehen fast 100.000 Unternehmen in der neuen Rechtsformvariante der Unternehmergesellschaft (haftungsbeschränkt).[10]

3   An der neuen Unternehmergesellschaft (haftungsbeschränkt) zeigt sich besonders deutlich, dass der Gesetzgeber mit dem „Gesetz zur Modernisierung des GmbH-Rechts und zur Bekämpfung von Missbräuchen (MoMiG)" zwei Ziele verfolgt, die sich in vielen Fällen widersprechen.[11] Die Unternehmergesellschaft (haftungsbeschränkt) dient der Modernisierung des GmbH-Rechts („Mo" in MoMiG), vernachlässigt aber die Missbrauchsbekämpfung („Mi" in MoMiG).[12] Das Risiko der unternehmerischen Tätigkeit wird vielmehr von den Gesellschaftern auf die Gläubiger der Gesellschaft und deren Organe verlagert.

---

[4] Scholz/*H. P. Westermann* § 5a Rn. 7 spricht insoweit zutreffend von einer *„Merkwürdigkeit"*.
[5] Belastbare rechtstatsächliche Untersuchungen zu dieser Frage hat es – trotz des mehrjährigen Gesetzgebungsverfahrens – nicht gegeben. Im Schrifttum wurde wiederholt darauf hingedeutet, dass es sich bei dem Phänomen der Limited wohl eher um eine „Eintagsfliege" gehandelt hat (siehe etwa *Heckscher* DStR 2007, 1442, 1445 f.; *Niemeier* ZIP 2007, 1794).
[6] So insbesondere Dr. *Jürgen Gehb* (CDU/CSU) im Deutschen Bundestag (Plenarprotokoll der 172. Sitzung vom 26.6.2008, S. 18187, 18194) *(„spezifische Antwort auf die Herausforderungen den englischen Limited")*. – Im Ergebnis ebenso die Bundesministerin der Justiz, *Brigitte Zypries* im Deutschen Bundestag (Plenarprotokoll der 172. Sitzung vom 26.6.2008, S. 18187, 18190).
[7] So Dr. *Jürgen Gehb* (CDU/CSU) im Deutschen Bundestag (Plenarprotokoll der 172. Sitzung vom 26.6.2008 S. 18187, 18194).
[8] Ausführlich dazu u. a. *Eidenmüller*, Ausländische Kapitalgesellschaften im deutschen Recht, 2004; *Hirte/Bücker*, Grenzüberschreitende Gesellschaften, 2. Aufl., 2006; *Just*, Die englische Limited in der Praxis, 4. Aufl. 2012; *Lutter*, Europäische Auslandsgesellschaften im deutschen Recht, 2005; *Römermann*, Private Limited Company in Deutschland, 2006; *Triebel/von Hase/Melerski*, Die Limited in Deutschland, 2006.
[9] Zu den damit verbundenen Schwierigkeiten und Haftungsrisiken siehe nur den Fall des LG Kiel GmbHR 2006, 710 mit Anm. *Leutner/Langner* = BB 2006, 1468 = ZIP 2006, 1251 mit Anm. *Just* = EWiR 2006, 429 *(Schilling)* = NZG 2006, 672 = EuZW 2006, 478. Ausführlich dazu *Gräfe* DZWiR 2005, 410; *von Hase* BB 2006, 2141; *Leutner/Langner* ZInsO 2005, 575; *Redeker* ZInsO 2005, 1035; *Ringe/Willemer* EuZW 2006, 621.
[10] Aktuelle Rechtstatsachen finden sich im Internet unter www.rewi.uni-jena.de, sowie in den regelmäßigen Berichten von *Bayer/Hoffmann* in der GmbHR, zuletzt etwa *Bayer/Hoffmann*, GmbHR 2012, R 322.
[11] Siehe dazu *Goette*, Einführung in das neue GmbH-Recht, 2008, Rn. 5 *(„konfligierende Ziele")*; *Karsten Schmidt* GmbHR 2008, 449 *(„Zielkonflikt")*.
[12] Sehr zuversichtlich, was die generelle Erreichung dieses Ziels betrifft, allerdings Dr. *Jürgen Gehb* (CDU/CSU), im Deutschen Bundestag (Plenarprotokoll der 172. Sitzung vom 26.6.2008 S. 18187, 18194) *(„All den Missbrauch, den es bisher gegeben hat, werden wir verhindern.")*. – Bei der Missbrauchsbekämpfung geht es vor allem um das Unwesen der Firmenbestattungen, siehe dazu BGH Beschl. v. 15.11.2012, 3 StR 199/12, ZIP 2013, 514 = NZG 2013, 397 = GmbHR 2013, 477 = DB 2013, 1047 = EWiR 2013, 295 *(Brammsen/Ceffinato)* (zur Bankrottstrafbarkeit bei der Firmenbestattung); KG Beschl. v. 25.7.2011, 25 W 33/11, ZIP 2011, 1566 = GmbHR 2011, 1104 = RNotZ 2011, 562 (zur Missbräuchlichkeit der Sitzverlegung einer GmbH zwecks Firmenbestattung), ausführlich zum Ganzen u. a. *Brand/Reschke*, ZIP 2010, 2134; *Klein-*

Der nachfolgende Beitrag gibt einen ersten Überblick über die neue GmbH-Variante der Unternehmergesellschaft (haftungsbeschränkt) und die mit ihr verbundenen Praxisprobleme.

II. Rechtsgrundlagen der Unternehmergesellschaft (haftungsbeschränkt)

Die neue Unternehmergesellschaft (haftungsbeschränkt) ist in einem einzigen Paragraphen[13] geregelt (§ 5a GmbHG).[14] Dieser enthält lediglich für wenige Bereiche Sonderregelungen. Diese sind:

- **Mindeststammkapital:** Das Stammkapital muss lediglich 1,– EUR (und nicht 25.000,– EUR) betragen. Es muss aber stets in voller Höhe und in bar aufgebracht werden. Sacheinlagen sind ausgeschlossen.
- **Rechtsformbezeichnung:** Die Gesellschaft muss in ihrer Firma zwingend die Bezeichnung „Unternehmergesellschaft (haftungsbeschränkt)" oder „UG (haftungsbeschränkt)" führen.
- **Gesetzliche Zwangsrücklage:** Die Gesellschaft muss jedes Jahr eine Rücklage in Höhe von 25% des Jahresüberschusses bilden. Die Verpflichtung zur Bildung der Rücklage ist weder in zeitlicher Hinsicht noch betragsmäßig begrenzt. Die Rücklage dient im Wesentlichen als „Puffer" für etwaige Verluste und zur späteren Kapitalaufholung.
- **Krise der Gesellschaft:** Bei drohender Zahlungsunfähigkeit der Gesellschaft muss unverzüglich eine Gesellschafterversammlung einberufen werden.
- **„Umwandlung" in eine normale GmbH:** Die Sonderregeln gelten nicht mehr, wenn die Unternehmergesellschaft (haftungsbeschränkt) ihr Kapital auf mindestens 25.000,– EUR erhöht hat. Ab der Eintragung der Kapitalerhöhung im Handelsregister ist die Gesellschaft als normale GmbH zu qualifizieren.

Im Übrigen gelten für die Unternehmergesellschaft (haftungsbeschränkt) alle Regeln des deutschen GmbH-Rechts.[15] Die Gesetzesbegründung geht folgerichtig davon aus, dass sich die neue Unternehmergesellschaft (haftungsbeschränkt) *„nahtlos"* in das GmbH-Recht einfügt.[16] Die im Rahmen der jetzigen Reform geänderten Vorschriften des deutschen GmbH-Rechts finden daher uneingeschränkt auch auf die Unternehmergesellschaft (haftungsbeschränkt) Anwendung. Beispiele[17] dafür sind etwa:

- Verschärfung der Anforderungen an die persönliche Qualifikation der Geschäftsführer und entsprechende Erweiterung der Versicherung in der Handelsregisteranmeldung und der Belehrung über das unbeschränkte Auskunftsrecht (§§ 6 Abs. 2, 8 Abs. 3 GmbHG),
- Persönliche Haftung der Gesellschafter, die vorsätzlich oder grob fahrlässig die Führung der Geschäfte einer Person überlassen, die nicht Geschäftsführer sein kann (§ 6 Abs. 5 GmbHG),

---

dieck ZGR 2007, 276; *Seibert*, in: Festschrift Röhricht 2005, S. 585 ff.; *Tüting*, Die gewerbsmäßige Firmenbestattung, Berlin 2012.

[13] Im Schrifttum ist daher auch von einem gesetzgeberischen *„Kunstgriff"* (so etwa *Leuering* NJW-Spezial 2007, 315; *Joost* ZIP 2007, 2242, 2245) bzw. von einem *„Geniestreich"* (so *Goette*, Einführung in das neue GmbH-Recht, 2008, Rn. 39) gesprochen worden.

[14] Dies ist einer der wesentlichen Unterschiede zu der „Unternehmergesellschaft (UGG)", die im Rahmen des Gesetzgebungsverfahrens vor allem vom rechtspolitischen Sprecher der CDU-Fraktion im Deutschen Bundestag, Dr. *Jürgen Gehb*, vorgeschlagen worden ist. Für diese Rechtsform war ein eigenes Gesetz vorgesehen. Siehe dazu *Gehb/Heckelmann* GmbHR 2006, R 349; *Gehb/Drange/Heckelmann* NZG 2006, 88, und www.gehb.de.

[15] Zur Frage der Anfechtbarkeit bzw. Nichtigkeit eines Gesellschafterbeschlusses, mit dem der Geschäftsführer aus wichtigem Grund abberufen wird, siehe etwa OLG Stuttgart Beschl. v. 25.10.2011, 8 W 387/11, GmbHR 2011, 1277 = NZG 2011, 1301 = ZIP 2011, 2406 = BB 2011, 3028 mit Anm. *Schmid* = NotBZ 2012, 69 = DB 2012, 627 = RNotZ 2012, 137 *(MK)*.

[16] BR-Drucks. 354/07 S. 71.

[17] Die Aufzählung ist nur beispielhaft und nicht abschließend.

- Streichung der Verpflichtung zur Vorlage von Genehmigungsurkunden nach Gewerbe- und Handwerksrecht bei Gründung einer GmbH (§ 8 Abs. 1 Nr. 6 GmbHG a. F., Ausnahme: §§ 32, 43 KWG),
- Anmeldung der inländischen Geschäftsanschrift der Gesellschaft und Eintragung in das Handelsregister (§§ 8 Abs. 4 Nr. 1, 10 Abs. 1 GmbHG; siehe auch § 15a HGB und § 185 Abs. 1 Nr. 2 ZPO),
- Pflicht zur Einreichung einer neuen Gesellschafterliste im Handelsregister, die als formelle Legitimationsgrundlage des neuen Gesellschafters und als Rechtsscheinträger für den gutgläubigen Erwerb dient (§ 16 GmbHG),
- Möglichkeit des gutgläubigen Erwerbs von Geschäftsanteilen von dem in der im Handelsregister aufgenommenen Gesellschafterliste eingetragenen Veräußerer (§ 16 Abs. 3 GmbHG),
- Aufhebung der Regelung der eigenkapitalersetzenden Darlehen (§§ 32a, 32b GmbHG a. F.) und rechtsformübergreifende Verlagerung des Rechts der Gesellschafterdarlehen in die Insolvenzordnung und das Anfechtungsgesetz (§ 135 InsO und §§ 6, 6a AnfG),
- Passivvertretung der Gesellschaft durch jeden Gesellschafter, falls die Gesellschaft führungslos ist (nicht aber durch etwaigen Aufsichtsrat) (§ 35 Abs. 1 Satz 2 GmbHG; siehe auch § 15a Abs. 3 InsO),
- Aufwertung der Gesellschafterliste als Legitimationsgrundlage und Rechtsscheinträger, für deren Erstellung und Einreichung künftig der Notar (anstelle der Geschäftsführer) verantwortlich ist, wenn er an der Veränderung der Beteiligungsverhältnisse mitgewirkt hat (§ 40 GmbHG),
- Erweiterung der Haftung der Geschäftsführer für Zahlungen an Gesellschafter im Vorfeld der Insolvenz, soweit diese zur Zahlungsunfähigkeit der Gesellschaft führen mussten (§ 64 Satz 3 GmbHG; siehe auch §§ 130a Abs. 2, 177a HGB),
- Verlagerung der Insolvenzantragspflicht für alle Kapitalgesellschaften in die Insolvenzordnung und Erweiterung der Insolvenzantragspflicht auf alle Gesellschafter, falls Gesellschaft führungslos ist (§ 15a InsO; siehe § 64 Abs. 1 GmbHG a. F.).

7 Neben dem GmbH-Gesetz (und der dazu ergangenen Rechtsprechung)[18] gelten auch alle sonstigen Vorschriften des deutschen Rechts, die für die Rechtsform der GmbH Anwendung finden, für die Unternehmergesellschaft (haftungsbeschränkt).[19] Beispiele dafür sind etwa die Vorschriften des

- Steuerrechts,[20]
- Handelsrechts zur Buchführung, Bilanzierung und Publizität,[21]
- Strafrechts,
- Umwandlungsrechts.[22]
- öffentlichen Rechts.[23]

---

[18] Beispielsweise zur wirtschaftlichen Neugründung bei der Verwendung von Vorrats- und Mantelgesellschaften, zu den Haftungsverhältnissen bei der Vorgesellschaft oder zur persönlichen Haftung von Geschäftsführern und Gesellschaftern.
[19] Siehe etwa BGH Urt. v. 22.6.2012 – V ZR 190/11, DStR 2012, 1617 = ZIP 2012, 1764 = EWiR 2012, 611 (*Armbrüster*) = NZG 2012, 1059 = NJW 2012, 3175 = ZfIR 2012, 747 mit Anm. *Schmidt* = ZNotP 2012, 394 (wonach eine Unternehmergesellschaft (haftungsbeschränkt) grundsätzlich Verwalterin nach dem Wohnungseigentumsgesetze sein kann).
[20] Siehe dazu unten → Rn. 207 ff.
[21] Allerdings werden die durch das Kleinstkapitalgesellschaften-Bilanzrechtsänderungsgesetz (BGBl. I 2012, S. 2751) eingeführten Erleichterungen faktisch häufig auf Unternehmergesellschaften (haftungsbeschränkt) Anwendung finden. Ausführlich dazu u. a. *Haller/Groß* DB 2012, 2109 und DB 2012, 2412; *Schellhorn* DB 2012, 2296; *Theile* GmbHR 2012, 1112.
[22] Siehe dazu unten → Rn. 210 ff.
[23] Zum Sozialversicherungsrecht siehe LSG Berlin-Brandenburg, Beschluss vom 3.4.2013 – L 1 KR 157/12, GmbHR 2013, 818, zum Recht der IHK VG Hannover, Urteil vom 7.5.2013 – 11 A 2436/11, BeckRS 2013, 52404, und zum Wettbewerbsrecht OLG Dresden, Urteil vom 19.2.2013 – 14 U 1810/12, GmbHR 2013, 715.

III. Individuelle Gründungsurkunde oder gesetzliches Musterprotokoll

1. Überblick

Die Unternehmergesellschaft (haftungsbeschränkt) kann – ebenso wie eine (normale)[24] GmbH – sowohl mit einer individuellen Gründungsurkunde als auch unter Verwendung eines vom Gesetzgeber vorgegebenen Musterprotokolls errichtet werden (§ 2 Abs. 1a GmbHG). Die Gründer einer Unternehmergesellschaft haben zwischen beiden Möglichkeiten die freie Wahl. Der Gesellschaftsvertrag muss in beiden Fällen notariell beurkundet werden (§ 2 Abs. 1 Satz 1 GmbHG). In der Praxis wird sich vermutlich vor allem die Unternehmergesellschaft (haftungsbeschränkt) mit Musterprotokoll verbreiten, da auf diese Weise die vom Gesetzgeber vorgesehenen Vereinfachungen besser genutzt werden können.

Das Musterprotokoll kann nur in der Form verwendet werden, wie es vom Gesetzgeber vorgesehen ist (siehe § 2 Abs. 1a Satz 2 und 3 GmbHG samt Anlage 1a und 1b). Individuelle Anpassungen sind nur dort möglich, wo der Gesetzgeber dies ausdrücklich zugelassen hat (z. B. Firma, Unternehmensgegenstand, Name des Geschäftsführers). Sonstige Abweichungen oder Ergänzungen (z. B. Bestellung von mehreren Geschäftsführern, keine Befreiung des Geschäftsführers von den Beschränkungen des § 181 BGB, höhere Gründungskosten zu Lasten der Gesellschaft) sind dagegen ausgeschlossen. In diesen Fällen können und müssen die Gründer vielmehr insgesamt eine individuelle Satzung feststellen. Es gilt somit ein „Alles-oder-Nichts-Prinzip": das Musterprotokoll kann entweder insgesamt und unverändert oder überhaupt nicht verwendet werden.

Zusammengefasst lassen sich die einzelnen Möglichkeiten der Gründung einer deutschen GmbH wie folgt darstellen:[25]

	„Klassische" GmbH		Unternehmergesellschaft (haftungsbeschränkt)	
	mit individueller Satzung	mit notariellem Musterprotokoll	mit individueller Satzung	mit notariellem Musterprotokoll
Rechtsgrundlagen	§§ 1 ff. GmbHG	§ 2 Abs. 1a GmbHG i. V. m. Anlage 1a) und 1b)	§ 5a GmbHG	§ 5a GmbHG i. V. m. Anlage 1a) und 1b)
Firma	GmbH oder Gesellschaft mit beschränkter Haftung (§ 4 GmbHG)	GmbH oder Gesellschaft mit beschränkter Haftung (§ 4 GmbHG)	Unternehmergesellschaft (haftungsbeschränkt) oder UG (haftungsbeschränkt) (§ 5a Abs. 1 GmbHG)	Unternehmergesellschaft (haftungsbeschränkt) oder UG (haftungsbeschränkt) (§ 5a Abs. 1 GmbHG)

---

[24] Es ist derzeit noch nicht abzusehen, welcher Begriff sich für die bisherige GmbH-Form in Abgrenzung zu den neuen Erscheinungsformen langfristig etablieren wird. Denkbar wäre u. a. von einer normalen, klassischen, guten alten oder schlicht und einfach von der GmbH zu sprechen. Siehe dazu auch die Bezeichnungen in der Aussprache des Deutschen Bundestages am 26.6.2008 (Plenarprotokoll der 172. Sitzung vom 26.6.2008 S. 18 187): Die Bundesministerin der Justiz, *Brigitte Zypries* (a. a. O., S. 18 190) spricht davon, dass es „*neben der Form der alten GmbH*" eine „*neue Variante der GmbH, die sogenannte Unternehmergesellschaft (haftungsbeschränkt)*" gibt. *Klaus Uwe Benneter* (SPD) (a. a. O., S. 18 201), *Garrelt Duin* (SPD) (a. a. O., S. 18 203) und *Daniela Raab* (CDU/CSU) (a. a. O., S. 18 204) haben jeweils die Bezeichnung „*klassische GmbH*" verwendet. Ähnlich auch der Bericht des Rechtsausschusses des Deutschen Bundestages, BT-Drucks. 16/9737 S. 95 („*Kombination einer klassischen GmbH mit den gewohnten Kapitalanforderungen und einer GmbH-Variante mit geringeren Anforderungen*"). – *Goette*, Einführung in das neue GmbH-Recht, 2008, Rn. 10 und Rn. 14 spricht von einer „*normaltypischen GmbH*"; *Joost* ZIP 2007, 2242, 2243 von einer „*GmbH heavy*" und einer „*GmbH light*", *Römermann* GmbHR 2008, R 241 von einer „*GmbH classic*" und einer „*GmbH light*".

[25] In der Praxis sind vor allem die in der Spalte 1 (Klassische GmbH mit individueller Satzung) und Spalte 4 (Unternehmergesellschaft (haftungsbeschränkt) mit notariellem Musterprotokoll) dargestellten GmbH-Formen von nennenswerter Bedeutung. Die in Spalte 2 (Klassische GmbH mit notariellem Musterprotokoll) und Spalte 3 (Unternehmergesellschaft (haftungsbeschränkt) mit individueller Satzung) dargestellten GmbH-Formen sind zwar theoretisch denkbar, finden aber nur selten praktische Verwendung.

	„Klassische" GmbH		Unternehmergesellschaft (haftungsbeschränkt)	
	mit individueller Satzung	mit notariellem Musterprotokoll	mit individueller Satzung	mit notariellem Musterprotokoll
Mindestkapital	25.000,– EUR	25.000,– EUR	1,– EUR	1,– EUR
Höchstkapital	Keines	Keines	24.999,– EUR	24.999,– EUR
Bargründung	Einzahlung von 50% der Bareinlage ist ausreichend (§§ 7 Abs. 2, 8 Abs. 2 GmbHG)	Einzahlung von 50% der Bareinlage ist ausreichend (§§ 7 Abs. 2, 8 Abs. 2 GmbHG)	Volleinzahlung zwingend (§ 5a Abs. 2 Satz 1 GmbHG)	Volleinzahlung zwingend (§ 5a Abs. 2 Satz 1 GmbHG)
Offene Sachgründung	Zulässig (§§ 5 Abs. 4, 7 Abs. 2 und 3, 8 Abs. 1 Nr. 4 und 5, 9 und 9c Abs. 1 Satz 2 GmbHG)	Unzulässig	Unzulässig (§ 5a Abs. 2 Satz 2 GmbHG)	Unzulässig (§ 5a Abs. 2 Satz 2 GmbHG)
Verdeckte Sachgründung	Unzulässig, aber nach Eintragung der Gesellschaft im Handelsregister Anrechnung des Werts des Vermögensgegenstandes auf Bareinlage (§ 19 Abs. 4 GmbHG)	Unzulässig Rechtsfolgen umstritten (Anrechnungslösung nach § 19 Abs. 4 GmbHG oder Fortgeltung der bisherigen Rechtsprechung zur verdeckten Sachgründung)	Unzulässig Rechtsfolgen umstritten (Anrechnungslösung nach § 19 Abs. 4 GmbHG oder Fortgeltung der bisherigen Rechtsprechung zur verdeckten Sachgründung)	Unzulässig Rechtsfolgen umstritten (Anrechnungslösung nach § 19 Abs. 4 GmbHG oder Fortgeltung der bisherigen Rechtsprechung zur verdeckten Sachgründung)
Anzahl der Gesellschafter	Ein oder mehrere Gesellschafter	Höchstens drei Gesellschafter (und nur natürliche oder juristische Personen)	Ein oder mehrere Gesellschafter	Höchstens drei Gesellschafter (und nur natürliche oder juristische Personen)
Übernahme mehrerer Geschäftsanteile	Zulässig (§ 5 Abs. 2 Satz 2 GmbHG)	Unzulässig	Zulässig (§ 5 Abs. 2 Satz 2 GmbHG)	Unzulässig
Möglichkeit eines genehmigten Kapitals	Ja (§ 55a GmbHG)	Nein	Ja (§ 55a GmbHG)	Nein
Verpflichtung zur Bildung einer gesetzlichen Rücklage	Nein	Nein	Ja (§ 5a Abs. 3 GmbHG)	Ja (§ 5a Abs. 3 GmbHG)
Anzahl der Geschäftsführer	Ein oder mehrere Geschäftsführer	Zwingend ein Geschäftsführer	Ein oder mehrere Geschäftsführer	Zwingend ein Geschäftsführer
Vertretungsbefugnis der Geschäftsführer	Beliebig (z. B. Einzel- oder Gesamtvertretungsbefugnis)	Einzelvertretungsbefugnis	Beliebig (z. B. Einzel- oder Gesamtvertretungsbefugnis)	Einzelvertretungsbefugnis

	"Klassische" GmbH		Unternehmergesellschaft (haftungsbeschränkt)	
	mit individueller Satzung	mit notariellem Musterprotokoll	mit individueller Satzung	mit notariellem Musterprotokoll
Befreiung des Geschäftsführers von den Beschränkungen des § 181 BGB	Möglich, aber nicht zwingend	Zwingend Befreiung von den Beschränkungen des § 181 BGB	Möglich, aber nicht zwingend	Zwingend Befreiung von den Beschränkungen des § 181 BGB
Form des Gesellschaftsvertrages	Notarielle Beurkundung (§ 2 Abs. 1 GmbHG)	Notarielle Beurkundung (§ 2 Abs. 1 GmbHG)	Notarielle Beurkundung (§ 2 Abs. 1 GmbHG)	Notarielle Beurkundung (§ 2 Abs. 1 GmbHG)
Unternehmensgegenstand	Grundsätzlich beliebig, aber hinreichend bestimmt (§ 3 Abs. 1 Nr. 2 GmbHG)	Grundsätzlich beliebig, aber hinreichend bestimmt (§ 3 Abs. 1 Nr. 2 GmbHG)	Grundsätzlich beliebig, aber hinreichend bestimmt (§ 3 Abs. 1 Nr. 2 GmbHG)	Grundsätzlich beliebig, aber hinreichend bestimmt (§ 3 Abs. 1 Nr. 2 GmbHG)
Geschäftsjahr	Beliebig	Zwingend Kalenderjahr	Beliebig	Zwingend Kalenderjahr
Dauer der Gründung	ca. 2 bis 5 Tage	ca. 2 bis 5 Tage	ca. 2 bis 5 Tage	ca. 2 bis 5 Tage
Kosten der Gründung (Notar, Registergericht und Bekanntmachung)	ca. 250,– bis 700,– EUR	ca. 250,– bis 400,– EUR	ca. 250,– bis 700,– EUR	ca. 150,– bis 400,– EUR
Von der Gesellschaft zu tragende Gründungskosten	Grundsätzlich alle in der Satzung festgesetzten und nachweisbaren Gründungskosten	Höchstens 300,– EUR	Grundsätzlich alle in der Satzung festgesetzten und nachweisbaren Gründungskosten, aber nur bis zur Höhe des Stammkapitals	Höchstens 300,– EUR, und zudem nur bis zur Höhe des Stammkapitals
Besteuerung	§§ 1 ff. KStG	§§ 1 ff. KStG	§§ 1 ff. KStG	§§ 1 ff. KStG

2. Individuelle Gründungsurkunde

Die Unternehmergesellschaft (haftungsbeschränkt) kann (theoretisch) auf der Grundlage einer individuell erstellten Gründungsurkunde gegründet werden. Insoweit bestehen keine Besonderheiten. Es gilt der Grundsatz der Satzungsautonomie (§ 45 Abs. 2 GmbHG).

In der Praxis kommt es indes nur selten vor, dass eine Unternehmergesellschaft (haftungsbeschränkt) mit einer individuellen Gründungsurkunde errichtet wird, da die Kostenvorteile dann weitgehend entfallen.[26] In den meisten Fällen wird die Unternehmergesellschaft auf der Grundlage des Musterprotokolls errichtet.

Bei der Satzungsklausel zu den Gründungskosten[27] ist – zur Vermeidung einer Überschuldung – darauf zu achten, dass die Gesellschaft diese nur im Rahmen ihrer Kapitalaus-

---

[26] Siehe dazu die Übersicht bei → Rn. 32 f.
[27] Zur zulässigen Höhe des Gründungsaufwands bei einer Unternehmergesellschaft (haftungsbeschränkt) mit individueller Satzung, Hanseatisches OLG Beschl. v. 18.3.2011, 11 W 19/11, GmbHR 2011, 766 = DNotZ 2011, 457 mit Anm. *Weiler* = notar 2011, 205 mit Anm. *Elsing*.

stattung übernehmen kann.[28] Bei einem Stammkapital von 1,– EUR müssen die Gründungskosten von den Gesellschaftern getragen werden, sofern die Unternehmergesellschaft (haftungsbeschränkt) nicht anderweitig über Kapital verfügt. Die Versicherung der Geschäftsführer in der Handelsregisteranmeldung bezüglich der Kapitalaufbringung (z.B. *„Das Anfangskapital der Gesellschaft ist – mit Ausnahme des nach der Satzung von der Gesellschaft zu tragenden Gründungsaufwands – nicht vorbelastet."*) ist dann gegebenenfalls entsprechend anzupassen. Die (individuelle) Gründungsurkunde einer Einpersonen-Unternehmergesellschaft (haftungsbeschränkt) mit einer kurzen Satzung könnte beispielsweise wie folgt aussehen:

Muster: Gründungsurkunde

14 URNr. / 2013
vom 2013

Errichtung der ......
Unternehmergesellschaft (haftungsbeschränkt)
mit dem Sitz in ......

Am ......
zweitausenddreizehn

– ...... 2013 –

ist vor mir,

......
Notar/in in ......

an der Geschäftsstelle in ...... anwesend:

Herr/Frau ......,
geboren am ...... in ......,
wohnhaft in ......,
nach Angabe ...... im gesetzlichen Güterstand verheiratet und
...... ausschließlich deutsche(r) Staatsangehörige(r),
Legitimation: ...... deutscher Bundespersonalausweis (Nummer ......, ausgestellt von der ...... Stadt am ......).

Die Frage des Notars/der Notarin nach einer Vorbefassung im Sinne von § 3 Abs. 1 Nr. 7 des Beurkundungsgesetzes wurde von dem/der Erschienenen verneint.

Auf Ansuchen des/der Erschienenen beurkunde ich seinen/ihren vor mir abgegebenen Erklärungen gemäß was folgt:

**I.
Gründung einer Unternehmergesellschaft (haftungsbeschränkt)**

...... gründet hiermit eine Unternehmergesellschaft (haftungsbeschränkt) und stellt den dieser Niederschrift als Anlage beigefügten Gesellschaftsvertrag fest. Die Anlage ist ein wesentlicher Bestandteil dieser Urkunde.

**II.
Geschäftsführerbestellung**

Variante 1
Der Beschluss über die Bestellung der Geschäftsführer erfolgt gesondert.

---

[28] Kritisch dazu Ulmer/Habersack/Löbbe/*Paura* § 5a Rn. 24 und 33.

Variante 2
Der Gesellschafter hält sodann eine erste Gesellschafterversammlung ab und beschließt einstimmig was folgt:
Zum Geschäftsführer wird bestellt:
Herr/Frau ......,
geboren am ......,
wohnhaft in ....
...... Der Geschäftsführer vertritt die Gesellschaft stets einzeln.
...... Der Geschäftsführer ist von den Beschränkungen des § 181 BGB befreit, so dass er berechtigt ist, die Gesellschaft bei Rechtsgeschäften mit sich im eigenen Namen oder als Vertreter eines Dritten zu vertreten.

III.
Ermächtigung

Die Gesellschaft und ihr Geschäftsführer sind berechtigt, bereits vor der Eintragung der Gesellschaft im Handelsregister Rechtsgeschäfte jeder Art vorzunehmen. Dies gilt insbesondere für die Beteiligung an anderen Gesellschaften beliebiger Rechtsform und den Abschluss von Unternehmensverträgen jeglichen Inhalts.

IV.
Vollmacht

...... bevollmächtigt hiermit ...... und ......, jeweils einzeln und unter Befreiung von den Beschränkungen des § 181 BGB sämtliche zum Vollzug der heutigen Urkunde notwendigen oder zweckdienlichen Erklärungen abzugeben und entgegenzunehmen. Die Vollmacht berechtigt insbesondere auch dazu, Gesellschafterbeschlüsse beliebigen Inhalts zu fassen. Die Vollmacht erlischt mit der Eintragung der Gesellschaft im Handelsregister.

V.
Hinweise und Erläuterungen

Der Notar/Die Notarin hat die heutige Gesellschaftsgründung mit dem Beteiligten ausführlich besprochen und dabei jeweils auch alternative Gestaltungen erörtert.
...... Der Notar/Die Notarin hat den Beteiligten insbesondere auch auf folgendes hingewiesen *(Die nachstehenden Hinweise sind nur als unverbindliche Anregungen zu verstehen und rechtlich nicht zwingend notwendig.)*:

1. Erscheinungsformen der GmbH: Eine Gesellschaft mit beschränkter Haftung kann als „klassische" GmbH oder als Unternehmergesellschaft (haftungsbeschränkt) gegründet werden. In beiden Fällen kann für die Gründung eine individuelle Satzung oder ein vom Gesetzgeber vorgesehenes Musterprotokoll verwendet werden. Der Gesellschafter erklärt, heute eine Unternehmergesellschaft (haftungsbeschränkt) mit der von ihm selbst festgelegten Satzung und einem Stammkapital von ...... EUR errichten zu wollen.
2. Gesetzliche Rücklage: In der Bilanz der Unternehmergesellschaft (haftungsbeschränkt) ist jedes Jahr zwingend eine gesetzliche Rücklage zu bilden, in die ein Viertel des (um einen Verlustvortrag geminderten) Jahresüberschusses einzustellen ist. Die Rücklage ist zweckgebunden und darf nur für eine Kapitalerhöhung aus Gesellschaftsmitteln, zum Ausgleich eines Jahresfehlbetrags (soweit er nicht durch einen Gewinnvortrag aus dem Vorjahr gedeckt ist) oder um Ausgleich eines Verlustvortrags aus dem Vorjahr (soweit er nicht durch einen Jahresüberschuss gedeckt ist) verwendet werden. Die Verpflichtung zur Bildung der Rücklage ist weder zeitlich noch der Höhe nach beschränkt. Ein Verstoß gegen die Verpflichtung zur Bildung der gesetzlichen Rücklage führt dazu, dass die Feststellung des Jahresabschlusses und der Beschluss über die Gewinnverwendung nichtig sind. Gleichwohl ausgeschüttete Gewinne sind von den Gesellschaftern an die Gesellschaft zurückzuzahlen. Die Geschäftsführer haften für einen etwaigen Schaden unter Umständen persönlich.

3. Gründung der Gesellschaft: Die Unternehmergesellschaft (haftungsbeschränkt) entsteht nicht schon mit der heutigen Beurkundung der Gesellschaftsgründung, sondern erst mit der Eintragung der Gesellschaft im Handelsregister. Die Eintragung der Gesellschaft im Handelsregister kann nur dann erfolgen, wenn die Gesellschaft ordnungsgemäß errichtet und angemeldet worden ist. Über die Eintragung der Gesellschaft entscheidet der zuständige Richter am Handelsregister des Amtsgerichts.

4. Vorgründungsgesellschaft: Rechte und Pflichten, die vor der heutigen Beurkundung des Gesellschaftsvertrages begründet worden sind, gehen nicht auf die Vorgesellschaft oder die Gesellschaft über. Jeder Gesellschafter haftet insoweit persönlich und unbeschränkt mit seinem Privatvermögen. Die Haftung erlischt nicht mit der Eintragung der Gesellschaft im Handelsregister. Der Gesellschafter erklärt, dass er bislang nicht im Namen der Gesellschaft gehandelt hat und noch keine Geschäftsaufnahme erfolgt ist.

5. Bar- und Sacheinlagen: Bareinlagen können grundsätzlich nur durch Banküberweisung erfüllt werden, nicht auch durch Aufrechnung oder Verrechnung mit Forderungen gegen die Gesellschaft. Forderungen gegen die Gesellschaft können vielmehr nur im Wege der Sacheinlage eingebracht werden. Dies gilt auch für Gesellschafterdarlehen. Sacheinlagen sind bei einer Unternehmergesellschaft (haftungsbeschränkt) aber gesetzlich ausgeschlossen. Eine Bareinlageverpflichtung kann auch nicht durch eine verdeckte Sacheinlage erfüllt werden. Eine solche liegt vor, wenn zwar formal eine Bareinlage vereinbart und geleistet wird, die Gesellschaft bei wirtschaftlicher Betrachtung aber gleichwohl eine Sache erhält.

6. Verbot von Voreinzahlungen: Zahlungen auf Bareinlagen, die vor dem heutigen Tag der Beurkundung des Gesellschaftsvertrages erfolgt sind, haben grundsätzlich keine Erfüllungswirkung. Der Gesellschafter erklärt, dass er die übernommene Bareinlage erst nach dem heutigen Tage auf ein Konto der Unternehmergesellschaft (haftungsbeschränkt) in Gründung einbezahlen und dem amtierenden Notar unverzüglich einen Einzahlungsbeleg zur Vorlage beim Handelsregister vorlegen wird.

7. Hin- und Herzahlen: Leistungen an Gesellschafter, die wirtschaftlich einer Rückzahlung der Einlage entsprechen, sind in der Handelsregisteranmeldung anzugeben. Gleiches gilt für die Vereinbarung einer solchen Leistung. Der Gesellschafter erklärt, dass eine solche Leistung weder erfolgt noch vereinbart ist.

8. Kapitalaufbringung: Die vereinbarten Einlagen müssen sich bei Anmeldung der Gesellschaft endgültig in der freien und uneingeschränkten Verfügung der Geschäftsführer der Gesellschaft befinden und dürfen – mit Ausnahme der in der Satzung ausdrücklich übernommenen Gründungskosten – nicht durch Verbindlichkeiten vorbelastet sein. Das Registergericht ist berechtigt, die entsprechenden Versicherungen der Geschäftsführer zu überprüfen und von den Beteiligten die Vorlage geeigneter Nachweise zu verlangen.

9. Unterbilanzhaftung und Verlustdeckungshaftung: Der Wert des Gesellschaftsvermögens (zuzüglich des in der Satzung festgelegten Gründungsaufwandes) darf im Zeitpunkt der Eintragung der Gesellschaft in das Handelsregister nicht niedriger sein als das Stammkapital. Jeder Gesellschafter haftet für eine etwaige Differenz persönlich und unbeschränkt mit seinem Privatvermögen. Die Haftung besteht auch dann, wenn die Gesellschaft nicht in das Handelsregister eingetragen wird.

10. Handelndenhaftung: Jede Person, die vor der Eintragung der Gesellschaft in deren Namen handelt, haftet bis zu deren Eintragung persönlich und gesamtschuldnerisch.

11. Gründungshaftung und Strafbarkeit: Gesellschafter und Geschäftsführer haften der Gesellschaft als Gesamtschuldner auf Schadensersatz, wenn zum Zwecke der Errichtung der Gesellschaft falsche Angaben gemacht werden. Gesellschafter, die die Gesellschaft durch Einlagen oder Gründungsaufwand schädigen, haften ihr als Gesamtschuldner auf Schadensersatz. Falsche Angaben zum Zwecke der Eintragung der Gesellschaft sind darüber hinaus strafbar und können mit Freiheitsstrafe von bis zu drei Jahren oder Geldstrafe geahndet werden.

12. Kapitalerhaltung: Das zur Erhaltung des Stammkapitals erforderliche Vermögen der Gesellschaft darf grundsätzlich nicht an die Gesellschafter ausgezahlt werden. Gleichwohl geleistete Zahlungen muss der Gesellschafter erstatten. Geschäftsführer, die solche Zahlungen vorgenommen haben, haften für einen etwaigen Schaden persönlich.

13. Existenzvernichtungshaftung: Ein Gesellschafter haftet für eine missbräuchliche Schädigung des Vermögens der Gesellschaft persönlich. Die Haftung wegen Existenzvernichtung setzt einen kompensationslosen Eingriff des Gesellschafters in das im Gläubigerinteresse zweckgebundene Gesellschaftsvermögen voraus, der zur Insolvenz der Gesellschaft führt oder diese noch vertieft.

14. Führungslosigkeit: Gesellschafter, die die Führung der Gesellschaft einer Person überlassen, die nicht Geschäftsführer sein kann, haften der Gesellschaft für den dadurch entstehenden Schaden als Gesamtschuldner. Geschäftsführer kann nur eine natürliche, unbeschränkt geschäftsfähige Person sein. Personen, die im In- oder Ausland wegen bestimmter, im GmbHG-Gesetz im einzelnen bezeichneter Straftaten verurteilt worden sind oder einem gerichtlichen oder behördlichen Berufs- oder Gewerbeverbot unterliegen, können grundsätzlich nicht Geschäftsführer einer Gesellschaft mit beschränkter Haftung sein.

15. Genehmigungen nach öffentlichem Recht: Gesellschaften bedürfen für ihre Tätigkeit unter Umständen einer Genehmigung nach dem jeweils maßgebenden Beruf-, Gewerbe- bzw. Handwerksrecht. Die Ausübung einer unternehmerischen Tätigkeit ohne die erforderliche Genehmigung kann von den zuständigen Behörden unter Umständen mit Bußgeldern und weitergehenden Sanktionen geahndet werden.

16. Firma: Die Firma der Gesellschaft muss die Bezeichnung „Unternehmergesellschaft (haftungsbeschränkt)" oder „UG (haftungsbeschränkt) enthalten. Die Firma muss zur Kennzeichnung geeignet sein und Unterscheidungskraft besitzen. Die Firma darf keine Angaben enthalten, die geeignet sind, über geschäftliche Verhältnisse irrezuführen. Jede neue Firma muss sich von allen an demselben Ort bestehenden Firmen deutlich unterscheiden. Die Verwendung einer unvollständigen oder unrichtigen Firma kann unter Umständen eine persönliche Haftung der handelnden Personen begründen.

17. Geschäftsbriefe: Auf Geschäftsbriefen der Gesellschaft (einschließlich Emails) müssen mindestens folgende Angaben enthalten sein: Rechtsform, Sitz der Gesellschaft, Registergericht des Sitzes der Gesellschaft, Nummer unter der die Gesellschaft eingetragen ist, alle Geschäftsführer mit dem Familiennamen und mindestens einem ausgeschriebenen Vornamen. Angaben zum Kapital der Gesellschaft sind nicht unbedingt erforderlich. Werden jedoch Angaben über das Kapital der Gesellschaft gemacht, so muss in jedem Fall das Stammkapital und der Gesamtbetrag der ausstehenden Einlagen angegeben werden. Die Verpflichtung zur Offenlegung der gesetzlich vorgeschriebenen Mindestangaben auf Geschäftsbriefen kann vom Registergericht durch die Anordnung eines Zwangsgelds durchgesetzt werden. Falsche oder unvollständige Angaben auf Geschäftsbriefen können darüber hinaus auch Schadensersatzansprüche begründen.

18. Gesellschafterliste: Jeder Gesellschafter sollte die im Handelsregister aufgenommene Gesellschafterliste regelmäßig, mindestens aber alle drei Jahre auf ihre Vollständigkeit und Richtigkeit prüfen. Die Eintragungen in der Gesellschafterliste ermöglichen einen gutgläubigen Erwerb von Geschäftsanteilen. Unrichtige Eintragungen in der Gesellschafterliste können den Verlust eines Geschäftsanteils zur Folge haben.

19. Insolvenzverschleppung: Bei Zahlungsunfähigkeit oder Überschuldung der Gesellschaft haben die Geschäftsführer unverzüglich, spätestens aber innerhalb von drei Wochen Insolvenzantrag zu stellen. Im Falle der Führungslosigkeit der Gesellschaft ist auch jeder Gesellschafter zur Stellung des Insolvenzantrags verpflichtet, es sei denn, er hat von der Zahlungsunfähigkeit und der Überschuldung oder der Führungslosigkeit keine Kenntnis. Wer vorsätzlich oder fahrlässig einen Insolvenzantrag nicht, nicht richtig oder nicht rechtzeitig stellt, macht sich strafbar.

20. Gründungskosten: Für die Eintragung der Gesellschaft im Handelsregister und die Bekanntmachung erhält die Gesellschaft eine Rechnung vom Amtsgericht bzw. der Landesjustizverwaltung. Im Zusammenhang mit Eintragungen im Handelsregister werden immer wieder auch „falsche" Rechnungen für private Eintragungen versandt, die von dem Gründer aber meist gar nicht in Auftrag gegeben worden sind. Entsprechende Rechnungen sind daher vor Zahlung stets genau zu prüfen, insbesondere auch durch Rückfrage beim Rechnungsaussteller.

VI.
Schlussbestimmungen

1. Kosten
Die Kosten dieser Urkunde und der Anmeldung trägt ......

2. Abschriften
Von dieser Urkunde erhalten jeweils eine beglaubigte Abschrift:
- Gesellschafter,
- Gesellschaft,
- Steuerberater der Gesellschaft,
- Amtsgericht ...... (Registergericht),
- Finanzamt Körperschaftsteuerstelle als Anzeige gemäß § 54 EStDV.

Urkunde von dem Notar/der Notarin
samt Anlage (Satzung) vorgelesen,
von dem/der Erschienenen genehmigt
und eigenhändig unterschrieben

Muster: Satzung

Satzung
der Firma ...... Unternehmergesellschaft (haftungsbeschränkt)
mit dem Sitz in ......

§ 1
Firma und Sitz

(1) Die Firma der Gesellschaft lautet:
...... Unternehmergesellschaft (haftungsbeschränkt).
(2) Sitz der Gesellschaft ist ....

§ 2
Gegenstand des Unternehmens

(1) Gegenstand des Unternehmens ist ......
(2) Die Gesellschaft ist berechtigt, sämtliche Geschäfte zu tätigen, die geeignet sind, den Gegenstand des Unternehmens mittelbar oder unmittelbar zu fördern.
(3) Die Gesellschaft kann sich an Unternehmen mit gleichem oder ähnlichem Unternehmensgegenstand beteiligen oder solche Unternehmen gründen. Sie kann Zweigniederlassungen im In- und Ausland errichten.

§ 3
Geschäftsjahr und Dauer der Gesellschaft

(1) Das Geschäftsjahr ist das Kalenderjahr. Das erste Geschäftsjahr endet am 31. Dezember des Jahres, in dem die Gesellschaft in das Handelsregister eingetragen wird.
(2) Die Dauer der Gesellschaft ist unbestimmt.

§ 4
Stammkapital und Geschäftsanteile

(1) Das Stammkapital der Gesellschaft beträgt ...... EUR (in Worten: ...... Euro).
(2) Von dem Stammkapital übernimmt ...... einen/mehrere Geschäftsanteil(e) im Nennbetrag zu (jeweils) ...... EUR.
(3) Die Einlagen sind in bar zu leisten und sofort in voller Höhe zur Zahlung fällig.

§ 5
Geschäftsführung und Vertretung

(1) Die Gesellschaft hat einen oder mehrere Geschäftsführer.

(2) Ist nur ein Geschäftsführer bestellt, so vertritt dieser die Gesellschaft allein. Sind mehrere Geschäftsführer bestellt, so wird die Gesellschaft durch zwei Geschäftsführer gemeinschaftlich oder durch einen Geschäftsführer in Gemeinschaft mit einem Prokuristen vertreten.

(3) Die Gesellschafterversammlung kann einem, mehreren oder allen Geschäftsführern Einzelvertretungsbefugnis erteilen oder auch bestimmen, dass die Geschäftsführer gemeinschaftlich mit einem weiteren Geschäftsführer vertretungsbefugt sind. Die Gesellschafterversammlung kann darüber hinaus einen, alle oder mehrere Geschäftsführer allgemein oder für den Einzelfall von den Beschränkungen des § 181 BGB befreien.

(4) Die Geschäftsführer haben unverzüglich nach Wirksamwerden jeder Veränderung in den Personen der Gesellschafter oder des Umfangs ihrer Beteiligung eine von ihnen unterschriebene Gesellschafterliste zum Handelsregister einzureichen. Die Veränderungen sind den Geschäftsführern schriftlich mitzuteilen und nachzuweisen. Als Nachweis sind im Allgemeinen entsprechende Urkunden in Urschrift oder beglaubigter Abschrift vorzulegen. Für den Nachweis der Erbfolge gilt § 35 Grundbuchordnung entsprechend. Nach Aufnahme der geänderten Gesellschafterliste im Handelsregister haben die Geschäftsführer allen Gesellschaftern unverzüglich eine Abschrift der aktuellen Gesellschafterliste zu übersenden.

(5) Die vorstehenden Regelungen gelten für die Liquidatoren der Gesellschaft entsprechend.

§ 6
Gesellschafterbeschlüsse

(1) Beschlüsse der Gesellschafter werden in Gesellschaftsversammlungen gefasst.

(2) Gesellschafterbeschlüsse werden mit der einfachen Mehrheit der abgegebenen Stimmen gefasst, soweit dieser Gesellschaftsvertrag oder das Gesetz nicht zwingend eine andere Mehrheit vorsieht. Stimmenthaltungen werden dabei nicht mitgezählt.

(3) Einwendungen gegen die Wirksamkeit eines Gesellschafterbeschlusses können nur innerhalb einer Frist von zwei Monaten nach Erhalt der Niederschrift über die Gesellschafterversammlung geltend gemacht werden. Nach Ablauf der Frist gelten etwaige Beschlussmängel als geheilt.

§ 7
Jahresabschluss und Gewinnverwendung

Für den Jahresabschluss, den Lagebericht und die Gewinnverwendung gelten die jeweiligen gesetzlichen Bestimmungen.

§ 8
Verfügung über Geschäftsanteile

Jede Verfügung über Gesellschaftsanteile oder Ansprüche des Gesellschafters gegen die Gesellschaft bedarf zu ihrer Wirksamkeit der vorherigen schriftlichen Zustimmung aller übrigen Gesellschafter.

§ 9
Erbfolge und Testamentsvollstreckung

(1) Die Geschäftsanteile sind frei vererblich.

(2) Mehrere Erben oder Vermächtnisnehmer sind verpflichtet, sich durch einen gemeinsamen Bevollmächtigten vertreten zu lassen. Der Bevollmächtigte muss zur Berufsverschwiegenheit verpflichtet sein, sofern er nicht selbst Gesellschafter ist. Die Gesellschafterrechte der Erben und Vermächtnisnehmer ruhen – mit Ausnahme des Gewinnbezugsrechts – solange der Bevollmächtigte nicht durch eine schriftliche Erklärung gegenüber der Gesellschaft bestimmt worden ist.

(3) Die Anordnung der Testamentsvollstreckung im Hinblick auf Geschäftsanteile an der Gesellschaft ist zulässig. Im Falle der Testamentsvollstreckung werden die Rechte des Erben durch den Testamentsvollstrecker ausgeübt.

§ 10
Wettbewerbsverbot

Die Gesellschafter und Geschäftsführer der Gesellschaft unterliegen keinem Wettbewerbsverbot.

§ 11
Bekanntmachungen

Die Bekanntmachungen der Gesellschaft erfolgen nur im Bundesanzeiger.

§ 12
Schlussbestimmungen

(1) Die Nichtigkeit oder Anfechtbarkeit einzelner Bestimmungen dieser Satzung soll die Gültigkeit der übrigen Bestimmungen nicht berühren. Die ungültige Bestimmung ist durch eine wirtschaftlich möglichst gleichwertige zu ersetzen.

(2) Ergänzend zu diesem Gesellschaftsvertrag gelten die Bestimmungen des Gesetzes betreffend die Gesellschaften mit beschränkter Haftung in der jeweils gültigen Fassung.

§ 13
Gründungsaufwand

Den Gründungsaufwand einschließlich der Kosten der Gründungsberatung in Höhe von bis zu ca. ...... EUR trägt die Gesellschaft. Etwa darüber hinausgehende Gründungskosten tragen die Gesellschafter anteilig.

Eine Handelsregisteranmeldung für die Gründung einer Einpersonen-Unternehmergesellschaft (haftungsbeschränkt) unter Verwendung einer individuellen Satzung könnte wie folgt formuliert werden:

Muster: Handelsregisteranmeldung

16   URNr. / 2013
vom 2013

An das
Amtsgericht ......
Handelsregister
......

Handelsregisteranmeldung

HRB Neu
Errichtung einer Unternehmergesellschaft (haftungsbeschränkt)
unter der Firma ......
mit dem Sitz in ......
Anschrift: ......

I.
Gründung einer Unternehmergesellschaft (haftungsbeschränkt)

Der Geschäftsführer meldet die Gründung einer Unternehmergesellschaft (haftungsbeschränkt) unter der Firma
......
mit Sitz in ...... zur Ersteintragung in das Handelsregister an.

II.
Geschäftsführer und Vertretungsbefugnis

1. Abstrakte Vertretungsbefugnis
Die Gesellschaft hat einen oder mehrere Geschäftsführer. Ist nur ein Geschäftsführer bestellt, so vertritt dieser die Gesellschaft allein. Sind mehrere Geschäftsführer bestellt, so wird die Gesellschaft durch zwei Geschäftsführer gemeinschaftlich oder durch einen Geschäftsführer in Gemeinschaft mit einem Prokuristen vertreten.
Der Umfang der Vertretungsbefugnis der Geschäftsführer ist gegenüber Dritten stets unbeschränkt.

2. Geschäftsführer der Gesellschaft
Zum Geschäftsführer wurde bestellt:
Herr/Frau . . . . . .,
geboren am . . . . . .,
wohnhaft in . . . .

3. Konkrete Vertretungsbefugnis
. . . . . . Der Geschäftsführer vertritt die Gesellschaft stets einzeln.

. . . . . . Der Geschäftsführer ist von den Beschränkungen des § 181 BGB befreit, so dass er berechtigt ist, die Gesellschaft bei Rechtsgeschäften mit sich im eigenen Namen oder als Vertreter eines Dritten zu vertreten.

4. Versicherung des Geschäftsführers
Herrn/Frau . . . . . . (Name des Geschäftsführers) ist bekannt, dass zum Geschäftsführer nicht bestellt werden kann, wer

1. als Betreuter bei der Besorgung seiner Vermögensangelegenheiten ganz oder teilweise einem Einwilligungsvorbehalt (§ 1903 BGB) unterliegt,
2. aufgrund eines gerichtlichen Urteils oder einer vollziehbaren Entscheidung einer Verwaltungsbehörde einen Beruf, einen Berufszweig, ein Gewerbe oder einen Gewerbezweig nicht ausüben darf,
3. wegen einer oder mehrerer vorsätzlich begangener Straftaten
    a) des Unterlassens der Stellung des Antrags auf Eröffnung des Insolvenzverfahrens (Insolvenzverschleppung, u. a. § 15 Abs. 4 InsO),
    b) nach den §§ 283 bis 283d des StGB (Insolvenzstraftaten),
    c) der falschen Angaben nach § 82 des GmbHG oder § 399 des AktG,
    d) der unrichtigen Darstellung nach § 400 AktG, § 331 HGB, § 313 UmwG oder § 17 PublG, oder
    e) nach den § 263 StGB (Betrug), § 263a StGB (Computerbetrug), § 264 StGB (Subventionsbetrug), § 264a StGB (Kapitalanlagebetrug), § 265b StGB (Kreditbetrug), § 266 StGB (Untreue) oder § 266a StGB (Vorenthalten und Veruntreuen von Arbeitsentgelt), zu einer Freiheitsstrafe von mindestens einem Jahr,

verurteilt worden ist. Das Bestellungshindernis besteht in diesem Fall auf die Dauer von fünf Jahren seit der Rechtskraft des Urteils, wobei die Zeit nicht eingerechnet wird, in welcher der Täter auf behördliche Anordnung in einer Anstalt verwahrt worden ist.
Die in der vorstehenden Nr. 3 genannten Bestellungshindernisse gelten bei einer Verurteilung wegen einer vergleichbaren Tat im Ausland entsprechend.
Herr/Frau . . . . . . (Name des Geschäftsführers) erklärt, den Inhalt der vorstehend genannten Vorschriften im Einzelnen zu kennen und auf eine Beifügung der jeweiligen Gesetzestexte zu verzichten.
Herr/Frau . . . . . . (Name des Geschäftsführers) versichert, vom beglaubigenden Notar/von der beglaubigenden Notarin über seine/ihre unbeschränkte Auskunftspflicht gegenüber dem Registergericht und die Strafbarkeit einer falschen Versicherung belehrt worden zu sein.
In Kenntnis der gesetzlichen Bestellungshindernisse versichert Herr/Frau . . . . . . (Name des Geschäftsführers) nach sorgfältiger Prüfung, dass keinerlei Umstände vorliegen, die seiner/ihrer Bestellung zum Geschäftsführer entgegenstehen. Das Vorliegen von sämtlichen Bestellungshindernissen wird jeweils im Einzelnen und ausdrücklich verneint.

III.
Kapitalaufbringung

1. Versicherung des Geschäftsführers
Der Geschäftsführer versichert was folgt:
Auf den/die von dem Gesellschafter . . . . . . übernommenen Geschäftsanteil(e) mit der/den laufenden Nummer(n) . . . . . . in Höhe von . . . . . . EUR ist der volle Betrag in Höhe von . . . . . . EUR durch Bareinlage geleistet worden, der sich endgültig in der freien Verfügung der Geschäftsführung befindet.
Das Anfangskapital der Gesellschaft ist – mit Ausnahme des nach der Satzung von der Gesellschaft zu tragenden Gründungsaufwands – nicht vorbelastet.
2. Anweisung
Der Geschäftsführer weist den beglaubigenden Notar an, die Handelsregisteranmeldung erst dann an das Registergericht weiterzuleiten, wenn ihm ein geeigneter Nachweis über die Erbringung der Bareinlage (z.B. Auszug von einem Bankkonto der GmbH in Gründung) vorgelegt worden ist. Der Nachweis soll zusammen mit der Handelsregisteranmeldung an das Registergericht übersandt werden.

IV.
Inländische Geschäftsanschrift der Gesellschaft

Die Geschäftsanschrift der Gesellschaft lautet: . . . . . . GmbH, ... Straße, ... (PLZ), ... (Ort), Deutschland.

V.
Inländischer Empfangsbevollmächtigter der Gesellschaft

Variante 1

Ein Empfangsbevollmächtigter der Gesellschaft wurde nicht bestellt.

Variante 2

Zum inländischen Empfangsbevollmächtigten der Gesellschaft wurde Herr/Frau . . . . . ., ... Straße, Nr. . . . . . ., ... (PLZ), ... (Ort), Deutschland, bestellt.

VI.
Anlagen

Als Anlagen sind dieser Handelsregisteranmeldung beigefügt:
- beglaubigte Abschrift der Urkunde über die Gründung der Gesellschaft samt Gesellschaftsvertrag,
- . . . . . . beglaubigte Abschrift des Gesellschafterbeschlusses über die Bestellung des Geschäftsführers,
- eine von sämtlichen Geschäftsführern der Gesellschaft unterschriebene Liste der Gesellschafter,
- Nachweis über die Einzahlung der Bareinlage,
- . . . . . Nachweis über die schriftliche Belehrung des Geschäftsführers über die unbeschränkte Auskunftspflicht gegenüber dem Registergericht.

VII.
Vollmacht

. . . . . . bevollmächtigt hiermit . . . . . . und . . . . . ., jeweils einzeln und unter Befreiung von den Beschränkungen des § 181 BGB sämtliche zum Vollzug der heutigen Urkunde notwendigen oder zweckdienlichen Erklärungen abzugeben und entgegenzunehmen. Die Vollmacht berechtigt insbesondere auch dazu, Handelsregisteranmeldungen beliebigen Inhalts vorzunehmen. Die Vollmacht erlischt mit der Eintragung der Gesellschaft im Handelsregister.

VIII.
Hinweise und Erläuterungen

Der Notar/Die Notarin hat die heutige Handelsregisteranmeldung mit dem Geschäftsführer ausführlich besprochen.

...... Der Notar/Die Notarin hat den Geschäftsführer insbesondere auch auf folgendes hingewiesen (Die nachstehenden Hinweise sind nur als unverbindliche Anregungen zu verstehen und rechtlich nicht zwingend notwendig.):

a) Bar- und Sacheinlagen: Bareinlagen können grundsätzlich nur durch Banküberweisung erfüllt werden, nicht auch durch Aufrechnung oder Verrechnung mit Forderungen gegen die Gesellschaft. Forderungen gegen die Gesellschaft können vielmehr nur im Wege der Sacheinlage eingebracht werden. Dies gilt auch für Gesellschafterdarlehen. Sacheinlagen sind bei einer Unternehmergesellschaft (haftungsbeschränkt) aber gesetzlich ausgeschlossen. Eine Bareinlageverpflichtung kann auch nicht durch eine verdeckte Sacheinlage erfüllt werden. Eine solche liegt vor, wenn zwar formal eine Bareinlage vereinbart und geleistet wird, die Gesellschaft bei wirtschaftlicher Betrachtung aber gleichwohl eine Sache erhält.

b) Verbot von Voreinzahlungen: Zahlungen auf Bareinlagen, die vor dem heutigen Tag der Beurkundung des Gesellschaftsvertrages erfolgt sind, haben grundsätzlich keine Erfüllungswirkung.

c) Hin- und Herzahlen: Leistungen an Gesellschafter, die wirtschaftlich einer Rückzahlung der Einlage entsprechen, sind in der Handelsregisteranmeldung anzugeben. Gleiches gilt für die Vereinbarung einer solchen Leistung. Der Geschäftsführer erklärt, dass eine solche Leistung weder erfolgt noch vereinbart ist.

d) Kapitalaufbringung: Die vereinbarten Stammeinlagen müssen sich bei Anmeldung der Gesellschaft endgültig in der freien und uneingeschränkten Verfügung der Geschäftsführer der Gesellschaft befinden und dürfen – mit Ausnahme der in der Satzung ausdrücklich übernommenen Gründungskosten – nicht durch Verbindlichkeiten vorbelastet sein. Das Registergericht ist berechtigt, die entsprechenden Versicherungen der Geschäftsführer zu überprüfen und von den Beteiligten die Vorlage geeigneter Nachweise verlangen.

e) Gründungshaftung: Die Geschäftsführer haften der Gesellschaft als Gesamtschuldner auf Schadensersatz, wenn zum Zwecke der Errichtung der Gesellschaft falsche Angaben gemacht werden.

f) Falsche Angaben oder Versicherungen: Falsche Angaben zum Zwecke der Eintragung der Gesellschaft und falsche Versicherungen sind strafbar und können mit Freiheitsstrafe von bis zu drei Jahren oder Geldstrafe geahndet werden.

g) Gesetzliche Rücklage: In der Bilanz der Unternehmergesellschaft (haftungsbeschränkt) ist jedes Jahr zwingend eine gesetzliche Rücklage zu bilden, in die ein Viertel des (um einen Verlustvortrag geminderten) Jahresüberschusses einzustellen ist. Die Rücklage ist zweckgebunden und darf nur für eine Kapitalerhöhung aus Gesellschaftsmitteln, zum Ausgleich eines Jahresfehlbetrags (soweit er nicht durch einen Gewinnvortrag aus dem Vorjahr gedeckt ist) oder um Ausgleich eines Verlustvortrags aus dem Vorjahr (soweit er nicht durch einen Jahresüberschuss gedeckt ist) verwendet werden. Die Verpflichtung zur Bildung der Rücklage ist weder zeitlich noch der Höhe nach beschränkt. Ein Verstoß gegen die Verpflichtung zur Bildung der gesetzlichen Rücklage führt dazu, dass die Feststellung des Jahresabschlusses und der Beschluss über die Gewinnverwendung nichtig ist. Gleichwohl ausgeschüttete Gewinne sind von den Gesellschaftern an die Gesellschaft zurückzubezahlen. Die Geschäftsführer haften für einen etwaigen Schaden unter Umständen persönlich.

h) Gesellschafterversammlung: Die Gesellschafterversammlung ist immer einzuberufen, wenn es im Interesse der Gesellschaft erforderlich erscheint. Die Gesellschafterversammlung muss insbesondere bei drohender Zahlungsunfähigkeit der Gesellschaft unverzüglich einberufen werden.

i) Gesellschafterliste: Die Geschäftsführer haben unverzüglich nach Wirksamwerden jeder Veränderung in den Personen der Gesellschafter oder des Umfangs ihrer Beteiligung eine von ihnen unterschriebene Liste der Gesellschafter zum Handelsregister einzureichen.

j) **Insolvenzverschleppung:** Bei Zahlungsunfähigkeit oder Überschuldung der Gesellschaft haben die Geschäftsführer unverzüglich, spätestens aber innerhalb von drei Wochen Insolvenzantrag zu stellen. Wer vorsätzlich oder fahrlässig einen Insolvenzantrag nicht, nicht richtig oder nicht rechtzeitig stellt, macht sich strafbar.

IX.
Kosten und Abschriften

1. Kosten
Die Kosten dieser Urkunde trägt die . . . . . .
2. Abschriften
Von dieser Urkunde erhalten jeweils eine beglaubigte Abschrift:
- Gesellschafter,
- Gesellschaft,
- Steuerberater der Gesellschaft,
- Amtsgericht . . . . . . (Registergericht).

Das Original der Handelsregisteranmeldung ist in der Urkundensammlung des amtierenden Notars zu verwahren.
Um Vollzugsmitteilung an den beglaubigenden Notar wird gebeten.
Der Gesellschaft ist nach Eintragung ein vollständiger und beglaubigter Handelsregisterauszug auf deren Kosten zu übersenden.

. . . . . ., den . . . . . .
. . . . . .
(Unterschrift des Geschäftsführers
mit öffentlicher Beglaubigung der Unterschrift)

3. Gesetzliches Musterprotokoll

17 **a) Überblick.** Der Gesetzgeber hat für das vereinfachte Gründungsverfahren zwei Musterprotokolle zur Verfügung gestellt: ein Musterprotokoll für die Gründung einer Einpersonengesellschaft (Anlage 1a) und ein Musterprotokoll für die Gründung einer Mehrpersonengesellschaft mit bis zu drei Gesellschaftern (Anlage 1b). Beide Anlagen sind förmlicher Bestandteil des GmbH-Gesetzes (siehe § 2 Abs. 1a Satz 2 GmbHG). Die in dem Musterprotokoll jeweils enthaltene Satzung stimmt in beiden Fällen nahezu vollständig überein. Das Musterprotokoll hat einen Umfang von lediglich ungefähr einer Seite.[29]

18 Das Musterprotokoll besteht jeweils aus drei Dokumenten: dem Gesellschaftsvertrag (Satzung), der Geschäftsführerbestellung und der Gesellschafterliste.[30] Diese Gründungsunterlagen, die sonst typischerweise in drei getrennten Dokumenten erstellt werden, sind im Rahmen des Gründungsprotokolls somit in einem einzigen Dokument zusammengefasst. Nicht enthalten in dem Musterprotokoll ist dagegen die Handelsregisteranmeldung. Für die Handelsregisteranmeldung stellt der Gesetzgeber – anders als bei dem im Regierungsentwurf vorgesehenen „Gründungs-Set" – auch kein Muster zur Verfügung. Die Handelsregisteranmeldung ist somit in jedem Fall gesondert und individuell zu erstellen.

---

[29] Ausführlich zum Musterprotokoll *Heidinger/Blath* ZNotP 2010, 376 (Teil 1) und ZNotP 2010, 402 (Teil 2); *Herrler/König* DStR 2010, 2138; MünchKommGmbHG/*J. Mayer* § 2 Rn. 234 ff.
[30] Siehe Beschlussempfehlung und Bericht des Rechtsausschusses, BT-Drucks. 16/9737 S. 93 („*die Zusammenfassung von drei Dokumenten (Gesellschaftsvertrag, Geschäftsführerbestellung und Gesellschafterliste) in einem Dokument*"). Ebenso *Seibert/Decker* ZIP 2008, 1208, 1209. – Nicht gesondert erwähnt wird dabei die eigentliche Gründungsurkunde (vielfach auch als GmbH-Mantel bezeichnet), die in dem Musterprotokoll aber auch enthalten ist. In der Praxis ist dort oftmals auch der Beschluss über die Bestellung der Geschäftsführer enthalten. Je nach Zählweise könnte man somit auch von einer Zusammenfassung von vier Dokumenten in dem Musterprotokoll sprechen.

Das gesetzliche Musterprotokoll für die Gründung einer Einpersonen-Unternehmergesellschaft (haftungsbeschränkt) sieht wie folgt aus (§ 2 Abs. 1a GmbHG i. V. m. Anlage 1a):

Muster: Gründungsprotokoll

URNr. / 2013

Musterprotokoll für die Gründung
einer Einpersonengesellschaft

Heute, den ......
zweitausenddreizehn

– ...... 2013 –

erschien vor mir,

......
Notar/in mit dem Amtssitz in ......

Herr/Frau ......,
geboren am ...... in ......,
wohnhaft in ......,
nach Angabe...... im gesetzlichen Güterstand verheiratet und
...... ausschließlich deutsche(r) Staatsangehörige(r),
Legitimation: ...... deutscher Bundespersonalausweis
(Nummer ......,
ausgestellt von der ...... Stadt am ......).

1. Der Erschienene errichtet hiermit nach § 2 Abs. 1a GmbHG eine Gesellschaft mit beschränkter Haftung unter der Firma ...... mit dem Sitz in ......
2. Gegenstand des Unternehmens ist ....
3. Das Stammkapital der Gesellschaft beträgt ...... EUR (i. W. ...... EUR) und wird vollständig von Herrn/Frau ...... (Geschäftsanteil Nr. 1) übernommen. Die Einlage ist sofort in Geld zu erbringen, und zwar sofort in voller Höhe.
4. Zum Geschäftsführer der Gesellschaft wird Herr/Frau ......, geboren am ......, wohnhaft in ......, bestellt. Der Geschäftsführer ist von den Beschränkungen des § 181 des Bürgerlichen Gesetzbuchs befreit.
5. Die Gesellschaft trägt die mit der Gründung verbundenen Kosten bis zu einem Gesamtbetrag von 300,– EUR, höchstens jedoch bis zum Betrag ihres Stammkapitals. Darüber hinausgehende Kosten trägt der Gesellschafter.
6. Von dieser Urkunde erhält eine Ausfertigung der Gesellschafter, beglaubigte Ablichtungen die Gesellschaft und das Registergericht (in elektronischer Form) sowie eine einfache Abschrift das Finanzamt – Körperschaftsteuerstelle –.
7. Der Erschienene wurde vom Notar/von der Notarin insbesondere auf folgendes hingewiesen: ......

Eine Handelsregisteranmeldung für die Gründung einer Einpersonen-Unternehmergesellschaft (haftungsbeschränkt) unter Verwendung des Musterprotokolls könnte wie folgt formuliert werden:

§ 4 20

URNr. / 2013
vom 2013

An das
Amtsgericht ......
Handelsregister
......

Handelsregisteranmeldung

HRB Neu
Errichtung einer Unternehmergesellschaft (haftungsbeschränkt)
unter der Firma ......
mit dem Sitz in ......
Anschrift: ......

I.
Gründung einer Unternehmergesellschaft (haftungsbeschränkt)

Der Geschäftsführer meldet die Gründung einer Unternehmergesellschaft (haftungsbeschränkt) unter der Firma

......

mit Sitz in ...... zur Ersteintragung in das Handelsregister an.

II.
Geschäftsführer und Vertretungsbefugnis

1. Vertretungsbefugnis
Ist nur ein Geschäftsführer bestellt, vertritt dieser die Gesellschaft allein. Sind mehrere Geschäftsführer bestellt, wird die Gesellschaft durch sämtliche Geschäftsführer gemeinsam vertreten.
Der Umfang der Vertretungsbefugnis des Geschäftsführers ist gegenüber Dritten unbeschränkt.
2. Geschäftsführer der Gesellschaft
Zum Geschäftsführer wurde bestellt:

Herr/Frau ......,
geboren am ......,
wohnhaft in ......
Er vertritt die Gesellschaft satzungsgemäß und ist von den Beschränkungen des § 181 BGB befreit.
3. Versicherung des Geschäftsführers
Herrn/Frau ...... (Name des Geschäftsführers) ist bekannt, dass zum Geschäftsführer nicht bestellt werden kann, wer

1. als Betreuter bei der Besorgung seiner Vermögensangelegenheiten ganz oder teilweise einem Einwilligungsvorbehalt (§ 1903 BGB) unterliegt,
2. aufgrund eines gerichtlichen Urteils oder einer vollziehbaren Entscheidung einer Verwaltungsbehörde einen Beruf, einen Berufszweig, ein Gewerbe oder einen Gewerbezweig nicht ausüben darf,
3. wegen einer oder mehrerer vorsätzlich begangener Straftaten
    a) des Unterlassens der Stellung des Antrags auf Eröffnung des Insolvenzverfahrens (Insolvenzverschleppung, § 15 Abs. 4 InsO),
    b) nach den §§ 283 bis 283d des StGB (Insolvenzstraftaten),
    c) der falschen Angaben nach § 82 des GmbHG oder § 399 des AktG,
    d) der unrichtigen Darstellung nach § 400 AktG, § 331 HGB, § 313 UmwG oder § 17 PublG, oder
    e) nach den § 263 StGB (Betrug), § 263a StGB (Computerbetrug), § 264 StGB (Subventionsbetrug), § 264a StGB (Kapitalanlagebetrug), § 265b StGB (Kreditbetrug), § 266 StGB (Untreue) oder § 266a StGB (Vorenthalten und Veruntreuen von Arbeitsentgelt), zu einer Freiheitsstrafe von mindestens einem Jahr,

verurteilt worden ist. Das Bestellungshindernis besteht in diesem Fall auf die Dauer von fünf Jahren seit der Rechtskraft des Urteils, wobei die Zeit nicht eingerechnet wird, in welcher der Täter auf behördliche Anordnung in einer Anstalt verwahrt worden ist.

Die in der vorstehenden Nr. 3 genannten Bestellungshindernisse gelten bei einer Verurteilung wegen einer vergleichbaren Tat im Ausland entsprechend.

Herr/Frau ...... (Name des Geschäftsführers) erklärt, den Inhalt der vorstehend genannten Normen im Einzelnen zu kennen und auf eine Beifügung der jeweiligen Gesetzestexte zu verzichten.

Herr/Frau ...... (Name des Geschäftsführers) versichert, vom beglaubigenden Notar/von der beglaubigenden Notarin über seine/ihre unbeschränkte Auskunftspflicht gegenüber dem Registergericht und die Strafbarkeit einer falschen Versicherung belehrt worden zu sein.

In Kenntnis der gesetzlichen Bestellungshindernisse versichert Herr/Frau ...... (Name des Geschäftsführers) nach sorgfältiger Prüfung, dass keinerlei Umstände vorliegen, die seiner/ihrer Bestellung zum Geschäftsführer entgegenstehen. Das Vorliegen von sämtlichen Bestellungshindernissen wird jeweils im Einzelnen und ausdrücklich verneint.

III.
Kapitalaufbringung

1. Versicherung des Geschäftsführers
Der Geschäftsführer versichert was folgt:

Auf den von dem Gesellschafter ...... übernommenen Geschäftsanteil mit der Nummer 1 in Höhe von ...... Euro ist der volle Betrag in Höhe von ...... EUR durch Bareinlage geleistet worden, der sich endgültig in der freien Verfügung der Geschäftsführung befindet.

Das Anfangskapital der Gesellschaft ist – mit Ausnahme des nach der Satzung von der Gesellschaft zu tragenden Gründungsaufwands – nicht vorbelastet.

2. Anweisung
Der Geschäftsführer weist den beglaubigenden Notar an, die Handelsregisteranmeldung erst dann an das Registergericht weiterzuleiten, wenn ihm ein geeigneter Nachweis über die Erbringung der Bareinlage (z. B. Auszug von einem Bankkonto der GmbH in Gründung) vorgelegt worden ist. Der Nachweis soll zusammen mit der Handelsregisteranmeldung an das Registergericht übersandt werden.

IV.
Inländische Geschäftsanschrift der Gesellschaft

Die Geschäftsanschrift der Gesellschaft lautet: ...... GmbH, ... Straße, ... (PLZ), ... (Ort), Deutschland.

V.
Inländischer Empfangsbevollmächtigter der Gesellschaft

Variante 1

Ein Empfangsbevollmächtigter der Gesellschaft wurde nicht bestellt.

Variante 2

Zum inländischen Empfangsbevollmächtigten der Gesellschaft wurde Herr/Frau ......, ... Straße, Nr. ......, ... (PLZ), ... (Ort), Deutschland, bestellt.

VI.
Anlagen

Als Anlagen sind dieser Handelsregisteranmeldung beigefügt:
- beglaubigte Abschrift des Musterprotokolls über die Gründung der Gesellschaft, dass auch als Gesellschafterliste gilt,
- Nachweis über die Einzahlung der Bareinlage,
- ...... Nachweis über die schriftliche Belehrung des Geschäftsführers über die unbeschränkte Auskunftspflicht gegenüber dem Registergericht.

VII.
Vollmacht

...... bevollmächtigt hiermit ...... und ......, jeweils einzeln und unter Befreiung von den Beschränkungen des § 181 BGB sämtliche zum Vollzug der heutigen Urkunde notwendigen oder zweckdienlichen Erklärungen abzugeben und entgegenzunehmen. Die Vollmacht berechtigt insbesondere auch dazu, Handelsregisteranmeldungen beliebigen Inhalts vorzunehmen. Die Vollmacht erlischt mit der Eintragung der Gesellschaft im Handelsregister.

VIII.
Hinweise und Erläuterungen

Der Notar/Die Notarin hat die heutige Handelsregisteranmeldung mit dem Geschäftsführer ausführlich besprochen.

...... Der Notar/Die Notarin hat den Geschäftsführer insbesondere auch auf folgendes hingewiesen *(Die nachstehenden Hinweise sind nur als unverbindliche Anregungen zu verstehen und rechtlich nicht zwingend notwendig.)*:

a) Bar- und Sacheinlagen: Bareinlagen können grundsätzlich nur durch Banküberweisung erfüllt werden, nicht auch durch Aufrechnung oder Verrechnung mit Forderungen gegen die Gesellschaft. Forderungen gegen die Gesellschaft können vielmehr nur im Wege der Sacheinlage eingebracht werden. Dies gilt auch für Gesellschafterdarlehen. Sacheinlagen sind bei einer Unternehmergesellschaft (haftungsbeschränkt) aber gesetzlich ausgeschlossen. Eine Bareinlageverpflichtung kann auch nicht durch eine verdeckte Sacheinlage erfüllt werden. Eine solche liegt vor, wenn zwar formal eine Bareinlage vereinbart und geleistet wird, die Gesellschaft bei wirtschaftlicher Betrachtung aber gleichwohl eine Sache erhält.
b) Verbot von Voreinzahlungen: Zahlungen auf Bareinlagen, die vor dem heutigen Tag der Beurkundung des Gesellschaftsvertrages erfolgt sind, haben grundsätzlich keine Erfüllungswirkung.
c) Hin- und Herzahlen: Leistungen an Gesellschafter, die wirtschaftlich einer Rückzahlung der Einlage entsprechen, sind in der Handelsregisteranmeldung anzugeben. Gleiches gilt für die Vereinbarung einer solchen Leistung. Der Geschäftsführer erklärt, dass eine solche Leistung weder erfolgt noch vereinbart ist.
d) Kapitalaufbringung: Die vereinbarten Stammeinlagen müssen sich bei Anmeldung der Gesellschaft endgültig in der freien und uneingeschränkten Verfügung der Geschäftsführer der Gesellschaft befinden und dürfen – mit Ausnahme der in der Satzung ausdrücklich übernommenen Gründungskosten – nicht durch Verbindlichkeiten vorbelastet sein. Das Registergericht ist berechtigt, die entsprechenden Versicherungen der Geschäftsführer zu überprüfen und von den Beteiligten die Vorlage geeigneter Nachweise verlangen.
e) Gründungshaftung: Die Geschäftsführer haften der Gesellschaft als Gesamtschuldner auf Schadensersatz, wenn zum Zwecke der Errichtung der Gesellschaft falsche Angaben gemacht werden.
f) Falsche Angaben oder Versicherungen: Falsche Angaben zum Zwecke der Eintragung der Gesellschaft und falsche Versicherungen sind strafbar und können mit Freiheitsstrafe von bis zu drei Jahren oder Geldstrafe geahndet werden.
g) Gesetzliche Rücklage: In der Bilanz der Unternehmergesellschaft (haftungsbeschränkt) ist jedes Jahr zwingend eine gesetzliche Rücklage zu bilden, in die ein Viertel des (um einen Verlustvortrag geminderten) Jahresüberschusses einzustellen ist. Die Rücklage ist zweckgebunden und darf nur für eine Kapitalerhöhung aus Gesellschaftsmitteln, zum Ausgleich eines Jahresfehlbetrags (soweit er nicht durch einen Gewinnvortrag aus dem Vorjahr gedeckt ist) oder um Ausgleich eines Verlustvortrags aus dem Vorjahr (soweit er nicht durch einen Jahresüberschuss gedeckt ist) verwendet werden. Die Verpflichtung zur Bildung der Rücklage ist weder zeitlich noch der Höhe nach beschränkt. Ein Verstoß gegen die Verpflichtung zur Bildung der gesetzlichen Rücklage führt dazu, dass die Feststellung des Jahresabschlusses und der Beschluss über die Gewinnverwendung nichtig ist. Gleichwohl ausgeschüttete Gewinne sind von den Gesellschaftern an die Gesellschaft zurückzubezahlen. Die Geschäftsführer haften für einen etwaigen Schaden unter Umständen persönlich.

h) Gesellschafterversammlung: Die Gesellschafterversammlung ist immer einzuberufen, wenn es im Interesse der Gesellschaft erforderlich erscheint. Die Gesellschafterversammlung muss insbesondere bei drohender Zahlungsunfähigkeit der Gesellschaft unverzüglich einberufen werden.

i) Gesellschafterliste: Die Geschäftsführer haben unverzüglich nach Wirksamwerden jeder Veränderung in den Personen der Gesellschafter oder des Umfangs ihrer Beteiligung eine von ihnen unterschriebene Liste der Gesellschafter zum Handelsregister einzureichen.

j) Insolvenzverschleppung: Bei Zahlungsunfähigkeit oder Überschuldung der Gesellschaft haben die Geschäftsführer unverzüglich, spätestens aber innerhalb von drei Wochen Insolvenzantrag zu stellen. Wer vorsätzlich oder fahrlässig einen Insolvenzantrag nicht, nicht richtig oder nicht rechtzeitig stellt, macht sich strafbar.

IX.
Kosten und Abschriften

1. Kosten

Die Kosten dieser Urkunde trägt die ......

2. Abschriften

Von dieser Urkunde erhalten jeweils eine beglaubigte Abschrift:
- Gesellschafter,
- Gesellschaft,
- Steuerberater der Gesellschaft,
- Amtsgericht ...... (Registergericht).

Das Original der Handelsregisteranmeldung ist in der Urkundensammlung des amtierenden Notars zu verwahren.

Um Vollzugsmitteilung an den beglaubigenden Notar wird gebeten.

Der Gesellschaft ist nach Eintragung ein vollständiger und beglaubigter Handelsregisterauszug auf deren Kosten zu übersenden.

......, den ......

......

(Unterschrift des Geschäftsführers
mit öffentlicher Beglaubigung der Unterschrift)

b) **Entstehungsgeschichte des Musterprotokolls.** Der neuartige (und gewöhnungsbedürftige) Begriff des „Musterprotokolls" ist (bzw. war) das Ergebnis eines politischen Kompromisses. Der Regierungsentwurf hat ursprünglich ein so genanntes Gründungs-Set vorgesehen, das aus vier gesonderten Dokumenten bestand: einem Muster für den Gesellschaftsvertrag („Mustersatzung"),[31] einem Muster für die Handelsregisteranmeldung, einer Niederschrift über die Gesellschafterversammlung betreffend die Bestellung des Geschäftsführers und einer Liste der Gesellschafter. Bei Verwendung dieses Musters sollte es genügen, wenn der Gesellschaftsvertrag schriftlich abgefasst und die Unterschriften der Gesellschafter öffentlich beglaubigt werden (siehe § 2 Abs. 1a GmbHG-E und Anlage 1).[32] Eine notarielle Beurkundung des Gesellschaftsvertrages war nicht vorgesehen.[33]

Der Bundesrat wandte sich gegen diese Mustersatzung und unterbreitete einen Vorschlag für ein „Gründungsprotokoll".[34] Danach sollte für einfache GmbH-Gründungen ein nota-

---

[31] Kritisch zu Mustersatzungen u. a. *Heckschen* DStR 2007, 1442, 1443 f.; MünchKommGmbHG/*J. Mayer*, 2010, § 2 Rn. 255; *Vossius* EWS 2007, 438, 442.

[32] Siehe dazu BR-Drucks. 354/07 S. 56 f. und S. 60 ff.

[33] Kritisch zum bloßen Erfordernis einer notariellen Beglaubigung u. a. Lutter/Hommelhoff/*Bayer* § 2 Rn. 35 f.; *Fliegner* DB 2008, 1668, 1668; *Heckschen* DStR 2007, 1442, 1442 f.; MünchKommGmbHG/ *J. Mayer*, 2010, § 2 Rn. 223; *Ulmer* ZIP 2008, 45, 46 ff.

[34] BR-Drucks. 354/07 (Beschluss) Nr. 1, 2 und 5.

rielles Gründungsprotokoll errichtet werden, bei dem die Unternehmensgründer ihre Satzung aber individuell festlegen konnten.

23   Aus „Mustersatzung" und „Gründungsprotokoll" ist schließlich das jetzige „Musterprotokoll" entstanden.[35] Bestandteil des Musterprotokolls ist eine standardisierte Satzung, die die Unternehmensgründer nicht an ihre individuellen Bedürfnisse anpassen können. Das Musterprotokoll muss in allen Fällen notariell beurkundet werden; die bloße Beglaubigung der Unterschriften genügt nicht. Mit dem Musterprotokoll hat sich der Gesetzgeber wohl auch von der Vorstellung verabschiedet, dass eine Kapitalgesellschaft ohne jede rechtliche Beratung errichtet werden kann.

24   c) Vor- und Nachteile der einzelnen Gründungsurkunden. *aa) Vorteile des gesetzlichen Musterprotokolls. (1) Gründungskosten.* In der Beratungspraxis wird sich künftig vor allem die Frage stellen, welche Vor- und Nachteile mit der Verwendung einer individuellen Gründungsurkunde bzw. dem gesetzlichen Musterprotokoll jeweils verbunden sind.

25   Der entscheidende Vorteil des gesetzlichen Musterprotokolls dürfte darin bestehen, dass die Kosten für die Gründung etwas geringer sind als bei Verwendung einer individuellen Gründungsurkunde. Je nach Einzelfall lassen sich auf diese Weise Gründungskosten von bis zu ca. 300,– EUR einsparen.[36]

26   Die beiden nachfolgenden Tabellen geben einen ersten Überblick über die Höhe der in verschiedenen Fällen anfallenden Kosten (siehe dazu – seit dem 1.8.2013 – u.a. §§ 97, 105, 107 und 108 GNotKG)[37, 38]

27   Bei etwaigen „Kostensparstrategien" ist zudem stets zu berücksichtigen, dass die Gesellschaft die Gründungskosten bei Verwendung des Musterprotokolls (zur Vermeidung einer Überschuldung)[39] nur in Höhe ihres Stammkapitals, höchstens aber bis zu einem Betrag von 300,– EUR[40] übernehmen darf. Etwa darüber hinausgehende Kosten sind von den Gesellschaftern selbst zu tragen. Bei einer Unternehmergesellschaft (haftungsbeschränkt) mit einem Stammkapital von 1,– EUR müssen die Gesellschafter faktisch somit alle Gründungs-

---

[35] Siehe Beschlussempfehlung und Bericht des Rechtsausschusses, BT-Drucks. 16/9737 S. 83.

[36] Siehe auch Beschlussempfehlung und Bericht des Rechtsausschusses, BT-Drucks. 16/9737 S. 93, wonach § 41d KostO *„insbesondere bei der UG (haftungsbeschränkt) zu einer echten Kostenersparnis führen"* kann. – *Römermann* GmbHR 2008, R 241, 242 weist – unter Bezugnahme auf die Ausführungen des Bundestagsabgeordneten *Andreas G. Lämmel* (CDU), von Beruf Konditor, in der parlamentarischen Debatte vom 26.6.2008 – (ironisch) darauf hin, dass die Kostenersparnis bei einer *„1-Euro-UG"* ungefähr dem *„Gegenwert von ca. fünf Torte ohne Sahne"* entspricht.

[37] Am 1.8.2013 ist das Zweite Gesetz zur Modernisierung des Kostenrechts in Kraft getreten (BGBl. I 2013, S. 2586). Kernstück des umfangreichen Artikelgesetzes ist das in Artikel 1 enthaltene Gesetz über die Kosten der freiwilligen Gerichtsbarkeit und der Notare (siehe dazu auch die amtliche Gesetzesbegründung in BR-Drucks. 517/12, S. 184 ff.). Siehe dazu die ersten Darstellungen bei *Diehn* DNotZ 2013, 406; *ders., Berechnungen zum neuen Notarkostenrecht,* München 2013; *Diehn/Sikora/Tiedtke,* Das neue Notarkostenrecht, München 2013. – Aktuelle Informationen dazu finden sich auch im Internet unter www.gnotkg.de.

[38] Die genaue Höhe der Kosten hängt von einer Vielzahl von Umständen ab (u.a. Höhe des Stammkapitals, Einpersonen- oder Mehrpersonengründung, Eigen- oder Fremdentwürfe, Umfang der Vollzugstätigkeit, etc.), so dass die vorstehenden Angaben nur eine erste – unverbindliche – Orientierung darstellen können. Hinzu kommt, dass viele Fragen des Kostenrechts im Einzelnen umstritten und höchstrichterlich noch nicht abschließend geklärt sind. Dies gilt nicht nur für die jetzt geänderten Vorschriften der Kostenordnung, sondern auch für die neuen Tätigkeiten im Zusammenhang mit dem elektronischen Handelsregister. Ausführlich zum Ganzen *Korintenberg/Lappe/Bengel/Reimann,* Kostenordnung, 18. Aufl., 2013; *Schmidt/Sikora/Tiedtke,* Praxis des Handels- und Kostenrechts, 7. Aufl. 2013.

[39] Zum Problem der Überschuldung der Unternehmergesellschaft (haftungsbeschränkt) durch die Übernahme der Gründungskosten siehe u.a. Lutter/Hommelhoff/*Lutter/Kleindiek*§ 5a Rn. 18 f. Der Begriff der Überschuldung wurde (erstmals durch das am 18.10.2008 in Kraft getretene Gesetz zur Umsetzung eines Maßnahmenpakets zur Stabilisierung des Finanzmarkts (Finanzmarktstabilisierungsgesetz – FMStG), BGBl. I 2008, S. 1982) in § 19 Abs. 2 InsO für alle Gesellschaften) geändert (zeitlich befristet bis zum 31.12.2013). Ausführlich dazu u.a. *Böcker/Poertzgen* GmbHR 2008, 1289; *Hölzle* ZIP 2008, 2003; *Karsten Schmidt* DB 2008, 2467.

[40] Im Regierungsentwurf war noch eine Höchstgrenze von 400,– EUR vorgesehen (ohne eine zusätzliche Beschränkung auf das Stammkapital). Aus den Gesetzesmaterialien ergibt sich nicht, wie sich der Betrag von 300,– EUR errechnet.

kosten selbst bezahlen.⁴¹ Werden die Gründungskosten gleichwohl von der Gesellschaft übernommen, ist diese im Allgemeinen überschuldet, so dass die Geschäftsführer unverzüglich Insolvenzantrag stellen müssten. Steuerrechtlich würde zudem eine verdeckte Gewinnausschüttung vorliegen.⁴²

Bei Verwendung einer individuellen Gründungsurkunde können von der Gesellschaft dagegen zumindest dann höhere Gründungskosten getragen werden (und bei dieser steuerlich als Betriebsausgaben geltend gemacht werden), wenn sie über ein höheres Stammkapital verfügt. Bei Gründung einer Unternehmergesellschaft (haftungsbeschränkt) mit einem Stammkapital von beispielsweise 5.000,– EUR dürfte es ohne weiteres möglich sein, in einer (individuellen) Satzung vorzusehen, dass die Gesellschaft die Gründungskosten in Höhe von bis zu ca. 500,– EUR übernimmt. Eine feste Höchstgrenze besteht dabei nicht.⁴³ Entscheidend ist stets die Höhe der tatsächlich angefallenen und nachgewiesenen Kosten der Gründung (z. B. Gebühren des Notars und des Registergerichts, Kosten der Bekanntmachung, Kosten von Rechtsanwälten und Steuerberatern, etc.).

Ein etwaiger Kostenvorteil bei Verwendung des Musterprotokolls wird sich daher bei einer Gesamtbetrachtung des Gründungsvorgangs (nach Steuern) in vielen Fällen relativieren. Gerade Rechtsanwälte und Steuerberater werden künftig vermutlich vielfach von der Verwendung des Musterprotokolls abraten, da ihre Kosten von dem Höchstbetrag von 300,– EUR wohl kaum jemals umfasst sein werden.

Die Gründung einer Unternehmergesellschaft (haftungsbeschränkt) sollte unter Kostengesichtspunkten zudem nur dann in Betracht gezogen werden, wenn diese Rechtsform auch einige Zeit beibehalten wird. Denn bei einer späteren „Umwandlung" der Unternehmergesellschaft (haftungsbeschränkt) in eine normale GmbH (siehe § 5a Abs. 5 GmbHG) fallen erneut Kosten an. In Fällen, in denen eine solche „Umwandlung" bereits bei Gründung abzusehen ist bzw. angestrebt wird, wird die unmittelbare Gründung einer klassischen GmbH daher regelmäßig kostenmäßig günstiger sein.

Zusammenfassend lässt sich feststellen, dass die Kosten für die Gründung einer Gesellschaft mit beschränkter Haftung bereits heute vergleichsweise günstig sind und bei einer Unternehmergesellschaft bei Verwendung des Musterprotokolls noch weiter reduziert werden können. Bei Gründung eines Unternehmens sollten geringfügige Kostenunterschiede allerdings nicht den Ausschlag für die Wahl der Rechtsform(variante) geben. Etwaige Fehler bei der Gründung sind nicht selten der Anlass für spätere Rechtsstreitigkeiten, die meist ganz erhebliche (Mehr-)Kosten verursachen.

---

⁴¹ Steuerlich handelt es sich dabei regelmäßig um Anschaffungsnebenkosten auf die Gesellschaftsbeteiligung, siehe dazu nur Schmidt/*Weber-Grellet*, EStG, 32. Aufl. 2013, § 17 Rn. 161 m. w. N.
⁴² Zu den steuerlichen Aspekten des MoMiG siehe u. a. *Fuhrmann* KÖSDI 2011, 17 316; *Fuhrmann* NWB 5/2011, S. 356; *Fuhrmann* RNotZ 2010, 188; *Fuhrmann* NWB Fach 4 Seite 5391 (2008).
⁴³ Vgl. dazu Beck Notar-HdB/*Mayer/Weiler* Abschnitt D I, Rn. 76, S. 966.

32 Vergleich der Gründungskosten bei der Bargründung einer Einpersonen-Gesellschaft

Gebühren für …	Errichtung einer „klassischen" GmbH mit individueller Satzung	Errichtung einer „klassischen" GmbH mit notariellem Musterprotokoll	Errichtung einer Unternehmergesellschaft (haftungsbeschränkt) mit individueller Satzung			Errichtung einer Unternehmergesellschaft (haftungsbeschränkt) mit notariellem Musterprotokoll		
	mit dem gesetzlichen Mindestkapital von 25.000 EUR		mit dem gesetzlichen Mindestkapital von 1,– EUR	mit einem Stammkapital von beispielsweise 1.000,– EUR	mit einem Stammkapital von beispielsweise 10.000,– EUR	mit dem gesetzlichen Mindestkapital von 1,– EUR	mit einem Stammkapital von beispielsweise 1.000,– EUR	mit einem Stammkapital von beispielsweise 10.000,– EUR
Notar								
Erstellung und Beurkundung des Gesellschaftsvertrages	125,– EUR	115,– EUR	125,– EUR	125,– EUR	125,– EUR	60,– EUR	60,– EUR	75,– EUR
Beschluss über die Bestellung des Geschäftsführers	Beurkundung nicht erforderlich (Sonst 250,– EUR)	Bestellung des Geschäftsführers ist bereits in der Satzung enthalten, so dass ein gesonderter Gesellschafterbeschluss nicht erforderlich ist	Beurkundung nicht erforderlich (Sonst 250,– EUR)	Beurkundung nicht erforderlich (Sonst 250,– EUR)	Beurkundung nicht erforderlich (Sonst 250,– EUR)	Bestellung des Geschäftsführers ist bereits in der Satzung enthalten, so dass ein gesonderter Gesellschafterbeschluss nicht erforderlich ist	Bestellung des Geschäftsführers ist bereits in der Satzung enthalten, so dass ein gesonderter Gesellschafterbeschluss nicht erforderlich ist	Bestellung des Geschäftsführers ist bereits in der Satzung enthalten, so dass ein gesonderter Gesellschafterbeschluss nicht erforderlich ist
Entwurf und Beglaubigung der Handelsregisteranmeldung	62,50 EUR	57,50 EUR	62,50 EUR	62,50 EUR	62,50 EUR	30,– EUR	30,– EUR	37,50 EUR
Erstellung der Gesellschafterliste	57,50 EUR	Gesonderte Gesellschafterliste ist nicht notwendig (§ 2 Abs. 1a Satz 4 GmbHG)	57,50 EUR	57,50 EUR	57,50 EUR	Gesonderte Gesellschafterliste ist nicht notwendig (§ 2 Abs. 1a Satz 4 GmbHG)	Gesonderte Gesellschafterliste ist nicht notwendig (§ 2 Abs. 1a Satz 4 GmbHG)	Gesonderte Gesellschafterliste ist nicht notwendig (§ 2 Abs. 1a Satz 4 GmbHG)
Erstellung der elektronischen Strukturdaten und Einreichung aller Unterlagen zum Handelsregister	37,50 EUR	34,50 EUR	37,50 EUR	37,50 EUR	37,50 EUR	15,– EUR	15,– EUR	22,50 EUR
Zwischensumme	532,50 EUR	207,00 EUR	532,50 EUR	532,50 EUR	532,50 EUR	105,– EUR	105,– EUR	135,– EUR
Umsatzsteuer (19%)	101,18 EUR	39,33 EUR	101,18 EUR	101,18 EUR	101,18 EUR	19,95 EUR	19,95 EUR	25,65 EUR
Gesamtkosten	633,68 EUR	246,33 EUR	633,68 EUR	633,68 EUR	633,68 EUR	124,95 EUR	124,95 EUR	160,65 EUR
Registergericht	150,– EUR	150,– EUR	150,– EUR	150,– EUR	150,– EUR	150,– EUR	150,– EUR	150,– EUR
Summe	783,68 EUR	396,33 EUR	783,68 EUR	783,68 EUR	783,68 EUR	274,95 EUR	274,95 EUR	310,65 EUR

§ 4 Unternehmergesellschaft (haftungsbeschränkt)

Vergleich der Gründungskosten bei der Bargründung einer Mehrpersonen-Gesellschaft

Gebühren für …	Errichtung einer „klassischen" GmbH mit individueller Satzung	Errichtung einer „klassischen" GmbH mit notariellem Musterprotokoll	Errichtung einer Unternehmergesellschaft (haftungsbeschränkt) mit individueller Satzung — mit dem gesetzlichen Mindestkapital von 1,– EUR (pro Gesellschafter)	Errichtung einer Unternehmergesellschaft (haftungsbeschränkt) mit individueller Satzung — mit einem Stammkapital von beispielsweise 1.000,– EUR	Errichtung einer Unternehmergesellschaft (haftungsbeschränkt) mit individueller Satzung — mit einem Stammkapital von beispielsweise 10.000,– EUR	Errichtung einer Unternehmergesellschaft (haftungsbeschränkt) mit notariellem Musterprotokoll — mit dem gesetzlichen Mindestkapital von 1,– EUR (pro Gesellschafter)	Errichtung einer Unternehmergesellschaft (haftungsbeschränkt) mit notariellem Musterprotokoll — mit einem Stammkapital von beispielsweise 1.000,– EUR	Errichtung einer Unternehmergesellschaft (haftungsbeschränkt) mit notariellem Musterprotokoll — mit einem Stammkapital von beispielsweise 10.000,– EUR
Notar								
Erstellung und Beurkundung des Gesellschaftsvertrages	mit dem gesetzlichen Mindestkapital von 25.000,– EUR (250,– EUR)	230,– EUR	(250,– EUR)	(250,– EUR)	(250,– EUR)	120,– EUR	120,– EUR	150,– EUR
Beschluss über die Bestellung des Geschäftsführers	Beurkundung nicht erforderlich (Sonst 384,– EUR)	Bestellung des Geschäftsführers ist bereits in der Satzung enthalten, so dass ein gesonderter Gesellschafterbeschluss nicht erforderlich ist	Beurkundung nicht erforderlich (Sonst 384,– EUR)	Beurkundung nicht erforderlich (Sonst 384,– EUR)	Beurkundung nicht erforderlich (Sonst 384,– EUR)	Bestellung des Geschäftsführers ist bereits in der Satzung enthalten, so dass ein gesonderter Gesellschafterbeschluss nicht erforderlich ist	Bestellung des Geschäftsführers ist bereits in der Satzung enthalten, so dass ein gesonderter Gesellschafterbeschluss nicht erforderlich ist	Bestellung des Geschäftsführers ist bereits in der Satzung enthalten, so dass ein gesonderter Gesellschafterbeschluss nicht erforderlich ist
Entwurf und Beglaubigung der Handelsregisteranmeldung	62,50 EUR	57,50 EUR	62,50 EUR	62,50 EUR	62,50 EUR	30,– EUR	30,– EUR	37,50 EUR
Erstellung der Gesellschafterliste	96,– EUR	Gesonderte Gesellschafterliste ist nicht notwendig (§ 2 Abs. 1a Satz 4 GmbHG)	62,50 EUR	62,50 EUR	62,50 EUR	Gesonderte Gesellschafterliste ist nicht notwendig (§ 2 Abs. 1a Satz 4 GmbHG)	Gesonderte Gesellschafterliste ist nicht notwendig (§ 2 Abs. 1a Satz 4 GmbHG)	Gesonderte Gesellschafterliste ist nicht notwendig (§ 2 Abs. 1a Satz 4 GmbHG)
Erstellung der elektronischen Strukturdaten Und Einreichung aller Unterlagen zum Handelsregister	37,50 EUR	34,50 EUR	37,50 EUR	37,50 EUR	37,50 EUR	15,– EUR	15,– EUR	22,50 EUR
Zwischensumme	580,– EUR	322,– EUR	546,50 EUR	546,50 EUR	546,50 EUR	165,– EUR	165,– EUR	210,– EUR
Umsatzsteuer (19%)	110,20 EUR	61,18 EUR	103,84 EUR	103,84 EUR	103,84 EUR	31,35 EUR	31,35 EUR	39,90 EUR
Gesamtkosten	690,20 EUR	383,18 EUR	650,34 EUR	650,34 EUR	650,34 EUR	196,35 EUR	196,35 EUR	249,90 EUR
Registergericht	150,– EUR	150,– EUR	150,– EUR	150,– EUR	150,– EUR	150,– EUR	150,– EUR	150,– EUR
Summe	840,20 EUR	533,18 EUR	800,34 EUR	800,34 EUR	800,34 EUR	346,35 EUR	346,35 EUR	399,90 EUR

34 *(2) Dauer der Gründung.* Bei der Unternehmergesellschaft (haftungsbeschränkt) soll die Gründung insbesondere bei Verwendung des Musterprotokolls schneller als bei einer normalen GmbH möglich sein.[44] Dieses Ziel wird vermutlich aber nur in wenigen Fällen erreicht werden.[45] Denn die Gesellschaft entsteht in allen Fällen erst mit der Eintragung im Handelsregister. Das Registergericht hat bei allen Gesellschaften mit beschränkter Haftung die gleichen Prüfungsrechte und -pflichten. Der Gesellschaftsvertrag bedarf zu seiner Wirksamkeit in allen Fällen der notariellen Beurkundung. Angesichts der weitgehenden Identität des Gründungsverfahrens wird auch die Gründungsdauer bei allen Gesellschaften mit beschränkter Haftung nahezu gleich sein. Die Dauer der Unternehmensgründung erscheint daher im Allgemeinen nicht als geeignetes Kriterium für die Wahl der richtigen Rechtsform(variante). In der Praxis lässt sich eine unterschiedliche Eintragungsdauer bei den Registergerichten jedenfalls nicht feststellen.

35 Im Allgemeinen erfolgt die Eintragung einer neu gegründeten Gesellschaft heute ohnehin innerhalb weniger Tage.[46]

36 *bb) Nachteile des gesetzlichen Musterprotokolls.* Die Nachteile des gesetzlichen Musterprotokolls bestehen zunächst darin, dass der Kreis der Gesellschafter und Geschäftsführer im Vergleich zu einer individuellen Gründungsurkunde in mehrfacher Hinsicht beschränkt ist.

37 Die Gesellschaft kann in diesem Fall höchstens drei Gesellschafter haben.[47] Gesellschafter können zudem nur natürliche und juristische Personen sein. Jeder Gesellschafter kann nur einen Geschäftsanteil übernehmen.

38 Die Gesellschaft kann darüber hinaus stets nur einen Geschäftsführer haben. Dieser ist zwingend von dem Verbot von Insichgeschäften und dem Verbot der Mehrfachvertretung befreit.[48]

39 Der entscheidende Nachteil des Musterprotokolls besteht aber darin, dass es den individuellen Bedürfnissen der Unternehmensgründer naturgemäß in keiner Weise Rechnung trägt.[49]

40 Dies gilt vor allem für Mehrpersonengesellschaften, bei denen jegliche Regelung für die Verhältnisse der Gesellschafter untereinander fehlt (u. a. Vinkulierungsklauseln, Vorkaufs- und Ankaufsrechte, Einziehungs- und Abtretungsklauseln, Regelung der Beschlussfähigkeit und -fassung, Katalog von zustimmungsbedürftigen Geschäften, Erbfolge in Geschäftsanteile, Güterstandsklauseln, Verschwiegenheitsverpflichtung, Schiedsklausel).[50] Die Unternehmensgründer werden die unzureichenden Regelungen der Satzung vielfach erst dann realisieren, wenn es unter ihnen zu entsprechenden Streitigkeiten gekommen ist. Im Schrift-

---

[44] Sehr optimistisch die amtliche Gesetzesbegründung, die davon ausgeht, dass bei der Unternehmergesellschaft (haftungsbeschränkt) in Verbindung mit dem Musterprotokoll *„ein der GmbH bisher unbekanntes Maß an Flexibilität, Schnelligkeit, Einfachheit und Kostengünstigkeit erreicht"* wird (so BR-Drucks. 354/07 S. 70, damals noch zur Mustersatzung).

[45] So auch Lutter/Hommelhoff/*Bayer* § 2 Rn. 54; MünchKommGmbHG/*J. Mayer* 2010, § 2 Rn. 253 und 255. – Weitergehend Bork/Schäfer/*Schäfer* § 2 Rn. 86 (weitere Beschleunigung durch Standardisierung).

[46] Ähnlich *Bormann/Apfelbaum* ZIP 2007, 946, 950 (Regeleintragungszeiten von zwei bis drei Tagen); *Götte* DNotZ 2007, 7*, 10* (Eintragungszeiten von 24 bis 48 Stunden sind bereits heute an der Tagesordnung); *Kort* AG 2007, 801, 801 (Eintragungszeiten von ein bis drei Tagen, bei guter Vorbereitung innerhalb von wenigen Stunden); *Piehler* DNotZ 2007, 212*, 216* (Eintragungszeiten von ein bis zwei Tagen); *Ries* NotBZ 2007, 244, 246 (Eintragungszeiten von höchstens drei Tagen beim Amtsgericht Berlin Charlottenburg). – *Mechthild Dyckmans* (FDP) hat im Deutschen Bundestag von einer Eintragungszeit von sechs Werktagen berichtet und darauf hingewiesen, dass der europäische Durchschnitt beim Doppelten liege (Plenarprotokoll der 172. Sitzung vom 26.6.2008 S. 18 187, 18 191). Siehe dazu auch Beschlussempfehlung und Bericht des Rechtsausschusses, BT-Drucks. 16/9737 S. 85, und Entschließungsantrag der Fraktion der FDP und weiterer Abgeordneter, BT-Drucks. 16/9796 S. 2.

[47] Ausführlich dazu → Rn. 152 ff.

[48] Ausführlich dazu → Rn. 162 ff.

[49] Lutter/Hommelhoff/*Bayer* § 2 Rn. 54 (auch unter Hinweis auf rechtstatsächliche Untersuchungen, wonach die meisten Satzungen sehr komplex sind und u. a. vielfach auch Vinkulierungs- und Einziehungsklauseln enthalten).

[50] Für eine Beschränkung des Anwendungsbereichs der im Regierungsentwurf vorgesehenen Mustersatzung auf Einpersonengesellschaften haben sich daher u. a. *Bayer/Hoffmann/J. Schmidt* GmbHR 2007, 953, und *Karsten* GmbHR 2007, 958, ausgesprochen.

tum ist bereits wiederholt darauf hingewiesen worden, dass sich ein Rechtsanwalt oder Notar schadensersatzpflichtig machen würde, wenn er Unternehmensgründern von sich aus eine solche Satzung vorschlagen würde.[51] In der Praxis stellt sich damit die Frage, ob ein Rechtsanwalt oder Notar in solchen Fällen von der Verwendung des Musterprotokolls abraten muss, obwohl es vom Gesetzgeber bewusst auch dafür zur Verfügung gestellt worden ist.

Selbst bei Einpersonen-Gründungen erweist sich das gesetzliche Musterprotokoll aber in vielen Fällen als wenig sachgerecht. Das Musterprotokoll sieht beispielsweise keine Möglichkeit vor, den Gesellschafter-Geschäftsführer von dem Wettbewerbsverbot zu befreien.[52] Ein abweichendes Wirtschaftsjahr, was vor allem aus steuerlichen Gründen oftmals gewünscht wird, ist nicht möglich. Der Geschäftsführer ist vom Verbot des § 181 BGB zwingend befreit, ohne dass zwischen der Zulässigkeit von Insichgeschäften und Geschäften in Mehrfachvertretung unterschieden wird. Gerade bei Konzerngesellschaften sind dem Geschäftsführer Insichgeschäfte heute nur selten erlaubt.[53] Die Gründungskosten können von der Gesellschaft zudem auch nur dann in Höhe von maximal 300,– EUR getragen werden, wenn die Gesellschaft über ein entsprechend höheres Stammkapital verfügt.

cc) Keine Unterschiede. (1) Stammkapital.[54] In vielen anderen Bereichen bestehen zwischen einer individuellen Gründungsurkunde und dem gesetzlichen Musterprotokoll keine Unterschiede.

Das Stammkapital einer Unternehmergesellschaft (haftungsbeschränkt) beträgt in beiden Fällen mindestens 1,– EUR und höchstens 24.999,– EUR. Das Stammkapital muss stets in voller Höhe und in bar ausgebracht werden. Sacheinlagen sind nicht möglich.

(2) Unternehmensgegenstand. Der Unternehmensgegenstand einer Unternehmergesellschaft (haftungsbeschränkt) kann – ebenso wie bei einer normalen GmbH (siehe § 3 Abs. 1 Nr. 2 GmbHG) – frei gewählt werden. Dies gilt sowohl bei Erstellung einer individuellen Gründungsurkunde als auch bei Verwendung des gesetzlichen Musterprotokolls. Die im Regierungsentwurf in Fällen der Mustersatzung noch vorgesehene pauschale Angabe des Unternehmensgegenstandes durch bloßes Ankreuzen einer von drei Varianten (Handel mit Waren, Produktion von Waren oder Erbringung von Dienstleistungen) ist nicht Gesetz geworden.[55] Gleichwohl eignet sich die Unternehmergesellschaft (haftungsbeschränkt) nicht für jede unternehmerische Tätigkeit.

Dies gilt zunächst für die Unternehmergesellschaft (haftungsbeschränkt) mit dem Musterprotokoll. Die dort enthaltene Satzung entspricht im Allgemeinen nicht den Vorgaben, die verschiedene Spezialgesetze für Gesellschaften mit beschränkter Haftung vorsehen (z.B. Gesellschaften von Freiberuflern,[56] Gemeinden und sonstigen Gebietskörperschaften, gemeinnützige Gesellschaften,[57] etc.).

---

[51] So im Hinblick auf die im Regierungsentwurf vorgesehene Mustersatzung u.a. *Heckschen* DStR 2007, 1442, 1444; *Vossius* EWS 2007, 438, 442.
[52] Zu der Notwendigkeit einer entsprechenden Öffnungsklausel in der Satzung siehe Heckschen/Heidinger/*Heckschen,* Die GmbH in der Gestaltungspraxis, 2. Aufl. 2009, § 4 Rn. 117 ff.; Beck'sches Notar-HdB/*Mayer/Weiler,* 5. Aufl. 2009, Abschnitt D I, Rn. 37 ff., S. 950 ff.
[53] *Wicke* GmbHG 2011 § 2 Rn. 17 weist gleichfalls daraufhin, dass das Gründungsformular aufgrund der zwingenden Vertretungsregelung für Konzernsachverhalte „*unbrauchbar*" sei. – Demgegenüber geht *Goette,* Einführung in das neue GmbH-Recht, 2008, Rn. 64, davon aus, dass sich das Musterprotokoll „*eher für die Gründung von Konzerntochtergesellschaften*" eignet.
[54] Ausführlich dazu → Rn. 77 ff.
[55] Ausführlich dazu *Schröder/Cannivé* NZG 2008, 1.
[56] Zur Frage, ob sich die Unternehmergesellschaft (haftungsbeschränkt) für Rechtsanwälte als Rechtform eignet siehe *Axmann/Deister* NJW 2009, 2941. – Allgemein zu Fragen der Rechtsformwahl bei Freiberuflergesellschaften *Heckschen* NotBZ 2013, 81.
[57] Zur gemeinnützigen Unternehmergesellschaft siehe u.a. *Oberbeck/Winheller* DStR 2009, 516; *Ullrich* GmbHR 2009, 750, und monographisch *Ullrich,* Gesellschaftsrecht und steuerliche Gemeinnützigkeit: Die gemeinnützige GmbH und andere Rechtsformen im Spannungsfeld von Gesellschafts- und Steuerrecht, Köln 2011. – Zur steuerlichen Anerkennung gemeinnütziger Unternehmergesellschaften (haftungsbeschränkt) siehe Bayerisches Landesamt für Steuern, Verfügung vom 31.3.2009, S 0174.2.1–2/2 St 31, GmbHR 2009, 784 = DB 2009, 934 = DStR 2009, 1150.

46 Bei Verwendung einer individuellen Satzung kann eine Unternehmergesellschaft (haftungsbeschränkt) zwar grundsätzlich flexibel an alle Vorgaben von Gesetzen und Aufsichtsbehörden angepasst werden, allerdings wird das Mindestkapital von höchstens 24.999,- EUR in vielen Fällen dazu führen, dass die Unternehmergesellschaft (haftungsbeschränkt) als Rechtsform ausscheidet (siehe z.B. § 32 KWG, § 6 InvestmentG; nicht aber nach § 26 WEG).[58] Es ist zudem zu erwarten, dass in einzelnen Gesetzen (z.B. §§ 59c ff. BRAO, § 49 StBerG,§ 28 Abs. 6 WPO) die Unternehmergesellschaft (haftungsbeschränkt) als mögliche Kooperationsform ausgeschlossen wird bzw. die Aufsichtsbehörden diese aus anderen Gründen nicht anerkennen.

47 *(3) Notarielle Beurkundung.* Der Gesellschaftsvertrag einer GmbH muss in allen Fällen und ausnahmslos notariell beurkundet werden (§ 2 Abs. 1 GmbHG). Die Pflicht zur Beurkundung besteht insbesondere auch bei Gründung einer Unternehmergesellschaft (haftungsbeschränkt) unter Verwendung des gesetzlichen Musterprotokolls. Eine bloße Beglaubigung der Unterschriften genügt nicht.

48 Für die Handelsregisteranmeldung ist kein Muster vorgesehen, so dass diese auch bei Verwendung des Musterprotokolls individuell erstellt werden muss. Die Unterschriften der Geschäftsführer unter der Handelsregisteranmeldung müssen notariell beglaubigt sein.

49 *dd) Zwischenergebnis.* Bereits im Gesetzgebungsverfahren wurde die Frage diskutiert, ob für ein gesetzliches Musterprotokoll überhaupt ein praktischer Bedarf besteht.[59] Wirklich notwendig war die Schaffung des Musterprotokolls wohl nicht. Gleichwohl wird das Musterprotokoll in der Praxis von einzelnen Unternehmensgründern im Zusammenhang mit der Unternehmergesellschaft (haftungsbeschränkt) genutzt. Das Musterprotokoll wird dabei auch in solchen Fällen verwendet, in denen es an sich nicht passt. Daran ändern meist auch die (warnenden) Hinweise der beurkundenden Notare nichts. Die Gründung einer Gesellschaft mit beschränkter Haftung auf einem Blatt und mit 1,- EUR wird von vielen Gründern – ähnlich wie vor einigen Jahren die englische *private limited company* – als interessante „Neuheit" angesehen, die es schlicht und einfach einmal auszuprobieren gilt. Schließlich kostet das Ganze ja nicht viel. Erste Erfahrungsberichte wird man dann in einigen Jahren in den Tatbeständen veröffentlichter Gerichtsentscheidungen nachlesen können.

50 **d) Hinweise des beurkundenden Notars.** Bei Gründung einer Gesellschaft mit beschränkter Haftung muss der Notar u.a. *„den Willen der Beteiligten erforschen, den Sachverhalt klären, die Beteiligten über die rechtliche Tragweite des Geschäfts belehren und ihre Erklärungen klar und unzweideutig in der Niederschrift wiedergeben"* (§ 17 Abs. 1 Satz 1 BeurkG).

51 Diese Pflichten des Notars bestehen auch dann, wenn die Gründung einer Unternehmergesellschaft (haftungsbeschränkt) unter Verwendung des vom Gesetzgeber zur Verfügung gestellten Musterprotokolls beurkundet wird. Das Musterprotokoll sieht ausdrücklich vor, dass die Unternehmensgründer vom Notar auf die rechtlichen Folgen ihrer Erklärungen hingewiesen worden sind (Musterprotokoll Nr. 7), obwohl ein solcher Hinweis in der Urkunde rechtlich nicht notwendig ist. Aus den Gesetzesmaterialien ergibt sich allerdings keinerlei Anhaltspunkt dafür, welche Hinweise aus Sicht des Gesetzgebers notwendig oder zweckmäßig sind. Diese Zurückhaltung erstaunt, nachdem der Gesetzgeber – dem Notar – im Übrigen den gesamten Text der Gründungssatzung nahezu unveränderlich vorgibt.

---

[58] BGH Urt. v. 22.6.2012, V ZR 190/11, DStR 2012, 1617 = ZIP 2012, 1764 = EWiR 2012, 611 (*Armbrüster*) = NZG 2012, 1059 = NJW 2012, 3175 = ZfIR 2012, 747 mit Anm. *Schmidt* = ZNotP 2012, 394 (wonach eine Unternehmergesellschaft (haftungsbeschränkt) grundsätzlich Verwalterin nach dem Wohnungseigentumsgesetze sein kann).

[59] Ablehnend insbesondere Entschließungsantrag der Fraktion der FDP und weiterer Abgeordneter, BT-Drucks. 16/9796 S. 2; *Mechthild Dyckmans* (FDP) hat es im Deutschen Bundestag (Plenarprotokoll der 172. Sitzung vom 26.6.2008 S. 18187, 18192) als *„Unsinn"* bezeichnet, dem Notar eine *„gesetzliche Beratung"* in Form eines Musterprotokolls zukommen zu lassen.

Die Hinweise des Notars erscheinen im Fall eines gesetzlichen Musterprotokolls zudem als wenig zielführend, da Änderungen ohnehin nicht möglich sind. Entspricht das Musterprotokoll nur in einem Punkt nicht dem Willen der Beteiligten, kann es insgesamt nicht verwendet werden. Die Beteiligten müssen dann vielmehr eine individuelle Gründungsurkunde erstellen. Je nach Umfang und Intensität der notariellen Hinweise werden mehr oder weniger Beteiligte feststellen, dass ihre Vorstellungen in dem Musterprotokoll nur unzureichend geregelt sind.

In der Praxis wird sich dabei vor allem die Frage stellen, ob der Notar in bestimmten Fällen (z. B. bei einer Mehrpersonen-GmbH) verpflichtet ist, von der Verwendung des Musterprotokolls abzuraten, obwohl der Gesetzgeber es auch gerade dafür vorgesehen hat. Für die unzureichenden Satzungsregelungen im gesetzlichen Musterprotokoll kann man den Notar aber nicht verantwortlich machen.

Die rechtlichen Erläuterungen im Zusammenhang mit der Gründung einer Unternehmergesellschaft (haftungsbeschränkt) müssen nicht schriftlich dokumentiert werden. Die Hinweise sollten stets auf den jeweiligen Einzelfall bezogen sein. Bei Gründung einer Unternehmergesellschaft (haftungsbeschränkt) unter Verwendung des gesetzlichen Musterprotokolls könnten beispielsweise folgende Erläuterungen erfolgen (ohne dass dies rechtlich zwingend notwendig ist).

Muster:

**Erläuterungen und Hinweise
zur Gründung einer Unternehmergesellschaft (haftungsbeschränkt)**

Der Notar/Die Notarin hat die heutige Gesellschaftsgründung mit dem Beteiligten ausführlich besprochen und dabei jeweils auch alternative Gestaltungen erörtert.

...... Der Notar/Die Notarin hat den Beteiligten insbesondere auch auf folgendes hingewiesen *(Die nachstehenden Hinweise sind nur als unverbindliche Anregungen zu verstehen und rechtlich nicht zwingend notwendig.)*:

1. Erscheinungsformen der GmbH: Eine Gesellschaft mit beschränkter Haftung kann als „klassische" GmbH oder als Unternehmergesellschaft (haftungsbeschränkt) gegründet werden. In beiden Fällen kann für die Gründung eine individuelle Satzung oder ein vom Gesetzgeber vorgesehenes Musterprotokoll verwendet werden. Der Gesellschafter erklärt, heute eine Unternehmergesellschaft (haftungsbeschränkt) mit dem vom Gesetzgeber vorgegebenen Musterprotokoll und einem Stammkapital von ...... EUR errichten zu wollen.

2. Gesetzliche Rücklage: In der Bilanz der Unternehmergesellschaft (haftungsbeschränkt) ist jedes Jahr zwingend eine gesetzliche Rücklage zu bilden, in die ein Viertel des (um einen Verlustvortrag geminderten) Jahresüberschusses einzustellen ist. Die Rücklage ist zweckgebunden und darf nur für eine Kapitalerhöhung aus Gesellschaftsmitteln, zum Ausgleich eines Jahresfehlbetrags (soweit er nicht durch Gewinnvortrag aus dem Vorjahr gedeckt ist) oder um Ausgleich eines Verlustvortrags aus dem Vorjahr (soweit er nicht durch einen Jahresüberschuss gedeckt ist) verwendet werden. Die Verpflichtung zur Bildung der Rücklage ist weder zeitlich noch der Höhe nach beschränkt. Ein Verstoß gegen die Verpflichtung zur Bildung der gesetzlichen Rücklage führt dazu, dass die Feststellung des Jahresabschlusses und der Beschluss über die Gewinnverwendung nichtig ist. Gleichwohl ausgeschüttete Gewinne sind von den Gesellschaftern an die Gesellschaft zurückzuzahlen. Die Geschäftsführer haften für einen etwaigen Schaden unter Umständen persönlich.

3. Gründung der Gesellschaft: Die Unternehmergesellschaft (haftungsbeschränkt) entsteht nicht schon mit der heutigen Beurkundung der Gesellschaftsgründung, sondern erst mit der Eintragung der Gesellschaft im Handelsregister. Die Eintragung der Gesellschaft im Handelsregister kann nur dann erfolgen, wenn die Gesellschaft ordnungsgemäß errichtet und angemeldet worden ist. Über die Eintragung der Gesellschaft entscheidet der zuständige Richter am Handelsregister des Amtsgerichts.

4. Vorgründungsgesellschaft: Rechte und Pflichten, die vor der heutigen Beurkundung des Gesellschaftsvertrages begründet worden sind, gehen nicht auf die Vorgesellschaft oder die Gesellschaft über. Jeder Gesellschafter haftet insoweit persönlich und unbeschränkt mit seinem Privatvermögen. Die Haftung erlischt nicht mit der Eintragung der Gesellschaft im Handelsregister. Der Gesellschafter erklärt, dass er bislang nicht im Namen der Gesellschaft gehandelt hat und noch keine Geschäftsaufnahme erfolgt ist.

5. Bar- und Sacheinlagen: Bareinlagen können grundsätzlich nur durch Banküberweisung erfüllt werden, nicht auch durch Aufrechnung oder Verrechnung mit Forderungen gegen die Gesellschaft. Forderungen gegen die Gesellschaft können vielmehr nur im Wege der Sacheinlage eingebracht werden. Dies gilt auch für Gesellschafterdarlehen. Sacheinlagen sind bei einer Unternehmergesellschaft (haftungsbeschränkt) aber gesetzlich ausgeschlossen. Eine Bareinlageverpflichtung kann auch nicht durch eine verdeckte Sacheinlage erfüllt werden. Eine solche liegt vor, wenn zwar formal eine Bareinlage vereinbart und geleistet wird, die Gesellschaft bei wirtschaftlicher Betrachtung aber gleichwohl eine Sache erhält.

6. Verbot von Voreinzahlungen: Zahlungen auf Bareinlagen, die vor dem heutigen Tag der Beurkundung des Gesellschaftsvertrages erfolgt sind, haben grundsätzlich keine Erfüllungswirkung. Der Gesellschafter erklärt, dass er die übernommene Bareinlage erst nach dem heutigen Tage auf ein Konto der Unternehmergesellschaft (haftungsbeschränkt) in Gründung einbezahlen und dem amtierenden Notar unverzüglich einen Einzahlungsbeleg zur Vorlage beim Handelsregister vorlegen wird.

7. Hin- und Herzahlen: Leistungen an Gesellschafter, die wirtschaftlich einer Rückzahlung der Einlage entsprechen, sind in der Handelsregisteranmeldung anzugeben. Gleiches gilt für die Vereinbarung einer solchen Leistung. Der Gesellschafter erklärt, dass eine solche Leistung weder erfolgt noch vereinbart ist.

8. Kapitalaufbringung: Die vereinbarten Einlagen müssen sich bei Anmeldung der Gesellschaft endgültig in der freien und uneingeschränkten Verfügung der Geschäftsführer der Gesellschaft befinden und dürfen – mit Ausnahme der in der Satzung ausdrücklich übernommenen Gründungskosten – nicht durch Verbindlichkeiten vorbelastet sein. Das Registergericht ist berechtigt, die entsprechenden Versicherungen der Geschäftsführer zu überprüfen und von den Beteiligten die Vorlage geeigneter Nachweise zu verlangen.

9. Unterbilanzhaftung und Verlustdeckungshaftung: Der Wert des Gesellschaftsvermögens (zuzüglich des in der Satzung festgelegten Gründungsaufwandes) darf im Zeitpunkt der Eintragung der Gesellschaft in das Handelsregister nicht niedriger sein als das Stammkapital. Jeder Gesellschafter haftet für eine etwaige Differenz persönlich und unbeschränkt mit seinem Privatvermögen. Die Haftung besteht auch dann, wenn die Gesellschaft nicht in das Handelsregister eingetragen wird.

10. Handelndenhaftung: Jede Person, die vor der Eintragung der Gesellschaft in deren Namen handelt, haftet bis zu deren Eintragung persönlich und gesamtschuldnerisch.

11. Gründungshaftung und Strafbarkeit: Gesellschafter und Geschäftsführer haften der Gesellschaft als Gesamtschuldner auf Schadensersatz, wenn zum Zwecke der Errichtung der Gesellschaft falsche Angaben gemacht werden. Gesellschafter, die die Gesellschaft durch Einlagen oder Gründungsaufwand schädigen, haften ihr als Gesamtschuldner auf Schadensersatz. Falsche Angaben zum Zwecke der Eintragung der Gesellschaft sind darüber hinaus strafbar und können mit Freiheitsstrafe von bis zu drei Jahren oder Geldstrafe geahndet werden.

12. Kapitalerhaltung: Das zur Erhaltung des Stammkapitals erforderliche Vermögen der Gesellschaft darf grundsätzlich nicht an die Gesellschafter ausgezahlt werden. Gleichwohl geleistete Zahlungen muss der Gesellschafter erstatten. Geschäftsführer, die solche Zahlungen vorgenommen haben, haften für einen etwaigen Schaden persönlich.

13. Existenzvernichtungshaftung: Ein Gesellschafter haftet für eine missbräuchliche Schädigung des Vermögens der Gesellschaft persönlich. Die Haftung wegen Existenzvernichtung setzt einen kompensationslosen Eingriff des Gesellschafters in das im Gläubigerinteresse zweckgebundene Gesellschaftsvermögen voraus, der zur Insolvenz der Gesellschaft führt oder diese noch vertieft.

14. **Führungslosigkeit:** Gesellschafter, die die Führung der Gesellschaft einer Person überlassen, die nicht Geschäftsführer sein kann, haften der Gesellschaft für den dadurch entstehenden Schaden als Gesamtschuldner. Geschäftsführer kann nur eine natürliche, unbeschränkt geschäftsfähige Person sein. Personen, die im In- oder Ausland wegen bestimmter, im GmbH-Gesetz im einzelnen bezeichneter Straftaten verurteilt worden sind oder einem gerichtlichen oder behördlichen Berufs- oder Gewerbeverbot unterliegen, können grundsätzlich nicht Geschäftsführer einer Gesellschaft mit beschränkter Haftung sein.

15. **Genehmigungen nach öffentlichem Recht:** Gesellschaften bedürfen für ihre Tätigkeit unter Umständen einer Genehmigung nach dem jeweils maßgebenden Beruf-, Gewerbe- bzw. Handwerksrecht. Die Ausübung einer unternehmerischen Tätigkeit ohne die erforderliche Genehmigung kann von den zuständigen Behörden unter Umständen mit Bußgeldern und weitergehenden Sanktionen geahndet werden.

16. **Firma:** Die Firma der Gesellschaft muss die Bezeichnung „Unternehmergesellschaft (haftungsbeschränkt)" oder „UG (haftungsbeschränkt) enthalten. Die Firma muss zur Kennzeichnung geeignet sein und Unterscheidungskraft besitzen. Die Firma darf keine Angaben enthalten, die geeignet sind, über geschäftliche Verhältnisse irrezuführen. Jede neue Firma muss sich von allen an demselben Ort bestehenden Firmen deutlich unterscheiden. Die Verwendung einer unvollständigen oder unrichtigen Firma kann unter Umständen eine persönliche Haftung der handelnden Personen begründen.

17. **Geschäftsbriefe:** Auf Geschäftsbriefen der Gesellschaft (einschließlich Emails) müssen mindestens folgende Angaben enthalten sein: Rechtsform, Sitz der Gesellschaft, Registergericht des Sitzes der Gesellschaft, Nummer unter der die Gesellschaft eingetragen ist, alle Geschäftsführer mit dem Familiennamen und mindestens einem ausgeschriebenen Vornamen. Angaben zum Kapital der Gesellschaft sind nicht unbedingt erforderlich. Werden jedoch Angaben über das Kapital der Gesellschaft gemacht, so muss in jedem Fall das Stammkapital und der Gesamtbetrag der ausstehenden Einlagen angeben werden. Die Verpflichtung zur Offenlegung der gesetzlich vorgeschriebenen Mindestangaben auf Geschäftsbriefen kann vom Registergericht durch die Anordnung eines Zwangsgelds durchgesetzt werden. Falsche oder unvollständige Angaben auf Geschäftsbriefen können darüber hinaus auch Schadensersatzansprüche begründen.

18. **Gesellschafterliste:** Jeder Gesellschafter sollte die im Handelsregister aufgenommene Gesellschafterliste regelmäßig, mindestens aber alle drei Jahre auf ihre Vollständigkeit und Richtigkeit prüfen. Die Eintragungen in der Gesellschafterliste ermöglichen einen gutgläubigen Erwerb von Geschäftsanteilen. Unrichtige Eintragungen in der Gesellschafterliste können den Verlust eines Geschäftsanteils zur Folge haben.

19. **Insolvenzverschleppung:** Bei Zahlungsunfähigkeit oder Überschuldung der Gesellschaft haben die Geschäftsführer unverzüglich, spätestens aber innerhalb von drei Wochen Insolvenzantrag zu stellen. Im Falle der Führungslosigkeit der Gesellschaft ist auch jeder Gesellschafter zur Stellung des Insolvenzantrags verpflichtet, es sei denn, er hat von der Zahlungsunfähigkeit und der Überschuldung oder der Führungslosigkeit keine Kenntnis. Wer vorsätzlich oder fahrlässig einen Insolvenzantrag nicht, nicht richtig oder nicht rechtzeitig stellt, macht sich strafbar.

20. **Gründungskosten:** Für die Eintragung der Gesellschaft im Handelsregister und die Bekanntmachung erhält die Gesellschaft eine Rechnung vom Amtsgericht bzw. der Landesjustizverwaltung. Im Zusammenhang mit Eintragungen im Handelsregister werden immer wieder auch „falsche" Rechnungen für private Eintragungen versandt, die von dem Gründer aber meist gar nicht in Auftrag gegeben worden sind. Entsprechende Rechnungen sind daher vor Zahlung stets genau zu prüfen, insbesondere auch durch Rückfrage beim Rechnungsaussteller.

e) **Satzungsautonomie und Alles-oder-Nichts-Prinzip.** *aa) Grundsätze.* Bei Errichtung einer individuellen Gründungsurkunde gilt auch für die Unternehmergesellschaft (haftungsbeschränkt) der Grundsatz der Satzungsautonomie (§ 45 Abs. 1 GmbHG). Abgesehen von dem gesetzlichen Mindestinhalt (§ 3 Abs. 1 GmbHG) kann die Satzung grundsätzlich nach dem freien Belieben der Gründer ausgestaltet werden.

57 Das Musterprotokoll kann dagegen nur in der Form verwendet werden, wie es vom Gesetzgeber vorgesehen ist (siehe § 2 Abs. 1a Sätze 2 und 3 GmbHG samt Anlage 1a und 1b).[60] Individuelle Anpassungen sind nur dort möglich, wo der Gesetzgeber dies ausdrücklich zugelassen hat.[61]

Dies ist bei folgenden Punkten der Fall:
- Firma (Musterprotokoll Nr. 1),
- Sitz (Musterprotokoll Nr. 1),
- Gegenstand des Unternehmens (Musterprotokoll Nr. 2),
- Höhe des Stammkapitals (Musterprotokoll Nr. 3),
- Person der (höchstens drei) Gesellschafter und Betrag des jeweils übernommenen Geschäftsanteils (Musterprotokoll Nr. 3),
- Person des (alleinigen) Geschäftsführers (Musterprotokoll Nr. 4),
- Hinweise des beurkundenden Notars (Musterprotokoll Nr. 7).

58 Bei der Unternehmergesellschaft (haftungsbeschränkt) ist das Musterprotokoll (dort Nr. 3) ferner dahingehend zu ergänzen, dass die Bareinlage sofort in voller Höhe (und nicht nur zur Hälfte) fällig ist (siehe § 5a Abs. 2 Satz 1 GmbHG). Eine Halbeinzahlung ist rechtlich nur dann zulässig, wenn das Musterprotokoll in Verbindung mit einer normalen GmbH verwendet wird (§ 7 Abs. 2 GmbHG).

59 Sonstige Abweichungen oder Ergänzungen von dem Musterprotokoll sind dagegen ausgeschlossen. Unzulässig wären beispielsweise folgende Regelungen:
- Bestellung von mehr als einem Geschäftsführer,
- Keine Befreiung des Geschäftsführers von beiden Beschränkungen des § 181 BGB,
- Übernahme von höheren Gründungskosten durch die Gesellschaft,
- Aufnahme sonstiger Regelungen in der Satzung (z. B. Vinkulierungsklauseln, Einziehung, Erbfolge, Schiedsklausel, etc.).

60 Ein Notar müsste die Beurkundung einer Unternehmergesellschaft (haftungsbeschränkt) mit einem Musterprotokoll, dass nicht den gesetzlichen Vorgaben entspricht, ablehnen (siehe § 4 BeurkG). Das Registergericht dürfte eine solche Gesellschaft nicht in das Handelsregister eintragen (siehe § 9c Abs. 1 Satz 1 GmbHG).

61 Dem Gründer einer Unternehmergesellschaft (haftungsbeschränkt) ist es aber nicht generell verboten, eine vom Musterprotokoll abweichende Satzung festzulegen. In diesem Fall muss dann aber eine individuelle Gründungsurkunde errichtet werden. Es gilt somit ein strenges „Alles-oder-Nichts-Prinzip": das Musterprotokoll kann entweder insgesamt und unverändert oder überhaupt nicht verwendet werden.

62 *bb) Vorschriften des Beurkundungsrechts.* Nach der gesetzlichen Regelung muss auch das Musterprotokoll zu seiner Wirksamkeit notariell beurkundet werden (§ 2 Abs. 1 Satz 1 GmbHG). Bei der Beurkundung muss der Notar die zwingenden Vorgaben des Beurkundungsgesetzes einhalten (insbesondere §§ 8ff. BeurkG).

63 Die Regelungen des Beurkundungsgesetzes machen Änderungen der Gründungsurkunde notwendig, die in dem gesetzlichen Musterprotokoll nicht vorgesehen sind.

Beispiele dafür sind etwa:
- **Vorbefassung:** Der Notar soll die Beteiligten nach einer Vorbefassung befragen und die Antwort in der Urkunde vermerken (§ 3 Abs. 1 Nr. 7 Satz 2 BeurkG).
- **Ort der Beurkundung:** Die Niederschrift soll u. a. auch den Ort enthalten, an welchem die Beurkundung stattgefunden hat (z. B. in dem Amtsräumen des Notars, in den Geschäftsräumen der Beteiligten, im Wohnhaus des Gründers) (§ 9 Abs. 2 BeurkG).

---

[60] BR-Drucks. 354/07 S. 61 („*Verwendung des Musters bedeutet, dass außer den Einfügungen in den vorgegebenen Feldern keine weiteren Ergänzungen oder Änderungen vorgenommen werden dürfen.*").
[61] Zur Unschädlichkeit von unbedeutenden Textänderungen des Musterprotokolls siehe OLG Düsseldorf Beschl. v. 12.7.2011 – 3 Wx 75/11, GmbHR 2011, 1319 = DStR 2011, 2106 = ZIP 2011, 2468; OLG München Beschl. v. 28.9.2010 – 31 Wx 173/10, ZIP 2010, 2044 = BB 2010, 2596 mit Anm. *Bremer/ Winkelhog* = GmbHR 2010, 1262 = NZG 2011, 29 = DNotZ 2011, 69.

- **Schlussvermerk:** In der Niederschrift soll vermerkt werden, dass die Urkunde den Beteiligten vorgelesen, von ihnen genehmigt und eigenhändig unterschrieben ist (§ 13 Abs. 1 Satz 2 BeurkG).
- **Fremdsprachige Beteiligte:** Bei Beteiligten, die der deutschen Sprache nicht hinreichend mächtig sind, soll dies in der Niederschrift festgestellt werden und die Urkunde den Beteiligten übersetzt werden (§ 16 BeurkG).
- **Genehmigungen:** Der Notar soll die Beteiligten auf etwa erforderliche gerichtliche Genehmigungen hinweisen (z. B. des Familiengerichts) und dies in der Niederschrift vermerken (§ 18 BeurkG).
- **Behinderte Personen:** Bei der Beteiligung behinderter Personen sind die entsprechenden Feststellungen in der Niederschrift zu vermerken und je nach Einzelfall besondere Vorkehrungen einzuhalten (§§ 22 ff. BeurkG).

In allen diesen Fällen stellt sich die Frage, wie der Konflikt zwischen den zwingenden Vorschriften des Beurkundungsrechts und dem grundsätzlich unabänderlichen Musterprotokoll des GmbH-Gesetzes aufzulösen ist. Nach allgemeinen Regeln der Gesetzeskonkurrenz wäre an sich das GmbH-Gesetz als das zeitlich spätere und zudem auch das speziellere Gesetz vorrangig. Gleichwohl ist davon auszugehen, dass Änderungen des Musterprotokolls, die durch das Beurkundungsgesetz veranlasst sind, zulässig sind.[62] Der Vorrang des Beurkundungsrechts erscheint schon deshalb geboten, weil andernfalls eine Beurkundung des Musterprotokolls kaum jemals möglich wäre. Es ist aber nicht davon auszugehen, dass der Gesetzgeber ein Musterprotokoll schaffen wollte, dass in der Praxis nicht verwendet werden kann. Vielmehr ist anzunehmen, dass der Gesetzgeber stillschweigend vorausgesetzt hat, dass die Notare die gesetzlichen Vorschriften des Beurkundungsrechts in jedem Fall einhalten müssen und dürfen. 64

Die Praxis wird dieses Problem sicherlich ohne größere Schwierigkeiten lösen. Es spricht allerdings nicht unbedingt für die Qualität des Musterprotokolls, wenn der Gesetzgeber die von ihm im Beurkundungsgesetz aufgestellten Vorgaben selbst nicht beachtet. 65

cc) Sprachliche und sonstige Anpassungen. Das zwingende Alles-oder-Nichts-Prinzip wirft auch außerhalb des Beurkundungsrechts die Frage auf, welche Abweichungen von dem gesetzlichen Musterprotokoll im Einzelfall zulässig sind. 66

Nach dem Musterprotokoll wird die Gesellschaft von dem Erschienenen errichtet (siehe Nr. 1: *„Der Erschienene errichtet"*). Allerdings muss dies keineswegs immer so sein. *„Der Erschienene"* kann beispielsweise als Vertreter oder Organmitglied für eine andere natürliche oder juristische Person handeln. In diesem Fall stellt sich die Frage, ob der beurkundende Notar das Musterprotokoll dann entsprechend abändern kann (obwohl diese Möglichkeit im Gesetz nicht vorgesehen ist, siehe § 2 Abs. 1a Satz 2 GmbHG) oder, ob in diesen Fällen eine individuelle Satzung erstellt werden muss. Für die Zulässigkeit einer solchen Änderungsbefugnis spricht, dass der Gesetzgeber das Musterprotokoll ausdrücklich auch für Unternehmensgründungen durch juristische Personen geschaffen hat, diese aber naturgemäß nie vor dem Notar erscheinen können. Gleichwohl bestehen gegen einen solchen Eingriff in das vom Gesetzgeber vorgegebene Musterprotokoll Bedenken, weil sie dem klaren Gesetzeswortlaut widerspricht. Unverändert kann das Musterprotokoll jedenfalls nicht beurkundet werden, weil *„der Erschienene"* nicht der Gründungsgesellschafter ist. 67

In diesem Zusammenhang stellt sich ferner die Frage, wie zu verfahren ist, wenn die Gesellschaft von einer Frau errichtet wird. Vor dem Hintergrund des Allgemeinen Gleichbehandlungsgesetzes (AGG) wäre es überraschend, wenn der Notar auch in diesem Fall auf der Formulierung „Der" Erschienene bestehen müsste (siehe Musterprotokoll Nr. 1 und Nr. 7). 68

Das amtliche Musterprotokoll enthält die Überschrift *„Musterprotokoll für die Gründung einer Einpersonengesellschaft"* bzw. *„Musterprotokoll für die Gründung einer Mehrpersonengesellschaft mit bis zu drei Gesellschaftern"*. Die Überschriften sind Bestandteil des 69

---

[62] So auch MünchKommGmbHG/*J. Mayer*, 2010, § 2 Rn. 231; Ulmer/Habersack/Löbbe/*Ulmer/Löbbe* § 2 Rn. 105, 108 und 126.

in der Anlage enthaltenen Gesetzestextes und dürften dementsprechend auch mitzubeurkunden sein. An der Wirksamkeit der Beurkundung dürfte es allerdings nichts ändern, wenn die Überschrift in der beurkundeten Niederschrift (versehentlich) weggelassen wird. Ähnliches dürfte gelten, wenn die vom Gesetzgeber vorgegebene Überschrift im Einzelfall abgeändert und durch eine andere Überschrift ersetzt wird (z. B. Gründung einer Einpersonen-Unternehmergesellschaft (haftungsbeschränkt) im vereinfachten Verfahren). Eine aussagekräftige Überschrift erscheint aus Gründen der Transparenz wünschenswert und würde Registergerichten und Notaren die Arbeit erleichtern. Allein aus der Überschrift wäre dann bereits erkennbar, um welche Rechtsformvariante es sich handelt. Eine solche Überschrift dürfte daher als zulässige sprachliche Anpassung des gesetzlichen Musterprotokolls anzusehen sein.

70   In der Praxis werden Gründungsurkunden (gerade bei der Beteiligung von Gründern aus dem Ausland) nicht selten zweisprachig errichtet. Nach dem Gesetzeswortlaut gibt es das Musterprotokoll aber nur in deutscher Sprache. Es dürfte allerdings nichts dagegen sprechen, das Musterprotokoll daneben zusätzlich auch in englischer Sprache zu errichten (siehe § 5 Abs. 2 BeurkG).

71   Nach Nr. 6 des Musterprotokolls soll der Notar dem Finanzamt (Körperschaftsteuerstelle) eine *„einfache Abschrift"* der Urkunde übersenden. Nach der Einkommensteuer-Durchführungsverordnung ist der Notar aber verpflichtet, dem Finanzamt eine *„beglaubigte Abschrift"* der Urkunde zu übersenden (§ 54 EStDV). Das GmbH-Gesetz dürfte in diesem Fall als das höherrangige (Gesetz im Vergleich zu einer Verordnung) und das zeitlich spätere Recht vorrangig sein. Demnach genügt die Übersendung einer einfachen Abschrift des Musterprotokolls an das Finanzamt für Körperschaften. Allerdings handelt es sich dabei um einen offenkundigen Systembruch, der vom Gesetzgeber so wohl kaum gewollt war. Seit 1.1.2008 muss der Notar selbst bei der bloßen Beglaubigung der Unterschriften unter einer Handelsregisteranmeldung einer englischen *private limited company* dem Finanzamt eine beglaubigte Abschrift der Urkunde übersenden (§ 54 Abs. 1 Satz 2 EStDV). Es ist daher kein Grund ersichtlich, warum bei der Beurkundung einer Gesellschaftsgründung unter Verwendung des Musterprotokolls nur eine einfache Abschrift an das Finanzamt zu übersenden ist. Unstreitig gelten die sonstigen Regelungen über die Anzeigepflicht der Notare (insbesondere § 54 Abs. 2 bis 4 EStDV) auch bei der Unternehmergesellschaft (haftungsbeschränkt) mit Musterprotokoll.

72   dd) *Zwischenergebnis.* Das Alles-oder-Nichts-Prinzip des Musterprotokolls wirft zahlreiche Fragen auf, die sicherlich noch zu manchen Auseinandersetzungen mit Registergerichten und Notaren führen werden. Erstaunlich ist jedenfalls, dass es dem Gesetzgeber trotz des jahrelangen Gesetzgebungsverfahrens nicht gelungen ist, dass Musterprotokoll zumindest „handwerklich" korrekt umzusetzen.[63]

73   **f) Spätere Satzungsänderungen.** Für Änderungen der Satzung gelten die allgemeinen Vorschriften (§§ 53 f. GmbHG).[64] Bei Änderungen des Musterprotokolls bestehen auch dann keine Besonderheiten, wenn nur die dort vorgesehenen Bestimmungen geändert werden.[65] Der Beschluss über die Satzungsänderung bedarf damit in allen Fällen zwingend einer Mehrheit von mindestens drei Vierteln der abgegeben Stimmen und muss notariell beurkundet werden. Die Satzungsänderung wird erst mit der Eintragung in das Handelsregister wirksam. Der Anmeldung ist stets eine Satzungsbescheinigung des Notars mit dem vollständigen neuen Wortlaut des Gesellschaftsvertrages beizufügen. Werden nur einzelne Bestim-

---

[63] *Römermann* GmbHG 2008, R 241, R 242 hat darauf hingewiesen, dass der Gesetzgeber *„nicht unbedingt ein Meister auf dem Gebiet der Vertragsgestaltung ist"*. Warum betätigt sich der Gesetzgeber dann aber immer wieder als Vertragsgestalter?

[64] Zur Änderung des Gesellschaftsvertrags vor Eintragung im Handelsregister und Gründung einer Unternehmergesellschaft (haftungsbeschränkt) siehe OLG Frankfurt am Main Beschl. v. 20.12.2010 – 20 W 388/10, GmbHR 2011, 984.

[65] Zur Satzungsänderung bei einer Unternehmergesellschaft (haftungsbeschränkt), die im vereinfachten Verfahren mittels Musterprotokoll errichtet worden ist, siehe OLG Düsseldorf Beschl. v. 10.5.2010 – 3 Wx 106/10, NZG 2010, 719 = ZIP 2010, 1343 = GmbHR 2010, 757 mit Anm. *Omlor/Spies* = Rpfleger 2010, 594.

mungen der Satzung neu gefasst, stellt sich spätestens beim Erstellen der Satzungsbescheinigung (§ 54 Abs. 1 Satz 2 GmbHG) die Frage, welche Teile des Musterprotokolls eigentlich förmlicher Inhalt der Satzung sind.[66] Im Allgemeinen wird die neue Satzungsbescheinigung wohl auf der Grundlage der Nr. 1 bis Nr. 5 des Musterprotokolls zu erstellen sein. Zur Vermeidung entsprechender Zweifelsfragen erscheint in der Praxis aber eine vollständige Satzungsneufassung empfehlenswert.

IV. Gründung einer Unternehmergesellschaft (haftungsbeschränkt)

Eine Unternehmergesellschaft (haftungsbeschränkt) kann nur neu gegründet werden (siehe Gesetzeswortlaut „*gegründet*" in § 5a Abs. 1 GmbHG).[67] 74

Nicht möglich ist es dagegen, eine bereits bestehende Gesellschaft mit beschränkter Haftung in eine Unternehmergesellschaft (haftungsbeschränkt) zu überführen.[68] Ein Formwechsel nach dem Umwandlungsgesetz (§§ 190 ff. UmwG)[69] kommt schon deshalb nicht in Betracht, weil es sich bei der Unternehmergesellschaft (haftungsbeschränkt) und der Gesellschaft mit beschränkter Haftung um ein und dieselbe Rechtsform (und nicht etwa um verschiedene Rechtsformen) handelt (siehe etwa § 190 Abs. 1 UmwG „*eine andere Rechtsform*").[70]

Eine bestehende Gesellschaft mit beschränkter Haftung kann auch nicht durch satzungsändernden Beschluss zur Unternehmergesellschaft (haftungsbeschränkt) werden. Eine Kapitalherabsetzung auf 1,– EUR (oder allgemein auf einen Betrag zwischen 1,– EUR und 24.999,– EUR) ist nicht möglich, weil das Mindestkapital auch nach der Kapitalherabsetzung mindestens 25.000,– EUR betragen muss (§ 58 Abs. 2 Satz 1 GmbHG). Die Beibehaltung des bisherigen Stammkapitals von 25.000,– EUR ist gleichfalls ausgeschlossen, weil das Stammkapital der Unternehmergesellschaft (haftungsbeschränkt) – zumindest bei Gründung[71] – höchstens 24.999,– EUR betragen darf (siehe § 5a Abs. 1 GmbHG: „*den Betrag des Mindeststammkapitals nach § 5a Abs. 1 unterschreitet*"). 75

Die Unternehmergesellschaft (haftungsbeschränkt) kann – nach einer entsprechenden Kapitalerhöhung – in eine (normale) Gesellschaft mit beschränkter Haftung überführt werden (siehe § 5a Abs. 5 GmbHG).[72] Der umgekehrte Weg ist dagegen nicht möglich. 76

V. Stammkapital

1. Mindestkapital

a) Rechtliche Vorgaben für das Mindestkapital. Eine Unternehmergesellschaft (haftungsbeschränkt) muss mindestens ein Stammkapital von 1,– EUR haben (siehe § 5a Abs. 1 GmbHG). Ein Stammkapital von weniger als 1,– EUR (z.B. 1 Cent) ist nicht möglich, da je- 77

---

[66] Zur notariellen Satzungsbescheinigung bei Änderung des im Musterprotokolls enthaltenen Gesellschaftsvertrages siehe u. a. OLG München Beschl. v. 6.7.2010 – 31 Wx 112/10, DB 2010, 1637 = BB 2010, 2009 = GmbHR 2010, 922 = NZG 2010, 998 = ZIP 2010, 1902 = DNotZ 2010, 939; OLG München Beschl. v. 3.11.2009 – 31 Wx 131/09, GmbHR 2010, 312 mit Anm. *Kallweit* = NotBZ 2010, 110 mit Anm. *Krafka*; OLG München Beschl. v. 29.10.2009 – 31 Wx 124/09, DStR 2009, 2499 = DB 2009, 2651 = ZIP 2009, 2392 = GmbHR 2010, 40 = NZG 2010, 35 = DNotZ 2010, 155 = NotBZ 2010, 65 = RNotZ 2010, 61 mit Anm. *MK* = Rpfleger 2010, 145.
[67] Siehe auch BR-Drucks. 354/07 S. 70, wonach die Unternehmergesellschaft (haftungsbeschränkt) vor allem „*jungen Existenzgründer(n)*" bei der Umsetzung ihrer unternehmerischen Ziele helfen soll.
[68] So auch *Seibert* GmbHR 2007, 673, 675.
[69] Ausführlich zur Umwandlungsfähigkeit der Unternehmergesellschaft (haftungsbeschränkt) → Rn. 210 ff.
[70] Im Übrigen würde ein Formwechsel auch an § 247 Abs. 1 UmwG scheitern, weil das Stammkapital einer Unternehmergesellschaft (haftungsbeschränkt) bei Gründung höchstens 24.999,– EUR betragen darf (§ 5a Abs. 1 GmbHG), das Stammkapital der GmbH aber mindestens 25.000,– EUR beträgt (§ 5 Abs. 1 GmbHG).
[71] Nach Gründung und Kapitalerhöhung kann das Stammkapital einer Unternehmergesellschaft (haftungsbeschränkt) ausnahmsweise auch 25.000,– EUR und mehr betragen, wenn sie die Firma Unternehmergesellschaft (haftungsbeschränkt) beibehält (siehe § 5a Abs. 5 HS. 2 GmbHG).
[72] Dazu ausführlich → Rn. 210 ff.

der Geschäftsanteil auf volle Euro lauten muss (§ 5 Abs. 2 Satz 1 GmbHG). Für die Gründung einer Unternehmergesellschaft (haftungsbeschränkt) ist daher ebenso wie bei der klassischen GmbH ein bestimmtes Stammkapital erforderlich,[73] allerdings nur in Höhe von 1,– EUR. Zumindest missverständlich war es daher, wenn im Rahmen des Gesetzgebungsverfahren immer wieder von einer Gesellschaft ohne Mindestkapital gesprochen worden ist.[74] Gleiches gilt für den Vorschlag des Bundesrates, die neue Rechtsformvariante als *„Gesellschaft mit beschränkter Haftung (ohne Mindeststammkapital)"* zu bezeichnen,[75] der vom Gesetzgeber aber nicht aufgegriffen worden ist.

78 Die Gesellschafter können auch (freiwillig) ein höheres Stammkapital festlegen (z. B. 1.000,– EUR, 5.000,– EUR oder 10.000,– EUR). Das Stammkapital darf allerdings höchstens 24.999,– EUR betragen (§ 5a Abs. 1 GmbHG). Ein Stammkapital von 12.500,– EUR oder mehr dürfte bei der Unternehmergesellschaft (haftungsbeschränkt) wohl nur selten vorkommen, weil aufgrund der generellen Aufgabe des Volleinzahlungsgrundsatzes mit diesem Kapital bereits eine klassische GmbH gegründet werden kann. In der Praxis werden daher Unternehmergesellschaften (haftungsbeschränkt) vor allem mit einem Stammkapital zwischen 1,– EUR und 12.499,– EUR anzutreffen sein. Das durchschnittliche Stammkapital liegt derzeit wohl zwischen 500,– EUR bis 1.000,– EUR.[76]

79 Jeder Gesellschafter muss bei Gründung einen Geschäftsanteil übernehmen. Bei einer Mehrpersonen-Unternehmergesellschaft (haftungsbeschränkt) beträgt das Mindeststammkapital dementsprechend ein Vielfaches von 1,– EUR (z. B. 2,– EUR bei einer Zweipersonengesellschaft).

80 **b) Kritik an dem Mindestkapital.** Mit der Schaffung der Unternehmergesellschaft (haftungsbeschränkt) mit einem gesetzlichen Mindestkapital von nur 1,– EUR wollte der Gesetzgeber nicht nur eine Alternative zur englischen *private limited company* schaffen, sondern auch den Streit[77] über die Notwendigkeit des Mindestkapitals und dessen Höhe beenden.[78] Mit der 1,– EUR Unternehmergesellschaft (haftungsbeschränkt) und der 25.000,– EUR GmbH haben sowohl Gegner als auch Befürworter ihr Ziel erreicht. Die Unternehmensgründer (und ihre Geschäftspartner) können in Zukunft selbst entscheiden, wie wichtig ihnen das Mindestkapital ist.

81 Die Schwierigkeit der Kompromissfindung wird auch in den Gesetzesmaterialien deutlich. Der Gesetzgeber spricht wiederholt von dem *„bewährte(n) Haftkapitalsystem"* der GmbH[79] und schafft es gleichzeitig für die neue GmbH-Form der Unternehmergesellschaft (haftungsbeschränkt) faktisch ab. Nach Auffassung der Bundesregierung sollte kein Anreiz ge-

---

[73] Siehe den Gesetzeswortlaut von § 5a Abs. 1 GmbHG: *„mit einem Stammkapital"*.
[74] Siehe etwa Beschlussempfehlung und Bericht des Rechtsausschusses, BT-Drucks. 16/9737 S. 92 (*„mindestkapitalfreie Alternative in der Form der „Unternehmergesellschaft"*); Entschließungsantrag der Fraktion BÜNDNIS 90/DIE GRÜNEN und weiterer Abgeordneter, BT-Drucks. 16/9795 S. 2 (*„Zur Gründung einer solchen haftungsbeschränkten Gesellschaft ist kein Stammkapital erforderlich."*); BR-Drucks. 354/07, S. 71 (*„vollständigen Aufgabe des Mindeststammkapitals"*; *„auf das Mindeststammkapital zu verzichten"*); Bundesministerin der Justiz, *Brigitte Zypries* im Deutschen Bundestag (Plenarprotokoll der 172. Sitzung vom 26.6.2008 S. 18187, 18190 (*„Kapitalgesellschaft ohne festes Mindeststammkapital"*); *Seibert/Decker* ZIP 2008, 1208, 1208 (*„ohne bestimmtes Mindestkapitalerfordernis"*); *Seibert* GmbHR 2007, 673 (675) (*„mindeststammkapitallosen neuen Rechtsform"*). – Ferner auch Baumbach/Hueck/*Fastrich*, GmbHG, 20. Auflage 2013, § 5a Rn. 4 (*„Kapges ohne Mindestkapital"*); Bork/Schäfer/*Schäfer*, GmbHG, 2. Auflage 2012, § 5a Rn. 4 (*„GmbH ohne Mindeststammkapital"*).
[75] BR-Drucks. 354/07 (Beschluss) Nr. 4.
[76] Siehe die Nachweise in → Fn. 9.
[77] Die seit Jahren außerordentlich kontrovers geführte Debatte über die Höhe des gesetzlichen Mindestkapitals war auch bei den abschließenden Beratungen im Deutschen Bundestag noch nicht beendet. Siehe nur die Äußerungen von Dr. *Jürgen Gehb* (CDU/CSU) (*„bedeutungsvolle Seriositätsschwelle"*) und *Klaus Uwe Benneter* (SPD) (*„Das Stammkapital soll ein Ausweis von Solidität und Seriosität sein, (...). Das ist doch ein Witz!"*.) (Plenarprotokoll der 172. Sitzung vom 26.6.2008, S. 18187, 18193 und 18201).
[78] So insbesondere *Klaus Uwe Benneter* (SPD) im Deutschen Bundestag (Plenarprotokoll der 172. Sitzung vom 26.6.2008 S. 18187, 18201), und *Seibert* GmbHR 2007, 673 (676 f.).
[79] Siehe nur BR-Drucks. 354/07 S. 56 (*„Das bewährte Haftkapitalsystem der GmbH wird durch eine Anpassung des Mindestkapitals nicht in Frage gestellt. Dieses System kann somit auch im Rahmen der anstehenden Erörterung des Haftkapitalsystems auf europäischer Ebene überzeugend vertreten werden."*).

schaffen werden, GmbH's mit einem geringen Stammkapital zu gründen,[80] doch geschieht genau dies mit der Unternehmergesellschaft (haftungsbeschränkt).

c) Angemessenheit des Mindestkapitals im Einzelfall. Rechtlich ist ein Mindestkapital von 1,– EUR somit ausreichend. In der Praxis sollte gleichwohl in jedem Einzelfall sorgfältig geprüft werden, ob die Gründung einer Unternehmergesellschaft mit einem Stammkapital von 1,– EUR wirklich sinnvoll ist. Die (frühere) Bundesministerin der Justiz, *Brigitte Zypries* hat daran jedenfalls – zu Recht – ganz erhebliche Zweifel, wenn sie ausführt: „(...) *Die Mini-GmbH ist kein neues Rechtsinstitut, nur ein Unterfall der GmbH. Man muss sehen: Ganz ohne Kapital kann man kein Unternehmen gründen, auch nicht im Dienstleistungssektor.*"[81] Eine höhere Kapitalausstattung wird daher in vielen Fällen notwendig sein.[82]

82

Bei einem Stammkapital von 1,– EUR wäre die Unternehmergesellschaft (haftungsbeschränkt) bereits überschuldet, wenn sie nur die Gründungskosten übernehmen würde.[83] Deshalb hat der Gesetzgeber den von der Gesellschaft zu tragenden Gründungsaufwand in dem Musterprotokoll (Nr. 5) nicht nur auf einen Höchstbetrag von 300,– EUR, sondern zusätzlich auch auf die Höhe des Stammkapitals begrenzt. Aber auch bei einer Unternehmergesellschaft (haftungsbeschränkt) mit einer individuellen Satzung wird man die von der Gesellschaft zu tragenden Gründungskosten nicht – wie sonst allgemein üblich – mit 2.500,– EUR festsetzen können, wenn das Stammkapital gerade einmal 1,– EUR beträgt. In diesen Fällen müssen die Gründungskosten entweder von den Gesellschaftern bezahlt werden oder es muss freiwillig ein entsprechend höheres Stammkapital festgesetzt werden. Nachdem die Gesellschafter die Gründungskosten wohl nur in wenigen Fällen selbst übernehmen werden, dürfte die faktische Untergrenze des Stammkapitals für eine Unternehmergesellschaft (haftungsbeschränkt) bei ca. 300,– EUR liegen.

83

Ohne eine weitergehende Kapitalausstattung dürfte eine Unternehmergesellschaft (haftungsbeschränkt) gleichwohl bald überschuldet sein.[84] Die Gesellschafter müssen die Unternehmergesellschaft (haftungsbeschränkt) daher entweder mit einem höheren Stammkapital ausstatten, Zahlungen in die Rücklage der Gesellschaft leisten oder der Gesellschaft entsprechende Darlehen zur Verfügung stellen.

84

Bei Gesellschafterdarlehen ist allerdings darauf zu achten, dass diese – anders als dies noch im Regierungsentwurf[85] vorgesehen war – in der Überschuldungsbilanz nur dann nicht zu berücksichtigen sind, wenn sie mit einem Rangrücktritt versehen sind (§ 19 Abs. 2 InsO).[86] Der Gesetzgeber begründet die Beibehaltung des Rangrücktritts gerade mit dessen

85

---

[80] Gegenäußerung der Bundesregierung zu den Vorschlägen des Bundesrates, BT-Drucks. 16/6140 Anlage 3 S. 3.

[81] *Brigitte Zypries*, Bundesministerin der Justiz, Interview in der FAZ vom 23.5.2007, Nr. 118, S. 15 (zum Regierungsentwurf), und ähnlich im Deutschen Bundestag (Plenarprotokoll der 172. Sitzung vom 26.6.2008, S. 18 187, 18 190 („*Denn ohne Kapital kann man nicht einmal ein Telefon anmelden oder einen Schreibtisch kaufen.*"). – Noch deutlicher der zuständige Ministerialrat im Bundesministerium der Justiz, Prof. Dr. *Ulrich Seibert* GmbHR 2007, 673, 675 („*Das ist freilich Theorie, denn eine GmbH mit einem Euro Stammkapital wäre überschuldet und insolvenzreif vom Moment ihrer Eintragung an.* (...) *Hoffen wir auf die Vernunft der Leute.*"). – Aber: Werden Gesetze und Verträge nicht gerade für „*schlechte Zeiten*" gemacht? Auf die „*Vernunft der Leute*" zu hoffen, kommt da doch einer Kapitulationserklärung des Gesetzgebers gleich.

[82] Siehe dazu auch BR-Drucks. 354/07 S. 66 (zur ursprünglich geplanten Reduzierung des Mindestkapitals auf 10.000,– EUR bei der klassischen GmbH) („*Unternehmen mit höherem Kapitalbedarf sind freilich auch in Zukunft gut beraten, schon bei Gründung ein höheres Kapital zu zeichnen. Für viele solche Unternehmen waren auch in der Vergangenheit 25.000,– EUR von Anfang an zu niedrig. So wird beispielsweise eine mit Eigenkapital besser ausgestattete GmbH wesentlich einfacher einen Bankkredit ohne zusätzliche persönliche Sicherheiten erhalten.*").

[83] Ähnlich die Einschätzung von MünchKommGmbHG/*Rieder*, 2010, § 5a Rn. 11 f. – Zu der zeitlich befristeten Änderung des Überschuldungsbegriffs in § 19 Abs. 2 InsO siehe oben → Fn. 39.

[84] Siehe dazu auch die Untersuchung von Creditreform, GmbHR 2006, R 70, wonach in der Vergangenheit bei Gesellschaften mit beschränkter Haftung ein statistisch signifikanter Zusammenhang zwischen der Höhe des Stammkapitals und dem Insolvenzrisiko bestand. – Zu der Neufassung des Überschuldungsbegriffs in § 19 Abs. 2 InsO siehe → Fn. 39.

[85] Ausführlich zu Fragen des Rangrücktritts *Kammeter/Geißelmeier* NZI 2007, 214; *Karsten Schmidt* BB 2008, 461.

[86] Siehe dazu Beschlussempfehlung und Bericht des Rechtsausschusses, BT-Drucks. 16/9737 S. 104 f., und *Hirte* WM 2008, 1429, 1434. – Zu der (bislang ungeklärten) Frage, welche Anforderungen die Finanzgerichte

Warnfunktion für den Gesellschafter. Nachweise über Gesellschafterdarlehen oder einen Rangrücktritt sind dem Registergericht nicht vorzulegen (Umkehrschluss aus § 8 Abs. 1 GmbHG) und von diesem auch nicht zu prüfen. Die Geschäftsführer müssen in der Handelsregisteranmeldung diesbezüglich auch keinerlei Erklärungen oder Versicherungen abgeben (siehe § 8 Abs. 2 bis 4 GmbHG). Das Registergericht kann die Eintragung einer Unternehmergesellschaft (haftungsbeschränkt) auch nicht unter Hinweis auf deren angebliche Vermögenslosigkeit ablehnen, sondern muss nach Eintragung gegebenenfalls ein entsprechendes Löschungsverfahren einleiten (siehe dazu § 394 FamFG i. V. m. § 60 Abs. 1 Nr. 7 GmbHG).

86 Bei der Frage nach der angemessenen Eigenkapitalausstattung sollten in der Praxis auch mögliche Auswirkungen auf das Ansehen der Gesellschaft im Rechtsverkehr berücksichtigt werden. Bei der klassischen GmbH hat sich der Gesetzgeber immerhin u. a. auch deshalb gegen einer Reduzierung des Mindestkapitals von 25.000,– EUR entschieden, weil ein angemessenes Mindestkapital auch auf die *„Seriosität"* der Rechtsform der GmbH ausstrahlt.[87] Es wurde insbesondere auch von Seiten der Wirtschaft befürchtet, dass mit der Aufgabe des Mindeststammkapitals das *„Prestige der GmbH"* beschädigt werden könnte.[88] Daraus kann man sicherlich nicht folgern, dass der Gesetzgeber eine Gesellschaft mit einem Stammkapital von 1,– EUR selbst als „unseriös" ansehen würde. Gleichwohl muss sich die neue Rechtsformvariante der Unternehmergesellschaft (haftungsbeschränkt) das *„Prestige"*, dass sich die GmbH über mehr als 125 Jahren weltweit erworben hat, erst noch erarbeiten. Möglicherweise kann eine angemessene Eigenkapitalausstattung dazu auch einen Beitrag leisten.

87 **d) Mögliche Haftungsrisiken aufgrund des geringen Mindeststammkapitals.** Das Mindeststammkapital von 1,– EUR erleichtert die Gründung von Unternehmen, schwächt aber den Gläubigerschutz. Als einzigen Ausgleich hat der Gesetzgeber die *„deutlich andere Firmierung"* in Form der *„Unternehmergesellschaft (haftungsbeschränkt)"* vorgesehen. Eine Gesellschaft, die ein Stammkapital von weniger als 25.000,– EUR hat, muss in ihrer Firma die Bezeichnung „Unternehmergesellschaft (haftungsbeschränkt)" oder „UG (haftungsbeschränkt)" führen (§ 5a Abs. 1 GmbHG). Sonstige Maßnahmen zum Schutz von Gläubigern hat der Gesetzgeber dagegen nicht vorgesehen. Die Höhe des Stammkapitals muss insbesondere nicht auf den Geschäftsbriefen der Gesellschaft angegeben werden (siehe § 35a GmbHG).[89] Für Geschäftsführer und Gesellschafter gelten die gleichen Pflichten wie bei einer klassischen GmbH.[90] Verschärfte Ausschüttungssperren sind gleichfalls nicht vorgesehen. Insgesamt verzichtet der Gesetzgeber somit in weitem Umfang auf den präventiven Schutz der Gläubiger in Form der Kapitalaufbringung, ohne dass die Gesellschafter dafür mit schärferen repressiven Maßnahmen rechnen müssen (wie dies auch in vielen ausländischen Rechtsordnungen üblich ist).[91] Im Vergleich zur klassischen GmbH sind die Risiken der unternehmerischen Tätigkeit bei der Unternehmergesellschaft (haftungsbeschränkt) somit von den Gesellschaftern auf die Gläubiger verlagert worden.[92]

---

und die Finanzverwaltung künftig an einen Rangrücktritt stellen werden (siehe § 5 Abs. 2a EStG) siehe *Fuhrmann* NWB 2008 Fach 4 Seite 5391, und BMF, Schreiben vom 8.9.2006, BStBl. I 2006 S. 497, sowie BFH BStBl. II 2006, 618.

[87] BR-Drucks. 354/07, S. 70. – Siehe dazu auch *Mechthild Dyckmans* (FDP) im Deutschen Bundestag (Plenarprotokoll der 172. Sitzung vom 26.6.2008, S. 18 187, 18 191).

[88] BR-Drucks. 354/07 S. 71.

[89] Kritisch dazu *Goette*, Einführung in das neue GmbH-Recht, 2008, Rn. 43.

[90] Siehe den Vorschlag des Bundesrates, BR-Drucks. 354/07 (Beschluss) Nr. 7. Ablehnend allerdings die Gegenäußerung der Bundesregierung zu den Vorschlägen des Bundesrates, BT-Drucks. 16/6140 Anlage 3 S. 4. – Siehe in diesem Zusammenhang auch den (ebenfalls abgelehnten) Vorschlag des Bundesrats für eine Intransparenzhaftung, BR-Drucks. 354/07 (Beschluss) Nr. 19.

[91] Siehe demgegenüber *Gehb/Drange/Heckelmann* NZG 2006, 88, 94 f., die sich im Rahmen ihres Vorschlags für eine Durchgriffshaftung bei Missbrauch der Rechtsform ausgesprochen hatten.

[92] Siehe demgegenüber aber die Bundesministerin der Justiz, *Brigitte Zypries* im Deutschen Bundestag (Plenarprotokoll der 172. Sitzung vom 26.6.2008, S. 18 187, 18 190) (*„Das MoMiG verlagert die Gewichte weg von einer vorbeugenden Formstrenge hin zu einer nachsorgenden Kontrolle, die erst im Krisenfall eingreift, dann aber mit größerer Schärfe als in der Vergangenheit."*).

Die gesetzliche Neuregelung könnte daher ein Signal an die Unternehmensgründer sein, dass man die Haftungsbeschränkung auch „billiger" haben kann als bei der klassischen GmbH.⁹³ Eine der spannendsten Fragen des neuen GmbH-Rechts dürfte aber sein, ob die Haftungsbeschränkung auch das hält, was sie verspricht und wirklich genauso sicher ist wie bei der klassischen GmbH. 88

Die Gesetzesbegründung zum Regierungsentwurf äußert sich nicht ausdrücklich zur Frage einer Durchgriffs- oder Unterkapitalisierungshaftung im Zusammenhang mit der Unternehmergesellschaft (haftungsbeschränkt).⁹⁴ Lediglich im Zusammenhang mit der ursprünglich geplanten Reduzierung des Mindeststammkapitals auf 10.000,- EUR bei der klassischen GmbH findet sich der Hinweis, dass eine Unterkapitalisierungshaftung bewusst nicht vorgesehen worden sei.⁹⁵ 89

Bei der klassischen GmbH hat die Rechtsprechung des Bundesgerichtshofs in den letzten Jahren eine Durchgriffs- oder Unterkapitalisierungshaftung wiederholt abgelehnt.⁹⁶ Diese Rechtsprechung muss aber keineswegs unverändert auch für die Unternehmergesellschaft (haftungsbeschränkt) gelten.⁹⁷ Der Bundesgerichtshof hat dies in seiner jüngsten Entschei- 90

---

⁹³ Im Zusammenhang mit englischen *private limited companies* mit Verwaltungssitz in Deutschland hat *Goette* (Vorsitzender Richter des Zweiten Senats des Bundesgerichtshofs) wiederholt deutlich darauf hingewiesen, dass es eine Haftungsbeschränkung nicht zum Nulltarif geben kann. Zuletzt *Goette*, Einführung in das neue GmbH-Recht, 2008, Rn. 38. – Zurückhaltender demgegenüber in Bezug auf die deutsche Unternehmergesellschaft (haftungsbeschränkt), → Rn. 48.

⁹⁴ BR-Drucks. 354/07, S. 70 ff. – Ein in diese Richtung zielender Vorschlag des Bundesrats (BR-Drucks. 354/07 (Beschluss) Nr. 7) wurde allerdings abgelehnt (Gegenäußerung der Bundesregierung zu den Vorschlägen des Bundesrates, BT-Drucks. 16/6140 Anlage 3 S. 4).

⁹⁵ BR-Drucks. 354/07 S. 66 („*eine Unterkapitalisierungshaftung ist bewusst nicht vorgesehen*"). – Zurückhaltender noch die Begründung zum Referentenentwurf (Stand: 29.5.2006), S. 38 („*Einer Unterkapitalisierungshaftung redet der Entwurf mit der Absenkung des Mindeststammkapitals nicht das Wort.*").

⁹⁶ Siehe dazu nur BGH GmbHR 2008, 805 (Gamma) mit Anm. *Ulrich* = ZIP 2008, 1232 = DB 2008, 1423 = NZG 2008, 547 = NJW 2008, 2437 = DStR 2008, 1293 = BB 2008, 1697 mit Anm. *Möller* = EWiR 2008, 493 (*Bruns*) = DNotZ 2008, 849. Ausführlich dazu *Altmeppen* ZIP 2008, 1201; *Heeg/Kebbel* DB 2008, 1787; *Kleindieck* NZG 2008, 686; *Waclawik* DStR 2008, 1486. – BGH (zur Durchgriffshaftung eines GmbH-Gesellschafters wegen Vermögensvermischung), GmbHR 2006, 426 mit Anm. *Schröder* = ZIP 2006, 467 = DB 2006, 604 = DStR 2006, 808 = NJW 2006, 1344. – Zur Durchgriffshaftung bei einem eingetragenen Verein: BGH DStR 2008, 363 (Kolpingwerk e. V.) = ZIP 2008, 364 = EWiR 2008, 293 (*Haertlein*) = DB 2008, 574 = JZ 2008, 516 mit Anm. *Wolff* = NZG 2008, 670. Ausführlich dazu *Reuter* NZG 2008, 650; *Seltmann* DStR 2008, 1443. – Im Schrifttum insbesondere die Äußerungen von *Goette* ZGR 2008, 436, 453; *Gehrlein* WM 2008, 761, 768; *Strohn* ZNotP 2008, 338. – Deutlich weniger einheitlicher ist dagegen die Praxis der Land- und Oberlandesgerichte. Eine Durchgriffshaftung wegen Missbrauch der Rechtsform wurde zuletzt etwa wieder bejaht von OLG Naumburg Urt. v. 9.4.2008, 6 U 148/07, DB 2008, 2300 = GmbHR 2008, 1149 mit Anm. *Schröder*.

⁹⁷ Siehe etwa *Gehrlein* WM 2008, 761, 768 („*Der vom Schrifttum in gewissen Konstellationen favorisierten Unterkapitalisierungs(durchgriffs)haftung steht die höchstrichterliche Rechtsprechung bislang reserviert gegenüber. Freilich kann nicht ausgeschlossen werden, dass die Absenkung des Mindeststammkapitals und die Einführung der keines Mindeststammkapitals bedürfenden Unternehmergesellschaft einen Umdenkungsprozess befördern werden.*"); *Goette* Status: Recht 7/2007, 236, 237 („*Eines ist indessen sicher: Opportunistisches Verhalten der Gesellschafter und Geschäftsführer kann und wird die Rechtsprechung nicht hinnehmen; die dazu erforderlichen Instrumente werden dann gegebenenfalls entwickelt werden müssen.*"). – Deutlich zurückhaltender jetzt aber *Goette*, Einführung in das neue GmbH-Recht, 2008, Rn. 48 („*Auch wenn mit der Unterform der „UG haftungsbeschränkt" nunmehr eine GmbH zugelassen wird, für die ein nennenswerter präventiver Kapitalschutz bisherigen Verständnisses nicht besteht, ist den Vorstellungen zu widersprechen, die Rechtsprechung müsse darauf in Gestalt von gesellschaftsrechtlichen Ersatzinstrumenten reagieren. Das ist schon deshalb nicht angängig, weil die Rechtsprechung die Wertung des Gesetzgebers hinzunehmen und umzusetzen hat, dass – anders als bisher – ein Handeln unter dem Schutz einer Haftungsbeschränkung praktisch nichts mehr kosten soll, der Eintritt also frei ist. Die Rechtsprechung hat ferner zu akzeptieren, dass entgegen den im Gesetzgebungsverfahren geäußerten Vorstellungen, dass caveat creditor-Prinzip breitflächig und gerade gegenüber den kleinen und den Gläubigern mit gesetzlich begründeten Ansprüchen keine Wirkung entfalten kann, so dass die Gesellschafter, die die „UG haftungsbeschränkt" als Form ihres Handelns wählen, künftig hierbei noch freier werden, die in ihnen verursachten Verluste aber sozialisiert werden. Bei einem deliktischen Vorgehen – also beispielsweise in Form eines Eingehungsbetruges – wird opportunistisches Verhalten von Gesellschaftern dagegen begegnet werden können. In diese Richtung geht auch die von der höchstrichterlichen Rechtsprechung als gesellschaftsrechtlich fundiertes Instrument erst jüngst wieder abgelehnte, aber als Anwendungsfall von § 826 BGB erwogene Haftung wegen materieller Unterkapitalisierung. Sie ist kein den defizitär gewordenen Kapitalschutz substituierendes Haftungsinstrument.*").

dung in der Rechtssache „Gamma" ausdrücklich betont.[98] Der zweite, amtliche Leitsatz lautet wie folgt:

> „Für die Statuierung einer allgemeinen gesellschaftsrechtlichen – verschuldensabhängigen oder gar verschuldensunabhängigen – Haftung des Gesellschafters wegen materieller Unterkapitalisierung im Wege der höchstrichterlichen Rechtsfortbildung ist bereits mangels einer im derzeitigen System des GmbHG bestehenden Gesetzeslücke kein Raum. Ob und ggf. unter welchen Voraussetzungen unter diesem Aspekt eine persönliche Haftung des Gesellschafters nach § 826 BGB in Betracht kommt, bleibt offen."

91 Der Hinweis auf das *„derzeitige"* System des GmbH-Gesetzes dürfte wohl bewusst im Hinblick auf das im Zeitpunkt der Entscheidung bevorstehende Inkrafttreten des MoMiG erfolgt sein. Eine entsprechende *„Gesetzeslücke"* ist allerdings auch bei der Unternehmergesellschaft (haftungsbeschränkt) nicht zu erkennen.

92 Derzeit ist nicht zu erwarten, dass der Bundesgerichtshof seine ablehnende Haltung gegenüber einer Durchgriffs- oder Unterkapitalisierungshaftung bei der Unternehmergesellschaft aufgeben wird. An die gesetzgeberische Grundentscheidung, wonach eine Kapitalgesellschaft in Form der Unternehmergesellschaft (haftungsbeschränkt) mit einem Stammkapital von nur 1,– EUR gegründet werden kann, ist die Rechtsprechung gebunden. Die Regelung, dass für Verbindlichkeiten der Gesellschaft, nur das Gesellschaftsvermögen haftet (und nicht auch die Gesellschafter) gilt zudem uneingeschränkt auch bei der Unternehmergesellschaft (haftungsbeschränkt) (§ 13 Abs. 2 GmbHG). Allein die (zu) geringe Höhe des Stammkapitals wird daher wohl nicht zu einer persönlichen Haftung der Gesellschafter führen.[99]

93 Allerdings ist davon auszugehen, dass der Bundesgerichtshof – auch und gerade bei der Unternehmergesellschaft (haftungsbeschränkt) – künftig verstärkt eine persönliche Haftung des Gesellschafters nach § 826 BGB in Betracht ziehen wird. Dabei steht der Rechtsprechung naturgemäß ein großer Spielraum zu, unter welchen Voraussetzungen sie im Einzelfall eine deliktische Haftung infolge einer bewussten Gläubigerschädigung annimmt. Die Höhe des Stammkapitals und die sonstige Kapitalausstattung einer Gesellschaft werden bei der Gesamtabwägung – zumindest unausgesprochen – sicherlich auch eine gewisse Rolle spielen. In der Sache dürfte sich eine Haftung nach § 826 BGB von einer gesellschaftsrechtlichen Haftung wohl eher terminologisch als inhaltlich unterscheiden. Eine Haftung nach § 826 BGB hat darüber hinaus den Vorteil, dass sie in gleicher Weise auf alle Rechtsformen und deren einzelnen Varianten angewendet werden kann. Für die Gesellschafter einer deutschen Unternehmergesellschaft (haftungsbeschränkt) würde dann insoweit der gleiche Haftungsmaßstab[100] gelten wie für die Gesellschafter einer englischen *private limited company*.[101]

94 e) Zwischenergebnis. Die Rechtslage ist somit alles andere als gesichert. Gerade die wechselvolle Geschichte der (gesetzlich nicht ausdrücklich geregelten) Haftung wegen einem existenzvernichtenden Eingriff macht deutlich, dass es möglicherweise noch einige Jahre dauern kann, bis die Rechtsprechung ein entsprechendes Haftungskonzept entwickelt hat.

---

[98] BGH GmbHR 2008, 805 mit Anm. *Ulrich* = ZIP 2008, 1232 = DB 2008, 1423 = NZG 2008, 547 = NJW 2008, 2437 = DStR 2008, 1293 = BB 2008, 1697 mit Anm. *Möller* = EWiR 2008, 493 *(Bruns)* = DNotZ 2008, 949. Ausführlich dazu *Altmeppen* ZIP 2008, 1201; *Heeg/Kebhel* DB 2008, 1787; *Kleindieck* NZG 2008, 686; *Veil* NJW 2008, 3264; *Waclawik* DStR 2008, 1486.

[99] Siehe auch *Gehrlein* Der Konzern 2007, 771, 779 („Die geringe Kapitalausstattung rechtfertigt nicht eine erleichterte Durchgriffshaftung der Gesellschaftsgläubiger gegen die Gesellschafter."). – Gegen eine Durchgriffshaftung bei der Unternehmergesellschaft (haftungsbeschränkt) u.a. auch Rowedder/Schmidt-Leithoff/*Baukelmann/Schmidt-Leithoff*, GmbHG, 5. Auflage 2013, § 5a Rn. 22; Baumbach/Hueck/*Fastrich*, GmbHG, 20. Auflage 2013, § 5a Rn. 29; Scholz/*H. P. Westermann* § 5a Rn. 8.

[100] Gewisse Unterschiede im Haftungsmaßstab bei einer englischen *private limited company* und einer deutschen Unternehmergesellschaft (haftungsbeschränkt) deutet allerdings *Goette*, Einführung in das neue GmbH-Recht, 2008, Rn. 38 und Rn. 48 an.

[101] Zur Haftung des alleinigen Gesellschafters und *directors* einer englischen *private limited company* siehe LG Kiel GmbHR 2006, 710 mit Anm. *Leutner/Langner* = BB 2006, 1468 = ZIP 2006, 1251 mit Anm. *Just* = EWiR 2006, 429 *(Schilling)* = NZG 2006, 672 = EuZW 2006, 478. Ausführlich dazu *Gräfe* DZWiR 2005, 410; *von Hase* BB 2006, 2141; *Leutner/Langner* ZInsO 2005, 575; *Redeker* ZInsO 2005, 1035; *Ringe/Willemer* EuZW 2006, 621.

In der Beratungspraxis sollten Unternehmensgründer stets auf die bestehende Rechtsunsicherheit und die damit verbundenen Risiken hingewiesen werden. Die Gründung einer Unternehmergesellschaft (haftungsbeschränkt) mit einem Stammkapital von gerade einmal 1,– EUR ist zwar rechtlich möglich, wird aber wirtschaftlich in den meisten Fällen von vornherein zum Scheitern verurteilt sein. Eine deutlich höhere und der konkreten unternehmerischen Tätigkeit angemessene Kapitalausstattung dürfte daher in den meisten Fällen unerlässlich sein.

Geschäftsführer und Gesellschafter einer Unternehmergesellschaft (haftungsbeschränkt) sollten sich darüber hinaus bereits bei Gründung einer Gesellschaft bewusst sein, dass sie bei Überschuldung oder Zahlungsunfähigkeit der Gesellschaft unverzüglich Insolvenzantrag stellen müssen (siehe im Einzelnen § 15a InsO). Bei Verletzung dieser Pflicht haften sie persönlich und machen sich unter Umständen sogar strafbar.

Geschäftspartner von Unternehmergesellschaften (haftungsbeschränkt) müssen sich darüber im Klaren sein, dass die Gesellschaft möglicherweise nur über ein sehr geringes Stammkapital verfügt. Der Gläubigerschutz ist bei der Unternehmergesellschaft (haftungsbeschränkt) weniger stark ausgeprägt als bei der klassischen GmbH. Jeder Gläubiger ist daher selbst dafür verantwortlich, die Bonität seines Vertragspartners zu prüfen und sollte sich gegebenenfalls entsprechende Sicherheiten einräumen lassen.[102] Unterlässt er dies, muss er die wirtschaftlichen Folgen seines Handelns selbst tragen.

2. Höchstkapital

Das Stammkapital einer Unternehmergesellschaft (haftungsbeschränkt) darf bei Gründung höchstens 24.999,– EUR betragen (siehe Wortlaut *„unterschreitet"* in § 5 Abs. 1 GmbHG). Nach Gründung der Unternehmergesellschaft (haftungsbeschränkt) kann das Kapital aber auch auf 25.000,– EUR und mehr erhöht werden (z.B. durch Auflösung der gesetzlichen Rücklage nach § 5a Abs. 5 GmbHG oder eine Barkapitalerhöhung nach §§ 55 ff. GmbHG). Die Gesellschaft muss die Bezeichnung „Unternehmergesellschaft (haftungsbeschränkt)" oder „UG (haftungsbeschränkt)" in diesem Fall nicht mehr führen, kann dies aber weiterhin tun (siehe § 5a Abs. 5 HS 2 GmbHG). Eine solche – vom Gesetzgeber allerdings ausdrücklich zugelassene – Firmierung ist irreführend. Das Stammkapital einer Unternehmergesellschaft beträgt somit meist, aber nicht unbedingt immer weniger als 25.000,– EUR.

3. Kapitalaufbringung

a) Überblick. Für die Kapitalaufbringung und die registergerichtliche Kontrolle gelten bei der Unternehmergesellschaft (haftungsbeschränkt) grundsätzlich die gleichen Vorschriften wie bei einer klassischen GmbH. Abweichungen bestehen nur insoweit, als das Kapital stets in voller Höhe und in bar aufgebracht werden muss (§ 5a Abs. 2 GmbHG).

b) Bargründung. aa) Regelfall. (1) Volleinzahlung. Das Stammkapital muss bei der Unternehmergesellschaft (haftungsbeschränkt) – anders als bei einer normalen GmbH (siehe § 7 Abs. 2 GmbHG) – stets in voller Höhe einbezahlt werden (§ 5a Abs. 2 Satz 1 GmbHG). Dies gilt sowohl bei Verwendung des Musterprotokolls als auch bei Erstellung einer individuellen Gründungsurkunde. Die Verpflichtung zur Volleinzahlung schränkt die unternehmerische Freiheit aber kaum ein, da die Höhe des Stammkapitals zwischen 1,– EUR und 24.999,– EUR frei gewählt werden kann.

(2) Kontrolle durch das Registergericht. Nach den Regelungen des GmbH-Gesetzes ist eine gerichtliche Kontrolle der Kapitalaufbringung grundsätzlich nicht vorgesehen. Die

---

[102] Siehe dazu auch die Bundesministerin der Justiz, *Brigitte Zypries* im Deutschen Bundestag (Plenarprotokoll der 172. Sitzung vom 26.6.2008, S. 18 187, 18 191) („Die Reform knüpft also an das an, was wir gemeinhin mit dem mündigen Verbraucher oder dem aufgeklärten Bürger und der aufgeklärten Bürgerin meinen. Die Idee ist, dass sie sich selbst informieren und möglichst vernünftige Entscheidungen treffen sollen. Nur im Versagensfall soll eingegriffen werden.").

(strafbewährte) Versicherung der Geschäftsführer, dass die Einlagen geleistet sind und sich endgültig in ihrer freien Verfügung befinden, wird als ausreichend angesehen (§§ 8 Abs. 2, 82 Abs. 1 Nr. 1 GmbHG). Bei Zweifeln an der ordnungsgemäßen Kapitalaufbringung kann das Registergericht aufgrund des Amtsermittlungsgrundsatzes (§ 9c Abs. 1 Satz 1 GmbHG i. V. m. § 26 FamFG) allerdings weitere Nachweise verlangen.[103] Dies ist aber nur *„bei erheblichen Zweifeln an der Richtigkeit der Versicherung"* möglich (§ 8 Abs. 2 Satz 2 GmbHG). In einem solchen Fall können ausnahmsweise *„Nachweise (unter anderem Einzahlungsbelege)"* verlangt werden. Zwischen der klassischen GmbH und der Unternehmergesellschaft (haftungsbeschränkt) besteht insoweit kein Unterschied.

102 In der Praxis erscheint die (vorsorgliche) Vorlage eines Einzahlungsnachweises (zur Vermeidung von Rückfragen und der damit verbundenen Verzögerung) allerdings sinnvoll. Denn Zweifel des Registerrichters werden (zumindest aus dessen Sicht) fast immer *„erheblich"* sein. Ein Einzahlungsnachweis sollte auch dann vorgelegt werden, wenn das Stammkapital nur 1,– EUR beträgt. Mit einer solchen Verfahrensweise werden die Geschäftsführer zudem davor geschützt, (unbewusst) eine falsche Versicherung gegenüber dem Registergericht abzugeben.

103 **bb) Hin- und Herzahlen.** Die Neuregelung über das Hin- und Herzahlen[104] gilt grundsätzlich auch für die Unternehmergesellschaft (haftungsbeschränkt).[105] Angesichts der weitgehend selbst bestimmten und zudem meist geringen Höhe des Stammkapitals dürfte diese Problematik bei der Unternehmergesellschaft (haftungsbeschränkt) aber kaum praktische Bedeutung erlangen (§ 19 Abs. 5 GmbHG).[106]

104 **cc) Übernahme mehrerer Geschäftsanteile.** Bei Gründung einer Unternehmergesellschaft (haftungsbeschränkt) kann jeder Gesellschafter einen oder mehrere Geschäftsanteile übernehmen, sofern eine individuelle Satzung erstellt wird (§ 5 Abs. 2 Satz 2 GmbHG). Bei Verwendung des Musterprotokolls ist die Übernahme mehrerer Geschäftsanteile durch einen Gesellschafter dagegen ausgeschlossen (Musterprotokoll Nr. 3: *„einen Geschäftsanteil"*).

105 **c) Sachgründung.** *aa) Offene Sachgründung.* Das Stammkapital muss in allen Fällen ausschließlich in bar aufgebracht werden (§ 5a Abs. 2 Satz 2 GmbHG).[107] Sacheinlagen sind generell ausgeschlossen.

106 Das Verbot von Sacheinlagen gilt unstreitig nicht mehr für Kapitalerhöhungen, die durchgeführt werden, nachdem das im Handelsregister eingetragene Stammkapital 25.000,– EUR oder mehr beträgt (z. B. durch Auflösung der gesetzlichen Rücklage nach § 5a Abs. 5 GmbHG oder eine Barkapitalerhöhung nach §§ 55 ff. GmbHG). Dies gilt unabhängig davon, ob die Gesellschaft dann noch als Unternehmergesellschaft (haftungsbeschränkt) oder als normale GmbH firmiert.

107 In Schrifttum und Rechtsprechung war anfangs umstritten, ob das Verbot von Sacheinlagen auch für solche Kapitalerhöhungen gilt, mit denen das Kapital der Unternehmergesellschaft (haftungsbeschränkt) erst auf 25.000,– EUR und mehr erhöht werden soll. Der Bun-

---

[103] Grundlegend BGHZ 113, 335 = GmbHR 1991, 255.
[104] Ausführlich dazu *Goette,* Einführung in das neue GmbH-Recht, 2008, Rn. 21 ff.; *Maier-Reimer/Wenzel* ZIP 2008, 1449, 1453 ff.; *Seibert/Decker* ZIP 2008, 1208, 1210 f.
[105] So auch Rowedder/Schmidt-Leithoff/*Baukelmann/Schmidt-Leithoff,* GmbHG, 5. Auflage 2013, § 5a Rn. 18; Ulmer/Habersack/Löbbe/*Casper* § 19 Rn. 180; Baumbach/Hueck/*Fastrich,* GmbHG, 20. Auflage 2013, § 5a Rn. 12; Lutter/Hommelhoff/*Lutter/Kleindiek* § 5a Rn. 32 f.; Ulmer/Habersack/Löbbe/*Paura* § 5a Rn. 36; Bork/Schäfer/*Schäfer* § 5a Rn. 23; Scholz/*H. P. Westermann* § 5a Rn. 17.
[106] Siehe dazu auch *Goette,* Einführung in das neue GmbH-Recht, 2008, Rn. 21, der insoweit von einem *„Sonderrecht für Konzerne oder Unternehmensverbindungen"* spricht; ähnlich auch → Rn. 26.
[107] Zur Unzulässigkeit der Neugründung einer Unternehmergesellschaft (haftungsbeschränkt) im Wege der Abspaltung wegen Verstoß gegen das Sacheinlageverbot nach § 5a Abs. 2 Satz 2 GmbHG, BGH Beschl. v. 11.4.2011 – II ZB 9/10, ZIP 2011, 1054 = DB 2011, 1263 = NZG 2011, 666 = DStR 2011, 1137 = NJW 2011, 1883 = GmbHR 2011, 701 mit Anm. *Bremer* = EWiR 2011, 419 (*Priester*) = Rpfleger 2011, 442 = DNotZ 2012, 70. – So auch bereits die Vorinstanz OLG Frankfurt am Main Beschl. v. 9.3.2010 – 20 W 7/10, GmbHR 2010, 920 = ZIP 2010, 1798 = DStR 2010, 2093 = NZG 2010, 1429.

desgerichtshof hat dies nunmehr verneint.[108] Das Sacheinlageverbot gilt somit nur dann, wenn das Stammkapital nicht auf mindestens 25.000,– EUR erhöht wird (sonst aber nicht).

Das gesetzliche Verbot der Sacheinlagen (§ 5a Abs. 2 Satz 2 GmbHG) gilt nur für die Einlagen, mit denen das in der Satzung festgelegte Stammkapital aufgebracht werden soll. Sonstige Einlagen der Gesellschafter (z. B. in eine freie Kapitalrücklage nach § 272 Abs. 2 Nr. 4 HGB) sind auch bei der Unternehmergesellschaft (haftungsbeschränkt) als Sacheinlagen möglich.

bb) Verdeckte Sachgründung. Noch nicht abschließend geklärt ist dagegen, ob die Neuregelung zur verdeckten Sacheinlage auch auf die Unternehmergesellschaft (haftungsbeschränkt) Anwendung findet (§ 19 Abs. 4 GmbHG).[109]

Dafür spricht, dass die Unternehmergesellschaft (haftungsbeschränkt) eine Gesellschaft mit beschränkter Haftung ist, für die grundsätzlich alle Vorschriften des GmbH-Gesetzes gelten, soweit sich nicht aus § 5a GmbHG etwas Abweichendes ergibt. Käme die neue Anrechnungslösung bei der Unternehmergesellschaft (haftungsbeschränkt) nicht zur Anwendung, hätte dies zudem zur Folge, dass eine verdeckte Sachgründung bei einer Unternehmergesellschaft (haftungsbeschränkt) strengere Rechtsfolgen hätte als bei einer normalen GmbH.

Andererseits hat der Gesetzgeber bei der Unternehmergesellschaft (haftungsbeschränkt) Sacheinlagen generell verboten. Das Verbot unterscheidet dabei nicht zwischen offenen und verdeckten Sacheinlagen. Der mit dem Verbot von Sacheinlagen beabsichtigten Zielsetzung würde es widersprechen, verdeckte Sacheinlagen durch eine Anrechnung noch zu privilegieren. Nach der gesetzlichen Regelung genügt es bei der Unternehmergesellschaft (haftungsbeschränkt) – anders als bei einer normalen GmbH – gerade nicht, dass der Gesellschaft irgendein Vermögenswert zugeführt wird. Der Gesellschaft muss vielmehr in jedem Fall mit entsprechendem Barvermögen ausgestattet werden. Ein Sachwert ist dagegen auch dann nicht ausreichend, wenn er objektiv werthaltig ist. Die Neuregelung setzt zudem voraus, dass die Verträge über die Sacheinlagen wirksam sind (siehe § 19 Abs. 4 Satz 2 GmbHG), was angesichts des Verbots von Sacheinlagen ausgeschlossen erscheint (§ 5a Abs. 2 Satz 2 GmbHG i. V. m. § 134 BGB). Demnach ist davon auszugehen, dass die bisherigen Rechtsprechungsregeln zur verdeckten Sacheinlage bei der Unternehmergesellschaft (haftungsbeschränkt) weiter gelten.

Für die Praxis bleibt festzuhalten, dass der Geschäftsführer im Falle des Vorliegens einer verdeckten Sacheinlage in der Handelsregisteranmeldung in keinem Fall (und unabhängig von dem vorstehenden Meinungsstreit) versichern darf, dass die Bareinlageverpflichtung erfüllt worden ist. Das Registergericht muss die Eintragung der Gesellschaft bei Kenntnis der verdeckten Sacheinlage ablehnen. Unabhängig von den gesellschaftsrechtlichen Folgen einer

---

[108] BGH Beschl. v. 19.4.2011 – II ZB 25/10, ZIP 2011, 955 = DStR 2011, 988 = DB 2011, 1216 = EWiR 2011, 349 (*Berninger*) = NZG 2011, 664 = BB 2011, 1550 mit Anm. *Marhewka* = NJW 2011, 1881 = GmbHR 2011, 699 = ZNotP 2011, 275 = MittBayNot 2011, 413 = DNotZ 2011, 705 mit Anm. *Heinze* (Reichweite des Sacheinlageverbots bei der Unternehmergesellschaft (haftungsbeschränkt)). – Ausführlich dazu *Gasteyer* NZG 2011, 693; *Miras* DStR 2011, 1379. – Dem BGH folgend OLG München Beschl. v. 7.11.2011 – 31 Wx 475/11, GmbHR 2011, 2198 = GmbHR 2011, 1276 = NZG 2012, 104 = Rpfleger 2012, 151 = NJW 2012, 1453; OLG Stuttgart Beschl. v. 13.10.2011 – 8 W 341/11, ZIP 2011, 2151 = DStR 2011, 2261 = GmbHR 2011, 1275 = NotBZ 2011, 456 = NZG 2012, 22 = RNotZ 2012, 53 = DB 2012, 338 = Rpfleger 2012, 151 = DNotZ 2012, 228; OLG Hamm Beschl. v. 5.5.2011 – 27 W 24/11, GmbHR 2011, 655 = RNotZ 2011, 439 mit Anm. MK = ZIP 2011, 2151. – Anders noch (zwischenzeitlich aber aufgegeben) OLG München Beschl. v. 23.9.2010 – 31 Wx 149/10, GmbHR 2010, 1210 mit Anm. *Klose* = BB 2010, 2529 mit Anm. *Campos Nave* = DB 2010, 2213 = ZIP 2010, 1991 = EWiR 2010, 709 (*Blasche*) = RNotZ 2010, 660 mit Anm. MK = NotBZ 2010, 467 mit Anm. *Heckschen* = NJW 2011, 464 = Rpfleger 2011, 160 = DNotZ 2011, 313. Ausführlich dazu *Klein* NZG 2011, 377; *Priester* ZIP 2010, 2182; *Römermann* NZG 2010, 1375; *Specks* RNotZ 2011, 234.
[109] Dafür u. a. Ulmer/Habersack/Löbbe/*Casper* § 19 Rn. 111 ff.; Lutter/Hommelhoff/*Lutter/Kleindiek* § 5a Rn. 27 ff.; Ulmer/Habersack/Löbbe/*Paura* § 5a Rn. 40 f.; MünchKommGmbHG/*Rieder* § 5a Rn. 23; Roth/Altmeppen/*Roth* § 5a Rn. 21; Scholz/H. P. Westermann § 5a Rn. 20. – Dagegen u. a. Rowedder/Schmidt-Leithoff/*Baukelmann/Schmidt-Leithoff* § 5a Rn. 20; Baumbach/Hueck/*Fastrich* § 5a Rn. 12; Bork/Schäfer/*Schäfer* § 5a Rn. 23.

verdeckten Sachgründung, ist diese steuerrechtlich (zumindest nach Auffassung der Finanzverwaltung) nicht zu Buchwerten möglich, da keine neuen Gesellschaftsanteile gewährt werden (siehe § 20 UmwStG). Zur Vermeidung der steuerlichen Aufdeckung stiller Reserven, ist daher stets eine offene Sachgründung zu empfehlen.

4. Kapitalaufholung (gesetzliche Rücklage)

112   a) **Überblick.** Die Unternehmergesellschaft (haftungsbeschränkt) kann mit einem Stammkapital von nur 1,– EUR gegründet werden. Zur Stärkung der Eigenkapitalausstattung[110] muss die Unternehmergesellschaft daher eine gesetzliche Rücklage bilden (§ 5a Abs. 3 GmbHG).[111] In die Rücklage ist jedes Jahr ein Viertel des Jahresüberschusses einzustellen. Die Verpflichtung zur Bildung der Rücklage ist weder zeitlich noch betragsmäßig begrenzt. Die Rücklage ist zweckgebunden und kann nur für eine Kapitalerhöhung aus Gesellschaftsmitteln oder zum Ausgleich eines Jahresfehlbetrages oder Verlustvortrags verwendet werden. Eine Rücklage muss erst dann nicht mehr gebildet werden, wenn die Gesellschaft nicht mehr als Unternehmergesellschaft (haftungsbeschränkt) zu qualifizieren ist.

113   Die gesetzliche Konzeption beruht auf der Idee einer zeitlich gestreckten Kapitalaufbringung. Ein Unternehmensgründer soll auch dann die Möglichkeit zur Gründung einer Gesellschaft mit beschränkter Haftung haben, wenn er das dafür an sich erforderliche Stammkapital von 25.000,– EUR (bzw. faktisch 12.500,– EUR) nicht aufbringen kann oder will. In diesem Fall kann er mit einem Stammkapital von nur 1,– EUR starten und die restlichen 24.999,– EUR durch künftige Gewinne ansparen. Diese sukzessive Kapitalaufbringung kann naturgemäß nur dann funktionieren, wenn die Gesellschaft wirtschaftlich erfolgreich ist. Selbst dann, kann es unter Umständen sehr lange dauern, bis eine Rücklage in entsprechender Höhe gebildet worden ist. Erwirtschaftet das Unternehmen keinen Jahresüberschuss, läuft die Verpflichtung zur Bildung einer Rücklage ins Leere. Eine Stärkung der Eigenkapitalausstattung unterbleibt somit gerade in den Fällen, in denen dies eigentlich notwendig wäre.

114   Im internationalen Wettbewerb der Rechtsformen wird es teilweise als Nachteil angesehen, dass die deutsche Unternehmergesellschaft (haftungsbeschränkt) eine gesetzliche Rücklage bilden muss, wohingegen bei der englischen *private limited company* eine solche Verpflichtung nicht besteht. Eine Stärkung der Eigenkapitalausstattung ist für den langfristigen Fortbestand der Gesellschaft aber wirtschaftlich sinnvoll und dient zugleich dem Schutz der Gläubiger der Gesellschaft. Die Pflicht zur Bildung einer Rücklage kann daher auch dazu beitragen, das Vertrauen in die neue Rechtsformvariante zu stärken und sich langfristig somit als vorteilhaft erweisen.

115   b) **Verpflichtung zur Bildung der Rücklage.** *aa) Allgemeines.* In der Bilanz der Unternehmergesellschaft (haftungsbeschränkt) ist zwingend eine gesetzliche Rücklage zu bilden (§ 5a Abs. 3 Satz 1 GmbHG i. V. m. § 266 Abs. 3 HGB).[112] In die Rücklage ist ein Viertel des um einen etwaigen Verlustvortrag geminderten Jahresüberschusses einzustellen. Die Verpflichtung zur Bildung der Rücklage besteht kraft Gesetzes und ist somit unabhängig davon, ob eine individuelle Gründungsurkunde oder das gesetzliche Musterprotokoll verwendet wird.

116   Der Gesetzgeber hat in der amtlichen Begründung selbst darauf hingewiesen, dass die für Bildung der Rücklage maßgebliche Bezugsgröße gerade bei kleinen Gesellschaften (auf legale Art und Weise) erheblich beeinflusst werden kann (z. B. durch die Höhe des Geschäftsführergehalts des Gesellschafter-Geschäftsführers, Verzinsung von Darlehen, Höhe von Miet- und Pachtzahlungen).[113] Die aus dem Steuerrecht bekannte Problematik der verdeckten

---

[110] Siehe BR-Drucks. 354/07, S. 72. – Ebenso *Seibert/Decker* ZIP 2008, 1208, 1208 *(„Sicherung einer angemessenen Eigenkapitalausstattung")*.
[111] Zur Rücklagenverpflichtung siehe u. a. *Hennrichs* NZG 2009, 1161; *H. F. Müller,* ZGR 2012, 81; *Neideck,* GmbHR 2010, 624; *Peetz,* GmbHR 2012, 1160.
[112] Ausführlich dazu *Schärtl* GmbHR 2008, R 81.
[113] BR-Drucks. 354/07 S. 72. – *Goette*, Einführung in das neue GmbH-Recht, 2008, Rn. 45 spricht daher von einem *„recht stumpfen Schwert"* für den Gläubigerschutz. *Römermann* GmbHR 2008, R 241 spricht plakativ von *„scheunentorgroße(n) Manipulationsmöglichkeiten".* Auf die Umgehungsmöglichkeiten wird

Gewinnausschüttung dürfte sich somit in Zukunft auch im Gesellschaftsrecht stellen.[114] Ein Verstoß gegen die Verpflichtung zur Bildung der Rücklage liegt nicht nur dann vor, wenn dies überhaupt nicht gebildet wird, sondern auch dann, wenn diese nicht in der richtigen Höhe gebildet wird.

Eine betragsmäßige Obergrenze für die Rücklage ist – anders als beispielsweise im Aktienrecht (§ 150 Abs. 2 AktG) – nicht vorgesehen. Die Rücklage muss daher auch dann noch gebildet werden, wenn das Stammkapital und die Rücklage den Betrag von 25.000,– EUR erreicht haben oder ihn sogar übersteigen.[115] Die Verpflichtung zur Bildung der Rücklage entfällt vielmehr erst dann, wenn das Stammkapital der Gesellschaft auf einen Betrag von mindestens 25.000,– EUR erhöht worden ist (§ 5a Abs. 5 GmbHG).[116]   117

Die Verpflichtung zur Bildung der Rücklage ist auch in zeitlicher Hinsicht nicht beschränkt. Eine Unternehmergesellschaft (haftungsbeschränkt) muss die Rücklage daher auch dann noch jedes Jahr bilden, wenn sie bereits seit vielen Jahren erfolgreich am Markt tätig ist und ihre Gründungsphase längst abgeschlossen hat.   118

bb) Gewinnabführungsverträge. Bei Bestehen eines Gewinnabführungsvertrages mit der Unternehmergesellschaft (haftungsbeschränkt) (§§ 293 ff. AktG analog) stellt sich die Frage nach dem Verhältnis zwischen der vertraglichen Verpflichtung zur Gewinnabführung und der gesetzlichen Verpflichtung zur Bildung einer Rücklage.[117] Der Gesetzgeber hat diese Frage nicht geregelt. In den Gesetzesmaterialien wird dieser Konflikt ebenfalls nicht erörtert. Aus Gründen des Gläubigerschutzes erscheint die Verpflichtung zur Bildung der Rücklage aber vorrangig (siehe auch den Rechtsgedanken von § 300 AktG).[118] Andernfalls könnte die Rücklagenverpflichtung durch Abschluss von Gewinnabführungsverträgen umgangen werden. Maßgeblich ist in diesen Fällen der Jahresüberschuss, wie er sich ohne den Gewinnabführungsvertrag ergeben würde. Die steuerliche Anerkennung als Organschaft (§§ 14 ff. KStG)[119] dürfte dann aber wohl nicht mehr gegeben sein.[120]   119

cc) Komplementärgesellschaft. (1) Überblick. Die Unternehmergesellschaft (haftungsbeschränkt) erscheint insbesondere aufgrund des geringeren Kapitaleinsatzes bei Gründung (Stichwort: 1,– EUR an Stelle von 12.500,– EUR) eine interessante Alternative zur klassischen Komplementär-GmbH.[121] Rein tatsächlich bestehen bereits weit über 5.000 Unternehmen in der Rechtsform der Unternehmergesellschaft (haftungsbeschränkt) & Co. KG.[122]   120

Grundsätzlich kann eine Unternehmergesellschaft (haftungsbeschränkt) die Stellung als persönlich haftende Gesellschafterin einer Kommanditgesellschaft übernehmen. Die Verwendung des Musterprotokolls dürfte in diesem Fall aber ausscheiden, weil es naturgemäß   121

---

u. a. auch hingewiesen von Baumbach/Hueck/*Fastrich* § 5a Rn. 22; Lutter/Hommelhoff/*Lutter/Kleindiek* § 5a Rn. 35 und 42; Ulmer/Habersack/Löbbe/*Paura* § 5a Rn. 44 f.; MünchKommGmbHG/*Rieder* § 5a Rn. 31 ff.; Bork/Schäfer/*Schäfer* § 5a Rn. 24.

[114] Ähnlich Lutter/Hommelhoff/*Lutter/Kleindiek*, GmbHG, 18. Auflage 2012, § 5a Rn. 42. – Kritisch zur Übernahme steuerrechtlicher Abgrenzungskriterien ins Gesellschaftsrecht Rowedder/Schmidt-Leithoff/*Baukelmann/Schmidt-Leithoff*, GmbHG, 5. Auflage 2013, § 5a Rn. 27 f.

[115] So *Veil* GmbHR 2007, 1080, 1082. – A. A. *Bormann* GmbHR 2007, 897, 899.

[116] Siehe auch BR-Drucks. 354/07 S. 72.

[117] Ausführlich zum Ganzen u. a. *Fuhrmann*, in: Festschrift für Volker Beuthien, München 2009, S. 607 ff. (auch zum Steuerrecht); *Rubel* GmbHR 2010, 470;

[118] Im Ergebnis ebenso Baumbach/Hueck/*Fastrich* § 5a Rn. 37; Lutter/Hommelhoff/*Lutter/Kleindiek* § 5a Rn. 41; Ulmer/Habersack/Löbbe/*Paura* § 5a Rn. 76; Bork/Schäfer/*Schäfer* § 5a Rn. 10.

[119] Zuletzt geändert durch das Gesetz zur Änderung und Vereinfachung der Unternehmensbesteuerung und des steuerlichen Reisekostenrechts vom 20.2.2013, BGBl. I 2013, S. 285. – Ausführlich zu der damit verbundenen (kleinen) Reform des Organschaftsrechts u. a. *Burwitz* NZG 2013, 533; *Graw* Ubg. 2013, 373; *S. Mayer/Wiese* DStR 2013, 629; *Scheifele/Hörner* DStR 2013, 553; *Stangl/Brühl*, Der Konzern 2013, 77.

[120] So zutreffend Scholz/*H. P. Westermann* § 5a Rn. 39.

[121] Ausführlich zur Rechtsform der UG & Co. KG u. a. *Heeg* DB 2009, 719; *Kock/Vater/Mraz* BB 2009, 848; *Römermann/Passarge* ZIP 2009, 1497; *Stenzel* NZG 2009, 168, und monografisch *Sawada*, Der Gläubigerschutz in der UG (haftungsbeschränkt) & Co. KG, München 2012.

[122] Siehe die Nachweise oben in → Rn. 2 Rn. 10.

keinerlei Regelungen zur Verzahnung[123] der beiden Gesellschaften enthält.[124] Die Verwendung einer individuellen Gründungsurkunde erscheint in diesem Fall daher praktisch zwingend.

122 Die Beteiligung einer Unternehmergesellschaft (haftungsbeschränkt) als persönlich haftende Gesellschafterin hat darüber hinaus auch Folgen für die Firmenbildung der Kommanditgesellschaft. Eine Firmierung als GmbH & Co. KG ist dann ausgeschlossen.[125] Die Firma lautet dann vielmehr „Unternehmergesellschaft (haftungsbeschränkt) & Co. KG" oder kurz „UG (haftungsbeschränkt) & Co. KG". Dieser Rechtsformzusatz klingt (zumindest im ersten Moment) reichlich kompliziert und wenig vertrauenserweckend. Möglicherweise wird in manchen Fällen allein die Firma gegen die neue Rechtsform sprechen.

123 *(2) Komplementärfähigkeit. (a) Allgemeines.* Der Gesetzgeber[126] geht wohl davon aus, dass eine Unternehmergesellschaft (haftungsbeschränkt) persönlich haftende Gesellschafterin einer Kommanditgesellschaft sein kann.[127] In der Gesetzesbegründung wird darauf hingewiesen, dass sich diese GmbH-Variante „nahtlos" in das GmbH-Gesetz einfügt und alle Vorschriften, die die GmbH betreffen ohne weiteres auch für die Unternehmergesellschaft (haftungsbeschränkt) gelten (sofern sich aus der Sondervorschrift des § 5a GmbHG nichts abweichendes ergibt).[128] Eine Regelung, wonach die Unternehmergesellschaft (haftungsbeschränkt) nicht persönlich haftende Gesellschafterin einer Kommanditgesellschaft sein kann, findet sich im Gesetz nicht (insbesondere auch nicht in § 5a GmbHG).

124 Gleichwohl könnten gegen die Komplementärfähigkeit der Unternehmergesellschaft (haftungsbeschränkt) im Einzelfall Bedenken bestehen. Die Unternehmergesellschaft (haftungsbeschränkt) ist kraft Gesetzes zur Bildung einer Rücklage in Höhe von 25% des Jahresüberschusses verpflichtet (siehe § 5a Abs. 3 GmbHG). Der Gesetzgeber hofft, dass die Unternehmergesellschaft (haftungsbeschränkt), die möglicherweise mit einem sehr geringen Stammkapital gegründet worden ist, durch Thesaurierung innerhalb einiger Jahre eine höhere Eigenkapitalausstattung erreicht.[129] Dieses Modell einer zeitlich gestreckten Kapitalaufbringung kann aber nur dann Erfolg haben, wenn die Unternehmergesellschaft (haftungsbeschränkt) zumindest theoretisch auch einen Jahresüberschuss erwirtschaften kann.

125 *(b) Keine Kapitalbeteiligung der Komplementärin.* Bei der GmbH & Co. KG ist die Komplementär-GmbH heute[130] typischerweise[131] am Kapital der Kommanditgesellschaft

---

[123] Zur Bedeutung der Verzahnung für die Vertragsgestaltung siehe insbesondere Hesselmann/Tillmann/Mueller-Thuns/*Lüke*, Handbuch der GmbH & Co. KG, 20. Aufl. 2009, § 3 Rn. 161 ff., S. 232 ff. und *Karsten Schmidt* JZ 2008, 425, 426 *(„Als die große Kunst der GmbH & Co. KG-Vertragsgestaltung gilt die „Verzahnung" von GmbH und KG").*

[124] Zu den Pflichten des beurkundenden Notars bei Gründung einer GmbH & Co. KG siehe *Goette* DNotZ 2007, 229 (Beitrag auf dem 27. Deutschen Notartag in Braunschweig) *("Bei einer zu errichtenden GmbH & Co. KG nur die Satzung zu beurkunden und nicht auch den zugehörigen KG-Vertrag mindestens zur Kenntnis zu nehmen, scheint mir schon ein pflichtwidriges, u. U. zum Regress führendes Verhalten eines Notars zu sein (…). Beide Regelwerke müssen notwendigerweise aufeinander abgestimmt werden, das schließt es aus, die Satzung zu beurkunden und den KG-Vertrag nicht einmal zu kennen, (…).").*

[125] Zu unzulässigen Firmierung einer Unternehmergesellschaft (haftungsbeschränkt) & Co. KG als GmbH & Co. KG) KG Berlin Beschl. v. 8.9.2009 – 1 W 244/09, GmbHR 2009, 1281 mit Anm. *Omler/Spies* = DStR 2009, 2114 = NZG 2009, 1159 = BB 2010, 20 mit Anm. *Bollacher* = ZIP 2009, 2293 = Rpfleger 2009, 683.

[126] Zweifelnd dagegen der Entschließungsantrag der Fraktion BÜNDNIS 90/DIE GRÜNEN und weiterer Abgeordneter, BT-Drucks. 16/9795 S. 3, wonach die Komplementärfähigkeit der Unternehmergesellschaft (haftungsbeschränkt) mangels einer eindeutigen Regelung im MoMiG *„unklar"* ist.

[127] Ebenso die ganz überwiegende Auffassung im Schrifttum.

[128] BR-Drucks. 354/07 S. 71.

[129] So BR-Drucks. 354/07 S. 72.

[130] *K. Schmidt* JZ 2008, 425, 430 *("Charakteristisch für die moderne GmbH & Co. KG ist das Fehlen einer Kapitalbeteiligung der Komplementär-GmbH am Gesellschaftsvermögen").*

[131] Siehe statt vieler nur die Vertragsmuster bei MünchVertragsHdB/*Götze*, Band 1, Gesellschaftsrecht, 7. Aufl. 2011, Abschnitt III. 6 S. 269 ff.; Hesselmann/Tillmann/Mueller-Thuns/*Mueller-Thuns*, Handbuch der GmbH & Co. KG, 20. Aufl. 2009, Anhang B S. 1043 ff.; Hopt/*Volhard*, Vertrags- und Formularbuch zum Handels-, Gesellschafts- und Bankrecht, 3. Aufl. 2007, Abschnitt II. E.1 S. 555 ff.

nicht beteiligt und erhält dementsprechend auch keine Gewinnbeteiligung.¹³² Bei einer solchen Vertragsgestaltung kann die Komplementärin schon aus rechtlichen Gründen dauerhaft keinen Gewinn erzielen. Übernimmt eine Unternehmergesellschaft (haftungsbeschränkt) in einer solchen Kommanditgesellschaft die Stellung als persönlich haftende Gesellschafterin, ist es von vornherein ausgeschlossen, dass sie ihrer gesetzlichen Verpflichtung zur Bildung einer Rücklage in Höhe eines Viertels des Jahresüberschusses tatsächlich nachkommen kann. Der Gesellschaftsvertrag der Kommanditgesellschaft würde damit gegen die gesetzliche Verpflichtung zur Rücklagenbildung verstoßen.¹³³

Die Komplementärin erhält aber auch dann, wenn sie nicht am Kapital der Kommanditgesellschaft beteiligt ist, zumindest die durch die Geschäftsführung entstandenen Aufwendungen ersetzt sowie eine Vergütung zur Abgeltung ihres Haftungsrisikos.¹³⁴ Dabei handelt es sich indes nicht um eine Beteiligung am Gewinn der Kommanditgesellschaft. Bei der Komplementärin wird dieser Betrag (auch unter Berücksichtigung der laufenden Kosten z. B. für Buchführung und Bilanzierung) im Übrigen kaum zu einem nennenswerten Jahresüberschuss führen. Bei der Unternehmergesellschaft (haftungsbeschränkt) als Komplementärin kann auf diese Weise das Ziel, einer Steigerung der Eigenkapitalbasis regelmäßig nicht erreicht werden.

Bei einer Kapitalgesellschaft & Co. KG, bei der die Komplementärin am Kapital der Gesellschaft nicht beteiligt sein soll, dürfte eine Unternehmergesellschaft (haftungsbeschränkt) somit als persönlich haftende Gesellschafterin ausscheiden.¹³⁵ Übernimmt eine Unternehmergesellschaft (haftungsbeschränkt) in einer solchen Gesellschaft gleichwohl die Stellung als Komplementärin, könnte der Kommanditgesellschaftsvertrag wegen Verstoß gegen ein gesetzliches Verbot (§ 5a Abs. 3 GmbHG i. V. m. § 134 BGB) möglicherweise unwirksam sein.

(c) Kapitalbeteiligung der Komplementärin. Eine Unternehmergesellschaft (haftungsbeschränkt) kann dagegen persönlich haftende Gesellschafterin einer Kommanditgesellschaft sein, wenn sie an dieser auch kapitalmäßig beteiligt ist und eine angemessene Gewinnbeteiligung erhält. Dann ist es zumindest rechtlich nicht von vornherein ausgeschlossen, dass die Unternehmergesellschaft (haftungsbeschränkt) Gewinne erwirtschaftet und ihrer Verpflichtung zur Bildung einer Rücklage auch tatsächlich nachkommt.

Eine Kapitaleinlage kann die Unternehmergesellschaft (haftungsbeschränkt) aber nur dann leisten, wenn sie selbst mit einem ausreichenden Kapital ausgestattet worden ist. Nach der gesetzlichen Regelung verfügt sie möglicherweise aber nur über ein Stammkapital von 1,– EUR, sofern sie nicht freiwillig mit einem höheren Stammkapital (maximal 24.999,– EUR) oder sonstigen Mitteln (z. B. Rücklagen, Gesellschafterdarlehen) ausgestattet worden ist. Bei einer Kapitaleinlage aus Mitteln des Stammkapitals wären darüber hinaus die zwingenden Grundsätze der Kapitalaufbringung (u. a. § 19 Abs. 5 GmbHG) und Kapitalerhaltung (§ 30 Abs. 1 Satz 2 Fall 2 GmbHG) zu berücksichtigen. Danach erscheint die Zulässigkeit einer solchen Kapitaleinlage aber zweifelhaft, da es sich bei der Beteiligung an der Kommanditgesellschaft nicht um einen Rückgewähranspruch der Komplementärin handelt, die Beteiligung regelmäßig auch nicht jederzeit gekündigt werden kann (siehe § 132 HGB) und die Abfindung im Falle einer Kündigung meist vertraglich beschränkt ist.

Die Höhe des Gewinnanteils kann zivilrechtlich grundsätzlich frei vereinbart werden (siehe §§ 109, 120 f., 167 ff. HGB). Bei der Beteiligung einer Unternehmergesellschaft (haftungsbeschränkt) stellt sich indes die Frage, ob der Vereinbarung über die Gewinnbeteiligung nicht gewisse Grenzen gesetzt sind. Ein völliger Ausschluss des Gewinns dürfte aus-

---

¹³² Ausführlich dazu *Binz/Sorg*, Die GmbH & Co. KG, 11. Aufl. 2010, § 4 Rn. 25 ff. und § 16 Rn. 143 ff.; Ebenroth/Boujong/Joost/Strohn/*Ehricke* HGB § 120 Rn. 80; MünchKommHGB/*Priester* § 120 Rn. 91 f.
¹³³ Für eine analoge Anwendung von § 300 Nr. 1 AktG Baumbach/Hueck/*Fastrich* § 5a Rn. 36.
¹³⁴ Dies wird allerdings vielfach als ausreichend angesehen, siehe etwa Bork/Schäfer/*Schäfer* § 5a Rn. 9.
¹³⁵ Im Ergebnis ebenso *Gehrlein* Der Konzern 2007, 771, 779; *Veil* GmbHR 2007, 1080, 1084. – Anders aber das ganz überwiegende Schrifttum, siehe nur Roweder/Schmidt-Leithoff/*Baukelmann/Schmidt-Leithoff* § 5a Rn. 65 f.; Lutter/Hommelhoff/*Lutter/Kleindiek* § 5a Rn. 39 ff.; Ulmer/Habersack/*Löbbe/Paura* § 5a Rn. 72 ff.; MünchKommGmbHG/*Rieder* § 5a Rn. 53 ff.; Scholz/H. P. Westermann § 5a Rn. 40.

scheiden, da die Unternehmergesellschaft (haftungsbeschränkt) ihrer Verpflichtung zur Rücklagenbildung dann wiederum aus rechtlichen Gründen nicht nachkommen kann. Gesetzliche Vorgaben darüber, wie hoch der Gewinn im übrigen sein muss, bestehen naturgemäß nicht. Es gibt insbesondere keine Verpflichtung, einen bestimmten Mindestbetrag in die Rücklage einzustellen. Dem Gesetzgeber war bewusst, dass auch bei einer (isolierten) Unternehmergesellschaft (haftungsbeschränkt) das Risiko besteht, dass diese keine oder nur geringe Gewinne erzielt und damit auch die Verpflichtung zur Bildung einer Rücklage faktisch leer läuft. Eine geringe Gewinnbeteiligung kann daher auch unter Gläubigerschutzgesichtspunkten nicht als missbräuchlich angesehen werden. Allerdings wird man verlangen müssen, dass der Gewinn im Verhältnis zur Kapitalbeteiligung angemessen ist. Ein bloßer pauschaler Gewinnanspruch dürfte nicht genügen. Insgesamt erscheint es danach zulässig, dass sich eine Unternehmergesellschaft (haftungsbeschränkt) mit einer geringen Einlage (aus nicht gebundenem Kapital) an der Kommanditgesellschaft beteiligt und dafür auch nur einen geringen Gewinnanteil erhält.

131   Aus steuerlichen Gründen ist zudem darauf zu achten, dass die Komplementärin für ihre Kapitaleinlage eine Verzinsung erhält, die auch aus der Sicht eines fremden Dritten angemessen wäre.[136]

132   *(3) Zwischenergebnis.* Eine Unternehmergesellschaft (haftungsbeschränkt) kann grundsätzlich persönlich haftende Gesellschafterin einer Kommanditgesellschaft sein. Im Hinblick auf die Verpflichtung zur Bildung einer gesetzlichen Rücklage dürfte eine solche Beteiligung indes nur dann in Betracht kommen, wenn die Unternehmergesellschaft (haftungsbeschränkt) am Gewinn der Kommanditgesellschaft auch tatsächlich beteiligt ist. Die heute übliche Gestaltung, wonach die Komplementär-GmbH am Gewinn der Kommanditgesellschaft nicht beteiligt ist, scheidet für die Unternehmergesellschaft (haftungsbeschränkt) & Co. KG somit aus.[137] Beteiligt sich die Unternehmergesellschaft (haftungsbeschränkt) dagegen am Kapital der Kommanditgesellschaft und hat dementsprechend auch einen Anspruch auf einen angemessenen (wenngleich vielleicht auch geringen) Gewinn, dürfte der Komplementärfähigkeit nichts entgegenstehen.

133   **c) Sanktionen bei Verstoß gegen die Rücklagenbildung.** Ein Verstoß gegen die Pflicht zur Rücklagenbildung hat die Nichtigkeit des Jahresabschlusses (§ 256 Abs. 1 Nr. 1 AktG analog) zur Folge. Damit ist zugleich auch der Beschluss über die Gewinnverwendung nichtig (§ 253 Abs. 1 Satz 1 AktG analog).[138] Gleichwohl ausgeschüttete Gewinne sind von den Gesellschaftern an die Gesellschaft zurückzuzahlen (§§ 812 ff. BGB). Geschäftsführer, die die Auszahlung veranlasst haben, haften für einen etwaigen Schaden persönlich (§ 43 GmbHG).

134   Umstritten ist, ob die Vorschriften über die Kapitalerhaltung (§§ 30 f. GmbHG) auch die gesetzliche Rücklage umfassen.[139] Dies dürfte nicht der Fall sein, da die Kapitalerhaltung sich nur auf *„das zur Erhaltung des Stammkapitals erforderliche Vermögen"* bezieht und die Rücklage nicht zum Stammkapital gehört (siehe auch § 266 Abs. 3 HGB).[140]

135   **d) Verwendung der Rücklage.** Die Rücklage ist zweckgebunden (§ 5a Abs. 3 Satz 2 GmbHG). Die Rücklage darf somit insbesondere nicht für Gewinnausschüttungen an Gesellschafter verwendet werden. Nach dem Regierungsentwurf durfte die Rücklage ausschließlich für eine Kapitalerhöhung aus Gesellschaftsmitteln verwendet werden (§§ 5a

---

[136] Siehe dazu ausführlich Hesselmann/Tillmann/Mueller-Thuns/*Eckl*, Handbuch der GmbH & Co. KG, 20. Aufl. 2009, § 7 Rn. 194 ff.; Schmidt/*Wacker* EStG, 32. Aufl. 2013, § 15 Rn. 722 ff.

[137] Anders aber die h. M. im Schrifttum, siehe die Nachweise oben in → Fn. 135.

[138] Siehe BR-Drucks. 354/07 S. 72. – Steuerrechtlich ist die Gewinnausschüttung ohne wirksamen Gesellschafterbeschluss eine verdeckte Gewinnausschüttung (§ 8 Abs. 3 Satz 2 KStG).

[139] Dafür wohl BR-Drucks. 354/07 S. 72 *(„gegebenenfalls kann man auch ausdrücklich auf die Kapitalerhaltung nach §§ 30, 31 verweisen")*. – Im Schrifttum u. a. Baumbach/Hueck/*Fastrich* § 5a Rn. 22 und 26; Lutter/Hommelhoff/*Lutter/Kleindiek* § 5a Rn. 49; Bork/Schäfer/*Schäfer* § 5a Rn. 29.

[140] Im Ergebnis ebenso Rowedder/Schmidt-Leithoff/*Baukelmann/Schmidt-Leithoff* § 5a Rn. 38 f.; *Noack* DB 2007, 1395, 1396; Scholz/*H. P. Westermann* § 5a Rn. 28.

Abs. 3 Satz 2 Nr. 1, 57c GmbHG). Der Gesetzgeber hat jetzt aber klargestellt,[141] dass die gesetzliche Rücklage darüber hinaus auch zum Ausgleich eines Jahresfehlbetrages, soweit er nicht durch einen Gewinnvortrag aus dem Vorjahr gedeckt ist (§ 5a Abs. 3 Satz 2 Nr. 2 GmbHG),[142] und zum Ausgleich eines Verlustvortrags aus dem Vorjahr (nicht auch aus früheren Jahren), soweit er nicht durch einen Jahresüberschuss gedeckt ist (§ 5a Abs. 3 Satz 2 Nr. 3 GmbHG), verwendet werden darf. Die Zweckbindung orientiert sich offensichtlich an der gesetzlichen Rücklage des Aktienrechts (§ 150 Abs. 3 und 4 AktG; siehe auch § 58b Abs. 3 GmbHG), weicht im Detail aber nicht unerheblich von dieser ab. Die Verwendung der Rücklage für eine der drei vom Gesetzgeber genannten Zwecke ist insbesondere unabhängig von ihrer jeweiligen Höhe zulässig.

e) „Umwandlung" der Unternehmergesellschaft (haftungsbeschränkt) in eine (normale) GmbH. Eine Unternehmergesellschaft (haftungsbeschränkt) ist gesetzlich nicht verpflichtet, sich zu irgendeinem Zeitpunkt in eine (normale) GmbH „umzuwandeln".[143] Rechtlich ist es vielmehr möglich, dass eine Unternehmergesellschaft (haftungsbeschränkt) dauerhaft als solche bestehen bleibt. Nach der gesetzgeberischen Konzeption ist die Unternehmergesellschaft (haftungsbeschränkt) zwar an sich als „*Einstiegsvariante*"[144] auf dem Weg zu einer normalen GmbH gedacht,[145] doch hat dies keinen Niederschlag im Gesetzestext gefunden. 136

Allerdings schafft der Gesetzgeber doch einen gewissen Anreiz, die Rechtsformvariante der Unternehmergesellschaft (haftungsbeschränkt) möglichst bald zu verlassen und die „Rechtsform" der normalen GmbH anzunehmen.[146] Dies geschieht dadurch, dass die gesetzliche Verpflichtung zur Bildung der Rücklage erst dann entfällt, wenn das Stammkapital der Gesellschaft auf mindestens 25.000,– EUR[147] erhöht worden ist (§ 5a Abs. 5 GmbHG). Der Gesetzgeber geht davon aus, dass die Gesellschafter so schnell wie möglich eine entsprechende Kapitalerhöhung durchführen werden, um sich von der als „lästig" empfundenen Rücklageverpflichtung zu befreien.[148] Eine solche Kapitalerhöhung ist im Allgemeinen möglich, wenn in der Rücklage ein Betrag von mindestens 25.000,– EUR (bzw. der Differenz zwischen 25.000,– EUR und dem Stammkapital bei Gründung) angespart worden ist. Eine rechtliche Verpflichtung zu einer entsprechenden Kapitalerhöhung besteht allerdings auch in diesem Fall nicht.[149] 137

Die Kapitalerhöhung wird im Regelfall durch eine Kapitalerhöhung aus Gesellschaftsmitteln erfolgen (§ 5a Abs. 3 Satz 2 Nr. 1 i. V. m. §§ 57c GmbHG).[150] Dem Beschluss ist eine Bilanz zugrunde zu legen, in der die Rücklage ausgewiesen ist (siehe § 57d GmbHG). Der Stichtag der Bilanz darf höchstens acht Monate vor der Anmeldung der Kapitaler- 138

---

[141] Zum Streitstand davor siehe nur *Freitag/Riemenschneider* ZIP 2007, 1485, 1488; *Veil* GmbHR 2007, 1080, 1083.
[142] *Veil* GmbHR 2007, 1080, 1083 sieht in diesem Fall die „*Gefahr einer unbeschränkten Einstandspflicht*" der Gesellschafter. Allerdings muss der Gesellschafter auch im Falle von Verlusten keine neue Einlage leisten, sondern aufgrund der (gegebenenfalls erneut) anzusparenden Rücklage lediglich auf die Ausschüttung von Gewinnen verzichten.
[143] Anschaulich dazu *Veil* GmbHR 2007, 1080, 1081 *(„Diese muss nicht erwachsen werden.")*.
[144] So *Seibert* GmbHR 2007 673, 674.
[145] Siehe etwa BR-Drucks. 354/07 (Beschluss) S. 5, wo vom „*Durchgangsstadium hin zur „Voll-GmbH*" und von „*Interimsstadium*" die Rede ist.
[146] Bork/Schäfer/*Schäfer* § 5a Rn. 1 spricht u. a. von einer „*transitorischen*" Rechtsformvariante, die der Gesetzgeber als „*Übergangsstadium*" in die ordentliche GmbH konzipiert hat. – Ähnlich auch Rowedder/Schmidt-Leithoff/*Baukelmann/Schmidt-Leithoff* § 5a Rn. 1.
[147] Eine Kapitalerhöhung auf 12.500,– EUR genügt dagegen nicht (siehe § 5a Abs. 5 HS 1 GmbHG: „*den Betrag des Mindeststammkapitals nach § 5 Abs. 1 erreicht oder übersteigt*"), obwohl bei der normalen GmbH bei Gründung nur 12.500,– EUR einbezahlt werden müssen (§ 7 Abs. 2 GmbHG). Dies dürfte darauf beruhen, dass bei der Unternehmergesellschaft (haftungsbeschränkt) auch bei Gründung das Stammkapital in voller Höhe (und nicht nur zur Hälfte) einbezahlt werden muss (§ 5a Abs. 2 Satz 1 GmbHG).
[148] Siehe *Seibert* GmbHR 2007, 673, 676.
[149] Für eine solche Verpflichtung zur Umwandlung hatten sich u. a. der *Handelsrechtsausschuss des Deutschen Anwaltvereins* NZG 2007, 735, 737, und *Veil* GmbHR 2007, 1080, 1083 ausgesprochen.
[150] Zur steuerlichen Behandlung der Umwandlung von Rücklagen in Nennkapital siehe § 28 KStG und §§ 1 ff. KapErhStG (Gesetz über steuerrechtliche Maßnahmen bei Erhöhung des Nennkapitals aus Gesellschaftsmitteln).

höhung zum Handelsregister liegen (siehe im Einzelnen §§ 57e, 57f und 57i GmbHG). Eine Umwandlung der Rücklage ist nicht möglich, wenn in der Bilanz ein Verlust oder Verlustvortrag ausgewiesen ist (§ 57d Abs. 2 GmbHG). Der Beschluss über die Kapitalerhöhung bedarf der notariellen Beurkundung und muss mit einer Mehrheit von drei Vierteln der abgegebenen Stimmen gefasst werden (§ 57c Abs. 3 i.V.m. § 53 Abs. 2 GmbHG). Die Kapitalerhöhung aus Gesellschaftsmitteln wird mit Eintragung im Handelsregister wirksam.

139 Mit der Kapitalerhöhung auf mindestens 25.000,– EUR entfällt nicht nur die Verpflichtung zur Bildung einer neuen Rücklage, sondern auch die Zweckbindung der noch bestehenden Rücklage. Falls bei der Kapitalerhöhung aus Gesellschaftsmitteln nicht die gesamte Rücklage umgewandelt wird, kann die verbleibende Rücklage frei verwendet werden und dann auch an die Gesellschafter ausgeschüttet werden.[151]

140 Neben einer Kapitalerhöhung aus Gesellschaftsmitteln ist auch eine ordentliche Barkapitalerhöhung möglich (§§ 55 ff. GmbHG).[152] In der Praxis dürfte dies allerdings eher selten vorkommen, da Gesellschafter, die ihre Gesellschaft bei Gründung nur mit einem geringen Stammkapital ausstatten dieser im Allgemeinen auch später kein neues Kapital zur Verfügung stellen werden. Neue Gesellschafter werden unter diesen Umständen wohl auch nicht ohne weiteres zu finden sein.

141 Eine Kapitalerhöhung durch Sacheinlagen ist dagegen grundsätzlich unzulässig.[153] Das Verbot von Sacheinlagen (§ 5a Abs. 2 Satz 2 GmbHG) gilt allerdings nur solange, wie die Gesellschaft als Unternehmergesellschaft (haftungsbeschränkt) zu qualifizieren ist. Bei einer Kapitalerhöhung auf mindestens 25.000,– EUR findet das Sacheinlagenverbot keine Anwendung mehr.

142 Nach Eintragung der Kapitalerhöhung im Handelsregister ist die Gesellschaft nicht mehr verpflichtet, die Bezeichnung „Unternehmergesellschaft (haftungsbeschränkt)" oder („UG (haftungsbeschränkt)" in ihrer Firma zu führen (§ 5a Abs. 1 und 5 GmbHG). Die Gesellschaft darf sich dann vielmehr als (normale) Gesellschaft mit beschränkter Haftung bezeichnen (§ 4 GmbHG). Allerdings muss sie dies nicht tun (§ 5a Abs. 5 HS 2 GmbHG). Eine Gesellschaft kann sich somit auch dann noch als „Unternehmergesellschaft (haftungsbeschränkt)" bezeichnen, wenn es sich rechtlich bereits um eine normale GmbH handelt.[154] In der Praxis sollte man dies allerdings vermeiden, da es lediglich zu Irritationen bei allen Beteiligten führt.[155]

143 Der Wechsel von der Unternehmergesellschaft (haftungsbeschränkt) in die normale GmbH ist keine Umwandlung im Sinne des Umwandlungsgesetzes. Beides sind vielmehr unterschiedliche Varianten ein und derselben Rechtsform. Ein Rechtsträgerwechsel erfolgt somit nicht. Sofern zum Vermögen der Unternehmergesellschaft (haftungsbeschränkt) Grundstücke gehören, ist eine Auflassung nicht erforderlich. Allerdings ist das Grundbuch aufgrund der Änderung der Bezeichnung des Eigentümers zu berichtigen. Grunderwerbsteuer fällt nicht an.

---

[151] So auch Baumbach/Hueck/*Fastrich* § 5a Rn. 34; *Gehrlein* Der Konzern 2007, 771, 781.
[152] Zum Wegfall des Volleinzahlungsgebots nach § 5a Abs. 2 Satz 1 GmbHG bei einer Barkapitalerhöhung auf 25.000,– EUR, OLG München Beschl. v. 7.11.2011 – 31 Wx 475/11, ZIP 2011, 2198 = GmbHR 2011, 1276 = NZG 2012, 104 = Rpfleger 2012, 151 = NJW 2012, 1453; OLG Stuttgart Beschl. v. 13.10.2011 – 8 W 341/11, ZIP 2011, 2151 = DStR 2011, 2261 = GmbHR 2011, 1275 = NotBZ 2011, 456 = NZG 2012, 22 = RNotZ 2012, 53 = DB 2012, 338 = Rpfleger 2012, 151 = DNotZ 2012, 228. – Anders noch (zwischenzeitlich aber aufgegeben) OLG München Beschl. v. 23.9.2010 – 31 Wx 149/10, GmbHR 2010, 1210 mit Anm. *Klose* = BB 2010, 2529 mit Anm. *Campos Nave* = DB 2010, 2213 = ZIP 2010, 1991 = EWiR 2010, 709 *(Blasche)* = RNotZ 2010, 660 mit Anm. MK = NotBZ 2010, 467 mit Anm. *Heckschen* = NJW 2011, 464 = Rpfleger 2011, 160 = DNotZ 2011, 313 (Beschränkungen für Unternehmergesellschaft (haftungsbeschränkt) entfallen erst mit Volleinzahlung des Stammkapitals). Ausführlich dazu *Klein* NZG 2011, 377; *Priester* ZIP 2010, 2182; *Römermann* NZG 2010, 1375; *Römermann/Jähne* NWB 13/2011, S. 1088 ff.; *Specks* RNotZ 2011, 234.
[153] Siehe dazu bereits oben → Rn. 105 ff.
[154] Dagegen zu Recht Handelsrechtsausschuss des Deutschen Anwaltvereins, NZG 2007, 735, 737; *Freitag/Riemenschneider* ZIP 2007, 1485, 1491; *Veil* GmbHR 2007, 1080, 1082. – Dafür aber *Seibert* GmbHR 2007, 673, 676 *("Understatement muss man nicht verbieten.")*.
[155] *Goette*, Einführung in das neue GmbH-Recht, 2008, Rn. 47 hält die Änderung der Bezeichnung als „Unternehmergesellschaft (haftungsbeschränkt)" – im Unterschied zur Firma – wohl sogar für zwingend.

Nach dem Wechsel in die normale GmbH ist eine „Rückumwandlung" in die Unternehmergesellschaft (haftungsbeschränkt) nicht mehr möglich. Der Weg von der Unternehmergesellschaft (haftungsbeschränkt) in die GmbH ist eine Einbahnstraße *("raus aus der UG und rein in die GmbH")*.

5. Drohende Zahlungsunfähigkeit

Die Geschäftsführer einer Unternehmergesellschaft (haftungsbeschränkt) müssen bei drohender Zahlungsunfähigkeit (siehe § 18 Abs. 2 InsO) unverzüglich eine Gesellschafterversammlung einberufen (§ 5a Abs. 4 GmbHG). Die Verletzung dieser Pflicht ist nicht strafbar (siehe § 84 Abs. 1 GmbHG).

Die Einberufung einer Gesellschafterversammlung bei drohender Zahlungsunfähigkeit wird in vielen Fällen zu spät sein.[156] Gleichwohl ist davon auszugehen, dass die Geschäftsführer einer Unternehmergesellschaft (haftungsbeschränkt) eine Gesellschafterversammlung nicht schon dann einberufen müssen, wenn die Hälfte des Stammkapitals verloren ist (§ 49 Abs. 3 GmbHG). Nach dem Gesetzeswortlaut ist eine Gesellschafterversammlung „abweichend" von der für normale Gesellschaften mit beschränkter Haftung geltende Regelung bei der Unternehmergesellschaft (haftungsbeschränkt) nur bei drohender Zahlungsunfähigkeit einzuberufen. Der Gesetzgeber wollte bewusst keinen zusätzlichen Einberufungsgrund schaffen, um die Existenzgründer nicht zu belasten. Eine entsprechende Änderung des Gesetzestextes wurde ausdrücklich abgelehnt.[157]

Die Geschäftsführer einer Unternehmergesellschaft (haftungsbeschränkt) müssen aber (ebenso wie die Geschäftsführer einer normalen GmbH) immer dann eine Gesellschafterversammlung einberufen, wenn es *„im Interesse der Gesellschaft erforderlich erscheint"* (§ 49 Abs. 2 GmbHG).

VI. Firma und Rechtsformzusatz

Für die Unternehmergesellschaft (haftungsbeschränkt) gilt grundsätzlich das allgemeine Firmenrecht der GmbH (§ 4 GmbHG)[158] und §§ 17 ff. HGB). Allerdings besteht die Besonderheit, dass die Unternehmergesellschaft (haftungsbeschränkt) in der Firma zwingend[159] die Bezeichnung[160] „Unternehmergesellschaft (haftungsbeschränkt)" oder „UG (haftungsbeschränkt)" führen muss (§ 5a Abs. 1 GmbHG). Die Bezeichnung als Gesellschaft mit beschränkter Haftung ist demgegenüber nicht zulässig (siehe § 5a Abs. 1 GmbHG: „*abweichend von § 4*").[161] Die Unternehmergesellschaft (haftungsbeschränkt) ist damit eine Gesellschaft mit beschränkter Haftung, die sich aber nicht als solche bezeichnen darf. Diese Regelung ist verwirrend und irreführend.[162]

---

[156] *Joost* ZIP 2007, 2242, 2247 f. – *Goette*, Einführung in das neue GmbH-Recht, 2008, Rn. 46 spricht zu Recht davon, dass auch diese Regelung eher *„Placebo-Funktion"* habe.

[157] Der Bundesrat hatte vorgeschlagen, die Wörter *„abweichend von"* durch *„ergänzend zu"* zu ersetzen, so BR-Drucks. 354/07 (Beschluss) Nr. 6. Dagegen aber die Gegenäußerung der Bundesregierung, BT-Drucks. 16/6140 Anlage 3 S. 4.

[158] Aufgrund der Einführung von § 4 Satz 2 GmbHG durch Art. 7 des Gesetzes zur Stärkung des Ehrenamts vom 21.3.2013 (BGBl. I 2013, S. 556) dürfen sich gemeinnützige Unternehmergesellschaften (haftungsbeschränkt) (siehe dazu oben die Nachweise in → Fn. 57) demnach auch als „gUG (haftungsbeschränkt" oder als „g Unternehmergesellschaft (haftungsbeschränkt)" firmieren.

[159] Siehe BR-Drucks. 354/07 S. 71.

[160] Im Unterschied zum Regierungsentwurf ist in § 5a Abs. 1 GmbHG jetzt von *„Bezeichnung"* und nicht mehr von *„Rechtsformzusatz"* die Rede. Grund dafür ist, dass die Unternehmergesellschaft (haftungsbeschränkt) keine eigene Rechtsform ist. – Nach § 5a Abs. 5 HS 2 besteht allerdings unverändert die Möglichkeit, die *„Firma nach Absatz 1"* beizubehalten.

[161] So aber (ausgerechnet) Dr. *Jürgen Gehb* (CDU/CSU) im Deutschen Bundestag (Plenarprotokoll der 172. Sitzung vom 26.6.2008, S. 18 187, 18 194), der als „Vater" der Unternehmergesellschaft (haftungsbeschränkt) gilt.

[162] Ähnlich *Joost* ZIP 2007, 2242, 2243; *Wilhelm* DB 2007, 1510, 1511. – Genauso verwirrend ist die Situation im (umgekehrten) Fall, dass eine Unternehmergesellschaft (haftungsbeschränkt) aufgrund einer Kapi-

149 Der Gesetzgeber hat selbst darauf hingewiesen, dass die gewählte Bezeichnung möglicherweise nicht ganz optimal ist.[163] Die vom Bundesrat vorgeschlagene Bezeichnung als „Gesellschaft mit beschränkter Haftung (ohne Mindeststammkapital)" oder „GmbH (o. M.)" konnte sich indes nicht durchsetzen.[164] Es bleibt abzuwarten, ob die zwingende Bezeichnung als „Unternehmergesellschaft (haftungsbeschränkt)" oder „UG (haftungsbeschränkt)" von den Unternehmensgründern als Vor- oder Nachteil angesehen wird. Im Schrifttum sind die Auffassungen durchaus geteilt: Während manche davon ausgehen, dass sich der Name Unternehmergesellschaft bereits zu einer „Marke" entwickelt habe,[165] sprechen andere – nicht zu Unrecht – von einem „Wortungetüm", dass nur schwer auszusprechen sei.[166] Auffällig ist immerhin, dass die korrekte Bezeichnung sowohl in der öffentlichen Diskussion als auch im Fachschrifttum nur selten verwendet wird.[167] Selbst der Gesetzgeber verwendet in der amtlichen Gesetzesüberschrift zu § 5a GmbHG eine Bezeichnung, bei der der zwingende Zusatz „(haftungsbeschränkt)" fehlt. Die abgekürzte Bezeichnung als „UG (haftungsbeschränkt)" erscheint schon deshalb wenig attraktiv, weil die Abkürzung „UG" bereits für verschiedene andere Begriffe verwendet wird, die alle keine positiven Assoziationen hervorrufen (z. B. Untersuchungsgefängnis, Untergeschoss, Untergefreiter).[168] Eine Abkürzung des Zusatzes „haftungsbeschränkt" ist nicht vorgesehen und auch nicht zulässig.

150 Die Bezeichnung als „Unternehmergesellschaft (haftungsbeschränkt)" oder „UG (haftungsbeschränkt)" ist zwingend. Andere Bezeichnungen, wie etwa Unternehmergesellschaft, haftungsbeschränkte Unternehmergesellschaft, Unternehmergesellschaft mit beschränkter Haftung, Unternehmergesellschaft ohne persönliche Haftung, Unternehmergesellschaft ohne Stammkapital, Gesellschaft mit beschränkter Haftung,[169] Mini-GmbH, GmbH light, kleine GmbH, Gehb GmbH, 1 Euro GmbH, Deutsche Limited oder Gründer-GmbH[170] sind unzulässig. Gleiches gilt für abweichende Abkürzungen, wie beispielsweise UG, UGG, UGmbH oder GmbH. In der Praxis sollte schon deshalb auf eine korrekte Bezeichnung geachtet werden, weil falsche oder unvollständige Angaben möglicherweise eine persönliche Haftung nach den Grundsätzen der Rechtsscheinhaftung zur Folge haben könnten.[171] Eine solche Sanktionierung erscheint auch deshalb notwendig, weil die Bezeichnung als „Unternehmer-

---

talerhöhung rechtlich als normale GmbH zu qualifizieren ist, aber weiterhin als Unternehmergesellschaft (haftungsbeschränkt) firmieren darf (nicht muss) (siehe § 5a Abs. 5 HS 2 GmbHG).

[163] Siehe BR-Drucks. 354/07 S. 71. – Ähnlich auch *Seibert* GmbHR 2007, 673, 675 *("Die Firma „Unternehmergesellschaft (haftungsbeschränkt)" mag zwar nicht den Schönheitspreis gewinnen, deutlich wird aber jedenfalls, dass es sich hier um etwas Anderes und Aufmerksamkeit verlangendes handelt.")*. – Kritisch zu der Bezeichnung auch der *Handelsrechtsausschuss des Deutschen Anwaltvereins* NZG 2007, 735, 736 f.; *Veil* GmbHR 2007, 1080, 1082.

[164] Stellungnahme des Bundesrates, BR-Drucks. 354/07 (Beschluss) Nr. 4. Dagegen aber Gegenäußerung der Bundesregierung, BT-Drucks. 16/6140 Anlage 3 S. 2 f.

[165] So etwa *Seibert/Decker* ZIP 2008, 1208, 1208.

[166] So *Römermann* GmbHR 2008, R 241. – Positiver noch *Römermann* GmbHR 2007, R 193 *("mancher wird die Modernität der „UG" sogar als Vorteil verkaufen und damit Marketing betreiben")*.

[167] Siehe stellvertretend nur die Beiträge in der Debatte im Deutschen Bundestag vom 26.6.2008, wo u. a. von „Mini-GmbH", „Unternehmergesellschaft", „Unternehmergesellschaft ohne Stammkapital" oder „haftungsbeschränkten Unternehmergesellschaft" die Rede war (siehe Plenarprotokoll der 172. Sitzung vom 26.6.2008 S. 18 187).

[168] Kritisch zu solchen Vergleichen bzw. Verunglimpfungen Ulmer/Habersack/Löbbe/*Paura* § 5a Rn. 7.

[169] Etwas irreführend daher das Musterprotokoll (unter Nr. 1) *("eine Gesellschaft mit beschränkter Haftung unter der Firma")*.

[170] So der – überzeugende – Vorschlag des *Handelsrechtsausschusses des Deutschen Anwaltvereins* NZG 2007, 735, 737.

[171] Zur Rechtsscheinhaftung analog § 179 BGB, wenn für Unternehmergesellschaft (haftungsbeschränkt) mit dem unrichtigen Rechtsformzusatz „GmbH" gehandelt wird, BGH Urt. v. 12.6.2012 – II ZR 256/11, DB 2012, 1916 = GmbHR 2012, 953 mit Anm. *Römermann* = DStR 2012, 1814 mit Anm. *Pöschke* = NZG 2012, 989 = NJW 2912, 2871 = EWiR 2012, 697 *(Heckschen)* = DNotZ 2013, 54. Ausführlich dazu *Altmeppen* NJW 2012, 2833; *Beck/Schaub* GmbHR 2012, 1331; *Miras* NZG 2012, 1095. - Zur Rechtsscheinhaftung bei Weglassung des Rechtsformzusatzes „BV" bei einer Gesellschaft mit beschränkter Haftung niederländischen Rechts siehe zuletzt BGH ZIP 2007, 908 = EWiR 2007, 513 *(Lamsa)* = DNotZ 2007, 704 = BB 2007, 955 = NJW 2007, 1529 = NZG 2007, 426 = IPRax 2008, 42 = GmbHR 2007, 593 mit Anm. *Römermann*. Ausführlich dazu *Altmeppen* ZIP 2007, 889; *Brinkmann* IPRax 2008, 30; *Kindler* NJW 2007, 1785; *Schanze* NZG 2007, 533.

gesellschaft (haftungsbeschränkt)" oder „UG (haftungsbeschränkt)" der einzigste (Warn-)Hinweis für Teilnehmer des Rechtsverkehrs ist, dass die Gesellschaft möglicherweise nur mit einem sehr geringen Kapital ausgestattet ist. Die Ablehnung einer Rechtsscheinhaftung hätte zur Folge, dass die falsche Bezeichnung ohne (effektive) Folgen bliebe, obwohl sie aus Gründen des Gläubigerschutzes zwingend vorgesehen ist.

Die Firma erscheint insgesamt wenig attraktiv und dürfte sich in der Praxis als Nachteil der Unternehmergesellschaft (haftungsbeschränkt) erweisen. Für viele, insbesondere ausländische Geschäftspartner dürfte die Firma schon kaum aussprechbar sein und zudem aufgrund ihrer internationalen Einzigartigkeit nicht selten zu Verwirrungen und Irritation führen. **151**

VII. Gesellschafter

1. Überblick

Nach der Gesetzesbegründung soll die Unternehmergesellschaft (haftungsbeschränkt) vor allem von *„jungen Existenzgründern"* bei der Verwirklichung ihrer unternehmerischen Ziele genutzt werden können. Allerdings ist die Unternehmergesellschaft (haftungsbeschränkt) nicht auf diesen Personenkreis beschränkt. **152**

Bei der Frage, wer als Gesellschafter einer Unternehmergesellschaft (haftungsbeschränkt) in Betracht kommt, ist zwischen Gesellschaften mit individueller Satzung und solchen mit Musterprotokoll zu unterscheiden. **153**

Wird die Unternehmergesellschaft (haftungsbeschränkt) mit einer individuellen Satzung errichtet (was in der Praxis selten vorkommen dürfte, aber rechtlich möglich ist), gelten für Anzahl und Person der Gesellschafter im Vergleich zur normalen GmbH keine Besonderheiten. **154**

Bei Verwendung des Musterprotokolls ist der Kreis der Gesellschafter dagegen in zweifacher Hinsicht eingeschränkt: Zum einen darf die Gesellschaft höchstens drei Gesellschafter haben (§ 2 Abs. 1a Satz 1 GmbHG), zum anderen können nur natürliche und juristische Personen Gesellschafter sein (Musterprotokoll Fußnote 1). **155**

2. Begrenzungen bei Verwendung des Musterprotokolls

a) Höchstens drei Gesellschafter. In der Gesetzesbegründung wird nicht ausdrücklich erörtert, warum das Musterprotokoll nur von höchstens drei Gesellschaftern verwendet werden darf. Vermutlich ist der Gesetzgeber davon ausgegangen, dass die in dem Musterprotokoll enthaltene Satzung nur bei einer kleinen Zahl von Gesellschaftern sachgerecht ist. Allerdings erscheint die Grenze von drei Gesellschaftern willkürlich. Das Musterprotokoll enthält keinerlei Regelungen für das Verhältnis der Gesellschafter untereinander, so dass es allenfalls bei der Gründung einer Gesellschaft durch eine einzige Person verwendet werden sollte. Dagegen macht es (rechtlich) keinen Unterschied, ob eine Gesellschaft mit drei oder vier Gesellschaftern gegründet wird. **156**

Hinzu kommt, dass die Begrenzung auf höchstens drei Gesellschafter in keiner Weise vor Umgehungen geschützt ist. Es ist beispielsweise ohne weiteres möglich, unmittelbar nach Gründung der Gesellschaft[172] weitere Gesellschafter aufzunehmen. Ein Missbrauch könnte darin allenfalls dann gesehen werden, wenn diese Gestaltung bewusst genutzt worden ist, um die nur für das Musterprotokoll geltende Kostenprivilegierung in Anspruch zu nehmen. Allerdings wird sich dies kaum jemals nachweisen lassen.[173] **157**

Die Anzahl der Gesellschafter ergibt sich aus der Gesellschafterliste (siehe § 2 Abs. 1 Satz 4 GmbHG). Falls ein Treuhänder Geschäftsanteile für mehrere Gesellschafter hält, zählt dieser somit nur als ein Gesellschafter. **158**

---

[172] Maßgebend dürfte dabei die Eintragung der Gesellschaft im Handelsregister sein (und nicht die Beurkundung des Gesellschaftsvertrages).
[173] Ähnlich *Wälzholz* GmbHR 2008, 842, 843.

159 **b) Nur natürliche und juristische Personen.** Der Kreis potentieller Gesellschafter einer Unternehmergesellschaft (haftungsbeschränkt) wird im Gesetz selbst nicht ausdrücklich eingeschränkt. Lediglich aus dem Musterprotokoll ergibt sich aus der Vorgabe „Herr/Frau", dass als Gesellschafter zunächst nur natürliche Personen in Betracht kommen.[174] In dem Hinweis Nr. 1 zum Musterprotokoll wird ausgeführt, dass bei juristischen Personen die Anrede „Herr/Frau" wegzulassen ist. Aus diesem Hinweis, der ebenso wie das Musterprotokoll selbst förmlicher Bestandteil des GmbH-Gesetzes ist (siehe § 2 Abs. 1a Satz 2 GmbHG), ergibt sich, dass neben natürlichen Personen nur juristische Personen, nicht aber andere Gesellschaften oder Personenvereinigungen Gesellschafter einer Unternehmergesellschaft (haftungsbeschränkt) sein können.

160 Alle in- und ausländischen juristischen Personen des privaten und öffentlichen Rechts können danach Gesellschafter einer Unternehmergesellschaft (haftungsbeschränkt) sein. Dies umfasst beispielsweise GmbH's, AG's, SE's, englische *private limited companies,* Stiftungen, Vereine und Gemeinden. Nachdem die Unternehmergesellschaft (haftungsbeschränkt) ihrerseits eine juristische Person ist, kann sie auch eine Tochtergesellschaft als Unternehmergesellschaft (haftungsbeschränkt) gründen. Die Zielsetzung der Unternehmergesellschaft (haftungsbeschränkt) passt indes nicht auf juristische Personen.[175] Juristische Personen sind keine Existenzgründer, sondern Kaufleute im Sinne des Handelsgesetzbuchs (§ 13 Abs. 3 GmbHG, § 6 Abs. 1 HGB). Ein Musterprotokoll für juristische Personen erscheint weder notwendig noch sachgerecht.

161 Umstritten ist dagegen, ob auch Personenhandelsgesellschaften (wie etwa die GmbH & Co. KG's) oder Gesamthandsgemeinschaften (wie die Gesellschaft bürgerlichen Rechts)[176] Gesellschafter einer Unternehmergesellschaft (haftungsbeschränkt) sein können. Aufgrund des eindeutigen Hinweises in dem gesetzlichen Musterprotokoll dürfte dies zu verneinen sein. Der Gesetzgeber hat in Kenntnis der Diskussion dieser Frage zum Regierungsentwurf[177] das Musterprotokoll in diesem Punkt nicht geändert. Nachdem bereits die Einbeziehung von juristischen Personen in den Kreis möglicher Gesellschafter als verfehlt erscheint, besteht für eine erweiternde Auslegung keine Veranlassung.[178] Hinzu kommt, dass auf diese Weise die Höchstgrenze von drei Gesellschaftern faktisch umgangen werden könnte.

VIII. Geschäftsführer

1. Überblick

162 Bei einer Unternehmergesellschaft (haftungsbeschränkt) mit individueller Satzung ergeben sich im Vergleich zur klassischen GmbH keinerlei Besonderheiten.

Dagegen wirft die Gründung einer Unternehmergesellschaft (haftungsbeschränkt) mit dem Musterprotokoll in Bezug auf die Geschäftsführer und ihre Vertretungsbefugnis verschiedene Zweifelsfragen auf.

---

[174] Einschränkend für Minderjährige und Betreute Bork/Schäfer/*Schäfer* § 2 Rn. 89.
[175] Für eine Beschränkung dieser Gründungsvariante auf natürliche Personen zu Recht, *Handelsrechtsausschuss des Deutschen Anwaltvereins* NZG 2007, 735, 736; *Karsten* GmbHR 2007, 958, 964.
[176] Unabhängig davon besteht in der Praxis meist die Schwierigkeit, die Existenz einer Gesellschaft des bürgerlichen Rechts sowie die Vertretungsbefugnis der handelnden Personen gegenüber dem Registergericht zweifelsfrei nachzuweisen.
[177] Gegen die Einbeziehung der Gesellschaft bürgerlichen Rechts auf der Grundlage des Regierungsentwurfs u.a. *Heckschen* DStR 2007, 1442, 1444; *Noack* DB 2007, 1395, 1398. – Für die Einbeziehung dagegen *Gehrlein* Der Konzern 2007, 771, 775.
[178] Weitergehend allerdings die hM im Schrifttum, siehe etwa Lutter/Hommelhoff/*Bayer* § 2 Rn. 39; Baumbach/Hueck/*Fastrich* § 2 Rn. 17; Roth/Altmeppen/*Roth* § 2 Rn. 58; Bork/Schäfer/*Schäfer* § 2 Rn. 89; Rowedder/Schmidt-Leithoff/*Schmidt-Leithoff* § 2 Rn. 91. – Differenzierend zwischen (teil-)rechtsfähigen Gesamthandsgemeinschaften (wie etwa die Gesellschaft bürgerlichen Rechts, Gründerfähigkeit zu bejahen) und nicht rechtsfähigen Gesamthandsgemeinschaften (wie etwa der Erben- oder Gütergemeinschaft, Gründerfähigkeit zu verneinen) Ulmer/Habersack/Löbbe/*Ulmer*/*Löbbe* § 2 Rn. 102.

2. Musterprotokoll und Geschäftsführer

a) Bestellung der Geschäftsführer. Die Bestellung der Geschäftsführer erfolgt entweder im Gesellschaftsvertrag oder durch Gesellschafterbeschluss (§ 6 Abs. 3 Satz 2 GmbHG). In der bisherigen Praxis sind die Geschäftsführer in aller Regel durch einen gesonderten Beschluss der Gesellschafter bestellt worden und nicht unmittelbar in der Satzung. Der Gesellschafterbeschluss wird dabei entweder in den Mantel der Gründungsurkunde aufgenommen oder erfolgt gesondert. Eine notarielle Beurkundung des Gesellschafterbeschlusses über die Bestellung der Geschäftsführer war und ist nicht erforderlich. 163

In dem vom Gesetzgeber zur Verfügung gestellten Musterprotokoll heißt es (dort unter Nr. 4): 164
„Zum Geschäftsführer der Gesellschaft, wird Herr/Frau ..., geboren am ..., wohnhaft in ... bestellt."
In den Gesetzesmaterialien wird lediglich darauf hingewiesen, dass die *„Geschäftsführerbestellung"* (neben dem Gesellschaftsvertrag und der Gesellschafterliste) in dem Musterprotokoll enthalten ist.[179]

Die gesetzliche Neuregelung geht offensichtlich davon aus, dass die Bestellung des Geschäftsführers im Falle der Verwendung des Musterprotokolls nicht durch einen Gesellschafterbeschluss erfolgt. Dafür spricht zunächst, dass sich in dem Musterprotokoll keinerlei Hinweis auf einen Gesellschafterbeschluss bzw. eine entsprechende Gesellschafterversammlung findet (wie etwa: *„Die Gesellschafter halten sodann eine erste Gesellschafterversammlung ab und beschließen einstimmig was folgt: Zum Geschäftsführer wird ... bestellt."*). Die Gesetzesbegründung spricht gleichfalls dafür, dass die Geschäftsführerbestellung Bestandteil des Musterprotokolls ist. 165

Nachdem die Geschäftsführerbestellung aufgrund der zwingenden gesetzlichen Vorgaben nur entweder durch Gesellschafterbeschluss oder im Gesellschaftsvertrag möglich ist (siehe § 6 Abs. 3 Satz 2 GmbHG), erfolgt die Bestellung bei Verwendung der Mustersatzung offensichtlich in der Gründungssatzung. Dies entspricht auch der systematischen Stellung der Geschäftsführerbestellung (Nr. 4 des Musterprotokolls) inmitten von zwingenden Satzungsregelungen (unter Nr. 1, 2 und 3 des Musterprotokolls finden sich die Angaben nach § 3 Abs. 1 Nr. 1 bis 4 GmbHG und unter Nr. 5 des Musterprotokolls findet sich die Übernahme der Gründungskosten durch die Gesellschaft analog § 26 Abs. 2 bis 5 AktG). Die Aufnahme der Geschäftsführerbestellung in den Gesellschaftsvertrag hat grundsätzlich zur Folge, dass bei jeder Veränderung in der Geschäftsführung eine förmliche Satzungsänderung (§§ 53 und 54 GmbHG) erforderlich ist (u. a. Gesellschafterbeschluss mit einer Mehrheit von mindestens drei Vierteln der abgegebenen Stimmen, notarielle Beurkundung des Gesellschafterbeschlusses, konstitutive Wirkung der Handelsregistereintragung). Ein (privatschriftlicher) Gesellschafterbeschluss (mit einfacher Mehrheit der abgegebenen Stimmen) ist dann nicht mehr ausreichend. 166

Unabhängig von dem konkreten Fall des Musterprotokolls geht die herrschende Meinung bei einer normalen GmbH bislang davon aus, dass es sich bei der Aufnahme der Geschäftsführerbestellung in den Gesellschaftsvertrag im Zweifel nicht um einen materiellen Bestandteil der Satzung handelt. Vielmehr soll die Bestellung des Geschäftsführers regelmäßig lediglich ein formaler (unechter) Satzungsbestandteil sein, so dass bei späteren Änderungen auch kein satzungsändernder Gesellschafterbeschluss erforderlich sei.[180] 167

Diese Auffassung lässt sich allerdings nicht ohne weiteres auf das jetzt vom Gesetzgeber zur Verfügung gestellte Musterprotokoll übertragen.[181] Der Gesetzgeber hat vielmehr in 168

---

[179] Beschlussempfehlung und Bericht des Rechtsausschusses, BT-Drucks. 16/9737 S. 93.
[180] Siehe dazu nur Ulmer/Habersack/Löbbe/*Paefgen* § 6 Rn. 64 ff. – A. A. insbesondere *Karl Dieter Müller*, Die Bestellung des Geschäftsführers im Gesellschaftsvertrag der GmbH als materieller Satzungsbestandteil, 1999. – Aus den in diesem Zusammenhang immer wieder zitierten Entscheidungen, BGH GmbHR 1982, 129 und OLG Hamm GmbHR 1992, 380 ergibt sich im Übrigen keineswegs, dass es sich bei der Bestellung des Geschäftsführers in der Satzung stets nur um einen formellen Satzungsbestandteil handelt.
[181] So aber die ganz herrschende Meinung, siehe nur Lutter/Hommelhoff/*Bayer* § 2 Rn. 47; Bork/Schäfer/*Schäfer* § 2 Rn. 93; Ulmer/Habersack/Löbbe/*Ulmer/Löbbe* § 2 Rn. 9 f. und Rn. 116.

Kenntnis der gesamten Problematik keinerlei Unterscheidung zwischen materiellen und formellen Satzungsbestandteilen getroffen, sondern ein einheitliches Musterprotokoll geschaffen. Aus Aufbau und Gliederung des Musterprotokolls ergeben sich keinerlei Anhaltspunkte dafür, dass es sich nur bei den Angaben unter Nr. 1, 2, 3 und 5 des Musterprotokolls um materielle Satzungsbestandteile handelt, nicht aber auch bei der in Nr. 4 vorgesehenen Geschäftsführerbestellung. Nachdem das gesamte Musterprotokoll gerade einmal einen Umfang von einer Seite hat, wäre eine solche Aufteilung in materielle und formelle Satzungsbestandteile auch kaum nachvollziehbar. Schließlich findet sich auch in den (umfangreichen) Gesetzesmaterialien keinerlei Hinweis darauf, dass die Bestellung des Geschäftsführers nicht auch echter Bestandteil der Satzung sein soll.

169 Mit dem Musterprotokoll soll vor allem für *„junge Existenzgründer"* eine einfache Möglichkeit zur Gründung einer Gesellschaft mit beschränkter Haftung geschaffen werden. Schwierige Abgrenzungen, die noch dazu weder aus dem Gesetz noch aus dem Musterprotokoll ersichtlich sind, würden diesem Ziel zuwiderlaufen.

170 Darüber hinaus sind erhebliche Irritationen zu befürchten, wenn die Angaben in dem Musterprotokoll inhaltlich nicht mehr zutreffen. Wird der Gründungsgeschäftsführer beispielsweise abberufen, ohne dass zugleich die Satzung geändert wird, würden sich die Angaben im Musterprotokoll und im Handelsregister widersprechen. Ähnliche Konflikte könnten auftreten, wenn die Gesellschafterversammlung die Befreiung des Geschäftsführers von den Beschränkungen des § 181 BGB aufheben oder einschränken würde. In allen diesen Fällen enthält das (notarielle) Musterprotokoll dann unzutreffende Angaben, die einen falschen Rechtsschein erwecken. Der gute Glaube an die Richtigkeit des Musterprotokolls wird aber nicht geschützt.

171 Im Interesse der Rechtssicherheit sollte daher bei einer Änderung in der Geschäftsführung auch die Regelung in Nr. 4 des Musterprotokolls angepasst werden. Eine Änderung des Musterprotokolls im Wege eines satzungsändernden Beschlusses ist im Allgemeinen ohnehin dann notwendig, wenn ein weiterer Geschäftsführer bestellt werden soll.[182]

172 Insgesamt erweist sich die Regelung über die Geschäftsführerbestellung im Musterprotokoll somit als wenig gelungen. Geht man davon aus, dass die Geschäftsführerbestellung nur ein formeller Satzungsbestandteil ist, wird es zu Widersprüchen zwischen dem notariellen Musterprotokoll und den Eintragungen im Handelsregister kommen, die bei vielen Teilnehmern des Rechtsverkehrs eine gewisse Verwirrung hervorrufen werden. Diese Probleme könnten vermieden werden, wenn man in der Geschäftsführerbestellung einen materiellen Bestandteil der Satzung sehen würde. Allerdings wäre dann eine Änderung in der Geschäftsführung mit einem größeren Aufwand verbunden als bei einer normalen GmbH, was der gesetzgeberischen Zielsetzung wohl kaum entsprechen dürfte. Bis zu einer höchstrichterlichen Klärung besteht in dieser für die Praxis wichtigen Frage jedenfalls eine nicht unerhebliche Rechtsunsicherheit.[183]

173 **b) Anzahl der Geschäftsführer.** Nach dem Musterprotokoll kann die Gesellschaft stets nur einen Geschäftsführer haben (§ 2 Abs. 1a Satz 1 GmbHG). Dieser kann, muss aber nicht Gesellschafter sein. Fremdorganschaft ist somit, ebenso wie bei einer normalen GmbH, möglich.

---

[182] Siehe dazu unten → Rn. 181 ff.
[183] Zu den zahlreichen Streitfragen, die mit unklaren Vertretungsregelung des Musterprotokolls verbunden sind, siehe u. a. OLG Düsseldorf Beschl. v. 12.7.2011 – 3 Wx 75/11, GmbHR 2011, 1319 = DStR 2011, 2106) = ZIP 2011, 2468; OLG Celle Beschl. v. 26.1.2011 – 9 W 12/11, GmbHR 2011, 305; OLG Rostock Beschl. v. 12.3.2010 – 1 W 83/09, NotBZ 2010, 196 = GmbHR 2010, 872 = DNotZ 2011, 308; OLG Hamm Beschl. v. 15.10.2009 – I 15 Wx 208/09, ZIP 2009, 2246 = DStR 2009, 2499 = GmbHR 2009, 1334 = NZG 2009, 1431 = Rpfleger 2010, 144; OLG Bremen Beschl. v. 15.9.2009 – 2 W 61/09, GmbHR 2009, 1210 = NZG 2009, 1193 = ZIP 2009, 1998 = DNotZ 2010, 73 = NJW 2010, 542. Ausführlich dazu *Ries* NZG 2009, 1293; OLG Stuttgart Beschl. v. 28.4.2009 – 8 W 116/09, GmbHR 2009, 827 = ZIP 2009, 1011 = EWiR 2009, 535 (*Heckelmann*) = DB 2009, 1121 = DStR 2009, 1325 = NZG 2009, 754 = notar 2009, 357 mit Anm. *Jeep/Kilian/Weiler* = MittBayNot 2009, 390 = NotBZ 2009, 376 = Rpfleger 2009, 568 = DNotZ 2010, 71. Ausführlich dazu Ries NZG 2009, 739.

Im Laufe des Gesetzgebungsverfahrens ist zu Recht darauf hingewiesen worden,[184] dass die Bestellung nur eines Geschäftsführers meist nur in den Fällen der Einpersonengesellschaften als interessengerecht angesehen wird. Bei der Gründung einer Gesellschaft mit zwei oder drei Gesellschaftern sollen oftmals auch mehrere Geschäftsführer bestellt werden. In einem solchen Fall kann eine Unternehmergesellschaft (haftungsbeschränkt) dann nur auf der Grundlage einer individuellen Satzung (und nicht mittels Musterprotokolls) errichtet werden.

Das Gebot zur Bestellung nur eines Geschäftsführers gilt nur bei Gründung der Gesellschaft. Nach Eintragung der Unternehmergesellschaft (haftungsbeschränkt) können auch weitere Geschäftsführer bestellt werden. Das Gesetz sieht insoweit keinerlei Einschränkungen vor. Eine missbräuchliche Nutzung des Musterprotokolls (z. B. wenn die Bestellung eines weiteren Geschäftsführers von Anfang an nachweislich geplant war) wird nur in seltenen Ausnahmefällen in Betracht kommen.[185]

Problematisch erscheint dagegen, ob auch bereits vor Eintragung der Unternehmergesellschaft (haftungsbeschränkt) im Handelsregister ein weiterer Geschäftsführer bestellt werden kann. Nachdem das Musterprotokoll bei Gründung nur dann verwendet werden kann, wenn nur ein Geschäftsführer bestellt werden soll, dürfte dies nicht möglich sein. Die Bestellung weiterer Geschäftsführer ist somit erst nach Abschluss des Gründungsvorgangs mit Handelsregistereintragung möglich (siehe Wortlaut *„gegründet"* in § 2 Abs. 1a Satz 1 GmbHG).

c) **Vertretungsbefugnis.** *aa) Bei einem Geschäftsführer.* Bei der Gründung einer neuen Gesellschaft mit beschränkter Haftung ist stets auch *„Art und Umfang der Vertretungsbefugnis der Geschäftsführer"* zur Eintragung im Handelsregister anzumelden (§ 8 Abs. 4 Nr. 2 GmbHG). Diese Regelung gilt in gleicher Weise für alle Erscheinungsformen der GmbH und insbesondere unabhängig davon, ob die Gesellschaft mit individueller Satzung oder mit Musterprotokoll errichtet worden ist.

Das Musterprotokoll enthält keinerlei Aussage zu der Vertretungsbefugnis des Geschäftsführers.[186] Der Gesetzgeber geht zu Recht davon aus, dass ein Geschäftsführer ohnehin nur alleine vertreten kann. Die Verpflichtung zu einer entsprechenden Handelsregisteranmeldung besteht auch dann, wenn sich in dem Musterprotokoll überhaupt keine Regelung zur abstrakten Vertretungsbefugnis findet und eine Abweichung auch gar nicht möglich wäre.

> **Formulierungsvorschlag für die Handelsregisteranmeldung:**
>
> Ist nur ein Geschäftsführer bestellt, vertritt dieser die Gesellschaft allein. Sind mehrere Geschäftsführer bestellt, wird die Gesellschaft durch sämtliche Geschäftsführer gemeinsam vertreten.
> Der Umfang der Vertretungsbefugnis des Geschäftsführers ist gegenüber Dritten unbeschränkt.

Eine besondere Vertretungsbefugnis des Geschäftsführers ist in diesem Fall nicht anzumelden, da sie von der allgemeinen Vertretungsbefugnis nicht abweicht (und auch gar nicht abweichen kann). Nicht notwendig ist insbesondere auch eine Anmeldung, wonach der Geschäftsführer die Gesellschaft „satzungsgemäß" vertritt.

bb) Bei mehreren Geschäftsführern. Das gesetzliche Regelungsmodell des Musterprotokolls passt allerdings nur solange, wie die Gesellschaft nur einen Geschäftsführer hat.[187] Bei

---

[184] So etwa *Ries* in der Stellungnahme zur Anhörung vor dem Rechtsausschuss des Deutschen Bundestages am 23.1.2008, Volltext unter www.bundestag.de.
[185] Ähnlich *Wälzholz* GmbHR 2008, 842, 843.
[186] Abgesehen von der zwingenden Befreiung des Geschäftsführers von den Beschränkungen des § 181 BGB (Nr. 4 des Musterprotokolls). Dazu unten → Rn. 186 ff.
[187] Zu den damit verbundenen Streitfragen siehe die Nachweise in → Fn. 183.

Bestellung von weiteren Geschäftsführern[188] zeigt sich, dass es an einer abstrakten Regelung der Vertretungsbefugnis in der Satzung fehlt. Es gilt somit die gesetzliche Gesamtvertretungsregelung, die sodann zur Eintragung in das Handelsregister anzumelden ist.

> **Formulierungsvorschlag für die Handelsregisteranmeldung:**
>
> 182 Ist nur ein Geschäftsführer bestellt, vertritt dieser die Gesellschaft allein. Sind mehrere Geschäftsführer bestellt, wird die Gesellschaft durch sämtliche Geschäftsführer gemeinsam vertreten. Der Umfang der Vertretungsbefugnis der Geschäftsführer ist gegenüber Dritten unbeschränkt.

183 Diese Regelung wird den Interessen der Beteiligten in vielen Fällen nicht gerecht werden. Denn danach wäre es beispielsweise nicht möglich, dass einem Geschäftsführer Einzelvertretungsbefugnis erteilt wird. Ferner wäre es ausgeschlossen, dass die Gesellschaft auch dann durch zwei Geschäftsführer vertreten werden kann, wenn im Einzelfall mehr als zwei Geschäftsführer bestellt sein sollten. Mit der Bestellung eines weiteren Geschäftsführers wird es sich daher im Allgemeinen empfehlen, eine abstrakte Regelung der Vertretungsbefugnis in die Satzung aufzunehmen. Dabei handelt es sich um einen satzungsändernden Beschluss, der erst mit seiner Eintragung im Handelsregister wirksam wird (§ 10 Abs. 1 Satz 2 GmbHG).

> **Formulierungsvorschlag für die GmbH-Satzung:**
>
> 184 Die Gesellschaft hat einen oder mehrere Geschäftsführer.
> Ist nur ein Geschäftsführer bestellt, so vertritt dieser die Gesellschaft allein. Sind mehrere Geschäftsführer bestellt, so wird die Gesellschaft durch zwei Geschäftsführer gemeinschaftlich oder durch einen Geschäftsführer in Gemeinschaft mit einem Prokuristen vertreten.
> Die Gesellschafterversammlung kann einem, mehreren oder allen Geschäftsführern Einzelvertretungsbefugnis erteilen oder auch bestimmen, dass die Geschäftsführer gemeinschaftlich mit einem weiteren Geschäftsführer vertretungsbefugt sind.
> Die Gesellschafterversammlung kann darüber hinaus einen, alle oder mehrere Geschäftsführer allgemein oder für den Einzelfall von den Beschränkungen des § 181 BGB befreien.

> **Formulierungsvorschlag für die Handelsregisteranmeldung:**
>
> 185 Die abstrakte Vertretungsregelung lautet wie folgt: „Die Gesellschaft hat einen oder mehrere Geschäftsführer. Ist nur ein Geschäftsführer bestellt, so vertritt dieser die Gesellschaft allein. Sind mehrere Geschäftsführer bestellt, so wird die Gesellschaft durch zwei Geschäftsführer gemeinschaftlich oder durch einen Geschäftsführer in Gemeinschaft mit einem Prokuristen vertreten."

186 *cc) Befreiung von den Beschränkungen des § 181 BGB. (1) Bei einem Geschäftsführer.* Die Befreiung eines Geschäftsführers von den Beschränkungen des § 181 BGB ist eine eintragungspflichtige Tatsache (§§ 8 Abs. 4 Nr. 2, 10 Abs. 1 Satz 2 GmbHG).

187 Das Musterprotokoll sieht vor, dass der (alleinige) Gründungsgeschäftsführer stets von den Beschränkungen des § 181 BGB befreit ist. Eine solche Regelung ist allgemein üblich und sinnvoll, wenn eine Einpersonengesellschaft durch eine natürliche Person errichtet wird. Bei der Gründung einer Gesellschaft mit beschränkter Haftung durch zwei oder drei Personen wird die vollständige Befreiung des Geschäftsführers von den Beschränkungen des § 181 BGB dagegen vielfach nicht den Interessen der Beteiligten entsprechen. Dabei ist auch zu berücksichtigen, dass das Musterprotokoll keine Regelung enthält, wonach der Geschäftsführer für bestimmte Handlungen zunächst einen Gesellschafterbeschluss herbeiführen muss. Soll der Geschäftsführer nicht oder nur teilweise von den Beschränkungen des

---

[188] Dies ist nach Gründung der Gesellschaft ohne weiteres möglich, da die Beschränkung auf einen Geschäftsführer nur für die Gründung gilt (§ 2 Abs. 1a Satz 1 GmbHG).

§ 181 BGB befreit werden, muss für die Gründung der Unternehmergesellschaft (haftungsbeschränkt) an Stelle des Musterprotokolls eine individuelle Satzung verwendet werden.

Handelt es sich bei dem Gesellschafter der Unternehmergesellschaft (haftungsbeschränkt) nicht um eine oder mehrere natürliche Personen, sondern um eine juristische Person (z.B. eine GmbH, die eine Tochtergesellschaft gründet) wird zwar vielfach eine Befreiung des Geschäftsführers von dem Verbot der Mehrfachvertretung (§ 181 Fall 2 BGB), nicht aber auch ohne weiteres von dem Verbot von Insichgeschäften (§ 181 Fall 1 BGB) sachgerecht sein.

> **Formulierungsvorschlag für die Handelsregisteranmeldung:**
> Die Gesellschaft hat nur einen Geschäftsführer, der die Gesellschaft alleine vertritt. Der Geschäftsführer ist von den Beschränkungen des § 181 BGB befreit. Der Umfang der Vertretungsbefugnis des Geschäftsführers ist gegenüber Dritten unbeschränkt.

(2) Bei mehreren Geschäftsführern. Bei Bestellung von weiteren Geschäftsführern kommt eine Befreiung von den Beschränkungen des § 181 BGB nur dann in Betracht, wenn in der Satzung eine entsprechende Rechtsgrundlage enthalten ist. Das Musterprotokoll sieht eine solche Befreiungsmöglichkeit für weitere Geschäftsführer nicht vor.

Wird ein weiterer Geschäftsführer (ohne vorherige Änderung der Satzung) bestellt, wird die Gesellschaft durch alle Geschäftsführer gemeinsam vertreten. Von den Beschränkungen des § 181 BGB könnte allenfalls der Gründungsgeschäftsführer befreit werden (bzw. bleiben). Für die weiteren Geschäftsführer gilt die Befreiung des Musterprotokolls sicherlich nicht; eine Befreiung ist auf der Grundlage des Musterprotokolls auch nicht möglich. Dann wäre nur der Gründungsgeschäftsführer von den Beschränkungen des § 181 BGB befreit. In dem Musterprotokoll ist aber nur vorgesehen, dass der alleinige Gründungsgeschäftsführer von den Beschränkungen des § 181 BGB befreit ist; die Möglichkeit, nur den Gründungsgeschäftsführer, nicht aber auch die weiteren Geschäftsführer von den Beschränkungen des § 181 BGB zu befreien, sieht das Musterprotokoll dagegen nicht vor.

> **Formulierungsvorschlag für die Handelsregisteranmeldung:**
> Die Gesellschaft wird durch die Geschäftsführer gemeinsam vertreten. Der Umfang der Vertretungsbefugnis der Geschäftsführer ist gegenüber Dritten unbeschränkt.

Bei mehreren Geschäftsführern dürfte eine Befreiung von den Beschränkungen des § 181 BGB somit nur möglich sein, wenn vorher eine entsprechende Änderung der Satzung erfolgt ist. Der Beschluss über die Änderung der Satzung wird erst mit Eintragung im Handelsregister wirksam.

> **Formulierungsvorschlag für die GmbH-Satzung:**
> Die Gesellschafterversammlung kann einen, mehrere oder alle Geschäftsführer von den Beschränkungen des § 181 BGB befreien.

> **Formulierungsvorschlag für die Handelsregisteranmeldung:**
> Geschäftsführer ...... ist von den Beschränkungen des § 181 Fall 1 und/oder Fall 2 BGB befreit.

d) Entsprechende Anwendung für die Liquidatoren der Gesellschaft. Das Musterprotokoll enthält keine Regelungen zu den Liquidatoren der Gesellschaft. Bei individuell gestalteten Satzungen wird davon ausgegangen, dass die für die Geschäftsführer geltenden Satzungsregelungen im Allgemeinen nicht auch für die Liquidatoren angewendet werden können.[189] Eine entsprechende Klarstellung in der Satzung ist daher sinnvoll und üblich (z. B. *„Die vorstehenden Regelungen gelten im Falle der Liquidation der Gesellschaft entsprechend."*). Der Gesetzgeber ist wohl (zu Unrecht) davon ausgegangen, dass eine solche Regelung im Musterprotokoll entbehrlich ist.

3. Gesellschafterliste

197 **a) Überblick.** Bei der Gründung einer Gesellschaft mit beschränkter Haftung muss stets auch eine von allen Geschäftsführern unterzeichnete Gesellschafterliste zum Handelsregister eingereicht werden (§ 8 Abs. 1 Nr. 3 GmbHG). Diese Regelung gilt grundsätzlich für alle Erscheinungsformen einer Gesellschaft mit beschränkter Haftung in gleicher Weise.

198 **b) Gesellschafterliste bei gesetzlichem Musterprotokoll.** Bei Verwendung des vom Gesetzgebers vorgesehenen Musterprotokolls soll dieses allerdings zugleich als Gesellschafterliste gelten (§ 2 Abs. 1a Satz 4 GmbHG).[190] Die Erstellung und Einreichung einer gesonderten Gesellschafterliste ist in diesem Fall somit nicht mehr erforderlich.

199 Gleichwohl bestehen gewisse Bedenken an dieser gesetzlichen Fiktion. Das Musterprotokoll ist schon äußerlich keine Liste und verschafft somit keinen schnellen Überblick über die Beteiligungsverhältnisse. An der Beurkundung des Musterprotokolls sind im übrigen nur die Gesellschafter und nicht auch die Geschäftsführer beteiligt. Zumindest bei der Bestellung eines Fremdgeschäftsführers würde es daher an der notwendigen Unterzeichnung der Gesellschafterliste durch die Geschäftsführer fehlen (siehe § 8 Abs. 1 Nr. 3 GmbHG). Dementsprechend hat auch das ursprünglich im Regierungsentwurf vorgesehene „Gründungsset" neben einer Mustersatzung eine gesonderte Gesellschafterliste vorgesehen, die den gesetzlichen Vorgaben zweifelsohne entsprochen hätte.

200 Die (freiwillige) Erstellung einer gesonderten Gesellschafterliste ist aber jederzeit möglich und im Interesse der Transparenz der Beteiligungsverhältnisse auch zweckmäßig. Der damit verbundene Aufwand ist zu vernachlässigen. Eine gesonderte Gesellschafterliste kann den (rechtlich nicht beratenen) Geschäftsführern zudem als Vorlage für die Erstellung einer neuen Gesellschafterliste bei einer Veränderung der Beteiligungsverhältnisse dienen (§ 40 Abs. 1 GmbHG).

201 **c) Gesellschafterliste bei individueller Gründungsurkunde.** Für die Erstellung und Einreichung der Gesellschafterliste bei einer Unternehmergesellschaft (haftungsbeschränkt) mit individueller Gründungsurkunde gelten dieselben Bestimmungen wie bei der Gründung einer normalen GmbH.

202 Inhaltlich muss die Liste (wie bisher) zunächst den Namen, Vornamen, Geburtsdatum (nicht auch Geburtsort) und den Wohnort (nicht unbedingt die vollständige Wohnanschrift; nicht ausreichend ist dagegen der Ort der Geschäftsansässigkeit) enthalten (§ 8 Abs. 1 Nr. 3 GmbHG). Eine Anpassung der Regelung für den Fall, dass der Gesellschafter keine natürliche Person ist (z. B. eine – in- oder ausländische – Kapital- oder Personenhandelsgesellschaft, eine Gesellschaft bürgerlichen Rechts, eine Stiftung oder ein Verein) ist im Rahmen der Reform nicht erfolgt. In entsprechenden Fällen sind mindestens die Angabe von Firma und Sitz erforderlich. Im Interesse einer eindeutigen Identifizierung der Gesellschafter können im Einzelfall allerdings weitergehende Angaben notwendig sein (z. B. bei einer Gesellschaft bürgerlichen Rechts mangels Registerpublizität die Namen der Gesellschafter, § 162 Abs. 1 Satz 2 HGB analog). Weitergehende Angaben (wie etwa die vollständige Geschäftsanschrift, das Register, die Handelsregisternummer oder das Recht des Staates, dem die Gesellschaft unterliegt) sind und waren nicht erforderlich, obwohl dies zu der vom Gesetzgeber beabsichtigten Missbräuchen sicherlich hilfreich gewesen wäre. Gerade bei manchen

---

[189] Siehe nur *Krafka/Kühn*, Registerrecht, 9. Aufl. 2013, Rn. 1132.
[190] Beschlussempfehlung und Bericht des Rechtsausschusses, BT-Drucks. 16/9737 S. 93 (*„Die Vereinfachung wird durch die Bereitstellung von Mustern, die Zusammenfassung von drei Dokumenten (Gesellschaftsvertrag, Geschäftsführerbestellung und Gesellschafterliste) in einem Dokument (...) bewirkt."*).

ausländischen Gesellschaftern (z.B. Gesellschaften mit Sitz in den bekannten Steueroasen) wäre insoweit mehr Transparenz wünschenswert gewesen.

Der Inhalt der Liste wurde aber insoweit erweitert, als künftig auch die Nennbeträge und die laufenden Nummern der von jedem Gesellschafter übernommenen Geschäftsanteile aufzuführen sind (§ 8 Abs. 1 Nr. 3 GmbHG). Die Anzahl der Geschäftsanteile, die jeder Gesellschafter übernommen hat, ist zwar in der Satzung (§ 3 Abs. 1 Nr. 4 GmbHG), nicht aber unbedingt in der Liste anzugeben. Mit der laufenden Nummer soll die zweifelsfreie und dauerhafte Identifizierung jedes einzelnen Geschäftsanteils ermöglicht werden, so dass dieser insbesondere bei späteren Verfügungen über den Geschäftsanteil (z.B. Verpfändung eines GmbH-Geschäftsanteils oder Anordnung eines Vermächtnisses über einen GmbH-Geschäftsanteil) anzugeben ist.[191]

Die Angabe der inländischen Geschäftsanschrift muss nur in der Anmeldung (§ 8 Abs. 4 Nr. 1 GmbHG), nicht aber auch auf der Liste der Gesellschafter angegeben werden. Damit die Gesellschafterliste beim Registergericht zweifelsfrei zugeordnet werden kann, ist allerdings die Angabe von Firma, Sitz und Registernummer der Gesellschaft notwendig. 203

Die Gesellschafterliste ist von allen Geschäftsführern persönlich zu unterzeichnen. Eine öffentliche Beglaubigung der Unterschriften ist – trotz der gestiegenen Bedeutung der Gesellschafterliste – auch in Zukunft nicht vorgesehen. Die Angabe des Datums der Unterzeichnung ist zweckmäßig, aber gesetzlich nicht vorgeschrieben.[192] Dem Handelsregister ist das Original der unterzeichneten Gesellschafterliste in elektronischer Form einzureichen (§ 12 HGB). 204

Die Gesellschafterliste wird in der Praxis meist von dem beurkundenden Notar erstellt, kann aber auch von den Beteiligten selbst gefertigt werden. Die Unterzeichnung der bei Neugründung zu erstellenden Gesellschafterliste hat in jedem Fall durch die Geschäftsführer (und nicht durch den Notar) zu erfolgen. Etwas anderes ergibt sich auch nicht daraus, dass der Notar an der Gründung der Gesellschaft mitgewirkt hat (siehe § 40 Abs. 2 GmbHG). Denn bei der Errichtung einer GmbH werden die Gesellschafter und deren Beteiligungsverhältnisse erstmals festgelegt und nicht verändert (im Sinne von § 40 Abs. 1 Satz 1 GmbHG). Eine Bescheinigung des Notars über die erste Gesellschafterliste ist daher weder möglich noch zulässig. 205

206

Gesellschafterliste
...... **Unternehmergesellschaft (haftungsbeschränkt)**
mit dem Sitz in ......
Anschrift: ......
Registergericht ......, **HRB Neu**

Laufende Nummer der Geschäftsanteile	Gesellschafter (Name, Vorname, Geburtsdatum und Wohnort bzw. Firma und Sitz)	Anzahl der Geschäftsanteile (Stück)	Nennbetrag der einzelnen Geschäftsanteile (in Euro)	Summe der Nennbeträge

......, den ......

......
(Unterschrift des Geschäftsführers)

---

[191] Mangelnde Bestimmtheit hat die Nichtigkeit zur Folge, siehe nur Scholz/Seibt § 15 Rn. 89 m.w.N.
[192] Siehe dazu auch den Vorschlag für eine Liste der Gesellschafter im Regierungsentwurf (BR-Drucks. 354/07 S. 49 f., Fn. 6), die als Bestandteil des ursprünglich vorgesehenen Gründungssets vorgesehen war, wo die Angabe von „*Ort und Datum der Unterzeichnung der Gesellschafterliste*" vorgesehen war.

IX. Besteuerung der Unternehmergesellschaft (haftungsbeschränkt)

207 Die Unternehmergesellschaft (haftungsbeschränkt) ist eine Gesellschaft mit beschränkter Haftung und wird daher in gleicher Weise wie eine klassische GmbH besteuert.[193] Die neue Unternehmergesellschaft (haftungsbeschränkt) fügt sich auch insoweit „nahtlos" in das für die GmbH geltende Recht ein.[194] Für die Besteuerung macht es keinen Unterschied, ob die Unternehmergesellschaft (haftungsbeschränkt) mit einer individuellen Gründungsurkunde oder mit dem gesetzlichen Musterprotokoll errichtet wird.

208 Alle steuerlichen Vorschriften, die allgemein für Kapitalgesellschaften (z. B. § 8c KStG; § 13 Abs. 4 Nr. 3 ErbStG) oder speziell für Gesellschaften mit beschränkter Haftung (z. B. § 10 Abs. 1a Satz 2 Buchstabe c) EStG) gelten, finden somit ohne weiteres auch auf die Unternehmergesellschaft (haftungsbeschränkt) Anwendung.

209 Für die Buchführung, Bilanzierung und Publizität gelten gleichfalls keine Besonderheiten. Im Vergleich zur klassischen GmbH sind für die Unternehmergesellschaft (haftungsbeschränkt) weder Erleichterungen noch Verschärfungen vorgesehen.

X. Umwandlung der Unternehmergesellschaft (haftungsbeschränkt)

1. Überblick

210 Besondere Regelungen für die Umwandlung von Unternehmergesellschaften (haftungsbeschränkt) hat der Gesetzgeber nicht in das Umwandlungsgesetz aufgenommen. Dies war auch nicht notwendig, da die Unternehmergesellschaft (haftungsbeschränkt) rechtlich eine Gesellschaft mit beschränkter Haftung ist und daher grundsätzlich in gleicher Weise wie diese an Umwandlungen beteiligt sein kann. Gewisse Beschränkungen der Umwandlungsfähigkeit ergeben sich allerdings daraus, dass die Unternehmergesellschaft (haftungsbeschränkt) bei Gründung ein Stammkapital von höchstens 24.999,– EUR hat und Sacheinlagen generell ausgeschlossen sind (siehe § 5a Abs. 1 und 2 GmbHG).[195]

2. Einzelne Umwandlungsvorgänge

211 a) **Verschmelzung.** *aa) Unternehmergesellschaft (haftungsbeschränkt) als Ausgangsrechtsträger.* Bei der Verschmelzung einer Unternehmergesellschaft (haftungsbeschränkt) auf einen anderen Rechtsträger gelten die allgemeinen Vorschriften für die Verschmelzung von Gesellschaften mit beschränkter Haftung (§§ 46 ff. UmwG). Besonderheiten bestehen insoweit nicht.

212 *bb) Unternehmergesellschaft (haftungsbeschränkt) als Zielrechtsträger. (1) Verschmelzung zur Neugründung.* Eine Verschmelzung zur Neugründung ist ausgeschlossen, da es sich dabei um eine Sachgründung handelt (siehe § 36 Abs. 2 und §§ 56 ff. UmwG). Sacheinlagen sind bei der Unternehmergesellschaft (haftungsbeschränkt) aber verboten (§ 5a Abs. 2 Satz 2 GmbHG).

213 *(2) Verschmelzung zur Aufnahme.* Bei einer Verschmelzung zur Aufnahme ist bei der übernehmenden Kapitalgesellschaft grundsätzlich eine Kapitalerhöhung erforderlich (siehe § 55 UmwG). Dabei handelt es sich um eine Sachkapitalerhöhung, da sämtliche Aktiva und Passiva des übertragenden Rechtsträgers übergehen. Aufgrund des generellen Verbots der

---

[193] Ausführlich zu den Auswirkungen des MoMiG auf das Steuerrecht *Bäuml* GmbHR-Sonderheft MoMiG 2008, S. 93 ff.; *Fuhrmann* KÖSDI 2011, 17 316; *Fuhrmann* NWB 5/2011, S. 356; *Fuhrmann* RNotZ 2010, 188; *Fuhrmann* NWB Fach 4 Seite 5391 (2008).
[194] BR-Drucks. 354/07 S. 71.
[195] Ausführlich zur Umwandlungsfähigkeit der Unternehmergesellschaft (haftungsbeschränkt) u. a. Rowedder/Schmidt-Leithoff/*Baukelmann/Schmidt-Leithoff* § 5a Rn. 56 ff.; Ulmer/Habersack/Löbbe/*Paura* § 5a Rn. 63 ff.; Scholz/*H. P. Westermann* § 5a Rn. 35 ff., sowie *Heinemann* NZG 2008, 820; *Meister* NZG 2008, 767; *Tettinger* Der Konzern 2008, 75.

Sacheinlage bei der Unternehmergesellschaft (haftungsbeschränkt) ist eine solche Verschmelzung zur Aufnahme somit nicht zulässig (§ 5a Abs. 2 Satz 2 GmbHG).

Eine Verschmelzung zur Aufnahme ist aber dann möglich, wenn der übernehmende 214 Rechtsträger das Kapital nicht erhöhen darf bzw. erhöhen braucht (siehe § 54 UmwG). In diesem Fall ist auch eine Verschmelzung auf eine Unternehmergesellschaft (haftungsbeschränkt) möglich.

Damit wäre es grundsätzlich auch denkbar, eine (normale) Mutter-GmbH mit einem 215 Stammkapital von beispielsweise 25.000,– EUR auf ihre Tochter-Unternehmergesellschaft (haftungsbeschränkt) mit einem Stammkapital von 1,– EUR zu verschmelzen (Mutter-Tochter-Verschmelzung, sog. *downstream merger*). Eine Sachkapitalerhöhung ist in diesem Fall nicht erforderlich (siehe § 54 Abs. 1 Satz 2 Nr. 2 UmwG), so dass das Verbot von Sacheinlagen der Verschmelzung nicht entgegensteht. Das Kapital der Gesellschaft würde dann, soweit es das Stammkapital von 1,– EUR übersteigt, keiner Bindung mehr unterliegen und könnte an die Gesellschafter ausgeschüttet werden. Allerdings werden auf diese Weise die zwingenden Vorschriften über die Kapitalherabsetzung umgangen (siehe u. a. § 58 Abs. 2 Satz 1 GmbHG), so dass die Zulässigkeit einer solchen Verschmelzung durchaus bestritten werden dürfte. Darüber hinaus sind im jeweiligen Einzelfall auch die mit einer solchen Gestaltung für den Gesellschafter verbundenen Haftungsrisiken sorgfältig zu prüfen (u. a. wegen einem mittelbaren Verstoß gegen die Kapitalerhaltung oder einem existenzvernichtenden Eingriff).

b) Spaltung. aa) *Unternehmergesellschaft (haftungsbeschränkt) als Ausgangsrechtsträger.* 216 Für die Spaltung einer Unternehmergesellschaft (haftungsbeschränkt) gelten im Vergleich zur Spaltung einer klassischen GmbH grundsätzlich keine Besonderheiten (siehe § 123 i. V. m. §§ 138 ff. UmwG).

Eine Abspaltung oder Ausgliederung ist jedoch ausgeschlossen, soweit zu deren 217 Durchführung das Stammkapital der Gesellschaft herabgesetzt werden müsste (siehe § 139 UmwG). Eine Herabsetzung des Stammkapitals bei einer Unternehmergesellschaft ist nicht möglich, da das Stammkapital auch nach einer Kapitalherabsetzung mindestens 25.000,– EUR betragen muss (§ 58 Abs. 2 Satz 1 GmbHG).

bb) Unternehmergesellschaft (haftungsbeschränkt) als Zielrechtsträger. Für die Spaltung 218 (§§ 123 ff. UmwG) gelten die Ausführungen zur Verschmelzung entsprechend.[196]

c) Formwechsel. aa) *Unternehmergesellschaft (haftungsbeschränkt) als Ausgangsrechts-* 219 *träger.* Ein Formwechsel einer Unternehmergesellschaft (haftungsbeschränkt) in eine klassische GmbH scheidet schon deshalb aus, weil es sich bei den beiden Rechtsträgern nicht um verschiedene Rechtsformen handelt. Beide Rechtsträger sind Varianten ein und derselben Rechtsform der GmbH. Ein Formwechsel setzt aber voraus, dass ein Rechtsträger durch die Umwandlung *„eine andere Rechtsform"* erhält (§ 190 Abs. 1 UmwG).

Ein Formwechsel einer Unternehmergesellschaft (haftungsbeschränkt) in eine andere Ka- 220 pitalgesellschaft (z. B. eine Aktiengesellschaft) ist gleichfalls nicht möglich, weil das bisherige Stammkapital zwingend zum Grundkapital der neuen Gesellschaft wird (§ 247 Abs. 1 UmwG). Das Grundkapital einer Aktiengesellschaft beträgt mindestens 50.000,– EUR (§ 7 AktG). Das Stammkapital einer Unternehmergesellschaft (haftungsbeschränkt) darf bei Gründung dagegen höchstens 24.999,– EUR betragen. Aufgrund der unterschiedlichen Mindest- und Höchstgrenzen ist ein Formwechsel somit ausgeschlossen. Ein Formwechsel käme erst dann in Betracht, wenn die Unternehmergesellschaft (haftungsbeschränkt) aufgrund einer Kapitalerhöhung zu einer normalen GmbH geworden ist (siehe § 5a Abs. 5 GmbHG) und über ein entsprechendes Stammkapital verfügt.

---

[196] Zur Unzulässigkeit der Neugründung einer Unternehmergesellschaft (haftungsbeschränkt) im Wege der Abspaltung wegen Verstoß gegen das Sacheinlageverbot nach § 5a Abs. 2 Satz 2 GmbHG, BGH Beschl. v. 11.4.2011 – II ZB 9/10, ZIP 2011, 1054 = DB 2011, 1263 = NZG 2011, 666 = DStR 2011, 1137 = NJW 2011, 1883 = GmbHR 2011, 701 mit Anm. *Bremer* = EWiR 2011, 419 (*Priester*) = Rpfleger 2011, 442 = DNotZ 2012, 70. – So auch bereits die Vorinstanz, OLG Frankfurt am Main Beschl. v. 9.3.2010 – 20 W 7/10, GmbHR 2010, 920 = ZIP 2010, 1798 = DStR 2010, 2093 = NZG 2010, 1429.

221 Ein Formwechsel einer Unternehmergesellschaft (haftungsbeschränkt) in eine Personengesellschaft erscheint dagegen möglich (siehe § 228 UmwG). Dagegen spricht auch nicht die Überlegung, dass die Unternehmergesellschaft (haftungsbeschränkt) vom Gesetzgeber als eine *„Einstiegsvariante"*[197] auf dem Weg zu einer normalen GmbH gedacht ist,[198] da dies im Gesetzestext keinen Niederschlag im Gesetzestext gefunden hat.

222 *bb) Unternehmergesellschaft (haftungsbeschränkt) als Zielrechtsträger.* Ein Formwechsel in eine Unternehmergesellschaft (haftungsbeschränkt) ist ausgeschlossen. Bei einem solchen Formwechsel käme es zu einer Sachgründung (siehe § 197 UmwG). Sacheinlagen sind bei der Unternehmergesellschaft (haftungsbeschränkt) aber generell ausgeschlossen (§ 5a Abs. 2 Satz 2 GmbHG).

223 Ein Formwechsel einer Kapitalgesellschaft in eine Unternehmergesellschaft (haftungsbeschränkt) wäre darüber hinaus auch aufgrund der unterschiedlichen Höhen des Stamm- bzw. Grundkapitals nicht möglich (siehe § 247 Abs. 1 UmwG).

224 Das grundsätzliche Verbot eines Formwechsels in eine Unternehmergesellschaft (haftungsbeschränkt) entspricht auch der gesetzgeberischen Zielsetzung. Der Gesetzgeber wollte insbesondere *„jungen Existenzgründern"*[199] einen Rahmen für ihre unternehmerische Tätigkeit zur Verfügung stellen. Bei Unternehmern, die bereits über einen Rechtsträger verfügen, besteht dagegen kein Bedarf an einer neuen Rechtsformvariante.

XI. Rückblick und Ausblick

225 Fünf Jahre nach Einführung der neuen Rechtsformvariante der Unternehmergesellschaft (haftungsbeschränkt) lässt sich feststellen, dass diese im Wirtschaftsleben überwiegend positiv aufgenommen worden ist.[200] Beinahe 100.000 Neugründungen sprechen für sich. Gleichzeitig ist die Zahl der klassischen Gesellschaften mit beschränkter Haftung nicht zurückgegangen, sondern weiter angestiegen (auf mittlerweile über eine Million). Dies zeigt, dass neben (und unterhalb) der GmbH ein Bedarf für eine kleine Kapitalgesellschaft besteht. Die geringe Kapitalausstattung vieler Unternehmergesellschaften (haftungsbeschränkt) von durchschnittlich gerade einmal 500,– EUR bis 1.000,– EUR hat bislang offensichtlich zu keinen größeren Problemen geführt. Gleichwohl bleibt abzuwarten, ob die Unternehmergesellschaft (haftungsbeschränkt) an das Erfolgsmodell der GmbH anknüpfen kann.

---

[197] So *Seibert* GmbHR 2007, 673, 674.
[198] Siehe etwa BR-Drucks. 354/07 (Beschluss) S. 5, wo vom *„Durchgangsstadium hin zur „Voll-GmbH"* und von *„Interimsstadium"* die Rede ist.
[199] So BR-Drucks. 354/07 S. 70, wobei der Anwendungsbereich der Unternehmergesellschaft (haftungsbeschränkt) nicht auf junge Existenzgründer beschränkt ist.
[200] Siehe dazu auch die – unterschiedlichen – Einschätzungen u. a. von *Bayer/Hoffmann* NZG 2012, 887; *Gude*, ZInsO 2010, 2385; Lutter/Hommelhoff/*Lutter/Kleindiek* § 5a Rn. 6; *Niemeier*, in: Festschrift für Günter H. Roth, München 2011, S. 533 ff.; Ulmer/Habersack/Löbbe/*Paura* § 5a Rn. 4 ff.; MünchKommGmbHG/ *Rieder* § 5a Rn. 57 ff.; Ulmer/Habersack/Löbbe/*Ulmer* Einl. A. Rn. A 92 und A 105; Scholz/ *H. P. Westermann* § 5a Rn. 5 f.

Teil B. Finanzierung

§ 5 Kapitalaufbringung

Übersicht

	Rn.
Vorbemerkung	1
I. Freiheit der Kapitalausstattung der GmbH	2–10
1. Eigenkapital	4–6
2. Fremdkapital	7–9
3. Grenze: Unterkapitalisierung	10
II. Das Stammkapital der GmbH	11–27
1. Funktion	11–13
2. Einteilung	14
3. Geschäftsanteil	15–18
4. Zuführung von Stammkapital	19
5. Abgrenzung: Aufgeld (Agio), Zuschuss und Nachschuss	20–27
a) Aufgeld/Agio	21
b) Zuschuss	22
c) Nachschuss	23–27
III. Relevanz der Kapitalaufbringungsgrundsätze	28–136
1. Gesellschaftsrecht	28–67
a) Grundsatz der realen Kapitalaufbringung	29–31
b) Übernahme; Einlageforderung; Befreiungsverbot	32–40
c) Freie Verfügung der Geschäftsführer	41
d) Einlageformen	42–47
e) Verdeckte Sacheinlage	48–54
f) Hin- und Herzahlen	55–58
g) Ein-Personen-GmbH	59
h) Nutzung einer Vorrats-GmbH/Mantelkauf	60–67
2. Durchsetzung von Einlageforderungen/Kaduzierung	68–76
a) Allgemeines	68–70
b) Einforderung von Einlagen/Ausschluss	71–76
3. Haftung für Kapitaleinlagen	77–92
a) Gründungshaftung	78
b) Differenzhaftung bei Sachgründung	79
c) Unterbilanzhaftung	80–83
d) Ausfallhaftung	84–92
4. Bilanz- und Steuerrecht	93–130
a) Buchführungspflicht und Besteuerung (Allgemeines)	94–98
b) Bilanzieller Ausweis der Kapitalausstattung	99–114
c) Besteuerung der Kapitalaufbringung	115–123
d) Auswirkungen der Unternehmenssteuerreform 2008	124–130
5. Insolvenz	131–136
a) Ausstehende Einlagen	132/133
b) Sanierungsleistungen	134–136
IV. Kapitalaufbringung bei Gründung	137–169
1. Allgemeines	137
2. Bargründung	138–154
a) Allgemeines	138
b) Gründungsprotokoll und Gesellschaftsvertrag	139–143
c) Durchführung, Anmeldung und registergerichtliches Verhalten	144–154
3. Sachgründung	155–169
a) Allgemeines	155–162
b) Gründungsprotokoll und Gesellschaftsvertrag	163–166
c) Sachgründungsbericht	167/168
d) Anmeldung und registergerichtliches Verfahren	169

	Rn.
V. Kapitalerhöhung	170–230
1. Allgemeines	171–179
a) Satzungsänderung	171/172
b) Gründe für Kapitalerhöhung	173–175
c) Schütt-aus-hol-zurück-Verfahren	176–179
2. Kapitalerhöhung gegen Einlagen	180–219
a) Beschlussfassung und Durchführung der Kapitalerhöhung	181–185
b) Bezugsrecht und Bezugsrechtsausschluss	186–191
c) Barkapitalerhöhung	192–204
d) Sachkapitalerhöhung	205–210
e) Genehmigtes Kapital	211–214
3. Kapitalerhöhung aus Gesellschaftsmitteln	215–230
a) Allgemeines	215–218
b) Basisbilanz und umwandlungsfähige Rücklagen	219–225
c) Beschlussfassung	226–228
d) Weiteres Verfahren	229
e) Bewertung der Anteile	230

Schrifttum: *Altmeppen,* Cash Polling und Kapitalerhaltung im faktischen Konzern, NZG 2010, 401; *Banerjea,* Haftungsfragen in Fällen materieller Unterkapitalisierung und im qualifizierten faktischen Konzern, ZIP 1999, 1153; *Böhringer,* Das neue GmbH-Recht in der Notarpraxis, BWNotZ 2008, 104; *Bork,* (Nichts) Neues zur verdeckten Sacheinlage bei der Barkapitalerhöhung im GmbH-Recht?, NZG 2007, 375; *Bormann,* Die Kapitalaufbringung nach dem Regierungsentwurf des MoMiG, GmbHR 2007, 897; *Bormann/Halaczinsky,* Vorratsgesellschaft und Kapitalaufbringung, GmbHR 2002, 1022; *Crezelius,* Zu den Rechtsfolgen verdeckter Sacheinlagen im GmbH-Recht, DB 1990, 2458; *ders.,* Zivilrechtliche Aspekte des Schütt-aus-hol-zurück-Verfahrens, ZIP 1991, 499; *Drygala,* Zweifelsfragen im Regierungsentwurf zum MoMiG, NZG 2007, 564; *Ehlke,* Vorausgezahlte Stammeinlage – ein Fall fehlerhafter Kapitalaufbringung in der GmbH?, ZGR 1995, 426; *Emde,* Vorratsgesellschaft und Kapitalaufbringung, GmbHR 2000, 1193; *Erhart/Riedel,* Disquotale Gewinnausschüttungen bei Kapitalgesellschaften – gesellschafts- und steuerrechtliche Gestaltungsmöglichkeiten, BB 2008, 2266; *Fischer,* Die verdeckte Sacheinlage bei der GmbH und ihre Heilung, BWNotZ 2006, 13; *Gehrlein,* Schwerpunkte der aktuellen BGH-Rechtsprechung zum GmbH-Recht, Der Konzern 2007, 771; *ders.,* Die Behandlung von Gesellschafterdarlehen durch das MoMiG, BB 2008, 846; *ders.,* Banken – vom Kreditgeber zum Gesellschafter – neue Haftungsfallen? (Debt-Equity-Swap nach ESUG), NZI 2012, 257; *v. Gerkan,* Verdeckte Sacheinlagen in der GmbH, GmbHR 1992, 433; *ders.,* Kapitalerhöhung der GmbH – Voreinzahlung auf debitorisches Gesellschafterkonto, EWiR 1996, 885; *ders.,* Umgehung der Vorschriften zur Kapitalaufbringung bei der GmbH, EWiR 1998, 1035; *Gesell,* Verdeckte Sacheinlage & Co. im Lichte des MoMiG, BB 2007, 2241; *Goette,* Zur bereicherungsrechtlichen Rückabwicklung einer verdeckten Sacheinlage im Recht der GmbH, DStR 1998, 732; *ders.,* Zu den Rechtsfolgen einer unmöglichen Sacheinlageverpflichtung, DStR 1997, 589; *ders.,* „Cash Pool II" – Kapitalaufbringung in der GmbH nach MoMiG, GWR 2009, 333; *Götze/Bressler,* Praxisfragen der Gesellschafterliste und des gutgläubigen Erwerbs von Geschäftsanteilen nach dem MoMiG, NZG 2007, 894; *Haarmann,* Die Finanzierung von Kapitalgesellschaften, Jahrbuch der Fachanwälte für Steuerrecht 1985/1986, 407; *Habersack,* Neues zur verdeckten Sacheinlage und zum Hin- und Herzahlen – das „Qivive"-Urteil des BGH, GWR 2009, 129; *ders.,* Verdeckte Sacheinlagen und Hin- und Herzahlen – Geklärte und ungeklärte Fragen nach „Eurobike", GWR 2010, 107; *Harrer,* Konkursrisiken bei Verpflichtung zur Zahlung von Aufgeld mit Absicherung durch Verwendungsabrede in der GmbH-Satzung, GmbHR 1994, 361; *Hasselbach,* Zur Anwendbarkeit der Kapitalaufbringungsvorschriften beim Erwerb einer zuvor inaktiven Mantelgesellschaft, EWiR 2000, 821; *Häuselmann/Rümker/Westermann,* Die Finanzierung der GmbH durch ihre Gesellschafter, 1992; *Hauser,* Kapitalaufbringung und -erhaltung in der GmbH, BuW 2000, 688; *Heidenhain,* Katastrophale Rechtsfolgen verdeckter Sacheinlagen, GmbHR 2006, 455; *Heinze,* Zur Kostentragung bei Kapitalerhöhungen einer GmbH, NotBZ 2000, 346; *ders.,* Verdeckte Sacheinlagen und verdeckte Finanzierungen nach dem MoMiG, GmbHR 2008, 1065; *Henze,* Die Rechtsprechung des BGH zu den Kapitalaufbringungsgrundsätzen im GmbH- und Aktienrecht, DB 2001, 1469; *ders.,* Erfordernis der wertgleichen Deckung bei Kapitalerhöhung mit Bareinlagen, BB 2002, 955; *Herrler,* Kapitalaufbringung nach dem MoMiG – verdeckte Scheinlagen und Hin- und Herzahlen (§ 19 Abs. 4 und 5 GmbHG n. F.) –, DB 2008, 2347; *Hirte,* Die Neuregelung des Rechts der (früher: kapitalersetzenden) Gesellschafterdarlehen durch das „Gesetz zur Modernisierung des GmbH-Rechts und zur Bekämpfung von Missbräuchen" (MoMiG), WM 2008, 1429; *Hölzle,* Die „erleichterte Sanierung von Unternehmen" in der Nomenklatur der InsO – ein hehres Regelungsziel des RefE-ESUG, NZI 2011, 124; *Hörstel,* Der Ausschluss des GmbH-Gesellschafters durch Kaduzierung, NJW 1994, 965; *Ihrig,* Die endgültige freie Verfügung über die Einlage von Kapitalgesellschaftern, 1991; *ders.,* Gläubigerschutz durch Kapitalaufbringung bei Verschmelzung und Spaltung nach neuem Umwandlungsrecht, GmbHR 1995, 622; *Jungk,* Zur Haftung eines Anwalts, der von einer GmbH mit Maßnahmen zur Durchführung einer Kapitalerhöhung betraut wurde, BRAK-Mitt. 2000, 74; *Kiethe/Imbeck,* Die Heilung verdeckter Sacheinlagen im GmbH-Recht, DStR 1994, 209; *Kleindiek,* Verdeckte (gemischte) Sacheinlage nach MoMiG: Rückwirkende Neuregelung und Wertanrechnung, ZGR 2011, 334; *Lamb,* Die „Vorfinanzierung"

§ 5 Kapitalaufbringung

von Kapitalerhöhungen durch Voreinzahlung auf eine künftige Einlageverpflichtung, 1991; *Lutter*, Gefahren persönlicher Haftung für Gesellschaften und Geschäftsführer einer GmbH, DB 1994, 129; *Maier-Reimer*, Debt Equity Swap, in: Gesellschaftsrecht in der Diskussion 2011 (Hrsg. VGR), 2012, S. 107; *Maier-Reimer/Wenzel*, Kapitalaufbringung in der GmbH nach dem MoMiG, ZIP 2008, 1449; *D. Mayer*, Kapitalersetzende Darlehen im GmbH-Recht aus handels- und konkursrechtlicher Sicht, BB 1990, 1935; *Meilicke*, Obligatorische Nutzungsrechte als Sacheinlage, BB 1991, 579; *Melber*, Zur Kaduzierung des GmbH-Gesellschafters trotz freiwilliger vollständiger Einlageleistung vor Eintragung der GmbH, GmbHR 1991, 563; *Mennicke*, Analoge Anwendung der Gründungsvorschriften bei der Mantelverwendung einer GmbH, NZG 1998, 196; *Müther*, Die Voreinzahlung auf die Barkapitalerhöhung bei der GmbH unter besonderer Berücksichtigung der BGH-Rechtsprechung, NJW 1999, 404; *Pentz*, Die Bedeutung der Sacheinlagefähigkeit für die verdeckte Sacheinlage und den Kapitalersatz sowie erste höchstrichterliche Aussagen zum Hin- und Herzahlen nach MoMiG, GmbHR 2009, 505; *ders.*, Die Anrechnung bei der verdeckten (gemischten) Sacheinlage, GmbHR 2010, 673; *Priester*, Die Heilung verdeckter Sacheinlagen im Recht der GmbH, DB 1990, 1753; *ders.*, Kapitalaufbringung bei korrespondierenden Zahlungsvorgängen, ZIP 1991, 345; *ders.*, Kapitalaufbringung nach Gutdünken?, ZIP 2008, 55; *ders.*, Vorausleistungen auf die Kapitalerhöhung nach MoMiG und ARUG, DStR 2010, 494; *Reuter*, Unternehmensbewertung bei Sacheinlagen, BB 2000, 2298; *Rinsche*, Zur Notarhaftung wegen Verletzung der Aufklärungspflicht im Zusammenhang mit einer Kapitalerhöhung in der GmbH, DNotZ 1996, 577; *Römermann*, Auflösung einer GmbH aufgrund der Einziehung eines GmbH-Geschäftsanteils?, DB 2010, 209; *Roth*, „Schütt-aus-hol-zurück" als verdeckte Sacheinlage, NJW 1991, 1913; *K. Schmidt*, Die Eigenkapitalausstattung der Unternehmen als rechtspolitisches Problem, JZ 1984, 771; *ders.*, Barkapitalaufbringung und „freie Verfügung" bei der Aktiengesellschaft und der GmbH, AG 1986, 106; *ders.*, Die Übertragung, Pfändung und Verwertung von Einlageforderungen, ZHR 157 (1993), 291; *Sernetz*, Die Folgen der neueren Zivilrechtsprechung zum „Ausschüttungs-Rückhol-Verfahren" für frühere Kapitalerhöhungen bei der GmbH, ZIP 1995, 173; *G. Schneider*, Die Sicherung der Kapitalaufbringung bei Gründung der GmbH, MittRhNotK 1992, 165; *Schwandtner*, Disquotale Gewinnausschüttungen in Personen- und Kapitalgesellschaften, 2006; *Simon/Leuering*, Kapitalaufbringung und Darlehensgewährung im GmbH-Recht, NJW-Spezial 2005, 219; *Simon/Merkelbach*, Gesellschaftsrechtliche Strukturmaßnahmen im Insolvenzplanverfahren nach dem ESUG, NZG 2012, 121; *Spiegelberger/Walz*, Die Prüfung der Kapitalaufbringung im Rahmen der GmbH-Gründung, GmbHR 1998, 761; *Tillmann*, Kapitalausstattung der GmbH – zivil- und steuerrechtlich, GmbHR 1987, 329; *Ulmer*, Rechtsfragen der Barkapitalerhöhung bei der GmbH, GmbHR 1993, 189; *ders.*, Die „Anrechnung" (MoMiG) des Wertes verdeckter Sacheinlagen auf die Bareinlageforderung der GmbH – ein neues Erfüllungssurrogat, ZIP 2009, 293; *ders.*, Sacheinlagenverbote im MoMiG – umgehungsfest?, GmbHR 2010, 1298; *ders.*, Die Einziehung von GmbH-Anteilen – ein Opfer der MoMiG-Reform?, DB 2010, 321; *Veil*, Die Reform des Rechts der Kapitalaufbringung durch den RegE MoMiG, ZIP 2007, 1241; *Wachter*, Leitlinien der Kapitalaufbringung in der neueren Rechtsprechung des Bundesgerichtshofs, DStR 2010, 1240; *ders.*, Dienstleistungen und Kapitalaufbringung, NZW 2010, 1715; *Wälzholz*, Das MoMiG kommt: Ein Überblick über die neuen Regelungen, GmbHR 2008, 841; *Wegmann*, Verdeckte Sacheinlagen bei der GmbH, BB 1991, 1006; *ders.*, Vorzeitige Zahlungen auf Kapitalerhöhungen bei einer GmbH, DStR 1992, 1620; *Weitnauer*, Die verdeckte Sacheinlage: Ein Schreckgespenst verliert an Schrecken, NZG 2006, 298; *H. P. Westermann*, Haftungsrisiko bei Gründung und Finanzierung der GmbH, 1984; *Wiese/Möller*, Verluste aus Gesellschafterdarlehen im Privatvermögen, GmbHR 2010, 462; *Wiese/Schmid*, Steuerliche Behandlung von Verlusten aus Gesellschafterdarlehen und -bürgschaften, GmbHR 1999, 698; *Wohlschlegel*, Gleichbehandlung von Sacheinlagen und Sachübernahmen im Gründungsrecht der GmbH, DB 1995, 2053.

Vorbemerkung

Ohne Kapital kann die GmbH nicht wirtschaften. Diese schlichte Tatsache hat zur Folge, dass die Unternehmensfinanzierung von der Gründung bis zur Liquidation der GmbH stets im Fokus des Unternehmensinteresses steht. **Die Sicherstellung der erforderlichen Kapitalausstattung der GmbH ist** damit auch **ein zentrales Thema der anwaltlichen Beratung:** Allgemeine Fragen zur Bar- und Sachgründung, zu Kapitalerhöhungen sowie zur bilanziellen und steuerlichen Behandlung von Kapitalmaßnahmen, aber auch Einzelfragen beispielsweise zur „verdeckten Sacheinlage", zur „Unterbilanzhaftung" oder zum „Befreiungsverbot" werden an den anwaltlichen Berater der GmbH gerichtet. Viele praktische Fragen zur Abwicklung von Kapitalmaßnahmen kommen hinzu. Kenntnisse sind hier von besonderer Bedeutung, da Fehlgriffe und Unterlassungen besonders haftungsträchtig sind. Dies zeigt ein Fall, den der BGH zu entscheiden hatte: Die Haftung eines Rechtsanwaltes, der von einer GmbH beauftragt wird, bei einer Kapitalerhöhung beratend tätig zu werden und die Vorbereitung aller dazu erforderlichen Erklärungen und Beurkundungen zu übernehmen, kann sich bei Vorliegen einer verdeckten Sacheinlage aus einem Vertrag mit Schutzwirkung zugunsten der Gesellschafter ergeben. Ein Rechtsanwalt muss die Beteiligten auf das Risiko einer verdeckten Sacheinlage hinweisen, wenn die Einlageverpflichtung durch Verrechnung mit gleichzeitig beschlossenen Gewinnauszahlungsansprüchen erbracht werden soll. Wenn ihm diese Gefahr selbst nicht bewusst ist, dann beruht das auf einer Verletzung der von ihm zu erwartenden Sorgfaltspflicht. Als rechtlicher Berater, der bei der Vorbereitung einer Kapitalerhöhung hinzugezogen wird, muss er sich zuvor über die Rechtslage informieren.[1]

Das Recht der Kapitalaufbringung hat im Jahr 2008 durch das Gesetz zur Modernisierung des GmbH-Rechts und zur Bekämpfung von Missbräuchen (MoMiG)[2] wesentliche Änderungen erfahren und ist durch ein Bündel von Maßnahmen dereguliert und flexibilisiert worden. Das folgende Kapitel gibt unter Berücksichtigung der Erfahrungen der ersten Jahre nach dem MoMiG einen Überblick zum Thema „Kapitalaufbringung" und weist auf praktische Einzelfragen, konkrete Formulierungsvorschläge und weitergehende Rechtsprechung und Literatur hin.

I. Freiheit der Kapitalausstattung der GmbH

2 Im GmbH-Recht gilt der Grundsatz der freien Kapitalausstattung:[3] **Den Gesellschaftern ist es danach prinzipiell freigestellt, ob sie ihre GmbH mit Eigenkapital oder mit Fremdkapital ausstatten.** In gesellschaftsrechtlicher Hinsicht sind lediglich die gesetzlichen Vorgaben für die Mindestausstattung der GmbH mit gezeichnetem Kapital, dem **„Stammkapital"**, zu berücksichtigen. Für die Höhe der Eigenkapitalausstattung einer GmbH bestehen daneben grundsätzlich keine Vorgaben.[4] Die Eigenkapitalbasis der GmbH sollte allerdings nicht so niedrig sein, dass eine materielle Unterkapitalisierung besteht und ein Haftungsdurchgriff auf die Gesellschafter in Betracht kommt.[5]

3 Im Übrigen kann von den Gesellschaftern in einem **Finanzplan** festgelegt werden, auf welche Weise die Gesellschaft in die Lage versetzt werden soll, ihren Geschäftsbetrieb zu unterhalten. Die Freiheit der Kapitalausstattung umfasst dabei grundsätzlich auch zusätzliche Gesellschafterleistungen, die als – über das gezeichnete Kapital hinausgehendes – Eigenkapital oder als Gesellschafterdarlehen zur Verfügung gestellt werden können.

1. Eigenkapital

4 Das Eigenkapital der GmbH bezeichnet die Finanzmittel, die der Gesellschaft nach Abzug aller Verbindlichkeiten vom Aktivvermögen als Eigenmittel („**Reinvermögen**") verbleiben. Zum Eigenkapital der GmbH gehört zunächst das gezeichnete Kapital i.S.d. § 272 Abs. 1 HGB, durch dessen Erbringung das Risiko der Gesellschafter regelmäßig beschränkt wird: nur durch die Verpflichtung zur Zahlung von Aufgeld auf Stammeinlagen (Agio), das regelmäßig als Nebenleistung gemäß § 3 Abs. 2 GmbHG anzusehen ist, und von freiwilligen Zuschüssen bzw. zur Leistung von Nachschüssen i.S.d. §§ 26ff. GmbHG[6] kann das Gesellschafterrisiko im Innenverhältnis erweitert werden.[7] Das gezeichnete Kapital wird bei der GmbH als **Stammkapital**[8] (§ 5 Abs. 1 GmbHG) bezeichnet, § 42 Abs. 1 GmbHG.

5 Zum Eigenkapital der GmbH[9] zählen **außerdem** gemäß §§ 266 Abs. 3 lit. A, 272 HGB **Kapital- und Gewinnrücklagen, ein etwaiger Gewinn- bzw. Verlustvortrag sowie das Jahres-**

---

[1] Vgl. BGH GmbHR 2000, 131, 132f.
[2] BGBl. I S. 2026.
[3] Vgl. *K. Schmidt* Gesellschaftsrecht, S. 1112f.; *Wiese* Unternehmenspraxis, 1999, Rn. 166.
[4] Siehe allerdings die Bestimmungen der §§ 10 Abs. 1, 33 Abs. 1 KWG für Kredit- und Finanzdienstleistungsinstitute, die „angemessene Eigenmittel" aufweisen sollen.
[5] Dazu unten → Rn. 10.
[6] Dazu unten → Rn. 23ff.
[7] Als Finanzierungsinstrumente der Gesellschafter kommen Fremdkapitalinstrumente, insb. Gesellschafterdarlehen, hinzu.
[8] Zum Stammkapital sogleich ausführlich → Rn. 11ff.
[9] D.h. dem bilanziellen Reinvermögen, das gemäß § 13 Abs. 2 GmbHG den Gläubigern der GmbH als Haftungsmasse zur Verfügung steht.

ergebnis. Während Gewinnrücklagen, -vorträge und Jahresergebnis aus dem von der Gesellschaft erzielten Geschäftsergebnis gespeist werden und somit „aus der Gesellschaft" stammen, werden als Kapitalrücklage Zuzahlungen der Gesellschafter verstanden, die der Gesellschaft „von außen zugeführt" worden sind. Zu den Kapitalrücklagen zählen insbesondere die bereits erwähnten Aufgelder, Zuschüsse und Nachschüsse, vgl. § 272 Abs. 2 HGB. Wirtschaftlich sind die Zuzahlungen zum einen dadurch motiviert, dass der GmbH über das gezeichnete Kapital hinaus finanzielle Mittel zur Verfügung gestellt werden müssen, damit diese ihren Geschäftsbetrieb aufnehmen bzw. aufrechterhalten kann. Aber auch gänzlich andere Gründe für die Entrichtung einer Zuzahlung kommen in Betracht: So werden z.B. beim Beitritt eines Finanzinvestors in der Gründungsphase oder bei der Errichtung eines **Joint Ventures** Kapitalanteile an der GmbH vielfach nur gegen Zahlung eines Aufgeldes oder Zuschusses gewährt. Mit der Zahlung werden dann die Anlaufverluste einer Gesellschaft finanziert oder stille Reserven im übrigen Gesellschaftsvermögen abgegolten. Die Gründe für die Erbringung eines Agios bzw. Zuschusses sind mannigfach, wie auch die Formulierung des § 272 Abs. 2 Nr. 1, 3 und 4 HGB zeigt.

Bei der Gestaltung von GmbH-Gründungen und Beteiligungsverträgen ist das Verhältnis 6 zwischen dem Eigenkapital im Ganzen und dem Stammkapital als Ausschnitt aus dem Gesamteigenkapital genau zu betrachten: Das Stammkapital regelt – vorbehaltlich der Ausgestaltung der Satzung im Einzelnen – regelmäßig die Beteiligung an Stimmrechten, Gewinnen und Liquidationserlösen.[10] Das Gesamteigenkapital zeigt demgegenüber die Vermögenssituation der GmbH (Reinvermögen = bilanzielles Vermögen abzüglich Verbindlichkeiten, siehe oben) zu Buchwerten. Die unterschiedliche Funktion bzw. Aussagefähigkeit der einzelnen Kapitalpositionen ist somit von entscheidender Bedeutung.

2. Fremdkapital

Gänzlich andere Qualität hat Fremdkapital: Es steht der GmbH nicht als Eigenmittel zur 7 Verfügung. Vielmehr handelt es sich um die **Schulden der Gesellschaft** gegenüber ihren Gläubigern. Im Einzelnen stellen Darlehens- und Anleiheverbindlichkeiten, Verbindlichkeiten aus Lieferungen und Leistungen sowie Verbindlichkeiten aus sonstigem Grunde (vgl. § 266 Abs. 3 lit. C HGB) Fremdkapital dar. Bedeutung erlangen hier insbesondere auch die Stille Gesellschaft (§ 230 HGB)[11] und Genussscheine.[12]

Ungeachtet dieser strikten Einteilung in Eigen- und Fremdkapital und unabhängig von der 8 Bilanzierung als Verbindlichkeiten war nach früherer Rechtslage bei Gesellschafterleistungen stets im Einzelfall zu prüfen, inwieweit diese als **Eigenkapitalersatz** zu qualifizieren waren, weil sie von einem ordentlichen kaufmännisch handelnden Gesellschafter der GmbH als Eigenkapital zur Verfügung gestellt worden wären. Durch das MoMiG wurde jedoch das Eigenkapitalersatzrecht in seiner vormaligen Gestalt abgeschafft.[13] Insbesondere kommt es seither gerade nicht mehr darauf an, ob eine Gesellschafterleistung zum Zweck des Ersatzes haftenden Eigenkapitals gegeben oder belassen wurde.[14] Allerdings sind nunmehr alle Gesellschafterdarlehen und gleichgestellte Leistungen im Insolvenzfall nachrangig, § 39 Abs. 1 Nr. 5 InsO. Ferner kann die Rückzahlung eines Gesellschafterdarlehens innerhalb eines Jahres vor Insolvenzantrag angefochten werden, ebenso die Besicherung eines Gesellschafterdarlehens innerhalb der letzten zehn Jahre vor Insolvenzantrag, § 135 InsO.[15]

---

[10] Freilich sind hier im – sehr flexiblen – Recht der GmbH etwaige erhöhte oder besondere Mitgliedschaftsrechte bzw. Sondervorteile zu berücksichtigen, die mit dem Geschäftsanteil bzw. einer begünstigten Person verbunden sind und mit denen von der Ausrichtung der Stimmrechte und der Gewinn- und Liquidationserlösberechtigung am Stammkapital abgewichen werden kann, s. dazu *Immenga*, Die personalistische Kapitalgesellschaft, S. 93 f.; *K. Schmidt* Gesellschaftsrecht, S. 1037 f.; *Wolany*, Rechte und Pflichten der Gesellschafter einer GmbH, S. 176 f.
[11] Siehe hierzu MünchKommHGB/*K. Schmidt* §§ 230 ff.; Baumbach/Hopt/*Hopt* §§ 230 ff. m. w. N.
[12] Lutter/Hommelhoff/*Lutter/Bayer* § 55 Rn. 58 ff.
[13] Vgl. hierzu Römermann/Wachter/*Blöse*, S. 71 ff.; *Gehrlein* BB 2008, 846 ff.
[14] Römermann/Wachter/*Blöse* S. 71, 72.
[15] Siehe zum Ganzen ausführlich unten → § 7.

9 Neben der Eigenkapitalersatz-Thematik kam der **steuerlichen Behandlung von Gesellschafterdarlehen und -bürgschaften** im Falle der Insolvenz der GmbH früher große Bedeutung zu. Der Verlust von Darlehen, die der Darlehensgeber aus seinem Privatvermögen[16] ausgereicht hat, kann grundsätzlich steuerlich nicht geltend gemacht werden. Dieser Grundsatz würde jedoch insoweit zu unangemessenen Ergebnissen führen, als der Gesellschafter einer gewerblichen Personengesellschaft (KG, OHG), der mit Veräußerungsverlusten aus seiner Gesellschaftsbeteiligung wie der i. S. v. § 17 Abs. 1 EStG beteiligte Gesellschafter der GmbH der Besteuerung unterliegt, auch Verluste von Gesellschafterdarlehen[17] steuerlich geltend machen kann. Der Bundesfinanzhof hatte hier durch eine stringente Rechtsprechung Abhilfe geschaffen:[18] Bei sogenannten **„planmäßigen Darlehen"**, die durch das Gesellschaftsverhältnis veranlasst sind, zählt im Falle der Insolvenz der Kapitalgesellschaft auch die Wertminderung des Rückzahlungsanspruchs aus dem Gesellschafterdarlehen eines wesentlich beteiligten Gesellschafters zu den Anschaffungskosten der Beteiligung an der GmbH.[19] Nach Ansicht von Rechtsprechung[20] und Finanzverwaltung[21] sollte es dabei aufgrund einer streng zivilrechtlichen Anknüpfung entscheidend darauf ankommen, ob die Eigenkapitalersatzregeln anwendbar waren, so dass etwa nachträgliche Anschaffungskosten bei Minderheitsgesellschaftern nicht anzuerkennen sein sollten. Die Neuerungen durch das MoMiG haben seither zu einer intensiven Diskussion der steuerlichen Behandlung nachträglicher Anschaffungskosten bei Darlehensverlusten geführt. Fraglich war, ob durch die Abschaffung der Rechtsfigur der eigenkapitalersetzenden Darlehen der Ausfall von Gesellschafterdarlehen überhaupt noch geeignet sein kann, zu nachträglichen Anschaffungskosten zu führen. Eine gesellschaftsrechtliche Anknüpfung der Gesellschafterfremdfinanzierung existiert nicht mehr. Gesellschafterdarlehen werden nach dem neuen Recht im Ausgangspunkt als Verbindlichkeiten behandelt und stellen im Insolvenzverfahren eine nachrangige Insolvenzforderung dar, § 39 Abs. 1 Nr. 5 InsO. Ungeachtet dessen hält die Finanzverwaltung[22] sehr weitgehend an den früheren Grundsätzen fest. Danach sind in der Krise hingegebene Darlehen, krisenbestimmte Darlehen und Finanzplandarlehen mit dem Nennwert zu berücksichtigen. Weiterhin ist entscheidend auf den Veranlassungszusammenhang abzustellen.[23] Der Verlust „planmäßiger Darlehen" macht eine originär steuerliche Betrachtung erforderlich.

3. Grenze: Unterkapitalisierung

10 Der Grundsatz der freien Kapitalausstattung der GmbH findet seine Grenze im Bereich der „Unterkapitalisierung":[24] Die mit der GmbH verbundene Begrenzung des Risikos für die Gesellschafter auf das erbrachte Stammkapital kann im Einzelfall dort durchbrochen

---

[16] Anderes gilt selbstverständlich bei Darlehensforderungen, die im Betriebsvermögen gehalten werden, da hier Verluste ohne weiteres steuerlich geltend gemacht werden können.
[17] Die im steuerlichen Sonderbetriebsvermögen auszuweisen sind.
[18] Dazu ausführlich *Wiese/Schmid* GmbHR 1999, 698.
[19] Insoweit wird eine Gleichstellung mit den „Mitunternehmern" einer gewerblichen Personengesellschaft erreicht, vgl. BFH BStBl. 1993 II 34. Der BFH hatte diese Rechtsprechung zunächst für „eigenkapitalersetzende Darlehen" (vgl. BFH BStBl. 1993 II 333, 335) begründet und auf sog. „Finanzplankredite" (vgl. BFH DB 1998, 113, 115; FG Köln EFG 2007, 1765) und „krisenbestimmte Darlehen" (BFH GmbHR 1997, 1159) ausgeweitet, und er dehnte die dabei entwickelten Grundsätze auch auf Gesellschafterbürgschaften (BFH GmbHR 1997, 1161; BFH DStR 1998, 1596, 1598; BFH GmbHR 1999, 922; BFH GmbHR 1999, 730; BFH BStBl. II 2005, 707) aus.
[20] BFH BStBl. II 1999, 724.
[21] OFD Frankfurt/M. DStR 2006, 2215.
[22] BMF-Schreiben v. 21.10.2010, BStBl. I 2010, 832. Dazu ausführlich Dötsch/Pung/Möhlenbrock/*Pung*/*Dötsch* § 17 EStG Rn. 331 ff. m. w. N.
[23] *Wiese/Möller* GmbHR 2010, 462; *Pung/Dötsch* a. a. O. Rn. 332 unter Hinweis auf BFH v. 25.11.2010, DB 2011, 393.
[24] Nicht zu verwechseln mit dem Begriff der „Unterbilanz", die sich bei einem Vergleich zwischen Reinvermögen der Gesellschaft und ihrem Stammkapital (ausschließlich Rücklagen und Nachschusskapital) ergibt, wenn das Stammkapital nicht mehr gedeckt ist; dazu Lutter/Hommelhoff/*Hommelhoff* § 30 Rn. 10 ff. m. w. N.

werden, wo die Gesellschaft mit einer völlig unzureichenden Eigenkapitalbasis ausgestattet ist. Die Begründung für eine **Haftung wegen materieller Unterkapitalisierung** ist nicht einheitlich und äußerst umstritten.[25] Die höchstrichterliche Rechtsprechung lehnt einen Durchgriff der Gläubiger auf die Gesellschafter im Sinne einer Durchgriffshaftung ab und wählt stattdessen im Einzelfall eine Lösung über § 826 BGB wegen vorsätzlich sittenwidriger Schädigung.[26] Ob allerdings innerhalb des Tatbestandes des § 826 BGB Anlass und Raum für die Bildung einer besonderen Fallgruppe ist, bei der der Haftungstatbestand und seine Rechtsfolgen einer bestimmten generalisierenden Einordnung zugänglich sein müssten, ließ der BGH ausdrücklich offen.[27] In der Literatur wird teilweise unter Hinweis auf § 128 HGB ein unmittelbarer Durchgriff der Gläubiger auf die Gesellschafter im Sinne einer Durchgriffshaftung bejaht.[28] Teile der Literatur hingegen befürworten zur Vermeidung eines „Windhundrennens" eine Haftung der Gesellschafter gegenüber der Gesellschaft in Gestalt einer Binnenhaftung.[29] Eine weitere Ansicht verweist schließlich wiederum auf den aus § 826 BGB folgenden Schutz der Gläubiger wegen vorsätzlich sittenwidriger Schädigung.[30] Ungeachtet der dogmatischen Herleitung besteht die Schwierigkeit, den Zustand der Unterkapitalisierung präzise zu definieren und somit tatbestandlich zu erfassen. Dies kann angesichts des bestehenden Haftungsrisikos nicht befriedigen. Der beratende Jurist wird dem Unternehmer die Schaffung bzw. Aufrechterhaltung einer ausreichenden Eigenkapitalbasis nahelegen, um die Haftungsbegrenzung zu gewährleisten.

II. Das Stammkapital der GmbH

1. Funktion

Wesentliche Funktion des Stammkapitals ist die Beschränkung der persönlichen Haftung der Gesellschafter auf das übernommene „gezeichnete" Kapital. Die auf das Kapital zu erbringenden Einlagen sind in das Gesellschaftsvermögen zur freien Verfügung der Geschäftsführung zu leisten. Spiegelbildlich signalisiert es den Gläubigern, welches Vermögen ihnen als Haftungsmasse mindestens zur Verfügung steht, wie dies in § 272 Abs. 1 Satz 1 HGB zum Ausdruck gebracht ist.[31] Demzufolge dürfen die auf das gezeichnete Kapital rechnerisch entfallenden Beträge nicht an die Gesellschafter verteilt werden.[32]

Wegen der Bedeutung des Stammkapitals im Rechtsverkehr stellt dieses einen **notwendigen Satzungsbestandteil** dar, § 3 Abs. 1 Nr. 3 GmbHG.[33] Das Stammkapital muss in der Satzung in einer Summe ausgedrückt werden.[34] Es ist ins Handelsregister einzutragen und bekanntzumachen.

Die GmbH kennt – anders als die Aktiengesellschaft – kein bedingtes Kapital.[35] Das gezeichnete Kapital ist daher stets unbedingt aufzubringen. Die Möglichkeit, das Stammkapi-

---

[25] Vgl. *Banerjea* ZIP 1999, 1153; *K. Schmidt* Gesellschaftsrecht, S. 240 ff. 1150 f.; Lutter/Hommelhoff/*Lutter/Bayer* § 13 Rn. 20 f.; Baumbach/Hueck/*Fastrich* § 5 Rn. 5 f.; *Matschernus*, Die Durchgriffshaftung wegen Existenzvernichtung in der GmbH, S. 84 ff.; *Möller*, Die materiell unterkapitalisierte GmbH, S. 43 ff.
[26] BGH BB 2008, 1697, 1700 – GAMMA; zuvor bereits BGH DB 1988, 1848; BGH WM 1995, 396, 398; BGH NJW 1997, 2104, 2105; es hat aber auch ablehnende Entscheidungen gegeben, vgl. BGHZ 68, 312, 315 = NJW 1977, 1449; BAG ZIP 1999, 880.
[27] BGH BB 2008, 1697, 1700 – GAMMA.
[28] Vgl. *Lutter* DB 1994, 129; Baumbach/Hopt/*Hopt* § 172a Rn. 44; Lutter/Hommelhoff/*Lutter/Bayer* § 13 Rn. 20 f.
[29] Vgl. *Banerjea* ZIP 1999, 1153; *K. Schmidt* Gesellschaftsrecht, S. 243; *ders.* ZIP 1988, 1497, 1506.
[30] *Möller*, Die materiell unterkapitalisierte GmbH, S. 82 ff.; Baumbach/Hueck/*Fastrich* § 5 Rn. 6.
[31] Vgl. *Henze* DB 2001, 1469.
[32] §§ 30 f. GmbHG, dazu unten → § 6 Rn. 2 ff.
[33] Fehlt die Angabe des Stammkapitals, ist die Satzung nichtig, Baumbach/Hueck/*Fastrich* § 3 Rn. 14 f. Sie darf nicht ins Handelsregister eingetragen werden, Lutter/Hommelhoff/*Bayer* § 9c Rn. 20.
[34] Nach h. M. genügt es nicht, wenn sich das Stammkapital rechnerisch aus der Summe der Geschäftsanteile ergibt, vgl. nur Lutter/Hommelhoff/*Bayer* § 3 Rn. 39 m. w. N.
[35] Vgl. §§ 192 ff. AktG; die Bereitstellung bedingten Kapitals stellt einen praktisch bedeutsamen Vorteil der Aktiengesellschaft gegenüber der GmbH im Bereich der Unternehmensfinanzierung dar.

tal nur unter bestimmten Bedingungen zu erhöhen, besteht nicht.[36] Allerdings ist in § 55a GmbHG die Möglichkeit einer Kapitalerhöhung in Form eines genehmigten Kapitals – ähnlich der AG[37] – auch für die GmbH vorgesehen.[38]

2. Einteilung

14 Das Stammkapital der GmbH muss **mindestens 25.000,– EUR** betragen, § 5 Abs. 1 GmbHG. Die im Rahmen des MoMiG diskutierte Absenkung des Mindeststammkapitals auf **10.000,– EUR** ist letztlich nicht verabschiedet worden, da mit der in § 5a GmbHG geregelten „Unternehmergesellschaft (haftungsbeschränkt)" (auch als „UG (haftungsbeschränkt)" bezeichnet) ohnehin die Möglichkeit eines geringeren Mindeststammkapitals besteht.[39] Darüber hinaus sind die Gesellschafter bei der Festlegung der Höhe des Stammkapitals frei. Insbesondere muss im Gegensatz zur alten Rechtslage (vor dem MoMiG) der Nennbetrag eines Geschäftsanteils (Stammeinlage) nicht mehr 100,– EUR betragen und durch 50 teilbar sein.[40] Nach § 5 Abs. 2 Satz 1 GmbHG muss der Nennbetrag jedes Geschäftsanteils lediglich auf volle Euro lauten. Auch das Stammkapital muss im Gegensatz zur alten Rechtslage daher insgesamt nicht mehr durch 50 zu teilen sein, sondern lediglich auf volle Euro lauten.[41]

3. Geschäftsanteil

15 Jeder Gesellschafter muss mindestens einen **Geschäftsanteil** übernehmen,[42] dessen Nennbetrag der in Euro bezeichnete Betrag ist, den der einzelne Gesellschafter auf das Stammkapital zu erbringen hat. Jeder Gesellschafter kann bei Gründung der GmbH mehrere Geschäftsanteile übernehmen, § 5 Abs. 2 Satz 2 GmbHG. Die Nennbeträge der einzelnen Geschäftsanteile können verschieden bestimmt werden, § 5 Abs. 3 Satz 1 GmbHG. Insoweit kann ein Gesellschafter auch mehrere Geschäftsanteile mit jeweils unterschiedlichen Nennbeträgen übernehmen.[43]

In der Summe müssen die Nennbeträge aller Geschäftsanteile mit dem Stammkapital genau übereinstimmen, § 5 Abs. 3 Satz 2 GmbHG (sog. **Konvergenzgebot**). Danach ist ein Auseinanderfallen zwischen der Stammkapitalziffer und der Summe der Nennbeträge aller Geschäftsanteile nicht nur – wie nach altem Recht – im Gründungsstadium, sondern auch im weiteren Verlauf der Gesellschaft unzulässig.[44] Dies ist insbesondere bei der Einziehung eines Geschäftsanteils (§ 34 GmbHG) von praktischer Relevanz.[45] Zur Vermeidung einer solchen unzulässigen Abweichung können die Gesellschafter jedoch (i) die Einziehung mit einer Kapitalherabsetzung verbinden, (ii) die Summe der Nennbeträge der Geschäftsanteile durch eine nominelle Aufstockung an das Stammkapital anpassen oder (iii) einen neuen Geschäftsanteil bilden (sog. Revalorisierung).[46] Nicht eindeutig geklärt ist bislang, welche

---

[36] Anderes kann allerdings hinsichtlich der Leistung eines Agios (dazu unten → Rn. 21), das in der Satzung oder in einer außerhalb des Gesellschaftsvertrages abgeschlossenen schuldrechtlichen Vereinbarung vereinbart wird, geregelt werden. Hier ist auch eine bedingte oder befristete Vereinbarung möglich, vgl. *Harrer* GmbHR 1994, 361.
[37] Vgl. §§ 202 ff. AktG.
[38] Dazu unten → Rn. 211 ff.
[39] BT-Drucks. 16/9737, S. 83 und 94 f.; vgl. zur Unternehmergesellschaft oben → § 4.
[40] § 5 Abs. 3 Satz 2 GmbHG a. F.
[41] Dies führt insbesondere zu Erleichterungen bei Erbauseinandersetzungen oder Vorgängen der vorweggenommenen Erbfolge in kleineren Familienbetrieben, da Kapitalglättungen auf Grund der früheren „50er"-Teilung nicht mehr erforderlich sind, vgl. *Böhringer* BWNotZ 2008, 104, 106.
[42] Das Verbot der Übernahme mehrerer Geschäftsanteile bei Errichtung einer GmbH nach § 5 Abs. 2 GmbHG a. F. wurde durch das MoMiG aufgehoben.
[43] Das Verbot der Übertragung mehrerer Teile von Geschäftsanteilen eines Gesellschafters an einen Erwerber in § 17 Abs. 5 GmbHG a. F. wurde durch das MoMiG aufgehoben.
[44] So ausdrücklich RegE MoMiG, BT-Drucks. 16/6140, S. 31.
[45] Ulmer/Habersack/Löbbe/*Ulmer*/*Casper* § 5 Rn. 24.
[46] RegE MoMiG, BT-Drucks. 16/6140, S. 31; vgl. hierzu auch Baumbach/Hueck/*Fastrich* § 34 Rn. 17a f. m. w. N.; *Böhringer* BWNotZ 2008, 104, 107; kritisch *Römermann* DB 2010, 209, 210 f.

Rechtsfolge ein Verstoß gegen das Konvergenzgebot mit sich bringt. Teilweise wird vertreten, dass dies zu einer Nichtigkeit des Einziehungsbeschlusses führt.[47] Mangels einer Übergangsvorschrift könnte ein Verstoß bei Altfällen[48] danach sogar zu einer Auflösung der Gesellschaft führen, § 399 FamFG.[49] Die Gegenmeinung lehnt diese strengen Rechtsfolgen ab.[50] Bis zur höchstrichterlichen Klärung der Frage ist der Praxis in jedem Fall zu raten, Unstimmigkeiten überhaupt gar nicht entstehen zu lassen, indem die Einziehung mit einer geeigneten Anpassungsmaßnahme verbunden wird.

Der Geschäftsanteil bezeichnet den mitgliedschaftlichen Anteil des einzelnen Gesellschafters an der GmbH als Summe der Rechte und Pflichten des Gesellschafters in der GmbH.[51] Im Gegensatz zur alten Rechtslage stellt die aktuelle Rechtslage in § 3 Abs. 1 GmbHG den Geschäftsanteil und somit die Beteiligung der Gesellschafter gegenüber deren Einlageverpflichtung in den Vordergrund. Nach früherem Recht übernahmen die Gesellschafter eine Stammeinlage (d. h. den in Euro bezeichneten Betrag auf das Stammkapital), nach der sich dann der Geschäftsanteil bestimmte. Nach dem MoMiG übernehmen die Gesellschafter hingegen einen Geschäftsanteil, auf den dann wiederum eine Einlage zu leisten ist. Der Begriff Stammeinlage, der diese Differenzierung verwischt, wird aus dem GmbHG verdrängt und nur noch für eine Übergangsphase beibehalten.[52] Die Geschäftsanteile sind bei der Anmeldung zum Handelsregister in der Gesellschafterliste durchgehend zu nummerieren, § 8 Abs. 1 Nr. 3 GmbHG. Hierdurch wird die eindeutige Bezeichnung des jeweiligen Geschäftsanteils im Falle der Übertragung des Geschäftsanteils erleichtert.[53]

16

Das Verhältnis zwischen Geschäftsanteil und Einlageverpflichtung bestimmt sich nach § 14 Satz 2 und 3 GmbHG. Demnach müssen sich die Nennbeträge der Geschäftsanteile und die Höhe der Einlagen jeweils entsprechen. Die Einlageverpflichtung entsteht sowohl bei Errichtung der Gesellschaft als auch bei einer ordentlichen Kapitalerhöhung in der Höhe, in welcher der Nennbetrag des jeweiligen Geschäftsanteils festgesetzt wird. Die Höhe des Nennbetrags des Geschäftsanteils bezeichnet dabei die Mindestleistungspflicht des betreffenden Gesellschafters (**Verbot der Unter-pari-Emission**).[54] Darüber hinaus können ein Agio, ein Zuschuss oder ein Nachschuss vereinbart werden, die zusätzlich zu leisten sind. Solche Zuzahlungen sind – entsprechend der o. g. Einteilung des Eigenkapitals in Stammkapital und Kapitalrücklagen[55] sowie andere Positionen – auf der Passivseite der Bilanz getrennt vom Stammkapital als Kapitalrücklage[56] auszuweisen. Grundlage für die Erbringung eines Agios kann eine Satzungsbestimmung i. S. d. § 3 Abs. 2 GmbHG sein; alternativ kommt auch ein Zuschuss auf schuldrechtlicher Basis zwischen den Gesellschaftern bzw. zwischen dem Gesellschafter und der Gesellschaft in Betracht.[57]

17

Geschäftsanteile können grundsätzlich durch einen einfachen Beschluss der Gesellschafterversammlung geteilt oder zusammengelegt werden, § 46 Nr. 4 GmbHG. Eine Teilung

18

---

[47] OLG München Beschl. v. 15.11.2011 – 7 U 2413/11 (zuvor bereits der Hinweisbeschluss in der gleichen Sache vom 21.9.2011, DNotI-Report 2012, 30 (Ls.)); LG Essen NZG 2010, 867, 868 f.; LG Neubrandenburg ZIP 2011, 1214; *Römermann* DB 2010, 209 f.
[48] Dabei handelt es sich um die Fälle vor dem Inkrafttreten des MoMiG am 1.11.2008.
[49] *Römermann* DB 2010, 209, 211 f.; a. A. OLG München DNotZ 2012, 475, 476; *Ulmer* DB 2010, 321, 323; Ulmer/Habersack/Löbbe/*Ulmer/Casper* § 5 Rn. 24.
[50] OLG Saarbrücken NZG 2012, 180, 181 (Eine Nichtigkeit tendenziell ablehnend, aber im Ergebnis offen gelassen); LG Dortmund ZIP 2012, 1247, 1248; *Ulmer* DB 2010, 321, 322 f.
[51] Vgl. Baumbach/Hueck/*Fastrich* § 14 Rn. 3 unter Hinweis auf BGH DB 1972, 132; der Geschäftsanteil ist diesbezüglich einer Aktie vergleichbar, vgl. Lutter/Hommelhoff/*Bayer* § 5 Rn. 3.
[52] Vgl. BegrRegE MoMiG BR-Drucks. 354/07, S. 64.
[53] Zustimmend *Götze/Bressler* NZG 2007, 894.
[54] Vgl. Lutter/Hommelhof/*Bayer* § 5 Rn. 8; zum Grundsatz der realen Kapitalaufbringung sogleich → Rn. 29 ff.
[55] Dazu oben → Rn. 4 f.
[56] § 272 Abs. 2 HGB unterscheidet – soweit hier relevant – zwischen a) Beträgen, die bei der Ausgabe von Anteilen (…) über den Nennbetrag hinaus (…) erzielt werden, b) Zuzahlungen, die Gesellschafter gegen Gewährung eines Vorzugs für ihre Anteile leisten, und c) anderen Zuzahlungen, die Gesellschafter in das Eigenkapital leisten. Dazu ausführlich unten → Rn. 106 ff.
[57] Siehe dazu → Rn. 22.

oder Zusammenlegung ist – im Gegensatz zur früheren Rechtslage[58] – auch nicht nur bei Vorliegen besonderer Teilungs- oder Zusammenlegungsgründe (Veräußerung und Vererbung) statthaft, sondern bspw. auch bei einer beabsichtigten Verpfändung von Teilen von Geschäftsanteilen.

4. Zuführung von Stammkapital

19 Das Stammkapital wird regelmäßig von den Gesellschaftern durch Einlageleistung „von außen" im Rahmen der **Gründung** bzw. einer **effektiven Kapitalerhöhung** aufgebracht. Alternativ kommt eine **Kapitalerhöhung aus Gesellschaftsmitteln** – gleichsam „von innen" – aus den der GmbH bereits zur Verfügung stehenden Rücklagen in Betracht. Die Kapitalerhöhung aus Gesellschaftsmitteln ist in §§ 57c ff. GmbHG geregelt. Hier erfolgt letztlich nur eine Umbuchung von Rücklagen in Stammkapital, wodurch der Haftungsfonds der GmbH vergrößert wird: Die Rücklagen stehen anschließend nicht mehr den Gesellschaftern für Ausschüttungen zur Verfügung, sondern dienen als gebundenes Kapital, auf das die strengen Kapitalerhaltungsvorschriften[59] Anwendung finden und Gläubiger der Gesellschaft daher mindestens zugreifen können.[60] Die mit der Kapitalerhöhung aus Gesellschaftsmitteln entstehenden neuen Gesellschaftsrechte stehen den Gesellschaftern im Verhältnis ihrer bisherigen Geschäftsanteile zu, § 57j GmbHG.[61]

5. Abgrenzung: Aufgeld (Agio), Zuschuss und Nachschuss

20 Neben dem Stammkapital können die Gesellschafter Aufgelder, Zuschüsse oder Nachschüsse in das Gesellschaftsvermögen leisten. Die Abgrenzung zwischen Agio, Zuschuss und Nachschuss ist oftmals schwierig; die Übergänge zwischen den einzelnen Gesellschafterleistungen sind fließend. Während für den Nachschuss eine Regelung in der Satzung und ein Beschluss der Gesellschafterversammlung erforderlich sind, sind Agio und Zuschuss flexibler regelbar. Sie können insbesondere für die einzelnen Gesellschafter abweichend von den Beteiligungsverhältnissen am Stammkapital geregelt werden. Wegen der weitergehenden Voraussetzungen des Nachschusses ist dieser in der Praxis weit weniger verbreitet als das Agio, der schlichte Zuschuss oder das Gesellschafterdarlehen.

21 **a) Aufgeld/Agio.** Das Agio ist ein Aufgeld **bei der Übernahme des Geschäftsanteils**.[62] Die Zahlung eines Agios ist regelmäßig eine Nebenleistungspflicht gemäß § 3 Abs. 2 GmbHG. Es kann aber auch außerhalb der Satzung geregelt werden.[63] Das Agio kann bedingt oder befristet vereinbart werden;[64] hiervon wird in der Praxis in hohem Maße Gebrauch gemacht.

22 **b) Zuschuss.** Der schlichte Zuschuss kann in einer **Gesellschaftervereinbarung** auf schuldrechtlicher Basis geregelt sein oder ohne schuldrechtliche Grundlage – z.B. bei der Ein-Personen-GmbH – geleistet werden. Er ist frei vereinbar.[65]

---

[58] Nach § 17 Abs. 6 GmbHG a.F., der durch das MoMiG gestrichen wurde, war die Teilung von Geschäftsanteilen nur im Fall der Veräußerung und Vererbung zulässig.
[59] Dazu ausführlich unten → § 6 Rn. 2 ff.
[60] Bei der Unternehmergesellschaft (haftungsbeschränkt) ist eine gesetzliche Rücklage zu bilden, in die jedes Jahr ein Viertel des um einen Verlustvortrag aus dem Vorjahr geminderten Jahresüberschusses einzustellen ist, § 5a Abs. 3 Satz 1 GmbHG. Diese Rücklage darf ausschließlich zur Durchführung einer Kapitalerhöhung aus Gesellschaftsmitteln gemäß § 57c GmbHG oder zum Ausgleich eines Verlustvortrages des Vorjahrs oder Jahresfehlbetrages verwandt werden, § 5a Abs. 3 Satz 2 GmbHG.
[61] Weitere Einzelheiten zur Kapitalerhöhung aus Gesellschaftsmitteln unten → Rn. 215 ff.
[62] Ein Disagio, also eine Unter-pari-Emission ist nicht zulässig, Baumbach/Hueck/*Fastrich* § 5 Rn. 11, unstr.
[63] Dann handelt es sich genau genommen um einen schlichten Zuschuss, dazu sogleich.
[64] Lutter/Hommelhoff/*Bayer* § 5 Rn. 8 unter Hinweis auf *Harrer* GmbHR 1994, 361.
[65] Bei der Eingehung von Beteiligungsverträgen durch Investoren wird in diesem Zusammenhang allerdings diskutiert, ob sich ein Investor dem zugesagten Gesamtinvestitionsvolumen durch Vereinbarung von „Meilensteinen", an die die Auszahlung von Zuschüssen gebunden ist, bei Nichterreichen der angestrebten Meilensteine wieder entziehen kann. Hier ist im Einzelfall eine sorgfältige Prüfung und gegebenenfalls die Nutzung anderer Instrumente, beispielsweise von Fremdkapitalinstrumenten, geboten.

c) **Nachschuss.** Bei Nachschüssen handelt es sich ebenfalls um ein „variables Zusatzkapital".[66] Hier ist **in der Satzung geregelt,** dass die Gesellschafter über den Nennbetrag der Geschäftsanteile hinaus die Einforderung von weiteren Einzahlungen, sog. Nachschüssen, beschließen können, § 26 Abs. 1 GmbHG. Nachschüsse können unter Beachtung der Vorgaben des § 30 Abs. 2 GmbHG an die Gesellschafter zurückgezahlt werden. Die Nachschussverpflichtung trifft die Gesellschafter entsprechend ihrer Beteiligung am Nennkapital der GmbH und kann der Höhe nach beschränkt werden, § 26 Abs. 2 und 3 GmbHG. Bei Nachschüssen wird im Einzelnen unterschieden zwischen unbeschränkter, beschränkter und gemischter Nachschusspflicht:[67]

aa) Unbeschränkte Nachschusspflicht, § 27 GmbHG. Hier kann die Gesellschafterversammlung einen Nachschuss in jeder Höhe vorsehen. Der Gesellschafter hat jedoch ein **Preisgaberecht (sog. Abandon)** und kann sich von seiner Nachschussverpflichtung dadurch befreien, dass er der Gesellschaft seinen Geschäftsanteil „zur Befriedigung aus demselben zur Verfügung stellt", § 27 Abs. 1 Satz 1 GmbHG. Die Befriedigung erfolgt grundsätzlich im Wege der öffentlichen Versteigerung und entspricht weitgehend den Bestimmungen für die Kaduzierung.[68]

Das Preisgaberecht bei unbeschränkter Nachschusspflicht ist unabdingbar. Es ist grundsätzlich unbeschränkt, es sei denn die Nachschusspflicht wird auf einen bestimmten Betrag beschränkt, so dass die Grundsätze des gemischten Nachschusses gelten (dazu sogleich). Die Preisgabe ist ein Recht des Gesellschafters, von dem er nicht Gebrauch machen muss. Allerdings kann die Gesellschaft gemäß § 27 Abs. 1 Satz 2 GmbHG nach erfolglosem Ablauf einer Zahlungsfrist den Geschäftsanteil als preisgegeben betrachten.

Mit der Preisgabe verliert der Gesellschafter nicht automatisch seine Gesellschafterstellung. Vielmehr bleibt er bis zum Zuschlag im Versteigerungsverfahren (oder einem freihändigen Verkauf bzw. einem Anfall des Geschäftsanteils an die Gesellschaft) Gesellschafter und insbesondere Schuldner der neben der Einlageleistung bestehenden Pflichten.[69] Dies bedeutet auch, dass der Gesellschafter durch Zahlung des Nachschusses die Konsequenzen der Preisgabe beseitigen kann.

bb) Beschränkte Nachschusspflicht, § 28 GmbHG. Beim beschränkten Nachschuss wird die Nachschusspflicht auf einen bestimmten Betrag beschränkt. Im Falle verzögerter Einzahlung von Nachschüssen kann das Kaduzierungsverfahren durchgeführt werden, § 28 Abs. 1 Satz 1 GmbHG. Ein Preisgaberecht besteht hier nicht.

cc) Gemischte Nachschusspflicht. Hier werden die unbeschränkte und die beschränkte Nachschusspflicht miteinander verbunden, vgl. §§ 27 Abs. 4, 28 Abs. 1 Satz 2 GmbHG: Die Nachschüsse werden bis zu einer bestimmten Höhe als beschränkte Nachschüsse behandelt; bei Nichtleistung greift das Kaduzierungsverfahren. Übersteigt der eingeforderte Nachschuss die vorgesehene Schwelle, entsteht das Preisgaberecht des Gesellschafters.

dd) Rückzahlung an Gesellschafter. Eingezahlte Nachschüsse können, soweit sie zur eckung des Stammkapitals nicht erforderlich sind, an die Gesellschafter zurückgezahlt werden, § 30 Abs. 2 Satz 1 GmbHG. Die Gesellschaft darf die Rückzahlung aber erst drei Monate nach Bekanntmachung in den Gesellschaftsblättern bzw. öffentlichen Blättern vornehmen, § 30 Abs. 2 Satz 2 GmbHG.[70] Es ist gerade diese Publizitätsregelung, die den Nachschuss gegenüber dem einfachen Aufgeld wenig attraktiv sein lässt. – Zurückgezahlte Nachschüsse gelten als nicht eingezogen, § 30 Abs. 2 Satz 4 GmbHG.

---

[66] So Lutter/Hommelhoff/*Bayer* § 26 Rn. 2.
[67] Im Folgenden wird ein Überblick über die Bestimmungen gegeben. Ausführlich in Baumbach/Hueck/*Fastrich* §§ 26–28, 30 Rn. 71 ff.
[68] Dazu ausführlich unten → Rn. 68 ff.
[69] Lutter/Hommelhoff/*Bayer* § 27 Rn. 2.
[70] Siehe unten → § 6 Rn. 37 ff.

III. Relevanz der Kapitalaufbringungsgrundsätze

1. Gesellschaftsrecht

28 Unabhängig davon, ob es sich um Maßnahmen im Rahmen der Gründung oder im Zuge einer späteren Kapitalerhöhung gegen Einlagen handelt,[71] stellt das Gesetz hohe Anforderungen an die Aufbringung des gezeichneten Kapitals: **Das gezeichnete Kapital soll effektiv aufgebracht werden.** Erst dann, wenn die auf jeden übernommenen Geschäftsanteil zu leistenden Einlagen tatsächlich „bewirkt" worden sind und sich in der freien Verfügungsmacht der Geschäftsführung befinden, darf die Geschäftsführung die Eintragung der Kapitalmaßnahme ins Handelsregister beantragen, §§ 7 Abs. 2 und 3, 8 Abs. 2 Satz 1 GmbHG (bei der Gründung der Gesellschaft) und § 57 Abs. 2 GmbHG (bei einer Kapitalerhöhung). Weitere Vorschriften sowie Urteile des BGH[72] und anderer Gerichte, die im Folgenden dargestellt werden, sind zu beachten. Die als Gegenleistung für die Einlageleistung gewährten Gesellschaftsrechte entstehen erst mit der Eintragung im Handelsregister, §§ 11 Abs. 1, 54 Abs. 3 GmbHG. – Ergänzt werden die Regelungen zur realen Kapitalaufbringung um Vorschriften zur Kapitalerhaltung, auf die an anderer Stelle ausführlich eingegangen wird.[73]

29 **a) Grundsatz der realen Kapitalaufbringung.** Nach überkommenem Verständnis ist der Grundsatz der realen Kapitalaufbringung in dem in § 19 Abs. 2 bis 5 GmbHG geregelten **Befreiungsverbot** niedergelegt: Danach kommt jegliche Form der Befreiung der Gesellschafter von ihrer Einlageverpflichtung nicht in Betracht.[74] Doch ist der Grundsatz der realen Kapitalaufbringung in einem weiteren Verständnis als Fundament der Finanzierung der GmbH mit Stammkapital und die Bereitstellung eines Haftungsfonds zugunsten der Gesellschaftsgläubiger zu verstehen. Zum Grundsatz der realen Kapitalaufbringung gehören daher auch:[75]

- die weiteren materiellen und verfahrensrechtlichen Vorschriften über die Stammkapitalaufbringung, insbesondere die **Übernahme** von Geschäftsanteilen in Höhe **des vollen Stammkapitals** durch die Gesellschafter **bei Gründung** (§§ 3 Abs. 1 Nr. 4, 5 GmbHG) und die **Mindesteinlagepflicht vor der Anmeldung** zum Handelsregister (§ 7 Abs. 2, 3 GmbHG);
- die Vorbelastungs- und Verlustdeckungshaftung[76] und weitere **Haftungsvorschriften;**[77]
- die **Vorschriften über die Erbringung von Sacheinlagen.**[78] Mit diesen Vorschriften soll sichergestellt werden, dass die Sacheinlagen auch die übernommene Stammeinlage decken. Dies wird unten ausführlich dargestellt;[79] sowie
- das **Verbot der Zeichnung eigener Anteile durch die GmbH:** Bei der Gründung bzw. Kapitalerhöhung soll die GmbH Vermögen in Höhe des gezeichneten Kapitals erhalten. Die Übernahme von Geschäftsanteilen im Zuge der Kapitalaufbringung durch die GmbH selbst ist daher unwirksam.[80]

---

[71] Bei der Kapitalerhöhung aus Gesellschaftsmitteln hat der Grundsatz der realen Kapitalaufbringung keine Bedeutung, da kein Vermögen „von außen" zugeführt wird: Hier liegt entscheidendes Gewicht vielmehr auf dem Testat des Abschlussprüfers, der die der Kapitalerhöhung aus Gesellschaftsmitteln zugrundezulegende Bilanz (vgl. §§ 57c Abs. 3, 57e f. GmbHG) prüft. Aus der Bilanz muss hervorgehen, dass die umzuwandelnden Rücklagen auch tatsächlich vorhanden sind.
[72] Dazu *Henze* DB 2001, 1469.
[73] Dazu ausführlich unten → § 6 Rn. 2 ff.
[74] MünchHdBGesR III/*Gummert* § 50 Rn. 58 f.
[75] Siehe die Übersicht bei Baumbach/Hueck/*Fastrich* Einl. Rn. 7.
[76] Dazu → Rn. 80 ff.; Baumbach/Hueck/*Fastrich* § 11 Rn. 61 f.
[77] Dazu → Rn. 84 ff.
[78] §§ 5 Abs. 4; 7 Abs. 3; 8 Abs. 1 Nr. 4 und 5, Abs. 2; 9; 9c Abs. 1 Satz 2; 19 Abs. 4 und 5 GmbHG bei Gründungen §§ 56; 56a; 57 Abs. 2 und 3; 57a GmbHG bei Kapitalerhöhungen.
[79] Siehe → Rn. 78 ff., 155 ff.
[80] Scholz/*Westermann* § 33 Rn. 7; Lutter/Hommelhoff/*Bayer* § 5 Rn. 10. Dies gilt auch für die Zeichnung durch ein Unternehmen, an dem die GmbH beteiligt ist, wobei hier die Beteiligungsquote, die einen originären Anteilserwerb unzulässig macht, umstritten ist, vgl. Scholz/*Priester* § 55 Rn. 112 (mehr als 50%), Lutter/Hommelhoff/*Lutter/Bayer* § 55 Rn. 34 (mehr als 25%), Baumbach/Hueck/*Zöllner/Fastrich* § 55 Rn. 19 (jede

§ 5 Kapitalaufbringung

30 Mit Hilfe der Kapitalaufbringungsgrundsätze wird im Interesse der Gläubiger der GmbH sichergestellt, dass die GmbH – falls auch nur ein Gründer zahlungsfähig ist – zumindest bei ihrer Entstehung ein dem Stammkapital entsprechendes Vermögen im Wege der Bar- oder Sacheinlage erhalten hat.[81] Hinzu kommen die entsprechenden Vorschriften bei effektiven Sachkapitalerhöhungen.

31 Der Grundsatz der realen Kapitalaufbringung ist auch bei **Umwandlungen nach dem Umwandlungsgesetz** (UmwG) zu beachten. So verweist das UmwG beispielsweise bei der Verschmelzung durch Neugründung einer GmbH (§§ 36 Abs. 2, 58 Abs. 1, 2 UmwG) und bei der Spaltung zur Neugründung einer GmbH (§ 135 Abs. 2 UmwG) ausdrücklich auf die Kapitalaufbringungsvorschriften des GmbHG. Bei anderen Umwandlungsvorgängen (Verschmelzung durch Aufnahme, Spaltung zur Aufnahme) greift das Recht der Kapitalaufbringung implizit über das Prüfungsrecht des Registerrichters vor Eintragung der Umwandlung.[82] Auch wegen steuerlicher Voraussetzungen für die Steuerneutralität von Umwandlungsvorgängen, die daran anknüpfen, dass die Umwandlung gegen Gewährung von (neuen) Gesellschaftsanteilen erfolgt (z. B. § 20 Abs. 1 UmwStG), werden Umwandlungen mit Kapitalmaßnahmen verbunden.[83]

32 b) **Übernahme; Einlageforderung; Befreiungsverbot.** *aa) Übernahme.* Im Rahmen der **Gründung** besteht die Übernahmeerklärung in der Aufführung der Zahl und der Nennbeträge der Geschäftsanteile sowie deren **namentlicher Zuordnung innerhalb der Satzung**. Die bloße Nennung der Gesellschafter innerhalb des notariellen Gründungsprotokolls ist nicht ausreichend, da § 3 Abs. 1 Nr. 4 GmbHG die Anzahl und betragsmäßige Fixierung der Nennbeträge der Geschäftsanteile und deren namentliche Festlegung ihrer Übernehmer als notwendige Satzungsbestandteile nennt.[84] Mit der Aufführung der Anzahl und Nennbeträge der Geschäftsanteile und der Namen ihrer Übernehmer soll sichergestellt werden, dass das Stammkapital voll übernommen wird. – Bei künftigen Änderungen bzw. Neufassungen der Satzung kann allerdings die namentliche Zuordnung der Geschäftsanteile und die Angabe der jeweiligen Nennbeträge in der Satzung wieder gestrichen werden. Dies gilt nach zutreffender h. M. nicht nur in dem Falle, dass sämtliche Einlagen vollständig erbracht worden sind, sondern unabhängig hiervon.[85] Die Anpassung der Satzung in diesem Sinne ist empfehlenswert, um zu vermeiden, dass bei Geschäftsanteilsabtretungen die Satzung inhaltlich falsch wird.

33 Bei **Kapitalerhöhungen** erfolgt die Übernahme im Rahmen eines Vertrages[86] zwischen dem Übernehmer und der Gesellschaft.[87] Die Übernahmeerklärung des Übernehmers bzw. eine etwaige Vollmacht zur Übernahme bedürfen zumindest der notariellen Beglaubigung.[88] Die Erklärung kann dem Kapitalerhöhungsbeschluss zeitlich vorausgehen, sofern nur zweifelsfrei erkennbar ist, dass sich die Übernahme auf eine bestimmte Kapitalerhöhung bezieht;[89] dies ist durch eine entsprechende Präambel zur Übernahmeerklärung sicherzustellen. – Die Annahmeerklärung der GmbH kann formlos und auch konkludent erfolgen.

Kapitalbeteiligung), Ulmer/Habersack/Winter/*Ulmer* § 55 Rn. 63 (entsprechend § 56 Abs. 2 AktG jede Form der Abhängigkeit). – Zum („Rück"-)Erwerb eigener Geschäftsanteile ist die GmbH dagegen innerhalb der Grenzen des § 33 GmbHG berechtigt. Zur bilanziellen Abbildung, vgl. § 272 Abs. 1a HGB i. d. F. Art. 1 BilMoG v. 25.5.2009 (BGBl. I S. 1102); danach sind eigene Anteile in einer Vorspalte als Kapitalrückzahlung vom Gezeichneten Kapital abzusetzen. Der Unterschiedsbetrag zwischen Nennbetrag und Anschaffungskosten ist mit den freien Rücklagen zu verrechnen; eine Aktivierung eigener Anteile entfällt.

[81] Baumbach/Hueck/*Fastrich* Einl. Rn. 7.
[82] Vgl. bspw. §§ 53, 130 f. UmwG; vgl. hierzu auch MünchHdBGesR III/*Gummert* § 50 Rn. 5.
[83] Siehe aber § 54 UmwG (Verschmelzung ohne Kapitalerhöhung).
[84] OLG Hamm GmbHR 1986, 311; Lutter/Hommelhoff/*Bayer* § 3 Rn. 44.
[85] OLG Rostock NZG 2011, 992, 993; BayObLG DB 1997, 33; OLG Frankfurt/M. GmbHR 1973, 173; Ulmer/Habersack/Löbbe/*Ulmer/Löbbe* § 3 Rn. 32; Lutter/Hommelhoff/*Bayer* § 3 Rn. 44; Baumbach/Hueck/*Fastrich* § 3 Rn. 18.
[86] Zu Fragen des Minderjährigenschutzes und der Auswirkungen des § 181 BGB (In-sich-Geschäft) auf den Übernahmevertrag vgl. Lutter/Hommelhoff/*Lutter/Bayer* § 55 Rn. 35 f.
[87] Einzelheiten bei Scholz/*Priester* § 55 Rn. 71 ff.
[88] Lutter/Hommelhoff/*Lutter/Bayer* § 55 Rn. 32.
[89] Lutter/Hommelhoff/*Lutter/Bayer* § 55 Rn. 33; Scholz/*Priester* § 55 Rn. 116; Baumbach/Hueck/Zöllner/*Fastrich* § 55 Rn. 33, 39; Ulmer/Habersack/Winter/*Ulmer* § 55 Rn. 90.

34 **Die Übernahme ist bedingungsfeindlich.** Allerdings kann die Übernahme mit Bedingungen und Befristungen verbunden werden, deren Einhaltung zum Zeitpunkt der Eintragung ins Handelsregister geklärt ist.[90] Besondere Bedeutung erlangt hier die Möglichkeit der zeitlichen Befristung der Durchführung der Kapitalerhöhung bis zu einem bestimmten Zeitpunkt.[91] Dies kann zweckmäßig sein, um die Kapitalmaßnahme zu beschleunigen und Klarheit über ihre Durchführung zu erlangen und gegebenenfalls einem Insolvenzverwalter die Möglichkeit zu nehmen, ausstehende Einlagen auf unerledigte Kapitalerhöhungsbeschlüsse einzuziehen. Allerdings ist zu bedenken, dass manche Handelsregister viel Zeit bis zur Eintragung verstreichen lassen. Diese ist bei etwaigen Befristungen der Übernahmeerklärungen einzukalkulieren, um nicht eine Kapitalmaßnahme wegen der Bearbeitungsdauer beim Registergericht scheitern zu lassen und erneut vornehmen zu müssen.

35 *bb) Einlageforderung.* Mit der Übernahme des Geschäftsanteils entsteht die Einlageforderung der Gesellschaft gegen den Übernehmer (§ 14 Satz 1 GmbHG). Die **Mindesteinlagen**, also 25% des Nennbetrages des Geschäftsanteils, mindestens jedoch insgesamt die Hälfte des Mindeststammkapitals, also 12.500,– EUR, bei Bareinlagen gemäß § 7 Abs. 2 GmbHG bzw. die volle Sacheinlage gemäß § 7 Abs. 3 GmbHG, sind dabei **vor der Anmeldung** zum Handelsregister an die Gesellschaft zu leisten.[92] Für die restlichen Bareinlagen kann in der Satzung eine **Fälligkeitsregelung** vorgesehen oder der Geschäftsführung die Kompetenz eingeräumt werden, die Bareinlagen abzurufen. Wenn eine solche Satzungsbestimmung fehlt, steht die Einforderung der restlichen Bareinlagen in der Kompetenz der Gesellschafterversammlung, die hierüber mit Beschluss entscheidet, § 46 Nr. 2 GmbHG.[93] Der Beschluss wird gegenüber den bei der Beschlussfassung anwesenden bzw. vertretenen Gesellschaftern sofort wirksam in der Weise, dass die Gesellschaft einen fälligen, klagbaren Anspruch hat.[94] Der Beschluss wird vom Geschäftsführer ausgeführt.

36 Nach der – dispositiven[95] – Vorschrift des § 19 Abs. 1 GmbHG sind Einzahlungen auf die Geschäftsanteile nach dem Verhältnis der Geldeinlagen zu leisten. Dies bedeutet letztlich eine **Gleichbehandlungspflicht bei der Einforderung** der Geldeinlagen durch die Gesellschaft. Die Vorschrift gilt in einem umfassenden Sinne entsprechend für alle Einlagepflichten auf das Stammkapital, daher auch im Falle der Kapitalerhöhung.[96]

37 Die Einlageforderung verjährt gemäß § 19 Abs. 6 GmbHG in zehn Jahren von seiner Entstehung an. Die Frist beginnt mit der Fälligkeit des Anspruchs zu laufen.[97]

38 *cc) Befreiungsverbot.* Von der Verpflichtung des Übernehmers zur Erbringung der Einlage kann dieser nicht entbunden werden, § 19 Abs. 2 Satz 1 GmbHG. Mit dieser Vorschrift sichert das Gesetz den Primat der realen Kapitalaufbringung ab; ihr **Anwendungsbereich ist weit auszulegen.** Sie kann nicht abbedungen werden.[98] Vor allem zielt die Vorschrift auf die als „Resteinlagen" zu bezeichnenden Anteile am Stammkapital ab, die nicht bereits vor der Eintragung in das Handelsregister erbracht sein müssen.[99] Eine Aufrechnung gegen die Einlageforderung der Gesellschaft ist nur zulässig mit einer Forderung aus der Überlassung von Vermögensgegenständen, deren Anrechnung auf die Einlagenverpflichtung nach den Vorschriften zur Sacheinlage (§ 5 Abs. 4 Satz 1 GmbHG) vereinbart worden ist;[100] unzulässig

---

[90] Scholz/*Priester* § 55 Rn. 84 f.; Baumbach/Hueck/*Zöllner/Fastrich* § 55 Rn. 33.
[91] Bei Verstreichen der Frist wird der Übernahmevertrag entsprechend § 158 Abs. 2 BGB unwirksam, vgl. BGH GmbHR 1999, 287.
[92] Bei der UG (haftungsbeschränkt) darf abweichend von § 7 Abs. 2 GmbHG die Anmeldung erst erfolgen, wenn das Stammkapital in voller Höhe eingezahlt ist, § 5a Abs. 2 Satz 1 GmbHG. Sacheinlagen sind bei der UG (haftungsbeschränkt) ausgeschlossen, § 5a Abs. 2 Satz 2 GmbHG.
[93] Hierbei sind die betroffenen Gesellschafter stimmberechtigt, vgl. BGH NJW 1991, 172.
[94] Lutter/Hommelhoff/*Bayer* § 46 Rn. 12.
[95] Ulmer/Habersack/Löbbe/*Ulmer/Casper* § 19 Rn. 41.
[96] Baumbach/Hueck/*Fastrich* § 19 Rn. 4, 9; Ulmer/Habersack/Löbbe/*Ulmer/Casper* § 19 Rn. 24 ff.; dagegen gilt die Vorschrift nicht außerhalb der Stammeinlagepflicht, z. B. bei Aufgeldern, Zu- und Nachschüssen oder Verzugszinsen, Baumbach/Hueck/*Fastrich* § 19 Rn. 5.
[97] Lutter/Hommelhoff/*Bayer* § 19 Rn. 16.
[98] Lutter/Hommelhoff/*Bayer* § 19 Rn. 1.
[99] Dazu oben → Rn. 35.
[100] § 19 Abs. 2 Satz 2 GmbHG.

ist ferner ein Zurückbehaltungsrecht an dem Gegenstand einer Sacheinlage, sofern sich Forderungen nicht auf den Einlagegegenstand beziehen.[101] Auch im Rahmen einer Kapitalherabsetzung können die Gesellschafter von der Einlageverpflichtung höchstens um den Betrag, um den das Stammkapital herabgesetzt wird, befreit werden, § 19 Abs. 3 GmbHG. – Die Beweislast für die vollständige ordnungsmäßige Erfüllung der Einlageverpflichtung trifft den jeweiligen Schuldner.[102] Die Leistung muss zum Zweck der Erfüllung der Einlage und in diesem Sinne endgültig zur freien Verfügung der Geschäftsführung erfolgen.[103]

39 Neben dem Erlassvertrag (§ 397 Abs. 1 BGB) und dem negativen Schuldanerkenntnis (§ 397 Abs. 2 BGB) umfasst das Erlassverbot auch den Vergleich (§ 779 BGB), da dieser einem Teilerlass gleichkommt. Gleiches gilt für die Annahme einer unzulänglichen Leistung als Erfüllung und die Leistung aus einem Darlehen der GmbH selbst oder aus einem von der GmbH bzw. dem Schuldner unter Mithaftung der GmbH bei einem Dritten aufgenommenen Kredit, da auch insoweit der GmbH kein Wert zufließt.[104] **Bereits jede Abschwächung des Einlageanspruchs wie die Forderungsauswechslung, Novation oder die Umwandlung in ein Darlehen ist unzulässig.**[105] Dies gilt grundsätzlich auch für die Stundung, die das Fälligwerden der Einlageforderung betrifft.[106] – Das Aufrechnungsverbot bezieht sich auf Aufrechnungserklärungen des Schuldners der Einlage; hier ist die Aufrechnung unzulässig, wenn nicht ausnahmsweise eine ausdrückliche Sachübernahme erfolgt, § 19 Abs. 2 Satz 2 GmbHG.[107] Die Aufrechnung der Gesellschaft unterliegt daneben ebenfalls Beschränkungen: hier darf eine Aufrechnung nur erfolgen, wenn der Anspruch, gegen den aufgerechnet wird, mindestens ebenso werthaltig ist wie der Anspruch der Gesellschaft,[108] mit dem die Aufrechnung erfolgt.

40 Das Befreiungsverbot setzt voraus, dass die Verpflichtung zur Leistung der Einlage besteht. Dies ist in zeitlicher Hinsicht bei der eingetragenen GmbH der Fall, und zwar bis zur Beendigung der Liquidation.[109] Da die Einlage an die **Vorgründungsgesellschaft** nicht mit befreiender Wirkung geleistet werden kann,[110] gilt das Befreiungsverbot hier denknotwendig nicht. Streitig ist die Anwendung des Befreiungsverbots dagegen bei der **Vor-GmbH**. Der BGH hat eine Anwendung auf die Vor-GmbH verneint,[111] gestützt auf die Erwägung, dass vor Eintragung der GmbH in das Handelsregister die Gesellschafter den Umfang der Kapitalausstattung durch Satzungsänderung neu festlegen können. Richtigerweise wird aber auch schon bei einer Vor-GmbH von einem Befreiungsverbot auszugehen sein, da die Pflicht zu einer Geldeinlage letztlich bereits bei Vertragabschluss entsteht.[112]

> **Praxistipp:**
> Der anwaltliche Berater wird darauf hinwirken, dass jegliche rechtsgeschäftliche oder faktische Verringerung der Einlagepflicht tunlichst vermieden wird.

41 c) **Freie Verfügung der Geschäftsführer.** Die Einlagen[113] müssen nach ihrer Leistung **endgültig** zur freien Verfügung der Geschäftsführung stehen. Dies bedeutet, dass der Einlagegegenstand **ohne Einschränkung und ohne Vorbehalt** in den Herrschaftsbereich der GmbH

---

[101] § 19 Abs. 2 Satz 3 GmbHG.
[102] BGH WM 1992, 1432.
[103] Baumbach/Hueck/*Fastrich* § 19 Rn. 23; Lutter/Hommelhoff/*Bayer* § 7 Rn. 18 ff.; Scholz/*Veil* § 7 Rn. 34 ff. jeweils m. w. N.
[104] Lutter/Hommelhoff/*Bayer* § 19 Rn. 13 m. w. N.; Baumbach/Hueck/*Fastrich* § 19 Rn. 22.
[105] Baumbach/Hueck/*Fastrich* § 19 Rn. 19.
[106] Baumbach/Hueck/*Fastrich* § 19 Rn. 21.
[107] Lutter/Hommelhoff/*Bayer* § 19 Rn. 26 m. w. N.
[108] Lutter/Hommelhoff/*Bayer* § 19 Rn. 27 ff. m. w. N.
[109] Wobei in der Liquidation die Einlageverpflichtung nur soweit gelten soll, wie die GmbH Drittforderungen ausgesetzt ist, vgl. RGZ 149, 297; BGH BB 1976, 852; Baumbach/Hueck/*Fastrich* § 19 Rn. 17.
[110] Siehe dazu auch unten → Rn. 150.
[111] BGHZ 80, 129 = WM 1981, 401.
[112] Scholz/*Veil* § 19 Rn. 49; MünchHdBGesR III/*Gummert* § 50 Rn. 30.
[113] Bei Bareinlagen die Mindestbeträge, siehe oben → Rn. 35.

gelangt sein muss. Hierüber haben sämtliche Geschäftsführer[114] gegenüber dem Registergericht eine entsprechende Versicherung abzugeben, 8 Abs. 2 GmbHG. Die hierfür notwendigen Angaben versetzen das Gericht in die Lage, gemäß §§ 9c, 57a GmbHG die Gründungs- bzw. Kapitalerhöhungsprüfung durchzuführen. Von herausragender Bedeutung ist hier die Zahlung auf ein debitorisches Bankkonto der Gesellschaft.[115] Die Zahlung ist befreiend, wenn die Geschäftsführer innerhalb einer vereinbarten, nicht gekündigten Kreditlinie über den eingezahlten Betrag verfügen können.[116] Hingegen hat die Zahlung keine befreiende Wirkung, wenn die Kreditlinie bereits ausgeschöpft oder gekündigt ist, da hier die Bank die eingezahlten Mittel sofort mit dem Schuldsaldo verrechnen kann.[117]

Eine Ausnahme vom vorgenannten Grundsatz bilden allerdings die gesetzlich normierten Fälle des Hin- und Herzahlens, § 19 Abs. 5 GmbHG.[118] Hier befindet sich die Einlage gerade nicht endgültig in der freien Verfügung der Geschäftsführer.[119] Entsprechend ist eine solche Leistung oder die Vereinbarung einer solchen Leistung auch in der Anmeldung zum Handelsregister anzugeben, § 19 Abs. 5 Satz 2 GmbHG.[120]

42   d) **Einlageformen.** Folgende Einlageformen werden unterschieden:

aa) Bareinlage. Bareinlagen sind **Geldleistungen,** welche die GmbH bzw. die Vor-GmbH von dem Gesellschafter zum Zwecke der Erfüllung der Einlagepflicht erhält. Das GmbHG trifft hier keine detaillierte Regelung; die strenge Regelung in §§ 54 Abs. 2, 3 AktG ist bei der GmbH nicht analog anwendbar.[121] Mit Geldleistungen sind inländische gesetzliche Zahlungsmittel, zentralbankbestätigte Schecks oder die Gutschrift auf einem inländischen Konto der GmbH[122] gemeint. Die Zahlung an einen Treuhänder der GmbH, z. B. an den mit der Gründung bzw. Kapitalerhöhung befassten Notar auf dessen Anderkonto, genügt.[123] Ob die Geldleistung vom Gesellschafter stammt oder von einem Dritten für Rechnung des Gesellschafters erfolgt, ist prinzipiell unerheblich. Anderes gilt allerdings dann, wenn die GmbH als Leistende fungiert[124] oder für die Leistung des Gesellschafters Sicherheiten stellt.[125]

43   Bei **Leistungen erfüllungshalber** (vgl. § 364 Abs. 2 BGB) tritt Erfüllung erst mit Einlösung des erfüllungshalber hingegebenen Gegenstandes und Erhalt der inländischen Zahlungsmittel bzw. der Kontogutschrift zugunsten der GmbH ein. Dies gilt zum Beispiel für die Einlösung oder unwiderrufliche Gutschrift eines erfüllungshalber hingegebenen Schecks oder die Konvertierung ausländischer Devisen in Euro. Auch die Einziehung einer erfüllungshalber abgetretenen Forderung auf das inländische Konto führt zur Erfüllung der Einlageschuld.

> **Praxistipp:**
>
> 44   Aus Sicht des anwaltlichen Beraters ist darauf zu achten, dass die Leistung der Einlage an die Vorgründungsgesellschaft die Einlageforderung regelmäßig nicht zum Erlöschen bringt.[126] Wenn bei Gründungsvorgängen der neue Gesellschafter zum Zeitpunkt der Beurkundung die Bareinlage bereits gezahlt oder angewiesen hat, sollte aus Sicherheitsgründen die Leistung noch einmal an die Vor-GmbH vorgenommen werden.

---

[114] Soweit die Gesellschaft stellvertretende Geschäftsführer hat (§ 44 GmbHG), haben auch diese die entsprechende Versicherung abzugeben, vgl. Baumbach/Hueck/*Fastrich* § 8 Rn. 11; Ulmer/Habersack/Löbbe/ *Ulmer/Casper* § 7 Rn. 10 ff.
[115] Dazu Lutter/Hommelhoff/*Bayer* § 7 Rn. 22 m. w. N.; *Henze* DB 2001, 1469.
[116] BGH NZG 2005, 180; BGH NJW 1991, 1294.
[117] BGH NJW 1991, 226; BGH NJW 1991, 1294.
[118] Siehe unten → Rn. 55 ff.
[119] Römermann/Wachter/*Wachter* S. 5, 9.
[120] Siehe unten → Rn. 145 f.
[121] Lutter/Hommelhoff/*Bayer* § 7 Rn. 11.
[122] Die GmbH ist insoweit bereits im Gründungsstadium selber „kontofähig", vgl. BGHZ 45, 347 = NJW 1966, 1311, 1313.
[123] Lutter/Hommelhoff/*Bayer* § 7 Rn. 11.
[124] BGHZ 28, 77 = NJW 1958, 1351.
[125] OLG Köln ZIP 1984, 176.
[126] BGH WM 1992, 1433. Anderes gilt gegebenenfalls dann, wenn der Zahlungsbetrag unversehrt auf die Vorgesellschaft übergeht, BGH NZG 2004, 618 f.; Lutter/Hommelhoff/*Bayer* § 7 Rn. 14.

bb) Sacheinlage. Sacheinlagen sind die im Gründungsprotokoll bzw. im Kapitalerhö- **45** hungsbeschluss und in der Satzung festgesetzten Leistungen, die nicht auf Barleistungen bezogen sind. Als Sacheinlage kommen nur verkehrsfähige Gegenstände mit einem feststellbaren wirtschaftlichen Wert in Betracht.[127] Bei obligatorischen Nutzungsrechten ist dies der Fall, wenn ihre Nutzungsdauer in Form einer festen Laufzeit oder einer konkret bestimmten Mindestdauer besteht.[128] **Die Gegenstände sind entsprechend den jeweiligen sachenrechtlichen Vorschriften auf die (Vor-)GmbH zu übertragen**, also z. B. bei Forderungen im Wege der Abtretung (§ 398 BGB), bei Urheberrechten durch Einräumung einer Lizenz (§§ 31 ff. UrhG), bei beweglichen Sachen durch Übereignung (§§ 929 ff. BGB). Bei Immobilien genügt nach h. M.[129] die Auflassung (§ 925 BGB) in Verbindung mit der Eintragungsbewilligung (§§ 19, 20 GBO) und der Stellung des Eintragungsantrags (§ 13 GBO) bzw. in Verbindung mit einer im Grundbuch eingetragenen Eigentumsvormerkung (§ 883 BGB) zugunsten der (Vor-)GmbH.[130] Die Eintragung des Eigentumsübergangs im Grundbuch soll nicht erforderlich sein, da dies wegen der Dauer des grundbuchlichen Eintragungsverfahrens zu unangemessenen Ergebnissen führe.[131] Nach a. A. wird betont, dass dies mit dem Grundsatz der freien Verfügbarkeit von Einlageleistungen kollidiere.[132] Der h. M. ist aus praktischen Erwägungen zuzustimmen, da auch nach dieser sichergestellt ist, dass das rechtliche Eigentum auf die GmbH übergeht. Diese Frage sollte zuvor mit dem zuständigen Handelsregister abgestimmt werden.

cc) Mischeinlage. Bei der Mischeinlage werden Bar- und Sacheinlage miteinander verbun- **46** den.[133] Die Mischeinlage bildet eine **rechtsgeschäftliche Einheit** und ist als solche in die Satzung aufzunehmen.

dd) Gemischte Einlage. Bei einer gemischten Einlage **übersteigt der Wert der Sachleistung** **47** **den Nennbetrag des übernommenen Geschäftsanteils.** Der Gesellschafter akzeptiert dabei nicht, dass der überschießende Wert des Vermögensgegenstandes als Kapitalrücklage gegengebucht wird. Vielmehr erhält er von der Gesellschaft eine (teilweise) Gegenleistung, beispielsweise in Form eines Darlehens. Nach ganz h. M.[134] handelt es sich um ein einheitliches Rechtsgeschäft, für das als Ganzes § 5 Abs. 4 GmbHG und das übrige Sachgründungsrecht Anwendung finden. Dies gilt insbesondere für die Werthaltigkeitsprüfung.[135] – Außer dem Betrag der Anrechnung auf die Stammeinlage ist auch der Betrag der neben dem Anteil gewährten Vergütung in der Satzung anzugeben; ausreichend ist dabei auch die Vereinbarung, dass der überschießende Wert dem Gesellschafter vergütet wird.[136]

e) Verdeckte Sacheinlage. Die „verdeckte" Sacheinlage ist vor dem Hintergrund des Ge- **48** bots der realen Kapitalaufbringung ein **zentrales Thema des Gesellschaftsrechts**:[137] Die Umgehung der Vorschriften über Sacheinlagen bei Gründung und Kapitalerhöhung wird vielfach angestrebt, um eine Offenlegung, Bewertung und Kontrolle durch das Registergericht

---

[127] Dazu *Henze* DB 2001, 1469, 1471.
[128] BGH NJW-RR 2004, 1341.
[129] Ulmer/Habersack/Löbbe/*Ulmer/Casper* § 7 Rn. 51; Baumbach/Hueck/*Fastrich* § 7 Rn. 14; Lutter/Hommelhoff/*Bayer* § 7 Rn. 17.
[130] Die GmbH ist bereits vor ihrer Eintragung für Zwecke der Kapitalaufbringung grundbuchfähig, vgl. BGHZ 45, 347, 348 = NJW 1966, 1311, 1313.
[131] Zum Ganzen Lutter/Hommelhoff/*Bayer* § 7 Rn. 17 m. w. N.
[132] Scholz/*Veil* § 7 Rn. 43.
[133] Baumbach/Hueck/*Fastrich* § 5 Rn. 20.
[134] Baumbach/Hueck/*Fastrich* § 5 Rn. 20 unter Hinweis auf RGZ 159, 326 f.
[135] Dabei ist die gemischte Sacheinlage als Ganzes zu berücksichtigen, Baumbach/Hueck/*Fastrich* § 5 Rn. 20.
[136] Baumbach/Hueck/*Fastrich* § 5 Rn. 20.
[137] Die Literatur zu diesem Thema ist unermesslich, die Judikatur ist umfangreich. Übersichtlich Lutter/Hommelhoff/*Bayer* § 19 Rn. 54 ff.; Baumbach/Hueck/*Fastrich* § 19 Rn. 45 ff.; Scholz/*Veil* § 19 Rn. 116 ff.; *Döllerer* S. 173 ff.; *Neumann* S. 573 ff.; *K. Schmidt* Gesellschaftsrecht, S. 1122 ff.; *Wochinger* S. 491 ff.; jeweils m. w. N. Siehe auch BGHZ 110, 47 = NJW 1990, 982; OLG Köln GmbHR 1999, 663; *Maier-Reimer/Wenzel* ZIP 2008, 1449 ff.; *Heinze* GmbHR 2008, 1065.

zu vermeiden.[138] Hinzu kommt der Versuch, Prüfungs- und Registerkosten zu vermeiden und die Differenzhaftung des § 9 GmbHG[139] zu umgehen.

Es geht bei der verdeckten Sacheinlage regelmäßig darum, der GmbH im Rahmen einer Bargründung bzw. -kapitalerhöhung Barmittel zur Verfügung zu stellen, die die Gesellschaft zum Erwerb von sacheinlagefähigen Gegenständen des Gesellschafters oder einer diesem nahe stehenden Person verwendet. Dies stellt insoweit eine Gesetzesumgehung dar, als bei einer direkten Sacheinlage die Prüfungsvorschriften der §§ 9c Abs. 1 Satz 2, 57a GmbHG und die übrigen Vorschriften bei Sacheinlagen zur Anwendung kämen. Die Rechtsprechung zur verdeckten Sacheinlage begegnete dieser Gesetzesumgehung früher mit drastischen Rechtsfolgen, die in der Praxis zu Unsicherheiten führte und ganz überwiegend kritisiert wurden.[140]

48a Der **Tatbestand** der verdeckten Sacheinlage ist in § 19 Abs. 4 Satz 1 Hs. 1 GmbHG legal definiert.[141] Demnach ist eine verdeckte Sacheinlage gegeben, wenn eine Geldeinlage eines Gesellschafters bei wirtschaftlicher Betrachtung und aufgrund einer im Zusammenhang mit der Übernahme der Geldeinlage getroffenen Abrede vollständig oder teilweise als Sacheinlage zu bewerten ist. Der durch das MoMiG geänderte Gesetzestext orientiert sich an den von der Rechtsprechung entwickelten Voraussetzungen,[142] die auch in der Literatur weitgehend anerkannt sind.[143] Zu einer inhaltlichen Änderung hat die Gesetzesnovellierung insoweit nicht geführt.[144] Auch die Grundsätze zur Beweislast sind gleich geblieben.[145] Demnach liegt eine tatsächliche Vermutung für das Vorliegen solcher Abreden und daher eine Beweislastumkehr zu Lasten des betreffenden Gesellschafters vor, wenn ein objektiv sachlicher und zeitlicher Zusammenhang zwischen der Begründung oder Erfüllung der Bareinlagenpflicht und dem gegenläufigen Verkehrsgeschäft zu bejahen ist.[146] Für den zeitlichen Zusammenhang wird in der Regel eine Frist von etwa 6 Monaten anzusetzen sein,[147] die bei 8 Monaten bereits überschritten sein dürfte.[148] Der beweispflichtige Gesellschafter wird die Vermutung regelmäßig nur bei einem eindeutigen Verkehrsgeschäft widerlegen können.[149]

Die Grundsätze der verdeckten Sacheinlage finden jedoch nur bei sacheinlagefähigen Leistungen Anwendungen.[150] Der BGH hat nach der Gesetzesänderung durch das MoMiG klargestellt, dass Dienstleistungen[151] oder auch eine künftige Regressforderung eines Bürgen[152] mangels Umgehung der Sacheinlagevorschriften keine verdeckten Sacheinlagen darstellen können.[153]

49 Die **Rechtsfolgen einer verdeckten Sacheinlage** wurden durch das MoMiG neu bestimmt. Nach der Rechtsprechung zu § 19 Abs. 5 GmbHG a. F. hatte die in das Gesellschaftsvermögen geleistete Einlage **keine Erfüllungswirkung;**[154] auch waren die Verträge über die Sach-

---

[138] Lutter/Hommelhoff/*Bayer* § 19 Rn. 54.
[139] Dazu unten → Rn. 79.
[140] Siehe nur *Heidenhain* GmbHR 2006, 455 ff.; *Veil* ZIP 2007, 1241 jeweils m. w. N.
[141] Auch für Altfälle (vor dem 1.11.2008) gilt § 19 Abs. 4 GmbHG n. F., soweit für diese zum Übergangszeitpunkt kein wirksamer Vergleich und kein rechtskräftiges Urteil vorlag, § 3 Abs. 4 EGGmbHG.
[142] Vgl. hierzu etwa BGH GmbHR 2003, 1052; BGH GmbHR 2003, 231; BGH GmbHR 2008, 483.
[143] Vgl. nur Baumbach/Hueck/*Fastrich* § 19 Rn. 49 f.; Lutter/Hommelhoff/*Bayer* § 19 Rn. 58 ff.
[144] So auch *Wachter* DStR 2010, 1240, 1243; *Maier-Reimer/Wenzel* ZIP 2008, 1449, 1450; *Römermann/Wachter/Bormann/Urlichs*, S. 37, 39; *Heinze* GmbHR 2008, 1064, 1065.
[145] Lutter/Hommelhoff/*Bayer* § 19 Rn. 63.
[146] Ständige Rspr. BGHZ 125, 141, 143 f. = NJW 1994, 1477; BGHZ 132, 133, 139 = NJW 1996, 1286, 1288; BGHZ 153, 107 = NJW 2003, 825; auch nach dem MoMiG, vgl. z. B. BGHZ 185, 44, 49 f. – AdCoCom; hierzu auch *Kleindiek* ZGR 2011, 334; Baumbach/Hueck/*Fastrich* § 19 Rn. 49.
[147] Vgl. BGHZ 132, 141, 146 = NJW 1996, 1473, 1475; OLG Köln ZIP 1999, 400.
[148] Vgl. BGHZ 152, 37, 45 = NJW 2002, 3774, 3777; Baumbach/Hueck/*Fastrich* § 19 Rn. 49.
[149] Lutter/Hommelhoff/*Bayer* § 19 Rn. 63.
[150] Hierzu Baumbach/Hueck/*Fastrich* § 19 Rn. 49.
[151] BGHZ 180, 38 = GmbHR 2009, 540 – Qivive; nachfolgend BGHZ 184, 158 = NJW 2010, 1747 – Eurobike; dazu auch *Wachter* DStR 2010, 1240, 1244; *Pentz*, GmbHR 2009, 505.
[152] BGH NZG 2011, 667, 668.
[153] Diese Fälle können aber nach § 19 Abs. 5 GmbHG zu behandeln sein, vgl. Lutter/Hommelhoff/*Bayer* § 19 Rn. 59, 128.
[154] BGHZ 125, 141, 149 ff. = NJW 1994, 1477, 1479; BGH ZIP 2003, 1540 ff.; siehe auch OLG Hamburg ZIP 1988, 372.

einlage und die Rechtshandlungen zu ihrer Ausführung unwirksam.[155] Dies führte in der Insolvenz der GmbH praktisch zu einer doppelten Inanspruchnahme des betreffenden Gesellschafters, da sein Gegenanspruch eine einfache Insolvenzanforderung war, sofern nicht der Gegenstand der fehlgeschlagenen Leistung bei der GmbH noch vorhanden war und gemäß § 985 BGB i. V. m. § 47 InsO herausverlangt werden konnte.[156]

Die Rechtsfolgen wurden durch das MoMiG auf eine **Anrechnungslösung** umgestellt. Danach befreit die verdeckte Sacheinlage den Gesellschafter zwar weiterhin nicht von seiner Einlagepflicht; anders als nach der früheren Rechtsprechung sind jedoch die Verträge über die Sacheinlage und die Rechtshandlungen zu ihrer Ausführung nicht unwirksam, § 19 Abs. 4 Satz 2 GmbHG. Auf die fortbestehende Geldeinlagepflicht des Gesellschafters wird der Wert des Vermögensgegenstandes im Zeitpunkt der Anmeldung der Gesellschaft zur Eintragung in das Handelsregister oder einer eventuellen späteren Überlassung des Gegenstandes an die Gesellschaft angerechnet, § 19 Abs. 4 Satz 3 GmbHG. Die Anrechnung bedarf keiner Willenserklärung der Parteien; die Bareinlagepflicht des Gesellschafters vermindert sich um den Wert des im Zuge der verdeckten Sacheinlage überlassenen Vermögensgegenstandes automatisch.[157] Die Beweislast für die Werthaltigkeit des Vermögensgegenstandes trägt der Gesellschafter, § 19 Abs. 4 Satz 5 GmbHG. Die Anrechnung des Wertes der Sacheinlage erfolgt allerdings nicht vor Eintragung der Gesellschaft in das Handelsregister. Dies ist insbesondere für die von den Geschäftsführern bei der Anmeldung abzugebenden Erklärungen bzw. Versicherungen zu beachten.[158] Bei einer verdeckten gemischten Sacheinlage gelten die Rechtsfolgen der verdeckten Sacheinlage für das gesamte Rechtsgeschäft.[159] Dies gilt aber nicht bei einer verdeckten Mischeinlage.[160]

50

> **Praxistipp:**
> Der anwaltliche Berater tut auch nach der Entschärfung der Rechtsfolgen gut daran, auf eine sorgfältige Einhaltung dieser Vorschriften zu achten, damit die Gesellschafter nicht aus Unachtsamkeit oder um eines vermeintlichen Vorteils willen beispielsweise durch die ihm obliegende Beweislast betreffend die Werthaltigkeit des Vermögensgegenstandes im Rahmen der Anrechnung Nachteile erleidet und der Geschäftsführer nicht Gefahr läuft, sich infolge einer fehlerhaften Geschäftsführerversicherung im Rahmen der Anmeldung beim Handelsregister strafbar zu machen, § 82 Abs. 1 Nr. 1 GmbHG.[161]

Die **Judikatur** zur verdeckten Sacheinlage ist umfänglich und zeigt, welche Gestaltungen bewusst oder unbewusst vorgenommen wurden,[162] um die Vorschriften zur Erbringung von Sacheinlagen zu umgehen. Hierzu die folgenden **Beispiele**:

- In einem Hauptfall der verdeckten Sacheinlage wird der als Bareinlage geschuldete Betrag unter Vermeidung einer förmlichen Auf- oder Verrechnung zunächst eingezahlt und danach umgehend **als Vergütung für einen an die Gesellschaft veräußerten Vermögenswert** oder auch **zur Tilgung einer bestehenden Forderung, zum Beispiel einer Darlehens- oder Mietzinsforderung, an den Gesellschafter zurückgezahlt**.[163] Es handelt sich um eine verdeckte Sacheinlage, da die Gesellschaft bei wirtschaftlicher Betrachtung anstelle des im Kapitalerhöhungsbeschluss verlautbarten neuen liquiden Barkapitals lediglich ein sach-

51

---

[155] BGHZ 155, 329, 339 ff. = ZIP 2003, 1540.
[156] Roth/Altmeppen/*Roth*, 5. Auflage § 19 Rn. 60.
[157] Vgl. Römermann/Wachter/*Bormann/Urlichs* S. 37, 39.
[158] Siehe hierzu unter → Rn. 145 ff.
[159] BGHZ 185, 44 – AdCoCom; hierzu auch *Kleindiek* ZGR 2011, 334.
[160] Lutter/Hommelhoff/*Bayer* § 19 Rn. 93.
[161] Bei einer Kapitalerhöhung ergibt sich die Strafbarkeit aus § 82 Abs. 1 Nr. 3 GmbHG.
[162] Eine Umgehungsabsicht ist nach allgemeiner Meinung nicht erforderlich. Insofern ist es für die Anwendung der Vorschriften über die verdeckte Sacheinlage unerheblich, ob die Beteiligten bewusst oder unbewusst handeln, vgl. nur BGHZ 175, 265 – Rheinmöve.
[163] BGHZ 28, 314 = NJW 1959, 383 f.

einlagefähiges Surrogat in Form eines Vermögensgegenstandes oder der Befreiung von einer Verbindlichkeit gegenüber ihrem Gesellschafter, d. h. einer Forderung, erhält. Hierbei ist nicht Voraussetzung, dass der Einlageschuldner und der Gläubiger der getilgten Forderung identisch sind. So kann auch bei der Zwischenschaltung von Familienmitgliedern eine verdeckte Sacheinlage vorliegen, zum Beispiel bei einer von der Mutter für den Einlageschuldner geleisteten Einlage, wenn der Betrag sofort zur Erfüllung einer ihr zustehenden Darlehensforderung an sie zurückgezahlt wird.[164] Gleiches gilt, wenn die Verträge über die Sacheinlage mit einem von dem betreffenden Gesellschafter abhängigen Unternehmen abgeschlossen werden.[165]

52 • Eine verdeckte Sacheinlage ist auch im umgekehrten Fall möglich, **in dem die Mittel für die Einzahlung erst durch ein entsprechendes Geschäft mit der Gesellschaft beschafft** werden.[166] So handelt es sich zum Beispiel um eine verdeckte Sacheinlage, wenn der Gesellschaft nach Abschluss des Gesellschaftsvertrages durch den Einlageschuldner Lizenzen für die Herstellung und Vermarktung eines Produktes eingeräumt werden, um aus der Vergütung für die Lizenzeinräumung die Bareinlage zu erbringen. Auch hier erhält die Gesellschaft bei wirtschaftlicher Betrachtung anstelle des Barkapitals lediglich ein sacheinlagefähiges Surrogat in Form der Befreiung von einer Verbindlichkeit gegenüber ihrem Gesellschafter. Es handelt sich hierbei sogar dann um eine verdeckte Sacheinlage, wenn der Wert der vorgesehenen Sachleistung den Betrag der übernommenen Einlage überschreitet. Auch in diesem Fall einer gemischten Sacheinlage[167] handelt es sich um ein einheitliches Rechtsgeschäft in Form einer verdeckten Sacheinlage.[168]

53 • Eine verdeckte Sacheinlage kann auch die **Verrechnung** der Einlageforderung mit einer dem Gesellschafter zum Zeitpunkt der Begründung der Einlageschuld bestehenden Forderung (Altforderung) darstellen; dies gilt zum Beispiel für die Verrechnung mit einer Darlehensforderung,[169] einer Mietzinsforderung[170] oder sonstigen Forderung.[171] Ebenso ist die Rechtslage bei der Verrechnung mit einer zum Zeitpunkt der Kapitalerhöhung noch nicht bestehenden Forderung (Neuforderung), zum Beispiel einem Anspruch auf Auszahlung künftiger Gewinne oder einer künftigen Gehaltsforderung eines Gesellschafter-Geschäftsführers. Die Verrechnung einer solchen Neuforderung mit der Einlageforderung ist zumindest dann eine verdeckte Sacheinlage, wenn die Entstehung der Forderung zu diesem Zeitpunkt absehbar war und die Beteiligten bereits hier eine entsprechende Vorabsprache getroffen haben.[172] Auch in diesem Fall fehlt es an einer tatsächlichen Leistung der zugesagten Bareinlage.[173]

54 In Fallkonstellationen, in denen eine verdeckte Sacheinlage zutage getreten ist und die Gesellschaft sich nicht in der Insolvenz befindet, stellte sich in der Vergangenheit die in der Literatur und Rechtsprechung vielfach diskutierte Frage nach der **Möglichkeit der Heilung**.[174] Der BGH hatte schließlich die Möglichkeit einer Heilung **durch Änderung der Satzung** anerkannt.[175] Durch die Anrechnungslösung bedarf es einer solchen Heilung der verdeckten Sacheinlage durch Umwandlung der Bareinlage in eine Sacheinlage allerdings nicht mehr.[176]

---

[164] BGHZ 113, 335, 346 = NJW 1991, 1754, 1756; BGHZ 125, 141, 144 = NJW 1994, 1477; BGH DB 2001, 2437; auch BGHZ 110, 47 = NJW 1990, 982.
[165] BGHZ 166, 8 = ZIP 2006, 665; BGH ZIP 2007, 178.
[166] BGHZ 113, 335, 345 = NJW 1991, 1754, 1756; Baumbach/Hueck/*Fastrich* § 5 Rn. 46.
[167] Siehe oben → Rn. 47 „gemischte Sacheinlage".
[168] BGH NJW 1998, 1951, 1952.
[169] BGHZ 110, 47, 49 = NJW 1990, 982; BGHZ 125, 141, 142 = NJW 1994, 1477.
[170] BGHZ 153, 107 = NJW 2003, 825.
[171] Vgl. Lutter/Hommelhoff/*Bayer* § 19 Rn. 66.
[172] BGHZ 132, 141, 145 ff. = NJW 1996, 1473, 1474; BGHZ 152, 37 ff. = NJW 2002, 3774.
[173] BGHZ 132, 141, 145 = NJW 1996, 1473, 1474.
[174] Vgl. hierzu Baumbach/Hueck/*Fastrich* § 19 Rn. 66 ff. m. w. N.
[175] BGHZ 132, 141 = NJW 1996, 1473; Baumbach/Hueck/*Fastrich* § 19 Rn. 66; Lutter/Hommelhoff/*Bayer* § 19 Rn. 95 ff., jeweils m. w. N.; ausf. *Lutter* Anm. zu BGH JZ 1996, 908; *Priester* ZIP 1996, 1025 f.
[176] So auch *Wälzholz* GmbHR 2008, 841, 845.

f) Hin- und Herzahlen. Die verdeckte Sacheinlage ist zu unterscheiden von den Fallkonstellationen des bloßen Hin- und Herzahlens der Bareinlage ohne Nettozufluss bei der Gesellschaft, zum Beispiel wenn die von dem Gesellschafter einer Bareinlage erbrachten Mittel dem Gesellschafter oder einem mit ihm verbundenen Unternehmen als Darlehen zurückgewährt werden. 55

Der BGH sah in seiner Rechtsprechung zum alten Recht solche Zahlungsvorgänge, in denen die als Einlage eingezahlten Barmittel entsprechend einer von vornherein getroffenen Absprache oder bestehenden Planung des Gesellschafters als Darlehen zurückgewährt werden, als schlichte Nichtzahlung an.[177] Er beurteilte die Vorgehensweise als unzulässig, da es an einer freien Verfügung des Gesellschafters über die eingelegten Mittel fehlt; die Fälle subsumierte er jedoch nicht unter den Tatbestand der verdeckten Sacheinlage.[178] Wenn der Gesellschafter zu einem späteren Zeitpunkt die vermeintliche Darlehensforderung tilgt, sollte darin nach Ansicht des BGH mangels Vorliegens einer solchen Darlehensforderung die Tilgung einer fortbestehenden Einlagenschuld liegen, auch wenn die Forderung in der Tilgungsbestimmung irrtümlich als „Darlehensschuld" bezeichnet wurde.[179] 56

Durch das MoMiG wurden die Fälle des Hin- und Herzahlens in § 19 Abs. 5 GmbHG inhaltlich neu geregelt und werden unter bestimmten Voraussetzungen als mit den Kapitalaufbringungsregeln vereinbar angesehen.[180] Demnach steht eine vor der Einlage getroffene Vereinbarung einer Leistung an den Gesellschafter, die wirtschaftlich der Rückzahlung einer Einlage entspricht, der Befreiung des Gesellschafters von seiner Einlageverpflichtung nicht entgegen, wenn die folgenden Anforderungen erfüllt sind: (1) Die Leistung muss zunächst durch eine vollwertige Rückgewähranspruch gedeckt sein. Die Vorschrift stellt somit wie im Bereich der Kapitalerhaltung (§ 30 GmbHG) auf eine bilanzielle Betrachtungsweise ab. Eine geringfügige Wertminderung ist allerdings schon schädlich und steht einer wirksamen Kapitalaufbringung entgegen.[181] Die Beweislast für die Vollwertigkeit obliegt dem Gesellschafter.[182] Der maßgebliche Zeitpunkt der Beurteilung der Vollwertigkeit ist die Mittelausreichung an den Gesellschafter.[183] Eine nachträgliche Abwertung steht der Erfüllungswirkung nicht entgegen.[184] (2) Voraussetzung ist ferner, dass der Rückgewähranspruch jederzeit fällig ist oder jederzeit durch fristlose Kündigung seitens der Gesellschaft fällig gestellt werden kann.[185] (3) Letztlich darf der Vorgang nicht als verdeckte Sacheinlage im Sinne von § 19 Abs. 4 GmbHG zu beurteilen sein. Die Grundsätze des Hin- und Herzahlen sind somit gegenüber den Vorschriften zur verdeckten Sacheinlage subsidiär.[186] Die Abgrenzung zwischen einer verdeckten Sacheinlage und einem Hin- und Herzahlen ist allerdings nicht unproblematisch.[187] 57

Die Geschäftsführer haben die erbrachte Leitung an den Gesellschafter bzw. die Vereinbarung in der Handelsregisteranmeldung anzugeben, § 19 Abs. 5 Satz 2 GmbHG.[188] Der ordnungsgemäßen Anmeldung kommt dabei konstitutive Wirkung zu, sodass bei der fehlenden Offenlegung keine Erfüllungswirkung eintritt.[189] Sind die Voraussetzungen des § 19 Abs. 5 GmbHG erfüllt, ist somit durch die Einlagenzahlung trotz der zuvor abgesprochenen Darlehensgewährung die Einlagenschuld getilgt. Soweit jedoch eine Darlehensgewährung vorliegt, die nicht den Voraussetzungen des § 19 Abs. 5 GmbHG entspricht, bleibt es bei der

---

[177] BGHZ 165, 113 = NJW 2006, 509; BGH ZIP 2006, 331.
[178] So aber das OLG Schleswig ZIP 2000, 1833; ZIP 2004, 1358; ZIP 2005, 1827; zur fast einhelligen Kritik siehe nur OLG Hamburg GmbHR 2005, 164; *Bayer* GmbHR 2004, 445, 452; *Emde* GmbHR 2005, 361.
[179] Kritisch hierzu *K. Schmidt* ZIP 2008, 481, 488; *Maier-Reimer/Wenzel* ZIP 2008, 1449, 1453.
[180] Auch für Altfälle (vor dem 1.11.2008) gilt § 19 Abs. 5 GmbHG n. F., soweit für diese zum Übergangszeitpunkt kein wirksamer Vergleich und kein rechtskräftiges Urteil vorlag, § 3 Abs. 4 EGGmbHG.
[181] Vgl. *Wälzholz* GmbHR 2008, 841, 845.
[182] BGHZ 182, 103, 111 – Cash-Pool II; *Gehrlein* Der Konzern 2007, 771, 781.
[183] *Gehrlein* Der Konzern 2007, 771, 781.
[184] *Römermann/Wachter/Bormann/Urlichs*, S. 37, 43.
[185] Vgl. hierzu *Ulmer* ZIP 2008, 45, 54.
[186] Lutter/Hommelhoff/*Bayer* § 19 Rn. 105.
[187] Vgl. *Drygala* NZG 2007, 564; *Wicke* § 19 Rn. 33.
[188] Dazu Lutter/Hommelhoff/*Bayer* § 19 Rn. 112.
[189] BGHZ 180, 38 – Qivive; BGHZ 182, 103 – Cash-Pool II; *Wachter* DStR 2010, 1240, 1242.

Rechtsprechung zum alten Recht.[190] Durch Rückzahlung des Darlehens kann dann aber die Tilgung der Einlagenschuld herbeigeführt werden.

58   Die Fälle des Hin- und Herzahlens können insbesondere bei der Kapitalaufbringung im Cash Pool[191] auftreten, wenn zum Zeitpunkt der Einlagenzahlung das Saldo der Gesellschaft positiv ist und die Einlage in den Cash Pool eingebracht wird.[192] Ist hingegen das Saldo der Gesellschaft zum Zeitpunkt der Einlagenzahlung negativ, führt das Einbringen der Einlage in den Cash Pool zu einer Tilgung bereits bestehender Darlehensverbindlichkeiten der Gesellschaft gegenüber dem Gesellschafter oder der Cash Pool-Gesellschaft. Diese Fälle müssen daher wiederum nach den Grundsätzen der verdeckten Sacheinlage beurteilt werden.[193] Weiter treten Fallkonstellationen des Hin- und Herzahlens vermehrt auch bei Vorratsgesellschaften auf.[194]

59   g) Ein-Personen-GmbH. Von einer Ein-Personen-GmbH spricht man, wenn das gesamte Stammkapital von einer Person[195] übernommen wird. Da – anders als bei der Mehr-Personen-GmbH – eine Solidarhaftung der Mitgesellschafter für die Aufbringung der Stammeinlagen (§ 24 GmbHG) nicht besteht, wurden früher strengere Maßstäbe an die Kapitalaufbringung angelegt: Hier war vor der Anmeldung der GmbH zum Handelsregister entweder die gesamte Stammeinlage zu erbringen oder – im Falle der Bareinlage für die ausstehende Resteinlage eine Sicherung zu bestellen. Nach geltendem Recht sind derartige Sicherheitsleistungen bei der Ein-Personen-GmbH nicht mehr erforderlich. Die Anforderungen an die Kapitalaufbringung für die Ein-Personen-GmbH und die Mehr-Personen-GmbH sind identisch. Es genügt somit auch bei der Ein-Personen-GmbH die Hälfte des Stammkapitals einzuzahlen, ohne eine Sicherheit für den übrigen Teil der Einlageverpflichtung zu bestellen.

60   h) Nutzung einer Vorrats-GmbH/Mantelkauf. Unter einer **Vorratsgründung** versteht man die Gründung einer **GmbH, deren Verwendung und Geschäftstätigkeit zum Zeitpunkt der Gründung noch nicht feststeht,** sondern erst später festgelegt wird. Der Vorteil einer Vorratsgründung liegt in der Möglichkeit, bei Bedarf sofort über eine eingetragene Kapitalgesellschaft für jeden beliebigen anderen Zweck verfügen zu können und dadurch die mit der Neugründung verbundenen Formalitäten und zeitlichen Verzögerungen zu vermeiden. – Mit ähnlicher Zielsetzung werden vielfach auch inaktive **Mantel-GmbHs, die keinen Geschäftsbetrieb mehr unterhalten,** genutzt.

61   aa) *Zulässigkeit von Vorratsgründungen*. Vorrats-GmbHs sind wegen des erheblichen praktischen Bedürfnisses an Vorratsgründungen mittlerweile auch vom BGH als grundsätzlich zulässig anerkannt.[196] Erforderlich ist jedoch, dass bei Gründung der Gesellschaft deren Charakter als Vorratsgründung offengelegt und der Unternehmensgegenstand mit der Verwaltung der Einlagen oder des eigenen Vermögens angegeben wird.[197]

62   bb) *Gründung von Vorrats-GmbHs*. Üblicherweise werden Vorratsgesellschaften im Auftrag eines Rechtsanwalts oder Notars gegründet, der beabsichtigt, den gegründeten Mantel später an einen Mandanten zu verkaufen. Bei Gründung wird das Stammkapital regelmäßig in voller Höhe eingezahlt. Nach Gründung gewährt die GmbH oftmals einem Dritten ein Darlehen in Höhe ihres Stammkapitals. Kurz vor Verkauf der Gesellschaft zahlt der Darle-

---

[190] So ausdrücklich BegrRegE MoMiG BR-Drucks. 354/07, S. 78.
[191] Die gesetzlichen Kapitalaufbringungsvorschriften sind auch beim Cash-Pooling zu beachten, vgl. z.B. BGHZ 166, 8 – Cash-Pool.
[192] BGHZ 182, 103 – Cash-Pool II; *Maier-Reimer/Wenzel* ZIP 2008, 1449, 1454; *Herrler* DB 2008, 2347.
[193] BGHZ 182, 103 – Cash-Pool II; dazu auch Lutter/Hommelhoff/*Bayer* § 19 Rn. 130.
[194] Vgl. nur OLG Schleswig ZIP 2000, 1833; siehe hierzu auch unten → Rn. 62.
[195] Auch eine Gesellschaft bürgerlichen Rechts kann eine Ein-Personen-GmbH gründen, vgl. hierzu *K. Schmidt* Gesellschaftsrecht S. 1247; Baumbach/Hueck/*Fastrich* § 1 Rn. 33.
[196] BGH GmbHR 2003, 227; vgl. die Entscheidung zur Vorrats-AG BGHZ 117, 323 ff. = NJW 1992, 1824; siehe auch BayObLG GmbHR 1999, 607.
[197] So auch Lutter/Hommelhoff/*Bayer* § 3 Rn. 9 m. w. N. Hingegen ist eine verdeckte Vorratsgründung, bei der ein lediglich fiktiver Unternehmensgegenstand angegeben wird, der nicht in absehbarer Zeit verwirklicht werden soll, nichtig, § 117 BGB.

hensschuldner das gewährte Darlehen nebst Zinsen zurück, so dass bei dem Verkauf der GmbH das ursprüngliche Stammkapital wieder hergestellt ist. Gegen diese Praxis bestanden in der Vergangenheit teilweise Bedenken.[198] Letztlich handelt es sich hier jedoch lediglich um einen klassischen Fall des in § 19 Abs. 5 GmbHG geregelten Hin- und Herzahlens. Ein solches Vorgehen ist daher nur dann unzulässig, wenn die Leistung nicht durch einen vollwertigen Anspruch gedeckt ist oder der Rückgewähranspruch nicht jederzeit fällig oder durch fristlose Kündigung seitens der Gesellschaft fällig gestellt werden kann.[199]

cc) Verwendung von Vorrats- und Mantelgesellschaften. Die anschließende Verwendung einer im Wege der Vorratsgründung geschaffenen GmbH wird als **wirtschaftliche Neugründung** angesehen, da die GmbH erstmals mit einem Unternehmen ausgestattet und erstmals der Geschäftsbetrieb aufgenommen wird. Daher ist sie auch nur bei entsprechender Anwendung der der Gewährleistung der Kapitalausstattung dienenden Gründungsvorschriften des GmbHG einschließlich der registerrechtlichen Kontrolle zulässig.[200] Gerade bei der späteren Verwendung einer Vorrats-GmbH kann das Stammkapital der Gesellschaft zum Zeitpunkt der Aufnahme des Geschäftsbetriebs bereits vermindert sein. Vor diesem Hintergrund sind bei der Verwendung einer Vorrats-GmbH die **gesetzlichen Vorschriften zur Kapitalaufbringung auch im Zeitpunkt der Aufnahme des Geschäftsbetriebs** analog anzuwenden.[201] Dies bedeutet konkret, dass die Geschäftsführer nicht nur die gemäß § 54 GmbHG eintragungspflichtigen Satzungsänderungen, zum Beispiel die Änderung des Unternehmensgegenstandes, die Neufassung der Firma oder auch die Änderung der Vertretungsregelungen (Gesamt- oder Alleinvertretungsbefugnis) beim Handelsregister anzumelden haben. Vielmehr bedarf es zusätzlich der Offenlegung der wirtschaftlichen Neugründung sowie der Versicherung der Geschäftsführer, dass die in § 7 Abs. 2 und 3 GmbHG bezeichneten Leistungen im Anmeldezeitpunkt erbracht sind und sich in ihrer freien Verfügung befinden.[202] Insbesondere ist zu beachten, dass sich hierbei die Höhe des aufzubringenden Kapitals an dem satzungsmäßigen Stammkapital und nicht an dem Mindestkapital zu orientieren hat.[203] Von dem aufzubringenden Stammkapital sind die von der GmbH satzungsgemäß zu tragenden Gründungskosten[204] abzuziehen. Die wirtschaftliche Neugründung bedarf lediglich der Offenlegung und daher – anders als eintragungspflichtige Vorgänge (wie z.B. die Gesellschaftsgründung oder eine Satzungsänderung) – keiner Eintragung in das Handelsregister.[205]

Unterbleibt die Offenlegung der wirtschaftlichen Neugründung, haften die Gesellschafter im Umfang einer Unterbilanz, die in dem Zeitpunkt besteht, zu dem die wirtschaftliche Neugründung entweder durch die Anmeldung der Satzungsänderung oder durch die Aufnahme der wirtschaftlichen Tätigkeit erstmals nach außen in Erscheinung tritt (**modifizierte Unterbilanzhaftung**).[206] Die Gesellschafter tragen die Darlegungs- und Beweislast dafür, dass in dem Zeitpunkt, zu dem die wirtschaftliche Neugründung nach außen in Erscheinung getreten ist, keine Differenz zwischen dem satzungsmäßigen Stammkapital und dem Wert des Gesellschaftsvermögens bestanden hat.[207] Um solche Haftungsgefahren zu vermeiden, sollte die wirtschaftliche Neugründung daher unbedingt gegenüber dem Handelsregister offengelegt werden. Dies kann bspw. in der Handelsregisteranmeldung der bei dem Erwerb einer Vorratsgesellschaft regelmäßig einhergehenden Satzungsänderung erfolgen.

---

[198] Vgl. OLG Schleswig GmbHR 2000, 1045, das hierin eine unzulässige verdeckte Sacheinlage sah; dagegen *Emde* GmbHR 2000, 1193.
[199] Vgl. hierzu oben → Rn. 57.
[200] BGHZ 192, 341 = NJW 2012, 1875; BGH NJW 2003, 892; vgl. auch betreffend die Vorrats-AG BGHZ 117, 323, 330 = NJW 1992, 1824, 1826.
[201] BGH NJW 2003, 892; vgl. auch betreffend die Vorrats-AG BGHZ 117, 323, 330 = NJW 1992, 1824, 1826.
[202] BGHZ 192, 341, 347.
[203] BGHZ 155, 318 = NZG 2003, 972, 974; BGHZ 192, 341, 345 f.; OLG Frankfurt GmbHR 1999, 32; Baumbach/Hueck/*Fastrich* § 3 Rn. 13 m.w.N.
[204] Zu den Voraussetzungen der Tragung von Gründungskosten durch die GmbH vgl. → § 3 Rn. 135 ff.
[205] BGHZ 192, 341, 348.
[206] BGHZ 192, 341; ausführlich Baumbach/Hueck/*Fastrich* § 3 Rn. 13 ff.; auch Lutter/Hommelhoff/*Bayer* § 3 Rn. 20.
[207] BGHZ 192, 341.

> **Formulierungsvorschlag:**
>
> 65 Da der Handelsregisteranmeldung der Kauf einer Vorratsgesellschaft und damit eine wirtschaftliche Neugründung zugrunde liegt, die hiermit offengelegt ist, versichern die unterzeichnenden Geschäftsführer, dass die Stammeinlage in Höhe von [......] [bar] eingezahlt wurde, das satzungsmäßige Stammkapital noch unversehrt – allenfalls geringfügig vermindert um Gründungskosten und Steuern – vorhanden ist und sich der eingezahlte Betrag weiterhin endgültig in ihrer freien Verfügung befindet.

66 Diese Grundsätze gelten allgemein bei Mantelverwendungen, also auch im Falle des sogenannten Mantelkaufs.[208] Ein **Mantelkauf** liegt vor, wenn eine bestehende, jedoch inaktive oder wirtschaftlich unrentable GmbH erworben wird, um diese für neue wirtschaftliche Aktivitäten zu nutzen. Durch ein solches Vorgehen können die Voraussetzungen einer GmbH-Neugründung, insbesondere der hiermit verbundene Zeitaufwand bis zur Eintragung, vermieden werden.[209] Auch ein Mantelkauf ist grundsätzlich zulässig,[210] stellt jedoch in der Regel ebenso eine wirtschaftliche Neugründung dar. Mit Blick auf die Kapitalaufbringung ist es kritisch zu betrachten, wenn das Stammkapital der GmbH zum Zeitpunkt des Kaufes und der zumeist zeitnah beginnenden Verwendung des Mantels durch den Käufer schon vermindert ist. Um dies zu verhindern, sind die der Gewährleistung der Kapitalausstattung dienenden Gründungsvorschriften des GmbHG einschließlich der registerrechtlichen Kontrolle auch in diesen Konstellationen analog anzuwenden.[211]

67 Das Handelsregister kann sowohl bei der Verwendung einer Vorratsgesellschaft als auch im Falle eines Mantelkaufs entsprechend die von ihm geforderte Prüfung analog § 9c GmbHG i. V. m. § 26 FamFG ebenso wie bei einer Gründungsanmeldung durchführen.[212] Mit Blick auf die Kapitalaufbringungsvorschriften und zur Vermeidung der Vorbelastungshaftung[213] kann es daher aus Sicht des Beraters gegebenenfalls empfehlenswert sein, die Erstellung einer **Zwischenbilanz zu Verkehrswerten** anzuraten.

2. Durchsetzung von Einlageforderungen/Kaduzierung

68 a) **Allgemeines.** Für die Durchsetzung von Einlageforderungen steht der Gesellschaft das **Kaduzierungsverfahren** gemäß §§ 21 ff. GmbHG zur Verfügung, dessen Regelungen nicht zugunsten der Gesellschafter abbedungen werden können, § 25 GmbHG. Im Kaduzierungsverfahren kann die Gesellschaft bei rückständigen Bareinlagen (nicht bei Sacheinlageverpflichtungen!) im Falle verzögerter Einzahlung eine **Nachfrist** setzen und damit die **Androhung des Ausschlusses** des (künftigen) Gesellschafters mit dem Geschäftsanteil, auf welchen die Zahlung zu erfolgen hat, verbinden, § 21 Abs. 1 Satz 1 GmbHG. Die Nachfrist und die damit zu verbindende **Zahlungsaufforderung** sowie die Androhung des Ausschlusses müssen durch eingeschriebenen Brief erfolgen. Die Nachfrist hat mindestens einen Monat zu betragen. Nach fruchtlosem Fristablauf kann der säumige Gesellschafter durch eingeschriebenen Brief[214] seines Geschäftsanteils einschließlich geleisteter Teilzahlungen verlustig erklärt werden. Der Anteil wird „kaduziert".

69 Neben der Kaduzierung kommt zum Zwecke der Durchsetzung von Einlageforderungen eine Einziehung (§ 34 GmbHG) bzw. eine anderweitige Ausschließung aus wichtigem Grund

---

[208] So auch BGHZ 192, 341, 344.
[209] In steuerlicher Hinsicht steht bei Altgesellschaften oftmals das Interesse im Vordergrund, steuerliche Verlustvorträge zu nutzen und mit künftigen Gewinnen zu verrechnen; siehe jedoch die Missbrauchsvermeidungsvorschriften § 8c KStG, § 10a GewStG.
[210] Vgl. BGHZ 155, 318 = NZG 2003, 972; OLG Karlsruhe DB 1978, 1219, 1220; OLG Frankfurt GmbHR 1992, 456.
[211] Vgl. BGHZ 155, 318 = NZG 2003, 972; BGHZ 117, 331 = NJW 1992, 1824, 1826; OLG Frankfurt GmbHR 1999, 33.
[212] BGH NJW 2003, 892, 893; Lutter/Hommelhoff/*Bayer* § 3 Rn. 18.
[213] Dazu unten → Rn. 80 ff.
[214] Allerdings ist es aus Nachweisgründen empfehlenswert, das Schreiben öffentlich zustellen zu lassen (Gerichtsvollzieher), zumindest jedoch mit Rückschein zu versenden.

nicht in Betracht, da insoweit die volle Einlage auf den jeweiligen Geschäftsanteil erbracht sein muss. Andernfalls bestünde ein Verstoß gegen den Grundsatz der realen Kapitalaufbringung, vgl. § 19 Abs. 2 Satz 1 GmbHG.

Wegen uneinbringlicher Einlageforderungen der GmbH haftet der ausgeschlossene Gesellschafter der Gesellschaft unbefristet, § 21 Abs. 3 GmbHG. Leistet der Ausgeschlossene nach Kaduzierung, wird er hierdurch nicht wieder zum Gesellschafter. Ansprüche gegen die GmbH oder den Erwerber seines Geschäftsanteils stehen ihm nicht zu.[215] Erbringt der (wirksam) ausgeschlossene Gesellschafter die Einlageleistung nicht, kann die Gesellschaft nach § 22 GmbHG jeden seiner **Rechtsvorgänger**, der im Verhältnis zu ihr als Inhaber des Geschäftsanteils galt, in Anspruch nehmen.[216] Ist die rückständige Einlage weder von dem ausgeschlossenen Gesellschafter noch von dessen Rechtsvorgänger zu erlangen, kann die Gesellschaft den Geschäftsanteil im Wege öffentlicher **Versteigerung** verkaufen lassen, § 23 GmbHG. Eine andere Art des Verkaufs ist nur mit Zustimmung des ausgeschlossenen Gesellschafters zulässig.

Soweit eine Einlage weder von den Zahlungspflichtigen eingezogen noch durch Anteilsverkauf gedeckt werden kann, können **die übrigen Gesellschafter anteilig** in Haftung genommen werden, § 24 GmbHG.[217]

b) Einforderung von Einlagen/Ausschluss. Praktisch stellen sich die Einforderung ausstehender Bareinlagen und das Kaduzierungsverfahren wie folgt dar:

aa) Einforderung von Einlagen. Zum Zeitpunkt der Anmeldung der Gesellschaft zum Handelsregister muss bei Bargründungen mindestens ein Viertel des Nennbetrags der Geschäftsanteile, jedoch insgesamt nicht weniger als 12.500,– EUR erbracht sein, § 7 Abs. 2 GmbHG. Auf Beschluss der Gesellschafterversammlung bzw. aus eigenem Ermessen kann die Geschäftsführung[218] die ausstehenden Bareinlagen wie folgt abrufen:

Formulierungsvorschlag:

Einschreiben bzw. Öffentliche Zustellung

Herrn/Frau [......]
[Anschrift]

Geschäftsanteil/Einlagepflicht
Im Rahmen der am [......] erfolgten Gründung unserer Gesellschaft haben Sie einen Geschäftsanteil mit einem Nennbetrag i. H. v. [...... EUR] übernommen. Auf den Geschäftsanteil haben Sie vor der Anmeldung der Gesellschaft zum Handelsregister 25% seines Nennbetrages, d. h. [...... EUR], eingezahlt.

Die ausstehenden auf den Geschäftsanteil zu leistenden Einlagen können von der Gesellschaft abgerufen werden.

Wir bitten Sie/fordern Sie auf, bis zum [angemessenen Frist] den ausstehenden Betrag ihres Geschäftsanteils i. H. v. [...... EUR]/weitere [......] % des Nennbetrages ihres Geschäftsanteils, d. h. [...... EUR],[219] an die Gesellschaft auf das unten angegebene Konto zu zahlen.

Unterschriften der Geschäftsführer

Wenn das eingeforderte Kapital nicht (fristgerecht) bei der Gesellschaft eingeht, ist an den säumigen Gesellschafter eine erneute Zahlungsaufforderung zu richten:

---

[215] Lutter/Hommelhoff/*Bayer* § 21 Rn. 17.
[216] Dazu → Rn. 85 ff.
[217] Dazu ausführlich unten → Rn. 88 ff.
[218] Im Insolvenzverfahren ist der Insolvenzverwalter zuständig, vgl. OLG Jena NZG 2007, 717.
[219] Bei einem bloß teilweisen Abruf sollte ergänzend hinzugefügt werden: „Wegen der weiteren Beträge werden wir uns zu gegebener Zeit an Sie wenden".

> **Formulierungsvorschlag:**
>
> Einschreiben bzw. Öffentliche Zustellung
>
> Herrn/Frau [......]
> [Anschrift]
>
> Geschäftsanteil/Einlagepflicht/Unser Schreiben vom [......]
>
> Mit Schreiben vom [......] haben wir Sie aufgefordert, auf den von Ihnen übernommenen Geschäftsanteil (weitere) [...... EUR] zu leisten. Der eingeforderte Betrag ist seither nicht bei der Gesellschaft eingegangen.
>
> Unter Bezugnahme auf das o.g. Schreiben fordern wir Sie hiermit erneut auf, den Betrag i. H. v. [...... EUR] bis zum [......] an die Gesellschaft zu zahlen.
>
> Wenn Sie den auf den Geschäftsanteil eingeforderten Betrag nicht fristgerecht vollständig an die Gesellschaft leisten sollten, werden Sie mit Ihrem Geschäftsanteil mit Nennbetrag i. H. v. [...... EUR] aus der Gesellschaft ausgeschlossen.
>
> Unterschriften der Geschäftsführer

76 *bb) Kaduzierung (Ausschluss).* Wenn die eingeforderte Einlage nicht fristgerecht vollständig geleistet werden sollte, kann der Gesellschafter seines Geschäftsanteils für verlustig erklärt und insoweit aus der Gesellschaft ausgeschlossen werden.

> **Formulierungsvorschlag:**
>
> Einschreiben bzw. Öffentliche Zustellung
>
> Herrn/Frau [......]
> [Anschrift]
>
> Ausschluss
>
> Mit Schreiben vom [......] sind sie aufgefordert worden, auf den von Ihnen übernommenen Geschäftsanteil mit einem Nennbetrag i. H. v. [...... EUR] bis zum [......] einen (weiteren) Betrag i. H. v. [...... EUR] zu leisten. Da Sie nicht fristgerecht geleistet hatten, haben wir Ihnen mit Schreiben vom [......] eine Nachfrist bis zum [......] gesetzt. Auch diese Frist ist verstrichen, ohne dass Sie die eingeforderte Einlage auf den Geschäftsanteil entrichtet haben.
>
> Da Sie innerhalb der gesetzten Fristen nicht geleistet haben, erklären wir Sie hiermit ihres Geschäftsanteils mit einem Nennbetrag i. H. v. [...... EUR] (und der geleisteten Teilzahlungen) zugunsten der Gesellschaft verlustig.
>
> Unterschriften der Geschäftsführer

3. Haftung für Kapitaleinlagen

77 Mit dem Stichwort „Haftung für Kapitaleinlagen" sind hier weder die spezifischen Bestimmungen der Kapitalerhaltung[220] noch die vom Gesellschafter möglicherweise über das Stammkapital hinausgehenden anderweitigen Haftungsverhältnisse wie Gesellschafterbürgschaften oder -garantien gemeint. Vielmehr geht es um jene Bestimmungen, die im Bereich der Kapitalaufbringung zu einer Haftung der Gesellschafter führen können, nämlich die eigentliche Gründungshaftung, die Differenzhaftung bei der Erbringung von Sacheinlagen, die Unterbilanzhaftung im Gründungsstadium sowie die solidarische Haftung der Mitgesellschafter, wenn die Einlage von einem Gesellschafter nicht zu erlangen ist.

---

[220] Dazu ausführlich → § 6 Rn. 2 ff.

a) Gründungshaftung. Gemäß §§ 9a Abs. 1, 57 Abs. 4 GmbHG haften Gesellschafter und **78** Geschäftsführer für falsche Angaben „zum Zwecke der Errichtung der Gesellschaft", wobei gemäß § 9a Abs. 3 GmbHG Verschulden vermutet, der Entlastungsbeweis allerdings zugelassen wird.[221] Zu den Angaben zählen **unrichtige, unvollständige oder gänzlich fehlende Informationen, die für die Einlageleistung relevant sind,** z. B. über den Wert von Sacheinlagen, im Sachgründungsbericht oder zu dem Zweck, verdeckte Sacheinlagen zu ermöglichen. Die Angaben können sich auch auf die freie Verfügbarkeit in der Hand der Geschäftsführung beziehen.[222] Hintermänner, insbesondere Treugeber, haften entsprechend, § 9a Abs. 4 GmbHG. Die Geschädigten sind so zu stellen, wie sie stünden, wenn die gemachten Angaben zutreffend gewesen wären; es sind bei entsprechendem Kausalzusammenhang alle Schäden zu ersetzen, einschließlich entgangenen Gewinns.[223]

b) Differenzhaftung bei Sachgründung. Gemäß § 9 Abs. 1 GmbHG haftet der Gesell- **79** schafter, der eine Sacheinlage zu leisten hat, für deren **Werthaltigkeit,** indem er die Differenz zum Nennbetrag des dafür übernommenen Geschäftsanteils in Geld auszugleichen hat.[224] Auf ein Verschulden des Gesellschafters kommt es nicht an. Die Gesellschaft trägt die Beweislast. Der entsprechende Anspruch der Gesellschaft verjährt fünf Jahre ab Eintragung der Gesellschaft. **Das Sacheinlageversprechen enthält damit zugleich eine Kapitaldeckungszusage.** Dieser Grundsatz lässt es nicht zu, dass Geschäftsanteile gegen eine unter dem Nennbetrag liegende Einlage eingeräumt werden. Die Folge eines solchen Vorgehens wäre, dass die Summe der Nennbeträge der Geschäftsanteile das in der Satzung ausgewiesene und in das Handelsregister einzutragende Stammkapital wertmäßig nicht erreicht und gegen den Grundsatz der realen Kapitalaufbringung verstößt. Ist z. B. wegen einer Überbewertung der wirkliche Wert eines als Sacheinlage einzubringenden Handelsgeschäftes geringer als der Nennbetrag der im Gesellschaftsvertrag oder bei einer Kapitalerhöhung versprochenen Einlage und ist die Einbringung schon vollzogen, so kann der Einlageschuldner nach Eintragung der Gesellschaft den gesetzlichen Anforderungen an die Beschaffung des satzungsgemäßen Stammkapitals nur dadurch genügen, dass er den Unterschied in Geld ausgleicht.[225] Auf die subsidiäre Geldleistungspflicht finden die Vorschriften über Geldeinlagen Anwendung.[226]

c) Unterbilanzhaftung. Mit der richterrechtlich gestützten Unterbilanzhaftung[227] (teilwei- **80** se auch **Vorbelastungshaftung** genannt) wird dem Umstand Rechnung getragen, dass die Vorgesellschaft bereits vor Eintragung der GmbH[228] im Handelsregister Vorbereitungsmaßnahmen getroffen oder ihren Geschäftsbetrieb aufgenommen hat. Mit der Unterbilanzhaftung wird sichergestellt, dass es zur effektiven Kapitalaufbringung kommt.[229] Die Gesellschafter haften analog § 9 GmbHG entsprechend ihrer Beteiligung an der Gesellschaft für die Differenz zwischen der Stammkapitalziffer und dem Gesellschaftsvermögen. Zur Feststellung des auszugleichenden Betrages ist insoweit eine sog. Vorbelastungsbilanz zu er-

---

[221] Hinzu kommt die – subsidiäre – Gründungshaftung bei vorsätzlicher oder grob fahrlässiger Schädigung der Gesellschaft durch Einlagen und Gründungsaufwand, § 9a Abs. 2–4 GmbHG. Der Anwendungsbereich dieser Vorschrift ist begrenzt. Als Beispiel für eine Schädigung durch Einlagen wird eine Sacheinlage genannt, die zwar werthaltig, für die Gesellschaft jedoch gänzlich unbrauchbar ist, vgl. Baumbach/Hueck/*Fastrich* § 9a Rn. 18.
[222] OLG Oldenburg NZG 2008, 32.
[223] Baumbach/Hueck/*Fastrich* § 9a Rn. 13 ff.
[224] Vgl. hierzu Scholz/*Veil* § 9 Rn. 6 ff.
[225] Vgl. BGHZ 68, 191, 195 = NJW 1977, 1196.
[226] Baumbach/Hueck/*Fastrich* § 9 Rn. 5.
[227] Vom BGH ausführlich hergeleitet und begründet in BGHZ 80, 129, 140 = 1987, 1373, 1376; BGHZ 105, 300 = NJW 1989, 710; BGHZ 134, 333 = NJW 1997, 1507; siehe auch Baumbach/Hueck/*Fastrich* § 11 Rn. 61 ff.; Lutter/Hommelhoff/*Bayer* § 11 Rn. 32 ff.
[228] Keine Relevanz entfaltet die Unterbilanzhaftung bei Kapitalerhöhungen, da hier nur die Werthaltigkeit der neuen Einlagen in Rede steht, Lutter/Hommelhoff/*Bayer* § 11 Rn. 32 f., während das typische Risiko der Vorbelastung nicht zu besorgen ist; vgl. BGHZ 119, 177, 187 = NJW 1992, 3300, 3303; siehe auch *Henze* BB 2002, 955, 956.
[229] Vgl. *Henze* BB 2002, 955; *ders.* DB 2001, 1469, 1475.

stellen.²³⁰ Bei einer positiven Fortbestehungsprognose ist das Gesellschaftsvermögen nach Fortführungsgrundsätzen mit seinen wirklichen Werten zu bilanzieren.²³¹ Ist die Fortbestehensprognose negativ, hat die Bilanzierung des Gesellschaftsvermögens nach Veräußerungswerten zu erfolgen.²³² Wenn die Vor-GmbH bereits vor Eintragung eine Geschäftstätigkeit aufgenommen und sich aufgrund derer zwischen Beginn der Geschäftstätigkeit und Zeitpunkt der Eintragung eine Organisationseinheit gebildet hat, die einen über die einzelnen Vermögenswerte hinausgehenden Vermögenswert repräsentiert, ist das Unternehmen nach der Ertragswertmethode zu bewerten.²³³ Die gesetzlich und satzungsmäßig notwendigen Gründungskosten bleiben unberücksichtigt.²³⁴

81 Maßgeblicher Zeitpunkt für den Vermögensstatus und damit für die Differenzbetrachtung ist nach h. M. der Augenblick der Eintragung der GmbH in das Handelsregister.²³⁵ Besondere Bedeutung gewinnt die Unterbilanzhaftung dadurch, dass der **Umfang der Haftung** der Gesellschafter (ggf. weit) über den Nennbetrag des übernommenen Geschäftsanteils hinausgehen kann.²³⁶ Wenn beispielsweise vor Eintragung ein Verlust aus dem aufgenommen Geschäftsbetrieb resultiert und die GmbH im Übrigen kein nennenswertes Vermögen hat, haften die Gesellschafter, bis das Stammkapital aufgebracht ist, d. h. in voller Verlusthöhe und unabhängig davon, ob das Stammkapital bereits einmal eingezahlt worden ist.

82 Im Fall der Unterbilanz entsteht der Haftungsanspruch gegen den Gesellschafter. Ist bereits vor der Anmeldung von den Handlungsmöglichkeiten Gebrauch gemacht worden mit der Folge einer Unterbilanz, entsteht der Anspruch bereits zum Zeitpunkt der Anmeldung der GmbH zum Handelsregister, da der Geschäftsführer auf diesen Zeitpunkt seine Versicherung nach § 8 Abs. 2 GmbHG abzugeben hat.²³⁷ Wenn zwischen Anmeldung und Eintragung eine Unterbilanz entsteht oder anwächst, entsteht der Anspruch insoweit erst mit Eintragung.²³⁸

83 Mit Entstehung des Anspruchs aus Unterbilanzhaftung wird dieser sofort fällig. Er richtet sich auf „Leistung fehlender Einlage" und unterliegt damit denselben strengen Vorschriften der Kapitalaufbringung wie die ursprüngliche Einlagenschuld.²³⁹ Der Anspruch wird vom Geschäftsführer bzw. dem Insolvenzverwalter geltend gemacht und verjährt in zehn Jahren ab Eintragung, § 9 Abs. 2 GmbHG analog.²⁴⁰ Die Beweislast liegt bei der Gesellschaft.²⁴¹ – Auch hinsichtlich des Anspruchs auf Unterbilanzhaftung greift die Ausfallhaftung der Gesellschafter (dazu sogleich).²⁴²

84 **d) Ausfallhaftung.** Für jeden GmbH-Gesellschafter²⁴³ ist neben der Verpflichtung zur Leistung der eigenen Einlage die Haftung für die (aa) von Rechtsnachfolgern oder (bb) von anderen Gesellschaftern zu leistenden Einlagen von besonderer Bedeutung. Die Vorschriften,

---

²³⁰ Vgl. Baumbach/Hopt/*Hopt* Anhang nach § 177a Rn. 16.
²³¹ BGHZ 124, 282, 285 = NJW 1994, 724, 725; BGH ZIP 1997, 2008, 2009.
²³² BGH NJW 1998, 233, 234.
²³³ BGHZ 140, 35 f. = NJW 1999, 283, 284 m. Anm. v. *Habersack/Lüssow* NZG 1999, 629; BGHZ 165, 391 = NJW 2006, 1594.
²³⁴ BGHZ 80, 129, 140 = NJW 1981, 1373, 1374.
²³⁵ So ausdrücklich Lutter/Hommelhoff/*Bayer* § 11 Rn. 32; Baumbach/Hueck/*Fastrich* § 11 Rn. 63; Scholz/K. *Schmidt* § 11 Rn. 139 ff., differenziert hingegen zwischen einer strengen Unterbilanzhaftung für den Anmeldungsstichtag und einer darüber hinausgehenden Vorbelastungshaftung im Falle der Geschäftstätigkeit zwischen Anmeldung und Eintragung; hierzu auch MünchHdBGesR III/*Gummert* § 16 Rn. 109 ff.
²³⁶ BGH GmbHR 1982, 235; Ulmer/Habersack/Löbbe/*Ulmer/Habersack* § 11 Rn. 105.
²³⁷ So Lutter/Hommelhoff/*Bayer* § 11 Rn. 37.
²³⁸ OLG Düsseldorf GmbHR 1993, 104; Lutter/Hommelhoff/*Bayer* § 11 Rn. 37; Scholz/K. Schmidt § 11 Rn. 139 ff.; zum Streit über die Unterbilanzhaftung als Eintragungshindernis auch *K. Schmidt* Gesellschaftsrecht, S. 1033 f.
²³⁹ BGHZ 156, 391 = NJW 2006, 1594; dazu oben → Rn. 29.
²⁴⁰ Für eine Analogie zu § 9 Abs. 2 GmbHG a. F. BGHZ 105, 330 = NJW 1989, 295, 296.
²⁴¹ BGH NJW 1998, 233, 234; OLG Frankfurt BB 1992, 1082; OLG Düsseldorf GmbHR 1993, 587; Lutter/Hommelhoff/*Bayer* § 11 Rn. 40.
²⁴² BGHZ 80, 129, 140 ff. = NJW 1981, 1373, 1376; heute ganz h. M., vgl. Baumbach/Hueck/*Fastrich* § 11 Rn. 61 m. w. N.
²⁴³ Sowie für Mitberechtigte an einem Geschäftsanteil, die für auf den Geschäftsanteil zu bewirkenden Leistungen solidarisch haften, § 18 Abs. 2 GmbHG.

auf die sich die Ausfallhaftung jeweils stützt, stehen in unmittelbarem Zusammenhang mit der Kaduzierung.²⁴⁴

aa) Haftung der Rechtsvorgänger. Durch die Regelung des § 22 GmbHG wird der GmbH 85 die Möglichkeit eröffnet, die Rechtsvorgänger des wirksam nach § 21 GmbHG ausgeschlossenen Gesellschafters in Regress zu nehmen, wenn die Einlage des Ausgeschlossenen fällig ist und durch diesen zumindest zum Teil noch nicht bezahlt wurde. Insoweit stellt die Inanspruchnahme des Rechtsvorgängers nach § 22 GmbHG eine Fortsetzung des Kaduzierungsverfahrens nach § 21 GmbHG dar. Aus diesem Grunde ist die Möglichkeit eines Regresses nach § 22 GmbHG nur dann gegeben, wenn der Ausschluss des Gesellschafters nach § 21 GmbHG wirksam ist.

Der Regress nach § 22 GmbHG ist als sogenannter „Staffelregress" ausgestaltet: Als ers- 86 ter Regressschuldner haftet der letzte Rechtsvorgänger des Ausgeschlossenen. Rechtsvorgänger in diesem Sinne ist nur derjenige, der im Verhältnis zur Gesellschaft als Inhaber des Geschäftsanteils gilt. Neben dem ersten Regressschuldner haften nach § 22 Abs. 2 GmbHG sein Rechtsvorgänger und neben diesem auch dessen Rechtsvorgänger. Der jeweilige Rechtsvorgänger haftet nach § 22 Abs. 2 Satz 1 GmbHG jedoch nur, soweit sein Rechtsnachfolger zahlungsunfähig ist. Diese Voraussetzung ist von der GmbH darzulegen und zu beweisen. Zu Gunsten der GmbH greift insoweit jedoch die widerlegliche Vermutung des § 22 Abs. 2 Satz 2 GmbHG ein, wenn sie den Rechtsnachfolger zur Zahlung aufgefordert hat, den Rechtsvorgänger hiervon benachrichtigt hat und seit dem Zugang der Aufforderung und der Nachricht ein Monat vergangen ist, ohne dass eine entsprechende Zahlung erfolgt ist.

Der Anspruch muss innerhalb der **Frist** des § 22 Abs. 3 GmbHG geltend gemacht werden. Nach dieser Vorschrift endet die Haftung des Rechtsvorgängers nach Ablauf von fünf Jahren ab dem Tag, ab welchem der Rechtsnachfolger im Verhältnis zur Gesellschaft als Inhaber des Geschäftsanteils gilt.

Die Folge einer Zahlung der Einlage durch einen Rechtsvorgänger ist der Erwerb des Ge- 87 schäftsanteils durch den Rechtsvorgänger mit allen Rechten und Pflichten, § 22 Abs. 4 GmbHG. Dieser Erwerb erfolgt kraft Gesetzes. Dem zahlenden Rechtsvorgänger wird hierdurch die Möglichkeit genommen, auf den Geschäftsanteil zu verzichten oder dessen Erwerb abzulehnen. Falls die Zahlung der rückständigen Einlage von den Rechtsvorgängern nicht erlangt werden kann, ist die Möglichkeit eröffnet, den Gesellschaftsanteil nach § 23 GmbHG zu verwerten.

bb) Haftung der Mitgesellschafter. Führt weder eine Inanspruchnahme des ausgeschlosse- 88 nen Gesellschafters oder seiner Rechtsvorgänger noch die Verwertung des Gesellschaftsanteils zur vollständigen Deckung der Einlage, so haben die übrigen Gesellschafter den noch offenen Teil der Einlage im Rahmen einer **Ausfall- bzw. Solidarhaftung** zu tragen. Diese Regelung des § 24 GmbHG stellt den Schlusspunkt des durch §§ 22, 23 GmbHG fortgesetzten Kaduzierungsverfahrens dar und soll die reale Kapitalaufbringung endgültig sicherstellen. Aus diesem Grund ist auch die Haftung der Mitgesellschafter nach § 25 GmbHG zwingend und kann nicht ausgeschlossen werden.

Die Haftung der Mitgesellschafter nach § 24 GmbHG entsteht mit Fälligkeit der betref- 89 fenden Einlage. Sie ist jedoch aufschiebend bedingt durch das Vorliegen der Voraussetzungen der §§ 21, 22 und 23 GmbHG.²⁴⁵ **Voraussetzung einer Inanspruchnahme der Mitgesellschafter nach § 24 GmbHG** ist demnach wirksame Kaduzierung nach § 21 GmbHG, die erfolglose Inanspruchnahme des Ausgeschlossenen nach § 21 Abs. 3 GmbHG²⁴⁶ und seiner Rechtsvorgänger nach § 22 GmbHG sowie die Veräußerung ohne volle Deckung oder ein erfolgloser Versuch der Veräußerung nach § 23 GmbHG. Dem erfolglosen Versuch der Ver-

---

²⁴⁴ Dazu oben → Rn. 68 ff.
²⁴⁵ Vgl. BGH NJW 1996, 2306 ff.
²⁴⁶ Hierzu ist der Nachweis der Zahlungsunfähigkeit erforderlich, vgl. OLG Köln GmbHR 2004, 1587; vgl. auch BGH NZG 2005, 180: Die im Rahmen des Kaduzierungsverfahrens nach § 21 GmbHG rechtskräftige Feststellung einer nicht gezahlten Gesellschaftereinlage entfaltet im nachfolgenden Prozess gegen einen Mitgesellschafter auf Zahlung des Fehlbetrages nach § 24 GmbHG keine Bindungswirkung.

äußerung steht insoweit die Aussichtslosigkeit einer Veräußerung gleich. Die haftenden Mitgesellschafter im Sinne des § 24 GmbHG sind die Gesellschafter, die diese Stellung auch zum Zeitpunkt der Fälligkeit der Einlage innehatten sowie deren Rechtsnachfolger im Falle einer Veräußerung.[247]

90 Die solidarische Haftung nach § 24 GmbHG trifft Alt- und Neugesellschafter:[248] Die Haftung besteht auch im Falle der **Kapitalerhöhung** bei Nichteinbringlichkeit der Einlage von den Zeichnern der neuen Anteile. Für die Altgesellschafter, die gegen die Kapitalerhöhung gestimmt haben, ergibt sich hieraus möglicherweise ein besonderes Risikopotential, das u. U. zum Austritt aus wichtigem Grund berechtigt.[249]

91 Der **Gesamtumfang der Haftung** ist auf den noch nicht eingebrachten Teil der Einlage begrenzt. Der Erlös aus einer Veräußerung nach § 23 GmbHG ist abzuziehen. Die Mitgesellschafter haften für den verbleibenden Betrag in dem Verhältnis ihrer Anteile am Stammkapital der GmbH. Ein von der GmbH selbst gehaltener Anteil ist in dieses Verhältnis nicht einzubeziehen. Die Mitgesellschafter haften nicht als Gesamtschuldner. Ist ein Beitrag eines Gesellschafters von diesem nicht zu erlangen, so haften die übrigen Gesellschafter nach § 24 Satz 2 GmbHG nur entsprechend ihrer Anteile für diesen Ausfall.

92 Die Folge einer Zahlung der Einlage durch einen Mitgesellschafter nach § 24 GmbHG ist im Gegensatz zur Zahlung eines Rechtsvorgängers nach § 22 GmbHG nicht der Erwerb des kaduzierten Gesellschaftsanteils.[250] Der zahlende Mitgesellschafter erwirbt den Gesellschaftsanteil auch dann nicht, wenn dieser nicht nach § 23 GmbHG veräußert wurde. In diesem Fall verbleibt der Gesellschaftsanteil im Vermögen der GmbH.[251] Dem zahlenden Mitgesellschafter stehen lediglich Ausgleichsansprüche gegen den Ausgeschlossenen und gegen die zahlungsunfähigen Mitgesellschafter zu.[252]

4. Bilanz- und Steuerrecht

93 An dieser Stelle werden im Überblick die wichtigsten Grundsätze der Bilanzierung und Besteuerung von Maßnahmen der Kapitalaufbringung dargestellt.[253] Das Bilanzrecht der GmbH wird in § 16 im Einzelnen dargestellt. Auf das Steuerrecht der GmbH und ihrer Investoren wird in § 17 ausführlich eingegangen.

94 a) **Buchführungspflicht und Besteuerung (Allgemeines).** Die GmbH ist kraft Rechtsform Handelsgesellschaft und damit buchführungspflichtig, § 13 Abs. 3 GmbHG, §§ 6, 238 Abs. 1 Satz 1 HGB. Die handelsrechtliche Buchführungspflicht besteht gemäß § 140 AO auch für Zwecke der Besteuerung.

95 Die **Buchführungspflicht** beginnt nach herrschender Meinung[254] mit dem ersten Geschäftsvorfall nach Errichtung der GmbH, also nach dem notariellen Abschluss des Gesellschaftsvertrages. Buchführungspflicht besteht damit regelmäßig bereits vor Eintragung der neu errichteten Gesellschaft zum Handelsregister.

Da die GmbH vor Eintragung als solche nicht besteht (§ 11 Abs. 1 GmbHG), ist die mit der Errichtung entstehende sogenannte Vorgesellschaft weder juristische Person noch Handelsgesellschaft kraft Rechtsform. Nach der herrschenden sogenannten **Einheitstheorie**[255] ist sie gleichwohl mit der späteren GmbH identisch. Es liegt ein einziger Rechtsträger vor, der durch die Eintragung lediglich seine Rechtsfähigkeit vollendet. Sämtliche

---

[247] A. A. OLG Celle GmbHR 1995, 124.
[248] RGZ 93, 251, 252.
[249] Lutter/Hommelhoff/*Lutter/Bayer* § 55 Rn. 48; Lutter/Hommelhoff/*Bayer* § 24 Rn. 10, unter Hinweis auf RGZ 93, 251, 253 und LG Mönchengladbach ZIP 1986, 306, 307.
[250] Vgl. RGZ 86, 419, 420.
[251] Vgl. RGZ 86, 419, 421.
[252] Vgl. OLG Hamm GmbHR 1993, 362.
[253] Zu den Rahmenbedingungen beim Verlust „planmäßiger Darlehen" und ähnlicher Gesellschafterleistungen, die aus dem Privatvermögen ausgereicht werden, bereits oben → Rn. 9.
[254] Lutter/Hommelhoff/*Kleindiek* § 41 Rn. 7; Ulmer/Habersack/Winter/*Paefgen* § 41 Rn. 4; BeckBilKomm/ *Winkeljohann/Klein* § 238 Rn. 35, 49.
[255] Lutter/Hommelhoff/*Bayer* § 11 Rn. 5; Beck'sches HdBGmbH/*Schwaiger* § 2 Rn. 16.

Rechte und Pflichten, die für die Vorgesellschaft eingegangen wurden, sind mit der Eintragung ohne weiteres solche der GmbH.[256] Bereits die Vorgesellschaft unterliegt den für Kapitalgesellschaften in der Rechtsform der GmbH bestehenden Rechnungslegungsvorschriften.[257] Gegebenenfalls ist deshalb bereits die Vorgesellschaft prüfungs- und publizitätspflichtig.

Auch steuerrechtlich ist die **Vorgesellschaft** denselben Regeln unterworfen wie die spätere GmbH. Insbesondere ist sie körperschaftsteuerpflichtig und kann Organträger oder Organgesellschaft sein. Allerdings ist die Vorgesellschaft nicht bereits kraft Rechtsform gewerbesteuerpflichtig. Die Gewerbesteuerpflicht setzt die Aufnahme einer nach außen in Erscheinung tretenden gewerblichen Tätigkeit durch die Vorgesellschaft voraus.[258]

Im Übrigen hat die Eintragung weder handels- noch steuerrechtlich Auswirkungen auf die Rechnungslegung.[259] Ein **Zwischenabschluss** auf den Zeitpunkt der Eintragung ist nicht erforderlich; stattdessen wird die Rechnungslegung von der GmbH weitergeführt. Dagegen ist gegebenenfalls die Aufstellung einer sogenannten Vorbelastungsbilanz auf den Zeitpunkt der Eintragung zum Handelsregister erforderlich und sinnvoll.[260] Die **Vorbelastungsbilanz** stellt fest, ob und in welcher Höhe ein Anspruch der Gesellschaft gegen die Gesellschafter aus der Vorbelastungshaftung besteht. Anders als im Jahresabschluss ist das Gesellschaftsvermögen in der Vorbelastungsbilanz zu Zeitwerten anzusetzen, gleichsam als würde es im Zeitpunkt der Eintragung in die Gesellschaft eingelegt.[261]

Den Gründern steht es frei, bereits vor der formellen Errichtung der GmbH mit der Geschäftstätigkeit auf Rechnung der Gesellschaft zu beginnen. Für diese sogenannte Vorgründungsgesellschaft besteht handels- und steuerrechtlich Buchführungs- und Rechnungslegungspflicht gegebenenfalls nach den allgemeinen Regeln. Dagegen wird die **Vorgründungsgesellschaft** weder handels- noch steuerrechtlich mit der späteren GmbH gleichgesetzt. Stattdessen besteht eine Gesellschaft bürgerlichen Rechts oder oHG, die den für diese Rechtsform geltenden Regeln unterliegt.[262] Durch die Errichtung der GmbH wird die Vorgründungsgesellschaft nach herrschender Meinung beendet, so dass auf diesen Zeitpunkt eine Schlussbilanz aufzustellen ist.

b) **Bilanzieller Ausweis der Kapitalausstattung.** Im Folgenden werden die wesentlichen handelsbilanziellen Auswirkungen der Kapitalaufbringung durch die Gesellschafter dargestellt.

aa) Ausweis von Leistungen auf die Stammeinlage. Die neugegründete GmbH hat für den Beginn ihres Handelsgewerbes eine Eröffnungsbilanz aufzustellen; auf diese sind die für den Jahresabschluss geltenden Vorschriften entsprechend anzuwenden, § 242 Abs. 1 HGB. Das Stammkapital ist als gezeichnetes Kapital zum Nennbetrag auf der Passivseite der Bilanz auszuweisen, § 42 Abs. 1 GmbHG, § 272 Abs. 1 HGB.[263] Da als gezeichnetes Kapital nur jener Betrag des Stammkapitals ausgewiesen werden darf, der am Bilanzstichtag im Handelsregister eingetragen ist, werden die Stammeinlagen bei einem vor der Eintragung liegenden Eröffnungsbilanzstichtag als „Zur Durchführung der Gründung gezeichnetes Kapital" ausgewiesen.[264]

Der Ausweis der übernommen Stammeinlagen als gezeichnetes Kapital erfolgt ungekürzt. Vor Inkrafttreten des BilMoG[265] waren ausstehende Einlagen auf das gezeichnete Kapital auf der Aktivseite der Bilanz vor dem Anlagevermögen gesondert auszuweisen und einge-

---

[256] Dazu ausführlich → § 3 Rn. 132.
[257] Beck'sches HdBGmbH/*Schwaiger* § 2 Rn. 24.
[258] BFH BStBl. II 1990, 1073.
[259] BFH BStBl. II 1993, 352.
[260] Dazu bereits oben → Rn. 80 ff.
[261] Ulmer/Habersack/Löbbe/*Ulmer/Habersack* § 11 Rn. 108.
[262] Vgl. → § 3 Rn. 1 ff.
[263] Durch das Gesetz zur Modernisierung des Bilanzrechts (Bilanzrechtsmodernisierungsgesetz – BilMoG) ist § 283 HGB ersatzlos entfallen. Sein Regelungsinhalt wurde in § 272 Abs. 1 HGB integriert. Eine sachliche Änderung ergibt sich daraus nicht.
[264] Küting/Pfitzer/Weber/*Küting/Reuter* § 272 Rn. 12.
[265] Vgl. Fn. 263.

forderte Leistungen auf die Stammeinlage gesondert zu vermerken, § 272 Abs. 1 Satz 2 HGB a. F. Alternativ konnten die nicht eingeforderten ausstehenden Stammeinlagen vom gezeichneten Kapital auf der Passivseite der Bilanz offen abgesetzt werden; die eingeforderten aber noch nicht eingezahlten Stammeinlagen waren in diesem Fall gesondert als Forderung auszuweisen, § 272 Abs. 1 Satz 3 HGB a. F.[266]

102 Nach § 272 Abs. 1 Satz 3 HGB i. d. F. des BilMoG, der erstmals auf Jahres- und Konzernabschlüsse für das nach dem 31.12.2008 beginnende Wirtschaftsjahr anzuwenden ist,[267] sind die nicht eingeforderten ausstehenden Einlagen vom gezeichneten Kapital offen abzusetzen und der verbleibende Betrag als eingefordertes Kapital in der Hauptspalte der Passivseite auszuweisen. Der neue Abs. 1 sieht damit den zwingenden Ausweis der nicht eingeforderten ausstehenden Einlagen auf der Passivseite der Bilanz vor. Der eingeforderte, aber noch nicht eingezahlte Betrag ist unter den Forderungen gesondert auszuweisen und entsprechend zu bezeichnen.

103 Beim Bilanzausweis bestehen zwischen der Bar- und der Sachgründung keine wesentlichen Unterschiede. Da Sacheinlagen allerdings vor der Anmeldung der Gesellschaft zur Eintragung in das Handelsregister vollständig zu leisten sind,[268] entfällt hier prinzipiell der Ausweis ausstehender Einlagen. Bei der Unternehmergesellschaft (haftungsbeschränkt) i. S. d. § 5a GmbHG ist zu schließlich zu beachten, dass die Anmeldung erst erfolgen darf, wenn das Stammkapital in voller Höhe eingezahlt ist, § 5a Abs. 2 Satz 1 GmbHG, und Sacheinlagen ausgeschlossen sind, § 5a Abs. 2 Satz 2 GmbHG.[269]

104 *bb) Kapitalerhöhung gegen Einlagen.* Bei der Kapitalerhöhung durch Bar- oder Sacheinlagen bestehen **handelsbilanzrechtlich keine Besonderheiten:** Die bilanzielle Behandlung entspricht derjenigen bei der erstmaligen Leistung auf die Stammeinlagen im Rahmen der Bar- oder Sachgründung. Bis zur Eintragung der Kapitalerhöhung im Handelsregister wird der im Kapitalerhöhungsbeschluss festgesetzte Erhöhungsbetrag als „Zur Durchführung der beschlossenen Kapitalerhöhung geleistete Einlagen" gesondert im Eigenkapital ausgewiesen.[270]

105 *cc) Kapitalerhöhung aus Gesellschaftsmitteln.* Das Recht der GmbH lässt in weitem Umfang die **Umwandlung von Rücklagen in zusätzliches Stammkapital** zu: In Stammkapital umwandelbar sind gemäß § 57d GmbHG grundsätzlich alle offenen, nicht zweckgebundenen Kapital- oder Gewinnrücklagen nach Saldierung mit Verlusten und Verlustvorträgen.[271] Erforderlich ist, dass die offenen Rücklagen als solche in der letzten Jahresbilanz ausgewiesen werden. Wird der Kapitalerhöhung nicht die letzte Jahresbilanz zugrunde gelegt, müssen die umzuwandelnden Rücklagen zusätzlich in der dann erforderlichen Zwischenbilanz ausgewiesen sein, § 57f Abs. 1 GmbHG.
Bilanztechnisch handelt es sich bei der Kapitalerhöhung aus Gesellschaftsmitteln um einen **schlichten Passivtausch:** Der Kapitalerhöhungsbetrag wird gegen die Kapital- oder Gewinnrücklage gebucht; die Gewinn- oder Kapitalrücklagen verringern sich im Umfang des Kapitalerhöhungsbetrages.[272]

106 *dd) Bilanzierung eines Agios und sonstiger Zuzahlungen.* Die Gesellschafter können vereinbaren, dass für die Übernahme einer Stammeinlage über deren Nennbetrag hinaus weitere Leistungen an die Gesellschaft zu erbringen sind.[273] Eine derartige weitere Gesellschafterleistung kann als bare Zuzahlung vereinbart werden; bei Sacheinlagen kommt in Betracht, dass die Gründer den Einlagegegenstand mit einem über dem Nennbetrag der Stammeinlage liegenden Betrag bewerten und den offenen Ausweis der Wertdifferenz vereinbaren.

---

[266] BeckBilKomm/*Förschle*/*Hoffmann* § 272 Rn. 35, mit Verweis auf die 6. Aufl., § 272 Rn. 14.
[267] Art. 66 Abs. 8 EGHGB. Nach Art. 66 Abs. 9 EGHGB ist § 272 Abs. 1 HGB a. F. dabei letztmals auf das vor dem 1.1.2009 beginnende Geschäftsjahr anzuwenden.
[268] Dazu oben → Rn. 35.
[269] Dazu auch MünchHdBGesR III/*Riemenschneider*/*Freitag* § 8a Rn. 17 ff.
[270] BeckBilKomm/*Förschle*/*Hoffmann* § 272 Rn. 20.
[271] Dazu ausführlich unten → Rn. 215 ff.
[272] Küting/Pfitzer/Weber/*Küting*/*Reuter* § 272 Rn. 22.
[273] Dazu ausführlich → Rn. 20 ff.

107 Ein Agio oder Aufgeld ist gemäß § 272 Abs. 2 Nr. 1 HGB in die Kapitalrücklage einzustellen. Umstritten ist, ob als Kapitalrücklage auch ein sogenanntes stilles Aufgeld auszuweisen ist, welches dadurch entsteht, dass der Nennbetrag der Stammeinlage zzgl. eines in die Kapitalrücklage einzustellenden Agios den Verkehrswert der Sacheinlage unterschreitet.[274]

Das Aufgeld ist ungekürzt um **Emissionskosten** bei der Gründung der GmbH oder der späteren Kapitalerhöhung auszuweisen. Die Kosten der Ausgabe neuer Geschäftsanteile dürfen nicht mit der Kapitalrücklage verrechnet werden. Die Ausgabekosten der neuen Anteile sind stattdessen erfolgswirksam als laufender Aufwand zu erfassen.[275]

108 Ebenfalls in die Kapitalrücklage einzustellen sind gemäß § 272 Abs. 2 Nr. 3 HGB Zuzahlungen, die von Gesellschaftern gegen die **Gewährung eines Vorzuges** für ihre Anteile geleistet werden. Vorzüge in diesem Sinne sind regelmäßig, aber nicht notwendig mitgliedschaftliche Sonderrechte, die mit dem Geschäftsanteil verbunden sind. In Betracht kommen etwa zusätzliche Stimm- und Gewinnbezugsrechte.[276]

109 Schließlich sind **sonstige Zuschüsse** gemäß § 272 Abs. 2 Nr. 4 HGB, die von Gesellschaftern in das Eigenkapital geleistet werden, in die Kapitalrücklage einzustellen. Als sonstige Zuschüsse kommen alle bilanzierungsfähigen Bar- oder Sachleistungen, der Erlass von Forderungen oder die Übernahme von Verbindlichkeiten in Betracht. Stets ist jedoch erforderlich, dass die Zuführung der freiwilligen Zuzahlung zum Eigenkapital gewollt ist. An diesem Zweck der Zuführung zusätzlichen Kapitals fehlt es beispielsweise, wenn durch die Einzahlung ein Jahresfehlbetrag[277] oder ein außerordentlicher Aufwand der Gesellschaft ausgeglichen werden soll. Derartige Zuschüsse sind handelsrechtlich als außerordentlicher Ertrag der Gesellschaft zu erfassen.[278] Wichtige Anwendungsfälle von Zuzahlungen i.S.d. § 272 Abs. 2 Nr. 4 HGB sind Dividendenbeträge, die nach dem sogenannten **Schütt-aus-hol-zurück-Verfahren**[279] von den Gesellschaftern an die Gesellschaft zurückfließen, aber auch Zuschüsse auf schuldrechtlicher Basis z.B. in der Gründungsphase oder bei Errichtung eines Joint Ventures, wenn eine Vertragspartei Know-how einbringt und die andere eine Geldzahlung leistet.

110 *ee) Bilanzierung von Nachschüssen.* Die Satzung der GmbH kann eine beschränkte oder unbeschränkte Nachschusspflicht der Gesellschafter festschreiben, § 26 Abs. 1 GmbHG.[280] Gemäß § 42 Abs. 2 Satz 1 GmbHG ist ein Nachschuss in der Bilanz der Gesellschaft insoweit zu aktivieren, als dessen Einziehung beschlossen und der Gesellschafter bei unbeschränkter Nachschusspflicht das Abandonrecht[281] gemäß § 27 Abs. 1 GmbHG verloren hat. Der nachzuschießende Betrag ist unter der Bezeichnung „Eingeforderte Nachschüsse" gesondert unter den Forderungen zu aktivieren, § 42 Abs. 2 Satz 2 GmbHG. Gegebenenfalls ist eine Wertberichtigung der Nachschussforderung vorzunehmen. Spiegelbildlich sind „Eingeforderte Nachschüsse" als solche in Höhe des Aktivpostens in der Kapitalrücklage gesondert zu passivieren, § 42 Abs. 2 Satz 3 GmbHG.[282] Bei Zahlungen auf die Nachschusspflicht werden die Aktiv- und Passivposten in entsprechender Höhe aufgelöst. Die Passivierung erfolgt stattdessen als „andere Zuzahlungen" in der Kapitalrücklage gem. § 272 Abs. 2 Nr. 4 HGB.[283]

111 *ff) Bilanzielle Auswirkungen der Zuführung zur Kapitalrücklage.* Zuführungen zur Kapitalrücklage erfolgen stets ergebnisneutral, berühren mithin die GuV-Rechnung der Gesell-

---

[274] BeckBilKomm/*Förschle/Hoffmann* § 272 Rn. 174 m.w.N.
[275] *Küting/Pfitzer/Weber/Küting/Reuter* § 272 Rn. 68; BeckBilKomm/*Förschle/Hoffmann* § 272 Rn. 172. Beim Rückerwerb eigener Anteile sind Aufwendungen, die Anschaffungsnebenkosten darstellen, Aufwand des Geschäftsjahres, § 272 Abs. 1a Satz 3 HGB.
[276] BeckBilKomm/*Förschle/Hoffmann* § 272 Rn. 190; *Küting/Pfitzer/Weber/Küting/Reuter* § 272 Rn. 99.
[277] BeckBilKomm/*Förschle/Hoffmann* § 272 Rn. 195.
[278] *A/D/S* § 272 Rn. 137.
[279] Dazu → Rn. 176 ff.
[280] Dazu → Rn. 23 ff.
[281] Dazu → Rn. 24.
[282] BeckBilKomm/*Förschle/Hoffmann* § 272 Rn. 215; *Küting/Pfitzer/Weber/Küting/Reuter* § 272 Rn. 129.
[283] Lutter/Hommelhoff/*Kleindiek* § 42 Rn. 49.

schaft nicht.[284] Gemäß § 270 Abs. 1 HGB sind Einstellungen in die Kapitalrücklage bereits bei Aufstellung der Bilanz vorzunehmen, fallen also in die Zuständigkeit der Geschäftsführer. Da das GmbH-Gesetz grundsätzlich keine Beschränkungen für die Auflösung von Kapitalrücklagen vorsieht, können sie im Rahmen des § 30 Abs. 1 GmbHG bereits im Jahr der Zuführung an die Gesellschafter ausgeschüttet werden. Einschränkungen bestehen gemäß § 30 Abs. 2 GmbHG für die Rückzahlung eingezahlter Nachschüsse. Als Gewinnverwendung fällt die Auflösung von Kapitalrücklagen in die Kompetenz der Gesellschafterversammlung.[285]

112   gg) *Bilanzierung von Nebenleistungen.* Die Gesellschafter können sich über die Leistung der Stammeinlage oder Nachschüsse hinaus weitere einmalige oder wiederkehrende sogenannte Nebenleistungen auferlegen, § 3 Abs. 2 2. Alt. GmbHG. Zur wirksamen Begründung der Nebenleistungspflichten ist ihre Festsetzung in der Satzung erforderlich. Als Nebenleistung kommt jede inhaltlich bestimmte und in ihrem Ausmaß überschaubare Leistungspflicht, die Gegenstand eines Schuldverhältnisses sein kann, in Betracht. Wichtigstes Beispiel ist die satzungsmäßig verankerte Verpflichtung zur Zahlung eines Agios, auf das bereits hingewiesen worden ist.[286] Beispiele sind zudem entgeltliche oder unentgeltliche Lieferungen von Vermögensgegenständen, Dienstleistungen, Nutzungsüberlassungen, Darlehensgewährungen oder Sicherheitsleistungen gegenüber der Gesellschaft.[287] Auch können sich die Gesellschafter zum Bezug von Lieferungen oder Leistungen der Gesellschaft sowie zu einem bestimmten Verhalten gegenüber der Gesellschaft verpflichten.[288]

Im Gegensatz zu den unter Ziffer (aa) bis (ee) genannten Leistungen sind Nebenleistungen, die nicht in unentgeltlichen Geld- und Sachleistungen an die Gesellschaft bestehen, handelsrechtlich keine Einlagen, da sie nicht in das Eigenkapital der Gesellschaft geleistet werden.[289] Soweit Nebenleistungen entgeltlich erfolgen, handelt es sich bilanziell um reguläre, gegebenenfalls erfolgswirksame, Verkehrsgeschäfte.[290] Unentgeltliche Nebenleistungen sind erfolgswirksam als außerordentlicher Ertrag zu verbuchen.[291] Da diese Nebenleistungen also begrifflich von Einlageleistungen abzugrenzen sind, kommt ihre Zuführung als andere Zuzahlung zur Kapitalrücklage gemäß § 272 Abs. 2 Nr. 4 HGB grundsätzlich nicht in Betracht. Für Zuschüsse oder Forderungsverzichte, durch die ein Verlust oder außerordentlicher Aufwand der Gesellschaft ausgeglichen werden soll, ist diese bilanzielle Behandlung sinnvoll. Erfolgt eine unentgeltliche Nebenleistung wie beispielsweise ein Investitionskostenzuschuss zur dauerhaften Verstärkung des Eigenkapitals, wird die Abgrenzung gegenüber Einlageleistungen dagegen zweifelhaft. Mit Einschränkungen sind auch derartige Nebenleistungen als andere Zuzahlungen i. S. d. § 272 Abs. 2 Nr. 4 HGB in die Kapitalrücklage einzustellen.[292]

113   hh) *Bilanzierung von Gesellschafterdarlehen.* Die Gesellschafter entscheiden im Rahmen ihrer Finanzierungsverantwortung frei, ob sie die Gesellschaft mit Eigen- oder Fremdkapital ausstatten.[293] Gemäß § 42 Abs. 3 GmbHG hat die Gesellschaft Verbindlichkeiten gegenüber ihren Gesellschaftern als solche jeweils gesondert auszuweisen oder im Anhang aufzuführen. Statt des Bilanzausweises als „Verbindlichkeiten gegenüber Gesellschaftern" oder der Angabe im Anhang können die Verbindlichkeiten gegenüber Gesellschaftern auch im Passivposten „Sonstige Verbindlichkeiten" durch „Davon"-Vermerk offen abgesetzt werden.[294]

---

[284] Küting/Pfitzer/Weber/*Küting/Reuter* § 272 Rn. 66.
[285] Str., wie hier: Lutter/Hommelhoff/*Hommelhoff* § 29 Rn. 26; Scholz/*Emmerich* § 29 Rn. 74.
[286] Dazu → Rn. 21.
[287] Lutter/Hommelhoff/*Bayer* § 3 Rn. 50 ff.; Scholz/*Emmerich* § 3 Rn. 68 ff.
[288] In Betracht kommen insbesondere Wettbewerbsverbote, vgl. hierzu Lutter/Hommelhoff/*Bayer* § 3 Rn. 57; § 14 Rn. 26 ff.; Scholz/*Emmerich* § 29 Rn. 88 ff.
[289] Vgl. Scholz/*Winter/Westermann* § 5 Rn. 23.
[290] Beck'sches HdbGmbH/*Schwaiger* § 7 Rn. 117.
[291] *Küting/Weber* § 272 Rn. 108.
[292] Ebenso Küting/Pfitzer/Weber/*Küting/Reuter* § 272 Rn. 116; Beck'sches HdbGmbH/*Schwaiger* § 7 Rn. 118.
[293] Dazu bereits ausführlich oben → Rn. 2 ff.
[294] Lutter/Hommelhoff/*Kleindiek* § 42 Rn. 54.

Nach der Neukonzeption des MoMiG werden sämtliche Gesellschafterdarlehen im Ausgangspunkt als Verbindlichkeiten behandelt.[295] Im Insolvenzverfahren können sie nach § 39 Abs. 1 Nr. 5 InsO jedoch nur nachrangig geltend gemacht werden, soweit der Gesellschafter mit mindestens 10% an der Gesellschaft beteiligt ist. Nach § 19 Abs. 2 Satz 3 InsO sind Forderungen auf Rückgewähr von Gesellschafterdarlehen oder aus Rechtshandlungen, die einem solchen Darlehen wirtschaftlich entsprechen, für die zwischen Gläubiger und Schuldner der Nachrang im Insolvenzverfahren vereinbart worden ist, nicht bei der Überschuldungsfeststellung zu berücksichtigen. Erforderlich ist hier eine Vereinbarung zwischen Gläubiger und Schuldner, dass der Gläubiger hinter die in § 39 Abs. 1 Nr. 1 bis 5 InsO genannten Forderungen zurücktritt. Die Rangrücktrittsvereinbarung bewirkt, dass der Gesellschafter als Kreditgeber im Rang hinter diejenigen Gesellschafter rückt, die eine solche Erklärung nicht abgegeben haben. Dadurch kann die Insolvenz ggf. vermieden werden.[296]

c) *Besteuerung der Kapitalaufbringung.* Die Kapitalausstattung der GmbH durch die Gesellschafter kann sowohl auf Gesellschaftsebene als auch auf Ebene der Gesellschafter **Ertrag- und Verkehrsteuern** auslösen. Bei der Besteuerung der Kapitalaufbringung kann im Wesentlichen zwischen Einlageleistungen und sonstigen Leistungen der Gesellschafter sowie innerhalb der Einlageleistungen zwischen Bar- und Sacheinlagen unterschieden werden.

aa) Besteuerung von Bareinlagen. Bareinlagen im Rahmen der Gründung oder Kapitalerhöhung sind **für die Gesellschaft und den Gesellschafter steuerneutral**.[297] Die Steuerneutralität von Bareinlagen gilt auch für sonstige Zahlungen, die von Gesellschaftern in das Eigenkapital der Gesellschaft geleistet werden, d. h. bare Zuzahlungen i. S. d. § 272 Abs. 2 Nr. 1 HGB, Zahlungen i. S. d. § 272 Abs. 2 Nr. 3 und 4 HGB sowie Nachschüsse i. S. d. §§ 26 ff. GmbHG.[298]

bb) Besteuerung von Sacheinlagen. Auf **Gesellschaftsebene** ist auch die Leistung von Sacheinlagen im Rahmen der Sachgründung oder Sachkapitalerhöhung **ertragsteuerneutral**.[299] Wird bei einer Sacheinlage Grundvermögen auf die GmbH übertragen, so haftet die Gesellschaft gemäß § 13 GrEStG neben dem einbringenden Gesellschafter für die anfallende Grunderwerbsteuer.

Auf der **Ebene des Gesellschafters** bedeutet die Leistung von Sacheinlagen dagegen **grundsätzlich einen ertragsteuerbaren Vorgang**. Denn die Einbringung von Sacheinlagen ist regelmäßig ein tauschähnlicher und damit entgeltlicher Veräußerungsvorgang. Eine Einlage im Rahmen der Sachgründung oder Sachkapitalerhöhung führt nach bisherigem Recht grundsätzlich nur dann zur Versteuerung der stillen Reserven, soweit der Einlagegegenstand gemäß §§ 17, 20,[300] 23 EStG oder auf Grund der Zugehörigkeit zu einem Betriebsvermögen steuerverstrickt ist.[301]

Ausnahmen bestehen gemäß § 20 Abs. 1 und 2 **Umwandlungssteuergesetz** (UmwStG) i. d. F. des SEStEG[302] für die Einbringung von Mitunternehmeranteilen, Betrieben oder Teilbetrieben. Die Gesellschaft kann das eingebrachte Betriebsvermögen – abweichend von der grundsätzlichen Verpflichtung, es gemäß § 20 Abs. 2 Satz 1 UmwStG mit dem gemeinen Wert anzusetzen – nach § 20 Abs. 2 Satz 2 UmwStG auf Antrag einheitlich mit dem Buch-

---

[295] Eigenkapitalersetzende Darlehen waren stets als Verbindlichkeiten zu passivieren, selbst wenn ein Rangrücktritt vereinbart wurde. Die Vereinbarung, dass ein Darlehen nur aus künftigen Gewinnen oder einem Liquidationsüberschuss zu bedienen ist, beseitigte die aus dem Verbindlichkeitencharakter resultierende Passivierungspflicht nicht.
[296] *Hirte* WM 2008, 1429, 1434.
[297] Beck'sches HdBGmbH/*Schwaiger* § 2 Rn. 101, 102; → § 7 Rn. 38.
[298] Beck'sches HdBGmbH/*Schwaiger* § 2 Rn. 102; vgl. auch BeckBilKomm/*Förschle/Hoffmann* Rn. 40.
[299] Beck'sches HdBGmbH/*Schwaiger* § 2 Rn. 101.
[300] Mit Einführung der Abgeltungsteuer durch das Unternehmensteuerreformgesetz 2008 (BGBl. I 2007 S. 1912) sind gemäß § 20 Abs. 2 EStG Gewinne aus der Veräußerung bestimmter Wirtschaftsgüter, die im Privatvermögen gehalten werden – insbesondere von Anteilen an Kapitalgesellschaften – unabhängig von einer Haltedauer steuerpflichtig.
[301] Schmidt/*Weber-Grellet* EStG § 5 Rn. 636; Beck'sches HdBGmbH/*Schwaiger* § 2 Rn. 101, 102.
[302] Gesetz über steuerliche Begleitmaßnahmen zur Einführung der Europäischen Gesellschaft und zur Änderung weiterer steuerrechtlicher Vorschriften v. 7.12.2006, BGBl. I 2006 S. 2782.

wert oder einem Zwischenwert ansetzen und die Einbringung damit – im Falle der Buchwertfortführung – auf Gesellschafterebene ertragsteuerneutral gestalten. Eine solche **steuerneutrale Einbringung** setzt neben der Gewährung neuer Gesellschaftsrechte voraus, dass (1) sichergestellt ist, dass das übernommene Betriebsvermögen später bei der übernehmenden Körperschaft der Besteuerung unterliegt, (2) die Passivposten des eingebrachten Betriebsvermögens die Aktivposten nicht übersteigen und (3) das Recht der Bundesrepublik Deutschland hinsichtlich der Besteuerung des Gewinns aus der Veräußerung des eingebrachten Betriebsvermögens bei der übernehmenden Gesellschaft gesichert ist.

120 Das bisherige System der nachträglichen Besteuerung des Einbringungsgewinns im Zeitpunkt der Anteilsveräußerung im Falle der Veräußerung der erhaltenen Anteile innerhalb der Sperrfrist[303] wurde auf die **rückwirkende Besteuerung des Einbringungsgewinns im Einbringungszeitpunkt** umgestellt. Veräußert der Einbringende die zum Buchwert oder Zwischenwert erhaltenen Anteile innerhalb von sieben Jahren nach dem Einbringungszeitpunkt, gilt die Einbringung nach § 22 Abs. 1 Satz 1 UmwStG rückwirkend als zum gemeinen Wert durchgeführt, wobei für jedes seit Einbringung abgelaufene Zeitjahr ein Siebtel des Einbringungsgewinns steuerfrei bleibt. Der steuerpflichtige Einbringungsgewinn führt gemäß § 22 Abs. 1 Satz 4 UmwStG beim Einbringenden zu nachträglichen Anschaffungskosten der erhaltenen Anteile und verringert so den Gewinn aus der Veräußerung der erhaltenen Anteile.

121 Als weitere Ausnahme zur Gewinnrealisierung sieht § 21 Abs. 1 Satz 2 UmwStG die Einbringung mehrheitsvermittelnder Anteile an Kapitalgesellschaften vor (sog. **Qualifizierter Anteilstausch**). Veräußert die Gesellschaft die eingebrachten Anteile innerhalb von sieben Jahren nach dem Einbringungszeitpunkt, kommt es aber auch hier nach § 22 Abs. 2 Satz 1 UmwStG rückwirkend zu einer Besteuerung des ursprünglichen – ggf. zeitanteilig reduzierten (s.o.) – Einbringungsgewinns, wenn eine nicht durch § 8b Abs. 2 KStG begünstigte Person Kapitalgesellschaftsanteile zu einem Wert unter dem gemeinen Wert eingebracht hat. Auch hier gilt die Einbringung rückwirkend als zum gemeinen Wert durchgeführt, und der Einbringungsgewinn führt beim Einbringenden nach § 22 Abs. 2 Satz 4 UmwStG zu nachträglichen Anschaffungskosten der erhaltenen Anteile.

122 Die dargestellten Besteuerungsgrundsätze für Einlagen im Rahmen der Sachgründung und Sachkapitalerhöhung gelten auch für sonstige Sacheinlagen i. S. d. § 272 Abs. 2 HGB. Neben der Einkommensteuer bzw. Körperschaftsteuer und Gewerbesteuer unterliegen Sacheinlagen auf der Ebene des Gesellschafters darüber hinaus gegebenenfalls der Umsatzsteuer und der Grunderwerbsteuer.

123 *cc) Besteuerung von Nebenleistungen.* **Voll entgeltliche Nebenleistungen** der Gesellschafter werden steuerlich wie Verkehrsgeschäfte der Gesellschaft mit Dritten behandelt. Die Besteuerung folgt damit den allgemeinen Grundsätzen. Während vom Handelsrecht **unentgeltliche Nebenleistungen** von gesellschaftsrechtlichen Einlagen unterschieden werden, werden sie steuerlich den sonstigen Einlagen gleichgestellt:[304] Soweit eine Nebenleistung das bilanzierungsfähige Aktivvermögen der Gesellschaft erhöht bzw. die bilanzierten Passiva vermindert, führt sie zu einer Erhöhung des verwendbaren Eigenkapitals. Vom Gesellschafter werden sie als nachträgliche Anschaffungskosten auf das Beteiligungskonto aktiviert.
Nicht bilanzwirksame Nebenleistungen wie insbesondere unentgeltliche Nutzungsüberlassungen oder Dienstleistungen erhöhen unmittelbar den Gewinn der Gesellschaft.[305] Der Gesellschafter kann die mit derartigen Leistungen verbundenen Aufwendungen als Betriebsausgaben geltend machen.

124 **d) Besteuerung von Gesellschafterdarlehen.** Zinszahlungen der Gesellschaft auf Gesellschafterdarlehen führen bei dem Gesellschafter, der das Darlehen im Privatvermögen hält, grundsätzlich zu Einkünften aus Kapitalvermögen. Sofern das Darlehen vom Gesellschafter in einem Betriebsvermögen gehalten wird, erhöhen Zinszahlungen den laufenden einkom-

---

[303] Insbesondere §§ 21, 26 Abs. 2 UmwStG a. F., § 8b Abs. 4 KStG a. F.
[304] BeckBilKomm/*Förschle/Hoffmann* Rn. 220.
[305] *Groh* BB 1982, 133, 135 f.

men- bzw. körperschaftsteuerlichen Gewinn sowie den Gewerbeertrag des Gesellschafters. Bei der Gesellschaft kommt es grundsätzlich zum Betriebsausgabenabzug.[306, 307] Insoweit gibt es aber eine Vielzahl von Sonderregelungen, die hier nur im Überblick dargestellt werden können.[308]

aa) Einführung einer Abgeltungsteuer. Seit Einführung der **Abgeltungsteuer** ab dem Veranlagungszeitraum 2009 unterliegen Erträge aus Gesellschafterdarlehen, die im Privatvermögen gehalten werden, als Kapitaleinkünfte dem einheitlichen Abgeltungsteuersatz von 25%.[309] Gleiches gilt grundsätzlich auch bei Dividenden und Veräußerungsgewinne von Tochter-GmbHs bei natürlichen Personen, die die Beteiligung im Privatvermögen halten.[310] Die Steuer wird durch Einbehalt der Kapitalertragsteuer errichtet, so dass eine Veranlagung grundsätzlich nicht mehr erforderlich ist. Die abgeltende Wirkung gilt jedoch insbesondere nicht für Erträge, die von der GmbH an einen zu mindestens 10% beteiligten Anteilseigner oder eine diesem nahe stehenden Person gezahlt werden.[311] Für betriebliche Anleger und Anleger i. S. des § 17 EStG gilt das sog. **Teileinkünfteverfahren**.[312]

125

bb) Abzug von Finanzierungsaufwendungen auf Gesellschafterebene. Für natürliche Personen, die die Beteiligung im Privatvermögen halten und der Abgeltungsteuer unterliegen, gilt die weitgehende Abzugsbeschränkung des § 20 Abs. 9 Satz 1 zweiter Halbsatz EStG. Nach § 3c Abs. 2 EStG sind **Zinsen** und andere Aufwendungen, die in wirtschaftlichem Zusammenhang mit Beteiligungserträgen aus einer GmbH stehen, bei natürlichen Personen, die dem Teileinkünfteverfahren unterliegen, zu 60% abziehbar. Für Körperschaften trifft § 8b Abs. 5 KStG eine abschließende Sonderregelung. Die Vorschrift gilt unterschiedslos für in- und ausländische Beteiligungserträge. Ein Rückgriff auf § 3c EStG ist daher nicht möglich.[313]

126

cc) Abzug von Finanzierungsaufwendungen auf Gesellschaftsebene. § 4h EStG begrenzt den Abzug von Schuldzinsen auf Gesellschaftsebene. **Aufgrund der Zinsschranke sind Zinsaufwendungen der Gesellschaft nur abziehbar in der Höhe des Zinsertrags und darüber hinaus nur bis zur Höhe von 30 Prozent des steuerlichen EBITDA.**[314] Die Norm ist auf alle Zinszahlungen – auf kurz- und langfristige Verbindlichkeiten – und gegenüber allen Gläubigern und nicht mehr ausschließlich gegenüber wesentlich beteiligten Gesellschaftern, diesen nahe stehenden Personen i. S. d. § 1 Abs. 2 AStG und rückgriffsberechtigten Dritten anzuwenden.[315]

127

Nach § 4h Abs. 2 EStG gilt das pauschale Zinsabzugsverbot nicht, wenn einer der dort genannten Ausnahmefälle vorliegt. Der Abzug von Finanzierungsaufwendungen ist daher in

128

---

[306] Eine **Umqualifizierung der Zinszahlungen in verdeckte Gewinnausschüttungen** findet statt, soweit diese den Betrag einer angemessenen Verzinsung des überlassenen Kapitals übersteigen (zur vGA ausführlich unten → § 17 Rn. 108 ff.). Ist der Gesellschafter in beherrschender Stellung an der Gesellschaft beteiligt, stellen Zinszahlungen der Gesellschaft bereits dann und in voller Höhe verdeckte Gewinnausschüttungen dar, wenn die Gewährung des Darlehens und dessen Verzinsung nicht von vorneherein klar und deutlich vereinbart wurden oder eine bestehende Vereinbarung tatsächlich nicht durchgeführt wird (Schmidt/*Weber-Grellet* EStG § 20 Rn. 69 m. w. N.). – Bei ausländischen Gesellschaftern gelten gesteigerte Dokumentations- und Nachweispflichten (s. insbesondere § 90 Abs. 3 AO).
[307] Nach § 8 Nr. 1 Buchst. a GewStG sind (auch) bei Gesellschafterdarlehen Zinszahlungen als Entgelte für Schulden in Höhe von einem Viertel dem gewerbesteuerpflichtigen Gewinn der Gesellschaft hinzuzurechnen.
[308] Dazu ausführlich unten → § 17.
[309] § 20 Abs. 1 Nr. 7 EStG; dazu Beck'sches HdBGmbH/*Schwaiger* § 7 Rn. 275.
[310] § 20 Abs. 1 Nr. 1, Abs. 2 Nr. 1 EStG.
[311] § 32d Abs. 2 Nr. 1b; dazu Tipke/Lang/*Hey* § 8 Rn. 501.
[312] Beck'sches HdBGmbH/*Schröder* § 11 Rn. 262.
[313] Frotscher/Maas/*Frotscher* KStG § 8b Rn. 81.
[314] Dazu das BMF-Schreiben v. 4.7.2008, IV C 7 – S 2742 – a/07/10 001 – DStR 2008, 1437.
[315] Vgl. Blümich/*Heuermann* EStG § 4h Rn. 1. Der Zinsschranke unterliegen nur solche Zinsaufwendungen und Zinserträge, die den maßgeblichen Gewinn bzw. das maßgebliche Einkommen gemindert oder erhöht haben. Insbesondere nicht abziehbare Zinsen gemäß § 3c Abs. 1 und Abs. 2 EStG, § 4 Abs. 4a EStG, § 4 Abs. 5 Satz 1 Nr. 8a EStG und Zinsen, die gemäß § 8 Abs. 3 Satz 2 KStG als verdeckte Gewinnausschüttungen das Einkommen einer Körperschaft nicht gemindert haben, sind keine Zinsaufwendungen im Sinne des § 4h Abs. 3 Satz 2 EStG, vgl. BMF v. 4.7.2008, a. a. O.

voller Höhe möglich, wenn (1) der negative Zinssaldo des jeweiligen Betriebs weniger als drei Millionen Euro beträgt (sog. **Freigrenze**), (2) die Gesellschaft nicht oder nur anteilsmäßig zu einem Konzern gehört (sog. **Konzern- oder Stand-alone-Klausel**) oder (3) die Gesellschaft zwar einem Konzern angehört, ihre EK-Quote diejenige des Konzerns aber um nicht mehr als zwei Prozentpunkte unterschreitet (sog. **Escape-Klausel**).

129 Die bisherige Regelung zur Gesellschafterfremdfinanzierung nach § 8a KStG ist gänzlich neu konzipiert worden. Grundsätzlich ist nach § 8a Abs. 1 Satz 1 KStG die Zinsschranke auch auf die Einkommensermittlung der GmbH anzuwenden, ohne dass zwischen einer Fremdfinanzierung durch Gesellschafter und einer solchen durch Dritte unterschieden wird. Jedoch können die Ausnahmetatbestände der Stand-alone Klausel bzw. des Eigenkapitalvergleichs der Escape-Klausel teilweise nur unter erschwerten Bedingungen von der GmbH in Anspruch genommen werden.

So ist die **Stand-alone-Klausel** bei der GmbH nach § 8a Abs. 2 KStG nur anwendbar, wenn die Fremdkapitalvergütungen an einen zu mehr als einem Viertel unmittelbar oder mittelbar am Stammkapital beteiligten Gesellschafter, eine diesem nahe stehende Person i. S. v. § 1 Abs. 2 AStG oder einen Dritten, der auf den mehr als einem Viertel am Stammkapital beteiligten Gesellschafter oder eine diesem nahe stehende Person zurückgreifen kann, nicht mehr als 10% der die Zinserträge übersteigenden Zinsaufwendungen der Gesellschaft betragen und sie dies nachweist.

Ein Eigenkapitalvergleich im Rahmen der **Escape-Klausel** ist nach § 8a Abs. 3 KStG nur dann erfolgreich, wenn innerhalb des Konzerns keine schädliche Gesellschafterfremdfinanzierung vorliegt, wobei für die Definition des schädlichen Gesellschafter-Fremdkapitals im Wesentlichen auf die Ausführungen zu § 8a Abs. 2 KStG verwiesen werden kann. Die Regelung dient in erster Linie dazu, Gestaltungen zu vermeiden, bei denen eine andere Konzerngesellschaft schädliches Gesellschafter-Fremdkapital von einem Außenstehenden aufnimmt, um dieses an die Gesellschaft weiterzuleiten.[316]

130 Zinsaufwendungen, die nicht abgezogen werden dürfen, sind nach § 4h Abs. 1 Satz 5 EStG in die folgenden Wirtschaftsjahre **vorzutragen**, so dass sie die Zinsaufwendungen dieser Wirtschaftsjahre erhöhen. Unter bestimmten Voraussetzungen ist auch ein EBITDA-Vortrag in die folgenden fünf Wirtschaftsjahre möglich. – Der Zinsvortrag (nicht aber der EBITDA-Vortrag) geht unter, wenn die Voraussetzungen des § 8c KStG gegeben sind, § 8a Abs. 1 Satz 3 KStG i. V. m. § 4h Abs. 1 Satz 5 EStG.[317]

5. Insolvenz

131 Im Zusammenhang mit der Insolvenz der GmbH wird hier in Bezug auf die Kapitalaufbringung nur die Geltendmachung der Einlageforderung und die Kapitalerhöhung in der Insolvenz erörtert. Wegen der übrigen Themen im Zusammenhang mit der Insolvenz der GmbH wird auf § 23 „Die GmbH in der Krise" verwiesen.

132 a) **Ausstehende Einlagen.** Im Falle der Insolvenz der GmbH müssen alle noch ausstehenden Forderungen der GmbH eingezogen werden. Hierzu gehören insbesondere auch die Einlageforderungen gegen die Gesellschafter, soweit die Einlagen noch nicht (vollständig) erbracht worden sind. Die Geltendmachung der Einlageforderung in der Insolvenz unterliegt den oben dargestellten Grundsätzen.[318] Die Einlageforderung ist eine Forderung der GmbH und gehört damit zur Masse.[319] Sie wird durch den Insolvenzverwalter geltend gemacht. Gegen diese Geltendmachung kann sich der Gesellschafter nicht auf die §§ 94 ff. InsO berufen.

133 Erhebliche Bedeutung im Zusammenhang mit der Einlageforderung in der Insolvenz erhalten auch die Regelungen der § 22 und § 24 GmbHG über die Haftung der Rechtsvor-

---

[316] Zu dem insoweit missverständlichen Wortlaut der Vorschrift vgl. Frotscher/Maas/*Frotscher* KStG § 8a Rn. 165 m. w. N.
[317] Vgl. Blümich/*Heuermann* EStG § 4h Rn. 107.
[318] Vgl. OLG Hamm GmbHR 1985, 326, 327; Lutter/Hommelhoff/*Bayer* § 19 Rn. 52.
[319] Vgl. Schmidt/*Uhlenbruck* Rn. 896.

gänger und Mitgesellschafter.[320] Bei Geltendmachung der entsprechenden Regressansprüche sind deren Voraussetzungen grundsätzlich auch vom Insolvenzverwalter zu beachten.[321] Eine Ausnahme kann jedoch bei der Notwendigkeit eines Veräußerungsversuches gemacht werden, da eine Veräußerung nach § 23 GmbHG kaum Aussicht auf Erfolg haben dürfte.[322] Für die Erfolglosigkeit eines Veräußerungsversuches spricht insoweit eine tatsächliche Vermutung.[323]

b) Sanierungsleistungen. Eine Kapitalerhöhung ist in der Insolvenz der GmbH häufig die einzige Möglichkeit, die Gesellschaft zu sanieren. Eine solche Kapitalerhöhung zur Sanierung der GmbH in der Insolvenz ist grundsätzlich möglich.[324] Jedoch wird nach dem Wortlaut des § 35 InsO das gesamte Vermögen des Insolvenzschuldners als Insolvenzmasse erfasst, welches diesem zum Zeitpunkt der Eröffnung des Insolvenzverfahrens gehört und das er während des Insolvenzverfahrens erlangt. Es besteht also die **Gefahr, dass das so eingebrachte frische Kapital nicht zur Sanierung der Gesellschaft verwendet wird**, sondern als Bestandteil der Insolvenzmasse lediglich der Gläubigerbefriedigung dient. Dies führt dazu, dass eine die Sanierung des Unternehmens ermöglichende Kapitalerhöhung nach Eröffnung des Insolvenzverfahrens für Gesellschafter und Investoren wirtschaftlich unattraktiv sein dürfte. Vor einer Kapitalerhöhung sollten dementsprechend die Forderungen der Gläubiger der GmbH so vermindert werden, dass das durch die Erhöhung aufgebrachte Kapital nicht mehr zur Erfüllung dieser Forderungen benötigt wird und zur Sanierung des Unternehmens zur Verfügung steht. Als gangbarer Weg erscheint hier die Aufstellung eines entsprechenden Insolvenzplans nach §§ 217 ff. InsO, der zu einer Befreiung nach § 227 InsO führen kann. – Alternativ kommt die Errichtung einer Auffanggesellschaft in Betracht, die das Unternehmen von der insolventen GmbH ganz oder teilweise erwirbt. 134

Im Zusammenhang mit der Aufstellung eines Insolvenzplans ist auf den durch das ESUG[325] normierten **Debt-Equity-Swap** hinzuweisen.[326] Nach § 225a Abs. 2 InsO kann im Insolvenzplan eine Umwandlung von Fremd- in Eigenkapital vorgesehen werden.[327] Dem wandelnden Gläubiger kommt dabei auch das Sanierungsprivileg (§ 39 Abs. 4 Satz 2 InsO) zugute, da davon auszugehen ist, dass der Erwerb der Anteile zur Sanierung des Insolvenzschuldners erfolgt.[328] Im Insolvenzplan kann jede Regelung getroffen werden, die gesellschaftsrechtlich zulässig ist, insbesondere die Fortsetzung einer aufgelösten Gesellschaft oder die Übertragung von Anteils- oder Mitgliedschaftsrechten, § 225a Abs. 3 InsO. Üblicherweise wird der Debt-Equity-Swap durch eine Kapitalherabsetzung mit anschließender Kapitalerhöhung umgesetzt, vgl. § 225a Abs. 2 Satz 3 InsO. Die Forderung des Gläubigers gegen den Insolvenzschuldner wird dabei als Sacheinlage eingebracht.[329] Bei der Einbringung stellt sich insbesondere die Frage, wie die Forderung zu bewerten ist. Hierbei sind die allgemeinen Bewertungsgrundsätze bei der Kapitalaufbringung anwendbar.[330] Die Forderung ist nach dem Zerschlagungswert zu bewerten.[331] Die Bewertung der Forderung ist aber 135

---

[320] Dazu oben → Rn. 84 ff.
[321] Vgl. Lutter/Hommelhoff/*Bayer* § 24 Rn. 3.
[322] Vgl. OLG Hamm GmbHR 1993, 360, 362.
[323] Vgl. OLG Hamm GmbHR 1993, 360, 362.
[324] Vgl. Lutter/Hommelhoff/*Bayer* § 55 Rn. 45.
[325] Gesetz zur weiteren Erleichterung der Sanierung von Unternehmen (ESUG) vom 7.12.2011, BGBl. I S. 2582, berichtigt S. 2800.
[326] Dazu *Simon/Merkelbach* NZG 2012, 121, 123 ff.; *Hölzle* NZI 2011, 124, 128 f.; VGR 2011/*Maier-Reimer*, 107 ff.
[327] Ausführlich VGR 2011/*Maier-Reimer*, 107.
[328] RegE ESUG, BT-Drucks. 17/5712, S. 32; Braun/*Braun/Frank* § 225a Rn. 13.
[329] Die Einbringung kann durch eine Abtretung der Forderung (die dann durch Konfusion erlischt) oder durch einen Erlassvertrag erfolgen, vgl. RegE ESUG, BT-Drucks. 17/5712, S. 31; Braun/*Braun/Frank* § 225a Rn. 6.
[330] FK-InsO/*Jaffé* § 225a Rn. 14 ff.; *Simon/Merkelbach* NZG 2012, 121, 123 f. m.w.N.; a.A. VGR 2011/*Maier-Reimer*, 107, 115.
[331] FK-InsO/*Jaffé* § 225a Rn. 18 ff.; wohl auch *Gehrlein* NZI 2012, 257, 260; a.A. VGR 2011/*Maier-Reimer*, 107, 113 ff. Der Gesetzgeber verweist darauf, dass über den Wert der Forderung gegebenenfalls ein Gutachten einzuholen ist, vgl. RegE ESUG, BT-Drucks. 17/5712, S. 31 f., wobei dies aber primär einer möglichen Haftung des Insolvenzverwalters vorbeugen soll.

nur im Rahmen des Planverfahrens vor Bedeutung, da eine nachträgliche Differenzhaftung bei einer Überbewertung ausgeschlossen ist, § 254 Abs. 4 InsO.[332] Um die hierdurch entstehenden möglichen Haftungsfreiräume zu schließen, wird teilweise auf eine Haftung wegen materieller Unterkapitalisierung verwiesen.[333]

136 Ist ein Kapitalerhöhungsbeschluss bereits vor Eröffnung des Insolvenzverfahrens gefasst worden, so wird dieser nach Eröffnung des Insolvenzverfahrens weiter durchgeführt, wenn die Anmeldung der Kapitalerhöhung nicht zurückgenommen oder der Kapitalerhöhungsbeschluss vor Eintragung nicht aufgehoben wird. Ein Bedürfnis für einen weitergehenden, ihr Zutun nicht erfordernden Schutz der Gesellschafter besteht nicht.[334] Im Falle eines wirksamen Kapitalerhöhungsbeschlusses ist der Insolvenzverwalter berechtigt, die offenen Einlageforderungen einzuziehen.[335] Bis zur Eintragung der Kapitalerhöhung können die Gesellschafter den Kapitalerhöhungsbeschluss grundsätzlich – durch privatschriftlichen Beschluss – wieder aufheben.[336]

IV. Kapitalaufbringung bei Gründung

1. Allgemeines

137 Neben der präzisen Abfassung der Dokumentation bezüglich der Kapitalaufbringung besteht die wesentliche Aufgabe des anwaltlichen Beraters im Zusammenhang mit Kapitalmaßnahmen darin, deren ordnungsmäßige Durchführung als ständiger, proaktiver Ansprechpartner für die Gründer zu gewährleisten. Für Kaufleute ist teilweise nicht ohne weiteres ersichtlich, dass die Kapitalaufbringung strengen rechtlichen Regeln unterliegt, deren Einhaltung zur Vermeidung wiederholter Inanspruchnahme oder weitergehender Haftung unbedingt geboten ist. Auf die Thematik der Zahlung an die Vorgründungsgesellschaft,[337] der verdeckten Sacheinlage[338] oder der Vorbelastungshaftung bei vorzeitiger Aufnahme des Geschäftsbetriebs[339] ist in diesem Zusammenhang bereits hingewiesen worden.

Auf einige weitere praktische Fragen, verbunden mit Formulierungsvorschlägen, und auf praktische Beispiele aus der Rechtsprechung wird im Folgenden eingegangen.

2. Bargründung

138 a) **Allgemeines.** Bargründungen sind regelmäßig unproblematisch und werden schnell in das Handelsregister eingetragen. Ob sich – zur weiteren Beschleunigung – der Kauf einer Vorratsgesellschaft[340] lohnt, muss im Einzelfall entschieden werden.

139 b) **Gründungsprotokoll und Gesellschaftsvertrag.** Bei der Gründung besteht der Gesellschaftsvertrag aus zwei Teilen, nämlich der Einigung der Gründer über die Errichtung der GmbH, die die Gründer im Hinblick auf die Eintragung der GmbH im Handelsregister verpflichtet, und dem Gesellschaftsvertrag im engeren Sinne (auch „Satzung" genannt), der die „normative Grundordnung der Gesellschaft" darstellt.[341]

140 *aa) Gründungsprotokoll.* Gründungsprotokoll kann im Falle der Bargründung wie folgt abgesetzt werden:

---

[332] Dazu *Simon/Merkelbach* NZG 2012, 121, 124; *Hölzle* NZI 2011, 124, 129.
[333] *Gehrlein* NZI 2012, 257, 261. Zur Haftung wegen materieller Unterkapitalisierung siehe bereits oben Rn. 10.
[334] BGH GmbHR 2008, 147; BGH ZIP 1995, 28, 29; a. A. Lutter/Hommelhoff/*Lutter/Bayer* § 55 Rn. 46.
[335] BGH ZIP 1995, 28, 29.
[336] BGH ZIP 1995, 28, 29.
[337] Dazu bereits oben → Rn. 40; siehe auch → Rn. 151.
[338] Dazu oben → Rn. 48 ff.
[339] Dazu oben → Rn. 80 ff.
[340] Dazu oben → Rn. 60 ff.
[341] Lutter/Hommelhoff/*Bayer* § 2 Rn. 12; ausführlich *K. Schmidt* Gesellschaftsrecht S. 75 ff.

Muster:

Notarielle Urkunde

[......]

Die Erschienenen erklärten Folgendes

Gründungsprotokoll:

I. Gründung

Wir errichten hiermit eine Gesellschaft mit beschränkter Haftung nach den Gesetzen der Bundesrepublik Deutschland. Zu diesem Zweck schließen wir den diesem Protokoll als Anlage 1 beigefügten Gesellschaftsvertrag.

II. Stammkapital, Geschäftsanteile

(1) Das Stammkapital der Gesellschaft beträgt [...... EUR] (in Worten Euro [......]).
(2) Auf das Stammkapital übernehmen
– Herr [......], [Ort], die Geschäftsanteile Nr. [......] bis Nr. [......] mit einem Nennbetrag von je [...... EUR] (in Worten Euro [......]);
– Frau [......], [Ort], den Geschäftsanteil Nr. [......] mit einem Nennbetrag von [...... EUR] (in Worten Euro [......]).

(3) Die Einlagen auf die Geschäftsanteile sind in bar zu leisten. Die Gesellschafter haben auf jeden Geschäftsanteil je 25% seines Nennbetrages unverzüglich einzuzahlen und zur freien Verfügung der Geschäftsführer zu stellen.[342] Die Einforderung der restlichen auf die Geschäftsanteile zu leistenden Einlagen wird der Geschäftsführung übertragen.[343]

[(3) Die Einlagen auf die Geschäftsanteile sind unverzüglich in voller Höhe in bar zu leisten und zur freien Verfügung der Geschäftsführer zu stellen. Die Gesellschafter verpflichten sich zudem, jeweils [Alternative (a): eine weitere Zahlung in Höhe von [...... EUR] (in Worten Euro [......]) als Aufgeld an die Gesellschaft zu leisten. Aus den weiteren Zahlungen wird eine Rücklage gebildet./ Alternative (b): der Gesellschaft im Rahmen eines einheitlichen Finanzplanes ein Gesellschafterdarlehen in Höhe von [...... EUR] (in Worten Euro [......]) zur Verfügung zu stellen und zu diesem Zwecke Darlehensverträge mit der Gesellschaft abzuschließen, die im Wesentlichen dem als Anlage 2 beigefügten Muster entsprechen.]

[......]

Der Notar wies die Erschienenen darauf hin, dass
– die Gesellschafter bzw. die Personen, für deren Rechnung die Erschienenen Geschäftsanteile übernommen haben, der Gesellschaft als Gesamtschuldner haften, wenn die Gesellschaft von Gesellschaftern durch Einlagen oder Gründungsaufwand vorsätzlich oder aus grober Fahrlässigkeit geschädigt wird;
– zum Zeitpunkt der Eintragung der Gesellschaft in das Handelsregister der Wert des Gesellschaftsvermögens nach Abzug des Gründungsaufwandes nicht niedriger sein darf als das Stammkapital und jeder Gesellschafter zur Leistung eines insoweit bestehenden Fehlbetrages verpflichtet ist;
– jeder Gesellschafter für die Leistung der von den anderen Gesellschaftern übernommenen, jedoch nicht geleisteten Stammeinlagen haftet;
– [......].
[......]

[Abspann]

---

[342] Hierbei muss allerdings darauf geachtet werden, dass zum Zeitpunkt der Anmeldung zum Handelsregister mindestens die Hälfte des Mindeststammkapitals gemäß § 5 Abs. 1 GmbHG eingezahlt worden ist, § 7 Abs. 2 Satz 2 GmbHG.

[343] Dies ist mit Blick auf § 46 Nr. 2 GmbHG, der die Einforderung ausstehender Einlagen grds. in die Kompetenz der Gesellschafterversammlung stellt, empfehlenswert; dazu oben → Rn. 35.

142 Der Gesellschaftsvertrag[344] kann entweder in das Gründungsprotokoll mit aufgenommen oder dem Protokoll als Anlage beigefügt werden, § 9 Abs. 1 BeurkG. Entscheidend ist, dass der **Gesellschaftsvertrag zumindest einmal vollständig in einem Schriftstück enthalten** ist. Wegen der Möglichkeit, auf Gesellschafterebene weitere Finanzierungsabreden zu treffen, die über die Verpflichtung zur Leistung der Einlage und eines Agios hinausgehen, ist es praktisch empfehlenswert, den Gesellschaftsvertrag als Anlage der notariellen Urkunde zum Protokoll zu nehmen. Auf diese Weise kann künftig keine Unklarheit darüber entstehen, ob bestimmte Pflichten Inhalt des Gesellschaftsvertrages sind oder Nebenabreden darstellen. Hinsichtlich der Festlegung des Betrages des Stammkapitals und der namentlichen Nennung der Übernehmer der Geschäftsanteile im Gesellschaftsvertrag[345] kann auf diese Angaben im Gründungsprotokoll verzichtet werden, wenn der Gesellschaftsvertrag zur Anlage der notariellen Urkunde genommen wird. Gleiches gilt für gesellschaftsvertragliche Nebenleistungspflichten, § 3 Abs. 2 GmbHG.

143 *bb) Gesellschaftsvertrag.* Der Gesellschaftsvertrag kann die Bargründung folgendermaßen definieren:

> **Formulierungsvorschlag:**
>
> **§ [......] Stammkapital und Geschäftsanteile**
>
> (1) Das Stammkapital der Gesellschaft beträgt [..... EUR] (in Worten Euro [......]).
>
> (2) Auf das Stammkapital übernehmen/[haben übernommen[346]]
> – Herr [......], [Ort], die Geschäftsanteile Nr. [......] bis Nr. [......] mit einem Nennbetrag von je [...... EUR] (in Worten Euro [......]);
> – Frau [......], [Ort], den Geschäftsanteil Nr. [......] mit einem Nennbetrag von [...... EUR] (in Worten Euro [......]).
>
> (3) Die Einlagen auf die Geschäftsanteile sind in bar zu leisten. Die Gesellschafter haben auf jeden Geschäftsanteil je 25% seines Nennbetrags eingezahlt[347] und zur freien Verfügung der Geschäftsführer gestellt. Die Einforderung der restlichen auf die Geschäftsanteile zu leistenden Einlagen wird der Geschäftsführung übertragen.[348]
>
> [(3) Die Einlagen auf die Geschäftsanteile sind unverzüglich in voller Höhe in bar zu leisten und zur freien Verfügung der Geschäftsführer zu stellen.]

144 *c) Durchführung, Anmeldung und registergerichtliches Verhalten.* Die Gründung ist von sämtlichen Geschäftsführern zur Eintragung in das Handelsregister anzumelden, §§ 78, 7 Abs. 1 GmbHG. Die Anmeldung darf erst erfolgen, wenn auf jeden Geschäftsanteil mindestens ein Viertel seines Nennbetrages eingezahlt ist und der Gesamtbetrag der eingezahlten Geldeinlagen mindestens 12.500,– EUR beträgt, § 7 Abs. 2 GmbHG. Sacheinlagen müssen vor der Anmeldung vollständig und endgültig zur freien Verfügung der Geschäftsführung stehen, § 7 Abs. 3 GmbHG. Die Einreichung der Anmeldung und aller erforderlichen Unterlagen hat zwingend elektronisch zu erfolgen, § 8 Abs. 5 GmbGH i. V. m. § 12 HGB.[349]

145 In der Anmeldung haben die Geschäftsführer die Versicherung abzugeben, dass die nach § 7 Abs. 2 und 3 GmbHG erforderlichen Leistungen auf die Geschäftsanteile bewirkt und

---

[344] Dazu sogleich → Rn. 143.
[345] § 3 Abs. 1 Nr. 3 und 4 GmbHG.
[346] Wenn die Übernahme der Stammeinlagen im Gründungsprotokoll erfolgt.
[347] Da die Geschäftsführung vor Zahlung des Mindestbetrages die Anmeldung zum Handelsregister nicht vornehmen darf, § 7 Abs. 2 GmbHG, ist diese Formulierung akzeptabel. Sie ermöglicht nicht die befreiende Wirkung einer Zahlung an die Vorgründungsgesellschaft.
[348] Im Regelfall obliegt die Einforderung ausstehender Einlagen der Gesellschafterversammlung, § 46 Nr. 2 GmbHG. Die Gesellschafterversammlung kann jedoch die Geschäftsführung ermächtigen, restlichen Einlagen abzufordern, sobald und soweit diese von der Gesellschaft benötigt werden, vgl. Lutter/Hommelhoff/*Bayer* § 46 Rn. 13. Nach OLG Celle GmbHR 1997, 748, 749 kann bereits im Gesellschaftsvertrag durch eindeutige Regelung die Ermächtigung auf die Geschäftsführung übertragen werden; siehe auch allg. oben → Rn. 35.
[349] Lutter/Hommelhoff/*Bayer* § 8 Rn. 23.

sich endgültig in ihrer freien Verfügung befinden, § 8 Abs. 2 Satz 1 GmbHG.[350] Da im Fall einer verdeckten Sacheinlage die Einlageforderung nicht getilgt wird (§ 19 Abs. 4 Satz 1 GmbHG), dürfen die Geschäftsführer daher hier die Versicherung auch nicht abgeben. Dies gilt trotz der Anrechnung nach § 19 Abs. 4 Satz 3 GmbHG, da diese nicht vor der Eintragung erfolgt (§ 19 Abs. 4 Satz 4 GmbHG) und die Versicherung vor der Eintragung abzugeben ist. Die aufgrund einer verdeckten Sacheinlage fehlerhafte Geschäftsführerversicherung kann ferner gemäß § 82 Abs. 1 Nr. 1 GmbHG zur Strafbarkeit führen.[351] Der Vorgang eines Hin- und Herzahlens hindert hingegen die Zulässigkeit der Versicherung nicht; ausnahmsweise muss sich hier die Einlage gerade nicht „endgültig" in der freien Verfügung der Geschäftsführer befinden.[352] Der Tatbestand des Hin- und Herzahlens ist jedoch von den Geschäftsführern in der Anmeldung offenzulegen, § 19 Abs. 5 Satz 2 GmbHG, damit das Handelsregister über den Vorgang unterrichtet und bei Zweifeln die Vollwertigkeit der Forderungen prüfen kann.[353] Falsche Angabe können jedoch auch hier strafbar sein, § 82 Abs. 1 Nr. 1 GmbHG.

Formulierungsvorschlag:
Hinsichtlich der Bareinlage des Gesellschafters [......] auf den Geschäftsanteil Nr. [......] mit einem Nennbetrag von [...... EUR] wurde gemäß § 19 Abs. 5 Satz 1 GmbHG vereinbart, dass der Betrag in Höhe von [...... EUR] als Darlehen an den Gesellschafter zurückgezahlt wird. Die Leistung ist am [......] [noch nicht] erfolgt. Der Rückgewähranspruch der Gesellschaft ist vollwertig und jederzeit fällig [kann durch fristlose Kündigung seitens der Gesellschaft jederzeit fällig gestellt werden].

146

Muster: Handelsregisteranmeldung

An das
Amtsgericht
Abt. B
[......]

Anmeldung einer GmbH zum Handelsregister
[......] GmbH

Als Geschäftsführer überreichen wir:
1. Ausfertigung des notariellen Gründungsprotokolls (UR-Nr. [......] des Notars [......] vom [......]), einschließlich des Gesellschaftsvertrages der [......] GmbH.
2. Liste der Gesellschafter.
[......]
Wir versichern, dass Gesellschafter [......] auf seinen übernommenen Geschäftsanteil Nr. [......] mit einem Nennbetrag von [...... EUR] einen Betrag von [...... EUR], Gesellschafter [......] auf seinen übernommenen Geschäftsanteil Nr. [......] mit einem Nennbetrag von [...... EUR] einen Betrag von [...... EUR] sowie Gesellschafter [......] auf seinen übernommenen Geschäftsanteil Nr. [......] mit einem Nennbetrag von [...... EUR] einen Betrag von [...... EUR] eingezahlt haben[354] und daher der Gesamtbetrag der geleisteten Einlagen [...... EUR] beträgt[355] und die eingezahlten Beträge sich endgültig in unserer freien Verfügung als Geschäftsführer befinden.
[......]
[Datum]
Unterschriften   Beglaubigung

147

---

[350] Vgl. hierzu oben → Rn. 41.
[351] Baumbach/Hueck/*Haas* § 82 Rn. 12.
[352] Siehe oben → Rn. 55 ff.
[353] BGHZ 182, 103 – Cash-Pool II; auch Lutter/Hommelhoff/*Bayer* § 19 Rn. 112.
[354] Gemäß § 7 Abs. 2 Satz 1 GmbHG müssen bei einer Bargründung auf jeden Geschäftsanteil ein Viertel des Nennbetrags eingezahlt sein.
[355] Insgesamt muss die Hälfte des Mindeststammkapitals, also ein Betrag von 12.500,– EUR eingezahlt sein, vgl. § 7 Abs. 2 Satz 2 GmbHG.

148 Der Registeranmeldung sind die in § 8 Abs. 1 GmbHG genannten **Unterlagen** beizufügen. Bei **Bargründungen** ist es aus rechtlicher Sicht nicht notwendig, **Einzahlungsbelege oder Bankbestätigungen** vorzulegen. Erst bei erheblichen Zweifeln des Registergerichts kann deren Vorlage verlangt werden, § 8 Abs. 2 Satz 2 GmbHG.[356] Praktisch empfiehlt es sich gleichwohl, die Belege beizufügen: Dieses Vorgehen vermeidet Verzögerungen der Eintragung der GmbH in das Handelsregister. Zudem schützt es die Geschäftsführer vor falschen eidesstattlichen Versicherungen,[357] insbesondere im Hinblick auf die notarielle Praxis, Handelsregisteranmeldungen bereits in dem Termin, in dem das Gründungsprotokoll unterzeichnet wird, unterschreiben zu lassen und erst bei Vorliegen der Zahlungsnachweise weiterzuleiten.[358]

149 Mit dem vorstehenden Thema in engem Zusammenhang steht im Zuge der Bargründung die praktische Frage nach der **Einzahlung der Einlagen mit befreiender Wirkung**, insbesondere nach dem **Timing**. Hier ist nach den Gründungsstadien der GmbH zu unterscheiden.[359]

150 • Eine **Leistung an die Vorgründungsgesellschaft** hat keine Befreiungswirkung, da diese mit der späteren GmbH nicht identisch ist.[360] Eine Aufrechnung des Rückzahlungsanspruchs gegen die Vorgründungsgesellschaft mit der Einlageforderung der GmbH scheitert an § 19 Abs. 2 Satz 2 GmbHG.

151 • Eine **Leistung an die „GmbH i. G." vor der Gründung** der Gesellschaft, z. B. durch Überweisung auf ein bereits vor dem Notartermin unter dieser Bezeichnung eingerichtetes Bankkonto, muss theoretisch ebenfalls scheitern, da die GmbH zu diesem Zeitpunkt noch nicht existiert. Es handelt sich um eine Leistung an die Vorgründungsgesellschaft. Der anwaltliche Berater sollte die Mandanten daher entsprechend beraten, solche „Vorabüberweisungen" nicht zu tätigen. Allerdings besteht hier die praktische Möglichkeit einer – ggf. auch konkludenten – Übereignung des entsprechenden Barvermögens an die Gesellschaft. In diesem Sinne ist von einer Tilgungswirkung auszugehen, wenn die Voreinzahlung auf ein Konto der „GmbH i. G." vor deren Gründung erfolgt, wenn die eigentliche Gründung zeitnah erfolgt und das Kapital bei Gründung unverändert vorliegt.[361] Dies gilt jedenfalls dann, wenn noch keine Umsatzgeschäfte im Namen der künftigen GmbH getätigt worden sind.[362] Aus praktischer Sicht empfiehlt sich hier eine klare schriftliche Regelung, um jeden Zweifel, dass die Einzahlungsleistung mit Tilgungswirkung erbracht worden ist, auszuschließen.

152 • Zum **Zeitpunkt der Handelsregisteranmeldung** müssen die Einlagen in der freien Verfügung der Geschäftsführer stehen, § 7 Abs. 2 GmbHG.[363]

153 • Bei **Leistungen an die Vor-GmbH** (zwischen Unterzeichnung des notariellen Gründungsprotokolls und Eintragung in das Handelsregister) ist zur Vermeidung einer Unterbilanzhaftung[364] darauf zu achten, dass Verwendungen der Barmittel unter dem Vorbehalt wertgleicher Deckung stehen. Dies bedeutet, dass das Barvermögen zum Zeitpunkt der Anmeldung nicht unangetastet vorhanden sein muss, sondern es auf das wertgleiche Vorhandensein der Einlage ankommt.[365]

154 • Nach Eintragung der GmbH unterliegt die Einlageleistung den Grundsätzen über die Kapitalerhaltung.[366]

---

[356] Die Vorschrift wurde durch das MoMiG neu eingeführt. Allerdings konnte das Registergericht auch schon nach früherer Rechtslage bei Zweifeln an der ordnungsgemäßen Kapitalaufbringung auf Grund des Amtsermittlungsgrundsatzes gemäß § 9c Abs. 1 Satz 1 GmbHG i. V. m. § 26 FamFG (§ 12 FGG a. F.) weitere Nachweise verlangen, vgl. BGH GmbHR 1991, 255; OLG Düsseldorf DB 1996, 2122.
[357] Vgl. §§ 8 Abs. 2, 82 Abs. 1 GmbHG.
[358] Dieses Vorgehen ist zulässig, vgl. Spiegelberger/Walz GmbHR 1998, 761, 762.
[359] Dazu ausführlich → § 3 Rn. 41 ff.
[360] BGH WM 1992, 1432, 1433.
[361] Spiegelberger/Walz GmbHR 1998, 761, 763 m. w. N.
[362] Siehe sogleich zur Vorbelastungshaftung. Die Anlage des vorab eingezahlten Betrages als Tagesgeld ist dagegen unschädlich.
[363] Dazu oben → Rn. 41.
[364] Dazu oben → Rn. 80 ff.
[365] BeckNotar-HdB/Mayer/Weiler Rn. D I 84.
[366] Dazu → § 6 Rn. 5 ff.

3. Sachgründung

a) Allgemeines. Der Gesellschaftsvertrag weist bei einer Sachgründung[367] naturgemäß Besonderheiten im Vergleich mit der Bargründung auf: Die Gegenstände der Sacheinlagen sind in der Satzung, jeweils im Einzelnen bezogen auf die konkreten Geschäftsanteile, exakt zu bezeichnen, § 5 Abs. 4 Satz 1 GmbHG. Zudem ist ein Sachgründungsbericht zu erstellen, § 5 Abs. 4 Satz 2 GmbHG. Bei Sacheinlagen stellen sich oftmals schwierige Einzelfragen, insbesondere in Bezug auf die Bewertung der Sacheinlagen.

> **Praxistipp:**
> Im Zweifelsfall ist dem anwaltlichen Berater zu empfehlen, offene Fragen mit dem Notar und dem Registergericht vorab zu klären, damit die Registereintragung reibungslos erfolgen kann und keinerlei Haftungsrisiko besteht.

aa) Gegenstand der Sacheinlage/Werthaltigkeitsprüfung. Hinsichtlich des Einlagegegenstandes ist danach zu unterscheiden, ob es sich um Einzelgegenstände oder Sachgesamtheiten, insbesondere Unternehmen, handelt. Das Registergericht, das mit der Werthaltigkeitsprüfung nach § 9c Abs. 1 GmbHG befasst ist, nähert sich seiner Aufgabe hier unterschiedlich. Ausgangspunkt der Prüfung des Gerichts sind die nach § 8 Abs. 1 Nr. 4 und 5 GmbHG der Handelsregisteranmeldung beizufügenden Unterlagen, namentlich der Sachgründungsbericht und weitere Unterlagen darüber, dass der Wert der Sacheinlagen den Nennbetrag des dafür übernommenen Geschäftsanteils erreicht. Das Registergericht kann die Eintragung einer neu gegründeten GmbH indes nur dann ablehnen, wenn die Sacheinlagen nicht „unwesentlich überbewertet" worden sind, § 9c Abs. 1 Satz 2 GmbHG. Ein unwesentliche Überbewertung ist somit unschädlich.

Bei **gebrauchten Einzelgegenständen, die von dem Gesellschafter im Privatvermögen gehalten werden,** ist eine Bewertung oftmals nur mit Sachverständigengutachten möglich. Aber auch bei gebrauchten Gegenständen ist stets zu prüfen, ob Markt- und Börsenpreise, frühere Kaufpreise oder nachweisbare Herstellungskosten herangezogen werden können. Bei Grundstücken sind die Unterlagen des gemeindlichen Gutachterausschusses hilfreich, bei Kraftfahrzeugen die „Schwacke-Listen" und ähnliche Referenzlisten von Sachverständigen. Auch Ergebnislisten staatlich anerkannter Auktionatoren können hilfreich sein.

Bei **Einzelgegenständen des Betriebsvermögens** wird man sich dagegen regelmäßig mit dem Buchwert behelfen können, da dieser sich nach dem Vorsichtsprinzip (§ 252 Abs. 1 Nr. 4 HGB) eher am unteren Rand der Bewertungsmöglichkeiten befinden wird. Schwieriger wird jedoch der Nachweis, wenn höhere Werte angesetzt werden sollen. **Gegenstände des Anlagevermögens,** die auf den Geschäftsanteil eingebracht werden sollen, sind mit Ihrem Zeitwert zu bewerten. Der Zeitwert bestimmt sich nach dem Wert, den die Nutzung des Gegenstandes bei objektiver Beurteilung hat. Dieser Wert entspricht regelmäßig dem Wiederbeschaffungswert. Werden mehrere Gegenstände zu einem Gesamtwert eingebracht, so ist insoweit der Gesamtwert maßgebend. Der geringere Wert des einen kann durch den höheren Wert des anderen Gegenstandes ausgeglichen werden.[368]

Bei **Unternehmen** kann man sich auf Bilanzwerte stützen, wobei für nicht prüfungspflichtige Unternehmen eine von einem Steuerberater oder Wirtschaftsprüfer bescheinigte Bilanz genügt. Eine von einem Wirtschaftsprüfer testierte Bilanz ist bei nicht prüfungspflichtigen Unternehmen für den Wertnachweis nicht erforderlich.[369] Die Bezugnahme auf einen zurückliegenden Bilanzstichtag muss im Einzelnen mit dem Registergericht abgestimmt werden; zwar erlaubt das Umwandlungssteuerrecht die Rückwirkung auf eine bis zu acht Monate alte Bilanz, § 20 Abs. 6 UmwStG. Die Prüfungskompetenz des Handelsregisters ist

---

[367] Zu Sacheinlagen bereits allg. oben → Rn. 45.
[368] Vgl. OLG Düsseldorf GmbHR 1992, 112, 113.
[369] Dazu OLG Düsseldorf WM 1995, 1840.

dagegen auf den Zeitpunkt der Gründung (bzw. der Kapitalerhöhung) bezogen; insoweit ist nachzuweisen, dass die an einem zurückliegenden Bilanzstichtag vorhandenen Werte tatsächlich noch vorhanden sind. – Soweit über die Bilanzwerte hinaus nachgewiesen werden soll, dass mit dem eingebrachten Unternehmen eine höhere Stammkapitalziffer darstellbar ist, wird eine Unternehmensbewertung erforderlich, die regelmäßig von einem Wirtschaftsprüfer anhand des Standards „IDW S1" des Instituts der Wirtschaftsprüfer[370] in der Fassung des Jahres 2008 vorgenommen wird.[371]

161 *bb) Bewertungszeitpunkt.* Durchaus umstritten ist der Zeitpunkt der Bewertung der Sacheinlagen. In § 9 Abs. 1 GmbHG wird für die Nachzahlungspflicht bei Sachgründung auf den Zeitpunkt der Anmeldung der Gesellschaft abgestellt: Ist der Wert einer Sacheinlage nach der Anmeldung unter den in der Satzung angegebenen Betrag gesunken, so soll das Gericht, wenn ihm dies bekannt wird, die Eintragung ablehnen. Damit wird der Wortlaut des § 9c Abs. 1 GmbHG („Ist die Gesellschaft nicht ordnungsgemäß errichtet und angemeldet, so hat das Gericht die Eintragung abzulehnen. Dies gilt insbesondere, wenn Sacheinlagen überbewertet worden sind.") so verstanden, dass es auf den Zeitpunkt der Eintragung ankomme. Nach Auffassung des BGH stellen die Haftungs- und Kontrollbestimmungen der §§ 7ff. GmbHG zwar auf den Zeitpunkt der Anmeldung ab, in dem sich diese Leistungen „endgültig" in der freien Verfügung der Geschäftsführer befinden sollen, das habe aber vor allem praktische Gründe und solle nicht etwa bedeuten, dass das weitere Schicksal der Einlagen bis zur Eintragung gleichgültig wäre.[372]

162 *cc) Gewährleistung für Sacheinlagen.* Der Schuldner einer Sacheinlage muss sein Einlageversprechen, soweit es unerfüllbar oder der einzubringende Gegenstand mangelhaft ist, bar erfüllen.[373] Eine direkte Anwendung der Vorschriften des Kaufrechts über Rechts- und Sachmängel ist nicht möglich, weil das Sacheinlageversprechen kein Kauf, sondern eine körperschaftliche Regelung ist. Die Vorschriften über die Kaufgewährleistung sind nur insoweit anwendbar, als sie mit dem Wesen der Sacheinlage vereinbar sind.[374]

163 **b) Gründungsprotokoll und Gesellschaftsvertrag.** In formaler Hinsicht entspricht das Gründungsprotokoll der Sachgründung demjenigen der Bargründung. Besonderheiten ergeben sich allerdings in Bezug auf die Bezeichnung des Einlagegegenstandes. Außerdem ist bei Mischeinlagen[375] und gemischten Einlagen[376] genau vorzugeben, wie die Kapitalerhöhung erfolgen soll.

164 *aa) Gründungsprotokoll.* In Ergänzung zu dem Beispiel eines Gründungsprotokolls, das oben unter → Rn. 141 abgedruckt ist, kann bei der Sachgründung etwa wie folgt formuliert werden:

Muster:

Notarielle Urkunde
[......]

II. Stammkapital, Geschäftsanteile

[......]

(3) Schlichte Sacheinlage: Die Einlage auf den vom Gesellschafter [......] übernommenen Geschäftsanteil Nr. [......] ist unverzüglich im Wege der Sacheinlage dadurch zu erbringen, dass [das Grundstück [......], eingetragen im Grundbuch von [......], Flurstück-Nr. [......], Parzelle

---

[370] IDW (Hrsg.), IDW-Standard: Grundsätze zur Durchführung von Unternehmensbewertungen (IDW S1), 3. Auflage, Stand 2008.
[371] Dazu *Reuter* BB 2000, 2298.
[372] Vgl. BGHZ 80, 129, 136 = NJW 1981, 1373, 1374 f.; Ulmer/Habersack/Löbbe/*Ulmer/Habersack* § 9c Rn. 21; a. A. Baumbach/Hueck/*Fastrich* § 9c Rn. 8; Lutter/Hommelhoff/*Bayer* § 9c Rn. 19.
[373] Zur „Kapitaldeckungszusage" bereits oben → Rn. 79; siehe auch BGH GmbHR 1997, 545.
[374] Vgl. BGHZ 45, 338, 345 = NJW 1966, 1311, 1313.
[375] Dazu oben → Rn. 46.
[376] Dazu oben → Rn. 47.

[......], mit einer Größe von [......] lastenfrei/die Kommanditbeteiligung des Herrn [......] im Nennwert von [...... EUR] an der Kommanditgesellschaft in Firma [......]-KG einschließlich sämtlicher für den Gesellschafter bei der KG geführten Gesellschafterkonten, jedoch ohne die Darlehenskonten/das Einzelunternehmen der Frau [......] in Firma [......] einschließlich sämtlicher Vermögensgegenstände und Schulden, unabhängig davon, ob diese in der Bilanz des Unternehmens zum Übertragungsstichtag ausgewiesen sind, gemäß Anlage A/die Forderung des Herrn [......] gegen die [......]-AG auf Grund des Darlehensvertrages Nr. [......] vom [......] über nominal [...... EUR] einschließlich der bis zum [......] aufgelaufenen Zinsen in Höhe von insgesamt [...... EUR], o.ä.] auf die Gesellschaft übertragen wird. [Die Übertragung erfolgt mit (Einbringungs-)Vertrag, der diesem Protokoll im Entwurf als Anlage beigefügt ist.] Soweit der Wert des Sacheinlagegegenstandes den Nennbetrag des übernommenen Geschäftsanteils übersteigt, ist der übersteigende Betrag in die Kapitalrücklage einzustellen.

(3) Mischeinlage: Alternative: Die Einlage auf den vom Gesellschafter [......] übernommenen Geschäftsanteil Nr. [...] ist unverzüglich in Höhe von [...... EUR] (in Worten: Euro [......]) in bar, im Übrigen im Wege der Sacheinlage wie folgt zu erbringen: [s. vorstehendes Beispiel einer schlichten Sacheinlage].

(3) Gemischte Einlage: Alternative: Die Einlage auf den vom Gesellschafter [......] übernommenen Geschäftsanteil Nr. [......] ist unverzüglich im Wege der Sacheinlage wie folgt zu erbringen: [s. vorstehendes Beispiel einer schlichten Sacheinlage]. Ergänzend: Soweit der Wert des Sacheinlagegegenstandes den Nennbetrag des übernommenen Geschäftsanteils übersteigt, ist die Gesellschaft verpflichtet, dem Gesellschafter [......] den übersteigenden Betrag zu vergüten; die Vergütung ist [......] fällig./als Darlehen gutzuschreiben; über das Darlehen werden die Gesellschaft und Gesellschafter [......] gegebenenfalls unverzüglich einen Darlehensvertrag zu marktüblichen Konditionen abschließen.]

Der Notar wies die Erschienenen darauf hin, dass
- [......];
- jeder Gesellschafter insbesondere für die bei Eintragung der Gesellschaft in das Handelsregister gegebene Vollwertigkeit der von den Gesellschaftern erbrachten Sacheinlagen haftet;
- [......].

[......]

Wenn **Sachgesamtheiten als Sacheinlage** eingebracht werden, so ist eine Auflistung aller Einzelbestandteile im Beschluss entbehrlich, wenn eine Sammelbezeichnung besteht, die eine ausreichende Kennzeichnung enthält und eine entsprechende Bestimmung ermöglicht. Sollen einzelne Gegenstände aus der durch die Sammelbezeichnung gekennzeichneten Sachgesamtheit nicht mit eingebracht werden, so müssen diese ausdrücklich und so deutlich genannt sein, dass darüber, was Gegenstand der Einlage ist und was nicht, keine Zweifel bestehen.[377] Wenn Gegenstand der Sacheinlage ein **Unternehmen** ist, wird auf eine **Einbringungsbilanz** abgestellt. In praktischer Hinsicht kann dabei auch auf eine wenige Wochen oder Monate alte Bilanz, die auf den Einbringungsstichtag fortzuschreiben ist, Bezug genommen werden. Kann eine Bilanz dem Registergericht nicht zeitnah vorgelegt werden, sollte der Weg einer Bargründung bzw. des Erwerbs einer Vorratsgesellschaft beschritten werden mit anschließender Sachkapitalerhöhung,[378] auf Grund derer das Unternehmen eingelegt wird.[379] Auf diese Weise ist eine kurzfristige Verfügbarkeit der GmbH gesichert.

bb) Gesellschaftsvertrag. In Ergänzung zu dem Beispiel einer Satzung, das oben unter → Rn. 143 abgedruckt ist, kann bei der Sachgründung etwa wie folgt formuliert werden:

---

[377] Vgl. OLG Düsseldorf GmbHR 1996, 214, 215.
[378] Bei bloßer Bargründung und Unternehmenserwerb mit den Barmitteln läge eine verdeckte Sacheinlage vor.
[379] BeckNotar-HdB//*Mayer/Weiler* Rn. D I 90.

> **Formulierungsvorschlag:**
>
> (3) Die Einlage auf den vom Gesellschafter [......] übernommenen Geschäftsanteil Nr. [......] ist im Wege der Sacheinlage dergestalt zu leisten, dass [s. oben Ziffer (aa), Gründungsprotokoll].

Entsprechendes gilt für die Mischeinlage und die gemischte Einlage.

167 **c) Sachgründungsbericht.** Mit dem Sachgründungsbericht soll das Registergericht in die Lage versetzt werden, die Angemessenheit der Leistungen auf Sacheinlagen festzustellen, vgl. § 9c Abs. 1 Satz 2 GmbHG. Eine Regelung über die Abfassung des Sachgründungsberichts findet sich im GmbHG nicht. Einen Anhaltspunkt liefert § 32 Abs. 2 AktG.[380] Danach sind zur Überprüfung der Angemessenheit folgende Angaben zu machen, welche einen Hinweis auf die Marktüblichkeit der Bewertung geben: (1) Vorausgegangene Rechtsgeschäfte, die auf den Erwerb vergleichbarer Gegenstände durch die Gesellschaft gerichtet waren; (2) die Anschaffungs- und Herstellungskosten vergleichbarer Gegenstände aus den letzten beiden Jahren; und (3) beim Übergang eines Unternehmens auf die Gesellschaft die Betriebserträge aus den letzten beiden Geschäftsjahren.[381] Teilweise wird auf eine **Plausibilisierung des Einlagewertes** abgestellt.[382] Insoweit gelten die o.g. Kriterien und praktischen Hinweise. Besonderheiten sind **bei gemischten Einlagen**, bei denen der Wert des Einlagegegenstandes den Nennbetrag des übernommenen Geschäftsanteils überschreitet, zu beachten.[383] Hier wird der den Nennbetrag des übernommenen Geschäftsteils übersteigende Wert dem Gesellschafter ausgezahlt oder gutgeschrieben, indem ein Darlehen vereinbart wird. Alternativ kommt auch eine Buchung als Kapitalrücklage in Betracht. Bei der gemischten Einlage muss die Werthaltigkeit nicht nur in Bezug auf den Nennbetrag des übernommenen Geschäftsanteils nachgewiesen werden, sondern auch hinsichtlich des weiteren Betrages, der als Eigen- oder Fremdkapital gebucht wird. Ansonsten könnte willkürlich eine Kapitalrücklage oder ein Gesellschafterdarlehen eingebucht und anschließend wieder dem Gesellschafter zur Verfügung gestellt werden; die Kapitalaufbringung wäre dadurch nicht gesichert. Anderes gilt nur für stille Reserven, die in dem Gegenstand der Sacheinlage enthalten sind und nicht zugunsten des Gesellschafters gebucht werden sollen.[384] – Dementsprechend muss sich der Sachgründungsbericht hier über die zu leistende Sacheinlage hinaus auf den Wert des Einlagegegenstandes erstrecken.

Der Sachgründungsbericht ist **schriftlich abzufassen und von allen Gründern persönlich**[385] **zu unterzeichnen.** Er wird vom Registergericht zu den Registerakten genommen und ist öffentlich einsehbar, § 9 HGB.

168 Ist der Sachgründungsbericht unzulänglich oder fehlt er ganz, ist das Registergericht an einer Eintragung der GmbH in das Handelsregister gehindert, § 9c Abs. 1 GmbHG. Eine Heilung durch ordnungsmäßige Nachholung ist möglich. Falsche Angaben können eine Haftung nach § 9a GmbHG und eine Strafbarkeit nach § 82 Abs. 1 Nr. 2 GmbHG nach sich ziehen.

169 **d) Anmeldung und registergerichtliches Verfahren.** In Ergänzung zu dem Beispiel einer Handelsregisteranmeldung, das oben unter → Rn. 147 abgedruckt ist, kann bei der Sachgründung etwa wie folgt formuliert werden:

> **Formulierungsvorschlag:**
>
> Wir versichern, dass die Sacheinlage(n) vollständig geleistet ist/sind und sich endgültig in unserer freien Verfügung als Geschäftsführer befindet/n.

---

[380] Vgl. Roth/Altmeppen/*Roth* § 5 Rn. 60; eine Bindung besteht für die Prüfung bei der GmbH allerdings nicht, vgl. Baumbach/Hueck/*Fastrich* § 5 Rn. 55.
[381] Wenn das Unternehmen noch nicht zwei Jahre existiert, ist eine kürzere Periode zu betrachten.
[382] Lutter/Hommelhoff/*Bayer* § 5 Rn. 33.
[383] Dazu oben → Rn. 47.
[384] *Spiegelberger/Walz* GmbHR 1998, 761, 765.
[385] Eine Stellvertretung ist nach h. M. hierbei unzulässig, vgl. Baumbach/Hueck/*Fastrich* § 5 Rn. 54 m. w. N.

In Bezug auf die gemäß § 8 Abs. 1 GmbHG beizufügenden Unterlagen sind bei Sacheinlagen Verträge über deren Erbringung,[386] der Sachgründungsbericht[387] und Unterlagen, aus denen sich ergibt, dass deren Wert den Nennbetrag des übernommenen Geschäftsanteils erreicht, zu erwähnen. Im Übrigen gelten die Ausführungen zur Anmeldung einer Bargründung entsprechend.[388]

V. Kapitalerhöhung

Eine Erhöhung des Stammkapitals kann entweder effektiv in der Weise durchgeführt werden, dass im Rahmen einer Kapitalerhöhung gegen Einlagen frisches Kapital von außen zugeführt wird, oder dadurch, dass im Rahmen einer nominellen Kapitalerhöhung aus Gesellschaftsmitteln Rücklagen in Stammkapital umgebucht werden. Beide Kapitalerhöhungsformen können miteinander verbunden werden, indem in einer Gesellschafterversammlung zwei Beschlüsse unmittelbar nacheinander gefasst werden.[389]

1. Allgemeines

a) **Satzungsänderung.** Voraussetzung einer Stammkapitalerhöhung ist in jedem Falle ein satzungsändernder Beschluss der Gesellschafter. Vor diesem Hintergrund gelten auch die §§ 53, 54 GmbHG unmittelbar. Außerdem sind die §§ 55 ff. GmbHG anwendbar. Der Beschluss muss **notariell beurkundet** werden und bedarf einer **Mehrheit von drei Vierteln der abgegebenen Stimmen**, § 53 Abs. 2 GmbHG, soweit die Satzung nicht eine höhere Mehrheit vorsieht. – Eine Änderung der Leistungspflichten der Gesellschafter, z.B. die Erweiterung von Nachschuss- oder Nebenleistungspflichten, bedarf zudem der Zustimmung der betroffenen Gesellschafter, § 53 Abs. 3 GmbHG. Die Satzungsänderung wird erst mit Eintragung im Handelsregister wirksam, § 54 Abs. 3 GmbHG. Der Anmeldung muss neben der notariellen Niederschrift auch der vollständige Wortlaut des satzungsändernden Gesellschafterbeschlusses mit einem die Ordnungsmäßigkeit des Wortlauts bestätigenden Vermerk eines Notars beigefügt werden, § 54 Abs. 1 Satz 2, Abs. 2 GmbHG.[390]

Gegebenenfalls sind auch gewinnorientierte Verpflichtungen der GmbH, z. B. gewinnorientierte Dividendenrechte wie „Ausschüttungen i. H. v. 10% auf den Nominalbetrag jedes Geschäftsanteils", anzupassen. Im Falle der Kapitalerhöhung aus Gesellschaftsmitteln ist die Anpassung mit Blick auf §§ 57j, 57m GmbHG vorzunehmen, da sich materiell aus der erweiterten Bindung des Kapitals nach § 30 GmbHG im Übrigen keine Änderungen für die Gesellschafter und Gläubiger ergeben sollen.[391] Bei effektiven Kapitalerhöhungen ohne volles Aufgeld, durch das das übrige Gesellschaftsvermögen angemessen berücksichtigt wird, soll nach h.M. ebenfalls eine Anpassung erfolgen, wobei hier die rechtliche Begründung i. E. streitig ist.[392]

b) **Gründe für Kapitalerhöhung.** *aa) Allgemeines.* Die Gründe für eine Stammkapitalerhöhung können vielfältiger Natur sein. So kann es aus „optischen Gründen" wünschenswert sein, das Stammkapital im Verhältnis zur Bilanzsumme nicht allzu niedrig ausfallen zu lassen. Besonderes Augenmerk gilt insoweit auch den Anforderungen der Hausbanken, die bestimmte Kapitalrelationen wünschen.

---

[386] § 8 Abs. 1 Nr. 4 GmbHG kreiert allerdings kein eigenes Schriftformerfordernis. Wenn die Übereignung oder Abtretung formfrei möglich ist, genügt in der Anmeldung der Hinweis, dass der entsprechende Übergang auf die Gesellschaft erfolgt ist.
[387] Der von allen Gründern zu unterzeichnen ist, siehe oben → Rn. 167.
[388] Dazu → Rn. 144 ff.
[389] Lutter/Hommelhoff/*Lutter* § 57c Rn. 13 ff.
[390] Gegebenenfalls sind die besonderen Zustimmungserklärungen der Gesellschafter, von denen die Wirksamkeit eines Beschlusses abhängt, öffentlich-rechtliche Genehmigungen und Vollmachtsurkunden bei Anmeldung durch einen Bevollmächtigten beizufügen; zum Ganzen Baumbach/Hueck/*Zöllner/Noack* § 54 Rn. 8 ff.
[391] Vgl. Lutter/Hommelhoff/*Lutter* § 57m Rn. 1 ff.
[392] Lutter/Hommelhoff/*Lutter/Bayer* § 55 Rn. 37 m. w. N.

Im Falle einer **Beteiligung neuer Gesellschafter** kann eine Kapitalerhöhung erfolgen, bei der zur Abgeltung stiller Reserven ein Aufgeld gezahlt wird, ohne dass es zu einem (gegebenenfalls steuerpflichtigen) Verkauf von Altanteilen kommt.

Von zentraler Bedeutung bei effektiven Kapitalerhöhungen ist zudem die **Zuführung neuen Betriebsvermögens** zur Aufrechterhaltung, Ausweitung oder Sicherung des Geschäftsbetriebs.

174 bb) *Kapitalerhöhung zu Sanierungszwecken.* Im Sanierungsfalle ist es regelmäßig erforderlich, dass das frische Kapital der GmbH sofort zufließt, gegebenenfalls also bereits vor Beschlussfassung über die Kapitalerhöhung. Hier ergibt sich das besondere Risiko, dass der Kapitalerhöhungsbetrag auch von Rechts wegen als auf die Kapitalerhöhung geleistet gilt. Dies ist nach der Rechtsprechung unproblematisch, wenn der eingezahlte Betrag im Zeitpunkt des Erhöhungsbeschlusses als solcher noch im Vermögen der Gesellschaft vorhanden ist.[393] Ausnahmsweise wird von der Rechtsprechung die Tilgungswirkung einer Voreinzahlung auf eine künftige Kapitalerhöhung jedoch auch dann bejaht, wenn diese zu Sanierungszwecken erfolgt und die folgenden Voraussetzungen erfüllt sind:[394]

175
- Es muss sich um einen akuten Sanierungsfall handeln, in dem die Kapitalmaßnahme eine Überschuldung oder Zahlungsunfähigkeit abwenden soll, andere Maßnahmen nicht zum Ziel führen und die Gesellschaft wegen des engen zeitlichen Rahmens des § 15a Abs. 1 InsO sofort über die frischen Mittel verfügen muss.
- Der Gesellschafter muss mit Sanierungswillen handeln und die Kapitalmaßnahme muss aus Sicht eines objektiven Dritten geeignet sein, eine Überschuldung oder Zahlungsunfähigkeit der Gesellschaft abzuwehren.
- Zwischen der Voreinzahlung und der folgenden formgerechten Kapitalerhöhung muss ein enger zeitlicher Zusammenhang bestehen; die Kapitalerhöhung muss im Zahlungszeitpunkt bereits konkret in die Wege geleitet worden sein.
- Die Voreinzahlung muss eindeutig und für Dritte erkennbar mit dem Tilgungszweck der Kapitalerhöhung verbunden sein. Daher sollte die Einzahlung, zum Beispiel durch Einfügen der Bezeichnung „Kapitalerhöhung" im Verwendungszweck des Überweisungsvordruckes, in der Weise gekennzeichnet werden, dass die damit bezweckte Erfüllung der künftigen Einlagenschuld außer jedem Zweifel steht.[395]
- Die Voreinzahlung ist unter Darlegung der finanziellen Schwierigkeiten der Gesellschaft und Angabe des tatsächlichen Zahlungszeitpunkt sowohl im Kapitalerhöhungsbeschluss als auch in der Anmeldung offenzulegen.

176 c) **Schütt-aus-hol-zurück-Verfahren.** Das Schütt-aus-hol-zurück-Verfahren war früher ein probates Mittel, die Körperschaftsteuerbelastung zu reduzieren. Dabei wurden Gewinne bzw. Rücklagen ausgeschüttet und anschließend als Einlagen der Gesellschaft wieder zur Verfügung gestellt. Die damit verbundene Körperschaftsteuerminderung (von 40 auf 30 Prozentpunkte) stand für Ausschüttungen an den Gesellschafter zur Verfügung. Die Einlageleistung konnte für eine Erhöhung des Stammkapitals genutzt werden. Nach Abschaffung des körperschaftsteuerlichen Anrechnungsverfahrens ist die (steuerliche) Bedeutung des Schütt-aus-hol-zurück-Verfahrens zurückgegangen. Gleichwohl findet es in der Praxis weiterhin Anwendung.

---

[393] Vgl. BGH NJW 2007, 515; zuvor bereits BGH NJW 2004, 2592. Bei einer zu Sanierungszwecken erbrachten Vorauszahlung wird das jedoch zumeist nicht ausreichen, wenn diese einem dringenden Liquiditätsengpass der Gesellschaft abhelfen soll.

[394] BGH NJW 2007, 515, 516; so auch Henze DB 2001, 1469, 1476; Lutter/Hommelhoff/*Lutter*/*Bayer* § 56 Rn. 21; Baumbach/Hueck/*Zöllner*/*Fastrich* § 56a Rn. 9 ff.; so tendenziell auch bereits BGH ZIP 1995, 28, 29, der die Zulässigkeit der Vorauszahlung zumindest dann verneinte, wenn sie nicht zur Krisenbewältigung erforderlich und ein enger zeitlicher Zusammenhang nicht gewahrt sei; vgl. ferner BGH BB 2000, 2323; OLG Düsseldorf DB 2000, 612; BGH NJW 2004, 2592 hatte die Frage, ob die Tilgungswirkung vorzeitiger Zahlung in Sanierungsfällen geboten sei, ausdrücklich offen gelassen.

[395] Hingegen braucht die Leistungsbestimmung nicht wegen der Möglichkeit eines Scheiterns der Kapitalerhöhung zusätzlich mit einem Rangrücktritt versehen zu werden, da die auf die Sanierung bezogene Zweckbestimmung der Leistung als (künftiges) Stammkapital bereits den Rangrücktritt in sich trägt, vgl. BGH NJW 2007, 515, 516.

Das Schütt-aus-hol-zurück-Verfahren ist höchstrichterlich anerkannt.[396] Im Einzelnen 177 sind drei Szenarien zu unterscheiden:[397]
(1) Gewinnverwendungsbeschluss und sofortige entsprechende Kapitalerhöhung unter gegenseitiger Verrechnung;
(2) Gewinnverwendungsbeschluss, Vereinbarung eines Darlehens o. ä. und späterer Kapitalerhöhungsbeschluss unter Einlage des Darlehensanspruchs etc.; oder
(3) Gewinnverwendungsbeschluss, Einstellung in gebundene Rücklage und spätere Kapitalerhöhung.
Bei den Szenarien (1) und (2) liegt eine effektive Sachkapitalerhöhung vor, Szenario (3) beschreibt eine nominelle Kapitalerhöhung aus Gesellschaftsmitteln.

Wird bei der Sachkapitalerhöhung dem Registergericht gegenüber offengelegt, dass eine 178 Kapitalerhöhung im Schütt-aus-hol-zurück-Verfahren durchgeführt werden soll, ist dieses Verfahren zuzulassen.[398] Voraussetzung hierfür ist die Sicherstellung der Kapitalaufbringung in gleicher Weise wie bei der Kapitalerhöhung mit Sacheinlagen. Dies kann durch sinngemäße Anwendung der Grundsätze des Verfahrens zur Kapitalerhöhung aus Gesellschaftsmitteln gewährleistet werden.[399] Der BGH hat folgende Voraussetzungen aufgestellt: (i) Ausweis des ausschüttungsfähigen Gewinns in der letzten Jahresbilanz als Gewinnrücklage; (ii) Anmeldung der Kapitalerhöhung innerhalb von acht Monaten ab Stichtag der Basisbilanz; (iii) Offenlegung gegenüber dem Gericht als Schütt-aus-hol-zurück-Verfahren; und (iv) Versicherung der Geschäftsführer, dass nach ihrer Kenntnis seit dem Stichtag bis zur Anmeldung keine der Kapitalerhöhung entgegenstehende Vermögensminderung eingetreten ist und dass der Einlagegegenstand endgültig zu ihrer freien Verfügung steht. – Von einem reinen Umbuchungsverfahren sollte der anwaltliche Berater unbedingt abraten.[400]

Im Rahmen des Schütt-aus-hol-zurück-Verfahrens kann auch die sogenannte **inkon-** 179 **gruente Gewinnausschüttung** und Wiedereinlage genutzt werden. Diese liegt dann vor, wenn sich die Anteilseigner auf eine von ihren Beteiligungsverhältnissen abweichende Gewinnausschüttung einigen und anschließend der hierdurch begünstigte Anteilseigner die an ihn ausgeschütteten Gewinne wieder abweichend von den Beteiligungsverhältnissen in die GmbH einzahlt. Ziel eines solchen Vorgehens ist, einem der Anteilseigner einen Verlustabzug durch Verrechnung mit bei ihm bestehenden Verlustvorträgen und damit eine Steuerersparnis zu ermöglichen. Vom BFH wird dieses Vorgehen unter fremden Dritten als nicht gestaltungsmissbräuchlich im Sinne des § 42 AO und somit als zulässig angesehen.[401] Das Bundesministerium der Finanzen hat auf die Entscheidung des BFH allerdings mit einem Nichtanwendungserlass reagiert.[402] Der BFH hält an seiner Auffassung allerdings auch in seinem Urteil vom 28.6.2006 zum sog. „Rücklagenmanagement" fest.[403]

2. Kapitalerhöhung gegen Einlagen

Im Folgenden werden Einzelheiten der effektiven Kapitalerhöhung gegen Einlagen dargestellt. 180

a) **Beschlussfassung und Durchführung der Kapitalerhöhung.** Im Anschluss an den Kapi- 181 talerhöhungsbeschluss wird zwischen der GmbH und den Übernehmern des erhöhten Kapitals ein Übernahmevertrag geschlossen. Die Altgesellschafter sind dabei prinzipiell nur berechtigt, nicht aber verpflichtet, das erhöhte Kapital zu übernehmen; etwas anderes kann sich gegebenenfalls aus der Satzung oder aus einer Gesellschaftervereinbarung ergeben.[404]

---
[396] Vgl. BGHZ 135, 381 = NJW 1977, 2514.
[397] Vgl. Lutter/Hommelhoff/*Lutter/Bayer* § 56 Rn. 15.
[398] BGHZ 135, 381, 385 = NJW 1977, 2514 unter Bezugnahme auf § 57i Abs. 4 GmbHG.
[399] BGHZ 135, 381, 384 = NJW 1977, 2514 mit Hinweis auf *Lutter/Zöllner* ZGR 1996, 164, 178 ff.
[400] So zutreffend *Sieger/Hasselbach* GmbHR 1999, 205.
[401] Vgl. BFH GmbHR 1999, 1258, 1259.
[402] BMF-Schreiben BStBl. I 2001 S. 47; vgl. zum Ganzen *Schwandtner*, S. 374 ff.
[403] BFH/NV 2006, 2207; vgl. hierzu etwa *Erhart/Riedel* BB 2008, 2266 ff.
[404] Lutter/Hommelhoff/*Lutter/Bayer* § 55 Rn. 31; Scholz/*Priester* § 55 Rn. 117.

182 aa) *Kapitalerhöhungsbeschluss.* Anders als die Gesellschaftsgründung muss die Kapitalerhöhung gegen Einlagen nicht zwangsläufig einen festen Betrag aufweisen. Zwar ist dies die Regel. Da aber der Erfolg der Kapitalerhöhung zwangsläufig von der Mitwirkung der zur Zeichnung zugelassenen Personen abhängig ist, kann der Kapitalerhöhungsbeschluss auch einen **Rahmenbetrag** vorgeben, innerhalb dessen die Kapitalerhöhung realisiert werden soll. Ein häufig gewähltes Beispiel ist die Kapitalerhöhung „bis zu" einem Höchstbetrag; auch ein Mindestbetrag kann vorgegeben werden. – Da es nach alter Rechtslage bei der GmbH kein genehmigtes Kapital i. S. d. § 202 AktG gab, musste nach h. M. diese Form der Kapitalerhöhung befristet werden, da sonst doch ein dem genehmigten Kapital vergleichbares Instrument der Kapitalbeschaffung entstanden wäre.[405] Diese Ansicht ist nach Einführung des genehmigten Kapitals in § 55a GmbHG nicht mehr haltbar; eine Frist muss daher für die Übernahme des Erhöhungsbetrages im Beschluss nicht festgesetzt werden. Die Durchführung hat aber unverzüglich zu erfolgen.[406] Auch die Höhe der neuen Geschäftsanteile und die Personen der Übernehmer brauchen im Kapitalerhöhungsbeschluss nicht angegeben zu werden.[407] Der Ausgabepreis ist im Kapitalerhöhungsbeschluss nur dann anzugeben, wenn ein höherer Wert[408] als der Nennwert des Erhöhungsbetrages (Agio) festgelegt wird.[409]

183 Soweit im Kapitalerhöhungsbeschluss keine abweichende Regelung getroffen worden ist, wird das Stammkapital durch **Ausgabe neuer Geschäftsanteile** erhöht, § 55 Abs. 3 GmbHG. Die Nennbeträge der neuen Geschäftsanteile müssen auf volle Euro lauten, §§ 55 Abs. 4, 5 Abs. 2 Satz 1 GmbHG. **Alternativ** kann auch vorgesehen werden, dass die **bisherigen Geschäftsanteile erhöht** werden.[410]

184 bb) *Zulassung und Übernahme.* Ein **Zulassungsbeschluss** ist nach h. M. nur dann erforderlich, wenn das Bezugsrecht der Altgesellschafter[411] im Kapitalerhöhungsbeschluss ganz oder teilweise ausgeschlossen wird[412] oder sich bei der Übernahme des Erhöhungsbetrages mangels Ausübung von Bezugsrechten ein unausgenutzter Rest ergibt, der von Dritten übernommen werden soll.[413] Wo das Bezugsrecht dagegen belassen und ausgeübt wird und somit die Berechtigung zur Übernahme des erhöhten Kapitals regelt, bedarf es keines besonderen Zulassungsbeschlusses.[414]

Allerdings sind hier Besonderheiten zu beachten: wenn **Geschäftsanteile vinkuliert** sind und die Veräußerung von Anteilen besonderen Voraussetzungen unterliegen, sind die entsprechenden Vorgaben auch in einem Zulassungsbeschluss zu beachten.[415]

Auf die Übernahme des erhöhten Kapitals ist bereits hingewiesen worden.[416] Mit dem **Übernahmevertrag**[417] ist der Übernehmer sofort gebunden und zur Einlageleistung verpflichtet; allerdings steht die Kapitalerhöhung noch unter der gesetzlichen Bedingung der Eintragung in das Handelsregister.[418] Für die Leistung der Einlagen auf das neue Stamm-

---

[405] Scholz/*Priester* § 55 Rn. 19; a. A. Baumbach/Hueck/*Zöllner/Fastrich* § 55 Rn. 11 unter Hinweis darauf, dass zum Zeitpunkt der Anmeldung feststeht, um welchen Betrag das Stammkapital erhöht wird.
[406] Baumbach/Hueck/*Zöllner/Fastrich* § 55 Rn. 11.
[407] Lutter/Hommelhoff/*Lutter/Bayer* § 55 Rn. 13; zum Bezugsrechtsausschluss ausf. sogleich → Rn. 187 ff.
[408] Der Ausgabebetrag muss mindestens dem Nennwert des Erhöhungsbetrages entsprechen (keine Unterpariemission), vgl. Baumbach/Hueck/*Zöllner/Fastrich* § 55 Rn. 13.
[409] Lutter/Hommelhoff/*Lutter/Bayer* § 55 Rn. 10; die bloße Bestimmbarkeit des Agios genügt, vgl. Baumbach/Hueck/*Zöllner/Fastrich* § 55 Rn. 13; aus praktischen Gründen ist es aber regelmäßig empfehlenswert, den Ausgabebetrag genau festzulegen; vgl. hierzu auch BGH DB 2007, 2826.
[410] Vgl. BGHZ 63, 116 = NJW 1975, 118; BGH WM 1987, 1102; Lutter/Hommelhoff/*Lutter/Bayer* § 55 Rn. 15.
[411] Dazu sogleich → Rn. 186 ff.
[412] Scholz/*Priester* § 55 Rn. 41; Lutter/Hommelhoff/*Lutter/Bayer* § 55 Rn. 27.
[413] Baumbach/Hueck/*Zöllner/Fastrich* § 55 Rn. 28.
[414] Lutter/Hommelhoff/*Lutter/Bayer* § 55 Rn. 27.
[415] Baumbach/Hueck/*Zöllner/Fastrich* § 55 Rn. 28.
[416] Dazu bereits oben → Rn. 32 ff.
[417] Zu Fragen der Selbstkontrahierung (§ 181 BGB) Lutter/Hommelhoff/*Lutter/Bayer* § 55 Rn. 36; Scholz/*Priester* § 55 Rn. 76 ff.; BGHZ 64, 72, 74 = NJW 1975, 1117, 1118; danach findet § 181 BGB keine Anwendung, wenn ein Interessenkonflikt nicht bestehen kann, weil z. B. die Altgesellschafter entsprechend ihrer Quote übernehmen; andernfalls ist eine Befreiung des Geschäftsführers der GmbH von § 181 BGB geboten.
[418] Lutter/Hommelhoff/*Lutter/Bayer* § 55 Rn. 42.

kapital finden § 7 Abs. 2 Satz 1 und Abs. 3 sowie § 19 Abs. 5 GmbHG entsprechende Anwendung, § 56a GmbHG.

cc) *Handelsregisteranmeldung.* Die beschlossene Kapitalerhöhung ist zur Eintragung in das Handelsregister anzumelden, nachdem das erhöhte Kapital durch Übernahme von Geschäftsanteilen gedeckt ist, § 57 Abs. 1 GmbHG. Bei einer Kapitalerhöhung gegen Einlagen müssen die Einlagen zum Zeitpunkt der Anmeldung zum Handelsregister nicht mehr wertmäßig vorhanden sein.[419] Es reicht vielmehr aus, wenn die Einlagen nach dem Kapitalerhöhungsbeschluss und der üblicherweise damit verbundenen Übernahmeerklärung in den uneingeschränkten Verfügungsbereich der Geschäftsführung gelangt sind und nicht an die Gesellschafter zurückfließen.

b) Bezugsrecht und Bezugsrechtsausschluss. Bei jeder Kapitalerhöhung steht den Altgesellschaftern grundsätzlich ein Anspruch auf Zeichnung junger Geschäftsanteile entsprechend ihrer jeweiligen Beteiligungsquote zu. Sie haben ein **gesetzliches Bezugsrecht auf das erhöhte Stammkapital**[420] zur Wahrung ihrer mitgliedschaftlichen Stellung in der Gesellschaft (entsprechend § 186 AktG).

Bezugsrechtsausschluss: Das Bezugsrecht kann **unter engen Voraussetzungen** ausgeschlossen werden. Zur Vermeidung späterer Rechtsstreitigkeiten ist es bei heterogenem Gesellschafterkreis unbedingt erforderlich, die Voraussetzungen des Bezugsrechtsausschlusses sehr sorgfältig zu prüfen. Dabei ist auch zu berücksichtigen, dass nicht nur ein ausdrücklicher Bezugsrechtsausschluss engen Grenzen unterliegt, sondern auch faktisch als Bezugsrechtsausschluss wirkende Beschlüsse wie z. B. die Festlegung eines unangemessen hohen Agios.[421]

Zum einen kann das **Bezugsrecht bereits in der Satzung ausgeschlossen** werden.[422] § 186 Abs. 3 Satz 1 AktG ist nicht entsprechend anzuwenden. Zum anderen kommt ein **Ausschluss im Kapitalerhöhungsbeschluss** in Betracht. Insoweit darf zunächst kein weniger einschneidendes Mittel zur Erreichung des mit dem Bezugsrechtsausschluss angestrebten Zwecks geeignet sein (**Grundsatz der Erforderlichkeit**) und der mit dem Ausschluss verbundene Nachteil für den Gesellschafter nicht außer Verhältnis zu dem für die Gesellschaft erstrebtem Vorteil[423] stehen (**Grundsatz der Verhältnismäßigkeit**). Diese Grundsätze sind im Aktienrecht heute weitgehend anerkannt[424] und auch auf das GmbH-Recht übertragbar.[425] Wenn nur das Bezugsrecht einzelner Gesellschafter ausgeschlossen werden soll, sind wegen des Gleichbehandlungsgebots besonders strenge Maßstäbe anzulegen.

Zudem muss ein **sachlicher Grund** vorliegen, wonach es geboten ist, das Bezugsrecht wegen der Verfolgung eines im Gesellschaftsinteresse stehenden Zwecks auszuschließen.[426] Folgende **Beispiele** aus der Praxis, die einen Bezugsrechtsausschluss sachlich rechtfertigen können, seien genannt:

---

[419] Vgl. BGH NJW 2007, 515; BGH NZG 2005, 180; BGH NZG 2002, 522.
[420] H.M., vgl. Baumbach/Hueck/*Zöllner/Fastrich* § 55 Rn. 20; Lutter/Hommelhoff/*Lutter/Bayer* § 55 Rn. 17, jeweils m. w. N.; im Ergebnis ebenso BGH NZG 2005, 551, 552, str., da § 55 Abs. 2 GmbHG offensichtlich auf der Vorstellung beruht, dass in der GmbH gerade kein Bezugsrecht bestehe, siehe Ulmer/Habersack/Winter/*Ulmer* § 55 Rn. 44 ff., der allerdings durch Anwendung des Gleichbehandlungsgrundsatzes sowie der Grundsätze der Erforderlichkeit und Verhältnismäßigkeit zu ähnlichen Ergebnissen kommt wie von einem Anwartschaftsrecht der Gesellschaft spricht; Scholz/*Priester* § 55 Rn. 42 ff. hat dargestellt, dass die Annahme eines Bezugsrecht dem personalistischen Charakter der GmbH besser gerecht wird. Dem ist zuzustimmen.
[421] Lutter/Hommelhoff/*Lutter/Bayer* § 55 Rn. 25, umgekehrt darf ohne Bezugsrechtsausschluss nach OLG Stuttgart BB 2000, 1155 kein zu niedriger Ausgabekurs vorgesehen werden, da dies einen faktischen Zwang zur Teilnahme an der Kapitalerhöhung darstellen.
[422] OLG München DStR 2012, 370, 371; Baumbach/Hueck/*Zöllner/Fastrich* § 55 Rn. 25; Lutter/Hommelhoff/*Lutter/Bayer* § 55 Rn. 20.
[423] Beispiele in der Rechtsprechung sind die Entscheidungen BGHZ 71, 40, 46 = NJW 1978, 1316, 1317; BGHZ 120, 141, 146 = BGH NJW 1993, 400, 401; siehe auch Baumbach/Hueck/*Zöllner/Fastrich* § 55 Rn. 26 f.
[424] *Hüffer* § 186 Rn. 25 ff. m. w. N.
[425] Vgl. nur Baumbach/Hueck/*Zöllner/Fastrich* § 55 Rn. 26 f.; Scholz/*Priester* § 55 Rn. 54.
[426] Siehe dazu aus der Rechtsprechung BGHZ 120, 141, 146 = NJW 1993, 400, 401; Scholz/*Priester* § 55 Rn. 54 ff.; Lutter/Hommelhoff/*Lutter/Bayer* § 55 Rn. 21.

- **Sacheinlagen,** die die Gesellschaft dringend benötigt und im Wege des Kaufs nicht erhalten kann.[427]
- **Dringendes Kooperationsinteresse** in Form der Beteiligung an einem anderen Unternehmen, die sich aber nur um den Preis einer Beteiligung des anderen Unternehmens oder dessen Gesellschafters an der Gesellschaft erreichen lässt.[428]
- **Finanzielle Sonderleistungen,** z. B. bei Vorliegen eines Sanierungsbedürfnisses, wenn anders eine Sanierung nicht erreichbar ist.[429]

189   In der Rechtsprechung des BGH (insbesondere zum Aktienrecht) ist eine Tendenz erkennbar, den Bezugsrechtsausschluss zu erleichtern.[430] Inwieweit diese Tendenz sich bestätigt und auch das GmbH-Recht ergreift, bleibt abzuwarten.[431] Dem anwaltlichen Berater ist dringend zu empfehlen, die Voraussetzungen eines Bezugsrechtsausschlusses sorgfältig zu prüfen. Denn entspricht der Bezugsrechtsausschluss nicht den gesetzlichen Anforderungen, ist der zugrunde liegende Beschluss anfechtbar.[432]

190   **Mehrheitserfordernis:** Bei Ausschließung des Bezugsrechts im Kapitalerhöhungsbeschluss ist nach *Zöllner* eine ¾-Mehrheit des Kapitals erforderlich.[433] Die Ausschließung des Bezugsrechts muss in der Ladung zur Gesellschafterversammlung angekündigt und in der Gesellschafterversammlung sorgfältig begründet werden.[434] In kritischen Fällen empfiehlt es sich, den Gesellschaftern die Begründung für den Bezugsrechtsausschluss bereits gemeinsam mit der Einladung zur Gesellschafterversammlung schriftlich zuzuleiten. Diese Begründung kann dann zum Protokoll der Gesellschafterversammlung genommen werden. – Ein Beschluss, der auf einen Bezugsrechtsausschluss gerichtet ist und den gesetzlichen Voraussetzungen nicht genügt, ist anfechtbar.[435]

191   Die **Ausübung der Bezugsrechte** kann im Kapitalerhöhungsbeschluss, aber gegebenenfalls auch später durch weiteren Beschluss der Gesellschafterversammlung oder durch die Geschäftsführung befristet werden.[436] Wenn keine Frist bestimmt wird, gilt eine „angemessene" Frist. Um hier Unklarheiten zu vermeiden, sollte die Frist genau bestimmt werden. Kürzestenfalls kann sie zwei Wochen betragen, § 186 Abs. 1 Satz 2 AktG entsprechend. Geht eine Bezugserklärung nach Ablauf der Frist ein, kann sie von der Gesellschaft noch angenommen werden.

Bezugsrechte sind veräußerlich, wenn dies auch die Geschäftsanteile sind, aus denen die Bezugsrechte hergeleitet werden. Die Abtretung bedarf der notariellen Form, § 15 Abs. 4 GmbHG.[437]

192   **c) Barkapitalerhöhung.** *aa) Allgemeines.* Die Barkapitalerhöhung ist die einfachste Form der effektiven Kapitalerhöhung. Entsprechend den allgemeinen Kapitalaufbringungsgrundsätzen muss die Leistung gleichwohl auch hier zur freien Verfügung der Geschäftsführer erfolgen.[438] Allerdings ist bei der Kapitalerhöhung die bare Einlage bereits dann zur frei-

---

[427] BGHZ 71, 40, 46 = NJW 1978, 1316, 1317; allerdings rechtfertigt eine Sacherhöhung als solche einen Bezugsrechtsausschluss lediglich dann, wenn die Gesellschaft nach vernünftigen kaufmännischen Überlegungen ein dringendes Interesse am Erwerb des Gegenstandes hat und zu erwarten ist, dass der damit angestrebte Nutzen den Beteiligungs- und Einflussverlust der vom Bezugsrecht ausgeschlossenen Gesellschafter aufwiegt und der Gegenstand nicht – ggf. nach vorheriger Barkapitalerhöhung – auf schuldrechtliche Weise erworben werden kann, so auch Baumbach/Hueck/*Zöllner/Fastrich* § 55 Rn. 27; Scholz/*Priester* § 55 Rn. 58.
[428] BGHZ 83, 319, 323 = NJW 1982, 2444, 2445; vgl. auch *Priester* DB 1980, 1925, 1929; die Verhältnismäßigkeit des Bezugsrechtsausschlusses hängt in diese Fällen von dem Grad des Interesses an der Beteiligung ab, vgl. Scholz/*Priester* § 55 Rn. 58.
[429] LG Heidelberg AG 1989, 447, 448.
[430] Z. B. BGHZ 136, 133, 135 ff. = NJW 1997, 2815 – Siemens/Nold; BGH DStR 2005, 2090.
[431] Ablehnend Baumbach/Hueck/*Zöllner/Fastrich* § 55 Rn. 27.
[432] BGH NZG 2005, 553.
[433] Die ¾-Stimmenmehrheit des § 53 Abs. 2 GmbHG sei nicht ausreichend, Baumbach/Hueck/*Zöllner/Fastrich* § 55 Rn. 25; a. A. Lutter/Hommelhoff/*Lutter/Bayer* § 55 Rn. 21. Aus Sicherheitsgründen sollte die ¾-Kapitalmehrheit angestrebt werden.
[434] Lutter/Hommelhoff/*Lutter/Bayer* § 55 Rn. 21.
[435] Lutter/Hommelhoff/*Lutter/Bayer* § 55 Rn. 25.
[436] Baumbach/Hueck/*Zöllner/Fastrich* § 55 Rn. 23.
[437] Scholz/*Priester* § 55 Rn. 53.
[438] Vgl. dazu oben → Rn. 41.

en Verfügung der Geschäftsführer geleistet worden, wenn sie nach dem Kapitalerhöhungsbeschluss und der üblicherweise damit verbundenen Übernahmeerklärung in ihren uneingeschränkten Verfügungsbereich gelangt ist und nicht an die Gesellschafter zurückfließt.[439] In praktischer Hinsicht ergeben sich auch hier besondere Fragen in Bezug auf die Erfüllungswirkung von Zahlungen, die nicht direkt oder nicht nach der Beschlussfassung der Barkapitalerhöhung in das Gesellschaftsvermögen geleistet werden.

Zur Erfüllung einer Bareinlage durch Tilgung eines Darlehens: Hat ein Gesellschafter bei einer Kapitalerhöhung eine Bareinlageverpflichtung übernommen, so genügt er dieser Verpflichtung nicht, wenn er einen Darlehensgläubiger der Gesellschaft mit dem Einlagebetrag befriedigt. Dies gilt insbesondere dann, wenn der Betrag an ein Kreditinstitut gezahlt wird und dieses den Betrag auf ein Darlehenskonto der Gesellschaft gutschreibt. Zwar kann eine Bareinlageverpflichtung auch durch Einzahlung auf einem Konto der Gesellschaft erfüllt werden, schuldbefreiende Wirkung hat diese Einzahlung jedoch nur, wenn **das eingezahlte Geld zur freien Verfügung des Geschäftsführers steht.** Dient der eingezahlte Betrag nur zur Tilgung eines Darlehens und steht er dem Geschäftsführer nach Einzahlung nicht zur freien Verfügung, so handelt es sich hierbei um eine Sacheinlage und nicht um eine Geldleistung.[440] Eine Einzahlung auf ein debitorisches Bankkonto kann jedoch dann Tilgungswirkung haben, wenn die Geschäftsführer innerhalb einer vereinbarten, nicht gekündigten Kreditlinie über den eingezahlte Betrag verfügen können.[441]

> **Praxistipp:**
> Aus Sicht des anwaltlichen Beraters sollte die Empfehlung stets lauten, ein **Einlagenkonto,** gegebenenfalls bei einem anderen Kreditinstitut, einzurichten und eine **Bankbestätigung** einzuholen, wonach der Einlagebetrag zur freien Verfügung der Geschäftsführung steht.

Tilgungswirkung einer Vorauszahlung bei einer Barkapitalerhöhung: Auf die spezifischen Voraussetzungen der Tilgungswirkungen bei Zahlungen in der Sanierungssituation wurde bereits hingewiesen.[442] In anderen Situationen kommt eine Tilgungswirkung der Vorauszahlung nicht in Betracht. Zwar wurde obergerichtlich entschieden, dass bei einer Barkapitalerhöhung der Vorauszahlung auf die Bareinlagepflicht nur dann Tilgungswirkung zukommt, wenn die Kapitalerhöhung im Zeitpunkt der Einzahlung konkret in die Wege geleitet wird, ein enger zeitlicher Zusammenhang zwischen Zahlung und Fälligkeit der Bareinlagepflicht besteht und wenn die Zahlung eindeutig und auch für Dritte erkennbar als Vorauszahlung auf die Bareinlage bezeichnet ist. Zudem muss die Vorauszahlung im Erhöhungsbeschluss und in der Anmeldeversicherung offengelegt werden.[443] Dem ist der BGH allerdings entgegen getreten.[444] Demnach ist eine Tilgungswirkung der Vorauszahlung zumindest in Situationen, in denen sich die Gesellschaft nicht in einer Krise befindet, nur dann zu bejahen, wenn der eingezahlte Betrag im Zeitpunkt des Erhöhungsbeschlusses als solcher noch im Vermögen der Gesellschaft vorhanden ist.

Beweis für die Zahlung des Einlagebetrages bei Barkapitalerhöhung: Der jeweilige Gesellschafter hat den Beweis dafür zu erbringen, dass er seine Bareinlage erbracht hat. Für die Erbringung der Einlage gelten darüber hinaus keine besonderen, im Gesetz nicht vorgesehenen förmlichen Beweisregeln. Insbesondere kann nicht verlangt werden, dass der Gesellschafter die Einlageleistung nur durch zweifelsfreie, unanfechtbare und den Grundsätzen ordnungsgemäßer Buchführung entsprechender Belege nachweisen kann.[445]

---

[439] BGH NJW 2007, 515.
[440] Vgl. OLG Hamburg GmbHR 1982, 157 f.
[441] Vgl. oben Fn. 116.
[442] Dazu → Rn. 174 f.
[443] Vgl. BayObLG NZG 1999, 84.
[444] BGH NJW 2007, 515; zuvor bereits BGH NJW 2004, 3592.
[445] Vgl. BGH NJW 1992, 2698, 2699.

197 *bb) Beschluss über Kapitalerhöhung und Zulassung zur Übernahme.* Ein entsprechender Gesellschafterbeschluss kann wie folgt gefasst werden:

Muster:

> Notarielle Urkunde
> [......]
> Sodann beschloss die Gesellschafterversammlung einstimmig was folgt:
> 1. Das Stammkapital der Gesellschaft wird von [...... EUR] um [bis zu] [...... EUR] auf [...... EUR] erhöht.
> 2. Zur Übernahme der neuen Geschäftsanteile mit Nennbeträgen in Höhe von jeweils [...... EUR] werden Frau [......] und Herr [......] zugelassen.[446] [447]
> 3. Die Einlagen auf die Geschäftsanteile sind in bar zu leisten und sofort zur Zahlung fällig.
> 4. Die neuen Geschäftsanteile werden zum Nennwert ausgegeben und nehmen am Gewinn der Gesellschaft im Geschäftsjahr ihrer Entstehung/mit Wirkung zum [......] teil.
> 5. [Der Gesellschaftsvertrag der Gesellschaft wird geändert. § [......] des Gesellschaftsvertrages lautet wie folgt:
> (1) Das Stammkapital der Gesellschaft beträgt [...... EUR].][448]
> [......]
> [Abspann]

198 Auch im Übrigen wird vom beurkundenden **Notar** eine besondere Mitwirkung bei Kapitalmaßnahmen verlangt. Insbesondere mit Rücksicht auf die Folgen einer verdeckten Sacheinlage muss sich ein Notar, dem bei Beurkundung eines Kapitalerhöhungsbeschlusses erklärt wird, die neuen Einlagen seien bereits „einbezahlt", vergewissern, dass die Beteiligten die Bedeutung des Begriffes kennen. Gegebenenfalls sind die Beteiligten über diesen Begriff aufzuklären. Dies gilt insbesondere dann, wenn es sich bei den Beteiligten um Ausländer handelt.[449]

199 *cc) Übernahmeerklärung.* Die Übernahme stellt einen Vertrag dar, bei dem die Erklärung des Übernehmenden notariell zu beglaubigen bzw. zu beurkunden ist; von der Gesellschaft wird das Übernahmeangebot formfrei angenommen, wobei auch eine konkludente Annahme möglich ist. Auf Seiten der Gesellschaft handeln die Gesellschafter, wobei eine Ermächtigung der Geschäftsführer möglich ist.[450]

> **Formulierungsvorschlag**
>
> **Übernahmeerklärung**
>
> Das Stammkapital der [......] GmbH ist durch Gesellschafterbeschluss vom [......] (UR-Nr. [......] des Notars [......]) von [...... EUR] um [bis zu] [...... EUR] auf [...... EUR] erhöht worden.
> Auf das erhöhte Stammkapital übernehme ich zu den Bedingungen des Kapitalerhöhungsbeschlusses einen Geschäftsanteil mit Nennbetrag in Höhe von [...... EUR].
>
> [Datum]
>
> Unterschriften   Beglaubigung

---

[446] Bei unterschiedlich hohen Nennbeträgen der Geschäftsanteile muss hier weiter differenziert werden. Eine genaue Festlegung der Nennbeträge der Geschäftsanteile in der Satzung ist nicht erforderlich, da § 3 Abs. 1 Nr. 4 GmbHG bei Kapitalerhöhungen keine Anwendung findet, Lutter/Hommelhoff/*Lutter/Bayer* § 55 Rn. 13 m. w. N.
[447] Bei einem Bezugsrechtsausschluss muss hier eine ausführliche Begründung erfolgen, die den oben unter → Rn. 186 ff. genannten Kriterien genügt.
[448] Bei einer Kapitalerhöhung „bis zu" kann die Satzungsänderung nicht bereits im Kapitalerhöhungsbeschluss vorgesehen werden. Hier wird der Notar beauftragt, die endgültige Fassung der Satzung bei Anmeldung der Kapitalerhöhung festzustellen und zu bescheinigen.
[449] Vgl. BGH NJW 1996, 524, 525.
[450] Lutter/Hommelhoff/*Lutter/Bayer* § 55 Rn. 32.

200 Mit Blick darauf, dass unerledigte Kapitalerhöhungsbeschlüsse ihre Wirksamkeit behalten und der Insolvenzverwalter somit im Falle der Insolvenz ausstehende Einlagen abfordern kann, empfiehlt sich gegebenenfalls eine **ergänzende Formulierung** in der Übernahmeerklärung, die die Übernahme an eine Eintragung binnen angemessener Frist bindet. Weitere Bedingungen der Übernahmeerklärung sind dagegen unzulässig.[451]

> **Formulierungsvorschlag:**
> Diese Übernahme steht unter der auflösenden Bedingung, dass die Kapitalerhöhung bis zum [Datum] in das Handelsregister eingetragen ist.

201 *dd) Durchführung der Kapitalerhöhung, Anmeldung und registergerichtliches Verfahren.* Die Kapitalerhöhung wird gemäß § 57 GmbHG zur Eintragung ins Handelsregister angemeldet, nachdem das erhöhte Kapital durch Übernahme von Geschäftsanteilen gedeckt ist. Erst mit der konstitutiven Eintragung wird die Satzungsänderung und damit die Kapitalerhöhung wirksam. Die Anmeldung muss in öffentlich beglaubigter Form durch sämtliche Geschäftsführer erfolgen.

202 In der Handelsregisteranmeldung ist die Versicherung, dass die Einlagen auf das neue Kapital im erforderlichen Maße bewirkt sind und dass sich die Leistungen endgültig in der freien Verfügung der Geschäftsführer befinden, abzugeben, § 57 Abs. 2 GmbHG. Dabei ist es nicht erforderlich, dass die Einlagen noch im Zeitpunkt der Anmeldung zur freien Verfügung der Geschäftsführung stehen. Ausreichend ist vielmehr, dass der Einzahlungsbetrag zur freien Verfügung der Geschäftsführer für die Zwecke der Gesellschaft eingezahlt und auch in der Folge nicht an den Gesellschafter zurückgezahlt wird.[452] Außerdem sind der Anmeldung die Übernahmeerklärungen (mind. in beglaubigter Form) und eine Liste der Übernehmer der neuen Geschäftsanteile beizufügen, § 57 Abs. 3 GmbHG. Im Grunde gelten dieselben Regeln wie für die Gründung; auf die Kommentarliteratur zu § 57 GmbHG wird verwiesen.

Muster: Handelsregisteranmeldung

203
An das
Amtsgericht
Handelsregister Abt. B
[......]

HRB [......]

Wir, die unterzeichneten Geschäftsführer der [......] GmbH in [......], überreichen als Anlagen:
1. Ausfertigung des notariellen Protokolls vom [......] (Nr. [......] der Urkundenrolle für [......] des Notars [......] in [......]), aus dem sich die Erhöhung des Stammkapitals und die damit verbundene Änderung des § [......] des Gesellschaftsvertrages ergibt, nebst den hierin enthaltenen Übernahmeerklärungen der Übernehmer zweier neuer Geschäftsanteile gegen Bareinlage.
2. Liste der Personen, welche die neuen Geschäftsanteile übernommen haben.
3. Den vollständigen Wortlaut des Gesellschaftsvertrages nebst Bescheinigung des Notars nach § 54 Abs. 1 Satz 2 GmbHG.[453]

Wir versichern, dass Gesellschafter [......] auf seinen neu übernommenen Geschäftsanteil Nr. [......] mit einem Nennbetrag von [...... EUR] einen Betrag von [...... EUR], Gesellschafter [......] auf seinen neu übernommenen Geschäftsanteil Nr. [......] mit einem Nennbetrag von [...... EUR] einen Betrag von [...... EUR] sowie Gesellschafter [......] auf seinen neu über-

---

[451] Siehe oben → Rn. 34.
[452] BGH NZG 2002, 522.
[453] Zur Kapitalerhöhung „bis zu" siehe → Rn. 182.

nommenen Geschäftsanteil Nr. [.....] mit einem Nennbetrag von [..... EUR] einen Betrag von [..... EUR] eingezahlt haben[454] und die eingezahlten Beträge sich endgültig in unserer freien Verfügung als Geschäftsführer befinden.

Wir melden die Erhöhung des Stammkapitals um [..... EUR] auf [..... EUR] und die Änderung des Gesellschaftsvertrages zur Eintragung in das Handelsregister an.

[.....]

Unterschriften der Geschäftsführer   Beglaubigung

204 **Zur Nachprüfung durch das Registergericht bei Anmeldung einer Barkapitalerhöhung:** Bei Anmeldung einer Barkapitalerhöhung durch bisherige Gesellschafter ist das Registergericht nicht befugt, allein auf Grund der Häufigkeit von verdeckten Sacheinlagen, ohne besonderen Anlass, über den normalen Prüfungsvorgang hinaus weitere Nachweise zu verlangen, um dies auszuschließen. Über den normalen Prüfungsvorgang hinausgehende Versicherungen und Nachweise können vom Registergericht nur dann verlangt werden, wenn sich im Einzelfall begründete Zweifel an der Einhaltung der Kapitalerhöhungsvorschriften ergeben.[455]

205 **d) Sachkapitalerhöhung.** Sonderregeln für die Sachkapitalerhöhung sind in § 56 GmbHG geregelt.

206 *aa) Beschlussfassung.* Für die Beschlussfassung bei der Sachkapitalerhöhung kann weitgehend auf die Ausführungen zu → Rn. 197 verwiesen werden. Es kommt entscheidend darauf an, dass – wie bei der Sachgründung – der Einlagegegenstand konkret bezeichnet wird.

Formulierungsvorschlag:
Notarielle Urkunde
[.....]
Sodann beschloss die Gesellschafterversammlung einstimmig was folgt:
[.....]
3. [.....] Die Einlage auf den Geschäftsanteil mit einem Nennbetrag in Höhe von [..... EUR] ist dergestalt zu leisten, dass [das Grundstück/die Kommanditbeteiligung/das Einzelunternehmen [.....]/die Forderung, o. ä.] auf die Gesellschaft übertragen wird..
[.....]
[Abspann]

207 *bb) Übernahmeerklärung.* Die Übernahmeerklärung bedarf stets der notariellen Beurkundung, § 55 Abs. 1 GmbHG. Damit ist auch dann, wenn ein Grundstück[456] oder ein GmbH-Geschäftsanteil[457] als Sacheinlage eingebracht werden sollen und es aus Sicht der Mitgesellschafter bzw. der Gesellschaft entscheidend darauf ankommt, dass sich der Übernehmer der Sacheinlageverpflichtung nicht soll entziehen können,[458] den jeweiligen Formerfordernissen genügt. Im Übrigen gelten im Verhältnis zur Übernahmeerklärung bei Barkapitalerhöhung keine Besonderheiten.

208 *cc Durchführung der Kapitalerhöhung, Anmeldung und registergerichtliches Verfahren.* Auf die Ausführungen zur Durchführung einer Barkapitalerhöhung und einer Sachgründung kann grundsätzlich verwiesen werden.[459]

---

[454] Gemäß §§ 7 Abs. 2 Satz 1, 56a GmbHG müssen bei einer Barkapitalerhöhung auf jeden Geschäftsanteil ein Viertel des Nennbetrags eingezahlt sein.
[455] KG NJW-RR 1999, 762.
[456] § 311b Satz 1 BGB.
[457] § 15 Abs. 4 Satz 1 GmbHG.
[458] Die Sacheinlage ist nur Hilfsgeschäft für die Bareinlage. Der Übernehmer bleibt also zur Barleistung verpflichtet, wenn er die Sacheinlage vertragswidrig nicht erbringt.
[459] Dazu oben → Rn. 192 ff.

Mit der Registeranmeldung sind zusätzlich die **Verträge über die Leistung von Sacheinlagen** beizufügen, § 57 Abs. 3 Nr. 3 GmbHG. Dabei handelt es sich entweder um verpflichtende Verträge in Bezug auf die Sachübernahme, deren Vorbereitung oder Durchführung, oder um vollziehende Verträge wie zum Beispiel die Auflassung von Grundstücken oder die Übertragung von Patenten.[460] Die Vorschrift begründet keinen Formzwang, so dass bei Übertragungsverträgen, die formfrei geschlossen werden können, keine Vorlagepflicht besteht.[461]

Muster: Handelsregisteranmeldung

[......]
HRB [......]
[......]

1. Ausfertigung des notariellen Protokolls vom [......] (Nr. [......] der Urkundenrolle für [......] des Notars [......] in [......]), aus dem sich die Erhöhung des Stammkapitals und die damit verbundene Änderung des § [......] des Gesellschaftsvertrages ergibt, nebst der hierin enthaltenen Übernahmeerklärung des Übernehmers eines neuen Geschäftsanteils gegen Sacheinlage.
2. Beglaubigte Abschrift des notariellen Protokolls vom [......] (Nr. [......] der Urkundenrolle für [......] des Notars [......] in [......]), aus dem sich die Auflassung des *Grundstücks* [......], eingetragen im Grundbuch von [......], Flurstück-Nr. [......], Parzelle [......], mit einer Größe von [......], von Herrn [......] an die Gesellschaft ergibt.

[......]

Wir versichern ferner, dass die für den Geschäftsanteil der [......] zu leistende Sacheinlage vollständig geleistet ist und sich die Sacheinlage endgültig in der freien Verfügung der Geschäftsführer befindet.

[......]

Unterschriften der Geschäftsführer   Beglaubigung

Ein **Sachkapitalerhöhungsbericht** ist nach h. M. bei der Anmeldung einer Sachkapitalerhöhung von Gesetzes wegen **nicht erforderlich**.[462] Allerdings haben die Geschäftsführer in der Anmeldung Erläuterungen zu geben, die auf Nachfrage des Gerichts im Einzelfall zu ergänzen sind. Das **Prüfungsrecht des Registergerichts** richtet sich im Übrigen nach §§ 57a, 9c GmbHG, so dass die Ordnungsmäßigkeit der Kapitalerhöhungsmaßnahmen und insbesondere die **Werthaltigkeit des Sacheinlagegegenstandes** zu überprüfen sind. Hier stehen dem Gericht dieselben Mittel wie bei der Sachgründung zur Verfügung.[463]

e) **Genehmigtes Kapital.** Seit dem MoMiG besteht auch bei der GmbH die bisher noch nicht vorgesehene Möglichkeit der Kapitalerhöhung in Form des genehmigten Kapitals, § 55a GmbHG. Das genehmigte Kapital bei einer GmbH ist an das Aktienrecht angelehnt.[464] Es soll den Gesellschaften ermöglichen, schnell und flexibel neues Eigenkapital zu beschaffen.[465] Da die Einberufung und Durchführung einer Gesellschafterversammlung bei der GmbH allerdings auf Grund der personalistischen Struktur regelmäßig mit weitaus geringerem Aufwand als bei der AG verbunden ist, fallen auch die Vorteile des genehmigten Kapitals bei der GmbH weniger ins Gewicht als bei der AG.[466]

---

[460] Baumbach/Hueck/*Zöllner/Fastrich* § 57 Rn. 20.
[461] H. M., Baumbach/Hueck/*Zöllner/Fastrich* § 57 Rn. 20; Lutter/Hommelhoff/*Lutter/Bayer* § 57 Rn. 12.
[462] Lutter/Hommelhoff/*Lutter/Bayer* § 57 Rn. 15; Ulmer/Habersack/Winter/*Ulmer* § 57 Rn. 17; a. A. Scholz/ *Priester* § 57 Rn. 21.
[463] Dazu oben → Rn. 157 ff.
[464] Vgl. § 202 AktG.
[465] Vgl. BR-Drucks. 354/07, S. 19.
[466] Vgl. BT-Drucks. 16/9737, S. 99. In der Praxis dürfte der Nutzen des genehmigten Kapitals daher eher gering sein und vornehmlich im Zusammenhang mit Gesellschaften, in denen in der Zukunft weitere Partner als Gesellschafter aufgenommen werden sollen, zum Beispiel bei Joint-Venture-Gesellschaften, praktische Vorteile bieten, vgl. Römermann/Wachter/*Bormann/Urlichs*, S. 37, 45.

212 Gemäß § 55a Abs. 1 Satz 1, Abs. 2 GmbHG können durch den Gesellschaftsvertrag bei Gründung oder durch eine spätere Satzungsänderung die Geschäftsführer ermächtigt werden, innerhalb einer Frist von fünf Jahren ab Eintragung der Gesellschaft oder der Satzungsänderung das Stammkapital durch Ausgabe neuer Geschäftsanteile gegen Einlagen bis zu einem bestimmten Betrag zu erhöhen. Der Nennbetrag des genehmigten Kapitals darf jedoch die Hälfte des Stammkapitals, das zur Zeit der Ermächtigung vorhanden ist, nicht überschreiten, § 55a Abs. 1 Satz 2 GmbHG. Eine Kapitalerhöhung gegen Sacheinlagen darf gemäß § 55a Abs. 3 GmbHG bei genehmigtem Kapital nur dann erfolgen, wenn die Satzung dies vorsieht.

213 Die Abwicklung der Kapitalerhöhung auf Grund von genehmigtem Kapital entspricht im Wesentlichen derjenigen der ordentlichen Kapitalerhöhung.[467] Der bei der ordentlichen Kapitalerhaltung erforderliche Gesellschafterbeschluss wird durch die Ermächtigung der Geschäftsführung in der Satzung und den Beschluss der Geschäftsführung über die Durchführung der Kapitalerhöhung und die Ausgabe neuer Geschäftsanteile ersetzt. Die Geschäftsführer entscheiden hierüber nach pflichtgemäßem Ermessen. Soweit eine entsprechende Satzungsermächtigung besteht, können die Geschäftsführer auch über den Ausschluss des Bezugsrechts entscheiden.[468] Letztlich sind bei der Kapitalerhöhung durch genehmigtes Kapital auch der Übernahmevertrag und die Anmeldung beim Handelsregister erforderlich. Insoweit kann hier auf die Ausführungen zur ordentlichen Kapitalerhöhung verwiesen werden.[469] Nach der hier vertretenen Ansicht muss es zudem möglich sein, in Anwendung des Rechtsgedankens des § 179 Abs. 1 Satz 2 AktG die Geschäftsführer nach der Ausübung des genehmigten Kapitals zur erforderlichen Satzungsänderung (Änderung der Höhe des Stammkapitals) zu ermächtigen.[470] Andernfalls würden die Vorteile des genehmigten Kapitals in Form der Flexibilität und Kostenersparnis wieder aufgehoben.

Muster: Ermächtigung der Geschäftsführer zur Kapitalerhöhung (genehmigtes Kapital) nach § 55a GmbHG

214 Notarielle Urkunde

[......]

Sodann beschloss die Gesellschafterversammlung einstimmig was folgt:

1. Der Gesellschaftsvertrag der Gesellschaft wird geändert. § [......] des Gesellschaftsvertrages wird durch den folgenden Absatz [......] ergänzt:

Die Geschäftsführer sind ermächtigt, das Stammkapital bis zum [......][471] durch Ausgabe neuer Bar- oder Sacheinlagen einmal oder mehrmals, insgesamt jedoch um höchstens [...... EUR][472] zu erhöhen. Die Geschäftsführer entscheiden über einen Ausschluss des Bezugsrechts.

2. Die Geschäftsführer werden ferner ermächtigt, die Fassung der Satzung entsprechend dem Umfang der Kapitalerhöhung aus genehmigtem Kapital zu ändern.

[......]

[Abspann]

---

[467] Vgl. auch *Böhringer* BWNotZ 2008, 104, 108.
[468] So auch Römermann/Wachter/*Bormann/Urlichs*, S. 37, 45; *Wicke* § 55a Rn. 13.
[469] Vgl. oben → Rn. 180 ff.
[470] Ebenso Römermann/Wachter/*Bormann/Urlichs*, S. 37, 46; *Wicke* § 55a Rn. 5, der auch eine entsprechende Ermächtigung des Notars für zulässig hält.
[471] Die Ermächtigung kann höchstens auf die Dauer von fünf Jahren nach deren Eintragung gewährt werden, vgl. § 55a Abs. 1 Satz 1, Abs. 2 GmbHG.
[472] Gemäß § 55a Abs. 1 Satz 2 GmbHG darf der Nennbetrag des genehmigten Kapitals die Hälfte des Stammkapitals, das zurzeit der Ermächtigung vorhanden ist, nicht übersteigen.

3. Kapitalerhöhung aus Gesellschaftsmitteln

a) Allgemeines. Bei einer Kapitalerhöhung aus Gesellschaftsmitteln wird der Gesellschaft 215
kein frisches Kapital zugeführt; vielmehr erfolgt lediglich eine **Umbuchung von Rücklagen
etc. in Stammkapital.** Es handelt sich somit um einen Passivtausch innerhalb des Eigenkapitals. Das Reinvermögen der Gesellschaft ändert sich nicht.[473] Wesentlicher Effekt der Kapitalerhöhung aus Gesellschaftsmitteln ist die erweiterte Bindung i.S.v. § 30 GmbHG. Im Rahmen des Gesetzes zur Bereinigung des Umwandlungsrechts[474] wurde die Kapitalerhöhung aus Gesellschaftsmitteln in §§ 57c–57o GmbHG neu geregelt, diese Regeln gelten neben §§ 53 f. GmbHG, § 57c Abs. 4 GmbHG.

Mit dem Kapitalerhöhungsbeschluss, der als Satzungsänderung der ¾-Mehrheit bedarf 216
und dessen Durchführung entstehen **neue Gesellschaftsrechte,** wobei entweder die alten Geschäftsanteile erhöht oder neue Geschäftsanteile geschaffen werden können.[475] Es gelten insoweit dieselben Grundsätze wie bei der effektiven Kapitalerhöhung gegen Einlagen.[476] Abweichungen können sich allerdings aus der unterschiedlichen Natur der Kapitalmaßnahmen ergeben, so ist z.B. eine Rahmenkapitalerhöhung innerhalb eines Mindest- und Höchstbetrages[477] nicht zulässig.[478]

Entscheidend ist bei der Beschlussfassung, dass die **Kapitalerhöhung durch Umwandlung** 217
von Rücklagen erfolgen soll. Dabei ist anzugeben, welche Bilanz (§ 57c Abs. 3 GmbHG) dem Beschluss zugrunde gelegt werden soll. **Notwendige Voraussetzung** einer nominellen Kapitalerhöhung ist die **Feststellung des Jahresabschlusses und der Ergebnisverwendung** für das Geschäftsjahr, dessen Bilanz zugrunde gelegt werden soll (§ 57c Abs. 2 GmbHG); dabei sind die Regeln über die Ergebnisverwendung nach § 29 GmbHG zu beachten.[479] In praktischer Hinsicht ist es möglich, die entsprechenden Beschlüsse in derselben Gesellschafterversammlung zu fassen, in der auch die Kapitalerhöhung beschlossen wird.[480]

Bei der Kapitalerhöhung aus Gesellschaftsmitteln erfolgt eine **automatische proportionale** 218
Zuordnung der neuen Geschäftsanteile an die Gesellschafter, § 57j GmbHG. Eigene Anteile der Gesellschaft nehmen an der nominellen Kapitalerhöhung teil, § 57l Abs. 1 GmbHG. Teileingezahlte Geschäftsanteile nehmen entsprechend ihrem Nennbetrag teil, wobei bei ihnen die Kapitalerhöhung nur durch Erhöhung des Nennbetrages der Geschäftsanteile und nicht durch Bildung neuer Geschäftsanteile ausgeführt werden kann, § 57l Abs. 2 GmbHG.

b) Basisbilanz und umwandlungsfähige Rücklagen. Dem Beschluss über die Kapitalerhö- 219
hung aus Gesellschaftsmitteln ist gemäß § 57c Abs. 3 eine Bilanz (sog. „Basisbilanz") zugrunde zulegen. Dabei kann es sich um die **letzte Jahresbilanz** handeln, § 57e GmbHG; diese muss geprüft und in der von Gesellschaftern festgestellten Form mit dem uneingeschränkten Bestätigungsvermerk versehen sein.[481] Voraussetzung ist des Weiteren, dass der Bilanzstichtag höchstens acht Monate vor der Anmeldung des Beschlusses über die Kapitalerhöhung liegt, § 57e Abs. 1 a.E. GmbHG. Für den anwaltlichen Berater empfiehlt es sich

---

[473] Zu den Auswirkungen der Erhöhung auf Mitgliedschaftsrechte und vertragliche Beziehungen, vgl. § 57m GmbHG.
[474] 28.10.1994, BGBl. I S. 3257.
[475] Die Angabe hierüber ist notwendiger Inhalt des Kapitalerhöhungsbeschlusses, § 57h Abs. 2 Satz 1 GmbHG; bei teileingezahlten Geschäftsanteilen kommt nur eine Erhöhung des Nennbetrages in Betracht, § 57l Abs. 2 GmbHG.
[476] Zur Anwendung von Sonderregeln innerhalb der Satzung Baumbach/Hueck/*Zöllner/Fastrich* § 57c Rn. 2.
[477] Dazu oben → Rn. 182.
[478] Baumbach/Hueck/*Zöllner/Fastrich* § 57c Rn. 3; Lutter/Hommelhoff/*Lutter* § 57c Rn. 10.
[479] Baumbach/Hueck/*Zöllner/Fastrich* § 57c Rn. 4.
[480] Etwas anderes gilt aber im Falle des § 57n Abs. 2 GmbHG, wenn – abweichend von der gesetzlichen Regel des § 57n GmbHG – die neuen Geschäftsanteile bereits am Gewinn des letzten vor der Beschlussfassung über die Kapitalerhöhung abgelaufenen Geschäftsjahres teilnehmen sollen.
[481] Die Prüfung muss grundsätzlich durch einen Wirtschaftsprüfer erfolgen; ausnahmsweise genügt bei mittleren und kleinen Kapitalgesellschaften i.S.d. § 267 Abs. 3 HGB die Prüfung durch einen vereidigten Buchprüfer, § 57e Abs. 2 GmbHG.

daher, den Kapitalerhöhungsbeschluss zeitnah zum Bilanzstichtag vorzubereiten. – Wird dem Beschluss dagegen nicht die letzte Jahresbilanz zugrundegelegt, so ist eine **Zwischenbilanz** als Basisbilanz heranzuziehen, die bei Anmeldung nicht älter als acht Monate ist, § 57f Abs. 1 GmbHG. Die Zwischenbilanz muss nach den Vorschriften über den Jahresabschluss aufgestellt und entsprechend geprüft werden; die Kapitalerhöhung kann nicht ohne einen Bestätigungsvermerk des Prüfers beschlossen werden, § 57f Abs. 2 GmbHG.[482] Die **Prüfer** werden von den Gesellschaftern in einer Versammlung oder per schriftlichem Beschluss nach § 48 Abs. 2 GmbHG gewählt.[483]

220 Die Bilanz bedarf der **Feststellung durch die Gesellschafterversammlung**. Nach § 57c Abs. 2 GmbHG kann die Kapitalerhöhung aus Gesellschaftsmitteln erst beschlossen werden, nachdem der letzte Jahresabschluss festgestellt und über die Ergebnisverwendung Beschluss gefasst worden ist. Dabei ist § 29 GmbHG zu beachten (siehe oben). Eine Ausnahme von der vorherigen Fassung eines Ergebnisverwendungsbeschlusses gilt gemäß § 57n Abs. 2 GmbHG, wenn im Kapitalerhöhungsbeschluss bestimmt wird, dass die neuen Geschäftsanteile bereits am Gewinn des letzten vor der Beschlussfassung über die Kapitalerhöhung abgelaufenen Geschäftsjahres teilnehmen. – Im Zweifel erfolgt die **Teilnahme der neuen Geschäftsanteile** dagegen **am Gewinn** des ganzen Geschäftsjahres, in dem die Erhöhung des Stammkapitals beschlossen wird, § 57n Abs. 1 GmbHG.

221 Umwandlungsfähig sind grundsätzlich
- **Kapitalrücklagen** (§ 266 Abs. 3 lit. A II HGB). Für **Nachschusskapital** gilt dies nach Einzahlung;[484]
- **Gewinnrücklagen** (§ 266 Abs. 3 lit. A III HGB), soweit es sich nicht um Rücklagen für Anteile an einem herrschenden oder mit Mehrheit beteiligten Unternehmen (§ 266 Abs. 3 lit. A III 2 HGB)[485] handelt und keine Zweckbindung – dazu sogleich – (mehr) besteht; und
- ein **Gewinn** in der Jahresbilanz. Bei einer als Basisbilanz dienenden Zwischenbilanz muss dieser bereits der Gewinnrücklage zugeführt und bilanziell als solche ausgewiesen sein.[486]

222 **Stille Reserven** sind als solche **nicht umwandlungsfähig**. Allerdings können diese bei Vorliegen der entsprechenden bilanzrechtlichen Voraussetzungen gewinnwirksam aufgelöst werden, so dass in der Basisbilanz ein entsprechender – steuerlich relevanter – Gewinn ausgewiesen wird.[487] Die Frage, ob stille Reserven gehoben werden sollen, um eine Kapitalerhöhung aus Gesellschaftsmitteln zu ermöglichen, wird vom anwaltlichen und steuerlichen Berater rechtzeitig vor dem Bilanzstichtag zu klären sein. Gleiches gilt für die Auswirkungen auf das steuerliche Einlagenkonto gemäß § 27 KStG.

223 Die umwandlungsfähigen Rücklagen etc. müssen gemäß § 57d Abs. 1 GmbHG **in der letzten Jahresbilanz (§ 57e GmbHG) ausgewiesen** sein; wenn eine Zwischenbilanz (§ 57f GmbHG) zugrundegelegt wird, ist ein Ausweis in dieser und in der letzten Jahresbilanz erforderlich.

224 Satzungsmäßige und sonstige **Zweckbindungen von Rücklagen** sind zu beachten, § 57d Abs. 3 GmbHG. Bei einer satzungsmäßigen Zweckbindung ist eine Satzungsänderung bzw. ein satzungsdurchbrechender Gesellschafterbeschluss erforderlich, ehe eine Umwandlung in Stammkapital erfolgen kann.[488]

225 Eine **Umwandlung von Rücklagen ist ausgeschlossen, wenn diese durch Verluste aufgezehrt sind**, § 57d Abs. 2 GmbHG.[489] Nach Zöllner/Fastrich ist über den Gesetzeswortlaut hinaus eine Umwandlung auch dann ausgeschlossen, wenn seit dem Stichtag der zugrunde-

---

[482] Zu weiteren Einzelheiten §§ 57f, 57g GmbHG.
[483] § 318 HGB, § 57f Abs. 3 GmbHG.
[484] Baumbach/Hueck/Zöllner/Fastrich § 57d Rn. 2; Lutter/Hommelhoff/Lutter § 57d Rn. 5.
[485] Lutter/Hommelhoff/Lutter § 57d Rn. 8.
[486] Baumbach/Hueck/Zöllner/Fastrich § 57d Rn. 5.
[487] Lutter/Hommelhoff/Lutter § 57d Rn. 4.
[488] Zum Ganzen Lutter/Hommelhoff/Lutter § 57d Rn. 2, 9 ff.
[489] Siehe auch Lutter/Hommelhoff/Lutter § 57d Rn. 7; Baumbach/Hueck/Zöllner/Fastrich § 57d Rn. 6f.

gelegten Bilanz Vermögensminderungen erkennbar zu einer Aufzehrung der Rücklagen geführt haben.[490]

c) Beschlussfassung. Die neuen Geschäftsanteile stehen den Gesellschaftern im Verhältnis ihrer bisherigen Geschäftsanteile zu; ein entgegenstehender Beschluss der Gesellschafter ist nichtig, § 57j GmbHG. Die Kapitalerhöhung kann vorbehaltlich des § 57l Abs. 2 GmbHG durch Bildung neuer Geschäftsanteile oder durch Erhöhung des Nennbetrags der Geschäftsanteile ausgeführt werden, § 57h Abs. 1 GmbHG; der Kapitalerhöhungsbeschluss muss die Art der Erhöhung angeben, § 57h Abs. 2 Satz 1 GmbHG. 226

Muster:

Notarielle Urkunde 227
[......]
Sodann beschloss die Gesellschafterversammlung einstimmig was folgt:
1. Der Jahresabschluss der Gesellschaft des Geschäftsjahres [......] wird festgestellt.
2. Das Stammkapital der Gesellschaft wird unter Zugrundelegung der Bilanz zum [......] aus Gesellschaftsmitteln um [...... EUR] auf [...... EUR] erhöht.
   a) Die Bilanz, die als Anlage diesem Protokoll beigefügt ist, trägt den uneingeschränkten Bestätigungsvermerk des Wirtschaftsprüfers/der Wirtschaftsprüfungsgesellschaft [......] als dem gewählten Abschlussprüfer der Gesellschaft.
   b) Der für die Kapitalerhöhung erforderliche Betrag i. H. v. [...... EUR] wird den in der Bilanz zum [......] ausgewiesenen anderen Gewinnrücklagen entnommen.
   c) Die Kapitalerhöhung erfolgt in der Weise, dass neue Geschäftsanteile ausgegeben werden, und zwar
   an   ein Geschäftsanteil i. H. v.
   • [......]   [...... EUR]
   • [......]   [...... EUR]
   • [......]   [...... EUR]
   • [......]   [...... EUR].
   d) Die neuen Geschäftsanteile sind ab dem Geschäftsjahr ihrer Entstehung gewinnberechtigt.
3. Der Gesellschaftsvertrag der Gesellschaft wird geändert. § [......] des Gesellschaftsvertrages lautet nunmehr wie folgt:
„Das Stammkapital der Gesellschaft beträgt [...... EUR] (in Worten Euro [......])." [Es ist durch Gesellschafterbeschluss vom [......] aus Gesellschaftsmitteln erhöht worden.]

Alternative: Erhöhung der Nennbeträge der bisherigen Stammeinlagen

Notarielle Urkunde 228
[......]
c) Die Kapitalerhöhung erfolgt in der Weise, dass die Nennbeträge der Geschäftsanteile der Gesellschafter im Verhältnis ihrer Beteiligung am bisherigen Stammkapital erhöht werden. Den Gesellschaftern stehen danach folgende Anteile zu:
bisheriger Anteil   neuer Anteil
• [......]   [...... EUR]   [...... EUR]
• [......]   [...... EUR]   [...... EUR]
• [......]   [...... EUR]   [...... EUR]
[......]

---

[490] Baumbach/Hueck/Zöllner/Fastrich § 57d Rn. 6 f.

4. Der Gesellschaftsvertrag der Gesellschaft wird geändert. § [......] des Gesellschaftsvertrages lautet nunmehr wie folgt:

„Das Stammkapital der Gesellschaft beträgt [...... EUR] (in Worten Euro [......])." [Es ist durch Gesellschafterbeschluss vom [......] aus Gesellschaftsmitteln durch Erhöhung des Nennbetrages der bisherigen Anteile erhöht worden.]

229 d) **Weiteres Verfahren.** Die nominelle Kapitalerhöhung aus Gesellschaftsmitteln ist gemäß § 57i GmbHG zur Eintragung in das Handelsregister anzumelden. Dabei ist nach § 57i Abs. 1 Satz 2 von den Geschäftsführern zu erklären, dass nach ihrer Kenntnis seit dem Stichtag der Basisbilanz bis zum Tag der Anmeldung keine Vermögensminderung eingetreten ist, die einer nominellen Kapitalerhöhung entgegenstünde. Zudem ist der Sondercharakter als Kapitalerhöhung aus Gesellschaftsmitteln anzugeben, § 57i Abs. 4 GmbHG.

230 e) **Bewertung der Anteile.** Gemäß § 57o GmbHG wird der Bilanzwert der Anteile, die nach der nominellen Kapitalerhöhung bestehen, aus dem bilanziellen Wert der alten Anteile abgeleitet, in dem dieser verhältnismäßig auf die alten und neuen Anteile verteilt wird.[491] Dies entspricht der steuerlichen Betrachtungsweise.[492]

---

[491] Beispiel bei Baumbach/Hueck/*Zöllner/Fastrich* § 57o Rn. 2.
[492] Vgl. MünchKommGmbHG/*Lieder* § 57o Rn. 1.

§ 6 Kapitalerhaltung

Übersicht

	Rn.
I. Überblick	1
II. Erhaltung des Stammkapitals	2–73
1. Einleitung	2–4
2. Kapitalerhaltung nach § 30 GmbHG	5–45
a) Auszahlungsverbot nach § 30 Abs. 1 GmbHG	6–36
b) Rückzahlung von Nachschüssen nach § 30 Abs. 2 GmbHG	37–45
3. Haftungstatbestände bei Verletzung des § 30 GmbHG	46–68
a) Erstattungsanspruch nach § 31 Abs. 1 GmbHG	48–58
b) Haftung der Gesellschafter nach § 31 Abs. 3 S. 1 GmbHG	59–63
c) Haftung der Geschäftsführer nach § 31 Abs. 6 GmbHG und § 43 Abs. 3 GmbHG	64–66
d) Haftung der Gesellschafter wegen „existenzvernichtenden Eingriffs" ..	66 a–66 g
e) Bereicherungsansprüche, §§ 812 ff. BGB	67/68
4. Erwerb eigener Geschäftsanteile (§ 33 GmbHG)	69
5. Kreditgewährung an Gesellschaftsvertreter (§ 43a GmbHG)	70–73
a) Betroffener Personenkreis	71
b) Kreditgewährung	72
c) Keine Verletzung des gebundenen Vermögens	73
III. Kapitalherabsetzung	74–107
1. Überblick	74–76
2. Wirtschaftlicher Zweck der Kapitalherabsetzung	77
3. Ordentliche Kapitalherabsetzung	78–94
a) Kapitalherabsetzungsbeschluss	79–84
b) Bekanntmachung und Aufforderung an die Gläubiger	85
c) Befriedigung oder Sicherstellung widersprechender Gläubiger ...	86–89
d) Sperrjahr und Anmeldung	90/91
e) Eintragung und Veröffentlichung	92/93
f) Wirkung der Kapitalherabsetzung	94
4. Vereinfachte Kapitalherabsetzung	95–104
a) Voraussetzungen der vereinfachten Kapitalherabsetzung	96–100
b) Beschlussinhalt	101/102
c) Durchführung der vereinfachten Kapitalherabsetzung	103/104
5. Kapitalherabsetzung bei gleichzeitiger Kapitalerhöhung	105–107
a) Nicht vereinfachte Verbindung	106
b) Vereinfachte Verbindung	107

Schrifttum: *Altmeppen,* Cash Pooling und Kapitalerhaltung bei bestehendem Beherrschungs- und Gewinnabführungsvertrag, NZG 2010, 361; *Altmeppen,* Cash Pooling und Kapitalerhaltung im faktischen Konzern, NZG 2010, 401; Bayer/Daniel, Darlegungs- und Beweislast im Rechts der GmbH anhand praktischer Fallkonstellationen, GmbHR 2011, 638; *Flume,* Kapitalerhaltung und Konzernfinanzierung, WPg 2008, 231; *Hennrichs,* Kapitalschutz bei GmbH, UG (haftungsbeschränkt) und SPE, NZG 2009, 921; *Kollrus,* Cash-Pooling – Strategien zur Vermeidung von Haftungsgefahren, MDR 2011, 208; *Pentz,* Kapitalaufbringung und -erhaltung bei der verdeckten (gemischten) Sacheinlage nach „ADOCOM", GWR 2010, 285; *Rothley/Weinberger,* Die Anforderungen an Vollwertigkeit und Deckung nach § 30 I 2 GmbHG und § 57 I 3 AktG, NZG 2010, 1001; *Thole,* Konzernfinanzierung zwischen Gesellschafts- und Insolvenzrecht, ZInsO 2011, 1425; *Tillmann,* Upstream-Sicherheiten der GmbH im Lichte der Kapitalerhaltung, NZG 2008, 401.

I. Überblick

Das von den Gesellschaftern aufgebrachte Kapital dient insbesondere zur Befriedigung von Ansprüchen der Gläubiger der GmbH. Um einen gewissen Mindestschutz der Gläubiger zu gewährleisten, sieht § 5 GmbHG eine Mindesthöhe des Stammkapitals von 25.000,– EUR vor. Diese Regelung ist – entgegen der ursprünglichen Planung – im Rahmen des MoMiG 1 auch der Höhe nach beibehalten worden. Die Vorschrift des § 19 GmbHG regelt die Verpflichtung der Gesellschafter, dieses Mindestkapital tatsächlich einzuzahlen.

Die Vorschriften über das Mindestkapital und dessen Einzahlung wären jedoch praktisch wertlos, wenn die Gesellschafter der GmbH das eingezahlte Kapital jederzeit wieder entziehen könnten. Aus diesem Grunde sehen die §§ 30 und 31 GmbHG ein **Rückzahlungsverbot** für Stammkapital vor und statuieren **Erstattungsansprüche** (dazu unten → Rn. 2 ff.). Wollen die Gesellschafter der Gesellschaft Vermögen entnehmen, das zur Erhaltung des Stammkapitals erforderlich ist, so haben sie das gesetzlich normierte **Verfahren der Kapitalherabsetzung** einzuhalten, mit dem wiederum den Interessen der Gläubiger angemessen Rechnung getragen werden soll (dazu unten → Rn. 74 ff.).

Das Inkrafttreten des MoMiG zum 1.11.2008 hat im Bereich der Kapitalerhaltung einige für die Unternehmenspraxis sehr relevante Änderungen gebracht.

II. Erhaltung des Stammkapitals

1. Einleitung

2 Das **Kapitalerhaltungsgebot** des § 30 Abs. 1 GmbHG bildet zusammen mit der Vorschrift des § 19 GmbHG das „Kernstück des GmbH-Rechts".[1] Die Vorschrift schützt, ergänzt durch die Erstattungsansprüche des § 31 GmbHG und anderer Vorschriften, den Teil des Reinvermögens, der rechnerisch zur Deckung des satzungsmäßigen Stammkapitals erforderlich ist.[2] Umstritten war dabei vor der Verabschiedung des MoMiG vor allem die Frage, ob die Vorschriften der §§ 30, 31 GmbHG das Vermögen der Gesellschaft nur seinem Wert nach schützen (sog. bilanzielle Betrachtungsweise) oder ob es auch auf die konkrete Zusammensetzung des Vermögens ankommen soll. Der BGH hatte insoweit in seiner viel beachteten November-Entscheidung auf einen Schutz des Vermögens über die bilanzielle Betrachtungsweise hinaus abgestellt.[3] Mit der durch das MoMiG eingeführten Ergänzung des § 30 GmbHG hat der Gesetzgeber nun dieser Rechtsprechung eine Absage erteilt und sich für die bilanzielle Betrachtungsweise entschieden.

2a Auf eine konkrete Zusammensetzung des Vermögens der GmbH kommt es damit nicht an, vgl. wegen der Einzelheiten unten → Rn. 24. Ebenso schützen die Vorschriften lediglich vor einer Rückgewähr von Vermögen an die Gesellschafter. Die Gläubiger haben dagegen keinen Schutz vor einer Aufzehrung des Stammkapitals auf andere Weise, also insbesondere durch eingetretene Verluste aus dem laufenden Geschäftsbetrieb.[4] Ferner ist § 30 GmbHG im Kontext mit anderen Schutzbestimmungen zu sehen. Hier sind insbesondere die Vorschriften zur Kapitalaufbringung vgl. → § 5 Rn. 28 ff. und zum existenzvernichtenden Eingriff (§ 826 BGB) zu sehen.[5] In der Praxis hat es viele Versuche gegeben, die Vorschriften über die Kapitalerhaltung und insbesondere das Auszahlungsverbot des § 30 Abs. 1 GmbHG zu umgehen. Die einschlägige Rechtsprechung beschäftigt sich daher im Wesentlichen mit diesen **Umgehungstatbeständen**.

3 Systematisch regelt das Gesetz das Auszahlungsverbot in § 30 Abs. 1 GmbHG. Dabei sieht das Gesetz in den durch das MoMiG neu eingefügten § 30 Abs. 1 S. 2 und 3 GmbHG Ausnahmetatbestände vor, bei denen ein Verstoß gegen das Kapitalerhaltungsgebot ausgeschlossen ist. Ein Verstoß gegen § 30 Abs. 1 GmbHG zieht diverse Erstattungs- und Haftungsansprüche nach sich. Die zentrale Erstattungsnorm findet sich in § 31 GmbHG. Ergänzt wird sie durch Vorschriften zum Erwerb eigener Anteile (§ 33 GmbHG) und zur Haftung der Geschäftsführer (§ 43 Abs. 3 GmbHG). Außerhalb des GmbH-Gesetzes sind auch die Vorschriften des allgemeinen Zivilrechts zu prüfen. Hier ist insbesondere des vom BGH entwickelte Konzept des sog. existenzvernichtenden Eingriffs zu erörtern.[6]

---

[1] BGHZ 28, 77 f.
[2] MünchHdbGesR III/*Fronhöfer* § 51 Rn. 1.
[3] BGHZ 157, 72 = GmbHR 2004, 302.
[4] GmbHHdb/*Gandenberger* § 8 Rn. 2.
[5] Vgl. zur Figur des existenzvernichtenden Eingriff BGHZ 173, 246 = GmbHR 2007, 927 m. Komm. *Schröder* (TRIHOTEL); BGHZ 179, 344 (Sanitary).
[6] Vgl. dazu BGHZ 179, 344 (Sanitary); BGHZ 173, 246 = GmbHR 2007, 927 m. Komm. *Schröder*.

§ 6 Kapitalerhaltung

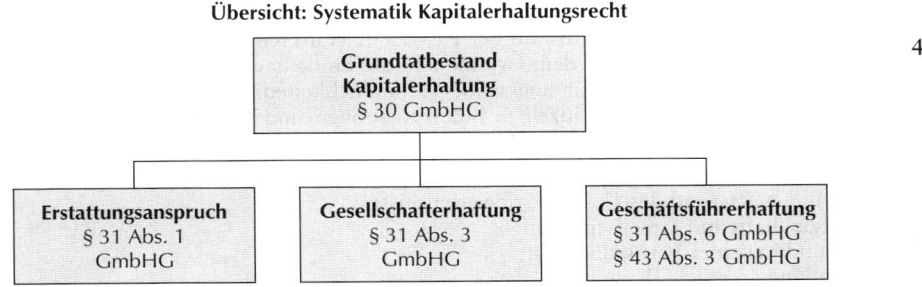

Übersicht: Systematik Kapitalerhaltungsrecht

Im Folgenden wird zunächst das Auszahlungsverbot nach § 30 Abs. 1 GmbHG dargestellt (dazu → Rn. 8 ff.). Sodann folgt die Erläuterung der aus dem Verstoß gegen dieses Verbot folgenden Ansprüche (dazu → Rn. 59 ff.).

2. Kapitalerhaltung nach § 30 GmbHG

Die Vorschrift des § 30 GmbHG regelt das **Auszahlungsverbot** für Vermögen, das zur Erhaltung des Stammkapitals erforderlich ist (Abs. 1), sowie die **Rückzahlung von Nachschüssen** im Sinne des § 26 GmbHG (Abs. 2).

a) Auszahlungsverbot nach § 30 Abs. 1 GmbHG. Der Tatbestand des § 30 Abs. 1 GmbHG kann in folgenden Schritten geprüft werden:[7]

> **Checkliste: Auszahlungsverbot gem. § 30 Abs. 1 GmbHG**
> 1. Auszahlung (grds. an den Gesellschafter auf Grund des Gesellschaftsverhältnisses);
> 2. Keine Ausnahme nach § 30 Abs. 1 Satz 2 und 3 GmbHG
> 3. Minderung des geschützten Vermögens.

Eine subjektive Komponente hat der Tatbestand des § 30 GmbHG nicht, so dass es nicht auf Kenntnisse oder Vorstellungen der Gesellschafter ankommt.

aa) Auszahlung. Der Begriff der Auszahlung erfasst jede **Zuwendung von Vermögenswerten**.[8] Dies sind zunächst Geldzahlungen. Der Tatbestand der Auszahlung ist jedoch weiter zu verstehen. Er erfasst alle Leistungen, die wirtschaftlich das Vermögen der Gesellschaft verringern.[9] Erforderlich ist eine **Verringerung des Reinvermögens** der Gesellschaft. Das Reinvermögen wird ermittelt als Differenz zwischen Aktiva und Verbindlichkeiten. Schon bei der Auszahlung kommt es also auf eine bilanzielle Betrachtung an: Führt die Leistung zu einer in der Bilanz zu berücksichtigenden Minderung des Reinvermögens, so liegt eine Auszahlung vor.

Schematisch lassen sich die Voraussetzungen für eine Auszahlung i. S. des § 30 GmbHG anhand einer Bilanz auf den Zeitpunkt der Auszahlung darstellen:

Aktiva		Passiva	
Anlagevermögen	50	Eigenkapital (Reinvermögen)	50
Umlaufvermögen	50	Fremdkapital	50
	100		100

---
[7] Leicht abweichend: MünchHdbGesR III/*Fronhöfer* § 51 Rn. 8.
[8] MünchHdbGesR III/*Fronhöfer*, § 51 Rn. 10.
[9] Baumbach/Hueck/*Fastrich* § 30 Rn. 13 ff. m. w. N.

9 Eine Minderung des Reinvermögens kann durch eine Verringerung der Aktiva oder durch eine Zunahme des Fremdkapitals auf der Passivseite eintreten. Dabei ist zu berücksichtigen, dass das Fremdkapital sowohl dem Grunde und der Höhe nach feststehende Verbindlichkeiten als auch Rückstellungen für ungewisse Verbindlichkeiten im Sinne des § 249 HGB umfasst. Für die Bewertung der einzelnen Bilanzpositionen sind die Bestimmung des Handelsrecht (§§ 238 ff. HGB) maßgeblich,[10]

10 Die Auszahlungstatbestände lassen sich in folgende Fallgruppen zusammenfassen:
- Leistung auf Grund des Gesellschaftsverhältnisses;
- Drittgeschäfte mit Gesellschaftern;
- Begründung einer Verbindlichkeit;
- Bestellung von Sicherheiten.

11 *(1) Leistungen auf Grund des Gesellschaftsverhältnisses.* Leistungen auf Grund des Gesellschafterverhältnisses unterliegen dem Auszahlungstatbestand des § 30 Abs. 1 GmbHG.[11] Dies betrifft insbesondere Leistungen auf Grund des Gewinnbezugsrechts, aber auch sonstige Leistungen auf Grund des Gesellschaftsverhältnisses. Abzugrenzen sind die Leistungen auf Grund des Gesellschaftsverhältnisses von den Drittgeschäften, bei denen ein Gesellschafter der Gesellschaft wie ein außenstehender Dritter gegenüber tritt.

12 In folgenden Einzelfällen wurde eine **Leistung auf Grund des Gesellschaftsverhältnisses** angenommen:
- Gewinnausschüttungen,[12] (allerdings nicht, wenn diese auf Grundlage eines Ergebnisabführungsvertrages erfolgen (§ 30 Abs. 1 S. 2 Alt. 1 GmbHG)
- Vorabausschüttung;[13]
- Verdeckte Gewinnausschüttungen;
- Entnahmerechte auf Grund der Satzung, die einen Anspruch der Gesellschafter unabhängig von der Ertragslage der Gesellschaft vorsehen;[14]
- Abfindungen für Geschäftsanteile;
- Auszahlung von Teilen des Liquidationserlöses vor Abschluss der Liquidation;
- Zuwendungen bei wechselseitigen Beteiligungen;
- Abspaltungen nach dem UmwG bei nicht ausreichenden Rücklagen der übertragenden Gesellschaft.[15]

Bei den vorstehend genannten Vorgängen handelt es sich um Auszahlungen im Sinne des § 30 Abs. 1 S. 1 GmbHG. Es ist jedoch zu prüfen, ob diese Auszahlungen von der Anwendung der Kapitalerhaltung nach § 30 Abs. 1 S. 2 und 3 GmbHG ausgenommen sind, vgl. dazu unten → Rn. 23.

13 *(2) Drittgeschäfte.* Bei **Drittgeschäften** geht es um Umsatzgeschäfte aller Art. Sie können sowohl mit einem Gesellschafter (dazu (a), → Rn. 14) als auch mit fremden Dritten (dazu (b) → Rn. 16) abgeschlossen werden. Die Vorschrift des § 30 GmbHG gilt grundsätzlich nur für Geschäfte, die mit einem Gesellschafter abgeschlossen werden. Geschäfte mit fremden Dritten fallen nicht unter § 30 GmbHG.[16] Leistungen an Nicht-Gesellschafter fallen ausnahmsweise unter § 30 GmbHG, wenn sich der Gesellschafter die Leistung zurechnen lassen muss, vgl. dazu unten → Rn. 17.

14 *(a) Drittgeschäfte mit Gesellschaftern.* Bei einem Drittgeschäft tritt der Gesellschafter mit der Gesellschaft wie ein außenstehender Dritter in Verbindung.[17] Sind bei derartigen Geschäften Leistung und Gegenleistung gleichwertig, so liegt keine Auszahlung vor.[18]

---
[10] OLG Koblenz GmbHR 2011, 1153.
[11] Baumbach/Hueck*Fastrich* § 30 Rn. 23 ff.
[12] BGH WM 1987, 348.
[13] Vgl. Baumbach/Hueck/*Fastrich* § 29 Rn. 60.
[14] Baumbach/Hueck/*Fastrich* § 29 Rn. 64.
[15] *Mayer* DB 1995, 861, 865.
[16] BGHZ 13, 49, 54.
[17] Baumbach/Hueck/*Fastrich* § 30 Rn. 30.
[18] Baumbach/Hueck/*Fastrich* § 30 Rn. 30.

Für die Gleichwertigkeit kommt es darauf an, ob die Leistung auch von einem fremdem Dritten zu gleichen Konditionen zu erlangen gewesen wäre und ob ein ordentlicher und gewissenhafter Geschäftsleiter das Geschäft aus Sicht der Gesellschaft zu diesen Konditionen abgeschlossen hätte (Fremdvergleich). Damit liegt eine Auszahlung im Sinne des § 30 GmbHG stets dann vor, wenn eine verdeckte Gewinnausschüttung im Sinne des § 8 Abs. 3 KStG gegeben ist.[19]

Einzelfälle: 15
- Zahlung überhöhter Bezüge an Gesellschafter-Geschäftsführer und Aufsichtsräte, die Gesellschafter sind;[20]
- Unentgeltliche Überlassung von Personal für private Zwecke des Gesellschafters und seiner Familie;
- Zahlung eines überhöhten Pachtzinses;[21]
- Verkauf von Waren an einen Gesellschafter zum Selbstkostenpreis, sofern darin ein gegenüber einem Dritten nicht eingeräumter Verzicht auf Gewinn liegt.[22]

Bei diesen Drittgeschäften kommt in der Regel eine Privilegierung nach § 30 Abs. 1 Satz 2 und 3 nicht in Betracht, da es an dem erforderlichen Ausgleichsanspruch fehlt.

(b) Sonstige Drittgeschäfte. Geschäfte mit Nicht-Gesellschaftern fallen grundsätzlich 16 nicht unter § 30 Abs. 1 GmbHG, da die Vorschrift vor einer Rückgewähr des Stammkapitals an Gesellschafter schützen soll (vgl. oben → Rn. 2). Eine generelle Einbeziehung von Vorteilsgewährungen an Dritte, wie sie teilweise angenommen wird,[23] ist mit Rücksicht auf den Schutzzweck der Kapitalerhaltungsvorschriften abzulehnen.

Eine Leistung an einen Nicht-Gesellschafter kann daher nur dann eine Auszahlung im 17 Sinne des § 30 Abs. 1 GmbHG darstellen, wenn die Leistung einem Gesellschafter zuzurechnen ist. Diese Zurechnung kommt in zwei Fällen in Betracht:[24]

1. Es handelt sich um eine mittelbare Leistung an den Gesellschafter oder
2. Zwischen dem Leistungsempfänger und dem Gesellschafter besteht ein enges persönliches oder wirtschaftliches Näheverhältnis.

Eine **mittelbare Leistung** an einen Gesellschafter liegt vor, wenn die Gesellschaft an einen 18 Dritten auf eine den Gesellschafter treffende Verbindlichkeit leistet.[25] Die Vorschrift des § 30 Abs. 1 GmbHG ist ferner entsprechend anwendbar, wenn die Gesellschaft eine Verbindlichkeit eingeht, die allein im wirtschaftlichen Interesse des beherrschenden Gesellschafters liegt.[26]

Auch ein enges **persönliches oder wirtschaftliches Näheverhältnis** zum Leistungsempfänger führt dazu, dass eine Leistung Auszahlung im Sinne des § 30 Abs. 1 GmbHG sein 19 kann.[27] Der Personenkreis, bei dem ein Näheverhältnis anzunehmen ist bestimmt sich nach § 89 Abs. 3 und § 115 Abs. 2 AktG analog.[28] Umfasst sind daher in jedem Fall Ehegatten und minderjährige Kindern des Gesellschafters.[29] Bei weiteren Personen ist von einer Einbeziehung auszugehen, wenn im Einzelfall ein besonderes Vertrauensverhältnis zu dem Gesellschafter besteht. Als Indizien können Unterhaltspflichten sowie eine enge persönliche Lebensgemeinschaft herangezogen werden. Ein wirtschaftliches **Näheverhältnis** ist ferner bei einer Leistung an mit dem Gesellschafter verbundene Unternehmen gegeben.[30] Ein wirt-

---

[19] BGH GmbHR 1996, 111; BGH NJW 1987, 1194; OLG Düsseldorf DB 1989, 1963; OLG Celle NJW 1993, 739.
[20] Baumbach/Hueck/*Fastrich* § 30 Rn. 26b.
[21] BGH ZIP 1989, 440 f.
[22] BGH DStR 2007, 2270; *Stimpel*, FS 100 Jahre GmbHG, S. 335, 343 f.
[23] *Fleck*, FS 100 Jahre GmbHG S. 391, 406 f.
[24] Baumbach/Hueck/*Fastrich* § 30 Rn. 23 ff. m. w. N.
[25] BGHZ 60, 324, 331.
[26] OLG Rostock GmbHR 1998, 329 f.
[27] Baumbach/Hueck/*Fastrich* § 30 Rn. 23; Lutter/Hommelhoff § 30 Rn. 25.
[28] Offen gelassen von BGH DB 1991, 798.
[29] BGHZ 81, 365, 368; BGH WM 1986, 237, 239; BGH DB 1991, 798; BGH GmbHR 1996, 111 f.
[30] BGHZ 81, 311, 315 zum Kapitalersatzrecht; BGH GmbHR 1996, 111 f.

schaftliches Näheverhältnis liegt nicht schon dann vor, wenn die Gesellschafterstellung nur vorbereitet, nicht jedoch begründet war (z. B. durch Abschluss eines Kaufvertrages über die Anteile, solange die Abtretung noch nicht erfolgt ist.[31]

20 Eine Auszahlung kann dem Gesellschafter auch dann zugerechnet werden, wenn sie an ein Unternehmen geleistet wird, bei dem er oder ein naher Angehöriger Alleingesellschafter ist.[32]

Besondere Gestaltungen:
- **Cash-Pooling** bei einer Schwestergesellschaft im Konzern (vgl. dazu eingehend unten → Rn. 23c)
- **Nießbrauch**
Beim Nießbrauch stellt eine Leistung an den Nießbraucher eine Auszahlung an den Gesellschafter dar. Der Nießbraucher ist als Gesellschafter zu behandeln.[33]
- **Pfandrechte**
Eine Zurechnung an den Pfandgläubiger erfolgt ausnahmsweise nur dann, wenn er eine so starke Stellung hat, dass seine Rechte denen eines Gesellschafters vergleichbar sind.[34]
- **Stille Gesellschaft**
Eine Zurechnung kommt bei der typischen stillen Gesellschaft nicht in Betracht; bei der atypischen stillen Gesellschaft nur dann, wenn der stille Gesellschafter einen erheblichen Einfluss hat.[35]
- **Strohmann**
Das für Treuhandverhältnisse Gesagte gilt gleichermaßen für das Verhältnis von Hintermann zu Strohmann, siehe dort.
- **Treuhand**
In der Leistung an einen Treuhändergesellschafter liegt gleichzeitig eine Leistung an den Treugeber.[36] Im Falle einer Leistung an den Treugeber ist dieser als Gesellschafter zu behandeln.[37]
- **Komplementär-GmbH**
Die darlehensweise Auszahlung des Stammkapitals einer GmbH an eine KG stellt selbst dann keinen Verstoß gegen § 30 GmbHG dar, wenn der Gesellschafter-Geschäftsführer der GmbH zugleich alleiniger Kommanditist der KG ist.[38]

21 *(3) Begründung einer Verbindlichkeit.* Eine **Minderung des Reinvermögens** tritt grundsätzlich erst mit der Erfüllung einer Verbindlichkeit ein. Folglich stellt die Eingehung einer Verbindlichkeit selbst noch keine Auszahlung im Sinne des § 30 Abs. 1 GmbHG dar.[39] Durch den Vertragsschluss wird zwar ein Erfüllungsanspruch des Gläubigers gegen die Gesellschaft begründet, dieser führt jedoch bis zur Erfüllung der Verbindlichkeit noch nicht zu einer Vermögensminderung. Die Verbindlichkeit wäre in der Bilanz noch nicht zu berücksichtigen.[40]

Etwas anderes ergibt sich nur dann, wenn bereits bei Abschluss des Geschäftes erwarten ist, dass **aus der Erfüllung für die Gesellschaft ein Verlust** entstehen wird. In diesem Falle ist eine Rückstellung für drohende Verluste aus schwebenden Geschäften (sog. Drohverlustrückstellung) zu bilden.[41] In diesem Falle stellt ausnahmsweise auch die Eingehung einer Verbindlichkeit eine Auszahlung im Sinne des § 30 GmbHG dar.

---

[31] OLG München ZIP 2010, 331.
[32] BGHZ 122, 333, 338; BGH WM 1986, 237, 239.
[33] Baumbach/Hueck/*Fastrich* § 30 Rn. 28.
[34] BGHZ 119, 191, 194 ff.
[35] BGHZ 106, 7, 9 ff.; OLG Saarbrücken NZG 1999, 155 f.
[36] *Roth/Altmeppen* § 30 Rn. 32.
[37] BGHZ 31, 258, 266 f.; 75, 334 f.; OLG Hamburg DB 1984, 1515 f.; kritisch *Ehlke* DB 1985, 795, 802.
[38] OLG Koblenz Urt. v. 16.7.2010 – 10 U 1510/09.
[39] *Joost* ZHR 148, 27, 31.
[40] Vgl. *Coenenberg* S. 334.
[41] *Coenenberg* S. 341 ff.

Beispiel:
Die Haftungsübernahme für eine andere finanziell notleidende GmbH, wenn die Inanspruchnahme aus der Übernahmeerklärung wahrscheinlich ist. Führt diese Haftungsübernahme zu einem Verstoß gegen § 30 GmbHG, ist selbst das Einverständnis der Gesellschafter unbeachtlich.[42]

(4) Bestellung von Sicherheiten. Die **Bestellung von Sicherheiten** (z. B. Bürgschaften, Grundschulden) aus dem Gesellschaftsvermögen einem Dritten gegenüber stellt eine Auszahlung im Sinne des § 30 GmbHG dar, wenn mit einer Inanspruchnahme zu rechnen ist.[43] In diesem Falle wäre bilanziell eine Rückstellung auf Passivseite zu bilden, dem kein Posten auf der Aktivseite gegenübersteht. Eine Auszahlung liegt jedoch nicht vor, wenn der Inanspruchnahme ein werthaltiger Ausgleichsanspruch gegen andere (z. B. einen Gesellschafter) gegenübersteht. In diesem Falle wären die Inanspruchnahme auf der Passivseite und der Ausgleichsanspruch auf der Aktivseite in gleicher Höhe zu bilanzieren, so dass eine Änderung des Reinvermögens nicht eintritt. Bei der Bestellung von Sicherheiten war die Frage, wann eine Auszahlung im Sinne des § 30 GmbHG vorliegt, bereits vor dem Inkrafttreten des MoMiG nicht abschließend geklärt.[44] Da der Gesetzgeber des MoMiG seinen Willen zur Übernahme der bilanziellen Betrachtungsweise klar zum Ausdruck gebracht hat, kann für die Bestellung von Sicherheiten insoweit nichts anderes gelten als für reine Zahlungen. Damit ist auch bei der Bestellung von Sicherheiten auf die bilanzielle Betrachtungsweise abzustellen.
Ein Sonderfall ist die Bestellung von Sicherheiten an Vermögensgegenständen der Zielgesellschaft bei einem **Leveraged Buy-out** (LBO).[45] Auch hier ist für die Frage, ob eine Auszahlung in der Bestellung von Sicherheiten an dem Gesellschaftsvermögen zugunsten der LBO-Gläubiger liegt, auf die Wahrscheinlichkeit der Inanspruchnahme abzustellen.[46]

bb Keine Ausnahme nach § 30 Abs. 1 Satz 2 und 3 GmbHG. Die durch das MoMiG neu eingefügten § 30 Abs. 1 Satz 2 und 3 GmbHG nehmen einzelne Sachverhalte, die inhaltlich eine Auszahlung im Sinne des § 30 Abs. 1 S. 1 GmbHG darstellen, ausdrücklich von der Anwendung der Vorschrift aus:

(1) Leistung bei bestehenden Beherrschungs- oder Gewinnabführungsverträgen. Eine Zahlung, die „bei Bestehen" eines bestehenden Beherrschungs- oder Gewinnabführungsvertrages erfolgt, ist die Anwendung der Kapitalerhaltungsvorschriften ausgeschlossen. Voraussetzung ist der ordnungsgemäße Abschluss eines Unternehmensvertrages im Sinne des § 291 AktG (vgl. dazu → § 20 Rn. 25 ff.). Erfasst sind durch die Ausnahme zunächst Ausschüttungen der beherrschten Gesellschaft an die herrschende Gesellschaft. Darüber hinaus aber auch sonstige Leistungen zwischen diesen Gesellschaften. Noch der Regierungsentwurf zum MoMiG wollte das Privileg auf die Parteien des Unternehmensvertrages beschränken. Nach der Intervention durch den Rechtsausschuss sind nun alle Leistungen an Gesellschafter oder diesen zuzurechnende Leistungen erfasst.[47] Im Ergebnis führt dies dazu, dass bei Bestehen eines Unternehmensvertrages eine Anwendung der Kapitalerhaltungsvorschriften nicht mehr in Betracht kommt. Erkauft wird dieses Privileg jedoch dadurch, dass die Obergesellschaft nach § 302 AktG zur unbeschränkten Verlustübernahme verpflichtet ist. Dies macht Beherrschungs- und Gewinnabführungsverträge für mittelständische Unternehmensgruppen gelegentlich unattraktiv.

(2) Deckung der Leistung durch einen vollwertigen Erstattungsanspruch. Eine Anwendung des § 30 Abs. 1 S. 1 GmbH kommt auch dann nicht in Betracht, wenn die Leistung durch einen vollwertigen Gegenleistungs- oder Rückgewähranspruch gedeckt ist. Hier sind folgende Fallkonstellationen angesprochen:

---
[42] OLG Thüringen GmbHR 2011, 813.
[43] Vgl. *Lutter/Hommelhoff* § 30 Rn. 30 ff.
[44] *Tillmann* NZG 2008, 401, 402 f.
[45] *Becker* DStR 1998, 1429.
[46] *Becker* DStR 1998, 1429, 1432.
[47] Vgl. Empfehlung Rechtsausschuss BT-Drucks. 16/9737 S. 18 und 98.

23c (a) *Cash Pooling.* § 30 Abs. 1 S. 2 GmbHG ist nach dem Willen des Gesetzgebers eindeutig auf die Fallkonstellation des sog. **cash pooling** ausgerichtet.[48] Vor den Inkrafttreten des MoMiG wurde über die Probleme im Zusammenhang mit dem Cash-Pooling intensiv diskutiert.[49] Dabei geht es um die in Praxis gebräuchliche Gestaltung in Unternehmensgruppen, dass die Barmittel der einzelnen Unternehmen der Gruppe täglich auf einem gemeinsamen Konto bei einer Gesellschaft zusammengefasst werden. Meist wird dies die Obergesellschaft der Gruppe sein. Dadurch spart die Gesamtgruppe Zinsaufwendungen. Es besteht daher Einigkeit darüber, dass Cash-Pooling betriebswirtschaftlich sinnvoll ist.[50] Intention des Gesetzgebers war es insoweit durch die Neuregelung des § 30 GmbHG Klarheit zu schaffen und Cash-Pooling in der Praxis durchführbar zu machen.

Nach der Reform gilt nun, dass Auszahlungen im Rahmen eines Cash-Pooling-Systems von der Tochtergesellschaft an die Muttergesellschaft dann keine verbotene Auszahlung im Sinne des § 30 GmbHG darstellen, wenn der Darlehensanspruch der Tochtergesellschaft im Zeitpunkt der Auszahlung werthaltig ist. Die Beweislast für die Werthaltigkeit trägt allerdings derjenige, der sich darauf beruft. Das kann insbesondere auch der Geschäftsführer im Haftungsprozess sein. Insoweit sollte bei entsprechenden Indizien darauf geachtet werden, dass die Werthaltigkeit der Auszahlung – ggf. durch entsprechende gutachterliche Stellungnahmen – dokumentiert wird.

23d Neben der gesellschaftsrechtlichen Betrachtung sind allerdings auch die **insolvenzrechtlichen Neuerungen des** MoMiG zu berücksichtigen. § 135 InsO erklärt jede Rückzahlung eines Gesellschafterdarlehens für anfechtbar, wenn diese Rückzahlung ein Jahr vor Stellung des Insolvenzantrages vorgenommen wurde. Damit wird das Eigenkapitalersatzrecht in seiner bis dahin bekannten Form abgeschafft.[51] Die Rechtsprechung wird hier die Frage zu klären haben, welche Auswirkungen diese Neuregelung in dem Fall hat, dass die Tochtergesellschaft in die Insolvenz gerät. Es spricht viel dafür, dass in diesem Fall das Bargeschäftsprivileg des § 142 InsO keine Anwendung findet und die Muttergesellschaft insoweit unter dem Gesichtspunkt der Insolvenzanfechtung einem erheblichen Haftungsrisiko ausgesetzt ist.[52]

23e (b) *Weitere Fallgestaltungen.* Neben dem Fall des cash pooling erfasst die Neuregelung jedoch auch alle anderen Fälle, in denen dem Leistenden ein Gegen- oder Rückgewähranspruch zusteht. Zu denken ist hier an folgende Sachverhalte:
- Stellung von Sicherheiten, insbesondere Bürgschaften. Hier besteht i. d. R. ein Rückgriffsanspruch des Sicherungsgebers (z. B. 775 BGB)
- Rückerstattungsanspruch bei Vorliegen einer verdeckten Gewinnausschüttung, jedenfalls wenn der Gesellschaftsvertrag eine entsprechende Erstattungspflicht vorsieht[53]
- Leistung aufgrund unwirksamer (z. B. nichtiger) Gesellschafterbeschlüsse: Hier ist – je nach Einzelfall – ein Rückgewähranspruch nach den §§ 812 ff. BGB im Zeitpunkt der Auszahlung zu prüfen.

In diesen Fällen liegt kein Verstoß gegen § 30 Abs. 1 GmbHG vor, wenn der jeweilige Rückerstattungsanspruch im Zeitpunkt der Auszahlung werthaltig ist. Die Beweislast für die Werthaltigkeit trägt der Empfänger der Leistung, der sich darauf beruft.

23f (3) *Rückgewähr* eines *Gesellschafterdarlehens oder einer entsprechenden Leistung.* § 30 Abs. 1 GmbH findet ferner keine Anwendung, wenn ein Gesellschafterdarlehen zurückgezahlt wird oder auf eine Forderung geleistet wird, die einem Gesellschafterdarlehen entspricht. Damit hat der Gesetzgeber die sog. Rechtsprechungsregeln zu §§ 30, 31 GmbHG abgeschafft. Es kommt daher – jedenfalls im Rahmen des § 30 Abs. 1 GmbHG – nicht mehr darauf an, ob ein Gesellschafterdarlehen in der Krise der Gesellschaft zurückgezahlt wird

---

[48] Begr. RegE S. 93 f.
[49] Vgl. dazu *Steinbeck* WM 1999, 885; *Sieger/Hasselbach* BB 1999, 645, 650; *Römermann/Schröder* GmbHR 2001, 1015, 1019.
[50] Vgl. dazu *Goette* WPg 2008, 231, 235.
[51] *Klinck/Gärtner* NZI 2008, 457, 458.
[52] *Klinck/Gärtner* NZI 2008, 457, 460.
[53] Einzelheiten streitig vgl. Baumbach/Hueck/*Fastrich* § 30 Rn. 62.

oder nicht. Jedenfalls die Grundsätze der Kapitalerhaltung nach § 30 Abs. 1 GmbHG können einer solchen Rückzahlung nicht entgegenstehen. Ob die Leistung insolvenzrechtlich anfechtbar ist, ist dagegen eine andere Frage, vgl. dazu → § 7 Rn. 57 ff.

cc) Minderung des geschützten Vermögens. Weitere Voraussetzung für das Auszahlungsverbot nach § 30 Abs. 1 GmbHG ist, dass die Auszahlung das durch die Vorschrift geschützte Gesellschaftsvermögen mindert. 23g

(1) Geschütztes Vermögen. Die Vorschrift des § 30 Abs. 1 GmbHG schützt das zur Erhaltung des Stammkapitals erforderliche Vermögen. Die Höhe des Stammkapitals ergibt sich aus dem Handelsregister (§ 3 Abs. 1 Nr. 3 i. V. m. § 10 Abs. 1 GmbHG). Beschlossene, aber noch nicht eingetragene Kapitalerhöhungen und -herabsetzungen bleiben außer Betracht, da die Eintragung konstitutiv ist. Ebensowenig kommt es auf die Einzahlung der Einlagen an, da die Einlagenansprüche als Vermögensgegenstände zu aktivieren sind (§ 272 Abs. 1 S. 2 und 3 HGB). 24

Das Gesellschaftsvermögen wird nur seinem Wert nach in Höhe des Stammkapitals von § 30 Abs. 1 GmbHG geschützt. Eine Literaturauffassung, die sich von der bilanziellen Betrachtungsweise lösen und nur noch darauf abstellen will, ob die Auszahlung für die Gesellschaft existenzbedrohend ist,[54] war schon dem Inkrafttreten des MoMiG mit dem Wortlaut und dem Zweck der Vorschrift nicht in Einklang zu bringen.[55] Eine solche Wertung mag im Strafrecht im Hinblick auf § 266 StGB und andere Strafgesetze angebracht sein.[56] Auf die zivilrechtliche Rechtslage hat das keinen Einfluss. Durch die Ergänzung des § 30 GmbHG ist dieser Meinungsstreit nun obsolet geworden, da der Gesetzgeber sich klar für die bilanzielle Betrachtungsweise ausgesprochen hat. 24a

Gegenstandsbezogene Erweiterungen des Vermögensschutzes nach § 30 Abs. 1 GmbHG – wie sie der BGH noch seiner sog. November-Entscheidung[57] vorgenommen hatte – sind damit im Ergebnis abzulehnen. Eine solche Erweiterung ist auch nicht erforderlich. Das Ziel einer Existenzsicherung der GmbH kann durch eine sachgerechte Bewertung im Rahmen der Bilanzierung erreicht werden (vgl. dazu unten → Rn. 29).[58] 25

(2) Entstehung oder Erweiterung einer Unterbilanz. Eine Auszahlung mindert nur dann das von § 30 Abs. 1 GmbHG geschützte Vermögen, wenn im Zeitpunkt der Auszahlung das zur Erhaltung des Stammkapitals erforderliche Vermögen nicht mehr vorhanden ist oder solches Vermögen durch die Auszahlung entzogen wird. Diesen Zustand nennt man **Unterbilanz**.[59] Schematisch lässt sich die Unterbilanz wie folgt darstellen: 26

Aktiva		Passiva	
Anlagevermögen	50	Stammkapital	50
		Unterbilanz	– 20
Umlaufvermögen	50	Fremdkapital	70
	100		100

Für die juristische Betrachtung ist es ohne Belang, ob man den Betrag der Unterbilanz als Negativposten auf der Passivseite oder auf der Aktivseite als „Nicht durch Eigenkapital gedeckten Fehlbetrag" ausweist. Entscheidend ist allein, dass das zur Deckung des Stammkapitals erforderliche Aktivvermögen nicht mehr vorhanden ist. 27

Die Erstellung einer formellen **Zwischenbilanz auf den Auszahlungszeitpunkt** ist nicht erforderlich, kann jedoch aus Beweisgründen sinnvoll sein. Die Beweislast für das Vorliegen 28

---

[54] *Lutter/Hommelhoff* § 30 Rn. 5.
[55] MünchHdbGesR III/*Fronhöfer* § 51 Rn. 18 m. w. N.
[56] Vgl. dazu BGH GmbHR 1995, 654 f.
[57] BGHZ 157, 72 = GmbHR 2004, 302.
[58] MünchHdbGesR III/*Fronhöfer* § 51 Rn. 18.
[59] Baumbach/Hueck/*Fastrich* § 30 Rn. 19.

einer Unterbilanz trägt grundsätzlich die Gesellschaft.[60] Etwas anderes gilt dann, wenn der Zahlungsempfänger Geschäftsführer ist. In diesem Falle hat der Geschäftsführer nachzuweisen, dass die ausgezahlten Beträge für Zwecke der Gesellschaft verwendet wurden und der Gesellschaft gleichwertige Gegenleistungen zugeflossen sind.[61] Für die Frage, ob eine Unterbilanz im Zeitpunkt der Auszahlung vorliegt bzw. ob durch die Auszahlung eine Unterbilanz geschaffen wird, ist entscheidend, zu welchen Werten Aktiva und Passiva anzusetzen sind:

29   *(3) Bewertung zu Bilanzwerten.* Bei der Feststellung der Unterbilanz sind Aktiva und Passiva grundsätzlich zu den für den Jahresabschluss maßgeblichen Werten anzusetzen, so dass auch hier das **Vorsichtsprinzip** Anwendung findet.[62] Damit wird das Vermögen zu fortgeführten Buchwerten angesetzt.[63] Darüber hinaus ist die Gesellschaft an die bisherige Bewertung von Vermögensgegenständen und Schulden gebunden.[64] Einmal ausgeübte Bilanzierungswahlrechte können nicht mehr anders ausgeübt werden.[65]

30   In Anlehnung an § 266 HGB sind damit im Einzelnen folgende Positionen in der Bilanz auf den Auszahlungsstichtag zu berücksichtigen:

Aktiva	Passiva
A. Anlagevermögen	A. Eigenkapital
I. Immaterielle Vermögensgegenstände (inkl. Geschäfts- und Firmenwert)	I. Stammkapital
II. Sachanlagen	II. Rücklagen
III. Finanzanlagen	B. Rückstellungen
B. Umlaufvermögen	
I. Vorräte	C. Verbindlichkeiten
II. Forderungen und sonstige Vermögensgegenstände	
III. Wertpapiere	
IV. Kassenbestände und Bankguthaben	
C. Rechnungsabgrenzungsposten	D. Rechnungsabgrenzungsposten

31   Bewertungsmaßstäbe im Einzelnen:

Aktiva:
- **Ausstehende Gesellschaftereinlagen**
  Ausstehende Einlagen sind mit ihrem Nominalwert anzusetzen, soweit sie zum Zeitpunkt der Bilanzierung einbringlich sind.[66]
- **Immaterielle Vermögensgegenstände**
  Sie sind grundsätzlich nicht ansatzfähig. Ausnahmen gelten nur bei entgeltlich erworbenen Vermögensgegenständen, die einen wirtschaftlichen Wert darstellen und selbstständig verkehrsfähig sind.[67]

---

[60] Baumbach/Hueck/*Fastrich* § 30 Rn. 65.
[61] OLG Celle GmbHR 1997, 647.
[62] OLG Koblenz GmbHR 2011, 1153; *Lutter/Hommelhoff* § 30 Rn. 15.
[63] MünchHdbGesR III/*Fronhöfer* § 51 Rn. 29.
[64] Beck-GmbH-HB/*Jung/Otto* § 8 Rn. 11.
[65] *Lutter/Hommelhoff* § Rn. 15.
[66] MünchHdbGesR III/*Fronhöfer* § 51 Rn. 31.
[67] Beck-Bilanzkommentar/*Schnicke/Reichmann* § 247 Rn. 389 f.

- **Geschäfts- und Firmenwert**
  Der derivativ erworbene Geschäfts- und Firmenwert ist zu fortgeführten Buchwerten nach den allgemeinen Bilanzierungsvorschriften anzusetzen. Eine Gegenmeinung will auch den derivativen Geschäfts- und Firmenwert aus Gründen des effektiven Gläubigerschutzes außer Ansatz lassen.[68] Dies vermag nicht zu überzeugen, da auf diese Weise der Zusammenhang mit der Handelsbilanz unsystematisch durchbrochen wird. Unter dem Gesichtspunkt des Gläubigerschutzes ist nicht ersichtlich, warum Geschäfts- und Firmenwerte anders behandelt werden sollten als andere immaterielle Vermögensgegenstände. Allerdings ist im Einzelfall kritisch zu prüfen, ob ein angesetzter derivativer Firmenwert werthaltig ist.
- **Sachanlagen**
  Sachanlagen sind wie alle anderen Aktiva und Passiva grundsätzlich zu Buchwerten anzusetzen. Diese Buchwerte sind auf den Zeitpunkt der Auszahlung fortzuschreiben.
- **Finanzanlagen**
  Bei der Bewertung von Finanzanlagen ergeben sich gegenüber dem Jahresabschluss keine Besonderheiten. Eigene Anteile (§ 33 GmbHG) sind auf der Aktivseite zu Anschaffungskosten zu bewerten. Wirtschaftlich spielt dies jedoch keine Rolle, da für diese Anteile auf der Passivseite eine Rücklage nach § 272 Abs. 2 HGB in gleicher Höhe zu bilden ist.
- **Vorräte**
  Vorräte werden nach den allgemeinen handelsrechtlichen Vorschriften zu Herstellungskosten bewertet. Hat die Gesellschaft bisher aus steuerlichen Gründen von einer Wertaufholung nach § 280 Abs. 2 HGB abgesehen, so ist sie auch bei der Betrachtung nach § 30 GmbHG an diese Vorgehensweise gebunden.
- **Forderungen**
  Forderungen sind nach dem Niederstwertprinzip mit ihrem wirtschaftlichen Wert anzusetzen. Daher kommt es nicht allein auf das rechtliche Bestehen der Forderung, sondern entscheidend auf deren Bonität an.
- **Wertpapiere**
  Auch Wertpapiere des Umlaufvermögens sind nach dem Niederstwertprinzip anzusetzen. Sie sind zu Anschaffungskosten bzw. zu ihrem Stichtagswert zu bilanzieren, je nachdem welcher Wert niedriger ist. Zwischenzeitliche Wertsteigerungen bleiben außer Betracht.
- **Bankguthaben und Kassenbestände**
  Die Bewertung von Bankguthaben und Kassenbeständen bereitet in der Regel keine praktischen Probleme, da hier der Nominalwert anzusetzen ist.
- **Rechnungsabgrenzungsposten**
  Rechnungsabgrenzungsposten sind sowohl auf der Aktiv- als auch auf der Passivseite in vollem Umfang zu berücksichtigen.[69]

Passiva:
- **Rückstellungen**
  Bei der Beurteilung nach § 30 GmbHG sind alle handelsrechtlich nach § 249 HGB zu bildenden Rückstellungen zu berücksichtigen. Das gilt auch für die Aufwandsrückstellung nach § 249 Abs. 2 HGB.[70] Ebenso sind Rückstellungen für drohende Verluste aus schwebenden Geschäften zu bilden. Dies kann in der Praxis insbesondere dann zu Problemen führen, wenn eine Gesellschaft durch sehr hohe Einzelrisiken bedroht ist (z.B. eine für die Gesellschaft bedrohliche patentrechtliche Streitigkeit). In diesen Fällen kann die Bewertung dieser einen ungewissen Verbindlichkeit darüber entscheiden, ob eine Unterbilanz vorliegt oder nicht. In der Praxis kann in derartigen Fällen nur mit einer sehr fundierten Dokumentation der Bewertung dieser Verbindlichkeit gearbeitet werden.
  Ungewisse Verbindlichkeiten sind z.B. Zahlungsverpflichtungen aus mit Einspruch angegriffenen und noch nicht bestandskräftigen Steuerbescheiden.[71]

---

[68] *Lutter/Hommelhoff* § 30 Rn. 15.
[69] MünchHdbGesR III/*Fronhöfer* § 51 Rn. 33.
[70] Beck'sches HdbGmbH/*Jung/Otto* § 8 Rn. 14.
[71] OLG Brandenburg Urt. v. 7.10.2009 – 7 U 190/08.

- **Verbindlichkeiten**
  Die Verbindlichkeiten der Gesellschaft sind nach dem Höchstwertprinzip anzusetzen. Zu den Verbindlichkeiten gehören auch Gesellschafterdarlehen.[72] Ebenso gehören einem Gesellschafterdarlehen vergleichbare Leistungen (wie z. B. ein Festentgelt für eine stille Beteiligung) grundsätzlich zum Fremdkapital.[73]
- **Rechnungsabgrenzungsposten**
  Siehe Aktiva.

33 *(4) Abweichungen von den Bilanzwerten.* Im Hinblick auf den Schutzzweck des Kapitalerhaltungsrechts ist es sachgerecht, in einigen Fällen von den dargestellten Bewertungen des Jahresabschlusses abzuweichen. Hier ist an folgende Fälle zu denken:

- **Tatsächlicher Wertabfluss**
34 Die bilanzielle Betrachtung gilt nur **zugunsten der Gesellschaft,** nicht zugunsten des Gesellschafters. Dementsprechend führt eine Veräußerung von Vermögensgegenständen unter dem Verkehrswert an Gesellschafter bei Vorliegen einer Unterbilanz auch dann zu einer Verletzung des § 30 GmbHG, wenn der Geschäftsvorfall bilanziell nicht Minderung des Eigenkapitals führt. Es kommt in diesen Fällen also allein darauf an, ob Leistung und Gegenleistung in einem äquivalenten Verhältnis stehen. Daher ist grundsätzlich auch die Veräußerung von Vermögensgegenständen zum Selbstkostenpreis unzulässig, wenn von einem fremden Dritten ein höherer Preis hätte erzielt werden können.

- **Ausnahmsweise Ansatz von Liquidationswerten**
35 Grundsätzlich sind bei der Ermittlung der Bilanzansätze nach den allgemeinen Grundsätzen **Fortführungswerte** („going concern") anzusetzen. In Ausnahmefällen kann allerdings der Ansatz von **Liquidationswerten** sachgerecht sein. Dies gilt insbesondere dann, wenn es sich bei der Grundlage für die Auszahlung um ein für die Gesellschaft existenzgefährdendes Geschäft handelt. Ferner ist der Ansatz von Liquidationswerten sachgerecht, wenn die Fortführungsprognose der Gesellschaft negativ ist.

36 Eine gegenstandsbezogene Erweiterung des Anwendungsbereiches des § 30 GmbHG wurde bereits abgelehnt. Hierfür besteht nach dem Inkrafttreten des MoMiG kein Raum mehr. Im Falle einer Existenzbedrohung kann der verschlechterten wirtschaftlichen Situation hinreichend durch den Ansatz von Liquidationswerten Rechnung getragen werden.[74] Voraussetzung hierfür ist, dass nach Durchführung des der Auszahlung zugrundeliegenden Geschäfts im Auszahlungszeitpunkt mit einer Fortführung des Geschäftsbetriebes der Gesellschaft nicht gerechnet werden kann (negative Fortführungsprognose).[75]

37 b) **Rückzahlung von Nachschüssen nach § 30 Abs. 2 GmbHG.** Nach § 30 Abs. 2 GmbHG gilt ein eingeschränktes Auszahlungsverbot auch für die Rückzahlung von Nachschüssen. Dabei bezieht sich die Vorschrift ausschließlich auf **echte Nachschüsse** nach den §§ 26 ff. GmbHG.[76] In der Praxis findet sie kaum Anwendung, da Nachschüsse im Gesellschaftsvertrag (§ 26 Abs. 1 GmbHG) in der Regel nicht vorgesehen sind. Eine Rückzahlung von Nachschüssen ist jedoch im Gegensatz zu einer Auszahlung nach § 30 Abs. 1 GmbHG nicht generell unzulässig, sondern nur dann, wenn durch die Rückzahlung das Stammkapital angegriffen wird und wenn bestimmte formelle Voraussetzungen nicht beachtet werden.

38 **Checkliste: Zulässigkeit einer Rückzahlung nach § 30 Abs. 2 GmbHG**[77]

☐ Materielle Voraussetzungen
- Volleinzahlung des Stammkapitals
- Volle Deckung des Stammkapitals

---

[72] MünchHdbGesR III/*Fronhöfer* § 52 Rn. 32; jedenfalls für das Vorliegen einer Rangrücktrittserklärung auch BGH ZIP 1994, 295 f.
[73] LG Berlin GmbHR 2010, 201.
[74] *Fleck* ZGR 1990, 31, 36.
[75] Vgl. dazu eingehend *Bork* ZIP 2000, 1709.
[76] Baumbach/Hueck/*Fastrich* § 30 Rn. 71 ff.
[77] Vgl. auch MünchHdbGesR III/*Fronhöfer* § 51 Rn. 49 ff.

> ☐ Formelle Voraussetzungen
>   • Gesellschafterbeschluss
>   • Bekanntmachungen
>   • Sperrfrist

aa) Volleinzahlung des Stammkapitals. Erste Voraussetzung für eine zulässige Rückzahlung ist, dass zum Zeitpunkt der Rückzahlung das Stammkapital der Gesellschaft voll eingezahlt ist. Sind nur einzelne Gesellschafter nachschusspflichtig, so kommt es nach bisher einhelliger Meinung nur auf die Volleinzahlung des auf diese Gesellschafter entfallenden Geschäftsanteils an.[78] Dies vermag jedoch nicht zu überzeugen. Die Vorschrift des § 30 GmbHG dient dem **Gläubigerschutz**. Die Gläubiger haben ein elementares Interesse daran, dass ihnen haftendes Eigenkapital zumindest in der Höhe des Stammkapitals zur Verfügung steht. Kommen einzelne Gesellschafter ihrer Einzahlungspflicht auf das Stammkapital nicht nach, während andere bereits Nachschüsse nach § 26 GmbHG geleistet haben, so gebührt dem Interesse der Gläubiger an einer Sicherung des Kapitalbetrages der Vorrang vor dem Rückzahlungsinteresse der Gesellschafter. 39

Dies deckt sich im Übrigen auch mit der in § 24 GmbHG enthaltenen Wertung, dass bei Uneinbringlichkeit der Stammeinlagen eine **Solidarhaftung der Gesellschafter für den fehlenden Betrag besteht**. Damit hat der Gesetzgeber die Interessen der Gläubiger an der ordnungsgemäßen Einzahlung höher bewertet als das Interesse der Gesellschafter, nur den ihrem Anteil entsprechenden Kapitalbetrag einzuzahlen. Für die Kapitalerhaltung kann jedoch insoweit nichts anderes gelten als für die Kapitalaufbringung. 40

Im Ergebnis ist eine Rückzahlung nach § 30 Abs. 2 GmbHG erst dann zulässig, wenn sämtliche Gesellschafter ihre Einlageverpflichtung in vollem Umfang erfüllt haben.

bb) Volle Deckung des Stammkapitals. Eine Rückzahlung von Nachschüssen ist nur zulässig, wenn das verbleibende Vermögen im Zeitpunkt der Auszahlung das Stammkapital deckt. Insofern gilt hier nicht anderes als bereits zu § 30 Abs. 1 GmbHG ausgeführt. 41

cc) Gesellschafterbeschluss. In formeller Hinsicht bedarf die Rückzahlung eines **legitimierenden Gesellschafterbeschlusses**. Dabei kann die Zuständigkeit der Gesellschafterversammlung auf ein anderes Organ wie z. B. den Aufsichtsrat oder die Geschäftsführung deligiert werden. Bei einer Beschlussfassung der Gesellschafterversammlung unterliegt der betroffene Gesellschafter einem **Stimmverbot**. 42

dd) Bekanntmachungen. Der Rückzahlungsbeschluss muss in den Gesellschaftsblättern veröffentlicht werden. 43

ee) Sperrfrist. Seit der Veröffentlichung müssen **drei Monate** seit der Veröffentlichung im elektronischen Bundesanzeiger vergangen sein. 44

ff) Rechtsfolgen. Zulässig zurückgezahlte Nachschüsse gelten nach § 30 Abs. 2 S. 4 GmbHG als nicht eingefordert. Damit können sie von der Gesellschaft wieder geltend gemacht werden, wenn eine beschränkte Nachschusspflicht besteht. In diesem Falle werden die zurückgezahlten Beträge auf die Grenze nach § 26 Abs. 3 GmbHG nicht angerechnet.[79] Bei einer **unbeschränkten Nachschusspflicht** (§ 27 GmbHG) sind die zurückgezahlten Nachschüsse in vollem Umfang an die Gesellschaft zu erstatten. Bei unzulässig zurückgezahlten Nachschüssen hat die Gesellschaft einen Anspruch gegen den Gesellschafter nach § 31 GmbHG. Dabei ist gleichgültig, ob die Rückzahlung aus formellen oder aus materiellen Gründen unwirksam ist.[80] 45

---

[78] MünchHdbGesR III/*Fronhöfer* § 51 Rn. 52.
[79] MünchHdbGesR III/*Fronhöfer* § 51 Rn. 56.
[80] MünchHdbGesR III/*Fronhöfer* § 51 Rn. 56.

3. Haftungstatbestände bei Verletzung des § 30 GmbHG

46 Bei einer Verletzung des Auszahlungsverbots nach § 30 GmbHG besteht zunächst ein **Leistungsverweigerungsrecht** der Gesellschaft. Folglich ist die Gesellschaft berechtigt, die Vollziehung eines Gewinnverwendungsbeschlusses, der gegen § 30 GmbHG verstößt, zu verweigern.[81] In einem solchen Fall ist der Geschäftsführer also ausnahmsweise nicht zur Ausführung eines Gesellschafterbeschlusses verpflichtet. Dabei ist zu beachten, dass der Anwendungsbereich des § 30 Abs. 1 GmbHG durch die neu eingefügten Sätze 2 und 3 erheblich eingeschränkt wurde. Soweit eine Ausnahme nach § 30 Abs. 1 S. 2 oder 3 GmbHG eingreift, besteht auch kein Leistungsverweigerungsrecht der Gesellschaft mehr. Damit kann insbesondere eine Zahlung auf ein Gesellschafterdarlehen nicht mehr mit dem Hinweis auf § 30 Abs. 1 GmbHG verweigert werden.

47 Der in der Praxis weitaus häufigere Fall ist jedoch der, dass eine Auszahlung nach § 30 GmbHG bereits erfolgt ist. In diesem Falle steht der Gesellschaft ein **Erstattungsanspruch** zunächst gegen den Leistungsempfänger nach § 31 GmbHG bzw. evtl. weiteren Vorschriften, wie z. B. §§ 826, 812 ff. BGB, zu. Darüber hinaus kommt eine Inanspruchnahme der übrigen Gesellschafter (§ 31 Abs. 3 S. 1 GmbHG) und der Geschäftsführer (§ 43 Abs. 3 GmbHG) in Betracht.

48 a) **Erstattungsanspruch nach § 31 Abs. 1 GmbHG.** Der Anspruch aus § 31 Abs. 1 GmbHG ist ein eigenständiger **gesellschaftsrechtlicher Anspruch**.[82] Es handelt sich nicht um einen Sonderfall des Bereicherungsrechts, so dass die §§ 814, 817 und 818 BGB keine Anwendung finden.[83]

> **Checkliste: Anspruch aus § 31 Abs. 1 GmbHG**
> ☐ Verstoß gegen § 30 GmbHG
> ☐ Gläubiger des Anspruchs
> ☐ Anspruchsgegner
> ☐ Umfang des Anspruchs
> ☐ Erlass und Verjährung

49 *aa) Verstoß gegen § 30 GmbHG.* Der Erstattungsanspruch setzt zunächst einen Verstoß gegen § 30 Abs. 1 oder Abs. 2 GmbHG voraus. Zu den Voraussetzungen vgl. oben → Rn. 6 ff.

50 *bb) Gläubiger des Anspruchs.* Gläubiger des Anspruchs ist immer **die Gesellschaft**. Sie wird durch ihre Geschäftsführer oder im Falle der Liquidation durch den Liquidator vertreten.

Eine **Abtretung des Anspruchs** ist grundsätzlich zulässig. Ein Gläubiger der Gesellschaft kann den Anspruch pfänden und an sich überweisen lassen. Eine Gegenleistung der Gesellschaft ist nicht erforderlich.[84] Bei einer Abtretung an einen Gesellschafter muss die Gesellschaft für den Anspruch eine vollwertige Gegenleistung erhalten.[85]

51 *cc) Anspruchsgegner. (1) Gesellschafter.* **Anspruchsgegner** ist grundsätzlich der **Gesellschafter, der die Auszahlung empfangen hat.** Dies gilt auch dann, wenn ihm die Leistung an einen Dritten zuzurechnen ist. Dabei kommt es darauf an, ob der Empfänger der Auszahlung im Zeitpunkt des Erhalts Gesellschafter war.[86] Bei Mitberechtigung an einem Gesellschaftsanteil haftet jeder Mitberechtigte für die von ihm empfangene Auszahlung.

---

[81] MünchHdbGesR III/*Fronhöfer* § 51 Rn. 61.
[82] RGZ 168, 292, 301; BGHZ 31, 258, 265; Baumbach/Hueck/*Fastrich* § 31 Rn. 3.
[83] BGHZ 31, 258, 265; Baumbach/Hueck/*Fastrich* § 31 Rn. 3.
[84] RGZ 92, 77, 81.
[85] OLG Karlsruhe BB 1991, 1728 f.
[86] BGH NJW 1984, 1037.

(2) Dritte. Grundsätzlich besteht der Erstattungsanspruch nach § 31 Abs. 1 GmbHG **nicht** 52 **gegen Dritte,** selbst wenn sie Leistungen empfangen haben.[87] Die Gesellschaft muss sich an ihren Gesellschafter halten. Diesem gegenüber hat sie Rechte aus den § 19 GmbHG (Einzahlung der Einlage) und § 21 GmbHG (Kaduzierung).[88]

Ein **Anspruch gegen einen Nicht-Gesellschafter** kommt in Betracht, wenn die Leistung **dem Dritten zuzurechnen** ist, vgl. oben → Rn. 17ff. Dies ist insbesondere bei einem besonderen Näheverhältnis zwischen Gesellschafter und Leistungsempfänger der Fall.

dd) Umfang des Anspruchs. (1) Grundsatz. Inhalt des Anspruchs ist die **wertmäßige Wie-** 53 **derherstellung** des das Stammkapital deckenden Vermögens. Im Falle einer Auszahlung bei bereits bestehender Unterbilanz ist der Anspruch auf Wiederherstellung der vor der Auszahlung bestehenden Vermögenslage gerichtet.[89] Aus diesen Grundsätzen folgt, dass der Anspruchsgegner nur zu einem wertmäßigen Ersatz verpflichtet ist. Die Vorschrift des § 30 GmbHG schützt das Vermögen nur seiner Höhe nach, nicht in seiner konkreten Zusammensetzung. Damit gilt das Gebot des rein wertmäßigen Erstattungsanspruches auch in den Fällen, in denen eine Verletzung des § 30 GmbHG auf einer anderen als einer Geldleistung beruht.

Ausnahmsweise wird ein **Rückgabeanspruch in Natur** angenommen, wenn die Gesellschaft 54 zur Fortführung ihres Geschäftsbetriebes darauf angewiesen ist und der Vermögensgegenstand nicht mit vertretbarem Aufwand wiederbeschafft werden kann.[90] Dies vermag allerdings nicht zu überzeugen. Die Ansicht würde auf eine gegenstandsbezogene Erweiterung des Erstattungsanspruchs hinauslaufen. Eine solche Erweiterung ist abzulehnen, vgl. oben → Rn. 38.

(2) Beschränkung bei gutem Glauben. Nach § 31 Abs. 2 GmbHG ist der **Umfang des** 55 **Anspruches** beschränkt, wenn der Empfänger in gutem Glauben war. Die Haftung beschränkt sich in diesem Falle auf den Betrag, der zur Befriedigung der Gläubiger erforderlich ist. Erforderlich ist der Betrag, wenn bei der Gesellschaft eine nicht nur vorübergehende Zahlungsstockung eintritt, die die Durchsetzung des Anspruchs des Gläubigers beeinträchtigt.

Was unter **gutem Glauben im Sinne des § 31 Abs. 2 GmbHG** zu verstehen ist, ist umstrit- 56 ten.[91] Zutreffend ist Gutgläubigkeit ausgeschlossen, wenn der Empfänger Kenntnis von der Unterbilanz hatte oder seine Unkenntnis auf grober Fahrlässigkeit beruhte.[92] Die Erstreckung auch auf einfache Fahrlässigkeit, ist abzulehnen, da der Gesetzgeber bei der Novellierung des GmbHG 1980 diesen Haftungsmaßstab nicht in das GmbH-Recht übernommen hat. Bei Leistungen an einen Dritten, die dem Gesellschafter zuzurechnen sind, schadet sowohl die Bösgläubigkeit des Gesellschafters als auch die des Dritten.[93]

ee) Erlass und Verjährung. (1) Erlass. Ein Anspruch aus § 31 Abs. 1 GmbHG kann nach 57 § 31 Abs. 4 GmbHG nicht erlassen werden, auch nicht durch einstimmigen Gesellschafterbeschluss. Ferner gilt das **Aufrechnungsverbot** nach § 19 Abs. 2 GmbHG.[94]

Eine **Stundung des Anspruchs** ist demgegenüber grundsätzlich zulässig. Dies gilt allerdings nicht, wenn die Stundung materiell einem Erlass gleichkommt. Zulässig ist ferner die Hingabe eines Gegenstandes an Erfüllungs Statt.

(2) Verjährung. Der Anspruch aus § 31 Abs. 1 GmbHG verjährt grundsätzlich nach § 31 58 Abs. 5 GmbHG in **fünf Jahren.** Im Falle einer „böslichen" Handlungsweise gilt allerdings die 30-jährige Verjährungsfrist. **Bösliche Handlungsweise** setzt voraus, dass der Empfänger der Leistung Kenntnis von der Vermögenssituation der Gesellschaft hatte.[95] Eine grob fahrlässige Unkenntnis ist also nicht ausreichend. Andererseits ist eine Schädigungsabsicht nicht erforderlich.

---

[87] MünchHdbGesR III/*Fronhöfer* § 51 Rn. 72.
[88] BGH NJW 1995, 659, 662.
[89] MünchHdbGesR III/*Fronhöfer* § 51 Rn. 75.
[90] MünchHdbGesR III/*Fronhöfer* § 51 Rn. 75.
[91] Vgl. zum Meinungsstand Baumbach/Hueck/*Fastrich* § 31 Rn. 18 m. w. N.; MünchHdbGesR III/*Fronhöfer* § 51 Rn. 79.
[92] Baumbach/Hueck/*Fastrich* § 31 Rn. 18.
[93] Lutter/Hommelhoff § 31 Rn. 16.
[94] MünchHdbGesR III/*Fronhöfer* § 51 Rn. 87.
[95] BGH DB 1987, 1781 f.

59 **b) Haftung der Gesellschafter nach § 31 Abs. 3 S. 1 GmbHG.** Die Vorschrift des § 31 Abs. 3 GmbHG sieht für die Gesellschafter eine **Ausfallhaftung** für den Fall vor, dass Erstattungen nach § 31 Abs. 1 GmbHG vom Empfänger der Leistung nicht zu erlangen sind. Damit handelt es sich um eine subsidiäre Haftung.

60 *aa) Erstattung nicht zu erlangen.* Der Anspruch setzt voraus, dass eine Erstattung nach § 31 Abs. 1 GmbHG von dem Empfänger der Leistung nicht zu erlangen ist. Ausreichend ist es, wenn sich die Beitreibung der Forderung von vornherein als aussichtslos darstellt. Nicht erforderlich ist die Eröffnung des Insolvenzverfahrens oder auch nur der Nachweis erfolgloser Vollstreckungsversuche. Gleichwohl sind erfolglose Vollstreckungsversuche als Indizien zur Beweisführung besonders geeignet.

61 *bb) Erforderlichkeit zur Gläubigerbefriedigung.* Weiterhin ist erforderlich, dass der Betrag zur Befriedigung der Gläubiger erforderlich ist. Insoweit ergeben sich keine Abweichungen zu § 31 Abs. 2 GmbHG.

62 *cc) Umfang der Haftung.* Die Mitgesellschafter haften anteilig im Verhältnis ihrer Anteile für den ausgefallenen Empfänger. Es besteht zwischen ihnen **keine Gesamtschuld.** Der Höhe nach ist die Haftung auf die Höhe der Stammeinlage des Empfängers begrenzt.[96] Die Begrenzung ist gerechtfertigt, da § 31 GmbHG die Kehrseite der Kapitalaufbringung nach § 24 GmbHG darstellt.

63 Eine unbegrenzte Haftung der Mitgesellschafter ist allerdings bei einer **schuldhaften Treuepflichtverletzung** durch sie gegeben. Eine solche Pflichtverletzung setzt voraus, dass die betroffenen Gesellschafter an der gegen § 30 GmbHG verstoßenden Auszahlung mitgewirkt haben und ihnen hinsichtlich des Verstoßes mindestens Fahrlässigkeit zur Last gelegt werden kann.[97] Dies ist insbesondere dann der Fall, wenn die Gesellschafter die Auszahlung durch einen entsprechenden Beschluss bewirkt haben, obwohl sie den Verstoß gegen das Gebot der Kapitalerhaltung hätten erkennen müssen.

64 **c) Haftung der Geschäftsführer nach § 31 Abs. 6 GmbHG und § 43 Abs. 3 GmbHG.** Die Vorschriften der §§ 43 Abs. 3 und 31 Abs. 1 GmbHG statuieren eine verschuldensabhängige **Haftung der Geschäftsführer** bei Verletzung des Auszahlungsverbotes nach § 30 Abs. 1 GmbHG. Die Beachtung des Auszahlungsverbotes ist Ausdruck der von dem Geschäftsführer nach § 43 Abs. 1 GmbHG anzuwendenden Sorgfalt. Die Haftung nach § 43 Abs. 3 GmbHG besteht gegenüber der Gesellschaft, die Haftung nach § 31 Abs. 6 GmbHG gegenüber den Gesellschaftern. Die Haftung nach § 43 Abs. 3 GmbHG umfasst die gesamte an den Gesellschafter geleistete Auszahlung.[98] Die Vorschrift erfasst neben der unzulässigen Auszahlung auch das Unterlassen der Geltendmachung von Ansprüchen nach § 31 Abs. 1 GmbHG.[99]

65 Eine Haftung nach § 31 Abs. 6 GmbHG tritt **gegenüber den Gesellschaftern** ein. Inhaltlich unterscheidet sie sich nicht von der Haftung nach § 43 Abs. 3 GmbHG. Allerdings kann im Verhältnis zu den Gesellschaftern der Einwand unzulässiger Rechtsausübung entgegenstehen, wenn der Geschäftsführer die Gesellschafter auf die Unzulässigkeit der Auszahlung hingewiesen hat und die Gesellschafter diesem Hinweis nicht gefolgt sind.[100]

66 Im Innenverhältnis steht dem Geschäftsführer ein **Regressanspruch** gegen den Leistungsempfänger zu. Darüber hinaus bestehen bei mehreren Gesellschaftern Ausgleichsansprüche auf Grund des Gesamtschuldverhältnisses (§ 426 BGB).

66a **d) Haftung der Gesellschafter wegen „existenzvernichtenden Eingriffs".** Entziehen die Gesellschafter der Gesellschafter der Gesellschaft das zur Fortführung des Geschäftsbetriebes erforderliche Vermögen, so stellt sich die Frage, ob ein Gläubiger direkt gegen die Gesellschafter vorgehen kann. Diese Problematik wurde üblicherweise unter dem Stichwort

---

[96] MünchHdbGesR III/*Fronhöfer* § 51 Rn. 83.
[97] BGHZ 93, 146, 149; BGH NJW 1995, 1960, 1962.
[98] Baumbach/Hueck*Zöllner/Noack* § 43 Rn. 14 ff.
[99] BGH WM 1992, 223.
[100] Baumbach/Hueck/*Fastrich* § 31 Rn. 29.

„Durchgriffshaftung" diskutiert, vgl. auch § 20 Rn. 139 ff. Dieser Begriff ist für die Praxis nicht weiterführend. Der BGH hatte hierzu in der Vergangenheit das Haftungskonzept des sog. qualifiziert faktischen Konzerns entwickelt.[101] Dieses Haftungskonzept wurde bereits in der sog. Bremer Vulkan-Entscheidung aufgegeben.[102] Nunmehr hat der BGH seine Rechtsprechung erneut geändert und in der sog. TRIHOTEL-Entscheidung das Haftungskonzept des existenzvernichtenden Eingriffs entwickelt.[103] Die vorhergehenden Entscheidungen sind damit obsolet. Gegenwärtig wird eine Haftung aus existenzvernichtendem Eingriff als Fallgruppe des § 826 BGB unabhängig von den §§ 30, 31 GmbHG geprüft.

Checkliste: Anspruch aus § 826 BGB 66b
(Existenzvernichtender Eingriff)

☐ Handeln eines Gesellschafters
☐ Einflussnahme / Eingriff
☐ Verstoß gegen die guten Sitten
☐ Existenzvernichtung
☐ Verschulden

aa) Handeln eines Gesellschafters. Voraussetzung der Haftung ist zunächst, dass der Handelnde Gesellschafter ist. Hier ist zunächst auf die formale Gesellschafterstellung abzustellen. Allerdings kommt auch ein gemeinschaftliches Handeln mehrerer Gesellschafter in Betracht.[104] Das vermag noch zu überzeugen. Problematisch ist allerdings die Frage, ob das Handeln eines „faktischen" Gesellschafters ausreicht.[105] Die Frage, wann ein „faktischer" Gesellschafter vorliegt, ist nicht abschließend geklärt. Dabei soll es darauf ankommen, ob der Handelnde bei der „gebotenen Gesamtbetrachtung" als Gesellschafter zu behandeln sei. Wann dies der Fall ist, bleibt in der Rechtsprechung bisher offen. Der BGH stellt in seiner TRIHOTEL-Entscheidung darauf ab, dass der Beklagte als Gesellschafter zu behandeln sei, weil er maßgeblichen Einfluss auf die Gesellschaft ausüben könne.[106] Dies erscheint in dieser Pauschalität zweifelhaft, da so die Rechtsfiguren des „faktischen Geschäftsführers" und des „faktischen Gesellschafters" unzulässig vermengt werden. Zutreffend ist darauf abzustellen, ob der Handelnde rechtlich die Möglichkeit hatte, auf die Entscheidungen der Gesellschaft Einfluss zu nehmen. In Fällen, in denen dies nicht der Fall ist, ist zu prüfen, ob eine Mittäterschaft im Sinne des § 830 BGB mit einem anderen Gesellschafter in Betracht kommt. 66c

bb) Einflussnahme/Eingriff. Weitere Voraussetzung ist eine Einflussnahme auf die Gesellschaft. Dies kann nur durch positives Tun geschehen. Ein Unterlassen ist insoweit nicht ausreichend.[107] Ein Gesellschafter ist daher z. B. nicht verpflichtet, eine für die Gesellschaft nachteilige Einflussnahme durch Beschlussanfechtung zu verhindern. 66d

cc) Verstoß gegen die guten Sitten. Die Einflussnahme muss gegen die guten Sitten verstoßen. Dies ist der Fall, wenn die der Gesellschafter der Gesellschaft planmäßig Vermögen zum eigenen Vorteil entzieht und dies dem Anstandsgefühl aller billig und gerecht Denkenden widerspricht. Übertragen auf das Gesellschaftsrecht bedeutet dies, dass der Gesellschafter Mindestmaßstäbe kaufmännischer Sorgfalt missachten muss.[108] Als Prüfungsmaßstab ist in der Praxis zu fragen, ob es für das Verhalten des Gesellschafters eine kaufmännisch vertretbare Rechtfertigung gibt. 66e

---

[101] BGHZ 122, 123, 130 – TBB.
[102] Zur Rechtsprechung *Römermann/Schröder* GmbHR 2001, 1015.
[103] BGHZ 173, 246 = GmbHR 2007, 927.
[104] BGH GmbHR 2002, 549 m. Anm. *Bender*.
[105] BGH GmbHR 2005, 225 m. Anm. *Schröder*.
[106] BGH GmbHR 2007, 927 – TRIHOTEL.
[107] BGH DStR 2008, 1232 – GAMMA; *Altmeppen* ZIP 2008, 1201.
[108] Baumbach/Hueck/*Fastrich* § 13 Rn. 57.

66f *dd) Existenzvernichtung.* Ein Haftungsanspruch aus § 826 BGB setzt stets die Existenzvernichtung der Gesellschaft voraus. Das betroffene Unternehmen muss also in die Insolvenz gefallen sein.

66g *ee) Verschulden.* Verschulden kommt nur in Form des Vorsatzes in Betracht. Dabei ist der bedingte Vorsatz allerdings ausreichend.[109]

67 e) **Bereicherungsansprüche, §§ 812 ff. BGB.** Der Erstattungsanspruch aus § 31 GmbHG schließt weder deliktsrechtliche noch bereicherungsrechtliche Ansprüche aus.[110] Damit kommen auch **Bereicherungsansprüche** neben dem gesellschaftsrechtlichen Erstattungsanspruch in Betracht. Voraussetzung für das Bestehen eines bereicherungsrechtlichen Anspruchs ist nach § 812 Abs. 1 BGB eine Leistung ohne Rechtsgrund. Entscheidend ist damit in den meisten Fällen, ob das Grundgeschäft, auf dem die Leistung beruht, nichtig ist.

68 Ein Beschluss, der eine gegen § 30 GmbHG verstoßende Auszahlung vorsieht, bleibt grundsätzlich wirksam.[111] Eine Ausnahme gilt im Falle eines Einziehungsbeschlusses. Zieht die Gesellschaft einen Geschäftsanteil ein, so ist der Beschluss nichtig, wenn die nach dem Beschluss zu zahlende Einziehungsvergütung nur unter Verstoß gegen § 30 GmbHG ausgezahlt werden könnte. Das gilt nicht, wenn in dem Einziehungsbeschluss bestimmt wurde, dass die Einziehungsvergütung aus den freien Rücklagen der Gesellschaft zu zahlen ist.[112]

Ansonsten stellt § 30 GmbHG kein gesetzliches Verbot im Sinne des § 134 BGB dar, so dass auch die Ausführung eines solchen Beschlusses durch ein Rechtsgeschäft grundsätzlich wirksam bleibt.[113]

Eine Nichtigkeit des Grundgeschäftes ist ausnahmsweise zu bejahen, wenn die Gesellschafter vorsätzlich gegen das Verbot des § 30 Abs. 1 GmbHG verstoßen, wobei bedingter Vorsatz ausreicht.[114]

4. Erwerb eigener Geschäftsanteile (§ 33 GmbHG)

69 Bei dem Erwerb eigener Anteile ist das Kapitalerhaltungsgebot nach § 30 GmbHG zu beachten. Eine GmbH kann grundsätzlich auch ohne besonderen Grund eigene Anteile erwerben (§ 33 Abs. 1 GmbHG). Einen Katalog wie § 71 AktG kennt das GmbH-Recht nicht.

Allerdings ist für den Erwerb eigener Anteile jedenfalls fiktiv eine **Rücklage** nach § 272 Abs. 4 HGB zu bilden. Die Bildung dieser Rücklage darf das Stammkapital und eine evtl. nach dem Gesellschaftsvertrag zu bildende Rücklage nicht angreifen. Hierzu ist die zumindest fiktive Erstellung einer **Bilanz** nach handelsrechtlichen Grundsätzen auf den Zeitpunkt des Erwerbs erforderlich.

5. Kreditgewährung an Gesellschaftsvertreter (§ 43a GmbHG)

70 Nach § 43a GmbHG ist die Kreditgewährung an Gesellschaftsvertreter unzulässig, wenn dadurch die Kapitalerhaltungsvorschriften verletzt werden. Im Falle unzulässiger Kreditvergabe hat die Gesellschaft ein sofortiges **Rückforderungsrecht** gegen den Empfänger (§ 43a S. 2 GmbHG). Darüber hinaus besteht ein Schadensersatzanspruch gegen den Geschäftsführer nach § 43 GmbHG.[115]

70a

Checkliste: Voraussetzungen der Kreditvergabe an Gesellschaftsvertreter, § 43a GmbHG:
☐ Betroffener Personenkreis
☐ Kreditgewährung
☐ Keine Verletzung des gebundenen Vermögens

---

[109] *Theiselmann* GmbHR 2007, 904.
[110] Baumbach/Hueck/*Fastrich* § 31 Rn. 4.
[111] MünchHdbGesR III/*Fronhöfer* § 51 Rn. 63.
[112] Baumbach/Hueck/*Fastrich* § 34 Rn. 40 ff.
[113] BGH ZIP 1997, 1450, 1452.
[114] BGHZ 81, 365, 367; BGH, DB 1987, 1781 f.
[115] MünchHdbGesR III/*Fronhöfer* § 52 Rn. 90.

a) Betroffener Personenkreis. Die Vorschrift des § 43a GmbHG ist nur anwendbar, wenn 71 eine Kreditgewährung an eine Person vorliegt, die dem in der Vorschrift näher definierten Personenkreis angehört. **Erfasst** sind danach: Geschäftsführer, sonstige gesetzliche Vertreter bzw. amtliche Treuhänder (z. B. Liquidatoren oder Insolvenzverwalter),[116] Prokuristen und Handlungsbevollmächtigte. **Nicht erfasst** sind dagegen sonstige leitende Angestellte und Aufsichtsratsmitglieder.[117] Ebensowenig werden Kredite an Gesellschafter oder verbundene Unternehmen erfasst.[118]

Erfasst werden dagegen auch den Gesellschaftsvertretern **nahestehende Personen,** insbesondere Familienangehörige. Eine solche Erstreckung ist erforderlich, um Umgehungsgeschäfte zu vermeiden. Hinsichtlich der Anforderungen an das Näheverhältnis gelten die gleichen Grundsätze wie zur Auszahlung nach § 30 GmbHG, vgl. oben → Rn. 17 ff.

b) Kreditgewährung. Weitere Voraussetzung für die Anwendung des § 43a GmbHG ist, 72 dass es sich um eine Kreditgewährung handelt. Der Begriff ist weit auszulegen. Erfasst wird jeder darlehensähnliche Vorteil.

Einzelfälle einer Kreditgewährung:
- Waren-, Geld-, und Kontokorrentkredite
- Ankauf nicht fälliger Forderungen durch die Gesellschaft
- Unterlassen der Geltendmachung von fälligen Forderungen
- Stundung
- Vorschüsse auf Gehälter
- Zahlungen auf fremde Schuld[119]
- Bestellung von Sicherheiten durch die Gesellschaft zugunsten der Gesellschaftsvertreter

Auf die Angemessenheit der Gegenleistung kommt es für die Anwendung des § 43a GmbHG nicht an, ebenso nicht auf die Stellung angemessener Sicherheiten.[120]

c) Keine Verletzung des gebundenen Vermögens. Eine Kreditgewährung nach § 43a 73 GmbHG ist nur dann zulässig, wenn dadurch das nach § 30 GmbHG gebundene Vermögen nicht angetastet wird. Es gelten die allgemeinen Grundsätze des § 30 GmbHG. Maßgeblicher Zeitpunkt ist die Erfüllung der Zusage. Wie auch bei § 30 GmbHG kommt es bei der Ermittlung des geschützten Vermögens auf eine rein bilanzielle Betrachtung an. Eine Berücksichtigung stiller Reserven, wie sie teilweise gefordert wird,[121] ist abzulehnen.

III. Kapitalherabsetzung

1. Überblick

Eine **Auszahlung von Stammkapital** ist nach § 30 GmbHG grundsätzlich unzulässig, vgl. 74 oben → Rn. 2 ff. Der Einzige rechtmäßige Weg zur Rückzahlung von Stammkapital ist die Kapitalherabsetzung. Dabei handelt es sich um eine Satzungsänderung, die eine Änderung der Stammkapitalziffer zum Gegenstand hat.[122]

Das GmbH-Recht kennt zwei Arten von Kapitalherabsetzungen: die **ordentliche Kapital-** 75 **herabsetzung** nach § 58 GmbHG (dazu unten → Rn. 78) und die **vereinfachte Kapitalherabsetzung** nach den §§ 58a ff. GmbHG (dazu unten → Rn. 95). Das Verfahren der Kapitalherabsetzung dient der angemessenen Berücksichtigung der Gläubigerinteressen.[123] Die im Aktienrecht vorgesehene Kapitalherabsetzung durch Einziehung von Aktien hat im GmbH-Gesetz keine Entsprechung und ist deshalb nicht möglich.

---

[116] Zur Rechtsstellung des Insolvenzverwalters vgl. Nerlich/Römermann/*Delhaes* vor § 56 Rn. 10.
[117] Baumbach/Hueck/Zöllner/*Noack* § 43a Rn. 3.
[118] MünchHdbGesR III/*Fronhöfer* § 52 Rn. 104.
[119] *Lutter/Hommelhoff* § 43a Rn. 6.
[120] MünchHdbGesR III/*Fronhöfer* § 52 Rn. 109.
[121] *Meyer-Arndt* DB 1980, 2328 f.
[122] Baumbach/Hueck/Zöllner/*Haas* § 58 Rn. 1.
[123] Vgl. Baumbach/Hueck/Zöllner/*Haas* § 58 Rn. 2.

76 Eine Kapitalherabsetzung kann das Stammkapital im Ergebnis nicht unter den Mindestbetrag von 25.000,– EUR herabsetzen. Während dies bei der ordentlichen Kapitalherabsetzung gänzlich ausgeschlossen ist, ist bei der vereinfachten Kapitalherabsetzung die Möglichkeiten einer **kurzzeitigen Unterschreitung des Mindestkapitals** vorgesehen, wenn mit der Herabsetzung eine gleichzeitige Erhöhung des Stammkapitals vorgenommen wird (vgl. unten → Rn. 95 ff.).

2. Wirtschaftlicher Zweck der Kapitalherabsetzung

77 Die Kapitalherabsetzung dient der Veränderung des Stammkapitals auf einen niedrigeren Betrag. Dies kann erforderlich sein, weil eingetretene Verluste zu einer Unterbilanz geführt haben. Darüber hinaus kann eine Kapitalherabsetzung auch durchgeführt werden, um Einlageforderungen zu erlassen oder das Ausscheiden eines Gesellschafters zu ermöglichen.[124] Innerhalb von Konzernen können Kapitalherabsetzungen im Rahmen von Umstrukturierungen eine Rolle spielen.[125]

3. Ordentliche Kapitalherabsetzung

78 Die **ordentliche Kapitalherabsetzung** ist in § 58 GmbHG geregelt. Das Verfahren berücksichtigt die Interessen der Gläubiger an der Erhaltung der ihnen zur Verfügung stehenden haftenden Vermögensmasse.

78a

> **Checkliste: Ordentliche Kapitalherabsetzung**
> 1. Kapitalherabsetzungsbeschluss
> 2. Bekanntmachung und Aufforderung an die Gläubiger
> 3. Befriedigung oder Sicherstellung widersprechender Gläubiger
> 4. Sperrjahr und Anmeldung
> 5. Eintragung und Veröffentlichung

79 a) **Kapitalherabsetzungsbeschluss.** Eine Kapitalherabsetzung kann nach § 58 Abs. 1 GmbHG nur durch Beschluss erfolgen. Für den Beschluss ist die Gesellschafterversammlung ausschließlich zuständig. Die Kompetenz kann weder auf andere Organe, wie z.B. die Geschäftsführer, delegiert noch von deren Zustimmung abhängig gemacht werden.[126] Der Beschluss bedarf nach § 53 Abs. 2 S. 2 GmbHG einer **Mehrheit von Dreivierteln** der abgegebenen Stimmen. Ferner muss er nach § 53 Abs. 2 S. 1 GmbHG **notariell beurkundet** werden.

80 **Formulierungsvorschlag**
(im Rahmen des notariellen Protokolls einer Gesellschafterversammlung):[127]
......
Die Gesellschafter der A-GmbH> beschließen wie folgt:
1. Das Stammkapital der Gesellschaft wird von 200.000,– EUR um 100.000,– EUR auf 100.000,– EUR (einhunderttausend Euro) herabgesetzt. Die Herabsetzung des Stammkapitals dient sowohl der teilweisen Rückzahlung von Stammeinlagen als auch dem Erlass von Verpflichtungen zur Leistung von Stammeinlagen.
2. Die Herabsetzung des Stammkapitals wird wie folgt durchgeführt: Den Gesellschaftern A und B werden die geleisteten Stammeinlagen in Höhe von je 25.000,– EUR zurückbezahlt. Den Gesellschaftern C und D werden ihre Verpflichtungen zur Leistung der Stammeinlagen in Höhe von je 25.000,– EUR erlassen.

---

[124] MünchHdbGesR III/*Wegmann* § 54 Rn. 1.
[125] Vgl. Baumbach/Hueck/*Zöllner/Haas* § 58 Rn. 1.
[126] MünchHdbGesR III/*Wegmann* § 54 Rn. 5.
[127] Vgl. auch MünchVertragshdb/*Heidenhain/Hasselmann* S. 706 ff.

3. Der Nennbetrag der von den Gesellschaftern gehaltenen Geschäftsanteile beträgt nach der Herabsetzung des Stammkapitals je 25.000,– EUR.
4. § ...... des Gesellschaftsvertrages wird wie folgt neu gefasst:
„§ ...... Stammkapital
Das Stammkapital der Gesellschaft beträgt 100.000,– EUR (einhunderttausend)."
Die Erschienenen erklärten die Gesellschafterversammlung damit für beendet.
Der Notar wies die Erschienenen darauf hin, dass
– die Kapitalherabsetzung erst mit Eintragung im Handelsregister wirksam wird, die Eintragung der Kapitalherabsetzung im Handelsregister aber frühestens ein Jahr nach dreimaliger Bekanntmachung des Beschlusses über die Herabsetzung des Stammkapitals in den Gesellschaftsblättern erfolgen kann und
– der Erlass von Einlageverpflichtungen und die Rückzahlung von Einlagen erst nach Wirksamwerden der Kapitalherabsetzung erfolgen dürfen.

Der Kapitalherabsetzungsbeschluss muss zwingend folgende Bestanteile enthalten: **81**
- Herabsetzungsbetrag oder künftigen Betrag des Stammkapitals
- Zweck der Kapitalherabsetzung
- Auswirkungen auf die einzelnen Geschäftsanteile

aa) Herabsetzungsbetrag oder künftiger Betrag des Stammkapitals. Grundsätzlich sollten **82** aus Gründen der Klarheit beide Beträge angegeben werden. Die Herabsetzung um einen variablen Betrag ist zulässig, wenn der endgültige Betrag des herabgesetzten Kapitals bestimmbar ist und diese Bestimmung in der alleinigen Kompetenz der Gesellschafterversammlung liegt.[128]

bb) Zweck der Kapitalherabsetzung. Zwingend ist ferner der Zweck der Kapitalherabsetzung in dem Beschluss anzugeben. Diese Festlegung bindet Gesellschafter und Geschäftsführer und kann nur mit einer satzungsändernden Mehrheit von der Gesellschafterversammlung geändert werden.[129] **83**

Als Zwecke der Kapitalherabsetzung kommen in Betracht:
- Rückzahlung von Einlagen
- Erlass von Einlageforderungen
- Einstellung in Rücklagen
- Beseitigung einer Unterbilanz
- Beseitigung eigener Geschäftsanteile
- Abfindung von Gesellschaftern bei Austritt, Ausschluss oder Abfindung

Die Aufzählung ist nicht abschließend. Darüber hinaus können mehrere Zwecke in einem Beschluss angegeben werden. Diese müssen dann aber auch tatsächlich mit dem einen Beschluss verfolgt werden.

cc) Auswirkungen auf die einzelnen Geschäftsanteile. Auf die Darstellung der Auswirkungen auf die einzelnen Geschäftsanteile kann verzichtet werden, wenn alle Anteile proportional herabgesetzt werden. Anderenfalls ist eine entsprechende Erläuterung erforderlich. **84**

b) Bekanntmachung und Aufforderung an die Gläubiger. Der Beschluss über die Kapitalherabsetzung ist nach § 50 Abs. 1 Nr. 2 GmbHG zu drei verschiedenen Zeitpunkten in den Gesellschaftsblättern bekanntzumachen. Darüber hinaus sind die der Gesellschafter bekannten Gläubiger gesondert über die Kapitalherabsetzung zu unterrichten. Dies betrifft alle der Gesellschaft im Zeitpunkt der Kapitalherabsetzung bekannten Gläubiger, auch wenn ihre Forderungen bedingt oder noch nicht fällig sind. **85**

Die Unterrichtung ist **grundsätzlich formfrei** möglich. Es empfiehlt sich jedoch schon aus Beweisgründen, sie schriftlich (Einschreiben mit Rückschein oder Empfangsquittung) vor-

---

[128] Baumbach/Hueck/*Zöllner/Haas* § 58 Rn. 18.
[129] MünchHdbGesR III/*Wegmann* § 54 Rn. 7.

zunehmen. Die Mitteilung muss den wesentlichen Inhalt des Kapitalherabsetzungsbeschlusses wiedergeben. Der Zweck muss nicht angegeben, einem Gläubiger jedoch auf Nachfrage mitgeteilt werden.[130] Die Gesellschaft ist nicht verpflichtet, die Gläubiger über ihre Rechte, z. B. das Recht auf Sicherheitsleistung, zu belehren.

> **Formulierungsvorschlag:**
>
> Das Stammkapital der A-GmbH mit dem Sitz in (Ort) ist durch Beschluss der Gesellschafter vom (Datum) von 200.000,– EUR um 100.000,– EUR auf 100.000,– EUR herabgesetzt worden.
>
> Die Gläubiger der Gesellschaft werden aufgefordert, sich bei der Gesellschaft zu melden.
>
> ...... (Ort), den ......
> A-GmbH
> (Geschäftsführer)

Die Verletzung **einer Mitteilungspflicht** begründet gegenüber dem betroffenen Gläubiger einen Schadensersatzanspruch aus § 823 Abs. 2 BGB in Verbindung mit § 58 GmbHG.[131]

86 c) **Befriedigung oder Sicherstellung widersprechender Gläubiger.** Gläubiger, die ihren Widerspruch zu der Kapitalherabsetzung erklärt haben, haben nach § 58 Abs. 1 Nr. 2 GmbHG einen Anspruch auf Befriedigung oder Sicherstellung.

> **Checkliste:**
> **Anspruch auf Befriedigung oder Sicherstellung**
>
> 1. Widerspruchsberechtigter Gläubiger
> 2. Erklärung des Widerspruchs
> 3. Rechtsfolge: Befriedigung oder Sicherstellung

87 aa) *Widerspruchsberechtigter Gläubiger.* Widerspruchsberechtigt sind Gläubiger, deren Anspruch zum Zeitpunkt der dritten Bekanntmachung dem Grunde nach entstanden war.[132] Auf die Fälligkeit der Forderung kommt es nicht an. Später hinzutretende Gläubiger haben keinen Anspruch auf Sicherstellung. Ihnen ist auch nicht gesondert Mitteilung zu machen.[133]

88 bb) *Erklärung des Widerspruchs.* Weitere Voraussetzung ist, dass der Gläubiger seinen Widerspruch gegen die Kapitalherabsetzung erklärt hat. Diese Erklärung ist nicht fristgebunden. Die Erklärung kann ausdrücklich oder konkludent abgegeben werden.[134]

Der Gläubiger muss zu der Mitteilung der Gesellschaft keine Erklärung abgeben. Äußert er sich nicht, so hat er keinen Anspruch auf Erfüllung oder Sicherstellung.

89 cc) *Rechtsfolge: Befriedigung oder Sicherstellung.* Gegen den Widerspruch des Gläubigers darf die Gesellschaft die Kapitalherabsetzung nur durchführen, wenn sie die Forderung erfüllt (§ 362 BGB) oder Sicherheit leistet (§§ 232 bis 240 BGB).

Ein Anspruch auf Sicherheitsleistung besteht nicht, wenn die Forderung ohnehin durch eine den §§ 232 bis 240 BGB entsprechende Sicherheit unterlegt ist.

90 d) **Sperrjahr und Anmeldung.** Zwischen dem Erscheinungstag der letzten Aufforderung und der Anmeldung zum Handelsregister muss **mindestens ein Jahr** liegen. Die besonderen Mitteilungen an die einzelnen Gläubiger haben keinen Einfluss auf den Beginn des **Sperrjah-**

---

[130] MünchHdbGesR III/*Wegmann* § 54 Rn. 13.
[131] BayObLG BB 1974, 1362 f.
[132] MünchHdbGesR III/*Wegmann* § 54 Rn. 16.
[133] MünchHdbGesR III/*Wegmann* § 54 Rn. 17.
[134] MünchHdbGesR III/*Wegmann* § 54 Rn. 18.

res.[135] Der maßgebliche Zeitpunkt für die Anmeldung zum Handelsregister ist der Tag des Eingangs der Anmeldung beim Registergericht.[136] Es besteht kein Grund, den Geschäftsführern eine vorherige notarielle Beurkundung zu verbieten, wenn der Antrag erst nach Ablauf des Sperrjahres bei Gericht eingeht.[137] Der Gläubigerschutz macht es nur erforderlich, dass zwischen der Bekanntgabe des Beschlusses und der Weiterführung des Verfahrens beim Registergericht ein Jahr liegt. Wann die entsprechenden Erklärungen beim Notar unterzeichnet werden, ist dagegen aus der Sicht der Gläubiger unerheblich. Die Anmeldung ist von sämtlichen Geschäftsführern zu unterzeichnen (§ 78 GmbHG). Eine vor Ablauf des Sperrjahres vorgenommene Anmeldung ist vom Registergericht zurückzuweisen.

Muster: Anmeldung der Kapitalherabsetzung

An das
Amtsgericht
– Handelsregister –
Zum Handelsregister der
A-GmbH
HRB ......

überreichen wir, die unterzeichneten sämtlichen Geschäftsführer
1. Ausfertigung der notariellen Niederschrift über die außerordentliche Gesellschafterversammlung vom ...... (UR ...... des Notars ......),
2. Belegexemplare der Nrn. 20, 21 und 22 des Bundesanzeigers vom (Daten), welche die Bekanntmachung der Herabsetzung des Stammkapitals der Gesellschaft und die Aufforderung an die Gläubiger der Gesellschaft enthalten sowie
3. den vollständigen Wortlaut des Gesellschaftsvertrages mit der Bescheinigung des Notars nach § 54 Abs. 1 S. 2 GmbHG
4. und melden zur Eintragung an:

Das Stammkapital der Gesellschaft ist von 200.000,– EUR um 100.000,– EUR auf 100.000,– EUR herabgesetzt worden. § ...... des Gesellschaftsvertrages wurde entsprechend neu gefasst.

Wir versichern, dass alle Gläubiger, welche sich bei der Gesellschaft gemeldet und der Herabsetzung des Stammkapitals nicht zugestimmt haben, befriedigt oder sichergestellt worden sind.

Der zuletzt festgestellte Einheitswert des Betriebsvermögens der Gesellschaft beträgt DM ......

...... (Ort), den ......

(Unterschriften sämtlicher Geschäftsführer)

(Beglaubigungsvermerk)

e) Eintragung und Veröffentlichung. Das Registergericht prüft den Kapitalherabsetzungsbeschluss nach den allgemeinen für die Satzungsänderung geltenden Vorschriften. Darüber hinaus sind insbesondere folgende Punkte zu prüfen:
- Einhaltung des Sperrjahres
- Ordnungsmäßigkeit der öffentlichen Aufforderung an die Gläubiger
- die Versicherung, dass sämtliche widersprechende Gläubiger befriedigt oder sichergestellt sind (§ 58 Abs. 1 Nr. 4 GmbHG)
- Einhaltung der Mindestkapitalvorschriften, § 5 Abs. 1 GmbHG

Sind zum Zeitpunkt der Eintragung noch Ansprüche zwischen einem widersprechenden Gläubiger und der Gesellschaft streitig, so ist die Eintragung nach § 21 FamFG auszusetzen.[138] Zu einer eigenständigen Prüfung der Berechtigung der Ansprüche ist das Register-

---

[135] BayObLG GmbHR 1974, 287 f.
[136] MünchHdbGesR III/*Wegmann* § 55 Rn. 21.
[137] So auch *Lutter/Hommelhoff* § 58 Rn. 23.
[138] MünchHdbGesR III/*Wegmann* § 54 Rn. 25 m. w. N.

gericht grundsätzlich nicht befugt. Das Registerverfahren kann ausnahmsweise trotz Widerspruchs fortgesetzt werden, wenn der geltend gemachte Anspruch offensichtlich unbegründet ist und sich seine Geltendmachung als offensichtlich rechtsmissbräuchlich darstellt.

94 f) **Wirkung der Kapitalherabsetzung.** Die Eintragung der Kapitalherabsetzung hat **konstitutive Wirkung.** Die Geschäftsanteile werden, soweit der Beschluss nichts anderes vorsieht, proportional herabgesetzt.

Anschließend ist dann der Beschluss durchzuführen, indem der angestrebte Zweck realisiert wird.

4. Vereinfachte Kapitalherabsetzung

95 Mit dem Einführungsgesetz zur Insolvenzordnung (EGInsO) vom 5.10.1994 hat der Gesetzgeber die **vereinfachte Kapitalherabsetzung** in das GmbHG eingefügt. Seitdem hat diese Form der Kapitalherabsetzung die ordentliche Kapitalherabsetzung in der praktischen Bedeutung überholt.

Die vereinfachte Kapitalherabsetzung ist in den §§ 58a ff. GmbHG geregelt. Der Mindestkapitalschutz gilt hier nur eingeschränkt.[139] Eine Unterschreitung des Mindestkapitals ist zulässig, wenn gleichzeitig mit der Kapitalherabsetzung eine Kapitalerhöhung beschlossen wird, so dass im Ergebnis das Mindestkapital wieder hergestellt wird.

96 **a) Voraussetzungen der vereinfachten Kapitalherabsetzung.** Eine vereinfachte Kapitalherabsetzung ist unter folgenden Voraussetzungen zulässig:

96a

> **Checkliste:**
> **Voraussetzungen vereinfachte Kapitalherabsetzung**
>
> ☐ Allgemeine Voraussetzungen einer Kapitalherabsetzung
> ☐ Verlustausgleich als Zweck
> ☐ Notwendigkeit der Kapitalherabsetzung zum Verlustausgleich

97 *aa) Allgemeine Voraussetzungen einer Kapitalherabsetzung.* Auch bei der vereinfachten Kapitalherabsetzung handelt es sich um eine **Satzungsänderung.** Die §§ 53 und 54 GmbHG bleiben grundsätzlich anwendbar (§ 58a Abs. 5 GmbHG). Damit gelten hinsichtlich der Beschlussfassung und der Anmeldung beim Handelsregister die gleichen Anforderungen wie bei der ordentlichen Kapitalherabsetzung.

98 *bb) Verlustausgleich als Zweck.* Die vereinfachte Kapitalherabsetzung ist nur zum **Ausgleich von Verlusten** zulässig. Damit verbunden kann eine Einstellung von die Verluste übersteigenden Beträgen in die Kapitalrücklage sein. Andere Zwecke, wie z.B. die Heilung einer verdeckten Sacheinlage, sind unzulässig.

99 *cc) Notwendigkeit der Kapitalherabsetzung zum Verlustausgleich.* Weiterhin ist Voraussetzung für eine vereinfachte Kapitalherabsetzung, dass sie quasi als „ultima ratio"[140] zum Ausgleich der Verluste notwendig ist. Die Anforderungen regelt insoweit § 58a Abs. 2 GmbHG im Einzelnen. Danach ist zunächst Voraussetzung, dass keine Gewinnrücklagen mehr vorahnden sind. Darüber hinaus müssen Kapital- und Gewinnrücklagen nach § 272 Abs. 2 und 3 HGB aufgelöst werden, soweit sie 10% des Stammkapitals übersteigen.

100 Eine Auflösung der Rücklagen und eine entsprechende Verwendung des Gewinnvortrages müssen vor der Kapitalherabsetzung von der Gesellschafterversammlung beschlossen werden. Der entsprechende Beschluss kann jedoch mit dem Kapitalherabsetzungsbeschluss verbunden werden.

---

[139] MünchHdbGesR III/*Wegmann* § 54 Rn. 29.
[140] MünchHdbGesR III/*Wegmann* § 54 Rn. 32.

Beispiel:
Die A-GmbH verfügt über folgende Eigenkapitalstruktur:
  I. Stammkapital   100.000,– EUR
 II. Kapitalrücklage nach § 272 Abs. 2 HGB   100.000,– EUR
III. Gewinnvortrag   10.000,– EUR

Es ist im laufenden Geschäftsjahr ein Verlust von 145.000,– EUR entstanden. Die Gesellschafter möchten daher eine Kapitalherabsetzung durchführen.
Zunächst ist der Gewinnvortrag auf den laufenden Verlust anzurechnen. Damit verbleibt ein Verlust von 135.000,– EUR. Vor der Kapitalherabsetzung ist nun die Rücklage bis auf einen Betrag in Höhe von 10% des Stammkapitals (10.000,– EUR) aufzulösen. Damit wäre also ein Verlust in Höhe von 90.000,– EUR durch die Auflösung der Rücklage gedeckt. Es verbleibt damit ein Verlust von 45.000,– EUR. Zur Deckung dieses Verlustes ist eine vereinfachte Kapitalherabsetzung zulässig, wenn vorher die Verwendung des Gewinnvortrags und die Auflösung der Kapitalrücklage von den Gesellschaftern beschlossen wird.

b) Beschlussinhalt. Inhaltlich deckt sich der Beschluss über eine vereinfachte Kapitalherabsetzung grundsätzlich mit dem über eine ordentliche Kapitalherabsetzung.
Folgende Anforderungen sind zu erfüllen:[141]
- Kennzeichnung als vereinfachte Kapitalherabsetzung
- Angabe eines festen Herabsetzungsbetrages
- Angabe des Zwecks der Kapitalherabsetzung
- Darstellung der Anpassung der Geschäftsanteile

Formulierungsvorschlag:
(im Rahmen des notariellen Protokolls einer Gesellschafterversammlung)

A. Kapitalherabsetzung
1. Das Stammkapital der Gesellschaft wird nach § 58a Abs. 1 GmbHG von 200.000,– EUR um 100.000,– EUR auf 100.000,– EUR (einhunderttausend) herabgesetzt. Die Herabsetzung des Stammkapitals dient der Abdeckung der im letzten Geschäftsjahr entstandenen Verluste (vereinfachte Kapitalherabsetzung).
2. Die Herabsetzung des Stammkapitals wird wie folgt durchgeführt: Die Nennbeträge der von den Gesellschaftern A und B gehaltenen Geschäftsanteile werden auf je 50.000,– EUR herabgesetzt.

B. Kapitalerhöhung
1. Das herabgesetzte Stammkapital der Gesellschaft wird von 100.000,– EUR um 100.000,– EUR auf 200.000,– EUR (zweihunderttausend) erhöht.
2. Die C Bank AG wird zur Übernahme einer Stammeinlage in Höhe von 100.000,– EUR zugelassen. Die neue Stammeinlage wird zum Nennwert ausgegeben und ist in vollem Umfang in Geld sofort zu erbringen.
3. Die neue Stammeinlage wird seit Beginn des bei der Eintragung der Kapitalerhöhung laufenden Geschäftsjahres am Gewinn der Gesellschaft beteiligt.

C. Fortbestand des Gesellschaftsvertrages
§ ...... des Gesellschaftsvertrages (Stammkapital) bleibt unverändert.

D. Feststellung des Jahresabschlusses
Der Jahresabschluss für das Geschäftsjahr ......, in dem die Kapitalherabsetzung und Kapitalerhöhung bereits berücksichtigt sind, wird hiermit festgestellt.
Die Erschienenen erklärten die Gesellschafterversammlung sodann für beendet.

---
[141] MünchHdbGesR III/*Wegmann* § 54 Rn. 35 ff.

> Der Notar wies die Erschienenen darauf hin, dass
> - sowohl die Kapitalerhöhung als auch die Kapitalherabsetzung erst mit Eintragung im Handelsregister wirksam werden,
> - die Gesellschafter für die Leistung der von der Übernehmerin übernommenen, aber nicht einbezahlten Stammeinlage haften und
> - die Beschlüsse über die Kapitalherabsetzung, Kapitalerhöhung sowie die Feststellung des Jahresabschlusses nichtig sind, falls sie nicht innerhalb von drei Monaten seit der Beschlussfassung im Handelsregister eingetragen werden.

103 **c) Durchführung der vereinfachten Kapitalherabsetzung.** Die vereinfachte Kapitalherabsetzung ist zum Handelsregister anzumelden. Bei der **Anmeldung** genügt im Gegensatz zur ordentlichen Kapitalherabsetzung die Unterschrift eines Geschäftsführers.[142] Das Registergericht hat die Voraussetzungen der vereinfachten Kapitalherabsetzung zu prüfen.

Der durch die Auflösung entstehende Buchgewinn ist ausschließlich zur Deckung der eingetretenen Verluste zu verwenden. Den Verlust übersteigende Beträge sind in die Kapitalrücklage einzustellen. Hinsichtlich der Gewinnausschüttungen in den Folgejahren sind die Beschränkungen des **§ 58d GmbHG** zu beachten. Danach dürfen bis um Ablauf des fünften Geschäftsjahres nach einer Kapitalherabsetzung Gewinnausschüttungen nur stattfinden, wenn Gewinn- und Kapitalrücklagen 10% des herabgesetzten Kapitals erreicht haben (§ 58d Abs. 1 GmbHG).

104 Nach **§ 58d Abs. 3 GmbHG** können für die drei folgenden Geschäftsjahre nur maximal 4% des herabgesetzten Stammkapitals ausgeschüttet werden. Etwas anderes gilt nur dann, wenn die Gläubiger zuvor befriedigt werden oder ihnen eine Sicherheit gestellt wurde. Ist die Kapitalherabsetzung **rückwirkend beschlossen**, so ist der Jahresabschluss des Vorjahres entsprechend **zu berichtigen**.

105 **5. Kapitalherabsetzung bei gleichzeitiger Kapitalerhöhung.** Vor allem im Rahmen von Sanierungsbemühungen werden Kapitalherabsetzungen im Zusammenhang mit einer gleichzeitigen Erhöhung des Stammkapitals eingesetzt. Darüber hinaus kann eine solche Verbindung auch zur Heilung einer verdeckten Sacheinlage dienen.

Die Vorschrift des § 58f GmbHG sieht die Möglichkeit einer Verbindung der beiden Vorgänge grundsätzlich vor. Dabei kann sowohl die vereinfachte Kapitalherabsetzung als auch die ordentliche Kapitalherabsetzung mit einer Kapitalerhöhung verbunden werden.

106 **a) Nicht vereinfachte Verbindung.** Die erste Variante besteht in der Verbindung einer ordentlichen Kapitalherabsetzung mit einer Kapitalerhöhung. Die Verbindung ist in diesem Falle eine rein wirtschaftliche. Sie besteht darin, dass die beiden Vorgänge zeitlich aufeinander abgestimmt werden.[143] Rechtlich handelt es sich um zwei getrennte Vorgänge. Dabei kann sowohl die Kapitalherabsetzung als auch die Kapitalerhöhung zuerst erfolgen. Grundsätzlich gilt jedoch für die Kapitalherabsetzung auch das Sperrjahr und die Vorschriften zur Gläubigersicherung.

107 **b) Vereinfachte Verbindung.** Eine vereinfachte Kapitalherabsetzung kann ebenfalls mit einer Kapitalerhöhung verbunden werden. Voraussetzung hierfür ist Vorliegen der Voraussetzungen einer vereinfachten Kapitalherabsetzung.

Die Verbindung bietet im Einzelnen folgende Vorteile:[144]
- Möglichkeit einer Herabsetzung unter das Mindestkapital, § 58a Abs. 4 GmbHG
- Vermeidung des Ausweises eines „nicht durch Eigenkapital gedeckten Fehlbetrages" im Jahresabschluss durch Rückwirkung des Beschlusses, § 58e GmbHG
- Ausweis eines kontinuierlich gleichen Stammkapital durch Rückwirkung des Kapitalerhöhungsbeschlusses, § 58f GmbHG.

Die vereinfachte Verbindung ist in der Praxis der Regelfall. Ein Formulierungsvorschlag findet sich oben unter → Rn. 102.

---

[142] MünchHdbGesR III/*Wegmann* § 54 Rn. 40.
[143] MünchHdbGesR III/*Wegmann* § 54 Rn. 59.
[144] MünchHdbGesR III/*Wegmann* § 54 Rn. 64 ff.

§ 7 Gesellschafterdarlehen in der Insolvenz – Eigenkapitalersatz nach MoMiG

Übersicht

	Rn.
I. Einführung zum bisherigen Eigenkapitalersatzrecht	1–16
1. Die Finanzverfassung der GmbH	2–5
a) Eigen- und Fremdkapital	2/3
b) Finanzierungsfreiheit	4/5
2. Finanzierungsfolgenverantwortung	6/7
3. Zweistufiges Schutzsystem	8–16
a) Rechtsprechungsregeln (§§ 30, 31 GmbHG analog)	10/11
b) Novellenregeln (§§ 32 a, 32 b GmbHG a. F., 135 InsO a. F.)	12–16
II. Deregulierung des Eigenkapitalersatzrechts durch das MoMiG	17–29
1. Abschaffung der Rechtsprechungsregeln zu §§ 30, 31 GmbHG analog	19–21
2. Verlagerung der §§ 32 a, 32 b GmbH a. F. in das Insolvenzrecht	22–24
3. Abkehr von der Finanzierungsfolgenverantwortung	25–28
4. Überblick über die Kernpunkte der Deregulierung	29
III. Der Grundtatbestand (§ 39 Abs. 1 Nr. 5 InsO)	30–50
1. Erfasste Gesellschaften	31–35
2. Gesellschafterdarlehen	36–42
a) Darlehen	37–41
b) Gesellschafter	42/43
3. Verzicht auf das Merkmal der „Krise"	44–46
4. Einbeziehung „stehen gelassener" Darlehen	47–49
5. Darlegungs- und Beweislast	50/51
IV. Rechtsfolgen	52–73
1. Gesetzlicher Rangrücktritt in der Insolvenz (§ 39 Abs. 1 Nr. 5 InsO)	53–57
2. Insolvenzanfechtung	58–70
a) Anfechtungstatbestände	60–67
b) Verfahren	68–70
3. Exkurs: Die Anfechtung in der Einzelzwangsvollstreckung	71–73
V. Erstreckung auf wirtschaftlich vergleichbare Rechtshandlungen	74–96
1. Wirtschaftlich vergleichbare andere Rechtshandlungen	76–86
a) Nutzungsüberlassung	78–80
b) Stundung der Forderung	81/82
c) Erwerb einer (gestundeten) Drittforderung	83
d) Stille Beteiligung	84
e) Factoring	85
f) Leasing	86
2. Gleichstellung von Nichtgesellschaftern mit Gesellschaftern	87–96
a) Leistung für Rechnung eines Gesellschafters	88/89
b) Treuhand	90
c) Verbundene Unternehmen	91
d) Stiller Gesellschafter	92
e) Pfandgläubiger und Nießbraucher	93–96
VI. Gesellschafterbesicherte Drittdarlehen (§ 44 a InsO)	97–100
VII. Das Sanierungsprivileg	101–107
1. Tatbestand	102–106
a) Fallierende Gesellschaft	103
b) Sanierungsgesellschafter	104
c) Beteiligungserwerb	105
d) Sanierungszweck	106
2. Rechtsfolgen	107
VIII. Das Kleinbeteiligungsprivileg (§ 39 Abs. 5 InsO)	108–113
1. Bedeutung	108
2. Tatbestand	109–112
a) Rechtsformübergreifender Anwendungsbereich	109/110
b) Bestimmung der Beteiligungsquote	111
c) Zeitlicher Anwendungsbereich	112
3. Rechtsfolgen	113

	Rn.
IX. Fortgeltung des bisherigen Eigenkapitalersatzrechts in Altfällen	114/115
X. Bilanzielle Behandlung und Rangrücktritt	117–125
1. Handelsbilanz	116
2. Überschuldungsstatus	117–124
a) Rangrücktritt	119/120
b) Vereinfachung des Rangrücktritts durch das MoMiG	121–123
c) Rechtsfolgen	124

Schrifttum: *Altmeppen,* Das neue Recht der Gesellschafterdarlehen in der Praxis, NJW 2008, 3601; *ders.,* Wie lange noch gilt das alte Kapitalersatzrecht?, ZIP 2011, 641; *Bacina/Redeker,* „Sanieren oder Ausscheiden" – Die Treuepflicht des Gesellschafters in Sanierungsfällen, DB 2010, 996; *Baumert,* Anm. zu BGH vom 19.5.2009 – IX ZR 39/06, FD-InsR 2009, 284 331; *Bayer/Graff,* Das neue Eigenkapitalersatzrecht nach dem MoMiG, DStR 2006, 1654; *Bittmann,* Die „limitierte" GmbH aus strafrechtlicher Sicht, GmbHR 2007, 70; *Blöse,* Insolvenz, Liquidation und Wandel vom Eigenkapitalersatzrecht zum Recht der Gesellschafterleistungen, in: Römermann/Wachter, GmbH-Beratung nach dem MoMiG, GmbHR-Sonderheft 10/2008, 71; *Bork,* Abschaffung des Eigenkapitalersatzrechts zugunsten des Insolvenzrechts?, ZGR 2007, 250; *Bormann,* Kapitalerhaltung bei Aktiengesellschaft und GmbH nach dem Referentenentwurf zum MoMiG, DB 2006, 2616; *Braun,* Bilanzielle Behandlung von Gesellschafterdarlehen mit Rangrücktrittsklausel, DStR 2012, 1360; *Breitenstein/Meyding,* GmbH-Reform: Die „neue" GmbH als wettbewerbsfähige Alternative oder nur „GmbH light"?, BB 2006, 1457; *Burg/Poertzgen,* Notwendige insolvenzrechtliche Modifizierungen des MoMiG, ZInsO 2008, 473; *Burg/Westerheide,* Praktische Auswirkungen des MoMiG auf die Finanzierung von Konzernen, BB 2008, 62; *DAV* (Handelsrechtsausschuss), Stellungnahme zum Referentenentwurf eines Gesetzes zur Modernisierung des GmbH-Rechts und zur Bekämpfung von Missbräuchen (MoMiG), NZG 2007, 211; *Henssler/Strohn,* Gesellschaftsrecht, 1. Aufl. 2011; *Flesner,* Die GmbH-Reform (MoMiG) aus der Sicht der Akquisitions- und Restrukturierungspraxis, NZG 2006, 641; *Fliegner,* Das MoMiG – Vom Regierungsentwurf zum Bundestagsbeschluss, DB 2008, 1668; *Flitsch,* Der Eigenkapitalersatz vor dem Aus?, DZWiR 2006, 397; *Freitag,* Finanzverfassung und Finanzierung von GmbH und AG nach dem Regierungsentwurf des MoMiG, WM 2007, 1681; *Gehb/Drange/Heckelmann,* Gesellschaftsrechtlicher Typenzwang als Zwang zu neuem Gesellschaftstyp, NZG 2006, 88; *Gehrlein,* Der aktuelle Stand des neuen GmbH-Rechts, Konzern 2007, 771; *ders.,* Die Behandlung von Gesellschafterdarlehen durch das MoMiG, BB 2008, 846; *ders.,* Das Eigenkapitalersatzrecht im Wandel seiner gesetzlichen Kodifikationen, BB 2011, 3; *Gehrlein/Witt,* GmbH-Recht in der Praxis, 2. Aufl. 2008; *v. Gerkan/Hommelhoff,* Handbuch der Kapitalersatzrechts, 2. Aufl. 2002; *Gesmann-Nuissl,* Quo vadis GmbH? – zum Entwurf des Gesetzes zur Modernisierung des GmbH-Rechts und zur Bekämpfung von Missbräuchen (MoMiG), WM 2006, 1756; *Goette,* Einführung in das neue GmbH-Recht, 2008; *ders.,* Chancen und Risiken der GmbH-Novelle, WPg 2008, 231; *Grunewald/Noack,* Zur Zukunft des Kapitalsystems der GmbH – Die Ein-Euro-GmbH in Deutschland, GmbHR 2005, 189; *Haas,* Das neue Kapitalersatzrecht nach dem RegE-MoMiG, ZInsO 2007, 617; *Habersack,* Das MoMiG ante portas – Nachlese zum 66. DJT, ZHR 170 (2006), 607; *ders.,* Gesellschafterdarlehen nach MoMiG: Anwendungsbereich, Tatbestand und Rechtsfolgen der Neuregelung, ZIP 2007, 2145; *ders.,* Die Erstreckung des Rechts der Gesellschafterdarlehen auf Dritte, insbesondere im Unternehmensverbund, ZIP 2008, 2385; *Heckschen,* Die GmbH-Reform – Wege und Irrwege, DStR 2007, 1442; *Hirte,* Neuregelungen mit Bezug zum gesellschaftsrechtlichen Gläubigerschutz und im Insolvenzrecht durch das Gesetz zur Modernisierung des GmbH-Rechts und zur Bekämpfung von Missbräuchen (MoMiG), ZInsO 2008, 689; *ders.,* Die Neuregelung des Rechts der (früher: kapitalersetzenden) Gesellschafterdarlehen durch das „Gesetz zur Modernisierung des GmbH-Rechts und zur Bekämpfung von Missbräuchen" (MoMiG), WM 2008, 1429; *Hölzle,* Gesellschafterfremdfinanzierung und Kapitalerhaltung im Regierungsentwurf des MoMiG, GmbHR 2007, 729; *ders.,* Nachträgliche Anschaffungskosten auf Kapitalbeteiligungen in der Fassung des RegE-MoMiG, DStR 2007, 1185; *Hommelhoff* in: Schriftenreihe der Gesellschaftsrechtlichen Vereinigung (VGR), Die GmbH-Reform in der Diskussion, 2006, S. 115–135; *Huber/Habersack,* GmbH-Reform: Zwölf Thesen zu einer möglichen Reform des Rechts der kapitalersetzenden Gesellschafterdarlehen, BB 2006, 1; *Huber,* Finanzierungsfolgenverantwortung de lege lata und de lege ferenda, in: Festschrift für Priester, 2007, S. 259–283; *Kallmeyer,* Kapitalaufbringung und Kapitalerhaltung nach dem MoMiG: Änderungen für die GmbH-Beratungspraxis, DB 2007, 2755; *Kammeter/Geißelmeier,* Der Rangrücktritt – Bestandsaufnahme und Auswirkungen des MoMiG im Handelsbilanz- und Steuerrecht, NZI 2007, 214; *Kiethe,* Konflikte zwischen dem europäischen Beihilferecht (Art. 87, 88 EG) und dem nationalen Kapitalschutz- und Insolvenzrecht – Neuere Tendenzen in Rechtsprechung und Gesetzgebung, ZIP 2007, 1248; *Klein,* Rangrücktrittsvereinbarungen – als Sanierungsinstrument ein Auslaufmodell?, GmbHR 2005, 663; *ders.,* Rangrücktrittsvereinbarungen – ein Update nach der Stellungnahme des IDW, GmbHR 2006, 249; *Kleindiek,* Krisenvermeidung in der GmbH: Gesetzliches Mindestkapital, Kapitalschutz und Eigenkapitalersatz, ZGR 2006, 335; *Knof,* Modernisierung des GmbH-Rechts an der Schnittstelle zum Insolvenzrecht – Zukunft des Eigenkapitalersatzrechts, ZInsO 2007, 125; *Krolop,* Mit dem MoMiG vom Eigenkapitalersatzrecht zu einem insolvenzrechtlichen Haftkapitalerhaltungsrecht?, ZIP 2007, 1738; *Leistikow,* Das neue GmbH-Recht, 2008; *Leuering/Bahns,* Die steuerliche Behandlung von Rangrücktrittserklärungen, NJW-Spezial 2012, 207; *Löwisch,* Eigenkapitalersatzrecht – Kommentar zu §§ 32a, b GmbHG, 2007; *Lorenz,* Die Auswirkungen des MoMiG auf vor dem 1.11.2008 entstandene Ansprüche nach §§ 30, 31 GmbHG (analog), GmbHR 2009,

§ 7 Gesellschafterdarlehen in der Insolvenz

135; *Lutter/Hommelhoff*, GmbH-Gesetz, 16. Aufl. 2004; *Meilicke*, Das Eigenkapitalersatzrecht – eine deutsche Fehlentwicklung, GmbHR 2007, 225; *Meyer*, Die Verantwortlichkeit des Geschäftsführers für Gläubigerinteressen – Veränderungen durch das MoMiG, BB 2008, 1742; *Mock*, Steine statt Brot? – Verfahrenskonzentration bei grenzüberschreitenden Insolvenzanfechtungsklagen und fehlende örtliche Zuständigkeiten, ZInsO 2009, 470; *ders.*, Anm. zu BGH vom 19.5.2009 – IX ZR 39/06, NZI 2009, 534; *Mülbert*, Neuordnung des Kapitalrechts, WM 2006, 1977; *Nerlich/Kreplin*, Münchener Anwaltshandbuch Sanierung und Insolvenz, 2. Aufl. 2012; *Neuhof*, Rechtliche Risiken bei der Finanzierung kommunaler Eigengesellschaften durch öffentlich-rechtliche Kreditinstitute, ZIP 2007, 2153; *Noack*, Reform des deutschen Kapitalgesellschaftsrechts: Das Gesetz zur Modernisierung des GmbH-Rechts und zur Bekämpfung von Missbräuchen, DB 2006, 1475; *ders.*, Der Regierungsentwurf des MoMiG – Reform des GmbH-Rechts geht in die Endrunde, DB 2007, 1395; *Oepen*, Eigenkapitalersatz und Stiftungen, NZG 2001, 209; *Oppenhoff*, Die GmbH-Reform durch das MoMiG – ein Überblick, BB 2008, 1630; *Paulus*, Anfechtungsklagen in grenzüberschreitenden Insolvenzverfahren, ZInsO 2006, 295; *Poertzgen*, Die künftige Insolvenzverschleppungshaftung nach dem MoMiG, GmbHR 2007, 1258; *Prager/Keller*, Der Vorschlag der Europäischen Kommission zur Reform der EUInsVO, NZI 2013, 57; *Priester*, „Sanieren oder Ausscheiden" im Recht der GmbH, ZIP 2010, 497; *Priester/Mayer*, Münchener Handbuch des Gesellschaftsrechts, Bd. III, 2. Aufl. (2003); *Reimann-Dittrich*, Die Finanzierungsfolgenverantwortung des Gesellschafters, 2006; *Reiner*, Das Eigenkapitalersatzrecht nach dem MoMiG, GmbHR 2008, 785; *Reinhard/Schitzler*, Anfechtungsrisiko für den Unternehmensverkäufer aus der Veräußerung von Gesellschafterdarlehen?, ZIP 2013, 1898; *Röhricht*, Insolvenzrechtliche Aspekte im Gesellschaftsrecht, ZIP 2005, 505; *Römermann*, Der Entwurf des „MoMiG" – die deutsche Antwort auf die Limited, GmbHR 2006, 673; *ders.*, MoMiG nimmt erste Hürde im Bundestag – Rückbesinnung und „last-minute"-Verschärfungen, GmbHR 2008, R 241; *Schäfer*, Reform des GmbHG durch das MoMiG – viel Lärm um nichts?, DStR 2006, 2085; *Schiffer*, Alea jacta est? Praxisanmerkungen zur vorgesehenen Deregulierung des Eigenkapitalersatzrechts, BB-Special 7/2006, 14; *A. Schmidt*, MoMiG aus insolvenzrechtlicher Sicht – ein Überblick über die Änderungen im GmbHG, ZInsO 2007, 975; *K. Schmidt*, Vom Eigenkapitalersatz in der Krise zur Krise des Eigenkapitalersatzrechts?, GmbHR 2005, 797; *ders.*, Eigenkapitalersatz, oder: Gesetzesrecht versus Rechtsprechungsrecht?, ZIP 2006, 1925; *ders.*, Rangrücktritt bei Gesellschafterdarlehen: Problem gebannt?, DB 2006, 2503; *ders.*, GmbH-Reform, Solvenzgewährleistung und Insolvenzpraxis – Gedanken zum MoMiG-Entwurf, GmbHR 2007, 1; *ders.*, Entbehrlicher Rangrücktritt im Recht der Gesellschafterdarlehen? – Kritik an § 19 Abs. 2 E-InsO im MoMiG-Entwurf, BB 2008, 461; *Seibert*, GmbH-Reform: Der Referentenentwurf eines Gesetzes zur Modernisierung des GmbH-Rechts und zur Bekämpfung von Missbräuchen – „MoMiG", ZIP 2006, 1157; *ders./Decker*, Die GmbH-Reform kommt! – Zur Verabschiedung des Gesetzes zur Modernisierung des GmbH-Rechts und zur Bekämpfung von Missbräuchen (MoMiG) im Deutschen Bundestag, ZIP 2008, 1208; *Spindler*, Der Gläubigerschutz zwischen Gesellschafts- und Insolvenzrecht, JZ 2006, 839; *ders.*, Konzernfinanzierung, ZHR 171 (2007), 245; *Schröder/Grau*, Plädoyer für die „Krise" – ein Beitrag zur geplanten Reform des Eigenkapitalersatzrechts durch das MoMiG, ZInsO 2007, 353; *Stürner/Kern*, Anm. zu EuGH vom 12.2.2009 – C-339/07 (Seagon/Déko Marty), LMK 2009, 278 572; *Tashiro*, Anm. zu EuGH vom 12.2.2009 – C-339/07 (Seagon/Déko Marty), FD-InsR 2009, 276 473; *Schimansky/Bunte/Lwowski*, Bankrechts-Handbuch, 3. Aufl. 2007; *Tettinger*, Gesellschafterdarlehen in der Insolvenz – Maßgeblicher Beurteilungszeitpunkt für das Kleinbeteiligtenprivileg, NZI 2010, 248; *Thiessen*, Johann Buddenbrook und die Reform des GmbH-Rechts (Teil I), DStR 2007, 202; *ders.*, Eigenkapitalersatz ohne Analogieverbot – eine Alternativlösung zum MoMiG-Entwurf, ZIP 2007, 253; *Tillmann*, Der Entwurf des „MoMiG" und die Auswirkungen auf die Gesellschafterfremdfinanzierung – Verstrickte und privilegierte Darlehen, GmbHR 2006, 1289; *Triebel/Otte*, Reform des GmbH-Rechts: MoMiG – ein vernünftiger Schritt zur Stärkung der GmbH im Wettbewerb oder Kompromiss auf halber Strecke?, ZIP 2006, 1321; *Uhlenbruck*, Insolvenzordnung, 13. Aufl. 2010; *Ulrich*, Zur Frage der Zustimmung zu einem Sanierungsbeschluss aus gesellschafterlicher Treuepflicht, GmbHR 2010, 36; *Waclawik*, Fernwirkungen des MoMiG auf den Umfang nachträglicher Anschaffungskosten bei Darlehensverlusten?, ZIP 2007, 1838; *Wälzholz*, Die insolvenzrechtliche Behandlung haftungsbeschränkter Gesellschaften nach der Reform durch das MoMiG, DStR 2007, 1914; *ders.*, Das MoMiG kommt: Ein Überblick über die neuen Regelungen – Mehr Mobilität, Flexibilität und Gestaltungsfreiheit bei gleichzeitigem Gläubigerschutz, GmbHR 2008, 841; *Wagner*, Anm. zu BGH vom 19.5.2009 – IX ZR 39/06, GWR 2009, 205; *Wahl/Schulte*, Anm. zu BGH vom 19.10.2009 – II ZR 240/08, BB 2010, 10; *Wedemann*, Das neue GmbH-Recht, WM 2008, 1381; *Wertenbruch*, Gesellschafterdarlehen und Insolvenzantragspflicht bei der atypischen GbR, NJW 2009, 1796; *Wittig*, Rangrücktritt – Antworten und offene Fragen nach dem Urteil des BGH vom 8. Januar 2001, NZI 2001, 169; *Wolfer*, Anm. zu EuGH vom 12.2.2009 – C-339/07 (Seagon/Déko Marty), GWR 2009, 152; *Wulfetange*, Die Reform des GmbH-Rechts: Schneller und einfacher gründen, wettbewerbsfähiger in Europa werden!, BB-Special 7/2006, 19.

I. Einführung zum bisherigen Eigenkapitalersatzrecht

1 Im Bereich des Eigenkapitalersatzrechts kam es durch das Gesetz zur Modernisierung des GmbH-Rechts und zur Bekämpfung von Missbräuchen (MoMiG)[1] zu einem grundlegenden Systemwechsel.[2] Bevor die auf das MoMiG zurückgehenden Gesetzesänderungen, die auf eine Vereinfachung und Deregulierung des komplexen Eigenkapitalersatzrechts abzielten, im Einzelnen dargestellt werden,[3] soll zunächst eine komprimierte Einführung zur bisherigen Entwicklung dieses Rechtsgebiets geliefert werden.

1. Die Finanzverfassung der GmbH

2 a) Eigen- und Fremdkapital. Das Rechtsinstitut der eigenkapitalersetzenden Gesellschafterleistung – kurz: der Eigenkapitalersatz – betrifft in vielfältiger Weise die Finanzverfassung der GmbH und steht dabei im Spannungsfeld der Gesellschaftsfinanzierung durch Eigen- und Fremdkapital. Der für das Erreichen des Gesellschaftszwecks nötige Kapitalbedarf der GmbH kann durch eine Reihe unterschiedlicher Finanzierungsmaßnahmen gedeckt werden, die jedoch sämtlich entweder dem Eigenkapital oder dem Fremdkapital der Gesellschaft zuzurechnen sind.[4] Infolgedessen bildet die Unterscheidung von Eigenkapital und Fremdkapital in der Gesellschaft die Grundlage des Eigenkapitalersatzrechts.[5] Das Eigenkapital wird grundsätzlich von den Gesellschaftern der GmbH aufgebracht, ist gebunden – und damit gemäß § 30 GmbHG einer freien Rückführung entzogen – und bildet schließlich den Haftungsfonds der Gesellschaft, so dass eine Geltendmachung in der Insolvenz ausgeschlossen ist.[6] Die Ausschüttung einer Quote erfolgt im Rahmen eines Insolvenzverfahrens nur im – eher theoretischen – Fall des § 199 S. 2 InsO.[7] Demgegenüber ist das Fremdkapital, das der Gesellschaft sowohl von Dritten als auch von ihren Gesellschaftern zur Verfügung gestellt werden kann, nach allgemeinen schuldrechtlichen Regeln kündbar (§§ 314, 490 Abs. 1 BGB) und macht den Kapitalgeber in der Insolvenz zum Insolvenzgläubiger.[8]

3 Festzuhalten ist, dass das Eigenkapital somit im Wesentlichen durch seine Haftungsfunktion charakterisiert und entsprechend vom Fremdkapital abgegrenzt wird. Die Qualifizierung einer Finanzierungsmaßnahme, die die GmbH von ihren Gesellschaftern erhält, als Darlehen (= Fremdkapital) oder als Eigenkapital ist für den Gesellschafter folgenreich. Denn das Eigenkapital steht in der Insolvenz hinter allen Gläubigern zurück.[9]

4 b) Finanzierungsfreiheit. Die Gesellschafter der GmbH sind in ihrer Entscheidung über Art und Umfang der einzusetzenden Finanzierungsmittel, insbesondere der Ausstattung der Gesellschaft mit Eigen- und Fremdkapital, grundsätzlich frei, solange das in § 5 Abs. 1 GmbHG vorgeschriebene Mindestkapital aufgebracht wird.[10] Es besteht insbesondere keine allgemeine Verpflichtung der Gesellschafter, die GmbH mit im Hinblick auf den Gesellschaftszweck angemessenen Kapitalmitteln – seien es Eigen- oder Fremdkapitalmittel – auszustatten.[11] Selbst in der Krise der Gesellschaft besteht nach der Rechtsprechung des BGH nur ein Abzugsverbot, aber keine Verpflichtung des Gesellschafters, fehlendes Kapital aus

---

[1] Gesetz vom 23.10.2008 (BGBl. I S. 2026).
[2] Vgl. *Mülbert* WM 2006, 1977, 1977 f.
[3] → Rn. 17 ff.
[4] *K. Schmidt* Gesellschaftsrecht, § 18 II. 1., 2. (S. 515 f.).
[5] Ulmer/Habersack/Winter/*Habersack* § 32 a/b Rn. 8; Scholz/*K. Schmidt* (2006) §§ 32 a, 32 b Rn. 2.
[6] *K. Schmidt* Gesellschaftsrecht, § 18 II. 2. (S. 515); ders. in: Scholz (2006) §§ 32 a, 32 b Rn. 2; *Löwisch*, Eigenkapitalersatzrecht Rn. 1.
[7] Scholz/*K. Schmidt* (2006) §§ 32 a, 32 b Rn. 2; Ulmer/Habersack/Winter/*Habersack* § 32 a/b Rn. 8.
[8] Scholz/*K. Schmidt* (2006) §§ 32 a, 32 b Rn. 2; Ulmer/Habersack/Winter/*Habersack* § 32 a/b Rn. 8.
[9] *Heckschen* DStR 2007, 1442, 1447 f.
[10] Baumbach/Hueck/*Fastrich* § 5 Rn. 5; MünchHdbGesR III/*Rümker* § 52 Rn. 2; Scholz/*K. Schmidt* (2006) §§ 32 a, 32 b Rn. 4; im Ergebnis auch *Löwisch*, Eigenkapitalersatzrecht Rn. 31.
[11] Baumbach/Hueck//*Fastrich* § 5 Rn. 5, Anh. § 30 Rn. 1, 117; Ulmer/Habersack/Winter/*Habersack* § 32 a/b Rn. 9; v. Gerkan/Hommelhoff/*Hommelhoff* Rn. 2.10; *Löwisch*, Eigenkapitalersatzrecht Rn. 31.

seinem Vermögen nachzuschießen.[12] Der Grundsatz der Finanzierungsfreiheit gilt also selbst dann, wenn die Gesellschaft zum Überleben weitere Finanzmittel benötigt.[13] Gleichwohl ist die freiwillige Kreditgewährung durch den Gesellschafter zum Zwecke der Gesellschaftsfinanzierung ohne Weiteres zulässig und kann unter den verschiedensten Gesichtspunkten auch sachlich gerechtfertigt sein.[14] Ebenfalls in diesen Zusammenhang einzuordnen ist das Urteil des BGH „Sanieren oder Ausscheiden".[15] Zwar wird auch danach keine Nachschusspflicht begründet, jedoch könne es die Treuepflicht eines Gesellschafters einer Publikumspersonengesellschaft gebieten, dass dieser sich entweder an einer Sanierung der Gesellschaft zu beteiligen oder seinen Ausschluss aus der Gesellschaft hinzunehmen habe.[16] Diese Entscheidung ist auf die GmbH übertragbar.[17] Erforderlich ist neben der objektiven Sanierungsbedürftigkeit und Sanierungsfähigkeit der Gesellschaft, dass die sanierungsunwilligen Gesellschafter eine angemessene Abfindung erhalten, wobei stille Reserven aufzudecken sind, und darüber hinaus keine Umstände vorliegen, die ein Ausscheiden der betreffenden Gesellschafter als unzumutbar erscheinen lassen.[18]

Allerdings ist der Grundsatz der Finanzierungsfreiheit auch Beschränkungen unterworfen: Die Finanzierungsform durch Gesellschafterdarlehen beeinträchtigt die übrigen Gläubiger, wenn die Gesellschafter im Vorfeld einer Insolvenz das Darlehen nach Maßgabe ihres Rückgewähranspruchs abziehen und das Gesellschaftsvermögen im Rahmen der anschließenden Insolvenz nicht zur Befriedigung aller Gläubiger ausreicht.[19] In einer solchen Situation kommt es infolge der „nominellen" Unterkapitalisierung der Gesellschaft, also der unangemessenen Einlage von Eigenkapital im Verhältnis zu den von der Gesellschaft in Anspruch genommenen Fremdkapitalmitteln,[20] zu einer rechtlich zwingenden (teilweisen) Umqualifizierung des Gesellschafterdarlehens von formellem Fremdkapital in funktionales Eigenkapital.

2. Finanzierungsfolgenverantwortung

Die partielle Umqualifizierung oder Gleichsetzung der eigenkapitalersetzenden Gesellschafterleistung in bzw. mit Eigenkapital erfolgte auf der Grundlage der jeden Gesellschafter treffenden Finanzierungsfolgenverantwortung.[21] Diese beschrieb die Verantwortung der

---

[12] BGHZ 90, 381, 388 = NJW 1984, 1893, 1895; BGHZ 127, 17, 23 = NJW 1994, 2760, 2762; BGHZ 142, 116, 119f. = NJW 1999, 2809, 2810; MünchHdbGesR III/*Rümker* (2006) § 52 Rn. 2f.; Lutter/Hommelhoff/*Kleindiek* Anh. zu § 64 Rn. 101; Scholz/*K. Schmidt* §§ 32a, 32b Rn. 111; *Gehrlein/Witt* GmbH-Recht in der Praxis 2008 S. 383; *Kleindiek* ZGR 2006, 335, 353; BankRHdb/*Gehrlein* § 84 Rn. 36; *Huber* in: FS Priester, S. 259, 267.
[13] So *Löwisch*, Eigenkapitalersatzrecht Rn. 31; zur grundsätzlichen Finanzierungsfreiheit siehe auch *Bayer/Graff* DStR 2006, 1654, 1655; *Schröder/Grau* ZInsO 2007, 353, 355.
[14] Ulmer/Habersack/Winter/*Habersack* §§ 32a/b Rn. 10; Roth/*Altmeppen* § 32a a.F. Rn. 19; Baumbach/Hueck/*Fastrich* Anh. § 30 Rn. 1, § 32a Rn. 2; zustimmend *Reiner*, Das Eigenkapitalersatzrecht nach dem MoMiG, S. 9; vgl. auch Begr. RegE eines Gesetzes zur Änderung des GmbHG und anderer handelsrechtlicher Vorschriften vom 15. Dezember 1977 (BT-Drucks. 8/1347, S. 39).
[15] BGH NJW 2010, 65.
[16] BGH NJW 2010, 65, 67f.
[17] Eingehend *Priester* ZIP 2010, 497; ebenfalls für eine Übertragbarkeit *Bacina/Redeker* DB 2010, 996, 998 ff.; MünchKommGmbHG/*Lieder* § 55 Rn. 33; *Ulrich* GmbHR 2010, 36, 36f.; eine Übertragbarkeit in Betracht ziehend *Wahl/Schult* BB 2010, 10, 12.
[18] MünchKommGmbHG/*Lieder* § 55 Rn. 33; *Priester* ZIP 2010, 497, 502.
[19] *Bayer/Graff* DStR 2006, 1654, 1655; zustimmend *Reiner*, Das Eigenkapitalersatzrecht nach dem MoMiG, S. 9.
[20] Vgl. 1. Aufl. Rn. 4; siehe zur „nominellen" Unterkapitalisierung auch *Löwisch*, Eigenkapitalersatzrecht Rn. 67; Achilles/Ensthaler/Schmidt/*Ensthaler* § 32a Rn. 2; Roth/*Altmeppen* § 32a a.F. Rn. 19; Ulmer/Habersack/Winter/*Habersack* §§ 32a/b Rn. 9; sowie Scholz/*K. Schmidt* (2006) §§ 32a, 32b Rn. 3, der die „nominelle" Unterkapitalisierung prägnant definiert als „Ersetzung notwendigen Stammkapitals durch die Überlassung von Fremdmitteln".
[21] Vgl. zur Entwicklung des Begriffs der Finanzierungsfolgenverantwortung BGHZ 127, 336, 344f. = NJW 1995, 326, 329; siehe hierzu auch Scholz/*K. Schmidt* (2006) §§ 32a, 32b Rn. 4; Baumbach/Hueck/*Fastrich* Anh. § 30 Rn. 3; *Huber* in: FS Priester, S. 259, 267; *Löwisch*, Eigenkapitalersatzrecht Rn. 31 f. jeweils m.w.N. Insoweit kritisch *Altmeppen* NJW 2005, 1911, 1912, nach dessen Auffassung „Zauberformeln (...) von einer „Finanzierungsfolgenverantwortung" (...) nur zu größerer Ratlosigkeit über Sinn und Zweck des Eigenkapi-

Gesellschafter für die Art der Fortführung des Unternehmens in der Krise aufgrund der vorangegangenen Finanzierungsentscheidung der Gesellschafter.[22] Die Finanzierungsfolgenverantwortung war vor dem Hintergrund zu sehen, dass der darlehensgewährende Gesellschafter letztlich durch Ausnutzen seines Informationsvorsprungs auf Kosten der Gläubigergesamtheit spekuliert.[23] Diese besondere Verantwortung traf den Gesellschafter dann, wenn er der Gesellschaft zur Sicherung des Fortbestands sowie ihrer weiteren Teilnahme am Wirtschaftsleben und zur Vermeidung eines Insolvenzverfahrens oder ihrer sofortigen Liquidierung anstelle des notwendig haftenden Eigenkapitals sonstige vermögenswerte Leistungen als Fremdmittel tatsächlich zur Verfügung stellte.[24] In diesem Fall trat die grundsätzliche Finanzierungsfreiheit hinter die Finanzierungsverantwortung zurück[25] und der Gesellschafter musste es nach der ständigen Rechtsprechung des BGH hinnehmen, dass seine Gesellschafterleistung wie Eigenkapital behandelt wurde (sog. Umqualifizierung).[26] Die formell als Fremdkapital gewährte Gesellschafterleistung war dann mit einer Durchsetzungssperre belegt und konnte bis zur Behebung der Krise nicht abgezogen werden.[27]

7 Daraus folgt, dass das Ausfallrisiko, welches dadurch entsteht, dass die Gesellschaft trotz unzureichender Eigenkapitalausstattung nicht Insolvenz anmeldet, sondern weiter am Wirtschaftsleben teilnimmt, vorrangig von denjenigen Gesellschaftern zu tragen war, die eine Insolvenz dadurch vermeiden wollten, dass sie ihrer Gesellschaft Darlehen zur Verfügung stellten.[28] Wollten die Gesellschafter diese Finanzierungsverantwortung – was ihnen freistand – nicht übernehmen, mussten sie von einer weiteren Finanzierung der Gesellschaft mit der Folge absehen, dass das noch vorhandene Gesellschaftsvermögen im Interesse der Gläubiger liquidiert wurde.[29]

3. Zweistufiges Schutzsystem

8 Das Recht des Eigenkapitalersatzes wurde erstmals durch die GmbH-Novelle 1980,[30] insbesondere durch die Einführung der §§ 32 a, 32 b GmbHG a. F., gesetzlich geregelt. Diese

---

talersatzrechts geführt haben". Ebenfalls skeptisch *Cahn* AG 2005, 217, 218 („Dabei wird allerdings nicht deutlich, warum und wem gegenüber Verantwortung für die Weiterfinanzierung in der Krise bestehen sollte").

[22] MünchHdbGesR III/*Rümker* (2006) § 52 Rn. 3; v. Gerkan/Hommelhoff/*Hommelhoff* (2004) Rn. 2.22; ähnlich Ulmer/Habersack/Winter/*Habersack* § 32 a/b Rn. 12; Lutter/*Hommelhoff* §§ 32 a/b Rn. 4.

[23] *Reimann-Dittrich,* Die Finanzierungsfolgenverantwortung des Gesellschafters, S. 272; *Gehrlein* GmbH-Recht in der Praxis (2005), S. 382 f.; Ulmer/Habersack/Winter/*Habersack* § 32 a/b Rn. 12; *Bayer/Graff* DStR 2006, 1654, 1655; *Spindler* JZ 2006, 839, 844; vgl. dazu auch bereits BGHZ 90, 381, 388 = NJW 1984, 1893, 1895, wonach ein darlehensgewährender Gesellschafter nicht „in der Erwartung sein Geld aufgrund besserer Informationsmöglichkeiten notfalls noch beizeiten in Sicherheit bringen zu können, auf dem Rücken der Gesellschaftsgläubiger spekulieren dürfen" soll. Skeptisch hinsichtlich der Begründung der „Umqualifizierung" mit dem Argument des Ausnutzens eines Informationsvorsprungs des Gesellschafters *Cahn* AG 2005, 217, 220 f.

[24] BGHZ 75, 334, 336 f. = NJW 1980, 592, 592 f.; BGHZ 81, 252, 257 = NJW 1981, 2570, 2571; BGHZ 142, 116, 120 = NJW 1999, 2809, 2810; *Löwisch,* Eigenkapitalersatzrecht Rn. 32.

[25] MünchHdbGesR III/*Rümker* (2003) § 52 Rn. 2; ähnlich Baumbach/Hueck/*Fastrich* Anh. § 30 Rn. 3.

[26] Grundlegend BGHZ 90, 381, 388 f. = NJW 1984, 1893, 1895; BGHZ 105, 168, 175 f. = NJW 1988, 3143, 3145; BGHZ 109, 55, 57 f. = NJW 1990, 516; BGHZ 140, 147, 149 f. = NJW 1999, 577, 577 f.; BGHZ 142, 116, 119 f. = NJW 1999, 2809, 2810; vgl. zur „Umqualifizierung" in Eigenkapital auch Lutter/*Hommelhoff* (2004) §§ 32 a/b Rn. 2; *Löwisch,* Eigenkapitalersatzrecht Rn. 35, 39 ff.; *Huber* in: FS Priester, S. 259, 264 ff., 267 ff.; *Kleindiek* ZGR 2006, 335, 353 f.; *Habersack* ZIP 2007, 2145, 2147; *Gehrlein* BB 2008, 846, 846; *ders.* GmbH-Recht in der Praxis, 2005, S. 384; tendenziell kritisch *Cahn* AG 2005, 217, 218 ff., 223 („Die eigenkapitalähnliche Subordinierung von Darlehen stellt per se eine Überkorrektur dar").

[27] BGHZ 109, 55, 57 = NJW 1990, 516; BGHZ 140, 147, 154 f. = NJW 1999, 577, 579; *Kleindiek* ZGR 2006, 335, 353; *Löwisch,* Eigenkapitalersatzrecht Rn. 39; vgl. auch MünchHdbGesR III/*Rümker* (2003) § 52 Rn. 2, 4; *Gehrlein* GmbH-Recht in der Praxis (2005), S. 381 f.

[28] *Bayer/Graff* DStR 2006, 1654, 1655; in diese Richtung auch Scholz/*K. Schmidt* (2006) §§ 32 a, 32 b Rn. 4.

[29] BGHZ 105, 168, 176 = NJW 1988, 3143, 3145; Lutter/*Hommelhoff* (2004) §§ 32 a/b Rn. 3; Baumbach/Hueck/*Fastrich* Anh. § 30 Rn. 3; *Kleindiek* ZGR 2006, 335, 353; GmbH-Handbuch/*Kallmeyer,* Stand: November 2007, Rn. I 371.1.

[30] Gesetz zur Änderung des GmbH-Gesetzes und anderer handelsrechtlicher Vorschriften vom 4. Juli 1980, BGBl. I, S. 836.

gesetzliche Neuregelung knüpfte an eine seit 1959 entwickelte Rechtsprechung des BGH an,[31] die eigenkapitalersetzende Gesellschafterleistungen dem Rückzahlungsverbot der §§ 30, 31 GmbHG unterwarf (sog. Rechtsprechungsregeln), ohne mit dieser jedoch völlig übereinzustimmen.[32] Die gesetzliche Neuregelung (sog. Novellenregeln) verstrickte eigenkapitalersetzende Gesellschafterleistungen in voller Höhe, während die Rechtsprechungsregeln – auf der Grundlage der §§ 30, 31 GmbHG – lediglich den Betrag des Stammkapitals oder einer weitergehenden Überschuldung erfassten.[33] Andererseits knüpften die mit §§ 32a, 32b GmbHG a. F. seinerzeit neu eingeführten Novellenregeln an die Eröffnung eines förmlichen Insolvenzverfahrens an, was auf der Grundlage der Rechtsprechungsregeln keine Voraussetzung für den Eigenkapitalersatz einer Gesellschafterleistung war.[34]

Obwohl es das erklärte Ziel des Gesetzgebers war, dem gesamten Eigenkapitalersatzrecht mit den Novellenregeln eine abschließende gesetzliche Grundlage zu geben,[35] hatte sich der BGH für eine Fortgeltung der nach altem Recht herausgebildeten Grundsätze neben den Spezialvorschriften, die mit der GmbH-Novelle 1980 eingeführt wurden, ausgesprochen.[36] Dem war die Literatur ganz überwiegend gefolgt.[37] Zusammengefasst hat sich für die Rechtsprechungs- und Novellenregeln die Terminologie des „zweistufigen Schutzsystems" etabliert.[38] Kennzeichnend für dieses System waren folgende Grundsätze:

9

a) **Rechtsprechungsregeln (§§ 30, 31 GmbHG analog).** Die von der Rechtsprechung in entsprechender Anwendung der §§ 30, 31 GmbHG entwickelten Regeln über eigenkapitalersetzende Gesellschafterleistungen waren die zentralen Gläubigerschutzbestimmungen zur Erhaltung des Stammkapitals.[39] Demgemäß bestand nach den Rechtsprechungsregeln ein Rückzahlungsverbot: Eine kapitalersetzende Gesellschafterleistung durfte nicht an den betreffenden Gesellschafter zurückgewährt werden, soweit es rechnerisch fehlendes Stamm-

10

---

[31] Vgl. BGHZ 31, 258, 271 ff. = NJW 1960, 285, 288 f.; BGHZ 67, 171, 174 ff. = NJW 1977, 104, 105 f.; BGHZ 75, 334, 336 ff. = NJW 1980, 592, 592 f.; BGHZ 76, 326, 328 ff. = NJW 1980, 1524, 1524 ff.; BGHZ 81, 252, 255 = NJW 1981, 2570, 2571 = BGHZ 81, 311, 314 ff. = NJW 1982, 383, 384 ff.; BGHZ 81, 365, 366 ff. = NJW 1982, 386, 386 f., sowie zuletzt BGH WM 2005, 78, 79 f.; BGH WM 2007, 973, 974 f.

[32] Vgl. hierzu MünchHdbGesR III/*Rümker* (2003) § 52 Rn. 5; Lutter/Hommelhoff/*Kleindiek* Anh. zu § 64 Rn. 97; Baumbach/Hueck/*Fastrich* Anh. § 30 Rn. 4; Ulmer/Habersack/Winter/*Habersack* §§ 32a/b Rn. 23; *Löwisch*, Eigenkapitalersatzrecht Rn. 7; *Gehrlein* GmbH-Recht in der Praxis (2005), S. 385 f.; *Cahn* AG 2005, 217, 218; Reimann-Dittrich, Die Finanzierungsfolgenverantwortung des Gesellschafters, S. 79 ff.; *Reiner*, Das Eigenkapitalersatzrecht nach dem MoMiG, S. 8; Waclawik ZIP 2007, 1838, 1840 („nicht deckungsgleich").

[33] BGHZ 76, 326, 332 f. = NJW 1980, 1524, 1525; *Cahn* AG 2005, 217, 218; MünchHdbGesR III/*Rümker* (2005) § 52 Rn. 7; *Gehrlein* GmbH-Recht in der Praxis (2005), S. 385; Lutter/Hommelhoff §§ 32a/b Rn. 11, 17; Baumbach/Hueck/*Fastrich* Anh. § 30 Rn. 4; Ulmer/Habersack/Winter/*Habersack* §§ 32a/b Rn. 24; *Löwisch*, Eigenkapitalersatzrecht Rn. 7.

[34] *Cahn* AG 2005, 217, 218; Lutter/Hommelhoff/*Kleindiek* Anh. zu § 64 Rn. 96 f.; Baumbach/Hueck/*Fastrich* Anh. § 30 Rn. 4; *Gehrlein* GmbH-Recht in der Praxis (2005), S. 385 f.; Ulmer/Habersack/Winter/*Habersack* §§ 32a/b Rn. 23; *Löwisch*, Eigenkapitalersatzrecht Rn. 7.

[35] Begr. RegE, BT-Drucks. 8/1347, S. 39; vgl. zur Intention des Gesetzgebers auch Scholz/*K. Schmidt* §§ 32a, 32b Rn. 15; Ulmer/Habersack/Winter/*Habersack* §§ 32a/b Rn. 23; Reimann-Dittrich, Die Finanzierungsfolgenverantwortung des Gesellschafters, S. 78.

[36] BGHZ 90, 370, 376 ff. = NJW 1984, 1891, 1892 f.

[37] v. Gerkan/Hommelhoff/*Hommelhoff* Rn. 1.2 ff.; MünchHdbGesR III/*Rümker* (2003) § 52 Rn. 10; Lutter/Hommelhoff (2004) §§ 32a/b Rn. 10; *Cahn* AG 2005, 217, 218; Achilles/Ensthaler/Schmidt/*Ensthaler* § 32a Rn. 1, 35; *Gehrlein* GmbH-Recht in der Praxis (2005), S. 386; Roth/Altmeppen/*Altmeppen* (2005) § 32a Rn. 4, 107 f.; Scholz/*K. Schmidt* (2006) § 32a, 32b Rn. 15, 77; Ulmer/Habersack/Winter/*Habersack* §§ 32a/b Rn. 1, 23 f., 208; *Löwisch*, Eigenkapitalersatzrecht Rn. 8 f.; BankRHdb/Stodolkowitz/*Kleindiek* (2007) § 84 Rn. 4, 73; *Reiner*, Das Eigenkapitalersatzrecht nach dem MoMiG, S. 8; insoweit kritisch T. Bezzenberger in: FS Bezzenberger, 2000, S. 23 ff.; Fastrich in: FS Zöllner, 1998, S. 143, 155 ff.; Baumbach/Hueck/*Fastrich* Anh. § 30 Rn. 4, 118.

[38] Vgl. v. Gerkan/Hommelhoff/*Hommelhoff* Rn. 1.2 ff.; Reimann-Dittrich, Die Finanzierungsfolgenverantwortung des Gesellschafters, S. 79; *Löwisch*, Eigenkapitalersatzrecht Rn. 9; *Gehrlein* GmbH-Recht in der Praxis (2005), S. 383 f.; ähnlich Lutter/Hommelhoff/*Kleindiek* Anh. zu § 64 Rn. 94 BankRHdb/Stodolkowitz/*Kleindiek* § 84 Rn. 70 („Zwei-Säulen-Modell"); MünchHdbGesR III/*Rümker* (2003) § 52 Rn. 10 („doppelspuriger Ersatzeigenkapitalschutz"); ebenso Rowedder/Schmidt-Leithoff/*Görner* Anh. § 30 Rn. 1; kritisch Rowedder/Schmidt-Leithoff/*Pentz* (2002) § 32a Rn. 215 (Nebeneinander statt „zweistufiges Schutzsystem"); ebenso Baumbach/Hueck/*Fastrich* Anh. § 30 Rn. 118, 153; Scholz/*K. Schmidt* §§ 32a, 32b a. F. Rn 2.

[39] *Reiner*, Das Eigenkapitalersatzrecht nach dem MoMiG, S. 12; *Löwisch*, Eigenkapitalersatzrecht Rn. 5, 312.

kapital oder eine darüber hinaus vorhandene Überschuldung abdeckt.[40] In diesen Fällen büßte der darlehensgewährende Gesellschafter die Valuta ein.[41] Die Rechtsprechungsregeln bewirkten, dass Gesellschafterdarlehen wie haftendes Eigenkapital behandelt wurden.[42] Solange die Krise andauerte, bestand dann eine der Dispositionsbefugnis des Gesellschafters entzogene Durchsetzungssperre.[43] Nach Auffassung des BGH durfte die Rückzahlung des Gesellschafterdarlehens erfolgen, wenn wieder so viel Gesellschaftsvermögen vorhanden war, dass die Stammkapitalziffer nicht angegriffen wurde.[44] Demgegenüber setzte die Rückzahlung nach einer verbreiteten Auffassung im Schrifttum die nachhaltige Überwindung der Krise voraus.[45]

11 Wurden hingegen – ungeachtet der Verstrickung – verbotswidrig Darlehensmittel zurückgewährt, unterlag der Gesellschafter einem aus § 31 GmbHG analog hergeleiteten Erstattungsanspruch,[46] der nach Ablauf von zehn Jahren verjährte (§ 31 Abs. 5 S. 1 Alt. 1 GmbHG[47] analog). Der Erstattungsanspruch entstand unabhängig von der Eröffnung eines Insolvenzverfahrens[48] und war sofort fällig.[49] Bei Unerbringlichkeit des Anspruchs kam sowohl eine Ausfallhaftung der Mitgesellschafter, die innerhalb von fünf Jahren geltend gemacht werden konnte (vgl. § 31 Abs. 3, Abs. 5 S. 1 Alt. 2 GmbHG analog), als auch eine Schadensersatzhaftung der Geschäftsführer (§ 43 Abs. 3 GmbHG analog) in Betracht.[50]

12 b) Novellenregeln (§§ 32a, 32b GmbHG a.F., 135 InsO a.F.). Die Novellenregeln in §§ 32a, 32b GmbHG a.F. stellten maßgeblich auf die Insolvenzsituation ab.[51] Aber auch nach Eröffnung des Insolvenzverfahrens verdrängten die gesetzlichen Regelungen die Rechtsprechungsgrundsätze nicht: Das Verbot der Rückgewähr aus § 30 Abs. 1 GmbHG analog und der Erstattungsanspruch nach § 31 Abs. 1 GmbHG analog blieben auch in der Insolvenz bestehen.[52]

---

[40] BGHZ 76, 326, 332 ff. = NJW 1980, 1524, 1525 f.; zustimmend Baumbach/Hueck/*Fastrich* Anh. § 30 Rn. 154; GmbH-Handbuch/*Kallmeyer*, Stand: November 2007, Rn. I 372.3; MünchHdbGesR III/*Rümker* (2003) § 52 Rn. 154, 161; Lutter/Hommelhoff/*Kleindiek* Anh. zu § 64 Rn. 97; Enstaler/Füller/Schmidt/*Ensthaler* §§ 32a, b Rn. 7; Ulmer/Habersack/Winter/*Habersack* §§ 32a/b Rn. 213; BankRHdb/*Stodolkowitz/Kleindiek* (2007) § 84 Rn. 3, 67. Zu den Einzelheiten des Rückzahlungsverbot nach § 30 GmbHG analog siehe auch 1. Aufl. Rn. 26 ff.
[41] Achilles/Ensthaler/Schmidt/*Ensthaler* § 32a Rn. 1.
[42] Vgl. *Löwisch*, Eigenkapitalersatzrecht Rn. 5; *Gehrlein* Konzern 2007, 771, 786; *ders.*, GmbH-Recht in der Praxis (2005), S. 384; Scholz/K. *Schmidt* §§ 32a, 32b a.F. Rn. 2.
[43] *Löwisch*, Eigenkapitalersatzrecht Rn. 322; Achilles/Ensthaler/Schmidt/*Ensthaler* § 32a Rn. 1; Scholz/K. *Schmidt* (2006) §§ 32a, 32b Rn. 78; Scholz/K. *Schmidt* §§ 32a, 32b a.F. Rn. 2.
[44] BGHZ 76, 335 = NJW 1980, 1524, 1526; BGHZ 81, 365, 367 = NJW 1982, 386, 386 f.; BGHZ 109, 55, 66 = NJW 1990, 516, 518; zuletzt bestätigt durch BGH WM 2005, 78, 80; BGH ZIP 2005, 2016, 2016; vgl. auch Lutter/Hommelhoff (2004) §§ 32a/b Rn. 102; Baumbach/Hueck/*Fastrich* Anh. § 30 Rn. 154; BankRHdb/*Stodolkowitz/Kleindiek* (2007) § 84 Rn. 67; *Reiner*, Das Eigenkapitalersatzrecht nach dem MoMiG, S. 13.
[45] Ulmer/Habersack/Winter/*Habersack* §§ 32a/b Rn. 82, 216; ebenso *Löwisch*, Eigenkapitalersatzrecht Rn. 12, 313; Achilles/Ensthaler/Schmidt/*Ensthaler* § 32a Rn. 1.
[46] Zu den Einzelheiten des Erstattungsanspruchs nach § 31 GmbHG analog siehe auch 1. Aufl. Rn. 30 ff.
[47] § 31 Abs. 5 GmbHG in der Fassung des Gesetzes zur Anpassung von Verjährungsvorschriften an das Gesetz zur Modernisierung des Schuldrechts vom 9. Dezember 2004, BGBl. I, S. 3214; früher: Verjährung fünf Jahre nach dem Zeitpunkt der verbotswidrigen Auszahlung.
[48] *Löwisch*, Eigenkapitalersatzrecht Rn. 335; BankRHdb/*Stodolkowitz/Kleindiek* (2007) § 84 Rn. 66, 72.
[49] BGH GmbHR 2004, 302, 304; MünchHdbGesR III/*Rümker* (2003) § 52 Rn. 166; vgl. auch BGH NZG 2005, 845, 846 (Ausfallhaftung entsteht dem Grunde nach schon mit der verbotenen Auszahlung an den Mitgesellschafter).
[50] *Gehrlein* BB 2008, 846, 846; vgl. zu den Rechtsfolgen der verbotswidrigen Darlehensrückzahlung auch Reimann-Dittrich, Die Finanzierungsfolgenverantwortung der Gesellschafters, S. 76 f.; *Kleindiek* ZGR 2006, 335, 352; *Huber* in: FS Priester, S. 259, 269; *Knof* ZInsO 2007, 125, 128; *Bork* ZGR 2007, 250, 263; *Haas* ZInsO 2007, 617, 618; *A. Schmidt* ZInsO 2007, 975, 977; *Oppenhoff* BB 2008, 1630, 1632; *S. Meyer* BB 2008, 1742, 1744.
[51] MünchHdbGesR III/*Rümker* (2003) § 52 Rn. 7; *Gehrlein* GmbH-Recht in der Praxis (2005), S. 385; Baumbach/Hueck/*Fastrich* Anh. § 30 Rn. 118; Ulmer/Habersack/Winter/*Habersack* § 32a/b Rn. 2; BankRHdb/*Stodolkowitz/Kleindiek* (2007) § 84 Rn. 71; *Löwisch*, Eigenkapitalersatzrecht Rn. 369.
[52] Baumbach/Hueck/*Fastrich* Anh. § 30 Rn. 118; *Löwisch*, Eigenkapitalersatzrecht Rn. 9; vgl. auch Lutter/Hommelhoff/*Kleindiek* Anh. zu § 64 Rn. 97.

§ 32a Abs. 1 GmbHG a. F. ordnete einen Rangrücktritt des Rückgewähranspruchs in der Insolvenz an: Ein Gesellschafter nahm am Insolvenzverfahren über das Vermögen der Gesellschaft mit dem Anspruch auf Rückgewähr einer eigenkapitalersetzenden Gesellschafterleistung als nachrangiger Insolvenzgläubiger teil, die Forderung aus einer eigenkapitalersetzenden Gesellschafterleistung konnte nur als nachrangige Forderung geltend gemacht werden (§ 39 Abs. 1 Nr. 5 InsO a. F.).[53] Die Gesellschafter waren also durch § 32a GmbHG a. F. daran gehindert, Gesellschafterdarlehen, welche im Krisenfall gewährt wurden, im Insolvenzverfahren parallel zu den übrigen Gesellschaftsgläubigern geltend zu machen.[54] Nach ständiger Rechtsprechung des BGH lag eine Krise vor, wenn die Gesellschaft insolvenzreif oder kreditunwürdig war.[55] Nach dieser Rechtsprechung setzte Insolvenzreife voraus, dass die Gesellschaft überschuldet[56] oder zahlungsunfähig[57] war. Kreditunwürdigkeit lag vor, wenn die Gesellschaft den zur Fortführung notwendigen Kapitalbedarf im gleichen Zeitpunkt nicht durch entsprechende Kredite von dritter Seite zu marktüblichen Preisen hätte decken können.[58] Aufgrund des in § 39 Abs. 1 Nr. 5 InsO a. F. geregelten Nachrangs des in der Krise gewährten Darlehens konnte der Gesellschafter im Insolvenzfall regelmäßig nicht mit einer Quote rechnen.[59]

Hatte der Gesellschafter hingegen seine Leistung im Augenblick der Eröffnung des Insolvenzverfahrens bereits ganz oder teilweise zurückerhalten, so konnte der Insolvenzverwalter – und nur dieser[60] – die Rückzahlung anfechten (§ 135 InsO); der Gesellschafter war dann in vollem Umfang zur Rückgewähr verpflichtet (§ 143 Abs. 1 InsO). Insoweit kann die Höhe des Anfechtungsanspruchs über die Höhe des Stammkapitals oder des zur Erhaltung des Stammkapitals erforderlichen Vermögens hinausgehen.[61] Letztlich kam der Insolvenzanfechtung die gleiche Funktion wie dem gesellschaftsrechtlichen Erstattungsanspruch nach § 31 Abs. 1 GmbHG analog zu.[62] Ein Regressanspruch des zur Rückzahlung verpflichteten Gesellschafters gegen seine Mitgesellschafter bestand weder nach den Novellenregeln noch nach den Rechtsprechungsregeln.[63]

Wurde – mangels Masse – kein Insolvenzverfahren über das Vermögen der Gesellschaft eröffnet, schied eine direkte oder analoge Anwendung der §§ 32a, 32b GmbHG a. F. bereits aus Rechtsgründen aus.[64] Es kam jedoch eine Anfechtung der Rückzahlung durch den Ge-

---

[53] Vgl. *Reimann-Dittrich*, Die Finanzierungsfolgenverantwortung des Gesellschafters, S. 77 f.; Lutter/Hommelhoff/*Kleindiek* Anh. zu § 64 Rn. 96; Scholz/K. *Schmidt* (2006) §§ 32a, 32b Rn. 58; Ulmer/Habersack/Winter/*Habersack* §§ 32a/b Rn. 87 f.; BankRHdb/*Stodolkowitz/Kleindiek* (2007) § 84 Rn. 59; zu den Einzelheiten des gesetzlichen Nachrangs im Insolvenzverfahren siehe auch 1. Aufl. Rn. 37 ff.
[54] *Reiner*, Das Eigenkapitalersatzrecht nach dem MoMiG, S. 13 f.; *Löwisch*, Eigenkapitalersatzrecht Rn. 368, 375; vgl. auch MünchHdbGesR III/*Gummert* § 52 Rn. 4.
[55] BGH NJW 2011, 844, 845, Rn. 21; BGHZ 179, 249 = NJW 2009, 1277, 1279, Rn. 9, 24; BGH NJW 2006, 465, Rn. 7; zu den Einzelheiten der Kriterien der Krise siehe auch 1. Aufl.. Rn. 17 ff.; Baumbach/Hueck/*Fastrich* Anh. § 30 Rn. 144, 149; *Gehrlein* GmbH-Recht in der Praxis (2005), S. 387 ff.; *Löwisch*, Eigenkapitalersatzrecht Rn. 65 ff., 74 ff.; GmbH-Handbuch/*Kallmeyer* (Stand: November 2007) Rn. I 380 ff.; *Reiner*, Das Eigenkapitalersatzrecht nach dem MoMiG, S. 10 ff.
[56] Std. Rspr. BGHZ 31, 258, 271 ff. = NJW 1960, 285, 288; BGHZ 76, 326, 336 = NJW 1980, 1524; BGHZ 109, 55, 59 f. = NJW 1990, 516, 517.
[57] Std. Rspr. BGHZ 31, 258, 271 f. = NJW 1960, 285, 287 f.; BGHZ 67, 171, 175 f. = NJW 1977, 104, 105. BGHZ 76, 326, 336 = NJW 1980, 1524.
[58] BGHZ 76, 326, 330 = NJW 1980, 1524, 1525; BGHZ 81, 252, 255 = NJW 1981, 2570, 2571; BGHZ 105, 168, 184 f. = NJW 1988, 3143, 3147; bestätigt durch BGH NJW 2011, 844, 845, Rn. 21.
[59] Lutter/Hommelhoff (2004) §§ 32a/b Rn. 14; *Gehrlein* GmbH-Recht in der Praxis (2005), S. 385.
[60] Vgl. Lutter/Hommelhoff (2004) §§ 32a/b Rn. 15, 91; MünchHdbGesR III/*Rümker* (2003) § 52 Rn. 68; Scholz/K. *Schmidt* (2006) § 32a, 32b Rn. 71; *Löwisch*, Eigenkapitalersatzrecht Rn. 370.
[61] Scholz/K. *Schmidt* (2006) §§ 32a, 32b Rn. 71 a. E.; im Ergebnis ebenso Lutter/Hommelhoff (2004) §§ 32a/b Rn. 15; vgl. auch MünchHdbGesR III/*Rümker* (2003) § 52 Rn. 65; Ulmer/Habersack/Winter/*Habersack* § 32a/b Rn. 99 (Rückzahlung des Darlehens und aller Erfüllungssurrogate); zu den Modalitäten der Insolvenzanfechtung siehe auch 1. Aufl. Rn. 40 f.
[62] *Reimann-Dittrich*, Die Finanzierungsfolgenverantwortung des Gesellschafters, S. 78.
[63] Vgl. *Löwisch*, Eigenkapitalersatzrecht Rn. 375 a. E.; Lutter/Hommelhoff (2004) §§ 32a/b Rn. 97; Scholz/K. *Schmidt* (2006) §§ 32a, 32b Rn. 118.
[64] *Löwisch*, Eigenkapitalersatzrecht Rn. 6 a. E., 369 a. E.; im Ergebnis ebenso Baumbach/Hueck/*Fastrich* Anh. § 30 Rn. 158; Achilles/Ensthaler/Schmidt/*Ensthaler* § 32a Rn. 31.

sellschaftsgläubiger, der bei der Einzelzwangsvollstreckung ausfällt oder auszufallen droht, nach dem Anfechtungsgesetz in Betracht (vgl. §§ 2, 6 AnfG), dies aber nur innerhalb eines Jahres nach der Rückzahlung (§ 6 Nr. 2 AnfG).[65] In diesem Fall übernehmen die Anfechtungsregeln in § 6 i. V. m. § 11 Abs. 1 AnfG die Funktion des § 31 Abs. 1 GmbHG analog.[66]

16   Festzuhalten ist schließlich, dass dem Eigenkapitalersatzrecht volkswirtschaftlich eine erhebliche Bedeutung zukam,[67] da die GmbH typischerweise auf Kredithilfen ihrer Gesellschafter zumindest in Form von Sicherheiten angewiesen war.[68]

II. Deregulierung des Eigenkapitalersatzrechts durch das MoMiG

17   Erklärtes Ziel des Gesetzes zur Modernisierung des GmbH-Rechts und zur Bekämpfung von Missbräuchen (MoMiG) ist es, die sehr komplex gewordene Materie des Eigenkapitalersatzrechts erheblich zu vereinfachen.[69] Grundgedanke der Neuregelungen, die im Wesentlichen auf Vorschläge von *Huber* und *Habersack* zurückgehen,[70] ist, dass die Organe und Gesellschafter der gesunden GmbH einen einfachen und klaren Rechtsrahmen vorfinden sollen. Um dies zu gewährleisten, musste es zu einem Systemwechsel kommen.[71] Kennzeichnend für den Systemwechsel ist zum einen, dass die bisherigen Novellenregeln über die kapitalersetzenden Gesellschafterdarlehen (§§ 32 a, b GmbHG a. F.) im Insolvenzrecht neu geordnet werden und zum anderen, dass die Rechtsprechungsregeln nach §§ 30, 31 GmbHG analog aufgehoben werden. Auf diese Weise wird die verwirrende Doppelspurigkeit der Rechtsprechungsregeln und der Novellen-Regelungen über die eigenkapitalersetzenden Gesellschafterdarlehen beseitigt.[72] Eine Unterscheidung zwischen „eigenkapitalersetzenden" und „normalen" Gesellschafterdarlehen sollte es nach der Regierungsbegründung zukünftig nicht mehr geben.[73]

18   Auch im Schrifttum war man sich einig, dass die bislang durch Gesetz und Rechtsprechung vorgegebenen Regelungen zur Behandlung der eigenkapitalersetzenden Gesellschafterdarlehen in ihren Verästelungen und in ihrer Doppelspurigkeit insbesondere für den Mittelstand nicht mehr durchschaubar gewesen sind.[74] Vor diesem Hintergrund wurde vonseiten des Schrifttums ganz überwiegend begrüßt, dass die Neuregelungen des MoMiG

---

[65] Statt aller *Lutter/Hommelhoff* (2004) §§ 32 a/b Rn. 13; *Gehrlein* GmbH-Recht in der Praxis (2005), S. 385.
[66] *Reimann-Dittrich*, Die Finanzierungsfolgenverantwortung des Gesellschafters, S. 78.
[67] *Löwisch*, Eigenkapitalersatzrecht Rn. 2; *Lutter/Hommelhoff* (2004) §§ 32 a/b Rn. 1 („immer größere Bedeutung").
[68] *Schiffer* BB-Special 7/2006, 14; ebenso bereits *Altmeppen* NJW 2005, 1911, 1912; vgl. auch *Gehrlein* GmbH-Recht in der Praxis (2005), S. 381.
[69] Vgl. Begr. RegE, BT-Drucks. 16/6140, S. 61.
[70] *Huber/Habersack* BB 2006, 1 ff.; *dies.* in: Lutter, Das Kapital der Aktiengesellschaft in Europa, 2006, S. 370 ff.
[71] Vgl. *Mülbert* WM 2006, 1977, 1977 f.
[72] BegrRegE, BT-Drucks. 16/6140, S. 61; *Heckschen* DStR 2007, 1442, 1448; *Schiffer* BB-Special 7/2006, 14, 15; *Reiner*, Das Eigenkapitalersatzrecht nach dem MoMiG, S. 25.
[73] Begr. RegE, BT-Drucks. 16/6140, S. 61, 136; zustimmend *Seibert/Decker* ZIP 2008, 1208, 1211; *S. Meyer* BB 2008, 1742, 1745; siehe auch bereits *Flitsch* DZWiR 2006, 397, 398; *Römermann* GmbHR 2006, 673, 677; *Breitenstein/Meyding* BB 2006, 1457, 1461; *Schäfer* DStR 2006, 2085, 2087; *Kiethe* ZIP 2007, 1248, 1251; *Noack* DB 2007, 1395, 1397; *Heckschen* DStR 2007, 1442, 1448; *Waclawik* ZIP 2007, 1838, 1840; *Huber* in: FS Priester, S. 259, 261.
[74] *Seibert/Decker* ZIP 2008, 1208, 1211; ebenfalls kritisch mit Blick auf die Komplexität des bisherigen Eigenkapitalersatzrechts Baumbach/Hueck/Fastrich Anh. § 30 Rn. 4 sowie bereits *Gehb/Drange/Heckelmann* NZG 2006, 88, 94; *Schiffer* BB-Special 7/2006, 14, 15; *Römermann* GmbHR 2006, 673, 677; *Seibert* ZIP 2006, 1157, 1160 f.; *Gesmann-Nuissl* WM 2006, 1756, 1759 (an „Komplexität kaum mehr zu überbieten"); *Haas* ZInsO 2007, 617, 617; *Reiner*, Das Eigenkapitalersatzrecht nach dem MoMiG, S. 25; *Fliegner* DB 2008, 1668, 1670; a. A. *Goette* DStR 2005, 197, 198 f.; *Löwisch*, Eigenkapitalersatzrecht Rn. 4, 29, nach deren Auffassung die Komplexität nicht auf der rechtlichen Grundausgestaltung des Eigenkapitalersatzrechts beruhe, sondern auf den immer neuen Versuchen zur Umgehung des von der Rechtsordnung vorgeschriebenen Wegs.

zum Eigenkapitalersatzrecht eine Klärung und Vereinfachung der bisher undurchsichtigen Rechtslage vorsehen.[75] Teilweise wurde die mit der Verabschiedung der GmbH-Reform einhergehende Abschaffung des Eigenkapitalersatzrechts sowie der Rechtsprechungsregeln aber auch als Kapitulation des Gesetzgebers vor den Versuchen der Rechtsanwender zur Gesetzesumgehung kritisiert.[76] Demgegenüber hat sich auch die wirtschaftsrechtliche Abteilung des 66. DJT – nahezu einstimmig – für die Umsetzung der zentralen Eckpunkte der Deregulierung des Eigenkapitalersatzrechts ausgesprochen.[77] Der Bundesrat schließlich hat ebenfalls keine inhaltlichen Bedenken geäußert,[78] so dass das MoMiG am 1.11.2008 in Kraft treten konnte.[79]

1. Abschaffung der Rechtsprechungsregeln zu §§ 30, 31 GmbHG analog

Die in Analogie zu §§ 30, 31 GmbHG entwickelten Rechtsprechungsregeln, wonach in der Krise gewährte Darlehen sowie ähnliche Leistungen dem gleichen Schutz wie dem Stammkapital unterliegen und daher eine Rückzahlung nur zulässig ist, wenn wieder genügend freies, die Stammkapitalziffer übersteigendes Vermögen vorhanden ist, sind durch den in § 30 Abs. 1 S. 3 GmbHG eingefügten „Nichtanwendungserlass"[80] aufgehoben worden. Hintergrund ist, dass die Verankerung des Eigenkapitalersatzrechts in dem Grundsatz der Kapitalerhaltung gekappt, mithin die spezifisch gesellschaftsrechtliche Basis und Legitimation des Eigenkapitalrechts aufgegeben werden sollte.[81]

19

Nach der Neuregelung wird das Auszahlungsverbot in § 30 Abs. 1 S. 1 GmbHG auf die Rückgewähr eines Gesellschafterdarlehens und Leistungen auf Forderungen aus Rechtshandlungen, die einem Gesellschafterdarlehen wirtschaftlich entsprechen, nun nicht mehr angewandt (vgl. § 30 Abs. 1 S. 3 GmbHG).[82] Daraus folgt, dass die Tilgungsleistung auf ein Gesellschafterdarlehen an den Gesellschafter keine verbotene Auszahlung des zur Erhaltung des Stammkapitals erforderlichen Vermögens mehr bedeutet.[83] Vielmehr ist nunmehr die Rückzahlung von Gesellschafterdarlehen auch in einer finanziellen Krise zulässig, sofern noch kein Insolvenzantrag gestellt wurde.[84] Des Weiteren kann als Konsequenz der Abschaffung der Rechtsprechungsregeln die Rückzahlung eines Gesellschafterdarlehens – vor Insolvenzeröffnung – nun nicht mehr mit dem Argument verweigert werden, es sei als

20

---

[75] Im Wesentlichen zustimmend *Schiffer* BB-Special 7/2006, 14, 15 ff.; *Wulfetange* ebenda 19, 22; *Flesner* NZG 2006, 641, 647; *Römermann* GmbHR 2006, 673, 677 f., 681; *Breitenstein/Meyding* BB 2006, 1457, 1460 f.; *Noack* DB 2006, 1475, 1480 f.; *Bayer/Graff* DStR 2006, 1654, 1656 ff.; *Mülbert* WM 2006, 1977, 1978 f., 1985; *Schäfer* DStR 2006, 2085, 2087 f., 2090; *Knof* ZInsO 2007, 125, 133; *Handelsrechtsausschuss des DAV* NZG 2007, 211, 217, 219 ff.; *Spindler* ZHR 171 (2007), 245, 271 f.; *Bork* ZGR 2007, 250, 252 f., 268 f.; *Haas* ZInsO 2007, 617, 629; *Heckschen* DStR 2007, 1442, 1448, 1451; *Waclawik* ZIP 2007, 1838, 1840 f.; *Wälzholz* DStR 2007, 1914, 1921; *Habersack* ZIP 2007, 2145, 2146; *ders.* ZHR 170 (2006), 607, 611 ff.; *Gehrlein* Konzern 2007, 771, 796; *ders.* DB 2008, 846, 854; *Reiner*, Das Eigenkapitalersatzrecht nach dem MoMiG, S. 45 ff.; *Hirte* WM 2008, 1429, 1435; differenzierend Baumbach/Hueck/*Fastrich* Anh. § 30 Rn. 7 ff.; *K. Schmidt* ZIP 2006, 1925, 1927 ff., 1934; *ders.* GmbHR 2007, 1, 10 f.; *Hölzle* GmbHR 2007, 729, 732 f.; *Goette* WPg 2008, 231, 236, 238.
[76] *Löwisch*, Eigenkapitalersatzrecht Rn. 29; ebenfalls kritisch im Hinblick auf die Neuregelungen *Hommelhoff* in: VGR, Die GmbH-Reform in der Diskussion, S. 115, 122 ff.; *Kleindiek* ZGR 2006, 335, 355 ff., 365; *Thiessen* ZIP 2007, 253 ff.; *ders.* DStR 2007, 202, 206 ff.; *Schröder/Grau* ZInsO 2007, 353, 355 ff.; *A. Schmidt* ZInsO 2007, 975, 979; *Freitag* WM 2007, 1681 ff.; *Neuhof* ZIP 2007, 2153, 2157 f.
[77] Vgl. Verhandlungen des 66. DJT, Bd. II/1, 2006, S. P 141, abrufbar auch unter www.djt.de. Siehe auch *Habersack* ZHR 170 (2006), 607, 611.
[78] Vgl. Stellungnahme des BR v. 6.7.2007, BR-Drucks. 354/07, S. 28 f.; sowie die Gegenäußerung der BReg v. 5.9.2007, BT-Drucks. 16/6140, S. 194.
[79] Art. 25 des Gesetzes vom 23.10.2008 (BGBl. I S. 2026).
[80] So die übereinstimmende Terminologie von *Waclawik* ZIP 2007, 1838, 1840; *Hölzle* GmbHR 2007, 729, 732; *Gehrlein* BB 2008, 846, 849; *Wedemann* WM 2008, 1381, 1384; ähnlich Michalski/*Heidinger* § 30 Rn. 208 („Nichtanwendungsgesetz").
[81] *Habersack* ZIP 2007, 2145, 2145; vgl. auch Baumbach/Hueck/*Fastrich* Anh. § 30 Rn. 5.
[82] Für Aktionärsdarlehen sieht § 57 Abs. 1 S. 3 AktG eine vergleichbare Regelung vor.
[83] *Gesmann-Nuissl* WM 2006, 1756, 1761; *Breitenstein/Meyding* BB 2006, 1457, 1461; *Knof* ZInsO 2007, 125, 128; *Kiethe* ZIP 2007, 1248, 1251; *Heckschen* DStR 2007, 1442, 1448; *Hirte* WM 2008, 1429, 1434.
[84] *Oppenhoff* BB 2008, 1630, 1632; vgl. auch *Kiethe* ZIP 2007, 1248, 1251; *Kallmeyer* DB 2007, 2755, 2757 f.; *Hirte* WM 2008, 1429, 1434.

eigenkapitalersetzend zu qualifizieren und daher gemäß § 30 Abs. 1 GmbHG an die Gesellschaft gebunden.⁸⁵

21   Für die Abschaffung der bisherigen Rechtsprechungsregeln zu §§ 30, 31 GmbHG analog sprach sich eine verbreitete Auffassung im Schrifttum – aus Gründen der Vereinfachung der Rechtsanwendung – bereits im Vorfeld des Gesetzgebungsverfahrens aus.⁸⁶ Teilweise wurden aber auch Stimmen laut, die den Vereinfachungseffekt in Frage stellten⁸⁷ und sich für eine Beibehaltung der Rechtsprechungsregeln einsetzten.⁸⁸ Letztlich hat der Gesetzgeber jedoch gut daran getan, die Rechtsprechungsregeln durch die Einführung des § 30 Abs. 1 S. 3 GmbHG außer Kraft zu setzen. Denn durch die Neuregelung werden erhebliche Rechtsunsicherheiten beseitigt.⁸⁹ In jedem Fall wäre ein Rückgriff auf die bisherigen Rechtsprechungsregeln angesichts des § 30 Abs. 1 S. 3 GmbHG aus heutiger Sicht *contra legem*.⁹⁰

2. Verlagerung der §§ 32a, 32b GmbHG a.F. in das Insolvenzrecht

22   Des Weiteren wurden im Rahmen der GmbH-Reform die Novellenregeln über eigenkapitalersetzende Darlehen (vgl. §§ 32a, b GmbHG a.F.) gestrichen. Teilweise wurde im Gesetzgebungsverfahren darüber hinausgehend sogar gefordert, das gesamte Eigenkapitalersatzrecht abzuschaffen.⁹¹ Der Gesetzgeber beließ es aber insoweit bei einer Verlagerung der §§ 32a, 32b GmbHG a.F. in das Insolvenzrecht. Dies ist zu begrüßen, da die bisherigen Regelungen systematisch in das Insolvenzrecht gehören.⁹² Dort wird ein einheitlicher, reformübergreifender Ordnungsrahmen geschaffen.⁹³

23   Nach der Neufassung des § 39 Abs. 1 Nr. 5 InsO werden *alle* Forderungen auf Rückgewähr eines Gesellschafterdarlehens sowie Forderungen aus Rechtshandlungen, die einem solchen Darlehen wirtschaftlich entsprechen, im Insolvenzfall erst im Rang nach den Forderungen der übrigen Insolvenzgläubiger befriedigt.⁹⁴ Die gesetzliche Anordnung eines pauschalisierten und generalisierten Nachrangs hat den Vorteil, dass – anders als nach bisherigem Recht – nicht mehr entschieden werden muss, ob das Gesellschafterdarlehen „kapitalersetzend" war oder nicht.⁹⁵ Die Rechtsanwendung wird dadurch also wesentlich vereinfacht.⁹⁶ Auf der anderen Seite begründet die Verlagerung der §§ 32a, 32b GmbHG a.F. in das Insolvenzrecht allerdings das Risiko, dass sich eine Schuldner-Gesellschaft durch

---

⁸⁵ *Schiffer* BB-Special 7/2006, 14, 18; *Römermann* GmbHR 2006, 673, 678; *Breitenstein/Meyding* BB 2006, 1457, 1461; *Gesmann-Nuissl* WM 2006, 1756, 1761; *Knof* ZInsO 2007, 125, 128; *Hölzle* GmbHR 2007, 729, 732; *Gehrlein* Konzern 2007, 771, 786; *Hirte* ZInsO 2008, 689, 692.
⁸⁶ *Röhricht* ZIP 2005, 505, 512; *Altmeppen* NJW 2005, 1911, 1914; *Huber/Habersack* BB 2006, 1, 3 (für Aufhebung der Rechtsprechungsregeln unter Verzicht auf das Krisenmerkmal); *Grunewald/Noack* GmbHR 2005, 189, 194 (für Aufhebung der Rechtsprechungsregeln unter Beibehaltung des Krisenmerkmals); ebenso *Cahn* AG 2005, 217, 223f.; *Gehb/Drange/Heckelmann* NZG 2006, 88, 94.
⁸⁷ So *Kleindiek* ZGR 2006, 335, 357.
⁸⁸ Vgl. *Löwisch*, Eigenkapitalersatzrecht Rn. 28f. („Das Eigenkapitalersatzrecht hat sich bewährt"); *Hommelhoff* in: VGR, Die GmbH-Reform in der Diskussion, S. 115, 134; *K. Schmidt* ZIP 2006, 1925, 1933; *Thiessen* ZIP 2007, 253, 254f.; *Schröder/Grau* ZInsO 2007, 353, 355f.; zustimmend *A. Schmidt* ZInsO 2007, 975, 979.
⁸⁹ Zutreffend *Fliegner* DB 2008, 1668, 1670; im Grundsatz ebenso *Goette* WPg 2008, 231, 236.
⁹⁰ Vgl. *Flitsch* DZWiR 2006, 397, 398.
⁹¹ *Triebel/Otte* ZIP 2006, 1321, 1324 sowie mit ausführlicher Begründung *Meilicke* GmbHR 2007, 225ff.
⁹² *Huber/Habersack* BB 2006, 1, 4; *Ulmer/Habersack/Winter/Habersack* § 32a/b Rn. 13 a.E.; *Leuering/Simon* NJW-Spezial 2006, 315, 316; *Hommelhoff* in: VGR, Die GmbH-Reform in der Diskussion, S. 115, 129f.; *Bayer/Graff* DStR 2006, 1654, 1655; *Bork* ZGR 2007, 250, 260; *Haas* ZInsO 2007, 617, 617; *Kiethe* ZIP 2007, 1248, 1250f.; *Reiner*, Das Eigenkapitalersatzrecht nach dem MoMiG, S. 30, 45; skeptisch im Hinblick auf die Überführung in das Insolvenzrecht *Scholz/K. Schmidt* (2006) §§ 32a, 32b Rn. 8 a.E.; *ders.* GmbHR 2005, 797, 805.
⁹³ *Wedemann* WM 2008, 1381, 1384.
⁹⁴ Vgl. hierzu Begr. RegE, BT-Drucks. 16/6140, S. 61, 136; *Reiner*, Das Eigenkapitalersatzrecht nach dem MoMiG, S. 30.
⁹⁵ *Reiner*, Das Eigenkapitalersatzrecht nach dem MoMiG, S. 31f., 45; *Huber/Habersack* BB 2006, 1, 2; *Mülbert* WM 2006, 1977, 1978; *Bormann* DB 2006, 2616, 2617; *Waclawik* ZIP 2007, 1838, 1841; *Wedemann* WM 2008, 1381, 1384.
⁹⁶ Vgl. auch Begr. RegE, BT-Drucks. 16/6140, S. 136f., wonach die GmbH durch die vereinfachte Rechtspraxis im Wettbewerb der Rechtsformen an Attraktivität gewinnt.

Verlagerung des Mittelpunkts ihrer wirtschaftlichen Interessen (*center of main interest* – COMI) ins Ausland den neuen Regelungen entziehen kann.[97]

Ausnahmen vom generellen Nachrang sind nur in Sanierungsfällen (§ 39 Abs. 4 InsO)[98] und für Kleinstbeteiligungen (§ 39 Abs. 5 InsO)[99] vorgesehen. Die Rückzahlung eines Gesellschafterdarlehens kann angefochten werden, wenn die entsprechende Handlung im letzten Jahr vor Insolvenzantrag oder danach vorgenommen worden ist (§ 135 Abs. 1 Nr. 2 InsO). Entsprechendes gilt, wenn eine Forderung auf Darlehensrückzahlung in den letzten zehn Jahren vor Insolvenzantrag oder danach besichert worden ist (§ 135 Abs. 1 Nr. 1 InsO).[100] Die Behandlung sog. gesellschaftsbesicherter Darlehen ist nunmehr in § 44a InsO geregelt.[101] Eine praxisrelevante Neuregelung enthält schließlich § 19 Abs. 2 S. 3 InsO. Danach sind Forderungen auf Rückgewähr von Gesellschafterdarlehen im Überschuldungsstatus nur dann nicht zu passivieren, wenn für sie gemäß § 39 Abs. 2 InsO zwischen Gläubiger und Schuldner der Nachrang im Insolvenzverfahren hinter den in § 39 Abs. 1 Nr. 1 bis 5 InsO bezeichneten Forderungen vereinbart worden ist.[102]

3. Abkehr von der Finanzierungsfolgenverantwortung

Kontrovers wird im Schrifttum darüber diskutiert, ob es nach der Reform des GmbH-Rechts durch das MoMiG bei dem Grundsatz der Finanzierungsfolgenverantwortung[103] der darlehensgewährenden Gesellschafter bleibt. Nach der überwiegenden Meinung kann das Konzept der Finanzierungsfolgenverantwortung nicht mehr aufrechterhalten werden.[104] Die Gegenansicht verweist darauf, dass die nunmehr vorgesehene insolvenzrechtliche Rückstufung auf Forderungen aus Gesellschafterdarlehen und aus wirtschaftlich gleichwertigen Rechtshandlungen beschränkt sei. Daraus folge, dass die Neuregelung nach wie vor an eine Finanzierungsentscheidung des Gesellschafters anknüpfe und daher Grundlage der Rückstufung wie bisher die Finanzierungsfolgenverantwortung des Gesellschafters sei.[105] Dem ist jedoch – zu Recht – entgegengehalten worden, dass mit dem ersatzlosen Wegfall des Tatbestandsmerkmals der „Krise"[106] und dem alleinigen Abstellen auf den gesetzlichen Rangrücktritt in der Insolvenz (§ 39 Abs. 1 Nr. 5 InsO) das Konzept der Finanzierungsfolgenverantwortung seiner rechtsdogmatischen Grundlage beraubt wurde.[107]

Mit Blick auf die dogmatische Grundlage für die Rückstufung der Gesellschafterdarlehen ist nach einer verbreiteten Ansicht nunmehr das Prinzip der Haftungsbeschränkung, dessen missbräuchlicher Ausnutzung durch die Gesellschafter begegnet werden soll, an die Stelle

---

[97] So explizit *Hirte* ZInsO 2008, 689, 695 f.; *ders.* WM 2008, 1429, 1433; vgl. Baumbach/Hueck/*Fastrich* Anh. § 30 Rn. 10.
[98] Siehe zum Sanierungsprivileg im Einzelnen unten → Rn. 101 ff.
[99] Siehe zum Kleinbeteiligungsprivileg ausführlich unten → Rn. 108 ff.
[100] Zur Insolvenzanfechtung siehe unten Rn. 58 ff.
[101] Siehe hierzu unten Rn. 97 ff.
[102] Zur grundsätzlichen Passivierungspflicht der Darlehen im Überschuldungsstatus siehe unten Rn. 117 ff., insb. 122 ff.
[103] → Rn. 6 f.
[104] In diesem Sinne, mit Unterschieden in der Begründung Baumbach/Hueck/*Fastrich* Anh. § 30 Rn. 6; *Wicke* Anh. § 30 Rn. 3; Ulmer/Habersack/Winter/*Habersack* ErgBd. MoMiG § 30 Rn. 36 f.; Scholz/*K. Schmidt* Nachtr MoMiG §§ 32 a/b a. F. Rn. 7; *Huber* in: FS Priester, S. 259, 271 ff., 283; *Tillmann* GmbHR 2006, 1289, 1290; *Habersack* ZIP 2007, 2145, 2147; *Gehrlein* BB 2008, 846, 849; wohl auch *K. Schmidt* ZIP 2006, 1925, 1934; offenlassend *Knof* ZInsO 2007, 125, 130; *Krolop* ZIP 2007, 1738, 1741.
[105] Vgl. *Bork* ZGR 2007, 250, 257; im Ergebnis ebenso *Spindler* JZ 2006, 839, 844 f.; *Thiessen* DStR 2007, 202, 207 f.; *Reiner*, Das Eigenkapitalersatzrecht nach dem MoMiG, S. 32; siehe auch bereits *Löwisch*, Eigenkapitalersatzrecht Rn. 29 („Dennoch dürfte eine Abschaffung des geltenden Eigenkapitalersatzrechts (…) nicht zu einer Freistellung des nach geltendem Recht finanzierungsverantwortlichen Gesellschafters von den Folgen seiner Finanzierungsentscheidung führen"); für einen Fortbestand des Ansatzes der Krisenfinanzierung siehe auch *Altmeppen* NJW 2008, 3601, 3602 f.; Roth/*Altmeppen* Anh. §§ 32 a, b Rn. 9; Michalski/*Dahl* Anh. II §§ 32 a, 32 b a. F. Rn. 6.
[106] Siehe dazu auch ausführlich unten → Rn. 44 ff.
[107] Vgl. *Habersack* ZIP 2007, 2145, 2147; zustimmend Baumbach/Hueck/*Fastrich* Anh. § 30 Rn. 6; ebenso bereits *Gehrlein* BB 2008, 846, 849; *Huber* in: FS Priester, S. 259, 274; *Tillmann* GmbHR 2006, 1289, 1290; gleichsinnig, aber kritisch *Schröder/Grau* ZInsO 2007, 353, 355, 359.

der Finanzierungsfolgenverantwortung getreten.[108] Dahinter steht die Überlegung, dass die Rückstufung des Gesellschafterfremdkapitals – ebenso wie die Bindung des von den Gesellschaftern aufgebrachten Eigenkapitals – ein Ausgleich dafür sei, dass die Gesellschafter bei ihrer unternehmerischen Tätigkeit das Privileg der beschränkten Haftung in Anspruch nehmen.[109] Daneben wird die dogmatische Grundlage der Nachrangigkeit im Sinne des § 39 Abs. 1 Nr. 5 InsO teilweise in einer „insolvenzspezifischen Gefahrtragung" des Gesellschafters[110] bzw. – damit vergleichbar – in einer „typisierenden Risikoverteilung"[111] gesehen.

28   Unabhängig davon, welchem dogmatischen Begründungsansatz man letztlich den Vorzug einräumt, dürfte das zentrale Argument, das für die Regelung eines generellen Nachrangs für Forderungen aus Gesellschafterdarlehen spricht, im Näheverhältnis des Gesellschafters zu „seiner" Gesellschaft zu sehen sein.[112] Oder, um es auf den Punkt zu bringen: Die Gesellschafter sind „näher dran" als die übrigen Gläubiger.[113]

4. Überblick über die Kernpunkte der Deregulierung

29   Überblicksartig lassen sich die Kernpunkte der Deregulierung des Eigenkapitalersatzrechts durch das MoMiG wie folgt zusammenfassen:
- Abschaffung der bisherigen Rechtsprechungsregeln zu §§ 30, 31 GmbHG analog durch den „Nichtanwendungserlass" gemäß § 30 Abs. 1 S. 3 GmbHG;
- Verlagerung des Eigenkapitalersatzrechts in das Insolvenzrecht durch Streichung der §§ 32a, 32b GmbHG a.F. und gleichzeitige Novellierung der §§ 19, 39, 44a, 135 InsO;
- genereller, rechtsformneutraler Nachrang sämtlicher Gesellschafterdarlehen und wirtschaftlich gleichgestellter Forderungen in der Insolvenz nach § 39 Abs. 1 Nr. 5 InsO;
- Beibehaltung des Sanierungsprivilegs und des Kleinbeteiligungsprivilegs (§§ 39 Abs. 4, 5 InsO);
- Abkehr vom Grundsatz der Finanzierungsfolgenverantwortung des kreditgebenden Gesellschafters infolge des generellen Nachrangs der Darlehensansprüche.

III. Der Grundtatbestand (§ 39 Abs. 1 Nr. 5 InsO)

30   Der in § 39 Abs. 1 Nr. 5 InsO geregelte Grundtatbestand sieht vor, dass nach Maßgabe der Absätze 4 und 5 Forderungen auf Rückgewähr eines Gesellschafterdarlehens oder Forderungen aus Handlungen, die einem solchen Darlehen wirtschaftlich entsprechen, im Rang nach den übrigen Forderungen der Insolvenzgläubiger berichtigt werden.

1. Erfasste Gesellschaften

31   Durch die Verlagerung der bisherigen Novellenregeln von §§ 32a, 32b GmbHG a.F. in die Insolvenzordnung wird das Kapitalersatzrecht rechtsformneutral. Dementsprechend bestimmt § 39 Abs. 4 S. 1 InsO, dass der gesetzliche Rangrücktritt nach § 39 Abs. 1 Nr. 5 InsO

---

[108] In diesem Sinne *Huber* in: FS Priester, S. 259, 275 ff.; *Habersack* ZIP 2007, 2145, 2147; dem folgend *Gehrlein* BB 2008, 846, 849; *ders.* BB 2011, 3, 7; Ulmer/Habersack/Winter/*Habersack* ErgBd. MoMiG § 30 Rn. 36.
[109] *Huber* in: FS Priester, S. 259, 277 f.; skeptisch hingegen *Hommelhoff* in: VGR, Die GmbH-Reform in der Diskussion, S. 115, 126.
[110] *Tillmann* GmbHR 2006, 1289, 1290.
[111] *Noack* DB 2006, 1475, 1480.
[112] Vgl. *Gehrlein* BB 2008, 846, 849; *ders.* BB 2011, 3, 7; *Wicke* Anh. § 30 Rn. 6; in diese Richtung auch bereits Handelsrechtsausschuss des *DAV* NZG 2007, 211, 219 („Wer seine Gesellschaft mit eigenen Darlehen finanziert, ist generell weniger schutzwürdig als ein fremder Geldgeber").
[113] So plastisch *Noack* DB 2007, 1395, 1398; *ders.* DB 2006, 1475, 1480; ähnlich *Schäfer* DStR 2006, 2085, 2088 („Indes stehen die Gesellschafter dem Risiko eines zufälligen Verlusts ihres investierten Kapitals allemal näher als die Gesellschaftsgläubiger"). Insoweit kritisch *K. Schmidt* ZIP 2006, 1925, 1934, nach dessen Auffassung sich der Nachrang nicht adäquat mit dem Näheverhältnis zwischen Gesellschafter und Gesellschaft begründen lässt. Insgesamt skeptisch Baumbach/Hueck/*Fastrich* Anh. § 30 Rn. 6, wonach sämtliche dogmatischen Begründungsansätze für die Rückstufung mehr beschreibende als erklärende Funktion haben.

für Gesellschaften gilt, die weder über eine natürliche Person noch über eine Gesellschaft als persönlich haftenden Gesellschafter verfügen, bei der ein persönlich haftender Gesellschafter eine natürliche Person ist. Entscheidend ist insoweit, dass keine natürliche Person der unbeschränkten Haftung für die Gesellschaft unterliegt.[114]

Infolgedessen werden von der Neuregelung einerseits die AG, die Kapitalgesellschaft & Co. KG, die KGaA sowie die GmbH (einschließlich der UG) erfasst, aber auch die SE (Societas Europaea) als europäisches Äquivalent sowie entsprechende Auslandsgesellschaften, wenn deren Insolvenz nach deutschem Recht abgewickelt wird.[115] Dies hat insbesondere auch für die englische Limited mit Zweigniederlassung in Deutschland zu gelten. Wie sich aus der Rechtsprechung des EuGH in Sachen „Überseering"[116] und „Inspire Art"[117] ergibt, gilt für die Limited grundsätzlich zwar nur englisches Gesellschaftsrecht,[118] sodass für sie eine Anwendung der bisherigen Gesetzes- und Rechtsprechungsregeln zum Gesellschafterdarlehen kaum zu begründen war.[119] Anders als Gesellschaftsrecht unterliegt Insolvenzrecht als Verfahrensrecht jedoch keinen Anwendungsbeschränkungen und ist daher unabhängig von der Rechtsform auf alle Unternehmen anzuwenden.[120] Mithin war es im Rahmen der GmbH-Reform ohne Weiteres möglich, durch die Verlagerung der Regeln über Gesellschafterdarlehen in das Insolvenzrecht eine Rechtsangleichung bei inländischen und ausländischen Gesellschaften, die in Deutschland ihren Verwaltungssitz haben, herbeizuführen.[121]

Damit ist allerdings die zweite im Hinblick auf die Erfassung von Auslandsgesellschaften problematische Frage noch nicht beantwortet, nämlich, ob der Insolvenzverwalter ggf. im Ausland – nach deutschem Recht – klagen muss.[122] Nach einer Entscheidung des OLG Frankfurt/M. kommt eine Zuständigkeit deutscher Gerichte für Anfechtungsklagen des Insolvenzverwalters gemäß Art. 3 Abs. 1 EuInsVO[123] analog bei einem in Deutschland anhängigen Insolvenzverfahren mangels planwidriger Regelungslücke nicht in Betracht.[124] Abweichend davon vertritt die herrschende Meinung im Schrifttum die Auffassung, die internationale Zuständigkeit des Insolvenzverwalters müsse zumindest bei solchen Verfahren nach Art. 3 Abs. 1 EuInsVO analog bestimmt werden können, die in einem engen sachlichen Zusammenhang zum Insolvenzverfahren stehen und deren Anspruchsgrundlage die Eröffnung eines Insolvenzverfahrens voraussetzt.[125] Der BGH hat dem EuGH die Frage zur Vorabentscheidung vorgelegt, ob die Gerichte des Mitgliedstaates, in dessen Gebiet das Insolvenzverfahren über das Vermögen des Schuldners eröffnet worden ist, für eine Insolvenzanfechtungsklage gemäß Art. 3 Abs. 1 EuInsVO international zuständig sind.[126] Der EuGH hat diese Frage für Klagen, die unmittelbar aus dem Insolvenzverfahren hervorgehen und in engem Zusammenhang mit diesem stehen, in der *Déko Marty*-Entscheidung be-

---

[114] *Habersack* ZIP 2007, 2145, 2147.
[115] Begr. RegE, BT-Drucks. 16/6140, S. 137 f.; zustimmend (h. M.) Michalski/*Dahl* Anh. II §§ 32 a, 32 b a. F. Rn. 10; *Gehrlein* Konzern 2007, 771, 787; *Habersack* ZIP 2007, 2145, 2147; *Hirte* ZInsO 2008, 689, 694; *ders.* WM 2008, 1429, 1432. Zur Erfassung von (Schein-)Auslandsgesellschaften vgl. auch *Huber/Habersack* BB 2006, 1, 7; *Schiffer* BB-Special 7/2006, 14, 17; *Leuering/Simon* NJW-Spezial 2006, 315, 316; *Flitsch* DZWiR 2006, 397, 400; *Bork* ZGR 2007, 250, 253; *Schröder/Grau* ZInsO 2007, 353, 354; *A. Schmidt* ZInsO 2007, 975, 977; *Krolop* ZIP 2007, 1738, 1745; *Wälzholz* DStR 2007, 1914, 1918. Zur Anwendbarkeit des § 135 Abs. 1 InsO n. F. auf Scheinauslandsgesellschaften siehe auch AG Hamburg NZG 2009, 197.
[116] EuGH NJW 2002, 3614 ff.
[117] EuGH NJW 2003, 3331 ff.
[118] Vgl. *Römermann* GmbHR 2006, 673, 678; *Schiffer* BB-Special 7/2006, 14, 17.
[119] *Seibert* ZIP 2006, 1157, 1162; *Kiethe* ZIP 2006, 1248, 1251; *Löwisch*, Eigenkapitalersatzrecht Rn. 481.
[120] *Römermann* GmbHR 2006, 673, 678; *Schiffer* BB-Special 7/2006, 14, 17.
[121] Dies begrüßend *Schiffer* BB-Special 7/2006, 14, 17; *Flitsch* DZWiR 2006, 397, 400.
[122] *Flitsch* DZWiR 2006, 397, 400; siehe ausführlich zu dieser Problematik auch *Thole* ZIP 2006, 1383 ff.
[123] Art. 3 Abs. 1 EuInsVO lautet: „Für die Eröffnung des Insolvenzverfahrens sind die Gerichte des Mitgliedstaates zuständig, in dessen Gebiet der Schuldner den Mittelpunkt seiner hauptsächlichen Interessen hat".
[124] OLG Frankfurt/M. ZIP 2006, 769, 771 f.
[125] *Hinkel/Flitsch* EWiR 2006, 237, 238; im Ergebnis ebenso *Ringe* ZInsO 2006, 700, 701; *Paulus* ZInsO 2006, 295, 298; MünchKommBGB/*Kindler*, 5. Aufl. 2010, IntInsR, Art. 3 Rn. 87; gegen eine analoge Anwendung des Art. 3 Abs. 1 EuInsVO *Klöhn/Berner* ZIP 2007, 1418, 1419.
[126] BGH ZIP 2007, 1415, 1415.

jaht.[127] Dieser Entscheidung folgend bejahte der BGH die internationale Zuständigkeit der deutschen Gerichte für Insolvenzanfechtungsklagen gemäß Art. 3 Abs. 1 EuInsVO.[128] Zu beachten ist, dass der von der Europäischen Kommission am 12.12.2012 vorgelegte Vorschlag zur Reform der EUInsVO – als Reaktion auf das *Déko Marty*-Urteil des EuGH – nunmehr einen einheitlichen internationalen Gerichtsstand für verfahrensbezogene Aktivprozesse des Insolvenzverwalters vorsieht (vgl. Art. 3a Abs. 1 EuInsVO-E).[129]

34 Neben den bereits genannten Gesellschaftsformen erstreckt sich der Anwendungsbereich des § 39 Abs. 1 Nr. 5, Abs. 4 S. 1 InsO auf die Genossenschaft deutschen, europäischen (SCE) und ausländischen Rechts.[130] Nicht erfasst wird hingegen der Idealverein. Dies folgt aus dem Kleinbeteiligungsprivileg (§ 39 Abs. 5 InsO), welches eine Beteiligung des Gesellschafters am Haftungskapital voraussetzt. Eine entsprechende vermögensrechtliche Beteiligung hat das Vereinmitglied nur dann, wenn es – ausnahmsweise – über eine Anfallberechtigung im Sinne des § 45 BGB verfügt.[131] Die Vorgesellschaft fällt in den Anwendungsbereich der Vorschriften über Gesellschafterdarlehen, sofern bei ihr die Gründer – wie im Regelfall – nur der Gesellschaft auf Ausgleich einer etwaigen Unterbilanz haften (vgl. § 302 AktG analog).[132] Der Stiftung fehlt es hingegen an dem in § 39 Abs. 1 S. 1 Nr. 5 InsO vorausgesetzten mitgliedschaftlichen Element.[133]

35 Im Hinblick auf Personengesellschaften setzt die Anwendbarkeit von § 39 Abs. 1 Nr. 5, Abs. 4 S. 1 InsO in Übereinstimmung mit §§ 129a, 172a HGB voraus, dass die Gesellschaft weder unmittelbar noch mittelbar über einen den Gläubigern unbeschränkt haftenden Gesellschafter verfügt. Neben der atypischen Personengesellschaft, die ausschließlich über in- und ausländische Komplementäre verfügt, ist dies auch bei der atypischen GbR der Fall.[134] In diesem Zusammenhang ist zu beachten, dass in § 39 Abs. 4 S. 1 InsO Darlehen nicht ausdrücklich erwähnt werden, die nur mittelbar an der OHG oder KG beteiligte Gesellschafter oder Mitglieder eines persönlich haftenden Gesellschafters halten. Die Regierungsbegründung stellt jedoch klar, dass in diesen Fällen eine dem Gesellschafterdarlehen wirtschaftlich entsprechende Rechtshandlung im Sinne des § 39 Abs. 1 Nr. 5 InsO vorliege.[135]

2. Gesellschafterdarlehen

36 In sachlicher Hinsicht steht das Gesellschafterdarlehen im Zentrum des nunmehr in § 39 Abs. 1 Nr. 5 InsO geregelten Grundtatbestands. Der nach der Neuregelung vorgesehene ge-

---

[127] EuGH NJW 2009, 2189, 2189 Rn. 21 („Christopher Seagon/Déko Marty Belgium NV"); zustimmend *Wolfer* GWR 2009, 152; *Tashiro* FD-InsR 2009, 276 473; hingegen kritisch *Mock* ZInsO 2009, 470 ff.; *Stürner/Kern* LMK 2009, 278 572.

[128] BGH NJW 2009, 2215, 2216, Rn. 6 ff.; zustimmend *Baumert* FD-InsR 2009, 284 331; tendenziell auch *Wagner* GWR 2009, 205; hingegen kritisch, insbesondere mit Blick auf die vom BGH befürwortete Schaffung einer örtlichen Zuständigkeit im Wege einer Analogie zu § 19 a ZPO *Mock* NZI 2009, 534 f.

[129] Vgl. hierzu *Prager/Keller* NZI 2013, 57, 59 f.

[130] BegrRegE, BT-Drucks. 16/6140, S. 136; zustimmend *Gehrlein* BB 2008, 846, 849; *Handelsrechtsausschuss des DAV* NZG 2007, 211, 220; vgl. auch *Löwisch*, Eigenkapitalersatzrecht Rn. 477.

[131] *Mülbert* WM 2006, 1977, 1981; *Haas* ZInsO 2007, 617, 628; *Habersack* ZIP 2007, 2145, 2147 f.; im Ergebnis ebenso *K. Schmidt* ZIP 2006, 1925, 1928; *Hirte* ZInsO 2008, 689, 694, der allerdings zu Bedenken gibt, dass auch beim Verein ein Insolvenzverschleppungsrisiko besteht, sofern Darlehen gewährt werden.

[132] Baumbach/Hueck/*Fastrich* Anh. § 30 Rn. 28; Michalski/*Dahl* Anh. II §§ 32a, 32 b a.F. Rn. 8; *Wicke* Anh. 30 Rn. 5; *Habersack* ZIP 2007, 2145, 2148; *Mülbert* WM 2006, 1977, 1981; ebenso zur Rechtslage vor Inkrafttreten des MoMiG BGH NZG 2009, 782, 784.

[133] *Habersack* ZIP 2007, 2145, 2148; im Ergebnis ebenso Michalski/*Dahl* Anh. II §§ 32a, 32 b a.F. Rn. 8; *Haas* ZinsO 2007, 617, 628; *Gehrlein* BB 2008, 846, 849; differenzierend *Hirte* ZInsO 2008, 689, 694; *ders.* WM 2008, 1429, 1432; zur Anwendbarkeit des bisherigen Eigenkapitalersatzrechts auf Stiftungen siehe auch bereits *Oepen* NZG 2001, 209, 211 f., 215, wonach nur das Novellenrecht, nicht aber die Rechtsprechungsregeln analog anwendbar seien.

[134] *Habersack* ZIP 2007, 2145, 2148; ebenso *Hirte* WM 2008, 1429, 1432 (für Komplementärin); *Gehrlein* BB 2008, 846, 849; *Wertenbruch* NJW 2009, 1796, 1797; Michalski/*Dahl* Anh. II §§ 32a, 32 b a.F. Rn. 8 (alle für atypische GbR).

[135] Begr. RegE, BT-Drucks. 16/6140, S. 138; zustimmend *Habersack* ZIP 2007, 2145, 2148; *Hirte* ZInsO 2008, 689, 694; *ders.* WM 2008, 1429, 1432; für eine entsprechende Klarstellung in der Regierungsbegründung siehe auch bereits *Mülbert* WM 2006, 1977, 1981.

setzliche Nachrang aller Ansprüche des Gesellschafters auf Rückzahlung aus Gesellschafterdarlehen in der Insolvenz stellt den Kernbereich der Reform des Rechts der Gesellschafterdarlehen durch das MoMiG dar.[136] Maßgeblich für den generellen Nachrang im Sinne des § 39 Abs. 1 Nr. 5 InsO ist die Stellung des Gesellschafters als Darlehensgeber im Zeitpunkt der Gewährung des Darlehens. Im Einzelnen gilt Folgendes:

a) **Darlehen.** Der Gesetzgeber hat bewusst davon abgesehen, jede Gesellschaftsforderung einer insolvenzrechtlichen Sonderbehandlung zuzuführen.[137] Demgemäß bestimmt § 39 Abs. 1 Nr. 5 InsO, dass alle Gesellschafterdarlehen sowie sämtliche Forderungen aus Rechtshandlungen, die einem solchen Darlehen wirtschaftlich entsprechen, in der Insolvenz nachrangig sind.[138] Durch diese Neuregelung soll die vorrangige Befriedigung aller außenstehenden Gläubiger durch das vorhandene Gesellschaftsvermögen sichergestellt werden. Erst danach sollen die Gesellschafter selbst zum Zuge kommen.[139] Infolge der generalisierenden Betrachtungsweise, die § 39 Abs. 1 Nr. 5 InsO zugrunde liegt, werden in der Insolvenz sämtliche Gesellschafterdarlehen unabhängig davon, ob sich die Gesellschaft im Zeitpunkt ihrer Gewährung oder des späteren „Stehenlassens" in einer Krise befand,[140] wie Eigenkapital behandelt.[141] Von der Nachrangigkeit betroffen ist also jedes Darlehen ohne Rücksicht darauf, ob es als „eigenkapitalersetzend" zu charakterisieren ist oder nicht.[142] 37

Der Grundtatbestand in § 39 Abs. 1 Nr. 5 InsO setzt zunächst eine Darlehensgewährung im Sinne von § 607 BGB oder § 488 BGB voraus. Dabei wird man aus Gründen des Gläubigerschutzes annehmen dürfen, dass der Begriff des Darlehens – wie nach der bislang geltenden Regelung des § 32a Abs. 1 GmbHG a. F. – weit zu verstehen ist: Form, Modalitäten und Zweck der Darlehensgewährung sind unerheblich.[143] Es kann sich um Geld-, Sach- oder Vereinbarungsdarlehen handeln.[144] Damit kommen auch Darlehen über vertretbare Sachen wie etwa Rohstoffe, sonstige Waren oder Wertpapiere wie Aktien, Pfandbriefe oder auch diskontfähige Wechsel in Betracht.[145] Unerheblich ist, ob das Darlehen verzinslich oder unverzinslich ist;[146] auch partiarische Darlehen sowie Beteiligungsdarlehen werden erfasst.[147] Der Rechtsgrund des Darlehens – Gesellschaftsvertrag, Gesellschaftervereinbarung oder bloßes Drittgeschäft – ist ohne Relevanz.[148] Insbesondere kann auch – wie bisher – die Gewährung eines Gesellschafterdarlehens im Rahmen der Vereinbarung eines sog. Finanz- 38

---

[136] Vgl. *Seibert* ZIP 2006, 1157, 1161; zustimmend *Kiethe* ZIP 2007, 1248, 1251.
[137] *Gehrlein* BB 2008, 846, 850; gegen eine Rückstufung sämtlicher Gesellschaftsforderungen siehe auch bereits *Seibert* ZIP 2006, 1157, 1161; *Bayer/Graff* DStR 2006, 1654, 1657; *Kleindiek* ZGR 2006, 335, 358; *Knof* ZInsO 2007, 125, 126 und dort Fußn. 16; *Bork* ZGR 2007, 250, 256 f.; abweichend *Huber/Habersack* BB 2006, 1, 2.
[138] Vgl. hierzu *Gesmann-Nuissl* WM 2006, 1756, 1759, die im Hinblick auf den generellen Nachrang von einer „erwünschten Pauschalierung" spricht.
[139] Vgl. *Gesmann-Nuissl* WM 2006, 1756, 1759; *Huber/Habersack* BB 2006, 1, 2; *Reiner,* Das Eigenkapitalersatzrecht nach dem MoMiG, S. 31; *Gehrlein* BB 2008, 846, 850.
[140] Siehe zum Verzicht auf das Tatbestandsmerkmal der „Krise" unten Abschnitt III. 3. sowie zur Einbeziehung „stehen gelassener" Darlehen in den Anwendungsbereich des § 39 Abs. 1 Nr. 5 InsO unten Abschnitt III. 4.
[141] *Gehrlein* BB 2008, 846, 850; *Oppenhoff* BB 2008, 1630, 1632; vgl. auch bereits *Poertzgen* GmbHR 2007, 1258, 1263.
[142] *Reiner,* Das Eigenkapitalersatzrecht nach dem MoMiG, S. 31 f., 45; *Mülbert* WM 2006, 1977, 1978; *Waclawik* ZIP 2007, 1838, 1841; *Gehrlein* BB 2008, 846, 850; *Wedemann* WM 2008, 1381, 1384; *Oppenhoff* BB 2008, 1630, 1632.
[143] Vgl. Baumbach/Hueck/*Fastrich* Anh. § 30 Rn. 50; MünchHdbGesR III/*Rümker* (2003) § 52 Rn. 12.
[144] Baumbach/Hueck/*Fastrich* Anh. § 30 Rn. 49; Rowedder/Schmidt-Leithoff/*Görner* Anh. § 30 Rn. 77; Ulmer/Habersack/Winter/*Habersack* §§ 32 a/b Rn. 40.
[145] Rowedder/Schmidt-Leithoff/*Görner* Anh. § 30 Rn. 77; Ulmer/Habersack/Winter/*Habersack* §§ 32 a/b Rn. 40, mit dem zutreffenden Hinweis, dass Sachdarlehen von der Gebrauchs- und Nutzungsüberlassung abzugrenzen sind, die nunmehr in § 135 Abs. 3 InsO eine eigenständige Regelung erfahren hat; siehe hierzu auch unten Abschnitt VI. 1. a).
[146] Baumbach/Hueck/*Fastrich* Anh. § 30 Rn. 49; Ulmer/Habersack/Winter/*Habersack* §§ 32 a/b Rn. 40 m. w. N.
[147] Baumbach/Hueck/*Fastrich* Anh. § 30 Rn. 49; Rowedder/Schmidt-Leithoff/*Görner* Anh. § 30 Rn. 77.
[148] Baumbach/Hueck/*Fastrich* Anh. § 30 Rn. 50; Ulmer/Habersack/Winter/*Habersack* §§ 32 a/b Rn. 41.

plankredits vorgesehen sein.[149] Denn das Instrument des Finanzplankredits, mit dessen Hilfe Darlehen kraft rechtsgeschäftlicher Einigung wie materielles Eigenkapital zu behandeln sind, wird durch das MoMiG nicht unmittelbar berührt.[150]

39 Zu einer Ausnahme konnte es nach der bisherigen Rechtlage bei kurzfristigen Überbrückungskrediten kommen. Wird das Darlehen gewährt, um einen kurzfristigen Liquiditätsengpass einer auch bei Dritten insofern kreditwürdigen Gesellschaft zu überbrücken, so erfüllte dies nach der Auffassung des BGH nicht die Voraussetzungen einer eigenkapitalersetzende Darlehensgewährung.[151] Nach der herrschenden Meinung war dabei allerdings die Einschränkung zu machen, dass die Kurzfristigkeit der Finanzierungsmaßnahme ernsthaft gewollt war und damit eine anderweitige Deckung des Kapitalbedarfs in Aussicht genommen wurde.[152] Andererseits war anerkannt, dass bereits die verbindliche Zusage der Darlehensgewährung eigenkapitalersetzenden Charakter haben konnte, wenn das Darlehen danach tatsächlich gewährt wurde.[153] Man wird annehmen dürfen, dass diese Grundsätze auch nach der GmbH-Reform durch das MoMiG fortgelten. So ist insbesondere davon auszugehen, dass bereits mit der verbindlichen Zusage der Darlehensgewährung durch den Gesellschafter der generelle Nachrang im Sinne des § 39 Abs. 1 Nr. 5 InsO hinsichtlich der Darlehensrückzahlungsforderung im Insolvenzfall begründet wird.[154]

40 Der Gesellschafter kann sich dem Nachrang auch nicht dadurch entziehen, dass er eine – auch erst zukünftig entstehende – Darlehensforderung an einen außenstehenden Dritten abtritt.[155] Gleiches gilt, wenn ein Gesellschafter nach „Verstrickung" des Darlehens seine Gesellschafterstellung aufgibt.[156] Vor diesem Hintergrund erscheint es aus der Sicht des Gesellschafters als sinnvoll, Darlehen und Gesellschafterstellung immer gleichzeitig abzutreten.[157] Alternativ müsste sich der Gesellschafter das Darlehen von der Gesellschaft zurückzahlen lassen und im Hinblick auf die einjährige Anfechtungsfrist (§ 135 Abs. 1 Nr. 2 InsO) ein Jahr seit der Tilgung des Darlehens bis zum Anteilsverkauf abwarten. Nur bei gleichzeitiger Veräußerung des Darlehens und des Gesellschafteranteils kann die Gefahr der Rückerstattungspflicht umgangen werden, wenn z. B. der Käufer das Unternehmen im ersten Jahr nach

---

[149] Baumbach/Hueck/*Fastrich* Anh. § 30 Rn. 20; vgl. zur Rechtslage vor MoMiG auch BGH DStR 2010, 1245, 1246, Rn. 6; *Gehrlein* GmbH-Recht in der Praxis (2005), S. 400 f.; Scholz/*K. Schmidt* (2006) §§ 32 a, 32 b Rn. 29; Ulmer/Habersack/Winter/*Habersack* § 32 a/b Rn. 41.

[150] Vgl. *Reiner,* Das Eigenkapitalersatzrecht nach dem MoMiG, S. 30; *K. Schmidt* ZIP 2006, 1925, 1933; *ders.* GmbHR 2007, 1, 9; *Bormann* DB 2006, 2616, 2616; *Knof* ZInsO 2007, 125, 128; *Habersack* ZIP 2007, 2145, 2152.

[151] BGHZ 90, 381, 393 f. = NJW 1984, 1893, 1895 f.; OLG Hamm ZIP 1986, 1321, 1323; BGH WM 1989, 1166, 1168; BGH NJW 1995, 457, 458; zuletzt bestätigt durch BGH NZG 2010, 905, 908, Rn. 17; einschränkend *Lutter/Hommelhoff* (2004) §§ 32 a/b Rn. 34; Scholz/*K. Schmidt* (2006) §§ 32 a, 32 b Rn. 43; Ulmer/Habersack/Winter/*Habersack* § 32 a/b Rn. 80; gegen Ausnahmen für Überbrückungskredite unter Geltung des MoMiG Baumbach/Hueck/*Fastrich* Anh. § 30 Rn. 50 (anders jedoch in der Vorauflage, vgl. Baumbach/Hueck/*Fastrich* (2006) § 32 a Rn. 29); Saenger/Inhester/*Kohlmann* Anh. § 30 Rn. 130, 149; Rowedder/Schmidt-Leithoff/*Görner* Anh. § 30 Rn. 81.

[152] Scholz/*K. Schmidt* (2006) §§ 32 a, 32 b Rn. 43; *Gehrlein* GmbH-Recht in der Praxis (2005), S. 402 f.; MünchHdbGesR III/*Rümker* (2003) § 52 Rn. 13; *Lutter/Hommelhoff* (2004) §§ 32 a/b Rn. 34; Achilles/Ensthaler/Schmidt/*Ensthaler* § 32 a Rn. 10; Ulmer/Habersack/Winter/*Habersack* § 32 a/b Rn. 80.

[153] BGHZ 133, 298, 302 ff. = GmbHR 1996, 844, 846 f.; Scholz/*K. Schmidt* (2006) §§ 32 a, 32 b Rn. 31; Ulmer/Habersack/Winter/*Habersack* §§ 32 a/b Rn. 42; vgl. auch hierzu *Wiedemann/Herrmanns* ZIP 1994, 997, 1001; a. A. Roth/*Altmeppen* § 32 a Rn. 32; *Gandenberger* in Beck'sches Handbuch der GmbH, 3. Aufl. 2002, § 8 Rn. 205.

[154] A. A. Baumbach/Hueck/*Fastrich* Anh. § 30 Rn. 49, wonach es nicht mehr, wie nach MoMiG, auf eine Stützungsfunktion ankommt, sondern lediglich auf die Doppeleigenschaft als Gesellschafter und Kreditgeber.

[155] *Mülbert* WM 2006, 1977, 1981 f.; *Freitag* WM 2007, 1681, 1683; *Habersack* ZIP 2007, 2145, 2149; *Gehrlein* Konzern 2007, 771, 787; *ders.* BB 2008, 846, 850; *Hirte* ZInsO 2008, 689, 693; *ders.* WM 2008, 1429, 1431. Vgl. ebenso zum bisherigen Recht BGH WM 2007, 20; *Löwisch,* Eigenkapitalersatzrecht Rn. 328, 56 („Der gutgläubige unbelastete Erwerb eines eigenkapitalrechtlich verstrickten Rechts ist nicht möglich"). Der BGH hat dies jüngst bestätigt, vgl. BGH NJW 2013, 2282 ff., und darüber hinausgehend auch die Anfechtung gegenüber dem Gesellschafter als Zedenten zugelassen.

[156] *Haas* ZInsO 2007, 617, 626; ebenso *Hirte* ZInsO 2008, 689, 693; *ders.* WM 2008, 1429, 1431.

[157] *Heckschen* DStR 2007, 1442, 1448; dem folgend *Wälzholz* DStR 2007, 1914, 1920; *Hirte* ZInsO 2008, 689, 693; *ders.* WM 2008, 1429, 1431. Vor dem Hintergrund der Entscheidung des BGH NJW 2013, 2282, wird dies teilweise in Frage gestellt, vgl. *Reinhard/Schützler* ZIP 2013, 1898, 1900 ff.

der Übernahme in die Insolvenz führt.[158] Zutreffend wird vor dem Hintergrund dieser Problematik dafür plädiert, Abtretungen an Dritte gemäß § 135 Abs. 1 Nr. 2 InsO analog als Befriedigung anzusehen, mit der Folge dass der Zessionar, wenn er die Forderung außerhalb der Anfechtungsfrist erworben hat, eine gewöhnliche Insolvenzforderung erlangt.[159] Dies soll auch dann zu gelten haben, wenn ein Gesellschafter seine Beteiligung abtritt, aber seine Stellung als Darlehensgeber behält.[160]

Da der Nachrang angesichts der pauschalisierten und generalisierten Regelung in § 39 Abs. 1 Nr. 5 InsO in einem umfassenden Sinne zu verstehen ist, dürfte er sich in sachlicher Hinsicht – wie bisher – auch auf die rückständigen Zinsen und Nebenforderungen erstrecken, ohne dass es darauf ankommt, ob der Zinsanspruch als solcher gestundet ist.[161]

b) Gesellschafter. Der Grundtatbestand des § 39 Abs. 1 Nr. 5 InsO erfasst ausdrücklich nur Darlehen, die von einem *Gesellschafter* einer der oben erwähnten In- oder Auslandsgesellschaften gewährt wurden. Dabei kommt es für die Stellung als Gesellschafter i.S.d. § 39 Abs. 1 Nr. 5 InsO auf die materiell-rechtliche Inhaberschaft der Geschäftsanteile an; nicht entscheidend ist die Aufnahme in die Gesellschafterliste.[162] Allerdings wird vertreten, dass der noch durch die Gesellschafterliste legitimierte, bereits ausgeschiedene Gesellschafter einem (materiell-rechtlichen) Gesellschafter gleichzustellen sei.[163]

Im Gegensatz zur bisherigen Regelung in § 32a Abs. 3 S. 1 GmbHG a.F. ist dem Wortlaut der Neuregelung die unmittelbare Gleichstellung eines *Dritten* mit einem *Gesellschafter* nicht unmittelbar zu entnehmen. Jedoch soll nach der Regierungsbegründung durch die Formulierung „Forderungen aus Rechtshandlungen, die einem Darlehen wirtschaftlich entsprechen" der bisherige § 32a Abs. 3 S. 1 GmbHG a.F. sowohl in personeller („Dritte") als auch in sachlicher Hinsicht übernommen werden.[164] Daraus folgt, dass § 39 Abs. 1 Nr. 5 InsO nicht nur für einem Darlehen wirtschaftlich entsprechende Finanzierungen,[165] sondern darüber hinaus für Finanzierungen (sei es durch Darlehen oder vergleichbare Leistung) durch bestimmte Dritte gelten soll.[166] Im Ergebnis dürfte es daher – insbesondere angesichts der Klarstellung in der Regierungsbegründung – unstreitig sein, dass es unter den bisherigen Voraussetzungen bei der Einbeziehung bestimmter Dritter bleibt[167] und insoweit auf die zu § 32a Abs. 3 S. 1 GmbHG a.F. entwickelten Grundsätze zurückgegriffen werden kann.[168]

---

[158] *Heckschen* DStR 2007, 1442, 1448.
[159] *Ulmer/Habersack/Winter/Habersack* ErgBd. MoMiG § 30 Rn. 46; *ders.* ZIP 2007, 2145, 2149; ebenso *Wicke* Anh. § 30 Rn. 6; *Scholz/K. Schmidt* Nachtr MoMiG §§ 32a/b a.F. Rn. 23; *Gehrlein* BB 2008, 846, 850; *Hirte* ZInsO 2008, 689, 693; *ders.* WM 2008, 1429, 1431; tendenziell auch OLG Stuttgart NZI 2012, 324, 326; hingegen kritisch Baumbach/Hueck/*Fastrich* Anh. § 30 Rn. 30.
[160] BGH NJW 2012, 682, 683, Rn. 15; *Wicke* Anh. § 30 Rn. 6; Ulmer/Habersack/Winter/*Habersack* ErgBd. MoMiG § 30 Rn. 46; *Gehrlein* BB 2008, 846, 850; dem folgend *Hirte* ZInsO 2008, 689, 693; *ders.* WM 2008, 1429, 1431.
[161] Vgl. Baumbach/Hueck/*Fastrich* Anh. § 30 Rn. 61; *Habersack* ZIP 2007, 2145, 2150 m.w.N. zum bisherigen Recht; zustimmend *Gehrlein* BB 2008, 846, 850; *Hirte* WM 2008, 1429, 1431; *ders.* ZInsO 2008, 689, 693; a.A. *Mülbert* WM 2006, 1977, 1980, nach dessen Auffassung das Sonderregime „nach dem eindeutigen Normtext" nur den Rückgewähranspruch, nicht aber den Anspruch auf Zinsen betreffe.
[162] Baumbach/Hueck/*Fastrich* Anh. § 30 Rn. 28a; *Wicke* Anh. § 30 Rn. 6; Rowedder/Schmidt-Leithoff/*Görner* Anh. § 30 Rn. 57.
[163] Rowedder/Schmidt-Leithoff/*Görner* Anh. § 30 Rn. 57.
[164] So ausdrücklich Begr: RegE, BT-Drucks. 16/6140, S. 137; zustimmend *Hirte* ZInsO 2008, 689, 693; *ders.* WM 2008, 1429, 1431.
[165] Siehe dazu → Rn. 76 ff.
[166] Siehe dazu → Rn. 87 ff.
[167] H. M., so *Bayer/Graff* DStR 2006, 1654, 1659; *K. Schmidt* ZIP 2006, 1925, 1928 f.; *Bormann* DB 2006, 2616, 2617; *Knof* ZInsO 2007, 125, 127; *Haas* ZInsO 2007, 617, 620; *Gehrlein* Konzern 2007, 771, 787; *A. Schmidt* ZInsO 2007, 975, 977; im Ergebnis ebenso *Bork* ZGR 2007, 250, 254, der jedoch im Gesetzgebungsverfahren für einen deutlicheren Hinweis auf die Einbeziehung „Dritter" plädierte; a.A. *Bittmann* GmbHR 2007, 70, 74; *Wälzholz* DStR 2007, 1914, 1918, nach deren übereinstimmender Auffassung dem Gesellschafter nahestehende Dritte nicht von § 39 Abs. 1 Nr. 5 InsO erfasst werden und daher zukünftig aus den Regeln zum Kapitalersatz herausfallen.
[168] *Habersack* ZIP 2007, 2145, 2148; *Gehrlein* Konzern 2007, 771, 787; *ders.* BB 2008, 846, 849, 850.

3. Verzicht auf das Merkmal der „Krise"

44 Der im Grundtatbestand des § 39 Abs. 1 Nr. 5 InsO geregelte generelle Nachrang hat zur Konsequenz, dass es nicht mehr auf die schwierige Feststellung ankommt, ob ein Gesellschafterdarlehen in der „Krise" gewährt wurde und damit „eigenkapitalersetzend" ist.[169] Bislang bei der Anwendung dieser Begriffe bestehende gravierende Abgrenzungsschwierigkeiten und Rechtsunsicherheiten sind dadurch beseitigt worden.[170] Die von der Rechtsprechung gelieferten Konkretisierungen der Insolvenzreife bzw. Kreditunwürdigkeit führten in vielen Fällen nicht zu einer eindeutigen Beantwortung der Frage nach dem Vorliegen einer Krise, mit der Folge dass die Geschäftsführer Gefahr liefen, haftungsrelevante Leistungen entgegen § 30 GmbHG zu erbringen oder dem Gesellschafter zu Unrecht Tilgungsleistungen zu verweigern.[171] Vor diesem Hintergrund wurde der Verzicht auf das Tatbestandsmerkmal der Krise in § 39 Abs. 1 Nr. 5 InsO vom überwiegenden Schrifttum begrüßt.[172] Hinzu kommt, dass die Regeln über Gesellschafterdarlehen dadurch von überflüssigem und Prozesse in die Länge ziehenden Ballast befreit worden sind.[173] Eine weitere Erleichterung besteht darin, dass sich mit dem Verzicht auf das Tatbestandsmerkmal der „Krise" auch der Streit erübrigt hat, zu welchem Zeitpunkt das Darlehen wieder entsperrt wird.[174]

45 Zwar ist im Rahmen des Gesetzgebungsverfahrens vereinzelt kritisch eingewandt worden, durch den Verzicht auf das Merkmal der „Krise" werde das Kapitalersatzrecht einer seit Jahrzehnten anerkannten Legitimation beraubt.[175] Darüber hinaus spreche für die Beibehaltung des Tatbestandsmerkmals die Ausformung des Rechtsbegriffs der „Krise" durch die langjährige BGH-Rechtsprechung, so dass seine Anwendung rechtlich keine Schwierigkeiten bereitet, die eine Abschaffung rechtfertigen könne.[176] Zu Recht ist den Kritikern jedoch entgegengehalten worden, es könne nicht Aufgabe des Gesetzes sein, Dogmatik und Wertung zu verkünden.[177] Die Einführung eines generellen Nachrangs der Gesellschafterdarlehen und der damit einhergehende Verzicht auf das Merkmal der „Krise", wie er nunmehr in § 39 Abs. 1 Nr. 5 InsO vorgesehen ist, lässt sich mit dem bereits erwähnten Näheverhältnis zwischen Gesellschafter und „seiner" Gesellschaft begründen.[178] Damit ist letztlich auch die Risikozuweisung zu erklären, dass der Gesellschafter innerhalb der nunmehr nach der Rückzahlung des Darlehens für die Insolvenzanfechtung maßgeblichen Jahresfrist (vgl. § 135 Abs. 1 Nr. 2 InsO) das Risiko einer unverschuldeten bzw. auf einem exogenen Schock beruhenden Insolvenz der Gesellschaft trägt.[179]

46 Zwar hätte auf den ersten Blick an die Einführung einer „Exkulpationsregelung" gedacht werden können, die es dem Gesellschafter im Wege einer Beweislastverteilungsregel erlaubt, nachzuweisen, dass das Darlehen oder eine wirtschaftlich entsprechende Leistung entgegen

---

[169] Bayer/Graff DStR 2006, 1654, 1655; Seibert ZIP 2006, 1157, 1161; Hölzle DStR 2007, 1185, 1189; Kiethe ZIP 2007, 1248, 1251; Handelsrechtsausschuss des DAV NZG 2007, 211, 219; vgl. auch prägnant Tillmann GmbHR 2006, 1289, 1290, wonach der Verzicht auf das Tatbestandsmerkmal der „Krise" zur „Bestattung des Instituts der eigenkapitalersetzenden Darlehen" führe.
[170] Vgl. Oppenhoff BB 2008, 1630, 1632; Seibert/Decker ZIP 2008, 1208, 1211; Noack DB 2006, 1475, 1480.
[171] Flesner NZG 2006, 641, 646; Huber/Habersack BB 2006, 1, 3.
[172] Vgl. Wulfetange BB-Special 7/2006, 19, 22; Hölzle DStR 2007, 1186, 1190; Habersack ZIP 2007, 2145, 2146; im Ergebnis auch Bork ZGR 2007, 250, 255.
[173] Habersack ZHR 170 (2006), 607, 611; ebenso bereits Röhricht ZIP 2005, 505, 512 f.
[174] Bayer/Graff DStR 2006, 1654, 1657; vgl. zum Meinungsstand nach bisherigem Recht 1. Aufl. Rn. 21; Ulmer/Habersack/Winter/Habersack § 32 a/b Rn. 81 f.; Scholz/K. Schmidt (2006) §§ 32 a, 32 b Rn. 54; Roth/Altmeppen § 32 a a. F. Rn. 49 ff.; Löwisch, Eigenkapitalersatzrecht Rn. 376.
[175] Schröder/Grau ZInsO 2007, 353, 355; im Ergebnis ebenfalls gegen die Streichung des Merkmals der „Krise" Hommelhoff in: VGR, Die GmbH-Reform in der Diskussion, S. 115, 124; Thiessen ZIP 2007, 253, 258; Schröder/Grau ZInsO 2007, 353, 355; Neuhaus ZIP 2007, 2153, 2157 („erhebliche Haftungsverschärfung").
[176] Vgl. Hommelhoff in: VGR, Die GmbH-Reform in der Diskussion, S. 115, 124; Schröder/Grau ZInsO 2007, 353, 355.
[177] Noack DB 2007, 1395, 1398.
[178] Siehe hierzu bereits oben → Rn. 43 ff.
[179] Mülbert WM 2006, 1977, 1978; ebenso Noack DB 2006, 1475, 1480.

der gesetzlichen Regelvermutung nicht in der Krise gewährt oder stehen gelassen wurde.[180] Bei genauerer Betrachtung zeigt sich jedoch, dass die Einführung einer solchen Exkulpationsmöglichkeit Verzögerungstaktiken Vorschub geleistet und unerwünschte Prozesse provoziert hätte.[181] Insgesamt hat der Gesetzgeber daher aus gutem Grund von der Einführung einer entsprechenden Exkulpationsregelung abgesehen.

4. Einbeziehung „stehen gelassener" Darlehen

Infolge der generalisierenden Betrachtungsweise des in § 39 Abs. 1 Nr. 5 InsO geregelten Grundtatbestands, wonach sämtliche Gesellschafterdarlehen in der Insolvenz wie Eigenkapital behandelt werden,[182] brauchen auch die Voraussetzungen des – in der bisherigen Praxis bedeutsamen – „Stehenlassens" eines anfangs neutralen Darlehens nicht mehr festgestellt zu werden.[183] Der Verzicht auf das Tatbestandsmerkmal der „Krise" und die Abkehr vom Grundsatz der Finanzierungsfolgenverantwortung[184] entzieht der Figur des „Stehenlassens" von Darlehen die rechtliche Grundlage. Denn das „Stehenlassen" setzte einen Bezugspunkt – die Krise – voraus, den es nun nicht mehr gibt.[185]

Nach der Regierungsbegründung wird der Gesellschafter dadurch nicht schlechter gestellt, weil im Zeitpunkt des Eintritts der Insolvenz offene Darlehen unter dem Aspekt des „Stehenlassens" auch bisher schon als kapitalersetzend umqualifiziert wurden.[186] Im Schrifttum wird hingegen teilweise die Auffassung vertreten, die Neuregelung führe zu einer praktisch erheblichen Schlechterstellung der Gesellschafter, zumal ihnen – auch bei sofortiger Kündigung des Darlehens – die Möglichkeit genommen werde, das „Stehenlassen" des Darlehens zu vermeiden. Dies könne insbesondere bei der Konzernfinanzierung zu erheblichen Schwierigkeiten führen.[187] Darüber hinaus wird gegen die Neuregelung in § 39 Abs. 1 Nr. 5 InsO eingewandt, dass den Gesellschaftern bei ihrer Finanzierungsentscheidung die Rechtssicherheit genommen werde, wenn es für den Nachrang nicht mehr darauf ankomme, ob sich die Gesellschaft im Zeitpunkt des „Stehenlassens" des Darlehens in einer Krise befand. Absehbare Konsequenz sei die Abnahme von Gesellschafterdarlehen nach Zahl und Umfang. Grund hierfür sei, dass der darlehensgebende Gesellschafter nach neuem Recht die insolvenzrechtliche Gleichstellung des Darlehens mit Eigenkapital überhaupt nicht, auch nicht durch rechtzeitigen Abzug der Mittel, verhindern könne.[188]

---

[180] *Altmeppen* NJW 2005, 1911, 1914; *Kleindiek* ZGR 2006, 335, 358; in diese Richtung auch *Gesmann-Nuissl* WM 2006, 1756, 1759 („Hatte das Darlehen dagegen zu keiner Zeit eigenkapitalersetzenden Charakter, realisiert sich also tatsächlich nur ein „Zufallsrisiko", so ist der Gesellschafter (…) in der Insolvenz genauso schutzwert wie der Gläubiger").
[181] In diesem Sinne bereits zutreffend *Bork* ZGR 2007, 250, 255; ähnlich *Huber* in: FS Priester, S. 259, 261 und dort Fußn. 8 a. E.; gegen die Einführung einer widerleglichen Vermutung siehe auch *Habersack* ZIP 2007, 2145, 2146 sowie den ablehnenden Beschluss E. IV. 21. a. des 66. DJT., abrufbar unter www.djt.de.
[182] *Gehrlein* BB 2008, 846, 850; *Freitag* WM 2007, 1681.
[183] *Schäfer* DStR 2006, 2085, 2087; ebenso *Bork* ZGR 2007, 250, 254 f.
[184] Siehe hierzu → Rn. 25 ff. Jüngst hat der BGH das Prinzip der Finanzierungsfolgenverantwortung für die Konstellation der Abtretung eines Gesellschafterdarlehens an einen Dritten bemüht, um die Anfechtbarkeit auch gegenüber dem abtretenden Gesellschafter zu begründen, vgl. BGH NJW 2013, 2282, 2284 f.; kritisch hierzu *Reinhard/Schützler* ZIP 2013, 1989, 1899.
[185] *Tillmann* GmbHR 2006, 1289, 1292. Vgl. auch *Krolop* ZIP 2007, 1738, 1740, wonach das „Stehenlassen" des Darlehens in der Krise nunmehr „zu der von der Rechtsordnung favorisierten Handlungsalternative" wird.
[186] Begr. RegE, BT-Drucks. 16/6140, S. 137; zustimmend *Hirte* ZInsO 2008, 689, 692; *ders.* WM 2008, 1429, 1430; ebenso bereits *Bayer/Graff* DStR 2006, 1654, 1657; *Mülbert* WM 2006, 1977, 1979; *Tillmann* GmbHR 2006, 1289, 1290; *Hölzle* DStR 2007, 1185, 1191 und dort Fußn. 79; *Gehrlein* Konzern 2007, 771, 787; *ders.* BB 2008, 846, 850. Vgl. zum „Stehenlassen" eines Darlehens nach der bisherigen Rechtslage auch BGHZ 75, 334, 336 ff. = NJW 1980, 592, 592 f.; BGHZ 105, 168, 185 f. = NJW 1988, 3143, 3147; BGHZ 109, 55, 60 = NJW 1990, 516, 517; siehe auch 1. Aufl. Rn. 44 ff.; Rowedder/Schmidt-Leithoff/*Pentz* (2002) § 32a Rn. 143 ff.; Lutter/Hommelhoff (2004) §§ 32a Rn. 45 ff.; *Gehrlein* GmbH-Recht in der Praxis (2005), S. 419 ff.; Baumbach/Hueck/*Fastrich* Anh. § 30 Rn. 138; Scholz/K. *Schmidt* (2006) §§ 32a, 32b Rn. 47 ff.; Ulmer/Habersack/Winter/*Habersack* §§ 32a/b Rn. 43 ff.; *Löwisch*, Eigenkapitalersatzrecht Rn. 125 ff.
[187] *Burg/Westerheide* BB 2008, 62, 62 f. (mit ausführlichen Beispielen); *Burg/Poertzgen* ZInsO 2008, 473, 476; vgl. auch bereits *Hommelhoff* in: VGR, Die GmbH-Reform in der Diskussion, S. 115, 126.
[188] *Freitag* WM 2007, 1681.

49 Im Ergebnis vermögen die vorstehenden Einwände nicht zu überzeugen. Entscheidend dürfte vielmehr sein, dass die Erstreckung des Anwendungsbereichs des § 39 Abs. 1 Nr. 5 InsO auf die Fälle „stehen gelassener" Gesellschafterdarlehen dem erklärten Ziel des Gesetzgebers entspricht, das Eigenkapitalersatzrecht im Zuge der GmbH-Reform zu vereinfachen und grundlegend zu regulieren. Nach der sehr komplexen bisherigen Rechtslage war die Behandlung des „Stehenlassens" von Gesellschafterdarlehen in der Praxis bei solchen Gesellschaften immer problematisch, die später – und oft zunächst vom Darlehensgeber unbemerkt – in eine Krise geraten sind. Ob hier die Kenntnis des Darlehensgebers von der Krise erforderlich ist, war umstritten.[189] Nach der generalisierenden Betrachtungsweise, die der Neuregelung in § 39 Abs. 1 Nr. 5 InsO zugrunde liegt, besteht diese Problematik von vornherein nicht mehr.

5. Darlegungs- und Beweislast

50 Vor Inkrafttreten des MoMiG war allgemein anerkannt, dass derjenige – entsprechend den allgemeinen zivilprozessualen Grundsätzen – die Darlegungs- und Beweislast für die Anwendung der §§ 32 a, b GmbHG a. F. trägt, der die Anwendung der Bestimmungen geltend macht, z. B. der Insolvenzverwalter, der pfändende Gläubiger oder der Liquidator.[190] Insoweit bestanden häufig, etwa bei fehlenden Geschäfts- oder Buchhaltungsunterlagen, große Darlegungs- und Beweisschwierigkeiten.[191] Umstände, wie etwa das Vorliegen einer Krise[192] oder eine Benachteiligungsabsicht, waren für außenstehende Gläubiger, aber auch für Insolvenzverwalter, häufig nicht oder nur schwer nachweisbar.[193]

51 Seit Inkrafttreten des MoMiG bestehen diese Darlegungs- und Beweisschwierigkeiten nicht mehr.[194] Der Insolvenzverwalter hat im Hinblick auf die generelle Nachrangigkeit von Gesellschafterdarlehen im Sinne des § 39 Abs. 1 Nr. 5 InsO im Insolvenzverfahren nunmehr lediglich die Stellung als Gesellschafter-Kreditgeber darzulegen und zu beweisen, also zum einen die Gesellschaftereigenschaft oder die vergleichbare Stellung des Darlehensgläubigers und zum anderen die Gewährung eines Darlehens durch den Gesellschafter bzw. die Voraussetzungen einer Rechtshandlung, die wirtschaftlich einem Darlehen entspricht. Hingegen muss dem Gesellschafter nicht mehr nachgewiesen werden, dass das von ihm gewährte Darlehen zu irgendeinem Zeitpunkt eigenkapitalersetzend war.[195] Dies bedeutet in prozessualer Hinsicht eine erhebliche Erleichterung.

IV. Rechtsfolgen

52 Gesellschafterdarlehen sind kraft Gesetzes nachrangig, d. h. sie sind erst nach der vollständigen Berichtigung aller ihr vollrangigen Forderungen zu befriedigen. Rückzahlungen der Gesellschaft auf Forderungen dieser Art unterliegen der gesetzlichen Insolvenzanfechtung. Im Einzelnen:

---

[189] *Schiffer* BB-Special 7/2006, 14, 15. Subjektive Zurechnungsmerkmale wurden bei der Bestimmung der Voraussetzungen des „Stehenlassens" nach bisheriger Rechtslage für erforderlich gehalten von MünchHdb-GesR III/*Rümker* (2003) § 52 Rn. 22; *Lutter/Hommelhoff* (2004) §§ 32 a/b Rn. 47; *Gehrlein* GmbH-Recht in der Praxis (2005), S. 421; Ulmer/Habersack/Winter/*Habersack* §§ 32 a/b Rn. 44 f.; Baumbach/Hueck/*Fastrich* Anh. § 30 Rn. 139; **a. A.** Roth/*Altmeppen* § 32 a a. F. Rn. 43 ff.; Scholz/*K. Schmidt* (2006) §§ 32 a, 32 b Rn. 51; *Löwisch*, Eigenkapitalersatzrecht Rn. 126, 90 f.

[190] Scholz/*K. Schmidt* (2006) §§ 32 a, 32 b Rn. 57; MünchHdbGesR III/*Rümker* (2003) § 52 Rn. 54; Baumbach/Hueck/*Fastrich* Anh. § 30 Rn. 152; Ulmer/Habersack/Winter/*Habersack* §§ 32 a/b Rn. 83; Roth/*Altmeppen* § 32 a a. F. Rn. 53; vgl. auch BGH NJW 1989, 1219, 1220; BGH ZIP 1998, 243, 244.

[191] *Schröder/Grau* ZInsO 2007, 353, 356, die jedoch der Meinung sind, dass diese prozessualen Schwierigkeiten keine hinreichende Kritik an der Legitimation und Funktionsfähigkeit des Begriffs der „Krise" begründeten.

[192] Zu den Anforderungen, die nach bisherigem Recht an den Nachweis der Krise zu stellen waren, siehe im Einzelnen *Blöse* ZIP 2003, 1687, 1688 ff.; *Löwisch*, Eigenkapitalersatzrecht Rn. 118 sowie 1. Aufl. Rn. 23 i. V. m. 19.

[193] Vgl. *Cahn* AG 2005, 217, 224.

[194] Dies begrüßend *Flitsch* DZWiR 2006, 397, 399.

[195] Ebenso *Reiner*, Das Eigenkapitalersatzrecht nach dem MoMiG, S. 33; *Bormann* DB 2006, 2616, 2617; *Bayer/Graff* DStR 2006, 1654, 1657.

1. Gesetzlicher Rangrücktritt in der Insolvenz (§ 39 Abs. 1 Nr. 5 InsO)

Gesellschafterdarlehen werden im Ausgangspunkt entsprechend ihrer tatsächlichen Form als Verbindlichkeiten behandelt. Im Insolvenzverfahren begründen Gesellschafterkredite und gleichgestellte Rechtshandlungen sind gemäß § 39 Abs. 1 Nr. 5 InsO allerdings letztrangig zu befriedigen, also **nachrangige Insolvenzforderungen.** Dabei erfahren sämtliche Gesellschafterdarlehen unabhängig von ihrer Zweckbestimmung eine einheitliche insolvenzrechtliche Regelung;[196] der Nachrang erfasst mit anderen Worten jedes Darlehen, gleich ob es nach alter Diktion als eigenkapitalersetzend zu charakterisieren oder mit einer anderen oder überhaupt keiner Zweckbestimmung verknüpft ist. Der Letztrangigkeit gilt unabhängig von einer Stundung auch für aus einem Darlehen abgeleitete **Zinsansprüche** und sonstige Nebenforderungen.[197]

Nachrangigkeit einer in § 39 InsO bezeichneten Forderung meint, dass sie erst nach der vollständigen Berichtigung aller ihr vorrangigen Forderungen zu befriedigen sind (**absoluter Nachrang** oder auch **Letztrangigkeit**).[198]

Gläubiger nachrangiger Forderungen unterliegen denselben **Beschränkungen** wie alle übrigen Insolvenzgläubiger. Der Insolvenzschuldner darf diese Insolvenzforderungen nicht mehr befriedigen, weil ihm insoweit die Verfügung über die Masse entzogen ist (§§ 80 ff., 91 InsO). Den nachrangigen Gläubigern ist es verboten, während des Insolvenzverfahrens die Einzelzwangsvollstreckung in das Vermögen des Schuldners zu betreiben (§ 89 Abs. 1 InsO); ihre Forderungen dürfen sie nur nach den Vorschriften über das Insolvenzverfahren gem. § 87 InsO verfolgen. Zudem werden Sicherungen, die im letzten Monat vor Antrag auf Verfahrenseröffnung durch Zwangsvollstreckung an einem Vermögensgegenstand, der zur Insolvenzmasse gehört, erlangt wurden, auch für nachrangige Gläubiger unwirksam (§ 88 InsO).[199]

Wenngleich die Inhaber nachrangiger Forderungen materiell-rechtlich als Insolvenzgläubiger qualifiziert werden, ist ihre Rechtsstellung gegenüber den allgemeinen Insolvenzgläubigern **geschwächt.** So sieht die InsO erhebliche Einschränkungen für nachrangige Insolvenzgläubiger bei der Gläubigerselbstverwaltung vor. Nachrangige Insolvenzgläubiger haben kein Recht, die Einberufung der Gläubigerversammlung zu beantragen (§ 75 Abs. 1 Nr. 3 und 4 InsO). In der Gläubigerversammlung selbst haben sie kein Stimmrecht (§ 77 Abs. 1 S. 2 InsO) und damit auch kein Antragsrecht zur Aufhebung eines Beschlusses der Gläubigerversammlung beim Insolvenzgericht (§ 78 InsO). Ihnen bleibt im Wesentlichen daher nur das Recht an der Teilnahme an der Gläubigerversammlung und damit der Zugang zu den dort zugänglich gemachten allgemeinen Informationen.[200] Bei einer Abschlagsverteilung dürfen nachrangige Insolvenzgläubiger nicht berücksichtigt werden (§ 187 Abs. 2 S. 2 InsO).[201]

In **verfahrensrechtlicher Hinsicht** ist zu beachten, dass nachrangige Forderungen – obwohl sie Insolvenzforderungen sind – erst nach besonderer Aufforderung durch das Insolvenzgericht angemeldet werden dürfen, § 174 Abs. 3 S. 1 InsO, wobei die Fristen der nachträglichen Anmeldung des § 177 Abs. 2 InsO zu beachten sind.[202] Meldet ein Gläubiger seine nachrangige Forderung als solche ohne vorherige Aufforderung an, so ist diese Anmeldung unzulässig. Sie ist daher bereits im Rahmen der gerichtlichen Vorprüfung in einem förmlichen Beschluss des Insolvenzgerichts durch den Rechtspfleger zurückzuweisen. Meldet ein Gläubiger allerdings eine Forderung mit der Behauptung an, es handele sich um eine nicht nachrangige Insolvenzforderung, und beansprucht er für diese die insolvenzmäßige Haftung der Masse, so ist die Anmeldung grundsätzlich zulässig. Über die Feststellung, ob

---
[196] Begr. RegE zu Art. 9 Nr. 5 MoMiG (Änderung von § 39 InsO), BT-Drucks. 16/6140, S. 56.
[197] Henssler/Strohn/*T. Fleischer*, GesR, Anh. § 30: § 39 InsO Rn. 24; *Gehrlein* BB 2008, 846, 850; *Habersack* ZIP 2007, 2145, 2150; zweifelnd *Mülbert* WM 2006, 1977, 1980.
[198] MünchKommInsO/*Ehricke* § 39 Rn. 1; Henssler/Strohn/*T. Fleischer*, GesR, Anh. § 30: § 39 InsO Rn. 24.
[199] MünchKommInsO/*Ehricke* § 39 Rn. 8.
[200] MünchKommInsO/*Ehricke* § 39 Rn. 8.
[201] MünchKommInsO/*Ehricke* § 39 Rn. 8.
[202] MünchKommInsO/*Ehricke* § 39 Rn. 8 und 49.

diese Behauptung zutrifft, wird dann, soweit sie vom Insolvenzverwalter im Prüftermin bestritten wurde, im Hauptprüfverfahren nach den Vorschriften der §§ 179 ff. InsO entschieden.

2. Insolvenzanfechtung

58 Der für den Fall des Insolvenzeintritts in § 39 Abs. 1 Nr. 5 InsO angeordnete Nachrang von Gesellschafterdarlehen wird im Vorfeld der Insolvenz dadurch durchgesetzt, dass Rückzahlungen der Gesellschaft auf Forderungen dieser Art gemäß § 135 InsO der insolvenzrechtlichen Anfechtung unterliegen. Dabei sind Rechtshandlungen, die **Befriedigung** gewähren, anfechtbar, wenn sie innerhalb des letzten Jahres vor dem Antrag auf Eröffnung des Insolvenzverfahrens erfolgen (§ 135 Abs. 1 Nr. 2 InsO – dazu sogleich). Rechtshandlungen, die **Sicherung** gewähren, sind hingegen anfechtbar, wenn die Handlung in den letzten zehn Jahren vor Antrag auf Eröffnung des Insolvenzverfahrens vorgenommen worden ist (§ 135 Abs. 1 Nr. 1 InsO – dazu → Rn. 62 a ff.).

59 Dabei ist es auch hier ohne Bedeutung, ob das Darlehen eigenkapitalersetzenden Charakter hatte oder nicht.[203] Nach der Gesetzeslage besteht folglich auch die Möglichkeit, dass die Darlehensrückzahlung durch ein gesundes Unternehmen, das anschließend binnen Jahresfrist in Insolvenz gefallen ist, angefochten wird.[204]

60 a) *Anfechtungstatbestände.* aa) *Anfechtung wegen Befriedigung eines Gesellschafterdarlehens.* Im Insolvenzfall ist die Befriedigung von Darlehen und gleichgestellten Forderungen im letzten Jahr vor dem Eröffnungsantrag oder nach diesem gemäß § 135 Abs. 1 Nr. 2 InsO anfechtbar. Unter Befriedigung sind alle Rechtshandlungen zu verstehen, durch die die Forderung des Gesellschafters (oder eines gleichgestellten Dritten) getilgt wird, also auch alle Erfüllungssurrogate einschließlich Leistungen an Erfüllungs Statt und erfüllungshalber sowie der Aufrechnung und einer Verrechnungsvereinbarung; auch die Befriedigung aus einer von der Gesellschaft gestellten Sicherheit ist anfechtbar.[205] Die Jahresfrist beginnt wie bei den anderen Anfechtungstatbeständen mit dem Zeitpunkt der tatsächlichen Antragstellung und nicht ab dem Zeitpunkt der Antragspflicht (§ 15 a InsO), also der Insolvenzreife.[206]

61 Die Anfechtung erfordert wie jede Insolvenzanfechtung das Vorliegen einer objektiven Gläubigerbenachteiligung, § 129 Abs. 1 InsO; auf die subjektiven Vorstellungen oder Kenntnisse der Beteiligten kommt es dagegen nicht an.[207]

62 Auch die Befriedigung einer gleichgestellten Forderung ist nach § 135 Abs. 1 Nr. 2 InsO anfechtbar. Allerdings enthält das Gesetz keine Auskunft, wie der Begriff der gleichgestellten Forderungen unter dem Tatbestand des § 135 InsO auszulegen ist. In Einklang mit der Regelung des § 39 Abs. 1 Nr. 5 InsO sind gestundete Forderungen zweifellos auch im Rahmen des § 135 InsO einem Darlehen gleich zu achten. Im Anwendungsbereich des § 135 InsO bedarf es ebenfalls keiner ausdrücklichen Stundungsabrede; anfechtbar ist bereits eine Zahlung auf eine stehen gelassene Forderung, die der Gesellschafter zuvor nicht innerhalb der verkehrsüblichen Gepflogenheiten geltend gemacht hatte.[208]

62a bb) *Anfechtung bei Sicherheitenbestellung.* Rechtshandlungen, die den Gläubiger eines Gesellschafterdarlehens oder einer gleichgestellten Forderung Sicherung gewähren, sind nach § 135 Abs. 1 Nr. 1 InsO anfechtbar, wenn die zu ihnen führende Rechtshandlung in den letzten zehn Jahren vor dem Eröffnungsantrag oder nach diesem Antrag vorgenommen wurde. Der Begriff der Sicherheitsleistung entspricht dem im Rahmen von §§ 130, 131 InsO.[209] Neben Pfandrechten an beweglichen und unbeweglichen Sachen sind insbesondere Sicherungsübereignungen und -abtretungen von Bedeutung. Auch der Eigentumsvorbehalt

---

[203] Begr. RegE zu Art. 9 Nr. 8 MoMiG (Neufassung von § 135 InsO), BT-Drucks. 16/6140, S. 57.
[204] *Gehrlein* BB 2008, 846, 852; *Heckschen* DStR 2007, 1442, 1448.
[205] MünchKommInsO/*Stodolkowitz/Bergmann*, 2. Aufl. 2008, § 135 Rn. 76.
[206] *Gehrlein* BB 2008, 846, 852.
[207] *Bork* ZGR 2007, 250, 260; Henssler/Strohn/*T. Fleischer*, GesR, Anh. § 30: § 39 InsO Rn. 24.
[208] *Gehrlein* BB 2008, 846, 853.
[209] Uhlenbruck/*Hirte* InsO § 135 Rn. 13.

stellt im Regelfall eine von § 135 Abs. 1 Nr. 1 InsO erfasste Sicherheit dar.[210] Bei mehraktigen Rechtshandlungen ist der letzte Teilakt maßgebend, § 140 Abs. 1 InsO.

cc) Anfechtung der Befriedigung einer gesellschafterbesicherten Drittforderung. § 135 Abs. 2 InsO betrifft die in § 44a InsO geregelten Fallgestaltungen, die sich früher in § 32b GmbHG a.F. fanden. Nach § 135 Abs. 2 InsO werden Rechtshandlungen der Anfechtung unterworfen, durch die ein außenstehender Dritter für seine Forderung gegen die GmbH Befriedigung erlangt hat, für die ein Gesellschafter eine Sicherheit gestellt hatte. Zahlungen der Gesellschaft an einen durch einen Gesellschafter gesicherten Gläubiger sind danach innerhalb eines Jahres anfechtbar. Erfasst sind Tilgungen aller Art.[211]

Bei § 135 Abs. 2 InsO passen die in § 143 InsO enthaltenen Regelungen zu den Rechtsfolgen der Anfechtung nicht, da hier – parallel zur Rechtslage beim bisherigen § 32b GmbHG a.F. – nicht der Drittgläubiger das von der Gesellschaft Erlangte zurückgewähren soll, sondern vielmehr der durch die Leistung der Gesellschaft frei gewordene Gesellschafter, der als Bürge haftete oder die Sicherung bestellt hatte.[212] Die Anfechtung richtet sich daher nicht gegen den Gläubiger des Anspruchs, sondern gemäß § 143 Abs. 3 S. 1 InsO gegen den Gesellschafter als Sicherungsgeber.

Der Anspruch ist auf die Höhe der übernommenen Bürgschaft, bei einer dinglichen Sicherung auf den Wert der bestellten Sicherheit beschränkt (§ 143 Abs. 3 S. 2 InsO). Handelt es sich um eine Realsicherheit, kann sich der Gesellschafter von der Inanspruchnahme befreien, indem er die als Sicherheit dienenden Gegenstände der Masse zur Verfügung stellt (§ 143 Abs. 3 S. 3 InsO).

dd) Verhältnis des § 135 InsO zur Vorsatzanfechtung des § 133 InsO. Nach § 133 Abs. 2 InsO ist ein vom Schuldner mit einer nahestehenden Person im Sinne des § 138 InsO geschlossener entgeltlicher Vertrag, durch den die Insolvenzgläubiger unmittelbar benachteiligt werden, anfechtbar. Die Anfechtung ist ausgeschlossen, wenn der Vertrag früher als zwei Jahre vor dem Eröffnungsantrag geschlossen worden ist oder wenn dem anderen Teil zur Zeit des Vertragsschlusses ein Vorsatz des Schuldners, die Gläubiger zu benachteiligen, nicht bekannt war. Handelt es sich bei dem Schuldner um eine juristische Person, gehören zu den nahestehenden Personen (neben dem Geschäftsführer) diejenigen Gesellschafter, die zu mehr als einem Viertel am Kapital beteiligt sind (§ 138 Abs. 2 Nr. 1 InsO). Erfüllungsgeschäfte werden als entgeltliche Verträge im Sinne des § 133 Abs. 2 InsO qualifiziert, weil das Entgelt in der Befreiung der Schuld liegt. Danach wäre bei Darlehenstilgungen durch eine Gesellschaft, die eine unmittelbare, in der fehlenden Vollwertigkeit des gegen die Gesellschaft gerichteten Darlehensanspruchs liegende Gläubigerbenachteiligung hervorrufen, vielfach auch der Tatbestand des § 133 Abs. 2 InsO mit der Erleichterung einer Anfechtungsfrist von zwei Jahren erfüllt.

Da die Anfechtungstatbestände der §§ 130 ff. InsO anerkanntermaßen unabhängig nebeneinander stehen, ohne sich wechselseitig auszuschließen, ist davon auszugehen, dass auch im Anwendungsbereich des § 135 InsO eine Vorsatzanfechtung nicht ausgeschlossen ist.[213] Für eine Sonderstellung des § 135 InsO im System der Anfechtungstatbestände ist kein Raum.

b) Verfahren. Zur Anfechtung befugt ist allein der **Insolvenzverwalter**. Die Anfechtung wird nicht durch eine formlose Anfechtungserklärung, sondern im Wege der Klage auf Rückgewähr geltend gemacht.[214] Sie ist also weder eine Gestaltungserklärung noch ein Gestaltungsverfahren, sondern erfolgt allein durch Geltendmachung des Anspruchs auf Rückgewähr zur Masse. Die **Anspruchsgrundlage** findet sich in § 143 Abs. 1 Satz 1 InsO: Was durch die anfechtbare Handlung aus dem Vermögen des Schuldners veräußert, weggegeben oder aufgegeben ist, muss zur Insolvenzmasse zurückgewährt werden. Im Gegenzug lebt die

---

[210] Henssler/Strohn/*T. Fleischer*, GesR, Anh. § 30: § 135 InsO Rn. 2.
[211] Henssler/Strohn/*T. Fleischer*, GesR, Anh. § 30: § 135 InsO Rn. 7.
[212] Begr. RegE zu Art. 9 Nr. 9 MoMiG (Änderung von § 143 InsO), BT-Drucks. 16/6140, S. 57.
[213] *Gehrlein* BB 2008, 846, 853.
[214] Henssler/Strohn/*T. Fleischer*, GesR, Anh. § 30: § 135 InsO Rn. 6.

Forderung des Empfängers einer anfechtbaren Leistung wieder auf, wenn er das Erlangte zurückgewährt, § 144 Abs. 1 InsO.

69 Die vom Insolvenzverwalter geltend gemachten Rückgewähransprüche der Gesellschaft unterliegen dem **besonderen Gerichtsstand** der Mitgliedschaft nach § 22 ZPO und können daher am Sitz der Gesellschaft eingeklagt werden.[215]

70 Gemäß § 146 Abs. 1 InsO verjährt der Anfechtungsanspruch in zwei Jahren seit der Eröffnung des Insolvenzverfahrens. Nichtsdestotrotz kann der Insolvenzverwalter die Erfüllung einer Leistungspflicht verweigern, die auf einer anfechtbaren Handlung beruht (**Einrede der Anfechtbarkeit** gem. § 146 Abs. 2 InsO).

3. Exkurs: Die Anfechtung in der Einzelzwangsvollstreckung

71 Außerhalb eines Insolvenzverfahrens stehen dem Gläubiger die Anfechtungsmöglichkeiten der §§ 6, 6a AnfG zu Seite, um dem Gesellschafter erstattete Darlehen dem Vollstreckungszugriff zu unterwerfen, um so seine Forderung zu befriedigen. Anfechtbar ist aufgrund der Verweisung des § 6 Abs. 1 S. 1 AnfG auf § 39 Abs. 1 Nr. 5 InsO eine Leistung auf jedes Darlehen oder eine gleichgestellte, also gestundete, Forderung. Auch hier kommt es auf das frühere Merkmal der Kapitalersatzfunktion nicht mehr an. Insbesondere in Fällen der Massellosigkeit, wenn also ein Antrag auf Insolvenzeröffnung mangels Masse abgewiesen wird (§ 26 Abs. 1 InsO), bietet sich dieses Instrument an.

72 Die Vorschrift wurde durch eine Verlängerung der Anfechtungsfristen zugunsten der Gläubiger verschärft. Die Fristen des § 6 AnfG, insbesondere die bei einer Befriedigung der Forderung maßgebliche Jahresfrist des § 6 Abs. 1 S. 1 Nr. 2 AnfG, werden nicht mehr ab der gerichtlichen Geltendmachung der Anfechtung zurückgerechnet. Die Fristen knüpfen vielmehr an den Zeitpunkt der Erlangung des vollstreckbaren Schuldtitels gegen die Gesellschaft an, weil der Gläubiger erfahrungsgemäß beträchtliche Zeit benötigt, um einen solchen Vollstreckungstitel zu erwirken.[216] Wird ein Antrag auf Insolvenzeröffnung mangels Masse abgewiesen (§ 26 Abs. 1 InsO) und hat der Gläubiger bis zu diesem Zeitpunkt noch keinen vollstreckbaren Titel erworben, so werden die Fristen von einem bzw. zehn Jahren in Angleichung an die Situation eines eröffneten Verfahrens im Interesse des Gläubigers ab der Antragstellung berechnet (§ 6 Abs. 1 S. 2 AnfG).[217] Als Gegenstück für die Ausweitung der Anfechtungsfrist wird die Geltendmachung der Anfechtung durch § 6 Abs. 2 S. 1 AnfG an eine Ausschlussfrist von drei Jahren ab dem Schluss des Jahres, in dem der Gläubiger den vollstreckbaren Titel erworben hat, gekoppelt. Fand die anfechtbare Rechtshandlung erst nach Erlangung des Titels statt, so läuft die Ausschlussfrist ab dem Ende des Jahres, in dem die Handlung erfolgte (§ 6 Abs. 2 S. 2 AnfG).

73 In § 6a AnfG wird die Regelung des § 135 Abs. 2 InsO (Bestellung einer Sicherheit) in das Anfechtungsgesetz übernommen. In diesen Fällen hat nach § 11 AnfG der Gesellschafter die Vollstreckung zu dulden oder den als Sicherung verwendeten Gegenstand dem Gläubiger zur Verfügung zu stellen.[218]

V. Erstreckung auf wirtschaftlich vergleichbare Rechtshandlungen

74 § 39 Abs. 1 Nr. 5 InsO ordnet den **gesetzlichen Rangrücktritt** auch für Forderungen aus Rechtshandlungen an, die einem Gesellschafterdarlehen wirtschaftlich entsprechen. Dies war auch bereits nach altem Recht so (vgl. § 32a Abs. 3 S. 1 GmbHG a. F.). Hinsichtlich des sachlichen Anwendungsbereichs kann also – vorbehaltlich der geänderten Rechtslage bei der Gebrauchsüberlassung – im Wesentlichen auf die zu § 32a Abs. 3 S. 1 GmbHG a. F. entwickelten Grundsätze zurückgegriffen werden.[219]

---

[215] Henssler/Strohn/*T. Fleischer*, GesR, Anh. § 30: § 135 InsO Rn. 6.
[216] BR-Drucks. 354/07, S. 133; *Knof* ZInsO 2007, 125, 127; Henssler/Strohn/*T. Fleischer*, GesR, Anh. § 30: AnfG Rn. 3.
[217] BR-Drucks. 354/07, S. 133; *Knof* ZInsO 2007, 125, 127; *Wälzholz* DStR 2007, 1914, 1920.
[218] BR-Drucks. 354/07, S. 134.
[219] *Habersack* ZIP 2007, 2145, 2150; *Bayer/Graff* DStR 2006, 1654, 1657.

Die Erstreckung auf wirtschaftlich vergleichbare Rechtshandlungen dient nicht allein dem Schutz vor Umgehungsversuchen, sondern soll ganz allgemein und ohne Rücksicht auf das Vorliegen des Motivs „Umgehung" Rechtshandlungen umfassen, die ihrem Wesen und ihrer Finalität nach ein Gesellschafterdarlehen ersetzen.[220] **75**

1. Wirtschaftlich vergleichbare andere Rechtshandlungen

Andere Rechtshandlungen, die der Darlehensgewährung durch einen Gesellschafter wirtschaftlich entsprechen, stehen nach der Generalklausel[221] des § 39 Abs. 1 Nr. 5 InsO einem Darlehen gleich. **76**

Die Befreiung des nicht geschäftsführenden Gesellschafters, der mit zehn Prozent oder weniger am Stammkapital der Gesellschaft beteiligt ist (**Kleingesellschafter, § 39 Abs. 5 InsO**), gilt nicht nur für die Darlehensgewährung, sondern auch für die „anderen Rechtshandlungen". **77**

a) **Nutzungsüberlassung.** Entgegen dem Konzept des Regierungsentwurfs[222] hat der Rechtsausschuss in § 135 Abs. 3 InsO eine Regelung geschaffen, mit der die Rechtsprechung zur eigenkapitalersetzenden Nutzungsüberlassung jedenfalls teilweise fortgeführt wird.[223] Danach kann der Aussonderungsanspruch (§ 47 InsO) eines Gesellschafters im Hinblick auf einen Gegenstand, den er der Schuldner-Gesellschaft zum Gebrauch oder zur Ausübung überlassen hat, während der Dauer des Insolvenzverfahrens, höchstens aber für ein Jahr ab Eröffnung des Verfahrens, nicht geltend gemacht werden, wenn der Gegenstand für die Fortführung des Unternehmens des Schuldners von erheblicher Bedeutung ist (§ 47 S. 1 InsO). Mit dieser Regelung soll sichergestellt werden, dass der Zweck des Insolvenzverfahrens nicht dadurch unterlaufen wird, dass der Masse für die Unternehmensfortführung wesentliche Gegenstände entzogen werden.[224] Diese Unterlassungspflicht folgt nach Auffassung des Rechtsausschusses zugleich auch aus der Treuepflicht der Gesellschafter.[225] Innerhalb der Jahresfrist – so die Annahme des Gesetzgebers – wird es dem Insolvenzverwalter regelmäßig gelingen, eine Vereinbarung zu erreichen, die eine Fortsetzung des schuldnerischen Unternehmens ermöglicht. **78**

Für den Gebrauch des Gegenstandes oder seine Nutzung steht dem Gesellschafter ein Ausgleich zu; für dessen Berechnung ist der Durchschnitt der im letzten Jahr vor Verfahrenseröffnung geleisteten Vergütung in Ansatz zu bringen, während bei kürzerer Dauer der Überlassung auf den Durchschnitt während dieses Zeitraums abzustellen ist (§ 47 S. 2 InsO). Entscheidend ist dabei die tatsächlich geleistete Vergütung: Hat der Gesellschafter in dem relevanten Zeitraum seinen Anspruch selbst nicht durchgesetzt, wird ihm zugemutet, ihn auch während des Insolvenzverfahrens nicht geltend machen zu können.[226] **79**

Um einen Gleichlauf mit dem Anwendungsbereich der Regelungen zu Gesellschafterdarlehen und gleichgestellten Forderungen sowie mit dem Sanierungs- und Kleinbeteiligtenprivileg zu erreichen, verweist der neue § 135 Abs. 4 InsO auf die ebenfalls neuen § 39 Abs. 4 und 5 InsO.[227] **80**

b) **Stundung einer Forderung.** Stundet der Gesellschafter eine Forderung, ist dies eine der Darlehensgewährung wirtschaftlich entsprechende Rechtshandlung.[228] Hierbei genügt es, dass der Gesellschafter die Forderung gegen die Gesellschaft ohne ausdrückliche oder kon- **81**

---

220 So auch Roth/*Altmeppen* § 32 a a. F. Rn. 142 zu § 32 a Abs. 3 S. 1 GmbHG a. F.
221 Der RegE eines Gesetzes zur Änderung des GmbHG und anderer handelsrechtlicher Vorschriften vom 15.12.1977 (BT-Drucks. 8/1347, S. 9 f.) sah noch eine enumerative Aufzählung einzelner Fälle der wirtschaftlich vergleichbaren Rechtshandlungen vor; BT-Drucks. 8/1347, S. 9 f.; diese Kasuistik kann noch als Auslegungshilfe herangezogen werden, so Roth/*Altmeppen* § 32 a a. F. Rn. 142.
222 Begr. RegE, BT-Drucks. 16/6140, S. 137.
223 Dazu Begr. Beschlussempfehlung und Bericht des Rechtsausschusses, BT-Drucks. 16/9737, S. 106 f.
224 *Hirte/Knof* WM 2008, 49, 51 ff.
225 Begr. Beschlussempfehlung und Bericht des Rechtsausschusses, BT-Drucks. 16/9737, S. 106.
226 Begr. Beschlussempfehlung und Bericht des Rechtsausschusses, BT-Drucks. 16/9737, S. 107.
227 Begr. Beschlussempfehlung und Bericht des Rechtsausschusses, BT-Drucks. 16/9737, S. 107.
228 OLG Düsseldorf GmbHR 1996, 616, 618; Scholz/*K. Schmidt* (2006) §§ 32 a, 32 b Rn. 122; Baumbach/Hueck/*Fastrich* Anh. § 30 Rn. 51.

kludente Absprache trotz Fälligkeit nicht geltend macht.[229] Auf den Rechtsgrund der Forderung kommt es dabei nicht, sie kann sich aus dem Gesellschaftsverhältnis oder aus einem Drittgeschäft ergeben.[230] Damit fallen Forderungen aus Austauschverträgen des Gesellschafters mit der Gesellschaft ebenso hierunter wie nicht entnommene Gewinne, Ansprüche auf Auslagenerstattung oder mit Einverständnis des Gesellschafter-Geschäftsführers nicht ausgezahlte Gehälter und nicht eingeforderte Spesen und Tantiemen.[231]

82   Trifft ein Gesellschafter in einem Austauschvertrag (Kauf-, Miete-, Dienst- oder Werkvertrag) eine **Fälligkeitsvereinbarung**, die bei objektiver Würdigung der Gesamtumstände eine als eigenständig zu bewertende zeitweise Überlassung von Kapital darstellt, ist dies als eine der Darlehensgewährung wirtschaftlich entsprechende Rechtshandlung zu qualifizieren.[232] Dies ist regelmäßig dann der Fall, wenn die Fälligkeit des Zahlungsanspruchs des vorleistenden Gesellschafters im Vergleich zu den marktüblichen Gepflogenheiten ungewöhnlich lange hinausgeschoben wird.[233]

83   c) **Erwerb einer (gestundeten) Drittforderung.** Erwirbt ein Gesellschafter eine gestundete Drittforderung, stellt dies eine der Darlehensgewährung wirtschaftlich entsprechende Rechtshandlung dar, weil dies der Stundung einer Forderung gegen die Gesellschaft durch den Gesellschafter (oben Rn. 81 ff.) gleichkommt.[234] Einer besonderen Stundungsvereinbarung des Zessionars mit der Gesellschaft bedarf es dabei nicht, die Abtretung der Forderung reicht aus.[235] Dem Erwerb einer gestundeten Forderung steht die Stundung durch den Gesellschafter nach erfolgter Abtretung sowie die Befriedigung des Gesellschaftsgläubigers durch einen Gesellschafter nach § 267 Abs. 1 BGB ohne sofortigen Regress gegenüber der Gesellschaft gleich.[236]

84   d) **Stille Beteiligung.** Ist ein Gesellschafter oder ein dem Gesellschafter gleichzustellender Dritter zugleich mit einer typischen stillen Beteiligung an der Gesellschaft beteiligt, steht diese Form der Kapitalbeteiligung der Darlehensgewährung gleich.[237] Mithin tritt diese im Insolvenzfall in den Rang des § 39 Abs. 1 Nr. 5 InsO, wenn ein an ihrer Stelle hingegebenes Darlehen demselben Rangrücktritt unterlegen hätte. Die Regelung des § 236 HGB, wonach der stille Gesellschafter die Forderung auf Rückzahlung seiner Einlage, soweit sie nicht durch Verluste aufgezehrt ist, als Insolvenzgläubiger geltend machen kann, wird dann durch § 39 Abs. 1 Nr. 5 InsO verdrängt, womit der Stille seinen Anspruch auf Rückgewähr der Einlage nur als nachrangiger Insolvenzgläubiger gelten machen kann.[238] – Von der stillen Beteiligung eines Gesellschafters ist der außenstehende Stille, der mit einem darlehensgewährenden Gesellschafter gleichgestellt wird (unten Rn. 91), zu unterscheiden.

85   e) **Factoring.** Beim Factoring-Geschäft überträgt der Factoring-Kunde (Gläubiger) seine Forderungen durch vorweggenommene Globalzession an den Factor. Dieser vergütet dem Factoring-Kunden sofort den Gegenwert der Forderungen abzgl. einer Provision, nimmt ihm die Debitorenbuchhaltung ab und zieht die Forderung ein. Hierbei wird zwischen echtem und unechtem Factoring unterschieden. Das echte Factoring stellt einen Forderungskauf dar, bei dem der Factor das Ausfallrisiko übernimmt. Der Gegenwert geht endgültig in

---

[229] Henssler/Strohn/*T. Fleischer*, GesR, Anh. § 30: § 39 InsO Rn. 7.
[230] BGH WM 1981, 870; OLG Karlsruhe ZIP 1989, 588; MünchHdbGesR III/*Rümker* (2003) § 52 Rn. 74.
[231] *Henze*, Handbuch zum GmbH-Recht, Rn. 569 f. m. w. N.
[232] Scholz/*K. Schmidt* (2006) §§ 32 a, 32 b Rn. 123.
[233] Scholz/*K. Schmidt* (2006) §§ 32 a, 32 b Rn. 123.
[234] Baumbach/Hueck/*Fastrich* Anh. § 30 Rn. 57 – diese Regelung fand sich auch im RegE eines Gesetzes zur Änderung des GmbHG und anderer handelsrechtlicher Vorschriften vom 15.12.1977 (BT-Drucks. 8/1347, S. 9) in § 32 a Abs. 2 S. 1 GmbHG.
[235] Scholz/*K. Schmidt* (2006) §§ 32 a, 32 b Rn. 126.
[236] Hachenburg/*Ulmer* §§ 32 a, b Rn. 95.
[237] BGH WM 1983, 594, 595; Baumbach/Hueck/*Fastrich* Anh. § 30 Rn. 54; v. Gerkan/Hommelhoff/*Johlke* Rn. 5.49 – die Gleichstellung einer stillen Beteiligung eines Gesellschafters mit einem Darlehen war auch im RegE eines Gesetzes zur Änderung des GmbHG und anderer handelsrechtlicher Vorschriften vom 15.12.1977 (BT-Drucks. 8/1347, S. 10) in § 32 a Abs. 7 GmbHG vorgesehen.
[238] Baumbach/Hueck/*Fastrich* Anh. § 30 Rn. 54.

das Vermögen der Gesellschaft über, da aus dem Vertrag keinerlei Verbindlichkeiten zurückbleiben.[239] Für § 39 Abs. 1 Nr. 5 InsO besitzt jedoch nur das **unechte Factoring** Relevanz, es fällt in den Anwendungsbereich der wirtschaftlich vergleichbaren Rechtshandlung.[240] Beim unechten Factoring vergütet der Factor die Forderung sofort und muss Befriedigung zuerst aus der abgetretenen Forderung suchen, das Ausfallrisiko verbleibt aber beim Factoring-Kunden. Der Factor hat ein Rückbelastungsrecht, woraus sich der Darlehenscharakter des unechten Factorings ableitet.

Rechtlich ist das unechte Factoring nach der Rechtsprechung ein Kreditgeschäft mit Abtretung der Forderungen erfüllungshalber.[241] Das unechte Factoring kann auf Grund seines Darlehenscharakters den Regeln des § 39 Abs. 1 Nr. 5 InsO unterfallen, wenn die übrigen Voraussetzungen gegeben sind. Erwirbt deshalb ein Gesellschafter oder ein ihm gleichzustellender Dritter im Wege des unechten Factorings eine Forderung von der Gesellschaft im Jahr vor der Insolvenzeröffnung, so tritt diese Kapitalhilfe im Insolvenzfall in den Rang des § 39 Abs. 1 Nr. 5 InsO; Befriedigungen und Sicherheitenleistungen sind nach § 135 InsO anfechtbar.[242] – Dem unechten Factoring steht die **Diskontierung eines Wechsels** wirtschaftlich gleich, wenn wechselrechtliche Rückgriffsansprüche gegen die Gesellschaft möglich sind. Auch hierbei liegt wirtschaftlich eine Kreditgewährung vor, wobei dem Diskontierer die Wechselrechte zur Sicherheit übertragen sind.[243]

f) Leasing. Ein Gesellschafter kann der Gesellschaft dadurch Geldmittel zuführen, dass er von ihr Anlagevermögen erwirbt und es ihr anschließend entgeltlich zur Nutzung überlässt (**Sale and Lease back**). Hierin liegt eine der Darlehensgewährung wirtschaftlich entsprechende Rechtshandlung. Dieses Geschäft entspricht in seiner wirtschaftlichen Gestaltung einer Kreditgewährung mit **Sicherungsübereignung.** Es unterfällt deshalb bei Vorliegen der sonstigen Voraussetzungen den Regeln des § 39 Abs. 1 Nr. 5 InsO.[244] Rechtsfolge ist, dass von der Gesellschaft gezahlte Leasingraten vom Gesellschafter nach § 143 InsO zu erstatten sind; darüber hinaus unterliegt das Geschäft der Anfechtung nach § 135 InsO. Auch das **Finanzierungsleasing** mit einem Gesellschafter als Leasinggeber hat darlehensähnlichen Charakter.[245] Hierbei erwirbt der Leasinggeber (also ein Gesellschafter oder ein gleichgestellter Dritter) einen Anlagegegenstand von einem Dritten und stellt ihn der Gesellschaft gegen Zahlung der Leasingraten zur Nutzung zur Verfügung. Kennzeichnend für das Finanzierungsleasing ist, dass der Leasingnehmer dem Leasinggeber stets die **volle Amortisierung** der aufgewendeten Anschaffungs- und Finanzierungskosten schuldet.[246] Hierin liegt ebenfalls eine der Darlehensgewährung durch einen Gesellschafter wirtschaftlich entsprechende Rechtshandlung;[247] es handelt sich nicht um einen Fall der Nutzungsüberlassung, sondern um ein Finanzierungsgeschäft.[248] Deshalb kommt es bei der rechtlichen Beurteilung des Finanzierungsleasings nicht auf die Besonderheiten der Nutzungsüberlassung an.[249] – Anderes gilt allerdings beim **Operatingleasing**, das dem Leasinggeber keine Vollamortisation verschaffen soll, sondern bei dem er das Risiko des am Ende verbleibenden Restwertes trägt. Dieses ist als Fall der Gebrauchsüberlassung zu qualifizieren (oben Rn. 78 ff.).[250]

---

[239] Palandt/*Grüneberg* § 398 Rn. 35 ff.
[240] OLG Köln ZIP 1996, 1585; Baumbach/Hueck/*Fastrich* Anh. § 30 Rn. 56; Hensslet/Strohn/*T. Fleischer,* GesR, Anh. § 30: § 39 InsO Rn. 4; a. A. Hachenburg/*Ulmer* § 32 a, b Rn. 24: Grundfall der Darlehensgewährung (alle zum alten Recht).
[241] BGHZ 82, 50, 61 = NJW 1982, 164, 165 f.; a. A. *Baumbach/Hopt* HGB, 30. Aufl. 2000, BankGesch Rn. O/1.
[242] OLG Köln ZIP 1996, 1585, 1587; v. Gerkan/Hommelhoff/*Johlke* Rn. 5.55; Scholz/*K. Schmidt* §§ 32 a, 32 b Rn. 124.
[243] v. Gerkan/Hommelhoff/*Johlke* Rn. 5.56.
[244] Zweifelnd, aber i. Erg. ebenso Baumbach/Hueck/*Fastrich* Anh. § 30 Rn. 56.
[245] Hensslet/Strohn/*T. Fleischer,* GesR, Anh. § 30: § 39 InsO Rn. 4.
[246] BGHZ 97, 65, 74 ff. = NJW 1986, 1335, 1336 f.
[247] MünchHdbGesR III/*Rümker* (2003) § 52 Rn. 88.
[248] BankRHdb/*Stodolkowitz/Kleindiek* (2007) § 84 Rn. 96.
[249] Hachenburg/*Ulmer* §§ 32 a, b Rn. 100; zweifelnd Baumbach/Hueck/*Fastrich* Anh. § 30 Rn. 56.
[250] v. Gerkan/Hommelhoff/*Haas/Dittrich* Rn. 8.15; Beck'sches HdbGmbH/*Gandenberger* § 8 Rn. 324.

2. Gleichstellung von Nichtgesellschaftern mit Gesellschaftern

87 Zu den wirtschaftlich vergleichbaren anderen Rechtshandlungen zählt auch die Darlehensgewährung an die Gesellschaft durch Kreditgeber, die wirtschaftlich derjenigen durch einen Gesellschafter gleichkommt, in den Anwendungsbereich des § 39 Abs. 1 Nr. 5 InsO. Vorgängerin dieser Regelung war § 32 a Abs. 3 S. 1 GmbHG a. F.; auf die dazu entwickelten Grundsätze kann zurückgegriffen werden. Hierunter fällt zunächst die Darlehensgewährung durch einen Dritten, die zwar nicht rechtlich, aber wirtschaftlich von einem Gesellschafter stammt. Der Normadressatenkreis wird aber auch auf solche Personen erweitert, die an dem Wohlergehen der Gesellschaft ein Interesse haben, wie es normalerweise nur ein Gesellschafter aufbringt.[251] Dabei ist jedoch im Einzelfall das Kleingesellschafterprivileg (§ 39 Abs. 5 InsO) zu beachten. Da ein nichtgeschäftsführender Gesellschafter aus dem Anwendungsbereich herausgenommen ist, wenn er mit zehn Prozent oder weniger an der Gesellschaft beteiligt ist, muss dies auch in ähnlicher Weise für einen Darlehensgeber gelten, der überhaupt keine Anteile hält.

88 **a) Leistung für Rechnung eines Gesellschafters.** Unproblematisch fällt die Darlehensgewährung des Gesellschafters, der nicht Kleingesellschafter i. S. d. § 39 Abs. 5 InsO ist, über einen Dritten (**Strohmann**) in den Anwendungsbereich. Dies ist dann der Fall, wenn der Gesellschafter die Mittel einem Dritten zur Verfügung stellt, der sie dann im eigenen Namen als Darlehen an die Gesellschaft weiterreicht.[252] Hierfür ist allein entscheidend, ob die der Gesellschaft zur Verfügung gestellten Finanzierungsmittel im wirtschaftlichen Ergebnis aus dem Vermögen ihres Gesellschafters aufgebracht werden.[253] Mit Mitteln und für Rechnung des Gesellschafters handelt damit auch derjenige, dem hinsichtlich der gewährten Kapitalhilfe ein Ausgleichsanspruch gegen den Gesellschafter zusteht.[254] Strohmann kann dabei nicht nur ein Dritter sein, der überhaupt nicht an der Gesellschaft beteiligt ist,[255] sondern auch ein Gesellschafter, der unter das Kleingesellschafterprivileg des § 39 Abs. 5 InsO fällt. Die **Beweislast** dafür, dass der Dritte intern für Rechnung des Gesellschafters handelt, liegt bei demjenigen, der sich auf diesen Umstand beruft, in der Regel also beim Insolvenzverwalter.

89 Im Falle der Gewährung finanzieller Hilfe durch einen nahen **Angehörigen** eines Gesellschafters an eine GmbH liegt der Verdacht nahe, dass die Mittel in Wirklichkeit von dem Gesellschafter selbst stammen.[256] Dementsprechend sah der Regierungsentwurf zur GmbH-Novelle aus dem Jahre 1977 in § 32 a Abs. 6 GmbHG-E die widerlegbare Vermutung vor, dass Forderungen oder Sicherheiten des Ehegatten oder eines minderjährigen Kindes eines Gesellschafters aus den Mitteln des Gesellschafters erworben oder bestellt worden sind.[257] Diese Bestimmung ist nicht Gesetz geworden; sie kann auch nicht für die Auslegung des § 39 Abs. 1 Nr. 5 InsO herangezogen werden.[258] Allein auf Grund der Stellung als naher Angehöriger können deren Kredite **nicht generell** denen eines Gesellschafters gleichgestellt werden. Sie sind grundsätzlich Dritte, eine automatische Zurechnung kommt nicht in Betracht. Für eine Gleichstellung erforderlich ist, dass das Darlehen (oder das gleichstehende Finanzierungsmittel) im wirtschaftlichen Ergebnis aus dem Vermögen des Gesellschafters erbracht wird.[259] Hierfür ist aber ausreichend, dass der Gesellschafter zumindest auch als Darlehensgeber anzusehen ist.[260] Auch bei Leistungen durch Angehörige verbleibt es bei den

---

[251] v. Gerkan/Hommelhoff/*Johlke* Rn. 5.7.
[252] BGHZ 81, 365, 368 = NJW 1982, 386, 387; Baumbach/Hueck/*Fastrich* Anh. § 30 Rn. 35; v. Gerkan/Hommelhoff/*Johlke* Rn. 5.14; Lutter/Hommelhoff/*Kleindiek* Anh. zu § 64 Rn. 122.
[253] BGH ZIP 2000, 1489, 1490.
[254] BGH ZIP 2000, 1489, 1490.
[255] v. Gerkan/Hommelhoff/*Johlke* Rn. 5.14.
[256] BGH ZIP 1993, 1072, 1073 sowie BGH ZIP 1995, 124, 125: Die Beteiligung naher Angehöriger verdiene „besondere Aufmerksamkeit".
[257] RegE eines Gesetzes zur Änderung des GmbHG und anderer handelsrechtlicher Vorschriften vom 15.12.1977 (BT-Drucks. 8/1347, S. 10).
[258] Baumbach/Hueck/*Fastrich* Anh. § 30 Rn. 40.
[259] BGH NJW 1993, 2179, 2180; BGH NJW 1995, 330.
[260] BGH ZIP 2000, 1489, 1490.

allgemeinen Grundsätzen der **Beweislast**. Im Schrifttum wird jedoch die Auffassung vertreten, dass im Einzelfall die Umstände so sein können, dass im Wege des Anscheinsbeweises davon auszugehen ist, dass der Gesellschafter dem Darlehensgeber die Mittel selbst zur Verfügung gestellt hat.[261] Dies sei bspw. dann der Fall, wenn Darlehensgeber ein minderjähriges Kind ohne nennenswerte eigene Einkünfte ist. Hier obliege es dann dem Darlehensgeber, diesen Anscheinsbeweis zu erschüttern.[262] Dem ist zu folgen.

b) **Treuhand.** Beim Treuhandverhältnis an einem Geschäftsanteil ist der **Treuhänder** Gesellschafter mit allen Rechten und Pflichten. Er fällt unmittelbar in den Anwendungsbereich des (§ 39 Abs. 1 Nr. 5 InsO) unabhängig davon, ob eine eigennützige oder fremdnützige Treuhand vorliegt.[263] Der **Treugeber** ist mittelbarer, wirtschaftlich beteiligter Gesellschafter i. S. d. § 39 Abs. 1 Nr. 5 InsO.[264] Beruft er sich darauf, im entscheidenden Zeitpunkt, also entweder bei der Gewährung eines Kredits, dessen Verlängerung oder dessen Stehenlassen, nicht mehr Treugeber gewesen zu sein, muss er dies gegebenenfalls darlegen und im Streitfall beweisen.[265] Hält der Treugeber selbst – sei es unmittelbar, sei es mittelbar über weitere Treuhänder – weitere Geschäftsanteile, sind diese bei der Prüfung, ob das Kleingesellschafterprivileg des § 39 Abs. 5 InsO eingreift, zusammenzurechnen.[266] 90

c) **Verbundene Unternehmen.** Eine Zurechnung als wirtschaftlich vergleichbare Rechtshandlung kam nach alter Rechtslage dann in Betracht, wenn der Gesellschafter und der darlehensgewährende Dritte **verbundene Unternehmen** sind.[267] Entsprechend dem Regierungsentwurf zur GmbH-Novelle aus dem Jahre 1977[268] bestimmt sich der Kreis der verbundenen Unternehmen nach den §§ 15 bis 19 AktG.[269] Hierfür genügt mithin ein bloßes Mehrheits- oder Abhängigkeitsverhältnis zwischen Gesellschafter und Darlehensgewährer.[270] Erfasst werden auch mittelbare Beteiligungen in drei- oder mehrstufigen Unternehmensverbindungen.[271] Die Übertragbarkeit auf die neue Rechtslage ist streitig[272] Wegen des Kleingesellschafterprivilegs des § 39 Abs. 5 InsO setzt die Einbeziehung eines nur wirtschaftlich an der Gesellschaft beteiligten Dritten voraus, dass der diese wirtschaftliche Beteiligung vermittelnde Gesellschafter mit zehn Prozent oder mehr beteiligt ist.[273] 91

d) **Stiller Gesellschafter.** Ein stiller Gesellschafter ist nicht Gesellschafter der GmbH, sondern der mit dieser gebildeten stillen Gesellschaft. Daher ist er gegenüber der GmbH grundsätzlich Dritter – anders jedoch die stille Beteiligung eines GmbH-Gesellschafters, die eine darlehensähnliche Finanzierungsform darstellt, dazu → Rn. 84. Da nach § 236 HGB sogar die stille Einlage am Insolvenzverfahren der GmbH teilnimmt, gilt dies grundsätzlich auch für ein vom Stillen gewährtes Darlehen.[274] Jedoch kann der Stille nach Lage des Einzelfalls einem Gesellschafter gleichgestellt werden, wenn die stille Gesellschaft **atypisch** ausgestaltet ist, d.h. wenn der Stille entweder am Vermögen und Ertrag der Gesellschaft (schuldrechtlich) beteiligt ist oder wenn ihm Geschäftsführungsbefugnisse eingeräumt wur- 92

---

[261] v. Gerkan/Hommelhoff/*Johlke* Rn. 5.37; Baumbach/Hueck/*Fastrich* Anh. § 30 Rn. 40; zurückhaltender BGH ZIP 1991, 366, 367: Allenfalls dann, „wenn es sonstige Hinweise darauf gibt, dass entweder die Mittel vom Gesellschafter stammen oder dass umgekehrt dieser den Gesellschaftsanteil treuhänderisch hält."
[262] v. Gerkan/Hommelhoff/*Johlke* Rn. 5.37.
[263] BGHZ 105, 174 f. = NJW 1988, 3143, 3144 f.; BGH NJW 1991, 1058 f.
[264] BGHZ 31, 258, 266 ff. = NJW 1960, 285, 286 f. – Lufttaxi; BGH NJW 1989, 1219, 1220.
[265] BGH NJW 1998, 1219.
[266] v. Gerkan/Hommelhoff/*v. Gerkan* Rn. 3.24 m. w. N.
[267] Grundlegend BGHZ 81, 311, 315 und 318 = NJW 1982, 383, 385 – Sonnenring; dem folgend Baumbach/Hueck/*Hueck/Fastrich* (2006) § 32 a Rn. 24; Hachenburg/*Ulmer* §§ 32 a, b Rn. 121.
[268] RegE eines Gesetzes zur Änderung des GmbHG und anderer handelsrechtlicher Vorschriften vom 15.12.1977 (BT-Drucks. 8/1347, S. 10), dort in § 32 a Abs. 5 GmbHG.
[269] BGHZ 81, 311, 315 = NJW 1982, 383, 385 – Sonnenring; BGHZ 105, 168, 176 f. = NJW 1988, 3143, 3145.
[270] BGH GmbHR 1999, 916.
[271] OLG Hamm GmbHR 1990, 260; MünchHdbGesR III/*Rümker* (2003) § 52 Rn. 95.
[272] Offengelassen von BGH NJW 2011, 1503 Rn 11; bejahend Scholz/K. *Schmidt* Nachtr MoMiG §§ 32 a/b a. F. Rn. 22 f.; Bork/Schäfer/*Thiessen* § 30 Anh. Rn. 36; Lutter/Hommelhoff/*Kleindiek* § 64 Anh. Rn. 124.
[273] *Pentz* GmbHR 1999, 437, 446; v. Gerkan/Hommelhoff/*v. Gerkan* Rn. 3.22.
[274] BGHZ 106, 7, 9 = BGH NJW 1989, 982, 982.

den.²⁷⁵ Bei der ersten Variante handelt es sich wirtschaftlich um eine Treuhand; der Stille unterfällt bereits als Treugeber den Regeln über Gesellschafterdarlehen (→ Rn. 90).²⁷⁶ – Für die Anwendung des Kleingesellschafterprivilegs soll es darauf ankommen, ob die stille Einlage die Schwelle von zehn Prozent des Stammkapitals übersteigt oder nicht.²⁷⁷ Erfolgt eine Umqualifizierung jedoch auf Grund der Einräumung einer Geschäftsführungsbefugnis an den Stillen, kann es auf den Umfang seiner Beteiligung nicht ankommen.

93 e) **Pfandgläubiger und Nießbraucher.** Weder der Pfandgläubiger noch der Nießbraucher sind Gesellschafter i. S. d. § 39 Abs. 1 Nr. 5 InsO. Auch fallen Pfandgläubiger am Geschäftsanteil eines Gesellschafters grundsätzlich in den Anwendungsbereich der wirtschaftlich vergleichbaren Rechtshandlung. Lässt sich jedoch ein **Pfandgläubiger** im Falle der Verpfändung eines Gesellschaftsanteils weitreichende Befugnisse zur Einflussnahme auf die Geschäftsführung und die Gestaltung der Gesellschaft einräumen, insbesondere wenn er wie ein Gesellschafter die Geschicke der Gesellschaft mitzubestimmen berechtigt ist (**atypischer Pfandgläubiger**), ist er einem Gesellschafter gleichzustellen.²⁷⁸

94 Vereinzelt wird im Schrifttum gefordert, bei der Anwendung des § 39 Abs. 1 Nr. 5 InsO den Kreis gesellschaftergleicher Dritter enger als unter Geltung der alten Rechtslage zu ziehen und etwa den Inhaber eines Pfandrechts an dem Geschäftsanteil selbst im Falle besonderer Kontroll- und Mitsprachebefugnisse mangels eines eigenen mitgliedschaftlichen Interesses von der Regelung zu befreien.²⁷⁹ Unbedingt einleuchtend ist indes nicht, wieso trotz in der Sache unverändertem Wortlaut gerade in einer einzelnen Fallgruppe eine engere Grenzziehung geboten sein soll.²⁸⁰

95 Eine dem Pfandgläubiger vergleichbare Rechtsstellung hat der **Nießbraucher**. Grundsätzlich bleiben bei der Nießbrauchsbestellung an einem Geschäftsanteil ebenso wie bei der Pfandrechtsbestellung die Verwaltungsrechte aus der Mitgliedschaft bei dem Gesellschafter.²⁸¹ Werden jedoch bei einer nicht nur kurzfristigen Nießbrauchsbestellung die Verwaltungsrechte auf den Nießbraucher dergestalt übertragen, dass er die Funktionen des Gesellschafters auszuüben in der Lage ist, sind die Regeln über die Gesellschafterdarlehen in der Insolvenz auf den Nießbraucher anzuwenden.²⁸² – Bei der Prüfung, ob das Kleingesellschafterprivileg des § 39 Abs. 5 InsO eingreift, soll auf die Höhe der Beteiligung des Gesellschafters abzustellen sein.²⁸³ Oftmals wird jedoch eine geschäftsführerähnliche Stellung vorliegen, so dass das Kleingesellschafterprivileg nicht eingreift.

96 Die wirtschaftliche Machtposition eines Kreditgebers (Hausbank, Lieferant) genügt alleine nicht, um ihn einem Gesellschafter gleichzustellen. Auch die Ausübung von Kontrollrechten vermag dies nicht zu ändern. Nach sehr weitgehender Auffassung soll jedoch etwas anderes gelten, wenn sich die Ausübung von Kontrollrechten nicht mehr auf die Kreditsicherung beschränkt: Die **Einräumung von typischen Gesellschafterrechten**, insbesondere die Einflussnahme auf Grundlagenentscheidungen, soll den Kreditgeber zum **Quasi-Gesellschafter** machen mit der Folge, dass er den Regeln über die Gesellschafterdarlehen in der Insolvenz unterfällt.²⁸⁴

---

²⁷⁵ BGHZ 106, 7, 9 f. = BGH, NJW 1989, 982, 982; Lutter/Hommelhoff/*Kleindiek* Anh. § 64 Rn. 126; ausführlich v. Gerkan/Hommelhoff/*Johlke* Rn. 5.16 bis 5.26.
²⁷⁶ v. Gerkan/Hommelhoff/*Johlke* Rn. 5.20.
²⁷⁷ v. Gerkan/Hommelhoff/*v. Gerkan* Rn. 3.22; *Gehrlein* BB 2008, 846, 850; *Habersack* ZIP 2008, 2385, 2388.
²⁷⁸ BGHZ 119, 191, 195 = NJW 1992, 3035, 3036; Henssler/Strohn/*T. Fleischer*, GesR, Anh. § 30: § 39 InsO Rn. 14; *Gehrlein* Der Konzern 2007, 771, 787; *ders.* BB 2008, 846, 850; Lutter/Hommelhoff/*Kleindiek* Anh. § 64 Rn. 126; *Hirte* WM 2008, 1429, 1431.
²⁷⁹ *Freitag* WM 2007, 1681 f.; *Habersack* ZIP 2007, 2145, 2148 f.
²⁸⁰ Ebenso *Gehrlein/Witt* GmbH-Recht in der Praxis (2008), Kap. 8 Rn. 6.
²⁸¹ *Reichert/Schlitt/Düll* GmbHR 1998, 565, 567.
²⁸² v. Gerkan/Hommelhoff/*Johlke* Rn. 5.33; Henssler/Strohn/*T. Fleischer*, GesR, Anh. § 30: § 39 InsO Rn. 14.
²⁸³ v. Gerkan/Hommelhoff/*v. Gerkan* Rn. 3.22.
²⁸⁴ Str., wie hier Scholz/*K. Schmidt* (2006) §§ 32 a, 32 b Rn. 154; Henssler/Strohn/*T. Fleischer*, GesR, Anh. § 30: § 39 InsO Rn. 14.

VI. Gesellschafterbesicherte Drittdarlehen (§ 44a InsO)

Die frühere Regelung zu den eigenkapitalersetzenden Bürgschaften (§ 32a Abs. 2 GmbHG a. F.) findet sich nunmehr ebenfalls im Insolvenzrecht, nämlich als § 44a InsO. Diese Norm erfasst Darlehensforderungen außenstehender Dritter gegen die Gesellschaft, für die ein Gesellschafter eine Sicherheit erbracht hat. Auch diese Forderungen sind nachrangig. Sie werden nur nach Maßgabe des § 39 Abs. 1 Nr. 5 InsO befriedigt, weil die Bestellung einer Sicherheit durch den Gesellschafter für ein Fremddarlehen wirtschaftlich einer unmittelbaren Darlehensgewährung durch ihn an die Gesellschaft entspricht. Da es verbreiteter Bankpraxis entspricht, die Gewährung von Darlehen an die Gesellschaft von der Übernahme von Bürgschaften oder von sonstigen Sicherungen durch die Gesellschafter abhängig zu machen, hat die Vorschrift erhebliche praktische Bedeutung.[285]

Adressat der Norm ist jeder Gläubiger eines Darlehens oder einer ihm gem. § 39 Abs. 1 Nr. 5 InsO gleichzustellenden Forderung, für den der Nachrang gem. § 39 Abs. 1 Nr. 5 InsO nicht gilt. § 44a bezieht sich also nicht auf Darlehen, die Gesellschafter oder ihnen gleichzustellende Dritte der Gesellschaft gewähren.[286]

Ergänzend zum Nachrang nimmt der Drittgläubiger an dem Insolvenzverfahren nur teil, soweit er bei der Inanspruchnahme der Sicherheit des Gesellschafters ausgefallen ist. Uneinheitlich beantwortet wird die Frage, ab wann und in welcher Höhe der Drittgläubiger seine Forderung in der Insolvenz der Gesellschaft anmelden darf.[287] Die Anmeldung der Forderung in der Insolvenz der Gesellschaft setzt nicht voraus, dass der Gläubiger zuvor aus der Sicherheit gegen den Gesellschafter vorgegangen ist.[288] Daran anknüpfend kann der Gläubiger die Forderung in voller Höhe und nicht nur den erwarteten Ausfallbetrag anmelden.[289] Es gilt nämlich der Grundsatz der Doppelberücksichtigung (§ 43 InsO), während das Ausfallprinzip des § 52 InsO unanwendbar ist, weil die Sicherheit nicht von der Gesellschaft selbst gestellt wurde.[290]

Löst der (sichernde) Gesellschafter das Darlehen ab, kann er seinen Regressanspruch gegen die Gesellschaft nur als nachrangige Forderung (§ 39 Abs. 1 Nr. 5 InsO) geltend machen.[291] Hat der Gesellschafter vor Insolvenzeröffnung tatsächlich gegenüber der Gesellschaft Regress genommen, ist er der Anfechtung (§ 135 Abs. 1 InsO) ausgesetzt.[292]

Genießt der Gesellschafter das Kleinbeteiligungs- oder das Sanierungsprivileg, so greift die Bestimmung nicht ein, weil in einem solchen Fall auch ein vom Gesellschafter selbst gegebenes Darlehen nicht dem Nachrang des § 39 Abs. 1 Nr. 5 InsO unterfiele.[293]

VII. Das Sanierungsprivileg

Durch das KonTraG[294] wurde mit der Einführung von § 32a Abs. 3 S. 3 GmbHG a. F. ein Sanierungsprivileg geschaffen, das dem Eigenkapitalersatzrecht bis dahin unbekannt war. Eine entsprechende Regelung findet sich nunmehr in § 39 Abs. 4 S. 2 InsO. Erwirbt ein Darlehensgeber bei drohender oder eingetretener Zahlungsunfähigkeit der Gesellschaft oder bei Überschuldung Geschäftsanteile zum Zwecke ihrer **Sanierung,** so führt dies für seine bestehenden oder neu gewährten Kredite bis zur nachhaltigen Sanierung nicht zur Anwendung

---

[285] Henssler/Strohn/*T. Fleischer*, GesR, Anh. § 30: § 44a InsO Rn. 1.
[286] Henssler/Strohn/*T. Fleischer*, GesR, Anh. § 30: § 44a InsO Rn. 1.
[287] Ausführlich dazu MünchKommInsO/*Bitter* § 44 Rn. 21 ff.
[288] Gehrlein/Witt GmbH-Recht in der Praxis (2008), Kap. 8 Rn. 17.
[289] Gehrlein/Witt GmbH-Recht in der Praxis (2008), Kap. 8 Rn. 17; Henssler/Strohn/*T. Fleischer*, GesR, Anh. § 30: § 44a InsO Rn. 2.
[290] MünchKommInsO/*Bitter* § 43 Rn. 23.
[291] *K. Schmidt* BB 2008, 1966, 1968.
[292] *K. Schmidt* BB 2008, 1966, 1970.
[293] *Freitag* WM 2007, 1681, 1684.
[294] Gesetz zur Kontrolle und Transparenz im Unternehmensbereich (KonTraG) vom 27. April 1998 (BGBl. I S. 786).

des § 39 Abs. 1 Nr. 5 InsO. Die Intention dieser Regelung liegt in einer Erleichterung von Sanierungen durch Anteilserwerb außerhalb wie auch innerhalb von Insolvenzverfahren.[295] Rechtspolitisch ist die Vorschrift nicht unumstritten.[296]

1. Tatbestand

102 Der Tatbestand erfordert den Erwerb einer Beteiligung an einer zum Sanierungsfall gewordenen Gesellschaft zum Zwecke der Sanierung.

103 a) **Fallierende Gesellschaft.** Das Sanierungsprivileg greift im **Sanierungsfall,** also bei drohender oder eingetretener Zahlungsunfähigkeit der Gesellschaft oder bei Überschuldung. Bei einer nachträglichen Prüfung des Tatbestands wird davon auszugehen sein, dass der Anteilserwerb durch einen Kreditgeber, sofern er zur Überwindung der Krise geschieht, ein Indiz dafür darstellt, dass der Sanierungsfall im Zeitpunkt des Erwerbs bereits eingetreten war.[297]

104 b) **Sanierungsgesellschafter.** Das Sanierungsprivileg gilt nicht für Altgesellschafter bzw. Personen, die einem Gesellschafter gleichzustellen sind.[298] Ihnen ist die Krise der Gesellschaft objektiv zuzurechnen.[299] Nicht geschäftsführende Kleingesellschafter im Sinne von § 39 Abs. 5 InsO können das Sanierungsprivileg demgegenüber in Anspruch nehmen und damit einen privilegierten Anteil zu Sanierungszwecken erwerben.[300]

105 c) **Beteiligungserwerb.** Der Kreditgeber muss einen Geschäftsanteil erwerben. Dieser Beteiligungserwerb kann sowohl im Rahmen einer **Kapitalerhöhung** erfolgen wie auch durch die **Veräußerung** eines bereits bestehenden Anteils durch einen Altgesellschafter.[301] Die Übernahme einer der Gesellschafterstellung gleichzustellenden Dritt-Stellung im Sinne von § 39 Abs. 1 Nr. 5 InsO soll – anstelle eines Anteilserwerbs – ebenfalls ausreichen.[302] Damit genügt etwa auch die Übernahme der **Treugeberstellung** von einem anderen Treugeber.[303]

106 d) **Sanierungszweck.** Der Zweck des Beteiligungserwerbs muss schließlich die **Sanierung** der **Gesellschaft** sein. In der Praxis wird diese Zweckbestimmung regelmäßig vom kreditgebenden Gesellschafter sowie dem Geschäftsführer der Gesellschaft dokumentiert werden.[304] Unabhängig davon ist grundsätzlich zu vermuten, dass ein Beteiligungserwerb bei drohender oder bereits eingetretener Zahlungsunfähigkeit oder bei feststehender Überschuldung zu Sanierungszwecken erfolgt, wenn er mit einer Darlehensgewährung einhergeht.[305] Das Sanierungsprivileg erfordert weiter, dass die Gesellschaft nach der pflichtgemäßen Einschätzung eines objektiven Dritten im Zeitpunkt des Beteiligungserwerbs **sanierungsfähig** und die zur Sanierung in Angriff genommenen Maßnahmen objektiv geeignet sind, die Gesellschaft in überschaubarer Zeit zu sanieren.[306] Ein Gutachten eines außenstehenden Experten zur Sanierungsfähigkeit und Eignung ist aber nicht zwingend erforderlich.[307]

---

[295] Vgl. Beschlussempfehlung des Rechtsausschusses BT-Drucks. 13/10 038, S. 28 = ZIP 1998, 487, 491.
[296] Vgl. Scholz/K. Schmidt (2006) §§ 32 a, 32 b Rn. 211; Hirte ZInsO 1998, 147 ff.
[297] So zum alten Recht Scholz/K. Schmidt (2006) §§ 32 a, 32 b Rn. 213.
[298] Begr. RegE zu Art. 9 Nr. 5 lit. b; ebenso Scholz/K. Schmidt (2006) §§ 32 a, 32 b Rn. 214; Lutter/Hommelhoff (2004) §§ 32 a/b Rn. 80; Dauner-Lieb DStR 1998, 1517, 1520; Baumbach/Hueck/Fastrich Anh. § 30 Rn. 74; Seibert GmbHR 1998, 309, 309; a. A. Dörrie ZIP 1999, 12, 17; Altmeppen ZGR 1999, 291, 300; Pentz GmbHR 1999, 449, 457.
[299] Lutter/Hommelhoff (2004) §§ 32 a/b Rn. 80.
[300] Begr. RegE zu Art. 9 Nr. 5 lit. b; zuvor ebenso Lutter/Hommelhoff (2004) §§ 32 a/b Rn. 80; Scholz/K. Schmidt (2006) §§ 32 a, 32 b Rn. 214; Pichler WM 1999, 411, 414; Dauner-Lieb DStR 1998, 1517, 1520; Dörrie ZIP 1999, 12, 16; Pentz GmbHR 1999, 447, 448 f.
[301] Lutter/Hommelhoff (2004) §§ 32 a/b Rn. 82; Scholz/K. Schmidt (2006) §§ 32 a, 32 b Rn. 216; Remme/Theile GmbHR 1998, 909, 914.
[302] Scholz/K. Schmidt (2006) §§ 32 a, 32 b Rn. 216.
[303] Scholz/K. Schmidt (2006) §§ 32 a, 32 b Rn. 216.
[304] So auch Scholz/K. Schmidt (2006) §§ 32 a, 32 b Rn. 217.
[305] Scholz/K. Schmidt (2006) §§ 32 a, 32 b Rn. 217.
[306] Lutter/Hommelhoff (2004) §§ 32 a/b Rn. 84; Dörrie ZIP 1999, 12, 14; Pentz GmbHR 1999, 437, 449; Pichler WM 1999, 411, 417; Bormann NZI 1999, 389, 392; Früh GmbHR 1999, 842, 844 f.; zweifelnd Scholz/K. Schmidt (2006) §§ 32 a, 32 b Rn. 217.
[307] Lutter/Hommelhoff (2004) §§ 32 a/b Rn. 84; Dauner-Lieb DStR 1998, 1517, 1520 f.; Dörrie ZIP 1999, 12, 14.

2. Rechtsfolgen

Das Sanierungsprivileg bewirkt eine Freistellung – sowohl der bisher schon gewährten als auch der künftigen Kredite – von der gesetzlich angeordneten Nachrangigkeit des Gesellschafterdarlehens. Die insofern gewährten Kredite sind im Insolvenzverfahren der Gesellschaft nicht gemäß § 39 Abs. 1 Nr. 5 InsO als nachrangig zu behandeln. Das Sanierungsprivileg befreit dagegen nicht von gewillkürten Bindungen, etwa auf der Grundlage sog. **Finanzplankredite** oder eines **Rangrücktritts**.[308]

VIII. Das Kleinbeteiligungsprivileg (§ 39 Abs. 5 InsO)

1. Bedeutung

Nahezu unverändert übernommen wurde im Zuge der GmbH-Reform das früher in § 32 a Abs. 3 S. 2 GmbHG a. F. geregelte sog. Kleinbeteiligungsprivileg, das sich nunmehr in § 39 Abs. 5 InsO findet. Der einzige wesentliche Unterschied besteht in einer Ausweitung des Anwendungsbereichs. Zukünftig bezieht sich das Kleinbeteiligungsprivileg nicht mehr nur auf die GmbH und auf die atypische Personengesellschaft, sondern auf sämtliche Gesellschaften im Anwendungsbereich des § 39 Abs. 1 Nr. 5 InsO.[309] Eine inhaltliche Änderung geht damit nicht einher. Für die Beteiligungsquote bleibt das sog. gezeichnete Kapital im Sinne von § 272 Abs. 1 HGB maßgeblich.[310] Die Beibehaltung und Ausweitung des Kleinbeteiligungsprivilegs durch das MoMiG ist insgesamt zu begrüßen, zumal durch dieses Sonderrecht bereits in der Vergangenheit zahlreiche Gesellschaften vor der Insolvenz bewahrt wurden.[311]

2. Tatbestand

a) **Rechtsformübergreifender Anwendungsbereich.** § 39 Abs. 5 InsO befreit Darlehensgeber, die mit bis zu zehn Prozent an dem Haftkapital der Gesellschaft beteiligt sind und nicht zu den geschäftsführenden Gesellschaftern gehören, von dem generellen Nachrang im Sinne des § 39 Abs. 1 Nr. 5 InsO. Für die AG bedeutet dies eine Erweiterung des persönlichen Anwendungsbereichs und damit eine Verschärfung gegenüber der bisherigen Rechtslage,[312] sollten doch nach der Rechtsprechung des BGH Aktionäre grundsätzlich nur bei Vorliegen einer Beteiligung von mehr als 25 Prozent den Regeln über den Kapitalersatz unterliegen.[313] Die Regierungsbegründung hat hierzu ausdrücklich klargestellt, dass die Neuregelung in § 39 Abs. 5 InsO sich nicht an der Rechtsprechung des BGH orientiere, sondern auch für die Aktiengesellschaft die Zehn-Prozent-Grenze maßgeblich sein solle.[314] Vereinzelt wurde in diesem Zusammenhang kritisch angemerkt, die Ausweitung des Anwendungsbereichs des § 39 Abs. 5 InsO auf die AG führe zu dem unerträglichen Ergebnis, dass insbesondere Kreditinstitute, die größere Unternehmensbeteiligungen in ihren Portfolios halten, faktisch von

---

[308] *Scholz/K. Schmidt* (2006) §§ 32 a, 32 b Rn. 220.
[309] *Reiner*, Das Eigenkapitalersatzrecht nach dem MoMiG, S. 39. Siehe zum Anwendungsbereich des § 39 Abs. 1 Nr. 5 InsO auch bereits → Rn. 31 ff.
[310] *Knof* ZInsO 2007, 125, 129.
[311] *Reiner*, Das Eigenkapitalersatzrecht nach dem MoMiG, S. 46; im Ergebnis ebenso bereits *Flesner* NZG 2006, 641, 647; *Bayer/Graff* DStR 2006, 1654, 1658; vgl. auch *Roth/Altmeppen* Anh. §§ 32 a, b Rn. 32 m. w. N.
[312] Dies ausdrücklich begrüßend *Bayer/Graff* DStR 2006, 1654, 1658 f.; *Mülbert* WM 2006, 1977, 1979; *Schiffer* BB-Special 7/2006, 14, 17; *Seibert* ZIP 2006, 1157, 1161; *Habersack* ZIP 2007, 2145, 2149; im Ergebnis ebenso *Flesner* NZG 2006, 641, 647; *Bork* ZGR 2007, 250, 259 f.; für die Anwendung des Kleinbeteiligungsprivilegs auf die AG siehe auch bereits *Huber/Habersack* BB 2006, 1, 4; zustimmend *Hommelhoff* in: VGR, Die GmbH-Reform in der Diskussion, S. 115, 130.
[313] BGH DStR 2005, 1416, 1416; ebenso bereits BGHZ 90, 381, 389 ff., 394 f. = NJW 1984, 1893, 1895 ff.; vgl. dazu auch Scholz/K. Schmidt (2006) §§ 32 a, 32 b Rn. 20; MünchHdbGesR III/*Rümker* (2003) § 52 Rn. 126 jeweils m. w. N.
[314] Begr. RegE, BT-Drucks. 16/6140, S. 138; zustimmend *Hirte* ZInsO 2008, 689, 695; *ders.* WM 2008, 1429, 1433.

der Kreditvergabe an die betroffenen Gesellschaften ausgeschlossen werden.[315] Dem ist jedoch entgegenzuhalten, dass die Anknüpfung an die Zehn-Prozent-Grenze unter Berücksichtigung der von den Banken gehaltenen Aktienpakete zumutbar ist, da ein in diesem Umfang beteiligter Aktionär über einen erheblichen unternehmerischen Einfluss verfügt.[316] Im Übrigen gibt es eine Vielzahl geringfügig beteiligter Banken, die aufgrund der Regelung in § 39 Abs. 5 InsO weiterhin die Möglichkeit haben, sich liquiditätssichernd in einen erforderlichen Sanierungsprozess einzuschalten.[317]

110 Aufgrund der rechtsformneutralen Ausgestaltung der Neuregelung sind AG, GmbH, Genossenschaft, KGaA, SE und sonstige Auslandsgesellschaften auch unter dem Aspekt der für das Kleinbeteiligungsprivileg maßgeblichen Zehn-Prozent-Grenze gleich zu behandeln.[318] Fragen wirft die rechtsformübergreifende Anwendbarkeit des § 39 Abs. 5 InsO jedoch im Hinblick auf den Geschäftsführerbegriff auf. Nach der Neuregelung kann sich der geschäftsführende Gesellschafter wie schon nach der bisherigen Rechtslage (vgl. § 32a Abs. 3 S. 2 GmbHG a. F.) – unabhängig von der Beteiligungshöhe – nicht auf das Kleinbeteiligungsprivileg berufen. Zwar erscheint es durchaus als vertretbar, Vorstandsmitglieder der AG als „geschäftsführende Gesellschafter" im Sinne des § 39 Abs. 5 InsO zu behandeln,[319] wohingegen dies bei Aufsichtsratsmitgliedern im Zweifel nicht der Fall sein dürfte.[320] Im Unterschied dazu wird man allerdings im Fall von monistisch strukturierten Gesellschaften, wie bspw. die Limited oder (optional) die SE, die Mitglieder des Boards of Directors bzw. des Verwaltungsrats unter den Begriff des „geschäftsführenden Gesellschafters" subsumieren können. Anders als der Aufsichtsrat entscheiden die Mitglieder des Boards of Directors bzw. des Verwaltungsrats über die Leitlinien der Geschäftspolitik mit.[321] Sie können sich folglich auf die Privilegierung berufen. Bei GmbH-Geschäftsführern schließlich bestehen im Hinblick auf § 39 Abs. 5 InsO von vornherein keine Probleme. Sie unterfallen zweifelsohne dem Geschäftsführerbegriff und können das Kleinbeteiligungsprivileg folglich nicht in Anspruch nehmen.

111 **b) Bestimmung der Beteiligungsquote.** Im Hinblick auf die Bestimmung der Zehn-Prozent-Beteiligungsquote, bei deren Überschreiten das Kleinbeteiligungsprivileg nach § 39 Abs. 5 InsO keine Anwendung findet, wird kontrovers darüber diskutiert, ob insoweit ausschließlich auf die Kapitalbeteiligung oder aber auf die Stimmkraft bzw. die Gewinnbeteiligung abzustellen ist. Letztlich ist kein Grund dafür ersichtlich, weshalb derjenige Gesellschafter, der über stimmrechtslose Anteile bzw. über Anteile ohne Gewinnvorzug verfügt, nicht den Regeln über Gesellschafterdarlehen unterliegen sollte, wenn seine Beteiligungsquote mehr als zehn Prozent beträgt. Daher ist davon auszugehen, dass allein die Höhe der Kapitalbeteiligung entscheidend ist, nicht aber, ob es sich um stimmrechtslose Anteilen oder solche mit Stimmrecht handelt.[322] Bei einer indirekten Beteiligung wie im Falle einer GmbH & Co. KG kommt es auf die „durchgerechnete" Beteiligung an der gesamten Gesellschaft

---

[315] *Freitag* WM 2007, 1681, 1682.
[316] *Gehrlein* BB 2008, 846, 852 (unter Hinweis auf die Repräsentanz der Banken in Aufsichtsräten); ebenso bereits *Flesner* NZG 2006, 641, 647; *Bayer/Graff* DStR 2006, 1654, 1658f. (unter Hinweis auf die Hauptversammlungspräsenzen der DAX-30-Gesellschaften); zustimmend *Bork* ZGR 2007, 250, 260.
[317] Vgl. *Gesmann-Nuissl* WM 2006, 1756, 1760; in diese Richtung auch *Flesner* NZG 2006, 641, 647.
[318] *Wälzholz* DStR 2007, 1914, 1919; *Waclawik* ZIP 2007, 1838, 1841 (unter besonderer Hervorhebung der SE); abweichend *Tillmann* GmbHR 2006, 1289, 1293 f., der im Hinblick auf den Schwellenwert eine Differenzierung nach Gesellschaftsform und Gesellschaftsstruktur im Einzelfall für unerlässlich hält. Vgl. auch *Haas* ZInsO 2007, 617, 629, nach dessen Auffassung abzuwarten bleibt, ob die Zehn-Prozent-Grenze auf Auslandsgesellschaften passt.
[319] *Mülbert* WM 2006, 1977, 1979; ebenso *Tillmann* GmbHR 2006, 1289, 1293; **a.A.** vor Verabschiedung des MoMiG BGH DStR 2005, 1416, 1417, wonach die Vorstandsfunktion nicht zu einer Finanzierungsfolgenverantwortung führt, wenn sie mit einem gewissen Aktienbesitz verbunden ist.
[320] Vgl. BGH DStR 2005, 1416, 1417; zustimmend *Tillmann* GmbHR 2006, 1289, 1293.
[321] *Tillmann* GmbHR 2006, 1289, 1293.
[322] *Habersack* ZIP 2007, 2145, 2149 f.; im Ergebnis ebenso Baumbach/Hueck/*Fastrich* Anh. § 30 Rn. 32; Rowedder/Schmidt-Leithoff/*Görner* Anh. § 30 Rn. 117 *Hirte* ZInsO 2008, 689, 695; *ders.* WM 2008, 1429, 1433; *Gehrlein* Konzern 2007, 771, 787; **a.A.** *Freitag* WM 2007, 1681, 1682, nach dessen Auffassung es nicht auf die Beteiligung am Kapital, sondern an den Stimmrechten ankomme.

an; zur Kapitalbeteiligung als Kommanditistin ist daher diejenige an der Komplementärin hinzuzurechnen und in Bezug zum Gesamtkapital zu setzen.[323]

c) Zeitlicher Anwendungsbereich. Nach neuem Recht ist streitig, welcher Zeitraum für die Beurteilung der Beteiligungshöhe maßgeblich sein soll. Nach einer – wohl vorherrschenden – Ansicht soll entscheidend darauf abzustellen sein, ob der darlehensgewährende Gesellschafter zu irgendeinem Zeitpunkt innerhalb der Anfechtungsfristen der §§ 135 InsO, 6 AnfG die Schwelle von zehn Prozent überschritten hat.[324] Einer anderen Auffassung nach gelten die vor dem MoMiG bestehenden Grundsätze fort mit der Folge, dass als maßgeblicher Zeitraum derjenige der Darlehensgewährung zugrunde zu legen ist.[325]

3. Rechtsfolgen

Rechtsfolge des Kleinbeteiligungsprivilegs ist, dass der in § 39 Abs. 1 Nr. 5 InsO geregelte gesetzliche Rangrücktritt nicht eintritt. Der darlehensgewährende Gesellschafter kann seinen Rückzahlungsanspruch also wie jeder andere Gläubiger auch geltend machen. Die Beweislast für die Voraussetzungen des Kleinbeteiligungsprivilegs trägt der das Privileg als Ausnahmeregelung in Anspruch nehmende Gesellschafter. Er hat die Höhe seiner Beteiligung sowie seine nicht förmlich vorgenommene Bestellung als Geschäftsführer zu beweisen.[326]

IX. Fortgeltung des bisherigen Eigenkapitalersatzrechts in Altfällen

Für die Frage, ob für eine Rechtshandlung altes – also neben den Novellenregeln von 1980 auch die Rechtssprechungsregeln –[327] oder neues Recht gilt, kommt es nach der einschlägigen Übergangsregelung in Art. 103d EGInsO darauf an, zu welchem Zeitpunkt das Insolvenzverfahren eröffnet wird. Altfälle, also solche, in denen das Insolvenzverfahren vor der GmbH-Reform eröffnet wurde, sind nach den bisherigen insolvenzrechtlichen Vorschriften zu beurteilen.[328] Wird hingegen das Insolvenzverfahren nach Inkrafttreten des MoMiG eröffnet, gilt grundsätzlich neues Recht,[329] wenn die betreffende Rechtshandlung nicht nach altem Recht privilegiert war.[330] Demgemäß sieht Art. 103d EGInsO vor, dass alle Rechtshandlungen, die vor Inkrafttreten des Gesetzes vorgenommen wurden, nach den anfechtungsrechtlichen Vorschriften der bisherigen Insolvenzordnung bzw. nach den bisherigen Regelungen des AnfG zu beurteilen sind, soweit sie nach dem bisherigen Recht der Anfechtung entzogen oder in geringerem Unfang unterworfen waren.[331]

Beispiel: Ein nicht eigenkapitalersetzendes Gesellschafterdarlehen wird kurz vor Insolvenzantrag zurückgezahlt. Nach neuem Recht wäre die Rückzahlung zwar anfechtbar (§ 135 Abs. 1 Nr. 2 InsO), da aber nach bisherigem Recht die Rückzahlung unproblematisch möglich wäre, ist die Anfechtung nach neuem Recht ausgeschlossen.[332] Infolgedessen ist ein Rückgriff auf die bisherigen Regelungen der InsO und des AnfG zwingend erforderlich.

Umstritten ist jedoch, nach welchem Recht Fälle zu beurteilen sind, bei denen das Insolvenzverfahren nach dem 1.11.2008 eröffnet wurde, eine Rückzahlung auf ein eigenkapital-

---

[323] *Hirte* ZInsO 2008, 689, 695; *ders.* WM 2008, 1429, 1433.
[324] *Altmeppen* NJW 2008, 3601, 3604f.; *Tettinger* NZI 2010, 248, 249; *Haas* ZInsO 2007, 617, 620; Baumbach/Hueck/*Fastrich* Anh. § 30 Rn. 33; Scholz/*K. Schmidt* Nachtr MoMiG §§ 32a/b a. F. Rn. 26; Lutter/Hommelhoff/*Kleindiek* Anh. zu § 64 Rn. 129.
[325] *Habersack* ZIP 2007, 2145, 2150; *Hirte* WM 2008, 1429, 1433; *Gehrlein* Der Konzern 2007, 771, 787.
[326] So zum bisherigen Recht bereits *Löwisch*, Eigenkapitalersatzrecht Rn. 424.
[327] Dass sich die Fortgeltung des alten Rechts auch auf die Rechtssprechungsregeln erstreckt, war zunächst umstritten, ist inzwischen aber geklärt; vgl. hierzu Roth/*Altmeppen* Vor §§ 32a, b a. F. Rn 3 m. w. N.
[328] Vgl. *Wälzholz* DStR 2007, 1914, 1920; *Goette* WPg 2008, 231, 236; *Hirte* ZInsO 2008, 689, 697; *ders.* WM 2008, 1429, 1435.
[329] *Kallmeyer* DB 2007, 2755, 2758; *Wälzholz* DStR 2007, 1914, 1920f.
[330] *Oppenhoff* BB 2008, 1630, 1632.
[331] *Wälzholz* DStR 2007, 1914, 1921.
[332] Vgl. *Oppenhoff* BB 2008, 1630, 1632.

ersetzendes Gesellschafterdarlehen jedoch vor diesem Zeitpunkt erfolgte.[333] Die herrschende Meinung wendet in solchen Fällen altes Recht an.[334] Dies hat insbesondere zur Folge, dass der Erstattungsanspruch analog § 31 Abs. 1 GmbHG gemäß § 31 Abs. 5 Satz 1 GmbHG analog erst nach zehn Jahren verjährt. Eine andere Auffassung wendet dagegen unter Verweis auf die abschließende Übergangsregelung des § 103d InsO neues Recht an, wenn der Erstattungsanspruch am Stichtag bereits entstanden ist;[335] nach dieser Auffassung kommt es darauf an, ob die Tilgung des Darlehens innerhalb der Jahresfrist des § 135 Abs. 1 Nr. 2 InsO erfolgte.

X. Bilanzielle Behandlung und Rangrücktritt

1. Handelsbilanz

116 Im handelsrechtlichen Jahresabschluss der Gesellschaft sind Gesellschafterdarlehen als Verbindlichkeiten, also als Fremdkapital zu bilanzieren. Dies gilt auch, wenn das Gesellschafterdarlehen mit einem **Rangrücktritt** versehen ist.[336] Die Rangrücktrittserklärung ändert nichts an der im Verhältnis zum Kreditgeber bestehenden Verpflichtung der Gesellschaft, für die Verbindlichkeit aufzukommen; es muss daher bei einer **Passivierung** in der Handelsbilanz bleiben.[337]

2. Überschuldungsstatus

117 Führte eine eigenkapitalersetzende Gesellschafterleistung zu einer Überschuldung der Gesellschaft, so war die Geschäftsführung nach der bisherigen Rechtslage gemäß § 64 Abs. 1 S. 2 GmbHG verpflichtet, die Eröffnung des Insolvenzverfahrens zu beantragen. Zur Bewältigung dieser Situation und insbesondere zur Vermeidung einer Insolvenzantragspflicht wurde in der Praxis als Sanierungsinstrument die sog. Rangrücktrittsvereinbarung entwickelt.[338]

118 Der Rangrücktritt spielte in den letzten Jahren eine bedeutende Rolle im Insolvenz- und Kapitalersatzrecht.[339] Eine solche Vereinbarung war in der Vergangenheit und ist bis heute ein häufig genutztes Mittel zur Restrukturierung von Krisenunternehmen, da durch eine solche Vereinbarung der Gang in die Insolvenz abgewendet werden kann.[340]

119 a) Rangrücktritt. Beim Rangrücktritt handelt es sich um eine freiwillige Gleichstellung des Gesellschafterdarlehens mit haftendem Kapital auf der Grundlage einer Vereinbarung zwischen dem Kreditgeber und der Gesellschaft.[341] Der Rangrücktritt kann rechtsverbindlich nur durch Vertrag im Sinne von § 311 Abs. 1 BGB zwischen den Parteien des Kreditverhältnisses herbeigeführt werden;[342] er ist von einem Erlassvertrag im Sinne von § 397 BGB ab-

---

[333] Vgl. Voraufl. Rn. 116; eingehend *Altmeppen*, ZIP 2011, 641.
[334] *OLG München* ZIP 2011, 225, 226; *OLG Jena* ZIP 2009, 2098, 2099; Lutter/Hommelhoff/*Kleindiek* Anh. zu § 64 Rn. 148; Scholz/K. *Schmidt* §§ 32a, 32b a.F. Rn. 17; Baumbach/Hueck/*Fastrich* Anh. § 30 Rn. 111; *Lorenz* GmbHR 2009, 135, 137.
[335] Roth/*Altmeppen* Vor §§ 32a, b Rn. 5.
[336] So Nerlich/Kreplin/*Gras* § 6 Rn. 106; *Priester* DB 1991, 1917, 1923; *Knobbe-Keuk* StuW 1991, 306, 308f.; *Braun* DStR 2012, 1360; a.A., also gegen eine Passivierungspflicht: *Schulze-Osterloh* WPg 1996, 97, 99.
[337] Zur steuerlichen Behandlung von Rangrücktrittserklärungen *Leuering/Bahns* NJW-Spezial 2012, 207.
[338] *Wittig* NZI 2001, 169, 169; vgl. auch Ulmer/Habersack/Winter/*Habersack* §§ 32a/b Rn. 238; *Löwisch*, Eigenkapitalersatzrecht Rn. 110 („bedeutsames Sanierungsinstrument").
[339] *Reiner*, Das Eigenkapitalersatzrecht nach dem MoMiG, S. 42.
[340] Vgl. *K. Schmidt* DB 2006, 2503, 2503; *Kammeter/Geißelmeier* NZI 2007, 214, 214; *Reiner*, Das Eigenkapitalersatzrecht nach dem MoMiG, S. 42.
[341] Vgl. BGH ZIP 1982, 563, 565f.; *Teller/Steffan*, Rangrücktrittsvereinbarungen zur Vermeidung der Überschuldung bei der GmbH, 3. Aufl. 2003, Rn. 250ff.
[342] *Heerma* BB 2005, 537, 538; *Böcker* GmbHR 2004, 1314, 1317; a.A. *Löwisch*, Eigenkapitalersatzrecht Rn. 108, wonach eine einseitige Erklärung des Gesellschafters ausreicht.

zugrenzen.³⁴³ Konkret stellt die Rangrücktrittsvereinbarung nach herrschender Meinung einen verfügenden Schuldänderungsvertrag im Sinne von § 311 BGB dar, der das Forderungsrecht des Gläubigers bestehen lässt und nur inhaltlich verändert, indem vereinbart wird, dass die Forderung im Rang hinter denen aller anderen Gläubiger zurücktritt.³⁴⁴

Zwei Erscheinungsformen des Rangrücktritts sind zu unterscheiden – der einfache und der qualifizierte Rangrücktritt. Von einem einfachen Rangrücktritt spricht man, wenn der Gesellschaftsgläubiger gegenüber der Gesellschaft erklärt, dass er sein Darlehen erst dann geltend macht, wenn andere Gläubiger zuvor befriedigt sind.³⁴⁵ Darüber hinausgehend erfordert ein qualifizierter Rangrücktritt die Erklärung des Gesellschafters, dass seine genau zu bezeichnende Forderung erst nach Abwendung der Krise³⁴⁶ sowie nach Befriedigung sämtlicher Fremdgläubiger der Gesellschaft berücksichtigt wird, und damit auch erst nach der Befriedigung der Gesellschafterdarlehen, für welche ein Rangrücktritt nicht erklärt worden ist.³⁴⁷ Das Gesellschafterdarlehen wird beim qualifizierten Rangrücktritt also so behandelt, als wäre es funktionales Eigenkapital.³⁴⁸

b) Vereinfachung des Rangrücktritts durch das MoMiG. Im Rahmen des Gesetzgebungsverfahrens sah es zunächst lange danach aus, als ob Rangrücktritte nach Inkrafttreten des MoMiG kaum noch eine Rolle spielen sollten.³⁴⁹ Grund hierfür war, dass nach § 19 Abs. 2 S. 3 InsO in der Fassung des Regierungsentwurfs sämtliche Forderungen aus Gesellschafterdarlehen von der Passivierungspflicht im Überschuldungsstatus ausgenommen werden sollten. Da Gesellschafterdarlehen in der Insolvenz stets nachrangig sind (§ 39 Abs. 1 Nr. 5 InsO), hätte dies zur Konsequenz gehabt, dass der Hauptanwendungsfall für qualifizierte Rangrücktritte entfällt.³⁵⁰ Wäre § 19 Abs. 2 S. 3 InsO-E verabschiedet worden, hätten die Rangrücktrittsvereinbarung im Rahmen des Überschuldungsstatus nur noch bei solchen Forderungen eigenständige Bedeutung erlangt, die nicht in den Anwendungsbereich des § 39 Abs. 1 Nr. 5 InsO fallen. Dies gilt lediglich für die Forderungen von Kleingesellschaftern und für Sanierungsdarlehen³⁵¹ sowie im Konzernverbund, wenn das Darlehen nicht von einem Gesellschafter, sondern von einem konzernverbundenen Unternehmen gewährt wird.³⁵² Nur insoweit wäre es bei den bislang für den qualifizierten Rangrücktritt geltenden Grundsätzen geblieben.³⁵³

Infolge der vielstimmig geäußerten Auffassung im Schrifttum, wonach ein genereller Verzicht auf die Passivierungspflicht von Darlehensforderungen im Überschuldungsstatus abzulehnen sei,³⁵⁴ änderte der Bundestag die Regelung kurz vor Abschluss des Gesetzgebungs-

---

³⁴³ Etwa im Falle eines Forderungsverzichts mit Besserungsschein; vgl. hierzu *Braun* DStR 2012, 1360; *Wittig* NZI 2001, 169, 170 m. w. N.
³⁴⁴ Für Schuldänderungsvertrag *Habersack* ZGR 2000, 384, 403; Ulmer/Habersack/Winter/*Habersack* §§ 32 a/b Rn. 239; *Wittig* NZI 2001, 169, 170 f.; *Fleischer* JZ 2001, 1191, 1192; *Roth/Altmeppen* § 42 Rn. 49; *Hölzle* GmbHR 2005, 852, 854; *Kammeter/Geißelmeier* NZI 2007, 214, 214 und dort Fußn. 1 jeweils m. w. N.; a. A. *Löwisch*, Eigenkapitalersatzrecht Rn. 109; nach dessen Auffassung es sich bei einem Rangrücktritt eher um ein sog. pactum de non petendo handelt.
³⁴⁵ *Kammeter/Geißelmeier* NZI 2007, 214, 215; zustimmend *Reiner*, Das Eigenkapitalersatzrecht nach dem MoMiG, S. 43; siehe auch bereits *J.D. Heerma* BB 2005, 537, 537; *Janssen* BB 2005, 1895, 1895 (mit Musterformulierung).
³⁴⁶ Vgl. *Wittig* NZI 2001, 169, 170.
³⁴⁷ Vgl. BGHZ 146, 264, 271 = NJW 2001, 1280, 1281; *Löwisch*, Eigenkapitalersatzrecht Rn. 111; *Gehrlein* GmbH-Recht in der Praxis (2005), S. 392; *Reiner*, Das Eigenkapitalersatzrecht nach dem MoMiG, S. 43.
³⁴⁸ *Reiner*, Das Eigenkapitalersatzrecht nach dem MoMiG, S. 43; *Gehrlein* GmbH-Recht in der Praxis (2005), S. 392; *Löwisch*, Eigenkapitalersatzrecht Rn. 308.
³⁴⁹ *Reiner*, Das Eigenkapitalersatzrecht nach dem MoMiG, S. 43; vgl. auch *Wälzholz* DStR 2007, 1914, 1919, 1921 („Rangrücktrittserklärungen für Gesellschafterdarlehen werden weitgehend überflüssig"); ebenso *Kammeter/Geißelmeier* NZI 2007, 214, 218.
³⁵⁰ *J.D. Heerma/P.H. Heerma* ZIP 2006, 2202, 2206.
³⁵¹ *Habersack* ZHR 170 (2006), 607, 612 f.; *ders.* ZIP 2007, 2145, 2152; *Bormann* DB 2006, 2616, 2619; *Kammeter/Geißelmeier* NZI 2007, 214, 218; *Wälzholz* DStR 2007, 1914, 1919.
³⁵² *Wälzholz* DStR 2007, 1914, 1918 f.; *Kammeter/Geißelmeier* NZI 2007, 214, 218.
³⁵³ *Habersack* ZIP 2007, 2145, 2152.
³⁵⁴ *K. Schmidt* ZIP 2006, 1925, 1931; *ders.* DB 2006, 2503, 2505; *ders.* GmbHR 2007, 1, 10. *ders.* BB 2008, 461, 462 f.; *Bormann* DB 2006, 2616, 2618 f.; *Knof* ZInsO 2007, 125, 127; *Bork* ZGR 2007, 250,

verfahrens. In der nun verabschiedeten Fassung bestimmt § 19 Abs. 2 S. 3 InsO – im Einklang mit der Rechtsprechung des BGH[355] –, dass Forderungen auf Rückgewähr von Gesellschafterdarlehen nur dann nicht zu passivieren sind, wenn für sie gemäß § 39 Abs. 2 InsO zwischen Gläubiger und Schuldner der Nachrang im Insolvenzverfahren hinter den in § 39 Abs. 1 Nr. 1 bis 5 InsO bezeichneten Forderungen vereinbart worden ist.

123 Im Gegensatz zur Rechtsprechung des BGH gibt das Gesetz in § 19 Abs. 2 S. 3 InsO durch den Verweis auf § 39 Abs. 2 InsO vor, welchen Inhalt eine Rangrücktrittserklärung künftig haben muss.[356] Dies bedeutet mit Blick auf die Rechtsanwendung eine erhebliche Vereinfachung, zumal die oben geschilderten Probleme der genauen Formulierung einer Rangrücktrittserklärung dadurch beseitigt wurden.[357] Ausreichend ist nunmehr, wenn die Rangrücktrittserklärung – dem Gesetzeswortlaut entsprechend – besagt, „dass der Gesellschafter gem. § 39 Abs. 2 InsO mit seiner Forderung im Rang hinter die übrigen Gesellschafterkreditgeber, die keine Rangrücktrittserklärung abgegeben haben und daher nach § 39 Abs. 1 InsO befriedigt werden, tritt".[358] Solange der Wille des Erklärenden zur Herbeiführung dieser Rechtsfolge – ggf. auch im Wege der Auslegung – erkennbar ist, sind die betroffenen Forderungen nicht in das Überschuldungsstatut einzustellen, und zwar unabhängig davon, ob die Erklärung vor oder nach dem Inkrafttreten des MoMiG abgegeben wurde.

124 **c) Rechtsfolgen.** Im Falle der Insolvenz macht der Rangrücktritt aus der Forderung des Gesellschafters eine nachrangige Insolvenzforderung. Dabei rückt der Gesellschafter-Kreditgeber infolge der Rangrücktrittserklärung nach § 39 Abs. 2 InsO zwar noch einen Rang hinter die Gesellschafter, die keine solche Erklärung abgegeben haben (§ 39 Abs. 1 Nr. 5 InsO) zurück,[359] kann dadurch aber die Insolvenz vermeiden.[360] Wird ein Darlehen trotz Erklärung des Rangrücktritts an einen Gesellschafter zurückgezahlt, begründet dies die Möglichkeit der Insolvenzanfechtung (vgl. §§ 44a, 135 Abs. 1 und 2 InsO bzw. §§ 6 Abs. 1, 6a AnfG).[361]

---

[261] f.; *Haas* ZInsO 2007, 617, 626 f.; *Hölzle* GmbHR 2007, 729, 735 f.; *Poertzgen* GmbHR 2007, 1258, 1263; *Burg/Poertzgen* ZInsO 2008, 473, 473 f.

[355] Siehe nochmals BGHZ 146, 264, 271 ff. = NJW 2001, 1280, 1281 f.

[356] Vgl. Begr. Beschlussempfehlung und Bericht des BT-Rechtsausschusses, BT-Drucks. 16/9737, S. 105: „Die Abschaffung des Eigenkapitalersatzrechts erfordert es nämlich, die vom BGH aufgestellten Anforderungen an die Rücktrittserklärung anzupassen. (...) Nachrangige Berichtigung im Insolvenzverfahren reicht aus".

[357] Vgl. *Wälzholz* GmbHR 2008, 841, 847; ebenfalls die Neuregelung begrüßend *Hirte* ZInsO 2008, 689, 697; *ders* WM 2008, 1429, 1435, wonach der Rücktritt nunmehr „leicht erklärt und vom Geschäftsführer leicht festgestellt werden kann".

[358] So der Formulierungsvorschlag von *Wälzholz* GmbHR 2008, 841, 847.

[359] Begr. Beschlussempfehlung und Bericht des BT-Rechtsausschusses, BT-Drucks. 16/9737, S. 105.

[360] *Hirte* ZInsO 2008, 689, 697; *ders.* WM 2008, 1429, 1434.

[361] Vgl. Begr. Beschlussempfehlung und Bericht des BT-Rechtsausschusses, BT-Drucks. 16/9737, S. 105; zustimmend *Hirte* ZInsO 2008, 689, 697; *ders.* WM 2008, 1429, 1435; *Wälzholz* GmbHR 2008, 841, 847.

Teil C. Geschäftsführer

§ 8 Organstellung

Übersicht

	Rn.
I. Bestellung des Geschäftsführers	1–18
1. Zuständigkeit für die Bestellung	1–7
a) Aus dem Gesellschaftsvertrag	1–5
b) Aus dem Gründungsvertrag	6
c) Gesetzliche Regelung	7
2. Beschlussfassung	8–11
a) Einflussnahme durch das Vorschlagsrecht	8
b) Erforderliche Mehrheiten	9/10
c) Mitwirkung des Geschäftsführers bei der Abstimmung	11
3. Eignungsvoraussetzungen	12–14
a) Gesetzliche Anforderungen	12
b) Anforderungen aus der Satzung	13/14
4. Dauer	15/16
5. Annahme	17
6. Unterscheidung vom Anstellungsverhältnis	18
II. Die Anmeldung des Geschäftsführers zum Handelsregister	19–25
1. Eintragungspflichtige Tatsachen	19–22
2. Durchführung der Anmeldung	23–25
III. Beendigung der Organstellung	26–38
1. Abberufung	26–33
a) Zuständiges Organ	26/27
b) Durchführung der Abberufung	28–33
2. Amtsniederlegung	34–36
3. Erlöschen des Amtes	37/38
IV. Anmeldung des Ausscheidens eines Geschäftsführers	39–44
1. Zuständigkeit	39/40
2. Durchführung	41–44

Schrifttum: *Altmeppen*, Gestattung zum Selbstkontrahieren in der GmbH, NJW 1995, 1182 ff.; *Bärwaldt*, Die Anmeldung des eigenen Ausscheidens als Gesellschafter, GmbHR 2001, 290 ff.; *Gehrlein*, Die Entlassung des GmbH-Geschäftsführers, BB 1996, 2257 ff.; *Goette*, Das Organverhältnis des GmbH-Geschäftsführers in der Rechtsprechung des Bundesgerichtshofes, DStR 1998, 938 ff.; *ders.*, Die GmbH nach der BGH-Rechtsprechung, 1997; *Hammen*, Zur Begründung von (organschaftlichen) Rechten Dritter im Gesellschaftsvertrag einer GmbH, WM 1994, 765 ff.; *Heckschen*, Die GmbH-Reform – Wege und Irrwege, DStR 2007, 1442 ff.; *Lunck*, Rechtliche und taktische Erwägungen bei Kündigung und Abberufung des GmbH-Geschäftsführers, ZIP 1999, 1777 ff.; *Lingemann/Röder*, Schicksal von Vorstand und Geschäftsführer bei Unternehmensumwandlungen und Unternehmensveräußerungen, DB 1993, 1341; *Römermann*, Der Entwurf des „MoMiG" – die deutsche Antwort auf die Limited, GmbHR 2006, 673 ff.; *ders./Wachter*, Persönliche Haftung von Geschäftsführern und Gesellschaftern, GmbHR-Sonderheft, 10/08, S. 69 ff.; *Ulmer*, Begründung von Rechten für Dritte in der Satzung einer GmbH, Festschrift für Winfried Werner, 1984.

I. Bestellung des Geschäftsführers

1. Zuständigkeit für die Bestellung

a) **Aus dem Gesellschaftsvertrag.** Um das für die Bestellung des Geschäftsführers zuständige Organ zu ermitteln, muss zunächst der **Gesellschaftsvertrag** auf eine entsprechende Klausel hin untersucht werden, da die Zuständigkeit gem. § 45 Abs. 1 GmbHG grundsätzlich **zur Disposition der Gesellschaft** steht (vgl. §§ 6 Abs. 3 Satz 2, Abs. 4 GmbHG). 1

In Frage kommen als für die zur Bestellung des Geschäftsführers evtl. zuständigen Organe (vgl. § 45 Abs. 2 GmbHG):
- die Gesellschafterversammlung (§§ 45 f., 46 Nr. 5 GmbHG)
- der Beirat
- der fakultative Aufsichtsrat
- ein Ausschuss der Gesellschafterversammlung
- ein Gesellschafter (nach § 48 Abs. 3 GmbHG auch dann, wenn er Alleingesellschafter ist).[1]

2   Sollte das berufene „Bestellungsorgan" aus rechtlichen oder tatsächlichen Gründen **nicht in der Lage** sein, die Bestellung vorzunehmen, ist zunächst zu überprüfen, ob dies ein dauerhafter oder vorübergehender Zustand ist und, ob es der Gesellschafterversammlung möglich ist, den Grund hierfür zu beseitigen. Ist dies nicht der Fall oder Eile geboten, so gilt für diesen Zeitraum die gesetzliche Regelung aus § 46 Nr. 5 GmbHG, eine der bedeutsamsten Beschlusskompetenzen (vgl. § 45 Abs. 2 GmbHG).[2]

3   Bei der **mitbestimmten Gesellschaft** nach MitbestG 1976 ist gem. §§ 1 Abs. 1 Nr. 1, 31 MitbestG 1976 i. V. m. § 84 AktG der **Aufsichtsrat** zwingend ausschließlich zuständig, den oder die Geschäftsführer zu bestellen.[3] Der fakultative Aufsichtsrat hat nach § 52 Abs. 1 GmbHG die Bestellungs- und Abberufungskompetenz im Zweifel nicht, allenfalls bei entsprechender Regelung in der Satzung. Ist die Gesellschaft hingegen nach dem DrittelbG – gültig seit 1.7.2004 bei GmbHs mit mehr als 500 Arbeitnehmern – mitbestimmt, so werden die Geschäftsführer – vorbehaltlich abweichender gesellschaftsvertraglicher Vorgaben – weiterhin durch die Gesellschafterversammlung bestellt, da § 1 Abs. 1 Nr. 3 DrittelbG nicht auf § 84 AktG verweist.

4   **Nicht zuständig** für die Bestellung ist ein **Geschäftsführer,** da es sich nicht um einen rechtsgeschäftlichen, sondern gesellschaftsrechtlichen Vorgang handelt[4] und die Unterscheidung zwischen wesentlichen Funktionen der Gesellschafterversammlung und der Geschäftsführer anderenfalls verwischt zu werden droht.[5]

5   Vorsicht ist geboten, wenn ein **Dritter** (Behörden, Konzernmutter, Kreditgeber etc.) über die Bestellung entscheiden soll. Ob dies überhaupt zulässig ist, ist umstr. und bisher höchstrichterlich nicht entschieden.[6] Das Problem liegt in der Frage, ob die Übertragung dazu führt, dass der Dritte zu einem Organ der Gesellschaft wird oder nicht.[7] Im letzteren Fall würde dies eine unwirksame Fremdbestimmung der Gesellschaft verursachen.[8] Da die Rspr. des BGH[9] die Tendenz aufweist, die wesentlichen Funktionen der Gesellschafterversammlung nicht schwächen zu wollen, ist es daher ratsam, auf die Bestellung durch einen Dritten zu verzichten.

6   **b) Aus dem Gründungsvertrag.** Die **Gründungssatzung** kann gem. § 6 Abs. 3 S. 2 GmbHG in einer Klausel den Geschäftsführer schon benennen, so dass hieraus seine Bestellung erfolgt. Die Bestellung durch die Satzung kann zwei wesentliche Abweichungen gegenüber der durch Beschluss zur Folge haben, auf die hingewiesen werden sollte:
- Dem Gesellschafter-Geschäftsführer, nicht aber dem Fremdgeschäftsführer, kann in der Satzung ein **Sonderrecht** eingeräumt werden. Dies bewirkt, dass er gem. § 38 Abs. 2 GmbHG nur aus wichtigem Grunde abberufen werden kann.[10] Von einem solchen Recht

---

[1] BGH WM 1973, 1295; Baumbach/Hueck/*Fastrich* § 6 Rn. 18.
[2] BGHZ 12, 337; Scholz/K. *Schmidt* § 46 Rn. 1, 72; Fleischer/Goette/*Liebscher* § 46 Rn. 98.
[3] BGHZ 89, 48; Baumbach/Hueck/*Zöllner/Noack* § 52 Rn. 184, 206, 217; Fleischer/Goette/*Liebscher* § 46 Rn. 100.
[4] Rowedder/Schmidt-Leithoff/*Koppensteiner* § 35 Rn. 13, 60; Meyer-Landrut/Miller/*Niehus* §§ 35–38 Rn. 101; Fleischer/Goette/*Stephan/Tieves* § 35 Rn. 44.
[5] *Goette,* Die GmbH nach der BGH-Rechtsprechung, § 7 Rn. 1 ff.
[6] KG JW 1926, 598; *Hammen* WM 1994, 765 ff.; a. A. *Ulmer* S. 911 ff., S. 919 ff.
[7] Baumbach/Hueck/*Fastrich* § 6 Rn. 18a; Meyer-Landrut/Miller/*Niehus* §§ 35–38 Rn. 107; Rowedder/Schmidt-Leithoff/*Koppensteiner* § 38 Rn. 6; Fleischer/Goette/*Liebscher* § 46 Rn. 180.
[8] Ulmer/*Hüffer* § 35 Rn. 74 ff.
[9] BGH DStR 1997, 1053; 1997, 1338.
[10] BGH WM 1984, 29; *K. Schmidt* § 36 II 2a; vgl. Schulz/Schneider, § 6 Rn. 79 ff. m. w. N.

kann aber nicht ohne weiteres ausgegangen werden,[11] vielmehr müssen Indizien für eine Stärkung des Geschäftsführers enthalten sein, wie beispielsweise durch die Festlegung der Organträgerschaft auf Lebenszeit u. a.[12]

- Die Rspr. geht im Zweifel davon aus, dass es sich hierbei um einen **echten Satzungsbestandteil** handeln muss.[13] Dann kann der Geschäftsführer nur mit der für die Satzungsänderung erforderlichen Mehrheit abberufen werden. Ist dies nicht gewollt, so muss kenntlich gemacht werden, dass die Bestellung nicht zu den wesentlichen Satzungsbestandteilen gehört.

c) **Gesetzliche Regelung.** Erst wenn der Gesellschaftsvertrag keine Regelung enthält, greift kraft Verweisung in § 6 Abs. 3 Satz 2 GmbHG auf die Regeln des 3. Abschnitts die gesetzliche Regelung des **§ 46 Nr. 5 GmbHG**, nach der die Gesellschafterversammlung für die Bestellung zuständig ist – mit Ausnahme der mitbestimmten Gesellschaft nach MitbestG 1976, für die nach § 84 AktG der Aufsichtsrat zwingend zuständig ist.

2. Beschlussfassung

a) **Einflussnahme durch das Vorschlagsrecht.** Speziell in Familiengesellschaften enthält die Satzung häufig eine Klausel, die mittelbar ähnliche Wirkung entfalten kann wie die Beschlusszuständigkeit. Es ist möglich, dass einem Gesellschafter ein Vorschlags-, Benennungs- oder Präsentationsrecht eingeräumt wird, d.h. die Befugnis, die in Frage kommenden Kandidaten zu benennen. Dies kann das zuständige Organ bei der Auswahl der Kandidaten einschränken:[14]

- Das **Vorschlagsrecht** steht grds. jedem Gesellschafter zu und kann auch Dritten eingeräumt werden, da es für das zuständige Organ unverbindlich ist.[15]
- Das **Benennungsrecht** ist stärker. Hier ist ein Verzicht auf den benannten Kandidaten nur aus sachlichen Gründen möglich.[16] Dennoch bleibt den Gesellschaftern noch genügend Einfluss auf die Wahl, so dass es auch von Dritten ausgeübt werden kann.[17]
- Das **Präsentationsrecht** kann nur von Gesellschaftern ausgeübt werden. Es führt dazu, dass die Wahl des Kandidaten nur aus den Gründen verweigert werden kann, die auch die Abberufung nach § 38 Abs. 2 GmbHG rechtfertigen würden.[18]

b) **Erforderliche Mehrheiten.** Die Satzung kann bestimmen, welche Mehrheitsverhältnisse zur Bestellung des Geschäftsführers erforderlich sind. Enthält die Satzung hierzu keine Regelungen, so reicht bei der Gesellschafterversammlung oder anderen zuständigen Organen gem. § 47 Abs. 1 GmbHG die **einfache Mehrheit**, wobei gem. § 47 Abs. 2 GmbHG für jeden Euro eines Geschäftsanteils eine Stimme gewährt wird.

Eine Ausnahme hiervon gilt gem. § 31 Abs. 2 MitbestG für den **Aufsichtsrat**. Er kann nur mit einer **Zwei-Drittel Mehrheit** entscheiden.

c) **Mitwirkung des Geschäftsführers bei der Abstimmung.** Ist der Kandidat Teil des für die Bestellung zuständigen Organs, so hat er auch ein **Stimmrecht**, von dem er Gebrauch machen darf.[19] Vorsicht ist aber dann geboten, wenn er auch für andere Teile dieses Organs zur Stimmabgabe bevollmächtigt wird. Bei einem Verstoß gegen **§ 181 BGB** ist die gesamte Abstimmung nicht schwebend unwirksam, sondern **nichtig.**[20] Der Kandidat kann zwar von

---

[11] BGH GmbHR 1982, 129; DStR 1994, 212.
[12] OLG Hamburg GmbHR 1954, 188; BGH DB 1968, 2166; WM 1981, 438; *Gehrlein* BB 1996, 2257.
[13] BGHZ 18, 205, 207; BGH GmbHR 1982, 129.
[14] BGH WM 1973, 1295; vgl. Rn. 14 zu dem Problem bei Eignungsvoraussetzungen.
[15] OLG Hamm ZIP 1986, 1188, 1194; OLG Saarbrücken GmbHR 2005, 546.
[16] BGH WM 1989, 250, 252; NJW-RR 1990, 99; OLG Saarbrücken GmbHR 2005, 546.
[17] Scholz/*Schmidt* § 46 Rn. 83.
[18] OLG Hamm a.a.O.
[19] BGHZ 86, 177 f.
[20] BGH GmbHR 1991, 60.

den Schranken des § 181 BGB befreit werden, evtl. auch konkludent durch die Bevollmächtigung selbst, jedoch ist dies nur zulässig, wenn die Vollmacht auf eine konkrete Gesellschafterversammlung beschränkt bleibt.[21]

**Muster: Abberufung und Bestellung
von Geschäftsführern durch Gesellschafterbeschluss**

Die Gesellschafterversammlung der XYZ-GmbH, welche aus den Gesellschaftern Herrn X, Herrn Y und Herrn Z besteht, beschließt unter Verzicht auf alle Formen und Fristen der Ankündigung und für die Einberufung der Gesellschafterversammlung nach § ...... des Gesellschaftsvertrages einstimmig:
1. Die Geschäftsführerbestellung von Herrn A wird mit sofortiger Wirkung widerrufen. Herrn A wird die Entlastung verweigert.
2. Die Bestellung des Herrn X zum Geschäftsführer wird mit Wirkung zum 31.12. ...... widerrufen. Herrn X wird Entlastung erteilt.
3. Herr Y wird mit sofortiger Wirkung zum Geschäftsführer bestellt. Herr Y vertritt die Gesellschaft einzeln. Er ist von der Beschränkung des § 181 BGB generell befreit.
4. Herr B, wohnhaft: ......, wird mit sofortiger Wirkung zum Geschäftsführer bestellt. Herr B vertritt die Gesellschaft gemeinschaftlich mit einem anderen Geschäftsführer.

......, den ......
(Unterschriften)
X, Y, Z

3. Eignungsvoraussetzungen

12 a) **Gesetzliche Anforderungen.** § 6 Abs. 2 GmbHG verlangt, dass der Geschäftsführer eine **amtsfähige Person** ist, d. h. es muss eine natürliche, unbeschränkt geschäftsfähige Person sein, die nicht als Betreuer bei der Besorgung seiner Vermögensangelegenheiten ganz oder teilweise einem Einwilligungsvorbehalt unterliegen darf. Auch nach alter Rechtslage konnte nicht als Geschäftsführer bestellt werden, wer wegen einer Straftat nach den §§ 283–283d StGB verurteilt worden ist – jedenfalls nicht auf die Dauer von fünf Jahren seit der Rechtskraft des Urteils. Die in diesem Zusammenhang relevanten Normen werden **durch die Neufassung des § 6 GmbHG ausgeweitet.** Nunmehr darf über die bisherigen Einschränkungen hinaus auch nicht Geschäftsführer sein – jedenfalls nicht auf die Dauer von fünf Jahren seit der Rechtskraft des Urteils –, wer wegen vorsätzlich begangener Straftaten des Unterlassens der Stellung des Antrags auf Eröffnung des Insolvenzverfahrens, der falschen Angaben nach § 82 dieses Gesetzes oder § 399 des AktG, der unrichtigen Darstellung nach § 400 des AktG, § 331 des HGB, § 313 des UmwG oder § 17 des PublizitätsG oder nach §§ 263 bis 264a oder den §§ 265b bis 266a des StGB zu einer Freiheitsstrafe von mindestens einem Jahr verurteilt worden ist, § 6 Abs. 2 Ziff. 3 a–e GmbHG. Damit verschärft die neue Formulierung des § 6 Abs. 2 GmbHG die Eignungsvoraussetzungen eines Geschäftsführers. Der letzte Satz des § 6 Abs. 2 Ziff. 3 GmbHG, nach der auch Verurteilungen wegen entsprechender Straftaten im Ausland mit einbezogen werden, trägt einer Forderung aus Praxis und Lehre im Rahmen der Entstehung des MoMiG Rechnung.[22] Nicht erforderlich ist es, dass der Geschäftsführer seinen Wohnsitz im Inland hat;[23] ebenso kann der Geschäftsführer Ausländer sein, soweit gewährleistet ist, dass er seinen gesetzlichen Pflichten jederzeit in vollem Umfang nachkommen kann, d. h. ihm die Möglichkeit zusteht, jederzeit nach Deutschland einzureisen.[24] Diese Eignungsvoraussetzungen müssen während der ganzen Amtszeit fort-

---

[21] BGHZ 66, 86.
[22] *Heckschen* DStR 2007, 1442, 1449; *Römermann* GmbHR 2006, 673, 681.
[23] LG Hildesheim GmbHR 1995, 655 m. w. N.
[24] Str., vgl. OLG Köln GmbHR 1999, 182; OLG Zweibrücken NZG 2001, 857; OLG Frankfurt a. M. NZG 2001, 757, 758, anders OLG Dresden GmbHR 2003, 537; LG Berlin GmbHR 2004, 951; vgl. auch Scholz/ *Schneider* § 6 Rn. 17 ff.

bestehen, ansonsten tritt automatische Beendigung der Organträgerschaft ein.[25] Es darf sich bei dem Kandidaten **nicht** um ein **Mitglied des Aufsichtsrates** handeln.[26]

Ein Geschäftsführeramt darf also nicht übernehmen und/oder weiterführen: 12a
- ein Betreuter, der bei der Besorgung seiner Vermögensangelegenheiten einem (auch teilweisen) Einwilligungsvorbehalt unterliegt, § 6 Abs. 2 S. 2 Ziff. 1 GmbHG;
- derjenige, der einem Berufs- oder Gewerbeverbot unterliegt, § 6 Abs. 2 S. 2 Ziff. 2 GmbHG;
- derjenige, der wegen der im Folgenden angeführten vorsätzlich begangenen Straftaten verurteilt worden ist, und zwar für die Dauer von fünf Jahren seit Rechtskraft des Urteils:
  - Insolvenzverschleppung, § 6 Abs. 2 S. 2 Ziff. 3a GmbHG;
  - §§ 283–283d StGB; § 6 Abs. 2 S. 2 Ziff. 3b GmbHG;
  - falsche gesellschaftsrechtliche Angaben nach § 82 GmbHG oder § 399 AktG, § 6 Abs. 2 S. 2 Ziff. 3c;
  - unrichtige gesellschaftsbezogene Darstellung nach § 400 AktG, § 331 HGB, § 313 UmwG, § 17 PublizitätsG, § 6 Abs. 2 S. 2 Ziff. 3d;
  - §§ 263–264a sowie §§ 265–266a StGB, § 6 Abs. 2 S. 2 Ziff. 3e.

b) Anforderungen aus der Satzung. Darüber hinaus kann die Satzung noch zahlreiche 13 weitere Anforderungen an die Person des zu bestellenden Geschäftsführers bestimmen. Begrenzt werden die Anforderungen nur durch **§ 138 BGB**.[27]

In der **mitbestimmten Gesellschaft** ist die Möglichkeit, Eignungsvoraussetzungen festzu- 14 schreiben nach hM strengeren Maßstäben[28] unterworfen, da noch ein **vernünftiger Auswahlkreis** an Kandidaten verbleiben muss. Diese Kriterien müssen sachbezogen sein, wie z.B. das Alter oder konkrete Berufsqualifikationen. Nicht sachbezogen ist hingegen die Familienzugehörigkeit, da sie gleichzeitig den Auswahlkreis zu sehr einschränkt.[29]

4. Dauer

Die Dauer der Geschäftsführertätigkeit kann durch die Satzung geregelt oder aber auch 15 offengelassen werden. Eine **Mindest-** oder **Höchstgrenze gibt es nicht,** so dass auch eine Position als Geschäftsführer auf Lebenszeit möglich ist.

In der **mitbestimmten Gesellschaft** hingegen gelten die Vorschriften des Aktienrechts; 16 nach §§ 112, 84 AktG beträgt die Höchstdauer der Geschäftsführertätigkeit **fünf Jahre.**

Nach aktueller höchstrichterlicher Rechtsprechung[30] kann die Bestellung eines GmbH-Geschäftsführers unter einer auflösenden Bedingung erfolgen, die zu einer automatischen Amtsbeendigung bei deren Eintritt führt.

5. Annahme

Die Bestellung ist ein **zweiseitiger Organisationsakt,** die der Annahme durch den Ge- 17 schäftsführer-Kandidaten bedarf. Sie muss diesem mitgeteilt werden, die zufällige Kenntnisnahme reicht nicht aus. Die Annahme kann auch konkludent erfolgen; davon ist auszugehen, wenn der Kandidat seine Tätigkeit aufnimmt, oder er selbst an der Abstimmung teilnahm und für sich selbst stimmte.[31] Eine Verpflichtung zur Annahme besteht grundsätzlich nicht, es sei denn, sie ergibt sich aus dem Gesellschaftsvertrag oder einer anderen vertraglichen Verpflichtung des Geschäftsführer-Kandidaten.

---

[25] BGHZ 115, 78, 80.
[26] OLG Frankfurt a. M. BB 1981, 1542; WM 1987, 211.
[27] *Meyer-Landrut/Miller/Niehus* §§ 35–38 Rn. 14.
[28] *Baumbach/Hueck/Zöllner/Noack* § 35 Rn. 25.
[29] Statt aller: *Ulmer/Mertens* § 35 Rn. 18 ff.
[30] BGH GmbHR 2006, 46 ff.; a. A. *Altmeppen* § 6 Rn. 34.
[31] *Baumbach/Hueck/Zöllner/Noack* § 35 Rn. 10.

6. Unterscheidung vom Anstellungsverhältnis

18 Nach ständiger Rspr. des BGH[32] und nach Ansicht der h. L.[33] ist bekanntlich streng zwischen der **Bestellung** und der **Anstellung** zu differenzieren. Grundsätzlich sind diese beiden „Akte" voneinander unabhängig wirksam bzw. unwirksam; gleichwohl kann die Unwirksamkeit nur eines Teiles uU zur Kündigung bzw. Niederlegung des Amtes berechtigen. Gleichwohl sind sie auch über die Vereinbarung einer Bedingung aneinander koppelbar.[34] Ob die Bestellung vor der Anstellung erfolgt oder umgekehrt, ist unerheblich.

II. Die Anmeldung des Geschäftsführers zum Handelsregister

1. Eintragungspflichtige Tatsachen

19 Gemäß § 39 GmbHG ist der Geschäftsführer ins Handelsregister einzutragen. Diese Eintragung ist jedoch **nicht konstitutiv**.[35]

20 Wird der Geschäftsführer neu bestellt, scheidet er aus oder ist die Vertretungsmacht verändert oder entzogen worden, so sind diese Vorgänge jeweils einzutragen.[36] Ist ein späterer Amtsbeginn geplant, so muss auch dies eingetragen werden.

21 Darüber hinaus sollte die **Art der Vertretungsbefugnis**, ob Einzel- oder Gesamtvertretungsmacht, eingetragen werden, um die Gesellschaft bzw. den Rechtsverkehr zu schützen.[37] Das Gleiche gilt auch für eine spätere Änderung der Vertretungsmacht.

22 Nach höchstrichterlicher Rechtsprechung[38] und Stimmen in der Literatur[39] ist die allgemeine Befreiung des Geschäftsführers von den Schranken des § 181 BGB (sog. Gestattung zum Selbstkontrahieren) eintragungspflichtig i. S. v. § 10 Abs. 1 Satz 2 GmbHG. Als Begründung wird auf § 39 GmbHG verwiesen, auf Grund dessen auch die Änderung der Vertretungsmacht eintragungspflichtig ist. Zu begrüßen und zu folgen ist jedoch dem erfrischenden Vorstoß von Altmeppen,[40] der mit überzeugenden Argumenten aufzeigt, dass die Gestattung i. S. d. § 181 BGB mit § 10 Abs. 1 Satz 2 GmbHG nichts gemein hat; denn der Schutz vor Insichgeschäften diene – so Altmeppen – insbesondere den Interessen der Gesellschaft und nicht dem Schutz Dritter. Weiter hat die Auffassung von Altmeppen den Vorteil, nicht mehr zwischen „allgemeiner bzw. eingeschränkter Gestattung und konkreten Einzelfällen" zu differenzieren.

Zu beachten ist ferner, dass die Befreiung des Geschäftsführers vom Verbot des Selbstkontrahierens nach § 181 BGB bei Durchführung der GmbH-Gründung im „vereinfachten Verfahren" nach § 2 Abs. 1a GmbHG, für welches das „Musterprotokoll" zu verwenden ist, zwingend vorgesehen ist.[41] Sollte also die Gestattung zum Selbstkontrahieren i. S. v. § 181 BGB für den Geschäftsführer nicht im Interesse der Gesellschafter sein, so kann das „vereinfachte Verfahren" zur Gründung der GmbH nicht gewählt werden.

2. Durchführung der Anmeldung

23 Der Geschäftsführer kann sich auf Grund der deklaratorischen Natur der Anmeldung zum Handelsregister selbst anmelden, wenn er schon bestellt worden ist. Die Anmeldung kann auch von einem Bevollmächtigten vorgenommen werden,[42] der aber nach § 12 Abs. 1

---

[32] BGHZ 79, 38; BAG DB 2008, 355.
[33] Rowedder/Schmidt-Leithoff/*Koppensteiner* § 35 Rn. 56; Ulmer/*Mertens* § 35 Rn. 22; Baumbach/Hueck/Zöllner/Noack § 35 Rn. 16, 166.
[34] BGHZ 112, 103, 115.
[35] BGH DStR 1995, 1967.
[36] OLG Köln BB 1984, 1066; OLG Frankfurt, GmbHR 2006, 764.
[37] OLG Frankfurt DB 1993, 2174; BGH DB 2007, 1244.
[38] BGHZ 87, 59, 61 f.; BGHZ 114, 167, 170; OLG Köln GmbHR 1993, 37; BayObLG GmbHR 1990, 213, 214; LG Berlin RNotZ 2001, 288.
[39] Scholz/*Schneider* § 35 Rn. 124; Rowedder/Schmidt-Leithoff/*Koppensteiner* § 35 Rn. 26; Baumbach/Hueck/Zöllner/Noack § 35 Rn. 142.
[40] *Altmeppen* NJW 1995, 1182, 1185 f.
[41] *Römermann/Wachter* GmbHR-Sonderheft 10/08, 22; vgl. Scholz/Wicke § 2 Rn. 102 m. w. N.
[42] KG JW 1932, 2626; OLG Düsseldorf NZG 2000, 262, 263; OLG Düsseldorf BeckRS 2012, 09691.

S. 2 HGB hierzu eine öffentlich beglaubigte Vollmacht in elektronischer Form vorlegen muss. Bei der Neuanmeldung ist sie aber auf Grund der Angabepflichten aus §§ 39 Abs. 3, 8 Abs. 3 GmbHG persönlich durchzuführen, und zwar ausschließlich in elektronischer Form, § 12 HGB.

Nach § 8 Abs. 3 GmbHG haben die Geschäftsführer zu versichern, dass keine Umstände vorliegen, die ihrer Bestellung nach § 6 Abs. 2 Satz 2 Nr. 2 und 3 sowie Satz 3 GmbHG entgegenstehen, und dass sie über ihre unbeschränkte Auskunftspflicht gegenüber dem Gericht belehrt worden sind. 23a

Dabei ist es jedoch nicht erforderlich, bei dieser Versicherung die in § 6 Abs. 2 Satz 2 Nr. 3 GmbHG genannten Straftatbestände im Einzelnen aufzuführen.[43] Ausreichend ist die Versicherung, dass der Geschäftsführer „noch nie, weder im Inland noch im Ausland, wegen einer Straftat verurteilt worden" sei. Ebenso erfüllt die Versicherung des Geschäftsführers, „dass keine Umstände vorliegen, die der Bestellung nach § 6 Abs. 2 Satz 2 und 3 GmbHG entgegenstehen und er über seine unbeschränkte Auskunftspflicht gegenüber dem Gericht belehrt worden ist", die Anforderungen des § 8 Abs. 3 GmbHG. Sinn und Zweck des § 8 Abs. 3 GmbHG ist lediglich die Erleichterung des Anmeldungs- und Prüfungsverfahrens. Dagegen will die Vorschrift nicht sicherstellen, dass der Geschäftsführer sich Inhalt und Umfang seiner Erklärungspflicht bewusst ist. Die Richtigkeit und Vollständigkeit der Versicherung wird u. a. schon dadurch sichergestellt, dass der Geschäftsführer im Fall von Falschangaben einer strafrechtlichen Verantwortung unterworfen ist (§ 82 Abs. 1 Nr. 5 GmbHG).[44] 23b

Daneben sind die Urkunden der Bestellung vorzulegen, § 8 Abs. 1 Ziff. 1, 2 GmbHG, insbesondere bei der Neubestellung ein Protokoll der Beschlussfassung, das entweder in Urschrift oder in öffentlich beglaubigter Form vorzulegen ist,[45] und wiederum elektronisch nach § 12 Abs. 2 HGB. 24

Die Anmeldung erfolgt beim Registergericht des Sitzes der Gesellschaft, § 7 Abs. 1 GmbHG. Das Gericht prüft i. R. d. Anmeldeverfahrens, ob die formalen Voraussetzungen eingehalten sind und ob die vorgelegten Urkunden die Anmeldung begründen können.[46] Die materielle Prüfungspflicht ist str., unstr. jedoch führen evident nichtige oder unwirksame Beschlüsse zur Abweisung des Eintragungsbegehrens.[47] 25

**Muster: Handelsregisteranmeldung der
Abberufung und Neubestellung von Geschäftsführern**

An das Amtsgericht ......
– Registergericht –
Zum Handelsregister der XYZ-GmbH
HRB ......
überreichen wir den Gesellschafterbeschluss vom ...... und melden zur Eintragung an:

1. Herr A wurde als Geschäftsführer abberufen.
2. Die Bestellung des Herrn X zum Geschäftsführer ist mit Wirkung zum 31.12. ...... widerrufen worden.
3. Herr Y ist mit sofortiger Wirkung zum Geschäftsführer bestellt worden. Herr Y vertritt die Gesellschaft einzeln. Er ist von den Beschränkungen des § 181 BGB generell befreit.[48] Herr Y zeichnet seine Unterschrift wie folgt

(Unterschrift)
Y

---

[43] BGH MDR 2010, 939 f.; BGH NZG 2011, 871; OLG Hamm NZG 2011, 710.
[44] OLG Stuttgart GmbHR 2013, 91.
[45] LG München I Rpfleger 2000, 219; Ulmer/Mertens § 39 Rn. 13; Baumbach/Hueck § 39 Rn. 16.
[46] BayObLGZ 1973, 158.
[47] BayObLG GmbHR 1992, 304, 306.
[48] Vgl. die Kommentierung unter → Rn. 22 zu der strittigen Frage, ob die allgemeine Befreiung des Geschäftsführers von den Schranken des § 181 BGB zu den eintragungspflichtigen Tatsachen im Sinne von § 10 Abs. 1 Satz 2 GmbHG zählt oder nicht.

> 4. Herr B, wohnhaft ......, ist ebenfalls mit sofortiger Wirkung zum Geschäftsführer bestellt worden. Herr B vertritt die Gesellschaft gemeinschaftlich mit einem anderen Geschäftsführer. Herr B zeichnet seine Unterschrift folgendermaßen:
>
> (Unterschrift)
> B
>
> 5. Die Herren Y und B versichern, dass keine Tatsachen vorliegen, die ihrer Bestellung nach § 6 Abs. 2 Satz 2 Nr. 2 und 3 GmbHG entgegenstehen und weiter, dass sie nicht wegen einer oder mehrerer vorsätzlich begangener Straftaten des Unterlassens der Stellung des Antrags auf Eröffnung des Insolvenzverfahrens sowie Insolvenzstraftaten (Bankrott, Verletzung der Buchführungspflicht, Gläubigerbegünstigung, Schuldnerbegünstigung – §§ 283 bis 283d StGB) sowie Straftaten nach §§ 263–264a, §§ 265b–266a StGB zu einer Freiheitsstrafe von mindestens einem Jahr rechtskräftig verurteilt worden sind und auch nicht wegen falscher Angaben nach § 82 GmbHG, § 399 AktG, oder wegen unrichtiger Darstellung nach § 400 AktG, § 331 HGB, § 313 UmwG oder § 17 PublizitätsG. Auch sind sie nicht im Ausland wegen einer mit den genannten Taten vergleichbaren Straftat verurteilt worden. Darüber hinaus ist ihnen die Ausübung eines Berufes, Berufszweiges, Gewerbes oder Gewerbezweiges weder durch gerichtliches Urteil noch vollziehbare Entscheidung einer Verwaltungsbehörde untersagt und sie sind über ihre unbeschränkte Auskunftspflicht gegenüber dem Gericht durch den beglaubigenden Notar (Name, Anschrift) belehrt worden.
>
> ......, den ......
>
> (Unterschrift des Geschäftsführers)
> (Beglaubigungsvermerk)

III. Beendigung der Organstellung

1. Abberufung

26 **a) Zuständiges Organ.** Die Gesellschafter können grds. jederzeit die Bestellung gem. § 38 Abs. 1 GmbHG widerrufen. Grds. ist dafür das gleiche Organ zuständig, welches auch die Bestellung vornahm.[49] Jedoch kann die Satzung auch eine abweichende Zuständigkeit regeln. Es ist in diesem Zusammenhang nicht zu beanstanden, wenn bei einer Einheits-GmbH & Co. KG, bei welcher die Geschäftsanteile der Komplementär-GmbH zum Vermögen der GmbH & Co. KG gehören, die Kündigung und/oder Abberufung des Geschäftsführers der Komplementär-GmbH durch den anderen Geschäftsführer der Komplementär-GmbH versehentlich im Namen der Kommanditgesellschaft erfolgt. Dies gilt jedenfalls dann, wenn der einzige Kommanditist handelt, der zugleich (Mit-)Geschäftsführer der Komplementär-GmbH ist und der Empfänger der Erklärung dies weiß[50]

27 Die Zuständigkeit eines einzelnen Gesellschafters zur Abberufung ist grds. nicht[51] zu bejahen – dies gilt selbst dann, wenn Gefahr im Verzug vorliegt. Der einzelne Gesellschafter hat aber die Möglichkeit, die anderen Gesellschafter aufzufordern, der Abberufung zuzustimmen und dem Geschäftsführer gem. §§ 916, 940 ZPO im Wege des einstweiligen Rechtsschutzes gerichtlich ein vorübergehendes Tätigkeitsverbot aufzuerlegen.[52]

28 **b) Durchführung der Abberufung.** Die Abberufung ist ein **einseitiger Organisationsakt** und bedarf daher nicht der Zustimmung des Geschäftsführers. Der Gesellschaftergeschäftsführer hat – sofern kein wichtiger Grund zur Abberufung besteht – ein **eigenes Stimmrecht** bei der Beschlussfassung.[53] Der Beschluss muss gem. §§ 47 f. GmbHG mit mindestens einfacher Mehrheit zustande kommen.

29 Die Abberufung ist **empfangsbedürftig**. Die persönliche Anwesenheit bei der Beschlussfassung reicht hierfür aus. Darüber hinaus kann das Ergebnis dem abberufenen Geschäfts-

---
[49] OLG Düsseldorf WM 1990, 265, 267; Rowedder/Schmidt-Leithoff/*Koppensteiner* § 38 Rn. 5.
[50] OLG Hamburg, GmbHR 2013, 580.
[51] OLG Hamburg BB 1954, 78.
[52] OLG Frankfurt GmbHR 1998, 1126; OLG Braunschweig GmbHR 2009, 1276.
[53] BGHZ 18, 205, 210; OLG Karlsruhe NZG 2000, 264.

führer auch durch einen Vertreter bekannt gegeben werden.[54] Im Einzelfall kann der Geschäftsführer eine schriftliche Darlegung der Gründe verlangen.[55] Nach Herbeiführung des Abberufungsbeschlusses und dessen Zustellung an den Geschäftsführer ist dieser kein Organ der Gesellschaft mehr.

Nach § 38 Abs. 2 GmbHG ist es zulässig, im Rahmen des Gesellschaftsvertrages die Möglichkeit der Abberufung des Geschäftsführers zu beschränken, und zwar bis zur Grenze des Vorliegens wichtiger Gründe. Diese Möglichkeit der Einschränkung der Abberufung besteht nicht nur bei Gesellschaftergeschäftsführern, bei denen eine Beschränkung häufig vorgesehen ist, sondern nach hM auch bei Fremdgeschäftsführern.[56] Bei der mitbestimmten Gesellschaft nach MitbestG 1976 findet auf die Abberufung der Geschäftsführer zwingend § 84 AktG Anwendung. Danach ist die Abberufung ausschließlich bei Vorliegen eines wichtigen Grundes zulässig; § 38 GmbHG gilt nicht. Der Begriff des wichtigen Grundes ist bezüglich mitbestimmten und nicht mitbestimmten Gesellschaften nicht ganz identisch.[57] Für letztere nennt die gesetzliche Regelung des § 38 Abs. 2 Satz 2 GmbHG als wichtigen Grund in nicht abschließender Aufzählung die grobe Pflichtverletzung oder die Unfähigkeit zur ordnungsgemäßen Geschäftsführung. Nach allgemeiner Auffassung kommen nicht nur Gründe in der Person des Geschäftsführers in Betracht.[58] Beispielhaft lässt sich folgendes anführen: 30

- **Endogene Gründe:** Erhebliche Pflichtverletzungen oder auch außerdienstliche Vorfälle, etc.;[59] auch unverschuldete, wie Krankheit etc.
- **Exogene Gründe:** Verlust des Vertrauens der Kunden, Auftragslage, fehlender Bedarf auf Grund einer Fusion etc.

Im Anwendungsbereich der Mitbestimmungsgesetze ist zusätzlich zu beachten, dass der Vertrauensentzug durch die Anteilseignerversammlung kraft ausdrücklicher gesetzlicher Anweisung einen Abberufungsgrund liefert.[60]

Entscheidend ist für die Beurteilung der Frage des Vorliegens eines wichtigen Grundes, dass eine **Gesamtwürdigung aller Umstände** ergibt, dass die Zusammenarbeit nicht mehr möglich ist.[61] Gründe können – bei einem weiteren Gesellschafterbeschluss – auch nachgeschoben werden.[62] Die Entscheidung muss im zeitlich nachvollziehbaren Zusammenhang zu dem Auslöser des wichtigen Grundes stehen.[63] Soll eine Abberufung eines Geschäftsführers aus wichtigem Grund erfolgen, besteht für den Abzuberufenden kein Stimmrecht.[64] 31

Ist der Beschluss nicht ordnungsgemäß nach den Voraussetzungen der §§ 47 f. GmbHG vorgenommen worden, so ist er in der Regel lediglich **anfechtbar,** aber nicht unwirksam, so dass der Geschäftsführer selbst gegen die Gesellschaft die Wirkung nur gerichtlich rückgängig machen kann. Der Gesellschaftergeschäftsführer kann eine Anfechtungsklage einlegen und auf diesem Wege den Beschluss für nichtig erklären lassen;[65] dem Fremdgeschäftsführer steht ein eigenes Anfechtungsrecht jedoch nicht zu, so dass er auf die Anfechtung durch einen Gesellschafter angewiesen ist[66] und ansonsten nur eine Feststellungsklage oder uU eine Leistungsklage auf Wiederbestellung einlegen kann.[67] 32

Anders ist die Rechtslage bei **nichtigen** Gesellschafterbeschlüssen. Diese sind unwirksam, worauf sich auch der Fremdgeschäftsführer berufen kann. Nach umstr., aber hM kann der Geschäftsführer die Nichtigkeit durch eine einstweilige Verfügung geltend machen, so dass 33

---

54 BGH BB 1968, 560.
55 BGH DStR 1994, 214.
56 BGH GmbHR 1989, 78; OLG Köln ZIP 1988, 1122, 1125; Rowedder/Schmidt-Leithoff/*Koppensteiner* § 38 Rn. 9; a. A. *Reuter* GmbHR 1981, 129.
57 Rowedder/Schmidt-Leithoff/*Koppensteiner* § 38 Rn. 10.
58 Scholz/*Schneider* § 38 Rn. 46.
59 BGH WM 1956, 865.
60 Rowedder/Schmidt-Leithoff/*Koppensteiner* § 38 Rn. 15 m. w. N.
61 *Goette* DStR 1998, 938, 940.
62 BGHZ 60, 333, 335; OLGR Köln 1995, 179.
63 BGH ZIP 1992, 32, 33.
64 Baumbach/Hueck/*Zöllner/Noack* § 38 Rn. 27, 30.
65 Baumbach/Hueck/*Zöllner/Noack* § 38 Rn. 41.
66 Scholz/*Schmidt* § 46 Rn. 78; Lutter/Hommelhoff/*Hommelhoff* § 38 Rn. 27.
67 Lutter/Hommelhoff/*Hommelhoff* § 38 Rn 14; Ulmer/*Paefgen* § 38 Rn. 91.

der Beschluss bis zur endgültigen Entscheidung der Gesellschafterversammlung als wirksam zu behandeln ist.[68]

2. Amtsniederlegung

34 Der Geschäftsführer ist ebenfalls berechtigt, sein Amt **jederzeit** – soweit kein Rechtsmissbrauch vorliegt – niederzulegen.[69] Die Amtsniederlegung hat er gegenüber dem Organ zu erklären, das ihn bestellte.[70] Der Gesellschaftsvertrag kann diesbezüglich bestimmte **Fristen** festlegen, die grds. einzuhalten sind.

35 Der Geschäftsführer kann Niederlegung des Amtes zum sofortigen Zeitpunkt, zum Zeitpunkt der Eintragung ins Handelsregister oder des Eingangs der Handelsregisteranmeldung beim Registergericht wählen.[71]

36 Wenn die **Amtsniederlegung** zur Unzeit erfolgte, können der Gesellschaft Ansprüche auf Schadensersatz zustehen. Anders ist dies aber zu beurteilen, wenn die Amtsniederlegung auf Grund eines wichtigen Grundes erfolgte, wie z.B. eine gesetzeswidrige Weisung, die für den Geschäftsführer strafrechtliche Konsequenzen auslösen könnte,[72] oder Verletzungen der Regelungen des Anstellungsvertrags. Unabhängig davon, ob der wichtige Grund tatsächlich vorliegt, ist das Amtsverhältnis dann beendet;[73] die Klärung des wichtigen Grundes dient nur noch der Frage des Schadensersatzes. Eine Ausnahme ist dann gegeben, wenn der Alleingesellschaftergeschäftsführer einer Ein-Mann-Gesellschaft sein Amt niederlegt, dieser muss einen neuen Geschäftsführer bestellen, ansonsten ist die Amtsniederlegung unwirksam.[74] Gleiches soll gelten, wenn die zwei einzigen Gesellschaftergeschäftsführer einer Zwei-Mann-Gesellschaft zeitgleich ihr Amt niederlegen.[75] Grund dieser Rechtsprechung ist der Verkehrsschutz, nämlich dass die Gesellschaft ansonsten durch die Amtsniederlegung aktiv und passiv handlungsunfähig wird, solange kein neuer Geschäftsführer bestellt ist. Fraglich aber ist, ob sich aufgrund des durch das MoMiG neu angefügten Satz 2 in § 35 Abs. 1 GmbHG sowie § 15a Abs. 3 InsO an dieser Rechtslage etwas geändert hat, da nunmehr bei Führungslosigkeit der Gesellschaft die Gesellschafter für gegenüber der Gesellschaft abzugebenden Willenserklärungen und Schriftstücken empfangszuständig sind und ihnen bei Insolvenzreife die Insolvenzantragspflicht obliegt. Nach Auffassung des OLG München[76] aber ist an der bisherigen Rechtsprechung festzuhalten, da nach der Gesetzesbegründung des MoMiG die Bundesregierung ausschließlich Missbräuche durch die Erleichterung der Zustellung an die GmbH und die Pflicht der Gesellschafter zur Insolvenzantragstellung bekämpfen wollte, um redliche Unternehmen und ihre Geschäftspartner zu schützen.[77] Indes fehle es an einer Regelung der Aktivvertretung der Gesellschaft, weshalb sich das Argument des Verkehrsschutzes nicht erledigt habe.

3. Erlöschen des Amtes

37 Das Amt des Geschäftsführers **endet automatisch,** wenn einer dieser Umstände eintritt:
- Entfallen einer Voraussetzung des § 6 Abs. 2 GmbHG[78]
- Tod des Geschäftsführers
- aufnehmende Verschmelzung der Gesellschaft
- Formwechsel einer GmbH in andere Rechtsform nach §§ 190 ff. UmwG[79]
- Fristablauf, wenn Bestellung nur auf gewissen Zeitraum beschränkt war.

---

[68] OLG Stuttgart WM 1985, 600, 601; Ulmer/*Stein* § 38 Rn. 97; vgl. die Folgen auch dargestellt bei Baumbach/Hueck/*Zöllner/Noack* § 38 Rn. 41.
[69] BGH NJW 1993, 498; DStR 1993, 485.
[70] BGH DStR 1993, 485.
[71] LG Frankenthal GmbHR 1996, 939; *Bärwaldt* GmbHR 2001, 290, 291.
[72] BGH DB 1978, 878.
[73] BGHZ 78, 82; WM 1984, 532.
[74] OLG Düsseldorf GmbHR 2001, 144; OLG Köln NZG 2008, 340.
[75] KG GmbHR 2001, 147.
[76] OLG München, Beschluss vom 29.5.2012 –31 Wx 188/12.
[77] BT-Drs. 16/6140 vom 25.7.2007, 26, 42.
[78] BGHZ 115, 78, 80; BayObLG WM 1981, 75 ff.; *Römermann/Wachter* GmbHR-Sonderheft, 10/08, 69.
[79] *Röder/Lingemann* DB 1993, 1341.

Besonders hinzuweisen ist in diesem Zusammenhang mit dem automatischen Amtsverlust des Geschäftsführers wegen Entfallens der Voraussetzungen des § 6 Abs. 2 GmbHG auf den erst am 24. 6. 08 eingefügten Absatz 5 des § 6 GmbHG, nach dessen Inhalt Gesellschafter, die vorsätzlich oder grob fahrlässig einer Person, die nicht Geschäftsführer sein kann, die Führung der Geschäfte überlassen, der Gesellschaft solidarisch haften für den Schaden, der dadurch entsteht, dass diese Person die ihr gegenüber der Gesellschaft bestehenden Obliegenheiten verletzt. Das bedeutet, dass bei – auch nur vager – Kenntnis von früheren Verurteilungen des Geschäftsführers, die Gesellschafter gehalten sind, sich zu erkundigen, welche Straftaten der etwaigen Verurteilung zugrunde liegen und ob das Urteil den Fünfjahreszeitraum i. S. d. § 6 Abs. 2 S. 2 Ziff. 3 GmbHG tangiert. Im übrigen aber werden die Gesellschafter wohl nicht verpflichtet sein, ohne Vorliegen von Anhaltspunkten sich ein aktuelles polizeiliches Führungszeugnis vorlegen zu lassen, da lediglich eine Haftung für Vorsatz und grobe Fahrlässigkeit vorgesehen ist.[80]

Mehrere gegen die Vorgaben des § 6 Abs. 5 GmbHG verstoßende Gesellschafter haften gesamtschuldnerisch für den in § 6 Abs. 5 GmbHG aufgeführten Schaden.

Ein **Erlöschen tritt nicht ein,** 38
- wenn die Gesellschaft insolvent wird, dann wird der Geschäftsführer gem. § 66 Abs. 1 GmbHG zum Liquidator,
- bei der Wahl in den Aufsichtsrat; zwar schließen sich beide Stellungen aus, jedoch ist die später erfolgte Wahl zum Aufsichtsratsmitglied dann nichtig.

IV. Anmeldung des Ausscheidens eines Geschäftsführers

1. Zuständigkeit

Auch wenn die Eintragung nur deklaratorischen Charakter hat, so ist das **Ausscheiden des Geschäftsführers ins Handelsregister einzutragen**.[81] Wird die Eintragung unterlassen, können sich gutgläubige Dritte auf die Publizität des Handelsregisters berufen.[82] 39

Da der Geschäftsführer nach Ausscheiden aus dem Amt kein Organ mehr ist, kann er die Anmeldung zum Handelsregister grds. nicht mehr vornehmen,[83] dennoch wird dies von der Rspr. vereinzelt als zulässig erachtet.[84] Indes ist die Möglichkeit nur dann gegeben, wenn der Zeitpunkt der Abberufung mit der Eintragung ins Handelsregister eintreten soll.[85] Ansonsten bleibt dem Geschäftsführer nur die Möglichkeit der Erfüllungsklage gegen die Gesellschaft oder der Einleitung eines Zwangsverfahrens beim Registergericht.[86] Darüber hinaus kann er einen Anspruch auf Schadensersatz erlangen. 40

2. Durchführung

Eintragungspflichtig ist auch die Beendigung der Bestellung durch Erlöschen oder Amtsniederlegung. Hierbei ist der Beendigungsgrund nach § 12 Abs. 1 HGB in öffentlich beglaubigter Form durch notarielle Urkunde einzureichen. 41

Das Registergericht kann eine Eintragung, die auf einem offensichtlich unzulässigen Grund beruht, verweigern.[87] Zumindest prüft es, ob die Entscheidung formell ordnungsgemäß getroffen wurde.[88] 42

Wurden falsche Angaben gemacht, drohen **Sanktionen** aus § 14 HGB und gemäß § 82 Abs. 1 Nr. 5 GmbHG n. F., der nunmehr weiter gefasst vom Geschäftsleiter einer inländischen oder ausländischen juristischen Person spricht. 43

---

[80] *Römermann/Wachter* GmbHR-Sonderheft 10/08, 69 f.
[81] BGH BB 1960, 880; BGH DStR 1995, 1967.
[82] BGHZ 115, 78.
[83] BayObLG GmbHR 1982, 214.
[84] OLG Frankfurt a. M. NJW-RR 1994, 105; LG Köln GmbHR 1998, 183.
[85] *Roth/Altmeppen* § 39 Rn. 6.
[86] Scholz/*Schneider* § 39 Rn. 21.
[87] Scholz/*Schneider* § 39 Rn. 21; *Lunk* ZIP 1999, 1777, 1786.
[88] OLG Köln GmbHR 1989, 125; a. A. OLG Hamm DB 1996, 1029.

Beratungscheckliste

Ein Geschäftsführer soll bestellt werden:

Wer ist zuständig?
☐ Gesellschaftsvertrag kann dies bestimmen
☐ Nicht durch Geschäftsführer
☐ Nicht durch Dritten (str.)
☐ Ansonsten Gesellschafterversammlung zuständig
☐ Bei mitbestimmter Gesellschaft nach MitbestG 1976 zwingend der Aufsichtsrat

Wie wird beschlossen?
☐ Einfache Mehrheit reicht
☐ Aufsichtsrat $^2/_3$ Mehrheit
☐ Geschäftsführer darf abstimmen, aber keinen anderen vertreten, es sei denn, er ist von den Beschränkungen des § 181 BGB befreit

Was ist noch zu beachten?
☐ Keine allzu hohen persönlichen Eignungsvoraussetzungen
☐ Bestellung bedarf der Annahme
☐ Geschäftsführer muss Bestellung zum Handelsregister anmelden

Ein Geschäftsführer soll abberufen werden:

Wer ist zuständig?
☐ Das bestellende Organ ist zuständig
☐ Nie ein Gesellschafter allein

Wie wird beschlossen?
☐ Einfache Mehrheit reicht
☐ Gesellschaftsgeschäftsführer darf abstimmen, es sei denn es liegt ein wichtiger Grund vor
☐ Anfechtbarer Beschluss ist wirksam

Was ist noch zu beachten?
☐ Abberufungsmitteilung muss dem Abzuberufenden zugehen
☐ Beendigung muss ins Handelsregister eingetragen werden

§ 9 Anstellungsverhältnis

Übersicht

	Rn
I. Die gestalterische Aufgabe	1–11
1. Wahl des Vertragstypus	1
2. Die Beweggründe für ausführliche Anstellungsverträge	2/3
3. Geschäftsführer als Arbeitnehmer bzw. als Verbraucher	4–8
4. Verhältnis zwischen Anstellungs- und Organverhältnis	9–11
II. Abschluss des Geschäftsführervertrages	12–16
1. Geschäftsführervertrag und Bestellungsakt	12
2. Vertragsparteien und zuständiges Organ	13
3. Form des Anstellungsvertrages	14
4. Fehlerhaftigkeit des Anstellungsvertrages	15
III. Tätigkeit des Geschäftsführers	17/18
1. Umfang	17
2. Geheimhaltungspflichten	18
IV. Vergütung	19–29
1. Angemessene Höhe	19–21
2. Variable Vergütungsbestandteile	22
3. Die Problematik der verdeckten Gewinnausschüttung beim Gesellschafter-Geschäftsführer	23/24
4. Die Geschäftsführervergütung in der Krise	25
5. Anspruch auf Aufwendungsersatz und Dienstwagen	26/27
6. Urlaub	28
7. Alters- und Hinterbliebenenversorgung	29
V. Wettbewerbsverbot	30–35
1. Wettbewerbsverbot während der Dauer der Organstellung	30/31
2. Nachvertragliches Wettbewerbsverbot	32–34
VI. Beendigung des Anstellungsverhältnisses	36–58
1. Beendigung des Anstellungsvertrages durch Abberufung	36–38
2. Beendigung durch Befristung	39
3. Beendigung durch ordentliche Kündigung	40–43
4. Beendigung durch außerordentliche Kündigung	44–51
a) Wichtige Gründe im Einzelnen	45
b) Kein wichtiger Grund	46
c) Erklärungsfrist	47–51
5. Beendigung durch Insolvenzverfahren	52
6. Beendigung durch Aufhebungsvertrag	53
7. Sonstige Beendigungsgründe	54
8. Zuständiges Organ für Beendigung des Anstellungsvertrages	55/56
9. Folgen der Kündigung	57/58

Schrifttum: *Bauer* in: FS Schwerdtner, 2003, S. 441, 448; *Bauer/Arnold,* Altersdiskriminierung von Organmitgliedern, ZIP 2012, 597; *ders./Diller,* Nachvertragliche Wettbewerbsverbote mit GmbH-Geschäftsführern, GmbHR 1999, 885; *Baums,* Der Geschäftsleitervertrag, 1987; *Blümich,* EStG, Loseblatt-Kommentar, 118. Aufl., 2013; *Born,* Die neuere Rechtsprechung des Bundesgerichtshofs zur Gesellschaft mit beschränkter Haftung, WM 2013 (Sonderbeilage 1), 1; *Diller,* Kündigung, Kündigungsschutz und Weiterbeschäftigungsanspruch des GmbH-Geschäftsführers, NZG 2011, 254; *Fischer,* Die Fremdgeschäftsführerin und andere Organvertreter auf dem Weg zur Arbeitnehmereigenschaft, NJW 2011, 2329; *Fleck,* Das Dienstverhältnis der Vorstandsmitglieder und Geschäftsführer in der GmbH, WM Sonderbeilage 3, 1981, 3 ff.; *ders.,* Das Dienstverhältnis der Vorstandsmitglieder und Geschäftsführer in der Rechtsprechung des BGH, WM 1994, 1957 ff.; *ders.,* Schuldrechtliche Verpflichtungen einer GmbH im Entscheidungsbereich der Gesellschafter, ZGR 1988, 104; *Forst,* Unterliegen Geschäftsführer dem Bundesurlaubsgesetz (BUrlG)?, GmbHR 2012, 821; *Gehrlein,* Die Entlassung eines GmbH-Geschäftsführers, BB 1996, 2257 f.; *Gissel,* Arbeitnehmerschutz für den GmbH-Geschäftsführer, 1987; *Glade,* Angemessenheit von Vergütungen an geschäftsführende Gesellschafter, DB 1998, 691; *Grimm,* Sozialversicherungspflicht des GmbH-Geschäftsführers und AG-Vorstands?, DB 2012, 175; *Groß,* Das Anstellungsverhältnis des GmbH-Geschäftsführers im Zivil-, Arbeits-, Sozialversicherungs- und Steuerrecht, 1987; *Haase,* Der Erholungsurlaub des Geschäftsführers einer GmbH aus rechtlicher Sicht, GmbHR 2005, 338, 342 ff.; *Henssler,* Das Anstellungsverhältnis der Organmitglieder, RdA 1992, 289 ff.; *Hoffmann/Liebs,* Der

GmbH-Geschäftsführer, 3. Aufl., 2009; *Holthausen/Steinkraus,* Die janusköpfige Rechtsstellung des GmbH-Geschäftsführers im Arbeitsrecht, NZA-RR 2002, 281; *Hümmerich,* Der Verbraucher-Geschäftsführer – Das unbekannte Wesen, NZA 2006, 709; *Jaeger,* Der Anstellungsvertrag des GmbH-Geschäftsführers, 5. Aufl. 2009; *Krämer* in: FS Röhricht, 2005, S. 335; *Lieb/Eckhardt,* Der GmbH-Geschäftsführer in der Grauzone zwischen Arbeits- und Gesellschaftsrecht, 1987; *Lunk/Rodenbusch,* Der unionsrechtliche Arbeitnehmerbegriff und seine Auswirkungen auf das deutsche Recht, GmbHR 2012, 188; *Mildenberger,* Der Geschäftsführervertrag, 2000; *Mohr,* Die Angemessenheit der Gesamtvergütung des GmbH-Geschäftsführers im Gesellschaftsrecht, GmbHR 2011, 402; *Münchener Handbuch des Gesellschaftsrechts Band 3,* 4. Aufl., 2011; *Nebendahl,* Ansprüche eines GmbH-Geschäftsführers aus betrieblicher Übung?, NZA 1992, 289; *Oberthür,* Unionsrechtliche Impulse für den Kündigungsschutz von Organvertretern und Arbeitnehmerbegriff, NZA 2011, 253; *Oppenländer/Trölitzsch,* GmbH-Geschäftsführung, 2. Aufl., 2011; *Ostrowicz/Wessel,* Der GmbH-Geschäftsführer, 1987; *Reuter,* Bestellung und Anstellung von Organmitgliedern im Körperschaftsrecht, FS Zöllner, 1998, S. 487 ff.; *Schiefer/Worzalla,* Tarifdispositivität nach § 14 Abs. 2 Satz 3 TzBfG, ZfA 2012, 37; *Schulze/Hintze,* GmbH-Geschäftsführer als Arbeitnehmer?, ArbRAktuell 2012, 263; *Stagat,* Risiken und Nebenwirkungen von Geschäftsführer-Anstellungsverträgen, NZA-RR 2011, 617; *Sudhoff,* Rechte und Pflichten des Geschäftsführers einer GmbH und einer GmbH & Co., 14. Aufl. 1994; *Tausend,* Der Vertrag des Geschäftsführers der GmbH und einer GmbH & Co. KG, 4. Aufl. 1991; *Thüsing,* Nachorganschaftliche Wettbewerbsverbote bei Vorständen und Geschäftsführern, NZG 2004, 9, 11; *Tillmann,* Der GmbH-Geschäftsführervertrag, 6. Aufl. 1995; *ders./Mohr,* Der GmbH-Geschäftsführer, 10. Aufl., 2013; *ders./Schmidt,* Vermeidung einer vGA aus Geschäftsführerverträgen, GmbHR 1995, 796; *Tschöpe/Wortmann,* Abberufung und außerordentliche Kündigung von geschäftsführenden Organvertretern – Grundlagen und Verfahrensfragen, NZG 2009, 85; *Uhlenbruck,* Die Kündigung und Vergütung von Beratern, Vorständen und Geschäftsführern in der Unternehmensinsolvenz, BB 2003, 1185, 1188; *Uhlenbruck,* InsO, Kommentar, 13. Aufl., 2010; *Wilsing/Meyer,* Aktuelle Entwicklungen bei der Organberatung, DB 2011, 341; *Wimmer,* Der Anstellungsvertrag des GmbH-Geschäftsführes, DStR 1997, 247 ff.; *Ziegenhagen/Schmidt,* Steuerliche Anerkennung von Arbeitszeitkonten für Gesellschafter-Geschäftsführer DB 2006, 181 ff.

I. Die gestalterische Aufgabe

1. Wahl des Vertragstypus

1   Für die Tätigkeit eines Geschäftsführers kommen verschiedene Vertragstypen in Betracht. Der Anstellungsvertrag als Dienstvertrag in Form eines Geschäftsbesorgungsvertrags gem. §§ 611, 675 BGB[1] ist für entgeltliche Tätigkeiten zwar typischerweise die einschlägige Rechtsform. Jedoch kann bei unentgeltlicher Tätigkeit auch ein Auftragsverhältnis gem. § 662 BGB vorliegen. Weiterhin ist neben dem Anstellungsverhältnis auch Raum für einen Beratervertrag, sofern die Tätigkeit gleichzeitig als Berater, die in der Regel auf besonderem Know-how des Geschäftsführers basiert, unabhängig von dem Anstellungsverhältnis geregelt werden soll.[2] Im Einzelfall können auch Beraterverträge – immer neben dem Organverhältnis (siehe oben → § 7) – die persönliche Rechtsstellung von Geschäftsführern statt eines Anstellungsvertrages regeln.[3]

2. Die Beweggründe für ausführliche Anstellungsverträge

2   Im Rahmen des Anstellungsverhältnisses des **Fremdgeschäftsführers** ist es wesentlich, Fragen wie Beginn und Ende seiner Tätigkeit, Geschäftsführungs- und Vertretungsbefugnis, Befreiung vom Selbstkontrahierungsverbot, Gehalt, Tantieme und Pension sowie Wettbewerbsverbote und -befreiungen zu regeln. Hierüber soll zwischen Gesellschaft und Geschäftsführer Klarheit erzielt werden.

3   Bei **Gesellschafter-Geschäftsführern** spielen dagegen steuerliche und sozialversicherungsrechtliche Aspekte häufig eine hervorgehobene, bisweilen die ausschließliche Motivation für einen Geschäftsführervertrag. Ziel ist es zum einen, durch klare Regelungen des Gehalts und sonstiger Bezüge sowie auch von Befreiungen vom Wettbewerbsverbot das steuerlich schädliche Verdikt der verdeckten Gewinnausschüttung zu vermeiden.[4] Auf der anderen Seite

---

[1] BGH NZG 2010, 827.
[2] BGH NJW-RR 1996, 145 ff.
[3] BGH DB 1997, 1272 f.
[4] *Tillmann/Mohr* Rn. 238 ff., 265 ff.

3. Geschäftsführer als Arbeitnehmer bzw. als Verbraucher

Nach der bislang h. M. in der zivilrechtlichen Rechtsprechung des BGH und der Literatur ist weder der Anstellungsvertrag des Gesellschafter-Geschäftsführers noch der des Fremdgeschäftsführers im Grundsatz – vgl. aber unten zur Rechtsprechung des BAG und EuGH – als Arbeitsvertrag im Sinne des Arbeitsrechts anzusehen.[6] Hintergrund ist hierfür die Regelung in § 5 ArbGG, wonach ein GmbH-Geschäftsführer kein Arbeitnehmer ist. Aufgrund seiner Vertretungsbefugnis übt er Arbeitgeberfunktionen aus. Allerdings ist er auch den Regelungen des Gesellschaftsvertrags und den Weisungen der Gesellschafterversammlung gem. § 37 Abs. 1 GmbHG unterworfen. Sein eigener Entscheidungsspielraum kann daher sehr eingeschränkt sein oder gar ganz fehlen. Ob dann ein Abhängigkeitsverhältnis besteht, das mit der Stellung eines Arbeitnehmers vergleichbar ist, ist im Einzelfall zu prüfen. Daneben werden für bestimmte Fallkonstellationen Ausnahmen diskutiert, wie etwa bei ruhendem Arbeitsverhältnis im Falle der Beförderung.[7]

Im Grundsatz bleibt es aber dabei, dass etwa das Kündigungsschutzgesetz grundsätzlich nicht zugunsten des Geschäftsführers anwendbar ist. Jedoch gelten schon nach dieser bislang h. M. bestimmte arbeitnehmerähnliche Regelungen auch kraft Gesetzes: Urlaubsanspruch,[8] Pflicht zur Lohnfortzahlung im Krankheitsfall,[9] Schutz der Betriebsrente nach BetrAVG.[10] Nach der Rechtsprechung des BAG kann jedoch je nach Weisungsgebundenheit des Geschäftsführers in Ausnahmefällen auch ein Arbeitsverhältnis vorliegen.[11] Der EuGH hat in seiner „Danosa"-Entscheidung den unionsrechtlichen Arbeitnehmerstatus einer schwangeren Fremdgeschäftsführerin einer lettischen Gesellschaft, die mit mit einer deutschen GmbH vergleichbar ist, angenommen und ihr Mutterschutz gewährt.[12] Danach liegt der Arbeitnehmerstatus bei hinreichender Weisungsabhängigkeit des Geschäftsführers vor.[13] In der Literatur wird dieser Rechtsprechung auch Relevanz zugesprochen für die Frage, ob ein (Fremd-)Geschäftsführer nach deutschem Recht Arbeitnehmer sein kann.[14]

Für Streitigkeiten zwischen der Gesellschaft und dem Geschäftsführer sind, sofern der Geschäftsführer (wie in der Regel) kein Arbeitnehmer ist, auch die ordentlichen Zivilgerichte zuständig;[15] die Vereinbarung der Zuständigkeit der Arbeitsgerichte ist jedoch zulässig (§ 2 Abs. 4 ArbGG). Die Sozialversicherungspflicht für Fremdgeschäftsführer besteht in der Regel voll umfänglich, für Gesellschafter-Geschäftsführer in dem Fall, dass sie keinen maßgeblichen Einfluss durch ihre Kapitalbeteiligung oder sonstwie auf die Gesellschaft ausüben können.[16]

---

[5] *Tillmann* Rn. 567 ff.
[6] BGH NJW 1953, 1465; BGH ZIP 2003, 485; BGH NZG 2010, 827; Baumbach/Hueck/*Zöllner/Noack* § 35 Rn. 172 m. w. N.; *Holthausen/Steinkraus* NZA-RR 2002, 281, 282.
[7] Vgl. hierzu und zu weiteren Ausnahmefällen: MünchKommBGB/*Jaeger* § 35 Rn. 286 ff.
[8] BGH LM § 35 GmbHG Nr. 5; *Wimmer* DStR 1997, 247, 248 f.
[9] Baumbach/Hueck/*Zöllner/Noack* § 35 Rn. 177; MünchKommBGB/*Henssler* § 616 Rn. 11.
[10] BGH GmbHR 1997, 843; OLG Köln ZIP 1989, 182.
[11] BAG NZA 1999, 987; BAG NZA 2006, 366.
[12] EuGH NJW 2011, 2343 – *Danosa*; *Oberthür* NZA 2011, 253; Baumbach/Hueck/*Zöllner/Noack* § 35 Rn. 178, die eine Ausweitung auf andere Bereiche jedoch ablehnen; **anders** *Oberthür* NZA 2011, 253, 258, der eine Anwendung bei Richtlinien mit vergleichbarer Zwecksetzung (z. B. Gesundheitsschutz oder Vereinbarkeit von Familie und Beruf) annimmt.
[13] Vgl. *Forst* GmbHR 2012, 821, 823 ff.; *Lunk/Rodenbusch* GmbHR 2012, 188, 189 ff.
[14] *Forst* GmbHR 2012, 821; *Fischer* NJW 2011, 2329; *Schulze/Hintze* ArbRAktuell 2012, 263; *Lunk/Rodenbusch* GmbHR 2012, 188.
[15] BAG BB 1999, 1437 f.
[16] BSG GmbHR 1992, 172; BSG GmbHR 1992, 810; BSG GmbHR 1995, 584; BSG GmbHR 1997, 697; umfassend *Grimm* DB 2012, 175; *Reiserer* BB 1999, 2027.

7 In einer jüngeren Entscheidung hat das BAG einen (Fremd-)Geschäftsführer einer GmbH als Verbraucher qualifiziert.[17] Die AGB-Kontrolle ist kraft der gesetzlichen Fiktionen gem. § 310 Abs. 3 Nr. 1 und 2 BGB bei Verbraucherverträgen in der Regel eröffnet, so dass für die Beratungspraxis erhöhte Anforderungen zur Eindeutigkeit (§ 305c Abs. 2 BGB) Transparenz (§ 307 Abs. 1 S. 2 BGB) und fehlenden (unangemessenen) Benachteiligung (§ 307 Abs. 1 BGB) sowie bestimmte Klauselverbote (§§ 308 und 309 BGB) zu beachten sein können.[18]

8 Die Kontrolle nach dem Allgemeinen Gleichbehandlungsgesetz (AGG) ist nach § 6 Abs. 3 AGG ebenfalls eröffnet, beschränkt sich allerdings auf die Bedingungen für den Zugang zur Erwerbstätigkeit sowie den beruflichen Aufstieg.

4. Verhältnis zwischen Anstellungs- und Organverhältnis

9 Nach der h. M. gehen die Regelungen im Gesellschaftsvertrag den Regelungen im Anstellungsvertrag vor.[19] Ob die dem Gesellschaftsvertrag widersprechenden Regelungen im Anstellungsvertrag schuldrechtlich als **satzungsdurchbrechende Nebenabrede** wirksam sind, ist jedenfalls im Hinblick auf etwaige Sekundäransprüche umstritten.[20]

10 Im Falle von satzungsdurchbrechenden Beschlüssen der Gesellschafterversammlung wird nach h. M. zwischen zustandsbegründenden Durchbrechungen mit Dauerwirkung und punktuellen Durchbrechungen mit lediglich Einzelfallwirkung unterschieden, wobei im ersten Fall sämtliche Satzungsänderungsvorschriften beachtet werden müssen, im letzteren Fall auf die Eintragung im Handelsregister verzichtet werden kann.[21]

11 Im Falle von abweichenden Regelungen im Anstellungsvertrag wird es regelmäßig um Fragen mit Dauerwirkung gehen. Dementsprechend wird vertreten, dass eine satzungsdurchbrechende Regelung unwirksam ist; es könne sich allenfalls ein Anspruch des Geschäftsführers auf Herbeiführung der Satzungsänderung gegen die beteiligten, zustimmenden Gesellschafter ergeben.[22] Nach anderer Ansicht kann der Geschäftsführer sein Geschäftsführeramt niederlegen, sein Anstellungsverhältnis ordentlich kündigen und Schadenersatz verlangen.[23] Erfüllungs- oder Unterlassungsansprüche gegen die Gesellschaft stehen dem Geschäftsführer aus der satzungsdurchbrechenden Abrede nicht zu. Schadensersatzansprüche können demgegenüber bestehen. Der Schadenersatzanspruch ist dabei nicht wegen Verstoßes gegen höherrangiges Recht ausgeschlossen, weil Sinn und Zweck des Gesellschaftsvertrags nur ist, die Organisation der Gesellschaft verbindlich zu regeln, nicht jedoch die Gesellschaft bei Widersprüchen zwischen Gesellschaftsvertrag und Anstellungsverträgen vor Sekundäransprüchen zu schützen.[24] Für Weisungen oder von der Gesellschafterversammlung beschlossene Geschäftsordnung, die ebenfalls Vorrang genießen,[25] gilt entsprechendes.

II. Abschluss des Geschäftsführervertrages

1. Geschäftsführervertrag und Bestellungsakt

12 Nicht automatisch durch die Bestellung in der Gesellschafterversammlung oder durch das sonst zuständige Organ (Aufsichtsrat, Beirat) kommt ein Anstellungsvertrag mit dem Ge-

---

[17] BAG NJW 2010, 2827; *Hümmerich* NZA 2006, 709, 712 f.; *Stagat* NZA-RR 2011, 617; *Wilsing/Meyer* DB 2011, 341, 344; *Lunk/Rodenbusch* NZA 2011, 497, 498; ablehnend Baumbach/Hueck/*Zöllner/Noack* § 35 Rn. 172; MünchKommBGB/*Basedow* § 310 Rn. 33.
[18] Vgl. *Wilsing/Meyer* DB 2011, 341, 344; *Hümmerich* NZA 2006, 709, 712 f.; kritisch *Schiefer/Worzalla* ZfA 2012, 41, 57.
[19] BGH, NZG 2010, 827, 828; MünchKommGmbHG/*Jaeger* § 35 Rn. 274.
[20] Ablehnend Scholz/*Schneider/Sethe* § 35 Rn. 160; *Fleck* ZGR 1988, 104, 136; zustimmend bzgl. Durchsetzbarkeit von Sekundäransprüchen Oppenländer/Trölitzsch/*Baumann*, GmbH-Geschäftsführung, § 13, Rn. 6; MünchHdbGesR III/*Marsch-Barner/Diekmann* § 43, Rn. 7.
[21] Vgl. MünchKommGmbHG/*Harbarth* § 53 Rn. 48 ff. m. w. N.; vgl. auch BGH NJW 1993, 2246.
[22] Scholz/*Schneider/Sethe* § 35 Rn. 160.
[23] MünchHdbGesR III/*Marsch-Barner/Diekmann* § 43, Rn. 7; nach Oppenländer/Trölitzsch/*Baumann*, GmbH-Geschäftsführung, § 13, Rn. 6 kann Schadenersatz wohl auch ohne Kündigung verlangt werden.
[24] MünchHdbGesR III/*Marsch-Barner/Diekmann* § 43, Rn. 7.
[25] Oppenländer/Trölitzsch/*Baumann*, GmbH-Geschäftsführung, § 13, Rn. 6 mwN.

schäftsführer zustande. Dessen Abschluss kann zwar insbesondere bei Gesellschafter-Geschäftsführern nach den Umständen des Einzelfalles konkludent im Bestellungsakt zum Ausdruck gebracht worden sein, in der Regel geht jedoch die Intention der Parteien dahin, in einem förmlichen Vertrag die wesentlichen Bedingungen der Anstellung (Entgelt, Urlaub, nachvertragliches Wettbewerbsverbot, Pension und Beendigung des Anstellungsverhältnisses) zu regeln, zudem im Falle von Fremdgeschäftsführern der Gesellschafterbeschluss allein noch keine (konkludente) Willenserklärung des Fremdgeschäftsführers enthält. Gleichfalls der Auslegung bedarf die Frage, inwieweit bei einer vor der Bestellung als Geschäftsführer für die Gesellschaft als Arbeitnehmer tätigen Person das bisherige Arbeitsverhältnis aufgehoben wird oder ggf. bis zur Beendigung des Anstellungsvertrages als Geschäftsführer ruht.[26]

2. Vertragsparteien und zuständiges Organ

Zwar wird in der Regel der Anstellungsvertrag zwischen Gesellschaft und Geschäftsführer geschlossen; im Konzern ist jedoch durchaus eine Anstellung auch durch das herrschende Unternehmen üblich und bei der GmbH & Co. KG ist häufig die KG Vertragspartei.[27] In der GmbH ist mangels anderweitiger Regelung das Bestellungsorgan (Gesellschafterversammlung oder sonst aufgrund besonderer Zuweisung zuständiges Organ) auch für den Abschluss des Anstellungsvertrages zuständig.[28] Beispielsweise ist in der mitbestimmten GmbH der Aufsichtsrat für den Anstellungsvertrag des Geschäftsführers entsprechend § 31 Abs. 1 MitbestG zuständig.[29] Der Gesellschafter der Ein-Mann-Gesellschaft ist dabei von den Beschränkungen des § 181 BGB nicht befreit;[30] notwendig ist hier eine Gestattung des Insichgeschäfts durch den Gesellschaftsvertrag.

3. Form des Anstellungsvertrages

Der Abschluss ist grundsätzlich formfrei möglich.[31] Eine schriftliche Fixierung bringt jedoch erhebliche Vorteile vor allem wenn es um die steuerliche Erfassung der Bezüge von Gesellschafter-Geschäftsführern geht.[32] Nach der finanzgerichtlichen Rechtsprechung muss die Vergütung bei beherrschenden Gesellschafter-Geschäftsführern im Voraus eindeutig bestimmbar sein, also schriftlich fixiert werden.[33] Sieht der abgeschlossene Geschäftsführervertrag für Änderungen die konstitutive Schriftform vor, so kann eine mündliche Vertragsänderung dennoch Wirksamkeit erlangen, sofern sie von den Parteien durchgeführt worden ist.[34] Ebenso gilt hier, dass der Gesellschafterbeschluss insbesondere bei Gesellschafter-Geschäftsführern (z.B. zur Anhebung der Vergütung) konkludent die Änderung des Anstellungsvertrags beinhalten kann.

4. Fehlerhaftigkeit des Anstellungsvertrages

Auch für den Anstellungsvertrag des Geschäftsführers gilt, dass die Fehlerhaftigkeit des einmal in Gang gesetzten Vertrages nicht mehr rückwirkend, sondern nur noch mit ex nunc-Wirkung geltend gemacht werden kann.[35]

---

[26] Hierzu BAG GmbHR 1994, 243; LAG Berlin, GmbHR 1998, 886; umfassend *Reiserer* DB 1994, 1822 f.
[27] *Schneider* GmbHR 1993, 10 ff.; *Gaul* GmbHR 1989, 357 ff.; *Reiserer* BB 1996, 2461 ff.
[28] BGH NJW 1990, 387 f.
[29] Oppenländer/Trölitzsch/*Baumann*, GmbH-Geschäftsführung, § 13, Rn. 31.
[30] H. M.: Scholz/*Schneider* § 35 Rn. 115 ff.; Rowedder/Schmidt-Leithoff/*Koppensteiner/Gruber* § 35 Rn. 31; Hachenburg/Mertens § 35 Rn. 58 f.; **anders** Baumbach/Hueck/*Zöllner/Noack* § 35 Rn. 167, der dies als unnötigen Formalismus ansieht; zu den steuerlichen Auswirkungen solcher Verträge BFH GmbHR 1997, 34 f.; BFH GmbHR 1997, 266 f.; BMF-Schreiben v. 16.5.1994, GmbHR 1994, 425 f.; BMF-Schreiben v. 21.12.1995, GmbHR 1996, 147 f.; BMF-Schreiben v. 5.8.1996, GmbHR 1996, 797 f.
[31] BGH GmbHR 1997, 548 f.
[32] *Schiefer/Worzalla* ZfA 2013, 41, 56; vgl. auch *Tillmann/Mohr* Rn. 186 f., jener empfiehlt, auf die Schriftformklausel beim Gesellschafter-Geschäftsführer zu verzichten.
[33] BFH, NJW 1997, 3190; MünchKommGmbHG/*Jaeger* § 35 Rn. 262
[34] BGH GmbHR 1997, 548 f.; zum Steuerrecht vgl. jedoch BFH BStBl. II 1991, 933 f.; *Tiedtke* DStZ 1992, 195 H.
[35] BGH ZIP 1995, 377 (Anstellungsvertrag mit KG); BGH GmbHR 1998, 1133; KG NZG 2000, 43 f.; Rowedder//Schmidt-Leithoff/*Koppensteiner/Gruber* § 35 Rn. 108; Baumbach/Hueck/*Zöllner/Noack* § 35 Rn. 170; *Bauer/Gragert* ZIP 1997, 2178 f.

Muster eines Anstellungsvertrages
(insbesondere für Fremdgeschäftsführer)

Anstellungsvertrag
zwischen

der ...... GmbH, ..., vertreten durch die Gesellschafterversammlung, diese vertreten durch die Gesellschafter A und B [*alternativ*: diese bestehend aus den Gesellschaftern A und B],
im Folgenden „die Gesellschaft" –
und
Herrn/Frau ......, ...,
im Folgenden „Geschäftsführer" –

§ 1 Anstellung und Geschäftsverteilung

(1) ...... wird ab ...... als Geschäftsführer Mitglied der Geschäftsführung der Gesellschaft. Die Gesellschaft kann jederzeit neben ihm andere Geschäftsführer oder Prokuristen bestellen und die Vertretungsmacht und Geschäftsführung neu regeln.

(2) Der Geschäftsführer nimmt innerhalb der Geschäftsführung und gemäß den ihm im Geschäftsverteilungsplan zugewiesenen Aufgaben das Ressort „......" wahr.

§ 2 Vergütung

(1) Für seine Tätigkeit erhält der Geschäftsführer als Vergütung ein Jahresgehalt von brutto ...... EUR, das nach Abzug von Steuern und Sozialabgaben in zwölf gleichen Raten am Ende eines jeden Monats gezahlt wird. Ist das Vertragsjahr kürzer als das Kalenderjahr, wird das Festgehalt zeitanteilig bezahlt.

(2) Er erhält weiter eine vom Gewinn abhängige Tantieme in Höhe von (......) % des Jahresgewinns, höchstens aber bis zu 25% des Festgehalts, welche nach Feststellung des Jahresabschlusses durch die Gesellschafterversammlung gezahlt wird. Die Tantieme wird auf der Grundlage des körperschaftssteuerpflichtigen Gewinns nach dem Reingewinn berechnet (ohne Gewinnvortrag aus dem Vorjahr und vor Abzug der Tantieme), der sich nach der Vornahme von Abschreibungen und Wertberichtigungen sowie nach Bildung von Rücklagen und Rückstellungen ergibt. Abzusetzen ist von ihr der Teil des Gewinns, der durch die Auflösung von Rücklagen entstanden ist.

(3) Die Gesellschaft stellt dem Geschäftsführer für seine Tätigkeit im Rahmen dieses Vertrages einen Dienstwagen der Marke ......, Typ ......, zur Verfügung. Die Gesellschaft trägt die für Fahrzeughaltung und -nutzung anfallenden Kosten. Der Dienstwagen darf durch den Geschäftsführer auch zu privaten Zwecken genutzt werden. Für den in der Privatnutzung liegenden geldwerten Vorteil wird ein monatlicher Pauschalbetrag in der steuerlich jeweils geltenden Höhe zugrunde gelegt.

(4) Der Geschäftsführer hat Anspruch auf Erstattung von notwendigen und angemessenen dienstlich veranlassten Auslagen. Mehr-, Sonntags- und Feiertagsarbeit ist mit den Bezügen mit abgegolten.

(5) Bei einer vorübergehenden Arbeitsunfähigkeit wird die Vergütung (einschließlich etwaiger Tantieme) abzüglich Krankengeld für die Dauer von sechs Monaten, längstens bis zur Beendigung des Anstellungsvertrags, weitergezahlt. Der Geschäftsführer ist verpflichtet, der Gesellschaft jede Arbeitsverhinderung und ihre voraussichtliche Dauer unverzüglich anzuzeigen.

(6) Stirbt der Geschäftsführer während der Dauer des Anstellungsvertrags, haben seine Erben, soweit es sich hierbei um Ehepartner, eingetragene Lebenspartner oder Kinder handelt, als Gesamtgläubiger Anspruch auf Fortzahlung der Vergütung (ohne Tantieme) für den Sterbemonat sowie die drei darauffolgenden Monate.

§ 3 Urlaub

(1) Der Geschäftsführer hat Anspruch auf einen Jahresurlaub von 30 Arbeitstagen. Samstage gelten nicht als Arbeitstage. Beginnt oder endet der Anstellungsvertrag während des Kalenderjahres, so besteht der Urlaubsanspruch in anteiliger Höhe.

(2) Der Zeitpunkt und die Dauer des Urlaubs sind unter Berücksichtigung der betrieblichen Interessen und Abstimmung mit den übrigen Geschäftsführern festzulegen.

(3) Sofern der Geschäftsführer seinen Jahresurlaub ganz oder teilweise nicht in Anspruch genommen hat, ist der Urlaubsanspruch einmal in das Folgejahr zu übertragen. Eine weitere Übertragung in weitere Folgejahre findet nicht statt. Der Geschäftsführer hat keinen Anspruch auf Vergütung für Urlaubstage, die nicht während des Kalenderjahres oder Folgejahres genommen werden.

§ 4 Versicherungen

(1) Die Gesellschaft gewährt dem Geschäftsführer für die Dauer dieses Anstellungsvertrages einen Zuschuss zur Krankenversicherung in Höhe des Arbeitgeberanteils, wie er bei Krankenversicherungspflicht des Geschäftsführers bestünde, höchstens jedoch in Höhe der Hälfte des Betrages, welchen der Geschäftsführer für seine Krankenversicherung aufzuwenden hat. Des Weiteren gewährt die Gesellschaft dem Geschäftsführer für die Dauer des Anstellungsvertrages einen Zuschuss zur Pflegeversicherung in Höhe der Hälfte des Beitrages gemäß § 58 SGB XI.

(2) Zur Alters- und Hinterbliebenenversorgung des Geschäftsführers schließt die Gesellschaft auf das Leben des Geschäftsführers eine Lebensversicherung mit unwiderruflichem Bezugsrecht ab. Die Versicherungssumme beträgt ...... EUR, bei Unfalltod ...... EUR. Die Versicherungsprämien werden während der Laufzeit des Geschäftsführervertrages von der Gesellschaft gezahlt und dem steuerpflichtigen Einkommen des Geschäftsführers hinzugerechnet. Bezugsberechtigt sind der Geschäftsführer und im Falle seines Todes die von ihm gegenüber der Versicherungsgesellschaft bestimmten Personen, hilfsweise seine Erben. Die Versicherungssumme ist fällig beim Tod des Geschäftsführers, dem Eintritt der Dienstunfähigkeit oder der Erreichung des 65. Lebensjahres. Endet der Geschäftsführervertrag vor Ablauf von 10 Jahren, verliert der Geschäftsführer die Ansprüche aus dem Versicherungsvertrag. In diesem Fall wird die Gesellschaft ihm jedoch die auf die Prämien gezahlten Steuern erstatten. Endet der Anstellungsvertrag nach mindestens zehnjähriger Laufzeit, ohne dass dies auf einem Verschulden des Geschäftsführers beruht, so hat die Gesellschaft den Versicherungsvertrag dem Geschäftsführer zu übertragen.

(3) Die Gesellschaft schließt den Geschäftsführer in ihre Vermögensschaden-Haftpflichtversicherung (D&O-Versicherung) mit ein, so dass der Geschäftsführer im Falle der Inanspruchnahme durch Dritte oder durch die Gesellschaft wegen der bei Ausübung seiner Tätigkeit begangener Pflichtverletzungen im bestehenden Rahmen mit versichert ist. Die Gesellschaft ist berechtigt, die jeweilige Vermögensschaden-Haftpflichtversicherung zu ändern, ohne hierfür die Zustimmung des Geschäftsführers einholen zu müssen. Die Versicherung kann einen Selbstbehalt im üblichen Rahmen vorsehen.

§ 5 Pflichten

(1) Der Geschäftsführer führt die Geschäfte nach Maßgabe der Gesetze, des Gesellschaftsvertrags der Gesellschaft, der Geschäftsordnung für die Geschäftsführung, dieses Anstellungsvertrags und der Beschlüsse der Gesellschafterversammlung. Er hat seine Arbeitskraft ausschließlich der Gesellschaft zu widmen.

(2) Der Geschäftsführer hat monatlich die Gesellschafter über den Geschäftsverlauf, insbesondere den Umsatz, die Kosten, den Personalstand, den Auftragsbestand und etwaige außergewöhnliche Geschäftsvorfälle schriftlich zu unterrichten.

(3) Der Geschäftsführer hat die Geschäfte der Gesellschaft mit der Sorgfalt eines ordentlichen Kaufmannes zu führen und die ihm nach Gesetz, Gesellschaftsvertrag sowie diesem Vertrag obliegenden Pflichten gewissenhaft zu erfüllen. Er haftet der Gesellschaft nach dem Gesellschaftsvertrag nur auf den Ersatz solcher Schäden, welche auf grob fahrlässiger oder vorsätzlich begangener Pflichtwidrigkeit beruhen. Eine Haftung des Geschäftsführers ist für Handlungen ausgeschlossen, die aufgrund einer Anweisung durch den Gesellschafterbeschluss erfolgen oder durch Gesellschafterbeschluss ausdrücklich genehmigt werden; § 43 Abs. 3 S. 3 GmbHG bleibt hiervon unberührt. Im Fall der Verletzung solcher Pflichten, welche dem Geschäftsführer aus Gründen des Schutzes von Gläubigern der Gesellschaft auferlegt sind, entfällt die Haftungsbeschränkung gemäß vorstehendem Satz 1 bei Eintritt einer Insolvenz der Gesellschaft.

(4) Der Geschäftsführer ist in der Bestimmung seiner Arbeitszeit grundsätzlich frei; er hat hierbei jedoch die Erfordernisse der Gesellschaft zu beachten und sicherzustellen, dass er in der betrieblichen Kernarbeitszeit von (......) bis (......) anwesend oder erreichbar ist, soweit er nicht auswärtige Termine hat. Einer Arbeitszeitüberwachung unterliegt er nicht. Der Geschäftsführer ist sich bewusst, dass die ihm übertragenen Aufgaben auch zusätzliche Arbeit an Wochenenden und gesetzlichen Feiertagen sowie Dienstreisen im In- und Ausland erforderlich machen kann.

(5) Bei Diensterfindungen im Sinne des Gesetzes über Arbeitnehmererfindungen, die der Geschäftsführer während der Dauer des Anstellungsvertrags macht, gelten die Vorschriften dieses Gesetzes entsprechend. Die Verwertung von technischen, organisatorischen oder sonstigen Verbesserungsvorschlägen des Geschäftsführers steht ohne besondere Vergütung ausschließlich der Gesellschaft zu.

(6) Bei urheberrechtsfähigen Werken, die der Geschäftsführer während der Dauer des Anstellungsvertrags macht, steht der Gesellschaft ohne besondere Vergütung das ausschließliche und unbeschränkte Verwertungsrecht im In- und Ausland zu.

(7) Alle dem Geschäftsführer anvertrauten oder sonst bekannt gewordenen geschäftlichen, betrieblichen oder technischen Angelegenheiten, Vorgänge und Informationen, die sich auf die Gesellschaft beziehen und die nur einem beschränkten Personenkreis zugänglich sind, hat der Geschäftsführer vertraulich zu behandeln, also Dritten nicht zu offenbaren und nicht für seine eigenen Zwecke zu verwenden.

§ 6 Geschäftsführungs- und Vertretungsbefugnis

(1) Der Geschäftsführer vertritt die Gesellschaft neben den weiteren Geschäftsführern gerichtlich und außergerichtlich. Ihm steht Einzelvertretungsbefugnis zu. Er ist von den Beschränkungen des § 181 BGB befreit.

(2) Der Geschäftsführer führt gemeinsam mit einem weiteren Geschäftsführer oder Prokuristen die Geschäfte der Gesellschaft nach Maßgabe der Gesetze, des Gesellschaftsvertrags und dieses Anstellungsvertrages. Er hat Weisungen der Gesellschafterversammlung Folge zu leisten.

(3) Die Befugnis zur Geschäftsführung umfasst die Vornahme aller Maßnahmen im Rahmen des gewöhnlichen Geschäftsbetriebes der Gesellschaft.

(4) Zur Vornahme von Rechtsgeschäften, welche über den gewöhnlichen Geschäftsbetrieb der Gesellschaft hinausgehen, muss die vorherige Zustimmung der Gesellschafterversammlung eingeholt werden. Dies gilt insbesondere für folgende Rechtsgeschäfte:
a) Veräußerung und Stilllegung des Betriebes oder wesentlicher Betriebsteile sowie die Aufgabe wesentlicher Tätigkeitsbereiche.
b) Errichtung von Zweigniederlassungen.
c) Gründung, Erwerb oder Veräußerung von anderen Unternehmen oder Beteiligungen der Gesellschaft an anderen Unternehmen.
d) Erwerb, Veräußerung und Belastung von Grundstücken und grundstücksgleichen Rechten sowie die Verpflichtung zur Vornahme solcher Rechtsgeschäfte.
e) Bauliche Maßnahmen und Anschaffung von Sachmitteln aller Art, soweit die hierfür erforderlichen Aufwendungen einen Betrag von ...... EUR übersteigen.
f) Abschluss, Änderung oder Aufhebung von Miet-, Pacht- oder Leasing-Verträgen mit einer Vertragsdauer von mehr als ......Monaten oder einer monatlichen Verpflichtung von mehr als ...... EUR.
g) Inanspruchnahme oder Gewährung von Krediten oder Sicherheitsleistungen jeglicher Art, welche ...... EUR übersteigen. Hiervon ausgenommen sind die laufenden Warenkredite im gewöhnlichen Geschäftsverkehr mit Kunden und Lieferanten der Gesellschaft.
h) Übernahmen von Bürgschaften jeder Art.
i) Einstellung und Entlassung von Arbeitnehmern, deren Jahresverdienst ...... EUR übersteigt. Bewilligung von Gehaltserhöhungen und zusätzlichen Vergütungen, welche zu einem Übersteigen der Verdienstgrenze gem. S. 1 führen. Hiervon ausgenommen sind Anpassungen der Gehälter auf Grundlage der entsprechenden tariflich vereinbarten Erhöhungen.
j) Erteilung von Versorgungszusagen aller Art, durch welche zusätzliche Verpflichtungen der Gesellschaft über die Leistungen der gesetzlichen Sozialversicherung begründet werden.
k) Erteilung und Widerruf von Prokuren und Handlungsvollmachten.
l) Wahrnehmung von Gesellschafterrechten, insbesondere von Stimmrechten, bei Beteiligungen an anderen Gesellschaften, soweit es sich um die Angelegenheiten handelt, die unter vorstehenden Buchstaben a) bis k) genannt sind.

§ 7 Nebentätigkeits- und Wettbewerbsverbot

(1) Der Geschäftsführer verpflichtet sich, seine ganze Arbeitskraft und Arbeitszeit der Gesellschaft zu widmen. Die Übernahme einer entgeltlichen oder unentgeltlichen Nebentätigkeit oder von Ehrenämtern bedarf der vorherigen Zustimmung der Gesellschafter, die nach freiem Ermessen erteilt wird. Auf Wunsch der Gesellschaft übernimmt der Geschäftsführer Nebentätigkeiten oder Ehrenämter in Gesellschaften, an denen die Gesellschaft beteiligt ist, oder in Verbänden, denen die Gesellschaft angehört. Der Geschäftsführer ist verpflichtet, sämtliche Nebentätigkeiten oder Ehrenämter

in den zuvor genannten Gesellschaften oder Verbänden auf Wunsch der Gesellschaft oder bei Beendigung dieses Anstellungsvertrags aufzugeben. Sämtliche Nebentätigkeiten oder Ehrenämter in den zuvor genannten Gesellschaften oder Verbänden sind mit der Vergütung nach diesem Vertrag abgegolten.
(2) Der Geschäftsführer wird sich während der Dauer seines Anstellungsvertrages nicht an einem Unternehmen beteiligen, das mit der Gesellschaft in Konkurrenz steht oder mit dieser Geschäftsbeziehungen unterhält.
(3) Dem Geschäftsführer ist untersagt, während der Dauer dieses Vertrages in selbstständiger, unselbstständiger oder sonstiger Weise für ein Unternehmen tätig zu werden, welches mit der Gesellschaft in direktem oder indirektem Wettbewerb steht. In gleicher Weise ist es dem Geschäftsführer untersagt, während der Dauer dieses Vertrages ein solches Unternehmen zu errichten, zu erwerben oder sich hieran unmittelbar oder mittelbar zu beteiligen oder sonst für eigene oder fremde Rechnung Geschäfte zu tätigen, die mit der Gesellschaft in direktem oder indirektem Wettbewerb stehen.
(4) Der Geschäftsführer ist verpflichtet, über alle betrieblichen und geschäftlichen Angelegenheiten der Gesellschaft gegenüber unbefugten Dritten striktes Stillschweigen zu wahren. Diese Verpflichtung gilt auch nach Beendigung des Anstellungsvertrages.
(5) Der Geschäftsführer ist darüber hinaus verpflichtet, für die Dauer von zwei Jahren nach Beendigung des Anstellungsvertrages für kein Unternehmen tätig zu werden, welches mit der Gesellschaft in direktem oder indirektem Wettbewerb steht. Ebenso ist er verpflichtet, für ein solches Wettbewerbsunternehmen keine Geschäfte für eigene oder fremde Rechnung zu tätigen und keine Beteiligung an einem solchen Unternehmen zu erwerben. Dieses Wettbewerbsverbot gilt für die Bundesrepublik Deutschland.
(6) Die Gesellschaft verpflichtet sich, dem Geschäftsführer für die Dauer des Wettbewerbsverbots eine Entschädigung in Höhe von 50% des zuletzt bezogenen Monatsgehalts ohne Tantieme zu zahlen. Auf die Entschädigung sind Einkünfte anzurechnen, die der Geschäftsführer während der Dauer des Wettbewerbsverbots durch anderweitige Verwendung seiner Arbeitskraft erzielt oder zu erzielen unterlässt. Zu den anzurechnenden Einkünften zählt auch das von dem Geschäftsführer bezogene Arbeitslosenentgelt. Der Geschäftsführer ist verpflichtet, der Gesellschaft über die Höhe seiner Einkünfte Auskunft zu erteilen.
(7) Die Gesellschaft kann vor Ablauf des Anstellungsvertrages jederzeit auf die Einhaltung des Wettbewerbsverbotes durch schriftliche Erklärung gegenüber dem Geschäftsführer verzichten mit der Folge, dass sie nach Ablauf einer Frist von sechs Monaten von der Zahlung der Entschädigung gemäß Abs. 5 befreit ist. Endet der Anstellungsvertrag, weil der Geschäftsführer das 65. Lebensjahr vollendet hat oder dienstunfähig ist, so kann der Verzicht mit sofortiger Wirkung erklärt werden.
(8) Der Geschäftsführer verpflichtet sich, für den Fall der Verletzung des Wettbewerbsverbots eine Vertragsstrafe in Höhe eines Betrags zu zahlen, der drei Monatsgehälter der zuletzt bezogenen Vergütung (ohne Tantieme) entspricht. Bei Fortsetzung der Zuwiderhandlung trotz Abmahnung wird die Vertragsstrafe für jeden Monat der Zuwiderhandlung geschuldet. Die Ansprüche auf Unterlassung und Schadenersatz bleiben unberührt, wobei etwaige Vertragsstrafen auf den Schadenersatz angerechnet werden.

§ 8 Vertragsdauer und Beendigung des Vertrages

(1) Dieser Vertrag wird zunächst auf die Dauer von (......) Jahren geschlossen. Wird er nicht innerhalb von drei Monaten vor seinem Ablauf gekündigt, so verlängert er sich jeweils um ein weiteres Jahr.
(2) Die Gesellschaft ist berechtigt, den Geschäftsführer jederzeit unter Fortzahlung seiner Vergütung (ohne Tantieme) von seiner aktiven Tätigkeit freizustellen.
(3) Das Anstellungsverhältnis kann bei Vorliegen eines wichtigen Grundes schon vor Ablauf der vorgesehenen Vertragszeit gekündigt werden. Als wichtiger Grund ist es insbesondere anzusehen, wenn der Geschäftsführer länger als ein Jahr durch Krankheit oder andere unverschuldete Ursachen in der Ausübung seiner Tätigkeit verhindert ist. Wichtige Gründe sind weiterhin die Liquidation der Gesellschaft und schwere Verstöße des Geschäftsführers gegen Weisungen der Gesellschafterversammlung.
(4) Die Kündigung hat in jedem Fall mittels eingeschriebenen Briefes zu erfolgen. Die Kündigung durch den Geschäftsführer ist an die Gesellschafter zu richten.

(5) Unbeschadet der Regelungen dieses Vertrages kann die Bestellung zum Geschäftsführer durch das zuständige Organ jederzeit widerrufen werden. Der Widerruf gilt als Kündigung des Anstellungsvertrags zum nächstzulässigen Zeitpunkt.

(6) Das Vertragsverhältnis endet ohne Kündigung am Ende des Monats der Vollendung des 65. Lebensjahrs des Geschäftsführers.

§ 9 Herausgabe von Gegenständen und Unterlagen

Bei Beendigung des Anstellungsvertrages oder im Fall einer Freistellung von der Dienstleistung, die durch das zuständige Organ ausgesprochen wurde, hat der Geschäftsführer unverzüglich sämtliche ihm im Rahmen seiner Tätigkeit für die Gesellschaft überlassenen oder sonstwie in seinen Besitz gelangten Gegenstände und Unterlagen (z. B. Computer, Softwarekopien, Datenträger, Schriftstücke, Bücher, Modelle, Aufzeichnungen jeder Art einschließlich etwaiger Abschriften oder Kopien, Schlüssel) vollständig an die Gesellschaft herauszugeben. Dem Geschäftsführer steht gegen diesen Herausgabeanspruch der Gesellschaft kein Zurückbehaltungsrecht zu.

§ 10 Sonstige Bestimmungen

(1) Sämtliche Änderungen oder Ergänzungen dieses Vertrages bedürfen zu ihrer Rechtswirksamkeit der Schriftform und der Zustimmung durch das zuständige Organ der Gesellschaft. Dies gilt auch für die Änderung dieser Vorschrift.

(2) Sollte eine Bestimmung dieses Vertrages rechtsunwirksam sein oder werden, so wird die Geltung der übrigen Bestimmungen dieses Vertrages hierdurch nicht berührt. Die Parteien sind in einem solchen Fall verpflichtet, die rechtsunwirksame Bestimmung durch eine rechtlich zulässige und mit den Bestimmungen dieses Vertrages vereinbarte Regelung zu ersetzen, welche dem wirtschaftlich verfolgten Zweck der ungültigen Bestimmung am nächsten kommt.

(3) Der Vertrag unterliegt deutschem Recht.

......
Unterschriften der Beteiligten

III. Tätigkeit des Geschäftsführers

1. Umfang

17 In der Praxis enthält der Anstellungsvertrag Regelungen zu der Frage des Umfangs der Tätigkeit, die auch zu empfehlen sind. Auch ohne Regelung wäre davon auszugehen, dass der Geschäftsführer grundsätzlich seine gesamte Arbeitskraft zur Verfügung zu stellen hat, ohne dass er allerdings an feste Arbeitszeiten gebunden wäre.[36] Die Frage, ob Nebentätigkeiten erlaubt sind, sollte ebenfalls im Anstellungsvertrag geregelt werden. Ohne ausdrückliche Regelung sind Nebentätigkeiten zulässig, sofern dadurch die Tätigkeit als Geschäftsführer nicht eingeschränkt ist und sofern das vertragliche Wettbewerbsverbot beachtet wird.[37]

2. Geheimhaltungspflichten

18 Gem. § 85 Abs. 1 S. 1 GmbHG trifft den Geschäftsführer eine (strafrechtlich geschützte) Pflicht zur Geheimhaltung von Betriebs- und Geschäftsgeheimnissen. Bei Verletzung der Geheimhaltungspflicht besteht neben der etwaigen strafrechtlichen Verantwortung ggf. auch eine Verpflichtung zum Schadensersatz. Als Betriebs- und Geschäftsgeheimnisse werden alle auf ein Unternehmen bezogene Tatsachen, Umstände und Vorgänge verstanden, die nicht offenkundig, sondern nur einem eng begrenzten Personenkreis zugänglich sind und an deren Nichtverbreitung der Rechtsträger ein berechtigtes Interesse hat.[38]

---

[36] BGH NJW-RR 1988, 420; Oppenländer/Trölitzsch/*Baumann*, GmbH-Geschäftsführung, § 14 Rn. 1.
[37] Oppenländer/Trölitzsch/*Baumann*, GmbH-Geschäftsführung, § 14 Rn. 7.
[38] BGH, NJW 1996, 2576; MünchKommGmbHG/*Wißmann* § 85 Rn. 24.

IV. Vergütung

1. Angemessene Höhe

Die Höhe der Vergütung ist im Vertrag zu regeln, da es keine übliche Vergütung gibt und insbesondere auch unentgeltliche Geschäftsführertätigkeit möglich ist. Für einzelne Erfindungen des Geschäftsführers ist, sofern nicht ausdrücklich im Anstellungsvertrag geregelt, eine übliche Vergütung (§ 612 Abs, 2 BGB) geschuldet.[39] Das Arbeitnehmererfindungsgesetz findet auf Geschäftsführer nach h. A. keine Anwendung.[40] Für Überstunden und sonstige Mehrarbeit kann der Geschäftsführer eine eigene Vergütung nur verlangen, wenn dies im Anstellungsvertrag so festgelegt ist.[41]

Im Übrigen ist vor allem darauf zu achten, dass die Bezüge von Gesellschafter-Geschäftsführern angemessen sind; aus steuerlicher Sicht ist hier die Problematik der „verdeckten Gewinnausschüttung" (siehe unten → Rn. 23) zu beachten und im Rahmen des Gesellschaftsrechts können überhöhte Bezüge eine gegen § 30 GmbHG verstoßende Einlagenrückgewähr darstellen.[42] Daneben wird diskutiert, ob jedenfalls im Rahmen der mitbestimmten GmbH die Kriterien des § 87 Abs. 1 AktG zur Angemessenheit der Vorstandsvergütung in der AG Anwendung finden müssen.[43]

Eine **Ermessenstantieme** ist grundsätzlich möglich und die Höhe ist nach § 315 BGB bzw. ggf. auch nach § 86 Abs. 2 S. 1 AktG analog zu bestimmen.[44] Die steuerlichen Vorgaben zur Vermeidung einer verdeckten Gewinnausschüttung (dazu unten → Rn. 23) sind jedoch zu beachten.

2. Variable Vergütungsbestandteile

Variable Vergütungsbestandteile können in den verschiedensten Ausprägungen auftreten und je nach den Anforderungen im Einzelfall unterschiedlich ausgestaltet sein.[45] In der Praxis häufig anzutreffen sind variable Vergütungsbestandteile, die an die Erreichung bestimmter Kennzahlen geknüpft sind, in der Regel abhängig vom Gewinn, selten abhängig vom Umsatz. Zum Teil wird auch die Erreichung „weicherer" Ziele in Rahmen jährlich neu zu fassender Zielvereinbarungen formuliert. Vielfach steht die Gewährung einer Tantieme auch vollständig im Ermessen des Bestellungsorgans. Zur Absicherung kann auch ein Mindestbonus vereinbart werden. Auch ist die Art und Weise der Auszahlung der Tantieme von Fall zu Fall unterschiedlich. In Betracht kommt eine Barauszahlung oder eine entsprechende Vergütung in Anteilen der Gesellschaft. Hier besteht großer Gestaltungsspielraum.

3. Die Problematik der verdeckten Gewinnausschüttung beim Gesellschafter-Geschäftsführer

Eine verdeckte Gewinnausschüttung liegt nach ständiger Rechtsprechung vor, wenn ein ordentlicher und gewissenhafter Geschäftsleiter einen gesellschaftsfremden Geschäftsführer unter ansonsten vergleichbaren Verhältnissen die Vergütung nicht gewährt hätte (Fremdvergleich).[46] Als verdeckte Gewinnausschüttung an den Gesellschafter-Geschäftsführer werden nach der Rechtsprechung der Finanzgerichte angesehen:

---

[39] BGH NJW-RR 2007, 103; OLG Düsseldorf GmbHR 1999, 1093 f.
[40] BGH GRUR 1965, 302, 303; BGH GmbHR 1990, 160 f.; *Hessler* RdA 1992, 289, 296; Scholz/*Schneider/Sethe* § 35 Rn. 246 m. w. N.
[41] OLG Dresden GmbHR 1998, 197; *Ziegenhagen/Schmidt* DB 2006, 181 ff.
[42] Zu § 30 GmbHG: Baumbach/Hueck/*Zöllner/Noack* § 35 Rn. 183; *Mohr* GmbHR 2011, 402; *Tänzer* GmbHR 1997; *Glade* DB 1998, 691, 1085 ff.
[43] Vgl. BGH, NJW 1984, 733, 735; OLG Köln, NZG 2008, 637; OLG Naumburg, GmbHR 2004, 423, 424; MünchKommGmbHG/*Jaeger* § 35 Rn. 305.
[44] BGH GmbHR 1994, 546 ff.; OLG München GmbHR 1999, 184 ff.; vgl. auch *Felix* BB 1988, 277 ff.; zur Angemessenheit der Tantieme siehe BMF Schreiben vom 1.2.2002 – IV A 2 S. 2742 – 4/02, BStBl. I 2002, 219 = GmbHR 2002, 291.
[45] Vgl. hierzu insgesamt: MünchKommGmbHG/*Jaeger* § 35 Rn. 314 ff.
[46] BFH DStR 2003, 1747.

- eine Vergütung, die im Verhältnis zur Branche, dem Umsatz und der Größe des Unternehmens überhöht ist;[47]
- nicht im Voraus geregelte Vergütungen des beherrschenden Gesellschafter-Geschäftsführers;[48]
- nicht ausreichend geregelte, nachträglich beschlossene Tantiemen;[49]
- zivilrechtlich unwirksame Vergütungsvereinbarungen, insbesondere wegen Verstoß gegen das Selbstkontrahierungsverbot;[50]
- unter besonderen Umständen auch ein Verstoß gegen ein Wettbewerbsverbot bzw. die Inanspruchnahme einer nichtrechtswirksamen Befreiung hiervon;[51]
- eine zu früh[52] oder zu spät[53] vereinbarte Pensionszusage.

24   Es ist deshalb notwendig, dass die Vergütungsvereinbarung zunächst einem Drittvergleich standhält; hier sind die finanzgerichtlichen Rechtsprechung sowie die dazu ergangenen Richtlinien[54] zu berücksichtigen. Dabei werden sowohl die einzelnen Vergütungsbestandteile (Festgehalt, jährliche Einmalzahlungen (z. B. Urlaubsgeld, Weihnachtsgeld), Tantiemen, Zusagen zur betrieblichen Altersversorgung, Sachbezüge) geprüft also auch deren Angemessenheit insgesamt. Darüber hinaus müssen Vergütungsvereinbarungen mit hinreichender Klarheit vorab vereinbart werden, wenn der Geschäftsführer auf Grund seiner Stellung als beherrschender Gesellschafter auf die letztendlich zu gewährende Höhe dauernd Einfluss nehmen kann.[55] Das Erfordernis der zivilrechtlichen Wirksamkeit wurde vom BFH lediglich für die Fälle aufgegeben, in denen einer nachträglichen Genehmigung zivilrechtliche Rückwirkung zukommt, insbesondere bei Insichgeschäften.[56]

4. Die Geschäftsführervergütung in der Krise

25   In der Krise der Gesellschaft kann der Geschäftsführer verpflichtet sein, auf Grund seiner Treuepflicht einer Herabsetzung seiner Vergütung zuzustimmen.[57] Das kommt dann in Betracht, wenn durch die Weitergewährung der Bezüge der Gesellschaft Mittel entzogen werden, auf die sie zum Überleben angewiesen ist.[58] Unterlässt es die Gesellschafterversammlung in einem solchen Fall gegenüber dem Gesellschafter-Geschäftsführer auf eine Änderung der Vergütung zu drängen, kann dies den Tatbestand einer verdeckten Gewinnausschüttung verwirklichen.[59] In der Insolvenz hat der Geschäftsführer Anspruch auf Insolvenzgeld (§ 183 Abs. 1 SGB III), wenn er sozialversicherungsrechtlich als Arbeitnehmer anzusehen ist.[60]

5. Anspruch auf Aufwendungsersatz und Dienstwagen

26   Der Aufwendungsersatzanspruch des Geschäftsführers folgt aus §§ 611, 675, 670 BGB. Soll deshalb ein Aufwendungsersatz nicht stattfinden, so ist dies ausdrücklich im Anstellungsvertrag zu regeln.

---

[47] *Wassermeyer* DB 1994, 105 ff.; *Gosch* DStZ 1997, 1 ff.; *Tillmann/Schmidt* GmbHR 19 995, 796; Schulze zur *Wiesche* GmbHR 1991, 113, 170; *ders*. GmbHR 1993, 403 ff.; BFH GmbHR 2005, 111, 112.
[48] BFH BB 1985, 982 f.; *Gosch* FR 1997, 438 ff.; *Schäfer* DStZ 1993, 558 ff.; BFH GmbHR 2005, 176, 177; BFH NZG 2004, 974, 975.
[49] BFH BStBl. 1992 II, 975 f.; *Gosch* FR 1997, 438 ff.; zur Angemessenheit einer Tantieme: BMF-Schreiben v. 1.2.2002, DB 2002, 295.
[50] BFH/NV 1994, 661 f.; BFH BB 1992, 51 f.; *Hoffmann* DB 1997, 444 ff.; *Tiedtke* DStR 1993, 933 ff.
[51] BFH DB 1995, 2451 f.; *Hoffmann* WiB 1996, 15 ff.
[52] BFH/NV 1993, 330.
[53] BFH GmbHR 1995, 388; BFH GmbHR 1998, 944; *Tillmann/Schmidt* GmbHR 1995, 796, 801.
[54] Vgl. insbesondere die sog. „Karlsruher Tabellen", OFD Karlsruhe Vfg. v. 17.4.2001 – S 2742 A St 331.
[55] BFH BStBl 1978 II, 659.
[56] BFH DB 1996, 2586 ff.; in Abweichung zur früheren Finanzrechtsprechung: vgl. nur BFH BStBl. 1992 II, 1024; kritisch auch Dötsch/Eversberg/Jost/Witt/*Achenbach* KStG § 8 KStG Rn. 153.
[57] BGH ZIP 1992, 1152 f.; *Bauder* BB 1993, 369 ff.; OLG Naumburg GmbHR 2004, 423; OLG Düsseldorf BeckRS 2011, 27 539; Baumbach/Hueck/*Zöllner/Noack* § 35 Rn. 187.
[58] OLG Naumburg GmbHR 2004, 423, 424; Scholz/Schneider/*Sethe* GmbHG § 35 Rn. 241.
[59] Roth/Altmeppen/*Altmeppen*, § 6 Rn. 93; *Tillmann/Mohr*, GmbH-Geschäftsführer Rn. 232 ff., 258 ff.
[60] *Winkler* DStR 1997, 289 ff.; *Louven* DB 1999, 1061 ff.; *Uhlenbruck* BB 2003, 1185, 1188; Uhlenbruck/Hirte InsO, 13. Aufl. 2010, § 11 Rn. 130.

Die private Nutzung eines von der GmbH dem Geschäftsführer zur Verfügung gestellten 27
Dienstfahrzeuges ist gem. § 8 Abs. 2 S. 2 EStG Einkommen des Geschäftsführers. Dies ist zu
versteuern und die GmbH hat hierfür Lohnsteuer abzuführen. Die Höhe der Einnahme lässt
sich auf zwei verschiedene Arten feststellen: Der Geschäftsführer führt entweder ein Fahrtenbuch mit Belegen gem. § 8 Abs. 2 S. 4 EStG oder es erfolgt eine Pauschalzurechnung
(§§ 8 Abs. 2 S. 2, 6 Abs. 1 Nr. 4 S. 2 EStG: 1%-Regelung).[61] Sofern der Dienstwagen auch
zur privaten Nutzung zur Verfügung gestellt wird, empfiehlt es sich, einzelne Rechte und
Pflichten bei der Nutzung, wie die Überlassung an Dritte oder das Verhalten bei Verkehrsunfällen, in der Dienstwagenüberlassungsabrede zu regeln.[62]

6. Urlaub

Zwar findet das BUrlG auf den Geschäftsführer keine Anwendung;[63] aus der Treue- und 28
Fürsorgepflicht der Gesellschaft ist jedoch ein Anspruch des Geschäftsführers auf angemessenen Erholungsurlaub abzuleiten.[64] Nach der *Danosa*-Entscheidung des EuGH finden sich
vermehrt Stimmen im Schrifttum, die über die Regelungen zum Mutterschutz hinaus im
Wege einer richtlinienkonformen Auslegung Geschäftsführer nunmehr auch als arbeitnehmerähnliche Person i.S.d. BUrlG qualifizieren wollen.[65]

7. Alters- und Hinterbliebenenversorgung

Einen gesetzlichen Anspruch auf Alters- und Hinterbliebenenversorgung hat der Ge- 29
schäftsführer grundsätzlich nicht; jedoch kann sich ein solcher aus einer betrieblichen
Übung ergeben.[66] Eine betriebliche Übung reicht aber nicht aus, soweit sie andere Angestellte betreffen.[67] Im Rahmen der Gestaltung der Altersversorgung ist vor allem für den
Gesellschafter-Geschäftsführer darauf zu achten, dass keine verdeckte Gewinnausschüttung
(oben → Rn. 23) entsteht. Soweit die Pensionsregelung auf dem letzten Einkommen aufsetzt, ist mangels anderer Angaben davon auszugehen, dass das Gesamteinkommen, d.h.
Festgehalt zzgl. Tantieme, Bemessungsgrundlage ist. Provisionen, Gratifikationen und Naturalleistungen werden hierbei nur im Falle einer ausdrücklichen Regelung berücksichtigt.[68]
Für die Insolvenzsicherung der Pensionszusage ist grundsätzlich das BetrAVG anwendbar
(§ 17 Abs. 1 S. 2 BetrAVG).[69]

---

[61] Im Einzelnen vgl. Blümich/*Glenk* EStG, § 8 Rn. 100 ff.
[62] Vgl. *Schiefer/Worzalla* ZfA 2013, 41, 63; vgl. zu etwaigen AGB-rechtlichen Fragestellungen in diesem Zusammenhang auch BAG NJW 2012, 1756.
[63] BGH WM 1980, 192 f.; BFH GmbHR 2007, 104; OLG Frankfurt GmbHR 2007, 1222; Baumbach/Hueck/*Zöllner/Noack* § 35 Rn. 177; Scholz/*Schneider/Sethe* § 35 Rn. 247 m.w.N.; **anders** *Gissel*, Arbeitnehmerschutz für GmbH-Geschäftsführer, 1987, S. 129; *Miller* ZIP 1981, 581; *Wank* in: FS Wiedemann, 2002, S. 587.
[64] BGH WM 1975, 761 f.; Scholz/*Schneider/Sethe* § 35 Rn. 247; *Haase* GmbHR 2005, 338, 342 ff.; Baumbach/Hueck/*Zöllner/Noack* § 35 Rn. 177.
[65] *Forst* GmbHR 2012, 821; *Lunk/Rodenbusch* GmbHR 2012, 188; *Fischer* NJW 2011, 2329; **anders** die Arbeitnehmereigenschaft nur im Rahmen der Richtlinie 92/85/EWG (1992) („Mutterschutzrichtlinie") anerkennend: *Schiefer/Worzalla* ZfA 2013, 41, 49 ff.
[66] RGZ 169, 302; BGH WM 1969, 686; BGH ZIP 1994, 206, 207; *Nebendahl* NZA 1992, 289 ff.; Baumbach/Hueck/*Zöllner/Noack* § 35 Rn. 194; umfassend auch *Heubeck/Schmauck*, Die Altersversorgung der Geschäftsführer in GmbH und GmbH & Co. KG, 4. Aufl. 1998; *Reiners/Wierling* BB 1995, 87 ff.; *Reichert* DStR 1997, 835 ff.; **anders** hinsichtlich betrieblicher Übung: Rowedder/Schmidt-Leithoff/*Koppensteiner/Gruber* § 35 Rn 93; ablehnend *Nebendahl* NZA 1992, 289.
[67] BGH WM 1973, 506; Roth/*Altmeppen* § 6, Rn. 95; Rowedder/Schmidt-Leithoff/*Koppensteiner/Gruber* § 35 Rn 93; *Nebendahl* NZA 1992, 289.
[68] Scholz/*Schneider/Sethe* § 35 Rn. 233.
[69] BAG GmbHR 1991, 458 f.; weiterführend: *Reuter* GmbHR 1992, 137 ff.; *Förster/Heger* DStR 1994, 507 ff.; zu steuerlichen Fragen: BFH GmbHR 1995, 388 f.; BFH GmbHR 1998, 944; *Tillmann/Schmidt* GmbHR 1995, 796, 801.

V. Wettbewerbsverbot

1. Wettbewerbsverbot während der Dauer der Organstellung

30 Während der Dauer ihrer Organstellung als Geschäftsführer unterliegen diese einem umfassenden Wettbewerbsverbot und Verschwiegenheitsgebot. Bei Verletzung haften sie gem. § 43 Abs. 2 GmbHG gegenüber der Gesellschaft.

31 Eine Befreiung von dem Wettbewerbsverbot kann allerdings nur dann erfolgen, wenn der Gesellschaftsvertrag eine solche Befreiung vorsieht.[70] Streitig ist, ob hierfür die satzungsändernde Mehrheit, Einstimmigkeit oder nur die einfache Mehrheit der Stimmen der Gesellschafter – mit Ausnahme der Stimme des Gesellschafter-Geschäftsführers (§ 47 Abs. 4 GmbHG)[71] – benötigt wird.[72] Die einfache Mehrheit reicht für den Dispens nach h. M. nur dann, wenn der Gesellschaftsvertrag bereits eine Befreiungsmöglichkeit vorsieht.[73] Ein lediglich im Anstellungsvertrag geregelter Dispens bindet die Gesellschaft nur schuldrechtlich und verpflichtet ggf. zum Schadensersatz; gesellschaftsrechtlich ist diese Maßnahme nicht wirksam mit der Folge, dass steuerrechtlich möglicherweise eine verdeckte Gewinnausschüttung vorliegt (siehe oben → Rn. 23). Auch der Alleingesellschafter-Geschäftsführer unterliegt dem gesetzlichen Wettbewerbsverbot, dies jedoch nur eingeschränkt in dem Maße, in dem er nicht in der Lage ist, sich selbst Dispens zu erteilen.[74] Die Grenzen eines Dispenses durch den Alleingesellschafter liegen nach der Bremer Vulkan-Entscheidung des BGH[75] dort, wo das Stammkapital der Gesellschaft angetastet oder ihre Existenz gefährdet wird.

2. Nachvertragliches Wettbewerbsverbot

32 Ein nachvertragliches Wettbewerbsverbot folgt jedoch aus gesetzlichen Vorschriften grundsätzlich nicht. Nur im Einzelfall und eingeschränkt ergibt es sich aus einer ergänzenden Vertragsauslegung oder aus der nachvertraglichen Treuepflicht;[76] eine ausdrückliche und umfassende vertragliche Regelung unter Beachtung der nachfolgend aufzuzeigenden Schranken ist deshalb immer sehr empfehlenswert.

33 Mangels spezialgesetzlicher Regelung ergeben sich die Schranken des nachvertraglichen Wettbewerbsverbots aus § 138 BGB (i. V. m. Art. 12 GG).[77] Eine ergänzende Heranziehung der §§ 74 ff. HGB wird in der Literatur befürwortet.[78] Folgende Grundsätze sind zu beachten:

- es muss einem berechtigten Interesse der Gesellschaft dienen;[79]
- es darf nach Ort, Zeit und Gegenstand die Berufsausübung und wirtschaftliche Betätigung des Geschäftsführer nicht unbillig erschweren;[80]

---

[70] BGH WM 1981, 357, 358; BFH BStBl. 1987 II, 401 f.; *Röhricht* WPg 1992, 766, 781; Scholz/*Schneider* § 43 Rn. 185; Baumbach/Hueck/*Zöllner/Noack* § 35, Rn. 43.
[71] BGH WM 1981, 357, 358; *Röhricht* WPg 1992, 766, 781; *Schiessl* GmbHR 1988, 53, 55; Baumbach/Hueck/*Zöllner/Noack* § 35 Rn. 43.
[72] Für satzungsändernde Mehrheit die h. M.: Roth/Altmeppen/*Altmeppen* § 43, Rn. 31; *Röhricht* WPg 1992, 766, 781; *Meyer-Arndt* BB 1992, 534, 538; Einstimmigkeit: BFH BStBl. 1987 II, 401 f.; Baumbach/Hueck/Zöllner/*Noack* § 35 Rn. 43; *Timm* GmbHR 1981, 177, 182; *Tillmann* GmbHR 1991, 25, 29; für einfache Mehrheit: *v. d. Osten* GmbHR 1989, 450, 454.
[73] BGH WM 1981, 357, 358; Scholz/*Schneider* § 43 Rn. 192.
[74] BFH GmbHR 1996, 58 f.; BFH GmbHR 1996, 219 f.; BFH GmbHR 1997, 362 f.; **anders** *Röhricht* WPg 1992, 766, 784.
[75] BGH NJW 2001, 3622 ff.
[76] BGH WM 1990, 13 ff.; vgl. auch BAG ZIP 1988, 733, 735; kritisch *v. d. Osten* GmbHR 1989, 450, 454.
[77] BGH DB 1965, 469; BGH NJW 1968, 1717; BGHZ 91, 1, 5 ff.; BGH WM 1990, 13, 16; BGH BB 1992, 723; OLG Nürnberg GmbHR 2010, 141 f.; OLG Hamm GmbHR 1989, 259; OLG Düsseldorf DB 1996, 2273; OLG Düsseldorf GmbHR 1999, 120; umfassend *Bauer/Diller* GmbHR 1999, 887 ff. m. w. N.; *Krämer* in: FS Röhricht, 2005, S. 335.
[78] *Hoffmann-Becking* in: FS Quack, 1991, S. 273 ff.; *Jäger* DStR 1995, 725 ff.; vgl. auch *Bauer/Diller* GmbHR 1999, 887 ff.; dagegen BGHZ 91, 1, 3 ff.; BGH DB 1992, 936 f.
[79] BGH BB 1992, 723; OLG Düsseldorf GmbHR 1999, 120 f.

- in der Regel darf es keine längere Dauer als zwei Jahre haben, je nach Interessenlage jedoch auch drei oder vier Jahre;[81]
- eine Erstreckung auf Tätigkeiten von Tochtergesellschaften darf nur erfolgen, wenn Geschäftsführer während seiner Organstellung Zugriff auf deren Informationen hatte;[82]
- es muss eine ausdrückliche Regelung einer angemessenen Entschädigung enthalten sein.[83]

Die Gesellschaft kann auf das Wettbewerbsverbot vor Beendigung des Organverhältnisses[84] verzichten und wird dadurch von der Zahlung der Karenzentschädigung analog § 75a HGB frei.[85] Wird der Verzicht hingegen erst nach ordentlicher Kündigung des Anstellungsvertrages zu einem Zeitpunkt erklärt, in dem sich der Geschäftsführer bereits auf die Einschränkung durch das Wettbewerbsverbot eingestellt hat, entfällt die Zahlung der Karenzentschädigung nicht.[86] 34

Ein gegen die vorstehenden Vorschriften verstoßendes Wettbewerbsverbot kann dennoch, in verminderter Form, Wirkung entfalten (geltungserhaltende Reduktion).[87] 35

VI. Beendigung des Anstellungsverhältnisses

1. Beendigung des Anstellungsvertrages durch Abberufung

Nach h. M. steht der Anstellungsvertrag selbstständig neben dem Organverhältnis des Geschäftsführers und somit hat die Abberufung nicht automatisch die Beendigung des Anstellungsvertrages zur Folge.[88] Wie die Abberufung kann auch die Niederlegung durch den Geschäftsführer jederzeit erfolgen.[89] Die Abberufung bzw. Niederlegung kann gleichzeitig auch eine konkludente (fristlose) Kündigung des Anstellungsvertrages enthalten.[90] 36

Denkbar ist auch eine Regelung im Anstellungsvertrag, wonach die Beendigung der Organstellung gleichzeitig die – sofort wirksame – Kündigung zur Folge hat.[91] Solche sog. Kopplungsklauseln sind in der Regel restriktiv auszulegen.[92] Darüber hinaus ist zu beachten, dass die im Vertrag oder nach Gesetz für das Anstellungsverhältnis geltenden Kündigungsfristen durch eine solche Kopplungsklausel, wonach die Abberufung jederzeit möglich ist, nicht unterlaufen werden dürfen.[93] Das gilt insbesondere, sofern aufgrund der Verbrau- 37

---

[80] BGHZ 91, 1, 5 ff.; OLG Düsseldorf GmbHR 1993, 581; OLG Düsseldorf GmbHR 1999, 120 f.; *Thüsing* NZG 2004, 9, 10.

[81] Baumbach/Hueck/*Zöllner/Noack* § 35 Rn. 200; *Hoffmann-Becking* in: FS Quack, 1991, S. 273, 276 f.; Lutter/Hommelhoff Anh. § 6 Rn. 25; ähnlich *Thüsing* NZG 2004, 9, 11.

[82] Baumbach/Hueck/*Zöllner/Noack* § 35 Rn. 199.

[83] BVerfG NJW 1990, 1469, 1471; Baumbach/Hueck/*Zöllner/Noack* § 35 Rn. 202 f.; Hachenburg/*Stein* § 35 Rn. 317; zur Angemessenheit: OLG Celle GmbHR 1980, 32, 35; OLG Düsseldorf GmbHR 1993, 581; OLG Düsseldorf GmbHR 1998, 180; vgl. auch BGH WM 1991, 1260.

[84] LG Frankfurt GmbHR 1994, 803; Baumbach/Hueck/*Zöllner/Noack* § 35 Rn. 203; **anders** OLG Düsseldorf DB 1996, 2273.

[85] BGH DB 1992, 936; OLG München GmbHR 2010, 1031; OLG Hamm DB 1991, 1066; *Bauer/Diller* BB 1995, 1134, 1139.

[86] BGH NJW 2002, 1875; OLG München GmbHR 2010, 1031; Baumbach/Hueck/*Zöllner/Noack* § 35 Rn. 203; **anders** Roth/Altmeppen/*Altmeppen* § 6 Rn. 88.

[87] OLG Stuttgart NJW 2002, 1431, 1432; Baumbach/Hueck/*Zöllner/Noack* § 35 Rn. 201; *Bauer* in: FS Schwerdtner, 2003, S. 441, 448; **anders** OLG Düsseldorf GmbHR 1999, 121, 122.

[88] BGH DStR 2011, 229; BGH DStR 2010, 1390; BGH NJW 1982, 383; Roth/Altmeppen § 38 Rn. 4; Scholz/*Schneider* § 38 Rn. 33 f.; Michalski/*Terlau* § 38 Rn. 26 f., 87 ff.; *Bauer/Gragert* ZIP 1997, 2177 ff.; zur Amtsniederlegung vgl. BGH BB 1978, 520; OLG Düsseldorf GmbHR 1989, 469 f.; BAG GmbHR 2003, 765.

[89] MünchKommGmbHG/*Jaeger* § 35 Rn. 395.

[90] BGH WM 1981, 759; OLG Hamburg GmbHR 1992, 43, 48; Michalski/*Terlau* § 38 Rn. 26; **anders** MünchKommGmbHG/*Jaeger* § 35 Rn. 391, der eine separate Kündigung für erforderlich hält.

[91] Str.: *Tschöpe/Wortmann* NZG 2009, 85, 87 f.; *Fleck* ZIP 1996, 270 ff.; Baumbach/Hueck/*Zöllner/Noack* § 35 Rn. 211; Michalski/*Terlau* § 38 Rn. 26; **anders** BGH AG 1989, 437; *Eckhardt* AG 1989, 431 f.; vgl. auch *Bauer/Diller* GmbHR 1998, 809 ff.

[92] BGH GmbHR 1998, 534 f.

[93] MünchKommGmbHG/*Jaeger* § 35 Rn. 394; ähnlich auch der BGH, der bei Unterschreitung der (ordentlichen) Kündigungsfristen das Vorliegen eines wichtigen Grundes für eine außerordentliche Kündigung prüfte: BGH, NJW 1999, 3263

chereigenschaft des Geschäftsführers eine AGB-Kontrolle eröffnet ist, da eine solche Klausel gegen das Transparenzgebot verstoßen würde.

38 Umgekehrt hat die Beendigung des Anstellungsvertrages nicht automatisch die Abberufung zur Folge.[94]

2. Beendigung durch Befristung

39 Die vertragliche Befristung des Anstellungsverhältnisses unterliegt nicht den arbeitsrechtlichen Schranken.[95] Im Gegenteil ist dies sogar üblich. Die Vereinbarung einer vertraglichen Altersgrenze unterliegt nicht dem § 41 S. 2 SGB VI.[96]

3. Beendigung durch ordentliche Kündigung

40 Sofern keine Befristung des Anstellungsverhältnisses vereinbart ist, kann eine ordentliche Kündigung gem. §§ 621, 622 BGB erfolgen (§ 620 Abs. 2 BGB). Umgekehrt gibt § 624 BGB dem Geschäftsführer bei besonders langer Vertragslaufzeit (länger als 5 Jahre) ein Recht auf ordentliche Kündigung mit 6-monatiger Frist.[97] Ein gänzlicher Ausschluss der ordentlichen Kündigung ist ebenfalls zulässig.[98] In einer unwirksamen Kündigung aus wichtigem Grund kann eine ordentliche Kündigung liegen (§ 140 BGB), insbesondere wenn der Kündigungsgrund zwar vorliegt jedoch nicht als wichtiger Grund i. S. v. § 626 BGB anzusehen ist oder die Frist von § 626 Abs. 2 BGB versäumt wurde.[99]

41 Bei den Kündigungsfristen ist zu differenzieren zwischen dem Unternehmergeschäftsführer, dessen Kündigung sich nach § 621 BGB richtet, und dem arbeitnehmerähnlichen Geschäftsführer, für den § 622 BGB Anwendung findet.[100]

42 Die Kündigungsfristen unterliegen in vollem Umfang der Vereinbarung durch die Vertragsparteien, so dass grundsätzlich auch eine fristlose ordentliche Kündigung vereinbart werden kann.[101] Im Einzelfall kann allerdings eine einschränkende Auslegung oder sogar Unwirksamkeit solcher Vertragsklauseln in Betracht kommen.[102] Das **Kündigungsschutzgesetz** gilt gem. § 14 Abs. 1 Nr. KSchG für den Geschäftsführer nicht.[103] Im Einzelfall können sich jedoch vor allem aus der gesellschafterlichen Treuepflicht kündigungsschutzähnliche Wirkungen für den Gesellschafter-Geschäftsführer ergeben.[104] Im Anstellungsvertrag kann aber vereinbart werden, dass die materiellen Regeln des Kündigungsschutzgesetzes zu Gunsten des Geschäftsführers gelten sollen.[105]

Umstritten ist, ob eine ordentliche Kündigung vor Dienstantritt zulässig ist.[106]

---

[94] Vgl. Michalski/*Terlau* § 38 Rn. 87 m. w. N.
[95] *Bauer/Arnold* ZIP 2012, 597, 601; *Schiefer/Worzalla* ZfA 2013, 41, 59; anders *Lunk/Rodenbusch* GmbHR 2012, 188, 193.
[96] Str. wie hier Baumbach/Hueck/*Zöllner/Noack* § 35 Rn. 215; anders *Bauder* BB 1994, 945 ff.
[97] Scholz/*Schneider* § 35 Rn. 227; Baumbach/Hueck/*Zöllner/Noack* § 35 Rn. 246, 247; anders *Duden* NJW 1962, 1326; *Würdinger* NJW 1963, 1550.
[98] BGH GmbHR 1998, 375; Baumbach/Hueck/*Zöllner/Noack* § 35 Rn. 242 (im Falle eines unbefristeten Vertrags möglich).
[99] BGH GmbHR 1997, 1062; BGH GmbHR 2000, 376; KG GmbHR 1999, 918; LAG Berlin GmbHR 1997, 843; vgl. auch OLG Düsseldorf GmbHR 1999, 549; Baumbach/Hueck/*Zöllner/Noack* § 35 Rn. 242.
[100] OLG Hamm WM 1992, 914; LAG Köln EWiR § 622 BGB 1/99, 493; ähnlich BGH ZIP 1987, 707, in der GmbH & Co. für den Anstellungsvertrag der Komplementär-GmbH mit der KG; für grundsätzliche Anwendbarkeit für § 622 Abs. 1 BGB: BGHZ 79, 291; BGHZ 91, 217; *Bauer* BB 1994, 855 ff.; *Reiserer* DB 1994, 1822 ff.; für grundsätzliche Anwendbarkeit von § 621 BGB: OLG Düsseldorf BB 1976, 901; *Hümmerich* NJW 1995, 1177 ff.; Baumbach/Hueck/*Zöllner/Noack* § 35 Rn. 243.
[101] Baumbach/Hueck/*Zöllner/Noack* § 35 Rn. 244.
[102] Vgl. OLG München DB 1994, 1972; vgl. auch Baumbach/Hueck/*Zöllner/Noack* § 35 Rn. 243 f.
[103] BGH NJW 2010, 2343; BGH DStR 2007, 1090; LAG Hamm GmbHR 1980, 131; Baumbach/Hueck/*Zöllner/Noack* § 35 Rn. 245; OLG Hamm GmbHR 2007, 820; *Diller* NZG 2011, 254, 255; anders *Fischer* NJW 2011, 2329; Michalski/*Lenz* § 35 Rn. 164.
[104] BGH DStR 1994, 214; Baumbach/Hueck/*Zöllner/Noack* § 35 Rn. 245; anders *Meilicke* DB 1994, 1761 f.
[105] BGH NZG 2010, 827; vgl. *Stagat* NZA-RR 2011, 617; der Verlust des Geschäftsführeramts kann dann einen personenbedingten Kündigungsgrund i. S. des § 1 Abs. 2 KSchG darstellen: OLG Hamm GmbHR 2007, 442; Baumbach/Hueck/*Zöllner/Noack* § 35 Rn. 243 f.
[106] Dagegen: OLG Hamm GmbHR 1985, 155; Baumbach/Hueck/*Zöllner/Noack* § 35 Rn. 246; dafür: KG Berlin GmbHR 2010, 37.

Im Falle der Kündigung kann die Gesellschaft den Geschäftsführer unter Fortzahlung 43 seiner Bezüge von der Arbeitsverpflichtung freistellen.[107] Bei einer „selbstverursachten" Kündigung kann der Geschäftsführer gehalten sein, bis zum Ablauf der Kündigungsfrist Aufgaben unterhalb der Organebene zu übernehmen.[108] Der BGH hat einen Anspruch des Geschäftsführers auf Weiterbeschäftigung in einer seiner früheren Tätigkeit vergleichbaren leitenden Funktion nach dessen Abberufung durch die Gesellschaft abgelehnt.[109] Etwas anderes kann nur dann gelten, wenn sich dem Anstellungsvertrag eine dahingehende Vereinbarung entnehmen lässt.[110]

4. Beendigung durch außerordentliche Kündigung

Gemäß § 626 Abs. 1 BGB ist die außerordentliche Kündigung des Anstellungsvertrages 44 aus wichtigem Grund zulässig. Ein solcher besteht, wenn Tatsachen vorliegen, die die Fortsetzung des Anstellungsvertrages bis zum Ablauf der ordentlichen Kündigungsfrist oder sonstiger ordentlicher Beendigung unzumutbar machen. Hierbei sind die beiderseitigen Interessen der Vertragsparteien gegeneinander abzuwägen.[111] Eine Kündigung kommt dabei in Betracht durch den Geschäftsführer oder durch die Gesellschaft. Bei der Kündigung durch die Gesellschaft sind von Bedeutung die Schwere der Pflichtverletzung, die Folgen für die Gesellschaft sowie die Umstände auf Seiten des Geschäftsführers, insbesondere die Dauer seiner Tätigkeit, besondere Verdienste und auch die persönlichen Folgen der Kündigung für den Geschäftsführer.[112] Auch sind alternative Beschäftigungsmöglichkeiten außerhalb der Geschäftsführertätigkeit zu berücksichtigen.[113]

a) Wichtige Gründe im Einzelnen[114]   45
- Strafbares Verhalten des Geschäftsführers;[115]
- Annahme von Schmiergeldern;[116]
- Treueverstöße, insbesondere Verstoß gegen Schweigepflicht, schwerer Vertrauensbruch, Spekulationen gegen die Interessen der Gesellschaft[117] oder missbräuchliche Ausnutzung von Geschäftschancen der GmbH;[118]
- geschäftliches Versagen nur ausnahmsweise;[119]
- Verletzung der Pflicht zur Überwachung der wirtschaftlichen Entwicklung;[120]
- mehrfache Widersetzung gegen Weisungen der Gesellschafter;[121]
- Abschluss von Geschäften mit eigener Firma des Geschäftsführers für die GmbH ohne Unterrichtung der Gesellschafter;[122]
- Verweigerung von Auskünften gegenüber den Gesellschaftern[123] oder Vorenthalten wichtiger Informationen über die Lage der Gesellschaft;[124]

---

[107] Oppenländer/Trölitzsch/*Baumann*, GmbH-Geschäftsführung, § 13, Rn. 77; kritisch *Beckmann*, NZA 2004, 1131, 1134.
[108] BGH, NJW 1978, 1435, 1436; MünchKommGmbHG/*Jaeger* § 35 Rn. 397; **anders** *Kothe-Heggemann/Schelp* GmbHR 2011, 75, 77.
[109] BGH NZG 2011, 112; *Diller* NZG 2011, 254.
[110] BGH NZG 2011, 112.
[111] BGH ZIP 1988, 47, 48; BGH ZIP 1993, 32, 33; OLG Frankfurt BeckRS 2010, 13 295; Scholz/*Schneider/Sethe* GmbHG § 35 Rn. 323; Roth/Altmeppen/*Altmeppen* § 6, Rn. 135.
[112] BGH ZIP 1991, 509, 510 f.
[113] BGH WM 1992, 2142, 2144.
[114] Vgl. allgemein: *Tschöpe/Wortmann* NZG 2009, 161, 162 ff.
[115] BGH WM 1984, 1187; LAG Berlin GmbHR 1997, 839; Scholz/*Schneider/Sethe* § 35 Rn. 327 m. w. N.
[116] BAG NJW 1973, 533 ff.; Baumbach/Hueck/*Zöllner/Noack* § 35 Rn. 220.
[117] BGH BB 1967, 731; BGH WM 1975, 176; Baumbach/Hueck/*Zöllner/Noack* § 35 Rn. 220.
[118] BGH BB 1995, 970; Scholz/*Schneider/Sethe* § 35 Rn. 329.
[119] BGH WM 1976, 379; OLG Düsseldorf BB 1986, 567; Scholz/*Schneider/Sethe* § 35 Rn. 330; m. w. Fällen; *Fleck* WM 1981, Sonderbeilage 3, S. 12.
[120] BGH GmbHR 1995, 299 f.
[121] OLG Düsseldorf ZIP 1984, 1476; Scholz/*Schneider/Sethe* § 35 Rn. 330.
[122] OLG Karlsruhe GmbHR 1988, 484.
[123] OLG Frankfurt DB 1993, 2324; Baumbach/Hueck/*Zöllner/Noack* § 35 Rn. 220.
[124] OLG Hamm GmbHR 1996, 178; Baumbach/Hueck/*Zöllner/Noack* § 35 Rn. 220.

- Handgreiflichkeiten gegenüber Gesellschaftern oder Mitgeschäftsführern;[125] sexuelle Belästigungen von Angestellten;[126]
- Überweisung von Geldern der Gesellschaft auf das eigene Konto des Geschäftsführers zur Sicherung künftiger Ansprüche;[127]
- fehlerhafte Erstellung des Jahresabschlusses (Bewertungsdivergenzen) und die unterlassene Aufklärung;[128]
- Einsatz von Arbeitskräften bzw. Material der Gesellschaft für private Zwecke;[129]
- zwischen Mitgeschäftsführern: Tiefgreifende Zerrüttung des Verhältnisses;[130]
- Beleidigung und üble Nachrede gegenüber Leitung (Bürgermeister) der beherrschenden Gesellschafterin;[131]
- Abhebungen vom Geschäftskonto ohne Nachweis und nicht aufzuklärendes Verschwinden des Kassenbuchs;[132]
- Verrat der Gesellschaft im Rechtsstreit unter Annahme von Zuwendungen;[133]
- Herunterladen von Hackersoftware auf den Dienstlaptop;[134]
- Erhöhung der Geschäftsführerbezüge ohne Einhaltung der Informationspflichten gegenüber den anderen Gesellschaftern;[135]
- Nichteinreichung der Jahresabschlüsse beim Finanzamt;[136]
- Wiederholte Kompetenzüberschreitung des Geschäftsführers;[137]
- Verletzung der Insolvenzantragspflicht;[138]
- Einreichung vorsätzlich unzutreffender oder gefälschter Spesenabrechnungen und Belege auch bei geringfügigem Betrag;[139]
- Gewährung von Schwarzgeld-Zahlungen oder Sachleistungen an Mitarbeiter zum Zwecke der Hinterziehung von Steuern und Sozialversicherungsabgaben;[140]
- Tiefgreifende Zerrüttung mit Geschäftsführer-Kollegen, die ein Zusammenwirken innerhalb der Geschäftsführung zum Wohl der Gesellschaft bei objektiver Betrachtung nicht mehr erwarten lässt.[141]

46 **b) Kein wichtiger Grund**
- Vertrauensentzug durch Gesellschafterversammlung;[142]
- in der Regel ist die Eröffnung des Insolvenzverfahrens kein wichtiger Kündigungsgrund;[143]
- nicht immer ist ein wichtiger Grund zur Abberufung gleichzeitig ein wichtiger Grund zur Kündigung des Anstellungsvertrages, da die Abwägungskriterien abweichen (bei Abberufung sind Interessen der Gesellschaft stärker zu gewichten;[144] [145]
- auch schwere und langwierige Krankheit ist in der Regel kein Grund zur fristlosen Kündigung;[146]

---

[125] BGH DStR 1994, 1746; Scholz/*Schneider/Sethe* § 35 Rn. 328.
[126] OLG Frankfurt GmbHR 2009, 488, 489.
[127] OLG Köln GmbHR 1996, 290; Baumbach/Hueck/*Zöllner/Noack* § 35 Rn. 220.
[128] OLG Hamburg EWiR 1997, 499; vgl. auch OLG Bremen GmbHR 1998, 536.
[129] BGH GmbHR 1997, 998; Scholz/*Schneider/Sethe* § 35 Rn. 329.
[130] LG Karlsruhe GmbHR 1998, 684; Baumbach/Hueck/*Zöllner/Noack* § 35 Rn. 220.
[131] BGH DB 1998, 1608; Baumbach/Hueck/*Zöllner/Noack* § 35 Rn. 220.
[132] OLG Rostock GmbHR 1999, 344; Baumbach/Hueck/*Zöllner/Noack* § 35 Rn. 220.
[133] KG NZG 1999, 764.
[134] OLG Celle NZG 2010, 673, 674.
[135] OLG München BeckRS 2012, 07661.
[136] BGH NJW-RR 2009, 618, 619.
[137] BGH NJW-RR 2008, 774, 775; OLG Hamm GmbHR 2010, 477, 479.
[138] BGH WM 2008, 252; *Born* WM Sonderbeil. 2013, 1, 33.
[139] OLG Celle, BeckRS 2010, 4678.
[140] OLG Hamm, GmbHR 2010, 477, 479, 480.
[141] BGH, NZG 2009, 386, 388.
[142] BGH WM 1981, 759, 760.
[143] OLG Hamm ZIP 1987, 121, 123; OLG Düsseldorf NZG 2000, 1044; Scholz/*Schneider/Sethe* § 35 Rn. 332.
[144] Michalski/*Terlau* § 38 Rn. 41.
[145] BGH NJW-RR 1990, 1123; BGH WM 1995, 2064; BGH GmbHR 1998, 534; BGH DStR 1999, 1537.

• Holt der Geschäftsführer satzungswidrig die Zustimmung der Gesellschafterversammlung zur Veräußerung von Beteiligungen nicht ein, kann ein wichtiger Grund fehlen, wenn besondere Umstände den Verstoß gegen die innergesellschaftlichen Kompetenzordnung in einem milderen Licht erscheinen lassen;[147]

Der Anstellungsvertrag des Geschäftsführers kann, anders als in Arbeitsverträgen, in wirksamer Weise andere wichtige Kündigungsgründe aufstellen.[148]

c) Erklärungsfrist. Die Regelung des § 626 Abs. 2 BGB über die Frist zur Abgabe der Kündigungserklärung gilt auch im Rahmen des Anstellungsverhältnisses des GmbH-Geschäftsführers.[149] Problematisch ist in diesem Zusammenhang die Frage, wann die kündigungswillige GmbH Kenntnis vom Vorliegen des wichtigen Grundes erlangt hat. Soweit die Gesellschafterversammlung das für Kündigung zuständige Organ ist, beginnt die 2-Wochen-Frist des § 626 Abs. 2 S. 1 dann zu laufen, wenn die Gesellschafterversammlung, d. h. ihre Mitglieder in ihrer Eigenschaft als Mitwirkende an der kollektiven Willensbildung, von dem wichtigen Grund Kenntnis erlangt hat.[150] Kenntnisnahme im Sinne dieser Vorschrift ist also nicht gegeben, wenn alle Gesellschafter außerhalb der Gesellschafterversammlung von dem wichtigen Grund Notiz nehmen.[151] Kenntnis im diesem Sinne besteht folglich erst vom Zusammentritt zur Beratung über die Frage der Entlassung des Geschäftsführers auf Grund entsprechender Ankündigung zur Tagesordnung an,[152] ferner bei entsprechender Information in einer Vollversammlung; Kenntnis aller Gesellschafter als einzelne genügt nicht.[153] Auf der anderen Seite soll der Geschäftsführer jedoch nicht schutzlos gegenüber einer Verschleppung der Einberufung einer Gesellschafterversammlung stehen, so dass jedenfalls dann die 2-Wochen-Frist beginnt, wenn mit zumutbarer Anstrengung eine Gesellschafterversammlung frühestmöglich hätte einberufen werden können.[154] In der Praxis bedeutet dies, dass nach („privater") Kenntnisnahme aller Gesellschafter die Kündigung innerhalb einer Frist von zwei Wochen zzgl. der Einberufungsfrist für die Gesellschafterversammlung auszusprechen ist. In der Regel wird auch die Einberufungsfrist in solchen Fällen kurz zu bemessen sein, d. h. ein oder zwei Wochen.[155] Ggf. haben die Gesellschafter von ihrem Einberufungsrecht nach § 50 Abs. 3 GmbHG Gebrauch zu machen.[156]

Andere Grundsätze gelten in der Einpersonengesellschaft, in der es keiner Gesellschafterversammlung bedarf, so dass die Kenntnis des Alleingesellschafters für den Beginn der Frist des § 626 Abs. 2 S. 1 BGB ausreicht. Dagegen setzt in einer mehrgliedrigen Gesellschaft die („private") Kenntnis einzelner Gesellschafter weder die Frist des § 626 Abs. 2 S. 1 BGB noch die Frist für einen Zusammentritt der Gesellschafterversammlung in Gang; anderenfalls wäre die Gesellschaftermehrheit nicht ausreichend gegen die den Geschäftsführer stützende Gesellschaftermehrheit oder auch nur eine Minderheit geschützt.[157]

Ähnliche Grundsätze gelten auch, wenn der ggf. bestehende **Aufsichtsrat** für die Kündigung des Geschäftsführers zuständig ist.[158] Entscheidend ist auch hier die Kenntnisnahme

---

[146] So jedenfalls bei der Möglichkeit einer ordentlichen Kündigung Baumbach/Hueck/Zöllner/Noack § 35 Rn. 220; **anders** bei dauerhafter Erkrankung OLG Zweibrücken NJW-RR 2003, 1398; Picker GmbHR 2011, 629, 637 f.
[147] BGH WM 2008, 695; Born WM Sonderbeil. 2013, 1, 33.
[148] Fleck WM 1985, 677, 680; Lutter/Hommelhoff/Kleindiek Anh. § 6 Rn. 57.
[149] Roth/Altmeppen/Altmeppen, § 6 Rn. 143; Baumbach/Hueck/Zöllner/Noack § 35 Rn. 224 ff. mwN; kritisch Kübler in: FS Werner 1984, S. 447, 448.
[150] BGH NJW 1998, 3274, unter Aufgabe der früheren Auffassung in BGH GmbHR 1997, 998; OLG Hamm GmbHR 2010, 477, 481; OLG Köln NZG 2000, 551, 552; KG NZG 2000, 101, 102 f.; Scholz/Schneider/Sethe § 35 Rn. 339.
[151] BGH NJW 1998, 3274; Baumbach/Hueck/Zöllner/Noack § 35 Rn. 226.
[152] BGH NZG 1998, 634; OLG Hamm GmbHR 2010, 477, 481; OLG München GmbHR 2009, 937; Baumbach/Hueck/Zöllner/Noack § 35 Rn. 225.
[153] OLG Düsseldorf GmbHR 2003, 1006; Baumbach/Hueck/Zöllner/Noack § 35 Rn. 225.
[154] BGH NJW 1998, 3274; vgl. auch KG NZG 2000, 101, 102 f.: Eine Woche bei Aufsichtsrat als Kündigungsorgan.
[155] Vgl. KG NZG 2000, 101, 102 f.
[156] Baumbach/Hueck/Zöllner/Noack § 35 Rn. 226.
[157] Baumbach/Hueck/Zöllner/Noack § 35 Rn. 226; anders KG NZG 2000, 101, 102 f., für den Aufsichtsrat.
[158] BGH NJW 1981, 166; Wiesner BB 1981, 536 ff.

der Mitglieder des Aufsichtsrats in ihrer Eigenschaft als Mitwirkende an der kollektiven Willensbildung dieses Gremiums. Die („private") Kenntnisnahme durch einzelne Aufsichtsratsmitglieder reicht nicht aus.[159]

50 § 626 Abs. 2 S. 2 BGB verlangt für den Beginn der Frist, dass der Kündigungsberechtigte von den für die Kündigung maßgebenden Tatsachen Kenntnis erlangt hat. Nach der Rspr. handelt es sich hierbei um eine umfassende und sichere Kenntnis der Kündigungstatsachen, so dass alles in Erfahrung gebracht ist, was als notwendige Grundlage für die Entscheidung über Fortbestand oder Auflösung des Dienstverhältnisses anzusehen ist.[160]

51 Im **Prozess** könnten wichtige Kündigungsgründe nachgeschoben werden, wenn sie der GmbH – nach den vorgenannten Maßstäben – nicht bereits zwei Wochen vor der Kündigung bekanntgeworden sind.[161] Hierzu bedarf es aber einer erneuten Beschlussfassung des Kündigungsorgans.[162]

5. Beendigung durch Insolvenzverfahren

52 Die Eröffnung des Insolvenzverfahrens über das Vermögen der GmbH berechtigt in der Regel nicht zur außerordentlichen Kündigung des Anstellungsvertrages, selbst wenn Massearmut besteht und eine Möglichkeit zur Weiterbeschäftigung nicht vorliegt.[163] Allerdings sieht § 113 S. 2 InsO die Möglichkeit für den Insolvenzverwalter vor, ein Dienstverhältnis mit einer Kündigungsfrist von 3 Monaten zum Monatsende zu kündigen.

6. Beendigung durch Aufhebungsvertrag

53 Durch Vertrag zwischen Geschäftsführer und der Gesellschaft kann der Anstellungsvertrag einvernehmlich aufgehoben werden, was in der Praxis sehr häufig vorkommt. Auf Seiten der Gesellschaft ist in der Regel das Bestellungsorgan zuständig (Gesellschafterversammlung oder ggf. Aufsichtsrat).[164] Einer sog. Generalbereinigung, d.h. mit Verzicht auf alle Ansprüche gegen den Geschäftsführer, muss in der Regel die Gesellschafterversammlung zustimmen.[165] Auf die Abfassung von Aufhebungsvereinbarungen ist besondere Sorgfalt zu verwenden; in der Praxis sind sie häufig Gegenstand von Auslegungsstreitigkeiten.[166] In der Praxis wird häufig wesentlicher Gegenstand der Diskussion sein, ob und in welcher Höhe eine Abfindung an den ausscheidenden Geschäftsführer zu zahlen ist. Orientierungspunkt kann hier die Laufzeit der ordentlichen Kündigungsfrist sein. Bei langen Restlaufzeiten ist es letztlich im Einzelfall zu verhandeln, ob und in welcher Höhe im Rahmen der Angemessenheit ein Abschlag oder die Möglichkeit einer neuen Anstellung zu berücksichtigen sind.

7. Sonstige Beendigungsgründe

54 Neben den genannten Beendigungsgründen kommt nur noch der Tod des Geschäftsführers in Betracht. Durch die Auflösung der Gesellschaft endet das Anstellungsverhältnis nicht (§ 66 Abs. 1 GmbHG).[167]

8. Zuständiges Organ für Beendigung des Anstellungsvertrages

55 Auf Seiten der Gesellschaft ist in der Regel dasjenige Organ für die Beendigung des Anstellungsvertrages zuständig, das auch für die Abberufung und entsprechend auch für die

---

[159] BGH NJW 1981, 166; BAG DB 1978, 353; anders *Wiesner* BB 1981, 1536, 1538; vgl. auch BGH GmbHR 1996, 453 f.
[160] BGH GmbHR 1996, 453; BGH NJW 1998, 3274; LAG Berlin GmbHR 1997, 842; *Goette* DStR 1996, 676 ff.
[161] BGH NJW-RR 1992, 292; OLG Köln NZG 2000, 551, 552.
[162] BGH NJW 1973, 1122; BGH NJW-RR 1992, 292; OLG Köln NZG 2000, 551, 552.
[163] OLG Hamm ZIP 1987, 121; OLG Düsseldorf NZG 2000, 1044; Scholz/*Schneider/Sethe* § 35 Rn. 360.
[164] BGH GmbHR 1998, 278; OLG Hamm DStR 1991, 884; OLG Frankfurt GmbHR 1995, 897; Baumbach/Hueck/Zöllner/*Noack* § 35 Rn. 256.
[165] BGH GmbHR 1998, 278; Baumbach/Hueck/Zöllner/*Noack* § 35 Rn. 256.
[166] OLG Düsseldorf BB 1997, 2237: Arbeitgeberdarlehen; BGH DB 1993, 875: Abfindung und Aufbesserung der Versorgungsanwartschaft; Baumbach/Hueck/Zöllner/*Noack* § 35 Rn. 256.
[167] Rowedder/Schmidt-Leithoff/*Koppensteiner/Gruber* § 38 Rn. 44.

Bestellung zuständig wäre. Dies ist in der Regel die Gesellschafterversammlung, bei Bestehen eines Aufsichtsrates häufig dieser.

Der Beschluss des zuständigen Organs ist Wirksamkeitsvoraussetzung der Kündigung auch gegenüber dem Geschäftsführer.[168] Die Willenserklärung des zuständigen Organs muss jedoch auch gegenüber dem Geschäftsführer abgegeben werden, um Wirksamkeit ihm gegenüber zu erlangen. Hierbei kann sich das zuständige Organ eines Boten oder eines Vertreters bedienen.[169] Sieht der Anstellungsvertrag Kündigung durch eingeschriebenen Brief vor, so hat dies lediglich Beweisfunktion.[170]

9. Folgen der Kündigung

Die Beendigung des Anstellungsvertrages hat nicht automatisch die Abberufung zur Folge (siehe oben → Rn. 36). Die Rest-Vergütungsansprüche des Geschäftsführers richten sich nach dem Anstellungsvertrag. Im Falle einer fristlosen Kündigung gilt § 628 BGB.[171]

Muster einer Aufhebungsvereinbarung:

Aufhebungsvereinbarung

zwischen

der ...... GmbH, ..., vertreten durch die Gesellschafterversammlung, diese vertreten durch die Gesellschafter A und B [*alternativ*: diese bestehend aus den Gesellschaftern A und B],
im Folgenden „die Gesellschaft" –
und
Herrn/Frau ......, ...,

§ 1

Die Gesellschaft und Herr ...... sind sich darüber einig, dass der zwischen ihnen bestehende Anstellungsvertrag vom ...... mit Ablauf des ...... in beiderseitigem Einverständnis endet.

§ 2

(1) Herr ...... verpflichtet sich, am ...... sein Amt als Geschäftsführer der Gesellschaft und der Tochtergesellschaften ...... niederzulegen und mit diesem Tag aus der Geschäftsführung der Gesellschaft sowie der Tochtergesellschaften ...... auszuscheiden.

(2) Herr ...... wird gleichzeitig sämtliche anderen Ämter, die er in Aufsichtsgremien, Organisationen und Verbänden innehat, zum nächst möglichen Termin niederlegen, sofern ihm diese Ämter auf Grund seiner Funktion als Geschäftsführer der Gesellschaft übertragen wurden. Er wird sich bemühen, dass die Gesellschaft neue Vertreter für die Ämter entsenden kann.

§ 3

(1) Herr ...... wird ab sofort bis zur Beendigung des Anstellungsvertrages von sämtlichen Dienstpflichten unter Fortzahlung der vertragsgemäßen Bezüge freigestellt. Er steht der Gesellschaft während der Freistellung allerdings für Auskünfte zur Verfügung. Urlaubsansprüche sind zu verrechnen.

(2) Herrn ...... ist es untersagt, während der Dauer dieser Freistellung einer anderweitigen, selbstständigen, unselbstständigen oder sonstigen Erwerbstätigkeit nachzugehen.

§ 4

(1) Die Gesellschaft verpflichtet sich, an Herrn ...... für den durch die Beendigung des Anstellungsvertrages eintretenden Verlust seiner Anstellung eine Abfindung in Höhe von ...... EUR zu zahlen. Die auf den Abfindungsbetrag entfallenden Steuern trägt Herr ......; die Gesellschaft führt diese Steuern unmittelbar an die Finanzverwaltung ab. Die Zahlung erfolgt zum ...... auf ein von dem Geschäftsführer noch gesondert mitzuteilendes Konto.

---

[168] Baumbach/Hueck/*Zöllner*/*Noack* § 35 Rn. 216; OLG Nürnberg NZG 2001, 810.
[169] Hierzu KG NZG 1999, 764.
[170] KG NZG 1999, 764.
[171] Baumbach/Hueck/*Zöllner*/*Noack* § 35 Rn. 239.

(2) Die Abfindung ist mit der Beendigung des Anstellungsvertrages zur Zahlung fällig. Sie ist vererblich.

§ 5

(1) Herrn ...... bleibt der ihm überlassene Dienstwagen Marke ......, amtl. Kennzeichen ......, bis zum Ablauf des Anstellungsvertrages zur privaten Nutzung überlassen. Im Hinblick auf die Kosten der Nutzung und Instandhaltung gelten die Regelungen des Anstellungsvertrages entsprechend. Der Dienstwagen wird zum Beendigungszeitpunkt nebst Papieren und Zubehör an die Gesellschaft herausgegeben.

(2) Herr ...... hat das Recht, den ihm überlassenen Dienstwagen gegen Zahlungen eines Kaufpreises in Höhe des Buchwerts von ...... EUR von der Gesellschaft zu erwerben. Dieses Recht kann Herr ...... bis zum ...... durch schriftliche Erklärung gegenüber der Gesellschaft ausüben. Die Gesellschaft trägt jedoch keine Gefahr für eine zwischenzeitlich eintretende Beschädigung oder Zerstörung des Dienstwagens. Eine Haftung für Sachmängel übernimmt die Gesellschaft nicht.

§ 6

Die Parteien vereinbaren, dass das nachvertragliche Wettbewerbsverbot gemäß § ...... des Anstellungsvertrages vom ...... in vollem Umfang mit Wirkung für beide Seiten aufgehoben wird.

§ 7

(1) Herr ...... verpflichtet sich, auch während der Dauer seiner Freistellung und nach Beendigung des Anstellungsvertrages über alle ihm aus seiner Tätigkeit für die Gesellschaft bekanntgewordenen Betriebs- und Geschäftsgeheimnisse, auch soweit sie sich auf die Tochtergesellschaften ...... beziehen, Stillschweigen gegenüber Dritten zu wahren und sie nicht für eigene Zwecke einzusetzen.

(2) Herr ...... verpflichtet sich bis spätestens zum ......, sämtliche ihm im Rahmen seiner Tätigkeit für die Gesellschaft überlassenen oder sonstwie in seinen Besitz gelangten Gegenstände und Unterlagen (z. B. Computer, Mobiltelefone, Softwarekopien, Datenträger, Schriftstücke, Bücher, Modelle, Aufzeichnungen jeder Art einschließlich etwaiger Abschriften oder Kopien, Schlüssel) vollständig an die Gesellschaft herauszugeben. Herrn ...... steht gegen diesen Herausgabeanspruch der Gesellschaft kein Zurückbehaltungsrecht zu. Er teilt zudem der Gesellschaft alle Codes, Passwörter, Zugangssperren etc. im Hinblick auf die EDV-Nutzung mit und wird von diesen selbst keinen Gebrauch mehr machen.

§ 8

Die Gesellschaft verpflichtet sich, Herrn ...... bis spätestens ...... eine schriftliche Auskunft über den bei Beendigung des Anstellungsvertrages erreichten Stand seiner unverfallbaren Versorgungsanwartschaft aus der Versorgungszusage vom ...... zu erteilen.

§ 9

(1) Die Gesellschaft verpflichtet sich, Herrn ...... ein qualifiziertes Zeugnis gemäß dem in der Anlage zu dieser Vereinbarung beigefügten Entwurf zu erteilen.

(2) Die Gesellschaft wird das Ausscheiden von Herrn ...... aus der Geschäftsführung gegenüber der Presse, Verbänden und sonstwie der Öffentlichkeit ausschließlich gemäß der in der Anlage zu dieser Vereinbarung beigefügten Presseerklärung bekannt geben.

(3) Die Vertragspartner sichern sich für die Zeit nach dem Ausscheiden von Herrn ...... gegenseitig strikte Loyalität zu. Sie werden alle Handlungen unterlassen, die für das Ansehen des Vertragspartners abträglich sein könnten und nicht in Wahrnehmung berechtigter Interessen erfolgen.

§ 10

(1) Mit Erfüllung der vorstehenden Bestimmungen dieser Aufhebungsvereinbarung sind sämtliche gegenseitige Ansprüche zwischen der Gesellschaft und Herrn ...... aus dem Anstellungsverhältnis und dessen Beendigung sowie seiner Tätigkeit im Amt des Geschäftsführers der Gesellschaft mit Ausnahme der unverfallbaren Versorgungsansprüche von Herrn ......, insbesondere jegliche Vergütungs- und Tantiemeansprüche von Herrn ......, erledigt.

(2) Gleichermaßen sind hierdurch sämtliche Ansprüche von Herrn ...... gegenüber den Tochtergesellschaften ...... abgegolten und ein etwaiges mit diesen Tochtergesellschaften bestehendes Anstellungsverhältnis beendet.

§ 10 Haftung

Übersicht

	Rn.
I. Das haftungsrechtliche Mandat	1–8
1. Einführung	1–3
2. Haftungsvorsorge	4–8
a) Die Risikoanalyse	5/6
b) Die Vorsorgestrategie	7
3. Haftungsprozess	8
II. Überblick über die Haftungsgrundlagen	9–12
1. Haftung des Geschäftsführers gegenüber der Gesellschaft	9
2. Haftung des Geschäftsführers gegenüber den Gesellschaftern	10
3. Haftung des Geschäftsführers gegenüber Dritten	11
4. Haftung gegenüber der KG in der GmbH & Co. KG	12
III. Haftung gegenüber der Gesellschaft	13–180
1. Haftung wegen Verletzung der Pflicht zur Sorgfalt eines ordentlichen Geschäftsmannes (§ 43 GmbHG)	13–91
a) Haftende Personen	14–21
b) Allgemeines zur Pflichtverletzung	22–47
c) Spezielle Sorgfaltspflichten	48–67
d) Schaden und Kausalität	68–70
e) Verschulden	71/72
f) Mitverschulden/Gesamtschuldnerschaft	73/74
g) Vertragliche Haftungsbeschränkung	75–78
h) Verzicht und Vergleich, nachträgliche Zustimmung	79–81
i) Verjährung	82–84
j) Rechtsfolgen	85
k) Geltendmachung	86–91
2. Zahlungen aus gebundenem Vermögen, rechtswidriger Erwerb eigener Geschäftsanteile (§ 43 Abs. 3 GmbHG)	92–102
a) Verbotsbereich des § 30	93
b) Gesamtschuldnerische Haftung	95
c) Verstoß gegen § 31	96
d) Verstoß gegen § 33	97
e) Verschulden	98
f) Schaden und Kausalität	99
g) Haftungsbeschränkung	100
h) Verzicht und Vergleich	101
i) Sonstiges	102
3. Haftung für fehlerhafte Angaben bei Gründung oder bei Kapitalerhöhung (§§ 9a Abs. 1, 57 Abs. 4 GmbHG)	103–112
a) Gesamtschuldnerische Haftung	104/105
b) Falsche Angaben	106–108
c) Kennen oder kennen müssen	109
d) Sonstiges	110
e) Verjährung	111
f) Konkurrenzen	112
4. Haftung wegen existenzvernichtenden Zahlungen an Gesellschaften (§ 64 S. 3 GmbHG)	113–125
a) Zahlungen	115/116
b) Gesellschafter	117
c) Zahlungsunfähigkeit	118–122
d) Verursachung	123
e) Erkennbarkeit	124
f) Weisungen	125
5. Haftung wegen Zahlungen nach Zahlungsunfähigkeit oder Feststellung der Überschuldung (§ 64 S. 1 GmbHG)	126–154
a) Auslegung des Begriffs „Zahlungen"	130–134
b) Nach Eintritt der Krise	135–147
c) Verschulden	148

	Rn.
d) Schaden	149
e) Einreden	150
f) Haftungsbeschränkung, Verzicht, Vergleich	151
g) Verjährung	152
h) Geltendmachung	153
i) Konkurrenzen	154
6. Verletzung des Anstellungsvertrages und Haftung wegen Eigengeschäftsführung (§ 687 Abs. 2 BGB)	155/156
7. Haftung wegen Verletzung der gesellschafterlichen Treuepflicht durch Gesellschafter-Geschäftsführer	157
8. Haftung wegen Verletzung von Rechtsgütern und Rechten der Gesellschaft (§ 823 Abs. 1 BGB)	158
9. Haftung wegen Verletzung von Schutzgesetzen zulasten der Gesellschaft (§ 823 Abs. 2 BGB)	159–173
a) Untreue zu Lasten der Gesellschaft (§ 266 StGB)	160–169
b) Schutzgesetze: Verrat von Geschäfts- oder Betriebsgeheimnissen (§ 17 UWG, § 85 GmbHG)	170–172
c) Verjährung von Ansprüchen nach § 823 Abs. 2 BGB	173
10. Haftung wegen existenzvernichtenden Eingriffs (§ 826 BGB)	174–176
11. Geltendmachung von Ansprüchen der Gesellschaft gegen einen Geschäftsführer	177–180
a) Gesellschafterbeschluss	177
b) Bestellung besonderer Vertreter	178/179
c) Prozessstandschaft (actio pro societate)	180
IV. Haftung gegenüber den Gesellschaftern	181–192
1. Actio pro societate	182
2. Kein Anspruch der Gesellschafter aus § 43 Abs. 2 GmbHG	183
3. Haftung aus dem Anstellungsvertrag	184
4. Sachwalterhaftung (§ 311 Abs. 3 BGB)	185
5. Haftung wegen Verletzung absoluter Rechte oder Rechtsgüter (§ 823 Abs. 1 BGB)	186/187
6. Haftung wegen Verletzung von Schutzgesetzen (§ 823 Abs. 2 BGB)	188–191
a) Fehlerhafte Angaben bei Gründung, Kapitalerhöhung	189
b) Verletzung der Buchführungspflicht gem. § 41 GmbHG	190
c) Haftung wegen Verletzung der Auskunftspflicht (§ 51a GmbHG)	191
7. Sonstige Anspruchsgrundlagen	192
V. Haftung gegenüber Dritten	193–262
1. Vertragshaftung	194–196
a) Anstellungsvertrag mit Schutzwirkung	194
b) Fehlende Kenntlichmachung des Handelns für die GmbH	195
c) Garantie des Geschäftsführers	196
2. Sachwalterhaftung (§ 311 Abs. 3 BGB)	197–206
a) Inanspruchnahme persönlichen Vertrauens	198/199
b) Wirtschaftliches Eigeninteresse	200–204
c) Beweislast	205
d) Verjährung	206
3. Prospekthaftung des Geschäftsführers	207
4. Haftung wegen Verletzung von Rechtsgütern und absoluten Rechten (§ 823 Abs. 1 BGB)	208–213
a) Geschäftsführer als Garant für das Eigentum von Vertragspartnern (Organisationspflichten)	209–211
b) Der Geschäftsführer als Garant für Leben, Körper und Gesundheit von Konsumenten	212
c) Garantenstellung auf Grund von Organisationsherrschaft	213
5. Haftung wegen Verletzung von Schutzgesetzen (§ 823 Abs. 2 BGB)	214–247
a) Falsche Angaben bei Gründung, Kapitalerhöhung (§ 82 GmbHG, § 331 Nr. 1 HGB)	215/216
b) Verletzung von Buchführungspflichten (§ 41 GmbHG, §§ 283 Abs. 1 Nr. 5–7, 283b StGB)	217–219
c) Haftung wegen strafrechtlicher Untreue (§ 266 StGB)	220
d) Betrug, insbesondere Vorspiegeln von Zahlungsfähigkeit (§ 263 StGB)	221
e) Subventionsbetrug (§ 264 StGB)	222
f) Aufsichtspflichtverletzung (§ 130 OWiG)	223
g) Gesetz über die Sicherung der Bauforderungen	224

	Rn.
h) Haftung gegenüber dem Träger der Sozialversicherung: Vorenthalten von Sozialversicherungsbeiträgen (§ 266a StGB)	225–234
i) Insolvenzverschleppung (§ 15a Abs. 1 InsO)	235–246
k) Weitere Schutzgesetze	247
6. Haftung wegen sittenwidriger Schädigung (§ 826 BGB)	248–252
a) Fehlerhafte Aufklärung bei Warenterminoptionen	249
b) „Auslaufen lassen" einer GmbH	250
c) Sittenwidrige Verhinderung des Zugriffs von Bauhandwerkern auf ein Grundstück	251
d) Unterlassene Offenbarung einer bekannt kritischen Vermögenslage	252
7. Haftung wegen Wettbewerbsverstößen (§ 9 UWG)	253
8. Haftung für Steuerschulden (§§ 34, 69 AO)	254–261
a) Die Pflichten des Geschäftsführers nach § 34 AO	255–257
b) Verschulden, Kausalität	258
c) Anteilige Tilgung, Lohnsteuer	259/260
d) Verwaltungsvollstreckung	261
9. Geltendmachung von Ansprüchen der Gesellschaft durch Gläubiger	262
VI. D & O-Versicherung	263–276
1. Allgemeine Fragen zum Abschluss einer D & O-Versicherung	264–266
2. Versicherungsbedingungen	267–276
a) Versicherungsnehmerin	268/269
b) In Ausübung der versicherten Tätigkeiten	270/271
c) Wegen eines Fehlverhaltens in Anspruch genommen	272
d) Vermögensschäden	273
e) Inhaber des Versicherungsanspruchs	274
f) Claims made-Police	275
g) Selbstbehalt	276

Schrifttum: *Abeltshauser,* Leitungshaftung im Kapitalgesellschaftsrecht, 1998; *Acker/Froesch/Kappel,* Zivilrechtliche Ansprüche in Korruptionsfällen und ihre kommerziellen Folgen – wer haftet wem?, BB 2007, 1509; *Altmeppen,* Zur vorsätzlichen Gläubigerschädigung, Existenzvernichtung und materielle Unterkapitalisierung in der GmbH, ZIP 2008, 1201; *ders.,* Ungültige Vereinbarungen zur Haftung von GmbH-Geschäftsführern, DB 2000, 261 ff.; *ders./Wilhelm,* Quotenschaden, Individualschaden und Klagebefugnis bei der Verschleppung des Insolvenzverfahrens über das Vermögen der GmbH, NJW 1999, 673 ff.; *ders.,* GmbH – Vermögensvermischung, Haftung des Gesellschafters – Darlegungslast bei Verletzung des Konkursantragspflicht durch Geschäftsführer, DZWiR 1994, 378; *Assmann/Schütze,* Handbuch des Kapitalanlagerechts, 3. Aufl., 2007; *Balthasar/Hamelmann,* Finanzkrise und Vorstandshaftung nach § 93 Abs. 2 AktG: Grenzen der Justiziabilität unternehmerischer Entscheidungen, WM 2010, 589; *Bauder,* Anm. zu BGH, Beschl. v. 20.9.1993 – II ZR 292/91, BB 1993, 2469; *Baumann,* Aktienrechtliche Managerhaftung, D&O-Versicherung und angemessener Selbstbehalt", VersR 2006, 455; *Baumann,* Versicherungsfall und zeitliche Abgrenzung des Versicherungsschutzes in der D&O-Versicherung, NZG 2010, 1366; *Baums,* Der Geschäftsleitervertrag, 1987; Beck'scher Online-Kommentar zum GmbHG, Stand: 2013; *Berg,* Der Direktanspruch des Veräußerers gegen den Geschäftsführer im Rahmen von M&A-Transaktionen, NZG 2008, 641; *Biletzki,* Das Prinzip der gesellschaftspolaren Haftungsorientierung – ein die Außenhaftung des GmbH-GF beschränkender Grundsatz?, NZG 1999, 286 ff.; *ders.,* Außenhaftung des GmbH-Geschäftsführers, DB 2000, 521; *Bittmann,* Strafrechtliche Folgen des MoMiG, NStZ 2009, 113; *ders.,* Kapitalersatz, der 5. Strafsenat des BGH und das MoMiG, wistra 2009, 102; *Bork/Schäfer,* Kommentar zum GmbHG, 2010; *Born,* Die neuere Rechtsprechung des Bundesgerichtshofs zur Gesellschaft mit beschränkter Haftung, WM 2013 (Sonderbeilage 1), 1; *Böttcher,* Direktanspruch gegen den D&O-Versicherer – Neue Spielregeln im Managerhaftungsprozess?, NZG 2008, 645; *Burgard,* Garantie- und Verschuldenshaftung von Mitgesellschaftern einer GmbH, NZG 2002, 606; *Dierlamm,* Der faktische Geschäftsführer im Strafrecht – Ein Phantom?, NStZ 1996, 153; *Dreher,* Die persönliche Verantwortlichkeit von Geschäftsleitern nach außen und die innergesellschaftliche Aufgabenverteilung, ZGR 1992, 23 ff.; *Drescher,* Die Haftung des GmbH-Geschäftsführers, 7. Aufl., 2013; *Drygalla/Drygalla,* Wer braucht ein Frühwarnsystem?, ZIP 2000, 297 ff.; *Erne,* Haftungsvermeidung des Geschäftsführers durch Frühwarnsysteme bei Nutzung von Cash Pooling, GWR 2010, 314; *Engelhard,* Gesellschafterbeschluss zur Durchführung einer Due Diligence, GmbHR 2009, 237; *Fischer,* StGB, 60. Aufl., 2013; *Fleck,* Vertrag, unerlaubte Eigengeschäftsführung und Anspruchsverjährung, ZIP 1991, 1269; *ders.,* Zur Haftung des GmbH-Geschäftsführer, GmbHR, 1974, 224 ff.; *Fleischer,* Zur GmbH-rechtlichen Verantwortlichkeit des faktischen Geschäftsführers, GmbHR 2011, 337; *ders.,* Das unternehmerische Ermessen des GmbH-Geschäftsführers und seine GmbH-spezifischen Grenzen, NZG 2011, 521; *ders.,* Aktuelle Entwicklungen der Managerhaftung, NJW 2009, 2337; *ders.,* Aktienrechtliche Legalitätspflicht und „nützliche" Pflichtverletzungen von Vorstandsmitgliedern, ZIP 2005, 141; *ders.,* Zur aktienrechtlichen Verantwortlichkeit faktischer Organe, AG 2004, 517; *ders.,* Die „Business Judgment Rule" im Spiegel von Rechtsvergleichen und Rechtsökonomie, FS Wiedemann, 2002, 827; *Galetke,* Die Verjährung der Schadensersatzansprüche der GmbH gegen ihren Geschäftsführer gem. § 43 Abs. 4 GmbHG, WiB 1997, 398 ff.; *Gärtner*, Rechtsprechungsreport zur Organhaftung BB 2013, 2242 ff.; *Gehrlein*, Beweislast für Sorgfaltsverletzungen von Geschäftsführern, NJW 1997, 1905 ff.; *v. Gerkan*, Die Beweislastverteilung beim Schadensersatzanspruch der GmbH gegen ihren Geschäftsführer, ZHR 154 (1990), 39 ff.; *Goette*, Gesellschaftsrechtliche Grundfragen im Spiegel der Rechtsprechung, ZGR 2008, 436; *ders.*, Chancen und Risiken der GmbH-Novelle, WPg 2008, 231; *ders.*, Die GmbH nach der BGH-Rechtsprechung, 2. Aufl., 2002; *ders.*, Anm. zu BGH, Urteil vom 24.9.2001 – II ZR 90/00, DStR 2002, 227; *ders.*, Die Haftung des GmbH-Geschäftsführers in der Rspr. des BGH, DStR 1998, 1308 ff.; *Greulich/Bunnemann*, Geschäftsführerhaftung für zur Zahlungsunfähigkeit führende Zahlungen an die Gesellschafter nach § 64 II 3 GmbHG-RefE – Solvenztest im deutschen Recht?, NZG 2006, 681; *ders./Rau*, Zur partiellen Insolvenzverursachungshaftung des GmbH-Geschäftsführers nach § 64 S. 3 GmbHG-RegE, NZG 2008, 284; *Groß*, Deliktische Außenhaftung des GmbH-Geschäftsführers, ZGR 1998, 551 ff.; *Grossfeld/Hübner*, Erklärung und Leitsätze der OECD für multinationale Unternehmen, ZGR 1978, 156; *Haas*, Der Verzicht und Vergleich auf Haftungsansprüche gegen GmbH-Geschäftsführer, ZInsO 2007, 464; *ders.*, Geschäftsführerhaftung und Gläubigerschutz, 1997; *ders.*, Die Verjährung von Insolvenzverschleppungsansprüchen, NZG 2011, 691; *ders.*, Die maßgebende Verjährungsfrist für den Schadensersatzanspruch wegen Insolvenzverschleppung, NZG 2009, 976; *ders.*, Der Verzicht und Vergleich auf Haftungsansprüche gegen GmbH-Geschäftsführer, ZInsO 2007, 464; *ders.*, Aktuelle Rechtsprechung zur Insolvenzantragspflicht des GmbH-Geschäftsführers nach § 64 Abs. 1 GmbHG, DStR 2003, 423; *Habersack*, Die Mitgliedschaft – subjektives und „sonstiges" Recht, 1996; *Happ*, Die GmbH im Prozess, 1997; *Harrer*, Haftungsprobleme bei der GmbH, 1990; *Harte-Bavendamm/Henning-Bodewig*, Kommentar, UWG, 3. Aufl., 2013; *Haß*, Die persönliche Haftung des GmbH-Geschäftsführers bei Wettbewerbsverstößen und Verletzung gewerblicher Schutzrechte, GmbHR 1994, 666 ff.; *Heisse*, Die Beschränkung der Geschäftsführerhaftung gegenüber der GmbH, 1988; *Holzborn/v. Vietinghoff/Holzborn/Just*, Haftung und Insolvenz im GmbH-Recht, 2012; *Hommelhoff*, Risikomanagement – GmbH-Recht, FS für Sandrock, 2000, S. 373 ff.; *Hopp*, GmbH-Risikomanagement zur Unternehmenssicherung und Haftungsbegrenzung, 2001; *Horn*, Die Haftung des Vorstands der AG nach § 93 AktG und die Pflichten des Aufsichtsrats, ZIP 1997, 1129; *Hübner*, Managerhaftung, 1992; *Henze*, Leitungsverantwortung des Vorstands – Überwachungspflicht des Aufsichtsrats, BB 2000, 209 ff.; *Ihlas*, Organhaftung und Haftpflichtversicherung, 1997; *Janert*, Neues zur Generalbereinigung?, GmbHR 2003, 830; *Jauerning*, BGB, Kommentar, 15. Aufl., 2013; *Joussen*, Der Sorgfaltsmaßstab des § 43 Abs. 1 GmbHG, GmbHR 2005, 441; *Jula*, Die Haftung von GmbH-Geschäftsführern und Aufsichtsräten, 1998; *ders.*, Gedanken zur Reichweite des Versicherungsschutzes der D&O-Police am Beispiel des Geschäftsführers, FS für Bockelmann, 1999; *Kästner*, Aktienrechtliche Probleme der D&O-Versicherung, AG 2000, 113 ff.; *Kersting*, Kapitalmarktrechtliche Informationseigenhaftung von Organmitgliedern, JR 2009, 221; *Keßler*, Die deliktische Eigenhaftung des GmbH-Geschäftsführers, GmbHR 1994, 429 ff.; *Kiethe*, Prospekthaftung und grauer Kapitalmarkt, ZIP 2000, 216 ff.; *ders./Groeschke*, Das schutzwürdige Eigeninteresse der GmbH innerhalb und außerhalb von Konzernsachverhalten, NZG 2001, 504 ff.; *Klein*, AO, Kommentar, 11. Aufl., 2012; *Kleindiek*, Deliktshaftung und juristische Personen, Zugleich zur Eigenhaftung von Unternehmensleitern, 1997; *Knof*, Die neue Insolvenzverursachungshaftung nach § 64 Satz 3 RegE-GmbHG (Teil I), DStR 2007, 1536; *Koch*, Die Rechtsstellung der Gesellschaft und des Organmitglieds in der D&O-Versicherung (I), GmbHR 2004, 18; *ders.*, Die Rechtsstellung der Gesellschaft und des Organmitglieds in der D&O-Versicherung (II), GmbHR 2004, 160; *ders.*, Die Rechtsstellung der Gesellschaft und des Organmitglieds in der D&O-Versicherung (III), GmbHR 2004, 288; *ders.*, Aktuelle und zukünftige Entwicklungen in der D&O-Versicherung, WM 2007, 2173; *Kocher*, Zur Haftung der Organmitglieder eines kapitalsuchenden Gesellschaft gegenüber Anlegern aus culpa in contrahendo, BB 2008, 1980; *Kopp/Ramsauer*, VwVfG, Kommentar, 13. Aufl., 2012; *Körber*, Geschäftsleitung der Zielgesellschaft und due diligence bei Paketerwerb und Unternehmenskauf, NZG 2002, 263; *Krause*, Strafrechtliche Haftung des Aufsichtsrates, NStZ 2011, 57; *Krebs*, Geschäftsführerhaftung bei der GmbH & Co. KG und das Prinzip der Haftung für sorgfaltswidrige Leitung, 1991; *Krieger*, Zur (Innen-) Haftung von Vorstand und Geschäftsführung, RWS Forum 8 Gesellschaftsrecht, 1995, 1996, 149; *Krieger/Schneider*, Handbuch Managerhaftung, 2. Aufl., 2010; *Lange*, Die Serienschadenklausel in der D&O-Versicherung, VersR 2004, 563; *ders.*, Die D&O-Versicherungsverschaffungsklausel im Manageranstellungsvertrag, ZIP 2004, 2221; *Lutter*, Haftungsrisiken des Geschäftsführers einer GmbH, GmbHR 1997, 329 ff.; *ders.*, Haftung und Haftungsfreiräume des GmbH-Geschäftsführers, GmbHR 2000, 301 ff.; *Lips/Randel/Werwigk*, Das neue GmbH-Recht – Ein Überblick, DStR 2008, 2220; *Livonius*, Untreue unter existenzgefährdenden Eingriffs – Rechtsgeschichte?, wistra 2009, 91; *Lohr*, Die Beschränkung der Innenhaftung des GmbH-GF, NZG 2000, 1204; *Lutter*, Haftung und Haftungsfreiräume des GmbH-Geschäftsführers – 10 Gebote an den Geschäftsführer, GmbHR 2000, 301; *Medicus*, Außenhaftung des GmbH-Geschäftsführers, GmbHR 1993, 533; *ders.*, Die interne Geschäftsverteilung und die Außenhaftung von GmbH-Geschäftsführern, GmbHR 1998, 9 ff.; *ders.*, Deliktische Außenhaftung der Vorstandsmitglieder und Geschäftsführer, ZGR 1998, 570; *Melot de Beauregard/Gleich*, Aktuelle Problemfelder bei der D&O-Versicherung, NJW 2013, 824; *Menzer*, Umweltrisiken und Managerhaftung in der GmbH – Beispielhafte Betrachtung nach dem BImSchG, GmbHR 2000, 506 ff.; *Messerschmidt/Voit*, Privates Baurecht, Kommentar, 2. Aufl., 2012; *Meyer*, Die Verantwortlichkeit des Geschäftsführers für Gläubigerinteressen – Veränderungen durch das MoMiG, BB 2008, 1742; *Michalski*, GmbH, Kommentar, 2. Aufl., 2010; *Münchener Anwaltshandbuch zum Versicherungsrecht*, 3. Aufl., 2013; *Münchener Handbuch des Gesellschaftsrechts* Band 3, 4. Aufl., 2011; *Münchener Kommentar zum BGB*, 6. Aufl., 2012; *Münchener Kommentar zum HGB*, 3. Aufl., 2010; *Münchener Kommentar zum InsO*, 3. Aufl., 2013; *Münchener Kommentar zum GmbHG*,

1. Aufl., 2012; *Nägele/Nestl*, Entlastung des GmbH-Geschäftsführers und des AG-Vorstandes – Chancen und Risiken in der Praxis, BB 2000, 1253 ff.; *Nerlich/Römermann*, InsO, Kommentar, 24. Ergänzungslieferung, 2012; *Ogiermann*, Die Strafbarkeit des systematischen Aufkaufs konkursreifer Unternehmen, wistra 2000, 250 ff.; *Otto*, Die Haftung für kriminelle Handlungen im Unternehmen, Jura 1998, 409 ff.; *Palandt*, BGB, Kommentar, 73. Aufl., 2013; *Pape*, Zahlungsunfähigkeit in der Gerichtspraxis, WM 2008, 1949; *Prohaska*, Die Handelndenhaftung in der Anwalts-GmbH, MDR 1997, 701 ff.; *Radtke*, Untreue durch den „Director" einer Offshore-Gesellschaft, NStZ 2011, 556; *Röhricht*, Insolvenzrechtliche Aspekte im Gesellschaftsrecht, ZIP 2005, 505; *ders.*, Die GmbH im Spannungsfeld zwischen wirtschaftlicher Dispositionsfreiheit und Gläubigerschutz, FS 50 Jahre BGH, 2000, S. 983 ff.; *Rodewald*, Die Haftung des Geschäftsführers oder Vorstands für die Informationserteilung im Rahmen von Unternehmensveräußerungen, DB 2007, 1627; *Roth*, Unternehmerisches Ermessen und Haftung des Vorstandes, 2001; *Rothley/Weinberger*, Die Anforderungen an Vollwertigkeit und Deckung nach § 30 I 2 GmbHG und § 57 I 3 AktG, NZG 2010, 1001; *Sandberger*, Die Außenhaftung des GmbH-Geschäftsführers, 1997; *Schlechtriem*, in: Kreutzer (Hrsg.), Die Haftung der Leitungsorgane in Kapitalgesellschaften, 1991, S. 9 ff.; *Schönke/Schröder*, StGB, Kommentar, 28. Aufl., 2010; *K. Schmidt*, GmbH-Reform auf Kosten der Geschäftsführer?, GmbHR 2008, 449; *ders.*, Verbotene Zahlungen in der Krise von Handelsgesellschaften und die daraus resultierenden Ersatzpflichten, ZHR 168 (2004), 637; *ders.*, Gesellschafterhaftung und „Konzernhaftung" bei der GmbH, NJW 2001, 3577 ff.; *ders.*, Konkursverschleppungshaftung und Konkursverursachungshaftung, ZIP 1988, 1497; *Schodder*, Anmerkung zum Urteil des BGH vom 14.5.2012, Az. II ZR 130/10 – Zum Schutzbereich der Insolvenzantragspflicht, EWiR 2012, 525; *Schult*, Insolvenzverursachungshaftung des Geschäftsführers: BGH schafft Klarheit, GWR 2012, 549; *Spindler*, Prognosen im Gesellschaftsrecht, AG 2006, 677; *Stapelfeld*, Die Haftung des GmbH-Geschäftsführers für Fehlverhalten in der Gesellschaftskrise, 1990; *Stobbe*, Die Durchsetzung gesellschaftsrechtlicher Ansprüche der GmbH in Insolvenz und masseloser Liquidation, 2001; *Streit/Bürk*, Keine Entwarnung bei der Geschäftsführerhaftung im Insolvenzfall, DB 2008, 742; *Strohn*, Faktische Organe – Rechte, Pflichten, Haftung, DB 2011, 158; *Schwark/Zimmer*, Kapitalmarktrechts-Kommentar, 4. Aufl., 2010; *Terlau*, Das Jahr-2000-Problem und das Risikomanagement im Unternehmen, CR 1999, 284 ff.; *Thümmel*, Die persönliche Haftung von Managern und Aufsichtsräten, 4. Aufl., 2008; *Thüsing*, Nachorganschaftliche Wettbewerbsverbote bei Vorständen und Geschäftsführern, NZG 2004, 9; *Oppenländer/Trölitzsch*, Praxishandbuch der GmbH-Geschäftsführung, 2. Aufl., 2011; *v. Venrooy*, Die Geschäftsführerhaftung im Unternehmenskauf, GmbHR 2008, 1; *Weimar*, Grundprobleme und offene Fragen um den faktischen GmbH-Geschäftsführer, GmbHR 1997, 473 ff., 538 ff.; *Wellkamp*, Organuntreue zum Nachteil von GmbH-Konzernen und Aktiengesellschaften, NStZ 2001, 113 ff.; *Werner*, Sorgfaltspflichten des Geschäftsführers bei Unternehmensakquisitionen Due Diligence, Informationspflichten und Haftungsrisiken, GmbHR 2007, 678; *Werner/Pastor*, Der Bauprozess, 13. Aufl., 2013; *Wilken*, Cash-Management und qualifiziert faktische Konzernierung, DB 2001, 2383 ff; *Wisskirchen/Dannhorn/Bissels*, Haftung von Geschäftsführern in Matrixstrukturen von Konzernen, DB 2008, 1139; *von Woedtke*, Entwicklungen der GmbH-Geschäftsführerhaftung in der neueren Rechtsprechung, NZG 2013, 484.

I. Das haftungsrechtliche Mandat

1. Einführung

Aufgrund seiner Organstellung ist der Geschäftsführer mit weitreichenden Befugnissen ausgestattet. Bei der Erfüllung seiner Aufgaben trifft er häufig Entscheidungen, die der Gesellschaft Vor- oder Nachteile bringen können. Den weitreichenden Kompetenzen des Geschäftsführers steht als Korrektiv die persönliche Verantwortung des Geschäftsführers im Rahmen einer etwaigen Haftung gegenüber. Generell ist dabei aber zu berücksichtigen, dass einer jeglichen wirtschaftlichen Betätigung ein wirtschaftliches Risiko immanent ist. Insofern gilt der Grundsatz, dass für den Fall, dass sich eine Entscheidung nachträglich (*ex post*) als Missmanagement herausstellen sollte, dies nicht zu einer Haftung des Geschäftsführers führt, wenn diese Entscheidung im Vornhinein (*ex ante*) vom unternehmerischen Ermessen (*Business Judgement Rule*) gedeckt war. Es besteht daher zwar keine Erfolgshaftung, sondern lediglich eine Haftung für sorgfaltswidriges Verhalten,[1] dennoch muss der Geschäftsführer den Vorteil der Gesellschaft wahren und Schaden von ihr abwenden.[2] 1

Das haftungsrechtliche Mandat hat ganz unterschiedliche Aspekte, Sinn und Zweck ist aber in erster Linie, Schäden des geschützten Personenkreises, also insbesondere der Gesellschaft, aber ggf. auch der Gesellschafter der Gesellschaft oder Dritter (z.B. Gläubiger) zu er- 2

---

[1] MünchKommGmbHG/*Fleischer* § 43 Rn. 67.
[2] *Born* WM 2013 (Sonderbeilage 1), 1, 34.

setzen bzw. wegen der drohenden persönlichen Inanspruchnahme des Geschäftsführers von Vornherein zu vermeiden. Häufig sind dabei folgende **drei Konstellationen:** In dem einen Fall tritt die Geschäftsleitung der Muttergesellschaft einer GmbH auf den Berater zu und möchte das Verhalten des Geschäftsführers ihrer Tochtergesellschaft überprüfen lassen. Strukturell ähnlich aber emotional vollkommen anders gelagert ist der Fall, in dem in einer Familiengesellschaft Streit zwischen den Gesellschaftern entstanden ist und jede Seite „ihren" Geschäftsführer für den allein kompetenten hält. In der Regel soll in beiden Fällen durch Haftungsansprüche Druck aufgebaut und ausgeübt werden. Die dritte Situation beinhaltet meistens die Frage des sorgenvoll blickenden Geschäftsführers, wie sich seine Haftungssituation auf Grund eines bestimmten, eingetretenen Sachverhaltes darlegt.

3   Hinzu kommt die **Vorsorgesituation.** Die seit Ende der 80er Jahre auch auf dem deutschen Markt erhältlichen Managerhaftpflichtpolicen (D&O-Versicherung) aller größeren Versicherungsunternehmen haben nicht nur bei Managern, sondern auch bei Beratern den Blick für die verschiedenen Ansätze der Haftungsvermeidung und -verlagerung geschärft. Diese Betrachtung ist der Frage der Haftung selbstverständlich vorgeschaltet.

2. Haftungsvorsorge

4   Lautet das anwaltliche Mandat dahingehend, dem Mandanten, dem Geschäftsführer persönlich oder der GmbH, Vorschläge für eine Haftungsvorsorge zu unterbreiten, so hat der Anwalt selbstverständlich zunächst mit Hilfe seines Mandanten das Haftungsrisiko im Rahmen einer sorgfältigen Analyse gemeinsam mit dem Mandanten zu ermitteln und kann erst auf dieser Grundlage entsprechende Gestaltungsvorschläge unterbreiten.

5   a) **Die Risikoanalyse.** Die Risikoanalyse hat sich zunächst einmal umfassend mit dem Unternehmen zu beschäftigen. Hier spielen Art und Umfang des Geschäftes, die wirtschaftliche und finanzielle Lage des Unternehmens (z. B. Umsätze und internationale Präsenz) und das konjunkturelle Umfeld eine Rolle. Aus anwaltlicher Sicht sind darüber hinaus auch die Erscheinungsform der GmbH und die haftungsrechtliche Vorgeschichte entscheidend. Vielfach werden wir es mit Familiengesellschaften zu tun haben, in denen einzelne oder alle Gesellschafter zugleich Geschäftsführer der GmbH sind. In der statistischen Häufigkeit in Deutschland[3] folgt sodann die Einpersonen-GmbH, bei der grundsätzlich nur ein begrenzter Ausschnitt der möglichen Haftungsfragen zu berücksichtigen ist. Das ganze Spektrum tritt hingegen sowohl bei Gemeinschaftsunternehmen (zwei oder mehr paritätisch beteiligte Gesellschafter) mit Fremdgeschäftsführern und ggf. einem Aufsichtsrat bei Großunternehmen in der Rechtsform der GmbH mit zahlreichen Gesellschaftern und einer Fremdgeschäftsführung sowie insbesondere auch bei Konzerntöchtern auf.

6
Checkliste zur Risikoanalyse

☐ Art und Umfang des Geschäfts
   – Produkte, Dienstleistungen
   – Produktionsstätten, Umweltschutz
   – Produktionsvolumen
   – Anzahl der Mitarbeiter (Angestellte, freie Mitarbeiter)
   – Einkauf, Vertrieb, Wettbewerb, gewerbliche Schutzrechte
   – Versicherungsschutz
☐ Finanzielle Situation
   – Umsatz der letzten drei Geschäftsjahre
   – Gewinn der letzten drei Geschäftsjahre
   – Andere Bilanzposten (Anlagevermögen, Finanzbeteiligung, Verbindlichkeiten)

---

[3] Überblick bei Baumbach/Hueck/*Fastrich* Einl. Rn. 12 ff.

- ☐ Gesellschaftsstruktur
  - Anzahl der Gesellschafter, Beteiligungsverhältnisse
  - Anzahl der Geschäftsführer
  - Ggf. Aufsichtsrat, Beirat
  - Konzernstruktur (Töchter, Mutter/Mütter)
- ☐ Internationale Präsenz
  - Tochtergesellschaft
  - Zweigniederlassung
  - Internationaler Vertrieb
- ☐ Haftungsrechtliche Vorgeschichte
  - Innenhaftung des Geschäftsführers
  - Außenhaftung der Gesellschafter/des Geschäftsführers

b) Die Vorsorgestrategie. Die Vorsorgestrategie ist sodann aus dem zur Verfügung stehenden Arsenal der Gestaltungsmöglichkeiten, Haftungsvermeidung und -beschränkung sowie Versicherungen zu entwickeln. Dabei sollte selbstverständlich für die Beratung über die Möglichkeiten der Managerhaftpflichtversicherung und -rechtsschutzversicherung ein auf diesem Spezialgebiet erfahrener Versicherungsmakler hinzugezogen werden, wobei auch anwaltlicher Rat hier unverzichtbar ist. Ein wesentlicher Teil der Beratungstätigkeit sollte sich jedoch mit der Haftungsvermeidung befassen, wobei wir hierbei in andere Spezialgebiete, beispielsweise der Produkthaftung, des öffentlichen Gewerbe- und Berufsrechts, Steuer- und Sozialversicherungsrechts, eintreten. Die gesellschaftsrechtliche Haftungsberatung hat sich vor allem mit den Pflichten des Geschäftsführers innerhalb der Gesellschaft und ggf. im Konzern auseinanderzusetzen. Insbesondere sind hierbei dem Geschäftsführer die Grenzen seines unternehmerischen Ermessens (→ Rn. 24) aufzuzeigen. In einem zweiten Schritt geht es sodann um die Möglichkeiten der Haftungsbeschränkung (→ Rn. 75) und der Versicherung (→ Rn. 263).

3. Haftungsprozess

Anders ist die Situation im oder vor dem Haftungsprozess. Bei der Vorbereitung eines Haftungsprozesses geht es nach der genauen und vollständigen Erfassung des Sachverhalts vor allem darum, eine Angriffs- bzw. Abwehrstrategie zu entwickeln. Diese wird sich vor allem an folgenden Faktoren orientieren: Vermögenslage des Geschäftsführers, Versicherung, Außenwirkung für die GmbH und den Geschäftsführer sowie Vergleichsmöglichkeiten. Häufig wird es sich empfehlen, *ad hoc* eine Schiedsgerichtsvereinbarung zu treffen; dies erspart der GmbH die Veröffentlichung von geheimhaltungsbedürftigem Know-how und dem Geschäftsführer ggf. Peinlichkeiten. Darüber hinaus können Maßnahmen der einstweiligen Sicherung von Vermögen des Geschäftsführers (§§ 916 ff. ZPO)[4] und ggf. die Einleitung von staatsanwaltschaftlichen Ermittlungsverfahren aus Sicht der GmbH sinnvoll sein.

II. Überblick über die Haftungsgrundlagen

1. Haftung des Geschäftsführers gegenüber der Gesellschaft

Die entscheidende Grundlage für die Haftung des Geschäftsführers gegenüber der Gesellschaft ist § 43 GmbHG. Daneben kommt die praktisch wenig bedeutsame deliktische Haftung aus § 823 Abs. 1 BGB in Anspruchskonkurrenz in Betracht.[5] Die Haftung aus der Verletzung von Schutzgesetzen (§ 823 Abs. 2 BGB), z. B. wegen Untreuehandlungen (§ 266 StGB), spielt hingegen eine größere Rolle. Teilweise wird vertreten, dass auch gleichzeitig eine positive Vertragsverletzung des Anstellungsvertrages zwischen Geschäftsführer und

---

[4] *Happ*, Die GmbH im Prozess, S. 367 ff.
[5] *Fleck* ZIP 1991, 1269, 1271.

GmbH oder Muttergesellschaft vorliegen kann;[6] nach wohl h. M. verdrängt § 43 GmbHG diese Anspruchsgrundlage.[7] Möglich sind auch Ansprüche aus angemaßter Eigengeschäftsführung gem. § 687 Abs. 2 BGB,[8] obschon auch hier häufig eine Verdrängung durch § 43 GmbHG vorliegen wird.[9] Gesellschafter-Geschäftsführer können der Gesellschaft – in Anspruchskonkurrenz – aus der Verletzung gesellschafterlicher Treuepflichten haftbar sein.[10] In dem speziellen Fall, in dem ein Geschäftsführer bei Gründung der Gesellschaft oder bei einer Kapitalerhöhung falsche Angaben macht, haftet er der Gesellschaft gem. §§ 9a Abs. 1, 57 Abs. 4 GmbHG. Bei gesetzeswidriger Rückgewähr von Einlagen oder bei Erwerb eigener Anteile entgegen § 33 GmbHG haftet der Geschäftsführer aus § 43 Abs. 3 GmbHG. Des Weiteren besteht ein Schadensersatzanspruch bei Zahlungen in der Krise (Zahlungsunfähigkeit oder Überschuldung) (§ 64 S. 1 GmbHG) oder – ein Fall der Existenzgefährdungshaftung – Zahlungen an einen Gesellschafter, die zur Zahlungsunfähigkeit führen mussten (§ 64 S. 3 GmbHG). Dabei kommt den speziellen Haftungsnormen (§§ 9a Abs. 1, 57 Abs. 4 und § 43 Abs. 3 GmbHG sowie auch der flankierenden strafrechtlichen Norm des § 82 Abs. 1 GmbHG) nach der Reform durch das MoMiG eine größere Bedeutung zu, da der Gesetzgeber die Kapitalaufbringung und -erhaltung durch die Neuregelung verstärkt der Beurteilung durch die Geschäftsführer unterstellt hat.[11]

2. Haftung des Geschäftsführers gegenüber den Gesellschaftern

10 Hier ist Vieles streitig. Nach doch wohl herrschender Meinung haben einzelne Gesellschafter das Recht, trotz fehlenden Beschlusses nach § 46 Nr. 8 GmbHG den Schadensersatzanspruch aus § 43 Abs. 2 GmbHG gegen den Geschäftsführer einzuklagen, wenn sich die Gesellschafterversammlung diesbezüglich weigert[12] (actio pro societate); geklagt wird auf Leistung an die Gesellschaft (unten → Rn. 180). Grundsätzlich jedoch haftet der Geschäftsführer nicht gem. § 43 Abs. 2 GmbHG gegenüber Gesellschaftern.[13] Bei verbotener Einlagenrückgewähr an einzelne Gesellschafter haftet der Geschäftsführer den übrigen Gesellschaftern im Rückgriff gem. § 31 Abs. 6 GmbHG. Nur ganz ausnahmsweise – nämlich bei Publikumsgesellschaften – kann sich eine Haftung auf Grund von Schutzwirkungen des Anstellungsvertrages zwischen Gesellschaft/Muttergesellschaft und Geschäftsführer zugunsten eines Gesellschafters ergeben.[14] Für die Haftung gegenüber Gesellschaftern können darüber hinaus dieselben Anspruchsgrundlagen wie für die Haftung des Geschäftsführers gegenüber außenstehenden Dritten Anwendung finden, wenn sie in dieser Weise der Gesellschaft gegenübertreten. Allerdings lehnt es die herrschende Meinung ab, dem Gesellschafter einen allgemeinen Anspruch gegen den Geschäftsführer aus § 823 Abs. 1 BGB wegen Verletzung seiner Mitgliedschaft zuzugestehen[15] (→ Rn. 186). Nach ganz herrschender Meinung wird auch § 43 Abs. 2 GmbHG nicht als Schutzgesetz i. S. v. § 823 Abs. 2 BGB angesehen[16] (→ Rn. 188). Sehr umstritten ist die Einordnung von § 41 GmbHG (Buchführungs-, Rech-

---

[6] *Fleck* ZHR 149 (1985), 387, 397; *K. Schmidt* Gesellschaftsrecht, S. 1078; Scholz/*Schneider* § 43 Rn. 18; Michalski/*Haas*/*Ziemons* § 43 Rn. 6.
[7] So vor allem die neuere Rechtsprechung: BGH WM 1989, 1337; BGH DStR 1997, 252; BGH GmbHR 1992, 303; BGH ZIP 1997, 199, 200; BGH DStR 2008, 158; Hachenburg/*Mertens* § 43 Rn. 4; Roth/Altmeppen/*Altmeppen* § 43 Rn. 2; MünchKommGmbHG/*Fleischer* § 43 Rn. 8 m. w. N. für Ausnahmen von Grundsatz der Verdrängung; Baumbach/Hueck/*Zöllner*/*Noack* § 43 Rn. 4.
[8] BGH GmbHR 1989, 365.
[9] MünchKommGmbHG/*Fleischer* § 43 Rn. 8.
[10] BGH NJW 1982, 2869; BGH GmbHR 1989, 365; BGH GmbHR 1999, 186; s. auch OLG Köln GmbHR 2001, 73, 74 f.
[11] *Meyer* BB 2008, 1742 ff.; *K. Schmidt* GmbHR 2008, 449 ff.: „GmbH-Reform auf Kosten der Geschäftsführer".
[12] Umfassend Rowedder/Schmidt-Leithoff/*Koppensteiner*/*Gruber* § 43 Rn. 48 ff.
[13] Hachenburg/*Mertens* § 43 Rn. 102; Scholz/*Schneider* § 43 Rn. 300.
[14] BGH NJW 1995, 1353.
[15] Überblick bei Scholz/*Schneider* § 43 Rn. 300; Baumbach/Hueck/*Zöllner*/*Noack* § 43 Rn. 64 f. m. w. N.; Lutter/Hommelhoff/*Kleindiek* § 43 Rn. 40.
[16] Roth/Altmeppen/*Altmeppen* § 43 Rn. 57; Baumbach/Hueck/*Zöllner*/*Noack* § 43 Rn. 64, jeweils m. w. N.

nungslegungspflicht)[17] und § 51a GmbHG (Auskunfts- und Einsichtsrecht der Gesellschafter)[18] als Schutzgesetze i. S. v. § 823 Abs. 2 BGB.

3. Haftung des Geschäftsführers gegenüber Dritten

Bei Inanspruchnahme besonderen Vertrauens oder bei einem besonderen Eigeninteresse des Geschäftsführers kommt eine Haftung aus Sachwalterhaftung (§ 311 Abs. 3 BGB) zum Tragen[19] (→ Rn. 197). Bei Schädigung von absoluten Rechten des Gesellschafters (Leib, Leben, Gesundheit, Freiheit) ist § 823 Abs. 1 BGB einschlägig.[20] Ausnahmsweise kann auch der Geschäftsführer wegen Verletzung von Verkehrssicherungspflichten, die grundsätzlich nur die Gesellschaft treffen, haften[21] (unten → Rn. 208). Eine im Einzelnen sehr problematische und umfassende Haftung des Geschäftsführers gegenüber Dritten kann sich aus der Verletzung von Schutzgesetzen (einer Fülle von strafrechtlichen und sonstigen öffentlich-rechtlichen Normen) ergeben (unten → Rn. 214), insbesondere aus der Insolvenzantragspflicht gem. § 15a[22] InsO (unten → Rn. 235). Die Haftung aus § 31 BGB trifft nach h. M. ebenfalls nicht den Geschäftsführer.[23] § 826 BGB kommt in Betracht, wenn es um Insolvenzverschleppung oder sonstige Maßnahmen des Geschäftsführers im Vorfeld einer Krise geht.[24] In der Praxis bedeutsam sind weiterhin die persönliche Haftung der Geschäftsführer gegenüber dem Fiskus für Steuerschulden der Gesellschaft (§§ 34, 35, 69, 71, 191 AO) sowie die persönliche Haftung der Geschäftsführer für die Weiterleitung der Sozialabgaben.[25] Darüber hinaus kann der Geschäftsführer für Verstöße gegen das Wettbewerbsrecht und für Verletzungen von Immaterialgüterrechten u. U. persönlich belangt werden.[26] Eine Haftung gegenüber Dritten aus § 43 Abs. 2 GmbHG unmittelbar kommt dagegen nicht in Betracht, auch nicht als Schutzgesetzverletzung über § 823 Abs. 2 BGB i. V. m. § 43 Abs. 1 GmbHG; allenfalls könnte sich ein Dritter den Anspruch der Gesellschaft, die diese gegen den Geschäftsführer nach § 43 Abs. 2 GmbHG hat, pfänden und zur Einziehung überweisen lassen (§ 829 ZPO).[27]

4. Haftung gegenüber der KG in der GmbH & Co. KG

Hier soll nach der Rechtsprechung der Anstellungsvertrag des Geschäftsführers der Komplementär-GmbH Schutzwirkungen zugunsten der KG entfalten.[28] Darüber hinaus kommen noch Ansprüche aus culpa in contrahendo (§ 311 Abs. 3 BGB) in Betracht, wenn z. B. der Geschäftsführer besonderes Vertrauen in Anspruch genommen hat;[29] in Einzelfällen kann auch eine persönliche Prospekthaftung vorliegen.[30]

III. Haftung gegenüber der Gesellschaft

1. Haftung wegen Verletzung der Pflicht zur Sorgfalt eines ordentlichen Geschäftsmannes (§ 43 GmbHG)

Zu nahezu allen Fragen der Auslegung des § 43 GmbHG gibt es eine Fülle von Rechtsprechung und Literatur. Trotzdem sind noch viele Punkte klärungsbedürftig; dies betrifft insbesondere die Frage des unternehmerischen Ermessensspielraums des GmbH-Geschäftsführers. Die Voraussetzungen einer Haftung nach § 43 Abs. 2 GmbHG lauten dabei wie

---

[17] Kein Schutzgesetz: BGHZ 125, 366, 377 ff. = NJW 1994, 1801; Roth/Altmeppen/*Altmeppen* § 41 Rn. 12; anders Scholz/*Schneider* § 43 Rn. 331.
[18] Vgl. Für Schutzgesetz: Roth/Altmeppen/*Altmeppen* § 51a Rn. 37; anders Scholz/*K. Schmidt* § 51a Rn. 48.
[19] BGHZ 126, 181, 184 ff. = NJW 1994, 2220.
[20] BGH NJW 1990, 2560 ff. – Lederspray.
[21] BGHZ 109, 297, 303 f. = NJW 1990, 976.
[22] BGHZ 126, 181, 184 ff. = NJW 1994, 2220.
[23] BGH ZIP 1994, 867, 870.
[24] BGH NJW 1994, 197; Roth/Altmeppen/*Altmeppen* § 43 Rn. 90.
[25] BGH NJW 1992, 177.
[26] BGH GmbHR 1986, 83 – Sporthosen.
[27] BGHZ 110, 342; BGH ZIP 2003, 945; *Drescher*, Die Haftung des GmbH-Geschäftsführers, Rn. 54 ff.
[28] BGH WM 1992, 691; BGH GmbHR 2002, 588, 589; Baumbach/Hueck/*Zöllner/Noack* § 43 Rn. 66 m. w. N.
[29] BGHZ 79, 337, 340 ff. = NJW 1981, 1449.
[30] BGH WM 1984, 766, 767.

folgt: Geschäftsführereigenschaft, Pflichtverletzung, Verschulden, Schaden und Kausalität zwischen Pflichtverletzung und Schaden.

14 a) **Haftende Personen.** *aa) Geschäftsführer.* Sie sind nach § 43 Abs. 2 GmbHG von dem zuständigen Organ oder gerichtlich (→ § 8 Rn. 1 ff.) bestellte Geschäftsführer sowie auch stellvertretende Geschäftsführer (§ 44 GmbHG) Liquidatoren (§ 71 Abs. 4 GmbHG) und der gerichtlich bestellte Notgeschäftsführer.[31] Gleichgültig ist der Zeitpunkt der Inanspruchnahme, während oder nach der Amtszeit.[32] Auf die Eintragung im Handelsregister kommt es nicht an.[33] Die Haftung gilt auch für den gem. Mitbestimmungsgesetz ernannten Arbeitsdirektor (§ 33 MitbestG). Auf die Wirksamkeit eines Anstellungsvertrages oder sonstigen Dienstvertrages zwischen Geschäftsführer und Gesellschaft kommt es hierbei nicht an.[34] Leitende Angestellte, Gesellschafter oder Berater werden nicht erfasst, es sei denn, es handelt sich um „faktische Geschäftsführer".

15 *bb) Sog. faktische Geschäftsführer.* Die unter dem Begriff „faktischer Geschäftsführer" erfassten Fälle sind sehr umstritten. Allgemein wird angenommen, dass jedenfalls der **fehlerhaft bestellte Geschäftsführer,** der in Kenntnis mindestens eines Gesellschafters die Geschäftsführung tatsächlich vornimmt, nach § 43 Abs. 2 GmbHG verantwortlich ist.[35] Auch haftet ein Geschäftsführer, der bereits vor Eintragung der GmbH in das Handelsregister tätig wird, nicht nur nach § 11 Abs. 2, sondern auch gem. § 43 Abs. 2 GmbHG.[36] Nach h. M. gilt dasselbe auch ohne (ggf. nichtigen) Bestellungsakt, für denjenigen, der **faktisch die Geschäftsführungsaufgaben** anstelle eines Geschäftsführers und umfassend für diesen wahrnimmt (faktischer Geschäftsführer i. e. S.).[37]

16 Problematisch wird die Qualifizierung als „faktischer Geschäftsführer" immer dann, wenn eine Person nicht umfassend alle im Rahmen der Satzung und subsidiär im Rahmen des Gesetzes vorhandenen Geschäftsführungsaufgaben, d. h. von der Abfassung der „großen politischen" Richtlinien bis zur Umsetzung in die „kleine Münze" der täglichen Entscheidungen, wahrnimmt.[38] Lediglich die Einflussnahme auf die Geschäftsführung reicht für die Haftung nach § 43 Abs. 2 GmbHG nach h. M. nicht.[39] Vielmehr fordert die Rechtsprechung auch ein nach außen hervortretendes, üblicherweise der Geschäftsführung zuzurechnendes Handeln.[40] Nicht wesentlich soll dabei sein, ob der formelle Geschäftsführer vom faktischen Geschäftsführer aus dem Amt verdrängt wird.[41] Unterschiedlich beurteilt werden jedoch die Anforderungen an die Intensität der gesellschaftsinternen Einflussnahme.[42]

17 Nach den Strafsenaten des BGH muss der faktische Geschäftsführer gegenüber dem formellen Geschäftsführer eine überragende Stellung in der Gesellschaft einnehmen oder zumindest das deutliche Übergewicht haben.[43] Demgegenüber lässt es der II. Zivilsenat des BGH genügen, wenn der Betreffende in maßgeblichem Umfang Geschäftsführungsfunktionen übernimmt, auch wenn daneben in begrenztem Maße eine Geschäftsführung durch die bestellten Geschäftsführer erfolgt.[44] Hierfür spricht, dass auch für den gesetzlichen Regel-

---

[31] MünchKommGmbHG/*Fleischer* § 43 Rn. 215.
[32] OLG Koblenz NJW-RR 1995, 556.
[33] BGH NJW 1994, 2027.
[34] BGH NJW 1994, 2027; BGHZ 42, 287 für die Aktiengesellschaft.
[35] BGHZ 129, 30 = NJW 1995, 1290, 1291; *Strohn* DB 2011, 158 f.; *Fleischer* GmbHR 2011, 337 f.; Scholz/*Schneider* § 43 Rn. 22; ausführlich KölnerKommAktG/*Mertens*/*Cahn* § 93 Rn. 43 ff.
[36] BGH WM 1986, 789 f.; Roth/Altmeppen/*Altmeppen* § 43 Rn. 101.
[37] BGH GmbHR 1988, 299, 300; BGH DB 93, 34; OLG Düsseldorf GmbHR 1994, 317, 318; Baumbach/Hueck/*Zöllner*/*Noack* § 43 Rn. 3; *Strohn* DB 2011, 158.
[38] Ausführlich Baumbach/Hueck/*Zöllner*/*Noack* § 43 Rn. 3; KölnerKommAktG/*Mertens*/*Cahn* § 93 Rn. 43 ff.
[39] BGH NZG 2002, 520, 522; anders Scholz/*Schneider* § 43 Rn. 22; unklar auch BGH WM 1988, 756; BayObLG NJW 1997, 1936 f.
[40] GmbHR 1988, 299, 300; BGH NZG 2002, 520, 522; Baumbach/Hueck/*Zöllner*/*Noack* § 43 Rn. 3.
[41] *Strohn* DB 2011, 158, 160; Baumbach/Hueck/*Zöllner*/*Noack* § 43 Rn. 3; MünchKommGmbHG/*Fleischer* § 43 Rn. 229.
[42] Vgl. Baumbach/Hueck/*Zöllner*/*Noack* § 43 Rn. 3; MünchKommGmbHG/*Fleischer* § 43 Rn. 229, jeweils m. w. N.
[43] BGH NJW 2000, 2285, 2286; *Drescher*, Die Haftung des GmbH-Geschäftsführers, Rn. 88.
[44] BGH NJW 1988, 1789; MünchKommGmbHG/*Fleischer* § 43 Rn. 229; *Fleischer* GmbHR 2011, 337, 341.

falls der ordnungsgemäßen Bestellung ein bestellter Geschäftsführer nicht zwangsläufig alle Geschäftsführungsaufgaben erfüllen muss, sondern eine interne Geschäftsverteilung etwa eine Zuständigkeit nur für bestimmte Bereiche vorsehen kann.[45]

Ein Urteil des BayObLG wird oft herangezogen, um zu konkretisieren, ob eine Einflussnahme auf die Geschäftsführung so intensiv ist, dass sie es rechtfertigt, von einem faktischen Geschäftsführer zu sprechen.[46] Dies soll der Fall sein, wenn von den folgenden acht Merkmalen im Kernbereich der Geschäftsführung mindestens sechs erfüllt sind:[47]

- Bestimmung der Unternehmenspolitik;
- Bestimmung der Unternehmensorganisation;
- Einstellung und Entlassung von Mitarbeitern;
- Gestaltung der Geschäftsbeziehungen zu Vertragspartnern der GmbH;
- Verhandlung mit Kreditgebern;
- eine dem Geschäftsführergehalt entsprechende Vergütung;
- Entscheidung der Steuerangelegenheiten;
- Steuerung der Buchführung und Bilanzierung.

Ob man diesem Prüfschema streng „mathematisch" folgen kann, erscheint zweifelhaft.[48] Vielmehr bedarf es einer Gesamtbetrachtung der Umstände im Einzelfall, für die die oben genannten Kriterien als Anhaltspunkte herangezogen werden sollten.[49] Je mehr Kriterien erfüllt sind, desto mehr Umstände sprechen für eine faktische Geschäftsführung. Zum Kernbereich der Geschäftsführung zählen dürften daneben auch folgende Merkmale (soweit man diese nicht schon in den oben genannten Kriterien enthalten sieht):

- Verhandlung/Durchführung wirtschaftlich bedeutender Geschäfte, z. B. Erwerb und Veräußerung von:
  - Unternehmen und Unternehmensbeteiligungen;
  - Grundstücken, grundstücksgleichen Rechten;
  - ggf. bestimmten beweglichen Gegenstände sowie sonstigen Rechte;
- Verhandlung/Eingehung wirtschaftlich bedeutender Verbindlichkeiten, z. B.:
  - Übernahme von Bürgschaften oder Garantien
  - Erklärung von Schuldbeitritten.

Die überwiegende Meinung im Schrifttum lässt dagegen eine Übernahme von maßgeblicher Geschäftsführertätigkeit im Innenverhältnis ausreichen.[50] Aber auch hier wird vertreten, dass strenge Anforderungen an die Bejahung einer faktischen Organschaft zu stellen sind. Danach soll haftungsbegründend nur die Wahrnehmung organspezifischer Funktionen in organtypischer Weise wirken, um so Fälle äußerer Druckwirkungen (etwa durch Großkunden) oder von Gesellschaftern (etwa durch Weisung) sowie die Verantwortlichkeit nachgeordneter Unternehmensangehöriger (etwa leitende Angestellte) auszuschließen.[51]

Entgegen älterer Rspr.[52] reicht auch eine bloße Einflussnahme auf die Geschäftsführung für die Beurteilung der persönlichen Haftung des Hintermanns eines förmlich bestellten Strohmann-Geschäftsführers nicht aus.[53] Zur Insolvenzantragspflicht des faktischen Geschäftsführers → Rn. 235.[54] Zur Haftung des beherrschenden Gesellschafters bzw. zur Anwendbarkeit von § 43 Abs. 2 GmbHG im Konzern → § 20 Rn. 143 ff.

---

[45] *Strohn* DB 2011, 158, 160; MünchKommGmbHG/*Fleischer* § 43 Rn. 229.
[46] BayOLG NJW 1997, 1936; *Strohn* DB 2011, 158, 164.
[47] BayOLG NJW 1997, 1936 unter Bezugnahme auf einen Kriterienkatalog von: *Dierlamm* NStZ 1996, 153, 156.
[48] Kritisch: *Strohn* DB 2011, 158, 164; MünchKommGmbHG/*Fleischer* § 43 Rn. 229.
[49] *Strohn* DB 2011, 158, 164.
[50] *Strohn* DB 2011, 158, 161 ff.; vgl. *Fleischer* GmbHR 2011, 337, 342 f.; *Burgard* NZG 2002, 606, 608; für die AG: *Fleischer* AG 2004, 517, 525; Scholz/*Schneider* § 43, Rn. 26.
[51] MünchKommGmbHG/*Fleischer* § 43 Rn. 227.
[52] BGHZ 31, 258, 277 f.; ähnlich auch Scholz/*Schneider* § 43 Rn. 22.
[53] Baumbach/Hueck/*Zöllner/Noack* § 43 Rn. 3; Hachenburg/*Mertens* § 43 Rn. 7.
[54] *Drescher*, Die Haftung des GmbH-Geschäftsführers, Rn. 81 f. sieht die praktische Bedeutung im Rahmen des § 64 GmbHG und § 266 StGB für größer an als bei § 42 Abs. 2 GmbHG.

22 b) **Allgemeines zur Pflichtverletzung.** Ist der GmbH ein Schaden (→ Rn. 68) entstanden, so haben die als Geschäftsführer (→ Rn. 14) anzusehenden Personen diesen – allgemein betrachtet – nur zu ersetzen, wenn der Schaden auf einer Pflichtverletzung beruht und nicht vielmehr eine rechtmäßige unternehmerische Ermessensentscheidung zugrunde lag (→ Rn. 24), wenn des Weiteren eine eigene Pflichtverletzung (z. B. auch die Verletzung einer Überwachungspflicht) nachweisbar ist (→ Rn. 40) und wenn nicht auf Grund eines Geschäftsverteilungsplanes die Verantwortung des jeweiligen Geschäftsführers wirksam beschränkt wurde (→ Rn. 43).

23 Häufig werden die Pflichten des Geschäftsführers zur Systematisierung weiter unterteilt in Sorgfaltspflichten und Treuepflichten.[55] Dabei fällt unter Sorgfaltspflicht (i) die Pflicht, sich gesetzestreu zu verhalten (Legalitätspflicht), (ii) die Pflicht zur Anwendung der Sorgfalt, die ein ordentlicher Geschäftsführer eines Unternehmens vergleichbarer Art und Größe in der konkreten Situation angelegt hätte, insbesondere unter Berücksichtung des unternehmerischen Ermessens (Sorgfaltspflicht im engeren Sinn) sowie (iii) die Pflicht, sowohl die übrigen Geschäftsführer wie auch nachgeordnete Hierarchie-Ebenen zu überwachen (Überwachungspflicht).[56] Die Treuepflicht wiederum ist gekennzeichnet durch (i) die Pflicht, keine Geheimnisse der Gesellschaft preiszugeben (Verschwiegenheitspflicht), (ii) die Pflicht zur Unterlassung von Wettbewerb (Wettbewerbsverbot) sowie (iii) die Treuepflicht im engeren Sinn, die insbesondere durch die Pflicht zur Vermeidung von Interessenkonflikten und das Verbot von Sondervorteilen (auch für nahe Angehörige), gekennzeichnet ist.[57]

> **Praxisbeispiele:**
> Aus der jüngeren Rechtsprechung können beispielhaft folgende Fälle für Pflichtverletzungen aus der Praxis genannt werden:[58]
> - Haftung bei fehlerhafter kaufmännischer Kalkulation;[59]
> - Haftung bei vorzeitiger Zinsablösung, wenn Vorfälligkeitsentschädigung höher ist als Zinsersparnis;[60]
> - Haftung bei Unternehmenskauf ohne Wirtschaftlichkeitsberechnung bzw. Due Diligence;[61]
> - Haftung bei nachträglicher und nachteiliger Abänderung eines Dienstleistungsvertrags;[62]
> - *keine* Haftung bei vertretbarer Erhöhung des Gehalts eines leitenden Angestellten;[63]

24 *aa) Unternehmerisches Ermessen und Pflichtverletzung.* Spätestens seit der **ARAG/Garmenbeck**-Entscheidung des **BGH**[64] ist es notwendig geworden, im Rahmen der Haftung für Geschäftsführungsmaßnahmen auch den Topos des haftungsfreien unternehmerischen Ermessensspielraums von Geschäftsleitern, oder auch Business Judgement Rule[65] genannt, zu berücksichtigen.[66] Der Leitsatz dieser Entscheidung lautet:

25 „Diese [die Schadenersatzpflicht, Anm. der Verf.] kann erst in Betracht kommen, wenn die Grenzen, in denen sich ein von Verantwortungsbewusstsein getragenes, ausschließlich am Unternehmenswohl orientiertes, auf sorgfältiger Ermittlung der Entscheidungsgrundlagen beruhendes unternehmerisches Handeln bewegen muss, deutlich überschritten sind, die

---

[55] MünchKommGmbHG/*Fleischer* § 43 Rn. 245 m. w. N.
[56] MünchKommGmbHG/*Fleischer* § 43 Rn. 21 ff.
[57] MünchKommGmbHG/*Fleischer* § 43 Rn. 152 ff.
[58] Weitere Fälle z. B. bei *Drescher*, Die Haftung des GmbH-Geschäftsführers, Rn. 154.
[59] BGH ZIP 2008, 736.
[60] BGH NJW 2008, 3361.
[61] OLG Oldenburg, NZI 2007, 305.
[62] KG GmbHR 2011, 477.
[63] OLG Oldenburg, NZI 2007, 305.
[64] BGHZ 135, 244, 253 ff. = ZIP 1997, 883.
[65] Aronson v. Lewis, 473 A. 2d 805, 812 (Del. 1984); vgl. *Balthasar/Hamelmann* WM 2010, 589; *Lutter* GmbHR 2000, 301.
[66] Aus neuerer Zeit BGH WM 2009, 851, 854; BGH NJW 2008, 3361, 3362; OLG Oldenburg NZG 2007, 434; OLG Naumburg NZG 2001, 136, 137; umfassend *Fleischer* NZG 2011, 521.

Bereitschaft, unternehmerische Risiken einzugehen, in unverantwortlicher Weise überspannt worden ist oder das Verhalten des Vorstandes aus anderen Gründen als pflichtwidrig gelten muss."[67] Die 2005 in das AktG eingefügte Vorschrift des § 93 Abs. 1 S. 2 AktG gilt nach einhelliger Auffassung auch für den Geschäftsführer einer GmbH.[68]

Einschlägige Sachverhalte stellten sich wie folgt dar:

Beispiele: 26
BGH v. 21.4.1997 – BGHZ 135, 244 – ARAG/Garmenbeck: Einer der beiden Familienstämme, die die Aktien der ARAG AG halten, war der Ansicht, dass der Vorstandsvorsitzende der ARAG AG seine Pflichten als Vorstand verletzt hatte, als er über eine 100%ige Tochtergesellschaft der ARAG AG Geschäfte mit der Londoner Briefkastengesellschaft Garmenbeck Ltd. betrieb, deren Geschäftsmodell auf einer Art „Schneeball-System" beruhte.
Der BGH kam in seiner Entscheidung zu dem Ergebnis, dass im Vorstand für die Leitung der Geschäfte der AG ein weiter Handlungsspielraum zugebilligt werden muss, ohne den unternehmerisches Handeln schlechterdings nicht denkbar ist.
ThürOLG Jena v. 8.8.2000 – NZG 2001, 86: Der alleinige Geschäftsführer und Mitgesellschafter einer BMW-Autohaus-GmbH versuchte neben dem Neuwagengeschäft den Export von Gebrauchtfahrzeugen nach Litauen und Tschechien zu betreiben. Beide Exportgeschäfte endeten mit einem hohen Verlust. Die Gesellschafter werfen dem Geschäftsführer vor, die Zahlungsforderungen nicht genügend abgesichert zu haben.
OLG Naumburg v. 11.10.2000 – NZG 2001, 136 ff.: Dem Geschäftsführer einer GmbH wurde die verfrühte Stellung des Konkursantrags vorgeworfen. In diesem Rahmen, so das OLG Naumburg, habe jedoch der Geschäftsführer einen Beurteilungsspielraum, soweit es um die Fortbestehensprognose gehe. – Das vom Konkursgericht in Auftrag gegebene Gutachten bestätigte später den Tatbestand der Überschuldung im Zeitpunkt der Antragstellung.

Hintergrund der Zubilligung eines weiten unternehmerischen Ermessens ist, dass die zu 27 treffenden Entscheidungen in der Regel zukunftsbezogen und daher naturgemäß mit Unsicherheiten verbunden sind; ein zu großes Haftungsrisiko würde keinen Geschäftsführer ermutigen, risikobehaftete Entscheidungen zu treffen. Daneben bestünde sonst die Gefahr, dass Gerichte in Kenntnis des späteren Geschehensablaufs nachträglich überzogene Anforderungen an die Sorgfaltspflicht stellen würden.[69] Der unternehmerische Ermessensspielraum stellt sich aus Sicht des GmbH-Geschäftsführers[70] wie folgt dar:

(1) Unternehmerische Leitung und unternehmerisches Ermessen bei der GmbH im ge- 28 *setzlichen Regelfall.* Unternehmerisches Ermessen, d.h. sowohl Spielräume bei der Beurteilung bestimmter Sachverhalte als auch die Freiheit bei der Auswahl und Ausgestaltung bestimmter Entscheidungen, sind im gesetzlichen Regelfall aus den Leitungsbefugnissen des Geschäftsführers abzuleiten, die das GmbHG ihm übertragen hat.[71]

(a) Die Leitungsmacht des Geschäftsführers. Mangels ausdrücklicher gesetzlicher Regelung 29 analog § 76 AktG ist die Leitungsmacht des Geschäftsführers der GmbH aus den verschiedenen Vorschriften über die Kompetenzen des anderen Organs der GmbH, der Gesellschafterversammlung, (insbesondere §§ 45, 46 und §§ 35 ff. GmbHG andererseits) zu entnehmen. Da sich nach dem Katalog des § 46 GmbHG die Aufgabe der Gesellschafterversammlung in der Bestellung, Abberufung und der Überwachung der Geschäftsführer erschöpft, ist zunächst unstreitig, dass die Geschäftsführung sämtliche Maßnahmen im Rahmen des gewöhnlichen Ge-

---

[67] BGHZ 135, 244, 253 f. = ZIP 1997, 883, 886 – ARAG/Garmenbeck.
[68] Baumbach/Hueck/*Zöllner/Noack* § 43 Rn. 22; Roth/Altmeppen/*Altmeppen* § 43 Rn. 8 f.; Scholz/*Schneider* § 43 Rn. 54; *Hauschka* GmbHR 2007, 11, 12.
[69] MünchKommGmbHG/*Fleischer* § 43 Rn. 67.
[70] Zur Aktiengesellschaft vgl. vor allem: M. *Roth*, Unternehmerisches Ermessen und Haftung des Vorstands, 2001; aber auch *Horn* ZIP 1997, 1129, 1134; *Kindler* ZHR 162 (1998), 101, 105 ff.; *Henze* NJW 1998, 3309, 3310; für die GmbH vor der ARAG/Garmenbeck-Entscheidung: v. *Gerkan* ZHR 154 (1990), 39, 55; *Mertens*, in: FS 100 GmbHG, S. 609 ff.; *Priester* ZGR 1993, 524 ff.
[71] BGHZ 135, 244, 253 ff. = ZIP 1997, 883; vgl. insoweit auch M. *Roth*, Unternehmerisches Ermessen, S. 8 ff.; *Horn* ZIP 1997, 1129, 1134, jeweils zur AG.

schäftsablaufs des Unternehmens nach ihrem Ermessen bestimmen kann und muss.[72] Die Leitungsmacht der Geschäftsführung bezieht sich dabei unter systematischen Gesichtspunkten auf die Funktionsbereiche Strategie (insbesondere Planung und Steuerung), Organisation (insbesondere Berichtswesen, Kontrolle und Früherkennung) und Finanzen (insbesondere Liquidität und Finanzverfassung).[73] Sie ist daneben an die Umschreibung des Unternehmensgegenstandes in der Satzung gebunden.[74] Die Geschäftsführung ist auch im Übrigen an Gesetz, Recht, Satzung sowie an gesetzmäßige Gesellschafterweisungen gebunden; in diesem Rahmen besteht kein unternehmerisches Ermessen.[75] Die GmbH-Gesellschafter können die unternehmerischen Aktivitäten ihres Geschäftsführers folglich nicht nur negativ durch ein Verbot begrenzen, sondern ihm die Vornahme bestimmter Maßnahmen auch positiv durch ein Gebot vorgeben. Insoweit reduziert sich das unternehmerische Ermessen des GmbH-Geschäftsführers; er muss die Weisungen der Gesellschafterversammlung befolgen.[76] Streitig ist, ob die Geschäftsführer – ebenso wie der Vorstand gem. § 76 AktG – auch freie Ermessensentscheidungen treffen kann, sofern es die Grundsätze der Geschäftspolitik betrifft.[77] Rechtsprechung und herrschendes Schrifttum befürworten eine Primärzuständigkeit der Gesellschafter für die Grundsätze der Unternehmenspolitik, die Gegenansicht ordnet dies grundsätzlich dem Kompetenzbereich des Geschäftsführers zu.[78] In der Praxis wird man jedoch nicht umhin können, den Geschäftsführern jedenfalls eine Ersatzzuständigkeit für den Fall zuzusprechen, in dem die Gesellschafter sei es für Produktstrategien, im Rahmen des öffentlichen Auftritts der Gesellschaft oder aber in der Personalpolitik, es unterlassen haben, entsprechende Richtlinien zu bestimmen.[79] Eine Grenze der Entscheidungsbefugnisse stellt jedoch insoweit der bei der GmbH geltende Grundsatz – ebenfalls abweichend von § 76 AktG – dar, dass die Geschäftsführer nichts unternehmen dürfen, von dem sie annehmen könnten, dass es dem Willen der Gesellschafter widerspräche.[80] Ebenfalls muss der Geschäftsführer alle Maßnahmen vorlegen, die mit einem besonderen Risiko verbunden sind.[81] Zusammenfassend lässt sich in Anlehnung an Sven H. Schneider[82] sagen, dass eine unternehmerische Entscheidung die bewusste Auswahl eines Organs der Gesellschaft aus mehreren tatsächlich möglichen und rechtlich zulässigen Verhaltensalternativen darstellt, wobei im Zeitpunkt der Entscheidungsfindung wegen unvorhersehbarer Sachverhaltsentwicklung noch nicht absehbar ist, welche der zur Verfügung stehenden Alternativen sich als die im Nachhinein für das Unternehmen wirtschaftlich vorteilhafteste herausstellen wird und deshalb die Gefahr besteht, dass im Nachhinein die getroffene Auswahl als von Anfang an falsch angesehen wird.

30   *(b) Begrenzung der Haftung durch die Leitungsmacht.* In diesem vorgegebenen Rahmen sind den Geschäftsführern Beurteilungs- und Ermessensspielräume eingeräumt, die ihnen eine schnelle und effektive Leitung und die Berücksichtigung und den Ausgleich der verschiedenen in der Gesellschaft zusammenfließenden Interessen, d.h. die ggf. widersprüchlichen Interessen der einzelnen Gesellschafter, – jedenfalls in der mitbestimmten GmbH – die Interessen der Arbeitnehmer sowie auch diejenigen der Gläubiger, ermöglicht.[83]

---

[72] Rowedder/Schmidt-Leithoff/*Koppensteiner/Gruber* § 37 Rn. 6; Hachenburg/*Mertens* § 37 Rn. 3; Scholz/*Schneider* § 37 Rn. 11.
[73] MünchKommGmbHG/*Fleischer* § 43 Rn. 56 ff.
[74] *Brandner*, FS Rowedder, S. 44 ff.; Rowedder/Schmidt-Leithoff/*Koppensteiner/Gruber* § 37 Rn. 7.
[75] Scholz/*Schneider* § 43 Rn. 56, 74 ff.; vgl. *Fleischer* NZG 2011, 521, 524.
[76] *Fleischer* NZG 2011, 521, 524.
[77] Dagegen Scholz/*Schneider* § 43 Rn. 46; Hachenburg/*Mertens* § 37 Rn. 5; kritisch Rowedder/Schmidt-Leithoff/*Koppensteiner/Gruber* § 37 Rn. 8 m.w.N.
[78] Vgl. *Fleischer* NZG 2011, 521, 525 m.w.N.
[79] So auch Rowedder/Schmidt-Leithoff/*Koppensteiner/Gruber* § 37 Rn. 8; Lutter/Hommelhoff/*Hommelhoff* § 37 Rn. 8; Scholz/*Schneider* § 37 Rn. 10; vgl. BeckOKGmbHG/Haas/*Ziemons* (2013), § 43, Rn. 116.
[80] Rowedder/Schmidt-Leithoff/*Koppensteiner/Gruber* § 37 Rn. 8; OLG Jena NZG 2001, 86, 87, obiter; Baumbach/Hueck/*Zöllner/Noack* § 37 Rn. 10; Roth/Altmeppen/*Altmeppen* § 37 Rn. 8; *Fleischer* NZG 2011, 521, 524; vgl. BGH NJW 1984, 1462 f.
[81] *Fleischer* NZG 2011, 521, 525; Vgl. OLG Koblenz NZG 2000, 267; Baumbach/Hueck/*Zöllner/Noack* § 37 Rn. 11.
[82] DB 2005, 707, 711; vgl. auch *Semler*, in: FS Ulmer, 2003, S. 627 f.; *Kock/Dinkel* NZG 2004, 441, 442; *Hoor* DStR 2004, 2104, 2105; *Spindler* AG 2006, 677, 681.
[83] *M. Roth*, Unternehmerisches Ermessen, S. 15 f., 23 ff.; *Horn* ZIP 1997, 1129, 1134 ff.

Befindet sich also der Geschäftsführer in einem nicht durch Gesetz,[84] Satzung, Geschäfts- 31
ordnung oder -verteilung, Treuepflicht und den „Geist von Gesellschafterbeschlüssen" geregelten Bereich, so kommen die Grundsätze der ARAG/Garmenbeck-Entscheidung[85] zur Anwendung. Hiernach hat der Geschäftsleiter – in Anlehnung an die amerikanische Business Judgement Rule und § 93 Abs. 1 S. 2 AktG – folgende Grundsätze zu beachten:
- Vorliegen eines Ermessensspielraums in Abgrenzung zu gebundenen Entscheidungen;
- Die Entscheidung beruht auf sorgfältiger Ermittlung der Entscheidungsgrundlagen;
- die Risikobereitschaft eines verantwortungsbewussten Geschäftsführers wurde nicht überspannt;
- die Entscheidung ist ausschließlich am Unternehmenswohl orientiert, d. h. vor allem nicht an eigenen Interessen oder Interessen außerhalb des Unternehmens.

Unklar und streitig ist, (aa) wieweit der Geschäftsleiter tatsächlich gehen muss, um die 32
Grundlagen der Entscheidung zu ermitteln, und (bb) wann genau seine Risikobereitschaft nicht mehr von Verantwortungsbewusstsein getragen ist.

Dass tatsächlich im Rahmen der **Ermittlung der Entscheidungsgrundlagen** gefordert wird, 33
die Geschäftsleitung habe restlos alle erreichbaren Informationen zu sammeln,[86] steht in krassem Widerspruch zur Leitentscheidung im Fall ARAG/Garmenbeck[87] und auch zur unternehmerischen Praxis.[88] Indem der BGH klar argumentiert, dem Vorstand müsse „ein weiterer Handlungsspielraum zugebilligt werden [...], ohne den eine unternehmerische Tätigkeit schlechterdings nicht denkbar ist",[89] stellt er klar, dass dem Vorstand der Ermessensspielraum vor allem zur **effektiven Leitung** der Gesellschaft gewährt wird. Im Übrigen fordert er, dass „die Grenzen, in denen sich ein [...] auf sorgfältiger Ermittlung der Entscheidungsgrundlagen beruhendes unternehmerisches Handeln bewegen muss, deutlich überschritten sind, ...".[90] Auf der anderen Seite hat der BGH selbst ausgeführt, dass der Geschäftsführer in der konkreten Entscheidungssituation alle verfügbaren Informationsquellen tatsächlicher und rechtlicher Art ausschöpfen muss.[91] Dies wird in der Literatur kritisiert.[92] Aus dem Grundsatz effektiver Leitung folgt deshalb, dass das Ausmaß der von einem Geschäftsführer/Vorstand zu verlangenden Ermittlung der Entscheidungsgrundlagen in einem vernünftigen Verhältnis zur Bedeutung der Angelegenheit stehen muss.[93] Nicht gefordert werden kann daher, dass jede nur denkbare Information beschafft und jede nur denkbare Auswirkung der Entscheidung quantifiziert wird.[94] Die jeweils erforderliche Informationstiefe hängt insbesondere von den Parametern (i) Kosten der Informationsbeschaffung, (ii) potentielles Risiko für die Gesellschaft und (iii) Zeitspanne, die für die Entscheidungsfindung zur Verfügung steht, ab.[95] Die Pflicht zur sorgsamen Vorbereitung der Entscheidung reicht folgerichtig umso weiter, je risikoreicher oder bedeutender die Maßname ist.[96] Auch dieser Bereich der Vorbereitung der Entscheidungsfindung ist wiederum eine Ermessensentscheidung und eröffnet denselben Spielraum.[97] So liegt es bei einem **Unternehmenskauf**, bei

---

[84] Auch hier können sich jedoch Beurteilungs- und ggf. Ermessensspielräume ergeben: *Fleischer* NJW 2005, 3525, 3528; *Hauschka* GmbHR 2007, 11, 13; *Brömmelmeyer* WM 2005, 2065, 2066; Zu § 64 vgl. OLG Naumburg NZG 2001, 136, 137.
[85] BGHZ 135, 244, 253 = ZIP 1997, 883, 886 ff.
[86] KölnerKommAktG/*Mertens/Cahn* § 93 Rn. 33; *Kindler* ZHR 162 (1998), 101, 106.
[87] BGHZ 135, 244, 253.
[88] So auch *Horn* ZIP 1997, 1129, 1134 f.; auch *M. Roth*, Unternehmerisches Ermessen, S. 81 ff.
[89] BGHZ 135, 244, 253.
[90] BGHZ 135, 244, 253.
[91] BGH, NJW 2008, 3361.
[92] MünchKommGmbHG/*Fleischer* § 43 Rn. 88; anders *Goette*, ZGR 2008, 436, 448.
[93] Ähnlich BGH NJW 2003, 358, 359: „in geschäftsüblicher, sorgfältiger Weise" aufklären; OLG Oldenburg NZI 2007, 305, 306; *Kock/Dinkel* NZG 2004, 441, 444; so auch Scholz/*Schneider* § 43 Rn. 58: „angemessene Information".
[94] BeckOKGmbHG/*Haas/Ziemons* (2013), § 43 Rn. 110.
[95] BeckOKGmbHG/*Haas/Ziemons* (2013), § 43 Rn. 110; *Fleischer*, in: FS Wiedemann, 827, 840 f.; Baumbach/Hueck/*Zöllner/Noack* GmbHG § 43 Rn 22c; Scholz/*Schneider* GmbHG § 43 Rn 58.
[96] BeckOKGmbHG/*Haas/Ziemons* (2013), § 43 Rn. 110.1; Baumbach/Hueck/*Zöllner/Noack* GmbHG § 43 Rn 22c.
[97] *Spindler* AG 2006, 677, 681; Scholz/*Schneider* § 43 Rn. 58.

dem eine ausführliche Due Diligence-Prüfung von dem Geschäftsführer der Erwerber-GmbH zu veranlassen ist, wenn Investitionsentscheidungen von gewisser Größe (im entschiedenen Fall Gesamtkosten des Erwerbs DM 6,5 Mio.) anstehen oder wenn vorliegende Beurteilungen Ungereimtheiten und Unsicherheiten aufweisen.[98] Des Weiteren muss der Geschäftsleiter im Rahmen einer von ihm installierten und überwachten Organisation darauf vertrauen dürfen, dass ihm zugeleitete Informationen – vorbehaltlich etwaiger Plausibilitätskontrollen – richtig und verlässlich sind;[99] wenn er allerdings Anhaltspunkte für Ungereimtheiten und Unsicherheiten von vorgelegten Informationen haben muss, insbesondere auch Zweifel an der Unvoreingenommenheit der Begutachtung, dann ist er verpflichtet ergänzend andere oder externe Gutachter hinzuzuziehen.[100] Im Übrigen wird man Geschäftsführung und Vorstand bei Ermittlung der Entscheidungsgrundlagen entsprechend der US-amerikanischen *Business Judgement Rule*[101] nur dann einen Vorwurf machen können, wenn sie grob fahrlässig gehandelt haben.[102] Diesen Haftungsmaßstab gibt die ARAG/Garmenbeck-Entscheidung vor, wenn sie verlangt, dass die vorgegebenen Maßstäbe „deutlich" überschritten sein müssten.[103]

Im Fall des **OLG Oldenburg v. 22.6.2006 – NZI 2007, 305 ff.** ging es um den Erwerb einer insolventen Klinik zum Preis von DM 2,6 Mio zzgl. Besserungsschein von bis zu DM 3,5 Mio. durch eine Klinik-Betreiber-GmbH. Diese nahm ihren Geschäftsführer wegen des Erwerbs auf Schadensersatz in Anspruch. Er habe keine ausreichende Due Diligence durchgeführt und den Aufsichtsrat nicht ausreichend informiert. Das OLG bejaht den Schadensersatzanspruch, da der Geschäftsführer sich auf eine mit Ungereimtheiten und mit Unsicherheiten behaftete interne Wirtschaftlichkeitsberechnung durch den vorherigen Klinikbetreiber gestützt hatte und keine externe Begutachtung, z. B. durch Wirtschaftsprüfer, beauftragt hatte. Des Weiteren habe der Geschäftsführer auch dem Aufsichtsrat nicht alle, für die Kaufentscheidung wesentlichen Punkte offengelegt, insbesondere dem Aufsichtsrat die wahren Gründe für einen zwischenzeitlichen Abbruch der Kaufverhandlungen mit dem Veräußerer unzureichend dargestellt.

34   Inhaltlich muss die Entscheidung von Verantwortungsbewusstsein getragen sein,[104] insbesondere darf der Geschäftsführer nicht in unverantwortlicher Weise unternehmerische Risiken eingehen.[105] Hier ist „Verantwortlichkeit" der Oberbegriff, den es zu konkretisieren gilt.[106] Die Entscheidung, ein Risiko einzugehen, wird man richtigerweise nur als einen Fall der mit Verantwortungsbewusstsein zu treffenden Entscheidungen ansehen können.[107] Nun hat *M. Roth* nachgewiesen, dass der Terminus „unverantwortlich" in der Straf-, Familien-, Versicherungs- und allgemeinen schadensrechtlichen Rechtsprechung des BGH sowie auch in der Rechtsprechung des BAG mit „in besonderer Weise grob fahrlässig" gleichzusetzen ist, also ein Verschuldensmaßstab oberhalb grober Fahrlässigkeit anzulegen ist.[108] Unverantwortlich ist deshalb das Handeln eines Geschäftsführers/Vorstandes, dessen fehlende kaufmännische Rechtfertigung mehr als offensichtlich ist.[109]

35   Es ist aber sehr fraglich, ob der BGH in seiner ARAG/Garmenbeck-Entscheidung tatsächlich eine solch weitgehende Haftungsfreistellung bewilligen wollte.[110] So bestanden nach der auch heute noch als gültig angesehenen[111] Rechtsprechung des Reichsgerichts[112] klare Re-

---

[98] OLG Oldenburg NZI 2007, 305, 306.
[99] Richtig OLG Rostock GmbHR 1995, 658, 660; anders noch BGH WM 1971, 1548, 1549.
[100] OLG Oldenburg NZI 2007, 305, 306.
[101] Nachweise bei *M. Roth*, Unternehmerisches Ermessen, S. 86.
[102] Ähnlich auch *Horn* ZIP 1997, 1129, 1134 f.; *M. Roth*, Unternehmerisches Ermessen, S. 86.
[103] BGHZ 135, 244, 253.
[104] *Scholz/Schneider* § 43 Rn. 59 spricht von „Gutgläubigkeit", die aber nicht subjektiv zu beurteilen sei.
[105] BGHZ 135, 244, 253.
[106] Ähnlich auch *Henze* NJW 1998, 3309, 3311; *M. Roth*, Unternehmerisches Ermessen, S. 97 ff.
[107] *Henze* NJW 1998, 3309, 3311; *M. Roth*, Unternehmerisches Ermessen, S. 97 ff.
[108] *M. Roth*, Unternehmerisches Ermessen, S. 99 f. m. w. N. der Rspr.
[109] So auch *Henze* BB 2000, 209, 215; *M. Roth*, Unternehmerisches Ermessen, S. 100; *Ulmer* ZHR 163 (1999), 290, 298 f.
[110] Kritisch auch *Ulmer* ZHR 163 (1999), 290, 298 f.
[111] Rowedder/Schmidt-Leithoff/*Koppensteiner/Gruber* § 43 Rn. 18.
[112] RGZ 129, 272, 275.

geln für die kaufmännische – und rechtliche – Beurteilung von Risiken, bei deren Missachtung eine Haftung begründet war: „Es muss im Regelfall wahrscheinlich sein, dass sich das in Frage stehende Verhalten als für die Gesellschaft vorteilhaft erweist; Ausnahmen kommen nur in Betracht, wenn einem vergleichsweise geringen Risiko eine besonders hohe Gewinnchance gegenübersteht. Aber auch bei Wahrscheinlichkeit des Erfolgseintritts muss das Geschäft unterbleiben, wenn es im Falle eines Misslingens zu einer erheblichen Gefährdung des Unternehmens führen würde [...]." Man wird nun nach der neueren Rechtsprechung zum Ermessensspielraum dem Geschäftsführer nicht das Recht zubilligen dürfen, diese Regeln zu missachten: Die Vergabe eines Darlehens, bei dem der Geschäftsführer bereits im Zeitpunkt der Auszahlung die spätere Uneinbringlichkeit vorausgesehen hat oder – und hier gelten die Grundsätze zur Ermittlung des relevanten Sachverhalts (→ Rn. 33) – hätte voraussehen müssen, bedarf deshalb der besonderen Rechtfertigung; pflichtwidrig ist dies nicht erst, wenn die mangelnde Rechtfertigung mehr als offensichtlich ist.[113] Man wird jedoch bei der Frage der Rechtfertigung (beispielsweise der Darlehensvergabe trotz des Risikos) und bei der Würdigung des der Rechtfertigung zugrundeliegenden Sachverhalts dem Geschäftsführer – nachdem er sich pflichtgemäß informiert hat – einen Beurteilungsspielraum zubilligen müssen. Die Beurteilung durch den Geschäftsführer ist sodann nur pflichtwidrig, wenn sie unverantwortlich war, d. h. mehr als offensichtlich fehlerhaft.[114] Selbstverständlich ist in diesem Rahmen auch der (vermutete) Wille der Gesellschafter[115] zu berücksichtigen, der einer Übernahme des Risikos entgegenstehen kann.

Zuletzt muss die Entscheidung **am Unternehmenswohl orientiert** sein.[116] Hierbei kann es 36 sich nicht lediglich um einen Hinweis auf eine Richtlinie für Entscheidungen der Geschäftsführung handeln; indem der BGH[117] an dieser Stelle das Wort „ausschließlich" akzentuiert, weist er auf ein weiteres hin: Die Berücksichtigung anderer als der Unternehmensinteressen ist pflichtwidrig. Wenn also dem Geschäftsführer nachgewiesen werden kann, dass er sich bei der Entscheidungsfindung von sachfremden Motiven oder Sonderinteressen, d. h. Interessen außerhalb des Unternehmens, hat leiten lassen, so ist die Entscheidung fehlerhaft.[118] Dies ist z. B. anzunehmen, wenn er zum eigenen Nutzen oder zum Nutzen von nahestehenden Personen oder Gesellschaften handelt.[119] Grundsätzlich kann man davon ausgehen, dass bei Interessenkonflikten eine Orientierung am Unternehmensinteresse im Regelfall nicht gegeben ist.[120] Kommt dem Geschäftsführer das Geschäft als (Mit-)Gesellschafter der GmbH mittelbar zugute, so liegt idR kein Handeln zum eigenen Vorteil in diesem Sinn vor.[121]

Die Gerichte dürfen die Entscheidungen des Geschäftsführers nur im Rahmen der vorge- 37 nannten Kriterien aus der ex ante-Sicht beurteilen. Eine weitergehende Richtigkeitskontrolle ist ihnen untersagt.[122] **In der Praxis** ist nach dem Vorgesagten deshalb die **schriftliche Dokumentation** der Entscheidungsfindung des Geschäftsführers bzw. der Geschäftsführung von besonderer Bedeutung. Diese schriftlich ausformulierte Begründung kann haftungsbefreiende Wirkung haben. Eine Hinzuziehung von Beratern ist in solchen Fällen durchaus empfehlenswert.

(c) Spezialgesetzlich geregelte Pflichten. Nicht nur bei Ausübung von Leitungsmacht, 38 sondern auch im Rahmen der Erfüllung **spezialgesetzlich geregelter Pflichten** kann den Geschäftsführern im Einzelfall ein Beurteilungs- oder sogar ein Ermessensspielraum zustehen.

---

[113] So aber wohl *M. Roth*, Unternehmerisches Ermessen, S. 126 f.; wie hier OLG Jena NZG 2001, 86, 88; Baumbach/Hueck/Zöllner/*Noack* § 43 Rn. 22c.
[114] Mit dieser Frage musste sich konsequent das OLG Jena NZG 2001, 86, 88, nicht befassen.
[115] *Fleck* GmbHR 1974, 224, 225; Hachenburg/*Mertens* § 43 Rn. 27.
[116] BGHZ 135, 244, 253.
[117] BGHZ 135, 244, 253 – ARAG/Garmenbeck.
[118] Zur verwaltungsgerichtlichen Rechtsprechung vgl. *Kopp/Ramsauer* VwVfG § 40 Rn. 14, 39.
[119] RegE UMAG, BT-Drucks. 15/5092, S. 11; *Lutter*, in: FS Priester, 2007, S. 417; *ders.*, in: FS Canaris, 2007, S. 245; Scholz/*Schneider* § 43 Rn. 57.
[120] Baumbach/Hueck/Zöllner/*Noack* GmbHG § 43 Rn 22d.
[121] *Hauschka* GmbHR 2007, 11, 15.
[122] Ulmer/*Paefgen* § 43 Rn. 60; weitergehend Scholz/*Schneider* § 43 Rn. 61: „Vertretbarkeit der Entscheidung".

Dies ist jeweils abhängig von den einzelnen Vorschriften. Ein Beurteilungsspielraum wurde beispielsweise angenommen im Rahmen der Insolvenzantragspflicht (§ 15a Abs. 1 S. 1 InsO), wenn es im Rahmen der Beurteilung der Überschuldung um die Fortbestehensprognose geht.[123] Kommt es bei einer GmbH einmal zu einer Kapitalerhöhung, bei der das gesetzliche Bezugsrecht der Gesellschafter ausgeschlossen werden soll, so käme bei der dann jedenfalls nach einer Meinung in der Literatur[124] notwendigen Begründung des Bezugsrechtsausschlusses (§ 184 Abs. 4 S. 2 AktG analog) der Geschäftsführung entsprechend der Siemens/Nold-Entscheidung[125] ein Beurteilungsspielraum zu, da die Frage der Erforderlichkeit des Bezugsrechtsausschlusses eine Prognose verlangt[126] (vgl. auch → § 5 Rn. 186 ff.).

39 *(2) Die Einschränkung der eigenständigen Leitungsbefugnis* können die Gesellschafter durch die Satzung, insbesondere Zustimmungsvorbehalte, oder in einzelnen Gesellschafterbeschlüssen umfassend vornehmen.[127] Solche Regelungen durch Satzung oder Gesellschafterbeschlüsse hätten grundsätzlich eine Reduzierung des unternehmerischen Ermessens der Geschäftsführer – u. U. bis auf Null – zur Folge. Die Grenze für die Gesellschafter liegt dort, wo es um die Ausführung von einzelnen Maßnahmen geht, insbesondere die Vertretung der Gesellschaft nach außen.[128]

40 *bb) Haftung nur für eigene* P*flichtverletzungen.* Der Geschäftsführer haftet grundsätzlich nur für **eigene Pflichtverletzungen** und nicht für pflichtwidriges Verhalten anderer Geschäftsführer. Selbst bei wirksamer Geschäftsverteilung (vgl. → Rn. 43) behält aber jeder Geschäftsführer auch die gesamte Verantwortung für nicht delegierbare Tätigkeiten. Bei Delegation auf andere Geschäftsführer, Mitarbeiter oder externe Berater treffen den Geschäftsführer dagegen im Rahmen des unternehmerischen Ermessens[129] lediglich Auswahl-, Organisations- und Überwachungspflichten; eine Zurechnung von Pflichtverletzungen des Personals oder externer Berater erfolgt nicht.[130]

41 Die einzelne Aufgabe muss **delegierbar** sein. Dies sind nicht solche Aufgaben, die zwingend der Geschäftsleitung zugewiesen sind, wie z. B. Meldepflichten gegenüber dem Handelsregister, Insolvenzantragspflicht, Abführung von Arbeitnehmerbeiträgen zur Sozialversicherung.[131] Zuzustimmen ist aber *U. H. Schneider*,[132] der auch Maßnahmen, die für die Gesellschaft von grundlegender Bedeutung sind, aus dem Kreis der delegierbaren bzw. an einzelne Geschäftsführer zur alleinigen Verantwortung zuweisbaren Aufgaben herausnehmen will: Vorbereitung der Pläne für die Unternehmenspolitik, Festlegung der Organisationsstruktur, Geschäftsverteilung, Auswahl und Überwachung der leitenden Mitarbeiter sowie für das Unternehmen existenzielle Entscheidungen. Des Weiteren kann die Satzung entsprechende Schranken vorsehen.

42 Wurden Aufgaben zulässigerweise delegiert, so sind die Geschäftsführer von ihrer Haftung jedoch nur dann frei, wenn ihnen kein **Auswahl- und/oder Organisationsverschulden** zur Last fällt.[133] Insbesondere obliegt es hier den Geschäftsführern, Richtlinien für die Mit-

---

[123] OLG Celle NZG 1999, 1064; OLG Düsseldorf GmbHR 1999, 1202; OLG Naumburg NZG 2001, 136, 137; vgl. *Haas* DStR 2003, 423, 425 f.
[124] Baumbach/Hueck/*Zöllner* § 55 Rn. 25; a. A. Scholz/*Priester* § 55 Rn. 61; Lutter/Hommelhoff/*Hommelhoff* § 55 Rn. 21.
[125] BGHZ 136, 133, 139 f.
[126] *M. Roth*, Unternehmerisches Ermessen, S. 11.
[127] Rowedder/Schmidt-Leithoff/*Koppensteiner/Gruber* § 45 Rn. 6, § 37 Rn. 26 ff.
[128] Vgl. ausführlich Baumbach/Hueck/*Zöllner/Noack* § 35 Rn. 76; Rowedder/Schmidt-Leithoff/*Koppensteiner/Gruber* § 35 Rn. 7 ff.
[129] BGHZ 152, 280, 287; Lutter/Hommelhoff/*Kleindiek* § 43 Rn. 21 f.; Baumbach/Hueck/*Zöllner/Noack* § 43 Rn. 26.
[130] BGH NJW 1974, 1371; BGH NJW-RR 1986, 1293; BGH DStR 1994, 1092, 1093; BGHZ 133, 370, 377 ff.; BGH NJW 2004, 1111, 1112; BGH NZG 2011, 1271, 1273, Rn. 17; OLG Köln NZG 2001, 135, 136; KG NZG 2000, 1224, 1226; Hachenburg/*Mertens* § 43 Rn. 12; Baumbach/Hueck/*Zöllner/Noack* § 43 Rn. 26; vgl. auch RGSt 13, 235, 238 zur Buchführungspflicht.
[131] BGHZ 133, 370, 375; *Goette* DStR 1996, 2029 ff.; zur Insolvenzantragspflicht: BGH DStR 1993, 1092.
[132] Scholz/*Schneider* § 43 Rn. 43; im Anschluss an BGH GmbHR 1990, 500, 503; BGH WM 1971, 1548; *Dreher* ZGR 1992, 57; ebenso MünchKommGmbHG/*Fleischer* § 43, Rn. 116.
[133] BGHZ 134, 307, 312 ff.; BFH BStBl. II 1991, 284 f.; *Sina* GmbHR 1990, 65 ff.

arbeiter aufzustellen, nach denen bestimmte Entscheidungen zu treffen, bestimmte Kontrollen durchzuführen sowie Informationen an die Geschäftsleitung weiterzugeben sind. Des Weiteren haben selbstverständlich die Geschäftsführer durch sorgfältige **Überwachung** und – insbesondere bei ungewöhnlichen Geschäften – **durch stichprobenartige Kontrollen** zu gewährleisten, dass die Richtlinien eingehalten werden.[134] Dazu gehört auch die Sorge für einen entsprechenden Informationsfluss im Unternehmen, sowie die Sicherstellung des Zugangs von Postsendungen.[135]

Beispiel:
In **BGH BB 1989, 382** hatte der BGH den Geschäftsführer wegen Subventionsbetruges in der Alternative der leichtfertigen Begehung (§ 264 Abs. 3 StGB) verurteilt, weil er ohne weitere Prüfung einen von seinem Buchhalter vorbereiteten, wahrheitswidrigen Antrag auf Personalkostenzuschüsse unterzeichnet hatte. Obschon der Geschäftsführer beweisen konnte, dass der Buchhalter sorgfältig ausgewählt worden war und auch sonst als gewissenhaft bekannt war, meinte der BGH, er habe eine stichprobenartige Prüfung vornehmen müssen, da es sich nicht um eine ständig von dem Buchhalter zu erledigende Aufgabe gehandelt habe.

cc) Gesamtverantwortung und Geschäftsverteilung. Indem es heißt: „die Geschäftsführer ... haften" (§ 43 Abs. 2 GmbHG), verankert der Gesetzgeber bei mehrgliedriger Geschäftsführung den **Grundsatz der Gesamtverantwortung**. Danach hat jeder einzelne Geschäftsführer für die Rechtmäßigkeit der Unternehmensleitung gemäß Gesetz und Satzung, sowie auch sonst für die Sorgfalt eines ordentlichen Geschäftsmanns einzustehen.[136] Dieser Grundsatz hindert jedoch nicht daran, die Geschäfte innerhalb der Geschäftsführung auch mit haftungsrechtlicher Wirkung zu verteilen. Folgende Anforderungen müssen erfüllt sein:

Die bestimmten Entscheidungen oder Maßnahmen müssen **der Geschäftsverteilung zugänglich** sein. Dies ist beispielsweise nicht der Fall bei Meldepflichten zum Handelsregister oder bei der Insolvenzantragspflicht.[137] Dasselbe gilt auch für Entscheidungen oder Maßnahmen, die für die Gesellschaft von grundlegender Bedeutung sind, wie z.B. die Unternehmenspolitik, die Organisationsstruktur, die Auswahl und Überwachung leitender Mitarbeiter, wesentliche Änderung der Dienstleistungs- und/oder Produktpalette, bestimmte Entscheidungen des Outsourcings. Weitere Themen, die einer Entscheidung des Gesamtgremiums bedürfen, kann die Satzung regeln. Der Geschäftsverteilungsplan bedarf **der Schriftform** und hat eindeutig bestimmte Geschäftsbereiche zuzuweisen und abzugrenzen.[138] Erforderlich ist des Weiteren die **persönliche und fachliche Eignung** des für das jeweilige Ressort ernannten Geschäftsführers. Hierfür haften die übrigen Geschäftsführer.[139]

Bei wirksamer Ressortverteilung verbleibt für die übrigen Geschäftsführer jedoch die **Überwachungsverantwortung**, die die einzelnen Geschäftsführer zum Eingreifen verpflichten kann.[140] Sie haben die Pflicht, sich in regelmäßig stattfindenden Geschäftsleitungsbesprechungen über die Tätigkeit der anderen Ressortleiter zu informieren und bei Anhaltspunkten für eine sorgfaltswidrige Geschäftsführung oder fehlende Eignung bestimmten Einzelmaßnahmen zu widersprechen oder aber dem Ressortleiter die Zuständigkeit zu entziehen.[141] Beziehen sich diese Anhaltspunkte jedoch lediglich auf einzelne Teile des Ressorts, so reichen Aufsichtsmaßnahmen, die sich allein hierauf beziehen, grundsätzlich aus, es sei denn die anderen Geschäftsführer mussten hieraus auf eine allgemein sorgfaltswidrige Res-

---

[134] Vgl. Rowedder/Schmidt-Leithoff/*Koppensteiner/Gruber* § 43 Rn. 16; KölnerKommAktG/*Mertens/Cahn* § 93 Rn. 35; *Götz* AG 1995, 337, 338.
[135] Rowedder/Schmidt-Leithoff/*Koppensteiner/Gruber* § 43 Rn. 16.
[136] Vgl. nur BGH NJW 1994, 2149.
[137] BGH NJW 1994, 2149.
[138] BGHZ 133, 370, 375; gleichfalls die finanzgerichtliche Rechtsprechung: BFH GmbHR 1986, 288; *Sina* GmbHR 1990, 65 ff.; Scholz/*Schneider* § 43 Rn 37; MünchKommGmbHG/*Fleischer* GmbHG § 43 Rn 115; anders *Lohr* NZG 2000, 1204, 1210.
[139] Scholz/*Schneider* § 43 Rn. 38; BFH GmbHR 1998, 203.
[140] BGHZ 133, 370, 375; Scholz/*Schneider* § 43 Rn. 39.
[141] BGHZ 133, 370, 375; BGH GmbHR 1995, 653, 654; BGH GmbHR 2004, 304; OLG Köln NZG 2001, 135 f.

sortleitung des Mitgeschäftsführers schließen.[142] Als Kehrseite muss jeder Geschäftsführer von sich aus über wichtige Vorgänge und Entwicklungen in seinem Ressort berichten.[143] **In der Krise** der Gesellschaft gelten gesteigerte Überwachungspflichten.[144]

Beispiel:
OLG Köln v. 31.8.2000 – NZG 2001, 135 ff.: Der Finanzvorstand H. der K. VVaG, die im Immobilien- und Hypothekenbereich tätig war, war einem Betrüger „Dr. J." aufgesessen. Der für das Anlagemanagement und die Finanzbuchhaltung zuständige H. hatte die Bewilligung eines Darlehens an Dr. J. zur Entscheidung durch den Finanzausschuss des Aufsichtsrates der K VVaG vorbereitet, er hatte das Darlehen nach entsprechend positiver Entscheidung des Finanzausschusses bewilligt und zur Auszahlung angewiesen.

Nachdem der Betrug durch Dr. J. auffiel, nahm sich H. das Leben und die K VVaG versuchte, Schadensersatz bei dem weiteren Vorstandsmitglied B. zu erlangen, indem sie ihm Verletzung seiner Überwachungspflichten vorwarf. In der Entscheidung ging es sodann darum, „Anhaltspunkte für eine sorgfaltswidrige Geschäftsführung" des H. auszumachen, die die weiteren Vorstandsmitglieder zum Ergreifen von Aufsichtsmaßnahmen in Bezug auf das Nachbarressort angehalten hätten. Das OLG stellt zunächst fest, dass sich aus den vorgelegten Protokollen (vermutlich solche des Vorstands und des Aufsichtsrats) keine Anhaltspunkte für ein unkorrektes Verhalten bei der Bewilligung des Darlehens ergäben. Kein Anhaltspunkt sei ferner das Fehlen neuerer Richtlinien über die Vergabe von Darlehen, obschon die Gesellschaft das Kreditgeschäft beträchtlich ausgeweitet hatte; dies sei Sache des Finanzvorstandes und des Finanzausschusses gewesen. Des Weiteren ergäben sich auch keine Unregelmäßigkeiten aus den Protokollen des Finanzausschusses über die Bewilligung des streitigen Darlehens, soweit es die Vorbereitung der Entscheidung des Finanzausschusses durch H. beträfe. Darüber hinaus habe auch die Tatsache, dass dem Vorstandsmitglied H. in einer Aufsichtsratssitzung die Verletzung von Informationspflichten im Hinblick auf Kapitalanlagen, d.h. Investitionen in Gesellschaften und Grundstücke, zum Vorwurf gemacht wurde und mit der Prüfung ein Wirtschaftsprüfer beauftragt wurde, keinen Anhaltspunkt für Unregelmäßigkeiten bei der Vergabe von Darlehen bedeutet.

Muster: Geschäftsverteilung der Geschäftsführung

46

In Ergänzung der Geschäftsordnung der Geschäftsführung in der Fassung vom ...... hat die Gesamtgeschäftsführung durch Beschluss vom ...... die Ressorts der Mitglieder der Geschäftsführung mit Wirkung zum ...... wie folgt geregelt:

I.

Zum Ressort des Vorsitzenden der Geschäftsführung (......, Name) gehören folgende Abteilungen und Aufgaben:
- Federführung in der Gesamtleitung und der Geschäftspolitik des Unternehmens einschließlich der Koordinierung der Ressorts
- federführende Zuständigkeit für Angelegenheiten der Gesellschafter, der Gesellschafterversammlung, ggf. des Aufsichtsrates und der Gesamtgeschäftsführung,
- Öffentlichkeitsarbeit
- Konzernplanung, Konzernrevision

II.

Zum Ressort des Geschäftsführers Finanzen (......, Name) gehören folgende Abteilungen und Aufgaben:
- Finanz- und Rechnungswesen einschließlich Controlling
- Steuerwesen
- Versicherungswesen
- Vermögensverwaltung
- Rechts- und Vertragswesen
- allgemeine Verwaltungsaufgaben

---

[142] Im Einzelnen OLG Köln NZG 2001, 135, 136.
[143] MünchKommGmbHG/*Fleischer* § 43 Rn. 119.
[144] BGHZ 133, 370, 375; *Habersack* WM 2005, 2362.

III.

Zum Ressort des Geschäftsführers Marketing und Produktmanagement (......, Name) gehören folgende Abteilungen und Aufgaben:
- ......
- ......

IV.

Zum Ressort des Geschäftsführers Vertrieb (......, Name) gehören folgende Abteilungen und Aufgaben:
- ......
- ......

V.

Zum Ressort des Geschäftsführers Personal (......, Name) gehören folgende Abteilungen und Aufgaben:
- Vertretung der Unternehmensleitung gegenüber der Belegschaft, d. h. gegenüber einzelnen Arbeitnehmern und in Betriebsversammlungen;
- Vertretung des Unternehmens in Fragen der betrieblichen Personal- und Sozialpolitik nach außen (in Arbeitgeberverbänden, Kammer, publizistischen Medien usw.);
- Umsetzung der von der Unternehmensleitung festgelegten allgemeinen Unternehmenspolitik in Richtlinien für die Personal- und Sozialpolitik und Überwachung ihrer Einhaltung;
- Betreuung von Führungskräften;
- Angelegenheiten der arbeitsmedizinischen Betreuung, der Arbeitsplatzgestaltung, der Arbeitssicherheit und des Datenschutzes;
- ......
- ......
- der Geschäftsführer hat die Personal- und Sozialaufgaben neben der Abstimmung mit der allgemeinen Unternehmenspolitik im Einzelfall mit den Mitgliedern der Geschäftsführung, die für die übrigen Ressorts zuständig sind, abzustimmen, wenn Belange dieser Ressorts betroffen werden.

VI.

Zum Ressort des Geschäftsführers Forschung und Entwicklung (......, Name) gehören folgende Abteilungen und Aufgaben:
- ......
- ......

VII.

Die Gesamtgeschäftsführung beschließt durch einstimmigen Beschluss über die Verteilung von Aufgaben, die nach der Geschäftsordnung für die Geschäftsführung und nach diesem Geschäftsverteilungsplan nicht dem Geschäftsbereich eines bestimmten Mitgliedes der Geschäftsführung zugewiesen sind und die nicht nach Gesetz, Satzung und/oder Geschäftsordnung zur Zuständigkeit der Gesamtgeschäftsführung gehören. Zur Zuständigkeit der Gesamtgeschäftsführung gehören insbesondere:
- Angelegenheiten, für die das Gesetz, der Gesellschaftsvertrag oder diese Geschäftsordnung eine Entscheidung durch die Gesamtgeschäftsführung vorsehen;
- Angelegenheiten, in denen die Zustimmung der Gesellschafterversammlung einzuholen ist;
- die Aufstellung des Jahresabschlusses der Gesellschaft und etwaiger konsolidierter Jahresabschlüsse, jeweils einschließlich des Lageberichts;
- grundsätzliche Fragen der Organisation der Gesellschaft, der Geschäftspolitik sowie der Unternehmensplanung (Gewinn- und Verlust, Investitions-, Finanz- und Personalplanung);
- die Einberufung der Gesellschafterversammlung und über Anträge und Vorschläge der Geschäftsführung zur Beschlussfassung durch die Gesellschafterversammlung;
- Fälle, in denen ein Geschäftsführer eine Entscheidung der Gesamtgeschäftsführung beantragt.

Die Gesamtgeschäftsführung kann einzelne Geschäftsführer mit der Durchführung der Beschlüsse und mit der Ausführung von Maßnahmen beauftragen, die der gesamten Geschäftsführung obliegen.

> VIII.
> Diese Geschäftsordnung kann durch die Gesellschafterversammlung mit einfacher Mehrheit oder durch die Gesamtgeschäftsführung einstimmig jederzeit geändert werden.
> Jeder Geschäftsführer leitet den ihm durch den Geschäftsverteilungsplan zugewiesenen Geschäftsführungsbereich in eigener Verantwortung und ist insoweit allein geschäftsführungsbefugt, soweit sich nicht aus diesem Geschäftsverteilungsplan ein anderes ergibt. Die Geschäftsführer tragen jedoch ungeachtet der Zuständigkeitsregelung dieses Geschäftsverteilungsplanes gemeinsam die Verantwortung für die gesamte Geschäftsführung der Gesellschaft und werden alle für die Lage und den Geschäftsverlauf der Gesellschaft entscheidenden Daten und Angelegenheiten laufend verfolgen, um jederzeit auf die Abwendung drohender Nachteile, auf die Wahrnehmung geschäftlicher Chancen, auf die Vornahme wünschenswerter Verbesserungen oder zweckmäßiger Änderungen durch Anrufung der Gesamtgeschäftsführung hinwirken zu können.
> Im Rahmen dieser Gesamtverantwortung haben die Geschäftsführer kollegial und vertrauensvoll zum Wohle der Gesellschaft zusammenzuarbeiten. Bestehen zwischen einzelnen Geschäftsführern Meinungsverschiedenheiten über die Abgrenzung der Geschäftsbereiche oder über die Durchführung von Maßnahmen und Geschäften eines Geschäftsbereichs, die zugleich einen oder mehrere andere Geschäftsbereiche betreffen, so entscheidet hierüber die Gesamtgeschäftsführung, soweit nicht eine sofortige Maßnahme nach pflichtgemäßen Ermessen zur Vermeidung drohender Nachteile für die Gesellschaft erforderlich ist.
> Jeder Geschäftsführer muss Angelegenheiten seines Geschäftsbereichs der Gesamtgeschäftsführung vorlegen, wenn sie von besonderer Bedeutung, insbesondere mit außergewöhnlichen Auswirkungen oder Risiken behaftet sind. Im Übrigen unterrichten sich die Geschäftsführer gegenseitig laufend über wichtige Maßnahmen und Vorgänge in ihren Geschäftsbereichen.
> Für den Fall, dass einer der Geschäftsführer an der Wahrnehmung seiner Aufgaben gehindert ist, ist für unaufschiebbare Entscheidungen in seinem Bereich der Vorsitzende der Geschäftsführung, in seiner Abwesenheit sein Stellvertreter, zuständig.
>
> XY Gesellschaft mit beschränkter Haftung – Die Geschäftsführung
> ......, den ......
> Unterschrift aller Geschäftsführer

47 *dd) Kollegialentscheidungen.* Im Falle einer Beschlussfassung der Gesamtgeschäftsführung kommt es insbesondere bei rechtswidrigen Beschlüssen zur eine Kollision zwischen der Pflicht einerseits, einmal getroffene Mehrheitsentscheidungen loyal mitzutragen, und der Pflicht zur Beachtung von Recht und Gesetz andererseits, wobei nach der h. M. die Legalitätspflicht Vorrang vor der Amtspflicht zur loyalen Zusammenarbeit hat.[145] Dabei ist es nicht ausreichend, dass sich ein Geschäftsführer der Stimme enthält oder mit Nein stimmt, sondern er muss die Gesellschafter und (soweit vorhanden) den Aufsichtsrat oder Beirat informieren.[146] Ob der Geschäftsführer darüber hinaus verpflichtet ist, weitere Maßnahmen, insbesondere im Außenverhältnis zu ergreifen, dürfte nur nach Ausschöpfung der internen Mittel und zur Abwehr schwerer Gefahren angezeigt sein.[147]

48 **c) Spezielle Sorgfaltspflichten.** Im Rahmen des Pflichtenkreises der Geschäftsführer lassen sich **spezielle Sorgfaltspflichten** herausstellen. Sie zeichnen sich dadurch aus, dass in der Regel ein geringer oder gar kein unternehmerischer Handlungsspielraum besteht. Auch sind sie einer Delegation oder Geschäftsverteilung nur in geringem Maße zugänglich.

49 *aa) Pflicht zur Beachtung von Recht und Gesetz.* Die dem **Geschäftsführer unmittelbar** durch **Gesetz, Satzung, Geschäftsordnung** oder **Geschäftsverteilungsplan** auferlegten Pflichten hat er zu beachten. Das GmbH-Gesetz begründet mannigfaltige administrative Pflichten (*„Corporate Housekeeping"*), wie z.B. die Zuständigkeit für eine ordnungsgemäße Buch-

---

[145] MünchKommGmbHG/*Fleischer* § 43 Rn. 249.
[146] MünchKommGmbHG/*Fleischer* § 43 Rn. 252.
[147] MünchKommGmbHG/*Fleischer* § 43 Rn. 253.

führung, für den Jahresabschluss, für die Einberufung von Gesellschafterversammlungen, für die Kapitalerhaltung, für Handelsregisteranmeldungen und ggf. für einen Antrag auf Eröffnung eines Insolvenzverfahrens. Der Gesellschaftsvertrag gibt insbesondere durch den Unternehmensgegenstand den Rahmen der geschäftlichen Betätigung vor. Im Hinblick auf die einzelnen Vorschriften ist zu prüfen, ob dem Geschäftsführer hier ein Beurteilungs-[148] oder Entschließungsermessen zukommt. Bei Verstoß gegen satzungsmäßige Zustimmungserfordernisse der Gesellschafterversammlung oder des Aufsichtsrats oder gegen gesellschaftsinterne Zuständigkeitsregelungen sind die Maßnahmen allein deshalb pflichtwidrig[149] und ein unternehmerischer Ermessenspielraum wird nicht berücksichtigt.[150] Die Richtlinien internationaler Organisationen[151] haben für den Geschäftsführer grundsätzlich keinen bindenden Charakter.[152]

Der Geschäftsführer hat des Weiteren dafür zu sorgen, dass die **Gesellschaft selbst** ihre 50 gesetzlichen und sonstigen (z. B. vertraglichen) Pflichten erfüllt.[153] Dies beinhaltet auch die Pflicht, Rechtsverstöße von Unternehmensangehörigen schon im Vorfeld durch geeignete und zumutbare Schutzvorkehrungen zu verhindern. Jeder Geschäftsleiter muss daher im angemessenen Verhältnis zur Unternehmensgröße und Mitarbeiterzahl in seinem Verantwortungsbereich durch geeignete organisatorische Maßnahmen für ein gesetzestreues Verhalten seiner Untergebenen sorgen („*Compliance*").[154] Dabei steht ihm in der Regel im Rahmen der Pflichten, die der Gesellschaft **im öffentlichen Interesse** obliegen, keinerlei unternehmerischer Ermessensspielraum zu.[155] Dies gilt beispielsweise bei der Abführung von Arbeitnehmerbeiträgen zur Sozialversicherung;[156] dasselbe gilt auch für Pflichten aus dem Gewerberecht. Weniger streng ist die Haftung im Rahmen der vertraglichen Verpflichtungen der Gesellschaft; hier kann es im Rahmen des unternehmerischen Ermessens richtig sein, vertragliche Pflichten, z. B. die Pflicht zur fristgerechten Zahlung, bewusst zu verletzen, da dies möglicherweise vorrangigen Interessen der Gesellschaft (z. B. Durchsetzung von noch nicht fälligen Zahlungsforderungen der Gesellschaft) dient.[157] Dies gilt wiederum dann nicht, wenn, wie teilweise im Wettbewerbsrecht, eine Pflichtverletzung mit Strafe bedroht ist.

Ebenso wenig steht dem Geschäftsführer im Rahmen der Bestechung ausländischer Amts- 51 träger oder Privatpersonen ein Ermessensspielraum zu; solche Handlungen sind auch im Inland mit Strafe bedroht (§ 334 StGB i. V. m. Art. 2 § 1 Nr. 2 IntBestG bzw. § 299 Abs. 3 StGB).[158] Im öffentlich-rechtlichen Pflichtenkreis der Gesellschaft sind daher „nützliche" Pflichtverletzungen durch den Geschäftsführer i. d.R nicht denkbar, sondern führen zu dessen Innenhaftung;[159] dies mag ausnahmsweise bei Verletzungen öffentlich-rechtlicher Zahlungspflichten im Einzelfall anders sein.[160] Eine ungeklärte Rechtslage im Bereich zwingender öffentlich-rechtlicher Normen eröffnet einen gewissen Ermessensspielraum für den Geschäftsführer im Rahmen von mehreren, vertretbaren Rechtspositionen;[161] dies ist aber

---

[148] Zu § 64 GmbHG OLG Naumburg NZG 2001, 136, 137.
[149] BGH WM 1962, 111; BGH WM 1982, 532.
[150] KG GmbHR 2005, 477; *Meier* DStR 1994, 176 ff.
[151] Vgl. *Grossfeld/Hübner* ZGR 1978, 156 ff.
[152] *Scholz/Schneider* § 43 Rn. 77; Hachenburg/*Mertens* § 43 Rn. 21; *Steeg* ZGR 1985, 1 ff.; *Schneider* AG 2004, 429.
[153] BGH GmbHR 1997, 25, 26; Michalski/*Haas/Ziemons* § 43 Rn. 46; *Fleischer* ZIP 2005, 141, 144.
[154] MünchKommGmbHG/*Fleischer* § 43 Rn. 142
[155] Zu kartellrechtlichen Vorschriften Krieger/Schneider/*Dreher*, Handbuch Managerhaftung, 2. Aufl., 2010, § 31.
[156] BGHZ 133, 370, 375; vgl. auch Scholz/*Schneider* § 43 Rn. 50 ff.
[157] *Fleischer* ZIP 2005, 141, 150; *Ihrig* WM 2004, 2098, 2104 f.
[158] Zum Ganzen *Gänßle* NStZ 1999, 543; *Fleischer* ZIP 2005, 141, 145; *Fleischer* NJW 2009, 2337 f.; Baumbach/Hueck/*Zöllner/Noack* § 43 Rn. 23: die allerdings in der Vorauf. 2012, Rn. 22 noch eine Zulässigkeit bei „exotischen Ländern" annahmen; anders noch BGH WM 1985, 830; Michalski/*Haas/Ziemons* § 43 Rn. 48 ff.
[159] Michalski/*Haas/Ziemons* § 43 Rn. 50 ff.; *Fleischer* ZIP 2005, 141; *Schneider* DB 2005, 707, 710; *Ihrig* WM 2004, 2098, 2104 f.; *Spindler*, in: FS Canaris, 2007, S. 403, 425; vgl. (zur AG) BGH NJW 2011, 88, Rn. 37.
[160] Scholz/*Schneider* § 43 Rn. 79.
[161] *Fleischer* ZIP 2005, 141, 150; Krieger/Schneider/*Wilsing*, Handbuch Managerhaftung, 2. Aufl., 2010, § 27 Rn. 28; *Dreher*, in: FS Konzen, S. 85, 93.

eine Frage des Einzelfalls und des mit der Entscheidung für die Gesellschaft verbundenen Risikos.[162]

52 bb) *Pflicht zur Ausführung und Beachtung von Gesellschafterbeschlüssen und Weisungen.* Wirksame Gesellschafterbeschlüsse und -weisungen hat der Geschäftsführer immer zu beachten, es sei denn, diese wären anfechtbar (→ Rn. 58). Ein wirksamer und unanfechtbarer Gesellschafterbeschluss oder eine Gesellschafterweisung wirken für den Geschäftsführer haftungsbefreiend.[163] Den Geschäftsführer treffen jedoch Pflichten beim Zustandekommen des Beschlusses sowie auch bei der Ausführung.[164] Voraussetzung ist vor allem die **Wirksamkeit** der Weisung.[165] Nichtige Weisungen darf der Geschäftsführer nicht befolgen.[166] Es gilt deshalb:

53 Die Weisung muss durch das **zuständige Organ** erteilt worden sein. Keine Folgepflicht besteht bei einer Weisung allein durch den Mehrheitsgesellschafter; Voraussetzung ist vielmehr ein Beschluss der Gesellschafterversammlung, selbst wenn hier der Mehrheitsgesellschafter seinen Willen durchsetzen kann.[167] Allerdings kann der Gesellschaftsvertrag vorsehen, dass einzelne Gesellschafter auf Grund eines satzungsmäßigen Sonderrechts Weisungsbefugnisse haben. Auch der Aufsichtsrat kann nach der Satzung zuständig sein. Handeln im ausdrücklichen oder stillschweigenden Einverständnis aller[168] Gesellschafter vermag in derselben Art und Weise die Pflichtverletzung auszuschließen.[169] Eine derartige Billigung muss aber einem Gesellschafterbeschluss gleichwertig sein, die bloße Untätigkeit genügt grundsätzlich nicht.[170] In jedem Fall muss der Gesellschafterwille auf Grundlage richtiger Informationen erfolgen und genügender Aufklärung über mögliche Risiken.[171]

54 Die Weisung darf nicht gegen zwingende **öffentlich-rechtliche Pflichten** (Umweltrecht, Kartellrecht, Steuerrecht, Sozialversicherungsrecht) verstoßen.[172] Die Weisung darf nicht gegen die Menschenwürde und gegen die **guten Sitten** (§ 138 BGB) verstoßen. Eine Weisung ist des Weiteren unwirksam, wenn sie **zwingenden gesellschaftsrechtlichen Bestimmungen zuwider** läuft. Dies gilt insbesondere, wenn wie z.B. bei der Weisung zum Abschluss eines Cash-Management-Vertrages oder bei Einzelmaßnahmen das **gebundene Vermögen** (§ 30 GmbHG) angetastet würde[173] oder eine **Existenzvernichtung** vorläge.[174] Dies gilt auch bei der Ein-Mann-GmbH.[175] Unwirksam ist auch die Weisung, entgegen § 15a Abs. 1 S. 1 InsO, keinen Insolvenzantrag zu stellen.[176] Dasselbe gilt bei Verletzung von Buchführungs-

---

[162] Großkomm. AktG/*Hopt* § 93 Rn. 99.
[163] BGH NJW 2010, 64; BGHZ 122, 336 ff.; BGH NZG 2000, 544; Scholz/*Schneider* § 43 Rn. 119; Baumbach/Hueck/Zöllner/*Noack* § 43 Rn. 33: dies folge e contrario aus § 43 Abs. 3 GmbHG.
[164] Scholz/*Schneider* § 43 Rn. 119 f.; Rowedder/Schmidt-Leithoff/*Koppensteiner/Gruber* § 43 Rn. 28 ff.; *Wiedemann*, FS Heinsius, S. 950 ff.; *Ziemons*, Die Haftung der Gesellschafter für Einflussmaßnahmen, 1996, S. 32; s. aber auch *Ebert* GmbHR 2003, 444.
[165] Zusammenfassend: *Mennicke* NZG 2000, 622 ff.
[166] BGHZ 125, 372 ff.; *Gieseke* GmbHR 1996, 486.
[167] Allgemein Meinung: Scholz/*Schneider* § 43 Rn. 125; Hachenburg/*Mertens* § 43 Rn. 71, 76; Baumbach/Hueck/Zöllner/*Noack* § 43 Rn. 33; Rowedder/Schmidt-Leithoff/*Koppensteiner/Gruber* § 43 Rn. 29 f.; Roth/Altmeppen/*Altmeppen* § 43 Rn. 120; zur zweigliedrigen Gesellschaft vgl. BGH DStR 2002, 227 mit Anm. *Goette*.
[168] Michalski/Haas/*Ziemons* § 43 Rn. 59 ff.
[169] BGH GmbHR 2000, 330; BGH GmbHR 2003, 713; *Gehrlein*, GmbH-Recht in der Praxis, 2005, S. 279.
[170] BGH ZIP 2003, 945, 946; Roth/Altmeppen/*Altmeppen* § 43 Rn. 120, § 48, Rn. 16.
[171] OLG Jena, NZG 1999, 121; MünchKommGmbHG/*Fleischer* § 43 Rn. 277.
[172] BGHZ 125, 366, 372.
[173] So schon BGHZ 31, 258, 278.
[174] Zur Rechtsprechung des BGH i.S.d. Trihotel, BGH ZIP 2007, 1552 = BGHR 2007, 1040 f. m. Anm. Terlau; Gamma BGH ZIP 2008, 1232 = BGHR 2008, 854 f. m. Anm. Terlau; s. *Altmeppen* ZIP 2008, 1201 ff.; Baumbach/Hueck/Zöllner/*Noack* § 43 Rn. 33: Das gilt auch nach dem „neuen (deliktisch ansetzenden) Konzept des BGH zur Existenzvernichtungshaftung".
[175] BGH NJW 2001, 3622, 3623 ff. – Bremer Vulkan; BGH ZIP 2007, 1552 = BGHR 2007, 1040 f. m. Anm. Terlau – Trihotel; BGH ZIP 2008, 1232 = BGHR 2008, 854 f. m. Anm. Terlau – Gamma; offengelassen noch in BGHZ 95, 330, 340 ff.
[176] BGHZ 31, 258, 278; Scholz/*Schneider* § 42 Rn. 124.

und Bilanzierungspflichten (§§ 41, 42 GmbHG).[177] Dagegen hat der Geschäftsführer die Weisung, Zahlungen aus freiem Vermögen zu veranlassen, zu beachten.[178]

Unwirksam sind auch Weisungen, die der Satzung widersprechen, es sei denn, es liegt ausnahmsweise ein satzungsdurchbrechender Gesellschafterbeschluss vor. Unwirksam können auch Beschlüsse sein, die gegen die Treuepflicht der Gesellschafter verstoßen; häufig wird jedoch lediglich Anfechtbarkeit gegeben sein (→ § 15 Rn. 162 ff.).

Die Pflichten des Geschäftsführers im Rahmen von Weisungen sind eingeschränkt; sie beziehen sich insbesondere auf die **Vorbereitung** des Gesellschafterbeschlusses und dessen **Ausführung**.

Der Geschäftsführer hat das weisungsbefugte Organ vor der Beschlussfassung richtig und vollständig zu informieren;[179] erfolgt dies nicht, macht er sich aus diesem Grund schadensersatzpflichtig.[180] Die Informationspflicht bleibt auch während der Ausführung der Weisung erhalten, sofern sich neue, relevante Umstände ergeben.[181] Insbesondere hat die Gesellschafterversammlung darauf hinzuweisen, dass ggf. eigene, persönliche Interessen involviert sind.[182] Hat der Geschäftsführer Bedenken im Hinblick auf die Zweckmäßigkeit der Maßnahme, so hat er dies dem weisungsbefugten Organ vorzutragen.[183] Im Übrigen hat der Geschäftsführer die Weisung ordnungsgemäß **auszuführen**.[184] Verstößt er bei der Ausführung gegen den Inhalt der Weisung, so stellt dies einen eigenen Pflichtenverstoß dar.

Nichtige Weisungen darf der Geschäftsführer nicht befolgen.[185] Tut er dies dennoch, so kann – unabhängig von der Haftung im Außenverhältnis – einer Inanspruchnahme durch die Gesellschaft die Einrede der Arglist entgegenstehen.[186] **Anfechtbare Weisungen** sind mit dem Eintritt ihrer Unanfechtbarkeit zu befolgen oder in dem Fall, dass mit einer Anfechtung nicht (mehr) zu rechnen ist.[187] Gegebenenfalls hat der Geschäftsführer selbst für die Anfechtung des Gesellschafterbeschlusses Sorge zu tragen (→ § 15 Rn. 178 ff.). Konnte der Geschäftsführer dagegen eine Anfechtbarkeit nicht erkennen, so haftet er nicht.[188] Andernfalls hat der Geschäftsführer abzuwägen, ob trotz Anfechtbarkeit die Durchführung des Beschlusses im Gesellschaftsinteresse liegt.[189]

In der **Ein-Personen-GmbH** kommt auf Grund des oben gesagten eine Haftung des Gesellschafter-Geschäftsführers nur bei Maßnahmen in Betracht, bei denen eine Weisung nichtig wäre.[190] Gleiches gilt für Geschäftsführungsmaßnahmen des wirtschaftlichen – auf Grund Treuhandvertrages umfassend weisungsbefugten – „Gesellschafters".[191] Ein solcher Geschäftsführer haftet bis zu einem Gesellschafterwechsel für vorher durchgeführte Maßnahmen nicht.[192]

---

[177] *Mennicke* NZG 2000, 622, 623.
[178] BGHZ 93, 146, 148; BGHZ 95, 330, 340; BGHZ 142, 92; BGH GmbHR 2002, 1197; BGH GmbHR 2003, 713; OLG Frankfurt ZIP 1997, 451; *Gehrlein*, GmbH-Recht in der Praxis, 2005, S. 279.
[179] Scholz/*Schneider* § 43 Rn. 125; vgl. Rowedder/Schmidt-Leithoff/*Koppensteiner/Gruber* § 43 Rn. 28; Baumbach/Hueck/*Zöllner/Noack* § 43 Rn. 34.
[180] OLG Jena NZG 1999, 122: keine haftungsbefreiende Wirkung der Weisung; Michalski/*Haas/Ziemons* § 43 Rn. 182 f.; Scholz/*Schneider* § 43 Rn. 125: mangelnde Information ist selbständige Pflichtverletzung.
[181] *Hefermehl*, FS Schilling, S. 172; *Fleck* GmbHR 1974, 224, 228.
[182] Rowedder/Schmidt-Leithoff/*Koppensteiner/Gruber* § 43 Rn. 28.
[183] *Wiedemann*, FS Heinsius, 1991, S. 950; Scholz/*Schneider* § 43 Rn. 119.
[184] BGHZ 31, 258, 278; BFH DStR 1997, 325.
[185] Anders bei lediglich aus verfahrensrechtlichen Gründen nichtigen Weisungen: BGHZ 36, 207, 211; *Fleck* GmbHR 1974, 227; ähnlich Baumbach/Hueck/*Zöllner/Noack* § 43 Rn. 35.
[186] Rowedder/Schmidt-Leithoff/*Koppensteiner/Gruber* § 43 Rn. 33; Scholz/*Schneider* § 43 Rn. 134 ff.
[187] *Fleck* GmbHR 1974, 224, 228; Hachenburg/*Mertens* § 43 Rn. 81 f.; Rowedder/Schmidt-Leithoff/*Koppensteiner/Gruber* § 43 Rn. 35; Scholz/*Schneider* § 43 Rn. 130.
[188] Baumbach/Hueck/*Zöllner/Noack* § 43 Rn. 35.
[189] Baumbach/Hueck/*Zöllner/Noack* § 43 Rn. 35; Rowedder/Schmidt-Leithoff/*Koppensteiner/Gruber* § 43 Rn. 35; Lutter/Hommelhoff/*Kleindiek* § 37 Rn. 22.
[190] BGHZ 31, 258, 278; BGHZ 119, 257, 261; BGH GmbHR 1993, 427; BGH GmbHR 1994, 460; BGH DB 2000, 661; Scholz/*Schneider* § 43 Rn. 137; *Altmeppen* DB 2000, 657; *Henze* NZG 2003, 655.
[191] BGHZ 119, 257, 260; Scholz/*Schneider* § 43 Rn. 137.
[192] *Fleck* GmbHR 1974, 224, 226.

60 *cc) Treuepflicht des Geschäftsführers.* Die **Treuepflicht** gebietet es dem Geschäftsführer, sich gegenüber dem Unternehmen loyal zu verhalten; sie verbietet es ihm, die Organstellung im eigenen Interesse auszunutzen und sich persönlich zu bereichern.[193]

Der Geschäftsführer hat sich deshalb in seinen **öffentlichen Äußerungen** über das Unternehmen loyal zu verhalten. Er hat sich negativen Äußerungen über das Unternehmen insoweit zu enthalten, als diese schmähenden Charakter annehmen. Bei allgemeinen Äußerungen hat er ggf. klarzustellen, dass er diese nicht in seiner Funktion als Geschäftsführer tätigt.[194]

61 **Dem Geschäftsführer obliegt die Verschwiegenheit** über Tatsachen und Rechtsverhältnisse, die das Unternehmen betreffen. Sie ist im GmbH-Recht (anders § 93 Abs. 1 Satz 1 AktG) nicht positiv normiert; sie ist jedoch allgemein anerkannt.[195] Durch § 85 GmbHG sowie § 17 UWG ist diese Pflicht strafrechtlich sanktioniert. Neben der Verschwiegenheit über Geschäfts- und Betriebsgeheimnisse der Gesellschaft treffen den Geschäftsführer persönlich auch die Pflichten der Gesellschaft im Hinblick auf Datenschutz sowie in der Regel auch Vertraulichkeitsversprechen sowie sonstige Pflichten aus sonstigen Vertrauensbeziehungen.[196] Die Verschwiegenheit gilt nicht nur gegenüber der Gesellschaft stehenden Dritten, sondern auch grundsätzlich gegenüber Arbeitnehmern der Gesellschaft, sofern diesen nicht im Rahmen ihrer Funktion bzw. auf Grund von Vereinbarungen bestimmte Informationen offenbart werden müssen. Die Verschwiegenheitspflicht überdauert die Amtszeit des Geschäftsführers.[197]

62 Besondere Schwierigkeiten ergeben sich aus der Verschwiegenheitspflicht bei einem (geplanten) **Management Buy-Out;** hier ergibt sich selbstverständlich spätestens im Rahmen der Due Diligence die Notwendigkeit, den finanzierenden Institutionen Einblick in das Unternehmen zu gewähren. Dasselbe gilt für sonstige **Due Diligence-Prüfungen** im Rahmen von Anteilsverkäufen. Ohne Einwilligung der Gesellschafterversammlung verstieße der Geschäftsführer gegen seine Verschwiegenheitspflicht; streitig ist, ob die Einwilligung der Einstimmigkeit bedarf[198] oder ob eine einfache Mehrheit ausreicht.[199] Richtigerweise wird man bei entsprechenden Verschwiegenheitserklärungen der Finanzierungsinstitute sowie der Berater die einfache Mehrheit ausreichen lassen, da ansonsten eine Minderheit den Verkauf von Anteilen blockieren könnte.[200]

63 Gegen die Treuepflicht verstößt auch, wer sich auf Kosten der Gesellschaft **selbst bereichert,** sei es durch unberechtigte Entnahmen aus der Gesellschaftskasse,[201] oder sonstige unberechtigte Auszahlungen oder Verfügungen.[202] Gleiches gilt für sonstige Leistungen der Gesellschaft, die der Geschäftsführer für sich persönlich in Anspruch nimmt.[203] **Bei Rechtsgeschäften der Geschäftsführer persönlich mit der Gesellschaft** muss der Geschäftsführer stets allein das Wohl der Gesellschaft und nicht sein eigenes Wohl berücksichtigen.[204] Ent-

---

[193] OLG Hamm GmbHR 1997, 999; OLG Naumburg NZG 1999, 353, 354.
[194] Scholz/*Schneider* § 43 Rn. 151.
[195] BGHZ 91, 6, 9; OLG Hamm GmbHR 1985, 157, 158; Baumbach/Hueck/*Haas* § 85 Rn. 6 ff.; Roth/Altmeppen/*Altmeppen* § 85 Rn. 1 ff.
[196] Baumbach/Hueck/*Zöllner/Noack* § 35 Rn. 40.
[197] BGHZ 91, 6, 9; OLG Hamm GmbHR 1985, 157, 158; *Thüsing* NZG 2004, 9, 15.
[198] *Bihr* BB 1998, 1198, 1200; Scholz/*Schneider* § 43 Rn. 148; Lutter/Hommelhoff/*Kleindiek* § 43 Rn. 12; LG Köln GmbHR 2009, 261; unklar: Baumbach/Hueck/*Zöllner/Noack* § 35 Rn. 40: Abwägung des kollektiven Geheimhaltungsinteresses gegen das Interesse an der Offenlegung.
[199] So *Koppensteiner* ZHR 155 (1991), 101 ff.; ebenso *Engelhard* GmbHR 2009, 237, 242; ähnlich *Ziegler* DStR 2000, 249, 251 f.; sowie *Götze* ZGR 1999, 202, 224 ff.: Mehrheitsentscheidung unter Ausschluss des veräußerungswilligen Gesellschafters; vgl. *Koppensteiner* ZHR 155 (1991), 101; *Volhard/Weber*, FS Semler, 1993, S. 387, 410.
[200] Vgl. auch *Fleischer* AG 2000, 309, 312 f.; Michalski/*Haas/Ziemons* § 43 Rn. 135; *Körber* NZG 2002, 263, 269.
[201] BGH WM 1982, 928.
[202] BGH ZIP 1998, 332 ff.; BGH DStR 2000, 1446 f.; OLG Hamm GmbHR 1993, 815; OLG Hamm GmbHR 1995, 732.
[203] BGH WM 1976, 77 f.; OLG Naumburg NZG 1999, 353, 354.
[204] BGH WM 1983, 498, 499; BGH GmbHR 1992, 303, 304.

scheidend kommt es sodann darauf an, dass das abgeschlossene Geschäft einem Drittvergleich standhält.[205]

Schließlich fällt unter die Treuepflicht auch die Pflicht des Geschäftsführers, sich bietende **64** **Geschäftschancen** für die Gesellschaft zu nutzen, sowie die Pflicht, Geschäfte bestmöglich abzuschließen. Treuwidrig ist es deshalb, wenn der Geschäftsführer eine sich ihm bei der Ausübung der Geschäftstätigkeit oder auch privat bietende Geschäftschance für sich persönlich ausnutzt oder Provisionen für die Vermittlung von Geschäften persönlich vereinnahmt.[206] Neben dem Schadensersatzanspruch der Gesellschaft besteht hier idR ein Eintrittsrecht in das entgangene Geschäft analog § 88 Abs. 2 AktG, § 113 HGB.[207] Die Annahme von **Schmiergeld** durch den Geschäftsführer legt die Vermutung nahe, dass die Gesellschaft anders ein günstigeres Geschäft abgeschlossen hätte und ist deshalb treuwidrig.[208]

Zu dem aus der Treuepflicht weiterhin folgenden Wettbewerbsverbot des Geschäftsführers sowie zu Befreiungen hiervon und zum nachvertraglichen Wettbewerbsverbot vgl. → § 12. **65**

dd) Risikomanagement in der GmbH (§ 91 Abs. 2 AktG analog). Die Pflicht zum Risikomanagement im Unternehmen, die seit 1998 durch das sog. KonTraG[209] ihre ausdrückliche Regelung in § 91 Abs. 2 AktG gefunden hat, gilt auch für andere Unternehmensformen analog, soweit Größe, Komplexität ihrer Struktur und die Geschäftstätigkeit es erfordern.[210] Bei der Ausgestaltung des Risikomanagements ist auf betriebswirtschaftliche Erkenntnisse zurückzugreifen, insbesondere hinsichtlich der Erkennung von Risiken, der Installation eines Früherkennungssystems und des Informationsflusses in dem Unternehmen.[211] **66**

Nicht bei der Ermittlung der Risiken, jedoch bei der Installation des Früherkennungssystems und erst recht bei den im Falle des Eintritts eines Risikos zu ergreifenden Maßnahmen steht der Geschäftsführung anerkanntermaßen ein Beurteilungsspielraum sowie auch ein Auswahlermessen zu. (Allgemein zum unternehmerischen Ermessen → Rn. 24)[212] In diesem Rahmen spielt jedoch auch die Möglichkeit der Versicherung von bestimmten Risiken eine auch das Ermessen des Geschäftsführers einschränkende Rolle.[213] Es ist jedoch nicht in jedem Fall pflichtwidrig, den Abschluss einer Versicherung zu unterlassen; hier ist die Wahrscheinlichkeit des Eintritts eines Risikos gegen die zum Teil nicht unerheblichen Versicherungsbeiträge abzuwägen. Je höher die Wahrscheinlichkeit, desto eher wird man den Nicht-Abschluss einer Versicherung als pflichtwidrig ansehen müssen. Ganz wesentlich ist auch hier die Pflicht zur ausreichenden Vorbereitung der Entscheidungsgrundlagen (→ Rn. 33), was mit Hilfe von versicherungstechnisch versierten Beratern zu erfolgen hat. **67**

d) Schaden und Kausalität. Durch die Pflichtwidrigkeit muss nach den allgemeinen Regeln der Kausalität eine Vermögensminderung der GmbH verursacht worden sein. Allein die **68**

---

[205] OLG Düsseldorf GmbHR 1995, 227 f.: Darlehen an Geschäftsführerehefrau ohne Sicherheit; OLG Naumburg GmbHR 1999, 663.
[206] BGH WM 1983, 498, 499 (Vermittlungsprovision); BGH WM 1985, 1443 f.; OLG Koblenz GmbHR 1995, 730; OLG Düsseldorf NZG 2000, 933 (LS); anders BGH NJW 1998, 1225, 1226 für bereits vor Gründung der Gesellschaft bestehende Geschäftschance; im einzelnen: *Verse* in: Krieger/Schneider, Handbuch Managerhaftung, 2. Aufl., 2010, § 22 Rn. 32; vgl. auch *Fleischer* NZG 2003, 985, 988 (kritisch jedoch hinsichtlich der privaten Kenntniserlangung).
[207] Roth/Altmeppen/*Altmeppen* § 43 Rn. 30; *Merkt* ZHR 159 (1995), 446; Scholz/*Schneider* § 43 Rn. 209; vgl. auch KG NZG 2001, 129.
[208] BGH WM 2000, 1393, 1397; OLG Düsseldorf NZG 2000, 933 (LS).
[209] Gesetz zur Kontrolle und Transparenz im Unternehmensbereich v. 27.4.1998, in Kraft getreten am 1.5.1998, BGBl. I 1998, 786 ff.
[210] Begründung RegE KonTraG, BT-Drucks. 13/9712, S. 15; *Lück* DB 1998, 1925; vgl. auch *Horn* ZIP 1997, 1129 ff.; *Claussen* DB 1998, 181 ff.; *Hommelhoff/Mattheus* AG 1998, 249, 251; *Schindler/Rabenhorst* BB 1998, 1886, 1891.
[211] *Lück* DB 1998, 1925 ff.; *Lutter*, Pflichten und Haftung von Sparkassenorganen, 1991, 23 ff.; zu Computer-Risiken vgl. *Terlau* CR 1999, 284, 286 ff.; zum Finanzbereich: *Scharpf/Luz*, Risikomanagement, Bilanzierung und Aufsicht von Finanzderivaten, 1. Aufl., 1996, S. 50 ff.
[212] *Terlau* CR 1999, 284, 287 m. w. N.; *Graf von Westphalen/Langheid/Streitz/ders.*, Der Jahr-2000-Fehler, Rn. 260 ff.
[213] *Graf von Westphalen/Langheid/Streitz/Graf von Westphalen*, Der Jahr-2000-Fehler, 1999, Rn. 704 f.

Pflichtverletzung wird durch § 43 Abs. 2 GmbHG nicht sanktioniert.[214] Den Geschäftsführer entlastet es, wenn der Schaden auch bei rechtmäßigem Verhalten eingetreten wäre, wobei hier zur Entlastung ein sicherer Nachweis erforderlich ist.[215] Bei Verletzung der Pflicht zur Information des Aufsichtsrats oder der Gesellschafterversammlung ist zur Begründung der Kausalität die Frage zu stellen, wie ein verantwortlich handelndes, seine Aufsichtsratsfunktion sorgfältig wahrnehmendes Aufsichtsratsmitglied oder ein Gesellschafter sich verhalten hätte und welche Entscheidung bei vollständiger, zutreffender Information von ihm zu erwarten gewesen wäre.[216] Bei Kollegialentscheidungen der Gesamtgeschäftsführung mit satter Mehrheit ist häufig die Stimme eines einzelnen Geschäftsführers nicht maßgeblich, mithin unter strenger Anwendung der Kausalitätsregeln nicht kausal. Der Grundsatz der Gesamtverantwortung der Geschäftsführer wird eine strenge Anwendung der Kausalitätsregeln in diesem Fall aber überlagern müssen; ansonsten könnte sich alle beteiligten Geschäftsführer exkulpieren, was dem Grundsatz der Gesamtverantwortung gerade zuwider läuft.[217]

69 Fraglich ist allerdings, ob eine Vermögensminderung bei der GmbH nur dann als Schaden i. S. v. § 43 Abs. 2 GmbHG aufzufassen ist, wenn bestimmte weitere Voraussetzungen hinzukommen. Diese Frage stellt sich insbesondere dann, wenn es darum geht, **unentgeltliche Zuwendungen, wie Spenden und Geschenke,** aber auch **Bestechungsgelder** zu erklären.[218] Die Vertreter eines eigenständigen gesellschaftsrechtlichen Schadensbegriffs nehmen einen Gesellschaftsschaden i. S. des § 43 Abs 2 GmbHG nur bei einer dem Unternehmenszweck widersprechenden Beeinträchtigung des Gesellschaftsvermögens an.[219] Dies stößt zunehmend auf Kritik, eine Abgrenzung nach der Zweckwidrigkeit sei zu unscharf, um den Schaden zu definieren.[220] Die mittlerweile ganz überwiegende Meinung lehnt daher einen vom allgemeinen Zivilrecht abweichenden Schadensbegriff ab.[221] Die Schadensberechnung richtet sich nach den allgemeinen Grundsätzen der §§ 249 ff. BGB.[222] Sozialaufwendungen (z. B. Unternehmensspenden und freiwillige Mehraufwendungen für soziale Zwecke) stellen schon keine Pflichtverletzung dar, wenn sie durch das unternehmerische Ermessen gedeckt sind, sich also insbesondere in angemessenem Rahmen halten.[223] Eine Vermögensminderung ist dabei nicht lediglich eine Reduzierung des Gesellschaftsvermögens, sondern auch die unterlassene Vermögensmehrung, z. B. bei der verfrühten Rücknahme eines Darlehens der entgangene Zinsgewinn.[224] Dagegen sind bloß ideelle Nachteile, die nicht zu einer nachweisbaren Vermögensminderung oder entgangenen Vermögensmehrung führen, nicht haftungsbegründend (§ 253 BGB).[225] Den Nachweis der Vermögensminderung hat die Gesellschaft zu führen.[226]

70 Im Rahmen der Ermittlung des Schadens sind solche von der Gesellschaft erlangten Vorteile zu berücksichtigen, die in einem inneren Zusammenhang zum Nachteil stehen und die unter normativer Betrachtung berücksichtigungsfähig sind, z. B. verbleibende Vorteile aus Kartell gegen die Geldbuße.[227]

---

[214] BGH, WM 2012, 990; *Born*, WM 2013 (Sonderbeilage 1), 1, 34.
[215] MünchKommGmbHG/*Fleischer* GmbHG § 43 Rn. 266.
[216] OLG Oldenburg NZI 2007, 305, 308.
[217] Vgl. auch MünchKommGmbHG/*Fleischer* GmbHG § 43 Rn. 262.
[218] Vgl. auch Scholz/*Schneider* § 43 Rn. 226; Baumbach/Hueck/*Zöllner/Noack* § 43 Rn. 15.
[219] OLG Naumburg NZG 1999, 353; Hachenburg/*Mertens* § 43 Rn. 57; vgl. auch zur Streitherkunft: BeckOKGmbHG/*Ziemons* (2013) § 43 Rn. 306.1.
[220] BeckOKGmbHG/*Ziemons* (2013), § 43, Rn. 306.3.
[221] Scholz/*Schneider* GmbHG § 43 Rn. 224 ff.; MünchKommGmbHG/*Fleischer* GmbHG § 43 Rn. 261; Baumbach/Hueck/*Zöllner/Noack* GmbHG § 43 Rn 15; Rowedder/Schmidt-Leithoff/*Koppensteiner/Gruber* § 43, Rn. 22.
[222] OLG Frankfurt NZG 2012, 145 (Leitsatz); Baumbach/Hueck/*Zöllner/Noack* § 43 Rn. 15.
[223] MünchKommGmbHG/*Fleischer* GmbHG § 43 Rn. 262.
[224] OLG Koblenz GmbHR 1999, 1201; Baumbach/Hueck/*Zöllner/Noack* § 43 Rn. 15.
[225] BeckOKGmbHG/*Ziemons* (2013), § 43, Rn. 307; anders noch Baumbach/Hueck/*Zöllner/Noack* 9. Aufl., 2010, § 43 Rn. 1415.
[226] Ganz deutlich OLG Naumburg NZG 1998, 1180, 1182; anders Scholz/*Schneider* § 43 Rn. 225.
[227] Krieger/Schneider/*Wilsing*, Handbuch Managerhaftung, 2. Aufl., 2010, § 27 Rn. 37; *Fleischer* AG 2005, 141, 151 f.; enger *Spindler* FS Canaris II, 2007, S. 403, 425 f.; allgemein BGH NJW 1997, 2378.

e) Verschulden. Hat der Geschäftsführer seine sich aus der Treuepflicht, aus der Pflicht 71
zur Erfüllung von Weisungen oder aus gesetzlichen Sonderregelungen ergebenden Pflichten
verletzt oder hat er den Rahmen seines unternehmerischen Ermessensspielraums überschritten, so begründet dies auch einen Verstoß gegen die Sorgfalt eines ordentlichen Geschäftsmannes. Ein solcher Verstoß ist schuldhaft. Es sind kaum Fallkonstellationen vorstellbar, in denen eine Pflichtverletzung kein Verschulden begründet.[228] Entscheidend ist, wie sich ein ordentlicher Geschäftsmann in der konkreten Situation verhalten hätte.[229] Auf mangelnde unternehmerische Fähigkeiten, körperliche Voraussetzungen oder mangelnde persönliche Erfahrungen kann sich der Geschäftsführer nicht berufen. Wer über die nötige Kompetenz verfügt, darf das Amt des Geschäftsführers nicht übernehmen.[230] Ein individueller Maßstab ist lediglich dann anzulegen, wenn der Geschäftsführer über besondere zusätzliche Fähigkeiten verfügt, die von einem ordentlichen Geschäftsführer eines solchen Unternehmens nicht erwartet werden.[231]

> **Praxistipp:**
> Bei Übernahme einer Strohmann-Geschäftsführung, z. B. vorübergehend bei Erwerb einer Vorratsgesellschaft, sollte zuvor eine entsprechende Haftungsbeschränkung oder mindestens eine von den Gesellschaftern garantierte Haftungsfreistellung im Innenverhältnis vereinbart werden.

Entscheidend ist jedoch nicht, dass der Geschäftsführer über alle Fähigkeiten, die zum Be- 72
trieb des Unternehmens erforderlich sind, selbst verfügt. Vielmehr darf er sich zur Führung
des Unternehmens sorgfältig ausgewählter und überwachter Mitarbeiter oder externer Berater bedienen (→ Rn. 40). Entsprechende Standards werden in der Betriebswirtschaftslehre als Grundsätze ordnungsgemäßer Unternehmensführung entwickelt.[232] Bei der Auswahl qualifizierter Personen sind aber bestimmte Punkte zu beachten. Der selbst nicht hinreichend sachkundige Geschäftsführer ist nur dann entschuldigt, wenn er sich unter umfassender Darstellung der Verhältnisse der Gesellschaft und Offenlegung der erforderlichen Unterlagen von einer unabhängigen, für die zu klärenden Fragestellungen fachlich qualifizierten Person hat beraten lassen, wobei es die Sorgfalt eines ordentlichen und gewissenhaften Geschäftsleiters zudem gebietet, das Prüfergebnis einer Plausibilitätskontrolle zu unterziehen.[233] Als fachlich qualifizierte Personen kommen insbesondere Rechtsanwälte, Wirtschaftsprüfer und Steuerberater in Betracht, zwingend ist eine Auswahl aus diesen Berufsgruppen aber nicht (vgl. hierzu insgesamt auch → Rn. 148).[234]

f) Mitverschulden/Gesamtschuldnerschaft. Der Geschäftsführer haftet grundsätzlich nur 73
für das eigene Verhalten; das Verhalten der Mitgeschäftsführer, insbesondere im Rahmen
der Ressortzuständigkeit, wird grundsätzlich nicht zugerechnet.[235] Etwas anderes kann sich
nur aus dem Grundsatz der Gesamtverantwortung der Geschäftsführung und der Überwachung der Mitgeschäftsführer ergeben. Für den Fall, dass mehrere Geschäftsführer als
Schuldner in Betracht kommen, kann aufgrund der gesamtschuldnerischen Haftung aller
Geschäftsführer (→ Rn. 95) der Einzelne, in Anspruch genommene Geschäftsführer der Gesellschaft nicht das Mitverschulden eines Mitgeschäftsführers entgegenhalten.[236] Gestattet
ist jedoch der Einwand einer mangelhaften Auswahl (mangelnde Eignung, Erfahrenheit,
Vertrauenswürdigkeit) des Mitgeschäftsführers durch die Gesellschafterversammlung, wenn

---

[228] MünchKommGmbHG/*Fleischer* § 43 Rn. 255.
[229] Vgl. auch Baumbach/Hueck/*Zöllner/Noack* § 43 Rn. 18; Scholz/*Schneider* § 43 Rn. 232.
[230] BGH, GmbHR 1981, 191; MünchKommGmbHG/*Fleischer* § 43 Rn. 255.
[231] Scholz/*Schneider* § 43 Rn. 232.
[232] Vgl. *v. Werder* DB 1995, 2177ff.; *ders.* (Hrsg.), ZfBetriebswirtschForschung (zfbf) Sonderheft 36/96; w. N. bei Baumbach/Hueck/*Zöllner/Noack* § 43 Rn. 19.
[233] BGH NZG 2012, 672, 673; *Born*, WM 2013 (Sonderbeilage 1), 1, 35.
[234] BGH NZG 2012, 672, 673; *Born*, WM 2013 (Sonderbeilage 1), 1, 35.
[235] MünchKommGmbHG/*Fleischer* § 43 Rn. 255; vgl. auch BGH, NJW 1954, 1158.
[236] BGH WM 1983, 725, 726; BGH WM 1986, 789; Lutter/Hommelhoff/*Kleindiek* § 43 Rn. 28; differenzierend Baumbach/Hueck/*Zöllner/Noack* § 43 Rn. 45; *Lindacher* JuS 1984, 674.

der betreffende Mitgeschäftsführer den Schaden vorrangig verursacht.²³⁷ Soweit mehrere Geschäftsführer haften, erfolgt der Innenausgleich nach § 426 BGB, wonach sie grundsätzlich zu gleichen Teilen verantwortlich sind, sich jedoch eine abweichende Verantwortlichkeit nach dem Grad des Mitverschuldens und der Schwere der jeweiligen Pflichtverletzung ergeben kann.²³⁸

74 Umstritten ist auch, ob der in Anspruch genommene Geschäftsführer seine eigene mangelhafte Eignung einwenden kann, wenn diese der Gesellschafterversammlung vor der Bestellung bekannt war. Nach der Rechtsprechung ist dieser Einwand selbst dann nicht gegeben, wenn die Gesellschafter den Geschäftsführer trotz seiner fehlenden Eignung zur Übernahme der Geschäftsführung bedrängt haben.²³⁹ Die Literatur ist weitgehend der Ansicht, dass im Rahmen des § 254 BGB diese Kenntnis der Gesellschafterversammlung zu berücksichtigen ist, so dass ein vollständiger Haftungsausschluss die Folge sein kann.²⁴⁰

75 **g) Vertragliche Haftungsbeschränkung.** Es war bisher streitig, ob die Haftung des Geschäftsführers im Voraus beschränkt werden kann. Die nunmehr ganz h. M. erkennt im Gefolge der höchstrichterlichen Rspr.²⁴¹ eine Haftungsbeschränkung an;²⁴² lediglich die Grenzen sind streitig.

Der BGH²⁴³ hat früher die vertragliche Haftungsbeschränkung bis zur Grenze von Ansprüchen zugelassen, die aufgrund einer gegen § 43 Abs. 3 GmbHG verstoßenden Auszahlung von gebundenem Kapital an Gesellschafter entstehen können. Diese Ansicht hat der BGH ausdrücklich aufgegeben und hält nunmehr nur den Verzicht auf Schadensersatzansprüche unter Verstoß des Geschäftsführers gegen die §§ 30, 33 GmbHG für unwirksam.²⁴⁴ Andere sehen die Grenze bereits dadurch erreicht, dass zum Zeitpunkt der Entstehung des Anspruchs durch die Pflichtverletzung das gebundene Vermögen vermindert wird.²⁴⁵ Hinsichtlich der Grenzen ist streitig, ob nur die Haftung für Vorsatz (§ 276 Abs. 3 BGB) im Voraus nicht erlassen werden kann.²⁴⁶ Weitergehend halten einige die vertragliche Haftungsbeschränkung für grob fahrlässig begangene Pflichtverletzungen für unzulässig.²⁴⁷

76 Die Entscheidung hat sich richtiger Weise an dem Pflichtenkreis des Geschäftsführers zu orientieren. Soweit bestimmte Pflichten des Geschäftsführers gläubigerschützende Funktion haben, z.B. das Verbot und die entsprechende Erstattungspflicht bei der Auszahlung gebundenen Kapitals an die Gesellschafter, so ist ein Verzicht auf solche Ansprüche weder im Voraus noch im Nachhinein denkbar (vgl. § 9b Abs. 1 GmbHG). Dies folgt auch aus der Tatsache, dass die Gesellschafterversammlung in diesem Bereich keine wirksamen Weisungen erteilen kann. Hintergrund ist, dass Weisungsbeschlüsse, die gegen gläubigerschützende Vorschriften, wozu auch die §§ 30 bis 34 GmbHG gehören, verstoßen, analog § 241 Nr 3 AktG nichtig sind, und nichtige Weisungsbeschlüsse nach allgemeiner Auffassung überhaupt nicht enthaften können.²⁴⁸ Dasselbe muss gelten für existenzvernichtende Eingriffe i. S. d. Trihotel-Entscheidung;²⁴⁹ auch diese müssen von der vertraglichen Haftungsbeschränkung ausge-

---

²³⁷ Baumbach/Hueck/Zöllner/Noack § 43 Rn. 45; Hachenburg/Mertens § 43 Rn. 64; Scholz/Schneider § 43 Rn. 245.
²³⁸ MünchKommGmbHG/Fleischer § 43 Rn. 319.
²³⁹ BGH WM 1983, 725, 726.
²⁴⁰ Baumbach/Hueck/Zöllner/Noack § 43 Rn. 45; Lindacher JuS 1984, 672; Hachenburg/Mertens § 43 Rn. 64; zurückhaltender Scholz/Schneider § 43 Rn. 246.
²⁴¹ BGH GmbHR 2002, 1197; OLG Stuttgart GmbHR 2003, 837; Baumbach/Hueck/Zöllner/Noack § 43 Rn. 46; Lutter/Hommelhoff/Kleindiek § 43 Rn. 51 ff.; Roth/Altmeppen/Altmeppen § 43 Rn. 117; Ulmer/Habersack/Winter/Paefgen § 43 Rn. 7; Goette, Die GmbH, 2. Aufl., 2002, S. 324.
²⁴² Anders aus neuerer Zeit nur noch Krieger/Schneider/Verse, Handbuch Managerhaftung, 2. Aufl., 2010, § 22 Rn. 57; Michalski/Haas/Ziemons § 43 Rn. 14.
²⁴³ BGH GmbHR 2002, 1197.
²⁴⁴ BGH NZG 2008, 314, 315; Born WM 2013 (Sonderbeilage 1), 1, 35.
²⁴⁵ Scholz/Schneider § 43 Rn. 261.
²⁴⁶ Scholz/Schneider § 43, Rn. 261; Joussen GmbHR 2005, 441, 47; vgl. Drescher, Die Haftung des GmbH-Geschäftsführers, Rn. 400 ff.
²⁴⁷ Baumbach/Hueck/Zöllner/Noack § 43 Rn. 46; Lohr NZG 2000, 1204, 1209; Konzen NJW 1989, 2977, 2984; MünchHdbGesR III/Marsch-Barner/Diekmann § 46 Rn. 4.
²⁴⁸ Vgl. BGH NZG 2009, 1385; vgl. auch Scholz/Schmidt GmbHG § 45 Rn 74 m. w. N.
²⁴⁹ BGHZ 173, 246 ff. = ZIP 2007, 1552; vgl. auch Born WM 2013 (Sonderbeilage 1), 1, 35.

nommen werden.²⁵⁰ Für den in § 64 S. 3 GmbHG verorteten Tatbestand des existenzvernichtenden Eingriffs folgt dies aufgrund der Verweisung aus § 43 Abs. 3 S. 2 GmbHG. Dem Gesetz lässt sich jedoch kein Anhaltspunkt dafür entnehmen, dass eine Haftungsbeschränkung für grob fahrlässig begangene Pflichtverletzungen unzulässig wäre.²⁵¹ Auch die Überlegung von *Schneider*,²⁵² die Gesellschaft könne auf Ansprüche dann nicht verzichten, die im Zeitpunkt ihrer Entstehung zu einer Minderung gebundenen Vermögens führen, kann nicht verfangen. Dies folgt daraus, dass eine Gesellschafterweisung zum Abschluss eines riskanten Geschäfts, das bei Risikorealisierung zu einer Unterbilanz führen würde, nach bisheriger h. M. wirksam wäre und die Folgepflicht des Geschäftsführers auslösen würde. Es würde die Haftung des Geschäftsführers überdehnen, wenn in solchen Fällen zwar eine (ggf. auch generelle) Weisung, nicht aber eine generelle Haftungsfreistellung wirksam wäre. In diese Richtung geht auch die Rspr., wonach ein Verzicht selbst dann wirksam bleibt, wenn der Betrag später²⁵³ oder sogar bei Entlastung bzw. Vereinbarung des Verzichts²⁵⁴ zur Befriedigung der Gläubiger benötigt wird.

Formell kann die Haftungsbeschränkung sowohl in der Satzung,²⁵⁵ als auch in einer von der Gesellschafterversammlung aufgestellten Geschäftsordnung, in einem mit der satzungsmäßigen Mehrheit gefassten Gesellschafterbeschluss oder in den Anstellungsvertrag aufgenommen werden.²⁵⁶ Es ist nicht notwendig, dass die Gesellschafter über die Haftungsbeschränkung einstimmig beschließen,²⁵⁷ da sie auch den Verzicht mit der satzungsmäßigen **Mehrheit** beschließen können.²⁵⁸

Formulierungsvorschlag:
(1) Die Geschäftsführer haften der Gesellschaft lediglich bei vorsätzlicher (alternativ: vorsätzlicher und wissentlicher/grob fahrlässiger) Verletzung ihrer Pflichten als Geschäftsführer.
(2) Die Gesellschaft stellt die Geschäftsführer von der Haftung gegenüber Dritten frei, es sei denn, die Geschäftsführer hätten vorsätzlich (alternativ: vorsätzlich und wissentlich/grob fahrlässig) gehandelt.
(3) Die Haftung wegen Haftungsansprüchen der Gesellschaft, auf die diese nicht wirksam verzichten kann (z. B. wegen §§ 9b Abs. 1, 43 Abs. 3 GmbHG), bleibt hiervon unberührt.

Praxistipp:
Der beratende Anwalt oder ggf. der Notar hat selbstverständlich auf die unsichere Rechtslage im Hinblick auf die Tragweite der mit der Gesellschaft vereinbarten Haftungsbeschränkung hinzuweisen. Aus Sicht des Geschäftsführers ist es dann sinnvoll, ggf. zusätzlich auf eine Haftungsfreistellung durch einen oder mehrere Gesellschafter hinzuwirken.

Zur Wirkung der Haftungsbeschränkung auf andere Anspruchsgrundlagen vgl. → Rn. 100, 110, 151.

---
²⁵⁰ Vgl. hierzu auch *Haas* ZInsO 2007, 464, 466 f.
²⁵¹ Ähnlich BGH GmbHR 2002, 1197.
²⁵² Scholz/*Schneider* § 43 Rn. 261.
²⁵³ BGH NZG 2003, 528.
²⁵⁴ BGH GmbHR 2008, 488, 490.
²⁵⁵ Baumbach/Hueck/*Zöllner/Noack* § 43 Rn. 5; Nur durch die Satzung: Rowedder/Schmidt-Leithoff/*Koppensteiner/Gruber* § 43 Rn. 4.
²⁵⁶ Wohl auch BGH GmbHR 2002, 1197, aber ausdrücklich nur für Verjährung; Ulmer/Habersack/Winter/ *Paefgen* § 43 Rn. 8; *Meyer-Landrut/Miller/Niehus* § 43 Rn. 21; Scholz/*Schneider* § 43 Rn. 262; für Verjährung auch Baumbach/Hueck/*Zöllner/Noack* § 43 Rn. 60.
²⁵⁷ So aber Roth/Altmeppen/*Altmeppen* § 43 Rn. 117: Haftungsmilderung durch Gesellschaftsvertrag oder einstimmigen Gesellschafterbeschluss; Rowedder/Schmidt-Leithoff/*Koppensteiner* 4. Aufl., 2002, § 43 Rn. 4.
²⁵⁸ Scholz/*Schneider* § 43 Rn. 262; Baumbach/Hueck/*Zöllner/Noack* § 43 Rn. 5: Satzungsbeschluss durch Mehrheit möglich, kann aber uU treuwidrig sein; ähnlich Michalski/*Haas/Ziemons* § 43 Rn. 12.

79 **h) Verzicht und Vergleich, nachträgliche Zustimmung.** Einigkeit besteht dagegen in Rechtsprechung und Literatur, dass durch Erlassvertrag gem. § 397 BGB oder durch Vergleich gem. § 779 BGB die Gesellschaft auf Schadensersatzansprüche gegenüber dem Geschäftsführer abschließend verzichten kann.[259] § 93 Abs. 4 Satz 3 AktG findet im Recht der GmbH keinerlei Anwendung. Die Grenzen der §§ 9b Abs. 1, 43 Abs. 3 Satz 2, 57 Abs. 4 GmbHG sind zu beachten. Nach der Rspr.[260] ist ein Verzicht uU als verbotene Auszahlung von Stammkapital zu werten, wenn die Gesellschaft auf eine Schadenersatzforderung gegen ihren Allein-Gesellschafter-Geschäftsführer verzichtet, obschon diese Forderung zur Deckung des Stammkapitals erforderlich ist; dies mag vor dem Hintergrund der Tatsache nicht einleuchten, dass ein Allein-Gesellschafter-Geschäftsführer ohnehin idR auf Basis von „Weisungen" des personenidentischen Alleingesellschafters handelt und deshalb eine Haftung idR ausscheidet, soweit nicht ein Verzicht gesetzlich untersagt ist.[261] Ein Verzicht ist nicht deshalb unwirksam, weil sich später herausstellt, dass der Betrag, auf den die Gesellschaft verzichtet hat, zur Befriedigung der Gläubiger benötigt wird.[262] Im Einzelfall mag es dennoch sein, dass ein Anfechtungsgrund nach den §§ 129 ff. InsO oder nach dem Anfechtungsgesetz besteht.[263]

80 Anders als im Recht der Aktiengesellschaft (§ 120 Abs. 2 Satz 1 AktG) wirkt auch die **Entlastung** insoweit haftungsausschließend, als die Gesellschaft auf Grund der Entlastung mit allen Schadensersatzansprüchen gegen die entlasteten Geschäftsführer präkludiert ist, die bei sorgfältiger Prüfung aller Unterlagen und Berichte für die Gesellschafterversammlung erkennbar waren.[264] Ansprüche, die nicht auf diese Weise erkennbar waren, entfallen, wenn alle Gesellschafter (privat) Kenntnis hatten[265] oder wenn alle Gesellschafter aufgrund ihrer Tätigkeit in der Geschäftsführung oder im Aufsichtsrat diese erkennen konnten.[266] Zulässig ist nach ganz herrschender Meinung jedoch auch eine sog. „**Generalbereinigung**" womit die Gesellschaft auf alle bekannten und unbekannten Schadensersatzansprüche gegen den Geschäftsführer verzichtet.[267] Für Verzicht, Vergleich sowie auch Entlastung ist gem. § 46 Nr. 5, Nr. 8 GmbHG die Gesellschafterversammlung zuständig.[268] Ob ein Verzicht oder Vergleich für alle, einige oder nur einen Geschäftsführer wirken soll, ist einer Auslegung des Gesellschafterbeschlusses zu entnehmen.[269]

81 Selbstverständlich hat auch die **nachträgliche Zustimmung** der Gesellschafterversammlung zu einer Maßnahme des Geschäftsführers – ebenso wie eine vorhergehende Weisung (Rn. 52) – in den aufgezeigten Grenzen befreiende Wirkung. Eine solche nachträgliche Zustimmung kann auch stillschweigend erfolgen.

82 **i) Verjährung.** Die Verjährung für Ansprüche aus § 43 Abs. 1, Abs. 2 GmbHG beträgt 5 Jahre. Für konkurrierende Ansprüche aus anderen Anspruchsgrundlagen (vgl. → Rn. 9) gelten teilweise allerdings eigene Verjährungsregelungen (→ Rn. 111, 152, 173).

83 **Verjährungsbeginn** ist gem. § 200 BGB die **Entstehung des Anspruchs.** Auf eine Kenntnis der Gesellschafter von der Pflichtwidrigkeit oder von dem Schaden kommt es nicht an;[270] im

---

[259] BGH NZG 2003, 528; BGH NZG 2002, 1170; OLG Stuttgart GmbHR 2003, 835, 837; Baumbach/Hueck/*Zöllner/Noack* § 43 Rn. 51; Hachenburg/*Mertens* § 43 Rn. 86; Lutter/Hommelhoff/*Kleindiek* § 43 Rn. 51.
[260] BGH NZG 2003, 528.
[261] Roth/Altmeppen/*Altmeppen* § 43 Rn. 135 f.
[262] BGH NZG 2003, 528.
[263] MünchKommGmbHG/*Fleischer* § 43 Rn. 281.
[264] BGH NJW 1959, 194; BGHZ 97, 382, 389; OLG München GmbHR 1996, 847; Baumbach/Hueck/*Zöllner* § 46 Rn. 41; Rowedder/Schmidt-Leithoff/*Koppensteiner/Gruber* § 46 Rn. 31; Scholz/*Schmidt* § 46 Rn. 93 f.; Hachenburg/*Hüffer* § 46 Rn. 62.
[265] BGH NJW 1959, 194; Baumbach/Hueck/*Zöllner* § 46 Rn. 41.
[266] BGH DB 1968, 2166; Baumbach/Hueck/*Zöllner* § 46 Rn. 41.
[267] BGH GmbHR 1975, 183; BGH WM 1976, 737 f.; BGHZ 97, 382, 389; BGH GmbHR 1989, 278; Rowedder/Schmidt-Leithoff/*Koppensteiner/Gruber* § 46 Rn. 33; Scholz/*Schmidt* § 46 Rn. 103.
[268] BGH WM 1968, 114; BGH GmbHR 1998, 278; Janert GmbHR 2003, 830, 832 f.
[269] *Fleck* GmbHR 1974, 228; anders: Hachenburg/*Mertens* § 43 Rn. 88: Wirkung im Zweifel nur für einzelne Geschäftsführer; Scholz/*Schneider* § 43 Rn. 266: Wirkung im Zweifel für alle Geschäftsführer.
[270] BGH NZG 2011, 628, 629; BGH NJW 2009, 68, 70; BGH GmbHR 1971, 177; OLG Bremen GmbHR 1964, 8; OLG Frankfurt GmbHR 1999, 1144; Baumbach/Hueck/*Zöllner/Noack* § 43 Rn. 61.

Einzelfall kann die Berufung auf die Verjährung jedoch dann wegen Arglist unzulässig sein, wenn der Geschäftsführer sein pflichtwidriges Handeln aktiv vertuscht hat oder die Gesellschaft sonstwie davon abgehalten hat, Klage zu erheben.[271] Sofern andere Ansprüche geltend gemacht werden, bei denen es für die Verjährung auf Kenntnis ankommt (§ 195 BGB), ist die Kenntnis des Geschäftsführers unbeachtlich, wenn der Geschäftsführer gleichzeitig Schuldner ist.[272] Der Geschäftsführer ist auch nicht verpflichtet, auf Schadensersatzansprüche bzw. die Verjährung solcher Ansprüche gegen sich selbst hinzuweisen; allerdings schuldet er der Gesellschafterversammlung umfassende Rechenschaft und Informationen.[273] Es genügt, dass die Gesellschaft in der Lage ist, eine Feststellungsklage zu erheben.[274] Auf die Möglichkeit, die Höhe des Schadens zu beziffern kommt es ebenfalls nicht an.[275] Sofern der Geschäftsführer Schadenersatzansprüche gegen sich verjähren lässt, entsteht bei der Beachtung der Informationspflicht im Übrigen kein erneuter Schadenersatzanspruch.[276]

Die **Hemmung der Verjährung** wird gem. § 204 Abs. 1 BGB durch Klageerhebung bewirkt; der gem. § 46 Nr. 8 GmbHG zur Geltendmachung von Ansprüchen erforderliche Gesellschafterbeschluss (vgl. unten Rn. 129) ist nicht Voraussetzung für die Hemmungswirkung.[277] Die Verjährung kann nach § 202 Abs. 2 BGB auf bis zu 30 Jahre verlängert werden. Im Rahmen des § 202 Abs. 1 BGB (Vorsatz) kann die Abkürzung der Verjährung des Anspruchs aus § 43 Abs. 2 GmbHG (zu Ansprüchen aus § 43 Abs. 3 GmbHG vgl. → Rn. 92) in Satzung, Geschäftsordnung oder Anstellungsvertrag erfolgen.[278] 84

j) **Rechtsfolgen.** Nach § 43 Abs. 2 GmbHG steht der Gesellschaft ein Anspruch gegen den Geschäftsführer auf Ersatz des verursachten Schadens zu. Des Weiteren kann die Gesellschaft auch – lediglich – Unterlassung und Beseitigung verlangen; hier ist jedoch im praktischen Fall eine Weisung der Gesellschafterversammlung oder die jederzeit mögliche Abberufung des Geschäftsführers[279] vorzuziehen. 85

k) **Geltendmachung. aa)** *Sachliche Zuständigkeit.* Die sachliche Zuständigkeit richtet sich nach den allgemeinen Bestimmungen. Streitigkeiten aus § 43 GmbHG sind Handelssachen, da sie unter § 95 Abs. 1 Nr. 4 lit. a GVG fallen.[280] 86

bb) Örtliche Zuständigkeit. Neben dem **Gerichtsstand** am Wohnsitz des Geschäftsführers (§§ 12, 13 ZPO), ist auch anerkannt, dass die Verletzung der Organpflichten des Geschäftsführers als vertragliche Pflichtverletzungen gem. § 29 ZPO anzusehen ist, so dass die Gesellschaft am Erfüllungsort, d.h. dem Sitz der Gesellschaft klagen kann.[281] Dasselbe gilt auch im europäischen Zuständigkeitsrecht (Art. 5 Nr. 1a EuGVVO, Lugano-Abkommen).[282] Auch für einen überwiegend im Ausland tätigen Geschäftsführer liegt grundsätzlich der Erfüllungsort seiner Verpflichtungen aus § 43 Abs. 1 GmbHG am Sitz der Gesellschaft;[283] etwas anderes müsste ausdrücklich – im Anstellungsvertrag – vereinbart sein. 87

cc) Darlegungs- und Beweislast. Im Grundsatz besteht Einigkeit, dass die gesetzlichen Regelungen der §§ 93 Abs. 2 Satz 2 AktG und 34 Abs. 2 Satz 2 GenG auch im Rahmen der 88

---

[271] Teilweise weitergehend: RGZ 133, 33, 39; BGHZ 9, 1, 5; Scholz/*Schneider* § 43 Rn. 282.
[272] BGH WM 2009, 800; *Born* WM 2013 (Sonderbeilage 1), 1, 36.
[273] Ähnlich Scholz/*Schneider* § 43 Rn. 282.
[274] BGHZ 100, 228; OLG Frankfurt GmbHR 1999, 1144; Hachenburg/*Mertens* § 43 Rn. 96; *Galetke* WiB 1997, 398 ff.
[275] Heute h. M.: BGH NJW 2009, 68, 70; BGH ZIP 2005, 853; BGHZ 100, 228; OLG Frankfurt GmbHR 1999, 1144; Scholz/*Schneider* § 43 Rn. 281; anders früher: RGZ 39, 48; 83, 356; 87, 311.
[276] BGH WM 2008, 2215; *Born* WM 2013 (Sonderbeilage 1), 1, 36.
[277] BGH GmbHR 1999, 714 f.; Baumbach/Hueck/*Zöllner/Noack* § 43 Rn. 61.
[278] BGH GmbHR 2002, 1197; OLG Brandenburg NZG 1999, 211 f.; Baumbach/Hueck/*Zöllner/Noack* § 43 Rn. 60; Scholz/*Schneider* § 43 Rn. 284; anders: Lutter/Hommelhoff/*Kleindiek* § 43 Rn. 46; problematisch ist auch die missverständliche Entscheidung BGH NZG 2000, 204 f. m. Anm. *Altmeppen* DB 2000, 261 f.; vgl. auch Baumbach/Hueck/*Zöllner/Noack* § 43 Rn. 60.
[279] → § 8 Rn. 26 ff.
[280] Michalski/*Haas/Ziemons* § 43 Rn. 243.
[281] BGH GmbHR 1992, 303 f.; Lutter/Hommelhoff/*Kleindiek* § 43 Rn. 52; Scholz/*Schneider* § 43 Rn. 293.
[282] OLG Celle NZG 2000, 595; zustimmend: *Buus* NZG 2000, 596 f.
[283] BGH NJW 1985, 1286; BGH GmbHR 1992, 303; OLG Celle NZG 2000, 595 f.

Geschäftsführerhaftung des § 43 Abs. 2 GmbHG gelten.[284] Ist deshalb streitig, ob der Geschäftsführer die Sorgfalt eines ordentlichen und gewissenhaften Geschäftsleiters angewandt hat, so trifft ihn die Beweislast (§ 93 Abs. 2 Satz 2 AktG analog). Der Geschäftsführer muss zudem beweisen, dass der Schaden auch bei pflichtgemäßem Verhalten eingetreten wäre.[285] Einigkeit besteht in Rechtsprechung und Literatur auch darüber, dass die Gesellschaft jedenfalls beweispflichtig für den Eintritt eines kausalen Schadens und dafür darlegungs- und beweispflichtig ist, dass der Schaden auf einem Verhalten (Tun oder Unterlassen) des Geschäftsführers beruht.[286]

89   Streitig ist jedoch, ob der Geschäftsführer – so wohl die Rechtsprechung – sich die Beweislast im Hinblick auf das Nichtvorliegen eines sog. subjektiven Sorgfaltsverstoßes trägt, so dass die Gesellschaft den objektiven Pflicht- und Sorgfaltsverstoß zu beweisen hätte.[287] Schwierigkeiten bereitet hier vor allem die Terminologie, die unterschiedlich eingesetzt wird: „Pflichtverstoß", „Sorgfaltsverstoß", „objektiv", „subjektiv", „Verschulden".[288] Richtigerweise kann es nicht auf eine Unterscheidung zwischen einer subjektiven und einer objektiven Sorgfaltspflicht ankommen. Dies ist bereits auf Grund der Analogie zu § 93 Abs. 2 Satz 2 AktG, der eine solche Unterscheidung dem Wortlaut nach ausschließt, unzulässig.[289] Auch eine Unterscheidung zwischen Pflichtwidrigkeit und Sorgfaltsverstoß erscheint nicht möglich, da sich die erforderliche Sorgfalt jeweils aus der betroffenen Pflicht ergibt und lediglich eine Konkretisierung des Pflichtenmaßstabes im speziell zu betrachtenden Einzelfall darstellt.[290] Es ist deshalb mit der nunmehr h. M. anzunehmen, dass die Gesellschaft den durch ein Verhalten des Geschäftsführers verursachten Schaden der Gesellschaft und dessen Höhe darzulegen und zu beweisen hat, während den Geschäftsführer die Beweislast für die mangelnde Pflichtwidrigkeit und sein mangelndes Verschulden trifft.[291]

> **Praxistipp:**
> Einem Anwalt, der die Gesellschaft in einem Schadensersatzprozess gegen den Geschäftsführer vertritt, ist im Hinblick auf die Rechtsprechung des BGH dringend zu raten, den Pflicht- und Sorgfaltsverstoß des Geschäftsführers im Einzelnen zu kennzeichnen und darzulegen sowie ausreichenden Beweis hierfür anzubieten. In den typischen Haftpflichtfällen in der Praxis ist ohnehin auch nach der Literaturansicht qualifiziertes Bestreiten angezeigt.

90   Im Einzelnen: Ist die Gesellschaft durch eine **Kreditvergabe** an einen insolventen Schuldner geschädigt, so hat der Geschäftsführer zu beweisen, dass er im Zeitpunkt der Bewilligung und ggf. auch noch im Zeitpunkt der Auszahlung die Bonität des Schuldners ausreichend geprüft hat und der Gesellschaft die aus der ex ante-Sicht erforderlichen Sicherheiten hat einräumen lassen.[292] Bei **Erwerb eines Unternehmens** für die GmbH, das – immer aus der Haftungssicht – der Gesellschaft nur Verluste eingebracht hat, hat der Geschäftsführer ebenfalls zu beweisen, dass dies im Zeitpunkt des Erwerbs aus der ex ante-Sicht so nicht

---

[284] Aus neuerer Zeit BGH NZG 2011, 549, 550, Rn. 17; BGHZ 152, 280, 286; BGH GmbHR 1994, 459, 460; BGH GmbHR 2008, 488, 489; *Goette* ZGR 1996, 648 ff.; *Fleck* GmbHR 1997, 237 ff.
[285] BGH NZG 2011, 549, 550, Rn. 17; vgl. *Drescher*, Die Haftung des GmbH-Geschäftsführers, Rn. 328.
[286] Vgl. BGH WM 1982, 532; BGH WM 1992, 224; BGH GmbHR 2008, 488, 489 (Schaden aus pflichtwidriger Auftragskalkulation); Scholz/*Schneider* § 43 Rn. 167a; Baumbach/Hueck/Zöllner/*Noack* § 43 Rn. 36; *Drescher*, Die Haftung des GmbH-Geschäftsführers, Rn. 327 f.
[287] Vgl. BGH WM 1982, 532; BGH WM 1992, 224; vgl. auch *Goette* ZGR 1995, 648 ff.; Lutter/Hommelhoff/*Kleindiek* § 43 Rn. 43; *Meyer-Landrut* § 43 Rn. 15.
[288] Vgl. BGH WM 1980, 1190 f.; *Fleck* GmbHR 1974, 224 ff.
[289] Vgl. hierzu auch *Hüffer* AktG § 93 Rn. 16.
[290] Ausführlich Baumbach/Hueck/Zöllner/*Noack* § 43 Rn. 17 ff.
[291] BGHZ 152, 280, 286; BGH GmbHR 2008, 488, 489; Scholz/*Schneider* § 43 Rn. 237 ff.; Baumbach/Hueck/Zöllner/*Noack* § 43 Rn. 38; Rowedder/Schmidt-Leithoff/*Koppensteiner* 4. Aufl.2002 § 43 Rn. 34; v. *Gerkan* ZHR 154 (1990), 39, 55; wohl auch *Goette* ZGR 1995, 674; ders. ZGR 1996, 648 ff.
[292] OLG Jena NZG 2001, 86, 87 f.; *Goette*, Die GmbH nach der BGH-Rechtsprechung, 1. Aufl., 1997, § 8 Rn. 122; Hachenburg/*Mertens* § 43 Rn. 27; Rowedder/Schmidt-Leithoff/*Koppensteine/Gruber* § 43 Rn. 36; Baumbach/Hueck/Zöllner/*Noack* § 43 Rn. 40; vgl. auch BGH WM 1968, 1329; BGH WM 1981, 440 f.; BGH NJW-RR 1986, 1293; anders *Fleck* GmbHR 1997, 237 ff.

vorhersehbar war;[293] im Regelfall wird ihn nur eine übliche Due Diligence-Prüfung des Zielunternehmens durch neutrale, d. h. i. d. R. externe Berater, entlasten.[294] Im Rahmen des **Wettbewerbsverbotes** und der Pflicht zur **Ausnutzung von Geschäfschancen für die Gesellschaft** kann es zu schwierigen Darlegungs- und Beweislastproblemen kommen. Es geht hier darum, die Reichweite des Wettbewerbsverbots zu identifizieren, die sich nicht nur aus dem in der Satzung festgelegten Unternehmensgegenstand,[295] sondern auch aus der tatsächlichen Unternehmenstätigkeit ergeben kann, obschon die Satzung diese Tätigkeit nicht vorsieht.[296] Da zwar der Geschäftsführer sich von dem Vorwurf eines Verstoßes gegen eine Pflicht entlasten muss, nicht aber die Pflicht selbst zu beweisen hat, geht hier die Darlegungs- und Beweislast zu Lasten der Gesellschaft. Dasselbe gilt grundsätzlich, wenn nach einer fristlosen Kündigung des Geschäftsführers der Zeitpunkt des Vorliegens einer auszunutzenden Geschäftschance streitig ist.[297] Ähnlich liegt der Fall des Vorwurf eines Verstoßes gegen Weisungen, soweit der Inhalt der Weisung streitig ist.[298] Schwieriger ist die Situation bei dem Vorwurf pflichtwidrigen **Unterlassens**, insbesondere der unterlassenen **Überwachung von Mitgeschäftsführern und Mitarbeitern**. Kommt es auf Grund eines Fehlers eines Mitarbeiters oder eines Mitgeschäftsführers zu einem Schaden der Gesellschaft, so sind zahlreiche Fragen von Bedeutung:

a) Im Hinblick auf den Mitarbeiter hat der Geschäftsführer in jedem Fall darzulegen und zu beweisen, dass er diesen sorgfältig ausgewählt, ordnungsgemäß eingewiesen und durch mündliche oder – besser – schriftliche Richtlinien angeleitet hat.[299]
b) Sowohl im Hinblick auf den Mitgeschäftsführer als auch bei dem Mitarbeiter hat der in Anspruch genommene Geschäftsführer des Weiteren darzulegen und zu beweisen, dass er sich laufend über deren Tätigkeit informiert hat und – ggf. durch Stichproben – eine Überwachung vorgenommen hat.[300]
c) Soweit der Geschäftsführer im Stande ist, diesen Nachweis zu erbringen, ist wiederum die Gesellschaft darlegungs- und beweispflichtig dafür, dass es Anhaltspunkte für Unregelmäßigkeiten im Bereich des Mitgeschäftsführers oder des Mitarbeiters gab, die ein Einschreiten notwendig machten.[301]
d) Im weiteren steht dem Geschäftsführer allenfalls noch der Beweis offen, dass er durch Überwachungs- und/oder Rückholmaßnahmen den schädigenden Erfolg nicht hätte verhindern können.[302]

Fehlbestände, sei es **in der Kasse oder im Warenlager,** haben zumeist auch strafrechtliche Implikationen (§§ 246, 266 StGB), so dass – bisweilen – auch staatsanwaltschaftliche Ermittlungen im Zivilprozess nutzbar sind. Im Übrigen gelten hier die allgemeinen Erwägungen: Die Gesellschaft hat den Schaden zu beweisen, d. h. den Fehlbestand in der Kasse oder im Warenlager;[303] hier können sich selbstverständlich bereits schwierige Beweisfragen ergeben.[304] Sodann hat der Geschäftsführer entweder zu beweisen, dass er den zuständigen Mitarbeiter ordnungsgemäß ausgewählt, eingeführt etc. (s. o.) hat oder aber den gemäß Geschäftsverteilungsplan zuständigen Mitgeschäftsführer entsprechend überwacht hat (s. o.). War der in Anspruch genommene Geschäftsführer allein zuständig, so hat er sich von dem

---

[293] OLG Oldenburg NZI 2007, 305, 306; a. A. Baumbach/Hueck/Zöllner/Noack § 43 Rn. 40: besondere Darlegungen der Gesellschaft zur Pflichtwidrigkeit erforderlich.
[294] OLG Oldenburg NZI 2007, 305, 306; zum Geschäftsführer des Zielunternehmens: *van Venrooy* GmbHR 2008, 1, 3 ff.
[295] BGHZ, 170; BGH DStR 1993, 1266 (LS) m. Anm. *Goette*.
[296] *Röhricht* WPg. 1992, 768 f.; Scholz/Schneider § 43 Rn. 127.
[297] Zu einem solchen Fall BGH DB 1986, 214.
[298] Ebenso *Fleck* ZIP 1986, 270; *ders.* GmbHR 1997, 237, 238; *v. Gerkan* ZHR 154 (1990), 39, 60.
[299] BGH GmbHR 1997, 305, 307; BGH GmbHR 1997, 25, 26; *Medicus* GmbHR 1998, 9; *Schneider* DB 1993, 1909.
[300] BGH GmbHR 1997, 305, 307; BGH GmbHR 1997, 25, 26; BGH DStR 1994, 1092, 1093, m. Anm. *Goette*; BGH DStR 1995, 1639, 1640, m. Anm. *Goette*; *Schneider* DB 1993, 1909.
[301] OLG Köln NZG 2001, 135, 136; vgl. auch BGH WM 1985, 1294; BGH WM 1986, 789.
[302] So auch Baumbach/Hueck/Zöllner/Noack § 43 Rn. 43.
[303] BGH WM 1985, 1293 f.; BGH GmbHR 1991, 101 f.
[304] BGH WM 1985, 1293 f.; BGH GmbHR 1992, 166; BGH GmbHR 1994, 459.

Vorwurf der Fehlbuchungen oder der Unterschlagung zu exkulpieren und entsprechend darzulegen und zu beweisen.[305] Hier kann der Geschäftsführer zum Beispiel den Gegenbeweis führen, dass ein Fehlbestand auf Unzulänglichkeiten der Buchführung beruht.[306]

2. Zahlungen aus gebundenem Vermögen, rechtswidriger Erwerb eigener Geschäftsanteile (§ 43 Abs. 3 GmbHG)

92 Einen gesetzlichen Sonderhaftungstatbestand für Zahlungen aus gebundenem Vermögen entgegen § 30 GmbHG und Erwerb eigener Geschäftsanteile der Gesellschaft entgegen § 33 GmbHG enthält § 43 Abs. 3 Satz 1 GmbHG. Die Haftung des Geschäftsführers hiernach hat das MoMiG grundlegend geändert.

93 **a) Verbotsbereich des § 30 GmbHG.** § 43 Abs. 3 GmbHG erfasst den gesamten Verbotsbereich des § 30 GmbHG. Hier hat das MoMiG durch die „Rückkehr zur bilanziellen Betrachtungsweise"[307] dem Geschäftsführer die der verschärften und unverzichtbaren Haftung nach 43 Abs. 3 S. 1 GmbHG unterliegende Pflicht auferlegt, die Vollwertigkeit und Deckungsgleichheit des Anspruchs gegen den Gesellschafter i.S.d. § 30 Abs. 1 S. 2 GmbHG zu prüfen;[308] gleichzeitig muss er die Liquiditätskontrolle nach § 64 S. 3 GmbHG vornehmen (dazu unten → Rn. 113).

> **Praxistipp:**
> Da der Geschäftsführer im Konzern sich in der Regel dem Ansinnen der Muttergesellschaft nach einem vernünftigen Cash Pooling oder nach einer sonstigen Konzernfinanzierung nicht wird entziehen können, sollte er sich in diesem Rahmen die Vollwertigkeit des Rückzahlungsanspruchs durch einen externen Berater bestätigen lassen. Des Weiteren hat der Geschäftsführer die laufende Überwachung der Vollwertigkeit durch entsprechende Informationsrechte sicher zu stellen.

94 Jedoch hat das MoMiG die bisher bestehenden Regeln über **kapitalersetzende Darlehen** (§ 32a Abs. 1 GmbHG a. F. sowie die sog. Rechtsprechungsregeln)[309] im GmbHG abgeschafft und insolvenzrechtlich verortet durch §§ 15a, 44a, 135 InsO und Art 103d EGInsO;[310] damit ist auch die im Rahmen der sog. Rechtsprechungsregeln bisher mögliche Haftung des Geschäftsführers für die Rückzahlung eigenkapitalersetzender Darlehen nach § 43 Abs. 3 S. 1 GmbHG abgeschafft.[311] Die Rückzahlung von Nachschüssen gem. § 30 Abs. 2 Satz 1 GmbHG fällt nur unter § 43 Abs. 3 Satz 1 GmbHG, wenn ein Verstoß gegen § 30 Abs. 2 Satz 3 GmbHG vorliegt.[312] Im Einzelfall kann auch – bei Bestehen oder Gefahr einer Unterdeckung – das Unterlassen der Einforderung von Ansprüchen gegen Gesellschafter durch die Geschäftsführer ein Verstoß gem. § 43 Abs. 3 Satz 1 GmbHG sein.[313]

95 **b) Gesamtschuldnerische Haftung.** Mit dem Geschäftsführer gemeinsam haften nach außen, d.h. soweit es um die Befriedigung von Gesellschaftsgläubigern geht, gesamtschuldnerisch der Zahlungsempfänger (§ 31 Abs. 1 und Abs. 2 GmbHG) sowie auch die übrigen Gesellschafter (§ 31 Abs. 3 GmbHG). Im Innenverhältnis besteht jedoch eine vorrangige

---

[305] BGH GmbHR 2003, 114; zum Ganzen vgl. v. Gerkan ZHR 154 (1990), 39 ff.; Fleck GmbHR 1997, 239 ff.
[306] BGH ZIP 1991, 159; Drescher, Die Haftung des GmbH-Geschäftsführers, Rn. 338.
[307] RegE, BT-Drucks. 16/6140, S. 99; vgl. Rothley/Weinberger NZG 2010, 1001.
[308] Goette WPg 2008, 231, 235 f.; vgl. BGH NJW 2009, 850 – MPS; Baumbach/Hueck/Zöllner/Noack § 43 Rn. 49a; Lips/Randel/Werwigk DStR 2008, 2220, 2225; Rothley/Weinberger NZG 2010, 1001; Erne GWR 2010, 314 (Cash Pooling); ähnlich K. Schmidt GmbHR 2008, 449, 453 unter Verweis auf § 64 S. 3 GmbHG n.F.
[309] BGH NJW 1994, 724; Baumbach/Hueck/Fastrich § 30 Rn. 9 m.w.N.
[310] BeckOKGmbHG/Haas/Ziemons (2013), § 32a.
[311] Meyer BB 2008, 1742, 1745.
[312] Baumbach/Hueck/Zöllner/Noack § 43 Rn. 49c; Michalski/Haas/Ziemons § 43, Rn. 217e.
[313] BGH WM 1992, 223; BGH DStR 2009, 915, 918; ebenso OLG Brandenburg BeckRS 2008, 09617; Baumbach/Hueck/Zöllner/Noack § 43 Rn. 49a; vgl. aber auch Goette WPg 2008, 231, 236: nur Haftung nach § 43 Abs. 2.

Haftung des Zahlungsempfängers vor der des Geschäftsführers. Wiederum haftet der Geschäftsführer vorrangig vor den übrigen Gesellschaftern, so dass diese vollen Regress nehmen können (§ 31 Abs. 6 GmbHG).[314]

c) Verstoß gegen § 31 GmbHG. Von § 43 Abs. 3 Satz 1 GmbHG erfasst sind nicht die unterlassene Geltendmachung von Rückerstattungsansprüchen unter Verstoß gegen § 31 GmbHG.[315]

d) Verstoß gegen § 33 GmbHG. § 33 GmbHG verbietet den Erwerb eigener Anteile, soweit diese nicht voll eingezahlt sind (§ 33 Abs. 1 GmbHG) oder soweit hierdurch das Stammkapital oder zu bildende Rücklagen angegriffen werden (§ 33 Abs. 2 S. 1 GmbHG). Vom Gesetzeswortlaut des § 43 Abs. 3 S. 1 GmbHG nicht erfasst ist die Inpfandnahme eigener Anteile (§ 33 Abs. 2 S. 2 GmbHG).[316] Gesamtschuldnerisch neben dem Geschäftsführer haftet auch der Veräußerer des Geschäftsanteils auf Rückzahlung des Kaufpreises aus § 812 BGB – bei Unkenntnis greift allerdings § 814 BGB – sowie ggf. aus § 31 GmbHG.[317]

e) Verschulden. Ebenso wie bei § 43 Abs. 2 GmbHG ist auch im Rahmen der Haftung nach § 43 Abs. 3 GmbHG **Verschulden** des Geschäftsführers erforderlich.[318] Die oben dargelegten Grundsätze (→ Rn. 88) zur Darlegungs- und Beweislast gelten jedoch auch hier. Der Geschäftsführer kann sich nur dadurch exkulpieren, dass er mangelnde Kenntnis vom Tatbestand der Unterdeckung, der Überschuldung, der Nichteinzahlung einer Stammeinlage etc. darlegt und beweist sowie entsprechend auch dartut, dass er dies nicht hätte erkennen können. Die Voraussehbarkeit des Schadens ist in diesem Zusammenhang nicht relevant.[319]

f) Schaden und Kausalität. Zu Schaden und Kausalität → Rn. 68, zum Mitverschulden → Rn. 73. Allerdings besteht hier nach h. M. die Besonderheit, dass bei einem Liquiditätsabfluss oder bei einem Abgang sonstiger Vermögenswerte ein Schaden widerlegbar vermutet wird; es findet keine Gesamtbetrachtung mit etwaigen Erstattungs- oder Rückzahlungsansprüchen der Gesellschaft statt. Der Geschäftsführer kann sich nur durch tatsächlich an die Gesellschaft geflossene Leistungen entlasten.[320]

g) Haftungsbeschränkung. Eine Haftungsbeschränkung kann Ansprüche aus § 43 Abs. 3 S. 1 GmbHG nicht erfassen. Dieser stellt nach ganz h. M. zwingendes Recht dar.[321] Nach anderer Ansicht ist eine Haftungsbegrenzung abstrakt auf die Höhe des Betrages möglich, die zur Befriedigung der Gläubiger erforderlich ist.[322] Der Wortlaut des § 43 Abs. 3 Satz 3 GmbHG spricht zwar für die letztgenannte Ansicht. Darin heißt es, dass ein Beschluss der Gesellschafterversammlung über die in § 43 Abs. 3 Satz 1 GmbHG sanktionierten Verstöße die entsprechende Verpflichtung der Geschäftsführer nicht aufhebt, „soweit der Ersatz zur Befriedigung der Gläubiger der Gesellschaft erforderlich ist". Jedoch wird eine **Gesellschafterweisung**, die gegen § 30 GmbHG bzw. § 33 GmbHG verstößt in der Regel nichtig sein.[323] Auch kann der gegen § 30 GmbHG oder § 33 GmbHG verstoßende Geschäftsführer einen solchen Gesellschafterbeschluss nicht im Wege der Arglisteinrede der klagenden Gesellschaft entgegenhalten.[324] Die Vorschriften über die Erhaltung des Stammkapitals, d.h. § 30 GmbHG wie auch § 33 GmbHG, sind von derart elementarer Bedeutung im Recht der

---

[314] Baumbach/Hueck/Zöllner/Noack § 43 Rn. 49; Roth/Altmeppen/Altmeppen § 43 Rn. 118; anders (analog § 255 BGB) MünchKommGmbHG/Fleischer § 43, Rn. 290.
[315] BGH NZG 2008, 908; Michalski/Haas/Ziemons § 43 Rn. 217d; MünchKommGmbHG/Fleischer § 43 Rn. 281.
[316] Gegen eine Erfassung iRd § 43 Abs. 3 S. 1 GmbHG wohl Michalski/Haas/Ziemons § 43 Rn. 218; dafür ohne Begründung MünchKommGmbHG/Fleischer § 43 Rn. 291.
[317] Baumbach/Hueck/Fastrich § 33 Rn. 14.
[318] Scholz/Schneider § 43 Rn. 274.
[319] Scholz/Schneider § 43 Rn. 274.
[320] Michalski/Haas/Ziemons § 43 Rn. 219; MünchKommGmbHG/Fleischer § 43 Rn. 293.
[321] Baumbach/Hueck/Zöllner/Noack § 43 Rn. 51; Scholz/Schneider § 43 Rn. 271 f.
[322] Vgl. Heisse, Die Beschränkung der Geschäftsführerhaftung, 1988, S. 124 ff.
[323] BGHZ 125, 372; BGH GmbHR 1974, 131 f.; BGH GmbHR 1980, 127; Scholz/K. Schmidt GmbHG § 45 Rn. 74 m. w. N.; Fleck ZHR 149 (1985) 387, 408.
[324] K. Schmidt ZGR 1978, 427 f.

GmbH, dass sie selbst der Dispositionsbefugnis des Alleingesellschafters entzogen sind.[325] Eine Haftungsbeschränkung ist deshalb auch nicht insoweit zulässig, als Gläubiger nicht betroffen sind.

101 **h) Verzicht und Vergleich.** Die Gesellschaft kann grundsätzlich nicht auf den Anspruch aus § 43 Abs. 3 GmbHG verzichten, soweit der Ersatz zur Befriedigung von Gläubigern erforderlich ist (§§ 43 Abs. 3 S. 2, 9b Abs. 1 GmbHG). Ein **Entlassungsbeschluss** der Gesellschafterversammlung hat – abweichend vom oben gesagten (→ Rn. 80) – insoweit ebenfalls keine Präklusionswirkung.[326] Gesellschafterweisungen entfalten ebenfalls keine befreiende Wirkung (→ Rn. 79). Unzulässig ist insoweit auch ein **Vergleich**, es sei denn die Vorraussetzungen des § 9b Abs. 1 S. 2 GmbHG (Abwendung des Insolvenzverfahrens des Geschäftsführers oder Insolvenzplan) greifen ein.

102 **i) Sonstiges.** Zur **Verjährung** → Rn. 82, zu den **Rechtsfolgen** → Rn. 85, zur **Geltendmachung** → Rn. 86, zum **Gerichtsstand** → Rn. 87. Die **Darlegungs- und Beweislast** für die Pflichtwidrigkeit trägt der Geschäftsführer (→ Rn. 88). Schaden und Kausalität hat dagegen die Gesellschaft zu beweisen.[327]

3. Haftung für fehlerhafte Angaben bei Gründung oder bei Kapitalerhöhung (§§ 9a Abs. 1, 57 Abs. 4 GmbHG)

103 Für die Haftung der Geschäftsführer bei Gründung der Gesellschaft und bei Anmeldung einer Kapitalerhöhung gelten parallele Vorschriften, da § 57 Abs. 4 auf § 9a Abs. 1 GmbHG verweist.

104 **a) Gesamtschuldnerische Haftung.** Aus § 57 Abs. 4 GmbHG haften **sämtliche Geschäftsführer** gesamtschuldnerisch, da alle, auch stellvertretende Geschäftsführer (§ 44 GmbHG), zur Anmeldung verpflichtet sind (§ 78 GmbHG). Aus § 9a Abs. 1 GmbHG haften alle Gründer und Geschäftsführer, unabhängig davon, ob sie die fehlerhafte Angabe verursacht haben.[328]

105 **Neben den Geschäftsführern** haften in den Fällen der §§ 9a Abs. 1 GmbHG und 57 Abs. 4 GmbHG in der Regel auch Gesellschafter. Zwischen dem Anspruch der Gesellschaft gegen den Geschäftsführer und gegen (Neu-)Gesellschafter besteht eine Gesamtschuld, so dass es der Gesellschaft freisteht, wen sie in Anspruch nimmt.[329]

106 **b) Falsche Angaben.** Die Haftung wird vor allem dadurch begründet, dass **falsche Angaben** gemacht werden. Hier geht es um sämtliche die Gründung bzw. die Kapitalerhöhung betreffenden Angaben; in der Praxis geht es häufig um die Versicherung, dass Einlagen bewirkt sind (§ 57 Abs. 2 GmbHG) bzw. dass der Gegenstand einer Sacheinlage endgültig in der freien Verfügung der Geschäftsführer ist.

107 Auch nach der Novelle des GmbH-Rechts durch das MoMiG ist eine Haftung aus § 57 Abs. 4 GmbHG vor allem dann gegeben, wenn eine **verdeckte Sacheinlage**, z. B. auch bei einem **Schütt-Aus-Hol-Rück Verfahren**,[330] vorliegt, jedoch eine Barkapitalerhöhung angemeldet wird;[331] insofern ändert sich im Grundsatz nichts. Der Umfang der Haftung reduziert sich aber auch für den Geschäftsführer, indem er – wie der Gesellschafter nach § 19 Abs. 4 GmbHG– nur auf die Differenz zwischen dem Wert der eingebrachten (verdeckten) Sacheinlage und dem Betrag der Bareinlage haftet.[332] Problematisch – wohl ein gesetzgeberisches Versehen[333] – ist in diesem Zusammenhang aber die parallele strafrechtliche Verantwort-

---

[325] Vgl. zuletzt BGH NJW 2001, 3622, 3623 ff.; *Goette* DStR 2003, 895; *Gehrlein* BB 2004, 2585, 2592.
[326] BGH WM 1986, 790; Hachenburg/*Hüffer* § 46 Rn. 64; Baumbach/Hueck/Zöllner/*Noack* § 43 Rn. 51; ausführlich *Haas* ZInsO 2007, 464, 465.
[327] BGH WM 1992, 223, 224.
[328] Baumbach/Hueck/*Fastrich* § 9a Rn. 2.
[329] OLG Celle NZG 2000, 1178, 1179; Baumbach/Hueck/*Fastrich* § 9a Rn. 2.
[330] Baumbach/Hueck/Zöllner/*Fastrich* § 56 Rn. 13b.
[331] OLG Celle NZG 2000, 1178 f.; LG Mannheim GmbHR 1996, 118 f.
[332] *Meyer* BB 2008, 1742, 1743; vgl. auch *Goette* WPg 2008, 231, 234; *K. Schmidt* GmbHR 2008, 449, 452.
[333] *Goette* WPg 2008, 231, 234.

lichkeit (nur) des Geschäftsführers nach § 82 Abs. 1 Nr. 1 und Nr. 3 GmbHG;[334] diese wird man nicht mit Hinweis des RegE[335] darauf entkräften können, dass § 82 GmbHG den Fall der Versicherung bei verdeckter Sacheinlage nicht aufgreift,[336] da ja die versprochene Einlage gerade nicht zur endgültig freien Verfügung der Geschäftsführung steht, sondern die kraft gesetzlicher Substitutionsbefugnis erbrachte Sacheinlage.[337]

> **Praxistipp:**
> Vor diesem Hintergrund der (möglichen) strafrechtlichen Verantwortlichkeit des Geschäftsführers kann bis zu einer verlässlichen Klärung der Rechtslage nicht empfohlen werden, von der – ansonsten zu begrüßenden – Neuregelung des § 19 Abs. 4 GmbHG Gebrauch zu machen.

Sind Angaben zwar bei Anmeldung korrekt, werden sie jedoch **bis zur Eintragung fehlerhaft** (wichtigstes Beispiel: nach Anmeldung eintretender Verlust des Stammkapitals), so trifft nach jetzt wohl überwiegender Ansicht[338] den Geschäftsführer keine Pflicht, die Anmeldung zu berichtigen. 108

c) **Kennen oder kennen müssen.** Der Geschäftsführer haftet nicht, wenn er die seine Ersatzpflicht begründenden Tatsachen weder **kannte** noch **kennen musste** (§§ 9a Abs. 3, 57 Abs. 4 GmbHG). Im Übrigen ist ein Verschulden nicht erforderlich.[339] Dafür trifft ihn die Beweislast. Der Sorgfaltsmaßstab entspricht dem in § 43 GmbHG. Deshalb wird Befreiung von der Haftungsverpflichtung mangels Kenntnis nur selten in Betracht kommen, weil es zu den Pflichten eines ordentlichen Geschäftsleiters gehört, Umstände einer Kapitalerhöhung sorgfältig zu ermitteln.[340] Denkbar ist beispielsweise der Fall, dass der Geschäftsführer die Überbewertung einer Sacheinlage nicht erkennen konnte, da ein diesbezügliches Sachverständigengutachten vorlag.[341] 109

d) **Sonstiges.** Der Geschäftsführer haftet – bei fehlerhaften Angaben in Bezug auf Einlagen – für die Erbringung der fehlenden Einzahlungen sowie für den sonst entstandenen oder entstehenden **Schaden**. Ein **Mitverschulden** seiner Mitgeschäftsführer kann er – ebenso wie im Rahmen des § 43 GmbHG (→ Rn. 73) – nicht einwenden. Eine **Haftungsbeschränkung** ist im Anwendungsbereich des § 9b Abs. 1 GmbHG (→ Rn. 100) nicht möglich. Für **Verzicht** und **Vergleich** → Rn. 101. 110

e) **Verjährung.** Die Verjährung des Anspruchs richtet sich nach § 9b Abs. 2 GmbHG, d.h. die Verjährung beginnt mit Eintragung der Anmeldung in das Handelsregister oder mit einer ggf. erst nach diesem Ereignis vorgenommenen schädigenden Handlung. 111

f) **Konkurrenzen.** Der Anspruch aus §§ 9a Abs. 1, 57 Abs. 4 GmbHG wegen fehlerhafter Angaben gegenüber dem Handelsregister konkurriert mit der Anspruchsgrundlage des § 43 Abs. 2 GmbHG in der Weise, dass er letzteren Anspruch verdrängt. Diese Sichtweise ist insbesondere wegen der andersartigen Verjährungsregelung geboten.[342] 112

---

[334] *Goette* WPg 2008, 231, 234; anders K. Schmidt GmbHR 2008, 449, 451 f.
[335] RegE BT-Drucks. 16/6140 S. 40.
[336] So aber *K. Schmidt* GmbHR 2008, 449, 451 f.
[337] Vgl. zum Streitstand: MünchKommGmbHG/*Wißmann* § 82 Rn. 128 ff.; Roth/Altmeppen/*Altmeppen* § 82 Rn. 10 ff.
[338] OLG Bremen GmbHR 1998, 40, 41; Hachenburg/*Ulmer* § 9a Rn. 16, § 9c Rn. 16; Scholz/*Veil* § 9a Rn. 21; Michalski/*Tebben* § 9a Rn. 14; Baumbach/*Hueck/Fastrich* § 9a Rn. 12; Meyer-Landrut/Miller/Niehus § 9a Rn. 6; anders OLG Rostock GmbHR 1995, 658, 659; Rowedder/*Schmidt-Leithoff* § 9a Rn. 12; *Münzel* BB 1994, 2163, 2164.
[339] Baumbach/Hueck/*Zöllner/Fastrich* § 57 Rn. 33.
[340] Baumbach/Hueck/*Zöllner/Fastrich* § 57 Rn. 33.
[341] Baumbach/Hueck/*Zöllner* § 57 Rn. 33.
[342] OLG Rostock GmbHR 1995, 658, 660; OLG Celle NZG 2000, 1178, 1179; Roth/Altmeppen/*Altmeppen* § 9a Rn. 16; Scholz/*Veil* § 9a Rn. 47.

4. Haftung wegen existenzvernichtender Zahlungen an Gesellschafter (§ 64 S. 3 GmbHG)

113 Das MoMiG hat die Haftung des Geschäftsführers noch um einen weiteren Tatbestand, § 64 S. 3 GmbHG, ergänzt, nämlich die Haftung für Zahlungen an Gesellschafter, soweit diese zur Zahlungsunfähigkeit der Gesellschaft führen mussten. Sowohl Überschrift als auch Standort dieser Regelung sind irreführend. Es handelt sich dabei vielmehr um eine neben die Haftung im Rahmen der Kapitalaufbringung und -erhaltung tretende Vorschrift zum Schutz der Gesellschaftsgläubiger gegen Vermögensverschiebungen zwischen Gesellschaft und Gesellschaftern.[343] Richtig ist zwar, dass sich die Haftung im Zweifel erst in der Insolvenz der Gesellschaft realisieren wird;[344] der beratende Anwalt hat jedoch den Geschäftsführer auf diese neuartige Solvenzhaftung[345] – zurückgehend auf den „solvency test" nach angloamerikanischem Rechtsverständnis – weit im Vorfeld einer Krise hinzuweisen und entsprechende Vorkehrungen zu treffen. Diese Haftung des Geschäftsführers stellt eine Parallele zu der von der Rechtsprechung seit dem Bremer Vulkan-Urteil[346] fortentwickelten und mit der Trihotel-Entscheidung[347] dogmatisch neu geordneten Haftung der Gesellschafter für existenzvernichtende Eingriffe[348] dar.

114 Die Haftung des Geschäftsführers nach § 64 S. 3 GmbHG und das damit verbundene „Zahlungsverbot" sollen der Gefahr vorbeugen, dass bei sich abzeichnender Zahlungsunfähigkeit von den Gesellschaftern Mittel entnommen werden.[349] Dieses Ziel kann nur erreicht werden, wenn die Gesellschaft den Mittelabfluss verweigern kann und der Geschäftsführer nicht den Mittelabfluss unter Inkaufnahme einer eigenen Haftung bewirken muss. Folgerichtig ist der Geschäftsführer auch an Weisungen der Gesellschafter nicht gebunden.[350]

115 a) Der Begriff der „Zahlungen" im Sinne von § 64 S. 3 GmbHG soll nach der Gesetzesbegründung demjenigen des bisherigen § 64 Abs. 2 S. 1 GmbHG (jetzt § 64 S. 1 GmbHG) entsprechen. Dabei sind allerdings die Ziele schon unterschiedlich: § 64 S. 1 GmbHG dient der Sicherung der gleichmäßigen Befriedigung der Gläubiger im Vorfeld der Insolvenz,[351] während § 64 S. 3 GmbHG die Zahlungsfähigkeit der Gesellschaft sicherstellen will.[352] Dennoch wird man zunächst an den Begriff der Zahlungen im Sinne von § 64 Abs. 2 S. 1 GmbHG a. F. anzuknüpfen haben. Hiervon erfasst sind deshalb:

- Geldzahlungen aus einem Barbestand, einem Kontoguthaben, einem Dispositionskredit oder einer einfachen Kontoüberziehung;[353]
- Zahlungen aus einem für die Gesellschaft geführten Treuhandkonto;[354]
- die Zulassung eines Lastschriftverfahrens auf Grund einer Abbuchungsermächtigung;[355]
- (analog der entsprechenden Fallgruppe im Rahmen des § 64 Abs. 2 S. 1 GmbHG a. F.) Veranlassung der Überweisung durch einen Kunden o. a. Schuldner der Gesellschaft auf ein Konto des Gesellschafters oder Überlassung eines Kundenschecks o. ä. an den Gesellschafter.[356]
- Fraglich erscheint, ob im Rahmen von § 64 S. 3 GmbHG n. F. auch Lieferungen von Produkten, Übertragungen von Rechten oder Vornahmen von Dienstleistungen als „Zahlun-

---

[343] RegE, BT-Drucks 16/6140, S. 112.
[344] RegE, BT-Drucks. 16/6140 a. a. O.
[345] Hierzu allgemein *Kuhner* ZGR 2005, 753, 777 ff.; *Pellens/Jödicke/Richard* DB 2005, 1393, 1395 ff.
[346] BGHZ 149, 10 ff.
[347] BGH ZIP 2007, 1552 ff. gleich BGHR 2007, 1040 f. mit Anmerkung *Terlau*.
[348] RegE, BT-Drucks. 16/6140, a. a. O., S. 112.
[349] RegE, BT-Drucks. 16/6140, S. 46.
[350] BGH NZG 2012, 1379, 1381
[351] So zuletzt OLG Oldenburg ZIP 2004, 1315, 1316.
[352] RegE BT-Drucks. 16/6140, S. 112.
[353] OLG Celle GmbHR 1997, 901, 902; *Röhricht* ZIP 2005, 505, 510.
[354] OLG Düsseldorf ZIP 1998, 2101, 2102.
[355] BGH WM 2007, 2246, 2247; LG Köln WM 1990, 411, 413; Baumbach/Hueck/*Haas* § 64 Rn. 65.
[356] Zum bisherigen § 64 Abs. 2 S. 1 vgl.: BGHZ 143, 184, 186 ff.; BGH NZG 2000, 1222; Baumbach/Hueck/*Schulze-Osterloh* 18. Aufl., 2006, § 64 Rn. 79.

gen"[357] anzusehen sind. Es ist jedenfalls nicht gut vorstellbar, dass solche „Zahlungen" zur Zahlungsunfähigkeit der Gesellschaft im Sinne von § 64 S. 3 GmbHG führen können.

Solche Zahlungen an den Gesellschafter sind selbst dann verboten, wenn die Gesellschaft zur Zahlung verpflichtet war.[358] Ob auch das Eingehen von Verbindlichkeiten, mit oder ohne Gegenleistung, eine „Zahlung" im Sinne von § 64 S. 3 GmbHG darstellen kann, **wird die Rechtsprechung zu entscheiden haben.**[359] Während dies im Rahmen von § 64 S. 1 GmbHG zur Erhaltung der Befriedigungsmöglichkeiten der Gläubiger nicht maßgeblich ist,[360] können solche Maßnahmen – im Rahmen von § 64 S. 3 GmbHG beachtlich – durchaus die Zahlungsunfähigkeit verursachen. Dasselbe gilt für das Unterlassen der Kündigung eines Dauerschuldverhältnisses mit dem Gesellschafter.[361] Gewisse Anpassungen im Hinblick auf den Begriff der „Zahlung" im Sinne von § 64 S. 3 GmbHG sind daher absehbar.[362] 116

b) Es muss eine Zahlung an einen „**Gesellschafter**" erfolgen. Wegen der sachlichen Nähe zur Kapitalaufbringung und -erhaltung wird man hier den Begriff „Gesellschafter" **ebenso** auslegen wie in § 30 Abs. 1 GmbHG. Danach kommt es zunächst auf die Gesellschaftereigenschaft im Zeitpunkt der Zahlung im Sinne von § 64 S. 3 GmbHG an. Damit würden auch Leistungen an Dritte erfasst, sofern diese entweder für Rechnung des Gesellschafters erfolgen, d. h. beispielsweise zur Tilgung einer Verbindlichkeit des Gesellschafters,[363] oder der Dritte in einem persönlichen oder wirtschaftlichen Näheverhältnis zum Gesellschafter steht. Hierunter fallen zunächst einmal nahe Angehörige des Gesellschafters[364] sowie mit dem Gesellschafter verbundene Unternehmen.[365] 117

c) Das Merkmal **Zahlungsunfähigkeit** wird man nach der entsprechenden Definition in § 17 Abs. 2 InsO bestimmen müssen. Hiernach liegt Zahlungsunfähigkeit vor, sofern es dem Schuldner, vorliegend der Gesellschaft unmöglich ist entsprechende Zahlungsmittel für den Ausgleich fälliger Forderungen bereitzustellen.[366] 118

Die Zahlungsunfähigkeit kann am einfachsten anhand einer Zahlungseinstellung festgestellt werden; daneben kommt die Feststellung anhand der Berechnung einer Unterdeckung auf Grundlage einer Liquiditätsbilanz sowie anhand sonstiger Indizien in Betracht.[367] Bei einer Zahlungseinstellung wird die Zahlungsunfähigkeit vermutet.[368] Für die Annahme einer Zahlungseinstellung reicht ein nach außen hervortretendes Verhalten, in dem sich typischerweise ausdrückt, dass der Schuldner nicht in der Lage ist, seine fälligen Zahlungspflichten zu erfüllen; dies kann auch bei einer einzelnen Forderung in nicht unerheblicher Höhe der Fall sein.[369] Haben im fraglichen Zeitpunkt fällige Verbindlichkeiten bestanden, die bis zur Eröffnung des Insolvenzverfahrens nicht beglichen worden sind, ist regelmäßig von Zahlungseinstellung auszugehen.[370] 119

---

[357] Zu § 64 Abs. 2 S. 1 GmbHG a. F.: OLG Düsseldorf GmbHR 1996, 616, 619; Baumbach/Hueck/*Schulze-Osterloh* 18. Aufl., 2006, § 64 Rn. 79 m. w. N.
[358] OLG Celle GmbHR 2008, 101, 102; Baumbach/Hueck/*Haas* § 64 Rn. 65.
[359] Vgl. *Greulich/Rau* NZG 2008, 284, 287: Wenn die Gesellschaft eine gleichwertige Gegenleistung erhält, soll keine Zahlung i. S. v. § 64 Satz 3 GmbHG vorliegen.
[360] BGHZ 138, 211, 216 f.; *Röhricht* ZIP 2005, 505, 511.
[361] Vgl. hierzu OLG Hamm ZIP 1980, 280, 281; Scholz/*Schmidt* § 64 Rn. 23 einerseits und Baumbach/Hueck/*Haas* § 64 Rn. 66, andererseits.
[362] Ebenso Baumbach/Hueck/*Haas* § 64 Rn. 97 ff.
[363] BGH NZG 2000, 883, 886; OLG Rostock GmbHR 1998, 329 (Eingehen einer Verbindlichkeit).
[364] Vgl. zur Definition und zur Abgrenzung Baumbach/Hueck/*Fastrich* § 30 Rn. 32 ff.; *Knof* DStR 2007, 1536, 1538.
[365] Im Einzelnen vgl. zur Kasuistik bei § 30: Scholz/*Verse* § 30 Rn. 28 ff.
[366] Umfassend zur Zahlungsunfähigkeit: *Pape* WM 2008, 1949; sowie hinsichtlich Rechtsprechung: *Descher*, Die Haftung des GmbH-Geschäftsführers, Rn. 504 ff.
[367] *Drescher*, Die Haftung des GmbH-Geschäftsführers, Rn. 507.
[368] BGH NZG 2012, 464, 466.
[369] BGH NZG 2012, 464, 465.
[370] BGH NZG 2012, 940, 941.

120 Die Voraussetzungen der Zahlungseinstellung muss grundsätzlich derjenige darlegen und beweisen, der daraus Rechte für sich herleiten will.[371] Eine Zahlungseinstellung kann aus einem einzelnen, aber auch aus einer Gesamtschau mehrerer darauf hindeutender, in der Rechtsprechung entwickelter Beweisanzeichen gefolgert werden; sind derartige Indizien vorhanden, bedarf es nicht einer darüber hinaus gehenden Darlegung und Feststellung der genauen Höhe der gegen den Schuldner bestehenden Verbindlichkeiten oder gar einer Unterdeckung von mindestens 10%.[372] Dafür kann auch ein Vortrag ausreichend sein, der zwar in bestimmten Punkten lückenhaft ist, eine Ergänzung fehlender Tatsachen aber schon auf der Grundlage von Beweisanzeichen erfolgen kann; es obliegt dann dem Tatrichter, ausgehend von den festgestellten Indizien eine Gesamtabwägung vorzunehmen, ob eine Zahlungseinstellung gegeben ist.[373]

121 Ansonsten bedarf es zur Ermittlung der Zahlungsunfähigkeit nach § 64 S. 3 GmbHG einer Liquiditätsbilanz, in der die im maßgeblichen Zeitpunkt verfügbaren und innerhalb von drei Wochen flüssig zu machenden Mittel in Beziehung zu setzen sind zu den am selben Stichtag fälligen und eingeforderten Verbindlichkeiten.[374] Beträgt die Liquiditätslücke der Gesellschaft 10% oder mehr, ist regelmäßig von Zahlungsunfähigkeit auszugehen, sofern nicht ausnahmsweise mit an Sicherheit grenzender Wahrscheinlichkeit zu erwarten ist, dass die Liquiditätslücke demnächst vollständig oder fast vollständig geschlossen wird und den Gläubigern ein Zuwarten nach den besonderen Umständen des Einzelfalls zuzumuten ist.[375] In der Liquiditätsbilanz ist auch eine fällige Forderung des Gesellschafters zu berücksichtigen.[376] Bei Zahlungseinstellung ist eine Liquiditätsbilanz allerdings in der Regel entbehrlich, weil in diesem Fall die Zahlungsunfähigkeit vermutet wird,[377]

122 Die Zahlungsunfähigkeit wird nicht allein durch die Behauptung des Geschäftsführers entkräftet, die Gesellschaft sei lediglich zahlungsunwillig gewesen; vielmehr muss der Geschäftsführer in einem solchen Fall beweisen, dass die Gesellschaft zahlungsfähig war.[378] Auch liegt keine bloß vorübergehende Zahlungsstockung vor, wenn es dem Schuldner über mehrere Monate nicht gelingt, seine fälligen Verbindlichkeiten spätestens innerhalb von drei Wochen auszugleichen und die rückständigen Beträge insgesamt so erheblich sind, dass von lediglich geringfügigen Liquiditätslücken keine Rede sein kann.[379] Eine Zahlungseinstellung kann durch Wiederaufnahme der Zahlungen beseitigt werden, allerdings müssen hierfür im Grundsatz auch alle Zahlungen vorgenommen werden.[380]

123 d) Die Zahlung muss des Weiteren die Zahlungsunfähigkeit **verursacht** haben. Hier soll nach der Gesetzesbegründung ein enger Kausalitätsbegriff gelten. Nicht jegliche Zahlung, die in irgendeiner Weise kausal für eine – möglicherweise erst mit erheblichem zeitlichen Abstand eintretende – Zahlungsunfähigkeit der Gesellschaft geworden ist, führt zur Ersatzpflicht.[381] Die Formulierung „zur Zahlungsunfähigkeit ... führen mussten" soll den Anwendungsbereich der Haftungsnorm stark beschränken und klarstellen, dass nur solche Zahlungen zur Haftung führen, bei denen keine weiteren Kausalbeiträge erforderlich seien, um die Zahlungsunfähigkeit herbeizuführen. Die Zahlung muss also „unmittelbar" zur Zahlungsunfähigkeit führen.[382] Der BGH hat jüngst klargestellt, dass ein Verstoß gegen § 64 Satz 3 GmbHG nicht in Betracht kommt, wenn die GmbH bereits zahlungsunfähig ist; hier kommt alleine eine Haftung nach § 64 Satz 1 GmbHG in Betracht.[383] So wird die Zah-

---

[371] BGH NZG 2012, 464, 465.
[372] BGH NJW-RR 2011, 1413,1414.
[373] BGH NJW-RR 2011, 1413,1414.
[374] BGH NZI 2012, 663, 664.
[375] BGH NZG 2012, 672.
[376] BGH NZG 2012, 1379; *Schult* GWR 2012, 549.
[377] BGH NJW-RR 2011, 1413; *Born* WM 2013 (Sonderbeilage 1), 1, 37.
[378] BGH NJW-RR 2012, 823, 824; *Born* WM 2013 (Sonderbeilage 1), 1, 37.
[379] BGH NJW-RR 2013, 161, 162.
[380] *Born* WM 2013 (Sonderbeilage 1), 1, 38.
[381] RegE S. 113; vgl. auch *Weller* DStR 2007, 1166, 1167; *Böcker/Poertzgen* WM 2007, 1203.
[382] Aus der Literatur vgl. *Römermann* GmbHR 2006, 673, 680; *Greulich/Bunnemann* NZG 2006, 681, 685; *Knof* DStR 2007, 1536, 1539; *K. Schmidt* GmbHR 2007, 1, 6; *Meyer* BB 2008, 1742, 1746.
[383] BGH NZG 2012, 1379; vgl. *von Woedtke* NZG 2013, 484, 486 f.; *Schult* GWR 2012, 549.

lungsunfähigkeit durch die Zahlung an den Gesellschafter nicht herbeigeführt, wenn unter Berücksichtigung fälliger, d. h. ernsthaft eingeforderter Gesellschafterforderungen bereits eine Deckungslücke von 10 % oder mehr besteht; in diesem Fall ist die Gesellschaft auch vor Zahlung an den Gesellschafter bereits zahlungsunfähig.[384]

e) Die Haftung des Geschäftsführers nach § 64 S. 3 GmbHG ist nach seinem Wortlaut dann beschränkt, wenn die Tatsache, dass die Zahlung zur Zahlungsunfähigkeit führen muss, unter Beachtung der Sorgfalt eines ordentlichen Geschäftsmannes nicht **erkennbar** war. Entlasten kann sich der Geschäftsführer also durch den Nachweis, dass er die Eignung der Zahlung zur Herbeiführung der Zahlungsunfähigkeit subjektiv aufgrund besonderer Umstände nicht erkennen konnte.[385] Hierfür müsste der Geschäftsführer möglichst anhand von **Dokumentationen** nachweisen, dass er die **zukünftigen Zahlungsströme** der Gesellschaft zu jedem Zeitpunkt sorgfältig und realistisch beobachtet und geplant hat.[386] Insbesondere bei der Beurteilung von künftigen Zahlungszuflüssen mögen dem Geschäftsführer hier Beurteilungsspielräume zuzuerkennen sein.[387] **124**

f) Aus § 64 S. 4 GmbHG i. V. m. § 43 Abs. 3 S. 3 GmbHG folgt, dass **Weisungen** der Gesellschafter in diesem Bereich unbeachtlich sind. Ergibt die Prüfung der Liquidität der Gesellschaft im Rahmen der Solvenzprognose, dass die Zahlung an einen Gesellschafter die Zahlungsunfähigkeit der Gesellschaft zur Folge hätte, dann ist der Geschäftsführer trotz entgegenstehender Weisung berechtigt die Vornahme der Zahlung zu verweigern.[388] Der Geschäftsführer muss demnach die aktuelle und zukünftige Liquiditätslage der Gesellschaft immer im Blick haben.[389] Nach § 64 S. 3 GmbHG ist der Geschäftsführer zum Ersatz der pflichtwidrig **geleisteten** Zahlung gegenüber der Gesellschaft verpflichtet. Er hat nicht etwa den aus der eingetretenen Insolvenz der Gesellschaft oder den Gesellschaftern entstandenen Schaden zu ersetzen. Dies schließt Ansprüche auf **anderer Grundlage**, z. B. § 43 Abs. 2 GmbHG (allerdings Weisungen sind beachtlich!) oder § 826 BGB nicht aus. Auch mögen die Zahlungen im Einzelfall als strafbare Untreue zu werten sein, so dass ein Anspruch aus § 823 Abs. 2 i. V. m. § 266 StGB in Betracht kommt (vgl. → Rn. 160). Auch ein Anspruch wegen Beihilfe zur Existenzvernichtung aus § 830 Abs. 2 i. V. m. § 826 BGB kann in Betracht kommen (hierzu → Rn. 174). **Verzicht und Vergleich** über den Anspruch nach § 64 S. 3 GmbHG unterliegen den Beschränkungen der §§ 43 Abs. 3 S. 2, 9b Abs. 1 GmbHG. **125**

5. Haftung wegen Zahlungen nach Zahlungsunfähigkeit oder Feststellung der Überschuldung (§ 64 S. 1 GmbHG)

In der **Krise der GmbH** erlangt vor allem auch § 64 S. 1 GmbHG eine besondere Bedeutung. Der Geschäftsführer ist hiernach der Gesellschaft zum Ersatz von Zahlungen verpflichtet, die nach Eintritt der Zahlungsunfähigkeit oder Feststellung ihrer Überschuldung geleistet werden. Die Pflicht, bei Zahlungsunfähigkeit oder Überschuldung Insolvenzantrag zu stellen, ist jetzt in § 15a Abs. 1 Satz 1 InsO geregelt (früher § 64 Abs. 1 GmbHG) (zur Haftung wegen Insolvenzverschleppung → Rn. 235). **126**

Praxistipp:

Ganz entscheidend ist deshalb, dem Geschäftsführer einer in der Krise befindlichen GmbH eine Checkliste von Pflichten an die Hand zu geben, da gerade in einer solchen Situation allenorts seine Haftung droht. Weitere Beratungshinweise siehe in § 24.

---

[384] BGH NZG 2012, 1379, 1380.
[385] RegE, BT-Drucks. 16/6140, S. 113.
[386] *Greulich/Bunnemann* NZG 2006, 681, 685; *Noack* DB 2006, 1475, 1479; *Knof* DStR 2007, 1536, 1540 f.; *K. Schmidt* GmbHR 2008, 449, 454; *Meyer* BB 2008, 1742, 1746.
[387] *Greulich/Bunnemann* NZG 2006, 681, 686; *Haas* WM 2006, 1417, 1418; *Meyer* BB 2008, 1742, 1746.
[388] BGH NZG 2012, 1422; *von Woedtke* NZG 2013, 484, 486 f.
[389] *von Woedtke* NZG 2013, 484, 486 ff.; *Schult* GWR 2012, 549.

127 **Checkliste: Haftung in der Krise**
(Die meisten Haftungsnormen werden in der Praxis selbstverständlich vor allem in oder zum Abschluss der Krise, in der Insolvenz, der GmbH relevant.)

- ☐ Haftung gegenüber der Gesellschaft für verfrühte oder verspätete Stellung des Insolvenzantrags (OLG Naumburg, → Rn. 26);
- ☐ Haftung wegen (trotz) Weisungen der Gesellschafter in Bezug auf Insolvenzantrag (→ Rn. 53 und → Rn. 235);
- ☐ Haftung wegen Verletzung von – in der Krise gesteigerten – Überwachungspflichten bei Geschäftsverteilung (OLG Köln, → Rn. 45);
- ☐ Haftung wegen Zahlungen an Gesellschafter aus gebundenem Vermögen (§ 43 Abs. 3 GmbHG, → Rn. 92);
- ☐ Haftung wegen Vornahme von Zahlungen bei Zahlungsunfähigkeit oder Überschuldung (§ 64 S. 1 GmbHG);
- ☐ Haftung wegen existenzvernichtender Zahlungen (§ 64 S. 3 GmbHG)
- ☐ Sachwalterhaftung für Vertrauensstellung des Geschäftsführers und wegen besonderen Eigeninteresses gegenüber Dritten und ggf. auch gegenüber Gesellschaftern (→ Rn. 197);
- ☐ Außenhaftung gegenüber Dritten wegen Verschleierung der Zahlungsunfähigkeit (§ 823 Abs. 2 BGB i. V. m. § 263 StGB; unten → Rn. 221);
- ☐ Außenhaftung gegenüber Dritten wegen Verletzung der Buchführungspflichten (§ 823 Abs. 2 BGB i. V. m. §§ 283 ff. StGB; unten → Rn. 217);
- ☐ Außenhaftung gegenüber Dritten wegen Insolvenzverschleppung (§ 823 Abs. 2 BGB i. V. m. § 15a Abs. 1 InsO, vgl. → Rn. 235);
- ☐ Haftung gegenüber dem Träger der Sozialversicherung wegen Vorenthalten des Arbeitnehmeranteils (§ 823 Abs. 2 BGB i. V. m. § 266a StGB; unten → Rn. 225).

128 Es kann dahinstehen, ob § 64 S. 1 GmbHG ein gesetzlicher Fall der Drittschadensliquidation ist[390] oder ein Ersatzanspruch eigener Art.[391] Die Ersatzpflicht nach § 64 S. 1 GmbHG hat vor allem den Zweck, die gleichmäßige Befriedigung der Gläubiger im Vorfeld der Eröffnung des Insolvenzverfahrens zu sichern.[392] Damit unterscheidet sich diese Norm von dem neuen § 64 S. 3 GmbHG, einem Spezialfall des existenzvernichtenden Eingriffs,[393] der die Insolvenz im Vorfeld verhindern will.

129 Haftbar ist der Geschäftsführer und auch derjenige, (faktischer Geschäftsführer) der nach dem Gesamterscheinungsbild seines Auftretens, wozu maßgeblich auch ein Handeln im Außenverhältnis gehört, Geschäftsführer ist, ohne hierzu (wirksam) bestellt zu sein.[394] Eine noch vorhandene Kontovollmacht des bereits abberufenen Geschäftsführers reicht hierfür nicht aus.[395] Dieser kann auch idR nicht wegen Teilnahme gemäß § 830 BGB haftbar gemacht werden.[396]

130 **a) Auslegung des Begriffs „Zahlungen".** Der Begriff der „Zahlungen" in § 64 S. 1 GmbHG hat durch Rechtsprechung und Literatur eine breite Interpretation erfahren.

Der Tatbestand der Zahlungen erfasst deshalb:
- Geldzahlungen aus einem Barbestand, einem Kontoguthaben, einem Dispositionskredit oder einer einfachen Kontoüberziehung;[397]

---

[390] *K. Schmidt* JZ 1978, 661, 662; *Medicus* GmbHR 1993, 533, 538; Roth/Altmeppen/*Altmeppen* § 64 Rn. 41.
[391] Vor allem Baumbach/Hueck/*Haas* § 64 Rn. 7; *Schulze-Osterloh* FS Bezzenberger, 2000, S. 415, 423 ff.; *Knof* DStR 2007, 153, 1537.
[392] Baumbach/Hueck/*Haas* § 64 Rn. 6 f.; GroßkommAktG/*Habersack* § 92 Rn. 90 f.
[393] Hierzu ausführlich *Altmeppen* ZIP 2008, 1201, 1203 ff.
[394] BGHZ 150, 61, 69 f.; BGH 4.7.2008 juris-PR-BGHZivilR 14/2008; BGH DStR 2008 S. 1245 f.; zur Haftung des Aufsichtsrates: BGH NJW 2011, 221, Rn. 11 ff.
[395] BGH 4.7.2008 juris-PR-BGHZivilR 14/2008; BGH DStR 2008 S. 1245 f.
[396] BGH 4.7.2008 juris-PR-BGHZivilR 14/2008; BGH DStR 2008 S. 1245 f.
[397] OLG Celle GmbHR 1997, 901, 902; *Röhricht* ZIP 2005, 505, 510.

- Zahlungen aus einem für die Gesellschaft geführten Treuhandkonto;[398]
- die Zulassung eines Lastschriftverfahrens auf Grund einer Abbuchungsermächtigung;[399]
- Veranlassung der Überweisung auf ein im Soll befindliches Konto oder Einreichung eines Kundenschecks auf ein solches Konto;[400]
- „Zahlungen" sind auch Lieferung von Produkten oder Übertragung von Rechten.[401]

131 Bei der Vornahme von Dienstleistungen ist das Vorliegen einer Zahlung fraglich, da die Arbeitskraft der Mitarbeiter kein Vermögen der Gesellschaft darstellt. Wenn aber für Dienstleistung eine Vergütung am Markt erhältlich ist, kann es für „Zahlung" iS des § 64 nicht darauf ankommen, ob die Gesellschaft nachträglich auf Gegenleistung verzichtet oder von vornherein die Dienstleistung ohne Anspruch auf Gegenleistung erbringt.[402]

132 Die Zahlungen sind verboten unabhängig davon, ob die Gesellschaft zur Zahlung verpflichtet war. Da § 64 S. 1 GmbHG jedoch am ehesten damit erklärt werden kann, dass er die gleichmäßige Befriedigung der Gläubiger sichern soll und nicht jegliche Vermögensminderung verhindern will,[403] wird das Eingehen von Verbindlichkeiten nicht erfasst.[404] Dasselbe gilt für den Abschluss von gegenseitigen Verträgen, die im Falle der Erfüllungsablehnung durch den Insolvenzverwalter nach § 103 Abs. 2 InsO einen Ersatzanspruch des Vertragspartners gegen die GmbH begründen.[405] „Zahlungen" i.S.v. § 64 S. 1 GmbHG werden auch nicht dadurch geleistet, dass der Geschäftsführer es unterlässt, ein Dauerschuldverhältnis zu kündigen.[406]

133 Zu beachten ist jedoch, dass die Rechtsprechung eine Gesamtsaldierung grundsätzlich nicht zulässt.[407] Mit dem BGH kann allenfalls dann, wenn mit den vom Geschäftsführer bewirkten Zahlungen ein Gegenwert in das Gesellschaftsvermögen gelangt und dort verblieben ist, erwogen werden, eine Massekürzung und damit einen Erstattungsanspruch gegen das Organmitglied zu verneinen, weil dann der Sache nach lediglich ein Aktientausch vorliegt.[408]

134 Die Haftung des Geschäftsführers setzt die Veranlassung der Zahlung durch den Geschäftsführer voraus.[409] Hieran kann es beispielsweise fehlen, wenn die Zahlung aufgrund einer Kontopfändung erfolgt.[410]

135 b) Nach Eintritt der Krise. Verboten sind Zahlungen, die nach Eintritt der **Zahlungsunfähigkeit** oder der **Überschuldung**, also nach Eintritt der Insolvenzreife vorgenommen werden.[411] Zahlungen sind daher sofort mit Eintritt der Insolvenzreife verboten; nicht erst nach Ablauf der drei Wochen Frist aus § 15a Abs. 1 S. 1 InsO.[412] Im Hinblick auf den Begriff der Zahlungsunfähigkeit wird auf obige Ausführungen verwiesen (s. → Rn. 118).

136 Das Merkmal der **Überschuldung** bestimmt sich wegen der insolvenzrechtlichen Natur des § 64 Satz 1 GmbHG nach den Vorgaben des § 19 Abs. 2 InsO.[413] Grundsätzlich liegt

---

[398] OLG Düsseldorf ZIP 1998, 2101, 2102.
[399] BGH WM 2007, 2246, 2247; Baumbach/Hueck/*Haas* § 64 Rn. 65; LG Köln WM 1990, 411, 413.
[400] BGH DStR 2000, 210f.; BGHZ 143, 184, 186 ff.; OLG Hamburg ZIP 1995, 913f.; OLG Düsseldorf GmbHR 1999, 661, 662; LG Itzehoe ZIP 1996, 797 f.; anders OLG Celle NZG 1999, 77, 78.
[401] Sehr streitig: dafür OLG Düsseldorf GmbHR 1996, 616, 619; GroßkommAktG/*Habersack* § 92 Rn. 93; dagegen RGZ 159, 211, 234; *Meyer-Landrut* § 64 Rn. 12; *Fleck* GmbHR 1974, 224, 230; KölnerKommAktG/*Mertens/Cahn* § 92 Rn. 57; *Hüffer* AktG § 92 Rn. 14; Baumbach/Hueck/*Haas* § 64 Rn. 65.
[402] Baumbach/Hueck/*Haas* § 64 Rn. 64a.
[403] Baumbach/Hueck/*Haas* § 64 Rn. 1 f.
[404] BGHZ 138, 211, 216 f.; Baumbach/Hueck/*Haas* § 64 Rn. 66; Hachenburg/*Ulmer* § 64 Rn. 40; GroßkommAktG/*Habersack* § 92 Rn. 94; anders Lutter/Hommelhoff/*Kleindiek* § 64 Rn. 10; *Wilhelm* ZIP 1993, 1833, 1836; Scholz/*Schmidt* § 64 Rn. 23.
[405] Baumbach/Hueck/*Haas* § 64 Rn. 66; Scholz/*Schmidt* § 64 Rn. 42; anders *Flume* ZIP 1994, 337, 341.
[406] Baumbach/Hueck/*Haas* § 64 Rn. 66; dagegen OLG Hamm ZIP 1980, 280, 281; Scholz/*Schmidt* § 64 Rn. 22 ff., 42.
[407] BGH NZG 2010, 1186, 1187; *Born* WM 2013 (Sonderbeilage 1), 1, 39.
[408] BGH BZG 2010, 1393, 1395.
[409] BGH NZG 2009, 582, 583; *Born* WM 2013 (Sonderbeilage 1), 1, 40.
[410] BGH NZG 2011, 303, 305.
[411] BGH NZG 2012, 940.
[412] BGH NZG 2012, 940; *Drescher*, Die Haftung des GmbH-Geschäftsführers, Rn. 499.
[413] BeckOKGmbHG/*Ziemons*/*Jaeger* § 64 Rn. 29.

eine Überschuldung vor, wenn die Verbindlichkeiten des Unternehmens den Wert des Aktivvermögens übersteigen.[414]

137 Die Definition, insbesondere die Frage ob die Überschuldung **einstufig** oder **zweistufig** zu bestimmen ist, hat in der Gesetzgebungsgeschichte jedoch verschiedenste Änderungen erfahren.[415]

138 Bis zum 17.10.2008 galt der einstufige Überschuldungsbegriff. Hiernach ist zuerst zu bestimmen, ob das Unternehmen fortgeführt oder liquidiert wird, und daran die Bewertung auszurichten.[416] Eine positive Zukunftsprognose beseitigt die Überschuldung danach nicht.[417]

139 Im Kontext der Finanzmarktkrise 2008 hat der Gesetzgeber durch das Finanzmarktstabilisierungsgesetz[418] wieder an den zweistufigen Überschuldungsbegriff angeknüpft, wie er vorher auch vom BGH vertreten wurde.[419] Begründet wurde dies mit den krisenbedingten erheblichen Wertverlusten bei Wertpapieren und Immobilien durch die Finanzmarktkrise. Es sollte „das ökonomisch völlig unbefriedigende Ergebnis" vermieden werden, dass „Unternehmen, bei denen die überwiegende Wahrscheinlichkeit besteht, dass sie weiter erfolgreich am Markt operieren können, zwingend ein Insolvenzverfahren zu durchlaufen haben".[420] Der Gesetzgeber hat diesen neuen Überschuldungsbegriff zunächst nur befristet bis zum 31.12.2010 eingeführt, dann aber um weitere 3 Jahre bis zum 31.12.2013 verlängert (zur Fortgeltung über den 31.12.13 hinaus s. → Rn. 141).[421]

140 Hiernach liegt Überschuldung vor, wenn „das Vermögen des Schuldners die bestehenden Verbindlichkeiten nicht mehr deckt, es sei denn, die Fortführung des Unternehmens ist nach den Umständen überwiegend wahrscheinlich" (§ 19 Abs. 2 S. 1 InsO). Danach scheidet im Fall einer positiven Fortbestehensprognose eine Überschuldung aus.[422] Ein nach Fortführungswerten überschuldetes Unternehmen muss bei positiver Fortführungsprognose nach dem einstufigen Überschuldungsbegriff Insolvenz anmelden nach dem zweistufigen jedoch nicht.[423]

141 Das FMStG sah in Art. 6 Abs. 3 die Rückkehr zum einstufigen Überschuldungbegriff vor, wie er bis zum 17.10.2008 gegolten hat. Demnach hätte ab dem 1.1.2014 wieder der strengere einstufige Überschuldungsbegriff gegolten.[424] Eine von der Bundesregierung in Auftrag gegebene Untersuchung kam jedoch zu dem Ergebnis, dass wegen der positiven rechtstatsächlichen und praktischen Erfahrungen im Umgang mit dem zweistufigen Überschuldungsbegriff eine Rückkehr zum einstufigen Überschuldungsbegriff nicht sinnvoll sei.[425] Auch wurde auf die weiter andauernden volkswirtschaftlichen Effekte der Schuldenkrise der öffentlichen Haushalte insbesondere in der Europäischen Union verwiesen.[426] Auf Empfehlung des Rechtsausschusses des Bundestages wurde die Geltung des § 19 Abs 2 InsO (i. d. F. des FMStG) über den 31.12.2013 hinaus durch Art 18 des Gesetzes v 5.12.2012[427] entfristet.[428] Damit bleibt es auch für die Zukunft beim zweistufigen Überschuldungsbegriff.

142 Für die Frage, ob eine Überschuldung vorliegt, bedarf es zunächst grundsätzlich der Aufstellung einer Überschuldungsbilanz, in der die stillen Reserven aufzudecken und Vermö-

---

[414] BGH NJW 1983, 676, 677; MünchKommGmbHG/*Müller* § 64 Rn. 23.
[415] Vgl. hierzu umfassend Baumbach/Hueck/*Haas* § 64 Rn. 43a ff.; sowie mit Beispielen aus der Rechtsprechung *Drescher*, Die Haftung des GmbH-Geschäftsführers, Rn. 541 ff.
[416] *Drescher*, Die Haftung des GmbH-Geschäftsführers, Rn. 546.
[417] Baumbach/Hueck/*Haas* § 64 Rn. 43b; MünchKommGmbHG/*Müller* § 64 Rn. 23.
[418] Art. 5 FMStG, BGBl. I S. 1982.
[419] MünchKommGmbHG/*Müller* § 64 Rn. 23; Baumbach/Hueck/*Haas* § 64 Rn. 43c.
[420] BT-Drucks. 16/10 600, 12 f.; BeckOKGmbHG/*Ziemons*/*Jaeger* § 64, Rn. 30; Baumbach/Hueck/*Haas* § 64 Rn. 43d ff.
[421] BT-Drucks. 16/13 927; Baumbach/Hueck/*Haas* § 64 Rn. 43c.
[422] MünchKommInsO/*Drukarczyk*/*Schüler* § 19 Rn. 15; Baumbach/Hueck/*Haas* § 64 Rn. 43c.
[423] *Drescher*, Die Haftung des GmbH-Geschäftsführers, Rn. 546.
[424] Baumbach/Hueck/*Haas* § 64 Rn. 43g.
[425] BT Drucks. 17/11 385, S. 27; BeckOKGmbHG/*Ziemons*/*Jaeger* § 64 Rn. 30; vgl. auch *Born* WM 2013 (Sonderbeilage 1), 1, 39.
[426] BT Drucks. 17/11 385, S. 27; BeckOKGmbHG/*Ziemons*/*Jaeger* § 64 Rn. 30.
[427] BGBl. I S. 2418.
[428] BeckOKGmbHG/*Ziemons*/*Jaeger* § 64 Rn. 30.

genswerte mit aktuellen, wahren Verkehrs- oder Liquidationswerten auszuweisen sind; der Handelsbilanz kommt nur indizielle Bedeutung zu.[429] Bei der Überschuldungsbilanz werden dann die verwertbaren Vermögensgegenstände und die Schulden gegenübergestellt.[430]

In einem weiteren Schritt ist dann die Fortführungsprognose zu erstellen. Für eine positive Fortführungsprognose ist subjektiv der Wille zur Fortführung des Unternehmens erforderlich und objektiv die Aufstellung eines Ertrags- und Finanzplans mit einem schlüssigen und realisierbaren Unternehmenskonzept für einen angemessenen Prognosezeitraum.[431]

Auf die „Feststellung" der Überschuldung kommt es trotz des anderweitigen Wortlauts § 64 S. 1 GmbHG nicht an;[432] vgl. die ansonsten gleich lautende Bestimmung der §§ 92 Abs. 3, 93 Abs. 3 Nr. 6 AktG. Von dem Geschäftsführer einer GmbH wird erwartet, dass er sich über die wirtschaftliche Lage der Gesellschaft stets vergewissert. Hierzu gehört insbesondere die Prüfung der Insolvenzreife. Wenn der Geschäftsführer erkennt, dass die GmbH zu einem bestimmten Stichtag nicht in der Lage ist, ihre fälligen und eingeforderten Verbindlichkeiten vollständig zu bedienen, hat er die Zahlungsfähigkeit der GmbH anhand einer Liquiditätsbilanz zu überprüfen.[433] Allgemein muss der Geschäftsführer für eine Organisation sorgen, die ihm die zur Wahrnehmung seiner Pflichten erforderliche Übersicht über die wirtschaftliche und finanzielle Situation der Gesellschaft jederzeit ermöglicht.[434] **143**

Nach § 64 S. 2 GmbHG sind dennoch Zahlungen erlaubt, die mit der **Sorgfalt eines ordentlichen Geschäftsmanns** vereinbar sind.[435] Hierbei geht es um Zahlungen, die keine Minderung der Insolvenzmasse hervorrufen, d.h. insbesondere Zahlungen gegen wertdeckende Gegenleistung.[436] Ausgenommen sind auch solche Zahlungen, die unerlässlich sind, damit nicht Sanierungsbemühungen[437] innerhalb der Frist des § 15a Abs. 1 S. 1 InsO von vorne herein zum Scheitern verurteilt sind. Das kommt insbesondere bei Zahlungen auf die Wasser-, Strom- und Heizrechnungen in Betracht, wenn andernfalls der Betrieb sofort eingestellt werden müsste, was jede Chance auf Sanierung oder Fortführung im Insolvenzverfahren zunichte machen würde.[438] Hierzu gehören auch Zahlungen an absonderungsberechtigte Gläubiger bis zur Höhe des Wertes des Sicherungsgutes.[439] **144**

Mit der Pflicht eines ordentlichen Geschäftsführers ist es ebenfalls vereinbar, wenn er Zahlungen leistet, für deren Unterlassen er andernfalls strafrechtlich zur Verantwortung gezogen würde.[440] Folglich haftet der Geschäftsführer nicht nach § 64 Satz 1 GmbHG, wenn er nach Eintritt der Insolvenzreife rückständige Umsatz- und Lohnsteuern an das Finanzamt und rückständige **Arbeitnehmeranteile** zur Sozialversicherung an die Einzugsstelle zahlt.[441] Hierfür könnte der Geschäftsführer nach § 266a Abs. 1, § 14 Abs. 1 Nr. 1 StGB strafrechtlich zur Verantwortung gezogen werden. (zur fehlenden Strafbarkeit beim Nichtabführen von **Arbeitgeberbeiträgen** zur Sozialversicherung → Rn. 225) Ebenfalls kommt eine Haftung nicht in Betracht, wenn Zahlungen an das Finanzamt auf Grund eines Pfändungs- und Überweisungsbeschlusses erfolgen.[442] Dies unterstreicht den von der Rechtsprechung eingeschlagenen Weg, den Schutz der Gläubiger durch § 64 S. 1 GmbHG angesichts kollidierender Pflichten des Geschäftsführers (z.B. persönliche Haftung für Steuerschulden) zu relativieren.[443] **145**

---

[429] *Born* WM 2013 (Sonderbeilage 1), 1, 39; MünchKommGmbHG/*Müller* § 64 Rn. 26.
[430] MünchKommGmbHG/*Müller* § 64, Rn. 26.
[431] BGH NZG 2010, 1393, 1394.
[432] BGH NZG 2012, 940, Rn. 8; Baumbach/Hueck/*Haas* § 64 Rn. 76 f.; Scholz/*Schmidt* § 64 Rn. 36.
[433] BGH NZG 2012, 672, 673; BGH NZG 2005, 811.
[434] BGH NZG 2012, 940; BGH NJW-RR 1995, 669.
[435] BGH NZG 2012, 672, 673.
[436] BGH WM 1986, 237, 239; vgl. auch OLG Düsseldorf NZG 1999, 884, 885.
[437] BGH NZG 2008, 75; OLG Düsseldorf NZG 1999, 1066, 1068; *Fleck* GmbHR 1974, 224, 231; *Groß* ZGR 1998, 551, 560.
[438] BGH NZG 2008, 75; Roth/Altmeppen/*Altmeppen* § 64 Rn. 26.
[439] Hachenburg/*Ulmer* § 64 Rn. 42; Baumbach/Hueck/*Haas* § 64 Rn. 68; Michalski/*Nerlich* § 64 Rn. 46.
[440] BGH NZG 2009, 32; anders noch BGHZ 146, 2644
[441] BGH DStR 2011, 530.
[442] OLG München NZG 2011, 465; *von Woedtke* NZG 2013, 484, 486.
[443] *von Woedtke* NZG 2013, 484, 486.

146 Bei **treuhänderisch verwahrten Geldern** kann im Falle einer zur Aussonderung berechtigenden, echten Verwaltungstreuhand eine Auszahlung schon nicht tatbestandsmäßig i. S. d. § 64 S. 1 GmbHG sein.[444] Sofern solche Gelder aber insolvenzrechtlich in die Masse fielen, kann eine ansonsten bestehende Strafbarkeit des Geschäftsführers die Auszahlung rechtfertigen bzw. entschuldigen.[445] Selbstverständlich ist auch hier im Rahmen der Feststellung der Überschuldung zu berücksichtigen, dass dem Geschäftsführer ein Beurteilungsspielraum im Hinblick auf die Fortführungsprognose zusteht (→ Rn. 24).[446]

147 Weitere Voraussetzung des Anspruchs ist, dass ein Insolvenzverfahren eröffnet wurde oder dass die Verfahrenseröffnung mangels Masse abgelehnt wurde.[447] In dem letzteren Fall können die Gläubiger den Anspruch pfänden und sich zur Einziehung überweisen lassen.[448]

148 c) **Verschulden.** Subjektiv ist Verschulden des Geschäftsführers erforderlich.[449] Nach ganz herrschender Meinung genügt jedoch Fahrlässigkeit im Hinblick auf die anspruchsbegründenden Tatsachen, d. h. Zahlungsunfähigkeit, Überschuldung, Vornahme der Zahlung.[450] Eine abweichende Meinung fordert jedenfalls im Hinblick auf den Tatbestand der Überschuldung positives Wissen oder böswillige Unkenntnis, um insoweit einen Gleichlauf mit § 64 Abs. 1 GmbHG herzustellen..[451] Grundsätzlich handelt der Geschäftsführer fahrlässig, wenn er die Sorgfalt eines ordentlichen Geschäftsmanns außer acht lässt.[452] Das ist dann der Fall, wenn er sich nicht rechtzeitig die erforderlichen Informationen und die Kenntnisse verschafft, die er für die Prüfung benötigt, ob er pflichtgemäß Insolvenzantrag stellen muss. Verfügt der Geschäftsführer dabei nicht über ausreichende persönliche Kenntnisse, die er für die Prüfung benötigt hat er sich bei Anzeichen einer Krise der Gesellschaft unverzüglich von einer unabhängigen, für die zu klärenden Fragestellungen fachlich qualifizierten Person beraten zu lassen.[453] Der Geschäftsführer darf sich aber nicht mit einer unverzüglichen Auftragserteilung begnügen, sondern muss auch auf eine unverzügliche Vorlage des Prüfergebnisses hinwirken.[454] Diese Auskunft muss der Geschäftsführer zudem einer sorgfältigen **Plausibilitätskontrolle** unterziehen.[455] Ist der Vertrag zwischen dem Beratenden und der Gesellschaft als Vertrag mit Schutzwirkung zugunsten Dritter zu werten, kommt eine Haftung des Beraters in Betracht.[456] Der Gesellschafter und der Geschäftsführer können in den Schutzbereich eines zwischen einer GmbH und einem Steuerberater geschlossenen Vertrags einbezogen sein, welcher die Prüfung einer möglichen Insolvenzreife der GmbH zum Gegenstand hat.[457] Fehlen dem Steuerberater Unterlagen ist er grundsätzlich verpflichtet, auf die Notwendigkeit der Erstellung einer Überschuldungsbilanz aufmerksam zu machen.[458] Allerdings trifft den Steuerberater im Rahmen eines allgemeinen steuerlichen Dauermandats nicht die Pflicht, auf eine etwaige Überschuldung bzw. die damit verbundene Insolvenzantragspflicht hinzuweisen, es sei denn, der Steuerberater macht ausdrücklich aussagen zur Insolvenzreife, die dann zutreffend sein müssen.[459]

---

[444] Offen gelassen in BGH BB 2008, S. 1590, m. Anm. *Maske.*
[445] In letzterem Sinn BGH BB 2008, S. 1590, m. Anm. *Maske.*
[446] OLG Naumburg NZG 2001, 136, 137.
[447] BGH NJW 2001, 304, 305; Michalski/*Nerlich* § 64 Rn. 47; *Fleck* GmbHR 1974, 224, 230.
[448] BGH NJW 2001, 304, 305; hierzu auch *Haas* NZG 2004, 737, 744 f.; *K. Schmidt* ZHR 168 (2004), 637, 669 f.
[449] Streitig: BGHZ 126, 181, 199; BGH DStR 2000, 210; Hachenburg/*Ulmer* § 64 Rn. 36; Scholz/*Schmidt* § 64 Rn. 46; Baumbach/Hueck/*Haas* § 64 Rn. 84.
[450] BGH NZG 2012, 672, 673; BGHZ 126, 181, 199; BGH DStR 2000, 210; OLG Düsseldorf ZIP 1992, 767, 770; OLG Hamm GmbHR 1993, 584, 585; OLG Hamburg ZIP 1995, 913 f.; *Rowedder/Schmidt-Leithoff/Baumert* § 64 Rn. 46; Lutter/Hommelhoff/*Kleindiek* § 64 Rn. 14 m. w. N.
[451] OLG Düsseldorf AG 1985, 276, 279; KölnerKommAktG/*Mertens* § 92 Rn. 62; *Liebs*, FS Rittner, 1991, S. 369, 372 ff., 374; *Schulze-Osterloh*, Die AG 1984, 141, 144; *Hoefer* AktG, § 92 Rn. 14.
[452] BGH NZG 2012, 672, 673.
[453] BGH NZG 2012, 672, 673.
[454] BGH NZG 2012, 672, 673 f.
[455] BGH NZG 2012, 672, 673.
[456] *Bauder* BB 1993, 2469; *Drescher*, Die Haftung des GmbH-Geschäftsführers, Rn. 677 ff.
[457] BGH NZG 2012, 866, 867; *Drescher*, Die Haftung des GmbH-Geschäftsführers, Rn. 678.
[458] BGH NZG 2012, 866, 870.
[459] BGH DB 2013, 928; BGH DB 2013, 1542; vgl. auch *Schaaf* DB 2013, 1890.

d) Schaden. Die Ermittlung des **Schadens** im Rahmen des § 64 S. 1 GmbHG ist streitig. 149
Nach h. M. richtet sich der Anspruch auf Ersatz der Masseschmälerung, so dass der gezahlte
Betrag um die auf den begünstigten Gläubiger entfallende Insolvenzquote sowie um die er-
haltene Gegenleistung zu kürzen ist.[460]

e) Einreden. Nach h. M. hat der in Anspruch genommene Geschäftsführer gegenüber dem 150
Insolvenzverwalter die Einrede der Anfechtbarkeit.[461] Auch nach der h. M. besteht das Leistungsverweigerungsrecht nicht mehr, wenn der Anfechtungsanspruch verjährt ist.[462]

f) Haftungsbeschränkung, Verzicht, Vergleich. Der Verweis auf § 43 Abs. 3 GmbHG in 151
§ 64 S. 4 GmbHG bedeutet, dass Haftungsbeschränkung, Gesellschafterweisung, Verzicht
und Verweis durch die Gesellschafterversammlung unwirksam sind, soweit – wie vermutlich
immer – der Ersatz zur Befriedigung der Gesellschaftsgläubiger erforderlich ist.[463] Dagegen
ist der Insolvenzverwalter nach h. M. an die Beschränkungen des § 43 Abs. 3 S. 2 GmbHG
nicht gebunden.[464] Im Einzelnen zu den Schranken des Insolvenzverwalters vgl. → § 23
Rn. 249 ff.[465]

g) Verjährung. Aufgrund des Verweises in § 64 S. 4 GmbHG auf § 43 Abs. 4 GmbHG 152
verjährt der Ersatzanspruch in 5 Jahren, beginnend mit der schädigenden Handlung, der
Zahlung.[466]

h) Geltendmachung. Der Anspruch steht nur der Gesellschaft zu. Er wird in der Praxis 153
durch den Insolvenzverwalter oder den Liquidator **geltend** gemacht. Einer Pfändung des
Anspruchs durch Gläubiger steht in der Regel das laufende Insolvenzverfahren entgegen; bei
Ablehnung der Eröffnung des Insolvenzverfahrens mangels Masse ist jedoch eine Pfändung
möglich. Die Beweislast für die Tatbestandsmerkmale liegt bei der Gesellschaft; die Beweislast für mangelndes Verschulden trägt der Geschäftsführer.[467] Liegt eine Auszahlung nach
Eintritt der Überschuldung bzw. Zahlungsunfähigkeit vor, wird Pflichtwidrigkeit der Zahlung sowie das Verschulden vermutet.[468] Will sich Geschäftsführer entlasten, hat er darzulegen, dass er sich um die finanzielle Situation der Gesellschaft gekümmert hat bzw. aus welchen Gründen er die Insolvenzreife der Gesellschaft nicht erkennen konnte oder dass die
Zahlungen mit den Grundsätzen eines ordentlichen Geschäftsmannes vereinbar waren.[469]

i) Konkurrenzen. Neben dem Anspruch aus § 64 S. 1 GmbHG kann ein Schadensersatz- 154
anspruch der Gesellschaft aus § 43 Abs. 2 GmbHG wegen verspäteter oder unterlassener[470]
oder auch wegen verfrühter[471] Stellung des Insolvenzantrags treten. Zu berücksichtigen ist

---

[460] BGH NJW 1974, 1088, 1089; OLG Hamburg MDR 1953, 311; OLG Düsseldorf AG 1985, 276, 280; OLG Hamm GmbHR 1993, 584, 585; Hachenburg/*Ulmer* § 64 Rn. 43; Lutter/Hommelhoff/*Kleindiek* § 64 Rn. 64; Scholz/*Schmidt* § 64 Rn. 56 GroßkommAktG/*Habersack* § 92 Rn. 99; *Fleck* GmbHR 1974, 224, 231; anders im Hinblick auf die Gegenleistung: *Schulze-Osterloh*, FS Bezzenberger, S. 415, 423 ff.
[461] OLG Hamm GmbHR 1993, 584, 585; Hachenburg/*Ulmer* § 64 Rn. 43; Rowedder/Schmidt-Leithoff/*Baumert* § 64 Rn. 50; Scholz/*Schmidt* § 64 Rn. 50; offengelassen in BGHZ 131, 325, 328 f.; dagegen: *Glöckner* JZ 1997, 623, 627; *G. Müller* ZIP 1996, 1153 ff.; *Windel* KTS 1991, 477, 509 f.; Baumbach/Hueck/*Haas* § 64 Rn. 86; ähnlich Lutter/Hommelhoff/*Kleindiek* § 64 Rn. 17; OLG Oldenburg GmbHR 2004, 1014, 1015: Anspruch auf Abtretung des Rückgewähranspruchs nach § 143 InsO.
[462] BGHZ 131, 325, 328 ff.
[463] BGHZ 31, 258, 278; BGH NJW 1974, 1088, 1089; Scholz/*Schmidt* § 64 Rn. 61; Baumbach/Hueck/*Haas* § 64 Rn. 15; Roth/Altmeppen/*Altmeppen* § 64, Rn. 29 f.; anders zur Gesellschafterweisung: *Meyer-Landrut* § 64 Rn. 14.
[464] Hachenburg/*Ulmer* § 64 Rn. 44; Baumbach/Hueck/*Haas* § 64 Rn. 15a. A. bei Verzicht: Scholz/*Schmidt* § 64 Rn. 61.
[465] Vgl. auch Nerlich/Römermann/*Wittkowski* InsO § 80 Rn. 130 ff.
[466] LG Waldshut-Tingen NJW-RR 1996, 105.
[467] BGH NJW 1974, 1088, 1089, BGZ ZIP 1994, 891, 894; BGH DStR 2000, 210; OLG Hamburg ZIP 1995, 913, 914; Hachenburg/*Ulmer* § 64 Rn. 36; abweichend OLG Düsseldorf ZIP 1992, 767, 769 f.
[468] BGH NJW 1974, 1088, 1089; BGH NZG 2010, 1394, 1395; Baumbach/Hueck/*Haas* § 64 Rn. 93.
[469] Vgl. BGH NJW 2007, 2118, 2119 ff.; Baumbach/Hueck/*Haas* § 64 Rn. 93.
[470] BGH NJW 1974, 1088, 1089; *Fleck* GmbHR 1974, 224, 232; umfassend Kübler/Prütting/*Noack* InsO, Sonderband I, Rn. 333.
[471] OLG Naumburg NZG 2001, 136, 137; *K. Schmidt* ZIP 1988, 1497, 1504; Hachenburg/*Ulmer* § 64 Rn. 46.

in diesem Zusammenhang, dass dem Geschäftsführer im Rahmen der Feststellung einer Überschuldung ein Beurteilungsspielraum zukommt (→ Rn. 24).[472] Die Pflichtwidrigkeit ist ausgeschlossen, wenn die Antragstellung auf eine Weisung der Gesellschafter zurückgeht.[473] Eine analoge Anwendung des § 43 Abs. 3 S. 3 GmbHG ist insoweit entgegen der Rechtsprechung[474] nicht zulässig, da es sich hierbei um eine der Analogie nur ausnahmsweise zugängliche Sondervorschrift zum Schutz der Gläubiger handelt.

6. Verletzung des Anstellungsvertrages und Haftung wegen Eigengeschäftsführung (§ 687 Abs. 2 BGB)

155 Während der Dauer der Organstellung des Geschäftsführers fallen die Pflichten aus dem Anstellungsvertrag in der Regel nicht als selbstständiger Haftungsgrund ins Gewicht. Nach h. M. wird die Haftung für eine Vertragsverletzung des Anstellungsvertrages solange von § 43 Abs. 2 GmbHG verdrängt, wie die Organstellung besteht.[475] Die Gegenmeinung[476] hat die Frage zu beantworten, ob für die Verjährung von Verletzungen des Anstellungsvertrages ebenfalls § 43 Abs. 4 GmbHG anwendbar ist oder ob es bei der 3-jährigen Verjährung (§ 195 BGB) bleibt. Die Anwendung des § 43 Abs. 4 GmbHG wird jedoch auch von der Gegenmeinung bejaht.[477] Insofern kommt der Haftung aus dem Anstellungsvertrag im Wesentlichen nur Bedeutung für die Zeit nach Beendigung der Organstellung zu, insbesondere soweit es sich um Verletzungen eines nachvertraglichen Wettbewerbsverbots geht (hierzu → § 9 Rn. 30 ff.).

156 Eine Haftung aus Eigengeschäftsführung kommt nicht in Betracht, da dieser Tatbestand nicht einschlägig ist, wenn der Anspruchsgegner auf Grund eines Vertragsverhältnisses gegenüber dem Berechtigten zu einer Handlung oder Unterlassung verpflichtet ist, dieser Verpflichtung jedoch zuwider handelt.[478] Bei Bestehen eines Organverhältnisses oder eines Anstellungsvertrages scheidet deshalb ein Anspruch aus § 687 Abs. 2 BGB aus.[479]

7. Haftung wegen Verletzung der gesellschafterlichen Treuepflicht durch Gesellschafter-Geschäftsführer

157 Der Gesellschafter-Geschäftsführer unterliegt neben seinen Pflichten als Geschäftsführer auch seinen gesellschafterlichen Treuepflichten gegenüber der Gesellschaft wie auch gegenüber den übrigen Gesellschaftern. Bei Verletzung haftet er auch gegenüber der Gesellschaft. Diese Haftung tritt neben die Haftung aus anderen Vorschriften und unterliegt selbstständig der Verjährung von drei Jahren gemäß §§ 195, 199 BGB.

8. Haftung wegen Verletzung von Rechtsgütern und Rechten der Gesellschaft (§ 823 Abs. 1 BGB)

158 Nach allgemeinen Grundsätzen des Deliktsrechts (§ 823 Abs. 1 BGB) haftet der Geschäftsführer gegenüber der Gesellschaft für Verletzungen ihres Eigentums, ihrer Immaterialgüterrechte (Markenverletzung, Namens- oder Firmenverletzung, Urheberrechtsverletzung, Patentverletzung), des Besitzes der Gesellschaft (bei Gebrauchsentzug) sowie nicht zuletzt ihres Rechts am eingerichteten und ausgeübten Gewerbebetrieb. Die **Verjährung** sol-

---

[472] OLG Naumburg NZG 2001, 136, 137.
[473] BGH NJW 1974, 1088, 1089.
[474] So aber BGH WM 1986, 237; 239; ebenso Scholz/*Schmidt* § 64 Rn. 36; vgl. Baumbach/Hueck/*Haas* § 64 Rn. 110.
[475] BGH WM 1989, 1335, 1337; BGH WM 1992, 691, 693; BGH ZIP 1997, 199, 200; Roth/Altmeppen/*Altmeppen* § 43 Rn. 2; Baumbach/Hueck/*Zöllner/Noack* § 43 Rn. 4; *Baums*, Der Geschäftsleitervertrag, S. 212; anders *Fleck* ZIP 1991, 1269, 1270 ff.
[476] Scholz/*Schneider* § 43 Rn. 18; *K. Schmidt* Gesellschaftsrecht S. 1078; *Hübner*, Managerhaftung, 1992, S. 38.
[477] Scholz/*Schneider* § 43 Rn. 278.
[478] MünchKommBGB/*Seiler* § 687 Rn. 7; Soergel/*Mühl* BGB § 687 Rn. 5.
[479] BGH WM 1989, 1335, 1338; Baumbach/Hueck/*Zöllner/Noack* § 43 Rn. 62.

9. Haftung wegen Verletzung von Schutzgesetzen zulasten der Gesellschaft (§ 823 Abs. 2 BGB)

Schutzgesetze zugunsten der Gesellschaft i. S. v. § 823 Abs. 2 BGB sind vor allem öffentlich-rechtliche Normen, die nicht nur im Interesse der Allgemeinheit erlassen wurden, sondern auch den Schutz der Gesellschaft bezwecken.[481] Hier kommen vor allem die strafrechtlichen Vermögensdelikte in Betracht, aber auch sonstige Strafrechtsnormen (§ 17 UWG). 159

a) Untreue zu Lasten der Gesellschaft (§ 266 StGB). Es ist anerkannt, dass § 266 StGB ein Schutzgesetz zugunsten der Gesellschaft sowie auch mittelbar zugunsten der Gesellschafter und Gläubiger darstellt.[482] 160

aa) Täter. Als **Täter** nach § 266 StGB kommen sowohl Geschäftsführer, Liquidatoren sowie faktische Geschäftsführer (→ Rn. 15) in Betracht. Der als „faktischer Geschäftsführer" erfasste Personenkreis ist jedoch nur dann tauglicher Täter gem. § 266 StGB, wenn ihm eine Vermögensbetreuungspflicht im Sinne dieses Tatbestandes eingeräumt wurde.[483] Aufsichtsratsmitglieder können Untreue in Form des Treubruchs begehen, wenn sie ihre Überwachungs- und Sorgfaltspflichten nach § 116 AktG verletzen.[484] Zweifelhaft ist, ob auch der Alleingesellschafter-Geschäftsführer tauglicher Täter einer Untreue sein kann, da er immerhin wirtschaftlicher Eigentümer des Gesellschaftsvermögens ist.[485] Überwiegend wird die Strafbarkeit des Alleingesellschafter-Geschäftsführers jedoch bejaht, wenn er gebundenes Vermögen (§§ 30, 31) „veruntreut".[486] Beim „director" einer EU-Auslandsgesellschaft bestimmen sich die Pflichten nach dem jeweiligen ausländischen Gesellschaftsrecht.[487] 161

bb) Missbrauch. Den **Missbrauchstatbestand** verwirklichen Geschäftsführer vor allem durch nach Außen (§ 37 Abs. 2 GmbHG) wirksames rechtsgeschäftliches Handeln zu Lasten der Gesellschaft, wenn sie im Innenverhältnis gegen ihre Pflichten verstoßen.[488] Problematisch ist gerade, wenn im Innenverhältnis wirksamen Pflichten, wie häufig, nur durch unbestimmte Generalklauseln umrissen werden. Dem Betroffenen sind im Zweifel daher weite Einschätzungs- und Entscheidungsspielräume zuzugestehen.[489] Nach h. M. soll allerdings nicht jeder Sorgfaltsverstoß im Innenverhältnis den Missbrauchstatbestand auslösen, sondern lediglich offensichtliche Überschreitungen der gebotenen Sorgfalt.[490] Den Missbrauchstatbestand erfüllen demnach vor allem kostenlose Warenlieferungen[491] und sonstige unangemessene Austauschverträge, wenn der Geschäftsführer nicht im Interesse der Gesellschaft handelt.[492] Sehr weitgehend ist der Tatbestand der „übertriebene Repräsentation", d. h. die missbräuchliche Aufwendung von Spesen, die in keinem Verhältnis zum Vermögen der Gesellschaft stehen,[493] da hier i. S. der schweren strafrechtlichen Folgen eine Grenzziehung problematisch ist. Risikogeschäfte (z. B. Finanztermingeschäfte, sonstige hochriskante 162

---

[480] BGHZ 100, 190, 196; BGH DStR 2005, 659; Scholz/*Schneider* § 43 Rn. 279; Baumbach/Hueck/Zöllner/Noack § 43 Rn. 58; anders früher: RGZ 87, 306, 309; RG JW 1916, 129 f.
[481] MünchKommBGB/*Wagner* § 823, Rn. 345 ff. m. w. N.; Jauernig/*Teichmann* BGB § 823 Rn. 44.
[482] BGHZ 100, 190, 196; BGHZ 142, 92; BGH DStR 2005, 659; Hachenburg/*Kohlmann* vor § 82 Rn. 54 ff.; Roth/Altmeppen/*Altmeppen* § 43 Rn. 150; Baumbach/Hueck/Zöllner/Noack § 43 Rn. 80; *Schäfer* GmbHR 1993, 787 ff.; *Gehrlein* NJW 2000, 1259 ff.; *Geßler* GmbHR 2003, 394, 400 f.
[483] BGH NJW 1997, 66; NStZ 2000, 34; Hachenburg/*Kohlmann* vor § 82 Rn. 68 m. w. N.
[484] BGH NJW 2006, 552 „Mannesmann"; hierzu *Krause* NStZ 2011, 57; Roth/Altmeppen/*Altmeppen* § 43 Rn. 151.
[485] Roth/Altmeppen/*Altmeppen* § 43 Rn. 151; hierzu Schönke/Schröder/*Perron* StGB § 266 Rn. 21b.
[486] Roth/Altmeppen/*Altmeppen* § 43 Rn. 151.
[487] *Radtke* NStZ 2011, 556; Roth/Altmeppen/*Altmeppen* § 43 Rn. 151.
[488] *Fischer* StGB § 266 Rn. 10 ff., 28; Hachenburg/*Kohlmann* vor § 82 Rn. 70.
[489] Schönke/Schröder/*Perron* StGB § 266 Rn. 19b.
[490] Vgl. BGH NZG 2002, 471; Hachenburg/*Kohlmann* vor § 82 Rn. 92 m. w. N.; Roth/Altmeppen/*Altmeppen* § 43 Rn. 155.
[491] BGH wistra 1982, 148, 149 f.
[492] Hachenburg/*Kohlmann* vor § 82 Rn. 113 m. w. N.
[493] Hachenburg/*Kohlmann* vor § 82 Rn. 121 m. w. N.; Roth/Altmeppen/*Altmeppen* § 43 Rn. 159.

Anlagen- oder Exportgeschäfte) können in besonderen Fällen den Missbrauchstatbestand erfüllen, wenn eine außerordentlich große Gefahr des Verlustes besteht.[494]

163 Unter den Missbrauchstatbestand fallen auch Verstöße gegen die Kapitalerhaltung, d. h. Auszahlungen aus dem Gesellschaftsvermögen durch den Geschäftsführer im Falle einer Unterdeckung (§ 30 GmbHG).[495] Gewährt der Geschäftsführer bei bestehender Unterdeckung ein Darlehen an einen Gesellschafter, so erfüllt dies den Missbrauchstatbestand, es sei denn, der Rückzahlungsanspruch der Gesellschaft wäre ausreichend gesichert.[496] Aufgrund der Gesetzesänderungen zum Eigenkapitalersatzrecht durch das MoMiG ist eine Strafbarkeit wegen Untreue gem. § 266 Abs. 1, 2. Var. StGB (Treubruchtatbestand) aufgrund der Rückgewähr eigenkapitalersetzender Gesellschafterdarlehen oder gleichstehender Leistungen nach § 2 Abs. 3 StGB rückwirkend entfallen.[497] Gesellschafterdarlehen und diesen wirtschaftlich gleichstehende Leistungen dürfen nunmehr vorinsolvenzlich selbst in der Krise abgezogen und an den Gesellschafter zurückgewährt werden (§ 30 Abs. 1 Satz 3 GmbHG).[498] Ob im Einzelfall auch die Annahme eines die Verhältnisse der Gesellschaft – insbesondere im Rahmen einer finanziellen Krise – übersteigenden Geschäftsführergehaltes Missbrauch i. S. v. § 266 1. Alt. StGB darstellen kann, erscheint zweifelhaft, selbst wenn hierdurch eine Unterdeckung oder eine Existenzgefährdung entstehen würde;[499] allerdings kommt es hier sehr auf die einzelne Gesellschaft und deren ausdrückliche oder stillschweigende Ausrichtung durch die Gesellschafter an.

164 *cc) Treubruch.* Den **Treubruchtatbestand** kann der Geschäftsführer dadurch erfüllen, dass er gegen Provisionen oder Schmiergelder für die Gesellschaft ungünstige Aufträge an Drittunternehmen vergibt. Auch der Verrat und die Verwertung von Betriebsgeheimnissen kann den Treubruchtatbestand (sowie § 85 GmbHG und § 17 UWG, s. → Rn 170.) verwirklichen. Sowie die Bildung schwarzer Kassen im Ausland.[500] Unter den Treubruchtatbestand fallen auch nicht genehmigte Privatentnahmen des Geschäftsführers. Des Weiteren werden nach h. M. Handlungen erfasst, die das gebundene Vermögen (§§ 30, 31 GmbHG) der Gesellschaft betreffen:[501] Unzulässiger Erwerb eigener Anteile zum Schaden der Gesellschaft, Nichteinfordern von Stammeinlagen oder unbegründete Dividendengutschriften.[502]

165 *dd) Begriff des Vermögensnachteils.* Die Haftung nach § 266 StGB ist deshalb besonders weitreichend, weil als **Vermögensnachteil** bereits die bloße Vermögensgefährdung ausreicht; diese liegt beim Abschluss riskanter Geschäfte und sogar schon bei unordentlicher Buchführung häufig nachweisbar vor.[503] Anders als im Rahmen von § 263 StGB kann hier jedoch die Bereitschaft des Täters zum Ausgleich des Schadens nach h. M. den Tatbestand des Vermögensnachteils beseitigen.[504] Ob tatsächlich ein Vermögensnachteil aber nur dann und in der Höhe entsteht, wie die Gesellschaft noch über unbelastetes Vermögen und unbelastete Erwerbsaussichten verfügt,[505] erscheint fraglich.[506]

---

[494] BGH wistra 1991, 219; Roth/Altmeppen/*Altmeppen* § 43 Rn. 159; Rowedder/*Schmidt-Leithoff/Schaal* vor § 82 Rn. 19 f. m. w. N.
[495] BGH NJW 1989, 112 f.; BGH wistra 1990, 99.
[496] Hachenburg/*Kohlmann* vor § 82 Rn. 95.
[497] OLG Stuttgart BeckRS 2009, 21291; Roth/Altmeppen/*Altmeppen* § 43 Rn. 157.
[498] Vgl. auch *Bittmann* NStZ 2009, 113; *derselbe* wistra 2009, 102; *Livonius*, wistra 2009, 91.
[499] So aber wohl BGH NStZ 1995, 185 f.; Hachenburg/*Kohlmann* vor § 82 Rn. 105; kritisch Roth/Altmeppen/*Altmeppen* § 43 Rn. 159.
[500] BGH NJW 2010, 3458, Rn. 25.
[501] Hachenburg/*Kohlmann* vor § 82 Rn. 143 ff. m. w. N.; Roth/Altmeppen/*Altmeppen* § 43 Rn. 161.
[502] Roth/Altmeppen/*Altmeppen* § 43 Rn. 161.
[503] BGHSt 20, 304 f.; Hachenburg/*Kohlmann* vor § 82 Rn. 176 f.; Schönke/Schröder/*Perron* StGB § 266 Rn. 45.
[504] BGHSt 15, 342, 344; BGH wistra 1988, 191, 192; BGH wistra 1990, 352; Hachenburg/*Kohlmann* vor § 82 Rn. 181 m. w. N.; anders Schönke/Schröder/*Perron* StGB § 266 Rn. 42. Abweichend auch BGH NJW 2009, 89, 92, Tz. 43 – *Siemens*: Der BGH hat hier entschieden, dass die Absicht entzogene Geldmittel bei späterer Gelegenheit im Interesse der Treugeberin einzusetzen ohne Belang sei.
[505] BGH NStZ 1999, 557.
[506] Kritisch *Fischer* StGB § 266 Rn. 114.

Eine Haftung ist jedoch nicht gegeben, wenn ein **wirksames Einverständnis** der Gesellschafter (auch das stillschweigende Einverständnis des Alleingesellschafter-Geschäftsführers) vorliegt, so dass Missbrauch oder Treubruch von vornherein ausscheiden.[507] **166**

Nach h. M. ist das Einverständnis der Gesellschafter jedoch dann unwirksam, wenn durch die in Rede stehende Maßnahme des Geschäftsführers das **Kapitalerhaltungsgebot** des § 30 GmbHG verletzt wird oder wenn hierdurch die Gesellschaft in ihrer **Existenz gefährdet** wird.[508] Die Stimmen in der Literatur, die die Gesellschafter als „wirtschaftlicher Eigentümer" der GmbH zu jedem Eingriff befugt halten, führen zu einem Bruch im Rechtssystem; auch das Strafrecht des § 266 StGB hat zu berücksichtigen, dass Gesellschaftsvermögen teilweise dem Zugriff der Gesellschafter entzogen ist.[509] **167**

In der Praxis wird diese Frage vor allem relevant, wenn die GmbH in ein **Cash Management** im Konzern eingebunden werden soll: **168**

Beispiel:
Diesen Fall behandelt die **Bremer Vulkan-Entscheidung** (BGH NJW 2001, 3622 ff.; vgl. auch die Entscheidung des 5. Strafsenats i. d. Sache: BGHSt 49, 147 ff.). Die Bremer Vulkan AG hatte im Jahre 1992 von der Treuhand Anstalt die MTW GmbH zu 100% übernommen. Die MTW GmbH war dann Ende 1994 dem zwischen der Muttergesellschaft, der Bremer Vulkan AG, und allen Beteiligungsgesellschaften abgeschlossenen Vertrag über konzerninterne Finanzierungen und Geldanlagen (Cash Management) beigetreten, nach dem die Verbundgesellschaften verpflichtet waren, frei verfügbare liquide Mittel ausschließlich bei der Treasury von der Muttergesellschaft anzulegen und Betriebsmittelkredite nur bei ihr aufzunehmen. Am 3.7.1995 konfrontierte die von der Muttergesellschaft beauftragte Wirtschaftsprüfungsgesellschaft den Vorstand mit dem Hinweis auf drohende Liquiditätsrisiken. In einer Lagebesprechung des Vorstands gemeinsam mit der Wirtschaftsprüfungsgesellschaft am 25.8.1995 kam man zu dem Ergebnis, dass die langfristige Liquiditätsplanung eine Lücke von ca. 300 Mio. DM aufwies und die der Muttergesellschaft zur Verfügung stehenden Betriebsmittelkredite von 155 Mio. DM für die Finanzierung des kurzfristig auftretenden Finanzierungsbedarfs nicht ausreichten. Am 11.10.1995 wurde ein – vereinfacht – von der Treuhandanstalt freigegebener Betrag von 194 Mio. DM auf das Konto der MTW GmbH eingezahlt und gelangte von dort automatisch auf das Konto der Treasury der Muttergesellschaft, der Bremer Vulkan AG. Ende Dezember 1995 und Anfang Januar 1996 musste der Vorstand der Bremer Vulkan AG gegenüber den Beteiligungsgesellschaften, insbesondere der MTW GmbH, erklären, dass Zahlungsanforderungen aus dem zentralen Cash Management nicht mehr bedient werden könnten. Am 1.5.1996 wurde das Konkursverfahren über das Vermögen der Bremer Vulkan AG eröffnet.

Der BGH (NJW 2001, 3622, 3623) hält das beherrschenden Unternehmen, die Bremer Vulkan AG, die faktisch unbeschränkten Einfluss auf die MTW GmbH und ihre Geschäftsführung ausüben kann, für haftbar im Rahmen des § 266 Abs. 1 StGB; folgerichtig im Rahmen des Treubruchtatbestandes (§ 266 Abs. 1. 2. Alt. StGB).

Genauer hätte der BGH hier auf eine Verwirklichung des Treubruchtatbestandes durch Unterlassen (§ 13 StGB) abstellen müssen, nämlich durch das fehlende Eingreifen des Vorstandes der Konzernmutter in den automatischen Cash Transfer am 11.10.1995. Eine Haftung des Vorstands der Konzernmutter wäre dann gegeben, wenn er bereits zu diesem Zeitpunkt damit rechnete, dass die automatisch transferierten Cash-Beträge nicht oder nicht kurzfristig zurückgezahlt werden könnten und er dies billigend in Kauf genommen hat (dolus eventualis). Dann nämlich hätte der Vorstand der Muttergesellschaft nicht angemessen Rücksicht genommen auf das Eigeninteresse der GmbH-Tochter an der Aufrechterhaltung ihrer Fähigkeit, ihren Verbindlichkeiten nachzukommen, und daran, dass die Existenz der Tochtergesellschaft nicht gefährdet würde (BGH NJW 2001, 3622, 3623).

In einer solchen Phase hat deshalb – nach der Bremer Vulkan-Entscheidung – der Vorstand der Muttergesellschaft das automatische Cash Management **umgehend einzustellen**. Dieselbe Pflicht trifft die **Geschäftsführung der Tochter-GmbH**, sobald dieser die Krise der Muttergesellschaft bekannt wird.

---

[507] BGH NJW 2010, 3458, Rn. 36; BGH NJW 1988, 1397; BGH NJW 1989, 112; Hachenburg/*Kohlmann* vor § 82 Rn. 183 m. w. N.; *Fischer* StGB § 266 Rn. 92 ff; Roth/Altmeppen/*Altmeppen* § 43 Rn. 163.

[508] BGH NJW 1989, 112 f.; BGH wistra 1990, 99; BGH NStZ, 1995, 185, 186; BGH NJW 2001, 3622, 3623 – Bremer Vulkan; BGH StV 2003, 558, 560; BGH wistra 2006, 265; zustimmend *Brammsen* DB 1989, 1609, 1615; *Ulmer*, FS Pfeifer 1988, 853, 868; *Gribbohm* ZGR 1990, 1, 6 f.; *Fleck* ZGR 1990, 33 ff.; *Schäfer* GmbHR 1993, 787 ff.; *Radtke* GmbHR 1989, 311 ff. u. 361 ff.; dagegen Schönke/Schröder /*Perron* StGB § 266 Rn. 21b; Roth/Altmeppen/*Altmeppen* § 43 Rn. 164 ff.; *Fischer* StGB § 266 Rn. 93b.

[509] *Wiedemann*, FS 50 Jahre BGH II, 2000, S. 353; vgl. auch *K. Schmidt* NJW 2001, 3577, 3580.

169 Soweit jedoch das nach § 30 GmbHG geschützte Stammkapital der Gesellschaft nicht in Rede steht, fallen „**verdeckte Gewinnausschüttungen**", die der Geschäftsführer mit Einwilligung der Gesellschafter vornimmt, nicht unter § 266 StGB.[510] Die „verdeckte Gewinnausschüttung" kann jedoch nach Steuerstrafrecht relevant werden und auch eine Verletzung der Buchführungspflichten darstellen.[511]

Der von der Gesellschaft in Anspruch genommene Geschäftsführer kann auch nicht im Wege der Arglisteinrede den Gesellschaftern das unwirksame Einverständnis entgegenhalten, da er in Bezug auf Kapitalaufbringung und -erhaltung eine besondere Garantenstellung hat.[512]

170 b) **Schutzgesetze: Verrat von Geschäfts- oder Betriebsgeheimnissen (§ 17 UWG, § 85 GmbHG).** § 85 GmbHG sowie § 17 UWG sind Schutzgesetze zugunsten der Gesellschaft.[513] Die beiden Tatbestände stehen nicht in Gesetzeskonkurrenz zueinander, sondern es kann strafrechtlich Tateinheit vorliegen.[514]

171 Ein **Geheimnis** liegt bezüglich aller Tatsachen vor, bei denen die Gesellschaft ein objektives Interesse an der Geheimhaltung hat, bei dessen Offenlegung der Gesellschaft also ein materieller oder immaterieller Schaden entstehen könnte.[515] Die Tatsache darf des Weiteren nicht schon offenkundig sein, was nicht der Fall ist, wenn sie nur einem eng begrenzten Personenkreis (Betriebsangehörigen, auch Kunden oder Lieferanten) bekannt ist.[516] Untersagt und deshalb schadensersatzpflichtig wird der Geschäftsführer bei unberechtigter Offenbarung, unentgeltlich oder entgeltlich, oder bei Verwertung der Geheimnisse (§ 85 Abs. 2 S. 2 GmbHG).

172 Das ausdrücklich oder konkludent geäußerte Einverständnis der Gesellschaft schließt den Tatbestand aus.[517] Das Einverständnis der Gesellschafter(versammlung) ist insofern ausreichend; dieses kann in der Regel nicht wegen § 30 GmbHG, jedoch möglicherweise wegen Existenzgefährdung unwirksam sein (→ Rn. 54). Ein Einverständnis des Geschäftsführers, der gleichzeitig Adressat des § 85 GmbHG ist, lässt den Tatbestand nur dann entfallen, wenn seine Erteilung der Sorgfalt eines ordentlichen Geschäftsmannes entspricht.[518]

173 c) **Verjährung von Ansprüchen nach § 823 Abs. 2 BGB.** Die Verjährung der Ansprüche aus § 823 Abs. 2, die als selbstständige Anspruchsgrundlagen neben der allgemeinen Geschäftsführerhaftung aus § 43 GmbHG stehen, ist nach den allgemeinen Vorschriften (§§ 195, 199 BGB) zu beurteilen.[519] Dies kann allenfalls anders sein, wenn Pflichten nach § 43 Abs. 1 GmbHG mit Schutzgesetzen identisch sind.

10. Haftung wegen existenzvernichtenden Eingriffs (§ 826 BGB)

174 Mit den Entscheidungen „Trihotel"[520] und „Gamma"[521] hat der BGH die Rspr. wegen existenzvernichtenden Eingriffs dogmatisch als eine auf § 826 BGB gestützte Innenhaftung

---

[510] So die neuere Rspr.: BGH NJW 1989, 112; BGHZ 119, 257; BGHZ 122, 333; BGH DB 1999, 1651; Hachenburg/*Kohlmann* vor § 82 Rn. 199; *Kohlmann*, FS W. Werner, 1984, S. 387 ff.; *Ulmer*, FS Pfeifer, 1988, S. 853 ff.; *Gribbohm* ZGR 1990, 1 ff.; anders noch die ältere Rspr.: BGHSt 3, 32, 40; s. auch: BGH NJW 1988, 1397.
[511] Roth/Altmeppen/*Altmeppen* § 43 Rn. 166.
[512] *K. Schmidt* ZGR 1978, 427.
[513] Baumbach/Hueck/*Haas* § 85 Rn. 1; Lutter/Hommelhoff/*Kleindiek* § 85 Rn. 1; *Meyer-Landruth* § 85 Rn. 2; Roth/Altmeppen/*Altmeppen* § 85 Rn. 4; *v. Stebut* DB 1974, 613, 616 f.; Hachenburg/*Kohlmann* § 85 Rn. 12.
[514] Scholz/*Tiedemann* § 85 Rn. 38; Rowedder/Schmidt-Leithoff/*Schaal* § 85 Rn. 35; Baumbach/Hueck/*Haas* § 85 Rn. 31; zu § 85 Abs. 2: Baumbach/Hueck/*Haas* § 85 Rn. 50.
[515] BGH NJW 1996, 2576; OLG Hamm GmbHR 1988, 218; Baumbach/Hueck/*Haas* § 85 Rn. 10.
[516] BGH NJW 1996, 2576; Scholz/*Tiedemann* § 85 Rn. 11 m.w. N.
[517] Statt aller Hachenburg/*Kohlmann* § 85 Rn. 45; Baumbach/Hueck/*Haas* § 85 Rn. 11, 17 f.
[518] Baumbach/Hueck/*Haas* § 85 Rn. 10; Roth/Altmeppen/*Altmeppen* § 85 Rn. 11.
[519] Scholz/*Schneider* § 43 Rn. 286.
[520] BGH ZIP 2007, 1552 = BGHR 2007, 1040 f. m. Anm. *Terlau*; hierzu *Weller* ZIP 2007, 1681, 1689; *Vetter* BB 2007, 1965; *Goette* ZInsO 2007, 1177, 1181; *Goette* DStR 2007, 1593; *Paefgen* DB 2007, 1907; *Hölzle* DZWir 2007, 397; *Ihrig* DStR 2007, 1170; *Altmeppen* NJW 2007, 2657; *Dauner-Lieb* ZGR 2008, 34 ff.; *Gehrlein* WM 2008, 761 ff.; *Osterloh-Konrad* ZHR 172 (2008), 274; *Streit/Bürk* DB 2008, 742, 748; *Witt* DNotZ 2008, 219.
[521] BGH ZIP 2008, 1232 = BGHR 2008, 854 f. m. Anm. *Terlau*; hierzu *Altmeppen* ZIP 2008, 1201, 1203 ff.

der (eingreifenden) Gesellschafter gegenüber der Gesellschaft konzipiert. Somit kommt als Schuldner regelmäßig der Gesellschafter, nicht der Geschäftsführer in Betracht.[522] Ein Geschäftsführer kann an einem solchen Eingriff mitwirken, wenn er selbst Gesellschafter ist oder wenn er eine (rechtswidrige – dazu sogleich) Weisung der Gesellschafter dahingehend befolgt oder wenn ihn eine Pflicht trifft, solche Eingriffe zu verhindern.

Nach § 826 BGB haftet, wer in das Vermögen der Gesellschaft kompensationslos (i.S.e. „Selbstbedienung") eingreift und hierdurch mit Eventualvorsatz die Insolvenz der Gesellschaft verursacht oder vertieft.[523] Die Unterkapitalisierung der Gesellschaft ist kein solcher Eingriff.[524] Die Haftung ergänzt und tritt neben die Haftung wegen Einlagenrückgewähr (§§ 30, 31 GmbHG).[525] Der Verzicht und ein Vergleich über den Anspruch aus existenzvernichtendem Eingriff unterliegt den Beschränkungen des § 43 Abs. 3 S. 3 GmbHG (vgl. auch § 64 S. 3 GmbHG).[526] Deshalb sind auch Weisungen von Gesellschaftern in diesem Zusammenhang unbeachtlich und sie befreien den Geschäftsführer nicht von seiner Haftung.[527]

Ein Fremd-Geschäftsführer, der einen solchen Eingriff mindestens mit Eventualvorsatz bewirkt, haftet bei Vorliegen der Voraussetzungen allein oder neben dem Gesellschafter gem. § 826 BGB. Wenn er lediglich einen irgendwie gearteten Tatbeitrag, sei es auch nur psychischer oder intellektueller Natur,[528] geleistet hat, wird bei ausreichendem Vorsatz gemäß § 830 Abs. 2 BGB zugerechnet und es besteht gesamtschuldnerische Haftung neben dem Gesellschafter; ein Gesellschafter-Geschäftsführer ist selbst Täter i.S.d. § 826 BGB oder Mittäter (§ 830 Abs. 1 BGB).[529] Dieselbe Haftung trifft auch den faktischen Geschäftsführer, der die Geschicke der GmbH wie ein Geschäftsführer lenkt und die Eingriffe in dieser Eigenschaft vornimmt.[530] Neben dem Schadensersatzanspruch steht der Gesellschaft auch ein Anspruch auf Verzugszinsen ab dem Zeitpunkt einer existenzvernichtenden Zahlung gemäß § 286 Abs. 2 Nr. 4 BGB zu;[531] ob dieser Anspruch bei allen existenzvernichtenden Eingriffen gilt, mag aber bezweifelt werden.[532]

Praxisbeispiele:
Aus der jüngeren Rechtsprechung können beispielhaft folgende Fälle aus der Praxis genannt werden:[533]
- Haftung bei Entzug von liquider Mittel;[534]
- Haftung bei Verkauf des Warenlagers ohne ausreichende Gegenleistung;[535]
- *keine* Haftung bei Übernahme von Leasingverträgen bei Freistellung von Leasingverbindlichkeiten;[536]

11. Geltendmachung von Ansprüchen der Gesellschaft gegen einen Geschäftsführer

a) **Gesellschafterbeschluss.** Ein Beschluss der Gesellschafter gem. § 46 Nr. 8 GmbHG, dass der Anspruch geltend gemacht werden soll, ist materielle Voraussetzung des Anspruchs;

---

[522] *Drescher*, Die Haftung des GmbH-Geschäftsführers, Rn. 803.
[523] BGH NZG 2012, 1069, 1071, Rn. 21; BGH ZIP 2007, 1232, Rn. 13.
[524] BGH ZIP 2008, 1232 Rn. 13 = BGHR 2008, 854 f. m. Anm. *Terlau*; hierzu Altmeppen ZIP 2008, 1201, 1205.
[525] BGH ZIP 2007, 1232, Rn. 15.
[526] *Altmeppen* ZIP 2008, 1201, 1204.
[527] RegE, BT-Drucks 16/6140, S. 115; Scholz/*Schneider* § 43 Rn. 287a; so auch Baumbach/Hueck/Zöllner/Noack § 43 Rn. 34; Michalski/*Haas/Ziemons* § 43 Rn. 220d.
[528] Palandt/*Sprau* § 830, Rn. 4.
[529] Ähnlich auch Scholz/*Schneider* § 43 Rn. 287a; vgl. *Fleischer* NJW 2009, 2337, 2341.
[530] Vgl. BGH ZIP 2007, 1552 Trihotel = BGHR 2007, 1040 f. m. Anm. *Terlau*.
[531] BGH ZIP 2008, 455; hierzu *Wilhemi* EWiR 5/08, 433 f.
[532] *Wilhemi* EWiR 5/08, 433 f.
[533] Weitere Fälle z. B. bei *Drescher*, Die Haftung des GmbH-Geschäftsführers, Rn. 817.
[534] BGHZ 149, 10.
[535] BGH NZG 2012, 1069, 1071.
[536] BGH NZG 2012, 667, 669.

ohne einen solchen Beschluss ist eine Klage unbegründet.[537] Dies dient in erster Linie dem Schutz der Gesellschaft und ihres Organisationsgefüges aber auch dem Schutz der beteiligten Personen.[538] Ein Gesellschafterbeschluss nach § 46 Nr. 8 GmbHG ist bei Handeln eines Alleingesellschafter-Geschäftsführers überflüssig.[539] Allerdings kann ein solcher Gesellschafterbeschluss während eines laufenden Prozesses noch nachgeholt werden.[540] Die Verjährung des Anspruchs wird durch Klageerhebung auch dann unterbrochen, wenn ein Gesellschafterbeschluss noch nicht gefasst ist; dieser kann im laufenden nachgeholt werden.[541]

Unstreitig ist allerdings ein solcher Gesellschafterbeschluss dann nicht erforderlich, wenn ein Gläubiger den Anspruch der Gesellschaft hat pfänden und sich überweisen lassen.[542]

178   b) **Bestellung besonderer Vertreter.** Beschließt die Gesellschafterversammlung, Schadensersatzansprüche gegen einen Geschäftsführer geltend zu machen, so hat sie sich hierbei durch gem. § 46 Nr. 8 GmbHG zu bestellende, besondere Vertreter vertreten zu lassen.[543] Die (übrigen) Geschäftsführer sind hierzu nicht schon kraft ihrer allgemeinen Bestellung befugt;[544] die h. M. nimmt jedoch an, dass **die übrigen Geschäftsführer** stillschweigend ermächtigt sind, die Schadensersatzansprüche gerichtlich zu vertreten, wenn die Gesellschafterversammlung in dem Beschluss nach § 46 Nr. 8 GmbHG keine besonderen Vertreter bestellt.[545] Gegenüber dem ausgeschiedenen Geschäftsführer kann die Gesellschaft vom neuen Geschäftsführer vertreten werden, solange kein besonderer Vertreter durch die Gesellschafterversammlung ermächtigt wurde.[546]

179   Ist ein Aufsichtsrat vorhanden, so vertritt dieser gem. § 112 AktG analog die Gesellschaft; nach h. M. kann jedoch auch in diesen Fällen die Gesellschafterversammlung einen besonderen Vertreter bestellen.[547]

180   c) **Prozessstandschaft (actio pro societate).** Sehr streitig ist, ob auch **einzelne Gesellschafter** befugt sind, in Prozessstandschaft für die Gesellschaft Schadensersatz- und Unterlassungsansprüche gegen Geschäftsführer – Leistung an die Gesellschaft verlangend – einzuklagen. Die Gesellschafterklage (**actio pro societate**) ist von der h. M. unter bestimmten Umständen anerkannt, wenn es um Ansprüche der Gesellschaft gegen einzelne Gesellschafter geht.[548] Der Gesellschafterklage auf Durchsetzung von Ansprüchen der Gesellschaft gegen einen Geschäftsführer steht die h. M.[549] ablehnend gegenüber.[550] Grundsätzlich kommt eine Klagebefugnis des einzelnen Gesellschafters nur dann in Betracht, wenn in dem ablehnenden Mehrheitsbeschluss gem. § 46 Nr. 8 GmbHG ein Verstoß der Mehrheit gegen die

---

[537] BGHZ 97, 390, 396; BGH ZIP 1993, 1076, 1078; BGH NZG 2004, 962, 964; Oppenländer/Trölitzsch/Ziemons, GmbH-Geschäftsführung § 22, Rn. 79.
[538] Oppenländer/Trölitzsch/*Ziemons*, GmbH-Geschäftsführung § 22, Rn. 79.
[539] BGH NZG 2009, 1385; Baumbach/Hueck/Zöllner/*Noack* § 43 Rn. 30.
[540] BGH ZIP 1998, 508; Baumbach/Hueck/Zöllner/*Noack* § 43 Rn. 30.
[541] BGH ZIP 1998, 508; BGH DStR 1999, 907.
[542] RG JW 1930, 2685; Baumbach/Hueck/Zöllner § 46 Rn. 60; Rowedder/Schmidt-Leithoff/*Koppensteiner/Gruber* § 46 Rn. 42; Scholz/*Schmidt* § 46 Rn. 152; vgl. auch BGH NJW 1960, 1667 für Konkursverwalter.
[543] Baumbach/Hueck/Zöllner § 46 Rn. 65; Hachenburg/*Hüffer* § 46 Rn. 103; *Lindacher* ZGR 1987, 123 ff.; *Gach/Pfuller* GmbHR 1998, 69 ff.
[544] Lutter/Hommelhoff/*Kleindiek* § 46 Rn. 42.
[545] Statt aller: Baumbach/Hueck/Zöllner § 46 Rn. 65; Lutter/Hommelhoff/*Kleindiek* § 46 Rn. 42.
[546] BGH NZG 2012, 502, 503; → Rn. 12.
[547] Roth/Altmeppen/*Altmeppen* § 46 Rn. 56; Baumbach/Hueck/Zöllner § 46 Rn. 66; anders: Rowedder/Schmidt-Leithoff/*Koppensteiner/Gruber* § 46 Rn. 47; Lutter/Hommelhoff/*Kleindiek* § 46 Rn. 43; Scholz/*Schmidt* § 46 Rn. 165; Hachenburg/*Hüffer* § 46 Rn. 100.
[548] BGH WM 1982, 928; BGH NJW 1990, 2627; vgl. auch OLG Düsseldorf DB 1993, 2474; OLG Köln GmbHR 1993, 816; OLG Koblenz NZG 2010, 1023.
[549] BGH WM 1982, 928; vgl. auch OLG Hamm NZG 2002, 780, 781; Scholz/*Emmerich* § 13 Rn. 47; Rowedder/Schmidt-Leithoff/*Pentz* § 13 Rn. 128 f.; Baumbach/Hueck/*Fastrich* § 13 Rn. 39.
[550] Dafür jedoch: *Hübner*, Managerhaftung, 1992, S. 37; *Wiedemann*, Gesellschaftsrecht, § 8 IV 1c, bb; Hachenburg/*Raiser* § 14 Rn. 46; Roth/Altmeppen/*Altmeppen* § 13 Rn. 27; differenzierend aber Scholz/*Schmidt* § 46 Rn. 161; *K. Schmidt* Gesellschaftsrecht § 21 IV; *v. Gerkan* ZGR 1988, 448 f.; in der Tendenz wohl auch OLG Köln GmbHR 1993, 816 obiter dictum; umfassend: *Binge*, Gesellschafterklagen gegen Maßnahmen der Geschäftsführung in der GmbH, 1994.

Treuepflicht zu sehen ist[551] und wenn die gerichtliche Geltendmachung des Treuverstoßes so viel Zeit in Anspruch nehme, dass der Schadensersatzanspruch gegen den Geschäftsführer, insbesondere durch Verjährung, unzumutbar verschlechtert würde.[552] So führt der BGH aus, dass der Vorrang der inneren Zuständigkeitsordnung der Gesellschaft aber dann entfällt, wenn eine Klage der Gesellschaft undurchführbar, durch den Schädiger selbst vereitelt worden oder infolge der Machtverhältnisse in der Gesellschaft so erschwert ist, dass es für den betroffenen Gesellschafter ein unzumutbarer Umweg wäre, müsste er die Gesellschaft erst zu einer Haftungsklage zwingen.[553]

IV. Haftung gegenüber den Gesellschaftern

Einen Überblick über die Anspruchsgrundlagen wird oben unter → Rn. 10 gegeben.

1. Actio pro societate

Die actio pro societate ist nicht im eigentlichen Sinne auf eine Haftung des Geschäftsführers gegenüber einzelnen Gesellschaftern gerichtet, sondern der Gesellschafter macht in Prozessstandschaft einen Anspruch der Gesellschaft geltend; er hat Zahlung an die Gesellschaft zu beantragen. Wirtschaftlich – als Reflex – verbessert sich hierdurch auch seine eigene Position. Die Möglichkeit einer solchen actio pro societate ist sehr umstritten; zum Streitstand vgl. → Rn. 180.

2. Kein Anspruch der Gesellschafter aus § 43 Abs. 2 GmbHG

Die o. g. Pflichten der unternehmerischen Leitung, des Wettbewerbsverbotes, der Erfüllung von Weisungen usw. (→ Rn. 22 ff.) obliegen dem Geschäftsführer unstreitig allein gegenüber der Gesellschaft; die Gesellschafter können bei Verletzung keine organschaftlichen Ansprüche gemäß § 43 Abs. 2 GmbHG geltend machen.[554] Streitig ist jedoch, ob bestimmte Pflichten des Geschäftsführers, die ihm unmittelbar gegenüber den Gesellschaftern obliegen, zu Schadensersatzansprüchen der Gesellschafter aus § 43 Abs. 2 GmbHG führen können. Insbesondere geht es hierbei um die **Pflicht zur Rechnungslegung** (§ 41 GmbHG) und die **Auskunftspflicht** (§ 51a GmbHG)[555] (fehlerhafte Informationen über wertbildende Faktoren bei Anteilsverkauf). Bejaht wurde auch eine Pflicht des Geschäftsführers, Gesellschafter auf den kapitalersetzenden Charakter von Darlehen hinzuweisen, die sie der Gesellschaft gewähren;[556] nach geltendem Recht dürfte allenfalls eine Pflicht zum Hinweis auf die Nachrangigkeit des Darlehens (§ 39 Abs. 1 Nr. 5 InsO) im Insolvenzfall bestehen. Auch die Haftung für die Verletzung von Loyalitätspflichten des Geschäftsführers gegenüber den Gesellschaftern werden diskutiert.[557] Eine positiv rechtliche Normierung einer Schadensersatzpflicht gegenüber Gesellschaftern findet sich in § 31 Abs. 6 GmbHG bei Verletzung der Pflicht zur Erhaltung des Stammkapitals. Auch in den übrigen Fällen sollte man ebenfalls eine Haftung analog § 43 Abs. 2 GmbHG anerkennen, da diese Norm am Besten die Tatsache erfasst, dass die Verletzung eines mitgliedschaftlichen Sonderrechtsverhältnisses zwischen Gesellschafter und Geschäftsführer vorliegt.[558] Andere wollen in diesen Fällen nur ei-

---

[551] So auch *Hübner,* Managerhaftung, 1992, S. 37.
[552] BGHZ 65, 21; BGH WM 1982, 928; OLG Düsseldorf DB 1993, 2474; Scholz/*Schmidt* § 46 Rn. 161; Baumbach/Hueck/*Fastrich* § 13 Rn. 39; Michalski/*Ebbing* § 14 Rn. 104; Oppenländer/Trölitzsch/*Ziemons,* GmbH-Geschäftsführung, § 22 Rn. 89 ff.
[553] BGH NZG 2005, 216; *Drescher,* Die Haftung des GmbH-Geschäftsführers, Rn. 43.
[554] Hachenburg/*Mertens* § 43 Rn. 102; *Meyer-Landrut/Miller/Niehues* § 43 Rn. 2; Scholz/*Schneider* § 43 Rn. 300; *Baums,* Der Geschäftsleitervertrag, 1997, S. 258; *Hübner* Managerhaftung, 1992, S. 36 ff.; a. A. *Lammel* ZfgG 36 (1986), 125 ff.
[555] Hierzu auch *K. Schmidt,* Das neue GmbH-Recht in der Diskussion, 1981, S. 105.
[556] Scholz/*Schneider* § 43 Rn. 301; *Ulmer,* Das neue GmbH-Recht in der Diskussion, 1981, S. 64.
[557] Scholz/*Schneider* § 43 Rn. 301.
[558] Im Ergebnis ebenso Scholz/*Schneider* § 43 Rn. 301; *Hübner* Managerhaftung 1992, S. 38; dagegen Baumbach/Hueck/*Zöllner/Noack* § 43 Rn. 64; Michalski/Haas/*Ziemons* § 43 Rn. 272; MünchKommGmbHG/ *Fleischer* § 43 Rn. 340.

nen Schadensersatzanspruch aus § 823 Abs. 2 BGB i. V. m. der verletzten Pflicht als Schutzgesetz anerkennen;[559] zu den Schutzgesetzen vgl. auch → Rn. 188.

3. Haftung aus dem Anstellungsvertrag

184 Nach ganz h. M. entfaltet der Anstellungsvertrag des Geschäftsführers keine Schutzwirkungen zugunsten der Gesellschafter, so dass hieraus keine unmittelbaren Schadensersatzansprüche entstehen.[560] In Publikumsgesellschaften, die jedoch eher in der Rechtsform der GmbH & Still oder GmbH & Co. KG vorkommen, kann aus dem Geschäftsführervertrag mit der GmbH eine Aufklärungspflicht erwachsen (im konkreten Fall: Aufklärung der stillen Gesellschafter einer GmbH & Still bei Eingehen der Beteiligung bezüglich völlig überzogener Geschäftsführervergütung).[561]

4. Sachwalterhaftung (§ 311 Abs. 3 BGB)

185 Zu Ansprüchen des Gesellschafters gegen den Geschäftsführer aus den Grundsätzen der Sachwalterhaftung (§ 311 Abs. 3 BGB) vgl. → Rn. 197. Da diese Ansprüche in der Praxis häufiger im Außenverhältnis zwischen Geschäftsführer und Dritten relevant werden, wird auf eine eingehende Darstellung im Rahmen der Haftung gegenüber Gesellschaftern verzichtet. Die Grundsätze sind jedoch weitgehend übertragbar.

5. Haftung wegen Verletzung absoluter Rechte oder Rechtsgüter (§ 823 Abs. 1 BGB)

186 Neben dem Schutz von Leben, Leib, Freiheit und Eigentum des Gesellschafters gegen Verletzungshandlungen des Geschäftsführers soll nach einer stärker werdenden Meinung in der Literatur[562] auch die Mitgliedschaft des Gesellschafters als sonstiges Recht i. S. von § 823 Abs. 1 BGB geschützt sein. Die h. M. will allerdings die Mitgliedschaft als absolutes Recht im Sinne von § 823 Abs. 1 BGB nur gegen Beeinträchtigungen durch außerhalb der Gesellschaft stehende Dritte schützen.[563] *Habersack*[564] hat nachgewiesen, dass mit der Anerkennung einer Haftung des Geschäftsführers für die Verletzung der Mitgliedschaft aus § 823 Abs. 1 BGB ein Bruch im Haftungssystem der Körperschaften nicht erfolgt. Allerdings ist zu differenzieren zwischen solchen Schäden aus der Verletzung der Mitgliedschaft, die bei der Gesellschaft entstehen und letztlich nur einen Schädigungsreflex bei den Gesellschaftern auslösen, und solchen Schäden, die bei dem einzelnen Gesellschafter selbst eintreten.[565] Entsprechend hat der Gesellschafter Leistung an die Gesellschaft oder sich selbst zu fordern. Letzteres dürfte in der Regel der Fall sein, wenn eine Verletzung des Informationsrechts des Gesellschafters zur Rede steht.[566] Anders dürfte dies in der Regel sein bei der Verletzung des Rechts auf Teilhabe an der Willensbildung der Gesellschaft;[567] hier dürfte es in den meisten Fällen um einen Schaden der Gesellschaft, und nicht um eine unmittelbare Schädigung des Gesellschafters, gehen.

---

[559] Zur Pflicht aus § 41: Roth/Altmeppen/*Altmeppen* § 41 Rn. 12; *Flume* ZIP 1994, 337 ff.; offengelassen in BGHZ 125, 366, 378; zu § 51a: Roth/Altmeppen/*Altmeppen* § 51a Rn. 37; dagegen (kein Schutzgesetz zug der Gter) Scholz/*Schmidt* § 51a Rn. 48; Rowedder/Schmidt-Leithoff/Koppensteiner/*Gruber* § 51a Rn. 29; Baumbach/Hueck/Zöllner § 51a Rn. 52.

[560] Baumbach/Hueck/Zöllner/*Noack* § 43 Rn. 64, 66; Hachenburg/*Mertens* § 43 Rn. 102, 108; Scholz/*Schneider* § 43 Rn. 303; ähnlich Roth/Altmeppen/*Altmeppen* § 43 Rn. 50.

[561] BGH NJW 1995, 1353, 1356 f.; BGH NZG 2002, 568, 569 f.; zustimmend Roth/Altmeppen/*Altmeppen* § 43 Rn. 50.

[562] Hachenburg/*Mertens* § 43 Rn. 105; *Mertens*, in: FS Fischer, S. 468 ff.; *Reuter*, FS Lange, S. 707; *Habersack*, Die Mitgliedschaft, 1995, S. 171 ff.; ebenso die Rspr. zum Vereinsrecht: BGH NJW 1990, 2878 f. – Schärenkrenzer.

[563] Baumbach/Hueck/Zöllner/*Noack* § 43 Rn. 65; *Lutter*, AcP 180 (1980), 84, 102; *K. Schmidt* JZ 1991, 158; *Hüffer* ZHR 161 (1997), 867 ff.; Scholz/*Schneider* § 42 Rn. 306; Meyer-Landrut/Miller/Niehues § 43 Rn. 3; *Hübner*, Managerhaftung, 1992, S. 20.

[564] *Habersack*, Die Mitgliedschaft, 1995, S. 171 ff.

[565] Ähnlich Roth/Altmeppen/*Altmeppen* § 43 Rn. 58.

[566] *Habersack*, Die Mitgliedschaft, 1995, S. 343.

[567] *Habersack*, Die Mitgliedschaft, 1995, S. 297; Hachenburg/*Mertens* § 43 Rn. 105.

Im Übrigen ist zu fordern, dass ein Eingriff in die Mitgliedschaft nur dann haftungsrelevant **187** ist, wenn – ebenso wie beim Schutz des eingerichteten Gewerbebetriebs nach § 823 Abs. 1 BGB anerkannt – ein spezifischer und zielgerichteter Eingriff stattfindet. Es ist deshalb keine nach § 823 Abs. 1 zum Schadensersatz verpflichtende Verletzung des Teilhaberrechts des Gesellschafters, wenn der Geschäftsführer einen Gesellschafterbeschluss missachtet.

6. Haftung wegen Verletzung von Schutzgesetzen (§ 823 Abs. 2 BGB)

Kein Schutzgesetz i. S. v. § 823 Abs. 2 BGB ist § 43 Abs. 2 GmbHG.[568] Sofern Gesellschaf- **188** ter der Gesellschaft wie Dritte (z. B. Darlehensgeber, es sei denn es bestünde ein Fall des § 32a GmbHG) gegenüber treten können, gelten weitgehend dieselben Grundsätze wie für die Dritthaftung (→ Rn. 193).

a) Fehlerhafte Angaben bei Gründung, Kapitalerhöhung. Die Vorschriften der §§ 9a, 57 **189** Abs. 4 GmbHG, nach denen fehlerhafte Angaben bei Gründung oder Kapitalerhöhung sanktioniert werden, sind nach h. M. Schutzgesetze i. S. v. § 823 Abs. 2 BGB auch zugunsten von später eintretenden Gesellschaftern.[569] Erforderlich ist allerdings Kausalität zwischen fehlerhafter Anmeldung und Schaden des Gesellschafters, so dass es häufig auf die Kenntnis des anspruchstellenden Gesellschafters von der angemeldeten Tatsache ankommen wird.[570] Auf die Kenntnis kommt es jedoch nicht an, wenn bei richtiger Anmeldung die Eintragung der Gründung oder der Kapitalerhöhung unterblieben wäre.[571]

b) Verletzung der Buchführungspflicht gem. § 41 GmbHG. Zum mitgliedschaftlichen **190** Sonderrechtsverhältnis und § 42 Abs. 2 GmbHG vgl. zunächst → Rn. 183. Ob die Verletzung der Buchführungspflicht gem. § 41 GmbHG einen Schadensersatzanspruch gem. § 823 Abs. 2 BGB auslöst, ist eine Frage des Einzelfalles. Denkbar ist eine solche Schadensersatzpflicht gegenüber dem kapitalgebenden Gesellschafter, der auf die ihm vorgelegten Buchführungsunterlagen vertraut hat.[572] Im Übrigen wird es häufig an der Kausalität oder an dem Rechtswidrigkeitszusammenhang fehlen.[573] Denn man wird kaum einmal feststellen können, dass es gerade und allein die Buchführungspflicht des Geschäftsführers iSd § 41 GmbHG gewesen ist, die den Gläubiger vor einem konkret eingetretenen Schaden bewahren sollte.[574] Relevant könnte eine solche Haftung des Geschäftsführers wohl nur im Falle der Insolvenz der Gesellschaft sein, denn solange die Gesellschaft als werbende Gesellschaft tätig ist, haben ihre Gläubiger durch die Verletzung von Buchführungspflichten durch den Geschäftsführer wohl nie einen Schaden.[575]

c) Haftung wegen Verletzung der Auskunftspflicht (§ 51a GmbHG). Will man eine Haf- **191** tung des Geschäftsführers aus einem gesellschaftsrechtlichen Sonderrechtsverhältnis (vgl. § 43 Abs. „ GmbHG) wegen Verletzung der Auskunftspflicht gem. § 51a GmbHG nicht bejahen (→ Rn. 183),[576] so fragt sich, ob § 51a GmbHG ein Schutzgesetz i. S. v. § 823 Abs. 2

---

[568] Ganz h. M.: Scholz/*Schneider* § 43 Rn. 300; Roth/Altmeppen/*Altmeppen* § 43 Rn. 57; Lutter/Hommelhoff/*Kleindiek* § 43 Rn. 39; Hachenburg/*Mertens* § 43 Rn. 102; Baumbach/Hueck/*Zöllner/Noack* § 43 Rn. 64, jeweils m. w. N.; anders früher *Sonnenschein,* Organschaft und Konzerngesellschaftsrecht, 1976, 159 ff.
[569] Baumbach/Hueck/*Haas* § 82 Rn. 9, 26, 49; Lutter/Hommelhoff/*Kleindiek* § 82 Rn. 27; *Meyer-Landrut* § 82 Rn. 2; Scholz/*Tiedemann* § 82 Rn. 9 ff.
[570] Baumbach/Hueck/*Haas* § 82 Rn. 9; Rowedder/*Schmidt-Leithoff/Schaal* § 82 Rn. 2; RGJW 1938, 3297, 3299; vgl. auch BGHZ 96, 231, 243, zu § 399 AktG.
[571] Roth/Altmeppen/*Altmeppen* § 82 Rn. 3 f.; Baumbach/Hueck/*Haas* § 82 Rn. 9; anders OLG München GmbHR 1999, 1137.
[572] Roth/Altmeppen/*Altmeppen* § 41 Rn. 12; offengelassen in BGH NJW 1994, 1801, 1803.
[573] *K. Schmidt* ZIP 1994, 837, 842; Roth/Altmeppen/*Altmeppen* § 41 Rn. 12; *Altmeppen* DZWiR 1994, 378, 380; *Brandes* WM 1995, 641, 656; die Schutzgesetzeigenschaft gänzlich ablehnend: BGHZ 125, 366, 377 ff.; Baumbach/*Hopt,* HGB, § 238 Rn. 19; Lutter/Hommelhoff/*Kleindiek* § 41 Rn. 45 ff.; Rowedder/Schmidt-Leithoff/*Tiedchen* § 41 Rn. 13; Staub/*Hüffer* HGB, § 238 Rn. 4, 23; vgl. dagegen jedoch: Scholz/*Schneider* § 43 Rn. 332, m. w. N.
[574] Roth/Altmeppen/*Altmeppen* § 41 Rn. 12; zum Meinungsstand: Baumbach/Hueck/*Haas* § 41 Rn. 19 ff.; Michalski/*Haas/Ziemons* § 43 Rn. 291.
[575] Michalski/*Haas/Ziemons* § 43, Rn. 292.
[576] Auch Scholz/*Schmidt* § 51a Rn. 48.

BGB ist. Dies wird teilweise befürwortet.[577] Teilweise wird darauf verwiesen, dass der Anspruch gem. § 51a GmbHG gegen die Gesellschaft und nicht gegen den Geschäftsführer gerichtet sei.[578] Insbesondere der Wortlaut des § 51a GmbHG, der von einer Verpflichtung des Geschäftsführers spricht, lässt sich für einen Anspruch unmittelbar gegen den Geschäftsführer ins Feld führen;[579] bei fehlerhafter Auskunftserteilung kommt auch eine Sachwalterhaftung (§ 311 Abs. 3 BGB) in Betracht.

7. Sonstige Anspruchsgrundlagen

192 Im Übrigen können auch zwischen dem einzelnen Gesellschafter und dem Geschäftsführer einer GmbH alle anderen Anspruchsgrundlagen relevant werden, die im Außenverhältnis zu Dritten einschlägig sind.

V. Haftung gegenüber Dritten

193 Für einen Überblick über die Anspruchsgrundlagen der Haftung des Geschäftsführers im Außenverhältnis gegenüber Dritten vgl. → Rn. 11.

1. Vertragshaftung

194 **a) Anstellungsvertrag mit Schutzwirkung.** Eine Vertragshaftung kann sich aus dem **Anstellungsvertrag** ergeben, der ausnahmsweise Schutzwirkungen zugunsten Dritter, zugunsten der KG in der GmbH & Co. KG (→ Rn. 184) und zugunsten der stillen Gesellschafter in der GmbH & Still (→ Rn. 184), entfaltet.

195 **b) Fehlende Kenntlichmachung des Handelns für die GmbH.** Praktisch relevant ist darüber hinaus der Fall, dass der GmbH-Geschäftsführer Geschäfte mit Dritten tätigt, ohne dass nach außen (Visitenkarte, Briefkopf, Unterzeichnung mit Personen- oder Sachfirma ohne GmbH-Zusatz) sein **Handeln in fremdem Namen**, für eine GmbH, erkennbar wurde. In solchen Fällen haftet der Geschäftsführer kraft Rechtsscheins persönlich analog § 179 BGB, wenn der Dritte darauf vertraut hat, es läge ein einzelkaufmännisches Unternehmen oder eine Personengesellschaft vor.[580] Ähnliches gilt, wenn der Geschäftsführer einer UG (haftungsbeschränkt) die Gesellschaft unzulässigerweise als GmbH bezeichnet.[581] GmbH und Geschäftsführer haften als Gesamtschuldner.[582]

196 **c) Garantie des Geschäftsführers.** Selbstverständlich haftet der Geschäftsführer gegenüber Dritten dann, wenn er **persönlich eine Garantie** für die Zahlungsfähigkeit der GmbH übernommen hat.[583] Eine solche Garantie kann auch konkludent gegeben werden; sie ist vor allem in der Zusage zu sehen, der Geschäftsführer werde bei Verschlechterung der wirtschaftlichen Situation der GmbH Kapital nachschießen.[584]

In **BGH ZIP 2001, 1496**, hatte der Kläger dem beklagten Gesellschafter-Geschäftsführer vorgeschlagen, eine Futtermittellieferung anstelle eines Streckengeschäfts unmittelbar mit dem von der später insolventen Gesellschaft des Beklagten zu beliefernden Produktionsunternehmens zu vereinbaren und an dieses unmittelbar zu liefern, so dass keine Verbindlichkeit der GmbH gegenüber der Klägerin entstünde. Der beklagte Gesellschafter-Geschäftsführer hatte darauf erwidert, das sei nicht nötig, der Kläger brau-

---

[577] Roth/Altmeppen/*Altmeppen* § 51a Rn. 37; vgl. Rowedder/Schmidt-Leithoff/*Koppensteiner/Gruber* § 51a Rn. 29 m. w. N.
[578] Scholz/*Schmidt* § 51a Rn. 48.
[579] Anders die h. M.: Scholz/*Schmidt* § 51a Rn. 47 f.; Rowedder/Schmidt-Leithoff/*Koppensteiner/Gruber* § 51a Rn. 29; Baumbach/Hueck/*Zöllner* § 51a Rn. 51 f.; *Gansen* GmbHR 1987, 458, 460 ff.
[580] BGH GmbHR 1975, 129 ff.; BGH NJW 1981, 2569; BGH NJW 1996, 2645; BGH NZG 2007, 426; OLG Hamm MDR 1976, 759; OLG Düsseldorf NZG 2011, 744; BGH GmbHR 1991, 360; *Haas*, Geschäftsführerhaftung und Gläubigerschutz, 1997, S. 85 ff.; *ders.* NJW 1997, 2854; Roth/Altmeppen/*Altmeppen* § 35 Rn. 32 ff.; MünchKommGmbHG/*Fleischer* § 43, Rn. 346.
[581] BGH NZG 2012, 989; *von Woedtke* NZG 2013, 484, 488; *Born* WM 2013 (Sonderbeilage 1), 1, 36.
[582] BGH NZG 2012, 989; *Born* WM 2013 (Sonderbeilage 1), 1, 37.
[583] BGH ZIP 2001, 1496 f.; BGH NJW 2003, 1250: Bürgschaft.
[584] BGH a. a. O.; vgl. auch BGH NZG 2002, 779 f.

che sich keine Sorgen zu machen; falls etwas mit seinem, des beklagten Gesellschafter-Geschäftsführers, Unternehmen passieren sollte, werde er Kapital nachschießen, so dass der Kläger sein Geld auf jeden Fall bekomme. Diese vom BGH als Garantieversprechen angesehene Zusicherung des Gesellschafter-Geschäftsführers habe der Kläger durch Weiterbelieferung angenommen.

2. Sachwalterhaftung (§ 311 Abs. 3 BGB)

Schließt der GmbH-Geschäftsführer in seiner Eigenschaft als Organ der Gesellschaft einen Vertrag ab, so treffen die Rechte und Pflichten aus diesem Vertrag und dem durch diesen begründeten Schuldverhältnis grundsätzlich die GmbH und nicht ihn selbst.[585] Dies ergibt sich aus den §§ 36, 13 Abs. 1 und 2 iVm. § 35 Abs. 1 GmbHG. Ein vor allem Aufklärungs- und Obhutspflichten begründendes Schuldverhältnis zwischen Geschäftsführer und Drittem (auch zu Gesellschaftern) entsteht gem. § 311 Abs. 3 BGB aber auch zwischen Personen, die nicht selbst Vertragspartei werden sollen, insbesondere, wenn der Dritte, hier der Geschäftsführer, in besonderem Maße Vertrauen für sich in Anspruch nimmt und dadurch die Vertragsverhandlungen oder den Vertragsschluss erheblich beeinflusst. Nach der Gesetzesbegründung[586] ist hiermit eine Kodifizierung der unter dem Rubrum „Sachwalterhaftung" bekannten Rechtsprechung angestrebt, ohne dass materiell eine Änderung eintreten sollte. Im Wesentlichen werden zwei Fallgruppen in Rechtsprechung und Lehre behandelt, nämlich die Inanspruchnahme besonderen persönlichen Vertrauens[587] und die Haftung auf Grund wirtschaftlichen Eigeninteresses.[588] 197

a) Inanspruchnahme persönlichen Vertrauens. Zur Begründung einer Haftung auf Grund der Inanspruchnahme besonderen persönlichen Vertrauens müssen über das normale Vertreterhandeln hinaus besondere Umstände dargelegt werden. Nicht jede fehlerhafte Angabe des Geschäftsführers zu Umständen der Gesellschaft führt zur Haftung;[589] dies kann allenfalls im Rahmen der Prospekthaftung anders sein. Entscheidend ist vielmehr, dass der Geschäftsführer nicht nur die Vertragsverhandlungen selbst geführt hat bzw. maßgeblich beeinflusst hat, sondern ein Vertrauen in Anspruch genommen hat, das über das übliche Vertrauen in die Gesellschaft repräsentierende natürliche Person hinausgeht.[590] Erforderlich ist vielmehr – wie der BGH[591] es formuliert – eine „Erklärung im Vorfeld einer Garantiezusage", also nicht die Übernahme einer Erfüllungsgarantie, aber die konkludente Übernahme der Haftung für gegebene Informationen bzw. auch für bestimmte Aussagen. Abzugrenzen ist dies aber von pauschalen Beruhigungen, von Eigenlob und Eigenwerbung des Geschäftsführers.[592] Es ist deshalb erforderlich, dass der Geschäftsführer auf seine persönliche Sachkunde im Rahmen der Vertragsverhandlungen hinweist.[593] 198

Allein dieser Hinweis bzw. das Vorliegen der Sachkunde ist jedoch nicht ausreichend, da man ansonsten selbstverständlich die kompetenten Geschäftsführer bestrafen würde.[594] Vielmehr ist zusätzlich entscheidend die Ursächlichkeit für den Vertragsschluss, d. h. der 199

---

[585] Oppenländer/Trölitzsch/*Ziemons* GmbH-Geschäftsführung § 24 Rn. 1.
[586] *Schmidt-Räntsch/Maifeld/Meier-Göring/Röcken*, Das neue Schuldrecht, 2002, S. 279 f.
[587] Vgl. vor allem BGHZ 126, 181, 189 ff.
[588] Vgl. ebenfalls BGHZ 126, 181, 184 ff.; BGH ZIP 1995, 733 ff.
[589] BGHZ 126, 181, 189; BGH NJW-RR 1990, 614, 615; *Ulmer* ZIP 1994, 337, 338; Scholz/*Schneider* § 43 Rn. 314; *Bork* ZGR 1995, 505; *Haas*, Geschäftsführerhaftung und Gläubigerschutz 1997, S. 76; anders K. *Schmidt* ZIP 1988, 1497 ff.
[590] So BFH NJW 1990, 389 f.; Roth/Altmeppen/*Altmeppen* § 43 Rn. 55; vgl. auch BGHZ 126, 181, 189; BAG NZG 2011, 1422, 1424; vgl. die umfangreichen Nachw. zur Rspr. des BGH bei Scholz/*Schneider* § 43 Rn. 316 FN 1; sowie *Brandes* WM 1992, Sonderbeilage 3, S. 20; OLG Naumburg BeckRS 2010, 05519: Ein verwandtschaftliches Verhältnis allein reicht für die Annahme persönlichen Vertrauen jedoch nicht aus.
[591] BGHZ 126, 181, 189.
[592] Oppenländer/Trölitzsch/*Ziemons* GmbH-Geschäftsführung § 24 Rn. 5; MünchKommGmbHG/*Fleischer* § 43 Rn. 344.
[593] Nach BGHZ 87, 27, 33, und BGH WM 1987, 1431, reicht dieser Hinweis bereits aus für die Haftungsbegründung; anders jedoch BGH GmbHR 1990, 297; BGH ZIP 1993, 365; Lutter/Hommelhoff/*Kleindiek* § 43 Rn. 65 f.; *Medicus*, in: FS Steindorff, S. 736.
[594] Ähnlich *Medicus* EWiR § 276 BGB 1993, 233; Scholz/*Schneider* § 43 Rn. 316; Oppenländer/Trölitzsch/*Ziemons* GmbH-Geschäftsführung § 24 Rn. 7.

Vertragsschluss wäre unterblieben, wenn der Vertragspartner nicht auf die besondere Sachkunde des Geschäftsführers vertraut hätte.[595] So sind Erklärungen des Geschäftsführers über die finanzielle Lage der Gesellschaft – bei der er immer über ganz besondere Sachkunde verfügt – allgemein nicht haftungsrelevant.[596] Darüber hinausgehend hat der BGH für die AG entschieden, dass die Vertreter einer kapitalsuchenden Gesellschaft, die Anlageinteressenten gegenüber in Anspruch nehmen, diese über die für eine Anlageentscheidung wesentlichen Umstände zu informieren, für die Unrichtigkeit oder Unvollständigkeit ihrer Angaben nach den Grundsätzen des Verschuldens bei Vertragsschluss (c. i. c.) haften.[597] Die Entscheidung wird jedoch im Schrifttum kritisch gesehen.[598] Etwas anderes mag jedoch im Vorfeld einer Krise gelten, wenn der Vertragspartner eine Aussage des Geschäftsführers über die finanzielle Leistungsfähigkeit der Gesellschaft besonderes Gewicht zumisst; das bloße Unterlassen einer Aufklärung über die bevorstehende oder eingetretene Zahlungsunfähigkeit oder Überschuldung führt jedoch noch nicht zur Haftung.[599] Ein Gesellschafter-Geschäftsführer, der die Weiterbelieferung der GmbH nur durch eine persönliche Bürgschaft bewirkt, kann vom Lieferanten über den Bürgschaftsbetrag hinaus jedoch nicht mit der Begründung persönlich auf Zahlung in Anspruch genommen werden, dass er durch Stellung von Sicherheiten Zahlungsfähigkeit der Gesellschaft vorgespiegelt habe.[600]

Beispiel:
In **BGHZ 126, 181**, bestellte der Alleingesellschafter-Geschäftsführer, der gleichzeitig auch Sicherungsgeber für anderweitige Verbindlichkeiten der GmbH war, umfangreiche Waren bei der Klägerin. Ca. zwei Monate später beantragte er das Konkursverfahren. Die Klägerin machte geltend, dass der Beklagte bereits zum Zeitpunkt der Bestellung zum Geschäftsführer gewusst habe, dass das Unternehmen konkursreif gewesen sei. Darüber hinaus machte die Klägerin Eigeninteresse des Geschäftsführers geltend.
Der zweite Senat des BGH wies den Tatbestand des Eigeninteresses zurück (dazu sogleich → Rn. 149). Im Hinblick auf die Kenntnis des Geschäftsführers von der Krise verneinte der Senat die Pflicht des Geschäftsführers, die Vertragspartner der GmbH über die finanzielle Situation aufzuklären. Der Senat sah sich in einem solchen Fall, in dem der Geschäftsführer kein zusätzliches, von ihm selbst ausgehendes Vertrauen auf die Vollständigkeit und Richtigkeit seiner Erklärungen hervorgerufen habe, nicht veranlasst, eine über §§ 64 GmbHG, 823 Abs. 2 BGB hinausgehende Haftungsgrundlage zu bejahen.[601]

200 **b) Wirtschaftliches Eigeninteresse.** Die ältere Rechtsprechung ist hier sehr weit gegangen und hat die Sachwalterhaftung des Geschäftsführers bereits damit begründet, dass er an der GmbH, für die er die Vertragsverhandlungen geführt hatte, als Allein- oder Mehrheitsgesellschafter beteiligt war.[602] Diese Rechtsprechung befand sich in einem krassen Wertungswiderspruch zu § 13 Abs. 2 GmbHG[603] und sie gilt mit der Entscheidung des BGH aus dem Jahre 1994[604] als überwunden.[605] Dasselbe gilt für die Fallgruppe, in der ein Geschäftsführer die Vertragsverhandlungen geführt oder beeinflusst hat, nachdem er zuvor zugunsten der

---

[595] Ebenso Scholz/*Schneider* § 43 Rn. 316.
[596] BGH GmbHR 1991, 411; BGHZ 126, 181, 189; Oppenländer/Trölitzsch/*Ziemons* GmbH-Geschäftsführung § 24 Rn. 6; s. aber OLG Zweibrücken NZG 2002, 423 ff.; K. Schmidt ZIP 1988, 1497, 1503; ders. NJW 1993, 2934, 2935.
[597] BGH NZG 2008, 661; MünchKommGmbHG/*Fleischer* § 43, Rn. 344; *Fleischer* NJW 2009, 2337, 2340 f.; Baumbach/Hueck/Zöllner/*Noack* § 43 Rn. 70.
[598] *Fleischer* NJW 2009, 2337, 2340 f.: Sollten die Geschäftsführer bewusst Falschinformationen verbreiten, haften sie nach § 826 BGB.; *Kersting* JR 2009, 221 ff.; *Kocher* BB 2008, 1980 f.
[599] BGHZ 126, 181, 189 f.; vgl. aber OLG Zweibrücken NZG 2002, 423 ff.; weitergehend: K. Schmidt ZIP 1988, 1497, 1503; *ders.*, Gesellschaftsrecht, § 36 II. 2.5.c; *Flume* ZIP 1994, 337, 338.
[600] OLG Koblenz DStR 2011, 929; Roth/Altmeppen/*Altmeppen* § 43 Rn. 53.
[601] Anders: Altmeppen/*Wilhelm* NJW 1999, 673 ff.: Pflicht des Geschäftsführers zur Warnung der Vertragspartner bei drohender Zahlungsunfähigkeit.
[602] BGHZ 87, 27, 33 f.; BGH WM 1982, 1322, 1323; anders aber bereits BGH VersR 1978, 59, 60.
[603] *Rehbinder*, in: FS R. Fischer, S. 579, 599.
[604] BGHZ 126, 181, 184 ff., nach Anfrage des entscheidenden II. Senates bei dem VIII. und IX. Zivilsenat ZIP 1993, 763.
[605] Zustimmend Baumbach/Hueck/Zöllner/*Noack* § 43 Rn. 72; Scholz/*Schneider* § 43 Rn. 318; Roth/Altmeppen/*Altmeppen* § 43 Rn. 51; *Sandberger*, Die Außenhaftung des GmbH-Geschäftsführers, 1997, S. 98; *Lutter* GmbHR 1997, 329 ff.; *Haas*, Geschäftsführerhaftung und Gläubigerschutz, 1997, S. 775.

GmbH Sicherheiten in Form einer Bürgschaft oder sonstige Sicherheiten bestellt hatte.[606] Es verbleiben zwei Fallgruppen, die allerdings ebenfalls umstritten sind:

Die Sachwalterhaftung wurde bejaht, wenn der Gesellschafter-Geschäftsführer im Rahmen der Vertragsverhandlungen mit der Gesellschaft bewirkt, dass der Vertragspartner die der GmbH zustehende Gegenleistung unmittelbar an ihn, den Gesellschafter-Geschäftsführer, erbringt.[607]

Beispiel:
In **BGH ZIP 1986, 29,** hatten die beiden Gesellschafter-Geschäftsführer einer GmbH, die ein Tanzlokal betrieb, mit der Klägerin die Übernahme des entsprechenden Pachtvertrages sowie die Übertragung des Inventars vereinbart. Im Prozess hatte die Klägerin behauptet, die beiden beklagten Gesellschafter-Geschäftsführer hätten die auf Grund des Übernahmevertrages von der Klägerin geleisteten Zahlungen „an der GmbH vorbei persönlich eingesteckt und ihren Zwecken zugeführt". Der BGH hält hier eine Haftung für möglich (die Kläger hatten bisher nicht ausreichend vorgetragen), wenn die beklagten Gesellschafter-Geschäftsführer dieses Vorgehen schon spätestens bei dem für eine Haftung aus Vertragsverschulden maßgeblichen Zeitpunkt des Vertragsschlusses beabsichtigt hatten.

Eine weitere Fallgruppe wird nach der ebenfalls älteren Rspr. dann anerkannt, wenn die Tätigkeit des Geschäftsführers auf die Beseitigung von Schäden abzielt, für die er andernfalls von der Gesellschaft in Anspruch genommen werden könnte.[608]

Der Tatbestand des wirtschaftlichen Eigeninteresses sollte restriktiv gehandhabt werden. Diese Tendenz ist auch ganz deutlich dem Urteil des BGH vom 6. Juni 1994[609] zu entnehmen. Es ist deshalb eher wahrscheinlich, dass der Bundesgerichtshof die übrigen Ausprägungen des „wirtschaftlichen Eigeninteresses" verwerfen wird. Immerhin hat der Gesetzgeber der Schuldrechtsreform in § 311 Abs. 3 BGB diesen Tatbestand – im Gegensatz zur Haftung wegen Inanspruchnahme besonderen Vertrauens – nicht erwähnt. Ein solcher stillschweigender Hinweis sollte zum Anlass genommen werden, diese – „wenig unterscheidungskräftige"[610] – Fallgruppe aufzugeben.[611]

Keinerlei Haftung auf Grund des bestehenden wirtschaftlichen Interesses des Geschäftsführers (Verbleib als Geschäftsführer der Gesellschaft) begründet die von ihm geschuldete Mitwirkung (Vorlage von Bilanzen und Auskunftspflichten) bei einem Verkauf von Anteilen an der von ihm geleiteten Gesellschaft.[612] Im Einzelfall kann allerdings eine Haftung für besonders in Anspruch genommenes Vertrauen gegeben sein, wenn der **Unternehmenskauf** ohne die fehlerhafte Auskunft des Geschäftsführers nicht abgeschlossen worden wäre.

c) **Beweislast.** Die Beweislast für die Tatbestandsvoraussetzungen der Sachwalterhaftung liegt grundsätzlich bei dem Gläubiger/Kläger. Jedoch hat der in Anspruch genommene Geschäftsführer gem. § 280 Abs. 1 S. 2 BGB zu beweisen, dass er die Pflichtverletzung nicht zu vertreten hatte.

d) **Verjährung.** Die Verjährung des Anspruchs aus Sachwalterhaftung richtet sich in den Fällen, in denen die Verhandlungen zu einem wirksamen Vertrag geführt haben, nach den für den Erfüllungsanspruch geltenden Fristen. Nach der Rechtsprechung beginnt die Frist

---

[606] BGHZ 126, 181, 185 f.; vgl. auch die vorherige Anfrage beim VIII. und IX. Zivilsenat ZIP 1993, 763; BGH GmbHR 1995, 130; BGH ZIP 1995, 124; zur Abgrenzung sehr hilfreich die Nachw. der älteren Rspr. bei Scholz/*Schneider* § 43 Rn. 317 ff.

[607] BGH ZIP 1986, 26, 30; kritisch *Ebenroth/Kräutter* BB 1990, 569, 571; Scholz/*Schneider* § 43 Rn. 318; Oppenländer/Trölitzsch/*Ziemons* GmbH-Geschäftsführung § 24, Rn. 3; *Sandberger*, Die Außenhaftung des GmbH-Geschäftsführers, 1997, S. 98; *Lutter* GmbHR, 1997, 329, 330; zustimmend jedoch wohl Baumbach/Hueck/*Zöllner/Noack* § 43 Rn. 72.

[608] BGH NJW 1963, 2166; BGH WM 1987, 1431, 1432; BGH ZIP 1986, 29, 30; offengelassen in BGHZ 126, 181, 185; Oppenländer/Trölitzsch/*Ziemons* GmbH-Geschäftsführung § 24 Rn. 3.

[609] BGHZ 126, 181 ff.

[610] Baumbach/Hueck/*Zöllner/Noack* § 43 Rn. 72.

[611] Ebenso Scholz/*Schneider* § 43 Rn. 320; *Sandberger*, Die Außenhaftung des GmbH-Geschäftsführers, 1997, S. 98; *Lutter* GmbHR 1997, 329, 330.

[612] *Sieger/Hasselbach* GmbHR 1998, 957 ff.; *Goetze* ZGR 1999, 202 ff.; vgl. auch *van Venrooy* GmbHR 2008, 1, 6.

für den Anspruch aus der Sachwalterhaftung jedoch erst mit der Kenntnis des Geschädigten von den für die Ersatzpflicht des Vertreters maßgeblichen Umständen.[613]

3. Prospekthaftung des Geschäftsführers

207 Die im Einzelnen hier nicht zu erörternden Grundsätze der Haftung für unrichtige oder unvollständige Prospektangaben[614] finden Anwendung auch auf die hinter der den Prospekt herausgebenden Körperschaft stehenden Personen, insbesondere deren Geschäftsführer und andere Personen, die besonderen Einfluss auf die Gesellschaft ausüben.[615] Im Übrigen beträgt die Verjährungsfrist 3 Jahre (§ 195 BGB).

4. Haftung wegen Verletzung von Rechtsgütern und absoluten Rechten (§ 823 Abs. 1 BGB)

208 Unstreitig gilt der Grundsatz, dass der Geschäftsführer einer GmbH dann aus § 823 Abs. 1 BGB haftet, wenn er selbst in seiner Person verantwortlich die Tatbestandsmerkmale der unerlaubten Handlung erfüllt.[616]

209 a) **Geschäftsführer als Garant für das Eigentum von Vertragspartnern (Organisationspflichten).** In seiner berühmten **Baustoff-Entscheidung**[617] hat der BGH jedoch den Geschäftsführer einer GmbH für ein Unterlassen haften lassen, da diesen gegenüber den Warenlieferanten eine Garantenpflicht zur Vermeidung einer Schädigung des Eigentums der Lieferanten treffe.

In der Baustoff-Entscheidung (**BGHZ 109, 297**) hatte die Klägerin, eine Baustoffgroßhandlung, an die von dem beklagten Geschäftsführer geführte GmbH Baumaterialien unter verlängertem Eigentumsvorbehalt geliefert. Die GmbH wiederum lieferte diese Materialien an verschiedene Bauunternehmer, die in ihren Verträgen mit der GmbH meistens die Abtretung von Forderungen aus dem Vertrag an Dritte verboten. Kurze Zeit nach Verkauf der Materialien beantragte die GmbH das Konkursverfahren, welches mangels Masse abgelehnt wurde.

Der BGH hielt in der Baustoff-Entscheidung den Beklagten für persönlich haftbar auf Bezahlung der Rechnungen der Klägerin, da er den Deliktstatbestand der Eigentumsverletzung erfüllt habe. Zwar träfen regelmäßig den Geschäftsführer nur Sorgfaltspflichten gegenüber der Gesellschaft selbst und nicht im Außenverhältnis gegenüber Dritten; vielmehr sei es die Gesellschaft, die gegenüber Dritten für ihr Organ einzustehen habe. „Anderes gilt aber, wenn mit den Pflichten aus der Organstellung gegenüber der Gesellschaft Pflichten einhergehen, die von dem Geschäftsführer nicht mehr nur für die Gesellschaft als deren Organ zu erfüllen sind, sondern die ihn aus besonderen Gründen persönlich gegenüber dem Dritten treffen. Dies kann im außervertraglichen, deliktischen Bereich insbesondere wegen einer dem Geschäftsführer als Aufgabe zugewiesenen oder von ihm jedenfalls in Anspruch genommenen Garantenstellung zum Schutz fremder Schutzgüter i. S. d. § 823 Abs. 1 BGB der Fall sein, die ihre Träger der Einflusssphäre der Gesellschaft anvertraut haben. Hier kann über die Organstellung hinaus ein mit der Zuständigkeit für die Organisation und Leitung und der daraus erwachsenen persönlichen Einflüsse auf die Gefahrenabwehr bzw. -steuerung verbundene persönliche Verantwortung des Organs den betreffenden Außenstehenden gegenüber zum Tragen kommen."

210 Diese ausufernde Eigenhaftung des Geschäftsführers hat in der rechtswissenschaftlichen Literatur sehr viel Kritik hervorgerufen;[618] dennoch hat der für Deliktsrecht zuständige VI. Zivilsenat des BGH in der Folge an dieser Rechtsprechung festgehalten, auch wenn der

---

[613] BGH GmbHR 1983, 197.
[614] Überblick bei *Assmann/Schütze*, Handbuch des Kapitalanlagerechts, 3. Aufl., 2007, § 6 Rn. 45 ff., 129 ff.; Schwark/Zimmer/*Heidelbach* Kapitalmarktrecht § 13 VerkProspG, Rn. 11 ff.
[615] BGHZ 71, 284, 287 ff.; BGHZ 79, 337, 340; BGHZ 83, 222, 224; BGH NJW 1990, 2461; BGH DStR 2008, 1891, 1892; OLG Hamburg NZG 2000, 1088, 1089 f.; vgl. auch KG NZG 2002, 383, 384.
[616] BGH NJW 1974, 1371, 1372; BGHZ 109, 297, 302; BGH GmbHR 1996, 453, 454 – Lamborghini: Weisung, die zur Rechtsgutsverletzung führte; BGH NZG 2012, 992, 994; Roth/Altmeppen/*Altmeppen* § 43 Rn. 58; Baumbach/Hueck/*Zöllner*/Noack § 43 Rn. 75.
[617] BGHZ 109, 297, 302 ff.
[618] Sehr kritisch: *Mertens*/Mertens JZ 1990, 486 ff.; *Krebs/Dylla-Krebs* DB 1990, 1271; *Dreher* ZGR 1992, 22, 34; *Hirte* JZ 1992, 258 ff.; *Lutter* ZHR 157 (1993) 464, 475; *ders.* DB 1994, 129; *ders.* GmbHR 1997, 329; *Keßler* GmbHR 1994, 429; *H. P. Westermann/Mutter* DZWir 1995, 184; *Geißler* ZIP 1997, 2185; sehr kritisch auch die Kommentarliteratur: Baumbach/Hueck/*Zöllner*/Noack § 43 Rn. 76 ff.; Hachenburg/*Mertens* § 43 Rn. 115; verhalten zustimmend: Scholz/*Schneider* § 43 Rn. 327; *Altmeppen* ZIP 1995, 881 ff.; vermittelnd: Roth/Altmeppen/*Altmeppen* § 43 Rn. 61: Beweislastproblem.

für Gesellschaftsrecht zuständige II. Zivilsenat des BGH schon früh anmerkte, dass die Organstellung als solches für eine Garantenstellung noch nicht ausreichen könne.[619] Auch der VI. Zivilsenat des BGH hat in einer jüngeren Entscheidung[620] betont, dass eine Außenhaftung gegenüber Dritten allein aufgrund der Stellung als Geschäftsführer der GmbH nicht in Betracht komme; die Pflicht zur ordnungsgemäßen Geschäftsführung und Einhaltung von gesetzlichen Pflichten besteht grundsätzlich nur gegenüber der Gesellschaft. Für eine Haftung gegenüber Dritten müssen besondere Umstände hinzutreten, z. B. ein eigenes deliktisches Handeln oder eine Garantenstellung.[621]

Die Schwierigkeit liegt darin zu sagen, welche besonderen Gründe – in der Diktion des BGH – die grundsätzlich im Innenverhältnis zur GmbH bestehenden Einstandspflichten des Geschäftsführers zu Garantenpflichten gegenüber außenstehenden Dritten, Vertragspartnern der GmbH, werden lassen. Dies muss aber immer dann gelten, wenn der Geschäftsführer eine von ihm übernommene Verkehrssicherungs- oder Organisationspflicht schuldhaft verletzt und dadurch in ein absolut geschütztes Rechtsgut des Opfers eingreift.[622]

b) Der Geschäftsführer als Garant für Leben, Körper und Gesundheit von Konsumenten. Die strafrechtliche Haftung des Geschäftsführers wegen (fahrlässiger) Körperverletzung durch Unterlassen dokumentiert folgender Sachverhalt:

Beispiel:
In der **Lederspray-Entscheidung** (BGH NJW 1990, 2560) wurden die Geschäftsführer einer GmbH, die sich mit der Herstellung von Schuh- und Lederpflegemitteln befasst, wegen fahrlässiger Körperverletzung angeklagt. Die Artikel wurden von Tochtergesellschaften vertrieben. Seit dem Spätsommer 1980 gingen bei der Unternehmensgruppe Schadensmeldungen ein, wonach der Gebrauch von Lederspray bei einzelnen Personen zu gesundheitlichen, nicht selten lebensbedrohlichen Beeinträchtigungen geführt habe. Bei firmeninternen Untersuchungen konnte nicht geklärt werden, welche der verwendeten Substanzen die Schäden verursacht hatten. Bei einer Sondersitzung der Geschäftsführung wurde daraufhin beschlossen, dass bereits in Verkehr gebrachte Artikel vor dem Abschluss weiterer Untersuchungen nicht zurückzurufen seien.

In der Folgezeit kam es zu weiteren Schädigungen von Verbrauchern nach der Verwendung des Ledersprays. Durch Sachverständige wurde später im Prozess festgestellt, dass die gesundheitlichen Schäden der betroffenen Verbraucher durch die jeweils benutzten Ledersprays ausgelöst worden sind.

Der BGH leitete die Strafbarkeit wegen fahrlässiger Körperverletzung durch Unterlassen aus der Garantenpflicht der Geschäftsführer auf Grund Gefahr begründenden Vorverhaltens ab. Als Geschäftsführer der beteiligten Gesellschaften hätten sie Ledersprays auf den Markt gebracht, die bei bestimmungsgemäßem Gebrauch gesundheitliche Schäden bei den Benutzern zu verursachen drohten. Dies sei auch objektiv pflichtwidrig, da die Rechtsordnung es grundsätzlich verbiete, Gefahren zu schaffen, aus denen sich im weiteren Fortgang körperliche Schäden für Dritte entwickeln können. Er bejahte demgemäß die Pflicht zum Rückruf der bereits in den Handel gelangten, gefährdenden Ledersprays.

c) Garantenstellung auf Grund von Organisationsherrschaft. Teilweise wird in der Literatur eine Garantenpflicht des Geschäftsführers nur in den Fällen der Lederspray-Entscheidung, in denen es um die Verletzung von Leib und Leben geht, bejaht.[623] Andere bejahen eine Garantenstellung für sämtliche nach § 823 Abs. 1 BGB geschützten Rechtsgüter und sonstigen Rechte, wenn der Geschäftsführer im Hinblick auf die Produkte des Unternehmens Kenntnis von Gefährdungen oder Gefahr begründenden Umständen erlangt oder sich solcher Kenntnis bewusst verschließt.[624] Andere bejahen die persönliche Haftung auf Grund einer Garantenstellung des Geschäftsführers aus **Organisationsherrschaft**, d. h. die Pflicht, das Unternehmen so

---
[619] BGH GmbHR 1996, 453, 455 – Lamborghini (VI. Senat); vgl. jedoch auch BGH ZIP 1994, 867, 870 f. (II. Senat); Der Baustoff-Entscheidung zustimmend: OLG Stuttgart NJW 2008, 2514, 2515; OLG Frankfurt VersR 1992, 241; OLG Köln DB 1993, 748; vgl. auch *Drescher*, Die Haftung des GmbH-Geschäftsführers, Rn. 967 f.
[620] BGH NZG 2012, 992, 994.
[621] BGH NZG 2012, 992, 994; *Born* WM 2013 (Sonderbeilage 1), 1, 36; vgl. auch *Gärtner* BB 2013, 2242, 2244.
[622] Im Grundsatz so Scholz/*Schneider* § 43 Rn. 327; Roth/Altmeppen/*Altmeppen* § 43 Rn. 61.
[623] *Medicus* ZGR 1998, 585 ff.; Baumbach/Hueck/Zöllner/*Noack* § 43 Rn. 78.
[624] Lutter/Hommelhoff/*Kleindiek* § 43 Rn. 77; *Heil/Russenschuck* BB 1998, 1750, 1753.

zu organisieren und überwachen, dass nicht Dritte durch die mangelhafte Organisation Schaden erleiden.[625] Eine jüngere Entscheidung des OLG Schleswig ist um eine restriktive Handhabung der Garantenstellung bemüht und fordert für eine Garantenstellung das Vorliegen einer Gefahrenlage über den „regelmäßigen Geschäftsbetrieb" hinaus.[626]

5. Haftung wegen Verletzung von Schutzgesetzen (§ 823 Abs. 2 BGB)

214 Für die Außenhaftung von Geschäftsführern spielt in der Praxis die Verletzung von drittschützenden Normen im Sinne von § 823 Abs. 2 BGB eine ganz erhebliche Rolle. Dabei stellt § 43 Abs. 1 GmbHG anerkanntermaßen kein solches Schutzgesetz dar.[627] Zur Buchführungs- und Rechnungslegungspflicht (§ 41 GmbHG) vgl. → Rn. 190. Für die Dritthaftung besonders bedeutsam sind jedoch Normen der strafrechtlichen Vermögensdelikte, sonstige öffentlich-rechtliche Verhaltensnormen sowie – wiederum in der Krise der Gesellschaft – die Haftung wegen Insolvenzverschleppung.

215 a) **Falsche Angaben bei Gründung, Kapitalerhöhung (§ 82 GmbHG, § 331 Nr. 1 HGB).** § 82 GmbHG stellt nach h.M. ein **Schutzgesetz gem. § 823 Abs. 2 BGB** dar, von dem auch Vertragspartner bzw. Gläubiger der Gesellschaft erfasst werden.[628] Als Schutzgesetz im Sinne von § 823 Abs. 2 BGB sind danach im Wesentlichen anerkannt: Der Gründungsschwindel (§ 82 Abs. 1 Nr. 1 GmbHG),[629] – trotz § 19 Abs. 4 GmbHG (→ Rn. 107) – der Sachgründungsschwindel (Stichwort: „verdeckte Sacheinlage", § 82 Abs. 1 Nr. 2 GmbHG),[630] Kapitalerhöhungsschwindel (§ 82 Abs. 1 Nr. 3 GmbHG),[631] falsche Erklärung bei Kapitalerhöhung aus Gesellschaftsmitteln (§ 82 Abs. 1 Nr. 4 GmbHG),[632] Kapitalherabsetzungsschwindel (§ 82 Abs. 2 Nr. 1 GmbHG),[633] Täuschung über die Vermögenslage der Gesellschaft (§ 82 Abs. 2 Nr. 2 GmbHG),[634] fehlerhafte Darstellung der Verhältnisse der Gesellschaft in Bilanzen oder Lageberichten (§ 331 Nr. 1 HGB).[635] Kein Schutzgesetz ist § 82 Abs. 1 Nr. 5 GmbHG, die unrichtige Versicherung des Geschäftsführers über seine eigene Person (§§ 6, 8 Abs. 3 GmbHG).[636]

216 Entscheidende Problematik im Rahmen der zivilrechtlichen Haftung für fehlerhafte Angaben ist jedoch der **Nachweis der Kausalität,** den der Gläubiger zu führen hat, zwischen der fehlerhaften Angabe und dem bei ihm eingetretenen Schaden. Diese Kausalität setzt in der Regel voraus, dass der Gläubiger im Vertrauen auf die fehlerhafte Angabe gehandelt hat.[637] Die Kenntnis des Gläubigers ist dann jedoch regelmäßig nicht erforderlich, wenn bei Angabe der richtigen Tatsache die Eintragung unterblieben wäre.[638]

---

[625] *Altmeppen* ZIP 1995, 881; Scholz/*Schneider* § 43 Rn. 327.
[626] OLG Schleswig, NZG 2012, 104, 106; *von Woedtke* NZG 2013, 484, 487.
[627] Statt Aller Hachenburg/*Mertens* § 43 Rn. 102; Roth/Altmeppen/*Altmeppen* § 43 Rn. 57; Baumbach/Hueck/*Zöllner/Noack* § 43 Rn. 79 m.w.N.
[628] OLG München NJW-RR 1988, 290: Träger der Sozialversicherung (eher fraglich); im Einzelnen: Baumbach/Hueck/*Haas* § 82 Rn. 9, 26, 35, 49, 70, 81.
[629] Baumbach/Hueck/*Haas* § 82 Rn. 9; Lutter/Hommelhoff/*Kleindiek* § 82 Rn. 31; Hachenburg/*Kohlmann* § 82 Rn. 74; *Meyer-Landrut* § 82 Rn. 2; Scholz/*Tiedemann* § 82 Rn. 9 ff.
[630] Baumbach/Hueck/*Haas* § 82 Rn. 26; Lutter/Hommelhoff/*Kleindiek* § 82 Rn. 31; Hachenburg/*Kohlmann* § 82 Rn. 80; *Meyer-Landrut* § 82 Rn. 2; Scholz/*Tiedemann* § 82 Rn. 9 ff.
[631] RGZ 159, 211, 224; OLG München ZIP 2004, 462; Baumbach/Hueck/*Haas* § 82 Rn. 35; Lutter/Hommelhoff/*Kleindiek* § 82 Rn. 31; Hachenburg/*Kohlmann* § 82 Rn. 89; *Meyer-Landrut* § 82 Rn. 2; Scholz/*Tiedemann* § 82 Rn. 9 ff.
[632] Baumbach/Hueck/*Haas* § 82 Rn. 49; Scholz/*Priester* § 57i Rn. 7.
[633] Baumbach/Hueck/*Haas* § 82 Rn. 70; Lutter/Hommelhoff/*Kleindiek* § 82 Rn. 31; Hachenburg/*Kohlmann* § 82 Rn. 111; *Meyer-Landrut* § 82 Rn. 2.
[634] Baumbach/Hueck/*Haas* § 82 Rn. 81; Lutter/Hommelhoff/*Kleindiek* § 82 Rn. 31; Hachenburg/*Kohlmann* § 82 Rn. 161; Scholz/*Tiedemann* § 82 Rn. 9 ff.
[635] MünchKommHGB/*Quedenfeld* § 331 Rn. 2.
[636] H.M.: Roth/Altmeppen/*Altmeppen* § 82, Rn. 24; Baumbach/Hueck/*Haas* § 82 Rn. 97; Lutter/Hommelhoff/*Kleindiek* § 82 Rn. 31; *Meyer-Landrut* § 82 Rn. 2; anders Rowedder/*Schmidt-Leithoff/Schaal* § 82 Rn. 2, 68.
[637] OLG München NJW-RR 1988, 290; Roth/Altmeppen/*Altmeppen* § 82 Rn. 4; Rowedder/*Schmidt-Leithoff/Schaal* § 82 Rn. 2; zum AktG: BGHZ 96, 231, 243; RG JW 1938, 3297, 3299.
[638] Roth/Altmeppen/*Altmeppen* § 82 Rn. 43 f.; Baumbach/Hueck/*Haas* § 82 Rn. 9; anders wohl OLG München GmbHR 1999, 1137.

b) Verletzung von Buchführungspflichten (§ 41 GmbHG, §§ 283 Abs. 1 Nr. 5–7, 283b 217
StGB). Sehr umstritten ist, ob die Buchführungspflicht gem. § 41 GmbHG selbst schon ein Schutzgesetz zugunsten der Vertragspartner bzw. der Gläubiger der Gesellschaft darstellt. Die h. M. spricht sich gegen die Schutzgesetzeigenschaft aus.[639] Dem steht allerdings eine starke Gegenansicht in der Literatur entgegen.[640] Richtigerweise ist zu unterscheiden zwischen der laufenden Buchführung der Gesellschaft und der nach den §§ 242, 264 HGB bestehenden Pflicht zur Aufstellung von Jahresabschlüssen, Anhängen, Gewinn- und Verlustrechnungen sowie Lageberichten. Nur bei letzteren hat der Gesetzgeber entsprechende strafrechtliche Sanktionen (§ 331 Nr. 1 HGB) bei vorsätzlicher Verletzung aufgestellt, die auch zugunsten von Gläubigern als Schutzgesetze anzusehen sind (→ Rn. 190). Im Rahmen der allgemeinen Buchführungspflicht ist der Gläubigerschutz jedoch nur ein Reflex.[641]

Etwas anderes muss dann jedoch gelten, wenn ein Geschäftsführer gezielt Buchführungs- 218
unterlagen vorlegt, um Lieferanten, Banken etc. zur Kreditierung zu bewegen.[642] In solchen Fällen kommt des weiteren Sachwalterhaftung (→ Rn. 197), Betrug (§ 266 StGB) oder sittenwidrige Schädigung (§ 826 BGB) in Betracht.[643]

Anerkannt ist, dass die §§ 283 Abs. 1 Nr. 5–7, 283b StGB Schutzgesetze zugunsten der 219
Gläubiger darstellen.[644] Diese Strafvorschriften haben jedoch zur weiteren Voraussetzung, dass die Gesellschaft die Zahlungen eingestellt hat, über ihr Vermögen das Insolvenzverfahren eröffnet wurde oder der Insolvenzantrag mangels Masse abgewiesen wurde (§§ 283 Abs. 6, 283b Abs. 3 StGB).

c) Haftung wegen strafrechtlicher Untreue (§ 266 StGB). Allgemein zum Tatbestand der 220
Untreue und sowie zu Untreuehandlungen zu Lasten der Gesellschaft vgl. → Rn. 160 ff. § 266 StGB ist auch ein Schutzgesetz zugunsten von Gläubigern der Gesellschaft.[645] Allerdings ist der Gläubigerschutz nicht für alle Verstöße des Geschäftsführers gegen § 266 StGB zu gewähren, sondern nur für solche Verstöße, die § 266 StGB i. V. m. § 30 GmbHG zu seinen Gunsten verbietet. Dies sind im Wesentlichen die Verstöße gegen Kapitalerhaltungsvorschriften und solche Maßnahmen des Geschäftsführers, die die Existenz der Gesellschaft gefährden.[646] Die Rechtsprechung geht allerdings grundsätzlich von einer internen Pflicht zur ordnungsgemäßen Geschäftsführung aus, so dass sich allein aus der Stellung als Geschäftsführer keine Haftung aus Garantenstellung gegenüber Dritten ergibt.[647]

d) Betrug, insbesondere Vorspiegeln von Zahlungsfähigkeit (§ 263 StGB). § 263 StGB ist 221
Schutzgesetz zugunsten von Vertragspartnern der Gesellschaft.[648] Tatbestandsmäßig ist danach der Fall, dass der Geschäftsführer einen (zukünftigen) Vertragspartner durch fälschliche Vorspiegelung der Zahlungsbereitschaft veranlasst, eine vertragliche Verpflichtung einzugehen oder gar zu erfüllen.[649] Die strafrechtliche Rechtsprechung nimmt nämlich an, dass

---

[639] BGHZ 125, 366, 377 ff.; Roth/Altmeppen/*Altmeppen* § 41 Rn. 12; zum Meinungsstand: Baumbach/Hueck/*Haas* § 41 Rn. 19; *Baumbach/Hopt/Merkt* HGB § 238 Rn. 19; *Adler/Düring/Schmaltz* Rechnungslegung § 41 GmbHG Rn. 5; Lutter/Hommelhoff/*Kleindiek* § 41 Rn. 4; Rowedder/*Schmidt-Leithoff/Tiedchen* § 41 Rn. 12 f.; *Staub/Hüffer* HGB § 238 Rn. 4, 23.
[640] Scholz/*Schneider* § 43 Rn. 331 f.: bei Vermögensdispositionen im Vertrauen; *Stapelfeld*, Die Haftung des GmbH-Geschäftsführers, 1990, S. 187; *ders.* GmbHR 1991, 94, 95 ff.; *Biletzki* ZIP 1997, 9 ff.; *ders.* NZG 1999, 286 ff.; *ders.* BB 2000, 521, 522; *Sieger/Hasselbach* GmbHR 1998, 957, 961; ähnlich auch Scholz/*Crezelius* § 41 Rn. 8; *Gross* ZGR 1998, 551, 555; *Kiete* DStR 1993, 1298, 1300 f.; *K. Schmidt* ZIP 1994, 837, 842; *Siegmann/Vogel* ZIP 1994, 1821, 1826.
[641] Baumbach/Hueck/*Haas* § 41 Rn. 21.
[642] Roth/Altmeppen/*Altmeppen* § 41 Rn. 12; Scholz/*Schneider* § 43 Rn. 331; offengelassen in BGH NJW 1994, 1801, 1802.
[643] Roth/Altmeppen/*Altmeppen* § 41 Rn. 12; allgemein *Flume* ZIP 1994, 337 ff.
[644] *Stapelfeld*, Die Haftung des GmbH-Geschäftsführers, 1990, S. 262 ff.; *Canaris*, in: FS Larenz, 1983, S. 27, 73 f.; Baumbach/Hueck/*Haas* § 41 Rn. 22; ähnlich BGH NJW 1994, 1801, 1803.
[645] BGHZ 8, 276, 284; BGH WM 1987, 816; Scholz/*Schneider* § 43 Rn. 328.
[646] BGH NJW 1989, 112.
[647] BGH, NZG 2012, 992, 994; *von Woedtke* NZG 2013, 484, 488.
[648] OLG Stuttgart GmbHR 2001, 75; OLG Thüringen GmbHR 2002, 113; Michalski/*Haas/Ziemons* § 43 Rn. 317a.
[649] Schönke/Schröder/*Cramer/Perron* § 263, Rn. 25; *Fischer* StGB § 263 Rn. 33.

derjenige, der beispielsweise Hotelleistungen in Anspruch nimmt[650] und Waren auf Kredit bestellt,[651] konkludent seine Zahlungsfähigkeit und -bereitschaft erklärt, sowie dass in der Regel derjenige, der einen Vertrag schließt, seine **Erfüllungsfähigkeit und -willigkeit konkludent miterklärt**.[652] Es kommt dabei allerdings darauf an, mit welcher Sicherheit der Warenlieferant etc. den Geldeingang bei Fälligkeit erwarten konnte.[653] Teilweise wird jedoch auch der Tatbestand des Betrugs durch Unterlassen (§ 13 StGB) für einschlägig gehalten,[654] so dass es auf eine Rechtspflicht zur Aufklärung des Geschäftspartners ankommt, die beispielsweise bei besonderen Vertrauensverhältnissen vorliegt.[655] Allerdings besteht in der Regel keine Aufklärungspflicht, wenn sich erst nach der Auftragserteilung herausstellt, dass der Besteller die Zahlung bei Fälligkeit nicht wird leisten können.[656] Ein strafbares Verhalten scheidet auch dann aus, wenn der Geschäftsführer während eines kurzfristigen Sanierungsversuches Kunden nicht ungefragt auf die Krise hinweist.[657] Dahingegen sieht der BGH[658] den Betrugstatbestand verwirklicht, wenn ein Geschäftsführer in Kenntnis der Überschuldung Erlöse aus dem Weiterverkauf von Waren zur Tilgung von Bankkrediten nutzt, während er die Forderungen der Lieferanten nicht bedient.

222 e) **Subventionsbetrug (§ 264 StGB)**. Die Erschleichung von Subventionen ist in § 264 StGB unter Strafe gestellt. Diese Vorschrift stellt nach h. M. ein Schutzgesetz i. S. v. § 823 Abs. 2 BGB dar, d. h. das staatliche Vermögen ist auch zivilrechtlich geschützt.[659] Danach haftet der Geschäftsführer zum einen dann, wenn er selbst vorsätzlich durch falsche Angaben Subventionen erschleicht. Des Weiteren besteht aber auch eine Haftung, wenn er ungeprüft von einem Mitarbeiter erstellte Antragsunterlagen unterzeichnet und weiterreicht; hier ist der Geschäftsführer wegen leichtfertigen Handelns (§ 264 Abs. 3 StGB) schadensersatzpflichtig.[660]

223 f) **Aufsichtspflichtverletzung (§ 130 OWiG)**. Nach § 130 OWiG handelt der Inhaber eines Unternehmens dann ordnungswidrig, wenn es in seinem Unternehmen auf Grund unterlassener Aufsichtsmaßnahmen zu Verstößen gegen Strafvorschriften oder Ordnungswidrigkeiten kommt. In der GmbH treffen gem. § 130 Abs. 1 Nr. 1 OWiG den Geschäftsführer diese Aufsichtspflichten. In der Lit. wird teilweise befürwortet, § 130 OWiG dann als Schutzgesetz anzusehen, wenn das Unterlassen der Aufsichtsmaßnahmen seinerseits Schutzgesetzverletzungen im Betrieb des Unternehmers zur Folge hat.[661] Dagegen hat der BGH entschieden, dass auch mit dieser Einschränkung § 130 OWiG nicht generell Schutzgesetz sei;[662] anders sei dies möglicherweise, soweit die im Unternehmen verletzten Normen das Insolvenzrisiko erhöhten.[663]

224 g) **Gesetz über die Sicherung der Bauforderungen**. § 1 Abs. 1 des Gesetzes über die Sicherung der Bauforderungen BauFordSiG verpflichtet den Empfänger von „Baugeld", dieses

---

[650] BGH GA 1972, 209.
[651] Im Einzelnen stellen sich hier aber schwierige tatsächliche und rechtl Probleme: *Fischer* StGB § 263 Rn. 33 f.
[652] BGH NJW 1954, 1414; BGH wistra 1992, 146; BGH NStZ-RR 1998, 247; OLG Saarbrücken; OLGSt 137; *Maasz* GA 1984, 270 ff.; Schönke/Schröder/*Cramer*/*Perron* § 236 Rn. 16a; *Fischer* StGB § 263 Rn. 33; vgl. aber BGH wistra 2003, 232 f.
[653] BGH StV 1985, 188 f.
[654] BGH StV 1990, 19; BGH NStZ 1993, 440.
[655] Vgl. hierzu BGH wistra 1992, 146 f.; BGHSt 39, 400 ff.; *Joerden* JZ 1994, 522; *Naucke* NJW 1994, 2809; *Achenbach* NStZ 1995, 431; umfassend und m. w. N.: Schönke/Schröder/*Cramer*/*Perron* § 236, Rn. 19; *Fischer* StGB § 263 Rn. 46, 51.
[656] BGH StV 1988, 386 f.
[657] BGH WM 1979, 857 – Herstatt.
[658] BGH ZIP 1995, 31 f.
[659] BGH BB 1989, 382.
[660] BGH BB 1989, 382.
[661] *Mertens* AcP 178 (1978), 227, 241; *Lutter* ZHR 157 (1993), 464, 478; ähnlich *Groß* ZGR 1998, 561; wohl auch Scholz/*Schneider* § 43 Rn. 330.
[662] BGHZ 125, 366, 373; zustimmend Roth/Altmeppen/*Altmeppen* § 43 Rn. 66; Lutter/Hommelhoff/*Kleindiek* § 43 Rn 78; *Altmeppen* DZWiR 1994, 378, 380; kritisch *K. Schmidt* ZIP 1994, 841 f.
[663] BGHZ 125, 366, 373.

nur zur Befriedigung von Bauhandwerkern zu verwenden. Dieses Gesetz ist Schutzgesetz i. S. v. § 823 Abs. 2 BGB zugunsten von Subunternehmern, so dass der Geschäftsführer der nach diesem Gesetz zur ordnungsgemäßen Verwendung von Baugeld verpflichteten GmbH persönlich den Subunternehmern gegenüber haftet.[664] Der Baugläubiger, z. B. ein Subunternehmer der verpflichteten GmbH, hat bei der Inanspruchnahme des Geschäftsführers lediglich darzulegen und zu beweisen, dass der Anspruchsgegner als Geschäftsführer der GmbH Baugeld in mindestens der Höhe der Werklohnforderung erhalten hat, das von diesem Geld nichts mehr vorhanden ist und dass der Anspruch des Anspruchstellers noch nicht befriedigt wurde; der Geschäftsführer hat sodann darzulegen und ggf. zu beweisen, dass das Geld ordnungsgemäß verwendet wurde.[665]

h) Haftung gegenüber dem Träger der Sozialversicherung: Vorenthalten von Sozialversicherungsbeiträgen (§ 266a StGB)

Einleitender Hinweis:
In der Krise und im Vorfeld einer solchen Krise der Gesellschaft ist jedem Geschäftsführer dringend anzuraten, den Tatbestand des Vorenthaltens der Arbeitnehmeranteile zur Sozialversicherung (§ 266a Abs. 1 StGB) (neben der Insolvenzantragspflicht, jetzt in § 15a InsO) sorgfältigst zu beachten. Bei Verstößen drohen strafrechtliche und schadensersatzrechtliche Folgen.

§ 266a Abs. 1 StGB ist nach h. M. ein Schutzgesetz gem. § 823 Abs. 2 BGB zugunsten des Trägers der Sozialversicherung,[666] das über die Zurechnungsnorm des § 14 Abs. 1 Nr. 1 StGB die zivilrechtliche Haftung des Geschäftsführers begründen kann. Erfasst werden von § 266a Abs. 1 StGB jedoch nur die **Arbeitnehmeranteile** zur Sozialversicherung und nicht auch die Arbeitgeberanteile. Der durch das Gesetz zur Intensivierung der Bekämpfung der Schwarzarbeit 2004 eingeführte § 266a Abs. 2 StGB erweitert die Strafbarkeit auf das Vorenthalten von **Arbeitgeberanteilen** infolge falscher oder pflichtwidrig unterlassener Angaben. Hierbei wird jedoch nicht angenommen, dass es sich um ein Schutzgesetz zugunsten des Sozialversicherungsträgers handelt.[667]

225

Den **objektiven Tatbestand** von § 266a Abs. 1 StGB erfüllt, wer dem Träger der Sozialversicherung die Arbeitnehmeranteile vorenthält. Die Pflicht des Arbeitgebers zur Abführung der Arbeitnehmeranteile ergibt sich aus § 28e Abs. 1 SGB IV; Voraussetzung hierfür ist eine versicherungspflichtige Beschäftigung des Arbeitnehmers gegen zugesagtes Entgelt, wobei die tatsächliche Lohnzahlung nach dem Wortlaut nicht Tatbestandsvoraussetzung ist.[668] Selbst wenn also **kein Lohn** an die Arbeitnehmer ausgezahlt wird, macht sich der Arbeitgeber bzw. der **Geschäftsführer** (§ 14 Abs. 1 Nr. 1 StGB) strafbar und schadensersatzpflichtig. Auch der **faktische Geschäftsführer** (→ Rn. 13) haftet nach § 823 Abs. 2 BGB i. V. m. § 266a StGB; das Analogieverbot des Strafrechts steht dem nicht entgegen.[669] Auch das Organ einer ausländischen Gesellschaft ist haftbar.[670] Die Zahlung der Arbeitnehmerbeiträge ist fällig zum drittletzten Bankarbeitstag jedes Monats (§ 23 Abs. 1 SGB IV). Die Verpflichtung zur

226

---

[664] BGH BauR 1989, 915; BGH BauR 1989, 758; BGH BauR 1991, 237; BGH GmbHR 1994, 459; OLG Hamburg BauR 1994, 123, 126; vgl. auch OLG Düsseldorf NJW-RR 1996, 1363; OLG Dresden NZBau 2000, 136; Messerschmidt/Voit/*Wolff* Privates Baurecht, BauFordSiG § 1, Rn. 1.
[665] BGH GmbHR 1994, 459, 460 f.; OLG Hamburg BauR 1994, 123, 126; OLG Düsseldorf NJW-RR 1996, 1363; *Werner/Pastor*, Der Bauprozess, 13. Aufl., 2013, Rn. 2375 ff.
[666] Zuletzt BGH NZG 2005, 600; BGH GmbHR 2001, 1061 m. w. N.; BGH WM 2003, 1876, 1878; BGH NJW 2005, 2546, 2547; BGH GmbHR 2007, 757; Baumbach/Hueck/Zöllner/*Noack* § 43, Rn. 91; *Verse* ZHR 170 (2006), 398; 410; anders *v. Einem* BB 1986, 2261 ff.; *Dreher* DB 1991, 2587 f.; ablehnend gegenüber Haftung des Geschäftsführers Scholz/*Schneider* § 43 Rn. 407; Michalski/*Haas/Ziemons* § 43 Rn. 376 f.
[667] Scholz/*Schneider* § 43 Rn. 388 f.; Michalski/*Haas/Ziemons* § 43 Rn. 376; **anders** unter Zugrundelegung der h. M. zu § 266a Abs. 1 StGB: Baumbach/Hueck/Zöllner/*Noack* § 43, Rn.
[668] Die Rspr. hierzu ist nach der Änderung des Wortlauts überholt; vgl. *Fischer* StGB § 266a Rn. 13.
[669] BGH ZIP 2000, 1390; OLG Hamm NStZ-RR 2001, 173: Abgrenzung zum Scheingeschäftsführer; anders KG NJW-RR 1997, 1126; Baumbach/Hueck/Zöllner/*Noack* § 43 Rn. 96.
[670] BGH DB 2013, 2015.

Zahlung von Sozialversicherungsbeiträgen gilt auch bei Schwarzarbeit.[671] Allerdings setzt die Strafbarkeit nach § 266a Abs. 2 StGB nicht lediglich die Nichtzahlung der eigenen Schuld voraus: Hinzukommen muss eine der in Nr. 1 und Nr. 2 – entsprechend § 370 AO – beschriebenen Tathandlungen. Das bloße Vorenthalten der Arbeitgeberbeiträge ist damit straflos.[672]

227 Eine **Stundungsvereinbarung** mit dem Träger der Sozialversicherung lässt die Tatbestandsmäßigkeit entfallen.[673] Es ist auf Grund der Strafbarkeit nach § 266a StGB dringend zu empfehlen, in der Regel gleichzeitig mit der vereinbarten **Ratenzahlung** festzulegen, dass Zahlungen vorrangig mit geschuldeten Arbeitnehmerbeiträgen **verrechnet** werden. Wird keine solche **Tilgungsbestimmung** getroffen, so ist sehr umstritten, wie die Verrechnung zu erfolgen hat. Keine Anwendung findet hier § 366 Abs. 2 BGB, sondern die vorrangige[674] Spezialregelung der Beitragsverfahrensverordnung vom 3.5.2006.[675] Nach der Beitragsverfahrensverordnung ist mangels Bestimmung durch den Arbeitgeber in folgender Reihenfolge zu tilgen: Auslagen der Einzugsstelle, Gebühren, Gesamtsozialversicherungsbeiträge, Säumniszuschläge, Zinsen, Geldbußen, Zwangsgelder. Es steht dem Arbeitgeber jedoch auch das Bestimmungsrecht zu, vorrangig Arbeitnehmeranteile zu tilgen. Mangels einer solchen Bestimmung ist jedoch nach der Rechtsprechung **nicht** davon auszugehen, dass – gerade wegen der Strafbarkeit nach § 266a StGB – eine vorrangige Bedienung der Arbeitnehmeranteile **stillschweigend** bestimmt ist.[676] Notwendig ist vielmehr, dass der Wille des Arbeitgebers, vorrangig Arbeitnehmeranteile zu tilgen, **greifbar** in Erscheinung getreten ist.[677] Dieser Streit dürfte auch nach Einfügung von Abs. 2 in § 266a StGB nicht überholt sein,[678] da die Nicht-Zahlung der Arbeitgeberanteile nicht als solche unter Strafe gestellt wird, sondern lediglich der qualifizierende Erfolg der inkriminierten Tathandlung „falsche oder unvollständige Angaben" bzw. „Unterlassen von Angaben" ist; beruht also die Nicht-Zahlung des Arbeitgeberanteils nicht auf diesen Handlungen, so ist er straflos und auch ein Schadensersatzanspruch des Trägers der Sozialversicherung gegen den Geschäftsführer persönlich kommt nicht in Betracht.

Praxistipp:
Der Überweisungsträger für die Sozialversicherungsbeiträge sollte deshalb in jedem Fall folgenden Hinweis enthalten: „Vorrangig zur Tilgung des Arbeitnehmeranteils an den Sozialversicherungsbeiträgen".[679]

228 Da § 266a Abs. 1 StGB ein echtes Unterlassungsdelikt ist, entfällt der Tatbestand, wenn die Erfüllung der Pflicht unmöglich oder unzumutbar ist, insbesondere also wenn die Gesellschaft zum Zeitpunkt der Fälligkeit der Arbeitnehmeranteile (→ Rn. 226) **zahlungsunfähig** ist.[680] Allerdings ist der Begriff der Zahlungsunfähigkeit ein anderer, als derjenige in § 64 S. 1 GmbHG, der Zahlungen nach Eintritt der Zahlungsunfähigkeit bzw. Überschuldung verbietet.[681] Dieser Begriff wird abweichend von § 17 Abs. 2 InsO dahingehend defi-

---

[671] *Martens* wistra 1996, 154, 155; BGH NJW 2009, 528; BGHSt 38, 285, 289.
[672] BeckOKGmbHG/*Wittig* (2013) § 266a Rn. 19; vgl. BGH NZI 2011, 196, 197, Rn. 19.
[673] OLG Dresden GmbHR 1997, 647; OLG Düsseldorf GmbHR 1997, 650; OLG Brandenburg GmbHR 2003, 595: Eine Stundung ist nicht bereits gegeben, wenn der Sozialversicherungsträger über längere Zeit verspätete Zahlungen duldet.
[674] BGH NJW 1998, 1484.
[675] I. d. F. v. 5.12.2012 (BGBl. I 2006 S. 1138).; zur Anwendung: BGH NZI 2011, 196, 198, Rn. 24.
[676] BGH ZIP 2001, 419, 420; OLG Naumburg ZIP 1999, 362; anders OLG Dresden ZIP 1997, 647; *Jakobi/Reufels* BB 2000, 772.
[677] BGH NZI 2011, 196, 198; BGH ZIP 2001, 419, 420.
[678] So aber wohl *Fischer* StGB § 266a Rn. 11 ff.
[679] *Medicus* GmbHR 2000, 711; zu weiteren Einzelheiten auch *Reck* GmbHR 1999, 102 ff.
[680] BGH NJW 1997, 133, 134; BGH NJW 1997, 130, 132; BGH NZG 2002, 721, 722.
[681] BGH ZIP 1996, 1989 f.; OLG Dresden ZIP 2003, 360; *Drescher*, Die Haftung des GmbH-Geschäftsführers, Rn. 1008.

niert, dass dem „Arbeitgeber die Mittel nicht mehr zur Verfügung stehen, um die fälligen Arbeitnehmeranteile zur Sozialversicherung abzuführen".[682] Allerdings **verlagert** die strafrechtliche Rspr. in diesen Fällen die Anknüpfung für die Strafbarkeit **nach vorne:** Wegen des Vorrangs der sozialversicherungsrechtlichen Abgabenpflicht[683] hat der Geschäftsführer es zu unterlassen, andere Verbindlichkeiten der Gesellschaft zu tilgen,[684] wenn er voraussieht, dass dann im Fälligkeitszeitpunkt keine ausreichenden Mittel für die Arbeitnehmeranteile zur Verfügung stehen werden.[685] Notfalls hat der Geschäftsführer fällige Lohnzahlungen zurückzustellen.[686] Wesentlich für die **Beratung des Geschäftsführers im Vorfeld der Krise** ist, dass die Rspr. auch dann nicht den Tatbestand bzw. den Vorsatz entfallen lässt, wenn der Geschäftsführer Zahlungen (an Dritte) im Rahmen einer ex ante ansonsten angemessenen unternehmerischen Entscheidung vornimmt, um die Krise abzuwenden, diese aber später dazu führen, dass fällige Arbeitnehmeranteile nicht abgeführt werden können.[687] Auch der Einwand, die Zahlung des Arbeitnehmeranteils werde nach Eröffnung des Insolvenzverfahrens vom Insolvenzverwalter mit an Sicherheit grenzender Wahrscheinlichkeit erfolgreich angefochten,[688] nützt dem Geschäftsführer nach der Rspr. nicht.[689] Die frühere Rechtsprechung, die dem Geschäftsführer die Ausschöpfung von Kreditlinien zumutete,[690] obschon er sich hierdurch u. U. gegenüber der Bank gem. § 263 StGB strafbar macht,[691] ist jetzt aufgegeben.[692] Ist eine Zahlung im Zeitpunkt der Fälligkeit unmöglich, so sollte immer auch die „**goldene Brücke"** des § 266a Abs. 6 StGB bedacht werden, obschon dogmatisch häufig bereits der Tatbestand des § 266a StGB nicht vorliegt;[693] hat diese Regelung aber durchaus ihren Sinn in den Fällen, in denen von einem Vorverschulden des Geschäftsführers i. S. d. zuvor Dargestellten auszugehen ist.

Ist Gesellschaft **insolvenzreif,** und der Insolvenzantrag noch nicht gestellt, kann fraglich sein, ob der Geschäftsführer haftet, weil er Steuerforderungen gegen die GmbH nicht erfüllt oder Sozialversicherungsbeiträge (Arbeitnehmeranteile) nicht abführt, obwohl Zahlung aus vorhandenen Mitteln tatsächlich möglich ist.[694] Das Verhältnis zwischen Massesicherungspflicht (§ 64 S. 1 und 2 GmbHG) und Pflicht zur Abführung der Arbeitnehmeranteile war lange streitig. Der BGH hat nun in einer neueren Entscheidung die Kollision zulasten der Massesicherung aufgelöst und folgte damit gefestigter Rechtsprechung im Strafrecht.[695] Mit Rücksicht auf die Einheit der Rechtsordnung könne es einem Geschäftsführer nicht angesonnen werden, die gesellschaftsrechtliche Massesicherungspflicht zu erfüllen, wenn er sich dadurch strafrechtlicher Verfolgung nach § 266a Abs. 1 StGB aussetze.[696] Ein Geschäftsführer, der bei Insolvenzreife dem sozialrechtlichen Normbefehl folgend Arbeitnehmeranteile der Sozialversicherung abführt, handelt danach mit der Sorgfalt eines ordentlichen und gewissenhaften Geschäftsleiters und ist der Gesellschaft gegenüber nicht nach § 64 S. 1

---

[682] BGH NJW 1997, 133, 134.
[683] BGH NZG 2002, 721, 722 f. – strafrechtlich; BGH NJW 1998, 227, 228; BGH (nunmehr ist der II. Zivilsenat zuständig) NJW 2006, 3573 – zivilrechtlich; vgl. auch BGH GmbHR 2007, 757; hierzu kritisch *Schneider/Brouwer* ZIP 2007, 1033, 1037 f.; ähnlich *Fischer* § 266a Rn. 16.
[684] BGH NZG 2002, 721, 723; BGH NJW 2003, 3787, 3788; BGH NJW 2005, 3650, 3651 f.
[685] BGH ZIP 1997, 412, 414; BGH NZG 2002, 721, 722 f.; KG NZG 2000, 988, 991; *Hellmann* JZ 1997, 1004 f.; dagegen *Tag* BB 1997, 1115; *Ranft* DStR 2001, 132, 136.
[686] BGH NZG 2002, 721, 722 f.; ähnlich die zivilrechtl. Rspr. BGH NJW 1997, 1237, 1238; BGH NJW 2001, 967, 968; BGH NJW 2006, 3573.
[687] OLG Hamburg ZIP 2007, 725, 728; anders *Fischer* § 266a Rn. 17a u. 23: Vorsatzausschluss; Scholz/Schneider § 43 Rn. 397.
[688] Dazu *Rönnau* NJW 2004, 976, 980.
[689] BGH NJW 2005, 3650, 3652.
[690] BGH GmbHR 2000, 816; OLG Düsseldorf GmbHR 1997, 900, 901; BGH NJW 1997, 133, 134: Ausschöpfung eines Kreditrahmens.
[691] Mit Recht kritisch deshalb *Ranft* DStR 2001, 132, 135.
[692] BGH NZG 2002, 721, 723.
[693] Dogmatisch sehr kritisch *Fischer* § 266a Rn. 30; für die Praxis jedoch: *Krack* NStZ 2001, 505, 509.
[694] Hierzu Baumbach/Hueck/*Zöllner/Noack* § 43, Rn. 99 ff.; MünchKommGmbHG/*Fleischer* § 43 Rn. 360.
[695] BGH BGH NJW 2007, 2118; zuletzt BGH NZG 2011, 303; Baumbach/Hueck/*Zöllner/Noack* § 43 Rn. 99 ff.; MünchKommGmbHG/*Fleischer* § 43 Rn. 360.
[696] BGH BGH NJW 2007, 2118; MünchKommGmbHG/*Fleischer* § 43 Rn. 360.

GmbHG erstattungspflichtig.[697] Wenn der **Antrag auf Eröffnung des Insolvenzverfahrens gestellt** ist, hat der Geschäftsführer – sofern er nicht bereits sein Amt niedergelegt hat[698] oder sofern und solange nicht einstweilige Sicherungsmaßnahmen nach der InsO ihm die Verfügung über das Vermögen der GmbH untersagen – die Arbeitnehmeranteile zu bedienen, solange liquide Mittel vorhanden sind[699] und/oder das Arbeitsamt Insolvenzausfallgeld (§ 144n Abs. 2 AFG) zahlt.[700]

230 Der Geschäftsführer muss die Arbeitnehmerbeiträge **vorsätzlich** vorenthalten. Ausreichend ist der bedingte Vorsatz, der schon vorliegt, wenn der Geschäftsführer die Vorstellung hat, dass er die Arbeitnehmerbeiträge möglicherweise vorenthalten werde und er nicht auf eine rechtzeitige Abführung hingewirkt hat.[701] Im Hinblick auf ein Vorverschulden liegt der Vorsatz nur vor, wenn der Geschäftsführer die wirtschaftliche Situation und die daraus resultierende Gefährdung der Zahlungsfähigkeit kannte und billigend in Kauf genommen hat.[702] Bei Vorliegen der objektiven Tatbestandsvoraussetzung lässt sich der erste Anschein des Vorsatzes nicht jedoch schon dadurch ausräumen, dass sich der Geschäftsführer darauf beruft, er habe auf die erneute Stundung der Forderung vertraut.[703] Dagegen liegt kein Vorsatz vor, wenn der Geschäftsführer auf die Duldung der Kontoüberziehung durch die Hausbank vertraut hat, selbst wenn diese leichtfertig war.[704] Als nicht entschuldigt sah der BGH einen Geschäftsführer an, der sich darauf berufen hatte, ständig unter Kopfschmerzen gelitten zu haben und deswegen sogar mit Morphium behandelt werden musste.[705] Nach der Änderung des § 266a Abs. 1 StGB, wonach der Verstoß gegen die Abführungspflicht unabhängig von der Lohnzahlung strafbar ist, liegt ein vermeidbarer Verbotsirrtum (§ 17 S. 2 StGB) vor.[706]

231 Der Einwand, das Unterlassen des Geschäftsführers / Arbeitgebers, die Arbeitnehmeranteile abzuführen, sei **nicht kausal** geworden, wenn der Geschäftsführer Arbeitnehmeranteile vorenthält, deren Zahlung ohnehin der Anfechtung durch den Insolvenzverwalter unterliegen würde, ist zwar im Rahmen des § 266a StGB nicht statthaft,[707] sie lässt aber zivilrechtlich den Schaden und damit eine Haftung nach § 823 Abs. 2 BGB entfallen.[708] Streitig ist, ob die Anfechtungsmöglichkeit der Beitragszahlungen durch Einführung des § 28e Abs. 1 S. 2 SGB IV entfallen ist. Der BGH hat die Frage bisher offen gelassen und nur festgestellt, dass diese Regelung nicht in vor dem 1.1.2008 eröffneten Insolvenzverfahren anwendbar ist.[709]

232 Bei wirksamer **Geschäftsverteilung** unter mehreren Geschäftsführern trifft nur den für die Sozialversicherungsangelegenheiten zuständigen Geschäftsführer die Verantwortlichkeit, wenn die Übrigen ihrer Überwachungspflicht ausreichend nachgekommen sind.[710] Allerdings wird die Überwachungspflicht in der Krise der Gesellschaft umfassender[711] und gerade bei auftretenden Zahlungsschwierigkeiten muss sich die Frage der Abführung der Arbeitnehmeranteile vorrangig für jeden Geschäftsführer stellen.[712] Die selben Grundsätze gelten auch, wenn die Sozialversicherungsangelegenheiten einem Prokuristen übertragen sind.[713]

---

[697] MünchKommGmbHG/*Fleischer* § 43 Rn. 360.
[698] Empfehlung von *Goette* DStR 2005, 1869; s. hierzu auch Michalski/*Terlau* § 38 Rn. 82 ff.
[699] BGH ZIP 1998, 1306.
[700] OLG Düsseldorf NJW-RR 1998, 689, 691; LG Leipzig GmbHR 1997, 652; *Pape* EWiR 1997, 419.
[701] BGHZ 58, 199; BGH ZIP 2001, 422, 423; MünchKommGmbHG/*Fleischer* § 43, Rn. 360.
[702] BGH NJW 2002, 1123, 1125; vgl. auch BGH VersR 2001, 343, 344.
[703] BGH NJW 1997, 130, 133.
[704] BGH NJW 1992, 177; dagegen für Vorsatz: LG Nürnberg-Fürth NJW 1988, 1856; *Jestaedt* GmbHR 1998, 672, 675.
[705] BGH ZIP 1996, 2017; *Drescher*, Die Haftung des GmbH-Geschäftsführers, Rn. 1037.
[706] So bereits zur früheren Rechtslage OLG Düsseldorf GmbHR 1997, 900; vgl. noch BGH ZIP 2001, 80, 81; so auch *Meyke*, Die Haftung des GmbH-Geschäftsführers, 3. Aufl., 2002, Rn. 385.
[707] BGH NJW 2005, 3650, 3652.
[708] BGH ZIP 2001, 80, 81; BGH NJW 2005, 2546, 2548.
[709] BGH NZI 2008, 293; MünchKommGmbHG/*Fleischer* § 43, Rn. 360; Für Anfechtungsausschluss AG Offenburg ZInsO 2009, 100; LG Offenburg ZInsO 2009, 670; Für Anfechtbarkeit: LG Kiel NZI 2009, 320.
[710] BGH ZIP 2008, 1275, Rn. 11; BGH NJW 1997, 130, 132.
[711] BGH ZIP 2008, 1275, Rn. 11; BGH NJW 1997, 130, 132; BGH ZIP 2001, 422, 424; *Lutter* GmbHR 2000, 301, 310; *Schneider/Brouwer* ZIP 2007, 1033, 1036 ff.
[712] BGH ZIP 2001, 422, 424; kritisch *Frings* GmbHR 2001, 241.
[713] BGH NJW 1997, 130, 132; vgl. auch BGH NJW 1987, 2510; *Medicus* GmbHR 1998, 9, 15.

In BGH ZIP 2001, 422, hatte sich ein Mitgeschäftsführer sowohl bei einem Mitarbeiter, als auch bei einem anderen Mitgeschäftsführer telefonisch nach der Abführung der Arbeitnehmeranteile zur Sozialversicherung erkundigt. Der BGH akzeptiert dies jedoch im Rahmen der Überwachungspflichten nicht, sondern verlangte, dass sich jeder einzelne Geschäftsführer in Anbetracht der Krisensituation am Sitz der Gesellschaft hinsichtlich der Überweisung der Arbeitnehmeranteile umfassend erkundigen müsse, d. h. notfalls bei der Bank über die Ausführung der Zahlung erkundigen müsse.

Es ist streitig, ob den Geschädigten die volle **Beweislast** für alle Tatbestandsvoraussetzungen des § 823 Abs. 2 BGB i. V. m. § 266a StGB trifft. Nach bisher h. M.[714] ist dies im Hinblick auf das Verschulden sowie im Hinblick auf den Einwand der Zahlungsunfähigkeit nicht der Fall. Nach neuerer Rspr. trifft jedoch den Sozialversicherungsträger die Beweislast sowohl für das Verschulden als auch für die Zahlungsfähigkeit;[715] substantiiertes Bestreiten des Geschäftsführers ist allerdings erforderlich. In einer jüngeren Entscheidung hat der BGH entschieden, dass der Sozialversicherungsträger, der den Geschäftsführer einer GmbH auf Schadensersatz in Anspruch nimmt, grundsätzlich alle Umstände darzulegen und zu beweisen hat, aus denen sich die Verwirklichung der einzelnen Tatbestandsmerkmale des Schutzgesetzes ergibt. Dies gelte auch für den Vorsatz. Den Geschäftsführer treffe hingegen lediglich eine sekundäre Darlegungslast.[716] 233

Im Hinblick auf die **Darlegung zur Schadenshöhe** hat die Rechtsprechung dem Sozialversicherungsträger Erleichterungen eingeräumt; insbesondere ließ man es ausreichen, dass nur der Gesamtbetrag der abzuführenden Arbeitnehmeranteile angegeben wurde.[717] Im Übrigen steht es dem Geschäftsführer nicht frei, die Schadenshöhe mit Nichtwissen (§ 138 Abs. 4 ZPO) zu bestreiten, da er in der Lage ist, hierzu substantiiert vorzutragen.[718] 234

i) **Insolvenzverschleppung (§ 15a Abs. 1 InsO).** § 15a Abs. 1 InsO ist Schutzgesetz i. S. v. § 823 Abs. 2 BGB zugunsten von Vertragspartnern und sonstigen Gläubigern der Gesellschaft.[719] Stellen die Geschäftsführer deshalb entgegen ihrer Verpflichtung nach § 15a Abs. 1 InsO den Insolvenzantrag nicht oder verspätet, so haften sie den Gläubigern der Gesellschaft persönlich für den dadurch entstandenen Schaden.[720] Eine Haftung aus § 15a Abs. 1 InsO trifft auch den „faktischen Geschäftsführer".[721] Zwar würde wegen fehlender gesetzlicher Antragsberechtigung ein von ihm gestellter Eröffnungsantrag als unzulässig zurückgewiesen. Jedoch hat er auf die Organe der Gesellschaft bzw. die Gesellschafter einzuwirken, dass ein wirksamer Eröffnungsantrag gestellt wird.[722] Für eine unterlassene Antragstellung trägt er die haftungsrechtlichen Konsequenzen.[723] 235

Dabei ist ein Insolvenzantrag, der nach Ablauf der 3-Wochen-Frist des § 15a Abs. 1 InsO gestellt wird, verspätet. Die Frist beginnt mit Erlangung der positiven Kenntnis von der Zahlungsunfähigkeit bzw. der Überschuldung.[724] Schon vor Ablauf der Frist von drei Wochen ist 236

---

[714] OLG Düsseldorf GmbHR 1993, 812; OLG Düsseldorf GmbHR 1997, 900, 901; OLG Rostock BB 1998, 54, 55; OLG Naumburg ZIP 1999, 1362; OLG Düsseldorf VersR 1999, 372; BGHZ 116, 104, 114; allgemein vgl. Palandt/*Sprau* BGB § 823 Rn. 80 ff..

[715] BGH NZG 2013, 301; BGH NJW 2011, 1123, 1125; BGH NJW 2005, 2546, 2548; BGH NJW 2006, 3573; OLG Hamm ZIP 2000, 198; *Ranft* DStR 2001, 132, 137 f.

[716] BGH NZG 2013, 301; *Göb* NZI 2013, 430, 432.

[717] LG Hamburg NJW-RR 1995, 1190.

[718] OLG Düsseldorf NJW-RR 1993, 1128.

[719] Vgl. nur BGH NZG 2012, 864; BGH NJW 1994, 2220 m. w. N.; BGH NJW 1995, 398; BGH NJW-RR 1995, 289, 290; BGH GmbHR 2003, 1133, 1134; Baumbach/Hueck/*Zöllner/Noack* § 43 Rn. 79; Baumbach/Hueck/*Haas* § 64 Rn. 109a; Scholz/*Schmidt* Anh. § 64 Rn. 44; Hachenburg/*Ulmer* § 64 Rn. 47; zweifelnd dagegen *Fleck* GmbHR 1974, 224, 234 f.; anders Altmeppen/*Wilhelm* NJW 1999, 673, 679; *G. Müller* GmbHR 1996, 393, 394 ff.; Roth/Altmeppen/*Altmeppen* § 64 Rn. 33 ff.; dagegen wiederum *K. Schmidt* ZHR 168 (2004), 637, 640.

[720] BGH NJW 1994, 2220.

[721] BGH NZG 2005, 816; Holzborn/v. Vietinghoff/*Holzborn/Just*, Haftung und Insolvenz im GmbH-Recht, C. VII., Rn. 545.

[722] Holzborn/v. Vietinghoff/*Holzborn/Just*, Haftung und Insolvenz im GmbH-Recht, C. VII., Rn. 545.

[723] BGH NZG 2005, 816.

[724] BGHZ 75, 96, 110; BGHSt 15, 306, 310; BGH ZIP 2003, 2213; OLG Frankfurt/M NZG 2004, 1157, 1159; OLG Koblenz NZG 2005, 79, 81; Nerlich/Römermann/*Mönning* InsO §. 15a, Rn. 16; anders MünchKommInsO/*Klöhn* § 15a, Rn. 118 f.

ein Insolvenzantrag unverzüglich zu stellen, wenn mit der Sanierung vor Fristablauf nicht ernstlich gerechnet werden kann.[725] Die Insolvenzreife kann durch eine zugunsten der Gesellschaft bestehende (interne) Patronatserklärung vermieden werden, bei der die Muttergesellschaft die Tochtergesellschaft verbindlich finanziell absichert; eine nur zugunsten des Gläubigers wirkende (externe) Patronatserklärung führt nicht zu einer Vermeidung der Insolvenzreife.[726]

237 Nach der Rspr. des BGH und – ihm folgend – der Obergerichte[727] ist grundlegend für den Schadensersatzanspruch nach § 823 Abs. 2 BGB i. V. m. § 15a Abs. 1 InsO die Unterscheidung zwischen **Altgläubigern,** deren Ansprüche gegen die Gesellschaft bereits zu einem Zeitpunkt bestanden, als der oder die Geschäftsführer noch nicht verpflichtet waren, einen Insolvenzantrag zu stellen,[728] und **Neugläubigern,** deren Ansprüche gegen die Gesellschaft erst nach diesem Zeitpunkt begründet wurden[729] oder die – trotz Bestehens eines Leistungsverweigerungsrechts (§§ 320, 321 BGB) – nach diesem Zeitpunkt (vor-)geleistet haben.[730] Diejenigen, die erst nach Eröffnung des Insolvenzverfahrens Ansprüche erworben haben, fallen jedoch nicht in den Kreis der möglichen Anspruchsteller.[731]

238 Da sich der Schaden des Altgläubigers aus einer verspäteten Insolvenzantragstellung darin erschöpft, dass die im Rahmen der Insolvenz zur Verfügung stehende Masse geschmälert wird und sich damit die Insolvenzquote verringert, ist er auf die Geltendmachung des sog. Quotenschadens beschränkt.[732] Neugläubigern wird – so die h. M.[733] – dagegen der Schaden ersetzt, den sie durch den Vertragsschluss mit einer insolvenzreifen GmbH erlitten haben; dies ist grundsätzlich das **negative Interesse,** nicht der Ersatz des wegen Insolvenz der Gesellschaft „entwerteten" Erfüllungsanspruchs.[734] Ausnahmsweise ist auch der entgangene Gewinn zu ersetzen, wenn dem Gläubiger wegen des mit dem Schuldner abgeschlossenen Geschäfts ein anderes Geschäft entgangen ist.[735]

239 Diese verschärfte Haftung gegenüber Neugläubigern wird dahingehend kritisiert, dass hier eine Vertrauenshaftung des Geschäftsführers begründet wird, obschon die sonst (Sachwalterhaftung; § 263 StGB; § 826 BGB) dafür geforderten Voraussetzungen möglicherweise nicht vorliegen.[736] Da die Haftung darauf beruht, dass der Geschäftsführer seine Pflicht, eine insolvente Gesellschaft aus dem Geschäftsverkehr fernzuhalten, nicht erfüllt hat,[737] sind anspruchsberechtigt weder Deliktsgläubiger[738] – diese können den Quotenschaden liquidieren[739] – noch Sozialversicherungsträger[740] noch die Bundesanstalt für Arbeit hinsichtlich des

---

[725] BGHZ 75, 96, 198; OLG Düsseldorf NZG 1999, 1066, 1068; Baumbach/Hueck/*Haas* § 64 Rn. 118.
[726] BGH NZG 2011, 913, 915.
[727] OLG Celle NZG 2002, 730, 732; OLG Saarbrücken NZG 2001, 414, 415; OLG München GmbHR 1998, 281; OLG Naumburg GmbHR 1998, 183, 184.
[728] BGH NJW 1994, 2220.
[729] BGH NJW 1994, 2220; OLG Saarbrücken NZG 2001, 414, 415.
[730] OLG Celle NZG 2002, 730 f.; Haas DStR 2003, 423, 427.
[731] BGHZ 108, 134, 136 f.; BGHZ 110, 343, 361; OLG Stuttgart GmbHR 1989, 38, 39; Baumbach/ Hueck/*Haas* § 64 Rn. 111; anders wohl OLG Hamburg GmbHR 1989, 338, 339 f.; Rowedder/*Schmidt-Leithoff*/*Baumert* § 64 Rn. 80.
[732] BGH NJW 1994, 2220; Scholz/*Schmidt* Anh. § 64 Rn. 49; Lutter/Hommelhoff/*Kleindiek* Anh. zu § 64 Rn. 73; *Dauner-Lieb* ZGR 1998, 617, 626; *K. Schmidt* NZI 1998, 9, 13; Baumbach/Hueck/*Haas* § 64 Rn. 127; Rowedder/*Schmidt-Leithoff*/*Baumert* § 64 Rn. 81.
[733] BGH NJW 1994, 2220; OLG München GmbHR 1998, 281, 282; OLG Naumburg GmbHR 1998, 183, 184; OLG Naumburg BB 1999, 1570, 1571; OLG Celle NZG 1999, 1160; Lutter/Hommelhoff/*Kleindiek* Anh. zu § 64 Rn. 74; dagegen jedoch *K. Schmidt* NJW 1993, 2934 f.; *ders.* NZI 1998, 9 ff.; *Canaris* JZ 1993, 649, 650 ff.; *G. Müller* ZIP 1993, 1531, 1536 f.; *Ulmer* ZIP 1993, 769, 771 f.; sowie Baumbach/Hueck/*Haas* § 64 Rn. 137 ff. m. w. N. der Lit.
[734] BGH NZG 2012, 864, 865.
[735] BGH NZG 2012, 464, 466.
[736] *Schulze-Osterloh,* in: FS Lutter, 2000, S. 707 ff.; Baumbach/Hueck/*Haas* § 64 Rn. 128.
[737] BGH NJW 1994, 2220; *Flume* ZIP 194, 337.
[738] *Kübler/Prütting/Noack* Rn. 317; Baumbach/Hueck/*Haas* § 64 Rn. 129; Rowedder/*Schmidt-Leithoff*/ *Baumert* § 64 Rn. 85; anders Lutter/Hommelhoff/*Kleindiek* Anh. zu § 64 Rn. 76; *Reiff/Arnold* ZIP 1998, 1896 ff.; Michalski/*Nerlich* § 64 Rn. 75.
[739] Roth/Altmeppen/*Altmeppen* § 64 Rn. 17.

Insolvenzausfallgeldes[741] oder der Fiskus.[742] Nicht erfasst sind ebenfalls Gläubiger aus Dauerschuldverhältnissen, die bereits vor Beginn der Insolvenzantragspflicht abgeschlossen wurden;[743] diese können nur den Quotenschaden geltend machen.

Voraussetzung einer Haftung des Geschäftsführers ist sein Verschulden (§ 823 Abs. 2 S. 2 BGB). Nach h. M ist bezüglich aller Tatbestandsvoraussetzungen Fahrlässigkeit ausreichend.[744] Dabei gilt allerdings bei nachweislich eingetretener Insolvenz die Beweislastumkehr, d. h. der in Anspruch genommene Geschäftsführer hat sich zu entlasten.[745] Er muss dabei vortragen, dass er seiner Pflicht zur dauernden Beobachtung der Vermögens- und Liquiditätslage der Gesellschaft, d. h. in einer Krise in der Regel die wöchentliche Prüfung, hinreichend nachgekommen ist und trotzdem die Überschuldung oder Zahlungsunfähigkeit nicht habe erkennen können.[746] Werden nicht einmal die Betriebskosten erwirtschaftet, so entlastet auch die Hoffnung auf eine positive Geschäftsentwicklung nicht.[747] Werden dem Geschäftsführer notwendige Kontrollmöglichkeiten vorenthalten, so muss er ggf. sein Amt niederlegen.[748] Entlastend kann jedoch wirken, wenn dem Geschäftsführer von sachverständiger dritter Seite (Wirtschaftsprüfer, Steuerberater, Rechtsanwälte oder Unternehmensberater) zugesichert wurde, das Unternehmen sei hinreichend gesund, es sei denn, es musste sich die Fehlerhaftigkeit dieses Ratschlages aufdrängen.[749] In diesem Fall kommt jedoch eine Haftung des Beraters gegenüber dem Gläubiger in Betracht.[750] Weisungen der Gesellschafter oder eines einzelnen Gesellschafters entlasten den Geschäftsführer nicht (→ Rn. 52);[751] in Betracht kommt allerdings, dass der Geschäftsführer gegenüber den Gesellschaftern bzw. dem einzelnen Weisung gebenden Gesellschafter einen Freistellungsanspruch hat.[752]

Der **Schaden berechnet sich** wie folgt:

- Diffizile Probleme ergeben sich bei der Berechnung des **Quotenschadens**, der sich aus der Differenz zwischen der tatsächlich gezahlten Insolvenzquote und derjenigen Quote ergibt, die im Falle einer rechtzeitigen Stellung des Insolvenzantrages angefallen wäre.[753] Es ist also die Masse, die im Zeitpunkt der Insolvenzreife den Altgläubigern zur Verfügung stand, mit derjenigen Masse zu vergleichen, die den im Zeitpunkt der Insolvenzantragstellung noch vorhandenen Altgläubigern zur Verfügung stand.[754] Hierbei sind Aus- und Absonderungsrechte sowie sonstige Vorrechte zu berücksichtigen.[755]
- Dagegen berechnet sich das negative Interesse des Neugläubigers (auch sog. Kontrahierungsschaden) aus dem Schaden, der dadurch entstanden ist, dass der Neugläubiger das Geschäft überhaupt abgeschlossen bzw. auf ein ihm zustehendes Leistungsverweigerungsrecht aus Nichtwissen über die Insolvenzreife verzichtet hat.[756] Zu ersetzen ist nicht das durch den Deliktsanspruch nicht gestützte Erfüllungsinteresse, sondern lediglich das negative Interesse des Gläubigers, d. h. im Grundsatz nicht der kalkulatorische Gewinn

---

[740] BGH GmbHR 1999, 715, 716; OLG Hamm ZIP 2000, 198; BGH GmbHR 2003, 1133, 1134; *Medicus* GmbHR 2000, 7 f.; anders *Groß* ZIP 2001, 945, 946.
[741] BGH ZIP 1989, 1341; BGH ZIP 2008, 361; vgl. auch OLG Frankfurt/M. DStR 1999, 1785; OLG Saarbrücken ZIP 2007, 328; OLG Koblenz ZIP 2007, 120; LG Stuttgart ZIP 2008, 1428.
[742] BGH NJW 1999, 2182 f.; BGH GmbHR 2003,1133 f.; BGH BB 2005, 2144 ff.; Baumbach/*Haas* § 64 Rn. 129; anders *Fett* DStZ 1995, 112, 113.
[743] LG Mainz NJW-RR 1998, 473; *Haas* NZG 1999, 373, 375.
[744] Baumbach/Hueck/*Haas* § 64 Rn. 126; Rowedder/Schmidt-Leithoff/*Baumert* § 64 Rn. 87.
[745] BGH NJW 1994, 2220.
[746] BGH NJW 1994, 2220; BGH ZIP 1995, 124.
[747] BGH ZIP 1995, 124.
[748] BGH ZIP 1995, 1334.
[749] Vgl. BGH BB 1993, 2469; Baumbach/Hueck/*Haas* § 64 Rn. 127.
[750] BGH NJW 1997, 1235; OLG Köln GmbHR 2000, 880.
[751] BGH ZIP 1995, 124, 126; *Altmeppen* ZIP 1997, 1173, 1183.
[752] *Altmeppen* ZIP 1997, 1173, 1183.
[753] BGH NJW 2012, 3510, Rn. 13; BGHZ 29, 100, 107; BGH ZIP 1986, 456; BGH NJW 1994, 2220; BGH NJW 1998, 2667, 2669; BGHZ 138, 211, 221; BAG NZG 1999, 116, 117.
[754] BGH NJW 1998, 2667, 2669.
[755] BGH NJW 1997, 1697.
[756] BGH NJW 1994, 2220; BGH GmbHR 1999, 715, 716; BGH NJW 2012, 3510; OLG Naumburg GmbHR 1998, 183, 184; OLG Celle NZG 1999, 1160; OLG Koblenz GmbHR 2000, 31, 33 f.

des Gläubigers.⁷⁵⁷ Jedoch wird unter der Annahme, der Gläubiger hätte seine Arbeitskraft bzw. seine Absatzmöglichkeit sonst anderweitig eingesetzt, in eingeschränktem Maße der entgangene Gewinn (§ 252 BGB) ersetzt.⁷⁵⁸ Nach der Rechtsprechung des BGH ist aber auch dieser zu ersetzen, wenn dem Neugläubiger wegen des mit der insolventen Gesellschaft abgeschlossenen Geschäfts ein anderes Geschäft entgangen ist.⁷⁵⁹ Die Erstattung der Umsatzsteuer scheidet im Rahmen des Schadensersatzanspruchs jedoch aus;⁷⁶⁰ Kosten der Rechtsverfolgung gegen die GmbH sind allerdings erstattungsfähig.⁷⁶¹ Die Insolvenzquote wird abgezogen.⁷⁶² Der BGH hat jüngst klargestellt, dass der Schutzbereich der Insolvenzantragspflicht auch solche Schäden des Neugläubigers umfasst, die durch eine fehlerhafte Bauleistung der insolvenzreifen Gesellschaft am Bauwerk verursacht werden und von dieser wegen fehlender Mittel nicht mehr beseitigt werden können.⁷⁶³ Ferner sind bei einem Kaufvertrag beispielsweise auch die Vertriebskosten erstattungsfähig.⁷⁶⁴

242 Ein **Mitverschulden** der jeweiligen Gläubiger ist dann zu berücksichtigen, wenn der Neugläubiger bei Vertragsschluss wusste oder hätte wissen müssen, dass die Zahlungsfähigkeit der Gesellschaft nicht gesichert war.⁷⁶⁵ Jedoch ergibt sich ein solches Mitverschulden nicht schon aus der Kenntnis des Gläubigers von einer geringen Kapitalisierung der Gesellschaft.⁷⁶⁶ Es sind hohe Anforderungen an den Mitverschuldenseinwand zu stellen.⁷⁶⁷

243 Umstritten war nach welchen Regeln ein Anspruch nach § 823 Abs. 2 BGB i. V. m. § 15a Abs. 1 InsO verjährt. Vertreten wurden hierzu drei Auffassungen.⁷⁶⁸ Teilweise wurde generell eine Verjährung entsprechend § 43 Abs. 4 GmbHG angenommen.⁷⁶⁹ Andere wendeten hingegen auf sämtliche (Alt- und Neugläubiger-)Ansprüche die für deliktische Ansprüche geltende Verjährungsfrist an.⁷⁷⁰ Wieder andere differenzieren zwischen Alt- und Neugläubigern, danach sind für letztere die für deliktische Ansprüche geltende Verjährungsfrist anzuwenden und für die übrigen Ansprüche die gesellschaftsrechtliche Verjährungsfrist des § 43 Abs. 4 GmbHG.⁷⁷¹ Der BGH hat die Frage nun teilweise, nämlich für vertragliche Neugläubiger, dahingehend entschieden, dass auf deren Ersatzanspruch die „allgemeinen" Verjährungsvorschriften (§§ 195, 199 BGB) Anwendung finden, § 43 Abs. 4 soll keine Anwendung finden.⁷⁷² Der Anspruch verjährt also in drei Jahren ab Kenntnis oder grobfahrlässiger Unkenntnis, § 199 Abs. 1 Nr. 2 BGB. Offen gelassen hat er demgegenüber, was für die Ansprüche von Altgläubigern gilt. Nach wohl überwiegender Meinung soll es insofern bei einer Verjährung nach § 64 S. 4 i. V. mit 43 Abs. 4 GmbHG bleiben.⁷⁷³

244 Erhebliche praktische Probleme bereitet die **Darlegungs- und Beweislast** des Gläubigers. Im Hinblick auf den im Rahmen von § 15a Abs. 1 InsO darzulegenden und beweisenden

---

⁷⁵⁷ BGH NJW 2012, 3510, Rn. 15; BGH NJW 2011, 2427, Rn. 40; *Schodder* EWiR 2012, 525; *Haas* NZG 2011, 691; BGH GmbHR 1999, 715, 716; *Haas* DStR 2003, 423, 428.
⁷⁵⁸ BGH NJW 2012, 3510, Rn. 15; *Drescher*, Die Haftung des GmbH-Geschäftsführers, Rn. 1174; BGH NZG 2012, 464, 466, Rn. 27; OLG Koblenz GmbHR 2000, 31, 33 f.; OLG Celle NZG 2002, 730, 732 f.; *Altmeppen* ZIP 1997, 1173, 1180; vgl. auch OLG Köln WM 2001, 1160, 1163; anders *Haas* NZG 1999, 373, 376.
⁷⁵⁹ BGH, NZG 2009, 750; BGH NZG 2012, 464, 466, Rn. 27; *Drescher*, Die Haftung des GmbH-Geschäftsführers, Rn. 1175.
⁷⁶⁰ OLG Köln WM 2001, 1160, 1163; anders LG München I BB 2000, 428, 429.
⁷⁶¹ OLG Celle GmbHR 1999, 983.
⁷⁶² BGHZ 138, 211, 216.
⁷⁶³ BGH NZG 2012, 864; weiter Beispiele aus der Rechtsprechung: *Drescher*, Die Haftung des GmbH-Geschäftsführers, Rn. 1169 ff.
⁷⁶⁴ OLG Naumburg GmbHR 1998, 186; *Drescher*, Die Haftung des GmbH-Geschäftsführers, Rn. 1173.
⁷⁶⁵ BGH NJW 1994, 2220.
⁷⁶⁶ BGH NJW 1994, 2220; anders *Flume* ZIP 1994, 337, 341.
⁷⁶⁷ Vgl. OLG Köln WM 2001, 1160, 1162.
⁷⁶⁸ Zum Streitstand umfassen: *Haas* NZG 2011, 691; Baumbach/Hueck/*Haas* § 64 Rn. 145.
⁷⁶⁹ Scholz/K. Schmidt Anh. § 64, Rn. 77; Lutter/Hommelhoff/*Kleindiek* Anh. zu § 64 Rn. 85.
⁷⁷⁰ MünchKommGmbH/*Müller* § 64, Rn. 195; Bork/*Schäfer*, GmbHG, 2010, § 64 Rn. 72.
⁷⁷¹ *Haas* NZG 2009, 976.
⁷⁷² BGH NZG 2011, 624, 625 ff.; Baumbach/Hueck/*Haas* § 64 Rn. 145.
⁷⁷³ *Haas* NZG 2011, 691; Baumbach/Hueck/*Haas* § 64 Rn. 145; Rowedder/Schmidt-Leithoff/*Baumert* § 64 Rn. 90.

Tatbestand der Zahlungsunfähigkeit reicht es jedoch aus, dass der Gläubiger vorträgt und ggf. beweist, die Gesellschaft habe ihre Zahlungen zu einem bestimmten Zeitpunkt eingestellt. In diesem Fall hat der Geschäftsführer den Gegenbeweis zu führen, dass es sich lediglich um eine vorübergehende Zahlungsstockung handelte und nicht um eine vollständige Zahlungseinstellung.[774] Der BGH ist in einer jüngeren Entscheidung den Gläubigern nun entgegengekommen und hat die Voraussetzungen einer Zahlungseinstellung dann als bewiesen angesehen, wenn der Geschäftsführer einer GmbH seine Pflicht zur ordnungsgemäßen Führung und Aufbewahrung der Bücher nach §§ 238, 257 HGB, § 41 GmbHG verletzt habe und dem Gläubiger deswegen die Darlegung näherer Einzelheiten erschwert bzw. unmöglich gewesen sei.[775] Mit dieser Entscheidung wird Gläubigern der Gesellschaft der Nachweis der Zahlungsunfähigkeit bedeutend erleichtert.[776]

245 Im Hinblick auf die Überschuldung hat der Neugläubiger lediglich zu beweisen, dass zum Zeitpunkt des Geschäftsabschlusses die rechnerische Überschuldung vorlag und die Insolvenzantragspflicht bestand; der Geschäftsführer hat sodann die Darlegung der positiven Fortführungsprognose anzutreten;[777] die Beweislast – für eine negative Fortführungsprognose – trifft hingegen wohl den Gläubiger.[778] In jedem Fall hat der Geschäftsführer substantiiert zu bestreiten; § 138 Abs. 4 ZPO scheidet in diesem Zusammenhang aus.[779] Im Hinblick auf den Zeitpunkt der Insolvenzreife hat der Gläubiger zu beweisen, dass diese vor seinem Abschluss mit der Gesellschaft eingetreten ist.[780] In der Lit. wird befürwortet, jedenfalls dann die Beweislast umzukehren, wenn nach Stellung des Insolvenzantrags das Gesellschaftsvermögen nicht einmal zur Deckung der Verfahrenskosten ausreicht;[781] dies kommt jedoch nur in Betracht, wenn der Abschluss des Gläubigers in einem engen zeitlichen Zusammenhang mit der Ablehnung der Eröffnung des Insolvenzverfahrens mangels Masse geschah.[782]

246 Die **Geltendmachung** des Quotenschadens, der den Altgläubigern zusteht, ist im laufenden Insolvenzverfahren gem. § 92 InsO dem Insolvenzverwalter ausschließlich zugewiesen.[783] Dagegen sind Neugläubiger auch während eines laufenden Insolvenzverfahrens nicht daran gehindert, ihre Ansprüche gegen den Geschäftsführer einzuklagen.[784] Der Teil des Schadens des Neugläubigers, der mit der Insolvenzquote abgegolten wird, ist jedoch auch vom Insolvenzverfahren (§ 92 InsO) betroffen.[785]

247 **k) Weitere Schutzgesetze.** Eine persönliche Haftung von Geschäftsführern kann sich auch aus spezialgesetzlichen Schutzvorschriften, wie z.B. § 5 Arzneimittelgesetz,[786] Berufsordnung der Wirtschaftsprüfer,[787] BundesimmissionsschutzG (§ 5 Abs. 1 Nr. 1 und 2),[788] § 1

---

[774] (Vgl. auch § 17 Abs. 2 InsO) *Drescher*, Die Haftung des GmbH-Geschäftsführers, Rn. 421.
[775] BGH, NZG 2012, 464; *von Woedtke* NZG 2013, 484, 488; *Drescher*, Die Haftung des GmbH-Geschäftsführers, Rn. 1209 ff.
[776] *von Woedtke* NZG 2013, 484, 488.
[777] BGH NJW 2011, 2427, Rn. 31; BGH GmbHR 1994, 460 f.; OLG Celle NZG 1999, 1064, 1065; OLG Celle NJW-RR 2000, 39.
[778] Offengelassen in BGH NJW 1994, 2220; so aber *Bork* ZGR 1995, 505, 521.
[779] OLG Düsseldorf NJW-RR 1993, 1128; vgl. auch BGH ZIP 1994, 789; OLG Köln GmbHR 2001, 575.
[780] BGH ZIP 1994, 789.
[781] *Uhlenbruck* ZIP 1996, 1641, 1644; *Meyke* ZIP 1998, 1179, 1180; *Götker*, Der Geschäftsführer in der Insolvenz der GmbH, 1999, Rn. 687; *Wimmer* NJW 1996, 2546, 2547.
[782] OLG Saarbrücken NZG 2001, 414; LG München I, BB 2000, 428, 429, m. Anm. *Meyke* EWiR 2000, 865.
[783] BGHZ 138, 211, 217; Kübler/Prütting/*Noack* Rn. 318; Scholz/*Schmidt* Anh. § 64 Rn. 56; Baumbach/Hueck/*Haas* § 64 Rn. 141; Commandeur/*Römer* NZG 2012, 979, 980.
[784] BGHZ 138, 211, 214 ff.; Kübler/Prütting/*Noack* Rn. 320; Baumbach/Hueck/*Haas* § 64 Rn. 141; *Haas* DStR 2003, 423, 431; anders *Uhlenbruck* ZIP 1994, 1153, 1154 f.; *Hasselbach* DB 1996, 2213, 2215; *K. Schmidt* NZI 1998, 9; *Altmeppen/Wilhelm* NJW 1999, 673 ff.
[785] *Eyber* NJW 1994, 1622, 1625; *Uhlenbruck* ZIP 1996, 1641, 1644; *Altmeppen* ZIP 1997, 1173, 1181.
[786] BGH NJW 1991, 2351.
[787] BGH WM 1958, 135.
[788] *Bauer* JZ 1974, 657, 660; umfassend *H. Schmidt*, Die Umwelthaftung der Organmitglieder von Kapitalgesellschaften, 1996; *Weimar* GmbHR 1994, 87 ff.

EmbryonenschutzG,[789] GentechnikG,[790] § 3 GerätesicherheitsG,[791] § 8 Lebensmittel- und BedarfsgegenständeG,[792] § 17 Abs. 1 Lebensmittel- und BedarfsgegenständeG,[793] §§ 8 Abs. 4 S. 2, 12 Abs. 1 Nr. 6 PflanzenschutzG,[794] ProduktsicherheitsG,[795] § 1 RechtsdienstleistungsG,[796] TierseuchenG (§§ 9 Abs. 1, 10, 76 Abs. 2 Nr. 3),[797] TrinkwasserVO (§§ 4, 10),[798] WertpapierhandelsG (§ 20a n. F.)[799] ergeben. Zu weiteren Schutzgesetzen vgl. die Kommentierungen zu § 823 Abs. 2 BGB.

6. Haftung wegen vorsätzlicher sittenwidriger Schädigung (§ 826 BGB)

248 Die Rechtsprechung hat den Tatbestand des § 826 BGB, insbesondere im Hinblick auf die Sittenwidrigkeit und den Vorsatz der Schädigung, weit ausgedehnt.[800] Für die Geschäftsführerhaftung sind insbesondere vier Fallgruppen wichtig:

249 a) **Fehlerhafte Aufklärung bei Warenterminoptionen.** Bei häufig unter dem Mantel der GmbH stattfindender Vermittlung von Optionsgeschäften hat die Rechtsprechung, insbesondere bei Londoner Warenterminoptionen, eine Pflicht des Vermittlers zur Aufklärung über die Zusammensetzung der Prämie gegenüber dem geschäftlich unerfahrenen Kunden statuiert.[801] Erfolgt hierüber keine schriftliche Aufklärung des Kunden, so haftet der Geschäftsführer der Vermittler-GmbH persönlich, sofern der Kunde das Geschäft bei richtiger Aufklärung nicht abgeschlossen hätte.[802] Hierbei gilt zugunsten des Anlegers die Vermutung aufklärungsrichtigen Verhaltens.[803] Bei unterbliebenem Hinweis auf negative Presseberichte zu einem Immobilienfonds kommt ebenfalls die Eigenhaftung des Geschäftsführers einer Vermittlungsgesellschaft aus § 826 BGB in Betracht, sofern er davon ausgehen musste, dass der Interessent bei entsprechender Kenntnis von der Anlage Abstand genommen hätte.[804]

250 b) „**Auslaufen lassen**" **einer GmbH.** Nicht ohne Hinzutreten weiterer Umstände sittenwidrig ist das „Auslaufen lassen" einer GmbH, um sodann einen ähnlichen Geschäftsbetrieb, in der Regel mit dem Anlagevermögen der alten GmbH sowie auch denselben Mitarbeitern, in einer neuen GmbH fortzuführen.[805] Es müssen besondere, eine Verwerflichkeit begründende Umstände hinzutreten, wie etwa die Verschleuderung von Gesellschaftsvermögen. Die bloße Absicht der Gläubigerbenachteiligung kann eine Haftung des Geschäftsführers jedoch nicht begründen.[806] Allerdings kann es hier bei unzulässiger Sphärenvermischung oder bei Eingriff in das Stammkapital bzw. Existenzgefährdung der Alt-GmbH zur Haftung nach § 823 Abs. 2 BGB i. V.m. § 266 StGB (hierzu → Rn. 220) oder zur sonstigen Konzernhaftung kommen (→ § 20 Rn. 193 ff.).

251 c) **Sittenwidrige Verhinderung des Zugriffs von Bauhandwerkern auf ein Grundstück.** Wird eine GmbH eingeschaltet, um bei der Errichtung eines Bauwerks auf einem Grundstück den zur Befriedigung ihrer Forderungen möglicherweise notwendigen Zugriff der

---

[789] *Deutsch* NJW 1991, 721, 723.
[790] *Damm* JZ 1989, 561, 562.
[791] BGH NJW 1983, 812; BGH VersR 1988, 635.
[792] BGHZ 116, 104, 114 f.
[793] RGZ 170, 155.
[794] BGH NJW 1981, 1606.
[795] *Nickel-Kaufmann* VersR 1998, 948 ff.
[796] BGHZ 15, 315; BGHZ 37, 258.
[797] BGH VersR 1964, 728; BGH VersR 1965, 814.
[798] BGH NJW 1983, 2935.
[799] Sehr str.: vgl. zu § 89 BörsG a. F.: BGH WM 1984, 127; *Schäfer/Lehmann* BörsG § 89 Rn. 11.
[800] Vgl. MünchKommBGB/*Wagner* § 826 Rn. 8 ff.; Baumbach/Hueck/*Zöllner/Noack* § 43 Rn. 86.
[801] BGH WM 1992, 1935; BGH NJW 2002, 2777; vgl. auch BGH ZIP 2005, 20; BGH NJW-RR 2004, 203, 206.
[802] Vgl. auch OLG Düsseldorf GmbHR 1993, 811, 812.
[803] BGH WM 1998, 1527.
[804] BGH ZBB 2004, 57; Baumbach/Hueck/*Zöllner/Noack* § 43 Rn. 86.
[805] BGH GmbHR 1996, 366; OLG München GmbHR 1998, 285, 286; OLG Celle NZG 1999, 728; OLG Düsseldorf NZG 2001, 368, 371.
[806] Oppenländer/Tröllitzsch/*Ziemons* GmbH-Geschäftsführung § 24 Rn. 32.

Bauhandwerker auf das Grundstück zu vereiteln, so kann dies sittenwidrig sein.[807] Allerdings müssen hier verschiedene Begleitumstände zusammenkommen: Unterkapitalisierung, keine eigene Zwecksetzung der GmbH, kein ausreichender Liquiditätsfluss.[808] Auch dürfte die in den Präzedenzfällen für Alleingesellschafter-Geschäftsführer zuerkannte Haftung bei Fremdgeschäftsführung nicht greifen.

d) Unterlassene Offenbarung einer bekannt kritischen Vermögenslage. Eine Haftung des Geschäftsführers aus § 826 BGB ist in der Regel dann gegeben, wenn er in Kenntnis der unmittelbar bevorstehenden oder eingetretenen Insolvenz einen angehenden Vertragspartner hierauf nicht hinweist und dessen Schädigung in Kauf nimmt.[809] Allerdings entfällt die Sittenwidrigkeit, wenn der Geschäftsführer realistischerweise darauf vertrauen durfte, die Krise überwinden zu können.[810] Im Übrigen ist bedingter Vorsatz bereits dann gegeben, wenn der Geschäftsführer eine Schädigung der Gläubiger auf Grund der kritischen Vermögenslage der Gesellschaft für möglich hält und diese billigend in Kauf nimmt, obschon er sich genaueren Informationen über die wirtschaftliche Lage der Gesellschaft verschließt und nur deshalb nicht von der Überschuldung weiß.[811] Aber auch, wenn der Geschäftsführer eine mangelhafte Leistung der GmbH erbringen lässt und es dabei in Kauf nimmt, dass der Vertragspartner seine Rücktritts- und Schadensersatzansprüche gegen die GmbH zu einem späteren Zeitpunkt nicht mehr kommen wird, kommt § 826 BGB in Betracht.[812]

7. Haftung wegen Wettbewerbsverstößen (§ 9 UWG)

Daneben kommt eine (Mit-)Haftung des Geschäftsführers für Wettbewerbsverstöße nach § 9 UWG in Betracht. Hier können Gesellschaft und Geschäftsführer als Gesamtschuldner haften, wenn jeweils vorsätzlich oder fahrlässig Wettbewerbsverstöße i.S.d. §§ 3, 7 UWG begangen worden sind.[813]

Neben dem Anspruch auf Schadenersatz kann der Gesellschafter ggf. auch auf Unterlassung nach § 8 Abs. 1 UWG in Anspruch genommen werden.[814]

8. Haftung für Steuerschulden (§§ 34, 69 AO)

Der Geschäftsführer – auch der faktische Geschäftsführer[815] – haftet aus steuerlichen Vorschriften (zur Haftung gegenüber dem Fiskus aus § 823 Abs. 2 BGB i.V.m. § 15a InsO, vgl. → Rn. 235) persönlich für sämtliche Steuerschulden und sonstige steuerlichen Pflichten der Gesellschaft, wenn diese auf Grund seiner vorsätzlich oder grob fahrlässig begangenen Pflichtverletzung nicht oder nicht rechtzeitig erfüllt werden.

a) Die Pflichten des Geschäftsführers nach § 34 AO. Gem. § 34 AO hat der Geschäftsführer persönlich die Verantwortung für die steuerlichen Pflichten der Gesellschaft, insbesondere die Führung der Bücher, die Abgabe der Steuererklärung, die Entrichtung der Steuern,

---

[807] BGH WM 1979, 229; BGH NJW-RR 1988, 1181; OLG Oldenburg NZG 2000, 555; ausführlich *Drescher*, Die Haftung des GmbH-Geschäftsführers, Rn. 1304 f.; vgl. auch die Rspr. des BGH zur Haftung der Geschäftsführer im Fall „Gamma" ZIP 2008, 1232 ff., die freilich nicht im Mittelpunkt des Interesses an dieser Entscheidung stand.
[808] OLG Oldenburg NZG 2000, 555.
[809] BGH NJW-RR 1991, 1312, 1315; BGH NJW-RR 1992, 1061, 1062; BGH ZIP 1994, 1103; vgl. hierzu auch *Kiethe* NZG 2005, 333.
[810] BGH NJW 1979, 1823, 1828 – Herstatt; BGH NJW 1989, 3277, 3279; BGH NJW-RR 1991, 1312, 1315; OLG Celle GmbHR 1994, 467.
[811] BGH GmbHR 1994, 464 f.; vgl. auch BGH WM 1985, 1531, 1533; BGH NJW 1990, 389, 390; Roth/Altmeppen/*Altmeppen* § 43 Rn. 91.
[812] Roth/Altmeppen/*Altmeppen* § 43 Rn. 91.
[813] *Drescher*, Die Haftung des GmbH-Geschäftsführers, Rn. 1331; Harte-Bavendamm/Henning-Bodewig/*Goldmann*, UWG, 3. Aufl., Rn. 12.
[814] BGH NJW-RR 2012, 1506, 1509; *Drescher*, Die Haftung des GmbH-Geschäftsführers, Rn. 1333.
[815] BFH GmbHR 1997, 139; BFH GmbHR 2000, 1211; BFH/NV 2003, 442; auch der fehlerhaft bestellte Geschäftsführer, der das Amt aber wahrnimmt: BFH GmbHR 2000, 1211; Michalski/*Haas/Ziemons* § 543 Rn. 355c; die Haftung trifft auch den Geschäftsführer einer Limited: BFH GmbHR 2011, 613; vgl. *Drescher*, Die Haftung des GmbH-Geschäftsführers, Rn. 1347 ff., m.w.N.

den Einbehalt der Steuern für Rechnung eines Dritten und die Abführung dieser Steuern. Diese Verantwortung **beginnt** mit Amtsantritt, d. h. für alle dann vorgefundenen Pflichten der Gesellschaft, und **endet** mit Abberufung oder wirksamer Amtsniederlegung;[816] einmal entstandene Ansprüche bleiben aber auch nach Amtsniederlegung erhalten.[817]

256 Grundsätzlich haften mehrere Geschäftsführer als Gesamtschuldner. Jedoch wird ein schriftlicher **Geschäftsverteilungsplan** auch im Rahmen des Steuerrechts anerkannt,[818] wenn er die Pflichten genau regelt, wenn der die steuerlichen Angelegenheiten wahrnehmende Geschäftsführer vertrauenswürdig ist, die übrigen Geschäftsführer wissen, dass er diese Pflichten auch tatsächlich wahrnimmt, und es gewährleistet ist, dass bei einer „auch nur entfernt zu befürchtenden Gefährdung der Liquidität und des Vermögens der Gesellschaft" eine sofortige Unterrichtung der übrigen Geschäftsführer stattfindet.[819] Es verbleibt jedoch die Überwachungsverpflichtung der nicht für die Finanzen zuständigen Geschäftsführer (vgl. → Rn. 45); in der Krise treffen sodann – abweichend von der sonstigen Rechtslage bei Geschäftsverteilung – jeden Geschäftsführer wieder persönlich die Pflichten nach steuerlichen Vorschriften;[820] dasselbe gilt bei Kenntnis von Pflichtverletzungen des zuständigen Geschäftsführers.[821] Im übrigen entgeht der Außenhaftung gegenüber den Finanzbehörden nicht der nur im Innenverhältnis frei gestellte Geschäftsführer.[822]

> **Praxistipp:**
> Bei Abfassung eines Geschäftsverteilungsplans ist auf diese steuerlichen Besonderheiten Rücksicht zu nehmen. Die Geschäftsführer sollten zudem über ihre besonderen Pflichten belehrt werden.

257 Zwar haftet der Geschäftsführer nicht bei **Unmöglichkeit** der Abführung von Steuern. Hier wird aber bisweilen eine Haftung dann angenommen, wenn der Geschäftsführer bei sich abzeichnender Krise nicht dafür sorgt, dass die Gesellschaft im Zeitpunkt der Fälligkeit der Steuern noch zahlungsfähig ist.[823] Hier wird man zu differenzieren haben: Eine allgemeine Verantwortlichkeit des Geschäftsführers, nach Eintritt der Krise das Entstehen von Steuertatbeständen (deren Bezahlung unmöglich ist) zu verhindern, wird man nicht anerkennen können.[824] Allerdings wird nach der Rspr. des BFH[825] der Geschäftsführer nach § 69 AO zur Verantwortung gezogen, wenn er eine vor Eintritt der Krise bestehende und erfüllbare Steuerschuld nicht rechtzeitig erfüllt und es der Gesellschaft sodann in der Krise unmöglich ist, diese zu erfüllen. Allerdings muss der Geschäftsführer die Mittel der Gesellschaft bereits vor Fälligkeit der Steuern so verwalten, dass diese zur pünktlichen Zahlung erst später fällig werdender Steuerschulden in der Lage ist (sog. Vermögens- oder Mittelvorsorgepflicht).[826] Wegen der darin liegenden Ungleichbehandlung von Fiskus und sonstigen Gläubigern der Gesellschaft, wird diese Rspr. sehr kritisch gesehen.[827] Eine Weisung der Gesellschafter schließt die Haftung nicht aus.[828]

---

[816] BFH/NV 1988, 683; BFH/NV 1990, 71; BFH/NV 1995, 662; zur Wirksamkeit der Amtsniederlegung vgl. Michalski/*Terlau* § 38 Rn. 82.
[817] BFH GmbHR 1985, 375; *Neusel* GmbHR 1997, 1129.
[818] BFH NJW 1985, 400; BFH DB 1984, 2543; BGH GmbHR 1997, 25; Klein/*Rüsken* AO § 69 Rn. 105.
[819] BFH GmbHR 1998, 203; BFH GmbHR 2005, 1315; *Jochum* DStZ 2007, 561, 562 f.; Nachweise der Rspr. bei Klein/*Rüsken* AO § 69 Rn. 105.
[820] BFH GmbHR 2005, 1315.
[821] BFH BB 1998, 1934.
[822] BFH GmbHR 2004, 833.
[823] Vgl. BFH ZIP 2009, 122; BFH GmbHR 2006, 48; s. auch BFH/NV 1993, 707; *Schuhmann* UR 1987, 156; *Beermann* DStR 1994, 803; kritisch soweit jegliche Steuerpflicht betroffen ist: Scholz/*Schneider* § 43 Rn. 375; *Schön*, in: FS H. P. Westermann, 2008, S. 1469, 1476.
[824] *Schön*, in: FS H. P. Westermann, 2008, S. 1469, 1475 f.
[825] BFH BStBl. II 1984, 776, 778; BFH BStBl. II 1990, 357, 358; BFH GmbHR 1988, 278.
[826] MünchKommGmbHG/*Fleischer* § 43 Rn. 367.
[827] Michalski/*Haas/Ziemons* § 43 Rn. 360 f.; *Schön*, in: FS H. P. Westermann, 2008, S. 1469, 1480 ff.
[828] Scholz/*Schneider* § 43 Rn. 375.

b) Verschulden, Kausalität. Der Geschäftsführer haftet für Vorsatz und grobe Fahrlässigkeit (§ 69 AO). Die Einschaltung eines zuverlässigen **Steuerberaters** oder eines Rechtsanwalts entlastet ihn,[829] wenn er den Berater umfassend informiert hat[830] und wenn er keinen Anlass hat, an der ordnungsgemäßen Erfüllung der Pflichten durch den Berater zu zweifeln.[831] Dagegen kann der Geschäftsführer sich nicht auf mangelnde Sachkunde in steuerlichen Angelegenheiten berufen.[832] Die Kausalität des Schadens fehlt, wenn die Finanzverwaltung auch bei pflichtgemäßem Verhalten des Geschäftsführers den eingetretenen Schaden erlitten hätte;[833] so entfällt die Kausalität, wenn die Zahlung, deren Unterlassen dem Geschäftsführer vorgeworfen werden soll, vom Insolvenzverwalter angefochten worden wäre.[834] Dabei ist selbstverständlich entscheidend, ob man Zahlungen an das Finanzamt im Vorfeld der Krise für anfechtbar hält, was der BGH[835] für den 3-Monats-Zeitraum des § 130 InsO annimmt, der BFH[836] dagegen idR verneint.

258

c) Anteilige Tilgung, Lohnsteuer. Grundsätzlich sind Steuerschulden in gleicher Weise zu tilgen wie Forderungen anderer Gläubiger,[837] d.h. es besteht kein Vorrang wie z.B. bei Arbeitnehmeranteilen zur Sozialversicherung (→ Rn. 225). Der Geschäftsführer haftet auf anteiligen Ausgleich der Steuerschuld, wenn die Gesellschaft diese nicht anteilig bedient hat.[838] Dem Ersatzanspruch entgeht der Geschäftsführer, wenn er durch **ordentliche Aufzeichnungen und Belege** nachweisen kann, dass er auch über einen längeren Zeitraum alle Gläubiger aus der zur Verfügung stehenden Liquidität der Gesellschaft anteilig bedient hat.[839] Dies soll **nach Eintritt des Zahlungsverbots** gemäß § 64 S. 1 GmbHG gelten, so dass der Geschäftsführer unter Inkaufnahme der Schadensersatzpflicht nach § 64 S. 1 GmbHG weiterhin Steuerzahlungen leisten müsse.[840] Dies ist sicherlich eine der Ungereimtheiten der Geschäftsführerhaftung;[841] gerade der insolvenzrechtliche Grundsatz der gleichmäßigen Befriedigung der Gläubiger soll durch § 64 S. 1 GmbHG geschützt werden (s. dazu → Rn. 126), so dass dieser die Richtlinie des Geschäftsführerhandelns in der Krise bis zum Insolvenzantrag darstellen muss.

259

Die Haftung für **Lohnsteuer** ist verschärft,[842] da hier der Arbeitgeber ähnlich wie ein Treuhänder von fremden, dem Arbeitnehmer wirtschaftlich zuzurechnenden Geldern angesehen wird.[843] Grundsätzlich hat deshalb der Geschäftsführer dafür zu sorgen, dass er bei Zahlung von Arbeitslohn in der Lage ist, die hierauf entfallende Lohnsteuer an das Finanzamt abzuführen;[844] notfalls hat der Geschäftsführer die Lohnzahlung anteilig zu kürzen.[845] Dasselbe gilt, wenn er die Löhne aus eigenen Mitteln zahlt;[846] auch ist er nicht entschuldigt, wenn er andere Gläubiger zur Sicherung des Unternehmens vorrangig befriedigt[847] oder wenn er – ohne konkrete Anhaltspunkte – mit einer für die Lohnsteuer ausreichenden Li-

260

---

[829] BFH BB 1995, 238; BFH GmbHR 2004, 1244; BFH/NV 2005, 1487.
[830] Scholz/*Schneider* § 43 Rn. 366.
[831] BFH GmbHR 1995, 239; BFH/NV 2007, 197: (jedwedes) strafbares Handeln des Beraters.
[832] BFH GmbHR 2010, 447; BFH GmbHR 1988, 370; BFH GmbHR 1994, 496.
[833] BFH/NV 2003, 442.
[834] BFH/NV 2003, 442.
[835] BGH NJW 2004, 1444, 1447; sowie verschiedene Finanzgerichte: Nachweise bei Klein/*Rüsken* AO § 69 Rn. 105.
[836] BFH/NV 1999, 745, 747; offen gelassen in BFH ZIP 2007, 1604, 1605; vgl. auch BFH ZIP 2007, 1659, 1660.
[837] BFH GmbHR 1988, 278, 279; BFH GmbHR 2000, 1211, 1213; vgl. aber auch BFH GmbHR 2001, 783.
[838] BFH GmbHR 2000, 392, 394; MünchKommGmbHG/*Fleischer* § 43, Rn. 368.
[839] BFH/NV 2001, 294; BFH/NV 2002, 6.
[840] BFH/NV 1994, 142, 144; dagegen OLG Köln ZIP 1995, 1418, 1419.
[841] Vgl. aber jetzt BFH ZIP 2007, 1604, 1607.
[842] Vgl. auch *Beckmann* DB 2007, 994: Tendenz in der Rspr. zur Verschärfung der Haftung.
[843] BFH BB 1982, 1652; BFH GmbHR 2000, 1211, 1213.
[844] BFH GmbHR 1993, 187.
[845] Ständige Rspr. seit BFHE 104, 294; BFH GmbHR 2011, 613; Rowedder/Schmidt-Leithoff/*Koppensteiner/Gruber* § 43, Rn. 87; vgl. auch die Nachw. bei *Neusel* GmbHR 1997, 1129, 1131; Tipke/Kruse/*Loose* § 69 Rn. 41, der dies kritisch sieht.
[846] BFH GmbHR 2006, 272; Rowedder/Schmidt-Leithoff/*Koppensteiner/Gruber* § 43 Rn. 87.
[847] BFH/NV 1990, 412.

quiditätszufuhr für die Gesellschaft rechnete.[848] Mit Rücksicht auf die Einheit der Rechtsordnung kann von einem Geschäftsführer nicht verlangt werden, die gesellschaftsrechtliche Massesicherungspflicht zu erfüllen, wenn er sich dadurch einer Straftat oder Ordnungswidrigkeit aussetzt (vgl. → Rn. 229).[849] Ein Geschäftsführer, der bei Insolvenzreife dem sozialrechtlichen Normbefehl folgend Arbeitnehmeranteile der Sozialversicherung abführt, handelt danach mit der Sorgfalt eines ordentlichen und gewissenhaften Geschäftsleiters und ist der Gesellschaft gegenüber nicht nach § 64 S. 1 erstattungspflichtig.[850] Seither gilt, dass ein Geschäftsführer, der die fälligen Lohnsteuern abführt, nicht gegen § 64 GmbHG verstößt. Andererseits bedeutet dass auch, dass die fälligen Lohnsteuern ohne Wenn und Aber zu zahlen sind – auch innerhalb der 3-Wochenfrist des § 15a InsO.[851]

261 **d) Verwaltungsvollstreckung.** Die Finanzbehörde ist befugt, die persönliche Haftung des Geschäftsführers auf Grund eines Haftungsbescheides gem. § 191 Abs. 1 AO selbst zu vollstrecken.

9. Geltendmachung von Ansprüchen der Gesellschaft durch Gläubiger

262 Gläubiger der Gesellschaft können Ansprüche der Gesellschaft gegen den Geschäftsführer pfänden und sodann auf diesem Umweg gegen ihn unmittelbar vorgehen. Hierzu bedarf es keines Gesellschafterbeschlusses nach § 46 Nr. 8 GmbHG, der ansonsten materielle Voraussetzung der Geltendmachung von Ansprüchen gegen den Geschäftsführer ist.[852] Voraussetzung der Pfändung ist selbstverständlich ein vollstreckbarer Titel gegen die Gesellschaft. Ein unmittelbares Verfolgungsrecht, wie es § 93 Abs. 5 AktG kennt, gilt im GmbH-Recht auch nicht analog; selbst bei der masselosen oder gelöschten GmbH kommt ein solches Verfolgungsrecht nicht in Betracht.[853]

VI. D&O-Versicherung

263 Die D&O-Versicherung (englisch: Directors and Officers liability insurance; deutsch auch: Managerhaftpflichtversicherung) ist in Deutschland noch eine relativ junge Erscheinung; erstmals bot im April 1986 eine Tochtergesellschaft der US-amerikanischen American Insurance Group eine D&O-Police in Deutschland an.[854] Auch gegenwärtig ist der Markt in Deutschland noch nicht so weit entwickelt wie in den USA.[855]

1. Allgemeine Fragen zum Abschluss einer D&O-Versicherung

264 Der Versicherungsvertrag wird in der Praxis zumeist zwischen der Gesellschaft als Versicherungsnehmerin und dem Versicherungsunternehmen zugunsten der Geschäftsführer und zugunsten von Mitgliedern anderer Organe (Aufsichtsrat, Beirat) als versicherte Personen abgeschlossen.[856] Es handelt sich dabei also um eine Versicherung für fremde Rechnung im Sinn von § 43 Abs. 1, 100ff. VVG.

265 **Zuständiges Organ** innerhalb der (nicht mitbestimmten) Gesellschaft ist die Gesellschafterversammlung. Bei fakultativem Aufsichtsrat in der GmbH ist dasjenige Organ zuständig, das jeweils über die Bezüge des zu versichernden Organs entscheidet, so dass der Aufsichts-

---

[848] BFH BB 1982, 1288; BFH/NV 1989, 150.
[849] Zum Steuerrecht: Oppenländer/Trölitzsch/*Ziemons* GmbH-Geschäftsführung § 27 Rn. 33; BGH NJW 2007, 2118; MünchKommGmbHG/*Fleischer* § 43 Rn. 360.
[850] MünchKommGmbHG/*Fleischer* § 43 Rn. 360.
[851] Oppenländer/Trölitzsch/*Ziemons* GmbH-Geschäftsführung § 27 Rn. 33.
[852] Baumbach/Hueck/Zöllner/*Noack* § 43 Rn. 30; Michalski/Haas/*Ziemons* § 43 Rn. 222 m. w. N.; Scholz/ Schmidt § 46 Rn. 152.
[853] BGH NJW 1990, 1725; Hachenburg/*Mertens* § 43 Rn. 99; zum Diskussionsstand: Michalski/Haas/ Ziemons § 43, Rn. 300 ff. m. w. N.; Rowedder/Schmidt-Leithoff/Koppensteiner/*Gruber* § 43 Rn. 50; Scholz/ Schneider § 43 Rn. 291; anders Roth/Altmeppen/*Altmeppen* § 43 Rn. 88.
[854] *Ihlas*, Organhaftung und Haftpflichtversicherung, 1997, S. 54.
[855] Wollny, Die Directors and Officers Liability Insurance in den Vereinigten Staaten von Amerika.
[856] *Ihlas* Organhaftung und Haftpflichtversicherung, 1997, S. 188 f.

rat üblicherweise über die Versicherung des Geschäftsführers beschließt (§§ 52 Abs. 1 GmbHG, 87 Abs. 1 AktG) und die Gesellschafterversammlung über die Bezüge des Aufsichtsrates (§§ 52 Abs. 1 GmbHG, 113 Abs. 1 AktG). Dasselbe gilt in der nach Mitbestimmungsgesetzen mitbestimmten Gesellschaft.[857] Nicht unüblich ist es, Organmitgliedern in ihren (Anstellungs-)Verträgen eine angemessene Managerhaftpflichtversicherung zu versprechen.[858]

> **Formulierungsbeispiel:**
> Die Gesellschaft verpflichtet sich, zugunsten des Geschäftsführers eine Vermögensschadenhaftpflichtversicherung für Organe juristischer Personen (D&O-Versicherung) über eine Versicherungssumme von [...] EUR abzuschließen, durch welche insbesondere die Haftung des Geschäftsführers für in Ausübung seiner Geschäftsführungstätigkeit fahrlässig verursachte Schäden gedeckt wird. Die Versicherung wird den Strafrechtsschutz einschließen. Die Versicherungspolice wird eine Selbstbeteiligung von höchstens [...] EUR vorsehen. Die Prämien trägt die Gesellschaft; die Gesellschaft stellt durch die Vertragsgestaltung sicher, dass die Prämien nicht als lohnsteuerpflichtiges Entgelt des Geschäftsführers zu behandeln sind.

Steuerlich sind die Prämien für die Versicherung bei der Gesellschaft als Betriebsausgaben nach §§ 8 Abs. 1 KStG, 4 Abs. 4 EStG abzugsfähig. Nach h. M. entsteht dem versicherten Organ kein für das Steuerrecht erheblicher geldwerter Vorteil aus der Versicherung.[859]

2. Versicherungsbedingungen

Es gibt in Deutschland eine Vielzahl von verschiedenen Deckungskonzepten für D&O-Versicherungen. Dabei finden sich neben den umfassenden Haftpflichtbedingungen auch solche Konzepte, die lediglich den Rechtsschutz im Rahmen der Haftpflicht versichern. Generell ist festzustellen, dass der Markt weniger Angebote für GmbH-Geschäftsführer bereit hält als für Vorstände und Aufsichtsräte von Aktiengesellschaften. Unverbindliche Musterbedingungen finden sich als Allgemeine Versicherungsbedingungen für die Vermögensschaden-Haftpflichtversicherung von Aufsichtsräten, Vorständen und Geschäftsführern (AVB-AVG) beim Gesamtverband der Deutschen Versicherungswirtschaft e. V.

a) **Versicherungsnehmerin.** Im Rahmen der Versicherung der Geschäftsführer-Haftpflicht ist nahezu immer die Gesellschaft selbst die Versicherungsnehmerin. Hierauf sind alle D&O-Versicherungsbedingungen ausgerichtet.[860] Einzelpolicen finden sich nur in ganz geringfügiger Anzahl. Versicherte Person ist der Geschäftsführer, so dass eine Versicherung für fremde Rechnung (§§ 43 ff. VVG) vorliegt, die ein Vertrag zugunsten Dritter ist.[861] Üblich ist jedoch die Mitversicherung von Tochterunternehmen und deren Organen bzw. die Firmenpolice, die durch die Muttergesellschaft abgeschlossen wird. Hierbei ist allerdings darauf zu achten, dass den Besonderheiten des jeweiligen Konzerns Rechnung getragen wird und ggf. auch Organe von Tochterunternehmen versichert sind, bei denen der Beherrschungstatbestand nicht eindeutig zu beantworten ist.[862]

Die Gesellschaft ist die Vertragspartnerin der Versicherung nach dem Versicherungsvertrag und kann die Gestaltungsrechte (insbesondere Kündigungsrechte) daraus ausüben.[863] Vertragsverletzungen durch die Gesellschaft als Versicherungsnehmerin, z. B. unterlassene

---

[857] Vgl. Baumbach/Hueck/Zöllner/Noack § 52 Rn. 300 ff.
[858] *Lange* ZIP 2004, 2221 ff.
[859] *Küppers/Dettmeier/Koch* DStR 2002, 199, 202 ff.; *Dreher* DB 2001, 996, 998; Oppenländer/Trölitzsch/*Ziemons* GmbH-Geschäftsführung § 30, Rn. 15, m. w. N.
[860] *Ihlas* S. 188 f.; *Koch* GmbHR 2004, 160 ff.; Oppenländer/Trölitzsch/*Ziemons* GmbH-Geschäftsführung § 30, Rn. 4.
[861] *Drescher*, Die Haftung des GmbH-Geschäftsführers, Rn. 454 f.
[862] Vgl. hierzu auch *Ihlas* Organhaftung und Haftpflichtversicherung, 1997, S. 190 f.
[863] *Koch* GmbHR 2004, 18, 22; GmbHR 2004, 160.

Prämienzahlungen oder Versäumnisse bei Obliegenheiten, muss das versicherte Organ gegen sich gelten lassen.[864]

270 **b) In Ausübung der versicherten Tätigkeiten.** Versicherungsschutz wird nur gewährt für Fehlverhalten in Ausübung der versicherten Tätigkeiten.

271 Diese Bestimmung ist in der Police zu konkretisieren, so dass ggf. auch Aufsichtsratsmandate bei Tochterunternehmen und ggf. Tätigkeiten als entsandte Arbeitskraft erfasst werden. In zahlreichen Bedingungswerken ist die Versicherung für diese sog. outside directorships für den Gesellschafter-Geschäftsführer ausgeschlossen, so dass die Versicherung nur seine Tätigkeit als Geschäftsführer, nicht aber die weitere Haftung (ggf. Durchgriffshaftung nach konzernrechtlichen Grundsätzen; → § 20 Rn. 143 ff.) abdeckt.[865]

272 **c) Wegen eines Fehlverhaltens in Anspruch genommen.** Die Deckung ist beschränkt auf gesetzliche Haftpflichtbestimmungen. Dabei wird die Haftung des Managers gegenüber außenstehenden Dritten (Außenhaftung), aber auch die Haftung gegenüber der Gesellschaft (Innenhaftung) versichert.[866] Abweichend von den Allgemeinen Versicherungsbedingungen für die Haftpflichtversicherung (AHB) des Gesamtverbands der Deutschen Versicherungswirtschaft e. V. gehen die D&O-Policen aber über privatrechtliche Bestimmungen hinaus und schließen auch öffentlich-rechtliche Haftpflichtbestimmungen, wie z. B. § 69 AO, ein. Dies bedeutet, dass mit Ausnahme einer durch den Geschäftsführer persönlich abgegebenen Garantie, eine Versicherung für sämtliche vorstehend genannte Anspruchsgrundlagen besteht.

273 **d) Vermögensschäden.** Nach den AVB-AVG wird Versicherungsschutz nur für Vermögensschäden gewährt und ausdrücklich nicht für Personenschäden oder Sachschäden.[867] Zudem wird eine Beschränkung des Schadenersatzanspruchs im Rahmen der Innenhaftung, wenn Organmitglieder gleichzeitig an der Gesellschaft beteiligt sind, empfohlen; in diesem Fall wird der Anteil des Schadens nicht ersetzt, der der Beteiligung des Gesellschafter-Geschäftsführers entspricht.[868] Diese in den AVB-AVG niedergelegten Musterbedingen sind unverbindliche Empfehlungen, die zunehmend individuell durch die Versicherungen ausgestaltet werden.[869]

274 **e) Inhaber des Versicherungsanspruchs.** Inhaber des Versicherungsanspruchs ist grundsätzlich das versicherte Organmitglied. Zwar ist nach §§ 44 Abs. 2, 45 Abs. 1 VVG die Gesellschaft berechtigt, den Anspruch in Prozessstandschaft gegenüber dem Versicherer geltend zu machen. Einen gesetzlichen Direktanspruch (wie z. B. bei § 3 PflVG) der Gesellschaft gegen den Versicherer gibt es jedoch nicht.[870] Eine Abtretung des (Freistellungs-)Anspruchs des Organmitglieds an die Gesellschaft ist idR in den Versicherungsbedingungen ausgeschlossen;[871] allerdings ist nach § 108 Abs. 2 VVG ein solches Abtretungsverbot unwirksam. Dies hat insbesondere zur Folge, dass die Gesellschaft Deckungsanspruch und Haftpflichtanspruch gleichzeitig gegen die Versicherung geltend machen kann und das Organmitglied – dann häufig auf Seiten der Gesellschaft – als Zeuge zur Verfügung steht.[872]

275 **f) Claims made-Police.** Nahezu ausschließlich werden in Deutschland sowie auch in den USA D&O-Policen angeboten, wonach es auf die Geltendmachung des Anspruchs während

---

[864] *Koch* GmbHR 2004, 160.
[865] *Ihlas* Organhaftung und Haftpflichtversicherung, 1997, S. 202 f.
[866] *Koch* GmbHR 2004, 18, 19; MünchKommGmbHG/*Fleischer* § 43 Rn. 376.
[867] Vgl. Ziffer 1.1 der Allgemeine Versicherungsbedingungen für die Vermögensschaden-Haftpflichtversicherung von Aufsichtsräten, Vorständen und Geschäftsführern (AVB-AVG, Stand Mai 2011); nach *Drescher*, Die Haftung des GmbH-Geschäftsführers, Rn. 458 sind Personen- und Sachschäden über die Betriebshaftpflichtversicherung abgedeckt.
[868] Vgl. Ziffer 4.2 AVB-AVG; vgl. auch *Koch* GmbHR 2004, 18, 20.
[869] MünchKommGmbHG/*Fleischer* § 43 Rn. 376; vgl. zur D&O Versicherung umfassend Terbille/Höra/Sieg, MünchAnwHb VersR, § 17, Rn. 1 ff.
[870] OLG München WM 2006, 452, 454; OLG Düsseldorf NJOZ 2007, 1242; *Koch* WM 2007, 2173, 2176.
[871] Vgl. z. B. § 7 Nr. 3 AHB.
[872] *Böttcher* NZG 2008, 645, 647 ff.; *Koch* WM 2007, 2173, 2177.

der Versicherungsdauer ankommt, selbst wenn ein Fehlverhalten bereits vor Beginn des Vertrages vorlag. Allerdings ist häufig die Versicherung von vor dem Vertrag liegenden Fehlverhalten eingeschränkt, worauf bei der Aushandlung der Police zu achten ist.[873] Gegen die Vereinbarung einer solchen „Claims made"-Policie bestehen wegen der gleichzeitig bestehenden Rückwärtsversicherung keine Bedenken.[874]

g) Selbstbehalt. Eine Regelung entsprechend § 93 Abs. 2 S. 3 AktG, wonach bei Abschluss einer D&O-Versicherung ein Selbstbehalt von mindestens 10 Prozent des Schadens bis mindestens zur Höhe des Eineinhalbfachen der festen jährlichen Vergütung des Vorstandsmitglieds vorzusehen ist, gibt es im GmbH-Recht nicht. Sofern die Gesellschaft aus Gesichtspunkten der Anreizwirkung einen Selbstbehalt vorsehen will, muss eine entsprechende Regelung im Anstellungsvertrag des Geschäftsführers bestehen.[875]

---

[873] Vgl. auch *Lattwein/Krüger* VersW 1997, 1370; *Lattwein* NVersZ 1999, 49; zu aktuellen Problemen bei der D&O Versicherung: vgl. *Melot de Beauregard/Gleich* NJW 2013, 824.
[874] OLG München NZG 2009, 714; *Drescher*, Die Haftung des GmbH-Geschäftsführers, Rn. 478; anders *Baumann* NZG 2010, 1366.
[875] MünchKommGmbHG/*Fleischer* § 43 Rn. 382.

Teil D. Gesellschafter

§ 11 Treuhand

Übersicht

	Rn.
I. Vorbemerkung	1–30
1. Begriff und Rechtsnatur der Treuhand	1–3
2. Abgrenzung zu anderen Formen der Beteiligung	4–11
a) Atypische Stille Gesellschaft	4
b) Unterbeteiligung	5
c) Verpfändung	6–8
d) Nießbrauch	9/10
e) Mehrstufige Beteiligung	11
3. Arten der Treuhand	12–23
a) Unterscheidung nach Erwerbsvorgang	12–16
b) Unterscheidung nach Zweck der Treuhand	17–20
c) Unterscheidung nach Interessenwahrnehmung	21–23
4. Motive für Treuhandverhältnisse	24–30
a) Verwaltungsmäßige Entlastung	24–26
b) Zuwendung von Erträgen an den Treugeber	27
c) Verdeckung der Beteiligung	28/29
d) Überwindung von Beteilungshindernissen	30
II. Begründung und Beendigung von Treuhandverhältnissen	31–51
1. Formbedürftigkeit	32–37
a) Formbedürftigkeit der Abtretung	32
b) Formbedürftigkeit des Treuhandvertrages	33–37
2. Zustimmungserfordernisse und besondere statutarische Voraussetzungen	38–41
a) Anteilsvinkulierung	39/40
b) Besondere statutarische Voraussetzungen	41
3. Übertragung der treuhänderischen Beteiligung	42
4. Sicherung des Treugebers und Ausgestaltung der Beendigungstatbestände	43–51
a) Beendigung des schuldrechtlichen Treuhandverhältnisses	44–46
b) Übertragung der Gesellschafterstellung	47–51
III. Rechtsstellung von Treugeber und Treuhänder	52–76
1. Stimmrecht	53–69
a) Übertragung des Stimmrechts	54
b) Nichtanzeige des Gesellschafterwechsels	55
c) Stimmbindung	56–64
d) Stimmrechtsvollmacht	65–67
e) Stimmrechtsausschluss	68/69
2. Sonstige Mitgliedschaftsrechte	70–74
a) Vermögensrechte	70
b) Informationsrecht	71–74
3. Haftung des Treugebers	75/76
IV. Treuhand in der Insolvenz	77–83
V. Treuhand in der Zwangsvollstreckung	84–88
VI. Steuerrechtliche Behandlung der Treuhand	89–103
1. Anerkennung der Treuhand	90–95
a) Erfasste Treuhandverhältnisse	91–94
b) Nachweiserfordernis	95
2. Einkommensteuer	96
3. Umsatzsteuer	97
4. Grunderwerbsteuer	98–102
a) Übertragungstreuhand	99/100
b) Vereinbarungstreuhand	101
c) Erwerbstreuhand	102
5. Bilanzierung	103
VII. Checkliste	104

Schrifttum: *Armbrüster*, Die treuhänderische Beteiligung an Gesellschaften, 2001; *Armbrüster*, Treuhänderische GmbH-Beteiligungen, GmbHR 2001, 941 (Teil 1), 1021 (Teil 2); *Beuthien*, Treuhand an Gesellschaftsanteilen, ZGR 1974, 26; *Brömmelmeyer*, Fehlerhafte Treuhand? – Die Haftung der Treugeber bei der mehrgliedrigen Treuhand an Beteiligungen, NZG 2006, 529; *Busse*, Zur Problematik bei Stimmbindungsverträgen bei Personengesellschaften, BB 1961, 261; *Hachenburg*, GmbHG, 8. Aufl. 1992/1997; *Heidner*, Die Behandlung von Treuhandverhältnissen in der Abgabenordnung, DB 1996, 1203; *Hess/Weis/Wienberg*, Kommentar zur InsO, 2. Aufl. 2001; *Horlemann*, Vercharterung einer Hochseeyacht unter Einschaltung einer britischen „non-resident-limited", BB 1987, 741; *Kirchhoff/Lwowski/Stürner* (Hrsg.), Münchener Kommentar zur InsO, 2. Aufl. 2007; *Kübler/Prütting*, Kommentar zur InsO, Stand Nov. 2012; *Lutter/ Hommelhoff*, GmbH-Gesetz, 18. Aufl. 2012; *Pahlke/Franz*, Grunderwerbsteuergesetz, 4. Aufl. 2010; *Pfeifle/Haigl*, Treugeberhaftung, WM 2008, 1485; *Schmidt*, Einkommensteuergesetz, 32. Aufl. 2013; *Schön*, ZHR 158 (1994), 229, 248; *Tipke/ Kruse*, Abgabenordnung, Stand Juli 2013; *Zöller*, ZPO, 27. Aufl. 2008; *Werner*, Treuhandvereinbarungen an GmbH-Geschäftsanteilen, GmbHR 2006, 1248.

I. Vorbemerkung[*]

1. Begriff und Rechtsnatur der Treuhand

1 Die Erscheinungsformen der Treuhand sind vielfältig. Eine Legaldefinition existiert nicht. Auch die Terminologie ist nicht einheitlich. Daher ist die Treuhand zunächst **von anderen Formen der Beteiligung am Gesellschaftsanteil** wie z. B. atypischer stiller Gesellschaft, Unterbeteiligung, Verpfändung, Nießbrauch oder mehrstufiger Beteiligung **abzugrenzen**. Je nach dem Zweck, den die Parteien durch Einräumung einer Treuhand verfolgen, unterscheidet man die Nutzungs-, Sicherungs- und die Verwaltungstreuhand. Aber auch eine Unterscheidung nach dem Erwerbsvorgang (Übertragungstreuhand, Erwerbstreuhand, Vereinbarungstreuhand) dient zur Kategorisierung. Wird das Treuhandverhältnis die Gesellschaftern offen gelegt, spricht man von der offenen Treuhand. Erfahren die übrigen Gesellschafter von dem Treuhandverhältnis nichts, spricht man von der verdeckten Treuhand. Auch diese Terminologie ist jedoch nicht einheitlich. Der Begriff der offenen Treuhand wird manchmal auf den Fall beschränkt, dass die Mitgesellschafter der treuhänderischen Stellung eines Gesellschafters für einen Dritten zugestimmt haben.

2 Das nachfolgende Kapitel beschäftigt sich ausschließlich mit der **Vollrechtstreuhand** also dem Fall, in dem der Geschäftsanteil an der GmbH mit allen Rechten und Pflichten übertragen wird, so dass der Gesellschaft gegenüber allein der Treuhänder Gesellschafter mit allen Rechten und Pflichten ist.[1]

3 Im Außenverhältnis ist der Treuhänder voller Rechtsinhaber, allein im Innenverhältnis ist er an den Treugeber gebunden. Das regelmäßig rein schuldrechtliche Verhältnis zwischen Treuhänder und Treugeber unterliegt dem Auftragsrecht (§§ 662 ff. BGB) oder bei entgeltlicher Ausübung einem Geschäftsbesorgungsvertrag (§ 675 BGB).

2. Abgrenzung zu anderen Formen der Beteiligung am Geschäftsanteil

4 **a) Atypische Stille Gesellschaft.** Bei der typischen stillen Gesellschaft ist der stille Gesellschafter allein an den Erträgen des Erwerbsgeschäfts der GmbH beteiligt. Eine stille Gesellschaft kann jedoch auch so „atypisch" ausgestaltet werden, dass der stille Gesellschafter schuldrechtlich am Vermögen der GmbH beteiligt wird, zumindest indirekt an der Geschäftsführung mitwirken sowie Informations- und Kontrollrechte ausüben kann. Je nach Ausgestaltung kann eine solch atypisch gestaltete stille Beteiligung in die Nähe der Treuhand rücken. Die rechtliche Ausgestaltung kann sich in Bezug auf Rechte, Pflichten und Risikoverteilung sogar so sehr an eine Treuhand annähern, dass die Gestaltungen funktional austauschbar sind.[2]

5 **b) Unterbeteiligung.** Räumt der Gesellschafter einer GmbH einem anderen im **Innenverhältnis** eine **Mitberechtigung an seinem Gesellschaftsanteil** ein, entsteht eine Unterbeteili-

---
[*] Der Verfasser dankt Herrn Rechtsanwalt *Holger Stabenau* für die tatkräftige Mithilfe bei der Fertigstellung des Manuskripts.
[1] BGHZ 21, 378, 381.
[2] BGH NJW 1995, 1353, 1357.

gung. Bei dieser handelt es sich nach ganz überwiegender Ansicht um eine **BGB-Innengesellschaft**.[3] In der Praxis lassen sich wie bei der stillen Gesellschaft die typische und die atypische Unterbeteiligung unterscheiden. Atypisch wird die Unterbeteiligung dann, wenn der Unterbeteiligte an der Wertveränderung des Geschäftsanteils teil hat, Einfluss auf die Geschäftsführung der Unterbeteiligungsgesellschaft und damit letztendlich auch Einfluss auf das Schicksal der Hauptbeteiligung nehmen kann. Der Unterschied zur Treuhand liegt primär darin, dass der Unterbeteiligte nicht wie der Treugeber Gesellschafter wird. Jedenfalls schließen Treuhand und Unterbeteiligung einander nicht aus.[4] Die Übergänge zwischen beiden Formen mittelbarer Teilhabe an der Gesellschaft sind fließend.[5] Verallgemeinert ist die Aussage zutreffend, dass die Rechtsstellung eines Unterbeteiligten zwar sehr an diejenige eines Treugebers angenähert werden kann, in keinem Fall jedoch über die Rechtsstellung eines Treugebers hinausreicht.

c) **Verpfändung.** Der Pfandgläubiger hat als solcher nur das Recht, der Befriedigung aus dem Pfand (§§ 1204, 1273 BGB). **Bis zum Pfandverkauf bleibt der Verpfänder Gesellschafter** und damit Träger der Mitgliedschaftsrechte und -pflichten.[6] Das gilt selbst dann, wenn die Ausübung des Stimmrechts zur Beseitigung des Anteils führt.[7] Der Verpfänder kann den verpfändeten Geschäftsanteil verkaufen (auch wenn das Pfandrecht auf den Erwerber übergeht), es zur Kaduzierung des Anteils kommen lassen (§ 21 GmbHG) oder ihn gemäß § 27 GmbHG preisgeben, eine Einziehung des verpfändeten Anteils und dabei die Umwandlung der Gesellschaft mit beschließen oder gar die Auflösung der GmbH gemäß §§ 60, 61 GmbHG herbeiführen, aus wichtigem Grund austreten usw. Allein dem Verpfänder stehen mit dem Geschäftsanteil verbundene Mitverwaltungsrechte zu. Allein er kann sie ausüben. Die Stellung als Treuhänder ist also insofern viel stärker, als der Treuhänder alle diese Rechte im eigenen Namen ausüben kann, selbst wenn er damit gegebenenfalls gegen den im Innenverhältnis zum Treugeber bestehenden Treuhandvertrag verstößt.

Es ist zwar auch bei der Verpfändung möglich, Abreden über die Ausübung der Verwaltungsrechte zu treffen. Wird das Pfandrecht jedoch zur Sicherung einer Schuld der Gesellschaft bestellt, darf dem Pfandgläubiger durch Nebenabreden keine Position eingeräumt werden, die im wirtschaftlichen Ergebnis der Stellung eines Gesellschafters entspricht, da der Pfandgläubiger andernfalls gemäß § 39 Abs. 1 Nr. 5 InsO wie der Gesellschafter den Vorschriften über Gesellschafterdarlehen unterliegt.[8] Möglich ist allerdings, dass der Verpfänder dem Pfandgläubiger **Vollmacht zur Ausübung des Stimmrechts oder anderer nicht ausnahmsweise höchstpersönlich wahrzunehmender Rechte** erteilt. Streitig und damit zweifelhaft ist aber, ob die Vollmacht für die Dauer des Pfandrechts auch unwiderruflich erteilt werden kann. Nach der herrschenden Meinung ist ein Widerruf aus wichtigem Grund selbst bei einer unwiderruflich erteilten Vollmacht zulässig.[9] Die Übertragung des Stimmrechts aus einem GmbH-Anteil neben der Verpfändung des Anteiles ist nach herrschender Meinung nicht möglich. Eine Abtrennung der Verwaltungsrechte von dem Mitgliedschaftsrecht wird als Verstoß gegen das Abspaltungsverbot abgelehnt. Durch eine Anteilsverpfändung werde das Stimmrecht des verpfändeten Geschäftsanteils als körperliches Mitverwaltungsrecht nicht ergriffen und könne auch nicht ergriffen werden.[10]

Hingewiesen sei der Vollständigkeit halber darauf, dass ein Pfandrecht nicht nur für den Geschäftsanteil, sondern auch als **Nutzungspfand mit Erstreckung auf den Gewinnanspruch** bestellt werden kann sowie auch gleichzeitig das **Gewinnbezugsrecht** allein ohne den Geschäftsanteil verpfändet werden kann, es sei denn, dass der Gesellschaftsvertrag dies ausschließt. Im Fall der Bestellung eines Pfandrechtes ist zu empfehlen, dies auch auf die Liqui-

---

[3] MünchKommBGB/*Ulmer* vor § 705 Rn. 92; MünchKommHGB/*K. Schmidt* § 230 Rn. 194.
[4] BGH NJW 1994, 2886, 2887; BGH NJW-RR 1995, 165, 166.
[5] MünchKommHGB/*K. Schmidt* vor § 230 Rn. 47; *Blaurock* Unterbeteiligungen S. 193.
[6] BGHZ 119, 191, 195 f.
[7] Scholz/*Seibt* § 15 Rn. 178.
[8] BGHZ 119, 191, 195.
[9] Scholz/*Seibt* § 15 Rn. 179.
[10] RGZ 139, 224, 227.

dationsquote zu erstrecken, da das Recht auf die künftige Liquidationsquote auch selbstständig abgetreten und verpfändet werden kann.

9   **d) Nießbrauch.** Dem Nießbraucher an einer GmbH-Beteiligung stehen gemäß §§ 1030 Abs. 1, 1068 Abs. 2 BGB zumindest die **entnahmefähigen Gewinnanteile** zu, die auf den mit einem Nießbrauch belasteten Geschäftsanteil entfallen. Ein Nießbrauch ist dadurch gekennzeichnet, dass der Nießbrauchbesteller sein Recht nicht – auch nicht auf Zeit – überträgt, sondern es **lediglich belastet**. Sofern im Rahmen einer vermeintlichen Nießbrauchbestellung eine Vollrechtsübertragung vorgenommen wird, liegt letztendlich ein Treuhandverhältnis und kein Nießbrauch mehr vor.

10   In der Literatur wird zunehmend die Auffassung vertreten, dass dem Nießbraucher neben dem entnahmefähigen Gewinnanteil weitere eigene gesellschaftsrechtliche Mitwirkungsbefugnisse zustehen. Über das Ausmaß besteht heftiger Streit.[11] Um die durch diesen Streit verursachte Unsicherheit der Rechtslage zu umgehen, bietet sich an, statt des Nießbrauchs einen **Treuhandvertrag** zu schließen.

11   **e) Mehrstufige Beteiligung.** Übernimmt eine Beteiligungsaußengesellschaft eine Beteiligung an einer weiteren unternehmerisch tätigen Gesellschaft, liegt ein mehrstufiges Gesellschaftsverhältnis vor. Auch hier könnte man von einer mittelbaren Beteiligung an der unternehmerisch tätigen Gesellschaft sprechen. Die Beteiligungsaußengesellschaft formt ihre Willensbildung jedoch im Rahmen ihrer eigenen Gesellschafter und ist daher nicht als Treugeber einer durch sie selbst gebildeten Treuhänderin anzusehen.

3. Arten der Treuhand

12   **a) Unterscheidung nach Erwerbsvorgang.** *aa) Übertragungstreuhand.* Bei der Übertragungstreuhand überträgt der Gesellschafter die von ihm innegehaltene Gesellschafterstellung unter Vereinbarung eines Treuhandverhältnisses auf einen Anderen, den Treuhänder. Damit tritt ein **Gesellschafterwechsel** ein. Der Treuhänder erwirbt die volle Mitgliedschaft und tritt in der Gesellschaft an die Stelle des Treugebers. Die Abtretung des Geschäftsanteils bedarf nach § 15 Abs. 3 GmbHG der notariellen Form.

13   Ist der Treugeber minderjährig, bedarf der Treuhandvertrag der gerichtlichen Genehmigung gemäß §§ 1643 Abs. 1, 1822 Nr. 3 BGB.

14   *bb) Erwerbstreuhand.* Der Treuhänder erwirbt bei der Erwerbstreuhand den Geschäftsanteil bei Gründung der Gesellschaft oder durch Aufnahmevertrag mit den Gesellschaftern (**originärer Erwerb**). Andererseits kann der Erwerb allerdings auch **derivativ** erfolgen, indem ein Gesellschafter einer GmbH den Geschäftsanteil auf den für Rechnung des Treugebers handelnden Treuhänder überträgt. Hauptfälle der Anwendung waren die Gründung einer GmbH durch einen Gesellschafter, als die Ein-Personen-Gründung noch nicht zulässig war, sowie die Beteiligung eines Treuhänders, um eine gewünschte aber sonst nicht zulässige Firma im Handelsregister eingetragen zu erhalten. Beide Anwendungsfälle haben sich heute erübrigt, zum einen durch die Einführung der Ein-Personen-GmbH, zum anderen durch die Liberalisierung des Firmenrechts, die die kurzzeitige Aufnahme eines Treuhänders zur Erzielung des gewünschten Namens weitestgehend hat überflüssig werden lassen.

15   *cc) Vereinbarungstreuhand.* Bei der Vereinbarungstreuhand verspricht ein Gesellschafter, die von ihm bislang für eigene Rechnung gehaltene Beteiligung **künftig treuhänderisch für den anderen, den Treugeber, zu verwalten.** Eine Übertragung des Geschäftsanteils findet also im Zeitpunkt der Begründung des Treuhandverhältnisses nicht statt. Erst mit Beendigung des Treuhandverhältnisses ist dann die Rechtsposition als Eigentümer auf den Treugeber zu übertragen.

16   Das Eingehen dieser **Rückübertragungsverpflichtung** löst bei der GmbH nach ganz überwiegender Ansicht in der Literatur[12] das Formerfordernis des § 15 Abs. 4 Satz 1 GmbHG

---

[11] *Schön* ZHR 158 (1994), 229, 248 ff.; Nachweise bei MünchKommHGB/*K. Schmidt* vor § 230 Rn. 21.
[12] Scholz/*Seibt* § 15 Rn. 230.

aus. Dem hat sich auch der BGH angeschlossen, nachdem er in früheren Entscheidungen die Frage offen gelassen hatte.[13] Dies gilt auch für den Fall, dass ein Gesellschafter sich nach Beurkundung des Gesellschaftsvertrages aber vor Eintragung der GmbH verpflichtet, seinen zukünftigen Geschäftsanteil für einen Treugeber zu halten.[14]

b) **Unterscheidung nach Zweck der Treuhand.** *aa) Verwaltungstreuhand.* Bei der Verwaltungstreuhand beinhaltet die Treuhandabrede, dass der Treuhänder die Beteiligung **im Interesse des Treugebers** zu verwalten hat (Verwaltungstreuhand). Da sich Treuhänder und Treugeber nicht zur Verfolgung und Förderung eines gemeinsamen Zwecks verpflichten, handelt es sich um einen Auftrag bzw. bei Entgeltlichkeit um einen Geschäftsbesorgungsvertrag. Der Treugeber hat regelmäßig gegenüber dem Treuhänder als seinem Geschäftsbesorger ein Weisungsrecht, das bereits aus dem BGB folgt (vgl. § 665 BGB), im Regelfall aber im Treuhandvertrag präzise ausformuliert wird. Als Grenze der Privatautonomie greift § 138 BGB ein. Das Auftragsrecht erlaubt, erfordert aber nicht eine gewisse Entschließungsfreiheit des Treuhänders.

bb) Sicherungstreuhand. Bei der Sicherungstreuhand beinhaltet der Treuhandvertrag eine **schuldrechtliche Sicherungsabrede.** Typischerweise überträgt der Gesellschafter seine Beteiligung sicherungshalber auf den Gläubiger weiterer gegen ihn gerichteter Ansprüche als Treuhänder. Diese Gestaltung spielt insbesondere bei der Beteiligungsfinanzierung durch Dritte eine Rolle.

Umgekehrt kann auch ein **veräußernder Gesellschafter** eine Treuhand vorsehen, wie z. B. bei der Abtretung eines GmbH-Geschäftsanteils unter der Bedingung der vollständigen Kaufpreiszahlung. Bis zur Zahlung ist der Verkäufer Treuhänder des Erwerbers. In manchen **Sanierungsfällen** werden ebenfalls die Geschäftsanteile auf einen Treuhänder übereignet, der somit als Sicherungstreuhänder für die Gläubigergesellschafter und als Verwaltungstreuhänder für die Gesellschafter selbst handelt. Kreditgeber müssen bei einer solchen Treuhand im Auge behalten, ob ihnen gegenüber die Haftung nach § 39 Abs. 1 Nr. 5 InsO[15] eingreift. Für den Gläubiger im Regelfall weniger riskant ist die Verpfändung des Geschäftsanteils auch wenn der Schuldner als Gesellschafter durch Mitwirkung an Gesellschafterbeschlüssen die Werthaltigkeit des Pfandrechts negativ beeinflussen oder sogar zerstören kann.

cc) Nutzungstreuhand. Bei der Nutzungstreuhand wird das Treuhandverhältnis dazu eingerichtet, um dem Treuhänder die **Nutzungen des Treugutes** zugute kommen zu lassen. Dies ist insoweit atypisch als damit die den Geschäftsbesorger normalerweise treffende Auskehrungspflicht ausgeschlossen wird. Eine solche Gestaltung kommt dem Nießbrauch sehr nahe, vermeidet allerdings den Streit über Mitverwaltungsrechte, der bei der Nießbrauchgestaltung noch nicht gelöst ist (siehe oben Fußnote 11).

c) **Unterscheidung nach Interessenwahrnehmung.** Je nachdem, ob der Treuhänder das Treugut im eigenen Interesse oder im Interesse des Treugebers hält, trifft man häufig die Begriffe der fremd- und eigennützigen Treuhand an.

aa) Fremdnützige Treuhand. Der Hauptfall der fremdnützigen Treuhand ist die **Verwaltungstreuhand.** Die Vereinbarung einer solchen erfolgt aus den unterschiedlichsten und vielschichtigsten Motiven.

bb) Eigennützige Treuhand. Eine eigennützige Treuhand hat meist ein einziges konkretes Ziel vor Augen. Typische Beispiele sind die **Sicherungstreuhand** und die **Nutzungstreuhand.**

4. Motive für Treuhandverhältnisse

a) **Verwaltungsmäßige Entlastung.** Häufigstes Motiv einer Verwaltungstreuhand ist das **Interesse des Gesellschafters,** von der Ausübung der Mitgliedschaftsrechte entlastet zu wer-

---

[13] BGHZ 141, 207, 211 f.; frühere Entscheidung: BGHZ 35, 272, 277.
[14] BGHZ 141, 207, 211.
[15] § 32 a GmbHG ist durch das MoMiG aufgehoben worden. Die Vorschrift des § 32 a Abs. 3 S. 2 GmbHG findet sich nunmehr in § 39 Abs. 1 Nr. 5 InsO wieder.

den. Die möglichen Gründe sind vielfältig und können von Krankheit, Auslandsaufenthalt, persönlicher Verhinderung, größerer Sachkompetenz des Treuhänders und anderen Erwägungen bestimmt sein.

25 Auf der anderen Seite kann auch die **GmbH entlastet** werden, wenn z. B. ein Treuhänder für eine Vielzahl von Treugebern tätig wird, die allesamt an der Gesellschaft mittelbar beteiligt sind. Die Verwaltungstreuhand kann auch zwischen den Gesellschaftern bestehende oder möglicherweise drohende persönliche Spannungen neutralisieren.

26 Letztendlich ist ein mögliches Motiv für die Einschaltung eines Treuhänders, **Patt-Situationen** bei Stimmgleichheit der Gesellschafter einer zweigliedrigen GmbH **aufzulösen**. Im Regelfall wird der Treuhänder damit allerdings zwischen zwei Stühle gesetzt. Er ist auf einmal das Zünglein an der Waage und hat damit weit umfassendere Macht als die vielleicht 1% der Anteile jedes Gesellschafters, die ihm übertragen wurden, normalerweise ausmachen würden. Sinnvoller ist im Regelfall, einen starken **Beirat** einzurichten oder bei Meinungsverschiedenheiten Beschlüsse nur nach Grundlage einer **schiedsrichterlichen Vorgabe eines Dritten** zu fassen.

27 b) **Zuwendung von Erträgen an den Treugeber.** Aufgrund der Rechtsunsicherheit, welche Mitwirkungsrechte ein Nießbrauchsberechtigter bei der Gesellschaft hat, kann eine Treuhandlösung **Rechtsnachteile vermeiden** und das gewünschte Ergebnis präziser erreichen.

28 c) **Verdeckung der Beteiligung.** Sicher die Mehrzahl der Treuhandverhältnisse wird zur Verdeckung der wahren Eigentümerstellung gewählt. Dabei geht es zum einen um die **Publizität gegenüber Dritten**, zum anderen aber auch darum, die Beteiligung gerade **im Verhältnis zur Gesellschaft und den übrigen Gesellschaftern** zu verbergen. Im Verhältnis zu Dritten wird so etwa versucht, die Beteiligung gegenüber Wettbewerbern wie vielleicht auch den eigenen Abnehmern geheim zu halten. Wer bereits als Gesellschafter oder Geschäftsführer einer anderen Gesellschaft dieser gegenüber einem gesellschafts- oder arbeitsrechtlichen Wettbewerbsverbot unterliegt, sich aber darüber hinwegzusetzen gedenkt, kann ebenfalls an einer treuhänderischen Beteiligung interessiert sein. Kommt dies jedoch heraus, muss der Treuhänder bei seiner anderen Gesellschaft mit Schadensersatzansprüchen und möglichem Ausschluss rechnen.

29 Treuhandkonstruktionen werden weiterhin oft benutzt, um den **Zugriff auf das eigene Vermögen zu erschweren** und aus diesem Grund die wahren Eigentumsverhältnisse zu verschleiern. Die Versuche, Aufsichts-, Kartell- oder Strafverfolgungsbehörden gegenüber Sachverhalte zu verschleiern sind ebenfalls recht zahlreich, auch wenn solche Konstruktionen in aller Regel je nach der konkreten Ausgestaltung unzulässig sind und bei Entdeckung strafrechtliche Konsequenzen nach sich ziehen.

30 d) **Überwindung von Beteiligungshindernissen.** Neben der früheren Unzulässigkeit der Gründung von Ein-Personen-Kapitalgesellschaften sind hier rechtliche Hinderungsgründe in der Person des Beteiligungswilligen anzuführen, z. B. entsprechende Klauseln im Gesellschaftsvertrag, die die unmittelbare Beteiligung verhindern oder bestimmte Eigenschaften voraussetzen, die nur der Treuhänder, nicht jedoch der Treugeber aufweist. Unabhängig von den hier genannten Motiven sind noch **zahlreiche weitere Motive** denkbar, so dass diese Ausführungen nicht als abschließend zu verstehen sind.

II. Begründung und Beendigung von Treuhandverhältnissen

31 Bei der Begründung von Treuhandverhältnissen sind verschiedene Aspekte zu berücksichtigen. Grundsätzlich handelt es sich bei einem Treuhandvertrag lediglich um einen **schuldrechtlichen Vertrag**, der **gesetzlich nicht besonders geregelt** ist. Zumeist wird es sich, abhängig davon, ob der Treuhänder für seine Tätigkeit ein Entgelt erhält, um einen Auftrag im Sinne des § 662 BGB bei Unentgeltlichkeit oder um einen Geschäftsbesorgungsvertrag im Sinne von § 675 BGB bei Entgeltlichkeit handeln (s. o. I. 1.).[16] Grundsätzlich ist ein solcher

---

[16] Hachenburg/*Zutt* Anh. § 15 Rn. 56.

Vertrag formfrei. Bei Vereinbarung einer Treuhand an GmbH-Geschäftsanteilen ist dies zum Teil auf Grund der Regelung des § 15 GmbHG anders. § 15 Abs. 3 GmbHG ordnet an, dass die Abtretung von Geschäftsanteilen durch Gesellschafter eines in notarieller Form geschlossenen Vertrages bedarf; § 15 Abs. 4 GmbHG bestimmt, dass auch eine Vereinbarung, durch welche die Verpflichtung eines Gesellschafters zur Abtretung eines Geschäftsanteils begründet wird, der notariellen Form bedarf. Darüber hinaus können sich weitere Wirksamkeitsvoraussetzungen aus der Satzung der GmbH ergeben, vgl. § 15 Abs. 5 GmbHG.

1. Formbedürftigkeit

a) **Formbedürftigkeit der Abtretung.** Die Abtretung eines GmbH-Geschäftsanteils bedarf stets eines notariell beurkundeten Vertrages. Bei der Übertragungstreuhand ist die Abtretung des Geschäftsanteils vom Treugeber auf den Treuhänder regelmäßig Bestandteil des Treuhandvertrages. Dieser ist demnach in der Regel **notariell zu beurkunden.** Bei Vereinbarungs- und Erwerbstreuhand finden sich meist Regelungen, die bei Beendigung des Treuhandvertrages eine Abtretung des Geschäftsanteils an den Treugeber bestimmen (s. u. II. 4. b). Sollte eine solche aufschiebend bedingte Abtretung nicht enthalten sein, unterliegen die Verträge über Erwerbs- und Vereinbarungstreuhand nicht dem Formerfordernis des § 15 Abs. 3 GmbHG. Die Formbedürftigkeit kann sich allerdings aus § 15 Abs. 4 GmbHG ergeben (dazu sogleich). 32

b) **Formbedürftigkeit des Treuhandvertrages.** Die Formbedürftigkeit des Treuhandvertrages kann sich aus § 15 Abs. 4 S. 1 GmbHG ergeben, wenn der Vertrag eine **Abtretungs- bzw. Erwerbsverpflichtung** enthält. In der Rechtsprechung ist seit langem anerkannt, dass § 15 Abs. 4 Satz 1 GmbHG über den dort erwähnten Fall der Veräußerungsverpflichtung auch den Fall der Erwerbsverpflichtung umfasst.[17] Die Nichtbeachtung der vorgeschriebenen Form, die gemäß § 125 BGB die Nichtigkeit des Rechtsgeschäfts nach sich zieht, kann den mit der Vereinbarung der Treuhand erwünschten Zweck vereiteln. Regelmäßig will der Treugeber den Treuhänder steuern. Dies setzt voraus, dass er auf Grund schuldrechtlicher Vereinbarung insbesondere die Ausübung der Mitgliedschaftsrechte durch den Treuhänder beeinflussen kann (s. unten Rn. 53 ff.). Im Falle der Unwirksamkeit des schuldrechtlichen Treuhandvertrages sind die Einflussnahmemöglichkeiten des Treugebers rechtlich nicht abgesichert. Auch sofern zwischen Treugeber und Treuhänder eine Abtretung des Anspruches auf den Anteil am Gewinn bzw. am Liquidationserlös vereinbart worden ist, würde die Nichtigkeit der Treuhandabrede im Regelfall auch die Nichtigkeit der Abtretung dieser Ansprüche nach sich ziehen. Der Anteil am Gewinn bzw. am Liquidationserlös würde daher nicht dem Treugeber zufließen, sondern dem Treuhänder. Daher ist die Beachtung bestehender Formerfordernisse von entscheidender Bedeutung. Die Heilung der Formnichtigkeit durch spätere notarielle Beurkundung der Abtretung gemäß § 15 Abs. 4 S. 2 GmbHG kommt in der Regel zu spät. 33

aa) Übertragungstreuhand. Ob die Vereinbarung einer Übertragungstreuhand der notariellen Beurkundung bedarf, ist umstritten. Festzuhalten ist, dass die Übertragungstreuhand regelmäßig die **Pflicht des Treugebers,** der bei Abschluss der Treuhandvereinbarung Gesellschafter ist, enthält, den **Geschäftsanteil auf den Treuhänder zu übertragen.** Auf Seiten des Treuhänders wird sich aus einer Übertragungstreuhandsvereinbarung in der Regel die Pflicht des Treuhänders zum Erwerb des Geschäftsanteils und zu dessen Rückübertragung im Falle der Beendigung der Treuhandvereinbarung ergeben. Nach h. M. ist deshalb die Vereinbarung der Übertragungstreuhand **formbedürftig.**[18] Diese Auffassung ist jedoch **nicht unumstritten.**[19] Um in Anbetracht der weitreichenden Konsequenzen eines Formmangels Sicherheit zu schaffen, ist die notarielle Beurkundung der Vereinbarung einer Übertragungstreuhand dringend anzuraten. 34

---

[17] RGZ 57, 60, 61; OLG München BB 1995, 427, 428; Hachenburg/*Zutt* § 15 Rn. 36.
[18] Baumbach/Hueck/*Fastrich* § 15 Rn. 56; Rowedder/Schmidt-Leithoff/*Görner* § 15 Rn. 68; Lutter/Hommelhoff/*Bayer* § 15 Rn. 91.
[19] *Armbrüster* GmbHR 2001, 941, 946.

35 **bb) Vereinbarungstreuhand.** Bei der Vereinbarungstreuhand findet ein Gesellschafterwechsel zunächst nicht statt. Vielmehr verpflichtet sich der Gesellschafter einer GmbH, den von ihm gehaltenen Geschäftsanteil nicht mehr auf eigene, sondern **auf fremde Rechnung zu verwalten.** Sofern der Treuhandvertrag – wie üblich – vorsieht, dass bei Beendigung des Treuhandvertrages der Geschäftsanteil auf den Treugeber übergehen soll, vollzieht sich ein Gesellschafterwechsel bei Beendigung. Nach h. M. ist der Abschluss einer Vereinbarungstreuhand **formbedürftig.**[20]

36 **cc) Erwerbstreuhand.** Auch die Vereinbarung einer originären Erwerbstreuhand unterliegt **der Formvorschrift** des § 15 Abs. 4 GmbHG.[21] Eine Beurkundung ist nur dann nicht erforderlich, wenn bei Vereinbarung einer originären Erwerbstreuhand weder ein beurkundeter Gesellschaftsvertrag noch eine beurkundete Kapitalerhöhung vorliegt. Aus diesem Grund gebietet eine teleologische Reduktion des Anwendungsbereichs des § 15 Abs. 4 GmbHG, dass die originäre Erwerbstreuhandabrede nicht formbedürftig ist.[22]

37 Die Beurkundungspflicht gilt bereits in dem Zeitraum zwischen Errichtung (notarielle Beurkundung des Gesellschaftsvertrages) und Eintragung der GmbH in das Handelsregister.[23] Eine vor Errichtung der Gesellschaft vereinbarte Treuhand ist formfrei möglich.[24]

2. Zustimmungserfordernisse und besondere statutarische Voraussetzungen

38 In vielen GmbH-Satzungen[25] finden sich Regelungen, die die Übertragung von Geschäftsanteilen an besondere Voraussetzungen knüpfen. Wohl häufigste Regelung ist die **Vinkulierung.** Die Vinkulierung eines Geschäftsanteils hat zur Folge, dass dieser ohne Zustimmung der im Gesellschaftsvertrag bezeichneten Personen oder Gremien nicht übertragen werden kann. Daneben kommen auch satzungsmäßige Regelungen vor, die bestimmte Voraussetzungen an die Person des Gesellschafters stellen wie z. B. die Zugehörigkeit zu einem bestimmten Berufsstand, Alter, Berufserfahrung etc.

39 **a) Anteilsvinkulierung.** Bei der Vinkulierung von Geschäftsanteilen ist bei Übertragungs- und Erwerbstreuhand ein etwaiges Zustimmungserfordernis einzuhalten. Dies ergibt sich bereits daraus, dass tatsächlich ein Gesellschafterwechsel stattfindet.

40 Für den Fall der **Vereinbarungstreuhand** ist umstritten, ob der Abschluss einer solchen Abrede der Zustimmung bedarf. Nach wohl h. M. ist das Zustimmungserfordernis auch auf den Fall der Vereinbarungstreuhand anzuwenden.[26] Diese Auffassung wird damit begründet, dass Zweck einer Vinkulierungsklausel die Abwehr unerwünschter fremder Einflüsse auf die Gesellschaft sei. Nach anderer Auffassung ergibt sich nach einem Vergleich der Auswirkungen des Abschlusses einer Vereinbarungstreuhand und einer Übertragung des Gesellschaftsanteils, dass die Vereinbarungstreuhand von ihren Wirkungen deutlich hinter dem Gesellschafterwechsel zurück bleibe. Dies habe zur Konsequenz, dass der Zweck der Vinkulierungsklausel nicht tangiert sei und in Folge dessen das Zustimmungserfordernis die Vereinbarungstreuhand nicht erfasse.[27] Sofern die Zustimmung nicht erzielt werden kann, sollte von dem Abschluss einer Vereinbarungstreuhand Abstand genommen werden.

41 **b) Besondere statutarische Voraussetzungen.** Sofern die Satzung besondere Voraussetzungen aufstellt, denen ein Gesellschafter genügen muss, ist festzuhalten, dass die Vorausset-

---

[20] BGHZ 141, 207, 211 f. = GmbHR 1999, 707; OLG Bamberg NZG 2001, 509, 510 f.; Lutter/Hommelhoff/*Bayer* § 15 Rn. 92; Baumbach/Hueck/*Fastrich* § 15 Rn. 56; *Armbrüster* GmbHR 2001, 941, 946; a. A. Hachenburg/*Zutt* Anh. § 15 Rn. 52.
[21] BGH NZG 2006, 590; Rowedder/Schmidt-Leithoff/*Görner* § 15 Rn. 68; Baumbach/Hueck/*Hueck*/ *Fastrich* § 15 Rn. 56; *Schulz* GmbHR 2001, 282, 285; Lutter/Hommelhof/*Bayer* § 15 Rn. 90.
[22] *Armbrüster* GmbHR 2001, 941, 946; vgl. auch BGHZ 141, 207.
[23] *Armbrüster* GmbHR 2001, 941, 946.
[24] BGHZ 141, 207, 213 = GmbHR 1999, 707; OLG Celle NZG 2001, 368; *Armbrüster* GmbHR 2001, 941, 946.
[25] Hierzu ausführlich § 2.
[26] *Leßmann* GmbHR 1985, 179, 182; RGZ 159, 272, 280.
[27] *Armbrüster* GmbHR 2001, 941, 947.

zungen sowohl in der Person des Treuhänders wie auch der des Treugebers erfüllt sein müssen.[28]

3. Übertragung der treuhänderischen Beteiligung

Soll im Laufe des Treuhandverhältnisses der **Treuhänder ausgewechselt** werden, gelten die oben dargestellten Grundsätze entsprechend. Erforderlich ist zum einen, dass das Treuhandverhältnis zum bisherigen Treuhänder aufgelöst wird, was regelmäßig durch Kündigung geschieht. Daneben ist die Übertragung des Geschäftsanteils vom bisherigen Treuhänder auf den Treugeber und von diesem auf den neuen Treuhänder oder direkt vom bisherigen auf den neuen Treuhänder erforderlich. Hierbei sind insbesondere die Formvorschrift des § 15 Abs. 3 GmbHG sowie etwaige Zustimmungserfordernisse oder besondere statutarische Voraussetzungen zu beachten.

Bei der Übertragung der Rechtsstellung des Treugebers ist festzuhalten, dass der Treugeber ohne Mitwirkung des Treuhänders **lediglich Rechte** aus dem Treuhandvertrag, **nicht aber Pflichten** übertragen kann. Nach h. M. gelten für die Übertragung der Treugeberrechte auf einen Dritten die gleichen Anforderungen wie für die Übertragung der Gesellschafterstellung.[29]

4. Sicherung des Treugebers und Ausgestaltung der Beendigungstatbestände

Für den Treugeber kann es von eminenter Bedeutung sein, dass er bei Problemen den Treuhandvertrag schnell auflösen kann, insbesondere wenn der Treuhänder die ihm aus dem Treuhandvertrag obliegenden Pflichten verletzt. Dem Treugeber wird es regelmäßig nicht ausschließlich um die Beendigung des schuldrechtlichen Verhältnisses gehen, sondern vor allem um die Beseitigung der Gesellschafterstellung des Treuhänders, um so dem Treuhänder die Möglichkeit zu nehmen, die Interessen des Treugebers beeinträchtigen zu können.

a) **Beendigung des schuldrechtlichen Treuhandverhältnisses.** Das Treuhandverhältnis ist ein Dauerschuldverhältnis, das grundsätzlich durch **Kündigung** beendet werden kann. Je nach Interessenlage werden Treuhänder und Treugeber ordentliche und ggf. außerordentliche **Kündigungsmöglichkeiten vereinbaren**. Bei Vereinbarung einer fremdnützigen Treuhand wird der Treuhänder im Regelfall keinen allzu großen Wert auf lange Kündigungsfristen legen. Sollte er für seine Tätigkeit eine Vergütung erhalten, wird im Regelfall einzig das Vergütungsinteresse der Vereinbarung einer jederzeitigen Kündigungsmöglichkeit des Treugebers entgegenstehen. Dem Vergütungsinteresse kann durch Vereinbarung einer Abfindung für den Fall der sofortigen Kündigung durch den Treugeber Rechnung getragen werden.

> **Formulierungsvorschlag: Jederzeitige Kündigungsmöglichkeit des Treugebers**
> Der Treugeber ist zur jederzeitigen Kündigung dieses Treuhandvertrages ohne Einhaltung einer Kündigungsfrist berechtigt. Im Falle der Kündigung zahlt der Treugeber an den Treuhänder eine Abfindung in Höhe von ...... EUR es sei denn, dass die Kündigung auf einem vertragswidrigen Verhalten des Treuhänders beruht.

Die **sofortige Kündigung gegen Abfindung** kann gegebenenfalls auch mit einer Kündigungsmöglichkeit bei der eine Kündigungsfrist einzuhalten und keine Abfindung zu zahlen ist, kombiniert werden.

---

[28] Hachenburg/*Zutt* Anh. § 15 Rn. 51 ff.
[29] BGH NJW 1965, 1376, 1377 = GmbHR 1965, 155; a.A. *Armbrüster* GmbHR 2001, 941, 948.

> **Formulierungsvorschlag: Kombinationsmodell**
>
> Der Treugeber ist zur jederzeitigen Kündigung dieses Treuhandvertrages ohne Einhaltung einer Kündigungsfrist berechtigt. Im Falle der Kündigung zahlt der Treugeber an den Treuhänder eine Abfindung in Höhe von ...... EUR, es sei denn, dass die Kündigung auf einem vertragswidrigen Verhalten des Treuhänders beruht oder zwischen Zugang der Kündigungserklärung und Vertragsbeendigung nach dem Wortlaut der Kündigungserklärung ein Zeitraum von mindestens ...... Monaten liegt.

46 Ist eine **Sicherungstreuhand** vereinbart, wird eine ordentliche Kündigung der Vertrages durch den Treugeber mit sofortiger Wirkung regelmäßig ausgeschlossen. Eine Kündigung mit sofortiger Wirkung würde dem Sicherungsinteresse des Sicherungsnehmers (Treuhänders) nicht gerecht. Aufgrund der meist wirtschaftlich überlegenen Position des Sicherungsnehmers (Treuhänders) ist die Beendigung des Treuhandvertrages oft an den Wegfall des Sicherungszwecks geknüpft und eine Kündigung durch den Treugeber regelmäßig nur bei Vorliegen eines wichtigen Grundes möglich.

> **Formulierungsvorschlag**
>
> Dieser Treuhandvertrag endet, wenn der Sicherungszweck entfällt. Der Sicherungszweck entfällt, wenn ...... (z. B. die gesicherte Forderung erfüllt ist). Der Treugeber kann den Treuhandvertrag nur aus wichtigem Grund kündigen.

47 **b) Übertragung der Gesellschafterstellung.** Wie bereits dargestellt, ist neben der Beendigung des schuldrechtlichen Vertrages auch die Übertragung der Gesellschafterstellung des Treuhänders erforderlich. Bereits im Treuhandvertrag kann sichergestellt werden, dass der Treuhänder bei Eintritt vorher definierter Voraussetzungen den Geschäftsanteil abtritt bzw. eine Abtretung nicht verhindern kann.

48 *aa) Unwiderrufliches Angebot.* In Betracht kommt zum einen, in den Treuhandvertrag ein Angebot (§ 145 BGB) auf Abtretung des Geschäftsanteils an den Treuhänder oder einen Dritten aufzunehmen. Zur Sicherung des Treugebers sollte das Angebot unwiderruflich ausgestaltet sein. Diese Regelung ist nur bei notarieller Beurkundung des Treuhandvertrages wirksam, da sie eine Quasi-Verpflichtung des Treuhänders zur Übertragung des Geschäftsanteils enthält (s. o. → Rn. 32 ff.).

> **Formulierungsvorschlag: Unwiderrufliches Angebot auf Abtretung**
>
> Der Treunehmer bietet dem Treugeber die Abtretung des Geschäftsanteils an den Treugeber oder eine von diesem zu bestimmende Person an. Das Angebot ist unwiderruflich [gilt über den Tod hinaus] und erlischt ausschließlich durch seine Ablehnung.

49 *bb) Aufschiebend bedingte Abtretung.* Weiterhin kommt eine aufschiebend bedingte Abtretung des Geschäftsanteils in Betracht. Diese gewinnt insbesondere im Falle der Eröffnung des **Insolvenzverfahrens über das Vermögen des Treuhänders** oder die Einleitung von **Zwangsvollstreckungsmaßnahmen** von Gläubigern des Treuhänders in den Geschäftsanteil an Bedeutung (s. u. → Rn. 77 ff., 84 ff.). Im Falle der Vereinbarung einer aufschiebenden Bedingung kann die Wirksamkeit der Abtretung an den Eintritt vorher definierter objektiver Ereignisse geknüpft werden, so dass sich bei Bedingungseintritt ohne weiteres Zutun des Treuhänders oder Treugebers der Gesellschafterwechsel vollzieht. Die Abtretung des Geschäftsanteils bedarf nach § 15 Abs. 3 GmbHG der notariellen Beurkundung.

> **Formulierungsvorschlag: Aufschiebend bedingte Abtretung**
>
> Der Treuhänder tritt den Geschäftsanteil an den diese Abtretung annehmenden Treugeber ab. Die Abtretung steht unter der aufschiebenden Bedingung der Beendigung des Treuhandvertrages. (Für die Sonderfälle Insolvenz und Zwangsvollstreckung siehe unten IV. und V.)

Nur durch die aufschiebend bedingte Abtretung des Geschäftsanteils kann der Treugeber vor Verfügungen des Treuhänders über den Geschäftsanteil geschützt werden. Nach § 137 BGB kann die Verfügungsbefugnis des Rechtsinhabers nicht durch eine vertragliche Vereinbarung beeinträchtigt werden. Im Falle der aufschiebend bedingten Abtretung erwirbt der Treugeber regelmäßig ein Anwartschaftsrecht und ist grundsätzlich gemäß § 161 BGB gegen Zwischenverfügungen des Treuhänders geschützt. Zu beachten ist allerdings, dass nunmehr § 16 GmbHG den Gutglaubenserwerb von Geschäftsanteilen zulässt, so dass § 161 Abs. 3 BGB eventuell zu einem gutgläubigen Erwerb des Dritten führt.

cc) Bevollmächtigung des Treugebers. Als weitere Möglichkeit, die Übertragung des Geschäftsanteils sicher zu stellen, bietet sich die **unwiderrufliche Bevollmächtigung des Treugebers zur Abtretung des Geschäftsanteils** an. Der Treugeber hat die Möglichkeit im Namen des Treunehmers den Geschäftsanteil an einen Dritten abzutreten. Sofern der Treugeber den Geschäftsanteil auf sich selbst übertragen will, handelt es sich um ein Insich-Geschäft im Sinne des § 181 BGB.[30] Zur Wirksamkeit der Abtretung bedarf es der Gestattung durch den Treuhänder.[31] Diese Gestattung kann bereits in der Vollmacht enthalten sein. Da zumindest im Fall der unwiderruflichen Bevollmächtigung eine Quasi-Verpflichtung zur Übertragung des Geschäftsanteils eintritt, ist die notarielle Beurkundung des Vertrages bei dem derzeitigen Stand der Rechtsprechung zu empfehlen.

> **Formulierungsvorschlag: Unwiderrufliche Bevollmächtigung**
>
> Der Treuhänder bevollmächtigt den Treugeber, den Geschäftsanteil abzutreten. Die Bevollmächtigung ist unwiderruflich [und gilt über den Tod hinaus]. Der Treugeber darf den Geschäftsanteil an einen Dritten oder sich selbst abtreten. [Tritt der Treugeber den Geschäftsanteil an sich selbst ab, ist er von den Beschränkungen des § 181 BGB befreit.]

III. Rechtsstellung von Treugeber und Treuhänder

Die Rechtsbeziehungen zwischen Treugeber und Treuhänder erschöpfen sich in der Regel in einem **schuldrechtlichen Vertrag**, dem Treuhandvertrag. Zumeist wird es sich – abhängig davon, ob dem Treuhänder für seine Tätigkeit eine Vergütung zustehen soll – um einen Auftrag (§ 662 BGB) oder einen Geschäftsbesorgungsvertrag (§ 675 BGB) handeln.[32] Gesellschafter und damit alleiniger Inhaber sämtlicher Mitgliedschaftsrechte ist grundsätzlich der Treuhänder als „formeller Gesellschafter", ihn treffen alle Rechte und Pflichten.[33] Der Treugeber kann die von ihm verfolgten wirtschaftlichen Ziele, Einflussnahme auf die GmbH, nur dann erreichen, wenn er die Ausübung der Mitgliedschaftsrechte durch den Treuhänder steuern oder selbst in die Hand nehmen kann.

1. Stimmrecht

Von besonderer Bedeutung ist die Einflussnahme des Treugebers auf die Ausübung des Stimmrechts durch den Treuhänder. Durch die Steuerung der Ausübung des Stimmrechts kann der Treugeber auf die Entwicklung der Gesellschaft Einfluss nehmen.

---

[30] Palandt/*Ellenberger* § 181 Rn. 17.
[31] Palandt/*Ellenberger* § 181 Rn. 17.
[32] Hachenburg/*Zutt* Anh. § 15 Rn. 56.
[33] BGHZ 21, 378, 382 = NJW 1957, 19; BGHZ 31, 258, 263f. = NJW 1960, 285; BGH WM 1966, 614, 616; Lutter/Hommelhoff/*Bayer* § 14 Rn. 17.

54 **a) Übertragung des Stimmrechts.** Für den Treugeber wäre es am sichersten, wenn er das Stimmrecht erwerben und davon in eigener Person Gebrauch machen könnte. Dies würde jedoch zu einer Abspaltung des Stimmrechts von der Mitgliedschaft führen und somit gegen das in der Rechtsprechung des BGH anerkannte **Abspaltungsverbot** verstoßen.[34] Das Abspaltungsverbot hat zum Inhalt, dass einzelne Teile der Mitgliedschaft nicht von ihr abgespalten werden können, was für alle Herrschafts- und Vermögensrechte gleichermaßen gilt.[35] Die isolierte Übertragung des Stimmrechts auf den Treugeber ist daher nicht möglich.

55 **b) Nichtanzeige des Gesellschafterwechsels.** Gemäß § 16 Abs. 1 GmbHG gilt im Verhältnis zur Gesellschaft nur derjenige als Gesellschafter, der als solcher in der zum Handelsregister eingereichten Gesellschafterliste eingetragen ist. Dies führt jedoch nicht dazu, dass die Eintragung und die Aufnahme der Liste in das Handelsregister Wirksamkeitsvoraussetzungen für den Erwerb des Geschäftsanteils sind. Wie nach alter Gesetzeslage besteht daher bei der Übertragungstreuhand die Möglichkeit, die Abtretung des Geschäftsanteils nicht anzuzeigen. Ohne die Eintragung und die Aufnahme in die Gesellschafterliste beim Handelsregister bleibt es dem Treuhänder jedoch verwehrt, seine Mitgliedschaftsrechte auszuüben. Diese würden ihm erst nach einer entsprechenden Aufnahme in die geänderte Gesellschafterliste zustehen. Folglich kann und muss der Treugeber als der noch in der Gesellschafterliste bezeichnete Gesellschafter alle Gesellschafterrechte wirksam ausüben. Ebenso wie bei der alten Gesetzeslage darf die Gesellschaft den Gewinn nur an ihn ausschütten. Diese **verbergende Konstruktion** kann die oftmals unerwünschte steuerrechtliche Konsequenz haben, dass Ertragsteuern bei dem Treuhänder anfallen. Dem Treuhänder stünde regelmäßig ein Aufwendungsersatzanspruch aus § 670 BGB zu, dessen Erfüllung der Treugeber u. U. nicht als Betriebsausgaben abziehen könnte (s. u. VI.). Außerdem besteht die Gefahr, dass der Treuhänder unabhängig vom Treugeber den Gesellschafterwechsel gegenüber der GmbH anzeigt. Dies hat die Folge, dass ab dem Zeitpunkt der Anzeige der Treuhänder als Gesellschafter gilt. Enthält der Treuhandvertrag ansonsten keine Regelungen zur Sicherung der Einflussnahmemöglichkeiten des Treugebers, ist der Treugeber auf die sich aus § 665 BGB ergebende Weisungsgebundenheit des Treuhänders verwiesen. Es bieten sich zwei schuldrechtliche Mittel an, die eine effektivere Sicherung der Einflussnahme des Treugebers auf die Ausübung des Stimmrechts bewirken.

56 **c) Stimmbindung.** Zum einen ist dies die Stimmbindung, bei der der Treuhänder sein Stimmrecht nach Weisungen des Treugebers ausübt und an diese Weisungen gebunden ist. Die **Zulässigkeit der Stimmbindung** gegenüber einem Nichtgesellschafter ist in der Rechtsprechung des BGH und in der Literatur bei Treuhandverhältnissen **grundsätzlich anerkannt.**[36] Die Stimmbindung ergibt sich regelmäßig bereits **aus dem Gesetz:** Wie bereits dargelegt, handelt es sich bei Treuhandverträgen zumeist um Aufträge oder Geschäftsbesorgungsverträge. In beiden Fällen findet § 665 BGB Anwendung. Dieser setzt voraus, dass der Auftragnehmer bzw. Geschäftsbesorgende bei der Ausübung seiner Tätigkeit an die Weisungen desjenigen gebunden ist, für dessen Rechnung er handelt. Gleichwohl findet sich in der überwiegenden Anzahl der Treuhandverträge eine ausdrückliche Regelung des Weisungsrechts. Hierbei handelt es sich nicht lediglich um eine Darstellung der Rechtslage, wie sie sich bereits aus dem Gesetz ergibt. Vielmehr dienen solche ausdrücklichen vertraglichen Regelungen steuerlichen Zwecken: Nach § 39 Abs. 2 Nr. 1 S. 2 AO kommt es für die Zuordnung eines Wirtschaftsgutes zum Vermögen des Steuersubjektes u. a. darauf an, wer maßgeblichen Einfluss auf das Wirtschaftsgut (Treugut) ausübt.[37] Um gegenüber dem Finanzamt dokumentieren zu können, dass der Treugeber den Geschäftsanteil „beherrschen" kann, empfiehlt es sich, eine entsprechende Regelung schriftlich festzuhalten.

57 **Stimmbindungsverträge** sind im GmbH-Recht **nicht schrankenlos zulässig.** Die Einzelheiten zulässiger Bindungen sind umstritten:[38]

---

[34] BGHZ 43, 261, 267.
[35] Baumbach/Hueck/*Fastrich* § 14 Rn. 20.
[36] BGHZ 48, 163, 166 ff.; Baumbach/Hueck/*Zöllner* § 47 Rn. 113.
[37] BStBl. 1981 II, 663, 664.
[38] Nachweise bei Baumbach/Hueck/*Zöllner* § 47 Rn. 113 f.; Lutter/Hommelhoff/*Bayer* § 47 Rn. 16 f.

In der Literatur wird vereinzelt das **Abspaltungsverbot als Grenze** für zulässige Stimm- 58 bindungsvereinbarungen angesehen.[39] Diese Auffassung verkennt jedoch, dass dem Treugeber regelmäßig bereits aus dem Gesetz (§ 665 BGB) ein umfassendes Weisungsrecht zusteht und dass das Stimmrecht beim Treuhänder als Gesellschafter verbleibt, mithin gerade keine Stimmrechtsabspaltung stattfindet. Nach h.M. ist gerade im Bereich der Treuhand die Stimmbindungsvereinbarung daher zulässig.[40]

Beschränkungen des Inhalts einer zulässigen Stimmrechtsbindungsvereinbarung resultie- 59 ren aus der **gesellschaftsrechtlichen Treuepflicht**.[41] Aus der gesellschaftsrechtlichen Treuepflicht kann sich als so genannte positive Stimmpflicht[42] ergeben, dass der Gesellschafter die zur Erhaltung des in der Gesellschaft Geschaffenen und zur Erreichung ihres Zweckes dringend gebotenen Maßnahmen durch entsprechende Abstimmung unterstützen muss. Dies kann u.a. dazu führen, dass die Gesellschafter gegebenenfalls zeitweise auf (Vermögens-)Rechte verzichten müssen.[43]

Sofern die Weisung des Treugebers gegenüber dem Treuhänder mit einer positiven Stimm- 60 pflicht in Konflikt gerät, können die **übrigen Gesellschafter** im Wege der **einstweiligen Verfügung** dem Treuhänder aufgeben, in einer Art und Weise, die den Interessen der Gesellschaft gerecht wird, abzustimmen bzw. ihm verbieten, an der Abstimmung teilzunehmen.[44] In einem solchen Falle wäre offensichtlich die Einflussnahmemöglichkeit des Treugebers auf das Abstimmungsverhalten des Treuhänders gefährdet bzw. ausgeschlossen.

Die vorgenannten Grundsätze gelten jedoch nur dann, wenn die weisungsgemäße Aus- 61 übung des Stimmrechts zu einer **besonders schweren Beeinträchtigung der Gesellschaft oder der anderen Gesellschafter** führen würde.[45] In der Literatur wird darüber hinaus auch diskutiert, ob die gesellschaftsrechtliche Treuepflicht nicht lediglich den Treuhänder, sondern auch den Treugeber erfasse.[46] In diesem Falle dürfte der Treugeber bereits keine Weisungen erteilen, die der gesellschaftsrechtlichen Treupflicht entgegenstehen. Fest steht, dass die Grenze für die Beachtung von Weisungen des Treugebers stets die gesellschaftsrechtliche Treuepflicht ist. Dieser Umstand sollte in einer entsprechenden Vereinbarung Niederschlag finden.

> **Formulierungsvorschlag: Umfangreiches Weisungsrecht des Treugebers**
>
> Der Treuhänder wird von Mitgliedschaftsrechten stets ausschließlich im Interesse des Treugebers Gebrauch machen und insbesondere Weisungen des Treugebers beachten, soweit die Beachtung der Interessen und Weisungen des Treugebers im Einzelfall nicht gegen die gesellschaftsrechtliche Treuepflicht des Treuhänders verstößt.

Das RG[47] und Teile der Literatur[48] halten die **Stimmrechtsbindung bei vinkulierten Ge-** 62 **schäftsanteilen** für **unzulässig,** sofern der Zustimmungspflichtige (in der Regel Gesellschaft oder Gesellschafter) die Zustimmung nicht erteilt hat. Die faktische Ausübung des Stimmrechts durch einen Nichtgesellschafter laufe den mit der Vinkulierung verfolgten Zielen (Kontrolle der Person desjenigen, der Entscheidungen mitbestimmt) zuwider und sei auf Grund von Sittenwidrigkeit gemäß § 138 BGB nichtig.[49] Diese Auffassung ist in der Litera-

---

[39] *Busse* BB 1961, 261, 262; Scholz/*Schmidt* Bd. II, § 47 Rn. 47 f.
[40] BGHZ 48, 163, 166 f.; Hachenburg/*Zutt* Anh. § 15 Rn. 56; Lutter/Hommelhoff/*Bayer* § 47 Rn. 4; MünchKommBGB/*Ulmer/Schäfer* § 717 Rn. 26.
[41] BGHZ 9, 157, 163; BGHZ 14, 25, 38; BGHZ 65, 15, 18; BGHZ 98, 276 = WM 1986, 1348; Lutter/Hommelhoff/*Bayer* § 47 Rn. 17.
[42] BGHZ 98, 276 = WM 1986, 1348; WM 1987, 133.
[43] Vgl. BGHGmbHR 1985, 152, 153.
[44] Lutter/Hommelhoff/*Bayer* § 14 Rn. 23.
[45] OLG Frankfurt GmbHR 1993, 161; OLG Hamm GmbHR 1993, 163.
[46] Scholz/*Seibt* § 14 Rn. 52.
[47] RGZ 69, 134, 137.
[48] *Beuthien* ZGR 1974, 26, 80; Scholz/*Schmidt* § 47 Rn. 48 sowie *Heringer* MittRhNotK 1993, 269 (276), sofern dem Treuhänder ein zeitlich und gegenständlich nicht beschränktes Weisungsrecht eingeräumt wird.
[49] RGZ 69, 134, 137.

tur jedoch umstritten.⁵⁰ Durch den BGH ist dieses Problem bislang – soweit ersichtlich – nicht geklärt. Sofern die **erforderliche Zustimmung** nicht herbeigeführt werden kann, sollte daher von der Treuhand Abstand genommen werden.

63 Andererseits kommen insbesondere bei der **eigennützigen Treuhand** Gestaltungen vor, bei denen das Weisungsrecht des Treugebers erheblich eingeschränkt ist. Nicht zulässig ist der vollständige Verzicht des Treugebers auf sein Weisungsrecht. Diese Selbstentmündigung soll wegen Verstoßes gegen § 138 BGB nichtig sein.⁵¹ Bis zu dieser Grenze sind Gestaltungen möglich, die das Weisungsrecht des Treugebers einschränken.

> **Formulierungsvorschlag: Eingeschränktes Weisungsrecht des Treugebers**
>
> Der Treuhänder wird von Mitgliedschaftsrechten stets ausschließlich im Interesse des Treugebers Gebrauch machen, es sei denn, dass Gegenstand der Beschlussfassung ...... (z. B. Änderung des Unternehmenszwecks, Kapitalerhöhung/-herabsetzung, Liquidation der Gesellschaft) ist.

64 Zeichnet sich im Vorfeld einer Abstimmung eine abredewidrige Stimmrechtsausübung durch den Treuhänder ab, hat der **Treugeber** die Möglichkeit, im Wege der **einstweiligen Verfügung** (§ 935 ZPO) die Ausübung des Stimmrechts in bestimmtem Sinne vorläufig ver- oder gebieten zu lassen.⁵² Die einstweilige Verfügung kann den Treugeber jedoch letzten Endes nicht vollends vor einer abredewidrigen Ausübung des Stimmrechts durch den Treuhänder schützen. Der Verstoß gegen die Stimmbindungsvereinbarung **berührt die Wirksamkeit des gefassten Beschlusses** regelmäßig **nicht**.⁵³ Anders ist dies nur dann, wenn sich alle Gesellschafter der GmbH gegenüber einem Dritten gebunden und weisungswidrig abgestimmt haben. In einem solchen Falle ist der Beschluss grundsätzlich anfechtbar.⁵⁴ Praktisch scheidet eine Anfechtung im Regelfall aus: Der Treugeber ist nicht anfechtungsberechtigt, ihm fehlt die Gesellschafterstellung; der Treuhänder hat für den Beschluss gestimmt und ist aus diesem Grund ebenfalls nicht anfechtungsberechtigt.⁵⁵

65 **d) Stimmrechtsvollmacht.** Abgesehen von der Stimmbindungsvereinbarung kommt als ein Mittel zur Einflussnahme auf die Ausübung des Stimmrechts eine Stimmrechtsvollmacht in Betracht. Die Stimmrechtsvollmacht ist **grundsätzlich zulässig,** vgl. § 47 Abs. 3 GmbHG. Die **Satzung** der GmbH kann jedoch die Bevollmächtigung ausschließen oder einschränken, insbesondere an besondere Eigenschaften des Bevollmächtigten knüpfen.⁵⁶ In der Praxis kommen häufig Regelungen vor, nach denen sich ein Gesellschafter ausschließlich durch einen anderen Gesellschafter vertreten lassen darf. Die Bevollmächtigung eines Treugebers, der nicht gleichzeitig auch Gesellschafter der GmbH ist, scheidet dann von vorn herein aus.

66 Sofern die Satzung die Erteilung einer Stimmrechtsvollmacht nicht von vornherein ausschließt, ist die Vollmacht nur bei Beachtung der **Schriftform** wirksam, vgl. § 47 Abs. 3 GmbHG. Neben diesem Formerfordernis und den satzungsmäßigen Einschränkungen sind weitere Aspekte zu beachten: Die Zulässigkeit der Erteilung einer unwiderruflichen und unbeschränkten Vollmacht zu Gunsten eines Nichtgesellschafters ist umstritten.⁵⁷ Sie soll lediglich dann wirksam sein, wenn sie mit dem zugrunde liegenden Rechtsverhältnis endet und jederzeit vom Vollmachtgeber aus wichtigem Grund widerrufen werden kann.⁵⁸

---

⁵⁰ *Armbrüster* S. 234.
⁵¹ BGHZ 44, 158, 161 = NJW 1965, 2147; Hachenburg/*Zutt* Anh. 15 Rn. 56.
⁵² OLG Koblenz ZIP 1986, 503; OLG Hamburg GmbHR 1991, 467; Lutter/Hommelhoff/*Bayer* § 47 Rn. 18; Baumbach/Hueck/*Zöllner* § 47 Rn. 120.
⁵³ RGZ 107, 67, 70 (zur AG); BGHZ 48, 163, 171; Baumbach/Hueck/*Zöllner* § 47 Rn. 117.
⁵⁴ BGH NJW 1983, 1910, 1911; BGH NJW 1987, 1890.
⁵⁵ Baumbach/Hueck/*Zöllner* § 47 Rn. 118.
⁵⁶ Lutter/Hommelhoff/*Bayer* § 47 Rn. 5, s. o. → § 2 Rn. 132 ff., 144.
⁵⁷ Nachweise bei Baumbach/Hueck/*Zöllner* § 47 Rn. 50.
⁵⁸ Baumbach/Hueck/*Zöllner* § 47 Rn. 50; a. A. Lutter/Hommelhoff/*Bayer* § 47 Rn. 50.

> **Formulierungsvorschlag: Widerrufliche Stimmrechtsvollmacht**
>
> Der Treuhänder bevollmächtigt den Treugeber, in allen Gesellschafterversammlungen und bei allen im Umlaufverfahren zu treffenden Beschlüssen das Stimmrecht aus dem Geschäftsanteil des Treuhänders auszuüben. Der Treugeber darf im Namen des Treuhänders Anträge stellen. Die Bevollmächtigung ist widerruflich und endet spätestens, wenn dieser Treuhandvertrag endet. Der Treuhänder wird dem Treugeber unverzüglich mitteilen, wenn er Kenntnis von einer bevorstehenden Gesellschafterversammlung oder einer bevorstehenden Beschlussfassung im Umlaufverfahren erlangt hat.

Selbst wenn die Stimmrechtsvollmacht wirksam ist, schützt sie den Treugeber nicht sicher vor einem **abredewidrigen Verhalten des Treunehmers**. Sollte neben dem bevollmächtigten Treugeber der Treuhänder abstimmen, setzt sich dessen Stimme durch.[59] Es kann sich daher anbieten, die abredewidrige Stimmabgabe durch den Treuhänder mit einer Vertragsstrafe zu sanktionieren. Sofern im Einzelfall eine Vertragsstrafe vereinbart wird, sollte im Hinblick auf eine gerichtliche Auseinandersetzung klargestellt werden, dass es sich um eine Vertragsstrafe und nicht um pauschalierten Schadensersatz handelt und Schadensersatzansprüche des Treugebers unberührt bleiben.

> **Formulierungsvorschlag: Vertragsstrafe**
>
> Für jeden Fall der abrede- oder weisungswidrigen Stimmabgabe zahlt der Treuhänder einen Betrag von ...... EUR an den Treugeber als Vertragsstrafe im Sinne von § 339 BGB. Schadensersatzansprüche des Treugebers gegen den Treuhänder auf Grund der abrede- oder weisungswidrigen Stimmabgabe werden hiervon nicht berührt.

e) **Stimmrechtsausschluss.** In beiden Gestaltungsvarianten (Stimmbindung und Stimmrechtsvollmacht) stellt sich das Problem, auf wen abzustellen ist, wenn Stimmverbote eingreifen. Es kommt hier sowohl auf die Person des Treuhänders als auch auf die Person des Treugebers an.[60] Sollte auch nur bei einem von ihnen ein Grund für einen Stimmrechtsausschluss gegeben sein, sind beide von der Abstimmung ausgeschlossen.[61]

Hierbei wird deutlich, dass eine **absolute Sicherstellung** der Ausübung der Mitgliedschaftsrechte im Interesse des Treugebers **nicht erreichbar** ist. Soweit nötig und möglich, sollte daher zumindest die Verpflichtung des Treuhänders, das Stimmrecht entsprechend den Interessen des Treugebers auszuüben, durch eine **Vertragsstrafe** sanktioniert sein.

2. Sonstige Mitgliedschaftsrechte

a) **Vermögensrechte.** Neben dem Stimmrecht sind auch die weiteren Mitgliedschaftsrechte für den Treugeber interessant. Besonderes Interesse wird der Treugeber regelmäßig an den **Vermögensrechten** haben, nämlich dem Recht auf den Anteil am Gewinn und den Anteil am Liquidationserlös. Grundsätzlich sind auch die Vermögensrechte ebenso wie das Stimmrecht untrennbar mit der Mitgliedschaft verbunden (Abspaltungsverbot).[62] Dies gilt jedoch ausschließlich für das **Stammrecht**. Die aus dem Stammrecht erwachsenden konkreten Ansprüche auf vermögenswerte Leistungen, wie den Anteil am festgestellten Gewinn oder aber den Anteil am Liquidationserlös, sind abtretbar.[63]

> **Formulierungsvorschlag: Abtretung des Rechts auf den Anteil am Gewinn bzw. Liquidationserlös**
>
> Der Treuhänder tritt hiermit den Anspruch auf Auszahlung seines Anteils am Gewinn und einen etwaigen Liquidationserlös an den diese Abtretung annehmenden Treugeber ab.

---

[59] Baumbach/Hueck/*Zöllner* § 47 Rn. 35.
[60] Hachenburg/*Zutt* Anh. § 15 Rn. 55.
[61] BGHZ 56, 47, 53; BGHZ 68, 107, 110; Lutter/Hommelhoff/*Bayer* § 47 Rn. 17, 34; *Armbrüster* S. 434.
[62] Baumbach/Hueck/*Zöllner* § 14 Rn. 20.
[63] Baumbach/Hueck/*Zöllner* § 14 Rn. 20.

71 **b) Informationsrecht.** Daneben ist für den Treugeber das Recht auf Information gemäß § 51a GmbHG bedeutend. Schließlich muss er auf eine Informationsgrundlage für seine Meinungsbildung zurückgreifen, um sinnvoll Weisungen zur Ausübung des Stimmrechts geben zu können. Dieses Informationsrecht ist ebenso wie die übrigen Mitgliedschaftsrechte **untrennbar mit der Mitgliedschaft verbunden** (Abspaltungsverbot). Daher steht grundsätzlich nicht dem Treugeber, sondern dem Treuhänder das Recht auf Information zu. Die höchstpersönliche Einholung der gewünschten Information durch den Treuhänder schreibt das Gesetz jedoch nicht vor.[64] Insofern ist eine Ermächtigung des Treugebers durch den Treuhänder zur Einholung von Informationen grundsätzlich möglich.[65]

72 Die Einzelheiten zulässiger Ermächtigungen sind umstritten, insbesondere welchen Kriterien der Ermächtigte bzw. Bevollmächtigte genügen muss. Allgemein anerkannt ist die Bevollmächtigung/Ermächtigung eines zur Berufsverschwiegenheit Verpflichteten (Rechtsanwälte, Wirtschaftsprüfer). Die allgemeine Ermächtigung eines Dritten zur Einholung der Information wird in der Literatur teilweise als unzulässig angesehen.[66] Bedenken an der Zulässigkeit einer solchen Ermächtigung sollen jedoch regelmäßig durch den **Abschluss einer Geheimhaltungsvereinbarung** zwischen dem Gesellschafter und dem Dritten ausgeräumt werden.[67]

> **Formulierungsvorschlag: Ermächtigung zur Informationseinholung**
>
> Der Treuhänder ermächtigt den Treugeber, im Rahmen des § 51a GmbHG Auskünfte über die Angelegenheiten der Gesellschaft einzuholen und die Bücher und Schriften der Gesellschaft einzusehen. Der Treugeber verpflichtet sich, alle ihm auf diesem Weg bekannt gewordenen Informationen gegenüber Dritten geheim zu halten. Dritter in diesem Sinne ist nicht der Treuhänder.

73 Die Ermächtigung eines Dritten zur Einholung der Information soll allerdings **unzulässig** sein, wenn die Stimmrechtsausübung durch einen Vertreter **in der Satzung ausgeschlossen** ist.[68]

74 Darüber hinaus ist der Treuhänder dem Treugeber auf dessen Verlangen regelmäßig nach § 666 BGB zur Auskunft verpflichtet. Eine besondere Auskunftspflicht, etwa ohne vorheriges Verlangen seitens des Treugebers, kann vertraglich vereinbart werden.

> **Formulierungsvorschlag: Vertragliche Informationspflicht**
>
> Der Treuhänder ist verpflichtet, den Treugeber vor jeder Gesellschafterversammlung und jeder Beschlussfassung im Wege des Umlaufverfahrens über die Angelegenheiten, die Gegenstand der Beschlussfassung sind, zu unterrichten und hat insbesondere die Tagesordnung und etwaig beigefügte Unterlagen unverzüglich nach Erhalt an den Treugeber weiter zu leiten. Sofern der Treuhänder keine hinreichenden Kenntnisse über die Hintergründe der Gegenstände der Beschlussfassung hat, hat er von seinen Auskunfts- und Einsichtsrechten Gebrauch zu machen.
> Der Treuhänder unterrichtet den Treugeber jeweils zum Ende eines Quartals über die Entwicklungen der Gesellschaft.

3. Haftung des Treugebers

75 Obwohl der Treugeber **formell nicht Gesellschafter** ist, finden gleichwohl eine Reihe von **Regelungen des GmbHG** auf ihn Anwendung. Zu nennen sind zunächst die Vorschriften der **§ 9a Abs. 4 GmbHG und § 39 InsO.**[69] § 9a Abs. 4 GmbHG regelt den Fall der Strohmann-Gründung, die vor gesetzlicher Anerkennung der Ein-Mann-Gründung einer GmbH weit

---

[64] Lutter/Hommelhoff/*Bayer* § 51a Rn. 65.
[65] Lutter/Hommelhoff/*Bayer* § 51a Rn. 4; Baumbach/Hueck/*Zöllner* § 51a Rn. 5.
[66] Nachweise bei Lutter/Hommelhoff/*Bayer* § 51a Rn. 4 und Baumbach/Hueck/*Zöllner* § 51a Rn. 5.
[67] Lutter/Hommelhoff/*Bayer* § 51a Rn. 4.
[68] Baumbach/Hueck/*Zöllner* § 51a Rn. 5.
[69] § 32a GmbHG wurde durch das MoMiG aufgehoben und in § 39 InsO aufgenommen.

verbreitet war. Hierbei handelte es sich um Fälle der Erwerbstreuhand. Der Treugeber haftet gesamtschuldnerisch mit dem Treuhänder, wenn der Tatbestand des § 9a Abs. 1 GmbHG erfüllt ist. Die Unterscheidung zwischen „kapitalersetzenden" und „normalen" Gesellschafterdarlehen, die bei § 32a GmbHG a. F. vorgenommen wurde, entfällt bei § 39 InsO. Sämtliche Gesellschafterdarlehen sowie gleichgestellte Leistungen sind nur noch nachrangige Insolvenzforderungen. Diese Regelung findet auch auf ein vom Treugeber gewährtes Darlehen Anwendung, wenn die sonstigen Voraussetzungen der Vorschrift vorliegen.

Neben diesen im Gesetz ausdrücklich erwähnten Fällen der Gleichstellung des Treugebers mit einem Gesellschafter sind in der Rechtsprechung des BGH weitere Fälle anerkannt. Diese betreffen die **§§ 19, 24, 30 und 31 GmbHG**. § 19 GmbHG verpflichtet den Gesellschafter, wie nach der Rechtsprechung des BGH auch den Treugeber, zur vollständigen Erbringung der Einlage.[70] Durch die Änderung des § 19 Abs. 4 GmbHG wird nunmehr der sogenannten Anrechnungslösung gefolgt. Dies bedeutet, dass der Wert einer verdeckt eingebrachten Sacheinlage per Gesetz auf die Geldeinlagepflicht des Gesellschafters angerechnet wird. § 24 GmbHG betrifft die Ausfallhaftung der Gesellschafter, wenn eine Stammeinlage uneinbringlich ist. In diesem Falle sind die Gesellschafter verpflichtet, den Fehlbetrag nach dem Verhältnis ihrer Geschäftsanteile aufzubringen. Der BGH dehnt diese Verpflichtung auch auf den Treugeber aus.[71] Darüber hinaus finden nach der Rechtsprechung des BGH auch die §§ 30[72] und 31 GmbHG, die den Fall der Einlagenrückgewähr betreffen, auf die Person des Treugebers Anwendung.[73] Damit hat der BGH weitestgehend für den Bereich der Einlagenaufbringung bzw. der Erhaltung des Stammkapitals den Treugeber trotz fehlender formeller Gesellschafterstellung einem Gesellschafter gleichgestellt.

IV. Treuhand in der Insolvenz

Bei der „reinen" fremdnützigen Treuhand, bei der der Treuhänder nahezu ausschließlich die Interessen des Treugebers wahrzunehmen hat, **fallen wirtschaftliche und rechtliche Zuordnung des Treugutes auseinander:** Rechtlich betrachtet ist unzweifelhaft der Treuhänder Zuordnungssubjekt, wirtschaftlich der Treugeber. Ihm fließt der Gewinn zu, er übt direkt oder indirekt die Stimmrechte aus. Im Falle der eigennützigen Treuhand (Sicherungstreuhand) ist dies oft anders: Der Sicherungsnehmer wird regelmäßig darauf bedacht sein, seine Rechtsposition in für ihn besonders relevanten Bereichen dauerhaft gegen die Einflussnahme des Treugebers abzusichern. Allerdings werden sich diese Interessen im Regelfall lediglich in der Sicherung und Erhaltung der Verwertungsmöglichkeit erschöpfen. Der Treuhänder hat damit zumeist nicht das Interesse, in mehr als eine formelle Gesellschafterstellung einzurücken. Gleichwohl muss auch sein Interesse an Sicherung Berücksichtigung finden.

Nach der Rechtsprechung des BGH ist allerdings eine besondere Behandlung des Treugutes auf Grund des Bestehens eines Treuhandverhältnisses nur dann angezeigt, wenn der Treuhänder das Treugut unmittelbar vom Treugeber empfangen hat (**Unmittelbarkeitsprinzip**).[74] Folglich ergibt sich für die Fälle der Vereinbarungs- und Erwerbstreuhand, dass der treuhänderisch gehaltene Geschäftsanteil bei Insolvenz des Treuhänders in die Insolvenzmasse fällt. Dem Treugeber stehen weder Aus- noch Absonderungsrechte zu.[75] Das Erfordernis des Unmittelbarkeitsgrundsatzes ist nicht unumstritten. Es wird zum Teil in der Literatur als ausreichend angesehen, wenn die Vereinbarung einer Treuhand offenkundig ist.[76]

---

[70] BGHZ 31, 258, 266; BGHZ 118, 107, 111.
[71] BGHZ 31, 258, 267; BGHZ 118, 107, 111.
[72] § 30 GmbHG wurde durch das MoMiG ergänzt. Durch die Ergänzung eines zweiten Satzes sollten die Unsicherheiten von „upstream-loans" behoben und durch die Ergänzung eines dritten Satzes die Fortsetzung der sog. Rechtsprechungsregeln zu den eigenkapitalersetzenden Gesellschafterdarlehen aufgegeben werden.
[73] BGHZ 31, 258, 266 f.; BGHZ 75, 334, 335 f.; BGHZ 107, 7, 12; BGHZ 157, 72 (74); Lutter/Hommelhoff/*Hommelhoff* § 30 Rn. 22; Roth/Altmeppen/*Altmeppen* § 30 Rn. 33.
[74] BGH NJW 1959, 1223, 1224; BGHZ 155, 227 (231).
[75] BGH ZInsO 2003, 797; MünchKommInsO/*Lwowski/Peters* § 35 Rn. 121.
[76] MünchKommZPO/*Schmidt/Brinkmann* § 771 Rn. 25, 28.

Dort, wo es keine gesetzlichen Publizitätspflichten gebe, müsse die Offenkundigkeit der Rechtsträgerschaft ausreichen.[77]

79 Sofern das Unmittelbarkeitsprinzip erfüllt ist, also eine Übertragung vom Treugeber auf den Treuhänder stattgefunden hat, wird das Treugut grundsätzlich dem Vermögen des Treugebers trotz fehlender formeller Rechtsposition zugerechnet.[78] Im Falle der **Insolvenz des Treuhänders** fällt das **Treugut nicht in die Insolvenzmasse**. Dies gilt unabhängig davon, ob es sich bei dem Treuhandverhältnis um ein eigennütziges oder uneigennütziges handelt.[79]

80 Im Falle der **uneigennützigen Treuhand** wird dieses Ergebnis damit begründet, dass wirtschaftlich das Treugut dem Vermögen des Treugebers zuzurechnen ist.[80] Dem Treugeber steht bei Insolvenz des Treuhänders ein Aussonderungsrecht nach § 47 InsO zu.[81] Im Fall der Insolvenz des Treugebers gehört bei der uneigennützigen Treuhand das Treugut zur Insolvenzmasse.[82] Dem Treuhänder stehen weder Aussonderungs- noch Absonderungsrechte zu.

81 Bei der **eigennützigen Treuhand** (Sicherungstreuhand) ist weiter zu differenzieren. Im Ergebnis werden ähnliche Gedanken angestellt, wie bei der Behandlung der Treuhand im Rahmen von § 771 ZPO: Dem Treugeber steht im Falle der Insolvenz des Treuhänders ein Aussonderungsrecht gemäß § 47 InsO zu, wenn der Sicherungszweck entfallen ist oder der Treugeber die gesicherte Forderung erfüllt.[83] Ist bereits Verwertungsreife eingetreten, kann der Treugeber ein Aussonderungsrecht mit Erfolg nicht mehr geltend machen.[84] Diese Regelung orientiert sich an der wirtschaftlichen Zuordnung des Treugutes: Sobald Verwertungsreife eingetreten ist, steht das Treugut wirtschaftlich nicht mehr dem Treugeber, sondern dem gesicherten Treuhänder zu. Die Einräumung eines Aussonderungsrechts zu Gunsten des Treuhänders würde seinem Verwertungsinteresse nicht gerecht werden. In der Insolvenz des Treugebers steht dem **Treuhänder** daher lediglich ein **Recht auf abgesonderte Befriedigung gemäß § 51 Nr. 1 InsO** zu.[85] Nach §§ 115 ff. InsO erlöschen in der Insolvenz des Treugebers Treuhandverträge mit Eröffnung des Insolvenzverfahrens. Der Insolvenzverwalter wird nach Eröffnung des Verfahrens die Herausgabe des Treugutes, also die Abtretung verlangen.

82 Aufgrund der dargestellten Insolvenzrisiken werden in **Treuhandverträgen** zu Gunsten des Treugebers oft Regelungen vereinbart, nach denen im Falle der Insolvenz des Treuhänders der Geschäftsanteil an den Treugeber **zurückfällt**. Dies kann durch die Vereinbarung einer aufschiebend bedingten Abtretung erreicht werden.

> **Formulierungsvorschlag: Aufschiebend bedingte Abtretung**
>
> Der Treuhänder tritt den Geschäftsanteil an den diese Abtretung annehmenden Treugeber ab. Diese Abtretung steht unter der aufschiebenden Bedingung, dass das Insolvenzverfahren über das Vermögen des Treuhänders eröffnet wird.

83 Die soeben vorgestellte Regelung gewinnt insbesondere bei Vorliegen von **Erwerbs- oder Vereinbarungstreuhand** an Bedeutung. Wie bereits oben angedeutet, ist in diesen Fällen das vom BGH geforderte Unmittelbarkeitsprinzip nicht erfüllt. Der Geschäftsanteil ist daher grundsätzlich dem Vermögen des Treuhänders zuzuordnen. Der Treugeber ist weder zur Aussonderung, noch zur Absonderung berechtigt. Durch die Vereinbarung der aufschiebend bedingten Abtretung kann diese – oftmals unerwünschte – Folge abbedungen werden.

---

[77] MünchKommZPO/*Schmidt/Brinkmann* § 771 Rn. 25, 28.
[78] MünchKommInsO/*Lwowski/Peters* § 35 Rn. 117.
[79] Ebenda.
[80] *Hess/Weis/Wienberg* InsO § 47 Rn. 235; *Kübler/Prütting* InsO § 47 Rn. 26.
[81] MünchKommInsO/*Ganter* § 47 Rn. 366; *Hess/Weis/Wienberg* InsO § 47 Rn. 235.
[82] BGH Urt. v. 25. April 1962 – VIII ZR 43/61 – EzInsR § 116 InsO Nr. 1; *Hess/Weis/Wienberg* InsO § 47 Rn. 236.
[83] MünchKommInsO/*Ganter* § 47 Rn. 375; *Kübler/Krütting* InsO § 47 Rn. 27.
[84] MünchKommInsO/*Ganter* § 47 Rn. 375.
[85] MünchKommInsO/*Ganter* § 47 Rn. 381.

V. Treuhand in der Zwangsvollstreckung

Ähnlich wie bereits bei der Behandlung der Treuhand in der Insolvenz ergeben sich nach der Rechtsprechung des BGH Besonderheiten nur in den Fällen, in denen das **Unmittelbarkeitsprinzip** (siehe oben Rn. 78) erfüllt ist. Sofern eine Vereinbarungs- oder Erwerbstreuhand vereinbart ist, das Unmittelbarkeitsprinzip also nicht erfüllt ist, stehen dem Treugeber gegen die Vollstreckung in den Geschäftsanteil von Gläubigern des Treuhänders keine besonderen Rechtsbehelfe zur Verfügung.[86] Das Erfordernis des Unmittelbarkeitsgrundsatzes ist nicht unumstritten (siehe oben Rn. 78).

In den Fällen, in denen das Unmittelbarkeitsprinzip erfüllt ist, ist weiter **zwischen fremd- und eigennütziger Treuhand zu unterscheiden:** Im Falle der fremdnützigen Treuhand, bei der der Treuhänder den Weisungen des Treugebers unterliegt, steht dem Treugeber im Falle der Zwangsvollstreckung von Gläubigern des Treuhänders in den Geschäftsanteil die Drittwiderspruchsklage nach § 771 ZPO zu.[87] Der Treugeber kann sich somit erfolgreich gegen die Zwangsvollstreckung in den Geschäftsanteil zur Wehr setzen.

Sofern **Gläubiger des Treugebers** die Zwangsvollstreckung gegen diesen betreiben, können sie den **Geschäftsanteil nicht pfänden**.[88] Die Pfändung des Geschäftsanteils durch Gläubiger des Treugebers würde mangels formeller Berechtigung des Treugebers ins Leere gehen. Durch Gläubiger des Treugebers pfändbar ist jedoch der Anspruch des Treugebers gegen den Treuhänder auf Rückübertragung des Geschäftsanteils.[89]

Im Falle der eigennützigen Treuhand kommt es neben der Erfüllung des Unmittelbarkeitsprinzips für die Beantwortung der Frage nach den **möglichen Rechtsbehelfen gegen Zwangsvollstreckungsmaßnahmen** entscheidend auf den Eintritt der Verwertungsreife an.[90] Nicht maßgeblich ist hierbei, dass der Treugeber die Forderung, zu deren Sicherung die Treuhand eingerichtet worden ist, bereits beglichen hat.[91] Solange die Verwertungsreife noch nicht eingetreten ist, kann der Treugeber nach § 771 ZPO die **Dritt-Widerspruchsklage** erheben und sich erfolgreich gegen eine Zwangsvollstreckung von Gläubigern des Treuhänders in den Geschäftsanteil wehren.[92] Sobald jedoch Verwertungsreife eingetreten ist, steht dem Treugeber gegen die Zwangsvollstreckung von Gläubigern des Treuhänders in den Geschäftsanteil ein Widerspruchsrecht nicht mehr zu.[93] **Zwangsvollstreckungsmaßnahmen von Gläubigern des Treugebers** in den Geschäftsanteil laufen ins Leere. Der Treugeber ist nicht Inhaber des Geschäftsanteils (s.o.).

Um in den Fällen, in denen eine **Vereinbarungs- oder Erwerbstreuhand** vereinbart worden ist, den Treugeber überhaupt abzusichern, ist deshalb erforderlich, eine **aufschiebend bedingte Übertragung des Geschäftsanteils** in den Treuhandvertrag aufzunehmen. Dies bietet sich auch in den Fällen der Sicherungstreuhand an, in denen zwar das Unmittelbarkeitsprinzip erfüllt ist, jedoch auf Grund eingetretener Verwertungsreife dem Treugeber ein Widerspruchsrecht gemäß § 771 ZPO nicht mehr zusteht.

---

[86] BGH NJW 1993, 2622; RGZ 84, 214, 217; RGZ 94, 305, 308; RGZ 153, 366, 370; *Baumbach/Lauterbach/Albers/Hartmann* § 771 Rn. 25.
[87] *Baumbach/Lauterbach/Albers/Hartmann* Zivilprozessordnung § 771 Rn. 22; MünchKommZPO/*Schmidt* § 771 Rn. 25; Zöller/*Herget* § 771 Rn. 14 „Treuhänder"; RGZ 84, 214, 217; RGZ 94, 305, 307; BGH NJW 1959, 1223; BGH NJW 71, 559.
[88] MünchKommZPO/*Schmidt* § 771 Rn. 26.
[89] MünchKommZPO/*Schmidt* § 771 Rn. 26.
[90] BGHZ 72, 141, 143 ff. = NJW 1978, 1859; MünchKommZPO/*Schmidt* § 771 Rn. 28.
[91] Ebenda.
[92] MünchKommZPO/*Schmidt/Brinkmann* § 771 Rn. 28; *Baumbach/Lauterbach/Albers/Hartmann* § 771 Rn. 26.
[93] Nachweise bei MünchKommZPO/*Schmidt/Brinkmann* § 771 Rn. 28; BGHZ 72, 141, 143 ff. = NJW 1978, 1859.

> **Formulierungsvorschlag: Aufschiebend bedingte Rückübertragung**
> Der Treuhänder tritt den Geschäftsanteil an den diese Abtretung annehmenden Treugeber ab. Diese Abtretung steht unter der aufschiebenden Bedingung, dass Gläubiger des Treuhänders Zwangsvollstreckungsmaßnahmen in den Geschäftsanteil betreiben.

VI. Steuerrechtliche Behandlung der Treuhand

89   Aufgrund des Auseinanderfallens von rechtlicher und wirtschaftlicher Zuordnung bei der Vollrechtstreuhand stellt sich die Frage, ob und ggf. wie das Steuerrecht auf diesen Sachverhalt reagiert.

1. Anerkennung der Treuhand

90   Grundsätzlich erkennt das Steuerrecht die Treuhand an, vgl. § 39 Abs. 2 Nr. 1 S. 2 AO: *„Bei Treuhandverhältnissen sind die Wirtschaftsgüter dem Treuhänder zuzurechnen."* Wirtschaftsgut kann auch ein Recht sein.[94] Es stellen sich im wesentlichen zwei Fragen: Welche Treuhandverhältnisse sind erfasst und welche Anforderungen sind an deren Nachweis zu stellen.

91   **a) Erfasste Treuhandverhältnisse.** Maßgeblich für die Beurteilung, ob die im Einzelfall geschlossene Vereinbarung ein Treuhandverhältnis in diesem Sinne ist, ist nicht ihre Bezeichnung,[95] sondern vielmehr ihr **Inhalt**.[96] Zu bejahen ist ein Treuhandverhältnis in diesem Sinne regelmäßig, wenn die mit der Eigentümerstellung verbundene Verfügungsmacht im Innenverhältnis so eingeschränkt ist, dass das rechtliche Eigentum eine „leere Hülse" ist.[97] Nach der Rechtsprechung des BFH kommt es maßgeblich darauf an, dass der Treuhänder einer **strikten Weisungsgebundenheit**[98] unterliegt und das Treugut jederzeit auf Verlangen des Treugebers auf diesen **zurück übertragen** werden muss.[99] Für Treuhandschaften an Beteiligungen hat der *BFH* diesen Grundsatz dahingehend konkretisiert und relativiert, dass der Treugeber eine ausreichende Dispositionsbefugnis haben muss, was ein unmittelbares Stimmrecht, Weisungs- und Richtlinienkompetenz gegenüber dem Treuhänder sowie kurzfristige Kündigungsmöglichkeiten ohne wirtschaftliche Nachteile voraussetzt.[100] Die Möglichkeit jederzeitiger Übertragung ist demnach nicht gefordert.

92   Nach Auffassung des *Hess. FG* erfordere § 39 Abs. 2 Nr. 1 S. 2 AO darüber hinaus ein **zivilrechtlich wirksames Treuhandverhältnis**.[101] Ein zivilrechtlich unwirksames, rein tatsächliches Treuhandverhältnis könne diesen Voraussetzungen nicht genügen.

93   Festzuhalten ist damit, dass allein die Vollrechtstreuhand und diese auch nur, wenn sie als umfassend fremdnützige Treuhand ausgestaltet ist, unter den Anwendungsbereich des § 39 Abs. 2 Nr. 1 S. 2 AO fällt. Sofern – wie im Fall der **Sicherungstreuhand** – üblich, dem Sicherungsnehmer als Treuhänder bestimmte Einflussmöglichkeiten erhalten bleiben, seine formelle Rechtsposition also nicht lediglich leere Hülse ist, findet § 39 Abs. 2 Nr. 1 S. 2 AO keine Anwendung. Anders ist dies im Fall der „reinen" fremdnützigen Treuhand, bei der entweder der Treugeber direkt Einfluss nimmt (Stimmrechtsvollmacht) oder den Treuhänder im Rahmen des rechtlich Zulässigen steuert (Stimmbindung).

94   Erfasst werden von § 39 Abs. 2 Nr. 1 S. 2 AO grundsätzlich **alle Treuhandverhältnisse unabhängig von der Art ihrer Begründung,** also sowohl Übertragungs- und Vereinba-

---

[94] *Tipke/Kruse* § 39 Rn. 39.
[95] BFH BStBl. II 1999, 514, 516.
[96] *Tipke/Kruse* § 39 Rn. 33.
[97] BFH BStBl. II 1998, 152, 156.
[98] Vgl. BFH BStBl. II 1998, 152, 157.
[99] BFH BStBl. II 1984, 751, 769; BFH BStBl. II 1998, 152, 156.
[100] *Tipke/Kruse* § 39 Rn. 33; *Herrmann* DB 1992, 2109.
[101] Hess. FH EFG 1985, 557.

rungs-[102] wie auch Erwerbstreuhand.[103] Anders als im Insolvenz- und Zwangsvollstreckungsrecht setzt die steuerrechtliche Anerkennung nicht voraus, dass der Treuhänder das Treugut unmittelbar vom Treugeber empfangen hat.[104]

b) **Nachweiserfordernis.** Gemäß § 159 AO ist der Treuhänder auf Verlangen der Finanzbehörde verpflichtet nachzuweisen, wem das Treugut wirtschaftlich zuzurechnen ist. Das nach § 102 AO bestehende Auskunftsverweigerungsrecht zum Schutz bestimmter Berufsgeheimnisse bleibt unberührt. Misslingt der Nachweis, ist das Treugut **regelmäßig dem Treuhänder zuzurechnen.** Zum Nachweis des Treuhandverhältnisses ist nicht nur der Abschluss eines Treuhandvertrages erforderlich, sondern auch der Nachweis dessen tatsächlichen und konsequenten Vollzugs.[105] Zwar erfordert auch das Steuerrecht nicht grundsätzlich eine schriftliche Vereinbarung, eine solche ist im Hinblick auf § 159 AO aber dringend zu empfehlen. Darüber hinaus muss stets erkennbar sein, dass der Treuhänder im fremden Interesse handelt.[106] Auch ist das Treugut als solches in den Bilanzen bzw. Steuererklärungen von Treuhänder und Treugeber auszuweisen. Die Finanzbehörden können jedoch auch eigene Untersuchungen anstellen und zu Ergebnissen gelangen, die eine unerwünschte Zuordnung des Treugutes zur Folge haben.

2. Einkommensteuer

Die Anerkennung der Treuhand hat zur Folge, dass alle aus dem Treugut resultierenden **Einkünfte dem Treugeber zugerechnet** werden.[107] Die **Abschreibung für Abnutzung** steht ebenfalls dem **Treugeber** zu. Von der Zurechnung werden auch Ausgaben des Treuhänders für den Treugeber erfasst, so dass der Treugeber diese als Betriebsausgaben, Werbungskosten oder Sonderausgaben geltend machen kann.[108] Bei Veräußerung des Geschäftsanteils (§ 17 EStG) wird der Geschäftsanteil nicht dem Treuhänder, sondern dem Treugeber zugerechnet.[109] Die Übertragung von einem Treuhänder auf einen anderen Treuhänder stellt sich deshalb steuerrechtlich als eine Übertragung vom Treugeber auf den Treuhänder dar. Als Folge hiervon fallen ggf. Einkünfte beim Treugeber, nicht beim Treuhänder an.

3. Umsatzsteuer

Im Rahmen der Umsatzsteuer erfolgt **keine Zurechnung.** Es gelten die üblichen Grund- und Rechtssätze.

4. Grunderwerbsteuer

Im Grunderwerbsteuerrecht gilt die Zurechnungsvorschrift des § 39 AO nicht. Das Grunderwerbsteuerrecht stellt vielmehr **eigene Zurechnungsvorschriften** auf. Diese finden sich in **§ 1 GrEStG.** Bei Treuhandverhältnissen an GmbH-Geschäftsanteilen kommt insbesondere die Anwendung von § 1 Abs. 3 GrEStG in Betracht. Dieser sieht – stark vereinfacht – die Grunderwerbsteuerpflichtigkeit von Vorgängen vor, die zur unmittelbaren oder mittelbaren Vereinigung von mindestens 95% der Anteile an einer GmbH, zu deren Vermögen ein inländisches Grundstück gehört, führen. Bei Treuhandverhältnissen sind drei verschiedene Szenarien zu unterscheiden.

a) **Übertragungstreuhand.** Der Gesellschafter überträgt **mindestens 95% der Anteile an der GmbH** auf den Treuhänder. Bei der fremdnützigen Übertragungstreuhand ergibt sich die Grunderwerbsteuerpflicht aus § 1 Abs. 3 Nr. 4 GrEStG, bei der eigennützigen Übertra-

---

[102] BFH BStBl. II 1985, 247, 249.
[103] *Tipke/Kruse* § 39 Rn. 42.
[104] *Tipke/Kruse* § 39 Rn. 42.
[105] *Tipke/Kruse* § 39 Rn. 40.
[106] BFH BStBl. II 1998, 152, 156.
[107] BFH BStBl. II 1977, 737, 740; *Horlemann* BB 87, 741.
[108] BFH BStBl. II 1956, 302.
[109] *Schmidt/Weber-Grellet* EStG § 17 Rn. 51.

gungstreuhand aus § 1 Abs. 3 Nr. 3 GrEStG.[110] Nach den so genannten „Treuhanderlassen Anteilsvereinigung"[111] der Finanzverwaltung soll bei Begründung des Treuhandverhältnisses an sich zwei Mal Grunderwerbsteuer anfallen: Zum einen werden die Anteile auf den Treuhänder übertragen, zum anderen erlangt der Treugeber mit Abschluss des Treuhandvertrages regelmäßig einen Anspruch aus § 667 BGB auf Rückübertragung der Anteile. Jedoch wird in analoger Anwendung von § 3 Nr. 8 GrEStG der Rückerwerb durch den Treugeber freigestellt. Dies hat auch zur Folge, dass bei einem Rückerwerb durch den Treuhänder lediglich dann ein grunderwerbsteuerpflichtiger Vorgang vorliegt, wenn und soweit die Gesellschaft Grundstücke hinzuerworben hat. Diese Auffassung der Finanzverwaltung ist auf Kritik in der Literatur gestoßen: Das Entstehen des Rückübertragungsanspruches an sich soll noch keine Grunderwerbsteuerpflichtigkeit auslösen.[112]

100   Sofern auf Seiten des Treugebers durch **Abtretung des Rückübertragungsanspruches** wirtschaftlich betrachtet ein Wechsel des Treugebers eintritt, handelt es sich um einen grunderwerbsteuerpflichtigen Vorgang. Entsprechendes gilt für den Wechsel des Treuhänders, sofern mindestens 95% der Anteile übertragen werden.[113]

101   b) **Vereinbarungstreuhand.** Im Falle der Vereinbarungstreuhand räumt ein Gesellschafter einem Dritten die Stellung eines Treugebers ein. Dieser erwirbt regelmäßig einen Übertragungsanspruch aus § 667 BGB. Hierbei handelt es sich ebenfalls um einen **grunderwerbsteuerpflichtigen Vorgang** nach § 1 Abs. 3 Nr. 3 GrEStG, sofern die Vereinbarung mindestens 95% der Anteile an der GmbH betrifft.[114]

102   c) **Erwerbstreuhand.** Schließlich findet auch im Falle der Erwerbstreuhand bei Überschreiten der 95%-Grenze ein **grunderwerbsteuerpflichtiger Vorgang** statt. Mit Abschluss des Treuhandvertrages bzw. Erwerb der Anteile erlangt der Treugeber einen Anspruch auf Übertragung der Anteile nach § 667 BGB,[115] der nach § 1 Abs. 3 Nr. 3 GrEStG besteuert wird.[116] Die nachfolgende Übertragung einzelner vom Treuhänder erworbener Anteile an der Gesellschaft unterliegt nicht der Grunderwerbsteuer, sofern der Anteil die 95%-Grenze nicht übersteigt.[117]

5. Bilanzierung

103   Die unter § 39 Abs. 2 Nr. 1 S. 2 AO fallende, reine Vollrechtstreuhand findet auch in der Bilanz ihren Niederschlag. Der **Treugeber** hat das Treugut in **seine Bilanz** bzw. sofern er nicht bilanziert, in **seine Steuererklärung** aufzunehmen.[118] Der Treuhänder hat das Treugut nicht in seine Bilanz aufzunehmen. Es bietet sich jedoch an, die Treuhand über einen entsprechenden Bilanzvermerk zu dokumentieren.[119] In diesem Zusammenhang ist auch zu berücksichtigen, dass der Bilanzierung eine indizielle Wirkung zukommt. Sofern der Treuhänder das Treugut in seiner Bilanz führt, wird der Nachweis gemäß § 159 AO, dass das Treuhandverhältnis besteht, regelmäßig fehlschlagen.[120]

---

[110] *Pahlke/Franz* GrEStG § 1 Rn. 371.
[111] Erl. v. 25.5.1984 – BStBl. I 1984, 380.
[112] *Pahlke/Franz* GrEStG § 1 Rn. 373, 108.
[113] *Pahlke/Franz* GrEStG § 1 Rn. 379.
[114] *Pahlke/Franz* GrEStG § 1 Rn. 381.
[115] BFH BStBl. II 1972, 719.
[116] *Pahlke/Franz* GrEStG § 1 Rn. 382.
[117] *Pahlke/Franz* GrEStG § 1 Rn. 386.
[118] *Heidner* DB 1996, 1203, 1206.
[119] *Baumbach/Hueck* § 42 Rn. 82.
[120] *Heidner* DB 1996, 1203, 1206.

VII. Checkliste

Checkliste:
Wesentliche Aspekte bei der Vereinbarung einer Treuhand

- ☐ Abtretung und Rückabtretung des Geschäftsanteils
  - Formerfordernisse
  - Zustimmungserfordernisse
  - sonstige statutarische Anforderungen
- ☐ Ausgestaltung der schuldrechtlichen Treuhandvereinbarung
  - Formerfordernisse
  - Fremdnützige Treuhand:
    - Abtretung der Vermögensrechte
    - Sicherung der Einflussnahme auf Mitgliedschaftsrechte
    - Vertragsstrafe bei Pflichtverletzungen des Treuhänders
    - Sicherung gegen Haftungsrisiken
    - Sicherung gegen Insolvenz und Zwangsvollstreckung
    - Kündigungsmöglichkeiten
    - Sicherung des Rückerwerbs
  - Eigennützige Treuhand:
    - Vorbehalte bei der Überlassung von Vermögensrechten
    - Ausschluss der ordentlichen Kündigung durch den Treugeber

§ 12 Wettbewerbsverbot

Übersicht

	Rn.
I. Einführung	1
II. Beratungssituationen	2–5
1. Vertragliche Vereinbarung von Wettbewerbsverboten	3
2. Verstoß gegen ein Wettbewerbsverbot	4
3. Befreiung vom gesetzlichen oder vertraglichen Wettbewerbsverbot	5
III. Vertragliche Wettbewerbsverbote	6–20b
1. Wettbewerbsverbote in der personalistischen GmbH	7–10
a) Begriff	7
b) Wettbewerbsklausel	8
c) Neugesellschafter	9
d) Umfang	10
2. Wettbewerbsverbote in der kapitalistischen GmbH	11–19
a) Allgemeines	11
b) Verstoß gegen das Kartellverbot des § 1 GWB und Art. 101 AEUV	12
c) Verstoß gegen § 138 Abs. 1 BGB	13
d) § 51a GmbHG	14
e) Vergleich mit anderen Gesellschaftsformen	15
f) Einzelfälle	16
g) Rechtsfolgen	17
h) Klauselgestaltung	18
i) Informationsschutzklausel	19
3. Besonderheiten beim Umfang vertraglicher Wettbewerbsverbote	20–20b
IV. Nachvertragliche Wettbewerbsverbote	21–45
1. Grundlagen für die Zulässigkeitsprüfung	21–26
a) Einleitung	21
b) Maßstab der Zulässigkeitsprüfung	22–24
c) Grundsatz der Interessenabwägung	25
d) Prüfungsschema	26
2. Umfasster Personenkreis	27
3. Erste Stufe der Prüfung – Berechtigtes Interesse der Gesellschaft	28–36
a) Berechtigtes Interesse der Gesellschaft	28
b) Kundenschutzklausel	29
c) Tätigkeitsverbot	30
d) Zeitliche Einschränkung	31
e) Räumliche Einschränkung	32
f) Ausschluss des Gesellschafters	33
g) Bedingte Wettbewerbsverbote	34
h) Zusammenfassung	35
i) Reduktion und Karenzentschädigung	36
4. Geltungserhaltende Reduktion	37–40
a) Keine geltungserhaltende Reduktion	37
b) Reduktion bei zu weitem zeitlichen Umfang	38
c) Reduktion bei zu weitem räumlichen Umfang	39
d) Salvatorische Klauseln	40
5. Zweite Stufe der Prüfung – Berufliches Fortkommen und Karenzentschädigung	41–45
a) Entschädigung bei Kundenschutzklauseln	42
b) Entschädigung bei umfassenden Tätigkeitsverboten	43
c) Höhe	44
d) Bedingte Verbote	45
V. Wettbewerbsverbote bei Anteilsverkäufen	46–49
1. Wettbewerbsverbot bei Unternehmensverkäufen	47
2. Wettbewerbsverbot bei reinen Anteilsverkäufen	48
3. Wettbewerbsverbot des Gesellschafter-Geschäftsführers	49
VI. Gesetzliche Wettbewerbsverbote	50–53
1. Herleitung aus der Treuepflicht	50

§ 12 Wettbewerbsverbot

	Rn.
2. Umfassende Personengruppe	51
3. Einzelfälle	52/53
VII. Umfang	54–61
1. Prüfungsschema	55
2. Geschäftsbereich der Gesellschaft	56–58
a) Streitstand	57
b) Stellungnahme	58
3. Relevante Tätigkeiten	59–61
a) Unzulässige Tätigkeiten	60
b) Zulässige Tätigkeiten	61
VIII. Gesellschaftsrechtliche Geschäftschancenlehre	62–65
1. Herleitung	62
2. Fallgruppen einer der Gesellschaft gehörenden Geschäftschance	63
3. Rechtsfolgen	64
4. Steuerrechtliche Geschäftschancenlehre	65
IX. Befreiung vom Wettbewerbsverbot	66–77
1. Einführung	66
2. Hintergrund für die Befreiung	67
3. Anforderungen an eine Befreiung	68–75
a) Befreiung vom vertraglichen Wettbewerbsverbot	68–73
b) Befreiung vom nachvertraglichen Wettbewerbsverbot	74
c) Befreiung vom gesetzlichen Wettbewerbsverbot	75
4. Konkludente Befreiung	76/76a
5. Widerruf der Befreiung	77
X. Rechtsfolgen bei Verstoß gegen das Wettbewerbsverbot	78–99
1. Unterlassungsanspruch	79
2. Schadensersatzanspruch	80–84
a) Anspruchsgrundlagen	81
b) Verstoß gegen das Wettbewerbsverbot	82
c) Verschulden	83
d) Schaden	84
3. Vorteilsherausgabe	85
4. Eintrittsrecht der Gesellschaft	86–89
a) Wirkung des Eintrittsrechts nur im Innenverhältnis	87
b) Aufwendungsersatz	88
c) Ausschluss	89
5. Ausschluss des Gesellschafters	90–95
a) Ausschluss aus wichtigem Grund	91
b) Verstoß gegen ein Wettbewerbsverbot als wichtiger Grund	92
c) Regelung des Ausschlusses in der Satzung	93
d) Ausschluss als ultima ratio	94
e) Ausschließungsverfahren	95
6. Ansprüche des Mitgesellschafters	96–99
a) Ansprüche gegen den Gesellschafter	97
b) Ansprüche gegen den Gesellschafter bei individuellem Schaden	98
c) Ansprüche gegen die Gesellschaft	99
XI. Geltendmachung der Ansprüche	100–102
1. Ansprüche der Gesellschaft	100/101
a) Geltendmachung durch die Gesellschaft	100
b) Geltendmachung durch einen Gesellschafter	101
2. Ansprüche der Gesellschafter	102
XII. Steuerrechtliche Folgen einer unerlaubten Wettbewerbstätigkeit	103–113
1. Verstoß gegen ein Wettbewerbsverbot	104–107
a) Rechtsprechungsänderung	104–106
b) Folgen eines Verstoßes	107
2. Die steuerrechtliche Geschäftschancenlehre	108–113
a) Gleichgerichtete Interessen/Einpersonen-GmbH	109
b) Geschäftschance der Gesellschaft	110–112
c) Freigabe des Geschäfts	113

Schrifttum: *Armbrüster*, Wettbewerbsverbote im Kapitalgesellschaftsrecht, ZIP 1997, 1269; *Bauer/Diller*, Wettbewerbsverbote, 4. Aufl. 2006; *dies.*, Nachvertragliche Wettbewerbsverbote mit GmbH-Geschäftsführern, GmbHR 1999, 895; *Boujong*, Das GmbH-Recht in den Jahren 2000 bis 2002, NZG 2003, 497; *Brandes*, Die Rechtsprechung des BGH zur GmbH, WM 1995, 641; *Centrale für GmbH*, Wettbewerbsverbot für Gesellschafter und Geschäftsführer von GmbH, GmbHR 1993, 761; *dies.*, Wettbewerbsverbot für Gesellschafter und Geschäftsführer von GmbH, GmbHR 1994, 81; *dies.*, Nichtigkeit eines nachvertraglichen Wettbewerbsverbots, GmbHR 1998, 881; *dies.*, Wettbewerbsverbot – Kein Verstoß bei Vornahme von Eigengeschäften durch die Gesellschafter-Geschäftsführer, GmbHR 1999, 408; *Claussen/Korth*, Das Wettbewerbsverbot des Geschäftsführers/Gesellschafters einer GmbH, Festschrift Beusch, 1993, S. 111; *Deuchler*, Wettbewerbsverbot gegen den als Geschäftsführer ausscheidenden Gesellschafter einer GmbH im Wege der ergänzenden Vertragsauslegung, WuB II C § 35 GmbHG 1.90; *Dörner*, Wettbewerbsverbot, LSW Gruppe 4/364, 1–4 (11/2003); *Feldmeier*, Wettbewerbsverbot, LSW Gruppe 4/364, 1–20 (12/1997); *Felix*, Verdeckte Gewinnausschüttung infolge des Wettbewerbsverstoßes eines geschäftsführenden alleinigen GmbH-Gesellschafters, StRK-A KStG 1977 § 8 Abs 3 R.60; *Fleischer*, Verdeckte Gewinnausschüttung: Die Geschäftschancenlehre im Spannungsfeld zwischen Gesellschafts- und Steuerrecht, DStR 1999, 1249; *ders.*, Gelöste und ungelöste Probleme der gesellschaftsrechtlichen Geschäftschancenlehre, NZG 2003, 985; *I. Haas*, Gesellschafter-Geschäftsführer: „Fallstricke" bei der Gestaltung des Anstellungsvertrags, GStB 2005, 322; *U. Haas/Holler*, Geschäftschancenlehre in der GmbH, DStR 2001, 1042; *Hartmann*, Schadensersatzanspruch der GmbH gegenüber einem Gesellschafter für die Nutzung ihres Fachwissens und ihrer Geschäftsverbindungen außerhalb der GmbH, DB 1981, 1073; *Heller*, Nachvertragliches Wettbewerbsverbot bei Geschäftsführern, GmbHR 2000, 371; *Hey*, Verdeckte Gewinnausschüttung und Wettbewerbsverbot des Gesellschafters einer GmbH, BB 1993, 1548; *ders.*, Zur Annahme verdeckter Gewinnausschüttungen im Hinblick auf die Verletzung des Wettbewerbsverbots durch den Alleingesellschafter einer GmbH, BB 1993, 1162; *Hoffmann-Becking*, Nachvertragliche Wettbewerbsverbote für Vorstandsmitglieder und Geschäftsführer, Festschrift Quack, 1991, S. 273; *Ivens*, Das Konkurrenzverbot des GmbH-Gesellschafters, 1987; *Kanzleiter*, Schranken der Zulässigkeit von Wettbewerbsverboten in Gesellschaftsverträgen, DNotZ 1989, 195; *Krämer*, Nachvertragliche Wettbewerbsverbote, Festschrift Röhricht, 2005, S. 335; *Lawall*, Verdeckte Gewinnausschüttung und Geschäftschancenlehre im GmbH-Recht, NJW 1997, 1742; *ders.*, Das ungeschriebene Wettbewerbsverbot des GmbH-Gesellschafters, 1996; *D. Mayer*, Wettbewerbsklauseln in Personengesellschaftsverträgen, NJW 1991, 23; *Michalski*, Nachvertragliches Wettbewerbsverbot, NZG 1998, 21; *K.J. Müller*, Vertragliches Wettbewerbsverbot des GmbH-Gesellschafters und verdeckte Gewinnausschüttung in der jüngeren Rechtsprechung des BFH, BB 1997, 1441; *Paefgen*, Die Geschäftschancenlehre – Ein notwendiger Rechtsimport?, AG 1993, 457; *Polley*, Wettbewerbsverbot und Geschäftschancenlehre, 1993; *Prühs*, GmbH: Verdeckte Gewinnausschüttung, 2. Aufl. 2001; *Quiring*, Wettbewerbsverbote und Rechtssicherheit, WRP 2005, 813; *Röhricht*, Das Wettbewerbsverbot des Gesellschafters und des Geschäftsführers, WPg 1992, 766; *Riegger*, Unterliegt die Komplementär-GmbH dem gesetzlichen Wettbewerbsverbot?, BB 1983, 90; *Rudersdorf*, Wettbewerbsverbote in Gesellschafts- und Unternehmenskaufverträgen, RNotZ 2011, 509 *Salger/Breitfeld*, Regelungen zum Schutz von Betrieblichem Know-how – die Sicherung von Geschäfts- und Betriebsgeheimnissen, BB 2005, 154; *Schnelle*, Wettbewerbsverbot für Gesellschafter-Geschäftsführer beim Unternehmenskauf, GmbHR 2000, 599; *Schmidt-Diemitz*, Wettbewerbsverbot in Gesellschaftsverträgen, GRUR 1980, 18; *Schuhmann*, Zum Wettbewerbsverbot des GmbH-Gesellschafter-Geschäftsführers, RWP 1991/1207 SG 7.1, 213; *Söffing*, Verdeckte Gewinnausschüttung, insbesondere Wettbewerbsverbot – eine systematische Darstellung der neuen Rechtsprechung, Harzburger Protokoll 1997, 279; *Steck*, Neue Aspekte zur Geschäftschancenlehre bei GmbH-Gesellschaftern, GmbHR 2005, 1157; *Timm*, Wettbewerbsverbot und Geschäftschancenlehre im Recht der GmbH, GmbHR 1981, 177; *von der Osten*, Das Wettbewerbsverbot von Gesellschaftern und Gesellschafter-Geschäftsführern in der GmbH, GmbHR 1989, 450; *Volkelt*, Anmerkungen zu der Diskussion um das Wettbewerbsverbot, Inf. StW Heft 1–2/1993, III; *ders.*, Nebentätigkeiten eines GmbH-Geschäftsführers, Inf. StW 1990, Heft 12, III; *Wagener/Schultze*, Zwei Jahre sind genug! Ein Beitrag zu Laufzeiten von Wettbewerbsverboten in Unternehmenskaufverträgen, NZG 2001, 157; *Wassermeyer*, Das Wettbewerbsverbot des Gesellschafters und des Gesellschafter-Geschäftsführers einer GmbH, GmbHR 1993, 639; *Wichmann*, Das Wettbewerbsverbot des Gesellschafters und Gesellschafter-Geschäftsführers einer GmbH, GmbHR 1993, 635; *Zöllner*, Übertragung der Rechte aus einem Wettbewerbsverbot, das nicht den HGB §§ 74 ff. unterliegt, AP Nr. 18 zu § 74 HGB.

I. Einführung

1 Die Gesellschafter einer Gesellschaft haben regelmäßig ein Interesse daran, dass nicht einzelne von ihnen der Gesellschaft Konkurrenz machen und dabei Know-how der Gesellschaft nutzen. Auf diese Weise soll eine Schädigung der Gesellschaft verhindert werden, da sonst letztlich die Gesellschafter zu Gunsten eines Einzelnen um ihren Gewinn gebracht würden. Rechtlich spiegelt sich dieses Interesse in der Treuepflicht eines jeden Gesellschafters gegenüber seinen Mitgesellschaftern und der Gesellschaft wider, die sich daraus ergibt, dass sich die Gesellschafter mit Abschluss des Gesellschaftsvertrages dazu verpflichtet haben, gemeinsam einen Zweck zu verfolgen und damit auch zu fördern. Der Verpflichtung, auf die Gesellschafts-

interessen Rücksicht zu nehmen, steht das Interesse des einzelnen Gesellschafters an einer freien und ungestörten Berufsausübung sowie der uneingeschränkten Möglichkeit, bei verschiedenen Gesellschaften Gesellschafter zu werden, gegenüber. Gerade für den ausgeschiedenen Gesellschafter treten seine persönlichen Interessen stark in den Vordergrund. In diesem Spannungsfeld bewegen sich Wettbewerbsverbote. Einerseits müssen sie die Gesellschaft schützen und andererseits dürfen sie den Gesellschafter nicht über Gebühr belasten.

Bei den **Personengesellschaften** hat der Gesetzgeber eine rechtliche Wertung der Interessen vorgenommen. Der Gesellschafter einer OHG und der Komplementär einer KG unterliegen gem. **§ 112 HGB** einem umfassenden Wettbewerbsverbot. Aufgrund der engen Bindung des Gesellschafters an die Gesellschaft überwiegen die Interessen der Gesellschaft die persönlichen Interessen des Gesellschafters. Für den Kommanditisten hingegen bestimmt **§ 165 HGB**, dass kein Wettbewerbsverbot besteht. Er ist als reiner Kapitalgeber in die Gesellschaft nicht so eng eingebunden, hat geringere Informationsrechte und benötigt neben seiner Stellung als Gesellschafter einen stärkeren Schutz seiner Berufsfreiheit.

Für den Gesellschafter einer **GmbH** gibt es **keine gesetzliche Regelung**. Inwieweit auf die Wertung des Gesetzgebers bei den Personengesellschaften zurückgegriffen werden kann, ist zu untersuchen. Weiterhin besteht eine umfangreiche Literatur und Rechtsprechung zu Wettbewerbsverboten bei Fremdgeschäftsführern. Ob die dort gefundenen Erkenntnisse auf den Nur-Gesellschafter oder den Gesellschafter-Geschäftsführer übertragbar sind, ist die nahe liegende Frage.

II. Beratungssituationen

Für den Anwalt ergeben sich in Bezug auf Wettbewerbsverbote im Wesentlichen **drei Beratungssituationen**. Erstens kann es darum gehen, bei der Gründung oder einer Satzungsänderung ein Wettbewerbsverbot aufzunehmen. **Zweitens** kann sich die Frage stellen, ob gegen ein Wettbewerbsverbot verstoßen wurde und wie Ansprüche daraus durchzusetzen sind. **Drittens** kann das Bedürfnis bestehen, von einem Wettbewerbsverbot zu befreien, sei es aus gesellschaftsrechtlichen oder steuerrechtlichen Gründen.

1. Vertragliche Vereinbarung von Wettbewerbsverboten

Checkliste:

- ☐ **Wettbewerbsverbot für die Zeit der Mitgliedschaft**
  - Zulässig für alle Gesellschafter einer personalistischen GmbH, bei nur kapitalistischer Beteiligung verstoßen Wettbewerbsverbote gegen § 1 GWB und § 138 BGB, es sei denn, der Gesellschafter hat beherrschenden Einfluss. Dann sind sie zulässig, weil eine Schädigung der Gesellschaft von Innen heraus verhindert werden soll.[1]
  - Ein zulässiges Wettbewerbsverbot gilt umfassend für alle Wettbewerbshandlungen.
  - Individuelle Festlegung des Umfangs ist möglich.
  - Bei nachträglicher Einfügung in die Satzung ist satzungsändernde Mehrheit erforderlich sowie die Zustimmung aller betroffenen Gesellschafter.
- ☐ **Nachvertragliche Wettbewerbsverbote**
  - Ein solches Verbot ist nur für den auf die Geschäftsführung Einfluss nehmenden Gesellschafter zulässig.
  - Es ist zeitlich, örtlich und gegenständlich zu beschränken; zeitlich auf zwei Jahre, örtlich auf das Absatzgebiet der Gesellschaft und sachlich auf die Tätigkeitsfelder der Gesellschaft.
  - Eine Karenzentschädigung ist nur bei umfassenden Tätigkeitsverboten zu zahlen.
  - Eine geltungserhaltende Reduktion ist abzulehnen. Dadurch würde dem Unternehmen Vertragshilfe geleistet, da ein zu weit gehendes Verbot vereinbart werden könnte. Es gilt der Grundsatz der Gesamtnichtigkeit.[2]

---
[1] Michalski/*Michalski*/*Funke* § 13 Rn. 197.
[2] Michalski/*Michalski*/*Funke* § 13 Rn. 223.

☐ **Befreiungsklausel**
  • Soll später aus gesellschaftsrechtlichen oder steuerrechtlichen Gründen vom Wettbewerbsverbot mit einfacher Mehrheit eine Befreiung möglich sein, dann bedarf es einer Öffnungsklausel im Gesellschaftsvertrag.

2. Verstoß gegen ein Wettbewerbsverbot

4

Checkliste:

☐ **Grundlage des Wettbewerbsverbots**
  • Ein Wettbewerbsverbot kann auf Vertrag oder Gesetz beruhen. Bei vertraglichen und insbesondere nachvertraglichen Wettbewerbsverboten ist ihre Wirksamkeit zu prüfen. Gesetzliche Wettbewerbsverbote ergeben sich aus der Treuepflicht nur für Mehrheitsgesellschafter.

☐ **Umfang**
  • Die Prüfung, ob eine Tätigkeit gegen ein Wettbewerbsverbot verstößt, erfolgt in zwei Schritten.
  • Im ersten Schritt wird geprüft, ob die Tätigkeit in den Geschäftsbereich der Gesellschaft fällt, der sich im Ergebnis nach der tatsächlich von der Gesellschaft ausgeübten Tätigkeit bestimmt.
  • Im zweiten Schritt wird geprüft, ob die konkrete Art der Tätigkeit nicht gestattet ist, was der Fall ist, wenn der Gesellschafter selbst unternehmerisch tätig wird, auf eine andere Gesellschaft Einfluss ausüben kann oder als GF tätig wird.

☐ **Ansprüche**
  • Der GmbH stehen Ansprüche auf Unterlassung und Schadensersatz zu. Sie kann in das Geschäft mit Wirkung im Innenverhältnis eintreten. Ein Gesellschafterausschluss ist als ultima ratio denkbar.

☐ **Durchsetzung**
  • Die Gesellschaft kann ihre Ansprüche selbst durchsetzen.
  • Dem Gesellschafter steht die actio pro socio zu, um Ansprüche gegen den Gesellschafter durchzusetzen.

3. Befreiung vom gesetzlichen oder vertraglichen Wettbewerbsverbot

5

Checkliste:

☐ Da es sich um eine Satzungsänderung handelt, sind eine ¾-Mehrheit, notarielle Beurkundung und Eintragung nötig.
☐ Bei einem Gesellschaftsvertrag mit Öffnungsklausel reicht ein Beschluss mit einfacher Mehrheit.
☐ Für eine steuerrechtlich wirksame Befreiung muss diese klar und im Voraus in der Satzung vereinbart werden. Sie muss entgeltlich vereinbart werden, wenn die Gesellschaft am Markt ein Entgelt durchsetzen kann.
☐ Bei Verletzung von Minderheitsinteressen muss die Befreiung durch besondere Interessen der Gesellschaft gerechtfertigt werden.

III. Vertragliche Wettbewerbsverbote

6   Bei den vertraglichen Wettbewerbsverboten ist zu klären, für welche Gesellschafter ein solches Wettbewerbsverbot zulässigerweise mit welchem Umfang vereinbart werden kann. Gewöhnlich wird dabei die Vereinbarung eines Wettbewerbsverbots für alle Gesellschafter

empfohlen,³ wobei teilweise darauf hingewiesen wird, dass ein Verstoß gegen § 1 GWB und Art. 101 AEUV sowie § 138 Abs. 1 BGB in Frage kommen kann.⁴ Wegen der Möglichkeiten eines solchen Verstoßes ist es nahe liegend, insoweit nicht alle Gesellschafter gleich zu behandeln. Vielmehr muss zwischen Gesellschaftern einer personalistisch strukturierten (kurz auch: personalistischen) und einer kapitalistisch strukturierten (kurz auch: kapitalistischen) GmbH unterschieden werden. Denn ob für einen Gesellschafter ein Wettbewerbsverbot vereinbart werden kann, hängt wesentlich davon ab, ob er Einfluss auf die Geschäftsführung ausüben kann oder lediglich finanziell beteiligt ist.⁵

1. Wettbewerbsverbote in der personalistischen GmbH

a) Begriff. Eine personalistische GmbH ist durch die persönliche Mitarbeit der Gesellschafter, ein enges Vertrauensverhältnis zwischen ihnen und eine geringe Zahl von Mitgesellschaftern gekennzeichnet.⁶   7

b) Wettbewerbsverbotsklausel. Im Gesellschaftsvertrag einer solchen GmbH kann grundsätzlich ein Wettbewerbsverbot vereinbart werden, wonach es sämtlichen Gesellschaftern untersagt ist, sich während ihrer Mitgliedschaft im Geschäftzweig der Gesellschaft zu betätigen.⁷ Die innere Struktur der Gesellschaft gleicht der einer OHG, so dass auch deren Regelung zum Wettbewerbsverbot, § 112 HGB, herangezogen werden kann. Es handelt sich bei dem Wettbewerbsverbot um eine zulässige Nebenleistungspflicht iSd § 3 Abs. 2 GmbHG. Sie wird vereinbart durch folgende Klausel im Gesellschaftsvertrag: 8

> **Formulierungsvorschlag:**
> Sämtlichen Gesellschaften ist es untersagt, sich während ihrer Mitgliedschaft im Geschäftszweig der Gesellschaft zu betätigen.

c) Neugesellschafter. Eine solche Klausel wirkt sowohl gegen die Gründungsgesellschafter als auch gegen die später hinzukommenden Gesellschafter.⁸ Soll in eine Satzung ein Wettbewerbsverbot eingefügt werden, dann bedarf es einer satzungsändernden Mehrheit sowie gem. § 53 Abs. 3 der Zustimmung aller Gesellschafter.   9

d) Umfang. Spezielle Ausführungen zum Umfang von vertraglichen Wettbewerbsverboten finden sich in → Rn. 20 ff. Welche Tätigkeiten dem Gesellschafter auf Grund eines so vereinbarten Verbotes nicht erlaubt sind, wird in den → Rn. 59 ff. geklärt.   10

2. Wettbewerbsverbote in der kapitalistischen GmbH

a) Allgemeines. Im Folgenden geht es um Wettbewerbsverbote für Gesellschafter einer nicht personalistischen GmbH, die hier als kapitalistische GmbH bezeichnet werden soll. Durch eine wettbewerbsbeschränkende Klausel werden zum einen die Wettbewerbsfreiheit und zum anderen die persönliche Berufsfreiheit des Gesellschafters eingeschränkt. Damit kann ein solches Wettbewerbsverbot gegen § 1 GWB bzw. § 138 Abs. 1 BGB verstoßen, wenn das allgemeine Interesse an der Wettbewerbsfreiheit oder das persönliche Interesse an der freien Berufsausübung die Interessen der Gesellschaft überwiegt.   11

b) Verstoß gegen das Kartellverbot des § 1 GWB und des Art. 101 AEUV.⁹ Ein Verstoß gegen § 1 GWB kommt grundsätzlich nur bei spürbarer Beeinflussung der Marktverhältnis-   12

---

³ Wurm/Wagner/Zartmann/*Langenfeld*, Das Rechtsformularbuch, 15. Aufl. 2007, Kap. 111 Rn. 95 ff. (S. 1972 f.); *Priester*, Die Gestaltung von GmbH-Verträgen, 5. Aufl. 1996, S. 40.
⁴ Scholz/*Emmerich* § 3 Rn. 89 ff.; ausführlich: *Ivens* Konkurrenzverbot.
⁵ Für diese Unterteilung im Ergebnis auch: *Meister/Klöcker* Münchner Vertragshandbuch, 6. Aufl. 2005, Band 1 IV. 21 Anm. 17; *von der Osten* GmbHR 1989, 450; Lutter/Hommelhoff/*Lutter/Bayer* § 14 Rn. 24.
⁶ OLG Hamm GmbHR 1989, 259, 260.
⁷ *Von der Osten* GmbHR 1989, 450, 451.
⁸ RG JW 1899, 444.
⁹ Zum gesamten Themenkomplex: *Kanzleiter* DNotZ 1989, 195; *Schmidt-Diemitz* GRUR 1980, 18.

se in Betracht. Dies ist bei kleinen GmbH's regelmäßig nicht der Fall.[10] Jedoch selbst wenn eine spürbare Beeinflussung der Märkte gegeben ist, fallen wettbewerbsbeschränkende Satzungsbestandteile dann nicht unter § 1 GWB, wenn damit eine Schädigung und Aushöhlung der Gesellschaft von innen heraus verhindert werden soll[11] und das Wettbewerbsverbot für den Bestand der Gesellschaft notwendig ist.[12] Das Spannungsverhältnis zwischen dem Interesse der Gesellschaft am Wettbewerbsverbot und dem Interesse des Marktes am Wettbewerb werden durch die kartellrechtliche **Immanenztheorie** aufgelöst, derzufolge das Kartellrecht das Wettbewerbsverbot hinnimmt, wenn es die Treuepflicht des Gesellschafters konkretisiert.[13] Damit sind für Gesellschafter, die die Gesellschaft von innen heraus schädigen können, Wettbewerbsverbote zulässig. Eine Schädigung von innen heraus ist aber nur bei solchen Gesellschaftern denkbar, die Einfluss auf die Geschäftsführung haben. Bei allen anderen, insbesondere nur kapitalistisch beteiligten Gesellschaftern verstoßen Wettbewerbsverbote damit gegen § 1 GWB.[14]

13   c) **Verstoß gegen § 138 Abs. 1 BGB.** Während die Beschränkungen der Wettbewerbsfreiheit abschließend durch § 1 GWB abgedeckt werden, wird durch § 138 Abs. 1 BGB die Berufsfreiheit des betroffenen Gesellschafters geschützt. Sittenwidrig ist eine Klausel dann, wenn die Gesellschaft kein hinreichendes Interesse am Unterbleiben des Wettbewerbs hat. Nur soweit Schädigungen von innen her zu befürchten sind, ist ein Wettbewerbsverbot zulässig.[15] Damit ist auch nach § 138 Abs. 1 BGB ein Wettbewerbsverbot nur dann zulässig, wenn der Gesellschafter Einfluss auf die Gesellschaft ausüben kann. Bei personalistischen GmbH's wird dies regelmäßig der Fall sein,[16] bei kapitalistischen GmbH's dagegen nicht.

14   d) **§ 51a GmbHG.** Der Umstand allein, dass jeder Gesellschafter in der GmbH ein besonderes Informationsrecht gem. § 51a GmbHG hat, ist nicht ausreichend, um daraus bereits ein Wettbewerbsverbot abzuleiten. Denn wenn die Gefahr besteht, dass ein Gesellschafter in seiner Eigenschaft als Wettbewerber der GmbH die Auskunft missbrauchen könnte, kann und muss die Auskunft notfalls verweigert werden.[17]

15   e) **Vergleich mit anderen Gesellschaftsformen.**[18] Für den auf die Geschäftsführung Einfluss nehmenden Gesellschafter einer GmbH ist ein Wettbewerbsverbot zulässig, für alle anderen Gesellschafter nicht. Diese Differenzierung entspricht auch dem, was für Personengesellschaften gilt. Dort besteht für den geschäftsführenden, mitarbeitenden Gesellschafter ein gesetzliches Wettbewerbsverbot, so dass auch ein vertragliches zulässig sein muss. Dagegen besteht für den Kommanditisten kein Wettbewerbsverbot; es kann auch nicht vereinbart werden, wenn die Gesellschaft kein besonderes Interesse daran hat.[19] Diese Grundsätze unterstreichen, dass auch bei der GmbH für den nur **kapitalistisch beteiligten Gesellschafter** kein Wettbewerbsverbot vereinbart werden kann.

16   f) **Einzelfälle. Zulässig sind** Wettbewerbsverbote für den Gesellschafter-Geschäftsführer und solche Gesellschafter, die Einfluss auf die Geschäftsführung nehmen können, sowie ein Wettbewerbsverbot für einen Gesellschafter, der mit 50% an der GmbH beteiligt ist und das Recht hatte, den Geschäftsführer zu bestimmen.[20] **Unzulässig sind** dagegen Wettbewerbsverbote für einen nur mit 50% an der Gesellschaft Beteiligten, wenn ihm keine Sonderrechte zu-

---

[10] Vgl. *von der Osten* GmbHR 1989, 450, 451.
[11] BGHZ 104, 246, 251.
[12] OLG Düsseldorf, Urt. v. 15.8.2007 – VI-U (Kart) 12/07 – BeckRS 2008, 01095; BGH NZG 2010, 76; Scholz/*Emmerich* § 3 Rn. 89.
[13] *K. Schmidt* GesR § 20 V 2, S. 597 ff.
[14] OLG Karlsruhe BB 1984, 2015 f.; *Ulmer/Raiser* § 14 Rn. 93, 95.
[15] *Ivens* Konkurrenzverbot S. 41.
[16] *Von der Osten* GmbHR 1989, 450, 451.
[17] *Roth/Altmeppen* § 13 Rn. 49.
[18] Dazu auch *Roth/Altmeppen* § 13 Rn. 49.
[19] BGHZ 89, 162, 166.
[20] BGHZ 104, 246.

stehen,[21] sowie Wettbewerbsverbote für den nur kapitalistisch beteiligten Minderheitsgesellschafter.[22]

g) Rechtsfolgen. Völlig unklar ist, ob bei einem Verstoß eines vertraglichen Wettbewerbsverbots gegen § 1 GWB oder § 138 Abs. 1 BGB die gesamte Klausel nichtig ist oder sie nur gegen den betroffenen Gesellschafter nicht wirkt. Für **Gesamtnichtigkeit** spricht, dass eine nur gegen bestimmte Gesellschafter wirkende Klausel einer unzulässigen geltungserhaltenden Reduktion gleichkäme. Für **Teilnichtigkeit** lässt sich anführen, dass der Gesellschaftsvertrag mit den einzelnen Gesellschaftern geschlossen wurde, deren jeweilige Erklärungen also als einzelne Verträge zu interpretieren wären. Einen sicheren Weg bietet jedenfalls die Klausel, die nur den Einfluss nehmenden Gesellschafter umfasst. Dies entspricht auch den Interessen der Kapitalgeber, da diese ein umfassendes Wettbewerbsverbot regelmäßig nicht akzeptieren werden.

h) Klauselgestaltung. Als Wettbewerbsklausel im Gesellschaftsvertrag einer kapitalistischen GmbH empfiehlt sich nach dem Gesagten Folgendes:

> **Formulierungsvorschlag:**
> Jedem auf die Geschäftsführung Einfluss nehmenden Gesellschafter ist es untersagt, sich während der Mitgliedschaft im Geschäftszweig der Gesellschaft unmittelbar oder mittelbar zu betätigen.

i) Informationsschutzklausel. Zur Absicherung gegen den Missbrauch von auf Grund von § 51a GmbHG erhaltenen Informationen kann diese Klausel ergänzt werden:

> **Formulierungsvorschlag:**
> Informationen, die ein Gesellschafter auf Grund seiner Stellung erhält, dürfen nicht zum Schaden der Gesellschaft verwandt werden.

Allerdings gewährt § 51a GmbHG selbst der Gesellschaft gesetzlichen Schutz. Informationsverweigerung ist möglich.[23]

3. Besonderheiten beim Umfang vertraglicher Wettbewerbsverbote

Ein für den Gesellschafter zulässiges vertragliches Wettbewerbsverbot kann einen umfassenden Umfang haben. Welche Tätigkeiten ihm dann verboten sind, soll in den Rn. 241 ff. geklärt werden. Hier geht es nur um Besonderheiten bei vertraglichen Verboten. Bei diesen ist nämlich auch eine individuelle Festlegung des Umfangs möglich, insbesondere dann, wenn dem Gesellschafter aus steuerlichen Gründen bestimmte Tätigkeiten gestattet werden sollen. Für die kapitalistische GmbH „die Gesellschafter" durch „jeder Einfluss nehmende Gesellschafter" zu ersetzen. Anstelle des allgemeinen Hinweises auf jeglichen dem Gesellschafter gegenüber der Gesellschaft verbotenen Wettbewerb können aber auch bestimmte Wettbewerbshandlungen mehr oder weniger detailliert beschrieben werden. Eine Besonderheit ergibt sich, wenn ein Gesellschafter schon bei Gründung der GmbH ein Unternehmen im Tätigkeitsgebiet der Gesellschaft führt. Ein absolutes Tätigkeitsverbot umfasst nämlich auch die Tätigkeiten, die ein Gesellschafter bereits bei Gründung der Gesellschaft ausgeübt hat.[24] Es muss eine Ausnahme vereinbart werden, wenn der Gesellschafter sein Unternehmen auch nach der GmbH-Gründung fortführen will.

---

[21] OLG Karlsruhe GmbHR 1999, 539, 540.
[22] OLG Köln NJW-RR 1991, 1316.
[23] S. dazu die Kommentierungen zu § 51a GmbH, z. B. Baumbach/Hueck/*Zöllner* § 51a Rn. 25.
[24] BGH NJW-RR 1997, 925.

> **Formulierungsvorschlag:**
> Die Gesellschafter sind verpflichtet, sich jeglichen Wettbewerbs gegenüber der Gesellschaft zu enthalten.
>
> Einem Gesellschafter ist es untersagt, mit der Gesellschaft unmittelbar oder mittelbar auf irgendeinem Tätigkeitsgebiet in Wettbewerb zu treten.

20a Den genannten Klauseln stehen Formulierungen gleich wie:

> **Alternativ:**
> ...... sich im Geschäftszweig der Gesellschaft zu betätigen ......
> ...... ein gleiches oder ähnliches Unternehmen ......
> ...... Konkurrenzgeschäfte vorzunehmen ......
> ...... sich an einem Konkurrenzunternehmen zu beteiligen ......

20b Anstelle eines allgemeinen Hinweises auf jeglichen Wettbewerb können aber auch bestimmte Wettbewerbshandlungen mehr oder weniger detailliert beschrieben werden:

> **Formulierungsvorschlag:**
> Den Gesellschaftern ist es nicht gestattet, sich innerhalb des Geschäftszweiges der Gesellschaft unmittelbar oder mittelbar, gewerbsmäßig oder gelegentlich, für eigene oder fremde Rechnung zu betätigen.
>
> **Alternativ:**
> Den Gesellschaftern ist es untersagt, unmittelbar oder mittelbar, für eigene oder fremde Rechnung:
> a) Geschäfte im Geschäftszweig der Gesellschaft zu tätigen,
> b) ein Konkurrenzunternehmen zu gründen, zu erwerben oder sich an einem solchen zu beteiligen,
> c) auf irgendeine Weise für ein solches Unternehmen tätig zu werden oder es auf andere Weise zu unterstützen.
>
> Als Konkurrenzunternehmen oder als Geschäft im Geschäftszweig der Gesellschaft gelten alle Geschäfte, die sich mit ...... befassen.

IV. Nachvertragliche Wettbewerbsverbote

1. Grundlagen für die Zulässigkeitsprüfung

21 **a) Einleitung.** Neben Wettbewerbsverboten, die während der Mitgliedschaft gelten sollen, sind auch Wettbewerbsverbote für die Zeit nach dem Ausscheiden aus der Gesellschaft zulässig. Im Gegensatz zu Wettbewerbsverboten während der Mitgliedschaft ergeben sie sich nicht aus der gesellschaftsrechtlichen Treuepflicht.[25] Sie müssen daher vertraglich vereinbart werden.

22 **b) Maßstab der Zulässigkeitsprüfung.** Allerdings werden an solche Wettbewerbsverbote strenge Anforderungen gestellt. Sie sind nur für bestimmte Gesellschaftergruppen zulässig und müssen zeitlich, räumlich und gegenständlich begrenzt sein. Mangels einer Regelung zu Wettbewerbsverboten im GmbHG fragt sich, woran ein Wettbewerbsverbot zu messen ist und inwieweit andere Vorschriften oder Rechtsprechung zu anderen Wettbewerbsverboten anwendbar sind.

---

[25] *von der Osten* GmbHR 1989, 453.

aa) § 74 HGB. Gesellschafter und Gesellschafter-Geschäftsführer unterliegen nicht den Beschränkungen von Wettbewerbsverboten für Handlungsgehilfen, die sich aus § 74 HGB ergeben.[26]

bb) § 138 BGB. Ein Wettbewerbsverbot wird damit ausschließlich an der Schranke der Sittenwidrigkeit des § 138 BGB in Verbindung mit Art. 12 GG gemessen, wobei die Grundsätze der §§ 74 ff. HGB zu berücksichtigen sind.[27] Der Begriff der Sittenwidrigkeit ist jedoch ausfüllungsbedürftig. Es fragt sich, ob auf die Rechtsprechung zu Wettbewerbsverboten für Fremdgeschäftsführer einer GmbH und Gesellschafter einer Personengesellschaft zurückgegriffen werden kann.

- **Fremdgeschäftsführer einer GmbH:** Die meisten Entscheidungen des BGH und der Obergerichte befassten sich mit Wettbewerbsverboten von Fremdgeschäftsführern einer GmbH. Allerdings kann für den Gesellschafter-Geschäftsführer und den auf die Geschäftsführung Einfluss nehmenden Gesellschafter auf Literatur und Rechtsprechung zu diesem Thema zurückgegriffen werden, da eine vergleichbare Interessenlage zwischen dem ausgeschiedenen Fremd- und Gesellschaftergeschäftsführer besteht.
- **Gesellschafter einer Personengesellschaft:** Auch in Bezug auf den Gesellschafter einer OHG ist die Interessenlage vergleichbar, was den Gesellschafter-Geschäftsführer oder den Gesellschafter einer personalistischen GmbH angeht. Für den Gesellschafter einer OHG sind Wettbewerbsverbote zulässig. Sie unterliegen aber einer zeitlichen, räumlichen und gegenständlichen Begrenzung. Die Lage des nur kapitalistisch beteiligten Gesellschafters ähnelt hingegen der des Kommanditisten. Für den Kommanditisten als einem nur kapitalistisch Beteiligten ist die Vereinbarung eines Verbots regelmäßig unzulässig.

c) **Grundsatz der Interessenabwägung.** Aus der Rechtsprechung und Literatur zu Wettbewerbsverboten für Fremdgeschäftsführer und Personengesellschaften kann folgender Grundsatz für die Beurteilung der Sittenwidrigkeit eines nachvertraglichen Wettbewerbsverbots abgeleitet werden: Das Interesse der Gesellschaft am Schutz vor illoyaler Verwertung der Arbeitsergebnisse und das Interesse der Betroffenen an wirtschaftlicher Bewegungsfreiheit sind gegeneinander abzuwägen.

d) **Prüfungsschema.** Die Prüfung eines Wettbewerbsverbots am Maßstab des § 138 Abs. 1 BGB erfolgt nach der Rechtsprechung des BGH[28] zum Geschäftsführer einer GmbH in zwei Schritten: **Erstens** wird geprüft, inwieweit die Gesellschaft in zeitlicher, räumlicher und gegenständlicher Hinsicht ein schützenswertes berechtigtes Interesse am Wettbewerbsverbot hat.[29] Liegt ein solches Interesse nicht vor, dann ist das Wettbewerbsverbot nichtig. Daran ändert auch eine Karenzentschädigung, d. h. eine Zahlung zur Abgeltung des Wettbewerbsverbots nichts.[30] **Zweitens** wird geprüft, ob das dem schützenswerten Interesse der Gesellschaft entsprechende Wettbewerbsverbot dem Gesellschafter seine Berufsausübung und wirtschaftliche Betätigung nicht unbillig erschwert. Dabei ist eine Karenzentschädigung zu berücksichtigen.[31]

Diese Prüfung kann auf den **Nur-Gesellschafter** übertragen werden. Auch seine Berufsfreiheit (Art. 12 GG) unterfällt dem Schutz durch § 138 Abs. 1 BGB. Allerdings muss zunächst festgestellt werden, für welche Gesellschaftergruppen einer GmbH überhaupt ein nachvertragliches Wettbewerbsverbot vereinbart werden kann, bevor dann konkret dargelegt werden kann, wann ein Wettbewerbsverbot gegen § 138 Abs. 1 BGB verstößt.

2. Umfasster Personenkreis

Für den nur **kapitalistisch beteiligten Gesellschafter** kann kein nachvertragliches Wettbewerbsverbot vereinbart werden. Sofern er keine nur intern zugänglichen Informationen er-

---

[26] BGHZ 91, 1 = GmbHR 1984, 234.
[27] BGHZ 91, 1, 5 = GmbHR 1984, 234, 235; BGH NJW 1997, 3089.
[28] BGHZ 91, 1, 5 = GmbHR 1984, 234, 235.
[29] So auch *Bauer/Diller* GmbHR 1999, 885, 888.
[30] *Hoffmann-Becking*, FS Quack, S. 273, 274.
[31] *Heller* GmbHR 2000, 371, 372.

hält, besteht für ihn nicht die Möglichkeit, besonderes Know-how der Gesellschaft zu nutzen.[32] Zulässig sind nachvertragliche Wettbewerbsverbote damit nur für die Gesellschafter, die während ihrer Tätigkeit besonderes Wissen erworben haben und bei denen die Gesellschaft folglich ein besonderes Interesse am Schutz ihrer Geschäftschancen hat. Dies gilt jedenfalls für den **Gesellschafter-Geschäftsführer**, den **beherrschenden Gesellschafter** und den **Gesellschafter in einer personalistischen GmbH**.[33]

3. Erste Stufe der Prüfung – Berechtigtes Interesse der Gesellschaft

28 a) **Berechtigtes Interesse der Gesellschaft.** Bei der Prüfung des berechtigten Interesses wird zunächst geprüft, ob überhaupt ein Interesse der Gesellschaft besteht. Ist dies nicht der Fall, darf gar kein Wettbewerbsverbot vereinbart werden. Anerkannt sind nur zwei Gründe, die ein Wettbewerbsverbot rechtfertigen: der Schutz des vorhandenen Kunden- und Mandantenstamms und der Schutz von Betriebs- und Geschäftsgeheimnissen.[34] Keinesfalls rechtfertigt das Interesse der Gesellschaft, den Gesellschafter für die Konkurrenz zu sperren, ein Wettbewerbsverbot. Bei der Prüfung ist eine Differenzierung zwischen Kundenschutzklauseln und Tätigkeitsverboten vorzunehmen, da die Klauseln die Berufsfreiheit unterschiedlich stark einschränken.

29 b) **Kundenschutzklausel.** Will sich die Gesellschaft nur vor einer Abwerbung ihrer Kunden schützen, dann ist es für sie ausreichend, eine Kunden- und Mandantenschutzklausel zu vereinbaren.[35] Darin verpflichtet sich der Gesellschafter z. B., nach Ausscheiden aus der Gesellschaft für die Dauer von zwei Jahren keine Mandate von solchen Auftaggebern zu übernehmen, die während der letzten drei Jahre vor seinem Ausscheiden vom Gesellschafter betreut wurden. Dabei ist es wichtig, die Klausel auf den Tätigkeitsbereich des Gesellschafters einzuschränken, da darüber hinaus kein schützenswertes Interesse der Gesellschaft besteht.

> **Formulierungsvorschlag:**
>
> Der Gesellschafter verpflichtet sich, nach Ausscheiden aus der Gesellschaft für die Dauer von zwei Jahren keine Mandate von solchen Auftraggebern zu übernehmen, die während der letzten drei Jahre vor ihrem Ausscheiden vom Gesellschafter betreut wurden.

30 c) **Tätigkeitsverbot.** Ist der Schutz der Betriebs- und Geschäftsgeheimnisse beabsichtigt und hat die Gesellschaft auch ein nachvollziehbares Interesse daran, dann ist auch ein umfassendes Tätigkeitsverbot zulässig.[36]

> **Formulierungsvorschlag:**
>
> Der Gesellschafter ist verpflichtet, nach dem Ausscheiden aus der Gesellschaft für die Dauer von zwei Jahren mit der Gesellschaft weder unmittelbar noch mittelbar in deren Tätigkeitsgebiet in Wettbewerb zu treten.

31 d) **Zeitliche Einschränkung.** Das Wettbewerbsverbot darf nur so lange gelten, wie tatsächlich die Gefahr besteht, dass der ausgeschiedene Gesellschafter mit dem erworbenen Wissen auf Grund der Aktualität der Informationen der Gesellschaft schaden kann.[37] Deshalb geht der BGH davon aus, dass Wettbewerbsverbot nur für die Dauer von **maximal 2 Jahren** nach dem Ausscheiden vereinbart werden kann.[38] Während bei einem vollständigen Tätig-

---

[32] OLG Karlsruhe GmbHR 1987, 309.
[33] *Röhricht* WPg 1992, 766, 773.
[34] *Bauer/Diller* GmbHR 1999, 885, 888.
[35] *Mayer* NJW 1991, 23, 24.
[36] Zu Mandantenschutzklauseln in der Sozietät BGH NZG 2000, 831; speziell zu Niederlassungsverboten *Michalski* NZG 1998, 21.
[37] BGH GmbHR 1990, 77, 79.
[38] BGH NJW 1994, 384, 385; ebenso für den GmbH-Geschäftsführer OLG Düsseldorf NZG 1999, 405.

keitsverbot diese Grenze keinesfalls überschritten werden darf, kann die Zweijahresgrenze bei einer Kunden- und Mandantenschutzklausel nicht als generelle Obergrenze angesehen werden.[39] Jedoch sollte eine Überschreitung einer Dauer von zwei Jahren nur dann erfolgen, wenn dargelegt werden kann, warum sich die Kundenbeziehungen des Ausgeschiedenen in den zwei Jahren noch nicht verflüchtigt haben.[40]

e) **Räumliche Einschränkung.** Unbedingt ist in ein nachvertragliches Wettbewerbsverbot eine räumliche Komponente aufzunehmen. Im Zweifel gelten Wettbewerbsverbote sonst bundes- oder weltweit.[41] An einem solchen Verbot hat die Gesellschaft kein schützenswertes Interesse. Es ist damit regelmäßig insgesamt nichtig. Ein Wettbewerbsverbot darf damit nicht weiter gefasst sein, als der Tätigkeitsbereich der Gesellschaft reicht. Außerdem muss das Wettbewerbsverbot dem Tätigkeitsbereich des Gesellschafters angepasst werden.[42] Ist er nur für eine bestimmte Region zuständig, wäre ein darüber hinausgehendes Wettbewerbsverbot nichtig. Dabei sollte die Klausel allgemein gehalten oder regelmäßig angepasst werden, wenn sich die Aufgaben des Gesellschafters ändern.

32

> **Formulierungsvorschlag:**
> Dem Gesellschafter ist es nach seinem Ausscheiden nicht gestattet, der Gesellschaft im Tätigkeitsgebiet, das er betreut hat, Konkurrenz zu machen. Dieses Verbot gilt für die Dauer von zwei Jahren nach seinem Ausscheiden.

f) **Ausschluss des Gesellschafters.** Die Geltung eines nachvertraglichen Wettbewerbsverbots auch nach dem Ausschluss eines Gesellschafters kann uneingeschränkt bejaht werden.[43] In der Literatur wird darüber hinaus sogar die Ansicht vertreten, im Falle des Ausschlusses aus der Gesellschaft sogar ein gesetzliches nachträgliches Verbot anzunehmen.[44]

33

g) **Bedingte Wettbewerbsverbote.** Bei diesen Verboten handelt es sich um Klauseln, deren Wirksamkeit sich das Unternehmen vorbehalten will, um damit die Kosten für die Karenzentschädigung zu sparen. Derartige Klauseln sind **unzulässig.** Sie lassen den Gesellschafter im Unklaren darüber, ob das Verbot gelten soll. Nimmt er keine Wettbewerbstätigkeit auf, dann wird die Gesellschaft das Verbot nicht in Kraft setzen. Nimmt er jedoch eine Tätigkeit auf, wird sie ihm unter Hinweis auf das Wettbewerbsverbot verboten. Diese Lage ist für den Betroffenen unzumutbar. Ein Wahlrecht, wie es das BAG für den Arbeitnehmer vorsieht, kommt jedoch nicht in Betracht. Vielmehr ist die Klausel nichtig.[45]

34

h) **Zusammenfassung.** Das Wettbewerbsverbot darf nicht weiter gefasst sein, als die Interessen der Gesellschaft reichen. In gegenständlicher Hinsicht genügt regelmäßig eine Kundenschutzklausel, in zeitlicher Hinsicht eine Beschränkung auf zwei Jahre und in räumlicher Hinsicht eine Beschränkung auf das Tätigkeitsgebiet der Gesellschaft.

35

i) **Reduktion und Karenzentschädigung.** Verstößt ein Verbot gegen die beschriebenen Einschränkungen, kann unter Umständen eine geltungserhaltende Reduktion in Betracht kommen. Liegt das Verbot jedoch im Interesse der Gesellschaft, dann stellt sich im zweiten Schritt die Frage, ob es das Fortkommen des Betroffenen über Gebühr einschränkt. Ist dies der Fall, ist eine Karenzentschädigung zu zahlen.

36

---

[39] BGH GmbHR 1991, 15, 16.
[40] So auch *Hoffann-Becking*, FS Quack, S. 273, 277.
[41] *Bauer/Diller* GmbHR 1999, 885, 889.
[42] *Heller* GmbHR 2000, 371, 372.
[43] So auch BGH WM 1974, 74, 75.
[44] So *Ivens* Konkurrenzverbot S. 97.
[45] *Bauer/Diller* GmbHR 1999, 885, 894; OLG Koblenz NZG 2000, 653; a. A. wohl OLG Düsseldorf NJW-RR 1997, 164; OLG Hamm GmbHR 1991, 367 für den einseitigen Verzicht auf ein Verbot allerdings unter einjähriger Fortzahlung der Entschädigung; andere Auffassung: Baumbach/Hueck/*Zöllner/Noack* § 35 Rn. 198.

4. Geltungserhaltende Reduktion

37 **a) Keine geltungserhaltende Reduktion.** Im Grundsatz kommt für ein zu weit gefasstes Wettbewerbsverbot eine geltungserhaltende Reduktion nicht in Betracht.[46] Dadurch würde dem Unternehmen Vertragshilfe geleistet, da auf diese Weise ohne Risiko ein zu weit gehendes Verbot vereinbart werden könnte. Es gilt der Grundsatz der Gesamtnichtigkeit.

38 **b) Reduktion bei zu weitem zeitlichen Umfang.** Im Gegensatz zur Unzulässigkeit aus anderen Gründen kann bei bloßer Überschreitung des zeitlichen Rahmens in Anwendung des § 139 BGB eine Reduktion auf eine zeitlich noch zulässige Geltungsdauer, i. d. R. maximal 2 Jahre, durchgeführt werden, in der das Wettbewerbsverbot dann dennoch gilt.[47]

39 **c) Reduktion bei zu weitem räumlichen Umfang.** Streitig ist, ob sich aus der räumlichen Überdehnung des Wettbewerbsverbots gleich die Unwirksamkeit der Abrede ergibt oder ob, ähnlich wie bei einer zu langen Dauer des Wettbewerbsverbots, eine geltungserhaltende Reduktion möglich ist. In Teilen des Schrifttum wird Letzteres mit Hinweis auf eine notwendige Gleichbehandlung der räumlichen und zeitlichen Überdehnung verlangt.[48] Der *BGH* hat diese Frage in WM 1997, 1707[49] ausdrücklich offen gehalten, jedoch an anderer Stelle die Möglichkeit einer Reduktion angedeutet.[50]

40 **d) Salvatorische Klauseln.** Die gesamte Problematik der geltungserhaltenden Reduktion verliert allerdings dadurch an Schärfe, dass bei Aufnahme einer salvatorischen Klausel in den Gesellschaftsvertrag die Gerichte eine Reduktion auf das gesetzlich noch zulässige Maß annehmen.[51] Ebenfalls zu einer geltungserhaltenden Reduktion soll es kommen, wenn das gesellschaftsvertragliche Wettbewerbsverbot auf die Vorschriften der §§ 74 ff. HGB verweist, da in § 74a HGB ausdrücklich eine geltungserhaltende Reduktion vorgesehen ist.

5. Zweite Stufe der Prüfung – Berufliches Fortkommen und Karenzentschädigung

41 Ob eine Karenzentschädigung an den Fremdgeschäftsführer zu zahlen ist, hängt auf der zweiten Stufe der in Rn. 212 dargestellten Prüfung des BGH davon ab, ob das **berufliche Fortkommen** des Geschäftsführers **unbillig erschwert** wird. Kommt das Wettbewerbsverbot einem Berufsverbot gleich, dann ist auf jeden Fall eine Entschädigung zu zahlen. Wird die Berufsfreiheit nur eingeschränkt, dann kann ein entschädigungsloses Verbot zulässig sein.[52] Fraglich ist, ob man diese Rechtsprechung des BGH für den Fremdgeschäftsführer auf den Gesellschafter-Geschäftsführer und den Nur-Gesellschafter übertragen kann. Die Übertragbarkeit auf den Gesellschafter-Geschäftsführer kann jedenfalls bejaht werden. Aber auch der Nur-Gesellschafter ist in seiner Berufsfreiheit zu schützen. Daher ist auch ihm eine Karenzentschädigung zu zahlen. Dabei muss aber berücksichtigt werden, dass ihm regelmäßig eine Abfindung zusteht oder er aus dem Verkauf seiner Anteile einen Erlös erzielt. Inwieweit die gezahlte Abfindung oder der Erlös auf die Karenzentschädigung anzurechnen ist, ist völlig unklar. Deshalb sollte die Anrechnung klargestellt werden.

> **Formulierungsvorschlag:**
> Die Entschädigung für das unbegrenzte Tätigkeitsverbot (......) ist von der nach ...... zu zahlenden Abfindung umfasst.

---

[46] BGH DB 1989, 1621.
[47] Vgl. nur BGH NJW 1991, 699, 700; kritisch zur Reduktion *Zimmermann* EWiR § 35 GmbHG 1/99, 361; in neuerer Zeit: BGH NZG 2000, 831.
[48] *Melullis* WRP 1994, 686, 691 f.; noch weitergehend *Hirte/Butters* WuB IV A. § 138 BGB 4.98, die eine Reduktion auch bei gegenstandlicher Überschreitung des Wettbewerbsverbots befürworten.
[49] BGH WM 1997, 1707, 1708; s. auch BGH NJW 1986, 2944, 2945.
[50] BGH NJW-RR 1996, 741, 742.
[51] OLG Köln NZG 2001, 165, 167; OLG Zweibrücken NJW-RR 1990, 482; a. A. *Gitter*, in Anm. zu OLG Köln NZG 2001, 165, 169.
[52] *Bauer/Diller* GmbHR 1999, 885, 890.

a) Entschädigung bei Kundenschutzklauseln. Bei einer solchen Klausel ist es dem Gesellschafter nur verwehrt, Kunden der Gesellschaft nach Ausscheiden aus der Gesellschaft zu betreuen. Bei einem ausreichend großen Markt bleibt es ihm aber möglich, in seinem angestammten Tätigkeitsfeld weiterzuarbeiten und sein Wissen zu nutzen. Damit unterliegt er durch eine solche Klausel keinem Berufsverbot. Sie ist damit in angemessenem zeitlichen, räumlichen und gegenständlichen Umfang entschädigungslos zulässig.[53] Besonderheiten können sich im Einzelfall dann ergeben, wenn auf Grund der wenigen Marktteilnehmer die Klausel doch die Wirkung eines Berufsverbots für den Gesellschafter hat.[54]

b) Entschädigung bei umfassenden Tätigkeitsverboten. Solche Klauseln kommen für den Gesellschafter einem Berufsverbot gleich. Damit ist auch eine Entschädigung zu zahlen.[55] Nur bei besonders kurzen Verboten kann sie ausnahmsweise unterbleiben.

c) Höhe. Im Einzelfall ist zu ermitteln, wie groß die Einschränkung der Berufsfreiheit ist und wie hoch damit auch die Entschädigung zu sein hat. Die Höhe der Entschädigung ist nicht streng an die Vorgaben des § 74 HGB gebunden. In der Praxis hat sich allerdings für Organmitglieder eine Orientierung an der 50%-Grenze durchgesetzt. Damit ist eine Entschädigung in Höhe von 50% der letzten Festbezüge unter Ausschluss aller sonstigen variablen Gehaltsbestandteile zu zahlen. Anzurechnen sind allerdings Abfindungen und auch Übergangsgelder sowie Betriebsrenten.[56] Die Entschädigung ist konkret festzulegen. Formulierungen wie „angemessen", „fair" usw. reichen nicht aus. Vielmehr empfiehlt es sich, auf die §§ 74 ff. HGB zu verweisen.

> **Formulierungsvorschlag:**
> In Ansehung des Wettbewerbsverbots ist dem ausscheidenden Gesellschafter eine Entschädigung zu zahlen, deren Höhe sich an den gesetzlichen Vorgaben der §§ 74 ff. HGB orientiert.

d) Bedingte Verbote. Nochmals hinzuweisen ist im Zusammenhang mit Karenzentschädigungen auf die bereits in Rn. 34 dargestellten bedingten Wettbewerbsverbote. Dabei handelt es sich um Klauseln, deren Wirksamkeit sich das Unternehmen vorbehalten will, um damit die Kosten für die Karenzentschädigung zu sparen. Derartige Klauseln sind unzulässig und damit nichtig.

V. Wettbewerbsverbote bei Anteilsverkäufen

Häufig werden in Veräußerungsverträgen über Geschäftsanteile zwischen dem Verkäufer und dem Erwerber Wettbewerbsverbote vereinbart. Hierbei ist die Zulässigkeit differenziert zu betrachten, da es sich je nach Schwerpunkt des Geschäfts eher um eine Unternehmensübertragung oder eher um eine Anteilsübertragung handelt.[57] Nur bei einer Unternehmensübertragung hat nämlich der Neugesellschafter ein Interesse daran, dass der Altgesellschafter den Wettbewerb unterlässt.

1. Wettbewerbsverbot bei Unternehmensverkäufen

Veräußert ein Mehrheitsgesellschafter seinen Geschäftsanteil, dann steht regelmäßig die Unternehmensübertragung im Vordergrund. Typischerweise ist der Gesellschafter einer personalistischen GmbH gleichzeitig Geschäftsführer und Know-how-Träger. Bei einer solchen Veräußerung gelten die Regeln für Unternehmensübertragungen. Damit ist ein Wettbewerbsverbot für den Veräußerer zulässig, wird aber auch hier in zeitlicher, räumlicher und gegenständlicher Hinsicht begrenzt. Im Gegensatz zu „normalen" nachvertraglichen Verbo-

---
[53] BGHZ 91, 1, 7.
[54] Für den Geschäftsführer weisen *Bauer/Diller* GmbHR 1999, 885, 890 darauf hin.
[55] *Bauer/Diller* GmbHR 1999, 885, 888.
[56] *Bauer/Diller* GmbHR 1999, 885, 888.
[57] Vgl. zum Ganzen: *Schnelle* GmbHR 2000, 599; *Wagener/Schultze* NZG 2001, 157, 158.

ten kann es für die Dauer von **drei Jahren** vereinbart werden.[58] Dies entspricht dem zur Festigung übertragener Kundenbeziehungen allgemein für angemessen erachteten Zeitraum und ist auch mit dem Europäischen Kartellrecht vereinbar.[59] Damit sollen solche Fälle umfasst sein, bei denen der Erwerber rechtlicher Know-how-Träger wird, während dem Altgesellschafter wegen der tatsächlichen Umstände die einmal erlangten Kenntnisse nicht genommen werden können. Geht es dem Erwerber nur um den Schutz des Kundenstammes – wird also der bloße Geschäftswert ohne Know-how übertragen, bleibt es bei der zeitlichen Begrenzung auf zwei Jahre.[60] Abweichungen nach oben sollen möglich sein, wenn „außergewöhnliche Umstände" vorliegen.[61]

Eine Karenzentschädigung ist nicht zu zahlen.

2. Wettbewerbsverbot bei reinen Anteilsverkäufen

48 Veräußert ein Minderheitsgesellschafter seinen Geschäftsanteil, dann ist ein Wettbewerbsverbot im Veräußerungsvertrag nichtig. Der Erwerber hat hier kein Interesse an dem Verbot. Die individuelle Handlungsfreiheit des Veräußerers steht im Vordergrund.

3. Wettbewerbsverbot des Gesellschafter-Geschäftsführers

49 Veräußert ein Minderheitsgesellschafter, der auch Geschäftsführer ist, seinen Anteil und scheidet aus der Gesellschaft aus, dann gelten die Regeln über nachvertragliche Wettbewerbsverbote beim Geschäftsführer.[62] Ist der Geschäftsführer Mehrheitsgesellschafter, liegt ein Unternehmensverkauf vor.

VI. Gesetzliche Wettbewerbsverbote

1. Herleitung aus der Treuepflicht

50 Neben vertraglich vereinbarten Wettbewerbsverboten können sich Wettbewerbsverbote auch aus der Treuepflicht des Gesellschafters zu seiner Gesellschaft ergeben.[63] Diese Treuepflicht gebietet dem Gesellschafter der GmbH, deren Interessen zu wahren und wird im Allgemeinen als Loyalitäts- und Förderpflicht umschrieben.[64] Welche Gesellschafter vom Wettbewerbsverbot auf Grund der Treuepflicht erfasst werden, wird im Folgenden dargestellt.

2. Umfasste Personengruppe

51 Wegen der unterschiedlichen Art der Beteiligung der Gesellschafter einer GmbH lässt sich aus der Treuepflicht kein einheitliches Wettbewerbsverbot für alle Gesellschafter ableiten. Nur wenn der Gesellschafter Einfluss auf die Geschäftsführung nehmen kann, entsteht für ihn ein Wettbewerbsverbot. Auch nur in diesem Fall besteht eine besondere Gefährdungssituation für die Gesellschaft.[65] Für den ausgeschiedenen Gesellschafter kann sich ein Wettbewerbsverbot nicht aus der Treuepflicht ergeben.

3. Einzelfälle

52 Es unterliegen einem **gesetzlichen Wettbewerbsverbot**: beherrschende Gesellschafter; Gesellschafter-Geschäftsführer; Gesellschafter mit Sonderrechten, wenn die Sonderrechte zu besonderen Einflussmöglichkeiten führen, so bei Mehrfachstimmrechten im Einzelfall, aber zweifelsfrei, wenn der Gesellschafter das Recht zur Bestellung und Abberufung des Ge-

---

[58] Darstellend *Wagener/Schultze* NZG 2001, 157, 158.
[59] *Rudersdorf* RNotZ 2011, 509, 521.
[60] *Schnelle* GmbHR 2000, 599, 600.
[61] *Rudersdorf* RNotZ 2011, 509, 521.
[62] *Schnelle* GmbHR 2000, 599, 603.
[63] Grundlegend: BGHZ 80, 69 = NJW 1981, 1521 – m. Anm. *Süssen*.
[64] Baumbach/Hueck/*Fastrich* § 13 Rn. 27.
[65] BGHZ 89, 162, 166.

schäftsführers besitzt;[66] jeder Minderheitsgesellschafter, wenn er sich mit anderen zu einer beherrschenden Gruppe durch Stimmbindungsverträge zusammengeschlossen hat;[67] Gesellschafter einer personalistischen GmbH.[68]

Keinem ungeschriebenen Wettbewerbsverbot unterliegt dagegen der Gesellschafter einer Einpersonen-GmbH.[69] Da er nicht auf Interessen anderer Gesellschafter Rücksicht nehmen muss, scheidet ein auf das Rücksichtnahmegebot gestütztes Wettbewerbsverbot aus. Wegen der Personalunion zwischen dem Gesellschafter und der Gesellschaft gibt es auch kein Auseinanderfallen der Interessen der GmbH und des Gesellschafters, denn es gibt kein separates Eigeninteresse der GmbH.[70] Eine Ausnahme macht die Rechtsprechung nur in den Fällen, in denen der Alleingesellschafter der GmbH im Rahmen seiner Konkurrenztätigkeit Vermögen entzieht, das zur Deckung des Stammkapitals der GmbH erforderlich ist.[71] Nicht erfasst von einem ungeschriebenen Wettbewerbsverbot werden weiterhin Gesellschafter mit reiner Kapitalbeteiligung[72] sowie einfache Minderheitsgesellschafter ohne Sonderrechte in der kapitalistischen GmbH.[73] Ferner kann auch ein Minderheitsgesellschafter, der zugleich Angestellter der Gesellschaft ist, nicht über eine Erweiterung der gesellschaftsrechtlichen Treuepflicht in Bezug auf die Verwertung der als Angestellter erworbenen Kenntnisse einem Wettbewerbsverbot unterworfen werden, das nach den Grundsätzen des Arbeitsrechts unwirksam wäre und auch im Gesellschaftsvertrag nicht vereinbart ist.[74] 53

VII. Umfang

Im Folgenden soll dargestellt werden, welche Tätigkeiten dem Gesellschafter nicht erlaubt sind, wenn er einem umfassenden vertraglichen oder gesetzlichen Wettbewerbsverbot unterfällt. Bei einem vertraglichen Verbot können dem Gesellschafter weitere Tätigkeiten erlaubt werden. Dass ihm weitere Tätigkeiten, die über den anschließend dargestellten Rahmen hinausgehen, verboten werden, ist ausgeschlossen.[75] 54

1. Prüfungsschema

Nicht jede berufliche Tätigkeit ist dem Gesellschafter einer GmbH, der einem umfassenden Wettbewerbsverbot unterliegt, verboten. Dies würde die persönlichen Freiheiten des Gesellschafters über Gebühr einschränken. Die Abgrenzung zwischen erlaubten und nicht erlaubten Tätigkeiten erfolgt dergestalt, dass zunächst geprüft wird, ob die Tätigkeit des Betroffenen in den Tätigkeitsbereich der Gesellschaft fällt, und dann, welche Arten von Geschäften dem Gesellschafter nicht gestattet sind. 55

2. Geschäftsbereich der Gesellschaft

Ein berechtigtes Interesse der Gesellschaft an der Unterlassung von Wettbewerbshandlungen kann nur insoweit bestehen, als der Gesellschafter in Bereichen Geschäfte tätigt, in denen auch die Gesellschaft selbst aktiv ist. Um diesen Bereich zu definieren, gibt es verschiedene Ansätze. Im Ergebnis bestimmt sich der Geschäftsbereich der GmbH nach ihrem tatsächlichen Tätigwerden.[76] 56

---

[66] BGH GmbHR 1988, 334, 336.
[67] BGH GmbHR 1981, 189, 190.
[68] *Röhricht* WPg 1992, 766, 773.
[69] Baumbach/Hueck/*Fastrich* § 13 Rn. 34.
[70] BGHZ 119, 257.
[71] BGH NJW 1993, 1922; nun auch BFH NJW 1996, 1559 f. unter Aufgabe der bisherigen Rechtssprechung.
[72] BGHZ 89, 162, 166.
[73] BGH WM 1988, 1357, 1360; OLG Köln GmbHR 1991, 366; BGHZ 14, 25, 38.
[74] OLG Karlsruhe OLGR Karlsruhe 2006, 306.
[75] Zur Bindung des Alleingesellschafter-Geschäftsführers der Subunternehmer-Gesellschaft an das zugunsten des Hauptunternehmers vereinbarte Wettbewerbsverbot gegenüber dessen Kunden BGH NZG 2005, 274; kritisch dazu *Quiring* WRP 2005, 813.
[76] Zur Rechtslage bzgl. des Vorstandmitglieds einer AG s. OLG Frankfurt NZG 2000, 738.

57 a) **Streitstand.** Streitig sind die Herleitungen und Ausgangspunkte. So kann die Bestimmung des Unternehmensgegenstand rein formal nach der Satzung,[77] ausgehend von der Satzung unter Berücksichtigung der tatsächlich ausgeübten Tätigkeit[78] oder unabhängig von der Satzung ausschließlich auf Grund der tatsächlich ausgeübten Tätigkeit[79] erfolgen.

58 b) **Stellungnahme.** Da die Satzung das für die Öffentlichkeit und die Mitgesellschafter bestimmte Informationsmedium über die Tätigkeit der GmbH ist, bietet es sich an, bei der Bestimmung des Unternehmensgegenstandes von der satzungsmäßigen Statuierung auszugehen.[80] Allerdings kann der so bestimmte Unternehmensgegenstand sowohl zu eng, wenn die Gesellschaft inzwischen in neue Geschäftsbereiche expandiert hat, als auch zu weit sein, wenn die Gesellschaft in der Satzung Geschäftsbereiche angegeben hat, in denen sie tatsächlich gar nicht tätig ist. In solchen Bereichen hat die Gesellschaft kein schutzwürdiges Interesse daran, dass der Gesellschafter Geschäftshandlungen auf eigene Rechnung unterlässt. Daher ist der satzungsmäßige Unternehmensgegenstand auf die **tatsächlichen Tätigkeitsbereiche** einzuschränken bzw. auszudehnen.[81] Umfasst vom tatsächlichen Geschäftsbereich sind auch Bereiche, in die die Gesellschaft in absehbarer Zeit ernstlich expandieren will.[82] Andererseits erstreckt sich das Wettbewerbsverbot auch auf die Tätigkeitsfelder, die in der Satzung nicht angegeben sind, auf denen die Gesellschaft aber tätig ist.[83] Sie hat hieran ein entsprechendes Interesse.

3. Relevante Tätigkeiten

59 Mit der Bestimmung des Betätigungsfeldes der Gesellschaft ist aber noch nicht geklärt, welche Arten von Geschäften des Gesellschafters dem Wettbewerbsverbot unterfallen und welche nicht. Grundsätzlich sind solche geschäftlichen Tätigkeiten zu unterlassen, bei denen es zu einer Verwertung von Informationen aus der Gesellschaft kommen kann. Dies ist aber nur dann der Fall, wenn der Gesellschafter bei der anderen Gesellschaft Einfluss ausüben kann. Nur dann kann er sein Wissen der anderen Gesellschaft zu deren Nutzung zur Verfügung stellen. Ob er von seinem Wissen aus der GmbH bei Entscheidungen der Konkurrenzgesellschaft Gebrauch macht oder nicht, ist irrelevant, denn für die Annahme eines Wettbewerbsverbots genügt die Gefahr einer Schädigung.

60 a) **Unzulässige Tätigkeiten.** Unzulässig sind z.B.: eigene Unternehmungen,[84] d.h. das Tätigwerden als Einzelunternehmer; Beteiligung als persönlich haftender Gesellschafter einer Personengesellschaft;[85] Beteiligung an einer Kapitalgesellschaft als beherrschender Gesellschafter[86] oder als Minderheitsgesellschafter mit Sonderrechten;[87] mittelbare Beteiligungen, wenn eine unmittelbare Beteiligung unzulässig wäre;[88] Kettenbeteiligungen als besondere Form der mittelbaren Beteiligung,[89] wenn dadurch mittelbar Einfluss auf die Geschäftspolitik des Konkurrenten genommen werden kann; Treugeberschaften, d.h. die Führung eines Konkurrenzunternehmens durch einen Treuhänder; Kreditvergabe an ein Konkurrenzunternehmen, wenn die Gegenleistung eine Gewinnbeteiligung ist oder das Unternehmen kurz vor der Insolvenz steht, weil dann zu befürchten ist, das mit dem Kredit auch Informationen weitergegeben werden;[90] Tätigkeit als Geschäftsführer,[91] Handelsvertreter, Kommissionär,

---

[77] Lutter/Hommelhoff/*Hommelhoff/Kleindiek* Anh. § 6 Rn. 22.
[78] Scholz/*Schneider* § 43 Rn. 163; *Godin/Wilhelmi* AktG § 88 Rn. 4.
[79] *Heymann/Emmerich* § 112 Rn. 12.
[80] *Lawall* Wettbewerbsverbot S. 9.
[81] BGHZ 70, 331, 332.
[82] *Tillmann*, FS Felix, S. 507, 511 f.
[83] Scholz/*Schneider* § 43 Rn. 163.
[84] *Schlegelberger/Martens* HGB § 112 Rn. 9.
[85] *Ivens* Konkurrenzverbot S. 67.
[86] OLG Nürnberg BB 1981, 452.
[87] *Schlegelberger/Martens* HGB § 112 Rn. 9.
[88] *Lawall* Wettbewerbsverbot S. 18; a. A. *Schwedhelm* DStR 1993, 245, 247.
[89] *Lawall* Wettbewerbsverbot S. 20 f.
[90] *Ivens* Konkurrenzverbot S. 76.
[91] *Heymann/Emmerich* HGB § 112 Rn. 11; *Lawall* Wettbewerbsverbot S. 22.

Treuhänder oder Makler des Konkurrenzunternehmens; Unternehmensberatung für einen Konkurrenten. Unzulässig ist auch die Vergabe einer Unterbeteiligung am eigenen GmbH-Anteil an einen Konkurrenten, sofern der Konkurrent dadurch entweder bestimmend auf die Ausübung der Gesellschafterstellung Einfluss nehmen kann oder Zugriff auf wettbewerbsrelevante Informationen erhält.

b) Zulässige Tätigkeiten. Zulässig sind dagegen: Privatgeschäfte einschließlich privater Kapitalanlagen,[92] die Beteiligung als Kommanditist,[93] Beteiligungen als rein kapitalistischer Gesellschafter, wenn der Gesellschafter beweisen kann, dass er keinerlei Einfluss auf die Geschäftspolitik nimmt,[94] reine Minderheitsbeteiligungen an einer Kapitalgesellschaft,[95] stille Beteiligungen in ihrer gesetzlichen Form, Tätigkeiten im Aufsichtsrat oder Beirat, es sei denn, der Aufsichtsrat nimmt Aufgaben der Geschäftsführung wahr, wirtschaftlich neutrale Beratung, etwa Rechtsberatung und persönliche und verwandtschaftliche Kontakte zur Konkurrenz.[96]

VIII. Gesellschaftsrechtliche Geschäftschancenlehre[97]

1. Herleitung

Aus der Treuepflicht ergibt sich neben einem Wettbewerbsverbot auch die Pflicht, Geschäftschancen nicht auf eigene Rechnung zum Schaden der Gesellschaft zu nutzen. Im Gegensatz zum Wettbewerbsverbot geht es nicht um eine Verhinderung von Konkurrenz zur Gesellschaft, sondern um das Verbot, konkret bestehende Chancen der Gesellschaft auf eigene Rechnung zu nutzen. Daher trifft dieses Verbot auch jeden Gesellschafter und nicht nur solche, die einem Wettbewerbsverbot unterliegen.[98] Wegen dieses sehr weiten Umfangs im Hinblick auf den umfassten Personenkreis sind auf der anderen Seite enge Anforderungen daran zu stellen, wann eine Geschäftschance der GmbH zuzuordnen ist.[99] Andernfalls würde der Gesellschafter in seiner gewerblichen Betätigung zu sehr eingeschränkt. Die treuwidrige Ausnutzung einer Geschäftschance kann daher nur dann angenommen werden, wenn die Chance aus konkreten Gründen gerade der Gesellschaft zuzuordnen ist.[100]

Inzwischen hat der BGH entschieden, dass die Geschäftschancenlehre auch auf den geschäftsführenden Gesellschafter einer GbR jedenfalls dann anwendbar ist, wenn diese eine Erwerbsgesellschaft oder eine unternehmenstragende Gesellschaft darstellt oder gewerblich tätig ist.[101]

2. Fallgruppen einer der Gesellschaft gehörenden Geschäftschance

Dazu hat die Rechtsprechung **Fallgruppen** gebildet. Eine Zuordnung zur Gesellschaft ist anzunehmen, wenn die Gesellschaft die Realisierung bereits konkret ins Auge gefasst hat, etwa Vertragsverhandlungen aufgenommen oder jedenfalls einen entsprechenden Gesellschafterbeschluss herbeigeführt hat;[102] der Gegenstand des Geschäfts von besonderer Bedeutung für die Gesellschaft ist, z. B. beim Erwerb eines dringend benötigten Betriebsgrundstücks;[103] der Auftraggeber das Angebot für das Geschäft ausdrücklich der Gesellschaft

---

[92] *Heymann/Emmerich* HGB § 112 Rn. 10.
[93] *Kardaras* Wettbewerbsverbot S. 62.
[94] BGHZ 89, 167; *Lawall* Wettbewerbsverbot S. 17.
[95] A. A. *Ivens* Konkurrenzverbot S. 72.
[96] *Lawall* Wettbewerbsverbot S. 24; *Ivens* Konkurrenzverbot S. 75.
[97] Speziell zur Geschäftschancenlehre *Polley*, Wettbewerbsverbot und Geschäftschancenlehre, 1993; *Weisser*, Corporate Opportunities, 1991.
[98] Zur Bindung eines ausgeschiedenen Gesellschafters nach den Grundsätzen der sog. Geschäftschancenlehre, wenn er Organ der Gesellschaft war oder in einer vergleichbaren Stellung die Geschäftsführung der Gesellschaft beherrscht oder maßgeblich beeinflusst hat OLGR Karlsruhe 2006, 306.
[99] *Röhricht* WPg 1992, 766, 775.
[100] *Röhricht* WPg 1992, 766, 775.
[101] BGH NZG 2013, 216.
[102] BGH WM 1989, 1216; *Röhricht* WPg 1992, 766, 775.
[103] BGH WM 1967, 679; 1985, 1443.

oder dem Gesellschafter in dieser Funktion angeboten hatte;[104] die Wahrnehmung durch den Gesellschafter unter Einsatz von Mitteln der Gesellschaft realisiert wird, wobei Mittel in diesem Sinne sehr weit zu verstehen sind. Darunter zu verstehen sind sowohl der Einsatz finanzieller und personeller Mittel als auch die Ausnutzung von Informationen, die nur auf Grund der Gesellschafterstellung zu erlangen waren.[105]

3. Rechtsfolgen

64   Liegt eine solche Fallgruppe nicht vor, so steht es dem Gesellschafter frei, die Geschäftschance auch selbst wahrzunehmen oder auch durch andere Gesellschaften, an denen er beteiligt ist, wahrnehmen zu lassen. Bei unzulässiger Nutzung einer der Gesellschaft gebührenden Geschäftschance hat die Gesellschaft die gleichen Ansprüche wie bei der Verletzung eines Wettbewerbsverbots.[106]

4. Steuerrechtliche Geschäftschancenlehre

65   Die gesellschaftsrechtliche Geschäftschancenlehre ist wegen unterschiedlicher Schutzrichtungen von der steuerrechtlichen Geschäftschancenlehre zu trennen. Während im Gesellschaftsrecht die Interessen der Gesellschaft geschützt werden, geht es im Steuerrecht um den Schutz der Bemessungsgrundlage für die Körperschaftsteuer.

IX. Befreiung vom Wettbewerbsverbot

1. Einführung

66   Je nach Einzelfall kann die Notwendigkeit bestehen, den Gesellschafter vom Wettbewerbsverbot zu befreien. Bei der Befreiung sind je nach der Art des Wettbewerbsverbots drei Fälle zu unterscheiden: Die Befreiung vom vertraglichen Wettbewerbsverbot, die Befreiung vom nachvertraglichen Wettbewerbsverbot und die Befreiung vom gesetzlichen Wettbewerbsverbot.

2. Hintergrund für eine Befreiung

67   Häufig sind sich die Mitgesellschafter einig, dass einer von ihnen eine Wettbewerbstätigkeit ausüben darf, oder es wird auf die Durchsetzung eventueller Ansprüche wegen der Verletzung verzichtet. Für eine rechtlich notwendige ausdrückliche Befreiung besteht tatsächlich kein Bedarf. Steuerrechtlich hingegen führt ein Verstoß gegen ein Wettbewerbsverbot dazu, dass die Gesellschaft Ansprüche gegen den Gesellschafter geltend zu machen hat. Diese Ansprüche müssen in der Steuerbilanz aktiviert werden. Verzichtet die Gesellschaft auf die Ansprüche, kommt es zu einer verdeckten Gewinnausschüttung (vGA). Die Einzelheiten werden unter → Rn. 103 ff. dargestellt. Wegen dieser steuerrechtlichen Folgen eines Verstoßes empfiehlt sich eine Befreiung vom Wettbewerbsverbot. Damit diese steuerrechtlich wirksam ist, sind besondere Anforderungen beim Befreiungsbeschluss zu erfüllen.

3. Anforderungen an eine Befreiung

68   a) **Befreiung vom vertraglichen Wettbewerbsverbot.** Bei einem vertraglichen Wettbewerbsverbot handelt es sich um einen Satzungsbestandteil. Soll von der Satzung durch die generelle Gestattung des Wettbewerbs durch einen Gesellschafter abgewichen werden, ist dafür eine Änderung der Satzung nötig. Alles andere wäre eine unzulässige Satzungsdurchbrechung.[107]

---

[104] BGH WM 1967, 679; 1977, 361 f.
[105] BGH WM 1976, 77; *Röhricht* WPg 1992, 766, 775.
[106] S. dazu die Ausführungen in den → Rn. 78 ff.
[107] *Röhricht* WPg 1992, 766, 781.

aa) Mehrheitserfordernisse/formelle Voraussetzungen. Für die Satzungsänderung sind entsprechend § 53 eine ¾-Mehrheit, die notarielle Beurkundung und die Eintragung ins Handelsregister erforderlich. Die Eintragung soll entbehrlich sein, wenn es sich um eine punktuelle Wettbewerbsmaßnahme handelt.[108] Von all diesen Erfordernissen kann allerdings abgewichen werden, wenn im Gesellschaftsvertrag eine **Öffnungsklausel** aufgenommen wurde, aus deren Existenz bei fehlendem ausdrücklichen Wettbewerbsverbot auf das Vorliegen eines solchen geschlossen werden kann.[109] Eine solche Klausel stellt eine zivilrechtlich und richtigerweise auch steuerrechtlich[110] wirksame Ermächtigung zur Befreiung vom Wettbewerbsverbot durch einen einfachen Gesellschafterbeschluss dar.[111] Bei Vorliegen einer solchen Klausel kann die Befreiung sogar konkludent erfolgen, wenn alle Gesellschafter die Handlung hinnehmen.[112] Der konkurrierende Gesellschafter ist sowohl bei der Satzungsänderung wie auch bei dem konkreten Beschluss von der Abstimmung ausgeschlossen, § 47.[113] Die entsprechende Klausel kann wie folgt formuliert werden:

69

> **Formulierungsvorschlag:**
>
> Die Gesellschaftsversammlung ist ermächtigt, durch Beschluss mit einfacher Mehrheit einem Gesellschafter Befreiung vom Wettbewerbsverbot zu erteilen und die näheren Einzelheiten zu regeln.[114]

Der Beschluss, mit dem dann die Befreiung erteilt wird, kann dann folgendermaßen aussehen:

> **Formulierungsvorschlag:**
>
> Dem Gesellschafter ...... wird es gestattet, auf eigene Rechnung und in eigenem Namen folgende Tätigkeit auszuüben ...... (möglichst genaue Bezeichnung).

Der konkurrierende Gesellschafter ist sowohl bei der Satzungsänderung wie auch bei dem konkreten Beschluss von der Abstimmung ausgeschlossen, § 47 Abs. 4 GmbHG.[115]

bb) Fehlerfolgen bei Beschluss ohne Öffnungsklausel. Für die Fehlerfolgen ist zwischen einer abstrakten und einer Einzelfallbefreiung zu unterscheiden. Eine **abstrakte Befreiung** liegt vor, wenn von einem Verbot generell befreit werden soll. Eine **Einzelfallbefreiung** ist gegeben, wenn das Wettbewerbsverbot an sich bestehen bleiben, dem Gesellschafter aber ein konkret umschriebenes Geschäft gestattet werden soll. Wird durch einen einfachen Beschluss eine abstrakte Befreiung erteilt, ist der Beschluss selbst dann unwirksam, wenn alle Gesellschafter zugestimmt haben.[116] Es handelt sich um eine Satzungsänderung, die an die formellen Voraussetzungen gebunden ist. Anders ist der Fall einer Einzelfallbefreiung zu beurteilen. Hier ist der Beschluss, der die Mehrheits- und Formerfordernisse außer Betracht lässt, wirksam, aber anfechtbar, es sei denn, alle Gesellschafter haben zugestimmt.[117] Stimmen alle anderen Gesellschafter zu, entfällt das Anfechtungsrecht und die Befreiung ist damit wirksam.

70

cc) Pflicht zur Zustimmung zur Befreiung. Eine Pflicht des Gesellschafters, einem Befreiungsbeschluss zuzustimmen, besteht grundsätzlich nicht. Im besonderen Einzelfall kann die Treuepflicht eine solche Zustimmung gebieten.[118]

71

---

[108] *Lawall* Wettbewerbsverbot S. 145.
[109] LG Hamburg NZG 1998, 687.
[110] So auch *Söffing* Harzburger Steuerprotokoll 1997, 279, 288.
[111] BGHZ 80, 69 = NJW 1981, 1512 – *Süssen*.
[112] BFH NJW 1998, 3663.
[113] BGHZ 80, 69; OLG Düsseldorf GmbHR 2000, 1050, 1052.
[114] *Wurm/Wagner/Zartmann/Langenfeld*, Das Rechtsformularbuch, S. 1752.
[115] BGHZ 80, 69; OLG Düsseldorf GmbHR 2000, 1050, 1052.
[116] *Baumbach/Hueck/Zöllner/Noack* § 53 Rn. 45.
[117] *Baumbach/Hueck/Zöllner/Noack* § 53 Rn. 42, 49.
[118] *Baumbach/Hueck/Zöllner/Noack* § 53 Rn. 90 m. w. N.

72 **dd) Materielle gesellschaftsrechtliche Voraussetzungen an die Befreiung.** Grundsätzlich genügt für eine wirksame Befreiung die Einhaltung der formellen Voraussetzungen. In besonders gelagerten Fällen, in denen die Interessen von Minderheitsgesellschaftern schwerwiegend beeinträchtigt werden, bedarf eine Befreiung besonderer Voraussetzungen, wie in dem Fall, dass die Mehrheit der Gesellschafter einem anderen Gesellschafter eine Befreiung erteilt, wodurch aber die Minderheit schwere Beeinträchtigungen erleidet. In dieser Konstellation ist ein **sachlicher Grund** erforderlich, der die Befreiung rechtfertigt. Dafür kommen nur schwerwiegende Gründe im Interesse der Gesellschaft in Frage. Die Interessen der Minderheit und der Gesellschaft sind gegeneinander abzuwägen. Dabei wird geprüft, ob die Befreiung geeignet und erforderlich ist, darüber hinaus aber auch, ob die Interessen der Gesellschaft die der Minderheit überwiegen (Verhältnismäßigkeit im engeren Sinn). Überwiegen die Interessen der Minderheitsgesellschafter, ist die Zustimmung der Mehrheit zur Befreiung eine unzulässige Stimmrechtsausübung. Der Beschluss ist wegen Stimmrechtsmissbrauch anfechtbar. Entschieden wurde dies für die Situation, in der die GmbH durch die Gestattung des Wettbewerbs zu einem abhängigen Unternehmen i. S. d. § 17 AktG geworden wäre.[119] Die zum Bezugsrechtsausschluss in der GmbH entwickelten Grundsätze[120] sind heranzuziehen.

73 **ee) Steuerrechtliche Voraussetzungen an die Befreiung.** Von den Finanzgerichten werden folgende Voraussetzungen an eine Befreiung gestellt:[121] Es muss ein Wettbewerbsverbot bestehen und der Gesellschafter muss diesem Wettbewerbsverbot unterfallen. Die Befreiung muss in der Satzung klar vereinbart werden. Dabei ist aber das früher bestehende Erfordernis einer klaren Abgrenzung der Aufgabenbereiche entfallen.[122] Die Befreiung muss im Voraus erfolgen. Eine rückwirkende Befreiung vom Verbot ist unwirksam. Für die Befreiung ist grundsätzlich kein Entgelt zu zahlen, es sei denn, die GmbH hätte ein solches am Markt gegen den Gesellschafter durchsetzen können.[123] Werden die Voraussetzungen nicht eingehalten, droht eine vGA.[124]

74 **b) Befreiung vom nachvertraglichen Wettbewerbsverbot.** Für die Befreiung vom nachvertraglichen Wettbewerbsverbot müssen andere Grundsätze als die bisher aufgezeigten gelten. Denn während eine Befreiung sonst regelmäßig für den Gesellschafter nur Vorteile bringt, treffen ihn hier erhebliche Nachteile: er verliert seinen Anspruch auf die Karenzentschädigung. Die Rechtsprechung[125] zieht für den Geschäftsführer § 75a HGB heran, nach dem ein einseitiger Verzicht auf ein Wettbewerbsverbot erklärt werden darf, die Pflicht zur Karenzentschädigung jedoch für ein weiteres Jahr bestehen bleibt. Davon ist auch für den Gesellschafter auszugehen. Wenn selbst gegenüber dem Arbeitnehmer auf das Wettbewerbsverbot einseitig mit der Möglichkeit, die Karenzzahlungen auf ein Jahr zu beschränken, verzichtet werden kann, muss dies für den Gesellschafter erst Recht gelten.

75 **c) Befreiung vom gesetzlichen Wettbewerbsverbot.** Nach herrschender Lehre wird auch das gesetzliche Wettbewerbsverbot als materieller Satzungsbestandteil angesehen,[126] so dass dafür die gleichen Maßstäbe wie für das vertragliche Wettbewerbsverbot gelten. Allerdings fehlt es bei einem gesetzlichen Wettbewerbsverbot notwendiger Weise an einer vertraglichen Regelung und damit an einer Öffnungsklausel, so dass eine Befreiung hier immer der Mehrheiten des § 53 bedarf.

4. Konkludente Befreiung

76 Eine konkludente Befreiung durch Hinnehmen der Wettbewerbshandlung ist nicht möglich.[127] Etwas anderes gilt nur für den Fall, dass der Gesellschafter bei Gründung oder Bei-

---

[119] BGHZ 80, 69 = NJW 1981, 1512 – m. Anm. *Süssen*.
[120] Vgl. dazu Baumbach/Hueck/Zöllner/*Fastrich* § 55 Rn. 25.
[121] *Söffing* Harzburger Steuerprotokoll 1997, 279, 287 f.
[122] *Prühs* S. 214.
[123] *Prühs* S. 215.
[124] Rechtsfolgen s. → Rn. 103 ff.
[125] BGH GmbHR 1992, 263.
[126] Wurm/Wagner/Zartmann/*Langenfeld* S. 1972 f.
[127] Keine konkludente Satzungsänderung: Scholz/*Priester* § 53 Rn. 32.

tritt bereits eine Konkurrenztätigkeit ausgeübt hat. In diesem Fall besteht erst gar kein Wettbewerbsverbot, weil sich die Treuepflicht des Gesellschafters nicht zu einem solchen verdichten kann.[128] Dies bringt für die OHG § 112 Abs. 2 HGB zum Ausdruck. Es ist aber aus Gründen der Klarheit zweckmäßig, eine ausdrückliche Befreiung in der Satzung anzuordnen, obwohl kein Verbot besteht. Die Klausel kann folgendermaßen lauten:

> **Formulierungsvorschlag:**
> Der Gesellschafter ...... ist Inhaber der Einzelfirma ...... deren Unternehmensgegenstand ...... ist. Er darf dieses Unternehmen im bisherigen Umfang – gleich in welcher Rechtsform – weiterbetreiben und wird insoweit von einem etwaigen Wettbewerbsverbot befreit

Hierbei ist nochmals ausdrücklich darauf hinzuweisen, dass ein vertragliches Verbot die bereits bestehende Konkurrenztätigkeit mitumfasst und damit verbietet.

5. Widerruf der Befreiung

Ähnlich wie bei § 112 HGB ist es auch im GmbH-Recht nicht möglich, eine einmal erteilte Befreiung vom Wettbewerbsverbot frei zu widerrufen. Andernfalls würde dem berechtigten Interesse des befreiten Gesellschafters an einer Aufrechterhaltung der Befreiung widersprochen.[129] Ein **Widerruf aus wichtigem Grund** ist hingegen möglich. Als wichtiger Grund ist es insbesondere anzusehen, dass der Nachweis erbracht wird oder ein erheblicher Verdacht besteht, dass der konkurrierende Gesellschafter seine Stellung als Gesellschafter vorsätzlich ausgenutzt hat, um dem Konkurrenzunternehmen Vorteile zu verschaffen. Denn die Einwilligung in die Konkurrenztätigkeit ist nicht als Einwilligung in eine vorsätzliche Schädigung zu verstehen.[130] Darüber hinaus ist ein Widerruf dann zulässig, wenn die Befreiung vom Wettbewerbsverbot nur unter Widerrufsvorbehalt erteilt wurde. Jedoch ist auch in diesem Fall ein willkürlicher Widerruf unzulässig, erforderlich ist in jedem Fall das Vorliegen eines sachlichen Grundes.[131]

X. Rechtsfolgen bei Verstoß gegen das Wettbewerbsverbot

Verstößt ein Gesellschafter gegen das ihm in der Satzung auferlegte oder ungeschriebene Wettbewerbsverbot, so stehen der Gesellschaft verschiedene Rechte zu.

1. Unterlassungsanspruch

Unabhängig von der Art des Wettbewerbsverbots steht der Gesellschaft ein Unterlassungsanspruch nach **§ 1004 BGB analog** zu. Das Wettbewerbsverbot ist ein Anspruch der Gesellschaft aus der Mitgliedschaft, mithin ein **Sozialanspruch**.[132] Die Voraussetzungen für das Bestehen eines solchen Unterlassungsanspruchs sind:

- Ein Verstoß gegen das Wettbewerbsverbot durch den betroffenen Gesellschafter. Ein solcher Verstoß kann nicht angenommen werden, wenn der Gesellschafter wirksam vom Wettbewerbsverbot befreit wurde. Ein Verschulden des Gesellschafters im Hinblick auf den Verstoß ist nicht erforderlich.
- Nötig ist ferner die Gefahr einer Wiederholung des Wettbewerbsverstoßes, sofern schon einmal ein Verstoß gegen das Wettbewerbsverbot aufgetreten ist. Jedoch kann der Unterlassungsanspruch auch schon vor der ersten Verletzungshandlung geltend gemacht werden, wenn ein Verstoß gegen das Wettbewerbsverbot ernstlich droht (Erstbegehungsgefahr).[133]

---

[128] BGH GmbHR 1987, 302, 303.
[129] *Kardaras* Wettbewerbsverbot S. 75.
[130] *Löffler* NJW 1986, 223, 226.
[131] *Ivens* Konkurrenzverbot S. 119; *Kardaras* Wettbewerbsverbot S. 76.
[132] Für die OHG *Michalski*, OHG-Recht § 112 Rn. 20.
[133] *Medicus* BR Rn. 628; *Lawall* Wettbewerbsverbote S. 200.

- Schließlich darf der Unterlassungsanspruch nicht unter dem Gesichtspunkt der unzulässigen Rechtsausübung (§ 242 BGB) ausgeschlossen sein. Dies ist der Fall, wenn die Gesellschaft das betreffende Geschäft überhaupt nicht selbst wahrnehmen kann oder will. Dann besteht weder ein Anspruch auf Schadensersatz noch auf Unterlassung.
- Für den Unterlassungsanspruch empfiehlt sich die Durchsetzung mittels einer einstweiligen Verfügung (§§ 935 ff. ZPO):[134]

> **Formulierungsvorschlag:**
> In Sachen
> ......
> gegen
> ......
> wird beantragt,
> 1. (dem Gesellschafter) im Wege der einstweiligen Verfügung – wegen der Dringlichkeit ohne mündliche Verhandlung – bei Meidung eines Ordnungsgeldes in Höhe von 500.000,– EUR bzw. Zwangshaft für den Fall der Zuwiderhandlung zu untersagen, in der Zeit bis zum ...... in jeglicher Weise für ein Unternehmen tätig zu werden, dass mit der Antragstellerin in Konkurrenz steht, insbesondere für die Fa. XY GmbH;
> 2. hilfsweise die beantragte einstweilige Verfügung auf Grund mündlicher Verhandlung unter größtmöglicher Abkürzung der Ladungs- und Einlassungsfristen zu erlassen.

2. Schadensersatzanspruch

80 Daneben stehen der Gesellschaft Schadensersatzansprüche gegen den das Wettbewerbsverbot verletzenden Gesellschafter zu.

81 a) *Anspruchsgrundlagen.* Als Anspruchsgrundlagen hierfür werden Analogien zu § 113 HGB oder § 88 Abs. 2 AktG herangezogen.[135] Zum Teil wird der Schadensersatzanspruch auch unmittelbar aus der Verletzung der Treuepflicht abgeleitet,[136] als Anspruchsgrundlage ziehen die Vertreter dieser Ansicht die pVV (jetzt: § 282 BGB n. F.) der Treuepflicht heran.[137]

82 b) **Verstoß gegen das Wettbewerbsverbot.** Zunächst muss ein Verstoß gegen das Wettbewerbsverbot vorliegen. Dabei ist zu prüfen, ob die ausgeübte Tätigkeit in den Geschäftsbereich der Gesellschaft fällt und ob die konkrete Tätigkeit nicht erlaubt ist.

83 c) *Verschulden.* Darüber hinaus ist nach allen Ansichten auch ein Verschulden des Gesellschafters in Bezug auf die verbotene Konkurrenztätigkeit erforderlich, wobei umstritten ist, ob hier der allgemeine Verschuldensmaßstab des § 276 BGB oder der Maßstab eines ordentlichen Geschäftsmannes aus § 43 heranzuziehen ist. Für die Verstöße eines Gesellschafters, die nicht aus einer Stellung als Geschäftsführer resultieren, ist auf den allgemeinen Verschuldensmaßstab, § 276 BGB, abzustellen. § 43 kann hier keine Anwendung finden, da er den Verschuldensmaßstab nur für Geschäftsführer festlegt.

84 d) *Schaden.* Wie bei der OHG wird hier davon auszugehen sein, dass ein Schaden der Gesellschaft nur dann besteht, wenn sie das Geschäft selbst hätte ausführen können und wollen,[138] und zwar zu den gleichen Konditionen wie der wettbewerbswidrig handelnde Gesellschafter.[139] Dies muss die Gesellschaft auch beweisen.

3. Vorteilsherausgabe

85 Zudem besteht neben dem Anspruch auf Unterlassung und dem Schadensersatzanspruch ein Anspruch auf Vorteilsherausgabe, der auf die Rechtsgrundlagen der §§ 675, 667 BGB

---

[134] Aus *Bauer/Diller* Wettbewerbsverbote S. 306.
[135] *Spiegelberger* GmbHR 1992, 727, 728.
[136] BGHZ 65, 15, 18.
[137] Vgl. *Lawall* Wettbewerbsverbote S. 205.
[138] *Schneider* BB 1991, 1681, 1683.
[139] *Michalski* OHG-Recht § 113 Rn. 5.

oder §§ 687 Abs. 2, 681, 667 BGB gestützt wird,[140] wobei letztere Anspruchsgrundlage vorzugswürdig erscheint, da die Wettbewerbstätigkeit eher einer Geschäftsanmaßung ähnelt.

4. Eintrittsrecht der Gesellschaft

Hat ein Gesellschafter schuldhaft gegen das Wettbewerbsverbot verstoßen, hat die Gesellschaft als Alternative zum Schadenersatz ohne Nachweis eines Schadens das Recht, in das vom Gesellschafter getätigte Geschäft einzutreten.[141] Rechtsgrundlage ist eine Analogie zu § 113 HGB.

a) **Wirkung des Eintrittsrechts nur im Innenverhältnis.** Durch die Ausübung des Eintrittsrechts tritt die Gesellschaft jedoch nicht in die Rechtsstellung des Gesellschafters ein, wird also weder Vertragspartner noch Gesellschafter. Sie hat lediglich einen Anspruch auf die dem Gesellschafter zufließenden Vermögenswerte.[142] Um die wirksame Feststellung und Durchsetzung des Anspruchs zu gewährleisten, steht der Gesellschaft gegenüber dem Gesellschafter ein Anspruch auf Auskunftserteilung und Rechnungslegung über die verbotene Tätigkeit zu.

b) **Aufwendungsersatz.** Dem Gesellschafter, der gegen das Wettbewerbsverbot verstoßen hat, steht gegen die Gesellschaft ein Aufwendungsersatzanspruch in Form eines Freistellungsanspruchs gemäß § 670 BGB analog zu, ggf. trifft die GmbH auch eine Vorschusspflicht nach § 669 BGB analog.[143]

c) **Ausschluss.** Im Gegensatz zum Schadenersatzanspruch kommt es für das Eintrittsrecht nicht darauf an, ob die Gesellschaft das Geschäft hätte selbst ausführen können oder wollen.[144]

5. Ausschluss des Gesellschafters

Darüber hinaus können schwere Verstöße gegen das Wettbewerbsverbot auch zum Ausschluss des Gesellschafters und zur Einziehung des Geschäftsanteils führen.[145]

a) **Ausschluss aus wichtigem Grund.** Obwohl im GmbHG anders als im HGB für die OHG keine gesetzliche Regelung zum Ausschluss von Gesellschaftern getroffen wurde, halten der BGH und die herrschende Lehre einen Ausschluss aus wichtigem Grund für möglich, wenn die weitere Zugehörigkeit des Gesellschafters zur Gesellschaft unzumutbar geworden ist.[146] Ein solcher Ausschluss ist damit möglich, und zwar unabhängig davon, ob er in der Satzung vorgesehen ist oder nicht. Damit stellt der Ausschluss aus wichtigem Grund eine Ausnahme zu § 34 dar.[147]

b) **Verstoß gegen ein Wettbewerbsverbot als wichtiger Grund.** Voraussetzung für einen Ausschluss ist das Vorliegen eines wichtigen Grundes, der die Unzumutbarkeit der weiteren Zusammenarbeit begründet. Der Verstoß gegen das Wettbewerbsverbot kann einen solchen in der Person des Gesellschafters liegenden Grund darstellen.[148] Ein Verschulden des Gesellschafters bei Verstoß gegen das Wettbewerbsverbot muss dem Gesellschafter nicht zur Last fallen.

c) **Regelung des Ausschlusses in der Satzung.** Zählt die Satzung selbst Gründe für die Einziehung des Gesellschaftsanteils auf und der Verstoß gegen das Wettbewerbsverbot zählt

---

[140] *Spiegelberger* GmbHR 1992, 727, 728.
[141] Für die OHG *Michalski* OHG-Recht § 113 Rn. 1.
[142] BGHZ 89, 161, 171.
[143] *Lawall* Wettbewerbsverbote S. 215.
[144] Für die OHG: RGZ 109, 355, 356.
[145] BGH GmbHR 1987, 302.
[146] RGZ 169, 330, 334; BGHZ 9, 157, 159; 80, 346, 347; *Ulmer* Anh. § 34 Rn. 10.
[147] Scholz/*Seibt* Anh. § 34 Rn. 21 f.
[148] *Ulmer* Anh. § 34 Rn. 12; Rowedder/Schmidt-Leithoff/*Rowedder/Bergmann* § 34 Rn. 68.

nicht dazu, so schließt dies die Möglichkeit des Ausschlusses nicht aus. Den Grund dafür bildet die Unverzichtbarkeit des Ausschließungsrechts aus wichtigem Grund.[149]

94 d) **Ausschluss als ultima ratio.** Ein Ausschluss aus wichtigem Grund darf aber immer nur ultima ratio sein. Daher müssen vor dem Ausschluss andere in Frage kommende Mittel zur Konfliktbewältigung ins Auge gefasst werden, wie z. B. eine Übertragung des Gesellschaftsanteils an einen Treuhänder. Der Ausschluss als ultima ratio bedeutet auch, dass zu prüfen ist, ob nicht den Interessen der Gesellschaft und der übrigen Gesellschafter bereits durch die Geltendmachung von Schadenersatzansprüchen ausreichend Rechnung getragen wird. Damit kann ein Ausschluss eines Gesellschafters nur bei besonders schwerwiegenden Verstößen gegen das Wettbewerbsverbot in Frage kommen.[150]

95 e) **Ausschließungsverfahren.** Die Ausschließung erfolgt im Anschluss an einen Gesellschafterbeschluss, der ohne die Beteiligung des betroffenen Gesellschafters ergeht, § 47 Abs. 4, mittels einer Ausschließungsklage durch die daraufhin ergehende gerichtliche Entscheidung.[151] Der erforderliche Beschluss der Gesellschafterversammlung muss dabei mit der gem. § 60 Abs. 1 Nr. 2 für die Auflösung erforderlichen Mehrheit von 75% des Kapitals gefasst werden.[152] Ein Mindestquorum von 25% der Kapitalbeteiligung[153] ist nicht erforderlich, würde dies doch die Ausschließung eines Mehrheitsgesellschafters mit über 75% Beteiligung ausschließen.[154]

6. Ansprüche des Mitgesellschafters

96 Neben der Gesellschaft können auch die Mitgesellschafter Ansprüche wegen eines Verstoßes gegen ein Wettbewerbsverbot haben.

97 a) **Ansprüche gegen den Gesellschafter.** Ob ein Gesellschafter gegen einen anderen Gesellschafter einen Anspruch auf Schadenersatz hat, wenn dieser ein Wettbewerbsverbot verletzt, hängt davon ab, ob man einem Gesellschafter unabhängig vom Sozialanspruch der Gesellschaft einen eigenen Individualanspruch zugestehen will.[155] Der Grund für diese zwei verschiedenen Ansprüche könnte darin liegen, dass sich die Gesellschafter mit Abschluss des Gesellschaftsvertrages untereinander verpflichten, also Individualansprüche begründen, auf der anderen Seite aber auch der von ihnen geschaffenen Gesellschaft verpflichtet sind. Im Ergebnis kann die Frage offen bleiben. Der Gesellschafter kann entweder ein eigenes Recht einklagen oder im Wege der Prozessstandschaft die Ansprüche der Gesellschaft geltend machen. Einen Unterschied weisen die Varianten nicht auf, da der Individualanspruch im Unfang mit dem Sozialanspruch der Gesellschaft identisch ist und auch seine Durchsetzung eingeschränkt ist. Genauer zur Durchsetzung von Ansprüchen durch den Gesellschafter mit Hilfe einer Gesellschafterklage, sog. **actio pro socio**, → § 14 Rn. 98ff.

98 b) **Ansprüche gegen den Gesellschafter bei individuellem Schaden.** Nur ausnahmsweise bei Vorliegen eines individuellen Schadens kann ein eigener Schadenersatzanspruch des Gesellschafters angenommen werden, der über die Ansprüche der Gesellschaft hinausgeht.[156] In einem solchen Fall steht ihm auch ein Unterlassungsanspruch zu. Er kann beides unabhängig vom Handeln der Gesellschaft durchsetzen.

99 c) **Ansprüche gegen die Gesellschaft.** Gegen die Gesellschaft bestehen Ansprüche für die Fälle, in denen unzulässigerweise eine Befreiung erteilt wurde oder unzulässigerweise beschlossen wird, Ansprüche wegen der Verletzung eines Verbots nicht geltend zu machen. Der Gesellschafter kann diese Beschlüsse dann anfechten.

---

[149] *Ulmer* Anh. § 34 Rn. 19; Rowedder/Schmidt-Leithoff/*Rowedder/Bergmann* § 34 Rn. 65.
[150] OLG Düsseldorf GmbHR 2000, 1050, 1055.
[151] BGHZ 9, 157, 177f.
[152] BGHZ 9, 157, 177; *Ulmer* Anh. § 34 Rn. 25f.
[153] *Stetten* GmbHR 1982, 105, 107f.
[154] Vgl. nur *Ulmer* Anh. § 34 Rn. 26.
[155] Zu den Begriffen s. *K. Schmidt* GesR § 19 III 2, S. 556f.
[156] BGHZ 65, 15, 21.

XI. Geltendmachung der Ansprüche

1. Ansprüche der Gesellschaft

a) *Geltendmachung durch die Gesellschaft.* Die Gesellschaft hat selbst die Möglichkeit, ihre Ansprüche gegen den das Wettbewerbsverbot verletzenden Gesellschafter geltend zu machen. Hierfür ist gem. § 35 Abs. 1 der Geschäftsführer zuständig, nachdem die Gesellschafterversammlung einen entsprechenden Beschluss nach § 46 Nr. 8 gefasst hat. Bei dieser Beschlussfassung ist der betroffene Gesellschafter gemäß § 47 Abs. 4 von der Stimmabgabe ausgeschlossen.[157]

b) *Geltendmachung durch einen Gesellschafter.* Anerkannt ist aber auch, dass ein Gesellschafter abweichend von der Organisationsstruktur der Gesellschaft selbst Ansprüche aus dem Gesellschaftsverhältnis mittels einer Gesellschafterklage, der sog. actio pro socio,[158] einklagen kann. Ein Anspruch auf Schadenersatz wegen Verstoßes gegen ein Wettbewerbsverbot ist ein solcher Anspruch. Es kann allerdings nur auf Leistung an die Gesellschaft geklagt werden. Der Gesellschaftsvertrag kann dieses Klagerecht des Gesellschafters nicht ausschließen.[159] Die Einzelheiten und Voraussetzungen der actio pro socio sind umstritten (s. dazu → § 14 Rn. 98 ff.).

2. Ansprüche der Gesellschafter

Unstreitig kann der Mitgesellschafter dann einen Anspruch geltend machen, wenn er einen individuellen Schaden aus der Wettbewerbsverletzung hat. Im Übrigen hängt es wieder davon ab, welche Rechtsnatur man einer actio pro socio zubilligt. Er kann dann seine Ansprüche im Rahmen einer actio pro socio geltend machen, oder aber seine Ansprüche sind nicht durchsetzbar und er wird auf die Durchsetzung der Ansprüche der GmbH mittels der actio pro socio als Prozessstandschafter für die GmbH verwiesen.

XII. Steuerrechtliche Folgen einer unerlaubten Wettbewerbstätigkeit

Für die Beurteilung der steuerrechtlichen Folgen von Wettbewerbstätigkeiten sind nach der neuen Rechtsprechung des BFH zwei Fälle zu unterscheiden.[160] **Erstens** geht es um Ansprüche, die der Gesellschaft wegen Verstoßes gegen das Wettbewerbsverbot zustehen. **Zweitens** kann eine vGA vorliegen, wenn der Gesellschafter Geschäftschancen der Gesellschaft nutzt.

1. Verstoß gegen ein Wettbewerbsverbot

a) *Rechtsprechungsänderung.* Die Rechtsprechung des BFH zu den Voraussetzungen einer vGA hat sich in den letzten Jahren erheblich geändert.

aa) Alte Rechtsprechung. Bis 1996 ging der BFH davon aus, dass der Gesellschaft bei einem Verstoß eines Gesellschafters gegen ein Wettbewerbsverbot Ansprüche gegen diesen zustehen. Macht sie sie nicht geltend, so ist darin eine vGA zu sehen. Wird der Gesellschafter vom Wettbewerbsverbot befreit, dann ist diese Befreiung steuerlich nur dann wirksam, wenn sie im Voraus beschlossen sowie klar und eindeutig formuliert war, im materiellen Interesse der Gesellschaft lag und vor allem mit einem angemessenen Entgelt verknüpft war.

bb) Neue Rechtsprechung. Nach der neuen Rechtsprechung des BFH sind zwei Fälle zu unterscheiden:[161] Die erste Fallgruppe ist die der Übernahme von Geschäftschancen. Zieht

---

[157] Rowedder/Schmidt-Leithoff/*Koppensteiner* § 46 Rn. 43.
[158] BGHZ 65, 15, 21; MünchKommBGB/*Ulmer* § 705 Rn. 204.
[159] Scholz/*K. Schmidt* § 46 Rn. 161.
[160] So auch *Söffing* Harzburger Steuerprotokoll 1997, 279, 284.
[161] So auch *Söffing* Harzburger Steuerprotokoll 1997, 279, 284.

ein Gesellschafter eine Geschäftschance an sich, wird der Tatbestand der vGA ausgelöst. Darüber hinaus kann es in einer zweiten Fallgruppe zu einer vGA kommen, wenn gegen ein bestehendes Wettbewerbsverbot verstoßen wird.

107 **b) Folgen eines Verstoßes.** Verstößt ein Gesellschafter gegen ein Wettbewerbsverbot, dann kommt es zu einer vGA, wenn die Gesellschaft auf ihre Ansprüche rechtswirksam verzichtet. Verzichtet sie darauf nicht, sind die Steuerbilanz zu berichtigen und die Ansprüche gegen den Gesellschafter zu aktivieren.[162] Ein Verstoß liegt nicht vor, wenn die Gesellschaft wirksam vom Wettbewerbsverbot befreit hat.[163]

2. Die steuerrechtliche Geschäftschancenlehre

108 Wie die gesellschaftsrechtliche Geschäftschancenlehre ist auch die steuerrechtliche unabhängig vom Vorliegen eines Wettbewerbsverbots. Trotzdem dürfen beide Tatbestände wegen der unterschiedlichen Schutzrichtungen, Gesellschaftsinteressen und Interessen des Fiskus, nicht vermengt werden. Es liegt eine vGA vor, wenn der Gesellschafter Geschäftschancen wahrnimmt, die der Gesellschaft zustehen. Dabei ist Folgendes zu beachten:

109 **a) Gleichgerichtete Interessen/Einpersonen-GmbH.** Keine unzulässige Nutzung von Geschäftschancen stellt es dar, wenn die Gesellschafter mit gleichgerichteten Interessen handeln, etwa weil sie ein Geschäft, das der GmbH zusteht, von einer GbR ausführen lassen, deren Gesellschafter sie sind. Gleiches gilt für den Gesellschafter einer Einpersonen-GmbH.

110 **b) Geschäftschance der Gesellschaft.** Wann eine Geschäftschance der Gesellschaft zuzurechnen ist, hängt davon ab, wer Geschäftspartner des Auftrags ist.

111 *aa) Aufträge von der GmbH.* Hat der Gesellschafter Aufträge von der GmbH erhalten, wird vermutet, dass es sich um eine Geschäftschance der Gesellschaft handelt.[164] Sie durfte sie dann nur aus der Hand geben, wenn auch ein ordentlicher und gewissenhafter Geschäftsleiter sie an einen Subunternehmer weitergegeben hätte. War die GmbH nicht in der Lage, den Auftrag selbst auszuführen, liegt auch keine Geschäftschance ihrerseits vor.

112 *bb) Aufträge von Dritten.* Übernimmt der Gesellschafter von einem Dritten einen Auftrag, besteht die Ausgangsvermutung, dass es sich nicht um eine Geschäftschance der Gesellschaft handelt. Ausnahmsweise gilt allerdings etwas anderes. Nach welchen Kriterien der GmbH eine Geschäftschance jedoch zuzurechnen ist, hat der BFH bisher offen gelassen.[165]

113 **c) Freigabe des Geschäfts.** Eine Freigabe des Geschäfts, d. h. die Erlaubnis an den Gesellschafter, das Geschäft durchzuführen, hat der BFH bisher nicht zugelassen. Seine Ansicht steht damit im Widerspruch zu der der Literatur, die eine solche Freigabe befürwortet.[166] Im Ergebnis kann daher momentan nicht von der Möglichkeit einer Freigabe ausgegangen werden.

---

[162] BFH NJW 1997, 1804.
[163] Zu den Voraussetzungen einer wirksamen Befreiung → Rn. 66.
[164] BFH NJW 1997, 1806, 1807.
[165] BFH NJW 1997, 1806.
[166] *Lawall* NJW 1997, 1742, 1745.

§ 13 Unternehmensnachfolge

Übersicht

	Rn.
I. Einführung	1–6
II. Die lebzeitige Unternehmensnachfolge	7–92
1. Formen der vorweggenommenen Erbfolge	12–40
a) Übertragung der Mitgliedschaft auf den Nachfolger	12–22
b) Teilabtretung an den Nachfolger	23–31
c) Kapitalerhöhung	32–39
d) Eigene Anteile der Gesellschaft	40
2. Familienrechtliche Zustimmungs- und Genehmigungserfordernisse	41–58
a) Zustimmung des Ehegatten	42–48
b) Minderjährige als Unternehmensnachfolger	49–58
3. Beschränkung der lebzeitigen Unternehmensnachfolge	59–92
a) Vertragliche Gestaltungsmöglichkeiten	60–73
b) Rückforderungs- und Widerrufsrechte des Schenkungsrechts und allgemeine gesetzliche Rückforderungsrechte	74–92
III. Die Unternehmensnachfolge auf erbrechtlicher Basis	93–171
1. Die gesetzliche Regelung	94–119
a) Das Prinzip der Universalsukzession	95–105
b) Die gesetzliche Erbfolge	106–119
2. Regelung der Unternehmensnachfolge durch Verfügung von Todes wegen	120–158
a) Formen letztwilliger Verfügung	122–144
b) Regelungsmöglichkeiten	145–158
3. Probleme der Regelung der Unternehmensnachfolge auf erbrechtlicher Basis	159–171
a) Pflichtteilsrecht	161–164
b) Erbschaftsteuerrecht	165–171
IV. Möglichkeiten und Grenzen der Nachfolgeregelung im Gesellschaftsvertrag	172–206
1. Ausschluss der Vererblichkeit	172–180
2. Einschränkung der Nachfolge in den GmbH-Anteil	181–197
a) Abtretungsklauseln	182–186
b) Eintrittsklauseln	187
c) Einziehungsklauseln	188–195
d) Rechtsbeschränkungen im Gesellschaftsvertrag	196
e) Sondererbfolge	197
3. Die Abfindung der weichenden Erben als Problem der gesellschaftsvertraglichen Nachfolgeregelung	198–206

Schrifttum: *Burandt* (Hrsg.), Beck'sches Mandatshandbuch Erbrechtliche Unternehmensnachfolge, 2002; *Gernhuber/Coester-Waltjen*, Lehrbuch des Familienrechts, 6. Aufl. 2010; *Hachenburg*, GmbHG, 8. Aufl. 1990 ff.; *Leske/Barbier*, Handbuch Wirtschaft, 2000; *Lange/Kuchinke*, Erbrecht, 5. Aufl. 2001; *Lutter/Hommelhoff*, GmbHG, 18. Aufl. 2012; *Michalski*, BGB-Erbrecht, 4. Aufl. 2010; *Michalski*, Gesellschaftsrechtliche Gestaltungsmöglichkeiten zur Perpetuierung von Unternehmen, 1980 (zit.: Perpetuierung); *Scherer* (Hrsg.), Münchener Anwaltshandbuch Erbrecht, 3. Aufl. 2010; *Spiegelberger*, Vermögensnachfolge, 2. Aufl. 2010.

I. Einführung

Die Regelung der Unternehmensnachfolge gehört zu den wichtigsten Aufgaben verantwortungsbewusster Unternehmensführung. Schon bei Abschluss des Gesellschaftsvertrages ist die Frage, ob und wie das Unternehmen nach dem Tode eines Gesellschafters fortgeführt werden soll, zu bedenken. Bei der Regelung der Nachfolge müssen die Interessen der Gesellschaft, der Gesellschafter, des Nachfolgers und der weichenden Erben berücksichtigt und soweit wie möglich ausgeglichen werden. 1

Wichtige **Ziele der Unternehmensnachfolge** sind die Erhaltung der Finanzkraft und Wettbewerbsfähigkeit des Unternehmens, die Beschränkung der Gesellschafterzahl und – bei Familienunternehmen – die Versorgung der Familie und der Erhalt des Familienfriedens.

Bei allen Gestaltungsmöglichkeiten der Unternehmensnachfolge ist vor allem auch das Steuerrecht zu berücksichtigen, damit Steuerersparnismöglichkeiten möglichst ausgeschöpft und unnötige Steuerbelastungen vermieden werden.

2 Soll durch die Regelung der Unternehmensnachfolge die **Finanzkraft und Wettbewerbsfähigkeit des Unternehmens** gesichert werden, muss es darum gehen, dem Unternehmen eine gesunde Finanzkraft und eine für seine Fortführung notwendige funktionsfähige Geschäftsleitung über den kritischen Generationswechsel hinaus zu erhalten.[1] Das stellt hohe Anforderungen an den geeigneten Nachfolger. Der Tod eines Gesellschafters darf keinen Einschnitt in die Unternehmensentwicklung darstellen. Das Unternehmen muss kontinuierlich weitergeführt werden. Wirtschaftsordnung und steigender Konkurrenzkampf fordern viel von der Unternehmensleitung. Flexibilität und Risikobereitschaft, Führungswille und unternehmerisches Geschick sind grundlegende Voraussetzungen, um den Fortbestand des Unternehmens zu sichern. Zunehmende Arbeitsteilung und technischer Fortschritt verlangen einen sachverständigen Nachfolger.[2] Dabei soll der Einfluss der bisherigen Gesellschafter im Unternehmen gesichert und die Aufnahme außenstehender Personen beschränkt bleiben. Selbst bei Familienunternehmen erscheint jedoch bei unzureichender Qualifikation familieninterner Nachfolger ein gewisser Grad an Überfremdung notwendig, um das Unternehmen erfolgreich fortführen zu können. Denn Kontinuität im Familienunternehmen muss nicht Familien-, sondern Unternehmenskontinuität bedeuten.[3]

Das Ziel der Erhaltung einer gesunden Finanzkraft verlangt, dass die finanziellen Folgen einer Nachfolgeregelung für das Unternehmen tragbar sind. Die Vererbung von Geschäftsanteilen kann zu erheblichen finanziellen Belastungen für ein Unternehmen führen, wenn weichende Erben oder enterbte Familienangehörige Abfindungs-, Auseinandersetzungs-, Pflichtteils- oder güterrechtliche Ausgleichsansprüche geltend machen. Die Finanzstruktur eines Unternehmens wird auch durch das Interesse an einer möglichst hohen Gewinnausschüttung, welches besonders bei untätigen Nachfolgererben vorhanden ist, gefährdet. Ziel jeder Nachfolgeregelung muss die Erhaltung des Eigenkapitals sein. Dem Abfluss von Vermögenssubstanz durch Zuwendungen im Erbfall ist möglichst vorzubeugen.

3 Schließlich verlangt das Ziel der Erhaltung der Wettbewerbsfähigkeit des Unternehmens, dass Nachfolgeregelungen flexibel gestaltet werden. Sie müssen eine Anpassung an die wirtschaftliche Lage des Unternehmens und die Entwicklung der in Frage kommenden Personen ermöglichen. Die Frage der Unternehmensnachfolge darf möglichst nicht ein für allemal festgeschrieben werden. Es sind Alternativen offen zu lassen, damit auf veränderte Gegebenheiten reagiert und der Bestand einer funktionsfähigen Gesellschaft auch für die Zukunft gewährleistet werden kann.

4 Neben dem Erhalt seiner Finanzkraft und seiner Wettbewerbsfähigkeit ist es für ein Unternehmen wichtig, dass der Tod eines Gesellschafters seine Entwicklung und Stabilität nicht beeinträchtigt. Deshalb ist die Zahl der Gesellschafter möglichst zu beschränken, um einer **Zersplitterung der Geschäftsanteile vorzubeugen** und so den ungeteilten Fortbestand des Unternehmens sowie den Einfluss des gewünschten Nachfolgers zu sichern.

5 Bei Familienunternehmen darf die Nachfolgeregelung die Ziele der **Versorgung der Familie und der Erhaltung des Familienfriedens** nicht vernachlässigen. Der Gesellschafter muss einerseits dafür sorgen, dass seine Familie für die Zukunft gesichert ist. Es liegt daher in seinem Interesse, dass ein Familienangehöriger seinen Platz einnimmt oder eine hohe Abfindung gezahlt wird. Bei der Entscheidung der Nachfolge ist auch immer die Erhaltung des Familienfriedens zu bedenken, um Machtkämpfe und Erbstreitigkeiten und die mit ihnen verbundenen Belastungen für das Unternehmen zu vermeiden.

---

[1] *Michalski* Perpetuierung S. 1.
[2] *Michalski* Perpetuierung S. 8.
[3] So die Formulierung des Wirtschaftswissenschaftlers *Horst Albach*, zitiert in: Handbuch Wirtschaft; hrsg. v. *Jeske/Barbier* 2000 S. 341.

Die Nachfolge in einen Geschäftsanteil kann im Wege der **lebzeitigen Unternehmensnach-** 6
folge, der **gesetzlichen oder gewillkürten Erbfolge** oder durch **Nachfolgeregelung im Gesell-**
schaftsvertrag geschehen. Bei allen Wegen der Regelung der Unternehmensnachfolge stellt
sich das Problem, wie die oben dargestellten Ziele der Unternehmensnachfolge nebeneinander verwirklicht und die Interessen der Beteiligten zu einem gerechten Ausgleich gebracht
werden können.

II. Die lebzeitige Unternehmensnachfolge

Um mögliche Nachfolger schon frühzeitig an das Unternehmen zu binden und unter An- 7
leitung der erfahrenen Gesellschafter in Führungspositionen einzuarbeiten, bietet sich eine
lebzeitige Nachfolgeregelung an. Wegen der Ungewissheit über den Zeitpunkt des Erbfalls
bedarf eine lebzeitige Nachfolgeregelung jedoch in der Regel der Ergänzung durch eine erbrechtliche Nachfolgebestimmung.[4]

Neben der **Sicherung einer funktionsfähigen Unternehmensleitung**, die eine lebzeitige 8
Nachfolgeregelung im Allgemeinen besser gewährleistet als eine rein erbrechtliche Regelung,
sind auch die **finanziellen Vorteile** der lebzeitigen Nachfolgeregelung beachtlich. So führt
die Besteuerung des Nachlasses mit Erbschaftsteuer regelmäßig zu einer höheren Belastung
der Erben als die Schenkungsteuer bei Zuwendung unter Lebenden, da ein zwischen Übertragung und Erbfall eintretender Wertzuwachs des Geschäftsanteils bei einer lebzeitigen
Zuwendung steuerlich unberücksichtigt bleibt. Auch möglichen Steuererhöhungen wird so
vorgebeugt.[5]

Weiterer Vorteil der lebzeitigen Unternehmensnachfolge ist, dass Schenkungen bei der 9
Berechnung von Pflichtteils- und Pflichtteilsergänzungsansprüchen gemäß § 2325 Abs. 3
BGB unberücksichtigt bleiben, sofern zurzeit des Erbfalls zehn Jahre seit der Bewirkung der
Schenkung vergangen sind.

Durch Ausnutzung der Zehn-Jahres-Frist kann auch Erbschaftsteuer gespart wer- 10
den, indem die Freibeträge (z.B. 500.000,– EUR für Ehegatten und Lebenspartner und
400.000,– EUR für Kinder) mehrfach in Anspruch genommen werden.[6]

Der größte **Nachteil** einer lebzeitigen Nachfolgeregelung gegenüber einer erbrechtlichen 11
Nachfolgebestimmung ist ihre geringere Flexibilität. Der Erblasser gibt die Verfügungsmöglichkeit über sein Vermögen weitgehend auf und trifft seine Entscheidung im Hinblick auf
eine noch ungewisse Zukunft. Anders als bei den meisten Formen letztwilliger Verfügungen
lässt sich diese Entscheidung bei unerwarteter Entwicklung der Ereignisse nur schwer wieder rückgängig machen. Auch wenn die vorweggenommene Erbfolge in ihrer Endgültigkeit
durch geschickte Vertragsgestaltung weitgehend beschränkt werden kann (vgl. dazu unter → Rn. 41), trägt der Erblasser zumindest das Risiko, seine durch vertraglich eingeräumte Rückforderungsrechte gewährleisteten Interessen gerichtlich durchsetzen zu müssen.[7]

1. Formen der vorweggenommenen Erbfolge

a) Übertragung der Mitgliedschaft auf den Nachfolger. Für die lebzeitige Übertragung der 12
Mitgliedschaft auf den Nachfolger kommen insbesondere **Abtretung und Schenkung** des
Geschäftsanteils in Betracht.

Wegen des Grundsatzes der freien Veräußerlichkeit von GmbH-Anteilen, den § 15 Abs. 1 13
GmbHG normiert, steht es jedem Gesellschafter grundsätzlich frei, seinen Geschäftsanteil
schon zu Lebzeiten zu übertragen.

Die Abtretung der Geschäftsanteile kann gemäß § 15 Abs. 5 GmbHG durch den Gesell- 14
schaftsvertrag an weitere Voraussetzungen geknüpft werden. Eine solche typische Einschränkung ist die Vinkulierung in Form eines Erfordernisses einer Zustimmung der Gesell-

---

[4] *Michalski* Perpetuierung S. 243.
[5] *Michalski* Perpetuierung S. 244.
[6] *Sudhoff* Unternehmensnachfolge § 19 Rn. 4, *Spiegelberger* Vermögensnachfolge § 2 Rn. 152.
[7] *Sudhoff* Unternehmensnachfolge § 19 Rn. 5.

schaft, der Gesellschafterversammlung oder der Gesellschafter. Auch eine Vinkulierung kann dem Zweck dienen, Einfluss hinsichtlich einer Erweiterung oder Veränderung des Gesellschafterkreises zu vermitteln. Zu beachten ist jedoch, dass eine Vinkulierung diesen Zweck dann nicht erfüllen kann, wenn Gesellschafter auch juristische Personen sind, deren Anteilsinhaber wiederum nicht der Vinkulierung unterworfen sind.

15 Zur Vermeidung der Zustimmungsbedürftigkeit im Rahmen der Nachfolgeregelung ist es zur Klarstellung empfehlenswert, das Recht des Gesellschafters, seinen Geschäftsanteil im Wege der vorweggenommenen Erbfolge ohne Zustimmung der GmbH oder der Gesellschafter zu übertragen, durch eine entsprechende Klausel im Gesellschaftsvertrag zu sichern. Eine solche **Klausel** könnte z. B. lauten:

> **Formulierungsvorschlag:**
> Die Gesellschafter sind berechtigt, den ihnen zustehenden Geschäftsanteil an eheliche Abkömmlinge zu Lebzeiten abzutreten. Dies gilt auch für schenkweise Abtretungen unter der aufschiebenden Bedingung des Todes des Gesellschafters. Für alle anderen Fälle der Übertragung/für Übertragungen an andere als eheliche Abkömmlinge ist die Zustimmung der Gesellschafterversammlung erforderlich.

16 Der Gesellschafter hat dann die Möglichkeit, seinen Anteil schon zu Lebzeiten an den Nachfolger zu verschenken oder eine schenkweise Abtretung bedingt (befristet) auf seinen Tod zu bestimmen. Auch bei der zweiten Alternative handelt es sich in aller Regel gemäß § 2301 Abs. 2 BGB um **eine Schenkung unter Lebenden,** da sich der Gesellschafter nicht nur aufschiebend bedingt zur unentgeltlichen Übertragung des Geschäftsanteils verpflichtet, sondern das dingliche Geschäft der Abtretung des Geschäftsanteils aufschiebend bedingt vollzieht. § 2301 Abs. 1 BGB findet daher keine Anwendung.

17 Die **Abtretung** des Geschäftsanteils an den Nachfolger setzt nach h. M. als Verfügung in jedem Fall die Mitwirkung des Nachfolgers voraus, da ein Vertrag zu Gunsten Dritter mit dinglicher Wirkung unzulässig ist.[8] Für die Unzulässigkeit einer Abtretung zu Gunsten Dritter spricht darüber hinaus, dass mit dem Gesellschaftsanteil nicht nur Rechte, sondern auch Pflichten übergehen, was einen unzulässigen Vertrag zu Lasten Dritter bedeuten würde.[9] Letzteres gilt ebenso bei einer Abtretung zugunsten eines Minderjährigen.

18 Eine Bestimmung im Gesellschaftsvertrag, dass der Geschäftsanteil im Erbfall ohne besonderen Abtretungsvertrag auf einen bestimmten Berechtigten übergeht (sog. **rechtsgeschäftliche Nachfolgeklausel**), ist daher ohne Mitwirkung des Berechtigten nichtig.[10]

19 Wird der Anteil bedingt durch den Tod des Gesellschafters übertragen, fällt er nicht in den Nachlass und ist daher der erbrechtlichen Auseinandersetzung und den daraus folgenden Ausgleichs- und Auseinandersetzungsansprüchen grundsätzlich entzogen. Der begünstigte Erbe kann den anderen Erben jedoch **gemäß § 2050 Abs. 1 BGB ausgleichspflichtig** sein. **Pflichtteilsberechtigte** sind, wie bei sonstigen schenkweisen Zuwendungen des Erblassers, gemäß §§ 2316, 2325 ff. BGB geschützt. Auch diese Ansprüche können jedoch gemäß § 2325 Abs. 3 BGB untergehen, wenn der Gesellschafter nach der vollzogenen (bedingten) Abtretung des Geschäftsanteils noch zehn Jahre gelebt hat.[11]

20 Größter Nachteil der Übertragung der Mitgliedschaft auf den Nachfolger ist die mangelnde Flexibilität dieser Regelung. Selbst bei einer auf den Tod des Gesellschafters bedingten Übertragung des Geschäftsanteils, bei der der Gesellschafter Zeit seines Lebens Inhaber des Geschäftsanteils bleibt, gibt er die Verfügungsmöglichkeit über seinen Anteil auf, da jede beeinträchtigende Zwischenverfügung gemäß § 161 BGB unwirksam wäre. Eine Potestativbedingung dahingehend, dass sich der Gesellschafter eine andere Verfügung zu Lebzeiten vorbehält, ist mangels Bindungswillens unzulässig.[12]

---

[8] Hachenburg/*Zutt* Anh. § 15 Rn. 105; Scholz/*Seibt* § 15 Rn. 28.
[9] BGHZ 68, 225, 231 f.
[10] BGHZ 68, 225 ff.
[11] BGH NJW 1970, 1639.
[12] Scholz/*Seibt* § 15 Rn. 28.

Bei all diesen Gestaltungsformen sind die **Formvorschriften** der §§ 15 Abs. 3, 4 GmbHG, 518 Abs. 1 BGB zu beachten. Sowohl das Geschäft, durch das die Verpflichtung zur Übertragung eines Geschäftsanteils begründet wird (§ 15 Abs. 4 S. 1 GmbHG), als auch die Abtretung des Geschäftsanteils als Verfügungsgeschäft (§ 15 Abs. 3 GmbHG) bedarf der notariellen Beurkundung. Stellt das Kausalgeschäft – wie in den obigen Beispielen – eine Schenkung dar, greift für das Verpflichtungsgeschäft neben § 15 Abs. 4 S. 1 GmbHG die – nur das Schenkungsversprechen erfassende – Formvorschrift des § 518 Abs. 1 BGB ein, die ebenfalls notarielle Beurkundung verlangt.

Mit der formwirksamen dinglichen Vollziehung der Übertragung durch die Abtretung (§ 15 Abs. 3 GmbHG) werden Formmängel des Verpflichtungsgeschäfts ex tunc geheilt, § 15 Abs. 4 S. 2 GmbHG. Das gilt gemäß § 518 Abs. 2 BGB auch dann, wenn das Verpflichtungsgeschäft ein Schenkungsvertrag ist.

b) Teilabtretung an den Nachfolger. Neben der Übertragung der Mitgliedschaft auf den Nachfolger kommt eine Teilabtretung des Geschäftsanteils mit Aufnahme des Nachfolgers in die Gesellschaft in Betracht. Bei dieser Gestaltung scheidet der Erblassergesellschafter nicht aus der Gesellschaft aus. Dies hat den Vorteil, dass der erfahrene Mitgesellschafter dem Unternehmen lange erhalten bleibt. Daneben kommen die finanziellen Vorteile der Übertragung der Mitgliedschaft auf den Nachfolger (s. o.) zur Geltung.

In zeitlicher Hinsicht stehen dem Gesellschafter zwei Wege zur Verfügung, um den Teilgeschäftsanteil auf den Nachfolger zu übertragen. Einerseits kann er auf eine **Teilung** – sofern es sich nicht ohnehin um mehrere Geschäftsanteile handelt, deren Inhaber der Gesellschafter ist – seines bisher ungeteilten Geschäftsanteils hinwirken und sodann einen der dadurch entstehenden selbstständigen Geschäftsanteile an den Nachfolger abtreten. Dabei handelt es sich jedoch nicht um eine Teilabtretung im eigentlichen Sinne, da der aus der Teilung hervorgegangene Geschäftsanteil nunmehr insgesamt auf den Nachfolger übertragen wird (siehe hierzu oben unter → Rn. 8).

Für die Teilung selbst bedarf es gem. **§ 46 Nr. 4 GmbHG** grundsätzlich eines Gesellschafterbeschlusses. Dieser kann mit einfacher Mehrheit gefasst werden und bedarf keiner besonderen Form. Allerdings können die Gesellschafter durch statutarische Bestimmung die Teilung von Geschäftsanteilen an strengere oder mildere Voraussetzungen knüpfen. So kann die Teilung vollständig ausgeschlossen werden, um dadurch die Zahl der Geschäftsanteile zu begrenzen und auch einer Zersplitterung der Anteile und der Erweiterung der Gesellschafteranzahl vorzubeugen. Möglich ist auch, die Teilung von der Erfüllung bestimmter Voraussetzungen abhängig zu machen (z. B. qualifizierte Beschlussmehrheiten oder Mindestgrößen der geteilten Geschäftsanteile). Andererseits kann auf das Beschlusserfordernis insgesamt oder nur in bestimmten Fällen verzichtet werden.[13] In Ermangelung einer entgegenstehenden Satzungsbestimmung kann die Teilung sogar unabhängig von einer konkret bevorstehenden Veräußerung erfolgen, sodass die Gesellschafter nach der Teilung selbst Inhaber der geteilten Geschäftsanteile wird (sog. Vorratsteilung).[14] Dies ermöglicht es insbesondere dem Erblassergesellschafter, frühzeitig seine lebzeitige Nachfolge in den Gesellschaftsanteil zu gestalten, da er zunächst die Teilung der Geschäftsanteile herbeiführen und den geteilten Geschäftsanteil zu einem beliebigen späteren Zeitpunkt auf den Nachfolger übertragen kann.

Andererseits kann der Gesellschafter einen Teil seines *bisher ungeteilten Geschäftsanteils* auf den Nachfolger übertragen, sodass erst durch die Abtretung zwei selbstständige Geschäftsanteile entstehen. Die **Zulässigkeit** einer solchen Teilabtretung ergibt sich aus § 15 Abs. 1 GmbHG und erschließt sich insbesondere mit Blick auf den nunmehr aufgehobenen § 17 GmbHG a. F. Nach dieser Vorschrift war eine Veräußerung von Teilen eines Geschäftsanteils nur mit Genehmigung der Gesellschaft zulässig. Auf dieses Genehmigungserfordernis konnte in der Satzung lediglich verzichtet werden, wenn die Veräußerung des Teilgeschäftsanteils an einen anderen Gesellschafter oder die Teilung von Geschäftsanteilen verstorbener Gesellschafter unter den Erben erfolgen sollte.

---

[13] *Mayer* DNotZ 2008, 403, 425.
[14] *Mayer* DNotZ 2008, 403, 426; *Heckschen* DStR 2007, 1442, 1450.

27 Der Gesetzgeber wollte durch die Aufhebung dieser Vorschrift die Satzungsautonomie der Gesellschafter bei der Teilung von Gesellschaftsanteilen erweitern.[15] Insofern bleibt es den Gesellschaftern unbenommen, durch gesellschaftsvertragliche Regelungen zu bestimmen, ob und unter welchen Voraussetzungen eine Teilabtretung von Geschäftsanteilen zulässig sein soll.

28 Bei der Veräußerung von Teilgeschäftsanteilen an den Nachfolger sind deshalb neben den **Formvorschriften** des § 15 Abs. 3, 4 S. 1 GmbHG, die notarielle Beurkundung sowohl für das Verpflichtungsgeschäft als auch für die Abtretung als dingliches Geschäft verlangen, alle weiteren nach § 15 Abs. 5 GmbHG vereinbarten Voraussetzungen zu beachten (s. dazu im Ganzen oben unter → Rn. 8)). Hierbei können insbesondere für die Abtretung von Teilen von Geschäftsanteilen **Beschränkungen** aufgestellt werden.

29 Darüber hinaus muss gem. § 5 Abs. 2 GmbHG jeder durch die Teilung entstehende Geschäftsanteil auf volle Euro und damit mindestens auf 1,– EUR lauten.

30 Ein Verstoß gegen gesetzliche oder statutarische Vorschriften über die Teilabtretung führt zur Unwirksamkeit der Teilung. Diese gilt dann als nicht erfolgt; ein neuer selbstständiger Geschäftsanteil ist nicht entstanden.[16]

31 Die einer Teilung folgende Unbestimmtheit der Geschäftsanteile durch eine dem Bestimmtheitsgrundsatz nicht genügende Konkretisierung sowie eine Unklarheit dahingehend, welcher der aus der Teilung hervorgegangenen Geschäftsanteile übertragen wurde, führt ebenfalls zur Unwirksamkeit der Abtretung,[17] da der Bestimmtheitsgrundsatz im Rahmen des dinglichen Abtretungsvertrags zu beachten ist.[18]

32 c) **Kapitalerhöhung.** Eine weitere Möglichkeit der lebzeitigen Unternehmensnachfolge ist die **Neuaufnahme des Nachfolgers.** Die Neuaufnahme eines Gesellschafters ist nach § 55 Abs. 2 GmbHG zulässig, jedoch nur unter der gleichzeitigen Erhöhung des Stammkapitals, da die GmbH keinen Gesellschafter ohne Kapitalanteil kennt. Eine An- oder Abwachsung findet nicht statt, denn die GmbH ist als juristische Person Eigentümerin des Gesellschaftsvermögens, § 13 Abs. 1 GmbHG, während die Gesellschafter nur mittelbar über die von ihnen übernommenen Anteile am Gesellschaftsvermögen beteiligt sind. Da sich das Stammkapital mit der Aufnahme eines weiteren Gesellschafters nicht automatisch erhöht, ist eine Kapitalerhöhung zwingend erforderlich.

33 Als zwangsläufige Satzungsänderung (vgl. § 3 Abs. 1 Nr. 3 GmbHG) kann die Erhöhung des Stammkapitals nur durch einen **notariell beurkundeten Beschluss** mit einer Mehrheit von 75% aller abgegebenen Stimmen erzwungen werden, § 53 Abs. 1, 2 GmbHG. Der Gesellschaftsvertrag kann noch weitere Erfordernisse aufstellen, § 53 Abs. 2 S. 2 GmbHG.

34 Deshalb ist es ratsam, eine Klausel in den Gesellschaftsvertrag aufzunehmen, die jedem Gesellschafter das Recht gibt, zum Zwecke der lebzeitigen Regelung seiner Nachfolge eine Kapitalerhöhung zu verlangen. Eine solche **Klausel** könnte folgendermaßen lauten:

> **Formulierungsvorschlag:**
>
> Jeder Gesellschafter kann zur Vorbereitung der Nachfolge in seinen Geschäftsanteil verlangen, dass eine Kapitalerhöhung bis zu insgesamt 20% der Geschäftsanteile [alternativ: bis zur prozentualen Beteiligung des jeweiligen Gesellschafters am gesamten Stammkapital] beschlossen wird. Der Anspruch entfällt, wenn der vorgesehene Nachfolger nicht die im Gesellschaftsvertrag festgelegten Qualifikationen aufweist. Nach der Kapitalerhöhung steht der vom Gesellschafter bestimmten Person ein Bezugsrecht hinsichtlich der neuen Stammeinlage zu.

35 Bei dem **Kapitalerhöhungsbeschluss** sind gemäß § 55 Abs. 4 GmbHG die Bestimmungen über den Nennbetrag des Geschäftsanteils zu beachten. Daraus folgt, dass neue Geschäfts-

---

[15] Vgl. Begründung zum RegE MoMiG, Beilage zu ZIP 2007 (Heft 23), 14.
[16] Scholz/*Seibt* § 17 a. F. Rn. 8.
[17] MünchKommGmbHG/*Reichert/Weller* § 15 Rn. 26.
[18] BGH NJW-RR 1987, 807, 808.

anteile auf volle Euro und damit mindestens auf 1,– EUR lauten müssen, § 55 Abs. 4, 5 Abs. 2 S. 1 GmbH.

Neben dem Kapitalerhöhungsbeschluss ist ein Beschluss über die Zulassung des Nachfolgers zur Übernahme des erhöhten Kapitals (sog. **Zulassungsbeschluss**) erforderlich, § 55 Abs. 2 S. 1 GmbHG. 36

Die Übernahme des erhöhten Kapitals durch den Nachfolger setzt einen **Übernahmevertrag** als körperschaftlichen Vertrag[19] zwischen Gesellschaft und Nachfolger voraus. Die Erklärung des Nachfolgers als Übernehmer, die gemäß § 55 Abs. 2 S. 2 GmbHG als Mindestinhalt neben dem Betrag der Stammeinlage die weiteren sich aus der Satzung ergebenden Pflichten des Übernehmers enthalten muss, bedarf mindestens der notariellen Beglaubigung, § 55 Abs. 1 GmbHG. Ein Formmangel der Übernahmeerklärung wird nicht nach §§ 311b, 518, 766 BGB analog durch die Leistung der Einlage durch den Übernehmer geheilt, da mit der Einlageleistung nicht alle Pflichten eines neuen Gesellschafters erfüllt sind, vgl. §§ 3 Abs. 2, 23, 26 GmbHG.[20] Eine Eintragung der Kapitalerhöhung ins Handelsregister trotz der formwidrigen Übernahmeerklärung heilt dagegen den Formmangel.[21] Die Erklärung der Gesellschaft ist formfrei und kann daher auch konkludent erfolgen.[22] 37

Vor der **Anmeldung der Kapitalerhöhung** zur Eintragung in das Handelsregister sind Bareinlagen zu mindestens einem Viertel, Sacheinlagen dagegen endgültig und in vollem Umfang zu leisten, §§ 19, 56a, 7 Abs. 2 S. 1, Abs. 3 GmbHG. 38

Wie jede Satzungsänderung setzt die Kapitalerhöhung eine konstitutive Eintragung in das Handelsregister voraus, § 54 Abs. 3 GmbHG. Erst mit der Eintragung wird der Übernahmevertrag endgültig wirksam.[23] Die Aufnahme des Nachfolgers in die Gesellschaft ist erreicht. 39

d) Eigene Anteile der Gesellschaft. In seltenen Fällen ist die Gesellschaft selbst Inhaberin von Geschäftsanteilen, die sie nach § 33 GmbHG oder im Rahmen des Ausscheidens eines Gesellschafters erworben haben kann und nicht eingezogen hat. Solche Geschäftsanteile können natürlich, unter Beachtung der gesetzlichen Regelungen sowie sonstiger Satzungsvorschriften ohne Kapitalerhöhung der Gesellschaft auf einen Nachfolger übertragen werden. 40

2. Familienrechtliche Zustimmungs- und Genehmigungserfordernisse

Anders als die meisten Formen letztwilliger Verfügungen ist die lebzeitige Gestaltung der Unternehmensnachfolge zahlreichen **familienrechtlichen Zustimmungs- und Genehmigungserfordernissen** unterworfen, die bei der Vertragsgestaltung zu beachten sind. 41

a) Zustimmung des Ehegatten. Beim gesetzlichen **Güterstand der Zugewinngemeinschaft** ist **gemäß § 1365 Abs. 1 BGB** bei Rechtsgeschäften, die eine Verfügung über das Vermögen eines Ehegatten im Ganzen betreffen, die Einwilligung des anderen Ehegatten erforderlich. Sowohl das zu Grunde liegende Verpflichtungsgeschäft als auch das Verfügungsgeschäft selbst sind ohne die Einwilligung des Ehegatten schwebend unwirksam, § 1366 BGB. Wird die Genehmigung verweigert, ist das betreffende Rechtsgeschäft gemäß § 1366 Abs. 4 BGB endgültig unwirksam. Die Verweigerung der Genehmigung ist unwiderruflich.[24] 42

Nach der herrschenden Einzeltheorie liegt ein Rechtsgeschäft über das **Vermögen im Ganzen** nicht nur vor, wenn Geschäftsgegenstand das Vermögen als Inbegriff ist, sondern auch, wenn das Rechtsgeschäft einzelne Gegenstände betrifft, die objektiv das ganze oder im Wesentlichen das ganze Vermögen des Ehegatten ausmachen.[25] 43

---

[19] Baumbach/Hueck/Zöllner/Fastrich § 55 Rn. 31; Lutter/Hommelhoff/*Lutter*/*Bayer* § 55 Rn. 32; Scholz/*Priester* § 55 Rn. 73.
[20] Scholz/*Priester* § 55 Rn. 82.
[21] Baumbach/Hueck/Zöllner/Fastrich § 55 Rn. 32; Scholz/*Priester* § 55 Rn. 83.
[22] BGHZ 49, 117, 121; Baumbach/Hueck/Zöllner/Fastrich § 55 Rn. 34; Lutter/Hommelhoff/*Lutter*/*Bayer* § 55 Rn. 32.
[23] BGHZ 68, 191, 196 f.; Scholz/*Priester* § 55 Rn. 97, 129; Baumbach/Hueck/Zöllner/Fastrich § 55 Rn. 49.
[24] RGZ 139, 118, 123 ff.; BGHZ 125, 355, 358.
[25] BGHZ 106, 253, 256; MünchKommBGB/*Koch* § 1365 Rn. 12 f; Staudinger/*Thiele* § 1365 Rn. 17.

44 Die Übertragung des Geschäftsanteils auf den Nachfolger bedarf daher, sofern der Geschäftsanteil im Wesentlichen das ganze Vermögen des Gesellschafters ausmacht, der Zustimmung des Ehegatten.[26] Das gilt auch für die auf den Tod des Gesellschafters bedingte Übertragung. § 1365 betrifft zwar nur Rechtsgeschäfte unter Lebenden,[27] so dass letztwillige Verfügungen und Schenkungen von Todes wegen ohne die Zustimmung des Ehegatten wirksam sind. In dem (auch bedingten) Vollzug der Schenkung durch Abtretung des Geschäftsanteils liegt jedoch eine Verfügung unter Lebenden, die – bei Vorliegen der weiteren Voraussetzungen des § 1365 BGB – der Zustimmung des Ehegatten bedarf.[28]

45 Die **Aufnahme des Nachfolgers** in die Gesellschaft im Zuge einer Kapitalerhöhung (s. o.) wird demgegenüber nach h. M. nicht von § 1365 BGB erfasst, da der vermögensrechtliche Gehalt des Geschäftsanteils des Erblassergesellschafters durch die Aufnahme des Nachfolgers in aller Regel nicht ausgehöhlt wird.[29]

46 Der gute Glaube des Dritten an die Verfügungsmacht des Ehegatten wird nicht gemäß §§ 135 Abs. 2, 892, 932 ff. BGB geschützt, da **§ 1365 BGB** kein relatives, sondern ein **absolutes Veräußerungsverbot** normiert.[30] Der gutgläubige Dritte wird von der h. M. jedoch insofern geschützt, als sie § 1365 Abs. 1 BGB um die subjektive Voraussetzung erweitert, dass der Dritte weiß, dass es sich bei dem Geschäftsgegenstand im Wesentlichen um das ganze Vermögen des Ehegatten handelt oder er zumindest die Verhältnisse positiv kennt, aus denen sich dies ergibt.[31]

47 § 1365 BGB gilt ausschließlich im gesetzlichen Güterstand der Zugewinngemeinschaft. Im Güterstand der **Gütertrennung** können die Ehegatten völlig frei über ihr Vermögen verfügen. Auch wenn die Ehegatten im gesetzlichen Güterstand der Zugewinngemeinschaft leben, kann § 1365 BGB ehevertraglich ausgeschlossen werden, § 1408 Abs. 1 BGB.

48 Beim Güterstand der **Gütergemeinschaft** normiert § 1423 BGB für den Fall der einseitigen Verwaltung des Gesamtguts eine dem § 1365 BGB entsprechende Beschränkung. Im Falle der gemeinschaftlichen Verwaltung des Gesamtgutes gelten die §§ 1450 Abs. 1 S. 1, 1453 BGB.

49 b) **Minderjährige als Unternehmensnachfolger.** Soll ein Minderjähriger im Wege der vorweggenommenen Erbfolge an der Gesellschaft beteiligt werden, sind die familienrechtlichen **Beschränkungen der elterlichen Vertretungsbefugnis** zu beachten.

50 *aa) Ergänzungspflegerbestellung.* Gemäß **§§ 1629 Abs. 2 S. 1, 1795 Abs. 2, 181 BGB** erstreckt sich die elterliche Vertretungsbefugnis grundsätzlich nicht auf Rechtsgeschäfte, die die Eltern im Namen des Kindes mit sich selbst vornehmen. Die Eltern haben gemäß §§ 181, 1795 Abs. 2 BGB nur dann die Möglichkeit des Selbstkontrahierens, wenn das betreffende Rechtsgeschäft ausschließlich in Erfüllung einer Verbindlichkeit besteht und – nach der Rechtsprechung – wenn es für den Minderjährigen lediglich rechtlich vorteilhaft ist.[32]

51 Beide Ausnahmefälle liegen bei der Übertragung eines GmbH-Geschäftsanteils im Zuge der vorweggenommen Erbfolge in aller Regel nicht vor. Die Übertragung eines GmbH-Geschäftsanteils ist, auch wenn sie schenkungsweise erfolgt, nicht lediglich rechtlich vorteilhaft, da mit ihr auch Pflichten einhergehen können.

52 Deshalb ist gemäß **§ 1909 Abs. 1 S. 1 BGB** für Rechtsgeschäfte, die Eltern mit ihren minderjährigen Kindern im Rahmen der lebzeitigen Regelung der Unternehmensnachfolge vornehmen, die **Bestellung eines Ergänzungspflegers** erforderlich.

53 Dies gilt auch, wenn die Kinder bereits beschränkt geschäftsfähig sind. Da die Voraussetzungen des § 107 BGB nicht vorliegen, können beschränkt geschäftsfähige Minderjährige

---

[26] Staudinger/*Thiele* § 1365 Rn. 66.
[27] BGHZ 40, 218, 224.
[28] Staudinger/*Thiele* § 1365 Rn. 11.
[29] Staudinger/*Thiele* § 1365 Rn. 65; a. A. *Beitzke* DB 1961, 21, 24.
[30] BGHZ 40, 218.
[31] BGH FamRZ 1990, 970, 971; BGHZ 106, 253, 256; BeckOK-BGB Bamberger/Roth/*Mayer* § 1365 Rn. 17.
[32] BGH NJW 1975, 1885 f.

Rechtsgeschäfte im Zuge der vorweggenommenen Erbfolge nicht selbstständig vornehmen, so dass es bei der Konstellation des In-sich-Geschäfts der §§ 1629 Abs. 2 S. 1, 1795 Abs. 2, 181 BGB bleibt.

bb) Familiengerichtliche Genehmigung. Neben dem Erfordernis der Ergänzungspflegerbestellung bei Rechtsgeschäften der Eltern mit ihren minderjährigen Kindern ist bei der Übertragung von Geschäftsanteilen an Minderjährige im Zuge der vorweggenommenen Erbfolge zu beachten, dass in den Grenzen des § 1643 BGB eine Genehmigung des Familiengerichts einzuholen ist. 54

Für den Erwerb oder die Veräußerung eines GmbH-Geschäftsanteils durch einen Minderjährigen ist eine familiengerichtliche Genehmigung in aller Regel nicht erforderlich. Der Erwerb eines Geschäftsanteils ist weder mit dem Abschluss eines Gesellschaftsvertrages noch mit dem Erwerb eines Erwerbsgeschäfts (§§ 1643, 1822 Nr. 3 BGB) gleichzusetzen.[33] 55

Eine familiengerichtliche Genehmigung sowohl des Verpflichtungs- als auch des Verfügungsgeschäfts ist nach h. M. bei entgeltlicher **Übertragung von Geschäftsanteilen** jedoch dann gemäß §§ 1643, 1822 Nr. 3 BGB ausnahmsweise erforderlich, wenn nahezu alle Anteile veräußert werden sollen[34] bzw. wenn das Geschäft nach der Größe des Anteils, nach Art und Ausgestaltung der Gesellschaft sowie nach der Stellung des Minderjährigen in der Gesellschaft dem Erwerb eines Erwerbsgeschäfts wirtschaftlich gleichkommt.[35] 56

Die Notwendigkeit einer familiengerichtlichen Genehmigung ergibt sich aus §§ 1643, 1822 Nr. 10 BGB, wenn der Minderjährige durch den Erwerb des Geschäftsanteils eine **Verbindlichkeit übernimmt**, für die im Innenverhältnis zu ihm der bisherige Schuldner haftet und ersatzpflichtig ist.[36] Dies trifft zu, wenn eine konkrete Möglichkeit der Inanspruchnahme des Minderjährigen für Verbindlichkeiten seines Vorgängers gemäß § 16 Abs. 3 GmbHG oder von Mitgesellschaftern nach §§ 24 oder 31 Abs. 2 GmbHG besteht und der Minderjährige nach dem Veräußerungsgeschäft die Möglichkeit zum Regress haben soll.[37] 57

Die Ergänzungspflegerbestellung und auch das Genehmigungserfordernis können dadurch entfallen, dass zu Lebzeiten ein **unwiderrufliches Angebot zur Übertragung** des Geschäftsanteils an den Minderjährigen gemacht wird, dessen Annahme dieser ab dem Zeitpunkt seiner Volljährigkeit erklären kann. 58

3. Beschränkung der lebzeitigen Unternehmensnachfolge

Überträgt der Erblassergesellschafter im Zuge der vorweggenommenen Erbfolge schon zu Lebzeiten Vermögenswerte auf den gewünschten Nachfolger, liegt es nicht in seinem Interesse, die Verfügungsbefugnis über sein Vermögen vollständig aufzugeben, ohne sicher gehen zu können, dass sich Nachfolger und Gesellschaft auch nach seinem Rückzug aus der Unternehmensführung in seinem Sinne weiterentwickeln. Deshalb ist ein wesentlicher Aspekt der lebzeitigen Nachfolgeregelung, die vorweggenommene Erbfolge in ihrer Endgültigkeit zu beschränken, damit das Risiko für den Erblassergesellschafter tragbar bleibt. Zur Beschränkung der lebzeitigen Unternehmensnachfolge bieten sich in erster Linie **vertragliche Gestaltungsmöglichkeiten** an. Nur ergänzend helfen die Rückforderungs- und Widerrufsrechte des Schenkungsrechts sowie allgemeine gesetzliche Rückforderungsrechte. 59

a) Vertragliche Gestaltungsmöglichkeiten. aa) Schenkung unter Auflage. Sollen Geschäftsanteile schenkweise auf den Nachfolger übertragen werden, bietet sich die Vereinbarung einer Schenkung unter einer Auflage an. Der Erblassergesellschafter hat dann nach vollzogener Übertragung der Geschäftsanteile einen Rechtsanspruch gegen den Nachfolger auf Vollziehung der Auflage, **§ 525 Abs. 1 BGB**. 60

---
[33] BGHZ 107, 23, 28 ff.; BGH ZIP 1989, 445, 447; Baumbach/Hueck/*Fastrich* § 15 Rn. 3; Lutter/Hommelhoff/*Bayer* § 15 Rn. 8.
[34] Lutter/Hommelhoff/*Bayer* § 15 Rn. 8; BGH DNotZ 2004, 152, 153.
[35] OLG Hamm DB 1984, 1822; Baumbach/Hueck/*Fastrich* § 15 Rn. 4; OLG München FamRZ 2003, 329.
[36] Baumbach/Hueck/*Fastrich* § 15 Rn. 5.
[37] BGHZ 107, 23, 26 ff.; BGH GmbHR 1989, 327, 328; Baumbach/Hueck/*Fastrich* § 15 Rn. 5; Staudinger/*Engler* § 1822 Rn. 136 ff.

61 Bei **Vereinbarung der Auflage** ist zu beachten, dass sich die Formvorschrift des § 518 BGB auch auf die Auflage als Nebenbestimmung erstreckt. Daher muss die Auflage mit ausgesprochen und mit beurkundet werden.[38]

62 Unterbleibt die **Vollziehung der Auflage**, so kann der Erblassergesellschafter das Geleistete unter den für das Rücktrittsrecht bei gegenseitigen Verträgen bestimmten Voraussetzungen nach den Vorschriften über die Herausgabe einer ungerechtfertigten Bereicherung zurückfordern, § 527 Abs. 1 BGB. Das **Rückforderungsrecht** besteht damit bei Unmöglichkeit der Auflagenvollziehung (§ 326 Abs. 5 BGB), als auch bei nicht bzw. nicht ordnungsgemäßer Auflagenvollziehung (§ 323 Abs. 1 BGB). Letzteres setzt regelmäßig den erfolglosen Ablauf einer angemessenen Nachfrist voraus. Auf ein Vertretenmüssen des Beschenkten kommt es dagegen in keinem der Fälle an.[39] Ist jedoch der Schenker für den Nichtvollzug der Auflage verantwortlich, entfällt gem. §§ 527 Abs. 1, 323 Abs. 6 BGB die Möglichkeit zur Rückforderung.

63 Die **Rückübertragung des Geschäftsanteils** unterliegt grundsätzlich den gleichen Erfordernissen wie die Übertragung im Allgemeinen. So ist insbesondere die Form des § 15 Abs. 3 GmbHG zu beachten.[40] Ist die Abtretung von Geschäftsanteilen durch den Gesellschaftsvertrag an die Zustimmung der Gesellschaft geknüpft, § 15 Abs. 5 GmbHG, ist davon grundsätzlich auch die Rückübertragung des Geschäftsanteils erfasst.[41] Wird eine erforderliche Genehmigung verweigert, ist die Herausgabe des Geschenks in natura unmöglich. Eine ergänzende Vertragsauslegung dahingehend, dass der Nachfolger bei verweigerter Zustimmung zur Rückübertragung dazu verpflichtet ist, durch Abschluss von an sich zustimmungsfreien Stimmbindungs- oder Treuhandverträgen bzw. durch Erteilung einer umfangreichen Stimmrechtsvollmacht ein der Rückübertragung möglichst nahekommendes Ergebnis zu erreichen, ist nicht möglich. Denn solche Rechtsgeschäfte sind als mit der Zwecksetzung der Zustimmungsklauseln, einen unerwünschten Einfluss auf die Entscheidungen in der Gesellschaft abzuwehren, unvereinbare Umgehungen des Zustimmungserfordernisses gemäß § 134 BGB nichtig.[42]

64 Wenn eine ergänzende Vertragsauslegung im Einzelfall nicht ergibt, dass der Nachfolger bei verweigerter Zustimmung lediglich verpflichtet ist, die getrennt vom Geschäftsanteil übertragbaren vermögensrechtlichen Ansprüche aus der Mitgliedschaft, wie den Gewinnanspruch, einen Abfindungsanspruch oder einen Anspruch auf die Liquidationsquote,[43] an den Erblassergesellschafter zurückzuübertragen, hat der Nachfolger nach §§ 527 Abs. 1, 818 Abs. 2 BGB den Wert des Geschäftsanteils zu ersetzen, soweit er bereichert ist.

65 *bb) Vertragliches Rücktrittsrecht.* Eine verbreitete Methode, um die Interessen des Erblassers zu sichern, ist die Vereinbarung vertraglicher Rücktrittsrechte. Diese werden im Allgemeinen als unveräußerliche und unvererbliche Rechte ausgestaltet, die an klare **Auslösetatbestände** geknüpft sind.[44] Beispiele für Tatbestände, die ein vertragliches Rücktrittsrecht auslösen, sind Zwangsvollstreckungsmaßnahmen in das Vermögen des Nachfolgers, das Versterben des Nachfolgers vor dem Erblassergesellschafter[45] oder eine berufliche Qualifikation, die der Nachfolger bis zu einem bestimmten Zeitpunkt nicht nachweisen kann.

66 Wird ein entstandenes vertragliches **Rücktrittsrecht** durch Erklärung des Erblassergesellschafters gegenüber dem Nachfolger (§ 349 BGB) **ausgeübt,** wandelt sich das zwischen beiden Parteien bestehende Rechtsverhältnis in ein Rückgewährschuldverhältnis um, §§ 346, 348 BGB.

---

[38] MünchKommBGB/*Koch* § 525 Rn. 1; a. A. Erman/*Herrmann* § 525 Rn. 2.
[39] MünchKommBGB/*Koch* § 527 Rn. 2; Staudinger/*Wimmer-Leonhardt* § 527 Rn. 4; Palandt/*Weidenkaff* § 527 Rn. 4; BeckOK-BGB Bamberger/Roth/*Gehrlein* § 527 Rn. 1.
[40] Scholz/*Seibt* § 15 Rn. 61, 91.
[41] Baumbach/Heuck/*Fastrich* § 15 Rn. 41.
[42] BGH ZIP 1987, 165, 166 für vinkulierte Namensaktien bei der AG; Lutter/Hommelhoff/*Bayer* § 15 Rn. 80.
[43] Scholz/*Seibt* § 15 Rn. 20ff.
[44] *Sudhoff* Unternehmensnachfolge § 25 Rn. 22; *Spiegelberger* Vermögensnachfolge § 2 Rn. 89.
[45] *Sudhoff* Unternehmensnachfolge § 25 Rn. 22 m. w. Bsp; *Spiegelberger* Vermögensnachfolge § 2 Rn. 94f.

Zu den Erfordernissen, denen die Rückübertragung von Geschäftsanteilen unterliegt s. o. **67** unter → Rn. 63. Wird eine für die Rückübertragung erforderliche Genehmigung verweigert, ist die Herausgabe des Geschäftsanteils in natura unmöglich (s. o.).

Zunächst ist eine ergänzende Vertragsauslegung dahingehend in Betracht zu ziehen, dass **68** sich die Verpflichtung des Nachfolgers zur Rückübertragung im Falle der Verweigerung der Zustimmung auf die Rückübertragung der getrennt vom Geschäftsanteil übertragbaren vermögensrechtlichen Ansprüche aus der Mitgliedschaft beschränkt (s. o.).

Kann der Gesellschaftsvertrag nicht in diesem Sinne ausgelegt werden, ist die Rückge- **69** währ des Geschäftsanteils aufgrund der verweigerten Genehmigung unmöglich (§ 275 I BGB), sodass der Nachfolger zum Wertersatz verpflichtet ist. Der Wertersatzanspruch ergibt sich dabei aus einer analogen Anwendung des § 346 Abs. 2 S. 1 Nr. 2 und 3 BGB, da die dort genannten Fälle der (Teil-)Unmöglichkeit keine abschließende Regelung darstellen[46] und damit auch den vorliegenden Fall erfassen. Für die Höhe des Wertersatzanspruches ist zunächst die vereinbarte Gegenleistung maßgeblich (§ 346 Abs. 2 S. 2 BGB); andernfalls ist dem Erblassergesellschafter der objektive Wert des Geschäftsanteils zu ersetzen.[47]

cc) Auflösend bedingte Aufnahme. Die Aufnahme des Nachfolgers in die Gesellschaft **70** kann auch in auflösend bedingter Form erfolgen. Der **Vorteil** gegenüber der Vereinbarung eines vertraglichen Rücktrittsrechts liegt darin, dass – bei auflösend bedingter dinglicher Abtretung – die Abtretung mit Bedingungseintritt automatisch unwirksam wird, ohne dass der Erblassergesellschafter ein Gestaltungsrecht ausüben und ggf. gerichtlich durchsetzen muss. In diesem Automatismus liegt aber auch ein **Nachteil**, da es der Erblassergesellschafter nach Eintritt der Bedingung – anders als bei einem vertraglichen Rücktrittsrecht – nicht in der Hand hat, zu bestimmen, ob der Geschäftsanteil wirklich an ihn zurückfallen soll.

dd) Hinauskündigungsklauseln. Eine früher weit verbreitete Praxis, um die Interessen des **71** Erblassergesellschafters zu sichern, war die Vereinbarung sog. freier Hinauskündigungsklauseln im Gesellschaftsvertrag. Von dieser Praxis ist angesichts der gegenüber freien Hinauskündigungsklauseln äußerst reservierten BGH-Rechtsprechung dringend abzuraten. Der BGH hält ein satzungsmäßiges **Ausschließungs- oder Einziehungsrecht** grundsätzlich nur dann für zulässig, wenn es an das Vorliegen bestimmter, in der Satzung festgelegter sachlicher Gründe gebunden ist.[48] Freie Hinauskündigungsklauseln sind demnach grundsätzlich wegen Verstoßes gegen **§ 138 Abs. 1 BGB** nichtig, es sei denn, dass sie wegen besonderer Umstände in Ausnahmefällen sachlich gerechtfertigt sind.[49] Auch die Einziehung unterliegt hinsichtlich des satzungsmäßig festgelegten Einziehungsgrundes und ihrer Durchführung strengen Voraussetzungen, deren Nichterfüllung zur Nichtigkeit der Einziehung führen kann. So ist ein Einziehungsbeschluss nichtig, wenn die Gesellschaft die Abfindung nicht aus dem ungebundenen Vermögen zahlen kann.[50]

ee) Aufnahme unter Widerrufsvorbehalt. Eine Aufnahme unter Widerrufsvorbehalt ist **72** möglich. Für Widerrufsvorbehalte gelten jedoch dieselben Maßstäbe wie für Hinauskündigungsklauseln. Ein Widerrufsvorbehalt ist grundsätzlich wegen Verstoßes gegen **§ 138 BGB** nichtig, wenn er einer freien Hinauskündigungsklausel gleichkommt.[51] Deshalb ist auch von der Vereinbarung freier Widerrufsvorbehalte abzuraten.[52]

ff) Einschränkung des Stimmrechts. Eine effektive Möglichkeit, um den Einfluss jugendli- **73** cher Nachfolger auf die Unternehmensleitung zu beschränken, bieten Einschränkungen des Stimmrechts. Gemäß § 47 Abs. 2 GmbHG gewährt grundsätzlich jeder Euro eines Geschäftsanteils eine Stimme. Diese Vorschrift ist jedoch gemäß § 45 GmbHG weitgehend abdingbar. So ist es möglich, mit bestimmten Geschäftsanteilen **Mehrfachstimmrechte** zu ver-

---

[46] MünchKommBGB/*Gaier* § 346 Rn. 37, 43; Staudinger/*Kaiser* § 346 Rn. 149 m. w. N., Palandt/*Grüneberg* § 346 Rn. 7.
[47] MünchKommBGB/*Gaier* § 346 Rn. 44 f.; BeckOK-BGB Bamberger/Roth/*Grothe* § 346 Rn. 46.
[48] BGHZ 112, 103, 107.
[49] BGHZ 68, 212, 215; BGH NJW 2005, 3644, 3645.
[50] BGH DStR 2006, 1900
[51] BGH NJW 1990, 2622; krit. *Verse* DStR 2007, 1822, 1824 ff.
[52] *Sudhoff* Unternehmensnachfolge § 25 Rn. 23.

binden,[53] ein **Höchststimmrecht** zu vereinbaren oder Geschäftsanteile vollständig **vom Stimmrecht auszuschließen**.[54]

74 **b) Rückforderungs- und Widerrufsrechte des Schenkungsrechts und allgemeine gesetzliche Rückforderungsrechte.** Rückforderungs- und Widerrufsrechte des Schenkungsrechts sowie allgemeine gesetzliche Rückforderungsrechte sind weniger bedeutend für die Beschränkung der lebzeitigen Unternehmensnachfolge als die oben aufgezeigten vertraglichen Gestaltungsmöglichkeiten. Sie können sich jedoch insbesondere dann als hilfreich erweisen, wenn eine entsprechende Vertragsgestaltung versäumt wurde.

75 *aa) Rückforderungs- und Widerrufsrechte des Schenkungsrechts.* Das Recht der Schenkung kennt ein **Widerrufsrecht wegen groben Undanks**, § 530 BGB, und ein **Rückforderungsrecht wegen Bedürftigkeit**, § 528 BGB.

76 Eine Schenkung kann nach **§ 530 Abs. 1 BGB** widerrufen werden, wenn sich der Beschenkte durch eine schwere Verfehlung gegen den Schenker oder einen nahen Angehörigen des Schenkers groben Undankes schuldig macht.

77 Ob eine schwere Verfehlung und grober Undank vorliegt, ist nach den gesamten Umständen des Einzelfalls zu entscheiden. Einem engen Verwandtschaftsverhältnis zwischen Beschenktem und Schenker kommt dabei kein erhöhtes Gewicht zu.[55] Die Verfehlung muss objektiv ein gewisses Maß an Schwere erreicht haben. Als subjektives Merkmal ist die Gesinnung zu prüfen, von der sich der Beschenkte hat leiten lassen.[56] Inwieweit diese groben Undank ausdrückt, ist jeweils fallbezogen zu beurteilen.[57] Das Betreiben der Abberufung des Schenkers aus der Unternehmensleistung oder des Ausschlusses desselben aus der Gesellschaft bei objektivem Anlass kann in Bezug auf § 530 BGB erlaubt sein, wenn das Handeln nicht auf feindlicher Gesinnung beruht.[58]

78 Hat der Schenker die Schenkung wirksam widerrufen, kann er nach § 531 Abs. 2 BGB die Herausgabe des Geschenkes nach Bereicherungsrecht verlangen. § 531 Abs. 2 BGB ist eine Rechtsgrundverweisung; die §§ 531 Abs. 2, 812 Abs. 1 S. 2 Alt. 2, 818, 819 BGB finden Anwendung.[59]

79 Der Erblassergesellschafter ist daher grundsätzlich nicht auf Wertersatz für den Geschäftsanteil angewiesen, sondern kann dessen Herausgabe in natura verlangen. Lediglich dann, wenn die Rückübertragung aus gesellschaftsrechtlichen Gründen unmöglich ist (→ Rn. 63), verwandelt sich sein echtes Rückforderungsrecht in einen bloßen Wertersatzanspruch, §§ 531 Abs. 2, 812 Abs. 1 S. 2 Alt. 2, 818 Abs. 2 BGB.[60]

80 Der **Widerruf** ist gemäß § 532 BGB **ausgeschlossen,** wenn der Schenker dem Beschenkten verziehen hat oder wenn er seit Kenntniserlangung von den Voraussetzungen seines Widerrufsrechts ein Jahr hat verstreichen lassen. Im Übrigen ist der Widerruf nach dem Tode einer der beiden Parteien ausgeschlossen, §§ 532 S. 2, 530 Abs. 2 BGB, sofern nicht in Extremfällen der Ausnahmetatbestand des § 530 Abs. 2 BGB eingreift.

81 Neben dem Widerrufsrecht wegen groben Undanks kennt das Gesetz ein Rückforderungsrecht wegen **Bedürftigkeit des Schenkers, § 528 BGB**. Dieses greift ein, wenn der Schenker **nach Vollziehung** der Schenkung außerstande ist, seinen angemessenen Unterhalt zu bestreiten oder die in § 528 Abs. 1 BGB genannten gesetzlichen Unterhaltspflichten zu erfüllen. **Vor Vollziehung** der Schenkung findet ausschließlich **§ 519 BGB** Anwendung, der in seinen Tatbestandsvoraussetzungen weniger eng gefasst ist als das Rückforderungsrecht des § 528 BGB.

82 Wenn die Voraussetzungen des § 528 BGB vorliegen, kann der Schenker sein Geschenk nach Bereicherungsrecht zurückfordern. Daher kann auch hier ein geschenkter GmbH-

---

[53] Scholz/*Karsten Schmidt* § 47 Rn. 11.
[54] BGHZ 14, 264, 269; Lutter/Hommelhoff/*Bayer* § 47 Rn. 5.
[55] BGH NJW 1978, 213, 214.
[56] Staudinger/*Wimmer-Leonhardt* § 530 Rn. 8; MünchKommBGB/*Koch* § 530 Rn. 2.
[57] BGH NJW 2000, 3201, 3202.
[58] MünchKommBGB/*Koch* § 530 Rn. 13; BGHZ 112, 40, 49.
[59] Staudinger/*Wimmer-Leonhardt* § 531 Rn. 6; MünchKommBGB/*Koch* § 531 Rn. 4.
[60] BGH NJW 1990, 2616, 2620.

Geschäftsanteil grundsätzlich in natura zurückgefordert werden. Bei Unmöglichkeit der Rückübertragung (→ Rn. 63) greift § 818 Abs. 2 BGB ein.

Darüber hinaus hat der Beschenkte nach § 528 Abs. 1 S. 2 BGB die Möglichkeit, die Herausgabe durch Zahlung des für den Unterhalt erforderlichen Betrages abzuwenden. 83

Ergibt sich aus dem Recht des Beschenkten zur Abwendung der Herausgabe dessen Pflicht zur Zahlung einer Rente an den Schenker, greifen die §§ 528 Abs. 1 S. 3, 760, 1613, 1615 BGB ein. Eine Geldrente ist daher für drei Monate im Voraus zu entrichten, §§ 528 Abs. 1 S. 3, 760 Abs. 2 BGB. Für die Vergangenheit wird grundsätzlich kein Unterhalt gewährt, §§ 528 Abs. 1 S. 3, 1613 Abs. 1 BGB. Der Unterhaltsanspruch erlischt mit dem Tod des Schenkers, §§ 528 Abs. 1 S. 3, 1615 Abs. 1 BGB. 84

Der **Herausgabeanspruch** nach § 528 BGB ist gemäß § 529 Abs. 1 BGB **ausgeschlossen,** wenn der Schenker seine Bedürftigkeit vorsätzlich oder grob fahrlässig herbeigeführt hat oder wenn zurzeit des Eintritts der Bedürftigkeit seit der Vollziehung der Schenkung zehn Jahre verstrichen sind. Das Gleiche gilt bei eigener Bedürftigkeit des Beschenkten, § 529 Abs. 2 BGB. 85

bb) Zweckverfehlungskondiktion. Wird der mit der lebzeitigen Regelung der Unternehmensnachfolge verbundene Zweck nicht erreicht, kann sich ein Rückforderungsanspruch aus einer Zweckverfehlungskondiktion, § 812 Abs. 1 S. 2 Alt. 2 BGB, ergeben. 86

Wurde ein Geschäftsanteil schenkweise übertragen, greift § 812 Abs. 1 S. 2 Alt. 2 BGB nur in **Ausnahmefällen** ein. Denn die Rückforderungsrechte der §§ 527 bis 530 BGB stellen grundsätzlich eine erschöpfende Sonderregelung dar.[61] Im Bereich der Zweckschenkungen bleibt für die Anwendung der condictio ob rem im Allgemeinen kein Raum. Entweder ist die Erwartung des Schenkers, der Schenkungsgegenstand werde vom Beschenkten in bestimmter Weise verwendet werden, nur einseitiges Motiv geblieben oder aber es liegt eine echte Auflage vor, so dass sich die Rückabwicklung nach § 527 BGB richtet.[62] 87

Der *BGH* bejaht allerdings auch bei Schenkungen einen Rückforderungsanspruch aus einer Zweckverfehlungskondiktion, wenn ein Leistungserfolg, der über die Schenkungsabrede hinausgeht, gescheitert ist.[63] 88

Allgemein setzt ein Anspruch aus Zweckverfehlungskondiktion, § 812 Abs. 1 S. 2 Alt. 2 BGB, voraus, dass es eine nicht voll rechtsgeschäftlich ausgebildete Rechtsgrundabrede zwischen Leistendem und Empfänger vorliegt, dieser möge seinerseits eine Gegenleistung, den nach dem Inhalt des Rechtsgeschäftes bezweckten Erfolg, erbringen.[64] Eine nur einseitige Erwartung des Leistenden (bloß einseitiges Motiv) genügt demgegenüber nicht.[65] 89

Der Rückforderungsanspruch aus Zweckverfehlungskondiktion ist **nach § 815 BGB** ausgeschlossen, wenn der Leistende wissentlich zu einem unmöglichen Zweck eine Leistung erbracht hat oder wenn der Leistende den Eintritt des Erfolges wider Treu und Glauben verhindert hat. 90

cc) Wegfall der Geschäftsgrundlage. Der BGH bejaht auch bei Schenkungen die Anwendbarkeit der Grundsätze über den Wegfall der Geschäftsgrundlage, soweit der Sachverhalt außerhalb des Bereichs der Sondervorschriften der §§ 527 bis 530 BGB liegt.[66] 91

Das in richterlicher Rechtsfortbildung entstandene Institut des Wegfalls der Geschäftsgrundlage ist nunmehr in § 313 BGB kodifiziert. Allerdings wollte der Gesetzgeber die bis dahin durch Rechtsprechung und Lehre entwickelten Grundsätze nicht verändern, sodass auf diese weiterhin zurückgegriffen werden kann.[67] Nach ständiger Rechtsprechung wird die Geschäftsgrundlage eines Vertrages gebildet durch die bei Abschluss zu Tage tretenden, dem Geschäftsgegner erkennbaren und von ihm nicht beanstandeten Vorstellungen der einen Vertragspartei oder die gemeinschaftlichen Vorstellungen beider Vertragsparteien von 92

---

[61] Staudinger/*Wimmer-Leonhardt* § 530 Rn. 31, MünchKommBGB/*Koch* § 527 Rn. 4, § 530 Rn. 16.
[62] MünchKommBGB/*Schwab* § 812 Rn. 401.
[63] BGH NJW-RR 1991, 1154; NJW 1984, 233; ZEV 2005, 212.
[64] MünchKommBGB/*Schwab* § 812 Rn. 374.
[65] BGHZ 44, 321, 323.
[66] BGH NJW 1953, 1585; NJW-RR 1990, 386, 387; NJW-RR 2006, 699, 700.
[67] Vgl. BT-Drucks. 14/6040 S. 175 f.

dem Vorhandensein oder dem künftigen Eintritt gewisser Umstände, sofern der Geschäftswille der Parteien auf diesen Umständen beruht.[68] Der Wegfall der Geschäftsgrundlage begründet gem. § 313 Abs. 1 BGB einen **Anspruch auf Vertragsanpassung**. Worin diese Anpassung besteht, hängt vom jeweiligen Einzelfall ab. Ist eine Anpassung des Vertrages nicht möglich oder einer Vertragspartei nicht zumutbar, gewährt § 313 Abs. 3 S. 1 BGB der benachteiligten Partei die Möglichkeit den Rücktritt vom Vertrag zu erklären. Bei einer Schenkung ist durch den Wegfall der Geschäftsgrundlage die Aufhebung des Vertrages und damit eine Pflicht zur Rückgewähr des Zugewendeten in vollem Umfang jedoch keineswegs immer geboten.[69] So muss die Scheidung einer Ehe der einer Kommanditgesellschaft angehörenden Eheleute nicht ohne weiteres zur Auflösung des Vertrages aus wichtigem Grund führen, sondern kann unter Umständen wegen Wegfalls der Geschäftsgrundlage einen Anspruch auf Änderung der Nachfolgeklausel begründen.[70]

III. Die Unternehmensnachfolge auf erbrechtlicher Basis

93 Die lebzeitige Regelung der Unternehmensnachfolge allein reicht in aller Regel nicht aus, um den Generationswechsel in der Gesellschaft sicher und in einer den Interessen der Beteiligten entsprechenden Weise zu vollziehen. Schon wegen der **Ungewissheit über den Zeitpunkt des Erbfalls** ist eine erbrechtliche Nachfolgeregelung zu empfehlen. Die Vorteile der Unternehmensnachfolgeregelung auf erbrechtlicher Basis gegenüber der vorweggenommenen Erbfolge sind beachtlich. So behält der Erblassergesellschafter bei der erbrechtlichen Nachfolgebestimmung die **vollständige Verfügungsgewalt** über sein Vermögen. Erbrechtliche Nachfolgebestimmungen sind, soweit nicht ausnahmsweise (etwa beim gemeinschaftlichen Testament oder beim Erbvertrag, dazu → Rn. 122ff.) bindende Verfügungen vorliegen, frei widerruflich und daher anders als lebzeitige Nachfolgeregelungen äußerst flexibel. Schließlich ist es im Rahmen der erbrechtlichen Nachfolgeregelung möglich, auch den Interessen enterbter Familienangehöriger oder weichender Erben Rechnung zu tragen, indem ein finanzieller Ausgleich durch letztwillige Verfügung geregelt wird. So kann eine Regelung der Unternehmensnachfolge auf erbrechtlicher Basis besser als eine rein lebzeitige Nachfolgeregelung die **Versorgung aller Familienangehörigen** sichern, Streitigkeiten nach dem Erbfall vorbeugen und somit zum Erhalt des Familienfriedens beitragen.

1. Die gesetzliche Regelung

94 Nach § 15 Abs. 1 GmbHG sind GmbH-Geschäftsanteile vererblich. Eine dem § 139 HGB vergleichbare Regelung, die eine Sondererbfolge für den OHG- bzw. KG-Anteil anordnet, fehlt im GmbH-Recht. Daher fällt der GmbH-Geschäftsanteil wie jeder andere vererbliche Vermögensgegenstand in den Nachlass, so dass die allgemeinen Regeln des Erbrechts auch auf den Gesellschaftsanteil Anwendung finden.

95 a) **Das Prinzip der Universalsukzession.** Gemäß § 1922 Abs. 1 BGB geht das Vermögen einer Person mit deren Tod als Ganzes auf den oder die Erben über. Somit fällt mit Eintritt des Erbfalls auch der GmbH-Geschäftsanteil mit dem gesamten Nachlass in das Vermögen des Alleinerbens bzw. der Erbengemeinschaft. Der oder die Erben treten daher grundsätzlich auch in die mit dem Geschäftsanteil verbundene Stellung des Erblassergesellschafters ein. Sie übernehmen alle mit der Mitgliedschaft verbundenen Rechte und Pflichten, mit Ausnahme höchstpersönlicher Rechte, die an die Person des Gesellschafters gebunden waren, ohne dass es einer Mitwirkung der übrigen Gesellschafter bedarf.

96 aa) **Alleinerbe.** Geht das Vermögen des Erblassergesellschafters mit dessen Tode auf einen Alleinerben über, ergeben sich keine besonderen Probleme. Dieser übernimmt den Geschäftsanteil und tritt anstelle des Erblassers in die Gesellschaft ein.

---

[68] BGH NJW-RR 1990, 386, 387; BGHZ 112, 259, 261; BGH ZEV 2005, 412 f.
[69] BGH NJW 1972, 247, 249; BGH NJW 1999, 1623, 1625.
[70] BGH NJW 1974, 1656, 1657.

bb) Erbengemeinschaft. Sind mehrere Erben vorhanden, steht der Geschäftsanteil zusammen mit dem restlichen Nachlass zunächst **ungeteilt** der Erbengemeinschaft zur gesamten Hand zu. Nach § 2033 Abs. 1 BGB kann jeder Miterbe zwar über seinen Anteil am Gesamtnachlass verfügen, nicht aber über seinen Anteil an einzelnen Nachlassgegenständen, § 2033 Abs. 2 BGB. Deshalb kann auch über den Geschäftsanteil nur gemeinschaftlich verfügt werden. Die Rechte daraus können nur gemeinschaftlich ausgeübt werden, § 18 Abs. 1 GmbHG. 97

Die **Miterben** haften gemäß § 18 Abs. 2 GmbHG i. V. m. § 2058 BGB der Gesellschaft für zu erbringende Leistungen als **Gesamtschuldner.** Rechtshandlungen der Gesellschaft gegenüber der Erbengemeinschaft sind bereits dann wirksam, wenn sie nur einem Erben gegenüber vorgenommen werden, § 18 Abs. 3 S. 1 GmbHG; diese Erleichterung für die GmbH tritt jedoch gemäß § 18 Abs. 3 S. 2 GmbHG erst nach einem Monat seit dem Anfall der Erbschaft in Kraft. 98

Die **Auseinandersetzung,** die jeder Miterbe nach § 2042 Abs. 1 BGB grundsätzlich jederzeit verlangen kann, bringt gesellschaftsrechtliche Probleme mit sich. Im Zuge der Auseinandersetzung kann entweder der gesamte Nachlass aufgeteilt werden, oder es kann nur eine Auseinandersetzung bezüglich des Geschäftsteils stattfinden. Die Aufhebung der Erbengemeinschaft erfolgt entweder in Natur, § 752 BGB, oder, falls eine Teilung nicht möglich ist, durch den Verkauf des gesamthänderisch gebundenen Vermögensgegenstandes, § 753 BGB. 99

Die Auseinandersetzung bezüglich des Geschäftsanteils lässt sich daher so durchführen, dass entweder alle Erben nach dem Verhältnis ihrer Erbquote einen **Teilgeschäftsanteil** erhalten oder der Anteil gemeinschaftlich an einen oder mehrere Erben abgetreten wird, §§ 2033 Abs. 2, 2040 Abs. 1 BGB, während die übrigen Erben anderweitig abgefunden werden. 100

Sollen mehrere Erben einen Teilgeschäftsanteil erhalten, ist zu beachten, dass die Teilung von Geschäftsanteilen gem. § 46 Nr. 4 GmbHG eines Gesellschafterbeschlusses bedarf. Allerdings kann durch eine gesellschaftsvertragliche Regelung vorgesehen werden, dass die Teilung von Geschäftsanteilen verstorbener Gesellschafter unter den Erben ohne weitere Voraussetzungen möglich ist. Zur Teilung von Geschäftsanteilen → Rn. 13 ff. 101

Auch für die **Übertragung** von Geschäftsanteilen von der Erbengemeinschaft **auf einen oder mehrere Miterben** gelten die Formvorschriften des § 15 GmbHG. Sowohl das Verpflichtungsgeschäft als auch die dingliche Abtretung selbst bedürfen der notariellen Beurkundung, § 15 Abs. 3, 4 GmbHG (dazu näher → Rn. 8 ff.). Darüber hinaus sind die im Gesellschaftsvertrag genannten zusätzlichen Übertragungsvoraussetzungen zu beachten, § 15 Abs. 5 GmbHG. 102

Ist in der Satzung eine **Genehmigungspflicht** für die Abtretung des Geschäftsanteils vorgesehen, will eine früher häufig vertretene Meinung im Falle der **Übertragung des Anteils** von der Erbengemeinschaft auf einen Miterben dennoch auf dieses Erfordernis verzichten, da die Erbauseinandersetzung gemäß § 738 Abs. 1 S. 2 BGB im Wege der Anwachsung ohne förmliche Abtretung erfolge, so dass § 15 GmbHG keine Anwendung finde. Dieser Ansicht ist jedoch mit der heutigen h. M. nicht zu folgen. § 738 BGB ist in § 2042 Abs. 2 BGB, der die Auseinandersetzung unter Miterben regelt, nicht genannt. Im Zuge der Auseinandersetzung wird durch die Erbengemeinschaft über die einzelnen Nachlassgegenstände verfügt, so dass auch der Geschäftsanteil abgetreten wird. Deshalb greift § 15 GmbHG ein. Die Zustimmung der Gesellschaft ist, soweit diese gemäß § 15 Abs. 5 GmbHG im Statut vorgeschrieben ist, erforderlich.[71] 103

Umstritten ist, ob es, soweit die Übertragung von Geschäftsanteilen nach § 15 Abs. 5 GmbHG im Statut an die Genehmigung der Gesellschaft geknüpft ist, der Genehmigung bedarf, wenn die Miterben ihre **gesamten Erbteile** gemäß § 2033 Abs. 1 BGB auf einen Miterben übertragen und dieser dadurch den Geschäftsanteil erlangt. 104

Auch wenn der Zweck des Genehmigungsvorbehalts, das Eindringen unerwünschter Personen in die Gesellschaft zu verhindern, für diese erweiternde Auslegung des § 15 Abs. 5 105

---

[71] Palandt/*Weidlich* § 2042 Rn. 17.

GmbHG spricht,[72] hält die h. M. eine Genehmigung in diesem Fall für entbehrlich.[73] § 15 Abs. 1 GmbHG sehe die freie Veräußerlichkeit von Geschäftsanteilen vor, und die Gesellschaft, die keinerlei Nachfolgeregelungen im Statut treffe, erkläre sich daher mit jedem Erben einverstanden. Sie wolle auch keine weiteren Veränderungen in Bezug auf die Vermögensverhältnisse am Nachlass ausschließen.[74] Außerdem liegt bei der Übertragung der Erbteile schon begrifflich keine Abtretung des Geschäftsanteils vor, so dass § 15 Abs. 5 GmbHG keine Anwendung findet.[75] Der Erwerber sämtlicher Erbteile erhält den Geschäftsanteil nur mittelbar als Folge der Erbteilsübertragung.[76] Für die h. M. spricht darüber hinaus, dass sie der Rechtssicherheit dient, da die Verfügungsfreiheit der einzelnen Miterben nicht unverhältnismäßig beeinträchtigt und der Rechtsverkehr nicht unnötig erschwert wird.

106 **b) Die gesetzliche Erbfolge.** An wen der Geschäftsanteil im Falle des Todes des Erblassergesellschafters mit dem gesamten Nachlass fällt und ob der Geschäftsanteil auf einen Alleinerben oder auf eine Erbengemeinschaft übergeht, richtet sich in erster Linie nach dem Willen des Erblassergesellschafters. Nur soweit keine wirksame letztwillige Verfügung vorhanden ist, greift die gesetzliche Erbfolge der §§ 1924 bis 1936 BGB ein. Diese sieht ein System von Erbordnungen vor, die nach dem Parentelsystem gegliedert sind. Daneben treten das Erbrecht des Ehegatten, § 1931 BGB, und, soweit keine anderen Erben vorhanden oder auffindbar sind, das gesetzliche Erbrecht des Fiskus, § 1936 BGB.

107 Das **Parentelsystem** fasst die Verwandten nach ihrer Abstammung von bestimmten Vorfahren (parentes) in selbstständigen Gruppen zusammen. Die erste Parentel bildet der Erblasser mit seinen gesamten Abkömmlingen, § 1924 Abs. 1 BGB, die zweite bilden die Eltern des Erblassers und deren Abkömmlinge, § 1925 Abs. 1 BGB. Die dritte Ordnung wird gemäß § 1926 Abs. 1 BGB von den Großeltern des Erblassers und deren Abkömmlingen, die vierte von den Urgroßeltern des Erblassers und deren Nachkommen gebildet, § 1928 Abs. 1 BGB. Gesetzliche Erben der fünften Ordnung und der ferneren Ordnungen sind die entfernteren Voreltern des Erblassers und deren Abkömmlinge, § 1929 Abs. 1 BGB. Solange auch nur ein Verwandter einer näheren Ordnung vorhanden ist, schließt dieser alle Angehörigen einer ferneren Ordnung von der Erbfolge aus, § 1930 BGB.

108 Innerhalb der Ordnungen gelten das **Repräsentationsprinzip** und das **Prinzip der Stammeserbfolge**.

109 So erben innerhalb der **ersten Ordnung** die Kinder des Erblassers zu gleichen Teilen, § 1924 Abs. 4 BGB. Ein zurzeit des Erbfalls lebender Abkömmling repräsentiert die durch ihn mit dem Erblasser verwandten Abkömmlinge und schließt diese somit von der Erbfolge aus, § 1924 Abs. 2 BGB. Lebt ein Abkömmling zurzeit des Erbfalls nicht mehr, treten an dessen Stelle kraft eigenen Rechts dessen Abkömmlinge (Erbfolge nach Stämmen), § 1924 Abs. 3 BGB.

110 Sind keine Erben der ersten Ordnung vorhanden und leben die Eltern des Erblassers noch, sind sie gemäß § 1925 Abs. 2 BGB allein und zu gleichen Teilen erbberechtigt. Auch innerhalb der **zweiten Ordnung** gilt somit das Repräsentationsprinzip. Leben zurzeit des Erbfalls der Vater oder die Mutter nicht mehr, tritt auch in der zweiten Ordnung die Erbfolge nach Stämmen ein, § 1925 Abs. 3 S. 1 BGB. Sind keine Abkömmlinge des verstorbenen Elternteils vorhanden, erbt der überlebende Elternteil gemäß § 1925 Abs. 3 S. 2 BGB allein.

111 Falls auch keine Erben der zweiten Ordnung vorhanden sind, sind in der **dritten Ordnung** zunächst die Großeltern des Erblassers allein und zu gleichen Teilen zu Erben berufen, § 1926 Abs. 2 BGB. Lebt ein Teil eines Großelternpaares nicht mehr, so tritt auch hier getrennt nach mütterlicher und väterlicher Linie die Erb-folge nach Stämmen ein, § 1926 Abs. 3 S. 1 BGB. Hat der vorversterbende Großelternteil keine Nachkommen, fällt sein Anteil am Nachlass an den anderen Großelternteil, § 1926 Abs. 3 S. 2 Alt. 1 BGB. Lebt auch

---

[72] *Petzoldt* GmbHR 1977, 25; *Priester* GmbHR 1981, 207.
[73] BGHZ 92, 386, 393 f.
[74] Scholz/*Seibt* § 18 Rn. 9.
[75] Lutter/Hommelhoff/*Bayer* § 15 Rn. 16, 64.
[76] BGHZ 92, 386, 393 f.

dieser nicht mehr, fallen beide Anteile am Nachlass gemäß § 1926 Abs. 3 S. 2 Alt. 2 BGB dessen Abkömmlingen zu, da die Abkömmlinge nach § 1926 Abs. 5 BGB jeweils so erben, als ob der Großelternteil selbst Erblasser gewesen wäre. Erst wenn beide Großeltern einer Linie nicht mehr leben und auch keine Abkömmlinge hinterlassen haben, erben die Großeltern der anderen Linie bzw. deren Abkömmlinge allein, § 1926 Abs. 4 BGB.

In der **vierten Ordnung** und in den ferneren Ordnungen ist die Trennung nach mütterlicher und väterlicher Linie sowie die Stammeserbfolge aufgegeben, auch das Repräsentationsprinzip als Element des Erbrechts nach Stämmen gilt hier nicht.[77] So erben innerhalb der vierten Ordnung die Urgroßeltern allein und zu gleichen Teilen, anders als die Großeltern innerhalb der dritten Ordnung ohne Unterschied, ob sie derselben Linie oder verschiedenen Linien angehören, § 1928 Abs. 2 BGB. Erst wenn gar keine Urgroßeltern mehr vorhanden sind, können Abkömmlinge von Urgroßeltern erbberechtigt werden. Anders als für Abkömmlinge der Großeltern innerhalb der dritten Ordnung gilt für Abkömmlinge der Urgroßeltern in-nerhalb der vierten Ordnung das Gradualsystem. Abkömmlinge von Urgroßeltern treten nicht im Wege der Stammeserbfolge an die Stelle des verstorbenen Urgroßelternteils. Vielmehr ist von mehreren Abkömmlingen von Urgroßeltern derjenige erbberechtigt, der mit dem Erblasser dem Grade nach am nächsten verwandt ist, § 1928 Abs. 3 Halbs. 1 BGB. Mehrere mit dem Erblasser gleich nah verwandte Abkömmlinge von Urgroßeltern erben zu gleichen Teilen, § 1928 Abs. 3 Halbs. 2 BGB. Innerhalb der fünften und der ferneren Ordnungen gelten gemäß § 1929 Abs. 2 BGB die gleichen Maßstäbe wie innerhalb der vierten Ordnung, d. h. auch hier ist die Trennung nach Linien und das Prinzip der Stammeserbfolge aufgegeben, es gilt das **Gradualsystem.**

Zu beachten ist jedoch, dass die **Gradualerbfolge** ausschließlich innerhalb der jeweils zur Erbfolge berufenen Ordnung eintritt.[78] Erben einer früheren Ordnung schließen Erben einer entfernteren Ordnung auch dann aus, wenn diese gradual näher mit dem Erblasser verwandt sind. Es bleibt insoweit bei der Regelung des § 1930 BGB.

Neben das Verwandtenerbrecht der §§ 1924–1930 BGB tritt nach § 1931 BGB das **gesetzliche Erbrecht des Ehegatten.** Die Höhe des gesetzlichen Erbteils des Ehegatten bestimmt sich nach zwei Faktoren: Zum einen danach, zu welcher Ordnung die neben dem Ehegatten als gesetzliche Erben berufenen Verwandten gehören, und zum anderen danach, in welchem Güterstand der Ehegatte mit dem Erblasser gelebt hat. So erhält der überlebende Ehegatte, wenn Verwandte der ersten Ordnung vorhanden sind, als gesetzlichen Erbteil gemäß § 1931 Abs. 1 S. 1 Halbs. 1 BGB ¼ der Erbschaft. Bei **Gütertrennung** erbt der Ehegatte gemäß § 1931 Abs. 4 BGB mit den Kindern zu gleichen Teilen; sein Erbteil beträgt jedoch mindestens ¼ der Erbschaft. Sind nur Verwandte der zweiten Ordnung oder Großeltern vorhanden, erhält der Ehegatte die Hälfte der Erbschaft. Erbt der überlebende Ehegatte neben Großeltern, fällt der Anteil von Abkömmlingen weggefallener Großeltern, die an sich gemäß § 1926 BGB neben den anderen Großeltern erben würden, dem Ehegatten zu. Sind keine Verwandten der ersten oder zweiten Ordnung oder Großeltern vorhanden, erhält der überlebende Ehegatte nach § 1931 Abs. 2 BGB die ganze Erbschaft.

Haben die Ehegatten im Güterstand der Gütertrennung gelebt, ändert sich an der Höhe der anhand § 1931 BGB ermittelten Erbquote nichts. Es ist lediglich die für den Güterstand der Gütertrennung geltende Besonderheit des § 1931 Abs. 4 BGB zu beachten, wonach der überlebende Ehegatte neben den Kindern zu gleichen Teilen erbt, mindestens aber ¼ der Erbschaft erhält (s.o.).

Haben die Ehegatten dagegen im **gesetzlichen Güterstand der Zugewinngemeinschaft** gelebt, erhöht sich der Ehegattenerbteil gemäß §§ 1931 Abs. 3, 1371 Abs. 1 BGB um ¼, unabhängig davon, ob tatsächlich ein Zugewinn erzielt wurde. Daneben hat der überlebende Ehegatte nach § 1371 Abs. 2, 3 BGB die Möglichkeit, die Erbschaft auszuschlagen und neben dem tatsächlichen Ausgleich des Zugewinns gemäß §§ 1373 ff. BGB den sog. kleinen Pflichtteil in Höhe der Hälfte des Wertes des nicht erhöhten gesetzlichen Erbteils (§§ 1371 Abs. 2, 1931 Abs. 1, 2, 2303 Abs. 2 BGB) zu verlangen. Dagegen hat der Ehegatte im Falle

---

[77] *Michalski* Erbrecht Rn. 65.
[78] *Lange/Kuchinke* Erbrecht § 11 V, S. 246.

seiner Enterbung nach h. M. nicht die Möglichkeit, statt der Kombination zwischen tatsächlichem Zugewinnausgleich und kleinem Pflichtteil den sog. großen Pflichtteil, d. h. die Hälfte des Wertes des nach § 1371 Abs. 1 BGB erhöhten gesetzlichen Erbteils geltend zu machen.[79]

117 Haben die Eheleute in **Gütergemeinschaft** gelebt, fällt der Anteil des verstorbenen Ehegatten am Gesamtgut in den Nachlass, § 1482 BGB, und wird nach den allgemeinen Vorschriften vererbt. Beerbung durch eine Miterbengemeinschaft führt zur Verzahnung zweier Gesamthandsgemeinschaften; die Gesamthand der Miterbengemeinschaft ist neben dem überlebenden Ehegatten am Gesamtgut der Gütergemeinschaft beteiligt.[80] Der überlebende Ehegatte ist wiederum in der Regel als Erbe des verstorbenen Ehegatten auch an der Miterbengemeinschaft beteiligt. Das Gesamtgut der Gütergemeinschaft als Liquidationsgemeinschaft genießt bei der Auseinandersetzung den Vorrang. Erst die Teilung des Gesamtguts fixiert das Vermögen, das die Miterben auseinander zu setzen haben.[81]

118 Der Überblick über die Regelung der **gesetzliche Erbfolge** zeigt, dass diese in aller Regel zur Regelung der Nachfolge **in einer GmbH untauglich** ist. Die gesetzliche Erbfolge führt in den meisten Fällen zu mehreren Erben und damit zu einer Erbengemeinschaft, die ihrer Natur nach auf Beendigung und Erbauseinandersetzung gerichtet ist. Dies steht im Gegensatz zu den Unternehmenszielen der Kontinuität und Liquidität und kann zur Zersplitterung des Geschäftsanteils führen. Auch können im Rahmen der gesetzlichen Erbfolge, die streng formalistisch nach Ordnungen vorgeht und den Nachlass innerhalb der gleichen Parentel prinzipiell gleichmäßig verteilt, die individuellen Fähigkeiten der potentiellen Nachfolger nicht berücksichtigt werden. So gewinnt nach dem Tod des Erblassergesellschafters nicht derjenige den größten Einfluss auf die Unternehmensführung, der in den Augen des Erblassers das größte unternehmerische Geschick besitzt, sondern derjenige, der auf Grund seiner verwandtschaftlichen Beziehung zum Erblasser oder auf Grund ehelichen Güterrechts den größten Erbanteil erhält.

119 Um dem Unternehmen eine kontinuierliche, stabile und funktionsfähige Unternehmensleitung auch über den Tod des Erblassergesellschafters hinaus zu sichern, wird daher die Regelung der Unternehmensnachfolge im Rahmen der gewillkürten Erbfolge empfohlen.

2. Regelung der Unternehmensnachfolge durch Verfügung von Todes wegen

120 Wegen der grundsätzlich unbeschränkbaren Testierfreiheit, § 2302 BGB, und der Vererblichkeit des GmbH-Geschäftsanteils, § 15 Abs. 1 GmbHG, besteht das Recht des Erblassergesellschafters, über sein Vermögen und damit auch über den Gesellschaftsanteil letztwillig frei zu verfügen, unabhängig von Regelungen im Gesellschaftsvertrag über die Weitergabe von Geschäftsanteilen. Anders als die Veräußerlichkeit des GmbH-Geschäftsanteils kann seine **Vererblichkeit** nach heute allgemeiner Meinung durch die Satzung weder ausgeschlossen noch, etwa durch Anordnung einer **Sondererbfolge**, geändert werden.[82] § 15 Abs. 1 GmbHG ist insoweit zwingend; § 15 Abs. 5 GmbHG sieht Beschränkungen nur für die Abtretung vor, und die Vererbung ist keine Abtretung.[83] Einschränkungen im Gesellschaftsvertrag können daher nur den Erben gegenüber wirken. Zu den Möglichkeiten des Ausschlusses der Vererblichkeit und deren Beschränkung durch den Gesellschaftsvertrag vgl. Teil IV.

121 Die grundsätzliche Unmöglichkeit, den Anteilsübergang auf die Erben zu verhindern oder zu beschränken, lässt die **Bedeutung einer erbrechtlichen Nachfolgeregelung** für die Frage der Unternehmensnachfolge insgesamt hervortreten. Die Auswahl der Erben als prinzipiell geeignete Nachfolger bildet als erster Schritt die Basis für eine geordnete Regelung der Unternehmensnachfolge. Dabei stehen dem Erblassergesellschafter sämtliche Formen letztwilliger Verfügungen des BGB zur Verfügung. Für welche Form und welche Regelungsmöglichkeit sich der Erblassergesellschafter entscheiden sollte, hängt von zahlreichen Faktoren des

---

[79] BGHZ 42, 182; NJW 1982, 2497, BeckOK-BGB/Bamberger/Roth/*Müller-Christmann* § 1938 Rn. 4.
[80] *Gernhuber/Coester-Waltjen* Familienrecht § 38 IX Rn. 108.
[81] *Gernhuber/Coester-Waltjen* Familienrecht § 38 IX Rn. 108.
[82] BFH GmbHR 1993, 309, 310; *Priester* GmbHR 1981, 206 f.; Lutter/Hommelhoff/*Bayer* § 15 Rn. 11.
[83] Vgl. Scholz/*Seibt* § 15 Rn. 26.

Einzelfalls ab. Neben das Interesse an einer geordneten Nachfolge in den GmbH-Geschäftsanteil treten vor allem die ehelichen und familiären Beziehungen des Erblassers und die Struktur seines sonstigen Vermögens. Im Rahmen dieser Darstellung kann es daher nur darum gehen, die wichtigsten Formen und Regelungen letztwilliger Verfügungen sowie ihre Vor- und Nachteile für eine den Zielen der Unternehmensnachfolge entsprechende geordnete Nachfolge in den GmbH-Geschäftsanteil vorzustellen. Eine fachkundige Beratung im Einzelfall kann dadurch nicht ersetzt werden.

a) Formen letztwilliger Verfügung. *aa) Öffentliches Testament.* Ein öffentliches Testament kann gemäß § 2232 BGB dadurch errichtet werden, dass der Erblasser seinen letzten Willen gegenüber einem Notar mündlich zur Niederschrift erklärt. Daneben tritt die Möglichkeit der Übergabe einer offenen oder verschlossenen Schrift, die vom Erblasser nicht selbst verfasst (§ 2232 S. 2 BGB), jedoch eigenhändig unterschrieben sein muss, § 13 Abs. 1 BeurkG. 122

Größter **Vorteil** des öffentlichen Testaments ist ein hohes Maß an Rechtsklarheit. Durch die fachkundige Beratung des Notars wird es dem Erblasser erleichtert, seinen letzten Willen in gültigen, widerspruchsfreien letztwilligen Verfügungen zum Ausdruck zu bringen, so dass Auslegungsprobleme vermieden werden sollten. Fälschungen sind kaum möglich, da das öffentliche Testament nach §§ 34 Abs. 1 S. 4 BeurkG grundsätzlich in amtliche Verwahrung gebracht werden soll. Ein Erbscheinverfahren gemäß § 2353 BGB kann dem durch ein öffentliches Testament legitimierten Erben erspart bleiben, da dieses in der Regel zum Nachweis der Erbfolge gegenüber dem Grundbuchamt ausreicht, § 35 Abs. 1 S. 2 GBO. Auch kommt dem öffentlichen Testament als öffentlicher Urkunde die erhöhte Beweiskraft der §§ 415, 418 ZPO zugute. 123

Nachteile des öffentlichen Testaments sind vor allem die damit verbundenen Kosten, die sich nach der Höhe des Vermögens, über das verfügt wird, richten, § 46 Abs. 1 und 5 KostO. 124

bb) Privatschriftliches Testament. Die §§ 2231 Nr. 2, 2247 BGB eröffnen dem Erblasser die Möglichkeit, ein Testament durch eine eigenhändig geschriebene und unterschriebene Erklärung zu errichten. Dabei soll das Testament Ort und Datum der Niederschrift angeben, § 2247 Abs. 2 BGB. Der Vorteil dieser Form besteht für den Erblasser darin, dass er sein Testament zu jeder Zeit und an jedem Ort errichten, widerrufen oder abändern kann, ohne auf die Mitwirkung eines Notars angewiesen zu sein. Dies spart Zeit und Kosten. 125

Dem stehen jedoch gewichtige **Nachteile** gegenüber. So können ohne fachkundige juristische Beratung leicht Auslegungsschwierigkeiten und Zweifel hinsichtlich der Gültigkeit des Testaments entstehen. Das privatschriftliche Testament kann zwar gemäß § 2248 BGB in amtliche Verwahrung genommen werden, meistens geschieht dies jedoch nicht, so dass die Gefahr von Fälschung und Urkundenunterdrückung groß ist. 126

Mit Blick auf die Ziele der Unternehmensnachfolge ist von der Form des privatschriftlichen Testaments **abzuraten.** Zweifel hinsichtlich der Authentizität oder Formgültigkeit des Schriftstücks sowie hinsichtlich der Auslegung oder Gültigkeit einzelner Verfügungen können zu Erbstreitigkeiten führen, die Kontinuität und Stabilität der Unternehmensführung bedrohen. Eine geordnete Unternehmensnachfolge verlangt nach einer fachkundigen Nachfolgeregelung, möglichst in der Form einer öffentlichen Urkunde. Soll die Form des privatschriftlichen Testaments dennoch gewählt werden, wird empfohlen, anwaltliche Beratung einzuholen und das Schriftstück in amtliche Verwahrung zu geben, damit die Nachteile des privatschriftlichen Testaments soweit wie möglich ausgeglichen werden. 127

cc) Gemeinschaftliches Testament. **Ehegatten** können nach den §§ 2265 ff. BGB ein gemeinschaftliches Testament errichten. Gleiches gilt für Lebenspartner, § 10 Abs. 4 S. 1 LPartG, §§ 2266 ff. BGB, auf welche die folgenden Ausführungen entsprechend anwendbar sind. Das gemeinschaftliche Testament unter Ehegatten eröffnet diesen als Besonderheit die Möglichkeit, **wechselbezügliche Verfügungen** zu treffen. Dies sind gemäß § 2270 Abs. 1 BGB solche Verfügungen, von denen anzunehmen ist, dass die Verfügung des einen nicht ohne die Verfügung des anderen Ehegatten getroffen worden wäre. Als wechselbezügliche Verfügungen können nach § 2270 Abs. 3 BGB nur Erbeinsetzungen, Vermächtnisse und Auflagen ausgestaltet werden. Ob wechselbezügliche oder rein einseitige Verfügungen vor- 128 liegen, ist durch Auslegung zu ermitteln. Um spätere Auslegungsschwierigkeiten zu vermeiden, wird empfohlen, wechselbezügliche Verfügungen klar als solche zu bezeichnen und sie deutlich von rein einseitigen Verfügungen abzugrenzen. Die Besonderheit wechselbezüglicher Verfügungen ist, dass sie zu Lebzeiten beider Ehegatten zwar nach den Vorschriften über den Rücktritt von einem Erbvertrag frei einseitig widerruflich sind (§§ 2271 Abs. 1 S. 1, 2296 BGB), miteinander aber stehen und fallen. So hat nach § 2270 Abs. 1 BGB die Nichtigkeit oder der Widerruf der einen automatisch die Unwirksamkeit der anderen Verfügung zur Folge. Auch die Ehenichtigkeit oder -auflösung bzw. die Beantragung der Scheidung unter die Zustimmung zu ihr durch den Erblasser (vgl. §§ 2268 Abs. 1, 2077 BGB) bzw. die Aufhebung der Lebenspartnerschaft (vgl. §§ 15 Abs. 2, 10 Abs. 4 S. 2 LPartG, §§ 2268, 2277 BGB) hat in der Regel die Unwirksamkeit des gemeinschaftlichen Testaments zur Folge. Nach dem Tod eines Ehegatten erlischt dagegen das Recht des anderen Ehegatten zum Widerruf der von ihm getroffenen wechselbezüglichen Verfügungen, es sei denn, ihm ist durch wechselbezügliche Verfügung etwas zugewendet, und er schlägt das ihm Zugewendete aus, § 2271 Abs. 2 BGB. Mit dem Erlöschen des Widerrufsrechts tritt die Bindung an die getroffenen wechselbezüglichen Verfügungen ein, so dass beeinträchtigende Verfügungen unwirksam sind.[84] Der überlebende Ehegatte kann sich nur unter den engen Voraussetzungen der §§ 2294 und 2336 BGB von seinen wechselbezüglichen Verfügungen lösen.

129 Bekanntester Fall des gemeinschaftlichen Testaments ist das sog. **Berliner Testament,** bei dem sich die Eheleute gegenseitig als Erben einsetzen und bestimmen, dass nach dem Tode des Überlebenden der beiderseitige Nachlass an einen Dritten (meistens gemeinsame Kinder) fallen soll. § 2269 BGB enthält für diese Konstellation nur eine Zweifelsregelung. Danach ist im Zweifel anzunehmen, dass der überlebende Ehegatte nicht als Vorerbe und der Dritte als Nacherbe des verstorbenen Ehegatten eingesetzt wird, sondern dass der überlebende Ehegatte Vollerbe des anderen wird, durch seine wechselbezügliche Verfügung jedoch den Dritten mit nach dem Tode des Ehegatten bindender Wirkung als Schlusserben seines gesamten Vermögens eingesetzt hat.

130 **Wechselbezügliche** Verfügungen lassen, auch nachdem sie bindend geworden sind, das Recht jedes Ehegatten, über sein Vermögen durch Rechtsgeschäfte unter Lebenden zu verfügen, grundsätzlich unberührt. Es besteht jedoch Einigkeit, dass beeinträchtigende Schenkungen analog § 2287 BGB nach dem Tod des Schenkers einen Herausgabeanspruch des Erben gegen den Beschenkten nach Bereicherungsrecht auslösen. Bei der Feststellung der von § 2287 BGB vorausgesetzten Beeinträchtigungsabsicht ist die Rechtsprechung großzügig. Es reicht im Allgemeinen aus, wenn ein beachtenswertes lebzeitiges Eigeninteresse des Erblassers an der Verfügung fehlt, so dass diese darauf angelegt erscheint, dass ein anderer als der Schlusserbe wesentliche Vermögensteile nach dem Tod des Erblassers ohne angemessene, in den Nachlass fließende Gegenleistung erhalten soll.[85]

131 Das gemeinschaftliche Testament kann als **öffentliches** oder als **privatschriftliches** Testament ausgestaltet werden. Für Letzteres enthält § 2267 BGB eine Formerleichterung. Danach genügt es, wenn einer der Ehegatten das Testament in der in § 2247 BGB vorgeschriebenen Form des privatschriftlichen Testaments errichtet und der andere Ehegatte die gemeinschaftliche Erklärung eigenhändig mitunterzeichnet; dabei sollen Ort und Datum der Unterzeichnung angegeben werden (§ 2267 S. 2 BGB). Aus dem Charakter des § 2267 BGB als bloße Formerleichterung folgt, dass die Errichtung eines privatschriftlichen gemeinschaftlichen Testaments in einer einheitlichen Urkunde zwar möglich und aus Transparenzgründen ratsam, nicht aber Wirksamkeitsvoraussetzung für wechselbezügliche Verfügungen oder gar für das gesamte gemeinschaftliche Testament ist. Die Errichtung in getrennten Urkunden ist zulässig.[86]

132 Angesichts der komplizierten Unterscheidung zwischen wechselbezüglichen und rein einseitigen Verfügungen, des erschwerten einseitigen Widerrufs wechselbezüglicher Verfügun-

---

[84] BGH NJW 1959, 1730.
[85] BGHZ 83, 44, 46.
[86] BayObLG FamRZ 1993, 240 f.; OLG Zweibrücken ZEV 2002, 414; OLG Braunschweig ZEV 2007, 178 f.

gen zu Lebzeiten des Ehegatten – nach § 2271 Abs. 1 S. 1 BGB gelten die Vorschriften über den Rücktritt vom Erbvertrag, so dass gemäß § 2296 Abs. 2 BGB auch beim privatschriftlichen gemeinschaftlichen Testament notarielle Beurkundung der Rücktrittserklärung erforderlich ist – sowie der späteren Bindung an wechselbezügliche Verfügungen fallen die Nachteile der privatschriftlichen Testamentsform wie fehlende fachkundige Beratung und geringere Sicherheit vor Manipulationen beim gemeinschaftlichen Testament umso schwerer ins Gewicht. Von einem privatschriftlichen gemeinschaftlichen Testament ist daher dringend **abzuraten.**

Im Übrigen hängen Vor- und Nachteile der Form des gemeinschaftlichen Testaments für eine geordnete Unternehmensnachfolge vor allem von der **Gestaltung im Einzelfall** ab. Wechselbezügliche Verfügungen haben den Vorteil, dass der Erblassergesellschafter sicher sein kann, dass sein Geschäftsanteil zusammen mit seinem übrigen Vermögen schließlich an die von ihm gewünschten Erben fällt. Insbesondere dann, wenn im Gesellschaftsvertrag die Veräußerung des Geschäftsanteils ausgeschlossen ist, hat der Ehegatte des Erblassergesellschafters kaum Möglichkeiten, dessen Willen nach dessen Tod zu konterkarieren. Verstirbt der Ehegatte des Erblassergesellschafters jedoch vor diesem, ist der Erblassergesellschafter an seine wechselbezügliche Verfügung gebunden. Er verliert einen der größten Vorteile erbrechtlicher Nachfolgebestimmungen, nämlich deren Flexibilität. Wenn sich jetzt der eingesetzte Erbe durch später auftretende Umstände als ungeeignet zur späteren Führung des Unternehmens erweist, hat der Erblassergesellschafter nur unter den engen Voraussetzungen der Anfechtung analog §§ 2281 ff. BGB die Möglichkeit, die Erbenstellung des eingesetzten Erben zu beseitigen. Um einer solchen Konstellation vorzubeugen, helfen sog. Freistellungsklauseln, mit denen der andere Ehegatte den Erblassergesellschafter ermächtigen kann, auch wechselbezügliche Verfügungen nach seinem Tod zu ändern. Inwieweit der Ehegatte bereit ist, sich selbst durch wechselbezügliche Verfügungen einer umfangreichen Bindung zu unterwerfen, während er den Erblassergesellschafter weitgehend freistellt, ist eine Frage des Einzelfalls.

dd) Erbvertrag. Auch der Erbvertrag ermöglicht es dem Erblasser, bindende Verfügungen von Todes wegen zu treffen. Insoweit bestehen gewisse Parallelen zum gemeinschaftlichen Testament; es sind jedoch **wichtige Unterschiede** zu beachten.

So kann der Erbvertrag anders als das gemeinschaftliche Testament nicht nur zwischen Ehegatten, sondern **zwischen beliebigen Personen** geschlossen werden. Für den Erbvertrag ist zwingend die Form der **notariellen Beurkundung** erforderlich, § 2276 Abs. 1 BGB. Hinsichtlich ihrer Bindungswirkung sind vertragsmäßige von einseitigen Verfügungen von Todes wegen zu unterscheiden. Vertragsmäßig, d.h. mit bindender Wirkung, können nur Erbeinsetzungen, Vermächtnisse und Auflagen getroffen werden, § 2278 Abs. 2 BGB.

Die **Bindungswirkung vertragsmäßiger Verfügungen** im Erbvertrag ist von der wechselbezüglicher Verfügungen im gemeinschaftlichen Testament zu unterscheiden. Auch wenn wechselbezügliche Verfügungen durch gemeinsame Erklärung so verknüpft sind, dass sie miteinander stehen und fallen, bleiben sie doch einseitige Verfügungen von Todes wegen, die – sei es auch unter den erschwerten Bedingungen der §§ 2271 Abs. 1, 2296 BGB – zunächst frei einseitig widerruflich sind. Bei vertragsmäßigen Verfügungen tritt die Bindungswirkung dagegen, sofern sich der Erblasser nicht ausdrücklich ein Rücktrittsrecht vorbehalten hat, vgl. § 2293 BGB, sofort ein und führt zur Unwirksamkeit aller beeinträchtigenden letztwilligen Verfügungen, § 2289 Abs. 1 BGB.

Den Parteien ist es möglich, die Bindung an vertragsmäßige Verfügungen durch **Vorbehalte** späterer einseitiger Abänderung durch Verfügung von Todes wegen einzuschränken. Dabei müssen sie allerdings, solange sie bei der Form des Erbvertrages bleiben wollen, dessen Mindesterfordernisse beachten. Dazu gehört nach h.M. die vertragliche Bindungswirkung als Wesensmerkmal des Erbvertrages und damit das Vorliegen mindestens einer bindenden vertragsmäßigen Verfügung.[87] Umfasst ein Vorbehalt freier einseitiger Änderung alle

---

[87] BGHZ 26, 204, 208 f.; BGH, NJW 1982, 441; *Michalski* Erbrecht Rn. 289; *Lange/Kuchinke* Erbrecht § 25 VI 5, S. 508.

an sich vertragsmäßigen Verfügungen, liegt daher kein Erbvertrag vor.[88] Keinen Einfluss auf die Bindungswirkung haben dagegen begrenzte Vorbehalte, die an von beiden Parteien aufgestellte und vom Willen des Erblassers unabhängige Voraussetzungen geknüpft sind und von denen die Rechte des vertragsmäßig Bedachten klar abgegrenzt sind. Der Vorbehalt, etwa einen Verwandten zu einem bestimmten Bruchteil einzusetzen, hat daher keinen Einfluss auf die vertragsmäßige Bindungswirkung.[89] Das Wesensmerkmal des Erbvertrages bleibt damit erhalten.

138 Insbesondere dann, wenn ein Erbvertrag mit einer Person geschlossen wird, mit der der Erblasser nicht verheiratet ist, so dass es an dem auflösenden Merkmal der Ehescheidung (vgl. §§ 2279 Abs. 2, 2077 BGB) fehlt, ist daher beim Abschluss eines Erbvertrages äußerste Vorsicht geboten.[90] Vor allem wenn die Vertragsschließenden noch jung sind, kann ein Erbvertrag zu einer in ihren Folgen bei Vertragsschluss noch nicht überblickbaren **dauerhaften Einschränkung der Testierfreiheit** führen.[91]

139 Einseitige Verfügungen sind im Unterschied zu vertragsmäßigen Verfügungen frei widerruflich. Für sie gelten die allgemeinen erbrechtlichen Vorschriften, vgl. § 2299 BGB.

140 Ob vertragsmäßige oder einseitige Verfügungen von Todes wegen vorliegen, ist durch **Auslegung** zu ermitteln. Ratsam und in der notariellen Praxis üblich ist es, vertragsmäßige Verfügungen ausdrücklich als solche zu bezeichnen und sprachlich deutlich von bloßen einseitigen Verfügungen abzugrenzen.

141 Der Erbvertrag kann als **einseitiger Erbvertrag** geschlossen werden, wenn nur einer der Vertragspartner vertragsmäßig eine Verfügung trifft und der andere lediglich seine Erklärung annimmt, um die Bindungswirkung herbeizuführen. Sind in einem Erbvertrag dagegen von beiden Teilen vertragsmäßige Verfügungen getroffen, liegt ein gegenseitiger Erbvertrag vor. Soweit kein anderer Wille der Vertragsschließenden ersichtlich ist, haben die Nichtigkeit einer vertragsmäßigen Verfügung oder der Rücktritt eines der Vertragsschließenden die Unwirksamkeit des gesamten Erbvertrages zur Folge, § 2298 BGB.

142 Wie das gemeinschaftliche Testament lässt auch der Erbvertrag das Recht des Erblassers, über sein Vermögen durch **Rechtsgeschäft unter Lebenden** zu verfügen, trotz bindender Verfügungen von Todes wegen grundsätzlich unberührt, § 2286 BGB. **Schenkungen in Beeinträchtigungsabsicht** lösen allerdings gemäß § 2287 Abs. 1 BGB einen Anspruch des vertragsmäßig eingesetzten Erben gegen den Beschenkten auf Herausgabe des Geschenkes nach Bereicherungsrecht aus. Zur Beeinträchtigungsabsicht siehe → Rn. 74 ff.). Parallel dazu hat ein vertragsmäßig bedachter Vermächtnisnehmer, soweit die Erfüllung seines Anspruchs durch den Erben von diesem in Beeinträchtigungsabsicht vereitelt worden ist, gemäß § 2288 Abs. 1 BGB einen Anspruch auf Wertersatz.

143 Eine **Beseitigung der Bindung** an vertragsmäßige Verfügungen ist nur unter sehr eingeschränkten Voraussetzungen möglich. Wenn sich der Erblasser nach § 2293 BGB den Rücktritt vorbehalten hat, kann er sich relativ leicht von der Bindungswirkung der vertragsmäßigen Verfügungen lösen. Dies erfolgt zu Lebzeiten des anderen Vertragsschließenden durch einseitige, persönliche und notariell beurkundete Erklärung gegenüber dem anderen Vertragsschließenden, § 2296 BGB. Nach dem Tod des anderen Vertragsschließenden tritt gemäß § 2297 BGB an die Stelle des Rücktrittsrecht die Möglichkeit der einseitigen Aufhebung auch der vertragsmäßigen Verfügung durch Testament. Greift kein Rücktrittsvorbehalt gemäß § 2293 BGB ein, ist der Erblasser zur Beseitigung der vertraglichen Bindungswirkung auf die Mitwirkung des anderen Vertragsschließenden (vgl. § 2290 BGB) bzw. des vertragsmäßig Bedachten (vgl. § 2352 BGB) oder auf das Vorliegen der engen Voraussetzungen eines gesetzlichen Rücktrittsrechts (vgl. §§ 2294 f. BGB) oder eines Anfechtungsrechts (§§ 2281 ff., 2078, 2079 BGB) angewiesen.

144 Angesichts der strikten Bindungswirkung vertragsmäßiger Verfügungen treten **Vor- und Nachteile bindender Verfügungen** von Todes wegen für die Unternehmensnachfolge beim

---

[88] Michalski Erbrecht Rn. 288.
[89] BGHZ 26, 204, 209.
[90] Michalski Erbrecht Rn. 279.
[91] Zu diesem aleatorischen Element des Erbvertrags vgl. Lange/Kuchinke Erbrecht § 25 VII 1, S. 508 f.

Erbvertreter noch deutlicher hervor als beim gemeinschaftlichen Testament. Einerseits ist eine vertragsmäßige Verfügung die geeignetste Möglichkeit, um im Wege der letztwilligen Verfügung sicherzustellen, dass das Vermögen des Erblassers und mit ihm der Geschäftsanteil letztendlich an die vom Erblassergesellschafter favorisierten Erben fällt. Andererseits nimmt eine vertragsmäßige Verfügung von Todes wegen dem Erblassergesellschafter wie keine andere letztwillige Verfügung die Möglichkeit, auf später eintretende Umstände zu reagieren und ohne unverhältnismäßige Schwierigkeiten und Vermögensdispositionen einen anderen Unternehmensnachfolger zu bestimmen. Die Form des Erbvertrages sollte daher nur gewählt werden, solange die persönlichen Vermögens- und Familienverhältnisse stabil und langfristig zu überblicken sind.

b) Regelungsmöglichkeiten. Mit der **Erbeinsetzung** und der **Enterbung** (§§ 1937, 1938 BGB) sowie der **Anordnung von Vermächtnissen und Auflagen** (§§ 1939, 1940 BGB) durch letztwillige Verfügung bietet das Recht der gewillkürten Erbfolge bedeutende Gestaltungsmöglichkeiten auch für die Unternehmensnachfolge. Dabei ist jedoch stets das Prinzip der Universalsukzession (siehe → Rn. 95 ff.) zu beachten. Der GmbH-Geschäftsanteil fällt zunächst zwingend an einen Alleinerben bzw. an eine Erbengemeinschaft (→ Rn. 106 ff.). Die Anordnung einer Sondererbfolge ist nicht möglich. Im GmbH-Recht fehlt es an einer den §§ 131 Abs. 3 Nr. 1, 139 HGB entsprechenden Regelung. Eine Anordnung, wonach der Geschäftsanteil mit dem Tod des Erblassergesellschafter auf einen bestimmten Unternehmensnachfolger übergehen soll, wohingegen das restliche Vermögen an einen anderen Erben bzw. an eine Miterbengemeinschaft fallen soll, ist als mit dem Prinzip der Universalsukzession unvereinbares Vindikationslegat nichtig, soweit es nicht in eine Teilungsanordnung oder ein Vermächtnis umgedeutet werden kann. Lässt sich die dingliche Zuordnung des Geschäftsanteils nach dem Tod des Erblassers von derjenigen seiner sonstigen Vermögensgegenstände zunächst nicht trennen, bietet das Erbrecht dennoch einige Gestaltungsmöglichkeiten, um den Geschäftsanteil weitgehend unabhängig vom restlichen Vermögen weiterzugeben. Die wichtigsten dieser Gestaltungsmöglichkeiten sind die Teilungsanordnung und das Vermächtnis. Daneben können die Anordnung einer Vorerbschaft, der Testamentsvollstreckung oder eines Nießbrauchvermächtnisses am Gesellschaftsanteil helfen, die Versorgung der Familie (insbesondere die des Ehegatten) sicherzustellen, während gleichzeitig die Voraussetzungen für die spätere Übernahme der Unternehmensleitung durch den gewünschten Nachfolger geschaffen werden.

aa) Teilungsanordnung. Wenn mehrere Erben vorhanden sind, so dass eine Miterbengemeinschaft entsteht, ist eine Teilungsanordnung gemäß **§ 2048 BGB** empfehlenswert, um eine Aufteilung der Erbmasse im Sinne des Erblassers zu gewährleisten. So kann der Erblassergesellschafter die Zuteilung des Geschäftsanteils an einen Erben unter Anrechnung auf dessen Erbteil festlegen.[92]

Dieser erhält nach Eintritt des Erbfalls einen Anspruch auf Übertragung des Geschäftsanteils.

bb) Vermächtnis. Soll ein Nichterbe den Geschäftsanteil durch letztwillige Verfügung erhalten, muss der Erblasser diese Verfügung als Vermächtnis anordnen. Der Geschäftsanteil geht zwar nach § 1922 BGB mit dem Tod des Erblassergesellschafters zunächst auf den bzw. die Erben über, der Vermächtnisnehmer hat aber gemäß § 2174 BGB einen **schuldrechtlichen Anspruch auf Abtretung des Geschäftsanteils**.

Der Erblasser kann den Geschäftsanteil einem Miterben durch Vermächtnis zukommen lassen, sog. **Vorausvermächtnis, § 2150 BGB**. Der Erbe erwirbt dann wie ein Dritter einen schuldrechtlichen Anspruch gegen die Erbengemeinschaft auf Übertragung des Geschäftsanteils. Der wesentliche Unterschied zur Teilungsordnung ist die fehlende Anrechnung auf den Erbteil. Während die Teilungsanordnung die Höhe der Erbquoten, d. h. das Verhältnis der Beteiligung der Miterben am Nachlass, unberührt lässt, so dass der Erbe, an den der Geschäftsanteil auf Grund einer Teilungsanordnung fallen soll, ausgleichspflichtig ist, soweit

---

[92] *Vogel* GmbHR 1971, 136.

ein Mehrwert entsteht, erhält der durch ein Vorausvermächtnis bedachte Erbe den Geschäftsanteil zusätzlich zu seinem Erbteil, ohne zum Ausgleich eines Mehrwerts verpflichtet zu sein. Ein weiterer Vorteil des Vorausvermächtnisses gegenüber der Teilungsanordnung für den Erben ist, dass er seinen Vermächtnisanspruch wie ein Nachlassgläubiger sofort nach dem Erbfall geltend machen kann, während die Umsetzung einer Teilungsanordnung erst im Rahmen der Auseinandersetzung erfolgt.

150 cc) *Vorerbschaft.* Statt mehrere Erben gleichzeitig nebeneinander als Miterben einzusetzen, können diese auch nacheinander zu Vor- und Nacherben bestimmt werden. Dies ist eine sinnvolle Möglichkeit, um die **Versorgung Dritter** (etwa die der Ehefrau) sicherzustellen, gleichzeitig aber die Voraussetzungen für den späteren Übergang des Gesellschaftsanteils auf den Nacherben als den gewünschten Nachfolger zu schaffen.[93]

151 Einen im Nachlass befindlichen Gegenstand erwirbt der **Vorerbe** wie ein Vollerbe mit allen Rechten und Pflichten der Mitgliedschaft. Dem Vorerben steht auch das Verfügungsrecht über den Geschäftsanteil zu, sofern ihm nicht ausnahmsweise die Verwaltung nach § 2129 BGB entzogen ist.[94] Lediglich für unentgeltliche Verfügungen über den Geschäftsanteil, die das Recht des Nacherben beeinträchtigen, beschränkt § 2113 Abs. 2 BGB das Verfügungsrecht des Vorerben. Ohne Zustimmung des Nacherben bzw. Freistellung durch letztwillige Verfügung sind die Abtretung und andere unentgeltliche Verfügungen über den Geschäftsanteil bei Eintritt des Nacherbfalls unwirksam, soweit sie das Recht des Nacherben beeinträchtigen.

152 In der **Ausübung von Verwaltungsrechten** durch den Vorerben kann keine unentgeltliche beeinträchtigende Verfügung über den Geschäftsanteil gesehen werden, wenn sie nicht in die Mitgliedschaft eingreift. Selbst wenn nicht in die Mitgliedschaft eingreifende Beschlüsse, bei denen der Vorerbe mitwirkt, nachteilige Auswirkungen für den Nacherben haben, bleibt dieser auf Schadensersatzansprüche aus §§ 2130, 2131, 2138 Abs. 2 BGB gegen den Vorerben beschränkt. Vertragsändernde Eingriffe in Mitgliedschaftsrechte, die alle Gesellschafter gleichmäßig treffen, sind zwar Verfügungen über den Geschäftsanteil. Sie sind aber nur in Ausnahmefällen als unentgeltlich zu qualifizieren.[95] Greift dagegen eine Satzungsänderung einseitig in die Rechtsposition des Nacherben ein, z. B. eine Zustimmung zur Einziehung des Geschäftsanteils unter Wert[96] oder eine entschädigungslose Aufgabe von Sonderrechten,[97] so liegt eine unentgeltliche Verfügung vor.

153 Die **Nutzungen aus dem Geschäftsanteil** während der Zeit der Vorerbschaft, insbesondere der Gewinnanspruch gemäß § 29 GmbHG, stehen nach § 2111 Abs. 1 S. 1 BGB dem Vorerben zu. Der Vorerbe ist verpflichtet, bei Mitwirkung am Beschluss über die Gewinnverwendung die Interessen des Nacherben zu berücksichtigen.[98] Surrogate des Geschäftsanteils, d. h. Abfindungsentgelt, zurückgezahlte Nachschüsse gemäß § 30 Abs. 2 GmbHG oder Stammeinlagenbeträge nach § 58 Abs. 2 S. 2 GmbHG fallen dagegen in den Nachlass des Nacherben, § 2111 Abs. 1 S. 1 BGB. Wendet der Vorerbe für Nebenleistungspflichten gemäß § 3 Abs. 2 GmbHG eigene Mittel auf, so kann er nach §§ 2124, 2125 BGB die Erstattung dieser Aufwendungen verlangen.

154 dd) *Testamentsvollstreckung.* Der Erblasser kann über seinen gesamten Nachlass oder nur bezüglich des Gesellschaftsanteils einen Testamentsvollstrecker gemäß §§ 2197 ff. BGB ernennen und mit der Verwaltung beauftragen. Einer solchen Anordnung stehen keine gesellschaftsrechtlichen Bedenken entgegen, solange der Gesellschaftsvertrag die Möglichkeit einer Testamentsvollstreckung nicht ausschließt.[99] Der Testamentsvollstrecker nimmt die

---

[93] Zu dieser Platzhalterfunktion der Vorerbenstellung und zum folgenden: *Michalski* DB 1987, Beilage Nr. 16 (Heft 35).
[94] Scholz/*Seibt* § 15 Rn. 41.
[95] Scholz/*Seibt* § 15 Rn. 42.
[96] Scholz/*Seibt* § 15 Rn. 41; Lutter/Hommelhoff/*Bayer* § 15 Rn. 20.
[97] Baumbach/Hueck/*Fastrich* § 15 Rn. 16.
[98] Scholz/*Seibt* § 15 Rn. 43; Hachenburg/*Zutt* Anh. § 15 Rn. 117.
[99] BGH NJW 1959, 1820 f.

Rechte und Pflichten des Erben aus eigenem Recht wahr;[100] die Satzung kann jedoch die Ausübung der Verwaltungsrechte, nicht die der Vermögensrechte, durch ihn ausschließen[101] und sie somit dem bzw. den Erben vorbehalten.

Ist der Testamentsvollstrecker lediglich zum Zweck der Erbauseinandersetzung bestellt (sog. **Teilungsvollstreckung**), so hat er nur bewahrende Funktion und die Pflicht, den Geschäftsanteil den Erben oder Vermächtnisnehmern ohne Beeinträchtigung zu übertragen.[102] Bis zur Abtretung stehen ihm die Verwaltungsrechte zu;[103] er ist aber nicht befugt, den Anteil zu veräußern, preiszugeben oder einer Entziehung zuzustimmen.

Wesentlich weiter gehen die Befugnisse des Testamentsvollstreckers bei der **verwaltenden Testamentsvollstreckung**, wo ihm zur Betreuung des Anteils bis zum Eintritt eines Erben die Verwaltungsbefugnisse nach §§ 2205, 2208, 2209 BGB übertragen sind. Der Testamentsvollstrecker hat dann alle Rechte des verstorbenen Gesellschafters mit Ausnahme der statutarisch festgelegten höchstpersönlichen Rechte.[104] Wie das Verfügungsrecht des Vorerben (dazu → Rn. 150 ff.) findet auch die Verfügungsbefugnis des Testamentsvollstreckers gemäß § 2205 S. 3 BGB ihre Grenze bei unentgeltlichen Verfügungen. Eine vom Testamentsvollstrecker vorgenommene unentgeltliche Verfügung ist nicht unheilbar nichtig, sondern schwebend unwirksam; sie kann von den Erben und Vermächtnisnehmern genehmigt werden.[105]

Ein Testamentsvollstrecker kann helfen, Probleme bei der Unternehmensnachfolge zu lösen und Erbstreitigkeiten zu vermeiden. Die **Anordnung** einer Teilungsvollstreckung ist **ratsam**, wenn sehr viele Erben vorhanden sind oder wenn die Erben miteinander im Streit liegen. Die Anordnung einer verwaltenden Testamentsvollstreckung ist insbesondere zu empfehlen, wenn die Erben minderjährig sind oder wenn die Fortführung des Unternehmens spezielle Fähigkeiten verlangt, über die die Erben nicht verfügen.[106] In jedem Fall aber sollten in der letztwilligen Verfügung die Befugnisse des Testamentsvollstreckers und diejenigen der Erben klar voneinander abgegrenzt werden, um spätere Auseinandersetzungen zu vermeiden.

ee) Nießbrauch. Als Alternative zur Vorerbschaft bietet sich ein Nießbrauchsvermächtnis an, durch das der Erblasser einem Dritten oder Miterben einen Nießbrauch am Gesellschaftsanteil verschafft. Der Nießbrauch ist vorteilhaft, wenn die Hinterbliebenen verschiedenen Generationen angehören. Kinder werden als Erben eingesetzt, dem überlebenden Ehegatten das Nutzungsrecht (§§ 1068 ff. BGB) am Anteil eingeräumt. Dies hat zur Folge, dass der Ehegatte finanziell abgesichert ist, der Erbe aber selbst Gesellschaftsmitglied wird.

3. Probleme der Regelung der Unternehmensnachfolge auf erbrechtlicher Basis

Bei der Regelung der Unternehmensnachfolge auf erbrechtlicher Basis sind stets negative Folgen zu bedenken, die eine Erbfolgeregelung für die Liquidität des Unternehmens mit sich bringt. Neben dem Erbschaftsteuerrecht kann auch das Pflichtteilsrecht zu finanziellen Belastungen führen, die Liquidität und Fortbestand des Unternehmens bedrohen. Daher darf der Erblassergesellschafter bei der Umsetzung seiner Vorstellungen vom geeigneten Nachfolger im Zuge erbrechtlicher Nachfolgeregelungen weder das Pflichtteils- noch das Erbschaftsteuerrecht aus den Augen verlieren.

Darüber hinaus können sich erhebliche Probleme bei der Verwirklichung des Erblasserwillens aus einer mangelnden **Abstimmung** der erbrechtlichen Anordnungen mit den in Betreff der Unternehmensnachfolge im Gesellschaftsvertrag getroffenen Regelungen erge-

---

[100] *Vogel* GmbHR 1971, 137, Palandt/*Weidlich* Einf.v. § 2197 Rn. 2.
[101] Lutter/Hommelhoff/*Bayer* § 15 Rn. 21.
[102] Rowedder/*Görner* § 15 Rn. 144.
[103] BayObLG NJW 1976, 1692.
[104] Scholz/*Seibt* § 15 Rn. 251.
[105] BGHZ 57, 84, 92 f.
[106] *Schoor*, Unternehmensnachfolge optimal gestalten, S. 164.

ben.[107] So kann beispielsweise dem vom Erblassergesellschafter eingesetzten Alleinerben die laut Gesellschaftsvertrag erforderliche berufliche Qualifikation für die Nachfolge in den Geschäftsanteil fehlen. Der Erbe wäre aufgrund einer derartigen Klausel schließlich zur Abtretung des Geschäftsanteils an die Gesellschaft verpflichtet. Zu den gesellschaftsrechtlichen Gestaltungsmöglichkeiten der Nachfolge sogleich ausführlich unter → Rn. 124 ff.

161 **a) Pflichtteilsrecht.** Werden Abkömmlinge des Erblassers, dessen Eltern oder dessen Ehegatte oder Lebenspartner durch Verfügung von Todes wegen von der gesetzlichen Erbfolge ausgeschlossen, steht ihnen gemäß § 2303 BGB (im Falle des Lebenspartner durch Verweis in § 10 Abs. 1, 6 LPartG) ein schuldrechtlicher Ausgleichsanspruch in Höhe der Hälfte des Wertes des gesetzlichen Erbteils zu (= **Pflichtteil**). Dieser Anspruch wird mit dem Erbfall fällig,[108] so dass Liquidität und Fortbestand des Unternehmens gefährdet sein können.

162 Es ist daher zweckmäßig, ein Gesellschaftertestament mit **Verzichtserklärungen** gemäß §§ 2346 ff. BGB zu verbinden und dem Verzichtenden eine Abfindung zu zahlen. Eine Alternative ist die **Zuwendung eines Vermächtnisses** an den Pflichtteilsberechtigten. Dieser hat nach § 2307 BGB die Möglichkeit, das Vermächtnis auszuschlagen und den vollen Pflichtteil zu verlangen. Schlägt er das Vermächtnis nicht aus, steht ihm ein Recht auf den Pflichtteil nicht zu, soweit der Wert des Vermächtnisses reicht, § 2307 Abs. 1 S. 2 BGB.

163 Eine **Minderung des Pflichtteils** kann gemäß § 2315 BGB auch dadurch erreicht werden, dass der Erblassergesellschafter dem Pflichtteilsberechtigten durch Rechtsgeschäft unter Lebenden einen Gegenstand mit der Bestimmung zuwendet, dass diese Zuwendung auf den Pflichtteil angerechnet werden soll.

164 Neben den Pflichtteilsanspruch tritt ein **Pflichtteilsergänzungsanspruch,** der die Minderung des Pflichtteils wegen unentgeltlicher Zuwendungen des Erblassers an Dritte ausgleichen soll. Der Pflichtteilsergänzungsanspruch richtet sich nach § 2325 BGB gegen den bzw. die Erben, hilfsweise gegen den Beschenkten, § 2329 BGB. Er ist gemäß § 2325 Abs. 3 BGB ausgeschlossen, wenn der Vollzug der Schenkung im Zeitpunkt des Erbfalls zehn Jahre zurückliegt (siehe dazu auch → Rn. 6 ff.).

165 **b) Erbschaftsteuerrecht.** Der Erwerb eines GmbH-Geschäftsanteils von Todes wegen, d. h. der Erwerb durch Erbanfall, durch Vermächtnis, durch geltend gemachten Pflichtteilsanspruch oder durch Schenkung auf den Todesfall, unterliegt gemäß §§ 1 Abs. 1 Nr. 1, 3 Abs. 1 Nr. 1, 2 ErbStG der Erbschaftsteuer. Die Höhe des Erbschaftsteuersatzes richtet sich nach der Steuerklasse des Erwerbers, dem Wert des Erworbenen und der Möglichkeit, Steuerbefreiungen in Anspruch nehmen.

166 Zur günstigsten **Steuerklasse I** gehören gemäß § 15 Abs. 1 ErbStG der Ehegatte, der Lebenspartner und Abkömmlinge des Erblassers sowie im Falle des Erwerbs von Todes wegen (§ 3 Abs. 1 ErbStG) die Eltern und Voreltern des Erblassers. Der Freibetrag in beträgt gemäß § 16 Abs. 1 Nr. 4 ErbStG für Personen dieser Steuerklasse grundsätzlich 100.000,– EUR. Er erhöht sich für Kinder und die Kinder verstorbener Kinder auf 400.000,– EUR (§ 16 Abs. 1 Nr. 2 ErbStG); für Kinder noch lebender Kinder auf 200.000,– EUR (§ 16 Abs. 1 Nr. 3 ErbStG). Für Ehegatten und Lebenspartner beträgt er 500.000,– EUR (§ 16 Abs. 1 Nr. 1 ErbStG).

167 Zur **Steuerklasse II** gehören im Wesentlichen die Eltern und Voreltern des Erblassers bei Rechtsgeschäften unter Lebenden, die Geschwister, die Stiefeltern, Schwiegerkinder und Schwiegereltern sowie der geschiedene Ehegatte und der Lebenspartner einer aufgehobenen Lebenspartnerschaft, § 15 Abs. 1 ErbStG. Für sie gilt gem. § 16 Abs. 1 Nr. 5 ErbStG ein Freibetrag von 20.000,– EUR.

168 Alle übrigen Erwerber gehören zur **Steuerklasse III.** Der Freibetrag beträgt hier nach § 16 Abs. 1 Nr. 7 ErbStG ebenfalls 20.000,– EUR.

---

[107] *Sudhoff* Unternehmensnachfolge § 38 Rn. 58.
[108] Palandt/*Weidlich* § 2117 Rn. 1.

169 Die **Erbschaftsteuersätze** (in %) betragen gemäß § 19 Abs. 1 ErbStG im Einzelnen:

Wert des steuerpflichtigen Erwerbs (§ 10 ErbStG n. F.) bis einschließlich ...	Steuerklasse I	Steuerklasse II	Steuerklasse III
75.000,– EUR	7	15	30
300.000,– EUR	11	20	30
600.000,– EUR	15	25	30
6.000.000,– EUR	19	30	30
13.000.000,– EUR	23	35	50
26.000.000,– EUR	27	40	50
Über 26.000.000,– EUR	30	43	50

170 Zur Ermittlung des Werts des steuerpflichtigen Erwerbs ist gemäß § 12 Abs. 1 ErbStG das Vermögen mit dem Wert im Zeitpunkt der Entstehung der Steuer, d. h. im Regelfall im Zeitpunkt des Todes des Erblassers (§ 9 Abs. 1 Nr. 1 ErbStG) anzusetzen. Die Bewertung von GmbH-Geschäftsanteilen richtet sich gemäß § 12 Abs. 1 ErbStG nach den Vorschriften des Ersten Teils des Bewertungsgesetzes in der jeweils geltenden Fassung. Ausgangspunkt ist daher nach § 11 Abs. 2 BewG der gemeine Wert des Geschäftsanteils. Dieser wird gemäß § 9 Abs. 2 BewG durch den Preis bestimmt, der im gewöhnlichen Geschäftsverkehr nach der Beschaffenheit des Wirtschaftsguts bei einer Veräußerung zu erzielen wäre. Sofern sich der gemeine Wert nicht gemäß § 11 Abs. 2 S. 2 BewG aus Verkäufen ableiten lässt, die weniger als ein Jahr vor dem Tod des Erblassergesellschafters erfolgt sind, ist er nicht mehr nach dem Stuttgarter Verfahren, sondern im Sinne einer Verkehrswertbetrachtung nach einem betriebswirtschaftlichen Verfahren[109] wie einem Ertragswertverfahren oder Discounted Cashflow-Verfahren zu schätzen.[110] Nach § 11 Abs. 2 S. 4 BewG kann auch das vereinfachte Ertragswertverfahren nach den §§ 199 bis 203 BewG angewandt werden.

171 Der so ermittelte Wert ist steuerpflichtig, sofern er nicht steuerfrei ist, § 10 Abs. 1 ErbStG. Nach § 13b Abs. 4 iVm § 13a Abs. 1 ErbStG. ist ein Bewertungsabschlag von 85% möglich, die Voraussetzungen dafür sind freilich streng: Es muss sich (1) um begünstigtes Vermögen im Sinne des § 13 Abs. 1 Nr. 3 ErbStG handeln, der Erblasser muss also zu mindestens 25% an der Gesellschaft beteiligt sein und es darf (2) das Betriebsvermögen der Gesellschaft nicht zu mehr als 50% aus Verwaltungsvermögen iSd. § 13b Abs. 2 ErbStG bestehen. Auch darf (3) nach § 13a Abs. 1 ErbStG n. F. die nach § 13a Abs. 1, 4 ErbStG berechnete Lohnsumme der Gesellschaft für einen Zeitraum von 5 Jahren (Lohnsummenfrist) nicht unter der Mindestlohnsumme des § 13 Abs. 1 ErbStG liegt. Es bleiben dann die nach § 13b Abs. 4 iVm § 13a Abs. 1 ErbStG ermittelten 85% des Wertes der Anteile insgesamt außer Ansatz (**Verschonungsabschlag**). Die übrigen 15% des Anteilswertes kommen bis zu einem Betrag von 150.000,– EUR nicht in Ansatz (**Abzugsbetrag; § 13a Abs. 2 ErbStG**). Übersteigen sie diese Grenze, verringert sich der Abzugsbetrag um die Hälfte des 150.000,– EUR übersteigenden Betrages. Allerdings (4) können sowohl Verschonungsbetrag als auch Abzugsbetrag nach Maßgabe des § 13a Abs. 5 ErbStG wegfallen, wenn während der dort normierten Frist von 5 Jahren (Behaltensfrist) die Anteile an der Gesellschaft veräußert werden, § 13a Abs. 5 Nr. 4 ErbStG Die Steuerpflichtigkeit ist also mit erheblicher Unsicherheit behaftet.

IV. Möglichkeiten und Grenzen der Nachfolgeregelung im Gesellschaftsvertrag

172 Die Unmöglichkeit, die Vererblichkeit des GmbH-Anteils als solche, d. h. den Anteilsübergang auf die Erben auszuschließen oder zu beschränken, schließt eine Regelung der Gesellschafternachfolge in der Satzung auf gesellschaftsrechtlicher Basis nicht aus. Im Gesell-

---
[109] *Olbrich/Hares/Pauly* DStR 2010, 1250 ff.
[110] *Rössler/Troll/Eisele* BewG § 11 Rn. 31 ff.

schaftsvertrag kann zwar weder die prinzipielle Unvererblichkeit des Anteils noch eine Sondererbfolge für den Geschäftsanteil angeordnet werden (dazu → Rn. 94 ff.), die **Nachfolge kann jedoch mit Hilfe gesellschaftsrechtlicher Regelungen** wie Abtretungsverpflichtungen und Einziehungsklauseln ausgestaltet und beschränkt werden.

173 **Erbrechtliche Nachfolgeregelungen,** d. h. Verfügungen von Todes wegen, sind dagegen im Gesellschaftsvertrag schon aus formellen Gründen nicht möglich, da die notariell beurkundete GmbH-Satzung weder den Anforderungen eines eigenhändigen (§ 2247 BGB) noch denen eines öffentlichen Testaments (§ 2232 BGB) genügt.[111] Die Form eines Erbvertrages (§ 2276 BGB) kann zwar grundsätzlich eingehalten werden. Ein Erbvertrag kann jedoch nur dann vorliegen, wenn wenigstens eine vertragsmäßige, d. h. bindende Verfügung getroffen wird (→ Rn. 134 ff.). Mangels ausdrücklicher Formulierung kann eine solche erbvertragliche Bindung im Rahmen eines Gesellschaftsvertrages nicht angenommen werden. Von einem Erbvertrag ist daher mangels ausdrücklicher vertragsmäßiger Verfügungen im Zweifel nicht auszugehen.

174 Soll die Gesellschafternachfolge im Gesellschaftsvertrag nicht geregelt werden, so dass sich diese allein nach Erbrecht richtet, ist es ratsam, dies im Gesellschaftsvertrag zum Ausdruck zu bringen.

175 Dies kann durch **folgende Klauseln** geschehen:

> **Formulierungsvorschlag:**
> Geschäftsanteile sind frei vererblich.
>
> **Alternativ:**
> Im Falle des Todes eines Gesellschafters wird die Gesellschaft mit seinen Erben oder anderweitig durch Verfügung von Todes wegen Begünstigten fortgesetzt.
>
> **Alternativ:**
> Geschäftsanteile sind frei vererblich mit der Maßgabe, dass minderjährige Erben erst mit vollendetem fünfundzwanzigsten Lebensjahr Nachfolger werden können. Bis dahin ist der Witwe des Verstorbenen ein Nießbrauch (bzw. die Vorerbschaft) einzuräumen.
>
> **Alternativ:**
> Geschäftsanteile sind frei vererblich mit der Maßgabe, dass die Rechtsnachfolger des verstorbenen Gesellschafters im Zeitpunkt des Erbfalls die erforderliche fachliche Qualifikation aufweisen.
>
> **Alternativ:**
> Geschäftsanteile sind frei vererblich mit der Maßgabe, dass minderjährige Erben erst mit vollendetem fünfundzwanzigsten Lebensjahr Nachfolger werden können.

176 Bei Gesellschaften mit personalistischer Struktur, die sich durch einen kleinen Gesellschafterkreis, ein enges Vertrauensverhältnis, u. U. durch die persönliche Mitarbeit der Gesellschafter auszeichnen, ist eine **gesellschaftsvertragliche Regelung** jedoch **empfehlenswert.** Denn die Gesellschafter haben dann in der Regel kein Interesse daran, das Gesellschaftsverhältnis mit allen Erben, noch dazu mit ihnen unbekannten testamentarischen Erben, fortzusetzen. Ihnen kommt es vielmehr darauf an, die Mitgliederzahl überschaubar zu halten und den Einfluss der bisherigen Gesellschafter zu sichern.

177 Daneben sind bei der Gestaltung der gesellschaftsvertraglichen Nachfolgeregelungen jedoch noch weitere Aspekte zu berücksichtigen, die sich aus der konkreten Situation und den Bedürfnissen der beteiligten Gesellschafter ergeben.[112] Im Vorfeld ist deshalb insbesondere Klarheit über folgende Punkte zu erlangen:

- Planung hinsichtlich der Dauer der Gesellschaft und dem mittels der Gesellschaft angestrebten Ziel der Gesellschafter (Nachfolgezeitpunkt?)

---

[111] *Michalski* Perpetuierung S. 218.
[112] *Michalski* NZG 1998, 301; *Langner/Heydel* GmbHR 2005, 377 f.

- Kreis der nachfolgeberechtigten Personen (Abkömmlinge des Erblasser, Mitgesellschafter, Dritte)
- Zahl der nachfolgeberechtigten Personen (Zersplitterung des Gesellschaftsanteils?)
- Qualifikationen des Nachfolgers (Mindestalter, Berufsausbildung)
- Beschränkung der Rechte des Nachfolgers
- Finanzielle Folgen der Nachfolgeregelung
- Fehlen einer nachfolgeberechtigten Person.

1. Ausschluss der Vererblichkeit

Ein satzungsmäßiger Ausschluss der Vererblichkeit ist angesichts des insoweit zwingenden § 15 Abs. 1 GmbHG nicht möglich (siehe dazu → Rn. 94 ff.). Satzungsklauseln wie „Der Geschäftsanteil der Gesellschafter A, B und C ist unvererblich" sind **unwirksam**;[113] sie können aber unter Umständen in Abtretungs- oder Einziehungsklauseln umgedeutet werden.[114]

Rechtstechnisch könnte eine Unvererblichkeit eines Geschäftsanteils auch dadurch bewirkt werden, dass im Statut die automatische Einziehung des Geschäftsanteils bedingt (befristet) auf den Tod des Gesellschafters angeordnet wird. Eine solche **Klausel**, die z. B. lauten könnte, „Mit dem Tode eines Gesellschafters ist dessen Anteil eingezogen" ist nach h. M. jedoch ebenfalls **unwirksam**.[115] Wesentliches Argument gegen die Zulässigkeit einer solchen Klausel ist, dass für eine Einziehung neben dem Gesellschafterbeschluss gemäß § 46 Nr. 4 GmbHG eine entsprechende Erklärung gegenüber dem Gesellschafter erforderlich ist. Diese Erklärung ist als Gestaltungsrecht bedingungs- und befristungsfeindlich und kann daher auch nicht bedingt (befristet) auf den Tod des Gesellschafters erklärt werden.[116] Die Wirksamkeit einer Einziehung ist insbesondere abhängig von der Volleinzahlung auf den Anteil und der Möglichkeit, das Abfindungsentgelt ohne Verstoß gegen §§ 30, 34 Abs. 3 GmbHG auszahlen zu können. Beides müsste aber im Todesfall ausdrücklich festgestellt werden, was einem unmittelbar eintretenden Untergang des Anteils entgegensteht.[117] **Zulässig** ist danach aber **folgende Klausel**:

> **Formulierungsvorschlag:**
> Für den Fall des Todes eines Gesellschafters wird hiermit vorab schon die Einziehung des Geschäftsanteils des verstorbenen Gesellschafters beschlossen. Sofern im Zeitpunkt des Todes die Stammeinlage auf den Anteil noch nicht voll geleistet oder eine Zahlung des Einziehungsentgelts nur aus dem Stammkapital möglich ist, kann die Gesellschaft die Einziehung später nachholen.

Die Vererblichkeit selbst kann daher durch die Satzung nicht ausgeschlossen werden. Wenn die Gesellschafter die GmbH nach dem Tod eines Gesellschafters nicht fortsetzen möchten, haben sie jedoch die Möglichkeit, in der Satzung festzulegen, dass die GmbH mit dem Tod eines Gesellschafters aufgelöst wird. Solche **Auflösungsklauseln** können wie folgt lauten:

> **Formulierungsvorschlag:**
> Beim Tod eines Gesellschafters wird die Gesellschaft aufgelöst.
>
> **Alternativ:**
> Beim Tode eines Gesellschafters können die Gesellschafter mit einfacher Mehrheit die Auflösung der GmbH beschließen.

---

[113] BGH BB 1985, 477, 478; Baumbach/Hueck/*Fastrich* § 15 Rn. 12.
[114] *Priester* GmbHR 1981, 208; Scholz/*Seibt* § 15 Rn. 29.
[115] Scholz/*Seibt* § 15 Rn. 27; Baumbach/Hueck/*Fastrich* § 15 Rn. 12.
[116] *Priester* GmbHR 1981, 208.
[117] Scholz/*Seibt* § 15 Rn. 27; *Priester* a. a. O.

2. Einschränkung der Nachfolge in den GmbH-Anteil

181 Als Mittel zur gesellschaftsvertraglichen Regelung und Beschränkung der Unternehmensnachfolge kommen vor allem Abtretungsverpflichtungen und Einziehungsklauseln in Betracht, um eine dem Gesellschaftsverhältnis angepasste Nachfolge in den Geschäftsanteil sicherzustellen.

182 a) **Abtretungsklauseln.** Die Satzung kann Bestimmungen treffen, wonach im Falle des Todes eines Gesellschafters dessen Erben verpflichtet sind, den Geschäftsanteil an bestimmte andere Miterben, Gesellschafter oder Dritte abzutreten.[118] Anknüpfungspunkt für eine solche Verpflichtung ist § 3 Abs. 2 GmbHG. Anspruchsberechtigt ist mangels anderer statutarischer Bestimmungen die Gesellschaft.[119] Die Abtretungsverpflichtungen müssen in der Satzung genau bestimmt sein. Es ist jedoch möglich, das Recht, den Destinatär der Abtretungsverpflichtung und damit den Nachfolger zu bestimmen, der Gesellschaft oder den Erben zuzuerkennen. Genauso kann bestimmt werden, dass der Geschäftsanteil an eine nicht in der Satzung, sondern in der letztwilligen Verfügung genannte Person abzutreten ist.[120]

183 Die Abtretungsklausel ist deshalb eine der typischen gesellschaftsrechtlichen Gestaltungsformen, um die Mitgliederzahl der Gesellschaft zu beschränken, etwa, indem nur einem der Abkömmlinge des Erblassergesellschafters die Nachfolge in dessen Gesellschafterstellung gesichert wird.[121] Eine Abtretungsklausel könnte wie folgt lauten:

> **Formulierungsvorschlag:**
>
> Beim Tode eines Gesellschafters soll immer nur ein Erbe oder Vermächtnisnehmer in die Gesellschaft einrücken. Der Nachfolger ist durch letztwillige Verfügung des berechtigten Gesellschafters zu bestimmen, ersatzweise durch den überlebenden Ehegatten/Lebenspartner. Haben mehrere Erben den Geschäftsanteil erworben, so ist der Anteil auf Verlangen der Gesellschaft an den bestimmten Nachfolger abzutreten.
>
> **Alternativ:**
>
> Die Gesellschaft kann verlangen, dass der Anteil ganz oder geteilt an die Gesellschaft selbst, an einen oder mehrere Gesellschafter oder an einen Dritten abgetreten wird.

184 Klauseln im Gesellschaftsvertrag, die **Anforderungen an die Nachfolger** stellen, etwa eine besondere fachliche Qualifikation fordern, sind ebenfalls als Abtretungsklauseln auszulegen. Eine solche Abtretungsklausel kann z. B. lauten:

> **Formulierungsvorschlag:**
>
> Die Gesellschaft kann verlangen, dass der Anteil nur an einen Erben übertragen wird, der eine abgeschlossene kaufmännische Lehre nachweisen kann.[122]

185 Die Abtretung an den Begünstigten verlangt stets einen formgerechten Übertragungsvertrag gemäß § 15 Abs. 3 GmbHG (dazu → Rn. 12 ff.). Die Miterben sind verpflichtet, die gesamthänderisch gebundene Mitgliedschaft auf die begünstigte Person zu übertragen. Beim Vollzug der statutarisch begründeten Abtretungsverpflichtung bedarf es jedoch nicht zusätzlich einer für die Abtretung erforderlichen Genehmigung[123] (dazu → Rn. 12 ff.).

186 Zur einfacheren Durchsetzung der Abtretungsverpflichtung kann die Gesellschaft im Gesellschaftsvertrag ermächtigt werden, die Abtretung des Geschäftsanteils selbst durchzuführen.[124] Die für die Ermächtigung gemäß § 15 Abs. 3 GmbHG erforderliche Form ist

---

[118] BGHZ 92, 386 ff.; BGH DStR 1996, 1979, 1982; Baumbach/Hueck/*Fastrich* § 15 Rn. 13.
[119] Scholz/*Seibt* § 15 Rdn. 32.
[120] *Michalski* Perpetuierung S. 216.
[121] *Michalski* Perpetuierung S. 215.
[122] Zu weiteren Gestaltungsmöglichkeiten für Abtretungsklauseln s. *Michalski* NZG 1998, 301 f.
[123] Scholz/*Seibt* § 15 Rn. 32.
[124] *Sudhoff* Unternehmensnachfolge § 48 Rn. 17.

durch die Verankerung in der notariell beurkundeten GmbH-Satzung bereits gewahrt. Zu beachten ist in diesem Fall allerdings, dass der Übertragungsempfänger grundsätzlich in der Lage sein muss, das üblicherweise gesellschaftsvertraglich festgelegte Entgelt für den Geschäftsanteil als Gegenleistung zahlen zu können.

b) Eintrittsklauseln. Werden Abtretungsklauseln so ausgestaltet, dass der Begünstigte neben der Gesellschaft einen eigenen Anspruch auf Erfüllung der Abtretungsverpflichtung hat, spricht man von Eintrittsklauseln. Eine Eintrittsklausel kann wie folgt lauten: 187

> **Formulierungsvorschlag:**
> Beim Tode eines Gesellschafters wird die Gesellschaft mit dessen ehelichen Kindern, ersatzweise mit der jeweils in gültiger Ehe lebenden Ehefrau, als Nachfolger fortgesetzt. Erlangt ein Dritter den Gesellschaftsanteil im Wege der Erbfolge, so steht den in Satz 1 genannten Berechtigten ein Anspruch auf Abtretung des Gesellschaftsanteils zu.

c) Einziehungsklauseln. Gemäß § 34 Abs. 2 GmbHG können im Gesellschaftsvertrag Voraussetzungen aufgestellt werden, unter denen ein Geschäftsanteil eingezogen werden kann. Der Tod eines Gesellschafters kann daher Anknüpfungspunkt einer Einziehungsklausel sein. Ist das Ziel einer solchen Einziehungsklausel die Fortsetzung der Gesellschaft durch die verbleibenden Gesellschafter, wird die Einziehungsmöglichkeit für den Tod schlechthin vorgesehen.[125] Eine solche Klausel kann z. B. lauten: 188

> **Formulierungsvorschlag:**
> Beim Tode eines Gesellschafters können die überlebenden Gesellschafter die Einziehung des Geschäftsanteils des Verstorbenen beschließen. (Die Klausel könnte folgende Einschränkung enthalten: Dies gilt dann nicht, wenn der verstorbene Gesellschafter von seinen Abkömmlingen beerbt wird.)

Außer dieser umfassenden Einziehungsbestimmung kann aber auch eine **bedingte Ermächtigung** geregelt werden, wonach die Einziehung nur erfolgt, wenn die Erben bestimmte Qualifikationen nicht erfüllen oder der Anteil im Wege der Erbfolge auf andere als die im Gesellschaftsvertrag genannten Personengruppen übergeht:[126] 189

> **Formulierungsvorschlag:**
> Die Einziehung eines Geschäftsanteils des verstorbenen Gesellschafters ist zulässig, wenn dessen Rechtsnachfolger im Zeitpunkt der Nachfolge nicht die notwendige fachliche Qualifikation aufweist (und das fünfundzwanzigste Lebensjahr noch nicht vollendet hat/oder wenn in der Person des Rechtsnachfolgers ein wichtiger Grund vorliegt, der dessen Ausschluss aus der Gesellschaft rechtfertigen würde.)
>
> **Alternativ:**
> Der Geschäftsanteil eines verstorbenen Gesellschafters ist einzuziehen, wenn er an mehrere Miterben oder Vermächtnisnehmer oder einen Vorerben übergehen soll.[127]

Mit einer Einziehungsklausel lässt sich die Nachfolge dennoch nur in beschränktem Maß steuern. Anders als bei der Abtretungsklausel kommen als Destinatäre nur die Mitgesellschafter, nicht aber Dritte in Betracht,[128] da die mit dem eingezogenen Anteil verbundenen Rechte und Pflichten den anderen Gesellschaftern je nach ihrer Beteiligung zuwachsen. 190

---

[125] *Priester* GmbHR 1981, 209.
[126] *Vogel* GmbHR 1971, 133.
[127] Zu weiteren Gestaltungsmöglichkeiten von Einziehungsklauseln s. *Michalski* NZG 1998, 301 f.
[128] *Priester* GmbHR 1981, 209; *Langner/Heydel* GmbHR 2005, 377, 379.

191 Abtretungs- und Einziehungsklauseln werden in der Praxis auch häufig miteinander kombiniert. Dies dient zum einen dazu, der Gesellschaft mit der Einziehungsmöglichkeit ein Druckmittel in die Hand zu geben, falls die Erben ihrer Abtretungsverpflichtung nicht rechtzeitig nachkommen:

> **Formulierungsvorschlag:**
> Für den Fall, dass andere Personen als der überlebende Ehegatte, Lebenspartner oder Kinder den Geschäftsanteil erwerben, kann die Gesellschaft seine Abtretung verlangen. Kommen die Erben dem nicht innerhalb von sechs Monaten nach, so kann der Anteil eingezogen werden.
>
> **Alternativ:**
> Beim Tode eines Gesellschafters soll immer nur ein Erbe oder Vermächtnisnehmer in die Gesellschaft einrücken. Der Nachfolger ist durch letztwillige Verfügung des berechtigten Gesellschafters zu bestimmen, ersatzweise durch den überlebenden Ehegatten oder Lebenspartner. Haben mehrere Erben den Geschäftsanteil erworben, so ist der Anteil auf Verlangen der Gesellschaft gegen Entgelt an den bestimmten Nachfolger abzutreten. Verweigern die Erben die Abtretung, so kann der Anteil nach erfolglosem Ablauf einer angemessenen Frist eingezogen werden.

192 Zum anderen kann eine Klausel, die Abtretungsverpflichtung und Einziehungsermächtigung miteinander kombiniert, der Gesellschaft neben einem Bestimmungsrecht im Rahmen der Abtretungsverpflichtung mit der **Einziehungsermächtigung** eine weitere Möglichkeit zur gesellschaftsverträglichen Nachfolgebestimmung geben:

> **Formulierungsvorschlag:**
> Beim Tode eines Gesellschafters ist der Geschäftsanteil des verstorbenen Gesellschafters gegen Entgelt einzuziehen oder an die Gesellschaft selbst, einen anderen Gesellschafter oder einen Dritten abzutreten.

193 Die Einziehung erfolgt durch **Beschluss der Gesellschafter;** der eingezogene Anteil geht unter. Der Einziehungsbeschluss kann gemäß §§ 30 Abs. 1, 19 Abs. 2 GmbHG nur gefasst werden, wenn alle Einlagen auf den Anteil entrichtet wurden; das Einziehungsentgelt darf nicht aus dem Stammkapital bezahlt werden.

194 Die Einziehung kann im Gesellschaftsvertrag an eine **Frist** gebunden werden. Auch dann, wenn dem Gesellschaftsvertrag keine Frist zu entnehmen ist, muss die Einziehung innerhalb einer angemessenen Frist erfolgen.[129] Die Nichtausübung des Einziehungsrechts kann einen Verzicht bedeuten oder die Verwirkung des Einziehungsrechts nach sich ziehen.[130]

195 Eine Einziehungsklausel empfiehlt sich vor allem als Ergänzung zur Abtretungsverpflichtung. Auf diese Weise kann durch Androhung der Einziehung ein Versuch der Erben, die Abtretung zu vereiteln, verhindert werden. Eine solche Gestaltung bietet sich insbesondere an, um einer Überfremdung des Unternehmens entgegenzuwirken.

196 **d) Rechtsbeschränkungen im Gesellschaftsvertrag.** Ein effizientes Mittel zur Sicherung des Einflusses der bisherigen Gesellschafter und zur Regelung einer geordneten Nachfolge in den Geschäftsanteil ist die Beschränkung der Rechte der Nachfolger im Statut. Die Gesellschaft kann anordnen, dass sich beim Tod eines Gesellschafter der Inhalt seines Anteils ändert. So kann festgelegt werden, dass Sonderrechte oder -pflichten nicht auf den Nachfolger übergehen oder allgemeine Mitgliedschaftsrechte (z. B. Stimmrecht oder Gewinnbezugsrecht) mit dem Tod des Anteilsinhabers entfallen sollen.[131] Zulässig sind alle Regelungen, die den Kernbereich des Mitgliedschaftsrechts unangetastet lassen und für die es einen sachlichen Grund gibt.[132] Die folgenden Klauseln enthalten **zulässige Einschränkungen** der Rechtsbefugnisse der Nachfolger:

---

[129] Scholz/*Seibt* § 15 Rn. 30.
[130] *Priester* GmbHR 1981, 209; Scholz/*Seibt* § 15 Rn. 30; *Langner/Heydel* GmbHR 2005, 377, 382.
[131] Scholz/*Seibt* § 15 Rn. 34.
[132] Rowedder/*Görner* § 15 Rn. 137.

Formulierungsvorschläge:
- Mehrere Rechtsnachfolger haben ihre Rechte und Pflichten der Gesellschaft gegenüber durch einen gemeinschaftlichen Vertreter oder durch einen Testamentsvollstrecker erfüllen zu lassen. Solange der Bevollmächtigte nicht bestellt ist, ruhen die Gesellschafterrechte mit Ausnahme des Gewinnbezugsrechts.
- Die Nachfolger eines verstorbenen Gesellschafters haben kein Recht auf persönliche Teilnahme an der Gesellschafterversammlung. Sie müssen sich durch einen gemeinschaftlichen Bevollmächtigten vertreten lassen.
- Geht der Geschäftsanteil eines verstorbenen Gesellschafters auf Abkömmlinge über, so ruht deren Stimmrecht bis zur Vollendung des fünfundzwanzigsten Lebensjahrs.
- Beim Tode eines Gesellschafters gehen dessen Rechte und Pflichten auf den Nachfolger über, mit Ausnahme der höchstpersönlichen Rechte.

e) Sondererbfolge

197 Wie der Ausschluss der Vererblichkeit ist auch die Anordnung einer Sondererbfolge in den Geschäftsanteil wegen Verstoßes gegen das Prinzip der Universalsukzession unzulässig. Eine Klausel wie „Beim Tode des Gesellschafters A geht dessen Geschäftsanteil auf den Gesellschafter B über." ist nichtig; sie kann allenfalls in eine Abtretungsklausel umgedeutet werden. Das mit der Anordnung einer Sondererbfolge bezweckte wirtschaftliche Ergebnis kann jedoch durch eine Kombination von Abtretungsverpflichtung und Einziehungsermächtigung erreicht werden. Eine solche Klausel kann folgendermaßen lauten:

Formulierungsvorschlag:
Falls ein Gesellschafter nicht ausschließlich von anderen Gesellschaftern beerbt wird, kann der Geschäftsanteil des Verstorbenen gegen Entgelt eingezogen werden. Statt der Einziehung kann die Gesellschaft verlangen, dass der Anteil ganz oder geteilt an die Gesellschaft selbst, an einen oder mehrere Gesellschafter oder an einen Dritten abgetreten wird.

3. Die Abfindung der weichenden Erben als Problem der gesellschaftsvertraglichen Nachfolgeregelung

198 Sind Erben durch gesellschaftsvertragliche Nachfolgeregelung von der Nachfolge in den Gesellschaftsanteil ausgeschlossen, ergeben sich **Ausgleichsansprüche** gegen die Nachfolger. Ist in der Satzung keine Regelung über die Höhe des Abtretungs- bzw. Einziehungsentgelts getroffen, ist im Zweifel davon auszugehen, dass dem Anteilsinhaber bei Abtretung bzw. Einziehung des Anteils der volle Wert des GmbH-Geschäftsanteils, d.h. dessen **Verkehrswert,** bar als sofort fälliges Entgelt zu zahlen ist.[133]

199 Dies ist aber von den Vertragsschließenden regelmäßig nicht gewollt. Einerseits wirft die Ermittlung des Verkehrswerts praktische Probleme auf, andererseits soll das Gesellschaftsvermögen vor plötzlichen großen Liquiditätsabflüssen geschützt werden.[134] Deshalb ist es ratsam, die Höhe des Abfindungsentgelts und seine Zahlungsmodalitäten in der Satzung zu regeln. Dabei sind die Vorgaben des Erbrechts und allgemeinen Zivilrechts einerseits sowie die des Gesellschaftsrechts andererseits zu beachten.

200 **Erbrechtlich** steht der **Beschränkung des Abfindungs- bzw. Einziehungsentgelts** bis hin zu seinem völligen Ausschluss nichts entgegen.[135] Eine derartige Klausel ist insbesondere nicht wegen Verstoßes gegen die Formvorschrift des § 2301 Abs. 1 BGB nichtig. Zwar ist zumindest der völlige Ausschluss des Abfindungs- bzw. Einziehungsentgelts als Zuwendung gemäß § 2301 BGB zu sehen.[136] Die Schenkung ist jedoch bereits mit Abschluss des Gesellschaftsvertrages aufschiebend bedingt vollzogen, so dass gemäß § 2301 Abs. 2 BGB die Vorschrif-

---

[133] BGHZ 116, 359, 370; Scholz/*Seibt* § 15 Rn. 33; *Priester* GmbHR 1981, 210.
[134] BGHZ 62, 20, 27; *Priester* GmbHR 1981, 210.
[135] *Lutter/Hommelhoff/Bayer* § 15 Rn. 17; Scholz/*Seibt* § 15 Rn. 33.
[136] Hachenburg/*Zutt* Anh. § 15 Rn. 111.

ten über Schenkungen unter Lebenden Anwendung finden.[137] Auch § 138 Abs. 1 BGB greift selbst beim völligen Ausschluss des Abtretungs- bzw. Einziehungsentgelts regelmäßig nicht ein. Denn der Erblasser kann stets in den Grenzen des Pflichtteilsrechts über sein Vermögen verfügen. Da der begünstigte Erbe den weichenden Erben analog § 2050 Abs. 1 BGB ausgleichspflichtig sein kann und Pflichtteilsberechtigte nach den §§ 2316, 2325 ff. BGB geschützt sind, kann auch in einem völligen Ausschluss des Abtretungs- bzw. Einziehungsentgelts keine unzulässige Benachteiligung der weichenden Erben oder Pflichtteilsberechtigten gesehen werden.[138]

201 **Gesellschaftsrechtlich** sind die zu § 34 GmbHG entwickelten **Grundsätze über das Einziehungsentgelt** zu beachten, die auf das Abtretungsentgelt im Rahmen einer gesellschaftsvertraglichen Nachfolgeklausel übertragen werden können. Die von Rechtsprechung und Literatur herausgearbeiteten Kriterien zu den Wirksamkeitsgrenzen von Klauseln, die das Einziehungsentgelt beschränken, lassen sich jedoch nicht in vollem Umfang zur Bewertung der Wirksamkeit von Einziehungsklauseln im Rahmen der gesellschaftsvertraglichen Nachfolgeregelung heranziehen. Denn bei diesen besteht in der Regel keine Gefahr, dass das Recht des Gesellschafters zum Ausscheiden aus wichtigem Grund faktisch unangemessen beschnitten wird. Auch die Rechtsprechung des *BGH* zu den Wirksamkeitsgrenzen von Klauseln, die das Abfindungsentgelt beschränken, lassen sich angesichts dessen, dass § 34 GmbHG die Einziehung nicht an die Zahlung eines Entgelts oder einer Abfindung knüpft, nicht vollständig auf das Einziehungs- bzw. Abtretungsentgelt bei der GmbH übertragen.[139]

202 Für eine Einziehungsklausel im Rahmen der gesellschaftsrechtlichen **Nachfolgeregelung eines Familienunternehmens** hat der BGH bei Vererbung an Familienfremde die unentgeltliche Einziehung des Geschäftsanteils zugelassen, da diese zur Erhaltung des Familienfriedens gerechtfertigt war.[140] Daraus lässt sich folgern, dass jedes andere Interesse am Fortbestand der Gesellschaft im Zuge einer Abfindungsbeschränkung geltend gemacht werden kann.[141] Für Regelungen über Ratenzahlungen und damit über das Herausschieben der Fälligkeit des Einziehungsentgelts lassen sich keine genauen Wirksamkeitsgrenzen festlegen.

203 Eine 10 Jahre dauernde **Ratenzahlungsregelung** dürfte eine absolute Grenze darstellen.[142] Danach sind folgende Klauseln, die das Einziehungsentgelt regeln, bei entsprechender sachlicher Rechtfertigung als zulässig anzusehen:

> **Formulierungsvorschlag:**
> Die Einziehung von Geschäftsanteilen erfolgt gegen Vergütung. Die Vergütung besteht in einem Geldbetrag des jeweiligen Anteils am Reinvermögen (Stammkapital zzgl. der Rücklagen und etwaigem Bilanzgewinn, abzügl. etwaigem Bilanzverlust), der dem Verhältnis des eingezogenen Geschäftsanteils zum Stammkapital entspricht. Für die Berechnung des Betrages ist der Bilanzstichtag maßgeblich.
>
> Die Einziehungsvergütung ist in drei gleichen Teilbeträgen zu entrichten. Der erste Teilbetrag ist sechs Monate nach Erklärung der Einziehung durch die Geschäftsführung der Gesellschaft zahlbar. Die folgenden Teile sind jeweils ein Jahr nach Fälligkeit des vorausgegangenen Teils fällig.
>
> Die Einziehung geschieht durch Beschluss der Gesellschafter. Sie ist seitens der Geschäftsführung den betroffenen Erben gegenüber zu erklären. Diese können bei der Beschlussfassung mitstimmen.
>
> **Alternativ:**
> Die Einziehung erfolgt gegen Vergütung in Höhe des Buchwertes des jeweiligen Geschäftsanteils.
>
> **Alternativ:**
> Die Einziehung erfolgt unentgeltlich.

---

[137] Hachenburg/*Zutt* Anh. § 15 Rn. 111; Baumbach/Hueck/*Fastrich* § 15 Rn. 14; *Michalski* Perpetuierung S. 223 f.; *Habersack* ZIP 1990, 625, 628 ff.; *Langner/Heydel* GmbHR 2005, 377, 384.
[138] *Michalski* Perpetuierung S. 224 f, MünchKommGmbHG/*Reichert/Weller* § 15 Rn. 461.
[139] Scholz/*Westermann* § 34 Rn. 34 f.
[140] BGH GmbHR 1977, 81, 83.
[141] *Sachs* Anmerkung zu BGH GmbHR 1977, 83.
[142] Scholz/*Westermann* § 34 Rn. 34. Der BGH hat in BGH NJW 1989, 2685 ff. eine Ausdehnung auf 15 Jahre für sittenwidrig erklärt.

Steht die mit Abfindungsentgeltbeschränkungsklauseln verbundene Einschränkung des 204
Abflusses von Kapital vollkommen außer Verhältnis zu den im Interesse der Gesellschaft
notwendigen Beschränkungen, so dass sich die Klausel bereits bei ihrer Entstehung als grob
unbillig, willkürlich und bar jeder sachlichen Rechtfertigung darstellt, ist die Klausel von
Anfang an nichtig.[143] Die Nichtigkeit der Abfindungsentgeltklausel lässt die Wirksamkeit
der ebenfalls in der Satzung enthaltenen Einziehungsklausel oder eines erfolgten Einziehungsbeschlusses unberührt. Die Mangelfolge bleibt stets auf die Abfindungsregelung beschränkt.[144]

Zum Schutz des betroffenen Gesellschafters davor, dass er seine Gesellschafterstellung 205
verliert, gleichwohl aber den Rechtsfolgen der §§ 34 Abs. 3, 30 Abs. 1, 31 GmbHG ausgesetzt ist, stellte die bisher h. M. den **Einziehungsbeschluss** unter die **aufschiebende Rechtsbedingung,** dass die Zahlung der Abfindung ohne Beeinträchtigung des Stammkapitals erfolgt.[145] Der BGH hat jedoch nun entschieden, dass mit der Mitteilung des Beschlusses an den betroffenen Gesellschafter die Einziehung wirksam wird und nicht erst mit Zahlung der Abfindung.[146] Besteht lediglich Streit über die Höhe der Abfindung, ohne dass es auf die Einhaltung des Kapitalerhaltungsgebots ankommt, ist die Einziehung jedenfalls unabhängig von der Höhe des Einziehungsentgelts wirksam.[147] Damit sind Streitigkeiten um die Höhe des Einziehungsentgelts und solche über die Wirksamkeit des Einziehungsbeschlusses Gegenstand unterschiedlicher Rechtsstreitigkeiten.

Bei der Regelung des Einziehungs- bzw. Abtretungsentgelts im Gesellschaftsvertrag sind 206
die **Interessen** der weichenden Erben und – bei Familienunternehmen – die Versorgungsinteressen der Familie einerseits und die Liquiditätsinteressen der Gesellschaft andererseits sorgfältig **miteinander abzuwägen.** Ein möglichst weitgehender Ausschluss des Abfindungsentgelts zur Sicherung der Liquidität der Gesellschaft ist teuer erkauft, wenn die Klausel zu langandauernden Rechtsstreitigkeiten führt, die die Stabilität und die Kontinuität der Unternehmensleitung bedrohen. Klar formulierte Entgeltklauseln, die nicht den vollen Wert des Anteils, mindestens aber seinen Buchwert gewähren, sind im Regelfall gesellschaftsrechtlich unproblematisch[148] und bieten einen interessengerechten Ausgleich zwischen den Liquiditätsinteressen der Gesellschaft und den finanziellen Interessen der weichenden Erben, so dass die Nachfolge in den Gesellschaftsanteil erfolgreich vollzogen werden kann.

---

[143] BGHZ 116, 359, 368 f.
[144] Scholz/*Westermann* § 34 Rn. 36; Baumbach/Hueck/*Fastrich* § 34 Rn. 33.
[145] Scholz/*Westermann* § 34 Rn. 56 f.; Baumbach/Hueck/*Fastrich* § 34 Rn. 42.
[146] BGH NZG 2012, 259.
[147] BGH GmbHR 1978, 131.
[148] *Priester* GmbHR 1981, 206, 211, 213, Baumbach/Hueck/*Fastrich* § 34 Rn. 35.

§ 14 Wechsel der Gesellschafter

Übersicht

	Rn.
I. Übertragung von Geschäftsanteilen nach § 15 GmbHG	1–35
1. Überblick	1/2
2. Freie Veräußerlichkeit, § 15 Abs. 1 GmbHG	3–13
3. Form der Abtretung nach § 15 Abs. 3 und 4 GmbHG	14–29
a) Verpflichtung zur Abtretung eines Geschäftsanteiles	15–17
b) Formvorschrift beim dinglichen Geschäft	18–22
c) Beurkundungen mit Auslandsbezug	23–29
4. Gesellschaftsvertragliche Abtretungsbeschränkungen gem. § 15 Abs. 5 GmbHG	30–35
II. Vererbung der Geschäftsanteile	36–39
III. Gutgläubiger Erwerb, § 16 Abs. 3 GmbHG	40–54
1. Gegenstand des gutgläubigen Erwerbs	42–44
2. Erwerb durch Rechtsgeschäft	45/46
3. Rechtsscheinträger	47
4. Gutgläubigkeit des Erwerbers	48
5. Dreijahresfrist	49–52
6. Kein Widerspruch	53/54
IV. Insolvenz eines Gesellschafters	55
V. Verpfändung von Geschäftsanteilen	56–62
1. Bestellung des Pfandrechtes	58
2. Verwertung des Pfandrechtes	59
3. Pfändung von Geschäftsanteilen	60/61
4. Treuhand	62
VI. Erwerb eigener Geschäftsanteile durch die Gesellschaft	63–75
1. Voraussetzungen	66–70
2. Rechtsfolge	71
3. Inpfandnahme eigener Geschäftsanteile, § 33 Abs. 2 S. 2 GmbH	72
4. Erwerb gegen Abfindung bei Verschmelzung, Spaltung oder Formwechsel gemäß § 33 Abs. 3 GmbHG	73–75
VII. Kaduzierung	76–78
VIII. Austritt und Ausschließung eines Gesellschafters	79–102
1. Austritt	81–87
2. Ausschluss	88–98
a) Voraussetzungen	90–94
b) Verfahren	95–98
c) Folgen	99
3. Abfindung	100–102

Schrifttum: *Bednarz,* Die Gesellschafterliste als Rechtsscheinträger für einen gutgläubigen Erwerb von GmbH-Geschäftsanteilen, BB 2008, 1854; *Böttcher/Blasche,* Die Übertragung von Geschäftsanteilen deutscher GmbHs in der Schweiz vor dem Hintergrund der Revision des Schweizer Obligationenrechts, NZG 2006, 766; *dies.,* Gutgläubiger Erwerb von Geschäftsanteilen entsprechend der in der Gesellschafterliste eingetragenen Stückelung nach dem MoMiG, NZG 2007, 565; *Dignas,* Die Auslandsbeurkundung im deutschen GmbH-Recht, GmbHR 2005, 139; *Gehrlein,* Schwerpunkte der aktuellen BGH-Rechtsprechung zum GmbH-Recht, Der Konzern 2007, 771; *Götze/Bressler,* Praxisfragen der Gesellschafterliste und des gutgläubigen Erwerbs von Geschäftsanteilen nach dem MoMiG, NZG 2007, 894; *Pilger,* Die Unwirksamkeit der Beurkundung der Abtretung von Geschäftsanteilen in der Schweiz, BB 2005, 1285; *Saenger/Scheuch,* Auslandsbeurkundung bei der GmbH – Konsequenzen aus MoMiG und Reform des Schweizer Obligationenrechts, BB 2008, 65; *Schlösser,* Die Auswirkungen der Schweizer GmbH-Reform 2007 auf die Übertragung von Geschäftsanteilen einer deutschen GmbH in der Schweiz, GmbHR 2007, 301; *Trendlenburg,* Die Beurkundung von Anteilskaufverträgen und gesellschaftsrechtlichen Maßnahmen nach der Reform des Schweizer Obligationenrechts, GmbHR 2008, 644; *Vossius,* Gutgläubiger Erwerb von GmbH-Anteilen nach MoMiG, DB 2007, 2299; *Wachter,* Übertragung von GmbH-Geschäftsanteilen nach MoMiG, GmbHR Sonderheft GmbH Beratung nach dem MoMiG 2008, 51.

I. Übertragung von Geschäftsanteilen nach § 15 GmbHG

1. Überblick

Die Geschäftsanteile der GmbH können frei veräußert und übertragen werden. Anders als bei der Aktiengesellschaft ist ein spekulativer Handel an der Börse mit den Geschäftsanteilen der GmbH nicht gewollt. Der Wechsel der Gesellschafter unterliegt daher gewissen Restriktionen. Bei der Gründung der Gesellschaft und der Gestaltung der Satzung wird das Augenmerk vor allem auf die Frage der Beteiligung der Gesellschafter und die Aufnahme der Geschäftstätigkeit gerichtet. Dabei ist es verständlich, dass sich die Gesellschafter über ein späteres Ausscheiden eines Gesellschafters zu diesem Zeitpunkt in der Regel keine Gedanken machen. Dennoch sind sie gut beraten, bereits zu diesem frühen Zeitpunkt eine entsprechende Regelung in die Satzung aufzunehmen. Denn anders als bei der Aktiengesellschaft sind Wechsel in der Gesellschafterstruktur bei der personalistischen GmbH häufig mit Streitigkeiten zwischen den Gesellschaftern verbunden. Gerade dann, wenn die Gesellschafter auch an der Geschäftsführung beteiligt sind, kann es zu schwerwiegenden Auseinandersetzungen kommen, die sich auf die Geschäftstätigkeit der Gesellschaft sehr nachteilig auswirken können. Daher sollten die Bedingungen eines Gesellschafterwechsels in der Satzung möglichst genau geregelt werden.

Mit der Reform des GmbHG durch das MoMiG wurde § 16 des GmbHG neu geregelt. Dies stellt unter anderem insoweit eine ganz wesentliche Neuerung dar, als nach § 16 Abs. 3 GmbHG nunmehr ein gutgläubiger Erwerb eines Geschäftsanteiles möglich ist. Auf die Gestaltung eines Kaufvertrages oder zur Due Diligence im Vorfeld eines Geschäftanteilserwerbes soll hier nicht eingegangen werden, hierzu wird verwiesen auf → § 21.

2. Freie Veräußerlichkeit, § 15 Abs. 1 GmbHG

Anteile an der Gesellschaft können nach § 15 GmbH grundsätzlich frei übertragen werden. Dabei ist nach § 15 Abs. 3 und Abs. 4 GmbHG sowohl für die dingliche Abtretung des Geschäftsanteiles als auch für den vorausgehenden schuldrechtlichen Vertrag die notarielle Form nach §§ 8 ff. BeurkG zu beachten. In der Satzung können für die Abtretung eines Geschäftsanteiles verschiedenste Voraussetzungen vorgesehen werden, insbesondere kann die Abtretung eines Geschäftsanteiles von der Genehmigung der Gesellschafterversammlung, des Aufsichtsrates oder sogar Dritter abhängig gemacht (Vinkulierung)[1] oder sogar gänzlich ausgeschlossen werden.[2] Soll nicht nur ein gesamter Geschäftsanteil, sondern nur ein Teil hiervon veräußert werden, so ergibt sich aus § 46 Nr. 4 GmbHG kein Zustimmungsvorbehalt der Gesellschafter.[3] Ebenso ist auch die Veräußerung künftiger Geschäftsanteile möglich, wenn diese erst noch durch die Eintragung der Gesellschaft oder im Zuge einer Kapitalerhöhung entstehen werden.[4]

Übersicht: Freie Veräußerlichkeit und Vinkulierung

- Grundsatz: Freie Veräußerlichkeit
- Ausnahme: Vorbehalte in der Satzung:
  - Zustimmung der Gesellschafterversammlung
  - Zustimmung des Aufsichtsrates
  - Zustimmung Dritter
  - Genereller Ausschluss der Veräußerlichkeit

---

[1] Baumbach/Hueck/*Fastrich* § 15 Rn. 38.
[2] BayObLG DB 1989, 214, 215; Baumbach/Hueck/*Hueck/Fastrich* § 15 Rn. 38; Michalski/*Ebbing* § 15 Rn. 138.
[3] A. A. *Wicke* § 15 Rn. 2.
[4] *Wicke* § 15 Rn. 2.

5 Freie Veräußerlichkeit der Geschäftsanteile bedeutet, dass der Gesellschafter seine Anteile im Wege eines Rechtsgeschäftes, also durch Verkauf, Tausch, Schenkung oder Einbringung in ein anderes Unternehmen, etc. veräußern kann. Bei einem Verkauf eines Geschäftsanteiles handelt es sich um einen Rechtskauf.[5] Kommt es aber zum Verkauf der gesamten Geschäftsanteile oder zumindest einer satzungsändernden Mehrheit, so ist dies als Unternehmenskauf[6] zu qualifizieren. In diesem Fall liegt kein Rechtskauf, sondern ein Sachkauf vor mit der Folge der Anwendbarkeit der Sachmängelgewährleistung nach den §§ 453 Abs. 1, 434, 437 BGB.[7] Entscheidend hierfür ist, dass so viele Anteile erworben werden, dass es sich wirtschaftlich um den Kauf des gesamten Unternehmens handelt. Nach ständiger Rechtsprechung des BGH ist ein Unternehmenskauf dann anzunehmen, wenn nicht nur einzelne Wirtschaftsgüter, sondern ein Inbegriff von Sachen, Rechten und sonstigen Vermögenswerten übertragen werden soll und der Erwerber dadurch in die Lage versetzt wird, das Unternehmen als solches weiterzuführen.[8] Beim Unternehmenskauf trifft den Verkäufer eine gesteigerte Aufklärungspflicht.

6 Die Unterscheidung zwischen Sach- und Rechtskauf hat jedoch an Bedeutung verloren, seit mit der Neuregelung des Gewährleistungsrechtes in § 435 Abs. 1 BGB im Jahr 2002 die Gewährleistung bei einem Sach- und Rechtskauf auf der Rechtsfolgenseite gleichgestellt ist. Der Veräußerer eines Geschäftsanteils haftet nach den §§ 453 Abs. 1 1. Alt., 433 Abs. 1 S. 2, 435 BGB für Rechtsmängel.[9] Voraussetzung dafür ist, dass der Geschäftsanteil mangelhaft ist, also der verkaufte Geschäftsanteil nicht in dem vertraglich festgelegten Umfang besteht oder ihm Rechte Dritter entgegenstehen (beispielsweise Pfandrecht, Nießbrauch eines Dritten o. ä.).

7
> **Checkliste: Voraussetzungen Rechtsmangel i. S. d. § 435 BGB**
>
> - An der Kaufsache besteht zum Zeitpunkt der Vollendung des Erwerbs (nicht des Abschlusses des Kaufvertrages!)
> - das Recht eines Dritten
> - das geeignet ist, den Käufer in der ungestörten Ausnutzung der ihm gebührenden Rechtsposition zu beeinträchtigen
> - Es sei denn im Kaufvertrag wurde Duldung vereinbart

8 Ferner dürfen die Geschäftsanteile nicht mit Einlagen, Rückständen oder Nachschusspflichten belastet sein und müssen die gesellschaftsrechtlichen Mitgliedschaftsrechte (Gewinnbeteiligung, Stimmrecht u. ä.) uneingeschränkt gewähren, sofern nicht etwas anderes vereinbart worden ist.

9 Darüber hinaus soll nach einer in der Literatur vertretenen Ansicht ein Rechtsmangel dann vorliegen, wenn der Anteil in seinem Bestand gefährdet ist.[10] Beispiel hierfür ist etwa die Liquidation oder das Insolvenzverfahren der Gesellschaft.[11] Dieser Ansicht kann nur eingeschränkt gefolgt werden. Jedenfalls dann, wenn die Gesellschaft sich in Liquidation befindet, bestehen die Gesellschafterrechte uneingeschränkt fort. Auch im Liquidationsverfahren stehen dem Erwerber die wesentlichen Rechte, wie das Stimmrecht und das Recht auf Gewinnbeteiligung[12] grundsätzlich uneingeschränkt zu. Demgegenüber sind die Gesellschafterrechte, insbesondere das Recht auf Gewinnbeteiligung im Insolvenzverfahren oder auch schon bei drohender Insolvenz stark beschränkt. Im Insolvenzverfahren gehen die Ge-

---

[5] Baumbach/Hueck/*Fastrich* § 15 Rn. 6.
[6] BGH NJW 1980, 2409; Baumbach/Hueck/*Hueck/Fastrich* § 15 Rn. 7.
[7] Palandt/*Weidenkaff* § 453 Rn. 7; Baumbach/Hueck/*Hueck/Fastrich* § 15 Rn. 7.
[8] BGH NJW 2002, 1042, 1043.
[9] *Wicke* § 15 Rn. 5; Baumbach/Hueck/*Hueck/Fastrich* § 15 Rn. 7.
[10] *Wicke* § 15 Rn. 4; Palandt/*Weidenkaff* § 453 Rn. 23, Scholz/*Winter/Seibt* § 15 Rn. 145.
[11] *Wicke* § 15 Rn. 4; Palandt/*Weidenkaff* § 453 Rn. 23, Scholz/*Winter/Seibt* § 15 Rn. 145.
[12] Unter den Einschränkungen des § 73 Abs. 1 GmbHG.

sellschafter regelmäßig leer aus, so dass insoweit der herrschenden Ansicht in der Literatur zu folgen ist.

Sofern der verkaufte Geschäftsanteil tatsächlich nicht existiert, stellt dies keinen Rechtsmangel dar. In diesem Fall haftet der Verkäufer zum einen wegen Nichterfüllung seiner Verschaffungspflicht im Sinne des § 434 Abs. 1 S. 1 BGB nach den allgemeinen Regeln der §§ 311a, 280 Abs. 1 und 3, 281, 283 BGB.[13] Sofern der Verkäufer nicht Berechtigter ist, kommt nach neuem Recht ein gutgläubiger Erwerb nach § 16 Abs. 5 GmbHG in Betracht, vgl. hierzu unten, Rn. 40ff. Schließlich ist im Falle einer drohenden Zahlungsunfähigkeit bzw. Insolvenzreife eine Haftung des Veräußerers wegen einer Verletzung der vorvertraglichen Aufklärungspflichten nach §§ 311 Abs. 2, 241 Abs. 2, 280 Abs. 1 BGB denkbar.[14]

Bei der Veräußerung eines Geschäftsanteiles haftet der Veräußerer jedoch nicht für die Beschaffenheit des gesamten Unternehmens aus den Gesichtspunkten des Sachmängelrechtes.[15] Etwas anderes gilt nur dann, wenn es sich bei wirtschaftlicher Betrachtungsweise um den Kauf des gesamten Unternehmens handelt, also die gesamten Geschäftsanteile oder eine satzungsändernde Mehrheit erworben wurde. Die Frage der Haftung ist in der Praxis sowohl beim Anteils- als auch beim Unternehmenskauf regelmäßig Gegenstand entsprechender Garantievereinbarungen bzw. Haftungsausschlüsse. Wesentlicher Bestandteil eines Verkaufes ist dabei auch die Durchführung einer Legal- und Financial-Due Diligence (zu den Details siehe → § 21 Rn. 50ff.).

Der Erwerb oder die Veräußerung von Geschäftsanteilen oder des gesamten Unternehmens durch einen Minderjährigen (oder Betreuten) bedürfen nach herrschender Meinung einer Genehmigung durch das Vormundschaftsgericht gemäß § 1822 Nr. 3 BGB nur in dem Falle, dass sich die Beteiligung des Minderjährigen nach den Umständen (Anteilsgröße, Art der Gesellschaft und Stellung des Gesellschafters) als Beteiligung an dem von der GmbH betriebenen Erwerbsgeschäft darstellt.[16] Dies wäre nach Ansicht des BGH etwa dann der Fall, wenn die Beteiligung des Minderjährigen 50% an der Gesellschaft übersteigt. Ferner besteht eine Genehmigungspflicht nach § 1822 Nr. 10 BGB, wenn die konkrete Möglichkeit einer Inanspruchnahme für Verbindlichkeiten von Gesellschaftern nach den §§ 24 oder 31 Abs. 3 GmbHG besteht.[17] Allein die Möglichkeit künftiger unzulässiger Rückzahlungen im Sinne von § 31 Abs. 1, Abs. 3 GmbHG ist jedoch zu ungewiss und löst sich für sich allein genommen keine Genehmigungspflicht aus.[18]

Eine Einschränkung in der Abtretbarkeit kann sich aus gesetzlichen Vorgaben insbesondere bei einer Freiberufler-GmbH ergeben. Bei der Freiberufler-GmbH kann die Abtretung regelmäßig nur an Angehörige der jeweiligen Berufsgruppe erfolgen, wie etwa Rechtsanwälte, Steuerberater, Wirtschaftsprüfer oder Ärzte (§ 59e Abs. 1 BRAO, § 50a Abs. 1 Nr. 1, 3 StBerG, § 28 Abs. 4 S. 1 Nr. 1 WPO). So kann beispielsweise ein Rechtsanwalt, Gesellschafter in einer Wirtschaftsprüfungsgesellschaft oder Steuerberater-GmbH sein, sofern die Mehrheit der Geschäftsanteile bei der entsprechenden Berufsgruppe liegen (vgl. etwa § 59e Abs. 2 BRAO).

3. Form der Abtretung nach § 15 Abs. 3 und 4 GmbHG

Die Abtretung von Geschäftsanteilen bedarf der notariellen Beurkundung gemäß den §§ 8ff. BeurkG. Gleiches gilt für das zugrunde liegende Verpflichtungsgeschäft. Diese Formvorschriften sind – anders als viele andere Vorschriften im GmbHG – nicht abdingbar.[19] Regelmäßig fallen die schuldrechtliche Verpflichtung und die dingliche Abtretung des Geschäftsanteils zusammen und werden in dieselbe Urkunde aufgenommen. Die Beurkundungsform wird auch durch einen gerichtlichen Vergleich nach § 127a BGB gewahrt.[20]

---

[13] Wicke § 15 Rn. 4.
[14] BGH NJW 2001, 1263.
[15] Wicke § 15 Rn. 5.
[16] OLG Hamm DB 1984, 1822; Baumbach/Hueck/Hueck/Fastrich § 15 Rn. 4.
[17] BGHZ 107, 23, 26; Wicke § 15 Rn. 3.
[18] BGHZ 107, 23, 26; Wicke § 15 Rn. 3.
[19] Baumbach/Hueck/Hueck/Fastrich § 15 Rn. 30.
[20] Wicke § 15 Rn. 12.

Zweck des Beurkundungserfordernisses ist zum einen den Handel mit GmbH-Geschäftsanteilen zu erschweren, zum anderen soll der Nachweis der Berechtigung an dem Anteil gewährleistet werden.[21] Ferner soll die Beurkundung der Beratung der beteiligten Parteien dienen. Eine Verletzung der Formvorschriften des § 15 Abs. 3, 4 GmbHG führen gemäß § 125 S. 1 BGB zur Nichtigkeit. Sofern das Verpflichtungsgeschäft nicht der notariellen Form entspricht, kann dies gemäß § 15 Abs. 4 S. 2 GmbHG geheilt werden.[22]

15 a) **Verpflichtung zur Abtretung eines Geschäftsanteiles.** Das Verpflichtungsgeschäft zur Abtretung eines Geschäftsanteiles muss nach § 15 Abs. 4 GmbHG notariell beurkundet werden. Dies gilt nicht nur für den Kaufvertrag, sondern auch für eine Schenkung, Tausch, Vergleich oder einen entsprechenden Vorvertrag.[23] Dabei umfasst die Beurkundungspflicht nicht nur die Hauptpflicht, sondern regelmäßig auch alle Nebenabreden, die nach dem Willen der Beteiligten Bestandteil der Vereinbarung über die Verpflichtung zur Abtretung sein sollen.[24] Das Formerfordernis umfasst auch eine bedingte, wahlweise oder eine nur auf Verlangen hin zu erfüllende Abtretungspflicht einschließlich eines Vorkaufsrechts oder einer Erwerbspflicht.[25] Kommt es nach Abschluss des Verpflichtungsgeschäftes und vor der Durchführung der Abtretung der Geschäftsanteile zu Vertragsänderungen, so unterliegen auch diese der notariellen Form.[26] Demgegenüber sind nicht formbedürftig die Abschlussvollmacht nach § 167 Abs. 2 BGB, die Genehmigung des Verpflichtungsgeschäftes nach § 182 Abs. 2 BGB,[27] die Aufhebung einer noch nicht erfolgten Abtretungsverpflichtung oder die Ausübung einer Option, sofern es sich nicht über die Annahme eines bislang allein beurkundeten Angebots handelt.[28]

16

Übersicht: Formerfordernis

Formerfordernis besteht bei:	Kein Formerfordernis bei:
• Kaufvertrag	• Abschlussvollmacht § 167 Abs. 2 BGB
• Vorvertrag	• Genehmigung, § 182 Abs. 2 BGB
• Erwerbspflicht	• Ausübung einer Option, wenn nicht lediglich Annahme eines beurkundeten Angebots
• Abtretungspflicht	• Aufhebung noch nicht in Anspruch genommener Abtretungsverpflichtung
• Tausch	
• Schenkung	
• Nebenabreden	
• Vertragsänderungen vor Abtretung	

17 Sofern das Verpflichtungsgeschäft den Formerfordernissen des § 15 Abs. 4 S. 1 GmbHG nicht entspricht, kann dies nach § 15 Abs. 4 S. 2 GmbHG durch die formgerechte Abtretung des Geschäftsanteiles mit Wirkung für die Zukunft geheilt werden. Diese Heilung erstreckt sich aber nur auf den formnichtigen Verpflichtungsvertrag, zu dessen Erfüllung die Abtretung erfolgt. Demgegenüber kann keine Heilung eintreten, wenn der unter Beachtung der Formvorschriften beurkundete Abtretungsvertrag mit anderen Personen und unter anderen vertraglichen Bedingungen geschlossen wurde.[29] Ferner ist zu beachten, dass die Heilungswirkung nur Formverstöße des Verpflichtungsvertrages umfasst, nicht aber über sonstige Mängel des Verpflichtungsvertrages hinweg hilft.[30]

---

[21] BGH NJW 2006, 590.
[22] Aufgrund der Kritik an der Beurkundungspflicht bei der Abtretung von Geschäftsanteilen wurde bereits im Gesetzgebungsverfahren auf eine geplante Änderung des Beurkundungsgesetz hingewiesen, RegE MoMiG, BR-Drucks. 354/07, S. 57.
[23] *Wicke* § 15 Rn. 17.
[24] BGH NJW 2002, 142; Baumbach/Hueck/*Hueck*/*Fastrich* § 15 Rn. 30.
[25] OLG München BB 1995, 427; 1996, 1296; Baumbach/Hueck/*Hueck*/*Fastrich* § 15 Rn. 33.
[26] *Wicke* § 15 Rn. 17.
[27] BGH NJW 1996, 3338.
[28] Lutter/Hommelhoff/*Bayer* § 15 Rn. 30; Baumbach/Hueck/*Hueck*/*Fastrich* § 15 Rn. 35.
[29] BGH NJW 2002, 142.
[30] *Wicke* § 15 Rn. 18; Baumbach/Hueck/*Hueck*/*Fastrich* § 15 Rn. 36.

b) Formvorschrift beim dinglichen Geschäft. Nach § 15 Abs. 3 GmbHG muss die Abtretung von Geschäftsanteilen notariell beurkundet werden. Von § 15 Abs. 3 GmbH nicht erfasst sind die Fälle der Gesamtrechtsnachfolge, wie Erbfolge oder Umwandlung. Die Formvorschrift des § 15 Abs. 3 GmbHG muss jedoch beachtet werden bei der Erfüllung einer kraft Gesetzes oder letztwilliger Verfügung bestehenden Abtretungsverpflichtung (beispielsweise Erfüllung eines Vermächtnisses).[31] Das Formerfordernis besteht auch, wenn der Geschäftsanteil an einen Mitgesellschafter abgetreten wird[32] oder bei der Einbringung eines Geschäftsanteils in eine Gesellschaft.[33] Ferner gilt das Formerfordernis bei der Sicherungs- oder Treuhandabtretung, Verpfändung oder im Fall der Aufhebung des Abtretungsvertrages.[34] Sofern der abtretende Gesellschafter über mehrere Geschäftsanteile der Gesellschaft verfügt, ist die Abtretung nur dann wirksam, wenn klar erkennbar ist, welcher Geschäftsanteil abgetreten werden soll.[35]

Übersicht: Formerfordernis nach § 15 Abs. 3 GmbHG

Abtretung eines Geschäftsanteils ist beurkundungspflichtig bei:	nicht beurkundungspflichtig bei:
• Abtretung an Mitgesellschafter	• Übergang kraft Gesetzes
• Abtretung an Dritte	• Übertragung kraft Hoheitsaktes
• Abtretung durch Gesellschaft selbst, wenn diese Inhaber eigener Anteile ist	• Anwachsung
• Sicherungsabtretung	• Gesamtrechtsnachfolge (Erbfolge)
• Treuhandabtretung	• Umwandlungsvorgänge (Formwechsel, Spaltung oder Verschmelzung)
• Verpfändung	• dinglicher Surrogation
• Rückabtretung	• Rechtsnachfolge nach § 22 Abs. 4 GmbHG
• Rückübertragung	• Einziehung nach § 34 GmbHG
• Aufhebung des Abtretungsvertrages	• Übertragung des Geschäftsanteils bei Zwangsvollstreckung
• Abtretung zur Einbringung in Kapitalgesellschaft/Gesamthandsgemeinschaft	
• Abtretung zur Erfüllung eines Vermächtnisses	

Wird eine Vollmacht zur Abtretung des Geschäftsanteiles erteilt, so ist diese formlos wirksam, § 167 Abs. 2 BGB. Gleiches gilt für die Genehmigung nach § 182 Abs. 2 BGB sowie für die Befreiung vom Verbot des Selbstkontrahierens gemäß § 181 BGB.[36] Auch die unwiderrufliche Vollmacht ist nach Ansicht des BGH nicht formbedürftig,[37] andererseits soll eine Blankovollmacht ohne Wahrung der Form des § 15 GmbHG unwirksam sein.[38]

Mit der Abtretung des Geschäftsanteils geht dieser mit allen mitgliedschaftlichen Rechten und Pflichten, insbesondere den Gewinnansprüchen, auf den Erwerber über. Erfolgt die Abtretung im laufenden Geschäftsjahr, so umfasst dies auch die Gewinnansprüche der Vergangenheit bzw. des laufenden Geschäftsjahres, soweit diese noch nicht durch einen Gewinnverwendungsbeschluss verselbständigt worden sind.[39] Ein entsprechender Ausgleich zwischen Erwerber und Veräußerer ist daher im Kaufvertrag zu vereinbaren. Von der Abtretung nicht umfasst sind höchstpersönliche Rechte und Pflichten sowie schuldrechtliche Nebenabreden deren Übergang selbstständig vereinbart werden muss.[40]

---

[31] *Wicke* § 15 Rn. 13.
[32] OLG München GmbHR 1994, 251.
[33] OLG Karlsruhe GmbHR 1995, 825.
[34] Baumbach/Hueck/*Hueck*/*Fastrich* § 15 Rn. 25.
[35] OLG Brandenburg NZG 1998, 951.
[36] BGHZ 13, 51 ff; 19, 72; Baumbach/Hueck/*Hueck*/*Fastrich* § 15 Rn. 23.
[37] BGHZ 13, 53.
[38] BGHZ 19, 72.
[39] BGH NJW 1998, 3646; NZG 2004, 912.
[40] *Wicke* § 15 Rn. 16.

22 Gegenüber der Gesellschaft wird die Abtretung nach § 16 Abs. 1 GmbHG erst dann wirksam, wenn der neue Gesellschafter in die Gesellschafterliste nach § 40 GmbHG eingetragen und die aktuelle Gesellschafterliste in das Handelsregister eingetragen worden ist.

23 c) **Beurkundungen mit Auslandsbezug.** Häufig kommt es vor, dass sich der Erwerber oder der Inhaber des verkauften Geschäftsanteiles im Ausland befindet. In diesen Fällen stellt sich die Frage, ob für die Formerfordernisse das deutsche oder das ausländische Recht anwendbar ist. Vielfach erfolgten in der Vergangenheit Beurkundungen in der Schweiz, um die Kosten für die Beurkundung möglichst gering zu halten. Dieser „Beurkundungstourismus" ist jedoch aufgrund der mit § 18 Abs. 1 S. 2 KostO eingeführten Geschäftswertbegrenzung rückläufig.

24 Ungeachtet der eingespielten Praxis der Beurkundung in der Schweiz wird die Wirksamkeit der Beurkundung von Anteilsübertragungen in der Schweiz in der Rechtsprechung und in der Literatur uneinheitlich bewertet. Es existiert zwar höchstrichterliche BGH-Rechtsprechung, die die Zulässigkeit der Auslandsbeurkundung bejaht, grundsätzlich folgt dem auch die wohl h. M. in der Literatur. Doch kann nicht von einer gesicherten Rechtsprechung zur Wirksamkeit von Auslandsbeurkundungen ausgegangen werden. Zum einen hat sich eine belastbare Anzahl an Urteilen bislang nicht herausgebildet, da die Sachverhalte nicht selten vergleichbar und auf unterschiedliche Kantone bezogen waren. Die bisherige Rechtsprechung bezog sich nur auf die Kantone Zürich und Basel. Wie die Rechtslage in anderen Kantonen, beispielsweise in St. Gallen zu bewerten ist, kann auf dieser Grundlage nicht beurteilt werden. Ferner waren der Beurteilung des Schweizerischen Rechts zugrunde gelegten Fakten in der BGH-Rechtsprechung nicht abschließend geklärt. Überdies ist zu beachten, dass sich die Rechtslage zur Beurkundung in der Schweiz jüngst deutlich verändert hat. Schließlich hat sich der jetzige Vorsitzende des insoweit zuständigen III. Senats des BGHs, Wulf *Goette,* in der Vergangenheit kritisch zur Zulässigkeit der Auslandsbeurkundung geäußert. Vor diesem Hintergrund zeichnet sich eine Neubewertung der Frage in der Rechtsprechung ab.

25 *aa) Wirksamkeit von Auslandsbeurkundungen.* Die Frage nach der Zulässigkeit der Auslandsbeurkundung richtet sich nach herrschender Ansicht nach Art. 11 Abs. 1 EGBGB.[41] Danach bestehen für die Auslandsbeurkundung zwei gleichberechtigte Alternativen: Einerseits die Einhaltung der sogenannten „Geschäftsform", wonach die Anforderungen zu erfüllen sind, die das auf das Rechtsgeschäft anwendbare Recht, hier also das deutsche GmbHG, stellt. Andererseits die Einhaltung der sogenannten „Ortsform", wonach die Anforderungen zu erfüllen sind, die das Recht des Staates stellt, in welchem das Rechtsgeschäft vorgenommen wird. Nach der Ortsform wären also die Vorgaben des Schweizer Rechts zu beachten. Im Einzelnen:

26 *bb) Ortsform.* Für die Wahrung der Ortsform ist zunächst erforderlich, dass das Recht der Schweiz eine der GmbH in wesentlichen Zügen vergleichbare Gesellschaftsform vorsieht. Dies wurde von der h. A. bejaht und die Zulässigkeit der Beurkundung einer Anteilsabtretung in den Kantonen Zürich-Altstadt und Basel-Stadt unter Einhaltung der Ortsform anerkannt.[42] Der BGH hat dies lediglich in einem obiter dictum bejaht, aber entscheidend auf die Einhaltung der Geschäftsform abgestellt.[43] Teilweise wird die Ortsform für Anteilsübertragungen als unzulässig erachtet.[44]

27 Insoweit ist aber zweifelhaft, ob die jüngsten Änderungen im Schweizer Recht dazu führen, dass die erforderliche Vergleichbarkeit der Gesellschaftsformen nun nicht mehr gegeben ist. Dies hätte die Unanwendbarkeit der Ortsform zur Folge. Seit dem Inkrafttreten des neuen Schweizer Obligationenrechts im Januar 2008 reicht für die Beurkundung der Übertragung von Geschäftsanteilen an Schweizer GmbHs die Schriftform aus. Dieser Umstand

---

[41] RGZ 160, 229; OLG Frankfurt GmbHR 2005, 764; Baumbach/Hueck/*Hueck/Fastrich* § 15 Rn. 23; *Dignas* GmbHR 2005, 139.
[42] OLG München NZG 1998, 156; OLG Stuttgart NZG 2001, 40, 43; Scholz/*Winter/Seibt* § 15 Rn. 82.
[43] BGH BB 2004, 2707, 2708.
[44] MünchKommBGB/*Kindler* IntGesR Rn. 535; Staudinger/*Großfeld* IntGesR Rn. 492 ff.; *Dignas* GmbHR 2005, 139, 140.

wurde bislang in der spärlichen Literatur uneinheitlich behandelt.⁴⁵ Rechtsprechung existiert hierzu nicht. Im Ergebnis spricht vieles dafür, dass die Anteilsübertragung schon bei Einhaltung der Ortsform wirksam ist. Zur Sicherheit sollte aber auch das Geschäftsrecht eingehalten werden.⁴⁶

cc) Geschäftsform. Die deutsche Geschäftsform ist eingehalten, wenn die im Ausland erfolgte Beurkundung mit der Beurkundung in Deutschland vergleichbar ist, sog. Substitution. Die Prüfung der Gleichwertigkeit erfolgt in zwei Schritten: Zum einen ist zu prüfen, ob die ausländische Urkundsperson nach Vorbildung und Stellung im Rechtsleben eine der Tätigkeit des deutschen Notars entsprechende Funktion ausübt. Zum anderen ist zu beurteilen, ob für die Errichtung der Urkunde ein Verfahrensrecht zu beachten ist, das den tragenden Grundsätzen des deutschen Beurkundungsrechts entspricht.⁴⁷

Zur Wahrung der Geschäftsform bei der Übertragung von Geschäftsanteilen hat der BGH in einer Entscheidung aus dem Jahr 1989 lediglich auf die Entscheidung von 1981 verwiesen und die Wahrung der Geschäftsform bejaht.⁴⁸ In zwei OLG-Entscheidungen wird die Geschäftsform in vergleichbaren Konstellationen durch Beurkundung in Basel-Stadt ebenfalls als gewahrt angesehen.⁴⁹ Dies ist jedoch mit Vorsicht zu betrachten, da die Rechtsprechung dahingehend kritisiert wurde, dass der BGH zur Unterstützung seiner Ansicht auf ein Gutachten Bezug genommen habe, bei dem es um eine Beglaubigung und nicht um eine Beurkundung gegangen sei.⁵⁰ Ferner hatte der BGH sich dahingehend geäußert, dass eine „Verlesung" des zu beurkundenden Texts auch in der Schweiz stattfinde. Das war für den BGH wesentliches Argument dafür, dass die Beurkundungen in der Schweiz gleichwertig und somit das Geschäftsrecht eingehalten sei. Allerdings konnte bereits damals in der Schweiz – anders als in Deutschland – auf die Verlesung verzichtet werden, so dass ganz erhebliche Zweifel an der Vergleichbarkeit bestehen. Zwar wurde die Möglichkeit des Verzichtes in der Vergangenheit durch eine freiwillige Verlesung gelöst. Doch wird die Vergleichbarkeit nach der Änderung des Schweizer Rechts nur zögerlich bejaht.⁵¹ Es besteht daher eine erhebliche Gefahr, dass Beurkundungen in der Schweiz einer Prüfung durch die Rechtsprechung nicht standhalten.

4. Gesellschaftsvertragliche Abtretungsbeschränkungen gem. § 15 Abs. 5 GmbHG

Entgegen dem Grundsatz der freien Veräußerbarkeit der Geschäftsanteile kann die Abtretung der Geschäftsanteile in der Satzung gemäß § 15 Abs. 5 GmbHG an weitergehende Voraussetzungen geknüpft werden. Dabei handelt es sich insbesondere um die Genehmigung der Abtretung durch die Gesellschaft. Die Satzung kann verschiedenartig gestaltete Abtretungsbeschränkungen vorsehen. Insoweit besteht weitgehende Gestaltungsfreiheit, die Beschränkungen müssen lediglich klar und eindeutig bestimmt sein.⁵² So können in der Satzung Zustimmungserfordernisse oder Genehmigungsvorbehalte der Gesellschafter, eines bestimmten Gesellschafters, des Aufsichtsrates⁵³ oder eines Dritten vorgesehen werden.⁵⁴ Es können Vorkaufsrecht (§§ 463 ff. BGB) oder Erwerbsvorrechte begründet, besondere Formerfordernisse aufgestellt oder sogar ein vollständiger Ausschluss der Abtretbarkeit begründet werden.⁵⁵ Diese Vorbehalte können auf bestimmte Geschäftsanteile beschränkt

---

⁴⁵ Dafür: *Schlösser* GmbHR 2007, 301; *Saenger/Scheuch* BB 2008, 65, 69; kritisch: *Trendlenburg* GmbHR 2008, 644, 647.
⁴⁶ *Saenger/Scheuch* BB 2008, 65, 70; *Trendlenburg* GmbHR 2008, 644, 647.
⁴⁷ *Saenger/Scheuch* BB 2008, 65, 66.
⁴⁸ BGH GmbHR 1990, 25, 28.
⁴⁹ OLG München NZG 1998, 156, 157; OLG Frankfurt a. M. GmbHR 2005, 764.
⁵⁰ *Dignas* GmbHR 2005, 139, 141.
⁵¹ *Schlößer* GmbHR 2007, 301; *Saenger/Scheuch* BB 2008, 65, 67; *Böttcher/Blasche* NZG 2006, 766, 768, kritisch: *Trendlenburg* GmBHR 2008, 644, 647; *Pilger* BB 2005, 1285.
⁵² BGHZ 48, 144.
⁵³ OLG Schleswig ZIP 2003, 1703.
⁵⁴ Baumbach/Hueck/*Hueck/Fastrich* § 15 Rn. 38; *Wicke* § 15 Rn. 24 ff.
⁵⁵ RGZ 80, 179; BayObLG DB 1989, 214, 215; Baumbach/Hueck/*Hueck/Fastrich* § 15 Rn. 38; *Wicke* § 15 Rn. 23.

werden.⁵⁶ Ferner kann die Abtretung von bestimmten persönlichen Eigenschaften des Erwerbers abhängig gemacht werden, wie etwa besondere Fachkunde, berufsrechtliche Zulassungen, Gesellschafterstellung oder bestimmte Familienzugehörigkeit.⁵⁷ Dabei ist es auch möglich, ggf. besondere Kriterien für die Erteilung oder die Verweigerung der Zustimmung zu bestimmen und ein hierfür erforderliches Verfahren näher zu definieren.⁵⁸ Für eine nachträgliche Einführung von Abtretungsbeschränkungen oder die Ausdehnung bestehender Abtretungsbeschränkungen ist eine Satzungsänderung gemäß §§ 53, 54 GmbHG erforderlich. Mit der h. M. ist zu einer solchen Satzungsänderung die Zustimmung aller betroffenen Gesellschafter erforderlich.⁵⁹ Sollen bestehende Abtretungsbeschränkungen aufgehoben oder eingeschränkt werden, so ist hierfür ebenfalls eine Satzungsänderung erforderlich, es genügt die satzungsändernde Mehrheit. Sofern die Abtretungsbeschränkung für Gesellschafter Sonderrecht enthält, ist die Zustimmung der jeweiligen Gesellschafter erforderlich.⁶⁰

31

Übersicht: Statutarische Abtretungsbeschränkungen

- Zustimmungsvorbehalt
  – Umfasst bestimmte oder alle Geschäftsanteile
  – Bei Abtretung an Dritte oder an Mitgesellschafter
  – Zuständig für Erteilung
    • alle Gesellschafter
    • bestimmte Gesellschafter
    • Aufsichtsrat
    • Dritte
- Vorkaufs- oder Erwerbsvorrechte
- Besondere Eigenschaften
  – Familienzugehörigkeit
  – Alter
  – Konfession
  – Besondere Fachkenntnisse
  – Behördliche Genehmigungen
  – Berufsrechtliche Zulassungen
- Formerfordernisse

32 Die Meinungsbildung innerhalb der Gesellschaft erfolgt ungeachtet anderweitiger Regelung in der Satzung durch Gesellschafterbeschluss. Grundsätzlich ist hierfür eine einfache Mehrheit erforderlich, andere Mehrheiten können in der Satzung vorgesehen werden. Sind Veräußerer und Erwerber zugleich Gesellschafter, so können sie dabei mitstimmen.⁶¹ Sofern die Satzung die Zustimmung durch die Gesellschafterversammlung oder ein anderes Organ vorsieht, ist nach der h. M. die Zustimmung von dem benannten Organ zu beschließen und von diesem nach außen zu erklären. Die Geschäftsführung muss dabei nicht mitwirken.⁶²

33 Die Abgabe der Zustimmungserklärung (oder deren Versagung) erfolgt durch die Gesellschaft, die dabei von den Geschäftsführern in vertretungsberechtigter Zahl vertreten wird. Sie kann gegenüber dem Veräußerer oder dem Erwerber abgegeben werden. Sieht die Satzung keine besondere Form vor, so kann die Zustimmung formlos erfolgen und ggf. auch schlüssig erklärt werden.⁶³ Ein Anspruch des veräußernden Gesellschafters auf Erteilung der Zustimmung besteht grundsätzlich nicht. Etwas anderes gilt nur dann, wenn in der Satzung bestimmte Voraussetzungen an die Zustimmung geknüpft sind und diese erfüllt sind, oder

---

⁵⁶ Baumbach/Hueck/*Hueck/Fastrich* § 15 Rn. 39.
⁵⁷ Baumbach/Hueck/*Hueck/Fastrich* § 15 Rn. 38.
⁵⁸ Lutter/Hommelhoff/*Bayer* § 15 Rn. 42.
⁵⁹ RGZ 68, 211; OLG Dresden GmbHR 2004, 1080; Baumbach/Hueck/*Hueck/Fastrich* § 15 Rn. 40; *Wicke* § 15 Rn. 22.
⁶⁰ Baumbach/Hueck/*Hueck/Fastrich* § 15 Rn. 40.
⁶¹ BGHZ 48, 167.
⁶² Baumbach/Hueck/*Hueck/Fastrich* § 15 Rn. 43.
⁶³ BGH NZG 2006, 627.

wenn der Gleichbehandlungsgrundsatz oder gesellschaftsrechtliche Treuepflichten dies fordern.64

Auch wenn die Satzung eine Zustimmung vorsieht, kann bei fehlender Zustimmung noch nach erfolgter Abtretung eine Genehmigung erfolgen, insoweit sind die §§ 182 bis 184 BGB anwendbar.65 Bis zum Vorliegen der Genehmigung ist die Abtretung allerdings schwebend unwirksam. Wurde im Vorfeld der Abtretung von der Gesellschaft eine Zustimmung zur Übertragung erteilt, kann diese bis zur Durchführung der Abtretung widerrufen werden.66 Wurde die Genehmigung erteilt, so ist diese unwiderruflich.67 Wurde die Genehmigung verweigert, so wird der Abtretungsvertrag endgültig unwirksam. Dies geht jedoch nicht, wenn die Ablehnung der Zustimmung rechtsmissbräuchlich sein sollte.68

Die Beschränkung nach § 15 Abs. 5 GmbHG gilt nur für rechtsgeschäftliche Übertragungen im Wege der Abtretung und ist nicht auf gesetzlichen Erwerb durch Erbfolge, Verschmelzung oder Anwachsung anwendbar. Wird eine Zustimmung zur Abtretung des Geschäftsanteiles nicht gewährt oder scheitert der Vollzug des Verpflichtungsgeschäftes aufgrund anderer Abtretungsbeschränkungen, so haftet der Veräußerer gegenüber dem Erwerber auf Schadensersatz wegen Nichterfüllung oder wegen Verschuldens bei Vertragsschluss, sofern der Veräußerer über die Abtretungsbeschränkungen nicht aufgeklärt hat.

II. Vererbung der Geschäftsanteile

Verstirbt ein Gesellschafter, so geht sein Geschäftsanteil nach Maßgabe des Erbrechtes mit allen Rechten und Pflichten auf seine Erben über. Dies umfasst zum einen die Haftung für rückständige Einlagen sowie Sonderrechte oder Nebenleistungspflichten, soweit diese nicht höchstpersönlich sind. In der Satzung kann die Vererbbarkeit der Geschäftsanteile weder ausgeschlossen noch von der gesetzlichen Erbfolge abweichend geregelt werden.69 In der Satzung kann also die gesetzliche Erbfolge weder beseitigt noch eingeschränkt werden. Allerdings können Regelungen getroffen werden, wonach der Anteil eines verstorbenen Gesellschafters eingezogen werden kann oder an einen anderen Gesellschafter oder dritte Personen abzutreten ist. Dies kann an unterschiedliche Voraussetzungen geknüpft werden, etwa wenn der Geschäftsanteil durch den Erbfall auf eine familienfremde Person übergegangen ist, oder wenn bestimmte persönliche Voraussetzungen wie etwa bei der Freiberufler-GmbH in der Person des Erben nicht mehr vorliegen. Die entsprechende Satzungsregelung zur Erbfolge darf jedoch nicht sittenwidrig sein oder die gesetzliche Erbfolgeregelung faktisch ausschließen.70 Fällt der Geschäftsanteil mehreren Erben zu, so können diese ihre Gesellschafterrechte nach § 18 Abs. 1 GmbHG nur gemeinschaftlich ausüben.71 Sind noch Leistungen auf den Geschäftsanteil zu bewirken, so haften die Erben solidarisch § 18 Abs. 3 GmbHG. Die Erben können ihre Haftung für rückständige Einlagen oder Nachschüsse gemäß den §§ 1975 ff. BGB beschränken.

Wenn ein Testamentsvollstrecker bestellt worden ist, ist er berechtigt und verpflichtet die Rechte der Erben aus dem Geschäftsanteil geltend zu machen. Sofern erforderlich, ist er befugt und verpflichtet, den Geschäftsanteil an Miterben oder einen Vermächtnisnehmer zu übertragen. Nach h.A. in der Literatur kann die Ausübung der Rechte der Erben durch einen Testamentsvollstrecker oder Dritte in der Satzung eingeschränkt oder abweichend geregelt werden.72

Eine satzungsgemäße Erbfolgeregelung, wonach der Geschäftsanteil des Erblassers an einen Dritten, die Gesellschaft oder einen oder mehrere Gesellschafter abzutreten ist, ist auf-

---

64 OLG Hamm NJW RR 2001, 109, Baumbach/Hueck/*Hueck*/Fastrich § 15 Rn. 46.
65 BGH NJW 1965, 1377; *Wicke* § 15 Rn. 24.
66 BGHZ 84, 163, 166.
67 Baumbach/Hueck/*Hueck*/Fastrich § 15 Rn. 47.
68 BGH NZG 2006, 627.
69 Baumbach/Hueck/*Hueck*/Fastrich § 15 Rn. 9; *Wicke* § 15 Rn. 7.
70 BGHZ 92, 386; 105, 213, 218.
71 Baumbach/Hueck/*Hueck*/Fastrich § 15 Rn. 11.
72 *Wicke* § 15 Rn. 9; Baumbach/Hueck/*Hueck*/Fastrich § 15 Rn. 17.

grund der personalistischen Struktur der GmbH grundsätzlich zulässig.[73] Für diesen Fall kann eine Abfindung für die Erben vorgesehen werden. Möglich ist es aber auch, den Abfindungseinspruch in der Satzung einzuschränken oder gar auszuschließen.[74] Bei der Abtretung des Geschäftsanteiles in der Erfüllung einer Nachfolgeklausel oder im Rahmen einer Erbauseinandersetzung unter den Miterben ist eine Zustimmung nach § 15 Abs. 5 GmbHG grundsätzlich nicht erforderlich.[75] Dies gilt für die Erfüllung eines Vermächtnisses grundsätzlich nicht, insoweit sind die Beschränkungen des § 15 Abs. 5 GmbHG anwendbar.[76]

39   Gegenüber der Gesellschaft gilt der Erbe nach § 16 Abs. 1 GmbHG erst dann als Gesellschafter, wenn er in der im Handelsregister aufgenommenen Gesellschafterliste eingetragen ist.

III. Gutgläubiger Erwerb, § 16 Abs. 3 GmbHG

40   Durch die Neufassung des § 16 Abs. 3 GmbHG ist ein gutgläubiger Erwerb von Geschäftsanteilen oder einem Recht daran durch Rechtsgeschäft mit einem Nichtberechtigten möglich, sofern der Veräußerer als Inhaber des Geschäftsanteils in der Gesellschafterliste eingetragen ist. Ferner muss die Liste zum Zeitpunkt des Erwerbs hinsichtlich des Geschäftsanteils mehr als drei Jahre unrichtig und die Unrichtigkeit dem Berechtigten nicht zuzurechnen sein. Ein gutgläubiger Erwerb ist nicht möglich, wenn der Erwerber die mangelnde Berechtigung kannte, infolge grober Fahrlässigkeit nicht kannte oder der Liste ein Widerspruch zugeordnet ist.

41   Zwar ist die Vorschrift gegenwärtig uneingeschränkt wirksam, doch kann aufgrund der Dreijahresfrist der gutgläubige Erwerb faktisch erst ab dem Jahr 2011 erfolgen, vgl. § 3 Abs. 3 EGGmbHG. Bis dahin besteht für den Erwerber eines Geschäftsanteils weiterhin das Risiko, dass der Anteil einem anderen als dem Veräußerer zusteht. Um dieses Risiko zu minimieren, sollte der Erwerber zum einen vom Veräußerer eine möglichst lückenlose Vorlage aller relevanten Abtretungsurkunden zurück bis zur Gründungsurkunde verlangen und im Rahmen einer Due Diligence überprüfen. Darüber hinaus sollte der Erwerber vom Veräußerer eine Garantie, wonach ihm der Geschäftsanteil zusteht, verlangen. Doch ist zu beachten, dass Garantien als solche den gewünschten Erfolg, nämlich den Anteilserwerb, nicht herbeiführen können. Bei fehlender Berechtigung stehen dem Erwerber nur Rückgewähr- und Schadenersatzansprüche zu, sofern der mangelnde Anteilserwerb nicht geheilt werden kann. Daher sollte von der bisherigen Praxis der Due Diligence unter Nachverfolgung der Berechtigungskette seit Anteilsabtretung nicht abgewichen werden.

1. Gegenstand des gutgläubigen Erwerbs

42   Durch § 16 Abs. 3 GmbHG wird nur der gute Glaube an die Verfügungsbefugnis geschützt, während tatsächlich nicht existierende Geschäftsanteile (etwa aufgrund einer unwirksamen Teilung) nicht gutgläubig erworben werden können.[77] Die Möglichkeit eines gutgläubigen Erwerbs von „nicht so" bestehenden Geschäftsanteilen ist umstritten. Die gegenwärtig wohl h.M. bejaht die Möglichkeit eines gutgläubigen Erwerbs bei in der Gesellschafterliste fehlerhaft eingetragener Stückelung tatsächlich existierender Geschäftsanteile.[78] Das wäre etwa dann der Fall, wenn ein Geschäftsanteil über 500,– EUR erworben wird, der Veräußerer aber tatsächlich Inhaber zweier Geschäftsanteile über je 250,– EUR ist.[79] Gleiches soll auch für den umgekehrten Fall gelten.[80]

---

[73] BGH NJW 1977, 563; Baumbach/Hueck/*Hueck*/*Fastrich* § 15 Rn. 13.
[74] Baumbach/Hueck/*Hueck*/*Fastrich* § 15 Rn. 14.
[75] OLG Düsseldorf NJW-RR, 1991, 1056; *Wicke* § 15 Rn. 8.
[76] Baumbach/Hueck/*Hueck*/*Fastrich* § 15 Rn. 15.
[77] *Wicke* § 16 Rn. 15; *Böttcher*/*Blasche* NZG 2007, 565, 569; Römermann/Wachter/*Wachter*, GmbH Beratung nach dem MoMiG 2008, S. 59.
[78] *Wicke* § 16 Rn. 15; *Böttcher*/*Blasche* NZG 2007, 565, 566; *Gehrlein* Der Konzern 2007, 771, 791, a.A. wohl Römermann/Wachter/*Wachter*, GmbH Beratung nach dem MoMiG 2008, S. 59.
[79] *Böttcher*/*Blasche* NZG 2007, 565, 566; *Gehrlein* Der Konzern 2007, 771, 791.

Strittig ist die Möglichkeit eines gutgläubigen Erwerbs, wenn der Nennbetrag des erworbenen und des tatsächlichen Geschäftsanteils auseinanderfallen, also bspw. der Veräußerer über einen Geschäftsanteil mit Nennbetrag in Höhe von 500,- EUR verfügt, in der Gesellschafterliste aber fälschlicherweise mit 600,- EUR eingetragen ist. In diesem Fall soll ein gutgläubiger Erwerb des Geschäftsanteils über 600,- EUR nicht möglich sein,[81] da unklar wäre, in welcher Höhe der Anteil erworben werden sein soll.[82] Nach a. A. soll auch in diesem Fall ein gutgläubiger Erwerb möglich sein, jedoch nur in Höhe des *tatsächlich existierenden* Geschäftsanteils.[83]

Nicht möglich ist ein gutgläubiger lastenfreier Erwerb des Geschäftsanteils. Sofern an einem Geschäftsanteil bsplw. ein Pfandrecht besteht, kann der Anteil nicht lastenfrei erworben werden.[84] Denn § 16 Abs. 3 GmbHG schützt lediglich den guten Glauben an den Bestand des Geschäftsanteils und daran, dass der in der Gesellschafterliste eingetragene (vermeintliche) Gesellschafter Inhaber des Geschäftsanteils ist. Ein weitergehender Schutz, insbesondere ein guter Glaube an die Lastenfreiheit des Geschäftsanteils ist nicht möglich, da im Handelsregister – anders als im Grundbuch – keine weiteren Angaben vorgesehen sind. Demgegenüber kann ein Dritter ein Recht am Geschäftsanteil eines tatsächlich nichtberechtigten Gesellschafters gutgläubig erwerben. Dies folgt daraus, dass von § 16 Abs. 3 GmbHG der gute Glaube an die Inhaberschaft am Geschäftsanteil geschützt wird. Folglich wird auch der gute Glaube daran geschützt, dass der eingetragene (vermeintliche) Gesellschafter an dem Geschäftsanteil zu Gunsten eines anderen ein Recht begründen kann.[85]

Ein aufschiebend bedingt abgetretener Geschäftsanteil kann vor Eintritt der Bedingung unstreitig abgetreten werden. Da der Veräußerer vor Bedingungseintritt immer noch Gesellschafter ist, bedarf es keiner Anwendung des § 16 Abs. 3 GmbHG. Dafür wird aber der Ersterwerber, an den der Geschäftsanteil aufschiebend bedingt abgetreten wurde, durch § 161 Abs. 1 BGB geschützt. § 161 Abs. 1 BGB bestimmt nämlich, dass eine erneute Verfügung über den zuvor bereits aufschiebend bedingt abgetretenen Geschäftsanteil mit Bedingungseintritt rückwirkend unwirksam wird. Die Regelung des § 161 Abs. 1 BGB findet aber in § 161 Abs. 3 BGB eine Einschränkung. Denn gemäß § 161 Abs. 3 BGB finden die Vorschriften zugunsten derjenigen, welche Rechte von einem Nichtberechtigten herleiten, entsprechende Anwendung. Nach bisher wohl überwiegender Ansicht sollte es daher möglich sein, dass ein aufschiebend bedingt abgetretener Geschäftsanteil durch eine erneute Verfügung von einem gutgläubigen Zweiterwerber gemäß § 161 Abs. 3 i. V. m. § 16 Abs. 3 GmbHG erworben werden kann, ohne dass der Ersterwerber durch § 161 Abs. 1 BGB geschützt wäre.[86] Dieser Ansicht ist zuzugeben, dass der (Zweit-)Erwerb vom (noch) Berechtigten anderenfalls ungünstiger gestellt werden würde als der Erwerb vom Nichtberechtigten.[87] Der BGH hat die Anwendung des § 161 Abs. 3 BGB i. V. m. § 16 Abs. 3 GmbHG dennoch zu Recht abgelehnt.[88] Denn der Gutglaubensschutz des § 16 Abs. 3 GmbHG hängt in seiner Reichweite davon ab, welchen Rechtsschein die Gesellschafterliste als Rechtsscheinträger überhaupt begründen kann. In der Gesellschafterliste kann nach dem eindeutigen Wortlaut des § 40 Abs. 1 S. 1 GmbHG nur vermerkt sein, wer Inhaber des Geschäftsanteils ist. Demgegenüber ist aus der Liste nicht ersichtlich, dass der eingetragene Gesellschafter zwar immer noch Inhaber des Geschäftsanteils ist, er hierüber aber unter einer aufschiebenden Bedingung verfügt hat. Folglich kann die Gesellschafterliste auch keinen Rechtsschein setzen, wonach eine aufschiebend bedingte Verfügung nicht erfolgt wäre. Hieraus ergibt sich, dass ein guter Glaube an das Fehlen einer aufschiebend bedingten Ver-

---

[80] *Böttcher/Blasche* NZG 2007, 565, 566; *Gehrlein* Der Konzern 2007, 771, 791.
[81] *Wachter* GmbHR Sonderheft GmbH Beratung nach dem MoMiG 2008 S. 59; *Böttcher/Blasche* NZG 2007, 565, 567; *Gehrlein* Der Konzern 2007, 771, 791.
[82] *Römermann/Wachter/Wachter*, GmbH Beratung nach dem MoMiG 2008, S. 59.
[83] *Wicke* § 16 Rn. 15.
[84] *Wicke* § 16 Rn. 16; *Vossius* NZG 2007, 2299, 2303, krit. *Böttcher/Blasche* NZG 2007, 565, 566.
[85] *Gehrlein* Der Konzern 2007, 771, 792; *Wicke* § 16 Rn. 17.
[86] *Michalski/Ebbing* § 16, Rn. 249 m. w. N.
[87] *Wicke* § 16, Rn. 29a.
[88] BGH NZG 2011, 1268.

fügung nicht entstehen und damit auch nicht durch § 16 Abs. 3 GmbHG geschützt werden kann.[89]

2. Erwerb durch Rechtsgeschäft

45 Ein gutgläubiger Erwerb ist nur bei einem Erwerb durch Rechtsgeschäft in Gestalt eines Verkehrsgeschäftes möglich.[90] Ein Verkehrsgeschäft liegt vor, wenn die Vertragsparteien weder rechtlich noch wirtschaftlich identisch sind. Ferner muss das Rechtsgeschäft nach den allgemeinen Vorschriften wirksam sein.

46

Übersicht: Kein gutgläubiger Erwerb bei
• Erbrechtlicher Gesamtrechtsnachfolge
• Umwandlung nach den §§ 2 ff. UmwG[91]
• Einziehung durch Gesellschafterbeschluss nach § 34 GmbHG[92]
• Vollstreckung in einen Geschäftsanteil (anders aber bei rechtsgeschäftlicher Verpfändung)[93]

3. Rechtsscheinträger

47 Rechtsscheinträger ist die Gesellschafterliste, die im Wesentlichen den Anforderungen des § 40 GmbHG entsprechen muss.[94] Die eingereichte Liste muss von den Geschäftsführern in vertretungsberechtigter Zahl unterzeichnet und der Gesellschaft zurechenbar sein. Ist der Notar einreichungspflichtig, so muss die Liste die Bescheinigung des § 40 Abs. 2 S. 2 GmbHG enthalten.[95] Durch die Aufnahme in die Gesellschafterliste wird der eingetragene Gesellschafter nicht nur im Verhältnis zur Gesellschaft legitimiert, sondern auch gegenüber Dritten. Die Eintragung ist jedoch nicht Wirksamkeitsvoraussetzung für den Erwerb des Geschäftsanteils, sondern ermöglicht die Wahrnehmung der Gesellschafterrechte.[96] Erwirbt ein Dritter den Geschäftsanteil oder ein Recht daran, so wird er grundsätzlich in seinem Vertrauen geschützt, dass die in der Gesellschafterliste verzeichnete Person tatsächlich Gesellschafter ist.[97]

4. Gutgläubigkeit des Erwerbers

48 Gemäß § 16 Abs. 3 S. 3 GmbHG ist der gutgläubige Erwerb ausgeschlossen, wenn dem Erwerber die mangelnde Berechtigung des Veräußers bekannt oder infolge grober Fahrlässigkeit unbekannt ist. Grob fahrlässige Unkenntnis wäre zu bejahen, wenn sich der Erwerber der Wahrnehmung von Tatsachen verschließt, die sich jedem vernünftigen Erwerber hätte aufdrängen müssen.[98] Grundsätzlich muss ein Erwerber nur dann Nachforschungen anstellen, wenn er einen konkreten Verdacht auf die Nichtinhaberschaft des Veräußerers hat oder hätte haben müssen. Nach h. M. führt das Unterlassen einer Due Diligence-Prüfung grundsätzlich nicht zu einer grob fahrlässigen Unkenntnis, es sei denn es bestehen konkrete Anhaltspunkte, die an der Inhaberschaft des Veräußerers Zweifel wecken müssten.[99]

Die Gutgläubigkeit muss im Zeitpunkt der dinglichen Einigung über die Abtretung vorliegen.[100] Bei einer aufschiebend bedingten Übertragung ist der Zeitpunkt des Bedingungs-

---

[89] BGH NZG 2011, 1268.
[90] Römermann/Wachter/*Wachter*, GmbH Beratung nach dem MoMiG 2008, S. 59; *Gehrlein* Der Konzern 2007, 771, 791; *Wicke* § 16 Rn. 18, 19.
[91] *Vossius* NZG 2007, 2299, 2300; *Gehrlein* Der Konzern 2007, 771, 791; *Wicke* § 16 Rn. 18.
[92] *Vossius* NZG 2007, 2299, 2301; *Gehrlein* Der Konzern 2007, 771, 791; a. A. *Wicke* § 16 Rn. 17.
[93] *Vossius* NZG 2007, 2299, 2300; *Gehrlein* Der Konzern 2007, 771, 791; *Wicke* § 16 Rn. 18.
[94] Römermann/Wachter/*Wachter*, GmbH Beratung nach dem MoMiG 2008, S. 59; *Wicke* § 16 Rn. 18.
[95] *Gehrlein* Der Konzern 2007, 771, 791; *Wicke* § 16 Rn. 14.
[96] RegE MoMiG, BR-Drucks. 354/07, S. 85; *Gehrlein* Der Konzern 2007, 771, 790.
[97] *Wicke* § 16 Rn. 13; *Gehrlein* Der Konzern 2007, 771, 792.
[98] Römermann/Wachter/*Wachter*, GmbH Beratung nach dem MoMiG 2008, S. 60.
[99] *Wicke* § 16 Rn. 23; *Götze/Bressler* NZG 2007, 894, 898.
[100] *Wicke* § 16 Rn. 23; *Götze/Bressler* NZG 2007, 894, 898.

eintritts maßgeblich.[101] Die Gutgläubigkeit muss ununterbrochen bis zum Ablauf der Dreijahresfrist gegeben sein.

5. Dreijahresfrist

Nach § 16 Abs. 3 S. 2 GmbHG. ist ein gutgläubiger Erwerb ausgeschlossen, wenn die Liste zum Zeitpunkt des Erwerbs hinsichtlich des Geschäftsanteils weniger als drei Jahre unrichtig ist und die Unrichtigkeit dem Berechtigten nicht zuzurechnen ist. Daraus folgen zwei Möglichkeiten:

- Die Liste ist weniger als drei Jahre unrichtig *und* die Unrichtigkeit ist dem wahren Berechtigten zuzurechnen, oder
- die Liste ist drei Jahre und länger unrichtig. In diesem Fall kommt es nicht darauf an, ob die Unrichtigkeit dem wahren Berechtigten zugerechnet werden kann.

Die Dreijahresfrist beginnt gemäß § 187 Abs. 1 BGB an dem Tag, an dem entweder eine unrichtige Gesellschafterliste im Handelsregister aufgenommen wird oder eine bereits im Handelsregister aufgenommene Gesellschafterliste später unrichtig wird.[102] Entscheidend ist, dass diejenigen, die im Laufe der vorangegangenen drei Jahre als Inhaber in der Gesellschafterliste eingetragen waren, durchgehend nicht die wahren Berechtigten waren. Dabei ist es unbeachtlich, ob mehrere Listen eingereicht wurden, die den Geschäftsanteil verschiedenen Personen zuweisen. Insoweit werden alle in das Handelsregister aufgenommenen Gesellschafterlisten als eine fortgeschriebene Liste behandelt.[103]

Übersicht: Fristende im Fall des § 16 Abs. 2 S. 2 GmbHG, wenn

- die Unrichtigkeit dem wahren Anteilsinhaber durch einen neu eintretenden Umstand zuzurechnen ist,
- der spätere Erwerber bösgläubig wird,
- der Liste ein Widerspruch zugeordnet ist,
- nach Ablauf von drei Jahren.

Innerhalb der Dreijahresfrist stellt sich die Frage, ob die Unrichtigkeit dem Berechtigten zuzurechnen ist. Nach allgemeinen Grundsätzen ist Zurechenbarkeit dann gegeben, wenn der Berechtigte die Unrichtigkeit (mit) veranlasst oder sonst (mit) zu verantworten hat.[104] Danach wäre die Zurechenbarkeit zu bejahen, wenn der wahre Anteilsinhaber bsplw. beim Erwerb des Geschäftsanteils nicht darauf geachtet hat, dass eine seine Beteiligung korrekt darstellende Gesellschafterliste beim Handelsregister eingereicht wird oder eine spätere Korrektur unterlassen hat.[105] Problematisch ist insoweit, dass der zuletzt Eingetragene in der Regel keine Anhaltspunkte über die Unrichtigkeit haben wird, da eine Unterrichtung des zuletzt Eingetragenen über Änderungen nicht erfolgt. Er müsste also regelmäßig im Internet nachsehen, ob die Gesellschafterliste unrichtig geworden ist. Ob dies insbesondere für ältere Gesellschafter, die nicht mit dem Internet vertraut sind zumutbar ist, erscheint doch ausgesprochen fraglich.[106] Zwar trifft den Erwerber in der Tat die Obliegenheit, für die Eintragung seiner Gesellschafterstellung zu sorgen. Doch ist eine weitergehende Verpflichtung, sich regelmäßig über etwaige Falscheintragungen zu informieren, abzulehnen. Eine Obliegenheit, wonach sich der Eigentümer regelmäßig über mögliche Störungen seines Eigentums informieren muss und anderenfalls der Verlust seines Rechtes droht, ist dem deutschen Recht grundsätzlich fremd.

---

[101] *Wicke* § 16 Rn. 23; *Götze/Bressler* NZG 2007, 894, 899.
[102] RegE MoMiG, BR-Drucks. 354/07, S. 88; Römermann/Wachter/*Wachter,* GmbH Beratung nach dem MoMiG 2008, S. 60.
[103] RegE MoMiG, BR-Drucks. 354/07, S. 88.
[104] Römermann/Wachter/*Wachter,* GmbH Beratung nach dem MoMiG 2008, S. 60.
[105] *Gehrlein* Der Konzern 2007, 771, 792; *Vossius* DB 2007, 2299, 2302.
[106] Siehe dazu ausführlich auch *Bednarz* BB 2008, 1854.

6. Kein Widerspruch

53   Der gutgläubige Erwerb ist ausgeschlossen, wenn der Gesellschafterliste ein Widerspruch zugeordnet ist, § 16 Abs. 3 S. 3 GmbHG. Zuordnung in diesem Sinne bedeutet, dass im Handelsregister neben der Gesellschafterliste eine Widerspruchserklärung aufgenommen, also nach § 9 HRV in den entsprechenden Registerordner eingestellt und online abrufbar ist.[107] Die Zuordnung kann im Wege einer einstweiligen Verfügung oder aufgrund einer Bewilligung desjenigen erfolgen, gegen dessen Berechtigung sich der Widerspruch richtet, § 16 Abs. 3 S. 4 GmbHG. Ein solcher Widerspruch zerstört die Gutglaubenswirkung, allerdings nicht die relative Gesellschafterstellung. Der Widerspruch beseitigt auch nicht die Möglichkeit des tatsächlich Berechtigten, seinen Anteil wirksam zu veräußern,[108] er schließt lediglich die Möglichkeit eines gutgläubigen Erwerbs vom Nichtberechtigten aus.

54

> **Übersicht: Keine Gutgläubigkeit, wenn:**
> - Liste weniger als drei Jahre unrichtig und Unrichtigkeit dem Berechtigten nicht zuzurechnen ist.
> - Dem Erwerber die mangelnde Berechtigung bekannt oder infolge grober Fahrlässigkeit unbekannt ist.
> - Der Gesellschafterliste ein Widerspruch zugeordnet ist.

IV. Insolvenz eines Gesellschafters

55   In der Insolvenz eines Gesellschafters bleibt dieser zwar grundsätzlich Inhaber des Geschäftsanteils, doch fällt der Geschäftsanteil in die Insolvenzmasse und kann vom Insolvenzverwalter veräußert werden. Der Insolvenzverwalter übt die Gesellschafterrechte aus, ihm stehen Stimmrecht und Gewinnbezugsrecht zu. In der Satzung kann lediglich das Ruhen der Stimmrechte im Fall der Insolvenz eines Gesellschafters vorgesehen werden.[109] Sofern der Insolvenzverwalter den Geschäftsanteil veräußern kann, unterliegt auch er den Formerfordernissen von § 15 Abs. 3 und 4 GmbHG, allerdings gelten die Beschränkungen des § 15 Abs. 5 GmbHG insoweit grundsätzlich nicht.[110]

V. Verpfändung von Geschäftsanteilen

56   Die Verpfändung von Geschäftsanteilen ist für die Praxis von ganz erheblicher Bedeutung; zum einen für den kreditfinanzierten Erwerb eines Geschäftsanteiles, zum anderen als Mittel zur allgemeinen Kreditsicherung.[111] Allein durch die Verpfändung des Geschäftsanteiles kommt es nicht zu einem Wechsel der Gesellschafterstellung, dies geschieht erst im Zuge der Pfandverwertung. Der Verpfänder bleibt Gesellschafter mit all den verbundenen Mitgliedschaftsrechten und Pflichten.[112] Allerdings unterliegt der Gesellschafter gegenüber dem Pfandgläubiger im Innenverhältnis den Befriedigungsinteressen des Pfandgläubigers und ist in diesem Verhältnis gebunden. Nach § 1276 Abs. 1 BGB ist im Innenverhältnis das Einverständnis des Pfandgläubigers für eine Zustimmung zur Einziehung nach § 34 Abs. 2 GmbHG sowie eine ordentliche Kündigung der Gesellschaft erforderlich.[113] Auch wenn der Pfandgläubiger nicht in die Stellung eines Gesellschafters aufrückt, so unterliegt er doch den Kapitalerhaltungsvorschriften der §§ 30 ff. GmbHG, wenn er im wirtschaftlichen Ergebnis in die Lage versetzt ist, die Geschicke der Gesellschaft wie ein Gesellschafter mitzubestimmen.[114]

---

[107] *Vossius* DB 2007, 2299, 2303.
[108] RegE MoMiG, BR-Drucks. 354/07, S. 89.
[109] Baumbach/Hueck/*Hueck/Fastrich* § 15 Rn. 64.
[110] Baumbach/Hueck/*Hueck/Fastrich* § 15 Rn. 64.
[111] *Wachter* GmbHR Sonderheft GmbH Beratung nach dem MoMiG 2008 S. 51.
[112] RGZ 139; 157, 55.
[113] Baumbach/Hueck/*Hueck/Fastrich* § 15 Rn. 50.
[114] BGH GmbHR 1992, 656; Baumbach/Hueck/*Hueck/Fastrich* § 15 Rn. 50.

Der Pfandgläubiger hat grundsätzlich nur ein Recht auf Befriedigung aus den Geschäftsanteilen unter Berücksichtigung der pfandrechtlichen Vorschriften, sofern die Pfandreife eingetreten ist. Der Pfandgläubiger kann vom Gesellschafter zur Ausübung des Stimmrechts ermächtigt werden.[115] Im Zuge der Verwertung des Pfandrechtes durch eine freihändige Veräußerung sind die Formvorschriften des § 15 Abs. 3 und 4 GmbHG zu beachten. Im Fall der Auflösung der Gesellschaft setzt sich das Pfandrecht gemäß § 1287 BGB am Liquidationserlös fort.[116] Gleiches gilt für das Einziehungsentgelt oder den Abfindungsanspruch bei Austritt oder Ausschluss aus der Gesellschaft. Demgegenüber umfasst das Pfandrecht den Gewinnanspruch nur dann, wenn dies ausdrücklich vereinbart worden ist, vgl. §§ 1273 Abs. 2 S. 2, 1213 Abs. 1 BGB.[117]

1. Bestellung des Pfandrechtes

Für die Verpfändung eines Geschäftsanteiles sind die gleichen Voraussetzungen wie diejenigen zur Abtretung des Geschäftsanteiles zu beachten, § 1274 BGB. Für die Bestellung des Pfandrechtes ist daher die notarielle Beurkundung nach § 15 Abs. 3 GmbHG erforderlich. Demgegenüber besteht bei der Begründung des Pfandrechtes das Formerfordernis des § 15 Abs. 4 GmbHG nicht.[118] In der Satzung kann die Möglichkeit der Verpfändung von Geschäftsanteilen ausgeschlossen werden oder aber an unterschiedliche Voraussetzungen geknüpft werden.[119] Denkbar sind insoweit die Zustimmung der Gesellschaft oder der Gesellschafter. Durch ein solches Zustimmungserfordernis können die Gesellschafter verhindern, dass ein veräußerungswilliger Gesellschafter unmittelbare Übertragungshindernisse umgehen kann. Für die Wirksamkeit der Verpfändung ist eine Anzeige nach § 1280 BGB nicht erforderlich. Da es durch die Verpfändung nicht zu einer Änderung der Gesellschafterstellung kommt, ist eine Anpassung der Gesellschafterliste nach § 16 GmbHG nicht erforderlich. Das Pfandrecht kann einen Geschäftsanteil oder auch den Teil eines Geschäftsanteiles umfassen. Die Verpfändung kann aufschiebend oder auflösend bedingt erfolgen und sich auch auf einen künftigen Geschäftsanteil beziehen. Sofern die Gesellschafterversammlung zustimmt, kann der zu verpfändende Teilanteil als neuer selbstständiger Anteil abgetrennt werden, vgl. § 46 Nr. 4 GmbHG.

2. Verwertung des Pfandrechtes

Sofern die durch das Pfandrecht gesicherte Forderung nicht erfüllt worden ist, kann der Pfandgläubiger den verpfändeten Geschäftsanteil verwerten. Die Verwertung erfolgt im Wege der Zwangsvollstreckung nach den Vorschriften über die Rechtspfändung, § 1277 BGB, § 857 ZPO. Voraussetzung hierfür ist ein vollstreckbarer Titel gegen den Verpfänder, aufgrund dessen die Pfändung des Geschäftsanteiles durch das Vollstreckungsgericht erfolgen kann. Regelmäßig vereinbaren die Parteien einen Verzicht auf das Erfordernis eines vollstreckbaren Titels oder aber die sofortige Unterwerfung unter die Zwangsvollstreckung, § 794 Abs. 1 Nr. 5 ZPO sowie die Berechtigung des Pfandgläubigers, von dem beurkundenden Notar bei Fälligkeit der gesicherten Forderung ohne weiteren Nachweis einen vollstreckbaren Ausfertigung der Verpfändungsabrede zu erhalten. Zu beachten ist, dass Wirksamkeitsvoraussetzung für die vollstreckbare Ausfertigung oder einen gerichtlichen Pfändungsbeschluss die Zustellung an den Verpfänder selbst und an die Gesellschaft ist.[120] Die Gesellschaft selbst ist Drittschuldner im Sinne des § 857 Abs. 2 ZPO. Die Verwertung des Geschäftsanteils erfolgt durch gerichtlich angeordnete öffentliche Versteigerung, §§ 857 Abs. 4, 844 Abs. 1 ZPO. Zweckmäßiger dürfte es jedoch sein, dass im Rahmen der Verpfändungsvereinbarung die Verwertung im Wege eines freihändigen Verkaufes vereinbart wird.

---

[115] OLG Celle NZG 2007, 391.
[116] Baumbach/Hueck/*Hueck*/*Fastrich* § 15 Rn. 51.
[117] Baumbach/Hueck/*Hueck*/*Fastrich* § 15 Rn. 51.
[118] *Wicke* § 15 Rn. 28.
[119] Baumbach/Hueck/*Hueck*/*Fastrich* § 15 Rn. 49.
[120] *Wicke* § 15 Rn. 28.

3. Pfändung von Geschäftsanteilen

60 Neben der Vereinbarung eines Pfandrechtes durch einen Gesellschafter kann aber auch ein Geschäftsanteil von Dritten im Wege der Zwangsvollstreckung aufgrund einer vollstreckbaren notariellen Urkunde und aufgrund eines vollstreckbaren Urteils gepfändet werden. Die Pfändung ist bewirkt, wenn der Pfändungsbeschluss dem Gesellschafter und der Gesellschaft selbst als Drittschuldner im Sinne der §§ 857, 829 ZPO zugestellt worden ist. Mit der Pfändung des Geschäftsanteils wird ein Pfändungspfandrecht des Vollstreckungsgläubigers begründet, §§ 857, 829, 804 ZPO. Das Pfandrecht erfasst auch die Surrogate des Geschäftsanteils; wird die Gesellschaft liquidiert, so hat der Pfandgläubiger Anspruch auf das Liquidationsguthaben.[121] Jedoch erfasst das Pfandrecht grundsätzlich den Gewinnanspruch nicht.[122] Die Pfändung hat keine Auswirkung auf die Verwaltungsrechte, insbesondere das Stimmrecht des Gesellschafters bleibt unberührt.[123] Die Verwaltungsrechte können auch nicht gesondert gepfändet werden, da sie keine Vermögensrechte sind, § 857 Abs. 1 ZPO.[124] Das gilt auch für den Auskunftsanspruch nach § 51a GmbHG.[125] Nach Begründung des Pfändungspfandrechtes kann der Gesellschafter über den Geschäftsanteil als solchen nicht verfügen, aber die Verwaltungsrechte bis zur Verwertung des Pfandes wahrnehmen.

61 Anders als bei der vertraglichen Verpfändung eines Geschäftsanteiles kann in der Satzung die Pfändung eines Geschäftsanteils weder ausgeschlossen noch erschwert werden.[126] Daher kann ein Fremder im Zuge der Zwangsvollstreckung einen Geschäftsanteil erwerben und zum Gesellschafter werden. Die Gesellschafter können sich davor schützen, indem sie in der Satzung die Auflösung der Gesellschaft für den Fall der Pfändung eines Geschäftsanteiles vereinbaren, § 60 Abs. 2 GmbHG. Eine andere und effektivere Möglichkeit ist die Einziehung des Geschäftsanteiles nach § 34 GmbHG für den Fall der Pfändung. Voraussetzung für die Einziehung ist aber, dass an die Stelle des Geschäftsanteils der volle Gegenwert tritt.[127] Dies kann aber in der Satzung abweichend geregelt werden. Wenn für den Fall der Einziehung eine andere Bewertung vereinbart wird, so gilt dies auch im Fall der Pfändung.[128] Die Beschränkung der Abfindung darf aber nicht nur auf die Fälle der Pfändung oder Insolvenz beschränkt sein, sondern muss allgemein und auch für Einziehung aus wichtigem Grund gelten.[129] Die Klausel darf nicht allein darauf abzielen, die Pfändung oder Verwertung durch den Insolvenzverwalter zu vereiteln. Demgegenüber wird durch die Begründung eines Vorkaufsrechtes der Gesellschaft oder der Gesellschafter für den Fall der Pfändung die Pfändung als solche nicht verhindert.

4. Treuhand

62 Soll ein Geschäftsanteil als Sicherheit an einen Treuhänder abgetreten werden, so handelt es sich um eine dingliche Abtretung des Geschäftsanteiles, die schuldrechtlichen Bedingungen der Sicherungs- bzw. Treuhandabrede sind insoweit unbeachtlich. Der Treuhänder tritt daher mit allen Rechten und Pflichten in die Gesellschafterstellung ein.[130] Sowohl das Verfügungs- als auch das Verpflichtungsgeschäft im Rahmen der Sicherungsübereignung oder der Treuhandbegründung bedürfen der notariellen Beurkundung nach § 15 Abs. 3 und 4 GmbHG.[131] In der Satzung kann das Recht der Begründung einer Sicherungsabtretung oder Treuhandabtretung eingeschränkt werden. Auch die Vereinbarung wonach ein Treuhänder

---

[121] BGH BB 1988, 2336.
[122] Baumbach/Hueck/*Hueck*/*Fastrich* § 15 Rn. 62.
[123] Michalski/*Ebbing* § 15 Rn. 239.
[124] Michalski/*Ebbing* § 15 Rn. 239.
[125] BGH DB 2013, 1290.
[126] BGHZ 65, 2226; Baumbach/Hueck/*Hueck*/*Fastrich* § 15 Rn. 60.
[127] BGHZ 32, 151; 65, 26.
[128] Baumbach/Hueck/*Hueck*/*Fastrich* § 15 Rn. 61.
[129] BGHZ 65, 27; Scholz/*Winter*/*Seibt* § 15 Rn. 206; Baumbach/Hueck/*Hueck*/*Fastrich* § 15 Rn. 61; Roth/*Altmeppen* § 15 Rn. 118.
[130] Baumbach/Hueck/*Hueck*/*Fastrich* § 15 Rn. 55.
[131] Baumbach/Hueck/*Hueck*/*Fastrich* § 15 Rn. 55; *Wicke* § 15 Rn. 31.

als Strohmann einen Geschäftsanteil für einen Dritten erwerben soll (Erwerbstreuhand), unterliegt nach nun h. M. auch den Formvorschriften des § 15 Abs. 3 und 4 GmbHG.[132] Freilich sind beim Erwerb des Geschäftsanteils durch den Treuhänder selbst auch die Formgebote des § 15 Abs. 3 und 4 GmbHG zu befolgen.[133] Die Abtretung oder Rückabtretung sind jeweils nach den Vorschriften des § 15 Abs. 3 GmbHG zu beurkunden.[134]

VI. Erwerb eigener Geschäftsanteile durch die Gesellschaft

63 Die Gesellschaft kann eigene Geschäftsanteile nur unter den Voraussetzungen des § 33 GmbHG erwerben oder in Pfand nehmen. Unter Erwerb im Sinne der Vorschrift ist jede Form des Erwerbes zu verstehen, sowohl entgeltlich als auch unentgeltlich. Ein Erwerb eigener Geschäftsanteile durch die Gesellschaft ist nur möglich, wenn die Einlagen auf die zu erwerbenden Geschäftsanteile vollständig geleistet worden sind. Nach § 33 Abs. 1 GmbHG ist der Erwerb eigener Anteile ausdrücklich verboten, sofern die Einlage auf diese Anteile noch nicht vollständig geleistet worden ist. Dieses Verbot gilt für jede Art der Einlagenleistung, sowohl für Geld- als auch für Sacheinlagen.[135] Ebenso vom Verbot des § 33 Abs. 1 GmbHG umfasst sind Rückstände wegen Differenzhaftung nach § 9 Abs. 1 GmbHG, wegen Unterbilanzhaftung sowie bei unwirksamer Einlagenleistung, etwa wegen verbotener Aufrechnung, § 19 Abs. 2 S. 2. Von dem Verbot nicht betroffen ist der Rückstand sonstiger Leistungen, wie etwa Aufgeld, Zinsen, Vertragsstrafen oder Nebenleistungen.[136]

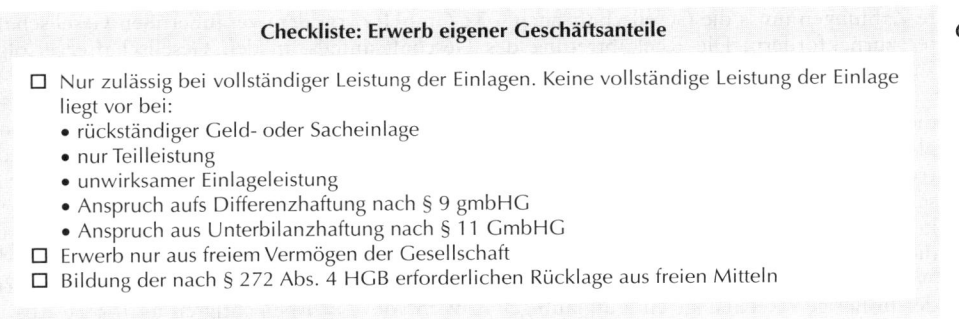

64 Checkliste: Erwerb eigener Geschäftsanteile

☐ Nur zulässig bei vollständiger Leistung der Einlagen. Keine vollständige Leistung der Einlage liegt vor bei:
 • rückständiger Geld- oder Sacheinlage
 • nur Teilleistung
 • unwirksamer Einlageleistung
 • Anspruch aufs Differenzhaftung nach § 9 gmbHG
 • Anspruch aus Unterbilanzhaftung nach § 11 GmbHG
☐ Erwerb nur aus freiem Vermögen der Gesellschaft
☐ Bildung der nach § 272 Abs. 4 HGB erforderlichen Rücklage aus freien Mitteln

65 Hintergrund des Verbotes des § 33 Abs. 1 GmbHG ist, dass bei einem Erwerb eines nicht voll eingezahlten Geschäftsanteiles durch die Gesellschaft die restliche Stammeinlage von der Gesellschaft selbst geschuldet werden würde. Dies stünde den Grundgedanken zum Schutze der Kapitalaufbringung und Kapitalerhaltung entgegen.[137] Bei einem wirksamen Erwerb eigener Geschäftsanteile nehmen diese an einer Kapitalerhöhung aus Gesellschaftsmitteln nach § 57l Abs. 1 GmbHG teil. Werden Geschäftsanteile nach § 34 GmbHG eingezogen, so gehen diese Anteile unter und können nicht von der Gesellschaft erworben werden.

1. Voraussetzungen

66 Die Gesellschaft kann gem. § 33 Abs. 2 GmbHG voll eingezahlte Geschäftsanteile uneingeschränkt erwerben. Höchstgrenzen oder etwa eine Bindung an sachliche Gründe gelten

---

[132] BGH NZG 2006, 590; NJW1999, 2594; Baumbach/Hueck/*Hueck/Fastrich* § 15 Rn. 56; *Wicke* § 15 Rn. 31; anders noch: BGHZ 19, 70.
[133] *Wicke* § 15 Rn. 31.
[134] BGH NJW 1965, 1376; *Wicke* § 15 Rn. 31.
[135] *Wicke* § 33 Rn. 2.
[136] Baumbach/Hueck/*Hueck/Fastrich* § 33 Rn. 2.
[137] BGH NJW 1955, 222; *Wicke* § 33 Rn. 1.

anders als für die Aktiengesellschaft (§§ 71 ff. AktG) nicht.[138] Voraussetzung für den wirksamen Erwerb ist aber, dass dieser Erwerb aus freiem Vermögen der Gesellschaft erfolgen kann, das Entgelt für den Erwerb also nicht aus dem zum Erhalt des Stammkapitals erforderlichen Vermögen aufgebracht werden muss. Ob dies tatsächlich der Fall ist, muss anhand einer Ertragsbilanz nach den §§ 264 ff. HGB zu fortgeführten Buchwerten und ohne Berücksichtigung stiller Reserven beantwortet werden.[139]

67 Ferner ist zum Ausgleich für die eigenen Anteile eine Rücklage nach § 272 Abs. 4 HGB auszuweisen, damit sicher gestellt ist, dass der eigene Geschäftsanteil nicht in das gebundene Vermögen eingerechnet wird und der Erwerb nicht zu einer Rückzahlung aus dem gebundenen Vermögen an die Gesellschafter führt, § 33 Abs. 2. S. 1 GmbHG.

68 Beim Erwerb der eigenen Geschäftsanteile wird die Gesellschaft nach den allgemeinen Grundsätzen von der Geschäftsführung vertreten. Umstritten ist, ob für den Erwerb der eigenen Anteile ein Beschluss der Gesellschafter erforderlich ist oder ob insoweit eine Informationspflicht des Geschäftsführers gegenüber den Gesellschaftern besteht.[140] Nach der hier vertretenen Auffassung ist ein Beschluss der Gesellschafter mit einfacher Mehrheit erforderlich, da es sich bei dem Erwerb eigener Geschäftsanteile um ein außergewöhnliches Geschäft handelt, das geeignet ist, die Mehrheitsverhältnisse in der Gesellschaft zu verändern.[141] Handelt der Geschäftsführer ohne die erforderliche Zustimmung der Gesellschafter, so ist das Erwerbsgeschäft nichtig.

69 Bei einem Verstoß gegen die Vorgaben des § 33 Abs. 2 GmbHG ist der Erwerb der Geschäftsanteile dinglich wirksam, nur das zugrunde liegende schuldrechtliche Verpflichtungsgeschäft ist nichtig.[142] Die Rückabwicklung erfolgt nach den §§ 812 ff. BGB. Bereits geleistete Zahlungen muss die Gesellschaft nach § 31 GmbHG von dem veräußernden Gesellschafter zurückfordern. Die Rückabtretung der Geschäftsanteile an den Gesellschafter erfolgt Zug um Zug gegen Zahlung des vereinbarten Preises, § 273 BGB.

70 Erfolgte der Erwerb unter Verstoß gegen das Verbot des § 33 Abs. 1 GmbHG, wenn also die Einlagen auf die Geschäftsanteile noch nicht vollständig geleistet waren, ist der Erwerb als solcher gemäß § 134 BGB nichtig. Die Nichtigkeit umfasst dabei sowohl das schuldrechtliche Verpflichtungsgeschäft als auch das dingliche Verfügungsgeschäft.[143] Der Gesellschafter bleibt also weiterhin Inhaber des Geschäftsanteils, bereits erbrachte Leistungen können von der Gesellschaft nach den §§ 812 ff. BGB zurückgefordert werden. Auch wenn die noch ausstehende Einlage nachträglich geleistet wird, ist eine Heilung nicht möglich.[144] Wird der Geschäftsanteil trotz der Nichtigkeit weiterveräußert, so kommt insoweit entgegen der bisherigen Rechtslage ein gutgläubiger Erwerb vom Nichtberechtigten nach § 16 Abs. 3 GmbHG in Betracht, hierzu oben → Rn. 40 ff. Im Fall des gutgläubigen Erwerbes wäre die rückständige Einlage vom Erwerber zu erbringen.[145] Zum Schutz vor der Nichtigkeit des Erwerbsgeschäftes kann der Erwerb unter die Bedingung der Volleinzahlung möglicher ausstehender Einlageleistungen gestellt werden, § 158 Abs. 1 BGB.[146]

2. Rechtsfolge

71 Der nach den Voraussetzungen des § 33 Abs. 2 GmbHG erworbene Geschäftsanteil bleibt in der Hand der GmbH bestehen. Es steht ihr jedoch frei, den erworbenen Anteil nach § 34 GmbHG einzuziehen. Sofern an dem von der Gesellschaft erworbenen Geschäftsanteil Rechte Dritter bestehen, wie etwa ein Pfandrecht oder ein Nießbrauchsrecht, bleiben diese

---

[138] Baumbach/Hueck/*Hueck*/*Fastrich* § 33 Rn. 9.
[139] BGH NJW 1997, 196; *Wicke* § 33 Rn. 6.
[140] Michalski/*Sosnitza* § 34 Rn. 24.
[141] *Wicke* § 33 Rn. 8; Baumbach/Hueck/*Hueck*/*Fastrich* § 33 Rn. 28; Scholz/*Westermann* § 33 Rn. 38; offen gelassen von BGH NJW 2004, 365, 366. A. A. Roth/*Altmeppen* § 33 Rn. 26, allerdings unter Hinweis auf internes Zustimmungserfordernis.
[142] Baumbach/Hueck/*Hueck*/*Fastrich* § 33 Rn. 14; *Wicke* § 33 Rn. 11.
[143] Baumbach/Hueck/*Hueck*/*Fastrich* § 33 Rn. 6; *Wicke* § 33 Rn. 4.
[144] Baumbach/Hueck/*Hueck*/*Fastrich* § 33 Rn. 6; *Wicke* § 33 Rn. 4.
[145] *Wicke* § 33 Rn. 4.
[146] RGZ 93, 326, 329; *Wicke* § 33 Rn. 5.

bestehen. Demgegenüber kann die Gesellschaft an dem von ihr gehaltenen Anteil keine Rechte Dritter begründen. Die Gesellschaft kann den von ihr gehaltenen Anteil jederzeit an die Gesellschafter oder an Dritte weiterveräußern. Bei diesem Veräußerungsgeschäft wird die Gesellschaft durch die Geschäftsführung vertreten. Wie beim Erwerb des Anteils, so ist auch hier die Zustimmung der Gesellschafter erforderlich.[147] Soll der Geschäftsanteil an Gesellschafter veräußert werden, so ist der Gleichbehandlungsgrundsatz zu berücksichtigen. Die Rechte und Pflichten aus dem Geschäftsanteil, insbesondere das Stimmrecht und das Gewinnbezugsrecht ruhen.[148] Die Anteile können bei der Beschlussfassung zur Gewinnfeststellung und -verwendung nicht mitstimmen, auch hat die Gesellschaft kein Recht zur Anfechtung von Gesellschafterbeschlüssen.[149] Der auf den von der Gesellschaft erworbenen Anteil entfallende Gewinn kommt der Gesellschaft nicht zugute und muss nicht zwingend in die Rücklage eingestellt werden. Vielmehr wird der auf den Anteil der Gesellschaft anfallende Gewinn anteilig an die übrigen Gesellschafter verteilt, er kann aber auch in die Rücklagen eingestellt werden.[150]

3. Inpfandnahme eigener Geschäftsanteile, § 33 Abs. 2 S. 2 GmbH

Die Inpfandnahme eigener Geschäftsanteile durch die Gesellschaft wird wie der Erwerb der eigenen Geschäftsanteile behandelt, § 33 Abs. 2 S. 2 GmbHG. Die Voraussetzungen des § 33 GmbHG gelten nicht im Falle der Pfändung im Wege der Zwangsvollstreckung sowie für die Bestellung eines Nießbrauchsrechtes.[151]

4. Erwerb gegen Abfindung bei Verschmelzung, Spaltung oder Formwechsel gemäß § 33 Abs. 3 GmbHG

Ist die Gesellschaft an einer Verschmelzung, Spaltung oder einem Formwechsel beteiligt, so muss den Gesellschaftern, die diesem Umwandlungsvorgang widersprechen, eine angemessene Barabfindung für ihren umgewandelten Gesellschaftsanteil angeboten werden (vgl. §§ 29 Abs. 1, 122i, 125, 207 UmwG). In diesen Fällen wird das Verbot der § 33 Abs. 1 und 2 GmbHG dahingehend aufgeweicht, dass ein Erwerb auch nicht volleingezahlter Geschäftsanteile zulässig ist, wenn:
- der Erwerb 6 Monate nach Wirksamwerden der Umwandlung oder Rechtskraft der gerichtlichen Entscheidung (gem. §§ 305 ff. UmwG) erfolgt und
- die Gesellschaft die nach § 274 Abs. 4 HGB zu bildende Rücklage für die eigenen Anteile bilden kann, ohne dass das zum Erhalt des Stammkapitals erforderliche Vermögen oder eine zwingende Rücklage angegriffen werden muss.

Checkliste: Erwerb nicht voll eingezahlter Geschäftsanteile

☐ Verschmelzung, Spaltung oder Formwechsel der GmbH
☐ Barabfindungsangebot an widersprechende Gesellschafter
☐ Erwerb nicht voll eingezahlter Geschäftsanteile erfolgt
  • 6 Monate nach Wirksamwerden der Umwandlung (oder gerichtlicher Feststellung) und
  • Rücklage nach § 274 Abs. 4 HGB kann aus freiem Vermögen gebildet werden.

Nicht erforderlich ist, dass die Abfindung aus freiem, über den Betrag des Stammkapitals hinausgehenden Vermögen gezahlt werden muss.[152] Die ausstehende Einlageverpflichtung erlischt durch den Erwerb nicht,[153] sondern bleibt bestehen und muss vom ausgeschiedenen

---

[147] So auch *Wicke* § 33 Rn. 10.
[148] BGH NJW 1995, 1027, 1028; *Wicke* § 33 Rn. 9.
[149] Baumbach/Hueck/*Hueck/Fastrich* § 33 Rn. 24.
[150] BGH NJW 1995, 1027, 1028; Baumbach/Hueck/*Hueck/Fastrich* § 33 Rn. 24.
[151] *Wicke* § 33 Rn. 12; Baumbach/Hueck/*Hueck/Fastrich* § 33 Rn. 5.
[152] Baumbach/Hueck/*Hueck/Fastrich* § 33 Rn. 16, *Wicke* § 33 Rn. 17.
[153] So aber: Baumbach/Hueck/*Hueck/Fastrich* § 33 Rn. 16, Lutter/Hommelhoff/*Bayer* § 33 Rn. 13.

Gesellschafter nach § 22 GmbHG, den Mitgesellschaftern nach § 24 GmbHG oder einem späteren Erwerber nach den §§ 16 Abs. 2, 22 GmbHG erbracht werden.[154]

VII. Kaduzierung

76 Wenn ein Gesellschafter seine Einlageverpflichtung trotz Fälligkeit nicht erbringt, kann er nach den §§ 21 ff. GmbHG entschädigungslos aus der Gesellschaft ausgeschlossen werden. Die Vorschrift dient der Kapitalaufbringung und kann nicht abbedungen werden, § 25 GmbHG. Die Satzung kann aber Verschärfungen vorsehen. Die Kaduzierung nach § 21 GmbHG betrifft nur den zwangsweisen Ausschluss wegen rückständiger Stammeinlagebeträge, während ein Ausschluss in anderen Fällen in der Satzung vorgesehen werden kann, aber den Vorgaben des § 34 GmbHG folgt.

77 Sobald die Ausschlusserklärung dem Gesellschafter zugegangen ist, verliert dieser seinen Geschäftsanteil sowie sämtliche Mitgliedschaftsrechte mit ex nunc Wirkung. Der Geschäftsanteil geht kraft Gesetzes auf die Gesellschaft über, die nur nach Maßgabe der §§ 22, 23 GmbHG darüber verfügen kann.[155] Rechte Dritter (Pfandrechte, Nießbrauch) erlöschen. Der Gesellschafter hat keinen Anspruch auf Zahlung einer Abfindung. Lediglich der Anspruch auf rückständigen Gewinn bleibt bestehen.[156] Der Ausschluss ist unwiderruflich und kann nachträglich nicht mehr geheilt werden. Die Gesellschaft kann aber mit Zustimmung der übrigen Gesellschafter den Geschäftsanteil an den ausgeschlossenen Gesellschafter Zug um Zug gegen Leistung der rückständigen Einlage nebst Zinsen und Kosten abtreten.[157] Bei Mängeln in den Ausschlussvoraussetzungen kann die Nichtigkeit des Ausschlusses im Wege der Feststellungsklage geltend gemacht werden.[158]

78 Nach § 22 GmbHG haften alle Vorgesellschafter, die gegenüber der Gesellschaft als Gesellschafter nach § 16 Abs. 1 S. 1 GmbHG als Gesellschafter angemeldet wurden für die Einlageverpflichtung. Dies gilt unabhängig davon, ob sie durch Rechtsgeschäft, Erbgang oder anderweitig Gesellschafter wurden, allerdings nur dann, wenn von dem ausgeschlossenen Gesellschafter keine Zahlung zu erlangen ist. Der Rechtsvorgänger ist in seiner Haftung auf diejenigen Einlagenleistungen beschränkt, die innerhalb einer Frist von fünf Jahren, beginnend mit dem Tage, an welchem der Rechtsnachfolger im Verhältnis zur Gesellschaft als Inhaber des Geschäftsanteils gilt, eingefordert wurden, § 22 Abs. 3 GmbHG.

VIII. Austritt und Ausschließung eines Gesellschafters

79 Der Austritt (bzw. die Kündigung) und der Ausschluss eines Gesellschafters ist im GmbHG nicht geregelt. Bei der in § 34 GmbHG geregelten Einziehung von Geschäftsanteilen werden die Geschäftsanteile vernichtet, demgegenüber bleiben sie beim Ausschluss oder Austritt erhalten. Neben dem Wechsel der Gesellschafter durch die Veräußerung des Geschäftsanteils oder die Auflösung der gesamten Gesellschaft nach §§ 60 ff. GmbHG sind in Rechtssprechung und Literatur der Austritt und der Ausschluss aus wichtigem Grunde anerkannt.[159]

80 Beim Austritt aus der Gesellschaft handelt es sich um das freiwillige Ausscheiden eines Gesellschafters, beim Ausschluss um das zwangsweise Ausscheiden aus der Gesellschaft. Austritt und Ausschluss können in der Satzung geregelt werden; aber auch ohne entsprechende Grundlage in der Satzung ist ein Ausschluss oder Austritt aus der Gesellschaft grundsätzlich möglich. Bei Fehlen einer Satzungsregelung ist zwingende Voraussetzung für Ausschluss oder Austritt das Vorliegen eines wichtigen Grundes. Das Ausscheiden aus der

---

[154] Wicke § 33 Rn. 18; Michalski/Soßnitza § 33 Rn. 43; Roth/Altmeppen § 33 Rn. 43.
[155] Baumbach/Hueck/*Hueck/Fastrich* § 21 Rn. 12; *Wicke* § 21 Rn. 12.
[156] OLG Hamm DB 1989, 167.
[157] Lutter/Hommelhoff/*Bayer* § 21 Rn. 16.
[158] Baumbach/Hueck/*Hueck/Fastrich* § 21 Rn. 18.
[159] Baumbach/Hueck/*Hueck/Fastrich* Anhang § 34 Rn. 1.

Gesellschaft kann in der Satzung näher geregelt, jedoch nicht grundsätzlich eingeschränkt werden.[160] Scheidet ein Gesellschafter durch Austritt oder Ausschließung aus der Gesellschaft aus, so steht ihm grundsätzlich ein Anspruch auf Zahlung einer Abfindung zu. In der Satzung kann dieser Abfindungsanspruch in den Grenzen des § 723 Abs. 3 BGB analog und § 138 Abs. 1 BGB zwar beschränkt, nicht aber ausgeschlossen werden.

1. Austritt

Ein Austritt aus der Gesellschaft, die Kündigung aus wichtigem Grunde, ist nach herrschender Ansicht auch ohne entsprechende Satzungsregelung zulässig.[161] Dieses Recht kann in der Satzung nicht ausgeschlossen, aber erweitert oder näher definiert werden. Insbesondere kann das Kündigungsrecht auch ohne Vorliegen eines wichtigen Grundes geregelt werden. Bei der Gestaltung der entsprechenden Regelung ist genau zu unterscheiden, ob es sich hierbei um den Austritt eines Gesellschafters oder die Kündigung der Gesellschaft als solche handeln soll. Bei Zweifelsfällen muss die Satzung dahingehend ausgelegt werden, ob die Auflösung der Gesellschaft oder lediglich ein Austrittsrecht eines Gesellschafters begründet werden soll.[162] Für den Fall des Austrittes ist in der Satzung zu regeln, wie der entsprechende Geschäftsanteil verwertet werden soll. Es besteht die Möglichkeit der Einziehung des Geschäftsanteils oder die anteilige Übernahme der übrigen Gesellschafter oder die Bestimmung eines bestimmten Gesellschafters zur Übernahme. Ferner ist zu bestimmen, zu welchem Zeitpunkt das Stimmrecht des austretenden Gesellschafters ruhen soll. Schließlich sind die Höhe, die Berechnung und die Fälligkeit der Abfindungszahlung zu regeln.

Checkliste: Satzungsbestandteile zum Austritt

- ☐ Austrittstermine
- ☐ Austrittsgründe
- ☐ Formerfordernisse
- ☐ Zeitbestimmungen für Wirksamkeit von Abtretung/Einziehung
- ☐ Art und Weise der Verwertung
  - Erwerb anteilig durch alle Gesellschafter, einen bestimmten Gesellschafter oder Dritte
  - Einziehung
- ☐ Ruhen der verzichtbaren Mitgliedschaftsrechte zwischen Austritt und Abtretung
- ☐ Abfindungszahlung
  - Grundlagen zur Berechnung
  - Bewertungsstichtage
  - Bestimmung eines Wirtschaftsprüfer
  - Zahlungsmodalitäten & Fälligkeitsregelung
  - Einschränkungen der Höhe nach
  - Verrechnung mit Gewinnanspruch aus laufendem Geschäftsjahr

Fehlt es in der Satzung an einer entsprechenden Regelung, oder besteht eine Regelung aber es fehlt an der Zustimmung der übrigen Gesellschafter, so ist der Austritt bei Vorliegen eines wichtigen Grundes möglich. Ein solcher wichtiger Grund, der für den Gesellschafter die Fortsetzung der Mitgliedschaft unzumutbar macht, kann in der Person des Gesellschafters selbst, den Verhältnissen der Gesellschaft oder auch in dem Verhalten der Mitgesellschafter liegen.[163] Entscheidend ist insoweit auf die Umstände des jeweiligen Einzelfalls abzustellen, insbesondere auf die Struktur der Gesellschaft als personalistische oder kapita-

---

[160] BGH NJW 2000, 35; Baumbach/Hueck/*Hueck/Fastrich* Anhang § 34 Rn. 2, 18.
[161] BGHZ 9, 162; 116, 359, 369; Baumbach/Hueck/*Hueck/Fastrich* Anhang § 34 Rn. 18; *Wicke* Anhang § 34 Rn. 10.
[162] Baumbach/Hueck/*Hueck/Fastrich* Anhang § 34 Rn. 27.
[163] BGHZ 116, 359, 369; Baumbach/Hueck/*Hueck/Fastrich* Anhang § 34 Rn. 19.

listische Gesellschaft. In Rechtsprechung und Literatur finden sich die folgenden, im einzelnen nicht immer zweifelsfreien Beispielsfälle:

- Maßnahmen der Gesellschaft, durch die sich ihre rechtlichen und wirtschaftlichen Verhältnisse oder die Struktur der Gesellschaft in einer für den Gesellschafter unzumutbaren Weise ändern,[164]
- Unzumutbare Erhöhung des Risikos der Ausfallhaftung nach § 24 GmbHG durch Kapitalerhöhung[165]
- Nebenleistungspflichten, die sich zu einer unzumutbaren Belastung entwickeln können,[166]
- Änderung der Mehrheitsverhältnisse, die zur Abhängigkeit der Gesellschaft im Sinne des § 15 AktG führen[167]
- Wiederholter Missbrauch der Mehrheitsmacht durch Mitgesellschafter[168]
- Langandauernde kostspielige Krankheit[169]
- Änderung oder erhebliche Ausdehnung des Unternehmensgegenstandes, sofern dies mit erheblichen Risiken behaftet ist
- Ständiger Gesellschafterstreit[170]
- Dauerhafte Ertragslosigkeit, wenn die Gesellschaft trotz fehlendem oder mangelhaften Sanierungskonzept entgegen dem Willen des Gesellschafters fortgesetzt wird.[171]

84 Ein wichtiger Grund liegt nicht vor bei:
- Ausschüttung geringer Gewinne aufgrund unangemessen hoher Reservenbildung, sofern dies kein krass-treuwidriges Aushungern darstellt[172]
- Fehlerhafter oder verspäteter Rechnungslegung.[173]

85 Weitere Voraussetzung ist, dass es sich bei dem Austritt um das äußerste Mittel handelt und es dem Gesellschafter nicht möglich ist, seinen Geschäftsanteil zu veräußern.[174] Eventuelle wirtschaftliche Verluste sind dem Gesellschafter zumutbar, da dieser das wirtschaftliche Risiko seines Ausscheidens nicht auf die übrigen Gesellschafter abwälzen darf.[175] Dies gilt jedoch nur, sofern die Unzumutbarkeit für das Verbleiben in der Gesellschaft in der Sphäre des Gesellschafters liegt, nicht jedoch dann, wenn die Unzumutbarkeit der Gesellschaft oder den übrigen Gesellschaftern zurechenbar ist.[176] Schließlich ist der Austritt unzulässig, wenn der Gesellschafter ein vergleichbares Ergebnis durch weniger einschneidende Maßnahmen wie etwa eine Anfechtungs- oder Nichtigkeitsklage oder die Kündigung von Nebenleistungspflichten erreichen kann.[177]

86 Der Vollzug des Austrittes erfolgt durch entsprechende Erklärung des Gesellschafters gegenüber der Gesellschaft. Daraufhin kann die Gesellschaft (ggf. entsprechenden Vorgaben in der Satzung folgend) entweder den Anteil einziehen oder seine Abtretung an sich selbst, einen Mitgesellschafter oder Dritten verlangen. Insoweit sind die Formvorschriften des § 15 GmbHG zu beachten.[178] Die Abtretung des Geschäftsanteils erfolgt Zug um Zug gegen Zahlung der vereinbarten Abfindung oder des Verkehrswertes.[179] Die Einziehung oder der Erwerb eines nicht volleingezahlten Anteils durch die Gesellschaft ist nicht möglich.[180] Fer-

---

[164] Baumbach/Hueck/*Hueck/Fastrich* Anhang § 34 Rn. 20.
[165] Baumbach/Hueck/*Hueck/Fastrich* Anhang § 34 Rn. 20.
[166] RGZ 128, 1, 17.
[167] *Wicke* Anhang § 34 Rn. 11; Baumbach/Hueck/*Hueck/Fastrich* Anhang § 34 Rn. 20.
[168] *Wicke* Anhang § 34 Rn. 11.
[169] Scholz/*Winter/Seibt* Anhang § 34 Rn. 8.
[170] Scholz/*Winter/Seibt* Anhang § 34 Rn. 9.
[171] Scholz/*Winter/Seibt* Anhang § 34 Rn. 8.
[172] OLG München DB 1990, 473; Baumbach/Hueck/*Hueck/Fastrich* Anhang § 34 Rn. 20.
[173] OLG Hamm GmbHR 1993, 656; 657.
[174] Baumbach/Hueck/*Hueck/Fastrich* Anhang § 34 Rn. 22.
[175] RGZ 128, 17; Baumbach/Hueck/*Hueck/Fastrich* Anhang § 34 Rn. 22.
[176] RGZ 128, 17; Roth/*Altmeppen* § 60 Rn. 104; Baumbach/Hueck/*Hueck/Fastrich* Anhang § 34 Rn. 22.
[177] Baumbach/Hueck/*Hueck/Fastrich* Anhang § 34 Rn. 22; *Wicke* § 34 Rn. 12.
[178] BGHZ 1988, 322; Baumbach/Hueck/*Hueck/Fastrich* Anhang § 34 Rn. 24.
[179] OLG Köln NZG 1999, 268.
[180] Baumbach/Hueck/*Hueck/Fastrich* Anhang § 34 Rn. 22; *Wicke* § 34 Rn. 13.

ner darf die Zahlung der Abfindung nicht unter Verstoß gegen § 30 Abs. 1 GmbHG gezahlt werden.

Nach herrschender Meinung bleiben auch nach der Austrittserklärung der Geschäftsanteil grundsätzlich bestehen und alle Gesellschafterrechte auf Seiten des ausscheidenden Gesellschafters bis zu dem Zeitpunkt erhalten, zu dem die Geschäftsanteile wirksam auf einen Dritten übertragen oder eingezogen worden sind.[181] Die Satzung kann aber auch vor dem dinglichen Übergang der Geschäftsanteile den Verlust der Gesellschafterrechte anordnen.[182] 87

2. Ausschluss

Auch der Ausschluss eines Gesellschafters ist gesetzlich nicht geregelt, kann aber in der Satzung vorgesehen werden oder ist auch ohne Satzungsregelung möglich, sofern in der Person des auszuschließenden Gesellschafters ein wichtiger Grund vorliegt. Der Ausschluss kann gegen einen Mehrheitsgesellschafter,[183] bei einer Zweipersonen-GmbH[184] sowie in der Vorgesellschaft[185] und während der Liquidation[186] der Gesellschaft erfolgen. 88

Das Verfahren und die Voraussetzungen der Ausschließung eines Gesellschafters können in der Satzung geregelt werden; dabei können Ausschlussgründe präzisiert oder erweitert, nicht jedoch gänzlich ausgeschlossen werden.[187] Die Satzung kann die Einziehung des relevanten Geschäftsanteils nach § 34 GmbHG oder die Abtretung des Geschäftsanteils an die Gesellschaft selbst, einen anderen Gesellschafter oder eine von der Gesellschafterversammlung zu bestimmende Person vorschreiben. So kann neben dem Vorliegen eines wichtigen Grundes auch ein anderer Sachgrund als Voraussetzung für den Ausschluss in die Satzung aufgenommen werden, insbesondere Erlangung der Gesellschafterstellung durch Außenstehende bei Familiengesellschaften.[188] Soll die Einführung oder Erweiterung von Ausschlussgründen nachträglich erfolgen, so bedarf dies der Zustimmung aller betroffenen Gesellschafter.[189] Sofern die Satzung weitere Ausschlussgründe vorlegt, muss es sich dabei um sachliche Gründe handeln, um eine willkürliche Hinauskündigung eines Gesellschafters zu vermeiden.[190] 89

a) **Voraussetzungen.** Sofern in der Satzung keine entsprechende Regelung vorgesehen ist, muss ein wichtiger Grund in der Person des auszuschließenden Gesellschafters vorliegen. Ein solcher Grund besteht, wenn der Gesellschafter die Erreichung des Gesellschaftszweckes unmöglich macht, erheblich gefährdet oder aus einem anderen Grund den übrigen Gesellschaftern die Fortsetzung der Gesellschaft mit dem auszuschließenden Mitglied infolge seines Verhaltens oder seiner Persönlichkeit nicht mehr zumutbar ist.[191] Bei der Beurteilung dieser Frage maßgebend sind die wesentlichen Umstände des Einzelfalls,[192] wobei solche Gründe, die bereits bei der Gründung der Gesellschaft vorlagen, grundsätzlich nicht als Ausschlussgrund geltend gemacht werden können.[193] Das Mitverschulden der Mitgesellschafter an dem Vorliegen des wichtigen Grundes ist zwar zu berücksichtigen, steht dem Ausschluss grundsätzlich aber nicht entgegen.[194] Bei einer zweigliedrigen Gesellschaft steht ein unstatthaftes Verhalten des verbleibenden Gesellschafters dem Ausschluss des anderen 90

---

[181] Scholz/*Winter*/*Seibt* Anhang § 34 Rn. 14; Baumbach/Hueck/*Hueck*/*Fastrich* Anhang § 34 Rn. 26.
[182] BGH GmbHR 2003, 1063; *Wicke* Anhang § 34 Rn. 13.
[183] BGHZ 9, 178; Baumbach/Hueck/*Hueck*/*Fastrich* Anhang § 34 Rn. 2.
[184] BGHZ 16, 317; 80, 351.
[185] OLG Hamm DB, 1994, 1223; Scholz/*Winter*/*Seibt* Anhang § 34 Rn. 23.
[186] BGHZ 9, 178; Scholz/*Winter*/*Seibt* Anhang § 34 Rn. 24.
[187] Baumbach/Hueck/*Hueck*/*Fastrich* Anhang § 34 Rn. 16.
[188] BGH BB 1977, 563.
[189] BGH DStR 1991, 1597; Baumbach/Hueck/*Hueck*/*Fastrich* Anhang § 34 Rn. 16.
[190] BGHZ 68, 212; 81, 263, Baumbach/Hueck/*Hueck*/*Fastrich* Anhang § 34 Rn. 16.
[191] *Wicke* Anhang § 34 Rn. 3; Baumbach/Hueck/*Hueck*/*Fastrich* Anhang § 34 Rn. 3.
[192] BGHZ 16, 322; ZIP 1995, 567, 569; GmbHR 1987, 302, 303; Baumbach/Hueck/*Hueck*/*Fastrich* Anhang § 34 Rn. 3.
[193] OLG Karlsruhe NZG 2004, 335, 336.
[194] RGZ 164, 257; BGH DB 1990, 929; OLG München DB 1994, 320, 311.

nur dann entgegen, wenn dieses ebenfalls einen wichtigen Grund für seinen Ausschluss darstellen würde.[195]

91

> **Beispielsfälle: Wichtiger Grund**
>
> - Zerstörung des Vertrauensverhältnisses[196]
> - Schwerer Verstoß gegen gesellschaftsrechtliche Treuepflicht[197]
> - Vielzahl kleiner Pflichtverstöße[198]
> - Tiefgreifendes Zerwürfnis zwischen den Gesellschafter, sofern die Herbeiführung des Zerwürfnisses dem Auszuschließenden jedenfalls überwiegend zuzurechnen ist[199]
> - Grobe Verletzung von Informationspflichten[200]
> - Verrat von Geschäftsgeheimnissen[201]
> - Geschäftsschädigendes Auftreten in der Öffentlichkeit
> - Verlust satzungsgemäß vorausgesetzter persönlicher Eigenschaften[202]
> - Verschweigen relevanter Vorstrafen oder Vorspiegeln von besonderen erforderlichen Fachkenntnissen[203]
> - Denunziation von Mitgesellschaftern[204]

92

> **Beispielsfälle: Kein wichtiger Grund:**
>
> - Gerichtlicher Geltendmachung von Ansprüchen gegenüber der Gesellschaft[205]
> - bloßes Versagen als Geschäftsführer[206]
> - Strafanzeige gegen einen Mitgesellschafter, sofern diese nicht unberechtigt oder leichtfertig erfolgte[207]

93 Der Ausschluss eines Gesellschafters kann immer nur das äußerste Mittel sein, daher ist grundsätzlich zu prüfen, ob nicht weniger schwerwiegende Maßnahmen zur Beseitigung der Missstände möglich sind.[208] Als weniger schwerwiegende Maßnahmen käme die Abberufung als Geschäftsführer bei einem Gesellschaftergeschäftsführer[209] oder die Pflegerbestellung bei dauernder Unerreichbarkeit des Gesellschafters[210] in Betracht.

94 Ferner darf durch die Ausschließung des Gesellschafters der Grundsatz der Aufbringung und Erhaltung des Stammkapitals nicht verletzt werden. Voraussetzung für den Ausschluss ist daher, dass der maßgebliche Geschäftsanteil voll eingezahlt ist.[211] Ist dies nicht der Fall, so kann ein Mitgesellschafter oder ein Dritter den Anteil übernehmen oder ggf. eine Kapitalherabsetzung durchgeführt werden.[212] Die Gesellschaft kann einen nicht volleingezahlten Anteil weder einziehen noch erwerben, §§ 33 Abs. 1, 34 GmbHG. Gleiches gilt für die aufgrund des Ausschlusses zu zahlende Abfindung. Wenn bereits zum Zeitpunkt des Ausschlus-

---

[195] BGHZ 80, 352; 32, 31, 35; 16, 322; Baumbach/Hueck/*Hueck*/*Fastrich* Anhang § 34 Rn. 4.
[196] BGHZ 32, 35 Scholz/*Winter*/*Seibt* Anhang § 34 Rn. 26.
[197] OLG Dresden NZG 2001, 809; OLG München DB 1994, 320, 321.
[198] OLG Brandenburg GmbHR 1998, 196; Baumbach/Hueck/*Hueck*/*Fastrich* Anhang § 34 Rn. 3.
[199] RGZ 164, 258; BGH NJW 1991, 572; DStR 1993, 923; *Wicke* Anhang § 34 Rn. 3.
[200] BGH NJW RR 1993, 1123; Baumbach/Hueck/*Hueck*/*Fastrich* Anhang § 34 Rn. 3.
[201] BGH DStR 1992, 1691; Baumbach/Hueck/*Hueck*/*Fastrich* Anhang § 34 Rn. 3.
[202] BGHZ 9, 159 (beispielsweise Familienzugehörigkeit, berufsrechtlich erforderliche Zulassungen oder sonstige Genehmigungen); *Wicke* Anhang § 34 Rn. 3; Baumbach/Hueck/*Hueck*/*Fastrich* Anhang § 34 Rn. 3.
[203] OLG Frankfurt NJW 48, 429; Baumbach/Hueck/*Hueck*/*Fastrich* Anhang § 34 Rn. 3.
[204] BGH NJW 1969, 794; OLG Hamm GmbHR 93, 743.
[205] OLG Hamm GmbHR 93, 656; Baumbach/Hueck/*Hueck*/*Fastrich* Anhang § 34 Rn. 3.
[206] OLG Hamm GmbHR 98, 1081; Baumbach/Hueck/*Hueck*/*Fastrich* Anhang § 34 Rn. 3.
[207] BGH NZG 2003, 530; *Wicke* Anhang § 34 Rn. 3.
[208] *Wicke* Anhang § 34 Rn. 3.
[209] OLG Rostock NZG 2002, 294; Scholz/*Winter*/*Seibt* Anhang § 34 Rn. 30.
[210] Baumbach/Hueck/*Hueck*/*Fastrich* Anhang § 34 Rn. 6.
[211] *Wicke* Anhang § 34 Rn. 4.
[212] Baumbach/Hueck/*Hueck*/*Fastrich* Anhang § 34 Rn. 7; *Wicke* Anhang § 34 Rn. 4.

ses feststeht, dass die Verwertung des Gesellschaftsanteiles und die Zahlung einer Abfindung nicht ohne Verstoß gegen § 30 GmbHG möglich ist, ist eine Ausschlussklage auch bei Vorliegen eines wichtigen Grundes abzuweisen.[213]

b) Verfahren. Sofern das Verfahren des Ausschlusses in der Satzung nicht geregelt ist, erfolgt dieser durch die Erhebung der Ausschlussklage aufgrund eines Gesellschafterbeschlusses sowie die anschließende Verwertung des Anteils. Der Ausschluss selbst erfolgt im Falle einer Klage durch Gestaltungsurteil,[214] das unter der aufschiebenden Bedingung rechtzeitiger Zahlung der im Urteil festzusetzenden Abfindung ergeht.[215]

Der Gesellschafterbeschluss über den Ausschluss eines Gesellschafters muss nach h. M. mit einer ¾-Mehrheit beschlossen werden.[216] Der Gesellschafter hat dabei kein Stimmrecht, ist jedoch anzuhören. Sofern mehrere Gesellschafter gleichzeitig ausgeschlossen werden sollen, ist auf Antrag eine getrennte Beschlussfassung erforderlich.[217] Bei einer Zweipersonengesellschaft ist ein Beschluss entbehrlich.[218]

Bei der aufgrund des Gesellschafterbeschlusses zu erhebenden Ausschlussklage wird die Gesellschaft durch die Geschäftsführer vertreten.

Sofern in der Satzung keine entsprechende Regelung vorgesehen ist, erfolgt die Verwertung des Geschäftsanteils wahlweise durch Einziehung oder Übertragung auf die Gesellschaft, Mitgesellschafter oder dritte Personen.[219] Die Abtretung des Geschäftsanteils erfolgt Zug um Zug gegen Zahlung der mit dem Urteil festgesetzten Abfindung. Bereits in der Satzung kann der dingliche Übergang des Geschäftsanteils auf den jeweiligen Erwerbsberechtigten aufschiebend bedingt und formwirksam vorgesehen werden.[220]

c) Folgen. Die Folgen des Ausschlusses wurden in der Vergangenheit in Literatur und Rechtssprechung uneinheitlich behandelt. Im Hinblick auf die weitere Ausübung der Gesellschafterrechte nach Eintritt der Rechtskraft des Ausschlusses wurde in der Literatur vertreten, dass der ausgeschlossene Gesellschafter seine Gesellschafterrechte mit der Rechtskraft des Urteils verliert.[221] Demgegenüber bleiben nach Auffassung des BGH die Gesellschafterrechte bis zum Eintritt der aufschiebenden Bedingung bestehen.[222] Das Stimmrecht soll danach nur für solche Maßnahmen eingeschränkt sein, die der Durchführung des Ausschlusses dienen. Der BGH vertrat bisher die Ansicht, dass der Ausschluss im Wege der Zwangseinziehung erst wirksam wird, wenn der betroffene Gesellschafter seine Abfindung erhalten hat (sog. „Bedingungslösung").[223] Das hätte eine „Schwebezeit" zur Folge, während der der ausgeschlossene Gesellschafter seine Mitgliedschaftsrechte, insbesondere das Stimmrecht, weiterhin ausüben kann. Dies ist der Mitgesellschaft aber nicht zumutbar. Daher hat der BGH die „Bedingungslösung" nun zu Recht aufgegeben.[224] Nun wird die Einziehung des Geschäftsanteils mit der Mitteilung des Einziehungsbeschlusses an den betroffenen Gesellschafters wirksam, vorausgesetzt der Einziehungsbeschluss ist nicht nichtig. Zugleich haften die übrigen Gesellschafter gegenüber dem ausgeschlossenen Gesellschafter anteilig für die Zahlung der Abfindung, soweit die Abfindung nicht aus dem Vermögen der Gesellschaft geleistet werden kann (zur Abfindung siehe sogleich).[225] Zu beachten ist, dass diese neue Rechtsprechung sich ausschließlich auf den satzungsmäßigen Ausschluss und die Zwangs-

---

[213] BGHZ 9, 175; Baumbach/Hueck/*Hueck/Fastrich* Anhang § 34 Rn. 7.
[214] BGHZ 9, 166; GmbHR 1987, 302.
[215] BGHZ 9, 174, 179; 16, 325; *Wicke* Anhang § 34 Rn. 6; Baumbach/Hueck/*Hueck/Fastrich* Anhang § 34 Rn. 8.
[216] OLG Jena NZG 2006, 36; Baumbach/Hueck/*Hueck/Fastrich* Anhang § 34 Rn. 9; *Wicke* Anhang § 34 Rn. 5.
[217] Baumbach/Hueck/*Hueck/Fastrich* Anhang § 34 Rn. 9.
[218] BGH NJW 199, 3779, 3780; OLG Jena NZG 2006, 36.
[219] BGHZ 9, 157, 178; NJW 177, 2316; *Wicke* Anhang § 34 Rn. 7; Baumbach/Hueck/*Hueck/Fastrich* Anhang § 34 Rn. 10.
[220] BGH GmbHR 2003, 1062; Baumbach/Hueck/*Hueck/Fastrich* Anhang § 34 Rn. 10.
[221] Baumbach/Hueck/*Hueck/Fastrich* Anhang § 34 Rn. 15; *Wicke* Anhang § 34 Rn. 6.
[222] BGHZ 9, 176; 88, 322.
[223] BGH DStR 1997, 1336.
[224] BGH NZG 2012, 259.
[225] BGH NZG 2012, 259.

einziehung durch Gesellschafterbeschluss bezieht. Die bisherige Rechtsprechung des BGH zum Ausschlusses im Falle der Ausschlussklage hat weiterhin ihre Gültigkeit.

99a Im Falle eines Einziehungsbeschlusses, sei es auf Grundlage einer Satzungsregelung gemäß § 34 Abs. 1 GmbHG oder nach erfolgreicher Ausschlussklage, stellt sich das Folgeproblem, des Übereinstimmungsgebotes nach § 5 Abs. 3 S. 2 GmbHG. Die Einziehung führt nach allgM zum Untergang des Geschäftsanteils[226] – gleichwohl ändert sich die Höhe des Stammkapitals nicht.[227] Bei der Einziehung entsteht aber eine Divergenz zwischen der Höhe des Stammkapitals und der Summe der Nennbeträge aller Geschäftsanteile, was gemäß § 5 Abs. 3 S. 2 GmbHG gerade nicht der Fall sein darf. Daher sieht die Regierungsbegründung zum MoMiG vor, dass die Einziehung mit einer Anpassung des Stammkapitals oder der Nennbeträge der Geschäftsanteile einhergehen solle.[228] Als Anpassungsmaßnahme kommt zum einen eine Kapitalherabsetzung in Betracht, soweit das Mindeststammkapital in Höhe von EUR 25.000 nicht unterschritten wird.[229] Eine Kapitalherabsetzung kann allerdings nicht vor Ablauf des Sperrjahres gemäß § 58 Abs. 1 Nr. 3 GmbHG Wirksamkeit erlangen. Zum anderen kann die Anpassung durch die Bildung eines neuen Geschäftsanteils erfolgen, wofür eine notarielle Beurkundung erforderlich ist.[230] Schließlich kann eine Anpassung auch durch eine nominelle Aufstockung der verbliebenen Geschäftsanteile um den Betrag des untergegangenen Geschäftsanteils erfolgen.[231] Da es sich bei der nominellen Aufstockung nicht um eine Satzungsänderung handelt, ist eine notarielle Beurkundung nicht erforderlich[232] Für den Fall, dass die Aufstockung durch Gesellschaftsmittel erfolgen soll, sind allerdings die §§ 57c ff. GmbHG zu beachten.

99b Bislang nicht abschließend geklärt ist die Frage, welche Rechtsfolgen sich ergeben, wenn nicht zeitgleich mit dem Einziehungsbeschluss eine der oben erwähnten Anpassungsmaßnahmen beschlossen wird. Eine konsequente Anwendung des § 5 Abs. 3 S. 2 GmbHG würde dazu führen, dass der Einziehungsbeschluss gemäß § 134 BGB nichtig ist.[233] Demgegenüber wird auch die Auffassung vertreten, dass die Anpassungsmaßnahme zwar durchgeführt werden muss, aber dem Einziehungsbeschluss auch zeitlich nachfolgen kann.[234] Daran schließt sich die Frage an, innerhalb welchen Zeitraumes die Anpassung spätestens zu erfolgen hat. Schließlich wird die Auffassung vertreten, dass § 5 Abs. 3 S. 2 GmbHG eine spezielle Gründungsvorschrift sei, welche im Falle der Einziehung keine Geltung habe.[235]

3. Abfindung

100 Sowohl der austretende als auch der ausgeschlossene Gesellschafter haben einen Anspruch auf Zahlung einer Abfindung.[236] Die Höhe der Abfindungszahlung richtet sich dabei grundsätzlich nach dem vollen wirtschaftlichen Wert des Anteils, soweit im Gesellschaftsvertrag keine abweichende Regelung vorgesehen ist.[237] Für die Berechnung des Wertes ist grundsätzlich der Verkehrswert maßgeblich.[238] Der Verkehrswert berechnet sich nach dem vollen wirtschaftlichen Wert des Gesellschaftsanteils einschließlich der stillen Reserven und des Good-Will,[239] der bei der Veräußerung des Geschäftsanteils an einen Dritten zu erzielen wäre.

---

[226] *Wicke* § 34 Rn. 2; Baumbach/Hueck/*Fastrich* § 34 Rn. 19; a. A. *Stehmann* GmbHR 2013, 574.
[227] Baumbach/Hueck/*Hueck*/*Fastrich* § 34 Rn. 20.
[228] BT-Drucks. 16/6140, S. 31.
[229] BT-Drucks. 16/6140, S. 31.
[230] BT-Drucks. 16/6140, S. 31.
[231] BT-Drucks. 16/6140, S. 31.
[232] BayObLG MittBayNot 1992, 64.
[233] OLG München v. 15.11.2011 – 7 U 2413/11; LG Essen GmbHR 2010, 1034.
[234] LG Dortmund BB 2012, 2269, zur Aufstockung der übrigen Geschäftsanteile; *Wanner/Laufer* NJW 2010, 1499, zur Anpassung durch Kapitalherabsetzung.
[235] OLG Saarbrücken GmbHR 2012, 209, allerdings in einem obiter dictum.
[236] RGZ 125, 118; BGHZ 9, 168; 16, 322; 32, 23; OLG Köln GmbHR 1999, 712; Baumbach/Hueck/*Hueck*/*Fastrich* Anhang § 34 Rn. 11, 25.
[237] BGHZ 116, 359; *Wicke* Anhang § 34 Rn. 14.
[238] BGHZ 116, 359; *Wicke* Anhang § 34 Rn. 14; Baumbach/Hueck/*Hueck*/*Fastrich* Anhang § 34 Rn. 22.
[239] BHGZ 9, 157, 168; 116, 359, 365; Baumbach/Hueck/*Hueck*/*Fastrich* Anhang § 34 Rn. 22.

101 Da es grundsätzlich keinen geregelten Markt für GmbH-Anteile gibt, wird regelmäßig die Erstellung eines Sachverständigengutachtens erforderlich sein. Dabei erfolgt die Bestimmung des Wertes nach betriebswirtschaftlichen Maßstäben. Eine einheitliche Bewertungsmethode hat sich bislang nicht herauskristallisiert.[240] Von der wohl h. M. in Rechtssprechung und Literatur wird die Ertragswertmethode verwendet.[241] Die Ertragswertmethode beruht auf der Kapitalisierung nachhaltig zu erwartender künftiger Erträge, die auf der Basis der gegenwärtigen Ertragslage der Gesellschaft und unter Berücksichtigung erkennbarer Entwicklungsfaktoren ermittelt werden. Gegebenenfalls kann neben dem Ertragswert auch der Substanzwert des nicht betriebsnotwendigen Vermögens zu berücksichtigen sein.[242] Im Vordringen ist auch die „Discounted-Cash-Flow-Methode".

102 Die Satzung kann Regelungen zur Wertberechnung, Bestellung von Sachverständigen, Zahlungsmodalitäten sowie der Art und der Höhe der Abfindung regeln. Die Einschränkung von Abfindungszahlungen zur Vermeidung von erheblichem Kapitalabfluss oder die zeitliche Einschränkung durch die Vereinbarung von Ratenzahlung ist nach ganz h. M. grundsätzlich zulässig.[243] Dabei darf die Abfindungsklausel nicht dazu führen, dass diese in einem groben Missverhältnis zwischen dem vertraglich vorgesehenen und dem nach dem Verkehrswert zu bemessenden Abfindungsanspruch führt.[244] Eine Beschränkung der Abfindungssumme ist nur soweit zulässig, wie dies zum Schutz der Gesellschaft erforderlich ist. Grenzen ergeben sich zum einen aus den berechtigten Interessen des betroffenen Gesellschafters zum anderen sofern dies zum Schutz der Gläubiger der Gesellschaft erforderlich sein könnte.[245]

---

[240] BGH DStR 2006, 1005, 1006; *Wicke* Anhang § 34 Rn. 14.
[241] Vgl. IDW Standard ES 1 NF, WPg 2005, 28 ff.; Baumbach/Hueck/*Hueck/Fastrich* Anhang § 34 Rn. 23; *Wicke* Anhang § 34 Rn. 14.
[242] BGH NJW 1993, 1201, 1203; Baumbach/Hueck/*Hueck/Fastrich* Anhang § 34 Rn. 23.
[243] Baumbach/Hueck/*Hueck/Fastrich* Anhang § 34 Rn. 25, 38.
[244] BGHZ 116, 359, 360; Baumbach/Hueck/*Hueck/Fastrich* Anhang § 34 Rn. 27.
[245] Baumbach/Hueck/*Hueck/Fastrich* Anhang § 34 Rn. 26 ff.

§ 15 Gesellschafterversammlung

Übersicht

	Rn.
I. Aufgaben der Gesellschafterversammlung	1–30
1. Grundsatz	2/3
2. Gesetzlicher Aufgabenkreis	4–23
a) Zuständigkeit nach § 46 GmbHG	5–16
b) Sonstige gesetzliche Zuständigkeiten	17–23
3. Aufgabenerweiterung und -einschränkung durch die Satzung	24–26
4. Kompetenzen von Aufsichtsräten und Beiräten	27–30
a) Obligatorischer Aufsichtsrat	28/29
b) Fakultativer Aufsichtsrat oder Beirat	30
II. Vorbereitung der Gesellschafterversammlung	31–88
1. Einberufung der Gesellschafterversammlung	31–70
a) Zuständigkeit	32–38
b) Gründe für die Einberufung	39–41
c) Adressaten der Einberufung	42–52
d) Form der Einberufung	53/54
e) Einberufungsfrist	55
f) Inhalt der Einberufung	56–68
g) Folgeversammlung	69
h) Verlegungen und Vertagungen	70
2. Recht zur Teilnahme an der Gesellschafterversammlung	71–88
a) Gesellschafter	72/73
b) Bevollmächtigte	74–77
c) Beistände	78
d) Geschäftsführer	79
e) Mitglieder weiterer Gesellschaftsorgane	80
f) Sonstige Teilnehmer	81/82
g) Ausschluss von der Teilnahme	83–86
h) Rechtsfolgen bei rechtswidrigem Ausschluss	87/88
III. Durchführung der Gesellschafterversammlung	89–152
1. Versammlungsleitung	90/91
2. Beschlussfassung	92–108
a) Feststellung der Beschlussfähigkeit	93/94
b) Reihenfolge der Tagesordnung	95–97
c) Rederecht	98–101
d) Ordnungsmaßnahmen	102–104
e) Beschlussantrag	105–107
f) Abstimmungsverfahren	108
3. Stimmrechte und Stimmverbote	109–140
a) Stimmenmehrheit, Mehrheitserfordernisse	110–115
b) Stimmverbote	116–127
c) Stimmrecht und Treuepflicht	128–130
d) Stimmbindungsverträge	131–139
e) Prozessuale Durchsetzung des Abstimmungsverhaltens	140
4. Feststellung des Beschlussergebnisses und Protokollierung	141–146
5. Sonderfälle der Beschlussfassung	147–152
a) Vollversammlung	147/148
b) Umlaufverfahren	149
c) Formlose Beschlussfassung	150/151
d) Virtuelle Gesellschafterversammlung	152
IV. Nichtigkeit und Anfechtbarkeit von Gesellschafterbeschlüssen	153–187
1. Nichtigkeit von Beschlüssen	154–161
a) Nichtigkeitsgründe	155–160
b) Heilung der Anfechtbarkeit	161
2. Anfechtbarkeit von Beschlüssen	162–185
a) Anfechtungsgründe	163–173
b) Heilung der Anfechtbarkeit	174

	Rn.
c) Geltendmachung der Anfechtung	175–183
d) Reaktion der beklagten Gesellschaft	184/185
3. Ergebnisfeststellungsklage	186/187
V. Besonderheiten bei der Ein-Personen-Gesellschaft	188/189

I. Aufgaben der Gesellschafterversammlung

Das GmbHG sieht neben den **Geschäftsführern** (§§ 6, 35 ff. GmbHG) die **Gesellschafterversammlung** (§§ 45 ff. GmbHG) verpflichtend als Organ vor. Die Gesellschafterversammlung ist das oberste Organ der Gesellschaft.[1] Als Eigentümer haben die Gesellschafter in letzter Instanz über Fragen von grundsätzlicher Bedeutung und die Zukunft der Gesellschaft zu befinden.

1. Grundsatz

Die Gesellschafterversammlung ist grundsätzlich **allzuständig**. Das bedeutet, dass die Gesellschafterversammlung durch Beschluss jede Entscheidung im Unternehmen an sich ziehen kann. Die Frage, ob den Geschäftsführern gegenüber den Gesellschaftern wenigstens eine notwendige **Mindestkompetenz** verbleiben muss, ist umstritten. Von einer Meinung wird angenommen, dass die „Kernbereiche" der Geschäftsführung nicht von der Gesellschafterversammlung angetastet werden dürften.[2] Allerdings bleibt dabei im Wesentlichen unklar, was im Einzelnen von dieser Kernkompetenz erfasst sein soll. Schon wegen dieser praktischen Erwägungen nimmt die Gegenmeinung an, die Gesellschafterversammlung könne jede Entscheidung, auch im Bereich der Geschäftsführung treffen.[3] Damit kann die Rolle des Geschäftsführers im Ergebnis auf eine rein ausführende Tätigkeit reduziert werden.[4]

Die letztgenannte Meinung ist schon deshalb vorzugswürdig, weil im GmbH-Recht der **Grundsatz der Gestaltungsfreiheit** gilt. Folglich muss eine Modifizierung der Kompetenzen durch die Satzung möglich sein, soweit nicht das Gesetz zwingende Kompetenzen für die Geschäftsführung vorsieht.[5] Für die Praxis sollte die Bedeutung dieses Meinungsstreits nicht überschätzt werden. Es ist praktisch kaum denkbar, dass bei einer Gesellschaft sämtliche Entscheidungen über das Tagesgeschäft in einer Gesellschafterversammlung getroffen werden. Dagegen sprechen schon die formalen Erfordernisse der Einberufung (unter Angabe der Beschlussgegenstände) und Durchführung einer solchen Versammlung. Vor diesem Hintergrund werden die Gesellschafter regelmäßig das Tagesgeschäft der Geschäftsführung überlassen.

2. Gesetzlicher Aufgabenkreis

Das Gesetz sieht an einigen Stellen ausdrücklich eine Entscheidung der Gesellschafterversammlung vor. Die zentrale Vorschrift in diesem Zusammenhang ist **§ 46 GmbHG**. Darüber hinaus gibt es weitere gesetzliche Kompetenzen nach dem GmbHG und aufgrund anderer Rechtsgrundlagen.

a) Zuständigkeit nach § 46 GmbHG. § 46 GmbHG enthält einen **Katalog** von Beschlussgegenständen, für die die Gesellschafterversammlung grundsätzlich zuständig ist. Die Vorschrift ist **dispositiv** und nicht abschließend. Die Satzung kann die Kompetenzen der Gesellschafterversammlung erweitern oder beschränken.[6]

---

[1] Die Frage, ob die Gesellschafterversammlung selbst oder die Gesamtheit der Gesellschafter als Organ anzusehen sind, ist umstritten, vgl. Michalski/*Römermann* § 45 Rn. 9 f. Für die Praxis hat die Entscheidung dieser Streitfrage keine Bedeutung.
[2] Meyer-Landrut/Miller/Niehus/*Meyer-Landrut* § 45 Rn. 2.
[3] Vgl. Lutter/Hommelhoff/*Lutter/Hommelhoff* § 45 Rn. 4.
[4] Ulmer/Habersack/Winter/*Paefgen* § 37 Rn. 8.
[5] Michalski/*Römermann* § 45 Rn. 35.
[6] Baumbach/Hueck/*Zöllner* § 46 Rn. 3 f.

6   aa) Feststellung des Jahresabschlusses und Verwendung des Ergebnisses (§ 46 Ziff. 1 GmbHG). Die Gesellschafterversammlung ist zuständig für die **Feststellung des Jahresabschlusses.** Die Aufstellung ist demgegenüber Aufgabe der Geschäftsführer. Mit der Feststellung wird der Jahresabschluss für die Gesellschaft verbindlich. Der Beschluss über die Feststellung ist nach § 42a GmbHG bis zum Ablauf von acht Monaten nach dem Ende des Geschäftsjahres zu fassen. Bei kleinen Kapitalgesellschaften im Sinne des § 267 Abs. 1 HGB genügt eine Feststellung bis zum Ablauf der ersten elf Monate.

Die Gesellschafterversammlung hat auch über die **Verwendung des Ergebnisses** zu beschließen. Inhaltlich sind hier die Vorgaben des § 29 GmbHG zu beachten. Der Beschluss über die Verwendung ist in den gleichen Fristen zu fassen, die auch für die Feststellung gelten.[7] Eine Beschlussfassung nach Ablauf dieser Frist führt nicht zur Anfechtbarkeit oder gar Nichtigkeit.

6a   bb) Entscheidung über die Offenlegung eines Einzelbeschlusses nach internationalen Rechnungslegungsstandards und über die Billigung des von den Geschäftsführern aufgestellten Abschlusses (§ 46 Ziff. 1a GmbHG). Die Gesellschafter entscheiden durch Beschluss über die **Offenlegung des sogenannten IAS/IFRS-Abschlusses.** Voraussetzung dafür ist, dass die GmbH eine große Kapitalgesellschaft nach § 267 Abs. 3 HGB ist und der Pflicht zur Offenlegung des HGB-Jahresabschlusses nach § 325 Abs. 2 HGB unterliegt. Die Offenlegung eines IAS/IFRS-Abschlusses kann nach § 325 Abs. 2a HGB die Offenlegung des HGB-Jahresabschlusses ersetzen. Dabei wird durch die Gesellschafterversammlung über das Wahlrecht entschieden, ob eine Offenlegung des IAS/IFRS-Abschlusses stattfinden soll, so dass es ohne den Beschluss nach § 46 Ziff. 1a GmbHG bei der Offenlegung des HGB-Jahresabschlusses verbleibt.[8] Da § 325 Abs. 2a HGB nur von der Offenlegung, nicht aber von der Aufstellung und Feststellung des HGB-Jahresabschlusses befreit, bleibt in Bezug auf die Feststellung des HGB-Jahresabschlusses und die Ergebnisverwendung § 46 Ziff. 1 GmbHG maßgeblich.

Die Entscheidung über die **Billigung** des von den Geschäftsführern aufgestellten Abschlusses entspricht der Formulierung des § 171 Abs. 4 S. 2 AktG (Billigung des nach § 325 Abs. 2a HGB offenzulegenden Abschlusses durch den Aufsichtsrat) und bezieht sich auf die Offenlegung des Abschlusses nach § 325 Abs. 2a HGB, hat also ebenfalls nicht die Bedeutung der sogenannten Bilanzfeststellung nach § 46 Ziff. 1 GmbHG. Das weitere Verfahren richtet sich nach § 42a GmbHG (vgl. § 42a Abs. 4 S. 2 GmbHG).

Auch die Regelungen nach § 46 Ziff. 1a GmbHG sind dispositiv, mit der Folge, dass die Zuständigkeit über die Entscheidung über die Offenlegung von den Gesellschaftern auf andere Organe übertragen werden kann.[9]

6b   cc) Billigung eines von den Geschäftsführern aufgestellten Konzernabschlusses (§ 46 Ziff. 1b GmbHG). Die Gesellschafterversammlung ist zuständig für die Entscheidung über die **Billigung** eines von den Geschäftsführern aufgestellten **Konzernabschlusses,** welcher nach § 42a Abs. 4 S. 1 GmbHG von den Geschäftsführern vorzulegen ist. Dessen Billigung bedeutet **nicht die Feststellung,** sondern lediglich die Bekundung inhaltlichen Einverständnisses.[10] Sinn und Zweck ist es, dass die Information der Öffentlichkeit nur erfolgen soll, wenn die Gesellschafterversammlung den Konzernabschluss gutheißt und zwar unabhängig davon, ob der Abschluss nach § 325 HGB oder nach IAS/IFRS aufgestellt worden ist.[11]

7   dd) Einforderung von Einzahlungen auf die Stammeinlagen (§ 46 Ziff. 2 GmbHG). **Ausstehende Einlagen** können nur aufgrund eines Gesellschafterbeschlusses eingefordert werden. Geschäftsführer können ohne Ermächtigung die Einzahlung der Einlagen nicht geltend machen. Der Einforderungsbeschluss ist also eine Voraussetzung für die Geltendmachung des Anspruchs.[12]

---

[7] Baumbach/Hueck/*Zöllner* § 46 Rn. 18.
[8] Ulmer/Habersack/Winter/*Hüffer* § 46 Rn. 25.
[9] Scholz/*K. Schmidt* § 46 Rn. 47a.
[10] Ulmer/Habersack/Winter/*Hüffer* § 46 Rn. 27; *Wicke* § 46 Rn. 24.
[11] Baumbach/Hueck/*Zöllner* § 46 Rn. 24.
[12] BGH BB 1961, 953.

ee) Rückzahlung von Nachschüssen (§ 46 Ziff. 3 GmbHG). Hier geht es um die **Nach-** 8 **schüsse** im Sinne des § 26 GmbHG. Diese Zuständigkeit hat nur eine geringe praktische Bedeutung. Die Einforderung von Nachschüssen kann nur aufgrund einer entsprechenden Satzungsregelung erfolgen.[13] Solche Regelungen sind in der Praxis selten.

ff) Teilung, Zusammenlegung und Einziehung von Geschäftsanteilen (§ 46 Ziff. 4 9 *GmbHG).* Die **Teilung** bedarf nach wie vor der der Zustimmung der Gesellschaft im Rahmen eines Gesellschafterbeschlusses. Zwar wurde der § 17 Abs. 1 GmbHG der die Teilung von Geschäftsanteilen zum Gegenstand hatte im Zuge des MoMiG gestrichen, der RegE zum MoMiG legt aber nahe, dass der Gesetzgeber an dem Zustimmungserfordernis durch die Gesellschafterversammlung festhalten wollte.[14] § 46 Nr. 4 GmbHG ist allerdings dispositiv, so dass durch die Satzung auf das Zustimmungserfordernis verzichtet werden kann.[15]

Die **Einziehung** von Geschäftsanteilen ist in § 34 GmbHG geregelt. Sie ist nur zulässig, wenn sie im Gesellschaftsvertrag vorgesehen ist (§ 34 Abs. 1 GmbHG).

gg) Bestellung, Abberufung und Entlastung der Geschäftsführer (§ 46 Ziff. 5 GmbHG). 10 Die Kompetenz zur **Bestellung und Abberufung der Geschäftsführer** bezieht sich allein auf deren Stellung als Organ der Gesellschaft.[16] Vom Wortlaut der Vorschrift nicht erfasst sind damit alle Fragen im Zusammenhang mit dem Anstellungsvertrag des Geschäftsführers. In der Praxis sind beide Elemente jedoch oft sehr eng miteinander verbunden. Daraus folgt, dass die Gesellschafterversammlung gleichzeitig mit einer Entscheidung über das organschaftliche Verhältnis auch über Fragen des Anstellungsvertrages (z. B. Kündigung, Änderung) mitentscheiden kann.[17] Die Kompetenz der Gesellschafterversammlung zur Regelung von Fragen im Zusammenhang mit dem Anstellungsverhältnis des Geschäftsführers stellt eine Annexkompetenz zu der Kompetenz nach § 46 Ziff. 5 GmbHG dar.[18] Sie erstreckt sich auf Abschluss, Änderung und Beendigung des Vertrags.

Entscheidungen über den **Anstellungsvertrag** kann die Gesellschafterversammlung auch dann noch treffen, wenn der Geschäftsführer bereits abberufen ist.[19] Solche Entscheidungen können sich z. B. auf Ruhegeldzusagen oder nachvertragliche Wettbewerbsverbote beziehen.

Die Beschlüsse der Gesellschafterversammlung müssen zu ihrer Wirksamkeit vollzogen 11 werden. Auch dies geschieht durch die Gesellschafterversammlung, da sie die Gesellschaft gegenüber den Geschäftsführern vertritt.

Der **Entlastungsbeschluss** stellt die Geschäftsführer von allen Ansprüchen frei, die aufgrund der zum Zeitpunkt der Beschlussfassung bekannten oder erkennbaren Umstände gegen sie begründet waren.[20] Einen Anspruch auf Entlastung haben die Geschäftsführer nicht.[21]

hh) Maßregeln zur Prüfung und Überwachung der Geschäftsführung (§ 46 Ziff. 6 12 *GmbHG).* Maßregeln zur Prüfung und Überwachung der Geschäftsführung sind alle Maßnahmen, die den Gesellschaftern hierzu geeignet erscheinen. Denkbar ist insbesondere die **Bestellung von Sonderprüfern** im Sinne des § 142 AktG.

ii) Bestellung von Prokuristen und Handlungsbevollmächtigten (§ 46 Ziff. 7 GmbHG). 13 Die Zuständigkeit bezieht sich allein auf die **Einräumung der Vollmachten** nach § 47 HGB (Prokura) und § 54 HGB (Handlungsbevollmächtigte). Die Zuständigkeit der Gesellschafterversammlung bezieht sich dagegen nicht auf den Widerruf solcher Vollmachten oder auf

---

[13] Michalski/*Römermann* § 46 Rn. 151.
[14] Roth/Altmeppen/*Roth* § 46 Rn. 16, 16a.
[15] Scholz/*Seibt*, § 17 Rdn. 8, 12.
[16] *Eickhoff*, Praxis der Gesellschafterversammlung, Rn. 11.
[17] BGH GmbHR 1991, 363.
[18] Michalski/*Römermann* § 46 Rn. 246.
[19] OLG Köln GmbHR 1993, 734, 735 f.; *Wicke* § 46 Rn. 38.
[20] *Eickhoff*, Praxis der Gesellschafterversammlung, Rn. 13.
[21] Im Einzelnen streitig; die Rechtsprechung lehnt einen Anspruch auf Entlastung zutreffend ab: BGHZ 94, 324; vgl. zum Meinungsstand: Michalski/*Römermann* § 46 Rn. 307 ff.; Ulmer/Habersack/Winter/*Hüffer* § 46 Rn. 70 f.; Baumbach/Hueck/*Zöllner*/Noack § 35 Rn. 68; Lutter/Hommelhoff/*Lutter*/Hommelhoff § 46 Rn. 15.

die Ausgestaltung von Anstellungsverträgen mit den betroffenen Mitarbeitern.[22] Dies schließt nicht aus, dass die Gesellschafterversammlung derartige Entscheidungen aufgrund ihrer Allzuständigkeit an sich zieht.

14 *jj) Geltendmachung von Ansprüchen gegen Geschäftsführer und Gesellschafter aus Gründung oder Geschäftsführung sowie Prozessvertretung gegenüber Geschäftsführern (§ 46 Ziff. 8 GmbHG).* § 46 Ziff. 8 GmbHG erfasst die Geltendmachung von **Ansprüchen gegen Geschäftsführer und Gesellschafter** sowie die Prozessvertretung. Die Vorschrift umfasst Ansprüche gegen Geschäftsführer und Gesellschafter nicht nur auf Grundlage **gesellschaftsrechtlicher Anspruchsgrundlagen**. Sie erstreckt sich auf sämtliche Pflichtverstöße bei Gründung und aus Geschäftsführung. Beispiele sind die Treuepflichtverletzung zwischen Gesellschaftern oder der Verstoß gegen ein Wettbewerbsverbot. Darüber hinaus werden Ansprüche aus Gewährleistung für Sacheinlagen, sonstigen Pflichtverletzungen und Delikt erfasst.[23] Die Vorschrift gilt auch für Ansprüche gegenüber ausgeschiedenen Geschäftsführern und Gesellschaftern.[24] Der Anwendungsbereich von § 46 Ziff. 8 GmbHG erstreckt sich jedenfalls in entsprechender Anwendung auch auf Ansprüche **gegen andere Gesellschaftsorgane** wie z. B. Aufsichtsräte oder Beiräte, unabhängig davon, ob diese Gesellschafter sind.[25]

15 Umstritten ist die Frage, ob die Vorschrift auch für die sog. **actio pro socio**, also der Klage eines Gesellschafters im Namen der Gesellschaft gegen einen anderen Gesellschafter zur Durchsetzung von Rechten der Gesellschaft gilt.[26] Nach zutreffender Auffassung ist die Anwendung des § 46 Ziff. 8 GmbHG auf derartige Fälle zu bejahen. Die in der Vorschrift enthaltene Wertung, dass der Gesellschafter grundsätzlich erst versuchen soll, einen Gesellschafterbeschluss über die Geltendmachung von Ersatzansprüchen herbeizuführen, kann nicht durch eine mögliche Prozessstandschaft eines Gesellschafters ausgehebelt werden.[27]

16 § 46 Ziff. 8 2. HS GmbHG bestimmt, dass die Gesellschafter die Gesellschaft in **Prozessen gegen die Geschäftsführer** vertreten. Dies gilt unabhängig davon, welche Ansprüche gegen die Geschäftsführer geltend gemacht werden. Im Prozess ist Vertretungsorgan allein die Gesellschafterversammlung. Daher können Mitgeschäftsführer des Geschäftsführers, gegen den der Rechtsstreit geführt wird, im Prozess als Zeugen vernommen werden.

17 **b) Sonstige gesetzliche Zuständigkeiten.** Neben § 46 GmbHG gibt es eine Reihe weiterer **gesetzlicher Zuständigkeiten** der Gesellschafterversammlung:

18 *aa) Satzungsänderung.* Die Gesellschafterversammlung ist nach § 53 GmbHG für alle **Satzungsänderungen** zuständig. Das gilt auch für die Kapitalerhöhung (§§ 55 ff. GmbHG) und die Kapitalherabsetzung (§§ 58 ff. GmbHG). Die Zuständigkeit nach § 53 GmbHG ist zwingend und ausschließlich.[28]

19 *bb) Zuständigkeiten aus dem Umwandlungsrecht.* Das **UmwG** sieht eine zwingende Zuständigkeit der Gesellschafterversammlung für folgende Fälle vor:
- Formwechsel, d. h. Wechsel in eine andere Rechtsform nach § 193 Abs. 1 UmwG, sei es in eine Personengesellschaft (§§ 228 ff. UmwG) oder in eine Kapitalgesellschaft anderer Rechtsform (§§ 238 ff. UmwG).
- Verschmelzung mit anderen Rechtsträgern nach §§ 2 ff. UmwG, § 13 Abs. 1 UmwG.
- Spaltung nach §§ 123 ff. UmwG, § 125 UmwG i. V. m. § 13 UmwG.
- Vermögensübertragung auf die öffentliche Hand nach §§ 174 ff. UmwG, § 177 UmwG i. V. m. §§ 125, 13 UmwG.

Die Einzelheiten hierzu werden in § 23 dieses Buches behandelt.

---

[22] Michalski/*Römermann* § 46 Rn. 371.
[23] Baumbach/Hueck/*Zöllner* § 46 Rn. 58.
[24] Baumbach/Hueck/*Zöllner* § 46 Rn. 59.
[25] Scholz/*K. Schmidt* § 46 Rn. 146; Roth/Altmeppen/*Roth* § 46 Rn. 54; *Wicke* § 46 Rn. 59.
[26] Scholz/*K. Schmidt* § 46 Rn. 161; *Martens* GmbHR 1984, 265, 271.
[27] Vgl. ausführlich Michalski/*Römermann* § 46 Rn. 528 ff.
[28] Baumbach/Hueck/*Zöllner* § 46 Rn. 72.

cc) Abschluss von Unternehmensverträgen. Die Gesellschafterversammlung ist zuständig 20
für die Beschlussfassung über **Unternehmensverträge** i. S. d. §§ 291 ff. AktG. Dies gilt unabhängig davon, ob die GmbH herrschendes oder beherrschtes Unternehmen ist. Einzelheiten hierzu werden in § 20 dieses Buches dargestellt.

dd) Auflösung der Gesellschaft. Die Gesellschafterversammlung ist ausschließlich und 21
zwingend zuständig für **Auflösungsbeschlüsse** nach § 60 Abs. 1 Nr. 2 GmbHG. Einen Auflösungsbeschluss stellt dabei auch die gleichzeitige Kündigungserklärung sämtlicher Gesellschafter dar.[29]

Darüber hinaus ist die Gesellschafterversammlung für die Aufhebung des Auflösungsbeschlusses durch **Fortsetzungsbeschluss** zuständig.[30]

Ferner ist die Gesellschafterversammlung nach § 66 GmbHG im Zuge der Abwicklung der GmbH zur Bestellung der **Liquidatoren** und nach § 74 Abs. 1 GmbHG zur Bestimmung über die Verwahrung der Geschäftsbücher entscheidungsbefugt.

ee) Wahl des Aufsichtsrates oder Beirates. Üblicherweise wird die Gesellschafterversamm- 22
lung nach der Satzung auch für die Wahl eines **Aufsichtsrates oder Beirates** zuständig sein. Bei der Wahl eines mitbestimmten Aufsichtsrats sind dabei ergänzend die Wahlrechte der Arbeitnehmer aus dem Mitbestimmungsrecht (Drittelbeteiligungsgesetz und Mitbestimmungsgesetz) zu beachten. Die Satzung kann besondere Benennungs- oder Entsenderechte zugunsten einzelner Gesellschafter oder Familienstämme vorsehen.

ff) Wahl der Abschlussprüfer. Die **Abschlussprüfer** werden nach § 318 Abs. 1 S. 1 HGB 23
von der Gesellschafterversammlung gewählt.

3. Aufgabenerweiterung und -einschränkung durch die Satzung

Die **Satzung** kann den Zuständigkeitsbereich der Gesellschafter ausweiten. Aufgrund der 24
Allzuständigkeit der Gesellschafterversammlung ist dies fast ohne Einschränkung zulässig. In der Praxis sieht die Satzung meist eine Reihe von Rechtsgeschäften vor, deren Vornahme der Zustimmung der Gesellschafterversammlung bedarf. Dabei handelt es sich in der Regel um Entscheidungen von besonders weitreichender wirtschaftlicher Bedeutung. Typische Beispiele sind wesentliche Investitionen, Grundstücksgeschäfte, Kreditaufnahme, Einstellung leitender Mitarbeiter usw. Bei der Gestaltung der Satzung sollte darauf geachtet werden, dass die Zuständigkeit der Gesellschafter nicht zu stark ausgeweitet wird. Ein Gesellschafterbeschluss ist stets mit einem nicht unerheblichen formalen Aufwand verbunden. Werden diese Formalien dann nicht beachtet, so besteht später das Problem, dass sich der Geschäftsführer möglicherweise durch den Abschluss eines Rechtsgeschäfts schadenersatzpflichtig gemacht und gegen seine Dienstpflichten verstoßen hat.

Von der internen Zuständigkeit der Gesellschafterversammlung bleibt die Wirksamkeit 25
der Rechtsgeschäfte im **Außenverhältnis** unberührt. Auch wenn der Geschäftsführer ohne einen erforderlichen Gesellschafterbeschluss handelt, bleibt das Geschäft im Verhältnis zu dem jeweiligen Vertragspartner also grundsätzlich wirksam.[31] Etwas anderes kann sich dann ergeben, wenn dem Geschäftspartner die Überschreitung der Vertretungsmacht positiv bekannt oder für ihn aufgrund der Umstände evident war.[32]

Neben einer Ausweitung der Gesellschafterrechte kann die Satzung auch eine **Einschrän-** 26
kung gegenüber der gesetzlichen Regelung vorsehen. Der einzig praktisch relevante Fall ist der, dass der Gesellschafterversammlung zustehende Rechte auf andere Organe, also den Aufsichtsrat oder Beirat übertragen werden.

4. Kompetenzen von Aufsichtsräten und Beiräten

Bei der Bildung von **Aufsichtsräten** und Beiräten sind zwei Fälle zu unterscheiden: Die obli- 27
gatorische Bildung eines Aufsichtsrats und die fakultative Bildung eines weiteren Gremiums.

---

[29] BayObLG GmbHR 1995, 54.
[30] Baumbach/Hueck/*Zöllner* § 46 Rn. 79.
[31] Baumbach/Hueck/*Zöllner*/*Noack* § 37 Rn. 16.
[32] OLG Stuttgart NZG 1999, 1009, 1010 m. Anm. *Michalski/Arends*; Scholz/*Schneider* § 35 Rn. 135 f.

28 **a) Obligatorischer Aufsichtsrat.** Eine Verpflichtung der Gesellschaft zur Bildung eines Aufsichtsrates kann sich aus dem **Mitbestimmungsrecht** ergeben. Unternehmen mit mehr als 2000 Arbeitnehmern müssen einen mitbestimmten Aufsichtsrat im Sinne des MitbestG bilden. Durch § 1 Abs. 3 MitbestG, der auf das Drittelbeteiligungsgesetz verweist, ist auch schon für Gesellschaften mit beschränkter Haftung mit in der Regel mehr als 500 Arbeitnehmern ein Aufsichtsrat zu bilden (§ 1 Abs. 1 Ziff. 3 DrittelbG), dessen Zusammensetzung und Rechte sich aus den dort genannten Vorschriften des AktG ergeben. Das Montan-Mitbestimmungsgesetz hat für die GmbH in der Praxis keine Bedeutung.[33]

29 Der obligatorische Aufsichtsrat verfügt über die gesetzliche Kompetenz aus § 111 Abs. 4 AktG analog. Danach kann er bestimmen, dass bestimmte Entscheidungen von der Geschäftsführung nur noch mit seiner **Zustimmung** gefällt werden können. Fraglich ist, ob die Gesellschafterversammlung sich ihrerseits durch Beschluss wieder über Beschlüsse des Aufsichtsrates hinwegsetzen kann. Dabei ist danach zu differenzieren, wer die Maßnahme, zu welcher der Aufsichtsrat seine Zustimmung verweigert hat, vorgeschlagen hat. Kam der Vorschlag in Form einer Weisung von den Gesellschaftern, bewirkt das Aufsichtsratsveto keinen (auch nicht vorübergehenden) Ausführungseinhalt, es kommt kein Verfahren nach § 111 Abs. 4 AktG zum Zuge, und es bedarf keiner wiederholten Weisung mit Dreiviertelmehrheit (§ 111 Abs. 4 S. 4 AktG). Als oberstes Organ kann die Gesellschafterversammlung unabhängig davon, ob der Aufsichtsrat eingeschaltet ist oder nicht, mit einfacher Mehrheit an die Geschäftsführer Weisungen erteilen. Dies gilt sowohl gegenüber dem fakultativen als auch gegenüber dem obligatorischen Aufsichtsrat, da die Mitbestimmungsgesetze die Entscheidungsorganisation der GmbH nicht ändern.[34] Kam der Vorschlag von den Geschäftsführern, so kommt § 111 Abs. 4 S. 3 AktG zur Anwendung. Die Geschäftsführer können bei verweigerter Zustimmung des Aufsichtsrates dann nur die Gesellschafterversammlung anrufen. Halten die Gesellschafter an dem Vorschlag der Geschäftsführer fest, so können sie ihn mit einfacher Mehrheit bestätigen.[35] Darüber hinaus obliegt dem mitbestimmten Aufsichtsrat zwingend die **Vertretung** der Gesellschaft **gegenüber** den **Geschäftsführern**.[36] Der obligatorische Aufsichtsrat nach dem MitbestG ist zwingend für die Bestellung und Abberufung von Geschäftsführern und die Regelung der Geschäftsführer Anstellungsverträge zuständig, §§ 31 MitbestG, 84 AktG.

30 **b) Fakultativer Aufsichtsrat oder Beirat.** Wird **ohne gesetzliche Verpflichtung** ein weiteres Leitungsgremium in der Form eines Aufsichtsrates oder Beirates geschaffen, so ergeben sich dessen Kompetenzen in erster Linie aus der Satzung.[37]

Enthält die Satzung keine abschließende Regelung, so folgen die **Kompetenzen des Aufsichtsrates** aus § 52 GmbHG in Verbindung mit den dort genannten Vorschriften des AktG. Die wichtigsten Zuständigkeiten des Aufsichtsrates sind danach:

- Zustimmungsvorbehalt nach § 111 Abs. 4 AktG
- Vertretung gegenüber den Geschäftsführern, § 112 AktG
- Prüfung des Jahresabschlusses, § 171 AktG

Ist ein **anderes Gremium** als ein Aufsichtsrat, z. B. ein Beirat, Verwaltungsrat, Gesellschafterausschuss o. ä., in der Satzung vorgesehen, so richten sich auch dessen Zuständigkeiten nach der Satzung. Für die Anwendung des § 52 GmbHG ist in diesem Fall nur Raum, wenn eine Auslegung des Gesellschaftsvertrages ergibt, dass die Gesellschafter faktisch die Einrichtung eines Aufsichtsrates gewollt haben, ohne dem Gremium jedoch diese Bezeichnung zu verleihen.[38] Wesentlich hierfür ist, dass das weitere Leitungsgremium zur Überwachung der Geschäftsführung befugt sein sollte.

---

[33] *Eickhoff,* Praxis der Gesellschafterversammlung, Rn. 43.
[34] Scholz/*Schneider* § 52 Rn. 146.
[35] Baumbach/Hueck/*Zöllner/Noack* § 52 Rn. 232; a. A. „Dreiviertelmehrheit erforderlich" Ulmer/Habersack/Winter/*Raiser/Heermann* § 52 Rn. 298.
[36] *Eickhoff,* Praxis der Gesellschafterversammlung, Rn. 40 ff.
[37] *Eickhoff,* Praxis der Gesellschafterversammlung, Rn. 38.
[38] *Eickhoff,* Praxis der Gesellschafterversammlung, Rn. 39.

II. Vorbereitung der Gesellschafterversammlung

1. Einberufung der Gesellschafterversammlung

Checkliste:
Einberufung der Gesellschafterversammlung

31

☐ Zuständigkeit des Einberufenden
☐ Einberufungsgrund
☐ Adressaten der Einberufung
☐ Form: Einberufungsschreiben (vgl. → Rn. 54)

a) **Zuständigkeit.** Die Gesellschafterversammlung wird nach § 49 Abs. 1 GmbHG grundsätzlich von den **Geschäftsführern** einberufen. Sind mehrere Geschäftsführer bestellt, so ist jeder einzelne zur Einberufung berechtigt.[39] Neben den Geschäftsführern ist der Aufsichtsrat zur Einberufung berechtigt, sofern dieses Gremium existiert. Darüber hinaus steht auch den Gesellschaftern ein Einberufungsrecht zu, wenn sie mindestens 10% des Gesellschaftskapitals repräsentieren und eine Aufforderung an die Geschäftsführer erfolglos geblieben oder keine Geschäftsführung vorhanden ist (§ 50 Abs. 3 GmbHG).

32

Durch die **Satzung** kann die Einberufungszuständigkeit nur eingeschränkt abgeändert werden. Die Satzung kann das Einberufungsrecht eines mitbestimmten Aufsichtsrates nicht ausschließen.[40] Auch das Einberufungsrecht der Gesellschafter nach § 50 Abs. 3 GmbHG ist als Minderheitenschutzrecht nicht abdingbar.[41]

aa) *Einberufung durch den Geschäftsführer.* Der vom Gesetz vorgesehene Regelfall ist die Einberufung der Versammlung durch den **Geschäftsführer**. Im Falle der Liquidation tritt an die Stelle des Geschäftsführers der Liquidator. Die Einberufung hat nach § 51 Abs. 1 GmbHG durch eingeschriebenen Brief zu erfolgen.

33

Umstritten ist, ob auch ein **unwirksam bestellter** oder bereits **abberufener** oder im Nachhinein **inhabil** gewordener (§ 6 Abs. 2 GmbHG) **Geschäftsführer** ein Einberufungsrecht hat, wenn er noch in das Handelsregister eingetragen ist. Während eine Auffassung[42] auf die formale Rechtsposition der Eintragung abstellt und daraus eine Zuständigkeit zur Einberufung herleiten will, sieht die Gegenauffassung für eine solche formale Betrachtung keine ausreichende Rechtsgrundlage und lehnt eine Einberufungszuständigkeit ab.[43] Die letztgenannte Auffassung ist vorzugswürdig, da anderenfalls der Registereintragung eine konstitutive Wirkung im Innenverhältnis zukommen würde, wo die Registerpublizität gerade keine Bedeutung hat.[44]

In der Liquidation sind die Liquidatoren zuständig, ein Insolvenzverwalter hingegen nur ausnahmsweise.[45]

---

[39] OLG Frankfurt GmbHR 1996, 110 f.; KG NJW 1965, 2157, 2158; *Wicke* § 49 Rn. 2.
[40] Beck'sches HdbGmbH/*Fischer*, § 4 Rn. 7.
[41] Beck'sches HdbGmbH/*Fischer*, § 4 Rn. 23.
[42] Lutter/Hommelhoff/*Lutter/Hommelhoff* § 49 Rn. 3a.
[43] Ulmer/Habersack/Winter/*Hüffer* § 49 Rn. 7; jedenfalls für eine personalistische GmbH & Co. KG auch OLG Hamm DB 1992, 265.
[44] Michalski/*Römermann* § 49 Rn. 26.
[45] *Wicke* § 49 Rn. 2.

Muster: Einberufung einer Gesellschafterversammlung

34

Einschreiben/Rückschein
An die
Gesellschafter der
X-GmbH

Die unterzeichneten Geschäftsführer der X-GmbH laden Sie hiermit zu einer ordentlichen Gesellschafterversammlung auf ...... Wochentag), den ...... (Datum), um ...... (Uhrzeit), in die Geschäftsräume der Gesellschaft ein.

Tagesordnung:
1. Feststellung des aufgestellten Jahresabschlusses zum 31. Dezember 2014
Eine Abschrift des Jahresabschlusses (Bilanz nebst Gewinn- und Verlustrechnung samt Anhang) und des Lageberichts ist beigefügt.
2. Ergebnisverwendung
Die Geschäftsführung schlägt vor, den Jahresüberschuss in Höhe von ...... EUR zu einem Teilbetrag von ...... EUR an die Gesellschafter auszuschütten, zu einem Teilbetrag von ...... EUR in die Gewinnrücklagen einzustellen und zu einem Teilbetrag von ...... EUR auf neue Rechnung vorzutragen.
3. Entlastung der Geschäftsführer

....

(Ort), (Datum)

....

(Unterschriften der Geschäftsführer)

35 *bb) Einberufung durch den Aufsichtsrat.* Der **obligatorische Aufsichtsrat** verfügt nach § 52 Abs. 1 GmbHG i. V. m. § 111 Abs. 3 AktG analog über das Recht zur Einberufung der Gesellschafterversammlung, sofern das Wohl der Gesellschaft eine Einberufung erfordert. Dieses Recht kann qua Satzung ausgeschlossen oder an eine bestimmte Mehrheit gebunden werden. Bestehen bleibt aber in jedem Fall die Pflicht, zu berichten, wenn das Wohl der Gesellschaft dies erfordert.[46] Der Aufsichtsrat hat im Hinblick auf den Beschluss zur Einberufung der Gesellschafterversammlung einen weiten Beurteilungsspielraum.[47] Die Ausübung dieses Ermessens kann später nicht mehr überprüft werden, so dass eine Einberufung nicht deswegen unwirksam sein kann, weil der Aufsichtsrat sein Ermessen fehlerhaft ausgeübt hat.[48]

Einem **fakultativen Aufsichtsrat** steht grundsätzlich in gleichem Maße nach § 52 GmbHG das Recht zur Einberufung zu, sofern die Satzung dies nicht abweichend regelt.

36 *cc) Einberufung durch die Gesellschafter.* Eine **Einberufung durch die Gesellschafter** ist in § 50 GmbHG vorgesehen. Sie können bei Erreichen des Mindestquorums von 10% des Stammkapitals eine Einberufung der Versammlung durch den Geschäftsführer verlangen. Weigern sich die Geschäftsführer, eine Gesellschafterversammlung einzuberufen oder ist kein Geschäftsführer vorhanden, so greift das Selbsthilferecht des § 50 Abs. 3 GmbHG ein.[49] In diesem Falle hat der einberufende Gesellschafter neben dem Gegenstand der einberufenen Versammlung auch die Umstände mitzuteilen, aus denen sich sein **Einberufungsrecht** ergibt. Insbesondere hat sie also darzustellen, wie viele Anteile von ihm gehalten werden. Ist kein Geschäftsführer vorhanden – also **bei Führungslosigkeit** –, kann nicht jeder einzelne Gesellschafter den Geschäftsführer für die Einberufung der Gesellschafterversammlung vertreten. Dies ist nicht der Zweck des (durch das MoMiG eingeführten) § 35 Abs. 2 GmbHG, welcher nur eine Vertretung der Gesellschaft durch die Gesellschafter nach Außen beabsichtigt. Andernfalls würde auch das Mindestquorum von 10% des § 50 Abs. 3 GmbHG umgangen.

---

[46] Baumbach/Hueck/*Zöllner/Noack* § 52 Rn. 115.
[47] Scholz/*K. Schmidt/Seibt* § 49 Rn. 7, 29.
[48] Michalski/*Römermann* § 49 Rn. 40.
[49] Vgl. dazu BGH WM 1985, 568; *Wicke* § 50 Rn. 5.

Muster: Einberufung durch eine Minderheit

Name und Anschrift
des Gesellschafters   Ort, Datum
An die XY-GmbH
Anschrift

Hiermit lade ich mit einem Anteil von 25% des Stammkapitals (Geschäftsanteil Nr. 2) die Gesellschafter der XY-GmbH gem. § 50 Abs. 3 GmbHG zu einer

Gesellschafterversammlung
am Freitag, den ...... um ...... Uhr
im Verwaltungsgebäude der Gesellschaft.

Ich bin zur Einberufung der Gesellschafterversammlung befugt, nachdem die Geschäftsführung meinem Einberufungsverlangen vom 22.2.2014 nicht innerhalb der von mir auf den 11.3.2014 gesetzten Frist nachgekommen ist. Die Dringlichkeit der nachfolgend angekündigten Tagesordnung erfordert nunmehr die unmittelbare Einberufung der Versammlung.

Die Tagesordnung der Gesellschafterversammlung lautet wie folgt:

1. Abberufung des Geschäftsführers A aus wichtigem Grund, hilfsweise Abberufung nach § 38 Abs. 1 GmbHG.
2. Kündigung des Anstellungsvertrages des Geschäftsführers A aus wichtigem Grund.

Begründung:
(Es folgt die Darstellung der Gründe, die die Abberufung und Kündigung rechtfertigen sollen).
Mit freundlichen Grüßen

....
(Unterschrift)

dd) Abweichende Regelungen im Gesellschaftsvertrag. Der **Gesellschaftsvertrag** kann die Zuständigkeit zur Einberufung der Gesellschafterversammlung abweichend vom Gesetz regeln. So kann die Einberufungskompetenz einzelner Gesellschafter festgelegt werden. Auch Dritte oder vom Gesellschaftsvertrag vorgesehene Organe wie Verwaltungsräte und Beiräte können ein Einberufungsrecht erhalten. Das Einberufungsrecht des obligatorischen Aufsichtsrates sowie das Recht der Gesellschafterminderheit aus § 50 Abs. 3 GmbHG ist zwingend und kann folglich durch die Satzung nicht abbedungen werden, da die Einberufung der Versammlung durch Bestimmungen der Satzung nicht unangemessen erschwert werden darf.

ee) Rechtsfolgen bei Einberufung durch Unzuständige. Wird die Gesellschafterversammlung durch ein unzuständiges Organ einberufen, so sind die in der Versammlung gefassten Beschlüsse grundsätzlich **nichtig**. Dies gilt auch für die Einberufung durch eine Minderheit, ohne dass die Voraussetzungen des § 50 Abs. 3 GmbHG vorlagen. Wirksame Beschlüsse können nur gefasst werden, wenn es sich um eine Vollversammlung handelt und alle Gesellschafter mit der Beschlussfassung einverstanden sind.

b) **Gründe für die Einberufung.** Die Gesellschafterversammlung ist zuständig für den Beschluss über die Feststellung des Jahresabschlusses (§ 46 Ziff. 1 GmbHG). Schon aus diesem Grund hat **mindestens einmal jährlich** eine Gesellschafterversammlung stattzufinden. Eine **Pflicht** zur Einberufung der Gesellschafterversammlung besteht in folgenden Fällen: Wenn dies im Interesse der Gesellschaft geboten ist (§ 49 Abs. 2 GmbHG), wenn mehr als die Hälfte des Stammkapitals verloren ist (§ 49 Abs. 3 GmbHG) oder bei der Unternehmergesellschaft, wenn die Zahlungsunfähigkeit der Gesellschaft droht (§ 5a Abs. 4 GmbHG).

aa) Interesse der Gesellschaft (§ 49 Abs. 2 GmbHG). Ein **Interesse der Gesellschaft** liegt stets vor, wenn ihr ohne die Einberufung einer Versammlung ein nicht unerheblicher Schaden droht.[50] Ferner ist ein Interesse der Gesellschaft gegeben, wenn der Geschäftsführer

---

[50] Baumbach/Hueck/*Zöllner* § 49 Rn. 17.

Geschäfte tätigen will, für die er nach dem Gesellschaftsvertrag einem Zustimmungsvorbehalt der Gesellschafterversammlung unterliegt. Darüber hinaus sollte der Geschäftsführer eine Einberufung auch vornehmen, wenn seine Zuständigkeit nicht klar geregelt ist.[51]

41 bb) *Verlust der Hälfte des Stammkapitals (§ 49 Abs. 3 GmbHG).* Entgegen dem Wortlaut des § 49 Abs. 3 GmbHG ist für die Feststellung des Verlustes der **Hälfte des Stammkapitals** eine förmliche Zwischenbilanz nicht erforderlich. Vielmehr reicht es aus, wenn der Geschäftsführer von dem entsprechenden Verlust Kenntnis erlangt.[52]

Für die Feststellung, ob die Hälfte des Stammkapitals verloren ist, gelten die auch für den Jahresabschluss maßgeblichen **Bilanzierungsmethoden**. Damit entspricht die Prüfung den Grundsätzen, die auch bei der Prüfung des § 30 GmbHG herangezogen werden.[53] Vgl. dazu → § 5 Rn. 26 ff.

41a cc) *Drohende Zahlungsunfähigkeit der Unternehmergesellschaft (§ 5a Abs. 4 GmbHG).* Die Pflicht zur Einberufung einer Gesellschafterversammlung besteht für die Unternehmergesellschaft nach § 5a GmbHG dann, wenn die Gesellschaft zahlungsunfähig zu werden droht. Sollte die Unternehmergesellschaft das in § 5 Abs. 1 GmbHG geforderte Mindeststammkapital in Höhe von 25.000,– EUR für die GmbH erreichen oder überschreiten und dadurch zur vollwertigen GmbH erstarken, so ist sie von der Einberufungspflicht des § 5a Abs. 4 GmbHG befreit (§ 5a Abs. 5 GmbHG). Im Übrigen reicht wie bei § 49 Abs. 3 GmbHG die Kenntnis des Geschäftsführers von der drohenden Zahlungsunfähigkeit aus, ohne dass es einer förmlichen Zwischenbilanz bedarf. Dabei ist darauf zu achten, dass die Einberufung unverzüglich zu geschehen hat, um der Haftung des Geschäftsführers vorzubeugen.

42 c) **Adressaten der Einberufung.** Die Einberufung ist an alle Personen zu adressieren, die ein **Recht auf Teilnahme** an der Gesellschafterversammlung haben. Auf ein Stimmrecht kommt es nicht an. Damit kann eine Einladung eines Gesellschafters auch dann nicht unterbleiben, wenn eindeutig feststeht, dass er hinsichtlich sämtlicher Beschlussgegenstände einem Stimmverbot unterliegt.

43 aa) *Gesellschafter.* Einzuladen sind alle **Gesellschafter.** Dabei kommt es darauf an, wer aus Sicht der Gesellschaft im Verhältnis zu ihr Gesellschafter ist (§ 16 GmbHG). Dies ergibt sich aus der im Handelsregister aufgenommenen Gesellschafterliste, in der die Gesellschafter gemäß § 40 Abs. 1 GmbHG mit Personalien und Nennbeträgen eingetragen werden müssen. Für die Einladung sind folgende **Sonderfälle** von Bedeutung:

44 • **Rechtsnachfolge**
Wird ein Geschäftsanteil veräußert, so gilt im Verhältnis zur Gesellschaft nur derjenige als Erwerber, der in der Gesellschafterliste im Handelsregister eingetragen ist (§ 16 Abs. 1 GmbHG). Insofern wirkt die Eintragung in die Gesellschafterliste im Handelsregister konstitutiv. Auf den Abschluss eines Kaufvertrages und die notarielle Übertragung der Anteile kommt es daher im Verhältnis zur Gesellschaft nicht an.
Solange die Eintragung in die Gesellschafterliste nicht erfolgt, ist der bisherige Gesellschafter einzuladen. Ihm stehen auch nach wie vor die Rechte aus dem Geschäftsanteil zu.[54] Eine bloß faktische Kenntnis eines oder mehrerer Geschäftsführer von der Anteilsübertragung ersetzt die förmliche Eintragung nicht. Jedoch haben die Geschäftsführer nach § 40 Abs. 1 GmbHG die Verpflichtung, unverzüglich nach Wirksamwerden jeder Veränderung in den Personen der Gesellschafter oder des Umfangs ihrer Beteiligung durch Einreichen einer aktualisierten Gesellschafterliste den Erwerber als neuen Gesellschafter eintragen zu lassen.

45 • **Bevollmächtigung**
Hat ein Gesellschafter gegenüber der GmbH einen Bevollmächtigten benannt, so ist dieser zu laden. Dabei ist allerdings im Einzelfall eingehend zu prüfen, ob sich die Vollmacht

---

[51] *Eickhoff,* Praxis der Gesellschafterversammlung, Rn. 54.
[52] Baumbach/Hueck/*Zöllner* § 49 Rn. 20.
[53] Scholz/*K. Schmidt/Seibt* § 49 Rn. 24; Michalski/*Römermann* § 49 Rn. 93 ff.
[54] BGH GmbHR 1983, 42; BGH GmbHR 1990, 164.

auf den Empfang der Ladung bezieht. Dies ist im Zweifel anzunehmen, wenn sie die Teilnahme an Gesellschafterversammlungen insgesamt umfasst.
In Zweifelsfällen sollten sowohl der Gesellschafter als auch der Bevollmächtigte eingeladen werden.

- **Unbekannte Gesellschafter** 46
Grundsätzlich ist es ausreichend, wenn die Einladung an die **letzte** der Gesellschaft **bekannte Anschrift** des Gesellschafters gerichtet wird. Ist der Gesellschafter verstorben, so ist die Einberufung gleichwohl wirksam, wenn die Gesellschaft vom Tode des Gesellschafters keine Kenntnis hat. Ist die Gesellschaft zwar über das Ableben einer Gesellschaft informiert, sind die Erben jedoch unbekannt, so ist ggfs. eine Nachlasspflegschaft nach § 1960 Abs. 2 BGB zu beantragen.[55]

- **Erbengemeinschaft** 47
Besteht an einem Geschäftsanteil eine **Erbengemeinschaft**, so ist § 18 Abs. 3 GmbHG zu beachten. Danach kommt es darauf an, ob ein gemeinsamer Vertreter bestellt ist. Ist dies der Fall, so ist die Einladung an den Vertreter zu richten.
Ist ein Vertreter nicht bestellt, so reicht die Adressierung der Einladung an ein Mitglied der Erbengemeinschaft grundsätzlich aus (§ 18 Abs. 3 GmbHG). Aus Gründen der Rechtssicherheit dürfte es sich oft dennoch empfehlen, alle Mitglieder der Erbengemeinschaft einzuladen.

- **Gesetzliche Vertretung** 48
Im Falle der gesetzlichen Vertretung ist der Vertreter einzuladen. Bei minderjährigen oder geschäftsunfähigen Gesellschaftern sind dies je nach Sachlage die Eltern, der Vormund, der Pfleger[56] oder der Betreuer (§§ 1896ff. BGB).

- **Gesellschaften** 49
Handelt es sich bei Gesellschaftern wiederum um Gesellschaften, so ist die Einladung an die Gesellschaft, vertreten durch die **vertretungsberechtigten Organe,** zu richten. Bei einer GmbH ist die Einladung also an die Geschäftsführung, bei Aktiengesellschaft und Genossenschaft an den Vorstand zu adressieren. Bei Personenhandelsgesellschaften (OHG oder KG) und der Partnerschaft ist die Einladung ebenfalls an Gesellschaft selbst zu adressieren. Innerhalb der Gesellschaft sind die jeweils geschäftsführenden Gesellschafter für den Empfang der Einladung zuständig.
Die Namen der vertretungsberechtigten Personen können stets aus dem **Handelsregister** entnommen werden. Insoweit greift zugunsten des Einladenden der Rechtsschein nach § 15 HGB ein.
Eine Einladung kann auch an eine Gesellschaft bürgerlichen Rechts (**GbR**) gerichtet werden. Nach der Anerkennung der Rechts- und Parteifähigkeit der GbR[57] kann daran kein Zweifel mehr bestehen. Die GbR wird durch ihre geschäftsführenden Gesellschafter vertreten.

- **Sonstige Belastungen des Geschäftsanteils** 50
Belastungen eines Geschäftsanteils mit **Rechten Dritter** bleiben bei der Einladung außer Betracht. Einzuladen ist stets nur der unmittelbar beteiligte Gesellschafter. Bei Treuhand ist somit nur der Treuhänder, bei Bestehen von Pfandrechten nur der Verpfänder und beim Nießbrauch nur der Gesellschafter und nicht die Nießbrauchsberechtigte einzuladen.

bb) Sonstige Teilnahmeberechtigte. Sonstige Personen, denen ein Teilnahmerecht zusteht, 51
sind ebenfalls einzuladen. Eine Verpflichtung zur Einladung dieser Personen besteht allerdings nur, wenn dem Einladenden das Teilnahmerecht und die Person des Berechtigten bekannt sind.
Somit ist der **Aufsichtsrat,** dem nach der Satzung ein Teilnahmerecht zusteht, stets einzuladen. Andererseits ist der Einladende nicht verpflichtet, sich im Vorfeld der Versammlung über die Existenz weiterer Teilnahmeberechtigter zu informieren.

---

[55] *Eickhoff,* Praxis der Gesellschafterversammlung, Rn. 83.
[56] *Eickhoff,* Praxis der Gesellschafterversammlung, Rn. 87.
[57] BGH DB 2001, 423 mit Anm. *Römermann.*

52 cc) **Rechtsfolge bei nicht ordnungsgemäßer Einladung.** Sind zu der Gesellschafterversammlung nicht alle Gesellschafter ordnungsgemäß eingeladen, so sind die Beschlüsse grundsätzlich **nichtig**.[58] Dies gilt auch bei Gesellschaften mit einer Vielzahl von Gesellschaftern (Publikums-GmbH). Die Nichtigkeit tritt allerdings nicht ein, wenn der nicht oder fehlerhaft geladene Gesellschafter auf sein Einladungsrecht oder seine Teilnahme im Vorfeld verzichtet hat oder wenn es sich um eine Vollversammlung handelte und alle Gesellschafter mit der Beschlussfassung einverstanden waren.

Die nicht ordnungsgemäße Ladung eines Teilnahmeberechtigten, der nicht Gesellschafter ist, führt nicht zur Nichtigkeit, sondern zur **Anfechtbarkeit** des Beschlusses.

53 d) **Form der Einberufung.** Nach § 51 GmbHG ist die Gesellschafterversammlung durch **eingeschriebenen Brief** einzuberufen. Wird diese Form auch nur einem Gesellschafter gegenüber nicht beachtet, so ist der Beschluss nichtig.[59] Die Gegenauffassung,[60] die die Nichtigkeit ablehnen will, wenn der Gesellschafter tatsächlich von der Einberufung Kenntnis erlangt hat, läuft auf eine Aushöhlung der gesetzlich vorgeschriebenen Form hinaus und ist daher abzulehnen.[61] Im Prozess hat die Gesellschaft jedoch nur nachzuweisen, dass das Einladungsschreiben ordnungsgemäß bei der Post aufgegeben wurde. Der Nachweis des Zugangs ist nicht erforderlich. Die Versammlung ist selbst dann ordnungsgemäß einberufen, wenn sich der Gesellschafter zum Zeitpunkt des Zugangs der Einladung im Urlaub befindet und der Gesellschaft dieser Umstand bekannt ist.[62]

54 Die Einladung ist an die der Gesellschaft **zuletzt bekannte Anschrift** des Gesellschafters zu **adressieren**. Dabei hat der Gesellschafter dafür zu sorgen, dass die Gesellschaft insoweit über korrekte Informationen verfügt. Die Gesellschaft ist ihrerseits nicht verpflichtet, die Richtigkeit und Aktualität der ihr zur Verfügung gestellten Adressen zu überprüfen. Hat der Gesellschafter einen ständig wechselnden Aufenthaltsort (befindet er sich z.B. auf einer Weltreise), so stellt die Zusendung an die letzte bekannte Anschrift keinen Ladungsmangel dar.[63] Die Einladung sollte vom Einladenden **eigenhändig unterschrieben** werden. Eine Unterschrift ist jedoch nicht Voraussetzung für die Wirksamkeit der Einladung. Es reicht insoweit aus, dass die Person des Einladenden zweifelsfrei zu erkennen ist.[64]

55 e) **Einberufungsfrist.** Die Frist zur Einberufung einer Gesellschafterversammlung beträgt nach § 51 Abs. 1 S. 2 GmbHG mindestens **eine Woche**. Die Frist beginnt mit dem Zeitpunkt, in dem unter Berücksichtigung üblicher Postlaufzeiten mit einem Zugang der Einladung beim Empfänger zu rechnen ist, zu laufen.[65] Im Inland ist als übliche Postlaufzeit ein Zeitraum von zwei Tagen zu veranschlagen. Für das Ausland lassen sich keine pauschalen Aussagen treffen. Die **Einladungsfrist endet** mit Ablauf des Wochentages, an dem in der vorausgegangenen Woche der Zugang vermutet wird. Die Gesellschafterversammlung darf frühestens am Tage nach dem Ablauf der Frist stattfinden.[66]

Beispiel:
Das Einladungsschreiben wird am Dienstag, den 1.8. zur Post gegeben. Der Zugang wird in diesem Falle am Donnerstag, den 3.8. vermutet. Damit ist das Fristende am Donnerstag, den 10.8. Die Gesellschafterversammlung dürfte frühestens am Freitag, den 11.8. stattfinden.

---

[58] OLG München ZIP 2010, 927.
[59] Michalski/*Römermann* Anh. § 47 Rn. 89.
[60] Roth/Altmeppen/*Roth* § 47 Rn. 103.
[61] Michalski/*Römermann* Anh. § 47 Rn. 89.
[62] OLG München GmbHR 1994, 406, 408.
[63] OLG Düsseldorf GmbHR 1990, 265.
[64] MünchHdbGesR III/*Ingerl* § 39 Rn. 14 m.w.N.; Michalski/*Römermann* § 51 Rn. 55 ff.; allgemein zum Unterschriftserfordernis vgl. *Römermann/van der Moolen* BB 2000, 1640.
[65] So die h.M. Ulmer/Habersack/Winter/*Hüffer* § 51 Rn. 15; Scholz/*K. Schmidt/Seibt* § 51 Rn. 12; Baumbach/Hueck/*Zöllner* § 51 Rn. 19; umfassende Darstellung des Meinungsstandes bei Michalski/*Römermann* § 51 Rn. 41 ff.; *Wicke* § 51 Rn. 6.
[66] *Eickhoff*, Praxis der Gesellschafterversammlung, Rn. 96.

Ausnahmsweise beginnt die Frist mit Absendung bei einer vertraglich verlängerten Frist und/oder einer Zahl von mehr als 150 Gesellschaftern.[67]

f) Inhalt der Einberufung. Das Einladungsschreiben muss mindestens folgende Angaben enthalten:

Checkliste: Mindestangaben Einladungsschreiben

☐ Genaue Bezeichnung der einladenden Gesellschaft
☐ Angabe, dass es sich um eine Gesellschafterversammlung handelt
☐ Ort der Versammlung (genaue Bezeichnung des Versammlungslokals)
☐ Zeitpunkt (Tag und Uhrzeit) der Versammlung
☐ Bei Einberufung durch Gesellschafter: Ggfs. Angaben zu den Voraussetzungen des § 50 Abs. 3 GmbHG, sofern sich die Einberufungsbefugnis nicht aus der Satzung ergibt
☐ Evtl. Tagesordnung (kann bis zu drei Tagen vor der Versammlung nachgereicht werden)

Formulierungsvorschlag: → Rn. 34.

- **Bezeichnung der Gesellschaft und Erkennbarkeit als Gesellschafterversammlung**
  Die Einladung muss die **einladende Gesellschaft** klar und unzweideutig erkennen lassen. Die Gesellschaft hat dementsprechend grundsätzlich unter ihrer im Handelsregister eingetragenen Firma einzuladen, sofern diese nicht zwischenzeitlich in einer allen Gesellschaftern bekannten, wirksamen Satzungsänderung modifiziert wurde.
  Darüber hinaus muss sich aus der Einladung ergeben, dass es sich um eine **Gesellschafterversammlung** und nicht nur um eine formlose Besprechung handelt. Dies ist unzweifelhaft gegeben, wenn die Einladung die Zusammenkunft als Gesellschafterversammlung bezeichnet. Ansonsten spricht die Ankündigung einer Tagesordnung mit einer vorgesehenen Beschlussfassung für eine Gesellschafterversammlung.

- **Ort der Versammlung**
  Die Gesellschafterversammlung findet, soweit die Satzung nichts anderes bestimmt, am **Sitz der Gesellschaft** in deren Geschäftsräumen statt. Verfügt die Gesellschaft selbst nicht über geeignete Geschäftsräume, so kann sie auf entsprechende Räume am Sitzort der Gesellschaft ausweichen. Darüber hinaus kann die Gesellschafterversammlung an einem Ort stattfinden, der für alle (!) Gesellschafter besser zu erreichen ist. Die Wahl eines anderen Ortes ist nur mit Zustimmung sämtlicher Gesellschafter zulässig.[68] In diesem Falle kann die Gesellschafterversammlung auch im Ausland durchgeführt werden.[69]
  Eine Satzungsbestimmung, die einen für einen wesentlichen Teil der Gesellschafter **unzumutbaren Ort** vorsieht, ist unwirksam.[70]

- **Zeit der Versammlung**
  Die Gesellschafterversammlung muss grundsätzlich zu den **üblichen Geschäftszeiten** stattfinden. Soweit die Satzung nichts anderes bestimmt, ist allerdings auch eine Terminierung auf Sonn- und Feiertage zulässig.[71] Unter dem Gesichtspunkt des Rechtsmissbrauches darf die Zeit der Verhandlung nicht bewusst so gewählt werden, dass von vornherein feststeht, dass einer der Gesellschafter verhindert ist. Bei einem dringenden Beschlussgegenstand kann im Einzelfall eine Terminierung trotz Kenntnis der Verhinderung eines Gesellschafters in Betracht kommen, wenn sich aus der Vorkorrespondenz ergibt, dass dieser mit der Beschlussfassung einverstanden ist.[72]

---

[67] Roth/Altmeppen/*Roth* § 51 Rdn. 3a.
[68] BGH GmbHR 1985, 256, 257.
[69] OLG Düsseldorf GmbHR 1990, 169, 171.
[70] Vgl. dazu Meyer-Landrut/Miller/Niehus/*Meyer-Landrut* § 48 Rn. 3; Scholz/*K. Schmidt/Seibt* § 48 Rn. 6.
[71] *Eickhoff*, Praxis der Gesellschafterversammlung, Rn. 105.
[72] OLG Bremen NZG 2010, 1347.

60 • **Besonderheiten bei Einberufung durch Minderheitsgesellschafter**
Erfolgt die **Einberufung** der Gesellschafterversammlung **durch** eine **Minderheit** im Wege des Selbsthilferechts nach § 50 Abs. 3 GmbHG, so muss die Einladung zusätzlich Angaben enthalten, die es den Gesellschaftern ermöglichen, die Einhaltung der Voraussetzungen des § 50 Abs. 3 GmbHG nachzuvollziehen. Folglich muss die Einladung die einberufenden Gesellschafter benennen. Darüber müssen Angaben dazu gemacht werden, warum sich die Gesellschafter für berechtigt halten, die Gesellschafterversammlung einzuberufen. Der übliche Begriff „Minderheitsrecht" ist im Zusammenhang mit der Einberufungsbefugnis des § 50 Abs. 3 GmbHG insoweit missverständlich, als es nur auf das Erreichen eines Quorums von 10% des Stammkapitals ankommt. Das Recht kann in diesem Fall aber durchaus von einem Mehrheitsgesellschafter in Anspruch genommen werden.

61 • **Tagesordnung**
Die **Tagesordnung** muss nicht zwingend bereits mit der Einladung bekannt gemacht werden, da es sich bei § 51 Abs. 2 GmbHG lediglich um eine Soll-Vorschrift handelt.[73] Dies bietet sich allerdings in der Praxis an. Die Tagesordnung muss den Gesellschaftern **mindestens drei Tage vor der Gesellschafterversammlung** bekannt gegeben werden.
Die Tagesordnung muss die **Gegenstände der Beratung und Beschlussfassung** in einer Weise ankündigen, die es dem Gesellschafter ermöglicht, sich auf die Versammlung sinnvoll vorzubereiten. Hierfür ist zunächst erforderlich, dass aus der Tagesordnung klar hervorgeht, ob eine Beschlussfassung zu einem bestimmten Punkt ansteht oder ob lediglich eine Beratung vorgesehen ist. Ist eine Beschlussfassung nicht klar angekündigt, dann ist nur eine Beratung zulässig. Nicht erforderlich ist es, die einzelnen Beschlussanträge im Wortlaut anzugeben. Pauschale Ankündigungen reichen aber nicht. Eine bereits angekündigte Tagesordnung kann **jederzeit ergänzt** werden, sofern die für die Ankündigung der Tagesordnung selbst geltenden Formen und Fristen eingehalten werden.[74]
Beschlüsse der Gesellschafterversammlung, die nicht ordnungsgemäß angekündigt wurden, sind **anfechtbar**.[75]

Einzelfälle:

62 • **Abberufung des Geschäftsführers:** Ist eine Abberufung aus wichtigem Grund angekündigt, so ist davon eine Abberufung ohne wichtigen Grund nicht umfasst.[76] Eine Abberufung ohne wichtigen Grund ist dann nur zulässig, wenn dies zumindest hilfsweise in der Tagesordnung vorgesehen ist.[77] Ist der faktische Anlass für die Abberufung konkret angekündigt und es ist noch nicht ersichtlich, ob dies auf eine Abberufung aus wichtigem Grund oder ohne herausläuft, so kann auch die Abberufung ohne wichtigen Grund von der Ankündigung der Abberufung aus wichtigem Grund gedeckt sein, wenn der Anlass derselbe ist.[78] Die Ankündigung „Änderung in der Geschäftsführung" reicht weder für die Abberufung eines Geschäftsführers noch für die Bestellung eines neuen Geschäftsführers aus.[79]

63 • **Einziehung eines Geschäftsanteils:** Sie muss ausdrücklich angekündigt werden. Darüber hinaus muss die Tagesordnung auch die Vorwürfe, die eine zwangsweise Einziehung rechtfertigen sollen, konkret bezeichnen.[80]

64 • **Feststellung des Jahresabschlusses:** Für die Beschlussfassung über die Feststellung reicht die Ankündigung „Erörterung des Jahresabschlusses" nicht aus.[81] Richtig muss die Ankündigung lauten: „Feststellung des Jahresabschlusses für das Jahr 2008", wobei der aufgestellte Jahresabschluss beigefügt werden sollte. Darüber hinaus sollte in diesem Zu-

---

[73] Michalski/*Römermann* § 51 Rn. 63.
[74] *Eickhoff*, Praxis der Gesellschafterversammlung, Rn. 117.
[75] Rowedder/Schmitt-Leithoff/*Koppensteiner* § 51 Rn. 11.
[76] BGH WM 1985, 567, 570.
[77] OLG Nürnberg GmbHR 1990, 166, 169.
[78] Scholz/K. *Schmidt/Seibt* § 51 Rn. 20.
[79] So die h. M. LG Köln GmbHR 1992, 809, 810; Rowedder/Schmitt-Leithoff/*Koppensteiner* § 51 Rn. 8; Scholz/K. *Schmidt/Seibt* § 51 Rn. 20; a. A. Michalski/*Römermann* § 51 Rn. 76 („zu streng").
[80] LG München I GmbHR 1993, 664.
[81] OLG Karlsruhe GmbHR 1989, 206, 207; LG Saarbrücken GmbHR 2010, 762.

sammenhang ein Beschluss über die Ergebnisverwendung angekündigt werden. Dies kann auch in einem eigenständigen Tagesordnungspunkt geschehen.

- **Änderung des Gesellschaftsvertrages:** In diesem Falle muss genau bezeichnet werden, wie die Änderung inhaltlich aussehen soll. Ausreichend ist z. B. „Erweiterung des Unternehmensgegenstandes um den Geschäftsbereich Umwelttechnik".[82] Im Idealfall wird die vollständige Formulierung der neu zu fassenden Satzungsklausel(n) wiedergegeben. 65

- **Kapitalerhöhung:** Bei einer Kapitalerhöhung ist der Betrag, um den eine Erhöhung des Stammkapitals vorgesehen ist, anzukündigen.[83] In der Versammlung ist dann eine Kapitalerhöhung in geringerem als dem angekündigten Umfange zulässig, nicht dagegen in weiterem. Ist der Ausschluss von Bezugsrechten der Altgesellschafter vorgesehen, so ist dies ebenfalls anzukündigen. 66

- **Abschluss eines Unternehmensvertrages:** Bei einem geplanten Abschluss eines Unternehmensvertrages ist sowohl bei der herrschenden als auch bei der abhängigen Gesellschaft in der Tagesordnung auf wesentliche Eckpunkte des Vertrages hinzuweisen. Der Vertrag selbst muss nicht vorgelegt werden. Allerdings bietet sich dies in der Praxis an, um Zweifel zu vermeiden. Grundsätzlich sind die Informationen den Gesellschaftern in deutscher Sprache zugänglich zu machen.[84] Hiervon können bei der personalistisch strukturierten GmbH Ausnahmen gemacht werden, wenn alle Gesellschafter der Fremdsprache mächtig sind, in der die Informationen vorgelegt werden. In der Praxis sollte der Geschäftsführer sich in der Versammlung den Verzicht der Gesellschafter auf eine Vorlage der Informationen in deutscher Sprache bestätigen lassen. 67

- **Umwandlungen:** Bei Verschmelzungen, Spaltungen oder Umwandlungen im Sinne des UmwG sind die entsprechenden Verträge den Gesellschaftern nach §§ 47, 56, 125, 230, 238 UmwG spätestens mit der Einladung zur Gesellschafterversammlung zu übermitteln. 68

g) **Folgeversammlung.** Unter einer Folgeversammlung versteht man eine Gesellschafterversammlung, die nach Beschlussunfähigkeit einer ersten Versammlung einberufen wird. Diese Versammlung ist ohne Rücksicht auf die Zahl der anwesenden Gesellschafter und das vertretene Kapital beschlussfähig, wenn dies in der Satzung so vorgesehen ist. Die Folgeversammlung setzt voraus, dass die vorausgehende Gesellschafterversammlung (**Erstversammlung**) ordnungsgemäß einberufen war.[85] 69

Formulierungsvorschlag:

Die Gesellschafterversammlung ist gem. § x der Satzung ohne Rücksicht auf die Zahl der erschienenen oder vertretenen Stimmen beschlussfähig, da eine zum 1.3.2014 einberufene Gesellschafterversammlung mit denselben Tagesordnungspunkten wegen Anwesenheit von nur y % des Stammkapitals nicht beschlussfähig war. 69a

Eine Folgeversammlung ist nur insoweit beschlussfähig, wie **keine neuen Tagesordnungspunkte** angekündigt werden.[86]

h) **Verlegungen und Vertagungen.** Vertagungen, bzw. Verlegungen in zeitlicher, bzw. örtlicher Hinsicht sind rechtlich nichts anderes, als Einberufungen neuer Gesellschafterversammlungen.[87] Damit sind grundsätzlich auch sämtliche Formen und Fristen der Einberufung einzuhalten. Etwas anderes gilt nach h. M. für geringfügige Verschiebungen in zeitlicher Hinsicht, z. B. für die Verlegung der Terminsstunde um nur eine Stunde, da hiermit 70

---

[82] Ulmer/Habersack/Winter/*Hüffer* § 51 Rn. 23.
[83] So für die AG schon RGZ 87, 155, 156.
[84] So im Aktienrecht LG München I BB 2001, 1648.
[85] OLG Hamm GmbHR 1992, 466, 468; LG Köln GmbHR 1992, 809, 810.
[86] OLG München GmbHR 1994, 125, 126 f.
[87] Michalski/*Römermann* § 13 Rn. 13.

immer gerechnet werden muss.[88] Die h.M. vermag nicht zu überzeugen, da auch eine geringfügige Verlegung dazu führen kann, dass ein Gesellschafter an der Teilnahme gehindert ist. Allerdings kann einem Gesellschafter bei einer geringfügigen Verschiebung der Gesellschafterversammlung unter dem Gesichtspunkt der Treuepflicht für eine spätere Anfechtungsklage das Rechtsschutzbedürfnis fehlen.[89]

Darüber hinaus ist eine Verlegung oder Vertagung selbstverständlich stets wirksam, wenn sich alle Gesellschafter mit ihr einverstanden erklären.

2. Recht zur Teilnahme an der Gesellschafterversammlung

71 Weiterhin ist der Kreis der an der Gesellschafterversammlung **teilnahmeberechtigten Personen** zu ermitteln. Jede dieser Personen ist zur Versammlung einzuladen.

72 a) **Gesellschafter.** Zunächst ist **jeder Gesellschafter** zur Teilnahme an der Gesellschafterversammlung berechtigt. Dies gilt unabhängig davon, ob der Geschäftsanteil voll eingezahlt ist oder ob dem Gesellschafter ein Stimmrecht zusteht. Ein Teilnahmerecht besteht auch dann, wenn der Gesellschafter für einen bestimmten Beschlussgegenstand einem Stimmverbot unterliegt.[90] Bei einer **Mitberechtigung an einem Geschäftsanteil** ist jeder Mitberechtigte teilnahmeberechtigt. Ist für die Mitberechtigten ein gemeinsamer Vertreter bestellt, so hat nur dieser ein Teilnahmerecht. Der Gesellschaftsvertrag kann vorsehen, dass mehrere Mitberechtigte zur Ausübung ihrer Rechte einen gemeinsamen Vertreter zu bestellen haben. Derartige Klauseln sind wirksam (§ 18 Abs. 1 GmbHG).[91] Sie sind aus Sicht der Gesellschaft sinnvoll, da diese einen Ansprechpartner erhält und sich nicht mit mehreren untereinander möglicherweise zerstrittenen Berechtigten auseinandersetzen muss. Sieht die Satzung eine entsprechende Klausel vor, so kann den übrigen Mitberechtigten die Teilnahme an der Gesellschafterversammlung untersagt werden.

73 Im Falle der **gesetzlichen Vertretung,** beispielsweise bei juristischen Personen, steht den gesetzlichen Vertretern ein Teilnahmerecht zu. Dementsprechend haben grundsätzlich alle Geschäftsführer einer GmbH oder Vorstände einer AG ein Teilnahmerecht an den Gesellschafterversammlungen der Beteiligungsgesellschaften. Bei Minderjährigen steht den gesetzlichen Vertretern ein Teilnahmerecht zu. Im Falle der Betreuung hat der Betreuer das Teilnahmerecht, wenn die Ausübung der Gesellschafterrechte von der Betreuung umfasst ist.[92]

74 b) **Bevollmächtigte.** Grundsätzlich kann sich jeder Gesellschafter in der Gesellschafterversammlung durch einen Bevollmächtigten vertreten lassen. In diesem Fall ist der Bevollmächtigte zur Teilnahme berechtigt. Der Gesellschafter selbst hat neben seinem Bevollmächtigten **kein eigenes Teilnahmerecht.**[93]

Muster:

Vollmacht

74a Ich, der unterzeichnete Kaufmann [Name], [Adresse], bin als Gesellschafter mit einem Geschäftsanteil (Nr. 1) an der XY-GmbH mit dem Sitz in [Ort] beteiligt.

Ich bevollmächtige hiermit Herrn Rechtsanwalt [Name], [Kanzleischrift], mich in der Gesellschafterversammlung der vorbezeichneten Gesellschaft vom [Datum] zu vertreten und meine Gesellschafterrechte einschließlich des Stimmrechts wahrzunehmen.

[Ort], [Datum]

(Unterschrift des Gesellschafters)

---

[88] Scholz/K. Schmidt/Seibt § 51 Rn. 15; Ulmer/Habersack/Winter/Hüffer § 51 Rn. 2, 3.
[89] Michalski/Römermann § 51 Rn. 15.
[90] BGH GmbHR 1985, 256, 257; OLG Hamm GmbHR 1992, 466, 467.
[91] BGH GmbHR 1989, 120, 121; Wicke § 18 Rn. 3.
[92] Michalski/Römermann § 48 Rn. 54.
[93] OLG Koblenz GmbHR 1992, 464, 466; OLG Stuttgart GmbHR 1994, 257, 258 f.; Eickhoff, Praxis der Gesellschafterversammlung, Rn. 148.

Die **Wirksamkeit der Vollmacht** richtet sich nach den allgemeinen Regeln der §§ 164 ff. 75
BGB. Die Vollmacht ist im Zweifel gegenüber dem Versammlungsleiter durch eine Vollmachtsurkunde nachzuweisen.[94] Sie ist dann im Verhältnis zur Gesellschaft solange wirksam, bis sie widerrufen wird. Die Vollmacht ist grundsätzlich widerruflich.[95] Legt der Bevollmächtigte die Vollmachtsurkunde in der Versammlung vor, so können die Gesellschafter auf die wirksame Bevollmächtigung vertrauen, wenn sie nicht positive Kenntnis von dem Widerruf der Vollmacht haben.

Eine **unwiderrufliche Vollmacht** ist grundsätzlich unzulässig.[96] Sie ist ausnahmsweise zu- 76
lässig, wenn ein besonderes Interesse des Bevollmächtigten an der Unwiderruflichkeit besteht. Dies ist nur dann der Fall, wenn der Bevollmächtigte wirtschaftlich die Stellung eines Gesellschafters hat, z. B. wenn der Treugeber vom Treuhänder bevollmächtigt wird.

Der Gesellschaftsvertrag kann hinsichtlich der Bevollmächtigung **Einschränkungen** vor- 77
sehen. So kann vorgesehen werden, dass eine Bevollmächtigung nur zugunsten eines Mitgesellschafters (wenig sinnvoll, z.B. bei Streitigkeiten zwischen Gesellschaftern) oder eines zur Berufsverschwiegenheit verpflichteten Dritten zulässig sein soll.

c) **Beistände.** Das Teilnahmerecht von Beiständen ist umstritten. Anerkannt ist, dass ohne 78
Regelung in der Satzung ein Gesellschafter zur **Beiziehung eines Beistandes** berechtigt ist, wenn anderenfalls ein erhebliches Ungleichgewicht zwischen den Gesellschaftern in Bezug auf ihre Sachkenntnis bestehen würde.[97] In diesem Falle darf sich jeder Gesellschafter eines fachkundigen Beistandes bedienen, wobei als fachkundig in diesem Sinne insbesondere die Angehörigen der rechts- und steuerberatenden Berufe anzusehen sind. Nach dieser Auffassung besteht also unter der Ausnahme der mangelnden Sachkenntnis nur die Möglichkeit, Beiständen in der Satzung oder durch Beschluss ein generelles Teilnahmerecht zu gewähren. So verlangt auch die überwiegende Literatur eine konkrete Gestattung der Teilnahme und sieht somit kein grundsätzliches Teilnahmerecht der Beistände.[98]

Jedoch ist nicht ersichtlich, weshalb nicht ein grundsätzliches Teilnahmerecht für Beistände unabhängig von der Satzung bestehen sollte. Denn es handelt sich hierbei de facto nicht um ein Teilnahmerecht des Beistandes, sondern vielmehr um ein Hinzuziehungsrecht des Gesellschafters mit der Folge, dass grundsätzlich auf Verlangen jeden Gesellschafters die Teilnahme des Beistandes möglich sein muss.[99] Die Beratung und Fassung rechtlich relevanter Beschlüsse ist stets eine Angelegenheit, für deren sachgerechte Wahrnehmung ein Gesellschafter eines professionellen Beistandes bedarf.

Wird ein Beistand unzulässigerweise zur Versammlung zugelassen, so begründet dies nicht automatisch die Anfechtbarkeit gefasster Beschlüsse.[100]

d) **Geschäftsführer.** Der Geschäftsführer, der nicht zugleich Gesellschafter ist, hat **kein ei-** 79
genes Teilnahmerecht. Allerdings ist er auf Verlangen der Gesellschafter zur Teilnahme verpflichtet.[101]

e) **Mitglieder weiterer Gesellschaftsorgane.** Mitglieder weiterer Gesellschaftsorgane wie 80
Aufsichtsrat oder Beirat haben grundsätzlich kein eigenes Teilnahmerecht an der Gesellschafterversammlung. Dies gilt jedenfalls dann, wenn es sich um ein fakultatives Gesellschaftsorgan handelt.

Umstritten ist die Frage, ob der mitbestimmte und damit **obligatorische Aufsichtsrat** ein Teilnahmerecht hat. Die überwiegende Meinung befürwortet ein Teilnahmerecht mit dem Hinweis auf § 118 Abs. 2 AktG.[102]

---

[94] Michalski/*Römermann* § 48 Rn. 48.
[95] Lutter/Hommelhoff/*Lutter/Hommelhoff* § 47 Rn. 11.
[96] Lutter/Hommelhoff/*Lutter/Hommelhoff* § 47 Rn. 11.
[97] OLG Düsseldorf GmbHR 1992, 610, 611 mit Anm. *Lotz.*
[98] So Baumbach/Hueck/*Zöllner* § 48 Rn. 5.
[99] Michalski/*Römermann* § 48 Rn. 72.
[100] Baumbach/Hueck/*Zöllner* § 48 Rn. 33.
[101] *Eickhoff,* Praxis der Gesellschafterversammlung, Rn. 150; *Wicke* § 48 Rn. 2.
[102] Ulmer/Habersack/Winter/*Hüffer* § 48 Rn. 21; Baumbach/Hueck/*Zöllner* § 48 Rn. 11; Lutter/Hommelhoff/*Lutter/Hommelhoff* § 48 Rn. 6; Michalski/*Römermann* § 48 Rn. 64.

81　**f) Sonstige Teilnehmer.** Personen, die kein eigenes Teilnahmerecht an der Gesellschafterversammlung haben, können **durch Gesellschafterbeschluss zugelassen** werden. Soweit die Satzung keine abweichenden Regelungen trifft, wird ein solcher Beschluss mit einfacher Mehrheit gefasst.

Durch den Beschluss kann der **Inhalt des Teilnahmerechts** geregelt werden. So kann z. B. auch ein Teilnahmerecht nur zu einzelnen Tagesordnungspunkten zugelassen werden. Dies kann in der Praxis z. B. der Fall sein, wenn dem Abschlussprüfer die Teilnahme gestattet wird, soweit es um den Jahresabschluss geht.

82　Die **Auslegung des Zulassungsbeschlusses** ist auch für die Frage entscheidend, ob dem Teilnehmer ein Rederecht in der Versammlung zusteht. Ist das Rederecht nicht ausdrücklich eingeräumt worden oder lässt sich ein solches weder anhand noch aus den Umständen ermitteln, so ist im Zweifel davon auszugehen, dass zugelassenen Teilnehmern kein Rederecht zusteht. Mithin besteht auch kein einklagbares Individualrecht der zugelassenen Teilnehmer, bei der Gesellschafterversammlung gehört zu werden.

83　**g) Ausschluss von der Teilnahme.** Grundsätzlich kann kein Teilnahmeberechtigter von diesem Recht ausgeschlossen werden. Dies gilt für Gesellschafter insbesondere auch dann, wenn sie vom Stimmrecht ausgeschlossen sind.

84　Ein Ausschluss ist grundsätzlich nur dann möglich, wenn durch die Teilnahme ein **schwerwiegender Schaden** zu erwarten ist. Dies ist ausnahmsweise anzunehmen, wenn im konkreten Einzelfall die Gefahr besteht, dass ein Teilnehmer seine in der Gesellschafterversammlung gewonnenen Informationen zum Nachteil der Gesellschaft ausnutzen wird. Die Gesellschafter können ihn dann durch Mehrheitsbeschluss von der Teilnahme ausschließen. Bei dem Beschluss ist der betroffene Gesellschafter nicht stimmberechtigt. Prüfungsmaßstab ist § 51a Abs. 2 GmbHG analog.

85　Eine abstrakte Gefahr ist nicht ausreichend. Auch wenn ein Teilnehmer zu der Gesellschaft in einem **Wettbewerbsverhältnis** steht, muss eine konkrete Gefährdung der Gesellschaftsinteressen vorliegen und eine hohe Wahrscheinlichkeit bestehen, dass ein Wettbewerber von Geschäftsgeheimnissen der GmbH Kenntnis erlangt.[103] In diesem Fall ist der Ausschluss des Teilnehmers grundsätzlich auch ohne gesonderte Regelung im Gesellschaftsvertrag durch Beschluss möglich. Bei diesem Beschluss ist der Betroffene, soweit er Gesellschafter ist, nicht stimmberechtigt. Allerdings kann einem Gesellschafter nicht generell die Möglichkeit der Teilnahme ohne Vertretung genommen werden. Ein solches Ergebnis wäre mit der Eigentumsgarantie nach Art. 14 GG nicht vereinbar.

86　Einem **Wettbewerber,** der Gesellschafter ist, ist daher grundsätzlich die Möglichkeit seiner Interessenwahrnehmung durch einen Vertreter in der Gesellschafterversammlung zu gestatten. Die Satzung kann vorsehen, dass er auf die Vertretung durch einen Mitgesellschafter oder einen zur Berufsverschwiegenheit verpflichteten Dritten beschränkt ist, ohne persönlich teilnehmen zu dürfen. Eine Beschränkung ausschließlich auf Mitgesellschafter ist unzulässig.

87　**h) Rechtsfolgen bei rechtswidrigem Ausschluss.** Wird einem Berechtigten rechtswidrig die Teilnahme an der Gesellschafterversammlung verweigert, so sind die Beschlüsse dieser Versammlung **anfechtbar**. Auf die Frage, ob das Ergebnis bei Teilnahme des Berechtigten anders ausgefallen wäre, kommt es nicht an. In der Praxis lässt sich in der Regel diese hypothetische Frage ohnehin nicht mit der hinreichenden Sicherheit klären. Letztlich ist daher zu berücksichtigen, dass allein die Teilnahme an der Diskussion auch bei einem Teilnehmer ohne Stimmrecht zumindest theoretisch die Möglichkeit einer Beeinflussung des Ergebnisses mit sich bringt. Im Ergebnis sind damit Gesellschafterbeschlüsse im Falle eines rechtswidrigen Teilnahmeausschlusses stets anfechtbar.[104]

88　Bei **Teilnahme eines Nichtberechtigten** bleibt die Wirksamkeit der Beschlüsse dagegen grundsätzlich unberührt. Eine Ausnahme ist nur der Fall, dass der rechtswidrig Teilnehmende massiv Einfluss auf die freie Willensbildung in der Abstimmung genommen hat.[105]

---

[103] Michalski/*Römermann* § 48 Rn. 83, 85.
[104] Scholz/*K. Schmidt/Seibt* § 48 Rn. 29.
[105] *Eickhoff,* Praxis der Gesellschafterversammlung, Rn. 157.

III. Durchführung der Gesellschafterversammlung

Die **Art der Durchführung** einer Gesellschafterversammlung ist im Wesentlichen von der Gesellschafterstruktur abhängig. Je mehr Gesellschafter eine Gesellschaft hat und je eher mit divergierenden Auffassungen dieser Gesellschafter zu rechnen ist, desto mehr wird der Einhaltung der Förmlichkeiten einer solchen Versammlung entscheidende Bedeutung beizumessen sein.

1. Versammlungsleitung

Das GmbHG sieht die **Bestellung eines Versammlungsleiters** nicht vor. Folglich ist seine Bestellung nur erforderlich, wenn der Gesellschaftsvertrag dies bestimmt. Im Gesellschaftsvertrag kann auch die Person des Versammlungsleiters benannt oder definiert werden. So kann z. B. die Versammlungsleitung dem geschäftsführenden Gesellschafter, dem ältesten Gesellschafter oder dem Vorsitzenden des Aufsichtsrates übertragen werden. Enthält der Gesellschaftsvertrag keine Regelung, so können die Gesellschafter mit einfacher Mehrheit einen Versammlungsleiter wählen.[106]

Aufgabe des Versammlungsleiters ist es, für den formell ordnungsgemäßen Ablauf der Versammlung zu sorgen. Der Versammlungsleiter hat sich dabei selbst stets unparteilich zu verhalten und für ein nicht nur rechtmäßiges, sondern auch zweckmäßiges Verfahren zu sorgen. Die Existenz eines Versammlungsleiters nimmt den Gesellschaftern nicht die Möglichkeit, aufgrund ihrer **Allzuständigkeit** (→ Rn. 2) jederzeit auch Fragen des Ablaufes, beispielsweise der Reihenfolge der Tagesordnungspunkte, an sich zu ziehen und darüber mit für den Versammlungsleiter bindender Wirkung zu entscheiden.

2. Beschlussfassung

Die Beschlussfassung in der Gesellschafterversammlung erfolgt in mehreren Schritten.

a) Feststellung der Beschlussfähigkeit. Zunächst empfiehlt es sich, die **Beschlussfähigkeit** der Versammlung festzustellen. Dazu gehört die Feststellung, dass ordnungsgemäß eingeladen wurde, welche Gesellschafter oder Bevollmächtigten erschienen sind und ob die Legitimation von Vertretern ordnungsgemäß – ggfs. nachgewiesen – ist. Das Gesetz schreibt ein bestimmtes **Quorum für die Beschlussfähigkeit** nicht vor. Daher kann theoretisch auch der einzige erschienene Minderheitsgesellschafter satzungsändernde Beschlüsse fassen, wenn die Versammlung ordnungsgemäß eingeladen wurde.

Der **Gesellschaftsvertrag** kann auch hier abweichende Regelungen vorsehen. So können z. B. einerseits ein bestimmtes Quorum für die Beschlussfähigkeit, andererseits die Beschlussfähigkeit einer Folgeversammlung unabhängig von der Erreichung dieses Quorums bestimmt werden. Eine solche Folgeversammlung liegt jedoch nur vor, wenn die erste Versammlung ordnungsgemäß einberufen war.[107]

Für die Frage der Beschlussfähigkeit kommt es ausschließlich auf die **Anwesenheit der Gesellschafter** an. Stimmverbote bleiben nach zutreffender Auffassung außer Betracht.[108]

b) Reihenfolge der Tagesordnung. Im Anschluss an die Feststellung der Beschlussfähigkeit hat die Gesellschafterversammlung die Punkte der Tagesordnung abzuarbeiten. Dabei wird man sich grundsätzlich an die **Reihenfolge der angekündigten Tagesordnung** halten. Der **Versammlungsleiter** oder die Mehrheit der Gesellschafter können die Reihenfolge jedoch verändern, wenn dies für sachdienlich gehalten wird. Eine Ausnahme gilt für den Fall, dass die Änderung Rechte von Minderheitsgesellschaftern faktisch vereiteln würde.[109] In Ausnahmefällen können die Veränderung der Tagesordnung sowie die Zusammenfassung von Tagesordnungspunkten geboten sein.[110]

---

[106] BGH NZG 2009, 1309.
[107] LG Köln GmbHR 1992, 809, 810; OLG Hamm DB 1992, 263, 264.
[108] OLG Hamm GmbHR 1993, 815; offen gelassen BGH GmbHR 1992, 102, 104.
[109] LG Bielefeld NZG 1998, 511 m. Anm. *Römermann*.
[110] OLG München GmbHR 1994, 251, 252.

96 Die Gesellschafterversammlung ist grundsätzlich nicht verpflichtet, sich mit den angekündigten Tagesordnungspunkten zu befassen. Vielmehr kann sie jeden Punkt ohne Angabe von Gründen streichen oder vertagen. Eine Meinung in der Literatur will eine **Pflicht zur Beschlussfassung** allerdings dann annehmen, wenn der Beschlussgegenstand auf Antrag einer Minderheit in die Tagesordnung aufgenommen wurde.[111] Dem ist zuzustimmen, da anderenfalls die Minderheit zwar nach § 50 GmbHG die Einberufung der Gesellschafterversammlung verlangen könnte, gleichzeitig jedoch nicht verhindern könnte, dass die Mehrheit die Abstimmung immer wieder vertagt. Damit würde das Minderheitenrecht ausgehöhlt.

97 Eine Pflicht zur Beschlussfassung kann man daher nur in Ausnahmefällen annehmen, wenn dies durch die **Treuepflicht der Gesellschafter** geboten ist. Der BGH hat dies für den Fall angenommen, dass eine Position in einem nach dem Gesellschaftsvertrag vorgeschriebenen Überwachungsorgan vakant war.[112]

98 **c) Rederecht. Jedem Gesellschafter** steht in der Gesellschafterversammlung grundsätzlich das Rederecht zu. Zudem kann jeder Gesellschafter eine Aussprache zu jedem Tagesordnungspunkt verlangen. Dies gilt unabhängig davon, ob dem Betreffenden für den jeweiligen Beschlussgegenstand ein Stimmrecht zusteht oder nicht. So kann sich auch ein Gesellschafter-Geschäftsführer im Vorfeld der Abstimmung über seine Entlastung hierzu äußern. Die lediglich zugelassenen Teilnehmer haben hingegen grundsätzlich kein Rederecht.

Die Verletzung des Rederechts führt zur Anfechtbarkeit des Beschlusses.[113] Das Rederecht wird grundsätzlich in der **Reihenfolge der Wortmeldungen** wahrgenommen. Der Versammlungsleiter kann hiervon jedoch aus sachlichen Gründen abweichen. Die Beendigung der Beratung ist grundsätzlich erst nach der Erledigung aller Wortmeldungen zulässig.

99 Seine **Begrenzung** findet das Rederecht dort, wo seine Ausübung den zeitlichen Rahmen einer Gesellschafterversammlung sprengen würde. Hier sind zwei Fälle zu unterscheiden: Zum einen kann das Rederecht missbräuchlich ausgeübt werden, zum anderen kann eine Beschränkung der Redezeit aufgrund der Vielzahl der vorliegenden oder zu erwartenden Wortmeldungen geboten sein. Im Falle des **Missbrauchs des Rederechts** ist der Versammlungsleiter berechtigt, dem störenden Teilnehmer die Redezeit zu beschränken und ihm anschließend das Wort zu entziehen.[114] Eine allgemeine Redezeitbeschränkung ist in diesem Falle nicht gerechtfertigt.

Im Falle einer **Vielzahl von Wortmeldungen** sollte der Versammlungsleiter im Vorfeld eine Redezeitregelung bekannt geben. Eine solche Beschränkung muss angemessen sein.[115] Angemessen ist eine Redezeitbeschränkung dann, wenn sie allen Gesellschaftern die Möglichkeit gibt, ihren Standpunkt hinreichend darzustellen.

100 Grundsätzlich sind hier mehrere Regelungen denkbar: Zunächst kommt eine rein **lineare Verteilung** der Redezeit in Betracht. In diesem Falle erhält jeder Gesellschafter ohne Rücksicht auf seinen Geschäftsanteil eine feste Redezeitvorgabe (z. B. 10 Minuten). Ebenso ist eine **rein proportionale Verteilung** der Redezeit möglich. In diesem Falle erhält jeder Gesellschafter Redezeit in Abhängigkeit von seinem Anteil am Stammkapital (z. B. 3 Minuten für jeweils 1% Kapitalanteil).

Als weitere Möglichkeit ist eine **Kombination** der linearen und der proportionalen Methode denkbar. So könnte jedem Gesellschafter eine Grundzeit gewährt werden und ein zusätzliches Zeitkontingent in Abhängigkeit von seinem Kapitalanteil (z. B. erhält jeder Gesellschafter 5 Minuten plus 1 Minute je 1% Kapitalanteil).

101 Welches Verfahren im Einzelfall zulässig und zweckmäßig ist, bestimmt sich nach der Gesellschafterstruktur. Über **Fragen der Zweckmäßigkeit** entscheidet der Versammlungsleiter. Anfechtbar ist ein Beschluss erst dann, wenn die Redezeitregelung zu einer übermäßigen Beschränkung des Rederechts eines Gesellschafters geführt hat.

---

[111] *Habersack* ZGR 1994, 354, 372 f.
[112] BGH GmbHR 1993, 497, 499.
[113] OLG Hamm GmbHR 1998, 138, 139.
[114] Für die AG: LG Stuttgart DB 1994, 1076, 1077.
[115] Für die AG: *Schaaf* ZIP 1997, 1324, 1326.

Beispiel:
An der X-GmbH sind A mit 50 %, B mit 49 % und C mit 1 % beteiligt. A bestimmt als Versammlungsleiter eine proportionale Verteilung der Redezeit in der Weise, dass ein␣Ein Rederecht von 1 Minute pro 1 % gewährt wird. Damit hat C ein Rederecht von nur 1 Minute je Tagesordnungspunkt. Dies macht die Ausübung seines Rechtes faktisch unmöglich.

d) **Ordnungsmaßnahmen.** Ordnungsmaßnahmen werden vom Versammlungsleiter getroffen. Die Gesellschafterversammlung kann dabei die Entscheidung über jede Maßnahme an sich ziehen und mit einfacher Mehrheit entscheiden. Als Ordnungsmaßnahme kommt zunächst die Unterbrechung der Versammlung in Betracht. Eine **Unterbrechung** führt dazu, dass die Versammlung ohne neue Ladung zu dem bei Unterbrechung bekanntgegebenen Zeitpunkt wiederaufgenommen wird.

Das am weitesten gehende Ordnungsmittel ist die **Verweisung aus dem Versammlungssaal.** Dies ist nur als ultima ratio zulässig, z.B. wenn ein Teilnehmer andere tätlich angreift oder den Verlauf der Versammlung nachhaltig und trotz Ermahnung stört.[116] Eine Verweisung ist nur für den Einzelfall zulässig, entfaltet also für eine nachfolgende Gesellschafterversammlung keine Wirkung. Die Verweisung aus dem Saal führt **nicht** zu einem **Entzug des Stimmrechts.** Der Betroffene muss daher die Möglichkeit haben, nach den allgemeinen Regeln Vollmacht für die Ausübung seiner Stimmrechte zu erteilen.

Unzulässige Ordnungsmaßnahmen führen zur Anfechtbarkeit der Beschlüsse, soweit das Teilnahme- oder Rede- bzw. Stimmrecht des betroffenen Gesellschafters übermäßig eingeschränkt wurde. Deshalb sollte der Versammlungsleiter sie nur zurückhaltend einsetzen.

e) **Beschlussantrag.** Soll über einen Tagesordnungspunkt Beschluss gefasst werden, so muss zunächst ein Beschlussantrag gestellt werden. **Antragsberechtigt** ist jeder Gesellschafter. Ggf. kann der Antrag durch seinen Bevollmächtigten gestellt werden.

Hinsichtlich des **Aufsichtsrates und Beirates** soll nach einer Meinung das Antragsrecht dem Teilnahmerecht folgen.[117] Ein mitbestimmter Aufsichtsrat soll stets ein Antragsrecht haben. Dies vermag jedoch nicht zu überzeugen. Bei dem mitbestimmten Aufsichtsrat gibt es schon kein eigenes Teilnahmerecht (→ Rn. 80). Die Kompetenzen der übrigen Organe werden durch die Satzung bestimmt. Daher kann ein Teilnahmerecht nur aus der Satzung folgen. Ebenso kann das weitergehende Antragsrecht nur aus der Satzung folgen. Damit hat ein Aufsichtsrat oder Beirat grundsätzlich kein eigenes Antragsrecht, sofern die Satzung ihm dies nicht ausdrücklich einräumt.

Die **konkrete Formulierung** des Antrags muss sich nicht bereits aus der Tagesordnung ergeben. Allerdings darf der schließlich gestellte Antrag sachlich nicht über die Ankündigung in der Tagesordnung hinausgehen. Anderenfalls ist der dennoch gefasste Beschluss anfechtbar. Anträge können sowohl **positiv** als auch **negativ formuliert** werden. Allerdings bedeutet die Ablehnung eines negativ formulierten Antrages nicht die Annahme des positiven Inhalts.[118]

Beispiel:
Gesellschafter X beantragt, dem Abschluss eines bestimmten Vertrages nicht zuzustimmen. Dieser Antrag erhält in der Abstimmung keine Mehrheit. Daraus folgt nur, dass der Antrag abgelehnt, nicht aber, dass dem Vertragsabschluß positiv zugestimmt wurde.

f) **Abstimmungsverfahren.** Die Abstimmung wird grundsätzlich als **offene Abstimmung** durchgeführt. Dabei können die Stimmen durch Handaufheben oder durch Befragung durch den Versammlungsleiter abgegeben werden. Ein Anspruch auf eine geheime Abstimmung besteht nur dann, wenn der Gesellschaftsvertrag dies vorsieht oder alle anwesenden Gesellschafter dies ausnahmsweise beschließen.[119]

---

[116] *Eickhoff,* Praxis der Gesellschafterversammlung, Rn. 260.
[117] *Eickhoff,* Praxis der Gesellschafterversammlung, Rn. 266.
[118] *Eickhoff,* Praxis der Gesellschafterversammlung, Rn. 268.
[119] Scholz/Schmidt/*Seibt* § 48 Rn. 49.

3. Stimmrechte und Stimmverbote

109 Bei der Ausübung des Stimmrechts durch die Gesellschafter ist zunächst zu ermitteln, welche **Mehrheitserfordernisse** für einen Beschlussgegenstand bestehen. Sodann stellt sich die Frage, ob einzelne Gesellschafter einem Stimmverbot unterliegen.

110 a) Stimmenmehrheit, Mehrheitserfordernisse. Grundsätzlich ist jeder Gesellschafter zu jedem Beschlussgegenstand stimmberechtigt. Etwas anderes gilt nur im Falle eines Stimmverbotes. Ein Beschluss wird grundsätzlich mit **einfacher Mehrheit** gefasst, sofern nicht Gesetz oder Gesellschaftsvertrag etwas anderes vorsehen.

111 *aa) Einfache Mehrheit.* Grundsätzlich wird ein Beschluss mit einfacher Mehrheit der abgegebenen Stimmen gefasst. Die Stimmen werden nach Kapitalanteilen berechnet. Dabei gewähren nach § 47 Abs. 2 GmbHG grundsätzlich **je 1,- EUR eine Stimme** (geändert im Zuge der GmbH-Reform (MoMiG), vorher je 50,- EUR eine Stimme). Die Satzung kann hiervon abweichende Regelungen, wie z. B. Mehrfachstimmrechte oder die Abhängigkeit des Stimmrechts von der Leistung der Einlage, vorsehen.[120] **Stimmenthaltungen** führen dazu, dass die Stimmen als nicht abgegeben gelten.[121]

112 Ein **Antrag** ist **angenommen**, wenn mehr als die Hälfte der abgegebenen Stimmen den Antrag befürworten. Bei Stimmengleichheit ist der Antrag abgelehnt.

Bei der Zählung werden neben den nicht erschienenen Gesellschaftern folgende Stimmen nicht mitgezählt:
- Ruhende Stimmen (z. B. aus eigenen Anteilen der GmbH)
- Stimmen, die einem Stimmverbot unterliegen
- Stimmen, die treuwidrig abgegeben wurden.

Stimmen, die entgegen einem **Stimmbindungsvertrag** abgegeben wurden, bleiben der Gesellschaft gegenüber in der Regel wirksam.[122]

113 *bb) Qualifizierte Mehrheit.* In einigen Fällen ist eine einfache Mehrheit für die Beschlussfassung nicht ausreichend, da das Gesetz oder die Satzung z. B. eine **qualifizierte Mehrheit** von drei Viertel der abgegebenen Stimmen vorsehen. Eine qualifizierte Mehrheit ist in folgenden Fällen gesetzlich vorgeschrieben:
- Änderung des Gesellschaftsvertrages, § 53 Abs. 2 GmbHG (einschl. Kapitalerhöhung und -herabsetzung)
- Auflösung der Gesellschaft, § 60 GmbHG
- Umwandlung, Verschmelzung und Spaltung nach dem UmwG, §§ 50 Abs. 1, 56, 125, 233 Abs. 2, 240, 252 Abs. 2 UmwG

Weiterhin ist eine qualifizierte Mehrheit für einen **Fortsetzungsbeschluss** erforderlich, mit dem eine bereits aufgelöste Gesellschaft wieder in eine werbende GmbH verwandelt wird.[123] Ferner ist eine qualifizierte Mehrheit erforderlich, wenn ein Beschluss über die Erhebung einer **Ausschließungsklage** gegen einen Gesellschafter erhoben werden soll.[124]

Bei **Abschluss eines Unternehmensvertrages** im Sinne der §§ 291, 292 AktG ist beim Zustimmungsbeschluss der Gesellschafterversammlung ebenfalls eine qualifizierte Mehrheit erforderlich. Dies gilt sowohl für die herrschende als für die beherrschte Gesellschaft.[125] Die Frage, ob bei der beherrschten Gesellschaft sogar Einstimmigkeit erforderlich ist, ist umstritten und derzeit in der Rechtsprechung noch nicht geklärt (→ § 21 Rn. 36 ff.).

114 *cc) Abweichungen im Gesellschaftsvertrag.* Der **Gesellschaftsvertrag** kann von den gesetzlichen Mehrheitserfordernissen in der Weise abweichen, dass er sie verschärft. Die Herab-

---
[120] Baumbach/Hueck/*Zöllner* § 47 Rn. 71.
[121] OLG Celle GmbHR 1998, 140, 143; *Wicke* § 47 Rn. 6.
[122] Vgl. dazu mit Nachweisen zu den seltenen Ausnahmen Michalski/*Römermann* § 47 Rn. 532 ff.
[123] *Eickhoff*, Praxis der Gesellschafterversammlung, Rn. 279; *Passarge/Torwegge*, Die GmbH in der Liquidation, Rn. 433.
[124] BGHZ 9, 157, 177; a. A. LG Köln GmbHR 2000, 141, 142, das eine qualifizierte Mehrheit nur dann für nötig hält, wenn es um den Ausschluss eines Mehrheitsgesellschafters geht.
[125] BGH GmbHR 1989, 25, 27 ff.

setzung gesetzlich vorgesehener Mehrheiten ist nicht zulässig, da hierdurch die Teilhaberechte von Minderheitsgesellschaftern beeinträchtigt werden könnten. Das gilt sowohl für die Fälle einer qualifizierten Mehrheit als auch für das Mindesterfordernis einer einfachen Mehrheit.

In der Praxis enthalten Gesellschaftsverträge häufig **Kataloge** von Fällen, in denen eine qualifizierte Mehrheit erforderlich ist, um auch den Minderheitsgesellschaftern Einflussmöglichkeiten zu sichern. Ein solcher Katalog kann typischerweise folgende Maßnahmen umfassen: 115

- Erwerb, Veräußerung und Belastung von Grundstücken
- Gründung, Erwerb und Veräußerung von Unternehmen
- Errichtung oder Auflösung von Zweigniederlassungen
- Bestellung von Prokuristen
- Einstellung von Personal mit einer jährlichen Vergütung in einer bestimmten Höhe.

b) **Stimmverbote.** *aa) Gesetzliche und vertragliche Stimmverbote.* Nach § 47 Abs. 4 GmbHG unterliegt ein Gesellschafter in bestimmten Fällen einem Stimmverbot. Ferner kann sich ein Stimmverbot aus der Satzung ergeben. Der dem Stimmverbot zugrundeliegende Gedanke ist der, dass niemand „Richter in eigener Sache" sein sollte. Die einzelnen Tatbestände der Stimmverbote können nebeneinander Anwendung finden. Stimmverbote gelten gleichermaßen für Sach- und Verfahrensanträge. 116

Checkliste: Stimmverbote 116a

- ☐ Entlastung, § 47 Abs. 4 S. 1 Alt. 1 GmbHG
- ☐ Befreiung von einer Verbindlichkeit, § 47 Abs. 4 S. 1 Alt. 2 GmbHG
- ☐ Vornahme eines Rechtsgeschäfts, § 47 Abs. 4 S. 2 Alt. 1 GmbHG
- ☐ Einleitung und Erledigung eines Rechtsstreits, § 47 Abs. 4 S. 2 Alt. 2 GmbHG
- ☐ Gesellschaftsvertragliche Regelung

(1) Entlastung. Nach § 47 Abs. 4 S. 1 Alt. 1 GmbHG unterliegt ein Gesellschafter einem Stimmverbot, wenn er durch den Beschluss entlastet werden soll. Der Begriff der **Entlastung** ist weit auszulegen.[126] Darunter versteht man jeden Beschluss, durch den das Verhalten des Gesellschafters gebilligt werden soll.[127] Nicht erforderlich ist, dass ausdrücklich auf Ansprüche verzichtet wird.[128] 117

Der wichtigste Fall ist der Beschluss über die **Entlastung des Gesellschafter-Geschäftsführers**. Das Stimmverbot bezieht sich jedoch auch auf andere Organmitglieder wie Aufsichtsräte o.ä. Für das Stimmverbot ist es unerheblich, ob der Beschluss die Geschäftsführung insgesamt oder nur einzelne Rechtsgeschäfte betrifft.[129] 118

(2) Befreiung von einer Verbindlichkeit. Einem Stimmverbot unterliegt nach § 47 Abs. 4 S. 1 Alt. 2 GmbHG, wer durch die Beschlussfassung **von einer Verbindlichkeit befreit** werden soll. Dabei sind Inhalt und Rechtsgrund der Verbindlichkeit gleichgültig. Der Begriff „Verbindlichkeit" ist weit auszulegen. 119

Die Vorschrift erfasst **Drittgeschäfte** (z.B. Ansprüche der Gesellschaft gegen den Gesellschafter aus Lieferbeziehungen oder Darlehn) genauso wie gesellschaftsrechtlich begründete Verbindlichkeiten (z.B. Anspruch der Gesellschaft aus § 31 Abs. 1 GmbHG).

Möglichkeiten der **Erledigung** sind insbesondere Erlass, Verzicht und Aufrechnung. Die Vorschrift erfasst ferner jede Beschlussfassung, die die Rechtsposition der Gesellschaft auch nur vorübergehend beeinträchtigt. Daher fallen auch Beschlüsse über die Stundung oder die ggf. nur vorübergehende Nichtgeltendmachung eines Anspruchs unter § 47 Abs. 4 S. 1 Alt. 2 GmbHG.

---

[126] Michalski/*Römermann* § 47 Rn. 175; *Wicke* § 47 Rn. 17.
[127] Lutter/Hommelhoff/*Lutter/Hommelhoff* § 47 Rn. 19.
[128] Michalski/*Römermann* § 47 Rn. 175.
[129] *Eickhoff*, Praxis der Gesellschafterversammlung, Rn. 177.

120 *(3) Vornahme eines Rechtsgeschäfts.* Das Stimmverbot nach § 47 Abs. 4 S. 2 Alt. 1 GmbHG ist das praktisch bedeutsamste. Die Vorschrift erfasst zunächst unstreitig **alle Drittgeschäfte** zwischen der Gesellschaft und einem Gesellschafter. Unter einem Drittgeschäft versteht man ein Rechtsgeschäft, bei dem der Gesellschafter der Gesellschaft wie ein fremder Dritter gegenübertritt. Dabei ist unerheblich, ob der Beschluss direkt auf den Abschluss eines Rechtsgeschäftes gerichtet ist oder nur mittelbar dazu führt. Damit sind von dem Stimmverbot auch Fälle erfasst, in denen der Geschäftsführer zum Abschluss von Rechtsgeschäften mit dem Gesellschafter ermächtigt wird.[130] Ebenso erfasst das Stimmverbot die **nachträgliche Genehmigung** von Rechtsgeschäften.

121 Umstritten ist die Anwendung des § 47 Abs. 4 S. 2 Alt. 1 GmbHG bei Geschäften, die keine Drittgeschäfte darstellen, sondern die **mitgliedschaftlichen Interessen** des Gesellschafters berühren. In diesem Zusammenhang spricht man auch von Sozialakten. Die Anwendung des Stimmverbots durch die Rechtsprechung stellt sich in diesen Fällen sehr uneinheitlich dar. Eine klare Linie der Rechtsprechung besteht nicht. Im Folgenden werden daher eine Reihe von besonders **praxisrelevanten Einzelfällen** dargestellt:

122 • **Abberufung des Geschäftsführers:** Bei gewöhnlicher Abberufung besteht kein Stimmverbot;[131] bei Abberufung aus wichtigem Grund ist im Ergebnis ein Stimmverbot anzunehmen. Ob dies aus § 47 Abs. 4 GmbHG oder dem allgemeinen Verbot des Richtens in eigener Sache folgt, ist in der Literatur umstritten, aber für die Praxis irrelevant.[132] Weiterhin streitig ist, ob es für das Stimmverbot nur auf den förmlichen Antrag[133] oder auf das tatsächliche Vorliegen eines wichtigen Grundes[134] ankommt. Überzeugender erscheint im Ergebnis die Auffassung, die das Stimmverbot vom tatsächlichen Vorliegen eines wichtigen Grundes abhängig macht, da keinem Gesellschafter aufgrund einer bloßen Behauptung sein Stimmrecht entzogen werden kann.[135] Nicht relevant ist dieser Meinungsstreit für die Zwei-Mann-GmbH, wenn beide Gesellschafter mit gleich hohem Kapitalanteil versuchen, sich gegenseitig abzuberufen. In diesem Falle gilt das Stimmverbot unstreitig nur für denjenigen, in dessen Person tatsächlich ein wichtiger Grund vorliegt.[136] Diese Ausnahme wird damit begründet, dass es ansonsten zu einer Blockade der Gesellschaft bzw. zu Zufallsergebnissen käme.
• **Abtretung eines Geschäftsanteils,** sofern die Satzung eine Zustimmung der Gesellschafterversammlung vorsieht (Vinkulierung): Kein Stimmverbot.[137]
• **Anstellungsverträge** mit Geschäftsführern und anderen Organmitgliedern: Umstritten; nach zutreffender Ansicht ist hier ein Stimmverbot anzunehmen.[138] Unstreitig unterliegen Anstellungsverträge, die sich nicht auf Geschäftsführer beziehen (z. B. wenn ein Gesellschafter zum Prokuristen ernannt und daraufhin ein Vertrag geschlossen wird), dem Stimmverbot.
• **Auflösung** der Gesellschaft: Kein Stimmverbot.
• **Auskunftsersuchen** nach § 51a GmbHG: Stimmverbot gilt.
• **Ausschließung** eines Gesellschafters: Das Stimmverbot gilt; die Behauptung eines wichtigen Grundes reicht hierfür aus.[139]
• **Befreiung von einem Wettbewerbsverbot:** Das Stimmverbot gilt.[140]

---

[130] OLG Stuttgart GmbHR 1992, 48, 49.
[131] Baumbach/Hueck/*Zöllner* § 47 Rn. 84.
[132] Zum Meinungsstand: Baumbach/Hueck/*Zöllner* § 47 Rn. 85.
[133] So Scholz/*K. Schmidt* § 46 Rn. 76.
[134] So Ulmer/Habersack/Winter/*Hüffer* § 47 Rn. 173; Baumbach/Hueck/*Zöllner* § 47 Rn. 85; *Zöllner,* Schranken, S. 237 f.; vgl. BGHZ 86, 177, 181 f.
[135] Michalski/*Römermann* § 47 Rn. 245.
[136] BGH GmbHR 1983, 149; OLG Koblenz GmbHR 1993, 154; OLG Stuttgart GmbHR 1995, 228; OLG Köln GmbHR 1995, 229; OLG Naumburg GmbHR 1996, 934.
[137] So zutreffend die h. M.; zum Meinungsstand Scholz/*K. Schmidt* § 47 Rn. 117; Michalski/*Römermann* § 47 Rn. 255 ff.
[138] Michalski/*Römermann* § 47 Rn. 250; *Immenga*/Werner GmbHR 1976, 58; Roth/Altmeppen/*Roth* § 47 Rn. 65; Baumbach/Hueck/*Zöllner* § 47 Rn. 86, 87.
[139] *Eickhoff,* Praxis der Gesellschafterversammlung, Rn. 187.
[140] BGH NJW 1981, 1512, 1513.

- **Bestellung von Organmitgliedern** (Geschäftsführer, Aufsichtsrat u.ä.): Kein Stimmverbot,[141] umstritten jedoch für die Regelung der Bedingungen des Anstellungsvertrages (siehe dort).
- **Einforderung ausstehender Einlagen:** Kein Stimmverbot; das gilt selbst dann, wenn die Gesellschafter unterschiedlich betroffen sind.[142]
- **Einziehung eines Geschäftsanteils:** Das Stimmverbot gilt.[143]
- **Geltendmachung von Ansprüchen gegen Gesellschafter:** Das Stimmverbot gilt, unabhängig davon, ob es sich um Ansprüche aus Drittgeschäften oder aus gesellschaftsrechtlicher Verpflichtung handelt. Kein Stimmverbot gilt dagegen beim Beschluss über die Führung eines Rechtsstreits gegen einen nahen Angehörigen des Gesellschafters, es sei denn, der Gesellschafter hat an dessen rechtswidrigem Verhalten mitgewirkt.[144]
- **Kaduzierung nach § 21 GmbHG:** Stimmverbot gilt.
- **Kapitalerhöhung:** Kein Stimmverbot; das gilt unstreitig für den Fall, dass alle Gesellschafter gleichmäßig an der Kapitalerhöhung teilnehmen.[145] Die Geltung des Stimmverbots bei einer ungleichmäßigen Zulassung zur Kapitalerhöhung ist umstritten. Nach zutreffender Auffassung ist ein Stimmverbot anzunehmen, da eine ungleichmäßige Zulassung zu einer Verschiebung der Machtverhältnisse innerhalb der Gesellschaft führen kann.[146]
- **Umwandlungsfälle** (Verschmelzung, Umwandlung, Spaltung): Das Stimmverbot gilt nicht (sehr str.).[147]
- **Unternehmensverträge:** Sehr streitig; das Stimmverbot gilt nach der h.M. nicht.[148]

(4) Einleitung oder Erledigung eines Rechtsstreits. Nach § 47 Abs. 4 S. 2 Alt. 2 GmbHG ist ein Gesellschafter von der Beschlussfassung über **Einleitung und Erledigung eines Rechtsstreits** zwischen ihm und der Gesellschaft ausgeschlossen.

Die Vorschrift ist weit zu interpretieren. Unter einem **Rechtsstreit** versteht man jedes gerichtliche Verfahren unabhängig von Verfahrensart und Verfahrensgegenstand. Rechtsstreit im Sinne der Vorschrift ist namentlich auch die Zwangsvollstreckung. Von der Einleitung und Erledigung des Rechtsstreits sind alle auf das Verfahren bezogenen Handlungen umfasst.

Einleitung ist dabei insbesondere die Vorbereitung des Rechtsstreits, die Klageerhebung, Bestellung eines besonderen Vertreters nach § 46 Nr. 8 GmbHG, Auswahl eines Prozessbevollmächtigten und Abschluss eines Schiedsvertrages. Ferner sämtliche prozessualen Maßnahmen wie z.B. Streitverkündung und Nebenintervention.[149] **Erledigung** eines Rechtsstreits erfasst neben verfahrensbeendenden (z.B. Anerkenntnis, Vergleich, Klagerücknahme, Erledigungserklärung) auch alle verfahrensfördernden Maßnahmen.

(5) Stimmverbote nach dem Gesellschaftsvertrag. Die gesetzlichen Stimmverbote nach § 47 Abs. 4 GmbHG sind zwingend und können durch den Gesellschaftsvertrag nicht abbedungen werden. Daher kann der Gesellschaftsvertrag lediglich **Erweiterungen** gegenüber der gesetzlichen Regelung vorsehen. Diese Stimmverbote sind dann zusätzlich zu beachten.

bb) Anwendungsbereich des Stimmverbotes. Dem Stimmverbot unterliegen zunächst die Gesellschafter. Ausnahmen bestehen zugunsten des Gesellschafters einer **Ein-Personen-GmbH**, der keinem Stimmverbot unterliegt. Ebenso besteht kein Stimmverbot, wenn alle Gesellschafter gleichermaßen befangen sind.[150] Letzteres setzt allerdings voraus, dass der Beschlussgegenstand nicht teilbar ist.

---

[141] BGHZ 18, 205, 210; 51, 209, 215.
[142] BGH GmbHR 1990, 452 f.
[143] OLG Celle GmbHR 1998, 140, 141.
[144] OLG Düsseldorf GmbHR 1996, 689, 691 f.
[145] Baumbach/Hueck/*Zöllner* § 47 Rn. 90.
[146] RGZ 109, 77, 80 = JW 1925, 247 m. Anm. *Hachenburg*; Baumbach/Hueck/*Zöllner* § 47 Rn. 90; Rowedder/*Koppensteiner* § 47 Rn. 72.
[147] So Rowedder/Schmitt-Leithoff/*Koppensteiner* § 47 Rn. 72; mehr zum Meinungsstand Baumbach/Hueck/*Zöllner* § 47 Rn. 90; *Eickhoff*, Praxis der Gesellschafterversammlung, Rn. 194.
[148] Scholz/K. *Schmidt* § 47 Rn. 115; *Kort*, Der Abschluss von Beherrschungs- und Gewinnabführungsverträgen im GmbH-Recht, 1986, S. 105 ff.; a. A. Michalski/*Römermann* § 47 Rn. 286.
[149] *Eickhoff*, Praxis der Gesellschafterversammlung, Rn. 197.
[150] *Eickhoff*, Praxis der Gesellschafterversammlung, Rn. 200.

Bei dem Beschluss über die **Entlastung des Geschäftsführers** ist zu differenzieren: Soll bei einer aus mehreren Personen bestehenden Geschäftsführung einheitlich über die Entlastung beschlossen werden, so unterliegen alle Gesellschafter-Geschäftsführer einem Stimmverbot.[151] Im Falle der Einzelentlastung ist nur der jeweils betroffene Geschäftsführer vom Stimmrecht ausgeschlossen.

Neben dem Gesellschafter selbst unterliegen auch dessen Bevollmächtigte oder Treuhänder dem Stimmverbot.

127 *cc) Rechtsfolgen der verbotswidrigen Stimmabgabe.* Eine **Stimmabgabe entgegen einem Stimmverbot** ist nichtig. Folglich sind die betroffenen Stimmen bei der Feststellung des Ergebnisses nicht mitzuzählen.[152] Nach der Rechtsprechung soll das Ergebnis der Abstimmung, sofern es förmlich festgestellt worden ist, trotz des Stimmverbotes vorläufig verbindlich bleiben und kann dann nur im Wege der Anfechtungsklage beseitigt werden.[153] Diese Auffassung ist im Ergebnis jedoch abzulehnen. Denn an die förmliche Beschlussfeststellung können derartige Rechtsfolgen nicht geknüpft werden, da der Gedanke der förmlichen Beschlussfeststellung dem Aktienrecht entstammt und insoweit nicht auf die GmbH übertragbar ist.[154]

128 **c) Stimmrecht und Treuepflicht.** In Ausnahmefällen kann sich die Verpflichtung zu einer bestimmten Abgabe der Stimme aus der allgemeinen gesellschaftsrechtlichen **Treuepflicht** eines Gesellschafters ergeben. So darf z. B. der Mehrheitsgesellschafter nicht auf Kosten der Minderheitsgesellschafter die Auflösung der Gesellschaft betreiben, um das Gesellschaftsvermögen sodann auf eine von ihm gegründete Nachfolgegesellschaft zu Zerschlagungswerten zu übertragen.[155]

129 Die Frage, ob eine **treuwidrig abgegebene Stimme** nichtig oder nur anfechtbar ist, ist umstritten. Die Rechtsprechung geht von der Nichtigkeit der Stimmabgabe aus.[156] Teile der Literatur befürworten demgegenüber eine Anfechtbarkeit.[157] Richtigerweise wird man die Nichtigkeit der Stimmabgabe anzunehmen haben. Die Treuepflicht stellt im Zusammenhang mit dem Abstimmungsverhalten einen Sonderfall des Stimmverbotes dar. Daher rechtfertigt sich keine andere Rechtsfolge als die des § 47 Abs. 4 GmbHG.

130 Im Regelfall kann aus der gesellschaftsrechtlichen Treuepflicht nur ein Stimmverbot hergeleitet werden. In besonders gelagerten Ausnahmefällen kann ein Gesellschafter jedoch auch zu einer **positiven Stimmabgabe** verpflichtet sein. Eine solche Verpflichtung besteht nur dann, wenn jede andere Ausübung des Stimmrechts rechtswidrig wäre, der eigene Ermessensspielraum des Gesellschafters also auf „Null" reduziert ist. Dies ist insbesondere der Fall, wenn für die konkrete Beschlussfassung eine Mehrheit erforderlich ist, die ohne die Stimmabgabe nicht erreicht werden könnte, und wenn ohne die Stimmabgabe ein irreparabler Schaden für die Gesellschaft entstehen würde. Diese Voraussetzung wird in der Praxis nur selten gegeben sein.

131 **d) Stimmbindungsverträge.** Nach heute einhelliger Auffassung ist jedenfalls zwischen den Gesellschaftern eine **Stimmbindung zulässig.**[158] Sie kann entweder eine einmalige Abstimmung betreffen oder auf Dauer angelegt sein (GbR).[159] Auch die Stimmbindung gegenüber Dritten ist nach h. M. möglich.[160] In der Praxis sind Stimmbindungsverträge durchaus üblich.

---

[151] BGH GmbHR 1989, 329, 331.
[152] Lutter/Hommelhoff/*Lutter/Hommelhoff* § 47 Rn. 25; Baumbach/Hueck/*Zöllner* § 47 Rn. 104.
[153] OLG Düsseldorf GmbHR 1999, 1098.
[154] Michalski/*Römermann* § 47 Rn. 596 f.
[155] Baumbach/Hueck/*Haas* § 60 Rn. 20.
[156] BGH GmbHR 1991, 62; OLG Hamburg 1992, 43, 45.
[157] *Koppensteiner* ZIP 1994, 1325; *Oelrichs* GmbHR 1995, 863.
[158] Ulmer/Habersack/Winter/*Hüffer* § 47 Rn. 74; Scholz/*K. Schmidt* § 47 Rn. 40; Michalski/*Römermann* § 47 Rn. 492; *Wicke* § 47 Rn. 12.
[159] Roth/Altmeppen/*Roth* § 47 Rn. 38.
[160] Scholz/*K. Schmidt* § 47 Rn. 42; Baumbach/Hueck/*Zöllner* § 47 Rn. 113; a. A. Ulmer/Habersack/Winter/ *Hüffer* § 47 Rn. 75; eingehend zum Meinungsstand Michalski/*Römermann* § 47 Rn. 500 ff.

Hierbei ist jedoch zu bedenken, dass derartige Abreden grundsätzlich kündbar sind. Darüber hinaus wirkt der Stimmbindungsvertrag lediglich **schuldrechtlich im Verhältnis der Gesellschafter untereinander**. Dies führt im Ergebnis dazu, dass ein Beschluss, der unter Missachtung eines Stimmbindungsvertrages zustande gekommen ist, gesellschaftsrechtlich zunächst wirksam bleibt.[161] **132**

Im Einzelnen sollte ein **Stimmbindungsvertrag** folgende wesentliche Gegenstände regeln:

Checkliste: Stimmbindungsvertrag **132a**

☐ Gegenstand und Zweck des Vertrages
☐ Poolversammlung und Stimmbindung
☐ Sanktionen
☐ Vertragsdauer und Kündigung

---

aa) Gegenstand und Zweck. Der Vertrag hat zunächst die von der Stimmbindung betroffenen Gesellschafter sowie die von ihnen gehaltenen Anteile zu bezeichnen. **133**

Formulierungsvorschlag:

Stimmbindungsvertrag (Poolvertrag) zwischen Herrn A (Vorname, Name, Anschrift), Frau B (Vorname, Name, Anschrift) und Herrn C (Vorname, Name, Anschrift)

Die Vertragsparteien sind Gesellschafter der Y-GmbH (nachfolgend „Gesellschaft" genannt) mit dem Sitz in (Ort, Handelsregistereintrag). Von dem Stammkapital im Nennbetrag von 100.000,– EUR halten Herr A und Frau B jeweils einen Geschäftsanteil im Nennbetrag von 40.000,– EUR.

Herr A und Frau B schließen sich durch diesen Vertrag zu einem Gesellschafterpool in der Form einer Gesellschaft bürgerlichen Rechts zusammen, deren Zweck es ist, durch einheitliche Willensbildung und Stimmrechtsausübung in der Gesellschafterversammlung der Gesellschaft ihren Einfluss für die Bindungsdauer dieses Vertrages sicherzustellen und ihre Rechte und Pflichten einheitlich wahrzunehmen.

Dieser Vertrag erfasst die gesamten gegenwärtigen und zukünftigen Geschäftsanteile der Parteien an der Gesellschaft, gleich auf welche Weise die Geschäftsanteile von ihnen erworben werden (nachfolgend „vertragsgebundene Geschäftsanteile"). Die Geschäftsanteile verbleiben jedoch im Eigentum der jeweiligen Vertragspartei. An ihnen wird durch diesen Vertrag weder Gesamthandseigentum noch Bruchteilseigentum begründet.

---

bb) Poolversammlung und Stimmbindung. Der Vertrag sollte ein **Verfahren zur Willensbildung** und zur gemeinsamen Ausübung der Stimmrechte in der Gesellschafterversammlung bereit halten. Die Willensbildung wird üblicherweise im Rahmen einer Poolversammlung geschehen. **134**

Formulierungsvorschlag: **134a**

Vor jeder Gesellschafterversammlung der Gesellschaft beschließen die Parteien darüber, wie das Antragsrecht und die Stimmrechte zu den Gegenständen der Tagesordnung der Gesellschafterversammlung ausgeübt werden sollen. Im Übrigen fassen die Parteien in allen Fällen, in denen nach diesem Vertrag oder dem Gesetz eine Entscheidung durch sie erforderlich ist, Beschlüsse.

Die Einberufung der Poolversammlung erfolgt schriftlich unter Angabe der Tagesordnung durch eine der Parteien. Zwischen der Aufgabe des Briefes zur Post und dem Versammlungstag muss eine Frist von mindestens vier Tagen liegen. Mit der Einberufung sind die Tagesordnungspunkte genau zu bezeichnen. Die Nichteinhaltung der Ladungsfrist ist unbeachtlich, wenn durch die Einhaltung der Frist eine Poolversammlung vor der Gesellschafterversammlung nicht mehr stattfinden könnte.

---

[161] Allgemeine Meinung: z. B. BGH NJW 1983, 1910, 1911; OLG Koblenz GmbHR 1986, 430, 432; Baumbach/Hueck/*Zöllner* § 47 Rn. 117; Ulmer/Habersack/Winter/*Hüffer* § 47 Rn. 79, 83.

Die Parteien haben jeweils eine Stimme.

Beschlüsse bedürfen, soweit in diesem Vertrag nichts anderes bestimmt ist, der einfachen Mehrheit der abgegebenen Stimmen. Kommt kein Beschluss zustande über die Abstimmung zu einem Tagesordnungspunkt der Gesellschafterversammlung zustande, so haben sich sämtliche Parteien dort der Stimme zu enthalten.

Die Parteien können Beschlüsse auch außerhalb von Versammlungen schriftlich, mit Telefax oder per e-mail fassen, wenn sich alle mit dieser Art der Beschlussfassung schriftlich einverstanden erklären oder sich an ihr beteiligen.

Die Parteien sind verpflichtet, in der Gesellschafterversammlung der Gesellschaft entweder selbst präsent zu sein oder für ihre Vertretung zu sorgen. Das Stimmrecht in der Gesellschafterversammlung ist jeweils gemäß dem entsprechenden Beschluss der Poolversammlung auszuüben. Die Parteien können einzelne oder alle von ihnen durch einen einstimmigen Beschluss von diesen Verpflichtungen befreien.

135 *cc) Sanktionen.* Da die Beschlüsse der Gesellschafterversammlung trotz der Verletzung des Stimmbindungsvertrages wirksam sind, sollte der Vertrag **pauschalierte Sanktionen** enthalten, die geeignet sind, einen Vertragsbruch wirtschaftlich unattraktiv zu machen. Üblicherweise wird sich die Vereinbarung einer Vertragsstrafe anbieten.

Formulierungsvorschlag:

136 Für den Fall der Verletzung einer Verpflichtung aus diesem Vertrag versprechen die Parteien eine Vertragsstrafe in Höhe von 100.000,– EUR für jede einzelne Vertragsverletzung, die die Partei, die eine Verpflichtung verletzt, an die übrigen Vertragsparteien als Gesamtgläubiger zu zahlen hat. Die Parteien verzichten auf die Einrede des Fortsetzungszusammenhangs.

Das Recht, sonstige Ansprüche wie insbesondere auf Unterlassung, Wiederherstellung und Schadensersatz geltend zu machen, wird durch den Verfall der Vertragsstrafe nicht berührt.

136a *dd) Vertragsdauer und Kündigung.* Von besonderer Bedeutung ist die Vereinbarung der **Vertragslaufzeit** und der **Kündigungsmöglichkeiten**. Der Stimmbindungsvertrag begründet eine BGB-Gesellschaft unter den gebundenen Gesellschaftern im Sinne der §§ 705 ff. BGB. Ohne eine besondere vertragliche Regelung kommt daher § 723 BGB zur Anwendung, so dass der Vertrag jederzeit ohne Einhaltung einer Frist gekündigt werden kann.[162] Um dieses in der Regel unerwünschte Ergebnis zu vermeiden, sollte in dem Vertrag eine entsprechende Klausel aufgenommen werden.

Formulierungsvorschlag:

136b Dieser Vertrag kann mit einer Frist von sechs Monaten zum Ende eines Kalenderjahres, erstmals zum 31. Dezember 2014 gekündigt werden. Die Kündigung bedarf der Schriftform. Sie ist an sämtliche übrigen Gesellschafter zu richten.

Das Recht, diesen Vertrag aus wichtigem Grund zu kündigen, bleibt unberührt. Ein wichtiger Grund besteht insbesondere, wenn über das Vermögen einer der Parteien das Insolvenzverfahren eröffnet oder die Eröffnung mangels Masse abgelehnt wird.

137 Alternativ kann auch eine Befristung oder Bedingung vorgegeben werden:

Formulierungsvorschlag:
Dieser Vertrag läuft bis zum 31.12.2014.

Alternativ:
Dieser Vertrag läuft bis zur Bestandskraft der Beschlussfassung über den Jahresabschluss 2013 der Y-GmbH in deren Gesellschafterversammlung.

---

[162] Ulmer/Habersack/Winter/*Hüffer* § 47 Rn. 85.

ee) Ansprüche bei Vertragsverletzung. Die **Wirksamkeit der Stimmabgabe** bleibt durch 138
die Existenz des Stimmbindungsvertrages unberührt.¹⁶³ Gesellschafterbeschlüsse, die unter
Verstoß gegen einen Stimmbindungsvertrag zustande gekommen sind, sind grundsätzlich
nicht anfechtbar.¹⁶⁴ Dies ergibt sich aus der schuldrechtlichen Natur des Stimmbindungsvertrages.

Bei **drohender Verletzung** eines Stimmbindungsvertrages stehen dem betroffenen Gesell- 139
schafter damit letztlich nur folgende Ansprüche gegen den Mitgesellschafter, der die Vertragsverletzung begangen hat, zu:

Übersicht: Ansprüche bei (drohender) Vertragsverletzung

Vor der Beschlussfassung:
- Anspruch auf Erfüllung des Vertrages durch vertragskonformes Abstimmungsverhalten
- Anspruch auf Unterlassung der vertragswidrigen Stimmgabe

Nach erfolgter Beschlussfassung: Schadensersatzanspruch
- auf Mitwirkung bei der Rückgängigmachung des vertragswidrigen Beschlusses und Bewirkung des vertragskonformen Beschlusses (Naturalrestitution)
- auf Geldersatz
- ggfs. pauschal (Vertragsstrafe)

---

e) **Prozessuale Durchsetzung des Abstimmungsverhaltens.** Ansprüche aus einem Stimm- 140
bindungsvertrag können im Wege der **Erfüllungsklage** durchgesetzt werden.¹⁶⁵ Die Vollstreckung erfolgt nach § 894 ZPO.¹⁶⁶

In der Praxis ist das Abwarten der Hauptsacheentscheidung jedoch meist für den Anspruchsteller nicht ausreichend. Daher wird immer wieder versucht, Ansprüche im Wege der **einstweiligen Verfügung** durchzusetzen. Hier ist neben dem Verfügungsanspruch vor allem der Verfügungsgrund regelmäßig problematisch. Die Abgabe der Stimme durch die Entscheidung im Verfügungsverfahren nimmt regelmäßig die Hauptsache vorweg. Eine Vorwegnahme der Hauptsache ist jedoch ausnahmsweise zulässig, wenn ein effektiver Rechtsschutz auf anderem Wege nicht erreicht werden kann.¹⁶⁷ Daher können solche Anträge in den Fällen von Stimmbindungsverträgen Erfolg haben.¹⁶⁸ Vorauszusetzen ist allerdings ein eindeutig überwiegendes Schutzinteresse des Betroffenen im Einzelfall.¹⁶⁹

4. Feststellung des Beschlussergebnisses und Protokollierung

Das GmbHG verlangt weder eine **förmliche Feststellung** des Beschlusses noch eine Proto- 141
kollierung. Eine Ausnahme gilt nach § 48 Abs. 3 GmbHG lediglich für die Einmann-GmbH, bei der eine Niederschrift über den Beschluss vorgesehen ist. Eine **Pflicht zur Protokollierung** oder Beschlussfeststellung kann sich daher nur aus dem Gesellschaftsvertrag ergeben. Ist dort eine Niederschrift vorgesehen, so hat sie mindestens die gestellten Beschlussanträge sowie die Ergebnisse der Abstimmung wiederzugeben.

Umstritten ist die Frage, welche Rechtsfolgen sich aus einer **unterlassenen Protokollie-** 142
rung ergeben. Soweit die Satzung nichts anderes regelt, kommt der Protokollierung nur eine

---
¹⁶³ Baumbach/Hueck/*Zöllner* § 47 Rn. 117.
¹⁶⁴ Lutter/Hommelhoff/*Lutter/Hommelhoff* Anh. § 47 Rn. 48; zu den Ausnahmen vgl. Michalski/*Römermann* § 47 Rn. 532.
¹⁶⁵ So die heute weitgehend h. M.; vgl. ausführlich Michalski/*Römermann* § 47 Rn. 538 ff. m. w. N.; grundlegend BGH NJW 1967, 1963.
¹⁶⁶ BGHZ 48, 163, 174; Michalski/*Römermann* § 47 Rn. 545 f.; *Wicke* § 47 Rn. 12.
¹⁶⁷ Vgl. LG Frankfurt am Main BKR 2001, 109, 110.
¹⁶⁸ OLG Koblenz GmbHR 1991, 21, 22; OLG Hamburg GmbHR 1991, 467, 468 mit Anm. *K. Schmidt/Seibt* OLG Frankfurt GmbHR 1993, 161; OLG Hamm GmbHR 1993, 163 mit Anm. *Michalski*; vgl. zum Ganzen auch *Michalski* GmbHR 1991, 12.
¹⁶⁹ OLG Stuttgart NJW 1987, 2249.

Beweissicherungsfunktion zu. Eine nicht erfolgte, unzureichende oder fehlerhafte Protokollierung führt daher grundsätzlich nicht zur Anfechtbarkeit des Beschlusses.[170]

143 Für die Errichtung des Protokolls ist ein **Protokollführer** zu bestimmen. Das Protokoll sollte jedenfalls vom Versammlungsleiter und vom Protokollführer unterzeichnet werden. Alternativ dazu besteht auch die Möglichkeit, dass alle Anwesenden unterzeichnen. Dies verleiht der Niederschrift gegenüber den Beteiligten einen höheren Beweiswert. In der Praxis verweigern jedoch gerade in den kritischen Fällen zuweilen einzelne Teilnehmer die Unterzeichnung des Protokolls.

144 Über die Protokollierung geht die **förmliche Beschlussfeststellung** hinaus. Durch die förmliche Feststellung durch eine kompetente Person (i. d. R. den Versammlungsleiter) wird der Beschlussinhalt zunächst verbindlich festgelegt.[171] In welcher Form eine Beschlussfeststellung zu erfolgen hat, ist im Gesetz nicht geregelt. Grundsätzlich muss die Feststellung ausdrücklich im Protokoll vermerkt werden, wobei es nicht ausreicht, dass nur das Ergebnis einer Abstimmung protokolliert wird.[172]

145 Die Rechtsprechung und die h. M. in der Literatur billigen der Beschlussfeststellung weitreichende Konsequenzen zu.[173] Danach führt die Feststellung zu einer **vorläufigen Wirksamkeit des Beschlusses,** die nur durch eine fristgebundene Anfechtungsklage beseitigt werden kann. Diese Wirksamkeit gilt auch gegenüber dem Registergericht.[174] Diese weitreichenden Konsequenzen sind bei näherer Betrachtung abzulehnen. Der Gedanke der Beschlussfeststellung stammt aus dem Aktienrecht und ist auf die GmbH nicht übertragbar. Der Gesetzgeber wollte diesen gerade nicht für die GmbH übernehmen, um die Gesellschaft nicht mit den umfangreichen und für den durchschnittlichen GmbH-Gesellschafter schwer verständlichen Formalitäten zu belasten.[175] Nach zutreffender Auffassung kann daher an das Vorliegen einer Beschlussfeststellung keine Rechtsfolge geknüpft werden.

146 Auffassungen, nach denen eine **konkludente Beschlussfeststellung** möglich sein soll, sind ebenso **abzulehnen** wie die Auffassung, die bloße notarielle Beurkundung stelle eine Beschlussfeststellung dar.[176] Dies würde die durch die Feststellung angestrebte Rechtssicherheit unterlaufen.

> **Formulierungsvorschlag:**
>
> 146a Antrag: [genauer Text des Antrages]
> Abstimmung: Für den Antrag 1.000 Stimmen, dagegen 800 Stimmen, keine Enthaltungen.
> Der Versammlungsleiter stellt fest, dass folgender Beschluss gefasst wurde: [Wiedergabe des Beschlussinhalts].

Gegen einen förmlich festgestellten Beschluss ist als **Rechtsmittel** grundsätzlich nur die **Anfechtungsklage** gegeben.[177]

Etwas anderes gilt nur dann, wenn die Feststellung evident falsch war, z. B. gar kein Beschluss gefasst wurde. In diesem Falle ist eine Feststellung nicht erfolgt.[178]

5. Sonderfälle der Beschlussfassung

147 a) **Vollversammlung.** Nach § 51 Abs. 3 GmbHG können Beschlüsse auch ohne Einhaltung der Vorschriften über Formen und Fristen der Einberufung gefasst werden, wenn **alle**

---

[170] OLG Stuttgart GmbHR 1998, 1034, 1035; Scholz/*K. Schmidt/Seibt* § 48 Rn. 55; a. A. BayObLG GmbHR 1992, 306, 307.
[171] *Eickhoff,* Praxis der Gesellschafterversammlung, Rn. 285.
[172] Scholz/*K. Schmidt/Seibt* § 48 Rn. 52; Lutter/Hommelhoff/*Lutter/Hommelhoff* Anh. § 47 Rn. 42.
[173] Michalski/*Römermann* § 47 Rn. 596 m. w. N.
[174] BGH GmbHR 1993, 741; BayObLG GmbHR 2001, 13.
[175] Michalski/*Römermann* § 47 Rn. 599.
[176] Dazu ausführlich Michalski/*Römermann* § 47 Rn. 591 ff.
[177] Vgl. Michalski/*Römermann* § 47 Rn. 597.
[178] BGH GmbHR 1988, 304; BayObLG GmbHR 1992, 306, 307; OLG Köln GmbHR 1993, 109.

Gesellschafter anwesend sind. Man spricht in diesem Falle von einer sog. Vollversammlung.[179]

Voraussetzung ist, dass alle Gesellschafter anwesend oder wirksam vertreten sind. Zusätzlich zur Anwesenheit müssen die Gesellschafter **mit der Beschlussfassung einverstanden** sein. Das Einverständnis kann konkludent, etwa durch die vorbehaltslose Beteiligung an der Abstimmung, erklärt werden. Es empfiehlt sich aber, zur Klarstellung schon zu Beginn der Versammlung eine ausdrückliche Erklärung sämtlicher Gesellschafter einzuholen, die etwa wie folgt im Protokoll festgehalten werden könnte: „[Feststellung der Anwesenheit und Beschlussfähigkeit] Die Erschienenen halten sodann unter Verzicht auf Formen und Fristen folgende Versammlung ab:"

Die Gesellschafter haben auch die Möglichkeit, sich mit der Beschlussfassung nur über **einzelne Tagesordnungspunkte** einverstanden zu erklären. In diesem Falle ist die Beschlussfassung nur über diese Gegenstände wirksam möglich.[180]

b) Umlaufverfahren. Nach § 48 Abs. 2 GmbHG kann die Stimmabgabe auch im **schriftlichen Verfahren** erfolgen. Voraussetzung ist, dass sich alle Gesellschafter mit diesem Verfahren einverstanden erklären. Dies gilt auch für die Gesellschafter, die einem Stimmverbot unterliegen, da sie sonst in ihren grundsätzlich verbleibenden Rechten auf Teilnahme und Beteiligung an der Aussprache beeinträchtigt werden könnten.

c) Formlose Beschlussfassung. Eine formlose Beschlussfassung **außerhalb der Gesellschafterversammlung** ist nur dann zulässig, wenn der Gesellschaftsvertrag dies ausdrücklich vorsieht. Insbesondere besteht die Möglichkeit der Beschlussfassung per Telefon, Fax oder E-Mail. Eine formlose Beschlussfassung ist nur dann zulässig, wenn die gesetzlichen Informations- und Mitspracherechte gewahrt bleiben.

Ist eine **formlose Beschlussfassung** im Gesellschaftsvertrag nicht vorgesehen, so ist ein auf diese Weise gefasster Beschluss gleichwohl wirksam, wenn sich alle Gesellschafter mit dem Verfahren einverstanden erklärt haben.[181] Eine Gegenauffassung nimmt an, ein Beschluss sei selbst in diesem Falle nichtig.[182] Dies vermag nicht zu überzeugen. Durch das vom Gesetz vorgesehene Verfahren sollen allein die Gesellschafter vor einer übereilten Beschlussfassung geschützt werden. Auf diesen Schutz können sie verzichten.

d) Virtuelle Gesellschafterversammlung. Angesichts der fortschreitenden technischen Entwicklung stellt sich die Frage, ob auch die „virtuelle" Gesellschafterversammlung zugelassen werden sollte.[183] Dabei kann die Tagesordnung auf der Homepage der Gesellschaft angekündigt werden. Die Versammlung selbst kann dann entweder per **Videokonferenz** oder im Rahmen eines **Online-Chat** durchgeführt werden.

Die Diskussion über die Zulässigkeit einer virtuellen Gesellschafterversammlung ist noch nicht abgeschlossen.[184] Bei einer Aufnahme der virtuellen Gesellschafterversammlung und der entsprechenden Vorgehensweise in die Satzung ist diese nach allgemeiner Ansicht zulässig.[185] Dies ergibt sich schon daraus, dass der Gesetzgeber mit dem Gesetz über Namensaktien (NaStraG) den Weg für eine **virtuelle Hauptversammlung** im Aktienrecht eröffnet hat, mit der Folge, dass auch im GmbH-Recht keine grundsätzlichen Einwendungen mehr dagegen bestehen dürften.[186] Jedoch bedarf die Durchführung der virtuellen Gesellschafterversammlung und der entsprechenden technischen Modalitäten unbedingt einer Regelung im Gesellschaftsvertrag. Denn grundsätzlich steht die virtuelle Versammlung der Anwesen-

---

[179] *Eickhoff*, Praxis der Gesellschafterversammlung, Rn. 301.
[180] OLG Hamburg GmbHR 1997, 796; OLG Naumburg GmbHR 1998, 90, 91 f.
[181] Scholz/*K. Schmidt*/*Seibt* § 48 Rn. 71 ff.
[182] Ulmer/Habersack/Winter/*Hüffer* § 48 Rn. 57 ff.
[183] *Eickhoff*, Praxis der Gesellschafterversammlung, Rn. 308 ff.
[184] Vgl. *Zwissler* GmbHR 2000, 28.
[185] Baumbach/Hueck/*Zöllner* § 48 Rn. 42; *Eickhoff*, Praxis der Gesellschafterversammlung, Rn. 309; Scholz/*K. Schmidt*/*Seibt* § 48 Rn. 4, 65.
[186] Vgl. auch § 118 AktG-E in der Fassung des Referentenentwurfes eines Gesetzes zur Umsetzung der Aktionärsrechterichtlinie (ARUG) vom 6.5.2008.

heit in Anbetracht der personalistischen Struktur der GmbH nicht gleich.[187] Der BGH äußerte sich dazu und mahnte an, dass ein hohes Nichtigkeitsrisiko für Beschlüsse, die ohne Satzungsgrundlage in versammlungslosen Beschlussverfahren außerhalb von § 48 Abs. 2 GmbHG gefasst wurden, besteht.[188] Die (ausschließliche) Veröffentlichung der **Einladung und Tagesordnung** im Internet kann nicht ausreichen. Es ist ein bedeutender Unterschied, ob sich der Gesellschafter jederzeit selbst über die Termine der Gesellschafterversammlung informieren muss, oder ob er diese ohne eigenes Zutun erhält.[189] Dabei kann die Einladung zur Versammlung, anders als bei Beschlussfassung, auch bei Einverständnis aller Gesellschafter nicht durch eine E-Mail ersetzt werden, sondern muss vielmehr per Einschreiben und Rückschein erfolgen; nicht nur aus Gründen von Missbrauchsproblemen, sondern auch aus Gründen der Nachweisbarkeit des Zugangs. Da bei der GmbH der Gesellschafterkreis (im Gegensatz bspw. zur Aktiengesellschaft) in der Regel bekannt ist, kann die schriftliche Einladung problemlos an alle Gesellschafter erfolgen. Sind hingegen alle Gesellschafter erst einmal in die virtuelle Gesellschafterversammlung eingegliedert und damit einverstanden, dann dürfte diese Versammlung bei korrekt funktionierender Technik nicht anders beurteilt werden als die Vollversammlung nach § 51 Abs. 3 GmbHG. Die praktische Bedeutung der virtuellen Gesellschafterversammlung ist indes aufgrund der personalistischen Verfassung der Vielzahl von GmbHs derzeit eher gering.

IV. Nichtigkeit und Anfechtbarkeit von Gesellschafterbeschlüssen

153 Die Rechtsfolgen der Nichtigkeit und Anfechtbarkeit von Gesellschafterbeschlüssen sind im GmbHG nicht geregelt. Die Lücke wird durch eine analoge Anwendung der **aktienrechtlichen Vorschriften** über die Beschlussmängel einer Hauptversammlung (§§ 241 ff. AktG) geschlossen.[190]

Hinsichtlich der **Beschlussmängel** unterscheidet man zwischen Nichtigkeit und Anfechtbarkeit. Die Nichtigkeit eines Beschlusses folgt aus einem Verstoß gegen § 241 AktG analog. Sonstige Verstöße gegen Gesetz oder Satzung führen grundsätzlich nur zur Anfechtbarkeit des Beschlusses. Die Anfechtung erfolgt im Wege der gegen die Gesellschaft zu richtenden Anfechtungsklage. In besonderen Situationen kann ein besonderes Interesse an der Feststellung einzelner Beschlüsse bestehen. Aus diesem Grund kennt das GmbH-Recht zusätzlich die Ergebnisfeststellungsklage.

1. Nichtigkeit von Beschlüssen

154 Die Nichtigkeit eines Beschlusses gilt auch ohne gerichtliche Geltendmachung gegenüber jedermann.[191] Nichtige Beschlüsse dürfen nicht in das **Handelsregister** eingetragen und von den Geschäftsführern nicht ausgeführt werden. Prozessual kann die Nichtigkeit mit der Nichtigkeitsklage nach § 249 AktG analog geltend gemacht werden.

a) **Nichtigkeitsgründe.** Nichtigkeitsgründe sind vor allem in § 241 AktG aufgeführt:

155 *aa) Schwerwiegende Einberufungsmängel (§ 241 Abs. 1 Nr. 1 AktG analog).* Nichtigkeit eines Gesellschafterbeschlusses liegt vor, wenn die Gesellschafterversammlung **nicht ordnungsgemäß geladen** war. Typische Fälle, die zu einer Nichtigkeit der Beschlüsse führen, sind: Fehlende oder falsche Datums- oder Ortsangabe, Einberufung durch einen hierzu nicht Befugten[192] und Nichtladung einzelner Gesellschafter.[193] Nicht zur Nichtigkeit führt die fehlende Angabe über Voraussetzungen und Form von Stimmrechtsvollmachten und den Nachweis der Vertretungsmacht.[194]

---

[187] Scholz/*K. Schmidt/Seibt* § 48 Rn. 4.
[188] BGH GmbHR 1917, 74.
[189] *Eickhoff*, Praxis der Gesellschafterversammlung, Rn. 308.
[190] Rechtsprechung seit BGHZ 11, 231, 235; MünchHdbGesR III/*Ingerl* § 40 Rn. 1.
[191] MünchHdbGesR III/*Ingerl* § 40 Rn. 9.
[192] RGZ 92, 409, 412; BGHZ 11, 231, 236; BGHZ 87, 1, 2.
[193] BGHZ 36, 207, 211; *Wicke* § 47 Rn. 5.
[194] BGH II ZR 124/10.

bb) Beurkundungsmängel (§ 241 Nr. 2 AktG analog). Wird die gesetzlich vorgeschriebene **notarielle Beurkundung** eines Beschlusses unterlassen, so führt dies zur Nichtigkeit. Nichtigkeit tritt nicht ein, wenn es sich lediglich um einen Verstoß gegen die Protokollierungspflicht nach § 48 Abs. 3 GmbHG oder einen Satzungsverstoß handelt.[195]

156

cc) Schwerwiegende Inhaltsmängel (§ 241 Nr. 3 und 4 AktG analog). Eine Nichtigkeit wegen eines **schwerwiegenden Inhaltsmangels** nach § 241 Nr. 3 bzw. 4 AktG analog setzt die Verwirklichung eines der dort genannten Tatbestände voraus. Die Vorschrift schützt die Interessen außenstehender Dritter (Gläubiger) und der Allgemeinheit.[196]

157

Dabei sind Beschlüsse immer nur dann nichtig, wenn der Verstoß gerade auf dem Beschluss beruht und sich nicht als **bloße Folgewirkung** darstellt. Vorschriften zum **Schutze der Gläubiger** sind insbesondere die Vorschriften über die Kapitalaufbringung und -erhaltung (z. B. §§ 9 ff., 16, 19, 21 ff., 30 ff., 58 GmbHG etc.), die Vorschriften über die Firma (§ 4 GmbHG) und die Unternehmergesellschaft (§ 5a GmbHG) sowie das Verbot der Überbewertung (§ 253 HGB).[197]

Nichtigkeit eines Gesellschafterbeschlusses liegt vor, wenn über die Einziehung eines Anteils Beschluss gefasst wird und bei Beschlussfassung feststeht, dass die Abfindung ganz oder teilweise nur aus gebundenem Vermögen gezahlt werden kann und der Beschluss nicht klarstellt, dass die Zahlung nur bei Vorhandensein ungebundenen Vermögens erfolgen darf.[198] Vorschriften, die „sonst im **öffentlichen Interesse** gegeben sind", sind Vorschriften außerhalb des GmbHG. In der Praxis kommen hier vor allem Verstöße gegen das MitbestG[199] und das Kartellrecht[200] in Betracht.

Der Nichtigkeit eines Beschlusses wegen Unvereinbarkeit seines Inhalts mit dem **Wesen der GmbH** kommt in der Praxis keine Bedeutung zu.[201]

Eine Nichtigkeit wegen **Sittenwidrigkeit** nach § 241 Nr. 4 AktG analog kommt nur in Betracht, wenn sich die Sittenwidrigkeit gerade aus dem Inhalt des Beschlusses ergibt.[202] Dies kommt in der Praxis nur in dem seltenen Fall vor, dass durch den Beschluss nicht anfechtungsberechtigte Personen unmittelbar geschädigt werden.[203] Dagegen kommt es auf hinter dem Beschluss stehende Motive sowie die Art des Zustandekommens nicht an. § 138 BGB ist auf Gesellschafterbeschlüsse nicht anwendbar.[204]

158

dd) Urteil und Löschung von Amts wegen (§ 241 Nr. 5 und 6 AktG analog). Diese Vorschriften haben **klarstellende Funktion**. Die Nichtigkeit eines erfolgreich angefochtenen Beschlusses folgt schon aus § 248 AktG. Die Nichtigkeit eines von Amts wegen gelöschten Beschlusses folgt aus den §§ 144 Abs. 2, 142, 143 FGG.

159

ee) Nichtigkeitsgründe außerhalb des § 241 AktG. Neben dem Katalog des § 241 AktG gibt es einige weitere Nichtigkeitsgründe:

160

- Nichtigkeit der **Wahl von Aufsichtsratsmitgliedern**, § 250 Abs. 1 AktG; für die GmbH ist hier allein die Geltendmachung einer Inkompatibilität nach § 100 AktG (vgl. § 251 Abs. 1 Nr. 4 AktG) von praktischer Bedeutung.
- Nichtigkeit des **Jahresabschlusses**, § 256 AktG.
- Nichtigkeit einer **Kapitalerhöhung** aus Gesellschaftsmitteln und einer vereinfachten **Kapitalherabsetzung**, vgl. §§ 57j S. 2, 57n Abs. 2 S. 4, 58e Abs. 3 und 58f Abs. 2 GmbHG.

---

[195] Lutter/Hommelhoff/*Lutter/Hommelhoff* Anh. § 47 Rn. 16; Baumbach/Hueck/*Zöllner* Anh. § 47 Rn. 49.
[196] MünchHdbGesR III/*Ingerl* § 40 Rn. 13.
[197] MünchHdbGesR III/*Ingerl* § 40 Rn. 14; Lutter/Hommelhoff/*Lutter/Hommelhoff* Anh. § 47 Rn. 18.
[198] BGH NZG 2012, 259.
[199] BGHZ 89, 48, 50 (zu §§ 30, 31 MitbestG); BGHZ 83, 106, 110 (zu §§ 25 ff. MitbestG); Scholz/ *K. Schmidt* § 45 Rn. 75.
[200] Scholz/*K. Schmidt* § 45 Rn. 75.
[201] Vgl. MünchHdbGesR III/*Ingerl* § 40 Rn. 16.
[202] BGH GmbHR 1992, 257, 262; BGHZ 101, 113, 116; BGHZ 15, 382, 385; Baumbach/Hueck/*Zöllner* Anh. § 47 Rn. 55.
[203] BGHZ 15, 382, 385 f.
[204] MünchHdbGesR III/*Ingerl* § 40 Rn. 17.

161 **b) Heilung.** Trotz Nichtigkeit in das Handelsregister eingetragene Beschlüsse können geheilt werden. Bei Nichtigkeit wegen eines Beurkundungsmangels (§ 241 Nr. 2 AktG) genügt insoweit schon die **Eintragung** selbst.[205] Im Übrigen gilt für die Heilung § 242 Abs. 2 AktG analog. Danach sind nichtige Beschlüsse nach Ablauf von drei Jahren nach der Registereintragung geheilt.[206]

Eine Heilung durch einen **zustimmenden Gesellschafterbeschluss** (§ 141 BGB) ist dagegen grundsätzlich nicht möglich.[207] Sondervorschriften gelten für die Heilung der Nichtigkeit von Ergebnisverwendungsbeschlüssen aufgrund nichtiger Jahresabschlüsse.[208]

2. Anfechtbarkeit von Beschlüssen

162 Verstöße gegen Gesetz oder Satzung, die nicht zur Nichtigkeit führen, können grundsätzlich nur im Wege der **Anfechtungsklage** nach § 243 Abs. 1 AktG analog geltend gemacht werden.[209]

163 **a) Anfechtungsgründe.** Als Anfechtungsgrund kommt grundsätzlich jeder **Verstoß gegen Gesetz oder Satzung** in Betracht. Ausgeschlossen ist eine Anfechtung jedoch, wenn es sich bei der verletzten Vorschrift um eine reine Ordnungsvorschrift handelt.[210] Deshalb kann eine Anfechtung in der Regel nicht auf die Verletzung von nach dem Gesellschaftsvertrag bestehenden Protokollierungsvorschriften gestützt werden.[211] Allgemein kann man bei den Anfechtungsgründen **Verfahrens- und Inhaltsverstöße** unterscheiden:

164 *aa) Verfahrensverstöße.* Die Anfechtbarkeit aufgrund der Verletzung einer Verfahrensform setzt zum einen einen entsprechenden Verstoß und zum anderen eine **Relevanz** dieses Verstoßes für die Beschlussfassung voraus.

Verfahrensfehler können bei der Vorbereitung und der Durchführung der Gesellschafterversammlung vorkommen. Die folgenden Beispiele dienen der Illustration und sind nicht abschließend.[212]

165 Verfahrensfehler bei der Vorbereitung:
- Unterschreitung der Ladungsfrist
- Nicht-Einladung teilnahmeberechtigter Nicht-Gesellschafter (z. B. Aufsichtsrat)
- Einberufung an einen unzulässigen Ort oder zur Unzeit
- nicht ordnungsgemäß (verspätet oder inhaltlich unzureichend) mitgeteilte Tagesordnung

166 Verfahrensfehler bei der Durchführung:
- Unberechtigte Ordnungsmaßnahmen, z. B. Ausschluss eines Gesellschafters von der Versammlung oder Entzug des Rederechts
- Anwesenheit nicht teilnahmeberechtigter Personen
- Abweichung von der angekündigten Tagesordnung
- unberechtigte Auskunftsverweigerung
- Fehler bei der Ermittlung des Beschlussergebnisses, z. B. Zählfehler

167 Neben dem Vorliegen eines Verfahrensmangels setzt die Anfechtbarkeit die **Relevanz dieses Mangels für den gefassten Beschluss** voraus. Das bedeutet, dass der Mangel für den Beschluss ursächlich gewesen sein muss.[213] Diese **Kausalität** wird jedoch vermutet.[214] Nach der Auffassung der Rechtsprechung kann die GmbH diese Vermutung widerlegen, wenn sie darlegen

---

[205] BGH GmbHR 1996, 49; MünchHdbGesR III/*Ingerl* § 40 Rn. 23.
[206] BGHZ 80, 212, 216 f. unter Aufgabe der früheren Rechtsprechung; vgl. zum Ganzen Baumbach/Hueck/ Zöllner Anh. § 47 Rn. 75.
[207] Baumbach/Hueck/*Zöllner* Anh. § 47 Rn. 77.
[208] Vgl. dazu MünchHdbGesR III/*Ingerl* § 40 Rn. 24.
[209] In der Literatur teilweise umstritten. Die Rechtsprechung hält jedoch an strikter Analogie zu § 243 AktG fest. Vgl. zum Meinungsstand Michalski/*Römermann* Anh. § 47 Rn. 379 ff.
[210] MünchHdbGesR III/*Ingerl* § 40 Rn. 25.
[211] Scholz/*K. Schmidt* § 45 Rn. 99 mit weiteren Beispielen.
[212] Vgl. auch MünchHdbGesR III/*Ingerl* § 40 Rn. 26 ff.
[213] Für die AG: BGHZ 36, 121, 139; für die GmbH: BGH NJW 1987, 1890, 1891.
[214] BGH NJW 1987, 1890, 1891.

und beweisen kann, dass der Verstoß mit absoluter Sicherheit für die Beschlussfassung nicht kausal war.[215] Die Literatur nimmt demgegenüber eine Anfechtbarkeit der Beschlüsse immer dann an, wenn die verletzte Verfahrensnorm die Beteiligung der aus ihr berechtigten an der Willensbildung sicherstellen soll (Relevanztheorie).[216] Die Auffassung der Literatur überzeugt letztlich schon deshalb, weil der von der Rechtsprechung geforderte Nachweis der Einflusslosigkeit in der Praxis kaum zu führen ist. Die bloße Erklärung der Mehrheitsgesellschafter, sie hätten in jedem Falle so wie geschehen abgestimmt, reicht dazu in keinem Falle aus.[217]

Die Relevanz und damit die erforderliche Kausalität ist in jedem Fall gegeben, wenn durch den Verfahrensverstoß ein **Minderheitenrecht** verletzt wurde, z. B. das Rederecht eines Minderheitsgesellschafters.[218] Grund hierfür ist, dass dem Gesellschafter sein Recht auf Teilhabe an der Willensbildung nicht entzogen werden darf.[219] Umgekehrt wird es häufig an einer Relevanz fehlen, wenn eine eigentlich nicht teilnahmeberechtigte Person trotz Widerspruchs eines Gesellschafters anwesend war.[220] **168**

Sowohl nach der Rechtsprechung als auch nach der Literatur ist die Anfechtbarkeit bei unberechtigtem Ausschluss von der Stimmabgabe sowie bei Fehlern betreffend die Beschlussfeststellung nur gegeben, wenn ohne den Fehler das Beschlussergebnis ein anderes gewesen wäre.[221]

bb) Inhaltliche Mängel. Gesellschafterbeschlüsse können eine ganze Reihe von Inhaltsmängeln aufweisen. Hier kommen insbesondere folgende Fallgruppen in Betracht: **169**

- **Erstreben von Sondervorteilen** **170**
  Unter dem Erstreben von Sondervorteilen versteht man eine auf dem Missbrauch des Stimmrechts beruhende **Zuwendung an einen Gesellschafter** zu Lasten der Gesellschaft oder der anderen Gesellschafter. Unter einem Sondervorteil in diesem Sinne ist eine Zuwendung von wirtschaftlichem Wert zu verstehen, die nicht allen Personen gleichermaßen zukommt, die sich gegenüber der Gesellschaft in der gleichen Lage befinden wie der Begünstigte.[222] Dies ist beispielsweise gegeben, wenn der Mehrheitsgesellschafter und Geschäftsführer eine vom Umsatz abhängige Tantieme erhält, die in einem deutlichen Missverhältnis zu den von ihm für die Gesellschaft geleisteten Diensten steht.[223] In subjektiver Hinsicht setzt dieser Missbrauch Vorsatz voraus.[224]

- **Verletzung der Treuepflicht** **170a**
  Auch ein Verstoß gegen die gesellschaftsrechtliche Treuepflicht stellt einen Inhaltsmangel dar und führt zur Anfechtbarkeit des Beschlusses.

- **Verstoß gegen den Gleichbehandlungsgrundsatz** **171**
  Gesellschafter müssen nach § 53a AktG analog unter gleichen Voraussetzungen gleich behandelt werden.[225] Der wichtigste Anwendungsbereich dieser Fallgruppe ist die **verdeckte Gewinnausschüttung**.[226]

- **Verstoß gegen die Zweckbindung im Gesellschaftsvertrag** **172**
  Beschlüsse sind anfechtbar, wenn sie über den im Gesellschaftsvertrag festgelegten **Zweck der Gesellschaft** hinausgehen.[227]

---

[215] BGH ZIP 1987, 1117, 1120; BGH GmbHR 1998, 137.
[216] Baumbach/Hueck/*Zöllner* Anh. § 47 Rn. 126; Lutter/Hommelhoff/*Lutter/Hommelhoff* Anh. § 47 Rn. 51.
[217] Dazu ausführlich Michalski/*Römermann* Anh. § 47 Rn. 267.
[218] MünchHdbGesR III/*Ingerl* § 40 Rn. 30.
[219] Michalski/*Römermann* Anh. § 47 Rn. 284 f.
[220] Michalski/*Römermann* Anh. § 47 Rn. 282.
[221] Oppenländer/Trölitzsch/*Jaeger* § 19 Rn. 116.
[222] Michalski/*Römermann* Anh. § 47 Rn. 312.
[223] BGH WM 1976, 1226, 1227; weitere Beispiele bei Michalski/*Römermann* Anh. § 47 Rn. 313.
[224] Baumbach/Hueck/*Zöllner* Anh. § 47 Rn. 88; Michalski/*Römermann* Anh. § 47 Rn. 318 ff.
[225] Michalski/*Römermann* Anh. § 47 Rn. 321; *Wicke* § 47 Rn. 15.
[226] BGH GmbHR 1990, 344, 345; BGH WM 1976, 1226, 1227; BGH DB 1972, 1575; Baumbach/Hueck/*Zöllner* Anh. § 47 Rn. 92; Lutter/Hommelhoff/*Lutter/Hommelhoff* Anh. § 47 Rn. 55; weitere Einzelfälle bei Michalski/*Römermann* Anh. § 47 Rn. 324 ff.
[227] Baumbach/Hueck/*Zöllner* Anh. § 47 Rn. 93.

173 • **Verletzung schuldrechtlicher Bindungen zwischen Gesellschaftern**
Grundsätzlich stellt ein Verstoß gegen derartige, **nur im Innenverhältnis** zwischen den jeweiligen Gesellschaftern wirkende Abreden keinen Anfechtungsgrund dar.

174 **b) Heilung der Anfechtbarkeit.** Im Gegensatz zur Nichtigkeit kann die Anfechtbarkeit eines Beschlusses durch Zustimmung des Gesellschafters, dessen Rechte verletzt worden sind, beseitigt werden.[228] Diese **Zustimmung** kann ausdrücklich oder konkludent erteilt werden.
Darüber hinaus kann der anfechtbare Beschluss auch durch einen **Bestätigungsbeschluss** nach § 244 AktG analog ex nunc unanfechtbar gemacht werden.[229] Dies ist nur dann möglich, wenn der ursprüngliche Beschluss nur anfechtbar (und nicht nichtig) war, er unter einem Verfahrensmangel (nicht einem Inhaltsmangel) litt und der Bestätigungsbeschluss denselben Inhalt hat wie der Ursprungsbeschluss.[230]

175 **c) Geltendmachung der Anfechtung.** Die Anfechtung eines Gesellschafterbeschlusses kann nach § 243 AktG analog nur im Wege der **Anfechtungsklage** geltend gemacht werden. Diese Klage wird gegen die Gesellschaft gerichtet und hat zum Ziel, einen bestimmten Gesellschafterbeschluss für nichtig zu erklären:[231]

> **Formulierungsvorschlag: Klageantrag**
>
> Wir beantragen, den Beschluss der Gesellschafterversammlung der Beklagten vom (DATUM) zu Tagesordnungspunkt 3, mit dem die Gesellschafterversammlung dem Vertrag über die Veräußerung des Geschäftsbereichs XYZ an die X-GmbH zugestimmt hat, für nichtig zu erklären.

176 Das stattgebende Urteil hat **Gestaltungswirkung** und wirkt gegenüber jedermann. Mit Eintritt der Rechtskraft wird der angefochtene Beschluss rückwirkend beseitigt.[232] Eine solche Klage hat neben dem Vorliegen eines Anfechtungsgrundes folgende besonderen Voraussetzungen:

> **Checkliste:**
> **Voraussetzungen der Anfechtungsklage**
>
> ☐ Anfechtungsbefugnis
> ☐ Anfechtungsfrist
> ☐ Rechtsschutzbedürfnis
> ☐ Passivlegitimation
> ☐ Zuständigkeit

177 *aa) Anfechtungsbefugnis.* **Anfechtungsberechtigt** ist jeder Gesellschafter.[233] Im Gegensatz zum Aktienrecht ist es bei der GmbH nicht erforderlich, dass der Gesellschafter an der Versammlung teilgenommen und förmlich seinen Widerspruch erklärt hat. Allerdings kann die Anfechtungsbefugnis entfallen, wenn der Gesellschafter den Beschluss nachträglich billigt oder sein Verhalten in der Versammlung als Rügeverzicht ausgelegt werden kann.[234] Mit der **Abtretung eines Geschäftsanteils** geht auch das Anfechtungsrecht auf den **Erwerber** über, da dieses untrennbarer Bestandteil des Mitgliedschaftsrechts ist.[235] Der originäre Erwerb des

---

[228] Scholz/*K. Schmidt* § 45 Rn. 119.
[229] MünchHdbGesR III/*Ingerl* § 40 Rn. 44.
[230] Vgl. zum Ganzen eingehend Michalski/*Römermann* Anh. § 47 Rn. 371 ff.
[231] Michalski/*Römermann* Anh. § 47 Rn. 513 ff.
[232] MünchHdbGesR III/*Ingerl* § 40 Rn. 68.
[233] BGH BB 1964, 1273.
[234] MünchHdbGesR III/*Ingerl* § 40 Rn. 45.
[235] Scholz/*K. Schmidt* § 45 Rn. 128.

Geschäftsanteils im Rahmen einer Kapitalerhöhung gibt dagegen keine Anfechtungsbefugnis hinsichtlich früherer Beschlüsse.[236]

Geschäftsführer und Aufsichtsräte haben als Organ keine Anfechtungsbefugnis,[237] auch nicht bei inhaltlichen Mängeln, die nur die Anfechtung begründen.[238] Geschäftsführer und Aufsichtsratsmitglieder als einzelne sollen analog § 245 Nr. 5 AktG anfechtungsbefugt sein, soweit sie sich durch Ausführung des Beschlusses schadenersatzpflichtig oder strafbar bzw. einer Ordnungswidrigkeit schuldig machen würden.[239] Die Anfechtungsbefugnis der Betriebsräte nach § 251 Abs. 2 S. 2 AktG für Aufsichtsratswahlen nach dem Montan-Mitbestimmungsgesetz ist zwar auf die GmbH analog anwendbar, hat jedoch keine praktische Bedeutung. Eine Anfechtungsbefugnis von Organen der Gesellschaft kann sich daher im Ergebnis nur aus der Satzung ergeben.[240] Wie bei der Aktiengesellschaft entfällt auch bei der GmbH die Anfechtungsbefugnis, wenn die Anfechtung **rechtsmissbräuchlich** ist.[241] Ein Rechtsmissbrauch ist allerdings nur in seltenen Ausnahmefällen anzunehmen. Dies ist etwa dann der Fall, wenn die Klage mit dem ausschließlichen Ziel erhoben wird, sich das Anfechtungsrecht abkaufen zu lassen.[242] Rechtsmissbrauch kann auch vorliegen, wenn sich der Gesellschafter durch seine Klage in Widerspruch zu vorangegangenem Verhalten setzt.[243]

178

bb) Anfechtungsfrist. Hinsichtlich der Anfechtungsfrist ist zunächst zu prüfen, ob die **Satzung** hierzu eine Regelung enthält. Entsprechende Regelungen sind zulässig, soweit die Frist von einem Monat nicht unterschritten wird.[244] Bei Unterschreitung der Monatsfrist gilt eine angemessene Frist, wie wenn eine Satzungsregelung nicht vorhanden wäre, da die Satzungsregelung unwirksam ist

179

Fehlt es an einer wirksamen Bestimmung in der Satzung, wird nach der h. M. in der Literatur[245] auf eine „zumutbare" Frist für die Anfechtung abgestellt. Dies führt regelmäßig zu erheblicher Rechtsunsicherheit. Der BGH hat – entgegen der früheren Rechtsprechung, die ebenfalls eine „zumutbare" Frist annahm[246] – nunmehr durchklingen lassen, dass er die Monatsfrist nach § 246 Abs. 1 AktG analog als starre Frist versteht.[247]

Die Ablehnung der **analogen Anwendung des § 246 Abs. 1 AktG** kann im Ergebnis auch nicht überzeugen.[248] Gerade weil die GmbH in der Regel einen überschaubaren Gesellschafterkreis hat und das Verhältnis unter den Gesellschaftern durch persönliche Beziehungen gekennzeichnet ist, sind die Sachverhalte im Regelfall leichter überschaubar als bei einer Aktiengesellschaft. Eine längere Anfechtungsfrist rechtfertigen diese Argumente jedenfalls nicht. Gleichzeitig besteht auf Seiten der Gesellschaft das gleiche Interesse an Rechtssicherheit hinsichtlich der Wirksamkeit der Beschlüsse wie bei der Aktiengesellschaft. Im Ergebnis ist also die analoge Anwendung des § 246 Abs. 1 AktG mit der starren Monatsfrist im Interesse der Rechtssicherheit geboten. Für die Praxis sollte nach alledem die Anfechtung unbedingt innerhalb eines Monats erfolgen.

180

---

[236] Scholz/*K. Schmidt* § 45 Rn. 128; Hachenburg/*Raiser* Anh. § 47 Rn. 156; Lutter/Hommelhoff/*Lutter/ Hommelhoff* Anh. § 47 Rn. 62.
[237] BGH NJW-RR 2008, 706; Baumbach/Hueck/*Zöllner* Anh. § 47 Rn. 140.
[238] So aber Scholz/*Schmid* § 45 Rn. 134; weitgehend auch *Raiser* § 33 Rn. 76.
[239] Baumbach/Hueck/*Zöllner* Anh. § 47 Rn. 140; *Wicke* Anh. § 47 Rn. 18, im Einzelnen sehr streitig; zum Meinungsstand vgl. auch Michalski/*Römermann* Anh. § 47 Rn. 417 ff.
[240] MünchHdbGesR III/*Ingerl* § 40 Rn. 48.
[241] Michalski/*Römermann* Anh. § 47 Rn. 450.
[242] Vgl. dazu die Rechtsprechung zum Aktienrecht: BGH NJW-RR 1992, 1388, 1389; BGH NJW 1990, 322; BGHZ 107, 296, 308.
[243] OLG Hamm GmbHR 1994, 256, 257.
[244] BGHZ 104, 66, 70 ff.
[245] Scholz/*K. Schmidt* § 45 Rn. 142; Rowedder/Schmitt-Leithoff/*Koppensteiner* § 47 Rn. 118; Lutter/Hommelhoff/*Lutter/Hommelhoff* Anh. § 47 Rn. 60.
[246] BGH NJW-RR 1989, 347, 349; BGH GmbHR 1992, 801 f.; OLG Hamm GmbHR 1989, 79; OLG Hamm GmbHR 1995, 736, 738; KG GmbHR 1995, 735; OLG Brandenburg GmbHR 1998, 1038; OLG Düsseldorf GmbHR 1999, 548; OLG Celle GmbHR 1999, 1099 f.; OLG München GmbHR 2000, 385.
[247] BGHR 2005, 913, 914; DStR 2005, 798, 800; so schon OLG Frankfurt in OLG Report 2002, 154.
[248] Michalski/*Römermann* Anh. § 47 Rn. 467 ff.

181 **cc) Rechtsschutzbedürfnis.** Das **Rechtsschutzbedürfnis** einer Anfechtungsklage ist ausnahmsweise zu verneinen, wenn es einen einfacheren und schnelleren Weg zur Rechtsdurchsetzung gibt. In der Praxis kommt insoweit nur das Informationserzwingungsverfahren nach den §§ 51a, 51b GmbHG in Betracht.[249]

182 **dd) Passivlegitimation.** Die Anfechtungsklage ist **gegen die Gesellschaft** zu richten. Die Gesellschaft wird durch ihre Geschäftsführer im Prozess vertreten. Im Gegensatz zur Aktiengesellschaft kommt eine Vertretung durch den Aufsichtsrat per se nicht in Betracht.[250] Hat die Gesellschaft jedoch keinen Geschäftsführer – also bei **Führungslosigkeit** –, ist seit der Reform des GmbH-Rechts (MoMiG) durch die Einfügung in § 35 Abs. 2 GmbHG nunmehr subsidiär auch eine Passivlegitimation des Aufsichtsrates oder der Gesellschafter zugelassen.[251] Ist der Anfechtende selbst Geschäftsführer, so hat die Gesellschaft nach § 46 Nr. 8 GmbHG einen besonderen Vertreter zu bestellen.[252] Eine automatische Vertretung durch den Aufsichtsrat, wie im AktG vorgesehen, findet bei der GmbH selbst dann nicht statt, wenn ein Aufsichtsrat besteht. Eine gesetzliche Vertretungsbefugnis des Aufsichtsrates soll nur bei paritätisch mitbestimmtem Aufsichtsrat nach dem Mitbestimmungsgesetz gegeben sein.[253] Die Gesellschafterversammlung kann die Vertretungsbefugnis jedoch auf ihn übertragen.[254]

183 **ee) Zuständigkeit.** Nach § 246 Abs. 3 S. 1 AktG analog ist das **Landgericht** am Sitz der Gesellschaft ausschließlich für die Anfechtungsklage zuständig. Unter Einhaltung von Mindestanforderungen kann eine Schiedsklausel zur **schiedsgerichtlichen Erledigung als zulässig anzusehen sein.** Der BGH hat in seinem Urteil vom 6.4.2009 die Schiedsfähigkeit von Beschlussmängelstreitigkeiten grundsätzlich anerkannt.[255] Unklar ist nach wie vor, inwieweit einem Schiedsurteil materielle Rechtskraft auch gegenüber sämtlichen Gesellschaftern schon von Gesetzes wegen (§ 248 Abs. 1 S. 1, § 249 Abs. 1 S. 1 AktG) oder nur aufgrund ausdrücklicher Vereinbarung in der Schiedsklausel nachkommt.[256] Die Schiedsabrede ist nur wirksam, wenn alle Gesellschafter zugestimmt haben. Ausreichend ist auch eine außerhalb der Satzung getroffene Absprache.[257] Inhaltlich ist für die Gestaltung der Schiedsklausel folgendes sicherzustellen:

(1) Beschlussmängelstreitigkeiten mit demselben Streitgegenstand müssen vor ein- und demselben Schiedsgericht konzentriert werden.
(2) Die Schiedsabrede muss mit Zustimmung sämtlicher Gesellschafter in der Satzung enthalten sein oder außerhalb der Satzung unter Mitwirkung sämtlicher Gesellschafter, der Gesellschaft und ihrer Organe getroffen werden (die Schiedsklausel darf also nicht sittenwidrig sein.)[258]
(3) Alle Gesellschafter müssen gleichermaßen an der Auswahl und Bestellung des Schiedsrichters mitwirken.
(4) Alle Gesellschafter und Organmitglieder müssen über Einleitung und Verlauf eines Schiedsverfahrens zur Ermöglichung eines Beitritts hinreichend informiert werden.[259]

184 **d) Reaktion der beklagten Gesellschaft. aa)** *Informationspflicht des Geschäftsführers.* Der Geschäftsführer der beklagten Gesellschaft hat die Pflicht, sämtliche **Gesellschafter** über die Erhebung der Klage sowie den Termin zur mündlichen Verhandlung zu **informieren.**[260] Da-

---

[249] MünchHdbGesR III/*Ingerl* § 40 Rn. 56.
[250] BGH GmbHR 1962, 134.
[251] Vgl. Scholz/*K. Schmidt* § 45 Rn. 149.
[252] Baumbach/Hueck/*Zöllner* Anh. § 47 Rn. 165.
[253] Lutter/Hommelhoff/*Lutter/Hommelhoff* § 46 Rn. 21.
[254] Michalski/*Römermann* § 46 Rn. 395.
[255] BGH GmbHR 2009, 705.
[256] Vgl. *Nolting* GmbHR 2011, 1017.
[257] BGH GmbHR 2009, 705.
[258] BGH GmbHR 2009, 705.
[259] Vgl. zu den Mindestvoraussetzungen auch: *Wicke* Anh. § 47 Rn. 21; Baumbach/Hueck/*Zöllner* Anh. § 47 Rn. 37.
[260] BGHZ 97, 28, 31.

mit soll den Gesellschaftern die Möglichkeit gegeben werden, sich an dem Rechtsstreit als Nebenintervenienten zu beteiligen.[261]

Muster: Mitteilung über Erhebung einer Anfechtungsklage

184a

An die Gesellschafter der X-GmbH

Sehr geehrte Damen und Herren,
hiermit teilen wir mit, dass Herr Y als Gesellschafter der X-GmbH Anfechtungsklage gegen den Beschluss der Gesellschafterversammlung vom 29.3.2014, mit dem das Stammkapital der Gesellschaft von 100.000,– EUR um 100.000,– EUR auf 200.000,– EUR erhöht wurde, erhoben hat.

Das Verfahren wird vor dem Landgericht Hannover zum Aktenzeichen (Az.) durchgeführt. Die Klage wurde der Gesellschaft am (DATUM) zugestellt. Das Gericht hat Termin zur mündlichen Verhandlung auf den (DATUM) (UHRZEIT) (ORT/SAAL) anberaumt.

Nach unserer Auffassung ist die Klage unbegründet. Wir haben daher Herrn Rechtsanwalt XY mit der Wahrnehmung unserer Interessen in diesem Rechtsstreit beauftragt.

Wir weisen darauf hin, dass für Sie die Möglichkeit besteht, dem Rechtsstreit beizutreten. Insoweit besteht Anwaltszwang, Sie müssten sich also ggf. eines Rechtsanwalts bedienen.

Für Rückfragen zum Fortgang des Verfahrens stehen wir selbstverständlich zur Verfügung.

Mit freundlichen Grüßen

(Geschäftsführer)

bb) Disposition über den Streitstoff. Der beklagten Gesellschaft steht die **Disposition** 185
über den Streitgegenstand nur eingeschränkt zu. Folglich kann die Gesellschaft hinsichtlich einer Anfechtungsklage kein Anerkenntnis erklären.[262] Dennoch kann die Gesellschaft den Ausgang eines Prozesses natürlich durch die Verfügung über den Tatsachenstoff und durch ihr prozessuales Verhalten (z. B. Rechtsmittelverzicht) beeinflussen.[263]

3. Ergebnisfeststellungsklage

Die Klage auf Feststellung eines positiven Beschlussergebnisses geht über die Anfechtung 186
eines Beschlusses hinaus und kann **mit einer Anfechtungsklage verbunden** werden. Hier gelten die gleichen prozessualen Voraussetzungen wie bei der Anfechtungsklage.[264]

Mit der Klage kann zum einen geltend gemacht werden, dass ein Beschluss des beantragten Inhalts tatsächlich gefasst worden ist. In diesem Fall stellt das Gericht im Urteil lediglich das Ergebnis fest, trifft jedoch keine eigene Entscheidung an Stelle der Gesellschafterversammlung.[265] Ferner kann die **Feststellung eines Beschlusses** durch das Urteil verlangt werden, wenn ein Gesellschafter treuwidrig gegen einen Beschlussantrag gestimmt hat.[266]

Die Klage ist grundsätzlich **nicht an eine Frist gebunden, das Klagerecht unterliegt aber** 187
der Verwirkung.[267] Bei der Verbindung einer Anfechtungsklage mit einer positiven Beschlussfeststellungsklage ist zu beachten, dass hinsichtlich der Anfechtungsklage die Frist zu wahren ist. Die Beschlussfeststellung kann auch im Wege der Klageerweiterung geltend gemacht werden.[268] Allerdings kann das Unterlassen einer zeitnahen Klageerhebung zur Verwirkung des Klagerechts führen.[269]

---

[261] Michalski/*Römermann* Anh. § 47 Rn. 500.
[262] Rowedder/*Koppensteiner* § 47 Rn. 154; Scholz/*K. Schmidt* § 45 Rn. 159; a. A. Lutter/Hommelhoff/*Lutter/Hommelhoff* Anh. § 47 Rn. 36.
[263] MünchHdbGesRIII/*Ingerl* § 40 Rn. 66.
[264] MünchHdbGesRIII/*Ingerl* § 40 Rn. 79.
[265] Michalski/*Römermann* Anh. § 47 Rn. 580.
[266] So die zutreffende h. M.; im Einzelnen streitig: vgl. Michalski/*Römermann* Anh. § 47 Rn. 584 ff.
[267] Oppenländer/Trölitzsch/*Jaeger* § 19 Rn. 144.
[268] Michalski/*Römermann* Anh. § 47 Rn. 573 f.
[269] Baumbach/Hueck/*Zöllner* Anh. § 47 Rn. 181.

V. Besonderheiten bei der Ein-Personen-Gesellschaft

188 Bei der Ein-Personen-GmbH ist eine Beschlussfassung naturgemäß in der Praxis sehr einfach möglich. Um wenigstens ein **Mindestmaß an Dokumentation** auch für Außenstehende zu erlangen, verlangt § 48 Abs. 3 GmbHG die Niederschrift über Beschlüsse des Alleingesellschafters.

189 Ein **nicht niedergeschriebener Beschluss** ist nicht nichtig, wenn sich aus den Umständen der tatsächliche Wille des Gesellschafters eindeutig ermitteln lässt.[270] Dies ist z.B. dann der Fall, wenn der Gesellschafter seinen nicht protokollierten Beschluss, das Dienstverhältnis eines Geschäftsführers zu kündigen, dadurch dokumentiert, dass er das Dienstverhältnis tatsächlich dem Betroffenen gegenüber kündigt.[271] Ist der Wille anhand von Indizien nicht ermittelbar, so können sich weder Gesellschaft noch Gesellschafter auf den Beschluss berufen.

---

[270] BGH GmbHR 1995, 373; *Wicke* § 48 Rn. 10.
[271] BGH GmbHR 1995, 373.

Teil E. Rechnungslegung

§ 16 Rechnungslegung der GmbH

Übersicht

	Rn.
I. Überblick *(Hamminger)*	1/2
II. Rechnungswesen *(Hamminger)*	3–93
1. Aufbau und Zweck	3–25
a) Einführung	3
b) Strukturelemente	4–25
2. Buchführung	26–74
a) Buchführungspflicht	26–37
b) Organisatorische Struktur der Buchführung	38–50
c) Grundsätze ordnungsmäßiger Buchführung (GoB)	51–64
d) Steuerliche Anforderungen an die Buchführung und sonstige Aufzeichnungspflichten	65–69
e) Organisations- und Berichtspflichten der Geschäftsführer auf Grund aktienrechtlicher Vorschriften	70–74
3. Inventur und Inventar	75–93
a) Aufgabenstellung und Gegenstand	75
b) Inventursysteme und -verfahren	76–83
c) Inventurgrundsätze	84–86
d) Ausnahmen vom Grundsatz der Einzelerfassung und -bewertung	87–92
e) Deregulierung durch § 241a HGB	93
f) Deregulierung durch das MicroBilG	93a
III. Jahresabschluss und Lagebericht *(Kanitz)*	94–457
1. Einführung	94–108
a) Überblick	94
b) Internationalisierung der Rechnungslegung	95–101
c) Konzeption des deutschen Bilanzrechts	102–104
d) Größenklassen	105–108
2. Verhältnis von Handelsbilanz und Steuerbilanz	109–113
3. Grundsätze für den Jahresabschluss	114–207
a) Bestandteile und Aufgaben des Jahresabschlusses	114–122
b) Grundsätze ordnungsmäßiger Buchführung und Bilanzierung (GoB)	123–154
c) Aufbau und Gliederung	155–172
d) Gliederungsgrundsätze	173–178
e) Bewertungskonzeption des HGB	179–207
4. Bilanz	208–361
a) Überblick	208–211
b) Eröffnungsbilanz	212/213
c) Anlagevermögen	214–241
d) Umlaufvermögen	242–269
e) Rechnungsabgrenzung	269–274
f) Eigenkapital	275–304
g) Rückstellungen	305–352
h) Verbindlichkeiten	353–358
i) Haftungsverhältnisse	359–361
5. Gewinn- und Verlustrechnung	362–373
a) Überblick	362–364
b) Gesamtkostenverfahren – Umsatzkostenverfahren	365–372
c) Übrige postenbezogene Erläuterungen	373
6. Anhang	374–380
a) Funktion	374
b) Form und Gliederung	375–377
c) Inhalt	378–380

	Rn.
7. Lagebericht	381–399
a) Überblick	381/382
b) Inhalt	383–399
8. Aufstellung	400–402
a) Aufstellungsfristen	400
b) Größenabhängige Erleichterungen	401
c) Verantwortlichkeit der Geschäftsführer	402
9. Prüfung	403–425
a) Voraussetzungen der Prüfungspflicht	403/404
b) Unabhängigkeit	405/406
c) Bestellung	407–417
d) Gegenstand, Art und Umfang der Prüfung	418–422
e) Prüfungsbericht und Bestätigungsvermerk	423–425
10. Offenlegung	426–432
11. Beispielfall X-GmbH	433/434
a) Bilanz	435–451
b) Gewinn- und Verlustrechnung	452–457
IV. Ergebnisfeststellung und Ergebnisverwendung *(Hamminger)*	458–501
1. Allgemeines	458–463
a) Voraussetzungen der Ergebnisverwendung	458/459
b) Kein Vollausschüttungsgebot	460–463
2. Gewinnermittlung	464–475
a) Jahresabschluss als Grundlage der Gewinnermittlung	464/465
b) Inhalt der Ergebnisverwendung	466–471
c) Sondersituationen bei der Gewinnermittlung	472–475
3. Feststellung des Jahresabschlusses	476–485
a) Bedeutung und Zuständigkeit	476–479
b) Frist zur Beschlussfassung und Durchsetzung des Anspruchs	480/481
c) Nichtigkeit/Anfechtbarkeit des Jahresabschlusses	482–484
d) Offenlegung	485
4. Ergebnisverwendungsbeschluss	486–496
a) Charakter des Verwendungsbeschlusses und Verfahren	486–488
b) Rücklagendotierung und Gewinnvortrag	489/490
c) Minderheitenschutz	491/492
d) Maßstab der Gewinnverteilung	493–496
5. Gewinnauszahlungsanspruch	497–501
a) Entstehung	497/498
b) Sonderformen der Gewinnverwendung	499–501

Schrifttum: *App*, Die Gewinnverteilung im GmbH-Recht, DStR 1994, 468; *Bartels*, Öffentlich-rechtliche Umweltschutzverpflichtungen, Eine Systematisierung unter Rückstellungsaspekten, BB 1991, 2044 ff.; *ders.*, Rückstellungen für öffentlich-rechtliche Umweltschutzverpflichtungen bei Neulastenfällen, BB 1992, 1311 ff.; *Böcking*, IAS für Konzern- und Einzelabschluss?, WPg 2001, 1433 ff.; *Buchholz/Weis*, Maßgeblichkeit ade?, DStR 2002, 512 ff. (Teil I), 559 ff. (Teil II); *Engel-Ciric*, Einschränkung der Aussagekraft des Jahresabschlusses nach IAS durch bilanzpolitische Spielräume, DStR 2002, 780 ff.; *Ernst*, Bilanzrecht: quo vadis? – Die kommende Reform des europäischen Bilanzrechts und mögliche Auswirkungen auf die deutsche Rechnungslegung –, WPg 2001, 1440 ff.; *ders.*, EU-Verordnungsentwurf zur Anwendung von IAS: Europäisches Bilanzrecht vor weitreichenden Änderungen, BB 2001, 823 ff.; *Gehlhausen/Fey/Kämpfer*, Rechnungslegung und Prüfung nach dem Bilanzrechtsmodernisierungsgesetz, 2009; *Groh*, Kein Abschied von der phasengleichen Bilanzierung, DB 2000, 2444; *ders.*, Disquotale Gewinnverteilung in Kapitalgesellschaften – Ein Freibrief des BFH?, DB 2000, 1433; *Groß/Amen*, Die Erstellung der Fortbestehensprognose, WPg 2002, 433 ff.; *Gutbrod*, Vom Gewinnbezugsrecht zum Gewinnanspruch des GmbH-Gesellschafters, GmbHR 1995, 551; *Herzig*, Modernisierung des Bilanzrechts und Besteuerung, DB 2008, 1 ff; *Hoffmann/Groh*, Kein Abschied von der phasengleichen Bilanzierung, DB 2000, 2557; *Hommelhoff/Priester*, Bilanzrichtliniengesetz und GmbH-Satzung, ZGR 1986, 463; *Knobbe-Keuk*, Bilanz- und Unternehmenssteuerrecht, 9. Aufl. 1993; *Kümpel*, Integration von internem und externem Rechnungswesen bei der Bewertung erfolgversprechender langfristiger Fertigungsaufträge, DB 2002, 905 ff.; *Küting/Kessler/Keßler*, Der Regierungsentwurf des Bilanzrechtsmodernisierungsgesetzes (BilMoG-RegE): Zwei Schritte vor, ein Schritt zurück bei der bilanziellen Abbildung der betrieblichen Altersversorgung, WPg 2008, 748 ff.; *Küting/Lorson*, Grenzplankostenrechnung versus Prozesskostenrechnung, BB 1991, 1421; *Lanfermann/Richard*, Ausschüttungen auf Basis von IFRS: Bleibt die deutsche Bundesregierung zu zögerlich?, DB 2008, 1925; *Leffson*, Grundsätze ordnungsmäßiger Buchführung, 7. Aufl. 1987; *Lenz*, Anknüpfung der Gewinnverteilung einer GmbH am Gewinn einer Schwestergesellschaft, GmbHR 1997, 932; *Moxter*, Bilanzrechtsprechung, 5. Aufl. 1999; *ders.*, Betriebswirtschaftliche Gewinnermittlung, 1982;

ders., Phasengleiche Dividendenaktivierung: Der große Senat des BFH im Widerstreit zu den handelsrechtlichen GoB, DB 2000, 2333; *Naumann*, Gesetzentwurf BilMoG: Viel Licht und einige Schatten, WPg 2008, Editorial (Bl. I); *Oechsle/Rudolph*, Zur betriebswirtschaftlichen Bedeutung und zu Anwendungsproblemen des Lifo-Verfahrens in Handels- und Steuerrecht, Festschrift für Luik, S. 91 ff.; *Otto*, Das Umsatzkostenverfahren – eine Chance für Klein- und Mittelbetriebe?, BB 1987, 931 ff.; *Sagasser*, Die Frist für die Beschlussfassung über die Ergebnisverwendung in § 42a Abs. 2 GmbHG, DB 1986, 2251; *Theile*, Bilanzrechtsmodernisierungsgesetz, 2008; *Weber-Grellet*, Realisationsprinzip und Belastungsprinzip – Zum zeitlichen Ausweis von Ertrag und Aufwand, DB 2002, 2180 ff.; *ders.*, Rechtsprechung des BFH zum Bilanzsteuerrecht im Jahr 2002, BB 2003, S. 37 ff.; *Wichmann*, Die Frage nach dem „den gesellschaftsrechtlichen Vorschriften entsprechenden Gewinnverteilungsbeschluß", DB 1999, 118; *ders.*, Die Bedeutung des § 20 Abs. 2a EStG für die Zurechnung von Gewinnausschüttungen bei Übertragung von GmbH-Anteilen, GmbHR 1995, 426; *Wimmer*, Die zivil- und strafrechtlichen Folgen mangelhafter Jahresabschlüsse bei GmbH und KG, DStR 97, 1931; *Wöhe*, Einführung in die allgemeine Betriebswirtschaftslehre, 19. Aufl. 1996.

I. Überblick

In dem nachfolgenden Abschnitten sind die Bereiche Rechnungswesen (→ Rn. 3–93), Jahresabschluss und Lagebericht (→ Rn. 94–457) sowie Ergebnisfeststellung und Ergebnisverwendung (→ Rn. 458–501) dargestellt. **1**

Den Geschäftsführern obliegt gemäß § 43 GmbHG die verantwortliche Führung der „Angelegenheiten der Gesellschaft". Sie sind zum einen für die Planung, Durchführung und Kontrolle des laufenden Tagesgeschäfts zuständig. Darüber hinaus obliegen ihnen als Trägern der unternehmerischen Initiativ- und Entscheidungsmacht[1] – sofern sich die Gesellschafter diese Befugnisse nicht vorbehalten haben[2] – die Führungsentscheidungen. Zur Bewältigung dieser Aufgaben benötigt die Geschäftsführung ein leistungsfähiges Instrumentarium, das eine systematische, zeitnahe und transparente Erfassung, Bearbeitung und Auswertung betrieblicher Daten gewährleistet und somit eine verlässliche Grundlage für unternehmerische Entscheidungen schafft. Diesen Zweck erfüllen das Rechnungswesen und der Jahresabschluss. Der Jahresabschluss bildet zugleich die Grundlage für die Ergebnisverwendung. **2**

II. Rechnungswesen

1. Aufbau und Zweck

a) **Einführung.** Sämtliche Verfahren und organisatorischen Vorkehrungen in einem Unternehmen, die der **wert- und mengenmäßigen Abbildung betrieblicher Vorgänge** dienen, werden unter dem Begriff **Rechnungswesen** zusammengefasst.[3] **3**

b) **Strukturelemente.** *aa) Überblick.* Das betriebliche Rechnungswesen umfasst mehrere Teilbereiche mit unterschiedlichen Aufgabenstellungen. Einer „klassischen" Gliederung folgend, kann das betriebliche Rechnungswesen funktional in folgende **Hauptgebiete** unterteilt werden: **4**
- Finanzbuchhaltung und Jahresabschluss
- Kosten- und Leistungsrechnung[4] (Betriebsbuchhaltung)
- Planungsrechnung
- internes Berichtswesen, betriebswirtschaftliche Statistik.

Finanz- und Betriebsbuchhaltung können als notwendige Bereiche des betrieblichen Rechnungswesens angesehen werden, wohingegen die Planungsrechnung und das interne Berichtswesen, die auf den Daten der Erstgenannten aufbauen, eine unterstützende und ergänzende Funktion haben. **5**

---

[1] Lutter/Hommelhoff/*Lutter/Hommelhoff* § 37 Rn. 4.
[2] Zu den Grenzen der Befugnisse der Geschäftsführer vgl. Scholz/*Schneider* § 37 Rn. 11 ff. m. w. N.
[3] GmbH-Handbuch II/*Heuser* Rn. 1 f.
[4] Auch als „Kosten- und Erlösrechnung" bezeichnet.

6 *bb) Internes – externes Rechnungswesen.* Je nach Funktion und primären Adressaten werden die genannten Bestandteile des Rechnungswesens gemeinhin nach ihrer Zugehörigkeit zum internen und externen Rechnungswesen unterschieden. Das **interne** – innerbetriebliche – Rechnungswesen setzt sich aus der **Kosten- und Leistungsrechnung**, der **Planungsrechnung** und dem **internen Berichtswesen** zusammen. Primärer Adressat dieser Teilbereiche des Rechnungswesens ist die Geschäftsführung der GmbH. Je nach gewählter Aufgabenverteilung zwischen Geschäftsführung und Gesellschaftern und dementsprechender Ausgestaltung der Überwachungs- und Informationsstruktur des Unternehmens können Bestandteile des internen Rechnungswesens (insbesondere das Berichtswesen) auch zur laufenden Unterrichtung von Aufsichts- und Kontrollgremien (Beirat, Gesellschafterausschuss, Gesellschafterversammlung) dienen.[5] Die Kosten- und Leistungsrechnung nimmt insofern eine Hilfsfunktion für die kaufmännische Buchführung wahr, als sie z. B. Basisdaten für die Ermittlung der bilanziellen Herstellungskosten von Erzeugnissen oder selbsterstellten Anlagen des Unternehmens liefert, die für die Bewertung des Vorratsvermögens bzw. des Anlagevermögens benötigt werden.[6]

7 Das **externe Rechnungswesen** besteht im Wesentlichen aus der **Finanzbuchhaltung** und – aus dieser durch Abschluss der Konten abgeleitet – dem handelsrechtlichen **Jahresabschluss**. Während für das externe Rechnungswesen im Hinblick auf das ihm zugrundeliegende öffentliche Interesse ein gesetzlicher Rahmen besteht, der in erster Linie im Dritten Buch des HGB (§§ 238 ff. HGB) geregelt ist, existieren für das interne Rechnungswesen angesichts seiner spezifischen Abhängigkeit von den konkreten betrieblichen Erfordernissen keine gesetzlich normierten Maßstäbe. Die Geschäftsführung hat jedoch im Rahmen ihrer Pflichten nach §§ 41, 43 GmbHG dafür Sorge zu tragen, dass die Gesellschaft über ein leistungsfähiges, zuverlässiges und aussagekräftiges internes und externes Rechnungswesen verfügt.[7]

8 Trotz der gebotenen funktionalen Unterscheidung von internem und externem Rechnungswesen sollte nicht übersehen werden, dass sachlich und insbesondere auch **rechentechnisch** zwischen der Finanzbuchhaltung und der Betriebsbuchhaltung ein enger Zusammenhang besteht, der sich im Zuge einer Internationalisierung der Rechnungslegung noch verstärken könnte. Dies folgt bereits daraus, dass Grundlage für die Kosten- und Leistungsrechnung die kontenmäßig erfassten Daten der Finanzbuchhaltung sind.[8] Bei kleineren Unternehmen oder solchen, die über ein homogenes oder einfach strukturiertes Produktionsprogramm verfügen, bietet es sich an, Finanzbuchhaltung und Betriebsbuchhaltung zudem in Form eines geschlossenen Abrechnungskreises durchzuführen (sog. Einkreissystem). Flexible Lösungen erlaubt hingegen eine konsequente abrechnungstechnische Trennung beider Systeme, die durch die Einführung des Industriekontenrahmens (IKR) erleichtert wurde. Die bei Anwendung eines solchen Zweikreissystems erforderlichen Abstimmungen beider Rechnungskreise sind bei entsprechenden DV-Lösungen unproblematisch.

9 *cc) Finanzbuchhaltung und Jahresabschluss.* Mit der Finanz- oder Geschäftsbuchhaltung und dem Jahresabschluss sind die wesentlichen Bestandteile der **handelsrechtlichen Buchführung** angesprochen, die der externen Rechnungslegung des Unternehmens dient. Die Grundlagen der handelsrechtlichen Buchführung sind nachfolgend unter → Rn. 26 ff. dargestellt. Der **Jahresabschluss** (Einzelabschluss, bestehend aus Bilanz, Gewinn- und Verlustrechnung, Anhang) ist in → Rn. 114 ff. dieses Handbuches dargestellt. Auf die entsprechenden Erläuterungen wird verwiesen. Der Jahresabschluss ist um einen **Lagebericht** zu ergänzen, der als weiteres eigenständiges Instrument der externen Rechnungslegung anzusehen ist.[9] Schließlich können sich bei besonderen Anlässen Verpflichtungen zur Aufstellung

---

[5] Zur Wahrnehmung ihrer Entscheidungskompetenz über die Unternehmenspolitik sind den Gesellschaftern die hierzu erforderlichen Informationsgrundlagen zu liefern (vgl. Lutter/Hommelhoff/*Lutter/Hommelhoff* § 37 Rn. 9 m. w. N.). Diese können nur vom internen Rechnungswesen bereitgestellt werden.
[6] Vgl. A/D/S § 239 Rn. 9 a. E.
[7] Zu den Sorgfaltspflichten der Geschäftsführung in Bezug auf die interne Organisation des Unternehmens vgl. Lutter/Hommelhoff/*Kleindiek* § 43 Rn. 8 m. w. N.
[8] Vgl. auch *Kümpel* DB 2002, 905 ff.
[9] → Rn. 381 ff.; von dieser Pflicht sind kleine Kapitalgesellschaften befreit (§§ 264 Abs. 1 Satz 3, 267 Abs. 1 HGB).

von **Sonderbilanzen** ergeben, auf die – je nach Fallgestaltung – z. T. abweichende oder ergänzende Ansatz- und Bewertungsvorschriften Anwendung finden. Typische Anlässe für Sonderbilanzen sind die Gründung, Umwandlung, Abwicklung oder Insolvenz einer Gesellschaft.[10]

dd) Kosten- und Leistungsrechnung. (1) *Aufgabenstellung.* Als Teil des internen Rechnungswesens ist die Kosten- und Leistungsrechnung eine **betriebsbezogene** Rechnung. Sie dient der Erfassung der Wertverzehre (Kosten) und der Wertzuwächse (Leistungen oder Erlöse), die durch den Prozess der betrieblichen Leistungserstellung herbeigeführt werden. Ihr Ziel ist eine **betriebswirtschaftlich korrekte Erfolgsmessung**, nicht die Ermittlung von Gewinnansprüchen oder Besteuerungsgrundlagen. Während in der handelsrechtlichen Gewinn- und Verlustrechnung aus einer unternehmensbezogenen Gegenüberstellung von Erträgen und Aufwendungen ein Jahresergebnis (nach Steuern) abgeleitet wird, das zur Disposition der Gesellschafter steht, werden in der Kosten- und Leistungsrechnung von den **betrieblichen Leistungen** (Erlösen) die entstandenen **Kosten** abgezogen mit dem Ziel, den Gewinn pro Stück, den Deckungsbeitrag, das Betriebsergebnis oder andere betriebliche Steuerungsgrößen zu ermitteln und hieraus unternehmerische Entscheidungen abzuleiten.

Der betriebswirtschaftliche **Kostenbegriff** umfasst – anders als der Aufwandsbegriff nach handelsrechtlichen Vorschriften – nicht den unternehmensbezogenen Verzehr von Produktionsfaktoren oder Kostengütern, der in keinem kausalen Zusammenhang mit der betrieblichen Leistung steht, z. B. Kursverluste aus Währungsumrechnung. Andererseits beinhaltet der Kostenbegriff auch **kalkulatorische Elemente**, denen kein oder zumindest kein betragsgleicher handelsrechtlicher Aufwand gegenübersteht. In die Kostenrechnung werden nämlich auch solche Kosten einbezogen, die nicht mit Ausgaben verbunden sind, sondern den entgangenen Nutzen bewerten, den eine alternative Verwendung der Produktionsfaktoren herbeigeführt hätte (sog. Opportunitäts- oder **Zusatzkosten**). Ferner werden bestimmte Wertverzehre (z. B. Abschreibungen auf Anlagegüter) für Zwecke der Kostenrechnung aus betriebswirtschaftlicher Sicht häufig anders ermittelt als dies aus handelsrechtlichen oder bilanzsteuerlichen Gründen geboten erscheint (sog. **Anderskosten**). Diese Zusammenhänge seien anhand nachfolgender Darstellung verdeutlicht:

Aufwand			
neutraler Aufwand	Betriebsaufwand		
	aufwands-gleiche Kosten (Grenzkosten)	Anderskosten	Zusatzkosten
		kalkulatorische Kosten	
	Kosten		

Neben der innerbetrieblichen Dokumentation (d. h. Erfassung, Systematisierung und Registrierung vergangenheitsbezogener Daten) dient die Kosten- und Leistungsrechnung vorrangig zur **Fundierung betrieblicher Entscheidungen** und für Planungs-, Steuerungs- und Kontrollzwecke (z. B. Angebotspreisermittlung, Fixkostenmanagement).

(2) *Kostenrechnungssysteme.* Letztlich liegt allen Kostenrechnungssystemen eine **Zurechnung von Kosten** auf bestimmte Objekte (Kostenstellen, Kostenträger) oder zu bestimmten Abrechnungsperioden (Monat, Quartal, Geschäftsjahr) zugrunde. Als Zurechnungskriterium kommt dabei vorrangig das **Verursachungsprinzip** in Betracht; für Teilaspekte der Kos-

---

[10] Zur Bilanzierung bei Abwicklung und Insolvenz → Rn. 151 f. Zu Sonderbilanzen s. *Budde/Förschle*, Sonderbilanzen, 4. Aufl. 2008.

tenrechnung kann ersatzweise das Durchschnittsprinzip oder das Tragfähigkeitsprinzip zur Anwendung kommen. **Kostenstellen** sind abgrenzbare Bereiche oder Abteilungen des Unternehmens, die aus kostenrechnerischer Sicht als selbstständig angesehen werden. **Kostenträger** sind die Produkte des Leistungserstellungsprozesses, d. h. die erzeugten Güter oder Dienstleistungen. Kosten, deren Höhe von der produzierten Ausbringungsmenge abhängig ist (z. B. Rohstoffkosten), werden als **variable** Kosten, solche, die vom Ausstoß unbeeinflusst bleiben (z. B. Abschreibungen auf Betriebsgebäude), werden als **fixe** Kosten bezeichnet. Sind Kosten auf Grund der Art und Weise ihrer Entstehung einem Kostenträger eindeutig zurechenbar (z. B. Fertigungslöhne), spricht man von **Einzelkosten;** fehlt es an einem direkten Zusammenhang und muss die Zurechnung daher nach bestimmten Verfahren mittelbar vollzogen werden, spricht man von **Gemeinkosten.** Letztere sind typischerweise – aber nicht notwendig – fixe Kosten und nur selten variabel. Fixe Kosten sind immer Gemeinkosten, Einzelkosten sind stets variable Kosten.

15 Eine Unterscheidung von Kostenrechnungen erfolgt nach ihrem **zeitlichen Bezug:**
- Istkostenrechnung
- Normalkostenrechnung
- Plankostenrechnung

16 Die **Ist-Kostenrechnung** beruht auf tatsächlich angefallenen Kosten (Istkosten); sie ist zwangsläufig vergangenheitsbezogen, da die Istkosten erst am Ende einer Abrechnungsperiode feststellbar sind. **Normalkosten** werden aus dem Durchschnitt der Istkosten mehrerer aufeinander folgender vergangener Abrechnungsperioden ermittelt, was den Einfluss von wert- oder mengenmäßigen Zufallsschwankungen in einer Periode auf die Aussage der Kostenrechnung abmildert. Die **Plankostenrechnung** basiert auf technischen Berechnungen und Verbrauchsstudien unter Berücksichtigung von zukünftigen Planvorgaben.

Außerdem werden Kostenrechnungen traditionell nach dem **Umfang der** dem Kostenträger **zugerechneten Kosten** in Vollkostenrechnung und Teilkostenrechnung eingeteilt.

17 In der **Vollkostenrechnung** werden den Kostenträgern alle erfassten Kosten angelastet, also neben den variablen Kosten auch sämtliche Fixkosten, die unabhängig vom jeweiligen Beschäftigungsgrad anfallen und nach dem Verursachungs-, Durchschnitts- oder Tragfähigkeitsprinzip zugerechnet werden. Bei **Teilkostenrechnungssystemen** werden nur die variablen Kosten nach dem Verursachungsprinzip abgezogen. Sie dienen der Ermittlung des Deckungsbeitrags pro Stück oder pro Periode.

18 Gewöhnlich kommt die Istkostenrechnung in Form der Vollkostenrechnung zum Einsatz, die jedoch für Planungsaufgaben nicht geeignet ist, wozu **Plankostensysteme** als „modernere" Instrumente herangezogen werden können. Eine zunehmende Prozessorientierung bei der Beurteilung betriebswirtschaftlicher Abläufe hat in den letzten Jahren zudem dazu geführt, dass Systeme der **Prozesskostenrechnung**[11] Bedeutung erlangt haben. Bei der Prozesskostenrechnung werden die Gemeinkosten von unternehmensinternen Abläufen (Prozessen) bestimmten prozessauslösenden Bezugsgrößen (sog. Kostentreiber) zugerechnet. Im Rahmen der Entwicklung neuer Produkte, insbesondere im Bereich des industriellen Anlagenbaus, werden ferner Ansätze zur **Festlegung von Kostenobergrenzen** verfolgt (sog. target costing). Hierbei handelt es sich jedoch nicht um ein eigenständiges Kostenrechnungssystem, sondern um die retrograde Ermittlung von Zielvorgaben für die Entwicklungs- und Konstruktionsphase, ausgehend von einem geplanten Marktpreis (target price) und der erzielbaren Absatzmenge.

19 *(3) Organisatorischer Grundaufbau.* Traditionell wird die Kosten- und Leistungsrechnung in ihrem funktionellen Grundaufbau in folgende Elemente unterteilt:
- Kostenartenrechnung
- Kostenstellenrechnung
- Kostenträgerrechnung

20 Die **Kostenartenrechnung** beantwortet die Frage, welche Kosten in einer Abrechnungsperiode entstanden sind. Sie ist die erste Stufe der Kostenrechnung und gibt Auskunft über die

---

[11] Vgl. hierzu *Küting/Lorson* BB 1991, 1421.

Entwicklung der Kostenstruktur. Die **Kostenstellenrechnung** dient dazu, die auf die einzelnen Kostenstellen des Unternehmens entfallenden Wertverzehr zu sammeln und ermöglicht damit eine Kostenkontrolle pro betrieblicher Abrechnungseinheit. Ferner bedarf es der Kostenstellenrechnung als kostenrechnerischem Zwischenschritt, um eine Verteilung der Gemeinkosten (Kosten, die einem Kostenträger nicht direkt zugeordnet werden können) auf die Kostenträger zu erreichen. Die **Kostenträgerrechnung** wiederum gibt Auskunft darüber, für welche Kostenträger (Produkte, Aufträge) die erfolgten Kosten angefallen sind. Werden die Kosten pro Mengeneinheit (Stück) betrachtet, spricht man von der Kostenträgerstückrechnung,[12] die zum Zwecke der Angebotskalkulation (Vorkalkulation), der Zwischenkalkulation oder der Nachkalkulation nach unterschiedlichen Verfahren durchgeführt werden kann (z. B. Divisionskalkulation, Zuschlagskalkulation).

ee) Planungsrechnung. Eine vorausschauende und verantwortungsbewusste Unternehmensführung geht nicht nur von Ist-Größen aus, welche die Grundlage der Finanzbuchführung und der Betriebsbuchhaltung bilden, sondern bezieht auch Plangrößen in die Steuerung der Geschäftsprozesse ein, ohne die eine strategische Positionierung des Unternehmens nicht möglich ist. Wesentliche Bestandteile der **Planungsrechnung** sind:

- Plan-Bilanzen
- Plan-Gewinn- und Verlustrechnungen (Budgets)
- Investitionsplanung
- Finanzplanung
- Liquiditätsplanung

Die dargestellten Instrumente der Unternehmensplanung sind im Wesentlichen finanzwirtschaftlich ausgerichtet. Sie verfolgen das Ziel, die finanziellen Grundlagen der güterwirtschaftlichen Planung (Absatz-, Produktions- und Beschaffungsplan) zu sichern und somit die Verfügbarkeit der erforderlichen Finanzmittel und die Wahrung der jederzeitigen Zahlungsbereitschaft zu gewährleisten.

ff) Internes Berichtswesen, betriebswirtschaftliche Statistik. Anpassungsentscheidungen zur Kostensenkung und Erlössteigerung im Rahmen einer erfolgsorientierten Unternehmenssteuerung bedürfen eines auf die jeweilige betriebliche Struktur ausgerichteten umfassenden Systems der Aufbereitung, Verdichtung und Auswertung entscheidungsrelevanter Daten. Die Bereitstellung solcher Kosten-, Erlös-, Ergebnis- und Liquiditätskontrollen unter Verwendung der Daten der Finanz- und Betriebsbuchhaltung erfolgt üblicherweise auf Monatsbasis durch betriebswirtschaftliche Auswertungen des internen Berichtswesens.

Diese können z. B. umfassen:

- Zeitvergleiche (Ermittlung von Veränderungen gegenüber der Vergleichsperiode des vorangegangenen Geschäftsjahrs)
- Soll-Ist-Vergleiche (Vergleich der Entwicklung der Ist-Zahlen der Berichtsperiode mit den budgetierten Planzahlen)
- zwischenbetriebliche Vergleiche (z. B. innerhalb eines Konzerns)
- Kennzahlanalysen (z. B. Liquiditätskennzahlen, Relationen bestimmter Kostenbereiche zu den Umsatzerlösen)
- Hochrechnungen der voraussichtlichen Entwicklung im Geschäftsjahr (unter Zusammenführung der Ist-Zahlen des abgelaufenen und der Planzahlen des verbleibenden Zeitraums)
- Liquiditätsübersichten (Gegenüberstellung von erwarteten Mittelzu- und -abflüssen)

Die Erstellung solcher Auswertungen erfolgt – je nach DV-technischer Ausgestaltung des betrieblichen Rechnungswesens – z. B. in Form von Standardauswertungen, die unmittelbar aus dem eingesetzten System generiert werden, oder auf dem Wege der Übernahme und eigenständigen Auswertung von betriebswirtschaftlichen Daten über gesonderte Analyse- und Berichtssysteme. Die Beschaffung und Bereitstellung dieser Informationen für die Ge-

---

[12] Zur Bedeutung der Kostenträgerstückrechnung für die Ermittlung der bilanziellen Herstellungskosten vgl. Küting/Weber/*Knop/Küting* § 255 Rn. 207 ff.

schäftsführung obliegt nach nunmehr gängiger Unternehmenspraxis bei mittleren und größeren Unternehmen der Controlling-Abteilung.[13]

2. Buchführung

26   a) **Buchführungspflicht**. *aa) Zweck der kaufmännischen Buchführung.* Nach § 238 Abs. 1 Satz 1 HGB ist jeder Kaufmann verpflichtet, Bücher zu führen und in diesen seine Handelsgeschäfte (§§ 343 ff. HGB) und die „Lage des Vermögens" nach den Grundsätzen ordnungsmäßiger Buchführung ersichtlich zu machen. Diese Buchführungspflicht des Kaufmanns ist eine **öffentlich-rechtliche Verpflichtung**[14] und dient dem Schutz des Rechtsverkehrs. Wie durch die in § 238 Abs. 2 HGB geregelten spezifischen Dokumentationspflichten für Handelsbriefe verdeutlicht wird, steht dabei die **Beweisfunktion** im Vordergrund. Sämtliche unternehmensbezogenen Vorgänge und Transaktionen (Geschäftsvorfälle) „müssen sich in ihrer Entstehung und Abwicklung verfolgen lassen" (§ 238 Abs. 1 Satz 3 HGB), also **intersubjektiv nachvollziehbar**[15] dokumentiert werden. Der in § 238 Abs. 1 Satz 2 HGB geregelte Dokumentationsmaßstab zeigt, dass primärer Adressat der Informationen aus der Buchführung ein **sachverständiger Dritter**, also notwendig ein externer Berechtigter ist. Wie bereits dargelegt, spricht man daher insoweit von **externem**[16] Rechnungswesen. Die Dokumentations- und Informationspflichten aus § 238 HGB umfassen dabei nicht allein individuelle Vorgänge (Handelsgeschäfte), sondern die Lage des Unternehmens, verstanden in einem umfassenden Sinn als Gesamtschau der kaufmännischen Tätigkeit in einer Periode.[17]

27   *bb) Persönlich Verpflichtete.* Die Buchführungspflicht des § 238 HGB trifft nach dem Gesetzeswortlaut den „Kaufmann" im Sinne des Handelsrechts. Die GmbH ist als Handelsgesellschaft (§ 13 Abs. 3 GmbHG) Kaufmann gemäß § 6 Abs. 1 HGB. Nach § 41 GmbHG obliegt es den **Geschäftsführern**, für die ordnungsmäßige Buchführung der Gesellschaft im Sinne des § 238 Abs. 1 HGB zu sorgen. Die hierzu den Geschäftsführern zugewiesenen Pflichten sind nicht auf den engeren Bereich der kaufmännischen Buchführung als Grundlage des externen Rechnungswesens beschränkt, sondern umfassen auch alle Folgepflichten nach den allgemeinen Vorschriften des HGB,[18] nämlich die Pflicht zur

- Aufstellung des handelsrechtlichen **Jahresabschlusses** (Einzelabschluss) der GmbH gemäß §§ 242, 264 Abs. 1 HGB, ergänzt um den Lagebericht (§§ 264 Abs. 1, 289 HGB)
- Aufstellung eines (eventuell erforderlichen) **Konzernabschlusses** der GmbH gemäß § 290 HGB, ergänzt um den Konzernlagebericht (§§ 290 Abs. 1, 315 HGB).
- **Offenlegung** der gemäß § 325 HGB zu veröffentlichenden Unterlagen der Gesellschaft.

28   Über die formelle Zuweisung der Buchführungs-, Bilanzierungs- und Publizitätsaufgaben der GmbH an die Geschäftsführer in § 41 GmbHG hinaus folgt deren diesbezügliche Organisationspflicht bereits aus ihrer Organstellung sowie aus ihren Sorgfaltspflichten gegenüber der Gesellschaft, die in § 43 Abs. 1 GmbHG zum Ausdruck gebracht werden.[19]

29   Die Zuweisung der Buchführungspflicht an die Geschäftsführer als höchstpersönliche[20] Sorgepflicht betrifft **sämtliche**[21] Mitglieder des Vertretungsorgans der GmbH und ist nicht von dem Vorliegen einer entsprechenden Sachkunde (vgl. z. B. § 238 Abs. 1 S. 2 HGB) abhängig.[22] Diese Pflicht, die für die Dauer der Bestellung zum Geschäftsführer besteht und

---

[13] Zur Jahresabschlussanalyse allgemein → Rn. 386 ff.
[14] BeckBilKomm/*Winkeljohann/Klein* § 238 Rn. 56; zu den Folgen einer Verletzung dieser Pflicht → Rn. 35.
[15] A/D/S § 238 Rn. 44.
[16] → Rn. 7.
[17] Vgl. A/D/S § 238 Rn. 39; diese Konsequenz folgt für die GmbH-Buchführung zudem notwendig aus dem Einblicksgebot des § 264 Abs. 2 HGB sowie aus der Pflicht zur Lageberichterstattung (§§ 264 Abs. 1, 289 HGB).
[18] Küting/Weber/*Bohl/Schamburg-Dickstein* § 41 GmbHG Rn. 2; Lutter/Hommelhoff/*Kleindiek* § 41 Rn. 1.
[19] Vgl. auch die Ausführungen unter → Rn. 2, 35 f.
[20] Verpflichteter ist nicht das Organ, sondern der einzelne Geschäftsführer, vgl. BGH DB 1985, 2291 ff.; vgl. aber A/D/S § 238 Rn. 47, die eine „höchstpersönliche" Verpflichtung ablehnen.
[21] Lutter/Hommelhoff/*Kleindiek* § 41 Rn. 2.
[22] So ausdrücklich: Küting/Weber/*Bohl/Schamburg-Dickstein* GmbHG § 41 Rn. 4.

mit deren Widerruf endet,[23] kann durch Vertrag weder beschränkt noch ausgeschlossen werden.[24] Dies steht jedoch einer arbeitsteilig organisierten **Geschäftsverteilung** innerhalb eines mehrköpfigen Leitungsgremiums nicht entgegen.[25] Vielmehr können die Aufgaben der Buchführung einem **sachgerecht ausgewählten** und **ausreichend überwachten** Mitgeschäftsführer zur Erledigung übertragen werden, ohne dass die übrigen Organmitglieder dadurch von ihrer grundsätzlichen Pflicht nach § 41 GmbHG befreit wären. Solange bei angemessener Überwachung des mit der Buchführung betrauten Geschäftsführers keine Anhaltspunkte für eine unzureichende Aufgabenerledigung vorliegen, tritt jedoch die unmittelbare Verantwortung der Mitgeschäftsführer insoweit zurück. Im Falle der Abwicklung der Gesellschaft obliegen die Buchführungsaufgaben den Liquidatoren,[26] in der Insolvenz dem Insolvenzverwalter.[27]

Ungeachtet des persönlichen Charakters der Buchführungspflicht müssen die Geschäftsführer die Bücher der Gesellschaft nicht selbst führen.[28] Sie können die Aufgaben, die sich aus der Buchführungspflicht ergeben, ganz oder teilweise an entsprechend befähigte Mitarbeiter delegieren oder an außenstehende Dritte übertragen.[29] Die buchführungspflichtigen Geschäftsführer müssen sich gegenüber den betrauten Personen ein **Weisungs- und Kontrollrecht**[30] vorbehalten und von dieser Befugnis im erforderlichen Umfang Gebrauch machen. Die Überwachung sollte sich auf ein **internes Kontrollsystem** stützen, das durch entsprechende organisatorische Vorkehrungen (z.B. systeminterne Abstimmungen, Arbeitsanweisungen, Freizeichnungserfordernisse, Funktionstrennung) die sachgerechte Ausführung der delegierten Aufgaben sicherstellt.[31] Durch geeignete Überwachungsmaßnahmen muss gewährleistet sein, dass Vorgänge, die zur Verletzung der Buchführungspflichten führen können, zeitnah entdeckt und korrigiert werden. Dies gilt insbesondere für die Verarbeitung in einem automatisierten computergestützten Verfahren.[32] Werden die für die Erstellung der Buchführung erforderlichen Funktionen einzeln oder insgesamt von einem Außenstehenden im Auftrag der Geschäftsführer vorgenommen, ist eine eindeutige **Festlegung des Auftragsumfangs** erforderlich, insbesondere hinsichtlich

- Art und Umfang der Berichtspflichten,
- der Übergabezeitpunkte[33] und
- Übertragungswege.[34]

Auch sollte gewährleistet sein, dass die Geschäftsführung jederzeit Zugang zu den extern geführten Buchungsunterlagen hat.[35]

cc) Ort, Beginn und Ende der Buchführungspflicht. Das Handelsrecht enthält keine Regelung darüber, **wo** die Bücher zu führen sind. Diese Frage wird in der Praxis in folgenden Fällen relevant:

- externe Fernbuchführung im Inland (Buchführung außer Haus)
- inländische Tochtergesellschaft eines Konzerns mit Sitz im Ausland
- ausländische Niederlassungen eines inländischen Unternehmens

---

[23] Eine vorübergehende Verhinderung führt grundsätzlich nicht zum Ruhen der Sorgepflicht für die Buchführung, es sei denn, sie beruht auf gerichtlicher Untersagung (vgl. Küting/Weber/*Bohl/Schamburg-Dickstein* § 41 Rn. 4).
[24] Scholz/*Crezelius* § 41 Rn. 3.
[25] Vgl. nur: Lutter/Hommelhoff/*Kleindiek* § 41 Rn. 3.
[26] Scholz/*Crezelius* § 41 Rn. 4.
[27] Küting/Weber/*Bohl/Schamburg-Dickstein* GmbHG § 41 Rn. 4.
[28] Lutter/Hommelhoff/*Kleindiek* § 41 Rn. 5.
[29] A/D/S § 238 Rn. 47.
[30] Im Falle der Delegation innerhalb des Geschäftsführungsgremiums tritt an die Stelle des Weisungsrechts ein Eingriffsrecht bzw. eine Eingriffspflicht.
[31] A/D/S § 238 Rn. 49 (mit ausführlicher Darstellung der Überwachungsanforderungen).
[32] Hierzu → Rn. 47 ff.
[33] Die Einhaltung gesetzlicher Fristen obliegt unverändert der Geschäftsführung, vgl. A/D/S § 238 Rn. 53.
[34] Problematisch kann die zunehmend beliebte Nutzung des Internets werden, wenn entsprechende kryptische Verfahren nicht angewendet werden.
[35] So insbesondere Lutter/Hommelhoff/*Kleindiek* § 41 Rn. 5.

32 Eine externe Fernbuchführung im Inland ist handelsrechtlich und steuerlich[36] grundsätzlich zulässig.[37] Nach den handelsrechtlichen Regelungen besteht zudem keine Verpflichtung, Bücher im Inland zu führen. In § 146 Abs. 2 Satz 1 AO ist jedoch für **steuerliche** Zwecke bestimmt, dass die Bücher und die sonstigen Aufzeichnungen grundsätzlich **im Inland** zu führen sind. Zulässig ist lediglich die Vornahme von Verarbeitungsvorgängen im Ausland (Datenfernverarbeitung).[38] Nach § 146 Abs. 2 AO dürfen die Bücher ausländischer Niederlassungen inländischer Unternehmen im Ausland geführt werden, sofern das lokale Recht dies vorschreibt. Die Daten der ausländischen Betriebsstättenbuchhaltung sind – ggf. nach notwendigen Anpassungen an deutsche Bilanzierungsvorschriften – in das Rechenwerk des inländischen Unternehmens zu übernehmen.

33 Die Buchführungspflicht des Kaufmanns wird grundsätzlich mit der **Aufnahme des Handelsgewerbes** begründet. Nach herrschender Meinung[39] **beginnt** die Buchführungspflicht der GmbH mit dem Tag der **Errichtung** (Gründung) der Gesellschaft, d. h. dem Datum der notariellen Beurkundung des Gesellschaftsvertrages, an dem die sog. **Vorgesellschaft** entsteht. Vorgesellschaften sind demgemäß bereits mit dem ersten buchführungspflichtigen Geschäftsvorfall buchführungspflichtig.[40] Der formalrechtlichen Begründung der Kaufmannseigenschaft der GmbH durch Eintragung in das Handelsregister bedarf es nicht.[41] Dies rechtfertigt sich daraus, dass die Vorgesellschaft im Rechtsverkehr als weitgehend identisch mit der durch Eintragung rechtlich entstandenen GmbH angesehen wird.[42] Ob eine **Vorgründungsgesellschaft**[43] – ihrer Rechtsnatur nach eine Personengesellschaft – buchführungspflichtig ist, richtet sich nach den allgemeinen Vorschriften der §§ 1 und 6 HGB. Handelt es sich – was in der Regel der Fall ist – um eine Gesellschaft bürgerlichen Rechts (GbR), findet § 238 HGB keine Anwendung, eine kaufmännische Buchführungspflicht besteht nicht. Wird die Vorgründungsgesellschaft hingegen bereits geschäftlich tätig und betreibt sie ein Handelsgewerbe, ist mit Aufnahme dieser Tätigkeit die Buchführungspflicht begründet.[44]

34 Während die Buchführungspflicht des Kaufmanns mit dem Verlust der Kaufmannsgemeinschaft **endet**, erlischt die Buchführungspflicht der GmbH mit Abschluss der Abwicklung (Liquidation),[45] d. h. grundsätzlich mit ihrer **Löschung** im Handelsregister, da zu diesem Zeitpunkt regelmäßig sämtliche Vermögensgegenstände veräußert sind und ein eventuell verbleibender Abwicklungsgewinn an die Gesellschafter ausgekehrt worden ist.[46] Sollte die Abwicklung im Löschungszeitpunkt hingegen ausnahmsweise noch andauern, besteht die Buchführungspflicht solange fort, bis das verbliebene Gesellschaftsvermögen vollständig veräußert bzw. an die Gesellschafter ausgekehrt wurde, da es allein auf die **Vermögenslosigkeit** ankommt. Tritt diese bereits vor Löschung im Handelsregister ein, endet die Buchführungspflicht in diesem Zeitpunkt, da buchungspflichtige Geschäftsvorfälle nicht mehr auftreten können.

35 *dd) Folgen der Verletzung.* Die Verletzung der Pflichten aus § 238 HGB löst keinen unmittelbaren handelsrechtlichen Sanktionsmechanismus gegenüber dem verpflichteten Personenkreis aus, da die insoweit einschlägigen §§ 331 ff. HGB hierfür keine Rechtsfolgen anordnen.[47] Zudem ist die Sorgetragungspflicht der Geschäftsführer aus § 41 GmbHG nach

---

[36] Zu den Anforderungen im Einzelnen vgl. BeckBilKomm/*Winkeljohann/Klein* § 238 Rn. 90 m. w. N.
[37] Zur Ordnungsmäßigkeit einer computergestützten Fernbuchführung vgl. IdW ERS FAIT 1, WPg 2001, 512 ff.; zur Vertragsgestaltung mit dem Beauftragten → Rn. 30.
[38] Vgl. OFD Düsseldorf DB 1997, 1896.
[39] BeckBilKomm/*Winkeljohann/Klein* § 238 Rn. 35, 49; A/D/S § 238 Rn. 17 jeweils m. w. N.
[40] Erster Geschäftsvorfall ist die Begründung der Einlageforderungen gegenüber den Gründern, vgl. nur Lutter/Hommelhoff/*Kleindiek* § 41 Rn. 7. Auf den Tag der Gründung sollte auch die Eröffnungsbilanz der Gesellschaft nach § 242 HGB aufgestellt werden, vgl. GmbH-Handbuch II/*Heuser* Rn. 6.
[41] Vgl. BeckBilKomm/*Winkeljohann/Klein* § 238 Rn. 35.
[42] Sämtliche Rechte und Pflichten der Vorgesellschaft sind mit Eintragung solche der GmbH; zur Identität von Vorgesellschaft und GmbH, vgl. Lutter/Hommelhoff/*Bayer* § 11 Rn. 5 ff.
[43] Zur Vorgründungsgesellschaft vgl. BGH DStR 1991, 1465.
[44] Denkbarer Fall: vorherige Einbringung eines Geschäftsbetriebes, vgl. A/D/S § 238 Rn. 17.
[45] Auf die Einstellung der werbenden Tätigkeit kommt es nicht an.
[46] BeckBilKomm/*Winkeljohann/Klein* § 238 Rn. 54.
[47] Vgl. hierzu A/D/S § 238 Rn. 58.

h. M. kein Schutzgesetz zugunsten Dritter i. S. d. § 823 Abs. 2 BGB,[48] so dass deliktische Ansprüche aus einer Verletzung dieser Pflicht von **Dritten** nicht hergeleitet werden können.[49] Ein Verstoß der Geschäftsführer gegen die ihnen obliegende Buchführungspflicht kann diese jedoch gemäß § 43 Abs. 2 GmbHG gegenüber der **Gesellschaft** schadensersatzpflichtig machen,[50] nicht aber gegenüber einzelnen Gesellschaftern oder Gesellschaftsgläubigern.[51] Dies setzt jedoch eine Schadensverursachung auf Seiten der Gesellschaft voraus; ein bloßes Fehlverhalten des Geschäftsführers genügt nicht.[52]

Die Mitglieder von Vertretungsorganen von Kapitalgesellschaften oder Kapitalgesellschaften & Co., welche die Pflichten zur Aufstellung von Jahres- oder Konzernabschlüssen und (Konzern-)Lageberichten nicht befolgen, können indessen dadurch mittelbar zu deren Erfüllung angehalten werden, dass wegen des hieraus zwangsläufig resultierenden pflichtwidrigen Unterlassens der rechtzeitigen **Offenlegung** der Abschlüsse gemäß §§ 325, 325a HGB vom neugeschaffenen Bundesamt für Justiz von Amts wegen **ein Ordnungsgeldverfahren** nach den Vorschriften des FGG gegen die Vertretungsorgane oder das Unternehmen durchzuführen ist (§ 335 HGB). In diesem Zusammenhang ist zu beachten, dass durch die zum 1.1.2007 erfolgte Einführung des (**elektronischen**) **Bundesanzeigers** (§§ 8, 325 Abs. 1 HGB) und des **Unternehmensregisters** (§ 8b HGB) eine deutlich erhöhte Transparenz hinsichtlich der Erfüllung der gesetzlichen Offenlegungspflichten geschaffen wurde. **36**

Liegt eine schwere Verletzung der Buchführungspflicht vor (z. B. Handelsbücher werden nicht oder in einer Weise geführt oder verändert, dass eine Übersicht über den Stand des Gesellschaftsvermögens erschwert wird) und kommt es – ohne dass hierfür ein ursächlicher Zusammenhang bestehen muss – bei der Gesellschaft in der Folge zur **37**

- Zahlungseinstellung,
- Eröffnung eines Insolvenzverfahrens oder
- Ablehnung des Insolvenzverfahrens mangels Masse,

kann eine **Strafbarkeit** des Geschäftsführers im Hinblick auf ein Delikt nach §§ 283 bis 283d StGB i. V. m. § 14 StGB vorliegen.[53] Eine Verletzung der Buchführungspflicht durch die Geschäftsführung einer prüfungspflichtigen[54] GmbH (§§ 316 Abs. 1, 267 HGB) kann zudem dazu führen, dass der Bestätigungsvermerk[55] durch den Abschlussprüfer einzuschränken oder zu versagen ist (§ 322 Abs. 4 HGB). Berichtet der Abschlussprüfer in derartigen Fällen vorsätzlich unzutreffend über das Ergebnis seiner Prüfung und erteilt einen unrichtigen Bestätigungsvermerk, kann dieser sich nach § 332 HGB strafbar machen und damit u. U. zugleich Beihilfe zu einer Insolvenzstraftat des Geschäftsführers leisten. Hinsichtlich der Verantwortlichkeit der Geschäftsführer bezüglich einer zutreffenden Wiedergabe der Verhältnisse der Gesellschaft sowie der Beachtung bestimmter Rechnungslegungsvorschriften ist ferner auf die Straf- und Bußgeldvorschriften der §§ 331 und 334 HGB hinzuweisen. Außerdem können insbesondere die Pflichten zur Aufstellung und Offenlegung von Jahresabschluss und Lagebericht durch Festsetzung eines **Zwangsgeldes** durchgesetzt werden (§ 335 HGB). Bei Verstößen gegen Offenlegungspflichten kann zudem ein **Ordnungsgeld** verhängt werden (§ 335a HGB).

b) Organisatorische Struktur der Buchführung. § 238 Abs. 1 (Sätze 2 und 3) HGB verlangt, dass die Buchführung so beschaffen sein muss, dass sie einem sachverständigen Dritten innerhalb angemessener Zeit einen Überblick über die Geschäftsvorfälle sowie über die Lage des Unternehmens vermitteln kann und dass sich die einzelnen Geschäftsvorfälle in ihrer Entstehung und Abwicklung verfolgen lassen. Die Organisation des Rechnungswesens, **38**

---

[48] So: Lutter/Hommelhoff/*Kleindiek* § 41 Rn. 4 m. w. N.; wohl ablehnend: Scholz/*Crezelius* § 41 Rn. 8.
[49] Es verbleibt lediglich die Möglichkeit einer deliktischen Haftung nach § 826 BGB.
[50] Vgl. BGH NJW 1974, 1468.
[51] Lutter/Hommelhoff/*Kleindiek* § 43 Rn. 28.
[52] Lutter/Hommelhoff/*Kleindiek* § 43 Rn. 25.
[53] Zu den Befugnissen der Finanzverwaltung nach § 162 AO bei Nichterfüllung von Buchführungspflichten im Rahmen der Veranlagung → Rn. 65.
[54] Vgl. hierzu im Einzelnen → Rn. 403 ff.
[55] Vgl. hierzu → Rn. 423 ff.

verstanden als Aufbau- und Ablauforganisation,⁵⁶ hat diesen gesetzlichen Anforderungen zu entsprechen, die hinsichtlich ihrer konkreten Ausgestaltung auf die „**Grundsätze ordnungsmäßiger Buchführung**" verweisen, die je nach Buchführungsform und -system unterschiedlich ausgeprägte verbindliche Standards und Regeln enthalten.⁵⁷

39   *aa) Aufbauorganisation (Handelsbücher).* Das Gesetz spricht in den §§ 238 ff. HGB von den Handelsbüchern oder Büchern des Kaufmanns und trifft spezifische Regelungen zu deren Führung (§ 239 HGB) und Aufbewahrung (§ 257 HGB). Hinsichtlich der Formen der Handelsbücher und der sonst erforderlichen Aufzeichnungen sowie der zu ihrer Erstellung eingesetzten Verfahren ist es dem Buchführungspflichtigen in den Grenzen dieser Regelungen freigestellt, entsprechend seinen unternehmensspezifischen Erfordernissen, Zielsetzungen und Vorgaben eine Wahl zu treffen.⁵⁸ Traditionell werden in der Praxis drei Buchführungssysteme unterschieden:
- einfache Buchführung
- doppelte Buchführung
- kameralistische Buchführung

40   Die **einfache Buchführung** umfasst lediglich Bestandskonten und erlaubt eine Erfolgsermittlung nur in Form des Vermögensvergleichs. Sie hat einen sehr geringen Anwendungsbereich und kommt lediglich für die Gründungsphase einer GmbH in Betracht.⁵⁹ Die **kameralistische Buchführung** ist als Verfahren der öffentlich-rechtlichen Rechnungslegung lediglich für öffentliche Haushalte und Betriebe vorgesehen. In der **doppelten Buchführung**, die insbesondere im Hinblick auf die Verpflichtung zur Aufstellung einer Gewinn- und Verlustrechnung nach § 242 Abs. 2 HGB für kaufmännische Unternehmen wie die GmbH als allein maßgeblich anzusehen ist,⁶⁰ wird jeder Buchungsvorgang auf einem Konto und einem Gegenkonto verbucht (Prinzip der Doppik). Diese zweiseitigen Wertbewegungen erlauben die getrennte Erfassung von Geschäftsvorfällen sowohl auf Bestands- als auch auf Erfolgskonten, die im Rahmen der Abschlusserstellung jeweils zur Bilanz (Vermögensstatus) bzw. zur Gewinn- und Verlustrechnung (Erfolgsrechnung) verdichtet werden. Die nachfolgende Darstellung beschränkt sich auf die Organisationserfordernisse der doppelten Buchführung.

41   Nach § 239 Abs. 4 Satz 1 HGB können die erforderlichen Bücher und Aufzeichnungen geführt werden – jeweils oder kumulativ – nicht nur in **Form**
- gebundener Bücher, sondern auch als
- geordnete Belegablage (Belegbuchführung oder „Offene-Posten-Buchhaltung") oder
- auf Datenträger (datenträgergestütztes Buchführungssystem).

42   Die **Belegbuchführung** kann – unter Beachtung der Grundsätze ordnungsmäßiger Buchführung – für Teilbereiche oder die gesamte Buchführung gewählt werden.⁶¹ Praktische Bedeutung kann sie insbesondere im Bereich der Kontokorrentbuchführung erlangen. Die besonderen Anforderungen, die an die heute weit verbreitete datenträgergestützte Buchführung zu stellen sind (vgl. § 239 Abs. 4 Satz 2 HGB), werden in → Rn. 47 ff. behandelt.

43   Ausgehend von einer überkommenen Begriffsbildung, die sich noch an (gebundenen) handschriftlichen Aufzeichnungen orientiert, wird hinsichtlich des **organisatorischen Aufbaus** der Buchführung nach
- Grundbüchern
- Hauptbüchern
- Nebenbüchern

unterschieden. Das **Grundbuch** (auch als Journal bezeichnet) dient der chronologischen Erfassung sämtlicher Geschäftsvorfälle des Unternehmens. Je nach dem eingesetzten Verar-

---

⁵⁶ Vgl. hierzu GmbH-Handbuch II/*Heuser/Theile* Rn. 22 ff.
⁵⁷ Vgl. hierzu im folgenden → Rn. 51 ff.; zu den Besonderheiten bei computergestützten Buchführungssystemen → Rn. 47.
⁵⁸ Vgl. A/D/S § 239 Rn. 5; Küting/Weber/*Pfitzer/Oser* § 238 Rn. 13.
⁵⁹ Vgl. BeckBilKomm/*Winkeljohann/Klein* § 238 Rn. 78.
⁶⁰ Nach Lutter/Hommelhoff/*Kleindiek* § 41 Rn. 1 ist jede GmbH zur doppelten Buchführung verpflichtet (Verweis auf §§ 6 Abs. 1, 238 Abs. 1, 242 HGB).
⁶¹ Vgl. A/D/S § 259 Rn. 51.

beitungsverfahren (handschriftlich, elektronisch) erfolgt zugleich oder in einem folgenden Arbeitsschritt die Erfassung im **Hauptbuch,** in welchem alle finanzwirtschaftlichen Konten (Sachkonten) sachbezogen den Positionen des handelsrechtlichen Jahresabschlusses zugeordnet sind, der durch Kontenabschluss aus dem Hauptbuch entwickelt wird. Die **Nebenbücher** dienen dazu, bestimmte Einzelinformationen zu verarbeiten, die dem Hauptbuch lediglich als verdichteter Buchungsstoff (z. B. in Form von Sammelbuchungen) zur Verfügung gestellt werden, um dessen Klarheit und Übersichtlichkeit zu erhöhen.

Dieser Aufbau sei an nachfolgender Übersicht verdeutlicht: 44

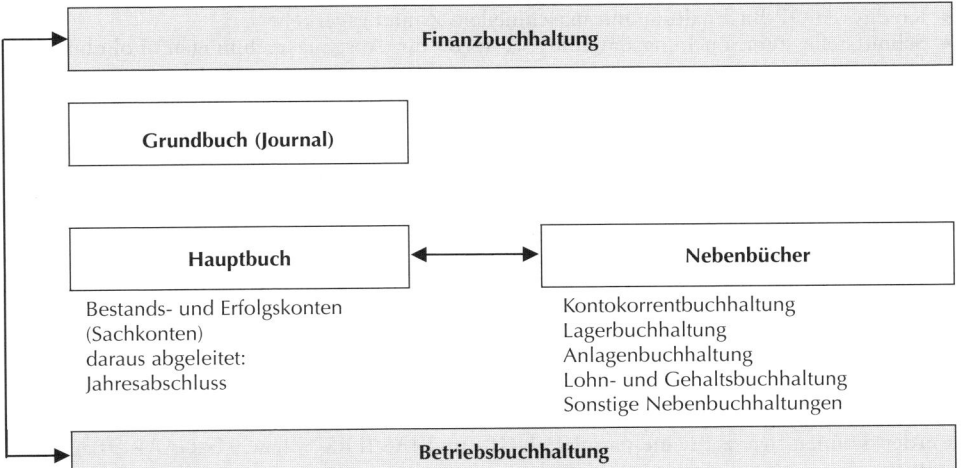

Die **Kontokorrentbuchhaltung** umfasst sämtliche Geschäftsbeziehungen zu Kunden und 45 Lieferanten (Debitoren- und Kreditorenkontokorrent). In der **Lagerbuchhaltung** werden die Bestände an Roh-, Hilfs- und Betriebsstoffen sowie an fertigen und unfertigen Erzeugnissen und Waren mengen- und wertmäßig erfasst und unter Berücksichtigung von Zu- und Abgängen fortgeschrieben. Die **Anlagenbuchhaltung** (Anlagenkonto) dient der mengen- und regelmäßig auch wertmäßigen Dokumentation der Gegenstände des Anlagevermögens und erfüllt insoweit die Funktion eines Bestandsverzeichnisses (Inventars).[62] Die Funktion der **Lohn- und Gehaltsbuchhaltung** besteht vornehmlich in der rechnerischen Ermittlung der Brutto- und Nettolöhne und -gehälter und der Arbeitgeberanteile für die Sozialversicherung. Für die Nebenbücher gilt, dass ihre Bestände zeitnah und regelmäßig mit den jeweiligen übergeordneten Sachkonten des Hauptbuches übereinstimmen müssen, was die Existenz eines wirksamen internen Kontrollsystems voraussetzt. Finanz- und Betriebsbuchhaltung stehen – ungeachtet ihrer unterschiedlichen Aufgabenstellung – in einer engen Wechselbeziehung.[63]

bb) Ablauforganisation (Verarbeitungsverfahren). (1) Übertragungs- und Durchschreibe- 46 *verfahren.* Hierbei handelt es sich um selten gewordene Buchführungsformen, die hier nur der Vollständigkeit halber erwähnt sind. Beim Übertragungsverfahren erfolgen handschriftliche Übernahmen vom Grundbuch ins Hauptbuch. Bei Durchschreibebuchführungen werden die Geschäftsvorfälle entweder handschriftlich oder maschinell gleichzeitig in Grund- und Hauptbuch erfasst.

(2) Computergestützte Verarbeitungsverfahren. Computergestützte Buchführungssysteme 47 sind heute auch in mittelständisch geprägten GmbH der **Normalfall.** Die Spanne der ver-

---

[62] Vgl. hierzu im Einzelnen → Rn. 75 ff.
[63] → Rn. 4 ff.

fügbaren Standardsoftwarelösungen reicht von gehobenen integrierten ERP[64]-Systemen bis hin zu kostengünstiger aber durchaus ausgereifter „Von-der-Stange-Software". Wesentliche Unterschiede liegen insbesondere in der Konzeption und Architektur der Gesamtlösung, der Funktionalität, den Integrationsmöglichkeiten (Schnittstellen) sowie der zugrundeliegenden Datenbanktechnik und deren Auswertungsmöglichkeiten. Fachliche **Grundfunktionen,** die von allen Standard-Finanzbuchhaltungslösungen abgedeckt werden, sind:

- Buchungserfassung im Dialog (ggf. auch als Erfassung von Buchungsstapeln)
- Sachkonten-/Hauptbuchhaltung
- Debitoren OP[65]-Buchhaltung mit Mahnwesen
- Kreditoren OP-Buchhaltung mit maschinellem Zahlungsverkehr
- Schnittstelle zum Buchungsdatenimport (z. B. für Ausgangsrechnungen, Lohnbuchhaltung)
- Schnittstelle zum Buchungsdatenexport (z. B. zur Kostenrechnung oder für die Datenbereitstellung nach GDPdU)[66]
- Standardauswertungen (Journale, Kontenblätter, Saldenlisten, OP-Listen, Umsatzsteuervoranmeldungen, Abschlussauswertungen, betriebswirtschaftliche Auswertungen)
- Stammdatenverwaltung (Firmenstammdaten, Konten, Zahlungsbedingungen, Steuersätze etc.).

48 Über diese Standardanforderungen hinaus müssen insbesondere die **speziellen Anforderungen** eines Unternehmens (z. B. das Erfordernis einer Debitoren-Zentralregulierung) Berücksichtigung finden. Auch in sehr einfachen Finanzbuchhaltungslösungen ohne Schnittstelle mit einer Kostenrechnungskomponente sollten z. B. eine Kostenstellen-Kontierung und ein Buchungsdatenexport möglich sein, um den exportierten Buchungsstoff separat im Sinne einer Kostenstellenrechnung auswerten zu können. Bei gehobenen Lösungen müssen u. a. auch weitergehende Abschluss- und Berichtswesenanforderungen problemlos erfüllt werden können, wie z. B. eine parallele HGB- und IAS/IFRS-[67] bzw. US-GAAP-[68]Berichterstattung.

49 Neben den unternehmensspezifischen funktionellen und technologischen Anforderungen sind durch die eingesetzte Buchhaltungslösung zwingend die gesetzlichen **Ordnungsmäßigkeitsanforderungen** zu erfüllen. Ordnungsmäßige, computergestützte Buchführungssysteme sind solche, die unter Einbeziehung aller maschinellen und manuellen Verfahren eine vollständige, richtige, zeitgerechte, geordnete sowie für den sachverständigen Dritten nachvollziehbare Buchführung ergeben. Die Anforderungen werden auch in computergestützten Verfahren auf der Grundlage der doppelten Buchführungstechnik durch die ordnungsgemäße Umsetzung von Beleg-, Journal- und Kontenfunktion realisiert.[69] Dabei sind auch weitergehende Gebote wie z. B. das Radierverbot (§ 239 Abs. 3 Satz 1 HGB) und die Vorschriften zur Aufbewahrung und Archivierung in der technischen Umsetzung zu berücksichtigen.[70] Neben den handelsrechtlichen sind auch die steuerrechtlichen Anforderungen,[71] insbesondere der §§ 145, 146 und 147 AO zu beachten, wie sie für computergestützte Buchführungssysteme grundsätzlich in den GoBS[72] aus 1995 und für den Datenzugriff in Steueraußenprüfungen in den GDPdU aus 2001 beschrieben worden sind. Eine Neufassung der GoBS befindet sich aktuell im Abstimmungsprozess (Entwurf des BMF aus dem Juli 2013

---

[64] ERP = Enterprise Ressource Planning – steht für eine integrierte betriebswirtschaftliche Gesamtlösung (z. B. in Gestalt von SAP R 3).
[65] OP = Offene Posten.
[66] GDPdU = Grundsätze zum Datenzugriff und zur Prüfbarkeit digitaler Unterlagen (BMF-Schreiben vom 16.7.2001 – IV D 2 – S 0316-136/01).
[67] IAS = International Accounting Standards; IFRS = International Financial Reporting Standards des International Accounting Standards Board (IASB).
[68] Rechnungslegungsvorschriften der USA (GAAP = Generally Accepted Accounting Principles).
[69] Zu diesen Anforderungen im Einzelnen → Rn. 54 ff.
[70] Hierzu → Rn. 61 ff.
[71] Hierzu → Rn. 65 f.
[72] GoBS = Grundsätze ordnungsmäßiger DV-gestützter Buchführungssysteme gemäß BMF-Schreiben vom 7.11.1995, BStBl. I 95, 738 ff. (ausführlich zitiert in A/D/S § 239 Rn. 61 ff.).

der „Grundsätze zur ordnungsmäßigen Führung und Aufbewahrung von Büchern, Aufzeichnungen und Unterlagen in elektronischer Form sowie zum Datenzugriff (GoBD)".

Die Ordnungsmäßigkeitsanforderungen an computergestützte Buchführungssysteme sind 2002 durch das Institut der Wirtschaftsprüfer (IdW) neu gefasst worden. Der **Rechnungslegungsstandard** IdW RS FAIT 1[73] und der Prüfungsstandard IdW PS 330[74] enthalten detailliert die Anforderungen für den Einsatz und die Prüfung von Informationstechnologie im Rechnungswesen. Die IdW-Standards stellen auch den Zusammenhang her mit den Anforderungen an ein angemessenes Risikomanagement nach KonTraG[75] (Ausstrahlungswirkung auch für GmbH)[76] und betonen die Notwendigkeit der Einhaltung grundlegender IT[77]-Sicherheitsanforderungen. Denn nur bei Vorliegen sicherer Daten kann die Verlässlichkeit der in Buchführung, Jahresabschluss und Lagebericht enthaltenen Informationen gewährleistet werden.[78]

50

c) **Grundsätze ordnungsmäßiger Buchführung (GoB).** *aa) Begriffsdefinition.* Die Gesamtheit aller geschriebenen und ungeschriebenen Prinzipien, Normen und Standards, die verbindliche Anforderungen an die Führung von Handelsbüchern und sonstigen erforderlichen Aufzeichnungen stellen, wird unter dem Begriff der „Grundsätze ordnungsmäßiger Buchführung (GoB)" zusammengefasst.[79] Diese Grundsätze bilden den **Maßstab für die Ordnungsmäßigkeit**[80] des externen Rechnungswesens und erstrecken sich nicht nur auf die Buchführung, sondern auch auf die Aufstellung des Jahresabschlusses (§§ 238 Abs. 1, 239 Abs. 4, 243 Abs. 1, 264 Abs. 2 Satz 1 HGB).[81] Bei den „Grundsätzen ordnungsmäßiger Buchführung" handelt es sich um einen **unbestimmten Rechtsbegriff**.[82] Er umfasst neben außergesetzlichen Anforderungen in erster Linie die gesetzlich geregelten Grundsätze (z.B. die in §§ 238, 239, 252 HGB genannten). Er stellt ein komplexes Normsystem dar, das auf einem **allgemeinen Konsens**[83] von Sachverständigen und Normanwendern beruht. Hierzu zählen die bilanzierenden Kaufleute, der Berufsstand der Wirtschaftsprüfer (vornehmlich in Form von Stellungnahmen und andere Verlautbarungen des IdW), die Finanzverwaltung (in Form von Verwaltungsrichtlinien und -verfügungen), die Rechtsprechung von BGH und BFH und das Fachschrifttum. Die Grundsätze sind einem ständigen Wandlungsprozess unterworfen, der durch technologische und real-wirtschaftliche Entwicklungen sowie – neuerdings zunehmend – durch das Vordringen internationaler Rechnungslegungsprinzipien (IAS, US-GAAP) bestimmt ist.[84] In der nachfolgenden Darstellung werden die Grundsätze ordnungsmäßiger Buchführung in der Ausprägung dargestellt, die sie für die **Buchführung bei Einsatz von Informationstechnologie** gefunden haben, da diese für Unternehmen in der Rechtsform der GmbH den Normalfall bildet. Gegenstand dieser Darstellung sind die grundlegenden **verfahrenstechnischen** Buchführungsgrundsätze, wohingegen die abschlussbezogenen Grundsätze ordnungsmäßiger Buchführung[85] später eingehend behandelt werden.[86]

51

---

[73] IdW Stellungnahme zur Rechnungslegung: Grundsätze ordnungsmäßiger Buchführung bei Einsatz von Informationstechnologie (IdW RS FAIT 1 v. 24.9.2002).
[74] IdW Prüfungsstandard: Abschlussprüfung bei Einsatz von Informationstechnologie (IdW PS 330 v. 24.9.2002).
[75] KonTraG = Gesetz zur Kontrolle und Transparenz im Unternehmensbereich v. 27.4.1998, BGBl. I 1998, S. 786 ff.
[76] Hierzu → Rn. 70 ff.
[77] IT = Informationstechnologie.
[78] IdW RS FAIT 1 Tz. 20.
[79] Umfassende Darstellungen bei A/D/S § 243 Rn. 2 ff.; Küting/Weber/*Baetge*/D. *Fey*/G. *Fey* § 243 Rn. 1 ff.; BeckBilKomm/*Förschle* § 243 Rn. 11 ff.; jeweils m. w. N.
[80] Küting/Weber/*Baetge*/D. *Fey*/G. *Fey* § 243 Rn. 2.
[81] Hierzu im Einzelnen → Rn. 114 ff.
[82] A/D/S § 243 Rn. 6 m. w. N.
[83] Küting/Weber/*Baetge*/D. *Fey*/G. *Fey* § 243 Rn. 11.
[84] Hierzu *Böcking* WPg 2001, 1433 ff.; vgl. auch → § 16 Rn. 2.
[85] Übersicht bei BeckBilKomm/*Förschle* § 243 Rn. 31 ff.
[86] → Rn. 123 ff.

52   bb) *Allgemeine Grundsätze.* Die Grundsätze ordnungsmäßiger Buchführung sind nur erfüllt, wenn die nachfolgenden allgemeinen Ordnungskriterien für die Erfassung, Verarbeitung, Ausgabe und Aufbewahrung der Informationen über die Geschäftsvorfälle der Gesellschaft erfüllt werden:

- Vollständigkeit (§ 239 Abs. 2 HGB)
- Richtigkeit (§ 239 Abs. 2 HGB)
- Zeitgerechtheit (§ 239 Abs. 2 HGB)
- Ordnung (§ 239 Abs. 2 HGB)
- Nachvollziehbarkeit (§ 238 Abs. 1 Satz 2 HGB)
- Unveränderlichkeit (§ 239 Abs. 3 HGB)

53   Die erforderlichen Eintragungen und Aufzeichnungen müssen danach **sämtliche**[87] Geschäftsvorfälle umfassen, wobei jeder Geschäftsvorfall grundsätzlich **einzeln** zu erfassen ist.[88] Die Zusammenfassung oder Verdichtung von Buchungen ist nur zulässig, wenn eine nachvollziehbare Aufgliederung in die ihnen zugrundeliegenden Einzelpositionen jederzeit möglich ist.[89] Die Geschäftsvorfälle sind ferner **inhaltlich zutreffend** abzubilden, d.h. die Aufzeichnungen müssen mit den dokumentierten tatsächlichen Vorgängen übereinstimmen und im Einklang mit den einschlägigen Rechtsvorschriften stehen. Die Buchung fiktiver[90] oder auch nur kalkulatorischer Posten ist danach im Rahmen der Finanzbuchführung nicht zulässig. Das Erfordernis der Zeitgerechtigkeit betrifft den zeitlichen Zusammenhang zwischen dem Eintritt des Geschäftsvorfalls und seiner buchhalterischen Erfassung.[91] Erforderlich sind sowohl die **Zeitnähe**[92] der Buchungen als auch ihre wirtschaftliche **Zugehörigkeit zu einer Buchungsperiode**[93] (Periodengerechtigkeit). Bei zeitlichen Abständen zwischen Entstehung und Erfassung eines Geschäftsvorfalls sind geeignete Maßnahmen zur Sicherung der Vollständigkeit des Datenbestandes zu treffen.[94] Das Erfordernis der **geordneten** Vornahme der Eintragungen und Aufzeichnungen besteht sowohl in zeitlicher als auch in sachlicher Hinsicht. Die **zeitliche Ordnung** (Journalfunktion)[95] wird durch Eintragung im Grundbuch, die **sachliche Ordnung** (Kontenfunktion) durch eine sachgerechte Kontierung der Geschäftsvorfälle auf der Grundlage eines Kontenplans (z.B. nach dem vom BDI herausgegebenen Industriekontenrahmen IKR) erreicht. Aufzeichnungen auf Datenträger müssen innerhalb angemessener Zeit optisch lesbar gemacht werden können. Die **intersubjektive Nachvollziehbarkeit** der Buchführung für sachverständige Dritte innerhalb angemessener Zeit über die Dauer der Aufbewahrungsfrist ist ein weiteres grundlegendes Ordnungsmäßigkeitskriterium.[96] Die Abwicklung des einzelnen Geschäftsvorfalls sowie die hierbei angewendeten Verfahren müssen nachvollzogen werden können. Dies gebietet das Vorhandensein einer für das Verständnis des DV-gestützten Buchführungssystems erforderlichen anwenderbezogenen Verfahrensdokumentation.[97] Das Erfordernis der **Unveränderlichkeit** gebietet, dass Eintragungen weder überschrieben noch radiert werden dürfen (Radierverbot). Ihr ursprünglicher Inhalt und die Tatsache, dass eine Veränderung vorgenommen wurde, müssen erkennbar bleiben.[98]

54   cc) *Belegfunktion.* Der Grundsatz der Belegfunktion besagt, dass die Berechtigung einer jeden Buchung durch einen Beleg **nachgewiesen** wird („keine Buchung ohne Beleg"). Die **Belegbarkeit** ist Grundvoraussetzung für die Nachvollziehbarkeit (§ 238 Abs. 1 Satz 2

---

[87] BeckBilKomm/*Winkeljohann*/*Klein* § 239 Rn. 3.
[88] A/D/S § 239 Rn. 18.
[89] IdW RS FAIT 1 Tz. 26.
[90] BeckBilKomm/*Winkeljohann*/*Klein* § 239 Rn. 4; jedoch denkbar als unterjährige Abgrenzungsbuchung.
[91] BeckBilKomm/*Winkeljohann*/*Klein* § 239 Rn. 5; Küting/Weber/*Kußmaul* § 239 Rn. 31 m.w.N.
[92] A/D/S § 239 Rn. 26.
[93] IdW RS FAIT 1 Tz. 28.
[94] IdW RS FAIT 1 Tz. 28.
[95] A/D/S § 239 Rn. 6, 31, 68; → Rn. 42.
[96] BeckBilKomm/*Winkeljohann*/*Klein* § 239 Rn. 6; A/D/S § 238 Rn. 44 ff.
[97] IdW RS FAIT 1 Tz. 31; 52 ff.
[98] BeckBilKomm/*Winkeljohann*/*Klein* § 239 Rn. 7.

HGB) und damit die Beweiskraft der Buchführung.[99] Die Belegfunktion umfasst folgende Daten eines Geschäftsvorfalls (Beleginhalte):
- Gegenstand
- zu buchender Betrag
- Zeitpunkt
- Autorisierung durch den dazu Berechtigten.

Dieser allgemeine Grundsatz gilt auch bei IT-gestützten Verarbeitungsprozessen, obgleich in diesen Fällen konventionelle Ursprungsbelege (z. B. Materialentnahmescheine) häufig nicht erzeugt werden können oder sollen und Buchungen statt dessen z. T. vom System generiert und automatisch erfasst werden. Hier tritt an die Stelle des Ursprungsbeleges der verfahrensmäßige Nachweis des Zusammenhangs zwischen dem einzelnen Geschäftsvorfall und seiner Verbuchung. Dieser Nachweis kann geführt werden durch 55
- Dokumentation der diesbezüglichen **programminternen** Vorkehrungen,
- Dokumentation der **Autorisierung** (Freigabe) eines Veränderungsverfahrens
- Nachvollziehbarkeit der **tatsächlichen Durchführung** der einzelnen Buchungen.[100]

dd) Journalfunktion. Die sich aus dem **zeitlichen Ordnungsgebot** (§ 239 Abs. 2 HGB) ergebende Journalfunktion verlangt, dass die Beleginhalte aller buchungspflichtigen Geschäftsvorfälle möglichst bald nach ihrer Entstehung vollständig, verständlich und in chronologischer Reihenfolge aufgezeichnet werden (Journal).[101] Zum Zwecke der journalmäßigen Erfassung eines Geschäftsvorfalls wird der Inhalt des entsprechenden Belegs (siehe Belegfunktion) in einen **Buchungssatz** umgesetzt, der mindestens besteht aus 56
- Buchungstext (Bezugnahme auf Geschäftsvorfall)
- zu buchendem Betrag
- Kontierung (Zuordnung zu einem Sachkonto)
- Ordnungsmerkmal (Beleg-Nummer).

Beim Einsatz von der Finanzbuchhaltung vorgelagerten IT-Anwendungen (z. B. Logistiksystemen, Leistungsabrechnungsverfahren, Warenwirtschaftssystemen) im Rahmen einer IT-gestützten Buchführung werden die Eingangsdaten durch **Summenbuchungen** in das Grundbuch übertragen. In solchen Fällen ist die Journalfunktion erfüllt, wenn die vorgelagerten Anwendungen den **gleichen Ordnungsmäßigkeitsanforderungen** unterliegen wie die Finanzbuchhaltung. Neben einer Verfahrensdokumentation ist ein **Kontroll- und Abstimmverfahren** erforderlich, das gewährleistet, dass die in der vorgelagerten Anwendung gespeicherten Buchungen mit den in den Haupt- und Nebenbüchern vorhandenen Buchungen identisch sind und dies nachgewiesen werden kann.[102] Die gespeicherten Buchungen müssen gegen Veränderung und Löschung geschützt sein. 57

ee) Kontenfunktion. Die Kontenfunktion gewährleistet die Beachtung des **sachlichen Ordnungsgebots** des § 239 Abs. 2 HGB. Bei computergestützten Buchführungsverfahren werden Journal- und Kontenfunktion in der Regel in einem Arbeitsschritt verwirklicht, indem über die manuelle oder maschinelle Kontierung eines Buchungsbelegs bzw. eines automatisierten Buchungsvorgangs alle für die sachliche Zuordnung des Geschäftsvorfalls notwendigen Informationen erfasst werden. Zur Erfüllung der Kontenfunktion sind die folgenden Angaben zu dokumentieren:[103] 58
- Bezeichnung des Kontos (Konto-Nr.)
- Kennzeichnung
- Betrag (getrennt nach Soll/Haben)
- Buchungsdatum (Datum der Erfassung)
- Belegdatum (Datum des Geschäftsvorfalls)

---

[99] Küting/Weber/*Kussmaul* § 239 Rn. 5; IdW ERS FAIT 1 Tz. 32.
[100] So IdW RS FAIT 1 Tz. 35.
[101] BeckBilKomm/*Winkeljohann/Klein* § 239 Rn. 13; IdW RS FAIT 1 Tz. 41 ff.
[102] IdW RS FAIT 1 Tz. 42.
[103] IdW RS FAIT 1 Tz. 47.

- Gegenkonto (Konto-Nr.)
- Belegverweis (Beleg-Nr.)
- Buchungstext (ggf. über Kürzel verschlüsselt)

Werden Nebenbücher geführt, müssen Funktionen zur ordnungsmäßigen Kontenpflege vorhanden sein (Offene-Posten-Listen, Auszifferungsverfahren).[104]

59 *ff) Dokumentation.* Bei Einsatz von computergestützten Buchführungssystemen ist für die Nachvollziehbarkeit des angewendeten Buchführungs- und Rechnungslegungsverfahrens eine ordnungsmäßige **Verfahrensdokumentation**[105] erforderlich, welche eine Beschreibung aller zum verfahrenstechnischen Verständnis der Buchführung erforderlichen Systembestandteile enthalten muss. Die Verfahrensdokumentation besteht aus

- Anwenderdokumentation und
- Systemdokumentation

60 Die **Anwenderdokumentation** muss im Sinne einer Bedienungsanleitung alle Informationen enthalten, die für die sachgerechte Bedienung der IT-Anwendungen erforderlich sind (z. B. Erläuterung der Eingabefelder). Die **Systemdokumentation** dient in erster Linie der Gewährleistung des sicheren und geordneten Betriebes und der Wartung des IT-Instrumentariums (z. B. Schlüsselverzeichnisse, Angaben zu Schnittstellen, Datensatzaufbau etc.). Die Dokumentation muss es einem sachverständigen Dritten erlauben, die programminterne Verarbeitung in angemessener Zeit ohne Kenntnis der Programmiersprache nachzuvollziehen.[106] Die Praxis zeigt, dass Verfahrensdokumentationen häufig den hierfür bestehenden Anforderungen nicht in vollem Umfang entsprechen.

61 *gg) Aufbewahrung.* Ohne eine Aufbewahrung der Buchführungsunterlagen über einen gewissen Zeitraum ist der von § 238 Abs. 1 Satz 2 HGB geforderte **Überblick über die Geschäftsvorfälle** und die Lage des Unternehmens nicht gewährleistet. Folgerichtig sind daher in § 257 Abs. 1 und 2 HGB die aufzubewahrenden Unterlagen und die hierfür geltenden Aufbewahrungsfristen im Einzelnen festgelegt. Die Pflicht zur Aufbewahrung dieser Unterlagen ist als Bestandteil der Buchführungspflicht anzusehen und wie diese öffentlich-rechtlicher Natur.[107] Hinsichtlich des Pflichtadressaten, des Beginns der Aufbewahrungspflicht und der Folgen ihrer Verletzung gilt deshalb grundsätzlich das zur Buchführungspflicht Gesagte entsprechend.[108] Zu beachten ist jedoch, dass nach § 74 Abs. 2 GmbHG die „Bücher und Schriften der Gesellschaft" nach Beendigung der **Liquidation** für die Dauer von zehn Jahren einem der Gesellschafter oder einem Dritten in Verwahrung zu geben sind. Abgesehen von diesem Sonderfall enthält das Handelsrecht keine Regelung über den Aufbewahrungsort. Nach § 146 Abs. 2 AO ist die Aufbewahrung im Regelfall im Inland vorzunehmen.[109]

62 Folgende **Aufbewahrungsfristen**[110] sind zur Zeit im Gesetz vorgesehen:

---

10 Jahre
Handelsbücher (vgl. → Rn. 39 ff.)
Inventare (vgl. → Rn. 75 ff.)
Eröffnungsbilanzen (vgl. → Rn. 212 f.)
Jahresabschlüsse, Einzelabschlüsse nach § 325 Abs. 2a HGB, Lageberichte
Konzernabschlüsse, -lageberichte
Zum Verständnis dieser Unterlagen erforderliche Arbeitsanweisungen (z. B. Unternehmenshandbücher) und Organisationsunterlagen (z. B. Prognosen, Quellcodes, technische Systemdokumentationen)
Buchungsbelege

---

[104] IdW RS FAIT 1 Tz. 49.
[105] BeckBilKomm/*Winkeljohann/Klein* § 239 Rn. 17 f.
[106] IdW RS FAIT 1 Tz. 52.
[107] A/D/S Vorb. zu § 257.
[108] → Rn. 35 ff.
[109] Vgl. die Ausführungen zum Ort der Buchführung in → Rn. 31 f.
[110] Vgl. auch die detaillierte Übersicht in BeckBilKomm/*Winkeljohann/Philipps* § 257 Rn. 27.

6 Jahre
  empfangene Handelsbriefe[111]
  Wiedergaben der abgesandten Handelsbriefe

Die **handelsrechtliche Aufbewahrungsfrist** beginnt – vereinfacht gesprochen – jeweils 63 mit Ablauf des Kalenderjahres, in welchem jene buchführungsrelevanten Handlungen (z. B. Eintragung in die Handelsbücher, Feststellung des Jahresabschlusses) vollzogen wurden, deren spätere Nachvollziehbarkeit durch die Aufbewahrungspflicht gewährleistet werden soll (§ 257 Abs. 5 HGB). Die **steuerliche Aufbewahrungsfrist** (§ 147 AO) ist grundsätzlich übereinstimmend zum Handelsrecht bemessen, soweit nicht nach anderen Gesetzen (nicht notwendig Steuergesetzen) kürzere Fristen angeordnet sind.[112] Der deutsche Bundestag hat am 25.4.2013 einen Gesetzentwurf von CDU/CSU und FDP zur Verkürzung der Aufbewahrungsfristen sowie zur Änderung weiterer steuerlicher Vorschriften (17/13082) angenommen. Damit werden die Aufbewahrungsfristen für steuerrelevante Unterlagen von zehn Jahren rückwirkend zum 1.1.2013 auf acht Jahre und ab 1.1.2015 auf sieben Jahre verkürzt.

Zu beachten ist allerdings, dass die Aufbewahrungsfrist nach § 147 Abs. 3 Satz 2 AO nicht endet, soweit die betreffenden Unterlagen für Steuern von Bedeutung sind, deren Festsetzungsfrist noch nicht abgelaufen ist.[113] Steuerlich ist zudem der Umfang der Aufbewahrungspflicht gemäß § 147 Abs. 1 Nr. 4a AO erweitert auf bestimmte zollrechtlich relevante Unterlagen und gemäß § 147 Abs. 1 Nr. 5 AO erweitert auf alle „sonstigen Unterlagen, soweit sie für die Besteuerung von Bedeutung sind". Dieser weit gefasste **Auffangtatbestand** erfasst sämtliche Unterlagen des Unternehmens, die – ohne zu den Buchungsbelegen zu zählen – Aussagen über steuerlich relevante Vorgänge enthalten (z. B. Registerauszüge, Preislisten etc.).

Die Aufbewahrung der Unterlagen muss **geordnet** erfolgen (§ 257 Abs. 1 HGB). Neben 64 der **urschriftlichen** Aufbewahrung von Buchführungsunterlagen erlaubt § 257 Abs. 3 HGB die **Speicherung** auf einem Bild- oder sonstigen Datenträger,[114] sofern diese Daten **jederzeit** innerhalb angemessener Frist mit

- empfangenen Handelsbriefen und Buchungsbelegen **bildlich,**
- allen anderen aufbewahrungspflichtigen Unterlagen **inhaltlich** übereinstimmend **wiedergegeben** werden können. Für Eröffnungsbilanzen sowie Jahres- und Konzernabschlüsse ist jedoch eine Aufbewahrung im **Original** vorgeschrieben. Bei dem Einsatz von IT-gestützten Buchführungssystemen ist zu prüfen, ob zur Erfüllung der Archivierungspflichten die aufbewahrungspflichtigen Informationen über den gesetzlichen Aufbewahrungszeitraum zukünftig mit Hilfe von **Archivierungsfunktionen im Buchführungssystem** selbst mittels eines separaten Dokumenten-Management-Systems, einer selbsttragenden Archiv-Lösung, eines Dienstleisters im Outsourcing oder einer anderen den Anforderungen genügenden Lösung archiviert werden sollen. Das größte Problem hierbei dürfte die Aufbewahrungsfrist von im Allgemeinen 10 Jahren und die damit möglicherweise verbundene Abhängigkeit von bestimmten Softwarelösungen bzw. die Sicherstellung der Archivierungspflichten beim Wechsel eines Archivierungsverfahrens darstellen.

d) Steuerliche Anforderungen an die Buchführung und sonstige Aufzeichnungspflichten. 65 *aa) Steuerliche Regelungen.* Nach dem in § 5 Abs. 1 Sätze 1 und 2 und Abs. 6 EStG niedergelegten **Grundsatz der Maßgeblichkeit des handelsrechtlichen Jahresabschlusses** bildet dieser die Ausgangsbasis für die steuerliche Gewinnermittlung (Steuerbemessungsfunktion).[115] Das Steuerrecht knüpft deshalb grundsätzlich eng an die handelsrechtlichen Buchführungs-

---

[111] Nur solche Schriftstücke, die ein Handelsgeschäft betreffen (§ 257 Abs. 2 HGB).
[112] Vgl. hierzu: Küting/Weber/*Isele* § 257 Rn. 93 f.
[113] Beachte ferner: BMF-Schreiben v. 25.10.1977, BStBl. I, 487.
[114] Hierfür einschlägig: IdW RS FAIT 1 Tz. 60 ff.
[115] Vgl. Rn. BeckBilKomm/*Förschle*/*Ubinger* § 243 Rn. 111 f.; A/D/S § 252 Vorb Rn. 5.

und Aufbewahrungspflichten an (vgl. §§ 140, 145 Abs. 1, 146, 147 AO), ohne allerdings hinsichtlich der Pflichtadressaten auf den Anwendungsbereich des § 238 HGB (Kaufmannsgemeinschaft nach § 6 Abs. 1 HGB) beschränkt zu sein. Eine Verletzung dieser Pflichten führt zugleich zu einem Verstoß gegen die in den §§ 140 ff. AO genannten steuerrechtlichen **Mitwirkungspflichten.** Aus den **Neuregelungen der Archivierung originärer digitaler Unterlagen** auf maschinell verwertbaren Datenträgern sowie die Einführung eines weitreichenden elektronischen Datenzugriffs mit umfassenden Auswertungsmöglichkeiten zugunsten der Finanzverwaltung ergeben sich neue Fragestellungen wie z. B. die Identifizierung steuerlich relevanter Daten und der Zugriffsschutz bezüglich der steuerlich nicht relevanten Daten. Während die handelsrechtlichen Buchführungspflichten nicht unmittelbar sanktionsbewehrt sind, gibt § 162 AO der Finanzverwaltung durch die Befugnis, die Besteuerungsgrundlagen bei Nichterfüllung von Buchführungspflichten zu schätzen, ein wirksames Mittel zur Durchsetzung dieser Pflichten an die Hand. Je nach Sachverhalt kann die Verletzung von Buchführungspflichten überdies zur Verwirklichung von **Steuerstraftaten oder -ordnungswidrigkeiten** gemäß §§ 370, 378 oder 379 AO führen.

66 Folgende spezielle **steuerliche Aufzeichnungspflichten,** die im Handelsrecht keine unmittelbare Entsprechung haben, sind zu nennen:
- Aufzeichnung des Wareneingangs (§ 143 AO)
- Aufzeichnung des Warenausgangs (§ 144 AO)
- Aufzeichnungspflichten zu § 22 UStG, §§ 63 bis 68 UStDV.
- Aufzeichnungen bei der Lohnsteuer (§ 41 Abs. 1 EStG)
- Aufzeichnungen bei der Kapitalertragsteuer (§ 45a Abs. 1 EStG)

67 Die Aufzeichnungspflichten hinsichtlich des **Warenein- und -ausgangs** sind im Wesentlichen für nicht buchführungspflichtige Gewerbetreibende von Bedeutung und dürften durch eine entsprechend ausgestaltete Bestandsführung von Unternehmen regelmäßig abgedeckt sein. Aus den Vorschriften des **§ 22 UStG** ergeben sich bestimmte Aufzeichnungspflichten, die z. B. umfassen:
- die vereinbarten Entgelte für die vom Unternehmer ausgeführten Lieferungen und sonstigen Leistungen. Dabei ist ersichtlich zu machen, wie sich die Entgelte auf die steuerpflichtigen Umsätze, getrennt nach Steuersätzen, und auf die steuerfreien Umsätze verteilen. Aus den Aufzeichnungen muss außerdem hervorgehen, welche Umsätze der Unternehmer nach § 9 UStG freiwillig als steuerpflichtig behandelt. Bei der Berechnung der Steuer nach vereinnahmten Entgelten (§ 20 UStG) treten an die Stelle der vereinbarten Entgelte die vereinnahmten Entgelte;
- Die vereinnahmten Entgelte und Teilentgelte für noch nicht ausgeführte Leistungen und sonstige Leistungen. Dabei ist ersichtlich zu machen, wie sich die Entgelte und Teilentgelte auf die steuerpflichtigen Umsätze, getrennt nach Steuersätzen, und auf die steuerfreien Umsätze verteilen;
- die wegen unberechtigten Steuerausweises nach § 14c Abs. 1 und 2 UStG geschuldeten Steuerbeträge;
- die Entgelte für steuerpflichtige Lieferungen und Leistungen, die an den Unternehmer für sein Unternehmen ausgeführt worden sind;
- die Bemessungsgrundlage für die Einfuhr von Gegenständen (§ 11 UStG), die für das Unternehmen des Unternehmers eingeführt worden sind, sowie die dafür entrichtete bzw. zu entrichtende Einfuhrumsatzsteuer;
- die Bemessungsgrundlagen für den innergemeinschaftlichen Erwerb von Gegenständen sowie die hierauf entfallenden Steuerbeträge.

68 Im Rahmen seiner Verpflichtung zum Abzug der **Lohnsteuer** sind dem Arbeitgeber ebenfalls besondere Aufzeichnungspflichten auferlegt. So muss der Arbeitgeber nach § 41 EStG am Ort der Betriebsstätte für jeden Arbeitnehmer und jedes Kalenderjahr ein Lohnkonto führen. Dafür ist keine besondere Form vorgeschrieben, doch müssen sich daraus die in § 41 Abs. 1 EStG aufgezählten Angaben ersehen lassen. Weitere Aufzeichnungen ergeben sich aus § 4 LStDV, so das getrennte Aufzeichnen von Barlohn und Sachbezügen und der

jeweils davon einbehaltenen Lohnsteuer, wobei die Sachbezüge einzeln zu bezeichnen sind. Sachbezüge nach § 8 EStG und Versorgungsbezüge im Sinne des § 19 Abs. 2 EStG sind besonders kenntlich zu machen und ohne Kürzung um die jeweiligen Freibeträge zu erfassen. Arbeitgeber, die ihre Lohnabrechnung maschinell durchführen, können von den vorstehend genannten Aufzeichnungspflichten abweichen, sofern die Möglichkeit der Nachprüfung auf andere Weise sichergestellt werden kann (§ 4 Abs. 3 LStDV). Unternehmen müssen eine **Kapitalertragsteuer** bei der Ausschüttung von Kapitalerträgen einbehalten und an das Finanzamt abführen. Nach § 43 Abs. 1 EStG wird die Einkommensteuer durch Abzug vom Kapitalertrag bei Gewinnanteilen (Dividenden) aus Beteiligungen an Kapitalgesellschaften und Erwerbs- und Wirtschaftsgenossenschaften, ferner bei Einkünften aus der Beteiligung an einem Betrieb als typisch stiller Gesellschafter und außerdem bei bestimmten steuerlich begünstigten Zinserträgen erhoben. Die Aufzeichnungspflichten bestehen hier darin, dass der Steuerschuldner dem Finanzamt eine Anmeldung einzureichen hat.

bb) Sonstige Aufzeichnungspflichten. Ergänzende oder spezielle Aufzeichnungspflichten **69** können sich aus **branchenbezogenen Bilanzierungsvorschriften** oder Formblattverordnungen ergeben, wie sie z. B. für Kreditinstitute (§§ 340a ff. HGB) oder Versicherungsunternehmen gelten. In § 330 HGB wurde eine entsprechende Verordnungsermächtigung für Formblätter und andere Vorschriften geschaffen. Ferner ist auf die speziellen Pflichten der Handelsmakler (§§ 94, 100 HGB), der Makler, Bauträger und Baubetreuer sowie anderer Berufs- und Geschäftszweige hinzuweisen.

e) Organisations- und Berichtspflichten der Geschäftsführer auf Grund aktienrechtlicher 70 Vorschriften. *aa) Früherkennungssystem für bestandsgefährdende Entwicklungen.* Das GmbH-Recht enthält – außer der in § 41 GmbHG geregelten allgemeinen Sorgetragungspflicht der Geschäftsführer für die ordnungsmäßige Buchführung der Gesellschaft[116] – keine expliziten Handlungsanweisungen in Fragen der inneren Organisation des Unternehmens, namentlich des Rechnungswesens. Demgegenüber ist der Vorstand einer AG nicht nur in entsprechender Form zur Führung der erforderlichen Handelsbücher verpflichtet (§ 91 Abs. 1 AktG), sondern diesem ist darüber hinaus auferlegt, „geeignete Maßnahmen zu treffen, insbesondere ein **Überwachungssystem** einzurichten, damit den Fortbestand der Gesellschaft gefährdende Entwicklungen früh erkannt werden" (sog. Früherkennungssystem). Diese Verpflichtung ist durch das KonTraG[117] vom 27.4.1998 in das AktG eingefügt worden. Auch wenn es sich nach der Regierungsbegründung bei dieser Neuregelung lediglich um eine **Verdeutlichung bereits bestehender Vorstandspflichten** aus §§ 76 Abs. 1, 93 Abs. 1 Satz 1 AktG handelt,[118] sollte ihre praktische Bedeutung für die betroffenen Unternehmen nicht unterschätzt werden, da eine Beachtung der nunmehr gesetzlich konkretisierten Organisationspflichten häufig weitergehende Maßnahmen und Vorkehrungen erforderlich macht.[119] Eine entsprechende Gesetzesänderung wurde in das GmbHG zwar nicht aufgenommen. Gleichwohl wird gemeinhin von einer „**Ausstrahlungswirkung**" der aktienrechtlichen Neuregelung auf den Pflichtenrahmen der Leitungsorgane anderer Rechtsformen, namentlich der GmbH, ausgegangen.[120] Dies folgt bereits aus der weitgehenden Identität der Sorgfaltspflichten von Geschäftsführung und Vorstand in § 43 Abs. 1 GmbHG bzw. § 93 Abs. 1 Satz 1 AktG. Der Geschäftsführung einer GmbH wird jedoch im Schrifttum ein höheres Maß an **Flexibilität** in der Umsetzung und Durchführung eingeräumt als dem Vorstand einer AG.

Letztlich bestimmen sich daher die Anforderungen, die an ein Früherkennungs-system als **71** Bestandteil des Risikomanagementsystems im Einzelnen zu stellen sind, weniger nach der Rechtsform, sondern in erster Linie nach der **Größe**, der **Branchenzugehörigkeit** und der

---

[116] → Rn. 27.
[117] BGBl. 1998 I S. 786.
[118] BegrRegE BR-Drucks. 872/97 S. 36.
[119] Zu den Anforderungen, die an ein Risikofrüherkennungssystem zu stellen sind: A/D/S (Ergänzungsband) § 91 n. F. AktG Rn. 6 ff.
[120] A/D/S (Ergänzungsband) § 91 n. F. AktG Rn. 4; vgl. auch BegrRegE BR-Drucks. 872/97 S. 37; Scholz/Schneider § 43 Rn. 96 ff.

Struktur des Unternehmens. Für ein funktionierendes Früherkennungssystem werden – unabhängig vom konkreten Einzelfall – folgende Maßnahmen für erforderlich gehalten:[121]
- Schaffung eines **Risikobewusstseins** auf allen Unternehmensebenen
- Festlegung der Risikofelder und **Identifikation** der bestandsgefährdenden Risiken
- **Risikobewertung** und -analyse (Bestimmung des möglichen Schadensumfangs und der Eintrittswahrscheinlichkeit)
- **Risikokommunikation** (systematische und standardisierte Berichterstattung)
- Schaffung eines **Überwachungssystems** zur Kontrolle der Einhaltung der zur Früherkennung von Risiken geschaffenen Maßnahmen (Einrichtung von integrierten und prozessunabhängigen Kontrollen und einer internen Revision)
- **Systemdokumentation** (z. B. in Form eines „Risikohandbuchs")

72 Eine Verletzung dieser Organisationspflichten hat grundsätzlich die gleichen Folgen wie die Nichtbeachtung der grundlegenden Sorgetragungspflichten für die Buchführung gemäß § 41 GmbHG.[122] Während der Abschlussprüfer einer amtlich notierten AG gemäß § 317 Abs. 4 HGB die Existenz, Zweckentsprechung und Wirksamkeit des Früherkennungssystems zu beurteilen und nach § 321 Abs. 4 HGB über das Ergebnis dieser Prüfung in einem gesonderten Abschnitt des Prüfungsberichts zu berichten hat, besteht eine solche Verpflichtung für den Fall der Prüfung einer GmbH nicht. Es ist jedoch zu beachten, dass die Geschäftsführer im Lagebericht auf „die Risiken der künftigen Entwicklung" ausdrücklich einzugehen haben (§ 289 Abs. 1, 2. Hs. HGB).[123] Die Richtigkeit dieser Darstellung ist Gegenstand von Abschlussprüfung, Berichterstattung und Bestätigungsvermerk (§§ 317 Abs. 2 Satz 2, 321 Abs. 1 Satz 2, 322 Abs. 3 Satz 2 HGB), was die besondere Bedeutung der Risikoberichterstattung der Geschäftsführung unterstreicht. Diese setzt aber in der Regel die Existenz eines zuverlässigen Früherkennungssystems im Sinne des § 91 Abs. 2 AktG voraus.

73 *bb) Berichtspflichten gegenüber dem Aufsichtsrat.* Durch das KonTraG sind die **Berichtspflichten** des Vorstands an den Aufsichtsrat gemäß § 90 Abs. 1 Nr. 1 AktG erweitert worden. Danach hat der Vorstand dem Aufsichtsrat nicht nur über die beabsichtigte **Geschäftspolitik,** sondern auch über andere grundsätzliche Fragen der **Unternehmensplanung** (insbesondere Finanz-, Investitions- und Personalplanung) zu berichten. Der Regierungsbegründung[124] ist zu entnehmen, dass je nach Bedarf, Größe oder Branche weitere Bestandteile der Unternehmensplanung hinzukommen können (wie z. B. Produktions-, Absatz-, Beschaffungsplanung etc.).

74 Bei einer **GmbH** mit mehr als 500 Arbeitnehmern ist nach § 1 Abs. 1 Nr. 3 DrittelbG ein Aufsichtsrat zu bilden (Pflicht-Aufsichtsrat). Außerdem kann gemäß § 52 Abs. 1 GmbHG nach dem Gesellschaftsvertrag ein fakultativer Aufsichtsrat zu bestellen sein. Die in § 52 Abs. 1 GmbHG vorgesehene Verweisung umfasst keinen Verweis auf § 90 AktG. Auch in diesem Fall wird jedoch nach wohl h. M. grundsätzlich eine vergleichbare Informationspflicht der Geschäftsführung einer GmbH gegenüber ihrem Aufsichtsrat aus § 43 GmbHG abgeleitet, wenngleich eine geringere zeitliche und inhaltliche Dichte der Berichterstattung gefordert wird.[125]

3. Inventur und Inventar

75 a) **Aufgabenstellung und Gegenstand.** Das **Inventar,** d. h. das **Bestandsverzeichnis** aller an einem hierfür maßgeblichen Stichtag vorhandenen Vermögensgegenstände (z. B. Grundstücke, Vorräte, Forderungen, liquide Mittel) und Schulden (z. B. Verbindlichkeiten gegenüber Lieferanten und Banken) bildet die **Grundlage der Bilanz,** namentlich für die dort ausgewiesenen Bestände an Roh-, Hilfs- und Betriebsstoffen, unfertigen und fertigen Er-

---

[121] Vgl. A/D/S § 317 Rn. 227; IdW Prüfungsstandard PS 340, S. 3 f. (WPg 1999, 658 ff.).
[122] → Rn. 35.
[123] Ausnahme: Kleine Kapitalgesellschaften (§§ 264 Abs. 1 Satz 3, 267 Abs. 1 HGB).
[124] BegrRegE BT-Drucks. 13/9712 S. 15.
[125] Rowedder/*Koppensteiner* § 52 Rn. 11.

zeugnissen sowie Handelswaren. Jeder Kaufmann – damit auch jede GmbH – hat deshalb nach § 240 HGB
- zum Beginn des Handelsgewerbes (§ 240 Abs. 1 HGB)
- für den Schluss eines jeden Geschäftsjahres (§ 240 Abs. 2 HGB)

ein Inventar aufzustellen. Während dem Kaufmann eine Aufstellung „innerhalb der einem ordnungsmäßigen Geschäftsgang entsprechenden Zeit" auferlegt ist (§§ 240 Abs. 2 Satz 3, 243 Abs. 3 HGB), richtet sich die Aufstellungsfrist für Kapitalgesellschaften nach der – kürzeren – Frist, die für die Aufstellung von Jahresabschluss und Lagebericht gilt (§ 264 Abs. 1 Satz 2 und 3 HGB).[126] Diese **Inventarpflicht** begründet zugleich eine – im Gesetz nicht ausdrücklich geregelte – **Inventurpflicht**, denn ohne eine Inventur (Vorgang der Bestandsaufnahme) kann ein Inventar nicht aufgestellt werden.[127] Die Inventarisierung hat mengen- und wertmäßig zu erfolgen und grundsätzlich **sämtliche** Vermögensgegenstände[128] und Schulden zu umfassen, die dem bilanzierenden Unternehmen zuzurechnen sind.[129] Grundsätzlich ist das zivilrechtliche Eigentum maßgebend; in besonderen Fällen (z. B. Leasing) kommt es auf das wirtschaftliche Eigentum[130] an. Das Inventar muss kein einheitliches Verzeichnis sein, sondern kann sich je nach Erfassungsbereich aus unterschiedlich strukturierten Teilen zusammensetzen. Die Inventur und das aus ihr abgeleitete Inventar haben in erster Linie eine **Dokumentations- und Nachweisfunktion.**[131] Handelt es sich bei der Inventur um eine körperliche Bestandsaufnahme, erlaubt sie die Verifikation von Buchbeständen und ggf. deren Korrektur durch Anpassung an die tatsächlichen Verhältnisse (**Überwachungs- oder Korrekturfunktion**).[132] Hinsichtlich einer Verletzung der Inventur- und Inventarpflicht gelten die zur Verletzung der Buchführungspflicht gemachten Ausführungen entsprechend. Die Inventurunterlagen und das Inventar sind von der Aufbewahrungspflicht des § 257 HGB umfasst.

b) Inventursysteme und -verfahren. aa) Überblick. Das Handelsrecht erlaubt unterschiedliche Gestaltungen von Inventursystemen und -verfahren im Rahmen der gesetzlichen Vorschriften §§ 240, 241 HGB und der Grundsätze ordnungsmäßiger Inventuren.[133] Diese Inventurformen können unterschiedlich systematisiert werden,[134] je nachdem, ob man bei der Bestandsaufnahme abstellt auf

- die **Art und Weise der Durchführung** (körperliche Bestandsaufnahme, Buchinventur)
- den **Aufnahmezeitpunkt** (Stichtagsinventur, ausgeweitete Stichtagsinventur, vor- und nachverlegte Stichtagsinventur, permanente Inventur)
- den **Umfang** (Voll- oder Stichprobeninventur).

Es obliegt den Geschäftsführern der GmbH, sich im Rahmen ihrer Pflichten gemäß §§ 41, 43 Abs. 2 GmbHG für ein geeignetes System oder Verfahren der Inventarisierung unter Beachtung der Grundsätze ordnungsmäßiger Inventuren und der Wirtschaftlichkeit zu entscheiden. Dabei sind Kombinationen der nachfolgend dargestellten Systeme oder Verfahren nicht nur zulässig, sondern z. T. sogar zwangsläufig; für verschiedene Läger oder Bestandsgruppen können folglich jeweils unterschiedliche Inventurformen gewählt werden.

bb) Körperliche Bestandsaufnahme – Buchinventur. Man spricht von einer **körperlichen Bestandsaufnahme,** wenn eine artmäßige Inaugenscheinnahme und eine **mengenmäßige Erfassung**[135] (Zählen, Messen, Wiegen) möglich sind. Eine körperliche Bestandsaufnahme ist

---

[126] Danach beträgt die Aufstellungsfrist grundsätzlich drei Monate; kleine Kapitalgesellschaften müssen das Inventar spätestens innerhalb von sechs Monaten erstellen.
[127] A/D/S § 240 Rn. 2.
[128] Zum Begriff des Vermögensgegenstandes vgl. A/D/S § 246 Rn. 9 ff.
[129] Zur personellen Zuordnung von Vermögensgegenständen und Schulden vgl. BeckBilKomm/*Förschle/Kroner* § 246 Rn. 5 ff.; A/D/S § 246 Rn. 260 ff.
[130] Vgl. Küting/Weber/*Knop* § 240 Rn. 22.
[131] A/D/S § 240 Rn. 3.
[132] Küting/Weber/*Knop* § 240 Rn. 7.
[133] → Rn. 84 ff.
[134] Zur Unterscheidung der Begriffe Inventursystem, Inventurverfahren und Inventurform vgl. Küting/Weber/*Knop* § 240 Rn. 6 mit Verweis auf den „Arbeitskreis Ludewig".
[135] Küting/Weber/*Knop* § 240 Rn. 83 ff.

nur geboten, wenn die Erfüllung der Inventarpflicht nur auf diesem Wege möglich ist (z. B. im Falle des Fehlens einer hinreichend zuverlässigen Anlagenbuchhaltung). Bei der Vorratsinventur ist die körperliche Bestandsaufnahme der Regelfall. Da die physische Aufnahme jedes Vermögensgegenstandes aufwändig ist, bedarf dieses Inventurverfahren in besonderer Weise der organisatorischen Vorbereitung.

79   Die **Buchinventur** bezeichnet einen Bestandsnachweis anhand von **Aufzeichnungen der Buchführung** (Konten, Belege, Listen, Verzeichnisse etc.). Sie ist nur zulässig, wenn die Buchführung und das Interne Kontrollsystem eine zuverlässige Bestandsführung gewährleisten.[136] Üblicherweise wird z. B. der Bestand an Sachanlagen durch eine Anlagenkartei nachgewiesen;[137] Forderungen und Verbindlichkeiten können nur durch Buchinventur festgestellt werden.

80   cc) *Stichtagsinventur.* Erfolgt die Bestandsaufnahme am (oder wenige Tage[138] vor oder nach dem) Abschlussstichtag, bezeichnet man dies als Stichtagsinventur. Wird sie als körperliche Vollinventur vorgenommen, stellt sie je nach Art und Umfang der Aufnahmegegenstände eine in organisatorischer und zeitlicher Hinsicht sehr aufwändige Erfassungsart dar. Alternativ kommen eine **vor- oder nachverlegte Stichtagsinventur** (§ 241 Abs. 3 HGB) oder eine **permanente Inventur** (§ 241 Abs. 2 HGB) in Frage, die jedoch jeweils eine buchmäßige Fortschreibung oder Rückrechnung von Beständen auf den Abschlussstichtag und daher zuverlässige Bestandsfortführungssysteme erfordern. Fehlen derartige Systeme, besteht ein hohes Risiko von unkontrollierten Abgängen (z. B. Schwund), sind die Bestände sehr wertvoll oder traten in der Vergangenheit hohe Mengenabweichungen auf, ist eine körperliche Stichtagsinventur hingegen unerlässlich.[139] Diese Inventurart ist daher nach wie vor weit verbreitet, zumindest in kleinen und mittleren Unternehmen. Der Einsatz leistungsfähiger IT-gestützter Bestandsfortführungssysteme erlaubt indessen auch diesen Gesellschaften zunehmend den Übergang zu Inventurvereinfachungsverfahren (z. B. permanente Inventur, Stichprobeninventur).

81   dd) *Vor- oder nachverlegte Stichtagsinventur.* Diese gebräuchliche aber etwas unglückliche Begriffsbildung bezeichnet den in § 241 Abs. 3 HGB geregelten Fall, in dem die Inventarisierung **nicht** am Abschlussstichtag, sondern an einem Tag erfolgt, der innerhalb der letzten **drei Monate vor** bzw. innerhalb der ersten **zwei Monate nach** dem Abschlussstichtag liegt und daher von diesem zeitlich abweicht. Die Aussagefähigkeit dieses Inventurverfahrens für die Verhältnisse am Abschlussstichtag ist nur gewährleistet, wenn ein den Grundsätzen ordnungsmäßiger Buchführung entsprechendes **Verfahren der Wertfortschreibung oder -rückrechnung**[140] zur Anwendung kommt, welches sicherstellt, dass die auf der Grundlage dieses Verfahrens rechnerisch ermittelten Stichtagsbestände in mengen- und wertmäßiger Hinsicht korrekt sind. Bei besonders wertvollen Vermögensgegenständen (z. B. Beständen eines Juweliers) ist dieses Verfahren ungeeignet und unzulässig.[141]

82   ee) *Permanente Inventur und andere Fortschreibeverfahren.* Die **permanente Inventur** (§ 241 Abs. 2 HGB) erlaubt einen – häufig aus betrieblichen Gründen erwünschten – Verzicht auf eine vollständige stichtagsbezogene körperliche Bestandsaufnahme, indem auf ein Verfahren der Fortschreibung von Beständen zurückgegriffen wird. Sie verbindet – wie die vor- oder nachverlegte Stichtagsinventur – Elemente des buchmäßigen und des körperlichen Verfahrens der Bestandsaufnahme. Sie hat – ohne darauf beschränkt zu sein – ihr hauptsächliches Anwendungsgebiet im Bereich des Vorratsvermögens. Die Grundsätze ordnungsmäßiger Buchführung, die für diese Inventurform entwickelt wurden, sind in erster Linie

---

[136] A/D/S § 240 Rn. 33.
[137] Vgl. hierzu R 31 EStR.
[138] Sog. ausgeweitete Stichtagsinventur; eine zeitliche Abweichung von zehn Tagen vor bzw. nach dem Abschlussstichtag sollte nicht überschritten werden (vgl. IdW HFA 1/1990 C. I. b, WPg 1990, 143 ff.).
[139] A/D/S § 240 Rn. 37.
[140] Da es sich hierbei üblicherweise um ein IT-gestütztes Verfahren handelt, ist auf die Ausführungen in → Rn. 47 ff. zu verweisen.
[141] Vgl. R 30 Abs. 3 EStR.

durch steuerliche Verwaltungsvorschriften geprägt.[142] Neben der Erfüllung bestimmter Anforderungen, die an die Lagerbuchführung zu stellen sind (z. B. Verzeichnis aller Zu- und Abgänge nach Tag, Art und Menge), muss danach gewährleistet sein, dass in jedem Geschäftsjahr nachweislich eine – in Teilschritten über das Jahr beliebig verteilbare („permanente") – körperliche Aufnahme aller Bestände durchgeführt wird. Besondere Anwendungsfälle der Fortschreibungsverfahren nach § 241 Abs. 2 HGB sind die

- **Einlagerungsinventur**[143] bei automatisch gesteuerten Lagersystemen (z. B. computergestützte und robotorisierte geschlossene Hochregallager)
- **Systemgestützte Werkstattinventur**[144] im Zusammenhang mit computergestützten PPS-Systemen. Hierbei handelt es sich um Verfahren, die eine spezifische IT-Umgebung und -Organisation voraussetzen, welche es erlauben, auf den körperlichen Zugriff am Aufnahmetag zu verzichten, der von den tatsächlichen Gegebenheiten her entweder praktisch ausgeschlossen oder wirtschaftlich bzw. organisatorisch nicht sinnvoll zu handhaben ist.

ff) Stichprobeninventur. Neben den geschilderten Inventurvereinfachungsverfahren (permanente Inventur, vor- oder nachverlegte Stichtagsinventur) steht dem Bilanzierenden gemäß § 241 Abs. 1 HGB die Möglichkeit offen, den Bestand zum Stichtag nicht im Wege der Vollinventur, sondern mit Hilfe anerkannter **mathematisch-statistischer Methoden** auf Grund von Stichproben zu ermitteln. Dieses Verfahren muss den Grundsätzen ordnungsmäßiger Buchführung entsprechen und einen Aussagewert gewährleisten, der einer körperlichen Vollinventur **aussageäquivalent**[145] ist. Wie für die übrigen Inventurvereinfachungsverfahren ist auch für die Stichprobeninventur das Vorhandensein einer bestandszuverlässigen Lagerbuchführung[146] erforderlich. Der Gesamtinventurwert ist ein rechnerischer Wert, der unter Anwendung gängiger Schätz- oder Testverfahren[147] (z. B. Zufallsstichprobenverfahren) ermittelt wird. Die Stichprobeninventur erlaubt erhebliche Einsparungen bei den Kosten für die körperliche Bestandsaufnahme von größeren Beständen.

c) *Inventurgrundsätze.* § 240 HGB nimmt nicht ausdrücklich auf „Grundsätze ordnungsmäßiger Inventur" Bezug. Ungeachtet dessen haben sich im Fachschrifttum des Bilanzrechts und der Betriebswirtschaftslehre unter Berücksichtigung von Aufgabenstellung und Gegenstand der Inventur spezifische Anforderungen an eine ordnungsmäßige Inventur herausgebildet.[148] Als maßgebliche Quelle ist die Stellungnahme HFA 1/1990[149] des Hauptfachausschusses des IdW anzusehen, die nachfolgende Grundsätze nennt:

- Vollständigkeit
- Richtigkeit
- Einzelerfassung
- Nachprüfbarkeit

Der Grundsatz der **Vollständigkeit** besagt, dass die Inventur sämtliche Vermögensgegenstände und Schulden zum Gegenstand haben muss und Doppelerfassungen derselben Sachverhalte zu vermeiden sind, die durch mangelhafte Handhabung der Inventuraufzeichnungen oder durch sprunghaftes Vorgehen (sog. „Sprunginventur") anstelle einer Aufnahme in der Reihenfolge der Lagerorte entstehen.[150] Erforderlich ist nicht allein die Erfassung sämtlicher bestehender Schulden, sondern auch aller ungewissen oder drohenden Inanspruchnahmen bzw. Risiken (sog. Risikoinventur). Der letztgenannte Aspekt hat auf Grund der durch § 91 Abs. 2 AktG klargestellten Pflicht der Leitungsorgane, ein Überwachungssystem zur Früherkennung bestandsgefährdender Risiken einzurichten, eine Betonung und Auswei-

---

[142] R 30 EStR.
[143] BeckBilKomm/*Winkeljohann/Philipps* § 241 Rn. 34 ff.
[144] BeckBilKomm/*Winkeljohann/Philipps* § 241 Rn. 37 ff.; IdW HFA 1/1990 D. III.
[145] Hierzu eingehend: Küting/Weber/*Weiss/Heiden* § 241 Rn. 69.
[146] Vgl. A/D/S § 241 Rn. 12 m. w. N.
[147] Hierzu: Küting/Weber/*Weiss/Heiden* § 241 Rn. 70 ff.
[148] A/D/S § 240 Rn. 18 ff.; Küting/Weber/*Knop* § 240 Rn. 12 ff.
[149] WPg 1990, 143, 144 f.
[150] A/D/S § 240 Rn. 20; Küting/Weber/*Knop* § 240 Rn. 24.

tung erfahren.[151] Die **Richtigkeit** der Inventur ist nur gewährleistet, wenn die Aufnahmegegenstände eindeutig identifiziert und hinsichtlich Menge und Wert exakt erfasst werden.[152] Fehlermöglichkeiten und ggf. unvermeidbare Schätzungsungenauigkeiten müssen sich in vertretbaren Grenzen halten. Korrespondierend zum bilanziellen Grundsatz der Einzelbewertung (§ 252 Abs. 1 Nr. 3 HGB)[153] erfordert eine ordnungsmäßige Inventur die **Einzelerfassung** der Bestände. Ausnahmen von diesem Grundsatz sind in § 240 Abs. 3 und 4 HGB zugelassen (Festbewertung, Gruppenbewertung).[154] Die **Nachprüfbarkeit** sichert die Dokumentations- und Nachweisfunktion der Inventur. Die schriftlichen Anweisungen für das Aufnahmepersonal sollten genaue Richtlinien für die Vornahme der Aufzeichnungen enthalten, um die Belegfunktion des Bestandsverzeichnisses und die Einhaltung der allgemeinen Inventurgrundsätze zu gewährleisten. Die Inventurrichtlinie oder -anweisung sollte auch die zeitliche, räumliche und personelle **Planung** des Aufnahmeverfahrens umfassen, die unverzichtbare Voraussetzung einer zuverlässigen Inventarisierung ist.[155]

86 Im Rahmen ihrer Organisations- und Sorgetragungspflicht (§§ 41, 43 Abs. 2 GmbHG) haben die Geschäftsführer geeignete **Maßnahmen zur Inventurvorbereitung und -durchführung** zu treffen. Hierzu gehört angesichts der Bedeutung des Inventars für die externe Rechnungslegung der GmbH insbesondere die Wahrnehmung ihrer **Überwachungs- und Kontrollaufgabe**.[156] Nach den für Abschlussprüfer geltenden Berufsgrundsätzen haben diese die Vorratsinventur persönlich zu beobachten und sich von der ordnungsmäßigen Durchführung der Bestandsaufnahme zu überzeugen, falls die Bestände dieses Bereichs für das Prüfungsurteil wesentlich sind.[157] Ist danach eine körperliche Bestandsaufnahme zu verwerfen oder genügt eine IT-gestützte Bestandsführung nicht den Anforderungen, die z. B. nach § 241 HGB an die dort geregelten Inventurverfahren zu stellen sind, kann nach Lage des Falles die Einschränkung oder Versagung des Bestätigungsvermerks in Betracht kommen.[158]

87 **d) Ausnahmen vom Grundsatz der Einzelerfassung und -bewertung.** *aa) Einführung.* Das HGB lässt Ausnahmetatbestände zu, in denen zum Zwecke der Vereinfachung der Bestandsaufnahme und Bewertung von bestimmten Vermögensgegenständen des Sachanlagevermögens sowie von Roh-, Hilfs- und Betriebsstoffen auf eine Einzelerfassung und -bewertung in Abkehr von § 240 Abs. 2 HGB (jährliche Bestandsaufnahme) und § 252 Abs. 1 Nr. 3 HGB (Grundsatz der Einzelbewertung) verzichtet werden kann. Es handelt sich dabei um das

- Festwertverfahren (§ 240 Abs. 3 HGB)
- Verfahren der Gruppenbewertung (§ 240 Abs. 4 HGB).

88 Diese gesetzlich unter bestimmten Voraussetzungen gewährten Inventurvereinfachungen kommen – ebenso wie die Verfahren nach § 241 HGB – den Interessen des Bilanzierenden entgegen, die Bestandsaufnahme organisatorisch und wirtschaftlich vertretbar zu gestalten.

89 *bb) Festwertverfahren.* Die in § 240 Abs. 3 HGB eröffnete Möglichkeit, auf die jährliche Aufnahme von Beständen (§ 240 Abs. 2 HGB) zu verzichten und diese lediglich in mehrjährigen Abständen (in der Regel alle drei Jahre) durchzuführen, ist an folgende Voraussetzungen geknüpft:

- Anwendungsbeschränkung auf Gegenstände des Sachanlagevermögens sowie Roh-, Hilfs- und Betriebsstoffe
- regelmäßiger Ersatz der betreffenden Vermögensgegenstände
- nachrangige Bedeutung des Gesamtwertes
- weitgehende Kontinuität und Homogenität des Bestandes (geringe Veränderungen in Bezug auf Größe, Wert oder Zusammensetzung).

---

[151] → Rn. 70 ff.
[152] BeckBilKomm/*Winkeljohann/Philipps* § 240 Rn. 23.
[153] → Rn. 204.
[154] Im folgenden → Rn. 89 ff.
[155] Zur Inventurplanung vgl. Küting/Weber/*Knop* § 240 Rn. 32 ff.; BeckBilKomm/*Winkeljohann/Philipps* § 240 Rn. 35 ff.
[156] Vgl. Scholz/*Schneider* § 43 Rn. 114.
[157] Vgl. IdW PS 300 Tz. 39; WPg 2001, 898 ff.; nunmehr detailliert in IdW PS 301 Tz. 18 ff.
[158] Vgl. IdW PS 400 Tz. 54, 65, WPg 1999, 641 ff.

Bei Vorliegen dieser Voraussetzungen darf für die betreffende Bestandsgruppe ein **Fest-** 90
wert gebildet werden, der keiner jährlichen mengen- und wertmäßigen Kontrolle unterliegt und nur dann angepasst wird, wenn sich bei einer der späteren regelmäßigen Bestandsaufnahmen eine Mehr- oder Mindermenge[159] ergibt. Praktische Anwendungsfälle für dieses Verfahren sind z. B. die Erfassung von Verbrauchs- und Reparaturmaterial.

cc) Gruppenbewertung. Eine gruppenweise Zusammenfassung von bestimmten beweg- 91
lichen Vermögensgegenständen und von Schulden erlaubt sowohl einen Verzicht auf die gesonderte Erfassung von einzelnen Posten nach Art und Menge als auch auf deren individuelle Bewertung. Vielmehr kann bei den zu einer Gruppe zusammengefassten Posten ein Wertansatz zum „gewogenen Durchschnitt"[160] erfolgen. Die Zulässigkeit der Gruppenbewertung hängt von folgenden Voraussetzungen ab:
- Gleichartigkeit bei Vermögensgegenständen des Vorratsvermögens
- Gleichartigkeit oder annähernde Gleichwertigkeit bei anderen beweglichen Vermögensgegenständen und Schulden.

Die Gleichartigkeit wird dabei als Gattungs- oder Funktionsgleichheit verstanden.[161] We- 92
sentliche Qualitätsunterschiede sollten nicht bestehen. Die annähernde Gleichwertigkeit, die z. T. auch als ungeschriebenes Merkmal der Gleichartigkeit verstanden wird,[162] besagt, dass die Preise der gruppenweise zusammengefassten Gegenstände nicht wesentlich voneinander abweichen dürfen.[163] Anwendungsbereiche sind – neben der im Gesetz genannten Vorratsbewertung – Massenbestände des Sachanlagevermögens, Wertpapiere des Umlaufvermögens sowie Urlaubs- und Garantierückstellungen.

e) Deregulierung durch § 241a HGB. In der Diskussion um die Reform der Rechnungsle- 93
gungsvorschriften im HGB durch das BilMoG war eine Befreiung von Pflicht zur Buchführung und Erstellung eines Inventars vorgesehen. Der Regierungsentwurf beschränkt den Anwendungsbereich der Befreiungsvorschrift aber auf Einzelkaufleute, so dass für GmbHs keine Befreiung von den Rechnungslegungsvorschriften des HGB gilt.

f) Deregulierung durch das MicroBilG. Das MicroBilG wurde durch Zustimmung des 93a
Bundestags am 29.11.2012 und des Bundesrats am 14.12.2012 verabschiedet. Es setzt die von der EU im April 2012 verabschiedete „Micro-Richtlinie" (2012/6/EU) in nationales Recht um. Das MicroBilG hat folgende wesentliche Regelungsbereiche:
- Ein Anhang muss nicht mehr erstellt werden, wenn bestimmte Angaben unter der Bilanz ausgewiesen sind (unter anderem zu Haftungsverhältnissen).
- vereinfachte Gliederungsschemata, um im Jahresabschluss die Darstellungstiefe zu verringern.
- Offenzulegende Jahresabschlüsse lassen sich beim elektronischen Bundesanzeiger hinterlegen anstatt sie zu veröffentlichen.

Das MicroBilG ist gültig für Kleinstkapitalgesellschaften (§ 267a HGB), deren Abschluss-Stichtag nach dem 30. Dezember 2012 liegt. Außerdem darf die Kleinstkapitalgesellschaft an zwei aufeinander folgenden Abschluss-Stichtagen nur einen der folgenden Schwellenwerte überschreiten:
- Bilanzsumme bis 350.000 EUR
- Umsatzerlöse bis 700.000 EUR
- Durchschnittliche Zahl beschäftigter Arbeitnehmer bis 10

---

[159] Bei Minderungen wird stets von einer Anpassungspflicht ausgegangen, bei Mehrungen wird in Anlehnung an R 31 Abs. 4 EStR eine Abweichung von bis zu 10 % geduldet (vgl. hierzu: BeckBilKomm/*Winkeljohann/Philipps* § 240 Rn. 104 ff.).
[160] Zum Durchschnittswert vgl. BeckBilKomm/*Winkeljohann/Philipps* § 240 Rn. 138 f. (mit Rechenbeispielen).
[161] Vgl. Küting/Weber/*Knop* § 240 Rn. 76.
[162] So A/D/S § 240 Rn. 121; anders die h. M.
[163] BeckBilKomm/*Winkeljohann/Philipps* § 240 Rn. 137 f.

III. Jahresabschluss und Lagebericht

1. Einführung

94 **a) Überblick.** Gegenstand dieses Kapitels sind der Jahresabschluss und der Lagebericht der GmbH sowie die an diese Bestandteile der externen Rechnungslegung geknüpften handelsrechtlichen Verpflichtungen. Behandelt wird der **Einzelabschluss,** der grundsätzlich auch für die steuerliche Gewinnermittlung maßgeblich ist.[164] Auf eine gesonderte Darstellung der Grundsätze der Konzernrechnungslegung wurde verzichtet.

95 **b) Internationalisierung der Rechnungslegung.** Das im Wesentlichen im III. Buch des HGB geregelte deutsche Bilanzrecht beruht inhaltlich und konzeptionell auf einer Transformation von Europäischem Gemeinschaftsrecht, das in Form von Richtlinien des Rats der EU mit dem Ziel geschaffen wurde, eine Harmonisierung der Rechnungslegung in den Mitgliedstaaten zu erreichen. Die Regelungen der insoweit in erster Linie maßgeblichen 4., 7. und 8. EG-Richtlinien haben vornehmlich auf dem Wege des Bilanzrichtlinien-Gesetzes (BiRiLiG)[165] Eingang in deutsches Recht gefunden, das am 1.1.1986 in Kraft trat. Die Harmonisierungsbestrebungen der EU haben zwar in vielen Bereichen zu einer Angleichung der in den Mitgliedstaaten geltenden Rechnungslegungsvorschriften geführt. Da die genannten EU-Richtlinien es jedoch den Mitgliedstaaten erlauben, im Rahmen ihrer Transformationsgesetzgebung entweder im Sinne angloamerikanischen Informationsorientierung oder kontinentaleuropäischen Gläubigerschutzinteresses eigene Akzente zu setzen, sind zumindest auf Ebene des Jahresabschlusses (Einzelabschlusses) nach wie vor nationale Unterschiede festzustellen.

96 Die Rechnungslegung in Deutschland hat in der Folgezeit eine Reihe von gesetzlichen Änderungen erfahren.[166] Die bedeutendste Modifikation wurde hingegen durch das Inkrafttreten der IAS-Verordnung von 2002 bewirkt, deren Übernahme in deutsches Recht durch das Bilanzrechtsreformgesetz (BilReG) vom 4.12.2004 ausgestaltet wurde. Als Folge dieser EU-rechtlichen Normsetzung stehen sich – zumindest im Bereich der Konzernrechnungslegung – derzeit in Deutschland zwei divergierende Rechnungslegungsnormensysteme mit jeweils unterschiedlichen Anwendungsbereichen gegenüber. Denn nach der durch die IAS-Verordnung geschaffenen Rechtslage, die seit dem 1.1.2005 gilt, müssen deutsche konzernrechnungslegungspflichtige **kapitalmarktorientierte** Unternehmen, also solche, die durch von ihnen ausgegebene Wertpapiere im Sinn des § 2 Abs. 1 Satz 1 des WpHG einen organisierten Markt im Sinn des § 2 Abs. 5 WpHG in Anspruch nehmen oder die Zulassung solcher Wertpapiere zum Handel an einem organisierten Markt beantragt haben (§ 264d HGB),[167] ihren Konzernabschluss nach den vom IASB[168] verabschiedeten Standards der Internationalen Rechnungslegung (IFRS) erstellen, soweit diese zuvor von der EU-Kommission in einem förmlichen Anerkennungsverfahren in Kraft gesetzt worden sind (Endorsement). Darüber hinaus gelten für diese Abschlüsse bestimmte zusätzliche Anforderungen, die sich nach den Vorschriften des HGB bestimmen (§ 315a Abs. 1 HGB). Zwar steht es auch **kapitalmarktunabhängigen** deutschen konzernrechnungslegungspflichtigen Unternehmen frei, ihre Konzernabschlüsse nach IFRS aufzustellen (§ 315a Abs. 3 HGB). Andern-

---

[164] → Rn. 109 ff.
[165] BGBl. I 1985, 2355.
[166] In erster Linie zu nennen sind: das Kapitalaufnahmeerleichterungsgesetz (KapAEG) und das Gesetz zur Kontrolle und Transparenz im Unternehmensbereich (KonTraG) von 1998, das Kapitalgesellschaften- und – Co-Richtlinien-Gesetz (KapCoRiLiG) von 2000, das Transparenz- und Publizitätsgesetz (TransPuG) von 2002, das Bilanzrechtsreformgesetz (BilReG) von 2004, das Bilanzkontrollgesetz von 2004, das Bilanzrechtsmodernisierungsgesetz (BilMoG) von 2009 sowie zuletzt das Kleinstkapitalgesellschaften-Bilanzrechtsänderungsgesetz (MicroBilG) von 2012.
[167] Betroffen von dieser EU-Verordnung sind in Deutschland derzeit ca. 700 bis 800 Unternehmen, vgl. *Küting/Wassong,* DStR 2013, 984 unter Berufung auf aktuelle Veröffentlichungen der DPR.
[168] International Accounting Standards Board.

falls[169] bestimmen sich für diese Unternehmen die Anforderungen an die von ihnen zu erstellenden Jahres- und Konzernabschlüsse unverändert nach den Vorschriften des HGB (§§ 238–342e HGB) und ergänzenden rechtsformspezifischen Sonderregelungen in Spezialgesetzen (z. B. §§ 29, 42, 42a und 71 GmbHG, §§ 58, 91, 150, 152, 158, 160, 170 bis 176 AktG), die wesentlich durch die kontinentaleuropäische Bilanzierungstradition geprägt sind.

Aufgrund der zunehmenden Bedeutung der IFRS auf internationaler Ebene stellt sich allerdings für deutsche mittelständische Unternehmen, die nicht vom Kapitalmarkt abhängig sind und daher nicht zu den Pflichtanwendern der IFRS zählen, die Frage, ob sie ihre Konzernabschlüsse freiwillig nach diesen Regeln erstellen sollen. Hierzu sollte insbesondere der im Juli 2009 vom IASB veröffentlichte Standard „IFRS für KMU" den Weg bereiten. Hierbei handelt es sich um ein eigenständiges Regelwerk für kleinere und mittlere Unternehmen, das wesentliche Erleichterungen gegenüber den vollständigen IFRS-Anforderungen enthält. Dieser Standard, der mittlerweile in zahlreichen Staaten Geltung erlangt hat, kann von deutschen Unternehmen allerdings nur freiwillig und ohne befreiende Wirkung von den gesetzlichen Rechnungslegungspflichten angewendet werden. Seine praktische Bedeutung in Deutschland ist gering. Zwar werden verschiedentlich die Nutzenpotenziale einer frühzeitigen Anwendung der IFRS in mittelständischen Unternehmen herausgestellt (z. B. größere Nähe von IFRS zu relevanten unternehmensinternen Steuerungskennzahlen sowie mögliche Erleichterungen bei der Inanspruchnahme alternativer Finanzierungsformen, der Erfüllung der Transparenzanforderungen nach „Basel III"[170] und der Durchführung grenzüberschreitender Transaktionen). 97

Derzeit stehen einer verbreiteten (freiwilligen) Anwendung der IFRS auf Einzel- oder Konzernabschlüsse jedoch die gleichen Erwägungen entgegen, die den deutschen Gesetzgeber bisher davon abgehalten haben, diese Vorschriften – in Ausübung eines Mitgliedstaatenwahlrechts – auch für den **Einzelabschluss** generell vorzuschreiben oder deren Anwendung zumindest für die Jahresabschlüsse solcher Unternehmen mit befreiender Wirkung bezüglich der bestehenden HGB-Rechnungslegungspflichten wahlweise zuzulassen, die ihren Konzernabschluss nicht ohnehin bereits pflichtgemäß nach IFRS aufzustellen haben.[171] Hürden für einen kurzfristigen Übergang auf die internationale Rechnungslegung in Bezug auf den Einzelabschluss stellen das trotz zunehmender Durchbrechungen und eine 2009 erfolgte grundlegende gesetzliche Neuordnung[172] zumindest im Grundsatz nach wie vor geltende steuerliche **Maßgeblichkeitsprinzip**[173] und die in Deutschland zumindest im Bereich kleiner und mittelgroßer Unternehmen im Anschluss hieran häufig angestrebte sog. „Einheitsbilanz"[174] dar. Bei letzterer handelt es sich um ein Zahlenwerk, das – soweit von Gesetzes wegen möglich – zugleich bilanzsteuerrechtlichen und handelsbilanziellen Erfordernissen Rechnung tragen soll. Die generelle Einführung von IFRS für alle Kaufleute würde daher wohl einen gänzlichen Abschied[175] von dieser gewohnten Rechnungslegungspraxis bedeuten, da eine Besteuerung auf Basis einer IFRS-Rechnungslegung zwar seit längerem diskutiert wird, aus derzeitiger Sicht aber noch keine greifbare Perspektive darstellt. Das Verhält- 98

---

[169] Nach *Küting/Lam*, GmbHR 2012, 1041 ff. machten von der freiwilligen Aufstellung eines IFRS-Konzernabschlusses in den Jahren 2009 und 2010 nur knapp 6 % der kapitalmarktunabhängigen Mutterunternehmen Gebrauch.

[170] Regelwerk des Baseler Ausschusses für die Bankenaufsicht, das am 16.12.2010 veröffentlicht und in der Folge ergänzt und überarbeitet wurde. Die endgültigen Regel zur „Liquidity Coverage Ratio" wurden im Januar 2013 veröffentlicht.

[171] Für deutsche Unternehmen, die ihren Konzernabschluss bereits pflichtgemäß oder freiwillig nach IFRS aufstellen, wäre die wahlweise Anwendung der IFRS auf die Einzelabschlüsse der Konzerngesellschaften eine wesentliche Erleichterung, da diese bisher drei Rechenwerke (IFRS-Konzernabschluss, HGB-Einzelabschlüsse und Steuerbilanzen) erstellen müssen.

[172] Vgl. hierzu → Rn. 100.

[173] → Rn. 109.

[174] → Rn. 111.

[175] Die Maßgeblichkeit wird bereits seit längerem totgesagt. Bereits 2001 ging *Böcking* (WPg 2001, 1433, 1436) davon aus, dass das Maßgeblichkeitsprinzip „faktisch aufgehoben" sei; ähnlich: *Buchholz/Weis* („Maßgeblichkeit ade?") DStR 2002, 512 ff., 559 ff. Für eine Eigenständigkeit des Steuerbilanzrechts sprechen zudem dessen fiskalische Funktion und die Besteuerung nach der individuellen Leistungsfähigkeit des Steuerpflichtigen.

nis von Handels- und Steuerbilanz müsste also grundlegend neu gestaltet werden, möglicherweise in Form eines eigenständigen Steuerbilanzrechts, was – zumindest aus Sicht der Finanzverwaltung – zwar eine denkbare Alternative wäre,[176] die aber bisher ebenfalls über grundsätzliche Überlegungen nicht hinausgekommen ist.

Ein Übergang zu IFRS hätte zudem die weitgehende Preisgabe des institutionellen **Gläubigerschutzes** zur Folge, der für die geltende deutsche Rechnungslegung schlechthin prägend ist. Die Regelwerke der internationalen Rechnungslegung sind demgegenüber darauf angelegt, unter Inkaufnahme von teilweise erheblichen Schätzunsicherheiten und Marktvolatilitäten bei der Aufstellung von Abschlüssen im Informationsinteresse potenzieller Eigen- und Fremdkapitalgeber sowohl günstige als auch ungünstige Unternehmensentwicklungen gleichermaßen frühzeitig abzubilden,[177] also z. B. in vielen Fällen auch solche Gewinne auszuweisen, die noch nicht am Markt realisiert sind. Würden Ausschüttungs- und Besteuerungspotenziale daher statt auf Basis vorsichtig bewerteter HGB-Ansätze auf der Grundlage von IFRS-Abschlüssen bemessen, birgt dies die Gefahr der Ausschüttung bzw. Besteuerung von „Scheingewinnen", der allerdings durch die begleitende Einführung spezifischer Sicherungsinstrumente (z. B. Solvabilitätstests) und abweichender steuerlicher Gewinnermittlungsvorschriften (s. o.) entgegengewirkt werden könnte.[178]

99 Ein gewichtiger praktischer Grund für die fehlende Attraktivität der IFRS aus Sicht der mittelständischen Wirtschaft ist ferner ihre **Komplexität** und **Regelungsdichte** und die daraus resultierenden **Kosten**. An dieser Einschätzung hat auch die Schaffung von besonderen internationalen Rechnungslegungsregeln für kleine und mittlere Unternehmen in Gestalt der „IFRS für KMU"[179] zumindest für den deutschen Anwendungsbereich im Ergebnis bisher wenig geändert. Der möglicherweise durch eine Anwendung dieses Regelwerks erzielte Informationsnutzen kann sich nämlich zum einen gerade für kleine und mittelgroße Unternehmen in sein Gegenteil verkehren, da er die Gefahr mit sich bringt, dass aufgrund des hohen Detaillierungsgrades in wesentlich größerem Umfang als bisher im Rahmen der HGB-Rechnungslegung **wettbewerbsrelevante Daten preisgegeben** werden müssen.[180] Zum anderen sind zwar nach diesem Regelwerk z. B. deutlich weniger Anhangangaben als nach den „Full-IFRS" erforderlich, was in der Tat als eine wesentliche Erleichterung anzusehen ist. Auch wurden einige Ansatz- und Bewertungsvorschriften deutlich vereinfacht. Ferner sollen die IFRS für KMU lediglich einem 3-Jahres-Turnus Änderungen unterliegen, wohingegen die „Full-IFRS" bisher erfahrungsgemäß laufend fortentwickelt werden, was häufige Anpassungen und entsprechende interne Vorkehrungen der Unternehmen erforderlich macht. Gleichwohl ändern aber auch diese größenabhängigen Erleichterungen nichts daran, dass es sich auch bei diesen IFRS um ein von gewohnten Grundsätzen des HGB nach wie vor prinzipiell abweichendes Regelwerk mit einem höheren Komplexitätsgrad handelt. Es hat bisher in Deutschland außerdem schon allein deshalb keine Bedeutung erlangt, weil seine Anwendung keine befreiende Wirkung hinsichtlich bestehender HGB-Rechnungslegungspflichten hat. Trotz der zunehmenden Bedeutung internationaler Rechnungslegungsgrundsätze werden die Rechnungslegungsvorschriften des HGB daher einstweilen für steuer- und gesellschaftsrechtliche Fragestellungen maßgeblich bleiben, wozu wesentlich auch die mittlerweile vom Gesetzgeber vollzogene Bilanzrechtsmodernisierung beigetragen hat, die nicht zuletzt mit dem erklärten Ziel erfolgte, eine maßvolle Annäherung an die IFRS[181] zu vollziehen und deutschen Unternehmen auf diesem Wege eine zukunftsfähige Alternative zu den „IFRS für KMU" zu eröffnen.

100 Das im Mai 2009 verkündete und mit seinen wesentlichen Vorschriften zum 1.1.2010 in Kraft getretene Bilanzrechtsmodernisierungsgesetz (**BilMoG**)[182] stellt nämlich die umfas-

---

[176] Vgl. insoweit insbesondere die Ausführungen auf S. 72 der Begr. RegE BilMoG (= BT-Drucks. 16/10067, S. 34).
[177] Zur Aussagekraft von Abschlüssen nach IAS kritisch: *Engel-Ciric* DStR 2002, 780 ff.
[178] Zu den möglichen Handlungsoptionen des Gesetzgebers vgl. *Lanfermann/Richard* DB 2008, 1925 ff.
[179] IFRS for SME (Small and Medium-sized Entities).
[180] Vgl. Begr. RegE BilMoG S. 70 (s. Fn. 179).
[181] Vgl. Begr. RegE S. 71.
[182] Gesetz zur Modernisierung des Bilanzrechts v. 25.5.2009, BGBl. I 2009, 1102 ff., BStBl. I 2009, 650.

sendste Reform des deutschen Bilanzrechts seit dem BiRiLiG dar. Der Gesetzgeber sah sich nämlich veranlasst, einer seit längerem geäußerten Kritik an diversen Einzelaspekten der geltenden HGB-Rechnungslegung durch eine Modernisierung des deutschen Bilanzrechts Rechnung zu tragen und dieses hiermit zugleich auch international „wettbewerbsfähig" zu gestalten.

Das Modernisierungsvorhaben führte im Vergleich zum bisherigen Recht zu einer deutlichen Akzentverschiebung hinsichtlich der Rechnungslegungszwecke: Die Informationsfunktion der Handelsbilanz erhielt – insoweit tendenziell dem internationalen Vorbild folgend – ein deutlich größeres Gewicht, das Realisationsprinzip – ein wesentlicher Ausdruck des für die HGB-Rechnungslegung bestimmenden Gläubigerschutzgedankens[183] – wurde modifiziert.[184] Die Funktion des handelsrechtlichen Jahresabschlusses als Grundlage der Bemessung von Gewinnausschüttungen (Ausschüttungsbemessungsfunktion)[185] wurde gewahrt. Ziel war ein Kompromiss zwischen einer Verbesserung des Informationsgehalts des Jahresabschlusses bei gleichzeitiger Wahrung des institutionellen Gläubigerschutzes. Zwar wurde – unter Inkaufnahme von Bewertungsunsicherheiten – das bisher geltende Ansatzverbot für selbst geschaffene immaterielle Vermögensgegenstände (§ 248 Abs. 2 HGB) aufgehoben und durch ein Ansatzwahlrecht ersetzt. Der bei Ausübung dieses Wahlrechts entstehende positive Ergebniseffekt unterliegt jedoch (nach Abzug der auf diesem lastenden latenten Steuern) nunmehr einer gesetzlichen Ausschüttungssperre. Das Anschaffungskostenprinzip[186] und damit das bisher ausnahmslos geltende Verbot des Ausweises nicht realisierter Gewinne[187] wird nur fallweise außer Kraft gesetzt. Anderseits führte das Gesetz zum wünschenswerten Wegfall bisher bestehender und ohnehin wenig genutzter handelsrechtlicher Ansatz-, Ausweis- und Bewertungswahlrechte sowie des steuerrechtlichen Grundsatzes der formellen („umgekehrten") Maßgeblichkeit,[188] der zuvor in § 5 Abs. 1 Satz 2 EStG a. F. geregelt war. Im Grundsatz besteht auch die materielle Maßgeblichkeit[189] der Handelsbilanz für die Steuerbilanz (§ 5 Abs. 1 Satz 1 EStG) fort, die allerdings über den bereits bestehenden Umfang weiter deutlich relativiert wird.[190]

c) Konzeption des deutschen Bilanzrechts. Der für das III. Buch des HGB gewählte Gesetzesaufbau folgt dem Prinzip vom Grundsätzlichen oder Allgemeinen zum Speziellen. Der erste Abschnitt (§§ 238 bis 263 HGB) regelt die Rechnungslegung der Kaufleute und Personenhandelsgesellschaften; der zweite Abschnitt umfasst in den §§ 264 bis 289 HGB die Rechnungslegung der Kapitalgesellschaft (und bestimmter Formen der „haftungsbeschränkten Personenhandelsgesellschaft" wie z.B. der GmbH & Co. KG) sowie in den §§ 290 bis 315 HGB die Konzernrechnungslegung. Die §§ 238 bis 263 HGB können dabei als „Allgemeiner Teil" des Bilanzrechts angesehen werden, der grundsätzlich für alle Bilanzierenden gilt, wohingegen in den folgenden §§ 264 bis 289 HGB spezielle Vorschriften für Kapitalgesellschaften und vergleichbare Rechtsformen in Form von leges specialis geregelt sind. Einem zeitlichen Aufbauprinzip folgend schließen sich sodann Abschnitte zur Prüfung (§§ 316 bis 324a HGB) und Offenlegung (§§ 325 bis 329 HGB) an. Abgeschlossen wird das Dritte Buch durch Sanktionsvorschriften (§§ 330 bis 335b HGB) und Spezialregelungen für eingetragene Genossenschaften (§§ 336 bis 339 HGB) sowie für Kredit- und Finanzdienstleistungsinstitute (§§ 340 bis 340o HGB) sowie für Versicherungsunternehmen §§ 341 bis 341p HGB). Schließlich sieht das HGB die Schaffung eines privaten Rechnungslegungsgremiums (§ 342 HGB realisiert in Form des „Deutsches Rechnungslegungs Standards Committee", DRSC) und einer „Prüfstelle für Rechnungslegung (§ 342b HGB, realisiert als „Deutsche Prüfstelle für Rechnungslegung", DPR) vor.

---

[183] → Rn. 121.
[184] Vgl. Begr. RegE S. 72.
[185] Vgl. hierzu → Rn. 118.
[186] Vgl. hierzu → Rn. 179.
[187] Realisationsprinzip, vgl. hierzu → Rn. 144.
[188] Vgl. hierzu → Rn. 111.
[189] Vgl. hierzu → Rn. 109 f.
[190] Vgl. hierzu → Rn. 113.

103 Die Bilanzierung im **Einzelabschluss der GmbH** ist durch drei Regelungskomplexe mit zunehmender Spezialisierung bestimmt:
- die allgemeinen Vorschriften der §§ 238 bis 261[191] HGB,
- die speziellen Regelungen der §§ 264 bis 289 HGB und
- die ergänzenden Sondervorschriften in §§ 29, 42, 42a und 71 GmbHG.

Bei der Rechtsanwendung ist zweckmäßigerweise zunächst von den umfangreichen Spezialvorschriften der §§ 264 ff. HGB auszugehen. Auf die allgemeinen Normen der §§ 238 bis 261 HGB ist nur zurückzugreifen, soweit die – regelmäßig strengeren – Vorschriften für Kapitalgesellschaften keine spezielleren Regelungen enthalten.

Mit Inkrafttreten des KapCoRiLiG[192] unterliegen auch GmbH & Co. KG und andere Personenhandelsgesellschaften mit vergleichbaren Haftungsbeschränkungen auf Gesellschafterebene (§ 264a Abs. 1 HGB) im Rahmen dieser Systematik den gleichen Bilanzierungsanforderungen wie Kapitalgesellschaften, soweit gemäß § 264c HGB keine rechtsformspezifischen Ausweisvorschriften Anwendung finden.

Die Bilanzierungsregeln der §§ 238 ff., 264 ff. HGB sind – soweit keine Wahlrechte oder größenabhängige Erleichterungsvorschriften bestehen – **zwingendes Recht** und daher gesellschaftsvertraglich nicht abdingbar. Unzulässig wäre es daher, den Geschäftsführern durch den Gesellschaftsvertrag für Zwecke der handelsrechtlichen Rechnungslegung die Erstellung einer Bilanz nach rein steuerrechtlichen Anforderungen (Steuerbilanz) aufzuerlegen. Demgegenüber sind Klauseln nicht zu beanstanden, die vorsehen, dass der Jahresabschluss weitestmöglich als steuer- und handelsrechtlicher Einheitsabschluss, wenngleich unter Beachtung zwingender Vorschriften des Handelsrechts aufzustellen oder aus der Steuerbilanz abzuleiten sei.[193]

> **Formulierungsvorschlag:**
> **104** Der Jahresabschluss ist unter Berücksichtigung steuerlicher Bilanzierungserfordernisse aufzustellen, soweit zwingende handelsrechtliche Rechnungslegungsvorschriften nicht entgegenstehen.

105 d) **Größenklassen.** Bei der Anwendung der Sondervorschriften für Kapitalgesellschaften der §§ 264 ff. HGB ist die Unterscheidung in große, mittelgroße und kleine Gesellschaften (§ 267 HGB) von erheblicher Bedeutung.[194] Die Klassifizierung nach Größenmerkmalen (Bilanzsumme, Umsatzerlöse, Mitarbeiterzahl) führt zu abgestuften Erleichterungen in Bezug auf die anwendbaren Rechnungslegungsvorschriften für kleine und mittelgroße GmbH; diese Erleichterungen betreffen die Aufstellung, Prüfung und Offenlegung des Jahresabschlusses.[195] Sie haben Einfluss auf

- die Fristen für Aufstellung (§ 264 Abs. 1 Sätze 2 und 3 HGB),
- die Gliederungstiefe von Bilanz (§ 266 Abs. 1 Satz 3 HGB) und Gewinn- und Verlustrechnung (§ 276 Satz 1 HGB),
- den Umfang von Anhangangaben (§§ 274a, 276 Satz 2, 288 HGB),
- die Pflicht zur Aufstellung des Lageberichts (§ 264 Abs. 1 Satz 3 HGB),
- die Prüfungspflicht (§ 316 Abs. 1 Satz 1 HGB),
- die Pflicht zur Offenlegung der Gewinn- und Verlustrechnung und der diese betreffenden Anhangangaben (§ 326 Satz 1 HGB).

106 Die kleine Gesellschaft ist in § 267 Abs. 1 HGB, die mittelgroße in § 267 Abs. 2 HGB und die große in § 267 Abs. 3 HGB definiert. Das Gesetz differenziert dabei anhand dreier

---

[191] § 262 HGB wurde bereits vor längerer Zeit aufgehoben; § 263 HGB betrifft in erster Linie kommunale Eigenbetriebe.
[192] BGBl. I 2000, 154.
[193] Lutter/Hommelhoff/*Kleindiek* § 42 Rn. 15.
[194] Zu den an dieser Stelle nicht behandelten Sonderregelungen für „Kleinstkapitalgesellschaften" (§ 267a HGB) vgl. → Rn. 93a.
[195] Tabellarische Übersichten bei A/D/S § 267 Rn. 29 ff.

Schwellenwerte, von denen jeweils mindestens zwei über- bzw. unterschritten werden müssen, um die entsprechende Einordnung der Gesellschaft nach der Größenklasse zu bewirken. Nach § 267 Abs. 4 Satz 1 HGB setzt die Klassifizierung im Regelfall voraus, dass die Über- oder Unterschreitung der maßgeblichen Schwellenwerte an den Abschlussstichtagen von zwei aufeinander folgenden Geschäftsjahren aufgetreten sein muss. Im Fall von Umwandlungen oder Neugründungen treten die Rechtsfolgen schon am ersten auf diese Vorgänge folgenden Abschlussstichtag ein, wenn zu diesem Zeitpunkt die entsprechenden Größenkriterien erfüllt sind (§ 267 Abs. 4 Satz 4 HGB). Folgende Größenmerkmale sind nach geltender Rechtslage[196] für Jahresabschlüsse für Geschäftsjahre, die nach dem 31. Dezember 2007 beginnen, maßgeblich:

Größenklassen	Größenmerkmale	
kleine GmbH	Bilanzsumme Umsatzerlöse Arbeitnehmer	4.840.000,– EUR 9.680.000,– EUR 50
mittelgroße GmbH	Bilanzsumme Umsatzerlöse Arbeitnehmer	19.250.000,– EUR 38.500.000,– EUR 250
große GmbH	Bilanzsumme Umsatzerlöse Arbeitnehmer	19.250.000,– EUR 38.500.000,– EUR 250

Für die Ermittlung des Schwellenwerts der Bilanzsumme ist die Summe aller Aktivposten bzw. aller Passivposten maßgeblich; ein eventuell auf der Aktivseite ausgewiesener, nicht durch Eigenkapital gedeckter Fehlbetrag (§ 268 Abs. 3 HGB)[197] ist von der ausgewiesenen Bilanzsumme zu kürzen. Im Falle von Rumpfgeschäftsjahren sind für die Klassifizierung nach § 267 HGB die Umsatzerlöse der letzten zwölf Monate vor dem maßgeblichen Stichtag heranzuziehen, um die fehlenden Monate eines vollen Geschäftsjahres zu kompensieren;[198] eine Hochrechnung auf Basis des Rumpfgeschäftsjahres ist nicht zulässig. Hinsichtlich der Zahl der Arbeitnehmer, die sich nach allgemeinen Grundsätzen des Arbeitsrechts bestimmt, ist der Jahresdurchschnitt der bei der GmbH Beschäftigten maßgeblich, wobei die Mitarbeiterzahlen zu den Quartalsenden der Durchschnittsermittlung zugrundezulegen sind (§ 267 Abs. 5 HGB). In die Ermittlung der für die Klassifizierung maßgeblichen Arbeitnehmerzahl sind die Mitglieder von Vertretungs- und Aufsichtsorganen (Geschäftsführung, Beirat, Aufsichtsrat) grundsätzlich nicht einzubeziehen. Gleiches gilt für Auszubildende. Unabhängig von den tatsächlichen Größenmerkmalen gilt nach § 267 Abs. 3 Satz 2 HGB eine Gesellschaft stets als groß, wenn sie die Voraussetzungen des § 264d HGB erfüllt (kapitalmarktorientierte Gesellschaft).

2. Verhältnis von Handelsbilanz und Steuerbilanz

Traditionell besteht in der deutschen Rechnungslegung eine Wechselbeziehung zwischen Handelsbilanz und steuerrechtlicher Gewinnermittlung. In § 5 Abs. 1 Satz 1 EStG ist der Grundsatz verankert, dass Gewerbetreibende, die – wie die GmbH (vgl. → Rn. 27) – einer Buchführungspflicht unterliegen, ihr Betriebsvermögen für Zwecke der Besteuerung im Regelfall nach den handelsrechtlichen Grundsätzen ordnungsmäßiger Buchführung (GoB) auszuweisen haben. Anders ausgedrückt: Die handelsrechtliche Rechnungslegung ist grundsätzlich für die steuerliche Gewinnermittlung maßgeblich. Dieser steuerrechtliche Grundsatz der

---

[196] HGB in der Fassung vom 20.12.2012 (BGBl. I S. 2751).
[197] → Rn. 172.
[198] BeckBilKomm/*Winkeljohann*/*Lawall* § 267 Rn. 8; Küting/Weber/*Knop* § 267 Rn. 13 (Proportionalisierung in Ausnahmefällen zugelassen).

(materiellen) **Maßgeblichkeit** der Handelsbilanz für die Steuerbilanz, der von der Bilanzrechtsmodernisierung im Kern unberührt blieb,[199] findet über § 8 Abs. 1 KStG auch für Körperschaften und damit Unternehmen in der Rechtsform der GmbH Anwendung.

110 Dieser Grundsatz umfasst sämtliche Bilanzpositionen, sofern keine steuerrechtlichen Sonderregeln (z. B. in Form von Ansatzverboten oder Bewertungsvorbehalten, d. h. vom Handelsrecht abweichenden Bewertungsregeln)[200] eingreifen, deren Umfang allerdings in den letzten Jahren zugenommen hat, zuletzt durch die Bilanzrechtsmodernisierung.[201] Bestehen handelsrechtliche Aktivierungs- und Passivierungsgebote, gelten diese grundsätzlich auch für die Steuerbilanz; gleiches gilt für handelsrechtliche Aktivierungs- und Passivierungsverbote. Zwei wesentliche steuerrechtliche Modifikationen sind jedoch in diesem Zusammenhang zu beachten: Nach Auffassung des BFH sind handelsrechtliche Aktivierungswahlrechte aus steuerrechtlicher Sicht grundsätzlich als Aktivierungsgebote anzusehen, wohingegen handelsrechtliche Passivierungswahlrechte steuerrechtlich grundsätzlich Passivierungsverbote darstellen.[202] In diesen Fällen entfaltet die handelsrechtliche Bilanzierung also schon von vornherein keine Maßgeblichkeit für die steuerliche Gewinnermittlung. Der Grundsatz der materiellen Maßgeblichkeit des Handelsbilanzrechts wurde durch das BilMoG zudem noch um einen ausdrücklichen **steuerrechtlichen Wahlrechtsvorbehalt** ergänzt (§ 5 Abs. 1 Satz 1 a. E. EStG). Die materielle Maßgeblichkeit der handelsrechtlichen Bilanzierung gilt danach für steuerliche Zwecke ohnehin nur noch insoweit, wie der Steuerpflichtige nicht im Rahmen der Ausübung bestehender steuerlicher Wahlrechte[203] zulässigerweise einen „anderen Ansatz gewählt" hat, also für steuerliche Zwecke bewusst von den Vorschriften des Handelsbilanzrechts abgewichen ist.

111 Vor Inkrafttreten des BilMoG wurde der (wahlweise) Ansatz bestimmter, in steuerrechtlicher Sicht begünstigender Wertansätze (z. B. die Vornahme bestimmter Sonderabschreibungen oder die Nutzung von Reinvestitionsbegünstigungen durch Freistellung von bestimmten Veräußerungsgewinnen) für Zwecke der steuerlichen Gewinnermittlung hingegen nur anerkannt, wenn diese zugleich auch Eingang in die Handelsbilanz gefunden hatten und damit zwangsläufig auch Grundlage der handelsrechtlichen Gewinnermittlung waren (**Grundsatz der formellen oder „umgekehrten Maßgeblichkeit"**). Der Bilanzierende war zur Inanspruchnahme bestimmter begünstigender steuerrechtlicher Regelungen[204] danach faktisch zu einer insoweit gleich lautenden Bilanzierung in Handels- und Steuerbilanz gezwungen, ein Weg, der die Existenz entsprechender Öffnungsklauseln des HGB-Bilanzrechts voraussetzte (z. B. § 254 HGB a. F.).

Diese Rechtslage war ein wesentlicher Einflussfaktor für die in der Bilanzierungspraxis kleiner und mittlerer Unternehmen aus Vereinfachungs- und Kostengründen favorisierte sog. „Einheitsbilanz". Der Grundsatz der sog. formellen oder „umgekehrten Maßgeblich-

---

[199] Die Finanzverwaltung hat ihre grundsätzliche Rechtsauffassung zur Maßgeblichkeit der handelsrechtlichen Grundsätze ordnungsmäßiger Buchführung für die steuerliche Gewinnermittlung im Lichte des durch das BilMoG neu gefassten § 5 Abs. 1 EStG durch BMF-Schreiben v. 12.3.2010 (IV C 6 – S 2133/09/10001, DOK 2010/0188935), DStR 2010, 601, zum Ausdruck gebracht.

[200] Beispiel: § 6 Abs. 1 Nr. 3a lit. e) EStG (starrer Abzinsungssatz von 5,5 % für Rückstellungen) versus § 253 Abs. 2 HGB (wechselnder, fristenabhängiger Marktzinssatz). Allerdings hat die Finanzverwaltung für diese Fälle jedoch ein „Niederstwertprinzip eigener Art" entwickelt, wonach - ungeachtet des expliziten steuerrechtlichen Bewertungsvorbehalts - der (abweichende) handelsrechtliche Rückstellungsbetrag für die steuerliche Bewertung gleichwohl immer dann maßgeblich sein soll, wenn er *niedriger* als der nach der steuerlichen Vorschrift ermittelte Wert ausfallen sollte (R 6.11 Abs. 3 EStÄR 2012 v. 25.3.2013; so zuvor bereits: OFD Münster, Vfg. v. 13.7.2012, S 2170a – 234-St 12–33); krit. *Prinz*, DB 2012, M9, der insoweit von einem „widersinnigen Maßgeblichkeitsverständnis" spricht.

[201] → Rn. 100.

[202] Grundlegend: BFH (GrS) v. 3.2.1969, BStBl. II 1969, 291.

[203] Zu diesen Wahlrechten zählt – abweichend von der bisherigen Rechtslage – nach dem Wortlaut des neugefassten Gesetzes und der Auffassung der Finanzverwaltung (vgl. Fn. 202) insbesondere auch die Vornahme einer steuerlichen Teilwertabschreibung nach § 6 Abs. 1 Nr. 1 Satz 2 und Nr. 2 Satz 2 EStG („kann angesetzt werden"), die danach unabhängig davon erfolgen kann, ob in der Handelsbilanz entsprechende Wertkorrekturen vorgenommen wurden. Nach alten Recht gebot der Grundsatz der Maßgeblichkeit in diesen Fällen noch einen zwingenden Gleichklang zwischen Handels- und Steuerbilanz.

[204] Beispielhaft zu nennen: §§ 6b und 7g EStG.

keit" und die auf ihm beruhenden handelsbilanziellen Öffnungsklauseln wurden durch das BilMoG allerdings aufgehoben.[205] Diese Maßnahme diente dazu, der berechtigten Kritik an der bisherigen Deformation der handelsrechtlichen Rechnungslegung durch steuerliche Subventionsregeln Rechnung zu tragen.[206] Hierdurch wurde indessen zugleich eine weitere partielle Abkopplung der steuerlichen Gewinnermittlung vom Handelsbilanzrecht bewirkt, zumal der gleichzeitig geschaffene steuerliche Wahlrechtsvorbehalt[207] in der vom Gesetzgeber weit gefassten Neuformulierung des § 5 Abs. 1 Satz 1 EStG in seinen praktischen Auswirkungen über die bloße Abschaffung der bisherigen Fälle umgekehrter Maßgeblichkeit – seiner ursprünglich erklärten Intention – deutlich hinausgreift.[208]

Allerdings hatte bereits die frühere Steuergesetzgebung zu wesentlichen Durchbrechungen und Einschränkungen des Maßgeblichkeitsgrundsatzes geführt. Beispielhaft sind zu nennen: **112**

- Beschränkung von Teilwertabschreibungen[209] auf Fälle dauernder Wertminderung (§ 6 Abs. 1 Nr. 1 Satz 2, Nr. 2 Satz 2 EStG), wohingegen GmbH bei Gegenständen des Umlaufvermögens (§ 253 Abs. 4 HGB) auch vorübergehende Wertminderungen berücksichtigen müssen bzw. bei Finanzanlagen nach § 253 Abs. 3 Satz 4 HGB berücksichtigen dürfen.[210]
- Ansatzverbot für Drohverlustrückstellungen (§ 5 Abs. 4a EStG), die nach § 249 Abs. 1 HGB bei Vorliegen der Voraussetzungen zwingend zu bilden sind.[211]
- Abzinsungsgebot bei unverzinslichen oder unterverzinslichen langfristigen Verbindlichkeiten oder Rückstellungen, das handelsrechtlich gegen das Realisationsprinzip[212] (§ 252 Abs. 1 Nr. 4 HGB) verstößt.

Durch das BilMoG hat sich der Umfang der Abweichungen zwischen Handels- und Steuerbilanz weiter erhöht. Die nachfolgend aufgeführten, durch das BilMoG neu geregelten handelsrechtlichen Bilanzierungssachverhalte finden nämlich im Rahmen der steuerlichen Gewinnermittlung keine Entsprechung, sei es, dass sie dort außer Ansatz bleiben, sei es, dass für sie vom HGB abweichende Bewertungsvorschriften gelten: **113**

- wahlweise Aktivierung selbstgeschaffener immaterieller Vermögensgegenstände (§ 248 Abs. 2 Satz 1 HGB)[213]
  wahlweise Aktivierung des Aktivüberhangs aktiver latenter Steuern (§ 274 Abs. 1 S. 2 HGB)[214]
- Pflicht für Kredit- und Finanzdienstleistungsinstitute zur Bewertung von zu Handelszwecken erworbenen Finanzinstrumenten (Handelsbestand) zum beizulegenden Zeitwert (§ 340e Abs. 3 Satz 1 HGB)[215]
- Pflicht zur Berücksichtigung zukünftiger Preis- und Kostenentwicklungen bei der Bewertung von Rückstellungen (§ 253 Abs. 1 Satz 1 HGB)[216]
- Pflicht zur Abzinsung von Rückstellungen mit einer Laufzeit von mehr als einem Jahr zu einem von der Deutschen Bundesbank ermittelten durchschnittlichen Marktzinssatz (§ 253 Abs. 2 HGB)[217]
- Pflicht zur Verrechnung von Altersversorgungsverpflichtungen mit einem eigens hierfür geschaffenen Deckungsvermögen, bewertet zum beizulegenden Zeitwert (§ 246 Abs. 2 Satz 2 HGB).[218]

---

[205] BeckBilKomm/*Förschle*/*Usinger* § 243 Rn. 121.
[206] Vgl. hierzu *Herzig* DB 2008, S. 1 ff. (3).
[207] → Rn. 110.
[208] Hierzu im Einzelnen: BeckBilKomm/*Winkeljohann*/*Buchholz* § 274 Rn. 125 ff m. w. N.
[209] Diese entsprechen begrifflich im Wesentlichen den außerplanmäßigen Abschreibungen des HGB.
[210] → Rn. 199.
[211] → Rn. 324 ff.
[212] → Rn. 144.
[213] Vgl. hierzu im Einzelnen → Rn. 218 f.
[214] → Rn. 165.
[215] Vgl. hierzu im Einzelnen → Rn. 181 ff.
[216] Vgl. hierzu im Einzelnen → Rn. 329 f.
[217] Vgl. hierzu im Einzelnen → Rn. 334 f.
[218] Vgl. hierzu im Einzelnen → Rn. 345.

3. Grundsätze für den Jahresabschluss

114 a) **Bestandteile und Aufgaben des Jahresabschlusses.** *aa) Bestandteile.* Entsprechend der beschriebenen Systematik des HGB[219] bestimmen sich die Bestandteile des Jahresabschlusses der GmbH nach der Vorschrift des § 264 Abs. 1 HGB. Danach muss die GmbH den Jahresabschluss nach § 242 HGB um einen **Anhang** erweitern. Dieser bildet mit der Bilanz und der Gewinn- und Verlustrechnung eine Einheit. Danach setzt sich der Jahresabschluss der GmbH wie folgt zusammen:

- Bilanz
- Gewinn- und Verlustrechnung
- Anhang.

115 Das HGB kennt darüber hinaus zwar weitere Pflicht- oder Wahlbestandteile eines handelsrechtlichen Jahresabschlusses, die jedoch für die Rechnungslegung einer GmbH in der Regel keine praktische Bedeutung haben. So ist der Jahresabschluss einer kapitalmarktorientierten Kapitalgesellschaft, die nicht zur Aufstellung eines Konzernabschlusses verpflichtet ist, um eine Kapitalflussrechnung und einen Eigenkapitalspiegel zu erweitern (§ 264 Abs. 1 Satz 2 HGB), wahlweise kann in diesem Fall zusätzlich noch eine Segmentberichterstattung erfolgen.

116 Die gesetzlich verankerte Einheit der drei Pflichtbestandteile des Jahresabschlusses bedeutet, dass Aufstellung, Prüfung, Feststellung, Unterzeichnung und Offenlegung nur ordnungsmäßig erfolgen können, wenn sie alle Pflichtbestandteile des Jahresabschlusses zum Gegenstand haben. Die Gleichstellung des Anhangs mit den übrigen Bestandteilen des Jahresabschlusses schafft zudem die Möglichkeit, soweit Ausweiswahlrechte dies gestatten, Angaben, die grundsätzlich in der Bilanz oder der Gewinn- und Verlustrechnung zu machen sind, in den Anhang zu verlagern. Der Einheitsgedanke hat außerdem zur Folge, dass sämtliche allgemeine Grundsätze und Bestimmungen auch für den Anhang gelten.[220]

117 *bb) Aufgaben.* Entsprechend seiner Funktion als Bestandteil der externen Rechnungslegung[221] ist der Abschluss in erster Linie an außenstehende Berechtigte und Interessierte gerichtet. Seine Aufgaben bestehen in

- Gewinnermittlung, Gewinnverteilung
- Rechenschaftslegung (Informationsfunktion)
- Gläubigerschutz
- Ermittlung der Besteuerungsgrundlagen

118 *(1) Gewinnermittlung, Gewinnverteilung.* Nach § 29 Abs. 1 GmbHG haben die Gesellschafter Anspruch auf den Jahresüberschuss (zuzüglich eines Gewinnvortrages und abzüglich eines Verlustvortrages); die Verteilung des Gewinns erfolgt nach dem Verhältnis der Geschäftsanteile (§ 29 Abs. 3 GmbHG). Das Gewinnbezugsrecht der Gesellschafter als Bestandteil des Mitgliedschaftsrechts[222] kann nur verwirklicht werden, wenn ein Jahresüberschuss tatsächlich entstanden ist oder vorgetragen wurde und dieser aus einem ordnungsmäßig aufgestellten und festgestellten Jahresabschluss ersichtlich ist (Ausschüttungsbemessungsfunktion des Jahresabschlusses).

119 *(2) Rechenschaftslegung (Informationsfunktion).* Die nahezu gleich lautenden Begriffe Rechnungslegung und Rechenschaftslegung werden weitgehend synonym gebraucht. Rechnungslegung ist Rechenschaftslegung.[223] Die Gesellschafter sollen durch den Jahresabschluss in die Lage versetzt werden, die Geschäftsführer zu überwachen und ihre Auskunftsrechte gemäß § 51a GmbHG bezüglich der Angelegenheiten der Gesellschaft auszuüben. Ferner kann die in § 46 Nr. 5 GmbHG geregelte Entscheidung der Gesellschafter über die Entlas-

---

[219] → Rn. 102.
[220] A/D/S § 264 Rn. 15.
[221] Hierzu → Rn. 7.
[222] Zum Gewinnbezugsrecht: Scholz/*Emmerich* § 29 Rn. 25 f.
[223] So ausdrücklich: *Moxter*, Betriebswirtschaftliche Gewinnermittlung, S. 219; Lutter/Hommelhoff/*Kleindiek* Vor § 41 Rn. 21.

tung der Geschäftsführer auf sachgerechter Grundlage nur getroffen werden, wenn ein Jahresabschluss aufgestellt wird, der ggf. auch der externen Prüfung unterliegt (§§ 316 ff. HGB). Der Jahresabschluss dient darüber hinaus nicht zuletzt auch der Selbstinformation und -kontrolle der Unternehmensleitung.[224] Er erlaubt eine nachträgliche Positionsbestimmung und verschafft damit auch eine verbindliche Grundlage für die zukünftige Unternehmensplanung.

Der Jahresabschluss nach HGB hat über die externe Rechenschaftslegung maßgeblich die Funktion, Fremdkapitalgebern durch vorsichtige Bilanzierung Haftungssubstrate zu sichern. Anders als die vom Gläubigerschutzgedanken geprägte HGB-Rechnungslegung ist die internationale Rechnungslegung vorrangig an den Informationsinteressen von Kapitalanlegern ausgerichtet, unabhängig davon, ob sich diese Instrumente mit Eigen- oder Fremdkapitalcharakter bedienen. Die Rechnungslegung dient dazu, nützliche Informationen für Anlageentscheidungen zu liefern (Grundsatz der „decision usefulness"). Die Informationsfunktion der HGB-Rechnungslegung wurde durch das BilMoG allerdings mittlerweile in partieller Annäherung an die Grundsätze der internationalen Rechnungslegung deutlich akzentuiert.

(3) Gläubigerschutz. Der Gläubigerschutzgedanke wird gemeinhin als ein tragendes Prinzip der deutschen Rechnungslegung bisheriger Prägung angesehen.[225] Ihm soll durch vielfältige Grundsätze der Bilanzierung Geltung verschafft werden. Im Vordergrund stehen dabei das **Vorsichtsprinzip**[226] sowie das Realisations- und Imparitätsprinzip, die zu vorsichtig ermittelten Ausschüttungsgrößen[227] führen, das Kapital erhalten und damit das Vermögen der Gesellschaft als Haftungssubstrat der Gläubiger sichern sollen. Der Jahresabschluss – in erster Linie die Bilanz als Vermögensstatus – soll dabei den Gesellschaftsgläubigern einen Überblick über das **Schuldendeckungspotenzial** vermitteln. Über diese Statusinformation hinaus soll der Jahresabschluss einen Einblick in die aktuelle Ertrags- und Finanzlage verschaffen und damit eine Einschätzung der zukünftigen Entwicklung ermöglichen (vgl. § 264 Abs. 2 HGB).

(4) Ermittlung der Besteuerungsgrundlagen. Wie an anderer Stelle dargelegt,[228] knüpft die Besteuerung an die handelsrechtliche Rechnungslegung an und macht sich diese für die steuerliche Gewinnermittlung dienstbar. Da die Rechnungslegungspflicht im öffentlichen Interesse besteht,[229] sichert sie nicht nur Gläubigerinteressen, sondern auch die Ermittlung der Besteuerungsgrundlagen.

b) Grundsätze ordnungsmäßiger Buchführung und Bilanzierung (GoB). *aa) Überblick.* Die Grundsätze ordnungsmäßiger Buchführung (GoB) bilden ein System von geschriebenen und ungeschriebenen Regeln, das die gesamte Rechnungslegung umfasst und hinsichtlich seiner sachlichen Anwendungsbereiche wie folgt untergliedert werden kann:
- Ordnungsmäßigkeitskriterien für die Erfassung, Verarbeitung, Ausgabe und Aufbewahrung der Informationen über Geschäftsvorfälle (GoB im engeren Sinn)[230]
- Grundsätze ordnungsmäßiger Inventur[231]
- Grundsätze ordnungsmäßiger Bilanzierung.

Nachfolgend wird ein Überblick über die wesentlichen kodifizierten Grundsätze ordnungsmäßiger Bilanzierung gegeben.

bb) Generalnorm („True and Fair View"). Nach § 264 Abs. 2 Satz 1 HGB hat der Jahresabschluss unter Beachtung der Grundsätze ordnungsmäßiger Buchführung ein den tatsächlichen Verhältnissen entsprechendes Bild der Vermögens-, Finanz- und Ertragslage der

---

224 A/D/S § 242 Rn. 2.
225 BeckBilKomm/*Winkeljohann/Schellhorn* § 264 Rn. 35.
226 Hierzu → Rn. 142.
227 Zur vorsichtigen Gewinnermittlung: A/D/S § 264 Rn. 88 m.w.N. bzw. § 252 Rn. 75.
228 → Rn. 109 ff.
229 → Rn. 26.
230 → Rn. 51 ff.
231 → Rn. 84 f.

Gesellschaft zu vermitteln. Diese Regelung wird als Generalnorm bezeichnet; sie stellt eine zentrale Vorschrift des deutschen Bilanzrechts dar. Anders als im angelsächsischen Recht ist sie nach h. M. nicht als „overriding principle" in dem Sinne aufzufassen, das zur Vermittlung eines zutreffenden Bildes von der Lage der Gesellschaft eine Abweichung von gesetzlichen Vorschriften oder zumindest eine bestimmte Form der Ausübung bilanzieller Wahlrechte gebieten könnte.[232] Vielmehr handelt es sich um einen subsidiären Prüfungsmaßstab,[233] dem in der Regel in Form ergänzender Angaben in Anhang oder Lagebericht bei Vorliegen besonderer Umstände (§ 264 Abs. 2 Satz 2 HGB) zu genügen ist. Es ist davon auszugehen, dass die Anwendung der gesetzlichen Regeln und der Grundsätze ordnungsmäßiger Buchführung im Normalfall die Vermittlung eines den tatsächlichen Verhältnissen getreuen Bildes von der Lage der Gesellschaft gewährleistet.[234] Die Korrektur eines zu günstigen Bildes durch Zusatzangaben kann bei folgenden Sachverhalten geboten sein:

- auf geänderten tatsächlichen Verhältnissen beruhende Änderungen von Bewertungsgrundlagen, die keine nach § 284 Abs. 2 Nr. 3 und 4 HGB angabepflichtige Methodenabweichung darstellen, aber eine wesentliche (positive) Auswirkung auf das Jahresergebnis haben.
- bilanzpolitisch motivierte Sachverhaltsgestaltungen, die im konkreten Einzelfall geeignet sind, die tatsächliche Lage der Gesellschaft zu verschleiern (z. B. Sale-and-Lease-Back, Verlagerung von Vermögensgegenständen oder Schulden auf Objektgesellschaften).
- Auflösung wesentlicher stiller Reserven (z. B. durch Anlagenverkäufe oder Auflösung von Rückstellungen).
- Realisierung erheblicher inflationsbedingter Scheingewinne über Auslandsaktivitäten.

125   Die Korrektur eines zu ungünstigen Bildes kann geboten sein, wenn auf Grund der geltenden Bilanzierungs- und Bewertungsgrundsätze bei langfristiger Fertigung von Großanlagen, die eine Teilgewinnrealisierung während der Produktionsphase grundsätzlich nicht zulassen, erhebliche Verluste auszuweisen sind.

126   *cc) Wahrheit, Klarheit, Übersichtlichkeit.* Soll der Jahresabschluss dem Einblickgebot der Generalnorm des § 264 Abs. 2 HGB genügen und ein zutreffendes Bild der Lage der Gesellschaft vermitteln, muss er in erster Linie materiell und formal **richtig** sein (§ 239 Abs. 1 HGB), d. h. auf einer ordnungsmäßigen Finanzbuchhaltung aufbauen. Ferner muss er **klar** und **übersichtlich** sein (§ 243 Abs. 2 HGB). Der letztgenannte Grundsatz ist eine unverzichtbare Voraussetzung für die Informationsvermittlung an sachverständige Dritte (§ 238 Abs. 1 Satz 2 HGB). Das Gebot der Klarheit dient vornehmlich dem Ziel, eine verschleiernde Darstellung zu verhindern. Es wird ergänzt durch das Gebot der Übersichtlichkeit, das in erster Linie die hinreichende Aufgliederung des Jahresabschlusses zum Gegenstand hat (§ 247 Abs. 1 HGB). Aufgrund der recht umfassenden Ausweis-, Bilanzierungs- und Bewertungsvorschriften für Kapitalgesellschaften, insbesondere in Gestalt der Grundgliederung von Bilanz (§ 266 Abs. 2 und 3 HGB) und Gewinn- und Verlustrechnung (§ 275 Abs. 2 oder 3 HGB), kann im Regelfall davon ausgegangen werden, dass ein in Übereinstimmung mit diesen Vorschriften aufgestellter Jahresabschluss klar und übersichtlich ist.

127   *dd) Stichtagsprinzip.* Nach § 252 Abs. 1 Nr. 3 HGB sind die Vermögensgegenstände und Schulden **am Abschlussstichtag** einzeln zu bewerten. Dieser Stichtag markiert den Schluss des Geschäftsjahres, auf den die Aufstellungspflicht nach § 242 Abs. 1 HGB bezogen ist. Das Stichtagsprinzip bedeutet zum einen, dass nur solche Geschäftsvorfälle zu berücksichtigen sind, die in der Periode stattgefunden haben, die durch den Stichtag abgeschlossen wird.[235] Ferner sind die Wertansätze der bilanzierten Vermögensgegenstände und Schulden –

---

[232] So A/D/S § 264 Rn. 51, 107; insoweit krit. Küting/Weber/*Baetge*/*Commandeur* § 264 Rn. 36; nach BeckBilKomm/*Winkeljohann*/*Schellhorn* § 264 Rn. 29 steht die Generalnorm jedoch einer missbräuchlichen Wahlrechtsausübung entgegen.
[233] BeckBilKomm/*Winkeljohann*/*Schellhorn* § 264 Rn. 26 ff.
[234] A/D/S § 264 Rn. 94.
[235] BeckBilKomm/*Winkeljohann*/*Philipps* § 242 Rn. 6.

unabhängig vom Zeitpunkt ihrer Ermittlung – grundsätzlich nach den tatsächlichen Verhältnissen am Abschlussstichtag zu bestimmen.[236]

Da zwischen dem Abschlussstichtag und dem Zeitpunkt der Aufstellung des Jahresabschlusses zwangsläufig ein gewisser Zeitraum liegt, der durch die Aufstellungsfristen des § 264 Abs. 1 HGB begrenzt ist, ergibt sich in der Praxis häufig die Frage, in welchem Umfang Tatsachen berücksichtigt werden dürfen, die dem Bilanzierenden erst nach dem Abschlussstichtag bekannt geworden sind. Einen wichtigen Hinweis gibt insoweit § 252 Abs. 1 Nr. 4 HGB, der eine Berücksichtigung aller vorhersehbaren Risiken und Verluste vorschreibt, die bis zum Abschlussstichtag entstanden sind, „selbst wenn diese erst zwischen dem Abschlussstichtag und dem Tag der Aufstellung des Jahresabschlusses bekannt geworden sind" (Imparitätsprinzip).[237] In diesem Zusammenhang wird zwischen wertaufhellenden und wertbeeinflussenden Tatsachen unterschieden.[238] Bei **wertaufhellenden Tatsachen** handelt es sich um solche, welche am Stichtag bereits objektiv vorgelegen haben (z.B. die bereits eingetretene Illiquidität eines Kunden), dem Bilanzierenden aber erst später bekannt geworden sind. Diese sind bei der Bewertung zu berücksichtigen (Wertaufhellungsprinzip). Anders verhält es sich mit **wertbeeinflussenden Tatsachen.** Hierbei handelt es sich um Ereignisse, deren Entstehungsursachen nach dem Abschlussstichtag liegen (z.B. Untergang eines Vermögensgegenstands durch einen Unfall nach dem Stichtag). Diese Ereignisse haben grundsätzlich keinen Einfluss auf den Jahresabschluss; sind sie jedoch von besonderer Bedeutung, schreibt § 289 Abs. 2 HGB ihre Angabe im Lagebericht ausdrücklich vor.[239] Eine Modifikation hat das Stichtagsprinzip indessen durch das BilMoG insofern erfahren, als bei der Bewertung von Rückstellungen nunmehr künftige Preis- und Kostensteigerungen zu berücksichtigen sind (§ 253 Abs. 1 Satz 2 HGB).[240]

ee) Vollständigkeit. Der Jahresabschluss hat nach § 246 Abs. 1 Satz 1 HGB sämtliche Vermögensgegenstände, Schulden, Rechnungsabgrenzungsposten sowie Aufwendungen und Erträge zu enthalten, soweit gesetzlich ausnahmsweise nichts anderes bestimmt ist. Das Vollständigkeitsgebot stellt die grundlegende Ansatzvorschrift des HGB dar, welche sämtliche Bestandteile des Jahresabschlusses einschließt. Die im Gesetz adressierten Ausnahmebestimmungen betreffen eventuelle Ansatzwahlrechte und -verbote, die nach Inkrafttreten des BilMoG allerdings nur noch von geringer Bedeutung sind.

Der Begriff des **Vermögensgegenstandes,** der gesetzlich nicht definiert ist, wird gemeinhin als unbestimmter Rechtsbegriff verstanden.[241] Er umfasst bewegliche und unbewegliche Sachen (§ 90 BGB) sowie Rechte und immaterielle Güter, auch solche, die nicht eigentumsfähig im zivilrechtlichen Sinne sind (z.B. ungeschützte Erfindungen, Kundenstamm, Know How etc.). Als Abgrenzungskriterien für den Vermögensgegenstandsbegriff werden üblicherweise genannt:
- selbstständige **Verkehrsfähigkeit** (verstanden als Einzelbeschaffbarkeit, -veräußerbarkeit und -verwertbarkeit)
- selbstständige **Bewertbarkeit** (verstanden als abgrenzbarer wirtschaftlicher Vorteil).

Es muss sich danach um eine identifizierbare rechtliche oder tatsächliche Position handeln, der im Geschäftsverkehr ein Wert beigemessen wird.[242]

Neben den Vermögensgegenständen führt § 246 Abs. 1 HGB die Schulden als Zuordnungsobjekt für die Bilanzierung auf. Hierbei handelt es sich um einen Oberbegriff für Verbindlichkeiten und Rückstellungen, der außerdem in den §§ 240 Abs. 1, 242 Abs. 1, 247 Abs. 1, 252 Abs. 1 Nr. 3 und 265 Abs. 3 HGB verwendet wird. Rückstellungen (§ 249

---

[236] BeckBilKomm/*Winkeljohann/Büssow* § 252 Rn. 27; A/D/S § 252 Rn. 38 ff.
[237] → Rn. 145.
[238] Zu diesem Themenkomplex ausführlich: A/D/S § 252 Rn. 39 ff. vgl. auch die Entscheidung des BFH zu einem nach dem Bilanzstichtag, aber vor dem Tag der Bilanzaufstellung erfolgten Verzicht des Prozessgegners auf ein Rechtsmittel (BFH DB 2002, 871 ff.), die in Abkehr von bisheriger Rechtsprechung eine Wertaufhellung verneint.
[239] → Rn. 391.
[240] → Rn. 330.
[241] So A/D/S § 246 Rn. 9.
[242] BeckBilKomm/*Ellrott/Krämer* § 247 Rn. 10.

HGB) werden von den Verbindlichkeiten dadurch unterschieden, dass die ihnen zugrundeliegenden Verpflichtungen entweder dem Grunde und/oder der Höhe nach ungewiss sind.[243] Verbindlichkeiten haben stets eine schuldrechtliche Grundlage und setzen das Bestehen eines durchsetzbaren Anspruches[244] gegen die Gesellschaft voraus. Rechtliche Entstehung und wirtschaftliche Verursachung können jedoch verschiedenen Zeitpunkten und damit Geschäftsjahren zuzuordnen sein. Nach herrschender Auffassung kommt es für die Bilanzierung unter Beachtung des Grundsatzes der Vollständigkeit auf den jeweils früheren Zeitpunkt[245] an.

132 Das Gesetz nennt in § 246 Abs. 1 Satz 1 HGB neben Vermögensgegenständen und Schulden **Rechnungsabgrenzungsposten** (§ 250 HGB). Diese Posten erlangen Bedeutung für Geschäftsvorfälle, deren Entstehung und Auswirkung sich über mehrere Geschäftsjahre erstrecken. Die Rechnungsabgrenzung dient der periodengerechten Erfassung von Aufwendungen und Erträgen aus solchen Vorgängen.[246]

133 Die **Zurechnung** von Vermögensgegenständen und Schulden richtet sich gemäß § 246 Abs. 1 HGB und entsprechend den in § 39 AO niedergelegten Grundsätzen nach dem **„wirtschaftlichen Eigentum"**, das zwar in der Regel aber nicht notwendig mit dem zivilrechtlichen Eigentum identisch ist. Über das wirtschaftliche Eigentum verfügt, wem für die wirtschaftliche Nutzungsdauer Besitz, Gefahr, Nutzungen und Kosten zustehen und der – falls er nicht zugleich Eigentümer des Vermögensgegenstandes ist – den Berechtigten zumindest wirtschaftlich auf Dauer von der Einwirkung auf diesen ausschließen kann.[247]

134 Danach sind Vermögensgegenstände nur dann in der Handelsbilanz zu erfassen, wenn sie dem Bilanzierenden als zivilrechtlichem Eigentümer (auch) wirtschaftlich zuzurechnen sind (Satz 2). Schulden sind hingegen allein nach zivilrechtlichen Gesichtspunkten zuzuordnen (Satz 3).[248] In folgenden Beispielfällen ist die Bilanzierung nicht beim zivilrechtlichen Eigentümer vorzunehmen:

- Lieferung unter Eigentumsvorbehalt, Übertragung des Sicherungseigentums (Zurechnung beim Käufer oder Sicherungsgeber)[249]
- echte (fiduziarische) Treuhandverhältnisse (Zurechnung beim Treugeber)[250]
- echtes Pensionsgeschäft (Zurechnung beim Pensionsgeber gemäß § 340b Abs. 4 HGB)[251]
- unechtes Factoring (Zurechnung beim Forderungsverkäufer)[252]
- Leasing (Zurechnung beim Leasingnehmer nur im Falle des Spezial-Leasing oder wenn dieser den Gegenstand nahezu die gesamte betriebsgewöhnliche Nutzungsdauer nutzen kann oder eine Rückgabe aus anderen Gründen sinnlos oder nicht zu erwarten ist.)[253]

135 **Schwebende Geschäfte,** also beiderseitig noch nicht erfüllte synallagmatische Verpflichtungen, bleiben im Jahresabschluss grundsätzlich außer Ansatz.[254] Als Ausfluss des aus dem Vorsichtsprinzip abgeleiteten Imparitätsprinzips[255] sind jedoch am Abschlussstichtag drohende Verluste aus schwebenden Geschäften durch Bildung von Rückstellungen zu antizipieren[256] (§§ 252 Abs. 1 Nr. 4 1. Hs., 249 Abs. 1 HGB). Ferner können schwebende Geschäfte im Rahmen der Zeitwertbilanzierung von Finanzinstrumenten des Handelsbestands

---

[243] → Rn. 305.
[244] A/D/S § 246 Rn. 104.
[245] BFH BB 2001, 1893 ff.; A/D/S § 249 Rn. 69; BeckBilKomm/*Kozikowski/Schubert* § 249 Rn. 34 m. w. N. (Primat der wirtschaftlichen Verursachung); vgl. auch → Rn. 318 f.
[246] A/D/S § 246 Rn. 161 ff.
[247] Vgl. BeckBilKomm/*Förschle/Kroner* § 246 Rn. 6 ff.; A/D/S § 246 Rn. 262 ff.
[248] Vgl. hierzu auch → Rn. 318 f.
[249] Vgl. BeckBilKomm/*Förschle/Kroner* § 246 Rn. 19; A/D/S § 246 Rn. 267 ff.
[250] Vgl. BeckBilKomm/*Förschle/Kroner* § 246 Rn. 10 ff.; A/D/S § 246 Rn. 274 ff.
[251] BeckBilKomm/ *Förschle/Kroner* § 246 Rn. 24 ff.
[252] Vgl. hierzu im Einzelnen → Rn. 260.
[253] Eingehende Übersicht über die differenzierenden (steuerlichen) Ansatzregeln: A/D/S § 246 Rn. 385 ff.
[254] Allgemeiner Bilanzierungsgrundsatz; vgl. umfassende Darstellung bei BeckBilKomm/*Kozikowski/Schubert* § 249 Rn. 52 ff.
[255] → Rn. 145.
[256] → Rn. 324 ff.

von Kredit- und Finanzdienstleistungsinstituten (§ 340e Abs. 3 HGB)[257] und der Bildung von Bewertungseinheiten (§ 254 HGB)[258] von bilanzieller Bedeutung sein.

ff) Saldierungsverbot. In § 246 Abs. 2 HGB wird das Verbot aufgestellt, Aktiva mit Passiva, Aufwendungen mit Erträgen und Grundstücksrechte mit Grundstückslasten zu verrechnen. Das hierin zum Ausdruck kommende Saldierungsverbot ist Ausfluss des Gebots der Klarheit und Übersichtlichkeit des Jahresabschlusses (§ 243 Abs. 2 HGB).[259] Eine Saldierung widerspricht zudem grundsätzlich auch dem Vollständigkeitsgebot (§ 246 Abs. 1 HGB).[260] Das Saldierungsverbot wird jedoch nach allgemeiner Auffassung in einer Reihe von Fällen implizit durchbrochen (z.B. bei Zulässigkeit der Verrechnung beim Bestehen einer Aufrechnungslage oder von Kontokorrentverhältnissen). 136

Das Gesetz regelt in § 246 Abs. 2 Satz 2 HGB darüber hinaus eine spezialgesetzliche Durchbrechung des Saldierungsverbots für Vermögensgegenstände, die dem Zugriff aller übrigen Gläubiger entzogen sind und ausschließlich der Erfüllung von Schulden aus Altersversorgungsverpflichtungen oder vergleichbaren Verpflichtungen dienen.[261] Diese Vermögensgegenstände des Deckungsvermögens sind in Höhe ihrer beizulegenden Zeitwerte nach Maßgabe bestimmter Voraussetzungen mit den genannten Verpflichtungen zu verrechnen (Verrechnungsgebot). 137

gg) Einzelbewertung. (1) Grundsatz. Vermögensgegenstände und Schulden sind am Abschlussstichtag gemäß § 252 Abs. 1 Nr. 3 HGB **einzeln** zu bewerten. Dieser Grundsatz der Einzelbewertung liegt auch § 240 HGB zugrunde[262] („Wert der einzelnen Vermögensgegenstände") und ist Ausfluss des Vorsichtsprinzips.[263] Er soll einen Bewertungsausgleich zwischen Werterhöhungen und Wertminderungen bei unterschiedlichen Vermögensgegenständen und einen daraus resultierenden Informationsverlust verhindern.[264] 138

(2) Ausnahme: Bewertungseinheit. Die gleichzeitige Berücksichtigung von negativen und positiven Sachverhalten bei der Bewertung wird durch den Einzelbewertungsgrundsatz jedoch nicht generell ausgeschlossen. Vielmehr ist es ausnahmsweise zulässig, Vermögensgegenstände oder Schulden zu einer **Bewertungseinheit** zusammenzufassen, wenn die Risiken und Chancen aus diesen Posten kompensatorisch miteinander verknüpft sind. Dieser schon seit langem geltende (ungeschriebene) Grundsatz ist im Zuge des BilMoG durch den neuen § 254 HGB kodifiziert worden. Nach § 5 Abs. 1a EStG sind – als explizite Ausnahme vom allgemeinen steuerlichen Verrechnungsgebot – in der Handelsbilanz gebildete Bewertungseinheiten auch für die steuerliche Gewinnermittlung maßgeblich, wenn sie zur Absicherung finanzwirtschaftlicher Risiken gebildet wurden. 139

Man unterscheidet bei Bewertungseinheiten ein – im Hinblick auf bestimmte wirtschaftliche Aspekte als absicherungsbedürftig angesehenes – **Grundgeschäft** und ein – auf das konkrete Sicherungsbedürfnis zugeschnittenes – **Sicherungsgeschäft** (in der Regel ein Derivat), die zueinander nachweislich in einer effektiven **Sicherungsbeziehung** stehen. Bei dem Grundgeschäft kann es sich nach § 254 HGB um einen Vermögensgegenstand, eine Schuld, ein schwebendes Geschäft oder sogar eine noch nicht abgeschlossene, jedoch mit hoher Wahrscheinlichkeit geplante Transaktion (sog. antizipativer Hedge) handeln. Ist das Grundgeschäft zur Absicherung von Zins-, Währungs-, Ausfall- oder anderen Risiken mit einem Sicherungsgeschäft in einer Weise verknüpft, dass der Eintritt der abgesicherten Risiken verlässlich ausgeschlossen ist (Effektivität), dürfen beide Geschäfte für Zwecke der Bewertung als Einheit betrachtet werden. Bei den Sicherungsgeschäften handelt es sich nach dem Ge- 140

---

[257] → Rn. 181 ff.
[258] → Rn. 139 f.
[259] → Rn. 120.
[260] → Rn. 129.
[261] → Rn. 345 (Pensionsrückstellungen).
[262] → Rn. 85.
[263] → Rn. 142.
[264] A/D/S § 252 Rn. 48.

setz ausschließlich um Finanzinstrumente.[265] Diese müssen, um Bestandteil einer Bewertungseinheit zu sein, nicht notwendig selbst Bilanzierungsgegenstand sein.

Der **Effektivität** der Sicherungsbeziehung kommt eine wichtige Bedeutung zu. Sie ist bei erstmaliger Designation des Sicherungsinstruments, zu jedem Bilanzstichtag und zum Zeitpunkt der Beendigung der Bewertungseinheit nachzuweisen. Die Bewertungseinheit ist für sich betrachtet kein selbständiges Bilanzierungsobjekt. Soweit eine effektive Sicherungsbeziehung besteht, scheidet bezüglich der von dieser umfassten Geschäfte vielmehr lediglich eine Anwendung des Einzelbewertungsgrundsatzes (§ 253 Abs. 1 Nr. 3 HGB)[266] sowie des Vorsichtsprinzips (§ 252 Abs. 1 Nr. 4 HGB),[267] des Anschaffungskostenprinzips (§ 253 Abs. 1 Satz 1 HGB)[268] und der Vorschriften zur Rückstellungsbildung (§ 249 HGB)[269] aus, da eine bilanzielle Berücksichtigung von bestimmten Zahlungsstrom- oder Wertänderungsrisiken bei Grund- oder Sicherungsgeschäft aufgrund ihrer kompensatorischen Verknüpfung nicht erforderlich ist. Lediglich ein von der kompensatorischen Wirkung nicht umfasster und daher „ineffektiver" Teil einer inkongruent gestalteten Bewertungseinheit ist im Jahresabschluss nach den zuvor genannten allgemeinen Bewertungsvorschriften abzubilden mit der möglichen Folge einer insoweit aufwandswirksamen Rückstellungsbildung oder Wertminderung.

141 *(3) Sonstige Ausnahmen.* Ferner widerspricht es dem Grundsatz der Einzelbewertung nicht, wenn bei der Beurteilung von Forderungsausfallrisiken das Bestehen von Warenkreditversicherungen (Delkredereversicherungen) oder von Kreditsicherheiten berücksichtigt wird. Bei der Bewertung von Rückstellungen dürfen mögliche Regressansprüche der Gesellschaft, die bei einer Inanspruchnahme durch Dritte entstehen, einbezogen werden. Der Grundsatz der Einzelbewertung gilt zudem nicht ausnahmslos. Vielmehr hat der Gesetzgeber in § 240 Abs. 3 HGB (Festwertverfahren),[270] § 240 Abs. 4 HGB (Gruppenbewertung)[271] und in § 256 HGB (Bewertungsvereinfachungsverfahren)[272] Ausnahmen zugelassen. Neben diesen spezialgesetzlichen Durchbrechungsmöglichkeiten gestattet § 252 Abs. 2 HGB Abweichungen „in begründeten Ausnahmefällen".

142 *hh) Vorsichtsprinzip.* Das Vorsichtsprinzip fasst verschiedene Ausprägungen eines allgemeinen Grundsatzes in Form eines Oberbegriffs[273] zusammen. Es kann schlechthin als das tragende Prinzip des traditionellen deutschen Bilanzrechts gelten. Es handelt sich zuallererst um eine allgemeine Ermessensregel für die Beurteilung aller Sachverhalte, die durch unvollständige Informationsgrundlagen oder eine Ungewissheit bezüglich zukünftiger Ereignisse geprägt sind. Darüber hinaus werden aus dem Vorsichtsprinzip nachfolgende Grundsätze abgeleitet:

- Realisationsprinzip
- Anschaffungswertprinzip
- Imparitätsprinzip
- Niederstwertgrundsatz

143 *(1) Allgemeine Bewertungsregel bei Ermessensspielräumen.* Die dem Vorsichtsprinzip entspringende Regel zur Bewertung bei Ermessensspielräumen besagt, dass die Gesichtspunkte, die für die Bewertung von Bedeutung sein könnten, sorgfältig und vollständig zu erfassen sind.[274] Dabei sind insbesondere solche Aspekte in die Beurteilung einzubeziehen, die auf bestehende Risiken hindeuten. Bei mehreren Schätzalternativen entspricht es dem Vorsichtsprinzip, stets eine etwas pessimistischere als die wahrscheinlichste Alternative zu wählen.[275]

---

[265] Vgl. zum Begriff → Rn. 184.
[266] → Rn. 138.
[267] → Rn. 142.
[268] → Rn. 179 ff.
[269] → Rn. 305 ff.
[270] Vgl. hierzu → Rn. 89.
[271] Vgl. hierzu → Rn. 91.
[272] → Rn. 204 ff.
[273] Vgl. A/D/S § 252 Rn. 60.
[274] Auch als „Prinzip der Bewertungsvorsicht" bezeichnet, vgl. Küting/Weber/*Selchert* § 252 Rn. 85 ff.
[275] A/D/S § 252 Rn. 68; vgl. auch → Rn. 329 ff.

(2) Realisationsprinzip. Nach § 252 Abs. 2 Nr. 4, 2. Hs. HGB sind Gewinne grundsätzlich **144** nur dann zu berücksichtigen, wenn sie am Abschlussstichtag tatsächlich verwirklicht, also realisiert sind. Grundsätzlich ist ein Gewinn aus Lieferungsbeziehungen realisiert, wenn die geschuldete Leistung erbracht wurde und die gebührende Leistung gefordert werden kann.[276] Maßstab hierfür ist in der Regel der **Übergang von Nutzen, Lasten und Gefahr** nach den zivilrechtlichen Gefahrtragungsregeln (Übergang der Preisgefahr). Die Gewinnrealisierung bei Leistungsbeziehungen richtet sich nach dem Inhalt der ihnen zugrundeliegenden Rechtsverhältnisse. Diese knüpfen bisweilen über die Leistungserbringung hinaus den Anspruch auf die Gegenleistung noch an weitere Voraussetzungen (z.B. Ausführung des vermittelten Geschäfts bei Provisionsansprüchen).[277] Anders als das internationale Bilanzrecht[278] lassen deutsche Grundsätze die Teilgewinnrealisierung nach Arbeitsfortschritt („Percentage of Completion Method") in Fällen langfristiger Auftragsfertigung grundsätzlich nicht zu.[279] Das Verbot, nicht realisierte Gewinne auszuweisen, liegt schließlich auch dem Prinzip des HGB zugrunde, die Anschaffungs- und Herstellungskosten zu **Bewertungsobergrenzen** zu erklären (§ 253 Abs. 1 HGB: Anschaffungswertprinzip).[280] Das Realisationsprinzip hat allerdings durch das BilMoG eine partielle Modifikation erfahren. Dies zeigt sich u.a. an der Einführung der Zeitwertbilanzierung von zu Handelszwecken erworbenen Finanzinstrumenten (§ 340e Abs. 3 HGB), die bei Kredit- und Finanzdienstleistungsinstituten zum Ausweis unrealisierter, lediglich realisierbarer Gewinne führen kann.[281]

(3) Imparitätsprinzip – Niederstwertgrundsatz. Während nach dem Gesagten grundsätz- **145** lich nur tatsächlich realisierte Gewinne vereinnahmt werden dürfen, gebietet § 252 Abs. 1 Nr. 4 HGB die **Antizipation von vorhersehbaren Risiken und Verlusten,** sobald diese verursacht und nicht erst, wenn diese eingetreten sind. Diese unterschiedliche Behandlung unrealisierter Gewinne und Verluste wird als Imparitätsprinzip bezeichnet. Durch die gewinnmindernde Erfassung von unrealisierten Verlusten soll eine überhöhte Ausschüttung an die Gesellschafter vermieden und somit die Unternehmenssubstanz erhalten werden.[282] Das Erfordernis der Vorhersehbarkeit besagt, dass eine gewisse Wahrscheinlichkeit für den Eintritt der Risiken oder Verluste bestehen muss, die auch nach Erfahrungswerten bestimmt werden kann. Das Imparitätsprinzip hat u.a. seinen Niederschlag im Niederstwertgrundsatz[283] gefunden, der insbesondere in § 253 Abs. 4 HGB die Abwertung von Vermögensgegenständen des Umlaufvermögens auf den niedrigeren Börsen- oder Marktpreis bzw. den niedrigeren beizulegenden Wert am Abschlussstichtag gebietet.

ii) Periodisierungsprinzip. Aufwendungen und Erträge des Geschäftsjahres sind unabhän- **146** gig von den Zeitpunkten der entsprechenden Zahlungseingänge oder -ausgänge im Jahresabschluss zu berücksichtigen (§ 252 Abs. 1 Nr. 5 HGB). Im Unterschied zu einer sog. „Einnahmen-Ausgaben-Rechnung", die z.B. den Anforderungen des § 4 Abs. 3 EStG für Zwecke der Besteuerung genügt, sind nach dem Grundsatz der Periodenabgrenzung Verminderungen bzw. Erhöhungen des Gesellschaftsvermögens regelmäßig bereits im **Zeitpunkt ihrer wirtschaftlichen Verursachung** erfolgswirksam zu erfassen (Verursachungsprinzip). Der Zeitpunkt der jeweiligen effektiven Mittelzu- oder -abflüsse ist für den Jahresabschluss hingegen nicht maßgeblich. So führen z.B. Anlageninvestitionen (Ausgaben) nicht bereits in dem Geschäftsjahr ihrer Vornahme zu Aufwendungen in entsprechender Höhe. Vielmehr wird der aus dem Wertverzehr des Anlageguts resultierende betriebliche Aufwand über die Nutzungsdauer in Form von jährlichen Abschreibungen verrechnet, d.h. periodisiert. Andererseits ist der Vorschrift des § 252 Abs. 1 Nr. 5 HGB zu entnehmen, dass für die Erfolgs-

---

[276] BeckBilKomm/*Winkeljohann/Büssow* § 252 Rn. 45 m.w.N.
[277] BFHE 95, 37, BStBl. II 1969, 296.
[278] Vgl. IAS 11.
[279] Strittig; A/D/S § 252 Rn. 86 ff. halten zwar bei Erfüllung von enumerativ aufgezählten restriktiven Voraussetzungen eine Teilgewinnrealisierung in diesen Fällen ausnahmsweise für zulässig; die h.M. ist indessen unverändert restriktiv, vgl. hierzu BeckBilKomm/*Grottel/Pastor* § 255 Rn. 457 ff., 462.
[280] → Rn. 179.
[281] → Rn. 181 ff.
[282] → Rn. 121.
[283] → Rn. 198 ff.

rechnung handelsrechtlich nur solche Aufwendungen und Erträge von Belang sind, die – früher oder später – mit Zahlungsvorgängen verbunden sind.

147 Nur eine vollständige und richtige Abgrenzung der Aufwendungen und Erträge einer Periode sichert die Ermittlung eines wirtschaftlich zutreffenden Periodengewinns. Neben der aktiven und passiven Rechnungsabgrenzung (§ 250 HGB), die eine verursachungsgerechte Zuordnung von Ausgaben und Einnahmen bezweckt,[284] stellt die Rückstellungsbildung[285] (§ 249 HGB) ein maßgebliches Instrument der periodengerechten Gewinnermittlung dar. Daneben verwirklicht sich das Prinzip der Periodenabgrenzung durch die Aktivierung von Investitionen, Wertschöpfungen und Forderungen und durch die Passivierung von Verbindlichkeiten.

148 *jj) Bilanzkontinuität.* In § 252 Abs. 1 Nr. 1 HGB ist das Postulat aufgestellt, dass die **Wertansätze** in Eröffnungs- und vorheriger Jahres-Schlussbilanz **identisch** sein müssen. Die Vorschrift spricht von der „Eröffnungsbilanz des Geschäftsjahres" und meint damit die bei Beginn des Geschäftsjahres ausgewiesenen Wertansätze der einzelnen Positionen der Bilanz. Diese sollen mit den Wertansätzen in der Schlussbilanz des vorangegangenen Geschäftsjahres übereinstimmen. Die Eröffnungsbilanz im Sinne des § 252 Abs. 1 Nr. 1 HGB – richtiger: die Gesamtheit der aus dem vorangegangenen Geschäftsjahr buchhalterisch vorgetragenen Kontensalden der Bestandskonten (die sog. Eröffnungsbuchungen) – ist nicht mit der Eröffnungsbilanz zu Beginn des Handelsgewerbes (§ 242 Abs. 1 HGB) zu verwechseln, auf welche die Vorschriften der Jahresbilanz entsprechende Anwendung finden.[286] Im Folgenden wird daher von „Eröffnungswerten" gesprochen.

149 Der Gesetzeswortlaut stellt allein auf die **Kontinuität der Wertansätze** ab. Danach dürfen die Eröffnungswerte einzelner Bilanzposten (Vermögensgegenstände, Schulden, Rechnungsabgrenzungsposten) nicht von den entsprechenden Werten in der Schlussbilanz des Vorjahres abweichen. Dies gilt auch für den Fall, dass sich die Neubewertungen einzelner Unterposten gegenseitig aufheben, der Gesamtwert einer Bilanzposition (z. B. Vorräte) also unverändert bleibt.[287] Der Grundsatz der Bilanzkontinuität umfasst jedoch nicht nur die Bewertungskontinuität, sondern auch die formelle Identität des Bilanzinhalts (Darstellungsstetigkeit), die für Kapitalgesellschaften in § 265 Abs. 1 HGB verbindlich angeordnet ist.[288] Der Grundsatz der formellen Identität der bilanziellen Wertansätze des § 252 Abs. 1 Nr. 1 HGB wird ergänzt durch den Grundsatz der Methodenstetigkeit[289] (§ 252 Abs. 1 Nr. 6 HGB). Wie bei allen übrigen, in § 252 Abs. 1 HGB geregelten Grundsätzen, sind in begründeten Fällen Ausnahmen zulässig (§ 252 Abs. 2 HGB). Der Grundsatz der Bewertungsstetigkeit wird in § 246 Abs. 3 HGB durch das Erfordernis ergänzt, gewählte Ansatzmethoden beizubehalten (Ansatzstetigkeit).

150 *kk) Fortführungsgrundsatz („Going Concern").* Bei der Bewertung der Vermögensgegenstände und Schulden eines Unternehmens ist nach § 252 Abs. 1 Nr. 2 HGB von der **Fortführung der Unternehmenstätigkeit** auszugehen (Fortführungsgrundsatz oder „Going-Concern-Prinzip"), sofern nicht tatsächliche oder rechtliche Gründe entgegenstehen. Es handelt sich um einen fundamentalen Bilanzierungsgrundsatz, der bereits vor seiner Kodifizierung Geltung hatte und nicht allein Fragen der Bewertung sondern auch des Bilanzansatzes umfasst.[290] Die Bewertungsvorschriften der §§ 253 bis 256 HGB, die für alle Kaufleute gelten, finden nach diesem Grundsatz nur dann uneingeschränkte Anwendung, wenn zu unterstellen ist, dass die Gesellschaft als funktionierende wirtschaftliche Einheit fortgeführt werden kann. Fortführungsfähigkeit bedeutet, dass die Gesellschaft bei vernünftiger kaufmännischer Beurteilung ihre Tätigkeit als werbendes Unternehmen über einen übersehbaren Zeit-

---

[284] → Rn. 270 ff.
[285] → Rn. 305 ff.
[286] Hierzu → Rn. 212.
[287] A/D/S § 252 Rn. 12.
[288] → Rn. 173.
[289] → Rn. 206.
[290] A/D/S § 252 Rn. 23.

raum wird fortsetzen können.²⁹¹ Üblicherweise wird dabei von einem (Mindest-)Zeitraum von zwölf Monaten ausgegangen. Es dürfen jedoch noch keine Anhaltspunkte dafür vorliegen, dass die Fortführungsprognose nach Ablauf dieses Zeitraums nicht mehr aufrechterhalten werden kann.²⁹²

Das Going-Concern-Prinzip verbietet hingegen eine Beibehaltung der „Normalbewertung" nach dem Anschaffungswertprinzip, wenn eine Unternehmensfortführung nach den objektiven Umständen (den rechtlichen und tatsächlichen Gegebenheiten) nicht mehr möglich oder nach dem Willen der Gesellschafter nicht mehr beabsichtigt ist. In Fällen der eingetretenen Insolvenz (§§ 16 ff. InsO) oder der beschlossenen Liquidation (§§ 60 ff. GmbHG) ist die Fortführungsprämisse in der Regel nicht mehr aufrecht zu erhalten. Folgende Maßnahmen können – ungeachtet einer möglicherweise noch ausstehenden betriebswirtschaftlichen Krisenbewältigung („Turnaround") – in Überschuldungsfällen den Bestand des Unternehmens einstweilen absichern und damit die weitere Anwendbarkeit der Fortführungsprämisse für Zwecke der Aufstellung des Jahresabschlusses gewährleisten:

- Rangrücktrittsvereinbarungen mit Gläubigern (z. B. Gesellschaftern)
- Forderungsverzichte durch Gläubiger (ggf. mit Besserungsschein)
- Gewährung von Zuschussleistungen, Gesellschaftereinlagen oder anderen Zuwendungen, sofern diese der Gesellschaft einen nicht entziehbaren Anspruch verschaffen
- Patronatserklärungen, welche die Kapital- und/oder Liquiditätsausstattung der Gesellschaft in Form eines nicht entziehbaren Anspruchs sichern.

Diese bestandserhaltenden Maßnahmen sollten bis zur Fertigstellung des Jahresabschlusses, bei prüfungspflichtigen Gesellschaften bis zur Beendigung der Abschlussprüfung²⁹³ getroffen werden.

Ist die handelsrechtliche Fortführungsprognose für die Gesellschaft **negativ**, ergeben sich die Bewertungsmaßstäbe für die Bilanzierung nicht mehr zwingend aus den allgemeinen Vorschriften. Vielmehr hat die Bewertung der Vermögensgegenstände grundsätzlich unter **Veräußerungsgesichtspunkten** zu erfolgen, wobei – je nach Lage des Falles – eine Einzel- oder eine Gesamtveräußerung des Unternehmensvermögens in Betracht zu ziehen ist (Ansatz von Liquidations- oder Versilberungswerten). Dies gilt zumindest in Fällen einer krisenbedingten ungeplanten Aufgabe der Unternehmenstätigkeit.

Beruht die Einstellung der Unternehmenstätigkeit indessen auf einem Auflösungsbeschluss gemäß § 60 Abs. 1 Nr. 2 GmbHG und wird die Gesellschaft abgewickelt, ist bei Beginn der Abwicklung eine **Abwicklungseröffnungsbilanz**²⁹⁴ zu erstellen. Für diese Bilanz kommt die spezielle Vorschrift des § 71 Abs. 2 Satz 2 GmbHG zur Anwendung, wonach – zumindest zunächst – die Vorschriften über den Jahresabschluss grundsätzlich entsprechend anzuwenden sind. Die Anlagegegenstände sind jedoch abweichend von den allgemeinen Grundsätzen wie Gegenstände des Umlaufvermögens (d.h. unter Zugrundelegung des strengen Niederstwertprinzips des § 253 Abs. 4 HGB) zu bewerten, soweit eine Veräußerungsabsicht besteht oder die Vermögensgegenstände keine betriebliche Verwendung mehr haben (§ 71 Abs. 2 Satz 3 HGB). Wird die Betriebstätigkeit tatsächlich im Ganzen oder teilweise eingestellt, ist insoweit von der bisherigen reinen Erfolgsbilanz auf eine **Liquidationsbilanz** überzugehen mit der Folge, dass die betreffenden Vermögensgegenstände nach Liquidationswerten neu zu bewerten sind. Im Fall der stillen Abwicklung sind die voraussichtlichen Nettoveräußerungserlöse anzusetzen.²⁹⁵ Sowohl bei erzwungenen als auch bei geplanten Stilllegungen sind überdies häufig zusätzliche Aufwendungen (z. B. für Sozialpläne und andere Abwicklungskosten) durch Rückstellungen zu berücksichtigen.²⁹⁶

c) **Aufbau und Gliederung.** Für den Jahresabschluss sind lediglich einige grundlegende Anforderungen für Aufbau und Gliederung der Bilanz vorgesehen, die für alle Kaufleute gel-

---

²⁹¹ A/D/S § 252 Rn. 24.
²⁹² Vgl. BeckBilKomm/*Winkeljohann/Büssow* § 252 Rn. 11; vgl. auch *Groß/Amen* WPg 2002, 433 f.
²⁹³ A/D/S § 252 Rn. 25 a. E.
²⁹⁴ Vgl. hierzu: Lutter/Hommelhoff/*Kleindiek* § 71 Rn. 2.
²⁹⁵ BeckBilKomm/*Winkeljohann/Büssow* § 252 Rn. 19.
²⁹⁶ A/D/S § 252 Rn. 35.

ten (§ 247 HGB). Demgegenüber sind in den für Kapitalgesellschaften geltenden §§ 266, 275 HGB detaillierte Gliederungsschemata für die Bilanz und die Gewinn- und Verlustrechnung vorgegeben, die für den Bilanzierenden grundsätzlich verpflichtend sind, soweit im Gesetz nicht abweichende Gestaltungsmöglichkeiten oder Erleichterungen eingeräumt werden.

156   aa) Grundgliederung. Nach § 266 HGB haben mittelgroße und große Gesellschaften[297] (§ 267 Abs. 2 und 3 HGB) ihre Bilanz unter Angabe der jeweils für die Aktivseite (§ 266 Abs. 2 HGB) und die Passivseite (§ 266 Abs. 2 HGB) angegebenen Posten gesondert und in der vorgeschriebenen Reihenfolge auszuweisen. Das gesetzliche Gliederungsschema für die Bilanz in der vom Gesetz angeordneten Kontoform (§ 266 Abs. 1 S. 1 HGB) ist nachfolgend unter → Rn. 211 dargestellt. Der mittelgroßen GmbH werden lediglich Erleichterungen im Rahmen der Offenlegung gewährt (§ 327 HGB), wohingegen kleine Gesellschaften nur eine verkürzte Bilanz aufzustellen haben, welche die durch arabische Ziffern gekennzeichneten Untergliederungen von Posten nicht enthalten muss.[298]

157   Die Bestimmungen über die Gliederung der Gewinn- und Verlustrechnung sind in § 275 HGB ebenfalls einheitlich für alle Kapitalgesellschaften getroffen. Kleine und mittelgroße Gesellschaften dürfen jedoch gemäß § 276 Abs. 1 Satz 1 HGB bestimmte gesetzlich vorgeschriebene Posten zu einem „Rohergebnis" zusammenfassen. Kleine Gesellschaften brauchen die Gewinn- und Verlustrechnung außerdem nicht zu veröffentlichen; der Anhang braucht dabei die diesbezüglichen Zusatzangaben nicht zu enthalten. Gliederungsvorschriften für den Anhang enthält das Gesetz nicht. Hier haben sich indessen mittlerweile feste Gepflogenheiten herausgebildet.[299]

158   Die **Gliederungserleichterungen** für die kleine Gesellschaft sind für den Prozess der Aufstellung des Jahresabschlusses von zu vernachlässigender Bedeutung. Wichtig werden die Erleichterungen für die Vorlagepflicht gegenüber den Gesellschaftern (§ 42a Abs. 1 GmbHG), die gemäß § 46 Nr. 1 GmbHG über die Feststellung des Jahresabschlusses zu entscheiden haben. Vorlagepflichtig ist in diesen Fällen lediglich die verkürzte Bilanz und ggf. Gewinn- und Verlustrechnung. Entsprechendes gilt in dem Fall, dass die Gesellschaft über einen Wirtschaftsausschuss nach § 106 BetrVG verfügt, dem gemäß § 108 Abs. 5 BetrVG der Jahresabschluss unter Beteiligung des Betriebsrates zu erläutern ist.

159   bb) Besondere Bilanzposten. Nachfolgend sind einige besondere Bilanzposten erläutert, die mit einer Ausnahme Gegenstand der Bilanzrechtsmodernisierung durch das BilMoG waren.

160   (1) Aufwendungen für die Ingangsetzung und Erweiterung des Geschäftsbetriebes. Nach altem Recht (§ 269 HGB a. F.) durften Aufwendungen für die Ingangsetzung und die Erweiterung des Geschäftsbetriebes als Bilanzierungshilfe[300] aktiviert werden. Zweck dieses Ansatzwahlrechts war die Vermeidung eines Verlustausweises, einer Unterbilanz oder einer (formellen) Überschuldung in Anlauf- oder Erweiterungsphasen eines Unternehmens durch die unter bestimmten Voraussetzungen ausnahmsweise zulässige Aktivierung eines nach allgemeinen Grundsätzen ergebniswirksam zu verrechnenden Periodenaufwands. § 269 HGB ist durch das BilMoG gestrichen worden, nach Inkrafttreten der Neuregelung können bisherige Posten nur noch wahlweise übergangshalber fortgeführt werden (Art. 67 Abs. 5 EGHGB). Die mit der aufgehobenen Vorschrift verfolgten Ziele können nach Auffassung des Gesetzgebers nunmehr in vielen Fällen durch den Ansatz selbst geschaffener immaterieller Vermögensgegenstände in Ausübung des neugeschaffenen Ansatzwahlrechts gemäß § 248 Abs. 2 HGB verwirklicht werden.

161   (2) Latente Steuern. Die Bilanzierung latenter Steuern beruht auf **temporären** Abweichungen zwischen handelsbilanziellen Wertansätzen von Vermögensgegenständen, Schulden

---

[297] → Rn. 105 ff.
[298] Für Kleinst-Kapitalgesellschaften gemäß § 267a HGB gelten weitergehende Gliederungserleichterungen (§§ 266 Abs. 1 S. 4, 275 Abs. 5 HGB).
[299] → Rn. 375 f.
[300] A/D/S § 269 Rn. 8.

und Rechnungsabgrenzungsposten und den korrespondierenden steuerlichen Wertansätzen. Gegenstand der Bilanzierung sind also nur solche **Ansatz- oder Bewertungsunterschiede** zwischen den handelsbilanziellen und steuerrechtlichen Rechenwerken, die sich später wieder ausgleichen und dabei – gegenüber der bisherigen, auf abweichenden steuerrechtlichen Vorschriften beruhenden Behandlung - voraussichtlich zu einer Steuerbe- oder -entlastung führen werden. Die handelsbilanzielle Behandlung nimmt diese am Abschlussstichtag erkennbaren steuerlichen Umkehreffekte rechnerisch vorweg und erhöht damit nach verbreiteter Auffassung die Aussagekraft der handelsrechtlichen Rechnungslegung, da sie zu einem zutreffenderen Vermögensausweis führt.

Bis zur Bilanzrechtsmodernisierung hatte die Bilanzierung latenter Steuern im handelsrechtlichen Einzelabschluss keine nennenswerte praktische Bedeutung erlangt. Ein wesentlicher Grund hierfür war, dass Abweichungen der beschriebenen Art in der früheren Bilanzierungspraxis – soweit handels- und steuerrechtlich zulässig – unter dem Gesichtspunkt der Einheitsbilanz häufig vermieden werden konnten.[301] Zudem blieben temporäre Differenzen zwischen den Ansätzen in Handels- und Steuerbilanz, die sich erst zu einem am Stichtag noch ungewissen zukünftigen Zeitpunkt aufgrund einer gesonderten Disposition des Bilanzierenden umkehren (sog. quasi-permanente Differenzen), oder solche, die erfolgsneutral entstanden waren, konzeptionell außer Betracht.

Durch das BilMoG wurde das Konzept der Bilanzierung latenter Steuern demgegenüber grundlegend geändert.[302] Der Anwendungsbereich des bisherigen § 274 HGB wurde nämlich zum einen auf der Grundlage des nunmehr geltenden bilanzorientierten „Temporary-Konzepts" auf quasi-permanente und erfolgsneutral entstandene Differenzen erweitert. Ferner sind nach neuem Recht zukünftige wirtschaftliche Vorteile aus der Geltendmachung von **steuerlichen Verlustvorträgen** sowie Steuergutschriften und ähnlichen Sachverhalten (z.B. „Zinsvorträgen" als Folge der steuerlichen Zinsschranke nach §§ 4h EStG, 8a KStG) zusätzlich in die Ermittlung (aktiver) latenter Steuern einzubeziehen, sofern sich die daraus potenziell resultierenden Steuerminderungseffekte voraussichtlich in den folgenden fünf Jahren realisieren werden.[303] Außerdem hat die aufgrund des BilMoG über die bisherige Rechtslage hinausgehende Abkopplung des Handelsbilanzrechts vom Steuerbilanzrecht (bedingt durch den Wegfall der sog. „umgekehrten Maßgeblichkeit"[304] und die gleichzeitige Schaffung eines steuerlichen Wahlrechtsvorbehalts)[305] dazu geführt, dass sich der Umfang möglicher temporärer Differenzen erhöhte.[306] Schließlich haben sonstige bilanzrechtliche Neuerungen des BilMoG (z.B. der wahlweise Ansatz von selbstgeschaffenen immateriellen Werten,[307] die Pflicht zur Verrechnung von Altersversorgungsverpflichtungen mit einem hierfür bestehenden Deckungsvermögen,[308] die obligatorische Berücksichtigung zukünftiger Preis- und Kostenentwicklungen bei der Bemessung von Rückstellungen)[309] zu weiteren temporär unterschiedlichen Ansätzen in Handels- und Steuerbilanz und damit in der Folge zu weiteren Latenzfällen geführt. Die praktische Bedeutung latenter Steuern für den Jahresabschluss hat daher gegenüber der alten Rechtslage deutlich zugenommen.

Zur Entstehung **aktiver latenter Steuern** kann es immer dann kommen, wenn das handelsbilanziell ausgewiesene Vermögen **geringer** ist als das nach steuerrechtlichen Vorschriften anzusetzende Vermögen, wenn also in der Handelsbilanz Vermögensgegenstände nicht oder zu einem niedrigeren, Schulden zu einem höheren Wertansatz als nach Steuerrecht ausgewiesen werden. Dies kann z.B. geschehen, wenn außerplanmäßige Abschreibungen auf Vermögensgegenstände der Handelsbilanz steuerrechtlich keine Entsprechung haben, da Teilwertabschreibungen steuerrechtlich – anders als im Handelsrecht – einem Wahlrecht un-

---

[301] → Rn. 111.
[302] BeckBilKomm/*Kozikowski/Fischer* § 274 Rn. 1 ff.
[303] BeckBilKomm/*Kozikowski/Fischer* § 274 Rn. 40 ff.
[304] → Rn. 111.
[305] → Rn. 110.
[306] → Rn. 113.
[307] → Rn. 210.
[308] → Rn. 137.
[309] → Rn. 330.

terliegen (vgl. § 6 Abs. 1 Nr. 1 und 2 EStG). Umgekehrt verhält es sich im Fall **passiver latenter Steuern**. Diese entstehen, wenn das handelsbilanziell ausgewiesene Vermögen **höher** ist als das nach steuerrechtlichen Vorschriften anzusetzende Vermögen. Für Zwecke der steuerlichen Gewinnermittlung werden also Vermögensgegenstände nicht oder zu einem niedrigeren oder Schulden zu einem höheren Wert angesetzt als in der Handelsbilanz. Dies ist z. B. dann der Fall, wenn handelsbilanziell von dem Ansatzwahlrecht des § 248 Abs. 2 HGB für selbst geschaffene immaterielle Vermögensgegenstände Gebrauch gemacht wurde, die steuerrechtlich einem Ansatzverbot unterliegen (§ 5 Abs. 2 EStG). Zu passiven latenten Steuern kommt es ferner dann, wenn für steuerliche Zwecke vermögensmindernd eine steuerfreie Rücklage (z. B. nach § 6b Abs. 3 Satz 1 EStG) gebildet wurde, die seit Inkrafttreten des BilMoG wegen des Wegfalls der „umgekehrten Maßgeblichkeit"[310] handelsbilanziell außer Ansatz bleiben muss.

164 Der **Bewertung** von latenten Steuern sind die unternehmensindividuellen Steuersätze zugrundezulegen, die voraussichtlich im Zeitpunkt der Umkehrung der zeitlichen Differenzen gültig sind (§ 274 Abs. 2 Satz 1 HGB). Sind diese Steuersätze nicht bekannt, sind die individuellen Steuersätze zu verwenden, die am Bilanzstichtag gültig sind. Ein geänderter Steuersatz ist bereits dann anzuwenden, wenn der Bundesrat dem Steuergesetz vor oder am Bilanzstichtag zugestimmt hat. Eine Abzinsung von aktiven oder passiven latenten Steuern ist nicht zulässig (§ 274 Abs. 2 S. 1 HGB).

165 Durch das BilMoG wurde auch der **Ausweis** von latenten Steuern neu geregelt. Dieser war zuvor im gesetzlichen Gliederungsschema des § 266 Abs. 2 und 3 HGB nicht explizit vorgesehen, sondern in Einzelvorschriften geregelt. Die gestiegene Bedeutung latenter Steuern findet nunmehr ihren Ausdruck darin, dass diese Posten als „Aktive latente Steuern" bzw. „Passive latente Steuern" jeweils als letzter Posten von Aktiv- und Passivseite Bestandteil des gesetzlichen Gliederungsschemas sind. Darüber hinaus sieht das Gesetz für latente Steuern Erläuterungspflichten im Anhang vor (§ 285 Nr. 29 HGB). Es enthält in § 274 Abs. 1 HGB ferner ein kombiniertes **Saldierungs- und Ansatzwahlrecht**[311] für latente Steuern und geht dabei davon aus, dass aktive und passive latente Steuern für Ausweiszwecke im Regelfall miteinander verrechnet werden und sich somit im Ergebnis entweder ein aktivisch oder passivisch auszuweisender Posten latenter Steuern ergibt (§ 274 Abs. 1 Satz 1 HGB). Stattdessen können die aktiven und passiven latenten Steuern jedoch wahlweise auch unverrechnet angesetzt werden (§ 274 Abs. 1 Satz 3 HGB). Ergibt sich bei einem saldierten Ausweis latenter Steuern ein Aktivüberhang, d. h. übersteigen betragsmäßig die aktiven die passiven latenten Steuern, so kann von dem Ansatz eines solchen Aktivpostens abgesehen werden (§ 274 Abs. 1 Satz 2 HGB). Erfolgt in diesem Fall stattdessen ein Ausweis des übersteigenden Betrages, unterliegt der daraus resultierende ergebniserhöhende Effekt nach Abzug hierauf entfallender latenter Steuern aus Gründen des Vorsichtsprinzips[312] einer **Ausschüttungssperre** (§ 268 Abs. 8 Satz 2 HGB). Die genannten Wahlrechte sind stetig auszuüben.[313]

166 Kleine Kapitalgesellschaften sind zwar grundsätzlich von der Pflicht zur Bilanzierung von Steuerlatenzen befreit (§ 274a Nr. 5 HGB). Laut der Gesetzesbegründung[314] und einer verbreiteten Meinung[315] haben kleine Kapitalgesellschaften passive latente Steuern gleichwohl dann zu ermitteln, wenn diese im konkreten Fall die Tatbestandsvoraussetzungen für die Bildung einer **Rückstellung** nach § 249 Abs. 1 Satz 1 HGB erfüllen, denn die Anwendung dieser allgemeinen Vorschrift ist durch den allein auf § 274 HGB bezogenen Befreiungstatbestand des § 274a Nr. 5 HGB nicht ausgeschlossen.[316] Nach wie vor ist jedoch strittig, in

---

[310] → Rn. 111.
[311] BeckBilKomm/*Kozikowski/Fischer* § 274 Rn. 14 f.
[312] BeckBilKomm/*Kozikowski/Fischer* § 274 Rn. 42.
[313] BeckBilKomm/*Kozikowski/Fischer* § 274 Rn. 15.
[314] BT-Drucks. 16/10067, S. 68.
[315] Vgl. *Gehlhausen/Fey/Kämpfer*, S 313; IDW in IDW RS HFA 7, Tz. 24 (WPg Supplement 1/2012, S. 73 ff.).
[316] Vgl. Begr. RegE S. 150.

welchen Fällen passiver Latenzen eine solche Rückstellungspflicht tatsächlich besteht und welche Regeln für die Bewertung der Rückstellung gelten.[317]

(3) Ausstehende Einlagen, eingeforderte Nachschüsse, Gesellschafterforderungen und -verbindlichkeiten. Eine Erweiterung des gesetzlichen Gliederungsrahmens kann sich hingegen unverändert ergeben, wenn Einlagen auf das gezeichnete Kapital (Stammeinlagen) noch nicht bzw. noch nicht in voller Höhe erbracht wurden. Während das Gesetz jedoch in § 272 Abs. 1 HGB in der bisher geltenden Fassung wahlweise zwei Ausweisvarianten anbot, sind ausstehende, noch nicht eingeforderte Einlagen nach Inkrafttreten des BilMoG stets von dem Posten „Gezeichnetes Kapital" offen abzusetzen („Nettomethode"). Der danach verbleibende Eigenkapitalbetrag ist als Posten „Eingefordertes Kapital" auszuweisen.

Wurden statt im Wege der Durchführung einer Kapitalerhöhung auf der Grundlage einer Nachschusspflicht von den Gesellschaftern zusätzliche Beträge eingefordert, sind diese unter den Forderungen gesondert unter der Bezeichnung „Eingeforderte Nachschüsse" auszuweisen (§ 42 Abs. 2 GmbHG), soweit mit der Zahlung gerechnet werden kann. Ein entsprechender Betrag ist auf der Passivseite unter dem Posten „Kapitalrücklage"[318] gesondert auszuweisen.

Ferner ordnet § 42 Abs. 3 GmbHG als rechtsformspezifische Ausweisvorschrift an, dass Ausleihungen, Forderungen und Verbindlichkeiten gegenüber Gesellschaftern „in der Regel" als solche gesondert auszuweisen oder im Anhang anzugeben sind. Wird dem Regelausweis gefolgt, ist das gesetzliche Gliederungsschema um entsprechend bezeichnete Posten (z. B. „Forderungen gegen Gesellschafter", „Verbindlichkeiten gegenüber Gesellschaftern") zu erweitern. Alternativ ist eine Angabe im Anhang zulässig.

(4) Sonderposten mit Rücklageanteil. Da nach dem bisher geltenden Grundsatz der formellen („umgekehrten") Maßgeblichkeit (§ 5 Abs. 1 Satz 2 EStG a. F.)[319] zur Erlangung bestimmter subventioneller Vergünstigungen angesetzte steuerliche Rücklagen (z. B. gem. § 6b Abs. 3 EStG, R 35 Abs. 4 EStR oder § 7g EStG) für Zwecke der steuerlichen Gewinnermittlung nur anzuerkennen waren, wenn diese auch in der Handelsbilanz gebildet wurden, enthielt das Gesetz vor Inkrafttreten des BilMoG in Form von sog. „Öffnungsklauseln" entsprechende Ansatz- und Ausweisvorschriften für den handelsrechtlichen Jahresabschluss. Diese erlaubten die Durchbrechung handelsrechtlicher Bilanzierungsregeln zu bestimmten steuerlichen Zwecken. Danach waren unversteuerte Rücklagen in der Handelsbilanz unter der Postenbezeichnung „Sonderposten mit Rücklageanteil" auf der Passivseite vor den Rückstellungen (§ 266 Abs. 3 B. HGB) gesondert auszuweisen. Die Neubildung solcher Posten ist seit Inkrafttreten des BilMoG unzulässig.

Dem bisher durch den Ausweis in der Handelsbilanz genügten steuerrechtlichen Nachweiserfordernis ist nunmehr durch entsprechende steuerliche Nebenrechnungen Rechnung getragen (vgl. § 5 Abs. 1 Satz 2 EStG). Bei Inkrafttreten des BilMoG gebildete Sonderposten dürfen jedoch fortgeführt und entsprechend den ihnen zugrundeliegenden steuerlichen Vorschriften aufgelöst werden (Art. 67 Abs. 3 EGHGB).

(5) Bilanzielle Überschuldung. Ist das Eigenkapital[320] der Gesellschaft durch Verluste (Jahresfehlbetrag, Verlustvortrag oder Bilanzverlust) nicht nur aufgebraucht, sondern übersteigen die Passivposten die Aktivposten (Überschuldung), so ist das sich danach ergebende „negative Eigenkapital" auf der Aktivseite „am Schluss der Bilanz" gesondert unter der Bezeichnung **„Nicht durch Eigenkapital gedeckter Fehlbetrag"** auszuweisen (§ 268 Abs. 3 HGB). Es ist in diesen Fällen also nicht zulässig, den Minusbetrag des Eigenkapitals auf der Passivseite der Bilanz zu zeigen. Die passivische Ausweispflicht hinsichtlich des Eigenkapitals besteht indessen unverändert fort, wenngleich der ausgewiesene Wert im Ergebnis „0" beträgt. Der nicht durch Eigenkapital gedeckte Fehlbetrag ist die buchmäßige (formelle) Überschuldung. Zu einer insolvenzrechtlichen Überschuldungsmessung ist sie hingegen

---
[317] Für eine sehr restriktive Anwendung: *Förster/Beer*, StuW 2012, S. 85; *Kleemann/Metzing*, DStR 2012, S. 2405; *Pollanz* DStR 2013, S. 58.
[318] → Rn. 281 ff.
[319] → Rn. 111.
[320] Zum Begriffsinhalt → Rn. 275.

nicht geeignet. Diese ist vielmehr unter Berücksichtigung der hierfür geltenden besonderen Grundsätze zu ermitteln (§ 19 InsO), die mehrfach gesetzlichen Änderungen unterlagen.

173 **d) Gliederungsgrundsätze.** *aa) Darstellungsstetigkeit.* Nach § 265 Abs. 1 HGB, der Ausfluss des Grundsatzes der Bilanzkontinuität[321] ist, hat das bilanzierende Unternehmen die Pflicht, die Form der Darstellung, insbesondere die Gliederung von Bilanz und Gewinn- und Verlustrechnung, beizubehalten, um die Vergleichbarkeit der Jahresabschlüsse im Zeitablauf zu gewährleisten (Grundsatz der Darstellungsstetigkeit). Abweichungen, die nur in Ausnahmefällen zulässig sind, müssen im Anhang angegeben und begründet werden. Eine einmal getroffene Entscheidung über Aufbau und Gliederung des Jahresabschlusses hat grundsätzlich **Bindungswirkung** für die Zukunft. Dies gilt gleichsam als übergeordnetes Prinzip auch für die nachfolgend dargestellten Einzelfragen der Gliederung.

174 *bb) Angabe der Vorjahresbeträge.* Die von § 265 Abs. 1 HGB geforderte Vergleichbarkeit im Zeitablauf wird durch die Anforderung unterstützt, zu den einzelnen Posten von Bilanz und Gewinn- und Verlustrechnung die jeweiligen **Vorjahresbeträge** anzugeben und zusätzliche Erläuterungen im Anhang zu machen, falls – ausnahmsweise – die Vergleichbarkeit nicht gegeben ist (§ 265 Abs. 2 HGB). Sofern der Grundsatz der Klarheit und Übersichtlichkeit nicht verletzt ist, können Vorjahresbeträge auf volle Beträge bzw. auf TEUR oder Mio. EUR gerundet werden. Führen Ausweisänderungen zu mangelnder **Vergleichbarkeit,** kann der Bilanzierende auf die Ausweisänderung im Anhang erläutern (§ 265 Abs. 2 Satz 2 HGB) oder die entsprechenden Werte des Vorjahresabschlusses an die geänderte Ausweisform des laufenden Jahres anpassen und hierzu die notwendigen Erläuterungen im Anhang geben (§ 265 Abs. 2 Satz 3 HGB).

175 *cc) Mitzugehörigkeit zu anderen Posten, Vorliegen mehrerer Geschäftszweige.* Fällt ein Bilanzierungsobjekt gleichzeitig unter mehrere im Gliederungsschema vorgesehene Posten, ist nach § 265 Abs. 3 HGB die Mitzugehörigkeit zu anderen Posten unter dem Posten zu vermerken, unter dem der Ausweis erfolgt ist (Davon-Vermerk), oder im Anhang anzugeben, wenn dies aus Gründen der Klarheit und Übersichtlichkeit erforderlich ist. Dies ist nur dann der Fall, wenn diese Information für die Vermittlung eines zutreffenden Bildes als wesentlich anzusehen ist. Ist eine GmbH in mehreren Geschäftszweigen tätig, sieht § 265 Abs. 4 HGB vor, dass der Bilanzierung die Gliederung eines Geschäftszweiges zugrundezulegen (Grundgliederung) und um die spezifischen Anforderungen des oder der anderen zu ergänzen ist.

176 *dd) Freiwillige Untergliederungen, Hinzufügung neuer Posten.* Über die gesetzlichen Gliederungsschemata in §§ 266, 275 HGB hinaus, die bestimmte Untergliederungen und Vermerkpflichten vorsehen,[322] sind unter Beachtung des Grundsatzes der Klarheit und Übersichtlichkeit freiwillig weitere Untergliederungen zulässig (§ 265 Abs. 5 Satz 1 HGB), sofern die vorgeschriebene Gliederung als Grundlage beibehalten wird. Daneben ist eine Hinzufügung neuer Posten, die im gesetzlichen Gliederungsschema nicht vorgesehen sind, nur unter der Voraussetzung zulässig, dass deren Inhalt nicht durch einen bereits bestehenden Posten gedeckt ist (§ 265 Abs. 5 Satz 2 HGB).

177 *ee) Änderung von Gliederung und Postenbezeichnungen.* Nach § 265 Abs. 6 HGB ist eine Änderung des gesetzlichen Gliederungsaufbaus bzw. der vorgeschriebenen Postenbezeichnungen gemäß §§ 266, 275 HGB unter bestimmten Voraussetzungen geboten oder zulässig. Gliederung und Bezeichnung der mit arabischen Ziffern versehenen Posten in Bilanz und Gewinn- und Verlustrechnung müssen geändert werden, wenn dies auf Grund branchenspezifischer Sachverhalte geboten ist (z.B. bei Unternehmen der Energieversorgung sowie bei Bergbau-, Mineralöl-, Leasing- oder bestimmten Dienstleistungsunternehmen).[323] Über diesen engen Gesetzeswortlaut hinaus werden aus § 265 Abs. 6 HGB auch generelle Änderungspflichten oder -wahlrechte abgeleitet. Verkürzungen der vorgeschriebenen Postenbe-

---

[321] → Rn. 148.
[322] Übersicht bei A/D/S § 265 Rn. 54.
[323] BeckBilKomm/*Winkeljohann/Büssow* § 265 Rn. 16.

ff) *Zusammenfassung von Posten, Leerposten.* Unter bestimmten, gesetzlich fixierten Voraussetzungen (§ 265 Abs. 7 HGB) dürfen mit arabischen Zahlen versehene Posten der Bilanz und der Gewinn- und Verlustrechnung zusammengefasst ausgewiesen werden, wenn nicht besondere Formvorschriften dem entgegenstehen. Posten, die keinen Bestand aufweisen (Leerposten), müssen im Jahresabschluss nicht aufgeführt werden, es sei denn, diese Position hat im Vorjahr einen Bestand ausgewiesen (§ 265 Abs. 8 HGB). 178

e) **Bewertungskonzeption des HGB.** *aa) Regelfall: Geltung des Anschaffungskostenprinzips.* Die Bewertungskonzeption des HGB ist – rechtsformunabhängig – in den allgemeinen Bewertungsgrundsätzen der §§ 252 bis 256 HGB niedergelegt. In § 253 Abs. 1 Satz 1 HGB ist für alle Bilanzierenden die Bewertung von Gegenständen des Anlage- oder Umlaufvermögens in Höhe der (unter Berücksichtigung planmäßiger und außerplanmäßiger Pflichtabschreibungen gemäß § 253 Abs. 1, 3 und 4 HGB) **fortgeführten Anschaffungs- oder Herstellungskosten** als verbindliche **Wertobergrenze** festgelegt. Diese Grenze folgt aus dem **Realisationsprinzip** (§ 252 Abs. 2 Nr. 4, 2. Halbsatz HGB),[325] das den Ausweis nicht realisierter Gewinne verbietet – denn hierauf würde ein Überschreiten der Wertobergrenze wirtschaftlich hinauslaufen. 179

Für Kapitalgesellschaften (und diesen gleichgestellte Personenhandelsgesellschaften i. S. d. § 264a HGB) stellen die fortgeführten Anschaffungs- und Herstellungskosten grundsätzlich eine verbindliche Wertuntergrenze dar. Einzelkaufleuten und nicht haftungsprivilegierte Personenhandelsgesellschaften war es vor Inkrafttreten des BilMoG noch gestattet, diese Grenze – allerdings ohne steuerliche Wirkung – **wahlweise** durch Abschreibungen auf einen niedrigeren nahen Zukunftswert (§ 253 Abs. 3 Satz 3 HGB a. F.) oder sogar durch weitere sog. Ermessens- oder Willkürabschreibungen (§ 253 Abs. 4 HGB a. F.) zu unterschreiten. Diese Abschreibungswahlrechte sind mit Inkrafttreten des BilMoG entfallen. 180

bb) Ausnahmefall: Beizulegender Zeitwert. Die Verbindlichkeit der fortgeführten Anschaffungs- oder Herstellungskosten als Wertobergrenze hat durch das BilMoG allerdings einige Ausnahmen erfahren. Bei der Bilanzierung von Finanzinstrumenten, die von Kredit- oder Finanzdienstleistungsinstituten mit Handelsabsicht erworben wurden (z. B. Aktien, Schuldverschreibungen, Optionsscheine, Geldmarktforderungen, Bezugsrechte aber auch Optionen, Futures, Swaps, Forwards und andere Derivate sowie Warenkontrakte), ist stets der **beizulegende Zeitwert** (Marktwert, international: „Fair Value") für den Bilanzansatz maßgeblich (§ 340e Abs. 3 HGB). 181

Dieser Wert ist also von den Unternehmen dieser Kategorie unabhängig davon anzusetzen, ob er die Grenze der fortgeführten Anschaffungs- oder Herstellungskosten zum Abschlussstichtag unter- oder überschreitet. Überschreitet aber der Marktwert zum Abschlussstichtag die fortgeführten Anschaffungs- und Herstellungskosten, führt eine entsprechende Zeitwertbilanzierung im Jahresabschluss zu einer Erfassung unrealisierter Gewinne, was eine Durchbrechung des Realisationsprinzips (§ 252 Abs. 2 Nr. 4 2. Halbsatz HGB) bedeutet. 182

Unterschreitet hingegen der aktuelle Marktwert den bisherigen Bilanzansatz zum Abschlussstichtag, ist dies aufgrund des Imparitätsprinzips (§ 252 Abs. 2 Nr. 4 1. Halbsatz HGB)[326] grundsätzlich in Form außerplanmäßiger Abschreibungen sogar zwingend geboten (Ausnahme: voraussichtlich nur vorübergehende Wertminderungen von Finanzanlagen, die ein Wahlrecht zur außerplanmäßigen Abschreibung begründen, § 253 Abs. 3 Satz 4 HGB). 183

Der Begriff des „**Finanzinstruments**", der bereits im Zuge der Transformationsgesetzgebung Eingang in das HGB gefunden hat (vgl. § 285 Satz 1 Nr. 18 und 19 und Satz 2 bis 5 HGB a. F.), ist der internationalen Rechnungslegung entlehnt und im HGB gesetzlich nicht definiert (beachte aber die Legaldefinition in § 1 Abs. 11 KWG). Es handelt sich um einen 184

---

[324] A/D/S § 265 Rn. 78.
[325] → Rn. 144.
[326] → Rn. 145.

unbestimmten Rechtsbegriff, der in seinem Inhalt durch die laufende Entwicklung von Finanzinnovationen geprägt ist.

185 Die herrschende Praxis versteht unter Finanzinstrumenten der Aktivseite im Wege einer negativen Abgrenzung alle Positionen, bei denen es sich nicht um immaterielle Güter, Sachanlagen, Vorräte, Steueransprüche, Sachleistungsforderungen oder Abgrenzungsposten handelt. Finanzinstrumente der Passivseite umfassen alle Positionen, bei denen es sich nicht um Eigenkapital, Sachleistungsverpflichtungen, Rückstellungen oder Abgrenzungsposten handelt. Die potenziellen Erscheinungsformen von Finanzinstrumenten sind daher vielfältig.

186 Der beizulegende Zeitwert bestimmt sich im Regelfall nach dem Marktwert, dessen Ermittlung allerdings das Bestehen eines aktiven Marktes voraussetzt (§ 255 Abs. 4 Satz 1 HGB). Ist ein solcher zu einem späteren Bewertungszeitpunkt nicht vorhanden, ist der beizulegende Zeitwert mit Hilfe allgemein anerkannter Bewertungsmethoden zu bestimmen (§ 255 Abs. 4 Satz 2 HGB).

187 Ist auch auf diesem Wege eine verlässliche Wertermittlung nicht möglich, „sind die Anschaffungs- oder Herstellungskosten gemäß § 253 Abs. 4 HGB fortzuführen" (§ 255 Abs. 4 Satz 3 HGB). Dies bedeutet, dass in solchen Fällen von der grundsätzlich vorgeschriebenen Zeitwertbilanzierung auf die herkömmliche Bewertung unter uneingeschränkter Geltung des Realisationsprinzips überzugehen ist, die eine Erfassung nicht realisierter Gewinne nicht zulässt. Zu diesem Zweck wird der letzte verlässlich ermittelte Zeitwert im Wege der gesetzlichen Fiktion den „Anschaffungs- oder Herstellungskosten" in diesem Sinne gleichgesetzt (§ 255 Abs. 4 Satz 4 HGB: „gilt als").

188 **Steuerlich** entfaltet die Zeitwertbilanzierung nach § 340e Abs. 3 HGB gemäß § 6 Abs. 1 Nr. 2b EStG für Kredit- und Finanzdienstleistungsinstitute (Anwendungsbereich des § 340 HGB) auch steuerrechtlich Wirkung. Der Zeitwertansatz ist indessen auch für steuerliche Zwecke um einen Risikoabschlag zu mindern (§ 340e Abs. 3 Satz 1 HGB).

189 *cc) Anschaffungskosten.* Der grundlegende Begriff der Anschaffungskosten ist in § 255 Abs. 1 HGB umschrieben (Legaldefinition), wobei sich die Definitionsbestandteile an steuerlichen Vorgaben ausgerichtet haben. Anschaffungskosten sind nach dem Gesetz alle Aufwendungen, die geleistet werden, um einen Vermögensgegenstand zu erwerben und in einen betriebsbereiten Zustand zu versetzen, soweit die hierfür angefallenen Aufwendungen dem Vermögensgegenstand einzeln zugeordnet werden können (§ 255 Abs. 1 Satz 1 HGB). Anschaffung ist der Fremdbezug eines Vermögensgegenstandes auf zivilrechtlicher, in der Regel rechtsgeschäftlicher Grundlage (Kauf, Schenkung, Werklieferung, Einlage, Gesamtrechtsnachfolge bei Umwandlungsvorgängen etc.). Anschaffungskosten sind Aufwendungen, also pagatorische[327] Werte im Sinne der Finanzbuchhaltung, nicht etwa kalkulatorische Werte der Kosten- und Leistungsrechnung (Prinzip der Maßgeblichkeit der Gegenleistung).

190 Durch die bilanzrechtlich gebotene Aktivierung sämtlicher Aufwendungen, die zur Verschaffung der wirtschaftlichen Verfügungsmacht[328] bezüglich des erworbenen Gegenstands angefallen sind, tritt auf Seiten des bilanzierenden Unternehmens lediglich eine Vermögensumschichtung ein, denn der Anschaffungsvorgang hat unmittelbar weder eine Vermögensmehrung noch eine Vermögensminderung zur Folge. Er ist notwendig **ergebnisneutral**. Der Grundsatz der Ergebnisneutralität[329] gebietet es, in die Anschaffungskosten neben den Erwerbskosten (z.B. Anschaffungspreis des erworbenen Guts) auch interne und externe Anschaffungsnebenkosten, insbesondere die Kosten zur Versetzung des erworbenen Gegenstands in den Zustand der Betriebsbereitschaft, sowie eventuelle nachträgliche Anschaffungskosten einzubeziehen (§ 255 Abs. 1 Satz 2 HGB). Andererseits folgt aus diesem Grundsatz auch das Erfordernis der Reduzierung der aktivierungspflichtigen Anschaffungskosten um Anschaffungspreisminderungen, da anderenfalls in Höhe des Minderpreises eine Erfolgswirkung eintreten würde (§ 255 Abs. 1 Satz 3 HGB).

191 Nach dem Gesagten ermitteln sich die Anschaffungskosten eines Vermögensgegenstandes wie folgt:

---

[327] A/D/S § 255 Rn. 5.
[328] BeckBilKomm/*Grottel/Gadek* § 255 Rn. 31.
[329] A/D/S § 255 Rn. 5.

```
  Erwerbskosten (Anschaffungspreis)
+ Nebenkosten (z. B. für Transport oder Montage)
+ nachträgliche Anschaffungskosten (z. B. rück-
  wirkende Preiserhöhungen, Earn-Out-Klauseln)
− Preisminderungen (z. B. Preisnachlässe oder
  Entgeltrückgewähr)
= Anschaffungskosten
```

Anschaffungsnebenkosten finden nur Eingang in die Anschaffungskosten, wenn sie dem erworbenen Vermögensgegenstand als **Einzelkosten** zugeordnet werden können. Beispiele für gewöhnlicherweise anfallende Anschaffungsnebenkosten sind Vermittlungsprovisionen, Notariats-, Gerichts- und Registerkosten, Frachtkosten, Zölle und Verkehrssteuern (z. B. Grunderwerbsteuer). 192

Finanzierungskosten sind grundsätzlich keine Anschaffungs(neben)kosten.[330] Für Eigenkapitalzinsen folgt dies bereits aus dem Verbot des Ansatzes nicht realisierter Gewinne. Werden Bankkredite oder andere Fremdmittelaufnahmen zur Finanzierung von Anschaffungen verwendet, so stellen die hierfür entrichteten Zinsen „Kreditbeschaffungskosten" dar.[331] Überdies hat die Finanzierungsform keinen Einfluss auf den Wert des angeschafften Wirtschaftsguts.[332] 193

Anschaffungspreisminderungen können beruhen auf Boni, Rabatten und Skonti, die gewährt bzw. in Anspruch genommen wurden. Auch nachträgliche Kaufpreisanpassungen auf Grund von Gewährleistungsvorschriften gehören hierher. Bei der Vereinnahmung von nicht rückzahlbaren Zuschüssen und vergleichbaren Zuwendungen im Zusammenhang mit Investitionsmaßnahmen ist streitig, ob und ggf. unter welchen Voraussetzungen diese Zuflüsse als Minderungen der Anschaffungskosten zu erfassen oder erfolgswirksam zu vereinnahmen sind.[333] 194

dd) *Herstellungskosten.* Werden Güter im Unternehmen selbst hergestellt, richtet sich die Bewertung nach den Herstellungskosten (§ 255 Abs. 2 HGB). Nach der Legaldefinition in § 255 Abs. 2 Satz 1 HGB handelt es sich bei den Herstellungskosten um Aufwendungen, die durch den Verbrauch von Gütern und die Inanspruchnahme von Diensten für die Herstellung, Erweiterung oder wesentliche Verbesserung des ursprünglichen Zustandes eines Vermögensgegenstandes entstehen. Einzubeziehen sind nur solche Vorgänge, die als zahlungswirksame Güterverzehre zu qualifizieren sind. 195

Grundtatbestand ist die Herstellung im engeren Sinne, d. h. die Neuschaffung eines Vermögensgegenstandes.[334] Die Generalüberholung[335] eines Gegenstands des Anlagevermögens (z. B. einer technischen Anlage) stellt in der Regel die Herstellung eines neuen Gegenstands dar. Eine Herstellung kann aber auch in der Erweiterung eines Vermögensgegenstandes begründet sein, also einer Substanzmehrung (z. B. Aufstockung auf ein bereits bestehendes Gebäude). Diese ist von Maßnahmen, die lediglich die bestehende Funktionsfähigkeit eines Vermögensgegenstandes erhalten (Erhaltungsaufwand), zu unterscheiden.[336] Schließlich liegt ein Herstellungsvorgang im Sinne von § 255 Abs. 2 HGB auch dann vor, wenn ein Vermögensgegenstand „in seinem Wesen erheblich verändert oder über seinen bisherigen Zustand hinaus deutlich verbessert wird". Dies liegt in der Regel vor, wenn andere Gebrauchs- oder 196

---

[330] Diese Frage ist umstritten; Nachweise bei A/D/S § 255 Rn. 33 ff. und Küting/Weber/*Knop/Küting* § 255 Rn. 39 ff., die Ausnahmen zulassen.
[331] Vgl. bereits BFHE 92, 400, BStBl. II 1968 S. 574.
[332] A/D/S § 255 Rn. 35.
[333] Zum Meinungsstand vgl. Küting/Weber/*Knop/Küting* § 255 Rn. 63 ff.; A/D/S § 255 Rn. 56 ff.; insbesondere auch IdW HFA 1/1984 i. d. F. 1990.
[334] Vgl. BeckBilKomm/*Grottel/Pastor* § 255 Rn. 330.
[335] Vgl. A/D/S § 255 Rn. 121.
[336] Zur Abgrenzung von Herstellungs- und Erhaltungsaufwand vgl. BeckBilKomm/*Grottel/Pastor* § 255 Rn. 390.

Verwendungsmöglichkeiten eröffnet werden oder eine wesentliche Steigerung der bestehenden Produktionskapazität erreicht wird.[337]

197 In § 255 Abs. 2 HGB sind die Bestandteile der Herstellungskosten abschließend aufgezählt. Hierzu zählen neben den Material- und Fertigungs(einzel)kosten auch die Sonder(einzel)kosten der Fertigung (z. B. Kosten für Lizenzen). Neben diesen Einzelkosten **sind** seit Inkrafttreten des BilMoG auch angemessene Teile der notwendigen Material- und Fertigungsgemeinkosten sowie Abschreibungen anzusetzen, soweit letztere durch die Fertigung veranlasst sind (§ 255 Abs. 2 Satz 2 HGB). Ferner **dürfen** Kosten der allgemeinen Verwaltung sowie angemessene Aufwendungen für Sozialeinrichtungen und die betriebliche Altersversorgung in die Herstellungskosten einbezogen werden (§ 255 Abs. 2 Satz 3 HGB), es besteht insoweit also ein Ansatzwahlrecht.[338]

Für **Forschungs- und Vertriebsaufwendungen** besteht hingegen ein Aktivierungsverbot (§ 255 Abs. 2 Satz 4 HGB). Gleiches gilt nach § 255 Abs. 3 HGB auch für **Finanzierungskosten** (Zinsen für Fremdkapital). Jedoch gestattet § 255 Abs. 3 Satz 2 HGB in Gestalt einer sog. „Bewertungshilfe" die Einbeziehung von Fremdkapitalzinsen – ausnahmsweise – dann, wenn sie im Herstellungszeitraum entstehen und auf Kapital entfallen, das unmittelbar zur Herstellung eines Vermögensgegenstandes eingesetzt wird. Dieses Bewertungswahlrecht hat besondere Bedeutung bei langfristigen, sich über mehr als ein Geschäftsjahr erstreckenden Fertigungsprozessen, die mit einem hohen Fremdkapitaleinsatz verbunden sind.

198 *ee) Niederstwertgrundsatz.* Die abnutzbaren Vermögensgegenstände des Anlagevermögens (z. B. Gebäude und Maschinen) unterliegen gemäß § 253 Abs. 1 und 3 HGB der Pflicht zur planmäßigen Abschreibung, deren Befolgung zur Abbildung des entsprechenden Wertverzehrs in der Erfolgsrechnung des Unternehmens führt. Es können jedoch auch zusätzliche Umstände eintreten, die dazu führen, dass die durch planmäßige Abschreibungen geminderten Anschaffungs- oder Herstellungskosten von Anlagegütern der tatsächlichen Wertentwicklung nicht zutreffend Rechnung tragen. Aus diesem Grund kann sich die Notwendigkeit ergeben, auch zwischenzeitlich eingetretene unvorhergesehene Wertminderungen bilanziell angemessen zu erfassen.

199 Treten bei Gegenständen des **Anlagevermögens** solche Wertminderungen auf, unterscheidet das Handelsrecht danach, ob diese voraussichtlich dauernder oder lediglich vorübergehender Natur sind. Bei voraussichtlich nur **vorübergehenden** Wertminderungen von Gegenständen des Anlagevermögens besteht lediglich für Gegenstände des Finanzanlagevermögens ein Abschreibungswahlrecht (§ 253 Abs. 3 Satz 4 HGB). Handelt es sich hingegen um eine **voraussichtlich dauernde** Wertminderung, folgt aus § 253 Abs. 3 Satz 3 HGB für Gegenstände des Anlagevermögens handelsrechtlich eine Abschreibungspflicht. Maßstab für die Bemessung der außerplanmäßigen Abschreibungen ist dabei der niedrigere Wert, der diesen am Abschlussstichtag beizulegen ist (niedrigerer beizulegender Wert, § 253 Abs. 3 Satz 3 HGB). Je nach Lage des Falles können zur Bestimmung des beizulegenden Wertes unterschiedliche Hilfswerte heranzuziehen sein (z. B. Wiederbeschaffungswerte, Einzelveräußerungswerte oder Ertragswerte).[339]

200 Als Ausfluss des in § 252 Abs. 1 Nr. 4 HGB verankerten Imparitätsprinzips[340] gilt für Gegenstände des **Umlaufvermögens** das sog. strenge Niederstwertprinzip (§ 253 Abs. 4 HGB).[341] Danach ist – ohne Wahlmöglichkeit des Bilanzierenden – in der Handelsbilanz stets der niedrigere Zeitwert zugrundezulegen, auch wenn die Wertminderung nur von vor-

---

[337] A/D/S § 255 Rn. 125.
[338] Nach Auffassung der Finanzverwaltung gilt für diese handelsrechtlichen „Wahlkosten" - unabhängig von der Behandlung in der Handelsbilanz - steuerrechtlich jedoch stets eine *Ansatzpflicht* (vgl. R 6.3 EStÄR 2012 v. 25.3.2013, hierzu besteht aber eine unter dem gleichen Datum veröffentlichte Übergangsregelung in Form eines BMF-Schr. mit der Folge, dass diese Verwaltungsauffassung zumindest einstweilen keine Wirkung entfaltet). Danach liefe die handelsrechtliche Wahlfreiheit zum Ansatz von angemessenen Teilen der Verwaltungs- und Sozialkosten praktisch weitgehend leer.
[339] Vgl. A/D/S § 253 Rn. 455.
[340] → Rn. 145.
[341] A/D/S § 253 Rn. 484.

übergehender Natur ist.³⁴² Die Bestimmung des niedrigen Stichtagswerts von Gegenständen des Umlaufvermögens richtet sich gemäß § 253 Abs. 4 Satz 1 HGB vorrangig nach den Marktverhältnissen am Abschlussstichtag, wie sie durch Börsen- oder Marktpreise definiert sind.³⁴³ Ist ein Börsen- oder Marktpreis nicht festzustellen, übersteigt der bisherige Bilanzansatz aber den betreffenden Vermögensgegenständen des Umlaufvermögens „beizulegenden Wert", ist auf diesen Wert abzuschreiben (§ 253 Abs. 4 Satz 2 HGB). Für die Bestimmung des beizulegenden Werts gelten die obigen Ausführungen zum Anlagevermögen entsprechend.

Das strenge Niederstwertprinzip war bis zum Inkrafttreten des BilMoG gemäß § 253 Abs. 3 Satz 3 HGB bisher geltenden Fassung durch ein Abschreibungswahlrecht zur Berücksichtigung von ungünstigen Wertschwankungen in der nächsten Zukunft ergänzt (sog. „erweitertes Niederstwertprinzip").³⁴⁴ Dieses in der Praxis allein schon wegen seiner steuerrechtlichen Nichtanerkennung weitgehend bedeutungslose Wahlrecht ist im Zuge der Bilanzrechtsmodernisierung entfallen. **201**

ff) Wertaufholungsgebot. Die Frage, wie zu verfahren ist, wenn die Gründe für außerplanmäßige Abschreibungen von Gegenständen des Anlagevermögens (§ 253 Abs. 3 Satz 3 HGB) oder des Umlaufvermögens (§ 253 Abs. 4 HGB) auf den niedrigeren beizulegenden Wert zu einem späteren Zeitpunkt wieder weggefallen sind, wird durch § 253 Abs. 5 HGB beantwortet. Diese Vorschrift ordnete für diese Fälle eine Zuschreibung im Umfang der zwischenzeitlich wieder eingetretenen tatsächlichen Werterhöhung an. **202**

Vorzunehmen ist die Wertaufholung im Geschäftsjahr der **Kenntniserlangung**, wobei diese noch in der Aufstellungsphase oder bei Feststellung des Jahresabschlusses stattfinden kann. Die Wertaufholung ist in ihrer **Höhe** durch die Wertobergrenze der ursprünglichen Anschaffungs- oder Herstellungskosten begrenzt. Bei abnutzbaren Gegenständen des Anlagevermögens hat die Bemessung des Zuschreibungsbetrages unter Berücksichtigung zwischenzeitlich vorzunehmender Abschreibungen zu erfolgen. **203**

gg) Bewertungsvereinfachungsverfahren. Unter Beachtung des Grundsatzes der Einzelbewertung (§ 252 Abs. 1 Nr. 3 HGB)³⁴⁵ hat die Bewertung der Vermögensgegenstände zu Anschaffungs- oder Herstellungskosten jeweils in der Weise zu erfolgen, dass jedes Bewertungsobjekt individuell betrachtet wird. § 256 Satz 1 HGB lässt für alle Kaufleute eine Ausnahme von diesem Grundsatz zu, in dem es dem Bilanzierenden im Rahmen der Grundsätze ordnungsmäßiger Buchführung gestattet, gleichartige Gegenstände des Vorratsvermögens nach bestimmten Verbrauchsfolgeverfahren zu bewerten. Darüber hinaus werden die für die Inventarisierung geltenden Verfahren der Festbewertung (§ 240 Abs. 3 HGB)³⁴⁶ und der Gruppenbewertung (§ 240 Abs. 4 HGB)³⁴⁷ auch für die Bewertung im Jahresabschluss für anwendbar erklärt. **204**

Unter Verbrauchsfolgeverfahren sind Methoden der Bewertung zu verstehen, die entweder von einer bestimmten zeitlichen Aufeinanderfolge von Verbrauchsvorgängen ausgehen oder sich an anderen objektiven und vereinfachenden Annahmen über die Verbrauchsfolge orientieren.³⁴⁸ § 256 Satz 1 HGB lässt für handelsbilanzielle Zwecke lediglich das Fifo- (Verbrauchsfolge „first in – first out") oder das Lifo-Verfahren (Verbrauchsfolge „last in – first out") zu. Eine wesentliche Voraussetzung für die Anwendung des § 256 HGB ist die Gleichartigkeit³⁴⁹ der betroffenen Vermögensgegenstände des Vorratsvermögens. Dabei kann die Gleichartigkeit durch die Zugehörigkeit zur gleichen Warengattung (Artgleichheit) **205**

---

³⁴² Der besondere Rang des Niederstwertprinzips kommt auch darin zum Ausdruck, dass für Aktiengesellschaften gemäß § 256 Abs. 5 Satz 2 AktG von der Nichtigkeit des Jahresabschlusses auszugehen ist, wenn Aktivposten mit einem höheren Wert angesetzt sind, als nach §§ 253 ff. HGB zulässig ist. Die Nichtigkeitsfolge tritt in entsprechender Anwendung dieser Vorschrift auch für die Rechnungslegung der GmbH ein.
³⁴³ Zu weiteren Einzelheiten in Bezug auf die Vorratsbewertung → Rn. 249 ff.
³⁴⁴ Vgl. hierzu → Rn. 180.
³⁴⁵ → Rn. 138.
³⁴⁶ → Rn. 89.
³⁴⁷ → Rn. 91.
³⁴⁸ A/D/S § 256 Rn. 6.
³⁴⁹ BeckBilKomm/*Ellrott/Krämer* § 256 Rn. 21 ff.; A/D/S § 256 Rn. 22.

oder die Gleichheit in der Verwendbarkeit (Funktionsgleichheit) bestimmt sein. Maßgeblich sind die unternehmensspezifischen Verhältnisse.[350] Hier ergibt sich naturgemäß ein weiter Ermessensspielraum.

206 *hh) Bewertungsstetigkeit.* § 252 Abs. 1 Nr. 6 HGB gebietet in Form einer Sollvorschrift die Beibehaltung von Bewertungsmethoden, die in einem vorhergehenden Jahresabschluss angewendet wurden (Grundsatz der Bewertungsstetigkeit). Dieser Grundsatz der materiellen Bilanzkontinuität tritt neben das Prinzip der Darstellungsstetigkeit[351] und sichert wie dieses die Vergleichbarkeit aufeinander folgender Jahresabschlüsse. Eine einmal gewählte Bewertungsmethode erzeugt danach grundsätzlich Bindungswirkung und kann nur in begründeten Ausnahmefällen (§ 252 Abs. 2 HGB) geändert werden, wobei entsprechende erläuternde Angaben im Anhang zu machen sind (§ 284 Abs. 2 Nr. 3 HGB). Vorgeschrieben ist eine Methodenkontinuität in Bewertungsfragen, also grundsätzlich eine Beibehaltung von hierbei zulässigen Wahlrechtsentscheidungen und anderen, im Ermessen des Bilanzierenden festgelegten Verfahren bei der Bewertung (z. B. die Methoden zur Ermittlung der Herstellungskosten bei unfertigen und fertigen Erzeugnissen).

207 *ii) Währungsumrechnung.* Auf fremde Währung lautende Vermögensgegenstände und Schulden mit einer Laufzeit von mehr als einem Jahr sind nach § 256a HGB am Abschlussstichtag zum **Devisenkassakurs** umzurechnen. Diese Bewertungsregelung betrifft die Bewertung zu einem auf den Anschaffungszeitpunkt folgenden Stichtag (Folgebewertung) und findet auf Fälle von Bewertungseinheiten (§ 254 HGB) und Handelsbeständen im Sinne des § 340e Abs. 3 Satz 1 HGB keine Anwendung. Soweit aus der Anwendung dieser Bewertungsregelung Wertveränderungen zum Stichtag resultieren, sind diese – mit Ausnahme der genannten Fälle – daher nach den allgemeinen Grundsätzen (Anschaffungskostenprinzip, Realisations- und Imparitätsprinzip) zu beurteilen. Vermögensgegenstände und Schulden mit einer Laufzeit von weniger als einem Jahr dürfen hingegen ohne diese Restriktionen am Abschlussstichtag zum Devisenkassakurs umgerechnet werden. Dies bedeutet, dass ein Ausweis von nicht realisierten Währungskursgewinnen in diesen Fällen ausnahmsweise zulässig ist.

4. Bilanz

208 a) **Überblick.** Die Bilanz bildet einen Kernbestandteil des Jahresabschlusses, was sich auch begrifflich darin ausdrückt, dass gemeinhin von „Bilanzierung" oder „Bilanzanalyse" gesprochen wird, wenn von Rechnungslegung bzw. ihrer Beurteilung im Ganzen die Rede ist. Die im Dritten Buch des HGB geregelten Ansatz-, Ausweis-, Gliederungs- und Bewertungsvorschriften sowie die Grundsätze ordnungsmäßiger Buchführung und Bilanzierung (GoB) sind vornehmlich auf das Rechenwerk der Bilanz bezogen. Ausgehend von den hier dargestellten Funktionen des Jahresabschlusses[352] vermittelt die Bilanz durch die Gegenüberstellung der am Abschlussstichtag vorhandenen Vermögensgegenstände und Schulden in Form einer **Statusbetrachtung** einen Einblick in die Vermögens- und Finanzlage des Unternehmens. Die Darstellung der Ertragslage, also die Ermittlung des Periodenergebnisses durch Gegenüberstellung von Erlösen (Erträgen) und Aufwendungen nach weitgehend betriebswirtschaftlich geprägten Grundsätzen, ist hingegen der Gewinn- und Verlustrechnung vorbehalten, die als eigenständiges Rechenwerk mit der Bilanz in einer Wechselbeziehung steht.

209 Die in Kontoform zu erstellende Bilanz enthält auf der Aktivseite eine nach aufsteigendem Liquiditätsgrad gegliederte Aufstellung über das Vermögen der Gesellschaft, im Regelfall beginnend mit dem Anlagevermögen und gefolgt von dem Umlaufvermögen, welches endet mit den liquiden Mitteln (z. B. Kassenbestand, Bankguthaben). Die Vermögensgegenstände werden also grundsätzlich nach dem Grad ihrer Geldnähe geordnet. Eine besondere Stellung nimmt die Rechnungsabgrenzung ein, die sowohl Bedeutung für die Aktivseite als

---
[350] *Oechsle/Rudolph*, FS Luik, S. 91, 102 f.
[351] → Rn. 173.
[352] → Rn. 117 ff.

auch für die Passivseite der Bilanz haben kann und jeweils die Darstellung abschließt. Dem Vermögen wird auf der Passivseite das Kapital gegenübergestellt, das in Eigen- und Fremdkapital gegliedert ist. Das Fremdkapital – die Schulden – umfasst Rückstellungen und Verbindlichkeiten.

Das geltende gesetzliche Gliederungsschema der Bilanz gemäß § 266 Abs. 2 und 3 HGB ist nachfolgend dargestellt. Die Posten der Mindestgliederung für die kleine GmbH sind in fetten Buchstaben gesetzt. Die nachfolgenden Erläuterungen zu den einzelnen Gliederungspositionen nehmen auf die im Gesetz verankerte Gliederungsordnung Bezug, wobei der jeweils einschlägige Absatz des § 266 HGB (Abs. 2 oder 3) in verkürzender Zitierweise vorangestellt wird (z. B. Abs. 2, A. II. 3.).

Übersicht: Gliederung der Bilanz

AKTIVA (§ 266 Abs. 2 HGB)

A. Anlagevermögen
 I. Immaterielle Vermögensgegenstände
  1. Selbstgeschaffene gewerbliche Schutzrechte und ähnliche Rechte und Werte
  2. entgeltlich erworbene Konzessionen, gewerbliche Schutzrechte und ähnliche Rechte und Werte, sowie Lizenzen an solchen Rechten und Werten
  3. Geschäfts- oder Firmenwert
  4. geleistete Anzahlungen
 II. Sachanlagen
  1. Grundstücke, grundstücksgleiche Rechte und Bauten einschließlich der Bauten auf fremden Grundstücken
  2. technische Anlagen und Maschinen
  3. andere Anlagen, Betriebs- und Geschäftsausstattung
  4. geleistete Anzahlungen und Anlagen im Bau
 III. Finanzanlagen
  1. Anteile an verbundenen Unternehmen
  2. Ausleihungen an verbundene Unternehmen
  3. Beteiligungen
  4. Ausleihungen an Unternehmen, mit denen ein Beteiligungsverhältnis besteht
  5. Wertpapiere des Anlagevermögens
  6. sonstige Ausleihungen

B. Umlaufvermögen
 I. Vorräte
  1. Roh-, Hilfs- und Betriebsstoffe
  2. unfertige Erzeugnisse, unfertige Leistungen
  3. fertige Erzeugnisse und Waren
  4. geleistete Anzahlungen

PASSIVA (§ 266 Abs. 3 HGB)

A. Eigenkapital
 I. Gezeichnetes Kapital
 II. Kapitalrücklage
 III. Gewinnrücklagen
  1. gesetzliche Rücklage
  2. Rücklage für Anteile an einem herrschenden oder mehrheitlich beteiligten Unternehmen
  3. satzungsmäßige Rücklagen
  4. andere Gewinnrücklagen
 IV. Gewinnvortrag/Verlustvortrag
 V. Jahresüberschuss/Jahresfehlbetrag

B. Rückstellungen
 1. Rückstellungen für Pensionen und ähnliche Verpflichtungen
 2. Steuerrückstellungen
 3. sonstige Rückstellungen

C. Verbindlichkeiten
 1. Anleihen, davon konvertibel
 2. Verbindlichkeiten gegenüber Kreditinstituten
 3. erhaltene Anzahlungen auf Bestellungen
 4. Verbindlichkeiten aus Lieferungen und Leistungen
 5. Verbindlichkeiten aus der Annahme gezogener Wechsel und der Ausstellung eigener Wechsel
 6. Verbindlichkeiten gegenüber verbundenen Unternehmen
 7. Verbindlichkeiten gegenüber Unternehmen, mit denen ein Beteiligungsverhältnis besteht
 8. sonstige Verbindlichkeiten, davon aus Steuern, davon im Rahmen der sozialen Sicherheit

AKTIVA (§ 266 Abs. 2 HGB)	PASSIVA (§ 266 Abs. 3 HGB)

II. Forderungen und sonstige Vermögensgegenstände
  1. Forderungen aus Lieferungen und Leistungen
  2. Forderungen gegen verbundene Unternehmen
  3. Forderungen gegen Unternehmen, mit denen ein Beteiligungsverhältnis besteht
  4. sonstige Vermögensgegenstände
III. Wertpapiere
  1. Anteile an verbundenen Unternehmen
  2. sonstige Wertpapiere
IV. Kassenbestand, Bundesbankguthaben, Guthaben bei Kreditinstituten und Schecks
C. Rechnungsabgrenzungsposten
D. Aktive latente Steuern
	D. Rechnungsabgrenzungsposten
	E. Passive latente Steuern

212 b) **Eröffnungsbilanz.** Die Geschäftsführer einer GmbH haben – wie jeder Kaufmann – gemäß § 242 Abs. 1 Satz 1 HGB mit Beginn des Handelsgewerbes eine Eröffnungsbilanz[353] aufzustellen. Der Beginn des Handelsgewerbes ist maßgeblich für den Eintritt der Buchführungspflicht nach § 238 Abs. 1 HGB; die hierzu gegebenen Erläuterungen gelten für die Eröffnungsbilanz entsprechend.[354] Auf diese sind die für die Jahresbilanz (Geschäftsjahresschlussbilanz) geltenden Ansatz-, Bewertungs- und Gliederungsvorschriften anzuwenden (§ 242 Abs. 1 Satz 2 HGB).[355] Gleiches gilt für die Aufstellungsfrist.[356] Für die Eröffnungsbilanz besteht keine Prüfungs- und Offenlegungspflicht.[357] Einer Bilanzfeststellung bedarf es ebenfalls nicht. Die bei Aufstellung der Eröffnungsbilanz verwendeten Bilanzierungs- und Bewertungsmethoden haben aus Gründen der formellen und materiellen Stetigkeit (§ 252 Abs. 1 Nr. 1 und 6 HGB)[358] prägende Bedeutung für die folgenden Geschäftsjahre.

213 Von der Eröffnungsbilanz ist funktional und inhaltlich die sog. „**Vorbelastungsbilanz**" zu unterscheiden, die auf den Zeitpunkt der (Erst-)Eintragung[359] der Gesellschaft in das Handelsregister aufzustellen ist, um mögliche Ansprüche aus Unterbilanz- oder Vorbelastungshaftung zu quantifizieren. Die Vermögensgegenstände sind in diesem Rechenwerk grundsätzlich zu Fortführungswerten (§ 252 Abs. 1 Nr. 2 HGB) anzusetzen, sofern die Fortführungsprognose nicht negativ ist.[360] Besteht die Gesellschaft indessen zu diesem Zeitpunkt bereits als unternehmerisches Gebilde („Organisationseinheit"), kann ihr Vermögen unter Aufdeckung möglicher stiller Reserven (einschließlich eines Firmenwertes) nach der Ertragswertmethode angesetzt werden.[361]

---

[353] Zu unterscheiden von dem Inhalt des Begriffs „Eröffnungsbilanz des Geschäftsjahres" in § 252 Abs. 1 Nr. 1 HGB (→ Rn. 148).
[354] → Rn. 26 ff.
[355] Übersicht über die anwendbaren Vorschriften bei A/D/S § 242 Rn. 26.
[356] Vgl. nur: A/D/S § 242 Rn. 27.
[357] Vgl. § 316 Abs. 1 HGB („Jahresabschluss") und § 267 Abs. 4 Satz 2 HGB („erster Abschlussstichtag nach der ... Neugründung").
[358] → Rn. 173, 206.
[359] Str.; BGH GmbHR 1981, 114, 117.
[360] → Rn. 150.
[361] BGH ZIP 1998, 2151.

c) Anlagevermögen. *aa) Definition.* Nach § 247 Abs. 2 HGB, der auf Grund seiner systematischen Stellung im Gesetz eine für alle Kaufleute geltende grundlegende Zurechnungsnorm darstellt, sind „beim Anlagevermögen nur die Gegenstände auszuweisen, die bestimmt sind, **dauernd dem Geschäftsbetrieb zu dienen**". Diese Zweckbestimmung muss durch eine gewisse Dauerhaftigkeit geprägt sein, wobei eine bestimmte Mindestdauer grundsätzlich nicht verlangt wird.[362] Daher kann auch ein Vermögensgegenstand mit vergleichsweise kurzer Nutzungsdauer auf Grund seiner Zweckbestimmung dem Anlagevermögen angehören (z. B. ein gebraucht erworbenes Anlagegut), wohingegen ein tatsächlich mehrjähriger Verbleib im Unternehmen (z. B. Mietkaution) nicht zwangsläufig die Zugehörigkeit zum Anlagevermögen auslöst. Um dem Geschäftsbetrieb zu dienen, muss der Vermögensgegenstand so in die internen betrieblichen Strukturen und Abläufe einbezogen sein, dass er auf Dauer im Sinne einer zeitraumbezogenen, wiederholten Nutzung zur Verfügung steht.[363]

bb) Gliederung, Darstellung der Entwicklung. Nach § 268 Abs. 2 Satz 1 HGB ist in Bilanz oder Anhang die Entwicklung der einzelnen Posten des Anlagevermögens (eventuell erweitert um den Posten „Aufwendungen für die Ingangsetzung und die Erweiterung des Geschäftsbetriebes") darzustellen.[364] Dabei sind, ausgehend von den gesamten historischen Anschaffungs- oder Herstellungskosten, die Zugänge, Abgänge, Umbuchungen und Zuschreibungen des jeweiligen Geschäftsjahres sowie die Abschreibungen in ihrer gesamten Höhe gesondert aufzuführen (§ 268 Abs. 2 Satz 2 HGB). Zusätzlich sind die Abschreibungen des Geschäftsjahres entweder in der Bilanz zu vermerken oder im Anhang in einer dem Anlagevermögen entsprechenden Aufgliederung anzugeben (§ 268 Abs. 2 Satz 3 HGB). Aus der gesetzlichen Definition der Entwicklung des Anlagevermögens folgt ein Darstellungsschema, das als **Anlagenspiegel**[365] oder Anlagengitter bezeichnet wird.[366] Die in der Praxis gebräuchliche Darstellung gliedert sich formal in drei Teile:
- die Entwicklung der kumulierten historischen Anschaffungskosten im Geschäftsjahr
- die Entwicklung der kumulierten Abschreibungen im Geschäftsjahr
- die Restbuchwerte zum Stichtag und zum Vorjahresstichtag.

cc) Immaterielle Vermögensgegenstände. Das HGB gliedert die **immateriellen Vermögensgegenstände** des Anlagevermögens wie folgt:
- selbst geschaffene immaterielle Rechte und Werte
- entgeltlich erworbene immaterielle Rechte und Werte
- entgeltlich erworbener Geschäfts- oder Firmenwert
- geleistete Anzahlungen.

Zu den **entgeltlich erworbenen immateriellen Rechten und Werten** zählen Konzessionen, gewerbliche Schutzrechte und ähnliche Rechte und Werte sowie Lizenzen. Ein typischer Anwendungsfall von Lizenzen sind Softwarelizenzen. Unter den Terminus „Konzessionen"[367] fallen öffentlich-rechtliche Befugnisse zur Ausübung bestimmter gewerblicher Tätigkeiten (z. B. Schankkonzessionen, Wassernutzungsrechte etc.). „Gewerbliche Schutzrechte"[368] umfassen im Wesentlichen Patente, Lizenzen, Marken-, Verkehrs- und Verlagsrechte, Geschmacks- und Gebrauchsmuster, Warenzeichen und Handelsmarken. Unter „ähnliche Rechte"[369] werden z. B. subsumiert: Nutzungsrechte, Belieferungsrechte, Vertriebsrechte, Wettbewerbsverbote. Zu den „ähnlichen Werten" zählen u. a.: Know-how, Rezepturen, Geheimverfahren und Erfindungen.

Der Umfang der bilanzierungsfähigen immateriellen Vermögensgegenstände wurde durch das BilMoG wesentlich erweitert. Das zuvor geltende Ansatzverbot für **selbstgeschaffene**

---

[362] A/D/S § 247 Rn. 108.
[363] BeckBilKomm/*Kozikowski/F. Huber* § 247 Rn. 354.
[364] Lediglich kleine Gesellschaften sind gemäß § 274a Nr. 1 HGB von dieser Pflicht befreit.
[365] Küting/Weber/*Dörner/S. Hayn/Knop/Lorson/Wirth* § 268 Rn. 54 ff.; A/D/S § 268 Rn. 37 ff.
[366] Ein Beispiel für einen Anlagenspiegel findet sich unter → Rn. 438 f.
[367] A/D/S § 266 Rn. 28.
[368] Küting/Weber/*Dusemond/Heusinger/Knop* § 266 Rn. 14.
[369] BeckBilKomm/*Kozikowski/F. Huber* § 266 Rn. 60.

immaterielle Rechte und Werte (vgl. § 248 Abs. 2 HGB a. F.) ist durch ein **Ansatzwahlrecht** ersetzt worden. Steuerrechtlich besteht das Ansatzverbot hingegen fort (§ 5 Abs. 2 EStG). Dies hat im Fall der Wahrnehmung des handelsrechtlichen Ansatzwahlrechts zur Folge, dass eine Abweichung zwischen Handels- und Steuerbilanz entsteht, die im Anwendungsbereich des § 274 HGB die Pflicht zur Bilanzierung passiver latenter Steuern auslöst.

219 Der Ansatz selbst geschaffener immaterieller Werte macht eine zwingende begriffliche Unterscheidung und getrennte kostenrechnerische Erfassung von **Forschungs- und Entwicklungskosten** erforderlich (vgl. hierzu die Legaldefinitionen in § 255 Abs. 2a HGB), da nur Letztere bilanzierungsfähig sind (arg. e § 255 Abs. 2 Satz 4 HGB). Ist eine verlässliche Trennung von Forschungs- und Entwicklungskosten in Bezug auf ein konkretes Entwicklungsprojekt nicht möglich, ist eine Aktivierung eines immateriellen Werts ausgeschlossen (§ 255 Abs. 2a Satz 4 HGB). Eine Aktivierung von Entwicklungskosten ist nicht erst dann vorzunehmen, wenn aus dem Blickwinkel einer ex-post-Betrachtung ein selbstgeschaffener immaterieller Vermögensgegenstand tatsächlich vorliegt, also der Herstellungsvorgang abgeschlossen ist, sondern bereits dann, wenn aufgrund einer Prognose mit hoher Wahrscheinlichkeit davon ausgegangen werden kann, dass ein einzeln verwertbarer immaterieller Vermögenswert zur Entstehung gelangen wird (ex-ante-Betrachtung).

220 Erträge aus der Aktivierung selbstgeschaffener immaterieller Vermögensgegenstände des Anlagevermögens dürfen zudem nach § 268 Abs. 8 Satz 1 HGB nur ausgeschüttet werden, wenn die nach der Ausschüttung verbleibenden frei verfügbaren Rücklagen abzüglich eines Verlustvortrags oder zuzüglich eines Gewinnvortrags dem Gesamtbetrag der Erträge mindestens entsprechen (**Ausschüttungssperre**). Diese Vorkehrung trägt den spezifischen Bewertungsunsicherheiten dieser Vermögenswerte Rechnung und spezialgesetzlicher Ausdruck des allgemeinen Vorsitzprinzips (§ 252 Abs. 1 Nr. 4 HGB).

221 Unter dem „**entgeltlich erworbenen Geschäfts- oder Firmenwert**" wird der Betrag verstanden, um den der gezahlte Kaufpreis für einen Geschäftsbetrieb die Summe der Zeitwerte aller Vermögensgegenstände, vermindert um die Schulden, übersteigt (§ 246 Abs. 1 Satz 3 HGB). Der Firmenwert stellt der Sache nach stets nur einen „Unterschiedsbetrag", also eine Residualgröße dar, welche die Summe aller originären und daher bisher nicht bilanzierungsfähigen immateriellen Werte einer selbstständigen Wirtschaftseinheit repräsentiert. Erst der Erwerbsvorgang führt über die vom Erwerber vorzunehmende Kaufpreisallokation zur Aktivierung dieser reinen Rechengröße, deren wertbildender tatsächlicher wirtschaftlicher Hintergrund (zukünftige Ertragsaussichten, Kundenstamm, Marktposition etc.) im Einzelfall unterschiedlich zu bestimmen ist. Ansatzfähig ist nur der entgeltlich erworbene (derivative) Geschäfts- oder Firmenwert. Für den originären Firmenwert einer selbstständigen Wirtschaftseinheit besteht hingegen unverändert ein Aktivierungsverbot (arg. e § 246 Abs. 1 Satz 4 HGB).

222 Die dogmatische Einordnung des Firmenwerts, der eine inhaltlich nicht konkret zu bestimmende Residualgröße darstellt, war im älteren Schrifttum umstritten, seine Vermögensgegenstandsqualität zweifelhaft.[370] Im Zuge der Bilanzrechtsmodernisierung wurde der Ausweis des derivativen Firmenwerts nunmehr einer **Ansatzpflicht** unterworfen. Dabei ist der Weg beschritten worden, den derivativen Firmenwert kraft gesetzlicher **Fiktion** zum „Vermögensgegenstand" zu erklären (vgl. § 246 Abs. 1 S. 4 HGB: „... gilt als zeitlich begrenzt nutzbarer Vermögensgegenstand"). Damit wird zugleich zum Ausdruck gebracht, dass es sich der Sache nicht um einen (bilanzierungspflichtigen) Vermögensgegenstand handelt.

223 Da der erworbene Geschäfts- oder Firmenwert seit Inkrafttreten des BilMoG bilanzrechtlich gesehen wie ein „Vermögensgegenstand" mit zeitlich begrenzter Nutzungsdauer[371] zu behandeln ist, gelten für dessen Abschreibung die allgemeinen Regeln des § 253 Abs. 3 Satz 1 HGB. Demzufolge stellt sich im Einzelfall die Frage, wie die Amortisationsdauer die-

---

[370] Zum Meinungsstand im Einzelnen: A/D/S § 255 Rn. 271 f.; Küting/Weber/*Knop/Küting* § 255 Rn. 426 ff.
[371] Im BilMoG wurde davon abgesehen, insoweit dem Vorbild der internationalen Rechnungslegung zu folgen und den Firmenwert als Wert mit unbestimmbarer Nutzungsdauer zu qualifizieren, der keiner planmäßigen Abschreibung, sondern einer jährlichen Wertprüfung (Impairment Test) unterliegt. Dieses hatte der Bundesrat in seiner Stellungnahme zum RegE jedoch angeregt.

ses Postens festzulegen ist. Hierbei ist zu berücksichtigen, dass der Geschäfts- oder Firmenwert der Sache nach gerade kein eigenständig bewertbarer Gegenstand ist, der losgelöst von dem übrigen Unternehmensvermögen betrachtet und hinsichtlich seiner Wertentwicklung verlässlich eingeschätzt werde kann.[372] Dem Begründungserfordernis im Anhang nach § 285 Nr. 13 HGB in Fällen angesetzten Nutzungsdauer von mehr als fünf Jahre ist indessen die gesetzliche Wertung zu entnehmen, dass der genannte Zeitraum im Regelfall nicht überschritten werden sollte. Eine generelle Zugrundelegung der steuerrechtlich starr vorgeschriebenen Abschreibungsdauer von fünfzehn Jahren (§ 7 Abs. 1 Satz 3 EStG) für handelsbilanzielle Zwecke, wie sie vor Inkrafttreten des BilMoG meist praktiziert wurde, ist danach jedenfalls nicht mehr zulässig, sie dürfte zudem im Einzelfall auch nur schwer zu begründen sein.

Wurden **Anzahlungen auf immaterielle Vermögensgegenstände** geleistet (z.B. auf zu installierende Standard-Software), sind diese innerhalb der Postengruppe Abs. 2, A.I. gesondert auszuweisen. Anzahlungen stellen Vorleistungen auf im Übrigen noch schwebende Beschaffungsgeschäfte dar, die noch nicht zum Übergang des wirtschaftlichen Eigentums im bilanzrechtlichen Sinne geführt haben.[373] Geleistete Anzahlungen unterliegen keiner Abschreibungspflicht gemäß § 253 Abs. 2 HGB; diese tritt erst mit dem wirtschaftlichen Rechtsübergang bezüglich des angezahlten Vermögensgegenstandes auf die Gesellschaft ein. **224**

dd) Sachanlagen. Unter der Position A.II. des § 266 Abs. 2 HGB sind die Gegenstände des Sachanlagevermögens erfasst, die bei mittelgroßen und großen Gesellschaften[374] mindestens wie folgt zu gliedern sind: **225**
- Grundstücke, grundstücksgleiche Rechte und Bauten einschließlich der Bauten auf fremden Grundstücken (Grundvermögen)
- Technische Anlagen und Maschinen
- Andere Anlagen, Betriebs- und Geschäftsausstattung
- Geleistete Anzahlungen und Anlagen im Bau

Diese Positionen umfassen typischerweise das betriebsnotwendige, unmittelbar oder mittelbar dem Produktionsprozess dienende Vermögen der Gesellschaft, soweit es sich in körperlichen Gegenständen und Einrichtungen konkretisiert. **226**

Bei der **Abgrenzung** zwischen den Bestandteilen des Grundvermögens und den übrigen Positionen des Sachanlagevermögens können sich im Einzelfall Schwierigkeiten ergeben, die in vielen Fällen nicht auf dem Wege eines Rückgriffs auf das Sachenrecht zu lösen sind. Es kann sich die Frage stellen, ob ein Vermögensgegenstand als **unselbstständiger** Bestandteil eines Gebäudes zu qualifizieren ist oder ob es sich um eine technische Anlage oder Maschine handelt, die auch dann gesondert zu erfassen ist, wenn sie mit einem Gebäude oder dem Grund und Boden fest verbunden sein sollte. Werden Einbauten in Gebäuden vorgenommen, kann es sich um einen Gebäudebestandteil oder um einen Gegenstand der „anderen Anlagen, Betriebs- und Geschäftsausstattung" (Abs. 2, A.II.3.) handeln. Erfolgt der Einbau in ein eigenes Gebäude[375] und nur für einen vorübergehenden Zweck oder nur in unwesentlichem Umfang, wird man von der Zugehörigkeit zur letztgenannten Position ausgehen können, zumal es sich sachenrechtlich ohnehin um Scheinbestandteile (§ 95 BGB) handeln dürfte. Im filialisierten Einzelhandel spielen Mieterein- und -umbauten[376] eine große Rolle, die sachenrechtlich wesentliche Teile des gepachteten Grundstücks oder Gebäudes darstellen und deshalb in der Regel in das zivilrechtliche Eigentum des Vermieters übergehen. Ungeachtet ihrer rechtlichen Einordnung werden diese Einbauten – den hierfür geltenden steuer- **227**

---

[372] Die internationale Rechnungslegung löst dieses Problem auf die Weise, dass sie den Firmenwert mit den ihm zuzurechnenden Vermögensgegenständen zu einer „Cash Generating Unit" (CGU) zusammenfasst, dessen Schicksal er bewertungstechnisch teilt.
[373] A/D/S § 266 Rn. 59.
[374] Zur Bedeutung der Größenklassen → Rn. 105 ff.; zur Bilanzgliederung für kleine Gesellschaften → Rn. 156 ff.
[375] A/D/S § 266 Rn. 34.
[376] BeckBilKomm/*Kozikowski/F. Huber* § 247 Rn. 450; Küting/Weber/*Dusemond/Heusinger/Knop* § 266 Rn. 28.

lichen Regeln folgend – überwiegend wirtschaftlich der Betriebs- und Geschäftsausstattung des mietenden Unternehmens zugerechnet. Diese Zuordnung hat nicht allein Bedeutung für den Ausweis in der Bilanz, sondern entscheidet zugleich darüber, wie die Anlagegegenstände abgeschrieben werden.

228 Zum **Grundvermögen** (Abs. 2, A. II.1.) zählen neben bebauten und unbebauten Grundstücken und grundstücksgleichen Rechten (z. B. Erbbaurechte, Abbaugerechtigkeiten)[377] auch Bauten, die sich sowohl auf eigenen als auch auf fremden Grundstücken befinden oder auf Grund grundstücksgleicher Rechte errichtet sein können. Hierzu zählen nicht nur Gebäude[378] (z. B. Geschäfts-, Fabrik- oder Wohnbauten), sondern auch selbstständige Grundstückseinrichtungen,[379] soweit diese nicht unmittelbar in den Produktionsprozess einbezogen und daher als technische Anlagen oder Maschinen zu qualifizieren sind (z. B. Parkplätze, Straßen, Brücken, Hafen- und Eisenbahnanlagen, Dämme, Kanalbauten etc.).

229 Unter der Position „**technische Anlagen und Maschinen**" (Abs. 2, A. II.2.) werden die Vermögensgegenstände erfasst, die unmittelbar dem Produktionsprozess dienen.[380] Wie bereits dargestellt, ist es für die Zuordnung zu dieser Position unerheblich, ob es sich sachenrechtlich um wesentliche Bestandteile des eigenen Grundvermögens handelt, sofern diese Anlagegegenstände bei wirtschaftlicher Betrachtungsweise selbstständige Bedeutung haben (z. B. Förderanlagen, Hochregalläger, Silos, Tanks, produktionsbedingte Klima- und Belüftungsanlagen etc.). Alle übrigen Anlagen und Maschinen, deren Einsatz in Bereichen erfolgt, die dem Produktionsprozess vor- oder nachgelagert sind (z. B. Einkauf, Verwaltung und Vertrieb), gehören zum Posten A. II.3. „andere Anlagen, Betriebs- und Geschäftsausstattung".

230 Die Position Abs. 2, A. II.3. „**andere Anlagen, Betriebs- und Geschäftsausstattung**" stellt im Sinne eines „Auffangtatbestandes" einen Sammelposten[381] für alle übrigen Vermögensgegenstände des Sachanlagevermögens dar, die weder dem Grundvermögen zuzuordnen sind noch unmittelbar dem betrieblichen Produktionsprozess dienen. Zu der Betriebsausstattung zählen Ausstattungsgegenstände des Produktionsbereichs, die nicht Teil einer technischen Anlage sind[382] (z. B. Lkw-Fuhrpark, Lager- und Werkstatteinrichtungen, Modelle, Muster etc.). Die Geschäftsausstattung[383] umfasst die Vermögensgegenstände des kaufmännischen Bereichs (z. B. Büro- und Ladeneinrichtungen, EDV-Anlagen, Pkw-Fuhrpark, Büromaschinen, Kommunikationsanlagen aller Art und ggf. Mieterein- und -umbauten). Bei aktivierungspflichtigen geringwertigen Gegenständen (z. B. Transportbehältern) und Verbrauchsmaterialien können sich in Einzelfällen Abgrenzungsfragen zu den Vorräten ergeben.

231 „**Geleistete Anzahlungen und Anlagen im Bau**" (Abs. 2, A. II.4.) umfassen zum einen Vorleistungen auf Beschaffungsvorhaben des Sachanlagevermögens an den Vertragspartner. Kommt es nicht zur Ausführung des der Vorleistung zugrundeliegenden schwebenden Geschäftes, ist der daraus resultierende Rückerstattungsanspruch der Gesellschaft in das Umlaufvermögen umzugliedern und unter der Position „Sonstige Vermögensgegenstände" (Abs. 2, B. II.4.) zu erfassen.[384] Zum anderen werden unter dieser Position im Bau befindliche, aber noch nicht fertiggestellte Anlagen als „Anlagen im Bau" ausgewiesen. Diese Position speichert die für das Bauvorhaben aufgewendeten aktivierungspflichtigen Anschaffungs- oder Herstellungskosten (einschließlich der Nebenkosten), die bis zur Herstellung der Betriebsbereitschaft (§ 255 Abs. 1 Satz 1 HGB) auflaufen. Bei Fertigstellung des Vorhabens bzw. nach Herstellung des betriebsbereiten Zustands der Anlage ist diese von der Position Abs. 2, A. II.4. in die entsprechende Position des Sachanlagevermögens umzugliedern. Bis zu diesem Zeitpunkt sind keine Abschreibungen zu verrechnen (§§ 255 Abs. 1, 253 Abs. 2 Satz 1 HGB).

---

[377] Hierzu: BeckBilKomm/*Kozikowski/F. Huber* § 247 Rn. 457.
[378] Küting/Weber/*Dusemond/Heusinger/Knop* § 266 Rn. 25.
[379] A/D/S § 266 Rn. 43.
[380] Küting/Weber/*Dusemond/Heusinger/Knop* § 266 Rn. 29.
[381] BeckBilKomm/*Kozikowski/F. Huber/Kreher* § 266 Rn. 67.
[382] Vgl. GmbH-Handbuch II/*Heuser* Rn. 256.
[383] Vgl. A/D/S § 266 Rn. 56.
[384] A/D/S § 266 Rn. 61.

ee) Finanzanlagen. Die Position „Finanzanlagen" rundet den Bereich des Anlagevermögens um solche Investments der Gesellschaft ab, die dem Geschäftsbetrieb **dauernd** zu dienen bestimmt sind (§ 247 Abs. 2 HGB), aber nicht das Produktivvermögen, sondern den Beteiligungsbereich betreffen. Das Gesetz hat diesen Bereich – vereinfachend dargestellt – wie folgt strukturiert: **232**

- Anteile an „verbundenen Unternehmen"
- Beteiligungen an „Unternehmen, mit denen ein Beteiligungsverhältnis besteht"
- Wertpapiere des Anlagevermögens
- Ausleihungen an Unternehmen im Beteiligungsbereich, sonstige Ausleihungen.

(1) Definition der Beteiligung. Nach § 271 Abs. 1 HGB handelt es sich bei Beteiligungen um Anteile an anderen Unternehmen, die bestimmt sind, dem eigenen Geschäftsbetrieb durch Herstellung einer **dauernden Verbindung** zu jenen Unternehmen zu dienen. Beteiligungsverhältnisse erfordern daher in der Regel eine unmittelbare gesellschaftsrechtliche Beziehung[385] zu dem Unternehmen, an dem die Beteiligung gehalten wird. Kraft der gesetzlichen Fiktion in § 16 Abs. 4 AktG zählen hierzu auch die Anteile, die einem von dem bilanzierenden Unternehmen abhängigen Unternehmen (§ 17 Abs. 1 AktG) oder einem anderen, für Rechnung des bilanzierenden (oder eines von diesem abhängigen) Unternehmens Handelnden gehören (§ 271 Abs. 1 Satz 4 HGB). Der Begriff des Beteiligungsverhältnisses in diesem Sinne hat nicht nur Bedeutung für den Ausweis der Anteile des beteiligten Unternehmens im Finanzanlagevermögen, sondern auch für die Darstellung schuldrechtlicher Beziehungen zwischen dem Bilanzierenden und dem Unternehmen, an dem das Beteiligungsverhältnis besteht. Dies zeigt sich an dem Erfordernis des gesonderten Ausweises von Ausleihungen bzw. Forderungen oder Verbindlichkeiten gegen Unternehmen, mit denen ein Beteiligungsverhältnis besteht (Abs. 2, A. III. 4., B. II. 3 Abs. 3, C. 7.). Nach der Vermutungsregel des § 271 Abs. 1 Satz 3 HGB gelten Beteiligungsverhältnisse, die dem beteiligten Unternehmen insgesamt mehr als 20 % des Nennkapitals an einer Gesellschaft verschaffen, im Zweifel als „Beteiligung" im bilanzrechtlichen Sinne. Diese Vermutung kann widerlegt werden, wenn eindeutige objektive Anhaltspunkte[386] dafür vorliegen, dass es an einer Daueranlage oder einer Zweckbestimmung im Sinne des § 247 Abs. 2 HGB fehlt. Der Ausweis hat dann im Umlaufvermögen zu erfolgen. Laut ausdrücklicher gesetzlicher Regelung gelten zudem Mitgliedschaften in eingetragenen Genossenschaften nicht als Beteiligung (§ 271 Abs. 1 Satz 5 HGB). **233**

(2) Definition des verbundenen Unternehmens. „Anteile an verbundenen Unternehmen" gemäß § 271 Abs. 2 HGB werden in aller Regel zugleich „Beteiligungen" im Sinne des § 271 Abs. 1 HGB sein. Die Qualifizierung als verbundenes Unternehmen hat dabei Vorrang vor der Einordnung als Beteiligung.[387] Ein Unternehmen ist als „verbundenes Unternehmen" zu qualifizieren, wenn die nachfolgenden Bedingungen kumulativ erfüllt sind: **234**

- Vorliegen eines „Mutter-Tochter-Verhältnisses" gemäß § 290 HGB zwischen dem bilanzierenden und dem anderen Unternehmen
- Zugehörigkeit beider zum Kreis der im Wege der Vollkonsolidierung danach grundsätzlich einbeziehungspflichtigen Unternehmen eines Konzerns (Konsolidierungskreis).

Ein „Mutter-Tochter-Verhältnis" gemäß § 290 HGB setzt nach geltender Rechtslage voraus, dass eine Kapitalgesellschaft mit Sitz im Inland unmittelbar oder mittelbar einen **beherrschenden Einfluss**[388] über ein anderes Unternehmen ausübt (§ 290 Abs. 1 HGB). Ein beherrschender Einfluss wird unwiderlegbar vermutet, wenn bestimmte, in § 290 Abs. 2 HGB geregelte Tatbestände erfüllt sind (z. B. Mehrheit der Stimmrechte, Bestellungs- und Abberufungsrechte, Beherrschungsvertrag). **235**

Die **Zugehörigkeit zum Konsolidierungskreis** – der komplexeste Regelungsbestandteil des § 271 Abs. 2 HGB – umfasst nicht allein den Fall, dass vom obersten Mutterunternehmen eines Konzerns ein Konzernabschluss unter Einschluss aller nach § 290 HGB grundsätzlich **236**

---
[385] A/D/S § 271 Rn. 2.
[386] A/D/S § 271 Rn. 27; BeckBilKomm/*Kozikowski/Kreher* § 271 Rn. 25.
[387] A/D/S § 266 Rn. 70.
[388] BeckBilKomm/*Kozikowski/Kreher* § 271 Rn. 20 f.

einbeziehungspflichtigen Unternehmen tatsächlich aufgestellt wird, sondern auch Konstellationen, in denen

- die Aufstellung eines Konzernabschlusses unterbleibt, weil der Konzernrechnungslegungspflicht nicht nachgekommen wird,
- ein im konkreten Fall betroffenes Unternehmen wegen eines Einbeziehungsverbotes (§ 295 HGB) oder eines Einbeziehungswahlrechts (§ 296 HGB) in den aufgestellten Konzernabschluss trotz Vorliegen der Voraussetzungen des § 290 HGB nicht einbezogen wird,
- das inländische Mutterunternehmen von der Konzernrechnungslegungspflicht befreit ist (weil nach §§ 291, 292 HGB ein übergeordneter Konzernabschluss im Ausland aufgestellt und offengelegt wurde) oder befreit werden könnte.

237 *(3) Ausweisfragen.* Die Qualifizierung als „verbundenes Unternehmen" hat Vorrang vor der Einordnung als „Beteiligung". Zu den Anteilen an verbundenen Unternehmen – ebenso wie zu den Beteiligungen – zählen in erster Linie verbriefte und unverbriefte gesellschaftsrechtliche Kapitalanteile an Kapital- und Personengesellschaften.

Hält die Gesellschaft **Aktien an einer herrschenden oder mit Mehrheit beteiligten AG**, sind die Beschränkungen der §§ 71, 71d AktG zu beachten. Zudem hat die AG nach § 71d Satz 5 AktG grundsätzlich das Recht, jederzeit die Übertragung der Anteile auf sich zu verlangen. Dieses dürfte in aller Regel dazu führen, dass es auf Seiten der erwerbenden Gesellschaft an einer auf Dauer angelegten Halteabsicht fehlen wird, die für eine Zuordnung zum Anlagevermögen erforderlich ist (§ 247 Abs. 2 HGB).[389] In diesen Fällen kommt ein Ausweis unter B.III.1. oder B.III.2. in Betracht, je nach dem, ob die Anforderungen des § 271 Abs. 2 HGB (verbundenes Unternehmen) erfüllt sind oder nicht. Sind ausnahmsweise die Voraussetzungen der Qualifizierung als Anlagegut erfüllt, da die herrschende AG von ihrem Recht zum Anteilserwerb dauerhaft keinen Gebrauch machen wird, kann hingegen ein Ausweis unter den Finanzanlagen erfolgen, unter Abs. 2, A.III.1. bei Vorliegen der Voraussetzungen des § 271 Abs. 2 HGB, andernfalls unter Abs. 2, A.III.3. oder Abs. 2, A.III.5.

Besitzt die bilanzierende Gesellschaft **Anteile an einer herrschenden oder mit Mehrheit beteiligten GmbH**[390] findet § 71d AktG keine Anwendung. Der Ausweis richtet sich nach den allgemeinen Abgrenzungsregeln. Gleiches gilt für Anteile an Schwestergesellschaften.[391]

238 In Fällen der Inhaberschaft von Anteilen an herrschenden oder mit Mehrheit beteiligten Unternehmen ist – rechtsformunabhängig – die **Ausschüttungssperre** des § 272 Abs. 4 HGB zu beachten, die durch Bildung einer Pflichtrücklage in Höhe der Anschaffungskosten der Anteile umgesetzt wird.[392]

239 Unter **Ausleihungen** – sei es an verbundene Unternehmen, sei es an Unternehmen, mit denen ein Beteiligungsverhältnis besteht – sind langfristige Finanz- oder Kapitalforderungen[393] zu subsumieren, soweit diese nicht unter den Wertpapieren auszuweisen sind. Die Langfristigkeit ist nicht im Sinne einer bestimmten Gesamt- oder Restlaufzeit der Forderung zu verstehen, sondern lediglich als Kriterium zur Ermittlung der Daueranlageabsicht. Ab einer Laufzeit von vier Jahren wird regelmäßig davon ausgegangen, dass es sich um Ausleihungen des Anlagevermögens handelt.[394] Bei Laufzeiten zwischen einem und vier Jahren stellt man gemeinhin auf die Absicht des Bilanzierenden ab, ob eine Zugehörigkeit zum Anlagevermögen gegeben ist. Forderungen aus Lieferungen und Leistungen sind unabhängig von ihrer Fristigkeit stets dem Umlaufvermögen zuzuordnen.[395]

240 Der Begriff der **„Wertpapiere des Anlagevermögens"** umfasst als Auffangtatbestand alle verbrieften Rechte und Ansprüche mit längerfristigem Anlagecharakter, welche nicht als „Anteile an verbundenen Unternehmen" oder als „Beteiligungen" zu qualifizieren sind.

---

[389] Vgl. hierzu: BeckBilKomm/*Kozikowski/Kreher* § 266 Rn. 73; A/D/S § 266 Rn. 74.
[390] Vgl. BeckBilKomm/*Kozikowski/Kreher* § 266 Rn. 75; A/D/S § 266 Rn. 75.
[391] BeckBilKomm/*Kozikowski/Kreher* § 266 Rn. 74.
[392] → Rn. 211, 276 sowie 290 ff.
[393] A/D/S § 266 Rn. 76.
[394] Die dargestellten Kriterien entsprechen der hierzu vertretenen allgemeinen Meinung, vgl. statt aller nur: BeckBilKomm/*Kozikowski/F. Huber* § 247 Rn. 357.
[395] A/D/S § 266 Rn. 77.

241 Die Position „**Sonstige Ausleihungen**" nimmt sämtliche langfristigen Finanz- und Kapitalforderungen auf, die nicht gegenüber verbundenen Unternehmen oder Beteiligungsunternehmen bestehen (Sammelposten). Hinsichtlich der Definition des Begriffs der Ausleihungen ist auf → Rn. 239 zu verweisen.

242 d) **Umlaufvermögen.** Zum Umlaufvermögen gehören Vermögensgegenstände des Unternehmens, die nicht dazu bestimmt sind, dem Geschäftsbetrieb dauernd zu dienen. Es handelt sich vielmehr in der Regel – nicht notwendig – um Einzelposten, die dem Vermögen der Gesellschaft nur vorübergehend angehören und Ausdruck des güterwirtschaftlichen Umsetzungsprozesses sind (z. B. Forderungen an Kunden). Die Aufeinanderfolge der Bilanzpositionen des Umlaufvermögens bildet dabei tendenziell den innerbetrieblichen Leistungserstellungsvorgang ab (Produktion – Vertrieb).

243 *aa) Vorräte.* Bei den Vorräten wird in § 266 Abs. 2 HGB folgende Untergliederung vorgeschrieben:
- Roh-, Hilfs- und Betriebsstoffe
- unfertige Erzeugnisse, unfertige Leistungen
- fertige Erzeugnisse und Waren
- geleistete Anzahlungen

244 Diese Gliederung ist auf die Bedürfnisse eines Produktionsunternehmens zugeschnitten. Bei Handels- oder Dienstleistungsunternehmen sind entsprechende Anpassungen erforderlich. Der vorgesehene Ausweis für geleistete Anzahlungen entspricht den Positionen A.I.3. und A.II.4. Nach § 268 Abs. 5 Satz 2 HGB können erhaltene Anzahlungen auf Bestellungen wahlweise von den Vorräten offen gekürzt oder unter den Verbindlichkeiten ausgewiesen werden.[396] Die offene Absetzung von Anzahlungen findet sich in der Praxis typischerweise bei Fällen langfristiger Auftragsfertigung.

245 Unter den **Roh-, Hilfs- und Betriebsstoffen** werden fremdbezogene Güter verstanden, die in den Prozess der betrieblichen Leistungserstellung eingehen oder zur Erbringung einer Dienstleistung benötigt werden. Als **Rohstoffe** werden Stoffe bezeichnet, die unmittelbar Hauptbestandteile der Erzeugnisse werden (z. B. Roh-Baumwolle, Öle, Holz, Kohle, Erze). Neben diesen Stoffen der Urerzeugung kann es sich auch um Erzeugnisse aus vorgelagerten Produktionsstufen handeln, die zur Weiterverarbeitung von Dritten bezogen wurden. **Hilfsstoffe** gehen als untergeordnete Bestandteile in die Erzeugung ein (typische Beispiele: Nägel, Schrauben, Lacke). **Betriebsstoffe** dienen unmittelbar oder mittelbar der Gewährleistung des Herstellungsprozesses, ohne in die Erzeugung der Produkte einzugehen (z. B. Energie, Schmierstoffe).

246 **Unfertige Erzeugnisse** stellen Zwischenstufen des Produktionsprozesses dar, die bereits zum Anfall von Kosten geführt haben, ohne dass der Fertigungsvorgang bereits zur Verkaufsfähigkeit geführt hat. Die Abgrenzung zu den Roh-, Hilfs- und Betriebsstoffen (Abs. 2, B.I.1.) richtet sich deshalb nach dem Beginn des Herstellungszeitraumes und nach dem erzielten Fertigungsgrad.

247 **Unfertige Leistungen** stellen Dienstleistungen dar, die am Stichtag noch nicht in der Weise abgeschlossen sind, dass diese fakturiert werden können. Führen Bauunternehmen Bauten für fremde Rechnung auf fremdem Grund und Boden aus, die unmittelbar in das Eigentum am Grundstück übergehen, sind diese vor Fertigstellung als unfertige Leistungen („In Ausführung befindliche Bauaufträge") auszuweisen.

248 Zu den **fertigen Erzeugnissen** zählen die von dem Unternehmen selbst hergestellten verkaufsfähigen Produkte, wohingegen **Waren** fremdbezogene Fertigerzeugnisse betreffen, die ohne Be- oder Verarbeitung zur Weiterveräußerung bestimmt sind. **Fertige Leistungen** sind vom Gesetz nicht vorgesehen; diese sind in aller Regel unter „Forderungen aus Lieferungen und Leistungen" (Abs. 2, B.II.1.) auszuweisen, nur in Ausnahmefällen kommt eine angepasste Postenbezeichnung in Betracht.

249 Bezüglich der **Vorratsbewertung** gelten die oben unter → Rn. 195 ff. dargestellten allgemeinen Grundsätze (§§ 253 Abs. 1 Satz 1 und Abs. 4, 255 Abs. 1 und 2 und 256 HGB).

---

[396] Zur Saldierung vgl. A/D/S § 266 Rn. 99 m. w. N.

Danach sind Gegenstände des Vorratsvermögens grundsätzlich zu (historischen) Anschaffungs- oder Herstellungskosten zu bewerten und ggf. auf den niedrigeren Börsen- oder Marktpreis bzw. den niedrigeren beizulegenden Wert abzuschreiben. Maßgeblich ist der Beschaffungs- und/oder Absatzmarkt. Nach den Grundsätzen ordnungsmäßiger Buchführung wird für die Bestimmung des relevanten Marktes nachfolgendes Schema[397] angewendet:

250

Bestandsgruppe	Maßstab für Stichtagsbewertung
Roh-, Hilfs- und Betriebsstoffe	Beschaffungsmarkt
Überbestände an Roh-, Hilfs- und Betriebsstoffen	Absatzmarkt
unfertige und fertige Erzeugnisse, unfertige Leistungen	Absatzmarkt
unfertige und fertige Erzeugnisse, bei denen Fremdbezug möglich ist	Beschaffungsmarkt
Überbestände an unfertigen und fertigen Erzeugnissen	Absatz- oder Beschaffungsmarkt
Handelswaren	Absatz- oder Beschaffungsmarkt

251 Maßgeblichkeit des Beschaffungsmarktes für Roh-, Hilfs- und Betriebsstoffe bedeutet, dass grundsätzlich die aktuellen **Wiederbeschaffungskosten** für die stichtagsbezogene Betrachtung zugrundezulegen sind. Diese sind wie folgt zu ermitteln:

	Börsen- oder Marktpreis
−	Anschaffungspreisminderungen (z. B. Skonti, Rabatte)
+	Anschaffungsnebenkosten (z. B. Frachten, Zölle)
=	beizulegender Wert

252 Die beschriebene Vorgehensweise setzt jedoch voraus, dass die betreffenden Bestände überhaupt einen Markt haben und tatsächlich von dort bezogen werden sollen. Letzteres ist bei Überbeständen nicht der Fall, für die stattdessen in der Regel eine absatzmarktorientierte Bewertung (sog. verlustfreie Bewertung) in Betracht kommt. Für nicht mehr verwendbare Rohstoffe ist der vom Absatzmarkt abgeleitete Verkaufspreis (eventuell: Schrottwert) abzüglich aller noch anfallenden Verkaufsaufwendungen anzusetzen. Sind Roh-, Hilfs- und Betriebsstoffe in ihrer Verwendungsfähigkeit durch Überalterung, Beschädigung oder andere äußere Einflüsse eingeschränkt, stellen die aktuellen Wiederbeschaffungspreise des Marktes ebenfalls keinen zutreffenden Bewertungsmaßstab dar. Hier entspricht es den Grundsätzen ordnungsmäßiger Buchführung, angemessene – bei umfangreichen Lagerbeständen in der Regel pauschale – Abschläge von den Wiederbeschaffungskosten vorzunehmen (sog. Gängigkeitsabschläge).[398] Maßstab für die Ermittlung der Gängigkeit ist die Umschlagshäufigkeit der beurteilten Bestände oder Bestandsgruppen.

253 Bei **Handelswaren** sowie **unfertigen und fertigen Erzeugnissen,** für die alternativ ein Fremdbezug nicht möglich ist, ist grundsätzlich der Absatzmarkt maßgeblich; indessen kann für Handelswaren auch der Beschaffungsmarkt relevant sein (doppelte Maßgeblichkeit), sofern dieser einen niedrigeren Wert indiziert als der Absatzmarkt. Stehen im Erzeugnisbereich

---

[397] Abgeleitet aus den Darstellungen bei A/D/S § 253 Rn. 488 und Küting/Weber/*Döring* § 253 Rn. 166.
[398] Küting/Weber/*Karrenbauer*/Döring/Buchholz § 253 Rn. 179.

für Zwischenprodukte (unfertige Erzeugnisse) externe Vergleichspreise zur Verfügung, da das bilanzierende Unternehmen diese teils selbst erstellt und teils von Dritten bezieht, kommt ausnahmsweise auch insoweit der Beschaffungsmarkt als relevanter Bewertungsmaßstab zum Zuge.[399] Die verlustfreie Bewertung im Falle der Maßgeblichkeit des Absatzmarktes ist grundsätzlich nach folgendem retrograden Schema vorzunehmen:

Übersicht: Verlustfreie Bewertung

254

	Verkaufserlös oder Marktabgabepreis (vorsichtig geschätzt)
−	Erlösschmälerungen (Kundenskonti und -rabatte)
−	voraussichtlich noch anfallende Aufwendungen
	bei unfertigen Erzeugnissen:
	Kosten der Fertigstellung
	Verpackungs- und Frachtkosten
	Sonstige Vertriebskosten
	noch anfallende Verwaltungskosten
=	beizulegender Wert

Unterschreitet der so ermittelte beizulegende Wert des Stichtages den bisherigen Ansatz 255 der Bestände zu Anschaffungs- oder Herstellungskosten (Buchwert), ist in entsprechender Höhe eine Abschreibung vorzunehmen. Die bei unfertigen Erzeugnissen noch anfallenden Fertigungskosten umfassen mindestens die Fertigungseinzelkosten (Fertigungsmaterial, Fertigungslöhne, Sondereinzelkosten der Fertigung). Ob und in welchem Umfang darüber hinaus Fertigungsgemeinkosten und Verwaltungskosten anzusetzen sind, ist im betriebswirtschaftlichen Schrifttum umstritten.[400] Es werden ein

- Ansatz nur der variablen Kosten,[401]
- Ansatz zu variablen und fixen Kosten[402] (Vollkosten) und ein
- faktisches Wahlrecht zwischen den beiden vorgenannten Ansätzen

vertreten. Unter dem Gesichtspunkt der Vorsicht spricht viel für eine umfassende Verlustvorwegnahme durch Ansatz zu Vollkosten, der stets zulässig sein dürfte.[403]

Geleistete Anzahlungen sind grundsätzlich in Höhe des aufgewendeten Geldbetrages an- 256 zusetzen. Abschreibungen kommen bei bestehenden oder drohenden Leistungsstörungen in Betracht, wenn eine Rückerstattung in voller Höhe nicht gesichert erscheint. Ist mit der Lieferung durch den Vertragspartner nicht mehr zu rechnen, ist die Anzahlung (eventuell um Abschreibungen gemindert) in die „Sonstigen Vermögensgegenstände" (B. II.4.) umzugliedern.[404]

bb) Forderungen und sonstige Vermögensgegenstände. Die zweite Postengruppe des Um- 257 laufvermögens im gesetzlichen Gliederungsschema des § 266 Abs. 2 HGB umfasst – ergänzt um die für GmbH geltende Ausweisvorschrift des § 42 Abs. 3 GmbHG – folgende denkbare Einzelpositionen:

- Forderungen aus Lieferungen und Leistungen
- Forderungen gegen Gesellschafter
- Forderungen gegen verbundene Unternehmen oder Beteiligungsunternehmen
- Sonstige Vermögensgegenstände

---

[399] A/D/S § 253 Rn. 493.
[400] Überblick über den Meinungsstand mit Literaturhinweisen bei A/D/S § 253 Rn. 251 ff., 528; ebenso bei Fertigerzeugnissen.
[401] → Rn. 14.
[402] → Rn. 14.
[403] Steuerlich ist dieser Ansatz allein maßgeblich, vgl. BFH BStBl. II 88, 661.
[404] Küting/Weber/*Karrenbauer/Döring/Buchholz* § 253 Rn. 188.

258 Innerhalb dieser Postengruppe sind inhaltliche Überschneidungen möglich, da z. B. schuldrechtliche Beziehungen zu Gesellschaftern, verbundenen Unternehmen oder Beteiligungsunternehmen einen Leistungsaustausch auf der Grundlage von Umsatzgeschäften zum Gegenstand haben können. Hinsichtlich der in solchen Fällen geltenden Gliederungsgrundsätze (§ 265 Abs. 3 HGB) wird auf vorangegangene Ausführungen[405] verwiesen. Die **Forderungen gegen Gesellschafter** können wahlweise als eigener Posten ausgewiesen oder im Anhang angegeben werden.[406] Bei allen gesondert ausgewiesenen Forderungsposten ist nach § 268 Abs. 4 Satz 1 HGB der Betrag zu vermerken, der eine Restlaufzeit von mehr als einem Jahr hat. Diese Zusatzangabe, die wahlweise auch im Anhang erfolgen kann, soll dem Einblick in die Liquiditätslage der Gesellschaft dienen.

259 Unter **Forderungen aus Lieferungen und Leistungen** sind schuldrechtliche Ansprüche aus gegenseitigen Verträgen zu subsumieren, die von der bilanzierenden Gesellschaft erfüllt wurden, wohingegen die Gegenleistung des Vertragspartners zur Zahlung des Kaufpreises, des Werklohns oder der Dienstleistungsvergütung noch aussteht. Der Inhalt der von der Gesellschaft geschuldeten und erbrachten Leistung muss in unmittelbarem Bezug zum Unternehmensgegenstand stehen, d.h. Bestandteil des operativen Geschäfts sein, die eingebuchten Forderungen korrespondieren mit entsprechenden Erträgen, die unter den Umsatzerlösen auszuweisen sind.[407] Fehlt es an einem solchen Bezug (z. B. Veräußerung von Anlagegütern), hat der Ausweis unter den „Sonstigen Vermögensgegenständen" (B. II. 7.) zu erfolgen. Bei Bestehen einer Aufrechnungslage können Forderungen aus Lieferungen und Leistungen mit entsprechenden Verbindlichkeiten saldiert werden.[408]

260 Nimmt die Gesellschaft ein echtes Factoring[409] vor, geht das Delkredererisiko also auf den Factor der Forderung über (à-forfait-Geschäft), scheidet die entsprechende Forderung aus dem Vermögen der Gesellschaft aus; der im Gegenzug der Gesellschaft gutgebrachte Wert ist in der Regel unter den liquiden Mitteln zu erfassen. Verbleibt das Ausfallrisiko hingegen bei der Gesellschaft – unechtes Factoring[410] – liegt wirtschaftlich gesehen kein Forderungsverkauf, sondern vielmehr ein Kreditgeschäft vor, wobei die vollzogene Forderungsabtretung Sicherungscharakter hat. Aus praktischen Erwägungen[411] wird es gleichwohl für zulässig angesehen, Forderungen auch bei unechtem Factoring als abgegangen zu betrachten und dem verbleibenden Delkredererisiko auf Seiten der Gesellschaft durch einen Haftungsvermerk gemäß § 251 HGB „unter der Bilanz" Rechnung zu tragen. **Wechselforderungen,**[412] die aus Umsatzgeschäften resultieren, sind ebenfalls unter Position Abs. 2, B. II. 1. auszuweisen.

261 Die Forderungen des Verbundbereiches resultieren aus schuldrechtlichen Beziehungen gleich welcher Art, die dem Umlaufvermögen zuzurechnen sind. Maßgebend für die jeweilige Postenzuordnung sind die Verhältnisse am Abschlussstichtag. In der genannten Reihenfolge besteht ein Rangverhältnis für die Zuordnung mit der Folge, dass z. B. stets ein Ausweis unter „Forderungen gegen verbundene Unternehmen" vorzunehmen ist, auch wenn zugleich ein Beteiligungsverhältnis begründet ist.[413]

262 Bei dem Posten **Sonstige Vermögensgegenstände** (Abs. 2, B. II. 4.) handelt es sich um einen Sammelposten, der im Sinne eines Auffangtatbestands alle Vermögensgegenstände des Umlaufvermögens aufnimmt, die keinem anderen vorrangigen Posten zuzuordnen sind. Je nach Unternehmensstruktur und Verhältnissen am Abschlussstichtag weist dieser Posten daher ein sehr heterogenes Bild auf (z. B. Gehalts- und Reisekostenvorschüsse, Darlehen an Mitarbeiter, gezahlte Mietkautionen, Steuererstattungsansprüche).

263 Werden unter diesem Posten Vermögensgegenstände ausgewiesen, die erst nach dem Abschlussstichtag rechtlich entstehen (sog. antizipative Posten), so müssen diese Beträge im

---

[405] → Rn. 175.
[406] → Rn. 167.
[407] So grundsätzlich: A/D/S § 266 Rn. 120.
[408] → Rn. 136.
[409] Hierzu A/D/S § 246 Rn. 311 ff.
[410] Vgl. insoweit auch → Rn. 134.
[411] BeckBilKomm/*Ellrott/Roscher* § 247 Rn. 113; vgl. auch A/D/S § 246 Rn. 322.
[412] A/D/S § 266 Rn. 126.
[413] Vgl. insoweit auch → Rn. 237.

Anhang erläutert werden, wenn sie einen größeren Umfang haben (§ 268 Abs. 4 Satz 2 HGB). Der Anwendungsbereich dieser Vorschrift ist gering[414] (z. B. umsatzabhängige Bonusansprüche, die erst durch Gutschrift im Folgejahr rechtlich konkretisiert werden). Unter den „sonstigen Vermögensgegenständen" sind ferner solche Anzahlungen auszuweisen, die weder auf Investitionen des Anlagevermögens[415] (vgl. Abs. 2, A. I. 3. und A. II. 4.) noch auf den Vorratsbestand[416] (vgl. Abs. 2, B. I. 4.) entfallen, noch als Rechnungsabgrenzungsposten[417] gemäß § 250 Abs. 1 HGB zu qualifizieren sind. Hierunter fallen z. B. geleistete Vorschüsse für Beratungsleistungen und andere, nicht zeitraumbezogene Aufwendungen für nicht aktivierungsfähige Leistungen.[418]

Für die **Bewertung** von Forderungen des Umlaufvermögens gelten die §§ 255 Abs. 1, 253 Abs. 1 Satz 1 und Abs. 4 HGB und die daraus folgenden Grundsätze.[419] Der Ansatz erfolgt grundsätzlich zum Nennwert. Forderungen sind jedoch in Anwendung des strengen Niederstwertprinzips höchstens zu dem Wert anzusetzen, der ihnen am Abschlussstichtag beizulegen ist (§ 253 Abs. 4 S. 2 HGB). Aus dem Vorsichtsprinzip[420] (§ 252 Abs. 1 Nr. 4 HGB) folgt das Gebot, zweifelhafte Forderungen mit ihrem wahrscheinlichen Wert anzusetzen und uneinbringliche Forderungen ganz abzuschreiben.[421] Wertaufhellende Sachverhalte[422] bezüglich der hiernach maßgeblichen Gesichtspunkte (z. B. Bonität eines Schuldners) sind zu berücksichtigen. Der aktuelle Stichtagswert von Forderungen ist danach zu bestimmen, in welcher Höhe nach vorsichtiger kaufmännischer Einschätzung und nach Abzug noch entstehender Kosten mit einem effektiven Zahlungseingang zu rechnen ist. Ein danach bestehendes Ausfallrisiko ist durch Bildung von Einzel- oder Pauschalwertberichtigungen zu antizipieren.

Einzelwertberichtigungen (EWB) sind unter Berücksichtigung von Delkredereversicherungen, Kreditsicherheiten und Aufrechnungslagen auf den Netto-Forderungsbetrag zu bilden. Darüber hinaus ist es zulässig und üblich, den nicht bereits einzelwertberichtigten Forderungsbestand im Hinblick auf das ihm nach den Erfahrungen der Vergangenheit innewohnende allgemeine Ausfallrisiko durch Ansatz einer **Pauschalwertberichtigung** (PWB) abzuwerten, die sich je nach den konkreten Umständen in der Höhe von 1 bis 3 % des betrachteten Forderungsbestandes bewegen kann. Zur Bewertung von **Währungsforderungen** → Rn. 207. Bei **unverzinslichen oder niedrig verzinslichen Forderungen** kann sich die Notwendigkeit einer Abschreibung auf den niedrigeren Barwert ergeben. Eine Ausnahme von dem grundsätzlich bestehenden Abschreibungszwang besteht lediglich bei kurzfristigen Forderungen, wobei die Grenze im Schrifttum bei drei Monaten[423] oder einem Jahr[424] gezogen wird. Die danach im Regelfall erforderliche Abzinsung hat auf Basis des handelsüblichen fristenkongruenten Marktzinssatzes zu erfolgen, sofern nicht der Refinanzierungssatz des Unternehmens herangezogen werden kann.

cc) Wertpapiere. Als dritte Gruppe des Umlaufvermögens erfasst die Rubrik „Wertpapiere" alle Anteile, Order- oder Inhaberpapiere, Zins- und Dividendenscheine und sonstigen, unter den Wertpapierbegriff fallende verbriefte Rechtspositionen, die nicht dem Finanzanlagevermögen zuzurechnen sind, z. B. weil es an einer Daueranlageabsicht fehlt. Zumindest in der mittelständischen Praxis dürfte es sich hierbei eher um Ausnahmekonstellationen handeln, da das Halten von Wertpapierbeständen im Umlaufvermögen für Nichtbanken untypisch ist. Nicht unter diese Position fallen hingegen Scheck- und Wechselforde-

---

[414] Zu diesbezüglichen Auslegungsfragen ausführlich Küting/Weber/Dörner/S. Hayn/Knop/Lorson/Wirth § 268 Rn. 203 ff.
[415] → Rn. 224, 231.
[416] → Rn. 256.
[417] → Rn. 270 f.
[418] Vgl. A/D/S § 266 Rn. 134.
[419] → Rn. 200.
[420] → Rn. 142.
[421] Küting/Weber/Karrenbauer/Döring/Buchholz § 253 Rn. 189.
[422] → Rn. 128.
[423] So Küting/Weber/Karrenbauer/Döring/Buchholz § 253 Rn. 175.
[424] So A/D/S § 253 Rn. 532.

rungen, die auf normalen Umsatzgeschäften beruhen und lediglich erfüllungshalber hereingenommen wurden. Anders verhält es sich mit Finanzierungswechseln und Schatzwechseln der öffentlichen Hand.

267 **dd) Liquide Mittel.** Dem Gliederungsprinzip steigender Liquidität folgend schließt das Umlaufvermögen mit den flüssigen Mitteln ab, die nach der Fassung des Gesetzes folgende Zusammensetzung haben:
- Kassenbestände
- Bundesbankguthaben
- Guthaben bei Kreditinstituten
- Schecks

268 Zum **Kassenbestand** sind alle Bargeldbestände, die im Unternehmen unterhalten werden, zu rechnen, ferner bargeldähnliche Werte wie Wertmarken und Frankotypwerte. Unter **Schecks** sind sämtliche, auch vordatierte, vom Unternehmen entgegengenommene Schecks zu verstehen, die noch nicht eingelöst und dem Bankkonto gutgeschrieben wurden. Protestierte Schecks führen zum Wiederaufbau der ihnen zugrundeliegenden Forderung, die entsprechend auszuweisen ist. **Guthaben bei Kreditinstituten** umfassen alle jederzeit disponiblen Einlagen bei Banken, Sparkassen und Zentralbanken. Unter diesen Ausweis fallen auch abgegrenzte Zinsansprüche und am Stichtag im Umlauf befindliche sog. Geldtransite (z. B. eingereichte Schecks, übergebene Filialkassenbestände), die dem Bankkonto mit Beginn der neuen Rechnung des Folgejahres gutgeschrieben werden.

269 **e) Rechnungsabgrenzung.** Das HGB verwendet den Begriff „**Rechnungsabgrenzungsposten**" in §§ 246 Abs. 1, 247 Abs. 1 HGB neben den Termini Vermögensgegenständen und Schulden, wodurch zum Ausdruck kommen soll, dass es sich um Posten handelt, die keine Vermögensgegenstände bzw. Schulden im vom Gesetz verstandenen Sinne darstellen.[425] Ferner bedeutet dies, dass der Ausweis von Einzelposten unter Forderungen, Verbindlichkeiten oder Rückstellungen den Vorrang vor dem Ausweis als Rechnungsabgrenzungsposten beansprucht. Der Anwendungsbereich dieser Posten umfasst in erster Linie – jedoch nicht notwendig[426] – synallagmatische Rechtsverhältnisse, die eine zeitraumbezogene Leistungserbringung zum Gegenstand haben, wobei Leistung und Gegenleistung zeitlich in unterschiedliche Perioden fallen. Die Aperiodizität von Leistung und Gegenleistung kann in zwei unterschiedlichen Fällen auftreten:

270
- die Gesellschaft leistet eine Zahlung in der abgelaufenen Periode für eine ihr gebührende zeitraumbezogene Gegenleistung, die erst in einer Folgeperiode erbracht wird und dieser wirtschaftlich zuzurechnen ist.
- die Gesellschaft vereinnahmt eine Zahlung in der abgelaufenen Periode für eine von ihr geschuldete zeitraumbezogene Gegenleistung, die erst in einer Folgeperiode erbracht wird und dieser wirtschaftlich zuzurechnen ist.

271 § 250 Abs. 1 Satz 1 HGB ordnet an, dass auf der Aktivseite Ausgaben vor dem Abschlussstichtag als Rechnungsabgrenzung auszuweisen sind, soweit sie Aufwand für eine bestimmte Zeit nach diesem Tag darstellen (aktive Rechnungsabgrenzung). Entsprechend sind gemäß § 250 Abs. 2 HGB auf der Passivseite Einnahmen vor dem Abschlussstichtag als Rechnungsabgrenzungsposten auszuweisen, soweit sie Ertrag für eine bestimmte Zeit nach diesem Tag darstellen (passive Rechnungsabgrenzung). Das gesetzliche Gliederungsschema des § 266 Abs. 2 und 3 HGB sieht demgemäß jeweils als letzten Posten der Aktiv- bzw. Passivseite eine Position „Rechnungsabgrenzung" vor.

272 Die Bilanzierung von Rechnungsabgrenzungsposten hat drei Kriterien zu beachten:
- Ausgabe/Einnahme vor dem Stichtag
- Aufwand/Ertrag nach dem Stichtag
- Zeitraumbezogenheit der zukünftigen Leistung

---

[425] Vgl. hierzu: A/D/S § 250 Rn. 11; BeckBilKomm/*Ellrott/Krämer* § 250 Rn. 14.
[426] Vgl. *Moxter* Bilanzrechtsprechung S. 67.

Das erste Kriterium ist ein rein buchhalterisches, das weiterer Erörterung nicht bedarf. **273** Das zweite Kriterium ist nach dem Grundsatz der wirtschaftlichen Verursachung zu entscheiden, also danach, ob der wirtschaftliche Grund für die Ausgabe/Einnahme in der Zukunft liegt oder noch dem abgelaufenen Geschäftsjahr zuzurechnen ist. Auslegungsprobleme bereitet das Kriterium der „bestimmten Zeit", das den Anwendungsbereich der Rechnungsabgrenzung wesentlich determiniert, aber aus sich heraus nicht ohne weiteres zweifelsfrei interpretiert werden kann. Nach traditionellem Verständnis [427] ist das Erfordernis der Zeitraumbezogenheit eng auszulegen, und im Sinne eines „möglichst kalendermäßig exakt zu bestimmenden Zeitraums" zu verstehen, der durch den objektiven, keiner Gestaltungsmöglichkeit durch den Bilanzierenden unterliegenden Sachverhalt festgelegt sein muss. Im Schrifttum wird auch eine weiter gefasste Begriffsauslegung[428] vertreten, die sich im Wesentlichen auf das Realisationsprinzip und auf die Rechtsprechung des BFH stützt. Eine zeitliche Bestimmtheit soll danach bereits dann vorliegen, wenn sich der Zeitraum berechnen oder auch nur schätzen lässt, sofern das Vorsichtsprinzip strikt beachtet wird.

Für **Disagien** ordnet § 250 Abs. 3 Satz 2 HGB an, dass diese durch planmäßige jährliche **274** Abschreibungen zu tilgen sind, die auf die gesamte Laufzeit der Verbindlichkeit verteilt werden.

f) **Eigenkapital.** aa) *Überblick.* Eigenkapital ist das Kapital, das der Gesellschaft von den **275** Gesellschaftern in dieser Eigenschaft zur Verfügung gestellt wird. Gemäß dem gesetzlichen Gliederungsschema sind alle Positionen des Jahresabschlusses mit Eigenkapitalcharakter unter Einbeziehung des Periodenergebnisses sowie eines eventuellen Ergebnisvortrags aus Vorjahren unter einen Posten „A. Eigenkapital" zusammengefasst. Für mittelgroße und große Kapitalgesellschaften schreibt § 266 Abs. 3 A. folgende Untergliederung vor:

276
  I. Gezeichnetes Kapital
 II. Kapitalrücklage
III. Gewinnrücklagen
   1. Gesetzliche Rücklage
   2. Rücklage für Anteile an einem herrschenden oder mehrheitlich beteiligten Unternehmen
   3. Satzungsmäßige Rücklagen
   4. Andere Gewinnrücklagen
 IV. Gewinnvortrag/Verlustvortrag
  V. Jahresüberschuss/Jahresfehlbetrag.

bb) *Gezeichnetes Kapital.* Nach § 272 Abs. 1 Satz 1 HGB ist das gezeichnete Kapital das **277** Kapital, auf das die Haftung der Gesellschafter für die Verbindlichkeiten der Kapitalgesellschaft gegenüber den Gläubigern beschränkt ist. Als gezeichnetes Kapital der GmbH wird deren **Stammkapital** ausgewiesen (§ 42 Abs. 1 GmbHG). Im Falle **ausstehender Einlagen** eröffnete das bisherige Recht in § 272 Abs. 1 Satz 2 und 3 HGB a. F. ein Ausweiswahlrecht:

- entweder Ausweis der ausstehenden Einlagen in voller Höhe auf der Aktivseite der Bilanz in Form eines gesonderten Postens („Ausstehende Einlagen") mit Vermerk des eingeforderten Betrages (Bruttoausweis) oder
- offene Absetzung der nicht eingeforderten ausstehenden Einlagen vom Posten „Gezeichnetes Kapital" und Ausweis des danach verbleibenden Betrages als „Eingefordertes Kapital" bei gleichzeitigem gesondertem Ausweis des eingeforderten, aber noch nicht eingezahlten Betrages unter den Forderungen (Nettomethode).

Nach Inkrafttreten des BilMoG ist lediglich die Nettomethode zulässig. Zum diesem **278** Ausweis nachfolgendes Beispiel:

---

[427] Hierzu: A/D/S § 250 Rn. 31 ff. m. w. N.; Küting/Weber/*Trützschler* § 250 Rn. 41 ff. m. w. N.
[428] Vgl. insbesondere: *Knobbe-Keuk* S. 137 m. w. N. Zur BFH-Rechtsprechung vgl. die Nachweise bei *Moxter* Bilanzrechtsprechung S. 72 f.

279 Beschlossene Kapitalerhöhung: 500.000,– EUR
Eingeforderter Betrag: 150.000,– EUR

AKTIVA		PASSIVA	
	EUR		EUR
A. Anlagevermögen		A. Eigenkapital	
......		I. Gezeichnetes Kapital	2.500.000,–
B. Umlaufvermögen		Nicht eingeforderte, ausstehende Einlagen	– 350.000,–
I.		Eingefordertes Kapital	2.150.000,–
II. Forderungen und sonstige Vermögensgegenstände Eingeforderte ausstehende Einlagen	150.000,–		

280 Im Falle von **Kapitalerhöhungen** ergibt sich die Frage, wie zu verfahren ist, wenn bis zum Abschlussstichtag zwar die Bar- und Sacheinlagen an die Gesellschaft geleistet worden sind, die für die rechtliche Wirksamkeit konstitutive Eintragung der Kapitalerhöhung im Handelsregister (§§ 54 Abs. 3, 57 GmbHG) aber noch nicht erfolgt ist. In diesen Fällen sind die geleisteten Einlagen bis zur Eintragung als gesonderter Posten unmittelbar nach dem Eigenkapital mit der Bezeichnung „Zur Durchführung der beschlossenen Kapitalerhöhung geleistete Einlagen" auszuweisen.[429] Erfolgt die Eintragung bis zur Bilanzaufstellung, kann dieser Sonderposten in die Postengruppe „A. Eigenkapital" einbezogen und zwischen dem gezeichneten Kapital und den Rücklagen gesondert ausgewiesen werden. In diesem Fall sollte das Eintragungsdatum in der Bilanz oder im Anhang vermerkt sein.

281 *cc) Kapitalrücklage.* Unter der Position „Kapitalrücklage" werden sämtliche Transferleistungen der Gesellschafter in das Gesellschaftsvermögen erfasst, die auf gesellschaftsrechtlicher Grundlage beruhen, nicht in der Erbringung von Stammeinlagen bestehen und keine unmittelbare Ergebnisverwendung darstellen. Es muss sich also stets um einen Kapitaltransfer aus ihrem Vermögen handeln, mag dieser im Einzelfall auch aus Dividenden der Gesellschaft gespeist sein. In § 272 Abs. 2 HGB werden die denkbaren Fallkonstellationen wie folgt untergliedert:
- Beträge, die bei der Ausgabe von Anteilen (einschl. Bezugsrechten) über den Nennbetrag hinaus erzielt werden (§ 272 Abs. 2 Nr. 1 HGB)
- Beträge, die bei der Ausgabe von Schuldverschreibungen für Wandlungs- und Optionsrechte zum Erwerb von Anteilen erzielt werden (§ 272 Abs. 2 Nr. 2 HGB)
- Beträge von Zuzahlungen, die Gesellschafter gegen Gewährung eines Vorzugs für ihre Anteile erhalten (§ 272 Abs. 2 Nr. 3 HGB)
- Beträge von anderen Zuzahlungen, welche die Gesellschafter in das Eigenkapital leisten (§ 272 Abs. 2 Nr. 4 HGB).

282 Gemäß § 42 Abs. 3 GmbHG ist in dem Posten „Kapitalrücklage" außerdem bei einer GmbH ein Betrag gesondert auszuweisen, der den von den Gesellschaftern eingeforderten Nachschüssen entspricht. Ferner kann eine vereinfachte Kapitalherabsetzung (§ 58a GmbHG) dazu verwandt werden, die gewonnenen Beträge in die Kapitalrücklage einzustellen, soweit diese 10 % des Stammkapitals nicht übersteigt (§ 58b Abs. 2 Satz 1 GmbHG). Für den eingestellten Betrag gilt in diesem Fall die Verwendungsbeschränkung des § 58b Abs. 2 GmbHG. Schließlich kann es bei einer GmbH zur Einstellung von Beträgen in die Kapitalrücklage kommen, wenn die durch die Kapitalherabsetzung zur Verlustdeckung bereitgestellten Mittel den tatsächlich eingetretenen Verlust überschreiten (§ 58c GmbHG).

---

[429] Allg. M., vgl. nur: A/D/S § 272 Rn. 19.

§ 16 Rechnungslegung der GmbH

Die in § 272 Abs. 2 Nr. 1 bis 4 HGB aufgeführten Gesellschafterleistungen betreffen Agien, agio-ähnliche und sonstige Zuzahlungen. Für die GmbH haben in erster Linie nur das Agio bei Ausgabe von Anteilen über Nennwert (Nr. 1) und die sonstigen Zuzahlungen (Nr. 4) praktische Bedeutung. Im ersten Fall handelt es sich bei der GmbH um Aufgelder aus

- der Übernahme von Stammeinlagen bei der Gründung und bei der Kapitalerhöhung
- Verschmelzungsvorgängen, bei denen z.B. durch Ansatz von Zeitwerten für Aktiva und Passiva der übertragenden Gesellschaft Mehrbeträge entstehen.

283

Von größerer praktischer Bedeutung sind die **sonstigen Zuzahlungen** von Gesellschaftern gemäß § 272 Abs. 2 **Nr. 4** HGB. Hierunter sind alle freiwilligen Leistungen zu verstehen, welche die Gesellschafter erbringen, ohne dass ihnen im Gegenzug Anteile, Vorzüge oder ähnliche Gesellschafterrechte gewährt werden (Auffangtatbestand). Es kommen Bar- und Sachleistungen in Betracht, wobei die letzteren über Vermögensgegenstandqualität verfügen müssen. Die zwingend erfolgsneutral – also ohne Berührung der Gewinn- und Verlustrechnung – zu erfassenden Zuzahlungen in das Eigenkapital sind von ergebniswirksam zu vereinnahmenden Zuschüssen (Ertragszuschüsse) abzugrenzen. Diese Abgrenzung ergibt sich nicht stets zweifelsfrei aus dem Gegenstand, sondern verlässlich nur aus der Zwecksetzung[430] der Gesellschafterleistung, die deshalb im Rahmen der Beschlussfassung in geeigneter Form zu dokumentieren ist.

284

> **Praxistipp:**
> Der bezweckte Einlagecharakter der Leistung sollte (ggf. unter Bezugnahme auf § 272 Abs. 2 Nr. 4 HGB) zum Ausdruck gebracht werden.

285

Verfolgt die Gesellschafterleistung indessen allein den Zweck, einen Jahresfehlbetrag zu decken oder einen Bilanzverlust auszugleichen, bedarf es nicht notwendig des „Umweges" über die Einstellung in die Kapitalrücklage und deren anschließender Verwendung zur Verlustdeckung. Vielmehr kann der Weg des unmittelbar erfolgswirksamen Sanierungszuschusses (z.B. in Form eines Forderungsverzichts) gewählt werden.

286

Nach § 270 Abs. 1 Satz 1 HGB sind **Einstellungen** in die Kapitalrücklage und deren Auflösung bereits bei der Aufstellung des Jahresabschlusses vorzunehmen. Einstellungen in die Kapitalrücklage sind erfolgsneutral zu erfassen; eine Angabepflicht in Bilanz und Anhang entsprechend § 152 Abs. 2 AktG besteht für die GmbH nicht. Sieht man vom Sonderfall der Kapitalerhöhung aus Gesellschaftsmitteln ab (§§ 57c ff. GmbHG), sind **Entnahmen** aus der Kapitalrücklage handelsrechtlich als Ergebnisverwendung anzusehen. Da es bei der GmbH im Regelfall an Entnahmebeschränkungen im Sinne von § 150 Abs. 3 und 4 AktG fehlt, ist die Auflösung der Kapitalrücklage grundsätzlich jederzeit unbeschränkt möglich, sofern der Gesellschaftsvertrag nichts Gegenteiliges bestimmt.[431] Die Auflösung der Kapitalrücklage kann daher auch bereits im Jahr ihrer Bildung durchgeführt werden.

287

Entnahmebeschränkungen bestehen hingegen im Fall der vereinfachten Kapitalherabsetzung (§ 58b Abs. 2, 3 GmbHG) und der Leistung von Nachschüssen durch die Gesellschafter gemäß § 42 Abs. 2 GmbHG. Eine im Rahmen einer vereinfachten Kapitalherabsetzung gebildete Kapitalrücklage darf vor Ablauf von fünf Jahren nicht ausgeschüttet, sondern lediglich zu den in § 58b Abs. 3 GmbHG bezeichneten Zwecken verwendet werden. Auch eine Ausschüttung laufender Gewinne unterliegt in diesem Zeitraum der Maßgabe, dass Kapital- und Gewinnrücklagen zusammen 10 % des Stammkapitals erreichen müssen. Geleistete Nachschüsse sind grundsätzlich einzubehalten oder zweckentsprechend zu verwenden. Ihre Rückzahlung kann nur unter den Voraussetzungen des § 30 Abs. 2 GmbHG erfolgen. Wird die Kapitalrücklage hingegen zur Kapitalerhöhung aus Gesellschaftermitteln verwendet (§ 57d Abs. 1 GmbHG), liegt keine Auflösung mit Ergebnisauswirkung vor. Viel-

---
[430] A/D/S § 272 Rn. 137.
[431] A/D/S § 272 Rn. 79; BeckBilKomm/*Förschle/Hoffmann* § 272 Rn. 205.

mehr handelt es sich um einen erfolgsneutralen Vorgang, der lediglich als Umbuchung innerhalb des Postens „A. Eigenkapital" vollzogen wird.

288 dd) *Gewinnrücklagen.* In der Bezeichnung „Gewinnrücklagen" kommt – in Unterscheidung zur Kapitalrücklage – bereits zum Ausdruck, dass es sich bei den unter dieser Position zu erfassenden Rücklagen um Beträge handelt, die im Geschäftsjahr oder in einem früheren Geschäftsjahr aus dem Ergebnis gebildet worden sind. Anders als die Kapitalrücklagen sind die Gewinnrücklagen damit betriebswirtschaftlich dem Bereich der Selbstfinanzierung zuzurechnen. Das GmbH-Recht kennt zwar grundsätzlich keine dem Aktienrecht vergleichbare gesetzliche Pflicht zur Bildung und beschränkten Auflösung von Gewinnrücklagen (vgl. §§ 58, 150 Abs. 3 und 4 AktG), die als „gesetzliche Rücklagen" (§ 266 Abs. 3 A. III 1. HGB) bezeichnet sind. Eine Ausnahme stellt allerdings die nach § 5a Abs. 3 GmbHG von UG (haftungsbeschränkt), deren Stammkapital niedriger als 25 TEUR ist, zu bildende Rücklage dar. Hiervon abgesehen umfassen die Gewinnrücklagen der GmbH daher folgende Fallgestaltungen:

- Rücklage für Anteile an einem herrschenden oder mehrheitlich beteiligten Unternehmen (§ 272 Abs. 4 HGB)
- Satzungsmäßige Rücklagen (§ 272 Abs. 3 Satz 2 HGB)
- Andere Gewinnrücklagen (§ 272 Abs. 3 Satz 2 HGB).

289 Kleine Kapitalgesellschaften können von der Erleichterungsregelung des § 266 Abs. 1 Satz 3 HGB Gebrauch machen und auf eine entsprechende Untergliederung des Postens „Gewinnrücklagen" verzichten.

290 **Eigene Anteile** einer GmbH waren gemäß § 265 Abs. 3 Satz 2 HGB a. F. als Vermögensgegenstände im Umlaufvermögen gesondert („brutto") auszuweisen. Für Aktiengesellschaften kam ein solcher aktivischer Ausweis hingegen nur in bestimmten Fällen in Betracht (vgl. §§ 71 Abs. 1 AktG, 274 Abs. 1 Satz 4 bis 6 HGB a. F.). Durch § 272 Abs. 4 Satz 1 HGB war bei aktivischem Ausweis eigener Anteile die korrespondierende Bildung einer Gewinnrücklage unter der Position „Rücklage für eigene Anteile" im Gliederungsschema des § 266 Abs. 3 HGB bisheriger Fassung vorgeschrieben. In Fällen der Inhaberschaft von **Anteilen an herrschenden oder mit Mehrheit beteiligten Unternehmen** war eine entsprechende Regelung in § 272 Abs. 4 Satz 4 HGB zu beachten.

291 Seit Inkrafttreten des BilMoG sind eigene Anteile nach § 274 Abs. 1a HGB rechtsformunabhängig „netto" auszuweisen. Demgemäß ist im Fall des Erwerbs eigener Anteile deren Nennbetrag oder rechnerischer Wert offen von der Position „Gezeichnetes Kapital" abzusetzen. Wirtschaftlich gesehen kommt der Erwerb eigener Anteile daher einer Kapitalherabsetzung gleich. Ein etwaiger Unterschiedsbetrag zwischen dem Nennbetrag oder dem rechnerischen Wert und den Anschaffungskosten (Agio) ist mit den freien Rücklagen zu verrechnen. Anschaffungsnebenkosten sind als Aufwand zu erfassen. Beim Erwerb von **Anteilen an herrschenden oder mit Mehrheit beteiligten Unternehmen** bleibt es hingegen beim bisherigen aktivischer Ausweis mit entsprechender Rücklagenbildung (vgl. § 272 Abs. 4 HGB).

292 Die in diesen Fällen zwangsweise vorzunehmende Dotierung in Höhe der für den jeweiligen Anteilserwerb aufgewendeten Anschaffungskosten bewirkt für die Dauer des Anteilsbesitzes faktisch eine **Ausschüttungssperre**,[432] da die Rücklage für eigene Anteile nur aufgelöst werden darf, soweit die eigenen Anteile entweder ausgegeben, veräußert oder eingezogen werden oder sich der entsprechende Beteiligungsbuchwert durch außerplanmäßige Abschreibungen gemindert hatte und die Rücklage deshalb anzupassen ist.

293 Die Rücklage ist nach § 272 Abs. 4 Satz 3 HGB bereits bei der Aufstellung des Jahresabschlusses zu bilden. Sie ist grundsätzlich aus vorhandenen freien Gewinnrücklagen (ersatzweise einem Gewinnvortrag, ggf. aus dem Jahresergebnis) zu dotieren.[433] Im Rahmen einer erweiterten Auslegung des § 274 Abs. 4 Satz 3 HGB, der lediglich die Gewinnrücklagen anspricht, ist es als zulässig anzusehen,[434] zur Bildung der Rücklage auch eine Kapitalrücklage

---

[432] BeckBilKomm/*Förschle/Hoffmann* § 272 → Rn. 301.
[433] BeckBilKomm/*Förschle/Hoffmann* § 272 → Rn. 302.
[434] A/D/S § 272 Rn. 191.

nach § 272 Abs. 2 Nr. 4 HGB („sonstige Zuzahlungen") heranzuziehen. Rücklagen, die auf einer Kapitalherabsetzung oder Nachschüssen der Gesellschafter beruhen, dürfen hingegen keine Verwendung finden.[435] Unterbleibt die Bildung der Rücklage oder wurde sie nicht in voller Höhe gebildet, ist der Jahresabschluss gemäß § 256 Abs. 1 Nr. 4 AktG analog nichtig.

Der Gesellschaftsvertrag der GmbH kann vorsehen, dass im Wege der Ergebnisverwendung Gewinnrücklagen zu bilden sind[436] oder gebildet werden können. Die Bildung der Rücklagen kann zweckgebunden oder zweckfrei sein. Unter der Position Abs. 3, A.III.3. „satzungsmäßige Rücklagen" sind nur solche Beträge auszuweisen, die auf Grund einer bindenden statutarischen Verpflichtung,[437] üblicherweise zweckgebunden (z.B. Substanzerhaltungsrücklage) eingestellt wurden. Eine freiwillige Dotierung der satzungsmäßigen Rücklagen in einem über den im Gesellschaftsvertrag festgelegten Umfang hinaus, ist nicht zulässig.

Die „anderen Gewinnrücklagen" (Abs. 3, B.III.4.) bezeichnen die sog. „freien Rücklagen". Im Wesentlichen können diese Rücklagen auf folgenden Sachverhalten beruhen:
- statutarische Ermächtigung der Geschäftsführer zur Bildung von Gewinnrücklagen („Ermessensrücklagen")
- gesetzliche Befugnis zur Rücklagenbildung durch die Geschäftsführer (§ 29 Abs. 4 GmbHG)
- Gewinnverwendungsbeschluss durch die Gesellschafter (§ 29 Abs. 2 GmbHG).

Die in § 29 Abs. 4 GmbHG geregelte gesetzliche Befugnis entspricht der Regelung in § 58 Abs. 2a AktG. Sie erlaubt die Einstellung von Beträgen in Gewinnrücklagen, die
- dem Eigenkapitalanteil von Zuschreibungen gemäß § 253 Abs. 5 HGB (sog. Wertaufholungsrücklage)[438] oder
- steuerrechtlichen Passivposten, die nicht unter den Ausweis von „Sonderposten mit Rücklageanteil"[439] fallen,

entsprechen.

Diese gesetzliche Ermächtigung erlaubt es den Geschäftsführern, „mit Zustimmung des Aufsichtsrats oder der Gesellschafter" (§ 29 Abs. 4 Satz 1 GmbHG) bestimmte gewinnerhöhende Sondereffekte der Gewinnverteilung zu entziehen.

ee) Ergebnisdarstellung. Für das Ergebnis der jeweils laufenden Periode und eventuell vorgetragene Ergebnisse oder Ergebnisbestandteile vorangegangener Perioden sind im gesetzlichen Gliederungsschema jeweils gesonderte Unterpositionen des Eigenkapitals vorgesehen:
- Gewinnvortrag/Verlustvortrag
- Jahresüberschuss/Jahresfehlbetrag.

Diese Darstellungsform berücksichtigt im Jahresabschluss die Verwendung des Geschäftsjahresergebnisses (noch) nicht, sondern weist dieses – übereinstimmend mit der letzten Position der Gewinn- und Verlustrechnung (§ 275 Abs. 2 Nr. 20 bzw. Abs. 3 Nr. 19 HGB) – als „Jahresüberschuss/Jahresfehlbetrag" aus. Hierbei handelt es sich um das handelsrechtliche Jahresergebnis, das – eventuell erhöht um einen Gewinnvortrag bzw. gemindert um einen Verlustvortrag – grundsätzlich der freien Verfügung der Gesellschafter über die Gewinnverwendung gemäß § 29 Abs. 2 GmbHG unterliegt, sofern gesetzliche Vorschriften oder Bestimmungen des Gesellschaftsvertrages oder Gesellschafterbeschlüsse nicht entgegenstehen.

Der Begriff der „Ergebnisverwendung" (vgl. §§ 268 Abs. 1 Satz 1, 270 Abs. 2, 278, 325 Abs. 1 Satz 1 HGB) ist gesetzlich nicht definiert. Er umfasst folgende Maßnahmen:
- Gewinnausschüttungen an die Gesellschafter
- Einstellungen in Gewinnrücklagen
- Vortrag des Gewinns/Verlusts auf neue Rechnung.

---
[435] BeckBilKomm/*Förschle/Hoffmann* § 272 Rn. 302.
[436] BeckBilKomm/*Förschle/Hoffmann* § 272 Rn. 250.
[437] A/D/S § 272 Rn. 151.
[438] Zum Wertaufholungsgebot → Rn. 202.
[439] → Rn. 170 f.

300 Diese Vorgänge führen zu einer vollständigen oder teilweisen Verwendung des Periodenergebnisses, je nach dem, in welchem betragsmäßigen Umfang über einen entstandenen Jahresüberschuss Verfügungen getroffen werden. Eine vollständige Ergebnisverwendung liegt vor, wenn das gesamte Jahresergebnis (einschließlich eines eventuellen Ergebnisvortrags aus dem Vorjahr) durch Ausschüttung an die Gesellschafter, durch Dotierung von Gewinnrücklagen oder Vortrag auf neue Rechnung verwendet wurde. Bei einer GmbH ist es möglich, dass die Gesellschafter bereits vor Feststellung des Jahresabschlusses – ähnlich dem Fall der Vorabausschüttung – einen Gewinnverwendungsbeschluss nach § 29 Abs. 2 GmbHG fassen, der eine bindende Regelung für das gesamte Jahresergebnis enthält. Verbleibt hingegen (vorläufig) ein Teilbetrag des Ergebnisses, über dessen weitere Verwendung noch zu disponieren ist, handelt es sich um eine teilweise Ergebnisverwendung. Eine Ergebnisverwendung ist auch dann gegeben, wenn ein Jahresfehlbetrag auf neue Rechnung vorgetragen (im Folgejahr: Verlustvortrag), mit einem bestehenden Gewinnvortrag verrechnet oder durch Entnahme aus den Rücklagen gedeckt wird.

301 Nach der Formulierung des § 268 Abs. 1 Satz 1 HGB „darf" die Bilanz auch unter Berücksichtigung der vollständigen oder teilweisen Verwendung des Jahresergebnisses aufgestellt werden. Danach sind theoretisch drei Ausweismöglichkeiten denkbar:
- Darstellung vor Ergebnisverwendung (§ 266 Abs. 3 HGB)
- Darstellung nach teilweiser Ergebnisverwendung (§ 268 Abs. 1 Satz 2 HGB)
- Darstellung nach vollständiger Ergebnisverwendung.

302 Ergänzend ist in § 270 Abs. 2 HGB geregelt, dass im Falle der Aufstellung einer Bilanz unter Berücksichtigung der vollständigen oder teilweisen Ergebnisverwendung („wird ... aufgestellt") die Entnahmen aus bzw. die Einstellungen in Gewinnrücklagen, die auf gesellschaftsvertraglicher Grundlage erfolgen, bereits bei der Aufstellung zu berücksichtigen sind. In allen Fällen einer gesellschaftsvertraglich vorgeschriebenen Dotierung oder Auflösung von Gewinnrücklagen besteht bei einer GmbH danach zwangsläufig die indirekte Verpflichtung, diese Maßnahmen der Ergebnisverwendung bei der Aufstellung zu berücksichtigen. Die statutarisch gebotene Berücksichtigung der genannten Rücklagenveränderungen setzt nämlich voraus, dass das Wahlrecht nach § 268 Abs. 1 Satz 1 HGB entsprechend ausgeübt wird. Damit wird diese Wahlrechtsausübung zur Pflicht gemacht.

303 Kommt es zu einer Berücksichtigung der teilweisen Ergebnisverwendung im Jahresabschluss, bedarf es einer von § 266 Abs. 3 HGB abweichenden Darstellung der ergebnisbezogenen Bestandteile des Eigenkapitals. § 268 Abs. 1 Satz 2 HGB schreibt für diese Fälle folgendes vor:
- an die Stelle der Positionen Abs. 3, A. V. („Jahresüberschuss/Jahresfehlbetrag") und Abs. 3, A. IV. („Gewinnvortrag/Verlustvortrag") tritt die Position **„Bilanzgewinn/Bilanzverlust";**
- ein vorhandener „Gewinnvortrag/Verlustvortrag" ist dabei rechnerisch in den neuen Posten „Bilanzgewinn/Bilanzverlust" einzubeziehen; er ist in der Bilanz oder im Anhang gesondert anzugeben.

304 Der festgestellte Bilanzgewinn (bzw. -verlust) beschreibt eine Ergebnis-Restgröße nach teilweiser Ergebnisverwendung. Diese unterliegt der verbleibenden Dispositionsmöglichkeit der Gesellschafter über das Ergebnis.

305 **g) Rückstellungen.** *aa) Überblick.* Nach dem gesetzlichen Gliederungsschema werden die Rückstellungen zwischen Eigenkapital und Verbindlichkeiten eingeordnet. Die Rückstellungen zählen zu den „Schulden" im Sinne von §§ 242 Abs. 1 Satz 1, 246 Abs. 1 Satz 1, 247 Abs. 1 HGB. Der gesonderte Ausweis bestimmter Schuldposten als „Rückstellungen" trägt zum einen dem Ungewissheitsmerkmal Rechnung, das diesen – im Gegensatz zu Verbindlichkeiten – innewohnt, und berücksichtigt ferner, dass die Bildung von Rückstellungen in gewissem Umfang auch ohne Bestehen einer Außenverpflichtung zulässig ist. Das gesetzliche Gliederungsschema für mittelgroße und große GmbH unterscheidet in § 266 Abs. 3 B. HGB folgende Rückstellungen:

- Rückstellungen für Pensionen und ähnliche Verpflichtungen
- Steuerrückstellungen
- Sonstige Rückstellungen.

Der gesonderte Ausweis der Pensionsrückstellungen ist Ausdruck des spezifischen Charakters dieser Verpflichtungen. Der gesonderte Ausweis von Verpflichtungen gegenüber dem Fiskus liegt auf einer Linie mit dem gesonderten Ausweis des Steueraufwands in der Gewinn- und Verlustrechnung (§ 275 Abs. 2 Nr. 18 und 19, Abs. 3 Nr. 17 und 18 HGB) und der Vermerkpflicht für Steuerverbindlichkeiten bei den „sonstigen Verbindlichkeiten" (§ 266 Abs. 3 C 8. HGB). Unabhängig von dieser rein ausweistechnischen Differenzierung unterliegt die Bildung von Rückstellungen den allgemeinen Grundsätzen des § 249 HGB. 306

bb) Struktur des § 249 HGB. Diese Vorschrift enthält eine abschließende Aufzählung der Zwecke, für die Rückstellungen gebildet werden müssen (§ 249 Abs. 1 HGB). Für andere als die in Absatz 1 bezeichneten Zwecke dürfen Rückstellungen nicht gebildet werden (Ansatzverbot: § 249 Abs. 2 Satz 1 HGB). Bestehende Rückstellungen dürfen nur dann aufgelöst werden, wenn der für ihre Bildung maßgebliche Grund entfallen ist (Auflösungsverbot: § 249 Abs. 2 Satz 2). Danach besteht eine **Rückstellungspflicht** für folgende Sachverhalte: 307

- ungewisse Verbindlichkeiten
- drohende Verluste aus schwebenden Geschäften
- Aufwendungen für unterlassene Instandhaltungen
- Aufwendungen für Abraumbeseitigung
- Gewährleistungen, die ohne rechtliche Verpflichtung erbracht werden (Kulanzleistungen).

Bei der Rückstellung für ungewisse Verbindlichkeiten[440] handelt es sich um den Grundtatbestand einer Rückstellung, der auch als **Verbindlichkeitsrückstellung** bezeichnet wird, da Voraussetzung für ihre Bildung das Bestehen einer **Außenverpflichtung** am Bilanzstichtag ist. Auch die Rückstellungen für drohende Verluste aus schwebenden Geschäften[441] stellen Verbindlichkeitsrückstellungen im engeren Sinne dar. Kulanzleistungen liegen hingegen lediglich faktische, gerichtlich nicht einklagbare Außenverpflichtungen zugrunde, denen sich der Kaufmann aber aus tatsächlichen oder wirtschaftlichen Gründen nicht entziehen kann, ohne sich der Gefahr einer Schädigung seines Unternehmens auszusetzen. 308

In § 249 Abs. 1 Satz 2 Nr. 1 HGB sind zwei weitere Fälle von Pflichtrückstellungen geregelt, bei denen es sich allerdings ihrer Natur nach nicht um Verbindlichkeits-, sondern um **Aufwandsrückstellungen** handelt. Diese betreffen: 309

- unterlassene Instandhaltungsmaßnahmen, sofern diese innerhalb der ersten drei Monate des neuen Geschäftsjahrs nachgeholt werden,
- Aufwendungen der Abraumbeseitigung, sofern die Nachholung innerhalb des folgenden Geschäftsjahrs erfolgt.

Aufwandsrückstellungen betreffen ihrer Art nach künftige Aufwendungen, für die am Bilanzstichtag keine Außenverpflichtung der Gesellschaft besteht. Sie werden vielmehr für sog. „Innenverpflichtungen" gebildet, die als „Verpflichtungen des Unternehmens gegenüber sich selbst" aufgefasst werden können. 310

Neben diesen pflichtgemäß zu bildenden Rückstellungen bestanden nach altem Recht noch folgende **Rückstellungswahlrechte** bezüglich weiterer Aufwandsrückstellungen für folgende Sachverhalte: 311

- unterlassene Instandhaltungsmaßnahmen, die zwischen dem 4. bis 12. Monat des neuen Geschäftsjahrs nachgeholt werden (§ 249 Abs. 1 Satz 3 HGB a. F.),
- ihrer Eigenart nach genau umschriebene, dem Geschäftsjahr oder einem früheren Geschäftsjahr zuzuordnende Aufwendungen, die am Abschlussstichtag wahrscheinlich oder sicher, aber hinsichtlich ihrer Höhe oder des Zeitpunktes ihres Eintritts unbestimmt sind (§ 249 Abs. 2 HGB a. F.).

---

[440] → Rn. 317 ff.
[441] → Rn. 324 ff.

312 Aufwandsrückstellungen nach § 249 Abs. 2 HGB a. F. wurden in der Praxis in erster Linie für **Großreparaturen** gebildet. Sie erlaubten dem bilanzierenden Unternehmen ein „Ansparen" dieser umfänglichen Reparaturaufwendungen über einen längeren Nutzungszeitraum und sollten unter betriebswirtschaftlichen Gesichtspunkten betrachtet eine angemessene Aufwandsperiodisierung ermöglichen.

313 *cc) Änderungen durch das BilMoG.* Die Vorschriften der §§ 249 Abs. 1 Satz 3 und Abs. 2 HGB a. F. wurden durch das BilMoG gestrichen mit der Folge, dass die dort geregelten Aufwandsrückstellungen, die steuerlich ohnehin außer Ansatz blieben, nicht mehr gebildet werden können. Ihre Abschaffung soll laut Gesetzesbegründung das bilanzpolitische Gestaltungspotenzial vermindern und damit die Vergleichbarkeit von Jahresabschlüssen erhöhen. Hierdurch werde das Informationsniveau des handelsrechtlichen Jahresabschlusses verbessert und zugleich eine Annäherung an die internationale Rechnungslegung erreicht, nach der die Bildung von Rückstellungen für Innenverpflichtungen nicht zulässig ist.[442]

314 Grundsätzlich ist der Wegfall der Wahl-Rückstellungen zu begrüßen. Die Streichung des § 249 Abs. 2 HGB a. F. mag zwar dogmatisch überzeugen, hat aber im Fall von Großreparaturen zur Folge, dass die Thematik der Aufwandsperiodisierung im Anwendungsbereich des geltenden HGB nicht mehr angemessen gelöst ist.[443]

315 In § 67 Abs. 3 EGHGB ist durch das BilMoG eine **Übergangsregelung** geschaffen worden, wonach Aufwandsrückstellungen, die für das letzte vor dem 1. Januar 2010 beginnende Geschäftsjahr noch nach § 249 Abs. 1 Satz 3, Abs. 2 HGB a. F. gebildet wurden, beibehalten werden dürfen. Wird von diesem Wahlrecht kein Gebrauch gemacht, sind die aus einer Auflösung resultierenden Beträge unmittelbar – d. h. ohne Berührung der Gewinn- und Verlustrechnung – in Gewinnrücklagen einzustellen.

316 Die Rechtsänderung blieb ohne Auswirkungen auf die **steuerliche Gewinnermittlung,** da die von ihr betroffenen Rückstellungen schon bisher steuerlich nicht anerkannt werden. Wurde nach Inkrafttreten des BilMoG von dem handelsrechtlichen Beibehaltungswahlrecht für Altrückstellungen Gebrauch gemacht, waren aktive latente Steuern zu bilden, sofern dies nicht bereits in der Vergangenheit geschehen war.

317 *dd) Rückstellungen für ungewisse Verbindlichkeiten. (1) Drittverpflichtung.* Nach ständiger Rechtsprechung des BFH setzt die Bildung von Rückstellungen das Bestehen oder wahrscheinliche künftige Entstehen einer Verbindlichkeit, die Wahrscheinlichkeit der Inanspruchnahme sowie die wirtschaftliche Verursachung vor dem Bilanzstichtag voraus.

Rückstellungen für ungewisse Verbindlichkeiten sind für am Bilanzstichtag bestehende Außenverpflichtungen des Unternehmens zu bilden, bei denen Ungewissheit über das Bestehen und/oder die Höhe der Verpflichtung existiert. Kennzeichnendes Merkmal ist das sichere oder wahrscheinliche Bestehen oder zukünftige Entstehen einer Verpflichtung gegenüber einem außenstehenden Dritten. Die rechtliche Begründung einer Verpflichtung kann sich aus Zivilrecht oder aus öffentlichem Recht ergeben.[444] Rückstellungsbegründend können indes auch faktische, nicht einklagbare Leistungsverpflichtungen sein, denen sich der Kaufmann aber aus tatsächlichen oder wirtschaftlichen Gründen nicht entziehen kann, ohne sich der Gefahr einer Schädigung seines Unternehmens auszusetzen (sog. Kulanzverpflichtungen).[445] Der faktische Leistungszwang kann auf einer sittlichen Verpflichtung beruhen oder auf übergeordneten geschäftlichen Erwägungen, die auf einen „quasi-obligatorischen Erfüllungszwang" zurückgeführt werden können.

318 *(2) Wirtschaftliche Verursachung.* Für Rückstellungen mit Verbindlichkeitscharakter ist eine Rückstellung mit dem Entstehen der Verbindlichkeit zu bilden. Der Entstehungstatbestand kann dabei grundsätzlich an **rechtliche** oder an **wirtschaftliche Kriterien** oder kumulativ an beide anknüpfen. Der Zeitpunkt des rechtlichen Entstehens einer Verbindlichkeit ist in der Regel exakt bestimmbar. Eine Verbindlichkeit ist nach herrschender Auffassung recht-

---

[442] Vgl. Begr. RegE S. 111.
[443] Vgl. hierzu *Theile* S. 36 (Rn. 4).
[444] Küting/Weber/*Mayer-Wegelin*/Kessler/Höfer § 249 Rn. 35.
[445] Vgl. A/D/S § 249 Rn. 52 ff.

lich entstanden, wenn sämtliche die Leistungspflicht auslösenden Tatbestandsmerkmale erfüllt sind (z. B. Vornahme eines Rechtsgeschäfts, Begründung einer öffentlich-rechtlichen Verpflichtung, Vornahme einer unerlaubten Handlung).[446] Auf den Zeitpunkt der Fälligkeit der so begründeten Verpflichtung kommt es dabei nicht an.[447]

Schwieriger kann demgegenüber der Nachweis der wirtschaftlichen Entstehung einer ungewissen Verbindlichkeit sein, da sich ein bilanzierungspflichtiger Sachverhalt nur äußerst selten allein auf eine konkrete Ursache zurückführen lässt, die häufig ihrerseits Bestandteil einer Kausalkette von Ursachen und Wirkungen ist. Es kommt zudem stets auf die Beurteilung des Einzelfalles an.[448] Nach wie vor ungeklärt ist bisher überdies, ob – wie von einigen Senaten des BFH gefordert[449] – eine wirtschaftliche Verursachung vor dem Bilanzstichtag stets gegeben sein muss, also auch dann, wenn die Verbindlichkeit bereits dem Grunde nach rechtlich entstanden und nur noch der Höhe nach ungewiss ist. Nach der Rechtsprechung des I. Senats des BFH[450] ist hingegen nur bei rechtlich erst künftig entstehenden Verpflichtungen die wirtschaftliche Verursachung vor dem Bilanzstichtag tatbestandliche Voraussetzung für die Rückstellungsbildung. Umstritten ist daher, wie zu verfahren ist, wenn die Zeitpunkte der rechtlichen und der wirtschaftlichen Entstehung einer ungewissen Verbindlichkeit auseinanderfallen, also der Zeitpunkt der wirtschaftlichen Verursachung einer Verbindlichkeit ihrer rechtlichen Entstehung entweder vor- oder nachgelagert ist.

Ist eine Verbindlichkeit bereits **rechtlich entstanden**, ohne dass bereits von einer wirtschaftlichen Verursachung ausgegangen werden kann (z. B. Entsorgungsverpflichtungen, die erst nach Stilllegung von Kernkraftwerken zu Ausgaben führen), ist das bisherige Meinungsbild uneinheitlich. Nach einer verbreiteten Auffassung[451] gebieten es in diesen Fällen das Vorsichts- und das Imparitätsprinzip[452] sowie das Vollständigkeitsgebot[453] und das Saldierungsverbot,[454] auch dann Rückstellungen zu bilden, wenn die durch die zurückgestellten Aufwendungen alimentierten Erträge ganz oder überwiegend erst in der Zukunft anfallen, also noch nicht oder zumindest nicht zu einem Teil wirtschaftlich realisiert sind. Das Realisationsprinzip bedürfe insoweit einer „Ergänzung."

Eine bilanzsteuerrechtliche Gegenansicht[455] hält dies für unzutreffend. Künftiger Aufwand, der noch nicht zu einer wirtschaftlichen Belastung geführt habe (Maßgeblichkeit des steuerlichen Belastungsprinzips gemäß §§ 5 und 6 EStG), sei grundsätzlich noch nicht absetzbar. Die rechtliche Entstehung einer Verbindlichkeit sei zudem für die Beantwortung nach der Frage der zeitgerechten Aufwandserfassung durch Rückstellungsbildung nicht maßgeblich, auch das Vollständigkeitsprinzip und das Stichtagsprinzip seien insoweit ohne Aussagekraft.

Ist hingegen der umgekehrte Fall gegeben, d. h. ist eine Verpflichtung bereits **wirtschaftlich verursacht**, ohne dass die rechtlichen Entstehungsvoraussetzungen erfüllt sind, geht die ganz h. M. generell von einer Rückstellungspflicht aus, da das gegenwärtige Vermögen der Gesellschaft mit der Verpflichtung künftiger Ausgaben belastet ist. Nach ständiger Rechtsprechung des BFH[456] ist von einer bilanziell relevanten wirtschaftlichen Verursachung auszugehen, wenn die wirtschaftlichen Tatbestandsmerkmale, deren Rechtsfolge die passivie-

---

[446] Vgl. A/D/S § 249 Rn. 64 m. w. N.
[447] Vgl. BeckBilKomm/*Kozikowski/Schubert* § 249 Rn. 34.
[448] Vgl. BeckBilKomm/*Kozikowski/Schubert* § 249 Rn. 35.
[449] BFH v. 25.8.1989 – III R 95/87, BStBl. II 1989, S. 893; BFH v. 19.10.1993 – VIII R 14/92, BStBl. II 1993, S. 891; BFH v. 19.8.1998 – XI R 8/96, BStBl. 1999, S. 18; BFH v. 18.1.2001 – X R 14/09, BStBl. II 2011, S. 496; BFH v. 19.8.2002 – VIII R 30/01, BStBl. II 2003, S. 131.
[450] BFH v. 27.6.2001 – I R 45/97, BStBl. II 2003, S. 121; BFH v. 5.6.2002 – I R 96/00, BStBl. II 2005, S. 736; BFH v. 6.2.2013 – I R 8/12, DB 2013, S. 1087.
[451] So A/D/S § 249 Rn. 69 m. w. N; nach Fallgruppen differenzierend BeckBilKomm/*Kozikowski/Schubert* § 249 Rn. 34 f.
[452] → Rn. 142 ff., 145.
[453] → Rn. 120 ff.
[454] → Rn. 136 f.
[455] Vgl. insbesondere: *Weber-Grellet* DB 2002, 2180 ff., Tz. II.5 und BB 2003, 37, Tz. 2 sowie in Schmidt, EStG, § 5 Rz. 384.
[456] Vgl. BFH BStBl. II 1985, 44; BStBl. II, 1994, 158 ff., 159.

rungspflichtige ungewisse Verbindlichkeit ist, im Wesentlichen vor dem Bilanzstichtag verwirklicht wurden.[457] Eine rechtliche Verpflichtung braucht in diesen Fällen noch nicht vorzuliegen.

323 (3) *Wahrscheinlichkeit.* Weiteres Merkmal von Rückstellungen für ungewisse Verbindlichkeiten ist die Ungewissheit hinsichtlich des Bestehens und/oder der Höhe einer Verbindlichkeit. Nicht jede irgendwie denkbare Möglichkeit des Bestehens einer Verbindlichkeit erfüllt den Tatbestand der Ungewissheit. Vielmehr müssen vernünftige Anhaltspunkte dafür vorliegen, dass eine Inanspruchnahme des Kaufmanns erfolgen kann und mit einer solchen Entwicklung auch ernsthaft zu rechnen ist.[458] In der Literatur wird zumeist – abweichend von der Auffassung des BFH[459] – eine überwiegende Wahrscheinlichkeit der Inanspruchnahme nicht gefordert.[460] Es ist danach für Verbindlichkeitsrückstellungen nicht erforderlich, dass die Inanspruchnahme „wahrscheinlicher" als die Nichtinanspruchnahme sein muss, zumal Aussagen zu Eintritts-Wahrscheinlichkeiten in der Regel mit einem hohen Fehlerrisiko behaftet sind (Gefahr der „Schein-Quantifizierung").

324 (4) *Rückstellungen für drohende Verluste aus schwebenden Geschäften.* Diese Rückstellungen stellen einen speziellen Anwendungsfall der Rückstellungen für ungewisse Verbindlichkeiten dar, die oben dargestellten Anforderungen gelten grundsätzlich entsprechend. Schwebende Geschäfte sind grundsätzlich solange bilanziell irrelevant, wie sich Leistung und Gegenleistung bei wirtschaftlicher Betrachtungsweise gleichwertig gegenüberstehen.[461] Ergibt sich jedoch ein Überschuss der zukünftigen Aufwendungen aus einem schwebenden Geschäft über die voraussichtlich zu erwartenden Erträge, muss dieses Verlustpotenzial nach dem Imparitätsprinzip (§ 252 Abs. 1 Nr. 4 HGB) in Form einer Rückstellung bilanziell antizipiert werden.[462] In der Steuerbilanz ist hingegen der Ansatz von Drohverlustrückstellungen nach Inkrafttreten des Gesetzes zur Fortsetzung der Unternehmensteuerreform v. 29.10.1997 nicht mehr zulässig.[463]

325 Die Besonderheit der „Drohverlustrückstellung" ist, dass – anders als bei sonstigen ungewissen Verbindlichkeiten – nicht der volle Erfüllungsbetrag angesetzt werden muss, sondern eine Saldogröße, nämlich der nach Gegenüberstellung der noch ausstehenden Erträge und Aufwendungen aus einer schuldrechtlichen Beziehung resultierende **Verpflichtungsüberhang** oder „Erfüllungsrückstand". Die hierfür erforderliche Zurechnung von Aufwendungen und Erträgen kann sich im Einzelfall als schwierig erweisen. Für die Bemessung der Höhe der Rückstellung kommt es insbesondere bei schwebenden Absatzgeschäften entscheidend auf die Frage an, auf welcher Kostenbasis diese Gegenüberstellung zu erfolgen hat. Insoweit kann im Wesentlichen auf die vorangegangenen Ausführungen zum Grundsatz der verlustfreien Bewertung des Vorratsvermögens[464] verwiesen werden.

326 Rückstellungen für drohende Verluste aus **schwebenden Beschaffungsgeschäften** sind zu bilden, wenn nach den Wertverhältnissen am Abschlussstichtag ein Einkauf der betreffenden Vermögensgegenstände des Umlaufvermögens zu einem günstigeren als dem vereinbarten Bezugspreis möglich gewesen wäre. Droht ein Verpflichtungsüberhang aus einem Dauerschuldverhältnis (z. B. Miet-, Pacht- oder Leasingvertrag), ergibt sich die Frage, welche Rechnungsperioden in die Verlustermittlung einbezogen werden müssen, ob für die Gegenüberstellung von Aufwendungen und Erträgen auf die Restlaufzeit des Vertragsverhältnisses abzustellen ist (sog. Restlaufzeitbetrachtung) oder ob dieses in seiner Gesamtheit zu betrachten ist (sog. Ganzheitsbetrachtung). Im Gegensatz zum BFH,[465] der in seiner bisherigen

---

[457] Vgl. BFH DStRE 1999, 6 m. w. N.
[458] Vgl. BeckBilKomm/*Kozikowski/Schubert* § 249 Rn. 43.
[459] BFH BStBl. II 1993, 153, 154.
[460] Vgl. nur: A/D/S § 249 Rn. 75 m. w. N.
[461] Vgl. BFH BStBl. II 1983, 413, 415.
[462] So die h. M., vgl. Küting/Weber/*Mayer-Wegelin/Kessler/Höfer* § 249 Rn. 61.
[463] § 5 Abs. 4a EStG; vgl. hierzu → Rn. 112.
[464] → Rn. 253 ff.
[465] BFH BStBl. II 1988, 57, 59.

Rechtsprechung grundsätzlich der Ganzheitsbetrachtung folgte, wird von der h. M.[466] in der Literatur allein der noch schwebende Geschäftsteil – dieser aber insgesamt – betrachtet.

(5) Beispiele. Typische Anwendungsfälle für Verbindlichkeitsrückstellungen, die als „sonstige Rückstellungen" unter § 266 Abs. 3, B. III. HGB auszuweisen sind, können Rückstellungen sein für:

- Urlaubsansprüche von Arbeitnehmern
- Berufsgenossenschaftsbeiträge
- Entgeltansprüche bei Alters-Teilzeit
- Jubiläumszuwendungen, Sonderzahlungen, Tantiemen
- Gewährleistungsrisiken und Garantieleistungen
- Rechts- und Beratungskosten
- Risiken aus Rechtsstreitigkeiten (inkl. Prozesskosten)
- Nachlaufende Kostenrechnungen.

Hat ein Arbeitnehmer am Bilanzstichtag den ihm zustehenden **Urlaub** noch nicht oder nicht in vollem Umfang genommen und muss dieser im folgenden Geschäftsjahr nachgewährt oder finanziell abgegolten werden, ist eine Rückstellung für diese Ansprüche auf Grundlage des Bruttoarbeitsentgelts (einschließlich anteiligem Weihnachtsgeld) und etwaigen zusätzlichen Urlaubsgeldes zuzüglich hierauf entfallender Arbeitgeberanteile zur Sozialversicherung zu bilden. Liegt zum Aufstellungszeitpunkt der Bescheid der zuständigen **Berufsgenossenschaft** für das abgelaufene Geschäftsjahr noch nicht vor, kann unter Zugrundelegung der Berechnungsmodalitäten des Vorjahres hinsichtlich des Schadensrisikos eine Rückstellung für den ausstehenden Beitrag ermittelt werden. Im Falle des Abschlusses einer **Altersteilzeitvereinbarung** ist für die Verpflichtung des Arbeitgebers zur Zahlung von Aufstockungsbeträgen auf das reduzierte Arbeitsentgelt eine Verbindlichkeitsrückstellung zu bilden. Für den Fall der Vereinbarung eines Blockmodells (vollständige Freistellung des Arbeitnehmers nach einer Beschäftigungsphase mit unverminderter Arbeitszeit) ist der „Erfüllungsrückstand" hinsichtlich der Freistellungsphase durch eine Rückstellung zu erfassen.[467] Ist die Gesellschaft Verpflichtungen aus Anlass von **Dienstjubiläen** rechtsverbindlich eingegangen, sind handelsrechtlich Rückstellungen in dem Umfang zu bilden, in dem die vertraglichen Anspruchsvoraussetzungen durch die vergangene Betriebszugehörigkeit bis zu diesem Stichtag erfüllt sind. Der Möglichkeit eines vorzeitigen Ausscheidens von Arbeitnehmern ist durch einen pauschal ermittelten Fluktuationsabschlag Rechnung zu tragen, der sich nach betrieblichen Erfahrungswerten bestimmt. Für die Steuerbilanz[468] gelten diverse Restriktionen (z.B. Erfordernis des Bestehens eines mindestens 15-jährigen Dienstverhältnisses). Für **Gewährleistungsrisiken**, d.h. Verpflichtungen zu kostenlosen Nacharbeiten, Ersatzlieferungen oder Schadensersatzleistungen sind Rückstellungen zu bilden. Außer für Einzelrisiken, die bis zum Zeitpunkt der Aufstellung des Jahresabschlusses bekannt geworden sind, kann diese Rückstellung auch pauschal auf Grund der Erfahrungen der Vergangenheit in Höhe eines Prozentsatzes der garantiebehafteten Umsätze gebildet werden. **Rechtsstreitrisiken** können gegen die Gesellschaft geltend gemachte Forderungen betreffen. Darüber hinaus sind bei anhängigen Aktiv- und Passivprozessen die Kosten der Verfahrensführung in der jeweils laufenden Instanz zurückzustellen. Die Rückstellung für **nachlaufende Kostenrechnungen** umfasst am Bilanzstichtag noch ausstehende Rechnungen von Vertragspartnern der Gesellschaft für im Geschäftsjahr empfangene Lieferungen und Leistungen.

ee) Bewertungsfragen. Die Bewertung von Rückstellungen wird im Handelsrecht als Unterfall der Bewertung von Verbindlichkeiten behandelt (§ 253 Abs. 1 Satz 2 HGB). Rückstellungen sind dabei nach der Neufassung des Gesetzes durch das BilMoG in Höhe des „**Erfüllungsbetrags**" der Verpflichtung anzusetzen, was einer bereits seit längerem bestehenden verbreiteten Literaturmeinung entspricht.

---

[466] Vgl. A/D/S § 249 Rn. 148.
[467] BeckBilKomm/*Kozikowski/Schubert* § 249 Rn. 100 (Stichwort: „Altersteilzeit").
[468] Vgl. § 5 Abs. 4 EStG.

330 Der Begriff des Erfüllungsbetrags hat ein über den Stichtag hinausweisendes Element, da er auf die Verhältnisse zum zukünftigen Leistungszeitpunkt abstellt. Hierdurch wird klargestellt, dass bei der Rückstellungsbewertung **künftige Preis- und Kostensteigerungen** zwingend zu berücksichtigen sind. Dies stellt eine bewusste „Einschränkung"[469] des bisherigen Verständnisses vom Stichtagsprinzip dar, die mit einer bereits erfolgten „stillschweigenden Weiterentwicklung" der Grundsätze ordnungsmäßiger Buchführung begründet wird. Allerdings müssen „ausreichende objektive Hinweise auf den Eintritt künftiger Preis- und Kostensteigerungen" schließen lassen. Diese Anforderung eröffnet indessen Gestaltungsspielräume mit möglicher wesentlicher quantitativer Auswirkung auf den Jahresabschluss.

331 **Steuerlich** bleibt die handelsrechtliche Pflicht zur Berücksichtigung zukünftiger Preis- und Kostensteigerung hingegen ohne Auswirkungen, da es insoweit bei der Geltung des uneingeschränkten Stichtagsprinzips bleibt (§ 6 Abs. 1 Nr. 3a Buchstabe. f EStG). Demzufolge sind aus diesem Anlass regelmäßig aktive latente Steuern nach § 274 Abs. 2 HGB auf die hieraus resultierenden Betragsdifferenzen zwischen Handels- und Steuerbilanz anzusetzen.

332 In § 253 Abs. 1 Satz 2 HGB ist ferner die Bewertungsregel festgelegt, dass Rückstellungen nur in Höhe des Betrages anzusetzen sind, der „**nach vernünftiger kaufmännischer Beurteilung notwendig**" ist. Das Gesetz gibt damit einen allgemeinen Schätzmaßstab vor, der in der Regel eine Bandbreite möglicher Inanspruchnahmen umfasst. Die Abgrenzung dieser Bandbreite darf weder besonders pessimistisch noch besonders optimistisch erfolgen. Bei der Ermittlung des Rückstellungsbetrags innerhalb der Bandbreite ist das kaufmännische Vorsichtsprinzip (§ 252 Abs. 1 Nr. 4 HGB) als allgemeine Ermessensregel[470] heranzuziehen. Dieses Prinzip gebietet es, bei mit gleich hoher Wahrscheinlichkeit möglicher Inanspruchnahmen nicht deren rechnerischen Mittelwert, sondern grundsätzlich den Betrag der höchsten Inanspruchnahme anzusetzen.

333 Rückstellungen durften nach früherem Recht in der Handelsbilanz nur dann abgezinst werden, wenn und soweit die ihnen zugrundeliegenden Verbindlichkeiten nachweislich einen Zinsanteil enthielten (§ 253 Abs. 1 Satz 2, 2. Halbsatz HGB a. F.), was in der Praxis allerdings auf Ausnahmefälle beschränkt blieb. Diese Restriktion beruhte auf dem Vorsichtsprinzip in Gestalt des Realisationsprinzips (§ 252 Abs. 1 Nr. 4 HGB), denn der wirtschaftliche Vorteil der faktisch zinslosen Kreditierung von Verpflichtungen bis zum Erfüllungszeitpunkt wird tatsächlich erst in zukünftigen Perioden realisiert.[471] Das Steuerrecht ging hingegen bereits seit längerem einen anderen Weg. Danach sind Verbindlichkeiten (und damit auch Verbindlichkeitsrückstellungen) mit einer Laufzeit von mehr als einem Jahr generell mit einem gesetzlich fixierten Kapitalisierungszinssatz abzuzinsen, der derzeit im Regelfall **5,5 % p. a.** beträgt (§ 6 Abs. 1 Nr. 3 EStG). Für Pensionsverpflichtungen gilt gemäß § 6a Abs. 3 Satz 3 EStG eine Sonderregelung (6 % p. a.).

334 Das BilMoG führte – in Abkehr von der bisherigen Rechtslage – eine generelle **Pflicht zur Abzinsung** von Rückstellungen mit einer Laufzeit von mehr als 1 Jahr auch in das deutsche Handelsrecht ein (§ 253 Abs. 2 Satz 1 HGB). Die Abzinsungspflicht wird mit dem Erfordernis begründet, dass der Rückstellungsbetrag dem Grundsatz einer den tatsächlichen Verhältnissen entsprechenden Darstellung der Vermögens-, Finanz- und Ertragslage genügen muss (§ 264 Abs. 2 HGB, Einblicksgebot). Daher könne nicht unberücksichtigt bleiben, dass die in den Rückstellungen gebundenen Finanzmittel investiert und daraus Erträge generiert werden können.[472] Dies erfordere eine Abzinsung, die nach § 253 Abs. 2 Satz 1 HGB auf der Grundlage des durchschnittlichen Marktzinssatzes der vergangenen 7 Geschäftsjahre unter Berücksichtigung der jeweiligen individuellen Restlaufzeit der rückstellungspflichtigen Verpflichtungen zu erfolgen hat. Durch die Bezugnahme auf einen Mittelwert sollen Zufallselemente in der Zinsentwicklung verhindert und der Einfluss von Volatilitäten mini-

---

[469] So die Begr. RegE S. 114.
[470] → Rn. 143.
[471] Als weitere Gründe werden das Gebot des vollständigen Schuldenausweises und das Nominalwertprinzip genannt.
[472] Vgl. Begr. RegE S. 118.

miert werden. Diese Regelung besagt im Umkehrschluss, dass Rückstellungen mit einer Restlaufzeit von bis zu einem Jahr nicht abzuzinsen sind. Die steuerliche Abzinsungsregelung des § 6 Abs. 1 Nr. 3a EStG blieb von der Bilanzrechtsmodernisierung unberührt. Sofern aus diesem Grund die Abzinsungssätze in Handels- und Steuerbilanz voneinander abweichen sollten, führt dies in der Handelsbilanz zum Ansatz entsprechender aktiver oder ggfs. auch passiver latenter Steuern.

Die von den Bilanzierenden anzuwendenden Abzinsungssätze werden von der Deutschen Bundesbank nach Maßgabe einer Rechtsverordnung (Verordnung über die Ermittlung und die Bekanntgabe der Sätze zur Abzinsung von Rückstellungen, RückAbzinsV, vom 18. November 2009) ermittelt und monatlich bekannt gegeben (§ 253 Abs. 2 Satz 5 HGB). Da der Zins fristenkongruent anzusetzen ist, ermittelt die Deutsche Bundesbank eine Zinsstrukturkurve für einen auf Euro lautenden Null-Koupon-Festzinsswap, der durchschnittliche Marktzinssätze für ganzjährige Restlaufzeiten zwischen 1 und 50 Jahren zu entnehmen sind. Hierdurch wird eine Vereinheitlichung der Handhabung und der besseren Vergleichbarkeit handelsrechtlicher Jahresabschlüsse erreicht und zugleich ausgeschlossen, dass das Diskontierungsgebot Spielräume für bilanzpolitische Gestaltungen schafft. Nach § 253 Abs. 2 Satz 4 HGB sind Erträge und Aufwendungen aus der Abzinsung unter den entsprechenden Posten der Gewinn- und Verlustrechnung für Zinserträge und Zinsaufwendungen – also als Bestandteile des Finanzergebnisses – auszuweisen. In diesem Zusammenhang wird zur Erhöhung der Transparenz empfohlen, einen Rückstellungsspiegel zu erstellen, der die Effekte aus der Ab- und Aufzinsung gesondert zeigt.

(3) Sonderfall Pensionsrückstellungen. Für Pensionsverpflichtungen, die den ungewissen Verbindlichkeiten zuzuordnen sind, besteht gemäß § 249 Abs. 1 Satz 1 HGB i. V. m. Art. 28 Abs. 1 Satz 1 EGHGB grundsätzlich eine Passivierungspflicht. Diese betrifft nach bisher geltendem Recht hingegen nur unmittelbare Zusagen nach dem 1.1.1987 (sog. Neuzusagen). Für unmittelbare Pensionszusagen, die vor dem 1.1.1987 erteilt wurden (sog. Altzusagen) gilt – ebenso wie für mittelbare Pensionsverpflichtungen[473] und pensionsähnliche Verpflichtungen – ein Passivierungswahlrecht (Art. 28 Abs. 1 Satz 2 EGHGB). Wird von diesem Wahlrecht Gebrauch gemacht, bleibt dies allerdings steuerrechtlich ohne Wirkung, da insoweit nach allgemeinen steuerlichen Grundsätzen ein Passivierungsverbot besteht. Aufgrund der daraus resultierenden Abweichung zwischen Handels- und Steuerbilanz sind in diesem Fall aktive latente Steuern nach § 274 Abs. 2 HGB zu bilden.

Eine spezifische handelsrechtliche Bewertungsregel existierte bis zum Inkrafttreten des BilMoG lediglich in Gestalt der Vorschrift des § 253 Abs. 1 Satz 2 HGB a. F., wonach **Rentenverpflichtungen**, für die eine Gegenleistung nicht zu erwarten ist, zu ihrem Barwert anzusetzen waren. Laufende Pensionszahlungen und unverfallbare Anwartschaften ausgeschiedener Pensionsberechtigter waren danach mit dem Rentenbarwert zu bewerten. Die Bewertung von **Pensionsanwartschaften aktiver Berechtigter** – also Rentenverpflichtungen, für die eine Gegenleistung in Gestalt künftiger Arbeitsleistungen noch zu erwarten ist – richtete sich wegen des Fehlens besonderer Bewertungsvorschriften allein nach den allgemeinen handelsrechtlichen Grundsätzen für den Ansatz von Rückstellungen („vernünftige kaufmännische Beurteilung").

Grundsätzlich gilt auch bei der Bilanzierung von Pensionsverpflichtungen das Prinzip der Einzelbewertung (§ 252 Abs. 1 Nr. 3 HGB).[474] Dies würde eigentlich eine gesonderte Berechnung jeder einzelnen Verpflichtung nach individuellen Merkmalen erfordern. Jedoch wurden Durchbrechungen dieses Grundsatzes aus Vereinfachungsgründen zulässig angesehen, wenn diese zu einer größeren Genauigkeit bzw. einer objektiveren Bewertung führten. Diese Voraussetzungen werden nach allgemeiner Auffassung bei der Anwendung anerkannter versicherungsmathematischer Verfahren erfüllt, die individuelle Bewertungsparameter berücksichtigen. Von der Finanzverwaltung als mit den anerkannten Regeln der Ver-

---

[473] Mittelbare Pensionsverpflichtungen sind solche, die über einen verselbstständigten Rechtsträger (Pensions- oder Unterstützungskasse, Direktversicherung etc.) abgewickelt werden.
[474] → Rn. 138.

sicherungsmathematik übereinstimmend anerkannt sind die Richttafeln 2005 G von Prof. Dr. Klaus Heubeck.[475]

339 Im Hinblick auf den gemeinhin angestrebten Einklang von Handels- und Steuerbilanz wurden Pensionsanwartschaften vor Inkrafttreten des BilMoG weit überwiegend auf der Grundlage des steuerlichen Teilwertansatzes für Pensionsrückstellungen (§ 6a EStG) bilanziert. Dieser Bewertungsansatz wurde zwar als handelsrechtlich eben noch zulässige Wertuntergrenze angesehen. Allerdings war es seit längerem verbreitetes Verständnis, dass ein Ansatz von Pensionsverpflichtungen zu den steuerrechtlich vorgeschriebenen Teilwerten aus verschiedenen Gründen (anhaltende Niedrigzinsentwicklung, fehlende steuerliche Berücksichtigung von zukünftigen Gehaltsentwicklungen) den wahren Verpflichtungsumfang in aller Regel nicht hinreichend wiedergibt. Künftige Erhöhungen (oder Verminderungen) dürfen nach steuerlichen Grundätzen nämlich nur berücksichtigt werden, wenn sie hinsichtlich des Zeitpunkts ihres Wirksamwerdens und ihrer Höhe nach bereits am Bilanzstichtag konkretisiert sind. Ist die Zusage etwa an die Gehaltsentwicklung gekoppelt, so darf die jeweilige Erhöhung erst dann berücksichtigt werden, wenn die Gehälter tatsächlich angehoben werden. Sowohl für die Bewertung der Verpflichtungen als auch für die Bewertung der fiktiven Jahresprämien ist überdies ein Rechnungszinsfuß von 6% p.a. anzusetzen, welcher den nunmehr seit längerer Zeit bestehenden Marktverhältnissen nicht entspricht und tendenziell zu einer Unterdotierung der Pensionsverpflichtungen führt.

340 Nach Inkrafttreten des **BilMoG** scheidet der steuerliche Ansatz von Pensionsrückstellungen nach § 6a EStG für handelsbilanzielle Zwecke aus, da auch insoweit die oben dargestellten allgemeinen Grundsätze der Rückstellungsbewertung (Berücksichtigung zukünftiger Lohn- und Gehaltsentwicklungen, Diskontierungsgebot zum durchschnittlichen Marktzinssatz) gelten. Abweichend von diesen allgemeinen Grundsätzen dürfen Rückstellungen für laufende Pensionen oder Anwartschaften auf Pensionen (Pensionsrückstellungen) allerdings pauschal mit einem durchschnittlichen Marktzinssatz abgezinst werden, der sich bei einer angenommenen Laufzeit von 15 Jahren ergibt (§ 253 Abs. 2 Satz 2 HGB). Als Ausnahme vom Einzelbewertungsgrundsatz kann bei der Bewertung von Pensionsrückstellungen demnach anstelle der Ermittlung des individuellen Abzinsungssatzes für jede einzelne Pensionsverpflichtung auf alle Pensionsverpflichtungen pauschal der durchschnittliche Marktzinssatz unter Zugrundelegung einer 15-jährigen Laufzeit angewendet werden.[476] Die Inanspruchnahme dieser Vereinfachungsregelung unterliegt dem Stetigkeitsgebot. Sie steht darüber hinaus unter dem Vorbehalt, dass ihre Anwendung nicht zu einer Verfälschung der Vermögens-, Finanz- und Ertragslage führen darf. Dies wäre dann der Fall, wenn in nennenswertem Umfang Pensionsverpflichtungen bestehen, die weitaus kürzere Restlaufzeiten als 15 Jahre aufweisen. Die dargestellten Grundsätze gelten auch für Rentenverpflichtungen, für die eine Gegenleistung nicht mehr zu erwarten ist (§ 253 Abs. 2 Satz 3 HGB).

341 Die Anwendung eines bestimmten versicherungsmathematischen Verfahrens wird für die Bewertung von Pensionsrückstellungen nicht gesetzlich vorgeschrieben. Dies eröffnet zwar bilanzielle Gestaltungsspielräume. Es ist jedoch allein schon aufgrund des Einblicksgebots in § 264 Abs. 2 Satz 1 HGB ein Verfahren zugrunde zu legen, das ein den tatsächlichen Verhältnissen entsprechendes Bild der Vermögens-, Ertrags- und Finanzlage vermittelt. Dies bedeutet unter anderem, dass das Finanzierungsverfahren eine sachgerechte Verteilung des Pensionsaufwands über die Dienstzeit des Pensionsberechtigten sicherstellen muss. Es wird in diesem Zusammenhang die Auffassung vertreten, dass sich das Anwartschaftsbarwertverfahren der **Projected Unit Credit Method** (**PUCM**), die in der internationalen Rechnungslegung (IAS 19) verpflichtend anzuwenden ist, in der weiteren Entwicklung auch in deutschen Rechnungslegungspraxis durchsetzen wird.

342 Bei dieser Methode wird in jedem Jahr, in dem sich der Arbeitnehmer seine zukünftige Versorgung erdient, der korrespondierende Einmalbetrag für diesen Versorgungsanteil reserviert. Die Summe dieser Einmalbeträge wird in den Folgejahren verzinslich und unter Berücksichtigung versicherungsmathematischer Wahrscheinlichkeiten bis zum Eintritt des Ver-

---

[475] Vgl. BMF-Schr. v. 16.12.2005 IV B 2 – S 2176 – 106/05.
[476] Von dieser Möglichkeit machen nahezu sämtliche Unternehmen Gebrauch.

sorgungsfalles fortgeschrieben. Der jährliche Aufwand umfasst im Wesentlichen den Einmalbeitrag (service cost) und die zu verrechnenden Zinsen (interest cost). Ist die Versorgungszusage gehaltsabhängig, muss bei der Bemessung der Einmalbeträge auch die vermutete künftige Lohnsteigerung beachtet werden, was den neu gefassten Grundsätzen des § 253 Abs. 1 HGB entspricht. Darüber hinaus sind bei laufenden Renten wahrscheinliche künftige Anpassungen gemäß § 16 Betriebsrentengesetz zu berücksichtigen.

Das bisher in Deutschland vorherrschende **Teilwertverfahren** bleibt indessen – wenngleich unter Beachtung der gesetzlichen Berechnungsparameter (§ 253 Abs. 2 HGB) – grundsätzlich anwendbar.[477] Abweichend vom vorstehend beschriebenen PUC-Verfahren erfolgt die Finanzierung nach dem Teilwertverfahren nicht durch (laufende) Einmalprämien, die wegen des immer kürzeren Abzinsungszeitraums im Zeitablauf steigen, sondern mit gleich bleibenden Jahresprämien. Folglich führt das Teilwertverfahren bei ansonsten gleichen Berechnungsparametern tendenziell zu höheren Rückstellungsbeträgen. 343

Die neu gefassten §§ 285 Nr. 24 (Einzelabschluss), 314 Abs. 1 Nr. 16 HGB (Konzernabschluss) schreiben in diesem Zusammenhang vor, dass das angewandte versicherungsmathematische Verfahren bei der Berechnung der Pensionsrückstellung, die Gründe für seine Anwendung sowie die grundlegenden Annahmen der Berechnung anzugeben sind. Dabei sind der angewendete Zinssatz, die erwarteten Lohn- und Gehaltssteigerungen sowie die zugrunde gelegten Sterbetafeln zu nennen. 344

In § 246 Abs. 2 HGB wird ferner das Gebot begründet, Altersversorgungsverpflichtungen unter Durchbrechung des Saldierungsverbots[478] mit den diesen gewidmeten Vermögensgegenständen zu verrechnen. Diesem **Verrechnungsgebot** liegt der Gedanke zugrunde, dass in der Bilanz nur solche Verpflichtungen ausgewiesen werden sollten, die das Unternehmen tatsächlich wirtschaftlich belasten. Dies ist nicht der Fall, wenn diesen Verpflichtungen Vermögensgegenstände gegenüberstehen, welche ausschließlich zu ihrer Erfüllung dienen und dem Zugriff aller übrigen Gläubiger des Unternehmens entzogen sind (sog. Zweckvermögen). Für Zwecke der Verrechnung ist das Zweckvermögen mit dem „beizulegenden Zeitwert" zu bewerten (§ 253 Abs. 1 Satz 4 i. V. m. § 253 Abs. 1 Satz 3 HGB). Da dieser Ansatz nicht durch die Anschaffungs- oder Herstellungskosten des Zweckvermögens begrenzt ist, kann es dabei zu einer Verrechnung von nicht realisierten Gewinnen kommen. Solche Gewinne unterliegen allerdings gemäß § 268 Abs. 8 HGB einer Ausschüttungssperre. 345

Die durch das BilMoG vorgeschriebene Änderung der Bewertung von Pensionsverpflichtungen führte in einigen Fällen zu einem erheblichen **Anpassungsbedarf** in der Handelsbilanz, da die bisher nahezu ausschließlich angesetzten steuerlichen Werte in der Regel deutlich unter den zukünftig handelsrechtlich verbindlichen Ansätzen liegen. Die Auswirkungen differieren jedoch in Abhängigkeit von der konkreten Struktur des Bestandes an Pensionsverpflichtungen.[479] Im Gesetz ist daher eine flexible Übergangsregelung vorgesehen, nach der der Zuführungsbetrag entweder im Übergangszeitpunkt sofort in voller Höhe berücksichtigt oder über 15 Jahre spätestens bis zum 31.12.2024 in jedem Geschäftsjahr zu mindestens einem Fünfzehntel angesammelt werden kann (Art. 67 Abs. 1 Satz 1 EGHGB).[480] Noch nicht aufgefüllte Beträge sind im Anhang zu zeigen (Art. 67 Abs. 2 EGHGB) Führt die Neuregelung dagegen zu niedrigeren Pensionsrückstellungen, braucht keine Auflösung zu erfolgen, sofern in den folgenden Geschäftsjahren entsprechende Zuführungen erforderlich werden (Art. 67 Abs. 1 Satz 2 EGHGB). Andernfalls sind Auflösungsbeträge unmittelbar in die Gewinnrücklagen einzustellen (Art. 67 Abs. 1 Satz 3 EGHGB). 346

Die dargestellten Neuerungen hinsichtlich Ausweis und Bewertung von Pensionsverpflichtungen bzw. von Vermögensgegenständen des Zweckvermögens bleiben **steuerlich** ohne 347

---

[477] Nach Inkrafttreten des BilMoG hat sich allerdings gezeigt, dass das Teilwertverfahren nur noch von einer Minderheit von Unternehmen verwendet wird.
[478] → Rn. 136.
[479] Die Höhe der Unterdeckung fiel hingegen in vielen Fällen gering aus. Lediglich in etwa einem Drittel der Fälle betrug sie mehr als 25 % des nach bisherigem Recht ermittelten Rückstellungsbetrages.
[480] Das Verteilungswahlrecht wurde indessen in vielen Fällen nicht ausgeübt.

Auswirkungen (vgl. §§ 6 Abs. 1 Nr. 1 und 2, 6a EStG sowie §§ 5 Abs. 1a Satz 1, 6 Abs. 1 Nr. 3a Buchstabe f EStG), was letztlich auf rein fiskalischen Erwägungen beruht.[481]

348 *ff) Exkurs: Umweltschutzverpflichtungen.* Risiken auf Grund von Anforderungen des Umweltschutzes haben eine große Bedeutung erlangt. Unter dem Begriff des Umweltschutzes werden üblicherweise alle Maßnahmen gefasst, die der Verhinderung, Beseitigung oder Verringerung von Belastungen der Umwelt durch Schadstoffe oder andersartige Belästigungen dienen. Einer gängigen Einteilung von Umweltschutzverpflichtungen folgend[482] wird zwischen „Altlasten" und „Neulasten" unterschieden. „Altlasten" bezeichnen nach gängiger Definition Flächen mit Altablagerungen und ehemalige Betriebsstandorte, von denen nach den Erkenntnissen einer vorausgegangenen Gefährdungsabschätzung eine Gefahr für die öffentliche Sicherheit und Ordnung ausgeht (vgl. § 28 Landesabfallgesetz NRW). Dauert die Nutzung noch an und wird erst künftig mit Umweltschäden gerechnet, so handelt es sich dagegen um „Neulasten". Die auf „Neulasten" beruhenden Verpflichtungen können solche der Schadensverhütung (z. B. Anpassungsverpflichtungen), der Schadensbeseitigung (z. B. Verwertungsverpflichtungen) oder der Schadensbegrenzung (z. B. Abfallbeseitigungsverpflichtungen) sein. Durch Maßnahmen der Schadensverhütung soll das künftige Entstehen von Umweltschäden verhindert werden, durch Maßnahmen der Schadensbeseitigung oder Begrenzung sollen bereits eingetretene Umweltschäden ganz oder zumindest teilweise beseitigt oder eingedämmt werden.[483]

349 Eine **Verpflichtung zur Beseitigung von Altlasten** ergibt sich in der Regel nicht aus unmittelbar anwendbaren Spezialgesetzen, sondern auf der Grundlage des allgemeinen Polizei- und Ordnungsrechts durch Erlass einer entsprechenden Beseitigungsverfügung der zuständigen Behörde. Problematisch sind vor diesem Hintergrund die Sachverhalte, in denen noch keine Verfügung ergangen ist und nur allgemeine gesetzliche Eingriffsgrundlagen bestehen. Während z. B. nach Auffassung der herrschenden Meinung in der Literatur eine öffentlich-rechtliche Sanierungsverpflichtung für eine Rückstellungsbildung hinreichend konkretisiert ist, wenn der Kaufmann weiß, dass eine Altlast vorliegt, für die er als Handlungs- oder Zustandsstörer in Anspruch genommen werden kann,[484] darf nach Auffassung des BFH eine Rückstellung in derartigen Fällen erst gebildet werden, wenn die die Verpflichtung begründenden Tatsachen der zuständigen Fachbehörde bekannt geworden sind oder dies unmittelbar bevorsteht und ein Eingreifen überwiegend wahrscheinlich ist.[485] Nach ständiger BFH-Rechtsprechung kann zudem eine ungewisse öffentlichrechtliche Verpflichtung nur dann unmittelbar aus dem Gesetz abgeleitet werden, wenn dieses in sachlicher Hinsicht ein inhaltlich genau bestimmtes Handeln vorsieht, in zeitlicher Hinsicht ein Handeln innerhalb eines bestimmten Zeitraumes fordert und dieses Handlungsgebot sanktionsbewehrt und damit durchsetzbar ist.

350 Im Bereich der umweltschutzrechtlichen Verpflichtungen bei „Neulasten" haben die „**Anpassungsverpflichtungen**" nicht nur eine hohe praktische Bedeutung, sie werfen auch bei der Rückstellungsbildung besondere Fragen auf. Bei dieser Gruppe von Verpflichtungen handelt es sich um verwaltungsrechtliche Anordnungen (z. B. TA Luft), nach denen der Kaufmann Vorsorge zu treffen hat, dass eine genehmigungspflichtige Anlage im Hinblick auf die aktuell bestehenden Emissions- und Sicherheitsstandards angemessen ausgestattet ist. Typische Merkmale von Anpassungsverpflichtungen sind:

- die Bezugnahme auf den jeweiligen Stand der Technik im Sinne des Entwicklungsstands fortschrittlicher Verfahren zum umweltverträglichen Betrieb von Anlagen
- die Festlegung von konkretisierten Standards für die Vornahme potenziell umweltbelastender Prozesse (z. B. Grenzwerte)
- die Einräumung von Übergangsfristen für die Umsetzung dieser Standards (z. B. die Durchführung von Umrüstungsmaßnahmen).

---

[481] Nach Einschätzung des BMF (Stellungnahme zum RefE des BilMoG S. 4) würden aus einer steuerbilanziellen Erfassung künftiger Lohn- und Gehaltssteigerungen geschätzte Steuerausfälle von 15 Mrd. EUR resultieren. Dieser Betrag ist eher zu niedrig als zu hoch geschätzt (vgl. *Küting/Kessler/Keßler* S. 755).
[482] *Bartels* BB 1991, 2044, 2049.
[483] Vgl. A/D/S § 249 Rn. 118 m. w. N.
[484] Vgl. BeckBilKomm/*Kozikowski/Schubert* § 249 Rn. 100 (Stichwort: „Altlastensanierung") m. w. N.
[485] BFH BStBl. II 1993, 891 ff.

Ob Aufwendungen für die Befolgung von Anpassungsverpflichtungen in der Handelsbilanz rückstellungsfähig sind, ist streitig. Nach einer verbreiteten Auffassung,[486] die entscheidend auf das Erfordernis der wirtschaftlichen Verursachung der Verpflichtung abstellt, ist eine Rückstellungsbildung für Anpassungsverpflichtungen nicht zulässig, weil diese allein auf die Vermeidung zukünftiger Schäden gerichtet seien und der nach dem Realisierungsprinzip stets zu fordernde Vergangenheitsbezug nicht vorliege. Die Anpassungsmaßnahme gelte nichts Vergangenes ab, sondern ermögliche den zukünftigen gesetzeskonformen Betrieb. Eine andere Auffassung[487] stellt die rechtliche Entstehung einer Verbindlichkeit bei Anpassungsverpflichtungen vor Ablauf der üblicherweise bestehenden Übergangsfristen in Frage.[488] Eine Verpflichtung ist danach erst dann rechtlich entstanden und folglich zurückzustellen, wenn die Übergangsfrist abgelaufen ist und das Unternehmen die Anpassungsmaßnahme tatsächlich nachzuholen beabsichtigt. Fehlt es an dem Erlass eines entsprechenden Vollzugsaktes und damit an der Festlegung einer Übergangsfrist, kann es nach dieser Auffassung daher nicht zu einer Rückstellungsbildung kommen. 351

Bei Anpassungsverpflichtungen folgt der Schuldcharakter jedoch nach hier vertretener Auffassung bereits aus dem ihnen zugrunde liegenden Gesetz; die zusätzlich erlassenen „normkonkretisierenden" Verwaltungsvorschriften (z. B. TA Luft) und darauf gestützte Vollzugsakte spezifizieren lediglich, auf welche konkreten Maßnahmen sich die Verpflichtung erstreckt. Die den Unternehmen für die Anpassung ihrer Altanlagen eingeräumte Übergangsfrist ändert nichts am rechtlichen Bestand der Anpassungsverpflichtung, sondern schiebt lediglich deren Fälligkeit bis zum Ablauf der Frist auf.[489] Ferner ist der Auffassung zu folgen, dass bereits rechtlich entstandene Verpflichtungen, die lediglich nach der Höhe nach ungewiss sind, unabhängig von einer wirtschaftlichen Verursachung auf jeden Fall als Verbindlichkeit bzw. Rückstellung zu bilanzieren sind. Dies folgt aus dem Imparitätsprinzip und dem Vollständigkeitsgebot.[490] 352

h) **Verbindlichkeiten.** Die Postengruppe C. des § 266 Abs. 3 HGB erfasst sämtliche Verbindlichkeiten des Unternehmens. Restlaufzeiten bis zu einem Jahr (§ 268 Abs. 5 Satz 1 HGB) und solche von mehr als fünf Jahren (§ 285 Nr. 1 Buchstabe a HGB) sind bei jedem Einzelposten zu vermerken. Werden unter „Verbindlichkeiten" Beträge für Verpflichtungen ausgewiesen, die erst nach dem Abschlussstichtag rechtlich entstehen (sog. antizipative Posten), so müssen diese im Anhang erläutert werden, falls sie einen größeren Umfang haben (§ 268 Abs. 5 Satz 3 HGB). Ferner sind in § 266 Abs. 3 C.8. HGB Davon-Vermerke für Verbindlichkeiten aus Steuern und im Rahmen der sozialen Sicherheit vorgesehen. Diese Zusatzangaben werden in der Praxis überwiegend im Anhang in Form eines „Verbindlichkeitenspiegels"[491] gemacht. 353

Entsprechend der Handhabung beim Umlaufvermögen sind in der GmbH Verbindlichkeiten gegenüber Gesellschaftern gemäß § 42 Abs. 3 GmbHG in der Regel gesondert anzugeben, falls nicht gemäß § 265 Abs. 3 HGB die Mitzugehörigkeit bei einem anderen Posten vermerkt wird.[492] 354

Ungeachtet der abweichenden Behandlung im Überschuldungsstatus[493] sind mit Rangrücktritt ausgestattete Verbindlichkeiten der Gesellschaft im Jahresabschluss ebenfalls wei- 355

---

[486] Vgl. die unter Fn. 449 zitierte Rechtsprechung verschiedener Senate des BFH zum Erfordernis der wirtschaftlichen Verursachung sowie BeckBilKomm/*Kozikowski/Schubert* § 249 Rn. 100 (Stichwort: „Anpassungsverpflichtungen").
[487] Vgl. hierzu A/D/S § 249 Rn. 124.
[488] Vgl. hierzu zuletzt BFH v. 6.2.2013 – I R 8/12, DB 2013, S. 1087, wonach eine bloße behördliche Anweisung, die darauf gerichtet ist, dass eine Altanlage zu einem bestimmten Zeitpunkt in der Zukunft aufgrund neuer Vorschriften einen bestimmten Emissionswert einhalten müsse, noch keine öffentlich-rechtliche Verpflichtung begründet (Abweichung von BFH v. 27.6.2001 – I R 45/97). Die Auswirkungen einer Nichteinhaltung der behördlichen Auflage stelle sich in diesem Fall erst in der Zukunft ein.
[489] So insbesondere *Bartels* BB 1992, 1311, 1313 m. w. N.
[490] So im Ergebnis: Küting/Weber/*Mayer-Wegelin/Kessler/Höfer* § 249 Rn. 107 f.; vgl. auch BFH BB 2001, 1893 ff.
[491] BeckBilKomm/*Kozikowski/Schubert* § 268 Rn. 104.
[492] Zum Meinungsstand: A/D/S § 266 Rn. 214a bzw. § 42 GmbHG Rn. 34 f.
[493] Vgl. A/D/S § 246 Rn. 136; BeckBilKomm/*Kozikowski/Schubert* § 247 Rn. 232.

terhin zu passivieren. Eine Verbindlichkeit ist so lange auszuweisen, wie die Erlöschensgründe des BGB nicht eingetreten sind.

356 Die einzelnen Positionen der Postengruppe C. spiegeln zum einen als Bestandteil des sog. „working capital" im kurzfristigen Bereich die Gegenposten zu den kurzfristigen Positionen des Umlaufvermögens wider (z. B. kurzfristige Bankverbindlichkeiten, Verbindlichkeiten aus Lieferungen und Leistungen, Verbindlichkeiten des „Verbundbereiches"). Darüber hinaus enthalten die Verbindlichkeiten auch langfristige Bestandteile, die lediglich durch Auswertung der Restlaufzeitangaben des Jahresabschlusses quantifiziert werden können und – neben dem Eigenkapital – in der Regel vorwiegend dazu dienen, die Investitionen des Anlagevermögens zu finanzieren. Dem langfristigen Bereich gehören neben den Anleihen, die von kapitalmarktorientierten Unternehmen begeben werden (z. B. Schuldverschreibungen, Wandelobligationen), in erster Linie Bankdarlehen an, die unter den „Verbindlichkeiten gegenüber Kreditinstituten" (Abs. 3, C.2.) ausgewiesen werden.

357 In den **sonstigen Verbindlichkeiten** können – insoweit den sonstigen Vermögensgegenständen vergleichbar – heterogene Posten enthalten sein. Typische Beispiele sind:
- noch nicht ausgezahlte Bestandteile der Lohn- und Gehaltsabrechnung des Stichtagsmonats (einschl. der Arbeitgeberanteile zur Sozialversicherung und der abzuführenden Lohnsteuer)
- Steuerschulden (z. B. Umsatzsteuer), die nicht unter „Steuerrückstellungen" (Abs. 3, B.2.) auszuweisen sind
- vereinnahmte Mietkautionen
- Provisionsverbindlichkeiten
- Nichtbank-Darlehen.

358 Verbindlichkeiten sind grundsätzlich zu ihrem Rückzahlungsbetrag zu bewerten (§ 253 Abs. 1 Satz 2 HGB), also dem Betrag, der tatsächlich aufgewendet werden muss, um die ihr zugrundeliegende Verpflichtung zu erfüllen. Rentenverpflichtungen sind gemäß § 253 Abs. 2 Satz 3 HGB entsprechend den Grundsätzen der Bewertung mit einer Laufzeit von über einem Jahr zu bewerten (§ 253 Abs. 2 Satz 1 und 2 HGB). Ist eine Verbindlichkeit über Marktzins verzinst (Überverzinslichkeit) und beruht dies auf veränderten Marktverhältnissen, ist in Höhe des Barwertes der Zinsdifferenz eine Rückstellung für drohende Verluste aus schwebenden Geschäften zu bilden.[494] Steht der Überverzinslichkeit jedoch ein dauernder Vorteil gegenüber (z. B. günstige Konditionen für den Bezug von Waren oder Dienstleistungen), besteht kein Erfordernis für eine Rückstellungsbildung. Wurde dieser Vorteil als Einnahme erfasst, ist diese aktiv über die Laufzeit der Verbindlichkeit abzugrenzen. Bestand der Vorteil in der Minderung von Anschaffungskosten für einen aktivierungspflichtigen Vermögensgegenstand, ist der Barwert der Zinsdifferenz Bestandteil der Anschaffungskosten.[495] Ist eine Verbindlichkeit hingegen unter Marktzins verzinst (Unterverzinslichkeit), ist eine Abzinsung auf den niedrigeren Barwert oder der Ausweis eines aktiv abgegrenzten „Zinsvorteils" unzulässig, da dies einen Verstoß gegen das Realisationsprinzip darstellen würde.[496] Für die Steuerbilanz gelten abweichende gesetzliche Regelungen (§ 6 Abs. 1 Nr. 3 Satz 1 und 2 EStG).

359 i) **Haftungsverhältnisse.** Nach § 251 HGB sind Verbindlichkeiten, die nicht auf der Passivseite auszuweisen sind, und auf
- Wechselbegebung und -übertragung
- Bürgschaften (auch Wechsel- und Scheckbürgschaften)
- Gewährleistungsverträgen

beruhen, sowie Haftungsverhältnisse aus der Bestellung von Sicherheiten für fremde Verbindlichkeiten „unter der Bilanz" zu vermerken. Kapitalgesellschaften müssen die in § 251 HGB bezeichneten Haftungsverhältnisse gemäß § 268 Abs. 7 HGB jeweils gesondert – entweder unter der Passivseite der Bilanz nach dem letzten ausgewiesenen Posten oder im

---
[494] So im Grundsatz die h. M.; vgl. A/D/S § 253 Rn. 78 m. w. N.
[495] Zu dem Gesagten: BeckBilKomm/*Kozikowski/Schubert* § 253 Rn. 60.
[496] A/D/S § 253 Rn. 81.

Anhang – unter Angabe der gewährten Pfandrechte und sonstigen Sicherheiten angeben. Verpflichtungen dieser Art gegenüber verbundenen Unternehmen erfordern eine gesonderte Angabe. Für die Angaben gemäß §§ 251, 268 Abs. 7 HGB gelten die allgemeinen Ausweisgrundsätze (Angabe des Vorjahresbetrages, Stetigkeit der Darstellung etc.). Nach § 285 Satz 1 Nr. 27 HGB sind für die unter „Haftungsverhältnissen" ausgewiesenen Posten ferner die Gründe der Einschätzung des Risikos der Inanspruchnahme anzugeben.

Die Angabepflicht bezieht sich in erster Linie auf sog. „Eventualverbindlichkeiten". Hierunter sind mögliche zukünftige Inanspruchnahmen der Gesellschaft durch Dritte zu verstehen, deren tatbestandsmäßige Voraussetzungen am Abschlussstichtag indessen nicht verwirklicht sind und mit deren Eintritt der Bilanzierende nach seinem Kenntnisstand auch nicht zu rechnen braucht, die jedoch ein latentes Risiko in sich bergen und daher die gebotene Aufmerksamkeit verdienen. Gemeint sind vornehmlich[497] 360

- die Haftung als Aussteller (§ 9 WG) oder Indossant (§ 15 WG) eines Wechsels
- Bürgschaftsverpflichtungen (§ 765 BGB)
- selbstständige oder unselbstständige vertragliche Garantien und sonstige Zusicherungen bestimmter Eigenschaften (z. B. Freistellungsverpflichtungen, Werthaltigkeitsgarantien oder Patronatserklärungen bürgschaftsähnlichen Charakters).

Die zusätzlich geforderten Angaben zur Sicherheitengestellung für fremde Verbindlichkeiten ergänzen die von § 285 Nr. 1b HGB geforderten Anhangangaben zu Art und Form der Sicherheiten (Pfandrechte oder ähnliche Rechte) für eigene Verbindlichkeiten des Unternehmens. Subsidiär zur Passivierung einer Verbindlichkeit gemäß § 266 Abs. 3 HGB oder deren Angabe als Haftungsverhältnis gemäß § 251 HGB kommt ihre Berücksichtigung als „Sonstige finanzielle Verpflichtung" gemäß § 285 Nr. 3a HGB im Anhang in Betracht 361

5. Gewinn- und Verlustrechnung

a) **Überblick.** Die in erster Linie vermögensstatisch orientierte Rechnungslegung des HGB weist der Erfolgsrechnung in Form der Gewinn- und Verlustrechnung gegenüber der Bilanz eine geringere Bedeutung zu.[498] Aufgrund des handelsrechtlichen Aufwandsbegriffs, der z. B. kalkulatorische Posten im Sinne der Kosten- und Leistungsrechnung nicht enthält, eignet sich die Gewinn- und Verlustrechnung zudem nur eingeschränkt zur betriebswirtschaftlichen Erfolgsanalyse.[499] 362

Die Pflicht zur Aufstellung der Gewinn- und Verlustrechnung folgt für Kapitalgesellschaften aus §§ 264 Abs. 1 Satz 1, 242 Abs. 2 HGB. Der im Vergleich zur Bilanz deutlich geringere Regelungsumfang beschränkt sich auf die alternativen gesetzlichen Gliederungsschemata des Gesamtkosten- und des Umsatzkostenverfahrens in § 275 HGB und wenige ergänzende Vorschriften in den §§ 276 bis 278 HGB, die neben größenabhängigen Erleichterungen einige spezielle Ausweisfragen regeln. Rechtsformspezifische Regelungen für die GmbH existieren nicht, auf die in § 158 AktG getroffene Regelung zur Darstellung der Ergebnisverwendung bei der AG ist jedoch zu verweisen, da sie sich in Fällen der Bilanzierung unter Berücksichtigung teilweiser Ergebnisverwendung aus Gründen der Klarheit und Übersichtlichkeit anbietet. 363

Im Gegensatz zur Bilanz, die in Kontoform aufzustellen ist (§ 266 Abs. 1 Satz 1 HGB), sieht das Gesetz in § 275 Abs. 1 Satz 1 HGB für die Gewinn- und Verlustrechnung die Staffelform vor. Die Grundsätze ordnungsmäßiger Buchführung und Bilanzierung (GoB) gelten auch für die Gewinn- und Verlustrechnung, insbesondere auch im Hinblick auf die allgemeinen Gliederungsgrundsätze des § 265 HGB,[500] das Vollständigkeits-[501] und Verrechnungsverbot[502] (§ 246 HGB) sowie das Periodisierungsprinzip[503] (§ 252 Abs. 1 Nr. 5 HGB). Kleine GmbH 364

---

[497] Ausführliche Übersicht bei BeckBilKomm/*Ellrott* § 251 Rn. 14 ff.
[498] Vgl. hierzu das mittlerweile klassische Zitat: „Die Bilanz im Rechtssinne [verstanden als Jahresabschluss; d Verf.] ist keine Kostenrechnung" (BFH BStBl. II 1974 S. 684, 686).
[499] Zur Aufgabe der Gewinn- und Verlustrechnung und den Analysemöglichkeiten vgl. insbesondere A/D/S § 275 Rn. 17 ff.
[500] → Rn. 173.
[501] → Rn. 129.
[502] → Rn. 136.
[503] → Rn. 146.

brauchen ihre Gewinn- und Verlustrechnung nicht zum Handelsregister einzureichen (§ 326 Satz 1 HGB). Bei mittelgroßen Gesellschaften braucht der Anhang die auf die Gewinn- und Verlustrechnung bezogenen Angaben nach § 285 Nr. 2, 5 und 8 Buchstabe a, Nr. 12 HGB nicht zu enthalten (§ 327 Nr. 2 HGB). Der Anhang der kleinen GmbH kann von den Angaben zur Gewinn- und Verlustrechnung völlig absehen (§ 326 Satz 2 HGB).

365 **b) Gesamtkostenverfahren – Umsatzkostenverfahren.** Das Gesetz räumt dem Bilanzierenden ein **Wahlrecht** ein, ob er seine Erfolgsrechnung nach dem **Gesamtkostenverfahren** (§ 275 Abs. 2 HGB) oder nach dem **Umsatzkostenverfahren** (§ 275 Abs. 3 HGB) aufbauen will. Derzeit wird – vor allem im Bereich der mittelständischen Wirtschaft – ganz überwiegend das Gesamtkostenverfahren (GKV) angewendet, das deutscher Rechnungslegungstradition entspricht.[504] Das Umsatzkostenverfahren (UKV) ist durch das BiRiLiG alternativ in das Bilanzrecht eingeführt worden. Dieses Verfahren herrscht in der anglo-amerikanisch geprägten internationalen Rechnungslegung vor und hat im Hinblick auf die zunehmende Kapitalmarktorientierung und Internationalisierung der deutschen Wirtschaft vor allem für größere Unternehmen an Bedeutung gewonnen.

366 Dem GKV liegt – ausgehend von den Umsatzerlösen – eine Gliederung nach Kosten- bzw. Aufwandsarten zugrunde (Aufwandsstruktur), wohingegen das UKV den erzielten Umsatzerlösen die Kosten bzw. Aufwendungen jeweils nach betrieblichen Funktionsbereichen (Produktion, Verwaltung, Vertrieb) gegliedert gegenüberstellt. Die Unterschiede haben Bedeutung für die Form der Ermittlung des Betriebsergebnisses, des Kernbereichs der Erfolgsrechnung. Besonders anschaulich wird dies am Personalaufwand und den Abschreibungen. Im Gliederungsschema für das GKV in § 275 Abs. 2 HGB sind hierfür die gesonderten Positionen „6. Personalaufwand" und „7. Abschreibungen" vorgesehen, welche die Gesamtaufwendungen der jeweiligen Aufwandsart umfassen. Diese Positionen finden sich im Gliederungsschema für das UKV in § 275 Abs. 3 HGB nicht. Personalkosten bzw. Abschreibungen sind in Höhe des jeweils zurechenbaren Anteils den Funktionsbereichen zugeordnet:

Funktionsbereich	Position des Gliederungsschemas
Produktion:	Herstellungskosten der zur Erzielung der Umsatzerlöse erbrachten Leistungen (Abs. 3 Nr. 2)
Vertrieb:	Vertriebskosten (Abs. 3 Nr. 4)
Verwaltung:	Allgemeine Verwaltungskosten (Abs. 3 Nr. 5)
sonstige betriebliche Bereiche:	Sonstige betriebliche Aufwendungen (Abs. 3 Nr. 7)

367 Keine inhaltlichen oder strukturellen Unterschiede weisen beide Verfahren zwangsläufig in den Ertrags- und Aufwandsbereichen auf, die den Funktionen Produktion, Vertrieb und Verwaltung nicht unmittelbar zugeordnet werden können (z. B. Zinserträge und -aufwendungen). Danach können beide Verfahren in ihrer Grobstruktur zusammenfassend und vereinfachend wie folgt verglichen werden:

	betriebliche Ergebnisgrößen	Position nach	
		GKV (§ 275 Abs. 2 HGB)	UKV (§ 275 Abs. 3 HGB)
	Betriebsergebnis	1. bis 8.	1. bis 7.
+	Finanzergebnis	9. bis 13.	8. bis 12.
=	Ergebnis der gewöhnlichen Geschäftstätigkeit	14.	13.
+/−	außerordentliches Ergebnis	17.	16.
−	Steuern	18./19.	17./18.
=	Jahresüberschuss/Jahresfehlbetrag	20.	19.

---

[504] Beachte aber die Bedeutung, die dem Umsatzkostenverfahren gerade für Klein- und Mittelbetriebe aus internen Analysezwecken zuerkannt wird (*Otto* BB 1987, 931, 934 f.).

Ein fundamentaler Unterschied zwischen beiden Verfahren liegt in der Art und Weise, wie 368 in der Erfolgsrechnung die Angleichung der Absatzmenge (Gesamtzahl der in der Periode veräußerten Güter) und des Produktionsaufwandes (Gesamtbetrag des in der Periode produktionsbezogen entstandenen Aufwandes) erfolgt. Eine kurze Darstellung dieses Unterschieds erlaubt zugleich eine Erläuterung der Positionen der Gewinn- und Verlustrechnung, die zum „Rohertrag" (GKV) bzw. zum „Bruttoergebnis vom Umsatz" (UKV) führen. Die **Umsatzerlöse** repräsentieren in beiden Verfahren die Absatzmengen der Periode, ausgedrückt in den hierfür erzielten Netto-Erlösen (d. h. nach Abzug von Erlösschmälerungen und Umsatzsteuer), unabhängig davon, ob die abgesetzten Güter in der betreffenden Periode angeschafft oder hergestellt worden sind.

Diesen absatzbezogenen Umsatzerlösen stellt das **GKV** in erster Linie den **Materialauf-** 369 **wand** (§ 275 Abs. 2 Nr. 5 HGB) gegenüber, der die gesamten Aufwendungen der laufenden Periode für die Beschaffung von Roh-, Hilfs- und Betriebsstoffen und den Bezug von Fremdleistungen („bezogene Leistungen") umfasst, unabhängig davon, ob diese Aufwendungen in der laufenden oder einer Folgeperiode tatsächlich zu Umsatzerlösen der Gesellschaft führen. Umsatzerlöse und Materialaufwand sind daher für sich allein betrachtet inkongruent, sie gehen von einem unterschiedlichen Mengengerüst aus. Die Angleichung des Mengengerüstes von Umsatzerlösen und Materialaufwand erfolgt im GKV durch zwei gesonderte Korrekturposten in der Gewinn- und Verlustrechnung, nämlich die Positionen

- Erhöhung/Verminderung des Bestands an fertigen und unfertigen Erzeugnissen (§ 275 Abs. 2 Nr. 2 HGB) und
- andere aktivierte Eigenleistungen (§ 275 Abs. 2 Nr. 3 HGB).

Die Erhöhung bzw. Verminderung des Erzeugnisbestandes wird betragsmäßig aus der 370 Veränderung der entsprechenden Bestandsgröße der Bilanz im Vergleich zum Vorjahr ermittelt. Ihre erfolgswirksame Erfassung gleicht die Mengengerüste von Umsätzen und Materialaufwendungen an. Soweit darüber hinaus betriebliche Leistungen zu aktivierungspflichtigen Bilanzposten (z. B. in Form von selbsterstellten technischen Vorrichtungen) geführt haben, sind die darauf entfallenden Aufwendungen der Periode nach dem Grundsatz der Erfolgsneutralität von Anschaffungs- oder Herstellungsvorgängen als „aktivierte Eigenleistungen" zu neutralisieren. Die Verrechnung der genannten Posten führt im GKV wie folgt zum **Rohertrag**:

		(§ 275 Abs. 2 HGB)
	Netto-Umsatzerlöse	Nr. 1
+/–	Bestandsveränderungen des Erzeugnisbereichs	Nr. 2
+	aktivierte Eigenleistungen	Nr. 3
=	Gesamtleistung	
–	Materialaufwand	Nr. 5
=	Rohertrag	

Die Positionen „Gesamtleistung" und „Rohertrag" sind im gesetzlichen Gliederungs- 371 schema nicht vorgesehen, sie stellen Zwischensummen dar, die als Kennzahlen von Bedeutung sein können.

Im **UKV** werden den Umsatzerlösen die „**Herstellungskosten der zur Erzielung der Um-** 372 **satzerlöse erbrachten Leistungen**" (§ 275 Abs. 3 Nr. 2 HGB) gegenübergestellt, die – nicht zu verwechseln mit den Herstellungskosten nach § 255 Abs. 2 HGB – sämtliche Aufwendungen enthalten, die den im Geschäftsjahr tatsächlich abgesetzten Gütern oder Dienstleistungen unmittelbar zugerechnet werden können. Die Anpassung an das absatzbezogene Mengengerüst der Umsatzerlöse erfolgt hier nicht durch separate Posten der Erfolgsrechnung, sondern durch unmittelbare Angleichung der unter dieser Position ausgewiesenen

Herstellungsaufwendungen der Periode an die Bestandsentwicklung in der Bilanz. Die Gegenüberstellung von Umsatzerlösen und Herstellungsaufwendungen führt zum „Bruttoergebnis vom Umsatz" (§ 275 Abs. 3 Nr. 3 HGB):

	(§ 275 Abs. 3 HGB)
Netto-Umsatzerlöse	Nr. 1
– Herstellungskosten	Nr. 2
= Bruttoergebnis vom Umsatz	Nr. 3

373 **c) Übrige postenbezogene Erläuterungen.** Die **sonstigen betrieblichen Erträge** sind in beiden Verfahren weitgehend identisch und betreffen alle im gewöhnlichen Geschäftsbetrieb außerhalb des eigentlichen Wertschöpfungsprozesses erzielten Erlöse (z. B. Pachterträge). Aufgrund der kostenartenbezogenen Struktur des GKV umfassen die **sonstigen betrieblichen Aufwendungen** in § 275 Abs. 2 Nr. 8 HGB alle Aufwendungen, die nicht als Material- oder Personalaufwand oder als Abschreibung zu qualifizieren sind, also den gesamten Bereich der Verwaltungs- und Vertriebskosten in sehr heterogener Struktur, die nur durch geeignete freiwillige Untergliederungen für analytische Zwecke aussagefähig ist. Im UKV hat dieser Posten (§ 275 Abs. 3 Nr. 7 HGB) hingegen nur eine subsidiäre und daher geringe Bedeutung. Die Positionen 9. bis 13. des GKV bzw. 8. bis 12. des UKV umfassen das Finanz- und Beteiligungsergebnis (einschließlich Abschreibungen auf Finanzanlagen: Pos. 12. bzw. 11.). Unter den **Beteiligungserträgen** (Pos. 9. bzw. 8.) sind die Bruttodividenden (einschließlich von Anrechnungsbeträgen) zu erfassen, die auf entstandenen Ansprüchen beruhen. Die Positionen des **außerordentlichen Ergebnisses** (Pos. 17. bzw. 16.) umfassen gemäß § 277 Abs. 4 Satz 1 HGB Erträge und Aufwendungen, die außerhalb der gewöhnlichen Geschäftstätigkeit anfallen, also als unternehmensfremd und selten einzustufen sind. Wesentliche Posten sind nach Betrag und Art im Anhang zu erläutern (§ 277 Abs. 4 Satz 2 HGB). Die Positionen „**Steuern vom Einkommen und vom Ertrag**" und „**sonstige Steuern**" sind – zwangsläufig – bei beiden Darstellungsformaten identisch. Während es sich im ersten Fall um die laufenden ergebnisabhängigen Steuern (GmbH: Körperschaft- und Gewerbesteuer) einschließlich der Ergebniseffekte aus latenten Steuern[505] handelt, umfasst die zweite Position sog. „Kostensteuern", also Verbrauchsteuern (z. B. Energiesteuer, Stromsteuer, Kfz-Steuer) und Verkehrsteuern (z. B. Versicherungsteuer).[506]

6. Anhang

374 **a) Funktion.** Der Anhang bildet als weiterer und gleichwertiger Pflichtbestandteil des Jahresabschlusses mit Bilanz und Gewinn- und Verlustrechnung eine Einheit (§ 264 Abs. 1 Satz 1 HGB). Folgende Funktionen sind zu nennen:[507]
- Informationsfunktion
  z. B. durch Methodenangaben und die Pflicht zur Begründung von Methodenänderungen)
- Entlastungsfunktion
  (durch Ausweiswahlrechte, die Angaben zu Positionen der Bilanz bzw. Gewinn- und Verlustrechnung im Anhang gestatten)
- Erläuterungsfunktion
  (z. B. durch gesonderte Darstellung des Einflusses bestimmter bilanzieller Veränderungen auf die Vermögens-, Finanz- und Ertragslage)
- Ergänzungsfunktion
  (Gewährleistung des Einblickgebotes in § 264 Abs. 2 HGB durch ergänzende Angaben).

375 **b) Form und Gliederung.** Das HGB schreibt weder eine bestimmte **Form** noch eine feste **Gliederung** des Anhangs vor. Der Bilanzierende hat hier im Rahmen der allgemeinen Auf-

---
[505] → Rn. 161 ff.
[506] BeckBilKomm/*Förschle* § 275 Rn. 246.
[507] Die nachfolgende Darstellung geht auf A/D/S § 284 Rn. 12 ff. zurück.

stellungsgrundsätze des Jahresabschlusses (Klarheit, Übersichtlichkeit, Darstellungsstetigkeit) einen weiten Gestaltungsspielraum. Er kann z.B. auch freiwillige Zusatzangaben in den Anhang aufnehmen. Jedoch sollten die Grenzen zum Lagebericht nach § 289 HGB nicht verwischt werden,[508] der vornehmlich Erläuterungen zum Geschäftsverlauf und zur Lage der Gesellschaft enthalten soll. In der Literatur werden Gliederungsvorschläge gemacht, die sich inhaltlich nicht grundlegend voneinander unterscheiden.[509] In der Anwendungspraxis hat sich folgende **Grundstruktur** ausgeprägt:

376
I. Allgemeine Angaben zu Bilanzierungs- und Bewertungsmethoden
II. Angaben zur Bilanz (häufig ergänzt um den von § 268 Abs. 2 HGB geforderten „Anlagespiegel", die von § 285 Nr. 11 HGB geforderte Aufstellung über Anteilsbesitz[510] und Angaben zu Haftungsverhältnissen und sonstigen finanziellen Verpflichtungen)
III. Angaben zur Gewinn- und Verlustrechnung
IV. Sonstige Angaben (z. B. Organbezüge, Zahl der Mitarbeiter)

Es ist zweckmäßig, die Angaben zu II. und III. jeweils entsprechend der Postenfolge in 377 Bilanz und Gewinn- und Verlustrechnung zu machen. Der Anhang schließt in der Praxis regelmäßig mit der Unterschrift der Geschäftsführer ab. Der Anhang bedarf zwar **als solcher** keiner Unterschrift durch die Geschäftsführer.[511] Da er aber üblicherweise den letzten Bestandteil des Jahresabschlusses einer Kapitalgesellschaft darstellt, sollte die Unterschrift der Geschäftsführer einer GmbH nicht im Wortsinne „unter der Bilanz", sondern am Ende des Anhangs geleistet werden.[512]

c) **Inhalt.** Aufgrund vielfältiger primärer gesetzlicher Angabepflichten im Anhang (§§ 284, 378 285 HGB), die durch das BilMoG eine wesentliche Erweiterung erfahren haben, umfangreicher Ausweiswahlrechte hinsichtlich der Darstellung in Bilanz, Gewinn- und Verlustrechnung oder Anhang (z.B. § 265 Abs. 3 Satz 1, 268 Abs. 2 HGB) sowie diverser spezifischer Erläuterungspflichten in besonderen Fällen (z.B. §§ 265 Abs. 1, Abs. 2, 277 Abs. 4 Satz 2 HGB) können die Pflichtinhalte des Anhangs im Einzelfall nach Art und Umfang sehr unterschiedlich sein. Die vorliegende Darstellung kann nur einen allgemeinen Überblick geben. Der konkrete Umfang einschlägiger Angabepflichten lässt sich in der Unternehmenspraxis sachgerecht allein anhand von Checklisten überprüfen, die als Arbeitshilfen verfügbar sind. Zudem sind im Gesetz größenabhängige Erleichterungsvorschriften (§ 288 HGB) und einzelfallbezogene Befreiungstatbestände (§ 286 HGB) vorgesehen; zu letzteren zählt die in der Praxis bedeutsame Möglichkeit, die nach § 285 Nr. 9a, 9b HGB erforderlichen Angaben zu Organbezügen (z.B. Geschäftsführergehältern) zu unterlassen, wenn sich anhand dieser Angaben die Bezüge eines Mitglieds dieser Organe feststellen lassen.

Nachfolgend sind – ohne Anspruch auf Vollständigkeit – folgende praxisrelevante Pflicht- 379 inhalte dargestellt:

§ 264 Abs. 2 Satz 2 HGB (Zusatzangaben wegen Einblicksgebot)
§ 265 Abs. 1 Satz 2 HGB (Darstellungsänderungen)
§ 265 Abs. 2 Satz 2 und 3 HGB (Vergleichbarkeit von Vorjahreszahlen)
§ 265 Abs. 7 Nr. 2 HGB (Zusammenfassung von vorgeschriebenen Einzelposten)
§ 277 Abs. 4 Satz 2 HGB (wesentliche außerordentliche Posten)
§ 284 Abs. 2 Nr. 1 HGB (Bilanzierungs- und Bewertungsmethoden)
§ 284 Abs. 2 Nr. 3 HGB (Abweichungen von Bilanzierungs- und Bewertungsmethoden)
§ 285 Nr. 1 HGB (Verbindlichkeiten mit Restlaufzeiten von mehr als fünf Jahren, Verbindlichkeiten, die durch Pfandrechte oder ähnliche Rechte gesichert sind)

---
[508] A/D/S § 284 Rn. 31; zum Lagebericht → Rn. 220 ff.
[509] Vgl. A/D/S § 284 Rn. 28; BeckBilKomm/*Ellrott* § 284 Rn. 30 f.
[510] Beachte aber auch die in § 287 HGB eingeräumte Möglichkeit der gesonderten Darstellung des Anteilsbesitzes.
[511] Zur Unterschrift der Geschäftsführer unter den Jahresabschluss → Rn. 231.
[512] Vgl. BeckBilKomm/*Ellrott* § 284 Rn. 27.

> § 285 Nr. 3 HGB (Risiken und Vorteile aus nicht bilanzierten Geschäften)
> § 285 Nr. 3a HGB (Sonstige finanzielle Verpflichtungen, die nicht in der Bilanz enthalten sind)
> § 285 Nr. 4 HGB (Aufgliederung der Umsatzerlöse)
> § 285 Nr. 7 HGB (durchschnittliche Zahl der Arbeitnehmer)
> § 285 Nr. 9 HGB (Organbezüge)
> § 285 Nr. 10 HGB (Mitglieder des Geschäftsführungsorgans)
> § 285 Nr. 11 HGB (Aufstellung über Anteilsbesitz)
> § 285 Nr. 12 HGB (Erläuterung zu wesentlichen sonstigen Rückstellungen)
> § 285 Nr. 14 HGB (Name und Sitz des Mutterunternehmens)
> § 285 Nr. 17 HGB (Honorar der Leistungen des Abschlussprüfers)
> § 285 Nr. 18 HGB (Angaben zu Finanzinstrumenten des Anlagevermögens, die über ihrem beizulegenden Zeitwert ausgewiesen werden)
> § 285 Nr. 19 HGB (Angaben zu derivativen Finanzinstrumenten)
> § 285 Nr. 20 HGB (Angaben zu Finanzinstrumenten, die gemäß § 340e Abs. 3 Satz 1 HGB zu Handelszwecken erworben wurden)
> § 285 Nr. 21 HGB (Angaben zu nicht zu marktüblichen Bedingungen abgeschlossenen wesentlichen Geschäften mit nahestehenden Personen)
> § 285 Nr. 22 HGB (Angaben zu Forschungs- und Entwicklungskosten)
> § 285 Nr. 23 HGB (Angaben zu Bewertungseinheiten nach § 254 HGB)
> § 285 Nr. 24 HGB (Angaben zur Bewertung von Rückstellungen für Pensionsverpflichtungen)
> § 285 Nr. 25 HGB (Angaben zur Verrechnung von Vermögensgegenständen und Schulden gemäß § 246 Abs. 2 Satz 2 HGB)
> § 285 Nr. 27 HGB (Angaben zum Risiko der Inanspruchnahme aus Haftungsverhältnissen nach § 251 HGB)
> § 285 Nr. 28 HGB (Gesamtbetrag der Erträge i. S. d. § 268 Abs. 8 HGB)
> § 285 Nr. 29 HGB (Angaben zu latenten Steuern)

380   Kommt die Geschäftsführung ihren Verpflichtungen zur Aufstellung des Anhangs nicht nach, kann das Gericht auf Antrag von jedermann ein Zwangsgeld gegen deren Mitglieder festsetzen (§ 335 Satz 1 Nr. 1 HGB). Unvollständige Angaben im Anhang stellen eine Ordnungswidrigkeit dar und können gemäß § 334 Abs. 1 Nr. 1d HGB mit einer Geldbuße geahndet werden. Werden die Verhältnisse der Gesellschaft im Anhang unrichtig wiedergegeben oder verschleiert, kommt eine Strafbarkeit nach § 331 Nr. 1 HGB in Betracht.

7. Lagebericht

381   **a) Überblick.** Nach § 264 Abs. 1 Satz 2 HGB haben die Geschäftsführer der Gesellschaft neben dem Jahresabschluss einen Lagebericht aufzustellen, dessen Anforderungen in § 289 HGB geregelt sind. Lediglich kleine GmbH sind von dieser Pflicht ausgenommen. Hinsichtlich der Zuständigkeit und Verantwortlichkeit für die Aufstellung des Lageberichts gelten die gleichen Grundsätze wie für Buchführung und Jahresabschluss.[513] Entsprechendes gilt grundsätzlich bezüglich der allgemeinen formellen und materiellen Anforderungen in Hinblick auf Vollständigkeit, Richtigkeit und Übersichtlichkeit.

382   Der Lagebericht hat die Funktion, den Geschäftsverlauf und die Lage der Gesellschaft so darzustellen, dass ein den tatsächlichen Verhältnissen entsprechendes Bild vermittelt wird (vgl. auch § 264 Abs. 2 Satz 1 HGB). Er bezweckt eine rückblickende analytische Gesamtwürdigung der Unternehmensentwicklung in der abgelaufenen Periode und einen umfassenden Überblick über die Lage des Unternehmens am Ende des Geschäftsjahres. Der Lagebericht erlaubt dabei – über die vorgegebenen gesetzlich normierten Rechnungslegungsinstrumente hinaus – unter Nutzung selbstgewählter Darstellungsmittel, in bestimmten Grenzen eine „persönliche Rechenschaftslegung" durch die Geschäftsführung. Darüber hinaus enthält der Lagebericht wichtige ergänzende Informationen, insbesondere im Hinblick auf die Chancen und Risiken der zukünftigen Entwicklung und mögliche existenzielle Bedrohungen für den Bestand des Unternehmens. Verfolgt man die Entwicklung, welche die gesetzlichen Anforde-

---

[513] → Rn. 26 ff.

rungen an die Lageberichterstattung seit der Schaffung des § 289 HGB aufgrund von zusätzlichen nationalen und EU-rechtlichen Anforderungen genommen haben, so wird augenscheinlich, dass mit dem Lagebericht nunmehr ein umfassendes zusätzliches Informationsinstrument für externe Abschlussadressaten geschaffen ist.

b) Inhalt. In § 289 Abs. 1 HGB werden folgende Pflichtinhalte des Lageberichts festgelegt: 383
- Darstellung des Geschäftsverlaufs (einschließlich des Geschäftsergebnisses) und der Lage
- umfassende und ausgewogene Analyse von Geschäftsverlauf und Lage unter Bezugnahme auf die Zahlen des Jahresabschlusses und Einbeziehung der bedeutsamsten finanziellen (§ 289 Abs. 3 HGB: bei großen Kapitalgesellschaften auch der nichtfinanziellen) Leistungsindikatoren)
- Beurteilung der voraussichtlichen Entwicklung mit ihren wesentlichen Chancen und Risiken (Prognosebericht, Chancen- und Risikobericht)

Die Angaben zum **Geschäftsverlauf,** die mit der Darstellung der **Lage** – verstanden als 384 Vermögens-, Finanz- und Ertragslage – eng verknüpft sind, sollen einen Überblick über die Entwicklung des Unternehmens und die hierfür maßgeblichen Geschehnisse und Abläufe des Geschäftsjahres geben. Folgende Bereiche können nach bisheriger Übung Gegenstand der Berichtspflicht sein:[514]
- Entwicklung von Branche und Gesamtwirtschaft (Geschäftsumfeld)
- Umsatz- und Auftragsentwicklung
- Produktion
- Beschaffung
- Investitionen
- Personalbereich

Die Zusammensetzung des Vermögens und die Kapitalstruktur sind zu erläutern. Die 385 Darstellung der Finanzlage soll ein Gesamtbild der finanziellen und liquiditätsmäßigen Verhältnisse erkennen lassen. Bei der Darstellung der Ertragslage ist Wert auf ein um Sondereinflüsse bereinigtes Jahresergebnis zu legen, das den externen Unternehmensvergleich ermöglicht.

Die Darstellung von Geschäftsverlauf und Lage ist um eine **Analyse** zu erweitern, die über 386 lediglich deskriptive Angaben und dasjenige hinausgehen muss, was ein externer Bilanzleser bereits auf Basis der veröffentlichen Daten des Jahresabschlusses ableiten kann. Die Analyse sollte sich dabei gängiger Instrumente der Jahresabschlussanalyse bedienen. Sie hat zweckmäßigerweise anhand betragsmäßiger Angaben und Erläuterungen zu erfolgen, die durch Kennzahlen (z.B. Rohertragsquote, Cashflow, EBIT, EBITDA) unterstützt werden können. Es sollten dabei – des analytischen Ansatzes eingedenk – um bilanzpolitische Beeinflussungen und sonstige Verzerrungen bereinigte Beträge zugrundegelegt werden. Die Breite und Tiefe der Analyse bestimmt sich nach dem Umfang und der Komplexität der Geschäftstätigkeit des Unternehmens. In die Analyse sind die **bedeutsamen Leistungsindikatoren** einzubeziehen, die unter Rückgriff auf die Zahlen des Jahresabschlusses zu erläutern sind. Was unter Leistungsindikatoren zu verstehen ist, wird im Gesetz nicht näher geregelt. Gemeint sind Einflüsse, Merkmale und Umstände, die sich auf Schlüsselgrößen wie die Ergebnisentwicklung der Gesellschaft, ihre Kapitalausstattung und Liquidität betragsmäßig unmittelbar auswirken (finanzielle Leistungsindikatoren) und solche, deren Auswirkung auf den Geschäftsverlauf wesentlich, aber nicht quantifizierbar ist (in § 289 Abs. 3 HGB beispielhaft genannt: „Arbeitnehmer- und Umweltbelange").

Weiterer Pflichtbestandteil des Lageberichts ist eine Prognose der zukünftigen Entwicklung (**Prognosebericht**), welche nach h.M. einen Zeitraum von in der Regel zwei Jahren umfassen sollte. Hierzu ist die zukünftige Entwicklung im Lagebericht zu beurteilen und zu erläutern. Diese Darstellung schließt sich inhaltlich an die Darstellung und Analyse von Geschäftsverlauf und Lage der Gesellschaft an. Diese Berichterstattung soll den Gehalt der Lageberichterstattung um wesentliche zukunftsgerichtete Aussagen zur Geschäftsentwick-

---

[514] Vgl. auch A/D/S § 289 Rn. 66.

lung erhöhen. Dabei wird eine kurze verbale Darstellung in Form von Tendenzaussagen im Hinblick auf die wichtigsten Eckdaten des Unternehmens (z. B. Umsatz, Ertrag) als ausreichend angesehen. Eine detaillierte zahlenmäßige Prognose der erwarteten Unternehmensentwicklung ist nicht erforderlich. Basierend auf den Erkenntnissen des Abschlussstichtages und den Prognosemöglichkeiten der Geschäftsführung sollte eine konkrete Aussage über die weitere Entwicklung des Unternehmens getroffen werden. Bei den prognostischen Teilen des Lageberichts steht unternehmerischer Optimismus gelegentlich in einem Spannungsverhältnis zu den Berichtsgrundsätzen der Wahrheit, Richtigkeit und Nachvollziehbarkeit. Es besteht die Gefahr, dass erwartete positive Entwicklungen gegenüber möglichen negativen Tendenzen überbetont werden. Der Prognoseteil des Lageberichts darf indessen die zukünftige Entwicklung nicht zu günstig darstellen.

388 Die Gesellschaft hat gleichermaßen über die voraussichtliche Entwicklung und die wesentlichen Chancen und Risiken zu berichten. Dieser **Chancen- und Risikobericht** ist selbständig neben dem Prognosebericht zu erstatten, wobei Chancen und Risiken als Entwicklungsfaktoren in ihrer Bedeutung gleichwertig nebeneinander stehen und jeweils getrennt zu würdigen sind. Hierbei kommen sowohl externe als auch innerbetriebliche Faktoren in Betracht (z. B. Konjunktur-, Markt-, Branchen-, Zins-, Wechselkurseinflüsse sowie unternehmensbezogene Chancen- und Risikopotenziale im Beschaffungs-, Produktions- und Vertriebsbereich). Die Risiken der zukünftigen Entwicklung sind nicht nur darzustellen, sondern auch in ihrer qualitativen und quantitativen Bedeutung zu gewichten. Aus der Darstellung sollten daher die konkrete Natur der Chancen und Risiken und ihre mögliche Bedeutung für das Unternehmen erkennbar werden. Zu den wesentlichen Risiken zählen insbesondere solche, die den Fortbestand des Unternehmens gefährden können. In diesem Zusammenhang sollte die Geschäftsführung die Maßnahmen und Vorkehrungen angeben, die zur Abwehr oder Bewältigung von möglichen Risiken eingeleitet oder vorgenommen wurden. Die Bedeutung dieser Angaben kommt nicht zuletzt darin zum Ausdruck, dass die Chancen- und Risikodarstellung im Lagebericht Gegenstand der Jahresabschlussprüfung ist (§ 317 Abs. 2 Satz 2 HGB) und sowohl der Prüfungsbericht (§ 321 Abs. 1 Satz 2 HGB) als auch der Bestätigungsvermerk des Abschlussprüfers (§ 322 Abs. 3 HGB) explizit auf sie eingehen müssen. Wird im konkreten Einzelfall eine bestehende Gefährdung des Fortbestands der Gesellschaft im Lagebericht nicht angemessen dargestellt, so sind im Falle einer prüfungspflichtigen GmbH die bestehenden Risiken und ihre möglichen Auswirkungen im Bestätigungsvermerk des Abschlussprüfers anzugeben. Der Bestätigungsvermerk ist einzuschränken.

389 Darüber hinaus „soll" der Lagebericht nach § 289 Abs. 2 HGB auf folgende Sachverhalte eingehen:
- Vorgänge von besonderer Bedeutung, die nach dem Schluss des Geschäftsjahres eingetreten sind (Nr. 1)
- Risikoberichterstattung über Finanzinstrumente (Nr. 2a und b)
- Forschung und Entwicklung (Nr. 3)
- Zweigniederlassungen (Nr. 4)
- Grundzüge des Vergütungssystems für Organmitglieder von börsennotierten Gesellschaften (Nr. 5)

390 Diese Vorschrift wird überwiegend[515] als echte Sollvorschrift dahingehend verstanden, dass die genannten Angaben im Regelfall zu machen und nur dann entbehrlich sind, wenn dadurch keine für das Verständnis der Lage des Unternehmens wesentlichen Informationen vorenthalten werden.

391 **Vorgänge** sind gemäß § 289 Abs. 2 Nr. 1 HGB **von besonderer Bedeutung**, wenn sie geeignet sind, das vom Jahresabschluss und den übrigen Teilen des Lageberichts vermittelte Bild von der Lage der Gesellschaft erheblich zu beeinflussen. Die Angabepflicht betrifft sowohl positive als auch negative Geschäftsvorfälle, Ereignisse, Entwicklungen und Tendenzen. Der Berichtszeitraum erstreckt sich vom Beginn des folgenden Geschäftsjahres bis zur Feststellung des Jahresabschlusses.

---

[515] So BeckBilKomm/*Ellrott* § 289 Rn. 60 m. w. N.

Nach § 289 Abs. 2 Nr. 2a HGB hat jeder Lagebericht darüber hinaus eine **Risikobericht-** 392
erstattung über Finanzinstrumente zu enthalten. Der Begriff der „Finanzinstrumente" ist im Gesetz und in der diesem zugrundeliegenden EU-Richtlinie[516] nicht näher definiert. Im Allgemeinen wird dieser Begriff in Anlehnung an die IFRS bestimmt und ist recht umfassend zu verstehen.[517] Die Berichterstattung hat nur zu erfolgen, sofern die Verwendung von Finanzinstrumenten für die Lagebeurteilung oder die voraussichtliche Entwicklung der Gesellschaft von Belang ist. Zu berichten ist über Risikomanagementziele und -methoden (Nr. 2a). Hierzu ist auf die Grundeinstellung der Geschäftsführung zum Risikothema bei Finanzinstrumenten (Risikoneigung, Risikoaversion) einzugehen. Ferner ist über Risikomanagementmethoden, d.h. Maßnahmen der aktiven Beeinflussung der mit dem Einsatz von Finanzinstrumenten verbundenen Risiken (sog. Hedging)[518] zu berichten, also z.B. über die Vermeidung unangemessener Risikokonstellationen oder die Durchführung von Sicherungsgeschäften. Im letzteren Fall sind Angaben zur Art der gesicherten Grundgeschäfte und der eingesetzten Sicherungsinstrumente erforderlich.

Ferner ist gemäß § 289 Abs. 2 Nr. 2b HGB in Bezug auf die Verwendung von Finanz- 393
instrumenten über **Preisänderungs-, Ausfall- und Liquiditätsrisiken sowie Risiken aus Zahlungsstromschwankungen** (Cashflow –Risiken) zu berichten, denen die Gesellschaft ausgesetzt ist. Zum Preisänderungsrisiko zählen das Währungskursrisiko, das Zinsrisiko und die Risiken aufgrund von Marktpreisschwankungen. Das Ausfallrisiko umfasst das Risiko, dass der Gesellschaft dadurch ein Verlust entsteht, dass der Vertragspartner eines Finanzinstruments nicht in der Lage ist, seine Verpflichtungen fristgerecht zu erfüllen. Das Liquiditätsrisiko betrifft das Risiko, dass die Gesellschaft nicht über ausreichende flüssige Mittel verfügt, fällige Finanzinstrumente zu bedienen. Zahlungsstromrisiken beruhen darauf, dass zukünftige Zahlungsströme aus Finanzinstrumenten in ihrer Höhe schwanken und damit die Vermögens-, Finanz- und Ertragslage der Gesellschaft nachteilig beeinflussen können. Art und Ausmaß solcher Risiken sind im Lagebericht anzugeben.

Das Gebot zur Berichterstattung über **Forschung und Entwicklung** (§ 289 Abs. 2 Nr. 3 394
HGB) ist nur einschlägig, wenn die Gesellschaft in nennenswertem Umfang Aktivitäten in diesem Bereich entfaltet. Maßgeblich ist der konkrete Geschäftsgegenstand des Unternehmens. Dieser muss zu seiner nachhaltigen Realisierung systematische und geplante Maßnahmen der Gewinnung von Erfahrungen und deren Umsetzung in neue Produkte, Verfahren oder Dienstleistungen bedürfen.[519] Ist dies der Fall, hat der Lagebericht zumindest verbal auf den Forschungs- und Entwicklungsaufwand, wesentliche Investitionen und Aktivitäten dieses Bereiches sowie eventuell empfangene Fördermittel einzugehen. Es muss insgesamt ein nachvollziehbares Bild von der Bedeutung und dem Gegenstand der Entwicklungstätigkeit entstehen.

Die Angaben zu den **Zweigniederlassungen**, d.h. rechtlich unselbstständigen, räumlich 395
und organisatorisch getrennten Teilen der Gesellschaft, beschränken sich auf den Ort der Tätigkeit, abweichende Firmierungen und eventuelle wesentliche Veränderungen gegenüber dem Vorjahr.

Der Lagebericht einer börsennotierten AG erfordert nach § 289 Abs. 2 Nr. 5 HGB ferner 396
einen **Vergütungsbericht**, in dem die Grundzüge des Vergütungssystems für die Gesamtbezüge des in § 285 Satz 1 Nr. 9 HGB genannten Personenkreises (derzeitige und frühere Vorstands-, Aufsichtsrats- oder Beiratsmitglieder bzw. ihre Hinterbliebenen) darzustellen sind. Das Vergütungssystem ist bezogen auf das jeweilige Gremium insgesamt zu erläutern. Hierzu sind Angaben zur Vergütungspolitik, zum Konzept der Vertragsgestaltung und insbesondere zur Form, Struktur und Höhe der Vergütungen zu machen. Diese Erläuterungen können im Rahmen des Lageberichts mit den ohnehin erforderlichen Anhangangaben zu § 285 Abs. 1 Nr. 9a, Satz 5 bis 9 HGB zusammengefasst werden (§ 289 Abs. 2 Nr. 5 Satz 2 HGB).

---

[516] Bilanzrichtlinie in der Fassung der „Fair-Value-Richtlinie" 2001/65/EG v. 27.9.2001.
[517] Vgl. hierzu im Einzelnen → Rn. 181 ff.
[518] Vgl. hierzu auch → Rn. 139.
[519] A/D/S § 289 Rn. 114.

397 Unternehmen in der Rechtsform der **AG** oder **KGaA**, die **stimmberechtigte Aktien auf einem organisierten Markt emittiert** haben, sind nach § 289 Abs. 4 HGB außerdem verpflichtet, weitergehende Angaben in ihren Lagebericht aufzunehmen. Diese betreffen im Wesentlichen die Zusammensetzung des Aktienkapitals, Stimmrechtsbeschränkungen, Sonderrechte von Aktionären, die Art der Stimmrechtskontrolle bei Arbeitnehmerbeteiligungen, die Rechtslage hinsichtlich der Ernennung und Abberufung von Vorstandsmitgliedern oder hinsichtlich von Änderungen der Satzung sowie Angaben zu Vorstandsbefugnissen und wesentlichen Vereinbarungen der Gesellschaft mit Bedeutung in Übernahmefällen. Im Gesetz ist – sinnvollerweise – insoweit vorgesehen, dass diese Angaben wahlweise auch im Anhang gemacht werden können und in diesem Fall im Lagebericht lediglich auf die entsprechenden Anhangangaben zu verweisen ist (§ 289 Abs. 4 HGB).

398 Gemäß dem durch das BilMoG neu eingefügten § 289 Abs. 5 HGB[520] haben kapitalmarktorientierte Gesellschaften (Legaldefinition in § 264d HGB) ferner die wesentlichen **Merkmale des internen Kontroll- und des internen Risikomanagementsystems** im Hinblick auf den Rechnungslegungsprozess zu beschreiben. Diese Regelung schreibt die Schaffung eines entsprechenden Instrumentariums nicht vor, sondern verpflichtet nur dazu, die wesentlichen (EU-Richtlinie: „wichtigsten") Merkmale des jeweils tatsächlich vorhandenen internen Kontroll- und Risikomanagementsystems, d. h. dessen Strukturen und Prozesse, jedoch nur soweit, als sie den Rechnungslegungsprozess betreffen, zu beschreiben. Die Beschreibung muss so gestaltet sein, dass sich die Abschlussadressaten ein Bild von den wesentlichen Merkmalen dieses Systems machen können. Besteht kein solches System – in der Praxis wohl die Ausnahme – ist dies anzugeben. Ausführungen zur Effektivität des Systems sind nicht erforderlich.

399 Der Lagebericht unterliegt gemäß § 316 Abs. 1 Satz 1 HGB der **Abschlussprüfung**. Ist eine Prüfung des Lageberichtes unterblieben, kann der Jahresabschluss nicht festgestellt werden. Gegenstand der Prüfung ist der Einklang des Lageberichtes mit dem Jahresabschluss (§ 317 Abs. 2 Satz 1 HGB) sowie die zutreffende Darstellung der Risiken der künftigen Entwicklung (§ 317 Abs. 2 Satz 2 HGB). Der Lagebericht ist gemäß § 325 Abs. 1 HGB **offenzulegen**. Diese Pflicht ist zwangsgeldbewährt (§§ 335 Satz 1 Nr. 6, 335b HGB). Ferner ist auf die Straf- und Bußgeldvorschriften der §§ 331, 334 HGB zu verweisen.

8. Aufstellung

400 a) **Aufstellungsfristen.** Die Regelung der Aufstellungsfristen folgt rechtssystematisch einer klaren Trennung zwischen den Vorschriften zur Aufstellungspflicht für alle Kaufleute und denjenigen für Kapitalgesellschaften. Während § 243 Abs. 3 HGB für alle Kaufleute eine Aufstellung innerhalb der einem ordnungsmäßigen Geschäftsgang entsprechenden Zeit vorsieht, hat die Aufstellung der Jahresabschlüsse von Kapitalgesellschaften nach § 264 Abs. 1 S. 2 HGB in den **ersten 3 Monaten** des Geschäftsjahres für das vergangene Geschäftsjahr zu erfolgen. Die Vorschrift des § 243 Abs. 3 HGB betrifft nur die nicht vom PublG erfassten Einzelkaufleute und Personenhandelsgesellschaften. Gesellschaften in der Rechtsform der AG, KGaA, GmbH und haftungsbeschränkte Personenhandelsgesellschaften (§ 264a HGB) müssen die 3-Monats-Frist beachten.

401 b) **Größenabhängige Erleichterungen.** Für nach § 267 Abs. 1 HGB **kleine Kapitalgesellschaften** sieht § 264 Abs. 1 S. 3 HGB eine zeitliche Aufstellungserleichterung vor. Für solche Gesellschaften beträgt die Aufstellungsfrist bis zu **6 Monaten**, „wenn dies einem ordnungsgemäßen Geschäftsgang entspricht".

402 c) **Verantwortlichkeit der Geschäftsführer.** Verantwortlich für die Aufstellung des Jahresabschlusses und für die Einhaltung der Aufstellungsfristen sind nach §§ 242, 243 Abs. 3, 264 Abs. 1 HGB der Kaufmann bzw. die gesetzlichen Vertreter der Kapitalgesellschaft. Die gesetzlichen Vertreter der GmbH sind nach § 35 Abs. 1 GmbHG die Geschäftsführer.[521] Der

---

[520] Dieser dient der Umsetzung von Art. 46a Abs. 1 Buchstabe c der Bilanzrichtlinie in der Fassung der „Abänderungsrichtlinie".
[521] → Rn. 27.

Jahresabschluss ist gemäß § 245 HGB „vom Kaufmann" unter Datumsangabe zu unterzeichnen. Diese Verpflichtung trifft im Falle der GmbH sämtliche Geschäftsführer,[522] unabhängig davon, ob diese nach der Geschäftsverteilung für das Rechnungswesen zuständig sind.[523] Maßgeblich ist die Geschäftsführereigenschaft im Zeitpunkt der Unterschriftsleistung, so dass bei einem Wechsel in der Geschäftsführung nach Ablauf des Geschäftsjahres (auch) solche Geschäftsführer zur Unterschrift verpflichtet sind, die für das abgelaufene Geschäftsjahr oder die Aufstellung des Jahresabschlusses für diese Periode keine persönliche Verantwortung getragen haben. Die Fristen der §§ 243 Abs. 3, 264 Abs. 1 HGB sind zwingend und können nicht durch gesellschaftsvertragliche Vereinbarungen verlängert werden.[524] Fristüberschreitungen sind nicht mit speziellen Sanktionen bedroht. Im Falle der Verletzung des § 264 Abs. 1 HGB können die Geschäftsführer jedoch nach § 335 HGB vom Registergericht auf Antrag von jedermann durch die Festsetzung von Zwangsgeldern zur unverzüglichen Aufstellung angehalten werden. Außerdem kommen die allgemeinen zivilrechtlichen Rechtsfolgen einer jeden schuldhaften Pflichtverletzung seitens der Geschäftsführer in Betracht.[525] In der Literatur wird zum Teil die Auffassung vertreten, dass das Versäumen der Aufstellungsfrist als ein Verstoß gegen die Grundsätze ordnungsmäßiger Buchführung anzusehen ist und damit als Ordnungswidrigkeit gemäß § 334 Abs. 1 Nr. 1a iVm § 243 Abs. 1 HGB geahndet werden kann.[526]

9. Prüfung

a) Voraussetzungen der Prüfungspflicht. Nach § 316 Abs. 1 HGB unterliegen der jährlichen Pflichtprüfung nur **Kapitalgesellschaften, die nicht kleine** im Sinne des § 267 Abs. 1 HGB sind.[527] Für alle anderen Gesellschaften können freiwillige Abschlussprüfungen durchgeführt werden. Zu den freiwilligen Abschlussprüfungen gehören auch solche, welche auf Grund entsprechender gesellschaftsvertraglicher Bestimmungen stattfinden.

> **Praxistipp:**
> Durch die Ausübung von Bilanzierungs-, Bewertungs- und Ausweiswahlrechten kann über die Bilanzsumme ggf. Einfluss auf die Einordnung des Unternehmens nach Größenklassen und damit auf das Bestehen einer Prüfungspflicht (§§ 316 Abs. 1, 267 Abs. 1 HGB) genommen werden.

b) Unabhängigkeit. Die Tätigkeit von Wirtschaftsprüfern und Wirtschaftsprüfungsgesellschaften unterliegt gesetzlichen und berufsrechtlichen Grenzen, die in der letzten Zeit im Lichte aktueller Unternehmenskrisen auf internationaler und nationaler Ebene fortentwickelt und konkretisiert worden sind. Im Mittelpunkt der öffentlichen Diskussion über Gegenstand und Umfang von Zusatzleistungen durch Abschlussprüfer gegenüber den geprüften Unternehmen stand die Frage ihrer Vereinbarkeit mit dem Gebot der Unabhängigkeit. Im Anschluss an eine einschlägige Gesetzgebung in den USA,[528] entsprechende Entwicklungen in der EU[529] sowie unter Berücksichtigung der Rechtsprechung des BGH[530] hat der deutsche Gesetzgeber die Vorschriften zur Unabhängigkeit des Abschlussprüfers 2005 novelliert.[531] Erwähnenswert ist in diesem Zusammenhang die erstmalige ausdrückliche

---

[522] Vgl. BeckBilKomm/*Winkeljohann/Schellhorn* § 245 Rn. 2.
[523] → Rn. 29 f.
[524] BeckBilKomm/*Winkeljohann/Schellhorn* § 264 Rn. 17.
[525] BeckBilKomm/*Winkeljohann/Schellhorn* § 264 Rn. 20.
[526] A/D/S § 243 Anm. 45.
[527] Hinsichtlich der Größenmerkmale und der zeitlichen Voraussetzungen für die Klassifizierung von Kapitalgesellschaften vgl. im Einzelnen → Rn. 105 ff.
[528] Sarbanes-Oxley-Act (SOX), der u. a. zur Schaffung des Public Company Accounting Oversight Board (PCAOB) geführt hat.
[529] Unabhängigkeit des Abschlussprüfers in der EU – ABl. EU Nr. L 191/22 v. 19.7.2002 – 2002/590/EG S. 22–57.
[530] BGH v. 21.4.1997, II ZR 317/95 – BGHZ 135, 260 sowie 25.11.2002, II ZR 49/01 – ZIP 2003, 290.
[531] Gesetz zur Einführung internationaler Rechnungslegungsstandards und zur Sicherung der Qualität der Abschlussprüfung (Bilanzrechtsreformgesetz, BilReG).

Verankerung der Besorgnis der Befangenheit im HGB – insbesondere aufgrund von Beziehungen geschäftlicher, finanzieller oder persönlicher Art – als Ausschlussgrund für die Tätigkeit als Abschlussprüfer (§ 319 Abs. 2 HGB).

406 Zentrales Konzept zur Klärung der Unabhängigkeitsfrage im Fall von Zusatztätigkeiten des Abschlussprüfers für das zu prüfende Unternehmen ist das **Selbstprüfungsverbot**: die Unabhängigkeit des Abschlussprüfers soll nicht dadurch beeinträchtigt werden, dass er im Rahmen der Abschlussprüfung das Ergebnis seiner Beratungs- bzw. Bewertungstätigkeit erneut zu überprüfen hat und dadurch in seinem Urteil nicht unbefangen ist. Der (nicht abschließende) Katalog der allgemeinen Ausschlussgründe nach § 319 Abs. 3 HGB umfasst die Mitwirkung bei der Führung der Bücher oder der Aufstellung des zu prüfenden Abschlusses, die Durchführung der internen Revision in verantwortlicher Position sowie die Erbringung von Unternehmensleitungs- oder Finanzdienstleistungen oder von versicherungsmathematischen und anderen Bewertungsleistungen. Diese Tätigkeiten sind lediglich dann ausnahmsweise mit einer Prüfungstätigkeit vereinbar, wenn sie untergeordnete Bedeutung haben. Von der **Prüfung kapitalmarktorientierter Unternehmen** ist ein Wirtschaftsprüfer nach § 319a Abs. 1 Satz 1 Nr. 2 HGB ferner dann ausgeschlossen, wenn er in dem zu prüfenden Geschäftsjahr über die Prüfungstätigkeit hinaus Rechts- und Steuerberatungsleistungen erbracht hat, die über das Aufzeigen von Gestaltungsalternativen hinausgehen und sich auf den zu prüfenden Abschluss unmittelbar und nicht nur unwesentlich auswirken. Gleiches gilt in diesen Fällen, wenn der Wirtschaftsprüfer an der Entwicklung, Einrichtung und Einführung von Rechnungslegungsinformationssystemen mitgewirkt hat, sofern diese Tätigkeit nicht von untergeordneter Bedeutung war.

407 c) **Bestellung.** Die Bestellung des gesetzlichen Abschlussprüfers umfasst dessen **Wahl** und **Beauftragung**. Die Zuständigkeit und Form der Bestellung und Abberufung des Abschlussprüfers sowie das Kündigungsrecht desselben regelt § 318 HGB.

408 aa) *Wahlverfahren.* Zum Abschlussprüfer des Jahresabschlusses von Kapitalgesellschaften können nach § 319 Abs. 1 S. 1 HGB Wirtschaftsprüfer und Wirtschaftsprüfungsgesellschaften gewählt werden. Für die Prüfung mittelgroßer GmbH (und mittelgroßer Personenhandelsgesellschaften im Sinne des § 264a Abs. 1 HGB) wird dieser Personenkreis nach § 319 Abs. 1 S. 2 HGB erweitert um vereidigte Buchprüfer und Buchprüfungsgesellschaften. Bei der Auswahl des gesetzlichen Abschlussprüfers ist auf die absoluten Ausschlussgründe des § 319 Abs. 2 HGB zu achten, die Gefährdungen der beruflichen Unabhängigkeit verhindern sollen, welche sich namentlich aus gesellschaftsrechtlichen Verpflichtungen oder finanziellen Abhängigkeiten in Bezug auf die zu prüfende Gesellschaft oder aus einer Mitwirkung bei der Erstellung der zu prüfenden Unterlagen ergeben können. Für die Wahl des Abschlussprüfers sind rechtsformabhängig unterschiedliche Gremien zuständig. Im Falle der GmbH ist bei Fehlen anderweitiger Bestimmungen im Gesellschaftsvertrag nach § 318 Abs. 1 S. 1 HGB die **Gesellschafterversammlung** zuständig. Der Wahlbeschluss der Gesellschafterversammlung bedarf nach § 47 Abs. 1 GmbHG grundsätzlich einfacher Stimmenmehrheit. Der Gesellschaftsvertrag kann diese Kompetenz nach § 318 Abs. 1 S. 2 HGB auf andere Gremien, z. B. einen fakultativen Aufsichtsrat, Beirat oder Gesellschafterausschuss, übertragen.

> **Praxistipp:**
>
> 409 In der Ausgestaltung des Wahlvorgangs sind die Gesellschafter weitgehend frei. Als zulässig werden Beschlüsse der Gesellschafter in Versammlungen, schriftliche Beschlussfassungen oder ggf. auch telefonische Rundrufe nebst nachträglicher schriftlicher Bestätigung angesehen.[532]

410 Die Wahl des Abschlussprüfers einer prüfungspflichtigen Gesellschaft kann nur für den Jahresabschluss **eines** bestimmten Geschäftsjahres erfolgen und ist für jedes folgende Geschäftsjahr neu und gesondert vorzunehmen. Davon unberührt bleibt die Möglichkeit, denselben Prüfer mehrfach wiederzuwählen.[533] Nach § 318 Abs. 1 S. 3 HGB „soll" der Ab-

---

[532] BeckBilKomm/*Förschle/Heinz* § 318 Rn. 7.
[533] A/D/S § 318 Rn. 54 ff.

schlussprüfer jeweils vor Ablauf des Geschäftsjahres gewählt werden, auf das sich seine Prüfungstätigkeit erstreckt. Hierdurch erhält der Prüfer die Gelegenheit Prüfungshandlungen, wie z. B. Inventurbeobachtungen, bereits vor dem Abschlussstichtag vorzunehmen. Die Wahl eines Prüfers ist jedoch auch noch nach Ablauf des Geschäftsjahres zulässig.[534] Ungeachtet des Gesetzeswortlauts („der Abschlussprüfer") ist die Wahl mehrerer Prüfer möglich (z. B. zum Zwecke eines „Joint Audit").[535]

bb) Prüfungsvertrag. Die Beauftragung des Abschlussprüfers erfolgt durch Abschluss eines Vertrages über die Prüfung. Dieser Vertrag wird als **Prüfungsauftrag** bezeichnet. Der Prüfungsauftrag kommt durch schuldrechtliche Vereinbarung (Angebot und Annahme) zwischen Gesellschaft und Abschlussprüfer zustande, wobei die Gesellschaft durch das nach Gesetz oder Gesellschaftsvertrag vertretungsberechtigte Organ handelt. Dies sind bei der GmbH die Geschäftsführer (§ 35 Abs. 1 GmbHG), wenn nicht nach Gesetz oder Gesellschaftsvertrag ein Aufsichtsrat oder Beirat zuständig ist.[536]

(1) Inhalt. Das Unternehmen und der Abschlussprüfer haben sich über die Inhalte des Prüfungsauftrages zu einigen, soweit nicht das Gesetz zwingende Regelungen enthält. Wesentliche Abreden sind schriftlich zu treffen, um Zweifel zu vermeiden, mit welchem Inhalt der Prüfungsauftrag zustande kommt. Bei gesetzlichen Abschlussprüfungen ergeben sich die Pflichten des Abschlussprüfers aus §§ 317 ff. HGB und der Berufsauffassung, die in IDW Prüfungsstandards festgelegt ist. Die IDW Prüfungsstandards empfehlen auch im Falle gesetzlicher Abschlussprüfungen, den wesentlichen Auftragsinhalt zur Verdeutlichung ausdrücklich in die Auftragsformulierung aufzunehmen. Bei freiwilligen Abschlussprüfungen muss der Umfang der Prüfung entsprechend den §§ 317 ff. HGB vereinbart werden. Hierfür empfiehlt sich soweit gewünscht eine Bezugnahme auf die gesetzliche Regelung. Die nachfolgend aufgeführten Punkte sind nach der Berufsauffassung regelmäßig notwendiger Bestandteil eines Prüfungsvertrages; sie werden in der Praxis üblicherweise im Rahmen einer schriftlichen „Auftragsbestätigung" des Abschlussprüfers dokumentiert, die von dem zuständigen Vertretungsorgan (Geschäftsführer, Aufsichtsrat) gegenzuzeichnen ist:

**Checkliste:
Mindestinhalte des Prüfungsvertrages
(Auftragsbestätigungsschreibens)**

☐ Die Zielsetzung der Abschlussprüfung.
☐ Die Verantwortlichkeit der gesetzlichen Vertreter für die Rechnungslegung.
☐ Art und Umfang der Abschlussprüfung mit einem Hinweis auf die vom Abschlussprüfer diesbezüglich zu beachtenden Gesetze, Verordnungen und Verlautbarungen des Berufsstandes.
☐ Art und Umfang der Berichterstattung und Bestätigung.
☐ Die Tatsache, dass wegen der Prüfung in Stichproben und wegen anderer immanenter Grenzen der Abschlussprüfung ein unvermeidbares Risiko besteht, dass selbst wesentliche falsche Angaben unentdeckt bleiben.
☐ Das Erfordernis eines unbeschränkten Zugangs zu den für die Prüfung erforderlichen Aufzeichnungen, Schriftstücken und sonstigen Informationen sowie Hinweis auf die Auskunftspflichten der gesetzlichen Vertreter gemäß § 320 HGB.
☐ Das Erfordernis der Vorlage zusätzlicher Informationen, die von der Gesellschaft zusammen mit dem Jahresabschluss veröffentlicht werden.
☐ Die Grundlagen der Honorarabrechnung sowie des Ersatzes von Auslagen.
☐ Vereinbarungen über Haftungsbeschränkungen (bei freiwilligen Jahresabschlussprüfungen).
☐ Die Verpflichtung der zu prüfenden Gesellschaft, eine Vollständigkeitserklärung abzugeben.

---

[534] Dies ist h. M., Nachweise bei A/D/S § 318 Rn. 136.
[535] Vgl. A/D/S § 318 Rn. 65 ff.
[536] IdW Prüfungsstandard: Beauftragung des Abschlussprüfers (IdW PS 220) Tz. 5, WPg 2001, 895 ff.

414 *(2) Kündigung.* Gemäß § 318 Abs. 6 und 7 HGB kann ein von dem Abschlussprüfer angenommener Prüfungsauftrag nur aus wichtigem Grund von Seiten des Prüfers gekündigt werden. Ein wichtiger Grund dürfte dann gegeben sein, wenn Tatsachen vorliegen, auf Grund derer dem Prüfer unter Berücksichtigung aller Umstände des Einzelfalls und unter Abwägung der Interessen beider Vertragsteile die Erfüllung des Prüfungsauftrags nicht mehr zugemutet werden kann. Dies ist dann anzunehmen, wenn die Gesellschafter erhebliche Zweifel an der Vertrauenswürdigkeit des Prüfers hegen. Auch eine grobe Ehrverletzung des Prüfers durch den Auftraggeber dürfte als wichtiger Kündigungsgrund anzusehen sein. Hingegen rechtfertigen Meinungsverschiedenheiten zwischen dem Abschlussprüfer und den gesetzlichen Vertretern der zu prüfenden Gesellschaft über den Inhalt des Bestätigungsvermerks, seine Einschränkung oder Versagung gemäß § 318 Abs. 6 S. 1 keine Kündigung. Der Prüfer soll sich Konflikten mit den Verwaltungsorganen der Gesellschaft nicht durch Kündigung entziehen dürfen. § 324 HGB sieht für bestimmte Meinungsverschiedenheiten zwischen der Gesellschaft und dem Abschlussprüfer eine Einschaltung des Landgerichts als „Schiedsinstanz" vor. Die Kündigung durch den Abschlussprüfer ist schriftlich zu begründen. Weiterhin hat der Abschlussprüfer über das Ergebnis seiner bisherigen Prüfung zu berichten (§ 321 HGB gilt entsprechend).

415 *(3) Gerichtliche Ersetzung.* Die Vorschrift des § 318 Abs. 3 HGB ermächtigt das Gericht, auf Antrag einen ordnungsgemäß von den Gesellschaftern gewählten Abschlussprüfer, der bereits beauftragt wurde, zu ersetzen. Voraussetzung ist, dass dies aus einem in der Person des gewählten Prüfers liegenden Grund geboten erscheint, insbesondere wenn Besorgnis der Befangenheit besteht. Ziel der Vorschrift ist es, die Durchführung der Prüfung durch einen geeigneten Prüfer sicherzustellen und somit die Voraussetzung für eine unabhängige und ordnungsgemäße Prüfung zu schaffen. Die Zuständigkeit für die gerichtliche Ersetzung des Abschlussprüfers liegt bei dem Amtsgericht am Sitz der Gesellschaft (§ 145 Abs. 1 FGG). Antragsberechtigt sind die gesetzlichen Vertreter und der Aufsichtsrat sowie die Gesellschafter von prüfungspflichtigen GmbH unabhängig von der Höhe ihrer Beteiligung. Die Stellung des Antrags auf Ersetzung des Abschlussprüfers ist nur innerhalb einer Ausschlussfrist von zwei Wochen seit dem Tag der Wahl des Abschlussprüfers möglich (§ 318 Abs. 3 Satz 2 HGB, § 17 FGG, §§ 187 Abs. 1, 198 Abs. 2 BGB). Gründe für die Antragstellung müssen in der Person des gewählten Prüfers liegen. Denkbar wären hier besondere persönliche, verwandtschaftliche oder geschäftliche Beziehungen des Prüfers zu einzelnen Mitgliedern der Unternehmensverwaltung, Anteilsbesitz des Prüfers, die Beteiligung an Konkurrenzunternehmen etc. Neben der Besorgnis der Befangenheit ist als Antragsgrund auch denkbar, dass gegen den Prüfer ein berufsrechtliches Verfahren läuft.

416 *(4) Gerichtliche Bestellung.* Außer der gerichtlichen Ersetzung des Abschlussprüfers sieht das Gesetz in § 318 Abs. 4 HGB die Bestellung eines Abschlussprüfers durch das Gericht dann vor, wenn bis zum Ablauf des Geschäftsjahres kein Abschlussprüfer gewählt wurde. Die gerichtliche Bestellung ist ebenso vorgesehen, wenn der gewählte Abschlussprüfer die Annahme des Prüfungsauftrags abgelehnt hat, weggefallen ist oder am rechtzeitigen Abschluss der Prüfung verhindert ist. Eine gerichtliche Bestellung des Abschlussprüfers kann auch in diesen Fällen nur auf Antrag der gesetzlichen Vertreter, des Aufsichtsrats oder der Gesellschafter vorgenommen werden.

> **Praxistipp:**
>
> Solange in den genannten Fällen noch keine gerichtliche Bestellung des Abschlussprüfers gemäß § 318 Abs. 4 HGB vorgenommen wurde, besteht die Möglichkeit zur rechtswirksamen Wahl eines Abschlussprüfers bei allen prüfungspflichtigen Kapitalgesellschaften auch nach Ablauf des Geschäftsjahres, auf das sich die Prüfung bezieht.

417 Nach § 318 Abs. 8 HGB ist die Wirtschaftsprüferkammer „unverzüglich und schriftlich begründet" durch den Abschlussprüfer und die gesetzlichen Vertreter der geprüften Gesellschaft von der Kündigung oder dem Widerruf des Prüfungsauftrags zu unterrichten.

d) Gegenstand, Art und Umfang der Prüfung. Die Jahresabschlussprüfung schließt neben dem aus Bilanz, Gewinn- und Verlustrechnung und Anhang bestehenden **Jahresabschluss** die zugrunde liegende **Buchführung** und den **Lagebericht** ein und erstreckt sich darauf, ob die für die Rechnungslegung geltenden gesetzlichen Vorschriften einschließlich der Grundsätze ordnungsmäßiger Buchführung und sie ergänzender Bestimmungen des Gesellschaftsvertrages beachtet sind. Bei Kapitalgesellschaften und diesen gleichgestellten Gesellschaften muss der Jahresabschluss außerdem unter Beachtung der Grundsätze ordnungsmäßiger Buchführung ein den tatsächlichen Verhältnissen entsprechendes Bild der Vermögens-, Finanz- und Ertragslage der Kapitalgesellschaft vermitteln (§ 264 Abs. 2 S. 1 HGB). Der Lagebericht muss mit dem Jahresabschluss sowie mit den bei der Prüfung gewonnenen Erkenntnissen des Abschlussprüfers in Einklang stehen und insgesamt eine zutreffende Vorstellung von der Lage des Unternehmens vermitteln; die Risiken der künftigen Entwicklung müssen zutreffend dargestellt und die gesetzlich geforderten weiteren Angaben enthalten sein (§ 289 HGB).

Art und Umfang der im Einzelfall erforderlichen Prüfungshandlungen hat der Abschlussprüfer im Rahmen seiner Eigenverantwortlichkeit (§ 43 Abs. 1 WPO) nach **pflichtgemäßem Ermessen** zu bestimmen. Dabei ergibt sich der Prüfungsumfang aus den organisatorischen und wirtschaftlichen Gegebenheiten des zu prüfenden Unternehmens, der Bedeutung des einzelnen Prüfungsgegenstandes, der Wahrscheinlichkeit von Fehlern und von Verstößen gegen die Rechnungslegungsvorschriften sowie dem Erfordernis der Gewinnung von Prüfungsfeststellungen in zeitgerechter und wirtschaftlicher Weise. Die Zielsetzung der Abschlussprüfung erfordert keine lückenlose Prüfung, vielmehr werden die im Einzelfall erforderlichen Prüfungshandlungen in Form von **Stichproben** durchgeführt.

aa) Prüfungsziele. Die Anforderungen an eine gewissenhafte Prüfung sind an den gesetzlichen Zielen der Abschlussprüfung auszurichten. Zur Beurteilung des Jahresabschlusses hat der Abschlussprüfer die Richtigkeit von Einzelaussagen des Jahresabschlusses zu überprüfen. Diese beziehen sich auf:

- Die Vollständigkeit der ausgewiesenen Vermögensgegenstände und Schulden, der Geschäftsvorfälle sowie der geforderten Angaben
- Das Vorhandensein bestimmter Vermögensgegenstände oder Schulden
- Die betragsmäßig richtige Erfassung von Geschäftsvorfällen und Ereignissen sowie die zutreffende zeitliche Abgrenzung von Ein- und Auszahlungen
- Die Zuordnung des wirtschaftlichen Eigentums an bestimmten Vermögensgegenständen oder der bestehenden Verpflichtungen zu einem bestimmten Zeitpunkt
- Die Bewertung ausgewiesener Vermögensgegenstände und Schulden
- Die Darstellung und Berichterstattung entsprechend den anzuwendenden Rechnungslegungsgrundsätzen.

bb) Risikoorientierung. Die Abschlussprüfung ist mit einer kritischen Grundhaltung zu planen und durchzuführen. Jede Abschlussprüfung birgt gleichwohl die Gefahr in sich, dass der Abschlussprüfer einen Bestätigungsvermerk erteilt, obwohl der Jahresabschluss wesentliche Fehler und Mängel enthält, die durch die Prüfung nicht aufgedeckt wurden. Diese Gefahr wird als **Prüfungsrisiko** bezeichnet. Die vorzunehmenden Prüfungshandlungen sind daher nach der Einschätzung des Risikos von wesentlichen Fehlern oder Verstößen gegen die Rechnungslegung, Vorschriften und Gepflogenheiten in den einzelnen Prüfungsgebieten zu bestimmen.

Innerhalb der **Prüfungsplanung** ist das Prüfungsrisiko in die zwei Teilrisiken, nämlich das Fehlerrisiko und das Entdeckungsrisiko, aufzuspalten. Das Fehlerrisiko beinhaltet das inhärente Risiko und das Kontrollrisiko. Während das inhärente Risiko und das Kontrollrisiko von internen Faktoren des zu prüfenden Unternehmens geprägt sind und daher unabhängig von der externen Prüfung bestehen, hängt das Entdeckungsrisiko unmittelbar mit Art und Umfang der Prüfungshandlungen des Abschlussprüfers zusammen und ist folglich von ihm beeinflussbar. In Abhängigkeit von der Einschätzung des inhärenten Risikos und des Kontrollrisikos plant der Abschlussprüfer daher die im Einzelnen vorzunehmenden Prüfungshandlungen, um das Entdeckungsrisiko und damit letztlich auch das Prüfungsrisiko auf ein vertretbares Maß zu reduzieren.

423 **e) Prüfungsbericht und Bestätigungsvermerk.** Der Abschlussprüfer trifft die **Prüfungsaussagen** im Prüfungsbericht und Bestätigungsvermerk. Als Prüfungsaussagen werden zum einen die **Feststellungen,** die der Prüfer hinsichtlich des Gegenstands der Prüfung getroffen hat, zum anderen das **Urteil,** das er sich durch den Vergleich dieser Feststellungen mit bestehenden Normen gebildet hat, bezeichnet. Die Prüfungsaussagen des Abschlussprüfers erhöhen die Verlässlichkeit der Rechnungslegung und ermöglichen den Adressaten von Prüfungsbericht und Bestätigungsvermerk, die Glaubhaftigkeit der Buchführung, des Jahresabschlusses und ggf. des Lageberichts besser einzuschätzen. Die Adressaten können jedoch nicht davon ausgehen, dass die Prüfungsaussagen des Abschlussprüfers zugleich im Sinne einer „Bestandsgarantie" eine Gewähr für die zukünftige Lebensfähigkeit des Unternehmens oder die Effektivität und die Wirtschaftlichkeit der Geschäftsführung darstellen, da diese nicht Gegenstand der gesetzlichen Abschlussprüfung sind.

424 *aa) Funktion der Berichterstattung.* Der Prüfungsbericht erfüllt eine **Informationsfunktion** mit dem Ziel, die Adressaten (Gesellschafterversammlung, Aufsichtsrat) über die Prüfungsgegenstände und den Gang der Prüfung zu unterrichten und über das Ergebnis der Prüfung zu berichten. Der Prüfungsbericht muss so abgefasst sein, dass er für die Gesellschafterversammlung oder ein anderes nach Gesetz oder Gesellschafterversammlung berufenes Überwachungsorgan eine zuverlässige und informative **Grundlage für die Überwachung** der Geschäftsführung darstellt. Er dient den Gesellschaftern als wesentliche Entscheidungsgrundlage bei der Feststellung des Jahresabschlusses. Dem Prüfungsbericht kommt damit eine **Unterstützungsfunktion** hinsichtlich der Unternehmensüberwachung zu. Eine weitere wesentliche Aufgabe des Prüfungsberichts besteht in seiner **Nachweisfunktion.** Für die gesetzlichen Vertreter des geprüften Unternehmens stellt der Prüfungsbericht einen urkundlichen Nachweis darüber dar, dass sie ihre Pflicht, für eine ordnungsmäßige Buchführung zu sorgen (§ 41 GmbHG) und entsprechend den gesetzlichen Vorschriften Rechnung zu legen, erfüllt haben. Darüber hinaus enthält der Prüfungsbericht für den Abschlussprüfer den Nachweis, dass er seine Pflichten nach §§ 317 ff. HGB erfüllt hat.

425 *bb) Inhalt und Bedeutung des Bestätigungsvermerks.* Der Bestätigungsvermerk beschreibt die Aufgabe des Abschlussprüfers und grenzt diese gegenüber der Verantwortlichkeit der gesetzlichen Vertreter der Gesellschaft für die Rechnungslegung ab, stellt Gegenstand, Art und Umfang der Prüfung dar und fasst das Prüfungsergebnis in einer Beurteilung zusammen.[537] Die Darstellung des Prüfungsergebnisses im Bestätigungsvermerk erfolgt in Form eines Gesamturteils. Das Gesamturteil ergibt sich dabei nicht lediglich als Summe der Einzelurteile über die Teilgebiete des Prüfungsgegenstandes, sondern erfordert eine Gewichtung der Einzelergebnisse und die Ableitung eines abschließenden Gesamturteils zur Übereinstimmung der Rechnungslegung mit den für das Unternehmen geltenden Vorschriften. Der Bestätigungsvermerk ist ein Positivbefund; bei Verstößen gegen Rechnungslegungspflichten in begrenztem Rahmen ist eine Einschränkung des Bestätigungsvermerks möglich, sofern der Prüfer sich insgesamt ein positives Urteil gebildet hat, auf Teilgebieten jedoch Einwendungen erhebt. Ist kein positives Gesamturteil über die Rechnungslegung mehr möglich, ist ein Versagungsvermerk zu erteilen. Die zentrale rechtliche Bedeutung des Bestätigungsvermerks folgt aus der Feststellungssperre, wonach der Jahresabschluss bei prüfungspflichtigen Kapitalgesellschaften erst festgestellt werden kann, wenn die Jahresabschlussprüfung stattgefunden hat und der Prüfungsbericht, in dem der Bestätigungsvermerk oder Versagungsvermerk wiedergegeben ist, vorliegt. Bei prüfungspflichtigen Kapitalgesellschaften ist ein dennoch festgestellter Jahresabschluss nichtig (analog § 256 Abs. 1 Nr. 2 AktG). Damit ist auch der entsprechende Gewinnverwendungsbeschluss nichtig. Auch wenn der Bestätigungsvermerk kein Urteil über die Geschäftsführung enthält, kann eine Einschränkung oder Versagung des

---

[537] IdW Prüfungsstandard: Grundsätze für die ordnungsgemäße Erteilung von Bestätigungsvermerken bei Abschlussprüfungen (IdW PS 400) Tz. 2; gesetzliche Regelung in § 322 HGB.

Bestätigungsvermerks zu einer Versagung der Entlastung der gesetzlichen Vertreter (vgl. § 46 Nr. 5 GmbHG) führen.

10. Offenlegung

Nach § 325 Abs. 1 Satz 1 HGB haben die gesetzlichen Vertreter einer Kapitalgesellschaft den Jahresabschluss unverzüglich nach seiner Vorlage an die Gesellschafter, spätestens aber vor Ablauf von 12 Monaten nach dem Abschlussstichtag zusammen mit weiteren, im Gesetz genannten Unterlagen (Lagebericht, Bericht des Aufsichtsrats, ggfs. Erklärung nach § 161 AktG und Ergebnisverwendungsvorschlag) beim Betreiber des elektronischen Bundesanzeiger (eBAnz) einzureichen (§ 325 Abs. 1 Satz 2 HGB) und unverzüglich nach der Einreichung im eBAnz bekannt machen zu lassen (§ 325 Abs. 2 HGB).[538] 426

Einen Überblick über die Gegenstände der Offenlegung in Abhängigkeit von der Größe der Gesellschaft vermittelt nachfolgende Aufstellung: 427

Größenklasse	Offenzulegende Unterlagen
groß	Nach § 325 Abs. 1 HGB Jahresabschluss Lagebericht eventuell: Bericht des Aufsichtsrats, Corporate Governance Erklärung (§ 161 AktG) Bestätigungsvermerk Vorschlag/Beschluss über die Ergebnisverwendung
mittelgroß	Wie große GmbH – **aber:** Bilanz in verkürzter Form (§ 266 Abs. 1 Satz 3 HGB), wenngleich mit Zusatzangaben (§ 327 Nr. 1 HGB) Verkürzter Anhang (§ 327 Nr. 2 HGB)
klein	Nach § 326 HGB **nur** (verkürzte) Bilanz gem. § 266 Abs. 1 Satz 3 HGB und Anhang (ohne Angaben der Gewinn- und Verlustrechnung)[539]

Ist das Unternehmen gemäß §§ 290 ff. HGB zur Konzernrechnungslegung verpflichtet, erstreckt sich die Offenlegungspflicht nach § 325 Abs. 3 HGB auf den Konzernabschluss mit Bestätigungs- oder Versagungsvermerk des Abschlussprüfers sowie auf den Konzernlagebericht. Offenlegungserleichterungen in Bezug auf den Konzernabschluss bestehen nicht. 428

Verfügt die GmbH über einen obligatorischen **Aufsichtsrat** (§ 77 Abs. 1 BetrVG 1952, § 25 Abs. 1 Nr. 2 MitbestG, §§ 2, 3 Abs. 1 Satz 2 MitbestErgG, § 3 KAGG), so ist der von diesem erstattete Bericht nach § 42a Abs. 1 Satz 3 GmbHG den Gesellschaftern vorzulegen und nach § 325 Abs. 1 Satz 3 HGB offenzulegen. Ist nach dem Gesellschaftsvertrag ein Aufsichtsrat zu bestellen, so gilt auf Grund der Verweisungsvorschrift in § 52 Abs. 1 GmbHG die Vorschrift des § 171 AktG hinsichtlich der Prüfungs- und Berichtspflicht des Aufsichtsrats entsprechend, soweit im Gesellschaftsvertrag nicht anderes bestimmt ist. Die Offenlegungspflicht erstreckt sich ebenfalls auf den Bericht des Aufsichtsrats. 429

Im Regelfall besteht bei einer GmbH keine Verpflichtung zur Vorlage eines Vorschlags für die Verwendung des Ergebnisses und damit auch keine diesbezügliche Offenlegungspflicht.[540] Verfügt die Gesellschaft jedoch über einen Aufsichtsrat und kommt § 170 Abs. 2 AktG (Vorlagepflicht des Ergebnisverwendungsvorschlags an den Aufsichtsrat) zur Anwendung, ist ein Ergebnisverwendungsvorschlag vor- und offenzulegen. Letzteres geschieht zweckmäßigerweise im Anhang im Rahmen der „sonstigen Angaben" in äußerlich klar erkennbarer Form.[541] Ge- 430

---

[538] Für kapitalmarktorientierte Kapitalgesellschaften verkürzt sich die Offenlegungspflicht auf vier Monate (vgl. § 325 Abs. 4 Satz 1 HGB), sofern nicht die Befreiungsvorschrift des § 327a HGB anwendbar ist.
[539] Kleinst-Kapitalgesellschaften gemäß § 267a HGB können ihre Offenlegungspflicht auch durch Hinterlegung der Bilanz erfüllen (§ 326 Abs. 2 HGB).
[540] BeckBilKomm/*Grottel* § 325 Rn. 14.
[541] A/D/S § 325 Rn. 51, 53.

sellschaften in der Rechtsform der GmbH ist jedoch in § 325 Abs. 1 Satz 1, 3. Hs. HGB das Recht eingeräumt, auf die Veröffentlichung von Angaben zur Ergebnisverwendung zu verzichten, wenn sich anhand dieser Angaben die Gewinnanteile von natürlichen Personen feststellen lassen, die Gesellschafter sind. Soweit dieses Wahlrecht nicht eingreift, ist bei einer GmbH der Beschluss über die Verwendung des Ergebnisses offenzulegen, sofern eine diesbezügliche Dispositionsbefugnis der Gesellschafterversammlung besteht und die Ergebnisverwendung nicht bereits auf Grund statutarischer Regelungen oder gesetzlicher Vorschriften determiniert ist. Liegt ein Jahresfehlbetrag bzw. ein Bilanzverlust vor und scheiden daher Ausschüttungen oder Rücklagendotierungen aus, fehlt es in der Regel an einem echten Beschlussgegenstand und damit an einer entsprechenden Offenlegungspflicht, sofern keine Entnahmen aus Rücklagen erfolgen können oder sollen.[542] Einer Fehlanzeige bei der Offenlegung bedarf es insoweit nicht. Die in § 325 Abs. 1 Satz 1, 2. Hs. HGB außerdem verlangte Angabe von Jahresüberschuss oder Jahresfehlbetrag ist praktisch bedeutungslos geworden.

431 Die Mitglieder von Vertretungsorganen von Kapitalgesellschaften oder Kapitalgesellschaften & Co., welche die Pflichten zur Aufstellung von Jahres- oder Konzernabschlüssen und (Konzern-)Lageberichten (§§ 325, 325a HGB) nicht befolgen, können dadurch mittelbar zu deren Erfüllung angehalten werden, dass wegen des hieraus zwangsläufig resultierenden pflichtwidrigen Unterlassens der rechtzeitigen Offenlegung der Abschlüsse gemäß §§ 325, 325a HGB vom neugeschaffenen Bundesamt für Justiz (BAfJ) von Amts wegen ein **Ordnungsgeldverfahren** nach den Vorschriften des FGG gegen die Vertretungsorgane oder das Unternehmen durchzuführen ist (§ 335 HGB). Das Ordnungsgeldverfahren kann auch gegen die Kapitalgesellschaft durchgeführt werden (§ 335 Abs. 1 Satz 2 HGB). Den Beteiligten wird unter Androhung eines Ordnungsgeldes aufgegeben, ihrer Offenlegungsverpflichtung innerhalb einer Frist von 6 Wochen nachzukommen (§ 335 Abs. 3 Satz 1 HGB). Das Ordnungsgeld beträgt mindestens 2.500,– EUR und höchstens 25.000,– EUR.[543] Wird der gesetzlichen Offenlegungspflicht nicht spätestens 6 Wochen nach Zugang der Androhung eines Ordnungsgeldes entsprochen oder die Unterlassung mittels Einspruchs gerechtfertigt, ist das Ordnungsgeld festzusetzen und die frühere Verfügung unter Androhung eines erneuten Ordnungsgeldes zu wiederholen (§ 335 Abs. 3 Satz 4 HGB).

432 In diesem Zusammenhang ist zu beachten, dass durch die zum 1.1.2007 erfolgte Einführung des elektronischen Bundesanzeigers (§§ 8, 325 Abs. 1 HGB) und des Unternehmensregisters (§ 8b HGB) eine deutlich erhöhte Transparenz hinsichtlich der Erfüllung der gesetzlichen Offenlegungspflichten geschaffen wurde. Dem Betreiber des elektronischen Bundesanzeigers obliegt es zudem, die bei ihm einzureichenden Unterlagen daraufhin zu überprüfen, ob diese fristgemäß und vollständig vorgelegt worden sind; der Betreiber des Unternehmensregisters hat dem Betreiber des elektronischen Handelsregisters zu diesem Zweck die ihm übermittelten Daten zur Verfügung zu stellen, der diese wiederum von den Landesjustizverwaltungen erhalten hat (§ 329 Abs. 1 Satz 2 HGB). Bei Versäumnissen wird der Betreiber des elektronischen Bundesanzeigers diese gemäß § 329 Abs. 4 HGB an das BAfJ melden.

11. Beispielfall X-GmbH

433 Die nachfolgend wiedergegebene und erläuterte Bilanz und Gewinn- und Verlustrechnung der X-GmbH zum Stichtag 31.12.2010, d. h. unter Geltung des geplanten BilMoG, sind nicht realen Verhältnissen nachgebildet, entsprechen aber nach Struktur und Darstellungsumfang dem Bild einer typischen mittelständisch geprägten Gesellschaft. Auf eine Wiedergabe des Anhangs wurde aus Platzgründen verzichtet. Der üblicherweise im Anhang enthaltene Anlagespiegel ist nachfolgend unter Rn. 438 f. dargestellt. Zudem finden sich in den nachfolgenden Erläuterungen diverse Hinweise auf Anhangangaben.

---

[542] BeckBilKomm/*Grottel* § 325 Rn. 18.
[543] Durch Gesetz zur Änderung des Handelsgesetzbuches v. 27.6.2013 wurden die Mindestordnungsgelder für Kleinst-Kapitalgesellschaften auf 500 EUR und kleine Kapitalgesellschaften auf 1.000 EUR gesenkt. Ferner wurde durch § 335 Abs. 5 HGB die Möglichkeit der Wiedereinsetzung in den vorigen Stand bei unverschuldeter Fristversäumnis geschaffen.

Die Gesellschaft überschritt in den Jahren 2009 und 2010 die Schwellenwerte für Bilanzsumme und Umsatzerlöse des § 267 Abs. 2 HGB in der Fassung des BilMoG.[544] Unabhängig von der Zahl der Mitarbeiter der Gesellschaft erfüllt diese somit die Kriterien der **großen Kapitalgesellschaft**. Die Erleichterungen für kleine und mittelgroße Gesellschaften (§§ 264 Abs. 1 Satz 3, 266 Abs. 1 Satz 3, 274a, 276, 288 HGB) finden deshalb auf die Darstellung in Bilanz und Gewinn- und Verlustrechnung keine Anwendung. Die Gesellschaft ist prüfungspflichtig.

a) Bilanz. Die Gliederung der **Bilanz** folgt § 266 Abs. 2 und 3 HGB. Die Posten des Geschäftsjahres sind in Euro gezeigt; die Vorjahresangaben wurden zulässigerweise in TEUR[545] gemacht.

Das **Anlagevermögen** der X-GmbH umfasst immaterielle Vermögensgegenstände und Sachanlage, hingegen keine Finanzanlagen. Die **immateriellen Vermögensgegenstände** sind nicht weiter untergliedert und umfassen lediglich eine (Unter-)Position, deren Bezeichnung mit dem zulässigerweise verkürzten[546] gesetzlichen Wortlaut des § 266 Abs. 2 A.I.1. HGB übereinstimmt. Welcher konkrete immaterielle Vermögenswert sich dahinter verbirgt, ist der Bilanz nicht zu entnehmen und auch kein zwingender Berichtsgegenstand. Es ist zu vermuten, dass es sich um ein erworbenes Nutzungsrecht handelt.

Die **Sachanlagen** präsentieren sich hingegen unter Ausschöpfung der in § 266 Abs. 2, 2. A.II. HGB genannten Unterpositionen. Ausgewiesen werden die fortgeführten **Buchwerte** der Anlagegegenstände zum Bilanzstichtag. Die Entwicklung dieser Buchwerte im Geschäftsjahr ist – ausgehend von den historischen Anschaffungs- und Herstellungskosten und unter Berücksichtigung der bisher aufgelaufenen Abschreibungen – dem nachfolgend dargestellten gesonderten **Anlagespiegel** zu entnehmen:

X-GmbH

	1	2	3	4
	Anschaffungs- oder Herstellungskosten			
	Stand am 1.1.2010	Zugang	Abgang	Stand am 31.12.2010
	EUR	EUR	EUR	EUR
I. Immaterielle Vermögensgegenstände Entgeltlich erworbene Konzessionen	264.490,43	11.589,05	29.762,55	246.316,93
II. Sachanlagen 1. Grundstücke, grundstücksgleiche Rechte und Bauten einschließlich der Bauten auf fremden Grundstücken	9.359.508,10	0,00	0,00	9.359.508,10
2. Technische Anlagen und Maschinen	19.133.017,77	128.438,89	0,00	19.261.456,66
3. Andere Anlagen, Betriebs- und Geschäftsausstattung	4.916.312,18	528.920,50	462.959,70	4.982.272,98
4. Geleistete Anzahlungen und Anlagen im Bau	0,00	109.500,00	0,00	109.500,00
	33.408.838,05	766.859,39	462.959,70	33.712.737,74
	33.673.328,48	778.448,44	492.722,25	33.959.054,67

---

[544] → Rn. 100.
[545] → Rn. 30.
[546] → Rn. 177.

439 Die hier gewählte Darstellung – die Nummerierung der Spalten dient allein Erläuterungszwecken – gliedert sich formal in drei Teile:
- die Entwicklung der **historischen Anschaffungskosten** (Spalten 1 bis 4) vom 1.1. bis 31.12.2010
- die Entwicklung der **kumulierten Abschreibungen** (Spalten 5 bis 8) vom 1.1. bis 31.12.2010
- die **Restbuchwerte** zum 31.12.2010 (Spalte 9) ergänzt um eine Vorjahresspalte zum 31.12.2009 (Spalte 10).

440 Die zunächst im ersten Teil in ihrer Entwicklung gezeigten Anschaffungskosten halten das gesamte Investitionsvolumen des Unternehmens zu den ursprünglich aufgewendeten Werten fest. Die separat im zweiten Teil entwickelten kumulierten Abschreibungen zeigen die Entwicklung der auf die Anschaffungskosten insgesamt verrechneten Abschreibungen auf. Die Restbuchwerte zum Stichtag, die den in der Bilanz gezeigten fortgeführten Anschaffungs- oder Herstellungskosten entsprechen, ergeben sich rechnerisch als Saldo der Summe der historischen Anschaffungskosten (Spalte 4) und der Summe der kumulierten Abschreibungen (Spalte 8). Lediglich die Spalten 1 bis 3, 6, 8 und 9 folgen zwingend aus dem Wortlaut des Gesetzes; die übrigen Spalten ergänzen lediglich die Darstellung. Die Abgänge des Geschäftsjahres je Position zu Restbuchwerten im Abgangszeitpunkt – eine gesetzlich nicht geforderte Information – kann man aus dem Anlagespiegel nicht unmittelbar entnehmen; hierzu sind die Werte der Spalten 3 und 7 zu saldieren.

441 Der Struktur des Sachanlagevermögens der X-GmbH ist zu entnehmen, dass die Gesellschaft über einen nennenswerten Anlagen- und Maschinenpark verfügen muss. Insgesamt machen die Buchwerte des Anlagevermögens 43,2 % der Bilanzsumme aus; sie entsprechen ursprünglichen Anschaffungs- oder Herstellungskosten von 34,0 Mio EUR. Die Gesellschaft weist am Stichtag „Geleistete Anzahlungen und Anlagen im Bau" (A.II.4) aus:

442

Entwicklung des Anlagevermögens im Geschäftsjahr 2010

5	6	7	8	9	10
Kumulierte Abschreibungen				Restbuchwerte	
Stand am 1.1.2010	Zugang	Abgang	Stand am 31.12.2010	Stand am 31.12.2010	Stand am 31.12.2009
EUR	EUR	EUR	EUR	EUR	EUR
84.718,43	25.711,05	9.382,55	101.046,93	145.270,00	179.772,00
8.684.627,10	94.671,00	0,00	8.779.298,10	580.210,00	674.881,00
10.348.301,27	1.454.017,83	0,00	11.802.319,10	7.459.137,56	8.784.716,50
3.909.140,18	496.577,50	426.726,70	3.978.990,98	1.003.282,00	1.007.172,00
0,00	0,00	0,00	0,00	109.500,00	0,00
22.942.068,55	2.045.266,33	426.726,70	24.560.608,18	9.152.129,56	10.466.769,50
23.026.786,98	2.070.977,38	436.109,25	24.661.655,11	9.297.399,56	10.646.541,50

Entweder hat die Gesellschaft Anzahlungen auf Investitionsvorhaben geleistet oder Teilrechnungen eines laufenden Bauvorhabens beglichen.

Das **Umlaufvermögen** wird durch den Vorratsbestand und die Kundenforderungen dominiert. Die **Vorräte** betreffen in erster Linie Roh-, Hilfs- und Betriebsstoffe.[547] Der Bestand an unfertigen Erzeugnissen am Stichtag ist – wie im Vorjahr – demgegenüber gering. Dieses deutet zum einen auf einen nicht sehr komplexen Fertigungsprozess hin (geringe Fertigungstiefe). Zum anderen mag die Gesellschaft am Bilanzstichtag stets die Produktion „heruntergefahren" haben. Zwar ist der Stichtagsbestand an fertigen Erzeugnissen deutlich höher. Er spricht gleichwohl für eine nur geringe Lagerhaltung, setzt man ihn in Relation zum Umsatz des Geschäftsjahres (41,3 Mio. EUR). Vermutlich handelt es sich um eine reine Auftragsfertigung für den Absatz des Folgemonats. Die **Forderungen aus Lieferungen und Leistungen** machen 29,4 % der Bilanzsumme aus. Die übrigen Forderungsposten sind vergleichsweise unbedeutend. Die Forderungen gegen Gesellschafter werden gemäß dem Regelausweis des § 42 Abs. 3 GmbHG gesondert ausgewiesen. In Anbetracht ihrer geringen Höhe wäre es allerdings vertretbar gewesen, eine Angabe (z.B. als Davon-Vermerk) im Anhang zu machen.[548] Restlaufzeitvermerke[549] gemäß § 268 Abs. 4 Satz 1 HGB finden sich nicht. Sollten tatsächlich Forderungsposten existieren, deren Laufzeit vom Stichtag gerechnet über ein Jahr beträgt, wären diesbezügliche Angaben im Anhang zu machen, will man Davon-Vermerke in der Bilanz aus gestaltungstechnischen Gründen vermeiden. Die Postenbezeichnung für B.IV. ist durch Streichung des Bestandteils „Bundesbankguthaben" angepasst[550] worden. Unter der **aktiven Rechnungsabgrenzung**[551] wird zum Stichtag kein Bestand ausgewiesen; im Hinblick auf die Pflicht zur Angabe von Vorjahresbeträgen musste die Position jedoch beibehalten werden.

Das **Eigenkapital**[552] weist lediglich drei Positionen aus. Rücklagen existieren nicht. Die Bilanz wurde vor Ergebnisverwendung[553] aufgestellt und zeigt daher die Position „Gewinnvortrag" und „Jahresüberschuss"; mit letzterem schließt auch die Gewinn- und Verlustrechnung ab. Dies lässt darauf schließen, dass die Gesellschafter nach dem Gesellschaftsvertrag über die Befugnis verfügen, über die **Gewinnverwendung** in vollem Umfang zu bestimmen (§ 29 Abs. 1 und 2 GmbHG) und dass keine Regelungen dahingehend bestehen, welche die Geschäftsführung verpflichten, Bestandteile des Jahresüberschusses in Rücklagen einzustellen.[554] Der Gewinnvortrag aus dem Vorjahr beträgt zum 31.12.2010 lediglich 323.000,– EUR, obwohl sich die Summe aus Jahresüberschuss und Gewinnvortrag des Vorjahres auf insgesamt 1.523.000,– EUR belief. Demnach wurden auf der Grundlage eines Gewinnverwendungsbeschlusses im Laufe des Geschäftsjahres 2010 für das vorangegangene Jahr 2009 Dividenden in Höhe von 1.200.000,– EUR an die Gesellschafter ausgeschüttet und der danach verbleibende Betrag auf neue Rechnung vorgetragen.

Unter der Position „B. **Rückstellungen**" werden „Steuerrückstellungen" und „Sonstige Rückstellungen" ausgewiesen. Die Steuerrückstellungen umfassen die nach Berücksichtigung der geleisteten Vorauszahlungen verbleibenden Schulden aus gewinnabhängigen Steuern des Geschäftsjahres und ggf. aus Vorjahren (z.B. im Falle einer Betriebsprüfung). Nach § 285 Nr. 12 HGB sind Rückstellungen, die einen nicht unerheblichen Umfang haben und nicht unter den „Sonstigen Rückstellungen" gesondert ausgewiesen werden, im Anhang anzugeben. Im vorliegenden Fall sind deshalb zusätzliche Angaben zu den sonstigen Rückstellungen im Anhang zu erwarten, z.B. in folgender Weise:

---

[547] Zur Bewertung → Rn. 245.
[548] Vgl. hierzu → Rn. 169.
[549] Vgl. hierzu → Rn. 258.
[550] → Rn. 177.
[551] → Rn. 271.
[552] → Rn. 275 ff.
[553] → Rn. 301.
[554] → Rn. 294 f.

446 **Formulierungsvorschlag:**
Die sonstigen Rückstellungen wurden insbesondere für noch nicht gewährten Urlaub (TEUR ……; Vorjahr: TEUR ……), Tantiemen (TEUR ……; Vorjahr: TEUR ……) und Rechtsstreitigkeiten (TEUR ……, Vorjahr: TEUR ……) gebildet.

447 Wesentlicher Posten unter der Position „C. **Verbindlichkeiten**" sind die „Verbindlichkeiten gegenüber Kreditinstituten". Die Vorschriften der §§ 268 Abs. 5 Satz 1, 285 Nr. 1a HGB) erfordern hinsichtlich dieser und der übrigen Verbindlichkeiten zusätzliche Angaben zu jedem einzelnen Posten, soweit dessen Restlaufzeit bis zu einem Jahr bzw. mehr als fünf Jahre beträgt. Ferner ist im Anhang zu jeder Position der Verbindlichkeiten der Betragsteil anzugeben, der durch Pfandrechte und ähnliche Rechte gesichert ist. Die Art und Form der Sicherheit ist zu nennen (§ 285 Nr. 1b HGB). Die genannten Zusatzinformationen werden häufig im Anhang tabellarisch zu einem sog. „**Verbindlichkeitenspiegel**" zusammengefasst, der die entsprechenden Angaben je Position auflistet. Dieser Spiegel kann wahlweise auch die in § 266 Abs. 3 C 8.HGB geforderten Davon-Vermerke zu den sonstigen Verbindlichkeiten aufnehmen, die im vorliegenden Fall in der Bilanz selbst gemacht wurden. Im Anhang ergibt sich im vorliegenden Fall folgendes Bild:

Muster:

448 Die Fristigkeit der Verbindlichkeiten stellt sich wie folgt dar:

	Gesamtbetrag	Davon mit einer Restlaufzeit			Davon gesichert
		bis zu 1 Jahr	von 1 bis zu 5 Jahren	über 5 Jahre	
	EUR	EUR	EUR	EUR	EUR
Verbindlichkeiten gegenüber Kreditinstituten	8.108.589,51	1.586.403,51	3.022.186,00	3.500.00,00	6.000.000,00
Verbindlichkeiten aus Lieferungen und Leistungen	2.426.430,27	2.426.430,27	0,00	0,00	0,00
Sonstige Verbindlichkeiten	3.826.863,58	3.826.863,58	0,00	0,00	0,00
– davon aus Steuern: 1.544.327,16 EUR (Vorjahr: TEUR 1.284) –					
– davon im Rahmen der sozialen Sicherheit: 1.910.674,86 EUR (Vorjahr: TEUR 1.878) –					
	14.361.883,36	7.839.697,36	3.022.186,00	3.500.000,00	6.000.000,00

Die Verbindlichkeiten gegenüber Kreditinstituten sind durch Grundpfandrechte am Betriebsgrundstück, eine Sicherungsübereignung von Maschinen und eine Sicherungszession von Kundenforderungen besichert.

449 Die Fristigkeitsangabe zu Restlaufzeiten von 1 bis zu 5 Jahren ist vom Gesetz nicht gefordert; sie erlaubt jedoch eine übersichtlichere Gesamtdarstellung. Aus der Übersicht ist zu ersehen, dass die Verbindlichkeiten in etwa zur Hälfte kurzfristig, also innerhalb eines Jahres fällig sind. Die Gesellschaft hat bei einem Kreditinstitut langfristige Mittel in Anspruch genommen, die z. T. erst nach Ablauf von 5 Jahren zur Tilgung anstehen. Die gewährten Kreditsicherheiten decken das Gesamtengagement der Banken nicht ab.

X-GmbH Bilanz zum 31.12.2010

AKTIVA

	EUR	Stand am 31.12.2010 EUR	Stand am 31.12.2009 TEUR
A. Anlagevermögen			
I. Immaterielle Vermögensgegenstände			
Entgeltlich erworbene Konzessionen		145.270,–	180
II. Sachanlagen			
1. Grundstücke, grundstücksgleiche Rechte und Bauten einschließlich der Bauten auf fremden Grundstücken	580.210,–		675
2. Technische Anlagen und Maschinen	7.459.137,56		8.785
3. Andere Anlagen, Betriebs- und Geschäftsausstattung	1.003.282,–		1.007
4. Geleistete Anzahlungen und Anlagen im Bau	109.500,–		0
		9.152.129,56	10.467
		9.297.399,56	10.647
B. Umlaufvermögen			
I. Vorräte			
1. Roh-, Hilfs- und Betriebsstoffe	2.054.203,28		2.803
2. Unfertige Erzeugnisse	379.341,54		393
3. Fertige Erzeugnisse	1.369.593,35		1.471
		3.803.138,17	4.667
II. Forderungen und sonstige Vermögensgegenstände			
1. Forderungen aus Lieferungen und Leistungen	6.312.524,62		5.935
2. Forderungen gegen Gesellschafter	46.400,–		46
3. Sonstige Vermögensgegenstände	179.825,64		489
		6.538.750,26	6.470
III. Kassenbestand, Guthaben bei Kreditinstituten und Schecks		1.866.971,17	3.742
		12.208.859,60	14.879
C. Rechnungsabgrenzungsposten		0,00	14
		21.506.259,16	25.540

451

X-GmbH Bilanz zum 31.12.2010

			PASSIVA
		Stand am 31.12.2010	Stand am 31.12.2009
	EUR	EUR	TEUR
A. Eigenkapital			
I. Gezeichnetes Kapital		4.000.000,00	4.000
II. Gewinnvortrag		374.492,97	275
III. Jahresüberschuss		1.450.635,81	1.399
		5.825.129,78	5.674
B. Rückstellungen			
1. Steuerrückstellungen	404.126,00		413
2. Sonstige Rückstellungen	1.015.800,00		1.214
		1.419.926,00	1.627
C. Verbindlichkeiten			
1. Verbindlichkeiten gegenüber Kreditinstituten	8.599.589,51		10.214
2. Verbindlichkeiten aus Lieferungen und Leistungen	2.426.430,27		4.333
3. Sonstige Verbindlichkeiten	3.235.183,60		3.692
– davon aus Steuern: 944.327,16 EUR (Vorjahr: TEUR 1.284) –			
– davon im Rahmen der sozialen Sicherheit: 410.674,86 EUR (Vorjahr: TEUR 1.878) –			
		14.261.203,38	18.538
		21.506.259,16	25.540

452 **b) Gewinn- und Verlustrechnung.** Die Gewinn- und Verlustrechnung ist nach dem Gesamtkostenverfahren[555] (§ 275 Abs. 2 HGB) aufgebaut, der in Deutschland nach wie vor verbreiteten Form der Darstellung. In Anpassung des „Mengengerüstes" der Umsatzerlöse[556] an die Wertschöpfung im Geschäftsjahr wird die Verminderung der Bestände an fertigen und unfertigen Erzeugnissen, die sich durch einen Vergleich der Bestände des Stichtags mit denen zu Beginn des Geschäftsjahres ergibt, in der Gewinn- und Verlustrechnung unter der Position 2. gesondert gezeigt. Der ausgewiesene Betrag lässt sich wie folgt aus den Bestandsgrößen der Bilanz ableiten:

453

	1.1.2010 TEUR	31.12.2010 TEUR	Veränderung TEUR
Unfertige Erzeugnisse	393	379	– 14
Fertige Erzeugnisse	1.471	1.370	– 101
	1.864	1.749	– 115

454 Der **Materialaufwand** umfasst nicht nur den Rohstoffverbrauch, sondern auch „Aufwendungen für bezogene Leistungen". Das bedeutet, dass die Gesellschaft zur Erfüllung ihrer

---

[555] → Rn. 365 f.
[556] → Rn. 368.

§ 16 Rechnungslegung der GmbH

Verpflichtungen die Leistungen Dritter in Anspruch nimmt, die im vorliegenden Fall ein Viertel des gesamten Materialaufwands ausmachen. Der Personalaufwand gliedert sich entsprechend dem vorgegebenen Schema des § 275 Abs. 2 HGB in die lohnsteuerpflichtigen Bezüge, die unter der Position „Löhne und Gehälter" ausgewiesen werden, und die gesetzlichen sozialen Aufwendungen (Arbeitgeberanteile zur Sozialversicherung, Beiträge zur Berufsgenossenschaft etc.) sowie die Aufwendungen für Altersversorgung und für Unterstützung (hier: Direktversicherungsbeiträge). Die Position „**6. Abschreibungen** auf immaterielle Vermögensgegenstände und Sachanlagen" betrifft die Abschreibungen des Geschäftsjahres, die auch aus dem Anlagespiegel[557] ersichtlich sind.

Die „**Sonstigen betrieblichen Aufwendungen**" umfassen typischerweise: 455
- Betriebskosten (z. B. Reparatur- und Instandhaltungsaufwendungen)
- Verwaltungskosten (z. B. Versicherungsbeiträge, Rechts- und Beratungskosten, Mieten),
- Vertriebskosten (z. B. Ausgangsfrachten, Reisekosten, Werbekosten),
- Personalnebenkosten (z. B. Kosten für Personalbeschaffung, freiwillige soziale Leistungen
- Übrige, neutrale und periodenfremde Aufwendungen (z. B. Verluste aus Anlageabgängen, Einzelwertberichtigungen von Forderungen).

Die Positionen 8. und 9. betreffen das **Zinsergebnis**. Das **Ergebnis der gewöhnlichen Geschäftstätigkeit** ist eine Zwischensumme. Sie entspricht dem Ergebnis der Gesellschaft vor Steuern und eventuellen außerordentlichen Aufwendungen und Erträgen – diese sind im vorliegenden Fall nicht aufgetreten. Die Gewinn- und Verlustrechnung endet mit der Position „**Jahresüberschuss**". Diese ist mit dem entsprechenden Bilanzausweis abstimmbar. Bei Bilanzierung nach teilweiser Ergebnisverwendung (§§ 268 Abs. 1, 270 HGB) empfiehlt sich auch für die GmbH die Ergänzung der Gewinn- und Verlustrechnung um eine Überleitungsrechnung in entsprechender Anwendung des § 158 AktG, da ansonsten Bilanz und Gewinn- und Verlustrechnung ausweistechnisch nicht aufeinander abgestimmt sind. 456

X-GmbH 457
Gewinn- und Verlustrechnung für die Zeit vom 1. 1. bis 31.12.2010

	2010 EUR	2009 TEUR
1. Umsatzerlöse	41.312.462,45	39.864
2. Verminderung des Bestands an fertigen und unfertigen Erzeugnissen	– 115.131,15	–1
3. Sonstige betriebliche Erträge	286.305,41	271
4. Materialaufwand		
a) Aufwendungen für Roh-, Hilfs- und Betriebsstoffe und für bezogene Waren	– 15.118.319,89	–14.455
b) Aufwendungen für bezogene Leistungen	– 5.039.439,97	– 4.818
	– 20.157.759,86	
5. Personalaufwand		
a) Löhne und Gehälter	– 12.158.102,08	–11.458
b) Soziale Abgaben und Aufwendungen für Altersversorgung und für Unterstützung	– 2.419.957,96	– 2.280
– davon für Altersversorgung 36.403,16 € – (Vorjahr: TEUR 26) –		
	– 14.578.060,04	

[557] → Rn. 438.

	EUR	2010 EUR	2009 TEUR
6. Abschreibungen auf immaterielle Vermögensgegenstände des Anlagevermögens und Sachanlagen		– 2.070.977,38	– 2.106
7. Sonstige betriebliche Aufwendungen		– 2.097.415,23	– 2.459
8. Sonstige Zinsen und ähnliche Erträge – davon aus Gesellschafter: 1.624,00 € (Vorjahr: TEUR 2)		17.804,50	5
9. Zinsen und ähnliche Aufwendungen		– 458.184,04	– 501
10. Ergebnis der gewöhnlichen Geschäftstätigkeit		2.139.044,66	2.062
11. Steuern vom Einkommen und vom Ertrag		– 632.500,00	– 658
12. Sonstige Steuern		– 5.908,75	– 5
13. **Jahresüberschuss**		**1.450.635,81**	**1.399**

IV. Ergebnisfeststellung und Ergebnisverwendung

1. Allgemeines

458 a) **Voraussetzungen der Ergebnisverwendung.** Soweit aus der Geschäftstätigkeit der Gesellschaft ein **Jahresüberschuss** resultiert und/oder der Jahresabschluss einen **Bilanzgewinn** ausweist, bedarf es für die Bestimmung des Einsatzes bzw. der Verwendung dieses Jahresüberschusses und/oder Bilanzgewinns einer besonderen **Beschlussfassung der Gesellschafter**, die grundsätzlich mit einfacher Mehrheit erfolgt.[558] Diese Beschlussfassung, die in der Praxis üblicherweise in einem Beschluss zusammengefasst wird, setzt sich formal aus zwei Beschlüssen zusammen und zwar den Beschlüssen über

- die Feststellung des Jahresabschlusses sowie
- die Ergebnisverwendung und Ergebnisverteilung.

In zeitlicher Abfolge stellen sich die Voraussetzungen wie folgt dar:[559]

459

Checkliste: Verwendungsbeschluss
☐ Ablauf des Geschäftsjahres
☐ Aufstellung der Bilanz durch die Geschäftsführung und ggfs. Prüfung durch den Abschlussprüfer,
☐ Ausweis eines Jahresüberschusses und/oder Bilanzgewinn,
☐ Feststellung des Jahresabschlusses gem. § 46 Nr. 1 GmbHG,
☐ Fassung des Gewinnverwendungsbeschlusses.

Fehlt eine dieser Voraussetzungen, so ist der Verwendungsbeschluss unwirksam.[560]

---

[558] Muster für entsprechende Beschlussfassungen s. *Heidenhain/Meister*, Münchener Vertragshandbuch, Band 1, Gesellschaftsrecht, 7. A. IV 36 (Einberufung der ordentlichen Gesellschafterversammlung) und IV 43 (Niederschrift über eine ordentliche Gesellschafterversammlung).
[559] *App* DStR 1994, 468; *Gutbrod* GmbHR 1995, 551.

b) Kein Vollausschüttungsgebot. Es obliegt den Gesellschaftern, zu bestimmen, ob der 460 Jahresüberschuss **in der Gesellschaft verbleibt** („thesauriert wird") und so mittelbar der Wert der Geschäftsanteile gesteigert wird oder ob der Jahresüberschuss **unmittelbar an die Gesellschafter ausgeschüttet** werden soll.

Entgegen der für „Altgesellschaften"[560] geltenden Rechtslage ist die Vollausschüttung 461 kein gesetzliches Regelstatut. Nach § 29 GmbHG a. F. hatten die Gesellschafter mangels abweichender Bestimmung des Gesellschaftsvertrages Anspruch auf den aus der jährlichen Bilanz sich ergebenden Reingewinn. Diese Regelung ist mit dem Bilanzrichtliniengesetz mit Wirkung zum 1.1.1986 geändert worden.[562]

Nach der gegenwärtigen Fassung von § 29 Abs. 1 S. 1 GmbHG haben die Gesellschafter 462 Anspruch auf den Jahresüberschuss zuzüglich eines Gewinnvortrags und abzüglich eines Verlustvortrags, soweit der sich ergebende Betrag nicht nach Gesetz oder Gesellschaftsvertrag, durch Beschluss der Gesellschafter oder als zusätzlicher Aufwand aufgrund des Beschlusses über die Verwendung des Ergebnisses von der Verteilung unter den Gesellschaftern ausgeschlossen ist.[563] Soweit die Bilanz unter Berücksichtigung einer teilweisen Ergebnisverwendung aufgestellt oder Rücklagen aufgelöst werden, haben die Gesellschafter nach § 29 Abs. 1 S. 2 Anspruch auf den Bilanzgewinn.

Für den Fall, dass die Gesellschaft einen **Verlust bzw. keinen Bilanzgewinn** erzielt hat, ist 463 **keine besondere Regelung erforderlich**. Eine Beteiligung der Gesellschafter am Verlust ist – wie im Aktienrecht – grundsätzlich[564] nicht vorgesehen. Da kein zu verteilendes Jahresergebnis vorliegt, bedarf es auch keiner Beschlussfassung der Gesellschafter über dessen Verteilung. Der Verlust wirkt sich lediglich mittelbar über den Wert des Unternehmens sowie zu Lasten künftiger Gewinnausschüttungen auf die Gesellschafter aus.

2. Gewinnermittlung

a) Jahresabschluss als Grundlage der Gewinnermittlung. Grundlage der Gewinnermitt- 464 lung ist der Jahresabschluss der Gesellschaft.[565] Der Jahresabschluss ist nach den Vorschriften der §§ 242 ff., 264 ff. HGB aufzustellen. Er setzt sich zusammen aus der Bilanz, der Gewinn- und Verlustrechnung, einem Anhang sowie (bei mittleren und großen Kapitalgesellschaften) dem Lagebericht.

Der Jahresabschluss der Kapitalgesellschaft hat unter Beachtung der **Grundsätze ord-** 465 **nungsgemäßer Buchführung** ein den tatsächlichen Verhältnissen entsprechendes Bild der Vermögens-, Finanz- und Ertragslage der Kapitalgesellschaft zu vermitteln (§ 264 Abs. 2 S. 1 HGB). Neben diesen Grundsätzen sind gegebenenfalls Bestimmungen im Gesellschaftsvertrag zu beachten, die Bilanzierungsfragen zum Gegenstand haben. So können durch den Gesellschaftsvertrag bestimmte Teile des Jahresergebnisses den Rücklagen (Kapital- und Gewinnrücklage) zugeführt und so von vornherein einer Ausschüttung entzogen werden. Weiter kann der Gesellschaftsvertrag Regelungen enthalten, wie handelsrechtliche Bewertungswahlrechte bei Aufstellung des Jahrsabschlusses von der Geschäftsführung auszuüben sind. Diese Spielräume, die das Recht der GmbH gegenüber dem formstrengen Aktienrecht bietet, sollten in der Praxis – sofern die Gesellschafterkonstellation dies als tunlich erscheinen lässt – auch genutzt werden.

b) Inhalt der Ergebnisverwendung. § 29 Abs. 1 GmbHG definiert **zwei Verwendungs-** 466 **massen** für die Ergebnisverwendung:
- den Jahresüberschuss und
- den Bilanzgewinn.

---

[560] *Lutter/Hommelhoff* § 29 Rn. 5.
[561] D. h. Gesellschaften, die vor dem 1.1.1986 in das Handelsregister eingetragen waren.
[562] Zur Rechtslage bei Altgesellschaften und dem insoweit anzuwendenden Übergangsrecht Scholz/*Emmerich* § 29 Rn. 8.
[563] Vgl. im Einzelnen *Hommelhoff/Priester* ZGR 1986, 463, 505 f.
[564] Eine Beteiligung am Verlust kann jedoch über gesellschaftsvertragliche Regelungen wie z. B. Nachschusspflichten vorgesehen werden, vgl. *App* DStR 1994, 468.
[565] Vgl. dazu → Rn. 94 ff.

467 **aa) Jahresüberschuss.** Anknüpfungspunkt für die Ermittlung des Jahresüberschusses sind § 266 Abs. 3 A V HGB für die Bilanz sowie § 275 Abs. 2 Nr. 20 HGB bei Anwendung des Gesamtkostenverfahrens bzw. bei Anwendung des Umsatzkostenverfahrens § 275 Abs. 3 Nr. 19 HGB. Dem in Anwendung dieser Vorschriften ermittelten Jahresüberschuss sind nach § 29 Abs. 1 GmbHG ein etwaiger Gewinnvortrag aus vorherigen Perioden hinzuzurechnen sowie ein Verlustvortrag abzuziehen.

468 **Ausgeschlossen von der Verteilung** an die Gesellschafter ist nach § 29 Abs. 1 S. 1 GmbHG ein zusätzlicher Aufwand aufgrund des Beschlusses über die Verwendung des Ergebnisses. Diese Regelung geht zurück auf den gespaltenen Körperschaftsteuersatz unter der Geltung des Körperschaftsteueranrechnungsverfahrens. Danach war für die Ermittlung der Körperschaftsteuerbelastung im Jahresabschluss die beabsichtigte Ergebnisverwendung maßgeblich. So unterlagen ausgeschüttete Gewinne zuletzt einer Körperschaftsteuerbelastung von 30 % (§ 27 KStG) und einbehaltene Gewinne einem Körperschaftsteuersatz von 40 % (§ 23 Abs. 1 KStG). Aus dieser Systematik folgte, dass bei einem höheren Thesaurierungssatz, als bei der Erstellung der Bilanz angenommen, der Körperschaftsteueraufwand stieg, und damit der Jahresüberschuss vermindert wurde. Bei einer gegenüber den ursprünglichen Annahmen niedrigeren Thesaurierung und damit höheren Ausschüttung sank der Körperschaftsaufwand, so dass der Jahresüberschuss sich entsprechend erhöht hat.

469 Dieser Effekt ist mit dem Übergang zum **Halbeinkünfte- bzw. Teileinkünfteverfahren** nach dem Veranlagungszeitraum 2001 entfallen. Inhalt des Halbeinkünfte- bzw. Teileinkünfteverfahrens ist, dass die ausgeschütteten Gewinne bei einem Anteilseigner, der eine natürliche Person ist, nur mit der Hälfte bzw. zum Teil im Rahmen der Einkommensteuer erfasst werden und zwar durch die Freistellung eines Teils der Ausschüttungen (§ 3 Nr. 40d EStG). Ist der Anteilseigner eine Kapitalgesellschaft, ist die Dividende in voller Höhe steuerfrei. Es ist erstmals auf Gewinnausschüttungen anzuwenden, die dem Gesellschafter nach dem Veranlagungszeitraum 2001 zufließen; das sind in der Regel Ausschüttungen für Wirtschaftsjahre ab 2001.

470 **bb) Bilanzgewinn.** Soweit der Jahresabschluss bereits unter teilweiser Verwendung des Jahresergebnisses aufgestellt worden ist oder Rücklagen aufgelöst wurden, ist der Bilanzgewinn die maßgebliche Verteilungsmasse. Eine **teilweise Verwendung** des Jahresergebnisses liegt dann vor, wenn die Geschäftsführer bereits bei der Aufstellung des Jahresabschlusses Teile des Jahresergebnisses den Rücklagen zugewiesen hat.

471 Relevante **Rücklagen** sind die Kapital- und Gewinnrücklagen. Was Gegenstand einer Kapital- und Gewinnrücklage ist, bestimmt sich nach § 272 Abs. 2 und 3 HGB. Als Gewinnrücklagen dürfen danach nur Beträge ausgewiesen werden, die im Geschäftsjahr oder in einem früheren Geschäftsjahr aus dem Ergebnis gebildet worden sind. Als Kapitalrücklage sind auszuweisen z. B. das Agio bzw. Aufgeld, welches bei der Ausgabe von Anteilen erzielt wird sowie andere Zuzahlungen, die Gesellschafter in das Eigenkapital der Gesellschafter leisten. Diese Rücklagen können jederzeit wieder aufgelöst werden und so den Gesellschaftern zugänglich gemacht werden. Die Entscheidung über die Rücklagenauflösung ist primär Aufgabe der Geschäftsführung, welche im Rahmen der Aufstellung des Jahresabschlusses über eine Auflösung von Rücklagen einen bestimmten Bilanzgewinn im Jahresabschluss ausweisen kann.

472 **c) Sondersituationen bei der Gewinnermittlung.** *aa) Anderweitige Gewinnbeteiligungen.* Einfluss auf das verteilungsfähige Jahresergebnis haben Gewinnbeteiligungen außerhalb der Gesellschafterstellung. Im Wesentlichen sind dies:
- Tantiemen oder sonstige form- und leistungsbezogene Vergütungen für Geschäftsführer und Angestellte,
- gewinnabhängige Vergütungen für Aufsichtsrat bzw. Beiratsmitglieder,
- Genussrechte,
- stille Gesellschaften,
- partiarische Rechtsverhältnisse.

473 Diese Rechtsverhältnisse führen zu einem **handelsrechtlichen Aufwand**, der den **verteilungsfähigen Gewinn** der Gesellschaft **mindert**. Insofern können diese Instrumente – neben

den gesellschaftsvertraglichen Möglichkeiten – zur Gestaltung der Rechtsbeziehungen zwischen Gesellschaft und Gesellschafter genutzt werden.

bb) Ergebnisabführungsvertrag. Eine besondere Situation besteht, wenn die Gesellschaft als abhängige bzw. Organgesellschaft aufgrund eines Ergebnisabführungsvertrages verpflichtet ist, ihren gesamten Gewinn an das herrschende Unternehmen bzw. den Organträger abzuführen. In diesem Fall **entfällt die Verpflichtung zur Feststellung des Jahresabschlusses,** da dieser aufgrund der Ergebnisabführungsverpflichtung immer ein „Null-Ergebnis" ausweist.

cc) Zeitgleiche Vereinnahmung von Dividenden. In der Vergangenheit wurde das Institut der „zeitgleichen Vereinnahmung" von Dividenden genutzt, um innerhalb von Konzernkonstellationen Dividendenansprüche gegenüber der Tochtergesellschaft zeitlich vorgelagert in der Bilanz der Muttergesellschaft auszuweisen. Die **phasengleiche Vereinnahmung setzt voraus,** dass das Mutterunternehmen zu 100 % an einer GmbH beteiligt ist, dass die Gesellschafterversammlung der abhängigen Gesellschaft über die Feststellung des Jahresabschlusses sowie die Gewinnverwendung für das abgelaufene Geschäftsjahr beschlossen hat, bevor die Prüfung des Jahresabschlusses des Mutterunternehmens beendet ist und dass Mutterunternehmen und Tochterunternehmen ein übereinstimmendes Wirtschaftsjahr haben. Bei Vorliegen dieser Voraussetzungen muss die Dividende handelsrechtlich bei der Muttergesellschaft phasengleich bilanziert werden.[566] Diese zeitgleiche Vereinnahmung von Dividenden bzw. phasengleiche Bilanzierung ist nach dem Beschluss des großen Senats des BFH vom 7.8.2000[567] für die Gewinnermittlung innerhalb der Steuerbilanz nur noch in sehr eingeschränktem Umfang zulässig.[568]

3. Feststellung des Jahresabschlusses

a) Bedeutung und Zuständigkeit. Nach § 46 Nr. 1 GmbHG unterliegen der Bestimmung der Gesellschafter die Feststellung des Jahresabschlusses und die Verwendung des Ergebnisses. Die Beschlussfassung erfolgt, soweit nicht der Gesellschaftsvertrag ein abweichendes Mehrheitserfordernis voraussetzt, mit einfacher Mehrheit (§ 47 Abs. 1 GmbHG). Die Bedeutung der Feststellung des Jahresabschlusses liegt in der **Erklärung der Verbindlichkeit für die Gesellschaft.** Bis zu seiner Feststellung hat der Jahresabschluss nur den Charakter eines Entwurfs.[569]

Für die **mittelgroße und die große GmbH** i. S. v. § 267 HGB[570] ist weitere Voraussetzung für eine wirksame Feststellung des Jahresabschlusses die ordnungsgemäß abgeschlossene Prüfung durch den **Abschlussprüfer,** § 316 Abs. 1 S. 1 HGB. Die Einzelheiten zu Gegenstand und Umfang der Prüfung, Auswahl, Bestellung und Abberufung der Abschlussprüfer ergeben sich aus §§ 317 ff. HGB.

Nach der Regelung in § 46 Nr. 1 GmbHG ist die Feststellung des Jahresabschlusses grundsätzlich Sache der Gesellschafter. Der **Gesellschaftsvertrag** kann diese Aufgabe jedoch auch **einem anderen Gremium zuweisen,** z. B. einem Aufsichtsrat oder einem Beirat. Ebenfalls zulässig ist es, die Kompetenz zur Feststellung einem Minderheitsgesellschafter als Sonderrecht einzuräumen.[571] Über diese Gestaltungsmöglichkeit kann insbesondere in Nachfolgeüberlegungen dem ausscheidenden (Senior-)Gesellschafter eine über die schlichte Gesellschafterstellung hinausgehende Einflussmöglichkeit eingeräumt werden.

Die für die Beschlussfassung erforderlichen **Unterlagen** (Jahresabschluss [Bilanz, Gewinn- und Verlustrechnung, Anhang] ggfs. Lagebericht und Prüfungsbericht des Abschlussprüfers sowie ggfs. einer gesonderten Stellungnahme zur Bilanzpolitik) sind von der Geschäftsführung vollständig und in angemessener Zeit vor der Beschlussfassung den Gesellschaftern zu-

---

[566] BGH DB 1998, 567.
[567] GrS 2/99 DB 2000, 1993.
[568] *Hoffmann/Groh* DB 2000, 2557; *Moxter* DB 2000, 2333.
[569] BGH BB 1985, 567.
[570] Vgl. dazu → Rn. 401.
[571] Vgl. im Einzelnen Scholz/*K. Schmidt* § 46 Rn. 3, 46.

zuleiten. In Gesellschaften mit einem fakultativen oder obligatorischen Aufsichtsrat sind die Unterlagen auch diesem vorzulegen.[572]

480 b) **Frist zur Beschlussfassung und Durchsetzung des Anspruchs.** Über die Feststellung haben die Gesellschafter nach § 42a Abs. 2 S. 1 GmbHG **bis zum Ablauf der ersten acht Monate des Geschäftsjahres** zu beschließen. Bei kleinen Gesellschaften i. S. v. § 267 Abs. 1 HGB verlängert sich die Frist auf elf Monate. Nach § 42a Abs. 2 S. 2 GmbHG kann der Gesellschaftsvertrag diese Fristen jeweils verkürzen, aber nicht verlängern. Nach herrschender Meinung macht eine Überschreitung dieser Frist den Gewinnverteilungsbeschluss weder nichtig noch anfechtbar.[573]

481 Nach heute ganz herrschender Meinung hat jeder Gesellschafter einen **klagbaren Anspruch auf die Beschlussfassung** sowohl über die Feststellung, wie auch die Ergebnisverwendung.[574] Der Anspruch ist gegen die Gesellschaft zu richten.[575] In der Literatur ist streitig, ob die Vollstreckung eines diesbezüglichen Urteils nach § 888 ZPO oder nach § 894 ZPO zu erfolgen hat.[576]

482 c) **Nichtigkeit/Anfechtbarkeit des Jahresabschlusses.** Die Nichtigkeit und/oder Anfechtbarkeit des festgestellten Jahresabschlusses ist **im GmbHG nicht geregelt.** Nach weit überwiegender Meinung im Schrifttum[577] und der Rechtsprechung des BGH[578] sind die Vorschriften des Aktiengesetzes zu Nichtigkeit und Anfechtbarkeit weitestgehend analog anwendbar. Wesentliche Nichtigkeitsgründe sind

- Fehlen eines der drei Elemente des Jahresabschlusses (Bilanz, Gewinn- und Verlustrechnung und Anhang; nicht Lagebericht, da er nicht Teil des Jahresabschlusses ist);
- Feststellung des Jahresabschlusses ohne vorherige Abschlussprüfung;
- Verstoß gegen Bewertungsvorschriften (nicht unerhebliche Überbewertung der Gesellschaft oder Unterbewertung, wenn durch die Unterbewertung die Vermögens- und Ertragslage der Gesellschaft vorsätzlich unrichtig wiedergegeben oder verschleiert wird).[579]

483 Ist der Jahresabschluss nichtig, ist der **Feststellungsbeschluss analog § 256 Abs. 1 Nr. 1 AktG** dann **nichtig,** wenn der Abschluss einen schwerwiegenden, gegen Gläubiger schützende Vorschriften verstoßenden Fehler aufweist. Die Nichtigkeit von Abschluss und Feststellungsbeschluss wirkt sich auch auf den Gewinnverwendungsbeschluss aus mit der Folge, dass dieser unwirksam ist.

484 Sind die Verstöße nicht so schwerwiegend, dass die Nichtigkeit die Folge ist, ist der Feststellungsbeschluss analog §§ 257 Abs. 1, 243 Abs. 1 AktG anfechtbar. Nach allgemeinen Regeln ist ein anfechtbarer Beschluss so lange wirksam, bis über seine Wirksamkeit abschließend rechtskräftig entschieden ist.

485 d) **Offenlegung.** Nach § 325 HGB ist der Jahresabschluss einer Kapitalgesellschaft offenzulegen. Die Ausgestaltung der Offenlegungspflicht ist nach den oberen Größenklassen des §§ 267 f. differenziert ausgestaltet. Wegen der Einzelheiten wird auf die Darstellung in → Rn. 426 ff. verwiesen.

4. Ergebnisverwendungsbeschluss

486 a) **Charakter des Verwendungsbeschlusses und Verfahren.** Nach § 46 Nr. 1 GmbHG ist neben der Feststellung des Jahresabschlusses auch über die Verwendung des Ergebnisses zu beschließen. In der Literatur ist **streitig,** welcher Charakter dem Verwendungsbeschluss zu-

---

[572] Zu den einzelnen „Vorlagewegen" unter Berücksichtigung der Größenklassen s. *Lutter/Hommelhoff* § 42a Rn. 2 und § 46 Rn. 3.
[573] *Sagasser* DB 1986, 2251; kritisch dazu *Wichmann* DB 1999, 118, 119 m. w. N.
[574] Baumbach/Hueck/*Hueck/Fastrich* § 29 Rn. 41 m. w. N.
[575] Vgl. zur Zweimann-GmbH: LG Karlsruhe GmbHR 1998, 687.
[576] Vgl. dazu im Einzelnen Scholz/*Verse* § 29 Rn. 63.
[577] Baumbach/*Haas* § 42a Rn. 24 mit zahlreichen Beispielen und Nachweisen.
[578] BGH BB 1997, 988.
[579] OLG Brandenburg GmbHR 1997, 796; ausführlich *Wimmer* DStR 1997, 1931 und Baumbach/*Haas* § 42a Rn. 31.

kommt. Nach der herrschenden Meinung in der Literatur[580] und der Rechtsprechung[581] entsteht der Gewinnauszahlungsanspruch der Gesellschafter erst mit Fassung des Verwendungsbeschlusses. Nach **neuer Auffassung in der Literatur**[582] ist der Verwendungsbeschluss nicht Voraussetzung für die Entstehung der Auszahlungsforderung sondern lediglich für deren Fälligkeit. Diese Differenzierung entfaltet nach der neueren Auffassung dann Bedeutung, wenn der Ergebnisverwendungsbeschluss pflichtwidrig verzögert wird. In diesem Fall kann der Gesellschafter bei Verstreichen der Frist des § 42 Abs. 2 GmbHG nach der neueren Auffassung die Auszahlung seines Gewinnanspruches fordern, soweit nicht der Regelungen des Gesellschaftsvertrages einer Auszahlung entgegenstehen.

Zum **Verfahren** gelten die allgemeinen – bereits oben unter Rn. 458 ff. dargestellten – Grundsätze. Auch hier ist eine Verlagerung der Kompetenz von der Gesellschafterversammlung auf andere Gremien möglich und zulässig. Insbesondere zulässig ist auch die Orientierung am aktienrechtlichen Modell, wonach die Gewinnverwendung bei den Gesellschafter verbleibt und die Bilanzfeststellung dem Aufsichtsrat zugewiesen wird. 487

Eine **Änderung des Ergebnisverwendungsbeschlusses** kommt nur in Betracht, soweit nicht in Gewinnansprüche der Gesellschafter eingegriffen wird. Eine Beeinträchtigung des einmal entstandenen Gläubigerrechts ist nur mit Zustimmung des Betroffenen möglich.[583] Insofern kann – mit der erforderlichen Zustimmung des Betroffenen – eine einvernehmliche Änderung vorgenommen werden. 488

b) **Rücklagendotierung und Gewinnvortrag.** Nach § 29 Abs. 2 GmbHG können die Gesellschafter bei Beschluss über die Verwendung des Ergebnisses, wenn der Gesellschaftsvertrag nichts anderes bestimmt, Beträge in Gewinnrücklagen einstellen oder als Gewinn vortragen. Daneben sind möglich die „Umqualifizierung" der Gewinnansprüche in Darlehen, um die Liquidität der Gesellschaft zu erhalten. 489

Weiter möglich ist, den Gewinn **auf neue Rechnung vorzutragen.** Der Unterschied zwischen der Einstellung in die Gewinnrücklage und den Vortrag auf neue Rechnung liegt darin, dass die Gewinnrücklage zunächst aufgelöst werden muss, um für eine Ausschüttung zur Verfügung stehen zu können, während der Gewinnvortrag „von selbst" zur Ausschüttung zur Verfügung steht. 490

c) **Minderheitenschutz.** Das GmbHG enthält keine Regelungen darüber, ob und in welcher Höhe eine **Mindestausschüttung** vorzunehmen ist. Diese Entscheidung liegt – anders als im Aktienrecht – grundsätzlich in der Dispositionsbefugnis der Gesellschafter. Ausgehend vom gesetzlichen Mehrheitserfordernis der einfachen Mehrheit sind Situationen vorstellbar, in welchen eine Mehrheit – bewusst oder unbewusst – Entscheidungen zum Nachteil der Minderheit trifft. Regelmäßig tritt diese Konfliktlage auf, wenn ein Mehrheitsgesellschafter aus z. B. Finanzierungsgesichtspunkten eine höhere Eigenkapitalquote durch „Zwangsthesaurierung" fordert, die Minderheitsgesellschafter aber eine Ausschüttung vorziehen würden. Weiter sind Fälle denkbar, in welchen die Minderheit durch eine betont restriktive Ausschüttungspolitik „ausgehungert" werden soll. Nach allgemeiner Auffassung[584] hat der Minderheitenschutz aus dem Moment der Treupflicht der Gesellschafter zu erfolgen. Wo konkret ein Schutz der Minderheit aus der Treupflicht der Gesellschafter einsetzt, ist nicht statisch feststellbar, sondern ist anhand der konkreten Situation der Gesellschaft zu entscheiden.[585] 491

Zur Vermeidung der insoweit auftretenden Rechtsunsicherheit sollten bei Gesellschaften, in welchen derartige Konfliktlagen auftreten können, entsprechende **Regelungen im Gesellschaftsvertrag** erfolgen, um die Minderheitenansprüche zu sichern. Er kann sich zu dem alten Gesetzesmodell bekennen, also das Vollausschüttungsgebot anordnen; er kann aber 492

---

[580] Baumbach/*Hueck*/*Fastrich* § 27 Rn. 38; Hachenburg/*Goerdeler*/*Müller* § 27 Rn. 4.
[581] BGH DB 1998, 2212.
[582] *Hommelhoff*, FS Rohwedder, S. 171, 183 ff.; ihm folgend MünchHdbGesR III/*Priester* § 58 Rn. 59.
[583] Scholz/*Schmidt* § 46 Rn. 34; Beck'sches HdbGmbH/*Ahrenkiel* § 10 Rn. 96 ff.
[584] Hachenburg/*Goerdeler*/*Müller* § 29 Rn. 62 m. w. N.
[585] Zu Versuchen einer pauschalierten Quantifizierung vgl. Lutter/*Hommelhoff* § 29 Rn. 21 ff., Beck'sches HdbGmbH/*Ahrenkiel* § 10 Rn. 73 f.

auch die Entscheidungskompetenzen anders verteilen oder für den Entscheidungsinhalt Vorgaben setzen. Möglich sind Regelungen in Anlehnung an § 58 AktG oder mit anderweitiger Differenzierung, ferner zwingende Vorschriften über bestimmte Rücklagenquoten.[586]

493 d) **Maßstab der Gewinnverteilung.** Nach der Grundregel des § 29 Abs. 3 S. 1 GmbHG erfolgt die Gewinnverteilung nach dem **Verhältnis der Geschäftsanteile.** Dabei sind die Nennbeträge entscheidend, nicht die darauf geleisteten Einzahlungen.[587] Ebenfalls unerheblich ist, ob ein Agio bei Ausgabe der Anteile geleistet wurde (da dies regelmäßig zum Ausgleich der Wertdifferenz zwischen Nominalwert und tatsächlichem Wert der Gesellschaft dient). Verfügt die Gesellschaft über **eigene Anteile**, sind diese vom Gewinnbezug ausgenommen. In diesem Fall erhöht sich das Gewinnbezugsrecht der übrigen Gesellschafter entsprechend.

494 Nach § 29 Abs. 3 S. 2 GmbHG sind abweichende Regelungen der Gewinnverteilung zulässig. Mögliche Varianten sind
- Verteilung nach Köpfen,
- Verteilung nach Einlageleistung,
- Gewinnverteilung entsprechend den Umsätzen der Gesellschafter mit der Gesellschaft,
- Schaffung von bei der Gewinnverwendung bevorzugten Anteilen („Vorzugsgeschäftsanteile") in Anlehnung an die aktienrechtliche Regelung sowie
- Gewinnverteilung entsprechend Geschäftsbereichergebnissen („Tracking Stocks"),
- Satzungsregelung, dass die Gesellschafter unter Zustimmung des beeinträchtigten Gesellschafters alljährlich über eine von der satzungsmäßigen Regelung abweichende Gewinnverteilung beschließen,[588]
- Anknüpfung der Gewinnverteilung am Gewinn einer Schwestergesellschaft,[589]
- Gesellschaftsvertragliche Regelung von Entnahmerechten und Festbezügen (in den Grenzen des § 30 GmbHG).[590]

495 Im Anschluss an die jüngere Rechtsprechung des BFH sind **disquotale Gewinnverteilungen** auch als **steuerliches Gestaltungsmittel** eingesetzt worden.[591] Die Finanzverwaltung erkennt derartige Gestaltungen jedoch derzeit nicht an.[592]

496 Weiter ist es zulässig, **unterschiedliche Gattungen von Geschäftsanteilen** (z. B. Vorzugsgeschäftsanteile und Stammanteile) zu bilden, die mit unterschiedlichen Rechten in der Gesellschafterversammlung ausgestattet sind. Der dadurch eröffnete Weitergestaltungsspielraum wird lediglich begrenzt durch die zwingenden gesetzlichen GmbH-rechtlichen Vorschriften sowie die Treupflicht der Gesellschafter.

5. Gewinnauszahlungsanspruch

497 a) **Entstehung.** Nach **herrschender Meinung** (siehe oben Rn. 486 ff.) entsteht der Gewinnauszahlungsanspruch **mit wirksamer Fassung des Ergebnisverwendungsbeschlusses.** Nach **neuerer Auffassung** entsteht der Gewinnauszahlungsanspruch bereits **mit Feststellung** des Jahresabschlusses. Lediglich die Fälligkeit wird durch den Verwendungsbeschluss bestimmt.

498 Der Ausschüttungsanspruch geht grundsätzlich auf **Auszahlung in Geld** und steht dem Gesellschafter zu. Der Anspruch unterliegt der regelmäßigen Verjährung (bis 31.12.2001 = 30 Jahre, ab 1.1.2002 3 Jahre mit Verjährungshöchstdauer 10 Jahre). Mit Entstehen des Anspruchs ist dieser abtretbar sowie verpfänd- und pfändbar.[593]

499 b) **Sonderformen der Gewinnverwendung.** *aa) Vorabausschüttungen.* Eine Sonderform der Gewinnverwendung stellen Vorabausschüttungen dar. Vorabausschüttungen sind Zahlungen der Gesellschaft an ihre Gesellschafter, die **während des Geschäftsjahres oder** jeden-

---

[586] *Roth/Altmeppen* § 29 Rn. 20 ff.
[587] A. A. *Rowedder* § 29 Rn. 58; *Hachenburg/Goerdeler/Müller* § 29 Rn. 68.
[588] BayObLG GmbHR 2001, 728.
[589] *Lenz* GmbHR 1997, 932.
[590] *Lutter/Hommelhoff* § 29 Rn. 47; *Baumbach/Hueck/Hueck/Fastrich* § 29 Rn. 64.
[591] BFH DB 1999, 2448, dazu ausführlich *Groh* DB 2000, 1433.
[592] Koordinierter Ländererlass v. 7.12.2000 – IV A 2 – S 2810 – 4/00 „Nichtanwendungserlass".
[593] Baumbach/Hueck/*Hueck/Fastrich* § 29 Rn. 49.

falls **vor Festlegung des Jahresabschlusses** im Hinblick auf einen bereits erzielten oder zumindest zum Geschäftsjahresende erwarteten Gewinn geleistet werden.⁵⁹⁴ Die im Aktienrecht nach § 59 AktG bestehende Beschränkung der Vorabausschüttung besteht bei der GmbH nach ganz überwiegender Ansicht nicht.⁵⁹⁵

Da Vorabausschüttungen unter dem Vorbehalt stehen,⁵⁹⁶ dass im Jahresabschluss ein entsprechender Jahresüberschuss bzw. Bilanzgewinn ausgewiesen ist, sind im Fall zu hoher Vorwegbezüge die überzahlten Beträge **zurückzuzahlen**.⁵⁹⁷ Soweit durch die Vorabausschüttung ein Verstoß gegen die Kapitalerhaltungsvorschriften der §§ 30, 31 GmbH vorliegt, resultiert der Erstattungsanspruch aus § 31 Abs. 1 GmbHG. Dieser Erstattungsanspruch entfällt nach der neueren Rechtsprechung des BGH nicht, wenn das Gesellschaftskapital zwischenzeitlich bis zur Höhe der Stammkapitalziffer wiederhergestellt ist.⁵⁹⁸ Soweit kein Verstoß gegen die Kapitalerhaltungsvorschriften vorliegt, wird die Rückzahlungsverpflichtung aus § 812 BGB abgeleitet, wobei die Entreicherungseinrede aus § 818 Abs. 3 BGB dem Gesellschafter nicht zusteht, da er den Vorbehalt gekannt hat.⁵⁹⁹ Nach allgemeiner Ansicht kann sich der Gesellschafter auch nicht auf einen gutgläubigen Bezug der Vorabausschüttung gemäß § 32 GmbHG berufen.

bb) Verdeckte Gewinnausschüttung. Ein weiterer Sonderfall der Gewinnverwendung wird unter dem Begriff der „verdeckten Gewinnschüttung" (VGA) zusammengefasst. Unter einer verdeckten Gewinnausschüttung wird gesellschaftsrechtlich **jeder Vermögenstransfer von der Gesellschaft zum Gesellschafter** verstanden, der ihm **aufgrund des Gesellschaftsverhältnisses** einen **Vorteil zu Lasten des Gesellschaftsvermögens außerhalb der Verteilung des Jahresgewinns** nach § 29 GmbHG einbringt.⁶⁰⁰ Der wesentliche Anwendungsbereich der verdeckten Gewinnausschüttung liegt im Steuerrecht, wo über diese Rechtsfigur eine Einkünftekorrektur vorgenommen wird. Handelsrechtlich geben sich im GmbH-Recht – anders als im Aktienrecht – keine ausdrücklichen Grenzen bzw. Verbote von verdeckten Gewinnausschüttungen. Anerkannt ist jedoch, dass die verdeckte Gewinnausschüttung unzulässig ist, wenn durch sie gegen das Kapitalerhaltungsverbot des § 30 GmbH verstoßen wird, wenn durch die Auszahlung eine Verletzung der Zuständigkeit der Gesellschafter zur Gewinnverwendung stattfindet sowie wenn der Gleichbehandlungsgrundsatz der Gesellschafter verletzt wird oder die gesellschaftsrechtliche Treuepflicht verletzt wird.

---

⁵⁹⁴ MünchHdbGesR III/*Priester* § 58 Rn. 98.
⁵⁹⁵ Scholz/*Emmerich* § 29 Rn. 106.
⁵⁹⁶ BFH NV 1994, 83 – auflösende Bedingung der hinreichenden Gewinnentstehung.
⁵⁹⁷ OLG Hamm DStR 1992, 827.
⁵⁹⁸ BGHZ 144, 336 = HFR 2001, 620.
⁵⁹⁹ Scholz/*Emmerich* § 29 Rn. 109.
⁶⁰⁰ Lutter/*Hommelhoff* § 29 Rn. 50; Scholz/*Emmerich* § 29 Rn. 109; vgl. i. Ü. → § 18 Rn. 63 ff.

Teil F. Steuern

§ 17 Besteuerung der GmbH

Übersicht

	Rn.
I. Allgemeines	1–11
1. Überblick	1
2. Besteuerung von GmbH und Gesellschafter	2–11
II. Steuerpflicht und zu versteuerndes Einkommen	12–45
1. Unbeschränkte Steuerpflicht	12–15
2. Beschränkte Steuerpflicht	16–18
3. Beginn und Ende der Steuerpflicht	19/20
4. Steuerbefreiungen	21–23
5. Das zu versteuernde Einkommen (Körperschaftsteuer)	24–33
6. Gewerbesteuer	34–45
III. Besteuerung von Gewinnausschüttungen	46–61
1. Beteiligungen an inländischen Kapitalgesellschaften	46–56
2. Beteiligungen an ausländischen Kapitalgesellschaften	57–61
IV. Verkauf von Beteiligungen an Kapitalgesellschaften	62–69
V. Sonderregelung für Kreditinstitute, Finanzdienstleistungsinstitute und Finanzunternehmen	70/71
VI. Hinzurechnungsbesteuerung (Außensteuerrecht)	72–84
VII. Veränderung des Stammkapitals	85–93
1. Kapitalerhöhung	85–90
2. Kapitalherabsetzung	91–93
VIII. Übertragung von Bezugsrechten	94–100
IX. Erwerb eigener Anteile	101–107
X. Verdeckte Gewinnausschüttungen	108–118
1. Der Tatbestand einer vGA	109–114
2. Rechtsfolgen einer vGA	115–118
XI. Einlagen	119–123
XII. Eigenkapitalfinanzierung	124–134
1. Finanzierung über die Ausgabe von neuen Geschäftsanteilen	125–127
2. Finanzierung über (atypisch) stille Beteiligungen	128/129
3. Finanzierung über Genussrechte	130–134
XIII. Fremdkapitalfinanzierung	135–143
1. Formen der Fremdfinanzierung	135/136
2. Rangrücktritt und Darlehensverzicht	137–140
3. Besonderheiten bei Gesellschafterdarlehen	141–143
XIV. Zinsschranke	144–160
1. Allgemein	144–151
2. Ausnahmen	152–160
XV. Verlustabzugsbeschränkung	161–170
XVI. Organschaft	171–198
1. Finanzielle Eingliederung	175/176
2. Gewinnabführungsvertrag	177–186
3. Rechtsfolgen der Organschaft	187–191
4. Ausgleichsposten	192–198
XVII. Der Steuertarif	199–202
1. Körperschaftsteuertarif	199
2. Solidaritätszuschlag	200
3. Gewerbesteuertarif	201/202
XVIII. Die Steuerveranlagung	203–205

	Rn.
XIX. Gesellschafterwechsel	206–214
1. Anteile im Privatvermögen einer natürlichen Person	207–212
2. Anteile im Betriebsvermögen einer natürlichen Person	213
3. Kapitalgesellschaft als Anteilseigner	214
XX. Erwerb einer GmbH	215–217
XXI. Liquidation	218–233
1. Abwicklungszeitraum	221–223
2. Abwicklungsgewinn (Liquidationsgewinn)	224–228
3. Auswirkungen der Liquidation auf den Gesellschafter	229–233
XXII. Umsatzsteuer	234–236
XXIII. Erbschaft- und Schenkungsteuer	237–245
XXIV. Grunderwerbsteuer	246–250

Schrifttum: *Bareis,* Systembruch durch Ausgleichposten nach § 14 Abs. 4 KStG? Anmerkung zu BFH I R 5/05 und zu Kolbe, StuB 2008, 293 ff., FR 2008, 649 ff.; *Barzen,* Unternehmensteuerreform 2008: Änderungen bei der Gewerbesteuer, BC 2007, 192 ff.; *Behrens,* Ertragsteuerliche Behandlung nach § 1 Abs. 2a oder Abs. 3 GrEStG angefallener Grunderwerbsteuer, DStR 2008, 338 ff.; *Behrens/Meyer-Wirges,* Anmerkungen zum koordinierten Ländererlass vom 21.3.2007 zur grunderwerbsteuerlichen Organschaft, DStR 2007, 1290 ff.; *Bogenschütz/Tibo,* Erneute Änderung des § 8b KStG und weiterer Vorschriften betreffend den Eigenhandel von Banken und Finanzdienstleistern – Auswirkungen auf Unternehmen außerhalb der Kreditwirtschaft, DB 2001, 8 ff.; *Boruttau-Fischer,* Grunderwerbsteuergesetz, 17. Aufl. 2011; *Breithecker/Förster,* Kommentar zum UntStRefG, 2007; *Breuninger/Schade,* Entwurf eines BMF-Schreibens zu § 8c KStG – „Verlustvernichtung" ohne Ende?, Ubg 2008, 261 ff.; *Büchele,* Offene und verdeckte Einlagen im Bilanz- und Gesellschaftsrecht, DB 1997, 2337 ff.; *Centrale für GmbH,* GmbH-Handbuch III Steuerrecht, Loseblatt, 2013; *Dörner,* Verdeckte Gewinnausschüttungen sowie Leistungen zwischen Kapitalgesellschaft und Gesellschafter nach dem Halbeinkünfteverfahren, INF 2001, 76 ff.; *Dötsch,* Minder- und Mehrabführungen mit Verursachung in organschaftlicher Zeit – Bildung und Auflösung steuerlicher Ausgleichsposten zur Organbeteiligung nach Inkrafttreten des § 14 Abs. 4 KStG i.d.F. des JStG 2008 –, Ubg 2008, 117 ff.; *Dötsch/Pung/Möhlenbrock,* Die Körperschaftsteuer, Loseblatt, 2013; *Ernst & Young/BDI,* Die Unternehmensteuerreform 2008, 2007; *Ernst & Young,* Kommentar zum Außensteuergesetz, Loseblatt, 2012; *Flick/Wassermeyer/Baumhoff,* Kommentar zum Außensteuergesetz, Loseblatt, 2013; *Förster,* Kauf und Verkauf von Unternehmen nach dem UntStFG, DB 2002, 1394 ff.; *Frotscher/Maas,* Kommentar zum Körperschaftsteuergesetz, Loseblatt, 2012; *Fuhrmann/Strahl,* Änderungen im Unternehmensteuerrecht durch das JStG 2008, DStR 2008, 125 ff.; *Füllsack,* Keine Rückwirkung der geminderten Wesentlichkeitsgrenze in § 17 EStG, Anmerkung zu FG-Baden-Württemberg, Beschl. v. 8.12.2000, 9 V 85/00, DStR 2001, 120 ff.; *Gosch,* Körperschaftsteuergesetz, 2009; *ders.,* Über das Treaty-Overriding – Bestandsaufnahme – Verfassungsrecht – Europarecht, IStR 2008, 413 ff.; *ders.,* Zur Ermittlung der Wesentlichkeitsgrenze einer Kapitalbeteiligung nach § 17 EStG, Anmerkung zum BFH-Urteil v. 25.11.1997 – VIII R 29/94, StBp 1998, 165 ff.; *Haas,* Die Gewerbesteuerpflicht von Dividenden aus Streubesitz nach § 8 Nr. 5 GewStG und ihre Auswirkungen auf 100%-Beteiligungen, DB 2002, 549 ff.; *Haritz/Asmus,* Bewertung abgespaltener Beteiligungen börsennotierter Kapitalgesellschaften auf der Ebene der Anteilseigner, DStR 2003, 2052 ff.; *Hey,* Bedeutung und Besteuerungsfolgen der verdeckten Gewinnausschüttung nach der Unternehmensteuerreform, GmbHR 2001, 1 ff.; *Herzig,* Organschaft, 2003; *Herzig,* Steuerliche Konsequenzen des Regierungsentwurfs zum BilMoG, DB 2008, 1339 ff.; *Herzig/Liekenbrock,* Zinsschranke im Organkreis, DB 2007, S. 2387; *Hueffer,* Kommentar zum Aktiengesetz, 10. Aufl. 2012; *Kirchhof,* Einkommensteuergesetz, 12. Aufl. 2013; *Klein,* Abgabenordnung, 11. Aufl. 2012; *Köhler,* Erste Gedanken zur Zinsschranke nach der Unternehmensteuerreform, DStR 2007, 597 ff.; *Köhler/Hahne,* BMF-Schreiben zur Anwendung der steuerlichen Zinsschranke und zur Gesellschafter-Fremdfinanzierung bei Kapitalgesellschaften – Wichtige Verwaltungsregelungen, strittige Punkte und offene Fragen nach dem BMF-Schreiben vom 4.7.2008, IV C 7 – S 2742-a/07/10.001, DStR 2008, 1505 ff.; *Köhler/Haun,* Kritische Analyse der Änderungen der Hinzurechnungsbesteuerung durch das JStG 2008, Ubg 2008, 73 ff.; *Lenz,* Der neue § 8c KStG aus Unternehmenssicht, Ubg 2008, 24 ff.; *Mohr,* Kapitalersetzende Gesellschafterdarlehen und Rangrücktritt, GmbH-StB 1997, 193 ff.; *Neu,* Die Liquidationsbesteuerung der GmbH, GmbHR 2000, 57 ff.; *Reis,* Problemfelder und Gestaltungshinweise zum neuen „§ 17 EStG", INF 2001, 81 ff.; *Reiß/Kraeusel/Langer,* Umsatzsteuergesetz, Loseblatt, 2013; *Ritzer,* Anwendungsfragen zur Hinzurechnung von Finanzierungsanteilen nach § 8 Nr. 1 GewStG i.d.F. der UntStRefG 2008, DStR 2008, 1613 ff.; *Rödder,* Unternehmensteuerreformgesetz 2008, DStR-Beihefter 2007, 2 ff.; *ders.,* Das neue Unternehmenserbschaftsteuerrecht – die wesentlichen Prüfungspunkte aus Sicht von Familienunternehmen, DStR 2008, 997 ff.; *Rödder/Schumacher,* Das kommende SEStEG – Teil I: Die geplanten Änderungen des EStG, KStG und AStG – Der Regierungsentwurf eines Gesetzes über steuerliche Begleitmaßnahmen zur Einführung der Europäischen Gesellschaft und zur Änderung weiterer steuerrechtlicher Vorschriften, DStR 2006, 1481 ff.; *dies.,* Unternehmensteuerfortentwicklungsgesetz: Wesentliche Veränderungen des verkündeten Gesetzes gegenüber dem Regierungsentwurf, DStR 2002, 105 ff.; *Schaden/Käshammer,* Die Neuregelung des § 8a KStG im Rahmen der Zinsschranke, BB 2007, 2259 ff.; *Schüppen/Sanna,* Probleme beim Abschied von der wesentlichen Beteiligung, BB 2001, 2397 ff.; *Sontheimer,* Die steuerliche Behandlung von Genussrechten, BB 1984 Beilage 19; *Schmidt*, Kommentar zum Einkommensteuergesetz, 32. Aufl. 2013; *Streck*, Körperschaftsteuergesetz mit Nebengesetzen, 7. Aufl. 2008; *Tipke/Kruse*, Kommentar zur Abgabenordnung und zur Finanzgerichtsordnung, Loseblatt, 2012; *Weilbach/Dietz*, Grunderwerbsteuer, Loseblatt, 2010

I. Allgemeines

1. Überblick

Die GmbH ist – anders als eine Personengesellschaft – **eigenständiges Steuersubjekt** für Zwecke der Besteuerung. Personengesellschaften (oHG, KG und andere Mitunternehmerschaften) sind nur für Zwecke der Gewerbesteuer, nicht aber für Körperschaftsteuerzwecke Steuersubjekt; dies gilt auch für die GmbH & Co. KG, die als solche zu den Personengesellschaften (Mitunternehmerschaften) zählt.[1] Die Besteuerung der GmbH bestimmt sich verfahrensrechtlich nach der Abgabenordnung und den Verfahrensvorschriften der Einzelsteuergesetze. Letztere enthalten zusammen mit den dazu erlassenen Durchführungsbestimmungen das materielle Steuerrecht der GmbH. Von den Einzelsteuergesetzen besitzen die Vorschriften des Ertrag- und Substanzsteuerrechts (Einkommensteuer-, Körperschaftsteuer-, Erbschaft- und Schenkungsteuer- sowie im Einzelfall auch das Außensteuergesetz), des Realsteuerrechts (Gewerbesteuer- und Grundsteuergesetz) sowie die verschiedenen Verkehr- und Verbrauchsteuern (unter anderem Umsatzsteuer- und Grunderwerbsteuergesetz) besondere Bedeutung für die GmbH. Das Körperschaftsteuergesetz (KStG) regelt die spezifischen Besonderheiten für Körperschaften; im Übrigen gilt das Einkommensteuergesetz (EStG), einschließlich der darin enthaltenen Generalverweisung auf das Handelsgesetzbuch (HGB) (Maßgeblichkeitsgrundsatz, § 5 Abs. 1 Satz 1 EStG). Das zu versteuernde Einkommen der GmbH unterliegt im Regelfall der **Körperschaftsteuer** (zzgl. Solidaritätszuschlag) und der **Gewerbesteuer** (Welteinkommensprinzip). Umsätze der GmbH unterliegen in der Regel der **Umsatzsteuer**. Soweit die GmbH über Grundvermögen verfügt, fällt bei der Übertragung von GmbH-Anteilen, die zur Vereinigung von mindestens 95% der Anteile in der Hand eines Erwerbers führt, **Grunderwerbsteuer** an.

2. Besteuerung von GmbH und Gesellschafter

Im Rahmen der Besteuerung der GmbH ist grundlegend zwischen der **Besteuerung auf Gesellschaftsebene** sowie der **Besteuerung auf Gesellschafterebene** zu unterscheiden (Trennungsprinzip).

a) **Ebene der GmbH.** Das zu versteuernde Einkommen der GmbH unterliegt im Regelfall der **Körperschaftsteuer** (zzgl. Solidaritätszuschlag) und der **Gewerbesteuer** (Welteinkommensprinzip). Die Gesamtsteuerbelastung der GmbH beträgt derzeit zwischen 22,8% bis rd. 32,8% (15,8% Körperschaftsteuer zzgl. 7–17% Gewerbesteuer in Abhängigkeit des lokalen Gewerbesteuerhebesatzes).

b) **Ebene des Gesellschafters.** Offene und verdeckte Gewinnausschüttungen der GmbH unterliegen im Grundsatz auf Ebene des Empfängers der Besteuerung. Ist Empfänger der Gewinnausschüttung eine **natürliche Person**,[2] hängt die steuerliche Behandlung der Gewinnausschüttung davon ab, ob der Anteil an der GmbH zum steuerlichen Privat- oder Betriebsvermögen zählt.

Ist der Anteil dem Privatvermögen und die Gewinnausschüttung beim Gesellschafter den Einkünften aus Kapitalvermögen zuzuordnen, unterliegt sie einem besonderen, einheitlichen Steuersatz von 25%, zuzüglich 5,5% Solidaritätszuschlag (Gesamtbelastung 26,4%). Soweit die Gewinnausschüttung der Kapitalertragsteuer (Abgeltungsteuer) unterlegen hat, ist die Einkommensteuer mit dem von der GmbH vorzunehmenden Steuereinbehalt von 26,4% vorbehaltlich nachfolgender Ausnahmen abgegolten.

---

[1] Vgl. Grundsatzentscheidung des BFH Urt. v. 25.6.1984 – BStBl. 1984 II, S. 84; ebenso: BFH Urt. v. 17.4.1996 – BFH/NV 1998, S. 116.
[2] Besonderheiten bei Kirchensteuerpflicht werden nachstehend ausgeklammert.

6 Ausnahmen von der Abgeltungswirkung gelten auf Antrag, wenn der Gesellschafter im fraglichen Veranlagungszeitraum unmittelbar oder mittelbar an der GmbH zu mindestens 25% beteiligt oder zu mindestens 1% beteiligt und für die GmbH beruflich tätig ist. Der Gesellschafter kann Werbungskosten nur in diesen Fällen auch über den Sparer-Pauschbetrag hinaus geltend machen. Im Übrigen kann der Gesellschafter beantragen, dass seine Einkünfte aus Kapitalvermögen (einschließlich der Gewinnausschüttung) zusammen mit seinen sonstigen steuerpflichtigen Einkünften der tariflichen Einkommensteuer unterworfen werden, wenn dies zu einer insgesamt niedrigeren Steuerbelastung führen sollte (Günstigerprüfung). In diesem Fall darf aber nur der Sparer-Pauschbetrag abgezogen werden.

7 Stellt der Gesellschaftsanteil demgegenüber Betriebsvermögen der natürlichen Person dar, unterliegt die Gewinnausschüttung grundsätzlich zu 60% der tariflichen, progressiven Einkommensteuer zzgl. Solidaritätszuschlag; die Kapitalertragsteuer, nicht aber die auf Ebene der Körperschaft erhobene Körperschaftsteuer, wird angerechnet (§ 36 Abs. 2 EStG). Betriebsausgaben, die mit der Gewinnausschüttung wirtschaftlich in Zusammenhang stehen, sind zu 60% abzugsfähig.

8 Ist Empfänger der Gewinnausschüttung eine steuerpflichtige **Kapitalgesellschaft,** bleibt die Gewinnausschüttung bei der Ermittlung des Einkommens bei einer unmittelbaren Beteiligung von mehr als 10% prinzipiell außer Ansatz (§ 8b Abs. 1, 4 KStG). Als Folge unterliegt die Gewinnausschüttung bei der empfangenden Kapitalgesellschaft keiner erneuten Ertragsteuerbelastung. Allerdings gelten 5% der Gewinnausschüttung als nicht abzugsfähige Betriebsausgaben und unterliegen der Besteuerung (§ 8b Abs. 5 S. 1 KStG). Im Ergebnis wird die an sich 100%ige Steuerbefreiung auf eine nur 95%ige reduziert. Die tatsächlich im Zusammenhang mit der Beteiligung an der ausschüttenden GmbH entstehenden Betriebsausgaben bleiben jedoch in voller Höhe abzugsfähig (§ 8b Abs. 5 Satz 2 KStG). Die nichtsdestotrotz einzubehaltende Kapitalertragsteuer wird angerechnet oder ggf. erstattet.

9 Wird der Gewinnanteil in der Folge an eine dritte Kapitalgesellschaft weitergeschüttet, stellt sich durch die auf jeder Stufe fingiert nicht abziehbaren 5% Betriebsausgaben wirtschaftlich ein nachteiliger Kaskadeneffekt bei der Besteuerung ein, der jedoch durch Begründung einer körperschaftsteuerlichen Organschaft vermieden werden kann.

10 Gewinnausschüttungen aus Streubesitzbeteiligungen unterliegen gemäß § 8b Abs. 4 seit dem 1. März 2013 der Körperschaftsteuer.[3] Eine Streubesitzbeteiligung liegt vor, wenn die unmittelbare Beteiligung der GmbH (bzw. die über eine Mitunternehmerschaft gehaltene Beteiligung der GmbH) an der nachgeschalteten Kapitalgesellschaft zu Beginn des Kalenderjahres weniger als 10% beträgt. Ein im Laufe des Kalenderjahres erfolgter Erwerb einer Beteiligung von mindestens 10% gilt dabei als zu Beginn des Kalenderjahres bewirkt (Fiktion).

11 Die Steuerfreistellung gilt im Grundsatz auch für die Gewerbesteuer, jedoch nicht in allen Fällen, so dass eine Doppelbelastung mit Gewerbesteuer nicht in jedem Fall ausgeschlossen ist. So unterliegen Gewinnausschüttungen aus Kapitalgesellschaftsbeteiligungen insbesondere dann in voller Höhe der Gewerbesteuer, wenn die Beteiligung an der ausschüttenden Gesellschaft zu Beginn des Erhebungszeitraums nicht mindestens 15% des Grund- oder Stammkapitals beträgt.

II. Steuerpflicht und zu versteuerndes Einkommen

1. Unbeschränkte Steuerpflicht

12 Eine GmbH, die ihre **Geschäftsleitung** oder ihren **Sitz im Inland** hat, ist gem. § 1 Abs. 1 Nr. 1 KStG in der Bundesrepublik Deutschland unbeschränkt körperschaftsteuerpflichtig. Als Folge unterliegt sie mit ihren (in- und ausländischen) Einkünften nach § 1 Abs. 2 KStG grundsätzlich der Körperschaftsteuer. Hat die Kapitalgesellschaft neben den inländischen auch ausländische Einkünfte, so können diese aufgrund eines anwendbaren **Doppelbesteue-**

---

[3] Die Steuerpflicht wurde eingeführt mit dem Gesetz zur Umsetzung des EuGH-Urteils vom 20.10.2011 in der Rechtssache C-284/09; BStBl. I 2013, 561. Zur Thematik vgl. *Intemann* BB 2013, 1239; *Haisch/Helios* DB 2013, 724 f.

rungsabkommens (DBA) von der deutschen Besteuerung ausgenommen sein. Soweit die GmbH ausländische Einkünfte bezieht und darauf im Ausland Steuern bezahlt hat, ist die Anrechnungsmöglichkeit der ausländischen Steuern auf die deutsche Körperschaftsteuer in Betracht zu ziehen.[4]

Die GmbH hat ihre **Geschäftsleitung** grundsätzlich am **Mittelpunkt ihrer geschäftlichen Oberleitung** (§ 10 AO). Darunter wird der Ort verstanden, an dem die laufenden Entscheidungen der Geschäftsleitung getroffen werden.[5] Dazu zählen insbesondere die tatsächlichen und rechtlichen Handlungen, die der gewöhnliche Betrieb der Gesellschaft mit sich bringt (Tagesgeschäft).[6]

Ihren **Sitz** hat eine GmbH an dem Ort, der durch Gesellschaftsvertrag, Satzung oder dergleichen bestimmt wird (§ 11 AO). Befindet sich der Sitz im Inland, ist die Gesellschaft unbeschränkt körperschaftsteuerpflichtig, unabhängig davon, wo sich die Geschäftsleitung befindet.

Bei Verlegung des Verwaltungssitzes oder des Orts der tatsächlichen Geschäftsführung der GmbH kann eine doppelte steuerliche Ansässigkeit im In- und Ausland begründet werden und damit prinzipiell in zwei Staaten unbeschränkte Steuerpflicht für die GmbH eintreten. Besteht mit dem anderen Staat ein Doppelbesteuerungsabkommen, sind darin die Rahmenbedingungen für das ‚ob' und ‚wie' des jeweiligen Steuerzugriffsrechts niedergelegt.

> **Praxistipp:**
> Führen ausschließlich nicht im Inland ansässige Personen als Geschäftsführer das Tagesgeschäft der GmbH vom Ausland aus, liegt der faktische Verwaltungssitz der GmbH im Ausland. Die geschäftliche Oberleitung der GmbH kann sich durch die faktische Ausübung der Geschäftsführung im Ausland auch nachträglich in das Ausland verlagern; in diesem Fall besteht für die GmbH das Risiko der deutschen Endbesteuerung (§ 12 KStG) und der Begründung der steuerlichen Ansässigkeit im Ausland. Soll dieses Risiko von vorne herein ausgeschlossen werden, empfiehlt sich in der Praxis die Bestellung von mehrheitlich solchen Personen zu Geschäftsführern, die das Tagesgeschäft der GmbH im Inland führen.

2. Beschränkte Steuerpflicht

Hat die GmbH weder ihre Geschäftsleitung noch ihren Sitz im Inland, ist diese gem. § 2 Nr. 1 KStG in der Bundesrepublik Deutschland beschränkt körperschaftsteuerpflichtig, soweit sie **inländische Einkünfte**[7] erzielt. Inländische Einkünfte sind z.B. Einkünfte aus in Deutschland belegenem Grundvermögen oder Einkünfte, die über eine deutsche Betriebsstätte oder einen in Deutschland tätigen ständigen Vertreter erzielt werden. Ein steuerlicher Zugriff des deutschen Fiskus auf inländische Einkünfte kann aber beschränkt oder ausgeschlossen sein, wenn ein Doppelbesteuerungsabkommen Anwendung findet.

Eine **Betriebsstätte** ist gemäß § 12 AO jede feste Geschäftseinrichtung oder Anlage im Inland, die der Tätigkeit eines Unternehmens dient.[8]

Ein **ständiger Vertreter** ist gemäß § 13 AO eine Person, die nachhaltig die Geschäfte eines Unternehmens in Deutschland besorgt und dabei dessen Sachweisungen unterliegt. Dazu zählt insbesondere der Vertreter mit Abschlussvollmacht, der nachhaltig Verträge für den Vertretenen abschließt. Zur Begründung eines ständigen Vertreters ist auch die Vermittlung solcher Verträge ausreichend.

3. Beginn und Ende der Steuerpflicht

Eine GmbH erlangt ihre Rechtsfähigkeit mit Eintragung in das Handelsregister. Nach herrschender Ansicht entsteht die **Körperschaftsteuerpflicht** aber **bereits mit Abschluss eines**

---

[4] Vgl. § 26 KStG i.V.m. § 34c EStG.
[5] Vgl. *Klein* § 10 AO Rn. 2; *Tipke/Kruse* § 10 AO Rn. 1.
[6] Vgl. BFH Urt. v. 7.12.1994 – BStBl. 1995 II, S. 175.
[7] Siehe Katalog in § 49 EStG.
[8] Vgl. Betriebsstättenerlass BStBl. 1999 I, S. 1076.

formgültigen Gesellschaftsvertrages, d. h. es ist bereits die Vorgesellschaft körperschaftsteuerpflichtig.[9] Die bis zur notariellen Beurkundung des Gesellschaftsvertrages bestehende Vorgründungsgesellschaft ist als Personengesellschaft zu besteuern.[10]

20 Die rechtliche Existenz der GmbH endet mit ihrer Löschung im Handelsregister. Aus steuerlicher Sicht ist dieser Vorgang ohne Bedeutung.[11] Die Körperschaftsteuerpflicht **erlischt** erst **mit dem wirksamen Abschluss der Liquidation** (einschließlich Ablauf des **Sperrjahres**). Für den Liquidationszeitraum, der mit dem Auflösungsbeschluss beginnt, ist eine Liquidationsbesteuerung durchzuführen (vgl. § 11 KStG). Die Steuerpflicht einer GmbH endet insoweit nicht bereits mit deren Auflösung oder Löschung im Handelsregister, sondern erst mit der tatsächlichen und rechtsgültigen Beendigung aller Geschäfte und der Verteilung des gesamten Gesellschaftsvermögens.[12] Ebenso lässt die Eröffnung des Insolvenzverfahrens die Steuerpflicht der GmbH unberührt fortbestehen. Bei bestimmten Umwandlungen im Sinne des Umwandlungsgesetzes endet die Körperschaftsteuerpflicht der GmbH, soweit diese die übertragende Einheit ist, mit Ablauf des steuerlichen Übertragungsstichtages (§ 2 UmwStG) der von dem Stichtag der Löschung im Handelsregister abweichen kann.

4. Steuerbefreiungen

21 Verschiedene Einzelsteuergesetze sehen die vollständige oder teilweise Steuerbefreiung von Steuerpflichtigen insgesamt oder von bestimmten Einnahmen vor.[13] Wird die GmbH von der Körperschaftsteuer befreit, hat sie auf den Zeitpunkt, in dem die Steuerpflicht endet, eine Schlussbilanz aufzustellen. Entfällt für eine steuerbefreite GmbH die Steuerbefreiung, hat sie umgekehrt auf den Zeitpunkt, in dem die Steuerpflicht beginnt, eine Anfangsbilanz aufzustellen.[14]

22 Die in der Praxis wohl wichtigste Steuerbefreiung betrifft GmbH's, die nach ihrer Satzung und nach der tatsächlichen Geschäftsführung ausschließlich und unmittelbar gemeinnützigen, mildtätigen oder kirchlichen Zwecken dienen (sog. gGmbH).[15]

5. Das zu versteuernde Einkommen (Körperschaftsteuer)

23 a) **Ermittlung des zu versteuernden Einkommens.** Der Körperschaftsteuer unterliegt das von der GmbH im steuerlichen **Veranlagungszeitraum (VZ)** erzielte Einkommen. Der steuerliche Veranlagungszeitraum entspricht grundsätzlich dem **Kalenderjahr**. Bei unterjähriger Begründung oder Erlöschen der Steuerpflicht oder bei Wechsel zwischen unbeschränkter und beschränkter Steuerpflicht und umgekehrt tritt an die Stelle des Kalenderjahres der Zeitraum der jeweiligen Steuerpflicht.

24 Bei Steuerpflichtigen, die Bücher führen, kann das Wirtschaftsjahr vom Kalenderjahr abweichen. Weicht das Wirtschaftsjahr der GmbH vom Kalenderjahr ab, gilt das Einkommen als in dem Kalenderjahr bezogen, in dem das Wirtschaftsjahr endet.[16]

25 Die **Umstellung eines Wirtschaftsjahres** auf ein vom Kalenderjahr abweichendes Wirtschaftsjahr ist steuerlich nur wirksam, wenn dies im Einvernehmen mit dem zuständigen Finanzamt vorgenommen wird (§ 4a Abs. 1 Nr. 2 EStG). Das Finanzamt hat die Zustimmung

---

[9] Vgl. BFH Urt. v. 8.4.1960 – BStBl. 1960 III, S. 319; BFH Urt. v. 11.4.1973 – BStBl. 1973 II, S. 568; *Streck* § 1 KStG Anm. 8; Dötsch/Jost/Pung/Witt/*Graffe* § 1 KStG Rn. 109.
[10] Es fehlt an der Identität von Vorgründungsgesellschaft und Vor-GmbH bzw. GmbH. Die Einkünfte der Vorgründungsgesellschaft sind von den Beteiligten im Rahmen ihrer ESt-Veranlagung zu versteuern (§ 15 Abs. 1 Nr. 2 EStG). Die Einkünfte unterliegen ggfs. zusätzlich der Gewerbesteuer, sofern die Vorgründungsgesellschaft einen Gewerbebetrieb unterhält.
[11] Vgl. FG BaWü Urt. v. 26.4.1990 – EFG 1990, 540; Dötsch/Jost/Pung/Witt/*Graffe* § 1 KStG Rn. 112.
[12] BFH Beschl. v. 11.9.1996 – BFH/NV 1997, S. 166 ff. Wird hingegen von den Gesellschaftern der GmbH lediglich der Auflösungsbeschluss gefasst, beteiligt sich die GmbH jedoch weiterhin als „werbende" Gesellschaft am Markt (sog. „Scheinliquidation"), ist § 11 KStG nicht anzuwenden; es bleibt bei der normalen jährlichen Veranlagung. Vgl. RFH Urt. v. 28.8.1928 – RStBl. 1928, S. 366.
[13] Vgl. unter anderem §§ 3 EStG, 5 KStG, 3 GewStG.
[14] Vgl. § 13 KStG.
[15] Vgl. §§ 5 Abs. 1 Nr. 9 KStG, 51 ff. AO.
[16] Vgl. § 4a Abs. 2 Nr. 2 EStG.

zu erteilen, wenn für die Umstellung des Wirtschaftsjahres in der Organisation des Betriebs der GmbH gelegene gewichtige Gründe angeführt werden können; dabei ist nicht erforderlich, dass die Umstellung betriebsnotwendig ist.[17]

I. d. R. als Grund anerkannt wird die andernfalls zu besorgende Verzögerung bei der Erstellung eines Konzernabschlusses, in dem das Ergebnis der GmbH zu konsolidieren ist. Für die Umstellung des Wirtschaftsjahrs auf ein kalenderjahrgleiches Wirtschaftsjahr ist die Zustimmung des Finanzamts nicht erforderlich.

Das zu versteuernde Einkommen einer Kapitalgesellschaft ist gemäß § 8 Abs. 1 KStG nach den Vorschriften des **KStG** und des **EStG** zu ermitteln. Gemäß § 7 Abs. 1 KStG bemisst sich die Körperschaftsteuer nach dem zu versteuernden Einkommen, das wiederum gemäß § 8 Abs. 1 KStG nach den Vorschriften des Einkommensteuergesetzes zu ermitteln ist, soweit nicht das Körperschaftsteuerrecht besondere Vorschriften enthält.

In Deutschland unbeschränkt steuerpflichtige Kapitalgesellschaften erzielen gemäß § 8 Abs. 2 KStG ausschließlich **Einkünfte aus Gewerbebetrieb**.[18] Ihr Gewinn ist durch Betriebsvermögensvergleich gemäß § 5 Abs. 1 EStG zu ermitteln. Grundlage des Vermögensvergleichs ist die Handelsbilanz der GmbH (Maßgeblichkeitsgrundsatz). Aus dem handelsbilanziellen Jahresergebnis wird in einem mehrstufigen Ermittlungsverfahren das zu versteuernde Einkommen der GmbH ermittelt.[19] Im Gegensatz zu Privatpersonen haben Kapitalgesellschaften keine private Sphäre, die von der Besteuerung ausgenommen ist.[20]

b) Gründungsaufwand, Kapitalerhöhungskosten und Einlagen. Der Gründungsaufwand stellt nur dann eine Betriebsausgabe der GmbH dar und kann somit steuerlich auf Ebene der GmbH als Betriebsausgabe in Abzug gebracht werden, wenn die Satzung vorsieht, dass die GmbH den mit der Gründung zusammenhängenden Aufwand zu tragen hat.[21] Aus steuerlicher Sicht ist es insofern erforderlich, festzuhalten, inwieweit das gezeichnete Kapital der GmbH durch diesen Aufwand belastet wird. Die Gründungskosten sind in der Satzung als Gesamtbetrag auszuweisen, wobei Beträge, die noch nicht einzeln beziffert werden können, geschätzt werden müssen.[22]

Im Zusammenhang mit **Kapitalerhöhungskosten** ist nach der Rechtsprechung[23] zu differenzieren: Die Kosten der eigentlichen Kapitalerhöhung (Beurkundungs- und Registerkosten, Rechtsberatung, Kapitalverkehrsteuern, etc.) stellen Betriebsausgaben dar, ohne dass es einer besonderen Satzungsregelung bedarf. Die Kosten der Übernahme der neuen Kapitalanteile sind keine Betriebsausgaben, weil sie auf dem Übernahmevertrag beruhen, der nicht Bestandteil des Kapitalerhöhungsbeschlusses ist. Sollen diese ebenfalls von der GmbH getragen werden, ist dies im Kapitalerhöhungsbeschluss vorzusehen. Eine Aufschlüsselung der einzelnen Kosten ist insoweit erforderlich.[24]

Einlagen der Gesellschafter sind grundsätzlich jederzeit möglich. Sie stellen **kein steuerpflichtiges Einkommen** der GmbH dar. Eine Einlage liegt vor, wenn ein Gesellschafter oder eine ihm nahe stehende Person der GmbH einen einlagefähigen Vermögensvorteil zuwendet und diese Zuwendung durch das Gesellschaftsverhältnis veranlasst ist.[25] Eine Veranlassung durch das Gesellschaftsverhältnis ist immer dann gegeben, wenn ein Nichtgesellschafter bei Anwendung der Sorgfalt eines ordentlichen Kaufmanns der GmbH den Vermögensvorteil nicht eingeräumt hätte. Liegen die Voraussetzungen für eine Einlage nicht vor und erfolgt gleichwohl eine Zuwendung an die GmbH, erzielt die GmbH insofern einen steuerpflichtigen Ertrag.

Anders als bei einer Personengesellschaft sind bei der GmbH **Entnahmen** im steuerlichen Sinne nicht möglich (im Gegensatz zur gesellschaftsrechtlichen Beurteilung). Werden Ent-

---

[17] Vgl. BFH Urt. v. 9.1.1874 – BStBl. II S. 238.
[18] Vgl. § 8 Abs. 2 KStG i. V. m. §§ 238 Abs. 1, 6 Abs. 1 HGB; *Streck* § 8 KStG Anm. 25 ff.
[19] Vgl. im Einzelnen R 29 (1) KStR.
[20] BFH Urt. v. 22.11.1957 – BFHE 66, 24 ff., 32.
[21] GmbH-Handbuch III/*Neumayer* Rn. 287 f.
[22] BMF-Schreiben vom 25.6.1991 – BStBl. I 1991, S. 661.
[23] BFH Urt. v. 19.1.2000 – BStBl. 2000 II, S. 545.
[24] BFH Urt. v. 19.1.2000 – BStBl. 2001 II, S. 545.
[25] Dötsch/Jost/Pung/Witt/*Wochinger* § 8 Abs. 1 KStG Rn. 90 f.

nahmen durch die Gesellschafter vorgenommen, gelten diese steuerlich als Ausschüttungen (Dividenden), es sei denn, die Beträge gelten als aus dem steuerlichen Einlagekonto (§ 27 KStG) entnommen.[26]

33   c) **Abziehbare und nicht-abziehbare Betriebsausgaben.** Betrieblich veranlasste Aufwendungen der GmbH (Betriebsausgaben) sind grundsätzlich **für Zwecke der Körperschaftsteuer abzugsfähig**, es sei denn, der Betriebsausgabenabzug ist gesetzlich ausgeschlossen (§ 10 KStG). Für steuerliche Zwecke können bei der Gewinnermittlung nicht abgezogen werden:
- Aufwendungen zur Erfüllung von Satzungspflichten (erfasst werden soll damit jede Art der Gewinnverwendung);
- Verdeckte Gewinnausschüttungen;
- Steueraufwendungen und darauf entfallende Nebenleistungen (insbesondere Körperschaftsteuer, Solidaritätszuschlag, Gewerbesteuer, Erbschaftsteuer, aber auch bspw. Umsatzsteuer für Umsätze, die Entnahmen oder verdeckte Gewinnausschüttungen sind sowie bestimmte Vorsteuerbeträge für Aufwendungen, für die einkommensteuerlich ein Abzugsverbot besteht);
- Geldstrafen und sonstige rechtliche Sanktionen vermögensrechtlicher Art, bei denen der Strafcharakter überwiegt, und Leistungen zur Erfüllung von Auflagen und Weisungen, soweit diese nicht lediglich der Wiedergutmachung des durch die Tat verursachten Schadens dienen;
- die Hälfe von Vergütungen jeder Art, die an Mitglieder des Aufsichtsrats, Verwaltungsrats und andere mit der Überwachung der Geschäftsführung beauftragte Personen (z. B. Beiräte) gewährt werden;
- 5% der von der GmbH vereinnahmten im Übrigen aber steuerfreien Dividenden oder Veräußerungsgewinne (§ 8b Abs. 1 5 KStG).

6. Gewerbesteuer

34   a) **Beginn und Ende der Steuerpflicht.** Die Tätigkeit der inländischen GmbH gilt stets und in vollem Umfang als Gewerbebetrieb. Die GmbH ist daher allein aufgrund ihrer Rechtsform gewerbesteuerpflichtig; es kommt nicht darauf an, ob sie eine gewerbliche Tätigkeit im Sinne des Einkommensteuerrechts entfaltet. Die Gewerbesteuerpflicht erstreckt sich allein auf den in einer inländischen Betriebsstätte unterhaltenen Gewerbebetrieb.

35   Die Steuerpflicht kann bereits durch die Aufnahme einer nach außen in Erscheinung tretenden Geschäftstätigkeit der Vorgesellschaft beginnen, tritt aber spätestens mit der Eintragung der GmbH in das Handelsregister ein. Fällt eine Befreiung von der Gewerbesteuer weg, beginnt die Gewerbesteuerpflicht im Zeitpunkt des Wegfalls des Befreiungsgrundes.

36   Die Steuerpflicht endet erst mit dem Aufhören jeglicher Tätigkeit der GmbH überhaupt. Dies ist regelmäßig der Zeitpunkt, in dem das Vermögen an die Gesellschafter verteilt worden ist. Die Gewerbesteuerpflicht wird durch die Eröffnung des Insolvenzverfahrens über das Vermögen der GmbH nicht berührt. Bei Abwicklung ist der steuerpflichtige Gewerbeertrag, der im Zeitraum der Abwicklung entsteht, auf die Jahre des Abwicklungszeitraums zu verteilen. Entsprechendes gilt, wenn über das Vermögen der GmbH das Insolvenzverfahren eröffnet wird.

37   b) **Ermittlung des Gewerbeertrags.** Der Gewerbesteuer unterliegt der von der GmbH im Erhebungszeitraum erzielte **Gewerbeertrag.** Erhebungszeitraum ist das Kalenderjahr. Besteht die Gewerbesteuerpflicht nicht während des gesamten Kalenderjahrs, tritt an dessen Stelle der Zeitraum der Steuerpflicht (abgekürzter Erhebungszeitraum). Weicht das Wirtschaftsjahr der GmbH vom Kalenderjahr ab, gilt der Gewerbeertrag als in dem Erhebungszeitraum bezogen, in dem das Wirtschaftsjahr endet.

---

[26] Dötsch/Jost/Pung/Witt/*Wochinger* § 8 Abs. 3 KStG n. F. Rn. 40 ff.; vgl. auch die Ausführungen zur vGA unten → Rn. 108 f.

Bemessungsgrundlage für die Gewerbesteuer ist der Gewerbeertrag; dieser wird anhand des für Zwecke der Körperschaftsteuer ermittelten Gewinns unter Berücksichtigung verschiedener gewerbesteuerlicher **Hinzurechnungen** (§ 8 GewStG) und **Kürzungen** (§ 9 GewStG) ermittelt.[27] 38

Soweit im Rahmen der körperschaftsteuerlichen Gewinnermittlung als Betriebsausgaben abgezogen, werden wieder hinzugerechnet ein Viertel: 39
- Sämtlicher Entgelte für Schulden;[28] Folge kann also eine Substanzbesteuerung sein. Den Schuldentgelten wird der Aufwand gleichgestellt, der dadurch entsteht, dass Geldforderungen vor deren Fälligkeit erfüllt werden und der Steuerpflichtige dafür einen Skonti oder Abschlag von dem bei Fälligkeit zu entrichtenden Betrag gewährt. Nicht hinzugerechnet werden Aufwendungen aus Treuerabatten.;
- Von Renten und dauernden Lasten mit Ausnahme von Pensionszahlungen aufgrund einer unmittelbar vom Arbeitgeber erteilten Versorgungszusage;
- Der Gewinnanteile von stillen Gesellschaftern;
- Von 20% der Miet- und Pachtzinsen (inklusive Leasingraten) für die Benutzung beweglicher Wirtschaftsgüter des Anlagevermögens eines Dritten;
- Von 65% der Miet- und Pachtzinsen (inklusive Leasingraten) für die Benutzung der nichtbeweglichen Wirtschaftsgüter des Anlagevermögens eines Dritten und
- Von 25% der Aufwendungen für die zeitlich befristete Überlassung von Rechten, wie z. B. Lizenzen und Konzessionen;

soweit die Summe den **Freibetrag von 100.000,– EUR** übersteigt.[29]

Hinzugerechnet werden u. a. Gewinnanteile (Dividenden), die nach § 8b Abs. 1 KStG bei der Ermittlung des körperschaftsteuerlichen Gewinns außer Ansatz geblieben sind, sofern die GmbH zu weniger als 15% am Grund- oder Stammkapital der ausschüttenden Körperschaft beteiligt ist. Eine korrespondierende Hinzurechnung von nach § 8b Abs. 2 KStG außer Ansatz gebliebenen Veräußerungsgewinnen ist demgegenüber nicht vorgesehen.[30] 40

Eine **Kürzung** erfolgt u. a. gemäß § 9 Nr. 2 GewStG in Höhe des Gewinns, welchen die GmbH über in- und ausländische Personengesellschaften (Mitunternehmerschaften) erzielt (im Hinblick auf Gewinnanteile von inländischen Personengesellschaften wird damit eine doppelte Belastung mit Gewerbesteuer verhindert). **Dividenden** von inländischen Kapitalgesellschaften oder ausländischen Kapitalgesellschaften (soweit diese aktive Einkünfte erzielen oder EU-Kapitalgesellschaften sind) bleiben unter besonderen Voraussetzungen gewerbesteuerfrei.[31] Hält die GmbH **Grundbesitz**, der nicht von der Grundsteuer befreit ist, wird der Gewerbeertrag um 1,2% des Einheitswertes gekürzt. Alternativ kann die GmbH auf Antrag die **sogenannte erweiterte Kürzung** in Anspruch nehmen, nach der der auf die Verwaltung und Nutzung eigenen Grundbesitzes entfallenden Teils des Gewerbeertrags gekürzt werden kann. Die erweiterte Kürzung ist jedoch an zahlreiche einschränkende Voraussetzungen geknüpft. 41

Die Gewerbesteuer ist selbst **keine Betriebsausgabe**. Der Steuerbetrag mindert den für die Ermittlung der Körperschaft- und Gewerbesteuer maßgeblichen Gewinn nicht (§ 4 Abs. 5b EStG).[32] 42

Der Gewerbeertrag wird bis zu einem Betrag von 1 Million EUR um Fehlbeträge gekürzt, die sich für vorangegangene Erhebungszeiträume ergeben haben ("**Verlustvorträge**"). Der diesen Schwellenwert übersteigende Teil des Gewerbeertrags darf nur bis zu 60% um verbleibende Fehlbeträge gekürzt werden (**Mindestbesteuerung**). Die Höhe der jeweils vor- 43

---

[27] Zu den Änderungen des GewStG durch das UntStRefG 2008 *Barzen* BC 2007, 192 ff.
[28] Abweichend von der Rechtslage vor dem EZ 2008 kommt es nicht mehr darauf an, ob es sich um eine Dauerschuld oder eine kurzfristige Verbindlichkeit handelt. Insbesondere fallen auch Verbindlichkeiten des laufenden Geschäftsverkehrs unter die Neuregelung; allgemein zu § 8 Nr. 1 lit. a) GewStG *Ritzer* DStR 2008, 1615 ff.
[29] Vgl. im Einzelnen gleich lautende Erlasse der obersten Finanzbehörden der Länder v. 2.7.2012 – BStBl. 2012 I S. 654.
[30] Vgl. aber für mittelbar über Mitunternehmerschaften gehaltene Beteiligungen § 7 S. 2 GewStG.
[31] Vgl. §§ 8 Nr. 5, 9 Nr. 2a, 7 GewStG; *Rödder/Schumacher* DStR 2002, 105, 109.
[32] Siehe dazu *Barzen* BC 2007, 192.

tragsfähigen Fehlbeträge ist gesondert festzustellen; ein Rücktrag von Fehlbeträgen auf vorangegangene Erhebungszeiträume ist nicht möglich. Auf festgestellte Fehlbeträge finden die Verlustbeschränkungsregelungen aus § 8c KStG entsprechende Anwendung.

44 c) **Festsetzung und Erhebung.** Für den steuerpflichtigen Gewerbeertrag wird von den Finanzämtern ein einheitlicher **Messbetrag** ermittelt und festgesetzt. Auf dessen Grundlage setzen die Gemeinden unter Anwendung ihres **kommunalen Hebesatzes** die Gewerbesteuer fest. Unterhält die GmbH in verschiedenen Gemeinden Betriebsstätten, wird der Messbetrag durch **Zerlegungsbescheid** auf die verschiedenen hebeberechtigten Gemeinden aufgeteilt, regelmäßig nach dem Verhältnis der Summe der Arbeitslöhne an den verschiedenen Betriebsstätten.

45 Über Stundung, Niederschlagung oder Erlass der Gewerbesteuer entscheiden die hebeberechtigten **Gemeinden**, nicht die Finanzämter. Auf die Gewerbesteuer sind vierteljährliche Vorauszahlungen zu leisten.

III. Besteuerung von Gewinnausschüttungen

1. Beteiligungen an inländischen Kapitalgesellschaften

46 **Gewinnausschüttungen,** die eine GmbH von einer im Inland unbeschränkt steuerpflichtigen Körperschaft (z. B. GmbH, AG, KGaA) erhält, bleiben bei der Ermittlung des zu versteuernden Einkommens bei Bestehen einer unmittelbaren Beteiligung von mindestens 10% prinzipiell außer Ansatz (§ 8b Abs. 1, 4 KStG), d. h. diese sind körperschaftsteuerfrei. Allerdings gelten gemäß § 8b Abs. 5 Satz 1 KStG 5% der Gewinnausschüttungen als nicht abzugsfähige Betriebsausgaben.[33] Im Ergebnis besteht damit nur eine 95%ige Körperschaftsteuerbefreiung. **Gewinnausschüttungen aus Streubesitzbeteiligungen** unterliegen seit dem 1.3.2013 der Körperschaftsteuer (§ 8b Abs. 4 KStG).[34] Eine Streubesitzbeteiligung liegt vor, wenn die unmittelbare Beteiligung der GmbH (bzw. die über eine Mitunternehmerschaft gehaltene Beteiligung der GmbH) an der nachgeschalteten Kapitalgesellschaft zu Beginn des Kalenderjahres weniger als 10% beträgt. Ein im Laufe des Kalenderjahres erfolgter Erwerb einer Beteiligung von mindestens 10% gilt als zu Beginn des Kalenderjahres bewirkt (Fiktion).

47 Die im Hinblick auf die Beteiligung tatsächlich anfallenden Aufwendungen (z. B. Finanzierungs-, Verwaltungs- und Beratungskosten) sind unbeschränkt abzugsfähig (§ 8b Abs. 5 Satz 2 KStG). Einschränkungen hinsichtlich des Finanzierungskostenabzugs können sich aus der sog. Zinsschranke ergeben (§ 4h EStG, § 8a KStG).

48 **Gewinnausschüttungen aus Streubeteiligungen** unterliegen darüber hinaus der Gewerbesteuer. Für Zwecke der Gewerbesteuer liegt eine Streubeteiligung vor, wenn die GmbH an der ausschüttenden Kapitalgesellschaft zu Beginn des Veranlagungszeitraums (der ausschüttenden GmbH) nicht zu mindestens 15% am Grund- bzw. Stammkapital beteiligt war.[35] Bei Beteiligungen über 15% erfolgt die Steuerfreistellung über eine Kürzung des Gewerbeertrags um die Gewinne aus der Beteiligung (sog. gewerbesteuerliches Schachtelprivileg), d. h. solche Dividenden sind im Ergebnis gewerbesteuerfrei.

49 Gewinnausschüttungen einer GmbH an eine natürliche Person unterliegen in voller Höhe der sog. Abgeltungsteuer in Höhe von 26,4% (ggfs. zuzüglich Kirchensteuer); ein **Werbungskosten- oder Betriebsausgabenabzug** ist (vorbehaltlich des Sparer-Pauschbetrags) **nicht möglich.** Ist die natürliche Person unmittelbar oder mittelbar zu mindestens 25% am Gesellschaftskapital beteiligt oder zu mindestens 1% an der GmbH beteiligt und für diese beruflich tätig, erfolgt **auf Antrag** eine Besteuerung nach dem Teileinkünfteverfahren. Danach sind die Einnahmen zu 60% steuerpflichtig und zu 40% steuerfrei; der steuerpflichtige

---

[33] Dötsch/Jost/Pung/Witt/*Dötsch/Pung* § 8b KStG Rn. 109.
[34] Die Steuerpflicht wurde eingeführt mit dem Gesetz zur Umsetzung des EuGH-Urteils vom 20.10.2011 in der Rechtssache C-284/09; BStBl. I 2013, 561. Zur Thematik vgl. *Intemann* BB 2013, 1239; *Haisch/Helios* DB 2013, 724 f.
[35] Vgl. § 8b Abs. 1 KStG und §§ 8 Nr. 5, 9 Nr. 2a GewStG.

Teil unterliegt der Einkommensteuer mit dem persönlichen progressiven Steuersatz (effektive Steuerbelastung bis zu ca. 28,5%, zzgl. ggfs. Kirchensteuer). Werbungskosten bleiben in diesem Fall zu 60% abzugsfähig (vgl. § 32d Abs. 2 Nr. 3 Satz 1, 2 EStG).

Gewinnausschüttungen auf Anteile, die **dem Betriebsvermögen** einer natürlichen Person zuzuordnen sind, unterliegen immer dem Teileinkünfteverfahren, d. h. sie sind zu 60% steuerpflichtig.[36] Werbungskosten und Betriebsausgaben können zu 60% geltend gemacht werden (§ 3c Abs. 2 EStG).

Auf Gewinnausschüttungen ist von der ausschüttenden GmbH ein **Kapitalertragsteuerabzug** in Höhe von 26,4% (einschließlich 5,5% Solidaritätszuschlag auf die einzubehaltende Kapitalertragsteuer) vorzunehmen (§§ 43 Abs. 1 Satz 1 Nr. 1, 43a Abs. 1 Nr. 1 EStG). Die GmbH führt diese für Rechnung des Gläubigers an das zuständige Finanzamt ab (vgl. § 44 Abs. 1 EStG).

> **Praxistipp:**
> Ist die GmbH eine reine Holding-Gesellschaft und erzielt dies nur steuerfreie Beteiligungserträge gemäß § 8b KStG, kann diese beim zuständigen Finanzamt eine sog. Dauer-Überzahlerbescheinigung gemäß § 44a Abs. 5 EStG beantragen und damit eine Abstandnahme vom Kapitalertragsteuerabzug erreichen. Die Bescheinigung ist zu erteilen, wenn bei der GmbH die Kapitalertragsteuer auf die vereinnahmten Kapitalerträge *auf Grund der Art ihrer Geschäfte* auf Dauer höher wäre als die gesamte festzusetzende Kapitalertragsteuer. Dies ist bei Holding-Gesellschaften dann der Fall, wenn keine wesentlichen anderweitigen Erträge als steuerfreie Beteiligungserträge erzielt werden. Die Ausdehnung von § 44a Abs. 5 EStG gilt für nach dem 31.12.2012 zufließende Gewinnausschüttungen.

Dem Kapitalertragsteuerabzug unterliegt der gesamte ausgeschüttete Gewinnanteil ohne jeden Abzug (Bruttobetrag). Die **Kapitalertragsteuer entsteht** in dem Zeitpunkt, in dem die Dividende dem Gesellschafter zufließt. Gewinnanteile (Dividenden), deren Ausschüttung die GmbH beschlossen hat, fließen dem Gesellschafter prinzipiell an dem im Ausschüttungsbeschluss bestimmten Auszahlungstag zu. Zu diesem Tag hat die GmbH den Steuerabzug für Rechnung des Gesellschafters vorzunehmen und die einbehaltene Steuer an das Finanzamt abzuführen. Die Anmeldung der einbehaltenen Kapitalertragsteuer ist von der GmbH dem Finanzamt nach amtlich vorgeschriebenem Vordruck auf elektronischem Weg zu übermitteln. Zahlt die GmbH die Dividende selbst aus, muss sie dem Gesellschafter zudem eine Bescheinigung nach amtlich vorgeschriebenem Muster über den Kapitalertrag ausstellen.[37] Nicht den gesetzlichen Anforderungen genügende Bescheinigungen hat die GmbH zurückzufordern und durch berichtete Bescheinigungen zu ersetzen, die als solche zu kennzeichnen sind. Werden aufgrund einer nicht den gesetzlichen Anforderungen genügenden Bescheinigung Steuern verkürzt oder Steuervorteile zu Unrecht gewährt, haftet die GmbH im Grundsatz für den dadurch eintretenden Steuerausfall; eine Exkulpation ist der GmbH nur im Ausnahmefall möglich. Ist eine Bescheinigung nach Angabe des Gesellschafters abhanden gekommen oder vernichtet, darf eine Ersatzbescheinigung ausgestellt werden, die gleichfalls als solche zu kennzeichnen ist. Die GmbH muss Aufzeichnungen über die Bescheinigungen führen.[38]

Der Kapitalertragsteuereinbehalt ist im Grundsatz **auch dann** vorzunehmen,[39] wenn sich der Empfänger auf ein Doppelbesteuerungsabkommen oder die EU-Mutter-Tochter-Richtlinie berufen kann (§ 50d Abs. 1 Satz 1 EStG).[40] Anders als eine inländische GmbH als Muttergesellschaft hat eine ausländische Muttergesellschaft bei Vorliegen der Voraussetzun-

---

[36] Vgl. GmbH-Handbuch III/*Neumann* Rn. 664.
[37] Vgl. BMF-Schreiben vom 20.12.2012 zur Ausstellung von Steuerbescheinigungen für Kapitalerträge nach § 45a Abs. 2 und 3 EStG Az. IV C 1 – S 2401/08/10 001.
[38] Vgl. §§ 43 Abs. 1 Satz 1 Nr. 1, 43a Abs. 1 Satz 1 Nr. 1 und Abs. 2, 44 Abs. 1 und Abs. 2, 45a EStG.
[39] Vgl. aber die überwiegend von einer Antragstellung und Nachweispflicht abhängigen Nichterhebungs-, Abstandnahme- und Erstattungstatbestände in §§ 43b, 44a und 44b EStG.
[40] § 50d EStG gilt auch für den Solidaritätszuschlag, § 3 Abs. 1 Nr. 5 SolZG.

gen des § 50d EStG jedoch **Anspruch auf teilweise oder vollständige Entlastung** von der Kapitalertragsteuer.[41] Die Erstattung von zunächst einbehaltener Steuer ist beim Bundeszentralamt für Steuern auf amtlich vorgeschriebenem Vordruck zu beantragen. Bei Vorliegen der Entlastungsberechtigung kann auch im Vorhinein die vollständige oder teilweise Freistellung vom Kapitalertragsteuereinbehalt beantragt werden (§ 50d Abs. 2 EStG). Eine inländische Kapitalgesellschaft hat diese Möglichkeit nicht, bei ihr erfolgt eine Anrechnung bzw. Erstattung der einbehaltenen Kapitalertragsteuer erst im Rahmen der Veranlagung (§ 36 EStG).

54 Der Gesetzgeber versagt die Entlastung von Kapitalertragsteuer im Falle **missbräuchlicher Zwischenschaltung** von Kapitalgesellschaften. Gemäß § 50d Abs. 3 EStG[42] ist der Anspruch einer ausländischen Zwischengesellschaft auf Befreiung oder Ermäßigung von Kapitalertrag- oder Abzugssteuern eingeschränkt, soweit Personen an ihr beteiligt sind, denen die Steuerentlastung nicht zustände, wenn sie die Einkünfte unmittelbar erzielten, und die von der ausländischen Zwischengesellschaft im betreffenden Wirtschaftsjahr erzielten Bruttoerträge nicht aus eigener Wirtschaftstätigkeit stammen sowie :

- in Bezug auf diese Erträge für die Zwischenschaltung der ausländischen Gesellschaft **wirtschaftliche oder sonst beachtliche Gründe** fehlen. Als wirtschaftlicher Grund gilt es insbesondere nicht, wenn die Zwischenschaltung der ausländischen Gesellschaft überwiegend der Sicherung von Inlandsvermögen in Krisenzeiten dient, für eine künftige Erbregelung oder für den Aufbau der Alterssicherung der Gesellschafter eingesetzt werden soll;[43] oder
- Die ausländische Gesellschaft nimmt nicht mit einem für ihren Geschäftszweck **angemessen eingerichteten Geschäftsbetrieb** am allgemeinen wirtschaftlichen Verkehr teil, d. h. sie den Substanzanforderungen bezüglich eines nachweisbaren, greifbaren Vorhandenseins in Form von Geschäftsräumen, Personal und Ausrüstungsgegenständen nicht gerecht wird.[44]

55 Die ausländische Zwischengesellschaft erzielt Erträge aus eigener Wirtschaftstätigkeit, soweit diese aus einer über den Rahmen der Vermögensverwaltung hinausgehenden Tätigkeit im allgemeinen wirtschaftlichen Verkehr erzielt werden (sog. wirkliche wirtschaftliche Tätigkeit). Eine Beteiligung am allgemeinen wirtschaftlichen Verkehr liegt auch vor, wenn Dienstleistungen gegenüber einem oder mehreren Konzerngesellschaften erbracht werden, vorausgesetzt, dass die Leistungen gegen Entgelt erbracht und wie gegenüber fremden Dritten abgerechnet werden. Zu den Erträgen aus eigener Wirtschaftstätigkeit zählen auch Zinserträge, die aus der verzinslichen Anlage entlastungsberechtigter Gewinne derselben Gesellschaft erzielt werden sowie Dividenden und andere Erträge aus der Beteiligung an Gesellschaften, bei denen die antragstellende Gesellschaft eine geschäftsleitende Funktionen ausübt. Hält die antragstellende Gesellschaft Anteile an inländischen Gesellschaften, liegt eine aktive Beteiligungsverwaltung nur dann vor, wenn Beteiligungen von einigem Gewicht erworben wurden und diesen gegenüber geschäftsleitende Funktionen wahrgenommen werden.

56 Die Entlastungsberechtigung nach einem DBA oder der EU-Mutter-Tochter-Richtlinie ist entsprechend dem Wortlaut des § 50d Abs. 1 Satz 1 EStG („soweit") für **jeden Gesellschafter** der antragstellenden ausländischen Gesellschaft **gesondert zu prüfen**. Gesellschafter mit Wohnsitz, Sitz oder Geschäftsleitung im Inland sind nicht entlastungsberechtigt. Handelt es sich bei dem Gesellschafter selbst um eine Kapitalgesellschaft, schließt deren fehlende **persönliche** Entlastungsberechtigung nach einem Doppelbesteuerungsabkommen oder der EU-Mutter-Tochter-Richtlinie eine mittelbare Entlastungsmöglichkeit der an ihr oder an weiteren nachgeschalteten Gesellschaften beteiligten Gesellschafter grundsätzlich aus.[45]

---

[41] Vgl. zu den Formalitäten der Antragstellung http://www.bzst.bund.de sowie die allgemeinen Ausführungen zu § 50d EStG *Schmidt*/EStG bei Rn. 35.

[42] § 50d Abs. 3 EStG ist die speziellere Vorschrift zu § 42 AO und daher vorrangig anzuwenden, vgl. BMF-Schreiben vom 24.1.2012 – BStBl. 2012 I, S. 171 ff.

[43] Vgl. BMF-Schreiben vom 24.1.2012 BStBl. 2012 I, S. 171.

[44] Vgl. EuGH v. 12.9.2006 – C-196/04 – *Cadbury Schweppes* IStR 2006, 670 ff. Tz. 67; in Tz. 70 der Entscheidung ist niedergelegt, dass der ausländischen Gesellschaft die Gelegenheit zu geben ist, Beweise für die tatsächliche Ansiedlung der beherrschten ausländischen Gesellschaft und deren tatsächlichen Betätigung vorzulegen; siehe allgemein BFH Urt. v. 20.3.2002 – BStBl. 2002 II, S. 819.

[45] Vgl. BMF-Schreiben vom 10.7.2007 – IStR 2007, 555 f.

2. Beteiligungen an ausländischen Kapitalgesellschaften

Die Besteuerung von **Gewinnausschüttungen ausländischer Tochterkapitalgesellschaften** für Zwecke der Körperschaftsteuer entspricht der Besteuerung von Inlandsdividenden. D. h. im Ergebnis sind auch Gewinnausschüttungen ausländischer Tochterkapitalgesellschaften zu 95 % von der Körperschaftsteuer befreit; Gewinnausschüttungen aus Streubesitzbeteiligungen sind voll körperschaftsteuerpflichtig. Auch Gewinnausschüttungen von ausländischen Tochterkapitalgesellschaften unterliegen in Höhe von 5 % einem fiktiven Betriebsausgabenabzugsverbot[46] (§ 8b Abs. 5 Satz 1 KStG); als Folge ist ein Betrag in Höhe von 5 % der ausländischen Dividende als nicht abzugsfähige Betriebsausgabe im Inland steuerpflichtig (Körperschaftsteuer, Solidaritätszuschlag und Gewerbesteuer). 57

Beispiel:
Eine GmbH hält eine 50 %ige Beteiligung an einer Auslandstochterkapitalgesellschaft. Der Erwerb der Beteiligung wurde fremdfinanziert, wodurch jährlich Zinsen in Höhe von 200.000,– EUR auflaufen. Die Zinsschranke greift nicht. Im Jahr 02 erhält die GmbH eine Auslandsdividende in Höhe von 100.000,– EUR. Weitere Einnahmen erzielt die GmbH im Jahr 02 nicht.

	EUR
Steuerpflichtiges Ergebnis vor Steuern	
Zinsaufwand	./. 200.000,– EUR
Nicht abzugsfähige Betriebsausgaben (5 % von 100.000,– EUR)	+ 5.000,– EUR
Körperschaftsteuerlicher Verlust	195.000,– EUR

Unterschiede können sich bei der Gewerbesteuer ergeben; Gewinnausschüttungen ausländischer Tochterkapitalgesellschaften sind unter den Voraussetzungen des § 9 Nr. 7 GewStG (Internationales Schachtelprivileg) oder § 9 Nr. 8 GewStG (DBA-Schutz) gewerbesteuerfrei. 58

Handelt es sich bei der ausländischen Tochtergesellschaft um eine **Nicht-EU-Kapitalgesellschaft**, ist eine seit Beginn des Erhebungszeitraums (Kalenderjahr) ununterbrochene Mindestbeteiligung von 15 % am Grund- bzw. Stammkapital der ausländischen Tochterkapitalgesellschaft Voraussetzung. Diese muss ihre Bruttoerträge ausschließlich oder fast ausschließlich aus aktiven Tätigkeiten im Sinne des § 8 Abs. 1 Nr. 1 bis 6 AStG (Aktivitätsvorbehalt) und aus unter § 9 Nr. 7 Satz 1 HS 1 GewStG fallenden Beteiligungen beziehen. Die ausländische Tochtergesellschaft erfüllt die Voraussetzungen einer **Landesholding** nach § 9 Nr. 7 Satz 1 HS 1 Nr. 1 GewStG, wenn sie am Nennkapital einer anderen ausländischen Gesellschaft unmittelbar zu mindestens 25 % beteiligt ist, die in demselben Staat ansässig ist und ihre Bruttoerträge ausschließlich oder fast ausschließlich aus aktiver Wirtschaftstätigkeit erzielt. Eine **Funktionsholding** (Nr. 2) liegt dagegen vor, wenn die Tochtergesellschaft im Zusammenhang mit eigener aktiver Wirtschaftstätigkeit zu mindestens 25 % und unmittelbar Anteile an einer Gesellschaft in einem Drittstaat hält, die ihrerseits ausschließlich oder fast ausschließlich eine werbende Tätigkeit ausübt. Die Beteiligungen nach Nr. 1 und 2 müssen ununterbrochen während des gesamten Erhebungszeitraums bestehen, der für die Ermittlung des Gewinns maßgeblich ist. 59

Gewinnausschüttungen einer EU-Tochterkapitalgesellschaft sind hingegen nach § 9 Nr. 7 Satz 1 HS 2 GewStG bereits dann von der Besteuerung freigestellt, wenn es sich um eine Tochtergesellschaft handelt, auf die die EU-Mutter-Tochter-Richtlinie[47] Anwendung findet. Voraussetzung für die Gewerbesteuerbefreiung ist eine **Mindestbeteiligung von 10 %** an der Tochtergesellschaft zu Beginn des Erhebungszeitraums (Kalenderjahr). 60

Im Ergebnis sind damit Dividenden aus einer Schachtelbeteiligung an einer EU-Kapitalgesellschaft i. d. R. gewerbesteuerfrei, während dies bei Schachteldividenden von außerhalb der EU ansässigen Tochtergesellschaften nur der Fall ist, wenn der Aktivitätsvorbehalt erfüllt ist.[48]

---
[46] Vgl. Dötsch/Jost/Pung/Witt/*Dötsch/Pung* § 8b KStG Rn. 223 ff.
[47] Richtlinie Nr. 90/435/EWG vom 23.7.1990 (ABl. EG Nr. L 225 S. 6; ber. ABl. EG Nr. L 226 S. 20).
[48] Vertiefend *Haas* DB 2002, 549 ff.

61 Wird im Ausland auf die Gewinnausschüttung eine **Quellensteuer** erhoben, so erfolgt dies aufgrund des jeweils anwendbaren ausländischen Rechts der ausschüttenden Gesellschaft. Eine Reduzierung oder Freistellung bezüglich dieser ausländischen Quellensteuer kann nur nach Maßgabe des ausländischen Steuerrechts oder bei einschlägigem DBA-Schutz erreicht werden. Falls die Auslandsdividenden (körperschaft-)steuerfrei bleiben, ist eine Anrechnung ausländischer Steuern auf deutsche Steuern nicht möglich. Unterliegen Dividenden ausnahmsweise der Körperschaftsteuer (z.B. Streubesitzdividenden gem. § 8b Abs. 4 oder Dividenden aus kurzfristigen Finanzbeteiligungen gem. § 8b Abs. 7 KStG), ist eine Anrechnung ausländischer Quellensteuern auf die Körperschaftsteuer möglich, soweit § 34c EStG dem nicht entgegensteht. Eine Anrechnung der ausländischen (Quellen-)Steuer auf die Gewerbesteuer und den Solidaritätszuschlag kommt nicht in Betracht.

IV. Verkauf von Beteiligungen an Kapitalgesellschaften

62 Der Gewinn einer GmbH aus der Veräußerung von Beteiligungen an inländischen oder ausländischen Kapitalgesellschaften bleibt bei der Ermittlung des steuerlichen Einkommens außer Ansatz (§ 8b Abs. 2 KStG), d.h. solche Beteiligungen können grundsätzlich steuerfrei verkauft werden. Eine **Mindestbeteiligungsquote oder** eine **Haltefrist** wird für diese Steuerbefreiung **nicht vorausgesetzt**. Gemäß § 8b Abs. 3 Satz 1 KStG unterliegen jedoch 5% des Veräußerungsgewinns als nicht abzugsfähige Betriebsausgaben der Besteuerung (Körperschaftsteuer, Solidaritätszuschlag, Gewerbesteuer). Der Betriebsausgabenabzug der laufenden Aufwendungen im Zusammenhang mit der Beteiligung (v.a. Finanzierungsaufwand) bleibt demgegenüber möglich. Im Ergebnis kommt es damit zu einer 95%igen Steuerbefreiung.

63 Von der Steuerbefreiung werden nicht nur Veräußerungsgewinne erfasst, sondern auch die **Gewinne aus der Auflösung der inländischen Kapitalgesellschaft, Gewinne aus der Herabsetzung des Nennkapitals** und **Gewinne im Falle einer Wertzuschreibung nach vorangegangener Teilwertabschreibung**.[49] Wurde allerdings in der Vergangenheit eine steuerwirksame Teilwertabschreibung vorgenommen und diese noch nicht durch eine steuerpflichtige Wertaufholung ausgeglichen, so sind zukünftige Wertaufholungsgewinne steuerpflichtig und werden von der Steuerfreistellung insofern nicht erfasst.[50]

64 Betriebsausgaben, die mit den steuerfreien Veräußerungsgewinnen in unmittelbarem wirtschaftlichen Zusammenhang stehen (z.B. Veräußerungskosten), wirken sich steuerlich letztlich nicht aus, da sie im Rahmen der Ermittlung des (steuerfreien) Veräußerungsgewinns zu berücksichtigen sind. Gewinnminderungen, die auf die Substanz der Beteiligung als solche zurückzuführen sind (v.a. Veräußerungsverluste, Ansatz eines niedrigeren Teilwerts), sind im Übrigen gemäß § 8b Abs. 3 S. 3ff. nicht steuerlich abziehbar.

65 Korrespondierend zur Steuerfreistellung der Veräußerungsgewinne können **Verluste aus der Veräußerung von Beteiligungen an Kapitalgesellschaften** auf der Ebene der veräußernden Kapitalgesellschaft nicht zum Abzug gebracht werden. Dies gilt im Grundsatz auch für **Teilwertabschreibungen** auf inländische oder ausländische Kapitalbeteiligungen (§ 8b Abs. 3 KStG) und Teilwertabschreibungen auf Gesellschafterdarlehen (vgl. § 8b Abs. 3 Satz 4 bis 8 KStG).[51]

66 Die Steuerbefreiung greift im Ergebnis nicht beim Verkauf von Anteilen, die eine Kapitalgesellschaft als Gegenleistung für die Einbringung eines Betriebs, Teilbetriebs oder Mitunternehmeranteils erhalten hat, wenn die übernehmende Gesellschaft in ihrer Steuerbilanz die bisherigen Buchwerte fortgeführt hat. Gemäß § 22 Abs. 1 UmwStG kommt es bei einer Weiterveräußerung so erworbener Anteile zu einer rückwirkenden Besteuerung, wenn die Einbringung zu einem Wert unterhalb des gemeinen Werts (Verkehrswert)[52] erfolgt ist und

---

[49] Vgl. *Streck* § 8b Anm. 6.
[50] Vgl. *Streck* § 8b Anm. 7; Ernst & Young/*Kröner*, § 8b Rn. 109.
[51] Vgl. Ernst & Young/*Kröner*, § 8b Rn. 153.
[52] Vgl. § 20 Abs. 2 S. 2 UmwStG; die Einbringung zum Buchwert ist seit dem SEStEG vom 7.12.2006 auf Antrag möglich.

die einbringende Gesellschaft die erhaltenen Anteile innerhalb einer **Frist von sieben Jahren** nach dem Einbringungszeitpunkt veräußert (**Einbringungsgewinn I**).[53] Der steuerpflichtige Gewinn ergibt sich in diesem Fall aus der Differenz zwischen dem gemeinen Wert des Betriebsvermögens im Zeitpunkt der Einbringung und dem Wert, mit dem die aufnehmende Gesellschaft dieses angesetzt hat. Für jedes abgelaufene Zeitjahr zwischen Einbringungszeitpunkt und Veräußerungszeitpunkt ist der Differenzbetrag um je ein Siebtel zu kürzen. Die Steuervergünstigungen nach § 8b Abs. 2 KStG und § 3 Nr. 40 EStG finden insoweit keine Anwendung. Der Einbringungsgewinn I gilt jedoch als nachträgliche Anschaffungskosten der erhaltenen Anteile (§ 22 Abs. 1 Satz 4 UmwStG).

Beispiel:
Die A-GmbH verfügt über einen Teilbetrieb „Reinigungsservice". Sie gründet mit B und C ein Gemeinschaftsunternehmen ebenfalls in der Rechtsform einer GmbH (ABC-GmbH) und bringt den Teilbetrieb „Reinigungsservice" gegen Ausgabe neuer Anteile an der ABC-GmbH ein. Die ABC-GmbH setzt den Teilbetrieb in ihrer Bilanz mit dem Buchwert der A-GmbH an, welcher 100.000,– EUR beträgt. Der Marktwert des Teilbetriebs bei Einbringung beträgt 1 Mio. EUR.
Die A-GmbH erhält als Gegenleistung 50% der neuen Anteile an der ABC-GmbH. Bei diesen GmbH-Anteilen handelt es sich um steuerverstrickte Anteile. Bei einer Veräußerung der Anteile nach drei Jahren wären 4/7 der Differenz zwischen dem gemeinen Wert des Betriebsvermögens im Zeitpunkt der Einbringung und dem Wert, mit dem die aufnehmende Gesellschaft dieses angesetzt hat, steuerpflichtig, d. h. 4/7 von 900.000,– EUR.

Eine rückwirkende Besteuerung des Einbringungsgewinns findet auch dann statt, wenn Anteile an einer Kapitalgesellschaft in eine Kapitalgesellschaft gegen Gewährung neuer Anteile an der übernehmenden Gesellschaft zum Buchwert eingebracht werden und die übertragenen Anteile innerhalb von sieben Jahren veräußert werden, vorausgesetzt es handelt sich bei der einbringenden Person nicht um eine begünstigte Person nach § 8b Abs. 2 KStG (d. h. insbesondere um natürliche Personen). Voraussetzung der Buchwertfortführung ist, dass die übernehmende Gesellschaft unmittelbar die Mehrheit der Stimmrechte an der erworbenen Gesellschaft erhält (**qualifizierter Anteilstausch**).[54] Der aus einer solchen Veräußerung innerhalb des Sieben-Jahreszeitraums **nach dem Einbringungszeitpunkt** erzielte Gewinn ist rückwirkend als Gewinn des Einbringenden aus der Veräußerung von Anteilen zu versteuern (**Einbringungsgewinn II**); die Vergünstigungen der § 16 Abs. 4 und § 34 EStG sind nicht anzuwenden. Der Einbringungsgewinn II ist der Betrag, um den der gemeine Wert der eingebrachten Anteile im Einbringungszeitpunkt nach Abzug der Kosten für den Vermögensübergang den Wert, mit dem der Einbringende die erhaltenen Anteile angesetzt hat, übersteigt, vermindert jeweils um ein Siebtel für jedes seit dem Einbringungszeitpunkt abgelaufene Zeitjahr. Der Einbringungsgewinn II gilt wiederum als nachträgliche Anschaffungskosten der erhaltenen Anteile.

Beispiel:
A und B halten jeweils 50% an der Maler-GmbH. Weiterhin hält A 100% an der A-GmbH und B 100% an der B-GmbH. Die beiden Gesellschaften sind wiederum zu jeweils 50% an der Heizungsbau GmbH beteiligt. A und B bringen die Maler-GmbH, die einen Markwert von 1 Mio. EUR hat, durch Anteilstausch zum Buchwert von 100.000,– EUR in die Heizungsbau GmbH ein.
Im Fall einer Veräußerung der erhaltenen Anteile innerhalb von sieben Jahren wäre der Veräußerungsgewinn steuerpflichtig, da es sich bei den veräußernden Personen um natürliche Personen und damit nicht um Begünstigte i. S. d. § 8b Abs. 2 KStG handelt. Dies ist folgerichtig, da A und B die Beteiligung an der Maler-GmbH auch vor der Einbringung nicht steuerfrei verkaufen konnten.

Grundgedanke der vorstehenden Besteuerungsfolgen ist, dass der Verkauf eines Teilbetriebs oder Mitunternehmeranteils steuerpflichtig ist, hingegen ein Anteil an einer Kapitalgesellschaft steuerfrei (§ 8b Abs. 2 KStG) bzw. steuerbegünstigt (Teileinkünfteverfahren, § 3 Nr. 40 EStG) veräußert werden kann. Durch die zeitlich beschränkte Versagung der Steuerfreiheit für Veräußerungsgewinne aus Anteilen, die durch Anteilstausch oder Einlage resul-

---

[53] Vgl. Dötsch/Jost/Pung/Witt/*Patt* § 22 UmwStG Rn. 20.
[54] Vgl. § 21 Abs. 1 S. 1, 2 UmwStG.

tieren, soll verhindert werden, dass Kapitalgesellschaften Teilbetriebe bzw. Mitunternehmeranteile zum Buchwert in Tochterkapitalgesellschaften ausgliedern und anschließend die als Gegenleistung erhaltenen Kapitalgesellschaftsanteile steuerfrei (bzw. begünstigt) veräußern.

69 Hält die GmbH ihre Beteiligung an inländischen oder ausländischen Kapitalgesellschaften über eine inländische Personengesellschaft, bleibt der Veräußerungsgewinn bei einer mittelbaren Veräußerung einer Kapitalgesellschaft durch die Personengesellschaft ebenfalls steuerfrei.[55] Dasselbe gilt, wenn die Beteiligung über eine nicht-gewerbliche (vermögensverwaltende) Personengesellschaft gehalten wird (Bruchteilsbetrachtung).

V. Sonderregelung für Kreditinstitute, Finanzdienstleistungsinstitute und Finanzunternehmen

70 Handelt es sich bei der GmbH um ein Kreditinstitut oder Finanzdienstleistungsinstitut im Sinne des § 1 Abs. 1 bzw. 1a KWG, sind Dividendenerträge und Veräußerungsgewinne (bzw. Veräußerungsverluste) nicht steuerfrei, wenn die entsprechenden Anteile, die die Dividendenerträge vermittelten bzw. die verkauft wurden, dem Handelsbuch[56] zuzurechnen sind. Dem Handelsbuch ist eine Beteiligung zuzurechnen, wenn die Absicht besteht, mit diesen Anteilen einen **kurzfristigen Eigenhandelserfolg** (Veräußerungsgewinn) zu erzielen (§ 1 Abs. 12 KWG).

71 Gleiches gilt für Anteile, die von Finanzunternehmen mit der Absicht erworben werden, kurzfristig Veräußerungsgewinne zu erzielen. Finanzunternehmen sind nach § 1 Abs. 3 KWG Unternehmen, deren Haupttätigkeit darin besteht, z. B. Beteiligungen zu erwerben oder Leasingverträge abzuschließen, ohne selbst Kredit- oder Finanzdienstleistungsinstitute zu sein.[57] Holding-Gesellschaften können Finanzunternehmen in diesem Sinne sein. Nach Auffassung der Finanzverwaltung[58] ist die Zuordnung von Beteiligungen zum Umlauf- oder Anlagevermögen als Indiz für die Beurteilung der Handelsabsicht heranzuziehen. Im Falle der Zuordnung zum Anlagevermögen scheidet eine Anwendbarkeit von § 8b Abs. 7 KStG im Regelfall aus. Von einer Anwendbarkeit ist hingegen auszugehen, wenn die Anteile im Umlaufvermögen gehalten werden und bei Anteilserwerb die Absicht der Erzielung eines kurzfristigen Eigenhandelsgewinns im Vordergrund steht.

VI. Hinzurechnungsbesteuerung (Außensteuerrecht)

72 Im Regelfall sind Gewinne, die eine ausländische Tochterkapitalgesellschaft erzielt, ihrer inländischen Muttergesellschaft (GmbH) erst dann zuzurechnen, wenn sie mittels Dividende ausgeschüttet werden (**Abschirmwirkung**).[59] Erst mit Ausschüttung unterliegen die Gewinne als Einkünfte des inländischen Gesellschafters dem Zugriff des deutschen Fiskus. Greifen hingegen die Regelungen der sog. Hinzurechnungsbesteuerung[60] ein, werden der inländischen GmbH die Einkünfte der ausländischen Kapitalgesellschaft (Zwischengesellschaft) auch dann zugerechnet, wenn diese ihre Erträge nicht ausschütten, sondern thesaurieren (sog. Hinzurechnungsbetrag). Die Hinzurechnungsbesteuerung greift unter folgenden Voraussetzungen:

- Die GmbH ist an einer ausländischen Kapitalgesellschaft beteiligt,
- Der Gewinn dieser Gesellschaft unterliegt einer niedrigen Besteuerung, und
- Die Gesellschaft erzielt ihren Gewinn nicht aus aktiver Geschäftstätigkeit.

73 Eine **niedrige Besteuerung** liegt vor, wenn die (nach deutschen steuerrechtlichen Vorschriften ermittelten) Einkünfte der Zwischengesellschaft im Ansässigkeitsstaat einer Ertragsteuerbelastung von weniger als 25 % unterliegen. Auch wenn der reguläre Steuersatz im

---

[55] Vgl. § 8b Abs. 6 KStG.
[56] Vgl. § 1 Abs. 12 KWG; Dötsch/Jost/Pung/Witt/*Dötsch/Pung* § 8b KStG Rn. 131.
[57] Vgl. Dötsch/Jost/Pung/Witt/*Dötsch/Pung* § 8b KStG Rn. 139; *Bogenschütz/Tibo* DB 2001, 8, 10.
[58] Schreiben betr. Behandlung des Aktieneigenhandels nach § 8b Abs. 7 KStG i. d. F. des Gesetzes zur Änderung des Investitionszulagengesetzes 1999 vom 25.7.2002 – BStBl. 2002 I, S. 712.
[59] Vgl. Flick/Wassermeyer/Baumhoff/*Wassermeyer* § 7 Anm. 5.
[60] Vgl. §§ 7 ff. AStG.

Ansässigkeitsstaat der Zwischengesellschaft mehr als 25% beträgt, kann die maßgebliche Ertragsteuerbelastung gleichwohl unter 25% liegen, wenn der Zwischengesellschaft besondere steuerliche Vergünstigungen eingeräumt werden oder wenn Ertragsteuern von mindestens 25% zwar rechtlich geschuldet, jedoch nicht tatsächlich erhoben werden.[61] Die jeweilige Steuerbelastung ist nicht allgemein, sondern speziell für die einzelne Auslandsgesellschaft und gegebenenfalls bezüglich bestimmter Einkünfte (z. B. Zinseinkünfte) zu prüfen.[62]

Die Zwischengesellschaft übt eine **aktive Geschäftätigkeit** aus, wenn sie einer in § 8 Abs. 1 Nr. 1–9 AStG aufgezählten Tätigkeit nachgeht. Dies sind unter anderem Land- und Forstwirtschaft, Herstellungs-, Bearbeitungs- oder Verarbeitungsbetriebe, Erzeugung von Energie, Betrieb von Kreditinstituten oder Versicherungsunternehmen, Handel und Dienstleistungen sowie Dividendeneinkünfte und (eingeschränkt) Veräußerungsgewinne. Passive Einkünfte sind Einkünfte, die nicht aus aktiver Geschäftätigkeit herrühren.

Erzielt die **ausländische Gesellschaft passive Einkünfte**, die einer Ertragsteuerbelastung von weniger als 25% unterliegen, greift die Hinzurechnungsbesteuerung ein, wenn die GmbH zusammen mit anderen unbeschränkt Steuerpflichtigen (deutsche Gesamtbeteiligung) zu mehr als 50% an der ausländischen Gesellschaft beteiligt ist. Es kann jedoch bereits eine Beteiligung der GmbH an der ausländischen Gesellschaft von weniger als 1% genügen, sofern die ausländische Gesellschaft **Einkünfte mit Kapitalanlagecharakter** erzielt (§ 7 Abs. 6 Satz 1 AStG).

Als **Zwischeneinkünfte mit Kapitalanlagecharakter** sind Einkünfte der Zwischengesellschaft zu verstehen, die aus dem Halten, der Verwaltung, Werterhaltung oder Werterhöhung von Zahlungsmitteln, Forderungen, Wertpapieren, Beteiligungen oder ähnlichen Vermögenswerten stammen. Die Einkünfte sind jedoch dann nicht als solche mit Kapitalanlagecharakter zu qualifizieren, wenn der Steuerpflichtige nachweist, dass sie aus einer Tätigkeit stammen, die einer unter § 8 Abs. 1 Nr. 1 bis 6 fallenden Tätigkeit der ausländischen Gesellschaft dient (§ 7 Abs. 6a AStG).

Erzielt die ausländische Gesellschaft ausschließlich oder fast ausschließlich Einkünfte mit Kapitalanlagecharakter, ist jede Beteiligung, unabhängig von ihrer Höhe, schädlich, es sei denn, mit der Hauptgattung der Aktien der ausländischen Gesellschaft findet ein wesentlicher und regelmäßiger Handel an einer anerkannten Börse statt.

Eine Hinzurechnung der Einkünfte mit Kapitalanlagecharakter unterbleibt jedoch dann, wenn die den Zwischeneinkünften mit Kapitalanlagecharakter zugrunde liegenden Bruttoerträge nicht mehr als 10% der den gesamten Zwischeneinkünften zugrunde liegenden Bruttoerträge der ausländischen Zwischengesellschaft betragen und die bei einer Zwischengesellschaft oder bei einem Steuerpflichtigen hiernach außer Ansatz zu lassenden Beträge 80.000,– EUR nicht übersteigen. Liegen die Voraussetzungen vor, ist ein Gegenbeweis nicht möglich.[63]

Für **Zwischeneinkünfte ohne Kapitalanlagecharakter** von einer EU-/EWR-ansässigen Tochtergesellschaft besteht die Möglichkeit zur Abwendung der Hinzurechnungsbesteuerung, wenn die Tochtergesellschaft nachweislich einer „**tatsächlichen wirtschaftlichen Tätigkeit**" nachgeht (sog. Gegenbeweis nach § 8 Abs. 2 AStG).[64] Der tatsächlichen wirtschaftlichen Tätigkeit der Gesellschaft sind dabei nur solche Einkünfte zuzuordnen, die durch diese Tätigkeit erzielt werden und dies nur insoweit, als der Fremdvergleichsgrundsatz beachtet worden ist (§ 8 Abs. 2 S. 5 AStG). Unter Zugrundelegung der EuGH-Entscheidung in der Rs. *Cadbury Schweppes*[65] ist dies der Fall, wenn sich die betreffende Gesellschaft in einem Mitgliedstaat angesiedelt hat und dort tatsächlich einer wirtschaftlichen Tätigkeit mittels einer festen Einrichtung auf unbestimmte Zeit nachgeht. Zu berücksichtigen ist da-

---

[61] Vgl. *Köhler/Haun* Ubg 2008, 73 ff., 74.
[62] Bei der Bestimmung der Niedrigbesteuerung sind alle Ertragsteuern zu berücksichtigen, mit denen die Einkünfte auf der Ebene der ausländischen Gesellschaft belastet sind. Erfasst werden auch Quellensteuern von Drittstaaten, die auf die passiven Zwischeneinkünfte erhoben werden.
[63] Vgl. § 7 Abs. 6 S. 2 AStG.
[64] Vgl. *Köhler/Haun* Ubg 2008, S. 73 ff., 76; § 8 Abs. 2 AStG wurde aufgrund der Entscheidung des EuGH in der Rechtssache *Cadbury Schweppes* eingeführt, vgl. Urt. v. 12.9.2006 – C-196/04 – IStR 2006, 670. Ob § 8 Abs. 2 AStG den Vorgaben des EuGH Rechnung trägt bleibt zweifelhaft.
[65] EuGH Urt. v. 12.9.2006 – C-196/04 – IStR 2006, 670.

bei insbesondere das Ausmaß des greifbaren Vorhandenseins der ausländischen Gesellschaft in Form von Geschäftsräumen, Personal und Ausrüstungsgegenständen. An hinreichender Substanz fehlt es, wenn die Kernfunktionen der Gesellschaft nicht von ihr selbst ausgeübt werden oder sich in gelegentlicher Kapitalanlage oder Beteiligungsverwaltung ohne Geschäftsführungstätigkeit erschöpfen.[66]

80 Die Hinzurechnungsbesteuerung unterbleibt auch, wenn die ausländische Tochtergesellschaft neben den Einkünften aus aktivem Erwerb nur in geringem Umfang (nicht mehr als 10% der Bruttoerträge) niedrig besteuerte Zwischeneinkünfte aus passivem Erwerb erzielt (sog. Bagatellgrenze, vgl. § 9 AStG).

81 Sind der ausländischen Zwischengesellschaft weitere Gesellschaften nachgeschaltet, gelten die Grundsätze der Hinzurechnungsbesteuerung hierfür entsprechend. Die Einkünfte der nachgeschalteten Zwischengesellschaften, die ihrerseits einer niedrigen Besteuerung unterlegen haben, werden der ausländischen Zwischengesellschaft zu dem Teil, der auf ihre Beteiligung am Nennkapital der jeweiligen Untergesellschaften entfällt, zugerechnet, soweit nicht der Nachweis erbracht wird, dass die Untergesellschaft diese Einkünfte aus nach § 8 AStG unschädlichen ‚aktiven' Tätigkeiten erzielt (§ 14 AStG).

82 Liegen die Voraussetzungen der Hinzurechnungsbesteuerung vor, wird der GmbH nach § 10 Abs. 1 Satz 1 AStG eine fiktive Dividende (Hinzurechnungsbetrag) zugerechnet. Der Hinzurechnungsbetrag gilt als unmittelbar nach Ablauf des maßgebenden Wirtschaftsjahres der ausländischen Gesellschaft zugeflossen und unterliegt in voller Höhe der deutschen Besteuerung (Körperschaftsteuer, Solidaritätszuschlag und Gewerbesteuer).

83 Obgleich der Hinzurechnungsbetrag wie eine Auslandsdividende behandelt wird, findet die Steuerbefreiung nach § 8b Abs. 1 KStG keine Anwendung.[67] Die Höhe des Hinzurechnungsbetrags bestimmt sich nach der Höhe des dem deutschen Gesellschafter anteilig zuzurechnenden Gewinns der Auslandsgesellschaft, soweit er aus passiven und niedrig versteuerten Einkünften besteht. Nachfolgende Gewinnausschüttungen der ausländischen Zwischengesellschaft sind jedoch bei der GmbH im Grundsatz steuerbefreit, soweit für das Jahr in dem sie bezogen werden, oder für die vorangegangenen sieben Jahre aus einer Beteiligung an derselben ausländischen Gesellschaft bereits Hinzurechnungsbeträge (§ 10 Abs. 2 AStG) aus der Beteiligung an derselben der Besteuerung unterlegen haben und dies nachgewiesen wird (§ 3 Nr. 41 Buchst. a) EStG).[68]

84 Falls ein **Doppelbesteuerungsabkommen** eingreift, ist der Hinzurechnungsbetrag gegebenenfalls nach den Bestimmungen des DBA steuerbefreit (abkommensrechtliches internationales Schachtelprivileg). Die Hinzurechnungsbesteuerung beseitigt allerdings bei einem inländischen körperschaftsteuerpflichtigen Anteilseigner im Ergebnis die Besteuerungsfolgen des internationalen Schachtelprivilegs, d. h. es liegt ein sog. *treaty override* vor (§ 20 Abs. 1 AStG). Der DBA-Schutz wird insofern durch das Außensteuergesetz ausgehebelt.[69]

VII. Veränderung des Stammkapitals

1. Kapitalerhöhung

85 Die Erhöhung des Stammkapitals ist für die GmbH steuerneutral. Aus Sicht des Gesellschafters erhöhen sich grundsätzlich die (steuerlichen) Anschaffungskosten der Beteiligung (bzw. des jeweiligen durch Kapitalerhöhung erworbenen Geschäftsanteils). Zusätzliche Eigenmittel können der GmbH im Wege der Bareinlage (**Barkapitalerhöhung**) oder durch Sacheinlage (**Sachkapitalerhöhung**) zugewendet werden.

---

[66] So die Gesetzesbegründung, vgl. BT-Drucks. 16/6290 S. 92.
[67] Vgl. § 10 Abs. 2 S. 3 AStG; Das Teileinkünfteverfahren nach § 3 Nr. 40 Satz 1 lit. d) EStG (ab 2009:) findet gleichfalls keine Anwendung; so auch für die Abgeltungsteuer.
[68] § 3 Nr. 41 EStG sollte auch auf Körperschaften Anwendung finden, vgl. Erle/Sauter/*Möller/Sterner* KStG, § 3 Nr. 41 EStG Rn. 322 und Rn. 331 sowie die Aufzählung der für Körperschaftsteuerzwecke anwendbaren Vorschriften des Einkommensteuergesetzes in R 32 Abs. 1 Nr. 1 KStR 2004.
[69] Vgl. *Gosch* IStR 2008, 413 ff., 415; wenn der Gesetzgeber eine gesetzliche Regelung in Kraft setzt, die eine inhaltsgleiche DBA-Regelung aufhebt oder ändert, kommt es zu einem Treaty Override.

Soweit einzelne Wirtschaftsgüter im Wege der offenen Sacheinlage in die GmbH eingebracht werden und der einbringende Gesellschafter im Gegenzug Anteile erhält, ist das Wirtschaftsgut mit dem gemeinen Wert anzusetzen.[70] Soweit der Wert der eingelegten Wirtschaftsgüter die Höhe der Einlageforderung übersteigt, liegt eine verdeckte Einlage in die GmbH vor, die grundsätzlich mit dem Teilwert anzusetzen ist.

Wird ein Betrieb, Teilbetrieb oder ein Mitunternehmeranteil in die GmbH eingebracht und erhält der Einbringende dafür neue Anteile an der übernehmenden GmbH, erfolgt die Bewertung im Grundsatz ebenfalls zum gemeinen Wert. Ausnahmsweise wird auf Antrag der Buchwert oder ein Zwischenwert angesetzt (§ 20 Abs. 2 Satz 2 UmwStG); der Antrag ist möglich, wenn folgende Voraussetzungen erfüllt sind:
- Es muss sichergestellt sein, dass das eingebrachte Betriebsvermögen später bei der übernehmenden GmbH der Besteuerung mit Körperschaftsteuer unterliegt,
- Die Passivposten des eingebrachten Betriebsvermögens dürfen die Aktivposten nicht übersteigen; dabei ist das Eigenkapital nicht zu berücksichtigen, und
- Das Recht der Bundesrepublik Deutschland hinsichtlich der Besteuerung des Gewinns aus der Veräußerung des eingebrachten Betriebsvermögens bei der übernehmenden GmbH darf nicht ausgeschlossen oder beschränkt werden.

Auch die **Einbringung von mehrheitsvermittelnden Anteilen an einer Kapitalgesellschaft** (qualifizierter Anteilstausch) erfolgt grundsätzlich zum gemeinen Wert (vgl. § 21 Abs. 1 UmwStG). Der Ansatz zum Buchwert ist auf Antrag möglich, wenn durch den Anteilstausch das Recht der Bundesrepublik Deutschland hinsichtlich der Besteuerung des Gewinns aus der Veräußerung der erhaltenen Anteile nicht ausgeschlossen oder beschränkt wird oder der Gewinn aus dem Anteilstausch auf Grund Artikel 8 der Richtlinie 90/434/EWG nicht besteuert werden darf.

Das Stammkapital der GmbH kann auch durch die **Verwendung von Kapitalrücklagen** erhöht werden.[71] Weist das steuerliche Einlagekonto einen positiven Betrag aus, so gilt bei einer Erhöhung des Nennkapitals aus Rücklagen dieser zwingend als vor den anderen Rücklagen umgewandelt (§ 28 Abs. 1 Satz 1 KStG).[72] Diese Form der Kapitalerhöhung löst keine steuerlichen Belastungen auf Ebene der GmbH aus.[73] Bestehen die in Stammkapital umgewandelten Rücklagen der GmbH aus Gewinnrücklagen, so ist für steuerliche Zwecke der Teil des gezeichneten Kapitals, welcher versteuerte Gewinnrücklagen enthält, getrennt auszuweisen und gesondert festzustellen. Erfolgt später eine Kapitalherabsetzung, so gilt dieser Teil des Stammkapitals, der aus Gewinnrücklagen besteht, als zuerst für die Kapitalherabsetzung verwendet.

Anstelle einer Kapitalerhöhung aus Gewinnrücklagen könnte die GmbH die Gewinnrücklagen ausschütten und die Gesellschafter sodann **mit den Dividendenerträgen eine Barkapitalerhöhung** durchführen. Bei einem solchen „Schütt-aus-Hol-zurück-Verfahren" entsteht aber ggf. eine zusätzliche steuerliche Belastung, falls die Dividende bei den Gesellschaftern der Besteuerung unterliegt. Soweit beim Gesellschafter die 95%ige Steuerbefreiung greift, stehen 95% des Dividendenbetrags für eine Barkapitalerhöhung zur Verfügung (die Kapitalertragsteuer wird im Rahmen der Steuerveranlagung an den Dividendenempfänger erstattet). Bei natürlichen Personen als Gesellschaftern wird im Regelfall eine zusätzliche Steuerbelastung entstehen, da in diesem Fall die Dividenden zu 60% der Besteuerung unterliegen (Teileinkünfteverfahren).

2. Kapitalherabsetzung

Erfolgt eine Herabsetzung des Kapitals, **ohne** dass es zu einer **Auszahlung an die Gesellschafter** kommt, wird der Herabsetzungsbetrag **in der Kapitalrücklage ausgewiesen**. In diesem Fall mindert sich das Stammkapital zu Gunsten der Kapitalrücklagen. Eine steuerliche

---

[70] Vgl. § 6 Abs. 6 EStG; Schmidt/*Glanegger* § 6 EStG Rn. 545; *Rödder/Schumacher* DStR 2006, 1481 ff., 1486.
[71] Beachte aber auch die Anforderungen nach § 57c und §§ 57d–57o GmbHG.
[72] Vgl. Gosch/*Heger* § 28 KStG Rn. 11.
[73] Vgl. Ernst & Young/*Antweiler*, § 28 KStG Rn. 25.

Belastung auf Ebene der GmbH entsteht nicht. Wird das Stammkapital herabgesetzt und der freiwerdende Betrag an die Gesellschafter ausgeschüttet, so entsteht wiederum auf der Ebene der GmbH keine steuerliche Belastung. Es fällt keine Kapitalertragsteuer an. Etwas anderes gilt jedoch dann, wenn sich das Stammkapital vor der Herabsetzung (teilweise) aus Gewinnrücklagen zusammensetzt, welches aufgrund der Kapitalherabsetzung an die Gesellschafter ausgeschüttet wird. Insofern ist die Kapitalherabsetzung und Auszahlung an die Gesellschafter wie eine Dividendenzahlung zu beurteilen; es fällt Kapitalertragsteuer an (§ 43 Abs. 1 EStG).

92 Rückzahlungen aus dem steuerlichen Einlagekonto (Kapitalrücklagen) sind grundsätzlich steuerneutral möglich;[74] sie lösen keine Kapitalertragsteuer aus. Aus § 27 Abs. 1 Satz 3 KStG ergibt sich, dass Leistungen der Gesellschaft nur dann mit dem steuerlichen Einlagekonto verrechnet werden dürfen, wenn keine anderweitigen Rücklagen vorhanden sind. Steuerneutrale Rückzahlungen sind daher erst nach Ausschüttung von Gewinnrücklagen möglich (nachrangige Verwendung des Einlagekontos). Da das steuerliche Einlagekonto jeweils zum Wirtschaftsjahresende festgestellt wird (§ 27 Abs. 2 KStG), können Kapitalbestandteile, die auf Einlagen während des laufenden Wirtschaftsjahrs beruhen, **erst im darauf folgenden Wirtschaftsjahr** zu Lasten des steuerlichen Einlagenkontos **steuerneutral** an den Gesellschafter zurückgezahlt werden. Erfolgt die Rückzahlung im gleichen Wirtschaftsjahr, fällt Kapitalertragsteuer an.

93 Für den Gesellschafter, der innerhalb der letzten fünf Jahre mittelbar oder unmittelbar zu mindestens 1% an der GmbH beteiligt war und diese Beteiligung im Privatvermögen hält, führt eine Auszahlung aus dem Einlagekonto zu steuerpflichtigen Einkünften gemäß § 17 Abs. 4 EStG.

VIII. Übertragung von Bezugsrechten

94 Bei einer Kapitalerhöhung steht den Altgesellschaftern entsprechend ihrer Beteiligung an der GmbH ein Bezugsrecht auf die neuen GmbH-Geschäftsanteile zu.

95 Nehmen die bisherigen Gesellschafter entsprechend ihrer Beteiligungsquote an der Kapitalerhöhung teil und werden die neuen Anteile zum gemeinen Wert (Verkehrswert) ausgegeben, ist die Gegenleistung für die neuen Anteile als Anschaffungskosten in der Bilanz des GmbH-Gesellschafters auszuweisen. Soweit der Gesellschafter seine Anteile im Privatvermögen hält, entsprechen die Anschaffungskosten des Gesellschafters dem Betrag, der für den neuen Geschäftsanteil aufgewendet wurde.

96 Werden im Rahmen der Kapitalerhöhung einer GmbH neue Geschäftsanteile unter dem gemeinen Wert ausgegeben, kommt es zu einer Übertragung stiller Reserven von den Alt- auf die Neu-Anteile.

Beispiel:

A und B sind zu je 50% an der AB-GmbH beteiligt:

AB-GmbH (vor Kapitalerhöhung)
(EUR)

Aktiva		Passiva	
Wirtschaftsgüter	100,– (300,–)	Kapital	100,–

AB-GmbH (nach Kapitalerhöhung)
(EUR)

Aktiva		Passiva	
Wirtschaftsgüter	100,– (300,–)	Kapital	200,–
Kasse	100,– (300,–)		

In der AB-GmbH sind stille Reserven von 200,– EUR vorhanden, da das mit 100,– EUR bilanzierte Wirtschaftsgut einen Marktwert von 300,– EUR hat. Die Anschaffungskosten der AB-GmbH-Anteile

---

[74] Vgl. BMF-Schreiben vom 4.6.2003 – BStBl. 2003 I, S. 366 Tz. 1.

belaufen sich für A und B auf je 50,- EUR. Das Kapital der AB-GmbH wird nunmehr um 100,- EUR erhöht. Für die neuen Geschäftsanteile müssen A und B je 50,- EUR aufbringen. Jeder neue Geschäftsanteil in Höhe von 50,- EUR hat damit einen Wert von 100,- EUR. Die „alten" Geschäftsanteile verlieren an Wert. Ihr ursprünglicher Wert in Höhe von 150,- EUR (je 50,- EUR Nominalbetrag) sinkt infolge der Kapitalerhöhung auf 100,- EUR.

Werden bei einer GmbH **Bezugsrechte oder Gratisgeschäftsanteile** an die Gesellschafter ausgegeben, partizipieren die neuen Anteile proportional an den stillen Reserven der GmbH. Durch die Verlagerung der stillen Reserven mindert sich in entsprechender Höhe der Wert der Altanteile. Eine solche Kapitalerhöhung führt dazu, dass die Anschaffungskosten für die Altanteile zumindest teilweise auf die neuen Geschäftsanteile übergehen. Diese Abspaltung von Anschaffungskosten auf die neuen Geschäftsanteile erfolgt prinzipiell nach der sogenannten Gesamtwertmethode.[75] Danach ist der Marktwert des Bezugsrechts ins Verhältnis zum Marktwert der Altanteile zu setzen. Die Wertermittlung auf der Basis der Gesamtwertmethode ist in der Praxis jedoch aufwändig. § 20 Abs. 4a S. 4 EStG sieht daher **fiktiv** vor, dass dem Anteilsinhaber zugeteilte **Bezugsrechte mit Anschaffungskosten in Höhe von 0,- EUR** zu erfassen sind. Daraus folgt, dass die Anschaffungskosten der Altanteile für steuerliche Zwecke unverändert bleiben. Werden die Bezugsrechte durch den Inhaber isoliert veräußert, ist der erzielte Verkaufserlös in vollem Umfang steuerpflichtig. Werden die Bezugsrechte zur Anschaffung eines neuen Geschäftsanteils eingesetzt, erhöhen sich die Anschaffungskosten des neuen Anteils wegen der Fiktion in § 20 Abs. 4a S. 4 EStG nicht auch um den rechnerischen Wert der Bezugsrechte. Bei der späteren Veräußerung des neuen Anteils fällt deswegen aber der steuerpflichtige Veräußerungsgewinn entsprechend höher aus. 97

Diese Regelung gilt unabhängig davon, ob die Altanteile vom Gesellschafter vor dem 1.1.2009 oder nach dem 31.12.2008 angeschafft wurden. Das Anschaffungsdatum der Altanteile geht im Falle der Veräußerung auf die Bezugsrechte über. Veräußert der Gesellschafter die Bezugsrechte später, entsteht ein steuerpflichtiger Veräußerungsgewinn somit nur in den Fällen, in denen auch die zugrunde liegenden Altanteile steuerlich verstrickt sind. Wurden die Anteile vor dem 1.1.2009 erworben, unterliegt die Veräußerung der zugeteilten Bezugsrechte nicht der Abgeltungsteuer; sofern die Jahresfrist des § 23 Abs. 1 S. 1 Nr. 2 EStG noch nicht abgelaufen ist, muss der Gesellschafter ein privates Veräußerungsgeschäft in seiner Steuererklärung deklarieren. Die Ausübung des Bezugsrechts ist nicht als Veräußerung des Bezugsrechts anzusehen. Übt der Steuerpflichtige das Bezugsrecht aus, wird der junge Geschäftsanteil zu diesem Zeitpunkt angeschafft. Der Wert des Bezugsrechts ist als Anschaffungskosten des jungen Geschäftsanteils mit 0,- EUR anzusetzen und daher nicht von Bedeutung.[76] 98

Nimmt ein Gesellschafter an einer Kapitalerhöhung nicht im vollen Umfang des ihm zustehenden Bezugsrechts teil und lässt er dieses Bezugsrecht insoweit verfallen, kann dieser Verzicht als schenkungsteuerbare Zuwendung i.S.d. § 7 Abs. 1 Nr. 1 ErbStG an den an der Kapitalerhöhung Teilnehmenden zu qualifizieren sein, wenn diesem durch die Kapitalerhöhung eine Wertsteigerung zufließt, die den Wert einer von ihm zu erbringenden Einlage übersteigt (Kapitalerhöhung gegen zu geringes Aufgeld). Erfolgt die Kapitalerhöhung aus Gesellschaftsmitteln und nicht durch Erhöhung des Nennbetrags der Alt-Anteile („Aufstockung", vgl. § 57h GmbHG), erwerben die Gesellschafter die neuen Anteile zwingend im Verhältnis ihrer bisherigen Geschäftsanteile (§ 57j GmbHG). Der „Verzicht" eines Gesellschafters auf dieses Bezugsrecht bedeutet deshalb eine Zuwendung i.S.d. § 7 Abs. 1 Nr. 1 ErbStG der neu entstandenen Anteile an die anderen Gesellschafter.[77] 99

Werden Bezugsrechte durch eine GmbH veräußert, unterliegt der Veräußerungsgewinn nicht der Steuerbefreiung nach § 8b Abs. 2 KStG.[78] Aus steuerlicher Sicht kann es daher günstiger sein, zunächst das Bezugsrecht auszuüben und anschließend den erhaltenen Geschäftsanteil zu veräußern. Ist hingegen ein Veräußerungsverlust zu erwarten, kann die Ver- 100

---

[75] BFH Urt. v. 19.12.2000 – BStBl. 2001 II, S. 345; BFH Urt. v. 23.1.2008 – BFH/NV 2008, 1058.
[76] Vgl. BMF-Schreiben v. 9.10.2012 – BStBl. 2012 I, S. 953, Tz. 108 ff.
[77] Vgl. Gleich lautende Erlasse der obersten Finanzbehörden der Länder v. 14.3.2012 – BStBl. 2012 I, S. 331.
[78] Vgl. BMF-Schreiben v. 28.4.2003 – BStBl. 2003 I, S. 292, Tz. 24, bestätigt durch BFH Urt. v. 23.1.2008 – DStR 2008, 292.

äußerung des Bezugsrechts vorteilhaft sein, da aufgrund der Nichtanwendbarkeit des § 8b Abs. 2 KStG auch das Betriebsausgabenabzugsverbot gemäß § 8b Abs. 3 Satz 2 nicht zur Anwendung kommt.

IX. Erwerb eigener Anteile

101 Die GmbH kann eigene Geschäftsanteile erwerben. Nach § 272 Abs. 1a HGB ist der Nennbetrag von erworbenen eigenen Anteilen in einer Vorspalte offen von dem Posten „Gezeichnetes Kapital" abzusetzen. Der Unterschiedsbetrag zwischen dem rechnerischen Wert und den Anschaffungskosten der eigenen Anteile ist mit den frei verfügbaren Rücklagen zu verrechnen. Diese Regelung gilt unabhängig von der Frage, ob die erworbenen Anteile zum Zwecke der Kapitalherabsetzung oder zur Weiterveräußerung bestimmt sind. In der Handelsbilanz wird der Erwerb und die Bilanzierung eigener Anteile daher wie eine Kapitalrückzahlung abgebildet.

102 Zur Verrechnung des Unterschiedsbetrags zwischen dem Nennbetrag und den Anschaffungskosten der erworbenen eigenen Anteile dürfen nur frei verfügbare Rücklagen der GmbH verwendet werden. Satzungsmäßige Rücklagen dürfen grundsätzlich nicht verwendet werden. Mit Ausnahme der Anschaffungsnebenkosten wirkt sich der Erwerb eigener Aktien auf das handelsrechtliche Jahresergebnis nicht aus.

103 Der Rückkauf eigener Aktien wird auch steuerlich grundsätzlich anerkannt, das Steuerrecht hält jedoch keine eigenständigen gesetzlichen Regelungen für den Erwerb eigener Anteile parat.[79] Der Erwerb eigener Anteile sollte für die GmbH im ersten Schritt ein ‚Anschaffungsgeschäft'[80] darstellen, für das jedoch auf der Basis des § 272 Abs. 1a HGB Besonderheiten bei der Bilanzierung zu beachten sind. Eigene Anteile sind daher auch in der Steuerbilanz der GmbH aufgrund des Maßgeblichkeitsgrundsatzes nicht als Aktivum, sondern passivisch als Vorspalteneinträge beim Eigenkapital auszuweisen.

104 Zumindest wenn das Gezeichnete Kapital keine Beträge enthält, die im Rahmen einer Kapitalerhöhung aus Gesellschaftsmitteln durch Umwandlung von Rücklagen entstanden sind, sollte die Verminderung des Gezeichneten Kapital in der Vorspalte um den Nennbetrag der erworbenen eigenen Anteile für die GmbH kein steuerlich relevanter Tatbestand sein. Durch den Erwerbsvorgang wird an den veräußernden Gesellschafter daher auch keine Leistung i. S. des § 27 Abs. 1 Satz 3 KStG erbracht und das steuerliche Einlagekonto nicht verwendet. Hieraus folgt andererseits, dass die Verrechnung des Unterschiedsbetrags zwischen dem Nennwert der erworbenen eigenen Anteile und dem gezahlten Kaufpreis entsprechend dem handelsrechtlichen Gebot der Minderung der freien Rücklagen auch steuerrechtlich die Rücklagen i. S. des § 272 Abs. 2 Nr. 1–3 HGB mindert, nicht aber das steuerliche Einlagekonto. Konsequenz ist, dass der Rückerwerb auch die Höhe und Ermittlung des ausschüttbaren Gewinns der GmbH (§ 27 Abs. 1 S. 4 KStG) ausstrahlt. Da der Bestand des Einlagekontos nicht verringert wird, mindert sich durch das reduzierte Eigenkapital in der Steuerbilanz der ausschüttbare Gewinn im Sinne des § 27 Abs. 1 Satz 5 KStG; ggf. kann dieser sogar negativ werden. In diesem Fall wären Ausschüttung denkbar, die sich aus dem Einlagekonto speisen. Gewinnausschüttungen wären in diesem Fall Einlagenrückgewähr, die nicht der Kapitalertragsteuer unterläge.

---

[79] Die Finanzverwaltung hatte mit Schreiben vom 2.12.1998 zur handels- und steuerrechtlichen Behandlung des Erwerbs eigener Aktien Stellung genommen. Diese Verwaltungsanweisung wurde im Zusammenhang mit der Einführung des sog. Halbeinkünfteverfahrens im August 2010 jedoch aufgehoben, vgl. BMF-Schreiben v. 10.8.2010 – BStBl. 2010 I, S. 659.

[80] Der Erwerb eigener Anteile ist keine Ausschüttung. An einer Gewinnausschüttung partizipieren alle Gesellschafter entsprechend ihrer Beteiligungsquote und der Gesellschafterkreis bleibt unverändert. Beim Rückkauf eigener Anteile verliert der seine Anteile veräußernde Gesellschafter die Gesellschafterstellung. Aus den gleichen Erwägungen erscheint auch eine Behandlung als Teilliquidation (Kapitalherabsetzung) unzutreffend. Zum einen bleibt durch den Rückerwerb das satzungsmäßige Grundkapital unberührt und mindern sich stattdessen die verfügbaren Mitteln der Kapitalgesellschaft. Zum anderen treten die Wirkungen des Anteilsrückerwerbs isoliert nur im Verhältnis zu den veräußernden Aktionären, nicht aber wie bei einer Kapitalabsetzung gegenüber allen Aktionären ein.

Auf Ebene des Gesellschafters, der seinen Geschäftsanteil an die GmbH verkauft und dafür einen Kaufpreis erhält, sollte spiegelbildlich keine Ausschüttung, insbesondere auch keine verdeckte Gewinnausschüttung von der GmbH, vorliegen. Der Gesellschafter tätigt vielmehr ein normales Veräußerungsgeschäft, wenn er Anteile verkauft. Für dieses Geschäft gelten die allgemeinen Besteuerungsgrundsätze (Anteile im Privatvermögen § 17 i. V. m. § 3 Nr. 40 EStG, 20 Abs. 2 EStG, im Betriebsvermögen § 3 Nr. 40 EStG; bei Körperschaften § 8b Abs. 2 KStG). Entspricht allerdings der Kaufpreis für den Geschäftsanteil nicht dem Marktwert, kann eine verdeckte Gewinnausschüttung vorliegen.[81]

Werden eigene Geschäftsanteile von der GmbH weiterveräußert und erzielt die GmbH dadurch einen Veräußerungsgewinn, so ist dieser ebenso steuerbefreit wie ein Gewinn aus der Veräußerung von Anteilen an anderen Kapitalgesellschaften.[82]

Der Erwerb von eigenen Anteilen wird nach Auffassung der Finanzverwaltung als ein der Anteilsübertragung „vergleichbarer Sachverhalt" gewertet, wenn sich hierdurch die Beteiligungsquoten ändern. Der Erwerb von eigenen Anteilen kann daher Auswirkungen auf den Bestand von Verlustvorträgen haben (§ 8c KStG).[83]

X. Verdeckte Gewinnausschüttungen[84]

Gemäß § 29 GmbHG haben die Gesellschafter Anspruch auf den Jahresüberschuss bzw. den Bilanzgewinn. Der Gewinn nach Steuern muss somit im Grundsatz an die Gesellschafter ausgeschüttet werden. Im Regelfall werden Gewinne **offen**, d. h. **aufgrund eines den gesellschaftsrechtlichen Vorschriften entsprechenden Gewinnverteilungsbeschlusses** der Gesellschafterversammlung ausgeschüttet.[85] Eine Ausschüttung kann jedoch auch „verdeckt" erfolgen, indem Gewinnanteile nicht als Dividende, sondern z. B. in Form einer Leistungsvergütung ausgezahlt werden. Gleichwohl erfolgt auch eine verdeckte Gewinnausschüttung (vGA) aus Gewinnen nach Steuern und mindert somit das Einkommen nicht (§ 8 Abs. 3 Satz 2 KStG).

1. Der Tatbestand einer vGA

Der Begriff der vGA ist **im Gesetz nicht definiert**.[86] Die Rechtsprechung des BFH[87] versteht hierunter eine **Vermögensminderung oder verhinderte Vermögensmehrung**, die durch das Gesellschaftsverhältnis veranlasst ist, sich auf die Höhe des Unterschiedsbetrags i. S. d. § 4 Abs. 1 Satz 1 EStG auswirkt und in keinem Zusammenhang mit einer offenen Ausschüttung steht.

Eine Vermögensminderung (beziehungsweise eine verhinderte Vermögensmehrung) ist anzunehmen, wenn die GmbH entweder Aufwand tätigt, der nicht angemessen durch eine Gegenleistung kompensiert wird, oder wenn sie für eine von ihr erbrachte Leistung kein angemessenes Entgelt erhält.[88]

Die korrespondierende Zuwendung an den Gesellschafter muss die Eignung haben, bei diesem einen Beteiligungsertrag i. S. d. § 20 Abs. 1 Nr. 1 Satz 2 EStG auszulösen[89] und durch das Gesellschaftsverhältnis veranlasst sein. Dabei ist irrelevant, ob der Vermögensvorteil beim Gesellschafter selbst oder bei einer diesem nahe stehenden Person (Ehegatten, Kinder

---

[81] Vgl. GmbH-Handbuch III/*Neumann* Rn. 1350 und 1500.
[82] Vgl. § 8b Abs. 2 KStG, dazu Dötsch/Jost/Pung/Witt/*Dötsch/Pung* § 8b KStG Rn. 72.
[83] Vgl. BMF-Schreiben vom 4.7.2008 zur Verlustabzugsbeschränkung (§ 8c KStG) Tz. 7.
[84] Siehe hierzu auch *Dörner* INF 2001, 76 ff.; *Hey* GmbHR 2001, 1 ff.
[85] Vgl. *Streck* § 8 KStG Anm. 55 f.
[86] Vgl. *Streck* § 8 KStG Anm. 65 ff.; GmbH-Handbuch III/*Neumann* Rn. 1044.
[87] Vgl. z. B. BFH Urt. v. 22.2.1989 – BStBl. 1989 II, S. 475, 476; BFH Urt. v. 22.2.1989 – BStBl. 1989 II, S. 631; BFH Urt. v. 12.4.1989 – BStBl. 1989 II, 636; BFH Urt. v. 28.6.1989 – BStBl. 1989 II, 854; BFH Urt. v. 10.3.1993 – BStBl. 1993 II, 635; BFH Urt. v. 24.3.1999 – BStBl. II 2001, 612; BFH Urt. v. 5.6.2002 – BStBl. 2003 II, 329; BFH Beschl. v. 4.4.2012 – BFH/NV 2012, 1881; BFH Urt. v. 27.3.2012 – BFH/NV 2012, 1127.
[88] Ähnlich BFH Urt. v. 23.6.1993 – BStBl. 1993 II, S. 801.
[89] Vgl. BFH Urt. v. 7.8.2002 – BStBl. 2004 II, S. 131.

oder Konzerngesellschaften) eintritt.⁹⁰ Zur Feststellung, ob die Zuwendung im Gesellschaftsverhältnis begründet war, wird auf einen Fremdvergleich abgestellt: Es wird danach gefragt, ob einem Nicht-Gesellschafter bei Anwendung der Sorgfalt eines ordentlichen und gewissenhaften Geschäftsleiters unter sonst gleichen Umständen die Zuwendung ebenfalls gewährt worden wäre oder nicht.⁹¹

112 Besondere Maßstäbe werden bei einem **beherrschenden Gesellschafter** angelegt, da bei einem solchen immer die Gefahr besteht, dass vorteilhafte Geschäfte mit der GmbH erzwungen werden. Nach der Rechtsprechung hat ein Gesellschafter oder eine Gesellschaftergruppe mit gleichgerichteten Interessen dann beherrschenden Einfluss, wenn er bzw. diese über die einfache Stimmrechtsmehrheit in der Gesellschafterversammlung aufgrund einer Beteiligung von mehr als 50% verfügt.⁹²

113 Die vereinbarten Konditionen müssen dem **Fremdvergleich** standhalten. Eine vGA wird bei einem Geschäft mit einem beherrschenden Gesellschafter allerdings bereits dann angenommen, wenn sich Leistung und Gegenleistung zwar angemessen gegenüberstehen, also eine Vorteilsgewährung nicht vorliegt, es aber an einer „zivilrechtlich wirksamen, klaren und im Voraus abgeschlossenen (schriftlichen) Vereinbarung"⁹³ fehlt.⁹⁴ Dies erlaubt den indiziellen, aber widerlegbaren Rückschluss, dass eine vGA vorliegt.⁹⁵

> **Praxistipp:**
> Zur Vermeidung von vGAen sind alle Rechtsbeziehungen zwischen der GmbH und ihrem beherrschenden Gesellschafter durch **eindeutige und im Vorhinein getroffene schriftliche** Vereinbarung zu dokumentieren.

114 Beispiele für verdeckte Gewinnausschüttungen sind:
- Kaufverträge, bei denen die GmbH ein Wirtschaftsgut vom Gesellschafter zu einem unangemessen hohen Preis kauft oder umgekehrt an den Gesellschafter zu einem unangemessen niedrigen Preis verkauft;
- Dienstverträge, bei denen einem Gesellschafter-Geschäftsführer eine unangemessen hohe Vergütung gewährt wird.⁹⁶ Dabei ist auf die Gesamtausstattung des Geschäftsführers abzustellen, also unter Einschluss von Tantiemen, Provisionen und Pensionszusagen;
- Zinslose Darlehensverträge oder Darlehen zu einem außergewöhnlich niedrigen Zins an Gesellschafter;
- Schuldübernahme durch die GmbH zugunsten eines Gesellschafters ohne angemessene Gegenleistung;
- Forderungsverzicht der GmbH gegenüber einem Gesellschafter auf einen Ausgleichs- oder Schadenersatzanspruch (z. B. aufgrund eines Wettbewerbsverstoßes);
- Pensionszusagen an den beherrschenden Gesellschafter ohne angemessene Probezeit oder trotz fehlender Finanzierbarkeit. An der Finanzierbarkeit fehlt es, falls bei unterstelltem Versorgungsfall am Bilanzstichtag der Barwert aller Versorgungsleistungen zu einer Überschuldung der GmbH führen würde;⁹⁷

---

⁹⁰ Vgl. BFH Urt. v. 18.12.1996 – BStBl. 1997 II, S. 301.
⁹¹ Vgl. BFH Urt. v. 6.12.1995 – BStBl. 1996 II, S. 383; Dötsch/Jost/Pung/Witt/*Wochinger* § 8 Abs. 3 KStG Rn. 76.
⁹² BFH Urt. v. 5.10.20014 – BFH/NV 05, 526; KStR 31 VI; BFH Beschl. v. 29.7.2009; BFH /NV 10, 66.
⁹³ H 36 Abs. 3 KStR; vgl. GmbH-Handbuch III/*Neumann* Rn. 1097 und 1101.
⁹⁴ Vgl. BFH Urt. v. 23.10.1996 – BFHE 181, 328; BFH Urt. v. 8.4.1997 – BFH/NV 97, 902.
⁹⁵ Vgl. dazu BVerfG Beschl. v. 7.11.1995 – DB 1995, S. 2572; Beschl. v. 15.8.1996 – DB 1996, 2470.
⁹⁶ Vgl. z. B. BFH Urt. v. 17.5.1995 – BStBl. 1996 II, S. 204; BFH Urt. v. 2.8.2011 – I R 5/10 – GmbHR 12, 223.
⁹⁷ Steuerliche Behandlung von Pensionszusagen gegenüber beherrschenden Gesellschafter-Geschäftsführern, BMF-Schreiben vom 14.5.1999 – BStBl. 1999 I, S. 512; Pensionszusage an nicht beherrschenden Gesellschafter-Geschäftsführer, BMF-Schreiben vom 7.3.1997 – BStBl. 1997 I, S. 637.

- Gewinntantiemen an Gesellschafter-Geschäftsführer in Höhe von mehr als 50% des Jahresüberschusses der GmbH.[98] Ausnahmen können für Auf- oder Umbauphasen der GmbH gelten;[99]
- Konkurrenztätigkeit des beherrschenden Gesellschafters ohne Befreiung vom Wettbewerbsverbot.[100]

2. Rechtsfolgen einer vGA

Die durch eine vGA bei der GmbH eingetretenen Vermögensminderungen bzw. verhinderten Vermögensmehrungen sind bei der Ermittlung des Einkommens der GmbH nach § 8 Abs. 3 S. 2 KStG **einkommenserhöhend zu berücksichtigen**. Auf Ebene der Körperschaft führt die vGA insoweit nicht zu einer Minderung des zu versteuernden Einkommens.[101] Der Wert der vGA ist dem steuerpflichtigen Einkommen der GmbH **außerbilanziell hinzuzurechnen**. Wurde die vGA, z. B. die steuerlich unzulässige Tantieme, bei der Ermittlung des Einkommens als Personalaufwand berücksichtigt, ist das steuerpflichtige Einkommen zu korrigieren, indem der steuerpflichtige Gewinn der GmbH um die vGA (außerbilanziell) erhöht wird. Dieses „zusätzliche" steuerpflichtige Einkommen unterliegt der Gewerbesteuer und der Körperschaftsteuer (zzgl. Solidaritätszuschlag). Außerdem hat die GmbH **Kapitalertragsteuer** (zzgl. Solidaritätszuschlag) in Höhe von 26,4%[102] abzuführen. 115

Beispiel (ohne Berücksichtigung Solidaritätszuschlag):

vGA	100,– EUR
Gewerbesteuer (~ 14%)	./. 14,– EUR
Körperschaftsteuer (15% von 100,– EUR)	./. 15,– EUR
Kapitalertragsteuer (25% von 100,– EUR)	./. 25,– EUR
Liquiditätsbelastung durch Steuern	./. 46,– EUR

Beim Gesellschafter zählt eine vGA gemäß § 20 Abs. 1 Nr. 1 Satz 2 EStG zu den Einkünften aus Kapitalvermögen, beziehungsweise zu den betrieblichen Einkünften, wenn die GmbH-Anteile im Betriebsvermögen gehalten werden. Ist der Gesellschafter eine inländische Kapitalgesellschaft, bleibt der durch die vGA verursachte Dividendenertrag beim Empfänger im Ergebnis zu 95% steuerfrei. 116

Grundsätzlich ist für steuerliche Zwecke die vGA **mit dem gemeinen Wert anzusetzen**.[103] Bei der Übertragung von Wirtschaftsgütern ist deren Marktwert maßgebend; bei Dienstleistungen oder Nutzungsüberlassungen sind es die im Markt erzielbaren Vergütungen. Löst eine vGA Umsatzsteuer auf den Eigenverbrauch nach § 1 Abs. 1 Nr. 1 i.V.m. § 3 Abs. 1b, 9a UStG aus, ist die Umsatzsteuer bei der Gewinnermittlung nicht zusätzlich nach § 10 KStG hinzuzurechnen.[104] 117

Eine vGA kann **steuerlich nicht rückgängig gemacht** werden. Dies gilt auch dann, wenn entsprechende Klauseln in der Satzung vorsehen, dass Rückgewähransprüche im Fall einer vGA entstehen. Stehen bei einer vGA der GmbH die Rückgewähransprüche zu und wurden sie geltend gemacht, stellen die Zahlungen des Gesellschafters an die GmbH aus steuerlicher Sicht steuerneutrale Einlagen dar. Dadurch werden die steuerlichen Auswirkungen der vGA jedoch nicht beseitigt.[105] Es bleibt also trotz dieser steuerneutralen Einlagen bei der Erhöhung des steuerpflichtigen Einkommens der GmbH und damit bei der erhöhten Ertragsteuerbelastung.[106] 118

---
[98] Vgl. BMF-Schreiben vom 1.2.2002 – zur steuerlichen Anerkennung von Gewinntantiemen an Gesellschafter-Geschäftsführer (Az IV A 2 – S 2742–4/02).
[99] Vgl. BFH Urt. v. 15.3.2000 – BStBl. 2000 II, S. 547 m. w. N.
[100] BMF-Schreiben vom 4.2.1992 – BStBl. 1992 I, S. 137; BMF-Schreiben vom 29.6.1993 – BStBl. 1993 I, S. 556.
[101] Vgl. dazu *Streck* § 8 KStG Anm. 61; GmbH-Handbuch III/*Neumann* Rn. 1170 f.
[102] Vgl. § 43a Abs. 1 S. 1 Nr. 1 EStG n. F.
[103] Vgl. *Gosch*/*Gosch* § 8 Rn. 383.
[104] Vgl. R 37 KStR.
[105] Vgl. H 37 KStR.
[106] BFH Urt. v. 29.5.1996 – BStBl. 1997 II, S. 92; BFH Urt. v. 14.7.2009 – BFH/NV 09, 1815.

XI. Einlagen

119 Eine offene Einlage liegt vor, wenn sich die **Gesellschafter verpflichten**, der Gesellschaft **Eigenmittel** – i. d. R. in die freien Rücklagen - **zuzuführen**.[107]

> **Formulierungsvorschlag:**
>
> Unter Verzicht auf die Einhaltung der Form- und Fristvorschriften der Einberufung einer Gesellschafterversammlung beschließen wir, die sämtlichen Gesellschafter der ... GmbH, das Folgende:
> 1. Gesellschafter ... und ... verpflichten sich zur Erbringung einer Bareinlage in Höhe von je EUR ... zugunsten der freien Rücklagen (§ 272 Abs. 2 Nr. 4 HGB) der GmbH.
> 2. Die Geschäftsführung wird angewiesen, den Einlagebetrag nach Eingang als andere Zuzahlung der Gesellschafter gem. § 272 Abs. 2 Nr. 4 HGB zu bilanzieren.

120 Auch ohne ausdrückliche Verpflichtung kann es dazu kommen, dass ein Gesellschafter der GmbH einen Vorteil (verdeckt) zuwendet. Eine verdeckte Einlage liegt vor, wenn ein Gesellschafter oder eine diesem nahe stehende Person der GmbH einen einlagefähigen Vermögensvorteil gewährt und diese Zuwendung durch das Gesellschaftsverhältnis veranlasst ist.[108] Der Vermögensvorteil kann in der Übertragung eines Wirtschaftsguts oder in der Übernahme von Verbindlichkeiten der GmbH bestehen.[109] Die Einlage ist immer dann **durch das Gesellschaftsverhältnis veranlasst,** wenn ein Nichtgesellschafter bei Anwendung der Sorgfalt eines ordentlichen Kaufmanns der GmbH den Vorteil nicht eingeräumt hätte.[110] Die verdeckte Einlage ist bei der Ermittlung des Einkommens gemäß § 8 Abs. 3 Satz 4 KStG einkommenserhöhend zu berücksichtigen, soweit sie das Einkommen des Gesellschafters erhöht hat. Dies gilt nach Satz 5 auch für eine verdeckte Einlage, die auf einer verdeckten Gewinnausschüttung einer dem Gesellschafter nahe stehenden Person beruht und bei der Besteuerung des Gesellschafters nicht berücksichtigt wurde, es sei denn, die verdeckte Gewinnausschüttung hat bei der leistenden Körperschaft das Einkommen gemindert. Häufige Beispiele für verdeckte Einlagen sind:

- Die Übertragung von Wirtschaftsgütern vom Gesellschafter auf die Kapitalgesellschaft zu einem unangemessen niedrigen Preis. Hier kommt es zu einer (verdeckten) Einlage des Gesellschafters in Höhe der Differenz zwischen vereinbartem Entgelt und Marktwert (Teilwert).[111]
- Der Verzicht auf Nutzungsentgelt (z. B. aufgelaufene Zinsen auf Gesellschafterdarlehen) bzw. ein unentgeltlicher Darlehensverzicht.[112]

121 Die Zuwendung des Gesellschafters an die GmbH muss in einem **einlagefähigen Vermögensvorteil** bestehen; andernfalls liegt keine Einlage vor. Nicht einlagefähig ist die unentgeltliche oder verbilligte Überlassung von Wirtschaftsgütern zum Gebrauch.[113] Dazu zählt auch die zinslose oder zinsvergünstigte Darlehensgewährung.[114] Verzichtet der Gesellschafter jedoch auf bereits aufgelaufene Zinsen, liegt eine Einlage vor, da die GmbH von einer Verbindlichkeit befreit wird.

---

[107] *Streck* § 8 KStG Anm. 38; *Dötsch/Jost/Pung/Witt/Wochinger* § 8 Abs. 1 KStG Rn. 91; *Büchele* DB 1997, 2337.
[108] Vgl. BFH Beschl. v. 9.6.1997 – (GrS) BStBl. 1998 II, S. 308; m. w. N. *Streck* § 8 KStG Anm. 40 ff.
[109] Vgl. z. B. BFH Urt. v. 24.5.1984 – BStBl. 1984 II, S. 747.
[110] Vgl. BFH Urt. v. 29.5.1968 – BStBl. 1968 II, S. 722; BFH Urt. v. 19.2.1970 – BStBl. 1970 II, S. 442; BFH Urt. v. 12.2.1980 – BStBl. 1980 II, S. 494; BFH Urt. v. 9.3.1983 – BStBl. 1983 II, S. 744; BFH 21.9.1989 – BStBl. 1990 II, S. 86; zudem: A 36a KStR.
[111] Vgl. BFH Urt. v. 26.7.1967 – BStBl. 1967 III, S. 733; BFH Urt. v. 12.2.1980 – BStBl. 1980 II, S. 494 ff.
[112] Vgl. z. B. BFH Urt. v. 9.6.1997 – BStBl. 1998 II, S. 307.
[113] Vgl. BFH Beschl. d. GrS v. 26.10.1987 – BStBl. 1988 II, S. 348, 352.
[114] Vgl. BFH Beschl. d. GrS v. 26.10.1987 – BStBl. 1988 II, S. 348.

> **Praxishinweis:**
> Der Verzicht auf bereits aufgelaufene Zinsen stellt einen einlagefähigen Vermögensvorteil dar. Der im Vorhinein vereinbarte Verzicht auf eine Verzinsung bzw. der Vorteil einer verbilligten Kreditgewährung hingegen nicht.

Der Verzicht auf ein Gesellschafterdarlehen stellt in Höhe des Nominalwerts des Darlehens eine (steuerneutrale) Einlage in die GmbH dar, soweit das Darlehen werthaltig ist. Nur **werthaltige Forderungen** sind einlagefähig.[115] Ist ein der GmbH gewährtes Darlehen nur teilweise oder insgesamt nicht mehr werthaltig, bewirkt der Darlehensverzicht keine oder nur eine teilweise Einlage in die GmbH in Höhe des werthaltigen Teils des Darlehens. Bezüglich des nicht werthaltigen Teils des Gesellschafterdarlehens führt der Forderungsverzicht zu einem steuerpflichtigen Ertrag bei der begünstigten GmbH.[116]

Verpflichtet sich ein Gesellschafter, **Verbindlichkeiten der GmbH abzusichern** (z. B. im Wege einer Bürgschaft) und **zu übernehmen** und verzichtet er endgültig auf eventuelle Rückgriffsforderungen, stellt diese Absicherung eine Einlage dar. Die Einlage besteht in der Freistellung unter Verzicht auf Rückgriffsforderungen gegen die GmbH. Die Ablösung der Verbindlichkeit durch den Gesellschafter führt im Falle ihrer (Teil-)Wertlosigkeit zu einem Ertrag auf Ebene der GmbH; aufgrund des Verzichts auf die Rückgriffsforderung ist jedoch die vom Gesellschafter erklärte unbedingte (werthaltige) Freistellungsverpflichtung von der GmbH als Wirtschaftsgut zu aktivieren mit der Folge der Gewinnneutralität des Vorgangs.[117]

XII. Eigenkapitalfinanzierung

Zur Eigenkapitalfinanzierung stehen der GmbH verschiedene Möglichkeiten offen: Neben der Übernahme von Vermögen im Wege der Bar- oder Sacheinlage zugunsten der (freien) Kapitalrücklagen kommt die Ausgabe von (neuen) Geschäftsanteilen (Stammkapital), die Ausgabe von Vorzugsgeschäftsanteilen, die Einräumung von atypisch stillen Beteiligungen oder auch die Ausgabe von Genussrechten mit Eigenkapitalcharakter in Betracht.

1. Finanzierung über die Ausgabe von neuen Geschäftsanteilen

Bei der Finanzierung über **Einlagen oder die Erhöhung des Stammkapitals** entstehen der GmbH **keine Finanzierungskosten** (hinsichtlich des aufgenommenen Kapitals). Gleiches gilt bei Finanzierung durch **Ausgabe von Vorzugsgeschäftsanteilen**; Vorzugsdividenden sind wie reguläre Dividenden aus dem versteuerten Einkommen der GmbH zu bezahlen und verursachen daher keinen steuerlich abzugsfähigen Finanzaufwand.

Verzichtet die GmbH im Rahmen einer Kapitalerhöhung aus Gesellschaftermitteln (effektive Kapitalerhöhung) **auf ein angemessenes Aufgeld,** das anteilig den auf die bisherigen Anteile entfallenden stillen Reserven entspricht, stellt dies **keine vGA** dar, weil sich der Vorgang nicht auf das steuerliche Einkommen der Kapitalgesellschaft auswirkt und auch nicht als fingierte Doppelmaßnahme (Einlage mit anschließender Wiederausschüttung) anzusehen ist. Allerdings führen die niedrigeren Anschaffungskosten für die neuen Anteile im Falle einer späteren Veräußerung zu einem höheren Veräußerungsgewinn. Beteiligen sich die Altgesellschafter einer GmbH bei einer solchen Kapitalerhöhung nicht entsprechend ihrer Beteiligungsquote oder nimmt die GmbH im Rahmen einer Kapitalerhöhung neue Gesellschafter auf, führt ein Verzicht auf ein die stillen Reserven abgeltendes angemessenes Agio zu einer Verschiebung der stillen Reserven von den Altanteilen zu den durch die Kapitalerhöhung neu geschaffenen Anteilen. Ein steuerlich relevantes Überspringen von stillen Reser-

---
[115] Vgl. BFH GrS Beschl. v. 9.6.1997 – BFHE 183, 187; BFH Beschl. v. 20.12.2001 – GmbHR 2002, 221 mit Anm. *Hoffmann;* auch Dötsch/Jost/Pung/Witt/*Geiger/Klingebiel/Wochinger* § 8 Abs. 1 KStG Rn. 120.
[116] Vgl. BFH GrS Beschl. v. 9.6.1997 – BFHE 183, 187.
[117] Vgl. BFH Beschl. v. 20.12.2001 – GmbHR 2002, S. 221 mit Anm. *Hoffmann*.

ven kommt insbesondere bei Altanteilen in Betracht, die der Besteuerung gem. §§ 21, 22 UmwStG oder § 17 EStG unterliegen (steuerverhaftete Anteile).

127 Die Ausgabe von Anteilen gegen kein oder ein zu geringes Aufgeld kann eine (**gemischte**) **Schenkung** auslösen; als Schenkung gilt (seit 14.12.2011) auch die Werterhöhung von Anteilen an einer Kapitalgesellschaft, die eine an der Gesellschaft unmittelbar oder mittelbar beteiligte natürliche Person oder Stiftung (Bedachte) durch Leistung einer anderen Person (Zuwendender) an die Gesellschaft erlangt (§ 7 Abs. 8 ErbStG).

2. Finanzierung über (atypisch) stille Beteiligungen

128 Der still Beteiligte ist am Handelsgewerbe eines anderen beteiligt, in dessen Vermögen er eine Einlage leistet (§ 230 HGB). Je nach Ausgestaltung der stillen Beteiligung ist diese aus steuerlicher Sicht als **Eigenkapitalbeteiligung** (atypisch stille Beteiligung) oder **Fremdkapitalbeteiligung** (stille Beteiligung) anzusehen.

Bei der Begründung einer **atypisch stillen Beteiligung** entsteht aus steuerlicher Sicht zwischen der GmbH und dem stillen Gesellschafter eine Mitunternehmerschaft. Es handelt sich dabei um eine reine Innengesellschaft, die nicht nach außen tätig wird. Gesamthandsvermögen entsteht nicht; der atypisch still Beteiligte ist nur schuldrechtlich am Vermögen der GmbH beteiligt. Es wird keine eigene Bilanz der Mitunternehmerschaft aufgestellt. Für steuerliche Zwecke ist der Gewinnanteil des atypisch stillen Gesellschafters vielmehr auf der Grundlage der Handelsbilanz der GmbH zu ermitteln. Zahlungen an den atypisch stillen Gesellschafter mindern den steuerlichen Gewinn der GmbH nicht; dies gilt sowohl für die Körperschaftsteuer als auch für die Gewerbesteuer.[118] Deshalb erfasst die gewerbesteuerliche Hinzurechnung ausschließlich Gewinnanteile eines typisch stillen Gesellschafters (§ 8 Nr. 1 lit. c) GewStG).

129 Die atypisch stille Beteiligung setzt voraus, dass dem atypisch still Beteiligten **Mitunternehmerrisiko** und **Mitunternehmerinitiative** eingeräumt werden.[119] Mitunternehmerrisiko besteht jedenfalls dann, wenn die Vergütung des atypisch still Beteiligten vom Gewinn der GmbH abhängt und er einem Verlustrisiko ausgesetzt ist. Dabei muss der atypisch Stille **sowohl an Gewinn und Verlust als auch an den stillen Reserven des Anlagevermögens einschließlich eines Geschäftswertes der GmbH** teilnehmen.[120] Die Beteiligung an den stillen Reserven kann nicht durch eine Pauschalabfindung unterlaufen werden. Besteht lediglich die theoretische aber unwahrscheinliche Möglichkeit, dass sich stille Reserven im Unternehmen der GmbH bilden und dass der stille Gesellschafter bei Auflösung der stillen Gesellschaft daran teilnimmt, so fehlt es an einem Mitunternehmerrisiko.[121] Mitunternehmerinitiative liegt vor, wenn dem atypisch still Beteiligten zumindest im Innenverhältnis die Mitspracherechte eingeräumt werden, die einem Kommanditisten nach dem Regelstatut der §§ 164, 166 HGB zustehen.[122] Gehen die dem Stillen eingeräumten Rechte darüber hinaus, ist im Zweifel ohne Weiteres davon auszugehen, dass das Tatbestandsmerkmal erfüllt ist.

3. Finanzierung über Genussrechte

130 Genussrechte sind gesetzlich nicht geregelt. Das Genussrecht vermittelt im Grundsatz **nur Ansprüche schuldrechtlicher Art gegen die GmbH,** jedoch **keine Gesellschafterrechte.** Weder steht dem Genussrechtsinhaber ein Stimmrecht, noch ein statutarisches Recht zur Teilnahme an Gesellschafterversammlungen zu. Da jedoch die inhaltliche Ausgestaltung der Genussrechte nicht festgelegt ist, kann sich die inhaltliche Ausgestaltung des Genussrechts einer Gesellschaftsbeteiligung annähern.[123] Grenzen ergeben sich aus dem nicht einschränkbaren Kernbereich der Mitgliedschaftsrechte der GmbH-Gesellschafter.

---

[118] Vgl. 50 Abs. 3 S. 3 GewStR.
[119] Vgl. OFD Frankfurt am Main Vfg. v. 14.9.2000 – FR 2000, 1367; Schmidt/*Schmidt* § 20 Rn. 92.
[120] Vgl. BFH Urt. v. 22.1.1981 – BStBl. 1981 II, S. 424; S. 769 BFH Urt. v. 28.10.1999 – BStBl. 2000 II, S. 183; Schmidt/*Schmidt* § 15 Rn. 341, 343.
[121] Vgl. OFD Frankfurt am Main Vfg. v. 14.3.2001 – S 2241 A – 37 ST II 21/ESt-Kartei HE § 15 EStG Fach 2 Karte 3; BFH Urt. v. 18.2.1993 – BFH/NV 1993, S. 647.
[122] Vgl. BFH Beschl. v. 25.6.1984 – BStBl. 1984 II, S. 751, 769.
[123] Vgl. BGH Urt. v. 5.10.1992 – BGHZ 119, 305.

131 Genussrechte, mit denen das Recht auf **Beteiligung am Gewinn und am Liquidationserlös** der GmbH verbunden ist, stellen aus steuerlicher Sicht Eigenkapital der GmbH dar.[124] Nach umstrittener Ansicht eines Teils der Finanzverwaltung folgt die Qualifikation eines Genussrechts als Eigenkapital bereits aus der Handelsbilanz, die insoweit für die Steuerbilanz maßgeblich sein soll (eine abweichende Einordnung von Genussrechtskapital als Eigenkapital in der Handelsbilanz und Fremdkapital in der Steuerbilanz soll danach nicht möglich sein).

132 **Handelsrechtlich** ist für die Einordnung eines Genussrechts als Eigenkapital Voraussetzung, dass folgende Voraussetzungen erfüllt sind:[125]

- Es muss **Nachrangigkeit** gegeben sein, d.h. die Ansprüche des Genussrechtsinhabers müssen den Ansprüchen der sonstigen Gläubiger der GmbH nachgeordnet sein und dürfen erst nach deren Befriedigung erfüllt werden;
- Das Genussrecht muss **erfolgsabhängig** sein. Die Gewährung eines festen Zinses stellt keine erfolgsabhängige Vergütung in diesem Sinne dar (wohl aber, wenn ein fester Zins zugesagt wird, der in Abhängigkeit des Gewinns zu zahlen ist oder nur dann zu zahlen sind, wenn ausreichende Liquidität zur Verfügung steht);[126]
- Eine **Verlustbeteiligung** ist vorzusehen;
- Ein Rückzahlungsanspruch darf nur in Form eines vom Liquidationsüberschuss bzw. vom Wert der Unternehmung abhängigen Quotenanteils bestehen (**Teilhabe an den stillen Reserven**), und
- Im Übrigen muss sichergestellt sein, dass das Genussrechtskapital der GmbH „dauerhaft" **zu Finanzierungszwecken** zur Verfügung steht und in Krisenzeiten nicht willkürlich entzogen werden kann; von Dauerhaftigkeit wird im Allgemeinen ausgegangen bei einer Festlaufzeit von mindestens sieben Jahren.

133 Für die Qualifizierung als Eigenkapital ist nicht erforderlich, dass die GmbH durch die Genussrechte stärker als durch die Ausgabe von Stammkapital belastet wird; es muss aber eine vergleichbare Belastung bestehen. **Genussrechte mit Eigenkapitalcharakter** müssen daher vorsehen, dass sie nur aus dem Liquidationserlös zu tilgen sind. Die Beteiligung am Liquidationserlös impliziert eine Beteiligung an den stillen Reserven. Von einer Beteiligung am Liquidationserlös ist auch dann auszugehen, wenn auf den Rückzahlungsanspruch endgültig verzichtet wurde, da die GmbH im Falle eines vollständigen Rückzahlungsverzichts nicht stärker belastet wird als im Falle einer Teilhabe des Genussscheinkapitals am Liquidationserlös.[127] Bei einer **Laufzeit von mehr als 30 Jahren** unterstellt die Finanzverwaltung, dass das Genussrecht eine Beteiligung an den stillen Reserven gewährt.[128]

134 Rechtsfolge der Qualifikation von Genussrechtskapital als steuerliches **Eigenkapital** sind: Zahlungen an die Genussrechtsinhaber stellen dann Dividendenzahlungen dar, sie sind als steuerlich nicht als Betriebsausgaben abziehbar und damit aus versteuertem Gewinn zu bezahlen. Die Kosten für die Ausgabe von Genussrechtskapital sind nicht abziehbar.[129]

XIII. Fremdkapitalfinanzierung

1. Formen der Fremdfinanzierung

135 Die GmbH kann mittels verschiedener Instrumente Fremdkapital aufnehmen. Dazu zählen insbesondere **Darlehen, Darlehen mit Gewinnbeteiligungen** (partiarische Darlehen) und (typisch) **stille Beteiligungen**, aber auch **Genussrechtskapital**. Aufwendungen für die Bedie-

---

[124] Vgl. § 8 Abs. 3 Satz 2 KStG; auch BFH Urt. v. 19.1.1994 – BStBl. 1996 II, S. 77; BMF-Schreiben vom 8.12.1996 (Az IV B 7 – S-2742–26/86); neuerdings abw. OFD Rheinland vom 14.12.2011 – DStR 2012 S. 189; dagegen *Breuninger/Ernst* GmbHR 2012, S. 494 ff.; *Lechner/Haisch* Ubg 2012, S. 115 ff.; *Kroener/Momen* DB 2012, DB Jahr 2012 S. 829; *Körner* RdF 2012, S. 139 f.
[125] Vgl. IDW HFA-Stellungnahme 1/1994, WpG 1994, S. 419.
[126] Vgl. BFH Urt. v. 22.6.2010 – DStR 2010, S. 2448.
[127] Vgl. BMF-Schreiben vom 27.12.1995 – BStBl. 1996 I, S. 49; a. A. BFH Urt. v. 19.1.1994 – BStBl. 1996 II, S. 77: es liegt keine Beteiligung am Liquidationserlös vor.
[128] BMF-Schreiben vom 8.12.1986 (Az IV B 7-S-2742–26/86) BB 1987, 667.
[129] Ernst & Young/*Lang*, § 8 KStG Rn. 1156 f.

nung von Fremdkapitalinstrumenten aller Art sind vorbehaltlich etwaiger Beschränkungen aufgrund der Zinsschranke (dazu → Rn. 144 ff.) für Zwecke der Körperschaftsteuer grundsätzlich in voller Höhe abzugsfähig.

136 Eine **Ausnahme gilt für die Gewerbesteuer:** Die Zinsaufwendungen für Darlehen, partiarische Darlehen, Fremdkapital-Genussrechte, Gewinnobligationen und (typisch) stille Beteiligungen sind vorbehaltlich eines Freibetrags von 100.000,– EUR für gewerbesteuerliche Zwecke nur zur 75 % abzugsfähig.

2. Rangrücktritt und Darlehensverzicht

137 Fremdfinanzierungsinstrumente können **gleichrangig oder nachrangig** ausgestaltet sein. Nachrangvereinbarungen finden sich insbesondere bei der Aufnahme von sog. **Mezzanine-Kapital**, dass zumeist in der Form von Genussrechten, stillen Beteiligungen oder partiarischen Darlehen ausgestaltet wird.

138 Im Vorfeld einer Krise der GmbH oder auch zur Überwindung der Krise finden sich Nachrangvereinbarungen (Rangrücktritt) und Darlehensverzicht (ggfs. gegen Besserungsschein) als standardmäßige Gestaltungsinstrumente. In der Praxis ist aufgrund der höchst unterschiedlichen Steuerfolgen **besondere Vorsicht** angezeigt.

139 Ein **Darlehensverzicht** führt in Höhe des Verzichtsbetrags zu **steuerpflichtigem Ertrag** – mit der nachteiligen Folge zusätzlichen Liquiditätsverlusts für Steuerzahlungen, sollte die GmbH nicht über ausreichende laufende Verluste oder Verlustvorträge verfügen, die den Verzichtsertrag neutralisieren. Greift die Mindestbesteuerung (§ 4h EStG i. V. m. § 8a KStG) kann ggfs. ein Besteuerungserlass aus Billigkeitsgründen nach dem Sanierungserlass beantragt werden.[130]

140 Im Gegensatz zum Darlehensverzicht führt die **Erklärung des Rangrücktritts** im Grundsatz nicht zur Umqualifizierung einer Darlehensforderung von Fremd- in Eigenkapital, d. h. der Rangrücktritt ist steuerneutral.[131] Um die Steuerneutralität zu gewährleisten darf der Rangrücktritt dabei nach Ansicht des BFH jedoch nicht nur vorsehen, dass der Darlehensnehmer zur Erfüllung der Verbindlichkeit aus künftigen Gewinnen oder einem Liquidationsüberschuss verpflichtet bleibt; vielmehr muss auch eine Verpflichtung zur Erfüllung aus anderem freien Vermögen vorgesehen werden. Anderenfalls sei die Verbindlichkeit mangels gegenwärtiger wirtschaftlicher Belastung nicht mehr auszuweisen, sondern gewinnwirksam aufzulösen.[132]

Formulierungsvorschlag: Steuerneutraler Rangrückritt

§ 1 Gesellschafterdarlehen

Der Gesellschafter hat der Gesellschaft folgende Darlehen gewährt:
– [Bezeichnung des Darlehens]

§ 2 Erklärung des Rangrücktritts

Die aus den in § 1 genannten Darlehen folgenden Rückzahlungs- und Zinsansprüche sowie alle weiteren zukünftigen Ansprüche im Zusammenhang mit den genannten Darlehen treten gemäß § 39 Abs. 2 InsO hinter die nach § 39 Abs. 1 Nr. 1 bis 5 InsO gegenwärtig bestehenden und künftigen Forderungen der übrigen Gläubiger der Gesellschaft zurück. Diese Ansprüche des Gesellschafters sollen erst nach Befriedigung aller gegenwärtigen und zukünftigen Ansprüche anderer Gläubiger der Gesellschaft berücksichtigt werden.

Der Gesellschafter kann die Befriedigung seiner Ansprüche nur insoweit verlangen, als die Gesellschaft dazu aus künftigen Gewinnen, aus einem Liquidationsüberschuss oder aus anderem freien Vermögen künftig in der Lage ist.

---

[130] Vgl. BMF-Schreiben zur Ertragsteuerlichen Behandlung von Sanierungsgewinnen vom 27.3.2003 – Az. IV A 6 – S 2140 8/03.
[131] Vgl. BFH Urt. v. 30.3.1993 – BStBl. 1993 II, 502 ff.
[132] Vgl. BFH, Urt. v. 30.11.2011 – DStR 2012, 450 f.

3. Besonderheiten bei Gesellschafterdarlehen

Der Verzicht auf ein Gesellschafterdarlehen stellt in Höhe des Nominalwerts des Darlehens eine (steuerneutrale) Einlage in die GmbH dar, wenn das Darlehen werthaltig ist. Nur **werthaltige Forderungen** sind einlagefähig.[133] Ist ein der GmbH gewährtes Gesellschafterdarlehen nur teilweise oder insgesamt nicht mehr werthaltig, bewirkt der Darlehensverzicht keine oder nur eine (in Höhe des werthaltigen Darlehensteils) teilweise Einlage in die GmbH. **Bezüglich des nicht werthaltigen Teils** des Gesellschafterdarlehens führt der Forderungsverzicht **zu einem steuerpflichtigen Ertrag** bei der begünstigten GmbH.[134] Wird dieser Ertrag nicht durch hinreichende laufende Verluste oder Verlustvorträge ausgeglichen, erleidet die GmbH die liquiditätswirksame Besteuerung. 141

Im **Sanierungsfall** kann die GmbH den Erlass der Steuer auf den Verzichtsgewinn aus Billigkeitsgründen beantragen, wenn die Voraussetzungen des Sanierungserlasses[135] vorliegen. Nach Ansicht von Teilen der Finanzverwaltung gelten bei der Anwendung des Sanierungserlasses bei Gesellschafterdarlehen allerdings strengere Anforderungen: Ein begünstigter Sanierungsgewinn liege danach bei einem **Darlehensverzicht durch einen Gesellschafter** nur dann vor, wenn der Verzicht **eigenbetrieblich** – und nicht gesellschaftsrechtlich – **veranlasst sei und** wenn neben dem Gesellschafter **auch unbeteiligte Dritte Darlehensverzichte** aussprechen. Von einer gesellschaftsrechtlichen Veranlassung sei dabei auszugehen, wenn das Darlehen von vorne herein als Finanzplandarlehen gewährt wurde.[136] 142

Im Gegensatz zum Darlehensverzicht führt die Erklärung des Rangrücktritts prinzipiell auch bei Gesellschafterdarlehen nicht zur Umqualifizierung einer Darlehensforderung von Fremd- in Eigenkapital, vorausgesetzt die Anforderungen des BFH sind erfüllt.[137] 143

> **Praxishinweis betr. Fremd- vs. Eigenkapitalfinanzierung durch Gesellschafter:**
>
> Im Krisenfall der GmbH beinhaltet die Finanzierung mittels Gesellschafterdarlehen steuerliche Risiken: Der zur Sanierung der GmbH notwendige Verzicht auf Gesellschafterdarlehen führt – wenn nicht die Voraussetzungen des Sanierungserlasses vorliegen und Drittgläubiger ebenfalls Sanierungsbeiträge leisten – bei der GmbH in Höhe des nicht mehr werthaltigen Teils zu einem steuerpflichtigen Ertrag, der ggfs. nicht durch laufende Verluste/Verlustvorträge ausgeglichen werden kann (Mindestbesteuerung).
>
> Als Alternative steht das Instrument des Rangrücktritts zur Verfügung. Dieser ist zwar steuerlich grundsätzlich neutral und zur Überwindung des Insolvenzantragserfordernisses ausreichend, aber zur „Gesundung" der Bilanzkennzahlen ist zumeist auch ein Darlehensverzicht erforderlich – mit den genannten Problemen. Aufgelaufene nicht getilgte Zinsen vergrößern das steuerliche Risiko aus Sicht der GmbH.
>
> Erfolgt die Darlehensgewährung durch eine Kapitalgesellschaft, stellt sich zusätzlich das Problem, dass Wertminderungen auf das der GmbH gewährte Gesellschafterdarlehen i. d. R. steuerlich außer Betracht bleiben (vgl. § 8b Abs. 3 S. 4 KStG). Ist Darlehensgeber eine natürlich Person, erhöhen sich die Anschaffungskosten hinsichtlich der Beteiligung an der GmbH im Grundsatz nur bei Krisen- und Finanzplandarlehen.[138]
>
> Vor diesem Hintergrund ist es zur Vermeidung steuerlicher Nachteile ganz grundsätzlich zu empfehlen, die Gesellschafterfinanzierung nicht über Gesellschafterdarlehen, sondern über Einlagen in die freien Rücklagen zu bewerkstelligen.

---

[133] Vgl. BFH GrS, Beschl. v. 9.6.1997 – BFHE 183, 187; BFH Beschl. v. 20.12.2001 – GmbHR 2002, 221 mit Anm. *Hoffmann;* auch Dötsch/Jost/Pung/Witt/*Geiger/Klingebiel/Wochinger* § 8 Abs. 1 KStG Rn. 120.
[134] Vgl. BFH GrS Beschl. v. 9.6.1997 – BFHE 183, 187.
[135] Vgl. BMF-Schreiben zur Ertragsteuerlichen Behandlung von Sanierungsgewinnen vom 27.3.2003; Az. IV A 6 – S 2140 8/03.
[136] Vgl. FinMin Schleswig-Holstein, Verf. v. 25.1.2013 – VI 3011 – S. 2741 108.
[137] Vgl. BFH Urt. v. 30.3.1993 – BStBl. 1993 II, S. 502 ff.; BFH Urt. v. 30.11.2011 – DStR 2012, S. 450 f.
[138] Vgl. dazu BMF-Schreiben vom 21.10.2010 betr. Auswirkungen des Gesetzes zur Modernisierung des GmbH-Rechts und zur Bekämpfung von Missbräuchen (MoMiG) auf nachträgliche Anschaffungskosten gem. § 17 Abs. 2 EStG; BMF-Schreiben vom 8.6.1999, BStBl. 2010 I, S. 832.

XIV. Zinsschranke

144 Die steuerliche Berücksichtigung von Finanzierungskosten der GmbH ist bei Eingreifen der sog. Zinsschranke[139] beschränkt. Danach sind die Finanzaufwendungen der GmbH nur noch in Höhe der Zinseinnahmen und darüber hinaus bis **zur Höhe von 30% des** (steuerlichen) **EBITDA**[140] als Betriebsausgaben abzugsfähig (§ 4h Abs. 1 Satz 1 EStG).[141] Soweit das verrechenbare EBITDA eines Wirtschaftsjahres die Nettofinanzaufwendungen des Betriebs übersteigt, kann es in die folgenden fünf Wirtschaftsjahre vorgetragen werden (EBITDA-Vortrag; § 4h Abs. 1 S. 3, 4 EStG).

1. Überblick

145 Zinsaufwendungen im Sinne der Zinsschranke sind **sämtliche Vergütungen für Fremdkapital** (§ 4h Abs. 3 Satz 2 EStG). Darunter fallen insbesondere Zinsen zu einem festen oder variablen Zinssatz, Vergütungen für Gewinnbeteiligungen, Umsatzbeteiligungen sowie die Ab- und Aufzinsung unverzinslicher oder niedrig verzinslicher Kapitalforderungen. Von der Zinsschranke werden aber nur Erträge und Aufwendungen aus der Überlassung von Geldkapital und nicht solche aus der Überlassung von Sachkapital erfasst.[142]

146 Die Zinsschranke greift unabhängig davon, ob der Fremdkapitalgeber Gesellschafter oder eine diesem nahe stehende Person ist.

147 Die Zinsschranke findet nicht nur bei Kapitalgesellschaften Anwendung, sondern auch bei natürlichen Personen und Mitunternehmerschaften, die Gewinn ermitteln.[143] Jeder (steuerliche) Betrieb ist damit im Grundsatz von der Zinsschranke betroffen. Darüber hinaus ist die Zinsschranke sinngemäß auch auf beschränkt steuerpflichtige Kapitalgesellschaften anzuwenden, d. h. es werden auch ausländische Kapitalgesellschaften und natürliche Personen erfasst, die nur mit bestimmten inländischen Einkünften in der Bundesrepublik Deutschland beschränkt steuerpflichtig sind (§ 49 Abs. 1 EStG). Dies gilt auch, wenn die Einkünfte nach der Einnahmen-Überschussrechnung ermittelt werden (§ 8a Abs. 1 Satz 4 KStG i. V. m. § 2 Abs. 2 Nr. 2 EStG).

148 Im Falle einer **steuerlichen Organschaft** gelten alle zum Organkreis gehörenden Gesellschaften als **ein** Betrieb im Sinn der Zinsschranke (§ 15 Abs. 1 Nr. 3 KStG).[144]

149 Greift die Zinsschranke, ist insoweit der Betriebsausgabenabzug der betroffenen Zinsaufwendungen ausgeschlossen. Wurden Zinsaufwendungen entgegen der Zinsschranke als Aufwand berücksichtigt, sind diese für Zwecke der Besteuerung dem Gewinn wieder hinzuzurechnen. Der aufgrund der Zinsschranke hinzugerechnete „Gewinn" unterliegt der Einkommen-, Gewerbe- und Körperschaftsteuer.

150 Zinsaufwendungen, die nach der Zinsschrankenregelung nicht abgezogen werden dürfen, können unbeschränkt in nachfolgende Wirtschaftsjahre vorgetragen werden (Zinsvortrag) und ggfs. in späteren Wirtschaftsjahren (vorbehaltlich der Restriktionen der Zinsschranke) in Abzug gebracht werden.[145] Der Zinsvortrag erhöht die Zinsaufwendungen dieser Wirtschaftsjahre, nicht jedoch den maßgeblichen Gewinn (§ 4h Abs. 1 Satz 2, 3 EStG).

151 Faktisch kommt dem Zinsvortrag die Wirkung eines Verlustvortrags zu, weshalb die Vorschrift zum Wegfall des Verlustvortrags bei Anteilsübertragungen nach § 8c KStG sinngemäß anzuwenden ist (§ 8a Abs. 1 Satz 3 KStG).

---

[139] Eingeführt mit dem UntStRefG v. 14.8.2007 – BGBl. I 2007, S. 1912 ff.
[140] Earnings before interest, deprecation and amortization; zur Ermittlung vgl. *Köhler/Hahne* DStR 2008, 1511 f.
[141] Vgl. Schmidt/*Schmidt* EStG § 4h Rn. 1; *Herzig/Liekenbrock* DB 2007, 2387 ff.
[142] Vgl. BMF-Schreiben vom 4.7.2008 zur Zinsschranke (§ 4h EStG; § 8a KStG) (Az IV C 7 – S 2742 – a/07/10 001) Tz. 11 DStR 2008, 1427; siehe hierzu *Köhler/Hahne* DStR 2008, 1505 ff.
[143] Nach § 8a Abs. 1 S. 1 KStG ist § 4h EStG auch auf Kapitalgesellschaften anzuwenden; vgl. hierzu auch Breithecker/Förster/Förster/Klapdor/*Förster* UntStRefG, § 4h EStG Rn. 6 f.
[144] Vgl. BMF-Schreiben vom 4.7.2008 – DStR 2008, Tz. 10, 65.
[145] Zum Untergang von Zinsvorträgen siehe *Köhler/Hahne* DStR 2008, 1427, 1512 f.

2. Ausnahmen

Von der Zinsschranke sieht das Gesetz drei Ausnahmen vor: die **Freigrenze** (§ 4h Abs. 2 Satz 2 lit. a) EStG), die **Konzernklausel** (§ 4h Abs. 2 Satz 2 lit. b) EStG) und die **Escape-Klausel** (§ 4h Abs. 2 Satz 2 lit. c) EStG). Ist eine der Ausnahmen erfüllt, bleibt der Zinsaufwand des Betriebs unbeschränkt abzugsfähig. 152

a) **Freigrenze.** Die Zinsschranke kommt nicht zur Anwendung, wenn die die Zinserträge übersteigenden Zinsaufwendungen (Zinssaldo) je Betrieb und Wirtschaftsjahr weniger als 3 Mio. EUR betragen.[146] Wird die Grenze überschritten, greift die Zinsschranke unbegrenzt ein. Die Freigrenze ist insbesondere für Kleinbetriebe und Projektgesellschaften interessant. Es ist darauf zu achten, dass die Freigrenze auch durch einen Zinsvortrag überschritten werden kann.[147] Die Freigrenze gilt im Falle einer steuerlichen Organschaft für den Organkreis insgesamt nur einmal.[148] 153

b) **Konzernklausel.** Die Zinsschranke kommt ferner nicht zur Anwendung, wenn der Betrieb (z.B. eine GmbH) nicht oder nur anteilig zu einem Konzern i.S.d. Zinsschranke gehört. Ein Betrieb (oder eine GmbH) gehört dann zu einem Konzern, wenn er nach dem einschlägigen Rechnungslegungsstandard in einen Konzernabschluss einzubeziehen ist oder einbezogen wird.[149] Nicht-konzernangehörig ist ein Betrieb regelmäßig dann, wenn sich die Anteile im Streubesitz befinden oder es sich um ein Einzelunternehmen handelt. Ein Konzern liegt auch vor, wenn eine natürliche Person an zwei Kapitalgesellschaften beherrschend beteiligt ist und die Beteiligungen im Privatvermögen hält.[150] 154

Beispiel:
Die natürliche Person A hält 75% der Anteile an der A-GmbH und 80% an der B-GmbH. A steht an der Spitze des Konzerns.

Ein Konzern liegt auch dann nicht vor, wenn dieser dem Organkreis entspricht; in diesem Fall gibt es nur einen Betrieb.[151] 155

Die Zinsschranke findet aber auch bei fehlender Konzernzugehörigkeit Anwendung, wenn die GmbH nicht nachweist, dass nicht mehr als 10% der die Zinserträge übersteigenden Zinsaufwendungen an einen zu mehr als 25% unmittelbar oder mittelbar beteiligten Anteilseigner, eine diesem nahe stehende Person (vgl. § 1 Abs. 2 AStG) oder einen Dritten, der auf den zu mehr als 25% beteiligten Anteilseigner oder eine diesem nahe stehende Person zurückgreifen kann, gezahlt werden (schädliche Gesellschafter-Fremdfinanzierung).[152] 156

Ein Rückgriff in diesem Sinne liegt bereits dann vor, wenn der Anteilseigner oder die ihm nahe stehende Person dem Dritten gegenüber faktisch für die Erfüllung der Schuld einsteht;[153] ein konkreter rechtlich durchsetzbarer Anspruch ist nicht erforderlich. 157

Beispiel:

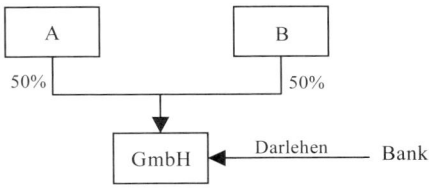

---

[146] Vgl. *Köhler* DStR 2007, 597 ff., 598.
[147] Vgl. BMF-Schreiben vom 4.7.2008 zur Zinsschranke (§ 4h EStG; § 8a KStG) – DStR 2008, 1427, Tz. 46.
[148] Vgl. BMF-Schreiben vom 4.7.2008 zur Zinsschranke (§ 4h EStG; § 8a KStG) – DStR 2008, 1427, Tz. 57; *Herzig/Liekenbrock* DB 2007, 2387 ff., 2387.
[149] Vgl. § 4h Abs. 3 Satz 5 EStG.
[150] Vgl. BMF-Schreiben vom 4.7.2008 zur Zinsschranke (§ 4h EStG; § 8a KStG) – DStR 2008, 1427, Tz. 60.
[151] Vgl. *Köhler* DStR 2007, 597 ff., 599.
[152] Vgl. § 8a Abs. 2 KStG; *Schaden/Käshammer* BB 2007, 2259, 2260.
[153] Vgl. BMF-Schreiben vom 4.7.2008 zur Zinsschranke (§ 4h EStG; § 8a KStG) – DStR 2008, 1427, Tz. 83.

A und B sind je 50% Gesellschafter der GmbH, die von der Bank ein Darlehen erhält. Weder A noch B können/dürfen die GmbH voll konsolidieren. Als Folge greift die Konzernklausel als Ausnahme von der Zinsschranke, vorausgesetzt nicht mehr als 10% des Nettozinsaufwands der GmbH wird an Gesellschafter oder diesen nahestehende Personen gezahlt. Werden der Bank im Beispielsfall von den Gesellschaftern A und/oder B Sicherheiten gewährt, liegt ein schädlicher Rückgriff vor.

158   c) **Escape-Klausel.** Die Zinsschranke findet keine Anwendung, wenn der Betrieb zu einem Konzern gehört, jedoch nachweisen kann, dass seine Eigenkapitalquote am Schluss des vorangegangen Abschlussstichtages gleich hoch oder höher ist als die des Konzerns (**Eigenkapitalvergleich**).[154] Dabei wird vorrangig auf die nach IFRS erstellten Abschlüsse und nachrangig auf die nach HGB bzw. US-GAAP erstellten Abschlüsse abgestellt. Dabei ist das Unterschreiten der Eigenkapitalquote um bis zu zwei Prozentpunkte unschädlich.[155] Anteile an anderen konzernzugehörigen Gesellschaften werden bei der Berechnung der Eigenkapitalquote aus dem Eigenkapital gekürzt.[156]

159   Für die Anwendung der Escape-Klausel ist (wie bei der Konzernklausel) Voraussetzung, dass die GmbH nachweist, dass nicht mehr als 10% der die Zinserträge übersteigenden Zinsaufwendungen an einen zu mehr als 25% unmittelbar oder mittelbar beteiligten Anteilseigner, eine diesem nahe stehende Person (vgl. § 1 Abs. 2 AStG) oder einen Dritten, der auf den zu mehr als 25% beteiligten Anteilseigner oder eine diesem nahe stehende Person zurückgreifen kann, gezahlt werden (schädliche Gesellschafter-Fremdfinanzierung).[157] Die Regelung erfasst gemäß § 8a Abs. 3 Satz 2 KStG aber nur Zinsaufwendungen aus Verbindlichkeiten, die in dem voll konsolidierten Konzernabschluss ausgewiesen sind und bei Finanzierung durch einen Dritten einen Rückgriff gegen einen nicht zum Konzern gehörenden Gesellschafter oder eine diesem nahe stehende Person auslösen. Der Eigenkapitalvergleich scheidet für alle Konzerngesellschaften aus, wenn eine schädliche Gesellschafter-Fremdfinanzierung bei nur einer konzernzugehörigen Gesellschaft gegeben ist.[158]

160   Die Zinsschranke hat auch Auswirkungen auf die **gewerbesteuerliche Hinzurechnung** von Schuldzinsen, da nur solche Schuldzinsen der gewerbesteuerlichen Hinzurechnung unterliegen, die nach Anwendung der Zinsschranke auch tatsächlich abzugsfähig sind. Die nicht abzugsfähigen Zinsaufwendungen werden dem Gewerbeertrag nicht hinzugerechnet. Eine Hinzurechnung kann sich jedoch in den Folgejahren ergeben, wenn diese auf Grund des Zinsvortrags abgezogen werden dürfen.

XV. Verlustabzugsbeschränkung[159]

161   Verluste, die bei einer GmbH in einem Wirtschaftsjahr entstehen, können im Grundsatz nach Maßgabe des § 10d Abs. 1 EStG mit **Gewinnen aus vorangegangenen oder nachfolgenden Wirtschaftsjahren verrechnet werden** (**Verlustabzug**). Soweit ein entstandener Verlust nicht im unmittelbar dem Verlustjahr vorangegangenen Veranlagungszeitraum steuerwirksam geltend gemacht werden kann (**Verlustrücktrag**), ist dieser in die folgenden Veranlagungszeiträume vorzutragen (**Verlustvortrag**).[160] Ein Verlustrücktrag ist gemäß § 10d Abs. 1 Satz 1 EStG höchstens bis zu einem Betrag von 511.500,– EUR bzw. für Verluste, die im VZ 2013 nicht ausgeglichen werden, ab VZ 2014 in Höhe von 1.000.000,– EUR zulässig. Auf Antrag des Steuerpflichtigen kann hiervon abgesehen werden.[161]

---

[154] Vgl. § 4h Abs. 2 S. 1 lit. c) EStG; die Eigenkapitalquote ermittelt sich als Verhältnis des Eigenkapitals zur Bilanzsumme, § 4h Abs. 2 S. 3 EStG.
[155] Vgl. § 4h Abs. 2 S. 1 lit. c) Satz 2 EStG.
[156] Vgl. *Köhler* DStR 2007, 597 ff., 601.
[157] Vgl. § 8a Abs. 3 S. 1 KStG; *Schaden/Käshammer* BB 2007, 2259, 2260.
[158] Vgl. § 8a Abs. 3 S. 1 KStG; *Schaden/Käshammer* BB 2007, 2259, 2263.
[159] Vertiefend Ernst & Young/BDI/*Winkler/Dieterlen*, Unternehmensteuerreform 2008, S. 153.
[160] Vgl. § 8 Abs. 1 KStG i. V. m. § 10d Abs. 1, 2 EStG.
[161] Vgl. § 10d Abs. 1 S. 5 EStG.

Die GmbH hat insoweit das Wahlrecht, Verluste in den vorangegangenen Veranlagungszeitraum zurückzutragen oder die Verluste nur vorzutragen.

Ein Verlustvortrag kann gemäß § 10d Abs. 2 Satz 1 EStG in den nachfolgenden Jahren bis zu einem zu versteuernden Einkommen von 1 Mio. EUR in voller Höhe, darüber hinaus nur mit bis zu 60% des 1 Mio. EUR übersteigenden zu versteuernden Einkommens verrechnet werden (sog. **Mindestbesteuerung**). Im Ergebnis bleibt die GmbH damit trotz ggfs. bestehender Verlustvorträge mit 40% des 1 Mio. EUR übersteigenden Einkommens steuerpflichtig. Ein verbleibender Verlustabzug wird zum Ende eines jeden Veranlagungszeitraums gesondert in einem Steuerbescheid festgestellt.

Verlustvorträge sind nicht mehr nutzbar und gehen endgültig unter, wenn ein **schädlicher Anteilseignerwechsel** vorliegt (§ 8c KStG). Dieser setzt voraus:

- Die **unmittelbare** oder **mittelbare** Übertragung von mehr als 25% des gezeichneten Kapitals, der Mitgliedschaftsrechte, Beteiligungsrechte oder der Stimmrechte an der GmbH an **einen** Erwerber oder diesem nahe stehende Person innerhalb von fünf Jahren, **oder**
- Das Vorliegen eines vergleichbaren Sachverhalts innerhalb des Fünf-Jahres-Zeitraums (**schädlicher Beteiligungserwerb**).

Entscheidend für das Untergehen des Verlustvortrags ist nach § 8c KStG alleine der schädliche Beteiligungserwerb. Anders als nach der früheren Mantelkaufregelung (§ 8 Abs. 4 a.F.) kommt es auf die (schädliche) Zuführung von Betriebsvermögen nicht mehr an.

Findet innerhalb von fünf Jahren ein schädlicher Anteilsübergang von mehr als 25% bis 50% der Anteile statt, geht der Verlustvortrag **proportional** zur Übertragungsquote unter. Die mehrfache Übertragung ein und desselben Anteils ist schädlich, soweit sie je Erwerberkreis die Beteiligungsgrenzen des § 8c KStG überschreitet.[162] Bei einem schädlichen Beteiligungserwerb von über 50% **innerhalb eines Zeitraums von fünf Jahren** geht ein bestehender Verlustvortrag **vollständig** unter.[163]

Der **Fünf-Jahres-Zeitraum** beginnt mit dem ersten unmittelbaren oder mittelbaren Erwerb, wobei es unerheblich sein soll, ob zu diesem Zeitpunkt bereits ein Verlustvortrag oder laufender Verlust bei der Gesellschaft vorhanden ist.[164] Der Untergang der Verluste hat zur Folge, dass Verluste, die bis zum Zeitpunkt des schädlichen Beteiligungserwerbs entstanden sind, mit danach entstandenen Gewinnen weder ausgeglichen noch von ihnen abgezogen werden dürfen. Erfolgt der schädliche Beteiligungserwerb während des laufenden Wirtschaftsjahrs, unterliegt auch der bis zu diesem Zeitpunkt erzielte Verlust der Verlustabzugsbeschränkung.[165] Ein bis zum Beteiligungserwerb erzielter Gewinn kann nicht mit noch nicht genutzten Verlusten verrechnet werden.

Für **konzerninterne Umstrukturierungen** sieht § 8b Abs. 1 S. 5 KStG eine Ausnahme vor: Danach liegt ein schädlicher Beteiligungserwerb nicht vor, wenn an dem übertragenden und an dem übernehmenden Rechtsträger dieselbe Person jeweils zu 100 Prozent mittelbar oder unmittelbar beteiligt ist.

Zudem bleibt ein nicht genutzter Verlustvortrag im Grundsatz auch bei einem schädlichen Beteiligungserwerb abziehbar, soweit er die (anteiligen) zum Zeitpunkt des schädlichen Beteiligungserwerbs vorhandenen im Inland steuerpflichtigen stillen Reserven des Betriebsvermögens der GmbH nicht übersteigt. Stille Reserven sind der Unterschiedsbetrag zwischen dem (anteiligen) in der steuerlichen Gewinnermittlung ausgewiesenen Eigenkapital und dem auf dieses Eigenkapital entfallenden gemeinen Wert der Anteile an der Körperschaft, soweit diese im Inland steuerpflichtig sind (§ 8c Abs. 1 Satz 6 f. KStG).[166]

---

[162] Vgl. BMF-Schreiben vom 4.7.2008 zur Verlustabzugsbeschränkung für Körperschaften (§ 8c KStG) – DStR 2008, 1427, Tz. 22.

[163] Vgl. § 8c S. 2 KStG; Dötsch/Jost/Pung/Witt/*Dötsch* § 8c KStG Rn. 32; *Breuninger/Schade* Ubg 2008, 261 ff., 261.

[164] Vgl. BMF-Schreiben vom 4.7.2008 zur Verlustabzugsbeschränkung für Körperschaften (§ 8c KStG) – DStR 2008, 1427, Tz. 17.

[165] Vgl. BMF-Schreiben vom 4.7.2008 zur Verlustabzugsbeschränkung für Körperschaften – DStR 2008, 1427 (§ 8c KStG) Tz. 31.

[166] Vgl. Blümich/*Brandis*, 118. Auflage, § 8c Rn. 60 f. m.w.N.; *Scheunemann/Dennisen/Behrens* BB 2010, 23.

170 Die Regelung des § 8c KStG gilt entsprechend für die gewerbesteuerlichen Verlustvorträge (§ 10a Satz 8 GewStG)[167] sowie für einen etwaigen Zinsvortrag im Sinne der Zinsschranke, sofern es sich bei der Verlustgesellschaft um eine Körperschaft handelt.[168]

XVI. Organschaft

171 Juristische Personen, insbesondere Kapitalgesellschaften, gelten auch steuerlich als eigene Rechtssubjekte. Eine Verrechnung von Gewinnen und Verlusten zwischen verschiedenen Kapitalgesellschaften ist damit für steuerliche Zwecke im Grundsatz nicht möglich.

172 Eine „**steuerliche Ergebniskonsolidierung**" kann jedoch mit Begründung einer steuerlichen Organschaft erreicht werden. Als Folge einer steuerlichen Organschaft wird das Einkommen der Organgesellschaft (Tochtergesellschaft) dem Einkommen des Organträgers (Muttergesellschaft) zugerechnet, so dass Gewinne oder Verluste der Organgesellschaft mit dem Einkommen des Organträgers verrechnet werden können. Dabei werden Organgesellschaft und Organträger jedoch nicht wie ein einheitliches Unternehmen behandelt; vielmehr ist weiterhin das Einkommen jedes beteiligten Rechtsträgers eigenständig zu ermitteln. Die Ergebnisse der organschaftlich verbundenen Unternehmen werden dann auf Ebene des Organträgers konsolidiert und nur das konsolidierte Ergebnis unterliegt der Besteuerung.[169]

173 Organträger kann gemäß § 14 Abs. 1 Satz Nr. 2 KStG[170] neben einer unbeschränkt steuerpflichtigen natürlichen Person jede (nicht steuerbefreite) in- oder ausländische Körperschaft, Personenvereinigung oder Vermögensmasse sein. Auch Personengesellschaften können Organträger sein, soweit sie originär gewerblich tätig sind. Organgesellschaft kann nach § 14 Abs. 1 S. 1 KStG i. V. m. § 17 KStG dagegen nur eine Kapitalgesellschaft (z. B. eine GmbH, AG oder KGaA) mit Geschäftsleitung im Inland und Sitz in einem EU/EWR-Staat sein.

174 Zur Errichtung einer körperschaftsteuerlichen Organschaft zwischen Organgesellschaft und Organträger ist gemäß § 14 Abs. 1 Nr. 3 KStG zwingend die **finanzielle Eingliederung** der Organgesellschaft in den Organträger sowie der **Abschluss eines Gewinnabführungsvertrags** erforderlich. Liegen die Voraussetzungen der körperschaftsteuerlichen Organschaft vor, wird auch für gewerbesteuerliche Zwecke eine Organschaft unwiderlegbar vermutet. Gemäß § 2 Abs. 2 S. 2 GewStG gilt die Organgesellschaft dann als Betriebsstätte des Organträgers.

1. Finanzielle Eingliederung

175 Die finanzielle Eingliederung der Organgesellschaft in den Organträger ist gegeben, wenn der **Organträger die Mehrheit der Stimmrechte an der Organgesellschaft** hält. Dabei sind auch mittelbare Beteiligungen zu berücksichtigen, wenn die Beteiligung an jeder vermittelnden Gesellschaft die Mehrheit der Stimmrechte gewährt. Die Mehrheitsbeteiligung des Organträgers an der Organgesellschaft muss **seit Beginn und während des gesamten Wirtschaftsjahrs** der Organgesellschaft bestehen.

176 Ein Verkauf der Organgesellschaft während ihres laufenden Wirtschaftsjahrs führt dazu, dass die Organschaftsvoraussetzungen für dieses Jahr nicht erfüllt werden können, es sei denn, der Verkauf erfolgt zum Ende des Wirtschaftsjahrs (24:00 Uhr) oder das Wirtschaftsjahr der Organgesellschaft wird vor Verkauf mit Zustimmung des Finanzamts auf den Verkaufsstichtag umgestellt (Rumpfwirtschaftsjahr).[171] In Fällen der Begründung als auch der Beendigung der Organschaft hat das Finanzamt seine Zustimmung zur Umstellung des Wirtschaftsjahres zwingend zu erteilen. Dies gilt für den Erwerber auch für eine zweite Um-

---

[167] Vgl. *Lenz* Ubg 2008, 24 ff., 29.
[168] Vgl. § 8a Abs. 1 Satz 4 KStG; *Breuninger/Schade* Ubg 2008, 261 ff., 261; Breithecker/Förster/Förster/Klapdor/*Förster*, UntStRefG, § 4h Rn. 1.
[169] Vgl. Herzig/*Herzig*, Organschaft, S. 12.
[170] I. d. F. des Gesetzes zur Änderung und Vereinfachung der Unternehmensbesteuerung und des steuerlichen Reisekostenrechts vom 20.2.2013 – BGBl. I 2013, 285.
[171] Vgl. R 59 Abs. 2, 3 KStR; Gosch/*Neumann* § 14 KStG Rn. 162.

stellung im Veranlagungszeitraum, um das Wirtschaftsjahr der Organgesellschaft dem Organkreis anzugleichen.[172]

Praxistipp:
Zur Vermeidung von Abgrenzungsproblemen und Auseinanderlaufen von Gewinnabführungsverpflichtung und Besteuerung sollte beim Unternehmensverkauf der Transaktionsstichtag dem Ende des Wirtschaftsjahres der Organgesellschaft entsprechen. Ist ein unterjähriger Anteilsverkauf geplant, empfiehlt sich vorab die Änderung des Wirtschaftsjahrs der Organgesellschaft auf den beabsichtigten Verkaufsstichtag. Da die Änderung des Wirtschaftsjahrs als Satzungsänderung der Eintragung in das Handelsregister bedarf, ist ausreichend Zeit einzuplanen, damit die Eintragung erfolgt ist, bevor das Rumpfwirtschaftsjahr abläuft. Bis zu diesem Zeitpunkt sollte auch die Zustimmung des Finanzamts zur Umstellung des Geschäftsjahrs nach § 7 Abs. 4 Satz 3 KStG eingeholt sein.

2. Gewinnabführungsvertrag

Der Gewinnabführungsvertrag (Ergebnisabführungsvertrag) zwischen dem Organträger und der Organgesellschaft muss vorsehen, dass jeweils der gesamte Gewinn (beziehungsweise Verlust) der Organgesellschaft an ein **einziges anderes gewerbliches Unternehmen** (Organträger) abzuführen ist (§ 14 Abs. 1 S. 1 i.V.m. § 291 Abs. 1 AktG). Voraussetzung ist gemäß § 17 Satz 2 KStG, dass die vereinbarte Gewinnabführung den in § 301 AktG genannten Betrag nicht überschreitet und eine Verlustübernahme durch Verweis auf die Vorschriften des § 302 AktG in seiner jeweils gültigen Fassung vereinbart wird (**dynamischer Verweis**).

Praxishinweis:
Während § 17 Satz 2 Nr. 2 KStG für die steuerliche Wirksamkeit der Organschaft im Fall einer GmbH als Organgesellschaft bisher vorausgesetzt hat, dass „eine Verlustübernahme entsprechend den Vorschriften des § 302 des Aktiengesetzes vereinbart wird", ist nach der Neuregelung vom 20.2.2013 nunmehr Voraussetzung der steuerlichen Anerkennung einer Organschaft, dass „eine Verlustübernahme durch Verweis auf die Vorschriften des § 302 des Aktiengesetzes in seiner jeweils gültigen Fassung vereinbart wird".[173]
Altverträge, die keinen den neuen Anforderungen des § 17 Satz 2 Nr. 2 KStG entsprechenden dynamischen Verweis auf § 302 AktG vorsehen, stehen einer Wirksamkeit der Organschaft für steuerliche Veranlagungszeiträume, die vor dem 31.12.2014 enden, nicht entgegen, wenn eine Verlustübernahme entsprechend § 302 des AktG tatsächlich erfolgt ist und eine Verlustübernahme entsprechend den neuen Anforderungen des § 17 Satz 2 Nr. 2 KStG (dynamischer Verweis auf § 302 AktG) bis zum Ablauf des 31.12.2014 wirksam vereinbart wird. Dies bedeutet, dass sämtliche Altverträge im Hinblick auf die Formulierung der Verlustübernahme zu überprüfen und ggf. bis zum 31.12.2014 zu ändern sind. Eine entsprechende Änderung ist nur dann entbehrlich, wenn die steuerliche Organschaft vor dem 1.1.2015 beendet wird.
Die Änderung des Ergebnisabführungsvertrages durch Aufnahme des Verweises auf § 302 AktG gilt für steuerliche Zwecke nicht als Neuabschluss.

Nicht ausreichend ist ein Teilergebnisabführungsvertrag.[174] Der Gewinnabführungsvertrag **muss** gem. § 14 Abs. 1 Nr. 3 KStG **auf mindestens fünf Jahre abgeschlossen** und grundsätzlich während der gesamten Dauer **tatsächlich durchgeführt** worden sein.[175]

---

[172] Vgl. R 59 Abs. 3 KStR.
[173] Die Neufassung durch das Gesetz zur Änderung und Vereinfachung der Unternehmensbesteuerung und des steuerlichen Reisekostenrechts vom 20.2.2013 – BGBl. I 2013, 285 ist für alle ab dem 26.2.2013 abgeschlossenen Gewinnabführungsverträge anzuwenden. Wirksam abgeschlossene Altverträge, die den Anforderungen des § 17 S. 2 Nr. 2 KStG a.F. nicht entsprechen, können für Veranlagungszeiträume, die vor dem 31.12.2014 enden, beibehalten werden, wenn eine Verlustübernahme entsprechend § 17 S. 2 Nr. 2 KStG n.F. bis zum Ablauf des 31.12.2014 wirksam vereinbart wird. Keine Änderung ist dagegen erforderlich, wenn die Altverträge bisher den Voraussetzungen des § 17 S. 2 Nr. 2 KStG a.F. entsprachen; dazu *Olbing* AG 2013, 348–349; *Schneider/Sommer* GmbHR, 2013, 22–31, 29 ff.; *Benecke/Schnitger* IStR 2013, 143–157, 156 f.
[174] Vgl. Gosch/*Neumann* § 14 KStG Rn. 177.

179 Die tatsächliche Durchführung erfordert, dass zum Geschäftsjahresende jeweils der **gesamte Gewinn** an den Organträger **abgeführt** bzw. ein entstandener Jahresfehlbetrag vom Organträger ausgeglichen wird. Zur Durchführung der Gewinnabführung genügt es, wenn jeweils zum Jahresende Forderungen und Verbindlichkeiten zwischen den Beteiligten eingebucht werden; es ist kein Ausgleich in bar erforderlich.

180 Eine nicht ausnahmsweise zulässige Minderabführung führt grundsätzlich dazu, dass der Gewinnabführungsvertrag nicht durchgeführt wurde und die Voraussetzungen für die Organschaft damit nicht erfüllt sind. Zu solchen schädlichen Minderabführungen konnte es in insbesondere dann kommen, wenn der abgeführte Gewinn oder ausgeglichene Verlust auf einem Jahresabschluss beruht, der fehlerhafte Bilanzansätze enthält. Bisher bestand daher eine gewisse Rechtsunsicherheit, ob die Voraussetzungen für eine Organschaft tatsächlich vorliegen. Mit der Neufassung des § 14 Abs. 1 S. 1 Nr. 3 KStG beabsichtigt der Gesetzgeber, das Problem zumindest teilweise zu entschärfen. Danach gilt ein Gewinnabführungsvertrag auch dann als durchgeführt (**Fiktion**), wenn der abgeführte Gewinn oder ausgeglichene Verlust auf einem Jahresabschluss beruht, der fehlerhafte Bilanzansätze enthält, sofern

a) der Jahresabschluss wirksam festgestellt ist,
b) die Fehlerhaftigkeit bei Erstellung des Jahresabschlusses unter Anwendung der Sorgfalt eines ordentlichen Kaufmanns nicht hätte erkannt werden müssen, und
c) ein von der Finanzverwaltung beanstandeter Fehler spätestens in dem nächsten nach dem Zeitpunkt der Beanstandung des Fehlers aufzustellenden Jahresabschluss der Organgesellschaft und des Organträgers korrigiert und das Ergebnis entsprechend abgeführt oder ausgeglichen wird, soweit es sich um einen Fehler handelt, der in der Handelsbilanz zu korrigieren ist.

181 Die Voraussetzung des Satzes 4 lit. b gilt bei Vorliegen eines uneingeschränkten Bestätigungsvermerks nach § 322 Absatz 3 des Handelsgesetzbuchs zum Jahresabschluss, zu einem Konzernabschluss, in den der handelsrechtliche Jahresabschluss einbezogen worden ist, oder über die freiwillige Prüfung des Jahresabschlusses oder der Bescheinigung eines Steuerberaters oder Wirtschaftsprüfers über die Erstellung eines Jahresabschlusses mit umfassenden Beurteilungen als erfüllt.[176]

182 Eine vorzeitige Beendigung des Vertrags durch Kündigung ist steuerlich nur dann unschädlich, wenn ein **wichtiger Grund** vorliegt. In diesem Fall bleibt der Gewinnabführungsvertrag für die Jahre steuerlich wirksam, in denen er durchgeführt wurde. Ein wichtiger Grund kann insbesondere in der Veräußerung oder Einbringung der Organbeteiligung durch den Organträger liegen. Eine Verschmelzung, Spaltung oder Liquidation der Organgesellschaft gilt aus Steuersicht ebenfalls als wichtiger Grund. Stand jedoch bereits im Zeitpunkt des Vertragsschlusses fest, dass der Gewinnabführungsvertrag vor Ablauf der ersten fünf Jahre beendet werden wird, ist ein wichtiger Grund nicht anzunehmen.[177] Diese Einschränkung gilt nicht für die Beendigung des Gewinnabführungsvertrags durch Verschmelzung oder Spaltung oder aufgrund der Liquidation der Organgesellschaft.[178]

> **Praxistipp:**
>
> 183 Um Auslegungsschwierigkeiten vorzubeugen bietet sich an, im Gewinnabführungsvertrag wichtige Gründe zu regeln, die zur vorzeitigen Vertragskündigung berechtigen. Der Vertrag sollte insbesondere vorsehen, dass ein zur beidseitigen Kündigung berechtigender wichtiger Grund insbesondere dann vorliegt, wenn die steuerlichen Voraussetzungen der finanziellen Eingliederung der Organgesellschaft in den Organträger nicht mehr vorliegen, d.h. wenn der Organträger die Mehrheit der Stimmen aus den Anteilen in der Gesellschafterversammlung der Organgesellschaft verliert, oder im Fall der Verschmelzung, Spaltung oder Liquidation des Organträgers oder der Organgesellschaft.

---

[175] Vgl. § 14 Abs. 1 Nr. 3 S. 1 KStG; auch R 60 Abs. 2 S. 1 KStR.
[176] Zu den mit der Fiktion verbundenen Problemen vgl. *Rödder*, Die kleine Organschaftsreform in Jahrbuch AG der FAfStR 2013, S. 94 f. m. w. N.; Überblick zur Neuregelung s. *Schneider/Sommer* GmbHR 2013, 22–31.
[177] Vgl. *Streck* § 14 KStG Anm. 113; R 60 Abs. 6 KStR.
[178] R 60 Abs. 6 S. 4 KStR.

§ 17 Besteuerung der GmbH

Liegt ein wichtiger Grund für die vorzeitige Kündigung des Gewinnabführungsvertrags nicht vor und kommt es trotzdem zu einer vorzeitigen Beendigung, gilt der Gewinnabführungsvertrag als **von Anfang an steuerlich unwirksam**. Die Rechtsfolgen der steuerlichen Organschaft treten daher nicht ein. Wird der Gewinnabführungsvertrag, nachdem er bereits fünf Jahre bestanden hat, gekündigt, ist er erst ab dem Jahr der Kündigung als steuerlich unwirksam anzusehen.[179]

184

Wird der Gewinnabführungsvertrag durchgeführt, obgleich die Voraussetzungen für eine steuerliche Organschaft nicht vorliegen, handelt es sich um eine **verunglückte Organschaft**, die eine **vGA**[180] **bei der Organgesellschaft** darstellt.[181] Die Verlustübernahme ist als Einlage des Organträgers in die Organgesellschaft anzusehen; die Einlage erhöht den Beteiligungsansatz des Organträgers für die Organgesellschaft. Hat sich der Wert der Organgesellschaft durch die Verlustübernahme nicht erhöht, ist der erhöhte Beteiligungsansatz abzuschreiben. Die Abschreibung ist im Regelfall steuerlich nicht verwertbar.[182]

185

Hinsichtlich der **Formerfordernisse** des Abschlusses des Gewinnabführungsvertrags ist danach zu **unterscheiden**, ob es sich bei der Organgesellschaft um eine **AG bzw. KGaA** oder um eine **GmbH** handelt:

186

- Handelt es sich bei der Organgesellschaft um eine **AG bzw. KGaA** muss der Gewinnabführungsvertrag den formellen Anforderungen der §§ 291 ff. AktG genügen. Erforderlich ist etwa bei einer nicht eingegliederten AG bzw. KGaA die Eintragung des Gewinnabführungsvertrags in das Handelsregister des Sitzes der Organgesellschaft.[183]
- Handelt es sich bei der Organgesellschaft um eine **GmbH**, setzt die zivilrechtliche Wirksamkeit des Gewinnabführungsvertrags die Zustimmung der Gesellschafterversammlungen der beherrschten und der herrschenden Gesellschaft voraus. Dabei bedarf der Zustimmungsbeschluss der herrschenden Gesellschaft einer Mehrheit von mindestens drei Viertel der bei Beschlussfassung abgegebenen Stimmen.[184] Der Zustimmungsbeschluss (nicht jedoch der Gewinnabführungsvertrag) ist notariell zu beurkunden. Der Gewinnabführungsvertrag ist in das Handelsregister der beherrschten Gesellschaft einzutragen.

3. Rechtsfolgen der Organschaft

Besteht zwischen zwei Unternehmen ein Organschaftsverhältnis, so ist gemäß § 14 Abs. 1 S. 1 KStG das Einkommen der Organgesellschaft dem Organträger zuzurechnen und von diesem zu versteuern. Da die Organgesellschaft ihren gesamten Gewinn an den Organträger abführt, weist der **Jahresabschluss der Organgesellschaft** immer einen **Jahresüberschuss von Null** aus.

187

Zu einer Besteuerung bei der Organgesellschaft kommt es daher nur, wenn Ausgleichszahlungen an Minderheitsgesellschafter geleistet werden. In diesem Fall ist das dem Organträger zuzurechnende Einkommen bereits durch die Ausgleichszahlung gemindert. Da es sich tatsächlich um einen Vorgang der Gewinnverteilung handelt, sind die Ausgleichszahlungen i. H. v. $20/17$ noch bei der Organgesellschaft zu versteuern.

188

Als Gegenstück zur Gewinnabführung hat der **Organträger** einen **Verlust der Organgesellschaft auszugleichen**. Die Verlustübernahme bezieht sich auf den ohne die Verlustübernahme entstehenden Jahresfehlbetrag, soweit dieser Jahresfehlbetrag nicht dadurch ausgeglichen werden kann, dass den anderen Gewinnrücklagen Beträge entnommen werden, die während der Dauer des Gewinnabführungsvertrags in sie eingestellt wurden.[185]

189

Die Regelungen über den Verlustabzug gem. § 10d EStG, die **steuerfreie Vereinnahmung von Dividenden und Veräußerungsgewinnen** (§ 8b Abs. 1 bis 6 KStG) sowie § 4 Abs. 6 UmwStG finden bei der Ermittlung des Einkommens der Organgesellschaft **keine Anwen-**

190

---

[179] R 60 Abs. 8 S. Nr. 2 KStR; vgl. Dötsch/Pung/Möhlenbrock/*Dötsch* § 14 KStG Rn. 222.
[180] Zur vGA siehe oben → Rn. 108 ff.
[181] Vgl. Herzig/*Herzig*, Organschaft, S. 23.
[182] Vgl. Dötsch/Pung/Möhlenbrock/*Dötsch* § 14 KStG Rn. 333.
[183] Vgl. § 294 Abs. 2 AktG; vgl. 60 Abs. 1 S. 2 KStR.
[184] Vgl. § 293 Abs. 1 AktG; *Hüffer* § 293 AktG Rn. 8.
[185] Vgl. § 302 Abs. 1 AktG; Gosch/*Neumann* § 14 KStG Rn. 321.

dung. Soweit das dem Organträger zuzurechnende Einkommen der Organgesellschaft Bezüge, Gewinnanteile oder Gewinnminderungen im Sinne des § 8b Abs. 1 bis 3 KStG oder mit solchen Bezügen zusammenhängende Ausgaben im Sinne des § 3c Abs. 2 EStG oder einen Übernahmeverlust im Sinne des § 4 Abs. 6 UmwStG enthält, sind § 8b KStG sowie §§ 3 Nr. 40, 3c Abs. 2 EStG und § 4 Abs. 6 UmwStG bei der Ermittlung des Einkommens des Organträgers anzuwenden. Dies gilt nicht, soweit bei der Organgesellschaft § 8b Abs. 7, 8 oder 10 anzuwenden ist.[186] Liegt eine Organträger-Personengesellschaft vor, an der wiederum nur natürliche Personen als Mitunternehmer beteiligt sind, bleibt danach z. B. die Veräußerungsgewinnbefreiung des § 8b Abs. 2 KStG unberücksichtigt. Die Bezüge und Aufwendungen werden in diesem Fall nach Maßgabe des Teileinkünfteverfahrens erfasst.

191 In Fällen mit **Auslandsberührung** bleiben gem. § 14 Abs. 1 S. 1 Nr. 5 KStG n. F. negative Einkünfte bei der Ermittlung der Besteuerungsgrundlagen des Organträgers oder der Organgesellschaft unberücksichtigt, soweit sie in einem ausländischen Staat bei der Besteuerung des Organträgers, der Organgesellschaft oder einer anderen Person berücksichtigt wurden.[187] Insbesondere bei einem ausländischen gewerblichen Unternehmen als Organträger bestünde andernfalls die Gefahr, dass Verluste sowohl im In- und Ausland berücksichtigt werden.

4. Ausgleichsposten

192 Im Rahmen eines Organschaftsverhältnisses wird der handelsrechtliche Jahresüberschuss bzw. Jahresfehlbetrag an den Organträger abgeführt. Dieses handelsrechtliche Ergebnis mag von dem steuerlichen Ergebnis abweichen. Es kann daher bezogen auf das steuerliche Ergebnis zu Mehr- oder Minderabführungen kommen. Diese **Mehr- oder Minderabführungen** sind gemäß § 27 Abs. 6 KStG bei der Organgesellschaft über das steuerliche Einlagenkonto auszugleichen. Ferner sind beim Organträger zwingend organschaftliche Ausgleichsposten zu bilden.[188] Nach § 14 Abs. 4 S. 6 KStG liegen Minder- oder Mehrabführungen insbesondere vor, wenn der an den Organträger abgeführte Gewinn von dem Steuerbilanzgewinn der Organgesellschaft abweicht und diese Abweichung in organschaftlicher Zeit verursacht wurde. Eine Bildung erfolgt etwa stets in folgenden Fällen:

- Der Organträger muss bereits ein Organeinkommen versteuern, für das eine Abführungsverpflichtung noch nicht besteht oder die Organgesellschaft hat ihre Gewinne in zulässiger Weise in Rücklagen eingestellt und deshalb einen geringeren Betrag abgeführt, [189] oder
- Es besteht bereits eine Abführungsverpflichtung, der entsprechende Gewinn unterliegt aber erst in einem späteren Jahr der Besteuerung.

193 In diesem Zusammenhang führt eine Minderabführung zu einem **aktiven Ausgleichsposten** und eine Mehrabführung zu einem **passiven Ausgleichsposten**. Für den Fall, dass ein aktiver Ausgleichsposten gebildet wird und sich die Differenz in den folgenden Jahren abbaut, ergeben sich keine Mehrabführungen, sondern vielmehr wird der bestehende aktive Ausgleichsposten abgebaut.

Beispiel:

Zwischen der M-GmbH und T-GmbH besteht seit Jahren eine Organschaft. In 2012 erzielt die T-GmbH einen Gewinn in Höhe von 1 Mio. EUR An Stelle einer vollständigen Abführung des Gewinns an die M-GmbH im Rahmen des bestehenden Ergebnisabführungsvertrags, bildet die T-GmbH eine handelsrechtlich zulässige Rücklage in Höhe von 600.000,– EUR.

Steuerlich fließen der M-GmbH gleichwohl 1 Mio. EUR zu, die auch versteuert werden. Daher ist in Höhe der Minderabführung ein aktiver Ausgleichsposten in der Steuerbilanz der M-GmbH in Höhe

---

[186] Vgl. § 15 Nr. 2 KStG.
[187] Anwendung der Neufassung in allen noch nicht bestandskräftig gewordenen Fällen; dazu kritisch Kröner/Mommen/Boller IStR 2013, S. 405–411; kritisch zum Anwendungsbereich vgl. Benecke/Schnitger, IStR 2013, 143–157; Schaden/Polatzky IStR 2013, 131–138; Scheipers/Linn IStR 2013, 139–143; Schneider/Schmitz GmbHR 2013, 281–289.
[188] Vgl. § 14 Abs. 4 KStG.
[189] R 63 Abs. 1 S. 1 KStR.

von 600.000,– EUR zu bilden. Bei einer Veräußerung der T-GmbH durch die M-GmbH wird der Ausgleichsposten gewinnmindernd aufgelöst.

Die Ausgleichsposten sind nicht schon bei Beendigung, **sondern erst im Zeitpunkt der Veräußerung gewinnerhöhend oder gewinnmindernd** aufzulösen.[190] Durch die spätere gewinnerhöhende bzw. gewinnmindernde Auflösung soll eine Doppel- bzw. Nullbesteuerung vermieden werden. Auf die Erhöhung oder Minderung sind die Vorschriften der Steuervergünstigungen nach § 8b KStG, §§ 3 Nr. 40, 3c Abs. 2 EStG anzuwenden.[191]

194

Verluste, die die Organgesellschaft **vor Begründung der Organschaft** erwirtschaftet hat, sind im Grundsatz **steuerlich nicht verwertbar**; sie sind für die Dauer der Organschaft „eingefroren". Werden offene Rücklagen (versteuert oder steuerfrei), die bei der Organgesellschaft vor Beginn des Gewinnabführungsvertrags gebildet wurden, aufgelöst und während des Bestehens mittels des Gewinnabführungsvertrags an den Organträger abgeführt, ist der Gewinnabführungsvertrag steuerlich als nicht durchgeführt anzusehen.[192] Sind vorvertragliche Rücklagen bei der Organgesellschaft vorhanden, die an den Organträger abgeführt werden sollen, besteht die Möglichkeit, diese vororganschaftlichen Rücklagen aufzulösen und außerhalb des Gewinnabführungsvertrags auf der Grundlage eines Gewinnverwendungsbeschlusses an die Anteilseigner auszuschütten.[193] In diesem Fall kommt es gem. § 14 Abs. 3 KStG zu einer regulären Dividende an die Anteilseigner; es erfolgt keine Gewinnabführung unter dem Gewinnabführungsvertrag. Gewinne der Organgesellschaft, die aus der Auflösung vorvertraglicher unversteuerter stiller Reserven herrühren, sind hingegen Teil des Ergebnisses des Wirtschaftsjahrs der Organgesellschaft, in dem die Auflösung der Reserven erfolgt.[194]

195

5. Verfahren

Das dem Organträger zuzurechnende Einkommen der Organgesellschaft und damit zusammenhängende andere Besteuerungsgrundlagen werden gem. § 14 Abs. 5 KStG gegenüber der Organgesellschaft und dem Organträger **gesondert und einheitlich festgestellt**. Zuständig ist das für die Besteuerung der Organgesellschaft zuständige Finanzamt. Die erforderlichen Feststellungserklärungen sollen mit der Körperschaftsteuererklärung der Organgesellschaft verbunden werden. Die daraufhin erlassenen Feststellungsbescheide haben dann Bindungswirkung für die Besteuerung des Einkommens der Organgesellschaft und des Organträgers.

196

6. Gewerbesteuerliche Organschaft

Die Eingliederungsvoraussetzungen der gewerbesteuerlichen Organschaft entsprechen jenen der körperschaftsteuerlichen Organschaft, d. h. bei Vorliegen der Voraussetzungen **tritt die Organschaft für beide Steuerarten ein**. Ist die GmbH Organgesellschaft, gilt sie als Betriebsstätte des Organträgers. Der Gewerbeertrag bzw. Gewerbeverlust der GmbH wird getrennt ermittelt und dann dem Organträger zugerechnet.

197

Bei der Ermittlung des Gewerbeertrags unterbleiben jedoch Hinzurechnungen nach § 8 GewStG, soweit dadurch eine doppelte steuerliche Belastung derselben Beträge erfolgt. Eine doppelte Belastung kann z. B. eintreten, wenn die für die Hinzurechnung in Betracht kommenden Beträge bereits in einem der beim Organträger zusammenzurechnenden Gewerbeerträge enthalten sind.[195] Durch Begründung einer Organschaft lässt sich daher bei konzerninternen Finanzierungsstrukturen (v. a. Cash-Pools) i. d. R. eine gewerbesteuerliche Mehrfachbelastung vermeiden.

198

---

[190] R 63 Abs. 3 S. 2 KStR.
[191] R 63 Abs. 3 S. 3 KStR.
[192] R 60 Abs. 4 S. 1 KStR; vgl. Dötsch/Pung/*Möhlenbrock*/*Dötsch* § 14 KStG Rn. 183 ff.
[193] R60 Abs. 4 S. 4 KStR.
[194] R 61 Abs. 2 S. 1KStR.
[195] Vgl. R 7.1 (5) GewStR und gleich lautende Erlasse der obersten Finanzbehörden der Länder v. 2.7.2012 – BStBl. 2012 I, S. 654.

XVII. Der Steuertarif

1. Körperschaftsteuertarif

199   Im Gegensatz zum Einkommensteuertarif ist der Körperschaftsteuertarif nicht progressiv, sondern **proportional ausgestaltet**. Der Regelkörperschaftsteuersatz beträgt 15%. Bis einschließlich des Veranlagungszeitraums 2007 betrug der Steuersatz noch 25%.[196] Dieser Steuersatz gilt auch für beschränkt steuerpflichtige Körperschaften.

2. Solidaritätszuschlag

200   Die Körperschaftsteuer erhöht sich um den sog. *Solidaritätszuschlag* (SolZ). Dieser ist anhand der festgesetzten Körperschaftsteuer zu berechnen und beträgt **5,5%** der jeweiligen Körperschaftsteuer nach Abzug der anzurechnenden oder zu vergütenden Körperschaftsteuer.[197] Die tatsächliche Körperschaftsteuerbelastung beträgt damit 15,8%.

3. Gewerbesteuertarif

201   Die Höhe der Gewerbesteuer hängt im Wesentlichen vom **Hebesatz** ab, der von der **Gemeinde** bestimmt wird, in der die GmbH ihren Sitz oder eine Niederlassung hat. Je nach Gewerbesteuerhebesatz kann die Gewerbesteuer von **7%**[198] **bis knapp über 17%** reichen. Der Gewerbesteuer unterliegt der Gewerbeertrag, der nach den Regeln des KStG und des EStG unter Berücksichtigung der im GewStG festgelegten Modifizierungen ermittelt wird. Aufgrund der gewerbesteuerlichen Hinzurechnungen bzw. Kürzungen kann der Gewerbeertrag von dem zu versteuernden Einkommen, das nach Körperschaftsteuerrecht zu versteuern ist, erheblich abweichen.

202   Die **Gewerbesteuermesszahl** beträgt seit dem Erhebungszeitraum 2008 für Personen- als auch Kapitalgesellschaften einheitlich 3,5%.[199] Die Gewerbesteuer wird unabhängig davon erhoben, ob das zu versteuernde Einkommen ausgeschüttet oder thesauriert wird.

XVIII. Die Steuerveranlagung

203   Die GmbH ist zur **jährlichen Abgabe einer Körperschaftsteuererklärung** verpflichtet. Mit der Steuererklärung ist zugleich die **Erklärung zur gesonderten Feststellung der Veränderungen im Bestand des steuerlichen Einlagekontos** (§ 27 Abs. 2 KStG) abzugeben. Die steuerlich **vorhandenen Verlustvorträge** werden im Rahmen der Steuererklärung ebenfalls gesondert festgestellt.

204   Die Körperschaftsteuererklärungen sind bis zum 31.5. des jeweiligen Folgejahrs beim zuständigen Finanzamt abzugeben. Für Steuererklärungen, die von Angehörigen der steuerberatenden Berufe erstellt werden, ist die Abgabefrist bis zum 31.12. verlängert. In begründeten Fällen kann die Frist auch bis zum 28.2. des Folgejahres verlängert werden. Ein weitergehender Aufschub kommt grundsätzlich nur in ganz besonders gelagerten Ausnahmefällen in Betracht.

205   **Vorauszahlungen** auf die Körperschaftsteuer sind quartalsmäßig zu leisten. Kommt die Geschäftsführung der GmbH ihrer Verpflichtung zur Abgabe der Steuererklärung nicht oder nicht fristgerecht nach, kann das Finanzamt einen Verspätungszuschlag festsetzen; dieser darf 10% der festgesetzten Steuer nicht übersteigen und höchstens 25.000,– EUR betragen

---

[196] Vgl. § 23 Abs. 1 KStG n. F.
[197] Vgl. §§ 1, 4 SolZG.
[198] Das GewStG sieht einen Mindesthebesatz von 200% vor (§ 16 Abs. 4 GewStG). Die dagegen von einigen Gemeinden (z. B. Norderfriedrichskoog) erhobenen Klagen vor dem BVerfG sind noch nicht entschieden, vgl. Az 2 BvR 2185/04 und Az 2 BvR 2189/04. Sollten diese erfolgreich sein, wäre auch ein Hebesatz von Null Prozent möglich.
[199] Vgl. Ernst & Young/BDI/*Ortmann-Babel/Zipfel*, Unternehmensteuerreform 2008, S. 215.

(§ 152 AO). Wird die festgesetzte Steuer nicht rechtzeitig gezahlt, ist für jeden angefangenen Monat der Säumnis ein Säumniszuschlag in Höhe von 1% des abgerundeten rückständigen Steuerbetrages zu zahlen (§ 240 AO).

XIX. Gesellschafterwechsel

Ein Gesellschafterwechsel bei der GmbH wirkt sich auf die steuerliche Situation der GmbH **im Grundsatz nicht** aus. Dies folgt daraus, dass auch für steuerliche Zwecke die Körperschaft von den hinter ihr stehenden Anteilseignern zu trennen ist. Eine **Ausnahme** ergibt sich aus der Regelung zur Verlustnutzung (§ 8c KStG), nach der ein Gesellschafterwechsel zum Wegfall von Verlustvorträgen führen kann. 206

1. Anteile im Privatvermögen einer natürlichen Person

Der Veräußerungsgewinn beim Verkauf eines GmbH-Beteiligung, die **weniger als 1% beträgt** und von einer natürlichen Person im Privatvermögen gehalten wird, ist seit dem 1.1.2009 voll steuerpflichtig, wenn die Anschaffung nach dem 31.12.2008 erfolgt ist. Der Veräußerungsgewinn unterliegt in diesem Fall der Abgeltungsteuer mit einem pauschalen Steuersatz von 25%[200] (zzgl. 5,5% SolZ und ggfs. KiSt).[201] 207

Hält der Anteilseigner eine **wesentliche Beteiligung** i.S.v. § 17 EStG unterliegt der Veräußerungsgewinn dem Teileinkünfteverfahren. Danach sind 60% des Veräußerungsgewinnes steuerpflichtig; 40% des Veräußerungsgewinns bleiben steuerfrei (§ 17 i.V.m. § 3 Nr. 40 lit. c EStG). Das Gleiche gilt, wenn die GmbH aufgelöst oder ihr Kapital herabgesetzt und zurückgezahlt wird oder wenn es zu einer Rückzahlung von Einlagen durch die GmbH kommt. Erzielt der Gesellschafter in diesen Fällen einen Gewinn, ist dieser nach § 17 Abs. 4 EStG ebenfalls steuerpflichtig. 208

Eine wesentliche Beteiligung im Sinne des § 17 EStG liegt vor, wenn der **Veräußerer**, der seine GmbH-Beteiligung im Privatvermögen hält, **innerhalb der letzten fünf Jahre am Kapital der GmbH** unmittelbar oder mittelbar **mindestens in Höhe von 1%** beteiligt war. Die Beteiligung muss nicht während der gesamten letzten 5 Jahre bestanden haben. Es ist ausreichend, dass die Mindestbeteiligung zu einem einzigen Zeitpunkt während der letzen fünf Jahre bestanden hat.[202] 209

Für die Bewertung der Beteiligungshöhe ist der nominelle Anteil des Gesellschafters am Stammkapital der GmbH entscheidend.[203] Auf die Einzahlung des Stammkapitals kommt es nicht an. Unerheblich ist des Weiteren, ob es sich bei den Anteilen um Vorzugsanteile handelt. 210

Eine Beteiligung in Höhe von 1% liegt nicht vor, wenn der Gesellschafter nominal am Stammkapital mit weniger als 1% beteiligt ist, ihm aber abweichend von § 29 Abs. 2 GmbHG und § 72 GmbHG durch die Satzung das Recht auf mehr als 1% des Reingewinns und mehr als 1% des Liquidationserlöses eingeräumt ist.[204] Bei erheblichen Abweichungen zwischen der nominellen Beteiligung am Stammkapital und den gewährten Wirtschaftsrechten ist jedoch nicht auszuschließen, dass ein Missbrauch von Gestaltungsmöglichkeiten (§ 42 AO) vorliegt, mit der Folge, dass trotz nominaler Beteiligung von unter 1% eine wesentliche Beteiligung im Sinne des § 17 EStG angenommen wird. Mittelbare und unmittelbare Beteiligungen sind für die Bestimmung der 1%-Grenze zusammenzurechnen.[205] Eine Beteiligung am Stammkapital im Sinne des § 17 EStG vermitteln aus steuerlicher Sicht **auch** 211

---
[200] Vgl. § 32d Abs. 3 EStG.
[201] Für Altbeteiligungen von unter 1%, die vor dem 1.1.2009 erworben wurden, gilt § 23 EStG a.F. fort, vgl. § 52a Abs. 3, 11 Satz 1 EStG.
[202] Vgl. BFH Urt. v. 19.5.1995 – BStBl. 1995 II, S. 870; zur verfassungsrechtlichen Problematik der Rückwirkung der Gesetzesänderung vgl. *Füllsack* DStR 2001, 119 ff. m.w.N.; *Schüppen/Sanna* BB 2001, 2397 ff.; auch OFD Düsseldorf, Vfg. v. 5.11.2001 – DB 2002, 69 f.
[203] Vgl. Schmidt/*Weber-Grellet* § 17 EStG Rn. 38; BFH Urt. v. 25.11.1997 – BStBl. 1998 II, S. 257.
[204] Vgl. BFH Urt. v. 25.11.1997 – BStBl. 1998 II, S. 257; *Gosch* StBp 1998, 165.
[205] Vgl. Schmidt/*Weber-Grellet* § 17 EStG Rn. 67.

Anwartschaftsrechte auf Erhalt von GmbH-Anteilen, eigenkapitalähnliche Genussrechte und Wandlungs- oder Optionsrechte (§ 8 Abs. 3 S. 2 KStG),[206] nicht dagegen die typische oder atypische stille Beteiligung an einer GmbH.

212 Erzielt der Steuerpflichtige beim Verkauf einer Beteiligung im Sinne des § 17 EStG einen **Verlust**, kann dieser grundsätzlich nur zu **60% steuerlich geltend gemacht** und dazu genutzt werden, Einkünfte aus anderen Einkunftsquellen (z.B. Einkünfte aus nichtselbständiger Arbeit) auszugleichen. Der Anteilseigner kann einen Veräußerungsverlust dann nicht geltend machen, wenn er die Beteiligung innerhalb der letzten fünf Jahre unentgeltlich erworben hat, es sei denn, der Rechtsvorgänger wäre zur Geltendmachung dieses Veräußerungsverlusts berechtigt gewesen. Außerdem kann ein Veräußerungsverlust steuerlich nicht berücksichtigt werden, soweit er auf Anteile entfällt, die unentgeltlich erworben wurden und die nicht innerhalb der gesamten letzten fünf Jahre zu einer Beteiligung im Sinne des § 17 EStG des Steuerpflichtigen gehört haben. Die steuerliche Nutzung eines Verlustes setzt hier voraus, dass beim Veräußerer die veräußerten Anteile während der letzten fünf Jahre vor Veräußerung eine Beteiligung im Sinne des § 17 EStG darstellten. Hier muss eine Beteiligung im Sinne des § 17 EStG also während der gesamten letzten fünf Jahre bestanden haben.

2. Anteile im Betriebsvermögen einer natürlichen Person

213 Handelt es sich bei dem Veräußerer um eine natürliche Person, die die Anteile im Betriebsvermögen hält, greift für nach dem 31.12.2008 erworbene Anteile das Teileinkünfteverfahren (§ 3 Nr. 40 EStG). Der steuerpflichtige Teil des Veräußerungsgewinns unterliegt ferner der Gewerbesteuer, welcher aber gemäß § 35 EStG in Höhe des 3,8fachen des anteiligen Gewerbesteuermessbetrages, maximal jedoch in Höhe der tatsächlich zu zahlenden Gewerbesteuer, auf die tarifliche Einkommensteuer anrechenbar ist.[207]

3. Kapitalgesellschaft als Anteilseigner

214 Veräußert eine Kapitalgesellschaft Anteile an einer Kapitalgesellschaft, ist der Gewinn aus der Veräußerung dieser Anteile nach § 8b Abs. 2 i.V.m. Abs. 3 KStG zu 95% von der Steuer befreit; für Beteiligungen an ausländischen Kapitalgesellschaften gilt dies ebenfalls. Diese Steuervergünstigung gilt nach Absatz 6 unabhängig davon, ob die GmbH die Kapitalgesellschaftsanteile **unmittelbar oder mittelbar über eine Personengesellschaft** hält. Verluste aus der Veräußerung einer Beteiligung an einer Kapitalgesellschaft sowie Teilwertabschreibungen auf die Anteile werden steuerlich jedoch nicht mehr berücksichtigt (vgl. § 8b Abs. 3 KStG).

XX. Erwerb einer GmbH

215 Die Akquisition einer GmbH stellt die Beteiligten in der Regel vor einen Interessenkonflikt, da sie unterschiedliche Ziele verfolgen. Das Ziel des Verkäufers ist regelmäßig die Minimierung der aus dem Verkauf resultierenden Steuerlast, d.h. in der Regel hat der Verkäufer eine Präferenz für den Verkauf der Anteile an der GmbH (**share deal**). Das Ziel des Käufers ist die Reduktion zukünftiger laufender Steuerbelastungen durch die möglichst steuerneutrale Erhöhung des Abschreibungspotentials (**asset deal**) und die Vermeidung des Erwerbs latenter Steuern.

216 Jedem Erwerb einer Gesellschaft sollte grundsätzlich eine steuerliche Prüfung des Kaufgegenstandes vorausgehen (**Due Diligence**). Im Rahmen der Due Diligence verschaffen sich Verkäufer und Käufer einen Überblick über die steuerliche Situation des Zielunternehmens. Da mit dem Anteilsübergang im Grundsatz die steuerlichen Risiken vom Verkäufer auf den Erwerber übergehen, gehört die Durchführung einer steuerlichen Due Diligence aus Käufersicht zu den wesentlichen Aufgaben im Rahmen des Verkaufsprozesses.

---

[206] Vgl. Schmidt/*Weber-Grellet* § 17 EStG Rn. 29.
[207] Vgl. GmbH-Handbuch III/*Neumeyer* Rn. 4802 ff.

Due Diligence-Checkliste

- ☐ Steuerbilanzen der letzten fünf Jahre
- ☐ Betriebsprüfungsberichte, soweit vorhanden
- ☐ Steuererklärungen und -bescheide der letzten fünf Jahre
- ☐ Angaben zu Beschlüssen über Gewinnausschüttungen der letzten fünf und des laufenden Geschäftsjahrs
- ☐ Darstellung der momentanen Anteilseignerstruktur sowie von Veränderungen in den letzten fünf Jahren
- ☐ Mitteilung über das zuständige Finanzamt und die relevanten Steuernummern sowie die Umsatzsteueridentifikationsnummern
- ☐ Angaben über Art und Umfang von Verlustrückträgen und -vorträgen
- ☐ Kopien aller Verträge im Zusammenhang mit Organschaftsverhältnissen für Körperschaft-, Gewerbe- und Umsatzsteuerzwecke
- ☐ Analyse der Steuerforderungen, -verbindlichkeiten und -rückstellungen in der Bilanz des Zielunternehmens
- ☐ Überblick über die Finanzstruktur und Finanzierungsaufwendungen der Gesellschaft in den letzten fünf Jahren
- ☐ Details über konzerninterne Veräußerungen, Umstrukturierungen oder Erwerbe (Einbringungen) von Vermögensgegenständen in den letzten sieben Jahren
- ☐ Gesellschafterwechsel in den letzten fünf Jahren
- ☐ Verträge mit den Gesellschaftern und der Gesellschaft nahestehenden Personen, z. B. Gesellschafterdarlehen, Dienstleistungs- und Nutzungsüberlassungsverträge
- ☐ Angaben über grenzüberschreitende Rechtsbeziehungen, einschl. ggfs. vorhandener Verrechnungspreisdokumentation
- ☐ Angaben zu Grundvermögen der Gesellschaft und ihrer Tochtergesellschaften sowie dessen Belegenheit
- ☐ Beantragte verbindliche Auskünfte und Reaktionen der Finanzbehörden während der letzten sechs Jahre
- ☐ Überblick über Steuerforderungen, -verbindlichkeiten und -rückstellungen in der (aktuellen) Bilanz
- ☐ Angaben zu laufenden und abgeschlossenen Steuerstrafverfahren
- ☐ Angaben zu laufenden oder möglichen Verfahren wegen Korruptionsvergehen

Im Kaufvertrag über den Erwerb einer GmbH empfiehlt sich, Bestimmungen zur sachgerechten Abgrenzung von Steuerrisiken zwischen Käufer und Verkäufer sowie zu den gegenseitigen Mitwirkungs- und Einsichtsrechten und zur Führung von Rechtsbehelfen in Steuersachen vorzusehen.

XXI. Liquidation[208]

Für die Liquidation einer Körperschaft, d. h. deren Auflösung und Abwicklung gelten besondere Bestimmungen. Durch eine Liquidation werden alle schwebenden Geschäfte der Gesellschaft beendet, die Forderungen eingezogen, Verbindlichkeiten beglichen und die Vermögenswerte veräußert. Das verbleibende Vermögen wird unter den Gesellschaftern aufgeteilt. Als Auflösungsgründe kommen insbesondere Insolvenz, Zeitablauf, Gesellschafterbeschluss und gerichtliche Urteile in Betracht.[209]

Es findet eine **Schlussbesteuerung** statt. Diese Besteuerung wird als **Liquidationsbesteuerung** bezeichnet.[210] Die Liquidationsbesteuerung kommt nur bei echten Abwicklungen, je-

---

[208] Siehe dazu auch *Neu* GmbHR 2000, 57 ff.
[209] Vgl. die Übersicht bei Brandmüller/Küffner/*Brandmüller* Bonner Handbuch GmbH, Fach F Rn. 28–63.1; Baumbach/Hueck/*Schulze-Osterloh/Fastrich*, § 60 GmbHG Rn. 13 ff.
[210] Vgl. § 11 KStG.

Mühlhäuser

doch **nicht bei Scheinliquidationen** zur Anwendung. Für die Scheinliquidation gelten die allgemeinen Regeln der Besteuerung. Eine Scheinliquidation liegt vor, wenn sich eine Kapitalgesellschaft weiter am Wirtschaftsleben beteiligt, ohne dass ein Ende der wirtschaftlichen Betätigung abzusehen ist.[211]

220 Während der Liquidation gilt die GmbH als aufgelöst, jedoch noch nicht als erloschen. Die GmbH ist weiterhin rechtsfähig und subjektiv steuerpflichtig. Die Körperschaftsteuerpflicht der GmbH endet erst mit dem Abschluss der Liquidation, aber nicht vor dem Ablauf des Sperrjahrs (§ 73 Abs. 1 GmbHG).

1. Abwicklungszeitraum

221 Maßgeblicher Besteuerungszeitraum während der Liquidation einer Kapitalgesellschaft ist nicht das Kalender- bzw. Wirtschaftsjahr, sondern der Abwicklungszeitraum, der sich **nach den tatsächlichen Verhältnissen** richtet und **drei Jahre nicht übersteigen** soll (vgl. § 11 Abs. 1 KStG). Handelsrechtlich ist daneben für jedes Geschäftsjahr der Jahresabschluss aufzustellen.

222 Erfolgt die Abwicklung der Gesellschaft innerhalb von drei Jahren, so wird eine Veranlagung zum Ende der Abwicklung durchgeführt. Zum Abschluss der Liquidation gehört jedoch in jedem Fall auch der Ablauf des sogenannten Sperrjahrs. Eine davor durchgeführte Löschung im Handelsregister ist für die ertragsteuerliche Abwicklung, auch bei vollständiger Ausschüttung des Gesellschaftsvermögens, unbeachtlich.[212]

223 Der maßgebliche **Abwicklungszeitraum** beginnt mit der Auflösung der Kapitalgesellschaft und findet sein Ende in der abschließenden Verteilung des Gesellschaftsvermögens. Der Besteuerungszeitraum beginnt mit dem Wirtschaftsjahr, in das die Auflösung fällt. Erfolgt die Auflösung im Laufe eines Wirtschaftsjahrs, so kann ein (Rumpf-)Wirtschaftsjahr gebildet werden, welches vom Schluss des vorangegangenen Wirtschaftsjahrs bis zur Auflösung reicht, und nicht in den Abwicklungszeitraum einzubeziehen ist.[213] Der Gewinn kann dann auch noch nach Beginn der Liquidation ausgeschüttet werden. Während des Abwicklungszeitraums kann das Finanzamt Steuervorauszahlungen verlangen. Nach Ablauf der drei Jahre ist es sogar berechtigt, eine Zwischenbilanz zu fordern und die Kapitalgesellschaft entsprechend zu veranlagen.

2. Abwicklungsgewinn (Liquidationsgewinn)

224 Im Rahmen der Liquidationsbesteuerung einer Kapitalgesellschaft sollen die im Laufe der Jahre gebildeten stillen Reserven vollständig von der Besteuerung erfasst werden.[214]

225 Bei der Ermittlung des Abwicklungsgewinns ist ein **Bestandsvergleich eigener Art** entsprechend § 11 Abs. 2–4 KStG durchzuführen. Daneben sind nach Absatz 6 die **allgemeinen steuerlichen Gewinnermittlungsvorschriften** anzuwenden. Der Grundsatz der Maßgeblichkeit der Handelsbilanz für die Steuerbilanz gilt jedoch nicht.[215] Der Abwicklungsgewinn ergibt sich aus einer Gegenüberstellung des Abwicklungs-Endvermögens und des Abwicklungs-Anfangsvermögens.[216]

226 **Abwicklungs-Anfangsvermögen** ist das Betriebsvermögen, das am Schluss des der Auflösung vorangegangenen Wirtschaftsjahrs der Körperschaftsteuerveranlagung zugrunde gelegt worden ist. Es ist gemäß § 11 Abs. 4 Satz 1, 3 KStG um Gewinnausschüttungen für Veranlagungszeiträume vor der Auflösung der Gesellschaft zu kürzen. Wurde für den vorangegangenen Veranlagungszeitraum keine Veranlagung durchgeführt, so ist nach § 11 Abs. 4 Satz 2 KStG das Betriebsvermögen anzusetzen, welches im Falle einer Veranlagung nach den steuerrechtlichen Gewinnermittlungsvorschriften auszuweisen gewesen wäre. Sofern am Ende des vorangegangenen Veranlagungszeitraums überhaupt kein Betriebsvermögen vor-

---

[211] Vgl. Frotscher/Maas § 11 KStG Rn. 20; Dötsch/Jost/Pung/Witt/*Graffe* § 11 KStG Rn. 5.
[212] Vgl. R 51 Abs. 2 KStR.
[213] Vgl. R 51 Abs. 1 KStR.
[214] Vgl. Dötsch/Jost/Pung/Witt/*Graffe* § 11 KStG Rn. 24.
[215] Vgl. BFH Urt. v. 14.12.1965 – BStBl. III 1966, S. 152, 153; BFH Urt. v. 8.12.1971 – BStBl. II 1972, S. 229, 230.
[216] Vgl. § 11 Abs. 2 KStG; Dötsch/Jost/Pung/Witt/*Graffe* § 11 KStG Rn. 24.

handen war, gilt als Abwicklungs-Anfangsvermögen die Summe der später offen oder verdeckt geleisteten Einlagen,[217] z.B. bei Auflösung einer neu gegründeten Kapitalgesellschaft vor Ablauf des ersten Wirtschaftsjahrs ohne Bildung eines Rumpfwirtschaftsjahrs.

Abwicklungs-Endvermögen ist gemäß § 11 Abs. 3 KStG das an die Gesellschafter zur Verteilung kommende Vermögen der Kapitalgesellschaft, vermindert um die steuerfreien Vermögensmehrungen, die der Kapitalgesellschaft in dem Abwicklungszeitraum zugeflossen sind, z.B. durch steuerfreie Einnahmen, Nachschüsse der Gesellschafter, offene oder verdeckte Einlagen oder die Erstattung nicht-abziehbarer Ausgaben.

Verdeckte Zuwendungen an die Gesellschafter und vorweggenommene Liquidations-Raten sind **hinzuzurechnen**,[218] ein derivativer Firmenwert, nicht dagegen der originäre, ist anzusetzen. Sachwerte, die an die Gesellschafter im Rahmen der Liquidation ausgekehrt werden, sind mit dem gemeinen Wert (Einzelveräußerungspreis) nach § 9 BewG, nicht dagegen mit dem unter Umständen niedrigeren Abgabepreis zum Übertragungszeitpunkt anzusetzen.[219] Der Abwicklungsgewinn unterliegt dem Regelsteuersatz von 15% zzgl. 5,5% SolZ, mithin 15,8% (§ 23 Abs. 1 KStG). Sollte sich bei der Abwicklung ein steuerlicher Abwicklungsverlust ergeben, so kann dieser entsprechend § 10d EStG steuerlich genutzt werden, wobei der verlängerte Veranlagungszeitraum (bis zu 3 Jahren) zu beachten ist.

3. Auswirkungen der Liquidation auf den Gesellschafter

Die Schlussverteilung des Gesellschaftsvermögens ist als **Vollausschüttung** zu behandeln, wobei zwischen der Rückzahlung des Kapitals und Kapitalerträgen zu unterscheiden ist.

a) **Wesentliche Beteiligung im Privatvermögen.** Bei der Beurteilung der Steuerfolgen der Liquidation einer GmbH, an der eine natürliche Person mit mindestens 1% beteiligt ist, ist zwischen Einkünften nach § 17 Abs. 4 EStG und solchen nach § 20 Abs. 1 Nr. 2 EStG zu unterscheiden. Zahlungen an den Anteilseigner nach Auflösung der GmbH, die in der Auskehrung von thesaurierten Gewinnen (sonstigen Rücklagen) der GmbH (außer dem steuerlichen Einlagekonto) bestehen, gehören beim Anteilseigner zu den Kapitalerträgen im Sinne des § 20 Abs. 1 Nr. 2 EStG; Zahlungen, die in der Auskehrung des echten Nennkapitals sowie des steuerlichen Einlagekontos bestehen, gehören hingegen zum Veräußerungspreis im Sinne des § 17 Abs. 4 Satz 2 EStG.[220] Im Ergebnis unterliegt auf Gesellschafterebene sowohl der Liquidationsgewinn gemäß § 17 Abs. 4 EStG als auch der zu den Einnahmen aus Kapitalvermögen gehörende Teilbetrag dem Teileinkünfteverfahren. Der erzielte Erlös ist insoweit zu 60% steuerpflichtig.

b) **Nicht wesentliche Beteiligung im Privatvermögen.** Ist die natürliche Person mit einer Beteiligung von weniger als 1% an der liquidierten Kapitalgesellschaft beteiligt, erzielt diese bei Liquidation insoweit einen steuerpflichtigen Gewinn, als die Bezüge zu den Kapitaleinkünften gehören; der Gewinn unterliegt der Abgeltungsteuer. Für Zwecke der Besteuerung als Kapitaleinkünfte wird dabei der Teil des „Liquidationsgewinns" erfasst, für den sonstige Rücklagen oder laufender Gewinn verwendet werden und der nicht in der Rückzahlung des Nennkapitals oder des steuerlichen Einlagekontos besteht.

c) **Beteiligung im Betriebsvermögen.** Der von einer Kapitalgesellschaft vereinnahmte Erlös aus der Liquidation einer Tochterkapitalgesellschaft bleibt gemäß § 8b Abs. 2 KStG bei der Ermittlung des Einkommens außer Ansatz und ist insoweit steuerfrei. 5% gelten als nicht abzugsfähige Betriebsausgaben, die der Besteuerung unterliegen. § 8b Abs. 2 KStG erfasst allerdings nur die den Beteiligungsbuchwert übersteigenden Rückzahlungen des echten Nennkapitals und der im steuerlichen Einlagekonto erfassten Einlagen.[221]

---

[217] Vgl. § 11 Abs. 5 KStG; Dötsch/Jost/Pung/Witt/*Graffe* § 11 KStG Rn. 35.
[218] Vgl. Frotscher/Maas § 11 KStG Rn. 35.
[219] Vgl. Dötsch/Jost/Pung/Witt/*Graffe* § 11 KStG Rn. 25; Frotscher/Maas § 11 Rn. 35.
[220] Vgl. *Weber-Grellet*/Schmidt § 17 EStG Rn. 233 f.; Kirchhof/*Gosch* § 17 EStG Rn. 298.
[221] Vgl. Ernst & Young/*Kröner*, § 8b Rn. 96; Gewinnrücklagen, laufende Gewinne und die aus dem Sonderausweis i.S.d. § 28 Abs. 1 gespeisten Rückzahlungen auf der Anteilseignerebene werden durch § 8b Abs. 1 freigestellt.

233 Stammt der Liquidationserlös aus der Auflösung einer Kapitalgesellschaftsbeteiligung, deren Gesellschafter u. a. eine gewerbliche Personengesellschaft mit natürlichen Personen als Gesellschaftern ist, unterliegt der Liquidationserlös auf der Ebene der Gesellschafter dem Teileinkünfteverfahren.

XXII. Umsatzsteuer

234 Gemäß § 1 UStG unterliegen die Lieferungen und sonstigen Leistungen, die ein Unternehmer im Inland gegen Entgelt im Rahmen seines Unternehmens ausführt, der Umsatzsteuer. Ob die **Unternehmereigenschaft** erfüllt ist, richtet sich dabei nicht nach der Rechtsform, sondern bestimmt sich danach, ob die **GmbH gewerblich tätig ist**. Kapitalgesellschaften, die am wirtschaftlichen Leben teilnehmen, sind **in der Regel Unternehmer im Sinne des § 2 Abs. 1 UStG**.[222] Erbringen sie umsatzsteuerbare Lieferungen oder sonstige Leistungen, die nicht von der Umsatzsteuer befreit sind, fällt Umsatzsteuer an. Die steuerbaren Lieferungen oder Leistungen unterliegen in der Regel dem Regelsteuersatz von 19% (vgl. § 12 Abs. 1 UStG).

235 Von ihrer Umsatzsteuerschuld kann die Kapitalgesellschaft im Regelfall von ihr gezahlte Vorsteuern abziehen.[223]

Beispiel:
Die A-GmbH erbringt Beratungsleistungen an Inländer für 100.000,– EUR zzgl. 19.000,– EUR USt, insgesamt 119.000,– EUR. Die A-GmbH hat Kosten in Höhe von 40.000,– EUR zzgl. 7.600,– EUR USt.
Im Ergebnis muss die A-GmbH 11.400,– EUR an das FA abführen: Von der vereinnahmten Umsatzsteuer in Höhe von 19.000,– EUR kann die A-GmbH die bezahlte Umsatzsteuer von 7.600,– EUR als Vorsteuer in Abzug bringen.

236 Dies gilt auch während der Liquidation einer Kapitalgesellschaft, da diese während des Liquidationszeitraums Unternehmer im umsatzsteuerlichen Sinne bleibt. Im Gegensatz zu den Ertragsteuern gibt es für Zwecke der Umsatzbesteuerung keinen besonderen Besteuerungszeitraum.[224]

XXIII. Erbschaft- und Schenkungsteuer[225]

237 Anteile an einer nicht börsennotierten Kapitalgesellschaft (GmbH) werden im Schenkungs- bzw. Erbfall mit ihrem „**gemeinen Wert**" (Marktwert) bewertet. Lässt sich der gemeine Wert nicht aus Verkäufen unter fremden Dritten ableiten, die weniger als ein Jahr zurückliegen, so ist er unter Berücksichtigung der Ertragsaussichten der GmbH oder einer anderen anerkannten, auch im gewöhnlichen Geschäftsverkehr für nichtsteuerliche Zwecke üblichen Methode zu ermitteln. Dabei ist die Methode anzuwenden, die ein Erwerber der Bemessung des Kaufpreises zugrunde legen würde (§ 11 Abs. 2 BewG). Der so ermittelte gemeine Wert wird dem einzelnen Anteilseigner nach seiner Beteiligungshöhe zugerechnet.

238 In der Praxis hat der Steuerpflichtige zwei (nach dem Gesetz gleichwertige) Bewertungsalternativen: Die Bewertung kann auf der Basis einer Unternehmensbewertung unter Berücksichtigung gängiger Bewertungsmethoden erfolgen; dies wird bei komplexeren Fällen der Regelfall werden. Daneben hat der Gesetzgeber das sog. **vereinfachte Ertragswertverfahren** vorgesehen, das angewendet werden kann, wenn es nicht zu offensichtlich unzutreffenden Ergebnissen führt (§§ 199 ff. BewG). Danach berechnet sich der Unternehmenswert der GmbH im Grundsatz aus dem Produkt von Kapitalisierungsfaktor und nachhaltig zu erzielenden Jahresertrag. Dabei ist der gemeine Wert für das nicht betriebsnotwendige Vermögen der GmbH, Beteiligungen und Wirtschaftsgüter, die innerhalb der letzten zwei Jahre vor

---

[222] Vgl. Reiß/Kraeusel/Langer/*Reiß* § 2 UStG Rn. 71.
[223] Vgl. §§ 13, 15 UStG.
[224] Vgl. Reiß/Kraeusel/Langer/*Reiß* § 2 UStG Rn. 76.
[225] Vgl. Überblick bei *Lüdicke/Fürwentsches* DStR 2008, S. 12 ff.

dem Bewertungsstichtag eingelegt wurden, gesondert zu ermitteln und hinzuzurechnen (§ 200 Abs. 2–4 BewG).

Als **Kapitalisierungsfaktor** sieht das Gesetz die Summe aus Basiszins und einem Zuschlag von 4,5% vor (vgl. § 203 BewG). Der Basiszins wird aus der langfristig erzielbaren Rendite öffentlicher Anleihen abgeleitet. Für das Jahr 2013 wurde er von der Deutschen Bundesbank mit 2,04% bekannt gemacht.[226] Daraus ergibt sich für das Jahr 2013 ein (für die Praxis kaum marktgerechter) Kapitalisierungsfaktor von 15,29. 239

Der **nachhaltig zu erzielende Jahresertrag** ist aus dem Durchschnittsertrag der letzten drei vor dem Bewertungsstichtag abgelaufenen Wirtschaftsjahre herzuleiten. Dabei ist auf die (um verschiedene Positionen zu bereinigenden, vgl. § 202 BewG) Betriebsergebnisse des Drei-Jahreszeitraums vor dem Bewertungsstichtag abzustellen. 240

Das Erbschaftsteuerrecht sieht im Falle der Unternehmensfortführung unter bestimmten Voraussetzungen eine **85%ige oder vollständige Steuerbefreiung** (Verschonung) vor, vorausgesetzt der Erblasser oder Schenker ist zu mehr als einem Viertel unmittelbar an der Kapitalgesellschaft (GmbH) beteiligt (**Mindestbeteiligung**) und das Betriebsvermögen der GmbH besteht **nicht zu mehr als 50% aus Verwaltungsvermögen** (§ 13b Abs. 2 Satz 2 ErbStG). Die Mindestbeteiligung ist auch dann erfüllt, wenn der Erblasser oder Schenker zusammen mit weiteren Gesellschaftern zu mindestens einem Viertel beteiligt ist und diese aufgrund einer Gesellschaftervereinbarung untereinander verpflichtet sind, über die Anteile nur einheitlich zu verfügen oder ausschließlich auf andere derselben Verpflichtung unterliegende Anteilseigner zu übertragen und das Stimmrecht gegenüber nichtgebundenen Gesellschaftern einheitlich auszuüben (vgl. § 13b Abs. 1 Nr. 3 ErbStG). 241

Zum **Verwaltungsvermögen** gehören: 242

- Dritten zur Nutzung überlassene Grundstücke, Grundstücksteile, grundstücksgleiche Rechte und Bauten. Dabei ist die Überlassung im Rahmen einer Betriebsaufspaltung, als Sonderbetriebsvermögen oder im Konzern (gem. § 4h Abs. 3 Satz 5 EStG) grundsätzlich unschädlich, ebenso die Überlassung von Grundstücken zur land- und forstwirtschaftlichen Nutzung sowie die Vermietung von Wohnungen durch Wohnungsunternehmen, sofern deren Unternehmen einen wirtschaftlichen Geschäftsbetrieb erfordert;
- Anteile an Kapitalgesellschaften, wenn die unmittelbare Beteiligung am Nennkapital dieser Gesellschaften 25% oder weniger beträgt (und kein Fall des Poolings von Anteilen von insgesamt mehr als 25% vorliegt, § 13b Abs. 2 Nr. 2 S. 2 ErbStG);
- Beteiligungen an in- und ausländischen gewerblichen (oder freiberuflichen) Personengesellschaften sowie Anteile an Kapitalgesellschaften von mehr als 25%, sofern bei diesen Gesellschaften das Verwaltungsvermögen mehr als 50% beträgt;
- der gemeine Wert des nach Abzug des gemeinen Werts verbleibenden Bestands an Zahlungsmitteln, Geschäftsguthaben, Geldforderungen und anderen Forderungen, soweit er 20 % des anzusetzenden Werts des Betriebsvermögens der GmbH übersteigt;[227] und
- Kunstgegenstände, Kunstsammlungen, wissenschaftliche Sammlungen, Bibliotheken und Archive, Münzen, Edelmetalle und Edelsteine, wenn der Handel mit diesen Gegenständen oder deren Verarbeitung nicht der Hauptzweck des Gewerbebetriebs ist.

Für Verwaltungsvermögen, das dem Betriebsvermögen im Besteuerungszeitpunkt weniger als 2 Jahre zuzurechnen war, kann keine Begünstigung in Anspruch genommen werden (**junges Verwaltungsvermögen**). Der Anteil des Verwaltungsvermögens am gemeinen Wert des Betriebs bestimmt sich nach dem Verhältnis der Summe der gemeinen Werte der Einzelwirtschaftsgüter des Verwaltungsvermögens zum gemeinen Wert des Betriebs.

Als **Regelverschonung** wird ein **Verschonungsabschlag in Höhe von 85%** des begünstigten Vermögens gewährt, **vorausgesetzt** die Summe der jährlichen Lohnsummen des fortgeführten Unternehmens innerhalb von fünf Jahren nach dem Erwerb unterschreiten insgesamt 400% der sog. Ausgangslohnsumme nicht. **Ausgangslohnsumme** ist die durchschnitt- 242a

---
[226] Vgl. BMF-Schreiben vom 2.1.2013 – IV D 4 S 3102/07/10 001.
[227] Geändert mit Gesetz v. 26.6.2013 – BStBl. I 2013, 1809; für Vorgänge bis 6.6.2013: „Wertpapiere oder vergleichbare Forderungen, die nicht dem Hauptzweck des Gewerbebetriebs eines Kreditinstituts zuzurechnen sind".

liche Lohnsumme des Betriebs in den letzten fünf vor dem Zeitpunkt der Entstehung der Steuer endenden Wirtschaftsjahre. Unterschreitet die Summe der Lohnsummen die Mindestlohnsumme, vermindert sich der Verschonungsabschlag mit Wirkung für die Vergangenheit in demselben prozentualen Umfang, wie die Mindestlohnsumme unterschritten wird. Die **Lohnsummenregelung gilt nicht,** wenn die Ausgangslohnsumme Null ist oder die GmbH (unter Einbezug der anteiligen Lohnsummer von Beteiligungen >25%) nicht mehr als zwanzig Beschäftigte hat (§ 13a Abs. 1 Satz 4 ErbStG). Für solche Kleinbetriebe kommt es damit nur auf die Mindestbeteiligung und die Unternehmensfortführung während des Behaltenszeitraums an.

243   Zusätzlich gilt für Kleinstbetriebe hinsichtlich des nicht begünstigten Vermögens (§ 13b Abs. 4 ErbStG) ein Freibetrag von 150.000,– EUR (Abzugsbetrag). Der Abzugsbetrag verringert sich mit steigenden Werten; ab einem gemeinen Wert von 450.000,– EUR beträgt der Abzugsbetrag Null. Für mehrere Erwerbe innerhalb von zehn Jahren kann der Abzugsbetrag von derselben Person nur einmal beansprucht werden.

244   Verschonungsabschlag und Abzugsbetrag fallen mit Wirkung für die Vergangenheit weg (**Nachversteuerung**), soweit der Erwerber innerhalb der siebenjährigen **Behaltensfrist** schädliche Verfügungen vornimmt, insbesondere die Anteile an der GmbH ganz oder teilweise veräußert oder verdeckt in eine andere Kapitalgesellschaft einlegt (§ 13a Abs. 5 ErbStG). Ebenso schädlich ist es, wenn die GmbH innerhalb der Behaltensfrist aufgelöst wird, ihr Nennkapital herabgesetzt wird oder wenn diese wesentliche Betriebsgrundlagen veräußert oder anderen betriebsfremden Zwecken zugeführt werden. Wird der Veräußerungserlös innerhalb von **sechs** Monaten in Betriebsvermögen investiert, das nicht Verwaltungsvermögen ist, wird ein Verstoß gegen die Behaltensfrist geheilt (**Reinvestitionsklausel**, § 13a Abs. 5 S. 3 ErbStG). Folge eines Verstoßes gegen die Behaltensfrist ist die Nachversteuerung in dem Umfang, der sich aus dem Verhältnis der noch nicht abgelaufenen Behaltensfrist (einschl. des Jahres des Verstoßes) zur gesamten Behaltensfrist ergibt.

245   Anstelle der 85%igen Verschonung kann der Erwerber auch eine **100%ige Verschonung** beantragen (vgl. § 13a Abs. 8). Der Antrag ist **unwiderruflich**. Die vollständige Verschonung tritt ein, wenn die Summe der maßgebenden Lohnsummen in den sieben Wirtschaftsjahren nach Erwerb 700% der Ausgangslohnsumme erreicht, eine Behaltensfrist von sieben Jahren eingehalten wird und das Verwaltungsvermögen nicht mehr als 10% beträgt. Nach Antragstellung ist im Falle eines Verstoßes gegen die Anforderungen ein Wechsel zur Regelverschonung nicht mehr möglich.

XXIV. Grunderwerbsteuer[228]

246   Grunderwerbsteuerbar sind gemäß § 1 Abs. 1 GrEStG im Grundsatz Rechtsvorgänge, die sich auf **inländische Grundstücke** beziehen (vgl. § 2 Abs. 1 GrEStG). Allerdings kann auch durch den Kauf von Geschäftsanteilen an einer GmbH indirekt Grunderwerbsteuer ausgelöst werden, falls die GmbH inländisches Grundvermögen besitzt.

247   Nach dem Ersatztatbestand des § 1 Abs. 3 GrEStG unterliegt auch ein Rechtsgeschäft, durch das unmittelbar oder mittelbar mindestens 95% der Anteile an einer GmbH in der Hand eines Erwerbers oder in der Hand von herrschenden Personen bzw. Gesellschaften und abhängigen Personen bzw. Gesellschaften vereinigt werden, der Grunderwerbsteuer, wenn zum Gesellschaftsvermögen ein inländisches Grundstück gehört. Darüber hinaus gilt als gemäß § 1 Abs. 3a GrEStG zur Anteilsvereinigung führender Vorgang, „auch ein solcher, *aufgrund dessen ein Rechtsträger unmittelbar oder mittelbar oder teils unmittelbar, teils mittelbar eine wirtschaftliche Beteiligung in Höhe von mindestens 95% an einer Gesellschaft, zu deren Vermögen ein inländisches Grundstück gehört, innehat. Die wirtschaftliche Beteiligung ergibt sich aus der Summe der unmittelbaren und mittelbaren Beteiligungen am Kapital oder am Vermögen der Gesellschaft. Für die Ermittlung der mittelbaren Beteiligun-*

---

[228] Weiterführend *Behrens/Meyer-Wirges* DStR 2007, 1290 ff.; *Behrens* DStR 2008, 338.

gen sind die Vomhundertsätze am Kapital oder Vermögen der Gesellschaft zu multiplizieren".[229]

Beim Verkauf von **mindestens 95%** der Anteile einer grundbesitzenden GmbH wird vom Gesetzgeber ein **Grundstücksverkehr fingiert**.[230] Damit soll verhindert werden, dass die Grunderwerbsteuer dadurch umgangen werden kann, dass anstelle der direkten Veräußerung eines Grundstücks die Anteile an Gesellschaften veräußert werden, und somit der Käufer der GmbH-Anteile mittelbar auch das Grundstück erwirbt.[231] Grunderwerbsteuer fällt nicht an, wenn aufgrund der Beteiligung eines unabhängigen Dritten mit mindestens 5,1% die Anteilsvereinigung verhindert wird.

248

Grundannahme für die Regelungen ist, dass eine GmbH eine dem Eigentum vergleichbare Herrschaft über die Grundstücke ausübt, wenn ihr mindestens 95% der Anteile einer grundbesitzenden Gesellschaft gehören.[232] Der Erwerber einer derartigen Beteiligung an einer GmbH wird so behandelt, als hätte er alle Aktiva der Kapitalgesellschaft inklusive ihrer Grundstücke erworben.

249

Grundsätzlich bemisst sich die Grunderwerbsteuer nach dem **Wert der Gegenleistung** (§ 8 Abs. 1 GrEStG). Bemessungsgrundlage für die Grunderwerbsteuer beim Erwerb von mindestens 95% der Anteile an einer GmbH ist der steuerliche Wert des Immobilienvermögens der GmbH. Der Grunderwerbsteuersatz wird von den Bundesländern festgelegt. Er variiert von Bundesland zu Bundesland und beträgt derzeit in Bayern und Sachsen 3,5%, in Bremen, Hamburg und Niedersachsen 4,5% (Bremen ab 2014 5%), in Baden Württemberg, Berlin Brandenburg, Hessen, Mecklenburg-Vorpommern, Nordrhein-Westfalen, Rheinland-Pfalz, Sachsen-Anhalt, Schleswig-Holstein und Thüringen 5% (in Berlin ab 2014 6%, in Schleswig-Holstein ab 2014 6,5%) und im Saarland 5,5%. Steuerschuldner ist bei der Vereinigung von 95% der Anteile an einer GmbH in der Hand eines Erwerbers der Erwerber selbst, bei der Anteilsvereinigung in der Hand mehrerer Gesellschaften oder Personen diese (§ 13 Nr. 5 GrEStG).

250

Beispiel:
A erwirbt von X und Y je 49% des Stammkapitals an der XY-GmbH. Die XY-GmbH ist Eigentümerin mehrerer Grundstücke in Bayern, die einen steuerlichen Wert in Höhe von 8.000.000,– EUR haben.
Der Erwerb von insgesamt 98% der Anteile an der XY-GmbH durch A stellt ein grunderwerbsteuerpflichtiges Rechtsgeschäft dar, für welches A als Erwerber der Geschäftsanteile an der XY-GmbH die Grunderwerbsteuer in Höhe von 280.000,– EUR schuldet.

---

[229] Die sog. Anti-RETT-Blocker Vorschrift ist am 7.6.2013 in Kraft getreten. Bei ab dem 7.6.2013 verwirklichten Rechtsvorgängen ist bei mittelbaren Beteiligungen bzw. Beteiligungs-Ketten für die Frage, ob mindestens 95% der Anteile in einer Hand vereinigt sind, da mit „durchzurechnen". Anteilsgeschäfte, die bis zum 6.6.2013 mit dinglicher Wirkung durchgeführt wurden, sind von der Neuregelung nicht betroffen.
[230] Vgl. BFH Urt. v. 29.7.1995 – BFHE 178, 231, 234; bereits Begründung zu GrEStG 1940, 392; *Boruttau-Fischer* 16A § 1 Rn. 851.
[231] Vgl. *Weilbach* § 1 GrEStG Rn. 87.
[232] BFH Urt. v. 26.7.1995 – BStBl. 1995 II, S. 736 zur alten Rechtslage, nach der noch die Vereinigung aller Anteile an einer Gesellschaft erforderlich war.

Teil G. Aufsichtsrat und Beirat

§ 18 Aufsichtsrat und Beirat

Übersicht

	Rn.
I. Einleitung	1–6
1. Erscheinungsformen	1–3a
a) Überblick	1/2
b) Entwicklung	3
c) Reformüberlegungen	3a
2. Aufgaben	4
3. Motive für die Einrichtung	5/6
II. Fakultativer Aufsichtsrat	7–85
1. Gesetzliche Regelungen und Verweisung auf das AktG	7–14
a) Aufsichtsrat nach § 52 Abs. 1 GmbHG	7–10
b) Verweisungen auf aktiengesetzliche Bestimmungen	11–14
2. Aufgaben und Rechte des Aufsichtsrats	15–29
a) Informationsrechte	16
b) Überwachung und Mitwirkung bei der Geschäftsführung	17–20
c) Wahrnehmung von Aufgaben der Gesellschafterversammlung	21–24
d) Vertretung der Gesellschaft	25–30
e) Prüfung des Jahresabschlusses	31–36
3. Einrichtung und Beseitigung des fakultativen Aufsichtsrats	37
4. Mitgliedschaft und Vergütung	38–113
a) Persönliche Voraussetzungen	38–46
b) Bestellung	47–52
c) Amtszeit	53
d) Amtsbeendigung	54–61
e) Vergütung	62–71
f) Pflichten und Verantwortlichkeit der Aufsichtsratsmitglieder	72–86
5. Beschlussfassung und innere Ordnung des Aufsichtsrats	87–113
a) Anwendbares Recht	87/88
b) Sitzungen und Einberufung	89–91
c) Aufsichtsratsvorsitz	92–96
d) Einladung, Tagesordnung und Beschlussfassung	97–103
e) Fehlerhafte Beschlussfassung	104/105
f) Bindungswirkung und Durchbrechung von Beschlüssen	106–108
g) Ausschüsse	109/110
h) Organstreit	111–113
III. Der obligatorische Aufsichtsrat nach dem DrittelbG	114–174
1. Überblick	114–116
2. Anwendungsvoraussetzungen	117–121
a) Mindest- und Höchstzahl von Arbeitnehmern und deren Bestimmung	117–119
b) Keine Geltung vorrangiger mitbestimmungsrechtlicher Regeln	120
c) Ausnahmen für Tendenzbetriebe	121
3. Aufgaben und Rechte des Aufsichtsrats nach DrittelbG	122–132
a) Informationsrechte	123
b) Überwachung der Geschäftsführung	124–126
c) Wahrnehmung von Aufgaben der Gesellschafterversammlung	128/129
d) Vertretung der Gesellschaft	130
e) Prüfung des Jahresabschlusses	131/132
4. Einrichtung und Beseitigung des Aufsichtsrats nach DrittelbG	133–139
a) Aufsichtsratspflichtigkeit vor Eintragung der Gesellschaft	134
b) Aufsichtsratspflichtigkeit nach Eintragung der Gesellschaft	135–137
c) Wegfall von Voraussetzungen	138
d) Veränderungen durch Umwandlungsvorgänge	139
5. Größe und Zusammensetzung des Aufsichtsrats nach DrittelbG	140/141

	Rn.
6. Mitgliedschaft und Vergütung	142–165
a) Persönliche Voraussetzungen	142
b) Bestellung	144–150
c) Amtszeit	151
d) Amtsbeendigung	152–156
e) Vergütung	157–161
f) Pflichten und Verantwortlichkeit der Aufsichtsratsmitglieder	162–164
g) Bekanntmachung von Veränderungen im Aufsichtsrat	165
7. Beschlussfassung und innere Ordnung des Aufsichtsrats	166–174
a) Sitzungen und Einberufung	167
b) Aufsichtsratsvorsitz	168
c) Einladung, Tagesordnung und Beschlussfassung	169/170
d) Ersetzung verweigerter Zustimmungen durch die Gesellschafterversammlung	1717172
e) Ausschüsse	173
f) Geschäftsordnung	174
IV. Der obligatorische Aufsichtsrat nach dem MitbestG	175–196
1. Überblick	175/176
2. Anwendungsvoraussetzungen	177/178
a) Arbeitnehmerzahl	177
b) Ausnahmen	178
3. Aufgaben und Rechte des Aufsichtsrats nach MitbestG	179–186
a) Bestellung und Abberufung der Geschäftsführer	180–183
b) Anstellungsverträge mit Geschäftsführern	184
c) Vertretung der Gesellschaft	185
d) Ausübung von Rechten bei Beteiligungen	186
4. Größe und Zusammensetzung des Aufsichtsrats nach MitbestG	187
5. Mitgliedschaft und Vergütung	188–192
a) Persönliche Voraussetzungen	188
b) Bestellung	189
c) Amtszeit und Amtsbeendigung	190/191
d) Sonstiges	192
6. Beschlussfassung und innere Ordnung des Aufsichtsrats	193–196
a) Aufsichtsratsvorsitz	194
b) Beschlussfähigkeit	195
c) Beschlussfassung	196
V. Sonstige Formen eines obligatorischen Aufsichtsrats	197
VI. Beiräte	198–213
1. Überblick	198–201
2. Satzungsmäßiger Beirat	202–210
a) Anzuwendendes Recht	202/203
b) Aufgaben und Rechte	204–206
c) Einrichtung und Beseitigung des Beirats	207/208
d) Mitgliedschaft	209/210
3. Schuldrechtlicher Beirat	211–213

Schrifttum: *Dietz/Richardi*, BetrVG, 6. Aufl. 1981/82; *Fitting/Kaiser/Heither/Engels/Schmidt*, BetrVG, 21. Aufl. 2002; *Fuchs/Köstler*, Handbuch zur Aufsichtsratswahl, 2005; *Goette/Habersack/Kalss*, Münchener Kommentar zum Aktiengesetz, Bd. 2, 3. Aufl. 2008; *Hanau/Ulmer*, MitbestG, 1981; *Happ*, Aktienrecht, 3. Aufl. 2007; *Härer*, Entscheidungsformen und Kompetenzen des Beirats in der GmbH, 1991; *Hoffmann/Lehmann/Weinmann*, Mitbestimmungsgesetz 1978; *Hoffmann/Preu*, Der Aufsichtsrat: ein Leitfaden für Aufsichtsräte, 4. Aufl. 1999; *Hölters*, Der Beirat einer GmbH & GmbH & Co., 1979; *Hüffer*, Aktiengesetz, 8. Aufl. 2008; *Kölner Kommentar zum Aktiengesetz*, Bd. 2, 2. Aufl. 1996; *Lutter/Krieger*, Rechte und Pflichten des Aufsichtsrats, 4. Aufl. 2002; *Potthoff/Trescher*, Das Aufsichtsratsmitglied, 5. Aufl. 2001; *Raiser*, MitbestG, 3. Aufl. 1998; *Rohleder*, Die Übertragbarkeit von Kompetenzen auf GmbH-Beiräte, 1991; *Semler*, Arbeitshandbuch für Aufsichtsratsmitglieder, 3. Aufl. 2009; *Voormann*, Die Stellung des Beirats im Gesellschaftsrecht, 2. Aufl. 1990; *Wellkamp*, Vorstand, Aufsichtsrat und Aktionär, 1998; *Wiedermann/Kögel*, Beirat und Aufsichtsrat im Familienunternehmen, 2008.

I. Einleitung

1. Erscheinungsformen

a) Überblick. Im Gegensatz zur Aktiengesellschaft ist der Aufsichtsrat bei der GmbH nicht wesentliches Merkmal der Rechtsform. Grundsätzlich verfügt die GmbH nur über Organe in Gestalt der Gesellschafterversammlung und der Geschäftsführung. Dies schließt jedoch das Bestehen eines Aufsichtsrates bei der GmbH nicht aus. Aus bestimmten gesetzlichen Regelungen kann sich sogar der Zwang ergeben, einen Aufsichtsrat auch bei der GmbH einrichten zu müssen.[1] Aber auch wenn dies nicht gesetzlich vorgeschrieben ist, können die Gesellschafter einen Aufsichtsrat bei der GmbH einrichten. Im Falle der freiwilligen Einrichtung eines derartigen Aufsichtsrates spricht man von einem **fakultativen** Aufsichtsrat – im Gegensatz zu einem **obligatorischen** Aufsichtsrat, der auf Grund gesetzlicher Vorgaben zwingend einzurichten ist. Sieht die Satzung ein besonderes Gremium vor, dem aber keine Aufsichtsbefugnisse zukommen, handelt es sich um einen satzungsmäßigen Beirat. Neben dem satzungsmäßig verankerten Aufsichts- oder Beirat besteht auch die Möglichkeit, auf rein schuldrechtlicher Ebene ein gesondertes Gremium zu schaffen, dem Aufsichts- oder sonstige Befugnisse eingeräumt werden.

Die praktisch relevantesten Bestimmungen für die Einrichtung eines obligatorischen Aufsichtsrates sind §§ 1, 4 DrittelbG sowie § 6 MitBestG. Da die Anwendbarkeit dieser Bestimmungen eine **Mindestzahl von 500** (§ 1 Abs. 1 Nr. 4 DrittelbG) bzw. **2.000** (§ 1 Abs. 1 Nr. 2 MitbestG) Arbeitnehmern voraussetzt, ist ein obligatorischer Aufsichtsrat – vorbehaltlich sonstiger spezialgesetzlicher Regelungen – nur bei besonders großen und damit bei einem Bruchteil der im Rechtsverkehr existierenden GmbH einzurichten. Daneben bestehen obligatorische Aufsichtsräte bei Gesellschaften, deren Gegenstand sich auf **Kapitalanlagen** (§ 6 InvG) richtet. Außerdem kann ein obligatorischer Aufsichtsrat nach dem MontanMitbestG oder dem MitbestErgG einzurichten sein. Fakultative Aufsichtsräte finden sich bei einer Vielzahl von GmbH gleich welcher Branche und Größe in unterschiedlicher Ausprägung. Neben oder an Stelle eines fakultativen Aufsichtsrats besteht die Möglichkeit der Einrichtung eines Beirats, der Beratungs- oder sonstige Unterstützungsaufgaben, nicht aber Aufsichtsfunktionen wahrnimmt. Bei obligatorischen Aufsichtsräten kann ergänzend ein Beirat implementiert werden.

b) Entwicklung. Im Rahmen der aktuellen Diskussionen um die Unternehmensleitung und -überwachung in Deutschland ist der Aufsichtsrat der Aktiengesellschaft verstärkt Gegenstand der Beobachtung und daraus folgender Reformüberlegungen geworden.[2] Nachdem die bestehenden Aufsichtsräte bei einer Vielzahl von Unternehmensfehlentwicklungen offenbar kein geeignetes Kontroll- und Steuerungsinstrument darstellten, wurden in den letzten Jahren die Pflichten und Aufgaben der Aufsichtsratsmitglieder sowohl durch Gesetzesnovellen als auch durch (höchstrichterliche) Rechtsprechung näher ausgestaltet.[3] Gegenstand der Weiterentwicklung sind zwar größtenteils aktienrechtliche Vorschriften. Wegen der Verweisungen auf die Vorschriften zum Aufsichtsrat der Aktiengesellschaft, gleich ob es sich dabei um unabdingbare oder dispositive Inbezugnahmen handelt, und deren Funktion als „Leitbild", ist die Fortentwicklung des aktienrechtlichen Aufsichtsrates auch für den Aufsichtsrat der GmbH von Bedeutung. Darüber hinaus wurden Grundsätze der guten Unternehmensführung im Deutschen Corporate Governance Kodex (**DCGK**) verankert und fortentwickelt. Der DCGK richtet sich in erster Linie an börsennotierte Gesellschaften. Für die GmbH sind die niedergelegten Grundsätze als Empfehlung – unter anderem für die Besetzung und innere Ordnung des Aufsichtsrates – relevant.[4]

---

[1] § 1 Abs. 1 Nr. 3 DrittelbG; § 3 Abs. 1 MontanMitbestG; §§ 1, 3 MitBestErgG; §§ 1 Abs. 1, 6 MitBestG sowie § 6 Abs. 2 InvG.
[2] S. Bericht der Regierungskommission „Corporate Governance – Unternehmensleitung – Unternehmenskontrolle – Modernisierung des Aktienrechts", BT-Drucks. 14/7515.
[3] KonTraG (BGBl. I 1998, 786 ff.), TransPuG (BGBl. I 2002, 2681 ff.), UMAG (BGBl. I 2005, 2802 ff.), BilMoG (BGBl. I 2009, 1102 ff.) und VorstAG (BGBl. I 2009, 2509 ff.).
[4] MünchHdbGesR III/*Marsch-Barner/Diekmann* § 48 Rn. 166 m.w.N.; vgl. auch *Vetter* GmbHR 2011, 449, der die Standards zur Konkretisierung von Organpflichten heranziehen will.

3a c) Reformüberlegungen. Es ist zu erwarten, dass die Kontroll- und Steuerungsmechanismen sowohl durch den Gesetzgeber als auch durch die Rechtsprechung weiterhin geformt werden. So gibt es Überlegungen der Europäischen Kommission, Corporate Governance-Leitlinien auch für nicht börsennotierte Unternehmen voranzutreiben.[5] Daneben werden Compliance-Managementsysteme in Unternehmen an Bedeutung gewinnen. Die Überwachung und Evaluation dieser Compliance-Programme fällt unter anderem in den Aufgabenbereich des Aufsichtsrates.

2. Aufgaben

4   Die Aufgaben des obligatorischen Aufsichtsrats sind durch gesetzliche Bestimmungen weitgehend festgelegt. Bei der Zuweisung von Aufgaben an den fakultativen Aufsichtsrat sind die Gesellschafter dagegen im Wesentlichen frei. Während § 52 Abs. 1 GmbHG von einem Aufsichtsrat im eigentlichen Sinne ausgeht, dem Kontroll- und Aufsichtsfunktionen zukommen, können auf den Aufsichtsrat grundsätzlich auch eine Vielzahl von Kompetenzen der Gesellschafterversammlung bis hin zu die Geschäftsleitung berührenden Funktionen übertragen werden. Allerdings lassen sich die Kompetenzen des fakultativen Aufsichtsrats nicht auf bloße Beratungsfunktionen beschränken.[6] Anders als beim Beirat muss ein gewisses Maß an unentziehbaren Kontrollrechten vorhanden sein. Bestehende Grenzen, die sich aus der Struktur der GmbH und gesetzlichen Regeln ergeben, sind dabei zu beachten.

3. Motive für die Einrichtung

5   Für die Einrichtung eines obligatorischen Aufsichtsrates besteht keine Entschließungsfreiheit. Die Motive für die Einrichtung eines fakultativen Aufsichtsrates sind höchst unterschiedlich.[7] Sie spiegeln sich regelmäßig in den dem Aufsichtsrat zugewiesenen Aufgaben wieder. Neben der Kontrolle und Überwachung der Geschäftsführung kann Ziel die Bündelung verschiedener Gesellschafterinteressen bei einem großen Gesellschafterkreis oder divergierenden Familienstämmen sein. Der Aufsichts- oder Beirat kann mit besonders kompetenten oder prominenten Nichtgesellschaftern besetzt werden, um der Gesellschaft externen Sachverstand zur Verfügung zu stellen oder ihr Gewicht in der Öffentlichkeit zu verschaffen. Ferner können sich durch eine entsprechende Gestaltung einzelne Gesellschafter im Wege des Aufsichts- bzw. Beirats eine umfassende Einflussnahme auf die Geschäftsleitung und die operative Tätigkeit der Gesellschaft vorbehalten. Schließlich kann auch die Einräumung bestimmter Kontroll- und Mitspracherechte zu Gunsten gesellschaftsfremder Dritter Ziel der Einrichtung sein. Die unterschiedlichen Motive für die Einrichtung werden auch angesichts der Vielzahl verschiedener Begriffe deutlich: Gebräuchlich sind bspw. die Bezeichnungen Beirat, Familienrat, Verwaltungsrat, Gesellschafterausschuss, Kontrollrat etc.[8] Möglich ist auch das gleichzeitige Bestehen mehrerer Gremien, bspw. eines Aufsichtsrats neben einem Beirat.

6
**Checkliste
zu den Aufsichtsratssystemen**

Bei der Satzungsgestaltung sind hinsichtlich der Regelungen zum Aufsichts- oder Beirat folgende Vorüberlegungen anzustellen:

☐ Beschäftigt die Gesellschaft nicht nur vorübergehend mehr als 500 Arbeitnehmer und liegt kein Ausnahmefall vor (Tendenzbetrieb) oder ist ein Aufsichtsrat wegen eines besonderen Unternehmensgegenstandes gesetzlich vorgeschrieben? Wenn ja, so ist zwingend ein obligatorischer Aufsichtsrat einzurichten.

---

[5] S. Europäische Kommission, Grünbuch Europäischer Corporate Governance-Rahmen, KOM (2011) 164/3
[6] MünchHdbGesR III/*Marsch-Barner/Diekmann* § 48 Rn. 5.
[7] Vgl. auch *Voormann* S. 6 ff.; *Hölters* S. 3.
[8] S. dazu auch Scholz/*Schneider* § 52 Rn. 5; *Potthoff/Trescher* S. 14 f.

- ☐ Wenn ein Aufsichtsrat nicht zwingend einzurichten ist: Beabsichtigen die Gesellschafter die Einrichtung eines solchen oder ähnlichen Gremiums auf freiwilliger Basis? Wenn ja, soll es sich dabei
  - um ein satzungsmäßiges Gremium, das echtes zusätzliches Organ der Gesellschaft ist, oder
  - um ein nur auf schuldrechtlicher Ebene zu verankerndes Gremium eher „informeller" Art handeln.
- ☐ Ist ein fakultatives, satzungsmäßiges Gremium gewollt, stellt sich die Frage, ob
  - dieses die Geschäftsführung beaufsichtigen und überwachen soll (fakultativer Aufsichtsrat i. S. d. § 52 Abs. 1 GmbHG) oder
  - ob lediglich ein Beirat gewünscht ist, dem sonstige ausgewählte Aufgaben zugewiesen werden sollen.
- ☐ Ist ein obligatorischer Aufsichtsrat einzurichten, so besteht grundsätzlich die Möglichkeit, daneben einen (satzungsmäßigen oder schuldrechtlichen) Beirat vorzusehen.

II. Fakultativer Aufsichtsrat

1. Gesetzliche Regelungen und Verweisung auf das AktG

a) **Aufsichtsrat nach § 52 Abs. 1 GmbHG.** Die Regelungen des § 52 GmbHG finden Anwendung, wenn nach der Satzung ein **Aufsichtsrat** zu bestellen ist. Aufsichtsrat in diesem Sinne ist jedes satzungsmäßige Gremium, das die Geschäftsführung zu überwachen hat (§ 111 Abs. 1 AktG). Auf die Bezeichnung dieses Gremiums kommt es nicht an; demgemäß ist auch jeder Verwaltungsrat, Gesellschafterausschuss, Familienrat etc. Aufsichtsrat im Sinne von § 52 GmbHG, wenn dieses Gremium über die entsprechenden Kompetenzen verfügt. Andererseits unterfällt ein satzungsmäßiges Gremium dieser gesetzlichen Regelung ungeachtet seiner Bezeichnung nicht, wenn ihm die Überwachung der Geschäftsführung nicht zukommt. Maßgeblich ist damit nicht die Bezeichnung sondern die **tatsächliche Aufgabenzuweisung**.

§ 52 Abs. 1 GmbHG beschränkt sich im Wesentlichen darauf, einzelne Vorschriften des AktG für den Aufsichtsrat einer GmbH für entsprechend anwendbar zu erklären. Dies ist in der Praxis nicht unproblematisch, denn die aktienrechtlichen Vorschriften, auf die § 52 Abs. 1 GmbHG verweist, „passen" auf Grund ihres Zuschnitts für die Aktiengesellschaft teilweise nicht oder nur eingeschränkt für die GmbH. Die sinngemäße Anwendung auf den Aufsichtsrat einer GmbH bereitet daher zum Teil Schwierigkeiten. Zudem stellt sich die Frage, ob auch weitere Vorschriften des AktG, auf die § 52 Abs. 1 GmbHG nicht verweist, im Falle des Bestehens eines GmbH-Aufsichtsrates entsprechend herangezogen werden können.

§ 52 Abs. 2 GmbHG enthält Regelungen für die Bestellung von Aufsichtsratsmitgliedern vor Eintragung der GmbH in das Handelsregister. Nach § 52 Abs. 2 Satz 2 GmbHG haben die Geschäftsführer bei der Bestellung sowie jedem Wechsel von Aufsichtsratsmitgliedern unverzüglich eine Liste der Mitglieder des Aufsichtsrats, aus der Vor- und Nachname, ausgeübter Beruf und Wohnort der Mitglieder ersichtlich ist, zum Handelsregister einzureichen.[9] Eine Eintragung der Aufsichtsratsmitglieder in das Handelsregister – anders als Geschäftsführer und Prokuristen – erfolgt aber nicht. Das Registergericht macht jedoch bekannt, dass die Liste zum Handelsregister eingereicht wurde. Dritte haben das Recht auf Einsichtnahme nach § 9 HGB. Diese **Publizitätsregelung** in § 52 Abs. 2 GmbHG ist zwingend.[10] Zusätzlich kann im Gesellschaftsvertrag auch die Bekanntmachung in anderen öffentlichen Blättern angeordnet werden.[11] Der Beobachtung dieser Publizitätsvorschriften bedarf es nicht, wenn das Gremium keinen Aufsichtsrat im Sinne des § 52 GmbHG darstellt. Unterbleibt die Bekanntmachung und Anzeige des Wechsels von Aufsichtsratsmitgliedern, so kann das Registergericht die Bekanntmachung nach § 14 HGB erzwingen.

---

[9] S. Muster → Rn. 61.
[10] Roth/*Altmeppen* § 52 Rn. 52.
[11] S. Muster → Rn. 60.

10 Zu berücksichtigen ist ferner die Regelung in § 35a Abs. 1 Satz 1 GmbHG: Hat der Aufsichtsrat einen Vorsitzenden, so ist dieser mit dem Familiennamen und mindestens einem ausgeschriebenen Vornamen auf allen Geschäftsbriefen neben den übrigen nach § 35a Abs. 1 Satz 1 GmbHG verlangten allgemeinen Angaben anzugeben. Auch diese Bestimmung gilt nur, wenn es sich bei dem Aufsichtsrat um einen solchen handelt, dem tatsächlich Aufsichtsbefugnisse zukommen. Die Gesellschaft und ihre Gesellschafter haben sich daher über die Funktion ihres „Aufsichtsrates" Klarheit zu verschaffen, um die Anwendbarkeit von § 52 GmbHG und dabei insbesondere das Bestehen der Publizitätspflichten beurteilen zu können.

11 **b) Verweisungen auf aktiengesetzliche Bestimmungen.** Von besonderer Bedeutung sind die in § 52 Abs. 1 GmbH enthaltenen Verweisungen auf verschiedene Bestimmungen des AktG. Diese aktienrechtlichen Vorschriften stellen zunächst – vorbehaltlich abweichender satzungsmäßiger Bestimmungen – das Regelungsgefüge für den fakultativen Aufsichtsrat der GmbH dar.

Bei den in § 52 Abs. 1 GmbHG genannten aktienrechtlichen Bestimmungen handelt es sich im Einzelnen um folgende Vorschriften bzw. Regelungsgegenstände:

- die Berichtspflichten (§ 90 Abs. 3, 4, 5 Satz 1 und 2 AktG);
- die Zahl der Aufsichtsratsmitglieder (§ 95 Satz 1 AktG);
- die persönlichen Anforderungen an Mitglieder des Aufsichtsrates (§ 100 Abs. 1 und 2 Nr. 2 AktG);
- die Regelungen zur Bestellung und Abberufung der Aufsichtsratsmitglieder (§ 101 Abs. 1 Satz 1 und § 103 Abs. 1 Satz 1 und 2 und Abs. 5 AktG);
- die Vorschriften über die Unvereinbarkeit der Zugehörigkeit zum Aufsichtsrat (§ 105 AktG);
- die besonderen Anforderungen an ein Mitglied des Aufsichtsrats bei der Einrichtung eines Prüfungsausschusses einer kapitalmarktorientierten Gesellschaft (§ 107 Abs. 4 AktG);
- die Regeln zur Einberufung, zu den Aufgaben und Rechten des Aufsichtsrats, die Bestimmungen zur Vertretung und Vergütung und zum Abschluss von Verträgen mit Aufsichtsratsmitgliedern (§§ 110 bis 114 AktG);
- die Vorschriften über die Sorgfaltspflicht und Verantwortlichkeit der Aufsichtsratsmitglieder (§ 116 AktG i. V. m. § 93 Abs. 1 und 2 S. 1 und 2 AktG);
- die Besonderheiten bei der Benennung des Abschlussprüfers einer kapitalmarktorientierten Gesellschaft (§ 124 Abs. 3 Satz 2 AktG) sowie
- die Vorlage des Jahresabschlusses an den Aufsichtsrat und dessen Prüfung (§§ 170, 171 AktG). Gleiches gilt für den Konzernabschluss und den Konzernlagebericht.

12 Die in § 52 Abs. 1 GmbHG enthaltenen Verweisungen gelten jedoch stets unter dem Vorbehalt, dass die Satzung der GmbH nichts Anderes bestimmt; § 52 Abs. 1 GmbHG und die darin enthaltenen Verweisungen sind **dispositiv**.[12] Für den fakultativen Aufsichtsrat gilt daher, vorbehaltlich einzelner Einschränkungen, das Prinzip der **Gestaltungsfreiheit**.

13 Wegen der ausdrücklichen Verweisung auf einzelne Bestimmungen stellt sich die Frage, ob darüber hinaus auch sonstige Regelungen des AktG angewandt werden können (oder müssen) oder ob die Anwendung sonstiger Vorschriften ausgeschlossen ist. Nach überwiegender Meinung kann die Satzung die Geltung sonstiger aktienrechtlicher Bestimmungen jederzeit vorsehen, solange nicht zwingende gesetzliche Vorschriften des GmbHG dem widersprechen.[13] Nach anderer Ansicht folgt aus der ausdrücklichen Verweisung in § 52 Abs. 1 GmbHG auf bestimmte aktienrechtliche Bestimmungen, dass nicht genannte Vorschriften des AktG nicht ohne weiteres Geltung finden können; die Aufzählung sei abschließend.[14] Beispielsweise lässt sich die Regelung in § 118 Abs. 3 AktG, wonach die Mitglieder

---

[12] Hachenburg/*Raiser* § 52 Rn. 21; *Roth*/*Altmeppen* § 52 Rn. 2.
[13] *Roth*/*Altmeppen* § 52 Rn. 5; Lutter/*Hommelhoff* § 52 Rn. 3; Für eine entspr. Anwendung bei Bestehen einer Regelungslücke auch ohne Verweisungsgrundlage: Baumbach/Hueck/*Zöllner*/*Noack* § 52 Rn. 31; Scholz/*Schneider* § 52 Rn. 70; Hachenburg/*Raiser* § 52 Rn. 22.
[14] S. Verweise in Hachenburg/*Raiser* § 52 Rn. 21.

des Vorstands (d.h. der Geschäftsführung) und des Aufsichtsrats an der Hauptversammlung (d.h. der Gesellschafterversammlung) teilnehmen sollen, nicht zwangsläufig heranziehen.[15] Entsprechendes gilt für die Unanwendbarkeit der Strafvorschriften nach §§ 399, 400 AktG oder die Verschwiegenheitspflicht aus § 404 Abs. 1 AktG.[16]

Die Verweisung auf aktienrechtliche Bestimmungen bereitet in der Praxis auch deshalb Schwierigkeiten, da diese stets gedanklich an die GmbH und ihre Struktur anzupassen sind: Die Anwendung von bspw. auf den „Vorstand" oder die „Hauptversammlung" zugeschnittenen Regelungen auf die Geschäftsführung und die Gesellschafterversammlung kann in Einzelfällen zu **Auslegungsschwierigkeiten** führen, bei deren Bewältigung in erster Linie dem **Inhalt des Gesellschaftsvertrags** Rechnung zu tragen ist.[17] Dies gilt insbesondere vor dem Hintergrund der Freiheit der Gesellschafter, § 52 Abs. 1 GmbHG einschließlich der Verweisungen auf die aktienrechtlichen Regelungen ganz oder teilweise abzubedingen. Auch wenn die Satzung die Anwendbarkeit von § 52 Abs. 1 GmbHG nicht ausdrücklich ausschließt, wird oftmals eine Vielzahl von satzungsmäßigen Bestimmungen die einzelnen aktienrechtlichen Regelungen, auf die § 52 Abs. 1 GmbHG verweist, überlagern oder modifizieren. Dies ist bei der Anwendung der in Bezug genommenen aktienrechtlichen Bestimmungen und ihrer Auslegung stets zu beachten. 14

2. Aufgaben und Rechte des Aufsichtsrats

Dem fakultativen Aufsichtsrat können insbesondere folgende wesentliche Aufgaben und Rechte obliegen: 15

a) **Informationsrechte.** Von besonderer Bedeutung sind die Informationsrechte des Aufsichtsrates, denn nur im Falle der hinreichenden Unterrichtung ist er in der Lage, die ihm zugewiesenen Aufgaben angemessen zu erfüllen. § 52 Abs. 1 GmbHG verweist daher auf § 90 AktG – dabei allerdings nur auf die Abs. 3 bis 5 S. 1 und 2; die Anwendung von § 90 Abs. 1 und 2 AktG sieht § 52 Abs. 1 GmbHG nicht vor. Nach diesen Vorschriften hat der Vorstand dem Aufsichtsrat über wichtige Geschäfte, Entwicklungen und Planungen in unterschiedlichem Abstand zu berichten. Im Unterschied zu den Regelungen für den Vorstand und den Aufsichtsrat einer Aktiengesellschaft ist der Aufsichtsrat der GmbH danach **nicht unaufgefordert** zu informieren. Vielmehr muss der Aufsichtsrat Berichte selbst anfordern oder Einsicht nehmen (§ 111 Abs. 2 AktG i.V.m. § 52 Abs. 1 GmbHG).[18] Um gleichwohl die Unterrichtung des Aufsichtsrats sicherzustellen, empfiehlt es sich, im Rahmen der Satzung oder der Geschäftsordnung für die Geschäftsführung festzulegen, in welchen **Abständen** bestimmte Informationen durch die Geschäftsführung zu erteilen sind.[19] Insbesondere kann die Satzung auch die Bestimmungen der § 90 Abs. 1 und 2 AktG für entsprechend anwendbar erklären.[20] Denkbar ist auch, dass der Aufsichtsrat selbst verbindliche Richtlinien erlässt, mit denen die Geschäftsführung zur Information über das gesetzliche Maß hinaus verpflichtet wird.[21] 16

Eine umfassende **Einschränkung der Informationsrechte** des Aufsichtsrats, die dazu führt, dass er seine Aufgaben nicht mehr in angemessener Weise wahrnehmen kann, ist dagegen **unzulässig**. Keinen Bedenken unterliegt aber eine Regelung (durch Satzung oder Gesellschafterbeschluss), wonach aus bestimmten Gründen einzelne Informationen nicht an den Aufsichtsrat weitergegeben werden sollen.[22] Informationsrechte **gegenüber der Gesellschaf-**

---

[15] Roth/*Altmeppen* § 52 Rn. 5.
[16] Hachenburg/*Raiser* § 52 Rn. 21.
[17] Roth/*Altmeppen* § 52 Rn. 6.
[18] Baumbach/Hueck/*Zöllner/Noack* § 52 Rn. 134; Scholz/*Schneider* § 52 Rn. 105; Lutter/*Hommelhoff* § 52 Rn. 22; a.A. Hachenburg/*Raiser* § 52 Rn. 114; Rowedder/Schmidt-Leithoff/*Koppensteiner/Schnorbus* § 52 Rn. 32.
[19] Vgl. Lutter/*Hommelhoff* § 52 Rn. 22 f.
[20] Hachenburg/*Raiser* § 52 Rn. 114.
[21] Semler/*v. Schenck* § 7 Rn. 47.
[22] Hachenburg/*Raiser* § 52 Rn. 114.

terversammlung bestehen grundsätzlich **nicht,** da der Aufsichtsrat nicht die Gesellschafterversammlung zu überwachen hat. Eine angemessene Information, insbesondere über Gesellschafterbeschlüsse, ist aber sinnvoll und notwendig, wenn der Aufsichtsrat seine Aufgaben sachgerecht erfüllen soll.[23]

17 b) **Überwachung und Mitwirkung bei der Geschäftsführung.** Wesentliche Aufgabe des Aufsichtsrates ist die Überwachung der Geschäftsführung (§ 111 Abs. 1 AktG i. V. m. § 52 Abs. 1 GmbHG). Die Kontrolle umfasst die **Rechtmäßigkeit, Ordnungsmäßigkeit, Zweckmäßigkeit** und **Wirtschaftlichkeit** der Geschäftsführung. Die Wirtschaftlichkeit umschließt vor allem die Sicherung der Liquidität, die Rentabilität und die Stärkung der Ertragskraft des Unternehmens.[24] Die Überwachung bezieht sich allerdings nur auf die Geschäftsführung, nicht aber auf die Gesellschafterversammlung; dies gilt auch dann, wenn die Gesellschafterversammlung geschäftsführungsbezogene Aufgaben wahrnimmt.[25]

Im Konzern erstreckt sich die Überwachungsfunktion des Aufsichtsrates der Obergesellschaft des Konzerns auch auf die Verwaltung der **Konzernunternehmen.** Ist die GmbH abhängiges Unternehmen, so gelten die satzungsmäßigen Kontrollrechte des Aufsichtsrats dieser GmbH trotz der Eingliederung in den Konzern fort. Besteht ein Beherrschungsvertrag und weist das herrschende Unternehmen die Geschäftsführung der GmbH zur Vornahme einer bestimmten Maßnahme an, welcher der Aufsichtsrat der abhängigen Gesellschaft (bei Bestehen eines Zustimmungsvorbehaltes) nicht zustimmt, so geht der Zustimmungsvorbehalt gemäß § 308 Abs. 3 AktG auf den Aufsichtsrat des herrschenden Unternehmens über. Im faktischen Konzern wird die Überwachungskompetenz des Aufsichtsrates nicht eingeschränkt.[26]

18 Neben der allgemeinen Überwachung durch Informations- und Auskunftspflicht können auch bestimmte, von der Geschäftsführung vorgesehene Maßnahmen überprüft oder verhindert werden, wenn diese Geschäfte nach einer entsprechenden Satzungsregelung einem **Zustimmungsvorbehalt** des Aufsichtsrats unterliegen (§ 111 Abs. 4 S. 2 AktG i. V. m. § 52 Abs. 1 GmbHG). Die Satzung kann dabei auch vorsehen, dass der Aufsichtsrat durch Beschluss weitere, nicht ausdrücklich benannte Geschäfte für zustimmungspflichtig erklären kann.[27] Diese Überwachungspflicht kann zu einem erhöhten haftungsrechtlichen Risiko des einzelnen Aufsichtsratsmitgliedes führen: Der Aufsichtsrat verletzt seine Pflichten, wenn er ohne gebotene Information und darauf aufbauender Chancen- und Risikoabschätzung seine Zustimmung zu nachteiligen Geschäften erteilt.[28]

19 Für den Fall, dass der Aufsichtsrat seine Zustimmung verweigert, ist die Geschäftsführung grundsätzlich in der Lage, die Entscheidung der Gesellschafterversammlung einzuholen. Anders als in § 111 Abs. 4 Satz 3 und 4 AktG für die Aktiengesellschaft vorgesehen, bedarf es nach herrschender Meinung für die **Zustimmung der Gesellschafterversammlung** jedoch nicht einer Mehrheit von mindestens drei Vierteln der abgegebenen Stimmen der Gesellschafter; ausreichend ist vielmehr die **einfache Mehrheit.** Dies beruht auf der Überlegung, dass die Gesellschafterversammlung die Geschäftsführung jederzeit durch Erlass entsprechender Weisungen zur Vornahme bestimmter Maßnahmen veranlassen könnte. Über Weisungen entscheidet die Gesellschafterversammlung grundsätzlich mit einfacher Mehrheit. Der Erlass derartiger Weisungen zur Vornahme einer bestimmten Maßnahme ist auch dann möglich, wenn der Aufsichtsrat dieser Maßnahme nicht zugestimmt hat. Ein Bedürfnis für höhere Mehrheitserfordernisse bei der Beschlussfassung der Gesellschafterversammlung

---

[23] Vgl. Scholz/*Schneider* § 52 Rn. 107.
[24] Hachenburg/*Raiser* § 52 Rn. 87.
[25] Beck'sches HdbGmbH/*Müller* § 6 Rn. 46.
[26] S. hierzu Hachenburg/*Raiser* § 52 Rn. 93 ff.
[27] Baumbach/Hueck/*Zöllner*/*Noack* § 52 Rn. 123; Beck'sches HdbGmbH/*Müller* § 6 Rn. 51. Regelmäßig finden sich Zustimmungsvorbehalte hinsichtlich der Unternehmensplanung oder Maßnahmen von besonderer wirtschaftlicher Bedeutung (beispielsweise der Erwerb von Grundstücken oder Beteiligungen). Nach § 111 Abs. 4 hat ein Katalog zustimmungspflichtiger Maßnahmen zwingend zu existieren.
[28] BGH DStR 2007, 354, wonach der BGH konkrete Anforderungen an die anzuwendende Sorgfalt bei der Überwachung der Geschäftsführung aufstellt.

besteht vor diesem Hintergrund nicht.[29] Dies gilt freilich nur, solange die Satzung keine anderen Mehrheiten oder Einschränkungen der Kompetenzen der Gesellschafterversammlung im Verhältnis zum Aufsichtsrat vorsieht.[30]

Der Aufsichtsrat ist nach § 111 Abs. 3 Satz 1 AktG i. V. m. § 52 Abs. 1 GmbHG berechtigt, die Gesellschafterversammlung **einzuberufen,** wenn das Wohl der Gesellschaft dies erfordert. Über die Einberufung entscheiden die Mitglieder des Aufsichtsrates nach § 111 Abs. 3 Satz 2 AktG mit einfacher Mehrheit. Die Satzung kann andere Mehrheiten für den Einberufungsbeschluss des Aufsichtsrates verlangen oder das Recht zur Einberufung insgesamt ausschließen.[31] Das Recht des Aufsichtsrats, der Gesellschafterversammlung **Bericht** zu erstatten, wenn dies das Wohl der Gesellschaft erfordert, muss dabei unberührt bleiben.

c) *Wahrnehmung von Aufgaben der Gesellschafterversammlung.* Von besonderer Bedeutung ist die Möglichkeit, Aufgaben der Gesellschafterversammlung auf den Aufsichtsrat zu delegieren. Die Gesellschafter können auf diese Weise erreichen, dass – einzelne grundlegende und nicht übertragbare Maßnahmen ausgenommen – die Mitglieder des Aufsichtsrates an ihre Stelle treten, und die wesentlichen Gesellschafterrechte ausüben. Dies kann insbesondere dann sinnvoll sein, wenn die Gesellschaft über eine Vielzahl inhomogener Gesellschafter verfügt, so dass eine Bündelung der wesentlichen Gesellschafterrechte und -aufgaben bei dem Aufsichtsrat die Handlungsfähigkeit der Gesellschaft erhöht.

aa) Aufgaben der Gesellschafter nach § 46 GmbHG. Gegenstand der Übertragung von Aufgaben der Gesellschafterversammlung auf den Aufsichtsrat können zunächst die **in § 46 GmbHG** genannten Aufgaben sein. Dabei handelt es sich um

- die Feststellung des Jahresabschlusses und die Ergebnisverwendung
- die Entscheidung über die Offenlegung eines Einzelabschlusses nach § 325 Abs. 2a HGB;
- die Billigung von Konzernabschlüssen;
- **die Einforderung von Einzahlungen auf die Stammeinlagen;**
- die Rückzahlung von Nachschüssen;
- die Teilung, die Zusammenlegung sowie die Einziehung von Geschäftsanteilen;
- die Bestellung und die Abberufung von Geschäftsführern sowie deren Entlastung;
- die Maßregeln zur Prüfung und Überwachung der Geschäftsführung;
- die Bestellung von Prokuristen und von Handlungsbevollmächtigten zum gesamten Geschäftsbetrieb und
- die Geltendmachung von Ersatzansprüchen, welche der Gesellschaft aus der Gründung oder Geschäftsführung gegen Geschäftsführer oder Gesellschafter zustehen.

Dieser Katalog lässt sich durch entsprechende Satzungsregelung einschränken oder – vorbehaltlich bestimmter Grenzen – ausdehnen; beispielsweise kann dem Aufsichtsrat die Genehmigung der Veräußerung vinkulierter Geschäftsanteile oder die Wahl des Abschlussprüfers übertragen werden. Die Satzung kann dabei die zu übertragenden Kompetenzen einzeln aufführen; es besteht jedoch auch die Möglichkeit, es in das Ermessen des Aufsichtsrats zu stellen, ob er anstelle der Gesellschafterversammlung handeln will.[32]

bb) Übertragung der Weisungsbefugnis. Die Gesellschafterversammlung ist jederzeit berechtigt, der Geschäftsführung bestimmte Weisungen zu erteilen. Diese Weisungen sind von der Geschäftsführung – vorbehaltlich entgegenstehender gesetzlicher Bestimmungen und Pflichten – zu beachten. Die Satzung kann vorsehen, dass dieses Weisungsrecht durch den Aufsichtsrat (ausschließlich oder ergänzend) ausgeübt wird.[33] Dies ist insbesondere dann sinnvoll, wenn der Aufsichtsrat nicht bloße Überwachungsfunktionen wahrnehmen, sondern bei Bedarf auch in die Geschäftsführung eingreifen soll. Auf diese Weise können dem Aufsichtsrat somit auch geschäftsleitende Funktionen übertragen werden: Der Aufsichtsrat

---

[29] Vgl. Baumbach/Hueck/*Zöllner/Noack* § 52 Rn. 124; Lutter/*Hommelhoff* § 52 Rn. 15; MünchHdbGesR III/ Marsch-Barner/Diekmann § 48 Rn. 54; Beck'sches HdbGmbH/*Müller* § 6 Rn. 51 m. w. N.
[30] S. unten → Rn. 22a.
[31] Baumbach/Hueck/*Zöllner/Noack* § 52 Rn. 115.
[32] BGH BB 1961, 304; Baumbach/Hueck/*Zöllner* § 46 Rn. 94.
[33] Vgl. Großfeld/Brondics AG 1987, 293, 295.

kann dann bspw. über eine bestimmte Geschäftspolitik oder bestimmte Maßnahmen beschließen und die Geschäftsführung als Organ der Gesellschaft anweisen, die Gesellschaft entsprechend zu vertreten.

23 cc) *Keine Übertragbarkeit von Grundlagengeschäften.* Die Gesellschafterversammlung kann damit einen Großteil der ihr zugewiesenen Aufgaben an den Aufsichtsrat delegieren. Anerkannt ist jedoch, dass der Gesellschafterversammlung ein **Kernbereich** an Rechten verbleiben muss, der nicht auf ein anderes Gremium wie den fakultativen Aufsichtsrat übertragen werden kann. Dabei handelt es sich um die Geschäfte, welche die Grundlagen der Gesellschaft berühren, nämlich die Beschlüsse über

- Satzungsänderungen (§ 53 GmbHG), insbesondere die Änderung des Stammkapitals (Kapitalerhöhungen und -herabsetzungen, §§ 55 ff., 58 ff. GmbHG, Kapitalerhöhungen aus Gesellschaftsmitteln, § 57c GmbHG);
- die Verschmelzung, die Spaltung und den Formwechsel nach den Vorschriften des UmwG;
- den Abschluss von Unternehmensverträgen sowie
- die Auflösung (§ 60 Abs. 1 Nr. 2 GmbHG) und die Fortsetzung einer bereits aufgelösten Gesellschaft.[34]

Hinsichtlich dieser Maßnahmen kann dem Aufsichtsrat nur eine Beratungs-, nicht aber eine Entscheidungsfunktion eingeräumt werden. Insoweit ist die Gesellschafterversammlung in jedem Fall ausschließlich entscheidungszuständig.

24 dd) *Weisungsrecht gegenüber Aufsichtsratsmitgliedern.* Aus § 111 Abs. 5 AktG – worauf § 52 GmbHG verweist – folgt, dass die Aufsichtsratsmitglieder grundsätzlich nicht an Aufträge und Weisungen gebunden sind.[35] Uneinheitlich wird jedoch beurteilt, ob die Weisungsfreiheit der Aufsichtsratsmitglieder durch Satzung abdingbar ist.[36] Für kommunale Aufsichtsratsmitglieder einer GmbH in kommunaler Hand mit entsprechender Satzungsklausel hat die Rechtsprechung die Weisungsgebundenheit bejaht.[37] Inwieweit diese Entscheidung ggf. auf andere Konstellationen übertragen werden kann, bleibt abzuwarten.

25 **d) Vertretung der Gesellschaft.** Nach der sinngemäßen Anwendung des § 112 AktG, auf den § 52 Abs. 1 GmbHG verweist, vertritt der Aufsichtsrat die GmbH **gegenüber** ihren **Geschäftsführern.** § 112 AktG bezweckt die unbefangene Wahrung der Gesellschaftsbelange bei Geschäften mit dem Vorstand bzw. der Geschäftsführung.[38] Die Vertretung gemäß § 112 AktG bezieht sich daher insbesondere auf laufende Geschäfte mit der Geschäftsführung (bspw. die Gewährung von Darlehen, den Abschluss von Kaufverträgen u.a.). Anerkannt ist, dass der Aufsichtsrat die Gesellschaft auch gegenüber ausgeschiedenen Vorstandsmitgliedern vertritt.[39] Diese ausschließliche Vertretungsmacht besteht für sämtliche Rechtsgeschäfte mit Vorstandsmitgliedern und jegliche Rechtsstreitigkeiten – gleich ob Aktiv- oder Passivprozesse; auch die beschlossene Verfolgung von Ersatzansprüchen gegen Geschäftsführer obliegt dem Aufsichtsrat. Die Satzung kann die Anwendbarkeit von § 112 AktG für den fakultativen Aufsichtsrat der GmbH allerdings ganz oder teilweise ausschließen.[40]

26 Die Vertretungsmacht zur Bestellung und Abberufung von Geschäftsführern sowie zum Abschluss der Anstellungsverträge mit diesen ergibt sich aus § 112 AktG i.V.m. § 52 Abs. 1

---

[34] S. dazu umfassend *Rohleder*, Die Übertragbarkeit von Kompetenzen auf GmbH-Beiräte; Beck'sches Hdb-GmbH/*Müller* § 6 Rn. 45; Scholz/*Schneider* § 52 Rn. 172.
[35] MünchKommAktG/*Habersack* § 111 Rn. 132.
[36] Bejahend: Lutter/*Hommelhoff* § 52 Rn. 30a; Roth/*Altmeppen* § 52 Rn. 3; Michalski/*Giedinghagen* § 52 Rn. 174; Ablehnend: Baumbach/Hueck/*Zöllner/Noack* § 52 Rn. 130.
[37] BVerwG Urteil vom 31.8.2011 – Az. 8 C 16/10: Die Weisungsgebundenheit der kommunalen Aufsichtsratsmitglieder wurde damit begründet, dass die Satzung der kommunalen GmbH die Anwendbarkeit des AktG ausschließt und eine Auslegung des Gesellschaftsvertrages im Zusammenspiel mit der Gemeindeordnung eine Bindung der Gemeindevertreter an Beschlüsse des Rates vorsieht.
[38] *Hüffer* AktG § 112 Rn. 1.
[39] S. *Hüffer* AktG § 112 Rn. 2 m. w. N.; Baumbach/Hueck/*Zöllner/Noack* § 52 Rn. 116 m. w. N.
[40] In der Praxis wird oftmals festgelegt, dass eine Vertretung durch die Gesellschafterversammlung erfolgt. Dies wird der dominierenden Stellung der Gesellschafterversammlung der GmbH am ehesten gerecht.

GmbHG nicht.[41] Auch folgt aus § 112 AktG keine Berechtigung des Aufsichtsrats, Geschäftsführer von den Beschränkungen des § 181 BGB zu befreien.[42]

Die der Geschäftsführung aus § 35 Abs. 1 GmbHG zustehende **organschaftliche Vertretungsmacht** kann nicht auf den Aufsichtsrat übertragen werden – auch wenn der Aufsichtsrat unternehmensleitende Funktionen wahrnimmt.[43] Diese muss **zwingend bei der Geschäftsführung** verbleiben. Dem Aufsichtsrat kommt neben den von § 112 AktG erfassten Geschäften Vertretungsmacht nur insoweit zu, als diese üblicherweise bei der Gesellschafterversammlung liegt, wenn diese ihre entsprechenden Kompetenzen auf den Aufsichtsrat durch Satzungsregelung übertragen hat. Dies bezieht sich namentlich auf den Abschluss der Anstellungsverträge mit Geschäftsführern. 27

Nach überwiegender – jedoch umstrittener – Ansicht vertritt der Aufsichtsrat die Gesellschaft auch bei dem Abschluss von **Hilfsgeschäften**, die seine eigene Tätigkeit betreffen, bspw. bei der Beauftragung von Sachverständigengutachten, die als Grundlage für die Entscheidungen des Aufsichtsrates erforderlich sind.[44] 28

Nach § 111 Abs. 2 S. 3 AktG i.V.m. § 52 Abs. 1 GmbHG erteilt der Aufsichtsrat einer prüfungspflichtigen Gesellschaft (§ 316 HGB) den **Prüfungsauftrag an den Abschlussprüfer.** Die Wahl des Abschlussprüfers hingegen erfolgt durch den Aufsichtsrat nur, wenn die Gesellschafterversammlung diese Aufgabe an ihn delegiert hat. 29

Der Aufsichtsrat übt seine Vertretungsmacht in Form der **Gesamtvertretung** aus, wobei regelmäßig der Aufsichtsratsvorsitzende durch Aufsichtsratsbeschluss zum Abschluss des betreffenden Geschäfts ermächtigt wird. 30

e) Prüfung des Jahresabschlusses. Aufgrund der Verweisung in § 52 Abs. 1 GmbHG auf §§ 170, 171 AktG obliegt es dem Aufsichtsrat grundsätzlich, den Jahresabschluss und, soweit vorhanden, den Konzernjahresabschluss zur Kenntnis zu nehmen und diese Abschlüsse zu überprüfen. Die Geschäftsführung hat zu diesem Zweck den von ihr aufgestellten Jahresabschluss nebst Anhang und Lagebericht dem Aufsichtsrat unverzüglich nach der Aufstellung vorzulegen (§ 170 Abs. 1 S. 1 AktG). Ist der Jahresabschluss von einem Abschlussprüfer zu prüfen (§ 316 HGB), so ist der Jahresabschluss dem Aufsichtsrat zusammen mit dem Prüfungsbericht unverzüglich nach dessen Eingang vorzulegen (§ 170 Abs. 1 S. 2 AktG). Gemäß § 170 Abs. 2 AktG haben die Geschäftsführer dem Aufsichtsrat dabei einen Vorschlag für die Gewinnverwendung zu unterbreiten. Ist die Gesellschaft Konzernobergesellschaft, so bezieht sich die Vorlagepflicht auch auf den Konzernjahresabschluss nebst Konzernanhang und Konzernlagebericht sowie den diesbezüglichen Prüfungsbericht (§ 170 Abs. 1 S. 2 AktG). Die Zuleitung erfolgt regelmäßig an den Aufsichtsratsvorsitzenden als Empfangsbevollmächtigten.[45] 31

Jedes Aufsichtsratsmitglied hat das Recht, von diesen Unterlagen Kenntnis zu nehmen, damit es seine entsprechende Organfunktion angemessen wahrnehmen kann. Hat der Aufsichtsrat nichts anderes beschlossen, so sind die Unterlagen jedem Aufsichtsratsmitglied auf Verlangen auszuhändigen (§§ 170 Abs. 3 AktG). 32

Gemäß § 171 Abs. 1, 2 AktG i.V.m. § 52 Abs. 1 GmbHG hat der Aufsichtsrat den Jahresabschluss, den Lagebericht und den Gewinnverwendungsvorschlag der Geschäftsführung zu prüfen und der Gesellschafterversammlung schriftlich über das Prüfungsergebnis zu berichten, wobei er auch zu dem Prüfungsbericht des Abschlussprüfers Stellung zu nehmen hat. Das Ergebnis seiner Prüfung hat der Aufsichtsrat unverzüglich vorzulegen (§ 42a Abs. 1 S. 3 GmbHG). 33

§ 107 Abs. 3 S. 3 AktG, wonach die Übertragung der Prüfung auf einen Ausschuss unzulässig ist, findet mangels Verweisung in § 52 Abs. 1 GmbHG keine Anwendung. In der Re- 34

---

[41] Vgl. MünchHdbGesR III/*Marsch-Barner/Diekmann* § 48 Rn. 62.
[42] Baumbach/Hueck/*Zöllner/Noack* § 52 Rn. 116; Beck'sches HdbGmbH/*Müller* § 6 Rn. 50.
[43] Baumbach/Hueck/*Zöllner/Noack* § 52 Rn. 123; Hachenburg/*Raiser* § 52 Rn. 108.
[44] Hachenburg/*Raiser* § 52 Rn. 107 m.w.N.; Kölner Komm. zum Aktiengesetz/*Mertens* § 112 Rn. 16 m.w.N.; a.A. Baumbach/Hueck/*Zöllner/Noack* § 52 Rn. 118 m.w.N.; MünchHdbGesR III/*Marsch-Barner/Diekmann* § 48 Rn. 62.
[45] Hachenburg/*Raiser* § 52 Rn. 97 m.w.N.

gel wird jedoch bei einer satzungsmäßigen Übertragung der Prüfung des Jahresabschlusses an den Aufsichtsrat angesichts deren Bedeutung davon auszugehen sein, dass die Prüfung durch sämtliche Mitglieder, d. h. den Gesamtaufsichtsrat, zu erfolgen hat.[46]

35 Die Satzung kann diese Aufgaben und Rechte des fakultativen Aufsichtsrats insgesamt oder teilweise ausschließen; um seiner Überwachungspflicht nachzukommen, darf der Zugang zu den Unterlagen jedoch nicht ausgeschlossen werden.[47]

36 Die **Feststellung des Jahresabschlusses** obliegt der Gesellschafterversammlung (§§ 46 Nr. 1, 42a Abs. 1, 2 GmbHG). Durch entsprechende Satzungsregelung können die Gesellschafter aber auch diese Aufgabe an den Aufsichtsrat übertragen.[48]

3. Einrichtung und Beseitigung des fakultativen Aufsichtsrats

37 Die Einrichtung des Aufsichtsrats bedarf einer entsprechenden **Satzungsregelung**. Diese kann bereits in der Gründungssatzung enthalten sein. Möglich ist aber auch die spätere Einrichtung des Aufsichtsrates durch entsprechende Änderung der Satzung. Dementsprechend kann der Aufsichtsrat auch zu einem späteren Zeitpunkt durch Satzungsänderung abgeschafft werden. Hierfür bedarf es (wie für jede Satzungsänderung) grundsätzlich eines Gesellschafterbeschlusses mit einer Mehrheit von drei Vierteln der abgegebenen Stimmen, der notariell zu beurkunden und zum Handelsregister anzumelden ist. Verfügen bestimmte Gesellschafter über Sonderrechte, die von der Satzungsänderung berührt werden, beispielsweise das Recht auf Mitgliedschaft im Aufsichtsrat oder zur Entsendung von Aufsichtsratsmitgliedern, so ist die Abschaffung nicht ohne Zustimmung dieser Gesellschafter möglich.[49] Die Satzungsänderung wird erst mit ihrer Eintragung in das Handelsregister wirksam (§ 54 Abs. 3 GmbHG).

4. Mitgliedschaft und Vergütung

38 a) **Persönliche Voraussetzungen.** Nach ganz herrschender Meinung gilt auch für den fakultativen Aufsichtsrat der GmbH die Regelung in § 100 Abs. 1 AktG, wonach nur eine **natürliche und voll geschäftsfähige Person** Mitglied des Aufsichtsrats sein kann; eine abweichende Satzungsregelung ist unzulässig.[50] Die Mitgliedschaft einer juristischen Person, die ihrerseits ihren Vertreter in den Aufsichtsrat entsendet, wird als mit dem Wesen des Aufsichtsrats unvereinbar angesehen.

39 Demgegenüber findet § 100 Abs. 2 Nr. 1 AktG, wonach Personen von der Mitgliedschaft ausgeschlossen sind, die bereits zehn Aufsichtsratsmandate in obligatorischen Aufsichtsräten von Handelsgesellschaften innehaben, keine Anwendung. § 52 Abs. 1 GmbHG verweist auf diese Bestimmung nicht. Die Satzung kann allerdings entsprechende Beschränkungen vorsehen.[51]

40 Nach § 105 Abs. 1 AktG i. V. m. § 52 Abs. 1 GmbHG kann ein **Aufsichtsratsmitglied nicht zugleich Geschäftsführer** oder **stellvertretender Geschäftsführer, Prokurist** oder zum gesamten Geschäftsbetrieb ermächtigter **Handlungsbevollmächtigter** der Gesellschaft sein. Heftig umstritten ist, ob die Satzung die Anwendung des § 105 Abs. 1 AktG ausschließen kann, so dass die Mitgliedschaft im Aufsichtsrat auch insbesondere Geschäftsführern der Gesellschaft offensteht. Für diese Möglichkeit spricht der ausdrückliche Vorbehalt in § 52 Abs. 1 GmbHG, wonach einzelne durch diese Bestimmung in Bezug genommene Regelungen durch entsprechende Satzungsbestimmung abdingbar sind. Gegen eine solche Möglich-

---

[46] Vgl. Hachenburg/*Raiser* § 52 Rn. 100.
[47] Hachenburg/*Raiser* § 52 Rn. 103; Rowedder/Schmidt-Leithoff/*Koppensteiner/Schnorbus* § 52 Rn. 32; Lutter/*Hommelhoff* § 52 Rn. 22.
[48] Baumbach/Hueck/*Zöllner/Noack* § 52 Rn. 112.
[49] Hachenburg/*Raiser* § 52 Rn. 26.
[50] Lutter/*Hommelhoff* § 52 Rn. 11; MünchHdbGesR III/*Marsch-Barner/Diekmann* § 48 Rn. 22; Hachenburg/*Raiser* § 52 Rn. 30; a. A. Baumbach/Hueck/*Zöllner/Noack* § 52 Rn. 34. der auch juristische oder nicht voll geschäftsfähige Personen zulassen will, wenn die Satzung dies vorsieht, für die dann der gesetzliche Vertreter handeln soll.
[51] Hachenburg/*Raiser* § 52 Rn. 31.

keit wird jedoch angeführt, nach allgemeinen Rechtsgrundsätzen sei es ausgeschlossen, dass die zu beaufsichtigenden Personen zugleich Mitglieder des Aufsichtsorgans sind.[52] Tatsächlich erscheint die Mitgliedschaft von Mitgliedern der Geschäftsführung im Aufsichtsrat angesichts dessen Funktion zur Kontrolle dieser Geschäftsführung sinnwidrig. Andererseits ist die ausdrückliche Dispositivität von § 105 Abs. 1 AktG nicht zu verkennen; außerdem kann es angesichts der dem Aufsichtsrat möglicherweise übertragenen Beratungs- und Geschäftsführungsaufgaben durchaus sinnvoll sein, dass diesem neben Gesellschaftern oder sachverständigen Dritten auch Mitglieder der Geschäftsführung angehören.[53] Der Aufsichtsfunktion des Gremiums könnte hinreichend entsprochen werden, wenn die Mitglieder der Geschäftsführung nach der Satzung oder Geschäftsordnung an Beschlüssen, die ihre eigene Kontrolle betreffen, nicht mitwirken dürften. Dann jedenfalls müsste die Beteiligung von Geschäftsführungsmitgliedern zulässig sein. Angesichts der bislang herrschenden Meinung im Schrifttum und der derzeitigen Rechtsprechung empfiehlt sich aus Beratersicht jedoch Zurückhaltung bei der Empfehlung entsprechender Gestaltungen. Bei vorsichtiger Betrachtungsweise ist daher von der fehlenden Abdingbarkeit des § 105 Abs. 1 AktG auszugehen, so dass die darin genannten Personen, insbesondere Geschäftsführer, nicht geeignet sind, dem Aufsichtsrat anzugehören.

Nach § 100 Abs. 2 Nr. 2 AktG i. V. m. § 52 Abs. 1 GmbH sind außerdem **gesetzliche Vertreter** eines von der Gesellschaft **abhängigen Unternehmens** von der Mitgliedschaft im Aufsichtsrat ausgeschlossen. Zweck dieser Vorschrift ist wiederum die Sicherstellung der Effektivität der Überwachung durch den Aufsichtsrat;[54] diese wäre auch dann gefährdet, wenn der Aufsichtsrat sich auch aus von ihm mittelbar zu überwachenden Geschäftsführern abhängiger Konzerngesellschaften zusammensetzen würde. Auch insoweit ist umstritten, ob die Satzung von dieser Einschränkung abweichen kann. Soll der Aufsichtsrat tatsächlich Aufsichts- und Kontrollfunktionen auch für abhängige Gesellschaften wahrnehmen, so steht außer Frage, dass die Mitgliedschaft von Geschäftsführern solcher abhängigen Gesellschaften im Aufsichtsrat gleichfalls problematisch ist. § 52 Abs. 1 GmbHG lässt es jedoch ausdrücklich zu, einzelne in Bezug genommene Regelungen des AktG abzubedingen; dies muss grundsätzlich auch für die Bestimmung des § 100 Abs. 2 Nr. 2 AktG gelten. Da der Aufsichtsrat solche abhängigen Konzerngesellschaften nur mittelbar kontrolliert, wiegen die gegen eine Abdingbarkeit angeführten Strukturprinzipien insoweit weniger schwer. Dies spricht für die Zulässigkeit der Mitgliedschaft der betreffenden Personen im Aufsichtsrat.[55] 41

Die Bestellung sonstiger, nicht von § 105 Abs. 1 AktG erfassten Mitarbeitern der Gesellschaft unterliegt keinen Bedenken. Auch die leitende Tätigkeit in einem Konkurrenzunternehmen stellt nicht ohne Weiteres ein Bestellungshindernis dar.[56] 42

Die Mitglieder der Geschäftsführung des herrschenden Unternehmens können – wie dies als Mittel der Konzernsteuerung häufig zu beobachten ist – unproblematisch den Aufsichtsräten abhängiger Gesellschaften angehören. 43

§ 105 Abs. 2 AktG i. V. m. § 52 Abs. 1 GmbHG sieht die Möglichkeit vor, Aufsichtsratsmitglieder für einen begrenzten Zeitraum von höchstens einem Jahr in die Geschäftsführung zu **delegieren**. Während der Dauer der Bestellung zum Geschäftsführer ruht die entsprechende Mitgliedschaft im Aufsichtsrat. 44

Die Satzung kann freilich auch hinsichtlich der persönlichen Eignung von Aufsichtsratsmitgliedern besondere **Einschränkungen** oder **weitere Voraussetzungen** vorsehen. Dabei 45

---

[52] So die h. M., vgl. Baumbach/Hueck/*Zöllner/Noack* § 52 Rn. 39; Lutter/*Hommelhoff* § 52 Rn. 11; MünchHdbGesR III/*Marsch-Barner/Diekmann* § 48 Rn. 23; vgl. auch OLG Frankfurt DB 1987, 85; a. A. Hachenburg/*Raiser* § 52 Rn. 34 ff. mit Hinweis auf KG OLGZ 42, 224; Roth/*Altmeppen* § 52 Rn. 9.
[53] Vgl. Hachenburg/*Raiser* § 52 Rn. 36, der zu Recht auf das international verbreitete „Board"-System, das Geschäftsführungs- und Aufsichtsfunktionen verklammert, verweist; s. zu den monistischen Überwachungssystemen im westlichen Ausland *Potthoff/Trescher* S. 15 f.
[54] Hachenburg/*Raiser* § 52 Rn. 32.
[55] Wie hier Hachenburg/*Raiser* § 52 Rn. 32 m. w. N.; *Großfeld/Brondics* AG 1987, 293; a. A. Baumbach/Hueck/*Zöllner/Noack* § 52 Rn. 36; Lutter/*Schmidt-Leithoff/Hommelhoff* § 52 Rn. 9; Rowedder/*Koppensteiner/Schnorbus* § 52 Rn. 13.
[56] Vgl. Baumbach/Hueck/*Zöllner/Noack* § 52 Rn. 40; so aber Lutter/*Hommelhoff* Rn. 11 m. w. N.

kommen insbesondere die Stellung als Gesellschafter oder Familienmitglied, besondere Geschäftserfahrung oder (steuer-)rechtliche Kenntnisse, berufliche Qualifikationen, Ämter und Funktionen oder unter Umständen ein Mindest- oder Höchstalter in Betracht.[57] Vorbild der Aufsichtsratszusammensetzung können bei größeren Aufsichtsräten zudem die DCGK-Empfehlungen sein.[58] Auf diese Weise können die Gesellschafter generell auch für die Zukunft bestimmen, ob – und ggf. welche – Personenkreise als Mitglieder des Aufsichtsrates in Frage kommen bzw. ausscheiden. Zudem kann eine gezielte Zusammensetzung das Aufsichtsratsmanagement verbessern.

46 Für kapitalmarktorientierte Gesellschaften nach § 264d HGB sieht § 100 Abs. 5 AktG i. V. m. § 52 Abs. 1 GmbHG vor, dass mindestens ein unabhängiges Mitglied des Aufsichtsrates über Sachverstand auf den Gebieten Rechnungslegung und Abschlussprüfung verfügen muss.

47 **b) Bestellung.** Grundsätzlich erfolgt die Bestellung der Mitglieder durch die Gesellschafterversammlung, die hierüber mit einfacher Mehrheit (§ 47 Abs. 1 GmbHG) entscheidet. Auch wenn ein Gesellschafter selbst für den Aufsichtsrat kandidiert, ist er deshalb nicht vom Stimmrecht ausgeschlossen.[59] Die Satzung kann Abweichungen, beispielsweise die Bestellung durch einen Gesellschafterausschuss oder bestimmte Mehrheitserfordernisse, vorsehen: Sie kann bspw. Minderheitsgesellschaftern, die zusammen über einen bestimmten Anteil der Stimmen verfügen, das Recht einräumen, gemeinsam ein (oder mehrere) Mitglied(er) in den Aufsichtsrat zu wählen. Gesellschafter können sich auch im Wege von Stimmbindungsverträgen verpflichten, ihr Wahlrecht in bestimmter Weise auszuüben und dadurch an der Bestellung bestimmter Personen mitzuwirken. Ferner kann vorgesehen werden, dass der Aufsichtsrat bestimmte Mitglieder selbst hinzuwählt (sog. Kooptation).[60]

Muster eines Gesellschafterbeschlusses über die Bestellung eines Aufsichtsratsmitglieds

48 **Protokoll der Gesellschafterversammlung der X-GmbH**
Alleinige Gesellschafter der X-GmbH mit dem Sitz in Berlin sind
- die Y-AG, München, mit einem Geschäftsanteil im Nennwert von 100.000,– EUR, vertreten durch ihr alleinvertretungsberechtigtes Vorstandsmitglied Herr Bernd Binder;
- die Z-GmbH & Co. KG, Berlin, mit einem Geschäftsanteil im Nennwert von 100.000,– EUR, vertreten durch ihre Komplementärin, die Z-GmbH, diese vertreten durch ihren alleinvertretungsberechtigten Geschäftsführer Herrn Albert Alt und
- Herr Dr. Dietrich Dorne, Berlin, mit einem Geschäftsanteil im Nennwert von 100.000,– EUR.

Die Gesellschafter traten heute unter Verzicht auf sämtliche satzungsmäßigen Form- und Fristvorschriften für die Einberufung und Abhaltung einer Gesellschafterversammlung zu einer außerordentlichen Gesellschafterversammlung zusammen. Einziger Tagesordnungspunkt der Gesellschafterversammlung war:

Ergänzungswahl zum Aufsichtsrat der X-GmbH

Die Ergänzungswahl wurde erforderlich, nachdem Herr Martin Müller sein Mandat als Mitglied des Aufsichtsrats mit Wirkung zum 29.3.2013 niedergelegt hatte. Die Y-AG schlug vor, Herrn Eric Eder, Kaufmann, Berlin, an Stelle des ausgeschiedenen Herrn Martin Müller in den Aufsichtsrat für die Dauer bis zum Ende des ursprünglichen Bestellungszeitraums von Herr Müller zu wählen.

---

[57] Altersregelungen sind nur unter bestimmten Voraussetzungen zulässig. Unter Umständen sind Aufsichtsratsmitglieder als Organmitglieder i. S. v. § 6 Abs. 3 AGG zu qualifizieren, weshalb das Diskriminierungsverbot als Allgemeines Gleichbehandlungsgesetz entsprechend anzuwenden ist.

[58] Nach Tz. 5.4.1. DCGK 2013 ist der Aufsichtsrat so zusammenzusetzen, dass seine Mitglieder über die zur ordnungsgemäßen Wahrnehmung der Aufgaben erforderlichen Kenntnisse, Fähigkeiten und fachlichen Erfahrungen verfügen. Darüber hinaus sollen dem Aufsichtsrat eine angemessene Zahl unabhängiger Mitglieder angehören (Tz. 5.4.2). Diese Unabhängigkeit ist dann nicht gewährleistet, wenn das Mitglied in seiner persönlichen oder geschäftlichen Beziehung zu der Gesellschaft, deren Organen oder einem mit diesem verbundenen Unternehmen steht und so ein wesentlicher und nicht nur vorübergehender Interessenskonflikt begründet werden kann.

[59] Hachenburg/*Raiser* § 52 Rn. 39.
[60] Baumbach/Hueck/*Zöllner/Noack* § 52 Rn. 41.

> Die Gesellschafterversammlung fasste darauf einstimmig folgenden Beschluss:
> „Als Ersatz für das ausgeschiedene Mitglied des Aufsichtsrats, Herrn Martin Müller, wird Herr Eric Eder, Kaufmann, Berlin, gewählt. Herr Eder ist bis zum Ende des ursprünglichen Bestellungszeitraums von Herrn Müller, das heißt bis zum Ablauf des 31.12.2014, gewählt."
> Herr Eder hatte bereits gegenüber sämtlichen Gesellschaftern erklärt, dass er das Mandat als Mitglied des Aufsichtsrats im Falle seiner Wahl annehme.
> Berlin, 1.4.2013
> Unterschriften

Um eine angemessene Repräsentation von Personen, welche die Wahl der Aufsichtsratsmitglieder stimmenmäßig nicht entscheidend beeinflussen können, sicherzustellen, haben **Entsendungsrechte** besondere Bedeutung. Darunter versteht man die Berechtigung, ein oder mehrere Mitglied(er) des Aufsichtsrates zu benennen, ohne dass es einer Wahl durch die Gesellschafterversammlung bedarf. § 101 Abs. 2 S. 4 AktG, wonach Entsendungsrechte nur für ein Drittel der Aufsichtsratssitze begründet werden können, gilt mangels entsprechender Verweisung in § 52 Abs. 1 GmbHG nicht.

Unproblematisch ist zunächst die Einräumung von Entsendungsrechten zu Gunsten von Gesellschaftern. Das Entsendungsrecht kann entweder einem bestimmten Gesellschafter persönlich oder aber dem jeweiligen Inhaber eines bestimmten Geschäftsanteils zuerkannt werden; nur bei Anknüpfung an den Geschäftsanteil bleibt das Entsendungsrecht auch für den Rechtsnachfolger des ursprünglich berechtigten Gesellschafters erhalten.

> **Formulierungsvorschlag:**
> Die Z-GmbH & Co. KG ist berechtigt, solange sie der Gesellschaft als Gesellschafterin angehört, ein Mitglied des Aufsichtsrats in diesen zu entsenden.
> Der jeweilige Inhaber des von der Y-AG bei Gründung der Gesellschaft übernommenen Geschäftsanteils im Nennwert von 100.000,– EUR ist berechtigt, ein Mitglied des Aufsichtsrats in diesen zu entsenden.

Die nachträgliche Begründung eines Entsendungsrechts bedarf der Zustimmung sämtlicher Gesellschafter. Ein begründetes Entsendungsrecht als Sonderrecht kann gegen den Willen des Berechtigten nur aus wichtigem Grund entzogen werden.[61]

Zweifelhaft ist, ob satzungsmäßige Entsendungsrechte auch zu Gunsten von **Nichtgesellschaftern** – etwa kreditierenden Banken – möglich sind. § 101 Abs. 2 Satz 1 AktG kann einem solchen Recht nicht entgegenstehen, da § 52 Abs. 1 GmbHG nicht auf diese Vorschrift verweist. Bedenken bestehen jedoch insbesondere dann, wenn die Rechte der Gesellschafterversammlung weitgehend auf den Aufsichtsrat verlagert, dessen Zusammensetzung aber von Dritten – und nicht von der Gesellschafterversammlung oder von Gesellschaftern – bestimmt werden soll. Dementsprechend lehnt eine verbreitete Meinung die Möglichkeit der Einräumung von Entsendungsrechten zu Gunsten Dritter ab.[62] Dafür angeführt, § 101 Abs. 2 Satz 1 AktG betreffe ein allgemeines körperschaftliches Strukturprinzip, das für die GmbH erst recht und unabdingbar gelte.[63] Nach vermittelnder Meinung sind Entsendungsrechte (bzw. „Dauerbesetzungsrechte") zulässig, sofern der Gesellschafterversammlung das Recht verbleibt, die entsandten Aufsichtsratsmitglieder unter zumutbaren Bedingungen abzuberufen bzw. die „Dauerbesetzungsrechte" zu beseitigen oder die Entscheidungen des Aufsichtsrats abzuändern oder aufzuheben.[64] Andernfalls drohe eine unzulässige Fremdsteuerung der Gesellschaft. Die herrschende Meinung bejaht demgegenüber

---

[61] Vgl. hierzu Hachenburg/*Raiser* § 52 Rn. 42.
[62] Baumbach/Hueck/*Zöllner/Noack* § 52 Rn. 43; *Ulmer*, FS Werner, S. 911, 917 ff., 922 ff.
[63] Baumbach/Hueck/*Zöllner/Noack* § 52 Rn. 43.
[64] Beck'sches HdbGmbH/*Müller* Rn. 6, 32.

uneingeschränkt die Möglichkeit der Einräumung von Entsendungsrechten zu Gunsten Dritter.[65] Dem Schutzbedürfnis der Gesellschaft und der Gesellschafter werde damit genügt, dass der entsendungsberechtigte Dritte in ein besonderes Rechtsverhältnis zur Gesellschaft trete und bei der Ausübung seiner Rechte bestimmten Treuepflichten unterliege.[66]

52 Auch wenn die herrschende Meinung die Zulässigkeit von Entsendungsrechten zu Gunsten Dritter grundsätzlich bejaht, sind die Einzelheiten eines solchen Rechts weitgehend ungeklärt. Aus Sicht der Entsendungsberechtigten wäre ihre Rechtsposition entwertet, wenn die Gesellschafterversammlung die Bestellung des Entsandten widerrufen oder das Entsendungsrecht bzw. den Aufsichtsrat insgesamt ohne Weiteres beseitigen könnte. Der Entsendungsberechtigte müsste daher zugleich weitreichende Mitsprachebefugnisse hinsichtlich der Organisationsstruktur der Gesellschaft erhalten. Die Einräumung solcher Kompetenzen stößt aber – insbesondere bei Aufsichtsräten, die auch Aufgaben der Gesellschafterversammlung oder geschäftsleitende Funktionen wahrnehmen – auf erhebliche Bedenken. Auch wenn derartige Gestaltungen als zulässig zu erachten sein sollten, besteht aus Sicht der Gesellschafter dabei besonderer Grund zur Vorsicht. Ein praktisches Bedürfnis für derartige Entsendungsrechte ist ohnehin nicht anzuerkennen: den berechtigten Wünschen Dritter nach Einflussnahme und Transparenz lässt sich entsprechen, indem schuldrechtliche Informations- und Mitspracherechte begründet werden. Auch können sich einzelne Gesellschafter gegenüber den betreffenden Dritten verpflichten, die ihnen jeweils zustehenden Stimm- bzw. Entsendungsrechte nach Weisung des Dritten auszuüben. Zweifelhafte Eingriffe in das Gefüge der Gesellschaft lassen sich dadurch vermeiden.

53 **c) Amtszeit.** Die Dauer der Amtszeit von Mitgliedern des fakultativen Aufsichtsrats ist grundsätzlich **nicht beschränkt**. § 102 AktG, wonach die Amtszeit der Aufsichtsratsmitglieder bis zur Entlastung für das vierte Geschäftsjahr nach der Wahl befristet ist, gilt mangels Verweisung nicht. Die Satzung kann allerdings eine bestimmte Amtszeit festsetzen. Dabei ist auch die Anordnung einer unterschiedlichen Dauer der Amtszeiten von bestellten und entsandten Aufsichtsratsmitgliedern möglich. Anderenfalls gilt auch für entsandte Mitglieder die satzungsmäßig bestimmte Amtszeit.[67] Auch wenn die Satzung keine bestimmte Amtsdauer vorsieht, kann die Gesellschafterversammlung Aufsichtsratsmitglieder nur für eine bestimmte Zeit bestellen. Die Wiederwahl ist unbeschränkt zulässig, sofern die Satzung keine anderweitige Regelung trifft. Eine Verpflichtung zur Gleichbehandlung aller Aufsichtsratsmitglieder hinsichtlich ihrer Amtszeit besteht nicht.[68]

54 **d) Amtsbeendigung.** Das Aufsichtsratsmandat endet bei Ablauf der durch Satzung oder Gesellschafterbeschluss festgelegten Amtszeit. Eine vorzeitige Beendigung des Aufsichtsratsmandats kann insbesondere durch **Abberufung** erfolgen. Die Abberufung von Aufsichtsratsmitgliedern ist grundsätzlich jederzeit mit einer Mehrheit von drei Vierteln der Stimmen des zuständigen Organs möglich (§ 103 Abs. 1 S. 2 AktG i.V.m. § 52 Abs. 1 GmbHG). Dieses Mehrheitserfordernis gilt – vorbehaltlich abweichender satzungsmäßiger Regelungen – auch bei Vorliegen eines wichtigen Grundes, denn die in § 52 Abs. 1 GmbHG enthaltene Verweisung auf § 103 Abs. 1 Satz 2 AktG rechtfertigt eine andere Beurteilung nicht.[69] Die Satzung kann niedrigere Mehrheiten für die Abberufung vorsehen. Bei der Abberufung aus wichtigem Grund ist eine Ungleichbehandlung der Aufsichtsmitglieder zur Vermeidung von Rangunterschieden unzulässig.[70] Bei Vorliegen eines wichtigen Grundes ist das betroffene Aufsichtsratsmitglied, das zugleich Gesellschafter ist, nicht stimmberechtigt. Im Übrigen bestehen hinsichtlich der Erschwerung oder Erleichterung der Abberufung keine Bedenken,

---

[65] Lutter/*Hommelhoff* § 52 Rn. 6; Hachenburg/*Raiser* § 52 Rn. 43 m.w.N.; Rowedder/Schmidt-Leithoff/*Koppensteiner/Schnorbus* § 42 Rn. 52; Scholz/*Schneider* § 52 Rn. 219.
[66] Hachenburg/*Raiser* § 52 Rn. 43.
[67] Hachenburg/*Raiser* § 52 Rn. 48.
[68] MünchHdbGesR III/*Marsch-Barner/Diekmann* § 48 Rn. 45.
[69] Wie hier Hachenburg/*Raiser* § 52 Rn. 43 m.w.N.; Baumbach/Hueck/*Zöllner/Noack* § 52 Rn. 48; a.A. (für einfache Mehrheit) Lutter/*Hommelhoff* § 52 Rn. 9; Scholz/*Schneider* § 52 Rn. 289; Rowedder/Schmidt-Leithoff/*Koppensteiner/Schnorbus* § 52 Rn. 19; MünchHdbGesR III/*Marsch-Barner/Diekmann* § 48 Rn. 46.
[70] Hachenburg/*Raiser* § 52 Rn. 50; BGHZ 99, 211, 215.

wobei auch die unterschiedliche Behandlung von Mitgliedern des fakultativen Aufsichtsrats zulässig ist.[71] So kann die Satzung auch Abberufungsrechte zu Gunsten einzelner Gesellschafter vorsehen.

Entsandte Mitglieder können durch den Entsendungsberechtigten abberufen werden. 55
Entfällt das Entsendungsrecht ersatzlos, so ist für die Abberufung des ursprünglich entsandten Mitglieds die Gesellschafterversammlung zuständig. Umstritten ist, ob bei Vorliegen eines wichtigen Grundes die Gesellschafterversammlung selbst mit einer Mehrheit von drei Vierteln zur Abberufung des entsandten Mitglieds berechtigt ist[72] oder ob die Gesellschafterversammlung nur mit der entsprechenden Mehrheit von dem Entsendungsberechtigten, der hierzu verpflichtet ist, die Abberufung des entsandten Aufsichtsratsmitglieds verlangen kann.[73] Der Schutz der Gesellschaft und der Gesamtheit der Gesellschafter gebietet bei Vorliegen eines wichtigen Grundes wohl die unmittelbare Abberufung durch die Gesellschafterversammlung, sofern die Satzung insoweit keine eindeutige Regelung beinhaltet.

Ein Aufsichtsratsmitglied verliert sein Mandat ferner im Falle seines Todes oder bei **Verlust** der nach Gesetz oder Satzung aufgestellten **persönlichen Voraussetzungen**, bspw. bei Wegfall einer bestimmten Stellung oder Funktion. Sämtliche Aufsichtsratsmitglieder verlieren ihr Mandat, wenn der Aufsichtsrat durch entsprechende Satzungsänderung beseitigt wird, die Gesellschaft durch Vollbeendigung oder Verschmelzung erlischt oder in eine Aktiengesellschaft formwechselnd umgewandelt wird. Die Auflösung und Liquidation der Gesellschaft oder die Eröffnung des Insolvenzverfahrens führen dagegen nicht zu einer Amtsbeendigung. Dem Insolvenzverwalter kommt kein Recht zu, die Besetzung des Aufsichtsrates zu beeinflussen. 56

Auch wenn die Satzung dies nicht ausdrücklich vorsieht, sind die Aufsichtsratsmitglieder 57
berechtigt, ihr Mandat durch einseitige empfangsbedürftige Willenserklärung auch ohne Angabe von Gründen, nicht jedoch zur Unzeit, niederzulegen.[74] Regelmäßig empfiehlt sich dabei die Niederlegung des Mandats „im Einvernehmen" mit dem Aufsichtsrat und der Geschäftsführung. Empfangszuständig für die **Niederlegungserklärung** sind grundsätzlich die Geschäftsführer. Auch die Erklärung gegenüber dem Aufsichtsratsvorsitzenden wird als zulässig anerkannt. Denkbar – aber weniger praktikabel – ist schließlich die Erklärung gegenüber sämtlichen Gesellschaftern.[75]

Muster: Niederlegungserklärung

Frau Victoria Voss, Vorsitzende des Aufsichtsrats 58
Herr Gerd Gerstein, Geschäftsführer
der X-GmbH

Niederlegungserklärung

Sehr geehrte Frau Voss,
sehr geehrter Herr Gerstein,
hiermit lege ich mein Mandat als Mitglied des Aufsichtsrats der X-GmbH mit Wirkung zum Ablauf des 31.3.2013 nieder.
Die Niederlegung erfolgt im Einvernehmen mit dem Aufsichtsrat und der Geschäftsführung.
Ich bitte Sie, sehr geehrter Herr Gerstein, dem Handelsregister mein Ausscheiden aus dem Aufsichtsrat anzuzeigen.
Mit freundlichen Grüßen
Martin Müller

Nach § 52 Abs. 2 S. 2 GmbHG ist jeder Wechsel von Aufsichtsratsmitgliedern unverzüglich dem Handelsregister durch Einreichung einer aktualisierten Liste der Aufsichtsratsmit- 59

---

[71] *Lutter/Hommelhoff* § 52 Rn. 9; Baumbach/Hueck/*Zöllner/Noack* § 52 Rn. 47.
[72] So Hachenburg/*Raiser* § 52 Rn. 54; Scholz/*Schneider* § 52 Rn. 291.
[73] Anzweifelnd Baumbach/Hueck/*Zöllner/Noack* § 52 Rn. 49.
[74] Hachenburg/*Raiser* § 52 Rn. 59; MünchHdbGesR III/*Marsch-Barner/Diekmann* § 48 Rn. 49.
[75] S. hierzu Hachenburg/*Raiser* § 52 Rn. 60.

glieder anzuzeigen. Sofern die Satzung dies vorsieht, hat darüber hinaus eine Bekanntmachung in den Gesellschaftsblättern zu erfolgen.

Muster: Bekanntmachung im Gesellschaftsblatt über den Wechsel von Aufsichtsratsmitgliedern

60 X-GmbH, Berlin

Bekanntmachung über den Wechsel von Aufsichtsratsmitgliedern
Mit Wirkung zum Ablauf des 31.3.2013 ist das bisherige Aufsichtsratsmitglied Herr Martin Müller ausgeschieden. Die Gesellschafterversammlung hat an seiner Stelle Herrn Eric Eder, Kaufmann, Berlin, zum Mitglied des Aufsichtsrats gewählt.
Berlin, im April 2013
X-GmbH
Geschäftsführung

Muster: Anzeige des Wechsels von Aufsichtsratsmitgliedern zum Handelsregister

61 X-GmbH
Geschäftsführung
Amtsgericht Charlottenburg
Handelsregister

In der Handelsregistersache
X-GmbH, HRB 00000
zeige ich als alleinvertretungsberechtigter Geschäftsführer folgende Veränderung der Zusammensetzung des Aufsichtsrats der Gesellschaft an:
Herr Martin Müller hat sein Mandat als Mitglied des Aufsichtsrats unserer Gesellschaft mit Wirkung zum 31.3.2013 im Einvernehmen mit dem Aufsichtsrat und der Geschäftsführung niedergelegt.
Die Gesellschafterversammlung vom 1.4.2013 hat an Stelle des ausgeschiedenen Herrn Müller mit sofortiger Wirkung

                Herrn Eric Eder, Kaufmann, Berlin,

zum Mitglied des Aufsichtsrats bestellt.
Anbei überreiche ich eine aktualisierte Liste der Aufsichtsratsmitglieder:
1. Name, Vorname, Wohnort, Beruf (ggf. Vorsitzender)
2. Name, Vorname, Wohnort, Beruf (ggf. stellvertretender Vorsitzender)
3. Name, Vorname, Wohnort, Beruf
(…)

Gerd Gerstein
Geschäftsführer

62 **e) Vergütung.** *aa) Anspruch auf Vergütung.* Für die Vergütung von Aufsichtsratsmitgliedern gilt § 113 Abs. 1 AktG i. V. m. § 52 Abs. 1 GmbHG. Danach kann den Aufsichtsratsmitgliedern durch Satzungsregelung oder Gesellschafterbeschluss eine Vergütung gewährt werden, die in einem angemessenen Verhältnis zu den Aufgaben der Aufsichtsratsmitglieder und zur Lage der Gesellschaft stehen soll. Die Vergütung der Aufsichtsratstätigkeit ist nicht selbstverständlich.

Fehlt es an einer Gewährung durch Satzungsregelung oder Gesellschafterbeschluss, so kann ein Vergütungsanspruch nur aus § 612 Abs. 1, 2 BGB folgen. Danach gilt die übliche Vergütung für eine derartige Aufsichtsratstätigkeit als stillschweigend vereinbart, wenn die Tätigkeit den Umständen nach nur gegen eine Vergütung zu erwarten ist. Dies dürfte bei einer Tätigkeit von Nichtgesellschaftern in auf Gewinnerzielung ausgerichteten Gesellschaften stets der Fall sein.[76] Geschuldet ist dann die Vergütung, die Aufsichtsratsmitgliedern in vergleichbaren Unternehmen gewährt wird.[77] In jedem Fall empfiehlt sich die ausdrückliche Vereinbarung einer Vergütung, um Zweifel über den Anspruch oder dessen Höhe auszuschließen.

Bei einem fakultativen Aufsichtsrat besteht dabei auch die Möglichkeit, den Aufsichtsratsmitgliedern Vergütungen in **unterschiedlicher Höhe** zu gewähren. Dabei ist nicht nur eine Differenzierung zwischen dem Aufsichtsratsvorsitzenden, seinem Stellvertreter, Ausschussmitgliedern oder „einfachen" Mitgliedern zulässig; vielmehr gewährt das Recht der GmbH insoweit den Spielraum, Aufsichtsratsmitglieder wegen ihrer Qualifikationen oder ihrer besonderen Attraktivität für die Gesellschaft unterschiedlich zu vergüten.[78] 63

Neben oder anstelle einer festen Vergütung in bar können **aufwandsbezogene** (Sitzungsgelder) oder **ergebnisabhängige Vergütungen** sowie **Sachbezüge** gewährt werden. Für die Berechnung einer Tantieme gilt, soweit nicht anders geregelt, § 113 Abs. 3 AktG. 64

bb) Aufwendungsersatz. Unabhängig von einer Vergütung steht den Aufsichtsratsmitgliedern Anspruch auf Ersatz der mit ihrer Aufsichtsratstätigkeit verbundenen **Aufwendungen** zu, die sie den Umständen nach für erforderlich halten durften (analog §§ 670, 675 BGB). Davon erfasst sind insbesondere Reise- und Übernachtungskosten oder Auslagen für Schreibarbeiten und Telefonate. Die Satzung kann hierfür Pauschalen vorsehen oder den Aufwendungsersatz mit der zu gewährenden Vergütung abgelten. 65

cc) Sonderverträge mit Aufsichtsratsmitgliedern. Nicht ungewöhnlich ist das Bestehen gesonderter Verträge zwischen der Gesellschaft und einem Aufsichtsratsmitglied – bspw. mit Rechtsanwälten, die nicht nur Mitglied des Aufsichtsrates sind, sondern die Gesellschaft auch anwaltlich beraten.[79] Zudem ist denkbar, dass Beratungsverträge abgeschlossen werden, die sich auf Aufgaben beziehen, welche die Aufsichtsratsmitglieder bereits in dieser Eigenschaft zu erfüllen haben. Nach § 52 Abs. 1 GmbHG i. V. m. §§ 113, 114 AktG bedürfen sämtliche Verträge mit Aufsichtsratsmitgliedern zu ihrer Wirksamkeit der Zustimmung des Aufsichtsrats. Dies gilt auch für Verträge mit einer Gesellschaft, an der ein Aufsichtsratsmitglied beteiligt ist.[80] Beraterverträge, die sich auf **Aufsichtsratstätigkeiten** beziehen, sind nach § 134 BGB **nichtig**.[81] Zweck dieser Einschränkungen ist es, ungerechtfertigte Sondervorteile einzelner Aufsichtsratsmitglieder sowie deren unsachliche Beeinflussung auszuschließen.[82] Da das Aufsichtsratsmitglied verpflichtet ist, seine individuellen Fachkenntnisse einzubringen,[83] kann sich eine Abgrenzung zu Tätigkeiten höherer Art außerhalb der Aufsichtsratstätigkeit als schwierig erweisen. Der Beratungsvertrag sollte daher den speziellen Beratungsgegenstand und das vereinbarte Entgelt hinreichend konkretisieren. Es muss ersichtlich sein, dass die gesetzlich oder satzungsmäßig definierten Aufgaben des Aufsichtsrats nicht umfasst sind.[84] 66

Bei einem fakultativen Aufsichtsrat kann die Satzung jedoch **Erleichterungen** vorsehen, beispielsweise bestimmte Beratungsgegenstände von einer Genehmigungspflicht ausnehmen oder die Aufgaben des Aufsichtsrates eng definieren. Denkbar ist auch, dass die Gesellschafterversammlung die Zuständigkeit für die Genehmigung von Beraterverträgen an sich zieht. 67

---

[76] Str. vgl. Roth/*Altmeppen* § 52 Rn. 16 m. w. N.; ablehnend: Lutter/*Hommelhoff* § 52 Rn. 70
[77] Vgl. hierzu Hachenburg/*Raiser* § 52 Rn. 122.
[78] Hachenburg/*Raiser* § 52 Rn. 124 a. E.; Lutter/*Hommelhoff* § 52 Rn. 70; differenzierend Baumbach/Hueck/ Zöllner/*Noack* § 52 Rn. 60 mit Hinweis auf OLG Celle NJW-RR 1998, 1332 (für Beirat).
[79] Ob für derartige Beraterverträge ein generelles Erfordernis der Unabhängigkeit besteht, bleibt abzuwarten. Der BGH hat in seinem Urteil vom 20.9.2011 (Az. II ZR 234/09) den Überlegungen der Vorinstanz zur fehlenden Unabhängigkeit und dem daraus folgenden erhöhten Sorgfaltsmaßstab eines Aufsichtsratsmitglieds, welches gleichzeitig Berater ist, nicht widersprochen.
[80] MünchHdbGesR III/*Marsch-Barner/Diekmann* § 48 Rn. 86.
[81] BGH NJW 1991, 1830; BGH DStR 2009, 1924; Lutter/*Hommelhoff* § 52 Rn. 74; Baumbach/Hueck/ Zöllner/*Noack* § 52 Rn. 63, 101 m. w. N.
[82] *Hüffer* AktG § 114 Rn. 1; Baumbach/Hueck/Zöllner/*Noack* § 52 Rn. 98.
[83] Vgl. dazu → Rn. 74.
[84] Einen Überblick zulässiger Vertragsgegenstände bieten: Lorenz/*Pospiech*, NZG 2011, 81; *Settele/v. Eichborn*, DStR 2010, 1444 und *Ziemons*, GWR 2012, 451.

Genehmigungsfähig sind dabei auch Verträge, die sich auf eigentliche Aufsichtsratstätigkeiten beziehen.[85] Dies folgt aus der Abdingbarkeit der §§ 113, 114 AktG im Bereich des fakultativen Aufsichtsrats der GmbH.

68 *dd) „D&O"-Versicherungen.* Zunehmende Verbreitung erfahren Haftpflichtversicherungen, welche die Gesellschaft für ihre Organmitglieder abschließt. Diese sogenannte „D&O" (Director's and Officer's Liability)-Versicherungen leisten der Gesellschaft nach Maßgabe der jeweiligen Versicherungsbedingungen Schadensersatz, wenn Aufsichtsratsmitglieder ihre Pflichten verletzen. In der Praxis werden von der Versicherung in der Regel nur fahrlässige Pflichtverletzungen abgedeckt. Mangels Verweises auf § 93 Abs. 2 S. 3 AktG besteht beim Abschluss einer gesellschaftsfinanzierten D&O-Versicherung keine Pflicht zur Vereinbarung eines Selbstbehalts. Bei der Aktiengesellschaft ist umstritten, ob es sich bei der Übernahme der Prämien durch die Gesellschaft für solche Versicherungen um vergütungsähnliche Leistungen handelt, welche die Gesellschaft ihren Aufsichtsratsmitgliedern gewährt; dann bedürfte die Übernahme der Prämien zu ihrer Wirksamkeit der Zustimmung der Hauptversammlung.[86] Für den Vergütungscharakter spricht nach h. M., dass die Aufsichtsratsmitglieder im Haftungsfall Vermögensvorteile wegen der Übernahme des von ihnen verursachten Schadens durch die Versicherung erhalten; auch die laufend gezahlten Prämien kommen den Aufsichtsratsmitgliedern dann wirtschaftlich zugute. Dagegen wird jedoch angeführt, der Abschluss der Versicherung liege im überwiegenden Interesse der Gesellschaft, um für den Schadensfall einen solventen Schuldner zu erhalten; daher handele es sich nicht um zustimmungspflichtige vergütungsähnliche Leistungen.[87] Tatsächlich mag es für die Gesellschaft sinnvoll sein, sich den Zugriff auf eine Versicherung zu eröffnen, statt Aufsichtsratsmitglieder angesichts ihrer individuellen Vermögensverhältnisse in Anspruch nehmen zu müssen. Dies ändert jedoch nichts daran, dass die von der Gesellschaft gezahlten Versicherungsprämien zur Ersparung eigener Aufwendungen der Aufsichtsratsmitglieder für den Schadensfall führen. Die Prämien stellen daher vergütungsähnliche Leistungen dar. Soll die Gesellschaft die Prämien für eine derartige Versicherung übernehmen, so empfiehlt es sich zur Vermeidung von Wirksamkeitsmängeln daher, dies durch Satzungsbestimmung oder Gesellschafterbeschluss ausdrücklich zu regeln. Entsprechendes gilt für zu Gunsten von Aufsichtsratsmitgliedern abzuschließende Rechtsschutzversicherungen.[88]

69 *ee) Kreditgewährung.* § 115 AktG ordnet für die **Kreditgewährung** an Mitglieder des Aufsichtsrats einer Aktiengesellschaft besondere Einschränkungen an, um Abhängigkeiten zu vermeiden. § 52 Abs. 1 GmbHG sieht jedoch keine Verweisung auf diese Bestimmung vor. § 115 AktG ist daher nicht – auch nicht entsprechend – anwendbar.[89] Die Satzung kann jedoch vorsehen, dass die Kreditgewährung an Aufsichtsratsmitglieder nur mit Zustimmung des Aufsichtsrates oder der Gesellschafterversammlung zulässig sein soll.

70 *ff) Steuerliche Behandlung.* Die Aufsichtsratsmitgliedern gezahlten Vergütungen stellen auf Ebene der Gesellschaft **Betriebsausgaben** i. S. d. § 4 Abs. 4 EStG dar, die gemäß § 10 Nr. 4 KStG nur zur Hälfte in Abzug gebracht werden können, wenn der Aufsichtsrat Aufgaben der Überwachung der Geschäftsführung wahrnimmt. Der Abzug erstatteter tatsächlicher Kosten (Reisekostenerstattung, Auslagenersatz) ist uneingeschränkt möglich. Übt das Aufsichtsratsmitglied neben der Wahrnehmung seines Mandats auch sonstige Aufgaben für die Gesellschaft aus, so ist die hierfür gezahlte Vergütung ohne Einschränkung abzugsfähig, wenn es sich bei der entsprechenden Tätigkeit um eine von den Überwachungsaufgaben klar abgrenzbare Tätigkeit handelt, die auf eigener vertraglicher Grundlage beruht und für die eine gesonderte Vergütung vereinbart ist.[90] Ist die Gesellschaft zum Vorsteuerabzug berechtigt und weist das Aufsichtsratsmitglied als Unternehmer i. S. v. § 2 UStG Umsatzsteuer in seiner Rechnung aus, berechnet sich die abzugsfähige Betriebsausgabe nach dem um die

---

[85] Lutter/*Hommelhoff* § 52 Rn. 76; Lutter/*Kremer* ZGR 1992, 87, 100 f.; Scholz/*Schneider* § 52 Rn. 379.
[86] So die h. M., siehe S. *Hüffer* § 113 Rn. 2 m. w. N.
[87] *Semler* § 10 Rn. 40.
[88] *Kalss* § 113 Rn. 66.
[89] Baumbach/Hueck/*Zöllner*/*Noack* § 52 Rn. 65.
[90] Beck'sches HdbGmbH/*Müller* § 6 Rn. 59 m. w. N.

Umsatzsteuer verringerten Nettobetrag der Vergütung. Bei fehlender Vorsteuerabzugsberechtigung der Gesellschaft fließt die gezahlte Umsatzsteuer (§ 10 Nr. 4 KStG) in die abzugsfähigen Betriebsausgaben mit ein. Bei der Leistung von unangemessen hohen Zahlungen an Aufsichtsratsmitglieder, die zugleich Gesellschafter sind, kann es sich um verdeckte Gewinnausschüttungen (§ 8 Abs. 3 S. 3 KStG) handeln, wenn dabei das Gesellschaftsverhältnis gegenüber der Aufsichtsratstätigkeit überwiegt.[91]

Die Einnahmen der Aufsichtsratsmitglieder stellen bei diesen in der Regel **Einkünfte aus selbstständiger Tätigkeit** dar (§ 18 Abs. 1 Nr. 3 EStG). Sämtliche Zahlungen einschließlich von Reisekosten- oder Auslagenerstattungen etc. sowie Sachleistungen (Fahrzeug, Büro usw.), wenn diese nicht ausschließlich zur Erfüllung der Aufsichtsratstätigkeit dienen,[92] gelten dabei als steuerpflichtige Vergütung. Zu versteuern ist der Gewinn aus der selbstständigen Tätigkeit (§ 2 Abs. 2 Nr. 1 EStG), der sich nach der Vergütung abzüglich der abzugsfähigen Betriebsausgaben (§ 4 Abs. 4 EStG) berechnet.[93]

f) **Pflichten und Verantwortlichkeit der Aufsichtsratsmitglieder** *aa) Bestimmung des Pflichtenkreises.* Für die **Sorgfaltspflichten** der Aufsichtsratsmitglieder gelten §§ 116, 93 Abs. 1 und 2 AktG i. V. m. § 52 Abs. 1 GmbHG. Sie haben danach ihre Aufgaben nach Maßgabe der Sorgfalt eines ordentlichen und gewissenhaften Aufsichtsratsmitglieds zu erfüllen.

Maßgeblich für die Bestimmung des Pflichtenkreises und der damit zusammenhängenden Sorgfaltsanforderungen sind damit die dem Aufsichtsrat zugewiesenen Aufgaben. Danach beurteilt sich, ob die Aufsichtsratsmitglieder lediglich Aufsichts- oder zusätzliche Beratungs- oder Leitungstätigkeit mit der dafür jeweils gebotenen Sorgfalt entfalten müssen. Im Unterschied zu dem typisierten Aufsichtsrat der Aktiengesellschaft sind die Einzelheiten der Pflichten und Sorgfaltsanforderungen daher je nach Ausgestaltung des fakultativen Aufsichtsrats[94] und den entsprechenden Regelungen in der Satzung oder Geschäftsordnung unterschiedlich.

bb) Allgemeine Pflichten. Gleichwohl ist auch beim fakultativen Aufsichtsrat von dem Bestehen folgender **Grundpflichten** auszugehen: Den Aufsichtsratsmitgliedern obliegt es, an der Erfüllung der dem Aufsichtsrat zugewiesenen Aufgaben und den entsprechenden Beschlussfassungen mitzuwirken. Insbesondere haben sie hinreichend vorbereitet an den Sitzungen teilzunehmen, ihnen vorgelegte Unterlagen zu bearbeiten und Informationslücken durch Geltendmachung der ihnen zustehenden Informationsrechte zu füllen.[95] Sie unterliegen einer Verschwiegenheitspflicht (§ 93 Abs. 1 Satz 2 AktG), wonach die Aufsichtsratsmitglieder über Geschäftsgeheimnisse der Gesellschaft und vertrauliche Informationen Stillschweigen zu bewahren haben.[96] Sie haben die Geschäftsführung zu überwachen; welchen Vorschriften die Aufsichtsratsmitglieder unterliegen, beurteilt sich wiederum nach den ihnen zugewiesenen Aufgaben.[97] Gegenstand der Überwachungspflichten sind nach der gesetzlichen Konzeption die Legalität, Wirtschaftlichkeit und Ordnungsmäßigkeit der Geschäftsführung.[98] Im Rahmen der Rechtmäßigkeitskontrolle ist die Einhaltung wirtschafts-, arbeits- straf- und steuerrechtlicher Normen sowie der Einklang mit der Satzung zu prüfen.[99] Bei der Kontrolle der Wirtschaftlichkeit hat der Aufsichtsrat zu hinterfragen, ob die Lebensfähigkeit der GmbH in Zukunft gewahrt ist.[100] Zur Überwachung der Ordnungsmäßigkeit der Geschäftsführung gehört die Evaluation der betriebswirtschaftlichen Organisations- und Planungsregeln, einschließlich des Rechnungs- und Berichtswesens, unter Beachtung der

---

[91] Zur verdeckten Gewinnausschüttung bei Angemessenheit der Vergütung s. Beck'sches HdbGmbH/*Müller* § 6 Rn. 61.
[92] Beck'sches HdbGmbH/*Müller* § 6 Rn. 62.
[93] S. eingehender (auch zu beschränkt Steuerpflichtigen) Beck'sches HdbGmbH/*Müller* § 6 Rn. 62 f. m. w. N.
[94] Vgl. Scholz/*Schneider* § 52 Rn. 81.
[95] Hachenburg/*Raiser* § 52 Rn. 134.
[96] Zur Reichweite s. Scholz/*Schneider* § 52 Rn. 128, 495 ff.; Hachenburg/*Raiser* § 52 Rn. 141.
[97] Hachenburg/*Raiser* § 53 Rn. 131.
[98] Lutter/*Hommelhoff* § 52 Rn. 16 m. w. N.
[99] MünchHdbGesR III/*Marsch-Barner/Diekmann* § 48 Rn. 51.
[100] Lutter/*Hommelhoff* § 52 Rn. 16.

Größe und Struktur der Gesellschaft.[101] In Krisenzeiten, bei Anhaltspunkten für eine Verletzung der Geschäftsführungspflichten und bei Hinweisen auf existenzgefährdende Maßnahmen ist die Überwachungsdichte entsprechend anzupassen.[102] Auch bei risikoreichen und strategisch bedeutsamen Geschäften sind erhöhte Anforderungen an die Überwachungsintensität zu stellen.[103] Damit einhergehend hat der Aufsichtsrat die Pflicht, die Gesellschafter persönlich über Verstöße der Geschäftsführung oder eine Krise der Gesellschaft zu informieren oder die Gesellschafterversammlung einzuberufen.[104]

75   Ermessensentscheidungen haben sich ausschließlich am Unternehmensinteresse zu orientieren; die Berücksichtigung sachfremder (bspw. politischer) Aspekte ist unzulässig, es sei denn dies geschieht aus übergeordneten Gesichtspunkten im Sinne der Gesellschaft.[105] Stimmt der Aufsichtsrat bestimmten Geschäften (die sich später als für die Gesellschaft nachteilig herausstellen) zu, so handelt er pflichtwidrig, wenn er die Zustimmung ohne vorherige gebotene Information und darauf aufbauender Chancen- und Risikoabschätzung erteilt.[106] Dagegen handelt der Aufsichtsrat pflichtgemäß, wenn er eine unternehmerische Entscheidung (bei Bestehen mehrerer zulässiger Handlungsalternativen) auf Grundlage angemessener Information trifft und dabei berechtigterweise davon ausgehen kann, im Interesse und zum Wohl der Gesellschaft zu handeln (**Business Judgement Rule**).[107] Dabei kann sich das Aufsichtsratsmitglied nicht auf externen (Rechts-)Rat verlassen, sondern muss eine eigene sorgfältige Plausibilitätskontrolle vornehmen und sich kritisch damit auseinandersetzen.[108] Im Hinblick auf haftungsrechtliche Fragen ist in jedem Fall anzuraten, den angestellten Prüfungs- und Abwägungsprozess zu dokumentieren.

76   *cc) Treuepflicht und Rollenkonflikte.* Die Aufsichtsratsmitglieder unterliegen einer **Treuepflicht** gegenüber der Gesellschaft, wonach sie eigene Interessen zum Wohl der Gesellschaft zurückzustellen haben. Bspw. dürfen sie **Geschäftschancen** der Gesellschaft, von denen sie in ihrer Eigenschaft als Aufsichtsratsmitglied erfahren, nicht für sich selbst ausnutzen.[109] Die Treuepflicht kann auch dann verletzt sein, wenn eine öffentliche Meinungsäußerung die Kreditwürdigkeit der Gesellschaft gefährdet und die fragliche Äußerung innerhalb der Funktion als Mitglied des Aufsichtsrates erfolgte.[110] Bei Wahrnehmung der ihnen zugewiesenen Aufgaben haben die Aufsichtsratsmitglieder ausschließlich die Interessen der Gesellschaft mit unbedingtem Vorrang zu verfolgen.[111] Interessen Dritter sind aus Sicht der Gesellschaft zu beurteilen und zu berücksichtigen. Steht das Aufsichtsratsmitglied solchen Dritten als Geschäftsführer, Gesellschafter oder Aufsichtsratsmitglied nahe, sind **Pflichten- und Interessenkollisionen** vorprogrammiert. Unbedingt empfehlenswert ist dann, dass das betreffende Aufsichtsratsmitglied diesen Konflikt offenlegt und sich der Stimme enthält; notfalls ist das Amt niederzulegen.[112] Außerhalb der Aufsichtsratstätigkeit kann das Aufsichtsratsmitglied zwar nicht verpflichtet sein, die Interessen der Gesellschaft gegenüber denen des Dritten, dem es gleichfalls verpflichtet ist, zu bevorzugen; zugleich hat es aber be-

---

[101] Lutter/*Hommelhoff* § 52 Rn. 16.
[102] OLG Stuttgart Beschl. v. 19.6.2012 – Az. 20 W 1/12.
[103] OLG Stuttgart Urt. v. 29.2.2012 – Az. 20 U 3/11.
[104] Lutter/*Hommelhoff* § 52 Rn. 19.
[105] Hachenburg/*Raiser* § 53 Rn. 135.
[106] BGH DStR 2007, 345 ff.; OLG Stuttgart, Urteil vom 29.2.2012 – Az. 20 U 3/11. Aus § 107 Abs. 3 S. 2 AktG, welcher die Einrichtung und Aufgaben eines Prüfungsausschusses regelt, folgt, dass dem Aufsichtsrat grundsätzlich die Überwachung des Rechnungslegungsprozesses, der Wirksamkeit des internen Kontrollsystems, des Risikomanagementsystems, des internen Revisionssystems und der Abschlussprüfung obliegt. Trotz fehlender Verweisung des § 52 GmbHG auf § 107 Abs. 3 AktG lassen sich diese Organisationsbefugnisse auf den fakultativen Aufsichtsrat übertragen.
[107] Siehe ausführlich Scholz/*Schneider* § 52 Rn. 477 ff.
[108] BGH NZG 2011, 1271 ff.
[109] BGH WM 1979, 1328, 1330 (Vorstand einer Aktiengesellschaft); Hachenburg/*Raiser* § 52 Rn. 135. Zur Geschäftschancenlehre vgl. auch *Weisser* DB 1989, 2010, 2011.
[110] OLG Stuttgart Urt. v. 29.2.2012 – Az. 20 U 3/11.
[111] Scholz/*Schneider* § 52 Rn. 494.
[112] Kölner Komm./*Mertens* § 93 Rn. 22; GroßkommAktG/*Meyer-Landrut* § 111 Anm. 5; a. A. *Ulmer* NJW 1980, 1603, 1605.

sondere Nachteile der Gesellschaft zu vermeiden.[113] Das geeignete Verhalten hängt stets von den Umständen des Einzelfalls ab. Festzuhalten ist jedoch, dass derartige Rollenkonflikte regelmäßig die Gefahr der Pflichtverletzung bergen.

dd) Wettbewerbsverbot. Diese möglichen Kollisionen werfen die Frage auf, ob Aufsichtsratsmitglieder grundsätzlich einem **Wettbewerbsverbot** unterliegen, welches dazu führen würde, dass ihnen die Mitgliedschaft in dem Aufsichtsrat eines Konkurrenzunternehmens oder eine sonstige Tätigkeit für oder Beteiligung an solchen Unternehmen untersagt wäre.[114] Da Aufsichtsratsmitglieder über umfassende Informations- und Mitspracherechte verfügen, ist es wegen des damit verbundenen Interessenkonflikts bedenklich, wenn sie zugleich als Aufsichtsratsmitglied, Geschäftsführer oder Gesellschafter eines Konkurrenten tätig sind. Die bei der einen Gesellschaft gewonnenen Informationen können dann bei für die andere Gesellschaft zu treffenden Entscheidungen einfließen. Andererseits sind Aufsichtsratsmitglieder nebenamtlich tätig. Ihre Mitwirkung in Aufsichtsräten anderer relevanten Gesellschaften oder sonstige Branchenerfahrung ist oftmals gerade Beweggrund für die Bestellung zum Mitglied des Aufsichtsrats des eigenen Unternehmens. Eine generelle Beurteilung dieser Frage ist für den fakultativen Aufsichtsrat angesichts der dort bestehenden Flexibilität nicht möglich. Ist der Aufsichtsrat nur überwachend tätig, erscheint ein Wettbewerbsverbot weniger zwingend. Bei unternehmensleitenden Aufsichtsräten ist ein solches jedoch geradezu geboten. Die Satzung sollte daher regeln, ob die Mitglieder einem Wettbewerbsverbot unterliegen. Dabei lässt sich auch vorsehen, dass die Befreiung davon mit Zustimmung der Gesellschafterversammlung möglich ist.

ee) Gesamtverantwortung und Ausschüsse. Auch bei dem fakultativen Aufsichtsrat der GmbH gilt der Grundsatz der **Gesamtverantwortung** der Aufsichtsratsmitglieder; kein Aufsichtsratsmitglied kann sich damit entlasten, auf Grund einer Aufgabenverteilung oder besonderer Fähigkeiten habe ein anderes Aufsichtsratsmitglied vorrangig tätig werden müssen.[115] Möglich ist jedoch der Nachweis des einzelnen Aufsichtsratsmitglieds, alles Zumutbare zur Vermeidung der Pflichtverletzung getan zu haben. So können die Stimmrechte entsprechend ausgeübt, Anträge eingebracht und auf die Meinungsbildung im Aufsichtsrat eingewirkt sowie gegebenenfalls die Geschäftsführer und/oder Gesellschafter unterrichtet werden.[116] Bei der Zuweisung von Aufgaben an Aufsichtsratsausschüsse wandeln sich die Pflichten der übrigen Mitglieder im Wesentlichen in Überwachungspflichten.[117]

ff) Sorgfaltsmaßstab. Nach §§ 116, 93 Abs. 1 AktG i.V.m. § 52 GmbHG haben die Aufsichtsratsmitglieder ihre Aufgaben mit der Sorgfalt eines ordentlichen und gewissenhaften Geschäftsleiters zu erfüllen. Die Mitglieder des Aufsichtsrates sind jedoch grundsätzlich keine „Geschäftsleiter"; nach der sinngemäßen Anwendung von § 93 Abs. 1 und 2 S. 1 und 2 AktG ist daher im Regelfall „nur" die Sorgfalt eines ordentlichen Überwachers und Beraters geschuldet.[118] Nimmt der Aufsichtsrat allerdings Geschäftsleitungsfunktionen wahr, so sind die für die Geschäftsführung entwickelten Sorgfaltsanforderungen heranzuziehen. Der konkrete Sorgfaltsmaßstab orientiert sich daher an den dem Aufsichtsrat im Einzelfall zugewiesenen Aufgaben und den daraus folgenden Pflichten sowie deren konkrete Bedeutung für das einzelne Aufsichtsratsmitglied.[119] Zu berücksichtigen ist dabei, dass Aufsichtsratsmitglieder – anders als gewöhnlicherweise Geschäftsleiter – nicht hauptberuflich für die Gesellschaft tätig sind. Ihre Tätigkeit erfolgt vielmehr nebenamtlich und sporadisch.[120]

Der Sorgfaltsmaßstab ermittelt sich nach objektiven Kriterien (**typisierter Verschuldensmaßstab**); bestimmte Grundanforderungen an die Erfüllung der Pflichten hat jedes Auf-

---

[113] Hachenburg/*Raiser* § 53 Rn. 136.
[114] Die Frage ist lebhaft umstritten. Überblick über den Streitstand bei Scholz/*Schneider* § 52 Rn. 505.
[115] Scholz/*Schneider* § 52 Rn. 466 ff.
[116] Michalski/*Giedinghagen* § 52 Rn. 304.
[117] S. eingehender Scholz/*Schneider* § 52 Rn. 468.
[118] Vgl. Scholz/*Schneider* § 52 Rn. 516.
[119] Baumbach/Hueck/*Zöllner/Noack* § 52 Rn. 72.
[120] S. im Einzelnen Hachenburg/*Raiser* § 52 Rn. 129 ff.; *Kossen* DB 1988, 1785, 1791; *Thümmel* DB 1999, 885 ff.; *Bungert* ZHR 159 (1995), 261 ff.; *Lutter* ZIP 1995, 441 und 442.

sichtsratsmitglied zu erfüllen – auch wenn es hierzu auf Grund des Fehlens von Kenntnissen oder Fähigkeiten nicht in der Lage ist.[121] Hat das Aufsichtsratsmitglied indes besondere Erfahrungen, Kenntnisse oder Fähigkeiten und ist hieraus nach Treu und Glauben ein höheres Maß an Sorgfalt zumutbar und zu erwarten, gilt dieser **individuell verschärfte Sorgfaltsmaßstab**.[122] Durch Satzung lässt sich das Maß der anzuwendenden Sorgfalt herabsetzen, erfasst sein muss jedoch zumindest grob fahrlässiges Handeln.[123]

81 gg) *Haftung, Freistellung und Verzicht auf Ansprüche*. Die **Haftung gegenüber der Gesellschaft** setzt nach § 52 Abs. 1 GmbHG i. V. m. §§ 116 S. 1, 93 Abs. 2 S. 1 AktG voraus, dass die Pflichtverletzung adäquat kausal zu einer Schädigung der Gesellschaft führt.[124] Der Anspruchsumfang beurteilt sich nach den §§ 249 ff. BGB.[125] Die Mitglieder eines fakultativen Aufsichtsrates sind der Gesellschaft nur ersatzpflichtig, wenn dieser ein eigener Schaden entstanden ist.[126] Sieht die Satzung keine abweichende Bestimmung vor, tragen die Aufsichtsratsmitglieder gemäß §§ 116, 93 Abs. 2 S. 2 AktG i. V. m. § 52 GmbHG die Beweislast für die Anwendung der gebotenen Sorgfalt. Das Gesetz sieht damit grundsätzlich eine **Beweislasterleichterung**[127] zugunsten der Gesellschaft vor.[128] Mehrere Aufsichtsratsmitglieder haften als Gesamtschuldner (§ 93 Abs. 2 S. 1 AktG).

82 § 52 Abs. 3 GmbHG ordnet für die Verjährung von Schadensersatzansprüchen gegenüber Aufsichtsratsmitgliedern eine Frist von fünf Jahren an.[129] Beruht die haftungsauslösende Tätigkeit des Aufsichtsrats auf einem gesetzmäßigen Beschluss der Gesellschafterversammlung, so ist die Inanspruchnahme – vorbehaltlich der Einschränkungen des GmbHG – ausgeschlossen. Für eine solche **Freistellung** durch Gesellschafterbeschluss gilt das Gleiche wie für GmbH-Geschäftsführer.[130]

83 Der **Verzicht auf Ersatzansprüche** gegenüber GmbH-Aufsichtsratsmitgliedern unterliegt nicht den Einschränkungen des § 93 Abs. 4 S. 3 AktG, wonach der Verzicht durch die Gesellschafter nur nach Ablauf einer Karenzzeit und nicht gegen den Willen einer Gesellschafterminderheit erfolgen kann. Ausreichend und erforderlich für den Verzicht ist ein entsprechender Beschluss der Gesellschafterversammlung.[131]

84 Die Mitglieder des Aufsichtsrats haben Anspruch auf turnusmäßige **Entlastung** nach Rechnungslegung und Tätigkeitsbericht, i. d. R. also jährlich.[132] Die Entlastung hat für die Mitglieder des fakultativen Aufsichtsrats die gleiche Bedeutung wie für Geschäftsführer der GmbH – anders als die durch § 93 Abs. 4 AktG eingeschränkten Auswirkungen der Entlastung von Vorstand und Aufsichtsrat der Aktiengesellschaft.[133] Der Entlastung kommt daher **verzichtsähnliche Wirkung** für bekannte oder erkennbare Ersatzansprüche zu.[134]

---

[121] *Hüffer* § 93 Rn. 14; Baumbach/Hueck/*Zöllner/Noack* § 52 Rn. 72.
[122] BGHZ 85, 293, 295 f.; BGH NZG 2011, 1271 ff.; Baumbach/Hueck/*Zöllner/Noack* § 52 Rn. 72; Hachenburg/*Raiser* § 52 Rn. 129 m. w. N.
[123] Baumbach/Hueck/*Zöllner/Noack* § 52 Rn. 72.
[124] § 116 S. 3 AktG ist demgegenüber nicht auf die GmbH übertragbar. Vgl. dazu Roth/*Altmeppen*, § Rn. 42 m. w. N.
[125] OLG Düsseldorf AG 1997, 231, 237 m. w. N.; *Hüffer* § 93 Rn. 15.
[126] BGH Urt. v. 20.9.2010 – Az. II ZR 78/09.
[127] Problematisch ist die Beweisführung bei ausgeschiedenen Aufsichtsratsmitgliedern. Das vorsorgliche Fertigen von Kopien mit relevantem Entlastungsmaterial stünde der Diskretionspflicht entgegen. Das von der Rechtsprechung zugestandene Recht zur Einsichtnahme in Geschäftsunterlagen kann unter Umständen unzureichend sein. Zur Problematik vgl. *Deilmann/Otte*, Verteidigung ausgeschiedener Organmitglieder gegen Schadensersatzklagen – Zugang zu Unterlagen der Gesellschaft, BB 2011, 1291 ff.
[128] Zur Reichweite dieser Beweislastverteilung s. *Hüffer* § 93 Rn. 16.
[129] Zur Frage der Möglichkeit der Verkürzung dieser Frist s. ablehnend BGHZ 64, 238, 244; anders jedoch Hachenburg/*Raiser* § 52 Rn. 147; Scholz/*Schneider* § 52 Rn. 527; Baumbach/Hueck/*Zöllner/Noack* § 52 Rn. 78 m. w. N.
[130] Baumbach/Hueck/*Zöllner/Noack* § 52 Rn. 77, § 43 Rn. 33 f. (h. M.).
[131] Baumbach/Hueck/*Zöllner/Noack* § 52 Rn. 77.
[132] OLG Hamm DB 1992, 2131; OLG Köln NZG 1999, 1228, 1231; Baumbach/Hueck/*Zöllner/Noack* § 52 Rn. 79, § 46 Rn. 45 f m. w. N., str.
[133] Baumbach/Hueck/*Zöllner/Noack* § 52 Rn. 79.
[134] *K. Schmidt* GesR § 14 VI 2b; Baumbach/Hueck/*Zöllner/Noack* § 46 Rn. 41 m. w. N.

Neben der Haftung der Aufsichtsratsmitglieder gegenüber der Gesellschaft ist grundsätzlich auch eine deliktische **Haftung gegenüber den Gesellschaftern und/oder Dritten** nach allgemeinen Grundsätzen, insbesondere § 826 BGB, denkbar. Voraussetzung des Anspruchs ist aber, dass ein eigener Schaden geltend gemacht wird. Bei Gesellschaftern stellt der Schaden der Gesellschaft lediglich einen Reflex dar, sodass dieser nicht geltend gemacht werden kann.[135] 85

hh) Strafrechtlich relevantes Verhalten. Zusätzlich zu allgemeinen strafrechtlichen Tatbeständen und Beteiligungen an Straftaten kommen für Aufsichtsratsmitglieder auch spezielle Straftatbestände des GmbHG in Betracht.[136] So umfasst das Sonderdelikt der falschen Angaben nach § 82 GmbHG auch den Personenkreis der Aufsichtsratsmitglieder. Des Weiteren kann § 85 GmbH (Verletzung der Geheimhaltungspflicht) einschlägig sein. Sofern der jeweilige Straftatbestand ein Schutzgesetz im Sinne von § 823 Abs. 2 BGB darstellt, sind auch zivilrechtliche Schadensersatzansprüche aus unerlaubter Handlung denkbar. 86

5. Beschlussfassung und innere Ordnung des Aufsichtsrats

a) Anwendbares Recht. Enthält die Satzung der GmbH keine anderen Bestimmungen, gelten für den fakultativen Aufsichtsrat die Regelungen nach § 110 AktG i.V.m. § 52 Abs. 1 GmbH zur Einberufung und Abhaltung von Aufsichtsratssitzungen. Das Aktiengesetz sieht für den Aufsichtsrat der Aktiengesellschaft daneben weitere detaillierte Bestimmungen vor, auf die § 52 Abs. 1 GmbHG jedoch nicht verweist. Dabei handelt es sich bspw. um Regelungen zur inneren Ordnung (Aufsichtsratsvorsitz, Sitzungsniederschriften, Ausschüsse, § 107 Abs. 1 bis 3 AktG), zur Beschlussfassung des Aufsichtsrats (§ 108 AktG) sowie zur Teilnahme an Sitzungen des Aufsichtsrats und seiner Ausschüsse (§ 109 AktG). Bei Fehlen entsprechender satzungsmäßiger Bestimmungen ist zweifelhaft, inwieweit die vorgenannten aktienrechtlichen Vorschriften auch für den fakultativen Aufsichtsrat der GmbH herangezogen werden können. Nach richtiger Ansicht ist zunächst im Wege der ergänzenden Satzungsauslegung der mutmaßliche diesbezügliche Wille der Gesellschafter zu ermitteln. Wenn dies nicht gelingt, bedarf es der Ausfüllung der Lücke durch Richterrecht; die entsprechende Anwendung der §§ 107 bis 109 AktG liegt dann nahe.[137] Dies gilt jedoch nur, solange die besondere Struktur und die Aufgaben des fakultativen Aufsichtsrats der GmbH die Anwendung nicht ausschließen.[138] 87

Vor diesem Hintergrund empfiehlt es sich, die innere Ordnung des Aufsichtsrats detailliert zu regeln. Entsprechende Vorschriften können zunächst in der Satzung enthalten sein, wobei auch ein dortiger Verweis auf die aktiengesetzlichen Regelungen der §§ 107ff. möglich ist. Wenn die Satzung keine abweichenden Bestimmungen vorsieht, können die Organisations- und Verfahrensregeln für den Aufsichtsrat auch in einer Geschäftsordnung niedergelegt werden. Über die Geschäftsordnung entscheidet grundsätzlich die Gesellschafterversammlung mit einfacher Mehrheit.[139] Hat die Gesellschafterversammlung von dieser Möglichkeit keinen Gebrauch gemacht, so kann der Aufsichtsrat selbst eine Geschäftsordnung beschließen. Dies gilt auch dann, wenn die Satzung den Aufsichtsrat hierzu nicht ausdrücklich ermächtigt.[140] 88

b) Sitzungen und Einberufung. Der Aufsichtsrat tagt und entscheidet grundsätzlich in Sitzungen. Diese werden durch den Vorsitzenden einberufen, soweit ein solcher bestellt ist. Fehlt es an einem Aufsichtsratsvorsitzenden oder ausdrücklichen Regelungen, ist die Einberufungskompetenz aus sonstigen Bestimmungen der Satzungen oder der Geschäftsordnung abzuleiten. Gegebenenfalls kommt eine Einberufung durch die Gesellschafter oder die Ge- 89

---

135 Zu denkbaren Ausnahmekonstellationen vgl. *Lutter/Hommelhoff* § 52 Rn. 34 m.w.N.
136 Einen Überblick bietet Roth/*Altmeppen* § 52 Rn. 43.
137 Vgl. Hachenburg/*Raiser* § 52 Rn. 61. Vgl. auch Scholz/*Schneider* § 52 Rn. 385; *Lutter*/Hommelhoff § 52 Rn. 98 (zur Anwendbarkeit des § 107 Abs. 2 S. 1 AktG auf den fakultativen Aufsichtsrat).
138 Vgl. Scholz/*Schneider* § 52 Rn. 385.
139 Hachenburg/*Raiser* § 52 Rn. 62.
140 Str. Hachenburg/*Raiser* § 52 Rn. 62 m.w.N.; Baumbach/Hueck/*Zöllner*/Noack § 52 Rn. 84.

schäftsführer in Betracht.[141] Nach § 110 Abs. 1 und 2 AktG i. V. m. § 52 Abs. 1 GmbHG steht einzelnen Aufsichtsratsmitgliedern das Recht zu, die Einberufung aus bestimmten Gründen zu verlangen oder die Sitzung selbst einzuberufen. Für den Turnus der Aufsichtsratssitzungen gilt, soweit nichts Anderes bestimmt ist, § 110 Abs. 3 AktG i. V. m. § 52 Abs. 1 GmbHG. Dabei handelt es sich jedoch um Mindestanforderungen an die Zahl der Sitzungen. Zusätzliche Aufsichtsratssitzungen sind immer dann einzuberufen, wenn das Wohl der Gesellschaft dies erfordert.[142] Die Zahl der Sitzungen ist ferner so zu wählen, dass der Aufsichtsrat zur Erfüllung der ihm zugewiesenen Aufgaben in der Lage ist. Andernfalls kann der Aufsichtsrat seine Pflichten verletzen und sich schadensersatzpflichtig machen.[143]

90   Im Hinblick auf die fehlende Verweisung auf die Vorschriften der §§ 107 ff. AktG ist es dringend zu empfehlen, die Modalitäten für die Einberufung der Aufsichtsratssitzungen ausdrücklich zu regeln.[144] Bei solch grundlegenden Fragen der Verfassung des Aufsichtsrats sollte Klarheit über die anzuwendenden Regeln bestehen, um die Funktionsfähigkeit dieses Organs jederzeit sicherzustellen.

91   Eine **Teilnahmeberechtigung** an den Sitzungen besteht für sämtliche Aufsichtsratsmitglieder. Der Ausschluss einzelner Mitglieder von der Sitzungsteilnahme ist allenfalls dann zulässig, wenn diese zu einer schweren Gefährdung der Interessen der Gesellschaft führen würde.[145] Ein allgemeines Recht der Geschäftsführung zur Teilnahme besteht nicht; auch die Satzung sollte ein derartiges Recht nicht begründen.[146] Der Aufsichtsrat kann die Teilnahme jedoch im Einzelfall zulassen. Sofern die Satzung dies zulässt, sind Dritte als Vertreter von verhinderten Aufsichtsratsmitgliedern zugelassen, die über ein eigenes Rederecht verfügen und schriftliche Stimmabgaben überreichen dürfen (§ 109 Abs. 3 AktG); ein eigenes Stimmrecht erhalten sie nicht. Die Satzung sollte insoweit den Kreis der möglichen Vertreter sachgerecht eingrenzen.[147] Schließlich können mit Zustimmung des Aufsichtsrats (oder, bei entsprechender Satzungsregelung, auf Beschluss des Vorsitzenden) Sachverständige oder Auskunftspersonen hinzugezogen werden.

92   c) **Aufsichtsratsvorsitz.** *aa) Vorsitzender des Aufsichtsrats.* Ein Vorsitzender des fakultativen Aufsichtsrats ist nicht zwingend zu bestellen. Da § 52 Abs. 1 GmbHG nicht auf § 107 Abs. 1 AktG verweist, setzt die Wahl eines Aufsichtsratsvorsitzenden vielmehr entsprechende Regeln in der Satzung oder der Geschäftsordnung voraus. Dabei sollten auch Bestimmungen über besondere Aufgaben und Rechte des Aufsichtsratsvorsitzenden aufgenommen werden, soweit diese nicht bereits offensichtlich aus seiner Stellung und seiner daraus abzuleitenden Verantwortung für die innere Ordnung des Aufsichtsrats folgen.[148] Danach hat der Vorsitzende die Aufsichtsratssitzungen einzuberufen, diese vorzubereiten und zu leiten und ein Sitzungsprotokoll anzufertigen, bzw. dessen Anfertigung zu veranlassen und zu überwachen, das mindestens Ort und Zeit der Sitzung, die Teilnehmer, die Tagesordnung, den wesentlichen Inhalt der Verhandlungen und die gefassten oder abgelehnten Beschlüsse enthält.[149] Er überwacht die Ausführung der gefassten Beschlüsse und dient als Bindeglied zwischen Aufsichtsratsmitgliedern, Geschäftsführern und Gesellschaftern. Er überwacht und koordiniert die Tätigkeit der Ausschüsse,[150] entscheidet über Verfahrensfragen (Reihenfolge der Behandlung angekündigter Beschlussvorschläge, Vertagungen und Unterbrechungen), soweit die Mehrheit der Aufsichtsratsmitglieder keine andere Entscheidung begehrt.[151]

---

[141] Vgl. Hachenburg/*Raiser* § 52 Rn. 64.
[142] Scholz/*Schneider* § 52 Rn. 389.
[143] Vgl. Hachenburg/*Raiser* § 52 Rn. 64.
[144] Vgl. *Müller* § 6 Rn. 37; Baumbach/Hueck/Zöllner/*Noack* § 52 Rn. 82 ff.
[145] Scholz/*Schneider* § 52 Rn. 396; *Hüffer* § 109 Rn. 2 (str.).
[146] Die Zulässigkeit einer derartigen Satzungsregelung ist zweifelhaft, vgl. Lutter/Krieger Rn. 580; Scholz/*Schneider* § 52 Rn. 397; Baumbach/Hueck/Zöllner/*Noack* § 52 Rn. 87. Sie ist jedenfalls aber unzweckmäßig, da sie die Überwachungs- und Kontrollfunktion des Aufsichtsrats beeinträchtigen kann.
[147] Scholz/*Schneider* § 52 Rn. 398.
[148] Scholz/*Schneider* § 52 Rn. 314.
[149] Vgl. § 107 Abs. 2 S. 2 AktG; Scholz/*Schneider* § 52 Rn. 391 f.; Hachenburg/*Raiser* § 52 Rn. 71.
[150] *Wellkamp* S. 24 f.
[151] Hachenburg/*Raiser* § 52 Rn. 64.

Die Satzung oder Geschäftsordnung können zudem weitere Einzelheiten festlegen, bspw. **93** das Recht des Aufsichtsratsvorsitzenden zum Stichentscheid bei Stimmengleichheit. In Anlehnung an § 107 Abs. 1 S. 1 AktG ist es ferner sinnvoll, auch einen (oder mehrere) **Stellvertreter** des Aufsichtsratsvorsitzenden vorzusehen.

Dem Aufsichtsratsvorsitzenden kommt nicht ohne Weiteres die Befugnis zu, den Aufsichtsrat zu vertreten, wenn dieser die Gesellschaft als deren Organ, bspw. gemäß § 112 **94** AktG i. V. m. § 52 Abs. 1 GmbHG oder bei dem Abschluss von Hilfsgeschäften, vertritt; der Aufsichtsrat ist insoweit **gesamtvertretungsberechtigt**. Ausreichend und erforderlich ist es, dass die übrigen Aufsichtsratsmitglieder den Vorsitzenden zu dem Abschluss des entsprechenden Geschäfts ermächtigen.[152]

Greifen keine abweichenden Bestimmungen ein, so hat der Vorsitzende des Aufsichtsrats **95** die gleichen Rechte und Pflichten wie dessen übrige Mitglieder. Regelmäßig erhält der Aufsichtsratsvorsitzende jedoch eine höhere Vergütung als diese.

bb) Ehrenvorsitzender. Verschiedentlich finden sich auch so genannte Ehrenvorsitzende **96** des Aufsichtsrats. Dabei handelt es sich meistens um die Unternehmensgründer oder besonders verdiente frühere Aufsichtsrats- oder Geschäftsführungsmitglieder. Während die Bestimmung eines Ehrenvorsitzenden bei der Aktiengesellschaft Probleme aufwirft,[153] bestehen hiergegen angesichts der Gestaltungsfreiheit im Bereich des fakultativen Aufsichtsrats der GmbH keine Bedenken.[154] Es bedarf lediglich entsprechender Satzungs- oder Geschäftsordnungsregeln, die eine derartige Funktion begründen. Üblicherweise kommt dem Ehrenvorsitzenden kein Stimmrecht bei der Beschlussfassung zu. Seine Rechte beschränken sich auf die Teilnahme an Sitzungen mit beratender Stimme, Informations- und Repräsentationsaufgaben. Dabei kann ihm auch eine Vergütung für seine Tätigkeit gewährt werden.

d) Einladung, Tagesordnung und Beschlussfassung. Die Einberufung der Aufsichtsratssitzung **97** setzt die Zuleitung einer **Einladung** nebst **Tagesordnung** an alle Aufsichtsratsmitglieder voraus. Dies hat innerhalb der durch Satzung oder Geschäftsführung festgesetzten **Frist**[155] sowie der entsprechenden **Form**[156] zu erfolgen. Fehlt es an einer ausdrücklichen Fristbestimmung bedarf es der Einhaltung einer im Einzelfall angemessenen Frist.[157] Die Tagesordnung hat sämtliche Beschlussvorschläge in der Weise aufzuführen, dass eine geeignete Vorbereitung der Aufsichtsratsmitglieder möglich ist.

Muster: Einladung zu einer Sitzung des Aufsichtsrats

98

Veronica Voss
Vorsitzende des Aufsichtsrats
der X-GmbH

An die Mitglieder des Aufsichtsrats
der X-GmbH

Einladung zur Aufsichtsratssitzung am 22.4.2013
Sehr geehrte Damen und Herren,
hiermit lade ich Sie zur nächsten Sitzung unseres Aufsichtsrats am 22.4.2013, 10.00 Uhr, in den Geschäftsräumen der Gesellschaft ein. Die Tagesordnung lautet wie folgt:
1. Genehmigung des Protokolls der Aufsichtsratssitzung vom 14.1.2013;

---

[152] *Hüffer* § 112 Rn. 5.
[153] Zu den Möglichkeiten der Ernennung von Ehrenvorsitzenden s. *Lutter* ZIP 1984, 654; *Jüngst* BB 1984, 1583.
[154] Scholz/*Schneider* § 52 Rn. 397; *Hennerkes/Schiffer* DB 1992, 875; *Lutter* ZIP 1984, 654.
[155] Möglich (und sinnvoll) ist es, für Eilfälle eine kürzere Frist zuzulassen als für den Regelfall.
[156] Üblich ist die Schriftform (Brief oder Telefax). Neuere Satzungen bzw. Geschäftsordnungen lassen i. d. R. sinnvollerweise auch die Einladung per E-Mail zu.
[157] Baumbach/Hueck/*Zöllner/Noack* § 52 Rn. 91.

> 2. Beschlussfassung über die Bestellung von Herrn Friedrich Falk zum weiteren Geschäftsführer und den Abschluss eines entsprechenden Anstellungsvertrags (Anlage A);
> 3. Zustimmung zum Abschluss eines Unternehmenskaufvertrags mit der B-AG, Berlin (Anlage B);
> 4. Verschiedenes.
>
> Die weiteren Einzelheiten, insbesondere den vorgesehenen Inhalt der abzuschließenden Verträge, entnehmen Sie bitte den beigefügten Anlagen.
>
> Mit freundlichen Grüßen

99 Die Entscheidungen des Aufsichtsrats werden in Form von Beschlüssen getroffen. Maßgeblich sind dabei grundsätzlich die Stimmen der anwesenden Aufsichtsratsmitglieder.[158] Die Satzung kann (und sollte) jedoch vorschreiben, dass die **Beschlussfähigkeit** des Gremiums von dem Erscheinen einer Mindestzahl von Aufsichtsratsmitgliedern abhängt. Jedes Aufsichtsratsmitglied ist gleichermaßen stimmberechtigt, sofern die Satzung keine andere Regelung vorsieht, bspw. das Recht des Aufsichtsratsvorsitzenden zum Stichentscheid. Die Regelung des § 47 Abs. 4 GmbHG, wonach das Stimmrecht für Gesellschafter in bestimmten Fällen ausgeschlossen ist, findet entsprechende Anwendung.[159] Auch bei anderen Interessenkollisionen von bestimmtem Gewicht ist ein Stimmrechtsausschluss des Betroffenen anzuerkennen.[160]

100 Die Teilnahme an der Abstimmung setzt grundsätzlich die Anwesenheit des Aufsichtsratsmitglieds voraus. Soll (entsprechend § 108 Abs. 3 AktG) auch die schriftliche Stimmabgabe eines abwesenden Mitglieds zulässig sein, empfiehlt sich eine entsprechende Regelung in Satzung oder Geschäftsordnung; anderenfalls ist die Zulässigkeit der schriftlichen Stimmabgabe zweifelhaft.[161] Die Stimmabgabe erfolgt durch andere Mitglieder oder, wenn die Satzung dies vorsieht, auch durch teilnahmeberechtigte Dritte.[162]

Muster: Schriftliche Stimmabgabe eines verhinderten Aufsichtsratsmitglieds

101
> Stefanie Schmitt
>
> Frau Victoria Voss
> Vorsitzende des Aufsichtsrats der
> X-GmbH
>
> Schriftliche Stimmabgabe für die Sitzung des Aufsichtsrats der X-GmbH am 22.4.2013
> Sehr geehrte Frau Voss,
>
> in meiner Eigenschaft als Mitglied des Aufsichtsrats der X-GmbH, Berlin, gebe ich hiermit meine Stimme zu der angekündigten Tagesordnung der Aufsichtsratssitzung vom 22.4.2013 wie folgt ab:
> 1. Genehmigung des Protokolls der Aufsichtsratssitzung vom 14.1.2013
> Ich stimme für die Genehmigung des Protokolls
> 2. Beschlussfassung über die Bestellung von Herrn Friedrich Falk zum weiteren Geschäftsführer und den Abschluss eines entsprechenden Anstellungsvertrags
> [. . . . . .]
>
> Ich bitte Sie, diese schriftliche Stimmabgabe zur Beschlussfassung zu übergeben.
> Mit freundlichen Grüßen
> Unterschrift

---

[158] Vgl. Hachenburg/*Raiser* § 52 Rn. 7 m. w. N. und Baumbach/Hueck/*Zöllner/Noack* § 52 Rn. 88 (ein Aufsichtsratsmitglied ausreichend); Lutter/Hommelhoff § 52 Rn. 31; a. A. Scholz/*Schneider* § 52 Rn. 407, MünchHdbGesR III/*Marsch-Barner/Diekmann* § 48 Rn. 72 (mindestens drei bzw. die Hälfte der Mitglieder).
[159] Baumbach/Hueck/*Zöllner/Noack* § 52 Rn. 89.
[160] Baumbach/Hueck/*Zöllner/Noack* § 52 Rn. 89 m. w. N.
[161] Die Zulässigkeit der schriftlichen Stimmabgabe ohne ausdrückliche Regelung ist umstritten, da § 52 Abs. 1 GmbHG nicht auf § 108 Abs. 3 AktG verweist. S. dazu (ablehnend) Hachenburg/*Raiser* § 52 Rn. 75; (bejahend) Scholz/*Schneider* § 52 Rn. 407; Baumbach/Hueck/*Zöllner/Noack* § 52 Rn. 88; MünchHdbGesR III/*Marsch-Barner/Diekmann* § 48 Rn. 74.
[162] Vgl. §§ 108 Abs. 3, S. 2 u. 3, 109 Abs. 3 AktG.

102 Geregelt werden sollte auch die Beschlussfassung des Aufsichtsrats außerhalb von Sitzungen auf telefonischem Wege, im Umlaufverfahren oder per Videokonferenz.[163] Die Satzung oder die Geschäftsordnung können anordnen, dass Beschlussfassungen auf diesem Wege in Anlehnung an § 108 Abs. 4 AktG auch dann zulässig sind, wenn einzelne Mitglieder dem widersprechen.

Muster: Protokoll einer Aufsichtsratssitzung

103 Protokoll der Sitzung des Aufsichtsrats der X-GmbH vom 22.4.2013

Anwesend:
Frau Victoria Voss (Vorsitzende)
Herr Thomas Tell
Herr Dr. Dietrich Dorne
Herr Philipp Peters
Herr Eric Eder

Frau Voss eröffnete die Aufsichtsratssitzung um 10.05 Uhr und begrüßte die Anwesenden. Sie teilte mit, Frau Stefanie Schmitt ließe sich krankheitsbedingt entschuldigen; Frau Schmitt habe ihr jedoch eine schriftliche Stimmabgabe übersandt. Die schriftliche Stimmabgabe ist diesem Protokoll als Anlage 1 beigefügt. Frau Voss stellte die ordnungsgemäße Einladung sämtlicher Aufsichtsratsmitglieder und die Beschlussfähigkeit des Aufsichtsrats fest. Sodann wurde die Tagesordnung wie folgt behandelt:

1. Genehmigung des Protokolls der Aufsichtsratssitzung vom 14.1.2013
Das Protokoll der Aufsichtsratssitzung vom 14.1.2013 wurde einstimmig genehmigt.
2. Beschlussfassung über die Bestellung von Herrn Friedrich Falk zum weiteren Geschäftsführer und den Abschluss eines entsprechenden Anstellungsvertrags;
Frau Voss teilte mit, Herr Falk sei zum Eintritt in die Geschäftsführung zu Konditionen, wie sie aus dem den Aufsichtsratsmitgliedern mit der Einladung übersandten Entwurf des Anstellungsvertrags hervorgehen, bereit. [......]
Sämtliche Aufsichtsratsmitglieder stimmen für die Bestellung von Herrn Falk zum weiteren Geschäftsführer und den Abschluss des Anstellungsvertrags zu den genannten Bedingungen. Die Vorsitzende des Aufsichtsrats wurde ermächtigt, den Anstellungsvertrag mit Herrn Falk abzuschließen.
[......]
Die Aufsichtsratsvorsitzende schloss die Aufsichtsratssitzung um 13.15 Uhr.
Berlin, 22.4.2013
Voss, Vorsitzende des Aufsichtsrats

104 **e) Fehlerhafte Beschlussfassung.** Verstößt ein Beschluss des Aufsichtsrats gegen gesetzliche (auch abdingbare) Vorschriften oder Bestimmungen der Satzung[164] oder beruht er auf einer nichtigen Geschäftsordnung,[165] ist der Beschluss **nichtig**.[166] Eine nichtige Stimmabgabe wirkt sich nur dann aus, wenn der Beschluss ohne diese Stimmen nicht zu Stande gekommen wäre.[167] Weist das Zustandekommen eines Beschlusses Verfahrensmängel auf, so hat dies nur ausnahmsweise die Nichtigkeit zur Folge. Dies ist bspw. der Fall, wenn die Einladung einzelner Aufsichtsratsmitglieder unterblieben ist[168] und das betreffende Mitglied nicht

---

[163] Zur Qualifikation von Videokonferenzen als Sitzung vgl. Baumbach/Hueck/*Zöllner/Noack* § 52 Rn. 83 m. w. N.
[164] BGHZ 122, 342, 347 f.; BGHZ 124, 111, 115; BGHZ 64, 325; BGH AG 1994, 124; OLG Frankfurt BB 1985, 1286, 1287; OLG Düsseldorf WM 1995, 1666, 1671. Die Einzelheiten sind streitig, vgl. Beck'sches HdbGmbH/*Müller* § 6 Rn. 42 ff. Beispiele bei Hachenburg/*Raiser* § 52 Rn. 80.
[165] OLG Hamburg WM 1982, 1090, 1094 f.
[166] A. A. OLG Hamburg DStR 1992, 989; OLG Schleswig ZIP 2003, 1703 und Teile der Literatur (bspw. *Triebel* ZIP 2004, 156 f.) wonach sich die Rechtsfolgen fehlerhafter Aufsichtsratsbeschlüsse aus entsprechender Anwendung der §§ 241 AktG ergeben sollen.
[167] Hachenburg/*Raiser* § 52 Rn. 80.
[168] OLG Stuttgart WM 1985, 600, 601 f.

nachträglich auf die Rüge der unterbliebenen Einladung verzichtet hat.[169] Der Verstoß gegen Formvorschriften führt indes regelmäßig nicht zur Nichtigkeit. Gleiches gilt für die Teilnahme unberechtigter Dritter (solange diese sich nicht mit Auswirkung auf das Beschlussergebnis an der Abstimmung beteiligt haben). Ladungs- oder Informationsmängel haben die Nichtigkeit der Beschlussfassung nicht zur Folge, wenn sämtliche Aufsichtsratsmitglieder anwesend sind und sich rügelos an der Abstimmung beteiligen.[170] Stets ist bei Verstößen gegen Verfahrensvorschriften, die sich aus der Satzung oder Geschäftsordnung ergeben, zu prüfen, ob die Nichtigkeit angemessene Folge des Verstoßes sein soll. Die Nichtigkeit von Aufsichtsratsbeschlüssen hat insbesondere dann praktische Bedeutung, wenn dem Aufsichtsrat Gegenstände von materieller Bedeutung, insbesondere Aufgaben der Gesellschafterversammlung zur Beschlussfassung übertragen sind.

105 Die Unwirksamkeit des Beschlusses kann gegenüber sämtlichen Aufsichtsratsmitgliedern bzw., soweit vorhanden, dem Vorsitzenden geltend gemacht werden. Erforderlichenfalls ist es möglich, die Nichtigkeit im Klagewege feststellen zulassen.[171] Die Geltendmachung der Nichtigkeit ist an keine Fristen gebunden, sondern nur durch die Grenze der Verwirkung beschränkt. Voraussetzung ist ein ausreichendes Rechtsschutzbedürfnis, das Aufsichtsratsmitgliedern und Geschäftsführern in der Regel stets, Dritten nur ausnahmsweise zuzubilligen sein wird.[172] Bei der Beurteilung der Frage der Verwirkung ist davon auszugehen, dass eine Geltendmachung der Nichtigkeit grundsätzlich unverzüglich zu erfolgen hat.[173] Die Satzung oder die Geschäftsordnung können auch hier besondere Regelungen vorsehen.

106 **f) Bindungswirkung und Durchbrechung von Beschlüssen.** Verweigert der Aufsichtsrat seine Zustimmung zu einer zustimmungspflichtigen Geschäftsführungsmaßnahme, ist die Geschäftsführung berechtigt, gemäß § 111 Abs. 4 S. 3 AktG i. V. m. § 52 Abs. 1 GmbHG die Gesellschafterversammlung anzurufen. Diese entscheidet, soweit nicht anders geregelt, mit einfacher Mehrheit[174] über die Zustimmung zu dem betreffenden Geschäft. Die Gesellschafterversammlung ist daher grundsätzlich in der Lage, die Zustimmung verweigernde Beschlüsse des Aufsichtsrats zu durchbrechen, wenn die Geschäftsführung sie hierzu ersucht. Diese Regelung ist für den fakultativen Aufsichtsrat jedoch dispositiv. Die Gesellschafterversammlung kann der Geschäftsführung auch unmittelbar Weisungen zur Vornahme eines zustimmungspflichtigen Geschäfts erteilen, so dass es der Zustimmung des Aufsichtsrats nicht mehr bedarf.[175] Dies gilt jedoch nur, solange die Gesellschafterversammlung ihre Weisungsrechte nicht dem fakultativen Aufsichtsrat zur ausschließlichen Wahrnehmung übertragen hat.[176]

107 Hat die Gesellschafterversammlung bestimmte Aufgaben zur ausschließlichen Wahrnehmung an den Aufsichtsrat übertragen, bspw. die Bestellung und Abberufung von Geschäftsführern oder die Feststellung des Jahresabschlusses, ist sie auch grundsätzlich an die Entscheidungen des Aufsichtsrats gebunden. Der Gesellschafterversammlung bleibt dann lediglich eine Ersatzkompetenz bei Funktionsunfähigkeit des Aufsichtsrats erhalten.[177] Auch ist sie berechtigt, die Abberufung von Geschäftsführern aus wichtigem Grund zumindest zu

---

[169] Baumbach/Hueck/Zöllner/Noack § 52 Rn. 93.
[170] Baumbach/Hueck/Zöllner/Noack § 52 Rn. 93; Hachenburg/Raiser § 52 Rn. 85.
[171] Statthafte Klageart ist die Nichtigkeitsfeststellungsklage, siehe BGHZ 122, 342, 348; a. A. OLG Hamburg DStR 1992, 989; OLG Schleswig ZIP 2003, 1703 und Teile der Literatur bspw. Triebel ZIP 2004, 156 m. w. N. wonach eine Anfechtungsklage der statthafte Rechtsbehelf sei.
[172] Hachenburg/Raiser § 52 Rn. 83.
[173] Baumbach/Hueck/Zöllner/Noack § 52 Rn. 96 wonach Voraussetzung die Kenntnis von Beschlussfassung und Beschlussmangel oder doch die Möglichkeit der Kenntnisnahme sowie die Möglichkeit und Zumutbarkeit früherer Mängelgeltendmachung sind.
[174] S. oben → Rn. 19, h. M.: § 111 Abs. 3 S. 4 AktG (Mehrheit von drei Vierteln) findet danach keine Anwendung.
[175] S. oben → Rn. 19.
[176] Baumbach/Hueck/Zöllner/Noack § 46 Rn. 94; § 37 Rn. 22.
[177] BGHZ 12, 337, 340; BGH WM 1970, 249, 251; Scholz/Schneider § 38 Rn. 26, § 46 Rn. 5; Baumbach/Hueck/Zöllner/Noack § 38 Rn. 22.

verlangen und ggf. zu erzwingen.¹⁷⁸ Eine klarstellende Satzungsregelung ist insoweit empfehlenswert.

Dem Aufsichtsrat kann damit auch gegenüber der Gesellschafterversammlung eine durchaus starke Position zukommen. Das tatsächliche Gewicht des fakultativen Aufsichtsrats hängt aber angesichts der bestehenden weitgehenden Gestaltungsfreiheit davon ab, welche Regelungen für die Abschaffung des Aufsichtsrats insgesamt oder die Abberufung einzelner Mitglieder vorgesehen sind. 108

g) **Ausschüsse.** Die Regelung des § 107 Abs. 3 AktG, wonach die Möglichkeit besteht, Aufsichtsratsausschüsse zu bilden, gilt mangels Verweisung nicht. Die Satzung kann jedoch entsprechende Bestimmungen vorsehen. Dabei kann sie bereits die Einrichtung einzelner Ausschüsse und deren Aufgaben und Besetzung anordnen oder dies dem Aufsichtsrat selbst durch entsprechende Ermächtigung überlassen. Wollen die Gesellschafter, dass sich sämtliche Aufsichtsratsmitglieder in gleicher Weise mit bestimmten, dem Aufsichtsrat zugewiesenen Aufgaben befassen, können sie die Bildung von Ausschüssen insoweit auch untersagen.¹⁷⁹ Bei der Zuweisung von Aufgaben und Entscheidungskompetenzen sind die Gesellschafter nicht an die Beschränkungen des § 107 Abs. 3 AktG gebunden, wonach bspw. Entscheidungen über die Bestellung von Vorstandsmitgliedern und deren Widerruf (§ 84 Abs. 1 S. 1, Abs. 3 AktG), die Einberufung der Hauptversammlung (§ 111 Abs. 3 AktG) oder die Prüfung des Jahresabschlusses (§ 171 AktG) beim Gesamtaufsichtsrat verbleiben müssen. Es ist zwischen vorbereitenden und beschließenden Ausschüssen zu unterscheiden. Vom Aufsichtsrat selbst gebildete Ausschüsse können nur vorbereitend und beratend tätig werden.¹⁸⁰ Dies folgt daraus, dass bei Einsetzung eines fakultativen Aufsichtsrats bei der GmbH durch die Gesellschafter diese ihm Aufgaben zur Beschlussfassung zuweisen, an denen grundsätzlich stets sämtliche Aufsichtsratsmitglieder mitwirken sollen. Will der Aufsichtsrat Beschlussfunktionen an einzelne Mitglieder delegieren, so bedarf er hierfür der ausdrücklichen Zustimmung der Gesellschafterversammlung. Ferner müssen Entscheidungen über die Grundlagen der Tätigkeit des Aufsichtsrates, bspw. die Beschlussfassung über dessen Geschäftsordnung, die Wahl des Vorsitzenden oder die Bildung von Ausschüssen bei dem Gesamtaufsichtsrat verbleiben.¹⁸¹ 109

Häufig zu findende Ausschüsse sind bspw. ein Finanzausschuss, ein Kreditausschuss und ein Personalausschuss. Denkbar sind aber auch Restrukturierungs-, Kultur- oder Public Relations-Ausschüsse. Nach der Anregung des § 107 Abs. 3 S. 2 AktG kann auch ein Prüfungsausschuss bestellt werden, welcher sich mit der Überwachung des Rechnungslegungsprozesses, der Wirksamkeit des internen Kontrollsystems, des Risikomanagementsystems und des internen Revisionssystems sowie der Abschlussprüfung befasst. Ein solcher Prüfungsausschuss bietet sich insbesondere an, wenn eine Bündelung der Aufgaben wegen der Größe und Komplexität des Geschäftsfeldes der Gesellschaft erreicht werden soll. Sinnvoll ist ein Prüfungsausschuss auch, wenn sich die GmbH den Empfehlungen des DCGK unterworfen hat. Schließlich verfügen diverse Aufsichtsräte über ein Präsidium, dem regelmäßig der Aufsichtsratsvorsitzende und seine Stellvertreter angehören, und das sich mit den aufsichtsratsinternen Verwaltungsaufgaben befasst und den Kontakt zur Geschäftsführung hält.¹⁸² 110

h) **Organstreit.** Die Zulässigkeit eines Organstreits, das heißt von Klagerechten des Aufsichtsrats oder einzelner Aufsichtsratsmitglieder gegenüber Organen der Gesellschaft wird überwiegend abgelehnt.¹⁸³ Dies wird im Wesentlichen damit begründet, dass jedenfalls bei 111

---

¹⁷⁸ Lutter/Hommelhoff/*Kleindiek* § 38 Rn. 16; Baumbach/Hueck/Zöllner/*Noack* § 38 Rn. 22; a. A. (Recht zur Abberufung durch Gesellschafterversammlung) Scholz/*Schmidt* § 46 Rn. 72; Roth/Altmeppen § 38 Rn. 12 f.
¹⁷⁹ Hachenburg/*Raiser* § 52 Rn. 73; Baumbach/Hueck/Zöllner/*Noack* § 52 Rn. 99; Scholz/*Schneider* § 52 Rn. 442.
¹⁸⁰ Vgl. Baumbach/Hueck/Zöllner/*Noack* § 52 Rn. 99; Hachenburg/*Raiser* § 52 Rn. 73; a. A. (für die Beschlusskraft solcher Ausschüsse Scholz/*Schneider* § 52 Rn. 442; *Skibbe* GmbHR 1961, 3, 5.
¹⁸¹ Scholz/*Schneider* § 52 Rn. 455.
¹⁸² Scholz/*Schneider* § 52 Rn. 454.
¹⁸³ Baumbach/Hueck/Zöllner/*Noack* § 52 Rn. 129 m. w. N.

einem fakultativen Aufsichtsrat wegen der Möglichkeit der Kontrolle durch die Gesellschafter kein Bedürfnis dazu besteht.[184] Der herrschenden Meinung ist darin zuzustimmen, dass ein derartiges Klagerecht nach geltendem Recht nicht anzuerkennen ist.

Muster: Regelungen zum Aufsichtsrat in der Satzung

112

Abschnitt . . . . . .
§ . . . . . . Aufsichtsrat

1. Die Gesellschaft hat einen Aufsichtsrat, der aus sechs Mitgliedern besteht. Für den Aufsichtsrat gilt § 52 Abs. 1 GmbHG entsprechend, soweit nicht durch Satzung oder Gesetz oder eine Geschäftsordnung für den Aufsichtsrat abweichende Bestimmungen getroffen sind.
2. Sämtliche Mitglieder des Aufsichtsrats werden, solange keine abweichenden gesetzlichen Bestimmungen eingreifen und besondere satzungsmäßige Entsendungsrechte nicht bestehen, durch die Gesellschafterversammlung mit einfacher Mehrheit der Stimmen gewählt. Sind einzelne Aufsichtsratsmitglieder durch Arbeitnehmer zu wählen, findet Satz 1 für die von der Gesellschafterversammlung zu wählenden Aufsichtsratsmitglieder entsprechende Anwendung.
3. Soweit die Gesellschafterversammlung nicht bei der Wahl für einzelne der von ihr zu wählenden Mitglieder oder für den Gesamtaufsichtsrat einen kürzeren Zeitraum festlegt, werden die Aufsichtsratsmitglieder bis zur Beendigung der ordentlichen Gesellschafterversammlung bestellt, die über die Entlastung für das dritte Geschäftsjahr nach Beginn der Amtszeit beschließt. Das Jahr, in welchem die Amtszeit beginnt, wird nicht mitgerechnet.
4. Der Aufsichtsrat wählt aus seiner Mitte einen Vorsitzenden und dessen Stellvertreter. Der Vorsitzende bzw., im Falle seiner Verhinderung sein Stellvertreter, leitet die Sitzung, unterschreibt das Protokoll und vertritt den Aufsichtsrat nach außen. Die weiteren Einzelheiten regelt eine Geschäftsordnung, die sich der Aufsichtsrat, vorbehaltlich abweichender Beschlussfassung durch die Gesellschafterversammlung, selbst gibt.

§ . . . . . . Aufgaben

1. Der Aufsichtsrat ist ausschließlich zuständig für:
   a) Die Überwachung der Geschäftsführung;
   b) die Bestellung des Abschlussprüfers;
   c) die Feststellung der Jahresabschlusses;
   d) die Bestellung von Geschäftsführern und deren Abberufung sowie den Abschluss der entsprechenden Anstellungsverträge mit Geschäftsführern und deren Kündigung;
   e) [. . . . . .]
2. Der Aufsichtsrat entscheidet, vorbehaltlich abweichender Beschlussfassung der Gesellschafterversammlung, über
   a) die Genehmigung der Unternehmensplanung;
   b) die in § 46 GmbHG genannten Maßnahmen, soweit nicht bereits in Abs. 1 aufgeführt;
   c) die Zustimmung zu zustimmungspflichtigen Geschäften im Sinne dieser Satzung sowie die Erteilung von Weisungen an die Geschäftsführung und
   d) [. . . . . .].

§ . . . . . . Vergütung, Aufwendungsersatz

Die Gesellschafterversammlung setzt jährlich eine angemessene Vergütung für die Mitglieder des Aufsichtsrats fest.

Die Mitglieder des Aufsichtsrats erhalten ferner Tage- und Übernachtungsgelder sowie Ersatz der Reisekosten. Die Umsatzsteuer wird von der Gesellschaft erstattet, soweit die Mitglieder des Aufsichtsrats berechtigt sind, die Umsatzsteuer der Gesellschaft gesondert in Rechnung zu stellen, und dieses Recht ausüben.

113 Als Ergänzung der Satzungsregelungen dient die nachfolgende **Geschäftsordnung** für den Aufsichtsrat:

---

[184] BGHZ 106, 54 ff.; Hachenburg/*Raiser* § 52 Rn. 113; *Rellermeyer* ZGR 1993, 77, 93 ff. m. w. N. zur Rechtsprechung.

Muster: Geschäftsordnung für den Aufsichtsrat

Der Aufsichtsrat der X-GmbH gibt sich gemäß § ...... der Satzung die folgende Geschäftsordnung:

§ 1 Allgemeines

1. Der Aufsichtsrat führt seine Geschäfte nach den Vorschriften der Gesetze, der Satzung und dieser Geschäftsordnung.
2. Die Mitglieder des Aufsichtsrats haben gleiche Rechte und Pflichten, soweit nicht Gesetz oder Satzung etwas anderes bestimmen. Sie sind an Aufträge und Weisungen nicht gebunden und nur dem Wohl des Unternehmens verpflichtet.
3. Der Aufsichtsrat hat neben den weiteren satzungsgemäßen Aufgaben insbesondere die Geschäftsführung durch die Geschäftsführer zu überwachen. Darüber hinaus hat der Aufsichtsrat die Geschäftsführung beratend zu unterstützen und die Ziele des Unternehmens zu fördern.

§ 2 Vorsitzender und Stellvertreter

1. Der Aufsichtsrat wählt aus seiner Mitte einen Vorsitzenden und einen Stellvertreter. Die Wahl erfolgt unter Vorsitz des an Lebensjahren ältesten Aufsichtsratsmitglieds. Bei Stimmengleichheit entscheidet das Los.
2. Der Stellvertreter tritt in allen Fällen an die Stelle des Aufsichtsratsvorsitzenden, in denen dieser an der Ausübung seines Amts verhindert ist, soweit sich nicht aus der Satzung oder aus dieser Geschäftsordnung etwas Abweichendes ergibt. Er hat in allen Fällen, in denen er in Stellvertretung des Vorsitzenden handelt, die gleichen Rechte wie der Aufsichtsratsvorsitzende.
3. Scheidet der Vorsitzende oder sein Stellvertreter vorzeitig aus dem Amt aus, findet unverzüglich eine Neuwahl für die restliche Amtszeit des Ausgeschiedenen statt.
4. Sind der Vorsitzende und sein Stellvertreter an der Ausübung ihrer Obliegenheiten verhindert, so hat diese für die Dauer der Verhinderung das an Lebensjahren älteste Aufsichtsratsmitglied zu übernehmen. Absatz 2 gilt insoweit entsprechend.

§ 3 Einberufung

1. Die Sitzungen des Aufsichtsrats finden mindestens einmal in jedem Kalendervierteljahr statt. Weitere Sitzungen sind einzuberufen, wenn dies erforderlich ist.
2. Die Sitzungen des Aufsichtsrats beruft der Vorsitzende des Aufsichtsrates, im Falle seiner Verhinderung dessen Stellvertreter, schriftlich, fernschriftlich oder durch E-Mail mit einer Frist von mindestens zwei Wochen ein. Dabei werden der Tag der Absendung und der Tag der Sitzung nicht mitgerechnet. In dringenden Fällen kann er die Frist bis auf drei Tage abkürzen und die Sitzung auch mündlich oder fernmündlich einberufen.
3. Mit der Einberufung sind Ort und Zeit der Sitzung sowie die Gegenstände der Tagesordnung und die Beschlussvorschläge so präzise mitzuteilen, dass verhinderte Aufsichtsratsmitglieder ihre Stimme schriftlich abgeben können.
4. Den Aufsichtsratsmitgliedern sollen möglichst frühzeitig die für die Behandlung der Tagesordnung erforderlichen Unterlagen übersandt werden.
5. Die Sitzungen des Aufsichtsrats finden am Sitz der Gesellschaft statt, wenn der Aufsichtsratsvorsitzende keinen anderen Ort bestimmt.

§ 4 Beschlussfassung

1. Beschlüsse des Aufsichtsrats werden in der Regel in Sitzungen gefasst. Sitzungen können auch im Rahmen von Videokonferenzen abgehalten werden.
2. Außerhalb von Sitzungen sind Beschlussfassungen schriftlich, fernschriftlich, telefonisch oder durch E-Mail zulässig, sofern kein Aufsichtsratsmitglied diesem Verfahren unverzüglich widerspricht. Für Abstimmungen außerhalb von Sitzungen gelten die folgenden Absätze 3 bis 10 entsprechend.
3. Den Vorsitz in den Sitzungen des Aufsichtsrats führt der Aufsichtsratsvorsitzende. Er bestimmt die Reihenfolge, in der die Gegenstände der Tagesordnung verhandelt werden, sowie die Art und Reihenfolge der Abstimmungen.
4. Der Aufsichtsrat ist beschlussfähig, wenn alle seine Mitglieder unter der zuletzt bekanntgegebenen Adresse ordnungsgemäß eingeladen wurden und mindestens zwei Drittel der Mitglieder an der Beschlussfassung persönlich oder durch schriftliche Stimmabgabe (Abs. 8) teilnehmen.

Dabei ist nicht auf die in der Satzung vorgesehene, sondern auf die tatsächliche Mitgliederzahl abzustellen. Ein Aufsichtsratsmitglied nimmt auch dann an der Beschlussfassung teil, wenn es sich der Stimme enthält. In jedem Fall müssen mindestens [......] Mitglieder an der Beschlussfassung teilnehmen.
5. Über Gegenstände der Tagesordnung, die nicht ordnungsgemäß angekündigt wurden, kann in der Sitzung nur Beschluss gefasst werden, wenn vor der Beschlussfassung kein in der Sitzung anwesendes Aufsichtsratsmitglied widerspricht. Abwesenden Aufsichtsratsmitgliedern ist in einem solchen Fall Gelegenheit zu geben, binnen einer vom Vorsitzenden festzusetzenden angemessenen Frist ihre Stimme nachträglich schriftlich abzugeben; der Beschluss wird nur wirksam, wenn die abwesenden Aufsichtsratsmitglieder innerhalb der Frist nicht widersprechen.
6. Beschlüsse des Aufsichtsrats werden mit einfacher Mehrheit der abgegebenen Stimmen gefasst, soweit nicht nach Gesetz, Satzung oder dieser Geschäftsordnung etwas anderes vorgeschrieben ist.
7. Jedes Aufsichtsratsmitglied hat eine Stimme. Bei Stimmengleichheit gibt, soweit Beschlüsse mit einfacher Mehrheit der abgegebenen Stimmen gefasst werden, die Stimme des Vorsitzenden oder, falls der Vorsitzende nicht an der Beschlussfassung teilnimmt, die Stimme seines Stellvertreters den Ausschlag.
8. An der Abstimmung über einen Gegenstand der Tagesordnung kann sich ein Aufsichtsratsmitglied dann nicht beteiligen, wenn die Beschlussfassung die Vornahme eines Rechtsgeschäfts mit ihm oder die Einleitung eines Rechtsstreits zwischen ihm und dem Unternehmen betrifft.
9. Ein abwesendes Aufsichtsratsmitglied kann seine schriftliche oder per Telefax oder E-Mail übermittelte Stimmabgabe durch ein anderes Aufsichtsratsmitglied überreichen lassen. In diesem Fall gilt das verhinderte Aufsichtsratsmitglied als an der Beschlussfassung teilnehmend. Dies gilt auch für den Vorsitzenden des Aufsichtsrats und dessen Stellvertreter.
10. Über die Sitzungen und Beschlüsse des Aufsichtsrats sind Niederschriften anzufertigen, vom Aufsichtsratsvorsitzenden zu unterzeichnen und baldmöglichst, jedoch spätestens vier Wochen nach der Sitzung jedem Aufsichtsratsmitglied in Abschrift zuzuleiten. In der Niederschrift sind der Ort und der Tag der Sitzung, die Teilnehmer, die Gegenstände der Tagesordnung, der wesentliche Inhalt der Verhandlungen, der Wortlaut der gefassten Beschlüsse und die Abstimmungsergebnisse anzugeben. Jedes Aufsichtsratsmitglied kann verlangen, dass Erklärungen in das Protokoll wörtlich aufgenommen werden. Über Anträge zur Änderung oder Ergänzung der Niederschrift ist in der nächsten Sitzung des Aufsichtsrats zu beschließen. Solche Anträge sind binnen vier Wochen nach Empfang der Niederschrift beim Aufsichtsratsvorsitzenden zu stellen.

§ 5 Ausschüsse

1. Der Aufsichtsrat kann aus seiner Mitte Ausschüsse mit jeweils mindestens drei Mitgliedern bestellen und deren Aufgaben und Befugnisse festlegen.
2. Den Ausschüssen können – soweit gesetzlich oder satzungsmäßig zulässig – auch Entscheidungsbefugnisse des Aufsichtsrats übertragen werden. Durch besonderen Beschluss kann der Aufsichtsrat diese Entscheidungsbefugnisse wieder an sich ziehen.
3. Der Aufsichtsrat bestimmt jeweils ein Ausschussmitglied zum Ausschussvorsitzenden, soweit nicht diese Geschäftsordnung etwas Anderes bestimmt.
4. Ist der Aufsichtsratsvorsitzende Mitglied eines Ausschusses und ergibt eine Abstimmung im Ausschuss Stimmengleichheit, so ist auf Antrag von mindestens zwei anwesenden Aufsichtsratsmitgliedern der Beschlussgegenstand erneut zu beraten. Bei der erneuten Abstimmung über denselben Beschlussgegenstand steht dem Aufsichtsratsvorsitzenden bei nochmaliger Stimmengleichheit eine zweite Stimme zu.
5. Beschlüsse eines Aufsichtsratsausschusses werden in der Regel in Sitzungen gefasst. Außerhalb von Sitzungen sind Beschlussfassungen schriftlich, durch Telefax oder durch Email zulässig, sofern kein Ausschussmitglied diesem Verfahren unverzüglich widerspricht. Für Aufsichtsratsausschüsse gelten die Bestimmungen des § 3 Abs. 1, 2 und 4, § 4 Abs. 1, 3, 7, 8, 9 und 10 und § 10 dieser Geschäftsordnung entsprechend.
6. Ein Aufsichtsratsausschuss ist beschlussfähig, wenn zwei Drittel, mindestens aber drei seiner Mitglieder an der Beschlussfassung persönlich oder durch schriftliche Stimmabgabe teilnehmen. Ein Mitglied nimmt auch dann an der Beschlussfassung teil, wenn es sich der Stimme enthält.
7. Beschlüsse der Ausschüsse werden mit einfacher Mehrheit der abgegebenen Stimmen gefasst.

§ 6 Schweigepflicht

1. Die Aufsichtsratsmitglieder haben Stillschweigen zu bewahren über vertrauliche Angaben und Geheimnisse der Gesellschaft, namentlich Betriebs- oder Geschäftsgeheimnisse, die ihnen durch ihre Tätigkeit im Aufsichtsrat bekannt werden. Darüber hinaus haben die Aufsichtsratsmitglieder über die ihnen bei ihrer Tätigkeit als Aufsichtsratsmitglied bekannt gewordenen sonstigen Tatsachen, deren Offenbarung die Interessen der Gesellschaft oder eines mit ihr verbundenen Unternehmens beeinträchtigen könnte, Dritten gegenüber Stillschweigen zu bewahren. Diese Verpflichtung besteht auch nach Beendigung ihres Amtes. Dem Gebot der Schweigepflicht unterliegen insbesondere die Stimmabgabe, der Verlauf der Debatte, die Stellungnahmen sowie sonstige persönliche Äußerungen der einzelnen Aufsichtsratsmitglieder.
2. Beabsichtigt ein Aufsichtsratsmitglied an einen Dritten eine Information weiterzugeben, von der nicht mit Sicherheit auszuschließen ist, dass sie der Schweigpflicht des Abs. 1 unterfallen könnte, hat das Aufsichtsratsmitglied hiervon den Vorsitzenden des Aufsichtsrats zu unterrichten und ihm Gelegenheit zur Stellungnahme zu geben. Widerspricht der Vorsitzende des Aufsichtsrats im Hinblick auf die Schweigepflicht nach Abs. 1 der Weitergabe der Information, so ist über die Frage der Zulässigkeit der Weitergabe auf Wunsch des betreffenden Aufsichtsratsmitglieds ein für alle Beteiligten bindender Beschluss des Gesamtaufsichtsrats herbeizuführen.
3. Die Aufsichtsratsmitglieder sind bei einem Ausscheiden aus dem Amt verpflichtet, sämtliche Unterlagen, die sich auf Angelegenheiten der Gesellschaft beziehen und die sich in ihrem Besitz befinden, unverzüglich an die Gesellschaft zu übergeben. Den Aufsichtsratsmitgliedern steht kein Zurückbehaltungsrecht an derartigen Unterlagen zu.

§ 7 Willenserklärungen

Soweit für den Aufsichtsrat Erklärungen abzugeben und entgegenzunehmen sind, handelt der Vorsitzende für den Aufsichtsrat, der auch dessen Schriftwechsel führt. Urkunden und Bekanntmachungen des Aufsichtsrats sind vom Aufsichtsratsvorsitzenden zu unterzeichnen.

III. Der obligatorische Aufsichtsrat nach dem DrittelbG

1. Überblick

Gemäß § 1 Abs. 1 Nr. 3, Abs. 2 Nr. 1 DrittelbG haben Gesellschaften mit beschränkter Haftung einen Aufsichtsrat zu bilden, wenn sie dauerhaft mehr als 500 Mitarbeiter beschäftigen und weder nach dem MitbestG 1976 noch nach sonstigen gesetzlichen Bestimmungen mitbestimmungspflichtig sind. Dieser Aufsichtsrat hat zu einem Drittel aus Vertretern der Arbeitnehmer zu bestehen (§ 4 Abs. 1 DrittelbG, sog. **Drittelparität**). Da § 1 Abs. 1 Nr. 3 DrittelbG damit nahezu sämtliche Gesellschaften mit mehr als **500 bis zu einschließlich 2.000 Arbeitnehmern** erfasst, ist der Aufsichtsrat nach dem DrittelbG in der Praxis die am **häufigsten anzutreffende Form** eines obligatorischen Aufsichtsrats.[185]

Das DrittelbG löste zum 1.7.2004 das BetrVG 1952 ab und ersetzte die §§ 76 bis 87a BetrVG 1952. Im Wesentlichen handelt es sich um eine redaktionelle Neufassung.[186] Das BetrVG 1952 war die erste allgemeine Regelung der Arbeitnehmerbeteiligung in der Bundesrepublik Deutschland[187] und wurde durch das BetrVG 1972 abgelöst. Nach § 129 BetrVG 1972 blieben die auf den Aufsichtsrat bezogenen mitbestimmungsrechtlichen Regelungen des BetrVG 1952 jedoch weiter gültig. Eine Erweiterung erfolgte diesbezüglich im DrittelbG, welches jetzt in § 1 Abs. 1 Nr. 3 DrittelbG zusätzlich auf die §§ 125 Abs. 3 und 4 sowie § 170 AktG verweist.

§ 1 Abs. 1 Nr. 3 DrittelbG regelt nicht die Einzelheiten des Aufsichtsrats sondern verweist, ähnlich wie § 52 Abs. 1 GmbHG, auf Vorschriften des AktG. Wesentlicher Unterschied zum fakultativen Aufsichtsrat ist jedoch, dass § 1 Abs. 1 Nr. 3 DrittelbG die Verweisung auf zusätzliche aktienrechtliche Vorschriften vorsieht und sämtliche in Bezug

---

[185] Baumbach/Hueck/Zöllner/Noack § 52 Rn. 144.
[186] Huke/Prinz BB 2004, 2633; Boewer/Gaul/Otto GmbHR 2004, 1065.
[187] Huke/Prinz BB 2004, 2633.

genommene aktienrechtliche Normen nicht abdingbar, d. h. für die Gesellschaft und ihre Gesellschafter **zwingend** sind.[188] Die Satzung kann die Geltung der entsprechenden Bestimmungen daher weder ausschließen noch diese modifizieren. Neben fast sämtlichen in § 52 Abs. 1 GmbHG aufgeführten Regeln sind insbesondere die folgenden zusätzlichen Vorschriften des AktG anzuwenden:

- § 95 S. 2 bis 5 AktG (Höchstzahl der Aufsichtsratsmitglieder in Abhängigkeit von der Höhe des Stammkapitals);
- §§ 96 ff. AktG (Zusammensetzung, Statusverfahren);
- weitere persönliche Anforderungen an Mitglieder des Aufsichtsrats (§ 100 Abs. 2 Nr. 1, 3; AktG) und deren Begrenzung für Arbeitnehmervertreter (Abs. 3, 4);
- weitere Regeln zur Bestellung und Abberufung der Aufsichtsratsmitglieder (§ 101 Abs. 1 S. 2, Abs. 2 und 3, § 102 und § 103 Abs. 2 bis 5 AktG) sowie zu deren gerichtlicher Bestellung (§ 104 AktG);
- die Vorschriften über die innere Ordnung des Aufsichtsrats (§§ 107 ff. AktG) sowie
- die Regeln zur Teilnahme an der Hauptversammlung, d. h. an Gesellschafterversammlungen (§ 118 Abs. 3 AktG);
- § 125 Abs. 3 und 4 AktG (Beschlussvorlageverlangen durch Aufsichtsratsmitglieder).

2. Anwendungsvoraussetzungen

117 **a) Mindest- und Höchstzahl von Arbeitnehmern und deren Bestimmung.** Die Anwendung von § 1 Abs. 1 Nr. 3 DrittelbG hängt zunächst davon ab, dass die Zahl von **500** Arbeitnehmern überschritten wird; werden mehr als **2.000** Arbeitnehmer beschäftigt, findet das MitbestG Anwendung. Die Berechnung der maßgeblichen Arbeitnehmeranzahl richtet sich nach den §§ 3 Abs. 1 DrittelbG iVm § 5 Abs. 1 BetrVG.[189] **Arbeitnehmer** in diesem Sinne sind alle in einem Arbeitsverhältnis zur Gesellschaft stehenden Arbeitnehmer, Angestellte und zur Berufsausbildung Beschäftigte (§ 5 Abs. 1 BetrVG). § 5 Abs. 2 BetrVG schließt dagegen die Geschäftsführer sowie Personen, deren Beschäftigung nicht in erster Linie ihrem Erwerb dient, als Arbeitnehmer aus. Leitende Angestellte, die zur selbstständigen Einstellung und Entlassung von im Betrieb oder in der Betriebsabteilung beschäftigten Arbeitnehmern berechtigt sind oder bei denen es sich um Generalbevollmächtigte oder Prokuristen handelt, sind keine Arbeitnehmer.[190] Entsprechendes gilt für Beschäftigte, welche solche Aufgaben wahrnehmen, die wegen ihrer Bedeutung für die Betriebsentwicklung nur auf Grund besonderen Vertrauens des Arbeitgebers erfahrenen und kenntnisreichen Personen übertragen werden.[191] Arbeitnehmer sind ferner die in Heimarbeit beschäftigten, soweit sie in der Hauptsache für die GmbH arbeiten (§ 5 Abs. 1 Satz 2 BetrVG). Leiharbeitnehmer sind Arbeitnehmer der verleihenden Gesellschaft, soweit sie in einem festen Arbeitsverhältnis zu dieser stehen (§ 14 Abs. 1 und 2 AÜG). Bei der entleihenden Gesellschaft sind diese nicht als Arbeitnehmer zu berücksichtigen.[192]

118 Maßgeblich für die Beurteilung der Arbeitnehmerzahl ist der **regelmäßige Beschäftigungsstand**.[193] Eine Aufsichtsratspflichtigkeit entsteht nicht, wenn die Zahl von 500 Arbeitnehmern auf Grund besonderer Umstände vorübergehend überschritten wird; dementsprechend entfällt die Aufsichtsratspflichtigkeit auch nicht, wenn die Zahl der Arbeitnehmer vorübergehend unter diese Mindestgrenze sinkt. Besondere Bedeutung hat insoweit die Beurteilung der Frage, ob die Über- oder Unterschreitung von vorübergehender Natur ist; hierzu bedarf es der Beurteilung und Einschätzung zukünftiger Entwicklungen.[194]

---

[188] Baumbach/Hueck/*Zöllner*/*Noack* § 52 Rn. 160 f.
[189] Baumbach/Hueck/*Zöllner*/*Noack* § 52 Rn. 147.
[190] § 3 Abs. 1 DrittelbG iVm § 5 Abs. 3 Nr. 2 BetrVG.
[191] § 3 Abs. 1 DrittelbG iVm § 5 Abs. 3 Nr. 3 BetrVG.
[192] Baumbach/Hueck/*Zöllner*/*Noack* § 52 Rn. 149 m. w. N.; Hachenburg/*Raiser* § 52 Rn. 55 m. w.N.; Lutter/*Hommelhoff* § 52 Rn. 39; Scholz/*Schneider* § 52 Rn. 31; OLG Düsseldorf AG 2004, 616. Anders wohl BAG AP Nr. 1 zu § 77 BetrVG 1952 (Maßgeblichkeit der Zahl der Arbeitsplätze unabhängig von der Arbeitgebereigenschaft des beschäftigenden Unternehmens).
[193] Vgl. Baumbach/Hueck/*Zöllner*/*Noack* § 52 Rn. 150.
[194] Vgl. Baumbach/Hueck/*Zöllner*/*Noack* § 52 Rn. 150 m. w. N.

Während bei einzelnen Gesellschaften die Zahl der Arbeitnehmer auf der Hand liegt, tritt im Konzern die Frage auf, inwieweit Arbeitnehmer von Konzernunternehmen bei der Bestimmung der relevanten Arbeitnehmerzahl mit zu berücksichtigen sind. § 2 Abs. 2 DrittelbG verlangt eine Zurechnung der Arbeitnehmer unterschiedlicher Rechtsträger dann, wenn zwischen der herrschenden GmbH und dem oder den von ihr abhängigen Unternehmen ein **Beherrschungsvertrag** besteht; dabei kommen nicht nur Beherrschungsverträge mit Aktiengesellschaften (§ 291 Abs. 1 AktG) in Betracht, sondern auch solche mit Gesellschaften in Betracht, die nicht die Rechtsform einer AG oder KGaA haben. Erforderlich ist jedoch, dass es sich tatsächlich um einen Beherrschungsvertrag handelt; ein Ergebnisabführungsvertrag ist nicht ausreichend.[195] Die häufig anzutreffenden faktischen Konzernverhältnisse reichen für die Zusammenrechnung der entsprechenden Arbeitnehmer nicht aus.[196] Auch andere Arten von Unternehmensverträgen führen nicht zu einer Hinzurechnung der Arbeitnehmer.[197] Eine Zusammenrechnung ist danach nur im Ausnahmefall möglich.

b) **Keine Geltung vorrangiger mitbestimmungsrechtlicher Regeln.** Nach § 1 Abs. 2 Nr. 1 DrittelbG besteht eine Aufsichtsratspflichtigkeit nach dieser Norm nur, sofern nicht die Anwendungsvoraussetzungen des MitbestG, des MontanMitbestG oder des MitbestErgG als vorrangige Regelungen erfüllt sind.

c) **Ausnahmen für Tendenzunternehmen.** Gemäß § 1 Abs. 2 Nr. 2 DrittelbG gilt die Aufsichtsratspflichtigkeit nicht für Unternehmen, die politischen, gewerkschaftlichen, konfessionellen, karitativen, erzieherischen, wissenschaftlichen, künstlerischen und ähnlichen Bestimmungen dienen sowie für Unternehmen, die unmittelbar und überwiegend dem Zweck der Berichterstattung oder Meinungsäußerung verfolgen, auf die Art. 5 Abs. 1 S. 2 GG anzuwenden ist.

3. Aufgaben und Rechte des Aufsichtsrats DrittelbG

Da es sich bei dem obligatorischen Aufsichtsrat nach dem DrittelbG um eine gesetzlich typisierte Form des Aufsichtsrats handelt, sind die Aufgaben und Rechte eines derartigen Aufsichtsrats weitestgehend gesetzlich festgelegt. Spielraum für die Erweiterung oder Einschränkung von Aufgaben oder Rechten besteht damit nur äußerst eingeschränkt:

a) **Informationsrechte.** § 1 Abs. 1 Nr. 3 DrittelbG verweist, wie § 52 Abs. 1 GmbHG, hinsichtlich der Informationsrechte des Aufsichtsrats auf die Absätze 3 bis 5 des § 90 AktG, weshalb der Aufsichtsrat von der Geschäftsführung jederzeit die Berichterstattung über Angelegenheiten der Gesellschaft verlangen kann. Die Anwendung des § 90 Abs. 1 und 2 AktG, wonach der Vorstand selbstständig in regelmäßigen Abständen über wichtige Geschäfte, Entwicklungen und Planungen zu unterrichten hat, sieht § 1 Abs. 1 Nr. 3 DrittelbG dagegen nicht vor. Für die Informationsrechte des obligatorischen Aufsichtsrats nach dem DrittelbG gilt allerdings, dass die gesetzlich vorgegebenen Informationsrechte nicht eingeschränkt, wohl aber erweitert werden können.[198] Die Satzung oder die Geschäftsordnung können daher vorsehen, dass § 90 Abs. 1 und 2 AktG entsprechend anzuwenden ist, oder eigene Berichtspflichten der Geschäftsführung begründen.

b) **Überwachung der Geschäftsführung.** Wesentliche Aufgabe ist die Kontrolle der Geschäftsführung, d.h. insbesondere der Handlungen der Geschäftsführer. Insoweit gilt nichts Anderes als für den fakultativen Aufsichtsrat, solange sich dieser an dem gesetzlichen Leitbild des § 111 Abs. 1 AktG i.V.m. § 52 Abs. 1 GmbHG orientiert.[199] Fraglich ist allerdings,

---

[195] Vgl. zum Ganzen Baumbach/Hueck/*Zöllner/Noack* § 52 Rn. 153 m.w.N.
[196] KG Beschluss NZG 2007, 913.
[197] Vgl. nur Baumbach/Hueck/*Zöllner/Noack* § 52 Rn. 155 m.w.N.
[198] Baumbach/Hueck/*Zöllner/Noack* § 52 Rn. 260; Hachenburg/*Raiser* § 51 Rn. 224.
[199] Hinweise zur umfassenden Literatur im Zusammenhang mit der Kritik der Überwachungstätigkeit des Aufsichtsrates und der entsprechenden Reformdiskussionen bei Baumbach/Hueck/*Zöllner/Noack* § 52 Rn. 243.

ob die Überwachungsaufgaben des obligatorischen Aufsichtsrats nach dem DrittelbG auch sonstige Geschäftsführungsmaßnahmen, d. h. Entscheidungen der Gesellschafterversammlung oder eines unternehmensleitenden Beirats, erfassen.[200] Da Kontrolladressat ausschließlich die Geschäftsführung ist, hat der Aufsichtsrat die Gesellschafterversammlung oder einen Beirat **nicht** zu überwachen.[201] Gegenstand der Kontrolle ist insoweit nur die Ausführung solcher Beschlüsse durch die Geschäftsführung.

125 Im Gegensatz zum fakultativen Aufsichtsrat können dem Aufsichtsrat nach dem DrittelbG **keine unternehmensleitenden Funktionen** zugewiesen werden. Gemäß § 111 Abs. 4 S. 1 AktG i. V. m. § 1 Abs. 1 Nr. 3 DrittelbG sind Maßnahmen der Geschäftsführung nicht übertragbar. Die Funktionstrennung zwischen Aufsichtsrat und Geschäftsleitungsorgan, die zu den Grundprinzipien der Aktiengesellschaft zählt, ist daher auch im Falle der Aufsichtsratspflichtigkeit nach dem DrittelbG zwingend zu beachten. Abweichende Satzungsbestimmungen sind unzulässig.[202] Will sich die Gesellschafterversammlung von geschäftsführungsbezogenen Entscheidungen entlasten, so hat sie die Möglichkeit, **neben** dem obligatorischen Aufsichtsrat einen Beirat einzurichten, dem sie derartige Aufgaben überträgt.[203]

126 Problematisch ist allerdings die Frage, welche Rechte der Gesellschafterversammlung zukommen, wenn die Geschäftsführung eine nach der Satzung zustimmungspflichtige Maßnahme dem Aufsichtsrat zur Entscheidung vorlegt und dieser seine Zustimmung verweigert.[204] Richtigerweise ist angesichts des allgemein anzuerkennenden Letztentscheidungsrechts der Gesellschafterversammlung auch bei der Zustimmungsverweigerung durch den obligatorischen Aufsichtsrat nach dem DrittelbG davon auszugehen, dass die Gesellschafterversammlung, entgegen § 111 Abs. 4 Satz 3 und 4 AktG, die Zustimmung mit **einfacher Mehrheit** erteilen kann.[205]

126 Nach § 111 Abs. 3 S. 1 AktG i. V. m. § 1 Abs. 1 Nr. 3 DrittelbG kann der Aufsichtsrat die Gesellschafterversammlung einberufen, wenn dies das Wohl der Gesellschaft erfordert. Die Entscheidung über die Einberufung trifft der Aufsichtsrat gemäß § 111 Abs. 3 S. 2 AktG mit einfacher Mehrheit. Wegen der fehlenden Dispositivität dieser Regelung kann die Satzung das Recht des Aufsichtsrates zur Einberufung der Gesellschafterversammlung weder ausschließen noch erschweren. Auch dem obligatorischen Aufsichtsrat kommt jedoch kein eigenes Antragsrecht in der Gesellschafterversammlung zu.[206]

128 **c) Wahrnehmung von Aufgaben der Gesellschafterversammlung.** Die den Gesellschaftern nach § 46 GmbHG obliegenden Aufgaben lassen sich grundsätzlich auch auf den obligatorischen Aufsichtsrat nach dem DrittelbG übertragen. Bei der Übertragung ihnen zugewiesener Kompetenzen auf einen auch von Arbeitnehmervertretern gebildeten Aufsichtsrat werden die Gesellschafter regelmäßig allerdings größere Zurückhaltung zeigen als bei einem fakultativen Aufsichtsrat, dessen Zusammensetzung sie allein bestimmen. Die Übertragung von Kompetenzen der Gesellschafterversammlung, mit Ausnahme von Grundlagengeschäften, ist mithin möglich (s. → Rn. 23).

129 Die Befugnis zur Erteilung von Weisungen an die Geschäftsführung lässt sich grundsätzlich nicht, weder ausschließlich noch ergänzend, auf den obligatorischen Aufsichtsrat nach dem DrittelbG übertragen. Das Weisungsrecht ermöglicht es dem insoweit berechtigten Organ, Einfluss auf die Geschäftsführung zu nehmen. Nach der zwingenden Verweisung des § 1 Abs. 1 Nr. 3 DrittelbG auf § 111 Abs. 4 Satz 1 AktG dürfen dem obligatorischen Aufsichtsrat aber keine Maßnahmen der Geschäftsführung obliegen. Die Weisungsrechte

---

[200] Baumbach/Hueck/*Zöllner*/*Noack* § 52 Rn. 242.
[201] Scholz/*Schneider* § 52 Rn. 88. m. w. N.; Baumbach/Hueck/*Zöllner*/*Noack* § 52 Rn. 242.
[202] Baumbach/Hueck/*Zöllner*/*Noack* § 52 Rn. 252; Scholz/*Schneider* § 52 Rn. 162.
[203] Baumbach/Hueck/*Zöllner*/*Noack* § 52 Rn. 252.
[204] Zur umstrittenen Frage, ob der Aufsichtsrat von sich aus einen Katalog zustimmungspflichtiger Geschäfte aufstellen kann oder ob die Satzung diese Möglichkeit ausschließen kann Baumbach/Hueck/*Zöllner* § 52 Rn. 253 f. m. w. N.
[205] So auch Scholz/*Schneider* § 52 Rn. 147 m. w. N.; *Lutter*/Hommelhoff § 52 Rn. 52; Baumbach/Hueck/*Zöllner*/*Noack* § 52 Rn. 254 m. w. N.; a. A. Rowedder/Schmidt-Leithoff/*Koppensteiner*/*Gruber* § 37 Rn. 32; Hachenburg/*Raiser* § 52 Rn. 232.
[206] Scholz/*Schneider* § 52 Rn. 126; a. A. Meyer/Landrut/*Miller*/*Niehus* § 52 Rn. 23.

d) **Vertretung der Gesellschaft.** Nach § 1 Abs. 1 Nr. 3 DrittelbG ist § 112 AktG anzuwenden, wonach der Aufsichtsrat die Gesellschaft gerichtlich und außergerichtlich gegenüber den Geschäftsführern vertritt. Insoweit gelten die Ausführungen zu → Rn. 25 bis 30 entsprechend. Die Gesellschafterversammlung kann auch dem obligatorischen Aufsichtsrat nach dem DrittelbG die Bestellung der Geschäftsführer zuweisen.[208] Dann ist der Aufsichtsrat grundsätzlich auch ermächtigt, die Gesellschaft bei dem **Abschluss der Anstellungsverträge mit den Geschäftsführern** zu vertreten.[209] Da die Verweisung auf § 112 AktG zwingendes Recht darstellt, lassen sich die danach vorgesehenen Vertretungsbefugnisse des Aufsichtsrates nicht einschränken.

Gemäß § 111 Abs. 2 Satz 3 AktG i. V. m. § 1 Abs. 1 Nr. 3 DrittelbG obliegt dem Aufsichtsrat zwingend die **Erteilung des Prüfungsauftrags** an den Abschlussprüfer. Hiervon zu trennen ist die **Wahl des Abschlussprüfers,** die in die Zuständigkeit der Gesellschafterversammlung fällt (§ 318 Abs. 1 Satz 1 und 2 HGB), jedoch durch Satzungsregelung an den Aufsichtsrat delegiert werden kann.

e) **Prüfung des Jahresabschlusses.** Zu den im obligatorischen Aufsichtsrat zwingend zugewiesenen Aufgaben fällt auch die Prüfung des Jahresabschlusses (§ 171 AktG i. V. m. § 1 Abs. 1 Nr. 3 DrittelbG). Die Ausführungen unter → Rn. 31 ff. gelten entsprechend. Dabei obliegt es dem Aufsichtsrat auch, der Gesellschafterversammlung schriftlich über das Ergebnis seiner Prüfung zu berichten (§ 171 Abs. 2 Satz 1 AktG).

Die Kompetenz der Gesellschafterversammlung zur **Feststellung des Jahresabschlusses** (§ 172 AktG) bleibt unberührt (§§ 46 Nr. 1, 42a Abs. 1, 2 GmbHG). Durch Satzungsregelung kann die Feststellung des Jahresabschlusses jedoch auf den obligatorischen Aufsichtsrat übertragen werden.

4. Einrichtung und Beseitigung des Aufsichtsrats nach DrittelbG

Die Einrichtung und Beseitigung des obligatorischen Aufsichtsrats liegt nicht im Ermessen der Gesellschafter, sondern hängt von dem Vorliegen der gesetzlichen Voraussetzungen oder deren Wegfall ab. Hinsichtlich der Einrichtung ist zu unterscheiden, ob die Aufsichtsratspflichtigkeit bereits bei Gründung der GmbH besteht oder diese erst später infolge des Zuwachses an Arbeitnehmern eintritt.

a) **Aufsichtsratspflichtigkeit vor Eintragung der Gesellschaft.** Eine Aufsichtsratspflichtigkeit bei Gründung kommt in Betracht, wenn es sich, jedenfalls teilweise, um eine Sachgründung handelt und Gegenstand der Sacheinlage ein Unternehmen mit mehr als 500 Arbeitnehmern ist. Im Schrifttum ist umstritten, ob eine Aufsichtsratspflichtigkeit bereits bei der Vorgesellschaft besteht. Überwiegend wird vertreten, dass ein vollständiger mitbestimmter Aufsichtsrat vor Eintragung in das Handelsregister nicht zwingend vorgeschrieben ist. Dies wird zum einen mit dem fehlenden Überwachungsbedürfnis bei einer Vor-GmbH, zum anderen mit einer entsprechenden Anwendung des § 31 AktG begründet.[210]

b) **Aufsichtsratspflichtigkeit nach Eintragung der Gesellschaft.** Wird die Zahl von 500 Arbeitnehmern nach Eintragung der GmbH überschritten, so hängt die Vorgehensweise davon ab, ob ein (fakultativer) Aufsichtsrat bereits besteht. Existiert bereits ein solcher Aufsichtsrat, findet das Statusverfahren gemäß § 97 AktG entsprechende Anwendung. Danach hat die Geschäftsführung, wenn sie der Ansicht ist, dass der Aufsichtsrat nicht nach den für ihn maßgebenden gesetzlichen Vorschriften zusammengesetzt ist, dies unverzüglich in den

---

[207] Scholz/*Schneider* § 52 Rn. 162 m. w. N.; *Dietz/Richardi* § 77 BetrVG 1952 Rn. 24.
[208] Baumbach/Hueck/*Zöllner/Noack* § 52 Rn. 251; Scholz/*Schneider* § 52 Rn. 167.
[209] Hachenburg/*Raiser* § 52 Rn. 223.
[210] So MünchHdbGesR III/*Gummert* § 16 Rn. 41 m. w. N.; BayObLG NZG 2000, 932 ff.; nach vermittelnder Ansicht ist § 31 AktG entsprechend anzuwenden, sodass die mitbestimmungsrechtlichen Vorschriften keine Anwendung finden: Michalski/*Giedinghagen* § 52 Rn. 40; Rowedder/*Schmidt-Leithoff* § 11 Rn. 51 ff.; a. A. Hachenburg/*Raiser* § 52 Rn. 160;.

Gesellschaftsblättern und gleichzeitig durch Aushang in sämtlichen Betrieben der Gesellschaft und ihrer Konzernunternehmen bekannt zu machen. Dabei sind die nach Auffassung der Geschäftsführung maßgeblichen Vorschriften zu benennen. Der Aufsichtsrat setzt sich nach diesen Vorschriften zusammen, wenn nicht innerhalb eines Monats nach der Bekanntmachung im Bundesanzeiger Antragsberechtigte im Sinne von § 98 Abs. 2 AktG das nach § 98 Abs. 1 AktG zuständige Gericht anrufen; hierauf ist in der Bekanntmachung hinzuweisen. Diese Vorgehensweise ist zwingend, da § 1 Abs. 1 Nr. 3 DrittelbG auf die §§ 97 ff. AktG verweist. Zur Beantragung der gerichtlichen Entscheidung im Sinne von § 98 AktG sind insbesondere die Geschäftsführer, jedes Aufsichtsratsmitglied, jeder Gesellschafter, der Betriebsrat bzw., wenn vorhanden, der Gesamtbetriebsrat der GmbH, eine Mindestzahl von Arbeitnehmern sowie Gewerkschaften bzw. deren Spitzenorganisationen berechtigt.[211] Die bisherigen Regelungen der Satzung treten unter den in § 97 Abs. 2 AktG genannten Voraussetzungen außer Kraft, soweit sie den gesetzlichen Bestimmungen über die Zusammensetzung des Aufsichtsrats, die Zahl der Aufsichtsratsmitglieder, deren Wahl, Abberufung und Entsendung widersprechen. Zugleich erlischt das Amt der bisherigen Aufsichtsratsmitglieder. Die Gesellschafterversammlung kann anstelle der außer Kraft tretenden Satzungsbestimmungen neue, gesetzeskonforme Regelungen beschließen.

136   Verfügt die Gesellschaft bei Eintritt der Aufsichtsratspflichtigkeit noch nicht über einen (fakultativen) Aufsichtsrat, so ist ebenfalls ein Statusverfahren durchzuführen.[212]

**Muster: Bekanntmachung der
vorschriftswidrigen Zusammensetzung des Aufsichtsrats**

137   X-GmbH, Berlin, Geschäftsführung

Bekanntmachung der Zusammensetzung des Aufsichtsrats

Unsere Gesellschaft verfügt derzeit über einen Aufsichtsrat im Sinne des § 52 Abs. 1 GmbHG, der ausschließlich aus von der Gesellschafterversammlung bestellten Mitgliedern besteht.

Mit Erwerb des gesamten Geschäftsbetriebes der B-AG und der damit auf unsere Gesellschaft übergangenen Arbeitsverträge mit Mitarbeitern beschäftigt die X-GmbH nunmehr regelmäßig mehr als 500 Arbeitnehmer. Dies hat nach Ansicht der Geschäftsführung der X-GmbH zur Folge, dass der Aufsichtsrat der Gesellschaft nicht mehr nach den für die Zusammensetzung des Aufsichtsrats maßgebenden Bestimmungen zusammengesetzt ist. Nach Auffassung der Geschäftsführung richtet sich die Zusammensetzung des Aufsichtsrats nunmehr nach §§ 96 Abs. 1 (4. Fall), 101 Abs. 1 AktG i. V. m. §§ 1 Abs. 1 Nr. 3, 4 DrittelbG.

Der Aufsichtsrat besteht gemäß § ...... der Satzung unserer Gesellschaft aus insgesamt sechs Mitgliedern. Er wird künftig aus vier von der Gesellschafterversammlung bestellten Aufsichtsratsmitgliedern und zwei von den Arbeitnehmern gewählten Aufsichtsratsmitgliedern bestehen, sofern nicht Antragsberechtigte im Sinne von § 98 Abs. 2 AktG innerhalb eines Monats nach dieser Bekanntmachung im Bundesanzeiger das entsprechend § 98 Abs. 1 AktG zuständige Gericht anrufen. Dies ist das Landgericht Berlin (Zivilkammer).

Berlin, im Mai 2013
X-GmbH
Geschäftsführung
Gerd Gerstein   Friedrich Falk

138   **c) Wegfall von Voraussetzungen.** Besteht ein obligatorischer Aufsichtsrat und fallen die Voraussetzungen für seine Einrichtung später weg, so hat die Geschäftsführung (ggf. erneut) das Statusverfahren einzuleiten. Dies gilt auch dann, wenn die Zahl der Arbeitnehmer sich so erhöht, dass nunmehr der Aufsichtsrat nach den Vorschriften des MitbestG zu bilden ist.

---

[211] Muster für den Antrag auf gerichtliche Entscheidung über die Zusammensetzung des Aufsichtsrats nach § 98 AktG (für die AG) bei *Happ* S. 1066 f.
[212] MünchHdbGesR III/*Marsch-Barner/Diekmann* § 48 Rn. 100; Michalski/*Giedinghagen* § 52 Rn. 41; BAG BB 2008, 2185 ff.

d) Veränderungen durch Umwandlungsvorgänge. Bei einer **Verschmelzung** nach dem UmwG enden die Mandate der Mitglieder des Aufsichtsrats des übertragenden Rechtsträgers mit Wirksamwerden der Verschmelzung durch Eintragung in das Handelsregister.[213] Im Fall eines **Formwechsels** gemäß den §§ 190 ff. UmwG gilt nach § 203 S. 1 UmwG der Grundsatz der Amtskontinuität: Bestand bereits vor dem Formwechsel (bspw. bei einer Aktiengesellschaft) ein Aufsichtsrat, der sich nach den gesetzlichen Vorschriften zusammensetzte, so besteht dieser auch nach dem Formwechsel fort. Bei einer Spaltung oder Ausgliederung richtet sich die Aufsichtsratspflichtigkeit nach den dann jeweils bestehenden Verhältnissen bei dem übertragenden und dem aufnehmenden (bestehenden oder neu gegründeten) Rechtsträger.[214]

5. Größe und Zusammensetzung des Aufsichtsrats nach DrittelbG

Nach den zwingenden Regelungen des § 95 S. 1 bis 4 AktG, auf die § 1 Abs. 1 Nr. 3 DrittelbG verweist, besteht der Aufsichtsrat aus **mindestens drei Mitgliedern,** wobei die Satzung eine bestimmte höhere, durch drei teilbare Zahl festlegen kann. Daneben sind **Grenzen** in Abhängigkeit von der Höhe des Stammkapitals vorgegeben (§ 95 S. 4 AktG).[215] Welche Vorgehensweise maßgeblich ist, wenn das Stammkapital der GmbH herabgesetzt wird, und damit die Zahl der bestellten Aufsichtsratsmitglieder die gesetzlich zulässige Höchstzahl überschreitet, ist höchst umstritten.[216] Richtig, wenn auch mit erheblichem Aufwand verbunden, dürfte jedenfalls die Einleitung des Statusverfahrens[217] mit anschließenden Neuwahlen sein, sofern die Satzung keine entsprechenden Einzelheiten festlegt.

Gemäß § 4 Abs. 1 DrittelbG hat der Aufsichtsrat zu **einem Drittel** aus **Vertretern der Arbeitnehmer** zu bestehen. Freilich können die Anteilseigner auch zusätzliche Arbeitnehmer in den Aufsichtsrat wählen; dies ist aber ohne Einfluss auf die von Arbeitnehmern zu wählenden Vertreter i. S. v. § 4 Abs. 1 DrittelbG.

6. Mitgliedschaft und Vergütung

a) Persönliche Voraussetzungen. Die Mitgliedschaft im obligatorischen Aufsichtsrat unterliegt folgenden Voraussetzungen, die für Anteilseigner- und Arbeitnehmervertreter gleichermaßen gelten: Nach ganz herrschender Meinung gilt auch für den obligatorischen Aufsichtsrat der GmbH die Regelung in § 100 Abs. 1 AktG, wonach nur eine natürliche und voll geschäftsfähige Person Mitglied des Aufsichtsrats sein kann; eine abweichende Satzungsregelung ist unzulässig. Daneben findet § 100 Abs. 2 Nr. 1 AktG Anwendung, wonach Personen von der Mitgliedschaft ausgeschlossen sind, die bereits zehn Aufsichtsratsmandate in obligatorischen Aufsichtsräten von Handelsgesellschaften innehaben. Der Vorsitz in einem solchen Aufsichtsrat zählt doppelt; im Konzern sind bestimmte Sitze nicht anzurechnen (§ 100 Abs. 2 S. 2 u. 3. AktG).

Nach § 105 Abs. 1 AktG i. V. m. § 1 Abs. 1 Nr. 3 DrittelbG kann ein Aufsichtsratsmitglied nicht zugleich Geschäftsführer oder stellvertretender Geschäftsführer, Prokurist oder zum gesamten Geschäftsbetrieb ermächtigter Handlungsbevollmächtigter der Gesellschaft sein. Diese Personen sind daher nicht wählbar. Gemäß § 100 Abs. 2 Nr. 2 AktG i. V. m. § 1 Abs. 1 Nr. 3 DrittelbG sind außerdem gesetzliche Vertreter eines von der Gesellschaft abhängigen Unternehmens von der Mitgliedschaft im Aufsichtsrat ausgeschlossen. Die für den fakultativen Aufsichtsrat zu beantwortende Frage, ob solche Personen bei abweichenden Satzungsregelungen wählbar sein können, stellt sich wegen des zwingenden Charakters von § 1 Abs. 1 Nr. 3 DrittelbG nicht. Im Übrigen gelten die zum fakultativen Aufsichtsrat

---

[213] Beck'sches HdbGmbH/*Müller* § 6 Rn. 75 m. w. N.
[214] S. dazu weiter Beck'sches HdbGmbH/*Müller* § 6 Rn. 75 m. w. N.
[215] Zu den Rechtsfolgen der Überschreitung der satzungsmäßigen und/oder gesetzlichen Höchstzahlen s. Hachenburg/*Raiser* § 52 Rn. 162 m. w. N.
[216] Überblick bei *Oetker* ZHR 149 (1985), 578.
[217] Dafür BAG AP Nr. 28 zu § 76 BetrVG 1952; ablehnend Michalski/*Giedinghagen* § 52 Rn. 41, der lediglich Ergänzungswahlen für erforderlich hält.

aufgezeigte Grundsätze entsprechend.²¹⁸ Sonstige satzungsmäßige Einschränkungen der Wählbarkeit oder die Aufstellung weiterer sachlicher Voraussetzungen hierfür (bspw. Berufserfahrung, besondere Qualifikationen etc.) sind nur für die Anteilseignervertreter zulässig (§ 100 Abs. 4 i. V. m. § 1 Abs. 1 Nr. 3 DrittelbG).

144   b) **Bestellung.** Die Art und Weise der jeweiligen Bestellung hängt davon ab, ob es sich um Anteilseigner- oder Arbeitnehmervertreter handelt, ggf. kommt eine gerichtliche Bestellung in Betracht:

145   *aa) Anteilseignervertreter.* Die Bestellung der **Anteilseignervertreter** erfolgt durch die Gesellschafterversammlung, die hierüber mit einfacher Mehrheit (§ 47 Abs. 1 GmbHG) entscheidet. Im Übrigen bestehen keine Unterschiede zum fakultativen Aufsichtsrat.²¹⁹ Allerdings steht für den obligatorischen Aufsichtsrat fest, dass Entsendungsrechte nur zugunsten von Gesellschaftern begründet werden können.²²⁰ Dies folgt aus der zwingenden Verweisung in § 1 Abs. 1 Nr. 3 DrittelbG auf § 101 Abs. 2 S. 1 AktG. Entsendungsrechte können danach bestimmten Gesellschaftern oder dem jeweiligen Inhaber des entsprechenden Geschäftsanteils eingeräumt werden, soweit es sich um vinkulierte, d. h. nur mit Zustimmung der Gesellschafterversammlung übertragbare (§ 15 Abs. 5 GmbHG), Anteile handelt. Nach § 101 Abs. 2 S. 4 sind Entsendungsrechte nur hinsichtlich eines Drittels der Aufsichtsratssitze zulässig.²²¹

146   *bb) Arbeitnehmervertreter.* Die **Arbeitnehmervertreter** werden von den wahlberechtigten Arbeitnehmern des Unternehmens in allgemeiner, gleicher, geheimer und unmittelbarer Wahl gewählt (§ 5 Abs. 1 DrittelbG).²²² Das Wahlrecht steht allen volljährigen Arbeitnehmern zu (§ 5 Abs. 2 DrittelbG). Nach § 6 DrittelbG können Betriebsräte und Arbeitnehmer Wahlvorschläge unterbreiten. Wahlvorschläge von Arbeitnehmern müssen von mindestens 100 wahlberechtigten Arbeitnehmern oder einem Zehntel der Wahlberechtigten unterzeichnet sein. § 2 Abs. 1 DrittelbG regelt die Wahl im (Vertrags-)Konzern i. S. v. § 18 Abs. 1 AktG.²²³ Im Gegensatz zum früheren Recht gilt die widerlegbare Konzernvermutung des § 18 Abs. 1 S. 3 AktG durch die Verweisung auf § 18 Abs. 1 AktG in § 2 Abs. 1 DrittelbG.

147   Sind ein oder zwei Arbeitnehmervertreter zu wählen, so muss es sich bei diesen um in Betrieben der Gesellschaft beschäftigte Arbeitnehmer handeln, ggf. um einen Arbeiter und einen Angestellten. Wenn es sich bei der überwiegenden Zahl der Beschäftigten um Frauen handelt, soll (mindestens) eine von ihnen als Arbeitnehmervertreter gewählt werden (§ 4 Abs. 4 DrittelbG).

148   Unterliegt die Wahl von Arbeitnehmern Mängeln, richten sich die Rechtsfolgen nicht nach Gesellschaftsrecht, sondern nach § 11 DrittelbG. Die Anfechtung der Wahl ist danach binnen zwei Wochen seit Bekanntgabe des Wahlergebnisses (§ 8 DrittelbG) möglich und hängt von Verstößen gegen wesentliche Vorschriften über das Wahlrecht, die Wählbarkeit oder das Wahlverfahren ab. Der Kreis der Anfechtungsberechtigten ist nach § 11 Abs. 2 DrittelbG eingeschränkt. Sachlich zuständig ist das Arbeitsgericht. Eine Nichtigkeit der Wahl ist nur in Ausnahmefällen anzuerkennen.²²⁴

149   *cc) Gerichtliche Bestellung.* Nach § 1 Abs. 1 Nr. 3 DrittelbG findet § 104 AktG Anwendung. Danach hat das Gericht auf Antrag der Geschäftsführung, eines Aufsichtsratsmitglieds, eines Gesellschafters, des (Gesamt-)Betriebsrats i. S. v. § 104 Abs. 1 S. 3 Nr. 1 oder 2

---

²¹⁸ S. oben → Rn. 32 ff.
²¹⁹ S. oben → Rn. 47 ff.
²²⁰ So die h. M. Hachenburg/*Raiser* § 52 Rn. 175; Baumbach/Hueck/*Zöllner/Noack* § 52 Rn. 177; a. A. Rowedder/Schmidt-Leithoff/*Koppensteiner/Schnorbus* § 52 Rn. 60.
²²¹ Str., wie hier Baumbach/Hueck/*Zöllner/Noack* § 52 Rn. 177 m. w. N; a. A. bspw. Scholz/*Schneider* § 52 Rn. 232.
²²² Die Einzelheiten regelt die Verordnung zur Wahl der Aufsichtsratsmitglieder der Arbeitnehmer nach dem Drittelbeteiligungsgesetz (WODrittelbG).
²²³ Diese Frage ist von der Zusammenrechnung von Arbeitnehmern zur Ermittlung der Aufsichtsratspflichtigkeit gem. § 2 Abs. 2 DrittelbG zu trennen, s. dazu weiter Baumbach/Hueck/*Zöllner/Noack* § 52 Rn. 184.
²²⁴ Baumbach/Hueck/*Zöllner/Noack* § 52 Rn. 180; Scholz/*Schneider* § 52 Rn. 249 S. ausführlich das Spezialschrifttum, bspw. *Dietz/Richardi* § 76 BetrVG 1952 Rn. 111 ff.; Fuchs/*Köstler* Rn. 601 ff.

oder einer Mindestzahl von Arbeitnehmern den Aufsichtsrat auf eine zur Beschlussfähigkeit nötige Zahl zu ergänzen. Gehören dem Aufsichtsrat länger als drei Monate weniger Mitglieder als die durch Gesetz oder Satzung bestimmte Zahl an, ergänzt das Gericht den Aufsichtsrat auf Antrag auf diese Zahl (§ 104 Abs. 2 AktG). Die Berücksichtigung von Proporz- und Auswahlkriterien durch das Gericht ist in § 104 Abs. 4 AktG geregelt.

dd) Ersatzmitglieder. Nach §§ 7 und 1 Abs. 1 Nr. 3 DrittelbG i. V. m. § 101 Abs. 3 AktG besteht die Möglichkeit, gleichzeitig mit dem Aufsichtsratsmitglied für dieses ein Ersatzmitglied zu bestellen. Das Ersatzmitglied wird Mitglied des Aufsichtsrats, wenn das entsprechende Aufsichtsratsmitglied vor Ablauf seiner Amtszeit aus dem Aufsichtsrat ausscheidet. Die Bestellung von stellvertretenden Aufsichtsratsmitgliedern ist dagegen nicht möglich.[225] 150

c) **Amtszeit.** Gemäß § 102 Abs. 1 AktG i. V. m. § 1 Abs. 1 Nr. 3 DrittelbG ist die Amtszeit der Aufsichtsratsmitglieder, gleich ob Arbeitnehmer- oder Anteilseignervertreter, bis zur Entlastung für das vierte Geschäftsjahr nach der Wahl befristet. Die maximale Amtszeit beträgt danach rund fünf Jahre.[226] Die Satzung kann eine kürzere Amtszeit festsetzen, sofern diese für Anteilseigner- und Arbeitnehmervertreter gleichermaßen gilt.[227] Bei Fehlen einer entsprechenden Satzungsregelung gelten Arbeitnehmervertreter als für die gesetzlich zulässige Höchstdauer bestellt.[228] Bei der Bestellung von Anteilseignervertretern kann der Bestellungsbeschluss eine kürzere Amtsdauer vorsehen. Anderenfalls werden auch solche Mitglieder für die gesetzliche Höchstdauer bestellt. 151

d) **Amtsbeendigung.** Das Aufsichtsratsmandat endet bei Ablauf der festen Amtszeit. Für die Möglichkeit der vorzeitigen Beendigung des Aufsichtsratsmandats durch **Abberufung** gilt Folgendes: Anteilseignervertreter können jederzeit durch Beschluss der Gesellschafterversammlung abberufen werden. Der Beschluss bedarf nach § 103 Abs. 1 AktG i. V. m. § 1 Abs. 1 Nr. 3 DrittelbG einer Drei-Viertel-Mehrheit, sofern die Satzung keine höheren oder geringeren Mehrheiten verlangt. Die Satzung kann zusätzliche Erfordernisse aufstellen. Für die Abberufung von entsandten Mitgliedern gilt § 103 Abs. 2 AktG. 152

Die Abberufung von Arbeitnehmervertretern setzt nach § 12 Abs. 1 DrittelbG einen Beschluss der wahlberechtigten Arbeitnehmer voraus, der in entsprechender Anwendung der Wahlvorschriften zustande kommt und einer Mehrheit von drei Vierteln der abgegebenen Stimmen bedarf. Die Abstimmung über die Abberufung kann jeder Betriebsrat (auch der Gesamtbetriebsrat)[229] oder ein Fünftel der wahlberechtigten Arbeitnehmer beantragen. 153

Die **Abberufung aus wichtigem Grund** hat durch das Gericht gemäß § 103 Abs. 3 AktG auf Antrag des Aufsichtsrats (der hierüber mit einfacher Mehrheit ohne Stimmrecht des Betroffenen entscheidet) zu erfolgen, wenn in der Person des abzuberufenden Aufsichtsratsmitglieds ein wichtiger Grund vorliegt. Entscheidend dabei ist, ob für die Gesellschaft der Verbleib des Aufsichtsratsmitglieds im Aufsichtsrat bis zum Ende seiner Amtszeit unzumutbar ist.[230] 154

Ein Aufsichtsratsmitglied verliert sein Mandat ferner im Falle seines Todes oder bei Verlust der nach Gesetz oder Satzung (für Anteilseignervertreter) aufgestellten persönlichen Voraussetzungen. Ein Arbeitnehmervertreter, der als Beschäftigter der Gesellschaft in den Aufsichtsrat gewählt wurde, verliert sein Mandat bei Beendigung seines Arbeitsverhältnisses, wenn er zu den notwendig unternehmenszugehörigen Arbeitnehmern gehört.[231] Zählt er hingegen nicht zu den notwendig betriebsangehörigen Arbeitnehmervertretern, bleibt er im 155

---

[225] Baumbach/Hueck/*Zöllner/Noack* § 52 Rn. 188 m. w. N.; Scholz/*Schneider* § 52 Rn. 237.
[226] Weitere Einzelheiten bei Baumbach/Hueck/*Zöllner/Noack* § 52 Rn. 190 f.; Scholz/*Schneider* § 52 Rn. 280.
[227] Für Arbeitnehmervertreter siehe die Regelung in § 5 Abs. 1 DrittelbG; Fuchs/*Köstler* Rn. 238 m. w. N.; Baumbach/Hueck/*Zöllner/Noack* § 52 Rn. 194 f.; Scholz/*Schneider* § 52 Rn. 280 ff.
[228] Scholz/*Schneider* § 52 Rn. 280; Hachenburg/*Raiser* § 52 Rn. 187; Baumbach/Hueck/*Zöllner/Noack* § 52 Rn. 193.
[229] Baumbach/Hueck/*Zöllner/Noack* § 52 Rn. 197 m. w. N.
[230] S. hierzu *Hüffer* § 103 Rn. 10 f. m. w. N.
[231] Baumbach/Hueck/*Zöllner/Noack* § 52 Rn. 200.

Amt.[232] Dies gilt auch, wenn er aus wichtigem Grund fristlos entlassen worden ist.[233] Im Übrigen gelten die Ausführungen zum fakultativen Aufsichtsrat[234] entsprechend.

156   Auch die Mitglieder des obligatorischen Aufsichtsrats sind nach h.M. berechtigt, ihr Mandat durch einseitige empfangsbedürftige Willenserklärung auch ohne Angabe von Gründen **niederzulegen,** sofern dies nicht zur Unzeit erfolgt.[235]

157   e) **Vergütung.** *aa) Anspruch auf Vergütung.* Für die Vergütung von Aufsichtsratsmitgliedern gilt § 113 Abs. 1 AktG i.V.m. § 1 Abs. 1 Nr. 3 DrittelbG, wonach Aufsichtsratsmitgliedern durch Satzungsregelung oder Gesellschafterbeschluss eine Vergütung gewährt werden kann, die in einem angemessenen Verhältnis zu den Aufgaben der Aufsichtsratsmitglieder und zur Lage der Gesellschaft stehen soll. Gegenüber den Mitgliedern eines fakultativen Aufsichtsrats bestehen insoweit keine Besonderheiten. Nach § 113 Abs. 2 AktG kann nur die (erste) Gesellschafterversammlung eine Vergütung gewähren; die Regelung der Vergütung in der Gründungssatzung ist unzulässig.[236]

158   Hinsichtlich der Höhe der Vergütung ist eine **sachliche Differenzierung** zwischen dem Aufsichtsratsvorsitzenden, seinem Stellvertreter, Ausschussmitgliedern oder „einfachen" Mitgliedern **zulässig;** Arbeitnehmervertreter dürfen jedoch nicht benachteiligt werden, insbesondere ist es unzulässig, diesen eine geringere Vergütung als Anteilseignervertretern einzuräumen.[237] Sollen ergebnisabhängige Vergütungen gewährt werden, so gilt für die Berechnung der Tantieme zwingend § 113 Abs. 3 AktG. Entgegenstehende Festsetzungen sind nichtig (§ 113 Abs. 3 S. 2 AktG i.V.m. § 1 Abs. 1 Nr. 3 DrittelbG).

159   *bb) Aufwendungsersatz.* Ein Anspruch auf Aufwendungsersatz folgt auch ohne ausdrückliche Regelung aus §§ 670, 675 BGB (analog),[238] sofern dieser Anspruch nicht ausdrücklich und angemessen durch die gewährte Vergütung abgegolten wird.

160   *cc) Sonderverträge mit Aufsichtsratsmitgliedern.* Im Gegensatz zur Rechtslage beim fakultativen Aufsichtsrat gilt § 114 AktG, wonach sämtliche Verträge mit Aufsichtsratsmitgliedern zu ihrer Wirksamkeit der Zustimmung des Aufsichtsrats bedürfen, zwingend.[239] Beraterverträge, die sich auf Aufsichtsratstätigkeiten beziehen, sind nach § 134 BGB nichtig.[240]

161   *dd) Kreditgewährung und steuerliche Behandlung.* § 1 Abs. 1 Nr. 3 DrittelbG sieht (wie auch § 52 Abs. 1 GmbHG) keine Verweisung auf § 115 AktG (Kreditgewährung an Mitglieder des Aufsichtsrats einer Aktiengesellschaft) vor. Insoweit bestehen gegenüber dem fakultativen Aufsichtsrat keine Besonderheiten. Auch gelten für die steuerliche Behandlung der Aufsichtsratsvergütung auf Ebene der Gesellschaft wie auf Ebene der Aufsichtsratsmitglieder die gleichen Grundsätze.[241]

162   f) **Pflichten und Verantwortlichkeit der Aufsichtsratsmitglieder.** Anders als § 52 Abs. 1 GmbH verweist § 1 Abs. 1 Nr. 3 DrittelbG „nur" auf § 116 AktG und damit über die darin enthaltene Verweisung (mittelbar) auf § 93 AktG insgesamt, nicht nur auf § 93 Abs. 1und 2 S. 1 und 2 AktG. Grundsätzlich bestehen dabei für Anteilseigner- und Arbeitnehmervertreter die gleichen Sorgfaltsanforderungen; eine Differenzierung findet nicht statt.[242] Eine satzungsmäßige Milderung des Haftungsmaßstabs ist unzulässig.[243] Die zum fakultativen Aufsichtsrat aufgeführten Pflichten gelten auch für den Aufsichtsrat nach dem DrittelbG.[244]

---

[232] BGHZ 39, 120.
[233] Baumbach/Hueck/Zöllner/Noack § 52 Rn. 200; *Meier* GmbHR 2008, 585, 586.
[234] → Rn. 54 ff.
[235] *Hüffer* § 103 Rn. 17 m. w. N.; s. oben → Rn. 57 f.
[236] Hachenburg/*Raiser* § 52 Rn. 242; Baumbach/Hueck/Zöllner/Noack § 52 Rn. 203.
[237] Scholz/*Schneider* § 52 Rn. 365 f.; *Fitting/Kaiser/Heither/Engels* § 76 BetrVG 1952 Rn. 130.
[238] *Hüffer* § 113 Rn. 2b.
[239] Baumbach/Hueck/Zöllner/Noack § 52 Rn. 205.
[240] Lutter/*Hommelhoff* § 52 Rn. 74; Baumbach/Hueck/Zöllner/Noack § 52 Rn. 63, 101 m.w.N.; zu den allgemeinen Anforderungen an Beraterverträge mit Aufsichtsratsmitgliedern vgl. → Rn. 66.
[241] S. oben → Rn. 70.
[242] Baumbach/Hueck/Zöllner/Noack § 52 Rn. 207.
[243] Michalski/*Giedinghagen* § 52 Rn. 307.
[244] S. oben → Rn. 72 ff.

Gegenüber dem fakultativen Aufsichtsrat bestehen auf Grund der umfassenden Verweisung aber folgende wesentlichen Unterschiede: § 93 Abs. 3 AktG nennt bestimmte Maßnahmen, die insbesondere Schadensersatzpflichten der Aufsichtsratsmitglieder auslösen; die auf die AG zugeschnittene Regelung lässt sich allerdings nur eingeschränkt auf die GmbH übertragen, was die grundsätzliche (sinngemäße) Anwendbarkeit einzelner Tatbestände (in modifizierter Form) nicht ausschließt.[245] Gemäß § 93 Abs. 4 AktG ist eine Ersatzpflicht ausgeschlossen, wenn die Gesellschafterversammlung zuvor der Maßnahme zugestimmt hat. Ein nachträglicher Verzicht auf oder Vergleich über entstandene Ansprüche ist erst nach Ablauf einer dreijährigen Frist durch die Gesellschafterversammlung möglich, sofern nicht Gesellschafter, die zusammen mindestens zu 10% am Stammkapital beteiligt sind, widersprechen. § 93 Abs. 5 AktG ermöglicht unter bestimmten Umständen die direkte Inanspruchnahme von Aufsichtsratsmitgliedern durch Gläubiger der Gesellschaft. Ersatzansprüche verjähren in fünf Jahren (§ 93 Abs. 6 AktG).

Der **Entlastung** der Mitglieder des obligatorischen Aufsichtsrats nach dem DrittelbG kommt wegen § 93 Abs. 4 AktG vor Ablauf der dreijährigen Frist keine verzichtsähnliche Wirkung für bekannte oder erkennbare Ersatzansprüche zu. Nach Ablauf der Karenzfrist ist eine solche Wirkung aber anzuerkennen, sofern nicht die erforderliche Gesellschafterminderheit gegen den Entlastungsbeschluss stimmt.[246]

g) **Bekanntmachung von Veränderungen im Aufsichtsrat.** Gemäß § 8 S. 1 DrittelbG hat die Geschäftsführung (Geschäftsführer in vertretungsberechtigter Zahl) jeden Wechsel der Aufsichtsratsmitglieder unverzüglich im Bundesanzeiger und den sonstigen Gesellschaftsblättern zu veröffentlichen.[247] Darüber hinaus sind die Namen der Aufsichtsratsmitglieder in den Betrieben der GmbH bekanntzumachen; die Bekanntmachung ist mangels gesetzlicher Vorgabe in Gestalt von Aushängen oder über das Intranet möglich.[248] Nach § 1 Abs. 1 Nr. 3 DrittelbG i. V. m. § 106 AktG hat die Geschäftsführung bei jeder Änderung der Aufsichtsratsbesetzung unverzüglich eine Liste der Mitglieder des Aufsichtsrats zum Handelsregister einzureichen. Auch der Vorsitzende und sein Stellvertreter sind zu benennen (§ 107 Abs. 1 S. 2 AktG). Zweck der Vorschrift ist die Publizität der Zusammensetzung des Aufsichtsrats. Freilich ist auch die erste Besetzung des Aufsichtsrats bekanntzumachen – auch wenn dies § 106 AktG lediglich stillschweigend voraussetzt.[249] Mitzuteilen sind Name, Beruf und Wohnort der neuen Aufsichtsratsmitglieder sowie (optional) die Person des Ausscheidenden.[250] Die Bekanntmachung und Einreichung kann nach § 14 HGB erzwungen werden.

7. Beschlussfassung und innere Ordnung des Aufsichtsrats

Nach § 1 Abs. 1 DrittelbG finden die §§ 107 ff. AktG, welche die innere Ordnung des Aufsichtsrats regeln sowie Bestimmungen zur Einberufung von Sitzungen und zur Beschlussfassung des Aufsichtsrats enthalten, entsprechende Anwendung. Auch hierbei handelt es sich um zwingende Verweisungen, so dass der obligatorische Aufsichtsrat nach dem DrittelbG auch hinsichtlich seiner Arbeitsweise dem aktienrechtlichen Aufsichtsrat entspricht. Im Einzelnen gilt danach folgendes:

a) **Sitzungen und Einberufung.** Der Aufsichtsrat entscheidet grundsätzlich in Sitzungen, die der Vorsitzende einberuft.[251] Gemäß § 110 AktG können allerdings jedes Aufsichtsratsmitglied oder die Geschäftsführung unter Angabe des Zwecks und der Gründe verlangen, dass der Vorsitzende eine Sitzung des Aufsichtsrats einberuft. Die Sitzung muss dann binnen zwei Wochen nach der Einberufung stattfinden. Wird dem Verlangen nicht entsprochen, so ist unter Berücksichtigung der Voraussetzungen des § 110 Abs. 2 AktG die unmittelbare Einberufung ohne Mitwirkung des Aufsichtsratsvorsitzenden möglich.

---

[245] Baumbach/Hueck/Zöllner/Noack § 52 Rn. 209.
[246] Baumbach/Hueck/Zöllner/Noack § 52 Rn. 211.
[247] S. Muster → Rn. 60.
[248] Baumbach/Hueck/Zöllner/Noack § 52 Rn. 265.
[249] Baumbach/Hueck/Zöllner/Noack § 52 Rn. 267.
[250] S. Muster → Rn. 61.
[251] Baumbach/Hueck/Zöllner/Noack § 52 Rn. 215.

168 **b) Aufsichtsratsvorsitz.** Anders als der fakultative Aufsichtsrat muss der obligatorische Aufsichtsrat nach dem DrittelbG über einen Vorsitzenden und mindestens einen Stellvertreter verfügen. Beide müssen dem Aufsichtsrat angehören und werden von diesem, im Zweifel mit einfacher Mehrheit, gewählt (§ 107 Abs. 1 AktG). Die Satzung kann weitere Einzelheiten des Wahlverfahrens vorsehen. Einschränkungen, die dazu führen, dass insbesondere Anteilseignervertreter nur eingeschränkt wählbar sind, verstoßen gegen das Prinzip der Gleichbehandlung und sind unzulässig. Vor diesem Hintergrund sind auch sonstige satzungsmäßige persönliche oder sachliche Anforderungen an die Wählbarkeit problematisch,[252] soweit sie sich nicht ausschließlich auf die Anteilseignervertreter beziehen. Die Geschäftsführer haben in vertretungsberechtigter Zahl die Person des Vorsitzenden und des Stellvertreters zum Handelsregister gemäß § 107 Abs. 1 Satz 2 AktG anzumelden – eine Eintragung in das Handelsregister erfolgt aber nicht. Die Aufgaben und Rechte des Aufsichtsratsvorsitzenden entsprechen den zu Rn. 92 ff. dargestellten Grundsätzen. Kraft der zwingenden Regelungen des § 107 Abs. 1 Satz 3 AktG kann der Stellvertreter nur amtieren, wenn der Vorsitzende des Aufsichtsrats an der Ausübung seines Amtes verhindert ist.

169 **c) Einladung, Tagesordnung und Beschlussfassung.** Die zum fakultativen Aufsichtsrat aufgezeigten Grundsätze (→ Rn. 97 ff.) gelten für den obligatorischen Aufsichtsrat nach dem DrittelbG grundsätzlich entsprechend, wobei aber folgende Besonderheiten zu beachten sind: Infolge der zwingenden Anwendung von § 108 Abs. 2 AktG setzt die Beschlussfähigkeit bei Fehlen einer besonderen Satzungsregelung die Teilnahme von mindestens der Hälfte der Mitglieder des Aufsichtsrats an der Beschlussfassung voraus; mindestens müssen drei Mitglieder anwesend sein (§ 108 Abs. 2 Satz 3 AktG).[253] Das Mindesterfordernis der Teilnahme von drei Mitgliedern lässt sich auch durch Satzungsregelung nicht unterschreiten.[254] Unbeachtlich ist nach § 108 Abs. 2 Satz 4 AktG, ob bei der Beschlussfassung durch die anwesenden Mitglieder das Verhältnis zwischen Anteilseigner- und Arbeitnehmervertretern gewahrt ist. Welcher Spielraum für abweichende oder ergänzende Satzungsregelungen insoweit besteht, ist äußerst streitig.[255]

170 Die Beschlussfassung erfolgt grundsätzlich mit einfacher Mehrheit. Nach herrschender Meinung kann die Satzung jedenfalls dann keine höheren Mehrheiten vorsehen, wenn Beschlüsse zur Erledigung gesetzlich zwingend vorgeschriebener Aufgaben zu fassen sind.[256] Die Abstimmung erfolgt stets nach Köpfen; einzelnen Aufsichtsratsmitgliedern kann damit nicht eine stärkere Stimmkraft verliehen werden. Dem Vorsitzenden des Aufsichtsrates kann jedoch ein Recht zum Stichentscheid bei Stimmengleichheit eingeräumt werden.[257] Nach Maßgabe von § 108 Abs. 4 AktG ist die Beschlussfassung auch außerhalb von Sitzungen zulässig, sofern kein Mitglied des Aufsichtsrats widerspricht; die Satzung oder Geschäftsordnung können insoweit Erleichterungen vorsehen. Für **fehlerhafte Beschlüsse** gelten die Ausführungen zum fakultativen Aufsichtsrat (→ Rn. 104 ff.) entsprechend.

171 **d) Ersetzung verweigerter Zustimmungen durch die Gesellschafterversammlung.** Wenn der Aufsichtsrat seine Zustimmung zu einer zustimmungspflichtigen Geschäftsführungsmaßnahme verweigert, kann die Geschäftsführung nach § 111 Abs. 4 S. 3 AktG i. V. m. § 1 Abs. 1 Nr. 3 DrittelbG die Gesellschafterversammlung zur Entscheidung anrufen. Auch bei der Zustimmungsverweigerung durch den obligatorischen Aufsichtsrat entscheidet die Gesellschafterversammlung nach h. M. entgegen dem Wortlaut des § 111 Abs. 4 S. 3 AktG

---

[252] S. dazu Baumbach/Hueck/*Zöllner/Noack* § 52 Rn. 217 m. w. N.
[253] Beim Aufsichtsrat der AG ist die in § 108 Abs. 2 AktG geforderte Teilnahme von mindestens drei Aufsichtsratsmitgliedern an der Beschlussfassung auch dann erfüllt, wenn ein Mitglied einem Stimmverbot unterteilt und sich ausdrücklich der Stimme enthält, so BGH DStR 2007, 1046. Für eine analoge Anwendung auf den GmbH Aufsichtsrat *Döser* LMK 2007, 238 683.
[254] Baumbach/Hueck/*Zöllner/Noack* § 52 Rn. 227.
[255] S. ausführlich Kölner Komm./*Mertens* § 108 Rn. 63.
[256] Hachenburg/*Raiser* Rn. 219; Kölner Komm./*Mertens* § 108 Rn. 40; Baumbach/Hueck/*Zöllner/Noack* § 52 Rn. 231 m. w. N.
[257] Kölner Komm./*Mertens* § 108 Rn. 145; Baumbach/Hueck/*Zöllner/Noack* § 52 Rn. 231.

mit einfacher Mehrheit, sofern die Satzung keine höhere Mehrheit dafür vorsieht.[258] § 111 Abs. 4 S. 4 AktG (Unzulässigkeit abweichender Satzungsbestimmungen) findet keine Anwendung.[259] Die Gesellschafterversammlung kann danach grundsätzlich mit einfacher Mehrheit Zustimmungsbeschlüsse oder Weisungen erteilen, welche den Entscheidungen des Aufsichtsrats vorgehen.

Wenn die Gesellschafterversammlung sonstige Aufgaben – wie die Bestellung und Abberufung von Geschäftsführern oder die Feststellung des Jahresabschlusses – auf den Aufsichtsrat übertragen hat, sind die Beschlüsse auch für sie bindend. Ihr bleibt aber eine Ersatzkompetenz im Fall der Funktionsunfähigkeit des Aufsichtsrats erhalten.[260] Ferner bleibt sie berechtigt, die Abberufung von Geschäftsführern aus wichtigem Grund zu verlangen und ggf. zu erzwingen.[261] Wie bei dem fakultativen Aufsichtsrat empfehlen sich ggf. klarstellende Satzungsregelungen.

e) **Ausschüsse.** Nach § 107 Abs. 3 S. 1 AktG i.V.m. § 1 Abs. 1 Nr. 3 DrittelbG kann der Aufsichtsrat Ausschüsse bilden. Die Satzung kann die Bildung von Ausschüssen weder vorschreiben noch untersagen.[262] Bestimmte Beschlussgegenstände können jedoch gemäß § 107 Abs. 3 S. 3 AktG nicht an Ausschüsse delegiert werden. Dabei handelt es sich um Entscheidungen über die Bestellung von Vorstandsmitgliedern und deren Widerruf sowie die Ernennung eines Vorsitzenden des Vorstands (§ 84 Abs. 1 S. 1, Abs. 2, Abs. 3 AktG), die Festsetzung und Anpassung der Vorstandsvergütung (§ 87 Abs. 1 und Abs. 2 S. 1 und 2 AktG), den Erlass einer Geschäftsordnung für den Vorstand (§ 77 Abs. 2 S. 1 AktG), die Einberufung der Hauptversammlung (§ 111 Abs. 3 AktG) die Prüfung des Jahresabschlusses (§ 171 AktG), die Wahl des Aufsichtsratsvorsitzenden (§ 107 Abs. 1 S. 1 AktG), die Zustimmung zur Leistung von Abschlagszahlungen auf den Bilanzgewinn (§ 59 Abs. 3 AktG) sowie die Bestimmung zustimmungspflichtiger Maßnahmen. Diese Beschlussgegenstände bzw. Entscheidungen obliegen stets der Beschlussfassung durch den Gesamtaufsichtsrat. Ausschüssen können solche Beschlussgegenstände daher nicht zur Entscheidung, wohl aber zur Vorbereitung (oder zur Überwachung der Durchführung) überwiesen werden. Es können dementsprechend beschließende, überwachende und vorbereitende Ausschüsse existieren.

f) **Geschäftsordnung.** Die Gesellschafterversammlung kann für den Aufsichtsrat eine Geschäftsordnung im Wege der Satzungsregelung erlassen. Anderenfalls kann sich der Aufsichtsrat selbst eine Geschäftsordnung geben, wobei er allerdings Vorgaben der Satzung zu berücksichtigen hat.[263]

IV. Der obligatorische Aufsichtsrat nach dem MitbestG

1. Überblick

Weitere wesentliche Erscheinungsform eines obligatorischen Aufsichtsrats ist der nach dem MitbestG zu bildende Aufsichtsrat. Das MitbestG mit seiner nahezu paritätischen Ausgestaltung des Aufsichtsrats bewirkt **wesentlich stärkere Eingriffe in die Verfassung der GmbH als das DrittelbG** (früher: BetrVG 1952) mit seiner Drittelparität. Der Aufsichtsrat nach dem MitbestG ist noch weiter an den Aufsichtsrat der AG angelehnt; die Satzungsautonomie der Gesellschafter ist weiter beschnitten. Diese weitreichende Form der Einflussnahme von Arbeitnehmern auf die Zusammensetzung von Organen der Gesellschaft und

---

[258] Scholz/*Schneider* § 52 Rn. 133, 147; Lutter/*Hommelhoff* § 52 Rn. 49; Baumbach/Hueck/*Zöllner/Noack* § 52 Rn. 254 m. w. N.
[259] Baumbach/Hueck/*Zöllner/Noack* § 52 Rn. 254.
[260] BGHZ 12, 340; BGH WM 1970, 251; Scholz/*Schneider* § 38 Rn. 26; Baumbach/Hueck/*Zöllner/Noack* § 46 Rn. 94.
[261] Lutter/Hommelhoff/*Kleindiek* § 38 Rn. 16; Baumbach/Hueck/*Zöllner/Noack* § 38 Rn. 22; Scholz/*Schmidt* § 46 Rn. 69; a. A. (Recht zur Abberufung durch Gesellschafterversammlung; Roth/*Altmeppen* § 38 Rn. 13.
[262] Baumbach/Hueck/*Zöllner/Noack* § 52 Rn. 235.
[263] Baumbach/Hueck/*Zöllner/Noack* § 52 Rn. 241.

deren Tätigkeit wird **vielfach kritisiert**.[264] Die Zahl der Gesellschaften in der Rechtsform der GmbH, die dem MitbestG unterliegen, ist allerdings beschränkt. Ende 1998 soll sie sich auf 274 – zuzüglich 16 in der Rechtsform der GmbH & Co. KG belaufen haben.[265]

176 Das MitbestG regelt die Zusammensetzung des Aufsichtsrats (§ 7 MitbestG) sowie Einzelheiten der inneren Ordnung des Aufsichtsrats (§§ 26 bis 29 MitbestG) und des Vertretungsorgans (§§ 31 bis 33 MitbestG). Die Wahl der Arbeitnehmervertreter zum Aufsichtsrat richtet sich nach den §§ 9 bis 24 MitbestG sowie nach drei unterschiedlichen Wahlordnungen. Für den Aufsichtsrat nach MitbestG gelten zunächst die Regelungen dieses Gesetzes, wobei die §§ 6 Abs. 2, 25 Abs. 1 Nr. 2 MitbestG allerdings auf Normen des Aktienrechts verweisen. Bei den in Bezug genommenen Vorschriften handelt es sich im Wesentlichen um die in § 1 Abs. 1 Nr. 3 DrittelbG (früher: § 77 BetrVG 1952) aufgeführten Bestimmungen, ergänzt um § 115 AktG, der die Kreditgewährung an Aufsichtsratsmitglieder betrifft. Diese aktienrechtlichen Bestimmungen gelten jedoch nur, soweit das MitbestG keine abweichenden oder ergänzenden Regeln vorsieht. Schließlich finden die Vorschriften des GmbHG und der Satzung Anwendung. Aus dieser Regelungstechnik folgt eine Vielzahl von Auslegungsproblemen.[266]

2. Anwendungsvoraussetzungen

177 **a) Arbeitnehmerzahl.** Die Gesellschaft wird vom MitbestG gemäß § 1 Abs. 1 Nr. 2 MitbestG erfasst, wenn sie in der Regel mehr als 2000 Arbeitnehmer beschäftigt. Für die Bestimmung der Arbeitnehmerzahl gelten die zum DrittelbG aufgeführten Regeln (s. → Rn. 117), wobei nach § 3 Abs. 1 Nr. 2 MitbestG aber auch leitende Angestellte mit zu berücksichtigen sind. Die Zusammenrechnung von Arbeitnehmern verschiedener Rechtsträger im Konzern richtet sich nach § 5 MitbestG: Danach gelten als Arbeitnehmer der GmbH, die als herrschendes Unternehmen Konzernobergesellschaft (Unterordnungskonzern, § 18 Abs. 1 AktG) ist, sämtliche Arbeitnehmer von Konzernunternehmen als solche des herrschenden Unternehmens. Dies gilt auch dann, wenn das herrschende Unternehmen als reine Holdinggesellschaft keine oder nur eine unwesentliche Zahl von Arbeitnehmern beschäftigt.[267] Das MitbestG enthält weitere Regelungen für Kommanditgesellschaften (§ 4 MitbestG) oder den Teilkonzern (§ 5 Abs. 3 MitbestG.)[268]

178 **b) Ausnahmen.** Auch wenn eine GmbH wegen ihrer Arbeitnehmerzahl die vorgenannten Anforderungen erfüllt, kann sie von dem Anwendungsbereich des MitbestG ausgenommen sein. Dies gilt wiederum für Tendenzunternehmen (s. → Rn. 121) und Religionsgemeinschaften mit ihren karitativen und erzieherischen Einrichtungen (§ 1 Abs. 4 MitbestG). Sonderregelungen bestehen gemäß § 1 Abs. 2 MitbestG auch für Unternehmen, die dem MontanMitbestG oder dem MitbestErgG unterliegen.

3. Aufgaben und Rechte des Aufsichtsrats nach MitbestG

179 Hinsichtlich der Aufgaben und Rechte des Aufsichtsrats nach dem MitbestG besteht weitgehende Übereinstimmung mit dem obligatorischen Aufsichtsrat nach dem DrittelbG. Gegenüber dem Aufsichtsrat nach dem DrittelbG bestehen jedoch folgende wesentlichen Besonderheiten mit teilweise weitreichender Bedeutung:

180 **a) Bestellung und Abberufung der Geschäftsführer.** § 31 Abs. 1 MitbestG sieht für die Bestellung und Abberufung der Mitglieder des Vertretungsorgans, d. h. der Geschäftsführer, die Anwendung der §§ 84, 85 AktG vor. Danach werden die Geschäftsführer ausschließlich durch den Aufsichtsrat bestellt und abberufen. Die sonst gegebene Kompetenz der Gesellschafterversammlung (§ 46 Nr. 5 GmbHG) ist unabdingbar verdrängt.

---

[264] Kölner Komm./*Mertens* Anh. § 117 A Rn. 2; Baumbach/Hueck/*Zöllner/Noack* § 52 Rn. 269 m. w. N.
[265] Baumbach/Hueck/*Zöllner/Noack*, 17. Aufl. 2000, § 52 Rn. 166 unter Hinweis auf eine entsprechende Information der Hans-Böckler-Stiftung.
[266] Hachenburg/*Raiser* § 52 Rn. 264 a. E.; Baumbach/Hueck/*Zöllner/Noack* § 52 Rn. 283.
[267] Vgl. Baumbach/Hueck/*Zöllner/Noack* § 52 Rn. 244 m. w. N.
[268] Siehe zum Ganzen eingehender Hachenburg/*Raiser* § 52 Rn. 256 ff.

Das Weisungsrecht der Gesellschafterversammlung in Geschäftsführungsangelegenheiten bleibt jedoch trotz dieser Kompetenzverschiebung erhalten. Auch lässt sich dieses Weisungsrecht ganz oder teilweise auf einen – neben dem Aufsichtsrat nach MitbestG – einzurichtenden Beirat übertragen.[269] Außerdem kann die Gesellschafterversammlung mit einfacher Mehrheit die vom Aufsichtsrat verweigerte Zustimmung zu zustimmungspflichtigen Geschäften ersetzen oder auf Grund eines mit solcher Mehrheit gefassten Beschlusses unmittelbar Weisungen zur Vornahme solcher Geschäfte erteilen.[270] Der Aufsichtsrat kann nach § 111 Abs. 4 AktG i.V.m. § 25 Abs. 1 Nr. 2 MitbestG keine Geschäftsführungsaufgaben wahrnehmen. Die ihm eingeräumte Personalkompetenz verstärkt freilich die Stellung des Aufsichtsrats gegenüber der Geschäftsführung im Vergleich zum Aufsichtsrat nach dem DrittelbG erheblich. 181

Über die Bestellung entscheidet der Aufsichtsrat nach § 31 Abs. 2 bis 4 MitbestG mit einer Mehrheit von zwei Dritteln. Kommt eine solche Mehrheit nicht zu Stande, beschließt der Aufsichtsrat mit einfacher Mehrheit, nachdem der Vermittlungsausschuss (§ 27 Abs. 3 MitbestG) einen Vorschlag für die Bestellung gemacht hat. Fehlt es wiederum an einer Mehrheit, kann der Aufsichtsratsvorsitzende mit einer ihm hierzu eingeräumten zweiten Stimme den Ausschlag geben. 182

Nach § 33 MitbestG ist zudem ein **Arbeitsdirektor** nach gleichem Verfahren zu bestellen. Der Aufsichtsrat kann auch – entsprechend § 84 Abs. 2 AktG – einen Vorsitzenden der Geschäftsführung bestellen.[271] 183

b) **Anstellungsverträge mit Geschäftsführern.** Das Mitbestimmungsgesetz weist dem Aufsichtsrat nicht ausdrücklich die Aufgabe zu, die Anstellungsverträge mit von ihm bestellten Geschäftsführern abzuschließen. Nach herrschender Meinung folgt die entsprechende alleinige Befugnis des Aufsichtsrats jedoch als **Annexkompetenz** zur ausschließlichen Bestellungsbefugnis.[272] Für den Beschluss über den Abschluss des Anstellungsvertrages bestehen keine Besonderheiten; das Verfahren nach § 31 MitbestG gilt nicht.[273] Die Regelungen des § 87 AktG zur Festsetzung und Anpassung der Vergütung finden keine Anwendung.[274] Folglich haftet der Aufsichtsrat auch nicht nach § 116 S. 3 AktG i.V.m. § 25 Abs. 1 Nr. 2 MitbestG für die Festsetzung einer unangemessenen Vergütung. 184

c) **Vertretung der Gesellschaft.** Mit der Entscheidungsgewalt über den Abschluss der Anstellungsverträge mit Geschäftsführern ist auch die unentziehbare Befugnis verbunden, die Gesellschaft insoweit zu vertreten.[275] Trotz der weitgehenden Anlehnung an den Aufsichtsrat der AG gelten mangels Verweisung andere Regelungen hinsichtlich der Vertretungsbefugnisse (z.B. §§ 246 Abs. 2, 249 Abs. 1 AktG) nicht: So wird die Gesellschaft auch bei Anfechtungs- oder Nichtigkeitsklagen ausschließlich durch die Geschäftsführung vertreten; auch wirkt der Aufsichtsratsvorsitzende nicht bei Anmeldungen zum Handelsregister mit. 185

d) **Ausübung von Rechten bei Beteiligungen.** § 32 MitbestG sieht Sonderregeln für die Ausübung von Rechten bei Beteiligungsgesellschaften vor, um eine Kumulation des Mitbestimmungseinflusses auf der Anteilseignerseite zu vermeiden.[276] 186

4. Größe und Zusammensetzung des Aufsichtsrats nach MitbestG

Die Größe des Aufsichtsrats ist durch das MitbestG gesetzlich geregelt und hängt von der Zahl der Arbeitnehmer ab; der Aufsichtsrat hat danach mindestens 12, höchstens 20 Mitglieder (§ 7 Abs. 1 MitbestG). Die Satzung kann in geringem Umfang Modifikationen dieser 187

---

[269] Baumbach/Hueck/Zöllner/Noack § 52 Rn. 300.
[270] Str., wie hier Scholz/Schneider § 52 Rn. 146; Baumbach/Hueck/Zöllner/Noack § 52 Rn. 300; a.A. Hachenburg/Raiser § 52 Rn. 287 m.w.N.
[271] Baumbach/Hueck/Zöllner/Noack § 52 Rn. 302 a.E.; Hachenburg/Raiser § 52 Rn. 290.
[272] BGHZ 89, 51 ff.; Hachenburg/Mertens § 35 Rn. 102; Hanau/Ulmer § 31 Rn. 38 f.; Baumbach/Hueck/Zöllner/Noack § 52 Rn. 303.
[273] Baumbach/Hueck/Zöllner/Noack § 52 Rn. 303.
[274] Roth/Altmeppen § 52 Rn. 60
[275] Baumbach/Hueck/Zöllner/Noack § 52 Rn. 305.
[276] S. dazu bspw. Hachenburg/Raiser § 51 Rn. 294.

Regelungen vorsehen (§ 7 Abs. 1 S. 2, 3 MitbestG). Die gesetzliche Höchstzahl von 20 Aufsichtsratsmitgliedern darf jedoch nicht – auch nicht durch die Benennung zusätzlicher beratender Mitglieder – überschritten werden.[277] Nach § 7 Abs. 1 MitbestG setzt sich der Aufsichtsrat je zur Hälfte aus Anteilseigner- und Arbeitnehmervertretern zusammen. Bei mindestens einem der Arbeitnehmervertreter muss es sich um einen leitenden Angestellten handeln (§ 15 Abs. 2, 3 MitbestG). Außerdem müssen sich eine gesetzlich festgelegte Zahl von Gewerkschaftsvertretern unter den Aufsichtsratsmitgliedern der Arbeitnehmer befinden (§§ 7 Abs. 2; 16 MitbestG).

5. Mitgliedschaft und Vergütung

188 a) **Persönliche Voraussetzungen.** Die wesentlichen Einzelheiten der Wählbarkeit von Aufsichtsratsmitgliedern richten sich nach den §§ 100, 105 AktG,[278] wobei das MitbestG bestimmte Modifikationen vorsieht. Besonderheiten bestehen für die Wählbarkeit von Prokuristen (§ 6 Abs. 2 MitbestG). § 7 Abs. 3 MitbestG stellt zusätzliche Wählbarkeitsvoraussetzungen für Arbeitnehmervertreter auf.

189 b) **Bestellung.** Für die Bestellung der Anteilseignervertreter gelten die Ausführungen zum Aufsichtsrat nach dem DrittelbG entsprechend (→ Rn. 144). Eine Besonderheit besteht allerdings darin, dass das MitbestG keine Verweisung auf § 101 Abs. 2 AktG vorsieht. Insbesondere gilt damit nicht die Beschränkung des § 101 Abs. 2 S. 4 AktG, wonach Entsendungsrechte nur hinsichtlich eines Drittels der Aufsichtsratssitze zulässig sind. Die Bestellung der Arbeitnehmervertreter richtet sich nach in §§ 9 bis 18, 20 MitbestG enthaltenen Wahlvorschriften sowie den Wahlordnungen[279] zum MitbestG auf Grundlage von § 39 MitbestG.

190 c) **Amtszeit und Amtsbeendigung.** Für die Amtszeit der Aufsichtsratsmitglieder gelten wiederum die Ausführungen zum Aufsichtsratssystem nach dem DrittelbG entsprechend (→ Rn. 151). § 15 Abs. 1 MitbestG entspricht der Regelung des § 5 Abs. 1 DrittelbG.

191 Die Abberufung von Anteilseignervertretern ist entsprechend den Regelungen zum DrittelbG möglich (→ Rn. 152 ff.). Die Abberufung von Arbeitnehmervertretern erfolgt durch ihr Wahlorgan nach § 23 MitbestG oder aus wichtigem Grund durch das Gericht gemäß § 103 Abs. 3 AktG. § 24 Abs. 1 MitbestG stellt klar, dass der Verlust der Wählbarkeitsvoraussetzungen bei einem Arbeitnehmervertreter zum Verlust seines Aufsichtsratsmandats führt.

192 d) **Sonstiges.** Wegen der Anlehnung an den Aufsichtsrat der AG bestehen keine wesentlichen Abweichungen gegenüber dem Aufsichtsrat nach dem DrittelbG, weshalb auf die entsprechenden Ausführungen verwiesen sei. Bei der Kreditgewährung an Aufsichtsratsmitglieder sind allerdings die Beschränkungen des § 115 AktG zu beachten.

6. Beschlussfassung und innere Ordnung des Aufsichtsrats

193 Gegenüber dem obligatorischen Aufsichtsrat nach dem DrittelbG bestehen die nachfolgend aufgezeigten Besonderheiten. Im Übrigen gelten die diesbezüglichen Ausführungen zum Aufsichtsrat nach dem DrittelbG (→ Rn. 162 ff.) entsprechend.

194 a) **Aufsichtsratsvorsitz.** Auch der obligatorische Aufsichtsrat nach dem MitbestG hat über einen Vorsitzenden und mindestens einen Stellvertreter zu verfügen, die dem Aufsichtsrat angehören müssen. Diese werden jedoch nach § 27 Abs. 1 MitbestG nicht mit einfacher, sondern mit einer Mehrheit von zwei Dritteln gewählt. Kommt eine solche Mehrheit nicht zu Stande, wählen, jeweils mit einfacher Mehrheit, die Anteilseignervertreter den Vorsitzenden und die Arbeitnehmervertreter dessen Stellvertreter (§ 27 Abs. 2 AktG).

---

[277] BGH DStR, 2012, 762 ff.
[278] S. dazu oben → Rn. 38 ff.
[279] Unternehmen mit einem Betrieb: 1. WOMitbestG; Unternehmen mit mehreren Betrieben: 2. WOMitbestG; Unternehmen als persönlich haftender Gesellschafter oder Konzernunternehmen: 3. WOMitbestG.

b) Beschlussfähigkeit. Die Beschlussfähigkeit des Aufsichtsrats nach MitbestG setzt die 195
Teilnahme von mindestens der Hälfte der gesetzlich (oder satzungsmäßig) vorgesehenen
Mitglieder an der Abstimmung voraus (§ 28 MitbestG). § 108 Abs. 2 S. 4 AktG bleibt unberührt, so dass es unmaßgeblich ist, inwieweit Anteilseigner- und Arbeitnehmervertreter an
der Beschlussfassung mitwirken.

c) Beschlussfassung. Nach § 29 Abs. 1 MitbestG fasst der Aufsichtsrat Beschlüsse grund- 196
sätzlich mit einfacher Mehrheit. Abweichungen in der Satzung sind unzulässig.[280] Qualifizierte Mehrheitserfordernisse sieht das MitbestG demgegenüber insbesondere für die Bestellung von Geschäftsführern vor (§ 31 Abs. 1 MitbestG). Trotz der paritätischen Besetzung
des Aufsichtsrats besteht bei der Beschlussfassung ein Übergewicht der Anteilseignerseite, da
der von diesen (im zweiten Wahlgang) gewählte Vorsitzende bei Stimmengleichheit in einer
weiteren Abstimmung nach § 29 Abs. 2 MitbestG über zwei Stimmen verfügt und damit die
Entscheidung über die Beschlussfassung treffen kann. Diese zweite Stimme kann der Vorsitzende auch nach § 108 Abs. 3 AktG schriftlich abgeben. Durch dieses Recht zum Stichentscheid können Pattsituationen aufgelöst werden. Dem Stellvertreter des Aufsichtsratsvorsitzenden kommt dieses Recht nicht zu.

V. Sonstige Formen eines obligatorischen Aufsichtsrats

Weitere Formen obligatorischer Aufsichtsratssysteme sind der Aufsichtsrat nach dem 197
MontanMitbestG und der nach dem MitbestErgG. Wegen der sehr eingeschränkten Bedeutung dieser Regelungen für die GmbH[281] sei insoweit auf die entsprechende Spezialliteratur
verwiesen.[282] Entsprechendes gilt für den nach § 6 InvG einzurichtenden Aufsichtsrat.

VI. Beiräte

1. Überblick

Neben der Geschäftsführung und der Gesellschafterversammlung besteht bei einer Viel- 198
zahl von Gesellschaften neben oder an Stelle eines Aufsichtsrats ein zusätzliches Gremium,
welches die Bezeichnung Beirat, Verwaltungsrat, Gesellschafterausschuss, Familienrat o. Ä.
führt. Da ein gesetzliches Leitbild solcher Gremiums nicht existiert, ist eine bestimmte
Bezeichnung weder zwingend noch allgemein gebräuchlich; umgekehrt lassen sich aus der
konkreten Bezeichnung keine Rückschlüsse auf die tatsächlich zugewiesenen Aufgaben herleiten. Einzige Grundvoraussetzung für die an dieser Stelle zu behandelnden Gremien ist lediglich, dass es sich hierbei nicht um einen Aufsichtsrat im Sinne des § 52 GmbHG handelt;
für diesen gelten die Ausführungen zu den Rn. 7 ff. Angesichts der Abdingbarkeit der in § 52
Abs. 1 GmbHG für den Aufsichtsrat vorgesehenen Verweisungen auf das Aktiengesetz und
der daraus folgenden Satzungsautonomie bestehen zwischen einem Aufsichtsrat, dem neben
der Überwachung der Geschäftsführung weitergehende Aufgaben zugewiesen sind, und Beiratsgremien weitgehende Gemeinsamkeiten. Insoweit gelten die Ausführungen zu den fakultativen Aufgaben des Aufsichtsrats grundsätzlich sinngemäß.

Neben der Wahrnehmung bestimmter Aufgaben für die Gesamtheit der Gesellschafter be- 199
stehen auch Gremien, die lediglich einen Teil der Gesellschafter repräsentieren. Solche **Gruppenbeiräte** oder Gesellschafterausschüsse, die lediglich als Interessenvertretung einer Gesellschaftergruppe fungieren, finden sich insbesondere bei Familiengesellschaften zur Bündelung
der Interessen einzelner verzweigter Familienstämme oder bei Publikumsgesellschaften.

Hinsichtlich der möglichen Aufgabenzuweisung an den Beirat besteht fast vollständige 200
Gestaltungsfreiheit. Die Gesellschafterversammlung kann die ihr zustehenden Rechte in

---
[280] Baumbach/Hueck/*Zöllner/Noack* § 52 Rn. 299.
[281] S. Baumbach/Hueck/*Zöllner/Noack* § 52 Rn. 310, 312 m. w. N. wonach in 2013 ca. ein Dutzend Gesellschaften unter das MontanMitbestG und keine GmbH dem MitbestErgG unterlagen.
[282] Literaturhinweise z. B. bei Baumbach/Hueck/*Zöllner/Noack* § 52 (vor Rn. 1).

weitgehendem Umfang auf den Beirat übertragen, insbesondere lässt sich der Beirat durch Übertragung des Weisungsrechts der Gesellschafterversammlung mit geschäftsleitenden Kompetenzen ausstatten. Möglich ist aber auch ein Beirat, der lediglich beratende oder repräsentative Aufgaben wahrnimmt. Von besonderer Bedeutung ist, dass ein organschaftlicher Beirat mit weitreichenden Kompetenzen auch neben einem obligatorischen Aufsichtsrat bestehen kann.[283] Auf diese Weise lassen sich Kompetenzen und Aufgaben der Gesellschafterversammlung delegieren, ohne dass eine Mitwirkung der bei dem obligatorischen Aufsichtsrat vorhandenen Arbeitnehmervertreter insoweit erforderlich ist.

201 Welche Stellung der Beirat im Organisationsgefüge der GmbH erhält, hängt davon ab, ob es sich bei ihm um einen satzungsmäßigen Beirat handelt, der seine Grundlage im Gesellschaftsvertrag findet, oder ob er lediglich auf schuldrechtlicher Grundlage agiert. Nur der **satzungsmäßige Beirat ist Organ** der Gesellschaft; dementsprechend kann auch nur er über organschaftliche Befugnisse verfügen. Diese Form des Beirats steht daher im Mittelpunkt der nachfolgenden Betrachtungen.

2. Satzungsmäßiger Beirat

202 a) Anzuwendendes Recht. Da der Beirat im hier vorausgesetzten Sinn keine Aufsichtsfunktionen wahrnimmt, unterliegt er nicht den Bestimmungen zum Aufsichtsrat der GmbH nach § 52 Abs. 1 GmbHG. Dementsprechend finden die darin enthaltenen Verweisungen auf den Aufsichtsrat der AG keine Anwendung. Das GmbHG lässt die Existenz eines solchen Beirats damit zwar zu,[284] trifft für ihn jedoch keine einschlägigen Regelungen. Die Satzung kann und muss damit sämtliche Einzelheiten, insbesondere hinsichtlich der Aufgaben und Kompetenzen des Beirats und seiner Zusammensetzung, regeln. Durch detaillierte Bestimmungen sollten die Beteiligten das Auftreten von Regelungslücken vermeiden, die nur durch – ggf. ergänzende – Satzungsauslegung oder den Rückgriff auf allgemein körperschaftsrechtliche Grundsätze ausgefüllt werden können.[285]

203 Die infolge des Fehlens konkreter gesetzlicher Regelungen für den Beirat grundsätzlich bestehende Satzungsfreiheit gilt jedoch nicht unbeschränkt. Wie bereits zum Aufsichtsrat ausgeführt, muss bspw. die Kompetenz der Gesellschafterversammlung zur Vornahme von **Grundlagenbeschlüssen** (Satzungsänderungen etc.) bei dieser verbleiben; auch die ausschließliche organschaftliche Vertretungskompetenz durch die Geschäftsführung ist unabdingbar.[286] Die nachstehenden Ausführungen beschränken sich daher auf wesentliche Unterschiede gegenüber den zu den fakultativen Aufgaben eines Aufsichtsrats aufgezeigten Grundsätzen (s. o. → Rn. 15 ff.).

204 b) Aufgaben und Rechte. *aa) Denkbare Aufgabenzuweisung.* Abhängig von den Funktionen des Beirats kann die Satzung diesem eine Vielzahl unterschiedlichster Aufgaben und Kompetenzen zuweisen. Das Spektrum reicht von Anhörungs- und Beratungsrechten bzw. -pflichten oder der Einräumung von Kompetenzen als Schiedsrichter bei Streitigkeiten innerhalb der Geschäftsführung oder Gesellschafterversammlung über die Zuweisung von Weisungsrechten gegenüber Geschäftsführern bis zu der Übertragung von sonstigen Kompetenzen der Gesellschafterversammlung (Feststellung des Jahresabschlusses, Beschluss über die Gewinnverteilung, Bestellung und Abberufung von Geschäftsführern und Prokuristen etc.).[287]

205 *bb) Grenzen.* Von der Übertragung ausgenommen sind zunächst Aufgaben, die wegen zwingender gesetzlicher Regelung ausschließlich den Geschäftsführern obliegen. Dabei handelt es sich insbesondere um die organschaftliche Vertretung der Gesellschaft gemäß § 35

---

[283] Scholz/*Schneider* § 52 Rn. 60 ff. m. w. N.; *Voormann* S. 110 ff.; *Raiser* § 25 Rn. 133; *Hanau/ Ulmer* § 25 Rn. 138, 142.
[284] S. § 82 Abs. 2 Nr. 2 GmbH, wo von Mitgliedern eines Aufsichtsrats oder „ähnlichen Organs" die Rede ist; vgl. auch Hachenburg/*Raiser* § 52 Rn. 315.
[285] Vgl. hierzu Hachenburg/*Raiser* § 52 Rn. 316.
[286] S. hierzu sowie zu denkbaren institutionellen Grenzen der Satzungsfreiheit Hachenburg/*Raiser* § 52 Rn. 317 f.
[287] Vgl. weiter Hachenburg/*Raiser* § 52 Rn. 338.

GmbHG, die Aufstellung des Jahresabschlusses, die Vornahme von Handelsregisteranmeldungen oder die Stellung des Insolvenzantrags. Angesichts bestimmter gesetzlicher Pflichten der Geschäftsführer – bspw. die Pflicht zur Erhaltung des Stammkapitals gemäß den §§ 30, 31 GmbHG sowie die Beachtung steuerlicher oder sozialversicherungsrechtlicher Pflichten – müssen diese auch stets in der Lage sein, solche Pflichten zu erfüllen.[288]

Daneben findet die Satzungsautonomie ihre Grenzen in einem unentziehbaren **Kernbereich** der Kompetenzen der Gesellschafter. Bestimmte Grundlagengeschäfte, müssen bei der Gesellschafterversammlung verbleiben, so dass eine Übertragung auf den Beirat unzulässig ist. Dabei handelt es sich insbesondere um Satzungsänderungen (§ 52 GmbHG) oder Umwandlungsbeschlüsse (s. o. → Rn. 23). 206

c) **Einrichtung und Beseitigung des Beirats.** Der satzungsmäßige Beirat wird durch entsprechende Satzungsregelung, die auch später in die Satzung eingefügt werden kann, errichtet. Für eine solche Satzungsänderung gelten die gesetzlichen bzw. gesellschaftsvertraglichen Mehrheitserfordernisse. Entsprechendes gilt für die Beseitigung des Beirats, die durch Satzungsänderung mit gleicher Mehrheit möglich ist, so lange hiermit nicht unentziehbare Sonderrechte einzelner Gesellschafter beseitigt werden sollen. Gegen deren Willen ist die Beseitigung solcher Rechte nur möglich, wenn ein wichtiger Grund hierfür vorliegt.[289] 207

Die Satzung kann sich auch darauf beschränken, die Gesellschafterversammlung zur späteren Einrichtung eines Beirats zu ermächtigen. Auf diese Weise können die Gesellschafter, wenn sie dies wünschen, später einen satzungsmäßigen Beirat schaffen, ohne hierfür die Satzung ändern zu müssen. Hinsichtlich der Größe und Zusammensetzung des Beirats sind die Gesellschafter frei.[290] § 95 AktG findet keine Anwendung. 208

d) **Mitgliedschaft.** Wesentlicher Unterschied gegenüber dem Aufsichtsrat nach § 52 Abs. 1 GmbHG ist die **Nichtanwendbarkeit der Inkompatibilitätsregeln** der §§ 100 Abs. 2 Nr. 1 bis 3 und 105 AktG. Während hinsichtlich des Aufsichtsrats, der die Geschäftsführung zu überwachen hat, die Wählbarkeit von Geschäftsführern nach überwiegender Meinung ausgeschlossen ist, gilt dies für den Beirat grundsätzlich nicht. Soll der Beirat aber als eigenständiges und von der Geschäftsführung unabhängiges Organ installiert werden, dürfte die Mitgliedschaft von Geschäftsführern in diesem Gremium freilich nur eingeschränkt sinnvoll sein. Möglich ist es aber auch, den Ausschluss der Geschäftsführer von der Behandlung bestimmter Tagesordnungspunkte oder von einem diesbezüglichen Stimmrecht vorzusehen.[291] 209

Während ein Weisungsrecht der Gesellschafterversammlung oder entsendender Gesellschafter hinsichtlich der Mitglieder des Aufsichtsrats nach allgemeiner Ansicht unzulässig ist, soweit dies ihrer Aufgabe der Überwachung der Geschäftsführer widersprechen würde, ist eine solche generelle Einschränkung hinsichtlich der Mitglieder des Beirats nicht anzuerkennen. Handelt es sich um einen Gruppenbeirat ist regelmäßig gerade gewollt, dass die Beiratsmitglieder ihr Verhalten nach dem Willen der repräsentierten Gesellschaftergruppe ausrichten.[292] Möglich ist ferner auch, dass Geschäftsführer Beiratsmitglieder berufen.[293] Die Publizitätspflichten des § 52 Abs. 2 greifen nicht ein, solange es sich tatsächlich nicht um einen Aufsichtsrat handelt. 210

3. Schuldrechtlicher Beirat

Berät ein Beirat nicht auf satzungsmäßiger, sondern allein auf schuldrechtlicher Grundlage, handelt es sich bei diesem nicht um ein Organ der Gesellschaft. Dies führt dazu, dass er den Geschäftsführern nicht wie die Gesellschafterversammlung Weisungen erteilen kann; auch können ihm nicht die gesellschafterlichen Informationsansprüche übertragen wer- 211

---

[288] Vgl. Hachenburg/*Raiser* § 52 Rn. 339 f. m.w.N. Zur Frage des Bestehens eines unentziehbaren, weisungsfreien Kernbereichs der laufenden Geschäftsführung einschränkend *Lutter*/Hommelhoff § 52 Rn. 118; a. A. Baumbach/Hueck/*Zöllner*/Noack § 37 Rn. 17 m.w. N.
[289] Vgl. Hachenburg/*Raiser* § 52 Rn. 321.
[290] Hachenburg/*Raiser* § 52 Rn. 322 f.
[291] Hachenburg/*Raiser* § 52 Rn. 326.
[292] Vgl. Hachenburg/*Raiser* § 52 Rn. 363.
[293] *Lutter*/Hommelhoff § 52 Rn. 113.

den.²⁹⁴ Das fehlende organschaftliche Weisungsrecht hat insbesondere für die Geschäftsführung Bedeutung, die sich nicht unter Hinweis auf solche Weisungen exkulpieren kann, wenn bei deren Befolgung Schäden entstehen.

212 Die Beiratsmitglieder stehen ihrerseits lediglich in einem schuldrechtlichen Verhältnis. Ihre Verantwortlichkeit richtet sich daher nicht nach § 116 AktG, sondern lediglich nach dem Inhalt des schuldrechtlichen Vertrages, auf dessen Grundlage sie tätig werden. Wegen des schuldrechtlichen Charakters eines solchen Beirats besteht hinsichtlich seiner näheren Ausgestaltung grundsätzlich völlige Vertragsfreiheit.

213 Diese rechtlichen Beschränkungen führen dazu, dass schuldrechtliche Beiräte in der Praxis lediglich ergänzende Beratungs- oder Repräsentationsaufgaben wahrnehmen. Derartige Gremien sind daher auch weniger üblich.²⁹⁵ Bedeutung haben sie ferner im Rahmen von Darlehensverträgen, wenn Kreditinstitute die Einrichtung eines solchen Beirats verlangen, um größere Transparenz über die Geschäftstätigkeit der Gesellschaft sowie Mitsprache- und Kontrollrechte zu erlangen.²⁹⁶

---

[294] Scholz/*Schneider* § 52 Rn. 49.
[295] Vgl. Hachenburg/*Raiser* § 52 Rn. 309.
[296] Vgl. auch Scholz/*Schneider* § 52 Rn. 49.

Teil H. GmbH & Co KG

§ 19 GmbH/UG (haftungsbeschränkt) & Co KG

Übersicht

	Rn.
I. Motive für die Gründung einer GmbH/UG (haftungsbeschränkt) Co KG	1–11
1. Haftung	1/2
2. Regeln über Geschäftsführung und Vertretung	3–6
3. Flexibilität bei der Kapitalaufbringung und -erhaltung	7/8
4. Mitbestimmung	9
5. Rechnungslegung	10
6. Steuerrechtliche Aspekte	11
II. Gründung einer GmbH/UG (haftungsbeschränkt) & Co KG	12–27
1. Gründung der GmbH	13–18
a) Besonderheiten bei der Kapitalaufbringung in der GmbH	13–15
b) Die Vorgesellschaft als taugliche Gesellschafterin	16/17
c) Vertretungsmacht des Geschäftsführers der GmbH	18
2. Gründung der UG (haftungsbeschränkt)	19
3. Gründung der KG	20–29
a) Betreiben eines Handelsgewerbes/eines Gewerbes/Verwaltung eigenen Vermögens	20
b) Formerfordernisse und Genehmigungen	21–23
c) Firmierung	24
d) Anmeldung	25
4. Eintritt einer GmbH/UG (haftungsbeschränkt) in eine bestehende KG	29
III. Haftung der Gesellschafter	30–40
1. Haftung der GmbH/UG (haftungsbeschränkt)	30
2. Haftung der Kommanditisten	31–40
a) Beitrag, Pflichteinlage, Hafteinlage	31–36
b) Haftung des Kommanditisten bei der Gründung	37
c) Wiederaufleben der Haftung durch Einlagenrückgewähr	38
d) Wiederaufleben der Kommanditistenhaftung durch Gewinnentnahmen	39
e) Haftung des Kommanditisten nach § 30 f GmBHG	40
IV. Gesellschafterdarlehen und gesplittete Einlage	41–45
1. Gesellschafterdarlehen	41/42
2. Finanzplanfinanzierung/Gesplittete Einlage	43–45
V. Geschäftsführung und Vertretung	46–71
1. Weisungsrecht und Geschäftsführungsbefugnis	46–56
a) Gesetzliche Ausgangslage	46/47
b) Personenidentität zwischen Kommanditisten und GmbH-Gesellschaftern/Gesellschaftern der UG (haftungsbeschränkt)	48
c) Stärkung der Rechtsstellung einzelner Kommanditisten	49
d) Verstärkung der Rechtsstellung der Gesellschafterversammlung der Kommanditisten	50–54
e) Schwächung der Rechtsstellung der Kommanditisten	55/56
2. Vertretung	57–62
a) Gesetzliche Ausgangslage	57–60
b) Stärkung der Rechtsstellung des Kommanditisten	61/62
3. Bestellung des GmbH-Geschäftsführers	63–65
a) Gesetzliche Ausgangslage	63
b) Stärkung der Rechtsstellung der Kommanditisten	64/65
4. Abberufung des Geschäftsführers	66–71
a) Gesetzliche Ausgangslage	66
b) Stärkung der Rechtsstellung der Kommanditisten	67–71
VI. Haftung des Geschäftsführers gegenüber der KG und den Kommanditisten	72–75
1. Haftung gegenüber der KG	72–74
2. Haftung gegenüber den Kommanditisten	75

	Rn.
VII. Rechtsstellung der Kommanditisten	76–113
1. Wettbewerbsverbot	76–78
a) Komplementärin und Geschäftsführer der Komplementärin	76
b) Kommanditist	77/78
2. Treuepflicht und actio pro socio	79–82
a) Treuepflicht	79
b) Actio pro socio	80–82
3. Informationsrecht	83–95
a) Informationsrechte der Komplementäre	83
b) Informationsrechte der Gesellschafter der Komplementärin	84
c) Das Einsichtsrecht des Kommanditisten	85–89
d) Recht auf Aushändigung des Jahresabschlusses	90/91
e) Auskunftsrecht des Kommanditisten	92–94
f) Das außerordentliche Informationsrecht	95
4. Beschlussfassung unter den Gesellschaftern	96–113
a) Einberufung der Gesellschafterversammlung	97–99
b) Beschlussfassung in der Gesellschafterversammlung	100–108
c) Beschlussmängel	109–112
d) Gestaltungsklage	113
VIII. Rechtsnachfolge in die Gesellschafterstellung	114–140
1. Übertragung des Kommanditanteils unter Lebenden	114–121
a) Bestimmung des Kommanditgesellschaftsvertrages	114/115
b) Übertragungsvertrag	116–118
c) Haftungsrisiken	119–121
2. Ausscheiden eines Kommanditisten	122–140
a) Tod des Kommanditisten	122–130
b) Verlust der Mitgliedschaft als Folge der Eröffnung eines Insolvenzverfahrens über das Vermögen des Kommanditisten/der Kündigung eines Privatgläubigers	131/132
c) Ausschluss eines Kommanditisten	133–135
d) Austritt eines Kommanditisten	136–138
e) Abfindung	139/140
IX. Jahresabschluss, Gesellschafterkonten, Ergebnisverteilung, Entnahmen	141–162
1. Jahresabschluss	141–145
2. Gesellschafterkonten	146–149
3. Ergebnisverteilung	150–156
4. Entnahmerecht	157–162
a) Entnahmerecht der Komplementärin	157/158
b) Entnahmerecht des Kommanditisten	159–162
X. Beirat	163/164
XI. Sonderformen der GmbH/UG (haftungsbeschränkt) & Co KG	165–176
1. Die personengleiche GmbH & Co KG	165–169
2. Die Einheits-GmbH/UG (haftungsbeschränkt) & Co KG	170–175
3. Die doppelstöckige GmbH & Co KG	176

Schrifttum: *Armbrüster,* Grundlagen und Reichweite von Wettbewerbsverboten im Personengesellschaftsrecht, ZIP 1997, 261; *Bahnsen,* Gestaltung einer GmbH & Co. KG als „Einheitsgesellschaft", GmbHR 2001, 186; *Bergmann,* Der Kommanditist als Vertretungsorgan der Kommanditgesellschaft, ZIP 2006, 2064; *ders.,* Die BGB-Gesellschaft als persönlich haftender Gesellschafter in OHG und KG, ZIP 2003, 2231; *Binz/Freudenberg/Sorg,* Informationsrechte in der GmbH & Co, BB 1991, 785; *Binz/Sorg,* Bilanzierungskompetenzen in der Personengesellschaft, DB 1996, 969; *Bockelman,* Die Neuregelungen im Firmenrecht nach dem Regierungsentwurf des Handelsrechtsreformgesetzes, GmbHR 1998, 57; *Brandi,* Unerlaubte Erstattung von Eigenkapitalersatz und Rückgewähr kapitalersetzender Gebrauchsüberlassung bei GmbH und GmbH & Co. KG, ZIP 1995, 1391; *Bydlinski,* „Zentrale Änderungen des HGB durch das Handelsrechtsreformgesetz", ZIP 1998, 1169; *Fleck,* Die sogenannte Einheitsgesellschaft – ein funktionsfähiges Gebilde?, FS Semler 1993, 115; *ders.,* Schuldrechtliche Verpflichtungen einer GmbH im Entscheidungsbereich der Gesellschafter, ZGR 1988, 104; *Gebele,* Die Vertretung Minderjähriger bei der Schenkung von Gesellschaftsanteilen, BB 2012, 728; *Grunewald,* Haftungsbeschränkungs- und Kündigungsmöglichkeiten für volljährig gewordene Personengesellschafter, ZIP 1999, 597; *Habersack,* Grundfragen der freiwilligen oder erzwungenen Subordination von Gesellschafterkrediten, ZGR 2000, 384; *Heckschen,* Gründungserleichterungen nach dem MoMiG – Zweifelsfragen in der Praxis, DStR 2009, 166; *Hirte,* Die Ausübung der Informationsrechte von Gesellschaftern durch Sachverständige, FS Röhricht, 2005, S. 217; *Hoffmann-Becking,* Das Wettbewerbsverbot des Geschäftsleiters der Kapitalgesellschaft & Co, ZHR 175 (2011), 597; *Hohaus/Eickmann,* Die Beteiligung Minderjähriger an vermögensverwaltenden Familien-Kommanditgesellschaften – Anforderungen für die steuerliche Anerkennung, BB 2004, 1707; *Huber,* Freie Rücklagen in Kommanditgesellschaften, Gedächtnisschrift Knobbe-Keuk 1997, 203; *Ivo,* Vererbung von Kommanditanteilen, ZEV 2006, 302; *Jung,* Firmen von Personenhandelsgesellschaften nach neuem Recht, ZIP 1998, 677; *Katschinski/Rawert,* Stangenware versus Maßanzug: Vertragsgestaltung im GmbH-Recht nach Inkrafttreten des MoMiG, ZIP 2008, 1993; *Konzen,* Geschäftsführung, Weisungsrecht und Verantwortlichkeit in der GmbH und GmbH & Co KG, NJW 1989, 2977; *Limmer,* Die Anteilsveräußerung bei der GmbH & Co. KG, ZNotP 2000, 297; *Maier-Reimer,* Die Vertretung Minderjähriger beim Erwerb von Gesellschaftsbeteiligungen, NJW 2005, 3025; *Müller, Hans-Friedrich,* Die gesetzliche Rücklage bei der Unternehmergesellschaft, ZUR 2012, 81; *Müller, Klaus,* Das gesetzliche Wettbewerbsverbot der Gesellschafter der KG, NJW 2007, 1724; *Oppenländer,* Zivilrechtliche Aspekte der Gesellschafterkonten der OHG und KG, DStR 1999, 939; *Reichert/Düll,* Gewinnthesaurierung bei Personengesellschaften nach der Unternehmensteuerreform 2008, ZIP 2008, 1249; *K. Schmidt,* Mittelaufbringung und Mittelverwendung bei der GmbH&Co. KG – Funktionelles oder formelles Denken im Recht der Unternehmensfinanzierung?, ZIP 2008, 481; *Schön,* Bilanzkompetenzen und Ausschüttungsrechte in der Personengesellschaft, FS Beisse 1996, 471; *ders.,* Die vermögensverwaltende Personenhandelsgesellschaft – Ein Kind der HGB-Reform – Kurzreferat, DB 1998, 1169; *Steinbeck,* Zur systematischen Einordnung des Finanzplankredits, ZGR 2000, 503; *Stenzel,* Die Pflicht zur Bildung einer gesetzlichen Rücklage bei der UG (haftungsbeschränkt) und die Folgen für die Wirksamkeit des Gesellschaftsvertrags einer UG (haftungsbeschränkt) & Co. KG NZG 2009, 168; *Ulmer,* Gewinnanspruch und Thesaurierung in OHG und KG, FS Lutter 2000, 935; *Wachter,* Die neue Unternehmensgesellschaft (haftungsbeschränkt) Sonderheft GmbHR 2008, S. 25; *ders.,* Firmierung der Unternehmergesellschaft (haftungsbeschränkt) & Co. KG, NZG 2009, 1263; *Witt,* Formbedürftigkeit und Heilung von Formmängeln bei der gleichzeitigen Einbringung von KG- und GmbH-Anteilen in eine Holding-Gesellschaft, ZIP 2000, 1033.

I. Motive für die Gründung einer GmbH/UG (haftungsbeschränkt) & Co KG

1. Haftung

Mit der Gründung einer GmbH & Co KG bzw. UG (haftungsbeschränkt) & Co KG entsteht eine **Personengesellschaft, bei der keine natürliche Person unbeschränkt haftet.** Denn Komplementärin ist die GmbH/UG (haftungsbeschränkt), die zwar unbeschränkt – also mit ihrem ganzen Vermögen – haftet, aber eben keine natürliche Person ist. Auch wenn eine andere juristische Person (Aktiengesellschaft, Stiftung, ausländische juristische Person)[1] Komplementärin wird, lässt sich dieses Ziel erreichen. In der Praxis ist aber in der weit überwiegenden Anzahl der Fälle eine GmbH Komplementärin. Ob sich die UG (haftungsbeschränkt) als Komplementärin etablieren wird, bleibt abzuwarten. Die Auswirkungen auf die KG sind unabhängig davon, ob eine GmbH oder eine andere juristische Person Komplementärin ist, die gleichen. Daher kann der KG-Vertrag auch dann wie im Folgenden beschrieben ausgestaltet werden, wenn eine juristische Person anderer Rechtsform Komplementärin wird.

Mit der Gründung einer GmbH & Co KG wird das **finanzielle Risiko,** das mit jeder Gründung einer KG verbunden ist, für alle Gesellschafter, insbesondere auch für die, die natürliche Personen sind, **überschaubar gehalten.** Hierin liegt zwar gegenüber einer GmbH kein Vorteil, wohl aber gegenüber der Gründung von Personengesellschaften anderer Rechtsform bzw. einer KG mit einer natürlichen Person als Komplementär.

2. Regeln über Geschäftsführung und Vertretung

Nach herrschender Meinung gilt in der KG der sogenannte Grundsatz der **Selbstorganschaft.** Danach können die sogenannte organschaftliche Geschäftsführungsbefugnis und Vertretungsmacht nicht auf Personen übertragen werden, die nicht Gesellschafter sind. Was genau dieser Grundsatz besagt, ist zwar unklar, und es ist auch umstritten, ob er überhaupt gilt.[2] Gleichwohl muss man ihm schon aus Gründen der Vorsicht bei der Errichtung einer Personengesellschaft Rechnung tragen. Dies ist bei der Gründung einer GmbH & Co KG bzw. UG (haftungsbeschränkt) & Co. KG problemlos möglich. Komplementärin wird die GmbH/UG (haftungsbeschränkt), die gemäß dem Grundsatz der Selbstorganschaft die Geschäfte der KG führt und die Gesellschaft vertritt. Da für die GmbH/UG (haftungsbe-

---
[1] Dazu inwieweit das möglich ist, MünchKommHGB/*Grunewald* § 161 Rn. 104 f.
[2] Dazu Baumbach/*Hopt* § 114 Rn. 24; MünchKommBGB/*Ulmer/Schäfer* § 709 Rn. 5.

schränkt), der Grundsatz der Selbstorganschaft nicht gilt, kann für sie – und damit letztlich für die KG bzw. UG (haftungsbeschränkt) & Co. KG – ein Geschäftsführer handeln, der zwar Gesellschafter der KG sein kann, es aber nicht sein muss. Während also der Form nach dem Grundsatz der Selbstorganschaft Rechnung getragen wird, handelt es sich der Sache nach um Fremdorganschaft für die KG.

4 Diese Möglichkeit der Fremdorganschaft hat zur Folge, dass sich die GmbH & Co KG bzw. UG (haftungsbeschränkt) & Co. KG besser als andere Arten von Personengesellschaften zur Regelung von **Nachfolgeproblemen** eignet. Wenn es unter den Gesellschaftern an einer Unternehmerpersönlichkeit fehlt oder zwar eine solche vorhanden ist, diese aber kein unbeschränktes Haftungsrisiko eingehen will, kann die Übernahme der Komplementärposition durch eine GmbH/UG (haftungsbeschränkt), hilfreich sein.

5 Im Bereich der Geschäftsführung und Vertretung hat die GmbH & Co KG bzw. UG (haftungsbeschränkt) & Co KG noch einen weiteren Vorteil gegenüber anderen Personengesellschaften. Die Person des Geschäftsführers der GmbH/UG (haftungsbeschränkt) kann **relativ problemlos ausgewechselt werden**. Soll dagegen eine andere Person als bisher Komplementär werden, so muss der Gesellschaftsvertrag der KG geändert werden. Das kann je nach Ausgestaltung des KG-Vertrages mehr oder weniger kompliziert sein.

6 Da die Geschäftsführung der KG weitgehend in der GmbH/UG (haftungsbeschränkt) konzentriert werden kann, bietet die GmbH & Co KG bzw. UG (haftungsbeschränkt) & Co KG auch die **Möglichkeit, die Rechtsstellung der Kommanditisten relativ einflusslos auszugestalten** und die Entscheidungsbefugnisse auch in Bezug auf die KG in der GmbH/UG (haftungsbeschränkt) zu konzentrieren. Daher eignet sich die GmbH & Co KG bzw. UG (haftungsbeschränkt) & Co KG vielfach besser als eine normale KG für **Familien- und Publikumsgesellschaften**.

3. Flexibilität bei der Kapitalaufbringung und -erhaltung

7 Ein Vorteil der GmbH & Co KG bzw. UG (haftungsbeschränkt) & Co KG gegenüber der GmbH liegt in ihrer größeren Flexibilität im Bereich der Kapitalaufbringung und -erhaltung. Zwar ist jeder Kommanditist zur **Leistung seiner Kommanditeinlage** verpflichtet, aber wenn ein Kommanditist nicht leistet, führt dies **nicht zur Ausfallhaftung** der übrigen Gesellschafter. Eine Haftung nach Art von § 24 GmbHG gibt es also nicht. Gleiches gilt, wenn Kommanditeinlagen erhöht oder neue Kommanditisten aufgenommen werden.

8 **Entnimmt ein Kommanditist** seine Einlage, so lebt seine Haftung gem. § 172 Abs. 4 HGB wieder auf. Aber eine **Mithaft der anderen Gesellschafter** besteht anders als in der GmbH (§ 31 Abs. 3 GmbHG) nicht. Allerdings können Zuwendungen an Kommanditisten aus dem Vermögen der KG auch gegen § 30 GmbHG verstoßen. Dann gilt für die Haftung der Kommanditisten § 31 Abs. 1 GmbHG und zwar auch, wenn der Kommanditist nicht zugleich Gesellschafter der GmbH ist.[3] Zur Mithaft der anderen Gesellschafter → Rn. 40.

4. Mitbestimmung

9 Im Unterschied zur GmbH unterliegt **eine Personengesellschaft im Prinzip nicht der Mitbestimmung** nach dem MitBestG. Wenn aber die Mehrheit der Kommanditisten die Mehrheit der Geschäftsanteile oder Stimmen in der GmbH inne hat, wird die Zahl der Arbeitnehmer in der KG der GmbH zugerechnet (§ 4 MitBestG). Dies kann zur Folge haben, dass die GmbH mitbestimmungspflichtig wird. Die Regeln der Mitbestimmung nach dem DrittelbG gelten für die GmbH & Co KG bzw. UG (haftungsbeschränkt) & Co KG als Personengesellschaft nicht.

5. Rechnungslegung

10 Als Vorteil der GmbH & Co KG bzw. UG (haftungsbeschränkt) & Co KG gegenüber der GmbH galt, dass für die KG die für Kapitalgesellschaften geltenden Vorschriften der Rech-

---

[3] BGHZ 110, 342, 355; MünchKommHGB/*K. Schmidt* § 171, 172 Rn. 128; kritisch Scholz/*Verse* § 30 Rn. 131.

nungslegung nicht zur Anwendung kamen. Das hat sich für die GmbH & Co KG bzw. UG (haftungsbeschränkt) & Co KG auf Grund des sog. **Kapitalgesellschaften & Co-Richtlinien-Gesetz** vom 24.2.2000[4] geändert. Nunmehr gelten für eine KG, deren Komplementär keine natürliche Person oder Personengesellschaft mit einer natürlichen Person als persönlich haftendem Gesellschafter ist, dieselben Regeln wie für Kapitalgesellschaften (§ 264a Abs. 1 HGB).

6. Steuerrechtliche Aspekte

Für die Auswahl zwischen den verschiedenen Gesellschaftsformen sind regelmäßig steuerliche Aspekte von maßgeblicher Bedeutung. Um festzustellen, welche Gesellschaftsform im konkreten Fall steuerrechtlich günstiger ist, muss ein konkreter Belastungsvergleich erstellt werden. 11

II. Gründung einer GmbH/UG (haftungsbeschränkt) & Co KG

Eine GmbH & Co KG bzw. UG (haftungsbeschränkt) & Co KG setzt das Bestehen **zweier Gesellschaften** voraus. Einer GmbH/UG (haftungsbeschränkt) und einer KG. 12

1. Gründung der GmbH

a) Besonderheiten bei der Kapitalaufbringung in der GmbH. Die GmbH wird so wie in Teil A beschrieben gegründet. Nicht zu empfehlen ist meist die Verwendung der Mustersatzung, da die Verzahnung zwischen GmbH und KG regelmäßig andere Regeln verlangt (→ Rn. 165ff). Sodann nimmt sie an der Gründung der KG als Komplementärin teil. 13

Wird das auf das Stammkapital der GmbH eingezahlte **Kapital der KG als Darlehen zur Verfügung gestellt** – was sinnvoll ist, da die KG das Unternehmen betreibt – „so sieht der BGH dies, wenn die KG von dem Inferenten beherrscht wird als „Hin- und Herzahlen" im Sinne von § 19 Abs. 5 GmbHG an,[5] bzw. nach Abschluss des Gründungsvorgangs als Einlagenrückgewähr im Sinne von § 30 GmbHG. Dies spricht dafür, die Höhe des Stammkapitals gering zu halten, eventuell sogar eine UG (haftungsbeschränkt) als Komplementär zu wählen. 14

Soweit die Kommanditisten auch Gesellschafter der GmbH sind, haben sie die **der GmbH geschuldete Stammeinlage** zu erbringen. Dies sollte grundsätzlich durch Leistung an die GmbH geschehen. Zahlungen an die KG – etwa in dem Fall, dass GmbH und KG nur ein gemeinsames Konto haben, das auf die KG lautet, – sind Leistungen an einen Dritten (§ 362 Abs. 2 BGB), die in Höhe der Mindesteinlage nach §§ 7 Abs. 2, 8 Abs. 2 GmbHG unzulässig sind. Für Einlagen, die über die Mindesteinlage hinausgehen, kommt es darauf an, ob der GmbH eine vollwertige Gegenleistung zugeflossen ist. Dies ist der Fall, wenn die KG eine entsprechende Forderung[6] gegen die GmbH hat.[7] 15

b) Die Vorgesellschaft als taugliche Gesellschafterin. Auch die **Vor-GmbH** (also die GmbH nach Abschluss des notariell beurkundeten Gesellschaftsvertrages aber vor Eintragung) kann bereits Komplementärin der KG sein. Es muss also mit der Gründung und Eintragung der KG nicht gewartet werden, bis die GmbH eingetragen ist.[8] Allerdings haftet die Vor-GmbH für die Schulden der KG unbeschränkt. Da nach Ansicht des BGH die Gesell- 16

---

[4] BGBl. I S. 154 vom 8.3.2000.
[5] BGH ZIP 2008, 174 = BB 2008, 181 mit zu Recht kritischer Anmerkung von *Witt* und *K. Schmidt* ZIP 2008, 481; zum Hin- und Herzahlen § 5 Rn. 53ff.; zur Einlagenrückgewähr § 6; siehe auch unten Rn. 30 zur Leistung der Stammeinlage durch Kommanditisten.
[6] Etwa weil die GmbH der KG eine Einlage schuldete, siehe BGH NJW 1986, 989, 990.
[7] BGH NJW 1986, 989.
[8] BGHZ 80, 129, 132; BGH NJW 1985, 736, 737; MünchKommHGB/*Grunewald* § 161 Rn. 58.

schafter der Vor-GmbH im Innenverhältnis gegenüber der GmbH für Verluste unbeschränkt haften,[9] trifft die Gründer dann ein **erhebliches Haftungsrisiko**. Hinzu tritt die Handelndenhaftung von § 11 Abs. 2 GmbHG. Diese greift auch ein, wenn der Geschäftsführer nicht im Namen der GmbH, sondern im Namen der KG handelt.[10] Zur Haftung der Kommanditisten bei Gründung der KG → Rn. 37.

17 Nach wohl noch herrschender Meinung kann eine **Vorgründungsgesellschaft** einer GmbH (also eine Gesellschaft, die auf Abschluss des Gesellschaftsvertrages zur Gründung einer GmbH gerichtet ist) nicht Gesellschafterin einer KG sein.[11] Dies wurde damit begründet, dass eine BGB-Gesellschaft nicht Gesellschafterin einer KG sein kann.[12] Für die Kommanditistenstellung trifft dies – wie sich aus § 162 Abs. 1 S. 2 HGB ergibt – nicht mehr zu. Ob eine BGB-Gesellschaft auch Komplementärin sein kann, ist aber offen. Aus Gründen der Vorsicht sollte der Abschluss des Gesellschaftsvertrages zur Gründung der GmbH in notarieller Form abgewartet werden, zumal es auch wenig zweckmäßig ist, eine Vorgründungsgesellschaft zur Komplementärin zu machen. Denn die spätere Vor-GmbH bzw. GmbH rückt nicht automatisch in die Rechtsstellung der Vorgründungsgesellschaft ein.[13]

18 c) **Vertretungsmacht des Geschäftsführers der GmbH.** Bei Abschluss des Gesellschaftsvertrages der KG wird die GmbH durch ihren Geschäftsführer vertreten. Wenn der Geschäftsführer zugleich Kommanditist ist, muss **§ 181 BGB** beachtet werden. Daher muss dem Geschäftsführer dann durch Gesellschafterbeschluss in der Gesellschafterversammlung der GmbH oder durch eine entsprechende Gestaltung im Gesellschaftsvertrag der GmbH der Abschluss des Gesellschaftsvertrages mit der KG gestattet sein. Es reicht auch aus, dass alle Gesellschafter der GmbH – etwa weil sie auch Kommanditisten sind – an der Gründung der KG teilnehmen und so ihr Einverständnis stillschweigend erklären.[14] Sofern sich aus dem Gesellschaftsvertrag der GmbH – etwa aus der Festlegung des Unternehmensgegenstandes – ergibt, dass die GmbH Komplementärin der KG werden soll, liegt hierin eine entsprechende Gestattung.[15]

2. Gründung der UG (haftungsbeschränkt)

19 Die UG (haftungsbeschränkt) wird wie im → § 4 beschrieben gegründet. Für die Vor- UG (haftungsbeschränkt) und die Vorgründungsgesellschaft einer UG (haftungsbeschränkt) gelten dieselben Regeln wie bei der Gründung einer GmbH (→ Rn. 13 ff.).

3. Gründung der KG

20 a) **Betreiben eines Handelsgewerbes/eines Gewerbes/Verwaltung eigenen Vermögens.** Nach §§ 161 Abs. 1, 105 Abs. 1 HGB liegt eine KG vor, wenn die Gesellschaft ein Handelsgewerbe i. S. v. § 1 Abs. 2 HGB betreibt. Darüber hinaus bietet §§ 161 Abs. 2, 105 Abs. 1 HGB jedem Gewerbetreibenden sowie jeder Gesellschaft, die nur ihr eigenes Vermögen verwaltet,[16] die Möglichkeit, sich als KG ins Handelsregister eintragen zu lassen.

21 b) **Formerfordernisse und Genehmigungen.** *aa) Formerfordernisse.* Der Abschluss des Gesellschaftsvertrages ist formfrei möglich. Allerdings kann sich aus den allgemeinen Vorschriften etwas anderes ergeben. Dies ist beispielsweise der Fall, wenn ein **Grundstück in**

---

[9] BGHZ 134, 333, 336; zum Hin- und Herzahlen § 5 Rn. 53 f; zur Einlagenrückgewähr → § 6; siehe auch unten → Rn. 30 zur Leistung der Stammeinlage durch Kommanditisten; Baumbach/Hueck/*Fastrich* § 11 Rn 24 ff.

[10] BGHZ 80, 129, 133; Baumbach/*Hopt* Anh. § 177a Rn. 17; kritisch MünchKommHGB/*Grunewald* § 161 Rn. 58.

[11] Die Vorgründungsgesellschaft ist regelmäßig BGB-Gesellschaft, Baumbach/Hueck/*Fastrich* § 11 Rn. 36.

[12] Dazu Baumbach/*Hopt* § 105 Rn. 29, Rn. 28; MünchKomm HGB/*K. Schmidt* § 105 Rn 97 f, bejahend LG Berlin ZIP 2003, 1201; Bergmann ZIP 2003, 2231.

[13] → § 3.

[14] BGH NJW 1978, 160, 161; BGH NJW 1976, 1538, 1539; sollte der Geschäftsführer der GmbH zugleich ihr einziger Gesellschafter sein, gelten die Besonderheiten von § 35 Abs. 4 GmbHG.

[15] MünchKommHGB/*Grunewald* § 161 Rn. 59.

[16] Die Vermögensverwaltung gilt nach Ansicht mancher nicht als Gewerbe, dazu *Bydlinski* ZIP 1998, 1169, 1175; *Schön* DB 1998, 1169.

das Gesellschaftsvermögen geleistet werden soll, oder wenn sich ein Gesellschafter verpflichtet, unter bestimmten Umständen ein Grundstück aus dem Gesellschaftsvermögen zu erwerben (§ 311b Abs. 1 BGB).[17]

Eine notarielle Beurkundung empfiehlt sich, wenn die Beteiligung **geschenkt werden soll**. Allerdings ist unklar, ob die Beteiligung an einer KG bei der Gründung überhaupt geschenkt werden kann, da den Kommanditisten vor der Eintragung der KG auf Grund von § 176 Abs. 1 HGB trotz Leistung der Einlage durch den Schenker ein Haftungsrisiko trifft und hierin eine Gegenleistung für die Übernahme der Beteiligung liegen könnte.[18] Aus Gründen der Vorsicht empfiehlt sich aber eine notarielle Beurkundung.

bb) *Genehmigungserfordernisse*. Soll eine Person Gesellschafter werden, die unter **Vormundschaft** (§§ 1773 ff. BGB), **Pflegschaft** (§ 1909 BGB) oder **Betreuung** (§§ 1896 ff. BGB) steht, so ist die Genehmigung des Familiengerichts nach § 1822 Nr. 3, 2. Alt. BGB zur Gründung der KG erforderlich (für die Betreuung s. § 1908i Abs. 1 S. 1 BGB, für die Pflegschaft § 1915 BGB). Denn die Gründung einer KG beinhaltet immer den Abschluss eines Gesellschaftsvertrages, der zum Betrieb eines Erwerbsgeschäfts eingegangen wird, auch dann, wenn die unter Vormundschaft, Pflegschaft oder Betreuung stehende Person nur Kommanditist werden soll.[19] Dies gilt auch, wenn die KG nur eigenes Vermögen verwaltet.[20] Gleiches gilt für **Minderjährige** und geschäftsunfähige Kinder, die durch ihre Eltern vertreten werden (§§ 1643 Abs. 1, 1822 Nr. 3 BGB).[21] Zuständig ist das Familiengericht (§ 1643 Abs. 1 BGB). Sollen die **Eltern, der Vormund oder der Betreuer ebenfalls Gesellschafter** werden, so ist außerdem noch die Bestellung eines Pflegers erforderlich (§§ 1629 Abs. 2, 1908i Abs. 1, 1795 Abs. 2, 181 BGB),[22] und zwar auch dann, wenn die Kommanditbeteiligung geschenkt wird. Zwar findet § 181 BGB keine Anwendung, wenn das Rechtsgeschäft für den Vertretenen lediglich rechtlich vorteilhaft ist,[23] aber die herrschende Meinung sieht den Erwerb einer Kommanditbeteiligung jedenfalls im Zuge einer KG-Gründung nie als lediglich vorteilhaft an.[24] Für **Ehegatten** gilt § 1365 Abs. 1 BGB.

c) **Firmierung.** Während nach altem Recht die Firma der GmbH & Co KG den Namen ihrer Komplementärin, der GmbH, enthalten musste (§ 19 Abs. 2 HGB a. F.), ist dies seit Inkrafttreten des Handelsrechtsreformgesetzes nicht mehr der Fall. Die KG kann **nun frei zwischen einer Personen-, Sach- oder Fantasiefirma wählen** (§ 18 Abs. 1 HGB). Umstritten ist, ob die Firma auch den Namen eines Kommanditisten oder eines Dritten enthalten darf. Dem wird teilweise entgegengehalten, dass auf diese Weise der Eindruck entstehen könne, der Genannte sei der Unternehmensträger.[25] Nach der Änderung von § 19 HGB wird man dem wohl kaum mehr folgen können.[26] Im Einzelfall kann ein Verstoß gegen das Irreführungsverbot von § 18 Abs. 2 HGB vorliegen. Erforderlich ist nach wie vor ein Firmenzusatz, der die Haftungsbeschränkung deutlich macht, § 19 Abs. 2 HGB. Die Zusätze GmbH & Co KG bzw. UG (haftungsbeschränkt) & Co KG reichen hierfür aus.[27]

d) **Anmeldung.** Eine KG, die ein Handelsgewerbe betreibt, muss nach § 162 Abs. 1 HGB ins Handelsregister eingetragen werden. Erst mit der Eintragung wird die Haftung der

---

[17] BGH NJW 1978, 2505; BGH NJW 1996, 1279.
[18] MünchKommHGB/*Grunewald* § 161 Rn. 22.
[19] MünchKommHGB/*K. Schmidt* § 105 Rn. 145.
[20] Siehe *Hohaus/Eickmann* BB 2004, 1707, 1708; a. A. bei rein privater Vermögensverwaltung OLG Jena ZEV 2013, 521, 522.
[21] Zu den Voraussetzungen für die Genehmigung, OLG Bremen NZG 1999, 588. Wird die Beteiligung geschenkt, so ist das Geschäft u. U. lediglich rechtlich vorteilhaft, dazu sogleich. Dann kann ein Minderjähriger im Rahmen von § 107 BGB für sich selber handeln und eine Genehmigung ist nicht erforderlich.
[22] MünchHdbGesR II/*Happ* § 1 Rn. 93; Baumbach/*Hopt* § 105 Rn. 26.
[23] MünchKommBGB/*Schramm* § 181 Rn. 15.
[24] BGHZ 68, 225; LG Köln Rpfleger 1970, 245; dies ist zweifelhaft, siehe MünchKommHGB/*Grunewald* § 161 Rn. 24; *Maier-Reimer* NJW 2005, 3025, 3026; OLG Jena ZEV 2013, 521, 522 bei KG zur rein privaten Vermögensverwaltung.
[25] *Bockelmann* GmbHR 1998, 57, 59; *Gebele* BB 2012, 728, 730; *Jung* ZIP 1998, 677, 680 ff.
[26] OLG Saarbrücken ZIP 2006, 1772, 1773; Baumbach/*Hopt* § 19 Rn. 22.
[27] MünchKommHGB/*Heidinger* § 19 Rn. 28; *Wachter* NZG 2009, 1263.

Kommanditisten beschränkt.[28] Wird kein Handelsgewerbe betrieben,[29] entsteht die KG erst mit Eintragung. Zur Eintragung verpflichtet sind **alle Gesellschafter,** also auch die Kommanditisten (§§ 161 Abs. 2, 108 HGB). **Vertretung** bei der Anmeldung ist möglich, aber formgebunden, (§ 12 Abs. 1 S. 1, 2 HGB). Die Erteilung der Vertretungsmacht kann auch im Gesellschaftsvertrag und auch pauschal für alle zukünftigen Anmeldungen erfolgen.[30] Da sie aber zumindest bei Vorliegen eines wichtigen Grundes widerrufbar sein muss[31] und die Nutzung der Vollmacht zu einer unzutreffenden Anmeldung stets einen solchen wichtigen Grund beinhaltet, hilft eine solche Vollmacht bei Streit unter den Gesellschaftern über die Richtigkeit einer Anmeldung nur wenig weiter. Sie verlagert den Konflikt auf die Frage, ob die Vollmacht wirksam widerrufen ist, und damit ins Registerverfahren. Eine solche Vollmacht erleichtert aber bei Einigkeit der Gesellschafter die Durchführung der Anmeldung. Wird die Vollmacht einem Gesellschafter erteilt, gilt § 181 BGB nicht, da die Anmeldung kein Rechtsgeschäft beinhaltet.[32] Daher ist es auch unproblematisch, wenn mehrere Gesellschafter dieselbe Person bevollmächtigen. Diese Vorgehensweise ist oftmals zweckmäßig, da so das Anmeldeverfahren vereinfacht wird.

26 **Formulierungsvorschlag:**

Die Kommanditisten bevollmächtigen den Komplementär,[33] sämtliche Anmeldungen zum Handelsregister, die die Kommanditgesellschaft und ihre Gesellschafter[34] betreffen, in ihrem Namen vorzunehmen. Die Vollmacht kann nur aus wichtigem Grund widerrufen werden.

27 **Der Inhalt der Anmeldung** ergibt sich aus §§ 162 Abs. 1, 106 Abs. 2 HGB. Die Anmeldung muss den Namen, Vornamen, das Geburtsdatum und den Wohnort jedes Gesellschafters, die Firma der KG, ihren Sitz, die Bezeichnung der betreffenden Gesellschafter als Kommanditisten und den Betrag der Einlage jedes Kommanditisten enthalten. Ebenfalls anzugeben ist die Vertretungsmacht der Gesellschafter (§ 106 Abs. 2 Nr. 4 HGB). Gemeint ist die organschaftliche Vertretungsmacht, von der die Kommanditisten gemäß § 170 HGB nach h. M. zwingend ausgeschlossen sind (→ Rn. 62). Auf sie bezieht sich die Norm also nicht.[35] Die Anmeldung muss beglaubigt werden, § 12 Abs. 1 S. 1 HGB.

28 **Formulierungsvorschlag (Handelsregisteranmeldung):**

Es wird die X-GmbH & Co KG zum Handelsregister angemeldet. Die X-GmbH & Co KG betreibt ......[36]

An der Kommanditgesellschaft sind beteiligt:

a) die E-GmbH als persönlich haftende Gesellschafterin. Die E-GmbH hat ihren Sitz in ......, sie ist eingetragen im Handelsregister des Amtsgerichts ...... unter HRB ......[37]

b) A (Name, Vorname, Geburtsdatum, Wohnort) als Kommanditist mit einer Haftsumme von ...... EUR

---

[28] Unten → Rn. 37.
[29] Zu diesen Fällen oben → Rn. 17.
[30] BGH ZIP 2005, 1318, 1322; OLG Frankfurt BB 1973, 722.
[31] BGH ZIP 2005, 1318, 1322; BGH NJW 2006, 2854, 2855; MünchKommHGB/*Grunewald* § 162 Rn. 6.
[32] MünchKommHGB/*Krafka* § 12 Rn. 4.
[33] Es kann auch eine andere Person bevollmächtigt werden.
[34] Erfasst sind dann auch Anmeldungen im Bezug auf die Stellung als Gesellschafter, also etwa das Ausscheiden, § 143 Abs. 2 HGB.
[35] OLG Frankfurt NZG 2006, 262; MünchKommHGB/*Langhein* § 106 Rn. 32.
[36] Gem. § 24 Abs. 4 HRV ist bei der Anmeldung darauf hinzuwirken, dass der Geschäftszweig, soweit er sich nicht aus der Firma ergibt, angegeben wird.
[37] Am besten fügt man einen Handelsregisterauszug bei. Ist die Eintragung noch nicht erfolgt, so muss dies klargestellt werden, etwa durch die Formulierung: „Als GmbH in Gründung".

c) B (Name, Vorname, Geburtsdatum, Wohnort) als Kommanditist mit einer Haftsumme von ...... EUR
Die Gesellschaft hat ihren Sitz in ......, Straße ......[38]
Für die Komplementärin, die E-GmbH, Y als alleinvertretungsberechtigter Geschäftsführer. A und B Beglaubigungsvermerk.

4. Eintritt einer GmbH/UG (haftungsbeschränkt) in eine bestehende KG

Eine GmbH/UG (haftungsbeschränkt) und Co KG entsteht auch, wenn die GmbH/UG (haftungsbeschränkt) der KG als neuer Gesellschafter beitritt. **Der Beitritt beinhaltet eine Änderung des Gesellschaftsvertrages**, die oftmals nur mit Zustimmung aller Gesellschafter erfolgen kann.[39] Meist scheidet der (ehemalige) Komplementär gleichzeitig aus der KG aus. Seine Nachhaftung bestimmt sich nach § 160 Abs. 1 HGB. Wird die Komplementärstellung in eine Kommanditistenstellung umgewandelt, greift § 160 Abs. 3 HGB. Die Haftungsbegrenzung gilt also auch, wenn der Komplementär Geschäftsführer der Komplementär GmbH/UG (haftungsbeschränkt) wird (§ 160 Abs. 3 S. 2 HGB).

III. Haftung der Gesellschafter

1. Haftung der GmbH/UG (haftungsbeschränkt)

Für die Schulden der KG haftet die GmbH/UG (haftungsbeschränkt) als Komplementärin unbeschränkt.

2. Haftung der Kommanditisten

a) **Beitrag, Pflichteinlage, Hafteinlage.** Im Gesellschaftsvertrag der KG wird festgelegt, welchen **Beitrag** der Kommanditist zu leisten hat. Dieser kann in jeder Leistung (Wettbewerbsverbote,[40] Überlassung von Grundstücken usw.) liegen. Sofern eine Geldleistung geschuldet ist, wird dieser Beitrag als Pflichteinlage[41] bezeichnet. Diese **Pflichteinlage** kann, muss aber nicht, mit der Hafteinlage übereinstimmen. Die **Hafteinlage** ist die ins Handelsregister einzutragende Summe, in deren Höhe der Kommanditist den Gläubigern der KG im Grundsatz unmittelbar haftet. Meist entspricht die Pflichteinlage der Hafteinlage.

Leistungspflichten des Kommanditisten gegenüber der KG können auch außerhalb des Gesellschaftsvertrages auf Grund eines weiteren, separaten, schuldrechtlichen Vertrages (Dienstvertrag, Mietvertrag) zwischen KG und Kommanditist bestehen. Eine klare Trennung zwischen den gesellschaftsvertraglichen und anderen Pflichten wird erreicht, wenn die nicht mitgliedschaftlich begründeten Pflichten in einer gesonderten Vertragsurkunde niedergelegt werden. Die Unterscheidung ist wichtig, weil für die Änderung eines Gesellschaftsvertrages in vielen Punkten andere Modalitäten gelten als für die Änderung eines anderen schuldrechtlichen Vertrages. Auch greift die Inhaltskontrolle nach §§ 307ff. BGB nicht ein, wenn eine Pflicht aus dem Gesellschaftsvertrag folgt und mitgliedschaftlicher Natur ist und dazu dient, den Zweck der Gesellschaft zu verwirklichen (§ 310 Abs. 4 S. 1 BGB).[42]

Wie die **Pflichteinlage erbracht werden kann,** bestimmt der Gesellschaftsvertrag. Für die **Hafteinlage** gilt das nicht. Wenn die Hafteinlage geleistet ist, haftet der Kommanditist gem. § 171 Abs. 1 HGB den Gläubigern der KG nicht mehr. Daher ist die Hafteinlage nur geleistet, wenn der KG ein Vermögenswert zugeflossen ist, der auch in einer Krise zu Gunsten der

---

[38] Nach § 24 Abs. 2 HRV soll bei Anmeldungen auch die Lage der Geschäftsräume angegeben werden.
[39] Siehe BGH ZIP 1997, 2197, 2198.
[40] Dazu unten → Rn. 76 ff.
[41] BGH NJW 1995, 197, 198.
[42] BGH NJW 1998, 454, 455; BGH NJW-RR 2008, 1357 Tz. 14.

KG einsetzbar ist.[43] Ein solcher Zufluss kann bei Geldzahlungen, aber auch bei der Übertragung von Eigentum, sonstigen dinglichen Rechten oder Immaterialgüterrechten auf die KG festgestellt werden. Auch die Übertragung von Forderungen wirkt im Grundsatz haftungsbefreiend. Gleiches gilt für die Einräumung obligatorischer Nutzungsrechte,[44] nicht aber für Dienstleistungen,[45] da diese in der Krise der KG nicht verwertbar sind. Ein irgendwie geartetes Verbot verdeckter Sacheinlagen[46] besteht also nicht. Zahlungen auf ein Bankkonto der GmbH/UG (haftungsbeschränkt) befreien den Kommanditisten nur, wenn das Kapital an die KG weitergegeben wurde.[47]

34 Nach § 172 Abs. 6 HGB kann die Hafteinlage **nicht durch Einbringung der Anteile an der GmbH/UG (haftungsbeschränkt)** erfüllt werden. Auf diese Weise soll sicher gestellt werden, dass das Vermögen der GmbH/UG (haftungsbeschränkt) nicht als Haftungsstock der GmbH/UG (haftungsbeschränkt) und der Kommanditisten verwandt werden kann (unten → Rn. 172).

35 Stets tritt Haftungsbefreiung nur in **Höhe des objektiven Wertes** der Einlageleistung ein.[48] Befriedigt ein Kommanditist allerdings einen Gläubiger der KG und rechnet dann mit seinem Regressanspruch gegen die KG auf, so tritt Haftungsbefreiung in Höhe des bezahlten Betrages ein.[49] Auf den Wert der vom Kommanditisten erfüllten Forderung, der ja nicht der von der KG geschuldeten Summe entsprechen muss, kommt es also nicht an,[50] da sich der Kommanditist auf diese Weise von dem Risiko seiner persönlichen Inanspruchnahme befreit. Dies ist anders, wenn der Kommanditist seine Hafteinlage durch Aufrechnung mit einer anderen Forderung erbringt, die ihm gegen die KG zusteht. Dann tritt Befreiung von der Haftung nur in Höhe des wirklichen Wertes der Forderung ein.[51]

36 Die geschuldete **Leistung kann auch durch einen Dritten,** und zwar auch durch den Komplementär, erbracht werden, etwa indem der Dritte die entsprechende Summe für den Kommanditisten an die KG zahlt (§ 267 BGB). Sofern der Dritte der Komplementär ist, wird das den Gläubigern haftende Vermögen zwar insgesamt gesehen nicht mehr, da ja das Komplementärvermögen dem Gläubigerzugriff ebenfalls offen steht. Aber da die Gläubiger keinen Anspruch darauf haben, dass das Komplementärvermögen ihnen in einem einmal gegebenen Umfang erhalten bleibt, ist die Einlage des Kommanditisten gleichwohl erbracht.[52] Aus demselben Grund ist auch die sogenannte Umbuchung (also die Abbuchung der geschuldeten Einlage vom Kapitalkonto des Komplementärs und die Einbuchung als Einlage des Kommanditisten) zulässig.[53] Ist der Komplementär eine GmbH oder UG (haftungsbeschränkt), sind § 19 Abs. 5 GmbHG bzw. § 30 GmbHG zu beachten.

37 b) **Haftung des Kommanditisten bei der Gründung.** Nach § 176 Abs. 1 HGB haftet der Kommanditist für die Schulden der KG **unbeschränkt persönlich,** wenn die KG ihre Geschäfte vor ihrer Eintragung als KG im Handelsregister begonnen und der Kommanditist dem zugestimmt hat. Eine konkludente Zustimmung reicht aus.[54] Dies gilt allerdings nicht, wenn die KG kein Handelsgewerbe betreibt (§ 176 Abs. 1 S. 2 HGB).[55] Praktisch spielt das aber weitgehend keine Rolle, da die Gesellschaft dann eine BGB-Gesellschaft ist und nach

---

[43] Vielfach wird in erster Linie darauf abgestellt, ob die Einlageleistung ein bilanzierungsfähiger Gegenstand ist: MünchKommHGB/*K. Schmidt*, §§ 171, 172 Rn. 9.
[44] Obligatorisches Nutzungsrecht zu Verwertung des Namens und Logos eines Sportvereins BGH ZIP 2000, 163 zur AG.
[45] MünchKommHGB/*K. Schmidt* §§ 171, 172 Rn. 9, 10; a. A. Baumbach/*Hopt* § 171 Rn. 6.
[46] Zur GmbH → § 5 Rn. 48 ff.
[47] OLG Hamm NJW-RR 1996, 27.
[48] BGHZ 95, 195; BGHZ 109, 334, 337; Baumbach/*Hopt* § 171 Rn. 6.
[49] Baumbach/*Hopt* § 171 Rn. 7 f.; hiervon macht allerdings § 171 Abs. 2 HGB eine Ausnahme für Zahlungen nach Eröffnung des Insolvenzverfahrens.
[50] BGHZ 95, 188, 194 f.
[51] Baumbach/*Hopt* § 171 Rn. 7.
[52] BGHZ 93, 246, 249 f.; BGH NJW 1984, 2290.
[53] BGHZ 101, 123, 126 ff.; BGH NJW 1984, 2290; Baumbach/*Hopt* § 171 Rn. 6.
[54] BGHZ 82, 209, 211.
[55] BGHZ 59, 179, 181; BGHZ 61, 59, 65 f.

der Judikatur des BGH[56] die Gesellschafter auch in dieser Gesellschaftsform unbeschränkt persönlich haften. Da § 176 HGB das Vertrauen der Gläubiger der Gesellschaft in die unbeschränkte Haftung der Gesellschafter schützt, gilt die Norm nicht, wenn deliktische Ansprüche gegen die KG geltend gemacht werden.[57] Sie greift gemäß § 176 Abs. 1 S. 1 HGB auch nicht ein, wenn dem Gläubiger bekannt war, dass der Gesellschafter Kommanditist ist. Da diese Einschränkungen für Gesellschafter einer BGB-Gesellschaft nicht eingreifen, ist das Risiko für den Kommanditisten bei der Gründung einer KG, die kein Handelsgewerbe betreibt, sogar noch größer, da dann eine BGB-Gesellschaft vorliegt und § 176 Abs. 1 HGB nicht einschlägig ist.[58] Es empfiehlt sich daher, falls der Kommanditist dieses Risiko nicht tragen will, ausdrücklich gegenüber der Komplementär-GmbH zu erklären, dass die Geschäfte erst mit der Eintragung begonnen werden dürfen. Diese Erklärung hilft aber nur dann, wenn die Gesellschaft keine BGB-Gesellschaft ist, also der Fall von § 2 HGB nicht vorliegt. Denn die Haftung der BGB-Gesellschafter beruht anders als die Haftung nach § 176 HGB nicht auf einer Vertrauensschutznorm.

In jedem Fall verbleibt zur Vermeidung der Haftung des angehenden Kommanditisten die Möglichkeit, **mit dem Geschäftsbeginn** bis zur Eintragung der KG, die nicht von der Eintragung der GmbH abhängt,[59] **zu warten**. Die Firmierung als GmbH/UG (haftungsbeschränkt) & Co KG dürfte wohl ausreichen, um die Haftung nach § 176 Abs. 1 S. 1 HGB zu vermeiden., da den Gläubigern dann bekannt ist, dass die natürlichen Personen Kommanditisten sind[60]

c) **Wiederaufleben der Haftung durch Einlagenrückgewähr.** Nach § 172 Abs. 4 HGB lebt die Haftung des Kommanditisten wieder auf, wenn die Einlage an ihn zurückgewährt wird. Eine solche Rückzahlung liegt in dem Zeitpunkt vor, in dem der KG von dem Kommanditisten **kein der Hafteinlage entsprechender Vermögenswert** mehr zur Verfügung gestellt wird. Hat der Kommanditist also eine höhere Summe als die Hafteinlage der KG zur Verfügung gestellt, so kann er auch diesen höheren Betrag nur zurückerhalten, ohne dass seine Haftung gegenüber den Gläubigern wieder auflebt, wenn dadurch der Stand seines Kapitalkontos nicht unter die Hafteinlage sinkt.[61] Eine Rückzahlung der Einlage kann auch dann vorliegen, wenn der Kommanditist kein Geld, sondern eine andere geldwerte Leistung (überhöhte Vergütungen)[62] erhalten hat und auch, wenn nicht an den Kommanditisten, sondern z. B. an eine Gesellschaft geleistet wird, die der Kommanditist beherrscht.[63]

d) **Wiederaufleben der Kommanditistenhaftung durch Gewinnentnahmen.** Nach § 172 Abs. 4 S. 2 HGB lebt die Haftung des Kommanditisten wieder auf, wenn er Gewinne entnimmt und durch diese Entnahmen seine in der KG gehaltene **Hafteinlage nicht mehr gedeckt** ist oder bereits zuvor nicht mehr gedeckt war. Allerdings bestimmt Abs. 5, dass der Kommanditist das, was er auf Grund einer im guten Glauben errichteten Bilanz[64] in gutem Glauben erhalten hat, nicht zurückzahlen muss. Dabei ist unter einer „in gutem Glauben errichteten Bilanz" nach Ansicht des BGH zu verstehen, dass es insofern allein auf die geschäftsführenden Gesellschafter der KG ankommt.[65] Ob auch der Kommanditist im guten Glauben sein muss, ist noch offen.[66]

---

[56] BGHZ 142, 315.
[57] BGHZ 82, 215.
[58] MünchKommHGB/*K. Schmidt* § 176 Rn. 2.
[59] Oben → Rn. 14.
[60] OLG Frankfurt NZG 2007, 625; Baumbach/*Hopt* Anh. § 177a Rn. 19; MünchKommHGB/*K. Schmidt* § 176 Rn. 50.
[61] BGH ZIP 2008, 1175.
[62] BAG WM 1983, 515; OLG Hamm DB 1977, 717; zu Rückzahlungen aus dem Vermögen des Komplementärs BGHZ 93, 246; 112, 31, 36 f.
[63] BGH NJW 2009, 2378.
[64] Erforderlich ist Gewinn gemäß Jahresabschluss und Gewinnverwendungsbeschluss; Gewinnvoraus- und Gewinngarantiezahlungen reichen nicht aus, BGH NZG 2009, 746, 747.
[65] BGHZ 84, 383.
[66] Nach MünchKommHGB/*K. Schmidt* §§ 171, 172 Rn. 87 soll es nur auf den guten Glauben des Kommanditisten ankommen.

40 e) **Haftung des Kommanditisten nach § 30f GmbHG.** Bei Zuwendungen aus dem Vermögen der Komplementär-GmbH an die GmbH-Gesellschafter kommt § 30f GmbHG im üblichen Umfang zur Anwendung.[67] Darüber hinaus können Zuwendungen aus dem Vermögen der KG an die Kommanditisten, auch wenn sie nicht zugleich Gesellschafter der GmbH sind, ebenfalls gegen §§ 30, 31 GmbHG verstoßen. Dies ist der Fall, wenn durch die Auszahlungen aus dem KG-Vermögen mittelbar auch das GmbH-Vermögen unter die zur Erhaltung des Stammkapitals erforderliche Summe herabgedrückt wird oder wenn im Zeitpunkt der Zahlung an den Kommanditisten beide Gesellschaften überschuldet sind.[68] Gegenüber dem Normalfall von § 30 GmbHG ergibt sich allerdings eine Besonderheit: Da die Zuwendungen aus dem KG-Vermögen erfolgt sind, steht der Rückforderungsanspruch nach § 31 GmbHG der KG zu.[69] Die Mitgesellschafter trifft die Ausfallhaftung nach § 31 Abs. 3 GmbHG.[70] Diese ist allerdings auf die Höhe des Stammkapitals beschränkt.[71]

IV. Gesellschafterdarlehen und gesplittete Einlage

1. Gesellschafterdarlehen

41 Gemäß § 39 Abs. 4 InsO gilt § 39 Abs. 1 Nr. 5 InsO und damit auch § 135 Abs. 1 InsO **auch für Darlehen der Kommanditisten** an die KG. Dies gilt sowohl für Kommanditisten, die zugleich Gesellschafter der GmbH/UG (haftungsbeschränkt) sind, wie auch für Kommanditisten, die an der GmbH/UG (haftungsbeschränkt) nicht beteiligt sind. Wird das **Darlehen nicht der KG, sondern der GmbH/UG (haftungsbeschränkt)** gewährt, so ist zwar der Wortlaut von §§ 39 Abs. 4, Abs. 1 Nr. 5 InsO nicht einschlägig. Ein Kommanditist kann sich aber nicht dadurch der Verantwortlichkeit entziehen, dass er das Darlehen nicht der KG, sondern der GmbH gewährt. Aus demselben Grund sind auch **Darlehen von GmbH-Gesellschaftern** an die KG von der Bestimmung erfasst.[72]

42 Nach § 39 Abs. 5 InsO gilt § 39 Abs 1 Nr. 5 InsO nicht für den **nicht geschäftsführenden Gesellschafter**, der mit 10% oder weniger am Haftkapital beteiligt ist. Was diese Regelung für die GmbH & Co KG besagt, ist unklar. Nach dem Willen des Gesetzgebers sollten nicht unternehmerisch beteiligte Gesellschafter freigestellt werden, da sie keine Finanzierungsverantwortung trifft. Dies spricht dafür, nur die Kredite von Personen dem Privileg von § 39 Abs. 5 InsO zu unterstellen, die weder an der GmbH/UG (haftungsbeschränkt) noch an der KG mit mehr als 10% beteiligt[73] und auch nicht Geschäftsführer der Komplementär-GmbH sind.[74] Alle anderen Gesellschafter sollten bei der Darlehenshingabe darauf hingewiesen werden, dass zumindest die Möglichkeit besteht, dass die Rechtsfolgen von § 39 Abs. 1 Nr. 5 InsO zu ihrem Nachteil angewandt werden.

2. Finanzplanfinanzierung/Gesplittete Einlage

43 Im Bereich der Finanzplanfinanzierung gilt für die GmbH & Co KG im Grundsatz dasselbe wie für die GmbH. Besonders häufig erfolgt die Finanzplanfinanzierung durch Darlehen, die in der GmbH & Co KG als „gesplittete Einlage" bezeichnet werden. Dabei handelt es sich um **Darlehen, die gemäß der Absprache zwischen der KG und dem Kommanditisten für die Finanzierung der KG dieselbe Funktion haben wie Einlagen.** Solche Darlehen können vom Darlehensgeber nicht dann abgezogen werden, wenn sie als Einlage benötigt werden. Daher kann die Darlehensforderung in der Krise der KG nicht geltend wer-

---

[67] Vgl. → § 6.
[68] BGHZ 60, 342; BGHZ 110, 343.
[69] BGHZ 110, 342.
[70] MünchKommHGB/*K. Schmidt* §§ 171, 172 Rn. 128.
[71] BGHZ 150, 61, 65 = NJW 2002, 1803, 1804.
[72] Henssler/Strohn/*Servatius* Anh. HGB Rn. 142.
[73] Nach MünchKommHGB/*K. Schmidt* § 172a a. F. Rn. 16 kommt es nur in Ausnahmefällen auf die Beteiligung an der GmbH an. wie hier Henssler/Strohn/*Servatius* Anh. HGB Rn. 144.
[74] Gleich stehen Personen, die die Geschäftsführung in der GmbH beherrschen: MünchKommHGB/ *K. Schmidt* § 172a a. F. Rn. 16: „Faktische Geschäftsführungsposition".

den. Gleiches gilt in der Insolvenz.[75] Darüber hinaus können die Darlehensvaluta, sofern noch nicht geleistet wurde, von der KG (bzw. von ihrem Insolvenzverwalter) eingefordert werden.[76] Das Risiko des Kommanditisten ist also weitgehend dasselbe wie bei einer Einlageschuld. Sofern ein solches Darlehen vereinbart wird, sollte der Darlehensgeber auf das Risiko hingewiesen werden. Als **Indizien** für die Annahme, ein Darlehen sei eine gesplittete Einlage, gelten die Pflicht zur langfristigen Belassung, das Fehlen einseitiger Kündigungsmöglichkeiten, die Verbindung der Darlehenshingabe mit Einflussmöglichkeiten auf die KG, eine beteiligungsproportionale Darlehensgewährung aller Gesellschafter[77] sowie insbesondere die nach Einschätzung der Gesellschaft gegebene Unentbehrlichkeit des Darlehens zur Verwirklichung der gesellschaftsvertraglichen Ziele.[78] Das Risiko, dass ein Darlehen als eine gesplittete Einlage angesehen wird, lässt sich dadurch verringern, dass diese Indizien entkräftet werden, also etwa deutlich gesagt wird, dass das Darlehen jederzeit, auch innerhalb einer Krise, unter Wahrung einer bestimmten Frist – die allerdings nicht zu lange bemessen sein darf – gekündigt werden kann. Auch sollte der Darlehensvertrag nicht in derselben Urkunde niedergelegt werden wie der Gesellschaftsvertrag, um die Unabhängigkeit der Rechtsverhältnisse zu dokumentieren.

> **Formulierungsvorschlag für ein Darlehen, das keine gesplittete Einlage ist:** 44
> Das Darlehen ist jederzeit zum Jahresende kündbar. Die Kündigungsfrist beträgt 6 Monate. Sollte die KG in eine finanzielle Krise geraten, so kann das Darlehen außerordentlich gekündigt werden. Die Kündigungsfrist beträgt dann ...... Monate.

Im Grundsatz kann die Abrede, auf Grund derer ein Kredit als Finanzplankredit anzusehen ist, **späterhin auch wieder aufgehoben werden**. Nicht abschließend geklärt ist, ob dies auch in der Krise der Gesellschaft noch möglich ist. Für die GmbH hat der BGH angedeutet, dass dies nur unter den Voraussetzungen zulässig sein soll, unter denen auch das Stammkapital einer GmbH herabgesetzt werden kann.[79] Das würde für Darlehen, die der KG gegeben worden sind, bedeuten, dass die Regeln der Änderung des KG-Vertrages zur Anwendung kommen. Zu Lasten von Gläubigern, deren Forderungen aus der Zeit vor Abänderung der Abrede stammen, würde eine solche nachträgliche Absprache – so man die Parallele zur Kommanditistenhaftung für Einlagen zieht – nicht wirken. 45

V. Geschäftsführung und Vertretung

1. Weisungsrecht und Geschäftsführungsbefugnis

a) **Gesetzliche Ausgangslage.** Nach der gesetzlichen Regelung führen die Komplementäre die Geschäfte der KG, sofern sie sich im üblichen Rahmen halten, alleine. Die Kommanditisten haben also im Grundsatz keine Einflussmöglichkeiten auf das **Tagesgeschäft**. Auch ein Widerspruchsrecht steht ihnen nicht zu. Dagegen haben sie bei **außergewöhnlichen Geschäften** ein Zustimmungsrecht, § 164 HGB ist insoweit missverständlich formuliert.[80] Im Gesellschaftsvertrag der KG kann ein Katalog von Geschäften festgelegt werden, der auf jeden Fall zustimmungspflichtig sein soll (z.B. Grundstücksgeschäfte, Bürgschaften von einer gewissen Bedeutung, Beteiligungserwerb oder Veräußerung). 46

---

[75] BGH NJW 1988, 1841, 1842.
[76] BGH NJW 1985, 1468; BGH ZIP 1988, 638, 641.
[77] Streitig, siehe *Habersack* ZGR 2000, 384, 413.
[78] BGH NJW 1985, 1468; BGH ZIP 1988, 638, 641.
[79] BGH ZIP 1999, 1263; kritisch *Habersack* ZGR 2000, 384, 416 f.; auch *Steinbeck* ZGR 2000, 503, 515 ff.: Es sollen die Regeln für Nachschüsse gelten.
[80] MünchKommHGB/*Grunewald* § 164 Rn. 9; Baumbach/*Hopt* § 164 Rn. 2; Beispiel OLG Stuttgart ZIP 2010, 474, 476: Schadensersatzklage gegen Komplementär.

47 Diese Grundsätze gelten auch für die GmbH/UG (haftungsbeschränkt) & Co KG. Die Geschäftsführer der GmbH/UG (haftungsbeschränkt), die de facto die Geschäfte der KG führen, sind an die **Weisungen der GmbH-Gesellschafter/Gesellschafter der UG (haftungsbeschränkt), nicht aber der Kommanditisten** gebunden. Zwar haben die GmbH-Gesellschafter bei der Ausübung ihres Weisungsrechts nach hM die Interessen der KG und der Kommanditisten zu berücksichtigen,[81] aber diese geringe Bedeutung der Interessen der Kommanditisten für das Tagesgeschäft der KG entspricht bisweilen nicht der Interessenlage unter den Gesellschaftern. Für die UG (haftungsbeschränkt) gilt nichts anderes als für die GmbH.

48 b) **Personenidentität zwischen Kommanditisten und GmbH-Gesellschaftern/Gesellschaftern der UG (haftungsbeschränkt).** Wenn GmbH-Gesellschafter/Gesellschafter der UG (haftungsbeschränkt) und Kommanditisten personenidentisch sind und zudem die Mehrheitsverhältnisse in der KG und in der GmbH/UG (haftungsbeschränkt) übereinstimmen, entspricht ein Weisungsrecht der GmbH-Gesellschafter/Gesellschafter der UG (haftungsbeschränkt) einem Weisungsrecht der Kommanditisten. Die Kommanditisten haben dann als GmbH-Gesellschafter/Gesellschafter der UG (haftungsbeschränkt) die Geschicke der KG in der Hand. Wenn dies auch in Zukunft so bleiben soll, muss sichergestellt werden, dass die **Identität** von **Beteiligungsquote** und **Gesellschafterstellung** in der GmbH/UG (haftungsbeschränkt) und in der KG erhalten bleibt (dazu unten → Rn. 167 f.).

49 c) **Stärkung der Rechtsstellung einzelner Kommanditisten.** Will man einzelnen Kommanditisten besondere Einflussmöglichkeiten auf die GmbH/UG (haftungsbeschränkt) und damit mittelbar auch auf die KG einräumen, so können **sie Geschäftsführer in der GmbH/UG (haftungsbeschränkt) werden.** Ihre Rechtsstellung wird noch verstärkt, wenn sie ein Sonderrecht auf die Geschäftsführung erhalten (dazu oben → § 8).

50 d) **Verstärkung der Rechtsstellung der Gesellschafterversammlung der Kommanditisten.** *aa) Verankerung in der Satzung der GmbH.* In der Satzung der GmbH kann auch festgelegt werden, dass das **Weisungsrecht den Kommanditisten** (und nicht den GmbH-Gesellschaftern) zusteht. Eine solche Verlagerung des Weisungsrechts auf Personen, die nicht GmbH-Gesellschafter sind, wird vielfach im Grundsatz als problematisch angesehen.[82] Aber dies kann nicht für die Kommanditisten einer GmbH & Co KG gelten, da diese von der Geschäftsführung maßgeblich betroffen sind.[83]

51 Formulierungsvorschlag für die Satzung der GmbH:

Die Geschäftsführer sind verpflichtet, die Geschäfte der GmbH in Übereinstimmung mit den Beschlüssen der Kommanditisten der X KG zu führen. Dies gilt auch bei gewöhnlichen Geschäftsführungsmaßnahmen.

52 *bb) Verankerung im Gesellschaftsvertrag der KG.* Im Gesellschaftsvertrag der KG kann vorgesehen werden, dass die **Kommanditisten die Geschäfte der KG neben dem Komplementär führen.**[84] Wenn das geschieht, sollte geregelt werden, wie die Kompetenzen zwischen Kommanditisten und Komplementär verteilt sind, und wie die Geschäftsführungsbefugnis den Kommanditisten wieder entzogen werden kann (Gestaltungsklage analog § 117 HGB,[85] bestimmte Mehrheiten unter den Kommanditisten). Ein vollständiger Ausschluss des Komplementärs von der Geschäftsführung ist nach Ansicht der Judikatur möglich,[86] wird aber in

---

[81] MünchKommHGB/*Grunewald* § 161 Rn. 66.
[82] Scholz/*Schneider* § 37 Rn. 33.
[83] Baumbach/*Hopt* Anh. § 177a Rn. 27; *Konzen* NJW 1989, 2977, 2982; Henssler/Strohn/*Servatius* Anh. HGB Rn. 158.
[84] BGH BB 1976, 526; BGH, NJW 1989, 2687.
[85] Dies ist möglich: BGHZ 17, 392, 394 f.; *Heymann/Emmerich* § 117 Rn. 2a; MünchKommHGB/*Grunewald* § 164 Rn. 22; offen gelassen in BGH WM 1974, 177, 178.
[86] BGHZ 17, 392, 394; BGHZ 51, 198, 201.

der Literatur teilweise für nicht zulässig gehalten.[87] Wegen dieser mit einer solchen Regelung verbundenen Unsicherheit empfiehlt sich eine entsprechende Vertragsgestaltung nicht. Zweckmäßig ist oftmals die Festlegung von Geschäften, zu denen der Komplementär zuvor die Zustimmung der Kommanditisten einholen soll.[88]

53 Im Gesellschaftsvertrag der KG kann auch vorgesehen werden, dass **der Komplementär bei der Geschäftsführung an Weisungen der Kommanditisten** gebunden ist.[89] Während für den Fall, dass eine natürliche Person Komplementär ist, eine vollständige Bindung an Weisungen der Kommanditisten vielfach für nicht akzeptabel gehalten wird, gilt dies für eine GmbH/UG (haftungsbeschränkt), die Komplementärin ist, nicht. Für diese ist die Übernahme des Haftungsrisikos auch ohne Möglichkeit der Einflussnahme wegen des Fehlens jeglicher persönlicher Betroffenheit tragbar.[90]

54 **Formulierungsvorschlag:**
Die Komplementärin ist verpflichtet, die Geschäfte der KG in Übereinstimmung mit den Beschlüssen der Kommanditisten zu führen. Dies gilt auch bei gewöhnlichen Geschäftsführungsmaßnahmen.

55 e) **Schwächung der Rechtsstellung der Kommanditisten.** Die den Kommanditisten in § 164 HGB zugewiesenen Rechte sind dispositiv. Die Kommanditisten können also auch **komplett von der Geschäftsführung ausgeschlossen** werden.[91] Es kann auch vorgesehen werden, dass bei außergewöhnlichen Geschäften nicht die Zustimmung aller Kommanditisten, sondern nur die Zustimmung einer Mehrheit erforderlich ist. Dies empfiehlt sich insbesondere bei einer größeren Anzahl von Kommanditisten. Zur Beiratsverfassung unten → Rn. 163.

56 **Formulierungsvorschlag:**
Die Kommanditisten üben ihr Zustimmungsrecht nach § 164 HGB in der Gesellschafterversammlung aus. Die Zustimmung gilt als erteilt, wenn eine Mehrheit (eine ¾-Mehrheit) der Kommanditisten zustimmt.

2. Vertretung

57 a) **Gesetzliche Ausgangslage.** Die sog. organschaftliche Vertretungsmacht[92] liegt in der KG bei dem Komplementär, bei der GmbH/UG (haftungsbeschränkt) & Co KG also bei der GmbH/UG (haftungsbeschränkt). Die GmbH/UG (haftungsbeschränkt) wird durch ihre Geschäftsführer vertreten. Für die Geschäfte des Geschäftsführers bzw. der GmbH/UG (haftungsbeschränkt) mit der KG gilt **§ 181 BGB**. Sollen dem Geschäftsführer Eigengeschäfte mit der KG ermöglicht werden, so muss ihm dies im Gesellschaftsvertrag der KG gestattet werden. Soll der Geschäftsführer die GmbH/UG (haftungsbeschränkt) gegenüber der KG vertreten können, so muss ihm dies von der GmbH/UG (haftungsbeschränkt) in ihrer Satzung und von der KG im Gesellschaftsvertrag der KG gestattet werden.[93] Es ist auch möglich, die Befreiung auf bestimmte Geschäfte zu beschränken oder an einen Gesellschafterbeschluss im jeweiligen Fall zu binden. Wenn eine solche Befreiung nicht erfolgt ist, kann sich der Geschäftsführer diese Erlaubnis nicht selbst erteilen, wohl aber ein anderer Geschäfts-

---

[87] Kritisch etwa MünchHdbGesR II/*Wirth* § 7 Rn. 79.
[88] Die Vertretungsmacht des Komplementärs bleibt wegen § 126 Abs. 2 HGB unberührt.
[89] BGHZ 45, 204, 209; BGHZ 51, 198, 201; Henssler/Strohn/*Gummert* § 164 HGB Rn. 16.
[90] Baumbach/*Hopt* § 164 Rn. 7; MünchKommHGB/*Grunewald* § 164 Rn. 23.
[91] MünchKommHGB/*Grunewald* § 164 Rn. 29; Henssler/Strohn/*Servatius* Anh. HGB Rn. 155.
[92] Also die Vertretungsmacht, auf die §§ 125 ff. HGB anzuwenden ist.
[93] Sudhoff GmbH & Co. KG/*Breitfeld* § 15 Rn. 19.

führer als weiterer Vertreter der GmbH/UG (haftungsbeschränkt) bzw. der KG. Eine solche Gestattung kann sich aber nur auf ein konkretes Geschäft oder eine Gruppe von Geschäften beziehen.

58 **Formulierungsvorschlag für den KG-Vertrag**[94] **für eine eingeschränkte Gestattung:**
Die Kommanditisten können den Geschäftsführer der GmbH bzw. die GmbH von den Beschränkungen des § 181 BGB in Bezug auf die Rechtsgeschäfte des Geschäftsführers und/oder der GmbH mit der KG generell oder für Einzelfälle befreien.

59 Umstritten ist, ob die Befreiung vom Verbot des § 181 BGB im **Handelsregister der KG eintragungsfähig**[95] oder vielleicht sogar eintragungspflichtig[96] ist. Daher empfiehlt sich ein Antrag auf eine entsprechende Eintragung.

60 Da sowohl die Vertretungsmacht der GmbH (§ 126 Abs. 2 HGB) wie auch die Vertretungsmacht des Geschäftsführers der GmbH (§ 37 Abs. 2 GmbHG) **nicht beschränkt werden** kann, wird die KG auch dann wirksam vertreten, wenn der Geschäftsführer die ihm im Innenverhältnis gezogenen Grenzen überschreitet.

61 **b) Stärkung der Rechtsstellung des Kommanditisten.** Dem Kommanditisten kann jede **Form rechtsgeschäftlicher Vertretungsmacht** erteilt werden, also etwa auch eine Handlungsvollmacht oder eine Prokura. Dies kann auch im Gesellschaftsvertrag geschehen. Wenn dem Kommanditisten im Gesellschaftsvertrag Prokura erteilt wurde, besagt dies nach Ansicht des BGH, dass ein Widerruf nur bei Vorliegen eines wichtigen Grundes zulässig ist.[97] Ein Widerruf trotz Fehlen eines wichtigen Grundes führt auf Grund von § 52 HGB zwar zum Erlöschen der Prokura. Die KG ist aber zur erneuten Erteilung der Prokura verpflichtet. Da diese Sichtweise des BGH nicht unumstritten ist,[98] sollte – wenn die geschilderten Folgen gewollt sind – dies ausdrücklich im Gesellschaftsvertrag niedergelegt werden.

62 Ein Kommanditist kann auch **Geschäftsführer der Komplementär-GmbH/UG (haftungsbeschränkt)** werden, ein Verstoß gegen § 170 HGB liegt hierin nicht.[99] Dagegen ist es nach hM nicht möglich, dem Kommanditisten eine sog. organschaftliche Vertretungsmacht einzuräumen, also eine Vertretungsmacht, für die §§ 125 bis 127 HGB gelten.[100] Dies folgt aus § 170 HGB.

3. Bestellung des GmbH-Geschäftsführers

63 **a) Gesetzliche Ausgangslage.** Nach § 46 Nr. 5 GmbHG werden die **Geschäftsführer der GmbH/der UG (haftungsbeschränkt) von den GmbH-Gesellschaftern/Gesellschaftern der UG (haftungsbeschränkt)** bestellt. Die Kommanditisten haben insofern keinen Einfluss.[101] Allerdings kann u. U. der GmbH/UG (haftungsbeschränkt) die Geschäftsführungsbefugnis und Vertretungsmacht entzogen werden, wenn völlig ungeeignete Personen zum Geschäftsführer bestellt werden (unten → Rn. 66).

64 **b) Stärkung der Rechtsstellung der Kommanditisten.** Den Kommanditisten kann im Gesellschaftsvertrag der GmbH/UG (haftungsbeschränkt) in Bezug auf die Auswahl des Geschäftsführers ein **Vorschlags-** oder ein **Präsentationsrecht** (also das Recht zur Auswahl des

---

[94] Zu der GmbH → § 2 Rn. 120.
[95] Dagegen OLG Frankfurt WM 1994, 1207; bejaht vom BayObLG ZIP 2000, 701; siehe auch MünchKommHGB/*Grunewald* § 162 Rn. 3.
[96] So OLG Düsseldorf NJW-RR 1995, 488.
[97] BGHZ 17, 392.
[98] MünchKommHGB/*Grunewald* § 170 Rn. 17.
[99] Baumbach/*Hopt* § 170 Rn. 3; MünchKommHGB/*Grunewald* § 170 Rn. 19. Abweig a. A. BPatG BB 1975, 1127.
[100] BGH BB 1968, 767; Baumbach/*Hopt* § 170 Rn. 1, a. A. *Bergmann* ZIP 2006, 2064.
[101] Siehe BGH ZIP 2009, 1162, 1164 zur AG & Co.KG.

Geschäftsführers) oder auch ein **Zustimmungsrecht**[102] eingeräumt werden.[103] Die Bestellung des Geschäftsführers, also der formale Akt der Begründung der Organstellung, verbunden mit dem Recht der GmbH-Gesellschafter/Gesellschafter der UG (haftungsbeschränkt), völlig ungeeignete Kandidaten zurückzuweisen, verbleibt aber in jedem Fall bei den GmbH-Gesellschaftern/Gesellschaftern der UG (haftungsbeschränkt). Vollkommen risikolos ist die Festschreibung einer solchen Befugnis für die Kommanditisten allerdings nicht, da umstritten ist, ob Nichtgesellschaftern so weitgehende Einflussmöglichkeiten auf die GmbH/UG (haftungsbeschränkt) überhaupt eingeräumt werden können.[104] Da die Kommanditisten aber die von der Geschäftsführung eigentlich Betroffenen sind, müsste eine Verstärkung ihrer Rechtsstellung zulässig sein. Denn ihre Einflussnahme auf die Auswahl der Geschäftsführer ist nicht mit der Einflussnahme beliebiger Dritter vergleichbar.

> **Formulierungsvorschlag für ein Präsentationsrecht der Kommanditisten im Gesellschaftsvertrag der GmbH:** 65
>
> Die Kommanditisten der X-KG haben das Recht, zu bestimmen, wer Geschäftsführer der Y-GmbH ist. Die Gesellschafter der Y-GmbH haben die von den Kommanditisten ausgewählten Personen zum Geschäftsführer zu bestellen, sofern sie nicht evidentermaßen ungeeignet sind.

4. Abberufung des Geschäftsführers

a) Gesetzliche Ausgangslage. Nach § 38 GmbHG kann der Geschäftsführer der GmbH/ 66 UG (haftungsbeschränkt) von den GmbH-Gesellschaftern jederzeit abberufen werden (→ § 8 Rn. 26). Die **Kommanditisten** haben nach hM **insofern keinen Einfluss**. Allerdings wird in der Literatur die Ansicht vertreten, dass die Kommanditisten bei Vorliegen eines wichtigen Grundes den Geschäftsführer der GmbH zwar nicht abberufen, wohl aber dessen Tätigkeit für die KG unterbinden können.[105] Ob die Judikatur dem folgen wird, ist zweifelhaft, zumal die Rechtsform der GmbH/UG (haftungsbeschränkt) & Co KG vielfach mit dem (durchaus legitimen) Ziel gewählt wird, den Einfluss der Kommanditisten auf die Geschäftsführung zurückzudrängen.[106] Auch sind die Kommanditisten nicht völlig rechtlos, da sie die GmbH/UG (haftungsbeschränkt) gem. §§ 117, 127 HGB von der Geschäftsführung und Vertretung ausschließen können. Es bleibt dann den GmbH-Gesellschaftern/Gesellschaftern der UG (haftungsbeschränkt) überlassen, ob sie dem durch Abberufung des GmbH/UG (haftungsbeschränkt)-Geschäftsführers zuvorkommen wollen.

b) Stärkung der Rechtsstellung der Kommanditisten. Im Gesellschaftsvertrag der GmbH/ 67 UG (haftungsbeschränkt) kann den Kommanditisten das Recht eingeräumt werden, jederzeit oder doch bei Vorliegen eines wichtigen Grundes **die Abberufung des Geschäftsführers zu verlangen**. Der formale Akt der Abberufung verbunden mit einer gewissen Missbrauchskontrolle (oder – bei der Verknüpfung des Abberufungsrechts mit einem wichtigen Grund – mit einer gewissen Überprüfungsbefugnis, ob wirklich ein wichtiger Grund vorliegt) verbleibt aber bei den GmbH-Gesellschaftern/Gesellschaftern der UG (haftungsbeschränkt). Allerdings besteht aus den genannten Gründen (oben Rn. 64) eine gewisse Unsicherheit, ob eine solche Vertragsgestaltung von den Gerichten akzeptiert werden wird.

> **Formulierungsvorschlag für ein „Abberufungsrecht" der Kommanditisten im Gesellschaftsvertrag der GmbH:** 68
>
> Die Kommanditisten der X-KG haben das Recht, jederzeit (bei Vorliegen eines wichtigen Grundes) die Abberufung des Geschäftsführers der Y-GmbH von den Gesellschaftern der Y-GmbH zu verlangen. Die Gesellschafter der Y-GmbH haben dem unverzüglich nachzukommen.

---

[102] OLG Hamm GmbHR 1991, 466; zweifelnd: Scholz/*K. Schmidt* § 46 Rn. 84.
[103] *Hopt* ZGR 1979, 1, 6.
[104] Zurückhaltend etwa Scholz/*K. Schmidt* § 46 Rn. 84; befürwortend *Fleck* ZGR 1988, 104, 121.
[105] *Hopt* ZGR 1979, 1, 16; *Hüffer* ZGR 1981, 348, 351.
[106] MünchKommHGB/*Grunewald* § 161 Rn. 80.

69 Die Rechtsstellung der Kommanditisten kann auch dadurch gestärkt werden, dass das ihnen nach §§ 117, 127 HGB zustehende Recht, dem Komplementär die Geschäftsführungsbefugnis bzw. Vertretungsmacht durch Gestaltungsklage zu entziehen, effektiviert wird. Insbesondere kann im Gesellschaftsvertrag der KG vorgesehen werden, dass ein **Mehrheitsbeschluss für die Entziehung der Geschäftsführungsbefugnis bzw. Vertretungsmacht** ausreicht.[107] Eine solche Vertragsgestaltung erspart die Erhebung einer Gestaltungsklage, die zeit- und kostenaufwändig ist. Auch ist die Regelung von §§ 117, 127 HGB vielfach wenig effektiv, da die erforderliche Mitwirkung aller Kommanditisten praktisch oftmals kaum erreicht werden kann. Zwar muss nicht jeder Kommanditist Kläger sein. Vielmehr reicht es aus, wenn er erklärt, dass eine rechtskräftige Entscheidung für ihn verbindlich ist.[108] Aber auch eine solche Erklärung lässt sich nicht immer beschaffen. Allerdings kann dem einzigen Komplementär die Vertretungsmacht nur entzogen werden, wenn sich zuvor ein neuer Komplementär zur Übernahme der organschaftlichen Vertretungsmacht bereit erklärt hat.[109] Daher muss es evtl. bei der Entziehung der Geschäftsführungsbefugnis verbleiben.

70 Zu der Möglichkeit der GmbH-Gesellschafter/Gesellschaftern der UG (haftungsbeschränkt), durch die Abberufung des Geschäftsführers der Entziehung von Geschäftsführungsbefugnis und Vertretungsmacht der Komplementärin zuvor zu kommen, oben → Rn. 66.

71 **Formulierungsvorschlag für die Entziehung von Geschäftsführungsbefugnis und/oder Vertretungsmacht der Komplementärin durch Mehrheitsbeschluss im Gesellschaftsvertrag der KG:**

Die Kommanditisten haben das Recht, dem Komplementär die Geschäftsführungsbefugnis und/oder Vertretungsmacht durch Mehrheitsbeschluss (bei Vorliegen eines wichtigen Grundes/jederzeit) zu entziehen. Der Komplementär hat kein Stimmrecht.[110]

VI. Haftung des Geschäftsführers gegenüber der KG und den Kommanditisten

1. Haftung gegenüber der KG

72 Wenn der Anstellungsvertrag des Geschäftsführers ausnahmsweise nicht mit der GmbH/UG (haftungsbeschränkt), sondern **mit der KG geschlossen worden ist,** ergibt sich unmittelbar aus diesem Vertrag, dass der Geschäftsführer der KG eine ordnungsgemäße Führung ihrer Geschäfte schuldet. Wenn er dem nicht nachkommt, kann er von der KG – und unter den Voraussetzungen der actio pro socio[111] auch von den Kommanditisten – auf Schadensersatz in Anspruch genommen werden.[112] Nach Ansicht des BGH kann die actio pro socio aber nicht auf Unterlassung gerichtet sein, da anderenfalls der Kommanditist und nicht der Komplementär, also die GmbH, in Sachen der Geschäftsführung das letzte Wort haben würde.[113]

73 **Wenn der Anstellungsvertrag nicht mit der KG, sondern mit der GmbH/UG (haftungsbeschränkt) geschlossen worden ist,** hat die KG nach Ansicht der Judikatur gleichwohl ebenfalls direkte vertragliche Ansprüche gegen den Geschäftsführer der GmbH/UG (haftungsbeschränkt). Der Anstellungsvertrag zwischen der GmbH/UG (haftungsbeschränkt) und dem Geschäftsführer wird als Vertrag mit Schutzwirkung zu Gunsten der KG verstanden.[114] Ob

---

[107] BGH NJW 1998, 1225; Baumbach/*Hopt* § 117 Rn. 12, § 127 Rn. 12.
[108] BGH ZIP 1997, 1910; Henssler/Strohn/*Fickh* § 117 Rn. 20.
[109] BGHZ 51, 198, 200; Baumbach/*Hopt* § 127 Rn. 3.
[110] Dieser Satz ist natürlich nur sinnvoll, wenn die GmbH/UG nicht generell vom Stimmrecht ausgeschlossen ist, unten → Rn. 102.
[111] MünchKommHGB/*Grunewald* § 161 Rn. 69, unten → Rn. 79 ff.
[112] BGH WM 1989, 1190.
[113] BGHZ 76, 160, 167 f.; kritisch MünchKommHGB/*Grunewald* § 164 Rn. 4; siehe auch unten → Rn. 80.
[114] BGHZ 100, 190, 193; BGH, NJW 1982, 2869; BGH NJW-RR 1992, 800.

dies auch gilt, wenn die GmbH/UG (haftungsbeschränkt) noch weitere Aufgaben neben der Führung der Geschäfte der KG hat, ist noch offen[115] und sollte daher im Anstellungsvertrag ausdrücklich gesagt werden. Im Grundsatz müsste es auch möglich sein, im Anstellungsvertrag festzulegen, dass der Vertrag keine Schutzwirkung zu Gunsten der KG haben soll. Mit der Anerkennung einer solchen Vertragsgestaltung durch die Judikatur ist aber höchstens dann zu rechnen, wenn die Zustimmung der KG vorliegt und die Kommanditisten als die eigentlich Betroffenen eine solche Vertragsgestaltung gebilligt haben. Selbst in diesem Fall kann aber nicht ausgeschlossen werden, dass die Judikatur eine solche Klausel als sittenwidrig ansehen wird, da sich der Geschäftsführer anderenfalls praktisch einer Haftung für mangelhafte Geschäftsführung weitgehend entziehen könnte.[116] Bei Fehlen eines Anstellungsvertrages[117] und für Notgeschäftsführer der GmbH werden dieselben Pflichten der Organstellung entnommen. Diese hat ebenfalls drittschützende Wirkung.[118]

Verletzt der Geschäftsführer die auf Grund des Anstellungsvertrages mit der GmbH/UG (haftungsbeschränkt) bestehenden **Schutzpflichten zu Gunsten der KG, so schuldet er der KG Schadensersatz**. Der Haftungsmaßstab muss § 43 GmbHG, nicht § 708 BGB entnommen werden, da es nicht auf individuelle Fähigkeiten der GmbH als der Komplementärin ankommen kann.[119] Der BGH hat dies allerdings für Gesellschaften, die keine Publikumsgesellschaften sind, offen gelassen.[120] Der Geschäftsführer haftet nicht, wenn er auf Grund wirksamer Weisungen gehandelt hat.[121] Eine Entlastung des Geschäftsführers in der GmbH hat aber nicht zur Folge, dass auch Ansprüche der KG entfallen würden, da die GmbH-Gesellschafter nicht über Ansprüche der KG verfügen können.[122] Möglich ist eine Entlastung der GmbH-Geschäftsführer durch die KG.[123]

2. Haftung gegenüber den Kommanditisten

Die Kommanditisten haben gegenüber den Geschäftsführern der GmbH/UG (haftungsbeschränkt) **keine vertraglichen Ansprüche**.[124] Es fehlt an einer vertraglichen Beziehung. Es ist auch nicht sinnvoll, im Anstellungsvertrag des Geschäftsführers mit der GmbH/UG (haftungsbeschränkt) vorzusehen, dass dieser Vertrag auch Schutzwirkung zu Gunsten der Kommanditisten haben soll. Denn der Schaden aus einer nicht sachgerechten Geschäftsführung liegt typischerweise bei der KG, bei den Kommanditisten treten nur sog. Reflexschäden auf, die auf der Entwertung ihrer Beteiligung an der KG beruhen.

VII. Rechtsstellung der Kommanditisten

1. Wettbewerbsverbot

a) **Komplementärin und Geschäftsführer der Komplementärin.** Für die GmbH/UG (haftungsbeschränkt) als Komplementärin gilt gem. **§ 112 HGB** ein relativ umfassendes Wettbewerbsverbot.[125] Gleiches gilt für den Geschäftsführer der GmbH/UG (haftungsbeschränkt). Dieser kann also nicht geltend machen, ihn treffe nur im Verhältnis zur GmbH/UG (haftungsbeschränkt) ein Wettbewerbsverbot (also bei der Führung der Geschäfte der KG), nicht aber im Verhältnis zur KG (also im Bereich des Geschäftszweigs der KG). Vielmehr ergibt sich aus der Organstellung im Verhältnis zur GmbH/UG (haftungsbeschränkt) sowie aus dem Anstellungsvertrag eine entsprechende Verpflichtung auch im Ver-

---

[115] BGH NJW-RR 1992, 800; verneint von OLG Hamm NZG 1999, 453.
[116] Die Wirksamkeit bejahend Sudhoff GmbH & Co. KG/*Breitfeld* § 15 Rn. 120.
[117] BGH BeckRS 2013, 14783.
[118] OLG München ZIP 2013, 1121.
[119] MünchKommHGB/*Grunewald* § 161 Rn. 83.
[120] BGHZ 75, 321, 327.
[121] Oben → § 10 Rn. 38 ff.
[122] MünchKommHGB/*Grunewald* § 161 Rn. 87; Scholz/*K. Schmidt* Anh. § 45 Rn. 8.
[123] Siehe den Fall BGH BeckRS 2012, 09738.
[124] MünchKommHGB/*Grunewald* § 161 Rn. 86; Sudhoff GmbH & Co. KG/*Breitfeld* § 15 Rn. 124.
[125] *Armbrüster* ZIP 1997, 261, 271; *Baumbach/Hopt* Anh. § 177a Rn. 23.

hältnis zur KG.[126] Da insoweit aber mangels einschlägiger höchst richterlicher Judikatur noch Unklarheiten bestehen, empfiehlt sich eine ausdrückliche Regelung im Anstellungsvertrag.

77 **b) Kommanditist.** Gemäß § 165 HGB gelten §§ 112, 113 HGB für den Kommanditisten nicht. Danach sieht es so aus, als könne der Kommanditist im Handelszweig der KG tätig werden und auch sonstige Geschäftschancen der KG beliebig nutzen. Da den Kommanditisten aber in jedem Fall die aus der **Treuepflicht folgenden Rücksichtnahmepflichten** treffen, ist dem nicht so. Vielmehr darf der Kommanditist Geschäftschancen und Wettbewerbsvorteile nicht für sich selber nutzen, wenn er von diesen Möglichkeiten in seiner Eigenschaft als Kommanditist erfahren hat.[127] Ansonsten kommt es darauf an, welche Rechtsstellung der Kommanditist nach dem Gesellschaftsvertrag inne hat. So hängt der Umfang des Wettbewerbsverbots etwa davon ab, ob und welchen Einfluss er auf die Geschäftsführung in der GmbH & Co KG[128] hat, ob er über weitergehende Informationsrechte verfügt oder ob der Kommanditist eine Mehrheitsbeteiligung in der KG mit weiterem unternehmerischen Engagement verbindet.[129] Da hier vieles noch nicht abschließend geklärt ist, empfiehlt sich eine Regelung im Gesellschaftsvertrag. Dies gilt insbesondere auch für die Frage, ob ein evtl. Wettbewerbsverbot auch nach Ausscheiden des Kommanditisten aus der KG weiter gelten soll.

78 **Formulierungsvorschlag:**

> Komplementär und Kommanditist dürfen im Geschäftszweig der KG nicht – auch nicht gelegentlich – tätig werden oder Geschäftschancen, die der KG offen stehen, für sich nutzen. Dies gilt auch für das erste Jahr, gerechnet ab dem Zeitpunkt des Ausscheidens des Gesellschafters aus der KG. Von diesen Verboten können die Komplementäre mit Zustimmung einer ¾-Mehrheit der Kommanditisten Ausnahmen gestatten. Der betreffende Gesellschafter hat bei der Beschlussfassung kein Stimmrecht.

2. Treuepflicht und actio pro socio

79 **a) Treuepflicht.** In der GmbH & Co KG trifft den Kommanditisten (und die Komplementärin) wie in jeder KG eine Treuepflicht, sowohl gegenüber der KG wie auch gegenüber den Mitgesellschaftern. Geschuldet wird eine gewisse wechselseitige Rücksichtnahme auf die Belange der Gesellschaft und der Mitgesellschafter. Die Intensität der Treuepflicht ist u. a. abhängig von der Anzahl der Gesellschafter. Die Erwähnung der Treuepflicht oder der Versuch, ihre Auswirkungen im Gesellschaftsvertrag zu konkretisieren, empfiehlt sich nicht. Es handelt sich um eine **Generalklausel**, deren einzelne Ausprägungen nicht im Vorhinein festgelegt werden können.

80 **b) Actio pro socio.** Die Ansprüche der KG gegen die Gesellschafter werden im Regelfall von den Geschäftsführern der GmbH als den Vertretern der Komplementärin geltend gemacht. Ob darüber hinaus bezüglich bestimmter Ansprüche gegen die Mitgesellschafter (gesprochen wird von den nach dem Gesellschaftsvertrag geschuldeten Beiträgen,[130] weniger von der Verpflichtung der Komplementärin zur ordnungsgemäßen Geschäftsführung,[131]

---

[126] *Armbrüster* ZIP 1997, 261, 272; MünchKommHGB/*Grunewald* § 165 Rn. 14; *Baumbach/Hopt* Anh. § 177a Rn. 27; zur AG & Co KG BGH ZIP 2009, 1162, 1164, siehe auch *Hoffmann-Becking* ZHR 175 (2011), 597, 599 der auch eine Erstreckung des die GmbH gemäß § 112 HGB treffenden Wettbewerbsverbotes auf den Geschäftsführer für möglich hält.
[127] Baumbach/*Hopt* § 165 Rn. 2; MünchKommHGB/*Grunewald* § 165 Rn. 4.
[128] OLG Köln BB 2008, 800: Kommanditist war Geschäftsführer der GmbH. Dann gelten auch die Überlegungen von → Rn. 76.
[129] BGH NJW 2002, 1046, 1047; BGH ZIP 2009, 1162, 1163; *Armbrüster* ZIP 1997, 261, 269 ff.; MünchKommHGB/*Grunewald* § 165 Rn. 5 ff.; *Klaus Müller* NJW 2007, 1724.
[130] Bejaht in BGH WM 2001, 465, 466; Baumbach/*Hopt* § 109 Rn. 32, 34.
[131] Ablehnend BGHZ 76, 160, 167; OLG Celle GmbHR 2000, 388; dazu MünchKommHGB/*Grunewald* § 164 Rn. 3; Erman/*Westermann* § 705 Rn. 57.

eher wieder von Schadensersatzansprüchen bei nicht ordnungsgemäßer Geschäftsführung).[132] oder in bestimmten Situationen (keine praktikable andere Möglichkeit zur Geltendmachung der Ansprüche der Gesellschaft wie dies etwa bei Ansprüchen gegen den einzigen Komplementär der Fall ist) auch ein Mitgesellschafter, der keine entsprechende Vertretungsmacht hat, zur Durchsetzung der Ansprüche berechtigt ist, ist umstritten (sog. actio pro socio oder Gesellschafterklage). Gleichwohl **empfiehlt es sich nicht, die Problematik im Gesellschaftsvertrag zu regeln.** Zum einen kann die actio pro socio nur in Ausnahmesituationen greifen und zum anderen ist es offen, ob diese Regeln, deren Inhalt wie gesagt unklar ist, überhaupt dispositiv sind.[133] Wenn man eine Bestimmung im Gesellschaftsvertrag treffen würde, wäre damit zu rechnen, dass diese nicht akzeptiert sondern unter Hinweis darauf angegriffen würde, dass die (umstrittenen) Regeln der actio pro socio zwingend sind.

Bei **mitgliederstarken Kommanditgesellschaften** wäre eine actio pro socio, also eine Klagebefugnis, die jedem Kommanditisten zusteht, für die Geschäftsführung besonders hinderlich. Daher empfiehlt es sich bei solchen Gesellschaften die entsprechende Kompetenz auf einen Beirat zu übertragen (unten → Rn. 163). Es kann davon ausgegangen werden, dass eine solche Regelung schon wegen der klar zu Tage liegenden Unzweckmäßigkeiten von Rechten, die in einer großen Gesellschaft jedem Kommanditisten zustehen, auch von der Judikatur akzeptiert werden wird. **81**

Über den geschilderten klassischen Anwendungsbereich der actio pro socio hinaus wird speziell für die GmbH & Co KG diskutiert, ob **die Kommanditisten auch Ansprüche der GmbH/UG (haftungsbeschränkt) gegen ihre GmbH/UG (haftungsbeschränkt)-Gesellschafter oder gegen die Kommanditisten bzw. ob die Kommanditisten Ansprüche der KG gegen GmbH/UG (haftungsbeschränkt)-Gesellschafter oder gegen die Geschäftsführer der GmbH/UG (haftungsbeschränkt) durchsetzen können.** Die Rechtslage ist insofern noch relativ ungeklärt.[134] Aus den genannten Gründen empfiehlt sich gleichwohl keine vertragliche Regelung. **82**

3. Informationsrecht

a) **Informationsrechte der Komplementäre.** Das Informationsrecht der Komplementär-GmbH/UG (haftungsbeschränkt) wird in **§§ 118, 161 Abs. 2 HGB** geregelt. Seine praktische Bedeutung ist gering, da die Komplementärin die Geschäfte der KG selber führt und daher auf die Durchsetzung von Informationsrechten nicht angewiesen ist. **83**

b) **Informationsrechte der Gesellschafter der Komplementärin.** Für die Gesellschafter der GmbH gilt **§ 51a GmbHG.** Zu den Angelegenheiten der GmbH i. S. v. § 51a Abs. 1 GmbHG gehören auch und sogar in erster Linie die Angelegenheiten der KG, da die Chancen und Risiken (persönliche Haftung) der GmbH von den Geschäften der KG abhängen.[135] **84**

c) **Das Einsichtsrecht des Kommanditisten.** Wie jedes Informationsrecht tritt auch das Informationsrecht des Kommanditisten in zwei Ausprägungen auf: als Auskunfts- und als Einsichtsrecht. Im Gesetz geregelt ist nur das Einsichtsrecht sowie ein Recht auf Aushändigung des Jahresabschlusses. Nach **§ 166 Abs. 1 HGB** hat der Kommanditist das Recht, die abschriftliche Mitteilung des Jahresabschlusses zu verlangen und dessen Richtigkeit an Hand der Bücher, Papiere und – im Gesetz nicht genannt, aber da vielfach an die Stelle von Papieren getretene Dokumentationsform ebenfalls erfasst – Datenträger[136] zu überprüfen. Das Einsichtsrecht bezieht sich auch auf die Unterlagen der KG, die die GmbH/UG (haftungsbeschränkt) betreffen. Hiervon zu unterscheiden sind die Unterlagen der GmbH/UG (haftungsbeschränkt).[137] Sofern dieselben Geschäftsräume benutzt werden, muss auf eine **85**

---

[132] Bejahend BGHZ 76, 160, 168; Baumbach/Hopt § 109 Rn. 34; Erman/*Westermann* § 705 Rn. 57.
[133] Verneinend Erman/*Westermann* § 705 Rn. 60; im Kernbereich zwingend: Baumbach/Hopt § 109 Rn. 37.
[134] Überblick bei *Brandi* ZIP 1995, 1391, 1395 ff.; MünchKommHGB/*Grunewald* § 161 Rn. 67 ff; auch oben Rn. 72.
[135] BGH WM 1988, 1448 (obiter dictum); OLG Karlsruhe GmbHR 1998, 691; Baumbach/Hueck/*Zöllner* § 51a Rn. 13.
[136] *Oetker* § 166 Rn. 8.
[137] Sudhoff GmbH & Co. KG/*Schlitt* § 24 Rn. 17.

deutliche Trennung der Unterlagen (verschiedene Schränke) geachtet werden. Fotokopien und Abschriften dürfen auf Kosten des Kommanditisten angefertigt werden.[138] Doch sollte dies – da in der Praxis oft streitig – im Gesellschaftsvertrag ausdrücklich gesagt werden. Umstritten ist, ob das Einsichtsrecht auch besteht, wenn eine Abschlussprüfung stattgefunden hat.[139] Sofern der Gesellschaftsvertrag eine solche Prüfung vorsieht, sollte daher gesagt werden, ob das Einsichtsrecht gegeben sein soll oder nicht.

86 Das Einsichtsrecht von Abs. 1 **kann im Gesellschaftsvertrag erweitert werden**. Dies kann beispielsweise dadurch geschehen, dass das punktuell zur Überprüfung des Jahresabschluss auszuübende Einsichtsrecht zu einem permanenten Recht ausgestaltet wird. Zu empfehlen ist eine solche Regelung aber nicht, da der Geschäftsgang in der KG andernfalls zu sehr belastet wird.

87 Das Einsichtsrecht des Kommanditisten besteht unter gewissen Umständen **nur in einem eingeschränkten Umfang**. Auch ohne besondere Regelung im Gesellschaftsvertrag ist es nicht gegeben, wenn Geheimhaltungsinteressen der KG dem entgegenstehen, wenn also – um die Formulierung von § 51a Abs. 3 GmbHG zu benutzen – der KG oder einem verbundenen Unternehmen im Falle der Informationserteilung nicht unerhebliche Nachteile drohen. Diese Voraussetzungen sind etwa erfüllt, wenn ein Kommanditist, der Wettbewerber der KG ist, Einblick in sensible Dokumente der KG verlangt. Stattdessen hat der Kommanditist die Möglichkeit, Informationserteilung an einen zur Berufsverschwiegenheit verpflichteten Sachverständigen oder an einen Mitgesellschafter zu verlangen, der die Informationen dann pauschaliert an den Kommanditisten weitergibt.[140] Umstritten ist, ob auch in anderen Fällen (Krankheit, Gebrechlichkeit, fehlende Sachkunde) ein Dritter hinzugezogen oder das Einsichtsrecht von dieser Person allein ausgeübt werden kann.[141] Insofern empfiehlt sich eine vertragliche Regelung.

88 **Formulierungsvorschlag:**

Die Kommanditisten haben das Recht, die Richtigkeit des Jahresabschlusses durch Einsichtnahme in die Bücher und Papiere der KG zu überprüfen. Sie können dieses Recht persönlich oder durch eine zur Berufsverschwiegenheit verpflichtete Person ausüben. Kommanditisten, die Wettbewerber der KG sind, dürfen das Einsichtsrecht nicht persönlich ausüben. Gleiches gilt für Kommanditisten, in deren Person ein wichtiger Grund gegen die persönliche Ausübung spricht. Die Kosten der Einsichtnahme trägt der Kommanditist.

89 Noch nicht abschließend geklärt ist, ob das Einsichtsrecht nach § 166 Abs. 1 HGB im Gesellschaftsvertrag auch **ganz abbedungen** werden kann.[142] Sofern dies gewünscht wird, müssen die Gesellschafter daher darauf hingewiesen werden, dass nicht uneingeschränkt damit gerechnet werden kann, dass eine entsprechende Vertragsgestaltung von der Judikatur akzeptiert werden wird. Weniger problematisch ist eine solche Regelung, wenn eine Prüfung des Jahresabschlusses nach Art von §§ 316 ff. HGB im Gesellschaftsvertrag vorgesehen ist und der Prüfbericht den Kommanditisten ausgehändigt wird[143] oder wenn statt des individuellen Einsichtsrechts des Kommanditisten ein Einsichtsrecht eines Vertreters der Kommanditisten vorgesehen ist. Für Gesellschaften mit vielen Kommanditisten empfiehlt sich eine solche Regelung. Allerdings ist auch eine solche Vertragsgestaltung nicht vollkommen unproblematisch, da schon wegen der Auswahl des Vertreters durch die Mehrheit der Kommanditisten ein effektiver Schutz der Minderheit der Kommanditisten bisweilen nicht gewährleistet ist.[144]

---

[138] MünchKommHGB/*Grunewald* § 166 Rn. 5; *Oetker* § 166 Rn. 10.
[139] Dazu MünchKommHGB/*Grunewald* § 166 Rn. 7; Heymann/*Horn* § 166 Rn. 31.
[140] BGH BB 1979, 1315, 1316; *Binz/Freudenberg/Sorg* BB 1991, 785, 786; MünchKommHGB/*Grunewald* § 166 Rn. 17; *Hirte*, FS Röhricht, 2005, S. 217, 222.
[141] Zum Diskussionsstand MünchKomm HGB/*Grunewald* § 166 Rn. 20 ff.
[142] Verneinend MünchKommHGB/*Grunewald* § 166 Rn. 48 ff.; bejahend Baumbach/*Hopt* § 166 Rn. 18; offen gelassen in BGH NJW 1989, 225.
[143] *Binz/Freudenberg/Sorg* BB 1991, 785, 787.
[144] *Binz/Freudenberg/Sorg* BB 1991, 785, 787.

d) Recht auf Aushändigung des Jahresabschlusses. Nach § 166 Abs. 1 HGB hat der 90
Kommanditist das Recht, die schriftliche Mitteilung des Jahresabschlusses der KG, also die
Aushändigung der Bilanz und der Gewinn- und Verlustrechnung (§ 242 Abs. 3 HGB) zu
verlangen. **Auch ein Anhang** muss, sofern er erstellt wurde, übergeben werden, da er die Bilanz und die Gewinn- und Verlustrechnung erläutert.[145] Gemäß § 264 Abs. 1 S. 1 HGB bildet der Anhang zudem eine Einheit mit der Bilanz und der Gewinn- und Verlustrechnung.
Ebenfalls schriftlich mitzuteilen ist die Steuerbilanz,[146] also die Handelsbilanz, die nach den
Vorschriften des Steuerrechts angepasst ist (siehe → § 16). Berichte über die Prüfung des
Jahresabschlusses durch Wirtschaftsprüfer oder sonstige Personen (Finanzamt) müssen nicht
ausgehändigt werden.[147] Da der Kommanditist aber ein Einsichtsrecht hat (oben Rn. 85 ff.),
kann er im Zusammenhang mit der Überprüfung des Jahresabschlusses auch Einblick in
diese Unterlagen nehmen. Die Aushändigung des Jahresabschlusses der GmbH ist nicht geschuldet.[148] Doch kann der Kommanditist auch Einsicht in die Bücher der KG verlangen,
die sich auf die GmbH beziehen. Der Abschluss als solcher gehört aber nicht zu den Unterlagen der KG.[149] Sofern gewünscht wird, dass die Kommanditisten auch diesen – meist relativ bedeutungslosen – Jahresabschluss sehen, muss dies also im Gesellschaftsvertrag gesagt
werden.

Ob das Recht, die Aushändigung des Jahresabschlusses zu verlangen, **abbedungen werden** 91
kann, ist umstritten.[150] Sofern gleichwohl eine entsprechende Vertragsgestaltung gewünscht
wird, muss daher darauf hingewiesen werden, dass die Rechtslage nicht abschließend geklärt ist.

e) Auskunftsrecht des Kommanditisten. In § 166 HGB ist nur ein Auskunftsrecht des 92
Kommanditisten in Sondersituationen geregelt (Abs. 3). Aus § 166 Abs. 2 HGB ergibt sich,
dass ein Kommanditist kein allgemeines Auskunftsrecht haben soll. Gleichwohl geht man
– insbesondere in Anbetracht des sehr weitgehenden Auskunftsrechts des GmbH-Gesellschafters gem. § 51a GmbHG – mehr und mehr davon aus, dass auch der Kommanditist jedenfalls in bestimmten Situationen ein Auskunftsrecht hat. Die mittlerweile wohl hM steht
auf dem Standpunkt, dass jeder Kommanditist einen **Anspruch auf Erteilung der für die**
Ausübung seiner Rechte in der KG erforderlichen Informationen hat.[151] Je umfassender die
Rechtsstellung des Kommanditisten in der KG ist, desto weitergehend ist also auch sein
Auskunftsrecht. Hierzu können auch Auskünfte über die GmbH gehören. In Bezug auf die
Grenzen des Auskunftsrechts gilt das zum Einsichtsrecht Ausgeführte entsprechend (oben
→ Rn. 87). Da das Auskunftsrecht im Gesetz nicht ausformuliert und sein Umfang auch
durch die Judikatur noch nicht abschließend geklärt ist, empfiehlt sich eine entsprechende
Regelung im Gesellschaftsvertrag.

Formulierungsvorschlag: 93

Die Kommanditisten haben das Recht, in der Gesellschafterversammlung[152] Auskünfte über die
Angelegenheiten der KG zu verlangen, sofern dies zur sachgerechten Ausübung ihrer Gesellschafterrechte erforderlich ist. Sie können dieses Recht persönlich oder durch zur Berufsverschwiegenheit verpflichtete Personen ausüben. Kommanditisten, die Wettbewerber der KG sind, dürfen das
Auskunftsrecht nicht persönlich ausüben. Gleiches gilt für Kommanditisten, bei denen ein wichtiger Grund gegen die persönliche Ausübung spricht.

---

[145] MünchKommHGB/*Grunewald* § 166 Rn. 9.
[146] Baumbach/*Hopt* § 166 Rn. 3; *Oetker* § 166 Rn. 5.
[147] Baumbach/*Hopt* § 166 Rn. 3; *Oetker* § 166 Rn. 5.
[148] *Oetker* § 166 Rn. 44.
[149] MünchKommHGB/*Grunewald* § 166 Rn. 43; *Oetker* § 166 Rn. 44.
[150] Weitgehend bejahend Baumbach/*Hopt* § 166 Rn. 18; verneinend MünchKommHGB/*Grunewald* § 166 Rn. 48; *Oetker* § 166 Rn. 40.
[151] OLG Stuttgart NZG 2002, 1105; MünchKommHGB/*Grunewald* § 166 Rn. 12; *Oetker* § 166 Rn. 15.
[152] Wenn eine solche Regelung nicht getroffen wird, kann das Auskunftsrecht auch außerhalb der Gesellschafterversammlung ausgeübt werden: Sudhoff GmbH & Co. KG/*Schlitt* § 24 Rn. 30.

94 Das Auskunftsrecht des Kommanditisten kann **im Gesellschaftsvertrag erweitert,** insbesondere so wie das Auskunftsrecht des GmbH-Gesellschafters ausgestaltet werden. Doch empfiehlt sich eine solche Vertragsgestaltung meist schon deshalb nicht, weil das Auskunftsrecht in der GmbH allgemein als zu umfassend und daher als unpraktikabel angesehen wird. Kommanditisten, die zugleich GmbH-Gesellschafter sind, haben dieses weitgehende Auskunftsrecht in der GmbH allerdings sowieso. Eine **Einschränkung** des Auskunftsrechts des Kommanditisten ist nicht möglich, da Hilfsrechte, die der sachgerechten Ausübung anderer Rechte dienen, nicht eingeschränkt oder abbedungen werden können.[153]

95 f) **Das außerordentliche Informationsrecht.** Nach § 166 Abs. 3 HGB hat ein Kommanditist bei **Vorliegen eines wichtigen Grundes** (also etwa wenn begründetes Misstrauen gegenüber der Geschäftsführung besteht) erweiterte Rechte. Diese Rechte sind **nicht dispositiv**.[154] Eine Erwähnung im Gesellschaftsvertrag ist nicht zu empfehlen, da der Inhalt dieser Rechte unklar und mit dem momentanen Verständnis des Informationsrechtes des Kommanditisten nur schwer zu vereinbaren ist.

4. Beschlussfassung unter den Gesellschaftern

96 Das Gesetz trifft keine Regelung über die Beschlussfassung unter den Gesellschaftern. Insbesondere sieht es kein irgendwie geartetes Beschlussverfahren vor. Zumindest in Gesellschaften mit zahlreichen Gesellschaftern, im Prinzip aber auch sonst, ist ein **formalisiertes Beschlussverfahren** unabdingbar. Daher empfiehlt es sich, im Gesellschaftsvertrag eine Gesellschafterversammlung einzurichten, das Beschlussverfahren auszugestalten und die Beschlussgegenstände festzulegen.

97 a) **Einberufung der Gesellschafterversammlung.** Die Einberufung der Gesellschafterversammlung **obliegt dem Komplementär**,[155] bei der GmbH/UG (haftungsbeschränkt) & Co KG also den Geschäftsführern der GmbH/UG (haftungsbeschränkt). Bei Vorliegen eines wichtigen Grundes hat auch der Kommanditist ein Recht auf Einberufung der Gesellschafterversammlung mit einer bestimmten Tagesordnung,[156] allerdings muss er zuvor ein entsprechendes Verlangen an die Komplementärin richten. Dieses Recht auf Einberufung der Gesellschafterversammlung ist nicht dispositiv.[157] Eine Erweiterung des Einberufungsrechts (etwa jederzeitige Einberufung durch Kommanditisten, die eine bestimmte Beteiligungsquote halten, Sonderrecht eines bestimmten Kommanditisten) ist möglich.

98 Im Gesellschaftsvertrag sollte mangels dispositiver gesetzlicher Regelung auch die **Form der Einberufung** (Einschreiben, formlos), die Einberufungsfrist (2 Wochen, mindestens 1 Woche: siehe § 51 Abs. 1 GmbHG), die Verpflichtung zur Mitteilung der Tagesordnung sowie der Ort der Gesellschafterversammlung genannt werden.

99 **Formulierungsvorschlag:**

§ ... Gesellschafterversammlung

(1) Die Beschlussfassung der Gesellschafter erfolgt in einer Gesellschafterversammlung.

(2) Innerhalb der ersten drei Monate des Jahres (von 3 Monaten nach Aufstellung des Jahresabschlusses)[158] findet eine Gesellschafterversammlung statt. Ansonsten findet eine Gesellschafterversammlung statt, wenn dies im Interesse der KG liegt. Die Einberufung erfolgt durch die Komplementärin (auf Verlangen von Kommanditisten, die 10% des Festkapitals der KG halten, ist die Komplementärin zur Einberufung verpflichtet), bei Vorliegen eines wichtigen Grundes auch durch

---

[153] MünchKommHGB/*Grunewald* § 166 Rn. 49; *Oetker* § 166 Rn. 41.
[154] Baumbach/*Hopt* § 166 Rn. 19; *Oetker* § 166 Rn. 39.
[155] *Oetker* § 161 Rn. 32; Scholz/K. *Schmidt* Anh. § 45 Rn. 32.
[156] MünchKommHGB/*Grunewald* § 161 Rn. 31; *Oetker* § 161 Rn. 32.
[157] MünchKommHGB/*Grunewald* § 161 Rn. 31.
[158] Dies ist die Erstellung eines vollständigen Entwurfs und beinhaltet eine Geschäftsführungsmaßnahme der geschäftsführungsberechtigten Gesellschafter. Der Zeitpunkt der Aufstellung kann daher als rein gesellschaftsinterne Maßnahme unklar sein.

einen Kommanditisten, der allerdings das Einberufungsverlangen zuvor an die Komplementärin zu richten hat (ein wichtiger Grund liegt insbesondere in der Regel vor, wenn die Komplementärin die Gesellschafterversammlung nicht innerhalb von 6 Wochen einberuft, obwohl Kommanditisten, die 10% des Festkapitals der KG halten, dies verlangen).

(3) Die Einberufung erfolgt durch Einschreiben (per E-mail, schriftlich, gegen Empfangsbekenntnis mit Rückschein). Die Einberufungsfrist beträgt 3 Wochen, beginnend mit der Aufgabe des Einschreibens bei der Post. Zeitpunkt und Ort der Gesellschafterversammlung sowie die Tagesordnung sind beizufügen. Die Gesellschafterversammlung findet am Sitz der Gesellschaft statt.

(4) Mit Zustimmung aller Gesellschafter kann von den Bestimmungen der Abs. 1, 2 und 3 abgewichen werden.

b) Beschlussfassung in der Gesellschafterversammlung. Im Gesellschaftsvertrag muss festgelegt werden, welche Gegenstände der Beschlussfassung der Gesellschafter unterliegen. Wenn der Gesellschaftsvertrag diese Frage nicht regelt, gehört hierzu lediglich die Änderung des Gesellschaftsvertrages sowie die Entscheidung über außergewöhnliche Geschäftsführungsmaßnahmen. Durch eine **Erweiterung der Beschlusskompetenzen** kann die Rechtsstellung der Kommanditisten insbesondere im Bereich der Geschäftsführungsmaßnahmen (oben → Rn. 52 ff.) gestärkt werden.

Die Kompetenzen der Kommanditisten können durch den Gesellschaftsvertrag **auch eingeschränkt werden.** Insbesondere kann das Zustimmungsrecht nach § 164 HGB abbedungen werden. Ob die den Kommanditisten in Bezug auf die Grundlagengeschäfte zustehende Entscheidungsbefugnis abbedungen werden kann, kann vermutlich nicht einheitlich entschieden werden (zur Feststellung des Jahresabschlusses unten → Rn. 143). Die Befugnis zur Änderung des Gesellschaftsvertrages kann den Gesellschaftern nicht endgültig genommen werden.[159]

Nach der gesetzlichen Regelung entscheiden die Gesellschafter einstimmig. Dies ist nicht zweckmäßig, da das Prinzip der Einstimmigkeit die Willensbildung unter den Gesellschaftern zu sehr erschwert. Daher sollten im Gesellschaftsvertrag **Mehrheitsentscheidungen** ermöglicht werden. Dabei sollte auf Kapitalmehrheiten abgestellt werden und nicht auf die Mehrheit der Gesellschafter – wie es das Gesetz vorsieht. Die GmbH/UG (haftungsbeschränkt) hat dabei – da sie meist keinen Kapitalanteil hält (unten → Rn. 147), – kein Stimmrecht.[160]

Um Missverständnisse auszuschließen, sollte im Gesellschaftsvertrag ausdrücklich gesagt werden, ob auch für Grundlagenbeschlüsse und für Änderungen des Gesellschaftsvertrages eine einfache/qualifizierte Mehrheit ausreicht. Bei der Aufzählung der durch Mehrheitsbeschluss abänderbaren Vertragsklauseln musste früher der sog. **Bestimmtheitsgrundsatz**[161] gewahrt werden. Dieser besagte, dass Grundlagenbeschlüsse und wichtige Änderungen des Gesellschaftsvertrages (Änderung der Kündigungsfolgen, Beschränkung der actio pro socio, Schaffung von Sonderrechten)[162] nur dann durch Mehrheitsbeschluss geregelt werden können, wenn dies ausdrücklich so im Gesellschaftsvertrag festgelegt ist. Eine allgemeine Regelung, nach der der Gesellschaftsvertrag mit einer bestimmten Mehrheit geändert oder Beschlüsse mit einer bestimmten Mehrheit gefasst werden, reichte also nicht aus. Dies wurde damit begründet, dass ein Gesellschafter einen Gesellschaftsvertrag, der lediglich eine allgemeine Mehrheitsklausel für Vertragsänderungen enthält, angeblich so versteht, dass nur die üblichen Vertragsänderungen und Beschlüsse mit der festgelegten Mehrheit beschlossen werden können. Der BGH ist 2007 von diesen Grundsätzen deutlich abgerückt.[163] In der Entscheidung wird anerkannt, dass die Auslegung des Gesellschaftsvertrages auch ohne

---

[159] MünchKommHGB/*Grunewald* § 161 Rn. 26; zum Ausschluss einzelner oder mehrerer Kommanditisten vom Stimmrecht – nach BGHZ 20, 363, 366 zulässig – auch *Oetker* § 161 Rn. 62.
[160] In BGH ZIP 1993, 906 wird dies sogar für Eingriffe in den Kernbereich als zulässig angesehen.
[161] BGH NJW 1995, 194; BGH ZIP 1996, 750; *K. Schmidt* Gesellschaftsrecht § 16 II 2.
[162] Überblick bei Baumbach/*Hopt* § 119 Rn. 38.
[163] BGHZ 170, 283 = NZG 2007, 259 = BGH ZIP 2007, 475; bestätigt in BGH NZG 2009, 183, 184 und in BGH NZG 2012, 393.

104 ausdrückliche Aufzählung der Beschlussgegenstände zu dem Ergebnis führen kann, dass ein Mehrheitsbeschluss ausreicht. Gleichwohl wird man dem Bestimmtheitsgrundsatz aus Gründen der Vorsicht Rechnung tragen. Für Publikumsgesellschaften gilt der Bestimmtheitsgrundsatz allerdings unstreitig nicht.[164]

104 Jede Mehrheitsentscheidung ist nur wirksam, wenn sie nicht gegen die Treuepflicht (gegenüber der Gesellschaft oder den Gesellschaftern) verstößt (oben → Rn. 79). Ein effektiver Gesellschafterschutz wird desweiteren durch die Festlegung von Vertragsbestimmungen erreicht, die nur mit Zustimmung einzelner Gesellschafter geändert werden können (sog. **Kernbereich**). Ohne ausdrückliche Nennung im Gesellschaftsvertrag zählen hierzu das Stimm- und das Gewinnrecht, das Recht auf Beteiligung am Liquidationserlös und ein evtl. Recht zur Geschäftsführung.[165] Soll die Zustimmung (für bestimmte Situationen) schon im Gesellschaftsvertrag erteilt werden, so muss dies eindeutig geschehen.[166]

105 Formulierungsvorschlag:

(1) Gesellschafterbeschlüsse werden mit der einfachen Mehrheit der abgegebenen Stimmen gefasst.

(2) Eine Mehrheit von ¾ der abgegebenen Stimmen ist bei der Beschlussfassung über

a) die Befreiung von Wettbewerbsverboten
b) die Zustimmung zu außergewöhnlichen Geschäftsführungsmaßnahmen
c) die Feststellung des Jahresabschlusses
d) die Bildung von Rücklagen

erforderlich. Auch für alle Änderungen des Gesellschaftsvertrages ist eine Mehrheit von ¾ der abgegebenen Stimmen erforderlich. Dies gilt insbesondere auch für

a) die Aufnahme neuer Gesellschafter
b) den Ausschluss von Gesellschaftern[167]
c) die Änderung der Kündigungsregelungen nach § ......
d) die Entziehung von Geschäftsführungsbefugnis und/oder Vertretungsmacht der Komplementärin.[168]

(3) Diese Mehrheit berechnet sich nach Kapitalanteilen. Je 1.000,– EUR ergeben eine Stimme. Die Komplementärin hat kein Stimmrecht.

106 **Sofern einstimmige Beschlüsse** erforderlich sein sollen (etwa für die Änderung des Gesellschaftsvertrages), muss bedacht werden, dass solche Beschlüsse nur gefasst werden können, wenn alle Gesellschafter zugegen sind. Daher sollte unbedingt eine Regelung für den Fall vorgesehen werden, dass eine Beschlussfassung nur deshalb nicht möglich ist, weil Gesellschafter nicht zur Gesellschafterversammlung kommen.

107 Formulierungsvorschlag:

Beschlüsse, die einstimmig zu fassen sind, bedürfen der Zustimmung aller Gesellschafter. Scheitert die Beschlussfassung daran, dass nicht alle Gesellschafter in der Gesellschafterversammlung vertreten sind, kann in einer weiteren Gesellschafterversammlung, für die die üblichen Einberufungsregeln gelten, der Beschluss mit den Stimmen aller vertretenen Gesellschafter gefasst werden. In der Tagesordnung ist hierauf hinzuweisen.

---

[164] BGHZ 85, 350, 353; Baumbach/*Hopt* § 119 Rn. 40; Anh. § 177a Rn. 69a; auch BGH NZG 2012, 393.
[165] BGHZ 48, 251; BGH NJW 1985, 974; BGH NJW 1995, 194.
[166] Dazu BGH NJW 1995, 194, 195.
[167] Dazu unten → Rn. 133 ff.
[168] Dazu oben → Rn. 69.

Ergänzend können Regeln über **Stimmverbote** und über die **Vertretung in der Gesellschafterversammlung** aufgenommen werden. Es kann auch festgelegt werden, wer **Vorsitzender** der Gesellschafterversammlung sein soll und auch, ob die Beschlüsse **protokolliert** werden sollen. Besonderheiten gegenüber der GmbH ergeben sich nicht.

c) **Beschlussmängel.** Wie bei der Beschlussfassung in der GmbH, so können auch bei der Beschlussfassung in der KG zahlreiche Fehler unterlaufen. Die Rechtsprechung und die herrschende Meinung in der Literatur gehen davon aus, **dass Beschlüsse**, die nicht ordnungsgemäß gefasst worden sind (gleichgültig, ob ein Verfahrens- oder ein inhaltlicher Fehler vorliegt), **nichtig sind.**[169] Für Verfahrensfehler gilt dies aber nur, wenn nicht ausgeschlossen werden kann, dass der Beschluss auf diesen Fehlern beruht.[170] Der Streit über die Wirksamkeit des Beschlusses ist im Wege der Feststellungsklage unter den Gesellschaftern auszutragen. Im Gesellschaftsvertrag kann aber auch festgelegt werden, dass die Klage gegen die Gesellschaft zu richten ist.[171] Eine solche Regelung ist empfehlenswert, da auf diese Weise vermieden wird, dass zahllose Klagen erhoben werden. Zugleich wird die Verteidigung des Beschlusses bei der Geschäftsführung der KG konzentriert. Ein Ausschluss des Rechts zur Geltendmachung von Beschlussmängeln ist nicht möglich. Es handelt sich um ein unverzichtbares Gesellschafterrecht.[172]

Die auf Feststellung der Nichtigkeit des Gesellschafterbeschlusses gerichtete **Klage** ist im Grundsatz **nicht fristgebunden.** Im Gesellschaftsvertrag sollte aber eine Frist vorgesehen werden, um jedenfalls nach Ablauf einer gewissen Zeit Rechtssicherheit in Bezug auf die Wirksamkeit des Beschlusses zu erreichen. Diese Frist darf aber nicht weniger als 1 Monat betragen.[173]

> **Formulierungsvorschlag:**
> Einwendungen gegen Beschlüsse der Gesellschafterversammlung können nur durch Klage gegen die KG geltend gemacht werden. Die Klage muss innerhalb von 2 Monaten nach Fassung des Beschlusses erhoben werden.

Beschlussmängelstreitigkeiten im Personengesellschaftsrecht sind unstreitig **schiedsfähig**,[174] da die Mängel im Wege der Feststellungsklage (und nicht der Gestaltungsklage) geltend gemacht werden.

d) **Gestaltungsklage.** Das Gesetz sieht für einige Entscheidungen in der KG eine Gestaltungsklage vor. Hierzu gehört die Entziehung der Geschäftsführungsbefugnis und der Vertretungsmacht (§§ 117, 127 HGB) sowie der Ausschluss von Gesellschaftern (§ 140 HGB). Die Durchführung solcher Prozesse schützt den betroffenen Gesellschafter zwar effektiv vor unberechtigten Vorgehensweisen seiner Mitgesellschafter, ist aber zugleich kostenträchtig und langwierig. Daher sollte im Gesellschaftsvertrag vorgesehen werden, dass in den genannten Fällen die **Entscheidung durch Beschluss** der Gesellschafter und nicht durch Gestaltungsklage herbeigeführt wird.[175] Dann erlischt die Geschäftsführungsbefugnis/Vertretungsmacht/Gesellschafterstellung mit Fassung des Beschlusses. Wenn diese Bestimmung dann noch durch die Festlegung von Klagefristen ergänzt wird, kann eine Entscheidung u. U. auch relativ kurzfristig erreicht werden.

---

[169] MünchKommBGB/*Ulmer/Schäfer* § 709 Rn. 104 ff.; § 705 Rn. 89; Erman/*Westermann* § 709 Rn. 38.
[170] MünchKommBGB/*Ulmer/Schäfer* § 709 Rn. 106; Erman/*Westermann* § 709 Rn. 38; BGH WM 1988, 23, 24 (Publikumsgesellschaft).
[171] BGH NJW 1995, 1218; BGH ZIP 1999, 1391; BGH NJW 2003, 1729; Baumbach/*Hopt* § 119 Rn. 32, § 109 Rn. 44; Sudhoff GmbH & Co. KG/*Liebscher* § 17 Rn. 82.
[172] BGH NJW 1995, 1218, 1219; MünchKommHGB/*Grunewald* § 161 Rn. 35; *Oetker* § 161 Rn. 34.
[173] BGH NJW 1995, 1218; Oetker/*Weitemeyer* § 119 Rn. 59.
[174] Baumbach/*Hopt* § 109 Rn. 45.
[175] Oben → Rn. 105.

VIII. Rechtsnachfolge in die Gesellschafterstellung

1. Übertragung des Kommanditanteils unter Lebenden

114 **a) Bestimmung des Kommanditgesellschaftsvertrages.** Nach der gesetzlichen Grundregel ist der Anteil eines Kommanditisten an der KG nur mit Zustimmung aller Gesellschafter übertragbar. Um die übrigen Gesellschafter gegen das Eindringen unliebsamer Dritter in die KG abzusichern, sollte im Regelfall an diesem Zustimmungserfordernis festgehalten werden. Eine solche Regelung kann aus dem genannten Grund auch für den Fall sinnvoll sein, dass der Anteil belastet wird (Nießbrauch, Verpfändung). Man kann die Rechtsstellung der übrigen Gesellschafter noch weiter dadurch absichern, dass man ihnen im Falle der Anteilsübertragung ein Vorerwerbsrecht einräumt. Bei der beteiligungsidentischen GmbH & Co KG muss darauf geachtet werden, dass ein Auseinanderlaufen der Beteiligungen im Zuge der Übertragung vermieden wird (unten → Rn. 162 ff.).

115 **Formulierungsvorschlag:**

Die Übertragung oder Belastung[176] eines Kommanditanteils[177] ist nur mit Zustimmung aller Kommanditisten (mit einer ¾-Mehrheit)[178] zulässig. Ohne Zustimmung ist die Übertragung nur auf andere Kommanditisten oder auf Abkömmlinge von Kommanditisten zulässig. Will ein Kommanditist seinen Anteil (auf eine andere Person als einen Abkömmling) übertragen, so haben die übrigen Kommanditisten ein Vorerwerbsrecht im Verhältnis ihrer Beteiligung. Dieses Recht kann nur innerhalb von 3 Monaten, gerechnet ab Mitteilung der Übertragungsabsicht, ausgeübt werden. Die erwerbenden Kommanditisten haben den mit dem Dritten vereinbarten Preis, mindestens aber den Betrag zu zahlen, den der veräußernde Kommanditist im Falle seines Ausscheidens aus der KG als Abfindung erhalten würde.[179] Machen nur einige Kommanditisten von ihrem Vorerwerbsrecht Gebrauch, so fällt ihnen gem. ihrer quotalen Beteiligung zueinander auch das Vorerwerbsrecht der anderen Kommanditisten zu. Die erwerbenden Kommanditisten haften für den Kaufpreis als Gesamtschuldner.

116 **b) Übertragungsvertrag.** Zu unterscheiden ist zum einen **zwischen der Übertragung der GmbH- und der KG-Anteile** und zum anderen zwischen dem **Verpflichtungs- und dem Verfügungsgeschäft.** Oftmals werden alle diese Verträge in einer Urkunde zusammengefasst.

117 Schon in dem **schuldrechtlichen Verpflichtungsgeschäft zur Übertragung der KG-Anteile** muss festgelegt werden, welche Anteile in welcher Höhe übertragen werden sollen und welche Gegenleistung zu erbringen ist. Auch sollte gesagt werden, ob und wenn ja, welche vermögensrechtlichen Ansprüche aus der Beteiligung (Stehen gelassene Gewinn, andere Guthaben, Darlehensansprüche, Ansprüche aus Drittgeschäften) auf den Erwerber übergehen sollen. Unterschiede zur Übertragung von GmbH-Anteilen ergeben sich insoweit nicht. Zum Schutze des Veräußerers sollte sicher gestellt werden, dass der Erwerber im Falle der Versagung der Zustimmung der Mitgesellschafter keine Ansprüche gegen den Veräußerer hat.

118 Die Verpflichtung zur Übertragung sowie die Übertragung von KG-Anteilen ist im Grundsatz **formfrei möglich.** Wird zusammen mit den KG-Anteilen eine Verpflichtung zur

---

[176] Es ist zu überlegen, ob auch die Unterbeteiligung an einer Gesellschafterstellung an die Zustimmung der Mitgesellschafter gebunden werden sollte, da Unterbeteiligte oftmals ebenfalls Einfluss auf die Gesellschaft nehmen, dazu *Priester*, Vertragsgestaltung bei der GmbH & Co KG, 3. Aufl., S. 71, 75. Selbst bei solchen Vertragsgestaltung wird allerdings eine Unterbeteiligung auch ohne Zustimmung der übrigen Gesellschafter wirksam begründet. Die Mitgesellschafter haben aber Ansprüche wegen Verletzung des Gesellschaftsvertrages gegen den vertragsbrüchigen Gesellschafter. Dieses kann unter Umständen seine Ausschließung zur Folge haben.

[177] Sollte die GmbH einen Kapitalanteil an der KG halten, sollte für die Übertragung ihres Anteils das Gleiche gelten.

[178] Bei einer Mehrheitsklausel sollte auch gesagt werden, ob der betreffende Gesellschafter mitstimmen darf oder nicht.

[179] Eine solche Bestimmung ist etwa im Falle einer Schenkung hilfreich.

Übertragung von Geschäftsanteilen an einer GmbH/UG (haftungsbeschränkt) begründet oder werden GmbH/UG (haftungsbeschränkt)-Anteile übertragen, so müssen auch die Vereinbarungen, die die KG-Anteile betreffen, notariell beurkundet werden (§ 15 Abs. 4, S. 3 GmbHG), wenn die Vereinbarungen nach dem Willen der Partei miteinander stehen und fallen sollen.[180] In der Praxis wird, um Notarkosten zu sparen, vielfach die schuldrechtliche Verpflichtung in Bezug auf GmbH/UG (haftungsbeschränkt)- und KG-Anteile sowie die Übertragung der KG-Anteile nur privatschriftlich vereinbart, dann aber die Abtretung der GmbH/UG (haftungsbeschränkt)-Anteile notariell beurkundet. Damit soll gem. § 15 Abs. 4, S. 2 GmbHG die Heilung aller Vereinbarungen erreicht werden.[181] Eine solche Vorgehensweise ist, wenn die Abtretung der GmbH/UG (haftungsbeschränkt)- Anteile erst später erfolgen soll, nicht risikolos. Die Parteien müssen darauf hingewiesen werden, dass eine Bindung erst in dem Moment eintritt, in dem die Übertragung der GmbH/UG (haftungsbeschränkt)-Anteile beurkundet wird. Wird zuerst die Abtretung beurkundet, so sollte diese aufschiebend bedingt auf den Zeitpunkt des Abschlusses der anderen Verträge erfolgen. Ist die Abtretung an Bedingungen geknüpft, so muss die Willensübereinstimmung der Vertragspartner gleichwohl nur bei der Beurkundung, nicht aber bei Bedingungseintritt vorliegen.[182]

c) **Haftungsrisiken.** Die Übertragung eines KG-Anteils beinhaltet **keinen Aus- und Eintritt** eines Kommanditisten. Daher löst sie, wenn die Einlage erbracht ist, im Grundsatz kein Haftungsrisiko aus. Allerdings muss auch im Handelsregister deutlich werden, dass es sich nicht um einen Aus- und Eintritt, sondern um eine Rechtsnachfolge handelt. Dem dient der sog. Rechtsnachfolgevermerk. Fehlt der Rechtsnachfolgevermerk, so lebt nach Ansicht des BGH die Haftung des Kommanditisten, der seinen Anteil übertragen hat, wieder auf.[183] Die Rechtsprechung steht auf dem Standpunkt, dass eine Eintragung als Rechtsnachfolger nur möglich ist, wenn der ausscheidende Kommanditist und die Komplementäre persönlich[184] versichern, dass der ausscheidende Kommanditist keine Abfindung aus dem Gesellschaftsvermögen erhalten hat.[185] Dies ist zwar nicht richtig, da die Frage der Sonderrechtsnachfolge von der Frage, ob Zahlungen erfolgt sind, zu trennen ist.[186] Gleichwohl sollte man schon aus Gründen der Vorsicht für eine entsprechende Erklärung sorgen.

Nach Ansicht des BGH[187] gilt auch **für den Fall der Anteilsübertragung § 176 Abs. 2 HGB.** Daher muss darauf geachtet werden, dass die Übertragung des Anteils nicht vor der Eintragung des Erwerbers als Kommanditist im Handelsregister erfolgt. Dies gilt auch für die Übertragung eines Anteils an einer KG, deren Komplementärin eine GmbH ist. Zwar hat der BGH offen gelassen,[188] ob es auch in diesem Fall zu einer unbeschränkten Haftung des Kommanditisten kommen kann. Aus Gründen der Vorsicht sollte aber auch in diesem Fall der Anteilsübergang an die Eintragung des Erwerbers als Kommanditist im Handelsregister gebunden werden.

Formulierungsvorschlag: für die Anmeldung einer Anteilsübertragung zum Handelsregister:

Betr.: X-KG, HRA ......
Im Handelsregister des Amtsgericht ...... ist unter HRA ...... die X-KG eingetragen. Die D-GmbH ist Komplementärin, A und B sind als Kommanditisten eingetragen. Wir melden zur Eintragung ins Handelsregister an:

---

[180] *Limmer* ZNotP 2000, 297, 298; Sudhoff GmbH & Co. KG/*Reichert* § 28 Rn. 35; *Witt* ZIP 2000, 1033, 1035.
[181] BGH NJW-RR 1992, 991.
[182] BGH NJW 1994, 3227, 3228.
[183] BGHZ 81, 82, 87; Baumbach/*Hopt* § 173 Rn. 13; *Oetker* § 173 Rn. 24.
[184] Stellvertretung ist nur bei gesetzlicher Vertretung zulässig: OLG Oldenburg NJW-RR 1991, 192; OLG Zweibrücken DB 2000, 1908.
[185] BGH ZIP 2005, 2257, 2258; RG DNotZ 1944, 195, 206 = WM 1964, 1131, 1133; OLG Oldenburg NJW RR 1991, 294.
[186] MünchKommHGB/*Grunewald* § 162 Rn. 16.
[187] BGH NJW 1983, 2258; a. A. Baumbach/*Hopt* § 176 Rn. 11; *Oetker* § 176 Rn. 44.
[188] NJW 1983, 2258, 2260.

> Der Kommanditist A hat seinen Anteil an der X-KG mit Wirkung auf den Zeitpunkt der Eintragung der Rechtsnachfolge im Handelsregister auf C (Name, Vorname, Geburtsdatum, Wohnort) übertragen. A ist dadurch aus der KG ausgeschieden, C ist als sein Sonderrechtsnachfolger Kommanditist mit der Einlage des A in Höhe von ...... geworden.
>
> Die Komplementärin und A versichern, dass A aus dem Vermögen der KG keine Abfindung versprochen oder gewährt worden ist.
>
> Für die D-GmbH A
>
> Beglaubigungsvermerk

2. Ausscheiden eines Kommanditisten

122 a) **Tod des Kommanditisten.** Gemäß § 177 HGB wird die Gesellschaft im Falle des Todes eines Kommanditisten **mit dessen Erben fortgesetzt.** Es rücken also die Erben entsprechend ihrer quotalen Beteiligung am Nachlass, nicht die Erbengemeinschaft, in die Position des Erblassers ein.[189] Wenn eine Fortsetzung der KG mit den Erben nicht gewünscht wird, muss im Gesellschaftsvertrag eine entsprechende Regelung getroffen werden. Anderenfalls empfiehlt es sich, die gesetzliche Regelung zu wiederholen, damit in diesem wichtigen Punkt Klarheit unter den Gesellschaftern besteht.

123 Wenn die Gesellschafter die KG beim Tod eines Kommanditisten nicht mit dessen Erben fortsetzen wollen, kann im Gesellschaftsvertrag auch eine abweichende Regelung getroffen werden. Denkbar – wenn auch meist nicht zu empfehlen – ist es, die Auflösung der KG beim Tod eines Kommanditisten vorzusehen,[190] oder – weniger weitgehend – den Gesellschaftern die Möglichkeit zu eröffnen, die Gesellschaft **zu diesem Zeitpunkt zu kündigen.**[191] Die Gesellschafter können im Gesellschaftsvertrag auch bestimmen, dass die **KG ohne die Erben des Kommanditisten** unter den übrigen Gesellschaftern **fortgesetzt wird.**[192] Die Erben erhalten dann einen Abfindungsanspruch.[193] Es ist auch möglich, zwar die Fortsetzung mit den Erben vorzusehen, zugleich aber den übrigen Gesellschaftern ein Recht auf **Ausschluss der Erben** einzuräumen.[194] Dieses Recht muss allerdings zeitlich begrenzt sein. Im Gesellschaftsvertrag kann auch bestimmt werden, dass von den Erben nicht alle, sondern nur einige in die Rechtsstellung des Kommanditisten einrücken (sog. qualifizierte Nachfolgeklausel).[195] Dann sollte klar gesagt werden, dass diese bevorzugten Erben nicht nur den ihnen sowieso zufallenden Teil, sondern die gesamte Beteiligung erhalten sollen. Man kann es auch der Entscheidung des oder der Erben überlassen, ob sie Gesellschafter werden wollen oder nicht. Ihnen wird dann im Wege des Vertrages zu Gunsten Dritter ein Eintrittsrecht eingeräumt.[196] Das Eintrittsrecht kann als bindendes Vertragsangebot ausgestaltet werden.

124 > **Formulierungsvorschlag für eine Nachfolge- bzw. eine qualifizierte Nachfolgeklausel:**
> Beim Tod eines Kommanditisten wird die Gesellschaft mit seinen Erben (soweit sie Abkömmling bzw. Ehegatte des Kommanditisten sind) fortgesetzt.[197] Diese erhalten den gesamten Anteil des verstorbenen Kommanditisten gem. ihrer Erbquote. Wird keine nachfolgeberechtigte Person Erbe, so wird die Gesellschaft unter den bisherigen Gesellschaftern fortgesetzt. Die Abfindung bestimmt sich nach § X des Gesellschaftsvertrages.

---

[189] BGH NJW 1986, 2431, 2432; Baumbach/*Hopt* § 177 Rn. 3; *Oetker* § 177 Rn. 6.
[190] MünchKommHGB/*K. Schmidt* § 177 Rn. 8.
[191] MünchKommHGB/*K. Schmidt* § 177 Rn. 6; *Oetker* § 177 Rn. 4.
[192] *Ivo* ZEV 2006, 302; MünchKommHGB/*K. Schmidt* § 177 Rn. 6; *Oetker* § 177 Rn. 4.
[193] Generell zur Abfindung unten → Rn. 139 ff.
[194] BGH NJW 1989, 834, 835.
[195] BGH NJW 1983, 237; Baumbach/*Hopt* § 177 Rn. 3; *Ivo* ZEV 2006, 302, 304; MünchKommHGB/*K. Schmidt* § 177 Rn. 9.
[196] BGH NJW 1978, 264; Baumbach/*Hopt* § 139 Rn. 50; *Ivo* ZEV 2006, 302, 305; MünchKommHGB/*K. Schmidt* § 177 Rn. 7.
[197] Wenn keine Höchstzahl nachfolgeberechtigter Gesellschafter festgelegt wird, muss auf Dauer mit einer erheblichen Zunahme der Zahl der Gesellschafter gerechnet werden. Dann ist evtl. an eine Beiratsverfassung zu denken, unten Rn. 163.

Formulierungsvorschlag für eine Ausschlussklausel: 125
Beim Tod eines Kommanditisten wird die Gesellschaft mit seinen Erben fortgesetzt. Die Erben können innerhalb eines Jahres, gerechnet ab dem Zeitpunkt, zu dem der Erbfall den Kommanditisten bekannt geworden ist, von den übrigen Gesellschaftern einstimmig (mit einer ¾ Mehrheit) ausgeschlossen werden. Die Abfindungshöhe bestimmt sich nach § X des Gesellschaftsvertrages.

Formulierungsvorschlag für ein Eintrittsrecht: 126
Beim Tod eines Kommanditisten wird die Gesellschaft unter den verbleibenden Gesellschaftern fortgesetzt. Die Erben des Kommanditisten (Abkömmlinge des Kommanditisten, die Erben geworden sind) haben das Recht, innerhalb eines ½ Jahres, gerechnet ab dem Erbfall, in die Gesellschaft an Stelle des verstorbenen Kommanditisten einzutreten. Mehrere Erben haben dieses Recht gem. dem Verhältnis ihrer Erbquoten untereinander.

Formulierungsvorschlag für die Anmeldung des Eintritts eines Erbens eines Kommanditisten in eine KG: 127
Betr.: X-KG HRA
Im Handelsregister des Amtsgerichts ...... ist unter HRA ...... die X – KG eintragen. Die E-GmbH ist Komplementärin, A und B sind als Kommanditisten eingetragen. Wir melden zur Eintragung ins Handelsregister an: Der Kommanditist A ist durch Tod am ...... aus der X-KG ausgeschieden. Seine Erben sind C (Name, Vorname, Geburtsdatum, Wohnort) und D (Name, Vorname, Geburtsdatum, Wohnort) zu gleichen Teilen (siehe beiliegenden Erbschein).[198] Sie sind daher als Sonderrechtsnachfolger des A in die KG mit einer Einlage von je ...... EUR eingetreten.
Die Komplementärin und die Kommanditisten C, D versichern, dass dem ausgeschiedenen A oder seinen Erben keine Abfindung aus dem Vermögen der KG versprochen oder gewährt worden ist.
Für die E-GmbH ...... C ...... D ......
C
D

Beglaubigungsvermerk

Anmeldepflichtig sind die Mitgesellschafter (§§ 161 Abs. 2, 108 HGB) sowie nach hM 128 alle Erben, also auch diejenigen, die nicht Kommanditisten werden.[199] Es muss angegeben werden, wie der Kommanditanteil auf die einzelnen Erben aufgeteilt worden ist.[200] Ein Testamentsvollstrecker, der den Nachlass lediglich abwickeln soll, kann nicht an Stelle der Erben die Rechtsnachfolge anmelden. Soll der Testamentsvollstrecker den Nachlass verwalten und nicht nur abwickeln, so trifft ihn die Anmeldepflicht.[201] Ob die Erben daneben für Eintragungen, die ihrem Schutz dienen, ein Anmelderecht haben, ist noch offen.[202]
Soll eine **Verwaltungstestamentsvollstreckung** zulässig sein, so sollte dies im Gesell- 129 schaftsvertrag vorgesehen werden. Anderenfalls ist eine solche Testamentsvollstreckung nur zulässig, wenn alle Gesellschafter zustimmen.[203]

---
[198] Siehe § 12 Abs. 2 S. 2 HGB; KG NZG 2000, 1167 = DB 2000, 2011.
[199] BayObLG DNotZ 1979, 109, 111; Baumbach/*Hopt* § 162 Rn. 9; a. A. MünchKommHGB/*Grunewald* § 162 Rn. 16.
[200] LG Aurich NJW RR 1998, 1259, 1260.
[201] BGHZ 108 187, 191 = NJW 1989, 3152, 3153.
[202] BGHZ 108 187, 191 = BGH NJW 1989, 3152, 3153.
[203] BGHZ 108, 187, 191 = NJW 1989, 3152, 3153; Baumbach/*Hopt* § 139 Rn. 26.

130 Formulierungsvorschlag:
Die Anordnung einer Testamentsvollstreckung über einen KG-Anteil ist zulässig.

131 **b) Verlust der Mitgliedschaft als Folge der Eröffnung eines Insolvenzverfahrens über das Vermögen des Kommanditisten/der Kündigung eines Privatgläubigers.** Nach § 131 Abs. 3 Nr. 2 HGB scheidet ein Gesellschafter, **über dessen Vermögen das Insolvenzverfahren eröffnet worden ist,** aus der Gesellschaft aus. Diese Regelung ist sachgerecht und steht im Grundsatz auch nicht zur Disposition der Gesellschafter. Allenfalls könnte vorgesehen werden, dass die Gesellschaft aufgelöst wird. Um den Abfluss u. U. erheblicher liquider Mittel aus der KG und um Streitigkeiten vorzubeugen, sollte eine Abfindungsregelung (unten → Rn. 138 ff.) vorgesehen werden. Da die Ablehnung der Eröffnung des Insolvenzverfahrens (etwa mangels Masse) als Grund des Ausscheidens im Gesetz nicht geregelt ist, muss, sofern dies zum Ausscheiden führen soll, dies im Gesellschaftsvertrag ausdrücklich vermerkt werden.

132 Gemäß §§ 131 Abs. 3 Nr. 4, 135 HGB kann ein **Gläubiger eines Gesellschafters die Gesellschaft** mit der Folge **kündigen,** dass der Gesellschafter aus der KG ausscheidet. Wiederum ist es zweckmäßig, eine Abfindungsvereinbarung vorzusehen. Sofern eine vertragliche Vereinbarung vorgesehen werden soll, nach der ein Gesellschafter infolge eines Gesellschafterbeschlusses ausscheidet, der bereits bei Pfändung des Anteils gefasst werden kann, muss festgelegt werden, ob und wenn ja innerhalb welchen Zeitraums der Gesellschafter nach der Pfändung durch Begleichung der Schuld seinen Ausschluss abwenden kann.

133 **c) Ausschluss eines Kommanditisten.** Bei Vorliegen eines wichtigen Grundes ist der Ausschluss eines Gesellschafters im Wege der Gestaltungsklage nach der gesetzlichen Regelung möglich (§ 140 Abs. 1 HGB). Diese Regelung kann insofern verschärft werden, als an die Stelle eines Ausschlusses im Klagewege ein Ausschluss auf Grund eines Gesellschafterbeschlusses tritt (oben → Rn. 113). Des Weiteren besteht die Möglichkeit, die Voraussetzungen eines Ausschlusses durch die Aufzählung von Umständen, die auf jeden Fall zum Ausschluss führen sollen, zu präzisieren. In Frage kommt etwa der Ausschluss infolge von Krankheit, Alter oder Verlust bestimmter beruflicher Qualifikationen.[204]

134 Problematisch sind Klauseln, nach denen ein Ausschluss ohne besonderen Grund zulässig sein soll (sog. **Hinauskündigungsklauseln**). Der BGH ist der Ansicht, dass ein Ausschluss nach freiem Ermessen vertraglich nur vorgesehen werden kann, wenn für eine solche Regelung ausnahmsweise vernünftige sachliche Gründe sprechen.[205] Auf diese Weise sollen die Gesellschafter vor einem Ausschlussrecht, das als Waffe gegen missliebige Gesellschafter eingesetzt werden könnte, geschützt werden. Da unklar ist, wann ein solcher sachlicher Grund vorliegt, sollte eine solche Vertragsgestaltung nicht gewählt werden. Bejaht wurde das Vorliegen eines sachlichen Grundes z. B. in Fällen, in denen Mitarbeitern für die Zeit ihrer Tätigkeit in der Gesellschaft eine Beteiligung eingeräumt worden war.[206]

135 Formulierungsvorschlag:
Ein Gesellschafter kann, wenn in seiner Person ein wichtiger Grund vorliegt, durch Beschluss der Gesellschafter, der mit einer ¾ Mehrheit gefasst werden muss, aus der Gesellschaft ausgeschlossen werden. Der betroffene Gesellschafter hat bei der Beschlussfassung kein Stimmrecht.
Der Gesellschafter scheidet in dem Moment aus der Gesellschaft aus, in dem ihm der Beschluss zugeht.[207] Ein wichtiger Grund ist insbesondere gegeben, wenn ....[208]

---

[204] Weitere Beispiele bei Baumbach/*Hopt* § 140 Rn. 30; *Sudhoff* GmbH & Co. KG/*Jäger* § 30 Rn. 37; Sudhoff GmbH & Co. KG/*Schlitt* § 29 Rn. 47 f.
[205] NJW 1989, 2681; NJW 1990, 2622; ZIP 1994, 455; ZIP 2004, 903; NJW 2005, 3644; ZIP 2007, 862.
[206] BGH NJW 2005, 3644 mit weiteren Beispielen.
[207] BGHZ 31, 295, 301 ist ein Zugang erforderlich.
[208] Dazu oben → Rn. 133; zur personengleichen GmbH & Co KG unten → Rn. 165 ff.

d) Austritt eines Kommanditisten. Nach § 132 HGB kann ein Kommanditist bei einer **136** KG, die für unbestimmte Zeit eingegangen ist,[209] **zum Schluss des Geschäftsjahres kündigen.** Die Kündigung muss 6 Monate vor diesem Zeitpunkt erfolgen. Mit Wirksamwerden der Kündigung scheidet der Kommanditist aus der Gesellschaft aus (§ 131 Abs. 3 Nr. 3 HGB). Dieses Kündigungsrecht kann nicht ganz ausgeschlossen oder durch Nachteile, die an die Kündigung gebunden werden, übermäßig erschwert werden (§ 723 Abs. 3 BGB, unten → Rn. 140). Zulässig ist die Festlegung einer bestimmten Zeit, innerhalb derer die Gesellschaft nicht gekündigt werden kann, und auch die Verlängerung der gesetzlichen Kündigungsfrist.[210]

Bei Vorliegen eines wichtigen Grundes hat der Gesellschafter gem. § 133 HGB zudem die **137** Möglichkeit, Auflösungsklage zu erheben. Diese Auflösungsklage führt zur Liquidation der Gesellschaft und ist daher oftmals unzweckmäßig. Sie sollte daher durch ein Austrittsrecht ersetzt werden. Da die Möglichkeit zur Erhebung der **Auflösungsklage** zwingend vorgeschrieben ist (§ 133 Abs. 3 HGB), kann sie nur **durch ein Austrittsrecht ersetzt werden**, das den ausscheidenswilligen Kommanditisten nicht schlechter stellt als die gesetzliche Regelung. Insofern darf für diesen Fall die Abfindung nicht hinter der Summe zurück bleiben, die der Kommanditist bei der Liquidation erhalten würde.[211] Auch das Kündigungsrecht des volljährig gewordenen Kommanditisten (§ 723 Abs. 1 Nr. 2 BGB)[212] sollte durch ein Austrittsrecht ersetzt werden.

Formulierungsvorschlag: **138**

(1) Jeder Gesellschafter kann seine Gesellschafterstellung zum Ende des Geschäftsjahres (jedoch erstmals zum ......) kündigen. Die Kündigungsfrist beträgt 6 (12) Monate. Für die Rechtzeitigkeit der Kündigung ist der Eingang der Kündigung bei der Komplementärin maßgebend. Die Kündigung erfolgt mit eingeschriebenem Brief mit Rückschein an die Komplementärin (und die übrigen Gesellschafter). Die Komplementärin hat die Gesellschafter unverzüglich von der Kündigung zu unterrichten. Die anderen Gesellschafter können sich innerhalb von 2 Monaten nach Erhalt der (Mitteilung der) Kündigung für ihre Person der Kündigung zum selben Termin anschließen.

(2) Auch bei Vorliegen eines wichtigen Grundes kann jeder Gesellschafter die Gesellschaft mit der Folge kündigen, dass er aus der Gesellschaft ausscheidet. Ein solcher Grund liegt insbesondere vor
a) wenn ein minderjähriger Gesellschafter das 18. Lebensjahr vollendet hat.
b) ......
Die Kündigungsfrist beträgt ......
Abs. 1 S. 3 und 4 gelten entsprechend. Die Erhebung einer Auflösungsklage ist ausgeschlossen.

e) Abfindung. Nach § 738 Abs. 1 S. 2 BGB ist dem ausscheidenden Gesellschafter als Ab- **139** findung dasjenige zu zahlen, was er bei einer Auseinandersetzung der Gesellschaft erhalten würde. Die Auszahlung dieser Summe kann für die Gesellschaft u. U. sehr belastend sein. Hinzu kommt, dass kaum je problemlos festgestellt werden kann, welcher Betrag nun eigentlich geschuldet ist. Dies hat dazu geführt, dass in Gesellschaftsverträgen regelmäßig sogenannte **Abfindungsklauseln** enthalten sind, nach denen die Abfindung nach dem Buchwert (also ohne Berücksichtigung der stillen Reserven, wohl aber unter Berücksichtigung der offenen Rücklagen und sonstiger Positionen mit Rücklagencharakter)[213] zu berechnen ist. Ob solche Klauseln zulässig sind oder nicht, kann nicht pauschal gesagt werden.

---

[209] Gleich stehen die in § 134 HGB genannten Vertragsgestaltungen.
[210] Baumbach/*Hopt* § 132 Rn. 9, Oetker/*Kamanabrou* § 132 Rn. 19; BGH ZIP 2006, 851, 852: 5-jähriger Kündigungsausschluss akzeptabel.
[211] Baumbach/*Hopt* § 133 Rn. 20; Oetker/*Kamanabrou* § 133 Rn. 26; offen gelassen in BGH ZIP 2006, 851, 852.
[212] Es ist umstritten, ob ein Kommanditist, dessen Hafteinlage erbracht ist, dieses Recht überhaupt hat: *Grunewald* ZIP 1999, 597, 599.
[213] BGH NJW 1996, 1681; Baumbach/*Hopt* § 131 Rn. 71; Oetker/*Kamanabrou* § 131 Rn. 71.

140 Fällt die Abfindung **den Gläubigern zu,** so ist eine Abfindungsbeschränkung nur zulässig, wenn auch in anderen Fällen des Ausscheidens aus wichtigem Grund eine solche Beschränkung gilt.[214] Zur **Kündigung,** die an die Stelle der Auflösungsklage tritt, oben → Rn. 137. Generell gilt, dass eine Kündigung nicht durch unzulässige Beeinträchtigungen erschwert werden darf (§ 723 Abs. 3 BGB, oben → Rn. 136). Zu diesen unzulässigen Beeinträchtigungen zählt auch die Auszahlung einer Abfindung, die in einem erheblichen Missverhältnis zum vollen Wert des Anteils steht.[215] Genaue Prozentsätze, ab denen eine Abfindungsklausel wegen eines Missverhältnisses zwischen realem Wert der Beteiligung und Höhe der geschuldeten Abfindung unbeachtlich ist, bestehen nicht..[216] Der BGH[217] ermittelt dann im Wege der ergänzenden Vertragsauslegung die stattdessen geschuldete Abfindung, was erhebliches Konfliktpotenzial mit sich bringt. Selbst bei der **Ausschließung aus wichtigem Grund** darf zwar im Prinzip eine Reduktion der Abfindung vorgenommen werden, allerdings nicht bis auf die Hälfte des vollen Wertes.[218] Es empfiehlt sich, Ratenzahlungen zu vereinbaren. Allerdings ist auch insoweit zu beachten, dass der ausscheidende Gesellschafter nicht durch weit hinausgeschobene Zahlungstermine zu sehr belastet wird.[219] Verzinsungsregeln und gestellte Sicherheiten mildern diese Belastung ab.

IX. Jahresabschluss, Gesellschafterkonten, Ergebnisverteilung, Entnahmen

1. Jahresabschluss

141 Unter der **Aufstellung des Jahresabschlusses** versteht man die Vorbereitung des Abschlusses bis zur Beschlussreife.[220] Diese Aufgabe liegt als Geschäftsführungsmaßnahme bei den geschäftsführenden Gesellschaftern, also bei der GmbH/UG (haftungsbeschränkt). Sind die Schwellenwerte von § 267 HGB überschritten, so muss der Jahresabschluss durch einen Wirtschaftsprüfer oder durch einen vereidigten Buchprüfer geprüft werden (§§ 264a, 316 HGB). Sofern im Gesellschaftsvertrag nichts anderes bestimmt ist, wählen die Gesellschafter die Prüfer (§ 318 Abs. 1 S. 1 HGB). Eine abweichende Vereinbarung ist möglich (§ 318 Abs. 1 S. 2 HGB).[221] Die Aufstellung des Jahresabschlusses hat innerhalb der Frist von § 264 Abs. 1 S. 2 und 3 HGB zu erfolgen.

142 Der aufgestellte Jahresabschluss wird durch die **Feststellung** verbindlich. An der Beschlussfassung über die Feststellung des Jahresabschlusses sind alle Gesellschafter, also auch die Kommanditisten, beteiligt.[222] Bei der Feststellung können auch rechtmäßig getroffene Bilanzierungsmaßnahmen der Geschäftsführung insoweit wieder abgeändert werden, als sie die Ergebnisverteilung betreffen.[223] Im Übrigen sind die Gesellschafter bei der Festlegung der Ausschüttungshöhe auf Grund ihrer Treuepflicht gegenüber der KG und den Mitgesellschaftern zu einer Abwägung zwischen den für die Gewinnthesaurierung sprechenden Umständen und dem Interesse des Gesellschafters an einer möglichst hohen Ausschüttung verpflichtet.[224] Mit der Feststellung wird bei einem positiven Jahresergebnis oftmals der Gewinnverwendungsbeschluss verbunden. Damit wird festgelegt, ob offene Rücklagen gebildet oder der Gewinn an die Gesellschafter ausgeschüttet werden soll.

---

[214] BGHZ 65, 22, 26; BGHZ 144, 365, 366; *Kamanabrou* § 131 Rn. 82.
[215] BGHZ 123, 281, 283; BGH ZIP 2006, 851, 852; BGH ZIP 2008, 1075, 1077.
[216] BGH NJW 1989, 2685.
[217] NJW 1993, 3193; Oetker/*Kamanabrou* § 131 Rn. 74.
[218] BGH NJW 1989, 2685.
[219] BGH NJW 1989, 2685, 2686: 15 Jahre zu lang; Überblick über die in der Literatur vertretenen Ansichten (ab fünf Jahre problematisch) bei Oetker/*Kamanabrou* § 131 Rn. 83.
[220] BGHZ 132, 263; *Binz/Sorg* DB 1996, 969.
[221] Nach OLG Hamm NZG 1999, 1213, 1214 kann der Prüfer auch von dem Komplementär bestimmt werden.
[222] BGHZ 132, 162; BGH ZIP 2007, 475, 476; *Oetker* § 167 Rn. 9.
[223] *Oetker* § 167 Rn. 11; zur Bestimmung, was Ergebnisfeststellung ist, BGHZ 132, 263.
[224] MünchKommHGB/*Grunewald* § 167 Rn. 5.

143 Im Gesellschaftsvertrag kann festgelegt werden, dass die **Feststellung des Jahresabschlusses** den geschäftsführenden Gesellschaftern oder einem Beirat **übertragen wird**.[225] Eine solche Klausel muss wegen der Bedeutung, die der Feststellung des Jahresabschlusses zukommt, klar formuliert sein.[226] In der GmbH/UG (haftungsbeschränkt) & Co KG kann auf die Mitwirkung der GmbH/UG (haftungsbeschränkt) an der Feststellung des Jahresabschlusses verzichtet werden.[227]

144 Es können auch **Vorgaben für die Bilanzierung und Bildung von Rücklagen** im Gesellschaftsvertrag gemacht werden. Da die gesetzlichen Voraussetzungen für die Rücklagenbildung unklar sind, scheint sich eine Bestimmung, unter welchen Voraussetzungen und bis zu welcher Höhe Rücklagen zu bilden sind, zu empfehlen.[228] Solche Klauseln sind allerdings meist entweder zu unpräzise oder aber zu starr,[229] um der jeweiligen Lage der KG Rechnung tragen zu können. In der Literatur wird allerdings darauf hingewiesen, dass die Bildung von Rücklagen in das Gewinnbezugsrecht der Gesellschafter und damit in den Kernbereich der Mitgliedschaft eingreife.[230] Mit dieser Begründung wird eine präzise Formulierung, etwa die Angabe eines maximalen Prozentsatzes des Jahresergebnisses, bis zu dem eine Einstellung in die Rücklagen erfolgen darf, verlangt. Auf jeden Fall ist schon aus Gründen der Vorsicht dem Bestimmtheitsgrundsatz (oben → Rn. 104) Rechnung zu tragen. Es kann im Gesellschaftsvertrag auch bestimmt werden, dass mit vertragsändernder Mehrheit von den niedergelegten Bestimmungen im Einzelfall abgewichen werden kann. Auf diese Weise lässt sich wohl noch am ehesten erreichen, dass die Vorgaben zugleich flexibel und hinreichend bestimmt sind.

145
Formulierungsvorschlag:
Der Jahresabschluss wird von der Gesellschafterversammlung (mit ¾ Mehrheit) festgestellt. Der Entwurf des Jahresabschlusses ist den Gesellschaftern spätestens 2 Wochen vor der Beschlussfassung zuzuleiten. Sofern die Gesellschafter nicht mit ¾ Mehrheit etwas anderes beschließen, werden 20% des nicht zur Deckung früherer Verluste notwendigen Jahresergebnisses in eine offene Rücklage eingestellt. Diese Rücklage wird auf dem Rücklagenkonto der Kommanditisten gebucht.[231]

2. Gesellschafterkonten

146 Nach der **gesetzlichen Regelung** sind die Kapitalanteile des Komplementärs und der Kommanditisten variabel (§§ 167 Abs. 1, 120 HGB). Die Buchungen erfolgen auf einem sog. **Kapitalkonto**. Auf diesem werden die Leistung der Einlage und eventuelle Gewinne gutgeschrieben. Verluste und Entnahmen werden abgezogen. Wenn die Summe die Höhe der Pflichteinlage erreicht hat, werden bei den Kommanditisten keine weiteren Gutschriften mehr vorgenommen (§ 167 Abs. 2 HGB). Sollen dem Kommanditisten zu diesem Zeitpunkt weitere Gewinne gutgeschrieben werden, muss ein weiteres Konto eröffnet werden (sog. **Darlehenskonto**). Dieses Konto stellt also eine jederzeit fällige Forderung des Kommanditisten gegen die KG dar. Spätere Verluste werden weiterhin von dem Kapital – nicht von dem Darlehenskonto – abgebucht.[232]

147 Diese **gesetzliche Regelung ist nicht zweckmäßig**. Den Vorstellungen der Gesellschafter entsprechen **feste Kapitalkonten**, auf die nur die Einlage – auch soweit sie durch stehengelassene Gewinne erbracht wird – gutgeschrieben wird. Ist die Einlage auf diese Weise geleis-

---

[225] BGHZ 132, 263; MünchKommHGB/*Grunewald* § 167 Rn. 11; *Oetker* § 167 Rn. 9.
[226] BGHZ 132, 263; BGH ZIP 2007, 475 ff.; Rn. 103.
[227] MünchKommHGB/*Grunewald* § 167 Rn. 11.
[228] *Huber* Gedächtnisschrift Knobbe-Keuk 1997, 203, 207; *Schön* FS Beisse 1996, 471, 482.
[229] Zu unflexibel ist meist die Festlegung von Prozentsätzen: etwa 70% des Gewinns werden an die Gesellschafter ausgeschüttet.
[230] *Ulmer* FS Lutter 2000, 935, 944.
[231] Unten → Rn. 148, der Buchwert der Beteiligung wird unter Berücksichtigung der offenen Rücklagen berechnet, oben → Rn. 139.
[232] MünchKommHGB/*Grunewald* § 167 Rn. 17; *Oetker* § 167 Rn. 16.

tet, erfolgen auf dem Konto keine Verbuchungen mehr. Die prozentuale Beteiligung an Gewinn und Verlust und die Höhe des Stimmrechts wird an diese festen Kapitalanteile geknüpft. Auch wenn die Einlage noch nicht (komplett) geleistet ist, soll diese prozentuale Beteiligung bei der Ausübung der Gesellschafterrechte schon vollständig gelten. Die Komplementärin leistet meist keine Einlage.

148 Neben diese festen Kapitalkonten tritt ein variables Konto, das sog. **Kapitalkonto II**, auf dem die Vorgänge verbucht werden, die sonst auf dem variablen Konto gebucht werden. Entnahmen von Gewinnen sind nur dann haftungsunschädlich, wenn ein eventueller Verlustvortrag ausgeglichen wurde (§ 172 Abs. 4 HGB). Stehengelassene Gewinne werden auf Grund der Verrechnung zum Ausgleich späterer Verluste verwendet. Will man das vermeiden, so können freie (also nicht durch das Kapitalkonto I gebundene) Gewinne auf ein **Darlehenskonto** umgebucht werden. Um einen Anreiz für das Stehenlassen von Gewinnen zu schaffen, sollte eine Verzinsung vorgesehen werden. Entnahmen – auch von marktüblichen Zinsen – von dem Darlehenskonto führen nicht zum Wiederaufleben der Haftung.[233] In der Insolvenz gelten allerdings die Sonderregeln für Gesellschafterdarlehen (→ Rn. 41). Die Entnahme kann an die Einhaltung von Kündigungsfristen gebunden werden. Bisweilen finden sich auch **Verlustvortragskonten**, auf die nur Verluste und künftige Gewinne, die ja gem. § 172 Abs. 4 S. 2 HGB zum Ausgleich von Verlusten eingesetzt werden müssen, verbucht werden.[234] Auch dies hat zur Folge, dass die auf dem Darlehenskonto verbuchten Gelder jederzeit abgezogen werden können. Das Kapitalkonto II ist dann Bestandteil des Darlehenskontos. Es können auch **Rücklagenkonten** gebildet werden, auf die Gewinne gebucht werden, die nicht entnommen werden dürfen.

149 **Formulierungsvorschlag:**

Konten der Gesellschafter

1. Die Einlagen der Gesellschafter werden auf ein sog. **Kapitalkonto** gebucht. Das Kapitalkonto ist ein Festkonto. Das Verhältnis der Kapitalkonten zueinander bestimmt das Verhältnis der mitgliedschaftlichen Rechte und Pflichten zueinander, wie z. B. den Anteil an Gewinn und Verlust und die Höhe des Stimmrechts.

2. Auf dem **Verlustvortragskonto** werden etwaige Verlustanteile des Gesellschafters gebucht. Spätere Gewinnanteile müssen diesem Konto bis zum Ausgleich der Verluste gutgeschrieben werden.

3. Auf dem **Darlehenskonto** werden stehengelassene Gewinne gebucht, die nicht dem Verlustvortragskonto gutgeschrieben werden. Ein Guthaben ist mit ...... % pro Jahr zu verzinsen. Entnahmen können nur unter Einhaltung einer Kündigungsfrist von ...... Monaten zum Ende des Geschäftsjahres erfolgen. Eine Erhöhung der Darlehenssumme durch Einzahlungen der Gesellschafter ist nur zulässig, wenn dem die Gesellschafterversammlung (mit ¾ Mehrheit) zustimmt.

4. Tätigkeitsvergütungen und Zinsen sowie der gesamte übrige Zahlungsverkehr zwischen Gesellschafter und Gesellschaft wird auf einem sog. **Privatkonto** gebucht. Guthaben können jederzeit entnommen und Zahlungen der KG jederzeit geleistet werden. Guthaben und Negativsalden[235] werden mit ...... % pro Jahr verzinst.

3. Ergebnisverteilung

150 Welcher **Gewinn** zur Verteilung kommt, richtet sich nach dem festgestellten Jahresabschluss. Die geschäftsführenden Gesellschafter machen unter Berücksichtigung der gesellschaftsvertraglichen Regelung einen Vorschlag für die Gewinnverwendung. Zur Fassung des **Gewinnverwendungsbeschlusses** oben → Rn. 142.

151 Nach §§ 168 Abs. 1, 121 Abs. 1 S. 1 HGB sind aus dem Gewinn zuerst die Kapitalanteile der Gesellschafter zu verzinsen. Der restliche Gewinn soll in einem den Umständen nach

---

[233] MünchKommHGB/*Grunewald* § 167 Rn. 21; Sudhoff GmbH & Co. KG/*Ihrig* § 20 Rn. 40.
[234] MünchKommHGB/*Grunewald* § 167 Rn. 21; *Oppenländer* DStR 1999, 939, 942.
[235] Der Saldo kann durch das Steuerentnahmerecht negativ werden, unten → Rn. 161 f.

angemessen Verhältnis der Anteile verteilt werden (§ 168 Abs. 2 HGB). Gleiches soll für die Verteilung der Verluste gelten. Diese **Regelung des Gesetzes ist nicht praktikabel**. Die Kriterien sind so unklar, dass Streitigkeiten unter den Gesellschaftern vorprogrammiert sind.

Im **Gesellschaftsvertrag** kann festgelegt werden, dass der geschäftsführende Gesellschafter eine Tätigkeitsvergütung erhält. Bei einer GmbH & Co KG empfiehlt sich eine solche Regelung aber nicht, da die finanziellen Mittel in der KG, die das operative Geschäft betreibt, und nicht in der GmbH benötigt werden. Auf jeden Fall muss die GmbH/UG (haftungsbeschränkt) aber Auslagenersatz sowie eine Vergütung für die Übernahme des Haftungsrisikos erhalten. Diese Zahlung muss so bemessen sein, dass auch eine GmbH/UG (haftungsbeschränkt), deren Gesellschafter mit den Kommanditisten nicht identisch sind, mit der Zahlung zufrieden wäre, da anderenfalls eine verdeckte Gewinnausschüttung vorliegt.[236] Ansonsten sollte die GmbH, falls sie nicht ausnahmsweise eine Kapitaleinlage geleistet hat, am Gewinn und Verlust nicht beteiligt werden.

Noch nicht geklärt ist, **ob eine UG (haftungsbeschränkt), die nicht am Kapital der KG beteiligt ist, überhaupt Komplementärin sein kann**. Dies wird unter Hinweis darauf verneint, dass eine solche UG (haftungsbeschränkt) dann auch nicht am Jahresüberschuss der KG beteiligt ist und daher auch die in § 5a Abs. 3 GmbHG vorgesehene Rücklage nicht bilden kann.[237] Das Argument überzeugt zwar nicht, da das Gesetz keine Verpflichtung zur Bildung dieser Rücklage enthält, vielmehr jede (nicht insolvenzantragspflichtige) UG (haftungsbeschränkt) akzeptiert. Allerdings könnte es sich aus Gründen der Vorschrift empfehlen, die UG (haftungsbeschränkt) am Kapital und somit am Jahresüberschuss zu beteiligen. Unklar ist, welche Regeln gelten würden, wenn eine UG (haftungsbeschränkt) ohne Möglichkeit zur Bildung der Rücklage – obwohl als Komplementärin im Handelsregister eingetragen – tatsächlich als Komplementärin nicht akzeptiert werden sollte.

In Bezug auf die Kommanditisten empfiehlt es sich – evtl. nach Abzug einer Verzinsung der Kapitalkonten[238] – den **Gewinn** entsprechend den festen Kapitalanteilen der Kommanditisten zu verteilen. Es ist aber auch möglich, einzelnen Gesellschaftern einen bestimmten Anteil am Gewinn zu garantieren.[239] Auch die **Verteilung der Verluste** sollte entsprechend den festen Kapitalanteilen erfolgen.

Sofern der Kommanditist eine **Vergütung für die Übernahme der Geschäftsführung** erhalten soll, ist es meist nicht zweckmäßig, diese Vergütung als Gewinnvoraus auszugestalten, da der Kommanditist dann in Jahren, in denen kein Gewinn anfällt, keine Bezahlung erhalten würde. Möglich ist es auch, die Vergütung zwar als fest geschuldet vorzusehen, sie jedoch mit Gewinnen – der KG oder des Kommanditisten – in späteren Jahren zu verrechnen.[240] Meist empfiehlt es sich aber, mit den Kommanditisten einen normalen Dienstvertrag zu schließen, da dann klar ist, dass dieser Dienstvertrag im Grundsatz von der Gewinnentwicklung unabhängig ist. Wenn der Kommanditist eine Vergütung erhält, die auch einem Dritten bezahlt würde, liegt keine verdeckte Gewinnausschüttung vor und der Kommanditist muss nicht befürchten, nach § 172 Abs. 4 HGB in Anspruch genommen zu werden.

Formulierungsvorschlag:
Gewinn- und Verlustverteilung
1. Die Komplementärin erhält aus dem Gewinn vorab Ersatz ihrer auf der Geschäftsführung beruhenden Aufwendungen. Zur Abgeltung des Haftungsrisikos erhält sie außerdem vorweg eine Zahlung in Höhe von ...... % des am Ende des Geschäftsjahres vorhandenen Stammkapitals. Der restliche Gewinn wir an die Kommanditisten im Verhältnis ihrer festen Kapitalkonten zueinander verteilt.
2. Verluste werden von den Kommanditisten im Verhältnis ihrer festen Kapitalkonten zueinander getragen.

---

[236] MünchHdbKG/*Levedag* § 57 Rn. 198 ff.
[237] *Katschinski/Rawert* ZIP 2008, 1993, 1998; *Wachter* Sonderheft GmbHRundschau 2008 S. 25, 33; wie hier *Heckschen* DStR 2009 166, 171; *H. F. Müller* ZGR 2012, 81, 102 ff.; *Stenzel* NZG 2009, 168, 169 ff.
[238] Die Verzinsung erfolgt also nur, wenn Gewinn erzielt wurde, dies ist für Kapitalkonten auch sachgerecht.
[239] BGH NJW-RR 1989, 993, 994.
[240] Sudhoff GmbH & Co. KG/*Ihrig* § 23 Rn. 12.

4. Entnahmerecht

157 **a) Entnahmerecht der Komplementärin.** Nach §§ 161 Abs. 2, 122 Abs. 1 HGB kann die Komplementärin 4% ihres für das letzte Geschäftsjahr festgestellten Kapitalanteils[241] entnehmen. Dies gilt auch dann, wenn die KG keine Gewinne erwirtschaftet hat. Im Übrigen darf die Komplementärin auch einen höheren Gewinn entnehmen. In der GmbH & Co KG nimmt die Komplementärin zweckmäßigerweise am Gewinn- und Verlust nicht teil (s. o. → Rn. 152). Der geschuldete Aufwendungsersatz und die Vergütung für die Übernahme des Haftungsrisikos können aber entnommen werden. Dies versteht sich zwar eigentlich von selber, sollte aber gleichwohl klargestellt werden.

158 **Formulierungsvorschlag:**

Die Komplementärin kann die ihr nach § ...... Abs. ...... des Gesellschaftsvertrages (s. o. Rn. 156) geschuldete Summe bei Fälligkeit entnehmen. Fälligkeit tritt mit Feststellung des Jahresabschluss ein.

159 **b) Entnahmerecht des Kommanditisten.** Nach § 169 Abs. 1 HGB hat der Kommanditist einen schuldrechtlichen **Anspruch auf Auszahlung des ihm zukommenden Gewinns**. Dieser Anspruch ist mit Feststellung des Jahresabschluss fällig.[242] Der Anspruch besteht nach § 169 Abs. 1 S. 2 HGB allerdings nicht, wenn in früheren Jahren Verluste angefallen sind und das Kapitalkonto des Kommanditisten nicht wieder bis zur Höhe der Pflichteinlage aufgefüllt worden ist. Wenn der Kommanditist die Pflichteinlage noch gar nicht geleistet hat, steht dies seinem Gewinnauszahlungsanspruch also nicht entgegen. Ein durch Verlustzuschreibungen negatives Kapitalkonto muss aber auch dann ausgeglichen werden.[243] Wenn die Einlageschuld noch offen ist, kann die KG u. U. (Fälligkeit!) gegen den Anspruch des Kommanditisten auf Gewinnauszahlung aufrechnen.

160 Da § 169 HGB nur das Verhältnis der Gesellschafter untereinander betrifft, ist eine **abweichende Vereinbarung** zulässig. Im Regelfall werden – abweichend von der gesetzlichen Regel – feste Kapitalkonten gebildet (oben → Rn. 147). Die Gewinnanteile werden meist in erster Linie zum Ausgleich früherer Verluste genutzt und daher, wenn solche Verluste angefallen sein sollten, auf dem sog. Verlustvortragskonto verbucht. Ansonsten kann eine Pflicht vorgesehen werden, Gewinne (in bestimmter Höhe) auf einem Rücklagenkonto (oben → Rn. 148) oder auf einem Darlehenskonto stehen zu lassen.[244]

161 Im Gesellschaftsvertrag sollte auch gesagt werden, ob die Gesellschafter auch schon **vor Feststellung des Jahresabschluss Beträge entnehmen dürfen**, die sie für **Steuervorauszahlungen** benötigen. Eine solche Regelung empfiehlt sich oftmals, da die Gesellschafter sonst bei der Begleichung der Steuerschulden in Schwierigkeiten geraten könnten.

162 **Formulierungsvorschlag:**

§ ...... **Entnahmen:**

(1) Die Gesellschafter beschließen mit einer ...... Mehrheit darüber, ob ein Teil des Jahresgewinns (maximal ...... %) auf die Rücklagenkonten eingestellt werden soll.[245] Der übrige Gewinn kann, sofern er nicht auf einem Verlustvortragskonto zu verbuchen ist,[246] jederzeit entnommen werden.[247]

---

[241] Im ersten Geschäftsjahr besteht also insoweit kein Entnahmerecht.
[242] MünchKommHGB/*Grunewald* § 169 Rn. 2; *Oetker* § 169 Rn. 6.
[243] MünchKommHGB/*Grunewald* § 169 Rn. 3; *Oetker* § 169 Rn. 10.
[244] Zu den steuerrechtlichen Folgen von Thesaurierungen *Reichert/Düll* ZIP 2008, 1249.
[245] Wenn man eine solche Regelung vorsieht, muss in dem Abschnitt des Gesellschaftsvertrages, der sich mit den Konten der Kommanditisten befasst, ein solches Konto vorgesehen werden. Es sollte dann auch gesagt werden, unter welchen Voraussetzungen Umbuchungen vom Rücklagenkonto auf Darlehens- oder Privatkonten möglich sind.
[246] Oben → Rn. 148.

(2) Die Gesellschafter haben das Recht, Entnahmen in Höhe der auf Grund ihrer Beteiligung der KG anfallenden Steuern oder Vorauszahlungen auf diese Steuern bei Fälligkeit von ihrem Privatkonto zu tätigen. Besteht kein entsprechendes Guthaben auf dem Privatkonto, so wird die Summe ohne Einhaltung einer Kündigungsfrist vom Darlehenskonto auf das Privatkonto umgebucht und kann dann entnommen werden. Besteht auch kein entsprechendes Guthaben auf dem Darlehenskonto, so kann der Gesellschafter die Summe gleichwohl dem Privatkonto entnehmen.[248]

X. Beirat

Bei der GmbH/UG (haftungsbeschränkt) & Co KG kann ein Beirat sowohl bei der GmbH wie auch bei der KG verankert werden. Meist ist es zweckmäßiger, den Beirat bei der GmbH/UG (haftungsbeschränkt) einzurichten, da in der GmbH die Fragen der Geschäftsführung entschieden werden und der Beirat insofern meistens Einfluss haben soll.[249] Hinzu kommt, dass in der KG der für alle Personengesellschaften geltende Grundsatz der Selbstorganschaft (oben → Rn. 3) zu beachten ist, der in der GmbH nicht gilt. Will man den Kommanditisten über eine Position im Beirat Einfluss auf die Geschäftsführung in der KG verschaffen, so besteht die Möglichkeit, ihnen das Recht einzuräumen, Beiratsmitglieder in der GmbH zu bestellen.

Soll der Beirat bei der KG eingerichtet werden, müssen bei der **Zuweisung von Zuständigkeiten** die Grundsätze der **Verbandssouveränität** und der **Selbstorganschaft** beachtet werden.[250] Wegen des unklaren Inhalts dieser Grundsätze ist auch nicht abschließend geklärt, welche Kompetenzen auf den Beirat verlagert werden können. Die h. M. hält eine umfassende Zuweisung eher für zulässig, wenn der Beirat mit Gesellschaftern besetzt und im Gesellschaftsvertrag verankert ist und nicht nur auf einer rein schuldrechtlichen Vereinbarung mit der KG beruht.[251] Eine schlichte Beratung durch einen Beirat ist sicher zulässig, Beiräte mit Weisungsrechten gegenüber Komplementären werden ebenso wie Beiräte, deren Zustimmung Komplementäre vor Durchführung bestimmter Geschäftsführungsmaßnahmen einholen sollen, eher skeptisch gesehen. Bei deer GmbH/UG (haftungsbeschränkt) & Co. KG sollte aber großzügiger verfahren werden, da der Schutz des Komplementärs, um den es bei der Festlegung der Grenzen für eine Beiratsverfassung geht, dann, eben weil keine natürliche Person betroffen ist, keine maßgebliche Rolle spielt.

XI. Sonderformen der GmbH/UG (haftungsbeschränkt) & Co KG

1. Die personengleiche GmbH/UG (haftungsbeschränkt) & Co KG

Oftmals sollen die Gesellschafter der GmbH/UG (haftungsbeschränkt) auch die Gesellschafter der KG sein. Zugleich sollen meist die **Beteiligungsquoten in beiden Gesellschaften übereinstimmen** (beteiligungsidentische GmbH/UG (haftungsbeschränkt) & Co KG). Auf diese Weise wird erreicht, dass die Einflussmöglichkeiten auf die in der GmbH zu treffenden Geschäftsführungsentscheidungen der Beteiligungsquote in der KG entsprechen. Die GmbH/UG (haftungsbeschränkt) wird am Kapital der KG nicht beteiligt und zudem vom Stimmrecht ausgeschlossen. Wenn der unternehmerische Einfluss nicht an die Kapitalquoten in der KG gebunden werden soll, kann die GmbH/UG (haftungsbeschränkt) auch dazu dienen, den Einfluss der Kommanditisten auf die Geschäftsführung zurückzudrängen. Dann sind die Gesellschafter von KG und GmbH/UG (haftungsbeschränkt) meist nicht identisch, jedenfalls stimmen die Beteiligungsquoten nicht überein, u. U. wird ein Beirat errichtet (oben → Rn. 163).

---

[247] Zu nicht entnommenen Gewinnen oben → Rn. 148.
[248] Er hat den Saldo dann aber zu verzinsen, oben → Rn. 149.
[249] Siehe → § 18 Rn. 155 ff.
[250] MünchKommHGB/*Grunewald* § 161 Rn. 157 ff.
[251] Überblick über die verschiedenen Ansichten bei MünchKommHGB/*Grunewald* § 161 Rn. 158 ff.; Baumbach/*Hopt* § 163 Rn. 14; *Oetker* § 161 Rn. 45 ff.

166 Bei der beteiligungsidentischen GmbH/UG (haftungsbeschränkt) & Co KG **unterscheiden die Gesellschafter u. U. nicht exakt zwischen den beiden Gesellschaften.** Daher ist es zweckmäßig, die Regeln für die Gesellschafterversammlungen (Einberufung, Mehrheitserfordernisse, Geltendmachung von Beschlussmängeln) aneinander anzugleichen. Auf diese Weise lassen sich Fehlerquellen vermeiden.

167 Bei der Vertragsgestaltung muss dafür Sorge getragen werden, dass der **Gleichlauf von Beteiligung und Beteiligungsquote** in beiden Gesellschaften erhalten bleibt. Meist soll die Beteiligung am Kapital und damit an der KG maßgeblich sein. Dann muss in den Gesellschaftsvertrag der GmbH/UG (haftungsbeschränkt), eine Bestimmung eingefügt werden, nach der die GmbH/UG (haftungsbeschränkt) -Gesellschafter verpflichtet sind, den Quotengleichlauf gegebenenfalls wieder herzustellen. Dies kann mit Hilfe von Abtretungsverpflichtungen oder Einziehungsklauseln geschehen.

168 Um ein solches Auseinanderfallen der Quoten zu vermeiden, müssen die **Regeln über die Übertragung der Anteile aufeinander abgestimmt** werden (also etwa Vorkaufsrechte und Erbregeln aneinander angepasst werden). Gleiches gilt für die Bestimmungen über das Ausscheiden aus den Gesellschaften (Kündigungsfristen, Ausschluss). Man kann auch die Übertragung der GmbH/UG (haftungsbeschränkt) – und KG- Anteile an die Zustimmung der Gesellschafter binden und festlegen, dass diese Zustimmung nur erteilt werden darf – dann evtl. aber auch erteilt werden muss –, wenn die Beteiligungsquote an der anderen Gesellschaft nach der Übertragung genauso hoch ist, wie in der von der Übertragung betroffenen Gesellschaft.

169 **Formulierungsvorschlag für den KG-Vertrag:**
Die Übertragung eines KG-Anteils ist nur wirksam, wenn der Erwerber an der X-GmbH im gleichen Verhältnis wie nach der Übertragung an der KG beteiligt ist oder gleichzeitig beteiligt wird.

2. Die Einheits-GmbH/UG (haftungsbeschränkt) & Co KG

170 Bei der Einheits-GmbH & Co KG ist Alleingesellschafterin der GmbH die KG. Um das zu erreichen, müssen entweder die Gesellschafter der GmbH ihre Geschäftsanteile auf die KG übertragen oder die KG muss eine Ein-Mann-GmbH gründen, die ihr dann als Komplementärin beitritt. Der Vorteil der Einheits-GmbH & Co KG liegt darin, dass, wie in der beteiligungsidentischen GmbH & Co KG, die Kommanditisten die Entscheidungen über die Geschäftspolitik in der Hand haben. Da nur die KG an der GmbH beteiligt ist, ist die sogenannte **Verzahnungsproblematik**, die bei der beteiligungsidentischen GmbH & Co KG nur schwer zu erreichen ist, gelöst. Die Kommanditisten bestimmen das Geschehen in der KG und auf diesem Wege mittelbar auch das in der GmbH.

171 Die Einheits-GmbH & Co KG wirft aber im Bereich der Haftung der Kommanditisten sowie der Organisation der Gesellschaft Probleme auf, die es **zweifelhaft** erscheinen lassen, ob diese Form der GmbH & Co KG den Gesellschaftern wirklich empfohlen werden kann.

172 Die **Hafteinlage** des Kommanditisten kann nicht durch Übertragung eines etwa im Zuge der Gründung erhaltenen Geschäftsanteils an der GmbH geleistet werden (§ 172 Abs. 6 HGB). Denn anderenfalls würde das GmbH-Vermögen sowohl als Haftungspotential der Komplementärin wie auch der Kommanditisten dienen. Erbringt die KG für den Erhalt des Geschäftsanteils an der GmbH eine Gegenleistung, so gilt für die GmbH-Gesellschafter, die zugleich Kommanditisten sind, § 172 Abs. 4 HGB. Weiter greift u. U. § 30 GmbHG ein (oben → Rn. 40). Sofern die Geschäftsanteile der GmbH nicht voll eingezahlt sind, fragt es sich, ob die KG die Anteile überhaupt erwerben darf (§ 33 Abs. 1 GmbHG analog). Denn infolge des Erwerbs schuldet die KG die Auffüllung des Stammkapitals ihrer Komplementärin, was dazu führt, dass das Stammkapital der GmbH den Gläubigern der KG nicht als zusätzlicher Haftungsfonds zur Verfügung steht.[252] Gründet die KG die Komplementär-GmbH

---

[252] MünchKommHGB/*Grunewald* § 161 Rn. 96; siehe auch *Fleck* FS Semler 1993, 115, 120: Die Kommanditisten haften für die Resteinzahlungen, sofern diese nicht aus freiem Vermögen der KG erbracht werden können.

und wird das Stammkapital nicht aus Vermögen der KG erbracht, das die Hafteinlagen der Kommanditisten übersteigt („freies Vermögen" der KG), so haften nach Ansicht mancher die Kommanditisten der GmbH für die Resteinlage persönlich.[253] Dies lässt sich damit rechtfertigen, dass auch in diesem Fall das Stammkapital der GmbH den Gläubigern der KG nicht als zusätzlicher Haftungsfond zur Verfügung steht.

In der **Gesellschafterversammlung der KG** wird die GmbH wie üblich von ihren Geschäftsführern vertreten. Es empfiehlt sich aber, das Stimmrecht der GmbH auszuschließen, da hinter ihr keine nicht bereits durch die Kommanditisten repräsentierten Interessen stehen.[254]

Die **Gesellschafterversammlung der GmbH** besteht aus der KG, die von der GmbH, vertreten durch ihren Geschäftsführer, vertreten wird. Da somit in der Gesellschafterversammlung nur der Geschäftsführer anwesend ist, kann dieser die Kontrolle (Entlastung, Bestellung, Abberufung und Kündigung) über seine eigene Person nicht ausüben. Bei mehreren Geschäftsführern ist das Kontrollproblem insofern abgeschwächt, als eine Vertretung der KG durch die anderen Geschäftsführer möglich bleibt.[255] Es empfiehlt sich im Gesellschaftsvertrag der KG festzulegen, dass die Kommanditisten zur Wahrung der Rechte der KG in der GmbH unwiderruflich und unter Verdrängung der Vollmacht der Geschäftsführer bevollmächtigt werden.[256] Da die KG ihre Rechte nur einheitlich wahrnehmen kann,[257] muss sichergestellt werden, dass die Kommanditisten einheitlich auftreten. Dies wird dadurch erreicht, dass sie an das Ergebnis der Beschlussfassung in der KG gebunden werden. Eine solche Vertragsgestaltung ist einer Klausel im Gesellschaftsvertrag der GmbH, nach der die Gesellschafterversammlung der GmbH aus den Kommanditisten besteht, vorzuziehen. Denn eine solche Formulierung wird unter Hinweis auf den Grundsatz der Verbandssouveränität für problematisch gehalten.[258]

> **Formulierungsvorschlag für den KG-Vertrag:**
>
> Die Kommanditisten nehmen die Rechte der KG in der Gesellschafterversammlung der X-GmbH wahr. Sie werden hierzu unwiderruflich und unter Verdrängung der Vertretungsmacht der Geschäftsführer der X-GmbH als der Komplementärin der KG bevollmächtigt. Die Kommanditisten beschließen mit einer Mehrheit von X % – sofern Änderungen des Gesellschaftsvertrages der GmbH oder Verfügungen über Geschäftsanteile an der X-GmbH betroffen sind mit Y % – wie die KG ihre Rechte in der Gesellschafterversammlung der X-GmbH ausübt. Hieran sind die vertretenden Kommanditisten gebunden.

3. Die doppelstöckige GmbH & Co KG

Bei der doppelstöckigen GmbH & Co KG ist Komplementärin der KG wiederum eine GmbH & Co KG. Der Vorteil dieser Gesellschaftsform lag im Bereich der Gesellschaftssteuer und ist mit dieser entfallen.[259]

---

[253] Heymann/*Horn* § 161 Rn. 122; Sudhoff GmbH & Co. KG/*Liebscher* § 3 Rn. 13.
[254] Ohne einen solchen Ausschluss ruht das Stimmrecht nicht: BGH NJW 1993, 1265, 1267; MünchKommHGB/*Grunewald* § 161 Rn. 97.
[255] Siehe BGH ZIP 2007, 1658, 1659; OLG Hamburg GmbHRdsch 2013, 580.
[256] Scholz/*K. Schmidt* Anh. § 45 Rn. 59; zur Zulässigkeit MünchKommHGB/*Grunewald* § 161 Rn. 99; kritisch insoweit *Werner* DStR 2006, 706, 707.
[257] Siehe *Bahnsen* GmbHRdsch 2001, 186, 187.
[258] Baumbach/*Hopt* Anh. § 177a Rn. 32; Scholz/*K. Schmidt* Anh. § 45 Rn. 60; für zulässig gehalten von MünchKommHGB/*Grunewald* § 161 Rn. 99.
[259] Sudhoff GmbH & Co. KG/*Liebscher* § 3 Rn. 19.

Teil I. Konzernrecht

§ 20 Die GmbH im Konzern

Übersicht

	Rn.
I. Systematischer Überblick	1–28
1. Einführung	2
2. Grundbegriffe des Konzernrechts	3–28
a) Rechtliche Einordnung	3–23
b) Wirtschaftliche Einordnung	24–28
II. Unternehmensverträge	29–101
1. Abschluss von Unternehmensverträgen	31–45
a) Abschluss bei der Obergesellschaft/Mutterunternehmen	32–36
b) Abschluss bei der Untergesellschaft/Tochterunternehmen	37–45
2. Inhalt von Unternehmensverträgen	46–84
a) Beherrschungsvertrag	47
b) Ergebnisabführungsvertrag	48–71
c) Gewinngemeinschaft und Teilgewinnabführungsvertrag	72–74
d) Betriebspacht- und Betriebsüberlassungsverträge	75–84
3. Rechtsfolgen bei fehlerhaften Verträgen	85–87
a) Zivilrecht	85/86
b) Steuerrecht	87
4. Änderung und Beendigung von Unternehmensverträgen	88–100
a) Überblick	88
b) Vertragsänderung	89/90
c) Kündigung	91–94
d) Aufhebung	95–100
5. Internationale Unternehmensverträge	101
III. Schutz von Gesellschaftern im Konzern	102–142
1. Überblick	102
2. Entstehen eines faktischen Konzerns	103
3. Minderheitenschutz beim beherrschten Unternehmen	104–141
a) Schutz bei der Konzernbildung	105–121
b) Schutz bei bestehendem Konzern	122–138
c) Schutz der Gesellschafter des herrschenden Unternehmens	139–141
4. Besonderheiten beim internationalen Konzern	142
IV. Haftung der Muttergesellschaft	143–201
1. Überblick	143–148
2. Vertragliche Haftungsübernahme im Konzern	149–157
a) Schuldbeitritt und Bürgschaft	151
b) Patronatserklärung	152
c) Liquiditätszusage	157
3. Direkte Haftung	158–192
a) Haftung aus Spezialgesetzen	159–162
b) Haftung aus dem allgemeinen Deliktsrecht (existenzvernichtender Eingriff)	163–189
c) Haftung aus Culpa in Contrahendo	190–192
4. Haftung aus § 118 HGB analog	193–197
a) Vermögensvermischung	194
b) Sphärenvermischung	197
5. Besonderheiten bei internationalen Konzernen	198
a) Haftung ausländischer Muttergesellschaften	199
b) Haftung für ausländische Tochtergesellschaften	200
c) Deliktsrechtliche Ansprüche (insbes. existenzvernichtender Eingriff)	201
V. Abschluss von Austauschverträgen innerhalb von Konzernen	202–216
1. Vorüberlegungen	2002–205
2. Verrechnungspreise	206
a) Zivilrecht	207/208
b) Steuerrecht	209–218

	Rn.
VI. Arbeitsrechtliche Aspekte des Konzerns	219–229
1. Überblick	219
2. Kündigungsschutz	220–221
3. Mitbestimmung	222–226
a) Konzernbetriebsrat	223
b) Mitbestimmung im Aufsichtsrat	225/226
4. Betriebsrentenrecht	227–229
VII. „Cash Pooling" im Konzern	230–232
1. Grundlegendes zum „Cash Pooling"	230
2. Bisherige Rechtsprechung	231
3. Rechtslage seit Inkrafttreten des MoMiG	232
VIII. Hinweise zur Rechnungslegung im Konzern	233–246
1. Überblick	233
2. Zweck der Konzernrechnungslegung	234
3. Pflicht zur Konzernrechnungslegung	235–243
a) Aktuelle Rechtslage	235–242
b) Änderungen durch das BilMoG	243
4. Konzernabschluss nach deutschem Recht	244–245
a) Aktuelle Rechtslage	244
b) Änderungen durch das BilMoG	245
5. Konzernabschluss nach internationalen Grundsätzen	246

Schrifttum: *Altmeppen,* Ausfall- und Verhaltenshaftung des Mitgesellschafters in der GmbH, ZIP 2002, 961; *ders.,* Schutz vor europäischen Kapitalgesellschaften, NJW 2004, 97; *ders.,* Zur vorsätzlichen Gläubigerschädigung, Existenzvernichtung und Unterkapitalisierung, ZIP 2008, 1201; *Ammelung/Kaeser,* Cash-Management-Systeme in Konzernen, DStR 2003, 655; *Baudenbacher/Buschle,* Niederlassungsfreiheit für EWR-Gesellschaften nach Überseering, IPRax 2004, 26; *Bayer,* Die EuGH-Entscheidung „Inspire Art" und die deutsche GmbH im Wettbewerb der europäischen Rechtsordnungen, BB 2003, 2357; *Bayer/Graff,* Das neue Eigenkapitalersatzrecht nach dem MoMiG, DStR 2006, 1654, 1655 ff.; *Behrens,* Das Internationale Gesellschaftsrecht nach dem Überseering-Urteil des EuGH und den Schlussanträgen zu Inspire Art, IPRax 2003, 193; *Binz/Mayer,* Die ausländische Kapitalgesellschaft & Co. KG im Aufwind?, GmbHR 2003, 249; *Bungert,* Festschreibung der ungeschriebenen „Holzmüller"-Hauptversammlungszuständigkeiten bei der Aktiengesellschaft, BB 2004, 1345; *Chan,* Durchgriffshaftung-Kapitalersetzung, ZGR 2003, 298; *Drygala,* Abschied vom qualifizierten faktischen Konzern – oder Konzernrecht für alle?, GmbHR 2003, 729; *Dzida/Schramm,* Versetzungsklauseln: mehr Flexibilität für den Arbeitgeber, mehr Kündigungsschutz für den Arbeitnehmer, BB 2007, 1221; *Fleischer/Empt,* Gesellschaftsrechtliche Durchgriffs- und Konzernhaftung und öffentlich-rechtliche Altlastenverantwortlichkeit, ZIP 2000, 905; *Fuhrmann,* „Gelatine" und die Holzmüller-Doktrin: Ende einer juristischen Irrfahrt?, AG 2004, 339; *Gehrlein,* Die Existenzvernichtungshaftung im Wandel der Rechtsprechung, WM 2008, 761; *Giese/Rabenhorst/Schindler,* Erleichterungen bei der Rechnungslegung, Prüfung und Offenlegung von Konzerngesellschaften, BB 2001, 511; *Groß/Sonnenhol,* Besicherung von Krediten an Konzernunternehmen, GmbHR 1995, 561; *Haase,* Probleme der Organschaft nach grenzüberschreitender Anwachsung im Konzern – Europarechtswidrigkeit des § 18 KStG, IStR 2006, 855; *Hamann,* NZI 2008, 667; *Henze,* Gesichtspunkte des Kapitalerhaltungsgebotes und seiner Ergänzung im Kapitalgesellschaftsrecht in der Rechtsprechung des BGH, NZG 2003, 649; *Hucke/Schröder,* Umwelthaftung von Konzernen, DB 1998, 2205; *Joussen,* Die Kündigung von Beherrschungsverträgen bei Anteilsveräußerung, GmbHR 2000, 221; *Kallmeyer,* Beendigung von Beherrschungs- und Gewinnabführungsverträgen, GmbHR 1995, 578; *Kiethe,* Haftungs- und Ausfallrisiken beim Cash Pooling, DStR 2005, 1573; *Klinck/Gärtner,* Versetzt das MoMiG dem Cash-Pooling den Todesstoß?, NZI 2008, 457; *Koerfer/Selzner,* Minderheitenschutz beim Abschluss von GmbH-Beherrschungsverträgen, GmbHR 1997, 285; *Meyer,* Bilanzrechtsmodernisierungsgesetz (BilMoG) – die wesentlichen Änderungen nach dem Referentenentwurf, DStR 2007, 2227; *Meyer,* Bilanzrechtsmodernisierungsgesetz (BilMoG) – die wesentlichen Änderungen im Regierungsentwurf, DStR 2008, 1153; *Mues,* Gewinnabführungs- und Beherrschungsverträge mit einer hauptverpflichteten GmbH aus handels- und steuerrechtlicher Sicht, RNotZ 2005, 1; *Paefgen,* Sittenwidrige Schädigung; Existenzvernichtungshaftung, DB 2007, 1907; *Röhricht,* Die GmbH im Spannungsfeld zwischen wirtschaftlicher Dispositionsfreiheit ihrer Gesellschafter und Gläubigerschutz, Festschrift *50 Jahre Bundesgerichtshof,* 2000, Bd. I, S. 83; *Römermann/Schröder,* Aufgabe des qualifiziert faktischen Konzerns, GmbHR 2001, 1015; *Schiffers,* Rechnungslegung für die mittelständische GmbH? Entscheidungshilfe für eine freiwillige Umstellung der Rechnungslegung, GmbHStB 2006, 228; *Schlögell,* Die Beendigung von Unternehmensverträgen im GmbH-Konzern, GmbHR 1995, 401; *K. Schmidt,* GmbH-Reform auf Kosten der Geschäftsführer?, GmbHR 2008, 449; *Strohn,* Existenzvernichtungshaftung – Vermögensvermischungshaftung – Durchgriffshaftung, ZInsO 2008, 706; *Timm/Geuting,* Gesellschafterbeteiligung bei der Aufhebung von Beherrschungs- und Gewinnabführungsverträgen im „einheitlichen" GmbH-Konzern, GmbHR 1996, 229; *Seibert,* GmbH-Reform: Der Referentenentwurf eines Gesetzes zur Modernisierung des GmbH-Rechts und zur Bekämpfung von Missbräuchen – MoMiG, ZIP 2006, 1157; *Velte,* Der Regierungsentwurf für ein Bilanzrechtsmodernisierungsgesetz, Steuern und Bilanzen 2008, 411; *Wagner,* Der

Regierungsentwurf eines Gesetzes zum Internationalen Privatrecht für außervertragliche Schuldverhältnisse und für Sachen, IPRax 1998, 429, 432; *Walter*, Organschaft und Mindestlaufzeit des Ergebnisabführungsvertrages, GmbHR 1995, 649; *Weber/Sieber*, „Gamma" – Neues zur Existenzvernichtungshaftung und zum Durchgriff wegen materieller Unterkapitalisierung, ZInsO 2008, 952; *Weller*, Die Neuausrichtung der Existenzvernichtungshaftung durch den BGH und ihre Implikationen für die Praxis, ZIP 2007, 1681; *Wiedemann/ Hermanns*, Liquiditätszusagen des GmbH-Gesellschafters, ZIP 1994, 997; *Wilhelm*, Die Beendigung des Beherrschungs- und Gewinnabführungsvertrags, 1976; *Winter*, Der BGH und das Cash Pooling: Alles nur ein Missverständnis?, NJW-Spezial, 2006, 267.

I. Systematischer Überblick

1. Einführung

Sobald die GmbH nicht mehr als einzelnes Unternehmen im Wirtschaftsleben auftritt, sondern im Verbund mit anderen Unternehmen agiert, sieht sich der Berater mit den Fragen des sog. Konzernrechts konfrontiert. Das Konzernrecht ist für die GmbH nicht explizit kodifiziert. Teilweise kann insoweit auf die Regelungen des Aktiengesetzes zurückgegriffen werden. Eine Gesamtanalogie der aktienrechtlichen Vorschriften wird jedoch wegen der Strukturunterschiede zwischen GmbH und AG abgelehnt.[1] 1

Im Folgenden werden zunächst wirtschaftliche und rechtliche **Grundbegriffe** des Konzernrechts dargestellt (2.). Im Anschluss daran finden sich Darstellungen zu den für den Berater besonders relevanten Mandatssituationen. Dabei geht es zunächst um die Gestaltung von Unternehmensverträgen sowie deren Änderung und Beendigung (II.) Darüber hinaus spielt die Beratung von Gesellschaftern im Zusammenhang mit Konzernsachverhalten in der Praxis eine erhebliche Rolle (III.). Weiterhin ist auf die Haftung der einzelnen Konzernunternehmen, insbesondere der Muttergesellschaft, einzugehen (IV.). Weitere Besonderheiten ergeben sich bei dem Abschluss von Austauschverträgen innerhalb von Konzernen (V.). Zuletzt finden sich bei Konzernsachverhalten auch Besonderheiten in den Bereichen Arbeitsrecht (VI.) und Rechnungslegung (VIII.). Zudem ist auf die im Konzern bedeutsamen Cash Pooling-Systeme (VII.) einzugehen. Steuerrechtliche Fragen werden in erster Linie im Zusammenhang mit den Unternehmensverträgen sowie den Austauschverträgen angesprochen; hier ist stets zwischen zivilrechtlicher Wirksamkeit und steuerrechtlicher Anerkennung zu unterscheiden. 2

2. Grundbegriffe des Konzernrechts

a) **Rechtliche Einordnung.** Das GmbHG regelt nur den rechtlichen Rahmen der wirtschaftlich selbstständigen GmbH. In der Realität sind jedoch viele GmbHs in **Unternehmensverbindungen** integriert, die mit dem Schlagwort des „Konzerns" beschrieben werden. Rechtsquellen des Konzernrechts sind die §§ 15 ff., 291 ff. AktG. Wesentliche Begriffsbestimmungen finden sich dabei in den §§ 15 ff. AktG. Diese Vorschriften sind reine **Definitionsnormen** und begründen daher keine unmittelbaren Rechtsfolgen. 3

In rechtlicher Hinsicht sind zwei Konzernformen zu unterscheiden: Der **Vertragskonzern und der faktische Konzern.** Während sich die Eigenschaft als Konzern bei ersterem aus den zwischen den beteiligten Unternehmen geschlossenen Verträgen (sog. Unternehmensverträge) ergibt, begründet bei letzterem allein die wirtschaftliche Abhängigkeit die Eigenschaft als Konzern. Eine solche wirtschaftliche Abhängigkeit liegt vor, wenn es sich bei den Beteiligten 4

- um Unternehmen handelt und
- diese Unternehmen verbunden sind.

aa) **Unternehmen.** Der **Begriff des Unternehmens** dient im Rahmen des Konzernrechts zur Abgrenzung des Anwendungsbereiches, da nur Verbindungen von Unternehmen dem Konzernrecht unterfallen können.[2] Dabei ist die Unternehmenseigenschaft des abhängigen 5

---

[1] Scholz/*Emmerich* Anh. Konzernrecht Rn. 12.
[2] Scholz/*Emmerich* Anh. Konzernrecht Rn. 14a.

Unternehmens nur sehr selten zweifelhaft.³ Bei dem abhängigen Unternehmen wird es sich regelmäßig um eine GmbH handeln. Nähere Ausführungen zu diesem Thema erübrigen sich in einem solchen Fall.⁴

6 Die Diskussion beschränkt sich also im Wesentlichen auf die Unternehmenseigenschaft des herrschenden Unternehmens. Hier ist für die Zwecke des Konzernrechts unter einem Unternehmen jeder Gesellschafter zu verstehen, der neben einer Beteiligung an der abhängigen Gesellschaft eine anderweitige wirtschaftliche Interessenbindung mit dieser aufweist, die nach Art und Umfang die ernsthafte Sorge zu begründen geeignet ist, er könne wegen dieser Interessenbindung seinen Einfluss zum Nachteil der Gesellschaft ausüben.⁵ Folgt die Interessenbindung aus der Beteiligung an einer anderen Gesellschaft, so liegt die Besorgnis einer Ausübung des Einflusses zum Nachteil der Gesellschaft dann vor, wenn die Beteiligung maßgeblich ist.⁶ Maßgeblich ist die Beteiligung, wenn die Möglichkeit besteht, auf das Unternehmen bestimmenden Einfluss auszuüben.⁷ Ein bestimmender Einfluss zeichnet sich dadurch aus, dass er beständig und umfassend und gesellschaftsrechtlich vermittelt ist.⁸ Grundsätzlich ist dies bei Mehrheitsbeteiligungen anzunehmen. Es kann aber auch eine unter 50% liegende Beteiligung im Zusammenspiel mit weiteren verlässlichen Umständen rechtlicher oder tatsächlicher Art zu einer bestimmenden Einflussnahme führen, z. B. wenn die Hauptversammlungen einer Aktiengesellschaft erfahrungsgemäß so besucht sind, dass die Beteiligung regelmäßig ausreicht, um für einen längeren Zeitraum Beschlüsse mit einfacher Mehrheit durchzusetzen.⁹

7 Der Unternehmensbegriff knüpft nicht an die Rechtsform an. Folglich kann auch eine Privatperson ein „Unternehmen" im Sinne des Konzernrechts sein,¹⁰ wobei die anderweitige wirtschaftliche Interessenbindung der Privatperson aus jeder selbstständigen wirtschaftlichen Tätigkeit einschließlich einer freiberuflichen folgen kann.¹¹

Umgekehrt hat auch die Eigenschaft als Formkaufmann nach § 6 Abs. 2 HGB als solche keine Bedeutung für die Bestimmung der Unternehmenseigenschaft im Sinne des Konzernrechts.¹² Die Bestimmung des § 6 Abs. 2 HGB dient nur der Bestimmung des Anwendungsbereiches des allgemeinen Handelsrechts. Daraus kann nicht auf die Anwendung konzernrechtlicher Regelungen geschlossen werden. Unternehmenseigenschaft im Sinne des Konzernrechts besitzt insbesondere auch die öffentliche Hand.¹³ In diesem Zusammenhang stellt sich eine ganze Reihe von spezifischen Rechtsfragen, die aus dem Zusammenwirken von Kommunalverfassungsrecht und Gesellschaftsrecht resultieren.¹⁴

8 **Unternehmen** im Sinne des Konzernrechts kann damit sein:
- Jede natürliche Person
- Gesellschaft bürgerlichen Rechts (GbR)
- Personenhandelsgesellschaft (OHG, KG) und Partnerschaftsgesellschaft
- Kapitalgesellschaft (GmbH – auch als UG [haftungsbeschränkt], AG)
- Öffentlich-rechtliche Körperschaften (z. B. Gemeinden)
- Ausländische natürliche Personen oder Kapitalgesellschaften, soweit sie vom deutschen Recht als solche anerkannt werden.

---

³ Scholz/*Emmerich* Anh. Konzernrecht Rn. 14.
⁴ Vgl. dazu Emmerich/Habersack/*Emmerich* § 15 Rn. 24 f.; *Hüffer* § 15 Rn. 14.
⁵ BGHZ 69, 334, 336 ff. = NJW 1978, 104 – VEBA/Gelsenberg; BGHZ 74, 359, 364 f. = NJW 1979, 2401 – WAZ; BGHZ 80, 69, 72 = NJW 1981, 1512 – Süssen; BGHZ 95, 330, 337 = NJW 1986, 188 – Autokran; BGHZ 135, 107, 113 = NJW 1997, 1855 – Volkswagen; BGHZ 148, 123, 125 = NJW 2001, 2973, 2974 – MLP; *Hüffer* § 15 Rn. 8; MünchKommAktG/*Bayer* § 15 Rn. 13.
⁶ BGHZ 148, 123, 125 = BGH NJW 2001, 2973, 2974 – MLP.
⁷ BGHZ 148, 123, 125 = BGH NJW 2001, 2973, 2974 – MLP; Scholz/*Emmerich* Anh. Konzernrecht Rn. 16.
⁸ BGHZ 136, 107, 114 = NJW 1997, 1855, 1856 – VW AG.
⁹ BGHZ 136, 107, 114 = NJW 1997, 1855, 1856 – VW AG.
¹⁰ BGH NJW 1996, 1283, 1284; BGH NJW 1997, 943, 944; BAG NJW 1996, 2884; OLG Köln BB 1997, 169, 170.
¹¹ Scholz/*Emmerich* Anh. Konzernrecht Rn. 15.
¹² *Hüffer* § 15 Rn. 11.
¹³ Vgl. dazu *Hüffer* § 15 Rn. 13 f.
¹⁴ Vgl. dazu *Gratzel* NJW 1995, 373.

Die Rechtsform der GmbH eignet sich in der Praxis besonders gut für eine Tochtergesellschaft im Rahmen eines Konzerns. Zum einen gewährleistet die GmbH die grundsätzliche Beschränkung der Haftung auf das Gesellschaftsvermögen, zum anderen eröffnet das GmbH-Recht eine wesentlich weitergehende Kontrolle durch die Muttergesellschaft als etwa eine Aktiengesellschaft. Der Geschäftsführer einer GmbH ist grundsätzlich den Weisungen der Gesellschafter unterworfen. Dies ermöglicht im Konzern eine sehr **weitgehende Einflussnahme der Muttergesellschaft** auf die Geschäftspolitik der abhängigen GmbH.

bb) Unternehmensverbindung. Weitere Voraussetzung für die Anwendbarkeit des Konzernrechts ist das Vorliegen einer **Unternehmensverbindung**. Der Begriff ist in den §§ 15 ff. AktG definiert. Diese Definitionen gelten uneingeschränkt auch für das GmbH-Konzernrecht.[15] Das Aktienrecht kennt fünf Gruppen von Unternehmensverbindungen:

Arten von Unternehmensverbindungen:
- Mehrheitsbeteiligungen (§ 16 AktG)
- Beherrschung (§ 17 AktG)
- Konzernierung (§ 18 AktG)
- Wechselseitige Beteiligung (§ 19 AktG)
- Verbindung durch Unternehmensvertrag (§§ 291, 292 AktG)

Überschneidungen kommen in der Praxis vor, sind aber rechtlich unerheblich.[16] Für die Anwendbarkeit des Konzernrechts kommt es ausschließlich darauf an, dass eine der nachfolgend genannten Unternehmensverbindungen vorliegt.

(1) Mehrheitsbeteiligung (§ 16 AktG). Eine **Mehrheitsbeteiligung** liegt vor, wenn ein Unternehmen:
- die Mehrheit der Anteile oder
- die Mehrheit der Stimmrechte

an einem anderen Unternehmen hält.[17]

Die Mehrheit der Anteile berechnet sich dabei gemäß § 16 Abs. 2 S. 1 AktG nach dem **Verhältnis des gehaltenen Nennbetrages zum Gesamtnennbetrag** des Stammkapitals. Unerheblich ist, ob den Anteilen ein Stimmrecht zusteht oder ob sie in voller Höhe eingezahlt sind.[18] Eigene Anteile der Gesellschaft sowie Anteile, die von einem anderen für Rechnung des Unternehmens gehalten werden, sind vom Nennkapital abzuziehen (§ 16 Abs. 2 S. 2 AktG). Dem herrschenden Unternehmen sind Anteile, die von anderen von ihm abhängigen Unternehmen gehalten werden, nach § 16 Abs. 4 AktG zuzurechnen.

Ergibt sich nach dieser Betrachtung keine Mehrheitsbeteiligung, so kann diese auch daraus folgen, dass der herrschenden Gesellschaft eine **Mehrheit der Stimmrechte** zusteht. Im Gegensatz zum Aktienrecht ist die Einräumung von Mehrfachstimmrechten bei der GmbH grundsätzlich zulässig.[19] Ebenso kann die Satzung stimmrechtslose Anteile vorsehen.[20] In diesen Fällen bestimmt sich die Frage des Vorliegens einer Mehrheitsbeteiligung nach der Mehrheit der Stimmen unter Berücksichtigung der Mehrfachstimmen bzw. der stimmrechtslosen Geschäftsanteile.

(2) Beherrschung (§ 17 AktG). Eine **Beherrschung** liegt vor, wenn ein anderes Unternehmen über Mittel verfügt, die es ihm ermöglichen, das Unternehmen seinem Willen zu unterwerfen und diesen Willen auch durchzusetzen.[21] Wenn die Mehrheit der Anteile einem Unternehmen zusteht, wird die Beherrschung nach § 17 Abs. 2 AktG vermutet.

---

[15] Scholz/*Emmerich* Anh. Konzernrecht Rn. 12.
[16] *Hüffer* § 15 Rn. 16.
[17] HK-GmbHR/*Fichtelmann* Konzernrecht Rn. 22 ff.
[18] HK-GmbHR/*Fichtelmann* Konzernrecht Rn. 23.
[19] Baumbach/Hueck/*Zöllner* § 47 Rn. 68.
[20] Bekanntes Beispiel in der Praxis ist die Bosch GmbH, bei der 90% des Stammkapitals stimmrechtslos gestellt sind; vgl. Baumbach/Hueck/*Zöllner* § 47 Rn. 70.
[21] So schon RGZ 167, 40, 49.

14 Die **Möglichkeit der Einflussnahme** ist ausreichend. Es kommt nicht darauf an, dass das herrschende Unternehmen von diesem Einfluss tatsächlich Gebrauch macht.[22] Entscheidend ist darüber hinaus, dass die Einflussmöglichkeit gesellschaftsrechtlich vermittelt ist.[23] Eine wirtschaftliche Abhängigkeit, die auf einer Kredit- oder Lieferbeziehung beruht, genügt nicht.[24]

15 *(3) Konzernierung (§ 18 AktG).* Ein Fall der Konzernierung liegt vor, wenn
- sich zwei Unternehmen einer einheitlichen Leitung unterstellen (sog. **Unterordnungskonzern**) oder
- zwei Unternehmen unter einheitlicher Leitung zusammengefasst sind, ohne dass ein Unternehmen von dem anderen abhängig ist (sog. **Gleichordnungskonzern**).

Das entscheidende Kriterium für das Vorliegen eines Konzerns im Sinne des § 18 AktG ist also die einheitliche Leitung. Welche Anforderungen an den Begriff der einheitlichen Leitung zu stellen sind, ist im Einzelnen umstritten.[25] Dabei wird ein weiter und ein enger Konzernbegriff unterschieden.[26] Während der enge Konzernbegriff den Konzern als wirtschaftliche Einheit sieht,[27] geht der weite Konzernbegriff darüber hinaus, indem er eine einheitliche Leitung in wenigstens einem wesentlichen Bereich unternehmerischer Tätigkeit ausreichen lässt. Einigkeit besteht darin, dass jedenfalls die verbundweite Koordination des Finanzbereiches für eine einheitliche Leitung ausreichend ist.[28]

16 Vorzugswürdig erscheint das Verständnis des **engen Konzernbegriffs.** Nur wenn der Konzern als wirtschaftliche Einheit auftritt, ist es gerechtfertigt, die Erstellung eines Jahresabschlusses zu fordern, der nach Maßgabe der §§ 290 ff. HGB den Konzern in seinen Außenbeziehungen darstellt. Auch die einzelnen Haftungstatbestände des Konzernrechts sind lediglich vor dem Hintergrund zu rechtfertigen, dass der Konzern eine wirtschaftliche Einheit darstellt, in der die rechtlich bestehenden Abgrenzungen zwischen den einzelnen Unternehmen teilweise faktisch übergangen werden. Für die Praxis sollte die Bedeutung des Konzernbegriffs gleichwohl nicht überschätzt werden. Es wird praktisch kaum ein Unternehmensverbund vorkommen, in dem nicht der Finanzbereich zwischen den einzelnen Unternehmen koordiniert wird. In diesem Falle liegt nach allen Auffassungen eine einheitliche Leitung im Sinne des § 18 AktG vor.

17 In der Praxis ist der Unterordnungskonzern der Regelfall, während der Gleichordnungskonzern eine Ausnahme darstellt. Auf den Gleichordnungskonzern kann das Kartellverbot nach Art. 101 AEUV EG, § 1 GWB anwendbar sein.[29] Darüber hinaus können auch die Vorschriften über die Fusionskontrolle Anwendung finden.[30]

18 *(4) Wechselseitige Beteiligung (§ 19 AktG).* Wechselseitig beteiligt sind zwei Unternehmen, wenn es sich um Kapitalgesellschaften handelt, die zu mehr als 25% an der jeweils anderen Gesellschaft beteiligt sind.[31] Das Gesetz unterscheidet dabei zwischen den einfachen wechselseitigen Beteiligungen nach § 19 Abs. 1 AktG und den qualifizierten Beteiligungen nach § 19 Abs. 2 und 3 AktG.[32]

19 *(5) Verbindung durch Unternehmensvertrag (§§ 291, 292 AktG).* Unabhängig von den vorstehend dargestellten Beteiligungsverhältnissen liegt eine Unternehmensverbindung in jedem Fall bei **Existenz eines Unternehmensvertrages im Sinne der §§ 291, 292 AktG** vor, vgl. dazu unten Rn. 25 ff. Ein Konzernsachverhalt kann anhand folgender Checkliste festgestellt werden.

---

[22] BGHZ 62, 193, 201 = NJW 1974, 855 – Seitz; *Hüffer* § 17 Rn. 4.
[23] *Hüffer* § 17 Rn. 8.
[24] BGHZ 90, 381, 395, 396 = NJW 1984, 1893 – BuM/WestLB; *Hüffer* § 17 Rn. 8; *Ulmer* ZGR 1978, 457, 465 ff.
[25] HK-GmbHR/*Fichtelmann* Konzernrecht Rn. 39 m. w. N.
[26] Zum Meinungsstand *Hüffer* § 18 Rn. 9 ff.
[27] Emmerich/Habersack/*Emmerich* § 18 Rn. 10 ff.
[28] *Hüffer* § 18 Rn. 9.
[29] Vgl. dazu Langen/Bunte/*Bunte* § 1 Rn. 253.
[30] Vgl. dazu BGH ZIP 1999, 331.
[31] Vgl. dazu Scholz/*Emmerich* Anh. Konzernrecht Rn. 34.
[32] Ausführlich Emmerich/Habersack/*Emmerich* § 19 Rn. 12 ff.

§ 20 Die GmbH im Konzern

Checkliste: Anwendbarkeit des Konzernrechts bei einer GmbH als abhängiges Unternehmen 20

- ☐ (potentielle) Obergesellschaft ist Unternehmen im Sinne des Konzernrechts
  - natürliche Person
  - Gesellschaft bürgerlichen Rechts (GbR)
  - Personenhandelsgesellschaft oder Partnerschaftsgesellschaft
  - Kapitalgesellschaft
  - Öffentlich-rechtliche Körperschaft
- ☐ Unternehmensverbindung
  - Unternehmensvertrag nach den §§ 291, 292 AktG
  - Mehrheitsbeteiligung nach § 16 AktG
  - Sonstige Beherrschung nach § 17 AktG
  - Unterordnungskonzern nach § 18 Abs. 1 AktG
  - Qualifizierte wechselseitige Beteiligung nach § 19 Abs. 2 und 3 AktG
- ☐ Rechtsfolge: Anwendung der Grundsätze über den Vertragskonzern bzw. den faktischen Konzern, insbes. der Schutzvorschriften zugunsten von Gesellschaftern, Gläubigern und Arbeitnehmern.

Innerhalb der **faktischen Konzerne** sind (einfache) faktische Konzerne von den sog. qualifiziert faktischen Konzernen zu unterscheiden. Bei einem einfachen faktischen Konzern ist das herrschende Unternehmen zum Ausgleich einzelner für das abhängige Unternehmen entstehender Nachteile verpflichtet. Demgegenüber ist beim qualifiziert faktischen Konzern eine solche allgemeine Interessenvermischung zwischen herrschendem und abhängigem Unternehmen gegeben, dass Nachteile für das abhängige Unternehmen nicht mehr individualisiert werden können. Die praktisch wichtigste Rechtsfolge der Annahme eines qualifiziert faktischen Konzerns ist die Anwendbarkeit der Ausgleichregelungen nach den §§ 303, 302 AktG analog auch ohne das Bestehen eines Unternehmensvertrages. 21

Der qualifiziert faktische Konzern ist ein **Konstrukt der Rechtsprechung,** welches nicht abschließend in seinen Konturen festgelegt wurde.[33] Jedenfalls sollte bei dem Vorliegen bestimmter – qualifizierender – Voraussetzungen auch ohne das Vorliegen von Unternehmensverträgen das Vertragskonzernrecht anwendbar sein. Ausgangspunkt der Entwicklung in der Rechtsprechung war die sog. **Autokran-Entscheidung** aus dem Jahre 1985.[34] In seiner Entscheidung leitete der BGH aus der Vermögenslosigkeit der abhängigen Gesellschaft eine Vermutung für die nicht ordnungsgemäße Geschäftsführung durch die herrschende Gesellschaft ab. Diese Position wurde zunächst bestätigt,[35] bis sie in der „Video"-Entscheidung[36] übersteigert und in der „TBB"-Entscheidung[37] wieder etwas zurückgeführt wurde. Anstatt den Weg einer sachgerechten Fortentwicklung der Konzernhaftung weiter zu verfolgen, wurde dieser Ansatz – vermutlich auch als Spätfolge der zum „Video"-Urteil geäußerten Kritik – schließlich komplett aufgegeben. Die **Bremer Vulkan-Entscheidung** des BGH aus dem Jahre 2001[38] läutete einen Richtungswechsel in der Rechtsprechung ein. Der BGH hat in dieser Entscheidung die Rechtsprechungslinie zur Haftung aus dem qualifiziert faktischen Konzern bereits verlassen, wie er ausdrücklich in einem späteren Urteil bestätigte.[39] Statt dessen befürwortete er für Fälle, in denen zuvor wegen der Annahme eines qualifiziert fakti- 22

---

[33] Zur Entwicklung eingehend Scholz/*Emmerich* § 13 Rn. 152 ff.; *Römermann/Schröder* GmbHR 2001, 1015, 1016.
[34] BGHZ 95, 330 = GmbHR 1986, 78.
[35] Vgl. BGHZ 107, 7 – Tiefbau.
[36] BGHZ 115, 187 – Video.
[37] BGHZ 122, 123 = GmbHR 1993, 283.
[38] BGH GmbHR 2001, 1036 – Bremer Vulkan.
[39] BGH NJW 2002, 1803, 1805 – L. Kosmetik. Vgl. dazu auch *Drygala* GmbHR 2003, 729 ff.; Baumbach/Hopt/*Hopt* HGB Rn. 105; Anm. *Römermann/Schröder* GmbHR 2001, 1015 ff. zu BGH GmbHR 2001, 1036 – Bremer Vulkan.

schen Konzerns die §§ 302, 303 AktG analog zur Anwendung gelangten, eine Durchgriffshaftung unter dem Gesichtspunkt des Missbrauchs der juristischen Person.[40] Inzwischen wurde auch dieses Konzept ausdrücklich aufgegeben und lediglich auf eine Existenzvernichtungshaftung des Gesellschafters in Gestalt einer schadensersatzrechtlichen Innenhaftung gegenüber der Gesellschaft nach § 826 BGB abgestellt.[41] Vorarbeiten zu dem zunächst ab „Bremer Vulkan" verfolgten Ansatz hatte der damalige Vorsitzende des II. Zivilsenats des BGH *Röhricht* geleistet.[42] Die dogmatische Fundierung blieb zunächst allerdings unklar, bis durch die Entscheidung „Trihotel"[43] nach Ausscheiden von *Röhricht* faktisch die Rechtsfigur des existenzvernichtenden Eingriffs aufgegeben wurde und stattdessen eine Orientierung an § 826 BGB erfolgte. An dem „existenzvernichtenden Eingriff" wird nur noch nach dem Wortlaut festgehalten. Darauf ist noch unten zurückzukommen (Rn. 159), da dies nach dem heute erreichten Stand der Rechtsprechung kein Thema des qualifiziert faktischen Konzerns mehr darstellt.

23 Die einzelnen Anforderungen an die Qualifikation des Konzerns sind noch nicht abschließend geklärt und gestalten sich derart uneinheitlich,[44] dass auf eine abstrakte Darstellung der qualifizierenden Voraussetzungen verzichtet werden muss. Einzelne Anforderungen für die Anwendbarkeit des Konzernrechts im Einzelfall werden im Zusammenhang mit den einzelnen Regelungen des Minderheiten- und Gläubigerschutzes in Konzernsachverhalten dargestellt. In der Praxis sind die faktischen Konzernverhältnisse weit häufiger anzutreffen als Vertragskonzerne.[45] Obwohl eine Gesamtanalogie des Aktienrechts für Regelungslücken allgemein abgelehnt wird,[46] gelten doch die wesentlichen Erkenntnisse der Rechtsprechung zum Aktienkonzern auch für den GmbH-Konzern. Der Konzern als solcher kann nicht Träger von Rechten und Pflichten sein.[47]

24 **b) Wirtschaftliche Einordnung.** Vor dem Zusammenschluss von Unternehmen zu einem Konzern ist stets die Frage des wirtschaftlich damit verfolgten Zieles zu beantworten. Darüber hinaus sind wirtschaftliche Überlegungen auch bei einem bestehenden Konzern laufend anzustellen, beispielsweise wenn zu überprüfen ist, ob eine Restrukturierung des Konzerns angebracht ist.

Dabei sind verschiedene **Ziele,** die im Rahmen **der Konzernbildung** verfolgt werden können, zu beachten. Diese Ziele können im Wesentlichen in drei Untergruppen eingeteilt werden:

- Unternehmerische Ziele
- Steuerrechtliche Ziele
- Publizitätspolitische Ziele

25 *aa) Unternehmerische Ziele.* Aus unternehmerischer Sicht verfolgt man mit der Bildung eines Konzerns in erster Linie das Ziel, die **Leitung der Unternehmensgruppe** zu regeln. Dabei sind zwei Aspekte zu unterscheiden: Zum einen dient die Organisation eines Konzerns der Abgrenzung von Verantwortlichkeiten innerhalb der Unternehmensgruppe, zum anderen ist auch bei der Gestaltung der Konzernverhältnisse bereits die Frage möglicher Haftungsrisiken für Verbindlichkeiten anderer Konzernunternehmen zu berücksichtigen.

26 Man kann mit Blick auf die Unternehmenspraxis im Wesentlichen drei verschiedene Typen von Konzernen unterscheiden:

- Stammhauskonzern
- Industrieholding-Konzern
- Finanzholding-Konzern

---

[40] BGHZ 151, 181, 183 – KBV; näher dazu *Drygala* GmbHR 2003, 729 ff.
[41] BGH BGHReport 2007, 1036, 1036 – Trihotel; BGH ZIP 2008, 1232 – Gamma.
[42] *Röhricht,* FS *50 Jahre BGH,* 2000, Bd. I, S. 83 ff.
[43] BGH BGHReport 2007, 1036, 1036 – Trihotel.
[44] Scholz/*Emmerich* Anh. Konzernrecht Rn. 65 ff.
[45] Scholz/*Emmerich* Anh. Konzernrecht Rn. 65.
[46] MünchHdBGesR III/*Decher* § 69 Rn. 6.
[47] Lutter/*Lutter/Trölitzsch,* Holding-Handbuch § 7 Rn. 3.

Dabei ist der **Stammhauskonzern** dadurch gekennzeichnet, dass eine zentrale Unternehmenseinheit auch das operative Geschäft wahrnimmt. Die Tochtergesellschaften innerhalb dieses Konzerns beschränken sich in der Regel auf einzelne Funktionen, wie etwa Einkauf, Vertrieb im Ausland oder Kapitalbeschaffung (z. B. Vertriebsgesellschaft). Der **Managementholdingkonzern** ist demgegenüber so strukturiert, dass die einzelnen Tochtergesellschaften das operative Geschäft selbst führen, während die Konzernleitung lediglich zentrale Aufgaben, wie etwa Finanzierung, Personalwesen u. Ä. wahrnimmt. Ein **Finanzholdingkonzern** ist ähnlich strukturiert wie ein Managementholdingkonzern. Allerdings beschränkt sich die Funktion der Konzernleitung in diesem Fall auf die Beschaffung von Finanzmitteln sowie das Controlling.

bb) Steuerrechtliche Ziele. Ein weiterer wesentlicher Grund für die Bildung von Konzernen und damit auch für den Abschluss von Unternehmensverträgen liegt in deren steuerrechtlicher Attraktivität begründet. Dies bezieht sich heute vor allem auf die Möglichkeit der **Begründung einer Organschaft** im Sinne des Steuerrechts. Die Organschaft gibt es im Körperschaftsteuer-, Umsatzsteuer- und Gewerbesteuerrecht, vgl. dazu unten Rn. 57 ff. Insbesondere die körperschaftsteuerliche Organschaft ist in der Praxis attraktiv, da sie es ermöglicht, Gewinne und Verluste der einzelnen Konzernunternehmen miteinander zu verrechnen.

cc) Publizitätspolitische Ziele. Zuletzt kann mit der Bildung eines Konzerns auch noch erreicht werden, dass möglicherweise hinsichtlich einer bisher bestehenden Unternehmensgruppe ein Konzernabschluss nicht mehr erforderlich ist, da ein sog. **befreiender Konzernabschluss** möglich ist. In diesem Falle entfallen Kosten für die Erstellung und die Prüfung dieses Abschlusses. Außerdem kann so eine unerwünschte Publizität eventuell vermieden werden.

II. Unternehmensverträge

Als Unternehmensverträge qualifizieren die §§ 291 f. AktG zum einen den Beherrschungs- und Gewinnabführungsvertrag (§ 291 AktG) und zum anderen die sog. anderen Unternehmensverträge (§ 292 AktG). Die **Vorschriften des AktG** über Unternehmensverträge sind auf den GmbH-Konzern **analog** anwendbar. Der Unterschied liegt in der rechtlichen Einordnung. Während der Beherrschungs- und Gewinnabführungsvertrag ein gesellschaftsrechtlicher Organisationsvertrag ist,[48] der schuldrechtliche Regelungen überlagert, handelt es sich bei den Verträgen nach § 292 AktG um schuldrechtliche Verträge.[49]

Übersicht: Recht der Unternehmensverträge, §§ 291 ff. AktG

Abschluss des Vertrages
- durch das Mutterunternehmen
- durch das Tochterunternehmen, §§ 293 ff. AktG

Inhalt/Wirksamkeit des Vertrages
- Schriftform
- Prüfung des Vertrages durch einen Vertragsprüfer, § 293b AktG
- Inhalt des Vertrages
    aa) Ergebnisabführungsvertrag, § 291 AktG
    bb) Andere Unternehmensverträge
        • Gewinngemeinschaft
        • Teilgewinnabführungsvertrag
        • Betriebspachtvertrag

Änderung und Beendigung von Unternehmensverträgen, §§ 295 ff. AktG

---

[48] BGHZ 103, 1, 4; 105, 324, 331; BayObLG WM 1988, 1229, 1231 f.
[49] *Henn*, Handbuch des Aktienrechts, Rn. 329 m. w. N.

1. Abschluss von Unternehmensverträgen

31 Ein Unternehmensvertrag wird zwischen der Ober- und der Untergesellschaft abgeschlossen (§§ 291, 292 AktG). Dabei ist die Rechtsform der **Obergesellschaft** nicht geregelt. In Betracht kommt hier grundsätzlich jede Rechtsform. In der Praxis üblich sind insoweit Aktiengesellschaften. Gesetzlich geregelt ist in den §§ 291, 292 AktG der Unternehmensvertrag mit einer AG oder KGaA als **Untergesellschaft**. Zulässig ist auch die GmbH als Untergesellschaft, ein in der Praxis häufig vorkommender Fall. In dieser Konstellation sind die Vorschriften der §§ 291 ff. AktG uneingeschränkt analog anzuwenden.

32 a) **Abschluss bei der Obergesellschaft/Mutterunternehmen.** Ist die GmbH als Obergesellschaft an einem Unternehmensvertrag beteiligt, so hat der Abschluss eines Unternehmensvertrages folgende Voraussetzungen:

Checkliste Abschluss eines Unternehmensvertrages durch die Obergesellschaft

☐ Zustimmungsbeschluss der Gesellschafterversammlung
☐ Mehrheitserfordernis?
• Aus der Satzung (nur wenn mehr als 75%)
• Mind. 75% der abgegebenen Stimmen (§ 293 Abs. 2 AktG analog)[50]

---

33 aa) *Beschlussfassung durch die Gesellschafterversammlung.* Nach Auffassung der Rechtsprechung bedarf der Abschluss eines Unternehmensvertrages auch bei der herrschenden Gesellschaft der **Zustimmung durch die Gesellschafter- bzw. Hauptversammlung**.[51] Die Gesellschafterversammlung muss einen formell ordnungsgemäßen Beschluss über die Zustimmung zum Abschluss des Unternehmensvertrages fassen. Eine notarielle Beurkundung des Beschlusses ist nicht erforderlich.[52] Dem Protokoll der Gesellschafterversammlung ist der Unternehmensvertrag beizufügen (§ 294 Abs. 1 AktG). Bereits bei der Gesellschafterversammlung ist den Gesellschaftern ein Unternehmensvertrag grundsätzlich in deutscher Sprache vorzulegen.[53] Zuvor müssen die Eckpunkte des Vertrages (Vertragspartner, Art des Vertrages, wesentlicher Vertragsinhalt) schon in die Einladung zur Versammlung aufgenommen werden, soweit sie nicht ohnehin sämtlichen Gesellschaftern bereits bekannt sind.[54] Die Frage nach dem Mehrheitserfordernis bestimmt sich in erster Linie nach der Satzung. Allerdings kann die Satzung für den Abschluss eines Unternehmensvertrages nach § 293 Abs. 2 AktG keine geringere Mehrheit als 75 % vorsehen.

34 bb) *Keine Eintragung in das Handelsregister.* Eine Eintragung des Unternehmensvertrages in das Register ist bei der herrschenden Gesellschaft nicht möglich.[55]

35 cc) *Formulierung des Beschlusses.* Auf die GmbH als Obergesellschaft ist das Formerfordernis des § 293 Abs. 2 AktG nicht anwendbar. Eine notarielle Beurkundung ist deshalb nicht erforderlich. Nach § 293 Abs. 3 AktG ist vielmehr die **einfache Schriftform** ausreichend.[56]

Bei einem Abschluss eines Unternehmensvertrages durch eine GmbH als Obergesellschaft könnte ein Gesellschafterbeschluss nach dem folgenden Muster formuliert werden:

---

[50] Emmerich/Habersack/*Emmerich* § 293 AktG Rn. 46.
[51] BGH GmbHR 1992, 253, 254 f. m. w. N.
[52] Lutter/Hommelhoff/*Lutter/Hommelhoff* Anh. § 13 Rn. 48; *Altmeppen* DB 1994, 1273, 1274; *Hoffmann-Becking* WiB 1994, 59.
[53] LG München I BB 2001, 1648.
[54] Michalski/*Römermann* § 51 Rn. 85.
[55] AG Erfurt GmbHR 1997, 75.
[56] Emmerich/Habersack/*Emmerich* § 293 AktG Rn. 41.

> Muster:
>
> Protokoll einer Gesellschafterversammlung der M-GmbH
> Datum: ......
> Ort: ......
> Teilnehmer: ......
> Wir sind die vollzähligen Gesellschafter der M-GmbH. Unter Verzicht auf die Einhaltung sämtlicher Vorschriften über Formen und Fristen der Einberufung treten wir hiermit zu einer Gesellschafterversammlung der M-GmbH zusammen und beschließen:
>
> Wir stimmen dem Beherrschungs- und Ergebnisabführungsvertrag zwischen der T-GmbH (beherrschte Gesellschaft) und der M-GmbH (herrschende Gesellschaft) vom ...... zu. Der Ergebnisabführungsvertrag ist uns inhaltlich bekannt und liegt dem Beschlussprotokoll bei.
> Das einstimmige Beschlussergebnis wird hiermit festgestellt.[57]
> Weitere Beschlussfassung steht nicht an. Die Gesellschafterversammlung wird hiermit geschlossen. ......, den ......
>
> ......
> Protokollführer

Wirksam wird der Vertrag erst mit Zustimmung der Gesellschafterversammlung der Untergesellschaft und der Eintragung in das Handelsregister dieser Gesellschaft.

b) Abschluss bei der Untergesellschaft/Tochterunternehmen. Wirtschaftlich noch einschneidender als für die Obergesellschaft ist der Abschluss eines Unternehmensvertrages regelmäßig auf der Ebene der Tochtergesellschaft. Im Folgenden werden Anforderungen an den Abschluss eines solchen Vertrages durch eine GmbH als Untergesellschaft dargestellt.

> **Checkliste: Abschluss eines Unternehmensvertrages durch die Tochtergesellschaft**
>
> 1. Abschluss des Unternehmensvertrages
> 2. Notarielle Beurkundung des Zustimmungsbeschlusses der Gesellschafterversammlung
> 3. Eintragung des Vertrages im Handelsregister

aa) Abschluss des Unternehmensvertrages. Abgeschlossen wird der Vertrag vom **Geschäftsführer** der GmbH.[58] Der Vertrag bedarf zumindest der Schriftform (§ 293 Abs. 3 AktG). Werden in dem Vertrag Umtausch- oder Abfindungsangebote für die Geschäftsanteile außenstehender Gesellschafter geregelt, so unterliegt der Vertrag wegen § 15 Abs. 4 GmbHG der notariellen Beurkundung.[59]

bb) Zustimmungsbeschluss der Gesellschafterversammlung. Der Vertrag wird **nur wirksam, wenn die Gesellschafterversammlung zustimmt**.[60] Dieser Beschluss bedarf nach § 53 Abs. 2 GmbHG der notariellen Beurkundung. Auf den Zustimmungsbeschluss findet § 47 Abs. 4 GmbHG nach h. M. keine Anwendung, so dass ein herrschendes Unternehmen an der Abstimmung teilnehmen darf.[61] Der BGH hat sich der h. M. angeschlossen.[62]

Die Frage, mit welcher **Mehrheit** die Gesellschafterversammlung dem Abschluss des Unternehmensvertrages zustimmen muss, ist in der Literatur umstritten und bis heute von der

---

[57] Die Formulierung entspricht der h. M., ist jedoch nach zutreffender Auffassung nicht erforderlich.
[58] Lutter/Hommelhoff/*Lutter/Hommelhoff* Anh. § 13 Rn. 37.
[59] Lutter/Hommelhoff/*Lutter/Hommelhoff* Anh. § 13 Rn. 37.
[60] BGHZ 105, 324, 332.
[61] Lutter/Hommelhoff/*Lutter/Hommelhoff* Anh. § 13 Rn. 38 m. w. N.; im Ergebnis zustimmend auch Michalski/*Römermann* § 47 Rn. 151.
[62] BGHZ 105, 324, 332; BGH GmbHR 1992, 254.

Rechtsprechung noch nicht entschieden.[63] Zum Teil wird angenommen, eine satzungsändernde Mehrheit (75%) reiche aus,[64] während andere die Auffassung vertreten, ein Beschluss könne nur einstimmig gefasst werden. Die derzeit h. M. geht von dem Erfordernis der Einstimmigkeit aus, so dass im Ergebnis jedem Gesellschafter ein Vetorecht gegen den Abschluss des Vertrages zusteht.[65]

41 Der BGH hat diese Frage bisher offengelassen. Allerdings führt die h. M. zu dem unerwünschten Ergebnis, dass sich ein einzelner Gesellschafter seine Zustimmung zu einem Unternehmensvertrag abkaufen lassen kann bzw. die Mehrheitsgesellschafter zu einem aufwändigen Verfahren bei der Überwindung von Widerständen gezwungen werden.[66]

42 Ein besonderer **Minderheitenschutz durch eine inhaltliche Beschlusskontrolle,** die für den Beschluss eine sachliche Rechtfertigung erforderlich macht, wie sie früher gefordert wurde,[67] ist in dieser Allgemeinheit vor dem Hintergrund des UmwG von 1994 nicht mehr erforderlich. Im UmwG hat sich der Gesetzgeber entschieden, strukturändernde Umwandlungen (wie z. B. Spaltung, Ausgliederung u. Ä.) ohne eine besondere Beschlusskontrolle zuzulassen.[68] Wenn dies aber für einschneidende Maßnahmen nach dem UmwG gelten soll, dann können im Rahmen der Zustimmung zu weniger weitgehenden Unternehmensverträgen keine höheren Anforderungen gestellt werden.[69] Im Ergebnis ist daher m. E. der Abschluss eines Unternehmensvertrages mit einer Mehrheit von 75% möglich. Die Gesellschafter können allerdings in der Satzung ein Einstimmigkeitserfordernis vorsehen.

Muster:

43 UR-Nr. ......
Verhandelt zu ......
am ......
Vor mir, dem unterzeichnenden Notar
......
mit dem Amtssitz in ...... erschienen heute:
1. der Geschäftsführer X, hier nicht handelnd für sich selbst, sondern als einzelvertretungsberechtigter und von den Beschränkungen des § 181 BGB befreiter Geschäftsführer der M-GmbH
2. der Kaufmann Z ......
Die Erschienenen baten um die Beurkundung des nachstehenden
Zustimmungsbeschlusses.
Die Erschienenen erklärten:
Wir sind die vollzähligen Gesellschafter der T-GmbH mit Sitz in ......
Wir treten hiermit unter Verzicht auf die Einhaltung der Vorschriften über Formen und Fristen der Einberufung zu einer Gesellschafterversammlung der T-GmbH zusammen und beschließen:
Dem Ergebnisabführungsvertrag zwischen der M-GmbH und der T-GmbH vom ...... wird zugestimmt. Der Ergebnisabführungsvertrag bildet eine Anlage zu dieser Urkunde, er wurde den Erschienenen vorgelesen.
Die Zustimmung der T-GmbH zu dem Ergebnisabführungsvertrag wird hiermit festgestellt.
Darüber hinaus verzichten sämtliche Gesellschafter auf eine Vertragsprüfung nach § 293b Aktiengesetz.
Die Kosten dieser Urkunde trägt die T-GmbH.
Weitere Beschlussfassung steht nicht an.
Vorstehende Verhandlung nebst Anlage wurde den Erschienenen im Beisein des Notars vorgelesen, von ihnen genehmigt und wie folgt eigenhändig unterschrieben:

---

[63] Zum Meinungsstand Lutter/Hommelhoff/*Lutter/Hommelhoff* Anh. § 13 Rn. 49 ff.
[64] Lutter/Hommelhoff/*Lutter/Hommelhoff* Anh. § 13 Rn. 52 f.; Roth/Altmeppen/*Altmeppen* Anh. § 13 Rn. 36, wobei Letzterer ein Stimmverbot für das herrschende Unternehmen annimmt.
[65] Baumbach/Hueck/*Zöllner*/*Beurskens* GmbH-KonzernR Rn. 55 m. w. N.; Scholz/*Priester* § 53 Rn. 171.
[66] Lutter/Hommelhoff/*Lutter/Hommelhoff* Anh. § 13 Rn. 52.
[67] So noch *Lutter/Hommelhoff*, 14. Aufl., Anh. § 13 Rn. 64.
[68] Lutter/Hommelhoff/*Lutter/Hommelhoff* Anh. § 13 Rn. 53.
[69] Wie hier: Lutter/Hommelhoff/*Lutter/Hommelhoff* Anh. § 13 Rn. 53.

cc) Eintragung im Handelsregister. Nach § 294 Abs. 2 AktG wird der Vertrag erst mit der **Eintragung im Handelsregister** wirksam. Die Eintragung hat also konstitutive Wirkung. Dabei ist jedoch zu beachten, dass für eine steuerrechtliche Anerkennung meist schon der Abschluss des Vertrages ausreichend ist, wenn die Eintragung im folgenden Wirtschaftsjahr vorgenommen wird.[70]

44

Muster: Anmeldung zum Handelsregister

Amtsgericht
– Handelsregister –
......
HRB ...... der T-GmbH
Zum Handelsregister der T-GmbH überreichen wir:
1. Ausfertigung der notariellen Urkunde über den Zustimmungsbeschluss der Gesellschafterversammlung der T-GmbH vom ...... (UR-Nr. ...... des Notars ...... mit Amtssitz in ......)
2. Beglaubigte Fotokopie des Ergebnisabführungsvertrages (Beherrschungs- und Ergebnisabführungsvertrages) zwischen der T-GmbH und der M-GmbH vom ......
3. Beglaubigte Fotokopie des Protokolls der Gesellschafterversammlung der M-GmbH vom ...... mit dem Zustimmungsbeschluss zu dem vorgenannten Ergebnisabführungsvertrag.
Wir melden den unter Nr. 2 bezeichneten Unternehmensvertrag zur Eintragung in das Handelsregister an ......, den ...... (Geschäftsführer)

45

2. Inhalt von Unternehmensverträgen

Das AktG kennt verschiedene Unternehmensverträge (§§ 291, 292 AktG):

46

Übersicht: Unternehmensverträge

Verträge nach § 291 AktG
- Beherrschungsvertrag
- Ergebnisabführungsvertrag

Andere Unternehmensverträge, § 292 AktG
- Gewinngemeinschaft
- Teilgewinnabführungsvertrag
- Betriebspachtvertrag

Von praktischer Relevanz sind von diesen Verträgen vor allem der Ergebnisabführungsvertrag, der vor allem bei Aktiengesellschaften regelmäßig, bei GmbHs seltener, mit einem Beherrschungsvertrag kombiniert wird, und der Betriebspachtvertrag.

a) Beherrschungsvertrag. Ein Beherrschungsvertrag ist ein Vertrag, durch den ein Unternehmen seine Geschäftsleitung einem anderen Unternehmen unterstellt.[71] Dem „reinen" Beherrschungsvertrag kommt in der Praxis gegenüber dem Ergebnisabführungsvertrag keine eigenständige Bedeutung zu;[72] die Regelung über die Unterstellung der Geschäftsleitung wird stets mit der Regelung der Ergebnisabführung verbunden. Die Beherrschung wird daher im Zusammenhang mit einem einheitlichen Ergebnisabführungsvertrag behandelt.

47

b) Ergebnisabführungsvertrag. Der Ergebnisabführungsvertrag wird auch als Beherrschungs- und Gewinnabführungsvertrag oder – in Anlehnung an die Terminologie des Steuerrechts – als Organschaftsvertrag bezeichnet. Die Bezugnahme auf die steuerrechtliche Terminologie macht deutlich, dass solche Verträge oft primär aus steuerlichen Gründen ab-

48

---

[70] Lutter/*Schaumburg*/*Jesse* Holding-Handbuch § 13 Rn. 277.
[71] Vgl. dazu im Einzelnen *Zöllner* ZGR 1992, 173, 176.
[72] *Kort* BB 1988, 79, 83.

geschlossen werden. Im Folgenden wird hier von dem Begriff Ergebnisabführungsvertrag ausgegangen, da dieser den materiellrechtlichen Inhalt des Vertrages am zutreffendsten wiedergibt.

49   *aa) Zivilrecht.* Ein Ergebnisabführungsvertrag ist zivilrechtlich auch ohne den gleichzeitigen Abschluss eines Beherrschungsvertrages zulässig.[73]

> **Checkliste: Gesellschaftsrechtliche Wirksamkeit eines Ergebnisabführungsvertrages**
> ☐ Schriftform
> ☐ Prüfung des Vertrages durch einen Wirtschaftsprüfer
> ☐ Inhalt des Vertrages

50   *(1) Schriftform.* Der Unternehmensvertrag bedarf mindestens der Schriftform.[74] Werden in dem Vertrag Geschäftsanteile außenstehender Gesellschafter abgefunden oder umgetauscht, so ist wegen § 15 Abs. 4 GmbHG eine notarielle Beurkundung erforderlich. Ein Verstoß gegen diese Formvorschriften führt nach § 126 BGB zur Nichtigkeit des Vertrages.

51   *(2) Prüfung des Vertrages.* Nach §§ 293a ff. AktG sind Unternehmensverträge bei einer Aktiengesellschaft durch einen Wirtschaftsprüfer zu prüfen. Ob diese Normen auch auf die GmbH analog anzuwenden sind, hängt davon ab, ob man für den Abschluss eines Unternehmensvertrages eine qualifizierte Mehrheit für ausreichend hält oder Einstimmigkeit fordert: Vertritt man die Auffassung, dass für den Abschluss eines Unternehmensvertrages Einstimmigkeit erforderlich ist, so liegt der Verzicht auf die Prüfungspflicht nahe, da insoweit kein Schutzbedürfnis mehr besteht.[75]

52   Nach der hier vertretenen Auffassung reicht jedoch eine qualifizierte Mehrheit aus. Daher besteht grundsätzlich die Möglichkeit einer Benachteiligung der überstimmten Gesellschafter. Somit besteht auch ein Interesse an der analogen Anwendung der §§ 293a ff. AktG. Allerdings können die Gesellschafter nach § 293a Abs. 3 AktG **einstimmig auf einen Prüfungsbericht verzichten.**[76] Zweckmäßig ist es, wenn die Gesellschafter bereits im Zustimmungsbeschluss den Verzicht auf eine solche Vertragsprüfung erklären.

53   *(3) Inhalt des Vertrages.* Inhaltlich sind in einem Ergebnisabführungsvertrag folgende Punkte zu regeln:

> **Checkliste: Inhalt eines Ergebnisabführungsvertrages**
> ☐ Unterstellung und Weisungsrecht
> ☐ Ergebnisübernahme
> ☐ Ausgleich für außenstehende Gesellschafter
> ☐ Laufzeit und Beendigung

54   *(a) Unterstellung und Weisungsrecht.* Dies ist die zentrale Klausel des Ergebnisabführungsvertrages. In ihr werden die Rechte des herrschenden gegenüber dem beherrschten Unternehmen geregelt.

> **Formulierungsvorschlag:**
> Die T-GmbH unterstellt sich der Leitung durch die M-GmbH. Die M-GmbH ist berechtigt, der Geschäftsführung der T-GmbH allgemeine oder auf Einzelfälle bezogene Weisungen für die Leitung ihrer Gesellschaft zu erteilen. Die Weisungen bedürfen der Schriftform und werden von den Geschäftsführungsorganen der M-GmbH erteilt.

---

[73] *Kort* BB 1988, 79, 83; a. A. *van Venrooy* BB 1986, 612 ff.
[74] Lutter/Hommelhoff/*Lutter/Hommelhoff,* Anh. § 13 Rn. 36.
[75] Emmerich/Habersack/*Emmerich* § 293a AktG Rn. 11.
[76] Emmerich/Habersack/*Emmerich* § 293a AktG Rn. 34 ff.

Die T-GmbH verpflichtet sich, den Weisungen der M-GmbH zu folgen.
Das Weisungsrecht erstreckt sich nicht darauf, diesen Vertrag in einem bestimmten Sinne auszulegen, ihn zu ändern, zu verlängern oder zu beenden.

(b) Ergebnisübernahme. Der Vertrag muss eine Klausel enthalten, die das herrschende Unternehmen zur Übernahme des Ergebnisses der beherrschten Gesellschaft berechtigt bzw. – im Verlustfalle – verpflichtet. **55**

Formulierungsvorschlag:
Die T-GmbH verpflichtet sich, erstmals für ihr am 1. 1. ...... beginnendes Geschäftsjahr den ganzen Gewinn an die M-GmbH abzuführen. Abzuführen ist der ohne die Gewinnabführung entstehende Jahresüberschuss, jedoch vermindert um einen Verlustvortrag aus dem Vorjahr.
Die M-GmbH hat jeden während der Vertragsdauer entstehenden Jahresfehlbetrag der T-GmbH auszugleichen, soweit dieser nicht dadurch ausgeglichen wird, dass den anderen Gewinnrücklagen Beträge entnommen werden, die während der Vertragslaufzeit in sie eingestellt worden sind.

Eine derartige Klausel ist noch zu ergänzen um Regelungen, aus denen sich ggf. das Recht der beherrschten Gesellschaft zur Einstellung von Ergebnisanteilen in die Rücklagen ergibt. **56**

Formulierungsvorschlag:
Die T-GmbH kann mit Zustimmung der M-GmbH aus dem Jahresüberschuss Beträge in andere Gewinnrücklagen einstellen, soweit dies handelsrechtlich zulässig ist. Freie Rücklagen, die während der Dauer des Vertrages nach § 272 Abs. 3 HGB und § 272 Abs. 2 Nr. 4 HGB gebildet werden, sind auf Verlangen der M-GmbH aufzulösen und zum Ausgleich eines Jahresfehlbetrages zu verwenden oder als Gewinn abzuführen. Die Auflösung von Gewinnrücklagen und von Kapitalrücklagen i. S. v. § 272 Abs. 2 Nr. 4 bzw. Abs. 3 HGB, die vor Abschluss dieses Vertrages bestanden, darf von der T-GmbH nicht vorgenommen und von der M-GmbH nicht verlangt werden.

(c) Ausgleich für außenstehende Gesellschafter. Sollte die beherrschte GmbH noch weitere Gesellschafter als das herrschende Unternehmen haben, so sind diese Gesellschafter im Ergebnisabführungsvertrag im Rahmen der **Ausgleichsklausel** zu berücksichtigen. Zum einen ist ihnen nach § 304 AktG ein Ausgleich für die entgangenen zukünftigen Gewinne in der Form einer laufenden Leistung zu gewähren. Darüber hinaus ist das herrschende Unternehmen verpflichtet, den außenstehenden Gesellschaftern eine Abfindung ihrer Anteile nach § 305 AktG anzubieten. Das Abfindungsangebot kann nach § 305 Abs. 4 AktG befristet sein. Dies ist eine zwingende Voraussetzung für die Wirksamkeit eines Unternehmensvertrages. Ein Unternehmensvertrag ohne Ausgleichsklausel nach § 304 ist gemäß § 304 Abs. 3 S. 1 AktG unheilbar nichtig. Das **Fehlen einer Abfindungsregelung** nach § 305 AktG führt dagegen nicht zur Nichtigkeit.[77] Der Beschluss ist in diesem Falle nicht einmal anfechtbar (§ 305 Abs. 5 AktG). Es kann lediglich die Festsetzung einer angemessenen Abfindung verlangt werden. **57**

Der Ausgleich nach § 304 AktG kann sowohl als **fester Ausgleich** als auch als **variabler Ausgleich** gewährt werden.[78] Dabei ist bei einem festen Ausgleich der voraussichtliche durchschnittliche Gewinnanteil zugrundezulegen. Ein variabler Ausgleich ist nur dann zulässig, wenn die Obergesellschaft eine AG oder KGaA ist.[79] In diesem Falle ist die Dividende der Obergesellschaft die maßgebliche Bezugsgröße. Im Falle eines Gemeinschaftsunternehmens, also bei Bestehen mehrerer Obergesellschaften, ist ein variabler Ausgleich ausgeschlossen. Die Abfindung nach § 305 AktG muss zudem **angemessen** sein. Dabei kommt **58**

---
[77] *Hüffer* § 305 Rn. 29.
[78] *Hüffer* § 304 Rn. 8 ff.
[79] Emmerich/Habersack/*Emmerich* § 304 AktG Rn. 45.

grundsätzlich eine Abfindung in bar oder, wenn die Obergesellschaft eine AG oder KGaA ist, eine Abfindung in Aktien in Betracht (§ 305 Abs. 3 AktG).[80]

> **Formulierungsvorschlag:**
>
> 59 (1) Die M-GmbH garantiert für die Vertragsdauer den außenstehenden Gesellschaftern der T-GmbH für jedes volle Geschäftsjahr der T-GmbH eine Gewinnausschüttung in Höhe von ...... EUR je 1 €-Aktie. Soweit in einem Geschäftsjahr die Vertragsdauer dieses Vertrages nicht dem vollen Geschäftsjahr entspricht, wird der Ausgleich zeitanteilig gewährt. Die Ausgleichszahlung durch die M-GmbH ist 14 Tage nach der ordentlichen Gesellschaftsversammlung der M-GmbH für das abgelaufene Geschäftsjahr fällig, jedoch nicht vor Feststellung des Jahresabschlusses der T-GmbH.
>
> (2) Die M-GmbH verpflichtet sich, auf Verlangen der außenstehenden Gesellschafter der T-GmbH deren Geschäftsanteile gegen einen in bar zu zahlenden Kaufpreis zu einem Betrag von ...... EUR je 1 €-Aktie zu erwerben. Die außenstehenden Gesellschafter der T-GmbH, die die Übernahme ihrer Geschäftsanteile durch die M- GmbH ganz oder zum Teil wünschen, können dieses Verlangen bis zum ...... durch schriftliche Erklärung gegenüber der M-GmbH geltend machen.

60   *(d) Wirksamkeit und Laufzeit.* Schließlich sind in dem Vertrag noch der Vorbehalt der **Zustimmung der Gesellschafter- bzw. Hauptversammlungen** der beteiligten Unternehmen zu vermerken sowie die Laufzeit des Vertrages zu regeln. Für eine steuerrechtliche Anerkennung ist eine **Mindestlaufzeit von fünf Jahren** erforderlich. In der Praxis wird dieser Zeitraum daher nur äußerst selten unterschritten.

> **Formulierungsvorschlag:**
>
> Dieser Vertrag bedarf zu seiner Wirksamkeit der Genehmigungen durch die Gesellschafterversammlungen der vertragschließenden Gesellschaften. Die erforderlichen Zustimmungen sollen unverzüglich eingeholt werden.
> Der Vertrag wird mit seiner Eintragung in das Handelsregister der T-GmbH wirksam. Er wird für die Dauer von fünf Jahren abgeschlossen und ist vorher nur aus wichtigem Grund kündbar. Der Vertrag verlängert sich um jeweils weitere fünf Jahre, wenn er nicht spätestens ein Jahr vor seinem Ablauf von einer der beiden Vertragsparteien schriftlich gekündigt wird.

61   *bb) Steuerrecht.* Von besonderem Interesse ist neben der zivilrechtlichen Wirksamkeit eines Ergebnisabführungsvertrages stets die steuerrechtliche Anerkennung im Hinblick auf eine **Organschaft**. In vielen Fällen wird die Begründung einer Organschaft eines der wesentlichen wirtschaftlichen Ziele eines Ergebnisabführungsvertrages sein. Eine Organschaft liegt dann vor, wenn die **Organgesellschaft** (beherrschtes Unternehmen) mit dem **Organträger** (herrschendes Unternehmen) wirtschaftlich derart eng verbunden ist, dass sie keinen eigenen Entscheidungsspielraum mehr hat. Nach § 17 KStG in Verbindung mit § 14 KStG kommt die GmbH als Organgesellschaft in Betracht; in der Praxis ist dies der Regelfall. Die Organschaft ist für das Körperschaftsteuerrecht in den §§ 14 ff. KStG geregelt. Daneben gibt es die Organschaft im Umsatzsteuerrecht nach § 2 Abs. 2 Nr. 2 UStG und im Gewerbesteuerrecht gem. § 2 Abs. 2 GewStG.[81] Jede dieser Organschaften hat eigene Voraussetzungen und Rechtsfolgen.

62   Die in der Praxis bedeutendste Organschaft ist diejenige des Körperschaftsteuerrechts. Der Vorteil einer **körperschaftsteuerlichen Organschaft** besteht vor allem in der Möglichkeit des Verlustausgleichs.[82] Durch die Zurechnung der Gewinne und Verluste zu dem Organträger besteht für diesen die Möglichkeit, Gewinne und Verluste verschiedener Gesellschaften miteinander zu saldieren und die Verluste so steuermindernd zu nutzen.

---

[80] Vgl. *Hüffer* § 305 Rn. 17 ff.
[81] Vgl. zur gewerbesteuerlichen Organschaft: *Schiffers* GmbHR 1997, 883.
[82] Blümich/*Danelsing* § 14 KStG Rn. 3.

Grundsätzlich sind die Organschaften hinsichtlich ihrer Voraussetzungen vergleichbar. Abweichungen bestehen insoweit, als die körperschaftsteuerliche und die gewerbesteuerliche Organschaft einen Ergebnisabführungsvertrag zwingend voraussetzen, während bei der umsatzsteuerlichen Organschaft darauf verzichtet wird. Andererseits verzichten die körperschaftsteuerliche und die gewerbesteuerliche Organschaft auf die Merkmale der wirtschaftlichen und organisatorischen Eingliederung, die bei der Umsatzsteuer mit zu prüfen sind. Im Folgenden wird auf Grund der wirtschaftlichen Bedeutung im Wesentlichen von der körperschaftsteuerlichen Organschaft aufgegangen. 63

Übersicht: Organschaften im Steuerrecht			
Merkmal	Körperschaftsteuer	Umsatzsteuer	Gewerbesteuer
EAV nach § 291 AktG	Ja	Nein	Ja
Finanzielle Eingliederung	Ja	Ja	Ja
Wirtschaftliche Eingliederung	Nein	Ja	Nein
Organisatorische Eingliederung	Nein	Ja	Nein

Grundvoraussetzung für die Prüfung einer körperschaftsteuerlichen Organschaft ist die **zivilrechtliche Wirksamkeit des abgeschlossenen Unternehmensvertrages**.[83] Dabei ist es jedoch ausreichend, dass der Unternehmensvertrag bis zum Ende des Wirtschaftsjahres abgeschlossen wird, wenn die Eintragung im Folgejahr erfolgt.[84] 64

Checkliste: Voraussetzungen der Organschaft im Steuerrecht
- ☐ Finanzielle Eingliederung
- ☐ Wirtschaftliche Eingliederung
- ☐ Organisatorische Eingliederung
- ☐ Abschluss für mindestens fünf Jahre
- ☐ Unbeschränkte Steuerpflicht der Muttergesellschaft

(1) Finanzielle Eingliederung. Die finanzielle Eingliederung setzt voraus, dass der Organträger vom Beginn des Wirtschaftsjahres an über eine **Mehrheit an den Stimmrechten** der Gesellschaft verfügt. Dabei ist nicht notwendig, dass die herrschende Gesellschaft formal die Mehrheit der Anteile hält, sondern es kommt auf die tatsächliche Möglichkeit der Einflussnahme an. 65

Bei der Berechnung des Gesamtbetrages der Anteile der beherrschten GmbH sind die gesellschaftseigenen Anteile nicht mitzurechnen. Den Anteilen des Organträgers sind solche Anteile hinzuzurechnen, die von diesem mittelbar, also etwa über andere Konzernunternehmen gehalten werden. Eine solche Zurechnung erfolgt dann, wenn der Organträger an diesen Anteilen sog. „**wirtschaftliches Eigentum**" im Sinne des § 39 AO hat, ohne zivilrechtlich Eigentümer zu sein.[85] Nicht ausreichend ist das Bestehen eines schuldrechtlichen Anspruchs auf Übertragung der Geschäftsanteile[86] oder eine treuhänderische Ausübung des Stimmrechts.[87] 66

(2) Wirtschaftliche und organisatorische Eingliederung. Heute ist die wirtschaftliche und organisatorische Eingliederung nur noch für die umsatzsteuerliche und die gewerbesteuerliche Organschaft Voraussetzung: 67

---
[83] BFHE 64, 368, 371; FG München EFG 1998, 1155, 1156.
[84] *Lutter/Schaumburg/Jesse* K Rn. 234.
[85] Blümich/*Danelsing* § 14 KStG Rn. 77.
[86] BFH BStBl. II 1969, 18, 23 f.; FG Hamburg EFG 1986, 415, 416.
[87] Blümich/*Danelsing* § 14 KStG Rn. 77.

Die **wirtschaftliche Eingliederung** liegt vor, wenn die Organgesellschaft wirtschaftlich wie eine unselbstständige Betriebsabteilung in das Unternehmen des Organträgers eingegliedert ist[88] und zumindest überwiegend die Tätigkeit des Organträgers fördert und ergänzt.[89] Die **organisatorische Eingliederung** setzt voraus, dass gewährleistet ist, dass der Wille des Organträgers gegenüber der Organgesellschaft durchgesetzt werden kann. Unproblematisch ist das gegeben, wenn ein Beherrschungsvertrag im Sinne des § 291 Abs. 1 AktG vorliegt. In der Praxis ist es daher regelmäßig empfehlenswert, den Beherrschungsvertrag mit dem Gewinnabführungsvertrag zu kombinieren.

68 Liegt ein solcher Beherrschungsvertrag nicht vor, so ist darauf abzustellen, ob eine **konzernrechtliche Eingliederung** im Sinne der §§ 319 ff. AktG vorliegt. Für die Annahme einer Eingliederung reicht es nicht aus, wenn der Obergesellschaft Befugnisse zur Durchsetzung ihres Willens zustehen.[90] Die Befugnisse müssen auch tatsächlich in der Weise ausgeübt werden, dass eine vom Organträger abweichende Willensbildung bei der Tochtergesellschaft nicht mehr stattfindet. So kann die Einflussnahme z. B. durch eine Personalunion der Geschäftsführer bzw. Vorstände der beteiligten Gesellschaften gesichert werden.[91]

69 *(3) Abschluss für mindestens fünf Jahre.* Voraussetzung einer steuerrechtlichen Anerkennung der Organschaft ist der Abschluss des Vertrages für einen Zeitraum von **mindestens fünf Jahren**. Während dieser Zeit muss der Vertrag tatsächlich durchgeführt werden. Das bedeutet vor allem, dass entstandene Verluste faktisch von der Muttergesellschaft übernommen werden.[92]

(4) Unbeschränkte Steuerpflicht der Muttergesellschaft. Weitere Voraussetzung ist, dass die Muttergesellschaft unbeschränkt steuerpflichtig ist.

70 • **Kapitalgesellschaft als Muttergesellschaft**
Handelt es sich bei der Muttergesellschaft um eine Kapitalgesellschaft, so ergeben sich die Voraussetzungen der unbeschränkten Steuerpflicht aus § 1 KStG i. V. m. den Vorschriften der AO, insbesondere den §§ 9 ff. AO. Damit kommt es insbesondere darauf an, ob sich der Sitz der geschäftlichen Oberleitung (§ 10 AO) im Inland befindet.

71 • **Personengesellschaft als Muttergesellschaft**
In dem seltenen Fall, dass die Muttergesellschaft nicht körperschaftsteuerpflichtig ist (Personengesellschaft oder Privatperson), ergibt sich die unbeschränkte Steuerpflicht aus § 1 EStG.

72 **c) Gewinngemeinschaft und Teilgewinnabführungsvertrag.** Die Gewinngemeinschaft ist in § 292 Abs. 1 Nr. 1 AktG geregelt. Sie ist eine BGB-Gesellschaft, bei der sich die Gesellschafter zum Zwecke der Aufteilung des Gewinnes ihrer jeweiligen Unternehmen zusammenschließen.[93] In der Praxis spielt die Gewinngemeinschaft eine eher untergeordnete Rolle.

73 In § 292 Abs. 1 Nr. 2 AktG ist der **Teilgewinnabführungsvertrag** geregelt. Durch den Vertrag verpflichtet sich eine Gesellschaft, einen Teil ihres Jahresgewinnes an eine andere Gesellschaft abzuführen. Es handelt sich dabei um einen schuldrechtlichen Vertrag. Leistung und Gegenleistung sollten in einem angemessenen Verhältnis zueinander stehen, da ansonsten eine Benachteiligung der Gesellschaft droht. Ein unentgeltlicher oder unangemessener Teilgewinnabführungsvertrag mit einem Gesellschafter führt zu einer verdeckten Gewinnausschüttung. Ist der Vertrag mit einem Nicht-Gesellschafter geschlossen, so kommt eine persönliche Haftung der Geschäftsführer nach § 823 Abs. 2 BGB in Verbindung mit § 266 StGB und § 43 GmbHG in Betracht.[94]

---

[88] BFH BStBl. II 1973, 740; BStBl. II 1976, 389, 390.
[89] So jetzt ausdrücklich BFH BStBl. II 1989, 668, 669; BStBl. II 1990, 24, 25 f.
[90] BFH BStBl. II 1999, 258, 259.
[91] BFH BStBl. II 1970, 257, 260; BStBl. II 1977, 357, 358; eine Personenidentität aller Organmitglieder ist nicht erforderlich: BFH BStBl. II 1999, 258, 259.
[92] FG München EFG 1998, 1155; BFH HFR 1995, 516.
[93] Emmerich/Habersack/*Emmerich* § 292 AktG Rn. 10 ff.
[94] Emmerich/Habersack/*Emmerich* § 292 AktG Rn. 28.

Aus der Einstufung als schuldrechtlicher Vertrag folgt, dass die Gewinnabführungen auf **74**
Grund eines solchen Vertrages bei dem abführenden Unternehmen als **Betriebsausgabe** zu
qualifizieren sind. Dies ist für die typische stille Gesellschaft anerkannt. Entsprechend handelt es sich bei dem empfangenden Unternehmen um eine Betriebseinnahme. In der Praxis
sind diese Konstruktionen von untergeordneter Bedeutung.[95]

d) **Betriebspacht- und Betriebsüberlassungsverträge.** Wirtschaftliche Bedeutung hat neben **75**
dem Ergebnisabführungsvertrag vor allem der Betriebspachtvertrag nach § 292 Abs. 1 Nr. 3
AktG. Der vom Gesetz ebenfalls erwähnte Betriebsüberlassungsvertrag hat keine eigenständige Bedeutung. Der Unterschied besteht lediglich darin, dass der Betriebsübernehmer den
Betrieb im Gegensatz zum Pächter nicht im eigenen Namen, sondern im Namen der überlassenden Gesellschaft betreibt. Inhaltlich unterscheiden sie sich nicht wesentlich von den
Pachtverträgen, die aus dem allgemeinen Zivilrecht bekannt sind.

Checkliste: Inhalt eines Betriebspachtvertrages

- ☐ Vertragsgegenstand
- ☐ Pachtzins
- ☐ Gewährleistung
- ☐ Möglichkeit einer Unterverpachtung

aa) Vertragsgegenstand. Gegenstand des Vertrages ist die **Überlassung des Betriebes.** Die **76**
GmbH kann insoweit zwei Funktionen annehmen. Einerseits kann sie Pächterin eines Betriebes sein, andererseits kann sie ihrerseits ihren Geschäftsbetrieb einem Dritten überlassen.

Formulierungsvorschlag:

Der Verpächter verpachtet an den Pächter den gesamten Geschäftsbetrieb seines Unternehmens einschließlich des Geschäftswertes.
Der Pächter führt das verpachtete Unternehmen im eigenen Namen und für eigene Rechnung. Der Verpächter räumt dem Pächter das Recht ein, die Firma ...... fortzuführen.
Der Pächter ist nur berechtigt, die verpachteten Gegenstände im Rahmen des ordnungsgemäßen Geschäftsbetriebes des Unternehmens zu nutzen.
Der Pachtvertrag beginnt am ...... Das Pachtjahr ist das Kalenderjahr. Sofern das Geschäftsjahr des Pächters vom Kalenderjahr abweicht, ist der Pächter berechtigt, eine Anpassung des Pachtjahres an sein Geschäftsjahr zu verlangen.
Die Übergabe des Pachtobjekts nebst allen Pachtgegenständen erfolgt am ....../ist bereits erfolgt.

bb) Pachtzins. Weiterhin muss der Pachtzins im Vertrag geregelt werden. **77**

Formulierungsvorschlag:

Nach Maßgabe der nachfolgenden Bestimmungen beträgt der jährliche Pachtzins ...... EUR
Der Pächter zahlt auf das jährliche Pachtentgelt monatliche/vierteljährliche Abschlagszahlungen zum dritten Werktag eines jeden Monats in Höhe von ...... EUR
Sofern der Pächter ohne sein Verschulden, z. B. infolge gesetzlicher Bestimmung, behördlicher Anordnung oder höherer Gewalt, an der Fortführung des Unternehmens gehindert ist, entfällt ab Eintritt des Hinderungsereignisses die Pachtzahlungsverpflichtung des Pächters.

---

[95] Ein Formulierungsvorschlag findet sich bei *Schaumburg*, in: Bopp u. a., Formularbuch Recht und Steuern, B. 15.

78   Bei der Berechnung des Pachtzinses kann zum einen eine **feste Vergütung,** zum anderen eine **variable Vergütung,** z. B. als Anteil vom Umsatz des Pächters, vereinbart werden. In der Praxis können sich bei einer umsatzbezogenen Vergütung Probleme etwa dadurch ergeben, dass der Pächter seinen Umsatz und damit auch die Höhe der Pachtzahlung bis zu einem gewissen Grade zu steuern vermag.

79   In jedem Fall ist darauf zu achten, dass ein **angemessener Pachtzins** vereinbart wird. Die Angemessenheit des Pachtzinses bestimmt sich nach dem Marktpreis.[96] Ein unangemessen hoher Pachtzins zieht eine Verlustausgleichspflicht des beherrschenden Unternehmens nach § 302 Abs. 2 AktG nach sich. Ein unangemessen niedriger Pachtzins kann eine verdeckte Gewinnausschüttung darstellen.[97] Umgekehrt führt ein unangemessen hoher Pachtzins zu einer verdeckten Einlage.

80   *cc) Ansprüche bei Mängeln.* Weiterhin sollten die Ansprüche bei Mängeln des Vertragsgegenstandes geregelt werden. Hier hat die Schuldrechtsreform zu einer größeren Flexibilität geführt. Durch die **Ausweitung des Gegenstandsbegriffes** kann auch das Unternehmen als ganzes Gegenstand eines Vertrages und damit auch der Haftung sein.[98] Damit kann in einem Vertrag die Haftung für einen bestimmten Ruf, den Goodwill oder ähnliche immaterielle Eigenschaften eines Unternehmens übernommen werden, ohne dass es eines Rückgriffs auf die Rechtsfigur der Culpa in Contrahendo bedarf. Der Umfang der Haftung kann im Einzelnen vereinbart werden.[99]

> **Formulierungsvorschlag:**
> Der Zustand des Pachtobjekts nebst allen Pachtgegenständen ist dem Pächter bekannt. Der Pächter hat das Pachtobjekt bereits ausführlich und eingehend untersucht. Das Pachtobjekt geht in dem Zustand über, in dem es sich bei Pachtbeginn befindet. Eine Gewährleistung übernimmt der Verpächter nicht. Dies gilt insbesondere für die wirtschaftliche Situation des Pachtgegenstandes. Der Verpächter versichert jedoch, dass ihm verborgene Mängel der Pachtsache nicht bekannt sind. Mit dieser Maßgabe sind alle Gewährleistungsansprüche für Sach- und Rechtsmängel des Pachtobjektes und der im Rahmen des Pachtvertrages zu übertragenden Gegenstände ausgeschlossen. Der Pächter erkennt an, dass sich das Pachtobjekt in geordnetem und für den Betrieb des Unternehmens geeignetem Zustand befindet.

81   Weiterhin kann in diesem Zusammenhang eine Regelung über die Verkehrssicherungspflichten sowie Fragen der Versicherung getroffen werden. Hier ergeben sich keine Besonderheiten gegenüber Pachtverträgen im allgemeinen Zivilrecht.

82   *dd) Möglichkeit der Unterverpachtung.* Die Parteien sollten sich auch darüber einigen, ob dem Pächter die Möglichkeit gegeben werden soll, den gepachteten Betrieb seinerseits wieder zu verpachten.

> **Formulierungsvorschlag:**
> Eine Unterverpachtung bedarf – nicht – der Zustimmung des Verpächters.

83   *ee) Vertragsübernahme durch den Pächter.* Im Einzelfall sollte in dem Betriebspachtvertrag auch die Behandlung von laufenden Vertragsverhältnissen geregelt werden. Hier ist insbesondere zu berücksichtigen, dass der Abschluss eines Betriebspachtvertrages regelmäßig einen **Betriebsübergang nach § 613a BGB** darstellt.

---

[96] *Emmerich/Habersack* S. 199.
[97] *Emmerich/Habersack* S. 199.
[98] Zum Kaufrecht vgl. *Wolf/Kaiser* DB 2002, 411, 413; *Gronstedt/Jörgens* ZIP 2002, 52; *Jaques* BB 2002, 417.
[99] *Wolf/Kaiser* DB 2002, 411, 419 f.

> **Formulierungsvorschläge für den Betriebspachtvertrag:**
>
> **Dauerschuldverhältnisse/Vertragsübernahme**
> Soweit dies rechtlich möglich ist, tritt der Pächter in alle Vertragsverhältnisse und sonstigen Rechtstellungen des Verpächters ein, die mit dem Pachtobjekt verbunden sind bzw. dem verpachteten Betrieb zuzuordnen sind. Dies betrifft auch Vertragsangebote. Wenn und soweit durch Eintritt in Verträge und sonstige Rechtsverhältnisse eine Vertragsübernahme mit schuldbefreiender Wirkung nicht möglich ist, schuldet der Pächter im Innenverhältnis zum Verpächter entsprechende Erfüllungsübernahme und stellt den Verpächter von daraus resultierenden Ansprüchen Dritter frei. Neue Vertragsverhältnisse schließt der Pächter im eigenen Namen ab, soweit eine andere Regelung zwischen den Parteien nicht erfolgt (ist).
>
> **Dienst- und Arbeitsverträge**
> Die Parteien sind sich darüber einig, dass die Arbeitsverhältnisse der Arbeitnehmer des Verpächters gemäß § 613a BGB mit Wirkung ab dem ...... mit allen Rechten und Pflichten auf den Pächter übergehen, einschließlich aller Rechte und Pflichten aus etwa bestehenden betrieblichen Altersversorgungsregelungen, einschließlich der Verpflichtungen auf laufende Altersversorgungsleistungen und aus unverfallbaren Anwartschaften gegenüber Arbeitnehmern, die bei Pachtbeginn bereits ausgeschieden waren. Für Verpflichtungen aus den Arbeitsverhältnissen, die nach Pachtbeginn fällig werden, steht der Pächter ein und stellt den Verpächter insoweit aus einer etwaigen Inanspruchnahme frei.
> Soweit eine Übernahme der Verpflichtungen aus den Arbeitsverhältnissen und etwaigen Altersversorgungsregelungen durch den Pächter mit schuldbefreiender Wirkung im Außenverhältnis nicht möglich ist oder nicht erreicht werden kann, ist der Pächter verpflichtet, den Verpächter im Innenverhältnis aus der Erfüllung dieser Verpflichtungen freizustellen.
> Sollten einzelne Arbeitnehmer im Rahmen des Betriebsübergangs gemäß § 613a BGB dem Übergang ihrer Arbeitsverhältnisse widersprechen, werden die Parteien eine einvernehmliche Regelung bzgl. der Beendigung dieser Arbeitsverhältnisse und der etwaigen wirtschaftlichen Folgen einer solchen Beendigung herbeiführen.
> Der Verpächter wird die Arbeitnehmer nach Maßgabe des § 613a Abs. 5 BGB über den Betriebsübergang und ihr Widerspruchsrecht nach § 613a Abs. 6 BGB informieren. Kommt der Verpächter dieser Pflicht nicht ordnungsgemäß nach, so ist er dem Pächter zum Ersatz des hieraus entstehenden Schadens verpflichtet.

Wird ein Betriebspachtvertrag innerhalb eines Konzerns neben einem bestehenden Ergebnisabführungsvertrag abgeschlossen, so bietet es sich an, den Bestand des Pachtvertrages an den Bestand des Ergebnisabführungsvertrages zu koppeln.

3. Rechtsfolgen bei fehlerhaften Verträgen

a) **Zivilrecht.** Unternehmensverträge können unter mehreren Gesichtspunkten mangelhaft sein. Zum einen können die dargestellten Verfahren zum Abschluss solcher Verträge nicht eingehalten worden sein, zum anderen können die Verträge auch inhaltliche Mängel aufweisen (z. B. §§ 134, 138 BGB).

Generell wird ein fehlerhafter, aber tatsächlich durchgeführter Gesellschaftsvertrag im Hinblick auf den Gläubigerschutz als wirksam angesehen. Dies folgt für Verträge nach § 291 Abs. 1 AktG aus den **Grundsätzen über die fehlerhafte Gesellschaft,** da es sich hier stets um einen organisationsrechtlichen Vertrag handelt. Für andere Unternehmensverträge (§ 292 AktG) gilt im Ergebnis das Gleiche, da die Rückgewähr der Leistungen auf Grund des Charakters als Dauerschuldverhältnis nicht möglich ist. Daraus folgt, dass der Vertrag grundsätzlich für die Vergangenheit wirksam bleibt. Allerdings können sich nun beide Parteien jederzeit auf die Unwirksamkeit des Vertrages berufen.[100] Für die Geltendmachung der

---

[100] Emmerich/Habersack/*Emmerich* § 291 AktG Rn. 32.

Unwirksamkeit genügt eine Erklärung der Organe der Gesellschaft, eine Kündigung ist nicht erforderlich.[101]
Dieser Grundsatz gilt für die abhängige Gesellschaft nicht, wenn der erforderliche Zustimmungsbeschluss der Gesellschafter fehlt.[102] In diesem Falle gelten zwar die Gläubigerschutzvorschriften, insbesondere die Verlustausgleichspflicht nach § 302 AktG analog, die herrschende Gesellschaft kann gegenüber der abhängigen Gesellschaft jedoch keine Ansprüche aus dem fehlerhaften Vertrag herleiten.

87 **b) Steuerrecht.** Steuerrechtlich ist ein Unternehmensvertrag dann nicht anzuerkennen, wenn er zivilrechtlich unwirksam ist. Im Gegensatz zu der zivilrechtlichen Wertung bleibt es hier jedoch **nicht** bei der **Wirksamkeit für die Vergangenheit**, so dass Steuerbescheide für vergangene Jahre noch korrigiert werden können, sofern einer Korrektur nicht die Vorschriften des Steuerverfahrensrechts, insbesondere der AO, entgegenstehen. Ausnahmen können sich ergeben, wenn ein Bestandsschutz nach § 176 Abs. 2 AO in Betracht kommt.

4. Änderung und Beendigung von Unternehmensverträgen

88 **a) Überblick.** Als Gründe für eine Auflösung des Unternehmensvertrages kommen die **Kündigung** und der **Aufhebungsvertrag** in Betracht. Weiterhin kann ein Unternehmensvertrag durch Ablauf einer zeitlichen **Befristung** beendet werden. Darüber hinaus kann ein Unternehmensvertrag während seiner Laufzeit geändert werden.

89 **b) Vertragsänderung.** Die Änderung eines Unternehmensvertrages ist für den Aktienvertragskonzern in § 295 in Verbindung mit §§ 293, 294 AktG geregelt. Diese Regelungen sehen die Zustimmung der Hauptversammlung beider betroffener Gesellschaften vor. Ferner sind die Bestimmungen über die Prüfung und den Vertragsbericht (§§ 293a ff. AktG) anzuwenden.

90 Die Frage, ob diese Vorschriften auch uneingeschränkt für den GmbH-Konzern gelten, ist noch nicht abschließend beantwortet.[103] Die Beantwortung dieser Frage hängt im Wesentlichen davon ab, welche Mehrheiten man bei dem Abschluss eines Unternehmensvertrages für erforderlich hält. Insoweit kann für die Änderung des Vertrages nichts anderes gelten als für dessen Abschluss.[104] Folglich kann nach der hier vertretenen Auffassung eine Vertragsänderung **mit qualifizierter Mehrheit** bei der abhängigen Gesellschaft beschlossen werden.

91 **c) Kündigung.** Bei der Kündigung unterscheidet man die ordentliche und die außerordentliche Kündigung.

92 *aa) Ordentliche Kündigung.* Die ordentliche Kündigung ist im AktG nicht geregelt. Überwiegend wird angenommen, eine Kündigung komme nur dann in Betracht, wenn diese Möglichkeit im Vertrag ausdrücklich vorgesehen sei oder wenn sich die Möglichkeit einer Kündigung sonst aus dem für den jeweiligen Vertrag maßgeblichen Recht ergebe.[105] Das muss auch für die GmbH gelten.[106] Insoweit haben die Parteien also **uneingeschränkte Vertragsfreiheit.** Ein Beherrschungs- und Ergebnisabführungsvertrag kann nur einheitlich gekündigt werden. Eine Kündigung nur des Ergebnisabführungsvertrages ist unwirksam.[107] Nach einer Entscheidung des BGH hat das herrschende Unternehmen bei dem Beschluss der abhängigen Gesellschaft über die ordentliche Kündigung ein Stimmrecht, da es sich um einen innergesellschaftlichen Organisationsakt und keine reine Geschäftsführungsmaßnahme handelt.[108]

93 *bb) Außerordentliche Kündigung.* Eine außerordentliche Kündigung setzt voraus, dass ein **wichtiger Grund im Sinne des § 297 AktG** vorliegt. Ein solcher wichtiger Grund ist gemäß

---

[101] Baumbach/Hueck/*Zöllner/Beurskens* GmbH-KonzernR Rn. 60.
[102] Baumbach/Hueck/*Zöllner/Beurskens* GmbH-KonzernR Rn. 59.
[103] Scholz/*Emmerich* Anh. Konzernrecht Rn. 185 ff.
[104] Emmerich/Habersack/*Emmerich* Konzernrecht S. 447; *Mues* RNotZ 2005, 1, 23.
[105] Scholz/*Emmerich* Anh. Konzernrecht Rn. 191.
[106] Scholz/*Emmerich* Anh. Konzernrecht Rn. 191.
[107] OLG Karlsruhe NJW-RR 2001, 973, 974.
[108] BGH GmbHR 2011, 922.

§ 297 Abs. 1 S. 2 AktG insbesondere dann gegeben, wenn zu erwarten ist, dass der andere Teil voraussichtlich nicht in der Lage sein wird, seinen Verpflichtungen aus dem Vertrag nachzukommen. Die Kündigung muss innerhalb einer angemessenen Frist erfolgen.[109]

Umstritten ist in diesem Zusammenhang vor allem die Frage, ob die **Veräußerung der Beteiligung** durch das herrschende Unternehmen einen wichtigen Grund darstellt. Eine Meinung will die Anwendbarkeit des § 297 AktG in diesem Fällen bejahen, da dem herrschenden Unternehmen bei einer Veräußerung seiner Aktien an außenstehende Dritte eine Vervielfachung seiner Ausgleichs- und Abfindungsverpflichtungen drohe.[110] Überwiegend wird jedoch zutreffend angenommen, dass darin kein wichtiger Grund liege, da es das herrschende Unternehmen sonst in der Hand habe, sich beliebig einen Kündigungsgrund selbst zu schaffen.[111] 94

d) **Aufhebung.** Im gegenseitigen Einvernehmen kann ein Unternehmensvertrag durch eine Aufhebungsvereinbarung beendet werden. 95

Checkliste: Wirksamkeit eines Aufhebungsvertrages
☐ Schriftform
☐ Korrekter Beendigungszeitpunkt
☐ Sonderbeschluss der Minderheitsgesellschafter (sofern erforderlich)

aa) *Schriftform.* Der Aufhebungsvertrag bedarf der Schriftform gem. §§ 296 Abs. 1 S. 3 AktG, 126 BGB. 96

bb) *Korrekter Beendigungszeitpunkt.* Eine Vertragsaufhebung ist gem. § 296 AktG nur **zum Ende eines Geschäftsjahres** oder zum Ende des vertraglich bestimmten Abrechnungszeitraumes möglich. Eine rückwirkende Aufhebung ist nicht zulässig. 97

cc) *Sonderbeschluss der Minderheitsgesellschafter.* Sofern der Vertrag Ausgleichs- und Abfindungsansprüche der außenstehenden Gesellschafter regelt, ist gem. § 296 Abs. 2 AktG im Aktienrecht ein **Sonderbeschluss** dieser Aktionäre erforderlich. Dies gilt auch für den GmbH-Konzern. Umstritten ist allerdings die Frage, ob jeder Aufhebungsvertrag, also auch ein Vertrag ohne Regelung von Ausgleichsansprüchen, der Zustimmung der Gesellschafter bedarf. Die Beantwortung dieser Frage hängt davon ab, ob man auch für diesen Fall § 296 AktG analog anwenden will. Die h. M. und die Rechtsprechung nehmen eine solche Analogie an.[112] Dies hat zur Folge, dass die Geschäftsführer und Vorstände der beteiligten Gesellschaften einen Aufhebungsvertrag abschließen können, ohne die Gesellschafter einzubeziehen. 98

Gegen die analoge Anwendung des § 296 AktG wird vorgebracht, dass die Aufhebung eines Unternehmensvertrages wirtschaftlich oft die gleiche Wirkung wie deren Abschluss habe, so dass auch hier eine Zustimmung erforderlich sei.[113] Dem ist zuzustimmen, da Abschluss, Änderung und Aufhebung wirtschaftlich immer den gleichen Sachverhalt betreffen und die Gesellschafterinteressen in ganz vergleichbarer Weise berühren. Eine Differenzierung bei den Mehrheitserfordernissen ist somit nicht möglich. 99

Im Ergebnis kann daher auch eine **Aufhebung** des Unternehmensvertrages von der Gesellschafterversammlung nur **mit qualifizierter Mehrheit beschlossen** werden. Ein von den Geschäftsführern der beteiligten Unternehmen geschlossener Vertrag reicht insoweit nicht aus. In einem solchen Fall handelt der Geschäftsführer als Vertreter ohne Vertretungsmacht, so dass der Vertrag nach § 177 BGB schwebend unwirksam ist.[114] 100

---

[109] OLG München GmbHR 2011, 489.
[110] *Wilhelm* S. 22 ff.
[111] OLG Düsseldorf NJW-RR 1995, 233; OLG Oldenburg NZG 2000, 1138, 1140; Scholz/*Emmerich* Anh. Konzernrecht Rn. 193; Emmerich/Habersack/*Emmerich* § 297 AktG Rn. 24.
[112] OLG Frankfurt AG 1994, 85; OLG Karlsruhe AG 1995, 38; MünchKommAktG/*Altmeppen* § 296 Rn. 15 ff.; Ulmer/*Casper* GmbHG Anh. § 77 Rn. 199; a. A. Emmerich/Habersack/*Emmerich* § 296 AktG Rn. 7a.
[113] Scholz/*Emmerich* Anh. Konzernrecht Rn. 197.
[114] Emmerich/Habersack/*Emmerich* § 296 AktG Rn. 19.

5. Internationale Unternehmensverträge

101 Ein Unternehmensvertrag zwischen einer deutschen Tochtergesellschaft und einer ausländischen Muttergesellschaft ist **zivilrechtlich wirksam**.[115] Allerdings kann durch einen derartigen Vertrag **keine Organschaft** im Sinne der §§ 14 ff. KStG begründet werden, da diese inländische Beteiligte voraussetzen. Folglich ist ein derartiger Vertrag steuerrechtlich unattraktiv.[116] Somit wird eine solche Konstruktion in der Praxis nur selten anzutreffen sein.

Unter den Voraussetzungen des § 18 KStG kann eine ausländische Kapitalgesellschaft (Sitz und Geschäftsleitung im Ausland) jedoch Organträger sein, wenn und soweit sie eine im Inland eingetragene Zweigniederlassung unterhält (die Zweigniederlassung ist sowohl nach Art. 5 Abs. 2 Buchst. b OECD-MA als auch nach § 12 Nr. 2 AO Betriebsstätte). Der Gewinnabführungsvertrag muss dafür selbstständig unter der Firma der Zweigniederlassung abgeschlossen werden und die Organgesellschaft in die Zweigniederlassung finanziell eingegliedert sein. Für letzteres Merkmal ist abweichend von § 14 Abs. 1 Nr. 1 KStG nicht allein die Stimmrechtsmehrheit, sondern zusätzlich erforderlich, dass die Beteiligung zum Betriebsvermögen der Zweigniederlassung gehört.[117]

III. Schutz von Gesellschaftern im Konzern

1. Überblick

102 Mit der Bildung von Konzernen sind insbesondere aus der Sicht von Minderheitsgesellschaftern erhebliche Gefahren verbunden. Diese bestehen nicht nur in dem Fall, dass sie durch den Abschluss eines Unternehmensvertrages unangemessen benachteiligt werden, sondern können auch ohne den Abschluss eines solchen Vertrages entstehen.

Die Gefahren ergeben sich aus der faktischen **Möglichkeit der Einflussnahme der Muttergesellschaft** auf die Tochtergesellschaft und deren Organe. Hier können aus Sicht des Mutterunternehmens Interessenkonflikte zwischen der einzelnen Gesellschaft und der Unternehmensgruppe entstehen. In diesen Fällen besteht die Gefahr, dass derartige Konflikte zu Lasten der Minderheitsgesellschafter gelöst werden, indem in den Entscheidungen der Leitungsorgane die Interessen der Unternehmensgruppe über die Interessen der einzelnen Unternehmens gestellt werden. Darüber hinaus besteht aber auch die Gefahr, dass Gesellschafter des Mutterunternehmens durch Maßnahmen im Zusammenhang mit einem Konzern benachteiligt werden.

2. Entstehen eines faktischen Konzerns

103 Die Bildung eines Konzerns geschieht meist durch den **Erwerb einer Mehrheitsbeteiligung durch einen Gesellschafter.** Der gleiche Effekt lässt sich auch im Wege einer Kapitalerhöhung erzielen. Der Tatbestand des faktischen GmbH-Konzerns liegt vor, wenn **drei Voraussetzungen** gegeben sind:[118]

- Eine GmbH
- Ein anderes Unternehmen
- Abhängigkeit

Das Vorliegen der ersten beiden Voraussetzungen ist regelmäßig leicht festzustellen. Von besonderer Bedeutung ist die Frage, wann das Merkmal der Abhängigkeit erfüllt ist. Der Begriff der Abhängigkeit bestimmt sich nach den §§ 15 ff. AktG.

---

[115] Roth/Altmeppen/*Altmeppen* Anh. § 13 Rn. 151.
[116] *Einsele* ZGR 1996, 40, 47.
[117] Vgl. dazu näher *Haase* IStR 2006, 855, 857. Diese Regelung kann als gemeinschaftsrechtswidrig wegen Verstoßes gegen die Niederlassungsfreiheit angesehen werden.
[118] *Karsten Schmidt* § 39 III 1.

3. Minderheitenschutz beim beherrschten Unternehmen

Für den Schutz von Minderheiten sind in der Praxis zwei grundsätzlich verschiedene Fallgestaltungen zu unterscheiden: Zum einen kann es um den **präventiven Schutz im Rahmen der Entstehung des Konzerns** gehen, zum anderen kann sich der Schutz auf die Interessen von Minderheiten **in einem bestehenden Konzern** beziehen.

a) Schutz bei der Konzernbildung. Im Falle der bevorstehenden Schaffung eines Konzernrechtsverhältnisses stellt sich die Frage, welchen Schutz die Minderheitsgesellschafter in Anspruch nehmen können. In der Regel wird hier die Situation gegeben sein, dass ein Gesellschafter z. B. im Rahmen einer Kapitalerhöhung oder durch Anteilserwerb von einem anderen Gesellschafter seine Beteiligung zu einer Mehrheitsbeteiligung ausbauen oder ein neuer Gesellschafter aufgenommen werden soll, der die Mehrheit der Anteile halten soll. Diesen Situationen ist gemeinsam, dass der Beschluss einer Gesellschafterversammlung erforderlich ist und die Gesellschafter prüfen müssen, ob ihnen Abwehrmöglichkeiten zur Verfügung stehen.

aa) Schutz durch Satzungsbestimmungen. Der Schutz von Minderheiten im Rahmen der Bildung von faktischen Konzernen lässt sich auf mehreren Wegen erreichen. Hier bietet sich zunächst die **Satzungsgestaltung** an. Im Rahmen der Satzung sind grundsätzlich folgende Regelungen zugunsten von Minderheitsgesellschaftern denkbar:

> **Checkliste: Mögliche Schutzbestimmungen in der Satzung**
>
> ☐ Vinkulierung
> ☐ Wettbewerbsverbote
> ☐ Stimmverbote
> ☐ Höchststimmrechte
> ☐ Mehrfachstimmrechte
> ☐ Sonderrechte zugunsten einzelner Gesellschafter

(1) Vinkulierung. Von besonderer praktischer Bedeutung ist die Vinkulierung. Darunter versteht man eine Bestimmung in der Satzung, die an die Übertragung von Anteilen weitere Erfordernisse, meist die **Zustimmung der Gesellschaft oder der anderen Gesellschafter,** knüpft. § 15 Abs. 5 GmbHG erlaubt die Einschränkung der Abtretbarkeit bis hin zum gänzlichen Ausschluss. Angesichts der Streichung des § 17 GmbHG durch das MoMiG gilt nicht mehr die Vorgabe, dass die Veräußerung von Teilen eines Geschäftsanteils nur mit Genehmigung der Gesellschaft stattfinden kann. Grundsätzlich bedarf es daher keiner Zustimmung. Eine entsprechende Klausel ist nach § 15 Abs. 5 GmbHG aber zulässig.

> **Formulierungsvorschlag:**
> Die Abtretung von Geschäftsanteilen oder eines Teiles eines Geschäftsanteils bedarf zu ihrer Wirksamkeit der Zustimmung der Gesellschaft.

Neben der Zustimmung sämtlicher Gesellschafter können auch andere Kriterien festgelegt werden. So kann die Zustimmung insbesondere an die einfache oder qualifizierte Mehrheit der Gesellschafter[119] oder an einen einzelnen Mitgesellschafter gebunden werden.[120] Solange die Genehmigung nicht erteilt ist, ist die dingliche Abtretung schwebend unwirksam.[121]

---
[119] MünchHdBGesR III/*Schiessl* § 32 Rn. 26.
[120] LG Düsseldorf ZIP 1985, 1269, 1271.
[121] Lutter/Hommelhoff/*Lutter*/*Bayer* § 15 Rn. 51.

110 *(2) Wettbewerbsverbote.* Die Satzung kann den Gesellschaftern ein **Wettbewerbsverbot** auferlegen. Fraglich ist allerdings im Einzelfall, ob diese Klausel einen wirksamen Schutz gegen eine Konzernbildung bieten kann. Dies wird nur in Ausnahmefällen gegeben sein. Der Minderheitsgesellschafter kann sich nur dann mit Erfolg auf ein Wettbewerbsverbot zur Abwehr einer Konzernbildung berufen, wenn die Mehrheit mit dem Beschluss, der die Bildung des faktischen Konzerns bewirkt, gegen ein Wettbewerbsverbot zu Lasten der GmbH verstößt.

111 *(3) Stimmverbote.* Eine Konzernbildung kann ferner verhindert werden, wenn **zu Lasten einzelner Gesellschafter Stimmverbote** vorgesehen sind. So kann die Satzung etwa bestimmen, dass bei dem Abschluss eines Unternehmensvertrages der Gesellschafter, mit dem der Vertrag abgeschlossen werden soll, einem Stimmverbot unterliegt.

112 *(4) Höchststimmrechte.* Die Satzung kann auch Höchststimmrechte für einen oder mehrere Gesellschafter vorsehen.[122] So kann in der Satzung z. B. bestimmt werden, dass **kein Gesellschafter mehr als 100 Stimmen** innehaben darf.[123] Dies kann dazu führen, dass auch ein Gesellschafter, der die Mehrheit der Kapitalanteile auf sich vereinigt, nicht in der Lage ist, den Abschluss eines Unternehmensvertrages gegen den Willen der übrigen Gesellschafter durchzusetzen.

113 *(5) Mehrfachstimmrechte.* Spiegelbildlich zu den Höchststimmrechten kann die Satzung **zugunsten eines Gesellschafters Mehrfachstimmrechte** vorsehen, um diesem Gesellschafter einen besonderen Einfluss auf die Gesellschaft zu sichern. Auf diese Weise kann einem Gesellschafter, der nur eine Minderheit der Kapitalanteile hält, ein wesentlicher Einfluss auf die Beschlussfassung der Gesellschaft gesichert werden.

114 *(6) Sonderrechte zugunsten einzelner Gesellschafter.* Darüber hinaus kann die Satzung weitere Sonderrechte zugunsten einzelner Gesellschafter vorsehen. Hier ist insbesondere an ein besonderes **Veto- oder Entsenderecht** bei der Besetzung von Geschäftsführer- und Aufsichtsratspositionen zu denken.

115 *bb) Schutzmöglichkeiten ohne Satzungsregelung.* Auch ohne besondere Regelungen in der Satzung gibt es Schutzmöglichkeiten zugunsten von Minderheitsgesellschaftern gegen eine Konzernbildung. Von praktischer Bedeutung sind Stimmbindungsverträge und die allgemeine gesellschaftsrechtliche Treuepflicht.

116 *(1) Stimmbindungsverträge.* Eine Variante des Schutzes von Minderheitsgesellschaftern besteht in der Möglichkeit, schuldrechtliche Absprachen unter den Gesellschaftern im Rahmen außerhalb der Satzung liegender Regelungen zu treffen.[124] Hierzu sind in der Praxis sog. Stimmbindungsverträge üblich, vgl. dazu § 14 Rn. 231 ff.
Hier ist jedoch zu berücksichtigen, dass derartige Verträge grundsätzlich nur **schuldrechtliche Wirkung** haben, so dass die Anfechtung eines Gesellschafterbeschlusses, der entgegen einem Stimmbindungsvertrag gefasst worden ist, in der Regel nicht möglich ist.[125] Eine Aufnahme in die Satzung ist daher im Regelfall vorzugswürdig.

117 *(2) Gesellschaftsrechtliche Treuepflicht.* Die Möglichkeiten, ohne eine ausdrückliche Regelung in der Satzung oder in einem Stimmbindungsvertrag eine Konzernbildung zu verhindern, sind sehr eingeschränkt. Grundsätzlich kommt als Schranke die **allgemeine gesellschaftsrechtliche Treuepflicht** in Betracht, die den Mehrheitsgesellschafter zur Rücksichtnahme auf seine Mitgesellschafter verpflichtet.

118 In der Regel dürfte die allgemeine gesellschaftsrechtliche Treuepflicht jedoch kaum einmal geeignet sein, eine Konzernbildung zu verhindern. Die Konzernierung ist schließlich grundsätzlich zulässig. Nur anhand der Umstände des Einzelfalles kann sich im Ausnahmefall eine Unzulässigkeit ergeben.

---

[122] Vgl. Baumbach/Hueck/*Zöllner* § 47 Rn. 68 f.
[123] Baumbach/Hueck/*Zöllner* § 47 Rn. 68.
[124] Vgl. dazu ausführlich *Michalski/Römermann* § 47 Rn. 492 ff.
[125] *Michalski/Römermann* § 47 Rn. 532.

Für den Bereich des Wettbewerbsverbots kann dies u. U. angenommen werden. So hat der BGH in der sog. Heumann-Ogilby-Entscheidung[126] ausgesprochen, dass der Mehrheitsgesellschafter einer GmbH & Co. KG auch ohne spezielle Satzungsbestimmungen einem Wettbewerbsverbot unterliege.[127] 119

cc) Ausgleichs- und Abfindungsregelungen. Sollte sich aus der Sicht des Minderheitsgesellschafters eine Konzernbildung durch den Abschluss eines Unternehmensvertrages nicht verhindern lassen, so stellt sich die Frage, ob wenigstens ein angemessener **Ausgleich oder eine Abfindung analog §§ 304, 305 AktG** verlangt werden kann. Die Rechtsprechung hat diese Frage bisher offengelassen.[128] Nach der h. M. sind die §§ 304, 305 AktG in diesem Fall nicht analog anwendbar, da ein Unternehmensvertrag für eine GmbH nur einstimmig von den Gesellschaftern angenommen werden könne, so dass ein weitergehender Schutz nicht mehr erforderlich sei.[129] Eine Mindermeinung[130] der Literatur geht hingegen davon aus, dass ein Unternehmensvertrag auch durch Mehrheitsbeschluss in der Gesellschafterversammlung zustande kommen könne. Die §§ 304, 305 AktG seien analog anwendbar. 120

Damit stellt sich dieser Meinungsstreit im Ergebnis als Folge der Frage nach dem Zustimmungserfordernis der Gesellschafter dar. Nach der hier vertretenen Auffassung können Minderheitsgesellschafter daher einen Ausgleich nach §§ 304, 305 AktG verlangen. Die Höhe des Ausgleichs bestimmt sich in diesen Fällen nach § 304 Abs. 2 AktG.[131] 121

b) Schutz bei bestehendem Konzern. Ist ein Konzernverhältnis entweder faktisch oder durch den Abschluss eines Unternehmensvertrages begründet worden, so besteht für die Minderheitsgesellschafter die latente Gefahr, dass sie durch Maßnahmen der Konzernobergesellschaft benachteiligt werden. Hinsichtlich der Schutzmöglichkeiten kommt es darauf an, ob ein Unternehmensvertrag vorliegt oder nicht. 122

aa) Vorliegen eines Unternehmensvertrages. Im AktG sind Regelungen für den Ausgleich von Nachteilen im Vertragskonzern (§§ 302, 303 AktG) vorgesehen. Im Falle des Vorliegens eines Unternehmensvertrages ist die herrschende Gesellschaft nach § 302 AktG zum Ausgleich des Jahresverlustes bei der abhängigen Gesellschaft verpflichtet. Diese Regelung gilt für den GmbH-Konzern entsprechend.[132] Die Vorschrift dient neben dem Schutz der Gläubiger auch dem Schutz der abhängigen Gesellschaft und der Kapitalerhaltung bei der abhängigen Gesellschaft.[133] Diesen Anspruch kann ein Gesellschafter nach § 309 Abs. 4 AktG analog geltend machen.[134] Dabei ist zu berücksichtigen, dass nur Leistung an die Gesellschaft, nicht an den Gesellschafter direkt verlangt werden kann. 123

Die Gewährung eines Anspruchs analog § 302 Abs. 1 AktG ist im Ergebnis verfehlt, da die Kapitalerhaltungsvorschriften (§§ 30, 31 GmbHG) insoweit eine abschließende Regelung darstellen.[135] 124

Checkliste: Verlustausgleichsanspruch nach § 302 Abs. 1 AktG 125

☐ Beherrschungs- und/oder Gewinnabführungsvertrag
☐ Jahresfehlbetrag
☐ Während der Vertragsdauer
☐ Kein Ausgleich aus anderen Gewinnrücklagen

---

[126] BGHZ 89, 162.
[127] BGHZ 89, 162, 165.
[128] Vgl. die sog. Supermarktentscheidung: BGHZ 105, 324, 332 = ZIP 1989, 29.
[129] Scholz/*Emmerich* Anhang Konzernrecht Rn. 158; Ulmer/*Casper* GmbHG Anh. § 77 Rn. 191.
[130] Lutter/*Lutter/Trölitzsch* Holding-Handbuch § 7 Rn. 50.
[131] Zu den Einzelheiten vgl. *Hüffer* § 304 Rn. 8 ff.
[132] BGHZ 168, 285 = BGH NJW 2006, 3279, 3280; *Hüffer* § 302 Rn. 7 m. w. N.
[133] *Hüffer* § 302 Rn. 2 f.
[134] Emmerich/Habersack/*Emmerich* § 309 AktG Rn. 7.
[135] Vgl. *Römermann/Schröder* GmbHR 2001, 1015, 1018.

126 *(1) Beherrschungs- und/oder Gewinnabführungsvertrag.* Der Anspruch setzt zunächst einen Beherrschungs- und/oder Gewinnabführungsvertrag im Sinne des § 291 Abs. 1 AktG zwischen der GmbH und einem anderen Unternehmen voraus. Es reicht aus, dass einer der beiden Verträge besteht. Ein Unternehmensvertrag im Sinne des § 292 AktG ist nicht ausreichend.[136]

127 *(2) Jahresfehlbetrag.* Die Voraussetzung des Jahresfehlbetrages setzt eine hypothetische Betrachtung der Bilanz voraus, da das Gesetz von einem „sonst entstehenden Fehlbetrag" spricht. Maßgeblich ist der Wert, der als Jahresfehlbetrag als Posten Nr. 20 (bei Anwendung des Gesamtkostenverfahrens nach § 275 Abs. 2 HGB) bzw. Posten Nr. 19 (bei Anwendung des Umsatzkostenverfahrens nach § 275 Abs. 3 HGB) auszuweisen wäre, wenn nicht der Ausgleichsanspruch in gleicher Höhe gegenüberstünde.[137]

128 *(3) Während der Vertragsdauer.* Der fiktive Jahresfehlbetrag muss während der Laufzeit des Beherrschungs- bzw. Gewinnabführungsvertrages angefallen sein. Grundsätzlich beginnt die Laufzeit des Vertrages mit dem Eintritt der Wirksamkeit nach § 294 Abs. 2 AktG, also mit der Eintragung in das Handelsregister der beherrschten Gesellschaft. Etwas anderes gilt lediglich dann, wenn in einem Ergebnisabführungsvertrag eine Rückwirkung vorgesehen ist. Fehlt es an einer diesbezüglichen Regelung, so tritt zum nächsten **auf die Eintragung folgenden Geschäftsjahresende** eine Haftung der herrschenden Gesellschaft für den gesamten Jahresfehlbetrag unabhängig davon ein, wann dieser angefallen ist.[138] Unstreitig ist die herrschende Gesellschaft jedoch nicht zu einem Ausgleich eines vor dem Vertragsschluss aufgelaufenen Verlustvortrages verpflichtet.

129 Die Verlustausgleichspflicht endet mit der **Beendigung des Vertrages** (§§ 296, 297 AktG). Dies ist dann unproblematisch, wenn das Vertragsende mit dem Abschluss einer Rechnungsperiode zusammenfällt. In diesem Falle haftet die herrschende Gesellschaft noch für den auf den Bilanzstichtag errechneten Fehlbetrag. Dabei ist unerheblich, dass der Jahresabschluss erst später aufgestellt wird.

130 Umstritten ist der Fall, dass der Vertrag **während eines Geschäftsjahres beendet** wird. Von praktischer Bedeutung ist insbesondere die Kündigung aus wichtigem Grund nach § 297 AktG. Nach einer Meinung soll in diesem Fall die Haftung für das laufende Geschäftsjahr ausgeschlossen sein, da der am Jahresende festgestellte Fehlbetrag nicht kausal auf das Verhalten des herrschenden Unternehmens zurückzuführen sei.[139] Dieser Auffassung kann nicht beigetreten werden. Vielmehr muss in diesen Fällen eine Zwischenbilanz bezogen auf den genauen Zeitpunkt der Vertragsbeendigung erstellt werden, aus der sich der maßgebliche Fehlbetrag ergibt.[140]

131 *(4) Kein Ausgleich aus anderen Gewinnrücklagen.* Ein Anspruch ist ausgeschlossen, wenn der Jahresfehlbetrag durch Entnahme aus Gewinnrücklagen ausgeglichen wird. Voraussetzung ist jedoch, dass diese **Gewinnrücklagen** während der Vertragslaufzeit entstanden sind. Gewinnrücklagen oder Gewinnvorträge, die vor Bestehen des Vertrages vorhanden waren, dürfen für eine Verrechnung nicht herangezogen werden.

132 *(5) Ausgleich bei sonstigen Unternehmensverträgen.* Bei Unternehmensverträgen nach § 292 AktG, also insbesondere beim Betriebspachtvertrag, besteht ein Ausgleichsanspruch nach Maßgabe des § 302 Abs. 2 AktG unter den grundsätzlich gleichen Voraussetzungen wie bei einem Unternehmensvertrag nach § 291 AktG. Allerdings tritt hier das Erfordernis hinzu, dass der Pachtzins unangemessen ist. Unangemessen ist ein Pachtzins dann, wenn er so hoch ist, dass der Ertragswert des abhängigen Unternehmens nachhaltig geschmälert wird.[141]

---

[136] *Hüffer* § 302 Rn. 10.
[137] *Hüffer* § 302 Rn. 11.
[138] *Hüffer* § 302 Rn. 12; *Meister* WM 1976, 1182, 1183 f.
[139] *Meister* WM 1976, 1182, 1184 f.
[140] BGHZ 103, 1, 9 f. = NJW 1988, 1326; *Hüffer* § 302 Rn. 13.
[141] *Hüffer* § 302 Rn. 24.

bb) Leitung durch Beteiligung. Falls ein Unternehmensvertrag nicht vorliegt, ergeben sich die Schutzmöglichkeiten der Minderheitsgesellschafter aus den allgemeinen Treuepflichten bei einer GmbH: Für das Aktienrecht gilt das sog. Schädigungsprivileg der §§ 311 ff. AktG. Danach darf eine abhängige Aktiengesellschaft durch Weisungen des Vorstands der herrschenden Gesellschaft geschädigt werden.[142] Schädigende Anweisungen darf der Vorstand der abhängigen Gesellschaft ohne Pflichtverletzung befolgen. Eingetretene Nachteile sind der abhängigen Gesellschaft nach § 311 Abs. 1 AktG am Ende des Geschäftsjahres auszugleichen.

Die Regelungen der §§ 311 ff. AktG sind jedoch auf die GmbH **nicht analog** anwendbar.[143] Begründet wird dies damit, dass der Gesetzgeber bewusst keine Schädigung der abhängigen Gesellschaft zulassen wollte. Somit besteht bei einer abhängigen GmbH ein striktes Schädigungsverbot auf Grund der mitgliedschaftlichen Treuepflicht des Mehrheitsgesellschafters. Jeder Minderheitsgesellschafter hat einen sofortigen Anspruch auf Unterlassung von schädigenden Handlungen[144] sowie ggf. auf späteren Schadensersatz. Dieser Anspruch resultiert aus der allgemeinen gesellschaftsrechtlichen Treuepflicht.

Checkliste: Anspruch eines Minderheitsgesellschafters auf Unterlassung schädigender Handlungen

- ☐ Objektiver Pflichtverstoß des Mehrheitsgesellschafters
- ☐ Subjektiver Pflichtverstoß
- ☐ Kein Ausschluss des Anspruchs

(1) Objektiver Pflichtverstoß. Der Mehrheitsgesellschafter handelt **treuwidrig**, wenn er dem Geschäftsführer einer abhängigen GmbH Weisungen erteilt, die für die GmbH nachteilig sind. Häufig wird es sich um Maßnahmen handeln, die aus Sicht des Konzerns wirtschaftlich sinnvoll sind, die einzelne GmbH jedoch benachteiligen.

(2) Subjektiver Pflichtverstoß. Maßstab für die Frage, ob eine für die GmbH objektiv nachteilige Maßnahme treuwidrig ist, ist die **Sorgfalt eines ordentlichen Geschäftsleiters** nach § 43 GmbHG. In diesem Zusammenhang ist die dazu entwickelte Beweislastumkehr von besonderer Bedeutung: Der Mehrheitsgesellschafter hat im Prozess zu beweisen, dass ein ordentlicher Geschäftsleiter einer unabhängigen Gesellschaft die in Rede stehende Maßnahme genauso getroffen hätte.[145]

(3) Kein Ausschluss des Anspruchs. Ein Pflichtverstoß führt dann nicht zu einem Unterlassungsanspruch, wenn die **Minderheitsgesellschafter** der Maßnahme **zustimmen**. Insofern steht die Treuepflicht der Gesellschafter grundsätzlich zu deren Disposition.[146] Ein Eigeninteresse der Gesellschaft an der Erhaltung ihres Vermögens besteht nicht, so dass die Gesellschafter über das Gesellschaftsvermögen grundsätzlich frei verfügen können. Die Grenze für diese Zustimmung ist jedoch die Vorschrift des § 30 GmbHG, da dieses Vermögen dem Zugriff der Gesellschafter entzogen ist.

Eine **Zustimmung der Minderheitsgesellschafter** kann nach den allgemeinen Regeln **ausdrücklich oder konkludent** im Voraus oder im Nachhinein erteilt werden. Die Beweislast hierfür trägt der Mehrheitsgesellschafter, da er sich auf den Ausschluss des Unterlassungsanspruchs beruft.

c) **Schutz der Gesellschafter des herrschenden Unternehmens.** Die bisherigen Ausführungen gingen von dem Fall aus, dass durch die Bildung eines Konzerns Gesellschafter der Tochtergesellschaft benachteiligt werden. Genauso ist allerdings auch denkbar, dass Ent-

---

[142] Lutter/*Lutter*/*Trölitzsch* Holding-Handbuch § 7 Rn. 51.
[143] BGHZ 65, 15 = NJW 1976, 191; Ulmer/*Casper* GmbHG Anh. § 77 Rn. 54; Lutter/*Lutter*/*Trölitzsch* Holding-Handbuch § 7 Rn. 53.
[144] BGHZ 83, 122, 127 = NJW 1982, 1703; Lutter/*Lutter*/*Trölitzsch* Holding-Handbuch § 7 Rn. 54.
[145] Lutter/*Lutter*/*Trölitzsch* Holding-Handbuch § 7 Rn. 56.
[146] BGH AG 1993, 84, 85; Lutter/*Lutter*/*Trölitzsch* Holding-Handbuch § 7 Rn. 57.

scheidungen der Muttergesellschaft zu Lasten von deren Gesellschaftern gehen.[147] Für die Beurteilung dieser Benachteiligungen sind für das Aktienkonzernrecht in der **Holzmüller-Entscheidung** des BGH die Grundlagen gelegt worden,[148] die der BGH inzwischen in zwei neueren Entscheidungen weiterentwickelt hat.[149] Dabei geht es vor allem darum, dass wesentliche Grundlagen (z. B. Betriebsteile) des herrschenden Unternehmens auf die Tochtergesellschaft übertragen werden, so dass sie dem Einfluss der Minderheitsgesellschafter entzogen sind. Denkbar ist auch, dass Tochter- in Enkelgesellschaften umstrukturiert werden und hierbei eine Machtverschiebung zu Lasten der Aktionäre der Muttergesellschaft eintritt (sog. Mediatisierungseffekt).[150]

Eine wesentliche Beeinträchtigung der Mitwirkungsbefugnisse der Aktionäre liegt nach der Rechtsprechung in solchen Fällen erst dann vor, wenn die wirtschaftliche Bedeutung der Maßnahme in etwa die Ausmaße der Ausgliederung im „Holzmüller"-Fall erreicht (dort 80% des Gesellschaftsvermögens).[151]

140 Gegen ein solches Vorgehen der Muttergesellschaft stehen den Minderheitsgesellschaftern mehrere Abwehrmöglichkeiten zur Verfügung: Zum einen kommt eine Anfechtung des die Gesellschaft beeinträchtigenden Beschlusses in Betracht.[152] Daneben kann auch eine Unterlassungsklage gegen die Geschäftsführung erhoben werden.[153]

> **Praxistipp:**
> In der Praxis sollte in jedem Fall eine Anfechtungsklage erhoben werden, um den Beschluss nicht bestandskräftig werden zu lassen. Im Vorfeld einer solchen Transaktion steht den Minderheitsgesellschaftern ein umfassendes Auskunftsrecht nach § 51a GmbHG zu.[154]

141 Im Allgemeinen zählt die Ausübung von Gesellschafterrechten bei Tochtergesellschaften zu den Befugnissen des Geschäftsführers. Die Gesellschafterversammlung kann jedoch auf Grund ihrer Allzuständigkeit wichtige Entscheidungen an sich ziehen.[155]

Eine **Pflicht** des herrschenden Unternehmens **zur „Konzernleitung"**, wie sie von Teilen der Literatur angenommen wird, besteht nicht.[156] Vielmehr kann sich auch ein herrschendes Unternehmen auf die Auswahl von Leitungspersonal und die allgemeine Ergebniskontrolle der Tochtergesellschaft beschränken. Dementsprechend haben auch Minderheitsgesellschafter keinen „Anspruch auf Konzernleitung". Dies ist in der Praxis im GmbH-Recht jedoch kaum relevant, da die Gesellschafterversammlung jede Entscheidung an sich ziehen kann, vgl. § 14 Rn. 2.

4. Besonderheiten beim internationalen Konzern

142 In der Praxis kommen zunehmend grenzüberschreitende Unternehmensverbindungen vor. In diesen Fällen stellt sich die Frage, ob das deutsche Konzernrecht anwendbar ist. Grundvoraussetzung der Anwendbarkeit ist die Beteiligung einer deutschen GmbH an einem solchen Unternehmensverbund.[157] Das Kollisionsrecht von internationalen Unternehmensverbänden ist nicht positiv geregelt.

---

[147] Kritisch dazu *Ebenroth* AG 88, 3.
[148] BGHZ 83, 122.
[149] BGH WM 2004, 1085 = BGH NJW 2004, 1860 und WM 2004, 1090 (Gelatine I + II); vgl. dazu *Fuhrmann* AG 2004, 339 ff.; *Bungert* BB 2004, 1345 ff.
[150] BGH NJW 2004, 1860 – Gelatine I.
[151] BGH NJW 2004, 1860, 1864 – Gelatine I.
[152] Vgl. OLG Koblenz ZIP 1990, 1570.
[153] Baumbach/Hueck/*Zöllner* GmbH-KonzernR Rn. 85.
[154] *Kort* ZGR 1987, 46, 52.
[155] Scholz/*Emmerich* Anh. Konzernrecht Rn. 64 ff.
[156] So zutreffend Scholz/*Emmerich* Anh. Konzernrecht Rn. 64b.
[157] Roth/Altmeppen/*Altmeppen* Anh. § 13 Rn. 147.

Im Falle einer abhängigen GmbH ist nach allgemeiner Ansicht stets deutsches Recht anzuwenden.[158] Dafür werden verschiedene Begründungen angeführt.[159] Insbesondere angesichts der hochrangigen Schutzinteressen der Gläubiger und gegebenenfalls außenstehender Gesellschafter ist eine Anwendung des Gesellschaftsstatuts der abhängigen Gesellschaft überzeugend.[160] Als Gesellschaftsstatut ist nach den neuesten Entwicklungen im Internationalen Gesellschaftsrecht jedenfalls für den Bereich der EU und der USA das Recht des Gründungsstaates anzuwenden.[161] Der BGH hat mit Urteil vom 13.3.2003[162] die Vorgaben des EuGH aus der „Überseering"-Entscheidung umgesetzt.

Auch für die Frage, ob überhaupt ein Konzern vorliegt, gilt in diesen Fällen deutsches Recht.[163]

IV. Haftung der Muttergesellschaft

1. Überblick

Im Zusammenhang mit der Haftung einzelner Unternehmen eines Unternehmensverbundes stellt sich die Frage, ob im Einzelfall auch die dahinter stehenden Gesellschafter in Anspruch genommen werden können. Diese Thematik wird im Allgemeinen unter dem Begriff der sog. „**Durchgriffshaftung**" diskutiert. Dabei handelt es sich um eine Vielzahl von völlig verschiedenen Problemkreisen, die rechtlich wenig miteinander zu tun haben. Von einem einheitlichen Rechtsinstitut der Durchgriffshaftung kann daher bei näherer Betrachtung keine Rede sein. Im Folgenden werden die einzelnen denkbaren Wege dargestellt, die zu der Annahme einer Haftung des Mutterunternehmens für Verbindlichkeiten seiner Tochtergesellschaften führen können. 143

Ein Konzern ist ein sog. „**polykooperativer**" Verband.[164] Das ist eine wirtschaftliche Einheit, die rechtlich aus verschiedenen Teilen besteht. Aus der rechtlichen Trennung der Einheiten eines Konzerns ergibt sich, dass auch das Mutterunternehmen grundsätzlich „nur" Gesellschafter seiner Tochterunternehmen ist. Ist daher das Mutterunternehmen an einer OHG oder als Komplementär an einer KG beteiligt, so ergibt sich die Haftung aus den §§ 128, 161 HGB. 144

Problematisch und in der Praxis regelmäßig anzutreffen sind jedoch Konstellationen, in denen die Tochtergesellschaft in der Rechtsform einer Kapitalgesellschaft, etwa einer GmbH, betrieben wird. In diesen Fällen ist der Gesellschafter im Regelfall gem. § 13 Abs. 2 GmbHG, § 1 Abs. 1 S. 2 AktG, § 2 GenG von der Haftung freigestellt. Man spricht daher im Zusammenhang mit den Haftungsfragen auch vom **Trennungsprinzip**.[165] Dass die einzelnen Rechtssubjekte durch Unternehmensverträge oder in anderer Art wirtschaftlich eng miteinander verbunden sind, hebt diese Trennung nicht ohne weiteres auf. Eine Haftung der Muttergesellschaft für die Verbindlichkeiten der Tochterunternehmen kann daher nur in Ausnahmefällen in Betracht kommen. 145

---

[158] BGHZ 65, 15 = NJW 1976, 191; MünchKommBGB/*Kindler*, Internationales Handels- und Gesellschaftsrecht, Rn. 738; *Altmeppen* NJW 2004, 97, 103; Emmerich/Habersack/*Habersack* § 311 AktG Rn. 21.
[159] Vgl. MünchKommBGB/*Kindler*, Internationales Handels- und Gesellschaftsrecht, Rn. 738 ff.
[160] *Altmeppen* NJW 2004, 97, 103; Emmerich/Habersack/*Habersack* § 311 AktG Rn. 21.
[161] EuGH Slg. 2002, I-9919 Rn. 59 = NJW 2002, 3614 – Überseering. Der EuGH hat hierin erklärt, die Sitzverlegung habe aus der Sicht des Zuzugsstaates nicht zum Verlust der Rechtspersönlichkeit geführt, vgl. EuGH Slg. 2002, I-9919 Rn. 63 S. 2 u. 3, 80 S. 2 = NJW 2002, 3614 – Überseering; EuGH Slg. 2003, I-10 155 = NJW 2003, 3331 – Inspire Art. Die Sitztheorie ist für Gesellschaften aus der EU nicht mehr haltbar. Vgl. dazu z. B. *Baudenbacher/Buschle* IPRax 2004, 26, 28 f.; *Behrens* IPRax 2003, 193, 201, 203 ff.; *Bayer* BB 2003, 2357, 2362, 2364 f.; *Binz/Mayer* GmbHR 2003, 249, 254 f. Für deutsch-amerikanische Rechtsbeziehungen gilt der deutsch-amerikanische Freundschafts-, Handels- und Schifffahrtsvertrag zwischen der Bundesrepublik Deutschland und den Vereinigten Staaten von Amerika vom 29.10.1954. Nach Art. XXV Abs. 5 S. 2 des Abkommens gelten Gesellschaften, die gemäß den Gesetzen und sonstigen Vorschriften des einen Vertragsteils in dessen Gebiet errichtet sind, als Gesellschaften dieses Vertragsteils. Dieser Ansatz entspricht den Grundsätzen der Gründungstheorie. Vgl. BGHZ 153, 353 = NJW 2003, 1607 = NZG 2003, 531.
[162] BGHZ 154, 185 = BGH NJW 2003, 1461 – Überseering.
[163] Roth/Altmeppen/*Altmeppen* Anh. § 13 Rn. 165.
[164] Lutter/Lutter/*Trölitzsch* Holding-Handbuch § 7 Rn. 1.
[165] Zur Rechtsprechung vgl. *Schulte* WM 1979 Sonderbeilage 1.

146 Zu unterscheiden ist dabei zwischen einer **direkten und einer indirekten Konzernhaftung.** Während bei der direkten Haftung eine Inanspruchnahme unmittelbar aus einem Spezialgesetz wie z. B. dem UmweltHG oder dem ProdHG möglich ist, liegt eine indirekte Haftung vor, wenn die Muttergesellschaft im Fall einer Insolvenz der Tochtergesellschaft für deren Verbindlichkeiten die Ausfallhaftung übernehmen muss. Daneben kommt auch eine vertragliche Haftung in Betracht.

147

> **Übersicht: Haftung der Muttergesellschaft für Verbindlichkeiten der Tochtergesellschaft**
> **Vertragliche Haftung**
> - aus Schuldbeitritt
> - aus Bürgschaft
> - aus Patronatserklärung
> - aus Liquiditätszusage
>
> **Direkte gesetzliche Haftung**
> - aus Spezialgesetzen
>   - des öffentlichen Rechts, z. B. § 73 AO, § 4 Abs. 3 S. 4 BBodSchG
>   - des Privatrechts, z. B. § 1 UmweltHG, § 1 ProdHG
> - aus dem allgemeinen Deliktsrecht, §§ 823 ff., insbesondere § 826 BGB
> - aus Culpa in Contrahendo (§§ 311 Abs. 2, 241 Abs. 2 BGB)
>
> **Indirekte gesetzliche Haftung**
> - aus § 128 HGB analog
>   - Vermögensvermischung
>   - Sphärenvermischung

148 Die Übersicht ist ein Versuch, die zahlreichen in Rechtsprechung und Literatur entwickelten Ansätze in ein System einzufügen. Dabei ist stets zu beachten, dass die Begriffe teilweise in einem unterschiedlichen Sinne verwandt werden und daher Überschneidungen zwischen den Haftungstatbeständen möglich sind.

2. Vertragliche Haftungsübernahme im Konzern

149 Neben der Möglichkeit, dass eine gesetzliche Haftung der Muttergesellschaft für Verbindlichkeiten des Tochterunternehmens eintritt, besteht die Alternative einer **freiwilligen Übernahme der Haftung** innerhalb eines Konzerns. In der Praxis kommt dies relativ oft vor, insbesondere werden Gläubiger bei Kreditvereinbarungen mit wirtschaftlich in den Konzern eingebundenen Tochtergesellschaften regelmäßig auf einer Haftungsübernahme der Muttergesellschaft als Sicherheit bestehen. Dies ist aus der Sicht des Gläubiger schon deshalb geboten, weil die Inanspruchnahme der Muttergesellschaft aus einer vertraglichen Regelung leichter möglich ist als im Einzelfall das Vorliegen eines gesetzlichen Haftungstatbestandes nachweisen zu müssen.

150 In Betracht kommen zunächst die **Institute des allgemeinen Zivilrechts** wie Schuldübernahme, Schuldbeitritt, Garantie oder Bürgschaft. Darüber hinaus hat sich in der Praxis die besonders weitgehende Patronatserklärung als weitere Form der Haftungsübernahme herausgebildet. Von besonderer praktischer Bedeutung sind in diesem Zusammenhang Schuldbeitritt, Bürgschaft und Patronatserklärung sowie die Liquiditätszusage.

> **Übersicht: Vertragliche Haftungsübernahme im Konzern**
> 1. Schuldbeitritt
> 2. Bürgschaft
> 3. Patronatserklärung
> 4. Liquiditätszusage

151 a) **Schuldbeitritt und Bürgschaft.** Schuldbeitritt und Bürgschaft[166] sind in der Praxis beliebte und im Rahmen der allgemeinen zivilrechtlichen Vorschriften zulässige Möglichkeiten

---

[166] Zur Abgrenzung vgl. Erman/*Röthel* Vor § 414 Rn. 14 ff.

einer vertraglichen Haftungsübernahme eines Gesellschafters für die GmbH. Der geschäftsführende Gesellschafter einer GmbH kann sich grundsätzlich nicht auf eine krasse Überforderung durch eine Bürgschaft berufen.[167]

b) Patronatserklärung. Während es sich bei den übrigen vertraglichen Haftungsübernahmen um Institute des allgemeinen Zivilrechts handelt, hat für die Praxis die Patronatserklärung[168] vor allem im Zusammenhang mit Konzernsachverhalten Bedeutung erlangt. 152
In einer Patronatserklärung bekundet die Muttergesellschaft einem Gläubiger, in der Regel einer Bank, ihre **Einstandspflicht für sämtliche Verbindlichkeiten** der Tochtergesellschaft.[169] Die rechtliche Bedeutung einer Patronatserklärung ist im Einzelfall durch Auslegung zu ermitteln, da unter dem Begriff eine Vielzahl ganz verschiedener Erklärungen zusammengefasst werden. Dies gilt insbesondere für die Frage, ob die Erklärung eine Einstandspflicht der Muttergesellschaft begründet (sog. harte Patronatserklärung) oder nicht (sog. weiche Patronatserklärung).

Die **weiche Patronatserklärung** enthält lediglich eine Verpflichtung der Muttergesellschaft, die Tochtergesellschaft zur ordnungsgemäßen Rückzahlung der Verbindlichkeiten anzuhalten. 153

Formulierungsvorschlag für eine weiche Patronatserklärung:

An die
A-Bank ...... (Ort, Straße)

Wir haben davon Kenntnis, dass Sie der (Firma) ...... an der wir mit ......% beteiligt sind, im Hinblick auf diese Patronatserklärung einen Kredit in Höhe von ...... zu den Konditionen Ihres Schreibens vom ...... gewähren werden.

Wir werden unseren Einfluss bei der (Firma) ...... dahingehend geltend machen, dass diese ihren Verbindlichkeiten aus dem vorbezeichneten Kreditverhältnis nachkommt.

Diese Erklärung unterliegt deutschem Recht. Gerichtsstand ist Stuttgart oder der Sitz des Beklagten nach Wahl des Klägers.

Die Verpflichtung, die Tochtergesellschaft zur Erfüllung anzuhalten, hat einen rechtlichen, nicht nur einen moralischen Charakter. Verstößt der Patron gegen die Verpflichtung aus einer weichen Patronatserklärung, so macht er sich **schadensersatzpflichtig**. Zur Wahrnehmung einer solchen Pflicht gehört es insbesondere, dass der Patron dafür sorgt, dass die Tochtergesellschaft keine neuen Verbindlichkeiten eingeht, die die Erfüllung der garantierten Verbindlichkeit gefährden. Im Ergebnis kann der Gläubiger aus einer weichen Patronatserklärung jedoch **keine direkten Ansprüche gegen die Muttergesellschaft** herleiten.[170] 154

Nur bei einer sog. **harten Patronatserklärung** kann der Gläubiger direkt Ansprüche gegen die Muttergesellschaft geltend machen. Unter einer harten Patronatserklärung versteht man die Zusage der Muttergesellschaft, die Tochtergesellschaft mit ausreichender Liquidität zu versorgen.[171] 155

Formulierungsvorschlag für eine harte Patronatserklärung:

An die
A-Bank ...... (Ort, Straße)

Wir haben davon Kenntnis, dass Sie der (Firma) ......, an der wir mit ......% beteiligt sind, im Hinblick auf diese Patronatserklärung einen Kredit in Höhe von ...... zu den Konditionen Ihres Schreibens vom ...... gewähren werden.

---

[167] KG MDR 2001, 826.
[168] Zur Patronatserklärung vgl. Lutter/*Lutter*/*Trölitzsch* Holding-Handbuch § 7 Rn. 20 Fn. 6.
[169] Erman/*E. Herrmann* Vor § 765 Rn. 25.
[170] Vgl. Erman/*E. Herrmann* Vor § 765 Rn. 25.
[171] BGHZ 117, 127, 130; MünchKommBGB/*Habersack* Vor § 765 Rn. 44 ff.; Erman/*E. Herrmann* Vor § 765 Rn. 25.

> Wir werden dafür Sorge tragen, dass die (Firma) ...... bis zur vollständigen Rückzahlung des Kredites in der Weise finanziell ausgestattet bleibt, dass sie jederzeit zur Erfüllung ihrer Verpflichtungen aus dem Kreditverhältnis in der Lage ist.
> Diese Erklärung unterliegt deutschem Recht. Gerichtsstand ist Stuttgart oder der Sitz des Beklagten nach Wahl des Klägers.

156 Der Gläubiger kann in diesem Falle einen **direkten Zahlungsanspruch gegen den Patron** geltend machen. Voraussetzung für diesen Anspruch ist die Zahlungsunfähigkeit des Kreditnehmers.[172] Eine Vorausklage ist jedoch nicht erforderlich.[173] Es reicht vielmehr aus, dass der Gläubiger die Voraussetzungen der Zahlungsunfähigkeit nachweist. Die Verbindlichkeit aus einer harten Patronatserklärung ist unter der Bilanz nach §§ 251, 268 Abs. 7 HGB auszuweisen.[174]

157 c) **Liquiditätszusage.** Ein der Patronatserklärung ähnliches Rechtsinstitut ist die Liquiditätszusage. Der Inhalt entspricht dem der Patronaterklärung mit dem Unterschied, dass die Liquiditätszusage nicht gegenüber einem bestimmten Gläubiger, sondern gegenüber der Gesellschaft abgeben wird.

Rechtlich wird die Liquiditätszusage als eine **aufschiebend bedingte Darlehenszusage** eingeordnet.[176] Sie gewährt den Gläubigern keinen direkten Anspruch. Allerdings ist eine Zwangsvollstreckung in den Anspruch der Gesellschaft nach §§ 829, 835 ZPO möglich. Die Kündigung einer solchen Zusage richtet sich vorbehaltlich abweichender Erklärung nach § 609 BGB. Durch das MoMiG ist § 32a GmbHG entfallen, aus dem sich früher nach Inanspruchnahme von Mitteln aus einer Liquiditätszusage Rückgewährverbote ergeben konnten.[177] Zu beachten ist dagegen weiterhin die Möglichkeit eines Rückzahlungsanspruchs der Gesellschaft nach § 31 GmbHG. Auch § 64 GmbHG kann zu Rückzahlungsansprüchen führen.

3. Direkte Haftung

158 Im Rahmen der Prüfung von Ansprüchen gegen Muttergesellschaften bei Konzernsachverhalten ist stets zu berücksichtigen, dass das Konzernrecht grundsätzlich von einer rechtlichen Selbständigkeit der einzelnen Gesellschaften ausgeht. Die Haftung aus einem Spezialgesetz wird daher grundsätzlich zunächst die Tochtergesellschaft als unmittelbare Haftungsschuldnerin treffen. Eine Haftung der Muttergesellschaft kann nur dann in Betracht kommen, wenn sie selbst die tatbestandlichen Voraussetzungen der Haftungsnorm erfüllt. Somit stellen diese Fälle gerade keine Durchbrechung, sondern vielmehr eine Bestätigung des Trennungsprinzips dar.[178]

Für die Praxis in diesem Zusammenhang besonders relevante Bereiche sind die **Produkthaftung** und die **Umwelthaftung**. Darüber hinaus kommt auch eine Haftung aus dem allgemeinen **Deliktsrecht** sowie der **Culpa in Contrahendo**[179] in Betracht.

159 a) **Haftung aus Spezialgesetzen.** Die intensive Diskussion in der Literatur und die Beschäftigung der Rechtsprechung mit dem Phänomen des Konzerns hat teilweise zur Kodifizierung spezieller Haftungstatbestände geführt. Dies gilt sowohl für das öffentliche Recht als auch für das Privatrecht. Bei der Prüfung der Einstandspflicht ist also zunächst stets das Vorliegen einer spezialgesetzlichen Regelung zu prüfen.

160 *aa) Öffentliches Recht.* Für die **Steuerverbindlichkeiten** der Tochtergesellschaft haftet die Muttergesellschaft nach § 73 AO, wenn eine Organschaft vorliegt (vgl. oben Rn. 57 ff.).[180]

---

[172] *Köhler* WM 1978, 1338, 1346.
[173] *Schraepler* ZGK 1975, 215, 216.
[174] *Köhler* WM 1978, 1338, 1346; *Obermüller* ZGR 1975, 1, 41; *Schröder* ZGR 1982, 552, 562 f.
[175] *Wiedemann/Hermanns* ZIP 1994, 997.
[176] *Wiedemann/Hermanns* ZIP 1994, 997, 998 f.
[177] Vgl. dazu *Bayer/Graff* DStR 2006, 1654, 1655 ff.
[178] Lutter/*Lutter/Trölitzsch* Holding-Handbuch § 7 Rn. 26.
[179] Jetzt teilweise geregelt in §§ 311 Abs. 2, 241 Abs. 2 BGB; vgl. auch *Schmidt-Räntsch*, Das neue Schuldrecht, Rn. 460 ff.

Entscheidend kommt es darauf an, dass das Organschaftsverhältnis zum Zeitpunkt der Entstehung der Steuerschuld bestanden hat. Eine spätere Beendigung ist unbeachtlich.[181] Eine Haftung besteht nur für diejenigen Steuerarten, für welche die Organschaft bestand.[182] Die Geltendmachung der Haftung durch die Finanzverwaltung ist ermessensfehlerhaft, wenn die Steuern im Betrieb der Organgesellschaft verursacht worden sind.[183]

Ferner kann eine Inanspruchnahme im Bereich der **Altlasten** über § 4 Abs. 3 S. 4 BBodSchG erfolgen. Voraussetzung für die Inanspruchnahme ist das Einstehenmüssen für eine juristische Person „aus handelsrechtlichem oder gesellschaftsrechtlichem Rechtsgrund".[184] Damit setzt die Vorschrift eine konzernrechtliche Einstandspflicht voraus, ohne deren Voraussetzungen zu definieren.[185] Die gesellschaftsrechtliche Haftung wird hier um die öffentlich-rechtliche erweitert.[186]

bb) Privatrecht. Auch das Privatrecht kennt spezialgesetzliche, zumeist **verschuldensunabhängige Haftungstatbestände**. Die beiden wichtigsten Tatbestände sind § 1 UmweltHG und § 1 ProdHG.

Eine Haftung der Muttergesellschaft aus diesen Gesetzen kommt dann in Betracht, wenn die Muttergesellschaft ausnahmsweise als **Inhaberin** im Sinne des § 1 UmweltHG[187] oder als **Herstellerin** im Sinne der §§ 1, 4 ProdHG[188] anzusehen ist. Dies ist nur dann der Fall, wenn die Muttergesellschaft das Tochterunternehmen so massiv beeinflusst, dass die rechtliche Selbständigkeit der Tochtergesellschaft faktisch aufgehoben wird. Die Einflussnahme auf die Geschäftsführung im Rahmen der allgemeinen Konzernleitung reicht nicht aus. Erforderlich ist, dass die Konzernspitze gerade auch in dem von dem jeweiligen Gesetz angesprochenen Bereich ihren Einfluss konkret geltend macht. Im Bereich der Umwelthaftung ist das nur dann gegeben, wenn die Tochtergesellschaft konkrete und detaillierte Anweisungen in Bezug auf den Betrieb einer Anlage gibt. In einem solchen Falle wäre dann die Muttergesellschaft neben der Tochtergesellschaft als Inhaberin der Anlage im Sinne des § 1 UmweltHG anzusehen.

In der Praxis sind diese Fälle selten. Vor allem sind sie selten beweisbar. Die **Beweislast** für den Einfluss der Muttergesellschaft trägt in diesen Fällen der Anspruchsteller.

b) Haftung aus dem allgemeinen Deliktsrecht (existenzvernichtender Eingriff). Aus dem allgemeinen Deliktsrecht ist vor allem **§ 826 BGB** von Bedeutung. Diese Norm setzt eine vorsätzliche sittenwidrige Schädigung der Gläubiger voraus. Dies kann nur in krassen Ausnahmefällen angenommen werden. Als wesentliche mögliche Anwendungsfälle sind die Haftung für **Existenzvernichtung** und die materielle **Unterkapitalisierung** zu nennen.

aa) Existenzvernichtung. Die Haftung für „Existenzvernichtung" nach § 826 BGB stellt eine Ausnahme von der Regel der Haftungsbeschränkung des GmbH-Gesellschafters dar. Diese Ausnahme erklärt sich daraus, dass sich das gesellschaftsrechtliche Kapitalschutzsystem als unzureichend erwiesen hat. § 30 GmbHG greift z. B. nicht ein, wenn qualifiziertes Personal aus der Gesellschaft abgezogen und einer anderen Gesellschaft zugewiesen wird.[189] Auf der Rechtsfolgenseite weisen die §§ 30, 31 GmbHG ebenfalls Defizite auf. So sieht § 31 GmbHG bei der Entnahme von Vermögen, das zur Erhaltung des Stammkapitals erforderlich ist, eine Rückgewährverpflichtung vor. Die sog. Kollateralschäden werden jedoch nicht erfasst, z. B. die Folgen einer Insolvenzeröffnung, die durch den Entzug von Kapital ausgelöst worden ist und durch die Rückgabe des entnommenen Kapitals schließlich nicht mehr rückgängig gemacht werden kann.[190]

---

[180] Zu den Voraussetzungen der Organschaft vgl. → Rn. 61 ff.
[181] *Tipke/Kruse* § 73 Rn. 8.
[182] BFH BStBl. 1986, 768, 770; *Mösbauer* UR 1995, 324; *Tipke/Kruse* § 73 Rn. 4.
[183] FG Nürnberg EFG 91, 437; a. A. *Probst* BB 1987, 1993, 1996.
[184] Vgl. dazu *Fleischer/Empt* ZIP 2000, 905; *Vierhaus* NZG 2000, 240.
[185] Zur konzernrechtlichen Einstandspflicht vgl. → Rn. 143 ff.
[186] *Fleischer/Empt* ZIP 2000, 905, 907.
[187] Vgl. dazu *Hucke/Schröder* DB 1998, 2205.
[188] Vgl. dazu *Hommelhoff* ZIP 1990, 761.
[189] *Strohn* ZInsO 2008, 706, 707.
[190] *Strohn* ZInsO 2008, 706, 707.

165 Die Rechtsprechung versuchte diese Schwächen zunächst durch die Lehre vom qualifiziert faktischen Konzern zu überwinden. Danach schwenkte sie auf eine Durchgriffshaftung um, löste sich schließlich aber auch von diesem Ansatz zugunsten einer Hinwendung zu § 826 BGB (vgl. dazu Rn. 18). *Strohn* weist richtigerweise darauf hin, dass in allen Fällen, in denen zwischenzeitlich unter dem Aspekt „**Existenzvernichtungshaftung**" Ersatzansprüche zuerkannt wurden, zugleich auch die Voraussetzungen des § 826 BGB erfüllt waren.[191] Daher lässt sich die zwischenzeitlich ergangene Rechtsprechung insoweit auch für den Haftungstatbestand nach § 826 BGB teilweise verwerten.

166 Das neue Haftungskonzept gründet sich bislang im Wesentlichen auf zwei Entscheidungen des BGH. Mit seiner Entscheidung „**Trihotel**" hat der BGH das vorherige Konzept einer eigenständigen Haftungsfigur, die an den Missbrauch der Rechtsform anknüpfte und als Durchgriffshaftung des Gesellschafters gegenüber den Gesellschaftsgläubigern ausgestaltet war, zugunsten des Konzepts einer „Existenzvernichtungshaftung" nach § 826 BGB aufgegeben.[192] Dabei ist die Bezeichnung allein als Konzession an die frühere Rechtsprechung anzusehen, denn inhaltlich orientiert sich die Haftung vollständig an § 826 BGB. In der Entscheidung „**Gamma**" präzisierte der BGH die Haftungsvoraussetzungen.[193]

167 Richtungsweisend ist dabei folgende Feststellung: „Die Existenzvernichtungshaftung soll wie eine das gesetzliche Kapitalerhaltungssystem ergänzende, aber deutlich darüber hinausgehende Entnahmesperre wirken, indem sie die sittenwidrige, weil insolvenzverursachende oder -vertiefende ‚Selbstbedienung' des Gesellschafters vor den Gläubigern der Gesellschaft durch die repressive Anordnung der Schadensersatzpflicht in Bezug auf das beeinträchtigte Gesellschaftsvermögen ausgleichen soll."[194] Die Existenzvernichtungshaftung ist demnach vorgesehen für missbräuchliche, zur Insolvenz der GmbH führende oder diese vertiefende kompensationslose Eingriffe in das dem Zweck der vorrangigen Befriedigung der Gesellschaftsgläubiger dienende Gesellschaftsvermögen.[195]

Die Existenzvernichtungshaftung setzt aber nicht zwangsläufig die Verursachung oder Vertiefung der Insolvenz der Gesellschaft voraus. Eine Haftung kann auch im Stadium der Liquidation entstehen, wenn die Gesellschafter auf das nach § 73 Abs. 1 und Abs. 2 im Interesse der Gläubiger gebundene Gesellschaftsvermögen zugreifen.[196]

Die Haftung nach § 826 BGB soll laut BGH eine **Innenhaftung** gegenüber der Gesellschaft sein.[197] Eine Subsidiarität zu den §§ 30, 31 GmbHG besteht nicht, vielmehr steht die Anspruchsgrundlage eigenständig neben diesen Vorschriften.[198]

168

> **Checkliste: Anspruch aus § 826 BGB (Existenzvernichtender Eingriff)**
>
> ☐ Handeln eines Gesellschafters
> ☐ Einflussnahme/Eingriff
> ☐ Existenzvernichtung
> ☐ Verstoß gegen die guten Sitten
> ☐ Vorsatz

169 *(1) Tatbestand. (a) Handeln eines Gesellschafters.* Die Existenzvernichtungshaftung knüpft an das Handeln eines **Gesellschafters** an. Dieser muss nicht allein handeln, auch ein gemeinschaftliches Handeln mehrerer Gesellschafter kommt in Betracht.[199] Da die Haf-

---

[191] Strohn ZInsO 2008, 706, 708.
[192] BGHZ 173, 246 = BGHReport 2007, 1036 – Trihotel. Kritisch zu dieser Grundlage *K. Schmidt* GmbHR 2008, 449, 458.
[193] BGH GmbHR 2008, 805 – Gamma.
[194] BGH GmbHR 2008, 805, 807 – Gamma.
[195] BGH GmbHR 2008, 805, 806 – Gamma.
[196] BGHZ 179, 344; BGHZ 193, 96.
[197] BGH GmbHR 2008, 805, 807 – Gamma. Für Außenhaftung dagegen Ulmer/*Casper* GmbHG Anh. § 77 Rn. 113 ff.
[198] BGH GmbHR 2008, 805, 807 – Gamma.
[199] BGH GmbHR 2002, 549 m. Komm. *Bender*.

tung aus § 826 BGB folgt, ist § 830 BGB anwendbar. Neben Mittätern haftet gemäß § 830 Abs. 2 BGB jeder, der zu dem existenzvernichtenden Eingriff Beihilfe geleistet oder dazu angestiftet hat. Dabei ist insbesondere an die Geschäftsführer zu denken.[200] Diese Haftung tritt neben die Haftung aus § 64 S. 3 GmbHG n. F.[201] Wie allgemein im Kapitalschutzrecht ist auch das Verhalten von Gesellschafter-Gesellschaftern erfasst,[202] d. h. Personen, die an einer Gesellschaft maßgeblich beteiligt sind, die wiederum Gesellschafterin der GmbH ist.[203]

"Faktische" Gesellschafter, d. h. Personen, die nach einer Gesamtbetrachtung wie Gesellschafter handeln und Einfluss nehmen können, können ebenfalls der Haftung des § 826 BGB ausgesetzt sein.[204]

(b) *Einflussnahme/Eingriff.* Weitere Voraussetzung ist eine Einflussnahme auf die Gesellschaft in Form des **Vermögensentzuges** (**Eingriff**). Als Vermögen gilt dabei nicht nur das bilanzielle Vermögen. Vielmehr fallen hierunter auch Geschäftschancen und Ressourcen.[205] Alles, was der Gesellschaft eine planmäßige Fortführung ihrer wirtschaftlichen Tätigkeit ermöglicht und zu Umsatzerlösen führen kann, ist als Vermögen anzusehen.[206] Der Eingriff entfällt, wenn der Vermögensentzug hinreichend kompensiert wird.[207]

Die Einflussnahme ist lediglich in Form positiven Tuns möglich. Der BGH hat in der "Gamma"-Entscheidung darauf hingewiesen, dass schon begrifflich ein **Unterlassen** – dort in Form eines Versäumens, einen Anspruch abzusichern oder absichern zu lassen – nicht als Eingriff zu verstehen ist.[208] Es stellt keine "Selbstbedienung" dar, wenn eine Gesellschaft finanziell unzureichend ausgestattet wird.[209]

Es reicht gleichwohl **nicht jedes positive Tun**, das in irgendeiner Weise nachteiligen Einfluss auf die Vermögenssituation der Gesellschaft nimmt, für einen Eingriff aus. Missmanagement ist beispielsweise kein Fall des § 826 BGB.[210] Erforderlich ist, dass die Gesellschafter Vermögen entnommen oder umgeleitet und dadurch die Zweckbindung des Gesellschaftsvermögens zur Erfüllung der Verbindlichkeiten gegenüber den Gläubigern missachtet haben.[211]

Das Vermögen muss nicht auf den Gesellschafter persönlich übertragen werden, denn § 826 BGB fragt nicht nach der Bereicherung des Gesellschafters, sondern nach dem Schaden der Gesellschaft.[212]

(c) *Existenzvernichtung.* Die Existenz der Gesellschaft muss aufgrund des Vermögensentzuges (= kausal) tatsächlich **vernichtet** worden sein. Das ist der Fall, wenn die Gesellschaft insolvent geworden oder eine vorhandene Insolvenzreife vertieft worden ist. Dieses Kriterium ist materieller Natur, die Eröffnung des Insolvenzverfahrens unerheblich.[213] Gleichwohl ist die Eröffnung des Insolvenzverfahrens als Indiz für eine Existenzvernichtung zu werten, ebenso die Ablehnung der Eröffnung oder Fortführung mangels Masse oder die Verlagerung der Gesellschaft im Wege der sog. "Firmenbestattung" ins Ausland.[214]

Es genügt nicht, dass einzelne Gläubiger nicht befriedigt werden. Der BGH hat im "KBV"-Urteil, das man insoweit noch heranziehen können dürfte, davon gesprochen, dass die Fähigkeit zur Gläubigerbefriedigung in einem "ins Gewicht fallenden Ausmaß" beeinträchtigt sein muss.[215]

---

[200] *Strohn* ZInsO 2008, 706, 709.
[201] *Strohn* ZInsO 2008, 706, 709; *Gehrlein* WM 2008, 761, 768.
[202] BGH ZIP 2004, 2138 – Rheumaklinik.
[203] *Strohn* ZInsO 2008, 706, 709.
[204] BGHZ 173, 246 = NZG 2007, 667, 672 – Trihotel.
[205] *Strohn* ZInsO 2008, 706, 708.
[206] *Strohn* ZInsO 2008, 706, 708.
[207] BGHZ 173, 246.
[208] BGH GmbHR 2008, 805, 807 – Gamma.
[209] BGH GmbHR 2008, 805, 807 – Gamma.
[210] BGH ZIP 2005, 250, 252.
[211] BGH GmbHR 2008, 805, 806 – Gamma; *Strohn* ZInsO 2008, 706, 708.
[212] *Wiedemann*, FS Lüer, 2008, S. 337, 340.
[213] *Strohn* ZInsO 2008, 706, 709.
[214] Ulmer/*Casper* GmbHG Anh. § 77 Rn. 131.
[215] BGH NJW 2002, 3024, 3025 – KBV.

177 *(d) Verstoß gegen die guten Sitten.* Erforderlich ist nach § 826 BGB ein Verstoß gegen die guten Sitten. Davon ist bei einem zur Insolvenz führenden oder eine Insolvenz vertiefenden Eingriff im **Regelfall** auszugehen.[216] Es liegt auf der Hand, dass der Vorwurf der Sittenwidrigkeit angesichts der oben genannten engen Voraussetzungen nur unter außergewöhnlichen Umständen entfallen kann. Eine Ausnahme lässt sich jedenfalls nicht damit begründen, der Gesellschafter habe nicht sich, sondern Notleidende in karitativer Weise bereichert.[217] Denn dies ändert nichts an dem Vorwurf, die Insolvenz herbeigeführt oder vertieft zu haben. Zudem lassen sich begrüßenswerte nicht scharf von verwerflichen Zwecken trennen.

178 *(e) Vorsatz.* § 826 BGB verlangt vorsätzliches Handeln. Der bedingte Vorsatz reicht aus. Im Hinblick auf die Sittenwidrigkeit müssen dem Gesellschafter nur die Tatsachen **bewusst** gewesen sein, aus denen die Sittenwidrigkeit folgt. Vorsatz ist also anzunehmen, wenn dem handelnden Gesellschafter bewusst war, dass der Eingriff zu einer Existenzvernichtung führt.[218]

179 *(f) Darlegungs- und Beweislast.* Im Rahmen von § 826 BGB gilt, dass die Gesellschaft als Gläubigerin die **Darlegungs- und Beweislast** für alle objektiven und subjektiven Tatbestandsmerkmale des Delikts trägt.[219]

180 *(2) Rechtsfolgen.* Entgegen einiger früherer Ansätze im Schrifttum[220] geht der BGH in seiner „Trihotel"-Entscheidung davon aus, dass der Gesellschafter **nicht unbeschränkt** haftet.[221] Er hat zwar den durch die Insolvenzherbeiführung oder -vertiefung angerichteten Schaden auszugleichen. Jedoch hat er nicht zwangsläufig sämtliche Forderungen der Gläubiger zu erfüllen. Soweit der Gesellschafter die Mittel, die er ursprünglich entzogen hatte, der Gesellschaft wieder zur Verfügung stellt und es infolge dessen zu einer Einstellung des Insolvenzverfahrens kommt, entfällt ein Schaden im Sinne des § 826 BGB.[222] Zu ersetzen sind jedenfalls aber die Kosten des vorläufigen Insolvenzverfahrens und des Insolvenzverfahrens, soweit die Schuldnerin ohne den schädigenden Eingriff nicht insolvenzreif geworden wäre.[223] Ebenfalls zu berücksichtigen sind **Folgeschäden**. Ziehen Fremdkapitalgeber wegen des Zusammenbruchs der Gesellschaft infolge des existenzvernichtenden Eingriffs weitere Mittel ab und erhöht sich dadurch der Ausfall der Gläubiger, dann sind diese Ausfälle ersatzfähig.[224]

181 *(3) Geltendmachung.* Der Anspruch wird im Insolvenzverfahren vom **Insolvenzverwalter** geltend gemacht.[225] Vor der Entscheidung über die Eröffnung des Insolvenzverfahrens muss die **Gesellschaft** selbst den Anspruch erheben, sobald alle Anspruchsvoraussetzungen vorliegen. Dies ist die Konsequenz der Ausgestaltung als Innenhaftung. Das bedeutet, dass der Anspruch nicht bereits mit Vollendung des Eingriffs, sondern erst mit Eintritt des Schadens entsteht.[226] Dies könnte dazu führen, dass die Gläubiger die Ansprüche bereits vor Eröffnung des Insolvenzverfahrens geltend machen. Sie könnten sich den Anspruch der Gesellschaft also möglicherweise pfänden und überweisen lassen.[227] Diese Überlegung ist allerdings rein theoretischer Natur. In der Praxis wird eine Existenzvernichtung regelmäßig erst mit Eröffnung des Insolvenzverfahrens angenommen werden. Erst dann besteht die Gewissheit, dass die Insolvenz nicht mehr abwendbar ist, z. B. durch Sanierungsmaßnahmen.[228]

---

[216] *Strohn* ZInsO 2008, 706, 709.
[217] So aber *Strohn* ZInsO 2008, 706, 709.
[218] BGHZ 173, 246 = NZG 2007, 667, 671 – Trihotel.
[219] BGHZ 173, 246 = NZG 2007, 667, 671 – Trihotel; st. Rspr. seit BGHZ 30, 226.
[220] *Altmeppen* ZIP 2002, 961, 964; *Henze* NZG 2003, 649, 658; *Chan* ZGR 2003, 298, 312.
[221] BGH NZG 2007, 667, 673 – Trihotel.
[222] BGH NZG 2007, 667, 673 – Trihotel.
[223] BGH NZG 2007, 667, 673 – Trihotel.
[224] Ulmer/*Casper* GmbHG Anh. § 77 Rn. 147.
[225] Ulmer/*Casper* GmbHG Anh. § 77 Rn. 148.
[226] Ulmer/*Casper* GmbHG Anh. § 77 Rn. 149.
[227] Ulmer/*Casper* GmbHG Anh. § 77 Rn. 149.
[228] Ulmer/*Casper* GmbHG Anh. § 77 Rn. 149.

(4) Sonderfall: Haftung für Verbindlichkeiten der Schwestergesellschaft. Neben der Haftung der Muttergesellschaft für Verbindlichkeiten ihrer Tochtergesellschaft kommt auch die Haftung einer „**Schwestergesellschaft**" in Betracht.[229] Derartige Ansprüche sind in der Praxis sehr selten[230] und grundsätzlich auch zu verneinen, denn regelmäßig erfolgt die Einflussnahme nicht ohne Duldung der gemeinsamen Mutter, der das schädigende Verhalten zuzurechnen ist.[231] Eine Ausnahme ist jedoch bei einer mittäterschaftlichen Begehung gerechtfertigt. Diese wird regelmäßig anzunehmen sein, wenn das Vermögen systematisch von der gemeinsamen Mutter auf die Schwestergesellschaft verlagert wird.[232] Im Übrigen richtet sich die Mittäterschaft nach den üblichen Kriterien. In objektiver Hinsicht ist eine Beteiligung an der Ausführung erforderlich, die in irgendeiner Form die Begehung der Tat fördert und für diese relevant ist. In subjektiver Hinsicht wird die Kenntnis der Tatumstände wenigstens in groben Zügen und der Wille der einzelnen Beteiligten zum gemeinschaftlichen Handeln verlangt.[233]

bb) Unterkapitalisierung. Denkbar ist die Anwendung des § 826 BGB auch auf den Fall der sog. **materiellen Unterkapitalisierung**. Eine Unterkapitalisierung liegt vor, wenn die der Gesellschaft zur Verfügung gestellten Mittel in einem groben Missverhältnis zu den von ihr zu tragenden Risiken stehen. Dabei kommt es allerdings nicht darauf an, dass der Gesellschaft ein bestimmtes Eigenkapital zur Verfügung gestellt wird. Entscheidend ist allein, dass die Gesellschaft überhaupt mit hinreichenden Finanzmitteln ausgestattet wird, gleich, woher diese kommen.

Ein **gesellschaftsrechtlicher** Haftungstatbestand für die materielle Unterkapitalisierung bestand und besteht nicht. Der BGH hat dies in „Gamma" zu Recht festgehalten.[234] Eine Haftung des GmbH-Gesellschafters wegen unzureichender Kapitalisierung der Gesellschaft, etwa in Form nicht hinreichender Eigenkapitalausstattung, sei weder gesetzlich normiert noch durch richterrechtliche Rechtsfortbildung anerkannt.[235] Das GmbHG wolle nicht die Lebensfähigkeit der GmbH, sondern nur einen Mindestschutz der Gläubiger gewährleisten.[236] Der Gesetzgeber habe auch trotz bekannter Forderungen im Schrifttum bislang davon abgesehen, eine am jeweiligen konkreten Kapitalbedarf orientierte Mindestkapitalausstattung vorzuschreiben.[237] Auch der Regierungsentwurf des MoMiG, der eine Herabsetzung des Mindeststammkapitals auf 10.000,– EUR vorsah oder – bei der sog. Unternehmergesellschaft – auf einen noch geringeren Betrag gestattete, verzichtete auf eine gesetzliche Unterkapitalisierungshaftung.[238]

In Betracht kommt statt dessen eine Anwendung des **§ 826 BGB**. Als Fallgruppe des existenzvernichtenden Eingriffs ist eine Unterkapitalisierung allerdings nicht anzusehen.[239] Der BGH hat in „Gamma" klargestellt, dass die Gründung einer von Anfang an unterkapitalisierten GmbH kein existenzvernichtender Eingriff sein kann. Es stellt keine „Selbstbedienung" und damit keinen Eingriff dar, wenn eine Gesellschaft finanziell unzureichend ausgestattet wird.[240] Die gegenteilige Annahme wird als systemwidrig angesehen.[241] Dem BGH ist zuzustimmen. Ein solches Verhalten könnte allenfalls von § 826 BGB erfasst werden.[242]

---

[229] *K. Schmidt* ZHR 155 (1991) 417, 440 f.; *Ehlke* DB 1986, 523, 526 (jeweils noch zur alten Rechtsprechung).
[230] Vgl. aber AG Eisenach GmbHR 1995, 445.
[231] *Henssler* ZGR 2000, 479; Ulmer/*Casper* GmbHG Anh. § 77 Rn. 122.
[232] BGH NJW 2005, 145, 146 f. – Rheumaklinik; *Vetter* ZIP 2003, 601, 608 f.; Ulmer/*Casper* GmbHG Anh. § 77 Rn. 122.
[233] BGHZ 137, 89, 102 = NJW 1998, 377, 382.
[234] BGH GmbHR 2008, 805, 808 – Gamma.
[235] BGH GmbHR 2008, 805, 807 – Gamma.
[236] BGH GmbHR 2008, 805, 808 – Gamma.
[237] BGH GmbHR 2008, 805, 808 – Gamma.
[238] BGH GmbHR 2008, 805, 808 – Gamma.
[239] A. A. Ulmer/*Raiser* GmbHG § 13 Rn. 164, der für eine „Tatbestandserweiterung" der Existenzvernichtungshaftung eintritt.
[240] BGH GmbHR 2008, 805, 807 – Gamma.
[241] BGH GmbHR 2008, 805, 807 – Gamma.
[242] BGH GmbHR 2008, 805, 807 – Gamma.

186 Der BGH legt sich nicht fest, ob § 826 BGB überhaupt Anlass und Raum für die Bildung einer Fallgruppe der Haftung wegen Unterkapitalisierung bietet.[243] In der Literatur wird angenommen, dass die bloße Unterkapitalisierung, selbst wenn sie eindeutig und für Insider klar erkennbar ist, nicht für § 826 BGB ausreiche. Es müssten weitere Umstände hinzutreten, die eine Sittenwidrigkeit begründen.[244] Bejaht wird dies z. B. in Fällen, in denen wegen der Ausgestaltung der GmbH die Nachteile aus der Geschäftstätigkeit notwendigerweise die Gläubiger der Gesellschaft treffen müssen.[245] So soll sittenwidrig die „einseitige Verfolgung der Interessen der Gesellschafter gegenüber ihrer Gesellschaft unmittelbar zum Nachteil der Gesellschaftsgläubiger" sein.[246] Dies ist allerdings eine Formel ohne greifbaren Inhalt.

187 Die materielle Unterkapitalisierung erfüllt den Tatbestand des § 826 BGB nicht. Die Fallgruppe ist als solche schon zu unbestimmt, denn es lässt sich nicht präzise festhalten, wann eine materielle Unterkapitalisierung überhaupt vorliegen soll. Darüber hinaus kann eine den gesetzlichen Vorschriften genügende Kapitalausstattung keine „vorsätzliche sittenwidrige Schädigung" darstellen. Das GmbH-Recht sieht eine klare Mindestausstattung vor. Wird diese gesetzliche Anforderung eingehalten, dann ist dies als ausreichend anzusehen. Wenn diese Ausstattung sich als unzureichend herausstellt, kann man dem Gesellschafter nicht vorwerfen, der Gesellschaft kein weiteres als das gezeichnete Kapital zugeführt zu haben.[247] Wird sie nicht eingehalten, dann liegt ein Verstoß gegen das Mindestausstattungserfordernis vor. Das Gesetz hat damit verlässliche Rahmenbedingungen geschaffen. Wäre eine feinere Beurteilung angestrebt worden, dann hätte dies gesetzlich deutlich gemacht werden müssen. Es ist jedenfalls nicht davon auszugehen, dass die Kapitalausstattungsnormen durch einen zusätzlichen, unerwähnten Beurteilungs- und Haftungsmaßstab „ausgehöhlt" werden sollten.

188 *cc) Haftung aus § 823 BGB*. Darüber hinaus ist eine Haftung der Muttergesellschaft auch aus **§ 823 Abs. 2 BGB** in Verbindung mit einem Schutzgesetz, z. B. § 266 StGB,[248] denkbar. Dann muss allerdings die Verletzung einer über die Gläubiger der Tochtergesellschaft schützenden Norm vorliegen. In der Praxis ist hier vor allem an eine Verletzung der Kapitalerhaltungsvorschriften nach §§ 30, 31 GmbHG zu denken. Eine Haftung aus **§ 823 Abs. 1 BGB** kommt nur bei der Verletzung eines absolut geschützten Rechtsgutes in Betracht. Dies wird selten der Fall sein. Darüber hinaus setzt eine Inanspruchnahme der Muttergesellschaft deren eigenes Verschulden voraus. Dies ist für den Bereich der Umwelthaftung in dem Fall denkbar, dass die Muttergesellschaft eigene Überwachungs- und Organisationspflichten verletzt und durch einen Betriebsunfall einer Anlage Gesundheit oder Leben von Anwohnern beeinträchtigt werden. Allerdings wird ein Anspruch meist daran scheitern, dass die Anlage von der Tochtergesellschaft betrieben wird und es bezüglich der Anweisung der Muttergesellschaft an der Rechtswidrigkeit fehlt.[249]

189 Eine Haftung der Muttergesellschaft nach **§ 831 Abs. 1 BGB** scheidet regelmäßig deshalb aus, weil die Organe einer juristischen Person im Allgemeinen nicht deren Verrichtungsgehilfen sind.[250] Erst recht kann die Tochtergesellschaft als juristische Person nicht als Erfüllungsgehilfe der Muttergesellschaft angesehen werden.

190 c) **Haftung aus Culpa in Contrahendo (§ 311 Abs. 2 und 3 BGB).** Nach dem Schuldrechtsmodernisierungsgesetz ist das Rechtsinstitut der Culpa in Contrahendo nun teilweise in § 311 Abs. 2 und 3 BGB gesetzlich geregelt.[251] Für die hier relevanten Sachverhalte ergeben sich durch die Kodifizierung keine Änderungen.

191 Ein Anspruch gegen die Muttergesellschaft kommt aus dem Rechtsinstitut der Culpa in Contrahendo in Betracht, wenn die Muttergesellschaft das **Vertrauen eines Vertragspartners**

---

[243] BGH GmbHR 2008, 805, 809 – Gamma.
[244] *Weber/Sieber* ZinsO 2008, 952, 955; so wohl auch *Strohn* ZinsO 2008, 706, 711.
[245] BAG ZIP 1999, 878, 880; BGH GmbHR 2008, 805, 809 – Gamma.
[246] BGH NJW 1979, 2104, 2105.
[247] *Altmeppen* ZIP 2008, 1201, 1205.
[248] BGHZ 149, 10, 16 ff. – Bremer Vulkan; Ulmer/*Casper* GmbHG Anh. § 77 Rn. 161; dagegen aber z. B. *Weller* ZIP 2007, 1681, 1688.
[249] Vgl. dazu *Hucke/Schröder* DB 1998, 2205, 2209.
[250] Palandt/*Sprau* § 831 Rn. 3.
[251] Vgl. dazu im Einzelnen *Weber/Dospil/Hanhörster*, Mandatspraxis neues Schuldrecht, S. 75.

in die Solvenz des Tochterunternehmens im Vorfeld eines Vertragsschlusses begründet hat. Allerdings wird ein solches besonderes Vertrauen nur in seltenen Ausnahmefällen bestehen. Fraglich ist dabei vor allem, ob es ausreicht, dass die Muttergesellschaft ein Vertrauen auf ihre „Konzernverantwortung" geschaffen hat. Ein solcher Haftungstatbestand ist für das schweizerische Recht anerkannt worden.[252] Für das deutsche Recht finden sich bisher keine vergleichbaren Fälle. Für die Annahme einer allgemeinen „Konzernverantwortung" ist im deutschen Recht auch kein Platz. Der Gesetzgeber hat die Pflichten der Gesellschafter in den konzernrechtlichen Vorschriften des AktG sowie in den Kapitalerhaltungsvorschriften des GmbHG (§§ 30 ff. GmbHG) geregelt. Eine darüber hinausgehende Pflicht zum Gläubigerschutz hat der GmbH-Gesellschafter gerade nicht.

Ein Anspruch ist nur dann gegeben, wenn die **Muttergesellschaft ein Vertrauen in sich begründet** hat. Dazu reicht es jedenfalls nicht aus, dass die Muttergesellschaft maßgeblich an der Tochtergesellschaft beteiligt ist[253] oder dass sie Sicherheiten gewährt hat.[254] Erforderlich ist ein darüber hinausgehendes Vertrauen. Denkbar ist dies ausnahmsweise, wenn die Muttergesellschaft aktiv in die Vertragsverhandlungen, die zur Eingehung der Verbindlichkeit geführt haben, eingebunden war und sie den Vertragsabschluss mit aktivem Werben für die eigene Bonität bzw. die Bonität des Konzerns beeinflusst hat.

4. Haftung aus § 128 HGB analog

Rechtsprechung und Literatur befürworten in einigen Fällen eine Haftung des Gesellschafters nach § 128 HGB analog unter teleologischer Reduktion des Haftungsprivilegs nach § 13 GmbHG.[255] Von praktischer Bedeutung sind die Fallgruppen der Vermögens- und der Sphärenvermischung.

a) **Vermögensvermischung.** Eine Fallgruppe, die einen Durchgriff durch die juristische Person begründet, ist die sog. Vermögensvermischung. Dieser Tatbestand wurde vom BGH in der sog. Autokran-Entscheidung angenommen.[256] In neuen Entscheidungen wurde der Ansatz einer Haftung über § 128 HGB analog bestätigt.[257]

Voraussetzung der Durchgriffshaftung ist zunächst, dass **Gesellschafts- und Gesellschaftervermögen** in für einen Dritten nicht nachvollziehbarer Weise **vermischt** werden. In diesem Falle kann sich der Gesellschafter nicht mehr auf die vom Gesetz eigentlich vorgesehene Vermögenstrennung berufen. Praktisch werden dies stets Vermögensbewegungen sein, die nicht ordnungsgemäß verbucht sind.[258] Der Maßstab der ordnungsmäßigen Buchführung bestimmt sich grundsätzlich nach § 238 HGB und den daraus entwickelten Grundsätzen der ordnungsmäßigen Buchführung. Allerdings wird der Haftungstatbestand der Vermögensvermischung nur von besonders schwerwiegenden Verstößen gegen die Buchführungspflichten ausgelöst. Beispiel: Ständiger „Griff in die Kasse" ohne jede Buchung.[259]

Darüber hinaus ist grundsätzlich erforderlich, dass der in Anspruch genommene Gesellschafter die Gesellschaft auch **tatsächlich** beherrscht.[260] Diese Beschränkung auf herrschende Gesellschafter betrifft jedoch nicht Sachverhalte in einem Holdingkonzern, denn die Holding beherrscht schon definitionsgemäß ihre operativen Gesellschaften.[261]

Rechtsfolge ist die unbeschränkte Außenhaftung aller verantwortlichen Gesellschafter als Gesamtschuldner gegenüber den Gesellschaftsgläubigern.[262] Die Gesellschafter können ana-

---

252 Schweizerisches Bundesgericht BGE 120 (1994) II, 331, 335 ff. = AG 1996, 44 ff.
253 BGH NJW 1986, 586, 587 f.; *Lutter* DB 1994, 129, 133.
254 *Karollus* ZIP 1995, 269, 271 f.; *Lutter* DB 1994, 129, 133 f.
255 Vgl. z.B. BGH GmbHR 2008, 257, 258; BGH NZG 2006, 350, 351; Ulmer/*Raiser* GmbHG § 13 Rn. 126 ff.; Scholz/*Emmerich/Bitter* § 13 Rn. 126 f.
256 BGHZ 95, 330, 334.
257 BGH GmbHR 2008, 257, 258; BGH NZG 2006, 350, 351.
258 Lutter/*Lutter/Trölitzsch* Holding-Handbuch § 7 Rn. 64.
259 BGHZ 95, 330, 334.
260 BGHZ 125, 366.
261 Lutter/*Lutter/Trölitzsch* Holding-Handbuch § 7 Rn. 65.
262 BGHZ 125, 366, 368; Ulmer/*Raiser* GmbHG § 13 Rn. 130.

log § 129 Abs. 1 HGB Einwendungen geltend machen, die auch die Gesellschaft erheben könnte oder die in ihrer Person begründet sind.²⁶³

Beispiel:
Eine Gesellschafterin hält einen Anteil von nur 20% an der Gesellschaft und hat mit der täglichen Abwicklung der Geschäfte nichts zu tun, da sie Hausfrau ist.²⁶⁴

197   b) **Sphärenvermischung.** Eine Sphärenvermischung liegt vor, wenn es in dem Auftreten nach außen zu einer **scheinbaren Identität von Gesellschafter und Gesellschaft** kommt. Sie ist möglich etwa bei der Nutzung von gleichen oder sehr ähnlichen Firmen, gleichen Geschäftsräumen oder gleichem Personal. Abzustellen ist dabei auf das Gesamtbild der tatsächlichen Verhältnisse. Im Gegensatz zur Vermögensvermischung geht es hier also um eine mangelnde organisatorische Trennung. § 128 HGB analog könnte auch hier in Betracht gezogen werden. Allerdings reichen regelmäßig schon eine genaue Auslegung und die herausgebildeten Rechtsscheintatbestände für eine angemessene Beurteilung aus.²⁶⁵ Davon ist bislang auch die Rechtsprechung ausgegangen.²⁶⁶

5. Besonderheiten bei internationalen Konzernen

198   Bei internationalen Sachverhalten stellt sich die Frage, ob Gläubiger einer insolventen Tochtergesellschaft auf die **ausländische Obergesellschaft** zugreifen können. Hier sind zwei Konstellationen denkbar: Zum einen die Haftung einer ausländischen Muttergesellschaft für die Verbindlichkeiten einer deutschen Tochtergesellschaft, zum anderen umgekehrt die Haftung der inländischen Mutter für ihre ausländischen Töchter. Zu beachten sind schließlich noch die deliktsrechtlichen Besonderheiten.

199   a) **Haftung ausländischer Muttergesellschaften.** Die Haftung bestimmt sich im Unterordnungskonzern nach einhelliger Meinung nach dem **Recht der Tochtergesellschaft.**²⁶⁷ Dies gilt auch für faktische Konzerne.²⁶⁸ Damit kann gegen eine ausländische Muttergesellschaft nach den oben dargestellten Grundsätzen des deutschen Rechts vorgegangen werden. Auch die Frage, ob ein Konzern vorliegt, bestimmt sich nach dem Recht der Tochtergesellschaft, so dass deutsches Recht Anwendung findet, wenn die Tochtergesellschaft ihren Sitz in Deutschland hat

200   b) **Haftung für ausländische Tochtergesellschaften.** Für die Haftung einer deutschen Muttergesellschaft für die Verbindlichkeiten ihrer ausländischen Tochtergesellschaft gilt das für die Haftung ausländischer Muttergesellschaften Gesagte entsprechend. Damit bestimmen sich die Voraussetzungen für einen Haftungsdurchgriff grundsätzlich **nach der ausländischen Rechtsordnung,** der die betreffende Tochtergesellschaft angehört.

201   c) **Deliktsrechtliche Ansprüche (insbes. existenzvernichtender Eingriff).** Nach den obigen Ausführungen ist die Haftung aus existenzvernichtendem Eingriff nicht mehr gesellschaftsrechtlich, sondern deliktsrechtlich fundiert. Auch auf der Ebene des Internationalen Privatrechts ist dies die zutreffende Qualifikation. Das Verhalten ist nicht vertragsrechtlicher, gesellschaftsrechtlicher oder insolvenzrechtlicher²⁶⁹ Natur, sondern stellt sich als unerlaubte Handlung im Sinne des Art. 40 Abs. 1 S. 1 EGBGB dar; denn danach ist jedes Verhalten erfasst, das – wie beim existenzvernichtenden Eingriff – eine außervertragliche Verantwortung für ein Schadensereignis begründet.²⁷⁰ Daher bestimmt das Internationale Deliktsrecht das anwendbare Recht.²⁷¹ Nach Art. 40 Abs. 1 S. 1 EGBGB unterliegen Ansprüche aus uner-

---

²⁶³ BGHZ 95, 330, 332; Ulmer/*Raiser* GmbHG § 13 Rn. 130.
²⁶⁴ BGHZ 125, 366, 367.
²⁶⁵ Ulmer/*Raiser* GmbHG § 13 Rn. 131; Scholz/*Emmerich*/*Bitter* § 13 Rn. 95.
²⁶⁶ BGH NJW-RR 1987, 335; BGH NJW 2001, 2716.
²⁶⁷ Roth/Altmeppen/*Altmeppen* Anh. § 13 Rn. 161 f.; *Kropholler*, Internationales Privatrecht, S. 574.
²⁶⁸ BGH NZG 2005, 214, 215; MünchKommBGB/*Kindler* Internationales Handels- und Gesellschaftsrecht, Rn. 763.
²⁶⁹ So aber Ulmer/*Casper* GmbHG Anh. § 77 Rn. 171.
²⁷⁰ MünchKommBGB/*Junker* Art. 40 EGBGB Rn. 9; *Wagner* IPRax 1998, 429, 432.
²⁷¹ *Paefgen* DB 2007, 1907, 1912.

laubter Handlung dem Recht des Staates, in dem der Ersatzpflichtige gehandelt hat. Nach Art. 40 Abs. 1 S. 2 kann der Verletzte verlangen, dass anstelle dieses Rechts das Recht des Staates angewandt wird, in dem der Erfolg eingetreten ist.

V. Abschluss von Austauschverträgen innerhalb von Konzernen

1. Vorüberlegungen

Verträge zwischen Unternehmen innerhalb eines Konzerns bieten ein weites Feld von Gestaltungsmöglichkeiten. In der Praxis dienen sie vor allem der Ergebniszurechnung und damit auch der steuerrechtlichen Gestaltung: **Betriebswirtschaftlich** werden durch Verrechnungen innerhalb eines Konzerns die Ergebnisse einzelner Teileinheiten ermittelt.[272] **Steuerrechtlich** werden derartige Gestaltungen nur anerkannt, wenn sie sich an gewissen Regeln orientieren. Von besonderer Bedeutung ist dies in **internationalen Konzernen,** da hier durch die Festlegung von Verrechnungspreisen Gewinne von einem Staat in einen anderen verlagert werden können.[273] Dies wird heute als ein zentrales Problem des internationalen Steuerrechts wahrgenommen.[274] Verrechnungspreise stellen das wohl effizienteste Mittel zur steuerlichen Gestaltung im internationalen Bereich dar.

Unberechtigte Gewinnverlagerungen können durch die Finanzverwaltung korrigiert werden. Dies geschieht im deutschen Steuerrecht nach den Vorschriften über die verdeckte Gewinnausschüttung und die verdeckte Einlage. Subsidiär kommt eine Korrektur nach § 1 AStG in Betracht.[275] Da sich diese Korrekturnormen aus dem nationalen Steuerrecht ergeben, spricht man auch von sog. **unilateralen Korrekturvorschriften.**

Bilaterale Korrekturvorschriften ergeben sich aus zahlreichen Doppelbesteuerungsabkommen (vgl. Art. 9 Abs. 1 OECD-MA), in denen in der Regel auch die Möglichkeit eines Verständigungsverfahrens zwischen den beteiligten Staaten vorgesehen ist.[276] Für den Bereich der EU bestehen inzwischen Sonderregelungen,[277] die eine Doppelbesteuerung im Ergebnis bei einer Korrektur in weitem Umfang vermeiden.

Praxistipp:
Insgesamt sollte wegen der gegebenen Korrekturmöglichkeiten der Finanzverwaltung insbesondere bei internationalen Austauschverträgen innerhalb von Konzernen auf diese steuerrechtlichen Aspekte geachtet werden.

2. Verrechnungspreise

Bei der Gestaltung von Austauschverträgen zwischen Konzernunternehmen stellen die Verrechnungspreise das wesentliche Element dar.

a) Zivilrecht. In zivilrechtlicher Hinsicht kommt ein solcher Vertrag nach den üblichen Regeln zustande. Das bedeutet, dass beide Seiten wirksam vertreten sein müssen. Die Vertretung der GmbH wird also nach § 35 Abs. 1 GmbHG durch den Geschäftsführer wahrgenommen. Von besonderer praktischer Relevanz ist die Beachtung des **Rückzahlungsverbotes nach § 30 GmbHG** bei Abschluss des Vertrages. Bei der GmbH ist eine Rückzahlung von Einlagen in weiterem Umfange als bei der Aktiengesellschaft zulässig.[278]

Nach § 30 Abs. 1 S. 1 GmbHG darf das zur Deckung des Stammkapitals erforderliche Vermögen nicht an den Gesellschafter zurückgewährt werden. Diese Vorschrift wird weit

---
[272] Zu den betriebswirtschaftlichen Begriffen vgl. *Lehertshuber* DB 1989, 1534, 1535.
[273] Schaumburg/*Schaumburg* S. 2.
[274] Zu den Entwicklungstendenzen Schaumburg/*Schaumburg* S. 4.
[275] Beck'sches HdbGmbH/*Schröder* § 11 Rn. 215 ff.
[276] Beck'sches HdbGmbH/*Schröder* § 11 Rn. 216.
[277] Übereinkommen v. 23.7.1990 BStBl. I 1993, 819 – Inkrafttreten am 1.1.1995 BStBl. I 1995, 166.
[278] Lutter/*Lutter*/Trölitzsch Holding-Handbuch § 7 Rn. 30.

ausgelegt. Neben direkten Zahlungen werden auch solche Leistungen der GmbH an ihre Gesellschafter erfasst, denen keine adäquate Gegenleistung gegenübersteht. Das Auszahlungsverbot des § 30 Abs. 1 GmbHG greift erst dann ein, wenn dadurch eine Unterbilanz geschaffen oder verstärkt wird, vgl. dazu im Einzelnen § 5 Rn. 6 ff. Darüber hinaus bestehen für Austauschverträge innerhalb von Konzernen die **allgemeinen zivilrechtlichen Grenzen.** So könnte etwa ein Vertrag nach § 138 BGB nichtig sein, da er eine der beteiligten Gesellschaften in sittenwidriger Weise benachteiligt und das Zustandekommen des Vertrages auf eine Ausnutzung des Konzernrechtsverhältnisses zurückzuführen ist. Von praktischer Relevanz sind solche Fälle allerdings kaum.

209   b) *Steuerrecht.* Bei der Vertragsgestaltung und -durchführung spielt in der Regel die steuerrechtliche Anerkennung eine erhebliche Rolle. Diese Anerkennung ist vor allem deshalb interessant, weil sie Möglichkeiten bietet, Gewinne innerhalb eines Konzerns zu „steuern". Von besonderer praktischer Bedeutung ist dies bei grenzüberschreitenden Vertragsbeziehungen in einem Konzern. In diesem Fall wird durch die Gestaltung der Verträge innerhalb eines Konzerns die Besteuerungsgrundlage Gewinn für einen Staat erweitert und für den anderen verringert. Aus diesem Grund wird die **Gestaltung von Verrechnungspreisen** in internationalen Konzernen von der Finanzverwaltung besonders kritisch durchleuchtet. Gleichwohl sind auch bei rein nationalen Konzernbeziehungen die nachstehenden Grundsätze zu beachten. Die steuerrechtliche Anerkennung von Verträgen innerhalb eines Konzerns hat **drei Voraussetzungen:**

- Zivilrechtliche Wirksamkeit
- Drittvergleich
- Tatsächliche Durchführung

210   *aa) Zivilrechtliche Wirksamkeit.* Bezüglich der zivilrechtlichen Wirksamkeit ergeben sich i. d. R. keine besonderen Probleme. Schwierigkeiten können lediglich dann entstehen, wenn Beschlüsse formell nicht ordnungsgemäß zustande gekommen sind oder wenn die Gesellschaft nicht in der vorgeschriebenen Weise vertreten war. Bedeutung hat insoweit etwa das Selbstkontrahierungsverbot des § 181 BGB, das allerdings im Verhältnis zwischen verschiedenen Gesellschaften eher selten eine Rolle spielen wird. Probleme könnten sich jedoch im Rahmen von Mitwirkungsverboten bei einzelnen Beschlüssen nach § 47 Abs. 4 GmbHG ergeben.

211   *bb) Drittvergleich.* Weiterhin müssen die Vertragkonditionen einem sog. Drittvergleich standhalten. Danach ist der Vertrag steuerlich nur anzuerkennen, wenn die Leitungen zu Konditionen ausgetauscht wurden, die auch **zwischen fremden Dritten** am Markt vereinbart worden wären. Bevor in einen Drittvergleich eingetreten werden kann, ist zunächst festzustellen, ob es sich überhaupt um eine innerhalb eines Konzerns verrechenbare Leistung handelt:

212   Bei einem Austausch von Waren und Dienstleistungen ist dies grundsätzlich unproblematisch. Dienstleistungen sind jedoch dann nicht verrechenbar, wenn es sich um **originäre Kosten für die Leitungsfunktion der Holding** handelt.[279] Nicht verrechenbar sind daher Kosten für Beteiligungscontrolling, Erstellung des Konzernabschlusses, zentrale Konzernrevision, Konzernstrategie, Aufstellung von allgemeinen (konzernweiten) Gehalts- und Anstellungsrichtlinien und ein einheitliches Rechnungs- und Berichtswesen.

213   Handelt es sich um eine verrechenbare Leistung, so stellt sich die Frage nach der Berechnung der Gegenleistung. Wesentlich ist, dass ein Vertrag dieses Inhalts auch zwischen fremden Dritten hätte abgeschlossen werden können. Man bezeichnet dies auch als „**dealing at arms length**".[280] Da ein unmittelbarer Vergleichspreis in der Praxis nur in seltenen Ausnahmefällen zur Verfügung steht, haben sich verschiedene Standardmethoden zur Preisberechnung herausgebildet.

---

[279] Ausführliche Übersicht bei Lutter/*Theisen* H Rn. 42.
[280] Lutter/*Theisen* Holding-Handbuch § 11 Rn. 70.

Beherrschenden Einfluss haben hier die Verwaltungsgrundsätze für die Einkunftsabgrenzung bei international verbundenen Unternehmen.[281] Danach stehen folgende **Standardmethoden** für die Ermittlung von Verrechnungspreisen für Waren und Dienstleistungen zur Verfügung: 214

> **Übersicht: Ermittlungsmethoden für Verrechnungspreise**
> - Preisvergleichsmethode (comparable uncontrolled price method)
> - Wiederverkaufspreismethode (resale price method)
> - Kostenaufschlagsmethode (cost plus method)

Welche Methode im Einzelfall anzuwenden ist, hängt davon ab, ob es sich bei der zu verrechnenden Ware bzw. Leistung um ein marktgängiges Produkt handelt, für das entsprechende Vergleichspreise überhaupt vorliegen. Einzelheiten dazu regeln die Verwaltungsgrundsätze.[282]

- **Preisvergleichsmethode (comparable uncontrolled price method)** 215
  Dem theoretischen Anspruch des Drittvergleichs kommt die Preisvergleichsmethode am nächsten. Hier wird zur Bestimmung des Verrechnungspreises ein Vergleich mit Marktpreisen vorgenommen. Ggf. sind dabei Sonderfaktoren zu eliminieren. In der Praxis stellt sich für die Anwendung der Methode das Problem, dass in der Regel ein vergleichbarer Leistungsaustausch nicht vorliegt.[283] Die Vergleichbarkeit muss sich neben der Beschaffenheit des Produktes auch auf die Liefer-, Zahlungs- und Abnahmebedingungen, die Liefermenge und die Marktverhältnisse beziehen.[284] Gerade bei in einem Konzern verbundenen Unternehmen werden diese Voraussetzungen selten erfüllt sein, da die Konzernunternehmen in der Regel gerade Leistungen untereinander austauschen, die sie nicht anderweitig am Markt beziehen können.[285]

- **Wiederverkaufspreismethode (resale price method)** 216
  Bei dieser Methode wird der Verrechnungspreis ausgehend von dem Verkaufspreis durch den Abzug von Selbstkosten und einer marktüblichen Gewinnmarge ermittelt:[286]
  Netto-Wiederverkaufspreis
  ./. Selbstkosten des Verkäufers
  ./. Angemessene Gewinnmarge

  = Verrechnungspreis
  Zentrales Problem der Methode ist die Bestimmung einer angemessenen Gewinnmarge. Hier ist das spezifische Unternehmens- und Marktrisiko zu berücksichtigen.

- **Kostenaufschlagsmethode (cost plus method)** 217
  Bei dieser Methode ergibt sich der Verrechnungspreis durch Ermittlung der für die Herstellung der Ware bzw. Erstellung der Leistung erforderlichen Kosten zzgl. eines **branchenüblichen Gewinnzuschlages**. Gegen die Kostenaufschlagsmethode werden in der Literatur zu Recht Bedenken geltend gemacht.[287] Zum einen ist die Bestimmung der relevanten Kosten stark von der gewählten Kostenrechnungsmethode abhängig. Darüber hinaus sind Umfang und Bemessungsgrundlage des Gewinnaufschlages umstritten. Trotz dieser Bedenken dürfte sie in der Praxis wohl das gebräuchlichste Verfahren zur Verrechnungspreisermittlung darstellen.

---

[281] BMF BStBl. I 1983, 218.
[282] Vgl. auch die Übersicht bei Beck'sches HdbGmbH/*Müller/Winkeljohann* § 17 Rn. 402 f..
[283] Lutter/*Theisen* Holding-Handbuch § 11 Rn. 73.
[284] Lutter/*Theisen* Holding-Handbuch § 11 Rn. 73.
[285] FG Hamburg EFG 1990, 607, 608.
[286] Lutter/*Theisen* Holding-Handbuch § 11 Rn. 76.
[287] Vgl. zum Meinungsstand Lutter/*Theisen* Holding-Handbuch § 11 Rn. 80 m. w. N.

Im internationalen Konzernverbund sind darüber hinaus noch länderspezifische Gegebenheiten zu beachten.[288] Hier gibt es insbesondere bei Nutzungsverträgen über Lizenzen oder Know-how Besonderheiten.[289]

218 *cc) Tatsächliche Durchführung.* Die steuerliche Anerkennung vieler Verträge scheitert in der Praxis an deren **mangelnder tatsächlicher Durchführung.** Tatsächliche Durchführung bedeutet, dass Leistung und Gegenleistungen zwischen den einzelnen Gesellschaften auch tatsächlich und nachhaltig erfolgen müssen. Bereits eine nur kurze Unterbrechung kann zu einer Nichtanerkennung führen.

Beispiel:
Die M-GmbH schließt mit ihrer 100%igen Tochtergesellschaft T-GmbH im Jan. 01 einen Mietvertrag über eine Bürofläche ab. Nachdem die T-GmbH stets ordnungsgemäß Zahlungen geleistet hat, verzichtet die M-GmbH wegen Liquiditätsschwierigkeiten der T-GmbH im Jahre 03 für insgesamt 6 Monate auf den Mietzins.
Folge: Die Anerkennung des Mietvertrages ist nicht mehr möglich, da es an der tatsächlichen Durchführung fehlt. Ein fremder Dritter als Vermieter hätte nicht auf sechs Monate Miete verzichtet.

VI. Arbeitsrechtliche Aspekte des Konzerns

1. Überblick

219 Auch im Bereich des Arbeitsrechts kann sich die Zugehörigkeit einer Gesellschaft zu einem Konzern auswirken. Dies gilt für ganz unterschiedliche Bereiche wie das Kündigungsschutzrecht, das Mitbestimmungsrecht und das Betriebsrentenrecht.[290] Als Grundsatz ist dabei festzuhalten, dass der Konzern selbst **keine eigenständige Rechtspersönlichkeit** hat. Folglich kann er auch im Arbeitsrecht nicht als Vertragspartner auftreten. Es gibt damit **kein „Konzernarbeitsverhältnis".** Dies wirkt sich insbesondere darin aus, dass der arbeitsrechtliche Gleichbehandlungsgrundsatz nicht auf der Konzernebene gilt.[291] Das Arbeitnehmerüberlassungsgesetz ist innerhalb von Konzernen nicht anwendbar.[292]

2. Kündigungsschutz

220 Im Rahmen der Prüfung nach § 1 KSchG stellt sich die Frage, ob als anderweitige Beschäftigungsmöglichkeit bei einer **betriebsbedingten Kündigung** auch eine Beschäftigung in einem anderen Konzernunternehmen in Betracht kommt. Das ist grundsätzlich nicht der Fall.[293] Von einem Teil der Literatur wird die Auffassung vertreten, dass **Weiterbeschäftigungsmöglichkeiten innerhalb des Konzerns** zu berücksichtigen seien, wenn die Integration des Konzerns eine gewisse Intensität überschritten habe.[294] Dieser Ansatz hat zu Recht in der Rechtsprechung[295] und der überwiegenden Literatur[296] keine Anhänger gefunden. Vielmehr ist richtigerweise auch innerhalb eines Konzerns auf das einzelne Unternehmen abzustellen. Dies ist Ausdruck des Prinzips, dass ein Arbeitsverhältnis grundsätzlich nur mit der einzelnen Gesellschaft begründet wird, weswegen auch ein Konzern kein Vertragspartner sein kann.

---

[288] *Rädler* DB 1995, 110 f.
[289] Für die USA *Rädler* DB 1995, 110 f.
[290] Zu Sozialplanansprüchen vgl. ergänzend *Junker* ZIP 1993, 1599.
[291] BAG DB 1987, 693, 694; Küttner/*Röller,* Personalbuch 2008, Konzernarbeitsverhältnis, Rn. 6.
[292] BAG DB 1989, 1139.
[293] St. RSpr. BAG AG 1991, 434, 435; BAG NZA 2004, 375; BAGE 107, 318; BAG NZA 2005, 929; BAG NZA 2008, 939
[294] *Konzen* RdA 1984, 85; vgl. auch weitere Nachweise bei Lutter/*Wackerbarth* Holding-Handbuch § 9 Rn. 65.
[295] BAG DB 1992, 1247, 1248 f.; BAG DB 1983, 2635, 2637; BAG DB 1985, 1192; BAG DB 1986, 2547, 2548.
[296] Lutter/*Wackerbarth* Holding-Handbuch § 9 Rn. 65; eingehend Kittner/Däubler/Zwanziger/*Kittner* § 1 KSchG Rn. 389 ff. m. w. N.

Etwas anderes kann sich jedoch ausnahmsweise dann ergeben, wenn die Beschäftigung in 221
anderen Konzerngesellschaften im Arbeitsvertrag bereits vorgesehen ist.[297] Insbesondere bei
großen Konzernstrukturen kann es sich für den Bereich der leitenden Angestellten anbieten,
standardmäßig **Konzernklauseln in den Anstellungsverträgen** vorzusehen.
Das BAG hat eine Einstellung für den Konzern als grundsätzlich zulässig angesehen.[298]
Konzernversetzungsklauseln sind auch zulässig, können aber gegen die §§ 305 ff. BGB verstoßen.[299] Nach der Rechtsprechung des BAG besteht eine unternehmensübergreifende Weiterbeschäftigungspflicht indes nur, wenn der Beschäftigungsbetrieb bzw. das vertragsschließende Unternehmen einen „bestimmenden Einfluss" auf die Versetzung hat. Dem
übernahmebereiten Unternehmen darf die Entscheidung über die Versetzung nicht überlassen werden. Es ist allerdings belanglos, ob die Möglichkeit der Einflussnahme aufgrund
rechtlicher Grundlage (z. B. Beherrschungsvertrag) oder rein faktisch besteht.[300]

Die Prüfung der Anwendbarkeit des KSchG bestimmt sich allein nach den Verhältnissen
der Tochtergesellschaft mit der Folge, dass eine konzernangehörige Gesellschaft grundsätzlich das Kleinbetriebsprivileg des § 23 KSchG für sich in Anspruch nehmen kann, wenn sie
in der Regel fünf oder weniger Arbeitnehmer ausschließlich der zu ihrer Berufsbildung Beschäftigten beschäftigt, § 23 Abs. 1 S. 2 KSchG. Gemäß § 23 Abs. 1 S. 3 KSchG gelten wesentliche Vorschriften des KSchG nicht für Arbeitnehmer, deren Arbeitsverhältnis nach dem
31.12.2003 begonnen hat, und die in Betrieben und Verwaltungen, in denen in der Regel
zehn oder weniger Arbeitnehmer ausschließlich der zu ihrer Berufsbildung Beschäftigten beschäftigt werden. Diese Arbeitnehmer sind bei der Feststellung der Zahl der beschäftigten
Arbeitnehmer nach § 23 Abs. 1 S. 2 KSchG bis zur Beschäftigung von in der Regel zehn Arbeitnehmern nicht zu berücksichtigen.

3. Mitbestimmung

Die Zugehörigkeit zu einem Konzernverband kann sich auch im Bereich der Mitbe- 222
stimmung nachhaltig auswirken. Hier sind zwei Bereiche von besonderer Bedeutung: Zum
einen geht es um die Voraussetzungen für die **Bildung eines Konzernbetriebsrates,** zum anderen um die Mitbestimmung der **Arbeitnehmer im Aufsichtsrat** einer Konzernobergesellschaft.

a) Konzernbetriebsrat. Voraussetzung für die Bildung eines Konzernbetriebsrates ist das 223
Vorliegen eines Konzerns. Dabei ist unerheblich, ob es sich um einen Vertragskonzern oder
einen faktischen Konzern handelt.[301] Ebenso ist nicht erforderlich, dass das herrschende Unternehmen eine Kapitalgesellschaft ist. Auch bei einer natürlichen Person als Konzernspitze
kommt die Bildung eines Konzernbetriebsrates in Betracht.[302] Wegen der Verweisung auf
§ 18 Abs. 1 AktG muss es sich um einen Unterordnungskonzern handeln.[303] Bei einem
Gleichordnungskonzern im Sinne des § 18 Abs. 2 AktG, bei dem rechtlich selbstständige
Unternehmen unter einheitlicher Leitung zusammengefasst sind, ohne dass ein Unternehmen
von einem anderen abhängig ist, kommt die Errichtung eines Konzernbetriebsrates nicht in
Frage.[304] Nach § 54 Abs. 1 BetrVG ist weitere Voraussetzung, dass die Gesamtbetriebsräte
der Unternehmen, in denen mindestens 50% der Mitarbeiter des Konzerns beschäftigt sind,
der Bildung des Konzernbetriebsrates zustimmen.

Die **Zuständigkeit des Konzernbetriebsrates** richtet sich nach § 58 Abs. 1 BetrVG. Da- 224
nach ist die Zuständigkeit gegeben für Angelegenheiten, die mehr als ein Konzernunterneh-

---

[297] BAG NZA 1999, 539, 541 f.
[298] BAG NZA 2007, 32; BAG NZA 2005, 929.
[299] BAG BB 2006, 2195, 2196. Erhebliche Bedenken gegen Versetzungsklauseln dagegen bei *Dzida/Schramm*
BB 2007, 1221, 1227. Die Flexibilisierung des Arbeitsverhältnisses müsse durch einen entsprechenden Vorteil
für den Arbeitnehmer kompensiert werden.
[300] BAG NZA 2007, 32; *Dzida/Schramm* BB 2007, 1221, 1227.
[301] *Küttner/Reinecke,* Personalbuch 2008, Konzernbetriebsrat, Rn. 3.
[302] BAG NJW 1996, 2884 = DB 1996, 1043, 1044; *Küttner/Reinecke,* Personalbuch 2008, Konzernbetriebsrat Rn. 4.
[303] *Küttner/Reinecke,* Personalbuch 2008, Konzernbetriebsrat, Rn. 3.
[304] BAG NZA 1996, 706; *Küttner/Reinecke,* Personalbuch 2008, Konzernbetriebsrat, Rn. 3.

men betreffen und nicht durch die Gesamtbetriebsräte der Einzelunternehmen geregelt werden können.[305] So ist der Konzernbetriebsrat z. B. zuständig, wenn es um Mitbestimmung beim konzernweiten Austausch von Mitarbeiterdaten oder bei der Einrichtung einer Unterstützungskasse geht.

225   b) **Mitbestimmung im Aufsichtsrat.** Für das Mitbestimmungsrecht sieht § 5 Abs. 1 MitbestG vor, dass Arbeitnehmer der abhängigen Unternehmen als Arbeitnehmer des herrschenden Unternehmens anzusehen sind. Damit kann die Grenze zur Mitbestimmungspflicht (2.000 AN) selbst dann erreicht werden, wenn die Obergesellschaft keine eigenen Arbeitnehmer beschäftigt. Für die Frage, ob ein Konzern vorliegt, ist auf § 18 Abs. 1 AktG abzustellen.[306] Bei Unternehmen mit mindestens 500 Beschäftigten greifen die Mitbestimmungsregelungen des **Drittelbeteiligungsgesetzes** (DrittelbG) vom 18.5.2004. Die GmbH wird erfasst nach § 1 Abs. 1 Nr. 3 DrittelbG.

226   Bei einem internationalen Konzernverbund mit Holding im Ausland stellt sich die Frage, ob ein mitbestimmter Aufsichtsrat auch auf der Ebene der **deutschen Zwischenholding** zu bilden ist.[307] Nach überzeugender Auffassung ist dies jedenfalls dann nicht anzunehmen, wenn die Zwischenholding keine eigene materielle Leitungsfunktion übernimmt und die Geschäftsleitung allein vom Ausland aus wahrgenommen wird.[308] Für diese Auffassung spricht, dass eine Mitbestimmung auf Konzernebene immer nur dort einen Sinn geben kann, wo auch tatsächlich Leitungsfunktionen für den Konzern wahrgenommen werden. Dies kann bei einer Zwischenholding je nach Gestaltung im Einzelfall nicht der Fall sein, zumal derartige Holdingkonstruktionen zumeist auf rein steuerrechtlichen Erwägungen beruhen. Das BAG hat allerdings wie bereits das OLG Stuttgart angenommen, eine Mitbestimmung könne auf der Ebene der deutschen Zwischenholding als Teilkonzernspitze begründet werden.[309] Das OLG Stuttgart hatte für seine Auffassung darauf verwiesen, dass es nach dem Wortlaut des § 5 Abs. 3 MitbestG darauf ankommt, ob die Konzernmutter die nachgeordneten Unternehmen beherrscht, nicht aber darauf, ob sie diese leitet.[310] Das BAG berief sich darauf, § 5 Abs. 3 MitbestG habe eine Hilfsfunktion bei der Ausgestaltung der in § 5 Abs. 1 und § 5 Abs. 2 MitbestG enthaltenen Konzernmitbestimmung. Der Gesetzgeber sei davon ausgegangen, dass sich der Geltungsbereich des MitbestG nur auf Unternehmen und Konzernobergesellschaften erstreckt, die ihren Sitz im Geltungsbereich des Grundgesetzes haben.[311] Mit der Teilkonzernregelung des § 5 Abs. 3 MitbestG habe er die mit dem territorial beschränkten Geltungsbereich des MitbestG verbundenen Regelungslücken bei der Konzernmitbestimmung begrenzen wollen.[312] Es könne somit wegen der Regelung in § 5 Abs. 3 MitbestG dazu kommen, dass ein in der Rechtsform des § 1 Abs. 1 Nr. 1 MitbestG geführtes inländisches Mutterunternehmen als inländische Teilkonzernspitze für die im Inland gelegenen Enkelunternehmen einer ausländischen Konzernspitze anzusehen ist.[313]

4. Betriebsrentenrecht

227   Bei der Frage einer Anpassung von Betriebsrenten stellt sich die Frage, ob auf die wirtschaftliche Lage der einzelnen Gesellschaft oder des Konzerns abzustellen ist: Nach § 16 BetrAVG ist im Abstand von drei Jahren zu überprüfen, ob eine **Anpassung von Betriebsrenten** an die allgemeine Inflation zu erfolgen hat. Diese Anpassung kann unterbleiben, wenn die wirtschaftliche Lage des Arbeitgebers sie nicht zulässt. Bei der Prüfung der wirtschaftlichen Lage ist grundsätzlich auf die Lage der einzelnen Gesellschaft, nicht dagegen

---

[305] Vgl. dazu BAG BB 1996, 2686 mit Anm. *Feuerborn*.
[306] BayObLG NZA 1998, 956, 958.
[307] Vgl. dazu *Großfeld/Johannemann* IPrax 1994, 293.
[308] So zutreffend LG Stuttgart ZIP 1993, 1406.
[309] BAG NZA 2007, 999; OLG Stuttgart ZIP 1995, 1004.
[310] OLG Stuttgart ZIP 1995, 1004.
[311] Das BAG (NZA 2007, 999) verweist auf den Bericht des Ausschusses für Arbeit und Sozialordnung in BT-Drucksache 7/4845 S. 4.
[312] BAG NZA 2007, 999, 1005.
[313] BAG NZA 2007, 999, 1005.

auf den Konzern abzustellen.³¹⁴ Etwas anderes kann sich allerdings bei einer sehr engen Verbindung ergeben. Ein Indiz für eine derartig enge Bindung ist das Vorliegen eines Unternehmensvertrages.³¹⁵ Man spricht in diesem Zusammenhang auch von einem **Bemessungsdurchgriff**.³¹⁶

Nach der Rechtsprechung des BAG ist auf die wirtschaftliche Lage des Konzerns abzustellen, wenn zwischen dem Tochterunternehmen als Versorgungsschuldner und dem Mutterunternehmen ein „wesentlich verdichtetes Konzernverhältnis" besteht.³¹⁷ Diese Voraussetzung ist erfüllt, wenn zwischen beiden Gesellschaften ein Beherrschungs- und Ergebnisabführungsvertrag besteht. Es soll jedoch ausreichen, dass die Muttergesellschaft die Geschäfte der Tochtergesellschaft tatsächlich andauernd und umfassend führt.³¹⁸ Darüber hinaus ist nach der neueren Rechtsprechung noch erforderlich, dass die Leitungsmacht von dem herrschenden Unternehmen in einer Weise ausgeübt wird, die keine angemessene Rücksicht auf die Belange des beherrschten Unternehmens nimmt.³¹⁹ 228

Umgekehrt stellt sich die gleiche Frage wie bei einer Erhöhung auch bei einer Rentenkürzung. Grundsätzlich besteht die Möglichkeit einer **Rentenkürzung**, wenn der Arbeitgeber in eine **wirtschaftliche Notlage** gerät. Auch bei der Beurteilung, ob diese Notlage vorliegt, ist allein auf die einzelne Gesellschaft abzustellen.³²⁰ Dabei ist dann folgerichtig aber auch zu berücksichtigen, dass der Gesellschaft gegen ihre Muttergesellschaft ein Anspruch auf Übernahme von Verlusten zustehen kann, so dass bei Solvenz der Muttergesellschaft eine wirtschaftliche Not der Tochtergesellschaft nicht vorliegt. Darüber hinaus ist die wirtschaftliche Lage der Muttergesellschaft jedoch nicht ohne Relevanz.³²¹ 229

VII. „Cash Pooling" im Konzern

1. Grundlegendes zum „Cash Pooling"

Das „Cash Pooling" ist ein seit langem üblicher Bestandteil der Konzerninnenfinanzierung.³²² Es baut auf dem sog. „Cash Concentrating" auf, bei dem bei Partnerbanken geführte Konten zunächst auf Landesebene verdichtet werden. Anschließend erfolgt die Übertragung dieser Konten auf ein Hauptkonto.³²³ Beim Pooling werden die liquiden Mittel durch „Abräumen" der Nebenkonten auf ein Zielkonto als elektronische Bankdienstleistung zusammengeführt.³²⁴ Das Konsolidieren der Salden von mehreren Zahlungsverkehrskonten eines Konzerns führt zum optimalen Ausgleich der Über- und Unterdeckungen.³²⁵ Insbesondere kurzfristige finanzielle Engpässe können ohne weiteres überbrückt werden. 230

In der Praxis gibt es **zwei unterschiedliche Poolingverfahren**, welche den Saldo physisch oder lediglich virtuell erzeugen. Beim „physischen Cash Pooling"³²⁶ werden die Salden der jeweiligen Bankkonten der am Pooling teilnehmenden Konzerneinheiten (Unterkonten) auf ein Zielkonto, welches regelmäßig bei der Konzernspitzeneinheit geführt wird, durch Umbuchung und Verrechnung der Unterkontensalden übertragen.³²⁷ Eine andere Methode ist das „Notional Pooling". Dabei bleiben die Einzelsalden der gepoolten Bankkonten unver-

---

³¹⁴ Lutter/Hommelhoff/*Lutter/Hommelhoff* Anh. § 13 Rn. 80.
³¹⁵ BAG DB 1989, 1471; BAG AG 1994, 279.
³¹⁶ *Lutter/Wackerbarth* Holding-Handbuch § 9 Rn. 56.
³¹⁷ BAG GmbHR 1995, 525, 528.
³¹⁸ BAG GmbHR 1995, 525, 528.
³¹⁹ BAG GmbHR 1995, 525, 528.
³²⁰ Lutter/Hommelhoff/*Lutter/Hommelhoff*, Anh. § 13 Rn. 80.
³²¹ BAG ZIP 1993, 1330; *Lutter/Timm* ZGR 1983, 279.
³²² *Kiethe* DStR 2005, 1573.
³²³ *Ammelung/Kaeser* DStR 2003, 655.
³²⁴ *Ammelung/Kaeser* DStR 2003, 655, 657.
³²⁵ *Ammelung/Kaeser* DStR 2003, 655, 657.
³²⁶ Zu den Vorteilen dieser Variante *Vetter/Stadler*, Haftungsrisiken beim konzernweiten Cash Pooling, Rn. 10.
³²⁷ *Ammelung/Kaeser* DStR 2003, 655, 657.

ändert bestehen.[328] Die Banksalden werden demnach nicht tatsächlich auf das Masterkonto übertragen, sondern lediglich auf einem fiktiven Konto verrechnet.[329] Es lässt sich daher auch von einem virtuellen Pooling sprechen.[330]

2. Bisherige Rechtsprechung

231   In der Rechtsprechung gab es zuletzt wichtige Entscheidungen zu der Frage, ob und inwieweit Darlehen von Tochtergesellschaften an die Muttergesellschaft („upstream loans") problematisch sind. Die **BGH-Entscheidung vom 24.11.2003**[331] hat insoweit in der Literatur für lebhafte Diskussionen gesorgt.[332] Fraglich war insbesondere, in welchen Fällen die Darlehensvergabe einer GmbH an ihre Gesellschafter einen Verstoß gegen das Gebot der Kapitalerhaltung aus § 30 Abs. 1 GmbHG begründet. Bei genauerer Betrachtung ist die Entscheidung dahingehend zu interpretieren, dass die Vergabe aufsteigender bzw. konzerninterner Darlehen weiterhin zulässig sein soll, sofern keine Unterbilanz besteht.[333] Der Vorsitzende des BGH, *Goette,* hat in einer Anmerkung zur BGH-Entscheidung vom 16.1.2006[334] darauf hingewiesen, dass von der bilanziellen Betrachtungsweise nur für Fälle abgewichen werden sollte, die durch das Bestehen einer Unterbilanz gekennzeichnet sind. Dieser Standpunkt überzeugt auch deshalb, weil er die in § 42 Abs. 1 GmbHG angelegte bilanzielle Ausrichtung des Begriffs des Stammkapitals soweit wie möglich beibehält und nur für den Fall der bestehenden Unterbilanz von diesem Grundsatz abweicht.[335] Allerdings ist die Rechtsprechung des BGH insoweit überholt, als der Gesetzgeber mit dem MoMiG eine „Rückkehr zur bilanziellen Betrachtungsweise" in ausdrücklicher Abkehr von der BGH-Entscheidung vom 24.11.2003 herbeiführen wollte.[336]

3. Rechtslage seit Inkrafttreten des MoMiG

232   Durch das „Gesetz zur Modernisierung des GmbH-Rechts und zur Bekämpfung von Missbräuchen" (**MoMiG**) sollten bislang fehlende gesetzliche Leitlinien für das Cash Pooling eingeführt werden.[337] Die Neuerungen sind teilweise **problematisch.** Bei Darlehen von der Konzernmutter an die Tochtergesellschaft („downstream loans") hat die Neufassung des § 135 InsO schwer wiegende Folgen. Für den Tatbestand der Norm kommt es nicht mehr auf den eigenkapitalersetzenden Charakter des bedienten Darlehens an, so dass die Muttergesellschaft künftig nicht mehr im Voraus wird bestimmen können, wann sie die betroffene Tochtergesellschaft vom Cash Pooling auszuschließen hat, um eventuellen Rückzahlungsansprüchen möglichst zu entgehen.[338] Nach zutreffender Auffassung kann angesichts der Befriedigung des Rückzahlungsanspruchs die Anfechtung nur innerhalb der Jahresfrist des § 135 Abs. 1 Nr. 2 InsO erfolgen.[339] Inwieweit das Bargeschäftsprivileg des § 142 InsO Anwendung findet, ist umstritten.[340] Zur **Haftung** für Verstöße gegen § 30 GmbHG durch Auszahlung von Vermögen an die Gesellschafter; vgl. die Darstellung von *Schröder* § 6 Rn. 46 ff.

---

[328] *Ammelung/Kaeser* DStR 2003, 655, 658.
[329] *Ammelung/Kaeser* DStR 2003, 655, 658.
[330] *Vetter/Stadler,* Haftungsrisiken beim konzernweiten Cash Pooling, Rn. 10.
[331] BGHZ 157, 72 = NJW 2004, 1111 = NZI 2004, 396.
[332] Vgl. *Winter* NJW-Spezial 2006, 267.
[333] *Winter* NJW-Spezial 2006, 267, 268.
[334] Anm. von *Goette,* betreffend die Kapitalaufbringung in Cash-Pool-Systemen, DStR 2006, 764, 767.
[335] *Winter* NJW-Spezial 2006, 267, 268.
[336] Begr. RegE zu § 8 GmbHG BR-Drucks. 354/07 S. 78.
[337] Begr. RegE-MoMiG BT-Drucks. 16/6140 S. 98. Vgl. auch *Seibert* ZIP 2006, 1157, 1162 f. sowie die Begr. MoMiG-RefE S. 53 f.
[338] *Klinck/Gärtner* NZI 2008, 457.
[339] *Wicke* GmbHG Anh. § 30 Rn. 11.
[340] *Wicke* GmbHG Anh. § 30 Rn. 11; abl: *Dahl,* Michalski GmbHG, Anh. §§ 32a, 32b aF, Rn. 33.

VIII. Hinweise zur Rechnungslegung im Konzern

1. Überblick

Die Regelungen zum Konzernabschluss finden sich in den §§ 290 bis 315 HGB. Der **Konzernabschluss** besteht aus Konzernbilanz, der Konzern-Gewinn- und Verlustrechnung, dem Konzernanhang, der Kapitalflussrechnung und dem Eigenkapitalspiegel. Er kann um eine Segmentberichterstattung erweitert werden (§§ 290 Abs. 1, 297 Abs. 1 HGB). Der Konzernabschluss bildet die wirtschaftliche Einheit des Konzerns im Rahmen der Rechnungslegung ab. Er entsteht durch die Zusammenfassung der Abschlüsse der einzelnen Konzernunternehmen. Die Zusammenfassung geschieht allerdings nicht durch einfache Addition der Bilanzpositionen. Es sind vielmehr Schuld- und Beteiligungsbeziehungen sowie die Ergebnisse des Leistungsverkehrs innerhalb des Konzerns zu eliminieren.

2. Zweck der Konzernrechnungslegung

Da der Konzern keine eigene Rechtspersönlichkeit hat, kann der Konzernabschluss nicht zur Bestimmung von Ausschüttungsrechten der Gesellschafter oder für steuerliche Zwecke herangezogen werden. Der Konzernabschluss dient der **Information interessierter Dritter,** also vor allem der Gläubiger und Gesellschafter des Konzerns. Kreditinstitute sind nach § 18 KWG verpflichtet, sich bei Kreditgewährungen an Konzernunternehmen auch den Konzernabschluss vorlegen zu lassen.

3. Pflicht zur Konzernrechnungslegung

a) *Aktuelle Rechtslage.* Die Pflicht zur Aufstellung eines Konzernabschlusses bestimmt sich nach den §§ 290, 291 ff. HGB:

Checkliste: Pflicht zur Aufstellung eines Konzernabschlusses

☐ Aufstellungspflicht nach § 290 Abs. 1 oder § 290 Abs. 2 HGB
☐ Keine Befreiung nach den §§ 291 ff. HGB

aa) *Aufstellungspflicht.* Nach § 290 HGB sind die Geschäftsführer einer GmbH zur Aufstellung eines Konzernabschlusses in zwei alternativen Fällen verpflichtet:
1. Einheitliche Leitung nach § 290 Abs. 1 HGB oder
2. Bestehen bestimmter Mehrheits- und Beherrschungsrechte nach § 290 Abs. 2 Nr. 1 bis 3 HGB.

Eine **einheitliche Leitung** im Sinne des § 290 Abs. 1 HGB liegt vor, wenn das Mutterunternehmen **kontinuierlich oberste Führungsaufgaben** für ein anderes Unternehmen wahrnimmt.[341] Dessen Mitwirkung ist nicht ausgeschlossen.[342] Eine einheitliche Leitung äußert sich vor allem in der Festlegung der **strategischen Unternehmungsziele** und in einer **konzerneinheitlichen Investitions- und Finanzpolitik,** in der Letztentscheidung über Maßnahmen von besonderer Bedeutung und in der Besetzung der Führungspositionen.[343] Entscheidend ist, dass diese Leitungsmacht tatsächlich ausgeübt wird, eine bloße Möglichkeit zur Ausübung reicht nicht aus. Allerdings wird die Ausübung der Leitungsmacht unwiderleglich vermutet, wenn ein Beherrschungsvertrag nach § 291 AktG besteht, § 18 Abs. 1 S. 2 AktG. In diesem Fall greift jedoch ohnehin die Aufstellungspflicht nach § 290 Abs. 2 Nr. 3 HGB ein. Eine widerlegliche Vermutung für die Ausübung der Leitungsmacht besteht nach den

---
[341] MünchKommHGB/*Busse von Colbe* § 290 Rn. 13.
[342] MünchKommHGB/*Busse von Colbe* § 290 Rn. 13.
[343] MünchKommHGB/*Busse von Colbe* § 290 Rn. 13; *Scheffler,* Konzernmanagement, 1992, S. 36 ff.

§§ 18 Abs. 1 S. 3, 17 Abs. 2 AktG bei einer Mehrheitsbeteiligung. In diesem Fall ist jedoch eine Aufstellungspflicht in der Regel schon nach § 290 Abs. 2 Nr. 1 HGB gegeben.

239   Damit bleibt § 290 Abs. 1 HGB bedeutsam für die Fälle, in denen eine einheitliche Leitungsmacht **ohne das Vorliegen einer Mehrheitsbeteiligung** ausgeübt wird. Ein solcher Fall ist denkbar bei besonders enger personeller Verflechtung sowie bei besonderen Zustimmungsrechten in der Satzung des beherrschten Unternehmens.

240   Nach **§ 290 Abs. 2 HGB** besteht eine Pflicht zur Aufstellung eines Konzernabschlusses, wenn der GmbH an einem anderen Unternehmen:

- die Mehrheit der Stimmrechte (Nr. 1) oder
- das Recht zur mehrheitlichen Besetzung der Leitungsorgane, sofern die GmbH Gesellschafterin ist (Nr. 2), oder
- das Recht zum beherrschenden Einfluss auf Grund eines Beherrschungsvertrages oder auf Grund einer Satzungsbestimmung (Nr. 3)

zusteht. Im Gegensatz zu § 290 Abs. 1 HGB kommt es in diesem Zusammenhang nicht darauf an, ob diese Leitungsmacht tatsächlich ausgeübt wird. In der Praxis besteht eine Pflicht zur Aufstellung in der Regel sowohl nach § 290 Abs. 1 HGB als auch nach § 290 Abs. 2 HGB.

241   Eine praktisch bedeutsame Ausnahme, die nicht unter § 290 HGB fällt, ist das Gemeinschaftsunternehmen (Joint Venture), wenn es von mehreren Mutterunternehmen gemeinsam geführt wird und keinem Unternehmen die Mehrheit zusteht. Hier kommt eine Quotenkonsolidierung nach § 310 HGB in Betracht.[344]

242   *bb) Befreiung.* Eine Pflicht zur Aufstellung eines Konzernabschlusses besteht nicht, wenn
1. ein befreiender Konzernabschluss nach §§ 291, 292 HGB offengelegt wird oder
2. die Größenmerkmale des § 293 HGB nicht erfüllt sind.

Ein **befreiender Konzernabschluss** liegt vor, wenn die an sich konzernabschlusspflichtige GmbH ihrerseits zu einem Konzern gehört und die Muttergesellschaft einen Konzernabschluss offen legt.[345] Dies ist typischerweise bei einer Zwischenholding der Fall.

243   b) **Änderungen durch das BilMoG.** In einigen der genannten Vorschriften des HGB werden sich durch das Gesetz zur Modernisierung des Bilanzrechts (**Bilanzrechtsmodernisierungsgesetz**, BilMoG), Änderungen ergeben.[346] So soll das Beteiligungserfordernis in § 290 Abs. 1 Satz 1 gestrichen und der Minderheitenschutz gemäß § 291 Abs. 3 Nr. 2 Satz 2 aufgehoben werden. Ferner soll der Konzernabschluss eines Mutterunternehmens mit Sitz in einem Drittstaat nur dann befreiende Wirkung entfalten, wenn deren Abschlussprüfer aus dem Drittstaat entweder bei der Wirtschaftsprüferkammer in Deutschland eingetragen oder die Gleichwertigkeit der Abschlussprüfung anerkannt ist (§ 292 Abs. 2). Zudem werden die Schwellenwerte des § 293 HGB erhöht.

4. Konzernabschluss nach deutschem Recht

244   a) **Aktuelle Rechtslage.** Der Konzernabschluss besteht aus der Konzernbilanz, der Konzern-Gewinn-und-Verlust-Rechnung sowie dem Konzernanhang.

Kennzeichnend für das Recht der Konzernrechnungslegung im deutschen Recht ist die **sog. Einheitstheorie**, die in § 297 Abs. 3 HGB normiert ist. Danach ist die Vermögens-, Finanz- und Ertragslage so darzustellen, als ob die Konzernunternehmen ein einziges Unternehmen wären. Das bedeutet in erster Linie, dass bei der Aufstellung des Konzernabschlusses die Vorgänge innerhalb des Konzerns eliminiert werden müssen. Diesen Vorgang nennt man **Konsolidierung**. Der Kreis der in den Abschluss einzubeziehenden Unternehmen bestimmt sich nach den §§ 294 ff. HGB.

---

[344] Ebenroth/Boujong/Joost/*Wiedmann* § 290 Rn. 44 ff.
[345] Vgl. im Einzelnen Ebenroth/Boujong/Joost/*Wiedmann* § 292 Rn. 3.
[346] BT-Drucks. 16/10 067, Gesetzentwurf der Bundesregierung. Vgl. zu den Inhalten z. B. *Meyer* DStR 2007, 2227 ff.; *Velte*, Steuern und Bilanzen 2008, 411 ff.

b) Änderungen durch das BilMoG. Auch in diesem Bereich wird es diverse Änderungen im Zuge des BilMoG geben.[347]

5. Konzernabschluss nach internationalen Grundsätzen

Im Hinblick auf die Internationalisierung der Kapitalmärkte ist es gesetzlich zulässig, einen Konzernabschluss nicht nach deutschen, sondern nach internationalen Rechnungslegungsvorschriften zu erstellen. Diese Möglichkeit wird in der Praxis zunehmend wahrgenommen, um auch **ausländische Investoren** über die Lage des Konzerns zu informieren.[348] Eine wichtige Rolle spielen in diesem Zusammenhang die **International Accounting Standards (IAS)**. Inhaltlich orientieren sich die IAS stark an dem US-amerikanischen Vorbild **(US-GAAP)**. Ein Abschluss nach IAS umfasst die Bestandteile Konzernbilanz, Konzern-GuV, konsolidierte Kapitalflussrechnung, Eigenkapitalspiegel und die sog. „notes", in denen sich weitere Erläuterungen finden. Die IAS sind im Gegensatz zu dem stark gläubigerorientierten HGB eher auf den Schutz des Investors ausgerichtet.[349] Der Gesetzgeber verbindet mit den BilMoG-Neuerungen im HGB-Bilanzrecht die Hoffnung, sich internationalen Rechnungslegungsstandards zu nähern und die HGB-Regelungen zu einer konkurrenzfähigen Alternative weiterzuentwickeln.[350]

---

[347] Vgl. BT-Drucks. 16/10 067, Gesetzentwurf der Bundesregierung. Vgl. auch *Meyer* DStR 2008, 1153 und *Meyer* DStR 2007, 2227.
[348] *Schiffers* GmbHStB 2006, 228; aus betriebswirtschaftlicher Sicht eingehend *Coenenberg* S. 501 ff.
[349] Lutter/*Scheffler* Holding-Handbuch § 12 Rn. 272.
[350] Vgl. BT-Drucks. 16/10 067 S. 1, Gesetzentwurf der Bundesregierung.

Teil J. Unternehmenskauf

§ 21 Unternehmenskauf, Mergers & Acquisitions

Übersicht

	Rn.
I. Allgemeines zum Unternehmens- und Anteilskauf bei der GmbH	1–25
1. Mergers & Acquisitions – Ein weltweiter Markt für Unternehmen	1–3
2. Planung, Durchführung und Implementierung des Unternehmens- und Anteilskaufes bei der GmbH als ganzheitlicher Vorgang	4–25
a) Die Planung des Unternehmens- und Anteilskaufes bei der GmbH	5–14
b) Die Durchführung des Unternehmens- und Anteilskaufes bei der GmbH	15–24
c) Die Implementierung bzw. Integration des Unternehmens- und Anteilskaufes bei der GmbH	25
II. Die Durchführung des Unternehmens- und Anteilskaufes bei der GmbH im Einzelnen	26–33
1. Die Bedeutung des Vertragsrechts für den Unternehmens- und Anteilskauf bei der GmbH	27–29
2. Arten des Unternehmens- und Anteilskaufes bei der GmbH: Kauf einzelner Wirtschaftsgüter (Asset Deal) und Kauf einer Gesellschaft bzw. eines Anteils an einer Gesellschaft (Share Deal)	30–33
III. Das vorvertragliche Verhandlungsstadium	34–63
1. Geheimhaltungsvereinbarungen	38–40
2. Verhandlungsprotokolle/Punktation	41
3. Letter of Intent (LoI)	42–45
4. Option	46
5. Vorvertrag	47–49
6. Due Diligence und Pre Acquisition Audit	50–63
IV. Die Gestaltung des Unternehmens- und Anteilskaufvertrages bei der GmbH	64–187
1. Die Internationalisierung der Vertragsgestaltung und die Auswirkungen der Schuldrechtsreform	64–68
2. Der Vertragsgegenstand beim Asset Deal und beim Share Deal	69–87
a) Übertragung durch Abtretung	75–83
b) Übertragung durch Verpfändung und Verwertung	84
c) Übertragung durch Vererbung	85/86
d) Übertragung durch Zwangsvollstreckung	87
3. Die Gegenleistung, insbesondere der Kauf- und/oder Tauschpreis	88–105
a) Finanzierung des Kaufpreises	92–103
b) Der Tausch von bzw. mit Gesellschaftsanteilen	104/105
4. Der Zeitpunkt des wirtschaftlichen Überganges und andere Stichtagsregelungen	106
5. Die Übernahme von Rechten und Pflichten aus Vertragsverhältnissen, insbesondere aus Arbeitsverhältnissen	107–128
a) Beim Share Deal	107
b) Beim Asset Deal	108–128
6. Das Gewährleistungs- und Haftungsrecht	129–154
a) Mangel	131–133
b) Rechtsfolge	134–139
c) Kenntnis des Käufers gemäß § 442 BGB	140
d) Garantie i. S. d. § 443 Abs. 1 und selbstständiger Garantievertrag	141–148
e) Haftungsausschluss gemäß § 444 BGB	149–153
f) Haftung von Beratern	154
7. Die Haftung für Altverbindlichkeiten	155–157
8. Wettbewerbsvereinbarungen	158–160
9. Verfügungsbeschränkungen und Zustimmungserfordernisse	161–166
10. Die Form des Vertrages und andere formale Aspekte	167–171

	Rn.
11. Das Closing	172–187
a) Bedingungen nach nationalem, europäischem oder internationalem Kartellrecht	174–186
b) Rechtsstellung bei Wechsel der Gesellschafter oder Veränderung des Umfangs ihrer Beteiligung; Erwerb vom Nichtberechtigten (§ 16 GmbHG)	187
V. Rückabwicklung von Unternehmensübertragungen	188–191
VI. Der internationale Unternehmenskauf	192–194

Schrifttum: *Beisel/Klumpp,* Der Unternehmenskauf, 6. Aufl., 2009; *Berens/Brauner/Strauch/Knauer (Hrsg.),* Due Diligence bei Unternehmensakquisitionen, 7. Aufl., 2013; *Berens/Brauner/Strauch/Knauer,* Due Diligence bei Unternehmensakquisitionen, 7. Aufl. 2013; *Böttcher,* Verpflichtung des Vorstands einer AG zur Durchführung einer Due Diligence, NZG 2005, 49 ff.; *Dauner-Lieb/Thiessen,* Garantiebeschränkungen in Unternehmenskaufverträgen nach der Schuldrechtsreform, ZIP 2002, 108 ff.; *Dinkel/Kock,* Die zivilrechtliche Haftung von Vorständen für unternehmerische Entscheidungen – Die geplante Kodifizierung der Business Judgment Rule im Gesetz zur Unternehmensintegrität und Modernisierung des Anfechtungsrechts, NZG 2004, 441 ff.; *Fleischer,* Legal Transplants im deutschen Aktienrecht, NZG 2004, 1129 ff.; *Fliegner,* Das MoMiG – Vom Regierungsentwurf zum Bundestagsbeschluss, DB 2008, 1668 ff.; *Flume,* Die Firma als „tradeable Asset, DB 2008, 2011 ff.; *Frenzel,* Nachträgliche Vinkulierung von Geschäftsanteilen, GmbHR 2008, 983 ff.; *Fricke,* Der Nießbrauch an einem GmbH-Geschäftsanteil – Zivil- und Steuerrecht, GmbHR 2008, 739 ff.; *Hahn,* Kartellrecht, in: *G. Picot,* Unternehmenskauf und Restrukturierung, – Handbuch zum Wirtschaftsrecht –, 4. Aufl., 2013, § 11; *Henssler,* Arbeitsrecht beim Unternehmenskauf, in: *G. Picot,* Unternehmenskauf und Restrukturierung, – Handbuch zum Wirtschaftsrecht –, 4. Aufl., 2013, § 12; *Henssler,* MAC-Klauseln in deutschen Unternehmenskaufverträgen – (r)eine Modeerscheinung?, Festschrift für Ulrich Huber, 2006, S. 739 ff.; *Hettler/Stratz/Hörtnagl (Hrsg.),* Beck'sches Mandatshandbuch Unternehmenskauf, 2. Aufl., 2013; *Hilgard,* Cash-free/Debt-free-Klauseln im Unternehmenskauf, DB 2007, 559 ff.; *Hölters,* Handbuch des Unternehmens- und Anteilskaufs, 5. Aufl. 2001; *Holzapfel/Pöllath,* Unternehmenskauf in Recht und Praxis 10. Aufl. 2001; *Hommelhoff,* Der Unternehmenskauf als Gegenstand der Rechtsgestaltung, ZHR 1986, 254 ff.; *Horn,* Internationale Unternehmenszusammenschlüsse, ZIP 2000, 473 ff.; *Jansen,* Mergers & Acquisitions, – Unternehmenskauf und Kooperation –, 5. Aufl. 2008; *Jansen/Picot/Schiereck,* Internationales Fusionsmanagement 2001; *Kösters,* Letter of Intent – Erscheinungsformen und Gestaltungsweise, NZG 1999, 623; *Lappe/Schmitt,* Risikoverteilung beim Unternehmenskauf durch Stichtagsregelungen, Der Betrieb 2007, 153 ff.; *Lenz,* GmbHR 2000, 927; *Mayer, Dieter,* Der Erwerb einer GmbH nach den Änderungen durch das MoMiG, DNotZ 2008, 403 ff.; *Merkt,* Internationaler Unternehmenskauf, 2005; *Micheler/Prentice,* Joint Ventures in English and German Law, Oxford – Portland Oregon 2000; *Mielke/Welling,* Kartellrechtliche Zulässigkeit von Conduct of Business-Klauseln in Unternehmenskaufverträgen, BB 2007, 277 ff.; *Petersen/Zwirner,* Unternehmensbegriff, Unternehmenseigenschaft und Unternehmensformen, Der Betrieb 2008, 481–487; *G. Picot,* Handbuch Mergers & Acquisitions – Planung, Durchführung, Integration –, 5. Aufl., 2012; *ders.,* Unternehmenskauf und Restrukturierung, – Handbuch zum Wirtschaftsrecht –, 4. Aufl., 2013; *ders.,* Handbuch für Familien- und Mittelstandsunternehmen, 2008; *ders.,* Handbook of international Mergers & Acquisitions – Preparation, Implementation, Integration –, 2002; *ders.,* Mergers & Acquisitions in Germany – Handbook –, Second Edition, 2000; *ders.,* Unternehmenskauf und Sachmängelhaftung – Rechtsfortbildung durch den Bundesgerichtshof? – Der Betrieb 2009, 2587 ff.; *G. Picot/Land,* Der internationale Unternehmenskauf, Der Betrieb 1998, 1600 ff.; *Schachner,* Kauf und Verkauf von Gesellschaftsanteilen, 1995; *Schaumburg,* Unternehmenskauf im Steuerrecht. 2. Aufl. 2000; *Seibt,* Beck'sches Formularbuch Mergers & Acquisitions, 2. Aufl., 2012; *Seibt/Raschke/Reiche,* Rechtsfragen der Haftungsbegrenzung bei Garantien (§ 444 BGB n. F.) und MBA-Transaktionen, NZG 2002, 256 ff.; *Semler/Volhard,* Arbeitshandbuch für Unternehmensübernahmen, Band 1, 2001; *Wälzholz,* Überblick über das neue MoMiG, GmbHR 2008, 8411 ff.

I. Allgemeines zum Unternehmens- und Anteilskauf bei der GmbH

1. Mergers & Acquisitions – Ein weltweiter Markt für Unternehmen

1   Nationale und grenzüberschreitende Kooperationen und Unternehmenszusammenschlüsse ware ein Kennzeichen der seit 2004 zu beobachtenden 6. Welle der Unternehmenstransaktionen. Nach einer Studie von Thomson Financial war das Jahr 2007 mit einem Transaktionsvolumen von 4.063 Mrd. US-$ das volumenstärkste M&A-Jahr aller Zeiten.[1] Dieser Rekord war der Höhepunkt der 6. M&A-Welle, die vor allem durch zunehmende Cross-Border-Aktivitäten sowie durch eine Globalisierung der Unternehmensstrukturen gekennzeichnet. Ebenso, wie ihre zyklischen Vorgängerinnen endete auch die 6. M&A-Welle ab-

---

[1] Handelsblatt vom 21.11.2007, S. 25.

rupt mit dem Platzen der Kreditblase in den USA und dem Konkurs von Lehman Brothers im September 2008. Die momentan zu beobachtende 7. M&A-Welle vollzieht sich vor dem Hintergrund der Turbulenzen an den internationalen Finanz- und Aktienmärkten sowie der internationalen Schuldenkrise und der daraus resultierenden Angst vor einem Finanzcrash. Dabei war das Jahr 2012 wieder gekennzeichnet durch ein höheres Niveau des Unternehmensmarktes mit 1.360 Unternehmenstransaktionen mit Beteiligung deutscher Unternehmen bei einem Transaktionsvolumen (Summe der vereinbarten Unternehmenswerte) von 140 Mrd. EUR.

Angesichts des immer stärkeren nationalen und internationalen Wettbewerbs geraten nicht nur die großen, sondern auch die mittelständischen und kleineren Unternehmen, insbesondere auch in der Rechtsform der GmbH, in den Transaktionsstrudel und in den Wettlauf um die Zeit. Derzeit plant jedes zweite Unternehmen, vor allem der Telekommunikation, Medien und Technologie (TMT), der Banken und Versicherungen, aber auch der anderen Branchen eine Kooperation, einen Zusammenschluss oder eine Übernahme. Vor dem Hintergrund des Shareholder Value und des Einflusses des Kapitalmarktes sind die Transaktionen zu einem unverzichtbaren Bestandteil internationaler Management-Strategien geworden. Dabei ist nicht zu übersehen, dass sich inzwischen ein weltweiter **Markt für den Kauf und Verkauf von Unternehmen** herausgebildet hat.[2]

Angesichts dieser Entwicklung muss heute jedes Unternehmen, das auf dem jeweils relevanten lokalen, regionalen, nationalen oder globalen Markt bestehen will, eine schlüssige **M & A-Strategie** in sein Unternehmenskonzept aufnehmen. Denn insbesondere durch eine gezielte Wachstumsstrategie können nachhaltige strategische Wettbewerbsvorteile – nicht zuletzt auch am Kapitalmarkt – erzielt werden. Da die mit dieser Strategie verfolgte Wertbildung nur schwer zu realisieren ist und bislang nur etwa die Hälfte sämtlicher Unternehmens-Zusammenschlüsse und -Übernahmen den gewünschten Wertzuwachs und Renditeerfolg mit sich bringt, kommt der optimalen Gestaltung der Mergers & Acquisitions sowohl betriebswirtschaftlich als auch gesamtwirtschaftlich eine herausragende Bedeutung zu.

Die Mergers & Acquisitions haben sich in ihren verschiedenen **Erscheinungsformen**, d.h.

- Unternehmenskauf und -verkauf
- Unternehmenszusammenschluss
- Kooperation, Allianz und Joint Venture
- Management-Buy-Out und Management-Buy-In
- Going Public/Börsengang (IPO)
- Private Equity-Beteiligung
- bis hin zu den Integrations-, Umwandlungs- und Restrukturierungsmaßnahmen

entsprechend der komplexen Natur der betroffenen Unternehmen zu einem weiten Beratungsbereich entwickelt, der weit über den Rahmen reiner Rechtsberatung hinausreicht. Er verlangt eine enge **interdisziplinäre Zusammenarbeit** der Rechtsberater mit den Investmentbankern, Wirtschaftsprüfern und sonstigen M & A-Beratern.

2. Planung, Durchführung und Implementierung des Unternehmens- und Anteilskaufes bei der GmbH als ganzheitlicher Vorgang

Um die mit der Transaktion angestrebte Schaffung neuer ökonomischer Werte, d.h. den Werte- und Renditezuwachs zu erreichen, müssen die drei **Transaktions-Phasen** der Planung, Durchführung und Implementierung bzw. Integration beim Unternehmens- und Anteilskaufes einer GmbH als **ganzheitlicher Vorgang** verstanden werden, der in besonderem Maße wirtschaftsrechtlichen Parametern unterliegt.[3]

---

[2] Eingehend dazu Picot/G. Picot/M. Picot, Handbuch Mergers & Acquisitions Teil A I.; Picot, Handbuch für Familien- und Mittelstandsunternehmen, 2008, Teil I.
[3] Siehe → Fn. 2. Siehe ferner Picot, Unternehmenskauf und Restrukturierung, § 1; ders., Mergers & Acquisitions in Germany – Handbook –; ders., Handbuch Mergers & Acquisitions, Teil A I; ders., Handbook of international Mergers & Acquisitions, – Preparation, Implementation, Integration – Part 1, 1.

5 a) **Die Planung des Unternehmens- und Anteilskaufes bei der GmbH.** In der **Planungsphase** der Mergers & Acquisitions stellt sich zunächst die Frage, ob, wann und wie ein Merger oder eine Akquisition vorgenommen werden soll.[4]

6 Bei der Frage nach dem „**Ob**" geht es vornehmlich um die Festlegung der Unternehmensziele und die Frage, welche dieser Ziele durch organisches Wachstum und welche dieser Ziele durch Merger bzw. Akquisitionsaktivitäten in Form eines vollständigen oder (nur) teilweisen Unternehmens- oder Anteilskaufes verfolgt werden sollen. Dabei sind zugleich die Konsequenzen der Wachstumsstrategie und ihre wirtschaftlichen bzw. finanziellen Auswirkungen vor dem Hintergrund der Wettbewerbssituation und der Steigerung der Wertschöpfungskette kritisch zu berücksichtigen. Empirisch betrachtet wird bei etwa 85% aller Unternehmenszusammenschlüsse und Akquisitionen die Frage des „Ob" nach der Zielvorstellung eines Wachstums des Stammgeschäftes beantwortet.

7 Die Beantwortung des „**Wann**" steht in enger Abhängigkeit einerseits von den Notwendigkeiten einer Stärkung des Stammgeschäftes und unternehmens-spezifischen strategischen Überlegungen oder Sach- bzw. Markt-Zwängen sowie andererseits von den finanziellen Möglichkeiten des Unternehmens bei der angedachten M & A-Aktivität. Zugleich stellt sich damit die Frage der Priorisierung, die nur in der Weise beantwortet werden kann, dass verschiedene M & A-Optionen und -Gelegenheiten in die Klassen „Top", „High", „Medium" und „Low" eingeteilt werden. Aus dieser Klassifizierung lässt sich dann unter Berücksichtigung der finanziellen, sachlichen und personellen Machbarkeit die Reihenfolge der zu ergreifenden Aktivitäten herleiten.

8 Bei der Frage nach dem „**Wie**" sind zunächst die sich bietenden und bereits genannten Formen der Mergers & Acquisitions dahingehend zu prüfen, ob das strategische Unternehmensziel mit einer bloßen Kooperation oder einer strategischen Allianz erreicht werden kann, oder ob eine Minder- oder Mehrheits-Beteiligung oder eine volle Unternehmensakquisition hinsichtlich eines anderen Unternehmens angestrebt werden soll.

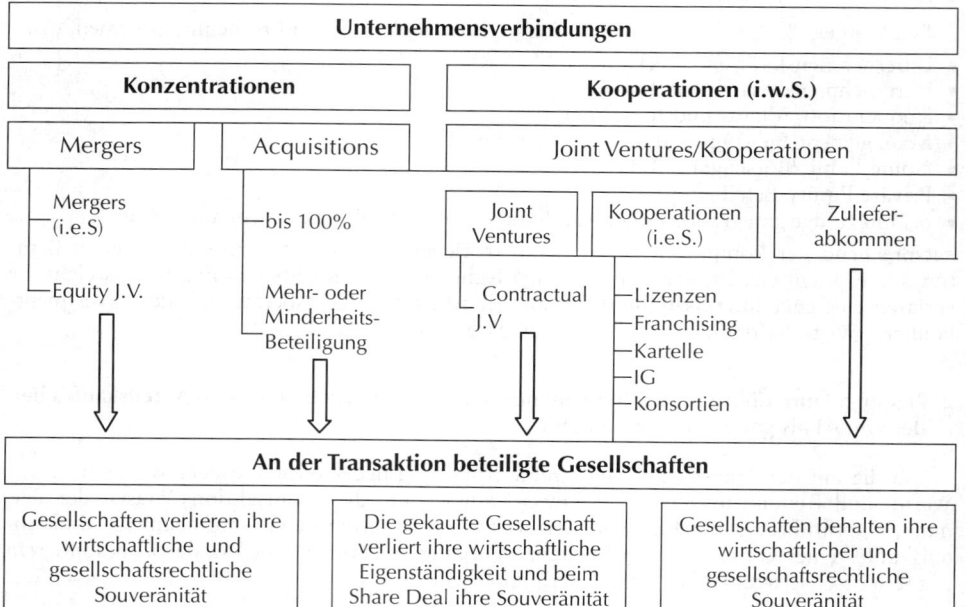

Auf dieser Grundlage sind die geeigneten Zielunternehmen zu identifizieren, deren Ressourcen oder Fähigkeiten zu der Realisierung der M & A-Strategie passen.

---

[4] Siehe dazu ausführlich → Fn. 2.

Schon in diesem Stadium ist zu beachten, dass Unternehmenskäufe mit ihren hohen Transaktionsvolumina regelmäßig die Liquidität der übernehmenden Unternehmen erheblich belasten und den Anteilstausch und auch Private-Equity-Finanzierungen in den Vordergrund rücken.

Vor allem bei mittelständischen **Familienunternehmen,** die sich der Problematik der **Unternehmensnachfolge** oder der Notwendigkeit der kostenaufwendigen Internationalisierung stellen müssen, können kooperative und gleichberechtigte Formen der Zusammenarbeit der Partner vorzugswürdig sein. Angesichts der überwiegend personalistischen mittelständischen Strukturen bieten insbesondere **Joint Ventures** optimale Gestaltungsformen und -möglichkeiten für eine unternehmerische Zusammenarbeit und vermeiden die bei Unternehmens-Übernahmen festzustellenden Gefühle des Unbehagens des „übernommenen" und in der Regel „kleineren" Unternehmens bzw. Personals. Immer mehr mittelständische Unternehmen entschließen sich deshalb zu nationalen und internationalen Zusammenarbeiten und sog. **Cross Border Joint Ventures,** wobei die Erträge und die Kosten in einen Topf geworfen und die Ergebnisse angemessen verteilt werden.[5]

Der Begriff „Joint Ventures" deckt dabei ein weites Spektrum von Vereinbarungen ab, bei denen zwei oder mehrere Unternehmen übereinkommen, eine gemeinsame geschäftsbezogene Aktivität oder ein gemeinsames Unternehmen zu beginnen. Dabei versteht man unter einem sog. **Contractual Joint Venture** eine (rein schuldrechtliche) Absprache zwischen den beteiligten Unternehmen, ohne dass es zu einer organisatorischen Verselbständigung der beabsichtigten Zusammenarbeit in Form einer Projektgesellschaft kommt. Ein sog. **Equity Joint Venture** ist dagegen durch das Vorhandensein einer selbständigen Joint Venture Gesellschaft[6] mit Eigenkapital gekennzeichnet.

Die (potentielle) **Wertermittlung** beinhaltet neben einer Betrachtung des kombinierten Wertes aus den **Stand-alone-Werten** des Käufers und des Zielunternehmens sowie den Transaktionskosten und Synergien natürlich auch eine **reale Einschätzung der nächstbesten Alternativen.** Die sich danach bietenden Möglichkeiten sind sodann mit den Fragen der Unternehmensbewertung, Bestimmung der Gegenleistung bzw. des Kauf- oder (Aktien-)Tauschpreises etc. abzustimmen und mit (steuer-)rechtlichen Deal-Strukturen sowie mit der Integrationsplanung in Einklang zu bringen.

Die Planungstätigkeit erstreckt sich demgemäß insbesondere auf folgende konkrete **Planungsinhalte:**

- Exakte Ermittlung der **unternehmerischen Entscheidungsgrundlagen,** Visionen und Zielvorstellungen
- Analyse der **betriebswirtschaftlichen Situation** des Unternehmens und des Zielunternehmens (Targets), insbesondere etwaiger Synergien
- Prüfung der unternehmerischen, insbesondere der finanziellen und (steuer-)rechtlichen **Gestaltungsmöglichkeiten**
- Entwicklung der betriebswirtschaftlich gewünschten bzw. günstigsten **Transaktions-Strategie** sowie (erforderlichenfalls) der **Restrukturierungs- bzw. Sanierungs-Strategie**
- Möglichst frühzeitige Bestimmung und **Ordnung der Strukturen** im Top- und Mittel-Management
- Analyse der Struktur der möglicherweise betroffenen **Belegschaft**
- Klare Definition und **interne Kommunikation** der Transaktion
- **Integration der Unternehmen** und Unternehmenskulturen
- **Kalkulation** der für die Übertragung, Integration und Restrukturierung aufzuwendenden internen und externen Kosten
- Exakte **Umsetzung der Entscheidungsgrundlagen,** Visionen und Zielvorstellungen
- Erarbeitung der für die **externe Kommunikation** der Maßnahmen notwendigen Verlautbarungen und **PR-Maßnahmen.**

---

[5] Eingehend dazu Picot/G. Picot, Handbuch Mergers & Acquisitions, Teil B XI., S. 368 ff.
[6] Siehe dazu ausführlich Picot/G. Picot, Handbuch Mergers & Acquisitions, Teil B XI., S. 376 ff.; ferner Micheler/Prenticel/G. Picot/Hewitt, S. 13–42.

Stets ist bei diesen Planungsarbeiten die schwierige **Gegenprüfung** erforderlich, wie sich die Zukunft des Unternehmens ohne die angedachte Transaktion darstellen würde.

14 Für die konkrete **Ablaufplanung** wird dringend empfohlen, unter Berücksichtigung der Erfordernisse der jeweiligen Transaktion einen detaillierten **Aktionsplan**, insbesondere bezüglich der konkret durchzuführenden Einzelmaßnahmen, Verantwortlichkeiten und Zeitvorgaben bzw. Aktionsdaten aufzustellen.

15 **b) Die Durchführung des Unternehmens- und Anteilskaufes bei der GmbH.** Die Durchführung des Unternehmens- und Anteilskaufes bei der GmbH ist ebenso vielfältig, wie die zu erwerbenden Unternehmen bzw. Unternehmensteile selbst, die sich bei ihnen ergebenden wirtschaftlichen und betrieblichen Fragestellungen und widerstreitenden Käufer- und Verkäufer-Interessen sowie die verschiedenartigen Erscheinungsformen der Mergers & Acquisitions.

16 Grundsätzlich kann man allerdings unterscheiden zwischen einerseits der **herkömmlichen Transaktion**, bei der die Vertragsanbahnung regelmäßig durch Kontakte auf höherer bzw. höchster Unternehmens-Ebene oder durch die Vermittlung professioneller M & A-Berater zustande kommt und ein normaler „Shake-Hands-Deal" zwischen den Vertragspartnern abgeschlossen wird, sowie andererseits dem **(beschränkten) Bietungsverfahren** bzw. **Auktionsverfahren**.

17 *aa) Herkömmliches Transaktionsverfahren.* Die bloße **Aufnahme von Vertragsverhandlungen** begründet lediglich ein vertragsähnliches Vertrauensverhältnis, das den Vertragspartnern Pflichten zur gegenseitigen Rücksichtnahme, Fürsorge und Loyalität auferlegt und ihnen die Sorgfalt von Schuldnern abverlangt. Bei größeren Mergers & Acquisitions wird es immer üblicher, längerwierige Verhandlungen und Absprachen über die Details und Konditionen der Transaktion durch die Abfassung eines **Letter of Intent (LoI)** oder eines **Memorandum of Understanding (MoU)** zu konkretisieren. Die häufigste Erscheinungsform ist die Erklärung der Absicht, zu einem bestimmten rechtsgeschäftlichen Ergebnis, nämlich der Transaktion zu gelangen.

Das Schuldrechtsmodernisierungsgesetz hat die **vorvertraglichen Verhaltenspflichten** der Vertragspartner erweitert. § 311 Abs. 2 BGB bestimmt nun ausdrücklich, dass ein Schuldverhältnis mit Pflichten nach § 241 Abs. 2 BGB nicht nur durch einen **Vertrag** (§ 311 Abs. 1 BGB), sondern auch durch die Aufnahme von Vertragsverhandlungen, die Anbahnung eines Vertrages oder ähnliche geschäftliche Kontakte entstehen kann. Derartige **„vorvertragliche" (rechtsgeschäftsähnliche) Schuldverhältnisse** haben selbstverständlich, ebenso wie rechtsgeschäftliche Schuldverhältnisse, in erster Linie gemäß § 241 Abs. 1 BGB leistungsbezogene Pflichten zum Inhalt. Durch die ausdrückliche Bezugnahme auf § 241 Abs. 2 BGB will § 311 Abs. 2 BGB aber betonen, dass auch das rechtsgeschäftsähnliche Schuldverhältnis jeden Teil zur Rücksicht auf die Rechte, Rechtsgüter und Interessen des anderen Teils verpflichtet. Verletzt ein Partner seine Pflichten aus dem Schuldverhältnis schuldhaft, so kann der Gläubiger zwar keine Erfüllung, immerhin aber gemäß § 280 BGB Ersatz des ihm hierdurch entstehenden Schadens verlangen. Beim Unternehmenskauf liegt der hauptsächliche Anwendungsbereich solch vorvertraglicher Pflichtverletzungen im Bereich unrichtig erteilter „Wissensübertragungen" bzw. Informationen des Verkäufers gegenüber dem Käufer.

Grundsätzlich können nur die Partner des in Aussicht genommenen Vertrages Parteien eines vorvertraglichen rechtsgeschäftsähnlichen Schuldverhältnisses sein. Eine Ausnahme hierzu regelt § 311 Abs. 3 BGB. Danach kann ein Schuldverhältnis mit Pflichten nach § 241 Abs. 2 BGB auch zu Personen entstehen, die nicht selbst Vertragspartei werden sollen. Ein solches Vertragsverhältnis entsteht insbesondere, wenn der Dritte in besonderem Maße Vertrauen für sich in Anspruch nimmt und dadurch die Vertragsverhandlungen oder den Vertragsschluss erheblich beeinflusst (Beispiele: Äußerungen von **Beratern** in Pressekonferenzen, Unternehmenspräsentationen oder -memoranden).[7]

---

[7] Vgl. dazu die Entscheidung des BGH v. 2.6.2008 – II ZR 210/06 – BB 2008, 1978 = ZIP 2008, 1536 zur persönlichen Haftung des **organschaftlichen Vertreters einer kapitalsuchenden juristischen Person** bei der Inanspruchnahme persönlichen Vertrauens

Anders als der LoI bzw. MoU begründen **Vorverträge** eine Verpflichtung zum Abschluss des Hauptvertrages; da bereits Erfüllungsansprüche begründet werden, ohne dass sich die Vertragspartner über sämtliche Vertragsdetails geeinigt haben, bergen Vorverträge erhebliche praktische Gefahren.

Um Klarheit über einerseits den Inhalt bzw. Umfang und andererseits die Chancen und Risiken des Transaktions-Gegenstandes bzw. -Geschäftes zu erlangen, ist es in der Praxis üblich und empfehlenswert, in einem möglichst frühen Verhandlungsstadium und vor der Abgabe eines im Sinne des § 311 Abs. 1 BGB bindenden Angebotes eine sorgfältige **Unternehmensprüfung** (sogenannte **Due Diligence**) sowohl hinsichtlich der rechtlichen als auch der wirtschaftlichen Gegebenheiten, Chancen und Risiken vorzunehmen.[8]

Der **Transaktionsvertrag** ist das wesentliche Kernstück für die optimale Gestaltung der Mergers & Acquisitions sowie für ihre Umsetzung, da in ihm die Verhandlungsergebnisse, die Interessen der Vertragspartner und die Ergebnisse der Due Diligence-Prüfung möglichst genau abgebildet werden müssen. Der **Ablauf** eines **herkömmlichen Unternehmenskauf-Verfahrens**[9] gestaltet sich wie folgt:

Checkliste: Ablauf des Unternehmenskaufs	
1. Phase:	Interne Planung der Transaktion
2. Phase:	Vertragsverhandlungen
2.1	Geheimhaltungsvereinbarungen
2.2	Verhandlungsprotokolle/Punktation
2.3	Letter of Intent
2.4	Option
2.5	Vorvertrag
2.6	Due Diligence
2.7	Vorlage des in der Regel vom Unternehmensverkäufer und seinen Rechtsberatern vorbereiteten Entwurfes eines Unternehmens-Kaufvertrages
2.8	Vertragsverhandlungen, insbesondere betreffend • den Vertragsgegenstand • den Kaufpreis • den Übergangszeitpunkt • die zu übertragenden Forderungen und Rechtsverhältnisse, insbesondere Arbeitsverhältnisse, sowie • die Haftung, Gewährleistung und Garantien.
2.9	Zusammenfassung der in den ersten Gesprächen vertretenen Standpunkte der Verhandlungsteams in sogenannten (noch unverbindlichen) Positions-Papieren (Position-Papers)
2.10	Abschluss der ersten Gesprächsrunde durch Bekräftigung der Absicht zum Vertragsabschluss unter Zusammenfassung der Kernpunkte ihrer Verhandlungspositionen, der sogenannten Meilensteine (Milestones), in einem Letter of Intent, einer Option oder einem Vorvertrag
2.11	Abgabe einer entsprechenden Presse-Verlautbarung der Verhandlungspartner
2.12	Übergabe des Entwurfes des Unternehmenskaufvertrages (Sales and Purchase Agreement/SPA)
2.13	Verhandlung über die Einzelheiten des Unternehmenskaufes und erforderlichenfalls über begleitende Vereinbarungen
3. Phase:	Vertragsabschluss
3.1	Abschluss des Unternehmenskaufvertrages unter Beachtung der gesetzlich vorgeschriebenen Form
3.2	Closing

---

[8] Eingehend dazu Picot/G. *Picot*, Handbuch Mergers & Acquisitions, Teil B IX., S. 253 ff. m. w. Nachw.
[9] Siehe dazu ausführlich Picot/G. *Picot*/M. *Picot*, Handbuch Mergers & Acquisitions, Teil A I. S. 29 ff.; Picot/G. *Picot*, Unternehmenskauf und Restrukturierung, § 1.

21 bb) *Bietungs- bzw. Auktionsverfahren.* Im Vergleich zu dem herkömmlichen Unternehmenskauf-Verfahren richtet sich das insbesondere bei unklaren Unternehmensbewertungen (z. B. bei aussichtsreichen Start-up-Unternehmen) angewendete (**beschränkte**) **Bietungs- bzw. Auktionsverfahren** nach grundsätzlich ähnlichen Spielregeln, wie die Bietungs- und Auktionsverfahren des „täglichen Lebens".

22 In einem sich zunehmend konkretisierenden **Informationsverfahren** und einem zunächst loseren und dann zunehmend intensiveren **Bietungs-Wettbewerb** und **Angebotsprozess** werden die Vertragspartner an die eigentlichen Vertragsverhandlungen und den Vertragsabschluss herangeführt. Der Verkäufer sichtet sodann die eingegangenen Gebote und wählt aus dem Kreis der Bieter die ihm interessant erscheinenden Kandidaten aus.

23 Entscheidend sind dabei für ihn
- die Art und Höhe des Angebotes, insbesondere der Kaufpreis,
- die Art der Finanzierung des Kaufpreises
- das Konzept für die Zukunftsentwicklung des Unternehmens
- die Ernsthaftigkeit und Seriosität des Angebotes und
- die begründete Erwartung eines möglichst professionellen, komplikationsfreien und zeitnahen Abschlusses der Vertragsverhandlungen.

24 Das (beschränkte) Bietungs- oder Auktionsverfahren[10] lässt sich in folgende 5 Phasen untergliedern:

1. Phase: Interne Planung der Transaktion und Vorbereitung des Verkaufes
2. Phase: Beginn der Verkaufsaktivitäten
3. Phase: Erste Runde des Bietungsverfahrens (First Round Bidding)
4. Phase: Weitere und abschließende Runde des Bietungsverfahrens (Final Round Bidding)
5. Phase: Vertragsverhandlungen und Vertragsabschluss

25 **c) Die Implementierung bzw. Integration des Unternehmens- und Anteilskaufes bei der GmbH.** Die **Implementierung** bzw. **Integration**[11] des Unternehmens- und Anteilskaufes bei der GmbH stellt wie bei allen Transaktionen hohe Anforderungen an die unternehmerische Flexibilität und verlangt die nachhaltige Bereitschaft zur Akzeptanz der für die Unternehmensführung und die Mitarbeiter mit den Transaktionen und Restrukturierungen verbundenen Änderungen der Unternehmen.

II. Die Durchführung des Unternehmens- und Anteilskaufes bei der GmbH im Einzelnen

26 Angesichts des begrenzten Raumes in diesem Handbuch konzentriert sich dieser Beitrag auf die Phase der Durchführung des Unternehmens- und Anteilskaufes bei der GmbH. Auf die weiterführende, am Anfang dieses Beitrages genannte Literatur wird im Übrigen Bezug genommen.

1. Die Bedeutung des Vertragsrechts für den Unternehmens- und Anteilskauf bei der GmbH

27 Angesichts der vielfältigen Erscheinungsformen der Mergers & Acquisitions ist es dem Gesetzgeber nicht möglich, bereits im allgemeinen Vertragsrecht eigenständige Rechtskonzepte oder Rechtsinstitute für ihre Regelung und Umsetzung zur Verfügung zu stellen. Nur bestimmte Erscheinungsformen, wie z. B. der **Kauf und Verkauf von Sachen und Rechten**, sind einer typisierenden Betrachtung und abstrakt-generellen Ordnung durch den Gesetzgeber zugänglich. Insoweit bietet das Vertragsrecht konkrete Prinzipien und Bestimmungen, und zwar vom Beginn der Vorverhandlungen bis hin zur Abwicklung des Unternehmens- und Anteilskaufes. Ergänzt werden diese Regelungen durch die Bestimmungen aus dem Ge-

---

[10] Siehe → Fn. 9.
[11] Siehe dazu Picot/*Jansen*, Handbuch Mergers & Acquisitions, Teil C. XVII.

sellschaftsrecht, Arbeitsrecht, Betriebsrentenrecht, Steuerrecht, Kartellrecht, Umweltrecht, Insolvenzrecht und internationalen Recht.[12]

Daneben haben sich freilich in der täglichen Rechtspraxis gewisse vertragliche Gestaltungsformen herausgebildet, die nachfolgend am Beispiel des Unternehmens- und Anteilskaufs bei der GmbH dargestellt werden sollen. Dabei ist allerdings anzumerken, dass der **Begriff des Unternehmens** im deutschen Recht nicht definiert ist. Der Bundesgerichtshof[13] hat das Unternehmen als ein Gebilde bezeichnet, das sich institutionell und funktionell als Unternehmen im hergebrachten Sinne darstellt. In der Betriebswirtschaftslehre wird das Unternehmen als eine ökonomische Einheit der Gesamtwirtschaft verstanden, die von einem Unternehmer auf eigene Rechnung und Gefahr zum Zwecke des Erwerbs betrieben wird. Insgesamt lässt sich jedenfalls sagen, dass ein Unternehmen weder eine Sache noch ein Recht im Sinne des deutschen Zivilrechts ist.

Ein Unternehmen ist vielmehr eine **Gesamtheit** von

- Sachen und Rechten, einschließlich der Firma, die gemäß § 23 HGB nicht ohne das betreffende Handelsgeschäft veräußert werden kann,[14]
- tatsächlichen Beziehungen und Erfahrungen
- unternehmerischen Handlungen
- Marktanteilen
- Ressourcen
- Geschäftschancen
- Vertragsbeziehungen mit Dritten, insbesondere mit Lieferanten und Kunden und
- Arbeitsverträgen.

2. Arten des Unternehmens- und Anteilskaufes bei der GmbH: Kauf einzelner Wirtschaftsgüter (Asset Deal) und Kauf einer Gesellschaft bzw. eines Anteils an einer Gesellschaft (Share Deal)

Der Unternehmenskauf ist zwar grundsätzlich ein Kauf im Sinne der §§ 433 ff. BGB. Unternehmenskaufverträge lassen sich aber nicht mit den einfachen Kategorien des Sach- und Rechtskaufes erfassen, sondern beinhalten ein ganzes Bündel besonderer Rechte und Pflichten.

In der Literatur wurde deshalb vorgeschlagen, den Unternehmenskauf zumindest teilweise der Einordnung als Kauf im Sinne des BGB zu entziehen. Eine dem wirtschaftlichen Tatbestand und den gesellschaftlichen Anschauungen angepasste Betrachtungsweise lässt es jedoch als sachgerecht erscheinen, das Unternehmen als Gegenstand des Kaufrechts anzuerkennen.[15] Der Unternehmens- und Anteilskauf bei der GmbH kann strukturell auf zwei unterschiedliche Arten vorgenommen werden:

Der Unternehmenskauf kann entweder durch den **Kauf der zum Unternehmen gehörenden Sachen und Rechte**, d.h. im Wege des Erwerbs der Gesamtheit der einzelnen Wirtschaftsgüter bzw. der Aktiva und Passiva des Unternehmens erfolgen. Diese Variante wird als „Kauf durch **Singular-Sukzession**" oder „**Asset Deal**" bezeichnet und stellt einen **Sach- bzw. Rechtskauf** im Sinne des §§ 433 Abs. 1 bzw. 453 BGB dar.[16]

Stattdessen kann der Kauf eines Unternehmens auch als sog. **Share Deal** durch den **Kauf der gesellschaftsrechtlichen Beteiligung selbst**, d.h. im Wege des Erwerbs sämtlicher oder einzelner Anteile an dem **Rechtsträger** eines Unternehmens erfolgen. Rechtsträger eines Unternehmens kann eine juristische Person (z.B. AG, GmbH), eine Personengesellschaft (OHG, KG, GmbH & Co. KG, GmbH & Co. KGaA) oder ein Einzelunternehmen sein. Bei der Kapital- und Personengesellschaft ist das dem Unternehmen zugeordnete Vermögen eindeutig

---

[12] Siehe dazu ausführlich Picot/*G. Picot*, Handbuch Mergers & Acquisitions, Teil B IX; Picot/*G. Picot*, Unternehmenskauf und Restrukturierung, § 1.
[13] Siehe BGHZ 74, 359, 364.
[14] *Flume* DB 2008, 2011 ff.
[15] Siehe BGH BB 1998, 1171 ff.
[16] RGZ 63, 57, 62; RGZ 67, 86, 88.

vom Privatvermögen der Gesellschafter getrennt. Der gesellschaftsrechtliche Anteil des Verkäufers stellt den unmittelbaren rechtlichen Kaufgegenstand dar, so dass die Identität des Unternehmens unberührt bleibt. Diese Form des Unternehmenskaufs ist ein **Rechtskauf** im Sinne des § 453 BGB.[17] Dabei hat der Gesetzgeber bei der Formulierung des Gesetzes zur Modernisierung des Schuldrechtes in § 453 Abs. 1 BGB in den Gesetzesmotiven die Unternehmen als Sachgesamtheiten ausdrücklich unter die **„sonstigen Gegenstände"** subsumiert. Denn die Unternehmenskaufverträge zielen in ihrem Schwerpunkt darauf ab, die zum Unternehmen gehörenden Sachen (Grundstücke, Maschinen, Inventar), Rechte, Marken (§ 27 Abs. 2 MarkenG), Firma (die gemäß § 23 HGB nicht ohne das Handelsgeschäft veräußerbar ist) und sonstigen Vermögenswerte auf den Erwerber zu übertragen, um diesen in die Lage zu versetzen, das Unternehmen als solches weiterzuführen. Ein Sachkauf liegt neben dem Rechtskauf nur dann vor, wenn das Mitgliedschaftsrecht in einem Wertpapier, z. B. einer Aktie verkörpert ist.

III. Das vorvertragliche Verhandlungsstadium

34 Unternehmen und Anteile an Unternehmen bzw. Gesellschaften sind komplexe Kaufgegenstände. Unternehmens- und Anteilskäufe bedürfen daher einer sehr sorgfältigen Vorbereitung und Verhandlung. Im Vorfeld des Vertragsschlusses müssen zahlreiche rechtlich relevante Einzelheiten beachtet werden, die sowohl für das Zustandekommen und die Durchführung des Vertragswerkes bzw. der Transaktion als auch für etwaige Ansprüche oder deren Abwehr beim Scheitern der Vertragsverhandlungen bedeutsam sind.

35 Durch die Aufnahme von **Vertragsverhandlungen** entsteht bereits ein **Schuldverhältnis mit Pflichten** (§§ 311 Abs. 2 und Abs. 3, 241 Abs. 2 BGB). Die Vertragspartner haben Pflichten zur gegenseitigen Rücksichtsnahme, Fürsorge und Loyalität. Es wird die Sorgfalt von Schuldnern abverlangt. Verletzt der Schuldner eine Pflicht, so kann der Gläubiger Ersatz des hierdurch entstehenden Schadens verlangen. Der Schuldner ist zur Leistung von **Schadensersatz** nur dann nicht verpflichtet, wenn er nachweisen kann, dass ihn an der Pflichtverletzung kein Verschulden trifft und dass er sie auch sonst nicht zu vertreten hat (§ 280 Abs. 1 2 BGB).

36 Auch beim Unternehmenskauf ist jeder Verhandlungspartner grundsätzlich bis zum endgültigen Vertragsabschluss berechtigt, ohne jegliche Rechtsfolgen vom Vertragsschluss Abstand zu nehmen. Der bloße **Abbruch von Vertragsverhandlungen** begründet deshalb grundsätzlich keine Schadensersatzverpflichtung.

37 Ein Verschulden bei Vertragsverhandlungen kommt allerdings in zweierlei Hinsicht in Betracht: Einerseits kann ein Verstoß gegen **vorvertragliche Sorgfaltspflichten** darin bestehen, dass ein Vertragspartner bei dem anderen schuldhaft ein besonderes Vertrauen in den späteren Vertragsabschluss weckt oder diesen ausdrücklich oder konkludent als sicher darstellt, obwohl die Absicht zum Vertragsabschluss nicht oder nicht ausreichend sicher vorhanden ist.[18] Ferner kann aber auch ein schuldlos verursachtes Vertrauen durch ein vorwerfbares Verhalten enttäuscht werden.[19]

1. Geheimhaltungsvereinbarungen

38 Ein allzu frühes Bekanntwerden des beabsichtigten Unternehmens- oder Anteilskaufs kann für beide Parteien nachteilige Auswirkungen haben. Bereits aufgrund des vorvertraglichen Schuldverhältnisses sind die Parteien verpflichtet, die Kaufverhandlungen vertraulich zu behandeln und die gewonnenen Erkenntnisse nicht zum Nachteil des Veräußerers zu verwenden. Die Reichweite vorvertraglicher **Geheimhaltungspflichten** kann allerdings im Einzelfall zweifelhaft sein.

---

[17] Siehe RGZ 86, 146, 148 f.
[18] Vgl. dazu BGH NJW 1967, 2199; OLG Köln MDR 1975, 51.
[19] Vgl. BGHZ 71, 386 ff.; BGHZ 92, 164, 175 ff.; BGH NJW 1980, 1694; BGH WM 1989, 685, 687; BGH DStZ 1996. 113 f.

Es empfiehlt sich daher, schriftliche Geheimhaltungs- und Unterlassungsvereinbarungen (sogenannte „**Confidentiality Agreements**" oder „**Non-disclosure-Agreements**") abzuschließen.

> **Formulierungsvorschlag:**
> **§ ...... Pflicht zur Geheimhaltung der vertraulichen Informationen**
> (1) Die Parteien verpflichten sich, die vertraulichen Informationen geheim zu halten und sie nicht ohne vorherige schriftliche Zustimmung der jeweiligen informierenden Partei ganz oder teilweise Dritten mitzuteilen oder in anderer Weise zugänglich zu machen.
> (2) Die Parteien verpflichten sich weiterhin, die vertraulichen Informationen ausschließlich im Zusammenhang mit der Transaktion zu verwenden. Die vertraulichen Informationen dürfen nicht zu einem anderen als zu dem vorgenannten Zweck, insbesondere nicht zu Wettbewerbszwecken, genutzt werden.
> (3) Absatz 1 findet keine Anwendung, sofern und soweit die informierte Partei gesetzlich, aufgrund einer für sie verbindlichen behördlichen oder gerichtlichen Anordnung oder aufgrund der verbindlichen Regeln einer Wertpapierbörse verpflichtet ist, vertrauliche Informationen weiterzugeben oder zu veröffentlichen. In einem solchen Fall wird die informierte Partei jedoch rechtzeitig vor der Weitergabe bzw. Veröffentlichung von vertraulichen Informationen mit der informierenden Partei Kontakt aufnehmen, die Form und den Umfang der Weitergabe bzw. Veröffentlichung mit der informierenden Partei besprechen und in Abstimmung mit der informierenden Partei geeignete Wege zur Verminderung eines etwa hieraus entstehenden Schadens suchen.

Zusätzlich sind auch **Geheimhaltungsinteressen Dritter** zu beachten. Enthält z. B. ein Vertrag mit einem Zulieferer eine Geheimhaltungsklausel, muss vor der Offenlegung das Einverständnis des Dritten eingeholt werden. Möglichen Bedenken des Dritten kann eventuell dadurch begegnet werden, dass eine Offenlegung nur gegenüber Beratern des Erwerbers erfolgt, die beruflich zur Verschwiegenheit verpflichtet sind. Erst mit zunehmendem Vertrauen in den Verhandlungspartner und in das Gelingen der Transaktion wird der Verkäufer bereit sein, dem Verhandlungspartner auch vertraulichere Informationen zukommen zu lassen oder gar **Geschäfts- oder Betriebsgeheimnisse**, wie z. B. Produktionsverfahren oder Forschungsprogramme sowie Preis- und Kundenstrukturen offen zu legen. Denn anfangs muss er auch mit einem Scheitern der Verhandlungen oder gar damit rechnen, dass sich der vermeintliche Kaufinteressent durch die Informationen nur einen Wettbewerbsvorteil verschaffen möchte. Das Geheimhaltungsinteresse des Veräußerers beschränkt sich dabei nicht nur auf die eigenen Unternehmensinterna, sondern auch auf die Verhandlungen selbst.[20]

2. Verhandlungsprotokolle/Punktation

Während der ersten Phase längerer Vertragsverhandlungen können die Parteien **Positionspapiere**, **Verhandlungsprotokolle** oder sogenannte **Punktationen** erstellen und austauschen. Damit werden Punkte, über die bereits (abschließend) verhandelt wurde, schriftlich festgelegt, um sie als Teil der Vorverhandlungen in die weiteren Vertragsverhandlungen einzubringen.

3. Letter of Intent (LoI)

Das aus dem angelsächsischen Rechtskreis stammende Institut des **Letter of Intent (LoI)** entzieht sich einer allgemeingültigen Definition. Der LoI ist in der Regel nur die **rechtlich nicht verbindliche Fixierung der Verhandlungspositionen** des jeweiligen Verfassers im Rahmen des vorvertraglichen dynamischen Verhandlungs- und Vertrauensbildungs-Prozesses. Die häufigste Erscheinungsform des LoI ist die Erklärung der Absicht, zu einem bestimmten rechtsgeschäftlichen Ergebnis, nämlich der Unternehmensübertragung zu kommen. Dem

---

[20] Siehe Picot/*G. Picot*, Unternehmenskauf und Restrukturierung, § 2 Rn. 50.

LoI kommt – je nach Formulierung – regelmäßig noch **keine rechtliche Bindungswirkung** zu. Vielmehr stellt er grundsätzlich nur die rechtlich nicht verbindliche Fixierung der Verhandlungspositionen desjenigen dar, der die Erklärung abgibt.

43   Der **Bezeichnung** eines Schreibens als „Letter of Intent" allein kommt für die rechtliche Beurteilung keine entscheidende Bedeutung zu. Nach §§ 133, 157 BGB ist vielmehr auf den Parteiwillen abzustellen. Eine als „Letter of Intent" überschriebene Erklärung kann deshalb die Verhandlungsposition eines Verhandlungspartners derart konkretisieren, dass sie ihn zwar nicht im Sinne einer (vor-)vertraglichen Verpflichtung bindet, er aber den Vertragsabschluss nur noch aus bestimmten Gründen verweigern darf. In einem solchen Falle beinhaltet der – formfreie – Letter of Intent eine derartige **Verhaltensbindung,** dass das Abweichen von dieser Verhaltensgrundlage ohne einen **triftigen Grund** eine **Vertrauenshaftung** auslösen kann. Auch bei einem rechtlich unverbindlichen Letter of Intent können somit Sorgfaltspflichtverletzungen zu einer Haftung gemäß §§ 311 Abs. 2 und Abs. 3, 241 Abs. 2, 280 BGB führen.

44   Ein als „Letter of Intent" bezeichnetes Schriftstück kann sogar eine bindende vertragliche Vereinbarung im Sinne des § 311 Abs. 1 BGB enthalten, wenn beide Vertragsparteien es mit dem Willen unterzeichnet haben, eine solche Vereinbarung zu treffen. Die (falsche) **Bezeichnung als „Letter of Intent"** ändert hieran nichts.[21] Dabei ist stets zu beurteilen, ob sich das Vertrauensverhältnis der Verhandlungspartner bei objektiver Betrachtungsweise bereits in einer solchen Weise zu einem vorvertraglichen Schuldverhältnis verdichtet hat, dass von den Verhandlungspartnern die Erfüllung von Pflichten gemäß § 241 Abs. 2 BGB zur gegenseitigen Rücksichtnahme, Fürsorge und Loyalität in der Weise erwartet werden kann und dass eine schuldhafte Verletzung eine **Vertrauenshaftung** nach den allgemeinen Vorschriften der §§ 280 ff. BGB auslöst. Darüber hinaus wird freilich auch stets zu prüfen sein, ob z. B. zweiseitig unterzeichnete Erklärungen möglicherweise bereits die rechtliche Qualität eines (Vor-)Vertrages im Sinne des § 311 Abs. 1 BGB mit der Folge der **Erfüllungshaftung** aufweisen.

45   In einer Schlussklausel des LoI sollte deshalb stets festgelegt werden, ob der Letter of Intent (oder einzelne seiner Klauseln) bindenden oder nicht-bindenden Charakter haben sollen. Bei der Bezeichnung eines Letter of Intent (oder einzelner seiner Klauseln) als „nicht bindend" oder „non-binding" ist im Rahmen der Formulierung besonders darauf zu achten, dass der LoI grundsätzlich nur die rechtlich nicht verbindliche Fixierung der Verhandlungspositionen des Erklärenden darstellen soll und es in diesem frühen Verhandlungsstadium regelmäßig noch an einem rechtlichen Bindungswillen des Verhandlungspartners fehlt, und zwar

- (besonders) im Sinne eines durch Vertrag begründeten rechtsgeschäftlichen Schuldverhältnisses mit Erfüllungspflichten gemäß § 311 Abs. 1 BGB
- (aber auch) im Sinne eines rechtsgeschäftsähnlichen (vorvertragliches) Schuldverhältnisses gemäß § 311 Abs. 2 BGB mit den Pflichten nach § 241 Abs. 2 BGB.

Sollen einzelne Klauseln des LoI als Schuldverhältnis mit Pflichten nach § 241 Abs. 2 Abs. 1 BGB vereinbart werden, so empfiehlt sich eine entsprechende Klarstellung.

Formulierungsvorschlag:

§ ...... Rechtliche Bindung

(1) Die Erklärungen in diesem Letter of Intent beinhalten kein durch Vertrag begründetes rechtsgeschäftliches Schuldverhältnisses mit Erfüllungspflichten gemäß § 311 Abs. 1 BGB und auch kein rechtsgeschäftsähnliches (vorvertragliches) Schuldverhältnisses gemäß § 311 Abs. 2 BGB mit Pflichten nach § 241 Abs. 2 BGB.

(2) Eine Ausnahme gilt lediglich im Hinblick auf die §§ ...... (z. B. Geheimhaltung, Exklusivität), die ein durch Vertrag begründetes rechtsgeschäftliches Schuldverhältnisses mit Erfüllungspflichten gemäß § 311 Abs. 1 BGB beinhalten.

---

[21] OLG Köln OLG Report Köln 1994, 61.

4. Option

Die Option gibt einem der Vertragspartner das Recht, den Vertragsschluss durch einseitige Erklärung herbeizuführen, also das Unternehmen oder einen Anteil zu einem festgelegten Preis entweder zu kaufen („**Call-Option**") oder zu verkaufen („**Put-Option**"). Durch die Abgabe der Optionserklärung erlangt ein aufschiebend bedingter Vertrag seine endgültige Wirksamkeit.[22]

5. Vorvertrag

Der Vorvertrag begründet eine **Verpflichtung zum Abschluss des Hauptvertrages,** der unter Umständen deswegen noch nicht vereinbart werden kann, weil bestimmte, von den Parteien als klärungsbedürftig angesehene Punkte noch offen sind.

Für die Wirksamkeit eines Vorvertrages müssen allerdings alle wesentlichen Inhalte des Rechtsgeschäftes (sog. Essentialia) hinreichend bestimmt sein.[23] Diese hinreichende **Bestimmtheit** ist regelmäßig gegeben, wenn Kaufgegenstand und Kaufpreis sowie die von den Vertragspartnern als wesentlich angesehenen Nebenpunkte geregelt sind oder sich im Wege der Auslegung bestimmen lassen. Bedarf der Hauptvertrag der notariellen Form, so genügt für die Wirksamkeit eines Vorvertrages nicht eine nur schriftlich getroffene Vereinbarung.[24]

> **Praxistipp:**
> Um in der Praxis Missverständnisse zu vermeiden, empfiehlt es sich, bei jedem Vorvertrag, jeder vorvertragsähnlichen Vereinbarung (wie bei jedem zweiseitig unterzeichneten „Letter of Understanding" oder „Memorandum of Understanding" o. ä.), entsprechend dem Formulierungsvorschlag für den LoI eine konkrete Regelung in die Erklärung aufzunehmen, der die Bindungswirkung und insgesamt die daraus resultierenden Rechts- bzw. Haftungsfolgen, wie z. B. eine etwaige Erfüllungsverpflichtung, möglichst klar herausstellt.

6. Due Diligence und Pre Acquisition Audit

Wie **Investitionsentscheidungen** im täglichen Leben verlangen auch Unternehmenstransaktionen grundsätzlich, dass sich die potenziellen Vertragspartner vor jedem Unternehmenskauf, Unternehmenszusammenschluss, Joint Venture oder Kooperationsvorhaben rechtzeitig, d. h. in einem möglichst frühen Verhandlungsstadium und vor der Abgabe eines bindenden Angebotes ein **klares Bild über die Situation des Verhandlungspartners und den Gegenstand bzw. das Zielobjekt der Transaktion** verschaffen. Dieses Bild müssen sie dann in die eigenen wirtschaftlichen Visionen und Zielvorstellungen einstellen bzw. mit diesen abgleichen.

Dabei gilt hat bei gegenseitigen Verträgen **grundsätzlich jeder Vertragspartner selbst zu prüfen, ob das Geschäft für ihn vorteilhaft ist oder nicht.** Der Käufer muss sich daher grundsätzlich selbst die für seinen Kaufentschluss maßgeblichen Informationen beschaffen. Ein bloßes Verschweigen von Tatsachen bzw. eine mangelhafte Aufklärung seitens des Verkäufers beinhaltet deshalb regelmäßig noch keine Pflichtverletzung des Verkäufers. Bei der Beurteilung der Frage, ob und inwieweit (bereits) ein vorvertragliches Schuldverhältnis mit Pflichten nach § 241 Abs. 2 BGB durch einen Vertrag oder (bereits) durch die Aufnahme von Vertragsverhandlungen, die Anbahnung eines Vertrages oder ähnliche geschäftliche Kontakte zustande gekommen ist, muss man sich verdeutlichen, dass es sich bei dem Zustandekommen eines vorvertraglichen und vertraglichen Schuldverhältnisses um einen dynamischen Entwicklungsprozess des Sich-aufeinander-Zubewegens natürlicher oder juristischer Personen handelt, der darauf abzielt, in einem sich stetig verdichtenden Vertrauensverhältnis mit-

---
[22] Vgl. BGHZ 47, 388, 391; OLG Bamberg NJW-RR 1989, 1449.
[23] BGH NJW 1990, 1234, 1235 f.; BGH BB 1990, 585.
[24] RGZ 124, 81, 83; RGZ 169, 185, 188.

einander einen (engen) rechtlich-sozialen Kontakt aufzubauen. Dieser Kontakt ist auf das in § 311 Abs. 1 BGB geregelte Ziel gerichtet, zur Begründung eines Schuldverhältnisses durch Rechtsgeschäft oder zur Änderung des Inhaltes eines Schuldverhältnisses einen (Transaktions-)Vertrag abzuschließen, soweit nicht das Gesetz ein anderes vorschreibt. Daher ist bei der Bewertung vorvertraglicher Schuldverhältnisse die folgende Grundregel zu beachten: Je mehr sich bei objektiver Betrachtungsweise das durch die Aufnahme von Vertragsverhandlungen, die Anbahnung eines Vertrages oder ähnliche geschäftliche Kontakte begründete Vertrauensverhältnis der Verhandlungspartner im Hinblick auf den Abschluss des Vertrages verdichtet und je wahrscheinlicher der Vertragsabschluss erscheint, umso intensiver und umfangreicher werden die Nebenpflichten der Verhandlungspartner zur gegenseitigen Rücksichtnahme, Fürsorge und Loyalität und umso mehr wird man von ihnen die Sorgfalt von Schuldnern verlangen müssen.

Hierzu dient vor allem die **sorgfältige Prüfung (Due Diligence) der wesentlichen Unternehmensgrundlagen** des Zielunternehmens z. B. hinsichtlich seiner Entwicklung, seiner wirtschaftlichen Hintergründe und Eigenschaften sowie seiner Zukunftsperspektiven, Chancen und Risiken.[25]

51

Checkliste: Due Diligence-Prüfung

Regelmäßig betrifft die Due Diligence die wichtigen Unternehmensgrundlagen:
- ☐ Gesellschaftsverfassung
- ☐ Beteiligungsstruktur
- ☐ Wirtschaft, Finanzen und Steuern
- ☐ Operatives Geschäft, Technik, Logistik
- ☐ Einkauf, Absatz, Wettbewerb
- ☐ Versicherungen
- ☐ Betriebsstätten und -Anlagen, Grundstücke
- ☐ Geistiges Eigentum
- ☐ Personal
- ☐ Förderungen und Zuschüsse
- ☐ Recht, Rechtsstreitigkeiten insbesondere:
  - Vertragsrecht
  - Gesellschaftsrecht
  - Arbeitsrecht
  - Betriebsrentenrecht
  - Steuerrecht
  - Umweltrecht – Altlasten
- ☐ Sonstige wichtige Unternehmensgrundlagen

52 Nach den US-amerikanischen Business Judgment Rules, sog. „BJR" trifft die Direktoren einer Gesellschaft die Verpflichtung, sich im Rahmen der Entscheidungsfindung angemessen über alle entscheidungsrelevanten Umstände zu informieren; die Due Diligence erfordert daher die Einhaltung der im Verkehr erforderlichen und gebührenden Sorgfalt, welche die Entscheidungsträger eines Unternehmens gegenüber „ihren" Anteilseignern bei Unternehmenszusammenschlüssen und -übernahmen anzuwenden haben.

In Deutschland ist die rechtliche Bewertung dieses Vorganges noch weitgehend ungeklärt. Allerdings haben die Geschäftsführer einer GmbH gemäß § 43 Abs. 1 GmbHG in den Angelegenheiten der Gesellschaft die Sorgfalt eines ordentlichen Geschäftsmannes anzuwenden.[26] Eine Obliegenheit des Käufers zur Untersuchung der Kaufsache auf mögliche Mängel und

---

[25] Berens/Brauner/Strauch/Knauer/*Picot* S. 295 ff.
Zu den Anforderungen an eine **rechtliche Due Diligence nach den Änderungen des GmbHG** durch das MoMiG siehe *Mayer* DNotZ 2008, 403, 427.
[26] Eingehend dazu: Berens/Brauner/Strauch/Knauer/*Picot* S. 295 ff.; *Böttcher* NZG 2005, 49 ff.; *Dinkel/Kock* NZG 2004, 441 ff.

zur Rüge der Mängel sieht § 377 des deutschen Handelsgesetzbuches (HGB) allerdings nur bei einem beiderseitigen Handelsgeschäft und **nur für die Zeit nach der Ablieferung der Kaufsache** vor. Handelsgeschäfte sind gemäß §§ 344 ff. HGB alle Geschäfte eines Kaufmanns, die zum Betriebe seines Handelsgewerbes gehören. Auch die Veräußerung eines Unternehmens als Ganzes ist freilich als ein Handelsgeschäft in diesem Sinne anzusehen.

Folgende **drei Funktionen der Due Diligence** sind zu berücksichtigen: 53
- Zunächst dient die Due Diligence dem Kaufinteressenten dazu, möglichst umfassende **Informationen über das Transaktionsobjekt** zu gewinnen.
- Zudem hat sie den Zweck, **Risiken und Schwachstellen** des zu erwerbenden Unternehmens zu erkennen, um auf diese Weise einschätzen zu können, welche **Gewährleistungen und Garantien** der Kaufinteressent von dem Verkäufer verlangen will.
- Schließlich werden die Eigenheiten des Kaufobjekts auch **zu Beweiszwecken offengelegt und dokumentiert**; der Käufer kann dann später nicht ohne weiteres reklamieren, er sei auf bestehende Gegebenheiten und Risiken nicht ausreichend hingewiesen worden.

Die Due Diligence ermöglicht es damit den potentiellen Vertragspartnern, bereits in einem 54 frühzeitigen Stadium der (ganzheitlich betrachteten) Transaktion diejenigen Faktoren zu bewerten, welche nach Feststellung zahlreicher internationaler Analysen für ihr Gelingen erfolgskritisch sind.

Hinsichtlich gebotener **Stand-Alone-Vergleiche** und der optimalen Erreichung der Effi- 55 zienz- und Zuwachsziele bezieht sich dies besonders auf:
- die Umsetzung der geplanten Strategien
- den Einstieg bei niedrigem Preis
- die Erreichung der angestrebten Synergien
- die Erreichung des angestrebten Kapitalmarktwertes, Umsatzes und Unternehmensergebnisses unter Berücksichtigung der notwendigen Kundenorientierung sowie
- die Beherrschung des Post-Merger Managements, insbesondere
  - den Wandel im Management
  - die Umsetzung neuer Führungsstrukturen und Mitarbeitermotivationen
  - die Überwindung unterschiedlicher Unternehmenskulturen
  - die Einführung gemeinsamer Organisationsstrukturen
  - die Einführung gemeinsamer Logistikstrukturen und
  - die Erreichung einheitlicher Information und Kommunikation.

Zwar wird die Due Diligence Prüfung auch in Deutschland **immer mehr zu einem übli-** 56 **chen Standard der M & A-Prozesse.** Nur allzu leicht verstellt dies allerdings den Blick dafür, dass den Managern und ihren Beratern vielfach aufgrund der enormen Geschwindigkeit des Transaktionsgeschäftes kaum die Zeit bleibt, die Pre-Merger Management Prozesse inhaltlich so „lege artis" und sorgfältig durchzuführen, wie es der aus dem US-amerikanischen Recht stammende Begriff grundsätzlich verlangt. Es besteht daher die Gefahr, dass trotz der Due Diligence erfolgsentscheidende Chancen und Risiken unentdeckt bleiben.

Für den Unternehmenskäufer ist die sorgfältige Prüfung des Zielunternehmens deshalb 57 nicht nur eine Grundvoraussetzung für das Gelingen eines Deals. Vielmehr ist sie auch erforderlich für die angemessene Bewertung des Zielunternehmens, die Fixierung eines verbindlichen Kaufpreisangebotes und die Vertragsverhandlung, insbesondere auch im Hinblick auf das zu vereinbarende Gewährleistungs- und Haftungssystem. Die **Qualität dieser Prüfung** begrenzt aber nicht nur die Gefahr unerwarteter und eventuell unüberschaubarer Risiken und beeinflusst so den Erfolg oder Misserfolg der Transaktion selbst. Vielmehr dient sie auch dazu, sich frühzeitig bei der Planung und Durchführung der Transaktion auf die danach in der Post-Merger- bzw. Integrations-Phase notwendigen Maßnahmen einzustellen und rechtzeitig angemessene Lösungskonzepte zu entwickeln.

Eine gewisse **Einschränkung der Due Diligence** mag allenfalls dann zulässig sein, wenn 58 als Kaufinteressent ein Wettbewerber auftritt, der bereits gewisse Vorstellungen über den Gegenstand und das Umfeld der Transaktion hat. Gleiches gilt auch beim Management-

Buy-Out (MBO) oder Management-Buy-In (MBI), bei dem sich die Investoren die Insider-Kenntnisse der internen oder externen Manager zunutze machen. Beim MBO und MBI handelt es sich um eine Transaktionsform, deren Zahl unter dem Einfluss des Private Equity bzw. des Venture Capital auch in Deutschland besonders angesichts der aktuellen Finanz- und Wirtschaftskrise steigt.

59 In der Praxis ist es üblich und empfehlenswert, bereits in einem möglichst frühen Verhandlungsstadium und vor der Abgabe eines bindenden Angebotes die erforderlichen Unterlagen mit einer sog. **Due Diligence Checkliste**[27] anzufordern und die sorgfältige Unternehmensprüfung durchzuführen. Soweit ein zu verkaufendes Unternehmen Tochtergesellschaften hat, muss sich die Due Diligence auch auf diese Gesellschaften beziehen. Letztlich ist es aber der Verkäufer, der über Art, Umfang und Zeitrahmen der Offenlegung der Informationen und Daten oder die Besichtigung der Werksanlagen etc. entscheidet. Dies gilt insbesondere, wenn ein Unternehmens- oder Anteilsverkauf im Wege eines Bietungsverfahrens durchgeführt wird, an dem mehrere Kaufinteressenten gleichzeitig oder in einer vom Verkäufer festgelegten Reihenfolge teilnehmen. Nicht selten kommt es dann zu einer mehrstufigen Due Diligence, bei der die Kaufinteressenten in einem mehrstufigen Auswahlprozess selektiert werden und erst nach und nach an die vertraulichen Unternehmensdaten herangeführt werden.

Zur **rechtlichen Due Diligence** werden auch nach den Änderungen des GmbHG durch das MoMiG vor allem die Prüfung der Fragen gehören:
- Existiert der abzutretende Geschäftsanteil überhaupt und wenn ja, in welcher Ausformung?[28]
- Sind die Einlagepflichten nach § 14 GmbHG erfüllt?
- Ist der verkaufte Geschäftsanteil frei von Lasten (Pfandrechten, Nießbrauchrechten etc.)?
- Ist der verkaufte Geschäftsanteil frei übertragbar oder unterliegt er Übertragungsbeschränkungen (z.B. Vinkulierung nach § 15 Abs. 5 GmbHG)?
- Liegen (jedenfalls) die Tatbestandsvoraussetzungen für einen gutgläubigen Erwerb nach § 16 Abs. 3 GmbHG vor?[29]

Der Unternehmenskäufer hat sich dabei stets vor Augen zu halten, dass er sich selbst die für seinen Kaufentschluss maßgeblichen Informationen beschaffen muss; deshalb bedeutet ein **Verschweigen von Tatsachen** bzw. **mangelhafte Aufklärung** seitens des Verkäufers grundsätzlich keine Pflichtverletzung. Eine Pflichtverletzung des Verkäufers kommt allerdings dann in Betracht, wenn er gegenüber dem Käufer eine Pflicht zur Aufklärung hatte (Beispiel: fehlerhafter Daten-Raum). Ein Verhandlungspartner hat den anderen nämlich stets, und zwar auch ungefragt, über solche Umstände aufzuklären, die den Vertragszweck des anderen vereiteln können und daher für seinen Entschluss von wesentlicher Bedeutung sind (z.B. Umstände betreffend Überlebensfähigkeit, erhebliche Verluste), sofern dieser nach der Verkehrsauffassung die Aufklärung erwarten kann; dies gilt selbst dann, wenn die Verhandlungspartner entgegengesetzte Interessen verfolgen.[30]

60 Dem Verkäufer obliegt auch die Zusammenstellung der Unterlagen für den sog. **Datenraum (Data Room)**, in dem die Mitarbeiter und Berater des Interessenten die Unterlagen der Zielgesellschaft einsehen können. Aus Vereinfachungsgründen wird er bei großen Transaktionen nur Daten jenseits bestimmter Werte oder Risiko-Schwellen offen legen. In jedem Fall sollte er rechtzeitig die „Spielregeln" für den Datenraum (**Data Room Procedures**), z.B. die Dauer der Nutzungsmöglichkeit des Datenraumes, die Zahl der zugelassenen Mitarbeiter

---

[27] Ein Muster für eine Due Diligence Checkliste für den Bereich Recht findet sich bei Picot/*G. Picot*, Unternehmenskauf und Restrukturierung, § 2 Rn. 77 sowie *Beisel/Andreas*, Beck'sches Mandatshandbuch Due Diligence.
[28] Siehe *Mayer* DNotZ 2008, 403, 430.
[29] Zu den Anforderungen an eine **rechtliche Due Diligence nach den Änderungen des GmbHG** durch das MoMiG siehe *Mayer* DNotZ 2008, 403, 427.
[30] Ständige Rspr., vgl. BGH NJW 2001, 2163 = NZG 2001, 751 = LM H. 9/2001 § 276 [Fb] BGB Nr. 84 = WM 2001, 1118 und NJW 2001, 483, jeweils unter II 3b m.w.N., GmbHR 2001, 516 ff. (Umstände betreffend die Überlebensfähigkeit des Unternehmens); BGH WM 2002, 446 ff. (Verluste, die den Kaufentschluss beeinflussen).

und Berater, die Möglichkeit von Nachfragen und die Zulässigkeit von Abschriften bzw. Kopien festlegen. In der Praxis hat es sich bewährt, hierfür einen **Fragen- bzw. Anforderungskatalog** zu erstellen und außerdem einen „**Datenraumleiter**" zu benennen, der als Ansprechpartner des Due Diligence Teams fungiert und die Kommunikation erledigt.

Bei Akquisitionen, die aus wirtschaftlichen oder taktischen Gründen innerhalb kürzester Zeit erfolgen müssen, wird möglicherweise eine vor Vertragsschluss durchgeführte **Pre Acquisition Due Diligence** den Vertragsabschluss behindern. In solchen Fällen bietet sich als Alternative die Möglichkeit, die ausführliche Due Diligence erst nach dem Abschluss des Transaktionsvertrages als sog. **Post Acquisition Audit** durchzuführen. In dem Unternehmens- oder Anteilskauf-Vertrag sind dann Regelungen z. B. über eine Nachbesserung, Reduzierung des Kaufpreises oder ein Recht des Käufers zum Rücktritt vom Vertrag für den Fall zu vereinbaren, dass bestimmte, in dem Vertrag näher zu beschreibende Annahmen tatsächlich nicht gegeben sein sollten. 61

Das Ergebnis der Prüfung wird regelmäßig schriftlich in einem sogenannten **Due Diligence Report** zusammengefasst. Das Verhandlungsteam des Käufers legt diesen Bericht mitsamt einer **Executive Summary** den eigenen Entscheidungsgremien vor und benutzt ihn als Grundlage für die Unternehmensbewertung. 62

Bei den Vertragsverhandlungen und der Gestaltung des Vertragswerkes darf das Wechselspiel zwischen der Due Diligence einerseits sowie den gesetzlichen und vertraglichen **Gewährleistungs-, Garantie- und Haftungsregeln** nicht unterschätzt werden, um die **gewünschte Äquivalenz von Leistung und Gegenleistung** so präzise wie möglich auszutarieren. Dabei ist es weitgehend üblich geworden, in den Unternehmenskaufvertrag umfangreiche Garantieerklärungen des Veräußerers mit konkreten Bestimmungen zur Haftungsfolge und zum Umfang der Haftung bzw. zu ihrer Beschränkung aufzunehmen. Für den Käufer gilt insoweit der Grundsatz: Je weniger Daten und Informationen ihm von dem Verkäufer zur Verfügung gestellt worden sind, umso umfangreicher und detaillierter werden seine Forderungen nach vertraglichen Gewährleistungs-, Garantie- und Haftungsversprechen (sog. **Warranties and Guarantees**) des Verkäufers ausfallen. Umgekehrt wird der Verkäufer bemüht sein, seine Haftung für offengelegte Risiken unter Hinweis auf § 442 BGB (Kenntnis des Verkäufers)[31] vertraglich auszuschließen oder jedenfalls die Geltendmachung von Ansprüchen durch den Käufer zurückzuweisen.[32] 63

IV. Die Gestaltung des Unternehmens- und Anteilskaufvertrages bei der GmbH

1. Die Internationalisierung der Vertragsgestaltung und die Auswirkungen der Schuldrechtsreform

Aufgrund der Komplexität der Unternehmen als Gesamtheit von Sachen und Rechten, tatsächlichen internen und externen Beziehungen, Erfahrungen und unternehmerischen Handlungen sowie der Vielzahl der berührten Rechtsgebiete einerseits und aufgrund der branchenspezifischen Besonderheiten sowie der unter den Vertragspartnern auszugleichenden Chancen und Risiken andererseits ist es in der Praxis nicht möglich, die vielfältigen Facetten einer Transaktion mit einem „guten" **Standardvertrag** zu erfassen und zu bewältigen.[33] 64

---

[31] Siehe dazu → Rn. 140. Nach dieser Bestimmung sind die Rechte des Käufers wegen eines Mangels ausgeschlossen, wenn er bei Vertragsabschluss den Mangel kennt. Ist dem Käufer ein Mangel infolge grober Fahrlässigkeit unbekannt geblieben, kann der Käufer Rechte wegen dieses Mangels nur geltend machen, wenn der Verkäufer den Mangel arglistig verschwiegen oder eine Garantie für die Beschaffenheit der Sache übernommen hat. Ein im Grundbuch eingetragenes Recht hat der Verkäufer zu beseitigen, auch wenn es der Käufer kennt.
[32] Eingehend zu diesem Thema Berens/Brauner/Strauch/Knauer/*Picot* S. 295 ff.
[33] → Rn. 19 ff. sowie *Seibt*, Beck'sches Formularbuch Mergers & Acquisitions, Teile C und D.

65 Gleichwohl haben sich in der Praxis für die Gestaltung und den Inhalt der Unternehmens- und Anteilskaufverträge bei der GmbH gewisse Standards herausgebildet und **Musterverträge** können ein hilfreiches Grundgerüst bei der Gestaltung der Transaktionsverträge darstellen.[34]

Dies gilt vor allem auch angesichts der Tatsache, dass sich die Wirtschaftsjuristen wegen der zunehmend internationaler und globaler werdenden Transaktionsprozesse sowie auf Grund des starken Einflusses der Investmentbanken immer weniger dem Trend entziehen können, die Transaktionsverträge nach internationalem und insbesondere **anglo-amerikanischem Vorbild** und in englischer Sprache als **eigenständiges und umfassendes Regelungssystem** zu konzipieren.[35]

66 Anstelle der insbesondere im deutschen Rechtssystem verwendeten zivilgesetzlichen und vertraglichen (grundsätzlich) **abstrahierend-generalisierenden Regelungsmethodik,** bei der anstelle kasuistisch-konkreter Beispiele abstrakt-generelle Begriffe für eine unbestimmte Vielzahl von Anwendungsfällen verwendet werden, werden deshalb entsprechend dem angelsächsischen **Case-Law** in sich geschlossene und umfassende vertraglichen Regelwerke geschaffen.

67 Dabei werden nach dem Vorbild des angelsächsischen Common-Law bzw. Case-Law im Wege der **konkret-individualisierenden Regelungsmethodik** alle erkennbaren und erkannten regelungsbedürftigen Chancen und Risiken möglichst konkret und abschließend geregelt; dies geschieht vor allem durch die Beschreibung und Aufzählung aller denkbaren Gegebenheiten bzw. Situationen – freilich auch unter Zuhilfenahme generalklauselartiger und abstrakter Rechtsbegriffe oder (Gattungs-)Beschreibungen. Da der Übertragungsvertrag den lebenden unternehmerischen Organismus mit allen seinen Außenbeziehungen zum Gegenstand hat, empfiehlt es sich vor dem Hintergrund dieser Vertragstechnik, möglichst alle für die Vertragspartner bedeutsamen rechtlichen und wirtschaftlichen Aspekte vertraglich so detailliert zu regeln, dass Überraschungen ausgeschaltet werden. Insbesondere müssen erkannte und erkennbare Risiken und Risiko-Situationen, wie z. B. dringend erforderliche Restrukturierungsmaßnahmen des Targetunternehmens, durch Zusicherungen oder Garantien bzw. entsprechende Verzichtsvereinbarungen möglichst klar unter den Vertragspartnern abgegrenzt und/oder (z. B. im Kaufpreis) berücksichtigt werden.

68 **Checkliste: Unternehmenskaufvertrag**

Zum Zwecke der besseren Übersichtlichkeit sollten an den Anfang umfangreicherer Verträge
- ☐ ein detailliertes Inhaltsverzeichnis,
- ☐ ein Anlagenverzeichnis sowie
- ☐ eine Präambel zur Veranschaulichung der von den Parteien verfolgten Interessen

aufgenommen werden.

Unternehmens- und Anteilskaufverträge müssen sodann grundsätzlich insbesondere regeln bzw. berücksichtigen:
- ☐ den Vertragsgegenstand (z. B. Übertragung von Anteilen an Gesellschaften, Betrieben, Betriebsteilen),
- ☐ die Gegenleistung, insbesondere den Kauf- und/oder (Aktien-)Tauschpreis,
- ☐ den Zeitpunkt des wirtschaftlichen Überganges und andere Stichtagsregelungen,
- ☐ bei dem Kauf von Vermögensgegenständen: die Übernahme von Rechten und Pflichten aus Vertragsverhältnissen, insbesondere aus Arbeitsverhältnissen,
- ☐ das Gewährleistungs- und Haftungsrecht,
- ☐ die Haftung für Altverbindlichkeiten,
- ☐ Wettbewerbsvereinbarungen,
- ☐ etwaige Verfügungsbeschränkungen,

---

[34] Eine Sammlung diverser Muster-Verträge findet sich bei *Seibt*, Beck'sches Formularbuch Mergers & Acquisitions, Teile C und D.
[35] Vgl. Picot/*G. Picot*, Unternehmenskauf und Restrukturierung, § 4; *Merkt*, Rn. 999 ff.

- ☐ Zustimmungs- und Genehmigungsvorbehalte, wie z. B. Gremienvorbehalte,
- ☐ Bedingungen nach nationalem, europäischem oder internationalem Kartellrecht,
- ☐ die Form des Vertrages und andere formale Aspekte,
- ☐ das Closing,
- ☐ Sonstiges.

2. Der Vertragsgegenstand beim Asset Deal und beim Share Deal

Der **Vertragsgegenstand** ist beim Unternehmens- und Anteils-Kauf einer GmbH für den Kauf einzelner Wirtschaftsgüter (Asset Deal) und für den Kauf einer Gesellschaft bzw. der Anteile an einer Gesellschaft (Share Deal) gesondert zu betrachten.

Erfolgt die Unternehmensübernahme als **Asset Deal,** so bezieht sich der schuldrechtliche Unternehmenskaufvertrag auf eine Sach- und Rechtsgesamtheit. Da der Kauf eines Unternehmens den Kauf einer Gesamtheit von Sachen und Rechten, tatsächlichen Beziehungen und Erfahrungen sowie unternehmerischen Handlungen beinhaltet, ergeben sich auch für die Überleitung des Unternehmens auf den Erwerber Besonderheiten.

Der Verkäufer einer **Sache** ist gemäß § 433 Abs. 1 BGB verpflichtet, dem Käufer die Sache, d. h. die einzelnen Wirtschaftsgüter des Unternehmens oder eines Unternehmensteils zu übergeben und das Eigentum an der Sache im Wege der Einzelrechtsnachfolge frei von Sachmängeln (§ 434 BGB) und Rechtsmängeln (§ 435 BGB)[36] zu verschaffen; der Käufer ist verpflichtet, dem Verkäufer den vereinbarten Kaufpreis zu zahlen und die gekaufte Sache abzunehmen (§ 433 Abs. 2 BGB).

Auf den Verkauf von **Rechten oder sonstigen Gegenständen** finden die Vorschriften über den Kauf von Sachen gemäß § 453 BGB (**Rechtskauf**) entsprechende Anwendung. Der Verkäufer trägt die Kosten der Begründung und Übertragung des Rechtes. Ist ein Recht verkauft, das zum Besitz einer Sache berechtigt, so ist der Verkäufer verpflichtet, dem Käufer die Sache frei von Sach- und Rechtsmängeln zu übergeben.

Die Übertragung eines Unternehmens bedeutet zugleich die Überleitung des gesamten Organismus „Unternehmen", so dass neben der Übertragung der Sachen und Rechte auch die Einweisung des Erwerbers in den **Tätigkeitsbereich** geschuldet ist.[37] Davon zu unterscheiden ist die **sachenrechtliche Vereinbarung:** Das Unternehmen als solches kann nicht Gegenstand eines Übertragungsvorgangs sein. Vielmehr bedarf es nach dem Grundsatz der Bestimmtheit der klaren und zweifelsfrei unterscheidbaren Festlegung, welche Einzelbestandteile des Unternehmens im Wege des sachenrechtlichen Geschäftes übertragen werden sollen. Dem Unternehmensträger gehörende Sachen und Rechte sind daher nach Maßgabe der jeweiligen zivilrechtlichen Vorschriften (§§ 398, 873 ff., 929 ff. BGB) zu übertragen. Für den mit dem zu erwerbenden Unternehmen nicht vertrauten Käufer ist dieser Vorgang nicht ohne Risiken. Hat das zu übertragende Unternehmen bilanziert, so kann zur Bestimmung und Übertragung der zu übertragenden Sachen und Rechte auf die Bilanz nebst Inventarverzeichnis Bezug genommen werden. Eine bloß wert- oder zahlenmäßige Bestimmung genügt nicht. Um Zweifelsfälle auszuschließen, empfehlen sich Auffangklauseln, wie die Folgende:

Formulierungsvorschlag:

§ ...... Übertragene Assets

(1) Die Verkäuferin verkauft und übereignet an die Käuferin sämtliche in **Anlage 1** aufgeführten und von ihr bisher in ihrem Geschäftsbetrieb genutzten Maschinen, ...

(2) Soweit einzelne Gegenstände in Anlage 1 nicht aufgeführt sind, sind diese gleichwohl mitverkauft, sofern sie von der Verkäuferin bisher in ihrem Geschäftsbetrieb benutzt worden sind. Dies gilt nicht, sofern die Gegenstände im Eigentum Dritter stehen. Welche Gegenstände im Eigentum Dritter stehen, ergibt sich aus **Anlage 2.**

---

[36] Siehe dazu die nachfolgende Darstellung des Gewährleistungs- und Haftungsrechtes.
[37] Vgl. BGH NJW 1968, 392, 393.

74 Wird die Beteiligung an einer Gesellschaft mit beschränkter Haftung ganz oder teilweise gekauft, liegt ein **Share Deal** vor. Ein solcher Kauf ist ein **Rechtskauf** im Sinne des § 453 BGB. Wird das Mitgliedschaftsrecht zugleich in einem Wertpapier verkörpert, so liegt daneben auch ein Sachkauf vor.

> **Formulierungsvorschlag:**
> § ...... **Vertragsgegenstand**
> (1) Der Verkäufer ist Inhaber sämtlicher Geschäftsanteile an der ......-GmbH mit Sitz in ......
> (2) Der Verkäufer verkauft und überträgt diese Geschäftsanteile hiermit an die Käuferin.[38]

Die Übertragung der GmbH-Anteile kann erfolgen durch:
- Abtretung,
- Verpfändung,
- Vererbung oder
- Zwangsvollstreckung.

75 a) **Übertragung durch Abtretung.** Der **Geschäftsanteil** jedes Gesellschafters bestimmt sich gemäß § 14 GmbHG nach dem Betrag der von ihm übernommenen Stammeinlage. Die Geschäftsanteile an einer GmbH sind gemäß § 15 Abs. 1 GmbHG veräußerlich und vererblich und damit übertragbar.[39] Erwirbt ein Gesellschafter zu seinem ursprünglichen Geschäftsanteil weitere Geschäftsanteile, so behalten diese ihre Selbständigkeit (§ 15 Abs. 2 GmbHG). Die zu übertragenden Geschäftsanteile müssen daher im Unternehmenskaufvertrag einzeln mit ihrem Nennbetrag aufgeführt werden.

76 Zur **Abtretung von Geschäftsanteilen** gemäß § 398 BGB bedarf es – wie nachfolgend noch näher ausgeführt wird – gemäß § 15 Abs. 3 GmbHG eines **in notarieller Form** geschlossenen Vertrages. Der notariellen Form bedarf auch eine Vereinbarung, durch welche die Verpflichtung eines Gesellschafters zur Abtretung eines Geschäftsanteils begründet wird.[40] Eine ohne diese Form getroffene Vereinbarung wird jedoch durch den nach Maßgabe des § 15 Abs. 3 GmbHG geschlossenen Abtretungsvertrag gültig (§ 15 Abs. 4 GmbHG). Dies geht grundsätzlich ohne die **Zustimmung** der anderen Gesellschafter.

Durch den Gesellschaftsvertrag kann die Abtretung der Geschäftsanteile an weitere Voraussetzungen geknüpft werden, insbesondere von der **Genehmigung der Gesellschaft** abhängig gemacht werden (§ 15 Abs. 5 GmbHG). Dabei stellt die **Vinkulierung von Geschäftsanteilen** eine gesetzliche Ausnahme von dem in § 137 Abs. 1 BGB aufgestellten Grundsatz dar, dass die Befugnis zur Verfügung über ein veräußerliches Recht nicht durch Rechtsgeschäft ausgeschlossen oder beschränkt werden kann. Mit Hilfe der Vinkulierung können einerseits Mitgesellschafter wie auch die Gesellschaft vor einem unerwünschten personellen Wechsel im Kreis der Gesellschafter geschützt werden; ferner kann hierdurch eine Änderung der Höhe der Beteiligung am Stammkapital der Gesellschaft, wie z.B. der Erwerb einer Mehrheitsbeteiligung verhindert werden.[41]

77 Der **Abtretungsvertrag** muss den Willen zur Bewirkung des Rechtsübergangs eindeutig zum Ausdruck bringen und den Geschäftsanteil und die Beteiligten zweifelsfrei bezeichnen. Dies ist von besonderer Bedeutung, wenn der Veräußerer von mehreren Geschäftsanteilen gleichen Nennbetrages nicht alle überträgt. Bei Abtretung mehrerer Anteile wird dem **Bestimmtheitserfordernis** regelmäßig nicht Genüge getan, wenn bei der Übertragung nur der Gesamtbetrag aufgeführt wird, es sei denn, es handelt sich dabei um die Summe sämtlicher Geschäftsanteile des Veräußerers und der Vertrag bringt zum Ausdruck, dass diese alle

---

[38] Kauf und Abtretung von GmbH-Geschäftsanteilen bedürfen gemäß § 15 GmbHG der notariellen Form, vgl. hierzu unten → Rn. 167 ff.
[39] An einem GmbH-Geschäftsanteil kann daher auch ein Nießbrauch i. S. d. § 1068 Abs. 1 i. V. m. § 1069 Abs. 2 BGB bestellt werden. Siehe dazu *Fricke* GmbHR 2008, 739 ff.
[40] Siehe hierzu die Ausführungen unter → Rn. 167 ff.
[41] Siehe hierzu *Frenzel* GmbHR 2008, 983 ff. m. w. N.

übertragen werden sollen. Im Falle einer nicht eindeutigen Bezeichnung ist die Abtretung nichtig.[42]

Möglich ist auch die Abtretung künftig zu erwerbender oder noch zu schaffender Geschäftsanteile (§ 185 Abs. 2 BGB) und zwar schon vor Gründung der Gesellschaft oder vor einer Kapitalerhöhung. Die **Wirksamkeit der Abtretung** tritt allerdings erst mit der Eintragung der Gesellschaft bzw. der Kapitalerhöhung und Erfüllung sonstiger Abtretungserfordernisse ein. Zulässig ist auch die Abtretung unter einer aufschiebenden oder auflösenden Bedingung. Insofern empfiehlt es sich, die Abtretung der Geschäftsanteile unter die aufschiebende Bedingung der Zahlung zu stellen. 78

Die Bedeutung der **Gesellschafterliste** ist durch das MoMiG[43] erheblich aufgewertet worden. § 16 GmbHG hat die **Rechtsstellung bei Wechsel der Gesellschafter oder Veränderung des Umfangs ihrer Beteiligung sowie den Erwerb vom Nichtberechtigten** grundlegend neu geregelt. 79

Gemäß § 16 Abs. 1 Satz 1 GmbHG gilt im Fall der Veräußerung eines Geschäftsanteils nicht mehr die bei der Gesellschaft angemeldete Person[44] als Gesellschafter. Vielmehr gilt im Falle einer **Veränderung in den Personen der Gesellschafter oder des Umfanges ihrer Beteiligung als Inhaber eines Geschäftsanteils** im Verhältnis zur Gesellschaft nur derjenige, **der als solcher in der zum Handelsregister aufgenommenen Gesellschafterliste (§ 40 GmbHG) eingetragen ist.** Durch diese Regelung ist die **Gesellschafterliste** deshalb die alleinige Legitimationsbasis für die Ausübung von Gesellschafterrechten. Anders, als nach dem bisherigen Recht, gilt dies nicht nur für die Fälle des rechtsgeschäftlichen Erwerbs, sondern auch bei jeder anderweitigen Veränderung im Gesellschafterbestand oder Beteiligungsumfang.[45] Sie dient dem Ziel der Missbrauchsbekämpfung und insbesondere dem Anliegen, eine bessere Transparenz über die Anteilseignerstrukturen der GmbH zu schaffen und Geldwäschen zu verhindern. 79a

Gemäß § 40 Abs. 1 GmbHG haben die **Geschäftsführer** unverzüglich nach einer Veränderung in den Personen der Gesellschafter oder des Umfanges ihrer Beteiligung als Inhaber eines Geschäftsanteils eine von ihnen unterschriebene **Liste der Gesellschafter zum Handelsregister einzureichen,** aus welcher ihr Name, Vorname, Geburtsdatum und Wohnort sowie die Nennbeträge und die laufenden Nummern der von einem jeden derselben übernommenen Geschäftsanteile zu entnehmen sind. Hat ein **Notar**[46] an einer Veränderung in den Personen der Gesellschafter oder des Umfanges ihrer Beteiligung als Inhaber eines Geschäftsanteils mitgewirkt, so hat er gemäß § 40 Abs. 2 GmbHG unverzüglich nach deren Wirksamwerden ohne Rücksicht auf etwaige später eintretende Unwirksamkeitsgründe die Liste anstelle der Geschäftsführer zu unterschreiben, zum Handelsregister einzureichen und eine Abschrift der geänderten Liste an die Gesellschaft zu übermitteln. Die Liste muss mit der Bescheinigung des Notars versehen sein, dass die geänderten Eintragungen den Veränderungen entsprechen, an denen er mitgewirkt hat, und die übrigen Eintragungen mit dem Inhalt der zuletzt im Handelsregister aufgenommenen Liste übereinstimmen. Zu beachten ist dabei, dass eine Gesellschafterliste erst dann im Handelsregister aufgenommen ist, wenn sie in dem für das entsprechende Registerblatt bestimmten Registerordner (§ 9 Abs. 1 HRV) gespeichert ist. 79b

Gleichwohl folgt aus § 16 Abs. 1 GmbHG nicht, dass die Eintragung in die Liste und die Aufnahme der Liste in das Handelsregister **Wirksamkeitsvoraussetzung für den Erwerb eines GmbH-Geschäftsanteils ist.**[47] Die Neuregelung lehnt sich dabei an das Regelungsmuster 79c

---

[42] Vgl. OLG Düsseldorf MDR 1978, 668.
[43] Das **Gesetz zur Modernisierung des GmbH-Rechts und zur Bekämpfung von Missbräuchen (MoMiG)** ist am 26.6.2008 im Deutschen Bundestag verabschiedet worden.
Siehe dazu *Fliegner* DM 2008, 1668 ff.; *Wälzholz* GmbHR 2008, 8411 ff. sowie *Dieter Mayer* DNotZ 2008, 403 ff.
[44] Vgl. BGH DB 1990, 1709, 1711; BayObLG DB 1990, 167.
[45] Siehe dazu *Dieter Mayer* DNotZ 2008, 403 ff., 404 m. w. Literatur-Hinweisen unter Fn. 4 auf *Götze/Bressler* NZG 2007, 894; *Heckschen* DStR 2007, 1442, 1450 sowie *Peetz* GmbHR 2006, 852, 859.
[46] Ausführlich zum **Inhalt der Gesellschafterliste** *Dieter Mayer* DNotZ 2008, 403, 406 m. w. N.
[47] Siehe dazu *Dieter Mayer* DNotZ 2008, 403 ff., 404 m. w. Literatur-Hinweisen unter Fn. 4 auf *Götze/Bressler* NZG 2007, 894, *Heckschen* DStR 2007, 1442, 1450 sowie *Peetz* GmbHR 2006, 852, 859.

des § 67 Abs. 2 AktG (Eintragung im Aktienregister bei Namensaktien) an. Die Eintragung in die Gesellschafterliste begründet also nicht die Gesellschafterstellung und ist auch nicht Voraussetzung für deren Erwerb oder Veräußerung. Sie begründet jedoch die **unwiderlegliche Vermutung**, dass der Eingetragene in dem verzeichneten Umfang tatsächlich Gesellschafter und somit zur Ausübung der Gesellschafterrechte (Stimmrechte, Gewinnbezugsrechte)[48] materiell berechtigt ist. Zugleich bildet die Gesellschafterliste gemäß § 16 Abs. 3 GmbHG die Grundlage für den **gutgläubigen Erwerb**. Die Wirksamkeit der Übertragung ist damit auch weiterhin unabhängig von der Eintragung in die Gesellschafterliste, die jedoch alleinige Legitimationsbasis für die Ausübung von Gesellschafterrechten ist.

79d   Soll sofort nach dem Wirksamwerden einer Anteilsabtretung eine **Gesellschafterversammlung durch den bzw. mit dem Erwerber** (z. B. zur Abberufung der bisherigen und Bestellung neuer Geschäftsführer sowie zur Beschließung einer Satzungsänderung) durchgeführt werden, so bietet § 16 Abs. 1 Satz 2 GmbHG dem Erwerber die Möglichkeit, bereits vor der Aufnahme in die Gesellschafterliste in das Handelsregister unmittelbar nach dem Wirksamwerden des Erwerbes im Hinblick auf das Gesellschaftsverhältnis Rechtshandlungen vorzunehmen. Nach dieser Bestimmung gilt nämlich eine vom Erwerber in Bezug auf das Gesellschafterverhältnis vorgenommene Rechtshandlung als von Anfang an wirksam, wenn die Liste unverzüglich nach Vornahme der Rechtshandlung in das Handelsregister aufgenommen wird. Zwar sind derartige Rechtshandlungen also zunächst schwebend unwirksam; sie werden aber wirksam, wenn die Liste unverzüglich nach Vornahme der Rechtshandlung in das Handelsregister aufgenommen wird. Ist dies allerdings nicht der Fall und wird die Liste nach Vornahme der Rechtshandlung erst verspätet im Handelsregister aufgenommen, so ist die vorgenommene Rechtshandlung endgültig unwirksam.

79e   Sofern die **Anteilsabtretung erst später wirksam** wird, muss der Erwerber mit der Beschlussfassung warten, bis die Anteilsabtretung wirksam geworden ist oder er muss den Veräußerer an der Beschlussfassung mitwirken lassen. Dies gilt insbesondere, wenn noch der Eintritt von Bedingungen (wie z.B. die vollständige Bezahlung des Kaufpreises oder eine fusionsrechtliche Freigabe) erforderlich ist oder wenn die Abtretung der Geschäftsanteile an weitere noch ausstehende Voraussetzungen geknüpft ist (wie z.B. durch die Vinkulierung des Geschäftsanteils (§ 15 Abs. 5 GmbHG). Nur, wenn also die Anteilsabtretung ausnahmsweise sofort mit der Beurkundung wirksam wird, führt die Sonderregelung zu einer Erleichterung.

79f   § 16 Abs. 2 GmbHG regelt eine **Mithaftung des Erwerbers für rückständige Einlageverpflichtungen**[49] neben dem Veräußerer, die in demjenigen Zeitpunkt rückständig sind, ab dem der Erwerber gemäß § 16 Abs. 1 GmbHG im Verhältnis zur Gesellschaft als Inhaber des Gesellschaftsanteils gilt. Im Hinblick auf den **Erwerb von Nichtberechtigten** bildet die Bedeutung der Gesellschafterliste als alleinige Legitimationsbasis die Grundlage für die Ausübung von Gesellschafterrechten.

79g   Nach § 16 Abs. 3 Satz 1 GmbHG kann der Erwerber einen Geschäftsanteil oder ein Recht daran durch Rechtsgeschäft wirksam vom Nichtberechtigten erwerben, wenn der Veräußerer als Inhaber des Geschäftsanteils in der im Handelsregister aufgenommenen Gesellschafterliste eingetragen ist. Voraussetzung für den danach nunmehr möglichen gutgläubigen Erwerb von Geschäftsanteilen sind:
- die Mitteilung und der Nachweis gegenüber der Geschäftsführung (§ 40 Abs. 1 Satz 2 GmbHG), soweit nicht eine ausschließliche Zuständigkeit des Notars gegeben ist (§ 40 Abs. 1 Satz 2 GmbHG),
- die Eintragung des Neugesellschafters in die Liste *sowie*
- die Aufnahme der Liste im Handelsregister.

Vgl. dazu als Regelungsmuster den § 67 Abs. 2 AktG für die Eintragung von Namensaktien im Aktienregister.
[48] Siehe dazu *Peetz* GmbHR 2006, 852, 853.
[49] Zum Begriff der „rückständigen Einlageverpflichtungen" (z.B. im Hinblick auf Ansprüche auf Ausgleich von Vorbelastungen, die Verlustdeckungshaftung, die Ausfallhaftung und die Haftung für Nachschüsse und Nebenleistungspflichten) siehe *Mayer* DNotZ 2008, 403, 405 m. w. N.

Ein gutgläubiger Erwerb ist nicht möglich, wenn

- die Liste im Zeitpunkt des Erwerbs hinsichtlich des Geschäftsanteils weniger als drei Jahre unrichtig und die Unrichtigkeit dem Berechtigten nicht zuzurechnen ist (§ 16 Abs. 3 Satz 2 GmbHG), oder
- dem Erwerber die mangelnde Berechtigung bekannt ist oder infolge grober Fahrlässigkeit unbekannt ist (§ 16 Abs. 3 Satz 3 GmbHG), oder
- der Liste ein Widerspruch zugeordnet ist (§ 16 Abs. 3 Satz 3 GmbHG); die Zuordnung eines Widerspruches erfolgt aufgrund einer einstweiligen Verfügung oder aufgrund einer Bewilligung desjenigen, gegen dessen Berechtigung sich der Widerspruch richtet; eine Gefährdung des Rechts des Widersprechenden muss nicht glaubhaft gemacht werden (§ 16 Abs. 3 Satz 4 und 5 GmbHG).

Praxistipp:
Auch trotz der dargestellten Gesetzesänderung wird es freilich zweckmäßig und sachdienlich sein, die Erwerbs- bzw. Legitimationskette in den Geschäftsanteilskaufvertrag aufzunehmen, damit klargestellt ist, dass der Verkäufer tatsächlich Inhaber der GmbH-Geschäftsanteile ist. Es empfiehlt sich, den Nachweis des Erwerbs durch Beifügung von Urkunden als Anlage in den Vertrag aufzunehmen.

§ 17 GmbHG (a. F.), der die **Veräußerung von Teilen eines Geschäftsanteils** betraf, ist durch das MoMiG – nicht zuletzt im Hinblick auf die grundlegende Neuordnung der Stückelung der Geschäftsanteile – ersatzlos aufgehoben worden. Diese Streichung hat erhebliche Auswirkungen auf die Abtretung von Geschäftsanteilen und insbesondere von solchen Geschäftsanteilen, die aufgrund einer Teilung entstanden sind.

Gemäß § 17 Abs. 1 GmbHG (a. F.) konnte die Veräußerung von Teilen eines Geschäftsanteils nur mit Genehmigung der Gesellschaft stattfinden. Aufgrund des Wegfalls dieser Bestimmung besteht nunmehr die **ausschließliche Entscheidungskompetenz der Gesellschafter**, durch formfreien, mit einfacher Mehrheit zu fassenden Gesellschafterbeschluss zu bestimmen, ob und was sie an **Teilungen, Zusammenlegungen und Einziehungen von Geschäftsanteilen** eines Gesellschafterbeschlusses zulassen wollen. Fehlt es an einer wirksamen Teilung, so sind auch keine entsprechenden Teilgeschäftsanteile entstanden. Eine schriftliche Protokollierung des Gesellschafterbeschlusses empfiehlt sich allerdings, um die Änderungen der Gesellschafterliste gemäß § 40 Abs. 1 Satz 2 GmbHG nachweisen zu können.

Gemäß § 17 Abs. 3 GmbHG (a. F.) konnte im Gesellschaftsvertrag bestimmt werden, dass für die Veräußerung von Teilen eines Geschäftsanteils an andere Gesellschafter sowie für die Teilung von Geschäftsanteilen verstorbener Gesellschafter unter deren Erben eine Genehmigung der Gesellschaft nicht erforderlich war. Da die Entscheidungskompetenz nunmehr ausschließlich bei den Gesellschaftern liegt, sind diese völlig frei, die Teilungen, Zusammenlegungen und Einziehungen von Geschäftsanteilen in der Satzung an höhere oder geringere Voraussetzungen zu knüpfen, ganz auszuschließen oder z. B. durch die Festlegung qualifizierter Beschlussmehrheiten oder Mindestbeträge, die bei der Teilung zu beachten sind, allgemein zu erschweren. Im Falle der Zusammenlegung von Geschäftsanteilen bedarf es allerdings der Zustimmung des Betroffenen.

Nachdem auch der § 17 Abs. 4 GmbHG (a. F.) entfallen ist, muss bei der Teilung der **Nennbetrag jedes Teil-Geschäftsanteils auf volle Euro** lauten (§ 5 Abs. 2 Satz 1 GmbHG).

§ 17 Abs. 5 GmbHG (a. F.), wonach eine **gleichzeitige Übertragung mehrerer Teile von Geschäftsanteilen eines Gesellschafters an denselben Erwerber** unzulässig war, ist nunmehr ebenfalls entfallen.

Entfallen ist auch der § 17 Abs. 6 GmbHG (a. F.), demzufolge im Falle der Veräußerung und Vererbung eine Teilung von Geschäftsanteilen nicht erfolgte und durch den eine sog. **Vorratsteilung** ausgeschlossen war, sodass ein Gesellschafter nicht einseitig – auch nicht im Wege der Satzung – für sich selbst seinen Geschäftsanteil teilen konnte. Durch den Fortfall des Verbotes der Vorratsteilung besteht nun auch die Möglichkeit, die **Vereinbarungstreu-**

hand und die **Verpfändung von Teilen von Geschäftsanteilen** praktisch vernünftig zu regeln.[50]

82 Die Übertragung der GmbH-Anteile wird in der Regel mit den **Gewinnbezugsrechten** übertragen. Der **Gewinnanspruch** steht gemäß §§ 29, 46 Nr. 1 GmbHG demjenigen zu, der **im Zeitpunkt des Gewinnverwendungsbeschlusses Gesellschafter** ist, soweit dies nicht nach dem Gesellschaftsvertrag ausgeschlossen ist. Im Falle eines Share Deals steht bei der Veräußerung eines GmbH-Anteils während eines Geschäftsjahres der **Gewinnauszahlungsanspruch** für dieses Geschäftsjahr deshalb grundsätzlich dem Käufer zu, wenn dieser im Zeitpunkt des **Ergebnisverwendungsbeschlusses** Inhaber des GmbH-Anteils ist.[51] Der Verkäufer hat allerdings gemäß § 101 Nr. 2 Halbs. 2 BGB einen schuldrechtlichen Anspruch gegen den Käufer auf den während seiner Zugehörigkeit zur Gesellschaft angefallenen anteiligen Gewinn, sofern er ausgeschüttet wird. Die Vertragspartner können über den genannten schuldrechtlichen Anspruch oder über eine teilweise oder vollständige Abtretung des Gewinnauszahlungsanspruches allerdings eine besondere Vereinbarung treffen. Abweichende schuldrechtliche und dingliche Vereinbarungen sind möglich.[52] Ein bis zum Übergangsstichtag erwirtschafteter Verlust mindert das Vermögen der Gesellschafter. Dem Käufer steht daher vorbehaltlich anderweitiger vertraglicher Regelungen die Möglichkeit der Kaufpreisminderung zu.

83 Die Übertragung von Personengesellschaftsanteilen z. B. bei der **GmbH & Co. KG** wird grundsätzlich wie die Übertragung von Geschäftsanteilen an Kapitalgesellschaften behandelt.[53] Allerdings kann zweifelhaft sein, ob und inwieweit neben dem Kapitalanteil weitere Rechte und Pflichten aus dem Gesellschaftsverhältnis, wie z. B. Darlehens-, Kapitalrücklage-, oder Allgemeine Verrechnungskonten, Stimmrechte, Informationsrechte, Kündigungsrechte, Rechte auf Gewinn und Auseinandersetzungsguthaben, übergehen sollen. Deshalb empfiehlt sich eine detaillierte vertragliche Regelung.[54] Im Falle einer bloßen Teilübertragung eines Personengesellschaftsanteils wird die Annahme eines – ebenfalls – nur anteiligen Überganges der Rechte und Pflichten sachgerecht sein. Weichen der Zeitpunkt des Vertragsschlusses und der Übergangsstichtag voneinander ab, so sollten in jedem Falle die Entnahmerechte des Veräußerers für die Zwischenzeit vertraglich geregelt werden.

84 **b) Übertragung durch Verpfändung und Verwertung.** Die Bestellung des **Pfandrechts** an einem GmbH-Geschäftsanteil ist zulässig, soweit die Abtretung zulässig ist (§ 1274 Abs. 2 BGB). Der Verpflichtungsvertrag ist formlos gültig. Die Verpfändung erfolgt ebenso, wie die Abtretung von Geschäftsanteilen, durch notariell beurkundeten Vertrag nach § 15 Abs. 3 GmbHG. Nach Fälligkeit der Forderung kann der Geschäftsanteil verwertet werden. Ist die Abtretung nach § 15 Abs. 5 GmbHG an eine Genehmigung gebunden, gilt die zuvor für die Verpfändung erteilte Genehmigung gleichzeitig als Genehmigung zur **Verwertung**. Es ist üblich, bereits in die notariell beurkundete Verpfändung die Vollstreckbarkeit der Forderung mit aufzunehmen. Die Verwertung erfolgt grundsätzlich durch öffentliche Versteigerung gemäß § 1277 BGB oder durch freihändigen Verkauf, soweit dies gesondert vereinbart wurde.

85 **c) Übertragung durch Vererbung.** Grundsätzlich sind GmbH-Geschäftsanteile **frei vererblich** (§ 15 Abs. 1 GmbHG). Die Vererblichkeit kann nicht ausgeschlossen oder beschränkt werden.[55] Mit dem Tod des Gesellschafters geht der Geschäftsanteil unmittelbar und ungeteilt auf die Erben oder die Erbengemeinschaft über. Eine Sonderrechtsnachfolge, die zum unmittelbaren Übergang auf eine dritte Person oder die GmbH führt, kann nicht bestimmt werden. Als Alternative kann die Übertragung auf eine bestimmte Person schon zu Lebzeiten, – aufschiebend bedingt durch den Todesfall – durchgeführt werden.

---

[50] Siehe dazu auch siehe *Mayer* DNotZ 2008, 403, 426 m. w. N.
[51] Vgl. BGH NJW 1995, 1027.
[52] Vgl. BGH NJW 1995, 1027.
[53] Zur wirksamen Übertragung von GbR-Gesellschaftsrechten siehe OLG Köln BB 1996, 2058 f.
[54] BGH NJW 1966, 1307, 1309; BGH NJW 1969, 133.
[55] Vgl. zur Vererbung von GmbH-Geschäftsanteilen *Lenz* GmbHR 2000, 927 ff.

Der Übergang nach § 1922 BGB auf den gesetzlichen oder testamentarischen Erben bedarf keiner besonderen Abtretung. Es gilt vielmehr § 16 GmbHG. Sind mehrere Erben vorhanden, so erwirbt die Erbengemeinschaft den Geschäftsanteil als Gesamthandsgemeinschaft ungeteilt. Die Auseinandersetzung bezüglich des Geschäftsanteils unter den Miterben kann durch Teilung des Geschäftsanteils unter den Erben, durch Übertragung auf einen Miterben oder durch Übertragung auf einen Dritten erfolgen. Ist die Veräußerung von Geschäftsanteilen nach der Satzung der GmbH an die Genehmigung der Gesellschafter oder andere Beschränkungen gemäß § 15 Abs. 5 GmbHG gebunden, gelten die Erschwernisse auch für die Veräußerung im Rahmen der Erbauseinandersetzung. Soll der Geschäftsanteil geteilt werden, so ist eine zusätzliche Genehmigung der Gesellschaft erforderlich, wenn der Gesellschaftsvertrag eine entsprechende Regelung vorsieht.

d) **Übertragung durch Zwangsvollstreckung.** Schließlich kann ein GmbH-Geschäftsanteil durch Zwangsvollstreckung übertragen werden. Die **Pfändung** des GmbH-Geschäftsanteils erfolgt nach § 857 BGB durch Beschluss des Vollstreckungsgerichts, der zu seiner Wirksamkeit dem Gesellschafter und der Gesellschaft zugestellt werden muss.

3. Die Gegenleistung, insbesondere der Kauf- und/oder Tauschpreis

Eine zentrale Problematik des Unternehmenskaufvertrages ist oftmals die Bestimmung der Gegenleistung, insbesondere des Kauf- und/oder Tauschpreises. Vom **Kaufpreis** zu unterscheiden ist der Unternehmenswert, der jedoch in der Regel für die Kaufpreisfindung von entscheidender Bedeutung ist.

Die Bestimmung des Kaufpreises erfolgt durch die Parteien auf der Grundlage der beiderseitigen Wertvorstellungen, die nach den bei den Vertragsverhandlungen vorhandenen Erkenntnissen und den Ergebnissen der Due-Diligence-Prüfung gebildet werden. Die Parteien müssen dabei dem schwierigen Umstand Rechnung tragen, dass bei der Bewertung fast immer Zukunftsentwicklungen zu berücksichtigen sind. Häufig vereinbaren die Parteien, dass der endgültige Kaufpreis anhand einer auf den Übergangsstichtag aufzustellenden Abrechnungsbilanz ermittelt wird. In Abweichung von den Bilanzierungsregeln der §§ 238 ff. HGB können die Parteien zum Zwecke der Kaufpreisfindung Bilanzierungs- und Bewertungsgrundsätze vertraglich festlegen.

Formulierungsvorschlag:

§ ..... Kaufpreis

(1) Die Höhe des Kaufpreises wird anhand einer zum ...... (Abrechnungsstichtag) zu erstellenden Abrechnungsbilanz bestimmt. Für die Abrechnungsbilanz treffen die Beteiligten folgende Vereinbarung:
- Die vom Verkäufer erstellte Abrechnungsbilanz ist auch für die Käuferin verbindlich, sofern diese nicht innerhalb einer Frist von ...... von nach Zugang der Abrechnungsbilanz gegenüber dem Verkäufer widerspricht. Einigen sich die Vertragspartner nicht innerhalb einer Frist von ...... nach Zugang des Widerspruches beim Verkäufer über die Abrechnungsbilanz, so ist diese durch einen Schiedsgutachter gemäß § ...... zu erstellen.
- Grundstücke, Gebäude und Maschinen sind mit dem Teilwert anzusetzen. Der Teilwert kann durch Sachverständige ermittelt werden, sofern ein Schiedsgutachter gemäß § .... eingeschaltet wird.

(2) Anpassungsverlangen[56] können von jedem Vertragspartner nur innerhalb einer Frist von ...... nach Zugang der Abrechnungsbilanz gestellt werden. Anpassungsverlangen bedürfen der Schriftform.

Die Methoden zur Ermittlung des „richtigen" **Unternehmenswertes** sind ebenso unterschiedlich wie zahlreich. Darüber hinaus stellt sich im Zusammenhang mit Unterneh-

---

[56] Die verschiedenen Anpassungsmöglichkeiten müssen festgelegt werden, insbesondere für den Fall, dass sich Umstände nach Erstellung der Abrechnungsbilanz ändern.

menszusammenführungen, insbesondere in der Form von Gemeinschaftsunternehmen bzw. Joint Ventures die Frage, ob die Unternehmensbewertung unter Ausschluss oder unter Berücksichtigung der Verbund- und Synergie-Vorteile auf der Grundlage des sog. Stand-alone-Prinzips bzw. unter Anwendung des sog. Verbundberücksichtigungs-Prinzips erfolgen soll.

91   Die Gesetzgebung geht nach wie vor von der existierenden Methodenvielfalt sowie von den Kriterien „Vermögen und Ertrag" aus. Die Rechtsprechung vermeidet bislang die Festlegung auf ein bestimmtes Verfahren.[57] Allerdings veranlasst die steigende Zahl aktien- und umwandlungsrechtlicher Spruchstellenverfahren die Gerichte immer häufiger, zu den Problemen der Unternehmensbewertung Stellung zu beziehen. Dabei weichen einige Gerichte zunehmend von der Auffassung des Bundesgerichtshofes[58] ab und gehen davon aus, dass die richtige Methodik der Unternehmensbewertung eine Rechtsfrage und nicht nur eine von Sachverständigen zu klärende und von den Gerichten lediglich auf Plausibilität zu prüfende Tatsachenfrage sei.[59] Allerdings stellen auch diese Gerichte bei der Ermittlung des Unternehmenswertes vornehmlich auf die **Ertragswert-Methode** ab. Zur Sicherung gegen Wertverlust bei Ratenzahlung des Kaufpreises stehen die Instrumente der **Wertsicherungs- bzw. Gleitklauseln** zur Verfügung. Ein Unternehmenskaufvertrag kann aufgrund **Inhaltskontrolle** gegen die guten Sitten verstoßen und gemäß § 138 BGB nichtig sein.[60]

92   a) **Finanzierung des Kaufpreises.** Soll dem Erwerber das Unternehmen Zug um Zug gegen **Zahlung des Kaufpreises** übertragen werden, so muss der Erwerber im Zeitpunkt der Unternehmensübertragung nicht unerhebliche finanzielle Mittel bereit halten.

93   Als mögliche **Finanzierungsinstrumente** lassen sich grundsätzlich solche der **Innenfinanzierung** und solche der **Außenfinanzierung** unterscheiden. Bei der Innenfinanzierung werden die Finanzmittel durch interne Dispositionen des Erwerbers aufgebracht. In Betracht kommen neben einem Finanzmittel-Zufluss aus laufenden Umsatzerlösen auch Erlöse aus einmaligen Transaktionen, wie zum Beispiel durch **Sale-and-Lease-Back** sowie durch die Liquidation von Aktiva (z.B. Betriebsmittel, Immobilien), die für den Erwerber bzw. das erwerbende Unternehmen entbehrlich sind. Bei der Außenfinanzierung hingegen werden die Finanzmittel vornehmlich von den Geld- und Kapitalmärkten beschafft. Die Mittelbeschaffung im Wege der Außenfinanzierung bestimmt sich dabei im wesentlichen nach der Rechtsform des Käufers und des zu erwerbenden Kaufobjektes.

94   Die Entscheidung, welcher **Finanzierungsinstrumente** sich der Unternehmenskäufer bedient, hat dabei insbesondere unter Berücksichtigung des benötigten Finanzbedarfs, der Kosten der Finanzierung, der zeitlichen Verfügbarkeit der Finanzmittel, des bereits bestehenden Verschuldungsgrades des Erwerbers und der Verfügbarkeit von Sicherheiten bei einer beabsichtigten Finanzierung durch Fremdmittel zu erfolgen.

95   *aa) Die Eigenkapitalbeschaffung der GmbH und anderer nicht emissionsfähiger Unternehmen.* Gesellschaften mit beschränkter Haftung, die nicht – wie die börsennotierte Aktiengesellschaft – an der Börse neues Kapital aufnehmen können, haben lediglich beschränkte Möglichkeiten zur **Eigenkapitalbeschaffung**.

96   Die Möglichkeiten der Eigenkapitalbeschaffung sind im Wesentlichen darauf beschränkt, dass die Altgesellschafter die Eigenmittel des Unternehmens aufstocken und/oder **neue Gesellschafter**, wie z.B. auch Private-Equity-Gesellschaften, in das Unternehmen aufnehmen, die durch Bareinlagen die liquiden Mittel des Unternehmens erhöhen. Allerdings sind den neuen Gesellschaftern regelmäßig mit ihrer Aufnahme auch Mitwirkungsrechte bei der Unternehmensführung einzuräumen und bei der GmbH & Co. KG muss auch der grundsätzlich von der Geschäftsführung ausgeschlossene Kommanditist bei über den gewöhnlichen Betrieb des Handelsgewerbes der Gesellschaft hinausgehenden Handlungen seine Zustimmung erklären.

---

[57] Siehe BVerfG NJW 1985, 1329.
[58] BGH AG 1978, 196, 199 – Kali und Salz.
[59] Vgl. BayOLG AG 1996, 127 – Paulaner; AG 1996, 176.
[60] Siehe OLG München BB 1995, 2235: um 220% überhöhter Kaufpreis.

Da dies nicht immer im Interesse der Altgesellschafter ist, können diese den Weg der so- 97 genannten **stillen Beteiligung** des neuen Gesellschafters wählen; denn der stille Gesellschafter ist zur Geschäftsführung grundsätzlich weder berechtigt noch verpflichtet. Wegen der aufgezeigten begrenzten Möglichkeiten nicht emissionsfähiger Unternehmen zur Eigenkapitalbeschaffung kann für diese jedenfalls unter dem Aspekt des erleichterten **Finanzmittelzuflusses** eine **Umwandlung in eine Aktiengesellschaft** von Interesse sein.

bb) Sonstige Kapitalbeschaffungsmaßnahmen im Wege der Außenfinanzierung. Neben 98 den aufgezeigten Möglichkeiten der Kapitalbeschaffung kann das kapitalbedürftige Unternehmen noch auf weitere Instrumente der liquiditätserhöhenden **Außenfinanzierung** zurückgreifen.

Die in der Praxis gängigste und klassische Methode der **Fremdfinanzierung** ist die Auf- 99 nahme von (langfristigen) Darlehen bei Bankinstituten, bei deren Aufnahme in der Regel lediglich ein (formloser) **Darlehensvertrag** abgeschlossen wird (§§ 488 ff. BGB). Die Sicherheiten-Gewährung durch **Verpfändung von GmbH-Geschäftsanteilen** hat dabei eine zunehmende Bedeutung erlangt. Erschwert wird diese Art der Fremdfinanzierung freilich durch die sog. „**Basel III**-Vereinbarung". Danach müssen die Banken ihre Kreditrisiken je nach Bonität ihrer Schuldner detailliert ermitteln und entsprechend abgestuft mit Eigenkapital unterlegen.[61]

Eine besondere Methode der Fremdfinanzierung stellt das **partiarische Darlehen** dar. 100 Hierbei tritt der Darlehensgeber des partiarischen Darlehens zu dem darlehensaufnehmenden Unternehmen lediglich in der Weise in Beziehung, dass er für sein Darlehen keine festgeschriebene bzw. von der Kapitalmarktverfassung abhängige, sondern eine gewinnabhängige Verzinsung erhält.

Eine weitere Art der Fremdfinanzierung ist ferner die Kapitalbeschaffung mittels **Schuld-** 101 **scheindarlehen**. Da die Aufnahme von Schuldscheindarlehen die Erfüllung der Bonitätsanforderungen nach dem Versicherungsaufsichtsgesetz (VAG) für deckungsstockfähige Anlagen voraussetzt, stellen Schuldscheindarlehen regelmäßig nur für größere Industrieunternehmen ein mögliches Finanzierungsmittel dar. Das Schuldscheindarlehen weist für das finanzmittelbedürftige Unternehmen den Vorteil auf, dass seine Abwicklung mit relativ geringen Kosten verbunden ist und zu einem schnellen Liquiditäts-Zufluss führt, da keine staatlichen Genehmigungen und Anmeldungen beim zentralen Kapitalmarktausschuss notwendig sind. Dies ermöglicht dem darlehenaufnehmenden Unternehmen die Übernahme einer etwas höheren effektiven Verzinsung, die dieses Finanzierungsinstrument wiederum den kapitalgebenden Instituten, wie zum Beispiel Lebensversicherungen, Pensionskassen und sonstigen institutionellen Anlegern, besonders interessant macht.

Neben der Kapitalbeschaffung durch Schuldscheindarlehen besteht für größere Unter- 102 nehmen die Möglichkeit einer langfristigen Darlehensaufnahme in verbriefter Form über die Börse durch **Industrieobligationen**, auch **Industrieschuldverschreibungen** bzw. **Industrieanleihen**.

Beim **Sale und Lease-Back** werden bei den sogenannten **Pensionsgeschäften** die Aktiva des 103 Unternehmens zur Liquiditätsbeschaffung eingesetzt. Das Pensionsgeschäft gestaltet sich derart, dass ein Barverkauf von Unternehmensaktiva erfolgt und gleichzeitig deren Rückkauf zu einem bestimmten Termin und Preis durch den Verkäufer (Pensionsgeber) vereinbart wird. Dabei kann zwischen echten und unechten Pensionsgeschäften unterschieden

---

[61] Bei den Banken ist in den vergangenen Jahren eine erhebliche Zurückhaltung bei der Kreditfinanzierung festzustellen, die nicht zuletzt auf die Eigenkapitalregeln des bei der Bank für Internationalen Zahlungsausgleich angesiedelten Baseler Ausschusses für Bankenaufsicht zurückzuführen ist. Diese Zurückhaltung hat noch zugenommen, seit der Basler Ausschuss (nach 1999 und 2001) am 16.12.2010 sein inzwischen drittes Regelwerk für die zukünftige Aufsicht über die Kreditinstitute („Basel III") veröffentlicht und sodann ergänzt hat. Alle G20-Staats- und Regierungschefs haben beim Seoul-Gipfel einen Monat zuvor die Basel-III-Rahmenwerke gebilligt und sich zu seiner konsistenten Umsetzung verpflichtet. Die nationale rechtliche Umsetzung war bis Ende 2012 abzuschließen. Auf der EU-Ebene hat die EU-Kommission hierzu im Juli 2011 einen Vorschlag veröffentlicht. Im Mai 2012 einigte sich sowohl der Rat der Europäischen Union auf eine allgemeine Ausrichtung (CRD und CRR) als auch der Wirtschaftsausschuss des Europäischen Parlaments auf einen sog. ECON-Bericht (CRD und CRR), so dass die Trilogverhandlungen aufgenommen worden sind.

werden. Beiden Arten von Pensionsgeschäften ist gemeinsam, dass der Pensionsgeber immer verpflichtet ist, die in Pension gegebenen Aktiva zurückzunehmen. Der Unterschied besteht jedoch darin, dass der Pensionsnehmer (Käufer) bei den **echten Pensionsgeschäften** zum Rückverkauf des Pensionsgutes verpflichtet ist, während bei den **unechten Pensionsgeschäften** diese Verpflichtung nicht besteht.

Bei den Möglichkeiten der Finanzierung eines Unternehmenskaufes ist schließlich auch die Möglichkeit der Inanspruchnahme von staatlichen Hilfsmitteln (**Subventionen**) zu berücksichtigen. Informationen über die aktuellen Förderungsmöglichkeiten können bei den verschiedenen Subventionsgebern, wie z.B. Bund, Ländern und Gemeinden, sowie bei den Banken eingeholt werden.

104 b) **Der Tausch von bzw. mit Gesellschaftsanteilen.** Angesichts der hohen Volumina vor allem internationaler Transaktionen setzen die Unternehmen wieder vermehrt die Gesellschaftsanteile (und insbesondere die Aktie) als „**Kaufpreis-Währung**" (**Share for Share**) bei Mergers & Acquisitions ein. Denn beim Transfer von Gesellschaftsanteilen kann u.U. vermieden werden, dass die Liquidität der Unternehmen zu stark belastet wird und die mit Fremdfinanzierungen verbundenen nachteiligen bilanziellen Auswirkungen, wie z.B. die regelmäßig erheblichen Goodwill-Abschreibungen auftreten. Zudem kann der Vertragspartner möglicherweise – bei einer entsprechenden Bewertung seiner Anteile – dem anderen Vertragspartner einen besonders attraktiven Kauf- oder Tauschpreis offerieren. Wird der „Kaufpreis" in Gesellschaftsanteilen bzw. Aktien erbracht, handelt es sich grundsätzlich um einen Tauschvertrag oder im Falle einer Kombination um einen gemischten Kauf-/Tauschvertrag.

105 Aus der unterschiedlichen rechtlichen Einordnung des Transaktionsvertrages bei der vollständigen oder teilweisen Verwendung von Gesellschaftsanteilen als Währung ergeben sich aber grundsätzlich keine rechtlichen Unterschiede, zumal auf den **Tauschvertrag** gemäß § 480 BGB die Vorschriften über den Kauf entsprechende Anwendung finden.[62]

Formulierungsvorschlag:

§ ...... Gegenleistung/Tauschpreis

Der Käufer ist verpflichtet, dem Verkäufer als Gegenleistung für die Einbringung des GmbH-Geschäftsanteils an der A-GmbH im Wege der Sachkapitalerhöhung in die X-AG gemäß § [......] dieses Vertrages einen Kaufpreis in Höhe von [€] zu zahlen („Kauf-/Tauschpreis"). Der Kauf-/Tauschpreis ist vom Verkäufer durch die Gewährung von insgesamt [......] Inhaber-Stückaktien der X-AG an den Käufer zu erbringen. Der Kauf-/Tauschpreis ist nach Maßgabe von § [......] dieses Vertrages für den Käufer fällig und an den Verkäufer zahlbar.

---

4. Der Zeitpunkt des wirtschaftlichen Überganges und andere Stichtagsregelungen

106 Bestand und Wert des Unternehmens können vom Beginn der Verhandlungen, über den Abschluss des Kaufvertrages bis hin zum Übertragungsstichtag erheblichen Schwankungen unterliegen. Dies gilt auch hinsichtlich der Gewährleistung und Haftung. Der Festlegung des Übergangsstichtages kommt daher besondere Bedeutung zu. Deshalb ist es in Transaktionsverträgen zunehmend üblich, genaue Stichtagsregelungen (z.B. zum **Signing Date, Transfer Date** oder **Closing Date**) zu vereinbaren.

5. Die Übernahme von Rechten und Pflichten aus Vertragsverhältnissen, insbesondere aus Arbeitsverhältnissen

107 a) **Beim Share Deal.** Beim **Share Deal** stellt der gesellschaftsrechtliche Anteil des Verkäufers an der GmbH den unmittelbaren rechtlichen Kaufgegenstand dar. Die **Identität des Un-**

---

[62] Auf die Besonderheiten des Ablaufes der Transaktionen bei der Verwendung von Gesellschaftsanteilen als Zahlungsmittel kann an dieser Stelle nicht näher eingegangen werden. Siehe hierzu G. *Picot* M & A Review Heft 7–8/2000, 265 ff.

ternehmens bleibt deshalb, wie oben bereits ausgeführt, unberührt. Die Rechte und Pflichten aus Vertragsverhältnissen, insbesondere aus Arbeitsverhältnissen verbleiben vorbehaltlich abweichender vertraglicher Regelungen bei der GmbH als Rechtsträger.

b) Beim Asset Deal. Beim **Asset Deal** müssen alle Sachen und Rechte nach den jeweils für sie geltenden Vorschriften übertragen werden. Besonderheiten ergeben sich dabei hinsichtlich der Übertragung von Forderungen, Vertragspositionen und Rechtsverhältnissen, für die das Zivilrecht nur wenige Sonderbestimmungen, wie zum Beispiel die §§ 398 ff. BGB für die Abtretung von Forderungen, § 571 BGB für Mietverhältnisse, § 613a BGB für Arbeitsverhältnisse und die §§ 69, 151 Abs. 2 VVG für Versicherungsverträge bereit hält. **108**

Will der Unternehmensverkäufer seine Pflichten aus laufenden Verträgen mit befreiender Wirkung auf den Unternehmenskäufer übertragen, so ist dafür meistens die Zustimmung des Vertragspartners nach § 415 BGB bzw. ein sogenanntes **dreiseitiges Rechtsgeschäft** aller Beteiligten erforderlich. Problematisch ist insbesondere die Überleitung von Rechten und Pflichten aus Dauerschuldverhältnissen.[63] **109**

Vor allem bei Unternehmen (wie z.B. Internet- oder Telekommunikation-Providern), die eine Vielzahl von Verträgen mit Dritten, insbesondere mit Lieferanten oder Kunden unterhalten, kann das Erfordernis der individuellen Zustimmung dieser Dritten zur **Vertragsübertragung** einem Asset Deal in der Praxis im Wege stehen. Zur Vermeidung der Gefährdung der Vertragsbeziehungen kann sich dann – vorbehaltlich steuerlicher und sonstiger Überlegung die Gestaltung der Transaktion als Share Deal empfehlen. **110**

aa) Anwendbarkeit des § 613a BGB (Rechte und Pflichten bei Betriebsübergang). Im Rahmen von Unternehmenskäufen und Restrukturierungen sind zahlreiche arbeitsrechtliche Vorschriften zu beachten, welche vielfach die Einschaltung eines Spezialisten unumgänglich machen. Die wesentlichen Problemfelder liegen in der Praxis vor allem in den Bereichen **111**

- des **Betriebsübergangs** gemäß § 613a BGB und
- der **Betriebsänderungen** gemäß § 111 BetrVG.

Wird ein **Betrieb** oder **Betriebsteil** durch Rechtsgeschäft von einem anderen Inhaber erworben, so tritt der Erwerber aufgrund der Bestimmung des § 613a BGB automatisch in die Rechte und Pflichten aus den im Zeitpunkt des Übergangs bestehenden **Arbeitsverhältnissen** ein. Bei dieser Bestimmung, deren komplexer Inhalt hier lediglich in den Grundzügen dargestellt werden kann, handelt es sich um eine zwingende Regelung, die weder durch eine vertragliche Vereinbarung zwischen dem Arbeitgeber und dem Unternehmenserwerber noch durch einen Vertrag zwischen Arbeitgeber und Arbeitnehmer abbedungen werden kann.[64] **112**

Die Vorschrift des § 613a BGB ist jedoch nicht auf sämtliche Formen des Unternehmenskaufes anwendbar. Voraussetzung ist vielmehr, dass der Inhaber des Betriebes wechselt. Im Falle eines Asset Deals liegt ein solcher **Inhaberwechsel** vor, da die Wirtschaftsgüter und Verbindlichkeiten im Wege der **Singularsukzession** auf einen neuen Erwerber übertragen werden. **113**

Auch bei der **Umwandlung von Unternehmen** im Wege der Verschmelzung, Spaltung und Vermögensübertragung nach dem **Umwandlungsgesetz** ist § 613a BGB anwendbar. Die Besonderheit der Umwandlung besteht darin, dass der Übertragungsvorgang – im Gegensatz zum normalen Asset Deal – im Wege der **Gesamtrechtsnachfolge** bzw. partiellen Gesamtrechtsnachfolge und nicht im Wege der Singularsukzession erfolgt. Hierzu trifft § 324 UmwG die Sonderregelung, dass die Vorschrift des § 613a BGB von den Wirkungen der Eintragung einer Verschmelzung oder Spaltung unberührt bleibt. Diese Sonderregelung ist nach heute ganz herrschender Auffassung dahingehend auszulegen, dass § 613a BGB auf alle Tatbestände des neuen Umwandlungsgesetz Anwendung findet. Lediglich im Falle des **Formwechsels** findet § 613a BGB keine Anwendung, da es hier an einem Übertragungsvorgang und somit an einem Wechsel des Inhabers fehlt. Voraussetzung für die Anwendung des § 613a BGB ist aber auch in den Fällen der **Verschmelzung**, der **Spaltung** und Vermö- **114**

---

[63] Vgl. BGHZ 171, 189, 194; BGH DB 1996, 1278.
[64] Zu der komplexen Thematik der Betriebsänderungen sowie der Änderung und Anpassung von Arbeitsbedingungen siehe Picot/*Henssler*, Unternehmenskauf und Restrukturierung, § 12.

gensübertragung, dass die übertragenen Gegenstände des Aktiv- und Passivvermögens einen Betrieb oder Betriebsteil darstellen. Damit ist es insbesondere im Fall der Spaltung und Vermögensteilübertragung nicht möglich, die Arbeitsverhältnisse gemäß § 126 UmwG frei den im Zuge der Umwandlung entstehenden Betrieben oder Betriebsteilen zuzuordnen. Die Arbeitsverhältnisse bleiben vielmehr mit demjenigen Betrieb bzw. Betriebsteil verbunden, dem sie objektiv nach dem Schwerpunkt ihrer Tätigkeit zuzuordnen sind.

115 Ein Share-Deal begründet dagegen keinen Betriebsübergang im Sinne des § 613a BGB, da nicht alle bzw. bestimmte Wirtschaftsgüter und Verbindlichkeiten, sondern die Gesellschaftsanteile als solche übertragen werden. Auf Seiten des Unternehmens tritt daher für die Arbeitnehmer kein Vertragspartnerwechsel und damit kein Inhaberwechsel mit den Rechtsfolgen des § 613a BGB ein.[65]

116 bb) *Die Tatbestandsvoraussetzungen des § 613a Abs. 1 BGB, insbesondere der Übergang eines Betriebes oder Betriebsteils durch Rechtsgeschäft.* Der **Begriff des Betriebes oder Betriebsteils** ist im deutschen Recht nicht gesetzlich definiert. Traditionell wird unter einem Betrieb eine **organisatorische Einheit** verstanden, mit der ein Arbeitgeber allein oder mit seinen Arbeitnehmern mit Hilfe sächlicher und immaterieller Betriebsmittel bestimmte, über den Eigenbedarf hinausgehende arbeitstechnische Zwecke verfolgt. Eine **Betriebsübertragung** liegt danach insbesondere dann vor, wenn das gesamte Betriebsvermögen, d. h. alle sächlichen und immateriellen Betriebsmittel bzw. Wirtschaftsgüter, insbesondere Produktionsanlagen übertragen werden. Es genügt aber auch, wenn nur einzelne, jedoch die für die Fortführung des Betriebes wesentlichen Wirtschaftsgüter bzw. Teile des Betriebsvermögens übergehen.

117 Eine gesetzliche Definition des **Betriebsübergangs** enthält nunmehr die durch die Richtlinie 98/50/EG vom 29.7.1998 (ABl. 1998 L 201 S. 88) neu gefasste Richtlinie 77/187/EWG vom 14.2.1977 (ABl. 1977 L 61 S. 26). Danach liegt ein Betriebsübergang vor, wenn eine **wirtschaftliche Einheit** im Sinne einer organisierten Zusammenfassung von Ressourcen zur Verfolgung einer wirtschaftlichen Haupt- oder Nebentätigkeit unter Wahrung ihrer Identität auf einen anderen Inhaber übergeht.

118 Diese Definition lehnt sich eng an die Rechtsprechung des EuGH zum **Betriebsbegriff** an. Danach kommt es für das Vorliegen eines Betriebsüberganges wesentlich darauf an, ob eine wirtschaftliche Einheit unter Wahrung ihrer Identität dergestalt auf einen neuen Inhaber übertragen wird, dass sie von dem neuen Inhaber mit derselben oder einer gleichartigen Geschäftstätigkeit tatsächlich weitergeführt oder wieder aufgenommen werden kann.[66] Für die Annahme eines Betriebsübergangs ist somit nach der Auffassung des EuGH eine Übertragung sächlicher Betriebsmittel nicht erforderlich, wenn gleichwohl das wesentliche Substrat einer wirtschaftlichen Einheit unter Wahrung ihrer Identität übertragen wird.

119 Für die Frage, welche Faktoren für die Bestimmung der **Identität** wesentlich sind, ist auf die Eigenart der Betriebe abzustellen. Danach können für **Produktionsbetriebe** die – beweglichen – sächlichen Betriebsmittel wie Maschinen und Einrichtungsgegenstände prägend sein.[67] Für **Handels- und Dienstleistungsbetriebe,** deren Betriebsvermögen hauptsächlich aus Rechtsbeziehungen besteht, sind es dagegen in erster Linie die immateriellen Betriebsmittel, wie zum Beispiel Schutzrechte, Geschäftspapiere, Kundenlisten, Liefer- und Abnahmeverträge mit Dritten, das Know-How und der Good Will, also die Einführung des Unternehmens auf dem Markt.[68]

Werden lediglich bestimmte **Funktions- oder Aufgabenbereiche** auf einen Dritten im Wege des sog. **Outsourcing** übertragen, ohne dass eine wirtschaftliche Einheit unter Wahrung ihrer Identität auf einen neuen Inhaber übertragen wird, so liegt kein Betriebsübergang vor.[69]

---

[65] Vgl. BAG NJW 1991, 247.
[66] Vgl. zuletzt EuGH ZIP 1997, 516, 517 – Ayse Süzen; vgl. auch EuGH Slg. 1986, 1124 ff.; EuGH NZA 1994, 207 Redmond Stichting/Hendriks Bartal; EuGH DB 1996, 683 ff. – Albert Merckx und Patrick Neuhuys.
[67] Vgl. BAG v. 29.10.1975 – AP Nr. 2 zu § 613a BGB.
[68] Vgl. BAG AP Nr. 23 zu § 7 BetrAVG; BAG AP Nr. 58 zu § 613a BGB.
[69] Vgl. EuGH ZIP 1997, 516, 518 – Ayse Süzen.

Besondere Bedeutung für die Beurteilung der Frage, ob ein Betriebsübergang vorliegt, 120
kann nach der Rechtsprechung des EuGH auch die Übernahme der **Hauptbelegschaft**, d. h.
eines nach Zahl und Sachkunde wesentlichen Teils des Personals, haben. Dieser Auffassung
hat sich auch das Bundesarbeitsgericht unter ausdrücklicher Aufgabe seiner früheren Rechtsprechung angeschlossen. Der **Übernahme des Personals** kommt somit neben anderen Indizien für das Vorliegen eines Betriebsübergangs ein gleichwertiger Rang zu. Insbesondere in
Branchen, in denen es im wesentlichen auf die menschliche Arbeitskraft ankommt, kann
daher eine Gesamtheit von Arbeitnehmern, die durch ihre Tätigkeit dauerhaft verbunden ist,
eine wirtschaftliche, betriebliche Einheit darstellen. Dies wird insbesondere dann gelten,
wenn sich unter den übernommenen Arbeitnehmern die **Know-How-Träger** und **Führungskräfte** befinden, deren Übernahme eine wesentliche Bedeutung für die Fortführung des Geschäftsbetriebes zukommt.

Unter Berücksichtigung der aktuellen Rechtsprechung des Europäischen Gerichtshofes 121
und des Bundesarbeitsgerichts sind somit folgende **Indizien für den Übergang** einer wirtschaftlichen Einheit unter Wahrung ihrer Identität zu berücksichtigen:

Checkliste: Indizien für den Übergang einer Wirtschaftseinheit

- ☐ Der Übergang der materiellen Betriebsmittel, wie Gebäude, Produktionsmittel, Maschinen, Warenlager etc.;
- ☐ die Übernahme des Kundenstamms bzw. Eröffnung des Zugriffs auf den Kundenstamm;
- ☐ die Übertragung von Patent- und Gebrauchsmusterrechten, Know-How und Good-Will;
- ☐ der Eintritt in bestehende Verträge;
- ☐ der Wert der immateriellen Wirtschaftsgüter;
- ☐ die Übernahme der Hauptbelegschaft, d. h. eines nach Zahl und Sachkunde wesentlichen Teils des Personals, der durch eine gemeinsame Tätigkeit zu einer wirtschaftlichen Einheit verbunden ist;
- ☐ die Fortführung des Betriebs unter identischer Firma;
- ☐ der Grad der Ähnlichkeit zwischen den vor und nach dem Übergang verrichteten Tätigkeiten.

Dem Kriterium der **Übertragung durch Rechtsgeschäft** kommt lediglich eine Abgrenzungsfunktion gegenüber den Fällen der gesetzlichen **Gesamtrechtsnachfolge** zu.[70] Insbesondere in Fällen der Umwandlung, in denen sich der Übertragungsvorgang im Wege einer rechtsgeschäftlich veranlassten Gesamtrechtsnachfolge vollzieht, ist § 613a BGB somit anwendbar (s. o.). Bei dem **Rechtsgeschäft** muss es sich nicht um einen Kauf handeln. Ausreichend ist im Ergebnis jedes Rechtsgeschäft, dass zu einem Übergang der Leitungsmacht über den betreffenden Betrieb auf einen neuen Erwerber führt.[71] 122

cc) Rechtsfolgen des Betriebsüberganges: Übergang der individuellen arbeitsvertraglichen 123
und kollektivrechtlichen Rechte und Pflichten sowie gesamtschuldnerische Haftung. § 613a
Abs. 1 Satz 1 BGB bestimmt, dass der rechtsgeschäftliche Erwerber des Betriebes oder Betriebsteils im Fall des Betriebsübergangs die arbeitsvertragliche Position des früheren Betriebsinhabers und Veräußerers übernimmt und in alle individual-arbeitsvertraglichen Rechte und Pflichten aus dem Arbeitsverhältnis eintritt.

Diese **Übernahme der Rechte und Pflichten** ist nicht von der Zustimmung des Erwerbers oder des Arbeitnehmers abhängig. Dem Arbeitnehmer wird jedoch in § 613a Abs. 6 BGB das Recht eingeräumt, dem Übergang seines Arbeitsverhältnisses auf den neuen Betriebsinhaber innerhalb einer Frist von einem Monat nach ordnungsgemäßer Unterrichtung durch den Arbeitgeber zu widersprechen.[72] Der rechtzeitige **Widerspruch** hat zur Folge, dass das

---

[70] Vgl. BAG DB 1985, 2412.
[71] BAG ZIP 1989, 795.
[72] Dieses gesetzliche Widerspruchsrecht des Arbeitnehmers gilt seit 1.4.2002, vgl. BGBl. I, 1163 ff. Es wurde zuvor jedoch nach gefestigter Rechtsprechung des BAG mit einer allerdings nur dreiwöchigen Frist anerkannt. Vgl. BAG AP Nr. 1, 8, 10, 21 zu § 613a BGB; EuGH BB 1993, 230.

Arbeitsverhältnis nicht auf den Erwerber übergeht, sondern bei dem Veräußerer verbleibt. In der Regel wird in diesem Fall eine betriebsbedingte Kündigung gerechtfertigt sein, da der Arbeitsplatz weggefallen ist. Auf die Grundsätze der Sozialauswahl kann sich der Arbeitnehmer nur berufen, wenn ein sachlicher Grund für den Widerspruch vorlag.[73]

Gemäß § 613a Abs. 5 BGB[74] werden dem Arbeitgeber umfassende **Unterrichtungspflichten** im Zusammenhang mit dem Betriebsübergang auferlegt. Demnach muss der Arbeitgeber alle Arbeitnehmer über den Zeitpunkt bzw. den geplanten Zeitpunkt des Übergangs, den Grund für den Übergang, die rechtlichen, wirtschaftlichen und sozialen Folgen des Übergangs für die Arbeitnehmer und die hinsichtlich der Arbeitnehmer in Aussicht genommenen Maßnahmen unterrichten. Dabei hat die Unterrichtung in Textform (§ 126b BGB) zu erfolgen. In der Praxis ist es empfehlenswert, sich Empfangsbestätigungen der Arbeitnehmer über diese schriftliche Unterrichtung aushändigen zu lassen.

> **Praxistipp:**
> Angesichts der Widerspruchsfrist von einem Monat gemäß § 613a Abs. 6 BGB ist es empfehlenswert, die Arbeitnehmer mindestens einen Monat vor dem Betriebsübergang zu unterrichten, um spätestens bei Betriebsübergang Gewissheit darüber zu haben, welche Arbeitsverhältnisse gemäß § 613a BGB auf den Erwerber übergegangen sind bzw. übergehen. Der einzelne Arbeitnehmer hat auf die von dem Arbeitgeber zu tätigenden Informationen gemäß § 613a Abs. 5 BGB einen einklagbaren Anspruch. Zu beachten ist, dass die Informationsrechte der Arbeitnehmervertretungen gemäß den §§ 80 Abs. 2, 106 und 111 BetrVG daneben weiter bestehen bleiben.

124 **Organmitglieder** sind keine Arbeitnehmer. Ihre Anstellungsverhältnisse gehen somit nicht gemäß § 613a BGB auf den Erwerber über. Das gleiche gilt für **ehemalige Arbeitnehmer**, die im Zeitpunkt des Übergangs bereits ausgeschieden sind. Der Erwerber haftet somit nicht für die **Pensionsanwartschaften** und -ansprüche der ehemaligen Arbeitnehmer.

125 Neben den individual-arbeitsvertraglichen Rechten und Pflichten übernimmt der Erwerber gemäß § 613a BGB auch solche Verpflichtungen und Rechte, die ihre Grundlage in einer **Kollektivvereinbarung**, d.h. einem **Tarifvertrag** oder einer **Betriebsvereinbarung** haben. Sind Rechte oder Pflichten durch Rechtsnormen eines Tarifvertrages oder durch eine Betriebsvereinbarung geregelt, so werden diese nämlich Inhalt des Arbeitsverhältnisses zwischen dem neuen Inhaber und dem Arbeitnehmer. Die Regelungen verlieren somit ihren normativen Charakter und werden in individual-arbeitsvertragliche Regelungen transformiert. Gemäß § 613a Abs. 1 S. 2 BGB dürfen sie nicht vor Ablauf eines Jahres nach dem Zeitpunkt des Übergangs zum Nachteil der Arbeitnehmer geändert werden. Dies gilt jedoch gemäß § 613a Abs. 1 S. 3 BGB dann nicht, wenn die Rechte und Pflichten bei dem neuen Inhaber durch Rechtsnormen eines anderen Tarifvertrages oder durch eine andere Betriebsvereinbarung geregelt werden. Der Gesetzgeber hat somit der Kollektivordnung im aufnehmenden Betrieb bzw. Unternehmen den Vorrang eingeräumt. Unerheblich ist, ob die Kollektivnormen bereits im Zeitpunkt des Übergangs bestanden haben oder erst nachträglich vereinbart werden.[75] Vor Ablauf der Jahresfrist können transformierte Rechte und Pflichten gemäß § 613a Abs. 1 S. 4 BGB geändert werden, wenn der Tarifvertrag oder die Betriebsvereinbarung nicht mehr gilt.

126 Die Transformationslösung des § 613a BGB stellt lediglich einen **Auffangtatbestand** dar. So kommt es zu keiner Transformation der betriebsverfassungsrechtlichen Rechte und Pflichten, wenn der übertragene Betrieb in seiner Identität unverändert bleibt. In einem solchen Fall verlieren die Betriebsvereinbarungen ihre kollektivrechtliche Wirkung nicht, d.h. sie gelten nicht auf individual-arbeitsvertraglicher Ebene, sondern als Betriebsvereinbarung fort. Tarifvertragliche Rechte gelten ebenfalls kollektivrechtlich weiter, wenn auch der Erwerber an den bislang geltenden Tarifvertrag unmittelbar gebunden ist. Diese Rechtsauffas-

---

[73] BAG DB 1993, 1877.
[74] In Kraft getreten zum 1.4.2002, vgl. BGBl. I, 1163 ff.
[75] BAG NZA 1986, 687.

sung geht auf die Rechtslage vor Einfügung des § 613a BGB zurück. Bereits damals war anerkannt, dass allein die Veräußerung des Betriebes keinen Einfluss auf den Fortbestand von Kollektivvereinbarungen hat. Da der Gesetzgeber mit Einführung des § 613a BGB diese Position nicht schwächen, sondern die rechtliche Position der Arbeitnehmer stärken wollte, ist mit der herrschenden Meinung davon auszugehen, dass § 613a BGB nur als Auffangtatbestand für solche Fälle anzusehen ist, in denen eine kollektivrechtliche Fortgeltung nicht in Betracht kommt.

Neben der Regelung des Übergangs der Rechte und Pflichten enthält § 613a BGB in Abs. 2 eine Regelung, wonach der bisherige Arbeitgeber neben dem neuen Inhaber für Verpflichtungen, soweit sie vor dem Zeitpunkt der Übertragung entstanden sind und vor Ablauf von einem Jahr nach diesem Zeitpunkt fällig werden, als **Gesamtschuldner** haftet. Soweit die Verbindlichkeiten nach dem Zeitpunkt des Übergangs fällig werden, gilt die Haftung des bisherigen Arbeitgebers jedoch nur pro rata temporis, d. h. in dem Umfang, der dem im Zeitpunkt des Übergangs abgelaufenen Teil des Bemessungszeitraumes entspricht.

dd) Kündigungsschutz. § 613a Abs. 4 BGB sieht einen besonderen **Kündigungsschutz** für den Fall des Betriebsübergangs vor. Danach ist die Kündigung des Arbeitsverhältnisses eines Arbeitnehmers durch den bisherigen Arbeitgeber oder den neuen Inhaber *wegen* des Übergangs des Betriebes oder eines Betriebsteils unwirksam. Die Ausschlussfrist des § 4 KSchG von 3 Wochen gilt nicht, da es sich um einen eigenständigen Kündigungsschutz handelt.[76] Das Recht zur Kündigung des Arbeitsverhältnisses aus anderen Gründen bleibt von § 613a Abs. 4 BGB unberührt. Damit ist nicht jede betriebsbedingte Kündigung im Sinne des § 1 Abs. 3 KSchG ausgeschlossen. Unwirksam ist lediglich eine Kündigung, die aufgrund des Betriebsübergangs ausgesprochen wird.[77]

6. Das Gewährleistungs- und Haftungsrecht

Ein wesentlicher Verhandlungs- und Regelungsgegenstand im Zusammenhang mit dem Unternehmens- und Anteilskauf einer GmbH ist stets das **Gewährleistungs- und Haftungsrecht**.

Das Gesetz zur Modernisierung des Schuldrechts, das am 1.1.2002 in Kraft getreten ist, hat einige Änderungen der früheren Rechtslage gebracht.[78] Insbesondere hat es die Rechte der Käufer deutlich gestärkt und das deutsche Recht an die europäischen Konsumgüterkauf-Richtlinien sowie an das UN-Kaufrecht angepasst. Die Neuregelungen haben auch auf den Unternehmenskauf – Asset Deal und Share Deal – erhebliche Auswirkungen.

a) *Mangel.* Der Verkäufer einer Sache wird durch den Kaufvertrag verpflichtet, dem Käufer die Sache zu übergeben und das Eigentum daran zu verschaffen (§ 433 Abs. 1 S. 1 BGB). Der Verkäufer hat die Pflicht, dem Käufer die Sache **frei von Sach- (§ 434 BGB) und Rechtsmängeln (§ 435 BGB)** zu verschaffen (§ 434 Abs. 1 S. 2 BGB) und andererseits gehört dies zum Inhalt des Erfüllungsanspruchs des Käufers. Die Leistung einer mangelhaften Kaufsache bewirkt somit nicht die „**geschuldete Leistung**" im Sinne des § 362 Abs. 1 BGB, sondern stellt einen Fall (teilweiser) Nichterfüllung dar, auf die das allgemeine Leistungsstörungsrecht Anwendung findet.

Wann ein **Sachmangel** vorliegt, bestimmen die §§ 434 ff. BGB. Entscheidend ist danach grundsätzlich, dass die Sache bei **Gefahrübergang** (§ 446 BGB) die vereinbarte **Beschaffenheit** hat bzw. sich im Falle fehlender Vereinbarung für die vorausgesetzte oder gewöhnliche Verwendung eignet. Ein Sachmangel liegt vor,

- wenn die Sache nicht die vereinbarte Beschaffenheit hat (subjektiver Fehlerbegriff – § 434 Abs. 1 S. 1 BGB)

---

[76] BAG BB 1988, 2142.
[77] BAG AP Nr. 34 zu § 613a BGB; BAG ZIP 1996, 2028.
[78] BGBl. I, 2001, 3238. Zu den Folgen der Schuldrechtsreform auf den Unternehmenskauf siehe Picot/ G. *Picot*, Unternehmenskauf und Restrukturierung, § 4.

- soweit eine Beschaffenheit nicht vereinbart ist (§ 434 Abs. 1 S. 2 BGB)
  – die Sache sich nicht für die nach dem Vertrag vorausgesetzte Verwendung eignet (§ 434 Abs. 1 S. 2 Nr. 1 BGB)
  – die Sache sich nicht für die gewöhnliche Verwendung eignet und nicht die Beschaffenheit aufweist, die bei Sachen der gleichen Art üblich ist und die der Käufer nach der Art erwarten kann (§ 434 Abs. 1 S. 2 Nr. 2 BGB).

Auch öffentliche Äußerungen des Veräußerers (beispielsweise Werbung, o. ä.) können dabei als Maßstab für die Beschaffenheit der Sache herangezogen werden können. Deshalb gehören zu der Beschaffenheit, die der Käufer nach der Art erwarten kann (§ 434 Abs. 1 S. 2 Nr. 2 BGB) auch Eigenschaften, die der Käufer nach den „öffentlichen Äußerungen des Verkäufers ... oder seines Gehilfen, insbesondere in der Werbung oder bei der Kennzeichnung über bestimmte Eigenschaften der Sache erwarten kann, es sei denn ..." (§ 434 Abs. 1 S. 3 BGB).

132 Ein **Rechtsmangel** einer Sache liegt gemäß § 435 BGB dann nicht vor, wenn Dritte in Bezug auf die Sache keine oder nur die im Kaufvertrag übernommenen Rechte gegen den Käufer geltend machen können. Einem Rechtsmangel steht es gleich, wenn im Grundbuch ein Recht eingetragen ist, das nicht besteht.

Gemäß § 453 Abs. 1 BGB finden auf den **Kauf von Rechten und sonstigen Gegenständen** (auch Unternehmen) die Vorschriften über den Kauf von Sachen entsprechende Anwendung. Diese gesetzliche **Gleichstellung des Kaufes von Sachen sowie des Kaufes von Rechten und sonstigen Gegenständen** (z. B. Unternehmen) führt deshalb beim Asset Deal und beim Share Deal grundsätzlich zu gleichen gewährleistungsrechtlichen Rechtsfolgen. Eine Sachmängelhaftung des Verkäufers nach §§ 434 ff. BGB kommt aber beim Share Deal als Rechtskauf grundsätzlich in Betracht, denn während eine Sache Rechtsmängel haben kann, kann ein Recht i.d.R. keine Sachmängel aufweisen und auch die Rechtsmängelhaftung nach § 435 BGB greift nur in Ausnahmefällen.

133 Ein **Mangel des Unternehmens** ist demgemäß die für den Käufer nachteilige Abweichung der tatsächlichen von der vertraglich vereinbarten Beschaffenheit. Welche Abweichungen beim Unternehmenskauf einen Mangel des Unternehmens darstellen, ist eine Frage des Einzelfalls. Aufgrund der bisherigen restriktiven Handhabung des Mangelbegriffs beim Unternehmenskauf durch die Rechtsprechung konnten zwar auch **Fehler einzelner Gegenstände** des übertragenen Unternehmens einen Mangel des Unternehmens im Ganzen begründen. Voraussetzung dafür war allerdings nach der sog. **Gesamterheblichkeitstheorie,** dass durch den Mangel des einzelnen Gegenstandes das Unternehmen so stark belastet wurde, dass der Wert oder die Funktionstauglichkeit des Unternehmens als Ganzes nicht mehr gegeben und seine wirtschaftliche Grundlage durch den Mangel erschüttert war.[79] Ein solcher Mangel konnte auch auf einem Rechtsmangel beruhen, der auf das ganze Unternehmen durchschlug.[80]

134 b) **Rechtsfolge.** *aa) Gewährleistungsregelungen.* Liegt ein Sach- oder Rechtsmangel vor, so kann der Käufer gemäß § 437 BGB
1. (vorrangig) **Nacherfüllung** verlangen (§ 439 BGB); dabei kann er als Nacherfüllung nach seiner Wahl die **Beseitigung des Mangels** oder die **Lieferung einer mangelfreien Sache** verlangen, wobei es gerade beim Unternehmenskauf zweifelhaft sein kann, ob und wie dies konkret realisiert werden kann;
2. vom Vertrag nach Ablauf einer angemessenen Nachfrist **zurücktreten** (§§ 440, 323 Abs. 1, 326 Abs. 1 S. 3 BGB) oder stattdessen den Kaufpreis **mindern** (§ 441 BGB) und
3. **Schadensersatz** (§§ 440, 280, 281, 283, 311a BGB) oder Ersatz vergeblicher Aufwendungen (§ 284 BGB) verlangen, wenn der Verkäufer – was widerleglich vermutet wird – den Mangel zu vertreten hat.

---

[79] BGH NJW 1983, 2242; BGHZ 90, 198, 202. Siehe OLG Köln, Urt. v. 29.1.2009 – 12 U 20/08, rkr. – DB 2009, 2259 ff.; siehe dazu: G. *Picot* Der Betrieb 2009 S. 2587 ff.
[80] BGH WM 1970, 819, 821; NJW 1970, 556; WM 1978, 59, 60; BGH NJW 1995, 1547; a. A. OLG Hamm GmbHR 1994, 48.

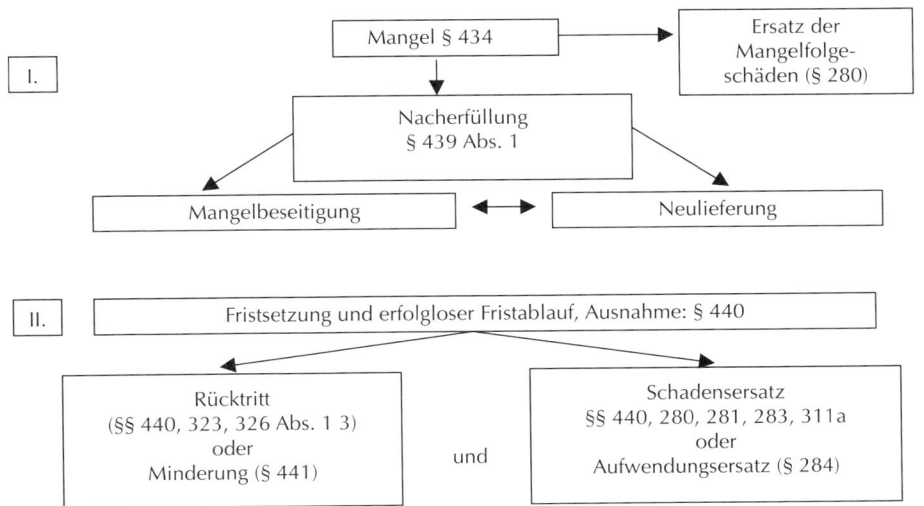

135 Die bisherige Problematik der „zugesicherten Eigenschaft" des Unternehmens (§§ 459 Abs. 2, 463 BGB a. F.) wird nun in das „Vertretenmüssen" gemäß § 276 BGB verlagert. Im Rahmen des „Vertretenmüssens" kann sich eine Haftung insbesondere aus der Übernahme einer Garantie (§ 443 BGB) ergeben. Deshalb wird man insoweit wohl auch in Zukunft die bisherige Rechtsprechung zu den „zugesicherten Eigenschaften" (§ 463 S. 1 BGB (a. F.)) entsprechend heranziehen können.

Eine zusicherungsfähige Eigenschaft ist jedes dem Kaufgegenstand auf gewisse Dauer anhaftende Merkmal, das für den Wert, den vertraglich vorausgesetzten Gebrauch oder aus sonstigen Gründen für den Käufer erheblich ist.[81] Gegenstand einer Zusicherung können auch Angaben des Verkäufers über die Ertragsfähigkeit eines Unternehmens sein.[82] Demgegenüber werden Umsatz- und Ertragsangaben von der Rechtsprechung grundsätzlich nicht als zusicherungsfähige Eigenschaften eines Unternehmens betrachtet. Die Ertragsfähigkeit eines Unternehmens kann bei einer „Ertragsvorschau" durchaus eine zusicherungsfähige Eigenschaft des Unternehmens darstellen.[83] Sichert der Verkäufer dem Käufer zu, die Gesellschaft habe keine Verbindlichkeiten, und unterlässt er es in der Folgezeit vertragswidrig, die Gesellschaft von dennoch am Kauftag und beim Closing bestehenden Altschulden freizustellen, so dass die Gesellschaft zahlen muss, dann hat er dem Käufer in dieser Höhe Schadensersatz zu leisten.[84] Eine zusicherungsfähige Eigenschaft eines Geschäftsanteils nach § 459 Abs. 2 BGB (a. F.) kann beim Unternehmenskauf auch der Bestand des Grundeigentums einer Kapitalgesellschaft bei dessen wirtschaftlicher Relevanz für das gesamte Unternehmen sein.[85] Gleiches gilt für den Ruf eines Betriebes.[86] Eine zusicherungsfähige Eigenschaft muss sich deshalb zwar auf die Kaufsache beziehen, braucht ihr aber nicht unmittelbar immanent zu sein und auch nicht von ihr auszugehen.

136 *bb) Vorvertragliches Vertrauensverhältnis – „Culpa in contrahendo".* Auf Grund der Tatsache, dass die Rückabwicklung des Unternehmenskaufvertrages erhebliche Schwierigkeiten mit sich brachte, hatte die Rechtsprechung den bisherigen **Fehlerbegriff** gemäß § 459 BGB

---

[81] BGHZ 87, 302, 307; 88, 130, 134.
[82] BGH NJW 1995, 1547.
[83] BGH NJW 1977, 1536 u. 1538; 1979, 33; DB 1990, 1911; NJW-RR 1989, 307; OLG Düsseldorf NJW-RR 1993, 377.
[84] OLG Koblenz GmbHR 1992, 49 ff.
[85] Siehe OLG Dresden DB 1995, 525.
[86] BGH NJW 1992, 2564, 2565.

a. F. restriktiv ausgelegt, um dann mit Hilfe des Rechtsinstitutes der „culpa in contrahendo (c. i. c.)" zu einem sachgerechten Interessenausgleich zu gelangen. Dies erscheint auch heute noch sachgerecht, insbesondere weil die dreijährige Verjährung der „culpa in contrahendo (c. i. c.)" (§ 195 BGB) gerade beim Unternehmenskauf als angemessener angesehen wird als die (nunmehr) zweijährige Verjährung beim Sachkauf (§ 438 Abs. 1 BGB; nach § 477 BGB a. F. sogar nur sechs Monate).

137 Zwar ist die c. i. c. nach wie vor nicht ausdrücklich in dem neuen Gesetz geregelt, jedoch kommt ihre Anerkennung in der neuen Vorschrift des § 311 Abs. 2 BGB zum Ausdruck, wonach ein **Schuldverhältnis** mit Pflichten nach § 241 Abs. 2 BGB bereits durch die **Aufnahme von Vertragsverhandlungen** oder die **Anbahnung eines Vertrages** begründet werden kann; diese Vorschrift bestimmt, dass das Schuldverhältnis jeden Teil zur Rücksicht auf die Rechte, Rechtsgüter und Interessen des anderen Teils verpflichtet.

138 Eine Verletzung **vorvertraglicher Pflichten** kann gemäß § 280 BGB im Falle des Vertretenmüssens zu einem Schadensersatzanspruch führen. Von besonderer Bedeutung ist dabei die weitere Unterscheidung zwischen leistungsbezogenen und nicht-leistungsbezogenen vorvertraglichen Pflichten. Bei der schuldhaften Verletzung von leistungsbezogenen vorvertraglichen Pflichten besteht im Falle des Vertretenmüssens die Möglichkeit, Schadensersatz wegen Nichterfüllung im Wege des „großen Schadenersatzes" geltend zu machen und damit u. a. den Vertrag rückabzuwickeln, sofern dem Käufer die Leistung nicht mehr zuzumuten ist (vgl. § 282 BGB). Da auch die c. i. c., insbesondere wegen der Schwierigkeiten im Rahmen der Ermittlung des Umfanges des Schadensersatzes nicht stets zu sachgerechten Ergebnissen führt, empfiehlt sich – nach wie vor – die Einräumung einer selbstständigen **Garantie**.[87]

139 *cc) Störung der Geschäftsgrundlage.* Im Falle einer Störung der Geschäftsgrundlage kann gemäß § 313 BGB eine Anpassung des Vertrages verlangt werden, soweit einem Teil unter Berücksichtigung aller Umstände des Einzelfalles das Festhalten am unveränderten Vertrag **nicht zugemutet** werden kann.

Für ein Anpassungsverlangen im Sinne eines **gesetzlichen Rechtes auf Vertragsanpassung oder Rücktritt** wegen einer Störung der Geschäftsgrundlage müssen neben einem wirksamen Vertrag **kumulativ** folgende Merkmale vorliegen:

- Umstände, die zur Grundlage des Vertrages geworden sind, müssen sich nach Vertragsschluss schwerwiegend verändert haben,
- diese Umstände müssen Grundlage und nicht Inhalt des Vertrages sein,
- einem Vertragspartner kann unter Berücksichtigung aller Umstände des Einzelfalls, insbesondere der gesetzlichen und vertraglichen Risikoverteilung, das Festhalten am unveränderten Vertrag nicht zugemutet werden,
- hätten die Parteien diese Änderungen vorhergesehen, so hätten sie den Vertrag nicht oder mit einem anderen Inhalt abgeschlossen.

Es ist lediglich eine Entscheidung ersichtlich, in der im Hinblick auf einen Unternehmenskauf ein Wegfall der Geschäftsgrundlage wegen Äquivalenzstörung bejaht wurde, da die Erlaubnis zur Fortführung des Betriebes von Auflagen abhängig war, die erhebliche Kosten verursachen würden.[88]

Nach der Rechtsprechung des BAG[89] kann sich eine Befugnis zur Anpassung eines Versorgungswerkes wegen Störung der Geschäftsgrundlage dann ergeben, wenn sich die zugrunde gelegte Rechtslage nach Schaffung des Versorgungswerks wesentlich und unerwartet geändert und dies beim Arbeitgeber zu erheblichen Mehrbelastungen geführt hat. So kann durch Änderungen des Steuer- und Sozialversicherungsrechts nach Schaffung des Versorgungswerks der ursprünglich zugrunde gelegte Dotierungsrahmen ganz wesentlich überschritten werden. (sog. **Äquivalenzstörung**). Dabei braucht es sich nicht um einen einzigen gesetzgeberischen Eingriff zu handeln; die Geschäftsgrundlage kann auch durch eine Vielzahl von in diesem Umfang und mit diesen Konsequenzen nicht vorhersehbaren Ver-

---

[87] Vgl. hierzu sogleich → Rn. 141.
[88] OLGR Düsseldorf 1992, 138 f.
[89] BAGE 86 S. 312 = DB 1998, 779, m. w. N., zu B. II. 3a); BetrAV 2003, 466, m. w. N., zu II. 1.

schiebungen gestört werden. Daneben oder im Zusammenhang damit kann es auch dadurch zu einer Störung der Geschäftsgrundlage kommen, dass aufgrund von Gesetzesänderungen der für den Arbeitnehmer bei Erteilung der Versorgungszusage erkennbar verfolgte Versorgungszweck nunmehr verfehlt wird. (sog. **Zweckverfehlung**).

> **Praxistipp:**
> Aufgrund der erheblichen Rechtsunsicherheiten bei der Anwendung des Rechtsinstitutes der Störung der Geschäftsgrundlage kann es sich empfehlen, die Anwendung des § 313 BGB vertraglich auszuschließen und – wegen der fraglichen Zulässigkeit eines solchen Ausschlusses – klarzustellen, dass die gesetzlichen Ansprüche und Gestaltungsrechte des Käufers vertraglich nur soweit abbedungen werden, wie dies gesetzlich zulässig ist. Sodann sollte für den Fall des Eintrittes einer wesentlich abweichenden Änderung der Vertragsgrundlage (Material Adverse Change) konkrete vertragliche Zuweisungen denkbarer Risiken und deren Rechtsfolgen (z. B. Kaufpreis-Anpassung, Ausgleichszahlung, Rücktritt) in Form sog. Material-Adverse-Change-Klauseln (sog. MAC-Klauseln) vereinbart werden. Dabei sind vor allem erforderlich
> - eine klare Bestimmung des Eintrittes eines Material Adverse Change und
> - die privatautonome (freie) Risikoverteilung zwischen den Vertragspartnern.[90]

c) Kenntnis des Käufers gemäß § 442 BGB. § 442 Abs. 1 BGB hat Bedeutung sowohl für den Sachkauf als (nunmehr) auch für den Rechts- bzw. Beteiligungskauf:

Die Rechte des Käufers wegen eines Mangels sind ausgeschlossen, wenn er *bei Vertragsschluss* den Mangel kennt (§ 442 Abs. 1 S. 1 BGB); eine Kenntniserlangung des Käufers von fehlerbegründenden Umständen zwischen dem Vertragsschluss und der Übergabe der Kaufsache ist für den Käufer nunmehr unschädlich (vgl. § 464 BGB a. F.: *„bei Annahme der Kaufsache"*).

Ist dem Käufer ein Mangel infolge (**leichter**) **Fahrlässigkeit** unbekannt geblieben, so behält er seine Gewährleistungsrechte wegen eines Mangels.

Ist dem Käufer ein Mangel infolge **grober Fahrlässigkeit** unbekannt geblieben, so kann er Rechte wegen dieses Mangels nur geltend machen, wenn der Verkäufer den Mangel arglistig verschwiegen oder eine **Garantie für die Beschaffenheit der Sache** übernommen hat (§ 442 Abs. 1 Satz 2 BGB). Die Frage, ob der Käufer einen Anspruch trotz grob fahrlässiger Unkenntnis des Mangels geltend machen kann, hängt also insbesondere davon ab, ob der Verkäufer eine Beschaffenheitsgarantie übernommen hat oder nicht.

Zu beachten ist, dass § 442 Abs. 1 S. 2 BGB im Falle der **Erteilung einer „selbstständigen Garantie"** keine Anwendung findet; dies bedeutet, dass der Käufer seine Gewährleistungsrechte gemäß Satz 2 auch dann verliert, wenn der Verkäufer ihm eine selbständige Garantie erteilt hat.

Ist dem Käufer ein Mangel infolge grober Fahrlässigkeit wegen der **grob unsorgfältigen Durchführung einer Due Diligence** unbekannt geblieben, so ist wohl davon auszugehen, dass er seine Gewährleistungsrechte nicht verliert, es sei denn, er hätte den Mangel auch ohne die Due Diligence erkennen müssen; denn der Käufer, der eine Due Diligence durchführt, soll nicht schlechter stehen, als derjenige Käufer, der (nachlässig) überhaupt keine Due Diligence vorgenommen hat. Bei (positiver) Kenntnis aus einer Due Diligence hat der Käufer gemäß § 442 Abs. 1 S. 1 BGB freilich ebenfalls keine Gewährleistungsrechte, denn er ist nicht schutzwürdig, weil er „sehenden Auges" kauft.[91]

---

[90] Siehe dazu die **Formulierungsvorschläge** von *G. Picot/Duggal* Der Betrieb 2003, 2635 ff.; *Henssler* FS: für Ulrich Huber, 2006, S. 739 ff.
Siehe auch: *Fleischer*, Legal Transplants im deutschen Aktienrecht, NZG 2004, 1129 ff.; *Lappe/Schmitt*, Der Betrieb 2007, 153 ff.
[91] Siehe dazu Picot/*G. Picot*, Unternehmenskauf und Restrukturierung, § 4.

> **Praxistipp:**
> Für die Vertragspartner eines Unternehmens- oder Beteiligungskaufes empfiehlt es sich, je nach ihrer Interessenlage im Hinblick auf die **Kenntnis des Käufers und auf § 442 BGB** eine klare vertragliche (Ausschluss-) Vereinbarung zu treffen.

141 **d) Garantie i. S. d. § 443 Abs. 1 BGB und selbstständiger Garantievertrag.** § 443 Abs. 1 BGB regelt die sogenannte **Beschaffenheitsgarantie** als (unselbstständige) verschuldensunabhängige (§ 276 Abs. 1 BGB) **Garantie**. Diese beinhaltet, dass der Kaufgegenstand für eine bestimmte Dauer eine bestimmte **Beschaffenheit** behält.

142 Die Übernahme einer Garantie setzt voraus, dass der Verkäufer über die gesetzliche Gewährleistung hinaus für das Vorhandensein bzw. Fehlen bestimmter Umstände verschuldensunabhängig einstehen und den Käufer im Falle der Risikoverwirklichung schadlos halten will.

Ob eine Erklärung in einem Unternehmenskaufvertrag ein **selbstständiges (verschuldensunabhängiges) Garantieversprechen** im Sinne eines eigenständigen rechtsgeschäftlichen (vertraglichen) Schuldverhältnisses im Sinne des § 311 Abs. 1 BGB enthält, ist durch Auslegung zu ermitteln. Da selbst Formulierungen wie „versichern" oder „garantieren", auch in einer notariellen Urkunde, nicht notwendig auf eine selbstständige Garantie hindeuten,[92] empfiehlt es sich, entsprechende Erklärungen oder Angaben im Vertrag ausdrücklich als „**Selbständige verschuldensunabhängige Garantie**" zu bezeichnen und getrennt von den einfachen Gewährleistungen in einer separaten Klausel in den Vertragstext aufzunehmen.[93]

> **Formulierungsvorschlag:**
> § ...... Selbstständige Garantien
> (1) Der Verkäufer garantiert dem Käufer in der Form eines selbstständigen verschuldensunabhängigen Garantieversprechens i. S. d. § 311 Abs. 1 BGB, dass die in Anlage ...... zu diesem Vertrag sowie in den Anlagen zu Anlage ...... enthaltenen Aussagen bei Abschluss dieses Vertrages zutreffend sind. Die Parteien sind sich darüber einig, dass das vorstehende selbständige Garantieversprechen keine Garantie für die Beschaffenheit der Sache im Sinne der §§ 443, 444 BGB darstellt.

143 Ein **selbstständiges Garantieversprechen** kann sich nicht nur auf die Beschaffenheiten des Vertragsgegenstandes im Sinne der Sachmängelhaftung beziehen, die im Zeitpunkt des Vertragsschlusses vorliegen, sondern auf alle gegenwärtigen oder zukünftigen Umstände.[94] Darüber hinaus kann es sich auch auf fehlende oder falsche Angaben beziehen, die nicht vom Begriff des Mangels erfasst werden.[95]

Die Arten möglicher Garantieversprechen sind vielfältig. Im Wesentlichen ist der sich jeweils nach der Interessenlage der Vertragspartner ergebende **Garantienkatalog** ein Spiegelbild der Due Diligence-Checkliste. In der Regel werden die Vertragsparteien nur solche Garantien vereinbaren, die für eine angemessene Risikoverteilung wesentlich und erforderlich sind. Nachfolgend seien insoweit einige Beispiele genannt.

144 Bei einer **Erfolgsgarantie** steht der Verkäufer für den Eintritt eines bestimmten wirtschaftlichen Erfolges ein. Durch eine **Unsicherheitsgarantie** sichert er zu, dass ein genau beschriebenes Risiko sich nicht nachteilig für den Käufer auswirkt. Ein Unterfall der Unsicherheitsgarantie ist die **Bilanzgarantie**, die sich auf die Richtigkeit der bilanziellen Angaben bezieht. In aller Regel wird hierdurch nur die Einhaltung der **Grundsätze ordnungsmäßiger Buchführung (GoB)** zugesagt. Darüber hinaus sollte sich die Garantie aber auch auf die Aus-

---

[92] BGH NJW 1960, 1567; OLG München NJW 1967, 1326.
[93] BGHZ 65, 246; 69, 53.
[94] BGH NJW 1977, 1536, 1538.
[95] BGHZ 65, 246, 252.

übung von **Bilanzierungs- und Bewertungswahlrechten** erstrecken. Anstelle oder zusätzlich zur Bilanzgarantie können die Vertragsparteien ferner eine **Eigenkapitalgarantie** in den Vertrag aufnehmen. Hierdurch verspricht der Verkäufer das Vorhandensein eines bestimmten Eigenkapitals in bestimmter Höhe zu einem bestimmten Zeitpunkt. Die Höhe des Eigenkapitals wird durch eine Abrechnungsbilanz ausgewiesen. Sie vermag allerdings nur gegen Wertbeeinträchtigungen abzusichern. Das über das reine Wertinteresse hinausgehende Tauglichkeitsinteresse ist daher gegebenenfalls durch eine spezielle **Bestandsgarantie** zu schützen. Bestandsgarantien können sich ferner auf Art und Lage von Grundstücken, betriebliche Anlagen, Anteile an und Beziehungen zu Unternehmen sowie auf Vorräte und Personalbestand beziehen.

Trotz der grundlegenden Neuregelung der Rechtsstellung bei Wechsel der Gesellschafter oder Veränderung des Umfangs ihrer Beteiligung sowie den Erwerb vom Nichtberechtigten in § 16 GmbHG sollte der Käufer nicht auf die Abgabe einer selbständigen verschuldensunabhängigen **Garantie bezüglich der Rechtsinhaberschaft des Verkäufers an den verkauften Geschäftsanteilen** verzichten. Zusätzlich sollte mit dem Verkäufer eine **Garantie betreffend die Richtigkeit der Gesellschafterliste** hinsichtlich der verkauften Geschäftsanteile zum Zwecke der Absicherung der Legitimationskette vereinbart werden.[96]

Wird bei Abschluss des Unternehmenskaufvertrages ein künftiger, erst nach dem Vertragsabschluss liegender Übergangsstichtag (z.B. **Closing**) vereinbart, so ist es in der Regel für den Käufer sinnvoll, das per Vertragsdatum vom Verkäufer zugesicherte **Nichtbestehen von Verbindlichkeiten (Debt free)**[97] auch für den Zeitpunkt des Übergangs sicherzustellen, um das Risiko nachteiliger Veränderungen einzugrenzen. Eine derartige Stichtagsregelung kann in Form einer vertraglichen Garantiezusage des Verkäufers zum Beispiel mit dem Inhalt vorgenommen werden, dass der Verkäufer sich verpflichtet, die veräußerte Gesellschaft von allen beim Closing etwa noch vorhandenen Verbindlichkeiten freizustellen.[98] Muss die Gesellschaft trotz dieser nur internen Freistellungen Alt-Forderungen Dritter erfüllen, so kann der Unternehmenskäufer einen entsprechenden Erstattungsanspruch gegen den Verkäufer geltend machen.

Insbesondere im Zusammenhang mit der Bilanzgarantie, aber auch bezüglich aller übrigen Garantien, stellt sich die Frage, ob der Verkäufer uneingeschränkt für die objektive Richtigkeit der Garantieerklärung einstehen soll (sog. **harte Garantie-Erklärungen**) oder ob die Garantie in die Kenntnis oder Unkenntnis des Verkäufers gestellt werden soll und damit subjektiver Natur sein soll (sog. **weiche Garantie-Erklärungen**). Wird das Garantieversprechen des Verkäufers im letztgenannten Sinne dahingehend eingeschränkt, dass „nach seiner Kenntnis" oder „nach seinem besten Wissen" zum Beispiel bestimmte Eigenschaften des Unternehmens bestehen oder nicht bestehen, so sollte aus der Sicht des Käufers insoweit die Frage der **Beweislast** geregelt werden, da ihn grundsätzlich und ohne eine abweichende vertragliche Regelung die Beweislast für die Kenntnis des Verkäufers trifft. Will er dies vermeiden, so ist in den Vertrag eine **Umkehr der Beweislast** dahingehend aufzunehmen, dass der Verkäufer haftet, es sei denn, er weist nach, dass er von dem fraglichen Umstand tatsächlich keine Kenntnis gehabt hat.

Gesetzliche Rechtsfolge eines selbständigen Garantieversprechens ist in erster Linie der **Erfüllungsanspruch** des Käufers (§ 362 Abs. 1 BGB). Der Verkäufer hat den Zustand herzustellen, der bestehen würde, wenn das Garantieversprechen erfüllt worden wäre. Bei einer Bilanzgarantie heißt dies, dass der Zustand hergestellt werden muss, der bestehen würde, wenn die Bilanz von Anfang an dem Gesetz und den Grundsätzen ordnungsmäßiger Buchführung entsprochen hätte; dies erfolgt gegebenenfalls durch Auffüllung der Bilanz. Nur wenn die Herstellung des garantierten Zustandes nicht möglich ist, hat der Käufer **Anspruch auf Schadensersatz**. Da sich die gesetzlich vorgesehene Rechtsfolge häufig als nicht praktikabel und nicht interessengerecht erweist, empfiehlt es sich, neben den selbständigen Garantien zugleich ihre Rechtsfolgen detailliert zu regeln.

---

[96] Ebenso *Mayer* DNotZ 2008, 403, 428 m. w. N.
[97] Zur Bedeutung von **Cash-free/Debt-free-Klauseln** beim Unternehmenskauf siehe *Hilgard* DB 2007, 559 ff.
[98] Vgl. OLG Koblenz GmbHR 1992, 49, 51.

148 Nicht zuletzt sollten in den vertraglichen Garantievereinbarungen auch die **Verjährungsfristen** für die einzelnen Gewährleistungsansprüche unter Berücksichtigung der jeweiligen Interessensituation der Vertragspartner geregelt werden.

149 e) **Haftungsausschluss gemäß § 444 BGB.** Gemäß § 444 BGB kann sich der Verkäufer auf eine Vereinbarung, durch welche die Rechte des Käufers wegen eines Mangels ausgeschlossen oder beschränkt werden, nicht berufen, (Schuldrechtsreform: wenn) **soweit**[99] er den Mangel arglistig verschwiegen oder eine **Garantie für die Beschaffenheit der Sache** übernommen hat.

- Den Vertragspartnern bleibt allerdings die Möglichkeit, das Vorliegen oder Nichtvorliegen bestimmter Umstände bzw. den Eintritt oder Nichteintritt bestimmter Ereignisse im Wege eines **selbstständigen (verschuldensunabhängigen) Garantievertrages** (als eines eigenständigen rechtsgeschäftlichen Schuldverhältnisses) gemäß § 311 Abs. 1 BGB zu garantieren.[100] Denn das in § 444 BGB geregelte Verbot des Haftungsausschlusses und der Haftungsbeschränkungen betrifft nach wohl herrschender Meinung nicht die selbstständigen Garantien, mit denen die M&A-Praxis entsprechend den internationalen Transaktions-Usancen wegen der Unzulänglichkeiten des Gesetzes- und Richterrechtes ein eigenes privatautonomes Garantie- bzw. Haftungsregime für Unternehmens- und Beteiligungskäufe entwickelt hat.[101]

150 Nach der hier vertretenen Auffassung bedarf es einer Anpassung des deutschen Vertragsrechtes an die international üblichen Standards der sog. Representations und Warranties, die ein eigenständiges Regelwerk hinsichtlich Haftungs-Grundlage, -Folge und -Umfang beinhalten. Nach Ansicht des Verfassers geht die Gesetzesbegründung zu der zwingenden Vorschrift des § 444 BGB auf selbstständige Garantieversprechen nicht ein.

151 Denn § 444 BGB bezieht sich ausweislich des Wortlautes nur auf die Beschaffenheitsgarantie und umfasst damit grundsätzlich nicht die selbstständige Garantie. Auch eine Auslegung der Vorschrift muss zu dem Ergebnis gelangen, dass der Gesetzgeber das Verbot der Beschränkung bzw. des Ausschlusses der Haftung gemäß § 444 BGB nicht auf die selbstständige Garantie hat ausdehnen wollen. Ausweislich der Gesetzesbegründung zu § 444 BGB soll sich nämlich „der Verkäufer auf eine Vereinbarung, durch welche die Gewährleistungsrechte des Käufers eingeschränkt oder ausgeschlossen werden, bei einer Arglist oder Übernahme einer Garantie nicht berufen können. ... Auch hier ist inhaltlich die im bisherigen Recht erwähnte Zusicherung der Eigenschaft gemeint" – nicht die selbstständige Garantie.[102]

152 Infolgedessen wird man den Vertragsparteien auch nach dem Inkrafttreten des Schuldrechtsmodernisierungsgesetzes angesichts der Unzulänglichkeiten des gesetzlichen Mängelgewährleistungssystems die Vertragsfreiheit einräumen müssen, die Lücken des gesetzlichen Gewährleistungssystems in der Praxis durch Regelungen im Transaktionsvertrag zu schließen.[103] Sie müssen auch weiterhin in der Lage sein, das von ihnen angestrebte Äquivalenzverhältnis zwischen Leistung und Gegenleistung beim Unternehmenskauf durch die Vereinbarung selbstständiger Garantien und die Regelung der konkreten Haftungsfolgen uneingeschränkt bestimmen und austarieren zu können, ohne den Beschränkungen des § 444 BGB zu unterliegen.

153 Insgesamt kann somit ein **selbstständiges Garantieversprechen** einschließlich der vertraglich geregelten Rechtsfolgen den Vertragsparteien die Möglichkeit eröffnen, den Unternehmenskaufvertrag nach ihren individuellen Interessen und Bedürfnissen zu gestalten und etwaige Risiken angemessen zu verteilen. Es bleibt zu hoffen, dass nach der „mikro-

---

[99] Beschluss des Bundestages vom 1.7.2004, in § 444 BGB das Wort „*wenn*" durch das Wort „*soweit*" zu ersetzen (BGBl. I, 3102) zum Zwecke der Beseitigung des seit Inkrafttreten des Gesetzes zur Modernisierung des Schuldrechts am 1.1.2002 andauernden Zustandes der Rechtsunsicherheit bei der Vereinbarung selbständiger Garantien in Unternehmenskaufverträgen.
[100] Eingehend dazu: Picot/G. *Picot*, Unternehmenskauf und Restrukturierung, § 4.
[101] Ebenda.
[102] Vgl. BT-Drucks. 14/6040 zu § 444, S. 240.
[103] Ebenso hat der BGH wiederholt ausdrücklich geraten, die Ausarbeitung eines individuellen vertraglichen, von der gesetzlichen, bzw. außergesetzlichen Haftungsregelung möglichst unabhängigen und umfassenden eigenen Gewährleistungsregimes zu schaffen, vgl. bereits RGZ 146, 120; BGHZ 65, 246 ff.

invasiven" Korrektur des § 444 BGB durch den Gesetzgeber[104] auch die richterliche Entscheidungspraxis dem Bedürfnis nach vertraglicher Flexibilität bei Unternehmenskäufen Rechnung trägt und den § 444 BGB nicht auf selbstständige Garantien mit Haftungsbeschränkungen bzw. -ausschlüssen ausdehnt.[105]

f) Haftung von Beratern. Berater und Notare der Vertragspartner eines Unternehmenskaufs haften ihren Auftraggebern neben der vorvertraglichen Vertrauenshaftung gemäß § 311 Abs. 3 BGB[106] grundsätzlich nach vertraglichen Grundsätzen aus dem jeweiligen Auftragsverhältnis bzw. der öffentlichrechtlichen Rechtsbeziehung. Unter den engen Voraussetzungen eines „**Vertrages mit Schutzwirkung zugunsten Dritter**" haftet der Berater auch einem am Vertrag formal nicht Beteiligten.[107] Darüber hinaus kann sich eine Haftung des Beraters aus der Verletzung öffentlich-rechtlicher Pflichten ergeben, wenn beispielsweise bei der Bearbeitung eines anmeldepflichtigen Zusammenschlusses von Unternehmen die kartellrechtliche Anmeldepflicht des Zusammenschlusses schuldhaft verletzt wird.[108] Diese Haftungsgrundsätze finden auch im Bereich der Beratung bei Unternehmenskäufen Anwendung.[109]

7. Die Haftung für Altverbindlichkeiten

Ein Unternehmenskauf hat – je nach der konkreten Ausgestaltung – zur Folge, dass der Erwerber in die zum Zeitpunkt des Unternehmensübergangs bestehende Rechtsstellung des Verkäufers eintritt. Vorbehaltlich abweichender vertraglicher Vereinbarungen kann sich dabei eine **Haftung des Unternehmenskäufers** für Verbindlichkeiten des übernommenen Unternehmens bzw. eine fortbestehende Haftung des Verkäufers aus gesetzlichen Vorschriften ergeben.

Erfolgt der Unternehmenskauf im Wege des Asset Deals, so kommt eine Haftung des Unternehmenskäufers auch für solche Verbindlichkeiten des Verkäufers in Betracht, die nicht ausdrücklich vertraglich übernommen werden. Dabei sind vor allem die **Firmenfortführung** (§ 25 HGB), die **Nachhaftung des Gesellschafters** und die zeitliche Begrenzung bzw. **Verjährung** der Haftung (§§ 159, 160 HGB),[110] der **Betriebsübergang** (§ 613a BGB) sowie die **Betriebssteuern** (§ 75 AO) zu beachten.

Beim Unternehmenserwerb im Wege des **Share-Deals** wird der Unternehmenskäufer zum neuen Träger des Unternehmens bzw. der Gesellschaft. Die Verbindlichkeiten des Rechtsträgers gegenüber Dritten bleiben rechtlich bei dem Unternehmen bzw. der Gesellschaft und gehen allenfalls wirtschaftlich auf den Unternehmenskäufer über. Hier ergeben sich jedoch weitergehende Fragen der gesellschaftsrechtlichen Haftung u. a. dann, wenn der bisherige Anteilsinhaber seine Einlageschuld nicht erfüllt hat oder aus dem Gesichtspunkt der Differenzhaftung verpflichtet bleibt.

8. Wettbewerbsvereinbarungen

Die **Vereinbarung eines Wettbewerbsverbotes** und einer entsprechenden Vertragsstrafe[111] kann dem Unternehmenskäufer dazu dienen, den Verkäufer nach der Unternehmensüber-

---

[104] Siehe oben → Fn. 102.
[105] Vgl. zu der genannten Problematik Palandt/*Weidenkaff* § 443 Rn. 6 und § 444 Rn. 3, 12: „Die Garantie (§ 443) ist in Umfang, Art und Höhe frei vereinbar; auch eine Höchstgrenze ist zulässig. § 444 wirkt nur dahin, dass ein Haftungsausschluss unwirksam ist, soweit eine Garantie erklärt ist und dies mit dem Haftungsausschluss unvereinbar ist, d.h. mit ihr in Widerspruch steht. Es können also bei Unternehmenskäufen Garantien wirksam vereinbart werden, insbesondere die Haftung über den Umfang der Garantie hinaus wirksam ausgeschlossen oder beschränkt werden."
[106] Siehe hierzu die Ausführungen oben unter → Rn. 17.
[107] Siehe BGH WiB 1997, 435 ff.
[108] BGH NJW 1976, 1280; DB 1978; 978; BGH WM 1988, 1888, 1889.
[109] Siehe dazu auch die vorstehenden Ausführungen zu § 311 Abs. 3 BGB.
[110] Siehe dazu das Nachhaftungsbegrenzungsgesetz – NachhBG vom 18.3.1994 (BGBl. I 1994, 560).
[111] Zur Wirksamkeit einer Vertragsstrafenabrede siehe BGA-Urteil DB 2008, 66 ff.: Eine vom Arbeitgeber als Allgemeine Geschäftsbedingung verwendete Vertragsstrafenabrede ist wegen Verstoßes gegen das Transparenzgebot (§ 307 Abs. 1 Satz 2 BGB) unwirksam, wenn sie für jeden Fall der Zuwiderhandlung des Arbeitnehmers gegen ein Wettbewerbsverbot eine Vertragsstrafe in Höhe von zwei durchschnittlichen Bruttomonatseinkommen vorsieht und gleichzeitig bestimmt, dass im Falle einer dauerhaften Verletzung des Wettbewerbsverbotes jeder angebrochene Monat als eine erneute Verletzungshandlung gilt.

tragung daran zu hindern, durch Wettbewerbshandlungen, insbesondere durch anderweitige Verwertung seines Know-hows, seiner Kundenbeziehungen etc. die wirtschaftliche Rentabilität des Unternehmenskaufes zu gefährden. Beim Unternehmenskauf ergibt sich für den Verkäufer ein Wettbewerbsverbot bereits als (ungeschriebene) Nebenpflicht, soweit die Unterlassung des Wettbewerbs für eine ordnungsgemäße Überleitung des Unternehmens auf den Käufer erforderlich ist. Je nach Erforderlichkeit im Einzelfall dürfte sich jedoch die Vereinbarung einer klaren Wettbewerbsregelung einschließlich einer konkreten Beschreibung z. B. des geschützten Know-hows etc. empfehlen.[112]

159 Die Vereinbarung eines Wettbewerbsverbots beim Unternehmenskauf kann allerdings ein sittenwidriges Rechtsgeschäft gemäß § 138 Abs. 1 BGB darstellen. Dabei ist zu beachten, dass nach der Rechtsprechung des BGH die **Sittenwidrigkeit** die Nichtigkeit, d. h. die völlige Unwirksamkeit des Wettbewerbsverbotes zur Folge hat.[113] Ferner ist zu beachten, dass die im Zusammenhang mit Unternehmenskäufen vereinbarten Wettbewerbsverbote eine **Wettbewerbsbeschränkung** für den Verkäufer beinhalten und deshalb gegen § 1 GWB verstoßen können. Ein wegen zeitlich und räumlich übermäßiger Beschränkung kartellrechtswidriges Wettbewerbsverbot kann jedoch grundsätzlich im Wege der geltungserhaltenden Reduktion auf einen rechtmäßigen Umfang zurückgeführt werden.[114] Ob dies im Hinblick auf sachlich übermäßige Beschränkungen ebenfalls der Fall ist, erscheint angesichts der Rechtsprechung des BGH zu § 138 BGB als fraglich. Wegen ihrer grundsätzlichen wettbewerbsbeschränkenden Wirkung können Wettbewerbsverbote unter das in Art. 81 I des Vertrages zur Gründung der Europäischen Gemeinschaft (EGV) normierte Verbot fallen. Von besonderer praktischer Bedeutung für die vertragliche Vereinbarung eines Wettbewerbsverbotes im Hinblick auf das Europäische Kartellrecht ist die durch das EU-Verfahrensrecht gegebene Möglichkeit, ein **Negativ-Attest** der EU-Kommission für ein Wettbewerbsverbot einzuholen. Ein solches Negativ-Attest bewirkt, dass ein unzulässiges Wettbewerbsverbot nicht mit einem Bußgeld geahndet werden kann.[115]

160 **Formulierungsvorschlag:**

§ ...... Wettbewerbsvereinbarung[116]

(1) Der Verkäufer verpflichtet sich, jeden Wettbewerb mit der verkauften Gesellschaft im derzeit tatsächlich ausgeübten sachlichen Tätigkeitsbereich der Gesellschaft zu unterlassen, insbesondere sich nicht an Konkurrenzunternehmen unmittelbar oder mittelbar zu beteiligen, nicht in die Dienste eines Konkurrenzunternehmens zu treten oder ein solches Unternehmen auf sonstige Weise unmittelbar oder mittelbar durch Rat oder Tat zu fördern.

(2) Der räumliche Geltungsbereich erstreckt sich auf die Bundesrepublik Deutschland.

(3) Das Wettbewerbsverbot gilt auf die Dauer von fünf Jahren ab Unterzeichnung dieses Vertrages.

(4) Für die Einhaltung des Wettbewerbsverbotes wird kein gesondertes Entgelt vereinbart. Es ist im Kaufpreis für den Verkauf und die Abtretung der Geschäftsanteile enthalten.

(5) Im Falle des Verstoßes gegen das Wettbewerbsverbot hat der Verkäufer an den Käufer für jeden begonnenen Monat der Zuwiderhandlung eine Vertragsstrafe von einem Zehntel des vereinbarten Kaufpreises zu zahlen. Der Anspruch auf Unterlassung des vertragswidrigen Verhaltens und Schadensersatzansprüche des Unternehmenskäufers bleiben unberührt.

9. Verfügungsbeschränkungen und Zustimmungserfordernisse

161 Soll die Unternehmensübertragung wirksam und ohne Störungen erfolgen, kann es erforderlich sein, Beschränkungen und Mitwirkungsrechte Dritter zu beachten. Derartige **Verfü-**

---

[112] BGH NJW 1987, 909.
[113] BGH BB 1984, 1826, 1827.
[114] BGH BB 1984, 1826, 1827; BGH GmbHR 1991, 17; OLG Hamm GmbHR 1993, 655.
[115] Siehe dazu Picot/*Hahn*, Unternehmenskauf und Restrukturierung, § 11.
[116] Siehe *Schachner*, Kauf und Verkauf von Gesellschaftsanteilen, S. 79.

gungsbeschränkungen und **Zustimmungserfordernisse** in Form der vorherigen Zustimmung (Einwilligung) gemäß § 183 BGB und der nachträglichen Zustimmung (Genehmigung) gemäß § 184 Abs. 1 BGB können sich insbesondere aus der Rechtsform des zu veräußernden Unternehmens sowie aus öffentlich-rechtlichen, familien- oder vormundschaftsrechtlichen sowie erbrechtlichen Bestimmungen ergeben. In Unternehmenskaufverträgen ist häufig die Regelung eines sog. **Gremienvorbehaltes** erforderlich.

> **Formulierungsvorschlag:**
> § ...... **Bedingungen für das Closing**
> Die vorliegende Transaktion wird mit der Vollendung des Closing gem. § ...... wirksam. Das Closing der Transaktion findet in keinem Fall vor dem ...... statt und steht zusätzlich unter der aufschiebenden Bedingung, dass
> a) ......
> b) die Zustimmung der außerordentlichen Gesellschafterversammlung des Käufers erfolgt ist,
> c) die Zustimmung der Geschäftsführung des Unternehmensverkäufers zu dieser Transaktion spätestens bis zum ...... erfolgt ist. Für den Fall, dass die Geschäftsführung des Unternehmensverkäufers nicht bis zu dem genannten Termin zustimmt, hat der Verkäufer an den Käufer eine Vertragsstrafe in Höhe von ...... EUR zu zahlen.

Wie bereits oben ausgeführt sind die Geschäftsanteile an einer GmbH grundsätzlich frei veräußerlich (§ 15 Abs. 1 GmbHG). Der Gesellschaftsvertrag kann die Abtretung der Geschäftsanteile jedoch an weitere Voraussetzungen, insbesondere an die **Genehmigung der Gesellschaft** knüpfen (§ 15 Abs. 5 GmbHG). Die Genehmigung der Gesellschaft ist vom Geschäftsführer zu erklären.

Ein Kauf von Gesellschaftsanteilen durch eine Gesellschaft fällt grundsätzlich in den Aufgabenbereich eines Geschäftsführers. Schließen zwei gesamtvertretungsberechtigte Geschäftsführer einer Gesellschaft miteinander einen Kaufvertrag, so ist dieser wegen Verstoßes gegen § 181 BGB schwebend unwirksam. Er kann allerdings wirksam werden, wenn einer der Geschäftsführer danach ausscheidet und der andere, inzwischen alleinvertretungsberechtigte Geschäftsführer den Vertrag genehmigt.[117]

Öffentlich-rechtliche Beschränkungen sind deshalb zu beachten, weil sie den Erwerber eines Unternehmens daran hindern können, den Betrieb des Unternehmens auszuüben. Die Gewerbeausübung kann an eine **persönliche Konzession** des Betreibers (z.B. zur Ausübung eines Bewachungsgewerbes, einer Makler-, Bauträger- oder Baubetreuertätigkeit) oder an eine **sachbezogene Genehmigung** (z.B. einer Anlage) gebunden sein. Im Gegensatz zu der persönlichen Konzession gilt die dem Veräußerer erteilte sachbezogene Genehmigung grundsätzlich auch für den Erwerber.

Beim Unternehmenskauf können ferner familien- und vormundschaftsrechtliche Verfügungsbeschränkungen zu beachten sein. Im gesetzlichen **Güterrecht** der **Zugewinngemeinschaft** (§§ 1363 ff. BGB) kann sich ein Ehegatte gemäß § 1365 BGB nur mit der Einwilligung des anderen Ehegatten verpflichten, über sein Vermögen als Ganzes zu verfügen. Vereinbaren die Ehegatten durch **Ehevertrag Gütergemeinschaft** (§§ 1415 ff. BGB), so werden das Vermögen des Mannes und das Vermögen der Frau gemeinschaftliches Vermögen (Gesamtgut). Ein Ehegatte kann dann nicht über seinen Anteil am Gesamtgut und an den einzelnen Gegenständen verfügen, die zum Gesamtgut gehören; auch ist er nicht berechtigt, Teilung zu verlangen; beide Ehegatten können deshalb nur gemeinsam verfügen (§ 1419 BGB).

Vormundschaftsrechtliche Beschränkungen sind dann zu beachten, wenn **Minderjährige**, **beschränkt Geschäftsfähige** oder unter **Vormundschaft** stehende Personen Partei eines Unternehmenskaufvertrages sind.[118] Für diese Fälle bestimmt das Gesetz eine vormundschaftli-

---
[117] BGH NJW-RR 1994, 291.
[118] BGH NJW 1994, 2025.

che Genehmigungspflicht des Vertrages dahingehend, dass der Vormund der Genehmigung des **Vormundschaftsgerichtes** bedarf (§ 1822 Nr. 3 BGB).[119]

Soll ein Unternehmen aus dem **Nachlass** veräußert werden, so ist zu beachten, dass die Erben nur gemeinschaftlich wirksam über das Unternehmen verfügen können (§ 2040 Abs. 1 BGB). Allerdings kann die Veräußerung des Unternehmens eine Maßnahme zur ordnungsgemäßen Verwaltung des Nachlasses darstellen, so dass den **Miterben** eine Zustimmungspflicht zur Veräußerung trifft.[120]

10. Die Form des Vertrages und andere formale Aspekte

167   Der Unternehmenskaufvertrag als solcher bedarf zu seiner Wirksamkeit keiner besonderen **Form**. Sollen jedoch GmbH-Anteile verkauft werden, so ist – wie bereits angesprochen – die **Formvorschrift** des § 15 GmbHG zu beachten. Danach bedarf die **Abtretung von Geschäftsanteilen** (§ 398 BGB) gemäß § 15 Abs. 3 GmbHG zur Unterbindung spekulativen Handelns mit GmbH-Anteilen und aus Gründen des Anlegerschutzes[121] eines in notarieller Form geschlossenen Vertrages. Der notariellen Beurkundung bedarf auch eine Vereinbarung, durch welche die Verpflichtung eines Gesellschafters zur Abtretung eines Geschäftsanteils begründet wird. Gleiches gilt für jede **Nebenabrede**, die nach dem Willen der Parteien Bestandteil der Vereinbarung über die Verpflichtung zur Abtretung sein soll.[122]

168   Die fehlende **notarielle Beurkundung** des Kaufvertrages wird gemäß § 15 Abs. 4 S. 2 GmbHG mit der notariellen Beurkundung der Abtretung und damit der Vollendung des Rechtsüberganges geheilt.[123] Die formgültige Abtretung heilt aber nur den formnichtigen Verpflichtungsvertrag, in dessen Erfüllung sie erfolgt. Das ist dann nicht der Fall, wenn die Anteile im notariellen Vertrag an andere Personen, als in dem Verpflichtungsvertrag bezeichnet, abgetreten werden.[124]

Die aus Gründen geringerer Kosten **im Ausland vorgenommene Beurkundung** wird von der h.M. für zulässig gehalten, wenn die Beurkundung im Ausland hinsichtlich Urkundsperson und -verfahren gleichwertig ist.[125] Für die Vertragspartner ist die Inanspruchnahme ausländischer Notare aber mit dem Risiko verbunden, dass diese nicht über ausreichende Kenntnisse des deutschen Rechts verfügen und im Gegensatz zu deutschen Notaren ihre Haftung begrenzen oder ausschließen können.[126]

169   Beim Erwerb von Kommanditanteilen an einer **GmbH & Co. KG** verbunden mit dem Erwerb von Geschäftsanteilen an der Komplementär-GmbH führt die Verbindung beider Verpflichtungsgeschäfte dazu, dass auch der Kauf der Kommanditanteile formbedürftig ist. Beim Verkauf aller gesellschaftsrechtlichen Anteile an einer GmbH & Co. KG wird in der Praxis aus Kostengründen regelmäßig so verfahren, dass allein die Übertragung der Geschäftsanteile an der Komplementär-GmbH beurkundet wird, während der Kaufvertrag inklusive der Übertragung der Kommanditbeteiligung nur schriftlich abgeschlossen wird. Die Heilung nach § 15 Abs. 4 Satz 2 GmbHG erfaßt dann auch die nicht notariell beurkundeten Teile der Gesamtvereinbarung.[127]

170   Eine bestimmte Form kann auch deshalb zu beachten sein, weil beim Unternehmenskauf durch den Kauf einzelner Wirtschaftsgüter im Wege der Singularsukzession (Asset Deal) eine Vielzahl einzelner Sachen, Rechte und Pflichten übertragen werden, für die das Gesetz die Einhaltung einer bestimmten Form vorschreibt. Soll eine etwaige Nichtigkeit des gesamten Unternehmenskaufvertrages gemäß § 125 BGB vermieden werden, so ist die für das je-

---

[119] RGZ 122, 370, 371; OLG Karlsruhe NJW 1973, 1977.
[120] Weniger weitergehend BGHZ 30, 391, 394.
[121] BGHZ 13, 49, 51 f.; BGHZ 19, 69, 71; BGHZ 76 352, 353.
[122] Siehe BGH BB 2001, 1865.
[123] Vgl. zum Formzwang für Nebenabreden und Heilung bei Vorliegen einer Veräußerungskette BGH GmbHR 2001, 815 ff. sowie die Besprechung von *Pohlmann* GmbHR 2002, 41 ff.
[124] BGH BB 2001, 1865. Siehe dazu Picot/*Temme*, Unternehmenskauf und Restrukturierung, § 5.
[125] Vgl. BGHZ 80, 78.
[126] Siehe BGH GmbHR 1981, 238.
[127] BGH NJW-RR 1987, 807; BGH GmbHR 1993, 106.

weilige schuldrechtliche oder dingliche Geschäft vorgeschriebene Form zu beachten. Beim Abschluss eines **Rahmenvertrages** ist eine für einen der Einzelverträge geltende Formvorschrift auch für den Rahmenvertrag einzuhalten.[128] Gehören zum verkauften Unternehmen auch **Grundstücke** oder **Erbbaurechte,** so bedarf der Kaufvertrag bei der Singularsukzession notarieller Beurkundung (§§ 311b Abs. 1 BGB, 11 ErbbRVO). Dies gilt für das Geschäft im Ganzen und damit auch für eigentlich formlos mögliche Abreden. Voraussetzung ist, dass die unterschiedlichen Vereinbarungen „miteinander stehen oder fallen" sollen.[129] Formfrei sind nur solche Geschäfte, die auch ohne die Grundstücksgeschäfte abgeschlossen worden wären. Die Verpflichtung zur Übertragung des gesamten gegenwärtigen Vermögens oder eines Bruchteils des gegenwärtigen Vermögens oder zur Belastung mit einem Nießbrauch bedarf der notariellen Beurkundung (§ 311b II BGB).[130]

Beim **Unternehmenskauf mit Grundbesitz** durch Anteilserwerb (Share Deal) ist der Grundbesitz nicht selbst Vertragsgegenstand. § 311b BGB findet daher keine Anwendung.[131] Auf Verpflichtungen juristischer Personen zur Übertragung ihres gesamten Vermögens findet § 311b Abs. 2 BGB dagegen Anwendung.[132] Für die Umwandlung, insbesondere die Verschmelzung gelten Sondervorschriften.

11. Das Closing

Der **Begriff des Closing** entstammt der anglo-amerikanischen Vertragspraxis. Sein Gebrauch ist uneinheitlich. Überwiegend wird der **Übergangsstichtag** als Closing bezeichnet. Vielfach wird der Übergangsstichtag auch in die Zukunft verlegt. Aus steuerlichen oder bilanztechnischen Gründen kann sich das Ende des Geschäftsjahres empfehlen.

Bei der Verwendung des Begriffes des Closing muss man sich vor Augen halten, dass bekanntlich das auf dem Trennungsprinzip beruhende Abstraktionsprinzip zu den Besonderheiten des deutschen Zivilrechts gehört: Danach verpflichtet der Abschluss eines Unternehmenskaufvertrages (Signing) als schuldrechtlich kausales Rechtsgeschäft den Verkäufer gemäß § 433 Abs. 1 BGB, dem Käufer die Kaufsache (im Zeitpunkt des Gefahrüberganges) frei von Sach- und Rechtsmängeln zu übergeben und das Eigentum an der Sache zu verschaffen (Vorgang 1). Abstrakt davon muss der Kausalvertrag gemäß § 929 BGB dinglich vollzogen werden (Closing oder Completion); dabei ist es zur Übertragung des Eigentums erforderlich, dass der Eigentümer die Sache dem Erwerber übergibt und beide darüber einig sind, dass das Eigentum übergehen soll (Vorgang 2). Anderseits ist der Käufer gemäß § 433 Abs. 2 BGB verpflichtet, dem Verkäufer die gekaufte Sache abzunehmen und ihm den vereinbarten Kaufpreis zu zahlen, wobei er ihm ebenfalls das Eigentum an dem Kaufpreis zu verschaffen hat (Vorgang 3). In Deutschland war (und ist) es üblich und zweckmäßig, jedenfalls bei einfacheren Kaufgeschäften das Signing und das Closing in einem Akt vorzunehmen.

Da gemäß § 15 GmbHG sowohl die schuldrechtliche Verpflichtung eines Gesellschafters zur Abtretung eines Geschäftsanteils als auch die dingliche Abtretung selbst eines in notarieller Form geschlossenen Vertrages bedarf, empfiehlt es sich nicht zuletzt zur Vermeidung zusätzlicher Beurkundungskosten, beide Rechtsgeschäfte in einer Urkunde zusammen zu fassen und das dingliche Verfügungs- und Abtretungsgeschäft unter die aufschiebende Bedingung (Closing Condition) der Kaufpreiszahlung zu stellen, so dass das schuldrechtliche und das dingliche – zunächst schwebend unwirksame – Rechtsgeschäft erst mit dem Eintritt der Bedingung rechtlich wirksam werden (§ 158 Abs. 1 BGB). Stattdessen kann das Rechtsgeschäft unter auflösenden Bedingungen mit der Folge abgeschlossen werden, dass die Wirkung des Rechtsgeschäfts mit dem Eintritt der Bedingung endigt und zugleich wieder der frühere Rechtszustand eintritt (§ 158 Abs. 2 BGB). Deshalb sollten sich die Vertragspartner sollten stets im Klaren sein, ob und inwieweit sie wirklich mit den von ihnen als „Vollzugs-

---

[128] Vgl. OLG Stuttgart BB 1989, 1932.
[129] BGHZ 101, 393, 396.
[130] RGZ 94, 314, 315.
[131] Vgl. BGH NJW 1983, 1110 f.
[132] RGZ 137, 324, 348.

voraussetzungen" oder als „**Closing Conditions**" (und gelegentlich fälschlich als „Conditions Precedent") bezeichneten „Bedingungen" – wie z. B. die Freigabe durch Gremien oder Kartellbehörden – wirklich „**echte" Bedingungen im Sinne des § 158 BGB** vereinbaren wollen, die nicht nur den Vertrag, sondern auch die sonstigen Maßnahmen zwischen Unterzeichnung und Vollzug schwebend unwirksam machen.

Zur Vermeidung dieser Rechtsfolgen kann die Transaktion als sog. Two-Step-Modell so gestaltet werden, dass zunächst nur die schuldrechtliche Vereinbarung abgeschlossen wird, wobei in aller Regel auch der wirtschaftliche Übertragungs-Stichtag (Effective Date) festgelegt wird; erst beim Closing wird dann das dingliche Verfügungsgeschäft abgeschlossen, das freilich nach § 15 Abs. 3 GmbHG nochmals beurkundungsbedürftig ist. Anstelle „echter" Bedingungen genügen den Vertragspartnern dann bloße „**Vollzugsvoraussetzungen**" (**Conditions Precedent**), die zur Vermeidung von Missverständnissen ausdrücklich als solche – und eben nicht als „Bedingungen" – charakterisiert werden sollten. Auf diese Weise können die Vertragspartner die Fälligkeit des Anspruchs auf Vollzug konkret regeln. Sobald die Vollzugsvoraussetzungen vorliegen, haben die Vertragspartner an dem Vollzugstag (Closing Date) – gegebenenfalls auf der Grundlage eines separaten Vollzugsvertrag (Closing Agreement) – die gemeinsame Vertragserfüllung in der Regel Zug-um-Zug vorzunehmen.

Zum Schutz der Vertragspartner sollte dabei bedacht und geregelt werden, ob und in welcher Weise sie sich z. B. durch Rücktrittsrechte (Walk-away- oder Deal-out-Rights), Abschluss-Bilanzen (Closing Accounts), Abbruch-Entschädigungen (Break-Fees) oder Material-Adverse-Change-Klauseln (MAC-Klauseln) gegen nachteilige Veränderungen während des Signing und des Closing schützen wollen.

Erfolgt der Unternehmenskauf im Wege des Asset Deal, d. h. der Singularsukzession, so erstreckt sich das Closing auf eine Vielzahl von Sachen, Rechten und immateriellen Geschäftswerten. Da das Unternehmen als Ganzes übertragen werden soll, ist der Zeitpunkt des Übergangs hinsichtlich der unterschiedlichen Bestandteile möglichst zusammenzufassen. Das geschieht beim Closing jedenfalls hinsichtlich der Übertragung von Forderungen und beweglichen Sachen gemäß §§ 398, 413, 929 ff. BGB. Bei Grundstücken ist dies nicht möglich, da es dafür gemäß § 873 Abs. 1 BGB auf den Zeitpunkt der Eintragung ankommt.

174 a) **Bedingungen nach nationalem, europäischem oder internationalem Kartellrecht.** Größere Transaktionen, an denen deutsche Unternehmen beteiligt sind, können der europäischen oder deutschen **Fusionskontrolle** unterliegen. Außerdem kann eine Billigung der Fusion durch andere nationale **Kartellbehörden** erforderlich sein, wenn eine internationale Transaktion unter andere geltende **Fusionskontrollgesetze** fällt. Zahlreiche Fusionskontrollgesetze auf nationaler und supranationaler Ebene führen zur Nichtigkeit aller Verträge der Transaktion, wenn die beteiligten Unternehmen die Anmeldungsanforderungen nicht erfüllt haben. Darüber hinaus können wegen der unerlaubten Durchführung von Transaktionen, die einem Anmeldungserfordernis vor der Fusion unterliegen, sowohl gegen die Unternehmen als auch gegen ihre Geschäftsführer erhebliche **Geldbußen** verhängt werden. Daraus folgt, dass wettbewerbsrechtliche Erwägungen von Beginn an in die Vorbereitungen und Planungen einer Unternehmensübernahme einzubeziehen sind.[133] Jede Transaktion muss vor dem Closing oder vor der endgültigen Durchführung der Fusion sorgfältig dahingehend überprüft werden, ob sie ein **Anmeldungserfordernis** nach dem Fusionskontrollgesetz verursacht.

175 aa) *Europäische Fusionskontrolle.* Die wichtigste Gesetzgebung zur Fusionskontrolle auf supranationaler Ebene in Europa ist in der Verordnung Nr. 4064/89 über die Kontrolle von Unternehmenszusammenschlüssen (**Europäische Fusionskontrollverordnung – EFVO**) beschrieben.

176 Die EFVO basiert auf dem Prinzip, dass nur eine einzige Behörde einen Fall entscheiden darf („**One-Stop-Shop Prinzip**"). Wenn eine Transaktion unter die EFVO fällt, dürfen die nationalen Kartellbehörden der Mitgliedstaaten der Europäischen Gemeinschaft ihre eigenen Fusionskontrollgesetze nicht auf die Transaktion anwenden. Die EFVO ist 1990 in

---
[133] Siehe Picot/*Hahn*, Unternehmenskauf und Restrukturierung, § 11.

Kraft getreten. Die zuständige Kartellbehörde für die Abgabe von Anmeldungen ist die **Europäische Kommission** mit Sitz in Brüssel. Die Kommission hat eine spezialisierte Fusions-Arbeitsgruppe ins Leben gerufen, die sich nur mit Fusionskontrollfällen beschäftigt. Zur Klarstellung einiger Bestimmungen der EFVO hat die Europäische Kommission mehrere Richtlinien herausgegeben.

Die Transaktion darf nicht durchgeführt werden, bevor die Europäische Kommission sie endgültig gebilligt hat (**Vollzugsverbot**). Nach § 41 Abs. 1 GWB bzw. Art. 7 Abs. 1 FKVO darf ein Zusammenschluss-Vorhaben weder in der Zeit vor der Anmeldung noch vor der auf Grundlage einer solchen Anmeldung erfolgten Freigabe seitens der Kommission bzw. des Bundeskartellamtes nicht vollzogen werden. Rechtsgeschäfte, die trotz Vollzugsverbots abgeschlossen werden, sind nach Art. 7 FKVO bis zur endgültigen Entscheidung schwebend unwirksam. Gemäß Art. 7 Abs. 3 FKVO kann die Kommission auf Antrag Befreiung vom Vollzugsverbot erteilen, wenn dies notwendig ist, um schweren Schaden von einem oder mehreren der beteiligten Unternehmen oder von Dritten abzuwenden. Dem Vollzugsverbot unterfallen Rechtshandlungen, die für die Erfüllung des Zusammenschlusstatbestandes im Sinne des § 37 GWB konstitutiv sind, sowie tatsächliche Handlungen, die die wirtschaftlichen Auswirkungen derartiger Zusammenschlüsse vorwegnehmen. Gleiches gilt im Hinblick auf sog. **Conduct of Business-Klauseln**, die die Fortführung der Gesellschaft nach Abschluss des Unternehmenskaufvertrages bis zu dessen Vollzug regeln oder der Erfassung wesentlich nachteiliger Veränderungen des Zielunternehmens zwischen Signing und Closing dienen, um das den Käufer treffende Risiken im Falle eines außergewöhnlichen Geschäftsverlaufes einzugrenzen.[134]

Jede vorherige Durchführung kann erhebliche Geldbußen zur Folge haben. Darüber hinaus sind alle damit verbundenen Vereinbarungen und Transaktionen nichtig bis zur endgültigen Billigung der Kommission. Um Schwierigkeiten mit diesen Bestimmungen zu vermeiden, ist es notwendig, eine „Fusionskontroll-Klausel" in die Transaktionsvereinbarungen aufzunehmen.

Nach der Anmeldung einer Transaktion muss die Kommission binnen eines Monats zu ihrer vorläufigen Entscheidung kommen. Die Kommission fordert häufig kurzfristig weitergehende Informationen an. Angesichts des sehr engen Zeitplans, insbesondere zu Beginn des Fusionskontrollverfahrens, ist es üblich geworden und, zumindest in schwierigen Fällen, ratsam, sich vor der Anmeldung mit der Europäischen Kommission in Verbindung zu setzen. Die Kommission untersagt einen Zusammenschluss, wenn er zur Bildung oder Verstärkung einer marktbeherrschenden Stellung führt, in deren Folge ein wirksamer Wettbewerb im Binnenmarkt oder einem wesentlichen Teil davon erheblich behindert wird.

bb) Deutsche Fusionskontrolle. Transaktionen, die nicht unter die Europäische Fusionskontrollverordnung fallen, sind nicht von der Anwendbarkeit des Fusionskontrollrechts der EU-Mitgliedstaaten ausgenommen und können daher in Deutschland unter **das deutsche Fusionskontrollgesetz** fallen.

Das trifft insbesondere auf Transaktionen zu, bei denen die beteiligten Unternehmen nicht die Schwellen der EFVO erreichen oder die keinen Zusammenschluss gemäß der Definition der EFVO darstellen. Die zuständige Kartellbehörde für Fusionskontrolle in Deutschland ist das **Bundeskartellamt**, das seinen Sitz in Bonn hat. Die deutsche Fusionskontrolle gilt hinsichtlich verschiedener Arten von Transaktionen, die detailliert im **Gesetz gegen Wettbewerbsbeschränkungen** (GWB) beschrieben sind. Darüber hinaus ist die Anmeldung der Transaktionen nur notwendig, wenn bestimmte **Umsatzschwellen** erreicht werden.

Eine Transaktion stellt einen **Zusammenschluss** nach deutschem Fusionskontrollrecht dar, wenn der Erwerber unmittelbare oder mittelbare Kontrolle über die Zielgesellschaft erwirbt (Prinzip der „**Kontrollübernahme**"). Außerdem sieht das Gesetz gegen Wettbewerbsbeschränkungen mehrere andere Fälle vor, die einen Zusammenschluss darstellen. Daraus folgt, dass im Gegensatz zur Europäischen Fusionskontrollverordnung, die nur auf dem Prinzip der „Kontrollübernahme" basiert, das deutsche Fusionskontrollrecht auf Transak-

---

[134] Eingehend dazu *Mielke/Welling* BB 2007, 277 ff.

tionen angewendet werden kann, wenn der Erwerber einen 25%-Anteil an einem anderen Unternehmen erwirbt. Außerdem kann schon der Erwerb von weniger als 25% die Fusionskontrollanmeldung notwendig machen, wenn der Erwerber einen bedeutenden Wettbewerbseinfluss ausüben kann. Aus praktischer Sicht muss die letztere Bestimmung mit großer Vorsicht betrachtet werden, da es insoweit keine verlässliche Entscheidungspraxis des Bundeskartellamts oder der deutschen Gerichte gibt. Die Bestimmungen des Gesetzes gegen Wettbewerbsbeschränkungen gelten auch für **Gemeinschaftsunternehmen**. Außerdem können Gemeinschaftsunternehmen mit „kooperativem" Charakter unter § 1 GWB fallen.

Checkliste: Deutsche Fusionskontrolle

Die wichtigsten **Zusammenschlussfälle** gemäß § 37 GWB sind:
- der Erwerb des gesamten oder eines wesentlichen Teils des Vermögens eines anderen Unternehmens (**Vermögenserwerb**);
- der Erwerb der unmittelbaren oder mittelbaren Kontrolle (**Kontrollerwerb**);
- der Erwerb eines Anteils am Kapital eines Unternehmens oder von Stimmrechten über 25% bzw. 50% (wobei alle Anteile, die der übernehmenden Gesellschaft bereits gehören, einbezogen werden);
- jede andere **Einflussnahme** auf der Grundlage des Gesellschaftsrechts zwischen dem Erwerber und der Zielgesellschaft, durch die die übernehmende Partei in der Lage ist, einen bedeutenden **Wettbewerbseinfluss** auf die Zielgesellschaft auszuüben.

Ein Zusammenschluss unterliegt der **Fusionskontrolle**
- wenn die beteiligen Unternehmen einschließlich ihrer Tochtergesellschaften während des vorangegangenen Geschäftsjahres vor dem Zusammenschluss einen weltweiten **Umsatzerlös von mehr als 500 Mio. EUR** erzielt haben und
- mindestens ein beteiligtes Unternehmen im Inland Umsatzerlöse von mehr als 25 Mio. EUR erzielt hat,

es sei denn, es liegt eine der Voraussetzungen des § 35 Abs. 2 GWB vor (**De-Minimis-Regelung, Bagatellregelung**).

182 Wenn eine Transaktion einen Zusammenschluss nach dem Gesetz gegen Wettbewerbsbeschränkungen darstellt und die vorgenannten Umsatzschwellen überschreitet, muss sie vor ihrer Durchführung beim Bundeskartellamt angemeldet werden. Im Gegensatz zur Europäischen Kommission hat das Bundeskartellamt kein besonderes **Formblatt** für die Anmeldung herausgegeben. Im deutschen Fusionskontrollrecht sind jedoch in einer kurzen Liste die Informationen aufgeführt, die bei einer Anmeldung angegeben werden müssen (z. B. Marktanteile, Umsatz usw.).

183 Die Transaktion darf nicht durchgeführt werden, bevor das Bundeskartellamt seine endgültige **Zustimmung** dazu erteilt hat (**Vollzugsverbot**). Alle damit verbundenen Vereinbarungen sind nichtig bis zur endgültigen Billigung des Bundeskartellamts. Darüber hinaus kann jede vorherige Durchführung erhebliche **Geldbußen** zur Folge haben. Daraus ergibt sich die Notwendigkeit, eine „Fusionskontroll-Klausel" in den Transaktionsvertrag aufzunehmen.

184 Wie die Europäische Fusionskontrollverordnung sieht auch das deutsche Fusionskontrollrecht ein **Zwei-Phasen-System** vor. Das Bundeskartellamt muss binnen eines Monats nach Anmeldedatum zu einer vorläufigen Entscheidung kommen. Die meisten Fälle werden bereits in dieser ersten Phase geklärt. Wenn das Bundeskartellamt eine tiefergehende Untersuchung für nötig hält, kann es in einer zweiten Phase das sog. **Hauptverfahren** einleiten. Das Hauptverfahren kann weitere vier Monate beim Bundeskartellamt dauern (§ 40 GWB). Das Bundeskartellamt ist verpflichtet, eine geplante Fusion zu untersagen, wenn die Transaktion zur Bildung oder Verstärkung einer **marktbeherrschenden Stellung** führt.

185 Seit dem 1.1.1999 ist es dem Bundeskartellamt möglich, seine billigenden Entscheidungen von **Bedingungen** abhängig zu machen (wie z. B. dem Verkauf von Tochtergesellschaften).

Die endgültige Entscheidung des Bundeskartellamts muss im **Bundesanzeiger** veröffentlicht werden, wenn die Entscheidung im Hauptverfahren getroffen wurde. Darüber hinaus ist das Bundeskartellamt berechtigt, eine Volltextfassung seiner Entscheidungen im Hauptverfahren in einem **Fusionskontrollberichtsblatt** (Wirtschaft und Wettbewerb) zu veröffentlichen. Nach der Durchführung einer gebilligten Transaktion muss ihr Abschluss dem Bundeskartellamt angezeigt werden. Die **Anzeige** nach Abschluss zieht jedoch kein zusätzliches Fusionskontrollverfahren nach sich. Dritte können unter bestimmten Umständen **Beschwerde** gegen eine geplante Fusion einlegen.

> **Formulierungsvorschlag:**
> § ...... **Bedingungen für das Closing/Fusionskontrolle**
> Die vorliegende Transaktion wird mit der Vollendung des Closing gem. § ...... wirksam. Das Closing der Transaktion findet in keinem Fall vor dem ...... statt und steht zusätzlich unter der aufschiebenden Bedingung, dass
> a) die Zustimmung/Unbedenklichkeitsbescheinigung des Bundeskartellamtes zu der Transaktion erfolgt oder nach Ablauf eines Monats nach Anzeige der Transaktion beim Bundeskartellamt, sofern ein Hauptverfahren nicht eingeleitet worden ist,
> b) ......,
> c) ....

b) Rechtsstellung bei Wechsel der Gesellschafter oder Veränderung des Umfangs ihrer Beteiligung; Erwerb vom Nichtberechtigten (§ 16 GmbHG). Wie oben[135] ausführlich dargestellt, ist die Bedeutung der **Gesellschafterliste** durch das MoMiG[136] erheblich aufgewertet worden. Gemäß § 16 Abs. 1 Satz 1 GmbHG gilt im Falle einer **Veränderung in den Personen der Gesellschafter** oder des **Umfanges ihrer Beteiligung** als Inhaber eines Geschäftsanteils im Verhältnis zur Gesellschaft nur derjenige, der als solcher **in der zum Handelsregister aufgenommenen Gesellschafterliste (§ 40 GmbHG)** eingetragen ist.

V. Rückabwicklung von Unternehmensübertragungen

Nach näherer Maßgabe des § 437 BGB kann der Käufer von dem Vertrag mit der Folge der §§ 346 ff. BGB (Wirkungen des Rücktritts) zurücktreten. Macht der Käufer von seinem **Rücktrittsrecht** Gebrauch, so kann die tatsächliche Durchführung große Schwierigkeiten verursachen, insbesondere dann, wenn der Unternehmenskauf im Wege des Asset-Deals (Singularsukzession) erfolgt ist. Die praktischen Schwierigkeiten der **Rückabwicklung** ergeben sich in der Regel dadurch, dass ein Unternehmen kein statisches Gebilde ist, sondern durch Investitionen des Erwerbers, sich kontinuierlich ändernde Marktsituationen und häufig mit dem Unternehmenserwerb einhergehende Personalveränderungen etc. schon bald nach dem Unternehmensübergang einen (völlig) geänderten (Rechts-) Gegenstand darstellt. Wenngleich dies die rechtliche Möglichkeit des Rücktrittes nicht ausschließt, so erschwert es ihren praktischen Vollzug nicht unerheblich und führt häufig dazu, dass eine sachgerechte Lösung des Interessenkonflikts zwischen Unternehmensverkäufer und Unternehmenserwerber nicht erreicht wird.

Dem hat die Rechtsprechung – wie oben dargestellt – bislang dadurch Rechnung getragen, dass sie den Fehler- und Eigenschaftsbegriff des § 459 Abs. 1 und Abs. 2 BGB (a. F.) restriktiv ausgelegt und besonders strenge Anforderungen an das Vorliegen einer stillschwei-

---

[135] → Rn. 79.
[136] Das **Gesetz zur Modernisierung des GmbH-Rechts und zur Bekämpfung von Missbräuchen (MoMiG)** ist am 26.6.2008 im Deutschen Bundestag verabschiedet worden, siehe BT-Drucks. 16/9737 – vorab v. 23.5.2007.
Siehe dazu *Fliegner* DM 2008, 1668 ff.; *Wälzholz* GmbHR 2008, 8411 ff. sowie *Dieter Mayer* DNotZ 2008, 403 ff.

genden Zusicherung (§ 459 Abs. 2 BGB a. F.) gestellt hat (sog. **Gesamterheblichkeitstheorie**). Die Vertragspartner sollten in der Regel darum bemüht sein, durch vertragliche Vereinbarungen eine Rückabwicklung soweit wie möglich auszuschließen oder bereits im Kaufvertrag **konkrete vertragliche Regelungen für die Rückabwicklung** vorzusehen. Dies kann auch dadurch geschehen, dass Rücktritts- und Anfechtungsrechte durch eine abschließende Schadensersatzregelung ersetzt werden.

190 Sofern die Rückabwicklung des Kaufvertrages weder durch die restriktive Anwendbarkeit der Gewährleistungsansprüche noch durch vertragliche Vereinbarungen der Parteien ausgeschlossen ist, erfolgt sie durch gegenseitige Rückgewähr der erlangten Vorteile. Anders als im bisherigen Recht wird das Bestehen eines Rücktrittsrechts nicht mehr von der Frage abhängig gemacht, ob der Rücktrittsberechtigte zur Rückgabe des empfangenen Gegenstandes imstande ist. Vielmehr wird diese Frage in die Pflicht zum **Wertersatz** verlagert (§ 346 Abs. 2 und Abs. 3 BGB).

191 Fraglich ist, wie die Rückabwicklung eines Unternehmenskaufvertrages zu erfolgen hat, dessen Nichtigkeit sich nachträglich herausstellt. Ist zum Beispiel ein Vertrag mangels (voller) Geschäftsfähigkeit des Unternehmenskäufers unwirksam, so kann dieser aufgrund seines **Bereicherungsanspruches** die Herausgabe des zur Vertragserfüllung geleisteten Kaufpreises verlangen. Dabei braucht er sich nach der sogenannten **Saldotheorie** den Wert der nicht mehr vorhandenen Gegenleistung nicht anrechnen zu lassen.[137]

VI. Der internationale Unternehmenskauf

192 Die Internationalisierung der Wirtschaft und nicht zuletzt der zunehmende Einfluss der Investmentbanken, der Corporate Finance Abteilungen der großen Wirtschaftsprüfungsgesellschaften und der internationalen Anwaltspraxen führen dazu, dass zunehmend das anglo-amerikanische Recht den Inhalt, zumindest aber den Stil der Abwicklung internationaler Bietungsverfahren und Unternehmenskäufe bestimmt. Dies gilt auch für die Gestaltung der Unternehmenskaufverträge, die entsprechend den Grundsätzen des anglo-amerikanischen Vertragsrechts von erheblich umfangreicheren und detaillierteren Regelungen geprägt sind, als die deutschen Verträge. Anders als nach den deutschen Vorschriften der §§ 133, 157 BGB sind nämlich nach der sogenannten „**Parol Evidence Rule**" des anglo-amerikanischen Vertragsrechtes grundsätzlich weder die vorvertragliche Korrespondenz noch die Verhandlungen der Vertragspartner als ergänzender Beweis („Parol Evidence") zum Nachweis oder zur Auslegung des Vertragsinhaltes zugelassen. Im Interesse der Rechtsklarheit und ihrer eigenen Sicherheit sind die Vertragspartner deshalb gehalten, alle Regelungen ausführlich, vollständig und detailliert in den schriftlichen Vertrag aufzunehmen. Ferner erstrecken sich Vertragsklauseln, die bestimmte Tatbestände enumerativ auflisten, nur auf solche Sachverhalte, die zur Art der aufgelisteten Tatbestände gehören. Insbesondere gilt dies auch für Haftungsfragen, so dass es sich aus Sicht der **Common-Law-Vertragspraxis** dringend empfiehlt, sämtliche **Haftungs- bzw. Haftungsausschlusstatbestände** (**Representations und Warranties**) ausführlich und in allen Einzelheiten in den Vertragstext aufzunehmen.

193 Der hieraus resultierende erhebliche Umfang internationaler Unternehmenskaufverträge erweckt leicht den Eindruck, alle die Transaktion betreffenden Vereinbarungen und Bestimmungen seien im Vertrag abschließend geregelt; ferner besteht vielfach die Vorstellung, alle rechtlichen Fragen der Transaktion durch eine **Rechtswahlklausel** einer gewünschten **Rechtsordnung** unterstellen zu können. Dabei wird jedoch verkannt, dass **grenzüberschreitende Transaktionen** zahlreiche Rechtsgebiete berühren, die einer Rechtswahl durch die Parteien nicht zugänglich sind. Dies gilt insbesondere für Fragen des internationalen Sachenrechts, Arbeitsrechts und Gesellschaftsrechts, wie z. B. des deutschen GmbH-Gesellschaftsrechts. Trotz einer entsprechenden Rechtswahlklausel kann es nämlich fraglich sein, welches nationale Recht beim sog. Share-Deal auf die Übertragung der Gesellschaftsanteile und beim sog. Asset-Deal auf die Übertragung der Vermögensgegenstände, auf den Über-

---

[137] So BGH NJW 1994, 2025 für den Fall eines verkauften, aber nicht mehr existierenden Sonnenstudios.

gang der Arbeitsverträge, auf die Finanzierung und nicht zuletzt auf die zu beachtenden Formvorschriften Anwendung findet. Dies gilt auch schon bei der Abgabe einer entsprechenden Absichtserklärung bzw. eines Letter of Intent.

Dies macht es erforderlich, die insoweit beim internationalen Unternehmenskauf auftretenden international-privatrechtlichen Aspekte gemäß der nachfolgenden Checkliste zu berücksichtigen.[138]

Checkliste: International-privatrechtliche Aspekte des Unternehmenskaufs

- ☐ Vertragsrecht
  - Grundsätze der Rechtswahl
  - Umfang der Rechtswahl
  - Mangels Rechtswahl anzuwendendes Recht
- ☐ Verfügungsgeschäfte
  - Grundsatz
  - Mobilien
  - Sonstige dingliche Rechte
- ☐ Vertretung einer Gesellschaft im Rahmen einer Transaktion
- ☐ Formvorschriften
  - Verpflichtungsgeschäft
  - Verfügungsgeschäft
  - Beurkundung durch ausländischen Notar
  - Side Letter mit vertraulichen Nebenabreden zum Kaufvertrag
- ☐ Haftung aus Vermögensübernahme und Firmenfortführung
- ☐ Arbeits- und Mitbestimmungsrecht
- ☐ Finanzierung
- ☐ Gesellschaftsrecht
  - Gesellschaftsstatut
  - Sitzverlegung
  - Internationales Konzernrecht
  - Grenzüberschreitende Umwandlungen

---

[138] Siehe dazu ausführlich G. *Picot/Land* DB 1998, 1600 ff.

Teil K. Umwandlung und Auflösung

§ 22 Umwandlung und Auflösung

Übersicht

	Rn.
I. Einführung	1–44
1. Betriebswirtschaftliche Anlässe zur Umstrukturierung	1–7
a) Übersicht	1/2
b) Zusammenführung von Vermögen	3/4
c) Trennung von Vermögensteilen	5
d) Qualitative Veränderungen	6/7
2. Überblick über die Gestaltungsformen	8–18
a) Allgemeines	8–11a
b) Verschmelzung	12
c) Spaltung	13–15
d) Neugründung oder Aufnahme	16/17
e) Formwechsel	18
3. Typenzwang bei Gesamtrechtsnachfolge	19–22
4. Zeitliche Anforderungen	23–26
5. Kostenrelevante Aspekte	27–30
6. Überblick über die Steuerfolgen	31–34
7. Minderheitenschutz	35–39
8. Planung von Umwandlungen	40–44
II. Verschmelzung	45–154
1. Gestaltung des Verschmelzungsvorganges	46–55
a) Übersicht	46–47
b) Zulässige Rechtsformen der Beteiligten	48
c) Art der Durchführung	49–50a
d) Alternativen	51–54
e) Struktur der gesetzlichen Regelungen	55
2. Entscheidungsprozesse	56–64b
a) Geschäftsführung	56/57
b) Anteilsinhaber	58–61
c) Arbeitnehmer und ihre Vertretungen	62–64b
3. Finanzielle Aspekte	65–91
a) Barleistungen	65–67
b) Kapitalschutz	68–70
c) Haftung	71/72
d) Kosten	73–78
e) Verkehrsteuern	79/80
f) Ertragsteuern	81–91
4. Verschmelzungsvertrag	92–103
a) Inhalt	92–102a
b) Form	103
5. Verschmelzungsbericht und -prüfung	104–109
a) Formelle Berichterstattung	104–106
b) Verschmelzungsprüfung	107–109
6. Gesellschafterbeschlüsse	110–121
a) Gesellschafterversammlung	110–112
b) Inhalt der Beschlüsse	113–116
c) Formfragen	117–119
d) Anfechtung	120/121
7. Nebenerklärungen	122–128
a) Verzichtserklärungen	122–125
b) Zustimmungserklärungen	126
c) Sonstige Erklärungen	127/128
8. Handelsregisteranmeldungen	129–137c
9. Vollmachten	138–147
a) Verschmelzungsvertrag	139/140

		Rn.
b) Gesellschafterbeschlüsse		141–143
c) Verzichtserklärungen		144
d) Handelsregisteranmeldungen		145–147
10. Wirkung der Verschmelzung		148–151
11. Bearbeitungshinweise		152–154
III. Spaltung (Auf-/Abspaltung)		155–218
1. Arten der Spaltung		156–162
a) Übersicht		156–160
b) Struktur der gesetzlichen Regelungen		161/162
2. Gegenstand der Spaltung		163–174
a) Bestimmbarkeit		163–166
b) Übertragbarkeit		167–172
c) Umfang des Vermögensteils		173/174
3. Gewährung von Gesellschaftsrechten		175–179
a) Verhältniswahrende Spaltung		175/176
b) Nicht-verhältniswahrende Spaltung		177–179
4. Steuerliche Eckdaten		180–187
a) Teilbetrieb		180–182e
b) Steuerliche Haltefristen		183
c) Auswirkung auf Verlustvorträge		184–187
5. Haftung		188/189
6. Arbeitsrechtliche Aspekte		190–196a
a) Übergangsmandat des Betriebsrats		190/191
b) Gemeinsamer Betrieb		192
c) Sicherung der kündigungsrechtlichen Stellung		193
d) Beteiligung des Wirtschaftsausschusses		194
e) Beibehaltung der Mitbestimmung		195/196
f) Ehemalige Arbeitnehmer		196a
7. Dokumentation		197–217
a) Spaltungsplan/-vertrag		197–204
b) Gesellschafterbeschlüsse		205–207
c) Verzichtserklärungen		208
d) Zustimmungserklärungen		209
e) Handelsregisteranmeldungen		210–216
f) Vollmachten		217
8. Bearbeitungshinweise		218
IV. Ausgliederung		219–248
1. Strukturierung der Ausgliederung		220–228
a) Übersicht		220–223
b) Alternativen		224–228
2. Sonderregeln gegenüber Auf-/Abspaltung		229–233
a) Unanwendbare Regeln		229/230
b) Ausweitung der ausgliederungsfähigen Rechtsträger		231–233
3. Steuerliche Aspekte		234–238a
a) Grundzüge der Betriebseinbringung		234–236
b) Bewertungswahlrechte		237/238
c) Haltefristen		238a
4. Dokumentation		239–242
a) Ausgliederungsplan/-vertrag		239
b) Gesellschafterbeschlüsse		240
c) Handelsregisteranmeldungen		241/242
5. Bearbeitungshinweise		243–248
V. Formwechsel		249–332
1. Möglichkeiten des Formwechsels		250–255
a) Übersicht		250–254
b) Struktur der gesetzlichen Regelungen		255
2. Wirkungen des Formwechsels		256–276
a) Gesellschaftsrecht		256–265
b) Ertragsteuerrecht		266–276
3. Finanzielle Aspekte		277–294
a) Abfindung bzw. Ausgleich		278–283
b) Kapitalschutz		284–286
c) Haftung		287/288

	Rn.
d) Kosten	289–292
e) Verkehrsteuer	293/294
4. Umwandlungsbeschluss	295–319a
a) Inhalt des Umwandlungsbeschlusses	295–307
b) Umwandlungsbericht	308–314
c) Information des Betriebsrates	315
d) Mehrheitsverhältnisse, Zustimmungen	316–319a
5. Sonstige Dokumentation	320–327a
a) Verzichtserklärungen	320/321
b) Handelsregisteranmeldung	322–327a
6. Vollmachten	328–331
7. Bearbeitungshinweise	332
VI. Auflösung	333–390
1. Auflösungsmöglichkeiten	334–345
a) Übersicht	334–336
b) Alternativen	337–340
c) Wege in die offene Liquidation	341–345
2. Durchführung der Liquidation	346–366
a) Stellung des Liquidators	346–348
b) Form und Inhalt des Gesellschafterbeschlusses	349–353
c) Handelsregisteranmeldung	354–358
d) Öffentliche Bekanntmachung	359/360
e) Arbeitsweise der aufgelösten Gesellschaft	361–364
f) Fortsetzung der Gesellschaft	365/366
3. Steuerliche Folge	367–377
a) Pflichten des Liquidators	367/368
b) Laufende Besteuerung der Gesellschaft	369–372
c) Steuerliche Folgen für die Gesellschafter	373–377
4. Erlöschen der GmbH	378–388
a) Sperrjahr	379–381
b) Tilgung oder Sicherstellung der Schulden	382/383
c) Vermögensverteilung	384–386
d) Schlussrechnung	387
e) Löschung im Handelsregister	388
5. Nachtragsliquidation	389/390

Schrifttum: *Arens/Düwell/Wichert*, Handbuch Umstrukturierung und Arbeitsrecht, 2. Aufl. 2013; *Bachner/Köstler/Matthießen/Trittin*, Arbeitsrecht bei Unternehmensumwandlung und Betriebsübergang, 4. Aufl. 2012; *Ballreich*, Fallkommentar zum Umwandlungsrecht, 4. Aufl. 2008; *Carlé/Korn/Stahl/Strahl*, Umwandlungen – Der neue Umwandlungssteuer-Erlass, 2. Aufl. 2012; *Dauner-Lieb/Simon*, Kölner Kommentar zum UmwG, 2009; *Dötsch/Patt/Pung/Möhlenbrock*, Umwandlungssteuerrecht, 7. Aufl. 2012; *Engl*, Formularbuch Umwandlungen, 3. Aufl. 2013; *Haase/Hruschka*, UmwStG Praxiskommentar, 2012; *Haritz/Menner*, Umwandlungssteuergesetz, 3. Aufl. 2010; *Happ*, Konzern- und Umwandlungsrecht, 2012; *Heckschen/Simon*, Umwandlungsrecht, 2. Aufl. 2008; *Kallmeyer*, Umwandlungsgesetz, 5. Aufl. 2013; *Kiem*, Unternehmensumwandlung, 2000; *Klein/Müller/Lieber*, Änderung der Unternehmensform, 9. Aufl. 2012; *Klingebiel/Patt/Rasche/Wehrmann*, Umwandlungssteuerrecht, 3. Aufl. 2012; *Lademann*, Umwandlungssteuergesetz, 2012; *Limmer*, Handbuch der Unternehmensumwandlung, 4. Aufl. 2012; *Plewka/Marquardt*, Handbuch Umstrukturierung von Unternehmen nach UmwG, UmwStG, SEStEG, 2007; *Preis/Willemsen* (Hrsg.), Umstrukturierung von Betrieb und Unternehmen im Arbeitsrecht, 1999; *Rödder/Herlinghaus/van Lishaut*, Umwandlungssteuergesetz, 2. Aufl. 2013; *Sagasser/Bula/Brünger*, Umwandlungen, 4. Aufl. 2011; *Schlossmacher*, Kommentar zum UmwStG, 2006; *Schmitt/Hörtnagl/Stratz*, Umwandlungsgesetz Umwandlungssteuergesetz, 6. Aufl. 2013; *Schwedhelm*, Unternehmensumwandlung, 7. Aufl. 2012; *Seibt* (Hrsg.), Beck'sches Formularbuch Mergers & Acquisitions, 2. Aufl. 2011; *Semler/Stengel*, Umwandlungsgesetz, 3. Aufl. 2012; *Stoye-Benk/Cutura*, Handbuch Umwandlungsrecht für die rechtsberatende und notarielle Praxis, 3. Aufl. 2012; *Willemsen/Hohenstatt/Schweibert/Seibt*, Umstrukturierung und Übertragung von Unternehmen, 4. Aufl. 2011; *Wachter* (Hrsg.), Vertragsgestaltung im Zivil- und Steuerrecht, Festschrift für Sebastian Spiegelberger, 2009; *Wassermeyer u.a.* (Hrsg.), Umwandlungen im Zivil- und Steuerrecht, Festschrift für Siegfried Widmann, 2000.

I. Einführung

1. Betriebswirtschaftliche Anlässe zur Umstrukturierung

1 **a) Übersicht.** Umstrukturierungen können eine Gruppe von Gesellschaften betreffen, deren Zusammenwirken in einem bereits bestehenden Verbund neu formiert wird. Dabei kann ein solcher Verbund lediglich seine Binnenstruktur ändern oder das Hinzutreten neuer Gesellschaften führt zu einer Erweiterung des Verbundes und macht eine neue Struktur erforderlich. Hingegen berührt die Umstrukturierung einer einzelnen Gesellschaft nicht die Zuordnung oder Existenz dieser Gesellschaft selbst, sondern nur ihre innere Organisation, während die Gesellschaft selbst als operative Einheit unverändert bleibt.

2 Die unterschiedlichen **Anlässe für Umstrukturierungen** erfordern daher den jeweiligen Zielen entsprechende Maßnahmen. Ist eine Mehrheit von Gesellschaften an einer Umstrukturierung beteiligt, ist oftmals die Übertragung von Vermögen oder Vermögensteilen zwischen ihnen von Bedeutung. Hier sind zwei gegenläufige Bewegungen möglich:
- Vereinigung von bisher getrennten Vermögen,
- Trennung von Teilen eines bisher gemeinsamen Vermögens.

Bei der Beteiligung von nur einer Gesellschaft bleibt der Umfang des Vermögens von der Strukturmaßnahme unberührt, im Vordergrund stehen vielmehr qualitative Merkmale wie Haftung, Führungsstrukturen oder ähnliches.

3 **b) Zusammenführung von Vermögen.** Die Vereinigung von verschiedenen Vermögen zu einer neuen Vermögensmasse führt primär zu einer Vergrößerung des Volumens des Vermögens. Dieses ist jedoch allein kein hinreichender Grund für eine solche Vereinigung, sondern meistens wird ein solcher Zusammenschluss erst durch die daran anknüpfenden **Folgen** gerechtfertigt:
- verbesserte Positionierung durch reine Größe als Bekanntheitsfaktor
- verbessertes Angebot durch breitere Produktpalette
- gesteigerte Effizienz durch Ausnutzung von Synergieeffekten
- Finanzierungsvorteile durch Verbreiterung der Haftmasse

4 Diese Vorteile werden aber regelmäßig nicht schon durch die Zusammenführung der Vermögen erreicht, sondern verlangen noch eine nachfolgende **Umsetzung** zur Erreichung der angestrebten Ziele. Gelingt diese Umsetzung nicht oder nicht in dem erwarteten Umfange, bleiben häufig nicht nur die erwarteten Vorteile aus, sondern Mängel in der Umsetzung dieser Ziele können auch zu negativen Effekten führen.

5 **c) Trennung von Vermögensteilen.** Die Gründe für eine oft an eine Phase des Wachstums anschließende Aufteilung eines umfangreichen Vermögens in unabhängige Teile weisen zugleich auf die **latenten Gefahren** hin, die auch bei einer Zusammenfassung von selbständigen Vermögen zu einer größeren Einheit bestehen. Häufig werden als Gründe für eine solche Trennung genannt:
- Qualitätssteigerung der Leistung durch Fokussierung auf Spezialbereiche
- Trennung operativer Verantwortung
- Divergenzen in der unternehmerischen Zielsetzung der Anteilseigner
- Vorbereitung für die Beteiligung Dritter

Eine Trennung kann auch der unmittelbaren Verbindung nur eines Vermögensteiles mit einem gleichgelagerten Vermögen eines Dritten dienen.

6 **d) Qualitative Veränderungen.** Eine Unternehmung als Organisation fußt neben Maßnahmen zur reinen internen Organisation wie Abteilungsbildung, Definition von Verantwortungsbereichen und Leitungsbefugnissen auch auf der **Wahl einer Rechtsform,** die von der Rechtsordnung als allgemeiner rechtlicher Rahmen mit unterschiedlicher Ausprägung und individueller Anpassungsmöglichkeit für den Einzelfall angeboten wird. Die Änderung von bloßen internen Organisationsstrukturen ist meist für die gesellschaftsrechtliche Verfassung nicht relevant, obwohl diese Maßnahmen auch in einzelnen Rechtsgebieten zu beach-

tende Auswirkungen haben können. In Betracht kommen arbeitsrechtliche Folgen oder gar eine gesellschaftsrechtlich eingeschränkte Befugnis der Geschäftsleitung zur Vornahme derartiger Organisationsmaßnahmen. Individuelle Anpassungen der gewählten Rechtsform sind begrenzt auf die vom Gesetz belassene Dispositionsfreiheit, wie etwa die Änderung genereller Einzelvertretung in Gesamtvertretung der Geschäftsführer oder die Bildung eines freiwilligen Aufsichtsrates. Die Grundstruktur der gewählten Rechtsform lässt sich dadurch nicht ändern.

Die Entwicklung einer Unternehmung kann es indessen erforderlich machen, die Grundstrukturen der ursprünglich gewählten Rechtsform dem aktuellen Bedarf anzupassen. Mit fortschreitendem Alter der Gründer einer Personengesellschaft kann z. B. die Selbstorganschaft dieser Rechtsform zu Nachfolgeproblemen führen, mit zunehmender Größe der Unternehmung kann die Vollhaftung der Gesellschafter in einer Personengesellschaft jede vernünftige Proportion zu deren persönlichem Vermögen sprengen. Im Konzernverbund können aber auch steuerplanerische Überlegungen dazu führen, die vorhandenen Strukturen in Frage zu stellen. In allen diesen Fällen zielen Maßnahmen zur Umstrukturierung auf qualitative Veränderungen durch Wahl einer neuen Rechtsform, ohne dass das Vermögen der Unternehmung wie bei anderen Fällen der Umstrukturierung in seinem Umfang verändert wird.

2. Überblick über die Gestaltungsformen

a) Allgemeines. Das Umwandlungsgesetz stellt für Umstrukturierungsmaßnahmen **vier verschiedene Verfahren** mit gesetzlichen Regeln für ihre Durchführung und ihre Rechtsfolgen zur Verfügung, die gemeinsam unter dem **Oberbegriff „Umwandlung"** zusammengefasst werden. Hierbei handelt es sich im Einzelnen um

- Verschmelzung
- Spaltung
- Vermögensübertragung
- Formwechsel

Von diesen Verfahren hat die Vermögensübertragung als Sondertypus für Übertragungen auf öffentlich-rechtliche Körperschaften und zwischen Versicherungsunternehmen im wirtschaftlichen Leben der GmbHs nur eine geringe Bedeutung; sie wird deshalb hier nicht näher beschrieben.

Für jede dieser Umwandlungsarten enthält das Umwandlungsgesetz ein eigenes Buch mit den jeweils maßgeblichen Vorschriften. Anders als in der aus anderen Rechtsgebieten bekannten Weise enthält das Umwandlungsgesetz keinen Allgemeinen Teil mit Vorschriften, die gemeinsam für alle Umwandlungsarten gelten. Die Verschmelzung hat indessen Vorbildfunktion für die anderen Umwandlungsarten, so dass in vielfacher Hinsicht entweder auf die dort geltenden Vorschriften verwiesen wird[1] oder die für die jeweilige Umwandlungsart maßgeblichen Vorschriften in Anlehnung an die entsprechenden Vorschriften zur Verschmelzung formuliert wurden. Allgemeine Gültigkeit für alle Umwandlungsarten haben lediglich einige in eigenen Büchern zusammengefasste Vorschriften, so insbesondere die ursprünglich ausnahmslose Beschränkung auf Rechtsträger mit Sitz im Inland[2] gemäß § 1 Abs. 1 UmwG und arbeitsrechtliche Vorschriften in §§ 317 bis 325 UmwG als Teil der Schlussbestimmungen.

Die einzelnen Bücher zu den jeweiligen Umwandlungsarten sind hingegen in Hinblick auf die Vielfalt der möglichen beteiligten Rechtsformen zunächst in einen allgemeinen Teil für die jeweilige Umwandlungsart und anschließend in rechtsformspezifische Teile gegliedert.

Darstellung des Gesetzesaufbaus

Gemeinsame Vorschriften für alle Arten der Umwandlung: § 1, §§ 313 ff., §§ 317 ff.

---

[1] Der RegE UmwBerG, BT-Drucks. 12/6699 S. 78 sprach von einem „Baukastenprinzip", vgl. *Kiem* S. 3; *Semler/Stengel* Einl. A Rn. 51.
[2] Nach der Streichung von § 4a Abs. 2 GmbHG reicht jetzt aber der reine Satzungssitz im Inland, so auch Widmann/Mayer/*Heckschen* UmwG § 122a Rn. 91; *Kallmeyer* § 1 Rn. 2 ff.; hierzu näher *Meister* NZG 2008, 767; auch → Rn. 48.

Vorschriften für die jeweilige Art der Umwandlung
1. Teil Allgemeine Vorschriften
2. Teil Besondere Vorschriften
- Beteiligung von Personengesellschaften
- Beteiligung von GmbHs
- Beteiligung von AGs

11a Von den allgemeinen Voraussetzungen ist indessen die Bindung an den **Sitz im Inland** für eine Art der Verschmelzung wieder eingeschränkt worden. Zur Umsetzung der EU-Verschmelzungsrichtlinie[3] und in Reaktion auf die Rechtsprechung des EuGH[4] zur grenzüberschreitenden Verschmelzung ist im Jahre 2007 das Buch über die Verschmelzungen um einen neuen Abschnitt zu **grenzüberschreitenden Verschmelzungen von Kapitalgesellschaften** erweitert worden. Für die anderen Rechtsformen und die anderen Arten der Umwandlung beschränkt sich das Gesetz aber weiterhin auf die Regelung von reinen Inlandsvorgängen.[5]

12 b) **Verschmelzung.** Die Verschmelzung führt zur **Vereinigung der Vermögen** der beteiligten Gesellschaften, die als einheitliches Vermögen von der übernehmenden Gesellschaft fortgeführt werden. Die Gesellschafter jeder übertragenden Gesellschaft werden Gesellschafter der übernehmenden Gesellschaft und ergänzen – außer im Falle einer Neugründung – deren schon bestehenden Gesellschafterkreis. Kennzeichnend für eine Verschmelzung sind daher die folgenden Elemente:
- Vermögensübergang in Gesamtrechtsnachfolge[6]
- Anteilstausch für die Gesellschafter der übertragenden Gesellschaft[7]
- Liquidationslose Beendigung der übertragenden Gesellschaft[8]

13 c) **Spaltung.** Das Gesetz versteht die Spaltung als eine Abwandlung der Verschmelzung, bei der nicht das gesamte Vermögen, sondern **nur ein Vermögensteil** auf den oder die anderen beteiligten Rechtsträger **übertragen** wird, so dass auch nur eine partielle Gesamtrechtsnachfolge[9] unter Beschränkung auf diesen Vermögensteil stattfindet. Das Gesetz verwendet den Begriff der Spaltung als Oberbegriff für drei Unterarten der Spaltung,
- Aufspaltung,
- Abspaltung,
- Ausgliederung,

in denen sich die Elemente der Verschmelzung jeweils nur in unterschiedlichem Maße wiederfinden.

14 Die größte Übereinstimmung besteht bei einer **Aufspaltung,** da durch die gleichzeitige Übertragung mehrerer Vermögensteile auf entsprechend viele übernehmende Rechtsträger letztlich das Gesamtvermögen der übertragenden Gesellschaft übergeht, auch wenn jeder übernehmende Rechtsträger nur einen Teil des Vermögens übernimmt. Dadurch führt auch

---

[3] ABl. L 310,1; dazu *Neye/Timm* DB 2006, 488; *Paul/Teichmann/Wenz* BB 2003, 2633.
[4] EuGH BB 2006, 11 (Sevic) nach Vorlage durch LG Koblenz GmbHR 2003, 1213; vgl. dazu *Eidenmüller* JZ 2004, 24, 30 f.
[5] EuGH NJW 2012, 2715 erlaubt jetzt den grenzüberschreitenden Formwechsel bei tatsächlicher Ansiedlung im Aufnahmestaat; a. A. noch OLG Nürnberg NGZ 2012, 468, allerdings angesichts mangelnder Beachtung des Verfahrens nach UmwG; vgl. dazu *Teichmann* DB 2012, 2085; *Bayer/Schmidt* ZIP 2012, 1486; *Wicke* DStR 2012, 1756; *Egel/Klett* DStR 2012, 2442; *Behme* NZG 2012, 936; Sagasser/Bula/Brünger/*Abele* § 25 Rn. 13 ff., § 26 Rn. 20; vgl. auch *Wöhlert/Degen* GWR 2012, 432, die aus dem Grundsatz der Niederlassungsfreiheit auch die Zulässigkeit von grenzüberschreitenden Spaltungen ableiten; zur allgemeinen Rechtsentwicklung vgl. Sagasser/Bula/Brünger/*Gutkès* § 12 Rn. 7 ff., 18; Schmitt/*Hörtnagl*/Stratz UmwG § 1 Rn. 45 ff.
[6] Kallmeyer/*Marsch-Barner* § 2 Rn. 8; Lutter/*Lutter/Drygala* § 2 Rn. 26; Semler/*Stengel* § 2 Rn. 35.
[7] Semler/*Stengel* § 2 Rn. 40; Kallmeyer/*Marsch-Barner* § 2 Rn. 12; Lutter/*Lutter/Drygala* § 2 Rn. 27; kritisch zum Verzicht auf eine Anteilsgewährung nach § 54 Abs. 1 Satz 3 UmwG *Mayer* DB 2007, 1235.
[8] Kallmeyer/*Marsch-Barner* § 2 Rn. 10 f.; Lutter/*Lutter/Drygala* § 2 Rn. 29; Semler/*Stengel* § 2 Rn. 38.
[9] Lutter/*Teichmann* § 123 Rn. 7 ff.; Kallmeyer/*Sickinger* § 123 Rn. 2; Semler/*Stengel/Kübler* § 123 Rn. 6, § 131 Rn. 7.

die Aufspaltung zur **liquidationslosen Beendigung des übertragenden Rechtsträgers**.[10] Bei der Abspaltung verbleibt der übertragenden Gesellschaft hingegen ein Teil ihres Vermögens, so dass auch keine Beendigung dieses Rechtsträgers eintritt.[11]

Der Aufspaltung und der Abspaltung ist gemeinsam, dass regelmäßig die bisherige indirekte Beteiligung der Gesellschafter der übertragenden Gesellschaft an dem jeweiligen übertragenen Vermögensteil wie bei der Verschmelzung durch eine Beteiligung dieser Gesellschafter an dem übernehmenden Rechtsträger ersetzt wird, dafür aber im Umfange des übertragenen Vermögensteils ihre Beteiligung an dem übertragenden Rechtsträger zurückgeht oder bei der Aufspaltung gar völlig untergeht. Bei der **Ausgliederung**, bei der wie bei der Abspaltung in der Regel nur ein Teil des Vermögens übertragen wird und die übertragende Gesellschaft fortbesteht, bleibt hingegen die **Ebene der Gesellschafter unberührt**. Die übertragende Gesellschaft erwirbt selbst die Anteile an der übernehmenden Gesellschaft,[12] so dass ein Anteilstausch in diesem Falle nicht stattfindet.

d) **Neugründung oder Aufnahme.** Bei der Verschmelzung und bei der Spaltung in allen ihren Varianten besteht weiterhin jeweils die Wahl zwischen den beiden folgenden Möglichkeiten:
- Umwandlung durch Neugründung
- Umwandlung durch Aufnahme

Bei einer Umwandlung durch Neugründung wird der übernehmende Rechtsträger im Rahmen der Umwandlung neu gegründet. Da die Konzeption der Verschmelzung von der Zusammenführung mehrerer Vermögensmassen ausgeht, bedeutet dies, dass bei einer Verschmelzung durch Neugründung mindestens zwei Unternehmen gleichzeitig als übertragende Rechtsträger beteiligt sein müssen, die ihr jeweiliges Vermögen auf den neu gegründeten übernehmenden Rechtsträger übertragen, an dem die Anteilsinhaber aller übertragenden Rechtsträger beteiligt werden. Bei der Umwandlung durch Aufnahme wird das Vermögen oder der Vermögensteil des übertragenden Rechtsträgers hingegen von einer schon existierenden Gesellschaft mit eigenem Vermögen und eigenen Gesellschaftern übernommen. Es kann aber zur Aufnahme auch eine für diese Zwecke gegründete, noch weitgehend vermögenslose Vorratsgesellschaft verwendet werden.

Da die Neugründung einer Sachgründung gleichkommt, ist insoweit weder eine kostenprivilegierte Gründung im vereinfachten Verfahren nach § 2 Abs. 1a GmbHG noch eine Gründung als Unternehmergesellschaft mit reduziertem Mindestkapital nach § 5a GmbHG möglich.[13]

e) **Formwechsel.** Beim Formwechsel findet abweichend von den anderen Umwandlungsarten **keine Vermögensübertragung** statt.[14] Die bisherige indirekte Beteiligung der Gesellschafter am Vermögen der formwechselnden Gesellschaft bleibt erhalten, da der Formwechsel nicht mit einem Wechsel der Gesellschafterbeteiligungen verbunden sein muss. Kennzeichnende Elemente des Formwechsels sind daher:
- Identität der Gesellschaft als Vermögensträger[15]
- Identität der beteiligten Gesellschafter

Dies schließt aber eine Änderung der Quoten dieser Gesellschafter im Rahmen des Formwechsels nicht aus.

---

[10] Widmann/Mayer/*Schwarz* UmwG § 123 Rn. 5.3; Semler/*Stengel* § 123 Rn. 13.
[11] Kallmeyer/*Sickinger* § 123 Rn. 9; Lutter/*Teichmann* § 123 Rn. 23.
[12] Kallmeyer/*Sickinger* § 123 Rn. 11; Lutter/*Teichmann* § 123 Rn. 26.
[13] So auch *Wilhelm* DB 2007, 1510; vgl. ebenfalls *Veil* GmbHR 2007, 1080; Semler/*Stengel* § 3 Rn. 20a mwN; a. A. Lutter/*Lutter/Drygala* § 3 Rn. 8; vgl. auch unten Rn. 48.
[14] Sagasser/Bula/Brünger/*Luke* § 26 Rn. 4; Kallmeyer/*Meister/Klöcker* § 190 Rn. 6; Semler/*Stengel* § 190 Rn. 4.
[15] Kallmeyer/*Meister/Klöcker* § 190 Rn. 6 f.

3. Typenzwang bei Gesamtrechtsnachfolge

19 Die Umwandlungsarten, die das Umwandlungsgesetz zur Verfügung stellt,[16] können über die vom Gesetz selbst eingeräumten Variationsmöglichkeiten hinaus nicht abgewandelt werden. § 1 Abs. 2 UmwG spricht vielmehr ausdrücklich ein **Analogieverbot** aus.[17] Dieses Analogieverbot gilt aber nur für solche Gestaltungen, die die vorstehenden Kernelemente der einzelnen Umwandlungsarten zu verwirklichen suchen, so insbesondere für Vermögensübertragungen im Wege der Gesamtrechtsnachfolge.[18] In derartigen Fällen können Änderungen weder des gesetzlich vorgeschriebenen Verfahrens noch der Rechtsfolgen vereinbart werden.

20 Dennoch sind **Strukturen zur wirtschaftlichen Erreichung eines vergleichbaren Zieles,** wie sie auch schon vor dem Inkrafttreten des Umwandlungsgesetzes gebräuchlich waren, **weiterhin zulässig.**[19] So kann eine wirtschaftliche Verschmelzung von zwei Gesellschaften mit bisher getrennten Gesellschafterkreisen zu einem Konzernverbund mit einem einheitlichen Gesellschafterkreis dadurch realisiert werden, dass die Gesellschafter der „übertragenden Gesellschaft" ihre Anteile im Wege einer Sacheinlage in die „übernehmende Gesellschaft" gegen Ausgabe neuer Anteile einbringen und so durch diesen Anteilstausch an der „übernehmenden Gesellschaft" beteiligt werden. In diesem Falle werden allerdings die Vermögen der beiden beteiligten Gesellschaften nicht in einer Einheitsgesellschaft zusammengeführt, sondern sie werden nur als Mutter- und Tochtergesellschaft miteinander verbunden.

21 Die wirtschaftliche Bedeutung dieser auf einer Einzelrechtsnachfolge basierenden Alternative zeigt sich daran, dass bei einzelnen Verschmelzungen von Publikumgesellschaften dieser Weg in einer ersten Stufe beschritten worden ist, obwohl das entstehende Mutter-Tochter-Verhältnis anschließend in einer zweiten Stufe durch eine umwandlungsrechtliche Verschmelzung beseitigt wurde. Hierdurch können Unsicherheiten verringert werden, die sich aus der mit einer umwandlungsrechtlichen Verschmelzung verbundenen gerichtlichen Überprüfung der vorgenommenen Bewertung ergeben können. Auch bilanzielle Zielsetzungen, Zeitzwänge oder Kostenvergleiche können eine alternative Gestaltung unter Nutzung einer Einzelrechtsnachfolge als vorteilhaft erscheinen lassen. Ihre Durchführbarkeit kann aber durch die dann erforderlich werdenden Genehmigungen Dritter, die bei einer Einzelrechtsnachfolge unvermeidlich sind, erschwert werden.

> **Praxistipp:**
> Durch Maßnahmen der Einzelrechtsnachfolge können Zusatzkosten für Sonderbilanzen oder Pflichtprüfungen, die u. U. vom Umwandlungsrecht gefordert werden, vermieden werden.

22 Ein Grund, gezielt die gesetzlichen Umwandlungsarten zu wählen, kann sich indessen aus steuerlichen Überlegungen ergeben. Das Umwandlungssteuergesetz hat für Umwandlungsvorgänge Steuerprivilegien zur Verfügung gestellt, die in vielen Fällen nur für Gestaltungen gelten, die nach dem Umwandlungsgesetz durchgeführt werden oder vergleichbare ausländische Vorgänge darstellen;[20] dies gilt insbesondere für die Verschmelzung und Spaltung von Kapitalgesellschaften. Da die Begriffe des Umwandlungssteuergesetzes aber häufig von de-

---

[16] Zur Historie des Gesetzes vgl. *Lutter* Einl. Rn. 5 ff.; *Semler/Stengel* Einl. A Rn. 6 ff.
[17] *Kallmeyer* § 1 Rn. 19; *Semler*/Stengel § 1 Rn. 61 ff.; zur Analogiefähigkeit innerhalb des UmwG *Schnorbus* BB 2001, 1654, 1657.
[18] Vgl. dazu Widmann/Mayer/*Heckschen* UmwG § 1 Rn. 384 ff.; *Schnorbus* DB 2001, 1654, der das Analogieverbot auf die Umwandlungsarten und die Beteiligtenfähigkeit beschränkt; zur Anwachsung vgl. *Kallmeyer* § 1 Rn. 18; OLG Frankfurt/M. GmbHR 2003, 1358; *Breiteneicher* DStR 2004, 1448; *Schmidt/Dietel* DStR 2008, 529; *Berninger* GmbHR 2010, 63, 70; zu verschiedenen Anwachsungsmodellen *Egel/Klett* DStR 2012, 2462.
[19] Vgl. zur Spaltung *Prinz/Hagedorn* DB 2007, 765; zur Ausgliederung OLG Stuttgart DB 2001, 854; zur übertragenden Auflösung BVerfG DB 2000, 1905; OLG Zweibrücken DB 2005, 1678. Zum Formwechsel auch unten → Rn. 254.
[20] Vgl. § 1 Abs. 1 und 3 UmwStG.

nen des handelsrechtlichen Umwandlungsgesetzes abweichen, ist nicht ausgeschlossen, dass auch alternative Gestaltungen steuerlich privilegiert sein können. Dies hängt weitgehend vom jeweiligen Einzelfall ab. Bei einer wirtschaftlichen Verschmelzung kann etwa die Einbringung der Anteile für bestimmte Gesellschaftergruppen privilegiert sein, während gleichzeitig andere Gesellschaftergruppen zu einer Realisierung der in ihren Anteilen ruhenden stillen Reserven gezwungen sein können.

4. Zeitliche Anforderungen

Die gesetzlich zwingend vorgegebenen Verfahrensschritte der verschiedenen Umwandlungsarten führen dazu, dass sich die Durchführung der meisten Umwandlungen über mehrere Monate hinzieht. Diese Verfahrensdauer wird zwar dadurch abgemildert, dass die Vermögensübertragungen mit ergebniswirksamer und auch steuerlicher Rückwirkung vollzogen werden können. Die **dingliche Wirksamkeit** tritt aber **erst mit der Handelsregistereintragung** ein, mit der das Eigentum an dem Betriebsvermögen sowie alle Rechte und Verträge – auch mit den Arbeitnehmern – übergehen und der Vollzug der Umwandlung auch im geschäftlichen Verkehr darstellbar wird. 23

Unabhängig von der Zeit, die die Beteiligten zur eigenen Meinungsbildung benötigen, sind allein durch das **Verfahren** bedingt folgende **Zeitfaktoren** zu beachten: 24

- Aufstellung der Stichtagsbilanz und deren Prüfung, soweit Prüfungspflicht besteht, unter Wahrung der 8-Monatsfrist für die Handelsregisteranmeldung gemäß §§ 17 Abs. 2, 125 UmwG,[21] bei Beteiligung einer AG u. U. einer (ungeprüften) Zwischenbilanz gemäß § 63 Abs. 1 Nr. 3 UmwG;[22]
- Durchführung einer Unternehmensbewertung zur Feststellung des Umtauschverhältnisses;
- Durchführung organisatorischer Maßnahmen vor dem steuerlichen Übertragungsstichtag wegen mangelnder Rückwirkung von Sachverhaltsgestaltungen;[23]
- Abstimmung kritischer steuerlicher Fragen mit der Finanzverwaltung;[24]
- Sachaufklärung für die Darstellung faktischer Verhältnisse in der rechtlichen Dokumentation, wie etwa die Beschreibung des übergehenden Vermögensteils bei der Spaltung oder der Folgen für die Arbeitnehmer;
- bei grenzüberschreitender Verschmelzung Verhandlungen über die Mitbestimmung sowie rechtliche und sprachliche Abstimmung der beteiligten Jurisdiktionen;[25]
- Information des Betriebsrates mit einer Sperrfrist von einem Monat vor Fassung des Gesellschafterbeschlusses;[26]
- bei einem Betriebsübergang Unterrichtung der Arbeitnehmer nach § 613a Abs. 5 BGB;[27]
- Einberufung und Abhaltung der Gesellschafterversammlungen insbesondere bei größerem Gesellschafterkreis;
- Bearbeitungszeit beim Registergericht;
- Sperrwirkung etwaiger Anfechtungsklagen.[28]

Die Akzente werden sich allerdings nach den Erfordernissen der konkreten Umwandlungsart ausrichten. So wird beim Formwechsel keine Stichtagsbilanz verlangt[29] und bei der Verschmelzung oder dem Formwechsel häufig keine vorherige Abstimmung mit der Finanzverwaltung erforderlich sein. 25

---

[21] Auch unten → Rn. 129 ff., 211 ff.; Semler/Stengel/*Schwanna* § 17 Rn. 16 ff.; Kallmeyer/*Müller* § 17 Rn. 14 ff.; *Kiem* S. 34. Zur Änderung des Umwandlungsstichtages nach einer Verfristung der Anmeldung OLG Schleswig DNotZ 2007, 957; dazu *Weiler* DNotZ 2007, 888.
[22] Auch unten → Rn. 76.
[23] Vgl. dazu *Schell/Krohn* DB 2012, 1119, 1120.
[24] Zur Gefahr zwischenzeitlicher Veränderungen des Sachverhalts *Prinz* DB 2012, 820, 828; *Schell/Krohn* DB 2012, 1119, 1120.
[25] Vgl. *Freundorfer/Festner* GmbHR 2010, 195; *Teicke* DB 2012, 2675. Auch unten → Rn. 646.
[26] Semler/Stengel/*Simon* § 5 Rn. 140 ff.; Kallmeyer/*Willemsen* § 5 Rn. 74; *Kiem* S. 16, 77; bei Konzernverschmelzungen u. U. Fristlauf ab Vertragsschluss, § 62 Abs. 4 S. 3 f. UmwG, s. u. Rn. 110a und Fn. 268.
[27] Dazu Semler/Stengel/*Simon* § 324 Rn. 39.
[28] → Rn. 61, 120 f.
[29] Zu den steuerlichen Anforderungen aber auch → Rn. 266 ff.

26 Wird die Umwandlung mit der Neugründung eines Rechtsträgers verbunden, tritt die registergerichtliche Prüfung des Gründungsvorganges noch neben die Prüfung des Umwandlungsvorganges.[30] Es wird daher in der Praxis häufig vorgezogen, zur zeitlichen Entlastung der Durchführung der Umwandlung den Gründungsvorgang des neuen Rechtsträgers vorwegzunehmen, der sich dann als voll existierender Rechtsträger an einer Umwandlung zur Aufnahme beteiligt. Dies ist besonders dann angezeigt, wenn nicht übertragbare Rechtspositionen[31] vor der Umwandlung neu begründet werden müssen.

5. Kostenrelevante Aspekte

27 Bei der Konzeption von Umwandlungen und der Prüfung von alternativen Lösungen sind regelmäßig auch die Kosten, die durch das jeweilige Verfahren oder durch die gewählte Struktur ausgelöst werden, zu beachten.

> **Praxistipp:**
> Verwendung der Jahresschlussbilanz als Verschmelzungsbilanz zur Kostenreduzierung. Die Verschmelzung muss dann binnen 8 Monaten zum Handelsregister angemeldet werden.

28 **Verfahrensbedingte Kosten** können zum Teil durch Nutzung der Gestaltungsspielräume der gewählten Umwandlungsart verringert werden. Das gilt etwa für die Verwendung eines ohnehin prüfungspflichtigen Jahresabschlusses als Schlussbilanz, statt eine Zwischenbilanz zusätzlich prüfen zu lassen. Bei einem umfangreichen Gesellschafterkreis sollte die ordentlichen Gesellschafterversammlung zur Feststellung des Jahresabschlusses gleichzeitig auch zur Fassung der umwandlungsrechtlich erforderlichen Gesellschafterbeschlüsse genutzt werden, um die Abhaltung einer **außerordentlichen Gesellschafterversammlung** nur für die geplante Umwandlung zu **vermeiden**. Darüber hinaus besteht die Möglichkeit, durch ausdrücklich zugelassene **notarielle Verzichtserklärungen** aller Gesellschafter eine gewisse Entlastung des Verfahrens herbeizuführen. Das gilt insbesondere für den Verzicht auf Berichte der Vertretungsorgane der beteiligten Gesellschaften und die Prüfung der Umwandlung durch unabhängige Prüfer. Ob es über die im Umwandlungsgesetz erwähnten Verzichtsmöglichkeiten hinaus zulässig ist, auf weitere Elemente zu verzichten, ist wegen des Analogieverbotes eher zurückhaltend zu beurteilen.[32]

> **Praxistipp:**
> Umfang der Verzichtsmöglichkeiten prüfen, um das Verfahren zu entlasten.

29 Wenn die Beteiligten großen Wert auf eine zeitnahe Umwandlung legen, kann dies mit einem Rückgriff auf den Jahresabschluss und die ordentliche jährliche Gesellschafterversammlung unvereinbar sein. Es bietet sich dann an, das Bestehen alternativer Lösungen zu prüfen, die keine förmlichen Verfahren erfordern. So kann etwa bei einer Ausgliederung im Wege einer Einzelrechtsübertragung sowohl die Bilanzerstellung wie auch häufig selbst die Beteiligung der Gesellschafter vermieden werden. Es sollte dann aber stets geprüft werden, ob die verfügbaren Alternativen die gleichen steuerlichen Vorteile wie eine umwandlungsrechtliche Lösung genießen, da viele steuerliche Privilegien an die Wahrung des umwandlungsrechtlichen Verfahrens gebunden sind.

> **Praxistipp:**
> Bei Übertragung von Immobilien Verschmelzung zur Neugründung bzw. Aufspaltung vermeiden.

---

[30] Vgl. Kallmeyer/*Zimmermann* § 38 Rn. 17; Semler/Stengel/*Schwanna* § 38 Rn. 10.
[31] Vgl. etwa zu personenbezogenen Erlaubnissen Semler/Stengel/*Kübler* § 20 Rn. 71.
[32] Vgl. auch *Schaub* NZG 1998, 626, 629, der aber unter Berücksichtigung der Einzelkonstellation die Verzichtbarkeit auf das Abfindungsangebot (§ 29 UmwG) bejaht; oben → Rn. 19 und unten → Rn. 100.

Strukturbedingte Kostensenkungen können insbesondere durch eine Begrenzung des zu übertragenden Vermögens erzielt werden. Bei einer Verschmelzung durch Neugründung, bei der die beiden verschmelzenden Unternehmen ihr Vermögen auf eine neue Drittgesellschaft übertragen, werden umfangreichere Vermögen übertragen als bei einer Verschmelzung durch Aufnahme, bei der eine der beteiligten Gesellschaften ihr Vermögen behält und nur das Vermögen der anderen beteiligten Gesellschaft übergeht. Bei einer Aufspaltung wird das ganze Vermögen übertragen,[33] während bei einer Abspaltung ein Vermögensteil von dem bisherigen Rechtsträger unverändert fortgeführt wird.[34] Ist z.B. in allen Vermögensteilen Grundvermögen vorhanden, reduziert sich durch die Übertragung nur eines Vermögensteils die anfallende Grunderwerbsteuer.[35] Entsprechendes gilt auch für alle wertabhängigen Gebühren. Soll eine grundbesitzende Tochtergesellschaft verschmolzen werden, wird deshalb häufig die Abwärtsverschmelzung einer Muttergesellschaft ohne eigenes Grundvermögen vorgezogen, bei der das Grundvermögen nicht bewegt wird. Allerdings wird eine Unternehmensbewertung zur Bestimmung des Umtauschverhältnisses auch in diesen Fällen für beide Gesellschaften notwendig werden.

6. Überblick über die Steuerfolgen

Grundsätzlich werden Vermögensübertragungen im Steuerrecht als Veräußerungs- und Anschaffungsvorgänge gewertet,[36] auch wenn sie zivilrechtlich durch eine Gesamtrechtsnachfolge bewirkt werden oder gar wie beim Formwechsel die Identität des Rechtsträgers gewahrt wird. Entsprechendes gilt auch für die Anteilsveränderungen auf der Ebene der Gesellschafter.[37] Erst das Umwandlungssteuergesetz[38] ermöglichte es dem übernehmenden Rechtsträger, die bisherigen Buchwerte des übertragenden Rechtsträgers fortzuführen. Auch wenn in dem übertragenen Vermögen stille Reserven ruhten, wurde damit die **Besteuerung von Veräußerungsgewinnen** aus Anlass einer Umwandlung **vermieden**, weil in jeden Falle die steuerliche Erfassung der stillen Reserven bei einer späteren Veräußerung sichergestellt war. Hieran ist im Grundsatz auch nach der Öffnung der Umwandlungsmöglichkeiten für grenzüberschreitende Verschmelzungen festgehalten worden, soweit sichergestellt ist, dass durch den Steueraufschub die spätere Besteuerung in Deutschland nicht gefährdet wird.[39] Bei grenzüberschreitenden Verschmelzungen tritt als weitere Voraussetzung hinzu, dass der ausländische Vorgang einer Verschmelzung nach UmwG vergleichbar ist.[40] **Bei reinen Inlandsfällen**[41] tritt im Ergebnis dadurch aber keine Änderung ein, allerdings behandelt das Gesetz die Buchwertverknüpfung nunmehr als Ausnahme, die nur auf – regelmäßig gestellten – Antrag gewährt wird.[42] Der Buchwertansatz ist indessen bei Umwandlungen[43] ausgeschlossen, wenn neben die Ausgabe von Gesellschaftsrechten noch eine andere Gegenleistung für den Vermögensübergang tritt.

---

[33] Kallmeyer/Sickinger § 123 Rn. 7; Lutter/Teichmann § 123 Rn. 22; Semler/Stengel § 123 Rn. 12.
[34] Kallmeyer/Sickinger § 123 Rn. 9; Lutter/Teichmann § 123 Rn. 23; Semler/Stengel § 123 Rn. 14.
[35] Dazu → Rn. 79.
[36] Vgl. BMF-Schreiben v. 11.11.2011 – IV C 2 – S 1978-b/08/10001, BStBl. I 2011, 1314 (zit. UmwStE 2011) Rn. 00.02 m.w.N.; zur fehlenden terminologischen Abstimmung zwischen UmwG und UmwStG Schaumburg GmbHR 2010, 1341; Prinz DB 2012, 820.
[37] UmwStE 2011 (Fn. 36) Rn. 00.03.
[38] Vgl. Lutter Einl. II Rn. 1 ff.; Rödder/Herlinghaus/van Lishaut Einf. Rn. 6 ff.; Dötsch/Patt/Pung/Möhlenbrock Einf. Rn. 2 ff., 83 ff. Das UmwStG wurde seit seinem Erlass mehrfach geändert.
[39] Sagasser/Bula/Brünger § 4 Rn. 1 ff. tritt für die Fortgeltung des Grundsatzes der Steuerneutralität von Umwandlungen ein; andererseits wird der Gesetzeszweck auch als Regelung der Ausnahmen von der allgemeinen Entstrickungsbesteuerung verstanden, vgl. Dötsch/Patt/Pung/Möhlenbrock Einf. Rn. 81 ff.
[40] UmwStE 2011 (Fn. 36) Rn. 01.20 ff., 01.45.
[41] Prinz DB 2012, 820, 824, anders u.U. schon bei ausländischer Betriebsstätte, selbst wenn beide Gesellschaften ihren Sitz im Inland haben.
[42] Vgl. dazu Sagasser/Bula/Brünger/Schlösser § 11 Rn. 170; str. aber bei einem Formwechsel in eine vermögensverwaltende Personengesellschaft, vgl. dazu Huber/Marat BB 2011, 1823; UmwStE 2011 (Fn. 36) Rn. 03.16 sowie bei Verschmelzungen auf eine Organgesellschaft UmwStE 2011 (Fn. 36) Rn. 11.08; a.A. Rödder DStR 2011, 1059; Widmann/Mayer/Schießl § 11 UmwStG Rn. 6; Dötsch/Patt/Pung/Möhlenbrock § 11 Rn. 17; Schneider/Ruoff/Sistermann H 11.14.
[43] Zur steuerlichen Abgrenzung von Einbringungen → Rn. 31c.

31a Die Wahl eines umwandlungsrechtlichen Weges mit Gesamtrechtsnachfolge ist aber keine Garantie für eine Privilegierung nach dem UmwStG. Die darin gewährten Steuervorteile können von der **Gewährung neuer Anteile** abhängen.[44] Schon bisher konnte den Gesellschaftern der übertragenden Gesellschaft u. U. bereits bestehende Anteile als Gegenleistung für ihre untergehenden Anteile gewährt werden; jetzt gibt § 54 Abs. 1 Satz 3 UmwG die Möglichkeit, von der Gewährung von Geschäftsanteilen abzusehen, wenn alle Anteilsinhaber der übertragenden Gesellschaft darauf verzichten. Ein solcher Verzicht mag dann zwar die gesellschaftsrechtliche Abwicklung vereinfachen,[45] es sollten aber auch etwaige steuerliche Folgen bedacht werden.[46]

31b Die unterschiedliche steuerliche Struktur von Kapitalgesellschaften und Personengesellschaften ist zu berücksichtigen, wenn Vermögensübertragungen zwischen diesen Rechtsformen stattfinden. Die Kapitalgesellschaft ist ein eigenes Steuersubjekt und als solches streng von der Gesellschafterebene getrennt. Personengesellschaften sind hingegen steuerlich transparent; ihr Vermögen wird einkommensteuerlich den Gesellschaftern zugerechnet. Dies kann bei der Vermögensübertragung einer Kapitalgesellschaft auf eine Personengesellschaft dazu führen, dass bisher **nicht ausgeschüttete Gewinne** der Kapitalgesellschaft durch die Vermögensübertragung auf die Personengesellschaft als in den Bereich der Gesellschafter gelangt und damit steuerlich als ausgeschüttet gelten und von den Gesellschaftern **als Kapitaleinkünfte zu versteuern** sind;[47] die sofortige Fälligkeit der Kapitalertragsteuer wirkt dann besonders hinderlich.[48]

31c Eine steuerlich relevante Unterscheidung betrifft weiterhin den Empfänger der Gegenleistung für den Vermögensübergang. Bei Kapitalgesellschaften erbringt die übernehmende Gesellschaft im Falle von Verschmelzungen, Auf- und Abspaltungen sowie Formwechseln die Gegenleistung an die Anteileigner der übertragenden oder formwechselnden Gesellschaft zumeist ausschließlich in Form von Anteilen an der übernehmenden Gesellschaft. Nur bei diesen Fallgestaltungen wird auch steuerlich von einer Umwandlung i. S. v. §§ 3 ff., 11 ff. UmwStG gesprochen.[49] Kommt hingegen die übertragende Gesellschaft selbst in den Genuss der Gegenleistung wie etwa bei einer Ausgliederung, liegt steuerlich eine Einbringung gemäß §§ 20, 24 UmwStG vor.[50] Bei einer übertragenden Personengesellschaft sind indessen auf Grund der steuerlichen Transparenz die Ebenen der Gesellschaft und des Gesellschafters identisch, so dass auch bei Verschmelzungen, Auf- und Abspaltungen und Formwechseln steuerlich von einer Einbringung ausgegangen wird,[51] auch wenn zivilrechtlich nicht das Vermögen des einzelnen Gesellschafters, der die neuen Anteile erhält, sondern das Gesamthandsvermögen der Personengesellschaft durch den Vermögensübergang vermindert wird.

---

[44] §§ 20 Abs. 1, 21 Abs. 1 UmwStG verlangen bei einer Einbringung die Gewährung **neuer** Anteile (vgl. unten Rn. 182c), während §§ 3 Abs. 2 Nr. 3, 11 Abs. 2 Nr. 3 UmwStG für Umwandlungen nur die Gewährung von Gesellschaftsrechten verlangen und auch das vollständige Fehlen einer Gegenleistung zulassen. Vgl. auch *Mayer* DB 2007, 1235, 1239 f. Bei einer Einbringung kann die Sacheinlage aber auch als Agio auf eine Barerhöhung vereinbart werden, BFH DB 2010, 1918.

[45] *Semler/Stengel/Reichert* § 54 Rn. 19 ff.; zur Sanierung → Rn. 69; zur unterschiedlichen Zulässigkeit weiterer Gegenleistungen bei steuerlichen Umwandlungen und Einbringungen (→ Rn. 31c f.) vgl. UmwStE 2011 (Fn. 36) Rn. 03.21 und Rn. E20.09 → Rn. 31d Fn. 52.

[46] Vgl. *Keller/Klett* DB 2010, 1220, 1221 (dort Fn. 27 m. w. N.). Bei der Verschmelzung von Kapitalgesellschaften kann nach § 11 Abs. 2 Nr. 3 UmwStG eine Buchwertverknüpfung auch bei Fehlen einer Gegenleistung gewährt werden, dazu *Dötsch/Patt/Pung/Möhlenbrock* § 11 Rn. 67. Bei der Verschmelzung einer Personengesellschaft gilt dies nicht, vgl. *Dötsch/Patt/Pung/Möhlenbrock* § 20 Rn. 176 ff.; *Haritz/Menner* § 20 Rn. 187 ff. Zu bilanziellen Problemen *Roß/Drögemüller* DB 2009, 580. Zur disquotalen Verschmelzung vgl. BFH DStR 2011, 212. Zahlreiche frühere steuerliche Zweifel bei Sonderformen der Verschmelzung sind allerdings zwischenzeitlich geklärt, vgl. *Lademann/Hahn* § 11 Rn. 22 ff. Zur Billigkeitsregelung bei Folgeumwandlungen während der Haltefrist UmwStE 2011 (Fn. 36) Rn. 22.23. Zur Ausgliederung auf eine Tochtergesellschaft *Semler/Stengel* § 123 Rn. 25.

[47] UmwStE 2011 (Fn. 36) Rn. 07.03.

[48] Vgl. UmwStE 2011 (Fn. 36) Rn. 07.08; zu vergleichbaren Folgen bei einer grenzüberschreitenden Verschmelzung *Schell* IStR 2008, 397.

[49] UmwStE 2011 (Fn. 36) Rn. 01.01.

[50] → Rn. 234.

[51] UmwStE 2011 (Fn. 36) Rn. 01.44; auch → Rn. 182c.

Im Unterschied zur steuerlichen Umwandlung ist bei einer Einbringung die Gewährung 31d
einer weiteren Gegenleistung unschädlich,[52] allerdings müssen die gewährten Anteile neu
geschaffen werden. Zudem entscheidet die übernehmende Gesellschaft über den Ansatz von
Buchwerten, bei der steuerlichen Umwandlung liegt diese Entscheidung hingegen bei der
übertragenden Gesellschaft.[53] Während bei Spaltungen in beiden Fällen von Bedeutung ist,
dass der Gegenstand der Übertragung einen Teilbetrieb darstellt, ist bei der Einbringung
nicht erforderlich, dass auch das verbleibende Restvermögen noch einen Teilbetrieb darstellt.[54]

Auf der Gesellschafterebene führt der mit der Umwandlung verbundene Anteilstausch 32
ebenfalls in der Praxis nicht zu einer Gewinnrealisierung, obwohl im Grundsatz von einer
Veräußerung der alten Anteile und einer Anschaffung der neuen Anteile auszugehen ist.[55]
Die im Zuge der Umwandlung gewährten neuen Anteile treten vielmehr auf Antrag[56] in die
Wertstellung der aufgegebenen alten Anteile ein. Die Umwandlung ist für die Gesellschafter
jedoch nicht völlig ohne Folgen. Waren bereits die alten Anteile einbringungsgeboren,[57] setzt
sich diese Qualifikation an den neuen Anteilen fort.[58] Zur Vermeidung von Missbräuchen
sind unter Umständen **Haltefristen**[59] zu beachten. Bei einer vorzeitigen Veräußerung der
neuen Anteile kann es dann wegen der früheren Privilegierung bei einer Einbringung zu einer zeitanteilig nachgeholten Versteuerung des bisher freigestellten Einbringungsgewinns
kommen,[60] auch wenn die Veräußerung der Anteile ohne Berücksichtigung der Haltefrist
nicht der Besteuerung unterliegen würde.[61]

Der Veräußerung der Anteile, die für eine Einbringung gewährt wurden, stellt § 22 32a
UmwStG verschiedene Ersatzrealisationstatbestände gleich, die den Inhaber der Anteile
beeinträchtigen können. So trifft ihn während der Haltefrist eine jährliche Nachweispflicht
nach § 22 Abs. 3 UmwStG, deren Versäumen eine Nachversteuerung des vermiedenen
Einbringungsgewinns auslöst. Während der Haltefrist sind auch Gewinnausschüttungen
durch ein dauerndes Monitoring so zu steuern, dass eine Einlagenrückgewähr vermieden
wird, die nach § 22 Abs. 1 S. 6 Nr. 3 ebenfalls als fiktive Veräußerung behandelt werden
würde.[62]

Die handelsrechtlich zulässige **Rückwirkung** der Umwandlung wird regelmäßig auch 33
steuerlich für die Zurechnung der Erträge aus dem übertragenen Vermögen nachvollzogen;[63] Ausnahmen gelten aber zur Vermeidung grenzüberschreitender Missbräuche,[64] bei
missbräuchlicher Verlustnutzung[65] und bei einem Anteilstausch.[66] Obwohl das Vermögen

---

[52] Zu nicht erfolgreichen gesetzgeberischen Initiativen nach dem sog. Porsche-Deal vgl. BT-Drs. 17/11 220 S. 8, 17 f.
[53] → Rn. 83b.
[54] So bei Abspaltungen § 15 Abs. 1 S. 2 UmwStG, ohne Entsprechung in § 20 Abs. 1 UmwStG.
[55] UmwStE 2011 (Fn. 36) Rn. 13.05; zum Übergang auf eine bereits beteiligte Personengesellschaft aber abweichend UmwStE 2011 (Fn. 36) Rn. 04.18 f.
[56] § 13 Abs. 2 UmwStG, bei Einbringungen nach § 20 Abs. 3 bzw. § 21 Abs. 2 UmwStG gekoppelt mit dem Antrag auf Buchwertverknüpfung des übertragenen Vermögens.
[57] § 21 UmwStG 1995; vgl. dazu Semler/Stengel/*Moszka* Anh. UmwStG Rn. 331 ff.; Dötsch/*Patt*/Pung/Möhlenbrock § 20 Rn. 145 ff.
[58] § 20 Abs. 3 Satz 4 UmwStG 2008; dazu Semler/Stengel/*Moszka* Anh. UmwStG Rn. 333a; Dötsch/*Patt*/Pung/Möhlenbrock § 20 Rn. 147, § 21 Rn. 68 ff.; UmwStE 2011 (Fn. 36) Rn. 20.39, 27.02.
[59] → Rn. 183.
[60] UmwStE 2011 (Fn. 36) Rn. E 20.03.
[61] Zur Rechtsentwicklung vgl. Haritz/Menner/*Bilitewski* § 22 Rn. 2 ff.
[62] Vgl. *Schell/Krohn* DB 2012, 1176.
[63] Zur gesellschaftsrechtlichen und steuerlichen Rückbeziehung *Klein*, FS Spiegelberger, S. 282 ff. Nach BFH DStR 2013, 575 gilt die Rückwirkung nach § 20 Abs. 7 UmwStG nur für die Einbringung von vollständigen Betrieben oder Teilbetrieben (entgegen FG München EFG 2011, 1314).
[64] §§ 2 Abs. 3, 20 Abs. 6 Satz 4, 24 Abs. 4 UmwStG; vgl. dazu UmwStE 2011 (Fn. 36) Rn. 02.38, 20.13 ff., 24.06.
[65] § 2 Abs. 4 UmwStG; UmwStE 2011 (Fn. 36) Rn. 02.39 f.; Sagasser/Bula/Brünger/*Schlösser* § 11 Rn. 40. Seit dem 6.6.2013 gilt die Einschränkung auch für die rückwirkende Nutzung der Verluste der übernehmenden Gesellschaft.
[66] UmwStE 2011 (Fn. 36) Rn. 21.17, vgl. dazu Rödder/Herlinghaus/van Lishaut/*Rabback* § 21 Rn. 52; Dötsch/*Patt*/Pung/Möhlenbrock § 21 Rn. 43.

des übertragenden Rechtsträgers rechtlich erst mit der Handelsregistereintragung übergeht, wird das mit ihm erwirtschaftete Ergebnis ab dem steuerlichen Übertragungsstichtag dem übernehmenden Rechtsträger zugerechnet. Der Eintritt in die steuerliche Rechtsstellung des übertragenden Rechtsträgers gilt als zum gleichen Zeitpunkt erfolgt; jedoch wird damit nicht für faktische Verhältnisse fingiert, die bis zum Wirksamwerden der Umwandlung eingetretenen Voraussetzungen hätten schon zum Stichtag vorgelegen.[67] Daraus folgt insbesondere, dass noch zu organisierende Teilbetriebe nicht mehr im Aufbau anerkannt werden, sondern sie bereits am Stichtag abgeschlossen bestanden haben müssen.[68] Eine rückwirkende Ergebniszurechnung ab dem Stichtag findet allerdings auch statt, wenn der übernehmende Rechtsträger erst nach dem Stichtag gegründet wurde.[69]

> **Praxistipp:**
> Bei Verlustvorträgen der übertragenden Gesellschaft Nutzung der Verluste durch Aufstockung in der steuerlichen Übertragungsbilanz auf entsprechende Zwischenwerte.

34 Bestehende **Verlustvorträge** oder vergleichbare Posten können von Kapitalgesellschaften bei einer Vermögensübertragung auf eine übernehmende Kapitalgesellschaft nach mehrfachen Änderungen des Gesetzes trotz der allgemeinen Aufrechterhaltung der steuerlichen Rechtsnachfolge jetzt nicht mehr übertragen werden.[70] Sind Personengesellschaften an einer Umwandlung beteiligt, scheidet eine Übertragung von Verlustvorträgen schon deshalb aus, weil die Verluste wegen der steuerlichen Transparenz einkommensteuerlich den Gesellschaftern zugeordnet werden. Diese Zuordnung bleibt von der Umwandlung unberührt. Bestehen hingegen Verluste bei nachgeordneten Gesellschaften oder bei der übernehmenden Gesellschaft, kann die Abzugsfähigkeit durch den Wechsel im Gesellschafterkreis, der in Folge einer Umwandlung eintritt, nach § 8c KStG begrenzt werden.[71]

7. Minderheitenschutz

35 Die Umwandlungsverfahren enthalten ein komplexes Netz von Mechanismen zum **Schutz der Gesellschafter**. Im Bereich der **Information** zeigt dies der folgende Überblick:
- Anspruch auf einen Bericht über die Umwandlung;
- Darstellung von Sonderrechten oder Vorteilen;
- Unabhängige Prüfung der Umwandlung;
- Übersendung der Unterlagen vor der Gesellschafterversammlung.

Dieser Anspruch auf Information ist aber begrenzt, soweit die Gesellschafter nach der jeweiligen Rechtsform zur Geschäftsführung befugt sind.

---

[67] UmwStE 2011 (Fn. 36) Rn. 02.13 ff., auch Rn. 15.03; dazu kritisch *Rogall* NZG 2011, 810; Schmitt/Hörtnagl/Stratz UmwStG § 15 Rn. 85 ff., zu Ausnahmen vgl. Schneider/Ruoff/Sistermann/*Beutel* H 15.13; vgl. auch *Schell/Krohn* DB 2012, 1119, sowie → Rn. 83a, 182b; zu den Eingliederungsvoraussetzungen der Organschaft vgl. UmwStE 2011 (Fn. 36) Rn. Org.02 f. und BFH DStR 2010, 2182; zur restriktiven Haltung der Finanzverwaltung vgl. Dötsch/Patt/Pung/Möhlenbrock Anh. Rn. 21 ff.; Rödder/Herlinghaus/van Lishaut/*Schumacher* § 15 Rn. 155; zur Ausgliederung *Krause* BB 1999, 246; *Schumacher* DStR 2006, 124; zur Anwachsung *Schmid/Dietel* DStR 2008, 529, 533; ablehnend UmwStE 2011 (Fn. 36) Rn. 24.06; dazu kritisch Schneider/Ruoff/Sistermann/M. *Schiessl* H 24.56.
[68] UmwStE 2011 (Fn. 36) Rn. 02.14; → Rn. 182b.
[69] UmwStE 2011 (Fn. 36) Rn. 02.11, im Widerspruch zur vorherigen Ansicht der Finanzverwaltung, vgl. *Schmitt* DStR 2011, 1108, 1111.
[70] §§ 4 Abs. 2 Satz 2, 12 Abs. 3, 15 Abs. 1 Satz 2, 18 Abs. 1 Satz 2, 19 Abs. 2, 20 Abs. 9, 23 Abs. 5, 24 Abs. 6 UmwStG.
[71] Vgl. Tz. 7, 11 BMF BStBl. I 2008, 736, dazu Sagasser/Bula/Brünger/*Schlösser* § 11 Rn. 147; *Suchanek* GmbHR 2008, 292; Centrale für GmbH Dr. O. Schmidt GmbHR 2008, 421; *Dötsch/Pung* DB 2008, 1703; zur wachsenden Bedeutung der Verlustnutzungsplanung bei Umstrukturierungen *Sistermann/Brinkmann* DStR 2008, 897; auch → Rn. 85 ff., 184 ff. und 270 ff.; ebenso → Rn. 33 Fn. 65.

Bei der Entscheidung über die Umwandlung ist die **Mitwirkung** besonders betroffener 36
Gesellschafter erforderlich:
- grundsätzlich ¾-Mehrheit für die Fassung der Gesellschafterbeschlüsse;[72]
- generell Zustimmung aller Gesellschafter bei Personengesellschaften;
- Zustimmung der Gesellschafter, für die sich eine Haftungserweiterung ergibt;[73]
- Zustimmung der Gesellschafter, die Sonderrechte verlieren;
- Zustimmung der Gesellschafter, die eine Überfremdung der Gesellschaft verhindern können.

Der Umfang der Mitwirkung richtet sich somit nicht nur nach der Rechtsform, sondern 37
auch nach den maßgebenden Gesellschaftsverträgen, deren Prüfung daher bei der Planung
einer Umwandlung geboten ist.

Soweit für eine Umwandlung ein Mehrheitsbeschluss ausreicht, ist zum Schutz der über- 38
stimmten Gesellschafter weiterhin vorgesehen, dass ihnen das Ausscheiden aus der Gesellschaft gegen Zahlung einer **Abfindung** anzubieten ist.

Schließlich ist zur Erhaltung des Wertes der bisherigen Beteiligung der Gesellschafter der 39
übertragenden Gesellschaft bei einer Umwandlung vorgesehen, dass die **Angemessenheit** der
gewährten neuen Anteile an dem übernehmenden Rechtsträger oder der im Falle des Ausscheidens angebotenen Abfindung auf Verlangen eines jeden Gesellschafters **durch ein gerichtliches Verfahren nach dem SpruchG**[74] überprüft werden kann.

8. Planung von Umwandlungen

Die Entscheidung zu einer Umwandlung ist häufig das Ergebnis sorgfältiger steuerlicher 40
und wirtschaftlicher Untersuchungen und Abstimmungen unter den Gesellschaftern. Wegen
der Bedeutung der Handelsbilanzen und deren Prüfung wird meistens die **Rückwirkung auf
das Ende des letzten Geschäftsjahres** gewünscht sein.[75] Dem formgerechten Vollzug der erforderlichen Dokumentation stehen nach Durchlaufen der Vorstadien, insbesondere der
Prüfung des Jahresabschlusses und der Feststellung des Umtauschverhältnisses, zur Wahrung der Fristen häufig nur noch **enge Zeiträume** zur Verfügung, die eine rechtzeitige Planung des gesamten Ablaufes ratsam erscheinen lassen.[76] Eine ferienbedingte Abwesenheit
von beteiligten Personen in der Sommerzeit kann sich insbesondere bei Gesellschaften mit
Abschlüssen zum Kalenderjahresende als störend erweisen.

> **Praxistipp:**
> Insbesondere bei Umwandlungen im Konzern sollten Vollmachten zur Ausfertigung der Dokumentation vorgesehen werden, um die Wahrung von Fristen unabhängig von der Verfügbarkeit der Beteiligten sicherzustellen.

Anders als Publikumsgesellschaften sind GmbHs in der Mehrzahl an **rein konzerninter-** 41
nen Umstrukturierungen beteiligt.[77] Es ist in diesen Fällen möglich, sich für den Vollzug
der Dokumentation im Endstadium weitgehend von der Anwesenheit der Beteiligten unabhängig zu machen. Diesem dient eine **Ausfertigung der Dokumentation durch Bevoll-**

---

[72] Zur Entbehrlichkeit von Gesellschafterbeschlüssen bei Konzernverschmelzungen → Rn. 110a.
[73] Kritisch aber zum fehlenden Minderheitenschutz bei der übernehmenden Gesellschaft *Mayer* DB 2007, 1235, 1239.
[74] Dazu auch → Rn. 121; nach § 122i Abs. 2 UmwG gilt das Spruchverfahren aber bei einer grenzüberschreitenden Verschmelzung nur eingeschränkt; vgl. *Tettinger* NZG 2008, 93; *Semler/Stengel/Drinhausen* §§ 122h Rn. 8, 122i Rn. 3 f. Zu empirischen Erhebungen vgl. *Lorenz* AG 2012, 284.
[75] Zur Erfüllung der Voraussetzungen für eine steuerliche Organschaft vgl. *Heurung/Engel/Thiedemann* Der Konzern 2012, 16; auch → Rn. 243.
[76] Zur Fehlervermeidung durch Risikomanagement *Wollweber* AG 2011, 77.
[77] Vgl. *Bayer/Schmidt/Hoffmann* Der Konzern 2012, 225. Zu akquisitionsbegleitenden Umwandlungen *Kallmeyer* DB 2002, 568.

mächtigte, soweit ein Handeln kraft Vollmacht zulässig ist.[78] Derartige umfassende Vollmachten setzen einen vollständigen Überblick über die jeweilige Struktur der Umwandlung und die damit zusammenhängende Dokumentation voraus. Um sicherzustellen, dass die Vollmachten alle notwendigen Schritte abdecken, ist der vorherige Entwurf der vollständigen Dokumentation hilfreich. Wegen der Verwendung gegenüber dem Handelsregister bedürfen umfassende Vollmachten[79] dann einer notariellen Beglaubigung, wenn sie die Befugnis zur Vornahme von Handelsregisteranmeldungen[80] oder Neugründungen von Gesellschaften einschließen.

42 **Höchstpersönlich abzugebende Erklärungen,** die keiner Bevollmächtigung zugänglich sind, können u. U. von den Geschäftsführern schon vorab im Zusammenhang mit der Erteilung der Vollmachten abgegeben werden. Dies ist aber nur dann möglich, wenn sie sich nicht auf den späteren Ablauf der Umwandlung beziehen, der bei Abgabe der Erklärung noch unbekannt ist. Bei der Bestellung von neuen Geschäftsführern kann z. B. die Eignungsversicherung nach § 8 Abs. 3 GmbHG auf Vorrat vorbereitet werden.

> **Praxistipp:**
> Bei Umwandlungen insbesondere in internationalen Konzernen ist bei einer Beteiligung von Spartenleitern für mehrere Gesellschaften das Verbot des Selbstkontrahierens zu beachten.

43 Bei konzerninternen Umwandlungen treten oft dieselben Personen in unterschiedlicher Funktion auf. Da **Probleme des Selbstkontrahierens** nicht nur bei dem Abschluss von Verträgen, sondern auch bei der Fassung von Gesellschafterbeschlüssen auftreten können, ist bei der Vorbereitung der Umwandlung sorgfältig zu prüfen, ob gegebenenfalls erforderliche Befreiungen von dem Verbot des Selbstkontrahierens[81] bestehen. Ist bisher keine allgemeine Befreiung erteilt worden, ist es jedoch nicht zwingend erforderlich, die Befreiung für die Durchführung der Umwandlung in allgemeiner Form zu beschließen und zum Handelsregister anzumelden. Da derartige allgemeine Befreiungen eine Grundlage im Gesellschaftsvertrag haben müssen, könnte dies bei Fehlen einer entsprechenden Satzungsklausel vorab eine Änderung des Gesellschaftsvertrages erforderlich machen. Zur Vermeidung von Kosten und Zeitverlusten bis zur Handelsregistereintragung kann daher die Befreiung vom Verbot des Selbstkontrahierens durch Gesellschafterbeschluss für den Einzelfall vorzuziehen sein. Diese Befreiung ist dann in den Registerverfahren zum Vollzug der Umwandlung durch eine beglaubigte Abschrift des Gesellschafterbeschlusses nachzuweisen.

44 Sind bei der Umwandlung keine divergierenden Gesellschafterinteressen zu erwarten, kann zur **Abkürzung der Einberufungsfristen** die Fassung des Gesellschafterbeschlusses unter Verzicht auf alle anwendbaren Formen und Fristen der Ladung vorgesehen werden. Da für die Information der Gesellschafter oder die Abhaltung der Gesellschafterversammlung auch weitere Formalitäten wie z. B. die Auslage von Geschäftsberichten oder die Zusendung von Unterlagen vorgeschrieben sein können, sollte bei formlos durchgeführten konzerninternen Umwandlungen auch hierauf ausdrücklich verzichtet werden. Es empfiehlt sich, Verzichtserklärungen, die die Gesellschafter notariell abzugeben hätten und die durch Bevollmächtigte bei der Beurkundung des gesamten Umwandlungsvorganges abgegeben werden sollen, in den Vollmachten besonders zu erwähnen.

---

[78] Ausführlich zur Vertretung bei Umwandlungen *Heidinger/Blath*, FS Spiegelberger, S. 692 ff.
[79] Zu den Grenzen von Generalvollmachten → Rn. 138 Fn. 328.
[80] Vgl. *Kallmeyer/Zimmermann* § 16 Rn. 7; § 198 Rn. 10; Semler/Stengel/*Schwanna* § 16 Rn. 7. Neuerlich können die beurkundenden Notare nach § 378 Abs. 2 FamFG viele Anmeldungen auch selbst kraft Vollmachtsvermutung beantragen, nicht jedoch höchstpersönliche Erklärungen für die gesetzlichen Vertreter abgeben; vgl. dazu *Ising* NZG 2012, 289; MünchKomm-ZPO/*Krafka* § 378 FamFG Rn. 8.
[81] Vgl. *Kallmeyer/Zimmermann* § 13 Rn. 14, § 50 Rn. 13, § 193 Rn. 12; vgl. auch *Schemann* NZG 2008, 89.

II. Verschmelzung

**Beratungscheckliste
für die Verschmelzung mit einer GmbH**

45

Vorüberlegungen
☐ Grund für die Zusammenlegung der Unternehmen
  • betriebliche Bedeutung
  • Auswirkungen auf der Gesellschafterebene
☐ Alternativen
☐ Kartellrechtliche Genehmigungsfähigkeit

Planung
☐ Festlegung der gemeinsamen Unternehmensstruktur
  • Neugründung oder Aufnahme
  • Besetzung der leitenden Positionen
  • Prüfung der steuerlichen Auswirkungen
☐ Zeitpunkt der Verschmelzung
  • Nutzung der Rückwirkung
  • Kosten einer Zwischenbilanz
☐ Umtauschverhältnis
  • Feststellung der Unternehmenswerte
  • Liquiditätsbedarf für Zuzahlungen und Abfindungen
☐ Vorabkonsultationen
  • wichtige Gesellschaftergruppen
  • Arbeitnehmervertretungen

Durchführung
☐ Zeitplan für Entwurf und Ausfertigung der Dokumentation
☐ Durchführung der Abschlussprüfung und der Verschmelzungsprüfung
☐ Entwurf des Verschmelzungsberichts
☐ Entwurf des Verschmelzungsvertrages
  • Festlegung der Kapitalmaßnahmen
  • Inhaltliche Abstimmung
☐ Maßnahmen im Personalbereich
  • Information des Betriebsrates
  • Anzeige des Betriebsübergangs
☐ Abhaltung der Gesellschafterversammlungen
☐ Handelsregisteranmeldungen

Abschluss
☐ Eintragungen im Handelsregister
☐ Einreichung der Gesellschafterliste zum Handelsregister

1. Gestaltung des Verschmelzungsvorganges[82]

46
a) Übersicht. Im rechtstechnischen Sinne ist eine Verschmelzung die Übertragung des Vermögens eines Rechtsträgers als Ganzes durch Gesamtrechtsnachfolge auf einen übernehmenden Rechtsträger unter gleichzeitiger Beendigung des übertragenden Rechtsträgers ohne Liquidation.[83] Für eine solche Zusammenführung von zwei Unternehmen stehen grundsätzlich **zwei Wahlmöglichkeiten** zur Verfügung:

---

[82] Bei Beteiligung einer AG vgl. ausführliche Checklisten und Muster bei *Seibt* L II 1, S. 1521.
[83] Kallmeyer/*Marsch-Barner* § 2 Rn. 8 ff.; Widmann/Mayer/*Fronhöfer* UmwG § 2 Rn. 22 ff., 26 ff.; Semler/*Stengel* § 2 Rn. 34 ff.; Sagasser/Bula/Brünger/*Luke* § 9 Rn. 2.

- ein Unternehmen überträgt sein Vermögen auf das andere Unternehmen, das dann – in alter oder angepasster Form – als gemeinsamer Rechtsträger für das neue verschmolzene Unternehmen auftritt (**Verschmelzung durch Aufnahme**),[84] oder
- beide beteiligte Unternehmen übertragen gleichzeitig ihr Vermögen auf einen neuen Rechtsträger, der dann die verschmolzenen Unternehmen als Einheit fortführt (**Verschmelzung durch Neugründung**).[85]

47 Lediglich im letzten Fall stellt sich die Frage, ob für das aufnehmende Unternehmen eine schon vor der Verschmelzung als Mantel bestehende Gesellschaft herangezogen werden soll oder der übernehmende Rechtsträger erst im Rahmen des Verschmelzungsvorganges neu gegründet werden soll. Da oftmals die Transaktionskosten einschließlich etwaiger Grunderwerbsteuer bei einer Verschmelzung durch Neugründung deutlich höher ausfallen als bei einer Verschmelzung durch Aufnahme,[86] beschränkt sich die Bedeutung der Verschmelzung durch Neugründung in der Praxis auf Fälle, in denen die beteiligten Unternehmen eine gleiche Behandlung einfordern.[87]

48 **b) Zulässige Rechtsform der Beteiligten.** Die Verschmelzung steht grundsätzlich allen deutschen Kapital- und Personenhandelsgesellschaften in jeder Kombination offen.[88] Aus dem Verbot von Sacheinlagen ergeben sich aber Einschränkungen für GmbHs in der Variante einer Unternehmergesellschaft gemäß § 5a GmbHG als übernehmender Rechtsträger,[89] solange das allgemeine Mindestkapital für eine GmbH nicht erreicht wird.[90] Deutsche Kapitalgesellschaften können sich auch an einer grenzüberschreitenden Verschmelzung mit einer EU/EWR-Kapitalgesellschaft mit Ausnahme von Genossenschaften und Kapitalanlagegesellschaften beteiligen. Die **Auflistung der verschmelzungsfähigen Rechtsträger** in §§ 3 Abs. 1 und 122b UmwG ist jedoch **abschließend**.[91] Daher können sich Gesellschaften bürgerlichen Rechts und Erbengemeinschaften nicht an einer Verschmelzung beteiligen.[92] Ebenso ist nach derzeitiger Rechtslage eine Verschmelzung mit anderen ausländischen Rechtsträgern nicht möglich.[93] Bereits aufgelöste Rechtsträger können nach § 3 Abs. 3 UmwG als übertragende Rechtsträger beteiligt sein, wenn ihre Fortsetzung beschlossen werden könnte.[94]

49 **c) Art der Durchführung.** Im Regelfall führt die Verschmelzung bei dem übernehmenden Rechtsträger zur Schaffung neuen Kapitals, um für die Gesellschafter des übertragenden

---

[84] § 2 Nr. 1 UmwG; Kallmeyer/*Marsch-Barner* § 2 Rn. 3; Lutter/*Lutter/Drygala* § 2 Rn. 23; Semler/*Stengel* § 2 Rn. 23.

[85] § 2 Nr. 2 UmwG; Kallmeyer/*Marsch-Barner* § 2 Rn. 5; Lutter/*Lutter/Drygala* § 2 Rn. 24; Semler/*Stengel* § 2 Rn. 28.

[86] Vgl. Lutter/*Lutter/Drygala* § 2 Rn. 24; Widmann/Mayer/*Fronhöfer* UmwG § 2 Rn. 37.

[87] Vgl. Kallmeyer/*Marsch-Barner* § 2 Rn. 7; Semler/*Stengel* § 2 Rn. 30; *Martens* AG 2000, 301; *Bayer/Schmidt/Hoffmann* Der Konzern 2012, 225; zu weiteren Vorteilen einer Neugründung vgl. aber *Lenz* GmbHR 2001, 717.

[88] Eine Personengesellschaft kann jedoch nicht aufnehmende Gesellschaft sein, wenn dies zu ihrer Beendigung kraft Anwachsung führt, OLG Hamm GmbHR 2010, 985.

[89] Auch → Rn. 17a. Im Einzelnen dazu *Tettinger* Der Konzern 2008, 75; *Meister* NZG 2008, 767; *Heckschen*, FS Spiegelberger, S. 681 ff.; *Berninger* GmbHR 2010, 63; BGH NZG 2011, 666 m.w.N.; zu ihrer grundsätzlichen Einordnung als Variante der GmbH auch MoMiG-RegE S. 71; *Wilhelm* DB 2007, 1510; *Noack* DB 2007, 1395; *Seibert* GmbHR 2007, 673; *Veil* GmbHR 2007, 1080; Lutter/*Lutter/Drygala* § 3 Rn. 8. Zur Verschmelzung durch Neugründung BGH NJW 2011, 1883 m.w.N.; zum Upgrade durch Sachkapitalerhöhung *Lieder/Hofmann* GmbHR 2011, 561, 565; Semler/*Stengel* § 3 Rn. 20a; BGH NJW 2011, 1881; a.A. Baumbach/Hueck/*Fastrich* § 5a GmbHG Rn. 33; *Heckschen* Das MoMiG in der notariellen Praxis Rn. 188 ff.; *Miras* NZG 2012, 486.

[90] BGH NZG 2011, 664.

[91] Vgl. *Neye/Timm* GmbHR 2007, 561; Semler/*Stengel* § 3 Rn. 13; a.A. zur abstrakten Abgrenzung von ausländischen Beteiligten aber Semler/Stengel/*Drinhausen* § 122b Rn. 3; Kallmeyer/*Marsch-Barner* §§ 3 Rn. 2, 122b Rn. 2 f. (anders aber mit Hinweis auf EuGH in Rn. 6); vgl. auch *Frenzel* RIW 2008, 12, 20; Semler/Stengel/*Drinhausen* Einl. C Rn. 21 ff. Die nicht im Gesetz genannte europäische wirtschaftliche Interessengemeinschaft ist nach § 1 EWIV-AusführungsG als oHG zu behandeln und damit verschmelzungsfähig, Semler/*Stengel* § 3 Rn. 4; vgl. ebenfalls Kallmeyer/*Marsch-Barner* § 3 Rn. 4; Widmann/Mayer/*Heckschen* UmwG § 1 Rn. 20; Lutter/*Lutter/Drygala* § 3 Rn. 3 f.

[92] Kallmeyer/*Marsch-Barner* § 3 Rn. 2; vgl. auch Semler/*Stengel* § 3 Rn. 16; Lutter/*Lutter/Drygala* § 3 Rn. 5.

[93] Semler/Stengel/*Drinhausen* § 122b Rn. 8.

[94] Dazu unten Rn. 365; BGH ZIP 2001, 2006; *Blasche* GWR 2010, 441.

Rechtsträgers als Ersatz für ihre untergehenden Anteile an der übertragenden Gesellschaft zusätzliche Anteile an dem übernehmenden Rechtsträger bereitzustellen. Für diese Gesellschafter wirkt sich die Verschmelzung daher wie ein **Anteilstausch** aus. Somit ist ein Grundproblem der Verschmelzung die **Bewertung** der beteiligten Unternehmungen und die Festlegung des Umtauschverhältnisses bei der Gewährung dieser neuen Anteile.[95] Gesetzlich festgelegte Berichts- und Prüfungspflichten sollen insoweit die ordnungsgemäße Durchführung der Verschmelzung sicherstellen.

Hält einer der an der Verschmelzung beteiligten Rechtsträger bereits Anteile an dem anderen Rechtsträger, sind entsprechend weniger neue Anteile durch eine Kapitalaufstockung zu beschaffen. So braucht kein Ersatz für untergehende Anteile an dem übertragenden Rechtsträger geschaffen zu werden, wenn und soweit der übernehmende Rechtsträger an diesem beteiligt ist oder die Anteilseigner nach § 54 Abs. 1 S. 3 UmwG auf die Gewährung von Anteilen verzichten.[96] War der übertragende Rechtsträger zuvor an dem übernehmenden Rechtsträger beteiligt und würde dieser somit durch die Verschmelzung eigene Anteile erwerben, kann auch vereinbart werden, dass diese Anteile ohne Durchgangserwerb bei dem übernehmenden Rechtsträger direkt auf die Gesellschafter des übertragenden Rechtsträgers als Ersatz für deren untergehende Anteile übergehen.[97] Eine Bewertung erübrigt sich in vollem Umfange aber nur, wenn eine 100%ige Tochtergesellschaft auf ihre Muttergesellschaft verschmolzen wird (Aufwärtsverschmelzung/**upstream merger**) und daher keine neuen Anteile ausgegeben werden.[98]

> **Praxistipp:**
> Bei Aufwärtsverschmelzungen ist die Steuerneutralität auf der Ebene der Muttergesellschaft insbesondere bei früherer Wertberichtigung der Anteile eingeschränkt.

Auch bei der Verschmelzung einer Muttergesellschaft auf ihre 100%ige Tochtergesellschaft (Abwärtsverschmelzung/**downstream merger**) können die Gesellschafter der Muttergesellschaft für ihre untergehenden Anteile an der Muttergesellschaft mit den bisher von der Muttergesellschaft gehaltenen Anteilen an der Tochtergesellschaft bedient werden. Dem trägt das Gesetz mit automatischen Erleichterungen bei den Berichts- und Prüfungspflichten Rechnung. Sind hingegen außenstehende Anteilseigner vorhanden, ist eine Bewertung zur Festlegung des Umtauschverhältnisses unabhängig von dem Umfang der Beteiligungen erforderlich.

d) Alternativen. Der Typenzwang des Umwandlungsrechtes schließt alternative Gestaltungen nicht aus, sie werden aber in der Regel durch einen **Verzicht auf die Gesamtrechtsnachfolge** erkauft. Dieser Verzicht wird um so leichter fallen, je weniger Rechtsverhältnisse von dem Vermögensübergang betroffen werden. Eine nur wirtschaftliche Fusion zu einer Unternehmensgruppe, bei der die bisherigen Rechtsträger nicht rechtlich verschmolzen werden, sondern bestehen bleiben, kann z.B. leicht dadurch herbeigeführt werden, dass die Gesellschafter einer Gesellschaft ihre Anteile gegen solche einer anderen Gesellschaft tauschen, die dann mit der ersten Gesellschaft einen Unternehmensverbund bildet. Hier beschränkt sich die Einzelrechtsnachfolge auf die Einbringung der Anteile der künftigen Tochtergesellschaft in die neue Muttergesellschaft. Solche Lösungen sind jeweils in ihrem eigenen steuerlichen Kontext zu würdigen, da z.B. ein Anteilstausch nach § 21 Abs. 2 Satz 2 UmwStG nur dann zur Steuerneutralität führt, wenn abgesehen von der EU-Fusionsrichtlinie das deutsche

---

[95] Kallmeyer/*Müller* § 5 Rn. 17 ff.; Lutter/*Lutter/Drygala* § 5 Rn. 20 f.; Semler/Stengel/*Simon* § 5 Rn. 25; zur Bewertungsmethode neuerlich OLG Frankfurt NZG 2013, 104, Der Konzern 2012, 61; OLG Stuttgart AG 2012, 221; BVerfG AG 2012, 674; OLG München AG 2012, 749 mwN. Zur Überprüfung im Spruchverfahren → Rn. 121.
[96] Zur Entwicklung der Rechtslage bei der Verschmelzung von Schwestergesellschaften Semler/Stengel/*Reichert* § 54 Rn. 19 ff.
[97] Semler/Stengel/*Reichert* § 54 Rn. 15; Kallmeyer/*Marsch-Barner* § 20 Rn. 29; Lutter/*Grunewald* § 20 Rn. 55.8.
[98] Vgl. Semler/Stengel/*Schröer* § 5 Rn. 128; Sagasser/Bula/Brünger/*Luke* § 9 Rn. 350.

Recht zur Besteuerung von Veräußerungsgewinnen nicht beschränkt ist, die aufnehmende Gesellschaft mindestens die Mehrheit der Stimmrechte erwirbt und die sieben Jahre dauernde Veräußerungssperre gemäß § 22 Abs. 2 UmwStG beachtet wird.[99]

52 Steigt mit der Größe einer Gesellschaft aber auch die Zahl ihrer Gesellschafter, sinkt die Gewissheit, dass sich alle Gesellschafter an einem solchen Anteilstausch beteiligen. Hierdurch entsteht die Gefahr, dass **außenstehende Gesellschafter** in der künftigen Tochtergesellschaft verbleiben und sie deren volle Einbindung in die neue Unternehmensgruppe erschweren. Die Beteiligung an dem Anteilstausch ist in diesem Falle der individuellen Entscheidung eines jeden einzelnen Gesellschafters anheimgestellt; es gibt kein für die Gesamtheit der Gesellschafter verbindliches Entscheidungsrecht einer qualifizierten Mehrheit wie bei der umwandlungsrechtlichen Verschmelzung.

> **Praxistipp:**
> Operative Kontrolle und Vorteile aus der Steigerung der Ertragskraft der Tochtergesellschaft können trotz Verbleibens von Minderheitsgesellschaftern über einen Beherrschungs- und Gewinnabführungsvertrag sichergestellt werden.

53 Der Verzicht auf die Gesamtrechtsnachfolge hat deutliche Folgen, wenn alternative Lösungen die Übertragung eines umfangreichen Betriebsvermögens betreffen, weil hier eine Vielzahl von Vermögensgegenständen jeweils durch Einzelhandlungen übertragen werden muss. Diese können zwar zusammengefasst werden, aber der Zwang zur genauen Bezeichnung der Vermögensgegenstände und zur Einholung von Genehmigungen durch Vertragspartner schmälert die Attraktivität solcher Lösungen.

54 Ein potentieller übertragender Rechtsträger, dem die **Verschmelzungsfähigkeit** fehlt, sollte zunächst prüfen, ob er die Verschmelzungsfähigkeit durch einen **vorgeschalteten Formwechsel** erreichen kann. Ist dies wegen der auch dort bestehenden Beschränkungen[100] nicht möglich, verbleibt dann nur die **Alternative,** zunächst sein Vermögen im Wege der **Sacheinlage** in eine verschmelzungsfähige Auffanggesellschaft einzubringen, die dann auf die übernehmende Gesellschaft verschmolzen wird. Wenn aber der an der direkten Verschmelzung gehinderte Rechtsträger eine Gesellschaft (z. B. GbR) ist, dann erhält diese die Anteile an der übernehmenden Gesellschaft als Gründer der Auffanggesellschaft und nicht deren Gesellschafter. Wenn diese Gesellschafter unmittelbar an der übernehmenden Gesellschaft beteiligt werden sollen, müssten die dafür erhaltenen Anteile gegebenenfalls im Zuge der Liquidation dieser GbR an deren Gesellschafter ausgekehrt werden. Soll allerdings bei einer Beteiligung ausländischer Rechtsträger die Einbringung nicht das gesamte Unternehmen, sondern nur einen Landesteil erfassen, hängt nach §§ 1 Abs. 4, 20 Abs. 1 UmwStG die – auf EU/EWR-Kapitalgesellschaften oder dort ansässige natürliche Personen beschränkte – Steuerneutralität der Einbringung in eine Kapitalgesellschaft davon ab, ob ein vollständiger Betrieb[101] oder Teilbetrieb[102] eingebracht wird.[103]

55 **e) Struktur der gesetzlichen Regelungen.** § 1 Abs. 1 Nr. 1 UmwG behandelt die Verschmelzung als Grundfall der Umwandlung, auf den auch bei anderen Arten der Umwandlung verwiesen wird. An diese Verweisungstechnik anknüpfend legt das Gesetz in Hinblick auf die Vielzahl denkbarer beteiligter Rechtsformen wiederum einen allgemeinen, für alle Verschmelzungsfälle zu berücksichtigenden Normenbereich fest und definiert darüber hinaus für jede beteiligte Rechtsform Spezialregeln, die die allgemeinen Regeln ergänzen oder überlagern. Überwiegend können bei der Verschmelzung gemäß § 3 Abs. 4 UmwG Rechts-

---

[99] Rödder/Herlinghaus/van Lishaut/*Stangl* § 22 Rn. 1, 4; Dötsch/*Patt*/Pung/Möhlenbrock § 22 Rn. 69 f.
[100] Dazu → Rn. 252 f.
[101] Rödder/*Herlinghaus*/van Lishaut § 20 Rn. 25 ff.; Dötsch/*Patt*/Pung/Möhlenbrock § 20 Rn. 22 ff.
[102] Rödder/*Herlinghaus*/van Lishaut § 20 Rn. 58 ff.; Dötsch/*Patt*/Pung/Möhlenbrock § 20 Rn. 74 ff.
[103] Nach § 1 Abs. 4 Nr. 2 UmwStG hat die Ansässigkeit aber bei einem Anteilstausch für den einbringenden bzw. übertragenden Rechtsträger keine Bedeutung, so auch *Mitsch* INF 2007, 225, 226; *Ott* INF 2007, 387, 388. Nach UmwStE 2011 (Fn. 36) Rn. 01.54 gilt die Beschränkung nicht bei der Einbringung in eine Personengesellschaft gemäß § 24 UmwStG.

träger unterschiedlicher Rechtsform beteiligt sein,[104] während in Einzelfällen nur eine Verschmelzung mit Rechtsträgern gleicher Rechtsform möglich ist. Daraus ergibt sich folgende Gliederung des Zweiten Buches des Umwandlungsgesetzes, das die Verschmelzung regelt:

- Allgemeine Vorschriften für alle Rechtsformen §§ 2–38 UmwG;
- Beteiligung von Personenhandelsgesellschaften §§ 39–45 UmwG;
- Beteiligung von Partnerschaftsgesellschaften §§ 45a–45e UmwG;
- Beteiligung von Gesellschaften mit beschränkter Haftung §§ 46–59 UmwG;
- Beteiligung von Aktiengesellschaften (einschl. KGaA) §§ 60–78 UmwG;
- Beteiligung eingetragener Genossenschaften §§ 79–98 UmwG;
- Beteiligung rechtsfähiger Vereine §§ 99–104a UmwG;
- Verschmelzung genossenschaftlicher Prüfungsverbände §§ 105–108 UmwG;
- Verschmelzung von Versicherungsvereinen a. G. §§ 109–119 UmwG;
- Beteiligung eines Alleingesellschafters (natürliche Person) §§ 120–122 UmwG;
- Grenzüberschreitende Verschmelzung von Kapitalgesellschaften §§ 122a–122l UmwG.

2. Entscheidungsprozesse

a) **Geschäftsführung.** Die Geschäftsführungen der beteiligten Rechtsträger werden regelmäßig eine besonders aktive Rolle bei der Vorbereitung und Durchführung der Verschmelzung übernehmen, auch wenn diese die Gesellschafterstellung berührt und daher als **Grundlagengeschäft** die alleinige Kompetenz der Geschäftsführung überschreitet. Die vielfachen Auswirkungen der Verschmelzung auf das Leben der beteiligten Unternehmen und die bessere Vertrautheit mit den Details der Unternehmungen machen die Mitwirkung der Geschäftsführungen unverzichtbar. Entsprechend ist in § 4 Abs. 1 Satz 1 UmwG vorgesehen, dass der Verschmelzungsvertrag von den beteiligten Geschäftsführungsorganen abgeschlossen wird.[105] Mit der in § 16 UmwG festgelegten Zuständigkeit für die Anmeldung der Verschmelzung zum Handelsregister übernimmt die Geschäftsführung auch die gesellschaftsinterne Verantwortung für die ordnungsgemäße Durchführung des Verschmelzungsvorganges.

Selbst wenn wie bei der GmbH den Gesellschaftern ein Weisungsrecht gegenüber der Geschäftsführung zusteht, hat eine Verschmelzung meistens wenig Aussicht auf Erfolg, wenn sie der Geschäftsführung von den Gesellschaftern aufgezwungen wird. Vielmehr muss die Geschäftsführung selbst von der mit der Verschmelzung einhergehenden strategischen Ausrichtung überzeugt sein. Da die Geschäftsführungsorgane durch die gesellschaftliche Neuordnung in dieser Eigenschaft auch persönlich betroffen werden,[106] hängt die Einstellung der Geschäftsführung zu einer Verschmelzung oft maßgeblich von einer befriedigenden Regelung der künftigen Führungspositionen in der verschmolzenen Gesellschaft ab.

b) **Anteilsinhaber.** Als Grundlagengeschäft bedarf die Verschmelzung der Zustimmung der Anteilsinhaber der beteiligten Rechtsträger, die **bei Kapitalgesellschaften** gemäß §§ 50, 65 UmwG jeweils mit einer **qualifizierten Mehrheit** von ¾ der vertretenen Stimmen entscheiden.[107] **Bei einer Personenhandelsgesellschaft** bzw. Partnerschaftsgesellschaft ist gemäß §§ 43, 45d UmwG jedoch die **Zustimmung aller Gesellschafter** erforderlich, soweit nicht im Gesellschaftsvertrag vorgesehen ist, dass derartige Entscheidungen mit einer Mehrheit von mindestens 75% der Stimmen getroffen werden können.[108]

Darüber hinaus kann die Verschmelzung auch der **besonderen Zustimmung** einzelner Anteilsinhaber oder Gesellschaftergruppen bedürfen. Die Einzelheiten hängen weitgehend von

---

[104] Kallmeyer/*Marsch-Barner* § 3 Rn. 28; Lutter/*Lutter/Drygala* § 3 Rn. 1a.E.; Semler/*Stengel* § 3 Rn. 12.
[105] Kallmeyer/*Marsch-Barner* § 4 Rn. 4 f.; Lutter/*Lutter/Drygala* § 4 Rn. 7; Semler/Stengel/*Schröer* § 4 Rn. 8.
[106] Zu den Auswirkungen auf Organpersonen *Buchner/Schlobach* GmbHR 2004, 1; vgl. auch BGH DStR 2004, 366.
[107] Vgl. Sagasser/Bula/Brünger/*Luke* § 9 Rn. 50; Semler/Stengel/*Gehling* § 13 Rn. 21. Zu Konzernverschmelzungen vgl. aber unten Rn. 110a.
[108] Sagasser/Bula/Brünger/*Luke* § 9 Rn. 50; Kallmeyer/*Zimmermann* § 13 Rn. 9; Semler/Stengel/*Ihrig* § 43 Rn. 2, 27.

der **Ausgestaltung des Gesellschaftsvertrages** und der **Rechtsform** eines jeden beteiligten Rechtsträgers ab.[109] Von besonderer Bedeutung sind hierbei **folgende Fälle**:

- ein Gesellschafter der übertragenden Gesellschaft kann nach dem Gesellschaftsvertrag die Abtretung von Geschäftsanteilen durch die anderen Gesellschafter kontrollieren,[110]
- der Gesellschaftsvertrag einer übertragenden GmbH räumt einem Gesellschafter Minderheitsrechte oder Sonderrechte im Zusammenhang mit der Geschäftsführung ein,[111]
- die Stammeinlagen einer beteiligten GmbH sind noch nicht voll eingezahlt,[112] so dass insbesondere die Gesellschafter der einen Gesellschaft durch die Verschmelzung in den Haftverband für die Volleinzahlung des Kapitals der anderen Gesellschaft eintreten,[113]
- im Falle einer übertragenden Aktiengesellschaft wird der Nennbetrag der Geschäftsanteile an einer übernehmenden GmbH abweichend vom Betrag der Aktien festgesetzt, so dass einzelne Aktionäre sich nicht mit ihrem gesamten Anteil beteiligen können,[114]
- ein GmbH-Gesellschafter erhält in einer übernehmenden Personenhandelsgesellschaft die Stellung eines persönlich haftenden Gesellschafters.[115]

60 Zusätzlich gibt es Fälle, in denen Gesellschafter mit ihrem **Widerspruch** zwar nicht die gesamte Verschmelzung verhindern können, aber für sich selbst besondere Rechtsfolgen auslösen. So ist dem persönlich haftenden Gesellschafter einer übernehmenden Personenhandelsgesellschaft gemäß § 43 Abs. 2 Satz 3 UmwG auf Widerspruch die Stellung eines Kommanditisten zu gewähren.[116]

61 Trotz der Bindung der Gesamtheit der Gesellschafter durch eine Mehrheitsentscheidung hat das Recht einzelner Gesellschafter, die Wirksamkeit des Verschmelzungsbeschlusses durch **Klage** anzufechten, praktische Bedeutung gewonnen. Die Gefahr, dass einzelne Gesellschafter hierdurch missbräuchlich ihre eigenen Einzelinteressen verfolgen, hat der Gesetzgeber durch § 16 Abs. 3 UmwG abzuwehren gesucht.[117] Ob dieser **Missbrauchsschutz** tatsächlich greift, hängt von der Bereitwilligkeit der Richter ab, einen solchen Missbrauch oder zumindest ein vorrangiges Vollzugsinteresse anzuerkennen.[118]

62 c) **Arbeitnehmer und ihre Vertretungen.** Obwohl das Umwandlungsrecht durch die zwingende Darstellung der Folgen für die Arbeitnehmer und die Zuleitung des Vertragsentwurfs besondere Absicherungen für eine rechtzeitige und ausreichende **Information des Betriebsrates** enthält,[119] ist die Verschmelzung nicht von der Zustimmung der Arbeitnehmer oder ihrer betriebsverfassungsrechtlichen Vertretungen abhängig, solange nicht aus Anlass der Verschmelzung auch betriebliche Veränderungen durchgeführt werden. Die beteiligten Unternehmen können sich aber der gebotenen Information der Arbeitnehmer, deren Einhaltung im Registerverfahren zu prüfen ist, nicht durch pauschale Angaben entziehen.[120]

---

[109] Vgl. tabellarische Übersicht bei Widmann/Mayer/*Heckschen* UmwG § 13 Rn. 210 ff.
[110] § 13 Abs. 2 UmwG.
[111] § 50 Abs. 2 UmwG.
[112] § 51 Abs. 1 Satz 1, 3 UmwG.
[113] § 24 GmbHG; zum Einzahlungsrückstand bei einer übertragenden GmbH vgl. Widmann/*Mayer* UmwG § 51 Rn. 22 f.; Semler/Stengel/*Reichert* § 51 Rn. 8; Kallmeyer/*Zimmermann* § 51 Rn. 2, 6; Lutter/*Winter* § 51 Rn. 5, 10 f.; Schmitt/Hörtnagl/*Stratz* UmwG § 51 Rn. 7 ff.
[114] § 52 Abs. 2 UmwG; vgl. dazu *Meister* NZG 2008, 767; zur praktischen Bedeutung Semler/Stengel/*Reichert* § 51 Rn. 28 ff.
[115] § 40 Abs. 2 Satz 2 UmwG.
[116] Kallmeyer/*Zimmermann* § 43 Rn. 22 ff.; Lutter/*H. Schmidt* § 43 Rn. 17; Semler/Stengel/*Ihrig* § 43 Rn. 40.
[117] Kallmeyer/*Marsch-Barner* § 16 Rn. 32 ff.; Lutter/*Bork* § 16 Rn. 15; Semler/Stengel/*Schwanna* § 16 Rn. 21 ff.; *Kiem* S. 171 ff.; vgl. dazu auch unten Rn. 120. Dazu empirische Studien von Bayer/Hoffmann/Sawada, www.bmj.de/SharedDocs/Downloads/DE/pdfs/20120402_Studie_Auswirkung_der_Zuweisung_der_erstinstanzlichen_Zustaendigkeit_im_Freigabeverfahren_an_die_Oberlandesgerichte.pdf?__blob=publication File.
[118] Zum Stand der Rspr. vgl. Semler/Stengel/*Schwanna* § 16 Rn. 21a, 27 ff., 32 ff.; Lutter/*Bork* § 16 Rn. 19 ff.
[119] § 5 Abs. 1 Nr. 9, Abs. 3 UmwG; vgl. dazu Semler/Stengel Einl. A Rn. 27; *Kiem* S. 13 ff. m. w. N., 6 ff.; Nießen, Der Konzern 2009, 321; bei grenzüberschreitenden Verschmelzungen §§ 122c Abs. 2 Nr. 4, 122e UmwG; zur Verzichtbarkeit → Rn. 106, 111, 125.
[120] OLG Düsseldorf DB 1998, 1399; kritisch Kallmeyer/*Willemsen* § 5 Rn. 51 ff.

Wegen der mit einer Verschmelzung häufig beabsichtigten **Strukturmaßnahmen** wird oft 63
die **Einbindung der Arbeitnehmervertretungen über die Anforderungen des Umwandlungsrechtes hinaus** unvermeidlich sein. Hierbei sind insbesondere zu beachten:[121]
- bei Einschränkung oder Verlegung von Betrieben, Zusammenschluss mit anderen Betrieben oder Einführung neuer Arbeitsmethoden ist der Betriebsrat umfassend zu unterrichten,[122]
- besteht ein Wirtschaftsausschuss, ist dieser auch bei einer Verschmelzung ohne Veränderung der betrieblichen Organisation zu unterrichten,[123]
- vor Durchführung einer Betriebsänderung sind Verhandlungen über einen Interessenausgleich und einen Sozialplan zu führen.[124]

Die **einzelnen Arbeitnehmer** haben bei einem **Betriebsübergang** gemäß § 613a BGB Anspruch auf Information über dessen Folgen und können dem Übergang ihres Arbeitsverhältnisses während eines Monats widersprechen.[125] Bei einer Verschmelzung ist streitig, ob wegen des Untergangs des übertragenden Rechtsträgers zwar ein **Widerspruchsrecht** besteht, seine Ausübung aber zum Erlöschen des Arbeitsverhältnisses führt.[126] 64

Unterlag die übertragende Gesellschaft der **Mitbestimmung**, endet die Amtszeit der Mitglieder ihres Aufsichtsrates mit dem Erlöschen der Gesellschaft.[127] Hat die übernehmende Gesellschaft keinen Aufsichtsrat oder ist dieser nicht mehr richtig besetzt, ist nach § 6 Abs. 2 MitbestG bzw. § 1 Abs. 1 Nr. 3 DrittelbG ein **Statusverfahren** entsprechend §§ 97 ff. AktG durchzuführen. Das Gleiche gilt, wenn durch die Verschmelzung erstmals die Grenzen der Mitbestimmung überschritten werden. 64a

Bei **grenzüberschreitenden Verschmelzungen** ist mit zeitaufwendigen **Verhandlungen** über die künftige Ausgestaltung der Mitbestimmung[128] zu rechnen. Im Verschmelzungsplan sind nach § 122c Abs. 2 Nr. 10 UmwG die Grundsätze des Verfahrens zur Regelung der Mitbestimmung und mögliche Ergebnisse darzustellen.[129] Hierdurch sollen jedoch die grundsätzlichen Zustimmungsbeschlüsse der Gesellschafter nicht verzögert werden. Diese können daher nach § 122g Abs. 1 UmwG unter dem Vorbehalt der Bestätigung der endgültigen Mitbestimmungsregelung zustimmen.[130] 64b

3. Finanzielle Aspekte

a) **Barleistungen.** Die Verschmelzung von zwei Gesellschaften bedeutet im Wesentlichen 65
die Fortsetzung der bisherigen Kapitalaufbringung durch die Gesellschafter aller beteiligten Gesellschaften, da selbst bei einer Kapitalerhöhung die Einlagen auf das neue Kapital durch die Übertragung des Vermögens der übertragenden Rechtsträger belegt werden. Eine Verschmelzung wird nur in besonderen Situationen einen zusätzlichen Kapitalbedarf auslösen.

aa) *Abfindungsregeln.* Im Rahmen einer Verschmelzung kann einem Gesellschafter nach 66
§ 29 UmwG weder ein Wechsel in eine **neue Rechtsform**[131] noch eine **Beschränkung seiner**

---

[121] Zu der Schnittstellenproblematik bei Betriebsänderungen vgl. *Willemsen*/Hohenstatt/Schweibert/Seibt Abschnitt B Rn. 24 ff.; *Arens/Düwell*/Wichert § 4 Rn. 112 ff.
[122] § 111 BetrVG; zur Beteiligung des Betriebsrates vgl. *Willemsen* RdA 1998, 23.
[123] § 106 Abs. 3 Nr. 8 BetrVG; zur Beteiligung des Wirtschaftsausschusses *Röder/Göpfert* BB 1997, 2105.
[124] § 112 BetrVG.
[125] Vgl. auch *Willemsen*/Hohenstatt/Schweibert/Seibt Abschnitt G Rn. 148: ernst zu nehmendes Umwandlungshindernis; dies gilt aber nicht für GmbH-Geschäftsführer, BAG Der Konzern 2003, 539.
[126] So Semler/Stengel/*Simon* § 324 Rn. 51 ff.; *Boecken* Unternehmensumwandlungen S. 81 f.; *Sayatz/Wolff* DStR 2002, 2039, 2046; vgl. auch *Schnitker/Grau* ZIP 2008, 394 m. w. N.; a. A. BAG NZA 2008, 815; *Wlotzke* DB 1995, 40, 43; *Gaul/Otto* DB 2002, 634; Kallmeyer/*Willemsen* § 324 Rn. 47 f.; *Arens/Düwell*/Wichert § 4 Rn. 270 f.; *Willemsen*/Hohenstatt/Schweibert/Seibt Abschnitt G Rn. 157 ff. m. w. N.: statt Widerspruchsrecht nur a. o. Kündigung.
[127] Semler/Stengel/*Kübler* § 20 Rn. 20; Kallmeyer/*Marsch-Barner* § 20 Rn. 16; *Heither* BB 2008, 109.
[128] Zu den Anwendungsvoraussetzungen vgl. § 5 MgVG und dazu ausführlich *Habersack* ZHR 171 (2007) 613; Sagasser/Bula/Brünger/*Schmidt* § 6 Rn. 80 ff.
[129] Semler/Stengel/*Drinhausen* § 122c Rn. 31.
[130] Dazu *Frenzel* RIW 2008, 12; *Krause/Janko* BB 2007, 2194; Semler/Stengel/*Drinhausen* § 122g Rn. 8 ff.
[131] Kallmeyer/*Marsch-Barner* § 29 Rn. 2; Semler/Stengel/*Kalss* § 29 Rn. 6.

Verfügungsbefugnis über die ihm gewährten Anteile an dem übernehmenden Rechtsträger[132] aufgezwungen werden.[133] Jedem Gesellschafter, der Widerspruch zur Niederschrift erklärt, ist in derartigen Fällen gemäß § 30 UmwG eine **angemessene Barabfindung** anzubieten, die dem Wert des Anteiles am Tag des Beschlusses über die Verschmelzung entspricht.[134] Die Bekanntmachung des Verschmelzungsvertrages vor der Beschlussfassung muss den Wortlaut des Abfindungsangebotes enthalten. Die Höhe der Abfindung kann gemäß § 34 UmwG durch ein Spruchverfahren gerichtlich überprüft werden. Statt Annahme des Abfindungsangebotes kann der Gesellschafter während der Angebotsfrist gemäß § 33 UmwG auch frei von statutarischen Verfügungsbeschränkungen über seine Anteile verfügen.[135] Die Annahme der angebotenen Abfindung schließt aber die weitere Verfolgung eines Spruchverfahrens aus.[136]

67 bb) **Zuzahlungen.** Grundsätzlich erfolgt eine Verschmelzung gemäß § 2 UmwG gegen Gewährung von Anteilen oder Mitgliedschaften des übernehmenden oder neuen Rechtsträgers. Um jedoch insbesondere bei kleiner Stückelung der Anteile die Einhaltung der gerundeten Nennbeträge unter Wahrung des Umtauschverhältnisses zu ermöglichen, kann der übernehmende Rechtsträger eine gemäß § 5 Nr. 3 UmwG im Verschmelzungsvertrag festzusetzende **bare Zuzahlung** leisten, die jedoch gemäß §§ 54 Abs. 4, 68 Abs. 3 UmwG bei Kapitalgesellschaften 10% des Nennbetrages der gewährten Anteile nicht übersteigen darf.[137] Diese Zuzahlungen sind in die Beurteilung des Umtauschverhältnisses in einem Spruchverfahren einzubeziehen. Etwaige Wertkorrekturen durch ein solches Spruchverfahren sind ebenfalls in Form von baren Zuzahlungen[138] zu realisieren, die dann aber gemäß § 15 Abs. 1 UmwG nicht an die **Grenze von 10% des Nennbetrages** gebunden sind. Die übernehmende Gesellschaft kann über die Art der Mittelbeschaffung für die baren Zuzahlungen frei entscheiden; diese müssen nicht über Eigenkapital bereit gestellt werden.

68 b) **Kapitalschutz.** Zur Durchführung einer Verschmelzung werden Anteile an dem übernehmenden Rechtsträger meistens durch eine Kapitalerhöhung neu geschaffen. Das Umwandlungsrecht geht von der Vereinbarung eines **angemessenen Umtauschverhältnisses**[139] aus, stellt dessen Wahrung aber in die Disposition der Gesellschafter. Da neben dem Umwandlungsrecht das allgemeine Gesellschaftsrecht weitgehend anwendbar bleibt,[140] führt eine **Überbewertung** der übertragenden Gesellschaft gemäß § 55 UmwG i.V.m. §§ 56 Abs. 2, 9, 24 GmbHG zu einer **Differenzhaftung** der alten und neuen Gesellschafter einer übernehmenden GmbH.[141] Es liegt vornehmlich in der Hand der Beteiligten, diese Gefahr zu vermeiden, nachdem im Registerverfahren nach Änderung des § 9c Abs. 1 GmbHG die für die Verschmelzung erbrachten Wertnachweise nur noch auf Plausibilität geprüft werden.

---

[132] Kallmeyer/*Marsch-Barner* § 29 Rn. 5, 9; Widmann/Mayer/*Wälzholz* UmwG § 29 Rn. 18 ff.; Lutter/*Grunewald* § 29 Rn. 6; Semler/Stengel/*Kalss* § 29 Rn. 7; *Kiem* S. 24; das gilt auch, wenn schon eine Beschränkung bestand.

[133] Eine Ausdehnung in Analogie auf andere Belastungen ablehnend Lutter/*Grunewald* § 29 Rn. 8; Semler/Stengel/*Kalss* § 29 Rn. 15.

[134] Kallmeyer/*Müller* § 30 Rn. 2, 20; Widmann/Mayer/*Wälzholz* UmwG § 30 Rn. 9.

[135] Kallmeyer/*Marsch-Barner* § 33 Rn. 1 ff.

[136] OLG Düsseldorf DB 2001, 189; Kallmeyer/*Marsch-Barner* § 34 Rn. 3; Lutter/*Grunewald* § 34 Rn. 2; Semler/Stengel/*Kalss* § 34 Rn. 15; Widmann/Mayer/*Wälzholz* Anh. 13 SpruchG § 3 Rn. 36.

[137] Widmann/*Mayer* UmwG § 54 Rn. 60 f., § 68 Rn. 42; Kallmeyer/*Kocher* § 54 Rn. 29; Semler/Stengel/*Reichert* § 54 Rn. 42; *Kiem* S. 9 f.

[138] Im Zuge der Aktienrechtsnovelle 2012 (BR-Drs. 852/11) wurde davon abgesehen, durch Einfügung eines § 72a UmwG Aktiengesellschaften auch den Ausgleich durch Gewährung von Aktien zu ermöglichen.

[139] Vgl. §§ 12 Abs. 2 Satz 1, 15 Abs. 1, 29 Abs. 1 UmwG; zur Ermittlung des Umtauschverhältnisses vgl. Kallmeyer/*Müller* § 5 Rn. 17 ff.; Lutter/*Lutter/Drygala* § 5 Rn. 20 ff. Zur Bewertungsmethode vgl. neuerlich BVerfG NZG 2012, 1035; zur Konzernverschmelzung OLG München AG 2012, 749.

[140] Vgl. §§ 55, 69 UmwG; zur Überlagerung des UmwG durch die Kapitalschutzvorschriften der Rechtsformgesetze *Kallmeyer* ZIP 1994, 1753.

[141] Str., so Kallmeyer/*Kocher* § 55 Rn. 13 ff.; Lutter/*Winter* § 55 Rn. 12 ff.; ausführlich Semler/Stengel/*Reichert* § 55 Rn. 11 ff.; *Wälzholz* AG 2006, 469; aber für eine übernehmende AG ablehnend OLG München Der Konzern 2006, 137 sowie BGH NZG 2007, 513, der diese Frage für eine GmbH offen gelassen hat; *Thoß* NZG 2006, 376 befürwortet eine Freistellung der widersprechenden Gesellschafter.

Bei einer nur bilanziellen **Überschuldung** einer **übertragenden Gesellschaft** ist ihre Verschmelzungsfähigkeit nicht schlechthin ausgeschlossen, da es für die Werthaltigkeit der Sacheinlage auf die **Verkehrswerte** ankommt. Nicht bilanzierte immaterielle Wirtschaftsgüter und stille Reserven in anderen Wirtschaftsgütern, insbesondere der sich in der Ertragskraft ausdrückende Firmenwert, müssen berücksichtigt werden. Verbleibt auch dann ein negativer Wert, kann eine **Kapitalerhöhung erst nach einer vorherigen Sanierung** und Wiederherstellung eines positiven Reinvermögens und damit der Werthaltigkeit der Sacheinlage durchgeführt werden.[142] Eine solche Sanierung ist indessen nicht erforderlich, wenn eine Verschmelzung auf eine Muttergesellschaft gemäß § 54 Abs. 1 Satz 1 Nr. 1 UmwG ohne Kapitalerhöhung möglich ist,[143] alle Gesellschafter der übertragenden Gesellschaft gemäß § 54 Abs. 1 Satz 3 UmwG auf die Gewährung von Anteilen verzichten[144] oder die Verschmelzung gemäß § 120 UmwG auf einen Alleingesellschafter erfolgt.[145] Ein ausgleichspflichtiger Schaden entsteht den Gesellschaftern der übernehmenden Muttergesellschaft im ersten Falle nicht, da diese durch die Wertminderung ihrer Beteiligung einen etwaigen Verlust bereits vorweg getragen hat.[146] Ist die Überschuldung der Tochtergesellschaft nicht durch einen Rangrücktritt abgewehrt worden, kann die Pflicht zur fristgerechten Stellung des Insolvenzantrages nicht bereits durch den Abschluss des Verschmelzungsvertrages vermieden werden,[147] sondern erst die Zustimmung der Gesellschafter der Muttergesellschaft und ihre Klageverzichte lassen bei ungewissen Mehrheitsverhältnissen das Wirksamwerden der Verschmelzung als ausreichend sicher und damit die Fortführung des Unternehmens nach den Umständen überwiegend wahrscheinlich i. S. v. § 19 Abs. 2 InsO erscheinen.[148] Eine etwaige Strafbarkeit und Haftung wegen Insolvenzverschleppung steht aber der Fähigkeit, sich an einer Verschmelzung zu beteiligen, nicht grundsätzlich entgegen.[149]

69

Ohne Kapitalerhöhung kann nach § 54 Abs. 1 Satz 1 Nr. 2 UmwG auch eine Abwärtsverschmelzung durchgeführt werden. Wenn das Vermögen der Muttergesellschaft negativ ist, muss bei einer übernehmenden Tochter-GmbH die Kapitalziffer unbelastet bleiben, jedoch **können die Verluste mit freiem Eigenkapital verrechnet werden**.[150]

69a

Ist die **übernehmende Gesellschaft überschuldet**, könnte eine angemessene Beteiligung der Gesellschafter der übertragenden Gesellschaft am Nominalkapital der übernehmenden Gesellschaft nur durch eine unzulässige Überbewertung der Sacheinlagen erfolgen. Eine Verschmelzung wird daher nur durchführbar sein, wenn die Gesellschafter der übertragenden Gesellschaft auf die Gewährung von Anteilen mit einem angemessenen Gegenwert verzichten oder die übernehmende Gesellschaft vorab saniert wird.

70

---

[142] Vgl. OLG Frankfurt DB 1998, 917; Kallmeyer/*Marsch-Barner* § 3 Rn. 22; Centrale-Gutachtendienst GmbHR 2001, 668; zur Konsolidierung der übertragenen Reinvermögen bei einer Neugründung vgl. *Lenz* GmbHR 2001, 718 f.; zur Sanierung gemäß § 225a Abs. 2 InsO durch Umwandlung von Gläubigerrechten in Anteilsrechte *Kahlert/Gehrke* DStR 2013, 975.
[143] Vgl. dazu *Kallmeyer/Kocher* § 54 Rn. 5; *Lutter/Winter* § 54 Rn. 7; *Blasche* GWR 2010, 441; zum Schutz von Minderheitsgesellschaftern *Weiler* NZG 2008, 527.
[144] Vgl. dazu *Keller/Klett* DB 2010, 1220.
[145] OLG Stuttgart NZG 2006, 159.
[146] Zur Haftung bei einer Verschmelzung von Schwestergesellschaften *Schwetlik* GmbHR 2011, 130, 133.
[147] A. A. aber DNotI-Report 1996, 108; *Widmann/Mayer* UmwG § 55 Rn. 83.14; *Heckschen* DB 2005, 2675; zur Berücksichtigung bei der Fortbestehensprognose *Limmer* S. 1002 Rn. 61.
[148] Zur wechselnden Begrifflichkeit der Überschuldung seit dem Finanzmarktstabilisierungsgesetz MünchKomm-GmbHG/*H. F. Müller* § 64 Rn. 23 f.; *Roth/Altmeppen* GmbHG vor § 64 Rn. 28.
[149] *Blasche* GWR 2010, 441; *Limmer* S. 994 Rn. 39; jedoch soll die Eintragung in das Handelsregister abzulehnen sein, wenn sie zu einer Beteiligung an einer Straftat nach § 283 StGB führen würde, Heckschen/*Reul*/Wienberg, Insolvenzrecht in der Gestaltungspraxis S. 442.
[150] *Mertens* AG 2005, 785; vgl. dazu *Bock* GmbHR 2005, 1023; *Priester*, FS Spiegelberger, S. 890 ff.; *Schwetlik* GmbHR 2011, 130; *Widmann/Mayer* § 5 Rn. 40.1. Kritisch zur Haftung wegen Einlagenrückgewähr *Enneking/Heckschen* DB 2006, 1099; Semler/Stengel/*Schröer* § 5 Rn. 135; Sagasser/Bula/Brünger/*Luke* § 9 Rn. 362; *Heckschen* GmbHR 2008, 802; *Keller/Klett* DB 2010, 1220; zum Entstehen eines Übernahmeverlustes beim sog. Debt-push-down vgl. Kallmeyer/*Müller* § 24 Rn. 39. Zum maßgeblichen Bewertungszeitpunkt *Blasche* GWR 2010, 132. Zur steuerlichen Behandlung als verdeckte Gewinnausschüttung OFD Koblenz GmbHR 2006, 503; *Rödder/Wochinger* DStR 2006, 684.

71 **c) Haftung.** Auf Grund der Gesamtrechtsnachfolge erleiden Gläubiger der übertragenden Gesellschaft keine Einschränkung ihrer Rechte, jedoch kann sich der wirtschaftliche Wert ihrer von der Verschmelzung betroffenen Forderungen verändern, wenn die Verschmelzung zu einer Verminderung der Bonität führt. Das gleiche gilt auch für Gläubiger der übernehmenden Gesellschaft. **Gläubiger,** die die Gefährdung einer nicht fälligen Forderung glaubhaft machen können, haben daher nach § 22 UmwG das Recht, **Sicherheitsleistung** zu verlangen.[151] Darüber hinaus haften die Organe des übertragenden Rechtsträgers gemäß § 25 Abs. 1 UmwG nicht nur den Gläubigern, sondern auch den Anteilsinhabern für Schäden, die durch eine Verletzung ihrer Sorgfaltspflicht verursacht wurden.[152]

72 Bei der Verschmelzung einer übertragenden Personengesellschaft erlischt mit dieser auch die unbeschränkte Haftung ihrer **persönlich haftenden Gesellschafter** bzw. Partner. Auch wenn diese nach der Rechtsform der übernehmenden Gesellschaft die Stellung eines beschränkt haftenden Gesellschafters einnehmen, wird ihnen durch §§ 45, 45e UmwG eine **Nachhaftung von fünf Jahren**[153] für alle am Verschmelzungsstichtag bestehenden Verbindlichkeiten der übertragenden Gesellschaft auferlegt.

73 **d) Kosten.** Im Folgenden werden nur die wesentlichen **externen Kostenarten** erwähnt. Daneben sind auch noch die bei der Gesellschaft selbst anfallenden Aufwendungen für die Berichterstattung, Abhaltung der Gesellschafterversammlung und Abschlusserstellung zu berücksichtigen.

74 *aa) Notar- und Gerichtskosten.* Die Beurkundung des Verschmelzungsvertrages gemäß § 6 UmwG, der Gesellschafterbeschlüsse einschließlich separater Zustimmungserklärungen gemäß § 13 Abs. 3 UmwG und etwaiger Verzichtserklärungen[154] sowie die Anmeldung der Verschmelzung jeweils für den übertragenden Rechtsträger und für den übernehmenden Rechtsträger zur Eintragung in das Handelsregister lösen unvermeidbare Notargebühren[155] und Gerichtskosten aus. Unabhängig von dem Wert des betroffenen Betriebsvermögens ist der **Wert des Verschmelzungsvertrages** gemäß § 107 Abs. 1 GNotKG auf 10 Mio. EUR und der Wert der Handelsregisteranmeldungen gemäß § 106 GNotKG auf 1 Mio. EUR begrenzt. Der Geschäftswert für den Beschluss über die Verschmelzung ist gemäß § 108 Abs. 5 GNotKG auf 5 Mio. EUR begrenzt. Werden der Verschmelzung widersprechende Gesellschafter abgefunden, hat die Gesellschaft gemäß § 29 Abs. 1 Satz 5 UmwG auch die Kosten des Erwerbs der eigenen Anteile, die sich nach der Höhe der Ablösesumme richten, zu tragen.[156]

75 Die Gerichtskosten erschöpfen sich im Regelfall in den Kosten der Handelsregistereintragungen bei den beteiligten Gesellschaften. Sie decken nicht die mit den gesetzlichen Bekanntmachungen verbundenen Kosten ab. Diese können durch taggleiche Eintragungen bei den beteiligten Registern reduziert werden.[157] Bei Durchführung eines **Spruchverfahrens** hat gemäß §§ 15 Abs. 2, 5 Nr. 4 SpruchG im Regelfall die übernehmende Gesellschaft die dadurch ausgelösten Kosten zu tragen. Diese umfassen auch die Anwaltskosten der Antragsteller und die Kosten einer Beweiserhebung durch Bewertungsgutachten.[158]

76 *bb) Prüfungskosten.* Prüfungspflichtige Gesellschaften haben gemäß § 17 Abs. 2 Satz 2 UmwG aus Anlass der Verschmelzung geprüfte handelsrechtliche Abschlüsse als Schlussbilanzen zu verwenden. Mehrkosten entstehen durch die Prüfung aber nur, wenn eine Zwischen-

---

[151] Kallmeyer/*Marsch-Barner* § 22 Rn. 1.
[152] Lutter/*Grunewald* § 25 Rn. 8 ff.; Kallmeyer/*Marsch-Barner* § 25 Rn. 9.
[153] *Kallmeyer/Kocher* § 45 Rn. 5; zur Frist bei Sicherheiten K. *Schmidt/Ch. Schneider* BB 2003, 1961.
[154] Auf den Verschmelzungsbericht § 8 Abs. 3 UmwG, auf die Prüfung der Verschmelzung und den Prüfungsbericht §§ 9 Abs. 3, 12 Abs. 3 UmwG, auf eine Prüfung des Abfindungsangebotes § 30 Abs. 2 UmwG, auf die Gewährung von Geschäftsanteilen § 54 Abs. 1 Satz 3 UmwG, auf die Klage gegen die Wirksamkeit des Verschmelzungsbeschlusses § 16 Abs. 2 UmwG; auch unten → Rn. 122.
[155] Vgl. dazu im Einzelnen *Reimann* MittBayNot 1995, 1 ff.; *Stoye-Benk/Cutura* S. 44 ff.; auch unten → Rn. 103, 117 ff. Die KostO wurde zum 1.8.2013 durch das GNotKG abgelöst, vgl. dazu *Pfeiffer* NZG 2013, 244.
[156] Kallmeyer/*Marsch-Barner* § 29 Rn. 29; Widmann/Mayer/*Wälzholz* UmwG § 29 Rn. 57.
[157] Vgl. dazu *Mayer* DB 2007, 1235.
[158] Semler/Stengel/*Volhard* Anh. SpruchG § 15 Rn. 9, 14 f.

bilanz als Schlussbilanz für die Verschmelzung verwendet werden soll, da die Kosten für die Prüfung des Jahresabschlusses ohnehin entstehen. Zur **Vermeidung der Mehrkosten** wird daher in der überwiegenden Zahl der Verschmelzungsfälle auf **Jahresabschlüsse** zurückgegriffen. Bei Aktiengesellschaften führt dies aber nur dann zu einer Einsparung auch der internen Kosten, wenn Einigkeit über den Verschmelzungsvertrag binnen sechs Monaten nach dem Verschmelzungsstichtag erzielt werden kann, da andernfalls unbeachtlich des früheren Verschmelzungsstichtages eine – allerdings erleichtert fortgeschriebene,[159] nicht zu prüfende[160] – Zwischenbilanz aufgestellt werden muss, die nach § 63 Abs. 1 Nr. 3 UmwG nicht älter als drei Monate sein darf.[161] Bei notariellem Verzicht durch alle Anteilsinhaber oder Veröffentlichung eines Halbjahresfinanzberichtes nach WpHG entfällt die Zwischenbilanz.[162] Soll eine noch nicht zwei Jahre bestehende Aktiengesellschaft als übernehmende Gesellschaft an der Verschmelzung beteiligt werden, entstehen Mehraufwendungen durch den dann gemäß § 67 UmwG erforderlichen Nachgründungsbericht und die Nachgründungsprüfung.[163]

Die **Prüfungspflicht für den Verschmelzungsvertrag** bzw. für eine etwa anzubietende Abfindung gemäß §§ 9 ff., 30 Abs. 2 UmwG besteht unabhängig davon, ob die Gesellschaft die für die Prüfung des Jahresabschlusses erforderliche Größe hat; auf die Prüfung kann aber gemäß §§ 9 Abs. 3, 12 Abs. 3, 30 Abs. 2 UmwG verzichtet werden.[164] Die Prüfungspflicht trifft jede einzelne an der Verschmelzung beteiligte Gesellschaft. 77

> **Praxistipp:**
> Zur Einschränkung der Kosten sollte ein gemeinsamer Verschmelzungsprüfer bestellt werden.

Da die Verschmelzung meistens mit einer Kapitalerhöhung der übernehmenden Gesellschaft verbunden sein wird, ist bei einer übernehmenden GmbH der Wert der **Sacheinlage** nachzuweisen,[165] der bei einer Verschmelzung zu Buchwerten auch durch eine Bilanz geführt werden kann, die bei einer nicht prüfungspflichtigen Gesellschaft ebenfalls keinem Prüfungszwang für diesen Zeck unterliegt.[166] Selbst bei der Verschmelzung einer GmbH auf eine Aktiengesellschaft ist gemäß § 69 UmwG abweichend vom Regelfall bei einer Buchwertverknüpfung keine Prüfung der Sacheinlage erforderlich; bei Zweifeln kann das Registergericht aber gleichwohl eine Prüfung verlangen. Bei der Neugründung einer Aktiengesellschaft findet nach § 75 Abs. 2 UmwG keine Gründungsprüfung statt, soweit eine Kapitalgesellschaft übertragender Rechtsträger ist.[167] Seit 2011 kann der Verschmelzungsprüfer gegebenenfalls auch zum Gründungsprüfer bestellt werden.[168] 78

Es ist üblich, in der Umwandlungsdokumentation eine Abrede darüber zu treffen, wer welche der Kosten, die durch den Umwandlungsvorgang ausgelöst werden, trägt. Während bei Konzernverschmelzungen oft ein Interessengegensatz fehlt und eine vereinfachende Lösung erlaubt,[169] verlangt ein widerstreitendes Interesse der Beteiligten häufig eine wirtschaftlich gerechte Aufteilung einschließlich einer Berücksichtigung der steuerlichen Behandlung.[170] 78a

---

[159] Vgl. dazu Kallmeyer/*Müller* § 63 Rn. 9; Lutter/*Grunewald* § 63 Rn. 6; Semler/Stengel/*Diekmann* § 63 Rn. 17.
[160] Widmann/Mayer/*Rieger* UmwG § 63 Rn. 20; Lutter/*Grunewald* § 63 Rn. 6; Semler/Stengel/*Diekmann* § 63 Rn. 18.
[161] Kallmeyer/*Müller* § 63 Rn. 5.
[162] Zur Änderung durch das 3. UmwÄndG Semler/Stengel/*Diekmann* § 63 Rn. 18a; *Leitzen* DNotZ 2011, 526, 540.
[163] Für eine teleologische Reduktion *Priester* DB 2001, 469.
[164] Kallmeyer/*Müller* § 9 Rn. 40, § 12 Rn. 13, § 30 Rn. 20 ff.
[165] § 55 UmwG, §§ 57a, 8 Abs. 1 Nr. 5 GmbHG.
[166] OLG Düsseldorf BB 1995, 1372.
[167] Kallmeyer/*Marsch-Barner* § 75 Rn. 4 f.; Widmann/Mayer/*Rieger* UmwG § 75 Rn. 9; kritisch Lutter/*Grunewald* § 75 Rn. 4; vgl. auch Semler/Stengel/*Diekmann* § 75 Rn. 8.
[168] § 75 Abs. 1 S. 2 UmwG, eingefügt durch das 3. UmwÄndG.
[169] Vgl. Formulierungsvorschläge in → Rn. 93, aber auch in → Rn. 102b.
[170] Vgl. dazu ausführlich *Stimpel* GmbHR 2012, 199; zum Veranlassungsprinzip BFH BStBl. II 1998, 698; für Stichtagsregelung hingegen UmwStE 2011 (Fn. 36) Rn. 04.34.

79 **e) Verkehrsteuern.** Gehört zum Besitz einer übertragenden Gesellschaft Grundvermögen, ist auf die Übertragung dieses Grundvermögens **Grunderwerbsteuer** zu entrichten.[171] Dies gilt auch für indirekten Grundbesitz, wenn dieser von Tochtergesellschaften gehalten wird, deren Anteile zu 95% oder mehr von der übertragenden Gesellschaft gehalten werden.[172] Halten beide beteiligten Gesellschaften Grundbesitz, fällt bei einer Verschmelzung zur Neugründung die Steuer auf den gesamten Grundbesitz, hingegen bei einer Verschmelzung zur Aufnahme nur auf den Grundbesitz der übertragenden Gesellschaft an. Besitzen sowohl die übertragende als auch die übernehmende Gesellschaft Anteile an einer dritten Gesellschaft mit Grundbesitz und führt die Verschmelzung zu einer Vereinigung der Anteile an dieser letzteren Gesellschaft zu mehr als 95%, so wird die Grunderwerbsteuer in diesem Falle gemäß § 1 Abs. 3 GrEStG durch die Anteilsvereinigung ausgelöst.

> **Praxistipp:**
> Reduzierung der GrESt durch Verschmelzung zur Aufnahme durch die Gesellschaft mit dem geringsten Grundbesitz.

79a Erleichterungen sieht das Gesetz jetzt in § 6a GrEStG[173] für bestimmte Umwandlungsvorgänge unter Konzernunternehmen[174] vor. Zur Vermeidung von Missbräuchen muss das Konzernverhältnis mindestens 5 Jahre vor der Umwandlung bestanden haben und danach weitere 5 Jahre andauern.

80 Die Grunderwerbsteuer entsteht **erst mit der Handelsregistereintragung** der Verschmelzung, die den zivilrechtlichen Vermögensübergang bewirkt. Erwirbt die übertragende Gesellschaft zwischen dem Verschmelzungsstichtag und der Handelsregistereintragung noch Grundbesitz oder erweitert sie bestehende Gebäude, unterliegt auch dieser Zugang nach dem Verschmelzungsstichtag noch der Grunderwerbsteuer.[175]

81 **f) Ertragsteuern.** Der durch die Verschmelzung ausgelöste Vermögensübergang[176] und das Erlöschen des übertragenden Rechtsträgers geben den folgenden Steuerfragen die größte finanzielle Bedeutung:
- Werden übergehende stille Reserven besteuert?
- Fallen bei den Anteilseignern der übertragenden Gesellschaft Steuern an?
- Bleiben etwaige steuerliche Verlustvorträge erhalten?

82 Für die beiden ersten Fragen kommt es im Wesentlichen auf die Lage bei dem betroffenen Rechtsträger bzw. Anteilseigner an, während sich Verlustvorträge als Problem sowohl auf der Ebene des übertragenden Rechtsträgers wie auch auf der Ebene des übernehmenden Rechtsträgers stellen können.

83 *aa) Behandlung des Vermögensübergangs.* Bei nur geringfügigen rechtsformabhängigen Unterschieden ähneln sich die Voraussetzungen für die **steuerliche Behandlung des Übertragungsgewinnes** bei Kapitalgesellschaften und bei gewerblich tätigen Personengesellschaften.[177] In der steuerlichen Schlussbilanz des übertragenden Rechtsträgers[178] ist das Be-

---

[171] BFH BStBl. II 2006, 137; vgl. FinMin Bayern DB 1995, 1685; koordinierter Ländererlass FinMin BaWü DStR 1998, 82; 1999, 1773; 2000, 284; *Gärtner* DB 2000, 409; Sagasser/Bula/Brünger/*Schlösser* § 11 Rn. 743 ff.; bei konzerninternen Umwandlungen vgl. *Kroschewski* GmbHR 2001, 707.
[172] BFH BB 2005, 2452; zur Gründung einer Zwischenholding BFH DStR 2012, 1314.
[173] Sagasser/Bula/Brünger/*Schlösser* § 11 Rn. 760 ff.
[174] Zur Versagung bei Beteiligung der Konzernobergesellschaft Einheitl. Ländererlasse BStBl. I 2012, 662; dazu kritisch *Lieber/Wagner* DB 2012, 1772.
[175] Vgl. dazu FinMin Hessen DStR 2003, 1981; s. auch Sagasser/Bula/Brünger/*Schlösser* § 11 Rn. 751.
[176] Zur grundsätzlichen steuerlichen Behandlung → Rn. 31 ff.
[177] Zur steuerlichen Einstufung als Vermögensübergang durch Umwandlung oder als Einbringung vgl. UmwStE 2011 (Fn. 36) Rn. 01.43 f. sowie → Rn. 31c.
[178] Zum steuerlichen Übertragungsstichtag vgl. UmwStE 2011 (Fn. 36) Rn. 02.02; *Kiem* S. 12. Bei einer grenzüberschreitenden Verschmelzung ist streitig, ob dies hinsichtlich der ausländischen Gesellschaft nur für deren inländische Betriebsstätten gilt, so *Prinz* DB 2012, 820, 826; a. A. UmwStE 2011 (Fn. 36) Rn. 11.02; dazu kritisch Schneider/*Ruoff*/Sistermann H 11.3.

triebsvermögen[179] gemäß §§ 3, 11, 20 UmwStG grundsätzlich mit dem **gemeinen Wert**[180] und auf Antrag[181] einheitlich mit steuerlichen **Buchwerten**[182] oder **Zwischenwerten** anzusetzen. Ein Ansatz unter dem gemeinen Wert setzt allerdings bei einer steuerlichen Umwandlung voraus, dass keine Zuzahlungen oder sonstigen Gegenleistungen gewährt werden.[183] Nach Änderung des § 5 Abs. 1 EStG besteht keine Maßgeblichkeit der Handelsbilanz für die Steuerbilanz mehr.[184] Soweit die steuerlich angesetzten Werte von den nach § 17 Abs. 2 Satz 2 UmwG in der handelsrechtlichen Schlussbilanz zwingend anzusetzenden handelsrechtlichen Buchwerten abweichen, kann daher gezielt in der steuerlichen Übertragungsbilanz ein steuerpflichtiger Übertragungsgewinn erzeugt oder vermieden werden. Übersteigen etwa bestehende Verlustvorträge den Übertragungsgewinn, bleibt dieser im Grundsatz unversteuert. Soweit sich dadurch eine höhere Abschreibungsbasis ergibt, werden Steuerersparnisse in die Zukunft verlagert. Durch den Ansatz von Zwischenwerten kann der Übertragungsgewinn auf die Höhe des Verlustvortrages begrenzt werden. Weichen aber die gewerbesteuerlichen Verlustvorträge wegen früherer Hinzurechnungen z.B. von Dauerschuldzinsen von den körperschaftsteuerlichen Verlusten ab, kann auch in diesen Fällen durch die Aufdeckung von stillen Reserven Gewerbesteuer anfallen. Die Aufstockung kann auch eine Mindestbesteuerung nach § 10d Abs. 2 EStG auslösen.

Bei Personengesellschaften mit Sonderbetriebsvermögen ist ein Buchwertansatz davon abhängig, dass das zivilrechtlich von der Verschmelzung nicht erfasste Sonderbetriebsvermögen durch gesonderten Rechtsakt unentgeltlich auf die übernehmende Gesellschaft übertragen oder ihr zum Buchwert verkauft[185] wird. Ohne eine solche Übertragung gilt das Sonderbetriebsvermögen als zum gemeinen Wert entnommen.[186] Gehört das Sonderbetriebsvermögen zu den funktional wesentlichen Betriebsgrundlagen der Personengesellschaft, liegt bei einer Zurückbehaltung dieses Sonderbetriebsvermögens keine Einbringung eines Betriebes i. S. v. § 20 UmwStG vor, so dass alle stillen Reserven im übergehenden Betriebsvermögen aufzudecken sind.[187] Die steuerlichen Voraussetzungen für eine Betriebseinbringung sind nur dann erfüllt, wenn spätestens bis zum steuerlichen Übertragungsstichtag zumindest wirtschaftliches Eigentum an derartigem Sonderbetriebsvermögen verschafft wird; eine bloße Nutzungsüberlassung reicht nicht aus.[188] 83a

Die Entscheidung, steuerlich die Buchwertverknüpfung zu beantragen oder die stillen Reserven aufzudecken, steht bei einer steuerlichen Umwandlung nach §§ 3, 4 Abs. 1, 11, 12 83b

---

[179] Bei einer Abwärtsverschmelzung sind nach UmwStE 2011 (Fn. 36) Rn. 11.19 auch die Anteile an der übernehmenden Tochtergesellschaft anzusetzen, obwohl diese im Direkterwerb auf die Anteilseigner der Muttergesellschaft übergehen. Hierzu kritisch *Kessler/Philipp* DB 2011, 1658; Schneider/*Ruoff*/Sistermann H 11.29 ff.; *Schmitt*/Hörtnagl/Stratz UmwStG 3 15 Rn. 75; zustimmend jedoch *Dötsch*/Patt/Pung/Möhlenbrock § 11 Rn. 65.

[180] Dieser schließt den Ansatz selbst geschaffener immaterieller Wirtschaftsgüter ein, FG Düsseldorf BB 2013, 366; *Dötsch*/Patt/Pung/Möhlenbrock § 3 Rn. 13 f.; vgl. auch UmwStE 2011 (Fn. 36) Rn. 03.04, aber Ausnahme für Pensionsverbindlichkeiten, die zum Teilwert zu bewerten sind, UmwStE 2011 (Fn. 36) Rn. 03.08; vgl. Sagasser/Bula/Brünger/*Schlösser* § 11 Rn. 57.

[181] Bei § 20 UmwStG aber nur, soweit auch **neue** Anteile gewährt werden, vgl. dazu UmwStE 2011 (Fn. 36) Rn. 20.09 ff.

[182] UmwStE 2011 (Fn. 36) Rn. 01.57.

[183] Vgl. dazu Sagasser/Bula/Brünger/*Schlösser* § 11 Rn. 172 ff.; *Schmitt*/Hörtnagl/Stratz UmwStG § 11 Rn. 127 ff. sowie auch → Rn. 31c.

[184] UmwStE 2011 (Fn. 36) Rn. 03.04, 03.10; *Rödder*/Herlinghaus/van Lishaut § 11 Rn. 54 f.; *Dötsch*/Patt/Pung/Möhlenbrock § 11 Rn. 12; *Schmitt*/Hörtnagl/Stratz § 3 UmwStG Rn. 26; Sagasser/*Bula*/Brünger/*Pernegger*/Schlösser § 5 Rn. 35 f., § 11 Rn. 49 ff. Zur Behandlung in den Folgebilanzen *Teiche* DStR 2008, 1757.

[185] BFH NZG 2012, 1319.

[186] UmwStE 2011 (Fn. 36) Rn. 20.08; zur Zurückbehaltung von Restbetriebsvermögen ohne Betrieb vgl. aber BFH DStR 2013, 356. Bei Verschmelzung auf die Komplementär-GmbH indessen Billigkeitsregelung in UmwStE 2011 (Fn. 36) Rn. 20.09.

[187] UmwStE 2011 (Fn. 36) Rn. 20.06; zur vorherigen Entnahme vgl. aber BFH BB 2012, 956; *Schulze zur Wiesche* DStR 2012, 1420, 1423 f.; *Jebke* DStR 2012, 677.

[188] UmwStE 2011 (Fn. 36) Rn. 20.06, 15.03, 15.07; so auch BFH DStR 2010, 1517; Schmitt/*Hörtnagl*/Stratz UmwStG § 15 Rn. 73; a. A. Rödder/*Herlinghaus*/van Lishaut § 20 Rn. 38b f., 59 f., zumindest soweit dadurch wirtschaftliches Eigentum begründet wird.

Abs. 1 UmwStG der übertragenden Kapitalgesellschaft zu.[189] Im Gegensatz zu dem für die Handelsbilanz aus § 24 UmwG folgenden Wahlrecht der übernehmenden Gesellschaft hat diese in ihrer Steuerbilanz die Werte aus der Schlussbilanz der übertragenden Gesellschaft zu übernehmen.[190] Bei der Verschmelzung einer Personengesellschaft auf eine GmbH, die steuerlich eine Einbringung darstellt,[191] bestimmt hingegen nach § 20 Abs. 3 UmwStG der Ansatz bei der übernehmenden GmbH die Bewertung in der steuerlichen Übertragungsbilanz der Personengesellschaft.[192] Da wirtschaftlich der Wertansatz bei der übertragenden Gesellschaft meistens von größerer Bedeutung ist, sollte gerade in diesem Fall die Ausübung des Wahlrechtes durch die übernehmende Gesellschaft und der Rechtsschutz der übertragenden Gesellschaft in dem Verschmelzungsvertrag geregelt werden.[193] Werden die Bedingungen für eine nach §§ 3 Abs. 2, 11 Abs. 2 bzw. 20 Abs. 2 UmwStG beantragte Buchwertverknüpfung nicht erfüllt, weil etwa im Falle einer steuerlichen Umwandlung unzulässige Zuzahlungen geleistet werden[194] oder allgemein die spätere Besteuerung in Deutschland nicht sichergestellt ist,[195] besteht ein steuerlicher Zwang zum Ansatz des gemeinen Wertes.[196] Wirtschaftsgüter, an denen bisher kein deutsches Besteuerungsrecht bestand, sind nach §§ 4 Abs. 4 Satz 2, 20 Abs. 3 Satz 2 UmwStG stets mit dem gemeinen Wert anzusetzen, um eine Besteuerung von stillen Reserven, die sich in der Vergangenheit gebildet haben, zu vermeiden.[197]

83c Während sich bei der Verschmelzung von Personengesellschaften wegen ihrer steuerlichen Transparenz neben der Schlussbesteuerung der übertragenden Personengesellschaft keine zusätzlichen Probleme für deren Gesellschafter ergeben, sind auf der **Ebene der Anteilseigner** einer übertragenden Kapitalgesellschaft eigenständige steuerliche Auswirkungen zu beachten. Wenn deren Anteile in einem Betriebsvermögen gehalten werden oder eine Beteiligung i. S. v. § 17 EStG darstellen,[198] gelten sie gemäß § 13 Abs. 1 UmwStG als zum gemeinen Wert veräußert. Ein hierbei entstehender Gewinn unterliegt grundsätzlich der Steuer. Auf Antrag kann aber durch den Ansatz der Anschaffungskosten ein Gewinn vermieden werden, wenn die spätere Versteuerung des Veräußerungsgewinns sichergestellt ist. Dies setzt aber stets voraus, dass Anteile an der übernehmenden Gesellschaft als Gegenleistung gewährt worden sind.[199] Andere als die vorgenannten Anteile unterliegen der Besteuerung nach § 20 Abs. 4a S. 1 u. 2 EStG, sofern sie seit dem 1.1.2009 angeschafft worden sind;[200] die bisherige Wertstellung der untergehenden Anteile wird zwingend übernommen und die Besteuerung wird bis zur Veräußerung der neuen Anteile aufgeschoben.[201] Bei dem **Vermögensübergang** von einer Kapitalgesellschaft **auf eine Personengesellschaft** wird steuerlich zudem eine **Ausschüttung der offenen Rücklagen** an die Anteilseigner unterstellt. Diese

---

[189] Vgl. *Rödder*/Herlinghaus/van Lishaut § 12 Rn. 15; *Dötsch*/Patt/Pung/Möhlenbrock § 12 Rn. 9; Sagasser/*Bula*/Brünger/*Pernegger*/Schlösser § 5 Rn. 23 f., § 11 Rn. 61.
[190] Zum rein handelsrechtlichen bzw. steuerlichen Step-up *Honert/Geimer*, FS Spiegelberger, S. 247 ff.
[191] → Rn. 31c.
[192] UmwStE 2011 (Fn. 36) Rn. 20.23; Sagasser/*Bula*/Brünger/*Pernegger* § 5 Rn. 38. Zu Folgen im Besteuerungsverfahren FinMin Mecklenburg-Vorpommern DStR 2013, 973.
[193] Vgl. dazu *Koch* BB 2012, 2679, 2681 f.
[194] UmwStE 2011 (Fn. 36) Rn. 03.13, 11.06.
[195] Vgl. dazu UmwStE 2011 (Fn. 36) Rn. 03.18, 20.19, bei einer Abwärtsverschmelzung Rn. 11.19; zu rein vermögensverwaltenden Körperschaften *Schell/Krohn* DB 2012, 1057, 1064.
[196] *Dötsch*/Patt/Pung/Möhlenbrock § 20 Rn. 199, § 11 Rn. 25; zur Zwangsgewinnrealisation bei grenzüberschreitenden Verschmelzungen durch Zuordnung von Beteiligungen, immateriellen Wirtschaftsgütern und Goodwill zu einem künftigen ausländischen Sitz kritisch *Prinz* DB 2012, 820, 822, 826 wegen EuGH DStR 2011, 2334; zum Entstehen eines Aufgabegewinnes bei Beendigung einer Betriebsaufspaltung durch Verschmelzung BFH DStR 2001, 346; zu vergessenem Sonderbetriebsvermögen *Schwedhelm/Wollweber* BB 2008, 2208.
[197] UmwStE 2011 (Fn. 36) Rn. 04.29.
[198] Beteiligung von mindestens 1% innerhalb der letzten fünf Jahre.
[199] Vgl. zur Aufwärtsverschmelzung UmwStE 2011 (Fn. 36) Rn. 13.01; *Dötsch*/Patt/Pung/Möhlenbrock § 13 Rn. 6; bei einer Seitwärtsverschmelzung sieht UmwStE 2011 Rn. 13.09 eine Addition der Anschaffungskosten vor; vgl. dazu auch Rödder/Herlinghaus/van Lishaut/*Neumann* § 13 Rn. 8.
[200] §§ 20 Abs. 2 Nr. 1, 52a Abs. 10 EStG in der Fassung des JStG 2008.
[201] Semler/Stengel/*Moszka* Anh. UmwStG Rn. 143; Sagasser/Bula/Brünger/*Schlösser* § 11 Rn. 180; ausdehnend aber UmwStE 2011 (Fn. 36) Rn. 13.01; vgl. dazu Schneider/*Ruoff*/Sistermann H 13.1.

beziehen nach § 7 UmwStG insoweit Einkünfte aus Kapitalvermögen, die der Abgeltungssteuer unterliegen.[202] Werden die Anteile aber in einem Betriebsvermögen gehalten, richtet sich die Besteuerung nach dem Teileinkünfteverfahren, das gemäß § 32d Abs. 2 Nr. 3 EStG auf Antrag auch bei einer Beteiligung ab 25% oder einer tätigen Beteiligung ab 1% an die Stelle der Abgeltungssteuer tritt.

Bei der Verschmelzung einer Personengesellschaft, die steuerlich als Einbringung behandelt wird,[203] unterliegen die neuen Anteile gemäß § 22 UmwStG ab der Verschmelzung einer 7-jährigen Haltefrist, deren Verletzung eine zeitanteilige Nachholung der durch eine Buchwertverknüpfung vermiedenen Besteuerung des Einbringungsgewinnes auslöst. 83d

War der **übernehmende Rechtsträger** schon vor der Verschmelzung an dem übertragenden Rechtsträger beteiligt und ergibt sich aus dem gewählten Wertansatz, dass das übergehende Reinvermögen in Höhe der Beteiligungsquote von dem bisherigen Buchwert der Beteiligung abweicht, entsteht ein **Übernahmegewinn oder -verlust** auf der Ebene des übernehmenden Rechtsträgers,[204] auch wenn auf der Ebene des übertragenden Rechtsträgers ein steuerpflichtiger Übertragungsgewinn vermieden wurde. Ein etwaiger Übernahmeverlust bleibt steuerlich gemäß §§ 4 Abs. 6, 12 Abs. 2 UmwStG in der Regel außer Ansatz,[205] während für einen Übernahmegewinn nach der Rechtsform zu differenzieren ist. Bei einer übernehmenden Personengesellschaft ist letztlich die Rechtsform ihrer Gesellschafter entscheidend.[206] Gemäß § 4 Abs. 7 UmwStG bleibt der Übernahmegewinn dann nach § 8b KStG in Höhe von 95% außer Ansatz, soweit er auf eine Körperschaft als Gesellschafter entfällt, während er in allen übrigen Fällen nach den Grundsätzen des Teileinkünfteverfahrens zu 60% anzusetzen ist. Wird das Vermögen direkt von einer Körperschaft übernommen, bleibt der Teil eines Übernahmegewinnes, der die Beteiligungsquote übersteigt, gemäß § 12 Abs. 2 Satz 1 UmwStG in voller Höhe außer Ansatz. Er unterliegt gemäß § 18 Abs. 2 UmwStG in keinem Falle der Gewerbesteuer.[207] Wird aber der Betrieb einer übernehmenden Personengesellschaft oder ein Anteil an ihr innerhalb von fünf Jahren nach der Umwandlung veräußert, unterliegt dieser Vorgang nach § 18 Abs. 3 UmwStG der Gewerbesteuer.[208] 84

bb) Auswirkung auf Verlustvorträge. Steuerlich sind Verlustvorträge, die auch nach einer Verschmelzung fortbestehen, auf **zwei Ebenen** zu beachten: 85
- die übertragende Gesellschaft hat steuerliche Verlustvorträge, die sie mangels stiller Reserven nicht bei der Vermögensübertragung nutzen kann;
- ein profitables Unternehmen soll in eine Verlustgesellschaft verschmolzen werden, um die bei der übernehmenden Gesellschaft aufgelaufenen Verluste nutzen zu können.[209]

Sind beide an der Verschmelzung beteiligten Rechtsträger Kapitalgesellschaften, kann die übernehmende Gesellschaft seit der Erstreckung des Umwandlungsrechts auf grenzüberschreitende Verschmelzungen die **Verlustvorträge der übertragenden Gesellschaft** nicht mehr übernehmen.[210] Das gilt nicht nur für die Körperschaftsteuer, sondern gemäß § 19 Abs. 2 UmwStG auch für die Gewerbesteuer.[211] Selbst die übertragende Gesellschaft kann nach § 2 Abs. 4 UmwStG ihren Verlustvortrag nur mit ihrem Übertragungsgewinn verrechnen, wenn die Verlustnutzung auch ohne die steuerliche Rückwirkung der Verschmelzung möglich gewesen wäre; entsprechend wird nunmehr auch die rückwirkende Verlustnutzung durch die 86

---

[202] UmwStE 2011 (Fn. 36) Rn. 07.07 f.
[203] Dazu → Rn. 31c ff.
[204] Vgl. UmwStE 2011 (Fn. 36) Rn. 00.03.
[205] Vgl. UmwStE 2011 (Fn. 36) Rn. 04.40 ff., 12.05; *Rödder/Herlinghaus/van Lishaut* § 4 Rn. 107, § 12 Rn. 67; Dötsch/Patt/*Pung*/Möhlenbrock § 4 Rn. 128, § 12 Rn. 26.
[206] UmwStE 2011 (Fn. 36) Rn. 07.07.
[207] UmwStE 2011 (Fn. 36) Rn. 18.03; *Schmitt*/Hörtnagl/Stratz UmwStG § 18 Rn. 5, 29; Rödder/Herlinghaus/van Lishaut/*Trossen* § 18 Rn. 28 f.; Dötsch/Patt/*Pung*/Möhlenbrock § 18 Rn. 29.
[208] Vgl. dazu *Neumann/Stimpel* GmbHR 2008, 57, 66 f. sowie UmwStE 2011 (Fn. 36) Rn. 18.05; Sagasser/Bula/Brünger/*Schlösser* § 11 Rn. 390 ff.
[209] Zur Begrenzung mißbräuchlicher Verlustnutzung → Rn. 33.
[210] S.o. Rn. 34 sowie UmwStE 2011 (Fn. 36) Rn. 23.02, 18.02; *Rödder/Herlinghaus/van Lishaut* § 12 Rn. 104; Dötsch/Patt/*Pung*/Möhlenbrock § 12 Rn. 49.
[211] Rödder/Herlinghaus/van Lishaut/*Trossen* § 19 Rn. 30; Dötsch/Patt/*Pung*/Möhlenbrock § 19 Rn. 11. Zu den Verlustvorträgen nachgeordneter Personengesellschaften vgl. *Behrendt/Arjes* DStR 2008, 811.

übernehmende Gesellschaft durch positive Einkünfte einer nicht verbundenen übertragenden Gesellschaft blockiert.

87 Ist der übertragende Rechtsträger eine Personengesellschaft, werden bei Entstehen eines negativen Kapitalkontos im Sinne von § 15a EStG Verluste, die nur verrechenbar sind, in gewisser Weise durch die Gesellschaft selbst vorgetragen; diese gehen bei einer Verschmelzung unter.[212] Im Übrigen sind die vergangenen Verluste für Zwecke der Körperschaft- oder Einkommensteuer wegen der Transparenz der Personengesellschaft bereits den Gesellschaftern zugerechnet worden und können dort von der Verschmelzung unbehelligt vorgetragen werden, wenn sie nicht bereits mit anderen Einkünften ausgeglichen worden sind. Geht das Vermögen durch die Verschmelzung unter Beendigung der bisherigen steuerlichen Transparenz auf eine Kapitalgesellschaft über, können künftige Erträge der übernehmenden Kapitalgesellschaft mit etwa auf der Gesellschafterebene noch vorhandenen Verlustvorträgen nur dann verrechnet werden, wenn zwischen dem Gesellschafter – sofern er gewerblich tätig ist – und der Kapitalgesellschaft eine Organschaft errichtet wird.

88 Ohne Organschaft kann ein Gesellschafter, der die Anteile in einem Betriebsvermögen hält oder bei einer Beteiligung von mehr als 25% oder einer tätigen Beteiligung von mindestens 1% einen Antrag nach § 32d Abs. 2 Nr. 3 EStG stellt, nach dem Erwerb der Beteiligung an der Kapitalgesellschaft die ihm zugeordneten früheren Verluste der Personengesellschaft mit ausgeschütteten Gewinnen der Kapitalgesellschaft verrechnen, allerdings nach dem Teileinkünfteverfahren gemäß § 3 Nr. 40 EStG nur bei natürlichen Personen und nur in Höhe von 60% der bezogenen Dividenden. Somit sind die Steuerspareffekte der Verlustvorträge bei diesen Gesellschaftern auf 60% reduziert. Ist der beteiligte Gesellschafter eine Kapitalgesellschaft, bleiben die von der ausschüttenden Gesellschaft versteuerten Dividenden gemäß § 8b Abs. 1, 5 KStG zu 95% außer Ansatz, so dass die von dem Gesellschafter vorgetragenen Verluste insoweit nur noch mit eigenen Einkünften dieses Gesellschafters aus anderen Quellen verrechnet werden können. Bei Gesellschaftern, die hingegen der Abgeltungssteuer unterliegen, laufen die von ihnen vorgetragenen Alt-Verluste nach der Verschmelzung der Personengesellschaft leer, wenn keine anderen Einkünfte für einen Abzug vorhanden sind.

89 Für die Zwecke der Gewerbesteuer hatte die verschmolzene Personengesellschaft Subjektcharakter; obwohl die Nutzung der Gewerbesteuer-Verluste nach § 10a Satz 4 GewStG von der Identität der Gesellschafter abhängig ist, werden diese Verluste nicht von den Gesellschaftern, sondern von der Personengesellschaft selbst vorgetragen. Diese Verlustvorträge werden gemäß § 23 Abs. 5 UmwStG nicht auf eine übernehmende Kapitalgesellschaft übertragen und gehen daher mit der Verschmelzung unter. Überträgt eine Kapitalgesellschaft ihr Vermögen auf eine Personengesellschaft, gehen die Verlustvorträge ebenfalls gemäß § 4 Abs. 2 Satz 2 UmwStG für die Körperschaftsteuer[213] und gemäß § 18 Abs. 1 Satz 2 UmwStG für die Gewerbesteuer endgültig verloren.[214]

90 Körperschaftsteuerliche Verlustvorträge, die vor der Verschmelzung bei einer **übernehmenden Kapitalgesellschaft** aufgelaufen sind, können durch eine Verschmelzung teilweise oder ganz verloren gehen, wenn die Beteiligung der Gesellschafter des übertragenden Rechtsträgers an der übernehmenden Gesellschaft zu einer Veränderung der Beteiligungsquoten oberhalb der Grenzen des § 8c Abs. 1 KStG von 25% bzw. 50% führt. Diese Gefahr besteht auch in Verschmelzungsfällen mit einer Kapitalerhöhung, die gemäß § 8c Abs. 1 Satz 4 KStG einer Anteilsübertragung gleichgestellt ist.[215] Dies gilt gemäß § 10a Satz 9 GewStG entsprechend ebenfalls für die Gewerbesteuer.

---

[212] Schmidt/*Wacker* EStG § 15a Rn. 236 f. Gleiches gilt gemäß § 20 Abs. 9 UmwStG auch für einen Zinsvortrag nach § 4h Abs. 1 Satz 2 EStG.

[213] Vgl. *Schmitt*/Hörtnagl/Stratz UmwStG § 4 Rn. 56, 77; Rödder/Herlinghaus/*van Lishaut* § 4 Rn. 57; Dötsch/Patt/*Pung*/Möhlenbrock § 4 Rn. 22.

[214] Rödder/Herlinghaus/van Lishaut/*Trossen* § 18 Rn. 34; Dötsch/Patt/*Pung*/Möhlenbrock § 18 Rn. 23; Haritz/Menner/*Bohnhardt* § 18 Rn. 110; Sagasser/Bula/Brünger/*Schlösser* § 11 Rn. 281; zu Folgewirkungen vgl. auch Haritz/Menner/*Bohnhardt* § 4 Rn. 202.

[215] Dazu im Einzelnen *Sistermann/Brinkmann* DStR 2008, 897; *Schick/Franz* DB 2008, 1987; Sagasser/Bula/Brünger/*Schlösser* § 11 Rn. 145 ff.; vgl. auch → Rn. 31 Fn. 40.

cc) Nebenwirkungen. Eine Verschmelzung kann auch zu einer Veränderung der steuerlichen Kriterien für anderweitige Steuerfolgen führen. So kann etwa die Verschmelzung zu einer neuen Konzernzugehörigkeit führen, die eine Zinsschranke auslöst oder verändert. Auch können Organschaften mit Tochtergesellschaften des übertragenden Rechtsträgers durch die Verschmelzung beendet werden. Aufstockungen in der Handelsbilanz des übernehmenden Rechtsträgers zur Vermeidung eines Verschmelzungsverlustes können über Mehr-Abschreibungen die Ausschüttung künftiger steuerlicher Gewinne verhindern. Derartige sekundäre Folgen sind jeweils im Einzelnen zu prüfen. 91

Nach der Neuregelung der Auszahlung des Körperschaftsteuerguthabens in festen Raten gemäß § 37 Abs. 4–7 KStG sind Auswirkungen der Verschmelzung insoweit unbedeutend. Mit Eintritt der übernehmenden Gesellschaft gemäß § 12 Abs. 3 UmwStG in die steuerliche Rechtsposition der übertragenden Gesellschaft erwirbt diese auch deren Anspruch auf Auszahlung eines Körperschaftsteuerguthabens.[216] Entsprechendes gilt auch für den Körperschaftsteuererhöhungsbetrag i.S.v. § 38 KStG, wenn unversteuerte Rücklagen übertragen werden. Bei einem Vermögensübergang auf eine beschränkt steuerpflichtige Körperschaft wird dieser Steuerbetrag jedoch gemäß § 38 Abs. 9 KStG sofort fällig. 91a

4. Verschmelzungsvertrag

a) Inhalt. Das Gesetz stellt durch die Auflistung in § 5 UmwG sehr detaillierte Mindestanforderungen an den Inhalt eines Verschmelzungsvertrages, die aber je nach Rechtsform und Verschmelzungsart zu ergänzen sind. Dies verlangt Informationen über die beteiligten Rechtsträger und bezüglich der Durchführung der Verschmelzung. Für die Bearbeitung des Verschmelzungsvertrages und der Registerverfahren dürften daher **Informationen** zu folgenden Punkten unentbehrlich sein: 92

- aktuelle Handelsregisterausdrucke
- aktuelle Fassung der Gesellschaftsverträge
- Stand der Kapitaleinzahlung
- Bestehen von Betriebsräten
- Stichtag der Schlussbilanz
- Prüfungspflicht der Schlussbilanz
- Umfang der Kapitalerhöhung bzw. Neugründung
- Aufteilung und Gewinnberechtigung der neuen Geschäftsanteile
- Zuzahlungen
- Etwa zu gewährende Sonderrechte
- Geplante betriebliche Veränderungen
- Auswirkung der Verschmelzung auf Arbeitnehmervertretungen
- Auswirkungen auf Tarifverträge und Betriebsvereinbarungen

Die gesetzlichen Mindestanforderungen können für den Fall einer Verschmelzung von zwei Gesellschaften jeweils in der Rechtsform einer GmbH durch Aufnahme der ersten GmbH durch die zweite GmbH[217] durch folgendes Muster umgesetzt werden: 93

Muster: Verschmelzungsvertrag

§ 1 Rechtliche Verhältnisse

(1) Die [übertragende Gesellschaft] ist im Handelsregister des Amtsgerichts [Ort 1] unter HRB ...... eingetragen. Sie hat ihren Sitz in [Ort 1]. Ihr Stammkapital beträgt ...... EUR Die Einlagen auf alle Geschäftsanteile sind vollständig geleistet. (Die Abtretung der Anteile ist nicht von der Genehmigung einzelner Gesellschafter abhängig.) (Es bestehen keine besonderen Rechte im Sinne von § 50 Abs. 2 UmwG.) (Bei der [übertragende Gesellschaft] besteht kein Betriebsrat.)

---

[216] Sagasser/Bula/Brünger/*Schlösser* § 11 Rn. 87, 132. Gemäß BMF-Schreiben DB 2008, 159 sind Zinsgewinne bei einer Umwandlung auf eine Personengesellschaft steuerpflichtig. Zur bilanziellen Darstellung *Heinstein* DStR 2008, 381.

[217] Muster unter Beteiligung einer AG bei *Seibt* S. 1064 ff. Zur grenzüberschreitenden Verschmelzung durch Gründung einer SE ebenda S. 1151 ff.; vgl. auch Sagasser/Bula/Brünger/*Gageik* § 13 Rn. 366 ff.

(2) Gesellschafter der [übertragende Gesellschaft] sind
a) [Gesellschafter a], [Ort a] mit Geschäftsanteilen mit Nennbeträgen von insgesamt ...... EUR
b) [Gesellschafter b], [Ort b] mit Geschäftsanteilen mit Nennbeträgen von insgesamt ...... EUR
(3) Die [übernehmende Gesellschaft] ist im Handelsregister des Amtsgerichts [Ort 2] unter HRB ...... eingetragen. Sie hat ihren Sitz in [Ort 2]. Ihr Stammkapital beträgt ...... EUR. Die Einlagen auf alle Geschäftsanteile sind vollständig geleistet. (Bei der [übernehmende Gesellschaft] besteht kein Betriebsrat.)[218]

§ 2 Übertragung des Vermögens

(1) Die [übertragende Gesellschaft] als übertragende Gesellschaft überträgt hiermit ihr Vermögen als Ganzes mit allen Rechten und Pflichten unter Auflösung ohne Abwicklung im Wege der Verschmelzung durch Aufnahme gemäß § 2 Nr. 1 des Umwandlungsgesetzes (UmwG) in Verbindung mit §§ 46 ff. UmwG auf die [übernehmende Gesellschaft] als übernehmende Gesellschaft gegen Gewährung von Geschäftsanteilen an dieser Gesellschaft.

(2) Der Verschmelzung wird die mit dem uneingeschränkten Bestätigungsvermerk der [WP] versehene Jahresbilanz der [übertragende Gesellschaft] auf den [Datum 1] als Schlussbilanz zugrunde gelegt, in der die Vermögensgegenstände und Schulden mit den jeweiligen Buchwerten angesetzt werden. Letzteres gilt auch entsprechend für ihre steuerliche Schlussbilanz.

(3) Im Innenverhältnis beider Gesellschaften erfolgt die Übertragung des Vermögens mit Wirkung vom [Datum 2], 0.00 Uhr (Verschmelzungsstichtag).[219] Alle Geschäfte der [übertragende Gesellschaft] gelten ab diesem Zeitpunkt als für Rechnung der [übernehmende Gesellschaft] geführt.

(4) Die [übertragende Gesellschaft] ist berechtigt, den in der Jahresbilanz gemäß Abs. 2 ausgewiesenen Jahresüberschuss an ihre Gesellschafter auszuschütten.[220]

§ 3 Durchführung der Verschmelzung

(1) Als Gegenleistung für die Übertragung des Vermögens der [übertragende Gesellschaft] gewährt die [übernehmende Gesellschaft] den Gesellschaftern der [übertragende Gesellschaft],

a) [Gesellschafter a]
[Ort a],
für dessen Geschäftsanteile an der [übertragende Gesellschaft] mit Nennbeträgen von insgesamt ...... EUR einen[221] neu zu schaffenden Geschäftsanteil an der [übernehmende Gesellschaft] im Nennbetrag von ...... EUR,

b) [Gesellschafter b]
[Ort b],
für dessen Geschäftsanteile an der [übertragende Gesellschaft] mit Nennbeträgen von insgesamt ...... EUR einen neu zu schaffenden Geschäftsanteil an der [übernehmende Gesellschaft] im Nennbetrag von ...... EUR,

jeweils mit Gewinnberechtigung ab [Datum 2].[222] Zuzahlungen sind nicht zu leisten. Die Geschäftsanteile gewähren keine Sonderrechte im Sinne von § 5 Abs. 1 Nr. 7 UmwG.

---

[218] Nach OLG Frankfurt AG 2011, 793 sind solche Negativerklärungen nicht zwingend erforderlich, erleichtern aber die Registereintragung.

[219] Vgl. dazu Kallmeyer/*Müller* § 5 Rn. 31; Semler/Stengel/*Schröer* § 5 Rn. 51; *Kiem* S. 10. Der Verschmelzungsstichtag ist meist der auf den Bilanzstichtag folgende Tag, häufig der 1. 1. eines Jahres nach dem 31. 12. des Vorjahres. Zu Stichtagsänderungen → Rn. 102.

[220] In der Regel endet die Gewinnberechtigung gleichzeitig mit dem Beginn der Gewinnberechtigung aus den neuen Anteilen; vgl. dazu UmwStE 2011 (Fn. 36) Rn. 02.25 ff.; Lutter/*Lutter/Drygala* § 5 Rn. 44 f.; Kallmeyer/*Müller* § 5 Rn. 35; Semler/Stengel/*Schröer* § 5 Rn. 42 sowie Rn. 48 zur Gewinnverteilung in der Schwebezeit. Bei unterjährigem Stichtag kann nur eine Vorabausschüttung erfolgen.

[221] Zur Fortgeltung des Grundsatzes der einheitlichen Beteiligung *Meister* NZG 2008, 767. Hingegen für die Anwendung von § 5 Abs. 2 Satz 2 GmbHG auch im Rahmen von Kapitalerhöhungen *Elsing* ZNotP 2008, 151; *Wachter* GmbHR Sonderheft Okt. 2008 S. 11; Lutter/*Winter* § 55 Rn. 24; vgl. auch → Rn. 114a.

[222] Zur Anteilsgewährung an einen nicht am Kapital beteiligten Komplementär bei der Verschmelzung einer GmbH & Co. KG vgl. Semler/Stengel/*Schröer* § 5 Rn. 16; *Kiem* S. 152 m. w. N.

§ 22 Umwandlung und Auflösung

(2) Zur Durchführung der Verschmelzung wird daher die [übernehmende Gesellschaft] ihr Stammkapital von ...... EUR um ...... EUR auf ...... EUR erhöhen und die neuen Geschäftsanteile ab dem [Datum 2] am Gewinn der Gesellschaft teilnehmen lassen. Die auf die neuen Geschäftsanteile zu erbringenden Einlagen bestehen in dem Vermögen der [übertragende Gesellschaft], das nach Maßgabe dieses Vertrages auf die [übernehmende Gesellschaft] übertragen wird. In dem Gesellschaftsvertrag der [übernehmende Gesellschaft] sind keine Verfügungsbeschränkungen vereinbart, die die Übertragbarkeit der neuen Geschäftsanteile einschränken.

§ 4 Rechte und Vorteile

Im Zusammenhang mit der Verschmelzung werden weder einzelnen Anteilsinhabern oder Inhabern besonderer Rechte im Sinne von § 5 Abs. 1 Nr. 7 UmwG irgendwelche Sonderrechte von der [übernehmende Gesellschaft] gewährt, noch sind irgendwelche Maßnahmen zu ihren Gunsten vorgesehen, noch erhält ein Geschäftsführer (geschäftsführender Gesellschafter oder dessen Geschäftsführer) (oder Mitglied eines Aufsichtsrates) der an der Verschmelzung beteiligten Gesellschaften oder einer ihrer Abschlussprüfer oder ein Verschmelzungsprüfer irgendwelche besonderen Vorteile (§ 5 Abs. 1 Nr. 8 UmwG).

§ 5 Folgen für Arbeitnehmer und deren Vertretungen[223]

(1) Mit Wirksamwerden der Verschmelzung gehen die Arbeitsverhältnisse, die zu diesem Zeitpunkt zwischen der [übertragende Gesellschaft] und deren Arbeitnehmern bestehen, im Wege der Gesamtrechtsnachfolge gemäß § 324 UmwG in Verbindung mit § 613a BGB mit allen sich daraus ergebenden Rechten und Pflichten auf die [übernehmende Gesellschaft] über. Maßgebend ist deren Inhalt zum Zeitpunkt des Wirksamwerdens der Verschmelzung. Die bisherige Betriebszugehörigkeit bei der [übertragende Gesellschaft] wird auf das Arbeitsverhältnis mit der [übernehmende Gesellschaft] angerechnet. Die Arbeitsverhältnisse der bei der übernehmenden Gesellschaft beschäftigten Arbeitnehmer bleiben von der Verschmelzung unberührt. Sie können wegen der Verschmelzung nicht gekündigt werden.

(2) (Die Verschmelzung hat darüber hinaus keine besonderen Folgen für die Arbeitnehmer und ihre Vertretungen (§ 5 Abs. 1 Nr. 9 UmwG). Es tritt keine Änderung in der betrieblichen Verfassung der einzelnen Betriebe ein, die Rechtsstellung und Tätigkeit der bestehenden Betriebsräte werden daher durch die Verschmelzung nicht berührt; jedoch besteht das Recht zur Bildung eines Gesamtbetriebsrates. Die Verschmelzung hat keine Auswirkung auf die Voraussetzungen der Mitbestimmung. Sie führt nicht zu einer Änderung der Tarifgebundenheit. Die Rechte und Pflichten aus den für die [übertragende Gesellschaft] geltenden Tarifverträgen werden Inhalt der übergehenden Arbeitsverhältnisse und dürfen nicht vor Ablauf eines Jahres nach dem Übergang geändert werden. Die in den Betrieben der [übertragende Gesellschaft] abgeschlossenen Betriebsvereinbarungen bleiben für diese Betriebe auch nach der Verschmelzung in Kraft. Durch die Zusammenlegung der Verwaltung der beteiligten Gesellschaften ist in diesem Bereich ein geringfügiger Personalabbau absehbar.)

§ 6 Kosten

Die durch den Abschluss dieses Vertrages und seine Durchführung entstehenden Kosten einschließlich etwaiger Verkehrsteuern werden von der [übernehmende Gesellschaft] getragen.

§ 7 Wirksamkeit

(1) Dieser Vertrag bedarf zu seiner Wirksamkeit der Zustimmung der Gesellschafterversammlungen sowohl der [übertragende Gesellschaft] als auch der [übernehmende Gesellschaft].

(2) Jede Partei kann von diesem Vertrag mit sofortiger Wirkung zurücktreten, wenn die Verschmelzung nicht bis zum [Datum3] durch Eintragung in das Handelsregister der [übernehmende Gesellschaft] wirksam geworden ist.

---

[223] Zur Darstellung vgl. auch Kallmeyer/*Willemsen* § 5 Rn. 47 ff.; Semler/Stengel/*Simon* § 5 Rn. 81 ff.; *Kiem* S. 13 f.; *Bungert* DB 1997, 2209; *Willemsen* RdA 1998, 23, 33; zu Betriebsvereinbarungen und Tarifverträgen Hohenstatt/*Gräff* DStR 2001, 1980; zum mitbestimmten Aufsichtsrat nach Neugründung einer AG *Heither* BB 2008, 109.

Ist der **übertragende** Rechtsträger eine **Personengesellschaft**, ist den Bilanzaussagen des § 20 UmwStG durch folgende Ergänzung von § 2 Abs. 2 des vorstehenden Musters Rechnung zu tragen:

> **Formulierungsvorschlag:**
> Zu diesem Zwecke wird auch die [übernehmende Gesellschaft] in ihrer eigenen steuerrechtlichen Schlussbilanz das auf sie übergehenden Vermögen der [übertragende Gesellschaft] mit deren bisherigen Buchwerten ansetzen.

94 Ist der **übernehmende** Rechtsträger eine **Personenhandelsgesellschaft**, ist zusätzlich für jeden Gesellschafter einer übertragenden GmbH zu bestimmen, welche Gesellschafterstellung ihm gewährt wird.[224] Zur Erhaltung der Haftungsbeschränkung ist den Gesellschaftern der übertragenden GmbH nach § 40 Abs. 2 UmwG grundsätzlich die Stellung eines Kommanditisten zu gewähren.[225] Ist in dem Verschmelzungsvertrag vorgesehen, dass ein GmbH-Gesellschafter in der übernehmenden Personenhandelsgesellschaft die Stellung eines persönlich haftenden Gesellschafters erhält, wird die gesamte Verschmelzung nur wirksam, wenn der betroffene Gesellschafter der Verschmelzung selbst zustimmt.[226] Die Ablehnung der Verschmelzung durch einen so betroffenen Gesellschafter führt nicht etwa nur dazu, dass der überstimmte Gesellschafter damit automatisch die Stellung eines Kommanditisten erhält, sondern auch die Ablehnung allein durch diesen Gesellschafter führt dann zum vollständigen Scheitern der Verschmelzung in der geplanten Form.

95 Die Gesellschafterstellung in einer **GmbH & Co. KG**, in der der künftige Komplementär nicht am Kapital beteiligt sein soll, kann in dem Verschmelzungsvertrag durch folgende Klausel dargestellt werden:

> **Formulierungsvorschlag:**
> (1) Als Gegenleistung für die Übertragung des Vermögens der [übertragende Gesellschaft] wird die [übernehmende Gesellschaft] den Gesellschaftern der [übertragende Gesellschaft],
> a) [Gesellschafter a]
> [Ort a],
> für dessen Geschäftsanteile an der [übertragende Gesellschaft] mit Nennbeträgen von insgesamt ...... EUR eine Beteiligung als persönlich haftende Gesellschafterin ohne Kapitaleinlage an der [übernehmende Gesellschaft],
> b) [Gesellschafter b]
> [Ort b],
> für dessen Geschäftsanteile an der [übertragende Gesellschaft] mit Nennbeträgen von insgesamt ...... EUR einen Anteil am Festkapital der [übernehmende Gesellschaft] in Höhe von ...... EUR, mit Gewinnberechtigung ab [Datum 2] und der Stellung als Kommanditist gewähren. Zuzahlungen sind nicht zu leisten.
> (2) Zur Durchführung der Verschmelzung wird daher die [übernehmende Gesellschaft] das Festkapital gemäß § ...... des Gesellschaftsvertrages[227] von ...... EUR um ...... EUR auf ...... EUR erhöhen. Die neue Kommanditeinlage ist als Hafteinlage des [Gesellschafter b] in das Handelsregister einzutragen. Die auf die neue Kommanditeinlage zu erbringenden Leistungen bestehen in dem Vermögen der [übertragende Gesellschaft], das nach Maßgabe dieses Vertrages auf die [übernehmende Gesellschaft] übertragen wird.

96 Wird hingegen die **Verschmelzung ohne Gewährung von neuen Anteilen** durchgeführt, weil etwa eine übernehmende GmbH alle Anteile an der übertragenden GmbH besitzt, ent-

---

[224] Kallmeyer/Kocher § 40 Rn. 3; Lutter/H. Schmidt § 40 Rn. 6; Semler/Stengel/Ihrig § 40 Rn. 7.
[225] Widmann/Mayer/Vossius UmwG § 40 Rn. 44 ff.; Semler/Stengel/Ihrig § 40 Rn. 12.
[226] Bei Ausbleiben der Zustimmung vgl. Kallmeyer/Kocher § 40 Rn. 11; Semler/Stengel/Ihrig § 40 Rn. 25.
[227] Die Neufassung des Gesellschaftsvertrages ist nicht Teil des Verschmelzungsvertrages, Kiem S. 153; anders aber bei einer Verschmelzung zur Neugründung, vgl. § 37 UmwG und unten → Rn. 101.

fallen gemäß § 5 Abs. 2 UmwG die Angaben über den Umtausch der Anteile. Der Verschmelzungsvertrag kann sich auf folgende Aussage beschränken:

> **Formulierungsvorschlag:**
> Die Verschmelzung erfolgt nach § 54 Abs. 1 Satz 1 Nr. 1 UmwG ohne Durchführung einer Kapitalerhöhung durch die [übernehmende Gesellschaft], da die übernehmende Gesellschaft Inhaberin aller Geschäftsanteile an der [übertragende Gesellschaft] ist. Diese Anteile gehen im Gegenzug zu der Übertragung des Vermögens der [übertragende Gesellschaft] mit Wirksamwerden der Verschmelzung unter.

Bei der Verschmelzung einer Muttergesellschaft auf ihre 100%ige Tochtergesellschaft (**Abwärtsverschmelzung**) kann die Kapitalerhöhung gemäß § 54 Abs. 1 Satz 2 UmwG ebenfalls entfallen, sofern das Kapital der Tochtergesellschaft voll eingezahlt war, jedoch sind die bisher von der Muttergesellschaft gehaltenen Anteile an der Tochtergesellschaft ihren Gesellschaftern zuzuweisen.

> **Formulierungsvorschlag:**
> Die Verschmelzung erfolgt nach § 54 Abs. 1 Satz 2 Nr. 2 UmwG ohne Durchführung einer Kapitalerhöhung durch die [übernehmende Gesellschaft], da die [übertragende Gesellschaft] Inhaberin aller Geschäftsanteile an der [übernehmende Gesellschaft] ist. Als Gegenleistung für die Übertragung des Vermögens der [übertragende Gesellschaft] erwerben die Gesellschafter der [übertragende Gesellschaft] mit Wirksamwerden der Verschmelzung für ihre Geschäftsanteile an der [übertragende Gesellschaft] mit Nennbeträgen von insgesamt ...... EUR die folgenden, aus dem Vermögen der [übertragende Gesellschaft] direkt auf sie übergehenden Geschäftsanteile an der [übernehmende Gesellschaft],
> a) [Gesellschafter a]
>   [Adresse a],
>   für dessen bisherige Geschäftsanteile mit Nennbeträgen von insgesamt ...... EUR
>   • den Geschäftsanteil mit dem Nennbetrag von ...... EUR (lfd. Nr. ...... der letzten Gesellschafterliste)[228]
>   • den Geschäftsanteil mit dem Nennbetrag von ...... EUR (lfd. Nr. ...... der letzten Gesellschafterliste)
> b) [Gesellschafter b]
>   [Adresse b],
>   für dessen bisherige Geschäftsanteile mit Nennbeträgen von insgesamt ...... EUR
>   • den Geschäftsanteil mit dem Nennbetrag von ...... EUR (lfd. Nr. ...... der letzten Gesellschafterliste)
>   • den Geschäftsanteil mit dem Nennbetrag von ...... EUR (lfd. Nr. ...... der letzten Gesellschafterliste)
>   jeweils mit Gewinnberechtigung ab [Datum 2].

Falls hierbei die Nennbeträge der bestehenden Anteile den Quoten der Gesellschafter an der Muttergesellschaft nicht entsprechen, muss eine entsprechende **Teilung der Geschäftsanteile** vorgenommen werden. Bestehen mehrere Geschäftsanteile mit dem gleichen Nennwert, die bisher in der Gesellschafterliste noch nicht durch eine laufende Nummer identifiziert worden sind, müssen diese Anteile für die Zuordnung unter einer laufenden Nummer in der im Zuge der Verschmelzung einzureichenden neuen Gesellschafterliste[229] durch weitere Angaben, z. B. durch den Zeitpunkt der Entstehung, näher beschrieben werden.

Dient die Abwärtsverschmelzung der Eliminierung einer Zwischenholding, die nicht das gesamte Stammkapital der übernehmenden Gesellschaft hält, empfiehlt sich zur Festschreibung der Beteiligungsverhältnisse bis zum Wirksamwerden der Verschmelzung die folgende Ergänzung:

---

[228] → Rn. 137c.
[229] Zur Identifizierungsmethode vgl. BGH NZG 2011, 516.

> **Formulierungsvorschlag:**
>
> Die [übertragende Gesellschaft] wird über die von ihr gehaltenen Geschäftsanteile an der [übernehmende Gesellschaft] bis zum Wirksamwerden der Verschmelzung nicht verfügen und auch keine weiteren Geschäftsanteile an dieser erwerben.

Soll der in der Schlussbilanz ausgewiesene Gewinn der übernehmenden Gesellschaft ausgeschüttet werden, ohne durch die Abwärtsverschmelzung der Muttergesellschaft rückwirkend wieder an sie zurückzulaufen, kann hierfür folgende Klausel als § 2 Abs. 4 vorgesehen werden:

> **Formulierungsvorschlag:**
>
> Im Falle eines Gewinnverwendungsbeschlusses der [übernehmende Gesellschaft] für das am [Datum1] endende Geschäftsjahr steht die Dividende ungeachtet des vorstehenden Abs. 3 wirtschaftlich den Gesellschaftern der [übertragende Gesellschaft] im Verhältnis ihrer jeweiligen Beteiligung an dieser zu. Die [übertragende Gesellschaft] wird eine solche Dividende unverzüglich nach ihrer Vereinnahmung an ihre Gesellschafter weiterreichen.

99 Einen Sonderfall stellt die **Verschmelzung einer Kapitalgesellschaft auf eine natürliche Person als Alleingesellschafter** dar, da natürliche Personen nur auf diese Konstellation beschränkt als übernehmende Rechtsträger verschmelzungsfähig sind.[230] Auch in diesem Fall kommt es nicht zu einem Anteilstausch. Im Ergebnis führt eine solche Verschmelzung zu der Umwandlung einer Kapitalgesellschaft in eine Einzelfirma,[231] jedoch nicht wie bei einem Formwechsel unter Wahrung der Identität, sondern durch Vermögensübergang in Gesamtrechtsnachfolge und Auflösung der Kapitalgesellschaft ohne Liquidation.

100 Ist wegen einer Verschmelzung mit einem Rechtsträger anderer Rechtsform (Mischverschmelzung)[232] oder wegen Verfügungsbeschränkungen, denen die neuen Anteile unterliegen, den Gesellschaftern der übertragenden Gesellschaft eine **Barabfindung** gegen Übertragung ihrer Anteile anzubieten, kann der Verschmelzungsvertrag um folgende Klausel ergänzt werden:

> **Formulierungsvorschlag:**
>
> Falls ein Gesellschafter der [übertragende Gesellschaft] Widerspruch gegen den Beschluss ihrer Gesellschafterversammlung, der diesem Verschmelzungsvertrag zustimmt, zur Niederschrift erklärt oder ein gleichgestellter Fall im Sinne des § 29 Abs. 2 UmwG vorliegt, bietet die [übernehmende Gesellschaft] diesem Gesellschafter die Zahlung einer Barabfindung in Höhe von EUR [Betrag] je 1,- EUR Nennbetrag eines jeden seiner Geschäftsanteile gegen die für ihn kostenfreie Übertragung dieser Geschäftsanteile bzw. der mit Eintragung der Verschmelzung erworbenen Anteile an.[233] Der Abfindungsbetrag ist nach Ablauf des Tages, an dem die Wirksamkeit der Verschmelzung gemäß § 19 Abs. 3 UmwG bekannt gemacht worden ist, mit 5% p. a. über dem jeweiligen Basiszinssatz gemäß § 247 BGB zu verzinsen. Das Angebot kann nur binnen zwei Monaten nach diesem Tag angenommen werden (§ 31 S. 1 UmwG). Ist nach § 34 UmwG eine gerichtliche Bestimmung der Barabfindung beantragt worden, so kann das Angebot binnen zwei Monaten nach der Bekanntmachung der Entscheidung des Gerichtes im Bundesanzeiger angenommen werden (§ 31 S. 2 UmwG).

---

[230] § 3 Abs. 2 Nr. 2 UmwG; Kallmeyer/*Marsch-Barner* § 3 Rn. 18.
[231] Kallmeyer/*Marsch-Barner* § 3 Rn. 18; OLG Schleswig GmbHR 2001, 205: eine bereits eingetragene Einzelfirma des Alleingesellschafters kann beibehalten werden.
[232] Kallmeyer/*Marsch-Barner* § 3 Rn. 28; Semler/*Stengel* § 3 Rn. 12.
[233] Nach § 33 Abs. 3 GmbH ist ein Angebot und damit die Verschmelzung nur bei Bestehen frei verfügbarer Rücklagen zulässig, Baumbach/*Hueck*/Fastrich § 33 GmbHG Rn. 16; *Geßler* GmbHR 2008, 1098; zu den Rechtsfolgen bei fehlenden Rücklagen MünchKommGmbH/*Lowisch* § 33 Rn. 62; zur Bilanzierung vgl. § 272 Abs. 1a HGB.

Bei der Verschmelzung einer 100%igen Tochtergesellschaft entfällt nach § 5 Abs. 2 UmwG die Pflicht, Angaben zum Umtauschverhältnis in den Verschmelzungsvertrag aufzunehmen, weil es zu keinem Anteilstausch kommen wird. Entsprechend ist in diesem Falle bei einer Mischverschmelzung auch die Aufnahme eines Abfindungsangebotes entbehrlich.[234] In der Praxis werden aber auch vorsorglich ausdrückliche Verzichte ausgesprochen.

> **Formulierungsvorschlag:**
> Die [übernehmende Gesellschaft] als alleinige Gesellschafterin der [übertragende Gesellschaft] verzichtet schon jetzt auf ein Barabfindungsangebot und dessen Aufnahme in diesen Vertrag gemäß § 29 UmwG.

Bei einer **Verschmelzung zur Neugründung** ist der Verschmelzungsvertrag mit der Neugründung des neuen Rechtsträgers, bei einer GmbH insbesondere der Vereinbarung des Gesellschaftsvertrages und der Bestellung der Geschäftsführer zu verbinden. Soll an der Verschmelzung durch Neugründung eine übertragende Aktiengesellschaft beteiligt werden, ist zu beachten, dass sie gemäß § 76 Abs. 1 UmwG seit mindestens zwei Jahren bestanden haben muss.[235] 101

Oft werden Verschmelzungsverträge auch mit **Rücktritts- oder Kündigungsklauseln** versehen, insbesondere in Hinblick auf den ungewissen Zeitpunkt des Wirksamwerdens der Verschmelzung bei Anfechtungsklagen oder Diskussionen im Registerverfahren über die Werthaltigkeit der Sacheinlage. Solche Klauseln können einer Eintragung der Verschmelzung entgegenstehen, wenn sie so formuliert sind, dass sie auch noch nach der Handelsregistereintragung ausgeübt werden könnten.[236] Sie führen jedoch nicht zur Anfechtbarkeit des Verschmelzungsbeschlusses, wenn die Umwandlung von dem Eintritt einer künftigen Bedingung abhängt.[237] 102

Gegebenenfalls kann Verzögerungen durch eine Anpassung des Stichtages[238] entgegengetreten werden.

> **Formulierungsvorschlag:**
> Falls die Verschmelzung nicht bis zum Ablauf des [Datum3] in das Handelsregister der [übernehmende Gesellschaft] eingetragen wird, gelten abweichend von § 2 Abs. 2 der [Datum 1a] als Stichtag der Schlussbilanz und abweichend von § 2 Abs. 3 bzw. § 3 Abs. 1 der Beginn des [Datum 2a] als Stichtag für den Wechsel der Rechnungslegung bzw. den Beginn der Gewinnberechtigung. In diesem Falle gilt die Regelung in § 2 Abs. 4 zur Zahlung einer etwaigen Dividende für die Verwendung des Gewinns des am [Datum1 a] endenden Geschäftsjahres.

Im Falle einer **grenzüberschreitenden Verschmelzung** gelten nach § 122a Abs. 2 UmwG im Grundsatz zwar die allgemeinen Regeln entsprechend, jedoch werden in § 122c UmwG für den Verschmelzungsplan, der den Verschmelzungsvertrag ersetzt,[239] zusätzliche Angaben oder Vereinbarungen insbesondere zur Rechtsform, Satzung der übernehmenden Gesellschaft, Bewertung des übertragenen Vermögens, Bilanzstichtage, Mitbestimmung der Arbeitnehmer und zu den Auswirkungen der Verschmelzung auf die Beschäftigung verlangt. Vergleichbar der nach § 61 UmwG bei reinen Inlandsfällen auch für Aktiengesellschaften geltenden Regelung ist der Verschmelzungsplan oder sein Entwurf nach § 122d UmwG 102a

---

[234] Lutter/*Grunewald* § 29 Rn. 19; Semler/Stengel/*Klass* § 29 Rn. 22; *Schaub* NZG 1998, 626, 628.
[235] Kallmeyer/*Zimmermann* § 76 Rn. 2 ff.; Widmann/Mayer/*Rieger* UmwG § 76 Rn. 7 ff.; Semler/Stengel/*Diekmann* § 76 Rn. 6.
[236] S. dazu *Körner/Rodewald* BB 1999, 853.
[237] Vgl. LG Hamburg AG 1999, 239.
[238] Zum Einfluss auf die Unternehmenswertrelation vgl. BGH NZG 2013, 233; dazu *Bungert/Wandsleben* DB 2013, 979.
[239] Zur unterschiedlichen Rechtsnatur von Verschmelzungsvertrag und Verschmelzungsplan vgl. *Frenzel* RIW 2008, 12.

einen Monat vor der Versammlung der Anteilsinhaber zum Handelsregister einzureichen;[240] die Bekanntmachung durch das Gericht enthält bereits Kerndaten, um die Einholung von Auskünften über die Beteiligten zu erleichtern.

102b   Soll eine Teilung der **Kosten** nach dem Veranlassungsprinzip vereinbart werden, kann folgende Abrede getroffen werden:

> **Formulierungsvorschlag:**
>
> Die Kosten für die Beurkundung dieses Vertrages trägt jede Partei zur Hälfte. Im Übrigen trägt jede Partei die bei ihr anfallenden Kosten seiner Vorbereitung und Durchführung selbst. Dies gilt insbesondere für die Durchführung der Kapitalerhöhung, die Abhaltung der Gesellschafterversammlungen und die Eintragung der Verschmelzung in das jeweilige Handelsregister. Eine etwa anfallende Grunderwerbsteuer ist ausschließlich von der übernehmenden Gesellschaft zu tragen.

103   **b) Form.** Der Verschmelzungsvertrag bedarf gemäß § 6 UmwG zwingend der **notariellen Beurkundung**.[241] Bei grenzüberschreitenden Verschmelzungen gilt dies nach § 122a Abs. 4 UmwG ungeachtet etwa nach ausländischem Recht zulässiger milderer Formen. Auch bei umfangreichem Betriebsvermögen des übertragenden Rechtsträgers ist für die hierdurch ausgelösten Notargebühren eine Wertbegrenzung auf 10 Mio. EUR zu beachten.[242] Die Anerkennung ausländischer Beurkundungen, die bei Verschmelzungen allein mit inländischen Beteiligten häufig nur zur Senkung der Notargebühren gewählt werden, ist umstritten, selbst bei grenzüberschreitenden Verschmelzungen hängt sie von der Anerkennung der Gleichwertigkeit ab, auch wenn die Beurkundung nach dem Recht des ausländischen Beteiligten vorgenommen werden soll.[243] Ist ausländisches Vermögen vorhanden, können Einzelübertragungsakte nach der maßgeblichen ausländischen Rechtsordnung erforderlich werden.[244]

5. Verschmelzungsbericht und -prüfung

104   **a) Formelle Berichterstattung.** Der in § 8 UmwG angeordnete, von der Geschäftsführung der beteiligten Rechtsträger abzugebende schriftliche Verschmelzungsbericht dient der **Information für die Entscheidung der Gesellschafter**.[245] Sein Inhalt wird vom Gesetz nur in einem allgemeinen Themenrahmen vorgegeben. Trotz der Vermittlung einiger rechtlicher Informationen zu der Verschmelzung liegt das Gewicht des Verschmelzungsberichtes auf der Erläuterung der **wirtschaftlichen Bedeutung** der Verschmelzung, der Information über die beteiligten Unternehmen und der Begründung der Wertfindung, die dem vereinbarten **Umtauschverhältnis** und einem eventuellen **Abfindungsangebot** zugrunde liegt. Hierbei ist der Informationsbedarf nicht auf die unmittelbar an der Verschmelzung beteiligten Rechtsträger beschränkt. Es ist gemäß § 8 Abs. 1 Satz 3 UmwG auch über etwaige für die Verschmelzung

---

[240] S. auch → Rn. 112.
[241] Kallmeyer/*Zimmermann* § 6 Rn. 1 ff.
[242] Kallmeyer/*Zimmermann* § 6 Rn. 13. Zur jüngsten Gesetzesänderung → Rn. 74.
[243] Vgl. Kallmeyer/*Zimmermann* § 6 Rn. 10 ff.; *Schmitt*/Hörtnagl/Stratz UmwG § 6 Rn. 13 ff. jeweils mit ausführlichen Nachweisen zur kontroversen Rspr.; Lutter/*Lutter*/*Drygala* § 6 Rn. 7 f.; Semler/Stengel/*Schröer* § 6 Rn. 15 ff.; Widmann/Mayer/*Heckschen* UmwG § 6 Rn. 56 ff.; bejahend auch *Kröll* ZGR 2000, 111; ablehnend *Goette* MittRhNotK 1997, 1. Zu jüngeren Rechtsentwicklungen *Saenger*/*Scheuch* BB 2008, 65; *Trendelenburg* GmbHR 2008, 644; *Engel* DStR 2008, 1593; *Bauer*/*Anders* BB 2012, 593; kontrovers OLG Düsseldorf BB 2011, 785 gegen OLG München NZG 2013, 340. Wegen des abweichenden Normzweckes und Ausschluss der Ortsform ist die Gleichwertigkeit unabhängig von den Kriterien für die Form der Anteilsabtretung zu beurteilen. Zu Umfang und Form der Beurkundung bei grenzüberschreitender Verschmelzung *Frenzel* RIW 2008, 12; Semler/Stengel/*Drinhausen* § 122c Rn. 42 f.; Kallmeyer/*Zimmermann* § 6 Rn. 11; *Schmitt*/Hörtnagl/Stratz UmwG § 122c Rn. 39 ff.
[244] Dazu *Racky* DB 2003, 923.
[245] Kallmeyer/*Marsch-Barner* § 8 Rn. 1; es reicht die Unterzeichnung in vertretungsberechtigter Zahl, BGH DB 2007, 1858; a. A. noch LG Berlin AG 2003, 646. Bei einer grenzüberschreitenden Verschmelzung ist eine gemeinsame Berichterstattung ausgeschlossen, kritisch dazu *Frenzel* RIW 2008, 12.

wesentliche Angelegenheiten von verbundenen Unternehmen zu berichten.[246] Allerdings brauchen nach § 8 Abs. 2 UmwG Umstände, die zu Nachteilen für die beteiligten Unternehmen führen, nicht offengelegt zu werden.[247] Bei einer grenzüberschreitenden Verschmelzung sind nach § 122c UmwG zusätzlich zu den allgemein im Inland geforderten Angaben die Auswirkungen auf die Gläubiger und die Arbeitnehmer darzustellen.

Als Orientierungsrahmen,[248] der nach der individuellen Situation der beteiligten Unternehmen auszufüllen ist, kann das folgende Raster dienen: 105

Checkliste: Inhalt des Verschmelzungsberichtes

I. Übertragende Gesellschaft
  1. Unternehmensgeschichte und -entwicklung
     ☐ Gründung
     ☐ Aktivitäten
     ☐ Marktentwicklung
     ☐ Kapitalentwicklung
  2. Beteiligungen und Konzernstruktur
  3. Kapital und Gesellschafter
  4. Mitarbeiter (und Mitbestimmung)
  5. Vermögens-, Finanz und Ertragslage
II. Übernehmende Gesellschaft
    (gleiches Schema wie zu I.)
III. Erläuterung und Begründung der Verschmelzung
  1. Ausgangslage
     a) Tätigkeitsfelder der Unternehmen
        ☐ Umsatz
        ☐ Absatzgebiet
        ☐ Leistung
        ☐ Beschaffung
        ☐ Marktposition
     b) Wettbewerbliches Umfeld
     c) Analyse der Vermögens-, Finanz und Ertragslage
        ☐ [übertragende Gesellschaft]
        ☐ [übernehmende Gesellschaft]
  2. Wesentliche Gründe für die Verschmelzung
     ☐ Verbesserte Positionierung im Markt
     ☐ Bedeutung der Synergie
     ☐ Unternehmenspolitische Vorteile
  3. Strategie und Zielsetzung der verschmolzenen Gesellschaft
  4. Verschmelzungskonzept
     ☐ Aufnahme/Neugründung
     ☐ Ausstattung der Gesellschaftsrechte
     ☐ Verschmelzungsstichtag
     ☐ Arbeitnehmervertretungen
  5. Alternativen/Schlussfolgerungen
  6. Kosten der Verschmelzung
IV. Bilanzielle, finanzielle, gesellschaftsrechtliche und steuerliche Auswirkungen der Verschmelzung
  1. Bilanzielle Folgen der Verschmelzung
  2. Finanzielle Aspekte

---

[246] Kallmeyer/*Marsch-Barner* § 8 Rn. 27; Lutter/*Lutter/Drygala* § 8 Rn. 38 ff.; OLG Frankfurt/M. DB 2006, 438.
[247] Kallmeyer/*Marsch-Barner* § 8 Rn. 30; Widmann/*Mayer* UmwG § 8 Rn. 48 ff.
[248] Zur Praxis vgl. auch *Kiem* S. 18 m. w. N., 70 ff.; HansOLG Hamburg AG 2002, 460; OLG Jena AG 2009, 582; vgl. auch Muster bei *Seibt* S. 1575.

3. Gesellschaftsrechtliche Folgen
4. Steuerliche Folgen
   - für die beteiligten Gesellschaften
   - für die Gesellschafter
V. Angaben über wesentliche Angelegenheiten verbundener Unternehmen
VI. Erläuterung des Verschmelzungsvertrages
VII. Umtauschverhältnis
   1. Bewertungsauftrag
   2. Bewertungsgrundsätze und -methoden
   3. Wertermittlung [übertragende Gesellschaft]
   4. Wertermittlung [übernehmende Gesellschaft]
   5. Ermittlung des Umtauschverhältnisses

106 Die Erstellung des Verschmelzungsberichtes ist regelmäßig sehr arbeitsaufwendig. Es ist daher zu fragen, ob bei einem häufig sehr engen persönlichen Gesellschafterkreis der Aufwand eines Verschmelzungsberichtes tatsächlich erforderlich ist. Das Gesetz lässt von sich aus die Notwendigkeit des Verschmelzungsberichtes nur dann entfallen, wenn sich **alle Anteile** an der übertragenden Gesellschaft **in der Hand der übernehmenden Gesellschaft** befinden[249] oder bei einer **Personenhandelsgesellschaft** alle **Gesellschafter zur Geschäftsführung befugt** sind.[250] Darüber hinaus steht es in der Disposition der Gesamtheit der Gesellschafter, ob sie auf einem Verschmelzungsbericht beharren. Bei einer Verletzung der Berichtspflicht, also auch bei zu geringer Tiefe der Darstellung, kann der Umwandlungsbeschluss angefochten werden. Nur wenn alle Gesellschafter aller beteiligten Gesellschaften gemäß § 8 Abs. 3 UmwG auf die Erstattung eines Verschmelzungsberichtes **durch notarielle Erklärung verzichten,** kann die Verschmelzung ohne formellen Bericht vollzogen werden.[251] Dies gilt allerdings nach § 122e Satz 3 UmwG nicht bei einer grenzüberschreitenden Verschmelzung, vielmehr ist in diesem Falle der Verschmelzungsbericht wegen der zusätzlichen Erläuterungen zu den Auswirkungen der Verschmelzung auf die Gläubiger und Arbeitnehmer einen Monat vor der Gesellschafterversammlung durch Auslegung in den Geschäftsräumen der Gesellschaft zugänglich zu machen.[252]

Wird die Ermittlung der Verschmelzungswertrelation einem Wirtschaftsprüfer übertragen, führt dies nur unter besonderen Umständen zu seiner Disqualifikation als Abschlussprüfer der übernehmenden Gesellschaft.[253]

107 b) **Verschmelzungsprüfung.** Um sicherzustellen, dass die Gesellschafter für ihre Entscheidung verlässliche Information erhalten, begnügt sich das Gesetz nicht mit der Berichtspflicht und Durchführungsverantwortung der Geschäftsführung, sondern sieht zusätzlich die Prüfung der **Vollständigkeit und Richtigkeit des Verschmelzungsvertrages**[254] und der Angemessenheit des **Umtauschverhältnisses**[255] durch einen gerichtlich bestellten Verschmelzungsprüfer vor, der aber ohne eine eigene Unternehmensbewertung nur die **Vertretbarkeit der Wertansätze und Prognosen** prüft.[256] Ein etwa abzugebender Verschmelzungsbericht der Geschäftsführungen unterliegt nicht der Prüfung. Eine Verschmelzungsprüfung ist überdies in einer Reihe von Fällen von dem Verlangen eines Gesellschafters[257] abhängig, das zudem binnen einer Wo-

---

[249] § 8 Abs. 3, 2. Halbs. UmwG; Widmann/*Mayer* UmwG § 8 Rn. 65 f.; dies gilt nach § 122e Satz 3 UmwG aber nicht bei grenzüberschreitender Verschmelzung; vgl. dazu *Frenzel* RIW 2008, 12.
[250] § 41 UmwG; Sagasser/Bula/Brünger/*Luke* § 9 Rn. 199.
[251] Kallmeyer/*Marsch-Barner* § 8 Rn. 38; Widmann/*Mayer* UmwG § 8 Rn. 57 ff.
[252] Zur Verzichtsmöglichkeit bei gleichzeitigem Verzicht der Betriebsräte Semler/Stengel/*Drinhausen* § 122 Rn. 12; Kallmeyer/*Marsch-Barner* § 122e Rn. 11; Schmitt/*Hörtnagl*/Stratz UmwG § 122e Rn. 14; a. A. Sagasser/Bula/Brünger/*Gutkès* § 13 Rn. 116; *Freundorfer/Festner* GmbHR 2010, 195, 198.
[253] BGH DB 2003, 383.
[254] Lutter/*Lutter*/Drygala § 12 Rn. 3.
[255] Lutter/*Lutter*/Drygala § 12 Rn. 4 ff.
[256] OLG Düsseldorf DB 2001, 190; vgl. auch Semler/Stengel/*Zeidler* § 12 Rn. 8 ff.; zum Inhalt des Prüfungsberichtes vgl. LG Heidelberg DB 1996, 1768; zur Zulässigkeit von Parallelprüfungen OLG Hamm AG 2005, 361; *Lüttge/Baßler* Der Konzern 2005, 341.
[257] Vgl. hierzu Widmann/*Mayer* UmwG § 48 Rn. 6 ff.

che nach Unterrichtung der Gesellschafter[258] erfolgen muss, so etwa gemäß § 48 UmwG bei der GmbH[259] und bei Personengesellschaften gemäß § 44 UmwG überhaupt nur, wenn ihr Gesellschaftsvertrag eine Mehrheitsentscheidung der Gesellschafter ermöglicht.[260] Damit beschränkt sich die Bedeutung der generellen Verschmelzungsprüfung im Wesentlichen auf beteiligte Aktiengesellschaften[261] und grenzüberschreitende Verschmelzungen.

Das Gesetz sieht zudem von der Notwendigkeit einer solchen Prüfung ab, wenn kein gesteigerter Sicherungsbedarf besteht. Dies ist gemäß § 9 Abs. 2 UmwG der Fall, wenn alle Anteile der übertragenden Gesellschaft bei der übernehmenden Gesellschaft liegen und daher kein Anteilstausch stattfindet.[262]

Darüber hinaus können aber gemäß §§ 9 Abs. 3, 30 Abs. 2 UmwG auch alle Gesellschafter auf die Prüfung des Verschmelzungsvorganges und alle zu einer Barabfindung berechtigten Gesellschafter auf die Prüfung des Abfindungsangebotes **notariell verzichten.**[263] Dies gilt auch bei einer grenzüberschreitenden Verschmelzung.[264]

6. Gesellschafterbeschlüsse

a) **Gesellschafterversammlung.** Unabhängig von den allgemein zugelassenen Arten der Beschlussfassung verlangt § 13 Abs. 1 Satz 2 UmwG für den Verschmelzungsbeschluss der Gesellschafter die Abhaltung einer Gesellschafterversammlung.[265] Hierdurch soll als Regelfall ein Meinungsaustausch unter den Gesellschaftern ermöglicht werden. Für diese Versammlung sind die gesetzlichen und gesellschaftsvertraglichen Anforderungen an die **Form und die Fristen der Einberufung** von Gesellschafterversammlungen zu beachten, die aber mit Zustimmung aller Gesellschafter **verzichtbar** sind.

Ähnlich der bisher auf grenzüberschreitende Verschmelzungen[266] beschränkten Regelung gemäß § 122g Abs. 2 UmwG ist seit 2011 nach § 62 Abs. 4 UmwG auch bei einer inländischen **Konzernverschmelzung** auf eine zu 100% beteiligte Muttergesellschaft kein Verschmelzungsbeschluss auf der Ebene der übertragenden Kapitalgesellschaft erforderlich, wenn die Muttergesellschaft eine Aktiengesellschaft ist. Obwohl die neue Befreiungsvorschrift sich in dem Unterabschnitt des Gesetzes für die Beteiligung von Aktiengesellschaften an einer Verschmelzung befindet, ist sie auch für eine übertragende Gesellschaft in der Rechtsform einer GmbH von Bedeutung. Da auch schon bisher in diesem Falle der Verschmelzungsbeschluss bei der übernehmenden Aktiengesellschaft nach § 62 Abs. 1 UmwG entfallen konnte, sofern kein gemäß § 62 Abs. 2 UmwG qualifizierter Aktionär die Einberufung einer Hauptversammlung verlangt, kann bei dieser Konstellation die Verschmelzung völlig ohne Beteiligung der Gesellschafter durchgeführt werden.

Die nach §§ 5 Abs. 1 Nr. 9, 122c Abs. 2 Nr. 4 UmwG zwingende Darstellung der Folgen der Verschmelzung für die Arbeitnehmer und ihre Vertretungen bzw. der Auswirkungen einer grenzüberschreitenden Verschmelzung auf die Beschäftigung im Verschmelzungsvertrag/-plan dient der arbeitsrechtlichen Meinungsbildung,[267] bei grenzüberschreitenden Verschmelzungen auch die nach § 122e erweiterte Darstellung im Verschmelzungsbericht. Zur Durchsetzung dieser Information der Arbeitnehmer und ihrer Vertretungen muss der **Entwurf des Verschmelzungsvertrages** bzw. -planes gemäß § 5 Abs. 3 UmwG dem zuständigen

---

[258] Zur Fristberechnung *Mayer* DB 2007, 1235, 1237; Semler/Stengel/*Reichert/Ihrig* § 48 Rn. 13, § 44 Rn. 13.
[259] Kallmeyer/*Müller* § 48 Rn. 2 ff., dies gilt aber nach § 122f UmwG nicht bei grenzüberschreitenden Verschmelzungen.
[260] Kallmeyer/*Müller* § 44 Rn. 2 ff.
[261] §§ 9 Abs. 1, 60 Abs. 1 UmwG.
[262] Kallmeyer/*Müller* § 9 Rn. 40; Lutter/*Lutter/Drygala* § 9 Rn. 16; Semler/Stengel/*Zeidler/Drinhausen* § 9 Rn. 49, § 122f Rn. 8.
[263] Kallmeyer/*Müller* § 9 Rn. 42, § 30 Rn. 20 f.; Semler/Stengel/*Zeidler* § 9 Rn. 49, § 30 Rn. 28.
[264] Vgl. *Frenzel* RIW 2008, 12, 19; Semler/Stengel/*Drinhausen* § 122f Rn. 7, Schmitt/*Hörtnagl*/Stratz UmwG § 122f Rn. 7.
[265] Kallmeyer/*Zimmermann* § 13 Rn. 3 ff.; Semler/Stengel/*Gehling* § 13 Rn. 14. Zum Sonderfall einer Konzernverschmelzung auf eine Aktiengesellschaft vgl. aber § 62 Abs. 4 UmwG sowie unten → Rn. 110a bzw. Fn. 268.
[266] Vgl. *Ege/Klett* GWR 2011, 399.
[267] Kritisch Kallmeyer/*Willemsen* § 5 Rn. 49 ff.

Betriebsrat mindestens **einen Monat vor der Beschlussfassung** zugeleitet werden;[268] bei einer grenzüberschreitenden Verschmelzung ist die Anwendung dieser Vorschrift aber wegen des abweichenden Informationsgehaltes selbst für die beteiligte deutsche Kapitalgesellschaft umstritten,[269] jedoch ist der Verschmelzungsbericht nach § 122e unverzichtbar dem zuständigen Betriebsrat oder ggfs. den Arbeitnehmern direkt zuzuleiten. Die Wahrung der Frist ist nach § 17 Abs. 1 UmwG bei der Anmeldung der Verschmelzung zur Eintragung in das Handelsregister nachzuweisen.[270] Ob trotz dieses ausdrücklich verlangten Nachweises der rechtzeitigen Zuleitung zwar nicht auf die Zuleitung der Information schlechthin, aber doch **auf die Einhaltung der Frist verzichtet** werden kann,[271] wird häufig in der praktischen Abwicklung relevant, wenn die Entscheidung zur Verschmelzung insbesondere bei rein konzerninternen Umstrukturierungen erst kurz vor Ablauf der durch § 17 Abs. 2 UmwG gewährten achtmonatigen Frist nach dem Bilanzstichtag gefällt wird.

112 Die **Unterrichtung der Gesellschafter** über den Inhalt des Verschmelzungsvertrages, gegebenenfalls des Verschmelzungsberichtes, **richtet sich nach der Rechtsform** der Gesellschaft. Bei einer Personengesellschaft – dort aber nur für nicht geschäftsführungsberechtigte Gesellschafter – oder bei einer GmbH sind Vertrag und Bericht gemäß §§ 42, 47 UmwG mit der Einberufung der Gesellschafterversammlung zu übersenden.[272] Bei Aktiengesellschaften erfolgt eine Übersendung gemäß § 62 Abs. 3 Satz 6 UmwG nur auf Verlangen, während die Unterrichtung sich sonst gemäß §§ 61, 63 Abs. 1, 64 Abs. 1 Satz 1 UmwG auf eine Registerpublizität und Auslegung der Unterlagen beschränkt.[273] Eine entsprechende Bekanntmachung sieht § 122d UmwG bei einer grenzüberschreitenden Verschmelzung vor, die nach § 122j UmwG auch dem Gläubigerschutz dient und daher bei einer beteiligten GmbH neben die Unterrichtung der Gesellschafter gemäß § 47 UmwG tritt.[274]

113 **b) Inhalt der Beschlüsse.** Im Vordergrund der Gesellschafterversammlungen steht bei beiden beteiligten Rechtsträgern die **Zustimmung zu dem Verschmelzungsvertrag**, die wie folgt formuliert werden kann:

> **Formulierungsvorschlag:**
>
> Dem Verschmelzungsvertrag vom [Datum] (Urkundenrolle Nr. des Notars [Notar]) zwischen der [übertragende Gesellschaft] und der [übernehmende Gesellschaft] in der Fassung, wie er dieser notariellen Niederschrift in beglaubigter Abschrift als Anlage 1 beigefügt ist,[275] wird zugestimmt. [Es bestehen keine Sonderrechte eines Gesellschafters, die dessen besondere Zustimmung nach § 13 Abs. 2 UmwG erforderlich machen.][276]

---

[268] Kallmeyer/*Willemsen* § 5 Rn. 77; Widmann/*Mayer* UmwG § 5 Rn. 256 f.; a. A. KölnKommUmwG/*Simon*/*Rubner* § 122c Rn. 3; Sagasser/Bula/Brünger/*Gutkès* § 13 Rn. 35, 110; Semler/Stengel/*Drinhausen* § 122c Rn. 44; Lutter/*Bayer* § 122c Rn. 32; *Brandes* ZIP 2008, 2193; Freundorfer/*Festner* GmbHR 2010, 195, 198. Entfällt die Beschlussfassung bei einer Konzernverschmelzung, läuft die Frist gemäß § 62 Abs. 4, 3 UmwG ab Abschluss des Vertrages; hierzu *Ising* NZG 2011, 1368; *Freytag* BB 2010, 1611; Semler/Stengel/*Diekmann* § 62 Rn. 32a.
[269] Vgl. Kallmeyer/*Willemsen* § 122c Rn. 18 f.; Widmann/Mayer/*Heckschen* UmwG § 122a Rn. 132, § 122c Rn. 29; Schmitt/*Hörtnagl*/Stratz UmwG § 122c Rn. 38.
[270] Widmann/Mayer/*Fronhöfer* UmwG § 17 Rn. 26.
[271] So OLG Naumburg BB 2003, 2756; LG Gießen Der Konzern 2004, 622; LG Stuttgart GmbHR 2000, 622 im Anschluss an die h. L. in der gesellschaftsrechtlichen Kommentierung, vgl. dazu Kallmeyer/*Willemsen* § 5 Rn. 77; Willemsen/Hohenstein/*Schweibert*/Seibt Abschnitt C Rn. 360 f.; Lutter/Lutter/*Drygala* § 5 Rn. 109; Widmann/*Mayer* UmwG § 5 Rn. 266; Semler/Stengel/*Schröer* § 5 Rn. 145 ff. (Letztere auch bejahend für die Zuleitung); *Fuhrmann*/*Simon* AG 2000, 49, 52; *Willemsen* RdA 1998, 23, 33; a. A. Preis/Willemsen/*Joost* Umstrukturierung C Rn. 69; zurückhaltend auch *Kiem* S. 17; vgl. auch *Schwarz* ZNotP 2001, 22.
[272] Bei einer GmbH zusätzliche Information durch Auslage von Jahresabschlüssen und Lageberichten nach § 49 Abs. 2 UmwG.
[273] Kallmeyer/*Marsch-Barner* § 61 Rn. 1 ff., § 63 Rn. 2 ff., § 64 Rn. 1 ff.
[274] Offen bei Widmann/Mayer/*Heckschen* UmwG § 122a Rn. 99, § 122g Rn. 49 f.; zur mangelnden Verzichtbarkeit vgl. Schmitt/*Hörtnagl*/Stratz § 122d Rn. 10; Semler/Stengel/*Drinhausen* § 122d Rn. 11.
[275] Vgl. § 13 Abs. 3 Satz 2 UmwG. Zur Form der Anlage vgl. auch Semler/Stengel/*Gehling* § 13 Rn. 54.
[276] Nur für die übertragende Gesellschaft.

Sind den Anteilsinhabern des übertragenden Rechtsträgers bei einer Verschmelzung auf eine GmbH Anteile dieser GmbH zu gewähren, hat diese weiterhin – meist gleichzeitig – eine **Kapitalerhöhung** zu beschließen, soweit sie die Abfindung nicht aus ursprünglich eigenen Anteilen oder aus Anteilen, die sie von dem übertragenden Rechtsträger durch die Verschmelzung neu erwirbt, bestreiten kann und auch nicht auf die Gewährung von Anteilen nach § 54 Abs. 1 Satz 3 UmwG verzichtet wurde.[277] Es handelt sich hierbei um eine Kapitalerhöhung gegen Sacheinlagen, für die weitgehend die allgemeinen Vorschriften gelten.[278] In dem Beschluss[279] ist gemäß § 56 GmbHG auch der Gegenstand der Sacheinlage festzulegen.

Formulierungsvorschlag:
Zur Durchführung der Verschmelzung wird das Stammkapital der [übernehmende Gesellschaft] von ...... EUR um ...... EUR auf ...... EUR (in Worten: Euro ......) erhöht. Es werden gebildet:
a) ein Geschäftsanteil mit dem Nennbetrag von ...... EUR, der an [Gesellschafter a], [Ort a], ausgegeben wird und in der nächsten Gesellschafterliste zur Identifizierung die lfd. Nr. ...... erhält,
b) ein Geschäftsanteil mit dem Nennbetrag von ...... EUR, der an [Gesellschafter b], [Ort b], ausgegeben wird und in der nächsten Gesellschafterliste zur Identifizierung die lfd. Nr. ...... erhält.
Die neuen Geschäftsanteile sind ab ...... gewinnberechtigt.
Die auf diese Geschäftsanteile zur leistenden Einlagen werden durch Übertragung des Vermögens der [übertragende Gesellschaft] als Ganzes gemäß dem oben genannten Verschmelzungsvertrage erbracht. (Das die Summe der Nennbeträge dieser Geschäftsanteile übersteigende Reinvermögen wird in die Kapitalrücklage eingestellt.)

Hält ein Gesellschafter der übertragenden Gesellschaft mehrere Anteile und sollen ihm auch an der übernehmenden Gesellschaft mehrere Anteile in entsprechender Stückelung eingeräumt werden, muss zusätzlich eine **Vorratsteilung** des übernommenen Geschäftsanteils beschlossen werden,[280] für die u. U. zusätzliche Bestimmungen des Gesellschaftsvertrages zu beachten sind.

Formulierungsvorschlag:
Der an [Gesellschafter a] ausgegebene Geschäftsanteil mit dem Nennbetrag von ...... EUR wird gleichzeitig im Wege der Vorratsteilung in einen Geschäftsanteil mit einem Nennbetrag von ...... EUR, der in der nächsten Gesellschafterliste die bisherige lfd. Nr. ...... des geteilten Geschäftsanteils behält, und einen weiteren Geschäftsanteil mit einem Nennbetrag von ...... EUR, der in der nächsten Gesellschafterliste unter lfd. Nr. ...... auszuweisen ist, geteilt.

Bei einer **Verschmelzung durch Neugründung** ist der Verschmelzungsbeschluss mit der Gründung der neuen Gesellschaft, die nach § 36 Abs. 2 Satz 1 UmwG den für die Rechtsform maßgeblichen allgemeinen Vorschriften folgt, zu verbinden.

Wird die Jahresbilanz als Schlussbilanz verwendet, muss diese auch von den Gesellschaftern festgestellt worden sein. Es bedarf dann keiner besonderen **Feststellung** für ihre Verwendung als **Schlussbilanz** für Zwecke der Verschmelzung. Bei Verwendung einer Zwischenbilanz, die durch die Verschmelzung die Funktion einer Schlussbilanz erhält, sollte auch diese von den Gesellschaftern festgestellt werden.[281] Die Registergerichte befassen sich

---

[277] Vor Einführung der Verzichtsmöglichkeit str., vgl. OLG Frankfurt ZIP 1998, 1191; KG GmbHR 1998, 1230; a. A. LG München BB 1998, 2331; zur Kapitalerhöhung bei Verschmelzung von Schwestergesellschaften OLG Hamm NZG 2004, 1005; zu Mehrfachverschmelzungen LG Frankfurt/M. GmbHR 2005, 940; zum Verzicht und zur bisherigen Rspr. ausführlich Semler/Stengel/*Reichert* § 54 Rn. 19 ff.
[278] Zum Verhältnis von Umwandlungsrecht und allgemeinem Gesellschaftsrecht vgl. Lutter/*Lutter* Einl. Rn. 45 ff.
[279] Bei einer Neugründung im Gesellschaftsvertrag, vgl. Lenz GmbHR 2001, 719.
[280] Vgl. auch oben Fn. 221.
[281] *Widmann*/Mayer UmwG § 24 Rn. 51, 56; a. A., allgemein eine Feststellungspflicht verneinend, falls nicht mit dem Jahresabschluss identisch HFA 2/1997 Tz. 113; Kallmeyer/*Müller* § 17 Rn. 19.

aber weniger mit diesen das Innenverhältnis der Gesellschaft betreffenden Fragen, sondern prüfen eher die nach § 245 HGB erforderliche Unterzeichnung der Schlussbilanz durch alle Geschäftsführer.

117 c) **Formfragen.** Die Verschmelzungsbeschlüsse sind unabhängig von der Rechtsform der beteiligten Rechtsträger stets **notariell zu beurkunden.** Da der für die Notargebühren entscheidende Geschäftswert für alle Gesellschafterbeschlüsse, die in einer Urkunde gefasst werden, in der Höhe auf 5 Mio. EUR begrenzt sind,[282] dient es schon bei mittleren Werten der Kostenreduzierung, wenn die Beschlüsse für alle beteiligten Rechtsträger in einer Urkunde zusammengefasst werden.[283]

118 Für die im Rahmen einer Verschmelzung bei einer übernehmenden GmbH durchzuführende Kapitalerhöhung ist nach § 53 Abs. 2 GmbHG ebenfalls eine notarielle Beurkundung erforderlich. Gleiches gilt im Falle der Neugründung einer GmbH gemäß § 2 Abs. 1 GmbHG auch für die Feststellung des Gesellschaftsvertrages.

119 Wird die Beurkundung des Verschmelzungsvertrages, der Verschmelzungsbeschlüsse und der Verzichtserklärungen in einer notariellen Niederschrift aufgenommen, wird die Beurkundung meist als Niederschrift von Willenserklärungen gemäß §§ 8 ff. BeurkG vorgenommen werden.[284] Gerade bei einem umfangreicheren Gesellschafterkreis ist aber auch eine Beurkundung des Gesellschafterbeschlusses als Versammlungsniederschrift gemäß §§ 36 ff. BeurkG zulässig, soweit sie keine Verzichtserklärungen enthält.

120 d) **Anfechtung.** Jeder Anteilsinhaber eines an der Verschmelzung beteiligten Rechtsträgers kann gemäß § 14 Abs. 1 UmwG **binnen eines Monats** nach Fassung des Verschmelzungsbeschlusses[285] die Wirksamkeit der erteilten Zustimmung durch **Klage** anfechten. Eine solche Klage blockiert die Durchführung des Registerverfahrens zur Eintragung der Verschmelzung in das Handelsregister und damit das Wirksamwerden der Verschmelzung, es sei denn, das Prozessgericht gibt auf Antrag gemäß § 16 Abs. 3 UmwG insbesondere wegen offensichtlichen Missbrauchs der Klage oder vorrangigen Vollzugsinteresses den Weg für die Eintragung frei.[286]

121 Eine Anfechtungsklage durch Gesellschafter des übertragenden Rechtsträgers kann gemäß § 14 Abs. 2 UmwG nicht auf eine **fehlerhafte Bewertung** der beteiligten Unternehmen und daraus abgeleitete Umtauschverhältnisse oder Abfindungen gestützt werden.[287] Hierfür steht dem Anteilsinhaber gemäß §§ 15, 34 UmwG ein **Spruchverfahren** zur Verfügung, mit dem er den Ausgleich der Wertdifferenz durch bare Zuzahlung[288] geltend machen kann. Ein solches Spruchverfahren steht der Eintragung der Verschmelzung in das Handelsregister nicht entgegen. Wird im Verschmelzungsbericht, in dem Bericht über die Verschmelzungsprüfung oder auf Fragen in der Gesellschafterversammlung dem Informationsbedürfnis der Gesellschafter auch hinsichtlich der Bewertung nicht ausreichend Rechnung getragen, tritt eine Anfechtung des Verschmelzungsbeschlusses hinter das Spruchverfahren zurück.[289] Bei

---

[282] Vgl. Semler/Stengel/*Gehling* § 13 Rn. 56 sowie → Rn. 74; die Wertbegrenzung gilt auch bei der Zusammenfassung von nicht gegenstandsgleichen Beschlüssen, § 108 Abs. 5 GNotKG.

[283] Kallmeyer/*Zimmermann* § 13 Rn. 43.

[284] Vermischung der Arten der Beurkundung in einer Niederschrift ist zulässig, Stoye-Benk/*Cutura* S. 42; Semler/Stengel/*Gehling* § 8 Rn. 71.

[285] Vgl. zur Fristberechnung Widmann/Mayer/*Heckschen* UmwG § 14 Rn. 32 ff.; Semler/Stengel/*Gehling* § 14 Rn. 23.

[286] Kallmeyer/*Marsch-Barner* § 16 Rn. 32 ff.; Lutter/*Bork* § 16 Rn. 15; Semler/Stengel/*Schwanna* § 16 Rn. 29; Sagasser/Bula/Brünger/*Luke* § 3 Rn. 21 ff.; vgl. auch oben Rn. 61; zu vorsorglichen variablen Stichtagsregelungen *Schütz/Fett* DB 2002, 2696; dazu Mustertexte oben Rn. 102 sowie bei *Seibt* S. 1620, 1633 f.; zu zeitsparenden Verzichtserklärungen vgl. → Rn. 122, 124.

[287] S. o. Rn. 49; Kallmeyer/*Marsch-Barner* § 14 Rn. 12 ff.; Widmann/Mayer/*Heckschen* UmwG § 14 Rn. 53 ff.; nach § 122h Abs. 1 UmwG gilt dies bei einer grenzüberschreitenden Verschmelzung nur eingeschränkt. Zur Diskussion der Ausdehnung auf die übernehmende Gesellschaft *Hüffer* ZHR 2008, 8 ff.

[288] Im Rahmen der Aktienrechtsnovelle 2012 angestellte Überlegungen, bei Aktiengesellschaften den Ausgleich durch Gewährung von Aktien zuzulassen, – dazu Dreier/*Riedel* BB 2013, 326 – wurden wieder fallen gelassen.

[289] So zum Abfindungsangebot BGH ZIP 2001, 199; zum Umwandlungsbeschluss BGH DB 2001, 471; *Kleindiek* NZG 2001, 552; a. A. noch LG Heidelberg DB 1996, 1768; OLG Frankfurt ZIP 2000, 1928.

grenzüberschreitenden Verschmelzungen kann aber u. U. auch das Anfechtungsverfahren für Bewertungsfragen seine Bedeutung behalten.²⁹⁰

7. Nebenerklärungen

a) Verzichtserklärungen. Der Verschmelzungsvorgang kann durch die Abgabe verschiedener Verzichtserklärungen durch die Anteilsinhaber der beteiligten Rechtsträger vereinfacht werden, was auch das **Registerverfahren beschleunigt.** Da diese Verzichtserklärungen regelmäßig in notariell beurkundeter Form abgegeben werden müssen, erleichtert es den Ablauf, wenn sie **mit der Beurkundung des jeweiligen Verschmelzungsbeschlusses** verbunden werden;²⁹¹ dies ist aber nicht zwingend. Da das Gesetz in bestimmten Konstellationen den Gegenstand des Verzichtes schon automatisch entfallen lässt, ist vorab zu prüfen, ob und in welchem Umfange Verzichtserklärungen im gegebenen Einzelfall überhaupt erforderlich sind; vertragsbezogene und daher gegenstandsgleiche Verzichtserklärungen²⁹² i. S. v. § 109 Abs. 1 GNotKG bleiben bei gleichzeitiger Beurkundung mit dem Verschmelzungsvertrag ohne eigenen Wertansatz.²⁹³ Im Wesentlichen sind folgende verfahrensrelevante Verzichtserklärungen zu bedenken:

122

- Verzicht auf einen Verschmelzungsbericht²⁹⁴
- Verzicht auf die Prüfung des Verschmelzungsvertrages²⁹⁵
- Verzicht auf die Erstellung eines Berichtes durch die Verschmelzungsprüfer²⁹⁶
- Verzicht auf die Prüfung eines Abfindungsangebotes oder auf den Prüfungsbericht²⁹⁷
- Verzicht auf die Anfechtung des Verschmelzungsbeschlusses zur Abkürzung der Klagefrist.²⁹⁸

Dagegen hat ein Verzicht auf die Gewährung von Anteilen gemäß § 54 Abs. 1 Satz 3 UmwG durch alle Anteilsinhaber der übertragenden Gesellschaft eher die Funktion, statt einer Mehrheitsentscheidung nach § 50 Abs. 1 UmwG das Einverständnis aller betroffenen Gesellschafter sicherzustellen. Auch insoweit verlangt das Gesetz notarielle Verzichtserklärungen.

Das Gesetz schweigt zu der Frage, ob bei einer Beteiligung von Rechtsträgern unterschiedlicher Rechtsform oder bei Abtretungsbeschränkungen in der Satzung des übernehmenden Rechtsträgers auf die Aufnahme eines Abfindungsangebotes in den Verschmelzungsvertrag verzichtet werden kann.²⁹⁹ Auch wenn ein Abfindungsangebot völlig fehlt und hierauf nicht ausdrücklich verzichtet wurde,³⁰⁰ kann dieser Mangel des Verschmelzungsvertrages nach § 32 UmwG nicht durch eine Anfechtungsklage geltend gemacht werden, sondern über etwaige Ansprüche ist im Spruchverfahren zu entscheiden.

123

---

²⁹⁰ → Rn. 39 Fn. 74.
²⁹¹ Trotz zusätzlicher Kosten (s. u. Fn. 292) keine unrichtige Sachbehandlung durch den Notar, falls dies auf Wunsch der Beteiligten erfolgt, LG Düsseldorf RNotZ 2004, 276; a. A. OLG Zweibrücken FGPrax 2002, 274.
²⁹² OLG Hamm NZG 2002, 396: auch mit dem Verschmelzungsvertrag (vormals § 36 KostO, jetzt § 97 GNotKG) gegenstandsgleich, aber nicht mit dem Verschmelzungsbeschluss (vormals § 47 KostO, jetzt §§ 108, 110 Nr. 1 GNotKG); str. vgl. auch Semler/*Stengel* § 2 Rn. 78; *Stoye-Benk/Cutura* S. 46 f.; *Tiedtke* MittBayNot 1997, 209; *Gerold* MittRhNotK 1997, 205, 230.
²⁹³ Bei separater Beurkundung 10% des übergehenden Vermögens, vgl. *Reimann* MittBayNot 1995, 3; Semler/*Stengel* § 2 Rn. 78; *Stoye-Benk/Cutura* S. 46.
²⁹⁴ § 8 Abs. 3 UmwG; Kallmeyer/*Marsch-Barner* § 8 Rn. 38. Zum Verzicht auf die Übersendung des Verschmelzungsvertrages und Verschmelzungsberichtes an die Gesellschafter gemäß §§ 47, 49 UmwG insbesondere bei Konzernverschmelzungen *Stoye-Benk/Cutura* S. 154.
²⁹⁵ § 9 Abs. 3 UmwG; Kallmeyer/*Müller* § 9 Rn. 42. Zur nur beschränkten Notwendigkeit der Prüfung vgl. aber → Rn. 107.
²⁹⁶ § 12 Abs. 3 UmwG; Kallmeyer/*Müller* § 12 Rn. 14.
²⁹⁷ § 30 Abs. 2 UmwG; Kallmeyer/*Müller* § 30 Rn. 20.
²⁹⁸ § 16 Abs. 2 UmwG; Kallmeyer/*Marsch-Barner* § 16 Rn. 29.
²⁹⁹ Bejahend Kallmeyer/*Marsch-Barner* § 29 Rn. 17; Lutter/*Grunewald* § 29 Rn. 17; *Schaub* NZG 1998, 626; *Gerold* MittRhNotK 1997, 205, 220.
³⁰⁰ Eine solche Erklärung wird aber von *Schaub* NZG 1998, 626 in notarieller Form verlangt.

Einem umfänglichen verfahrensrelevanten Verzicht dient die folgende Musterklausel:

> **Formulierungsvorschlag:**
> 1. Alle Gesellschafter verzichten gemäß § 8 Abs. 3 UmwG auf die Erstattung eines Verschmelzungsberichtes sowie gemäß §§ 9 Abs. 3, 12 Abs. 3 und 30 Abs. 2 UmwG auf die Prüfung des Verschmelzungsvertrages und des Abfindungsangebotes wie auch auf die Erstattung eines entsprechenden Prüfungsberichtes. (Die Gesellschafter der [übertragende Gesellschaft] verzichten ausdrücklich auch auf eine Barabfindung gemäß § 29 Abs. 1 UmwG.)
> 2. Im Hinblick auf § 16 Abs. 2 Satz 1 UmwG verzichten alle Gesellschafter vorbehaltlos auf die Klagen gegen die Wirksamkeit des Verschmelzungsbeschlusses.

124 Die ausdrückliche Aufnahme eines Klageverzichtes ist zu empfehlen, da sonst vor Ablauf der Anfechtungsfrist die für die Handelsregisteranmeldung erforderliche Negativerklärung der Geschäftsführer nicht abgegeben werden kann.[301]

125 Streitig ist, ob der Betriebsrat auf die Einhaltung der Monatsfrist des § 5 Abs. 3 UmwG zur Beschleunigung der Gesellschafterversammlung verzichten kann.[302] Wird dies bejaht, ist einfache Schriftform für diesen Verzicht ausreichend.[303]

126 **b) Zustimmungserklärungen.** Soweit die Zustimmung von bestimmten Gesellschaftern der übertragenden Gesellschaft für die Verschmelzung erforderlich ist,[304] bedarf es keiner besonderen Zustimmungserklärung, wenn diese Gesellschafter an der Abstimmung teilgenommen haben und sich für die Verschmelzung ausgesprochen haben, sofern die Niederschrift des Verschmelzungsbeschlusses bei einer Mehrheitsentscheidung nicht nur das Ergebnis, sondern auch die Zusammensetzung der Stimmen festhält.[305] Wenn aber nur einzelne Gesellschafter betroffen sind, sollte deren Zustimmung zur Klarheit ausdrücklich in der Niederschrift festgehalten werden.

127 **c) Sonstige Erklärungen.** Obwohl sich die Kapitalerhöhung zur Schaffung von neuen Geschäftsanteilen durch eine übernehmende GmbH weitgehend nach allgemeinen Vorschriften richtet und die Geschäftsführer der übernehmenden GmbH nach der Praxis einiger Registergerichte auch eine Liste der Übernehmer zum Handelsregister einreichen müssen,[306] bedarf es **keiner Übernahmeerklärung** durch die Anteilsinhaber des übertragenden Rechtsträgers.[307] Ebenso entfällt bei einer übernehmenden Aktiengesellschaft die Zeichnung der neuen Aktien.[308]

128 Besteht bei einer beteiligten Gesellschaft kein Betriebsrat, begnügen sich verschiedene Registergerichte nicht mit einem entsprechenden Hinweis in dem Verschmelzungsvertrag, sondern verlangen von der Geschäftsführung eine ausdrückliche Negativ-Erklärung,[309] die folgenden Inhalt haben kann:

> **Formulierungsvorschlag:**
> Zu dem gemäß § 17 Abs. 1 UmwG geforderten Nachweis, dass der am [Datum] abgeschlossene Verschmelzungsvertrag zwischen der [übertragende Gesellschaft] und der [übernehmende Gesellschaft] rechtzeitig dem zuständigen Betriebsrat zugeleitet wurde, erkläre ich hiermit als einzelvertre-

---

[301] BGH DNotZ 2007, 54.
[302] → Rn. 111.
[303] Kallmeyer/*Willemsen* § 5 Rn. 77b.
[304] Dazu → Rn. 59.
[305] Lutter/*Winter* § 50 Rn. 24; Semler/Stengel/*Reichert* § 50 Rn. 47; aber zweifelnd *Melchior* GmbHR 1999, 520, 523; vgl. auch Widmann/Mayer/*Heckschen* UmwG § 13 Rn. 208.
[306] Vgl. Widmann/*Mayer* UmwG § 55 Rn. 90; a. A. Schmitt/Hörtnagl/*Stratz* UmwG § 55 Rn. 25; Lutter/*Winter* § 55 Rn. 27 f.; Semler/Stengel/*Reichert* § 55 Rn. 22. Nachdem § 55 UmwG weiterhin nur § 57 Abs. 3 Nr. 1 GmbHG für nicht anwendbar erklärt, ist dieser Praxis zuzustimmen.
[307] Vgl. § 55 Abs. 1 UmwG, § 55 Abs. 1 GmbHG; Kallmeyer/*Kocher* § 55 Rn. 6; Widmann/*Mayer* UmwG § 55 Rn. 41; Semler/Stengel/*Reichert* § 55 Rn. 14.
[308] § 69 UmwG, § 185 AktG; vgl. Widmann/Mayer/*Rieger* UmwG § 69 Rn. 36; Semler/Stengel/*Diekmann* § 69 Rn. 14.
[309] Zu weit gehend (eidesstattliche Versicherung) AG Duisburg GmbHR 1996, 372.

tungsberechtigter Geschäftsführer der [übernehmende Gesellschaft], dass bei dieser Gesellschaft kein Betriebsrat besteht und auch während der Monatsfrist gemäß § 5 Abs. 3 UmwG kein Betriebsrat bestanden hat.

8. Handelsregisteranmeldungen

Die Verschmelzung ist bei beiden beteiligten Rechtsträgern zur Eintragung in das Handelsregister anzumelden. Den Handelsregisteranmeldungen sind gemäß §§ 17, 52 UmwG **umfangreiche Unterlagen** zur Prüfung durch die beteiligten Registergerichte **beizufügen.** Zur Orientierung für den konkreten Einzelfall einer GmbH dient folgende allgemeine Liste:

- Verschmelzungsvertrag/-plan, evtl. mit Abfindungsangebot
- Verschmelzungsberichte oder Verzichtserklärungen
- Berichte über die Verschmelzungsprüfung oder Verzichtserklärungen
- Schlussbilanz, evtl. Werthaltigkeitsbescheinigung
- Verschmelzungsbeschlüsse
- Betriebsratsbescheinigungen
- Zustimmungserklärungen einzelner Gesellschafter
- Negativ-Erklärung zur Anfechtung oder Klageverzichte[310]
- Liste der Übernehmer
- [berichtigte Liste der Gesellschafter].[311]

Die Handelsregisteranmeldung des übertragenden Rechtsträgers ist fristgebunden, da ihr zwingend die **Schlussbilanz** beizufügen ist[312] und diese gemäß § 17 Abs. 2 Satz 4 UmwG auf einen **höchstens acht Monate** vor der Anmeldung liegenden Stichtag aufgestellt worden sein muss.[313] Nachträgliche Ergänzungen der Anmeldung sind möglich, solange der Zweck des Gläubigerschutzes gewahrt bleibt.[314]

Sind der Verschmelzungsvertrag, die Gesellschafterbeschlüsse und die Verzichtserklärungen zur Vereinfachung durch Bevollmächtigte in einer Einheitsurkunde abgegeben worden und ist der Bevollmächtigte der übertragenden Gesellschaft auch zur Handelsregisteranmeldung bevollmächtigt worden, kann die Anmeldung nach dem nachfolgenden Muster für eine übertragende GmbH (Personengesellschaft) vorgenommen werden:

**Muster: Anmeldung einer Verschmelzung
gem. §§ 46 ff. UmwG für die übertragende Gesellschaft**

In der Handelsregistersache
[übertragende Gesellschaft]
[– HRB(A) –]
überreicht der Unterzeichnete namens des alleinvertretungsberechtigten Geschäftsführers (persönlich haftenden Gesellschafters) der Gesellschaft [Name] kraft dessen beigefügter Vollmacht vom [Datum]
1. erste Ausfertigung der notariellen Niederschrift vom ...... (UR Nr. ...... des Notars ...... zu ......) des Verschmelzungsvertrages zwischen der Gesellschaft und der [übernehmende Gesellschaft], der Zustimmung der Gesellschafterversammlungen der Gesellschaft und der [übernehmende Gesellschaft] sowie der Verzichtserklärungen nach §§ 8 Abs. 3, 9 Abs. 3, 12 Abs. 3 und) 16 Abs. 2 S. 2 UmwG
2. Schlussbilanz der Gesellschaft zum ......

---

[310] → Rn. 124.
[311] → Fn. 326.
[312] BayObLG GmbHR 2000, 493; widersprüchlich Lutter/*Bork* § 17 Rn. 6; Semler/Stengel/*Schwanna* § 17 Rn. 3, 20.
[313] Kallmeyer/*Müller* § 17 Rn. 14; Lutter/*Bork* § 17 Rn. 6; Semler/Stengel/*Schwanna* § 17 Rn. 16; zur Fristberechnung OLG Köln GmbHR 1998, 1085 f.
[314] OLG Hamm NotBZ 2006, 400.

> 3. beglaubigte Abschrift des Nachweises der rechtzeitigen Information des Betriebsrates der übernehmenden Gesellschaft
>
> und meldet zur Eintragung in das Handelsregister an:
>
> Die Gesellschaft ist als übertragende Gesellschaft auf Grund des Verschmelzungsvertrages vom ...... und der jeweils zustimmenden Beschlüsse der Gesellschafterversammlungen der Gesellschaft vom ...... und der [übernehmende Gesellschaft] vom ...... durch Übertragung ihres Vermögens als Ganzes auf die [übernehmende Gesellschaft] (AG ...... HRB ......) als übernehmende Gesellschaft gemäß § 2 Nr. 1 UmwG in Verbindung mit §§ 46 ff. (§§ 39 ff.) UmwG durch Aufnahme verschmolzen worden.
>
> Die vorgenannten Gesellschafterbeschlüsse der [übertragende Gesellschaft] und der [übernehmenden Gesellschaft] sind innerhalb der Anfechtungsfrist nicht angefochten worden. In Hinblick auf § 16 Abs. 2 UmwG haben die Gesellschafter beider Gesellschaften vielmehr auf ihr Recht zur Klage gegen die Wirksamkeit des jeweiligen Verschmelzungsbeschlusses verzichtet. Es wird auf die entsprechenden Verzichtserklärungen in der Niederschrift der Gesellschafterbeschlüsse hingewiesen.
>
> Die Schlussbilanz unterliegt gemäß § 17 Abs. 2 UmwG i. V. m. § 267 HGB (§§ 264a, 267 HGB) nicht der Prüfungspflicht.
>
> Die Beifügung eines Verschmelzungsberichtes sowie eines Berichtes über die Prüfung der Verschmelzung ist nach §§ 8 Abs. 3, 9 Abs. 3 und 12 Abs. 3 UmwG nicht erforderlich, da hierauf verzichtet wurde/sich alle Anteile der übertragenden Gesellschaft in den Händen der übernehmenden Gesellschaft befinden. (§ ...... des Gesellschaftsvertrages sieht für die Zustimmung zur Verschmelzung einen Mehrheitsbeschluss vor. Gleichwohl bedarf es keiner Verschmelzungsprüfung, da kein Gesellschafter ein solches Verlangen nach § 44 UmwG gestellt hat.)
>
> Der Nachweis über die rechtzeitige Zuleitung des Verschmelzungsvertrages an den zuständigen Betriebsrat entfällt, da weder bei der übertragenden Gesellschaft noch bei der übernehmenden Gesellschaft ein Betriebsrat bestellt ist.
>
> Rechtsanwalt

132 Die Verschmelzung ist auch **bei der übernehmenden Gesellschaft** zur Eintragung in das Handelsregister anzumelden. Wird bei einer übernehmenden GmbH zur **Verschmelzung** eine **Kapitalerhöhung** durchgeführt, ist diese gemäß § 55 Abs. 2 UmwG bei einer übernehmenden GmbH **gleichzeitig anzumelden.** Entsprechend dem Entfallen der Übernahmeerklärung[315] ist abweichend von der allgemeinen Anmeldung einer Kapitalerhöhung gemäß § 55 Abs. 2 UmwG auch **keine Versicherung** der Geschäftsführer erforderlich, dass die Einlagen zu ihrer freien Verfügung stehen.[316] Dessen ungeachtet ist die Kapitalerhöhung weiterhin von allen Geschäftsführern anzumelden,[317] während eine Verschmelzung ohne Kapitalerhöhung von den Geschäftsführern in vertretungsberechtigter Zahl angemeldet werden kann.

133 Der Anmeldung sind gemäß § 55 UmwG i. V. m. § 57 Abs. 3 Nr. 3 GmbHG auch etwaige noch neben dem Verschmelzungsvertrag **zur Ausführung der Sacheinlage geschlossene Verträge beizufügen.**[318] Wird der Wertnachweis nicht durch Vorlage der Schlussbilanz, sondern durch eine besondere **Werthaltigkeitsbestätigung** geführt, ist die Schlussbilanz nicht zwingend auch für die Eintragung bei der übernehmenden Gesellschaft vorzulegen; jedoch kann das Registergericht die Vorlage zur Prüfung verlangen.[319]

---

[315] § 55 Abs. 1 Satz 1 UmwG, § 57 Abs. 2 GmbHG; → Rn. 127.

[316] *Kallmeyer/Zimmermann/Kocher* § 53 Rn. 5, § 55 Rn. 6; Lutter/*Winter* § 55 Rn. 20; Semler/Stengel/ *Reichert* § 55 Rn. 15.

[317] Lutter/*Winter* § 55 Rn. 26; Semler/Stengel/*Reichert* § 55 Rn. 23; Widmann/*Mayer* UmwG § 55 Rn. 87; §§ 57 Abs. 1, 78 GmbHG werden durch § 55 UmwG nicht eingeschränkt; *Kallmeyer/Kocher/Zimmermann* § 55 Rn. 8, § 53 Rn. 3 fordern auch persönliches Handeln wegen § 82 GmbHG.

[318] Semler/Stengel/*Reichert* § 55 Rn. 21; aber nach Widmann/*Mayer* § 55 Rn. 92 in der Praxis irrelevant; nach Kallmeyer/*Zimmermann* § 53 Rn. 8 werden die Ausführungsverträge durch den Verschmelzungsvertrag ersetzt.

[319] Str., BayObLG GmbHR 1999, 295; für zwingende Vorlage bei dem übertragenden Rechtsträger Widmann/*Mayer* UmwG § 55 Rn. 97. Semler/Stengel/*Reichert* § 55 Rn. 25: bei Zweifeln kann Prüfung durch unabhängige Prüfer angeordnet werden.

Wenn neben der Kapitalerhöhung wie häufig auch weitere organisatorische Anpassungen 134
als Folge des Überganges des Unternehmens des übertragenden Rechtsträgers erforderlich
werden, kann sich daraus folgende Handelsregisteranmeldung ergeben:

Muster: Anmeldung einer Verschmelzung für die übernehmende Gesellschaft

In der Handelsregistersache
[übernehmende Gesellschaft]
– HRB –
überreichen die Geschäftsführer der Gesellschaft
1. zweite Ausfertigung des Verschmelzungsvertrages vom ...... (UR Nr. ...... des Notars ...... zu ......).
2. notariell beglaubigte Abschrift der Niederschrift über die Gesellschafterversammlung der Gesellschaft vom ...... (UR Nr. ...... des Notars ...... zu ......) mit Beschlüssen über
   (a) die Zustimmung zu dem Verschmelzungsvertrag sowie Verzichtserklärungen nach §§ 8 Abs. 3, 9 Abs. 3, 12 Abs. 3 und 16 Abs. 2 S. 2 UmwG,
   (b) die Erhöhung des Stammkapitals,
   (c) die Änderung der Firma und des Unternehmensgegenstandes,
   (d) die Bestellung des Herrn [Name] zum Geschäftsführer, sowie die Bestellung weiterer Prokuristen,
3. notariell beglaubigte Abschrift der Niederschrift über die Gesellschafterversammlung ...... der [übertragende Gesellschaft] vom (UR Nr. ...... des Notars ...... zu ......) mit Beschlüssen über
   (a) die Zustimmung zu dem Verschmelzungsvertrag sowie Verzichtserklärungen nach §§ 8 Abs. 3, 12 Abs. 3 und 16 Abs. 2 S. 2 UmwG,
   (b) die Feststellung der Schlussbilanz zum ......,
4. Nachweis der rechtzeitigen Information des Betriebsrates,
5. die Liste der Übernehmer der neuen Geschäftsanteile,
6. den vollständigen Wortlaut des Gesellschaftsvertrages mit Bescheinigung des Notars gemäß § 54 Abs. 1 Satz 2 GmbHG
und melden hiermit zur Eintragung in das Handelsregister an:
(a) Die Gesellschaft ist als übernehmende Gesellschaft auf Grund des Verschmelzungsvertrages vom ......, des Beschlusses der Gesellschafterversammlung vom ...... und des Beschlusses der Gesellschafterversammlung der [übertragende Gesellschaft] vom ...... durch Übertragung deren Vermögens als Ganzes durch Aufnahme mit der [übertragende Gesellschaft] (AG ...... HRB ......) als übertragende Gesellschaft gemäß § 2 Nr. 1 UmwG in Verbindung mit §§ 46 ff. UmwG verschmolzen worden.
Die vorgenannten Verschmelzungsbeschlüsse der Gesellschafter der [übertragende Gesellschaft] und der [übernehmende Gesellschaft] sind innerhalb der Anfechtungsfrist nicht angefochten worden. In Hinblick auf § 16 Abs. 2 UmwG haben die Gesellschafter beider Gesellschaften vielmehr auf ihr Recht zur Klage gegen die Wirksamkeit des jeweiligen Verschmelzungsbeschlusses verzichtet. Die Gesellschafter beider Gesellschaften haben weiterhin auf die Erstattung eines Verschmelzungsberichtes sowie auf dessen Prüfung verzichtet.
Es wird auf die entsprechenden Verzichtserklärungen in den Gesellschafterbeschlüssen verwiesen. Zum Stande der Kapitaleinzahlung wird in Hinblick auf § 51 Abs. 1 UmwG auf § 1 Abs. 1 und 3 des Verschmelzungsvertrages verwiesen.
(b) Durch Beschluss der Gesellschafterversammlung vom ...... ist das Stammkapital der Gesellschaft zum Zwecke der Verschmelzung von ...... EUR um ...... EUR auf ...... EUR erhöht und der Gesellschaftsvertrag in § 3 (Stammkapital) entsprechend geändert worden.
Wegen der Vollwertigkeit der Sacheinlagen wird auf die Schlussbilanz der [übertragende Gesellschaft] verwiesen, die der eingangs in Nr. 3 genannten Urkunde als Anlage 2 beigefügt ist. Bare Zuzahlungen wurden nicht geleistet.
(c) [Firma]
(d) [Gegenstand des Unternehmens]
(e) [Geschäftsführer]
(f) [Zweigniederlassung]
(g) [Prokuristen])

Rechtsanwalt

135 Bei einer **übernehmenden Personengesellschaft** tritt an die Stelle der Anmeldung der Kapitalerhöhung die von den alten und neuen Gesellschaftern[320] vorzunehmende **Anmeldung des Gesellschafterbeitritts**, bei Kommanditgesellschaften auch der neuen Hafteinlage:

> **Formulierungsvorschlag:**
> Durch die Verschmelzung ist [Komplementär-GmbH], [Ort], als persönlich haftende Gesellschafterin und [Gesellschafter], [Ort] als Kommanditistin mit einer Hafteinlage von ...... EUR in die Gesellschaft eingetreten.

136 Bei der **Verschmelzung zur Neugründung** sind neben den umwandlungsrechtlichen Vorschriften auch die für die Rechtsform der übernehmenden Gesellschaft allgemein anzuwendenden Vorschriften zu beachten. So ist bei einer neugegründeten GmbH die Anmeldung nach § 78 GmbHG von allen Geschäftsführern der neuen Gesellschaft zu bewirken. Abweichend von den allgemeinen Regeln ist aber gemäß §§ 58 Abs. 2, 75 Abs. 2 UmwG ein Sachgründungsbericht und bei Aktiengesellschaften auch eine Gründungsprüfung dann nicht erforderlich, wenn der übertragende Rechtsträger eine Kapitalgesellschaft oder eine eingetragene Genossenschaft ist.[321] Ist hingegen ein Sachgründungsbericht erforderlich wie insbesondere bei übertragenden Personengesellschaften, hat er sich gemäß § 58 Abs. 1 UmwG auch auf den Geschäftsverlauf und die Lage der übertragenden Gesellschaft zu beziehen.[322]

137 Ist bei einer beteiligten GmbH das **Kapital noch nicht voll eingezahlt**, haben die Vertretungsorgane der beteiligten Rechtsträger bei der Anmeldung weiterhin zu erklären, dass die Verschmelzung mit Zustimmung aller Anteilsinhaber beschlossen worden ist.[323] § 52 Abs. 1 UmwG verlangt dies nunmehr ausdrücklich sowohl für eine übertragende GmbH wie auch für die übernehmende GmbH.

137a Bei einer **grenzüberschreitenden Verschmelzung** haben die Vertretungsorgane der übertragenden Gesellschaft nach § 122k UmwG das Vorliegen der Voraussetzungen für eine grenzüberschreitende Verschmelzung zur Erteilung einer Verschmelzungsbescheinigung anzumelden, die aber nach § 122k Abs. 2 Satz 2 UmwG auch die Form einer Eintragung im Register annehmen kann, und die Leistung angemessener Sicherheit nach § 122j UmwG zu versichern. Da die gerichtliche Verschmelzungsbescheinigung für die übernehmende Gesellschaft nach § 122k Abs. 2 Satz 5 UmwG auch Angaben zu anhängigen Spruchverfahren enthalten muss, sind auch entsprechende Versicherungen von den Vertretungsorganen in der Anmeldung abzugeben.[324] Bei der Anmeldung zur Eintragung in das Register der übernehmenden oder neuen Gesellschaft sind die Verschmelzungsbescheinigungen aller übertragenden Gesellschaften beizufügen, die nach § 122l Abs. 1 Satz 3 UmwG nicht älter als sechs Monate sein dürfen.

137b Hält die übertragende Gesellschaft Grundbesitz, wird durch den Vollzug der Verschmelzung eine **Grundbuchberichtigung** erforderlich. Zu diesem Zwecke sollte daher schon bei der Anmeldung die Erteilung eines amtlichen aktuellen Ausdrucks aus dem Handelsregister beantragt werden.

137c Nach der Aufhebung von § 52 Abs. 2 UmwG ist eine **berichtigte Gesellschafterliste**[325] von dem beurkundenden Notar erst mit Wirksamwerden[326] der Verschmelzung, versehen mit ei-

---

[320] Bei Änderung der Einlagen wegen § 175 HGB; vgl. auch Muster bei Sagasser/Bula/Brünger/*Gageik* § 9 Rn. 389 D; a. A. aber h. L., die auf Vorrang von § 16 UmwG abstellt, vgl. Kallmeyer/*Zimmermann* § 16 Rn. 4; Semler/Stengel/*Ihrig* § 40 Rn. 29; Lutter/H. Schmidt § 40 Rn. 21; Schmitt/Hörtnagl/*Stratz* § 16 UmwG Rn. 9. Dies ist nicht überzeugend, da der Vorrang bei der Kapitalerhöhung nicht gelten soll, vgl. Semler/Stengel/*Reichert* § 55 Rn. 23 sowie vorstehend Fußn. 317.
[321] *Kallmeyer/Kocher/Marsch-Barner* §§ 58 Rn. 3, 75 Rn. 4; aber kritisch zur Entbehrlichkeit der Gründungsprüfung Lutter/*Winter* § 58 Rn. 7.
[322] *Kallmeyer/Kocher* § 58 Rn. 2; Widmann/*Mayer* UmwG § 58 Rn. 14f.
[323] Kallmeyer/*Zimmermann* § 52 Rn. 2f.; *Kiem* S. 143f.
[324] Widmann/Mayer/*Vossius* UmwG § 122k Rn. 23.
[325] Zur Identifizierung durch laufende Neunummerierung BGH DB 2010, 1636; 2011, 865; OLG Bamberg DB 2010, 1008; dazu *Wicke* DB 2012, 1037, 1042. Zur Berichtigung der Gesellschafterliste einer Beteiligungsgesellschaft des übertragenden Rechtsträgers OLG Hamm GmbHR 2010, 205.

ner notariellen Bescheinigung gemäß § 40 Abs. 2 GmbHG, zu den Handelsregisterakten einzureichen.[327] Im Falle einer Verschmelzung zur Neugründung ist stattdessen nach § 8 Abs. 1 Nr. 3 GmbHG eine von den Geschäftsführern unterschriebene Liste der Gesellschafter bereits mit der Anmeldung zum Handelsregister einzureichen.

9. Vollmachten

Zur zeitlichen Entlastung der Beteiligten bietet es sich insbesondere bei konzerninternen **138** Umstrukturierungen an, die mit einer Verschmelzung verbundenen umfangreichen **Beurkundungen durch Bevollmächtigte** vollziehen zu lassen;[328] dies kann aber auch in anderen Fällen wegen der Komplexität der Verfahrensabläufe und der zu beachtenden Fristen zu einer größeren Ablaufsicherheit beitragen. Werden der beurkundeten Dokumentation nur beglaubigte Abschriften der vorgelegten Vollmachten beigefügt, sollte der Zeitpunkt der Vorlage des Originals in Hinblick auf § 172 BGB in der notariellen Bescheinigung angegeben werden.[329]

a) **Verschmelzungsvertrag.** Der Abschluss des Verschmelzungsvertrages kann durch Be- **139** vollmächtigte erfolgen.[330] Trotz der für den Verschmelzungsvertrag in § 6 UmwG vorgeschriebenen notariellen Form sind Vollmachten zu dessen Abschluss gemäß § 167 Abs. 2 BGB **nicht formbedürftig**.[331] Ein Formzwang ergibt sich auch nicht aus dem späteren Registerverfahren. Zum Nachweis der Vertretungsbefugnis[332] der Unterzeichner einer Vollmacht bei der Beurkundung wie auch im Registerverfahren ist eine Beglaubigung der Vollmacht mit **notarieller Vertreterbescheinigung oftmals hilfreich**, wenn versäumt wurde, einen Ausdruck aus dem Handelsregister bereits in einem frühen Stadium anzufordern. Bei einer Verschmelzung durch **Neugründung einer GmbH** ergibt sich eine **Formbedürftigkeit** jedoch aus § 2 Abs. 2 GmbHG.[333] Wird die Vollmacht mit einer Registervollmacht verbunden, ist sie ohnehin zu beglaubigen.[334]

In einer solchen Vollmacht kann die übertragende bzw. die übernehmende Gesellschaft **140** ihren Bevollmächtigten berechtigen,

> **Formulierungsvorschlag:**
>
> ...... einen Verschmelzungsvertrag mit der [übertragende Gesellschaft]/[übernehmende Gesellschaft], [Ort], im Zusammenhang mit der beabsichtigten Verschmelzung der [übertragende Gesellschaft] als übertragende Gesellschaft auf die [übernehmende Gesellschaft] als übernehmende Gesellschaft (unter Durchführung einer Kapitalerhöhung und Bildung eines oder mehrerer neuer Geschäftsanteile) abzuschließen und in diesem Vertrage jedwede zur Durchführung dieser Verschmelzung erforderliche oder zweckdienliche Regelung zu treffen.

b) **Gesellschafterbeschlüsse.** Zumindest bei Kapitalgesellschaften kann die Gesellschafter- **141** versammlung für alle Beteiligten entsprechend § 134 Abs. 3 AktG bzw. § 47 Abs. 3 GmbHG durch Bevollmächtigte unter Verzicht auf alle anwendbaren Formen und Fristen der Ladung abgehalten werden, auch wenn hierdurch der Grund für den gesetzlichen Zwang zur Abhal-

---

[326] Zur Einreichung auch gleichzeitig mit der Anmeldung der Verschmelzung *Leitzen* DNotZ 2011, 526, 541; vgl. auch MünchKommGmbH/*Lieder* § 57 Rn. 21 m.w.N.; a.A. MünchKommGmbH/*Heidinger* § 40 Rn. 189 ff.; Michalski/*Terlau* § 40 GmbHG Rn. 31; *Wachter* GmbHR 2010, 207; vermittelnd OLG Jena DNotZ 2011, 65. Zur Zuständigkeit bei Tätigwerden mehrerer Notare OLG München DB 2012, 2568.
[327] Zur Rechtsentwicklung vgl. Semler/Stengel/*Reichert* § 52 Rn. 9 ff. Zur Anzeigepflicht des Notars bei Beteiligungsgesellschaften OLG Hamm NZG 2010, 113.
[328] Zur Unzulässigkeit einer Generalvollmacht bei Verschaffung einer organgleichen Vertretungsmacht vgl. aber OLG Frankfurt GmbHR 2012, 751.
[329] BayObLG NotBZ 2002, 104.
[330] Kallmeyer/*Marsch-Barner* § 4 Rn. 5; Lutter/*Lutter/Drygala* § 4 Rn. 9; Semler/Stengel/*Schröer* § 4 Rn. 9.
[331] Vgl. auch *Melchior* GmbHR 1999, 520; Kallmeyer/*Marsch-Barner* § 4 Rn. 5, § 6 Rn. 6; Lutter/*Lutter/Drygala* § 6 Rn. 6; Semler/Stengel/*Schröer* § 4 Rn. 9; Widmann/*Mayer* UmwG § 4 Rn. 40.
[332] Keine Vertretung durch Prokuristen, *Melchior* GmbHR 1999, 520, 523; *Kiem* S. 121.
[333] Lutter/*Winter* § 56 Rn. 17; Widmann/*Mayer* UmwG § 36 Rn. 48; Semler/Stengel/*Bärwaldt* § 36 Rn. 30.
[334] → Rn. 145.

tung einer Gesellschafterversammlung, einen Meinungsaustausch unter den Gesellschaftern zu ermöglichen, erschwert und die eigentliche Sachdiskussion in das Vorfeld der Beurkundung verlagert wird. **Bei Personengesellschaften** ist hingegen die Ausübung des Stimmrechtes eine **höchstpersönliche** Angelegenheit eines jeden Gesellschafters, wenn nicht durch den Gesellschaftsvertrag oder besondere Zustimmung aller Gesellschafter für den Einzelfall eine Vertretung zugelassen worden ist.[335]

142 Es ist umstritten, ob Vollmachten für die Gesellschafterversammlungen stets in notariell beglaubigter Form vorliegen müssen.[336] Ist die Verschmelzung mit der Neugründung einer GmbH verbunden, ist die notarielle Form der Vollmacht, die wegen § 2 Abs. 2 GmbHG für den Verschmelzungsvertrag mit anliegendem Gesellschaftsvertrag erforderlich ist, nicht auch für die Vollmacht zur Beschlussfassung maßgebend.[337]

143 Der Gegenstand einer solchen Vollmacht

> **Formulierungsvorschlag:**
>
> die [Gesellschafter] in einer oder mehreren Gesellschafterversammlungen der [übertragende Gesellschaft]/[übernehmende Gesellschaft], [Ort], zu vertreten und der Verschmelzung der [übertragende Gesellschaft], [Ort 1], und der [übernehmende Gesellschaft] zuzustimmen.

ist bei der übernehmenden Gesellschaft im Falle einer Kapitalerhöhung (und etwaiger sonstiger organisatorischer Änderungen) um Folgendes zu ergänzen:

> **Formulierungsvorschlag:**
>
> und zum Zwecke der Durchführung der Verschmelzung das Kapital der [übernehmende Gesellschaft] zu erhöhen und jegliche anderen Beschlüsse zu fassen und Erklärungen abzugeben, die notwendig oder zweckdienlich sind, um die oben genannte Verschmelzung und die Kapitalerhöhung durchzuführen, (ihre Firma zu ändern, ihren Sitz zu verlegen, den Gegenstand des Unternehmens der Gesellschaft zu ergänzen und jedwede sonstige Änderung der Satzung vorzunehmen) (Geschäftsführer und Prokuristen der [übernehmende Gesellschaft] zu ernennen oder abzuberufen oder in anderer Weise die Geschäftsführung zu reorganisieren, Zweigniederlassungen zu eröffnen).

144 c) **Verzichtserklärungen.** Zur Vermeidung von Zweifeln ist es zu empfehlen, die Abgabe von Verzichtserklärungen durch Bevollmächtigte nicht nur auf eine allgemeine Stimmvollmacht zu stützen, sondern ausdrücklich den Umfang der Vollmacht auch auf die Abgabe von Verzichtserklärungen zu erstrecken, indem die Vollmacht zur Fassung des Verschmelzungsbeschlusses um folgenden Passus ergänzt wird:

> **Formulierungsvorschlag:**
>
> im Namen von [Gesellschafter] jedwede weiteren Erklärungen, insbesondere auch Verzichtserklärungen jedweder Art, die im Zusammenhang mit der vorgenannten Verschmelzung notwendig oder zweckdienlich sein können, abzugeben.

145 d) **Handelsregisteranmeldungen.** Werden von den Geschäftsführern Vollmachten für den Abschluss des Verschmelzungsvertrages ausgestellt, kann dies gleichzeitig auch mit einer Vollmacht zur Anmeldung der Verschmelzung verbunden werden. In diesem Falle ist die Vollmacht aber in Hinblick auf § 12 Abs. 2 HGB **notariell zu beglaubigen.** Der Gegenstand einer solchen Vollmacht kann wie folgt ausgedrückt werden:

---

[335] Baumbach/*Hopt* § 119 Rn. 21; Semler/Stengel/*Ihrig* 43 Rn. 13.
[336] Wegen § 47 Abs. 3 GmbHG ablehnend Kallmeyer/*Zimmermann* § 13 Rn. 13; Lutter/*H. Schmidt* § 43 Rn. 8; Semler/Stengel/*Ihrig* § 43 Rn. 13, § 13 Rn. 16; a. A. aber bei ausdrücklich erforderlicher Zustimmung Schmitt/Hörtnagl/*Stratz* UmwG § 43 Rn. 8; Widmann/Mayer/*Heckschen* UmwG § 13 Rn. 113, 114.
[337] Kallmeyer/*Zimmermann* § 59 Rn. 4, § 13 Rn. 13; Lutter/*Lutter/Drygala* § 13 Rn. 9; a. A. Widmann/Mayer/*Heckschen* UmwG § 13 Rn. 108.1, 112.1.

> **Formulierungsvorschlag:**
> jedwede anzumeldenden Vorgänge der Gesellschaft zur Eintragung in das Handelsregister anzumelden und jedwede sonstigen Erklärungen abzugeben oder Dokumente zu unterzeichnen, die zur Durchführung der Verschmelzung der [übertragende Gesellschaft] als übertragende Gesellschaft auf die [übernehmende Gesellschaft] als übernehmende Gesellschaft notwendig oder zweckdienlich sein können.

Wird die **Verschmelzung mit einer Kapitalerhöhung** der übernehmenden Gesellschaft verbunden, reicht allerdings anders als für den Verschmelzungsvertrag die Bevollmächtigung nur durch Geschäftsführer in vertretungsberechtigter Zahl nicht aus, da die Anmeldung nach § 55 UmwG i. V. m. §§ 57 Abs. 1, 78 GmbHG **durch alle Geschäftsführer** erfolgen muss.[338] Überdies ist umstritten, ob die Anmeldung nicht höchstpersönliche Erklärungen der Geschäftsführer verlangt, die eine Vertretung ausschließen.[339] Obwohl die Kapitalerhöhung zur Durchführung einer Verschmelzung keine Versicherung der Einlagenleistung erfordert,[340] wird zunehmend aus der Beibehaltung der Pflicht zur Anmeldung durch alle Geschäftsführer und der damit verbundenen strafrechtlichen Verantwortung ein höchstpersönlicher Charakter der Anmeldung abgeleitet.[341] Wegen des Meinungsstreites kann eine Anmeldung kraft Vollmacht insbesondere zur Fristwahrung nur nach vorheriger Abstimmung mit dem Registerrichter[342] eingeplant werden. Sind in der Folge der Verschmelzung noch weitere Registervorgänge zu bearbeiten, ist eine entsprechend weite Fassung der Vollmacht angebracht: 146

> **Formulierungsvorschlag:**
> eine oder mehrere Eintragungen in das Handelsregister anzumelden und jedwede sonstige Erklärungen abzugeben oder Dokumente zu unterzeichnen, die zur Durchführung der Verschmelzung der [übertragende Gesellschaft], [Ort 1] als übertragende Gesellschaft auf die [übernehmende Gesellschaft], [Ort 2] als übernehmende Gesellschaft, sowie aller damit verbundenen nachfolgenden organisatorischen Änderungen, wie etwa Änderungen in der Geschäftsführung, Bestellung von Prokuristen, Eintragung von Zweigniederlassungen, Kapitalerhöhungen, Satzungsänderungen etc., insbesondere auch zur Sitzverlegung der übernehmenden Gesellschaft nach Durchführung der Verschmelzung notwendig oder zweckdienlich sein können. Diese Vollmacht berechtigt auch zur Anmeldung der Verschmelzung im Handelsregister der übertragenden Gesellschaft gemäß § 16 Abs. 1 UmwG.

Negativ-Erklärungen werden vielfach als **höchstpersönliche Wissenserklärungen**[343] angesehen, so etwa die Erklärung zur Freiheit von Anfechtungsklagen,[344] wenn keine notariellen Verzichtserklärungen abgegeben wurden, aber in der Praxis der Registergerichte auch wiederholt Erklärungen über das Nicht-Bestehen von Betriebsräten. Sie können in der Regel von den Geschäftsführern in einfacher Schriftform abgegeben und somit leicht einer im Übrigen von Bevollmächtigten vollzogenen Anmeldung beigefügt werden. 147

10. Wirkung der Verschmelzung

Wird die Verschmelzung mit einer Kapitalerhöhung durchgeführt, ist gemäß § 53 UmwG die Kapitalerhöhung vorab bei der übernehmenden Gesellschaft in das Handelsregister einzu- 148

---

[338] A. A. aber *Melchior* GmbHR 1999, 520.
[339] Zur Kapitalerhöhung BayObLG DB 1986, 1666; *Lutter/Winter* § 55 Rn. 23; *Semler/Stengel/Reichert* § 55 Rn. 23; a. A. OLG Köln GmbHR 1987, 394; bei Erklärungen gemäß § 52 Abs. 1 bzw. § 16 Abs. 2 UmwG ebenfalls bejahend *Kallmeyer/Marsch-Barner* § 16 Rn. 15 und *Widmann/Mayer/Fronhöfer* UmwG § 16 Rn. 27.
[340] → Rn. 132.
[341] So *Kallmeyer/Zimmermann* § 53 Rn. 3; *Semler/Stengel/Reichert* § 53 Rn. 4; widersprüchlich *Widmann/Mayer* UmwG § 55 Rn. 87 und § 53 Rn. 5.
[342] So auch *Kiem* S. 17.
[343] *Kallmeyer/Marsch-Barner* § 16 Rn. 15.
[344] *Melchior* GmbHR 1999, 520.

tragen. Erst danach wird die Verschmelzung nach vielfach geübter, aber nicht zwingender Praxis[345] in das Register der übertragenden Gesellschaft eingetragen.[346] Die Wirksamkeit der Verschmelzung hängt jedoch von der **Eintragung in das Register der übernehmenden Gesellschaft** ab, die erst nach der Eintragung der Verschmelzung im Register der übertragenden Gesellschaft, die allerdings nur deklaratorische Bedeutung hat, erfolgen darf.[347] Lediglich bei der Verschmelzung auf eine natürliche Person als Alleingesellschafter richtet sich die Wirkung gemäß § 122 Abs. 2 UmwG nach der Eintragung bei der übertragenden GmbH, wenn der Alleingesellschafter nicht in das Handelsregister eingetragen werden kann. Bei einer grenzüberschreitenden Verschmelzung richtet sich die Wirksamkeit der Verschmelzung nach den Voraussetzungen des Rechtes des Staates, dem die übernehmende oder neue Gesellschaft unterliegt. Verschmelzungsbescheinigungen bzw. die vorherige Eintragung im Register der übertragenden Gesellschaft sind daher nach § 122k Abs. 2 Satz 3 UmwG mit einem entsprechenden Vermerk zu versehen.

149 Mit der für die Wirksamkeit maßgeblichen Handelsregistereintragung geht das Vermögen der übertragenden Gesellschaft gemäß § 20 Abs. 1 UmwG auf die übernehmende Gesellschaft über.[348] Die übertragende Gesellschaft beendet ihre Existenz ohne Liquidation. Ihre Gesellschafter erwerben die Anteile an der übernehmenden Gesellschaft, die ihnen in dem Verschmelzungsvertrag zugesprochen wurden.[349]

150 Die wirtschaftliche Rückwirkung der Verschmelzung auf den Verschmelzungsstichtag hat **keine rückwirkende Zuordnung der Eigentumsverhältnisse** zur Folge, vielmehr geht das Eigentum an den Vermögensgegenständen der übertragenden Gesellschaft erst mit der Eintragung der Verschmelzung über. Die Rückwirkung löst lediglich die Zurechnung des wirtschaftlichen Erfolges der übertragenden Gesellschaft auf die übernehmende Gesellschaft für bilanzielle und steuerliche Zwecke aus. Verfügungen der Gesellschafter über ihre Anteile betreffen vor der Handelsregistereintragung die Anteile an der übertragenden Gesellschaft, die der Erwerber noch in ihrer bisherigen Fassung mit allen sich aus der Verschmelzung ergebenden Rechtspositionen erwirbt.[350]

150a Die Rückwirkung der Verschmelzung hat auch keine Bedeutung für die Einreichung der berichtigten Gesellschafterliste zum Handelsregister, die nach § 40 GmbHG erst nach dem Wirksamwerden der Verschmelzung durch Eintragung im Handelsregister der übernehmenden Gesellschaft zu erfolgen hat.

151 Die Handelsregistereintragung hat gemäß § 20 Abs. 1 Nr. 4 UmwG heilende Wirkung für etwaige Formmängel des Verschmelzungsvertrages bzw. der Zustimmungs- oder Verzichtserklärungen einzelner Anteilsinhaber.[351] Dies gilt aber nicht für den Zustimmungsbeschluss der Gesellschafterversammlung. Wird die Verschmelzung trotz bestehender Mängel eingetragen, lassen diese nach § 20 Abs. 2 UmwG den Vermögensübergang, die Gewährung neuer Anteile und das Erlöschen des übertragenden Rechtsträgers unberührt.[352] Eine Klage gegen die Wirksamkeit des Verschmelzungsbeschlusses der übertragenden Gesellschaft ist in diesem Falle gemäß § 28 UmwG gegen die übernehmende Gesellschaft zu richten.

---

[345] Vgl. Semler/Stengel/*Reichert* § 53 Rn. 11, 15; Kallmeyer/*Zimmermann* § 53 Rn. 18; Semler/Stengel/*Schwanna* § 19 Rn. 9.
[346] Lutter/*Winter* § 53 Rn. 3; Widmann/Mayer/*Fronhöfer* UmwG § 19 Rn. 21.
[347] § 19 Abs. 1 UmwG; Kallmeyer/*Zimmermann* § 19 Rn. 8; zur gleichzeitigen Sitzverlegung OLG Frankfurt/M. DB 2005, 154.
[348] Zur Grundbuchberichtigung vgl. *Böhringer* Rpfleger 2001, 59 f.; *Gärtner* DB 2000, 409; zu Geschäftsbesorgungsverträgen und Vollmachten vgl. *Karsten Schmidt* DB 2001, 1019; zu Besonderheiten bei Beherrschungs- und Gewinnabführungsverträgen *Klaus J. Müller* BB 2002, 157; *Vossius*, FS Widmann, S. 137 ff.; *Gelhausen/Heinz* NZG 2005, 775; zu laufenden Prozessen BGH DStR 2004, 366 m. Anm. *Goette*.
[349] Vgl. im Einzelnen Kallmeyer/*Marsch-Barner* § 20 Rn. 29; *Kiem* S. 21 ff.; Semler/Stengel/*Kübler* § 20 Rn. 74.
[350] So zum Formwechsel BayObLG DB 2003, 1377.
[351] Kallmeyer/*Marsch-Barner* § 20 Rn. 32; Semler/Stengel/*Kübler* § 20 Rn. 83.
[352] Kallmeyer/*Marsch-Barner* § 20 Rn. 33; OLG Frankfurt/M. ZIP 2003, 1607; vgl. auch OLG Stuttgart Der Konzern 2004, 732.

Besaß die übertragende Gesellschaft Grundbesitz, geht dieser mit der Eintragung der Verschmelzung auf die übernehmende Gesellschaft über. Die sich dadurch ergebende Unrichtigkeit der Grundbücher sollte alsbald durch eine Grundbuchberichtigung beseitigt werden.[353]

11. Bearbeitungshinweise

Die Bearbeitung der für die Verschmelzung erforderlichen Dokumentation und die Verfolgung des Verfahrens setzt eine **ständige Kontrolle** des Standes der einzelnen Verfahrensschritte voraus, um die Einhaltung der Frist für die Handelsregisteranmeldung gemäß § 17 Abs. 2 Satz 4 UmwG zu gewährleisten. Hierzu kann eine nach dem jeweiligen Verfahrensfortgang **fortzuschreibende Checkliste** nach folgendem Muster dienen:

Checkliste/Muster: Verschmelzungsdokumentation	
Verschmelzung [Vorgang]	Status [Datum]
A. Verschmelzungsvertrag/-plan	
1. Entwurf Verschmelzungsvertrag/-plan	in Arbeit
2. Vollmacht [übertragende Gesellschaft]	in Arbeit
3. Handelsregisterausdruck [übertragende Gesellschaft]	beantragt
4. Befreiung von § 181 BGB	in Arbeit
5. Vollmacht [übernehmende Gesellschaft]	in Arbeit
6. Handelsregisterausdruck [übernehmende Gesellschaft]	beantragt
B. Gesellschafterbeschluss [übertragende Gesellschaft]	
1. Entwurf Gesellschafterbeschluss	in Arbeit
2. Vollmacht [Gesellschafter 1]	in Arbeit
3. Handelsregisterausdruck [Gesellschafter 1]	beantragt
4. Bilanz [übertragende Gesellschaft]	beantragt
5. Entwurf Schreiben an Betriebsrat	in Arbeit
C. Gesellschafterbeschluss [übernehmende Gesellschaft]	
1. Entwurf Gesellschafterbeschluss	in Arbeit
2. Vollmacht [Gesellschafter 2]	in Arbeit
3. Handelsregisterausdruck [Gesellschafter 2]	beantragt
4. Entwurf Schreiben an Betriebsrat	in Arbeit
D. Handelsregisteranmeldung [übertragende Gesellschaft]	
1. Entwurf Handelsregisteranmeldung	in Arbeit
2. Vollmacht	in Arbeit
E. Handelsregisteranmeldung [übernehmende Gesellschaft]	
1. Entwurf Handelsregisteranmeldung	in Arbeit
2. (Vollmacht)	(in Arbeit)
3. Liste der Übernehmer	in Arbeit
4. Wertnachweis	in Auftrag
F. Berichtigte Gesellschafterliste mit Notarbescheinigung	in Arbeit

Erstreckt sich der Auftrag nicht nur auf die Fertigung der gesellschaftsrechtlichen Dokumentation, sondern des ganzen Verschmelzungsvorganges, ist die Liste noch um Tätigkeiten im Zusammenhang mit dem Verschmelzungsbericht, Bewertungsfragen, Bestellung gerichtlicher Prüfer, Unterrichtung der Arbeitnehmer der übertragenden Gesellschaft oder Betreuung von Ansprüchen, die von Gesellschaftern oder Gläubigern geltend gemacht werden, zu ergänzen.

---

[353] Vgl. hierzu *Seibt* S. 1609, 1618 f. sowie oben Fn. 348.

154 Darüber hinaus ist es erforderlich, auch dem **Mandanten** einen **Überblick über das Ablaufverfahren zu** verschaffen und ihm die Art der **von ihm erwarteten Mitwirkung** zu erläutern. Einerseits kann ihm dazu in regelmäßigen Abständen die fortgeschriebene Checkliste übermittelt werden, die ihm den Stand der einzelnen Schritte aufzeigt. Darüber hinaus ist aber auch eine allgemeine Erläuterung des Verfahrens und des Inhaltes der entworfenen Dokumentation sinnvoll. Dies kann etwa im Falle einer Verschmelzung im Konzern wie folgt geschehen:

Muster: Mandantenschreiben

Verschmelzung [übertragende Gesellschaft]

Sehr geehrter Herr [Name],

anliegend überreiche ich Ihnen zur Durchsicht und weiteren Diskussion meinen ersten Entwurf der Dokumentation für die Verschmelzung der [übertragende Gesellschaft], [Ort], auf die [übernehmende Gesellschaft]. Zum Verfahren der Verschmelzung möchte ich folgendes erläutern:

1. Wertverhältnis

In ihrer handelsrechtlichen Schlussbilanz hat die [übertragende Gesellschaft] ihre bisherigen Buchwerte anzusetzen. Die [übernehmende Gesellschaft] kann in ihrer Aufnahmebilanz die in dieser Schlussbilanz angesetzten Buchwerte übernehmen. Eine Aufdeckung stiller Reserven, insbesondere in Form einer Aktivierung von goodwill, ist in der Aufnahmebilanz jedoch bis zum Wert der neu auszugebenden Anteile bzw. dem Buchwert etwaiger von der [übernehmende Gesellschaft] gehaltenen Anteile an der [übertragenden Gesellschaft], die im Rahmen der Verschmelzung untergehen, möglich. Ich habe die Kapitalerhöhung so ausgerichtet, dass das neugeschaffene Kapital dem bisherigen Stammkapital der [übertragende Gesellschaft] entspricht, so dass deren Vermögen zu Buchwerten übernommen werden kann.

Das Gesetz geht grundsätzlich davon aus, dass bei einer Verschmelzung den Gesellschaftern der übertragenden Gesellschaft Anteile an der übernehmenden Gesellschaft gewährt werden, die den gleichen Wert wie die bisherigen Anteile an der übertragenden Gesellschaft haben. Ein entsprechendes Umtauschverhältnis vorausgesetzt dürften daher keine Probleme entstehen, wenn die [Muttergesellschaft] den bisherigen Buchwert ihrer Beteiligung in der Handelsbilanz beibehält.

Steuerlich besteht bei einer Verschmelzung keine Maßgeblichkeit der Handelsbilanz für die Steuerbilanz. Die [übertragende Gesellschaft] kann daher in der steuerlichen Übertragungsbilanz Aufstockungen bis zu den gemeinen Werten vornehmen. Diese führen aber zu steuerpflichtigen Gewinnen, wenn sie nicht durch Verlustvorträge neutralisiert werden können. Die [Muttergesellschaft] kann die neuen Anteile an der [übernehmende Gesellschaft] hiervon unabhängig auf Antrag mit dem bisherigen Buchwert der Anteile an der [übertragende Gesellschaft] einbuchen.

(Selbst bei einer Verschmelzung von zwei Konzerngesellschaften, die jeweils zum 100% der gleichen Muttergesellschaft gehören, hat grundsätzlich eine Kapitalerhöhung zu erfolgen; bei einem notariellen Verzicht aller Gesellschafter kann aber von der Ausgabe neuer Anteile abgesehen werden. Ich habe diese Möglichkeit vorbehaltlich einer weiteren Abstimmung noch nicht berücksichtigt. Ich habe vielmehr in der Annahme einer Gleichwertigkeit beider Gesellschaften eine Kapitalerhöhung im Umfange des bisherigen Stammkapitals der [übertragende Gesellschaft] vorgesehen.)

(Nach überwiegender Ansicht ist das vereinbarte Umtauschverhältnis von dem Registerrichter nicht zu überprüfen, wenn die Beteiligten auf die vom Gesetz vorgesehene Verschmelzungsprüfung verzichtet haben. Das von mir vorgeschlagene Umtauschverhältnis lässt somit die Wirksamkeit des Verschmelzungsvertrages unberührt. Ich habe das Umtauschverhältnis in dieser Form vorgeschlagen, weil in diesem Falle der Wertnachweis für das übertragene Vermögen durch die Schlussbilanz erbracht werden kann und somit eine erneute Unternehmensbewertung aller Voraussicht nach vermieden werden kann. Der Registerrichter wird sich auf eine Plausibilitätsprüfung der Wertnachweise beschränken.)

2. Dokumentation

Der Vollzug der Fusion erfordert folgende notarielle Urkunden:
- Abschluss des Verschmelzungsvertrages zwischen der [übertragende Gesellschaft] und der [übernehmende Gesellschaft],
- Gesellschafterbeschluss der [übertragende Gesellschaft] zur Genehmigung der Verschmelzung,
- Gesellschafterbeschluss der [übernehmende Gesellschaft] zur Genehmigung der Verschmelzung und Erhöhung ihres Kapitals zur Gewährung neuer Geschäftsanteile.

Die Verschmelzung ist sowohl bei der [übertragende Gesellschaft] wie auch bei der [übernehmende Gesellschaft] zur Eintragung in das Handelsregister anzumelden. Erst die Eintragung bei der [übernehmende Gesellschaft] macht die Verschmelzung wirksam. Diese Eintragung der Verschmelzung bei der [übernehmende Gesellschaft] kann erst erfolgen, nachdem zuvor oder gleichzeitig bei ihr die Kapitalerhöhung und bei der [übertragende Gesellschaft] die Verschmelzung unter Vorbehalt eingetragen worden ist. Zum Abschluss wird das Erlöschen der Gesellschaft bei der [übertragende Gesellschaft] eingetragen, diese Eintragung hat aber nur noch deklaratorische Bedeutung.

Bei der Ausfertigung der notariellen Urkunden und Handelsregisteranmeldung sind eine Vielzahl von Geschäftsführern der [übertragende Gesellschaft], [übernehmende Gesellschaft] und [Muttergesellschaft] beteiligt. Die praktische Erfahrung hat gezeigt, dass es im Interesse einer zügigen Abwicklung des Verfahrens sinnvoll ist, soweit wie möglich Vollmachten der beteiligten Geschäftsführer einzuholen, um die Dokumente ausfertigen zu können, sobald deren Endfassung vorliegt. Mit gleicher Post hole ich vorsorglich von den Geschäftsführern der [übertragende Gesellschaft] die erforderliche Vollmacht für den Abschluss des Verschmelzungsvertrages ein. Im Übrigen können wir das weitere Procedere noch abstimmen. Die Vollmachtsentwürfe habe ich zunächst nur zu Verdeutlichung beigelegt.

(Dieses Verfahren ist leider rechtlich nicht im Zusammenhang mit der Anmeldung der Kapitalerhöhung möglich. Hierfür ist die notariell beglaubigte Unterschrift eines jeden Geschäftsführers der [übernehmende Gesellschaft] einzuholen, nachdem die Dokumentation fertiggestellt ist. Da mehrere Geschäftsführer im Ausland wohnen, muss damit gerechnet werden, dass sich hierdurch zeitliche Verzögerungen ergeben werden.)

Die Vollmachten der [übertragende Gesellschaft] und der [übernehmende Gesellschaft] müssen notariell beglaubigt sein. Hierbei sollte möglichst eine Vertretungsbescheinigung in den Beglaubigungsvermerk aufgenommen werden. Der Vertretungsnachweis – der überdies auch für die [Muttergesellschaft] erforderlich ist – kann auch durch einen amtlichen aktuellen Handelsregisterausdruck jüngeren Datums geführt werden.

3. Zum Inhalt der Entwürfe

Die Entwürfe sind noch um verschieden Daten zu ergänzen, die in den Entwürfen gekennzeichnet sind, so insbesondere
- Stammkapital der [übernehmende Gesellschaft],
- Geschäftsführer/Vorstände der [Muttergesellschaft],
- Anschrift der [übernehmende Gesellschaft],

Ich bin nicht sicher, ob bis zum Vollzug der Verschmelzung bei der [übertragende Gesellschaft] noch eine Gewinnausschüttung erfolgen soll. Gegebenenfalls könnte auf § 2 Abs. 4 des Verschmelzungsvertrages verzichtet werden.

Ich habe die Möglichkeit vorgesehen, dass der Betrieb in [Ort 2] als Zweigniederlassung in das Handelsregister eingetragen wird und den bisherigen Prokuristen der [übertragende Gesellschaft] eine auf die Geschäfte dieser Niederlassung beschränkte Prokura erteilt wird. Die Eintragung der Zweigniederlassung kann aber zeitlich nach dem Vollzug der Verschmelzung angemeldet werden.

Mit freundlichen Grüßen

Rechtsanwalt

III. Spaltung (Auf-/Abspaltung)

155

Beratungscheckliste für die Auf-/Abspaltung mit einer GmbH

Vorüberlegungen

☐ Grund für die Unternehmensteilung
  • betriebliche Bedeutung
  • Auswirkungen auf der Gesellschafterebene
☐ Alternativen

Planung

☐ Festlegung der Teilbereiche
  • Definition der Sach- und Personalaufteilung
  • Prüfung der steuerlichen Voraussetzungen
☐ Zeitpunkt der Spaltung
  • Nutzung der Rückwirkung
  • Kosten einer Zwischenbilanz
  • Auskunft der Finanzverwaltung
☐ Umtauschverhältnis
  • Feststellung der Unternehmenswerte
  • Anpassung der Beteiligungsverhältnisse
  • Liquiditätsbedarf für Zuzahlungen und Abfindungen
☐ Vorabkonsultationen
  • wichtige Gesellschaftergruppen
  • Arbeitnehmervertretungen
  • wichtige Gläubiger

Durchführung

☐ Zeitplan für Entwurf und Ausfertigung der Dokumentation
☐ Durchführung der Abschlussprüfung und Spaltungsprüfung
☐ Entwurf des Spaltungsvertrages
  • Zusammenstellung der Anlagen
  • Inhaltliche Abstimmung
☐ Maßnahmen im Personalbereich
  • Information des Betriebsrates
  • Anzeige des Betriebsübergangs
☐ Abhaltung der Gesellschafterversammlungen
☐ Handelsregisteranmeldungen

Abschluss

☐ Eintragungen im Handelsregister
☐ Einreichung der Gesellschafterliste zum Handelsregister

1. Arten der Spaltung

156 a) **Übersicht.** Eine Spaltung im Sinne des Umwandlungsgesetzes ist die **Übertragung nur eines Teils des Vermögens** des übertragenden Rechtsträgers auf einen oder mehrere übernehmende Rechtsträger. Im Gegensatz zur Verschmelzung kann daher **keine umfassende Gesamtrechtsnachfolge** stattfinden; vielmehr bildet der zu übertragende Vermögensteil für die Rechtswirkungen der Spaltung eine eigene Gesamtheit, auf die sich die Gesamtrechtsnachfolge beschränkt (partielle Gesamtrechtsnachfolge).[354] Es kommt auch nicht zwingend zu

---

[354] *Kallmeyer/Sickinger* § 123 Rn. 2; *Lutter/Teichmann* § 123 Rn. 8; *Simon* Der Konzern 2003, 373; a. A. wohl BGH ZIP 2001, 305; BFH NJW 2003, 1479, deren Verständnis eher von einer summierten Einzelübertragung ausgeht; zu alternativen Gestaltungen mit Einzelrechtsnachfolge vgl. *Kallmeyer* ZIP 1994, 1746, 1749.

einer liquidationslosen Beendigung des übertragenden Rechtsträgers.[355] Es sind insoweit vielmehr **zwei** verschiedene **Arten** der Spaltung zu unterscheiden:

- ein Unternehmen überträgt sein gesamtes Vermögen jeweils zu einem Teil auf mehrere Rechtsträger und beendet damit seine eigene unternehmerische Tätigkeit (**Aufspaltung**),[356] oder
- ein Unternehmen überträgt nur einen Teil seines Vermögens auf einen anderen Rechtsträger und führt im Übrigen sein altes Unternehmen fort (**Abspaltung**).[357]

Ähnlich der Wahl zwischen einer Verschmelzung im Wege der Aufnahme oder der Neugründung[358] wird auch die Wahl zwischen Aufspaltung und Abspaltung durch die verursachten Kosten und mit einem Blick auf etwa anfallende Grunderwerbsteuern häufig zugunsten der Abspaltung getroffen.[359]

Wie bei der Verschmelzung kann bei jeder dieser Arten der Spaltung gewählt werden, ob der Vermögensteil auf einen schon bestehenden Rechtsträger übertragen werden soll (**Spaltung zur Aufnahme**)[360] oder ob die Übertragung auf einen oder mehrere Rechtsträger erfolgen soll, die erst im Rahmen der Spaltung für diesen Zweck neu gegründet werden (**Spaltung zur Neugründung**).[361] Werden mehrere Vermögensteile gleichzeitig auf verschiedene Rechtsträger übertragen, kann nach § 123 Abs. 4 UmwG auch eine Spaltung zur Aufnahme durch eine der übernehmenden Gesellschaften mit einer Spaltung zur Neugründung einer anderen übernehmenden Gesellschaft verbunden werden.[362]

Der **Kreis der spaltungsfähigen Rechtsträger** lehnt sich an die Regelung zur Verschmelzung an und umfasst alle Personenhandelsgesellschaften, Partnerschaftsgesellschaften und Kapitalgesellschaften[363] mit Sitz im Inland, erweitert um den wirtschaftlichen Verein als übertragender Rechtsträger, schließt aber die Übertragung auf eine natürliche Person als Alleingesellschafter aus. Selbst ein gewerbliches Einzelunternehmen kann sich gemäß § 124 UmwG nicht an einer Ab- oder Aufspaltung beteiligen. Anders als bei der Verschmelzung ist in § 125 UmwG keine Öffnung für grenzüberschreitende Gestaltungen vorgesehen.[364]

Die **Gegenleistung** für die Übertragung des Vermögensteils besteht wie bei einer Verschmelzung in der Regel in der **Gewährung von Gesellschaftsrechten** an die Gesellschafter der übertragenden Gesellschaft,[365] da sich der Wert ihrer bisherigen Beteiligung an dieser Gesellschaft durch die Vermögensübertragung vermindert. Häufig tritt als Folge dieses Vermögensabganges eine **Kapitalherabsetzung** bei der übertragenden Gesellschaft neben die Kapitalerhöhung bei der übernehmenden Gesellschaft, mit der die zu gewährenden Anteile geschaffen werden. Im Regelfall stellen sich bei der Anteilsgewährung die gleichen Bewertungsprobleme zur Bestimmung eines Umtauschverhältnisses wie bei der Verschmelzung. Eine Ausgabe neuer Anteile scheidet wie bei der Verschmelzung aus, wenn ein Rechtsträger eigene Anteile oder Anteile an dem jeweils anderen an der Spaltung beteiligten Rechtsträger hält oder auf die Gewährung von Anteilen verzichtet wird.

b) **Struktur der gesetzlichen Regelungen.** Das Gesetz behandelt die Spaltung als Umkehrfall der Verschmelzung[366] und erklärt in § 125 UmwG eine Vielzahl der gesetzlichen Regeln,

---

[355] So nur bei der Aufspaltung Semler/Stengel § 123 Rn. 12; vgl. auch Widmann/Mayer/*Schwarz* UmwG § 123 Rn. 4.1.5.
[356] § 123 Abs. 1 UmwG; *Kallmeyer/Sickinger* § 123 Rn. 7 f.; Semler/Stengel § 123 Rn. 12.
[357] § 123 Abs. 2 UmwG; *Kallmeyer/Sickinger* § 123 Rn. 9 f.; Semler/Stengel § 123 Rn. 14.
[358] → Rn. 46.
[359] *Kallmeyer/Sickinger* § 123 Rn. 16; zur GrESt bei Umstrukturierungen im Konzern vgl. *Kroschewski* GmbHR 2001, 707.
[360] § 123 Abs. 1 Nr. 1, Abs. 2 Nr. 1 UmwG; es genügt eine Vorratsgesellschaft ohne eigene Geschäftstätigkeit, OLG Stuttgart AG 1997, 138.
[361] § 123 Abs. 1 Nr. 2, Abs. 2 Nr. 2 UmwG; siehe auch Sagasser/Bula/Brünger/*Bultmann* § 18 Rn. 34 ff.
[362] *Kallmeyer/Sickinger* § 123 Rn. 14; Lutter/Teichmann § 123 Rn. 30; Semler/Stengel § 123 Rn. 18.
[363] Zur UG *Berninger* GmbHR 2010, 63, 69; auch → Rn. 48.
[364] S. aber → Rn. 11 zum Einfluss des EU-Rechts.
[365] *Kallmeyer/Sickinger* § 123 Rn. 3.
[366] Vgl. Widmann/Mayer/*Schwarz* UmwG § 123 Rn. 1.1; Semler/Stengel § 125 Rn. 1.

die für die Verschmelzung gelten, entsprechend auch für die Spaltung anwendbar,[367] im Umfange allerdings differenziert nach der Art der Spaltung. Selbst bei einigen ausformulierten Sonderregeln für die Spaltung ist die **Anlehnung an die** entsprechenden für die **Verschmelzung** geltenden Vorschriften deutlich spürbar. Die folgende Darstellung geht daher nur auf die Besonderheiten der Spaltung ein und verweist im Übrigen zur Vermeidung von Wiederholungen auf den vorhergehenden Abschnitt.

162 Ein allgemeiner Normenbereich befasst sich mit den Sonderfragen, die sich für die Spaltung aus der Übertragung von Teilen des Vermögens statt des Gesamtvermögens ergeben. Darüber hinaus orientiert sich das Gesetz an der Rechtsform der beteiligten Rechtsträger, wobei allerdings die schon für die Verschmelzung aufgestellten Regeln nur eine kurze Ergänzung notwendig machen. Für die Spaltung von Personengesellschaften waren sogar keine weiteren Sonderregeln erforderlich. Die nur für bestimmte Arten der Spaltung anwendbaren **Sonderregeln** lassen sich zum Teil erst **bei den einzelnen Rechtsformen** aufspüren. Die Vorschriften zur Abspaltung und Aufspaltung sind für die bedeutenderen Rechtsformen in folgenden Abschnitten des Gesetzes zu finden:

- Allgemeine Vorschriften für alle Rechtsformen §§ 123–137 UmwG
- Beteiligung von Gesellschaften mit beschränkter Haftung §§ 138–140 UmwG
- Beteiligung von Aktiengesellschaften (einschl. KGaA) §§ 141–146 UmwG
- Beteiligung eingetragener Genossenschaften §§ 147–148 UmwG
- Beteiligung rechtsfähiger Vereine § 149 UmwG
- Beteiligung von Versicherungsvereinen a. G. § 151 UmwG

2. Gegenstand der Spaltung

163 a) **Bestimmbarkeit.** Die Besonderheit der Spaltung gegenüber der Verschmelzung liegt in der Übertragung nur eines Teils des Vermögens des übertragenden Rechtsträgers auf den übernehmenden Rechtsträger.[368] Die Sonderregeln für die Spaltung, die das Umwandlungsgesetz ergänzend neben die entsprechend anwendbaren Verschmelzungsvorschriften treten lässt, befassen sich daher an erster Stelle mit den Folgen, die sich aus der Beschränkung der Übertragung auf nur einen Teil des Vermögens ergeben. Es ist vor allem die Aufgabe des Spaltungs- und Übernahmevertrages, die übergehenden Gegenstände des Aktiv- und Passivvermögens genau zu bezeichnen[369] und bei gleichzeitigem Übergang auf mehrere übernehmende Rechtsträger auch ihre Aufteilung unter diesen festzulegen; weiterhin sind die übergehenden Betriebe oder Betriebsteile[370] den jeweiligen übernehmenden Rechtsträgern zuzuordnen.

164 Der für die Einzelübertragung von beweglichen Gegenständen geltende **Bestimmtheitsgrundsatz** ist hierbei nicht dadurch eingeschränkt, dass auf Urkunden wie Bilanzen oder Inventare zur Bezeichnung und Aufteilung der zu übertragenden Gegenstände Bezug genommen werden kann; dies gilt nämlich nach § 126 Abs. 2 Satz 3 UmwG nur, soweit ihr Inhalt eine Zuweisung des einzelnen Gegenstandes ermöglicht. Gegenüber einer Einzelübertragung der Gegenstände des zu übertragenden Vermögensteils genießt die Spaltung zwar gemäß § 131 Abs. 1 Nr. 1 UmwG den Vorteil einer partiellen Gesamtrechtsnachfolge,[371] die einzelne Übertragungsakte überflüssig macht. Sie bringt jedoch kaum eine Erleichterung der **Identifizierung** des zu übertragenden Vermögensteils mit sich.[372] Diese darf aber auch nicht

---

[367] *Kallmeyer/Sickinger* § 125 Rn. 1 ff.; Widmann/Mayer/*Fronhöfer* UmwG § 125 Rn. 1; Semler/*Stengel* § 125 Rn. 3 f. Nach BAG NZG 2013, 594 findet die entsprechende Anwendung ihre Grenzen in dem Fortbestehen des übertragenden Rechtsträgers und einer daraus folgenden eingeschränkten partiellen Gesamtrechtsnachfolge, da eine Duplizierung der Rechtsverhältnisse ausscheidet.

[368] *Kallmeyer/Sickinger* § 123 Rn. 1; Widmann/Mayer/*Fronhöfer* UmwG § 125 Rn. 2.

[369] *Kallmeyer/Sickinger* § 126 Rn. 19; Lutter/*Priester* § 126 Rn. 49 ff.; Widmann/*Mayer* UmwG § 126 Rn. 172 ff.; HansOLG Hamburg AG 2002, 460, 463; BAG BB 2005, 2414.

[370] Lutter/*Priester* § 126 Rn. 48, 52; Widmann/*Mayer* UmwG § 126 Rn. 258; Semler/Stengel/*Schröer* § 126 Rn. 57.

[371] *Kallmeyer* § 123 Rn. 2.

[372] *Fuhrmann/Simon* AG 2000, 49, 64; *Kiem* S. 278; *Aha* AG 1997, 345, 348; DNotI-Report 1995, 183; a. A. Widmann/*Mayer* UmwG § 126 Rn. 204: bei der Übertragung von Betrieben genügt genereller Bezug auf Spaltungsbilanzen. S. auch Fn. 369.

überspannt werden, denn Verträge sind auch bei einer Umwandlung nach §§ 133, 157 BGB **auslegungsfähig**. Sachgesamtheiten können wie bei einer Einzelübertragung auch durch einen Sammelbegriff bezeichnet werden.[373] Bei einer Beteiligung von Aktiengesellschaften dürfte bei richtlinienkonformer Auslegung ohnehin eine genaue Beschreibung der Gegenstände des Aktiv- und Passivvermögens ausreichen.[374] Für Gegenstände, die bei einer Einzelübertragung eine **besondere Art der Bezeichnung** erfordern, sind die entsprechenden Regelungen gemäß § 126 Abs. 2 Satz 1 UmwG jedoch auch im Rahmen einer Spaltung für die Bezeichnung der Gegenstände des übergehenden Vermögensteiles anzuwenden. Zur Verdeutlichung wird die Notwendigkeit, die von einer Spaltung erfassten **Grundstücke** auch bei dieser Art der Übertragung in üblicher grundbuchmäßiger Form[375] darzustellen, in § 126 Abs. 2 Satz 2 UmwG ausdrücklich hervorgehoben.[376]

Bei der Darstellung der Vermögensteile orientiert sich die Praxis vielfach an den **Bilanzen** und den dazu gehörigen **Buchhaltungs- und Bilanzunterlagen**. Diese enthalten indessen oft nicht alle zu übertragenden und zu bezeichnenden Gegenstände. Soweit selbst hergestellte immaterielle Wirtschaftsgüter nach § 248 Abs. 2 HGB in der Bilanz nicht aktivierungsfähig sind, müssen sie aber gleichwohl im Spaltungsvertrag aufgeführt werden, wenn sie übertragen werden sollen. Auch schwebende Verträge sind in der Buchhaltung noch nicht erfasst, aber für Zwecke der Spaltung genau zu bezeichnen. Es genügt außerdem nicht, wenn aus der Bilanz nur der wertmäßige, nicht aber der konkret gegenständliche Umfang des zu übertragenden Vermögensteils entnommen werden kann.[377]

Für nicht identifizierte „vergessene" **Gegenstände** reicht es nach § 131 Abs. 3 UmwG bei einer Aufspaltung zur Herbeiführung einer wirksamen Übertragung, dass sich ihre Übertragung durch Auslegung des Vertrages ermitteln lässt.[378] Erbringt auch eine Auslegung keine Ergebnisse, erfolgt die Aufteilung in Hinblick auf die mit der Aufspaltung verbundene Auflösung des übertragenden Rechtsträgers, während bei einer Abspaltung diese Regel nicht greift und der Gegenstand bei dem übertragenden Rechtsträger verbleibt.[379]

b) **Übertragbarkeit.** Gehört zu dem zu übertragenden Vermögensteil ein Gegenstand, dessen **Übertragbarkeit nach allgemeinen Vorschriften ausgeschlossen,** an bestimmte Voraussetzungen geknüpft ist oder von einer staatlichen Genehmigung abhängt, treten diese allgemeinen Vorschriften nach Streichung des früheren § 132 UmwG grundsätzlich hinter die **partielle Gesamtrechtsnachfolge** zurück[380]. Der Gesetzgeber sieht den Schutz von betroffenen Dritten nicht in der Verweigerung des Übergangs, sondern in der Möglichkeit, sich für die Zukunft von dem Rechtsverhältnis mit dem neuen Partner zu lösen.[381] Es bleibt aber im Einzelfall zu prüfen, ob nicht schon das Erlöschen des übertragenden Rechtsträgers oder die Natur des Rechts wie auch bei einer Verschmelzung bewirkt, dass das Recht untergeht oder kündbar wird.[382] So bleiben z.B. **höchstpersönliche Rechte und Pflichten** oder u.U. an eine bestimmte Rechtsform gebundene Rechtspositionen von der partiellen Gesamtrechtsnachfolge **ausgeschlossen.**[383]

---

[373] *Kallmeyer/Sickinger* § 126 Rn. 19; *Lutter/Priester* § 126 Rn. 55; *Widmann/Mayer* UmwG § 126 Rn. 216; zu All-Klauseln BGH Der Konzern 2004, 199, der auch aus Gründen der Praktikabilität den Begriff der Sachgesamtheit weit fassen will; ebenso BAG DB 2005, 954.
[374] Art. 3 Abs. 2 lit. h) RL 82/891/EWG.
[375] § 28 GBO; dazu BGH ZIP 2008, 600; *Lutter/Priester* § 126 Rn. 49; *Widmann/Mayer* UmwG § 126 Rn. 212; Semler/Stengel/*Schröer* § 126 Rn. 64; *Schorling* AG 2008, 653.
[376] *Kallmeyer/Sickinger* § 126 Rn. 21.
[377] OLG Karlsruhe ZIP 1993, 118 zu § 52 Abs. 4 UmwG a.F.; vgl. auch Semler/Stengel/*Schröer* § 126 Rn. 61.
[378] Semler/Stengel/*Kübler* § 131 Rn. 70; *Widmann/Mayer/Vossius* UmwG § 131 Rn. 203 ff.; ebenso auch öOGH Der Konzern 2005, 744; vgl. auch *Kallmeyer/Sickinger* § 131 Rn. 30.
[379] *Lutter/Priester* § 126 Rn. 58; vgl. auch *Widmann/Mayer* UmwG § 126 Rn. 267.1; Semler/Stengel/*Kübler* § 131 Rn. 71.
[380] Semler/Stengel/*Schröer* § 131 Rn. 12.
[381] Semler/Stengel/*Schröer* § 131 Rn. 16.
[382] Zu den Grenzen der Gesamtrechtsnachfolge Semler/Stengel/*Schröer* § 131 Rn. 13 ff.; *Rubel/Sandhaus* Der Konzern 2009, 327.
[383] *Mayer/Weiler* DB 2007, 1291, 1292 m.w.N.; Semler/Stengel/*Kübler* § 20 Rn. 70 ff.

Praktische Bedeutung kommt insbesondere den folgenden, sonst nicht übertragungsfähigen Gegenständen zu, die daher **auf ihre Übertragbarkeit** im Rahmen einer Spaltung zu **prüfen** sind:
- persönliche öffentlich-rechtliche Konzessionen[384]
- Unternehmensverträge für eine abhängige Gesellschaft[385]
- Dienstverträge[386]
- Pensionsverbindlichkeiten[387]
- Urheberrechte[388]
- Schuldrechtliche Vorkaufsrechte[389]
- Beteiligungen an Personengesellschaften[390]
- Vereinsmitgliedschaften[391]
- Passivprozesse.[392]

168 Für einige der obigen Gegenstände kann bei einer Abspaltung oder Ausgliederung anstelle der Übertragung auch eine **Nutzungsüberlassung** unter Ausschluss einer eigenen Nutzung durch den übertragenden Rechtsträger vereinbart werden;[393] eine rechtliche Notwendigkeit besteht hierfür jedoch nur in Einzelfällen angesichts des höchstpersönlichen Charakters von Rechtspositionen. Forderungen, die nur wegen Inhaltsänderung oder Vereinbarung eigentlich nicht übertragbar sind, gehen bei einer Spaltung stets kraft der partiellen Gesamtrechtsnachfolge ohne Genehmigung auf den übernehmenden Rechtsträger über.[394]

169 Von großer Bedeutung sind die Fälle, in denen das Gesetz entweder die **Vereinbarung** von besonderen **Voraussetzungen für die Übertragbarkeit** eines bestimmten Gegenstandes zulässt oder **staatliche Genehmigungsvorbehalte** aufstellt. Hier sind insbesondere auf die Entwicklung des Meinungsstandes[395] zu prüfen:
- Vinkulierung von Gesellschaftsanteilen[396]
- Grundverkehrsgenehmigungen[397]
- Teilungsgenehmigungen.[398]

170 Allgemeine Genehmigungserfordernisse, die nicht nur für bestimmte Gegenstände gelten, so insbesondere die Zustimmung zur Übertragung von Verbindlichkeiten und Verträgen gemäß §§ 414 ff. BGB, treten stets hinter die partielle Gesamtrechtsnachfolge zurück.

---

[384] Vgl. *Bremer* GmbHR 2000, 865; *Fuhrmann/Simon* AG 2000, 49, 58; *Kallmeyer/Sickinger* § 126 Rn. 20; Semler/Stengel/*Schröer* § 131 Rn. 43: weiterhin nicht übertragbar. Zu verbrauchsteuerlichen Erlaubnissen *Menz/Stein* BB 2012, 687.
[385] Dazu Semler/Stengel/*Schröer* § 126 Rn. 74; MünchKommAktG/*Altmeppen* § 297 Rn. 135, zur Kündbarkeit Rn. 126 ff.; *Philippi/Neveling* BB 2003, 1685; *Heurung/Engel/Thiedemann* Der Konzern 2012, 16, 21. Str. für eine herrschende Gesellschaft, vgl. dazu Lutter/*Priester/Teichmann* § 126 Rn. 65, § 131 Rn. 57 ff.; *Kallmeyer/Sickinger* § 126 Rn. 26; Widmann/*Mayer* UmwG § 126 Rn. 232; *Vossius*, FS Widmann, S. 133 f.; *Meister* DStR 1999, 1741; *Klaus J. Müller* BB 2002, 157, 160 f.; *Stegemann* DStR 2002, 1849; Semler/Stengel/*Schröer* § 131 Rn. 29.
[386] § 613 Satz 2 BGB; Semler/Stengel/*Simon* § 131 Rn. 57: Übertragung nur mit Zustimmung des Betroffenen.
[387] AG Hamburg NZG 2005, 899, gestützt auf § 4 BetrAVG gegen BAG 2005, 954; dazu *Louis/Nowak* DB 2005, 2354; nun frei übertragbar *Mayer* DB 2007, 1291; Semler/Stengel/*Simon* § 131 Rn. 49.
[388] § 29 Satz 2 UrhG; weiterhin nicht übertragbar, *Mayer* DB 2007, 1291; auch Semler/Stengel/*Schröer* § 131 Rn. 41.
[389] § 473 BGB; zur Übertragbarkeit dinglicher Vorkaufs- bzw. Nießbrauchsrechte bei juristischen Personen und rechtsfähigen Personengesellschaften vgl. §§ 1098 Abs. 3, 1059a BGB sowie Semler/Stengel/Schröer/*Kübler* § 131 Rn. 8 und § 20 Rn. 33; zu Vertragsverhältnissen allgemein Semler/Stengel/*Schröer* § 131 Rn. 35.
[390] §§ 717, 719 BGB; vgl. Semler/Stengel/*Schröer* § 131 Rn. 26; *Fuhrmann/Simon* AG 2000, 49, 56; zu Unterbeteiligungen *Schindhelm/Pickhardt-Poremba/Hilling* DStR 2003, 1444.
[391] § 38 BGB; dazu Semler/Stengel/*Schröer* § 131 Rn. 24.
[392] BGH ZIP 2001, 305; BFH NJW 2003, 1479, ebenso bei Abspaltung und Ausgliederung Semler/Stengel/*Kübler* § 131 Rn. 10; a. A. *Simon* Der Konzern 2003, 873; zu Prozessen allgemein *Stöber* NZG 2006, 574.
[393] Zu Urheberrechten vgl. Semler/Stengel/*Schröer* § 131 Rn. 41; zu steuerlichen Erfordernissen vgl. aber *Rödder/Herlinghaus/van Lishaut* § 20 Rn. 38 ff. und unten Rn. 182.
[394] Semler/Stengel/*Schröer/Kübler* § 131 Rn. 31 f., § 20 Rn. 13.
[395] Zur Entwicklung der Rechtslage vgl. Semler/Stengel/*Schröer* § 131 Rn. 12 ff.
[396] § 15 Abs. 5 GmbHG, § 68 Abs. 2 AktG; Semler/Stengel/*Schröer* § 131 Rn. 26.
[397] §§ 2 ff., 12 GrdstVG.
[398] §§ 12, 51, 144 BauGB; vgl. dazu Semler/Stengel/*Schröer* § 126 Rn. 64.

171 Die Übertragung einer Genehmigung ist oft nicht möglich, wenn die übernehmende Gesellschaft die Voraussetzungen für die Genehmigung wie z.B. eine bestimmte Rechtsform, berufliche Qualifikation oder Größe des Unternehmens nicht mehr erfüllt. Die unwirksame Übertragung führt dann zum Erlöschen der Genehmigung, wenn auch der übertragende Rechtsträger durch die Spaltung seine bisherige Qualifikation verliert.[399] Die Rechtsfolgen einer fehlgeschlagenen Übertragung sollten in derartigen Fällen vorsorglich in dem Spaltungs- und Übertragungsvertrag geregelt werden. Hierbei ist insbesondere an die Vereinbarung eines gemeinschaftlichen Rechtsverhältnisses zu denken, wenn die Teilung eines Gegenstandes scheitert, oder an eine treuhänderische Wahrnehmung von Rechten. Betrifft eine gescheiterte Übertragung wesentliche Betriebsgrundlagen, dürfte angesichts der Publizitätswirkung der Handelsregistereintragung die Möglichkeit, den Spaltungs- und Übertragungsvertrag wegen eines Wegfalls der Geschäftsgrundlage zu kündigen, entsprechend § 131 Abs. 2 UmwG entfallen.

172 Werden durch eine Spaltung **ausländische Rechtsverhältnisse** betroffen, ist besondere Sorgfalt geboten. Aus einem anwendbaren ausländischen Recht können sich verborgene Übertragungshindernisse für einzelne Gegenstände ergeben, die ebenso zu beachten sind wie Voraussetzungen, die das deutsche Recht an die Übertragung knüpft. Kennt das maßgebende ausländische Recht keine Spaltung mit partieller Gesamtrechtsnachfolge, muss auch damit gerechnet werden, dass der nach deutschem Recht vollzogene Rechtssubjektswechsel im Ausland nicht anerkannt wird.[400] Auch ohne besondere Vereinbarung sind die Vertragsparteien dann verpflichtet, durch Einzelübertragung den angestrebten Rechtszustand in dem betroffenen Land herzustellen. Sind derartige Schwierigkeiten erkennbar, sollte vorsorglich eine Einzelübertragung der betroffenen Gegenstände schon in dem Spaltungs- und Übertragungsvertrag vorgenommen werden.[401]

173 c) **Umfang des Vermögensteils.** Das Gesetz spricht in §§ 123 Abs. 1, 2 und 3, 126 Abs. 1 Nr. 2 UmwG von der Übertragung eines Vermögensteils als Gesamtheit. Regelmäßig wird der Vermögensteil aus einer **Mehrheit von Gegenständen** des Aktiv- oder Passivvermögens bestehen. Erst dann macht auch die Gewährung der partiellen Gesamtrechtsnachfolge Sinn, um den einheitlichen Übergang aller zu dem Vermögensteil gehörenden Gegenstände sicherzustellen. Es ist daraus abgeleitet worden, dass der zu übertragende Vermögensteil stets einen Umfang haben muss, der zu einer unternehmerischen Zweckverfolgung erforderlich ist.[402] Dies findet jedoch im Gesetzeswortlaut keine Stütze, auch wenn das Gesetz in § 126 Abs. 1 Nr. 9 UmwG eine genaue Bezeichnung der Betriebe und Betriebsteile fordert.[403] Hierbei handelt es sich aber wohl nur um die Darstellung des organisatorischen Rahmens, an den die nach § 126 Abs. 1 Nr. 11 UmwG ebenfalls darzustellenden Folgen für die Arbeitnehmer[404] anknüpfen; ein Maßstab für den zu übertragenden Vermögensteil kann daraus nicht abgeleitet werden. Es ist jedenfalls allgemeine Ansicht, dass die steuerlich notwendige Übertragung eines Teilbetriebes[405] handelsrechtlich nicht verlangt wird.

174 Vielmehr können nach h.L. selbst **einzelne Sachen oder Rechte** Gegenstand einer Abspaltung sein,[406] weil ein ursprünglich im Gesetzgebungsverfahren geplantes Verbot der Übertragung nur eines einzelnen Gegenstandes wieder aufgegeben wurde. Trotz des steuerlichen Teilbetriebserfordernisses kann die Übertragung nur einzelner Gegenstände auch steuerlich praktisch relevant werden, weil gemäß § 15 Abs. 1 Satz 3 UmwStG mit einem Mitunter-

---

[399] Semler/Stengel/*Schröer* § 131 Rn. 43.
[400] Widmann/Mayer/*Vossius* UmwG § 131 Rn. 29; Kallmeyer/*Sickinger* § 131 Rn. 4; vgl. auch Semler/Stengel/*Kübler* § 20 Rn. 10.
[401] Widmann/*Mayer* UmwG § 126 Rn. 267.
[402] *Pickhardt* DB 1999, 729; vgl. auch *Klaus J. Müller* BB 2000, 365 zur teleologischen Reduktion des § 132 UmwG a.F.; a.A. jetzt Semler/Stengel/*Schröer* § 131 Rn. 17 nach der Streichung von § 132 UmwG.
[403] Kallmeyer/*Sickinger* §§ 123 Rn. 1, 126 Rn. 34 ff.
[404] Kallmeyer/*Willemsen* § 126 Rn. 43; Lutter/*Priester* § 126 Rn. 76 ff.
[405] → Rn. 180 ff.
[406] Unbeanstandet bei LG Konstanz ZIP 1998, 1226; Kallmeyer/*Sickinger* § 123 Rn. 1; Lutter/*Teichmann* § 123 Rn. 11; Widmann/Mayer/*Schwarz* UmwG § 123 Rn. 4.1.2; Semler/Stengel/*Schwanna* § 123 Rn. 6.

nehmeranteil[407] oder einer 100%-Beteiligung[408] an einer Kapitalgesellschaft auch einzelne Gegenstände im Rechtssinne als Teilbetrieb fingiert werden. Da der Gesetzgeber diese steuerliche Definition gerade in Hinblick auf eine handelsrechtliche Auf- oder Abspaltung aufgestellt hat, sind auch die handelsrechtlichen Vorschriften so auszulegen, dass zumindest in diesen Fällen die Übertragung nur einzelner Gegenstände auch handelsrechtlich ausreicht.[409]

3. Gewährung von Gesellschaftsrechten

175   a) **Verhältniswahrende Spaltung.** Die Übertragung von Vermögensteilen im Rahmen einer Spaltung erfolgt gemäß § 123 Abs. 1 und 2 UmwG grundsätzlich gegen Gewährung von Anteilsrechten[410] durch den oder die übernehmenden Rechtsträger an die Anteilsinhaber des übertragenden Rechtsträgers. Wie bei der Verschmelzung gilt dies insbesondere aber gemäß §§ 125, 54 Abs. 1 Satz 1 Nr. 1 UmwG nicht, soweit der übernehmende Rechtsträger bereits an dem übertragenden Rechtsträger beteiligt ist oder ein allseitiger Verzicht gemäß § 54 Abs. 1 S. 3 UmwG vorliegt.[411]

176   Versteht man die Spaltung als eine Verschmelzung des abgespaltenen Vermögensteils mit dem übernehmenden Rechtsträger, sind grundsätzlich allen Anteilsinhabern des übertragenden Rechtsträgers ihrer **bisherigen Quote entsprechende Anteilsrechte** an dem übernehmenden Rechtsträger zu gewähren. Entscheidend ist allein das Verhältnis der Anteile, die an die Anteilsinhaber des übertragenden Rechtsträgers neu gewährt wurden, untereinander. Dies schließt nicht aus, dass bei einer Spaltung zur Aufnahme die künftige Beteiligungsquote der Gesellschafter der übertragenden Gesellschaft an der übernehmenden Gesellschaft gegenüber ihrer bisherigen Quote an der übertragenden Gesellschaft absinkt, weil ihre Beteiligungen neben die schon bestehenden Beteiligungen der Altgesellschafter der übernehmenden Gesellschaft treten.[412] Eine solche Minderung der rein nominellen Quote trifft aber alle Gesellschafter der übertragenden Gesellschaft in gleichem Maße und stellt für sie wegen der Beteiligung an einem größeren Gesamtvermögen keinen Vermögensverlust dar.

177   b) **Nicht-verhältniswahrende Spaltung.** Es ist indessen nicht zwingend, dass allen Anteilsinhabern des übertragenden Rechtsträgers auch Anteile an dem übernehmenden Rechtsträger im Verhältnis ihrer bisherigen Quote gewährt werden.[413] In dem Spaltungsvertrag können die Anteile der Anteilsinhaber der übertragenden Gesellschaft nicht nur an der übernehmenden,[414] sondern an allen beteiligten[415] Rechtsträgern **unabhängig von den bisherigen Beteiligungsverhältnissen** aufgeteilt werden.[416] Werden bei einer Aufspaltung auf mehrere übernehmende Gesellschaften einzelne Gesellschafter der übertragenden Gesellschaft überproportional an einer der übernehmenden Gesellschaften beteiligt, kann diese Überbeteiligung durch die Zuteilung einer Minderbeteiligung an anderen übernehmenden Gesellschaften im Spaltungsvertrag selbst ausgeglichen werden. Wird hingegen nur ein Vermögensteil abgespalten und die dafür gewährten Anteile überproportional einem Gesellschafter zugewiesen, der aber mit seiner bisherigen Quote weiterhin an dem verbleibenden Vermögen der übertragenden Gesellschaft beteiligt ist, kann eine Änderung seiner bisherigen Quote auch dadurch herbeigeführt werden, dass in dem Spaltungsvertrag Teile seiner Anteile an der übertragenden Gesellschaft den anderen Gesellschaftern der übertragenden Gesell-

---

[407] Schmitt/*Hörtnagl*/Stratz UmwStG § 15 Rn. 88 ff.; Rödder/Herlinghaus/van Lishaut/*Schumacher* § 15 Rn. 158; Dötsch/Patt/*Pung*/Möhlenbrock § 15 Rn. 71; *Haritz*/Benkert § 15 Rn. 50 ff.
[408] Schmitt/*Hörtnagl*/Stratz UmwStG § 15 Rn. 98 ff.; Rödder/Herlinghaus/van Lishaut/*Schumacher* § 15 Rn. 168; Dötsch/Patt/*Pung*/Möhlenbrock § 15 Rn. 74; *Haritz*/Benkert § 15 Rn. 55 ff.
[409] Zur Wirkung von handelsrechtlichen Prämissen in Steuergesetzen vgl. OLG Frankfurt GmbHR 1996, 859 im Zusammenhang mit einer Organschaft.
[410] Zur Beschränkung etwaiger Zuzahlungen s. o. Rn. 67.
[411] Widmann/Mayer/*Fronhöfer* UmwG § 125 Rn. 78 ff., § 54 Rn. 12; → Rn. 50.
[412] Vgl. § 128 Satz 2 UmwG.
[413] Lutter/*Priester* § 128 Rn. 8; zur Motivation vgl. auch *Nagel*/Thies GmbHR 2004, 83.
[414] So noch §§ 126 Abs. 1 Nr. 10, 131 Abs. 1 Nr. 3 UmwG i. d. F. v. 28.10.1994.
[415] §§ 126 Abs. 1 Nr. 10, 131 Abs. 1 Nr. 3 UmwG i. d. F. v. 22.7.1998.
[416] Vgl. Widmann/*Mayer* § 128 Rn. 29.

schaft entsprechend deren Minderbeteiligung an der übernehmenden Gesellschaft zugeteilt werden.[417] In analoger Anwendung der Verschmelzungsvorschriften sind dann nach Maßgabe der §§ 125, 46 UmwG bei einer GmbH die neu aufgeteilten Anteile nach Gesellschafter und Nennbeträgen im Spaltungsvertrag festzusetzen. Das gleiche Ergebnis kann auch durch eine Einziehung bei gleichzeitiger Aufstockung der Nennbeträge der verbleibenden Anteile oder Übertragung von Anteilen erreicht werden. Sollen dabei Teile eines Anteils zurückbehalten oder auf mehrere Gesellschafter übertragen werden, ist im gleichen Zuge eine Teilung des betreffenden Anteils durchzuführen.[418] Im Ergebnis muss aber nach § 5 Abs. 3 Satz 2 GmbHG die Summe der Nennbeträge aller Geschäftsanteile mit der Höhe des Stammkapitals übereinstimmen.

Bei einer nicht-verhältniswahrenden Spaltung kommt es nicht nur auf einen Wertausgleich der Beteiligungen an, sondern die getrennten Vermögensteile verkörpern jeweils unterschiedliche Chancen und Risiken, an denen sich die Gesellschafter der übertragenden Gesellschaft fortan beteiligen. Diese Abweichung von dem bisherigen gemeinsamen Engagement kann den Gesellschaftern nicht durch eine Mehrheitsentscheidung aufgezwungen werden. Eine solche Spaltung verlangt daher gemäß § 128 Satz 1 UmwG auch bei vollem Wertausgleich die **Zustimmung aller Gesellschafter der übertragenden Gesellschaft**,[419] während für die Gesellschafter der übernehmenden Gesellschaft keine von der Regel abweichenden Mehrheitserfordernisse gelten.

Auf dieser Grundlage ist auch eine vollständige **Trennung von Gesellschafterstämmen** möglich.[420] Steuerlich ist dann aber gemäß § 15 Abs. 2 Satz 5 UmwStG vor der Spaltung eine Fünf-Jahresfrist[421] zu beachten, wenn die Spaltung steuerneutral durchgeführt werden soll.[422] Angesichts der im Gesetz vorgesehenen Möglichkeit, die unterproportionale Beteiligung einzelner Gesellschafter an der übernehmenden Gesellschaft auch durch eine Neuzuteilung der verbleibenden Anteile an der übertragenden Gesellschaft auszugleichen, ist hierin keine Veräußerung, sondern eine umwandlungskonforme Gewährung von Gesellschaftsrechten zu sehen, die einer Steuerneutralität nicht im Wege steht.[423]

4. Steuerliche Eckdaten

a) **Teilbetrieb.** Um eine Spaltung – wie in der Regel gewünscht – ohne Aufdeckung stiller Reserven durchzuführen, ist zumindest bei Kapitalgesellschaften die Beachtung der **steuerlichen Teilbetriebskriterien**[424] unerlässlich, wenn das Unternehmen bisher aus einem einheitlichen Betrieb bestand. Nicht nur jeder übertragene Vermögensteil muss gemäß § 15 Abs. 1 UmwStG ein Teilbetrieb sein, sondern auch der bei einer Abspaltung von der übertragenden Kapitalgesellschaft zurückgehaltene Vermögensteil muss zu einem Teilbetrieb gehören,[425]

---

[417] Widmann/Mayer UmwG § 126 Rn. 277; Lutter/Priester § 126 Rn. 75; Schmitt/Hörtnagl/Stratz UmwG § 126 Rn. 105 f.; Semler/Stengel/Schröer § 128 Rn. 7; auch → Rn. 204.
[418] → Rn. 203.
[419] Lutter/Priester § 128 Rn. 17; Widmann/Mayer UmwG § 128 Rn. 5; Semler/Stengel/Schröer § 128 Rn. 11.
[420] OLG München NZG 2013, 957; LG Konstanz ZIP 1998, 1226 m. Anm. v. Katschinski; Kallmeyer/Sickinger § 123 Rn. 4; Lutter/Priester § 128 Rn. 15; Semler/Stengel/Schröer § 128 Rn. 6.
[421] Siehe hierzu Rödder/Herlinghaus/van Lishaut/Schumacher § 15 Rn. 248 ff.; Dötsch/Patt/Pung/Möhlenbrock § 15 Rn. 157; Haritz/Menner/Asmus § 15 Rn. 185 ff.
[422] S. u. Rn. 183; vgl. auch Schmitt/Hörtnagl/Stratz UmwStG § 15 Rn. 234; Rödder/Herlinghaus/van Lishaut/Schumacher § 15 Rn. 262, 246.
[423] Vgl. Wochinger, FS Widmann, S. 639; Widmann/Mayer UmwG § 126 Rn. 278; so wohl auch Dötsch/Patt/Pung/Möhlenbrock § 15 Rn. 181, obwohl eine Anteilsübertragung steuerpflichtig sein soll; Schmitt/Hörtnagl/Stratz UmwStG § 15 Rn. 258, 291; Rödder/Herlinghaus/van Lishaut/Schumacher § 15 Rn. 94. Nach UmwStE 2011 (Fn. 36) Rn. 13.03, 15.44 soll es allein darauf ankommen, ob es zu einer Wertverschiebung unter den Gesellschaftern oder zu einem Vorteil für einen Außenstehenden kommt.
[424] Vgl. UmwStE 2011 (Fn. 36) Rn. 15.02; Rödder/Herlinghaus/van Lishaut/Schumacher § 15 Rn. 109 ff.; Sagasser/Bula/Brünger/Schöneberger § 20 Rn. 14; Schmitt/Hörtnagl/Stratz UmwStG § 15 Rn. 52 ff.; Haritz/Menner/Asmus § 15 Rn. 50 ff.; zu Personengesellschaften Schulze zur Wiesche DStZ 2012, 232.
[425] UmwStE 2011 (Fn. 36) Rn. 15.01; Schmitt/Hörtnagl/Stratz UmwStG § 15 Rn. 62 ff.; 104 ff.; Rödder/Herlinghaus/van Lishaut/Schumacher § 15 Rn. 111. Zur Spaltung einer Personengesellschaft vgl. aber unten Rn. 182c.

jedoch kann nach der Neufassung von § 15 UmwStG daneben noch weiteres Vermögen bei der übertragenden Gesellschaft verbleiben. Nach Auffassung der Finanzverwaltung[426] ist ein Teilbetrieb ein Unternehmensteil, der in organisatorischer Hinsicht einen selbständigen Betrieb im Sinne einer aus eigenen Mitteln funktionsfähigen Einheit bildet, dem alle funktional wesentlichen Betriebsgrundlagen und alle ihm nach wirtschaftlichen Zusammenhängen zuordenbaren Wirtschaftsgüter gehören.

181 Der ursprünglich von der Rechtsprechung entwickelte Begriff des Teilbetriebes wird jetzt von der Finanzverwaltung mit unscharfer dogmatischer Konsequenz aus Art. 2 Buchst. j RL 2009/133/EG abgeleitet.[427] Bei unterschiedlicher Gewichtung nach Branchenzugehörigkeit[428] und Handelsstufe stellte die Rechtsprechung auf folgende Kriterien ab:

- eigener, abgegrenzter Kundenstamm
- von anderen Bereichen unterscheidbare betriebliche Tätigkeit
- selbständiges Auftreten am Markt und eigene Werbung
- eigener Einkauf von Drittleistungen
- eigenständige Preisgestaltung
- räumliche Trennung
- eigenes Personal/eigenes Vermögen
- eigene Verwaltung/selbständige Organisation
- eigene Ergebnisrechnung.

182 Nach der neuen Begriffsinterpretation der Finanzverwaltung, die sich bisher nicht auf ausreichende europäische Rechtsprechung stützen kann, ist nunmehr entscheidend, dass mit der Übertragung alle funktional wesentlichen Grundlagen des Teilbetriebes, aber gleichzeitig auch alle Wirtschaftsgüter, die ihm nach wirtschaftlichen Zusammenhängen zugeordnet werden können, übergehen.[429] Im Gegensatz zu dem bisherigen Begriffsverständnis entfällt die Konzentration auf die wesentlichen Betiebsgrundlagen, vielmehr gewinnen alle in einem wirtschaftlichen Zusammenhang stehenden Aktiva und Passiva an Bedeutung, wodurch die bisher freie Zuordnung nicht wesentlicher Gegenstände erheblich eingeschränkt wird.[430] Wichtig bleibt die Zusammenfassung als aus eigenen Mitteln funktionsfähige organisatorische Einheit. Falls diese bejaht werden kann, ist es weniger bedeutend als bisher, dass sich die Tätigkeit des Teilbetriebs von der zurückbehaltenen Tätigkeit der übertragenden Gesellschaft unterscheidet.[431]

182a Die Zuordnung von Wirtschaftsgütern nach wirtschaftlichen Zusammenhängen ist nach funktionalen Gesichtspunkten bzw. nach wirtschaftlicher Veranlassung zu beurteilen.[432] Gegenstände, die von mehreren Teilbetrieben gemeinsam genutzt werden und für sie jeweils eine funktional wesentliche Betriebsgrundlage darstellen oder mit mehreren Betrieben in wirtschaftlichem Zusammenhang stehen, können daher weiterhin ein steuerliches Spaltungshindernis sein, wenn sie nicht bereits vor der Spaltung einem Teilbetrieb zugeordnet werden.[433] Umlaufvermögen gehört bei funktionaler Betrachtungsweise nicht zu den we-

---

[426] UmwStE 2011 (Fn. 36) Rn. 15.02.
[427] UmwStE 2011 (Fn. 36) Rn. 15.02; dazu *Rogall* NZG 2011, 810; Schneider/Ruoff/Sistermann/*Beutel* H 15.3 ff.; Schmitt/*Hörtnagl*/Stratz UmwStG § 15 Rn. 56 ff.; *Graw* DB 2013, 1011; kritisch bei reinen Inlandsfällen auch *Schmitt* DStR 2011, 1108.
[428] Vgl. zum Vertrieb *Pirkl/Schneck* GmbHR 2004, 1274; zu Banken *Oho* BB 2003, 2539.
[429] UmwStE 2011 (Fn. 36) Rn. 15.02, 15.07, 20.06; dabei soll eine Nutzungsüberlassung nicht ausreichen, BFH BStBl. II 2011, 467; Dötsch/Patt/Pung/Möhlenbrock § 15 Rn. 63; Widmann/Mayer/*Schießl* UmwStG § 15 Rn. 26; Schmitt/*Hörtnagl*/Stratz UmwStG § 15 Rn. 73; hierzu kritisch Rödder/Herlinghaus/van Lishaut § 20 Rn. 59 f., ebenso bei grenzüberschreitenden Fällen *Graw* DB 2013, 1011.
[430] Schneider/Ruoff/Sistermann/*Beutel* H 15.6 ff.; zur Kritik an der Definition der FinVerw vgl. Schmitt/Hörtnagl/Stratz UmwStG § 15 Rn. 68 ff.; zur Abgrenzung von frei zuordnungsfähigem Vermögen vgl. auch *Koch* BB 2012, 2679, 2683; *Kotyrba/Scheunemann* BB 2012, 223, 225.
[431] Schneider/Ruoff/Sistermann/*Beutel* H 15.8.
[432] [432] EuGH IStR 2002, 94; vgl. dazu *Menner/Broer* DB 2002, 815; *Schell/Krohn* DB 2012, 1119, 1121; Schmitt/*Hörtnagl*/Stratz UmwStG § 15 Rn. 69.
[433] UmwStE 2011 (Fn. 36) Rn. 15.08; Schmitt/*Hörtnagl*/Stratz UmwStG § 15 Rn. 75 ff.; Dötsch/Patt/Pung/Möhlenbrock § 15 Rn. 84; vgl. auch *Rogall* DB 2006, 66; *Reiche* DStR 2006, 1205.

sentlichen Betriebsgrundlagen.⁴³⁴ Verbindlichkeiten sind zwar regelmäßig keine wesentlichen Betriebsgrundlagen und können grundsätzlich frei zugeordnet werden,⁴³⁵ jedoch nach Auffassung der Finanzverwaltung nur dann, wenn sie nicht in einem unmittelbaren wirtschaftlichen Zusammenhang mit einem Teilbetrieb stehen.⁴³⁶ Daher müssen Pensionsverbindlichkeiten stets zusammen mit den Arbeitsverhältnissen übergehen.⁴³⁷

Sind bei der Übertragung eines Teilbetriebes Wirtschaftsgüter zurückbehalten worden, die zwar keine funktional wesentlichen Betriebsgrundlagen sind, aber doch mit ihm in wirtschaftlichem Zusammenhang stehen, soll dies genügen, um alle in dem Teilbetrieb ruhenden stillen Reserven aufdecken zu müssen, weil dem übertragenen Vermögen hierdurch die steuerliche Anerkennung als Teilbetrieb insgesamt zu versagen sei.⁴³⁸ Eine Zurückbehaltung von wesentlichen Betriebsgrundlagen durch vorherige Auslagerung will die Finanzverwaltung als schädlichen Gesamtplan behandeln;⁴³⁹ jedoch wird neuerlich selbst eine gleichzeitige Auslagerung von den Gerichten toleriert, wenn sie auf Dauer angelegt ist.⁴⁴⁰

> **Praxistipp:**
> Gemeinsam genutzte Immobilien müssen zur Spaltung geteilt werden, auch wenn sie bei Personengesellschaften im Eigentum eines Gesellschafters (Sonderbetriebsvermögen) stehen.

Nach § 15 Abs. 1 Satz 3 UmwStG gilt auch ein **Mitunternehmeranteil** gleich welchen Umfanges, allerdings einschließlich etwaigen zu ihm gehörenden Sonderbetriebsvermögens,⁴⁴¹ eigenständig als fiktiver Teilbetrieb. Das Gleiche gilt auch für eine **100%-Beteiligung an einer Kapitalgesellschaft**, vorausgesetzt allerdings, dass diese nicht als funktional wesentliche Betriebsgrundlage einem anderen Teilbetriebe zuzurechnen ist.⁴⁴² Eine Beteiligung an einer Kapitalgesellschaft von weniger als 100% kann hingegen nicht eigenständig, sondern nur im Rahmen eines umfassenderen Teilbetriebes steuerneutral abgespalten werden.⁴⁴³ Schon ein Teil eines von dem übertragenden Rechtsträger gehaltenen Mitunternehmeranteils kann in dessen als Teilbetrieb fingiert werden. Eine Abspaltung ist daher selbst dann steuerneutral, wenn sie eigenständig nur einen Bruchteil des ursprünglichen Mitunternehmeranteils erfasst und die übertragende Gesellschaft weiterhin Mitunternehmer der Personengesellschaft bleibt.⁴⁴⁴ Der ihr verbleibende Teil des Mitunternehmeranteils erfüllt gleichzeitig die Bedingung, dass der übertragenden Gesellschaft ein Teilbetrieb verbleiben muss; die Finanzverwaltung verneint dies aber, wenn gleichzeitig weitere Wirtschaftsgüter zurückbleiben, die dem verbleibenden Teilbetrieb nicht wirtschaftlich zugerechnet werden können.⁴⁴⁵

---

⁴³⁴ BFH BStBl. II 2008, 220; DStR 2013, 356; aus funktionaler Sicht jedoch einschränkend Schmitt/Hörtnagl/Stratz UmwStG § 15 Rn. 69.
⁴³⁵ Vgl. Rödder/Herlinghaus/van Lishaut/Schumacher § 15 Rn. 153; Dötsch/Patt/Pung/Möhlenbrock § 15 Rn. 87; Haritz/Menner/Asmus § 15 Rn. 76.
⁴³⁶ Vgl. UmwStE 2011 (Fn. 36) Rn. 15.09, 15.11 sowie Auflistung bei Schell/Krohn DB 2012, 1121. Vgl. auch Schmitt/Hörtnagl/Stratz UmwStG § 15 Rn. 72. Nach Schmitt DStR 2011, 1108 ist die Anerkennung freien Vermögens hingegen fraglich geworden.
⁴³⁷ UmwStE 2011 (Fn. 36) Rn. 15.10.
⁴³⁸ UmwStE 2011 (Fn. 36) Rn. 15.12; zu den Rechtsfolgen im Einzelnen vgl. Schmitt/Hörtnagl/Stratz UmwStG § 15 Rn. 108; aber Bedenken wegen Unverhältnismäßigkeit bei Schell/Krohn DB 2012, 1119, 1122; abweichend auch nach bisheriger Begriffsdefinition BFH DStR 2013, 356.
⁴³⁹ UmwStE 2011 (Fn. 36) Rn. 20.07; vgl. dazu Schmitt/Hörtnagl/Stratz UmwStG 20 Rn. 22.
⁴⁴⁰ BFH DB 2012, 2375; dazu Brandenberg DB 2013, 17; Schulze zur Wiesche DStR 2012, 1420.
⁴⁴¹ UmwStE 2011 (Fn. 36) Rn. 15.04; kritisch zur Ausdehnung über die wesentlichen Betriebsgrundlagen hinaus Schneider/Ruoff/Sistermann/Beutel H 15.17; Dötsch/Patt/Pung/Möhlenbrock § 15 Rn. 72; Schmitt/Hörtnagl/Stratz UmwStG § 15 Rn. 91 ff., § 20 Rn. 148 ff.
⁴⁴² UmwStE 2011 (Fn. 36) Rn. 15.06.
⁴⁴³ UmwStE 2011 (Fn. 36) Rn. 15.02.
⁴⁴⁴ UmwStE 2011 (Fn. 36) Rn. 15.04, 20.11.
⁴⁴⁵ UmwStE 2011 (Fn. 36) Rn. 15.02 aE; str. vgl. Schmitt/Hörtnagl/Stratz UmwStG § 15 Rn. 63 ff..

182d Abweichend von der früheren Verwaltungsauffassung müssen die Voraussetzungen des Teilbetriebes bereits zum steuerlichen Übertragungsstichtag erfüllt sein.[446] Bei bisher gemeinsam genutzten Grundstücken reicht es aber aus, wenn die reale Teilung oder zumindest die Begründung von Bruchteilseigentum bis zum Zeitpunkt des Spaltungsbeschlusses erfolgt.[447]

182e Ist bei einer Auf- oder Abspaltung der übernehmende Rechtsträger eine Kapitalgesellschaft, der übertragende Rechtsträger indessen eine Personengesellschaft, wird dieser Vorgang steuerlich als Einbringung gemäß § 20 UmwStG behandelt.[448] Auch in diesem Falle kann eine steuerneutrale bzw. rückwirkende[449] Einbringung nur erfolgen, wenn ein Betrieb, Teilbetrieb oder Mitunternehmeranteil übertragen wird, allerdings in diesem Falle unter der Voraussetzung, dass als Gegenleistung neue Anteile[450] ausgegeben werden, sei es durch Kapitalerhöhung oder im Zuge einer Neugründung. Auch insoweit geht die Finanzverwaltung nunmehr von dem gewandelten Begriff des Teilbetriebes und fehlender faktischer Rückwirkung aus.[451] Zuzahlungen blieben indessen als Teil der Gegenleistung möglich. Es ist zudem nicht erforderlich, dass das verbleibende Restvermögen der Personengesellschaft die Kriterien eines Teilbetriebs erfüllt.[452] Die isolierte Einbringung einer Kapitalgesellschaft gilt aber in diesem Falle auch, wenn sie 100% umfasst, nicht als Einbringung eines fiktiven Teilbetriebs; sie kann aber als qualifizierter Anteilstausch gemäß § 21 UmwStG steuerneutral, jedoch ohne steuerliche Rückwirkung[453] erfolgen, wenn die übernehmende Gesellschaft durch die Einbringung die Mehrheit der Stimmrechte erwirbt.

183 **b) Steuerliche Haltefristen.** Zur **Vermeidung von Missbräuchen** ist die Steuerneutralität der Spaltung einer Kapitalgesellschaft an die Beachtung einer Reihe von Fristen gebunden. Im Einzelnen sind folgende Umstände von Bedeutung:

- Ist während der letzten drei Jahre vor dem steuerlichen Übertragungsstichtag ein Anteil an einer Mitunternehmerschaft oder anderen Kapitalgesellschaft, der als fiktiver Teilbetrieb übertragen werden soll, von der zu spaltenden Kapitalgesellschaft durch Einbringung einzelner Wirtschaftsgüter erworben worden, wird ihm nach § 15 Abs. 2 Satz 1 UmwStG die Fiktion als Teilbetrieb versagt.[454]
- Ist eine Beteiligung erst während der letzten fünf Jahre vor dem steuerlichen Übertragungsstichtag erworben worden, scheidet eine steuerneutrale Trennung von Gesellschafterstämmen gemäß § 15 Abs. 2 Satz 5 UmwStG aus.[455]
- Anteilsveräußerungen an außenstehende Personen[456] sind nach § 15 Abs. 2 Satz 4 UmwStG steuerschädlich,[457] wenn sie innerhalb von fünf Jahren nach dem steuerlichen Übertragungsstichtag[458] mehr als 20% der vor der Spaltung bestehenden Anteile[459] betreffen.

---

[446] UmwStE 2011 (Fn. 36) Rn. 15.03 ff.; vgl. dazu oben Rn. 33. Ablehnend *Graw* DB 2013, 1011; *Schmitt/Hörtnagl*/Stratz UmwStG § 15 Rn. 85; Schneider/Ruoff/Sistermann/*Beutel* H 15.14; BFH GmbHR 2013, 438 hat eine vereinbarte Rückwirkung ebenfalls nicht beanstandet.
[447] UmwStE 2011 (Fn. 36) Rn. 15.08 Satz 3.
[448] S. o. Rn. 31c; UmwStE 2011 (Fn. 36) Rn. 01.44.
[449] Trotz fehlenden Teilbetriebs FG München EFG 2011, 1387; dazu *Neumann* DB 2012, 2765.
[450] UmwStE 2011 (Fn. 36) Rn. E 20.10; nach BFH DStR 2010, 1780 können diese auch durch Barerhöhung mit einer Sacheinlage als Aufgeld geschaffen werden; vgl. dazu *Heinze* ZNotP 2012, 87; Schneider/Ruoff/Sistermann H E 20.13 f.; *Schmitt/Hörtnagl*/Stratz UmwStG § 20 Rn. 204.
[451] UmwStE 2011 (Fn. 36) Rn. 20.06, 20.14; a. A. *Schmitt/Hörtnagl*/Stratz UmwStG § 20 Rn. 90.
[452] Da in UmwStE 2011 (Fn. 36) Rn. 20.06 kein Verweis auf Rn. 15.01 enthalten ist; vgl. auch *Schmitt*/Hörtnagl/Stratz § 20 UmwStG Rn. 97.
[453] UmwStE 2011 (Fn. 36) Rn. 21.17.
[454] UmwStE 2011 (Fn. 36) Rn. 15.16; Rödder/Herlinghaus/van Lishaut/*Schumacher* § 15 Rn. 193; *Schmitt/Hörtnagl*/Stratz UmwStG § 15 Rn. 130; Dötsch/Patt/*Pung*/Möhlenbrock § 15 Rn. 95; Haritz/Menner/*Asmus* § 15 Rn. 119 ff.
[455] *Schmitt/Hörtnagl*/Stratz UmwStG § 15 Rn. 233 ff.; Rödder/Herlinghaus/van Lishaut/*Schumacher* § 15 Rn. 248; Dötsch/Patt/*Pung*/Möhlenbrock § 15 Rn. 152; Haritz/Menner/*Asmus* § 15 Rn. 177 ff.
[456] Dazu *Schumacher* DStR 2002, 2066; einschränkend Dötsch/Patt/*Pung*/Möhlenbrock § 15 Rn. 115; kritisch zur Einbeziehung von Folgeumwandlungen Rödder/Herlinghaus/van Lishaut/*Stangl* § 22 Rn. 61; *Schmitt* DStR 2011, 1108, 1112.
[457] Die gesetzliche Vermutung der Veräußerungsabsicht lässt keinen Gegenbeweis zu, UmwStE 2011 (Fn. 36) Rn. 15.27; *Schmitt/Hörtnagl*/Stratz UmwStG § 15 Rn. 151 f. m. w. N.; Dötsch/Patt/*Pung*/Möhlenbrock § 15

- Innerhalb von fünf Jahren nach der Umwandlung sind Veräußerungen oder Auflösungen eines übertragenen Betriebes gemäß § 18 Abs. 3 UmwStG auch dann gewerbesteuerpflichtig, wenn der übernehmende Rechtsträger eine Personengesellschaft ist.[460]

Unabhängig von der Wahrung der vorstehenden für die Besteuerung der übertragenden Gesellschaft wichtigen Fristen kann der **Anteilseigner** die Fiktion einer Veräußerung der Anteile zum gemeinen Wert und einen daraus resultierenden steuerpflichtigen **Veräußerungsgewinn** durch einen Antrag gemäß § 13 Abs. 2 UmwStG vermeiden, wenn die Anteile im Betriebsvermögen gehalten werden oder solchen Anteilen gleichgestellt sind und die spätere Versteuerung sichergestellt ist.[461]

Ist eine Personengesellschaft an der Spaltung beteiligt und wird diese daher steuerlich als Einbringung behandelt,[462] unterliegen die neuen Anteile nach der Spaltung gemäß § 22 UmwStG einer 7-jährigen Haltefrist, deren Verletzung eine zeitanteilige Nachholung der durch eine Buchwertverknüpfung vermiedene Besteuerung des Einbringungsgewinns auslöst.[463]

c) Auswirkung auf Verlustvorträge. Bei der Aufspaltung einer Kapitalgesellschaft geht der Verlustvortrag gemäß §§ 15 Abs. 1, 12 Abs. 3, 4 Abs. 2 Satz 2 UmwStG verloren. Bei einer Abspaltung kann zwar die übertragende Kapitalgesellschaft weiterhin ihre Verluste selbst vortragen, jedoch nur gemindert um den auf den abgespaltenen Vermögensteil entfallenden Teil des Verlustvortrages.[464] Der Verlustvortrag in Höhe der Minderung geht nicht auf die übernehmende Gesellschaft über, sondern verfällt.

Die **Minderung des Verlustvortrages** der übertragenden Gesellschaft ist nach § 15 Abs. 3 UmwStG **quotal** im Verhältnis des übertragenen Vermögensteils zu dem Gesamtvermögen der übertragenden Gesellschaft, bemessen **nach gemeinen Werten,** zu ermitteln.[465]

Die gleichen Regeln gelten gemäß § 29 Abs. 3 KStG auch für die Aufteilung des steuerlichen Einlagenkontos, das anteilig von den übernehmenden Körperschaften fortgeführt werden kann.[466] Die Aufteilung der Forderung auf das nach § 37 KStG in Raten auszuzahlende Körperschaftsteuerguthaben bzw. des Körperschaftsteuererhöhungsbetrages gemäß § 38 KStG aus der Abwicklung des früheren Körperschaftsteuer-Anrechnungsverfahrens unterliegt der freien Zuordnung dieser Forderung bzw. Verbindlichkeit durch die Beteiligten im Spaltungsvertrag, die Steuerfreiheit von Ergebnisauswirkungen geht aber im Wege der Gesamtrechtsnachfolge quotal über.[467]

Auch bei der Spaltung einer Körperschaft auf eine übernehmende Personengesellschaft geht der Verlustvortrag nach §§ 16 Satz 1, 4 Abs. 2 Satz 2 UmwStG nicht auf die Personengesellschaft über.[468] Die übertragende Körperschaft kann den Verlustvortrag ebenfalls nicht in voller Höhe weiterhin selbst nutzen, sondern der ihr verbleibende Verlustvortrag mindert sich gemäß § 16, 15 Abs. 3 UmwStG in dem Verhältnis, in dem sie ihr Vermögen auf die

---

Rn. 126; BFH DB 2006, 254, FG Düsseldorf GmbHR 2004, 1292; a.A. Haritz/Menner/*Asmus* § 15 Rn. 146; *Dieterlen/Golücke* GmbHR 2004, 1264; *Neyer* DStR 2002, 2200.

[458] UmwStE 2011 (Fn. 36) Rn. 15.26 aE; Schmitt/*Hörtnagl*/Stratz UmwStG § 15 Rn. 147 ff., 208; Rödder/Herlinghaus/van Lishaut/*Schumacher* § 15 Rn. 244; Dötsch/Patt/*Pung*/Möhlenbrock § 15 Rn. 126 ff.; Haritz/Menner/*Asmus* § 15 Rn. 160 ff.

[459] UmwStE 2011 (Fn. 36) Rn. 15.29; Schmitt/*Hörtnagl*/Stratz UmwStG § 15 Rn. 177 ff.; Haritz/Menner/*Asmus* § 15 Rn. 164.

[460] UmwStE 2011 (Fn. 36) Rn. 18.05 ff.; Rödder/Herlinghaus/van Lishaut/*Trossen* § 18 Rn. 39 ff.; Dötsch/Patt/*Pung*/Möhlenbrock § 18 Rn. 45; Schmitt/*Hörtnagl*/Stratz UmwStG § 18 Rn. 31 ff.

[461] Vgl. auch oben Rn. 83c; UmwStE 2011 (Fn. 36) Rn. 13.01 ff.

[462] → Rn. 31c.

[463] Vgl. auch → Rn. 238a, 273.

[464] UmwStE 2011 (Fn. 36) Rn. 15.41.

[465] UmwStE 2011 (Fn. 36) Rn. 15.41; Rödder/Herlinghaus/van Lishaut/*Schumacher* § 15 Rn. 263; Dötsch/Patt/*Pung*/Möhlenbrock § 15 Rn. 165; Schmitt/*Hörtnagl*/Stratz UmwStG § 15 Rn. 276 ff.; Haritz/Menner/*Asmus* § 15 Rn. 234.

[466] UmwStE 2011 (Fn. 36) Rn. K.05, K.17; Rödder/Herlinghaus/van Lishaut/*Schumacher* § 15 Rn. 98 ff.

[467] Vgl. dazu Rödder/Herlinghaus/van Lishaut/*Schumacher* § 15 Rn. 104; Schmitt/*Hörtnagl*/Stratz § 15 Rn. 305; Sagasser/Bula/Brünger/*Schöneberger* § 20 Rn. 83.

[468] UmwStE 2011 (Fn. 36) Rn. 16.03; Schmitt/*Hörtnagl*/Stratz UmwStG § 4 Rn. 77, § 16 Rn. 40; Rödder/Herlinghaus/van Lishaut/*Schumacher* § 16 Rn. 19.

Personengesellschaft überträgt.[469] Auch hier ist das Verhältnis wie bei der Übernahme durch eine Kapitalgesellschaft nach den gemeinen Werten zu bestimmen.

5. Haftung

188 Durch die Trennung der Vermögensteile der übertragenden Gesellschaft vermindert sich der Umfang der Haftungsmasse für die Erfüllung der jeweiligen Verbindlichkeiten. Lediglich bei einer Spaltung zur Aufnahme durch einen Übernehmer mit eigenem Vermögen wird dies für die übergehenden Verbindlichkeiten insoweit gemildert, als den bisherigen Gläubigern der übertragenden Gesellschaft nunmehr auch das Vermögen der übernehmenden Gesellschaft zur Befriedigung zur Verfügung steht. Dessen ungeachtet **haften** die beteiligten Rechtsträger gemäß § 133 UmwG für die Dauer von **fünf Jahren als Gesamtschuldner**[470] für alle vor der Spaltung im Geschäft des übertragenden Rechtsträgers begründeten, rechtskräftig festgestellten oder vollstreckbaren Verbindlichkeiten.[471] Für **Versorgungspflichten** auf Grund des Betriebsrentengesetzes ist im Gegenzug zu ihrer zustimmungsfreien Übertragbarkeit die Dauer der gesamtschuldnerischen Haftung durch § 133 Abs. 3 Satz 2 UmwG auf **10 Jahre** verlängert worden.

189 Eine Erweiterung des zeitlichen Haftungsrahmens tritt bei einer durch eine Spaltung herbeigeführte **Betriebsaufspaltung**[472] ein, da durch die Abspaltung des Anlagevermögens auf eine getrennte Anlagegesellschaft die Bonität der Betriebsgesellschaft besonders eingeschränkt wird. Privilegiert sind nach § 134 UmwG aber nur Forderungen der Arbeitnehmer insbesondere aus Sozialplänen und Versorgungspflichten auf Grund des Betriebsrentengesetzes.[473] Die Mithaftung der Anlagegesellschaft erfaßt in diesen Fällen auch Verbindlichkeiten, die in den ersten fünf Jahren nach der Spaltung neu begründet werden. Die Haftung ist zudem gemäß § 134 Abs. 3 UmwG auf einen Zeitraum von zehn Jahren nach der Spaltung ausgedehnt.[474] Wird eine Betriebsaufspaltung indessen durch Einzelrechtsübertragungen herbeigeführt, findet diese Haftungserweiterung keine Anwendung.[475]

6. Arbeitsrechtliche Aspekte

190 a) **Übergangsmandat des Betriebsrats.** Für alle Fälle der Spaltung einer Gesellschaft, die auch zu der Spaltung eines Betriebes führt,[476] ist in § 21a BetrVG ein Übergangsmandat des Betriebsrats vorgesehen. Der in dem zu spaltenden Betrieb gewählte Betriebsrat bleibt bis zu **sechs Monate nach Wirksamwerden der Spaltung** im Amt und führt die Geschäfte für die ihm bisher zugeordneten Betriebsteile weiter, wenn in dem abgespaltenen Betriebsteil ein Betriebsrat bestellt werden kann und keine Zusammenlegung mit einem anderen Betrieb erfolgt, in dem bereits ein Betriebsrat vorhanden ist.[477] Werden bei einer Spaltung nur vollständige Betriebe übertragen, bleibt der Betriebsrat unverändert im Amt.[478]

191 Bei der Spaltung von Betrieben[479] und bei Betriebsänderungen[480] sind mit dem Betriebsrat gemäß § 111 Satz 3 Nr. 3 BetrVG Verhandlungen über einen Interessenausgleich bzw. einen

---

[469] Schmitt/Hörtnagl/Stratz UmwStG § 16 Rn. 19; Rödder/Herlinghaus/van Lishaut/Schumacher § 16 Rn. 19; Dötsch/Patt/Pung/Möhlenbrock § 16 Rn. 17; Haritz/Menner/Asmus §§ 15 Rn. 234, 16 Rn. 53.
[470] Kallmeyer/Sickinger § 133 Rn. 18 f.; Semler/Stengel/Maier-Reimer/Seulen § 133 Rn. 26 ff.
[471] Widmann/Mayer/Vossius UmwG § 133 Rn. 20 ff.; Semler/Stengel/Maier-Reimer § 133 Rn. 10 ff.; K. Schmidt/Ch. Schneider BB 2003, 1961; zu Anwartschaften Klaus J. Müller DB 2001, 2637. Für Haftungsausschluss bei Sanierungsspaltungen Kahlert/Gehrke DStR 2013, 975.
[472] Kallmeyer/Willemsen § 134 Rn. 2 f.
[473] Kallmeyer/Willemsen § 134 Rn. 1.
[474] Kallmeyer/Willemsen § 134 Rn. 27; Lutter/Schwab § 134 Rn. 19.
[475] Kallmeyer/Willemsen § 134 Rn. 6; Semler/Stengel/Maier-Reimer/Seulen § 134 Rn. 5.
[476] Kallmeyer/Willemsen vor § 322 Rn. 22.
[477] Kallmeyer/Willemsen § 322 Rn. 22; Widmann/Mayer/Wälzholz UmwG vor § 321 Rn. 38 ff.
[478] Kallmeyer/Willemsen vor § 322 Rn. 26.
[479] Vgl. dazu Willemsen/Hohenstatt/Schweibert/Seibt Abschnitt C Rn. 57; Kallmeyer/Willemsen vor § 322 Rn. 22.
[480] Vgl. dazu Willemsen/Hohenstatt/Schweibert/Seibt Abschnitt C Rn. 4 ff.; Willemsen RdA 1998, 23, 29; Kallmeyer/Willemsen vor § 322 Rn. 17.

Sozialplan zu führen.[481] Aufgrund des Übergangsmandates des Betriebsrates gibt es nach der Spaltung **keine betriebsratslose Zeit**. Somit kann eine Betriebsänderung, deren Vollzug erst nach der Spaltung geplant ist, nicht ohne Beteiligung des Betriebsrates durchgeführt werden. Nur wenn nach Ablauf des Übergangsmandats in dem abgespaltenen Betrieb kein neuer Betriebsrat gewählt wird, besteht eine Chance, die Betriebsänderung ohne Beteiligung eines Betriebsrates durchzuführen. Der Betriebsrat hat jedoch während seines Übergangsmandates die Wahlvorstände für die Neuwahl eines Betriebsrates zu bestellen, so dass die Anschlusswahl eines neuen Betriebsrats eher wahrscheinlich ist.

b) Gemeinsamer Betrieb. Wenn sich die Organisation des gespaltenen Betriebes nicht ändert, so etwa wenn auch nach der Spaltung technische und immaterielle Betriebsmittel gemeinsam genutzt werden, die Arbeitsabläufe in personeller, technischer und organisatorischer Weise verknüpft bleiben, es nach wie vor unternehmensübergreifende Leitungsstrukturen zur Durchführung der arbeitstechnischen Zwecke gibt und die Betriebe in räumlicher Hinsicht gemeinsam untergebracht sind, wird nach § 1 Abs. 2 Nr. 2 BetrVG[482] vermutet, dass der abgespaltene Betrieb von den an der Spaltung beteiligten Gesellschaften gemeinsam geführt wird.[483] Es handelt sich dann nur um einen Betrieb im Sinne des Betriebsverfassungsgesetzes[484] wie auch des Kündigungsschutzrechtes.[485] In diesem Falle behält der Betriebsrat sein Mandat in vollem Umfange. Die Sozialauswahl hat sich bei einer betriebsbedingten Kündigung auf den gesamten Betrieb zu erstrecken.[486] Wenn mit der Spaltung auch eine arbeitsrechtliche Trennung herbeigeführt werden soll, dürfen die bisherigen Organisationsstrukturen nicht beibehalten werden; vielmehr sollten die Betriebe jeweils einer getrennten Führung unterstellt werden. 192

c) Sicherung der kündigungsrechtlichen Stellung. Im Falle einer Spaltung darf sich die kündigungsrechtliche Stellung[487] der Arbeitnehmer nach § 323 Abs. 1 UmwG für die Dauer von zwei Jahren nicht verschlechtern.[488] Dies bedeutet insbesondere, dass ihnen der gesetzliche Kündigungsschutz erhalten bleibt, auch wenn die dafür nach § 23 Abs. 1 KSchG erforderliche Beschäftigtenzahl nicht mehr erreicht wird,[489] nicht jedoch, dass für die Sozialauswahl die Verhältnisse vor der Spaltung maßgeblich wären.[490] 193

d) Beteiligung des Wirtschaftsausschusses. In allen Fällen, in denen sich Unternehmen oder Betriebe spalten, ist nach § 106 Abs. 3 Nr. 8 BetrVG eine Beteiligung des Wirtschaftsausschusses erforderlich. Hat die übertragende Gesellschaft einen Wirtschaftsausschuss, so ist dieser bei Durchführung der Spaltung rechtzeitig zu unterrichten.[491] 194

e) Beibehaltung der Mitbestimmung. Sinkt die Zahl der Arbeitnehmer eines übertragenden Rechtsträgers durch eine Abspaltung unter eine für die Mitbestimmung relevante Grenze, bleibt die Mitbestimmung gemäß § 325 Abs. 1 UmwG nach den vor der Spaltung geltenden Regeln für die Dauer von fünf Jahren erhalten.[492] Dies gilt aber nur für den übertragenden Rechtsträger, während sich eine Mitbestimmung bei dem übernehmenden 195

---

[481] Widmann/Mayer/Wälzholz UmwG vor § 321 Rn. 66 ff., vgl. auch *Klaus J. Müller* DB 1997, 713; *Engelmeyer* DB 1996, 2542; Kallmeyer/Willemsen vor § 322 Rn. 17.
[482] In der Fassung des BetrVerf-ReformG v. 28.7.2001, vormals § 322 Abs. 1 UmwG; vgl. dazu *Leßmann/Liersch* DStR 2001, 1302 ff.
[483] Kallmeyer/*Willemsen* § 322 Rn. 4 f.; Willemsen/Hohenstatt/Schweibert/*Seibt* Abschnitt D Rn. 35; Lutter/*Joost* § 322 Rn. 13.
[484] Lutter/*Joost* § 322 Rn. 13.
[485] Lutter/*Joost* § 322 Rn. 14 ff.; differenzierend aber Semler/Stengel/*Simon* § 322 Rn. 7.
[486] *Bauer/Lingemann* NZA 1994, 1057; Kallmeyer/*Willemsen* § 322 Rn. 10.
[487] Vgl. hierzu Sagasser/Bula/Brünger/*Schmidt* § 6 Rn. 48; Widmann/Mayer/*Wälzholz* UmwG § 323 Rn. 3; Willemsen/Hohenstatt/Schweibert/*Seibt* Abschnitt H Rn. 150.
[488] Kallmeyer/*Willemsen* § 323 Rn. 11 ff.
[489] Kallmeyer/*Willemsen* § 323 Rn. 13; Lutter/*Joost* § 323 Rn. 11.
[490] BAG NZA 2006, 658.
[491] Vgl. dazu Willemsen/Hohenstatt/*Schweibert*/Seibt Abschnitt C Rn. 119; *Röder/Göpfert* BB 1997, 2105.
[492] Willemsen/Hohenstatt/Schweibert/*Seibt* Abschnitt F Rn. 106 ff.

Rechtsträger ausschließlich nach dessen eigener Situation richtet.[493] Bei einer Aufspaltung scheidet nach dem einschränkenden Wortlaut dieser Vorschrift eine Beibehaltung der Mitbestimmung angesichts des Erlöschens des übertragenden Rechtsträgers aus.[494]

196 Entfallen durch die Spaltung eines Betriebes Rechte eines Betriebsrates, kann die Beibehaltung der Rechtsposition nach § 325 Abs. 2 UmwG in einer Betriebsvereinbarung vorgesehen werden.[495]

196a f) **Ehemalige Arbeitnehmer.** § 613a BGB sichert nur die Arbeitsverhältnisse der vorhandenen Arbeitsplatzinhaber, nicht jedoch Verbindlichkeiten gegenüber Betriebsrentnern und ausgeschiedenen Mitarbeitern. Diese können in Hinblick auf die gesamtschuldnerische Nachhaftung gemäß § 133 Abs. 3 UmwG unabhängig von dem Betriebsübergang dem übertragenden oder übernehmenden Rechtsträger unter Freistellung des anderen Rechtsträgers von der Mithaft zugeordnet werden.[496]

7. Dokumentation

197 a) **Spaltungsplan/-vertrag.** Weil ein Vertrag mindestens zwei Parteien voraussetzt, unterscheidet das Gesetz terminologisch, aber ohne Unterschiede in der Sache, zwischen

- **Spaltungsplan** für Spaltungen ausschließlich zur **Neugründung,**[497] an denen bei der Beschlussfassung noch kein Dritter beteiligt ist;
- **Spaltungs- und Übernahmevertrag** für Spaltungen zur **Aufnahme.**[498]

Ein Vertrag ist bereits dann abzuschließen, wenn mindestens ein Vermögensteil zur Aufnahme auf einen schon bestehenden anderen Rechtsträger übergeht, auch wenn gleichzeitig weitere Vermögensteile zur Neugründung übertragen werden. Die Spaltungsart kann dann bei einer Spaltung zur Aufnahme in dem Vertrag wie folgt dargestellt werden:

> **Formulierungsvorschlag:**
>
> Die [übertragende Gesellschaft] überträgt hiermit den in § _ dieses Vertrages beschriebenen Teil ihres Vermögens als Gesamtheit im Wege der Abspaltung zur Aufnahme gemäß § 123 Abs. 2 Nr. 1 des Umwandlungsgesetzes (UmwG) in Verbindung mit §§ 126 ff., 138 ff. UmwG auf die [übernehmende Gesellschaft] gegen Gewährung von Geschäftsanteilen an dieser Gesellschaft und unter Fortbestand der übertragenden Gesellschaft.

198 Obwohl das Gesetz in § 126 UmwG für Spaltungsverträge einen eigenen Anforderungskatalog in der Art einer **Checkliste** aufstellt, **entspricht** dieser inhaltlich weitgehend den **Anforderungen an Verschmelzungsverträge.**[499] Es wird daher auf die Darstellung der Verschmelzungsverträge verwiesen. Als Eigenheiten der Spaltungsverträge sind lediglich zu vermerken:

- genaue Bezeichnung der Gegenstände des jeweiligen zu übertragenden Vermögensteiles,[500]
- Aufteilung der Anteile der beteiligten Rechtsträger auf die Anteilsinhaber des übertragenden Rechtsträgers.[501]

---

[493] Kallmeyer/*Willemsen* § 325 Rn. 3.
[494] Lutter/*Joost* § 325 Rn. 11.
[495] Kallmeyer/*Willemsen* § 325 Rn. 13, 15.
[496] BAG BB 2005, 2414; a. A. AG Hamburg NZG 2005, 899 unter Hinweis auf § 4 BetrAVG. Zur Rechtsentwicklung seit 2007 Sagasser/Bula/Brünger/*Schmidt* § 6 Rn. 52 ff.
[497] Vgl. Muster bei *Seibt* S. 1757 ff.
[498] Vgl. Muster bei *Seibt* S. 1717 ff.
[499] → Rn. 92 ff.
[500] § 126 Abs. 1 Nr. 9 UmwG; dazu → Rn. 163 ff.
[501] § 126 Abs. 1 Nr. 10 UmwG; dazu → Rn. 176 ff.

Die Beschreibung des zu übertragenden Vermögensteils kann in folgender Weise erfolgen: 199

Formulierungsvorschlag:

§ ......
Gegenstand der Abspaltung

(1) Die [übertragende Gesellschaft], deren Unternehmensgegenstand im Wesentlichen die Herstellung und der Vertrieb von ...... ist, besteht aus drei Geschäftsbereichen, nämlich dem Geschäftsbereich [A], dem Geschäftsbereich [B] sowie dem Geschäftsbereich [C].
  (a) Der Geschäftsbereich [A] umfasst den gesamten der Entwicklung, Herstellung und Vermarktung von [Produkt a] und ähnlichen Produkten dienenden Geschäftsbereich mit allen dazugehörenden unternehmerischen Aktivitäten und einen Teil der allgemeinen kaufmännischen Verwaltung der übertragenden Gesellschaft.
  (b) Der Geschäftsbereich [B] umfasst den gesamten der Entwicklung, Herstellung und Vermarktung von [Produkt b] und ähnlichen Produkten dienenden Geschäftsbereich mit allen dazugehörenden unternehmerischen Aktivitäten, den Grundstücken am Standort [Ort] und einen Teil der allgemeinen kaufmännischen Verwaltung der übertragenden Gesellschaft.
  (c) Der Geschäftsbereich [C] umfasst die Bereiche ......
  Gegenstand der Abspaltung ist ausschließlich der Geschäftsbereich [A] der [übertragende Gesellschaft].
(2) Der Geschäftsbereich [A] umfasst alle Aktiva und Passiva der [übertragende Gesellschaft], die in der als Anlage 1 beigefügten Teilbilanz für diesen Geschäftsbereich erfasst sind, mit allen nicht bilanzierungsfähigen oder -pflichtigen oder tatsächlich nicht bilanzierten Vermögensgegenständen und Schulden und allen Rechtsverhältnissen, die am Bilanzstichtag funktional wesentliche Betriebsgrundlagen dieses Teilbetriebes darstellen oder ihm rechtlich oder wirtschaftlich, insbesondere nach Herkunft, Zweckbestimmung oder Nutzung zuzuordnen sind, zusammen mit allen bis zum Zeitpunkt des Wirksamwerdens der Abspaltung eintretenden Veränderungen, soweit sie nicht gemäß nachstehendem Absatz 3 ausdrücklich von der Abspaltung ausgenommen wurden, insbesondere
  (a) der im Grundbuch des Amtsgerichts ...... von ...... Blatt ...... verzeichnete Grundbesitz in [Lage], Flur ...... Flurst. ...... , [Größe],
  (b) die in Anlage 2 aufgelisteten Gegenstände des Anlage- und Umlaufvermögens, alle geringwertigen Wirtschaftsgüter und Bestände an Büro- und Verbrauchsmaterial, die dem Geschäftsbereich [A] zuzuordnen sind, zusammen mit allen Rechten aus dem Eigentum und auf den Besitz dieser Gegenstände, sowie alle Herausgabeansprüche gegen besitzende Dritte,
  (c) alle in Anlage 3 aufgelisteten Rechte und Forderungen gegen verbundene Unternehmen oder Dritte, Rechte aus geleisteten Anzahlungen, Ansprüche auf Eigentumsübertragung an unterwegs befindlicher Ware, Guthaben bei Kreditinstituten, Kassenbestände und Ansprüche aus aktiver Rechnungsabgrenzung,
  (d) alle den Geschäftsbereich [A] betreffenden übertragbaren gewerblichen Schutzrechte, Nutzungsrechte an Urheberrechten, verwandte Rechte und Rechte aus Schutzrechtsanmeldungen, sowie alle nicht schutzfähigen immateriellen Vermögenswerte wie insbesondere Knowhow und Kundenbeziehungen, Angebote und sonstigen Rechtspositionen, Rechte und Anwartschaften, und die gesamte selbst entwickelte, nicht bilanzierte Software,
  (e) alle in Anlage 4 aufgelisteten Verträge,
  (f) alle den Geschäftsbereich [A] betreffenden öffentlich-rechtlichen Rechtsverhältnisse und verfahrensrechtlichen Stellungen, Mitgliedschaften und sonstigen Rechtsstellungen,
  (g) alle in Anlage 5 aufgelisteten Verbindlichkeiten, einschließlich bedingter, befristeter, noch nicht fälliger oder betagter Verbindlichkeiten, öffentlicher Lasten und öffentlich-rechtlicher Verpflichtungen,
  (h) die Arbeitsverhältnisse der in Anlage 6 aufgelisteten Arbeitnehmer,
  (i) der Anstellungsvertrag vom ...... mit dem Geschäftsführer ...... , der dieser Übertragung unbedingt und unwiderruflich zugestimmt hat,
  (j) alle bis zum Wirksamwerden der Abspaltung erworbenen weiteren Sachen und Rechte und begründeten Vertragsverhältnisse und Verbindlichkeiten, die dem Geschäftsbereich [A] zuzuordnen sind.

(3) Nicht zum Geschäftsbereich [A] gehören
   (a) die Aktiva und Passiva, die dem Teilbetrieb [B] zuzuordnen sind,
   (b) die Aktiva und Passiva, die dem Teilbetrieb [C] zuzuordnen sind,
   (c) alle Forderungen und Verbindlichkeiten gegen Steuerbehörden und Sozialversicherungsträgern für die Zeit bis zum Spaltungsstichtag, die nicht in einem direkten wirtschaftlichen Zusammenhang mit dem Geschäftsbereich [A] stehen.
(4) Soweit ab dem Spaltungsstichtag Gegenstände durch die übertragende Gesellschaft veräußert worden sind, treten die im Rahmen des regelmäßigen Geschäftsbetriebes erworbenen Surrogate an deren Stelle. Vermögensgegenstände, Verbindlichkeiten und Arbeitsverhältnisse, die nicht in den beigefügten Anlagen aufgeführt sind, gehen auf die übernehmende Gesellschaft über, soweit sie dem Geschäftsbereich [A] im weitesten Sinne zuzuordnen sind. Dies gilt insbesondere auch für nicht bilanzierte oder bis zum Wirksamwerden der Abspaltung erworbene Vermögensgegenstände, begründete Arbeitsverhältnisse und entstandene Verbindlichkeiten.
(5) Besteht Unklarheit über die Zugehörigkeit eines Vermögensgegenstandes, einer Verbindlichkeit oder eines Rechtsverhältnisses zu dem abgespaltenen Vermögen, so bestimmt die [übertragende Gesellschaft], ob der Vermögensgegenstand, die Verbindlichkeit bzw. das Rechtsverhältnis zu dem Geschäftsbereich [A] gehört und auf die [übernehmende Gesellschaft] übergeht.

200 Der **Unsicherheit des rechtlichen Übergangs** von Gegenständen kann durch folgende Klausel Rechnung getragen werden:

> **Formulierungsvorschlag:**
>
> Soweit einzelne Vermögensgegenstände und Verbindlichkeiten nicht kraft Gesetzes auf die [übernehmende Gesellschaft] übergehen, überträgt die [übertragende Gesellschaft] diese Vermögensgegenstände und Verbindlichkeiten mit Wirksamwerden der Spaltung auf die [übernehmende Gesellschaft]. Die [übernehmende Gesellschaft] nimmt die Übertragung an. Die Parteien sind sich darüber einig, dass der Besitz an den vorgenannten Vermögensgegenständen zum genannten Zeitpunkt auf die [übernehmende Gesellschaft] übergeht. Soweit die Vermögensgegenstände nicht im unmittelbaren Besitz der [übertragende Gesellschaft] stehen, tritt diese ihre Ansprüche auf Herausgabe der Vermögensgegenstände an die [übernehmende Gesellschaft] ab. Die [übernehmende Gesellschaft] nimmt die Abtretung an.
>
> Soweit weitere Voraussetzungen für eine wirksame Übertragung eines bestimmten Gegenstandes zu beachten sind, verpflichten sich die Parteien, unverzüglich alle zur Wirksamkeit der Übertragung erforderlichen Erklärungen abzugeben und Handlungen vorzunehmen. Ist der Eintritt einer Wirksamkeitsvoraussetzung nicht oder nur mit unverhältnismäßig hohem Aufwand zu erreichen oder ist die Übertragung im Außenverhältnis nicht möglich, werden sich die Parteien im Innenverhältnis so stellen, wie sie bei erwartetem Eintritt der Wirksamkeitsvoraussetzung bzw. Übertragung auch im Außenverhältnis zum Ausgliederungsstichtag stehen würden. Weitergehende Rechte, gleich aus welchem Rechtsgrund, sind ausgeschlossen.
>
> Soweit die Übertragung der Vermögensgegenstände und Verbindlichkeiten, die im Ausland belegen sind oder einen sonstigen Auslandsbezug aufweisen, von der maßgeblichen ausländischen Rechtsordnung nicht anerkannt wird, verpflichten sich die Parteien, diese soweit möglich unter Beachtung des anzuwendenden ausländischen Rechts einzeln zu übertragen. Dies gilt insbesondere für alle Beteiligungen an ausländischen Gesellschaften.
>
> Ist bei der Übertragung eine Rückwirkung auf den Spaltungsstichtag nicht möglich, werden die Parteien einander wirtschaftlich so stellen, als sei die Übertragung zum Spaltungsstichtag erfolgt.

201 Wird die Abspaltung mit einer **Kapitalherabsetzung** verbunden, ist in den Vertrag aufzunehmen:

> **Formulierungsvorschlag:**
>
> Zur Durchführung der Abspaltung und zum Ausgleich der durch die Abspaltung verursachten Vermögensminderung wird die [übertragende Gesellschaft] ihr Stammkapital gemäß § 139 UmwG i.V.m. §§ 58a ff. GmbH-Gesetz (vereinfachte Kapitalherabsetzung) von ...... EUR um ...... EUR auf ...... EUR herabsetzen.

Der Regelung des Innenverhältnisses der Gesamtschuldner wegen ihrer gemeinsamen **Haftung für Altverbindlichkeiten** dient folgende Regelung: 202

> **Formulierungsvorschlag:**
> Wird eine gemäß § 133 Abs. 1 Satz 1 UmwG als Gesamtschuldner haftende Gesellschaft für Verbindlichkeiten der übertragenden Gesellschaft in Anspruch genommen, die vor dem Wirksamwerden der Spaltung begründet und ihr nicht im Spaltungsvertrag zugewiesen worden sind, so wird die jeweils andere Gesellschaft die in Anspruch genommene Gesellschaft von der Haftung freistellen.

Zur Erreichung einer **nicht-verhältniswahrenden Spaltung** können die neuen Anteile aus der Kapitalerhöhung der übernehmenden Gesellschaft den Gesellschaftern der übertragenden Gesellschaft unmittelbar mit einer abweichenden Quote gewährt werden. Zur Regelung im Wege einer **Einziehung von Anteilen** eignet sich folgende Klausel: 203

> **Formulierungsvorschlag:**
> Die Geschäftsanteile aus der Kapitalerhöhung der [übernehmende Gesellschaft] sind den Gesellschaftern der [übertragende Gesellschaft] nicht im Verhältnis ihrer bisherigen Beteiligung an der letztgenannten Gesellschaft zugewiesen worden. Zum Ausgleich werden die Gesellschafter der [übertragende Gesellschaft] unter Berücksichtigung des Umtauschverhältnisses den Geschäftsanteil von [Gesellschafter a] im Nennbetrag von ...... EUR, der in der letzten Gesellschafterliste der [übertragende Gesellschaft] unter der lfd. Nr. ...... ausgewiesen ist, mit Wirksamwerden der Spaltung in einen Geschäftsanteil mit dem Nennbetrag von ...... EUR, der in der nächsten Gesellschafterliste die lfd. Nr. ...... behält, und in einen sodann einzuziehenden Geschäftsanteil mit dem Nennbetrage von ...... EUR geteilt. Entsprechend wird der Nennbetrag des Geschäftsanteils von [Gesellschafter b] von bisher ...... EUR, der in der letzten Gesellschafterliste der [übertragende Gesellschaft] unter lfd. Nr. ...... ausgewiesen ist, auf ...... EUR aufgestockt, so dass die Summe der Nennbeträge aller Geschäftsanteile wieder dem Betrag des Stammkapitals entspricht. Die Gewinnberechtigung der Geschäftsanteile ab dem Spaltungsstichtag richtet sich nach den Nennbeträgen, wie sie sich aus der Einziehung und Aufstockung ergeben.

Einer **Umverteilung** der Anteile an der übertragenden Gesellschaft **ohne Einziehung** dient folgende Klausel: 204

> **Formulierungsvorschlag:**
> Als Ausgleich für die Mehrbeteiligung des [Gesellschafter a] an der [übernehmende Gesellschaft] wird der derzeitig von [Gesellschafter a], [Adresse a], gehaltene Geschäftsanteil an der [übertragende Gesellschaft] im Nennbetrag von ...... EUR, der in der letzten Gesellschafterliste der [übertragende Gesellschaft] unter lfd. Nr. ...... ausgewiesen ist, mit Wirksamwerden der Spaltung in einen Geschäftsanteil im Nennbetrag von ...... EUR, der in der nächsten Gesellschafterliste die lfd. Nr. ...... behält,[502] und einen weiteren Geschäftsanteil im Nennbetrag von ...... EUR, der in der nächsten Gesellschafterliste unter der lfd. Nr. ...... auszuweisen ist, geteilt und der letztgenannte Geschäftsanteil im Nennbetrage von ...... EUR dem [Gesellschafter b], [Adresse b], mit Gewinnberechtigung ab [Datum 2] zugewiesen.

b) **Gesellschafterbeschlüsse.** Es ergeben sich für den Spaltungsbeschluss außer bei einer nicht-verhältniswahrenden Spaltung, der nach § 128 Satz 1 UmwG alle Gesellschafter der übertragenden Gesellschaft zustimmen müssen,[503] in Hinblick auf Formen, Fristen und 205

---

[502] Für neue Nummerierung beider Geschäftsanteile vgl. aber MünchKommGmbH/*Heidinger* § 40 Rn. 33. Nach BGH NZG 2011, 516 ist kein Verfahren gesetzlich vorgeschrieben, solange die zweifelsfreie Identifizierung möglich bleibt; vgl. dazu *Wicke* DB 2011, 1037, 1042; vgl. ebenfalls OLG Jena NZG 2010, 591; *Mayer* ZIP 2009, 1037.
[503] Dazu → Rn. 178.

206 Eine **Kapitalherabsetzung** ist **bei der übertragenden Gesellschaft** erforderlich, wenn der Abgang der Buchwerte des übertragenen Vermögensteils in der Bilanz der übertragenden Gesellschaft nicht durch eine Verminderung anderer Posten des Eigenkapitals,[504] sondern nur des gezeichneten Kapitals ausgeglichen werden kann, solange das Mindestkapital gewahrt bleibt. Ist der übertragende Rechtsträger eine GmbH, kann diese Kapitalherabsetzung nach § 139 UmwG auch in vereinfachter Form gemäß §§ 58a ff. GmbHG beschlossen werden,[505] etwa wie folgt:

> **Formulierungsvorschlag:**
>
> Zur Durchführung der Spaltung wird das Stammkapital der Gesellschaft nach § 139 UmwG i. V. m. §§ 58a ff. GmbHG von ...... EUR um ...... EUR auf ...... EUR herabgesetzt. Die Herabsetzung des Stammkapitals dient dem Ausgleich der durch die Abspaltung verursachten Vermögensminderung (vereinfachte Kapitalherabsetzung). Zu diesem Zwecke werden die Nennbeträge der Geschäftsanteile wie folgt herabgesetzt:
>
> a) der Nennbetrag des von [Gesellschafter a] gehaltenen Geschäftsanteils in Höhe von ...... EUR, der in der letzten Gesellschafterliste unter lfd. Nr. ...... ausgewiesen ist, wird auf ...... EUR herabgesetzt,
>
> b) der Nennbetrag des von [Gesellschafter b] gehaltenen Geschäftsanteils in Höhe von ...... EUR, der in der letzten Gesellschafterliste unter lfd. Nr. ...... ausgewiesen ist, wird auf ...... EUR herabgesetzt.

207 Zur Durchführung einer **nicht-verhältniswahrenden Spaltung** ist der Beschluss einer übertragenden GmbH bei einer Einziehung von Geschäftsanteilen um Folgendes zu ergänzen:

> **Formulierungsvorschlag:**
>
> Die Gesellschafter beschließen, zur Durchführung der nicht-verhältniswahrenden Spaltung den Geschäftsanteil von [Gesellschafter a] im Nennbetrag von ...... EUR, der in der letzten Gesellschafterliste unter lfd. Nr. ...... ausgewiesen ist, in einen Geschäftsanteil im Nennbetrag von ...... EUR, der in der nächsten Gesellschafterliste die lfd. Nr. ...... behält,[506] und einen Geschäftsanteil im Nennbetrag von ...... EUR zu teilen, diesen letztgenannten Geschäftsanteil ohne Abfindung einzuziehen und den Nennbetrag des von [Gesellschafter b] gehaltenen Geschäftsanteils von ...... EUR, der in der letzten Gesellschafterliste unter lfd. Nr. ...... ausgewiesen ist, auf ...... EUR aufzustocken. [Gesellschafter a] stimmt der Einziehung ausdrücklich und unwiderruflich zu. Dieser Beschluss wird nur gemeinsam mit der Spaltung wirksam.

208 c) **Verzichtserklärungen.** Die für die Verschmelzung geltenden Regeln sind weitestgehend auch auf Spaltungen anwendbar. Allerdings entfällt bei einer Spaltung im Mutter-/Tochterverhältnis eine **Spaltungsprüfung** nicht automatisch wie bei einer Verschmelzung, sondern es wird auch von der Muttergesellschaft trotz einer 100 %igen Beteiligung wegen der Ausnahme von § 9 Abs. 2 UmwG in der Verweisung in § 125 UmwG eine **ausdrückliche Verzichtserklärung** verlangt.[507]

209 d) **Zustimmungserklärungen.** Es ergeben sich bei einer Spaltung keine zusätzlichen Anforderungen gegenüber einer Verschmelzung. Haben bei einer nicht-verhältniswahrenden Spaltung nicht alle Gesellschafter an dem Spaltungsbeschluss mitgewirkt, sind nach § 128

---

[504] § 266 Abs. 3 Buchst. A HGB.
[505] *Kallmeyer/Sickinger* § 139 Rn. 1 ff.; Widmann/*Mayer* UmwG § 139 Rn. 22 ff.; Semler/Stengel/*Reichert* § 139 Rn. 6 ff. Zu Problemen bei einer Unternehmergesellschaft *Meister* NZG 2008, 767.
[506] → Fn. 502.
[507] *Kallmeyer/Sickinger* § 125 Rn. 10.

Satz 1 UmwG separate Zustimmungserklärungen auch der nicht erschienenen Gesellschafter erforderlich.[508]

e) **Handelsregisteranmeldungen.** In der Handelsregisteranmeldung sind die Art der Spaltung, die allgemeine Bezeichnung des übertragenen Vermögensteils und die Spaltungsbeschlüsse anzugeben.[509] Bei der Abspaltung zur Aufnahme zwischen zwei GmbHs kann dies in der Anmeldung für die übertragende Gesellschaft wie folgt geschehen:

> **Formulierungsvorschlag:**
> Aufgrund des Spaltungs- und Übertragungsvertrages vom …… hat die Gesellschaft mit Zustimmung der Gesellschafterversammlung vom …… und der Gesellschafterversammlung der [übernehmende Gesellschaft] mit Sitz in [ ] vom …… den als Geschäftsbereich [A] bezeichneten Teil ihres Vermögens als Gesamtheit gemäß §§ 123 Abs. 2 Nr. 1, 126 ff. UmwG (Abspaltung zur Aufnahme) auf die [übernehmende Gesellschaft] übertragen.

Durch die allgemeine Verweisung auf die Vorschriften der Verschmelzung ergibt sich aus §§ 125, 17 Abs. 2 UmwG, dass trotz der Übertragung nur eines Vermögensteils der Anmeldung der Spaltung zur Eintragung in das Handelsregister des übertragenden Rechtsträgers eine **Gesamtbilanz beizufügen** ist.[510] Die Aufstellung von Teilbilanzen für den jeweils zu übertragenden Vermögensteil wird hingegen vom Gesetz nicht gefordert.[511] Soweit Teilbilanzen nicht schon deshalb dem Spaltungsvertrag beigefügt sind, weil auf sie für die Zuweisung von Gegenständen Bezug genommen wird, ist ihre Beifügung gleichwohl hilfreich, weil nur sie dem Registergericht sowohl des übertragenden Rechtsträgers wie auch des übernehmenden Rechtsträgers einen Überblick über die Auswirkungen der Übertragung des Vermögensteils auf die Kapitalaufbringung der beteiligten Rechtsträger erlauben.

Bei der Abspaltung nur eines geringen Vermögensteiles einer prüfungspflichtigen Gesellschaft können durch eine Prüfung der Gesamtbilanz bedeutende Mehrkosten entstehen, wenn eine Zwischenbilanz als Schlussbilanz verwendet werden soll. In solchen Fällen wird auch die **Verwendung einer Teilbilanz als Schlussbilanz** als ausreichend angesehen.[512] Wegen der Bedeutung der Schlussbilanz für die Fristwahrung[513] sollte aber zur Sicherheit vorab eine Abklärung mit dem Registerrichter erfolgen, ob zur Kosteneinsparung nur eine Teilbilanz als Schlussbilanz verwendet werden kann.

Wird neben der Kapitalerhöhung des übernehmenden Rechtsträgers zur Gewährung neuer Anteile bei dem übertragenden Rechtsträger eine **Kapitalherabsetzung** vorgenommen, so ist auch diese gemeinsam mit der Abspaltung zur Eintragung in das Handelsregister der übertragenden Gesellschaft anzumelden.

> **Formulierungsvorschlag:**
> Zur Durchführung der Abspaltung des Geschäftsbereichs [A] wurde das Stammkapital der Gesellschaft von …… EUR um …… EUR auf …… EUR herabgesetzt. § …… des Gesellschaftsvertrages (Stammkapital) wurde entsprechend geändert.

Die Abspaltung darf dann nach § 139 Satz 2 UmwG erst nach der Kapitalherabsetzung in das Handelsregister eingetragen werden.[514] Als vereinfachte Kapitalherabsetzung gemäß

---

[508] *Kallmeyer/Sickinger* § 128 Rn. 5; *Lutter/Priester* § 128 Rn. 18; *Widmann/Mayer* UmwG § 128 Rn. 21; Semler/Stengel/*Schröer* § 128 Rn. 11.
[509] Für die zwingende Versicherung der freien Verfügbarkeit aber *Stoye-Benk/Cutura* S. 241, 266; a. A. Semler/Stengel/*Schwanna* § 129 Rn. 8 wegen §§ 125, 55 Abs. 1 S. 1 UmwG.
[510] *Kallmeyer/Sickinger* § 125 Rn. 23, aber in Ausnahmefällen sollen u. U. Teilbilanzen genügen. Semler/Stengel/*Schwanna* § 129 Rn. 11 verlangt aber u. U. beides; zu den Besonderheiten einer Ausgliederung *Schmidt/Heinz* DB 2008, 2696. Zum Wertnachweis bei einer Kapitalerhöhung vgl. auch Kallmeyer/*Zimmermann* §§ 130 Rn. 3, 137 Rn. 21.
[511] *Kallmeyer/Sickinger* § 125 Rn. 23.
[512] HFA 1/1998 Anm. 11.
[513] BayObLG GmbHR 2000, 493.
[514] *Kallmeyer/Sickinger* § 139 Rn. 7; *Lutter/Priester* § 139 Rn. 21; Semler/Stengel/*Reichert* § 139 Rn. 18.

§§ 58a ff. GmbHG hängt sie nicht von dem Ablauf eines Sperrjahres ab. Gleichviel ob eine Kapitalherabsetzung erforderlich wird, haben die Geschäftsführer einer übertragenden GmbH nach § 140 UmwG zu erklären, dass die Voraussetzungen der Gründung auch unter Berücksichtigung der Abspaltung im Zeitpunkt der Anmeldung noch vorliegen.[515] Diese Erklärung dient der **Absicherung der Kapitalausstattung** der übertragenden GmbH[516] und bezieht sich gegebenenfalls auf das herabgesetzte Kapital.[517]

> **Formulierungsvorschlag:**
>
> Die Geschäftsführer versichern, dass das bilanzielle Reinvermögen der Gesellschaft auch nach der Abspaltung (und Kapitalherabsetzung) das Stammkapital in Höhe von ...... EUR deckt, die gesetzliche Mindesthöhe des Stammkapitals von 25.000,– EUR gewahrt ist und die Nennbeträge der Geschäftsanteile auf volle Euro lauten.

215 Jede Veränderung der Personen der Gesellschafter der übertragenden Gesellschaft oder des Umfanges ihrer Beteiligung, die durch eine Kapitalherabsetzung oder auch nur durch eine Umverteilung der Anteile bei einer nicht-verhältniswahrenden Spaltung ausgelöst wird, führt auch bei der übertragenden Gesellschaft zur Erstellung einer **neuen Gesellschafterliste**.[518] Diese ist wie bei der übernehmenden Gesellschaft nach § 40 Abs. 2 GmbHG durch den beurkundenden Notar erst einzureichen, nachdem die Spaltung und Kapitalherabsetzung wirksam geworden sind.

216 Bei einer **Spaltung zur Neugründung** einer GmbH ist der Anmeldung im Gegensatz zu einer Verschmelzung auch dann, wenn der übertragende Rechtsträger eine Kapitalgesellschaft ist, nach § 138 UmwG ein **Sachgründungsbericht** beizufügen.[519] Es ist nicht erforderlich, die eingebrachten Vermögensteile im Gesellschaftsvertrag im einzelnen zu beschreiben.[520]

217 f) **Vollmachten.** Hier ergeben sich nur geringe sachliche Änderungen gegenüber der Verschmelzung. Ebenso wie die Vollmacht für die übernehmende Gesellschaft sich darauf erstrecken muss, im Zusammenhang mit der Umwandlung auch eine Kapitalerhöhung zu beschließen, müßte gegebenenfalls die Vollmacht der Gesellschafter der übertragenden Gesellschaft die Befugnis einschließen, eine Kapitalherabsetzung zu beschließen und u. U. auch Geschäftsanteile zu teilen. Wegen der mit oder ohne Kapitalherabsetzung der übertragenden Gesellschaft erforderlichen **höchstpersönlichen Erklärung der Geschäftsführer zur Kapitalausstattung** kann die Anmeldung zum Handelsregister insoweit nicht durch Bevollmächtigte abgegeben werden.

8. Bearbeitungshinweise

218 Zur Information der Mandanten über den Ablauf der Spaltung dient folgende Darstellung:

> **Übersicht: Ablauf der Spaltung**
>
> 1. Vorbereitung der Spaltung durch Abschluss eines Spaltungsvertrages, wenn die beteiligten Gesellschaften bereits bestehen, oder bei Neugründung Aufstellung eines Spaltungsplans (§ 136 i. V. m. § 126 Abs. 1 UmwG), jeweils in notarieller Form (§ 125 i. V. m. § 6 UmwG). Der Spaltungsplan bzw. -vertrag muss u. a. folgende Angaben enthalten:
>   - Firma und Sitz der beteiligten Rechtsträger;

---

[515] Kallmeyer/*Zimmermann* § 140 Rn. 3; Sagasser/Bula/Brünger/*Bultmann* § 18 Rn. 168; Semler/Stengel/*Reichert* § 140 Rn. 2.
[516] Lutter/*Priester* § 140 Rn. 2; Semler/Stengel/*Reichert* § 140 Rn. 1.
[517] Kallmeyer/*Zimmermann* § 140 Rn. 5; vgl. *Kiem* S. 205; Semler/Stengel/*Reichert* § 140 Rn. 3.
[518] → Rn. 204 Fn. 502.
[519] In Abweichung von § 58 Abs. 2 UmwG; Kallmeyer/*Sickinger* § 138 Rn. 1; Semler/Stengel/*Reichert* § 138 Rn. 1. Wegen der abweichenden Meinung mehrerer Registergerichte wird die Vorlage eines Sachgründungsberichtes aber auch bei einer Spaltung zur Aufnahme empfohlen; vgl. dazu Semler/Stengel/*Reichert* § 138 Rn. 2.
[520] OLG Naumburg GmbHR 2004, 669.

- Auflistung der Wirtschaftsgüter, die auf die übernehmende Gesellschaft übergehen sollen;
- Umtauschverhältnis der Anteile an der Spaltgesellschaft gegen die Anteile an den übernehmenden Gesellschaften;
- Folgen der Spaltung für die Arbeitnehmer.

2. Rechtzeitige und umfassende Information des Wirtschaftsausschusses der übertragenden Gesellschaft (§ 106 Abs. 3 Nr. 8 BetrVG). Der Spaltungsplan bzw. -vertrag oder dessen Entwurf ist auch dem Betriebsrat jeder der beteiligten Gesellschaften spätestens einen Monat vor der Gesellschafterversammlung, die über die Spaltung beschließt, zuzuleiten (§ 125 i. V. m. § 5 Abs. 3 UmwG).

3. Spaltungsbericht (§ 127 UmwG) als Bericht der Geschäftsführer der beteiligten Gesellschaften. Bei notariell beurkundetem Verzicht aller Anteilseigner braucht kein Bericht erstattet zu werden (§ 127 i. V. m. § 8 Abs. 3 UmwG). Der Verzicht kann bei der Beurkundung der Spaltungsbeschlüsse erklärt werden.

4. Spaltungsprüfung (§ 125 i. V. m. § 12 UmwG). In notarieller Form kann auf die Prüfung verzichtet werden (§ 125 i. V. m. § 8 Abs. 3 UmwG). Der Verzicht kann bei der Beurkundung der Spaltungsbeschlüsse erklärt werden.

5. Spaltungsbeschlüsse der Gesellschafter der beteiligten Gesellschaften gemäß § 125 i. V. m. § 13 Abs. 1 UmwG in notarieller Form. Erforderlich ist eine Gesellschafterversammlung der jeweiligen Gesellschaft. Diese kann ohne Einhaltung der Ladungsfrist stattfinden, sofern alle Gesellschafter auf die im Gesellschaftsvertrag oder Gesetz vorgesehenen Formalitäten verzichten.

6. Ggfs. Neugründung einer GmbH nach den Vorschriften des GmbHG (§ 135 Abs. 2 UmwG) durch die Gesellschafter der Spaltgesellschaft.
   - Sachgründung einer GmbH mit einem Stammkapital von mindestens 25.000,– EUR. Die Sacheinlage besteht in der Übertragung des Betriebsvermögens des abgespaltenen Teilbetriebes.
   - notarielle Beurkundung der Satzung, Eintragung in das Handelsregister erst mit der Spaltung.

7. Erstellung eines Sachgründungsberichtes für die übernehmende GmbH (§ 138 UmwG i. V. m. § 5 Abs. 4 GmbHG) durch die Gesellschafter der neugegründeten GmbH. Zur Eintragung ist ferner eine Werthaltigkeitsbestätigung eines Wirtschaftsprüfers erforderlich.

8. Anmeldung zur Eintragung der Spaltung in das Handelsregister (§ 125 i. V. m. § 16 UmwG). Anmeldung durch die vertretungsberechtigten Geschäftsführer der übertragenden Gesellschaft sowie die Geschäftsführer der übernehmenden Gesellschaft. Erst mit Eintragung in das Handelsregister wird die Spaltung wirksam (§ 131 UmwG). Folgende Anlagen sind beizufügen (§ 17 UmwG):
   - Spaltungsplan bzw. -vertrag;
   - Spaltungsbeschlüsse;
   - ggf. Zustimmungserklärungen der Anteilsinhaber;
   - ggf. Spaltungsbericht (§ 127 UmwG);
   - ggf. Verzichtserklärung hinsichtlich Spaltungsbericht;
   - ggf. Verzichtserklärung hinsichtlich Prüfungsbericht;
   - Nachweis über die rechtzeitige Zuleitung des Spaltungsvertrages an den Betriebsrat;
   - Schlussbilanz der übertragenden Gesellschaft, deren Stichtag höchstens acht Monate vor Anmeldung liegt.

9. Anmeldung zur Eintragung von neugegründeten GmbHs in das Handelsregister (§§ 7, 8 GmbHG).
   - Gesellschaftsvertrag;
   - Bestellung der Geschäftsführer;
   - Eignungsversicherungen der Geschäftsführer der neuen GmbH;
   - Liste der Gesellschafter;
   - Sachgründungsbericht;
   - Werthaltigkeitsbescheinigung eines Wirtschaftsprüfers.

Die Anmeldung ist von den Geschäftsführern der übertragenden Gesellschaft vorzunehmen.

IV. Ausgliederung

219

> **Beratungscheckliste für die Ausgliederung auf eine GmbH**
>
> **Vorüberlegungen**
> ☐ Grund für die Unternehmensteilung
>   • betriebliche Bedeutung
>   • Bedeutung der Gesamtrechtsnachfolge
>   • Verbund nach der Ausgliederung
> ☐ Alternativen
>
> **Planung**
> ☐ Festlegung der Teilbereiche
>   • Definition der Sach- und Personalaufteilung
>   • Prüfung der steuerlichen Voraussetzungen
> ☐ Zeitpunkt der Ausgliederung
>   • Nutzung der Rückwirkung
>   • Kosten einer Zwischenbilanz
>   • Auskunft der Finanzverwaltung
> ☐ Vorabkonsultationen
>   • Arbeitnehmervertretungen
>   • wichtige Gläubiger
>
> **Durchführung**
> ☐ Zeitplan für Entwurf und Ausfertigung der Dokumentation
> ☐ Durchführung der Abschlussprüfung
> ☐ Entwurf des Spaltungsvertrages
>   • Zusammenstellung der Anlagen
>   • Inhaltliche Abstimmung
> ☐ Maßnahmen im Personalbereich
>   • Information des Betriebsrates
>   • Anzeige des Betriebsübergangs
> ☐ Abhaltung der Gesellschafterversammlungen
> ☐ Handelsregisteranmeldungen
>
> **Abschluss**
> ☐ Eintragungen im Handelsregister
> ☐ Einreichung der Gesellschafterliste zum Handelsregister

1. Strukturierung der Ausgliederung

220 a) **Übersicht.** Die Ausgliederung ist ein **Unterfall der Spaltung**, der weitgehend denselben Regeln unterliegt, die für die Aufspaltung oder die Abspaltung gelten und die von der Verschmelzung abgeleitet wurden. Sie ist aber gleichzeitig ein Sonderfall, weil anders als bei einer Verschmelzung, Aufspaltung oder Abspaltung die Gegenleistung für die Vermögensübertragung nicht in der Gewährung von Gesellschaftsrechten an die Gesellschafter der übertragenden Gesellschaft besteht, sondern diese **Gesellschaftsrechte** gemäß § 123 Abs. 3 **UmwG von der übertragenden Gesellschaft selbst erworben** werden.[521]

221 Folglich tritt bei einer Ausgliederung keine Verminderung des Reinvermögens der übertragenden Gesellschaft, sondern **nur ein Aktivtausch** ein;[522] die Anteile an der übernehmen-

---

[521] *Kallmeyer/Sickinger* § 123 Rn. 11; *Lutter/Teichmann* § 123 Rn. 26; Widmann/Mayer/*Schwarz* UmwG § 123 Rn. 5.5; Semler/*Stengel* § 123 Rn. 15.

[522] *Lutter/Teichmann* § 123 Rn. 26; Semler/*Stengel* § 123 Rn. 16; ein Verzicht auf die Gewährung von Anteilen gemäß § 54 Abs. 1 Satz 3 UmwG ist bei der Ausgliederung nicht zulässig, *Mayer* DB 2007, 1235, 1238. Vgl. auch Semler/*Stengel* § 123 Rn. 24 f. Zu einer Beeinträchtigung von Gewinnaussichten KG NZG 2010, 462.

den Gesellschaft ersetzen den übertragenen Vermögensteil. Besitzt die übernehmende Gesellschaft eigenes Vermögen, ist eine Bewertung dieses Vermögens und des auf sie ausgegliederten Vermögensteils erforderlich, um die Nennbeträge der Anteile, die der übertragenden Gesellschaft an der übernehmenden Gesellschaft zu gewähren sind, zu bestimmen, soweit es sich nicht um eine Tochtergesellschaft ohne Fremdgesellschafter handelt. Es werden aber nur Anteile gegen eine Sacheinlage ausgegeben, jedoch keine Anteile getauscht; der Festlegung eines Umtauschverhältnisses bedarf es daher in diesem Falle nicht.[523]

Aus dieser besonderen Struktur ergibt sich, dass schon das Umwandlungsgesetz für viele Vorschriften Gruppen bildet und die Aufspaltung und Abspaltung einerseits und die Ausgliederung andererseits jeweils eigenen Regeln unterstellt. Diese finden sich aber nicht zusammengefaßt in einem eigenen Abschnitt des Gesetzes, sondern verstreut unter den Spaltungsvorschriften.[524] Mitunter bedarf es schon einer konzentrierten Lektüre des Gesetzes, um nicht zu übersehen, dass eine Vorschrift oder gar nur ein Teil einer Vorschrift nur für eine besondere Art der Spaltung gilt.

Wie allgemein bei der Verschmelzung oder der Auf- bzw. Abspaltung kann auch die Ausgliederung **zur Aufnahme** durch einen bestehenden Rechtsträger **oder zur Neugründung** erfolgen. Obwohl eine Ausgliederung zur Neugründung möglich wäre, wird in vielen Fällen bereits im Anfangsstadium der Projektumsetzung eine Vorratsgesellschaft für die spätere Funktion als übernehmende Gesellschaft gegründet, um den Spaltungsvorgang von den Gründungsformalitäten zu entlasten, alle Angaben für das Geschäftspapier[525] rechtzeitig verfügbar zu haben oder auch nicht übertragbare öffentlichrechtliche Genehmigungen neu zu beantragen. Die Ausgliederung zur Neugründung tritt eher in den Hintergrund.[526]

b) Alternativen. Die Ausgliederung kommt in ihrem wirtschaftlichen Ergebnis der Übernahme von Anteilen im Rahmen einer Sachgründung oder -kapitalerhöhung gegen Einbringung einer Sacheinlage äußerst nahe. Es konnte wiederholt beobachtet werden, dass die Beteiligten bewußt statt einer umwandlungsrechtlichen Ausgliederung eine traditionelle Sacheinbringung gewählt haben. Entscheidend hängt dies von der Konstellation im Einzelfall und auch von den Intentionen der Beteiligten ab.[527]

Vorteile der Ausgliederung:
- Gesamtrechtsnachfolge
- Rückwirkung

Mögliche **Vorteile der Einzelübertragung:**
- Entfallen der Schlussbilanz besonders bei unterjährigen Übertragungen
- Entfallen der Gesellschafterversammlung des übertragenden Rechtsträgers
- Vermeidung der Haftung für Altverbindlichkeiten
- Gewinnausweis in der Handelsbilanz

Insbesondere bei Maßnahmen, die auf einen **unterjährigen Stichtag** vorgenommen werden sollen, können die Kosten der Bilanzerstellung oder die dafür erforderliche Zeit ein ausschlaggebender Gesichtspunkt sein, wenn die übertragende Gesellschaft prüfungspflichtig ist und sich der Registerrichter nicht mit einer Teilbilanz als Schlussbilanz zufrieden gibt[528] oder ungeklärte Bilanzierungsfragen einen rechtzeitigen Abschluss verhindern.

Bei einer unterjährigen Ausgliederung durch eine **Aktiengesellschaft** fällt auch die Pflicht zur Abhaltung einer **außerordentlichen Hauptversammlung** mit den damit verbundenen Kosten und Zeitzwängen ins Gewicht, wenn die ohnehin zur Verabschiedung des Jahresab-

---

[523] § 126 Abs. 1 Nr. 3 UmwG gilt nur für die Aufspaltung und Abspaltung; Kallmeyer/*Müller* § 126 Rn. 7, 10; Widmann/*Mayer* UmwG § 126 Rn. 130; Semler/Stengel/*Schröer* § 126 Rn. 36.
[524] Tabellarische Übersichten bei Semler/*Stengel* § 125 Rn. 11 und Kallmeyer/*Sickinger* § 125 Rn. 88.
[525] Vgl. § 35a GmbHG.
[526] Vgl. dazu *Lenz* GmbHR 2001, 717.
[527] Vgl. *Aha* AG 1997, 345; *Engelmeyer* AG 1999, 263; *Priester* ZHR 163 (1999) 187 ff.; *Crezelius* DB 2004, 397; Kallmeyer/*Sickinger* § 123 Rn. 24 f.; vgl. auch Semler/*Stengel* Einl. A Rn. 87.
[528] → Rn. 211 f.

schlusses einzuberufende Hauptversammlung nicht mehr fristwahrend auch für den Ausgliederungsbeschluss genutzt werden kann. Bei anderen Rechtsformen und insbesondere einem überschaubaren Gesellschafterkreis dürfte dieser Gesichtspunkt eine weniger bedeutende Rolle spielen. Der Umfang des auszugliedernden Vermögensteils kann allerdings die Ausgliederung zu einem Grundlagengeschäft machen, das auch bei einer Einzelrechtsnachfolge die Einbindung der Gesellschafter zwingend erforderlich macht.[529]

227 Bei der Ausgliederung auf eine Tochtergesellschaft ist deren **gesamtschuldnerische Haftung für Altverbindlichkeiten** der Muttergesellschaft[530] häufig kein Problem, das Abwehrreaktionen veranlasst. Betrifft die Ausgliederung aber einen Unternehmensteil, an dem sich in der Zukunft Dritte beteiligen sollen, oder ist eine Ausgliederung zur Aufnahme durch eine Gesellschaft mit schon bestehenden Beteiligungen Dritter geplant, kann sich deren Einbindung in die Haftung für Verbindlichkeiten der Muttergesellschaft als sehr störend erweisen, insbesondere wenn der übertragene Vermögensteil von deutlich geringerem Wert ist als die Altverbindlichkeiten der Muttergesellschaft. Durch eine Einzelübertragung wird sich die Muttergesellschaft andererseits nicht von ihrer bisherigen Haftung für die übertragenen Verbindlichkeiten lösen können, wenn die Gläubiger die erforderliche Genehmigung von der Stellung von Sicherheiten durch die Muttergesellschaft abhängig machen. Somit kann durch eine Einzelübertragung allenfalls der übernehmende Rechtsträger von der direkten Haftung für Altverbindlichkeiten der Muttergesellschaft befreit werden. Es bleibt dann aber die Gefahr, dass die Gläubiger der Muttergesellschaft bei Bedarf auf deren Anteile an der übernehmenden Gesellschaft zugreifen.

228 Eine Ausgliederung auf eine Tochtergesellschaft kann nicht zur **Mobilisierung stiller Reserven** in einem auch als Schlussbilanz zu verwendenden Jahresabschluss der Muttergesellschaft dienen. Das zu übertragende Vermögen ist vielmehr gemäß §§ 125, 17 Abs. 2 UmwG in der handelsrechtlichen Schlussbilanz mit den Buchwerten anzusetzen; der Vollzug der Ausgliederung unter Ausweis neuer Anteile an der übernehmenden Tochtergesellschaft wird in ihr noch nicht abgebildet, da das Vermögen zivilrechtlich erst mit der Eintragung in das Handelsregister übergeht. Liegt diese auch bis zum nächstfolgenden Bilanzstichtag der Muttergesellschaft noch nicht vor, kann zumindest der Übergang des wirtschaftlichen Eigentums an dem auszugliedernden Vermögen in dem kommenden Jahresabschluss der Muttergesellschaft dargestellt werden, wenn vor dem Bilanzstichtag der Ausgliederungsvertrag unterzeichnet und die Zustimmungsbeschlüsse gefasst worden sind. Erst bei der Einbuchung der Anteile an der übernehmenden Gesellschaft können die Anschaffungskosten handelsrechtlich wahlweise mit dem Buchwert oder dem Zeitwert des übertragenen Vermögensteils, ggfs. auch einem erfolgsneutralen Zwischenwert angesetzt werden.[531] Im Gegensatz hierzu kann bei einer Einzelübertragung der Vermögensteil als letzter Akt des laufenden Geschäftsjahres übertragen und damit der Übergang unter sofortiger Mobilisierung der stillen Reserven bereits in dem Jahresabschluss der Muttergesellschaft auf den Ausgliederungsstichtag dargestellt werden. Andererseits kann bei einer Ausgliederung jederzeit gemäß § 24 UmwG eine Fortführung der handelsrechtlichen Buchwerte als fiktive Anschaffungskosten gewählt werden,[532] während bei einer Einzelübertragung dieses Wahlrecht nur besteht, wenn der Ausgabebetrag der neuen Anteile dem Buchwert des übertragenen Vermögensteils entspricht.

2. Sonderregeln gegenüber Auf-/Abspaltung

229 **a) Unanwendbare Regeln.** Bei einer Ausgliederung sind von den Vorschriften über die Verschmelzung, die gemäß § 125 UmwG auch auf die Spaltung entsprechend anzuwenden sind, die folgenden jedoch **nicht auf die Ausgliederung anzuwenden:**

---

[529] BGHZ 83, 122 – Holzmüller; vgl. auch Sagasser/Bula/Brünger/*Bultmann* § 18 Rn. 175; zur Totalausgliederung *H. Schmidt* AG 2005, 26; *Kallmeyer/Sickinger* § 123 Rn. 12.
[530] → Rn. 188.
[531] IDW RS HFA 43, FN-IDW 2012, 714; Sagasser/Bula/Brünger/*Pernegger* § 19 Rn. 116 ff.; Baumbach/Hopt/*Merkt* HGB § 255 Rn. 11; vgl. auch BeckBilKomm./Berger/Grottel/*Gadeck* § 255 Rn. 44; zum Ansatz von Zwischenwerten vgl. Kallmeyer/*Müller* § 24 Rn. 27 f.; für zwingende Bewertung mit dem Zeitwert Schmitt/*Hörtnagl*/Stratz UmwG § 24 Rn. 31.
[532] Kallmeyer/*Müller* § 125 Rn. 35a; kritisch hierzu *Widmann*/Mayer UmwG § 24 Rn. 312 ff.

- Vorschriften über das Umtauschverhältnis[533]
- Vorschriften über Abfindungsangebote an widersprechende Gesellschafter[534]
- Vorschriften über den Ausschluss einer Kapitalerhöhung bei der Beteiligung einer Gesellschaft an der anderen oder einem Verzicht auf die Gewährung von Anteilen[535]
- Prüfung des Spaltungsvertrages[536]

Weiterhin sind von den allein für die Spaltung aufgestellten Sondervorschriften auf die Ausgliederung nicht anzuwenden:

- Bericht über das Umtauschverhältnis und die Zuordnung bzw. Bewertung der Anteile an dem übernehmenden Rechtsträger[537]
- Nicht-verhältniswahrende Spaltung[538]
- Spaltung von Versicherungsvereinen mit Übertragung von Versicherungsverträgen[539]

b) **Ausweitung der ausgliederungsfähigen Rechtsträger.** Um auch Rechtsträgern in anderer Rechtsform die Übertragung von Vermögensteilen ohne Berührung der eigenen Anteilsinhaber zu erleichtern, ist der **Kreis der ausgliederungsfähigen Rechtsträger** gegenüber der Verschmelzung wie auch gegenüber der Auf- bzw. Abspaltung **ausgeweitet** worden, allerdings **nur für eine Beteiligung als übertragender Rechtsträger**. In besonderen Gesetzesabschnitten, die die allgemeinen Spaltungsregeln und die analog anzuwendenden Verschmelzungsvorschriften ergänzen, ist daher zusätzlich die Ausgliederung aus dem Vermögen der folgenden Rechtsträger geregelt:

- Einzelkaufmann §§ 152 bis 160 UmwG
- Rechtsfähige Stiftung §§ 161 bis 167 UmwG
- Gebietskörperschaften und deren Zusammenschlüsse §§ 168 bis 173 UmwG

Wirtschaftlich ist hiervon die **Ausgliederung aus dem Vermögen eines Einzelkaufmanns** von Bedeutung, da dieser sich nicht über einen Formwechsel als Gesellschaft etablieren kann. Die Vermögensübertragung wird bei der Ausgliederung durch die Gesamtrechtsnachfolge erleichtert. Um zu der gleichen Wirkung wie bei einem Formwechsels zu kommen, lässt das Gesetz nicht nur wie allgemein bei Spaltungen die Übertragung eines Vermögensteils, sondern in § 152 Satz 1 UmwG ausdrücklich auch des Unternehmens schlechthin zu. Wird so das gesamte Unternehmen übertragen, erlischt die Firma des Einzelkaufmanns gemäß § 155 Satz 1 UmwG mit der Ausgliederung, sie kann aber von dem übernehmenden Rechtsträger übernommen werden.[540]

Die Vermögensübertragung durch eine Ausgliederung ist allerdings **nur eingetragenen Kaufleuten zugänglich**.[541] Liegt unter Einbeziehung des Privatvermögens eine Überschuldung vor, ist die Ausgliederung gemäß §§ 152 Satz 2, 154, 160 Abs. 2 UmwG ausgeschlossen.[542] Die Ausgliederung bietet dem Einzelkaufmann die Chance, nach Ablauf der Fristen für die gesamtschuldnerische Haftung sein zurückbehaltenes Vermögen von der Haftung für die auf den neuen oder aufnehmenden Rechtsträger übertragenen Verbindlichkeiten zu befreien.[543]

---

[533] §§ 14 Abs. 2, 15, 71 UmwG.
[534] §§ 29 bis 34 UmwG.
[535] §§ 54, 68 UmwG. Nach OLG München GmbHR 2012, 41 entfällt auch die Beschränkung von Zuzahlungen (→ Rn. 67), so dass die Gegenleistung für die Ausgliederung auch in der Übernahme einer Darlehensverbindlichkeit bestehen kann.
[536] §§ 9 bis 12 UmwG.
[537] §§ 126 Abs. 1 Nr. 3, 4 und 10, 127, 131 Abs. 1 Nr. 3 UmwG.
[538] § 128 UmwG.
[539] § 151 UmwG.
[540] *Kallmeyer/Sickinger* § 155 Rn. 3, § 125 Rn. 29; *Semler/Stengel/Maier-Reimer/Seulen* § 155 Rn. 5; LG Hagen GmbHR 1996, 127 entgegen §§ 125, 18 UmwG nicht nur bei der Aufspaltung.
[541] *Kallmeyer/Sickinger* § 152 Rn. 3; *Semler/Stengel/Maier-Reimer/Seulen* § 152 Rn. 19.
[542] Vgl. *Kallmeyer/Sickinger* § 152 Rn. 4, § 160 Rn. 7; *Lutter/Karollus* § 152 Rn. 43 ff., § 160 Rn. 8 f.; *Widmann/Mayer* UmwG § 152 Rn. 73; *Semler/Stengel/Maier-Reimer/Seulen* § 152 Rn. 75.
[543] Vgl. dazu *Weimar/Grote* INF 2003, 913.

3. Steuerliche Aspekte

234 **a) Grundzüge der Betriebseinbringung.** Während im Handelsrecht die Ausgliederung in Anlehnung an die Verschmelzung und Auf- bzw. Abspaltung geregelt worden ist, gilt dies nicht für das Steuerrecht. Entsprechend der wirtschaftlichen Nähe zur traditionellen Sachkapitalerhöhung wird die Ausgliederung steuerlich als Betriebseinbringung im Sinne von § 20 UmwStG behandelt.[544] Es ist auch hier **für die Steuerneutralität** der Einbringung in eine Kapitalgesellschaft **erforderlich**, dass der ausgegliederte Vermögensteil einen Betrieb oder einen **Teilbetrieb**[545] darstellt. Ein Mitunternehmeranteil gilt nach §§ 20 Abs. 1 Satz 1, 24 Abs. 1 UmwStG stets als fiktiver Teilbetrieb.[546] Eine im Betriebsvermögen gehaltene oder ihr gleichgestellte Beteiligung an einer Kapitalgesellschaft, die in eine andere Kapitalgesellschaft eingebracht wird, ist indessen nur dann einem fiktiven Teilbetrieb vergleichbar, wenn sie gemäß § 21 Abs. 1 Satz 2 UmwStG eine mehrheitsvermittelnde Größe hat[547] und nicht selbst einem anderen Teilbetrieb zuzuordnen ist. Bei der Einbringung in eine Personengesellschaft gilt hingegen auch eine einem anderen Teilbetrieb zuzuordnende Beteiligung an einer Kapitalgesellschaft für sich als eigener Teilbetrieb, wenn sie das gesamte Nennkapital umfasst. Anders als bei der Abspaltung ist es irrelevant, ob der dem ausgliedernden Rechtsträger verbleibende Vermögensteil ebenfalls einen Teilbetrieb darstellt.[548] Bei der Einbringung in eine Personengesellschaft ist nach § 6 Abs. 5 Satz 3 ff. EStG das Vorliegen eines Teilbetriebes nicht entscheidend, wenn der eingebrachte Vermögensteil schon vorher zum betrieblichen Bereich des einbringenden Mitunternehmers gehörte.[549]

235 Die Ausgliederung wird regelmäßig – wie gemäß §§ 20 Abs. 1, 24 Abs. 1 UmwStG für die Steuerneutralität erforderlich – gegen **Ausgabe von neuen Anteilen** oder Einräumung einer Mitunternehmerstellung erfolgen, da nach § 125 UmwG das Verbot der Kapitalerhöhung oder ein Verzicht auf die Anteilsgewährung in den Fällen des § 54 UmwG bei der Ausgliederung nicht entsprechend gilt.[550] Auch die weitere Voraussetzung gemäß § 20 Abs. 2 Satz 2 UmwStG, dass der eingebrachte Vermögensteil bei der übernehmenden Kapitalgesellschaft der Körperschaftsteuer unterliegt, wird im Regelfall erfüllt sein, da zumindest nach dem Wortlaut des UmwG eine Ausgliederung nur bei inländischen Rechtsträgern möglich ist.[551] Wird eine Ausgliederung aus einer inländischen Personengesellschaft, an der im Ausland ansässige Gesellschafter[552] beteiligt sind, auf eine Körperschaft vorgenommen, bleibt ein Gewinn aus der Veräußerung des eingebrachten Vermögens oder der dafür gewährten Anteile der inländischen Besteuerung unterworfen, solange die Personengesellschaft als Mitunternehmerschaft fortbesteht,[553] so dass auch hier eine Buchwertverknüpfung möglich bleibt.

236 Wie bei der Verschmelzung bzw. der Auf- bzw. Abspaltung ist die **Übertragbarkeit der steuerlichen Verluste generell ausgeschlossen.**

---

[544] UmwStE 2011 (Fn. 36) Rn. 01.43; auch → Rn. 31c.
[545] UmwStE 2011 (Fn. 36) Rn. 20.06; *Schmitt*/Hörtnagl/Stratz UmwStG § 20 Rn. 12 ff., 79 ff.; Rödder/Herlinghaus/van Lishaut § 20 Rn. 58 ff.; Dötsch/*Patt*/Pung/Möhlenbrock § 20 Rn. 74; Haritz/*Menner* § 20 Rn. 91.
[546] UmwStE 2011 (Fn. 36) Rn. 20.10 ff.; *Schmitt*/Hörtnagl/Stratz UmwStG § 20 Rn. 132 ff., § 24 Rn. 63 f.; Rödder/*Herlinghaus*/van Lishaut § 20 Rn. 83; Dötsch/*Patt*/Pung/Möhlenbrock § 20 Rn. 119; Haritz/Menner/*Schlößer* § 20 Rn. 161 ff., § 24 Rn. 32.
[547] UmwStE 2011 (Fn. 36) Rn. 21.09; Rödder/Herlinghaus/van Lishaut/*Rabback* § 21 Rn. 64; Dötsch/Patt/Pung/Möhlenbrock § 21 Rn. 32; *Schmitt*/Hörtnagl/Stratz UmwStG § 21 Rn. 7 f.; Haritz/Menner/*Behrens* § 21 Rn. 185.
[548] Vergleichbar der Spaltung von Personengesellschaften, vgl. dazu oben Rn. 182c.
[549] Vgl. hierzu Schneider/Ruoff/Sistermann/M. *Schiessl* H 24.30 ff.; *Schmitt*/Hörtnagl/Stratz UmwStG § 24 Rn. 87 ff.; *Seifried* DStR 2001, 240 ff.; *Schmitt*/Franz BB 2001, 1278; *Schulze zur Wiesche* Wpg. 2001, 500, 506; *Crezelius* DB 2004, 397; die gleichzeitige Übernahme von Verbindlichkeiten gilt als Leistung eines Entgeltes mit der Folge einer Gewinnrealisierung, BMF DStR 2001, 1073 Nr. 5.
[550] Semler/*Stengel* § 123 Rn. 24; Semler/Stengel/*Schröer* § 126 Rn. 31. Zu einer Barerhöhung mit Sachagio vgl. → Rn. 182c Fn. 450.
[551] Zu EU-rechtlichen Aspekten vgl. → Rn. 11.
[552] Dazu Dötsch/*Patt*/Pung/Möhlenbrock § 20 Rn. 12 ff.
[553] Vgl. UmwStE 2011 (Fn. 36) Rn. 20.03, 20.19.

b) Bewertungswahlrechte. Steuerlich gilt der Wert, mit dem die übernehmende Gesellschaft das eingebrachte Betriebsvermögen oder die mehrheitsvermittelnde Beteiligung ansetzt, gemäß §§ 20 Abs. 3 bzw. 21 Abs. 2 UmwStG als Veräußerungspreis für die ausgegliederten Wirtschaftsgüter[554] und auch als steuerliche Anschaffungskosten der neuen Anteile.[555] Damit **bestimmt die übernehmende Gesellschaft** die Behandlung der Ausgliederung in der steuerlichen Schlussbilanz der übertragenden Gesellschaft. Letzterer steht steuerlich kein eigenes Bewertungswahlrecht zu. 237

Die übernehmende Gesellschaft hat das eingebrachte Betriebsvermögen gemäß § 20 Abs. 2 Satz 1 UmwStG mit seinem **gemeinen Wert,** auf Antrag aber auch mit dem **Buchwert** oder einem **Zwischenwert** ansetzen.[556] Entsprechendes gilt nach § 21 Abs. 2 Satz 1 UmwStG für die Einbringung einer mehrheitsvermittelnden Beteiligung.[557] Auch hier ist ein niedrigerer Wertansatz von der Sicherstellung einer späteren Besteuerung abhängig. Da gegenüber der früheren Rechtslage die Anwendung des Maßgeblichkeitsgrundsatzes entfallen ist, kann der **steuerliche Antrag** auf Gewährung der Buchwertverknüpfung unabhängig von der Ausübung des handelsrechtlichen Wahlrechts gestellt werden.[558] Die übernehmende Gesellschaft kann daher in ihrer Handelsbilanz höhere Werte als die Buchwerte gemäß Handelsbilanz der übertragenden Gesellschaft ansetzen, ohne dass dies auch eine Aufdeckung der in dem ausgegliederten Vermögensteil ruhenden stillen Reserven in der steuerlichen Schlussbilanz der übertragenden Gesellschaft notwendig macht. 238

c) Haltefristen. Zur **Vermeidung von Missbräuchen** bestehen verschiedene steuerliche Haltefristen: 238a

- Werden die für eine Sacheinlage erhaltenen, unter dem gemeinen Wert angesetzten Anteile von dem Einbringenden innerhalb von sieben Jahren nach dem Einbringungszeitpunkt veräußert, wird gemäß § 22 Abs. 1 UmwStG für jedes noch nicht abgelaufene Jahr ein Siebtel des entsprechend erhöhten Einbringungsgewinns nachversteuert. Der Veräußerung sind mehrere Ersatztatbestände in § 22 Abs. 1 Satz 6 UmwStG gleichgestellt. Die Einhaltung der Frist ist jährlich nachzuweisen, sonst wird eine Veräußerung fingiert.[559]
- Werden Anteile als Teil eines eingebrachten Betriebsvermögens oder im Rahmen eines Anteilstausches unter ihrem gemeinen Wert eingebracht und von der übernehmenden Gesellschaft innerhalb von sieben Jahren nach dem Einbringungszeitpunkt veräußert, ist der Einbringungsgewinn ebenfalls entsprechend nachträglich zu versteuern.[560]
- Bei der Ausgliederung aus einer Kapitalgesellschaft in eine Personengesellschaft unterliegt der Veräußerungsgewinn gemäß § 18 Abs. 3 UmwStG der Gewerbesteuer, wenn der Betrieb der Personengesellschaft oder Anteile an ihr binnen fünf Jahren nach der Ausgliederung verkauft werden.

4. Dokumentation

a) Ausgliederungsplan/-vertrag. Der Ausgliederungsvertrag weicht nur unwesentlich von der bei der Abspaltung zu verwendenden Vertragsfassung ab. Die Besonderheit der **Anteilsgewährung an die übertragende Gesellschaft** statt an deren Gesellschafter findet in der folgenden Klausel bei einer übernehmenden GmbH (Kommanditgesellschaft) ihren Niederschlag: 239

---

[554] UmwStE 2011 (Fn. 36) Rn. 20.25; Schmitt/Hörtnagl/Stratz UmwStG § 20 Rn. 372 f.; Rödder/Herlinghaus/van Lishaut § 20 Rn. 188; Widmann/Mayer UmwStG § 20 Rn. R400.
[555] UmwStE 2011 (Fn. 36) Rn. 20.23, 21.13; Schmitt/Hörtnagl/Stratz UmwStG § 20 Rn. 374 ff.; vgl. auch FG München DB 2001, 784; Rödder/Herlinghaus/van Lishaut § 20 Rn. 189.
[556] UmwStE 2011 (Fn. 36) Rn. 20.17 ff., 21.07 ff.; Rödder/Herlinghaus/van Lishaut § 20 Rn. 138 ff.; Haritz/Menner § 20 Rn. 221 ff.; Widmann/Mayer UmwStG § 20 Rn. R401, 405 ff.
[557] UmwStE 2011 (Fn. 36) Rn. 21.09.
[558] UmwStE 2011 (Fn. 36) Rn. 20.20; Rödder/Herlinghaus/van Lishaut § 20 Rn. 145 ff.; Schmitt/Hörtnagl/Stratz UmwStG § 20 Rn. 313.
[559] Dazu UmwStE 2011 (Fn. 36) Rn. 22.28; Dötsch/Patt/Pung/Möhlenbrock § 22 Rn. 84.
[560] UmwStE 2011 (Fn. 36) Rn. 22.12; zur Steuerfreiheit bei nachfolgender Ausschüttung des Einbringungsgewinnes Schwetlik NZG 2008, 41.

> **Formulierungsvorschlag:**
>
> Als Gegenleistung für die Übertragung des in § ...... dieses Vertrages beschriebenen Teiles des Vermögens der [übertragende Gesellschaft] wird die [übernehmende Gesellschaft] der [übertragende Gesellschaft] einen neu zu schaffenden Geschäftsanteil an (zusätzlichen Anteil am Festkapital) der [übernehmende Gesellschaft] im Nennbetrag von ...... EUR mit (der Stellung als Kommanditist und) Gewinnberechtigung ab [Datum] gewähren.

Werden bei einer Ausgliederung zur Aufnahme neue Anteile nur für einen Teil des übertragenen Reinvermögens gewährt und der Gegenwert im Übrigen zum Ausgleich für bereits vorhandene Rücklagen in eine Kapitalrücklage eingestellt, bietet sich hierfür folgende Regelung an:

> **Formulierungsvorschlag:**
>
> Der Betrag, um den das übergehende Reinvermögen nach Buchwerten die Summe der Nennbeträge der dafür gewährten Geschäftsanteile übersteigt, wird gemäß § 272 Abs. 2 Nr. 1 HGB in die Kapitalrücklage der [übernehmende Gesellschaft] eingestellt.

240 b) **Gesellschafterbeschlüsse.** Im Regelfall werden die Gesellschafterbeschlüsse die gleiche Fassung wie bei einer Abspaltung haben.[561] Lediglich bei der Ausgliederung aus dem Vermögen eines Einzelkaufmanns besteht die Besonderheit, dass bei einer Ausgliederung zur Neugründung der Spaltungsbeschluss gänzlich entfällt, während bei einer Ausgliederung zur Aufnahme ein Beschluss nur bei der übernehmenden Gesellschaft zu fassen ist.

241 c) **Handelsregisteranmeldungen.** Da die Personen, denen die Anteile an der übernehmenden Gesellschaft gewährt werden, bei einer GmbH nicht in der Handelsregisteranmeldung selbst, sondern allenfalls in den beizufügenden Listen anzugeben sind, ergibt sich bei einer Ausgliederung im Regelfall keine inhaltliche Abweichung gegenüber der Abspaltung, wenn man von dem automatischen Entfallen der Prüfung der Umwandlung und der damit verbundenen Berichte oder Verzichtserklärungen einerseits und dem steten Erfordernis eines Sachgründungsberichtes bei der Neugründung einer GmbH absieht. Obwohl sich durch die Ausgliederung im Gegensatz zu anderen Spaltungsfällen das Vermögen der übertragenden Gesellschaft nicht mindert, haben die Geschäftsführer einer GmbH gemäß § 140 UmwG zu erklären, dass die **Gründungsvorschriften** durch die übertragende Gesellschaft **weiterhin eingehalten** werden.[562] Dies kann wie folgt geschehen:

> **Formulierungsvorschlag:**
>
> Unter Berücksichtigung der Ausgliederung liegen die durch Gesetz und Gesellschaftsvertrag für die Gründung der Gesellschaft vorgesehenen Voraussetzungen auch im Zeitpunkt dieser Anmeldung (§ 140 UmwG) vor, da durch die Ausgliederung unter Einbeziehung der dafür gewährten Geschäftsanteile an der [übernehmende Gesellschaft] das bilanzielle Reinvermögen der Gesellschaft nicht gemindert wird und das Stammkapital der Gesellschaft und die von ihr ausgegebenen Geschäftsanteile unverändert geblieben sind.

242 Bei der **Ausgliederung aus dem Vermögen eines Einzelkaufmanns** ergibt sich die Besonderheit, dass bei einer gleichzeitigen Neugründung der übernehmenden Gesellschaft die Handelsregisteranmeldung gemäß § 160 Abs. 1 UmwG nicht nur durch den Einzelkaufmann selbst, sondern zugleich auch durch die künftigen Geschäftsführer der neuen Gesell-

---

[561] Zur im Zuge der Aktienrechtsnovelle 2012 überlegten Einfügung eines § 144a UmwG, um eine Konzernausgliederung ohne Beschluss zu ermöglichen, vgl. BT-PlPr. 17/224 S. 27826; *Dreier/Riedel* BB 2013, 326. Zur entsprechenden Konzernverschmelzung → Rn. 110a.

[562] *Kallmeyer/Zimmermann* § 140 Rn. 3 ff.

schaft zu erfolgen hat.[563] Wird das gesamte Unternehmen übertragen, ist in § 155 Satz 2 UmwG die Amtslöschung der Einzelfirma ohne besondere Anmeldung vorgesehen.[564] Ist der Umfang der Ausgliederung nicht eindeutig oder wird die Firma von dem Übernehmer fortgeführt, empfiehlt sich gleichwohl eine ausdrückliche Anmeldung. Obwohl die gesamte Vermögenssituation des Einzelkaufmanns vor der Handelsregistereintragung zu prüfen ist, um eine Überschuldung auszuschließen,[565] ist es nicht erforderlich, der Handelsregisteranmeldung neben der Schlussbilanz des Einzelunternehmens noch weitere Nachweise zur privaten Vermögenslage beizufügen.[566] Ist in der Schlussbilanz nur ein ungenügendes betriebliches Reinvermögen ausgewiesen und sind deshalb weitere Prüfungen durch den Registerrichter zu erwarten, ist eine vorgreifende Information über weiteres Privatvermögen jedoch einer effizienten Abwicklung des Registerverfahrens dienlich.

5. Bearbeitungshinweise

Da bei der Ausgliederung die Gesellschafterebene der übertragenden Gesellschaft nicht berührt wird, liegt es besonders nahe, diese Umwandlungsart für interne Strukturmaßnahmen zu nutzen. Auch wenn eine Ausgliederung der erste Schritt zum späteren Abverkauf einer Sparte ist, besteht häufig das Bestreben, vor dem geplanten Verkauf die Auswirkungen der Ausgliederung auf den Unternehmensverbund einzugrenzen. Werden in dem abgetrennten Profitcenter zunächst Anlaufverluste erwartet, sollen meistens die Verluste trotz der Ausgliederung auf der Ebene der übertragenden Muttergesellschaft verrechenbar bleiben. Dies ist bei Kapitalgesellschaften nur über die gleichzeitige Begründung einer **Organschaft** möglich. Hierbei ist zu beachten, dass die finanzielle Eingliederung der Organgesellschaft während des ganzen Wirtschaftsjahres bestanden haben muss. Bei einer Ausgliederung wird die rückwirkende finanzielle Eingliederung ab dem Ausgliederungsstichtag anerkannt, allerdings unter der Voraussetzung, dass der Gewinnabführungsvertrag bis zum Ende des ersten Wirtschaftsjahres der Organgesellschaft wirksam wird. Bei einem unterjährigen steuerlichen Übertragungsstichtag ist die Bildung eines Rumpfgeschäftsjahres zu prüfen, wenn zuvor Dritte an der aufnehmenden Gesellschaft beteiligt waren.[567] 243

Soll für die Ausgliederung eine neue GmbH gegründet werden, kann dies auch zur Entlastung des Registerverfahrens oder aus sonstigen Überlegungen durch Vorabgründung der späteren aufnehmenden Gesellschaft erfolgen.[568] Sollte sich eine Gesellschaftsgründung nicht vor dem Ausgliederungsstichtag realisieren lassen, ist es eher eine Frage der Verschmelzungsfähigkeit der Vorgesellschaft, wann die Gründung durch Handelsregistereintragung abgeschlossen sein muss; denn steuerlich setzt die rückwirkende Zurechnung des Ergebnisses des ausgegliederten Vermögens nicht voraus, dass der aufnehmende Rechtsträger bereits am steuerlichen Übertragungsstichtag existent war.[569] Die steuerliche Rückbeziehung umfasst auch die Anteilsgewährung[570] und damit auch die finanzielle Eingliederung ab dem Stichtag. Da der für eine Organschaft abzuschließende Gewinnabführungsvertrag eine Laufzeit von mindestens fünf vollen Kalenderjahren haben muss, führt ein unterjähriger Stichtag zu einer entsprechenden Verlängerung der Laufzeit des Vertrages. 244

---

[563] Kallmeyer/*Zimmermann* § 160 Rn. 3; Widmann/*Mayer* UmwG § 160 Rn. 3; Semler/Stengel/*Maier-Reimer/Seulen* § 160 Rn. 2.
[564] Vgl. Semler/Stengel/*Maier-Reimer/Seulen* § 155 Rn. 5; Lutter/*Carollus* § 155 Rn. 4; Schmitt/*Hörtnagl/Stratz* § 155 Rn. 1 sowie Muster bei Stoye-Benk/*Cutura* S. 298; indessen eine Anmeldung befürwortend Sagasser/Bula/Brünger/*Gageik* § 18 Rn. 204D.
[565] Kallmeyer/*Zimmermann* § 154 Rn. 4, § 160 Rn. 7.
[566] Kallmeyer/*Zimmermann* § 154 Rn. 3, 5; Semler/Stengel/*Maier-Reimer/Seulen* § 154 Rn. 10, 15.
[567] Zu den Bedingungen für die Anerkennung einer Organschaft bei einer Ausgliederung vgl. UmwStE 2011 (Fn. 36) Rn. Org.13 in Anschluss an BFH DStR 2010, 2182; vgl. dazu auch *Sistermann* DStR 2012 Beih. 2, 18; Heurung/Engel/*Thiedemann* Der Konzern 2012, 16, 20.
[568] Bei der Ausgliederung sind die Anteile an der Vorratsgesellschaft dann dem ausgenommenen Vermögen zuzuordnen.
[569] Vgl. UmwStE 2011 (Fn. 36) Rn. 02.11, die aber nicht unmittelbar für die Ausgliederung als Einbringung i. S. v. § 20 UmwStG gilt.
[570] So ausdrücklich UmwStE 2011 (Fn. 36) Rn. 20.14 aE.

245 Falls die neue GmbH vor der Ausgliederung keine eigene unternehmerische Tätigkeit entfaltet, kann die Eintragung des Beherrschungs- und Gewinnabführungsvertrages noch vor der Ausgliederung zu Problemen führen, da hierfür jede beteiligte Gesellschaft ein Unternehmen betreiben muss. Wenn die faktische Beherrschung der neuen Gesellschaft ohne Zweifel nachgewiesen werden kann, dürfte es deshalb besser sein, die Eintragung des Beherrschungs- und Gewinnabführungsvertrages nicht schon zum erstmöglichen Zeitpunkt zu betreiben, sondern mit der Anmeldung der Ausgliederung zur Eintragung in das Handelsregister zu verbinden.

246 Die Beibehaltung der **Mitbestimmung** gilt nur für die übertragende Gesellschaft, schließt aber bei der kleinen Mitbestimmung im Falle einer nur faktischen Beherrschung die Arbeitnehmer des ausgegliederten Geschäftes von der weiteren Teilnahme an einer einheitlichen Mitbestimmung aus, solange kein neuer Beherrschungsvertrag, sondern allenfalls ein isolierter Gewinnabführungsvertrag abgeschlossen wird.

247 Wenn die Mitbestimmung erhalten werden soll, ist nur erforderlich, dass der Beherrschungsvertrag gleichzeitig mit der Ausgliederung in das Handelsregister eingetragen wird, da die betroffenen Arbeitnehmer erst mit der Handelsregistereintragung der Ausgliederung auf die neue GmbH übergehen und sie bis zu diesem Zeitpunkt noch der übertragenden Gesellschaft zugerechnet werden.

248 Zur eigenen Kontrolle und zur **Information des Mandanten** über die Entwicklung des Verfahrensstandes kann folgende Aufstellung, bezogen auf eine Ausgliederung auf eine zu gründende Vorratsgesellschaft und Abschluss einer Organschaft, **kontinuierlich fortgeschrieben** werden:

Checkliste zur Ausgliederung

	Status
Stand: [Datum]	
A. Befreiung § 181 BGB	
1. Gesellschafterbeschluss [übertragende Gesellschaft]	Entwurf
2. HR-Anmeldung [übertragende Gesellschaft]	Entwurf
3. HR-Eintragung	Entwurf
B. Gesellschaftsgründung [übernehmende Gesellschaft]	
1. Gründungsvollmacht [übertragende Gesellschaft]	Entwurf
2. Mantelurkunde [übernehmende Gesellschaft]	Entwurf
3. Gesellschaftsvertrag [übernehmende Gesellschaft]	Entwurf
4. HR-Anmeldung [übernehmende Gesellschaft]	Entwurf
5. Liste der Gesellschafter [übernehmende Gesellschaft]	Entwurf
6. HR-Eintragung	fehlt
C. Organschaft	
1. Beherrschungs- und Gewinnabführungsvertrag	Entwurf
2. Gesellschafterbeschluss [übertragende Gesellschaft]	Entwurf
3. Gesellschafterbeschluss [übernehmende Gesellschaft]	Entwurf
4. Vollmachten aller Beteiligten	Entwurf
5. HR-Anmeldung [übernehmende Gesellschaft]	Entwurf
6. HR-Vollmacht [übernehmende Gesellschaft]	Entwurf
7. HR-Eintragung	fehlt
D. Ausgliederung	
1. Notarurkunde mit Vertrag und Beschlüssen	Entwurf
1a. Vertragsanlagen [übertragende Gesellschaft]	fehlt
2. Vollmacht [übertragende Gesellschaft]	Entwurf
3. Vollmacht [übernehmende Gesellschaft]	Entwurf
4. HR-Anmeldung [übertragende Gesellschaft]	Entwurf
5. HR-Anmeldung [übernehmende Gesellschaft]	Entwurf
6. Bestätigung des Gesamtbetriebsrats [übertragende Gesellschaft]	Entwurf
7. Negativ-Erklärung zum Betriebsrat [übernehmende Gesellschaft]	Entwurf

8. Werthaltigkeitsbestätigung	Entwurf
9. Liste der Übernehmer	Entwurf
10. Schlussbilanz zum [Stichtag]	WP
11. Neufassung des Gesellschaftsvertrages	Entwurf
12. HR-Eintragung [übertragende Gesellschaft]	fehlt
13. HR-Eintragung [übernehmende Gesellschaft]	fehlt
14. Berichtigte Liste der Gesellschafter mit Notarbescheinigung	Entwurf

V. Formwechsel

Beratungscheckliste für den Formwechsel unter Beteiligung einer GmbH 249

Vorüberlegungen
☐ Grund für den Formwechsel
  • betriebliche Bedeutung
  • Auswirkungen auf der Gesellschafterebene
☐ Alternativen

Planung
☐ Feststellung der Defizite der vorhandenen Rechtsform
  • Entscheidungsstrukturen im Unternehmen
  • Unternehmensfinanzierung
  • Steuerliche Belastung des Unternehmens und der Gesellschafter
☐ Auswahl der geeigneten Rechtsform
  • Nutzenanalyse
  • Kosten eines Formwechsels
  • Besetzung der Vertretungsorgane
  • Konsensfähigkeit unter den Gesellschaftern
☐ Umwandlungsbericht
  • Bemessung des Abfindungsangebots
  • Kapitalstruktur und Liquidität für Abfindungen

Durchführung
☐ Zeitplan für Entwurf und Ausfertigung der Dokumentation
☐ Entwurf des Umwandlungsbeschlusses
  • Ausarbeitung des Gesellschaftsvertrages
  • Regelung der Vertretungsverhältnisse
  • Festlegung der Beteiligungsverhältnisse
☐ Vorbereitung des Umwandlungsberichtes
☐ Maßnahmen im Personalbereich
  • Vorab-Information des Betriebsrates
  • Unterrichtung der Arbeitnehmer nach Vollzug
☐ Abhaltung der Gesellschafterversammlung
☐ Handelsregisteranmeldung

Abschluss
☐ Eintragung im Handelsregister

1. Möglichkeiten des Formwechsels

a) Übersicht. Über die Rechtsform[571] einer schon bestehenden Unternehmung ist nachzudenken, wenn neue unternehmerische Ziele oder andere **Vorteile mit einer bestimmten** 250

---

[571] Zur Wahl der Rechtsform vgl. auch oben *Büsching* → § 1.

Rechtsform verbunden[572] sind und daher nur über einen Wechsel der Rechtsform erreicht werden können. Dies trifft z. B. in folgenden Fällen zu:
- Die Aufnahme von Kapital an der Börse ist Aktiengesellschaften vorbehalten.
- Erbschaftsteuerliche Bewertungsvorteile bzw. die Anrechnung der Gewerbesteuer sind auf Personengesellschaften beschränkt.
- Kapitalgesellschaften unterliegen auch bei Thesaurierung niedrigeren Steuersätzen als Personengesellschaften.
- Mitbestimmung und Publizität gelten bei Personengesellschaften nur eingeschränkt.
- Den geringeren Formalitäten bei Gesellschafterversammlungen der GmbH steht der Beurkundungszwang bei Anteilsübertragungen gegenüber.

251 Eine Beschränkung der Haftung kann sowohl durch eine Kapitalgesellschaft wie auch als Personengesellschaft durch eine GmbH & Co. KG erreicht werden. **Anpassungen an** Änderungen der **Steuerrechtslage** oder sonstige steuerliche Erwägungen sind häufig zu findende Motive.[573] Das gegenwärtige Steuerrecht zwingt bei der Rechtsformwahl zu einer auf den Einzelfall bezogenen Entscheidung, bei der insbesondere auch die beabsichtigte Gewinnverwendung zu berücksichtigen ist. So sprechen eine günstigere Gesamtbelastung bei Thesaurierung und die Abzugsfähigkeit von Vergütungen einschließlich Altersvorsorge für tätige Gesellschafter für die Rechtsform als Kapitalgesellschaften. Hingegen begründen günstigere Schenkungs- und Erbschaftsteuern und die Anrechenbarkeit der Gewerbesteuer[574] auf die Einkommensteuer die steuerliche Attraktivität von Personengesellschaften.[575]

252 Das Gesetz sieht in § 191 Abs. 1 und 2 UmwG einen **numerus clausus** der Möglichkeiten zum Formwechsel vor.[576] Eine GmbH kann danach sowohl als bestehende Gesellschaft wie auch als neue Rechtsform an einem Formwechsel beteiligt sein. In der Praxis wird sich für sie ein Formwechsel im Wesentlichen auf folgende Konstellationen beschränken:
- Umwandlung einer Personenhandelsgesellschaft (oHG, KG) in eine GmbH,[577]
- Umwandlung einer GmbH in eine Personenhandelsgesellschaft,[578]
- Rechtsformwechsel zwischen einer GmbH und einer Aktiengesellschaft.[579]

252a Der Übergang von einer **Unternehmergesellschaft** nach § 5a GmbHG, die gegenüber der klassischen GmbH keine eigene Rechtsform darstellt,[580] zu einer GmbH in der Regelfassung ist kein Formwechsel, sondern lediglich eine Satzungsänderung.[581] Eine Unternehmergesellschaft kann aber durch Formwechsel eine andere Rechtsform annehmen.[582] Hingegen kann ein Formwechsel aus einer anderen Rechtsform nur in eine Regel-GmbH, nicht jedoch in die Variante der Unternehmergesellschaft erfolgen, da der Formwechsel einer Sachgründung gleichkommt und eine solche nach § 5a Abs. 2 GmbHG unzulässig ist.[583] Dies schließt aber

---

[572] Zu rechtsformgebundenen Erlaubnissen vgl. Semler/Stengel/*Kübler* § 20 Rn. 70.
[573] Dazu *Sagasser*/Bula/Brünger § 25 Rn. 1 ff.; zur Rechtsformwahl nach der Unternehmenssteuerreform 2008 *Herzig*, FS Spiegelberger, S. 210 ff.
[574] Allerdings nur pauschaliert gemäß § 35 EStG, was u. U. Nachteile aus umfassenden Hinzurechnungen nicht ausgleicht, so bei der Betriebsaufspaltung *Levedag* GmbHR 2008, 281.
[575] Vgl. dazu *Lothmann* DStR 2000, 2153; *Herzig* Wpg. 2001, 253; *Jacobs* DStR 2001, 806; *Kessler* DStR 2000, 1836; *Schiffers* GmbHR 2000, 253, 1005; zu gesellschaftsrechtlichen Reflexwirkungen der Unternehmenssteuerreform 2008 *Rodewald/Pohl* DStR 2008, 724.
[576] Zum grenzüberschreitenden Formwechsel → Rn. 11.
[577] § 191 Abs. 1 Nr. 1 und Abs. 2 Nr. 3 UmwG.
[578] §§ 191 Abs. 1 Nr. 2 und Abs. 2 Nr. 2, 226 UmwG.
[579] §§ 191 Abs. 1 Nr. 2, Abs. 2 Nr. 3, 226 UmwG.
[580] → Rn. 32 Fn. 56.
[581] Im Einzelnen dazu *Meister* NZG 2008, 767; ebenso *Veil* GmbHR 2007, 1080.
[582] Vgl. dazu *Bormann* GmbHR 2007, 897; *Seibert* GmbHR 2007, 673; *Gehrlein* Der Konzern 2007, 771, dort auch zur Stellung als Komplementär in einer GmbH & Co KG; dies aber ablehnend bei fehlender Kapitalaufbringung *Veil* GmbHR 2007, 1080. Vgl. auch *Heinemann* NZG 2008, 820; *Heckschen/Heidinger*, GmbH in der Gestaltungs- und Beratungspraxis § 51 Rn. 101.
[583] Dazu im einzelnen *Tettinger* Der Konzern 2008, 75; *Meister* NZG 2008, 767; *Wachter* GmbHR Sonderheft Okt. 2008, S. 26. Im Ergebnis ebenso Widmann/Mayer/*Heckschen* § 1 UmwG Rn. 48.5; dazu auch *Berninger* GmbHR 2010, 63, 67.

nicht aus, dass sich eine bereits bestehende Unternehmergesellschaft an einer Personengesellschaft, die aus einem Formwechsel hervorgeht, als Komplementär-GmbH beteiligt.[584]

Der Formwechsel eines **Einzelunternehmens** in eine GmbH ist nicht zulässig; dieses Ziel kann mit Gesamtrechtsnachfolge gemäß § 124 Abs. 1 2. Halbs. UmwG nur durch eine Ausgliederung erreicht werden.[585] Wenn eine Gesellschaft bereits in die Liquidation eingetreten ist, kommt der Formwechsel einer Rückgängigmachung der Auflösung gleich und ist daher nach § 191 Abs. 3 UmwG nur zulässig, wenn auch die Fortsetzung der Gesellschaft beschlossen werden könnte.[586] In allen Fällen, in denen nach der Auflösung kein Liquidationsverfahren stattfindet, ist nach § 214 Abs. 2 UmwG ein Formwechsel ausgeschlossen. Obwohl **Gesellschaften des bürgerlichen Rechtes** (GbR) nicht durch Umwandlung in eine andere Rechtsform wechseln können,[587] ist umgekehrt der Formwechsel einer Kapitalgesellschaft auch in eine GbR zulässig,[588] während der Übergang einer Personenhandelsgesellschaft in eine GbR nach § 214 Abs. 1 UmwG nicht dem Umwandlungsrecht unterliegt, sondern sich nach allgemeinem Gesellschaftsrecht richtet.[589] Soll eine GbR in eine GmbH umgestaltet werden, kann eine Gesamtrechtsnachfolge gleichwohl dadurch herbeigeführt werden, dass alle Gesellschafter ihre Anteile als Sacheinlage in eine GmbH einbringen und die GbR dann durch Anteilskonfusion erlischt.[590]

Daneben sind als Alternative auch für die Rechtsträger, die einen Formwechsel nach dem 254 Umwandlungsgesetz vornehmen können, weiterhin schon früher praktizierte Modelle, die auf der **Anwachsung** im Falle einer Anteilsvereinigung **bei Personengesellschaften** beruhen, zulässig.[591] Das gilt z.B. bei einer GmbH & Co. KG für die Einbringung aller Kommanditanteile als Sacheinlage in die Komplementär-GmbH gegen Gewährung von Gesellschaftsrechten an dieser GmbH. Hierbei setzt sich aber anders als beim Formwechsel die Identität der beteiligten Gesellschaften nicht fort, so dass es zu einer Vermögensübertragung mit damit u. U. verbundenen weiteren Folgen kommt.

b) **Struktur der gesetzlichen Regelungen.** Der Formwechsel ist gemäß § 1 Abs. 1 Nr. 4 255 UmwG als besondere Art der Umwandlung eigenständig ohne allgemeinen Verweis auf andere Arten der Umwandlung geregelt worden; nur für Einzelfragen eher technischer Natur finden sich im Gesetz Verweisungen auf Vorschriften für andere Arten der Umwandlung.[592] An die häufigsten Fallgruppen anknüpfend ist das Gesetz wie folgt gegliedert:
- Allgemeine Vorschriften für alle Fallgruppen §§ 190–213 UmwG
- Formwechsel einer Personengesellschaft in eine GmbH §§ 214–225c UmwG
- Formwechsel einer GmbH in eine Personengesellschaft §§ 228–237 UmwG
- Formwechsel mit Beteiligung einer Aktiengesellschaft §§ 238–250 UmwG

2. Wirkungen des Formwechsels

a) **Gesellschaftsrecht.** Die Bedeutung des Formwechsels liegt in der **identitätswahrenden** 256 **Fortführung des Rechtsträgers** in einer neuen Rechtsform, ohne dass hierzu das Vermögen durch zusätzliche Handlungen auf den neuen Rechtsträger übertragen werden müßte.[593] Im Gegensatz zu anderen Arten der Umwandlung tritt **keine Änderung im Bestand des Vermö-**

---

[584] → Rn. 260 f.
[585] Kallmeyer/*Meister*/Klöcker § 191 Rn. 3.
[586] Kallmeyer/*Meister*/Klöcker § 191 Rn. 16 ff.; Lutter/*Decher* § 191 Rn. 9 ff.; Semler/*Stengel* § 191 Rn. 16; Widmann/Mayer/*Vossius* UmwG § 191 Rn. 17; für eine GmbH → Rn. 365.
[587] Kallmeyer/*Meister*/Klöcker § 191 Rn. 4; Semler/*Stengel* § 191 Rn. 11.
[588] § 191 Abs. 2 Nr. 1 UmwG; Kallmeyer/*Meister*/Klöcker § 191 Rn. 7; Lutter/*Decher* § 191 Rn. 4; Semler/*Stengel* § 191 Rn. 13.
[589] Kallmeyer/*Dirksen*/Blasche § 214 Rn. 5; Widmann/Mayer/*Vossius* UmwG § 214 Rn. 2; Semler/Stengel/*Schlitt* § 214 Rn. 35.
[590] OLG Düsseldorf NJW-RR 1999, 619; vgl. auch Kallmeyer/*Dirksen*/Blasche § 214 Rn. 5; Lutter/*Joost* § 214 Rn. 3.
[591] Lutter/*Decher* § 190 Rn. 15; Semler/Stengel/*Schlitt* § 214 Rn. 33.; auch → Rn. 19 ff.
[592] Kallmeyer/*Meister*/Klöcker § 190 Rn. 2; Semler/*Stengel* § 190 Rn. 2.
[593] Kallmeyer/*Meister*/Klöcker § 190 Rn. 6; ebenso zu anhängigen Prozessen OLG Köln GmbHR 2003, 1489; Semler/*Stengel* § 190 Rn. 4.

gens der Gesellschaft ein,⁵⁹⁴ es sei denn, dass der Formwechsel mit einer Kapitalerhöhung verbunden wird. Allerdings ist im Rahmen des Formwechsels gemäß § 197 UmwG sicherzustellen, dass die Gründungsvorschriften des neuen Rechtsträgers erfüllt werden,⁵⁹⁵ ohne dass es hierdurch aber zu der Gründung einer neuen Gesellschaft käme. Das Gesetz gesteht dieses Privileg auch Personengesellschaften zu, obwohl ihnen nicht die gleiche Rechtsfähigkeit wie Kapitalgesellschaften zukommt, so wohl in Hinblick auf ihre gesamthänderische Vermögensbeteiligung.

257   Neben der Trägerschaft des Vermögens drückt sich die Identität der Gesellschaft in der nach § 200 UmwG zulässigen, weitgehend unveränderten Fortführung der Firma und nach § 202 Abs. 1 Nr. 2 UmwG auch in dem Fortbestand der Beteiligungen ihrer Gesellschafter aus.⁵⁹⁶ Die **Qualität der Beteiligung ändert sich** jeweils nach den Eigenschaften der neuen Rechtsform.⁵⁹⁷ Soweit unterschiedliche Gesellschafterklassen vorhanden waren oder durch den Formwechsel entstehen, z. B. bei Kommanditgesellschaften persönlich haftende und zur Geschäftsführung berechtigte Komplementäre einerseits, in ihrer Haftung und Einflußnahme beschränkte Kommanditisten andererseits, hat der Umwandlungsbeschluss den Gesellschaftern die künftig für sie geltende Stellung zuzuweisen und etwaige Ausgleichsregelungen vorzusehen. **Neu entstehende Organe** sind ebenfalls durch den Beschluss zu besetzen.⁵⁹⁸ Besteht vor und nach dem Formwechsel ein Aufsichtsrat, räumt § 203 UmwG i. V. m. § 197 Satz 2 UmwG ein Wahlrecht zwischen Amtskontinuität und Neubestellung ein.⁵⁹⁹ Wegen der gesellschaftsrechtlichen Treuepflicht darf eine beschließende Mehrheit den Formwechsel nicht dazu nutzen, um Veränderungen der bestehenden Gesellschaftsstruktur zu beschließen, die nicht durch die Umwandlung selbst oder ihre Gründe veranlasst werden.⁶⁰⁰

258   Selbst wenn dem Formwechsel **widersprechende Gesellschafter** gemäß §§ 207 ff. UmwG abzufinden sind, erwerben diese zunächst Gesellschafterrechte gemäß der neuen Rechtsform, jedoch werden ihre neuen Anteile anschließend im Zuge der **Abfindung** von der Gesellschaft erworben⁶⁰¹ oder sie scheiden aus der neu formierten Gesellschaft gegen Abfindung aus.⁶⁰²

Mit Zustimmung aller betroffenen Gesellschafter soll auch ein **quotenändernder Formwechsel**, der sich u. U. wegen entfallender Sonderrechte anbietet, zulässig sein; alle Gesellschafter müssen aber mit ausreichenden Gesellschafterrechten beteiligt bleiben.⁶⁰³

259   Besonderheiten ergeben sich aus der zwingenden Identität der Gesellschafter bei der Beteiligung einer Komplementär-GmbH, die zur Haftungsbegrenzung an einer GmbH & Co. KG ohne Kapitalanteil beteiligt ist.

260   *aa) Wechsel aus einer GmbH in eine GmbH & Co. KG.* Sollen bei der Umwandlung einer **GmbH** in eine **GmbH & Co. KG** alle bisherigen Gesellschafter zur Erhaltung ihrer Haftungsbeschränkung Kommanditisten werden und eine **neue Komplementär-GmbH** in die Gesellschaft eintreten, ist es wegen eines unentschiedenen Meinungsstreits zur Wahrung der Kontinuität der Gesellschafterstellungen in der Praxis zu empfehlen, dass die neue Komplementär-GmbH der formwechselnden GmbH noch vor der Umwandlung beitritt,⁶⁰⁴ auch

---

⁵⁹⁴ Lutter/*Decher* § 190 Rn. 1.
⁵⁹⁵ Kallmeyer/*Meister*/*Klöcker* § 197 Rn. 5 ff.; Semler/Stengel/*Bärwaldt* § 197 Rn. 6 ff.
⁵⁹⁶ Kallmeyer/*Meister*/*Klöcker* § 202 Rn. 28 ff.; Lutter/*Decher* § 202 Rn. 13 ff.; Widmann/Mayer/*Vossius* UmwG § 202 Rn. 44; Semler/Stengel/*Kübler* § 202 Rn. 15, 19. Eine Ausnahme gilt aber für den phG in einer KGaA, § 247 Abs. 2 UmwG.
⁵⁹⁷ Kallmeyer/*Meister*/*Klöcker* § 202 Rn. 38; Semler/Stengel/*Kübler* § 202 Rn. 24; zum nicht verhältniswahrenden Formwechsel Kallmeyer/*Meister*/*Klöcker* § 194 Rn. 34; Semler/Stengel/*Bärwaldt* § 194 Rn. 18.
⁵⁹⁸ Kritisch zur Beendigung der Rechtstellung von Geschäftsleitern *Hoger* ZGR 2007, 868.
⁵⁹⁹ Zum Statusverfahren bei Änderung der Mitbestimmung *Krause-Ablaß/Link* GmbHR 2005, 731; Willemsen/Hohenstatt/Schweibert/*Seibt* Abschnitt F Rn. 65 ff.
⁶⁰⁰ BGHZ 85, 350; BGH NZG 2005, 722; vgl. auch OLG Düsseldorf DB 2003, 1318.
⁶⁰¹ Kallmeyer/*Meister*/*Klöcker* § 207 Rn. 30; Semler/Stengel/*Kalss* § 207 Rn. 9, 12 f.
⁶⁰² Kallmeyer/*Meister*/*Klöcker* § 207 Rn. 41.
⁶⁰³ Vgl. dazu Kallmeyer/*Meister*/*Klöcker* § 194 Rn. 21 ff.; Lutter/*Decher* § 194 Rn. 10 ff., § 202 Rn. 19 ff.
⁶⁰⁴ Vgl. *Sagasser*/Bula/Brünger/*Luke* § 26 Rn. 160 ff., 254 A; Engl/*Greve* S. 1209 ff., 1225; *Seibt* S. 1811 jeweils mit alternativen Mustern. Einen Gesellschafterbeitritt mit Wirksamkeit des Formwechsels ablehnend Lutter/*Happ* (3. Aufl.) § 228 Rn. 27; Widmann/Mayer/*Vossius* UmwG § 228 Rn. 99; Kallmeyer/*Meister*/

wenn sie später nicht am Kapital der GmbH & Co KG beteiligt sein soll.[605] Da aber eine **kapitallose Beteiligung** an einer GmbH nicht möglich ist, muss die Komplementär-GmbH schon vor dem Formwechsel einen Anteil an der formwechselnden GmbH erwerben[606] und erhält dann mit dem Formwechsel auch eine Kapitalbeteiligung an der Kommanditgesellschaft, wenn diese Beteiligung nicht durch einen quotenändernden Formwechsel beseitigt wird. Lediglich bei einer KGaA ist durch § 221 UmwG der Beitritt eines persönlich haftenden Gesellschafters erst im Zeitpunkt des Formwechsels zugelassen worden.[607]

Bei der Ausgestaltung der künftigen Komplementär-GmbH,[608] die ihren Sitz am Ort der formwechselnden GmbH haben soll, ist darauf zu achten, dass ihre **Firma** nicht verwechslungsfähig ist. Ihr **Unternehmensgegenstand** könnte wie folgt lauten:

> **Formulierungsvorschlag:**
> Gegenstand des Unternehmens ist die Beteiligung an Unternehmen, die sich mit der Herstellung und dem Vertrieb von [Produkt] befassen, und die Übernahme der Geschäftsführung dieser Unternehmen.

Die Kontinuität der Mitgliedschaft zwingt nicht dazu, in der Komplementärgesellschaft dieselben **Beteiligungsverhältnisse** wie in der Kommanditgesellschaft abzubilden. Ein Mehrheitsgesellschafter kann auch 100% an der Komplementär-GmbH übernehmen.[609] Verfügt er nicht über eine ¾-Mehrheit, liegt es nahe, dass die Komplementär-GmbH von den künftigen Kommanditisten im gleichen Verhältnis wie ihre künftigen Kommanditanteile gehalten werden. Auch wenn nach § 5a GmbHG das Mindestkapital von 25.000,– EUR unterschritten wird, können die Quoten der Kommanditisten in der Komplementär-GmbH (UG) unschwer abgebildet werden, nachdem die früher in § 5 Abs. 1, 3 GmbHG enthaltenen rigideren Vorschriften über die Teilbarkeit und den Mindestnennbetrag von Geschäftsanteilen entfallen sind. Die künftige Kommanditgesellschaft kann die Anteile an der Komplementär-GmbH als Einheits-Gesellschaft auch selbst halten. Die formwechselnde GmbH müßte dann entsprechend die neue Komplementär-GmbH selbst gründen.

Um nach der bisher h.L. bei der Beteiligung der Komplementär-GmbH keine Kapitalerhöhung der formwechselnden GmbH durchführen zu müssen, kann einer der Gesellschafter seine Beteiligung teilen und einen Geschäftsanteil in Höhe des Mindestbetrages von 1,– EUR abtreten. Zur Vermeidung sowohl eines steuerpflichtigen Veräußerungsgewinnes wie auch einer Verzerrung der faktischen Beteiligungsquoten kann die Beteiligung bei Wahl eines höheren Nennbetrages bis zum Formwechsel nur treuhänderisch erfolgen. Zur steuerlichen Anerkennung einer solchen Treuhand gehört allerdings ein formgerecht abgeschlossener Treuhandvertrag,[610] dessen Kosten bei einer Beschränkung des Anteils auf den Mindestbetrag kaum zu rechtfertigen sind. Falls gleichwohl eine Formalisierung gewünscht wird, kann für die Beteiligung der Komplementär-GmbH an der formwechselnden GmbH folgende Dokumentation Verwendung finden:

Klöcker § 194 Rn. 25 ff.; *Haritz/Menner/Greve* § 9 Rn. 15; a. A. *Baßler* GmbHR 2007, 1252, gestützt auf ein obiter dictum in BGH DB 2005, 1842; ebenso *Semler/Stengel/Bärwaldt/Kübler* §§ 194 Rn. 9 f., 202 Rn. 19 ff.; *Kallmeyer/Dirksen/Blasche* § 218 Rn. 12 ff.; *Heckschen* DB 2008, 2122; *Stoye-Benk/Cutura* S. 304 f.; jetzt auch *Widmann/Mayer* § 197 Rn. 22; *Lutter/Happ/Göthel* (4. Aufl.) § 228 Rn. 24 ff.; *Happ* Muster 11.01 Anm. 8.1 und Muster 11.06 Anm. 8.2; *Schmitt/Hörtnagl/Stratz* § 226 UmwG Rn. 3 f.

[605] BayObLG GmbHR 2000, 89 ff.
[606] *Heckschen* Rpfleger 1999, 357, 365; nach BayObLG NZG 2000, 166 m. Anm. *Bungert* reicht aber ein Beitritt bis zur Eintragung des Formwechsels. So jetzt auch *Heckschen* DB 2008, 2122; *Lutter/Happ/Göthel* (4. Aufl.) § 228 Rn. 24 ff.
[607] *Lutter/Joost* § 221 Rn. 3.
[608] Zu den Bedingungen für die Wahl der Variante einer Unternehmergesellschaft *Gehrlein* Der Konzern 2007, 771; dazu kritisch *Veil* GmbHR 2007, 1080.
[609] BGH DB 2005, 1842.
[610] BFH DB 1997, 1954; BB 2001, 1562; zur Formbedürftigkeit vgl. BGH NZG 1999, 656; OLG Köln NZG 2001, 810.

Muster: Abtretung eines Geschäftsanteils

[Vorspann Notarurkunde]

Sodann erklärte der Erschienene:

I.
Teilung und Abtretung eines Geschäftsanteiles

1. Die [Gesellschafter a] hielt an der [formwechselnde GmbH], [Ort] (nachfolgend kurz „die Gesellschaft" genannt), eingetragen im Handelsregister des Amtsgerichtes [Ort] unter HRB [Nummer], einen voll eingezahlten Geschäftsanteil mit dem Nennbetrag von ...... EUR, der in der letzten Gesellschafterliste unter lfd. Nr....... ausgewiesen ist.
Zum Zwecke der Abtretung ist dieser Geschäftsanteil durch Gesellschafterbeschluss vom heutigen Tage in einen Geschäftsanteil im Nennwert von ...... EUR, der in der nächsten Gesellschafterliste weiterhin unter der lfd. Nr....... ausgewiesen wird,[611] und einen weiteren Geschäftsanteil im Nennwert von ...... EUR, der in der nächsten Gesellschafterliste die lfd. Nr. ...... erhält, geteilt worden.
2. Die [Gesellschafter a] tritt hiermit mit sofortiger Wirkung den vorstehend bezeichneten Geschäftsanteil im Nennwert von ...... EUR mit der künftigen lfd. Nr. ...... an die [Komplementär-GmbH] ab. Diese Abtretung schließt alle mit dem Geschäftsanteilen für die Vergangenheit und Zukunft zusammenhängenden Rechte, insbesondere alle Gewinnbezugsrechte, ein.
3. Die [Komplementär-GmbH] nimmt hiermit die vorstehende Abtretung des Geschäftsanteiles an.
4. Die auf Grund dieser Niederschrift und ihrer Durchführung entstehenden Kosten werden von der [Komplementär-GmbH] getragen.
5. Die Gesellschaft hat keinen Grundbesitz. Ihr Gesellschaftsvertrag enthält keine besonderen Voraussetzungen für die Abtretung von Geschäftsanteilen.

II.
Abschluss eines Treuhandvertrages

Die vorstehende Abtretung des Geschäftsanteils erfolgt treuhänderisch nach Maßgabe des folgenden Treuhandvertrages, welcher hiermit zwischen [Gesellschafter a] und der [Komplementär-GmbH] abgeschlossen wird.

Anlage

263 Das Treuhandverhältnis kann weitestgehend wie für allgemeine Zwecke ausgestaltet werden. Zur automatischen Auflösung der Treuhand bei Wirksamwerden des Formwechsels kann folgende Klausel vorgesehen werden:

Formulierungsvorschlag:

Das Treuhandverhältnis endet auch ohne Kündigung bei einer Umwandlung der [formwechselnde GmbH] in eine Kommanditgesellschaft, an der der Treuhänder keinen Kapitalanteil erwirbt, mit deren Eintragung in das Handelsregister. Wird dem Treuhänder hingegen bei einem solchen Formwechsel eine Kapitalbeteiligung gewährt, setzt sich das Treuhandverhältnis an dieser Kapitalbeteiligung fort. Das Treuhandverhältnis erstreckt sich aber nicht auf die Stellung als Komplemetärin dieser neuen Kommanditgesellschaft.

264 *bb) Wechsel aus einer Personengesellschaft in eine GmbH.* Ist bei einer GmbH & Co KG deren Komplementär-GmbH nicht am Kapital beteiligt, muss auch diese bei einem Formwechsel nach § 202 Abs. 1 Nr. 2 UmwG Anteilsrechte in der neuen Rechtsform erwerben.

---

[611] → Fn. 502.

Soll die GmbH & Co KG in eine GmbH umgewandelt werden, an der aber auch nach neuem Recht keine völlig kapitallose Beteiligung möglich ist, muss der Komplementär-GmbH nach umstrittener Meinung[612] vor dem Formwechsel treuhänderisch eine Kapitalbeteiligung an der GmbH & Co. KG eingeräumt werden, die sich dann an der neuen GmbH fortsetzt. Nach Eintragung des Formwechsels kann die Treuhand zur Herstellung der alten Beteiligungsverhältnisse wieder aufgelöst werden.[613]

> **Formulierungsvorschlag:**
>
> [Gesellschafter a] tritt der [Komplementär-GmbH] als Treuhänder zum Zwecke des Formwechsels der [GmbH & Co. KG] in eine GmbH einen Teilbetrag seiner Kommanditeinlage an der [GmbH & Co. KG] in Höhe von 1.000,- EUR ab.[614] Die [Komplementär-GmbH] nimmt diese Abtretung an.
>
> Die [Komplementär-GmbH] wird die ihr zustehenden Rechte aus dem Kommanditanteil nur nach Weisung und für Rechnung von [Gesellschafter a] ausüben.
>
> Die [Komplementär-GmbH] tritt bereits hiermit den mit Vollzug des Formwechsels in eine GmbH an die Stelle der vorgenannten Kommanditeinlage tretenden Geschäftsanteil im Nennbetrage von 1.000,- EUR an [Gesellschafter a] ab.
>
> [Gesellschafter b] erteilt hiermit alle erforderlichen Zustimmungen für die treuhänderische Übertragung und die Durchführung der Treuhand einschließlich der Rückabtretung des an seine Stelle tretenden Geschäftsanteils an der GmbH.

Die Komplikationen einer temporären Kapitalbeteiligung der Komplementär-GmbH können häufig vermieden werden, indem alle Kommanditisten ihre Kommanditanteile in die Komplementär-GmbH im Wege der Sacheinlage einbringen, so dass die Kommanditgesellschaft erlischt und ihr Vermögen im Wege der Gesamtrechtsnachfolge auf die Komplementär-GmbH übergeht. In diesem Falle ist zwar dem Registergericht die Werthaltigkeit der Sacheinlagen nachzuweisen; dies bereitet jedoch selten Schwierigkeiten, wenn geprüfte Abschlüsse verfügbar sind und die Kapitalerhöhung auf den Stand der festen Kapitalkonten beschränkt wird. 265

b) **Ertragsteuerrecht.** Während den Personengesellschaften im Gesellschafts- und Zivilrecht die Subjektfähigkeit fehlt, ist im Steuerrecht nach Steuerarten zu unterscheiden. Für die Gewerbesteuer hat eine Personengesellschaft volle Subjektfähigkeit, während die Gesellschafter im Einkommensteuerrecht lediglich die Einheitlichkeit der Gewinnermittlung[615] verbindet, im Übrigen die Gesellschaft aber völlig transparent ist und die Steuerpflicht in der Person der Gesellschafter entsteht. Der Formwechsel von einer GmbH in eine Personengesellschaft oder umgekehrt führt daher trotz Wahrung der gesellschaftsrechtlichen Identität zu einer **Änderung der steuerlichen Vermögenszuordnung**. Er wird daher steuerlich wie eine Veräußerung behandelt.[616] Der Wechsel von einer Form der Kapitalgesellschaft in eine andere Form einer Kapitalgesellschaft führt hingegen auch steuerlich nicht zu einem Subjektwechsel und damit auch zur vollen steuerlichen Kontinuität.[617] 266

Formwechsel sind häufig steuerlich motiviert. Änderungen der Steuergesetze haben gelegentlich die Umwandlung von einer GmbH in eine Personengesellschaft steuerlich beson- 267

---

[612] Vgl. dazu → Rn. 107; Semler/Stengel/*Schlitt* § 218 Rn. 21.
[613] Kallmeyer/*Meister*/*Klöcker* § 191 Rn. 14; Widmann/Mayer/Vollrath/*Vossius* UmwG § 194 Rn. 18, § 215 Rn. 33 ff.; vgl. auch *Kiem* S. 35 m.w.N.; eine Treuhandabrede ist vor Gründung einer GmbH nicht formbedürftig, BGH NZG 1999, 656; jedoch für unmittelbares Ausscheiden im Rahmen des Formwechsels Semler/Stengel/*Bärwaldt* § 194 Rn. 8; ebenso jetzt auch Lutter/*Decher* § 202 Rn. 11 f. und Schmitt/Hörtnagl/*Stratz* § 226 UmwG Rn. 3 f.; auch → Rn. 260 Fn. 604.
[614] Wenn sich die Übertragbarkeit nicht aus dem Gesellschaftsvertrag ergibt, verlangt sie die Zustimmung aller Mitgesellschafter.
[615] BFH GrS BStBl. II 1995, 617.
[616] UmwStE 2011 (Fn. 36) Rn. 00.02.
[617] Aber zu wertabhängigen Problemen bei Börsengängen *Prinz* GmbHR 2008, 626.

ders attraktiv gemacht,[618] um alsbald das steuerliche Interesse an einer Umwandlung von Personengesellschaften in Kapitalgesellschaften zu erhöhen.[619] Gegenläufige Wirkungen sind dabei im Bereich der Ertragsteuern einerseits und der Erbschaftsteuern andererseits zu berücksichtigen.[620]

268 *aa) Formwechsel einer Personengesellschaft in eine GmbH.* Wenn eine Personengesellschaft ihre Rechtsform in die einer GmbH wechselt, wird in § 25 UmwStG **steuerlich** die **Fiktion** aufgestellt, alle Gesellschafter hätten das Betriebsvermögen der Personengesellschaft, das ihnen wegen der Transparenz zugerechnet wird, als **Sacheinlage** gegen Gewährung von neuen GmbH-Anteilen in die GmbH eingebracht.[621] Meistens wird es sich dabei um die Übertragung eines vollständigen Betriebes handeln. Werden aber wesentliche Betriebsgrundlagen im **Sondervermögen eines Gesellschafters** gehalten, werden diese als Eigentum des Gesellschafters zivilrechtlich von dem Formwechsel nicht automatisch erfasst. Nach dem Formwechsel wird die Kapitalgesellschaft vom Trennungsprinzip bestimmt. Steuerlich ist eine Einbindung von Sondervermögen eines Gesellschafters in das Betriebsvermögen der Gesellschaft dann nicht mehr möglich.[622] Zur Vermeidung einer Überführung in das Privatvermögen des Gesellschafters muss dieses daher vor dem steuerlichen Übertragungsstichtag in die GmbH eingebracht werden.[623]

269 Die Personengesellschaft kann nach §§ 25, 9 Satz 3 UmwStG unabhängig von dem Tag, an dem die rechtliche Wirksamkeit des Formwechsels eintritt, der fiktiven Einbringung auch **rückwirkend** einen steuerlichen Übertragungsstichtag zugrunde legen, der nicht mehr als **8 Monate** vor dem Tag der Handelsregisteranmeldung des Formwechsels liegt.[624] Es handelt sich hierbei nur um eine steuerliche Frist, deren Überschreitung für die Eintragungsfähigkeit des Formwechsels irrelevant ist, sondern nur dessen steuerliche Behandlung beeinflusst.

270 Auf den steuerlichen Übertragungsstichtag ist gemäß §§ 25, 9 Sätze 2 und 3 UmwStG für **steuerliche** Zwecke eine **Übertragungsbilanz** aufzustellen,[625] die gleichzeitig als Eröffnungsbilanz der GmbH dient. Die Rückwirkung wird es in vielen Fällen zulassen, den Stichtag des letzten Jahresabschlusses zu wählen. Ist der steuerliche Übertragungsstichtag nicht gleichzeitig das Ende eines Geschäftsjahres, braucht für den Formwechsel keine Handelsbilanz aufgestellt zu werden. In der steuerlichen Übertragungsbilanz ist das Betriebsvermögen der Personengesellschaft nach dem analog auf den Formwechsel anwendbaren § 20 Abs. 2 UmwStG grundsätzlich mit dem **gemeinen Wert** anzusetzen und kann nur auf Antrag mit Buchwerten oder Zwischenwerten angesetzt werden.[626] Während in der Handelsbilanz wegen der fortdauernden Identität die bisherigen Buchwerte fortzuführen sind, kann hier-

---

[618] Vgl. *Winkeljohann/Stegemann* DStR 2004, 544; *Jorde/Götz* BB 2003, 1813; Centrale für GmbH GmbHR 2002, 428; *Brodersen/Littau* GmbHR 2003, 678; *Schnitger* DB 2003, 768; *Krüger* DB 2003, 2251.
[619] Zur Rechtsentwicklung vgl. Rödder/Herlinghaus/*van Lishaut* § 4 Rn. 5, § 25 Rn. 17 f.
[620] Vgl. dazu *Herzig* Wpg. 2001, 253 ff.; *Höflacher/Wendlandt* GmbHR 2001,793; *Förster* Wpg. 2001, 1234.
[621] Vgl. UmwStE 2011 (Fn. 36) Rn. 25.01; nach h. L. soll aber der Mitunternehmeranteil Gegenstand der Einlage sein, vgl. *Schmitt*/Hörtnagl/Stratz UmwStG § 25 Rn. 19; Rödder/Herlinghaus/van Lishaut/*Rabback* § 25 Rn. 4; Dötsch/*Patt*/Pung/Möhlenbrock § 25 Rn. 17. Zur steuerlichen Unterscheidung zwischen Umwandlung und Einbringung → Rn. 31c.
[622] *Herzig* Wpg. 2001, 253, 266 sowie UmwStE 2011 (Fn. 36) Rn. 20.08, *Schneider/Ruoff/Sistermann/* H 25.5.
[623] BFH DB 2000, 2147; UmwStE 2011 (Fn. 36) Rn. 20.06, 20.14; die Lit. Lässt aber einen zeitlichen und sachlichen Zusammenhang mit dem Umwandlungsbeschluss genügen, vgl. *Schmitt*/Hörtnagl/Stratz UmwStG § 25 Rn. 20; Rödder/Herlinghaus/van Lishaut/*Rabback* § 25 Rn. 51 ff.; Dötsch/*Patt*/Pung/Möhlenbrock § 25 Rn. 21; Haritz/Menner/*Bilitewski* § 25 Rn. 13; *Schwedhelm/Wollweber* BB 2008, 2208.
[624] UmwStE 2011 (Fn. 36) Rn. 25.01, 20.14; *Schmitt*/Hörtnagl/Stratz UmwStG § 25 Rn. 40 ff., § 20 Rn. 237; Rödder/Herlinghaus/van Lishaut/*Rabback* § 25 Rn. 84; Dötsch/*Patt*/Pung/Möhlenbrock § 25 Rn. 37; Haritz/Menner/*Bilitewski* § 25 Rn. 42.
[625] *Schmitt*/Hörtnagl/Stratz UmwStG § 25 Rn. 38; Rödder/Herlinghaus/van Lishaut/*Rabback* § 25 Rn. 84; Dötsch/*Patt*/Pung/Möhlenbrock § 25 Rn. 42.
[626] Vgl. *Schmitt*/Hörtnagl/Stratz UmwStG § 20 Rn. 280 ff., 292; Dötsch/*Patt*/Pung/Möhlenbrock § 25 Rn. 33.

von abweichend⁶²⁷ in der steuerlichen Übertragungsbilanz eine Aufstockung vorgenommen werden. Dies kann u. U. für die Nutzung etwa bestehender gewerbesteuerlicher Verlustvorträge, die sonst bei dem Formwechsel gemäß §§ 25, 23 Abs. 5 UmwStG verloren gehen würden, von Bedeutung sein. Das Gleiche gilt auch für einkommen- bzw. körperschaftsteuerliche Verluste, wenn diese noch nicht auf der Gesellschafterebene genutzt werden konnten. Der durch eine solche Aufstockung entstehende steuerliche Übertragungsgewinn wird aber nur dann keine Steuern auslösen, wenn unbeachtlich von Verrechnungen und Hinzurechnungen sowohl auf der Ebene der Gesellschaft wie auch auf der Ebene der Gesellschafter noch vorgetragene Verluste in entsprechender Höhe vorhanden sind und auch keine Mindestbesteuerung nach § 10d Abs. 2 EStG ausgelöst wird.

Eine Gewinnrealisierung ist nach § 1 Abs. 4 UmwStG zwingend, soweit Personen oder Gesellschaften, die keinen Wohnsitz oder gewöhnlichen Aufenthalt bzw. Sitz und Ort der Geschäftsleitung in einem EU/EWR-Staat haben, zum Kreis der Gesellschafter gehören und deswegen eine spätere Besteuerung der stillen Reserven in Deutschland nicht sichergestellt ist.⁶²⁸ Wenn steuerliches Sonderbetriebsvermögen, das keine wesentliche Betriebsgrundlage darstellt, nicht gleichzeitig mit dem Formwechsel in die GmbH eingebracht wird,⁶²⁹ tritt stets auch eine Gewinnrealisierung hinsichtlich dieses Vermögensgegenstandes ein, als dieser dann zum gemeinen Wert aus dem Betriebsvermögen in ein Privatvermögen überführt wird.⁶³⁰ Die Zurückbehaltung von Gegenständen des Sonderbetriebsvermögens, die eine funktional wesentliche Betriebsgrundlage darstellen – so regelmäßig Grundstücke –, steht hingegen einer steuerneutralen Betriebseinbringung im Ganzen entgegen und führt zur vollen Gewinnrealisierung.⁶³¹ Anteile an der Komplementär-GmbH gehören zwar oft zum Sonderbetriebsvermögen der Kommanditisten,⁶³² sie verlieren aber mit dem Formwechsel ihren Einfluß auf die Geschäftsführung der formwechselnden Gesellschaft und stellen dann entgegen einer verbreiteten Ansicht keine wesentliche Betriebsgrundlage mehr dar.⁶³³

Obwohl die Personengesellschaft im Bereich der Gewerbesteuer Subjektqualität besitzt, führt die steuerliche Fiktion einer Betriebseinbringung dazu, dass gewerbesteuerlich ein Subjektwechsel eintritt und verbleibende Gewerbesteuerverluste gemäß §§ 25, 23 Abs. 5 UmwStG untergehen.⁶³⁴ Durch die steuerliche Rückbeziehung auf den Übertragungsstichtag besteht die Möglichkeit, den Verfall auflaufender Verluste der Personengesellschaft einzuschränken und diese ab dem Übertragungsstichtag bereits der GmbH zuzuordnen oder andere mit der Rechtsform einer Kapitalgesellschaft verbundene Steuervorteile rückwirkend in Anspruch zu nehmen.⁶³⁵

---

⁶²⁷ Rödder/Herlinghaus/van Lishaut/*Rabback* § 25 Rn. 66; Dötsch/Patt/Pung/Möhlenbrock § 25 Rn. 31; zur Aktivierbarkeit selbstgeschaffener immaterieller Wirtschaftsgüter, vgl. *Olbing* AG 2008, 658 sowie UmwStE 2011 (Fn. 36) Rn. 20.20,03.25; FG Münster EFG 2012, 990.

⁶²⁸ Rödder/Herlinghaus/van Lishaut/*Graw* § 1 Rn. 150, 175; vgl. auch *Behrendt/Heeg* RIW 2008, 56.

⁶²⁹ Zur Unschädlichkeit der Zurückbehaltung von Sonderbetriebsvermögen bei bloßer Zuordnung nach wirtschaftlichen Zusammenhängen *Schneider/Ruoff/Sistermann* H 25.5; generell gegen die Ausdehnung der Teilbetriebskriterien aus EU-Recht auf das Sonderbetriebsvermögen *Schmitt/Hörtnagl/Stratz* UmwStG § 20 Rn. 149.

⁶³⁰ UmwStE 2011 (Fn. 36) Rn. 20.08; vgl. ebenfalls *Ritzrow* StBp 2001, 48; vgl. aber Bedenken bei BFH DStR 2013, 356.

⁶³¹ UmwStE 2011 (Fn. 36) Rn. 20.07; mit Folgewirkung auch für nicht betroffene Mitunternehmer, vgl. *Rogall* NZG 2011, 810, 814; vgl. zur Verschmelzung auch → Rn. 83a. Zur Einbringung der Anteile an der Komplementär-GmbH BFH NZG 2010, 477; 2012, 1271; *Schäffler/Gebert* DStR 2010, 636; *Schumacher* DStR 2010, 1606; *Stangl/Grundke* DStR 2010, 1871; Schneider/Ruoff/Sistermann/*Rode/Teufel* H 20.23; OFD Münster GmbHR 2011, 616; zur Vermeidung des Erwerbs eigener Anteile UmwStE 2011 (Fn. 36) Rn. 20.09.

⁶³² Vgl. dazu OFD München GmbHR 2001, 684.

⁶³³ Vgl. auch *Reiche* DStR 2006, 1205; zur abweichenden Praxis vgl. Rödder/*Herlinghaus*/van Lishaut § 20 Rn. 48b, 110; Schneider/Ruoff/Sistermann/*Rode/Teufel* H 20.23; *Schmitt/Hörtnagl/Stratz* UmwStG § 20 Rn. 35. Nach BFH NZG 2010, 477 ist der Einfluss vor der Einbringung entscheidend, jedoch soll nach BFH BStBl. II 2010, 808 die Wesentlichkeit fehlen, wenn die KG durch die Umwandlung erlischt und dadurch die bisherige Komplementär-Stellung gegenstandslos wird.

⁶³⁴ Rödder/Herlinghaus/van Lishaut/*Ritzer* § 23 Rn. 300; Dötsch/Patt/Pung/Möhlenbrock § 23 Rn. 97.

⁶³⁵ → Rn. 33 f.

273 Durch den Formwechsel entstehen auf der Ebene der Gesellschafter einer GmbH, die das Betriebsvermögen zu Werten unter dem gemeinen Wert fortführt, Anteile im Sinne von § 22 Abs. 1 UmwStG. Sie unterliegen den gleichen **Haltefristen** wie bei einer Ausgliederung.[636] Bei einer Veräußerung der Anteile an der neuen Kapitalgesellschaft innerhalb von sieben Jahren nach dem Formwechsel oder der Realisierung eines der dort genannten Ersatztatbestände kommt es daher zu einer zeitanteiligen Nachversteuerung des bei dem Formwechsel zunächst vermiedenen Einbringungsgewinns.[637] Das Gleiche gilt auch bei einem Versäumen des während dieser Frist geforderten jährlichen Haltenachweises. Hierdurch erhöhen sich aber zugleich die Anschaffungskosten der erhaltenen Anteile. Übersteigen die Veräußerungserlöse auch diese, unterliegt der verbleibende Veräußerungsgewinn bei natürlichen Personen der Regelbesteuerung gemäß §§ 17, 20 Abs. 2 Nr. 1 EStG. Von einer Kapitalgesellschaft gehaltene Geschäftsanteile sind nach § 8b KStG hingegen auch dann privilegiert, wenn sie innerhalb von sieben Jahren nach einem Formwechsel veräußert werden.[638]

Haben Gesellschafter der Personengesellschaft die Privilegierung nach § 34a EStG für thesaurierte Gewinne in Anspruch genommen, führt der Formwechsel gemäß § 34a Abs. 6 Satz 1 Nr. 2 EStG wie eine spätere Gewinnentnahme zu der eher nachteiligen Nachversteuerung.[639]

274 *bb) Wechsel einer GmbH in eine Personengesellschaft.* Steuerlich wird der Formwechsel einer GmbH in eine Personengesellschaft nach § 9 UmwStG wie eine **Vermögensübertragung** des Betriebsvermögens der GmbH **auf die Personengesellschaft** im Rahmen einer Verschmelzung behandelt.[640] Auch hier lässt der in § 3 UmwStG vorgesehene Ansatz des Betriebsvermögens **mit dem gemeinen Wert**[641] und nur auf Antrag mit Buchwerten oder Zwischenwerten[642] die Maßgeblichkeit der Handelsbilanz entfallen.[643] Der Ansatz von Buchwerten ist auf Antrag auch zu gewähren, soweit beschränkt Steuerpflichtige an der GmbH beteiligt sind, die durch den Formwechsel eine Betriebsstätte im Inland begründen. Wird bisheriges Privatvermögen eines Gesellschafters durch den Formwechsel zu Sonderbetriebsvermögen, ist dieses gemäß § 6 Abs. 1 Nr. 5 EStG zu Teilwerten, bei Erwerb innerhalb der letzten drei Jahre auch zu abgeschriebenen Anschaffungskosten anzusetzen.

275 Für die Wahl des steuerlichen Übertragungsstichtages, die Erstellung einer Übertragungsbilanz und das Verfallen steuerlicher Verlustvorträge gelten gemäß §§ 9, 4 Abs. 2 Satz 2 UmwStG die gleichen Regeln wie bei der Verschmelzung einer Kapitalgesellschaft auf eine Personengesellschaft.[644] Nachteilig kann sich wie auch bei der Verschmelzung die **fiktive Ausschüttung von offenen Rücklagen** nach §§ 9, 7 UmwStG auswirken.[645]

> **Praxistipp:**
> Zur Vermeidung von Liquiditätsabflüssen bei dem Gesellschafter sollten die offenen Rücklagen vor dem Formwechsel ausgeschüttet und ihr Nettobetrag nach Abzug der Steuer wieder eingelegt werden.

275a Anteile an der formwechselnden GmbH, die schon vor dem Formwechsel in dem Betriebsvermögen eines Gesellschafters der künftigen Personengesellschaft gehalten wurden,

---

[636] → Rn. 31c ff., 83d, 183a, 238a.
[637] → Rn. 238a; UmwStE 2011 (Fn. 36) Rn. 22.07 ff.; Rödder/Herlinghaus/van Lishaut/*Rabback* § 25 Rn. 77; Dötsch/*Patt*/Pung/Möhlenbrock § 25 Rn. 47.
[638] UmwStE 2011 (Fn. 36) Rn. 22.05, 22.25; Rödder/Herlinghaus/van Lishaut/*Stangl* § 22 Rn. 8 a.E.; Dötsch/*Patt*/Pung/Möhlenbrock § 22 Rn. 66.
[639] Dazu kritisch *Bindl* DB 2008, 949.
[640] Vgl. oben Rn. 83 ff.; UmwStE 2011 (Fn. 36) Rn. 00.02.
[641] Rödder/Herlinghaus/van Lishaut/*Birkemeier* § 3 Rn. 55. Dies gilt trotz der Zweimalbesteuerung auch, wenn die stillen Reserven bereits aus Anlass des vorherigen Anteilserwerbs besteuert wurden, BFH DStR 2012, 1805.
[642] Rödder/Herlinghaus/van Lishaut/*Birkemeier* § 3 Rn. 79 ff.
[643] Rödder/Herlinghaus/van Lishaut/*Birkemeier* § 3 Rn. 64; Dötsch/Patt/Pung/Möhlenbrock § 9 Rn. 20; Dötsch/*Pung* DB 2006, 2704; *Ott* INF 2006, 426; 2007, 184.
[644] → Rn. 83 ff., zur steuerlichen Rückwirkung auch UmwStE 2011 (Fn. 36) Rn. 09.01 f.
[645] → Rn. 83b.

gelten wegen der steuerlichen Transparenz der Personengesellschaft als von dem übernehmenden Rechtsträger gehalten bzw. entsprechend § 5 Abs. 3 UmStG in das Betriebsvermögen eingelegt. Folglich sind bei dem Formwechsel frühere steuerwirksame Abschreibungen[646] nach §§ 9, 4 Abs. 1 Satz 2 bzw. 5 Abs. 3 UmwStG rückgängig zu machen. Entstehen darüber hinaus bei dem Formwechsel auf der Ebene der Gesellschafter der neuen Personengesellschaft Einkünfte aus Kapitalvermögen durch die fiktive Ausschüttung von offenen Rücklagen, sind diese bei natürlichen Personen im Rahmen des Teileinkünfteverfahrens steuerpflichtig,[647] während beteiligte Kapitalgesellschaften die fiktiven Dividenden zu 95% nach § 8b KStG neutralisieren können. **Übernahmeverluste** sind nach §§ 9, 4 Abs. 6 UmwStG bei beteiligten Kapitalgesellschaften steuerlich grundsätzlich unbeachtlich,[648] bei natürlichen Personen aber nur, soweit sie die fingierte Ausschüttung von offenen Rücklagen übersteigen, mit denen sie aber nur zu 60% verrechnet werden können.[649] Für Anteile, die binnen der letzten fünf Jahre erworben wurden, bleibt es bei dem Ausschluss der Verlustverrechnung.[650]

Auch soweit **Übernahmegewinne** steuerpflichtig sind, lösen sie keine Gewerbesteuer aus. 276
Werden aber Anteile an der neuen Personengesellschaft oder ihr Betrieb binnen fünf Jahren nach dem Formwechsel verkauft, unterliegt der Veräußerungsgewinn gemäß § 18 Abs. 3 UmwStG auch der Gewerbesteuer. Diese ist jedoch nicht nach § 35 EStG auf die Einkommensteuer anrechenbar. Es soll dabei nicht darauf ankommen, zu welchem Zeitpunkt sich die stillen Reserven gebildet haben.[651]

3. Finanzielle Aspekte

Die identitätswahrende Fortsetzung der Gesellschaft in einer neuen Rechtsform bedeutet 277
im Wesentlichen auch die **Fortsetzung der bisherigen Kapitalaufbringung**. Der Formwechsel wird nur in besonderen Situationen einen zusätzlichen Kapitalbedarf auslösen.

a) **Abfindung bzw. Ausgleich**. Der Formwechsel kann keinem Gesellschafter aufgezwungen werden. Soweit der Formwechsel von einer Mehrheit beschlossen werden kann, ist gemäß §§ 207, 30 UmwG jedem **Gesellschafter**, der **Widerspruch** zur Niederschrift erklärt, eine angemessene **Barabfindung**[652] anzubieten, die dem Wert seines Anteiles am Tag des Umwandlungsbeschlusses entspricht. Da der Formwechsel einer GmbH in eine Personengesellschaft mit Mehrheit beschlossen werden kann[653] und mit Blick auf die für eine Personengesellschaft erforderliche Mehrzahl an Gesellschaftern schon die formwechselnde GmbH keinen Alleingesellschafter mehr haben wird, ist abgesehen von Sonderfällen[654] gemäß § 194 Abs. 1 Nr. 6 UmwG in den Umwandlungsbeschluss auch ein Abfindungsangebot aufzunehmen.[655] Dies gilt grundsätzlich auch bei einem Formwechsel zwischen einer GmbH und einer Aktiengesellschaft. Bei dem Formwechsel einer Personengesellschaft in eine GmbH bedarf es nach § 217 Abs. 1 UmwG eines Abfindungsangebotes aber nur, wenn der Gesellschaftsvertrag für den Umwandlungsbeschluss eine Mehrheitsentscheidung vorsieht, da die widersprechenden Gesellschafter den Formwechsel blockieren können, wenn nach Gesetz Einstimmigkeit erforderlich ist. Das Abfindungsangebot ist dann den Gesellschaftern nach §§ 216, 231 UmwG vorab mit der Ladung zu der Gesellschafterversammlung zu über- 278

---

[646] Vgl. dazu Sagasser/Bula/Brünger/*Schlösser* § 11 Rn. 97 f.
[647] Zur Berechnung im Einzelnen Ott INF 2007, 184, 189. Zu Inlandsfolgen bei ausländischem Formwechsel *Pyska/Jüngling* GmbHR 2012, 327.
[648] UmwStE 2011 (Fn. 36) Rn. 04.40; Rödder/Herlinghaus/van Lishaut/*Birkemeier* § 9 Rn. 23; vgl. auch oben Rn. 84.
[649] UmwStE 2011 (Fn. 36) Rn. 04.42.
[650] UmwStE 2011 (Fn. 36) Rn. 04.43.
[651] OFD Münster BB 2008, 824; UmwStE 2011 (Fn. 36) Rn. 18.09.
[652] Kallmeyer/Meister/*Klöcker* § 207 Rn. 26; Semler/Stengel/*Kalss* § 207 Rn. 9.
[653] → Rn. 316 f.
[654] Kallmeyer/Meister/*Klöcker* § 194 Rn. 45 f.; Lutter/*Decher* § 194 Rn. 21 f.; Semler/Stengel/*Bärwaldt* § 194 Rn. 29.
[655] Vgl. dazu Kiem S. 30 f.; kritisch Widmann/Mayer/*Vollrath* UmwG § 194 Rn. 45.

senden;[656] bei Kapitalgesellschaften genügt auch die Bekanntgabe in den Gesellschaftsblättern und im Bundesanzeiger.[657]

279 Die Abfindung erfolgt nach § 207 UmwG durch den **Erwerb der umgewandelten Anteile** des widersprechenden Gesellschafters.[658] Dieser nimmt daher zunächst an dem Formwechsel teil, wenn er nicht schon vorher sein Ausscheiden erklärt.[659] Bei einem Formwechsel in eine Personengesellschaft, die keine eigenen Anteile erwerben kann, tritt an die Stelle der Anteilsabtretung das Ausscheiden des widersprechenden Gesellschafters.[660]

280 Der Erwerb der eigenen Anteile durch die umgewandelte Gesellschaft ist nach § 33 Abs. 3 GmbHG von der Verrechnung mit frei verfügbaren Rücklagen abhängig.[661] Dem kann dadurch Rechnung getragen werden, dass bei der Festsetzung des Stammkapitals ausreichende Teile des bisherigen Eigenkapitals den freien Rücklagen zugewiesen werden. Etwaige Fehlbeträge müssen in diesen Fällen von den Gesellschaftern gegebenenfalls durch Zuzahlungen in das Eigenkapital bereitgestellt werden, um einen Formwechsel zu ermöglichen.

281 Zur besseren Information der Gesellschafter unterliegt die Angemessenheit des Abfindungsangebotes nach § 208 UmwG einer **Prüfung**[662] in entsprechender Anwendung der Vorschriften über die Verschmelzungsprüfung. Ist bei einer Personengesellschaft ein Abfindungsangebot erforderlich, weil der Formwechsel mit Mehrheit[663] beschlossen werden kann, erfolgt die gerichtliche Bestellung eines Prüfers nach § 225 UmwG nur auf Verlangen eines Gesellschafters.[664] Verzicht durch notarielle Urkunde ist möglich.[665]

282 Die Höhe der Abfindung kann außerdem gemäß § 212 UmwG durch ein **Spruchverfahren** gerichtlich überprüft werden. Das Angebot kann nach § 209 UmwG binnen 2 Monaten nach der Handelsregistereintragung oder der Bekanntmachung der gerichtlichen Entscheidung im Spruchverfahren angenommen werden.[666] Die Fälligkeit der Abfindung kann in dem Abfindungsangebot mit einer angemessenen Frist nach seiner Annahme zur Abwicklung Zug-um-Zug gegen Ausscheiden aus der Gesellschaft oder Übertragung der Anteile festgesetzt werden.

283 Ein Abfindungsangebot ist entbehrlich
- bei einem Alleingesellschafter,[667]
- bei Personengesellschaften, deren Gesellschaftsvertrag keine Mehrheitsentscheidung vorsieht,[668]
- bei Formwechsel einer GmbH in eine GbR oder oHG,[669]
- bei einer Vinkulierung der Anteile durch Zustimmung aller Gesellschafter,[670]

weil in diesen Fällen widersprechende Gesellschafter den Formwechsel verhindern können. Obwohl im Gesetz nicht ausdrücklich geregelt, wird auch ein notarieller Verzicht auf das Abfindungsangebot allgemein für zulässig gehalten.[671]

---

[656] Kallmeyer/*Dirksen/Blasche* § 216 Rn. 5; Lutter/*Joost* § 216 Rn. 5; Semler/Stengel/*Schlitt* § 216 Rn. 20.
[657] Kallmeyer/*Dirksen/Blasche* § 231 Rn. 4; Lutter/*Happ/Göthel* § 231 Rn. 4 f.; Semler/Stengel/*Ihrig* § 231 Rn. 8.
[658] Kallmeyer/*Meister/Klöcker* § 207 Rn. 30; Semler/Stengel/*Kalss* § 207 Rn. 9.
[659] Anders aber steuerlich, vgl. UmwStE 2011 (Fn. 36) Rn. 02.19. Zu einer Verfügung über die Anteile vor Eintragung der Umwandlung BayObLG DStR 2003, 1269 m. Anm. *Wälzholz.*
[660] Kallmeyer/*Meister/Klöcker* § 207 Rn. 41; Semler/Stengel/*Kalss* § 207 Rn. 13.
[661] → Rn. 76 Fn. 161.
[662] Vgl. Widmann/Mayer/*Wälzholz* UmwG § 208 Rn. 10; zu den Anforderungen an den Prüfungsbericht vgl. LG Heidelberg DB 1996, 1768.
[663] Kallmeyer/*Müller* § 225 Rn. 2; Semler/Stengel/*Schlitt* § 225 Rn. 5 f.
[664] Kallmeyer/*Müller* § 225 Rn. 3; Semler/Stengel/*Schlitt* § 225 Rn. 7 ff.
[665] §§ 208, 30 Abs. 2 UmwG; Lutter/*Decher* § 208 Rn. 22, § 30 Rn. 8–11; Kallmeyer/*Müller* § 225 Rn. 6; Semler/Stengel/*Schlitt* § 225 Rn. 10; Widmann/Mayer/*Wälzholz* UmwG § 207 Rn. 34.
[666] Kallmeyer/*Meister/Klöcker* § 209 Rn. 9.
[667] § 194 Abs. 1 Nr. 6 UmwG.
[668] §§ 194 Abs. 1 Nr. 6, 217 Abs. 1 Satz 1 UmwG.
[669] §§ 194 Abs. 1 Nr. 6, 233 Abs. 1 UmwG.
[670] §§ 194 Abs. 1 Nr. 6, 193 Abs. 2 UmwG.
[671] Vgl. Kallmeyer/*Meister/Klöcker* § 194 Rn. 46; Lutter/*Decher* § 194 Rn. 23; Widmann/Mayer/*Wälzholz* UmwG § 194 Rn. 45, § 207 Rn. 34; Semler/Stengel/*Bärwaldt/Kalss* § 194 Rn. 29, § 207 Rn. 16.

Sind die zu gewährenden Anteile wegen individueller Benachteiligungen, z. B. Verlust von **283a** Sonderrechten, zu niedrig bemessen oder kein angemessener Gegenwert für die Beteiligung an dem formwechselnden Rechtsträger, kann jeder Anteilsinhaber nach § 196 UmwG einen Ausgleich durch **bare Zuzahlung** verlangen. Die Festsetzung erfolgt ausschließlich durch gerichtliche Entscheidung nach den Vorschriften des Spruchverfahrensgesetzes.

b) Kapitalschutz. Kapitalschutz ist ein typisches Problem der Kapitalgesellschaften, während bei Personengesellschaften die Kapitalaufbringung gegenüber der persönlichen Haftung zurücktritt. Die Umwandlung einer GmbH in eine Personengesellschaft ist daher auch bei einer **Unterbilanz** möglich.[672] Soll aber die Haftung der künftigen Kommanditisten beschränkt bleiben, darf die Hafteinlage nicht auf den Nennwert ihrer bisherigen Geschäftsanteile lauten, sondern muss mit dem verlustgeminderten Stand der Kapitalkonten deckungsgleich sein. § 233 Abs. 2 Satz 3 UmwG schützt künftige Komplementäre vor einer aufgedrängten Haftung durch ein Vetorecht;[673] werdende Kommanditisten können sich hingegen bei einem zu hohen Ansatz der Hafteinlage aus Verschulden der Organe lediglich durch Schadensersatzansprüche gemäß § 205 UmwG[674] oder die Annahme des Abfindungsangebotes gegen eine durch die qualifizierte Mehrheit beschlossene zusätzliche Haftung schützen können, soweit der Umwandlungsbeschluss nicht angefochten werden kann.[675]

Die in § 197 UmwG ausgesprochene Anwendung der Gründungsvorschriften auf den **285** Formwechsel verlangt hingegen bei dem **Übergang von einer Personengesellschaft** in eine GmbH, dass das **gesetzliche Mindestkapital** vorhanden ist. Ist das Kapital der formwechselnden Personengesellschaft durch Verluste gemindert, kann das bisher ausgewiesene Festkapital ohne eine Vermögensauffüllung[676] nicht beibehalten werden, sondern das neue Stammkapital darf nach § 220 Abs. 1 UmwG das verbleibende Reinvermögen nicht überschreiten. Zu diesem Zwecke wird auch wie bei einer Sachgründung ein Ansatz der Sacheinlage zu Verkehrswerten für möglich gehalten,[677] selbst wenn dies zu einer Durchbrechung der Bilanzkontinuität führt. Da es auf die Vermögensdeckung im Zeitpunkt der Anmeldung des Formwechsels zur Eintragung in das Handelsregister ankommt, wird der **Nachweis der Kapitalaufbringung** besonders dann verlangt werden, wenn aus dem Sachgründungsbericht mit Angaben zu den Ergebnissen der beiden letzten Geschäftsjahre Hinweise auf Verluste im laufenden Geschäftsjahr entnommen werden können.

Bei dem Wechsel einer GmbH in eine Aktiengesellschaft oder umgekehrt erstreckt sich die **286** Kontinuität nach § 247 Abs. 1 UmwG auch auf die Kapitalziffer; reicht aber bei einer Unterbilanz der formwechselnden Gesellschaft das zu Verkehrswerten bewertete Reinvermögen nicht zur Deckung der Kapitalziffer aus, muss die Unterbilanz durch eine Kapitalherabsetzung beseitigt werden.[678]

c) Haftung. Gesellschafter können sich nicht durch einen Formwechsel von einer persönlichen Haftung für Verbindlichkeiten der Gesellschaft mit Wirkung für die Vergangenheit befreien; eine im Zeitpunkt der Handelsregistereintragung des Formwechsels bestehende **persönliche Haftung** dauert gemäß § 224 UmwG auch darüber hinaus noch **fünf Jahre** lang fort.[679]

Aus der Gleichstellung des Formwechsels mit einer Sachgründung ergibt sich, dass die **288** Gesellschafter bei einem Wechsel in eine Kapitalgesellschaft wie bei einer Gründung für die

---

[672] Zum Risiko einer Einlagenrückgewähr bei einer Komplementär-GmbH *Schwetlik* GmbHR 2011, 130, 134.
[673] Lutter/*Happ/Göthel* § 233 Rn. 26 f.; Semler/Stengel/*Ihrig* § 233 Rn. 25.
[674] Zur begrenzten praktischen Bedeutung vgl. aber Widmann/Mayer/*Vossius* UmwG § 205 Rn. 15 ff.; Kallmeyer/*Meister/Klöcker* § 205 Rn. 10 ff.
[675] Dazu Semler/Stengel/*Ihrig* § 233 Rn. 25.
[676] Semler/Stengel/*Schlitt* § 220 Rn. 17.
[677] Lutter/*Joost* § 220 Rn. 10; Kallmeyer/*Dirksen/Blasche* § 220 Rn. 6; Semler/Stengel/*Schlitt* § 220 Rn. 13.
[678] Kallmeyer/*Dirksen/Blasche* § 245 Rn. 7; Lutter/*Happ/Göthel* § 247 Rn. 7; zur Diskussion der Zulässigkeit eines Unterpari-Formwechsels vgl. auch Semler/Stengel/*Scheel* § 245 Rn. 35 ff.
[679] Kallmeyer/*Dirksen/Blasche* § 224 Rn. 2 ff.; Widmann/Mayer/*Vossius* UmwG § 224 Rn. 4, 7 ff.; Semler/Stengel/*Schlitt* § 224 Rn. 6 ff.

Vollwertigkeit der Sacheinlagen zum Zeitpunkt des Formwechsels haften.[680] Diese Haftung wird auch nicht dadurch ausgeschlossen, dass die Kommanditisten einer formwechselnden Kommanditgesellschaft die ursprünglich bei ihrem Beitritt vereinbarte eingetragene Hafteinlage schon zu einem früheren Zeitpunkt erbracht haben, wenn die Einlage vor dem Formwechsel durch Verluste aufgezehrt worden ist.

289 d) **Kosten.** Die Durchführung des Formwechsels ist auf Grund der hierfür geforderten Formalitäten mit verschiedenen Kosten verbunden, die teils fest, teils durch Gestaltung vermeidbar sind. Neben den im folgenden einzeln erwähnten externen Kostenarten sind auch noch die bei der Gesellschaft selbst anfallenden Aufwendungen für die Berichterstattung, Abhaltung der Gesellschafterversammlung und Abschlusserstellung zu berücksichtigen.

290 *aa) Notar- und Gerichtskosten.* Die gemäß § 193 Abs. 3 UmwG zwingende **notarielle Beurkundung**[681] des Umwandlungsbeschlusses einschließlich separater Zustimmungserklärungen, etwaiger Verzichtserklärungen[682] und die Beglaubigung der Anmeldung des Formwechsels zur Eintragung in das Handelsregister lösen ebenso wie die gerichtliche Bearbeitung unvermeidbare Kosten aus.[683] Unabhängig von einem tatsächlich höheren Wert des betroffenen Betriebsvermögens ist der Beurkundungsgebühr für den Umwandlungsbeschluss gemäß § 108 Abs. 5 GNotKG höchstens ein Wert von 5 Mio. EUR zugrunde zu legen. Werden dem Formwechsel widersprechende Gesellschafter abgefunden, hat die Gesellschaft nach § 207 Abs. 1 Satz 3 UmwG die Kosten des Erwerbs der eigenen Anteile, die sich nach der Höhe der Ablösesumme richten, zu tragen.

Die **Gerichtskosten** erschöpfen sich im Regelfall in den Kosten der Handelsregistereintragung. Bei Durchführung eines Spruchverfahrens hat in der Regel die Gesellschaft die dadurch ausgelösten Kosten, die auch die Anwaltskosten und die Kosten der Beweiserhebung mit Bewertungsgutachten einschließen, zu tragen, soweit nicht die Billigkeit eine andere Verteilung erfordert.[684]

291 *bb) Prüfungskosten.* Auch eine prüfungspflichtige Gesellschaft hat aus Anlass des Formwechsels keine handelsrechtlichen Abschlüsse, sondern nur eine **steuerliche Übertragungsbilanz** aufzustellen,[685] die aber **nicht prüfungspflichtig** ist. Da die Gesellschafter anders als bei sonstigen Umwandlungsarten bei dem reinen Formwechsel nicht über ein vorgeschlagenes Umtauschverhältnis befinden müssen, ist ebenfalls keine generelle Prüfungspflicht für den Umwandlungsbericht vorgesehen. Nur eine etwa anzubietende **Abfindung** unterliegt einer Prüfung, die aber gemäß §§ 208, 30 Abs. 2 UmwG verzichtbar ist bzw. bei einer Personengesellschaft gemäß § 225 UmwG nur auf Verlangen eines Gesellschafters stattfindet.[686]

292 Da der Formwechsel wie eine **Sachgründung** der Gesellschaft in der neuen Rechtsform behandelt wird, ist bei dem Wechsel in eine GmbH gemäß § 197 UmwG i. V. m. § 8 Abs. 1 Nr. 5 GmbHG nachzuweisen, dass die Sacheinlagen den Nennbetrag der übernommenen Geschäftsanteile decken. Dieser **Wertnachweis** kann auch durch eine geprüfte Bilanz erbracht werden. Bei dem Wechsel in eine Aktiengesellschaft ist die Durchführung einer Gründungsprüfung aber nach §§ 197, 220 Abs. 3 UmwG, §§ 33 ff. AktG zwingend erforderlich.

293 e) **Verkehrsteuern.** Gehört zum Besitz einer formwechselnden Gesellschaft Grundvermögen, führt die rechtliche Kontinuität des Rechtsträgers dazu, dass **keine Grunderwerbsteuer** zu erheben ist, da diese an die Zivilrechtslage anknüpft und die für die Ertragsteuern fingierte Übertragung des Betriebsvermögens hier keine Bedeutung hat.[687] Auch die Überfüh-

---
[680] § 9 GmbHG, § 46 AktG, § 171 Abs. 1 HGB.
[681] Vgl. Widmann/Mayer/*Vollrath* UmwG § 193 Rn. 12 ff.; Semler/Stengel/*Bärwaldt* § 193 Rn. 28.
[682] Auf den Umwandlungsbericht § 192 Abs. 3 UmwG, auf eine Prüfung des Abfindungsangebotes §§ 208, 30 Abs. 2 UmwG, auf die Klage gegen die Wirksamkeit des Umwandlungsbeschlusses §§ 198 Abs. 3, 16 Abs. 2 und 3 UmwG.
[683] Vgl. dazu im Einzelnen *Reimann* MittBayNot 1995, 4 f.
[684] § 15 Abs. 2 SpruchG; Lutter/*Krieger* Anh. I § 15 SpruchG Rn. 8; Semler/Stengel/*Volhard* Anh. SpruchG § 15 Rn. 9, 18a.
[685] Semler/Stengel/*Moszka* Anh. UmwStG Rn. 650; Sagasser/*Bula/Brünger/Pernegger* § 27 Rn. 5.
[686] Vgl. Widmann/Mayer/*Vossius* UmwG § 225 Rn. 15 ff.; Kallmeyer/*Müller* § 225 Rn. 3; dazu → Rn. 281.
[687] BFH BStBl. II 1997, 661; koordinierter LänderErlass FinMin. BaWü. DStR 1997, 1576.

rung von Grundbesitz aus dem Privatvermögen eines Gesellschafters in dessen Sonderbetriebsvermögen stellt nur einen ertragsteuerlichen, nicht aber einen zivilrechtlichen Übertragungsvorgang dar und löst daher keine Grunderwerbsteuer aus. Wird hingegen bei dem Formwechsel einer Personengesellschaft in eine GmbH bisheriges **Sonderbetriebsvermögen** im Wege einer zusätzlichen Kapitalerhöhung in die GmbH eingebracht, findet auch zivilrechtlich ein Rechtsträgerwechsel statt und löst Grunderwerbsteuer auf diese Einbringung aus. Zur Reduzierung der Steuer um die Quote des Gesellschafters gemäß § 5 Abs. 2 GrEStG sollte in einem solchen Falle das Sonderbetriebsvermögen fünf Jahre vor dem Formwechsel als Sacheinlage des Gesellschafters in die Personengesellschaft eingebracht werden, da die Privilegierung nach § 5 Abs. 3 GrEStG von der Beibehaltung der Beteiligung während dieser Frist abhängt. Hierbei kommt es allein auf eine unmittelbare gesamthänderische Beteiligung an dem Grundvermögen an,[688] die nur bis zur Eintragung des Formwechsels gegeben ist.

Wenn bei dem Formwechsel einer Personengesellschaft in eine GmbH die Komplementär-GmbH ausscheidet, liegt steuerlich nicht lediglich ein identitätswahrender Formwechsel vor, sondern ein tatsächlicher Rechtsträgerwechsel, der Grunderwerbsteuer wegen Anteilsvereinigung nach § 1 Abs. 3 GrEStG auslösen kann.

Erfolgt der Formwechsel kurz nach der Einbringung eines Grundstücks in eine Personengesellschaft durch einen ihrer Gesellschafter, der hierfür nach § 6 Abs. 3 GrEStG von der Grunderwerbsteuer befreit worden ist, findet zwar keine Besteuerung des nur fiktiven Grundstücksübergangs durch den Formwechsel statt, es kann aber die Steuerbefreiung für den früheren Vorgang durch den Formwechsel verloren gehen.[689]

Die ertragsteuerliche Fiktion einer Vermögensübertragung bei einem Formwechsel gilt nicht für die **Umsatzsteuer**. Da die Identität des Unternehmens bestehen bleibt, fehlt es an einem Leistungsaustausch.[690]

4. Umwandlungsbeschluss

a) **Inhalt des Umwandlungsbeschlusses.** Da die formwechselnde Gesellschaft mit dem aus dem Formwechsel hervorgehenden Rechtsträger neuer Rechtsform identisch ist, kann zwischen diesen auch kein Vertrag abgeschlossen werden; ein solcher würde mehrere Parteien voraussetzen. Das Gesetz hat auch das bei der Spaltung verfolgte Konzept des einseitig aufgestellten Spaltungsplanes nicht aufgegriffen, weil diesem nach der Neugründung des übernehmenden Rechtsträgers die Funktion eines Vertrages zukommt. Bei dem Formwechsel tritt vielmehr der Umwandlungsbeschluss an dessen Stelle und übernimmt die **Aufgabe, alle inhaltlich gestaltenden Elemente des Formwechsels festzulegen**. Er beschränkt sich damit nicht wie bei anderen Arten der Umwandlung nur auf die Zustimmung zu dem Formwechsel.

Unabhängig von der Rechtsform umfaßt daher der **zwingende Inhalt** des Umwandlungsbeschlusses[691] nach § 194 UmwG folgende Elemente:

- neue Rechtsform
- Firma
- Beteiligung der Anteilsinhaber
- Sonderrechte
- Abfindungsangebot
- Folgen für die Arbeitnehmer und ihre Vertretungen

Der Umwandlungsbeschluss erschöpft sich nicht in der Wahl der neuen Rechtsform und der Bestellung der neuen Organe, sondern er wird als ein **die Gründung ersetzender Vorgang** angesehen und daher von den Gründungsvorschriften der jeweiligen neuen

---

[688] So BFH DStR 2001, 1069 zu § 6 Abs. 4 GrEStG; vgl. auch *Gottwald* NotBZ 2001, 285.
[689] BFH BStBl. II 2003, 358.
[690] Rau/Dürrwächter/*Husmann* UStG § 1 Rn. 297 f.; Widmann/Mayer/*Knoll* UmwStG Anh. 11 Rn. 9 ff.; Sölch/Ringleb/*Klenk* UStG § 1 Rn. 232.
[691] Vgl. im Einzelnen Kallmeyer/*Meister/Klöcker* § 194 Rn. 12, 18, 21 ff., 36 ff., 44 ff., 58; Semler/Stengel/*Bärwaldt* § 194 Rn. 5 ff.

Rechtsform geprägt. Wird eine Gesellschaft durch den Wechsel der Rechtsform prüfungspflichtig, kann in dem Umwandlungsbeschluss auch der neue Abschlussprüfer bestellt werden.

298 Wie bei anderen Arten der Umwandlung sind Ausführungen über die **Folgen für die Arbeitnehmer** und ihre Vertretungen zu machen. Diese sind beim Formwechsel ebenfalls in dem Umwandlungsbeschluss darzustellen.[692] Jedoch werden die Folgen angesichts der Identität der Rechtsträger, die keinen Betriebsübergang erforderlich macht, nur von begrenzter Bedeutung sein. Eine Darstellung werden insbesondere rechtsformbedingte Änderungen bei der Mitbestimmung erfordern.[693]

299 *aa) Wechsel in eine Personengesellschaft.* Bei dem Formwechsel in eine Personengesellschaft muss der Beschluss zusätzlich zu dem Inhalt gemäß § 194 UmwG noch enthalten:
- Sitz der Personengesellschaft,[694]
- Unternehmensgegenstand,[695]
- bei Kommanditgesellschaften auch die Kommanditisten und den Betrag jeder Kommanditeinlage,[696]
- den vollständigen Gesellschaftsvertrag der Personengesellschaft.[697]

300 Durch die **Aufnahme des Gesellschaftsvertrages** in den Umwandlungsbeschluss stellt das Gesetz sicher, dass Abweichungen von den allgemeinen für Personengesellschaften geltenden gesetzlichen Regeln entgegen § 119 Abs. 1 HGB mit der gleichen Mehrheit wie der Formwechsel selbst beschlossen werden können.[698]

Formulierungsvorschlag:

Umwandlungsbeschluss

1. Die Gesellschaft wird durch Formwechsel in eine Kommanditgesellschaft umgewandelt. Der Gesellschaftsvertrag wird hiermit nach Maßgabe der dieser Niederschrift beigefügten Anlage 1 vereinbart.
2. Die Firma der Kommanditgesellschaft wird [GmbH & Co. KG] lauten. Der Sitz der Gesellschaft wird [Ort 1] sein.
3. An der [GmbH & Co. KG] („Kommanditgesellschaft") werden die bisherigen Gesellschafter mit folgender Gesellschafterstellung beteiligt sein:
   a) [Gesellschafter a] wird Kommanditist mit einer Einlage von ...... EUR,
   b) [Gesellschafter b] wird Kommanditist mit einer Einlage von ...... EUR,
   c) [Komplementär-GmbH] wird persönlich haftende Gesellschafterin.
4. Die persönlich haftende Gesellschafterin ist am Vermögen der Kommanditgesellschaft nicht beteiligt.
   [Gesellschafter a] erhält seinen Kommanditanteil als zukünftiger Kommanditist in Ersetzung seines Geschäftsanteiles an der Gesellschaft mit dem Nennbetrag von ...... EUR, der in der letzten Gesellschafterliste unter der lfd. Nr. ...... ausgewiesen ist[, und des treuhänderisch für ihn von der [Komplementär-GmbH] gehaltenen Geschäftsanteils an der Gesellschaft mit dem Nennbetrag von ...... EUR, der in der letzten Gesellschafterliste unter der lfd. Nr. ...... ausgewiesen ist].[699]

---

[692] Lutter/*Decher* § 194 Rn. 25 ff.
[693] Vgl. dazu *Meyer-Landrut/Kiem* WM 1997, 1361 ff.; Lutter/*Decher* § 194 Rn. 26; vgl. auch Semler/Stengel/*Bärwaldt* § 194 Rn. 31.
[694] §§ 194 Abs. 1 Nr. 2, 234 Nr. 1 UmwG.
[695] § 228 UmwG.
[696] § 234 Nr. 2 UmwG.
[697] § 234 Nr. 3 UmwG, dazu *Mayer* DB 2007, 1291, 1294; Semler/Stengel/*Ihrig* § 234 Rn. 13 ff. zieht Grenzen hinsichtlich Form und Inhalt.
[698] Der Gesellschaftsvertrag ist auch zu verlesen; a. A. in Hinblick auf sonstige Beurkundung gemäß § 36 BeurkG Widmann/Mayer/*Vollrath* UmwG § 194 Rn. 61, § 193 Rn. 12 ff.; *Kiem* S. 260; zur Art der Beurkundung → Rn. 119; zum Umfang der Bekanntmachung bei der Ladung vgl. *Kiem* S. 273.
[699] → Rn. 260.

> [Gesellschafter b] erhält seinen Kommanditanteil als zukünftiger Kommanditist in Ersetzung seines Geschäftsanteiles an der Gesellschaft mit dem Nennbetrag von …… EUR, der in der letzten Gesellschafterliste unter der lfd. Nr. …… ausgewiesen ist.
> Die im Handelsregister einzutragende Hafteinlage der Kommanditisten im Sinne von § 172 Abs. 1 HGB entspricht ihrer jeweiligen Kommanditeinlage.
> Der guten Ordnung halber wird festgestellt, dass eventuelle Darlehen der Gesellschafter an die Gesellschaft und sonstige zwischen ihnen und der Gesellschaft bestehenden Vertragsbeziehungen im Verhältnis zu der Kommanditgesellschaft fortbestehen.
> 5. Es werden keine Sonderrechte für einzelne Gesellschafter oder Dritte im Sinne von § 194 Abs. 1 Nr. 5 UmwG gewährt.
> 6. Ein Abfindungsangebot nach § 207 Umwandlungsgesetz ist nach § 194 Abs. 1 Nr. 6 UmwG nicht erforderlich, da alle Gesellschafter dem Umwandlungsbeschluss wegen § …… des Gesellschaftsvertrages zustimmen müssen.
> 7. Für die Arbeitnehmer bzw. ihre Vertretungen hat die Umwandlung keine Auswirkungen. Die Anstellungsverhältnisse der Arbeitnehmer der Gesellschaft werden durch die formwechselnde Umwandlung nicht berührt. Maßnahmen sind insofern weder vorgesehen noch veranlasst. Die Gesellschaft hat keinen Betriebsrat.
> 8. In Ansehung des § 9 UmwStG erfolgt die Umwandlung im Innenverhältnis zwischen den Gesellschaftern bzw. zwischen den Gesellschaftern und der Kommanditgesellschaft mit Rückwirkung auf den Beginn des [Stichtag] und unter Zugrundelegung der Bilanz auf den Ablauf des vorausgehenden Tages. [Die Beteiligten werden sich so stellen, als wäre der Formwechsel zu dem im vorstehenden Satz bezeichneten Zeitpunkt rechtlich wirksam geworden.]

Der Unternehmensgegenstand muss bei dem Formwechsel in eine Personenhandelsgesellschaft nicht mehr zwingend auf den Betrieb eines Handelsgewerbes gerichtet sein, sondern entscheidend ist die Eintragungsfähigkeit der Firma. Auch eine rein **vermögensverwaltende GmbH** kann daher nunmehr in eine oHG umgewandelt werden.[700] Trotz fehlender Gewerblichkeit der bisherigen Tätigkeit der formwechselnden GmbH erlangt die formwechselnde Gesellschaft dann durch die Eintragung die beschlossene Stellung als Personenhandelsgesellschaft, auch wenn tatsächlich ein kaufmännisch eingerichteter Geschäftsbetrieb fehlte.[701]

Auch eine Personengesellschaft kann die Sachfirma einer formwechselnden GmbH fortführen; sie muss aber gemäß § 19 HGB der **Firma** einen die Rechtsform als Personengesellschaft ausweisenden Rechtsformzusatz hinzufügen.[702]

bb) Wechsel in eine Kapitalgesellschaft. Bei dem Formwechsel in eine Kapitalgesellschaft ist ebenfalls nach §§ 218 Abs. 1, 243 UmwG wie bei einer Gründung der **Gesellschaftsvertrag der GmbH** bzw. die **Satzung der Aktiengesellschaft** in dem Umwandlungsbeschluss festzustellen.[703] Der Gesellschaftsvertrag einer GmbH muss daher den Gegenstand der Sacheinlage und den Nennbetrag der dafür ausgegebenen Geschäftsanteile bezeichnen.[704]

Formulierungsvorschlag:
Das Stammkapital der Gesellschaft beträgt …… EUR. Es besteht aus
a) einem Geschäftsanteil mit dem Nennbetrag von …… EUR, der [Gesellschafter a] gewährt wird,
b) einem Geschäftsanteil mit dem Nennbetrag von …… EUR, der [Gesellschafter b] gewährt wird.
Die Gesellschafter haben ihre Einlagen auf die ausgegebenen Geschäftsanteile im Rahmen eines Formwechsels der Gesellschaft aus der Rechtsform einer [frühere Rechtsform] mit einem das Stammkapital der Gesellschaft übersteigenden Reinvermögen erbracht.

---

[700] Lutter/Happ/Göthel § 228 Rn. 3; vgl. auch Semler/Stengel/Ihrig § 228 Rn. 29. Zu den steuerlichen Folgen Schneider/Ruoff/Sistermann/A. Maier H 3.39.
[701] § 228 Abs. 1 UmwG, § 105 Abs. 2 HGB; vgl. dazu Mayer DB 2007, 1291, 1294; Lutter/Happ/Göthel § 228 Rn. 3.
[702] Lutter/Decher § 200 Rn. 8 f.; vgl. auch Widmann/Mayer/Fronhöfer UmwG § 200 Rn. 11 f.
[703] Kallmeyer/Dirksen/Blasche § 243 Rn. 3; Lutter/Joost § 218 Rn. 4, 18, § 243 Rn. 19; Semler/Stengel/Mutter § 243 Rn. 6.
[704] § 243 Abs. 1 UmwG, § 5 Abs. 4 Satz 1 GmbHG, § 27 AktG.

304 Die zustimmenden Gesellschafter gelten nach § 219 UmwG als **Gründer**.[705] In Hinblick auf die Gründerhaftung sind gemäß § 244 Abs. 1 UmwG bei einem Formwechsel einer GmbH in eine Aktiengesellschaft die Namen der zustimmenden Gesellschafter in der Niederschrift zu vermerken.[706] Da der Formwechsel in eine GmbH nach § 222 Abs. 1 Satz 1 UmwG bereits durch die künftigen Geschäftsführer anzumelden ist,[707] muss der Umwandlungsbeschluss auch die **Bestellung der Geschäftsführer** und die Regelung ihrer Vertretungsbefugnis enthalten.

305 *cc) Abfindungsangebot.* Ist in den Umwandlungsbeschluss ein Abfindungsangebot aufzunehmen,[708] kann dieses für den Fall des Erwerbes eigener Anteile wie folgt formuliert werden:

> **Formulierungsvorschlag:**
>
> Jedem Gesellschafter, der Widerspruch gegen den Beschluss der Gesellschafterversammlung zur Niederschrift erklärt, bietet die Gesellschaft die Zahlung einer Barabfindung in Höhe von EUR [Betrag] je 1,– EUR Nennbetrag seiner Anteile gegen deren kostenfreie Übertragung an. Der Abfindungsbetrag ist nach Ablauf des Tages, an dem die Eintragung der neuen Rechtsform gemäß § 201 UmwG bekannt gemacht worden ist, mit 5% p. a. über dem jeweiligen Basiszinssatz gemäß § 247 BGB zu verzinsen. Das Angebot kann nur binnen zwei Monaten nach diesem Tag angenommen werden (§ 209 S. 1 UmwG). Ist nach § 212 UmwG eine gerichtliche Bestimmung der Barabfindung beantragt worden, so gilt das Angebot zu den vom Gericht festgesetzten Bedingungen und kann binnen zwei Monaten nach der Bekanntmachung der Entscheidung des Gerichtes im Bundesanzeiger angenommen werden (§ 209 S. 2 UmwG).

306 Sind sich alle Gesellschafter über den Formwechsel einig, macht das Fehlen eines Abfindungsangebotes den Umwandlungsbeschluss nicht unwirksam. Nach § 210 UmwG kann der Beschluss deswegen nicht angefochten werden,[709] sondern dieser Umstand kann nach § 212 Satz 2 UmwG nur in einem **Spruchverfahren** geltend gemacht werden.[710]

307 *dd) Grundbesitz.* Ist die formwechselnde Gesellschaft Eigentümerin von Grundstücken, ist die nach dem Formwechsel entstehende neue Firma im Wege der **Grundbuchberichtigung** in das Grundbuch einzutragen. Dem kann bereits der Umwandlungsbeschluss durch folgenden Wortlaut Rechnung tragen:

> **Formulierungsvorschlag:**
>
> Die [formwechselnde Gesellschaft] ist Eigentümerin des im Grundbuch des Amtsgerichts ...... für ...... Bl. ...... Flst. Nr. ...... mit ...... ha verzeichneten Grundbesitzes. Der beurkundende Notar wird mit der Grundbuchberichtigung nach Wirksamwerden des Formwechsels beauftragt.

308 **b) Umwandlungsbericht.** Die Gesellschafter sind nach § 192 Abs. 1 UmwG durch einen schriftlichen Umwandlungsbericht[711] der gesetzlichen Vertreter der formwechselnden Gesellschaft **über die rechtliche und wirtschaftliche Bedeutung des Formwechsels** und insbesondere über die Ausgestaltung ihrer künftigen Gesellschafterrechte zu **informieren** und ein **Abfindungsangebot** so zu erläutern, dass eine **Plausibilitätskontrolle** möglich ist.[712]

---

[705] Widmann/Mayer/*Vossius* UmwG § 219 Rn. 4; Semler/Stengel/*Schlitt* § 219 Rn. 4 ff.
[706] Widmann/Mayer/*Rieger* UmwG § 244 Rn. 7 ff., 12; Lutter/*Happ/Göthel* § 244 Rn. 4; Semler/Stengel/*Mutter* § 244 Rn. 7 ff.
[707] Kallmeyer/*Dirksen/Blasche* § 222 Rn. 2; Semler/Stengel/*Schlitt* § 222 Rn. 8.
[708] Zur Verbindung mit einem freiwilligen Angebot vgl. *Kiem* S. 279 ff.; Semler/Stengel/*Kalss* § 207 Rn. 14.
[709] Widmann/Mayer/*Wälzholz* UmwG § 210 Rn. 7; zur Verzichtbarkeit des Abfindungsangebotes Lutter/*Decher* § 207 Rn. 22; Kallmeyer/*Meister/Klöcker* § 194 Rn. 46.
[710] Kallmeyer/*Meister/Klöcker* § 212 Rn. 1; dies gilt auch für Informationsmängel, die den Wert der Abfindung betreffen, BGH ZIP 2001, 199; dazu *Kleindiek* NZG 2001, 552.
[711] Kallmeyer/*Meister/Klöcker* § 192 Rn. 7 ff.; Semler/Stengel/*Bärwaldt* § 192 Rn. 6 ff., 22.
[712] LG Mainz DB 2001, 1136.

In dem Bericht ist auch auf besondere Bewertungsschwierigkeiten und auf die Folgen für 309
die Beteiligung der Gesellschafter hinzuweisen.[713] Er ist von den Organmitgliedern in vertretungsberechtigter Zahl zu unterzeichnen.[714] Auf diesen Bericht kann nach § 192 Abs. 2 UmwG notariell verzichtet werden. Er ist von dem Sachgründungsbericht der Gesellschafter zu unterscheiden, der gemäß § 197 UmwG, § 5 Abs. 4 GmbHG durch die Anwendung der Gründungsvorschriften auf den Formwechsel einer Personenhandelsgesellschaft in eine GmbH stets erforderlich wird[715] und nicht durch Verzicht abbedungen werden kann.[716]

Der Umwandlungsbericht muss den Entwurf des Umwandlungsbeschlusses enthalten und 310
ist den Gesellschaftern ebenso wie das Abfindungsangebot gemäß §§ 216, 230 Abs. 1, 231 UmwG bereits **mit der Ladung zur Gesellschafterversammlung zu übersenden;** allein bei einer formwechselnden Aktiengesellschaft hat eine Versendung des Berichtes gemäß § 230 Abs. 2 UmwG nur auf Verlangen zu erfolgen, während die Regelinformation durch Auslage[717] des Berichtes oder als Ersatz durch Internetpublizität erfolgt.[718] Außerdem ist der Umwandlungsbericht gemäß §§ 232 Abs. 1, 239 Abs. 1 UmwG in der Gesellschafterversammlung auszulegen.[719]

Nach Streichung von §§ 192 Abs. 2, 229 UmwG a. F. ist die Pflicht, dem Umwandlungs- 311
bericht eine zeitnahe Vermögensaufstellung beizufügen, entfallen.

**Gliederungsvorschlag:
Umwandlungsbericht bei Formwechsel**

I. Darstellung [formwechselnde Gesellschaft]
  1. Unternehmensgeschichte und -entwicklung
    Gründung
    Geschäftsentwicklung
  2. Kapital und Gesellschafter
  3. Arbeitnehmer und ihre Vertretungen

II. Erläuterung und Begründung des Formwechsels
  1. Ausgangslage
    a) Führungsstrukturen
    b) Haftungsverhältnisse
    c) Kapitalbeschaffung
    d) Steuerliche Behandlung
  2. Wesentliche Gründe für den Formwechsel
    a) Verbesserte Effizienz der Unternehmensorganisation
    b) Bedeutung für den Marktauftritt
    c) Auswirkungen für die Gesellschafter
  3. Konzeption des Formwechsels
    a) Wahl der Rechtsform
      Geschäftsführung
      Kapitalausstattung
      Firma
      Sonstiger Inhalt des Gesellschaftsvertrages
    b) Ausgestaltung der Gesellschafterrechte
    c) Bedeutung für die Arbeitnehmer und ihre Vertretungen
    d) Kosten des Formwechsels

---

[713] *Kiem* S. 263.
[714] BGH DB 2007, 1858 (zum Verschmelzungsbericht); str., zum Meinungsstand vgl. Semler/Stengel/*Bärwaldt* § 192 Rn. 21 f.
[715] Widmann/*Mayer* UmwG § 197 Rn. 45; Semler/Stengel/*Bärwaldt* § 197 Rn. 28; vgl. auch unten Rn. 326, aber Befreiung für formwechselnde Aktiengesellschaften in § 245 Abs. 4 UmwG.
[716] Kallmeyer/Meister/*Klöcker* § 197 Rn. 26; Lutter/*Decher* § 197 Rn. 24; → Rn. 326.
[717] Hierzu Widmann/Mayer/*Vossius* UmwG § 230 Rn. 37 ff.; Semler/Stengel/*Ihrig* § 230 Rn. 28.
[718] Kallmeyer/*Dirksen*/Blasche § 230 Rn. 10.
[719] Widmann/Mayer/*Vossius* UmwG § 232 Rn. 7 ff.

III. Bilanzielle, finanzielle und steuerliche Auswirkungen des Formwechsels
1. Bilanzielle Folgen des Formwechsels
2. Finanzielle Aspekte
3. Steuerliche Aspekte
    a) Wahl des steuerlichen Übertragungsstichtages
    b) Folgen für die Gesellschaft
    c) Folgen für die Gesellschafter
IV. Erläuterung des Abfindungsangebots[720]
1. Bewertungsauftrag
2. Bewertungsgrundsätze und -methoden
3. Wertermittlung [formwechselnde Gesellschaft]
4. Ermittlung der Barabfindung

312 Ein Umwandlungsbericht ist nicht erforderlich
- für einen Alleingesellschafter,[721]
- für eine Personengesellschaft, deren Gesellschafter alle als solche oder bei einer GmbH & Co. KG zusätzlich auch als Geschäftsführer der Komplementär-GmbH selbst zur Geschäftsführung berechtigt sind,[722]
- bei Verzicht durch notariell beurkundete Erklärung.[723]

313 Soll bereits bei der Ladung von der Vorlage eines Umwandlungsberichtes abgesehen werden, müssen formgerechte Verzichtserklärungen zwar noch nicht zwingend zu diesem Zeitpunkt vorliegen, jedoch sollte die Bereitschaft zum Verzicht vorher abgeklärt werden, um eine fehlerhafte Ladung zu vermeiden.

314 Wird auf die Erstattung eines Umwandlungsberichtes nicht verzichtet, ist dieser nach § 199 UmwG mit der Handelsregisteranmeldung **zum Handelsregister einzureichen**; wegen der Öffentlichkeit der Registerakten[724] erhält der Bericht dadurch eine u. U. zu beachtende, insbesondere wegen Angaben zu etwaigen Abfindungsangeboten nicht immer wünschenswerte Publizität, die durch einen Verzicht auf den Umwandlungsbericht vermieden werden sollte.

315 **c) Information des Betriebsrates.** Auch bei einem Formwechsel dient der Umwandlungsbeschluss mit der gemäß § 194 Abs. 1 Nr. 7 UmwG zwingenden Darstellung der Folgen für die Arbeitnehmer und ihre Vertretungen der arbeitsrechtlichen Meinungsbildung.[725] Die Fassung des Umwandlungsbeschlusses ist daher nach § 194 Abs. 2 UmwG davon abhängig, dass der **Beschlussentwurf**, nicht jedoch der Umwandlungsbericht, dem zuständigen Betriebsrat mindestens **einen Monat vorher** zugeleitet worden ist. Die Wahrung der Frist ist gemäß § 199 UmwG bei der Anmeldung des Formwechsels zur Eintragung in das Handelsregister nachzuweisen. Für einen Verzicht auf die Frist gilt das gleiche wie bei der Verschmelzung.[726]

316 **d) Mehrheitsverhältnisse, Zustimmungen.** Wie bei anderen umwandlungsrechtlichen Beschlüssen entscheiden die Gesellschafter über einen Formwechsel mit einer **Mehrheit von ¾ der Stimmen**, soweit es nicht zu einer Änderung ihrer Haftung kommt.[727] Für eine formwechselnde **Personengesellschaft** gilt dies wegen der starken Bindung unter den Gesellschaftern aber **nur, wenn** eine Mehrheitsentscheidung ausdrücklich für den Fall eines Formwechsels im

---

[720] KG AG 1999, 127.
[721] § 192 Abs. 2 Satz 1 UmwG; Widmann/*Mayer* UmwG § 192 Rn. 23 f.; Semler/Stengel/*Bärwaldt* § 192 Rn. 31.
[722] § 215 UmwG; vgl. auch Kallmeyer/*Dirksen/Blasche* § 215 Rn. 2 f.; Lutter/*Joost* § 215 Rn. 3; Semler/Stengel/*Bärwaldt* § 192 Rn. 29.
[723] § 192 Abs. 2 Satz 2 UmwG; Kallmeyer/*Meister/Klöcker* § 192 Rn. 56, 59; Widmann/*Mayer* UmwG § 192 Rn. 15 f.; Semler/Stengel/*Bärwaldt* § 192 Rn. 24.
[724] § 9 Abs. 1 HGB.
[725] Willemsen/*Hohenstatt*/Schweibert/Seibt Abschnitt D Rn. 9.
[726] S. o. Rn. 111; vgl. auch Kiem S. 33; Stohlmeier BB 1999, 1394 ff.
[727] Kallmeyer/*Zimmermann* § 193 Rn. 7; Lutter/*Decher* § 193 Rn. 7; vgl. tabellarische Übersicht bei Semler/Stengel/*Bärwaldt* § 193 Rn. 11.

Gesellschaftsvertrag vorgesehen worden ist. Ohne eine solche abweichende Regelung im Gesellschaftsvertrag ist der Umwandlungsbeschluss einstimmig zu fassen; alle nicht erschienenen Gesellschafter müssen ihm nach § 217 Abs. 1 UmwG separat zustimmen. Es kann demnach in diesem Falle nicht zu einem Abfindungsverfahren für widersprechende Gesellschafter kommen. Eine hiervon abweichende Vertragsklausel muss sich nicht auf alle vorhandenen, sondern nur auf die abgegebenen Stimmen der Gesellschafter beziehen; nicht erschienene Gesellschafter können aber auch dann separat zustimmen.[728] Alle für den Formwechsel stimmenden Gesellschafter sind namentlich in der Niederschrift aufzuführen.[729]

Bei einer Kapitalgesellschaft ist eine ¾-Mehrheit der vertretenen Stimmen ausreichend, wenn sie nach § 240 Abs. 1 UmwG in die Rechtsform einer anderen Kapitalgesellschaft[730] oder nach § 233 Abs. 2 UmwG in eine Kommanditgesellschaft[731] umgewandelt werden soll. Führt der Formwechsel in eine Personengesellschaft hingegen zur vollen **persönlichen Haftung** aller oder einzelner Gesellschafter, ist auch deren Zustimmung erforderlich.[732] Für die Feststellung des Gesellschaftsvertrages ist aber keine Einstimmigkeit erforderlich.[733]

Besondere Zustimmungserklärungen sind für den Formwechsel gemäß § 193 Abs. 2 UmwG von einzelnen Gesellschaftern einzuholen, wenn deren Zustimmung für eine Abtretung von Anteilen an der formwechselnden Gesellschaft erforderlich ist.[734] Hierzu folgendes Beispiel für eine Kapitalgesellschaft als Gesellschafterin einer formwechselnden GmbH:

317

318

> **Formulierungsvorschlag:**
> In dem Gesellschaftsvertrag der [formwechselnde GmbH], [Ort], ist die Abtretung von Geschäftsanteilen an der Gesellschaft von der Zustimmung der Gesellschafter abhängig gemacht worden.
> Namens der [Gesellschafter a] erkläre ich daher hiermit in meiner Eigenschaft als deren alleinvertretungsberechtigter Geschäftsführer deren Zustimmung gemäß § 193 Abs. 2 UmwG zu der beabsichtigten Umwandlung der [formwechselnde GmbH] durch Formwechsel in eine Kommanditgesellschaft unter der Firma [GmbH & Co. KG].

Gleiches gilt gemäß §§ 233 Abs. 2, 50 Abs. 2 UmwG für Gesellschafter einer GmbH, denen im Gesellschaftsvertrag vorgesehene Minderheitsrechte oder Sonderrechte im Zusammenhang mit der Geschäftsführung zustehen, die durch den Formwechsel beeinträchtigt werden. Können Gesellschafter wegen der Festsetzung eines höheren Nennbetrages keine Anteile an der Gesellschaft neuer Form erwerben, ist gemäß § 241 Abs. 1 UmwG auch ihre Zustimmung, bei dem Formwechsel einer KGaA in eine GmbH gemäß § 233 Abs. 3 Satz 1 UmwG ebenfalls die der persönlich haftenden Gesellschafter, erforderlich.

319

Bei dem Formwechsel einer Aktiengesellschaft oder KGaA in eine GmbH müssen nach § 242 UmwG alle Aktionäre zustimmen, die sich nicht mit ihrem gesamten Anteil beteiligen können.[735]

319a

> **Praxistipp:**
> Bei nennwertlosen Stückaktien ist eine vorherige Glättung des Grundkapitals zu erwägen, damit sich alle Aktionäre mit einem auf volle Euro lautenden Anteil beteiligen können.

---

[728] Kallmeyer/*Dirksen*/*Blasche* § 217 Rn. 3; Widmann/Mayer/*Vossius* UmwG § 217 Rn. 34; Semler/Stengel/*Schlitt* § 217 Rn. 20, 22; a. A. Schmitt/Hörtnagl/*Stratz* UmwG § 43 Rn. 11.
[729] Kallmeyer/*Dirksen*/*Blasche* § 217 Rn. 14.
[730] Kallmeyer/*Dirksen*/*Blasche* § 240 Rn. 2 ff.; Widmann/Mayer/*Rieger* UmwG § 240 Rn. 16 ff.
[731] Kallmeyer/*Dirksen*/*Blasche* § 233 Rn. 6.
[732] Stimmt ein Gesellschafter für den Beschluss, ist keine besondere Zustimmung von ihm mehr erforderlich, Lutter/*Happ*/*Göthel* § 233 Rn. 26.
[733] BGH ZIP 2005, 1318.
[734] Zu weiteren Fällen vgl. Widmann/Mayer/*Vollrath* UmwG § 193 Rn. 34 ff.
[735] Vgl. dazu *Meister* NZG 2008, 767.

5. Sonstige Dokumentation

320 a) **Verzichtserklärungen.** Die Durchführung eines Formwechsels kann durch Verzichtserklärungen der Gesellschafter wesentlich erleichtert bzw. die hierfür erforderlichen Kosten beschränkt werden. Wegen der Förmlichkeit des Registerverfahrens bedürfen die Verzichtserklärungen der **notariellen Form;**[736] sie können separat abgegeben werden oder in die Niederschrift über den Umwandlungsbeschluss aufgenommen werden. Zu empfehlen sind Verzichtserklärungen zu folgenden Punkten:

- Erstattung eines Umwandlungsberichtes, falls mehrere Gesellschafter beteiligt sind,[737]
- Abgabe eines Abfindungsangebotes bei Mehrheitsbeschluss,[738]
- Prüfung des Abfindungsangebotes bei formwechselnden Kapitalgesellschaften,
- Klage gegen die Wirksamkeit des Umwandlungsbeschlusses,[739]
- evtl. Fristwahrung gegenüber dem Betriebsrat.[740]

321 Bei dem Formwechsel einer Kommanditgesellschaft könnte dementsprechend wegen des Formzwanges in die Niederschrift des Umwandlungsbeschlusses folgende Verzichtserklärung aufgenommen werden:

> **Formulierungsvorschlag:**
> 1. Die Gesellschafter [Komplementär] und [Kommanditist] verzichten gemäß § 192 Abs. 2 UmwG auf die Erstattung eines Umwandlungsberichtes.
> 2. Im Hinblick auf §§ 198 Abs. 3, 16 Abs. 2 Satz 1 UmwG verzichten die Gesellschafter [Komplementär] und [Kommanditist] bereits jetzt vorbehaltlos auf etwaige Rechte zur Anfechtung des vorstehend gefaßten Umwandlungsbeschlusses.

322 b) **Handelsregisteranmeldung.** Die neue Rechtsform ist bei dem bisherigen Registergericht der formwechselnden Gesellschaft zur Eintragung in das Handelsregister anzumelden.[741] Ist der Formwechsel mit einer Sitzverlegung verbunden, hat nach § 198 Abs. 2 UmwG gleichzeitig auch eine Anmeldung bei dem Registergericht des neuen Sitzes zu erfolgen. Der Inhalt der Handelsregisteranmeldung[742] und der Kreis der Personen, die die Anmeldung vorzunehmen haben, richtet sich dabei weitgehend **nach den Gründungsvorschriften der neuen Rechtsform.** Wie bei der Verschmelzung wird der Vollzug der Handelsregisteranmeldung bis zur Erledigung etwaiger Anfechtungsklagen, die nicht unzulässig oder offensichtlich unbegründet sind, durch § 198 Abs. 3 UmwG blockiert.

323 aa) *Wechsel in eine Personengesellschaft.* Bei dem Formwechsel einer GmbH in eine Personengesellschaft ist die Anmeldung gemäß § 235 Abs. 2 UmwG von den Geschäftsführern der formwechselnden GmbH in vertretungsberechtigter Zahl[743] vorzunehmen, etwa wie folgt:

> **Formulierungsvorschlag:**
> 1. Die Gesellschaft ist durch Beschluss der Gesellschafterversammlung vom ...... durch Formwechsel gemäß §§ 190 ff., 226 ff. UmwG in eine Kommanditgesellschaft unter der Firma [GmbH & Co. KG] mit Sitz in [Ort] umgewandelt.

---

[736] Der einstimmige Verzicht auf Formen und Fristen der Ladung ist jedoch formlos, aber Erwähnung im Beschlussprotokoll ist empfehlenswert, Kallmeyer/*Dirksen/Blasche* § 230 Rn. 14.
[737] § 192 Abs. 2 UmwG.
[738] → Rn. 278.
[739] §§ 198 Abs. 3, 16 Abs. 2 UmwG.
[740] → Rn. 111.
[741] Lutter/*Decher* § 198 Rn. 11.
[742] Kallmeyer/*Zimmermann* § 198 Rn. 11 ff.; zur Gesellschafterliste bei unbekannten Aktionären Kallmeyer/*Meister/Klöcker* § 213 Rn. 4.
[743] Widmann/Mayer/*Vossius* UmwG § 235 Rn. 8 ff.; Semler/Stengel/*Ihrig* § 235 Rn. 7.

Der vorgenannte Gesellschafterbeschluss ist innerhalb der Anfechtungsfrist nicht angefochten worden. Im Hinblick auf §§ 198 Abs. 3, 16 Abs. 2 UmwG haben die Gesellschafter vielmehr auf ihr Recht zur Klage gegen die Wirksamkeit des Umwandlungsbeschlusses verzichtet. Es wird auf die entsprechende Verzichtserklärung in der notariellen Niederschrift verwiesen.

2. Gesellschafter der Kommanditgesellschaft sind
   a) als persönlich haftende Gesellschafterin die [Komplementär-GmbH] mit Sitz in [Ort], eingetragen im Handelsregister des Amtsgerichts [Ort] unter HRB ......, gesetzlich vertreten durch deren gesamtvertretungsberechtigte Geschäftsführer, die Herren [Name] und [Name],
   b) als Kommanditistin die [Gesellschafter a] mit Sitz in [Ort], eingetragen im Handelsregister des Amtsgerichts [Ort] unter HRB ......, mit einer Hafteinlage von ...... EUR – (in Worten: Euro ......),
   c) als weitere Kommanditistin die [Gesellschafter b] mit Sitz in [Ort], eingetragen im Handelsregister des Amtsgerichts [Ort] unter HRB ......, mit einer Hafteinlage von ...... EUR – (in Worten: Euro ......).
3. Zweck der Kommanditgesellschaft ist [Zweck]. Die Gesellschaft ist berechtigt, alle Geschäfte zu tätigen und Maßnahmen zu ergreifen, die mit diesem Zweck der Gesellschaft unmittelbar oder mittelbar zusammenhängen. Die Gesellschaft ist berechtigt, Tochtergesellschaften oder Zweigniederlassungen zu errichten oder zu erwerben.
4. Die Gesellschaft beginnt mit der Eintragung in das Handelsregister.
5. Die persönlich haftende Gesellschafterin [Komplementär-GmbH] vertritt die Kommanditgesellschaft allein. Sie ist befugt, die Gesellschaft bei der Vornahme von Rechtsgeschäften mit sich selbst oder als Vertreter eines Dritten uneingeschränkt zu vertreten.
6. Die Geschäftsräume der Kommanditgesellschaft befinden sich in [Straße], [Ort].
[Die Gesellschaft hat keinen Betriebsrat.]
[Nur bei gleichzeitiger Sitzverlegung: Die formwechselnde Umwandlung der Gesellschaft in eine Kommanditgesellschaft wurde gemäß § 198 Abs. 2 Satz 2 UmwG auch beim Handelsregister der neuen Kommanditgesellschaft angemeldet. Zur Unterrichtung des Gerichts fügen wir eine Kopie dieser Handelsregisteranmeldung bei.]

bb) Wechsel in eine Kapitalgesellschaft. Die Anmeldung des Formwechsels einer Personengesellschaft in eine Kapitalgesellschaft ist nicht mehr durch die Gesellschafter der Personengesellschaft, sondern nach § 222 Abs. 1 UmwG **durch die künftigen gesetzlichen Vertreter,** bei einer **Aktiengesellschaft auch** durch alle Mitglieder des **Aufsichtsrates,** vorzunehmen, auch wenn sie an das für die Personengesellschaft zuständige Register zu richten ist. Ist aber zur Beteiligung aller Gesellschafter einer GmbH & Co. KG am Kapital der Gesellschaft vorab eine Anteilsabtretung vorgenommen worden,[744] die auch die eingetragenen Hafteinlagen berührt, oder wird zum Zwecke der Umwandlung ein neuer Gesellschafter in die Personengesellschaft aufgenommen, müssen diese Veränderungen zunächst von den Gesellschaftern der Personengesellschaft zur Eintragung in das Handelsregister angemeldet werden.[745]

Neben der Tatsache des Formwechsels folgt der **Inhalt** der Anmeldung weitgehend der **Erstanmeldung bei der Gründung** der Kapitalgesellschaft unter Beifügung der in § 8 Abs. 1 GmbHG bzw. § 37 Abs. 4 AktG genannten Unterlagen, soweit sie nicht schon zwingend Teil des Umwandlungsbeschlusses sind. Das gilt insbesondere auch für die Anmeldung der Geschäftsführer oder Vorstände, der abstrakten und konkreten Vertretungsbefugnis, und der Abgabe ihrer Eignungsversicherung. Von der **Versicherung der freien Verfügbarkeit der Sacheinlagen**[746] wird in § 246 Abs. 3 UmwG nur bei einem Formwechsel einer Kapitalgesellschaft in eine andere Form einer Kapitalgesellschaft abgesehen, sie wird aber von einigen Stimmen auch bei dem Fromwechsel einer Personengesellschaft in eine Kapitalgesellschaft für entbehrlich gehalten.[747] Bei dem Formwechsel einer Personengesellschaft in eine GmbH,

---

[744] Zur umstrittenen Erforderlichkeit → Rn. 260, 264.
[745] Vgl. Semler/Stengel/*Schlitt* § 218 Rn. 22.
[746] § 8 Abs. 2 GmbHG.
[747] Vgl. Kallmeyer/*Zimmermann* § 198 Rn. 13; Lutter/*Decher* § 198 Rn. 15; Semler/Stengel/*Schwanna* § 198 Rn. 7 f.; *Stoye-Benk/Cutura* S. 358, 329 Fn. 105; *Happ,* Muster 11.01 Amn. 33.8.

für die § 222 UmwG die Anwendbarkeit von § 8 Abs. 2 GmbHG nicht aufhebt, bietet sich bei Vermeidung dieses Meinungsstreits hierfür unter Berücksichtigung der Lage im Zeitpunkt der Anmeldung folgende Formulierung an:

> **Formulierungsvorschlag:**
> Die Geschäftsführer versichern, dass die Einlagen auf die Geschäftsanteile durch das Gesamthandsvermögen der Gesellschaft, das durch den Formwechsel endgültig in ihrer freien Verfügung stehen wird, gedeckt sind.

326 Gegenüber einer normalen Gründung ist der von den Gesellschaftern abzugebende **Sachgründungsbericht erweitert** worden; er muss nicht nur die für die Angemessenheit der Leistungen wesentlichen Umstände darlegen und die Jahresergebnisse der letzen beiden Geschäftsjahre angeben,[748] sondern gemäß § 220 Abs. 2 UmwG auch den bisherigen Geschäftsverlauf und die Lage der Gesellschaft darstellen.[749] Der Sachgründungsbericht ist als Teil des Registerverfahrens unverzichtbar und ist auch dann zu erstellen, wenn die Gesellschafter auf einen Umwandlungsbericht verzichtet haben.[750]

327 Ist die Firma der Personengesellschaft unter Verwendung der Namen von Gesellschaftern gebildet worden, können diese Bestandteile bei der Firmenfortführung beibehalten werden. Alte Rechtsformzusätze entfallen, es muss vielmehr ein Zusatz gemäß der neuen Rechtsform hinzugefügt werden.[751] Ist indessen der Namensträger nicht mehr als Gesellschafter beteiligt, hängt die weitere Verwendung seines Namens gemäß § 200 Abs. 3 UmwG von seiner Genehmigung ab.[752]

327a Gemäß den über § 197 UmwG anzuwendenden Gründungsvorschriften der neuen Rechtsform ist bei dem Formwechsel in eine GmbH nur eine von allen Geschäftsführern unterschriebene **Liste der Gesellschafter** vorzusehen. Trotz Mitwirkung des Notars an dem Formwechsel greift § 40 Abs. 2 GmbHG nicht.[753] Entsprechend § 8 Abs. 1 Nr. 3 GmbHG ist die Gesellschafterliste auch bereits bei der Anmeldung zur Eintragung im Handelsregister einzureichen. Es kommt nicht darauf an, ob der Formwechsel zu einer Änderung der bisherigen Beteiligungsquoten geführt hat.

6. Vollmachten

328 Bei Kapitalgesellschaften[754] kann der Umwandlungsbeschluss auch durch Bevollmächtigte der Gesellschafter gefasst werden.[755] Obwohl auf den Formwechsel die Gründungsvorschriften der neuen Rechtsform anzuwenden sind, soll nach umstrittener Ansicht bei einem Formwechsel in eine andere Form der Kapitalgesellschaft die zu ihrer Gründung verlangte notarielle Form der Vollmacht[756] nicht erforderlich sein, weil anders als bei der Gründung bei einem Formwechsel auch der Inhalt des Gesellschaftervertrages bzw. der Satzung durch Gesellschafterbeschluss festlegt werde und daher die allgemeine Form für Beschlussvollmachten maßgeblich sei.[757] Angesichts der vielfältigen Funktion des Umwandlungsbeschlus-

---

[748] § 5 Abs. 4 Satz 2 GmbHG.
[749] Vgl. dazu Kiem S. 303 mit Zeitrahmen 2 Jahre; ebenso Kallmeyer/*Dirksen*/*Blasche* § 220 Rn. 17; Semler/Stengel/*Schlitt* § 220 Rn. 25; Widmann/Mayer/*Vossius* UmwG § 220 Rn. 40, 48.
[750] Kallmeyer/*Dirksen*/*Blasche* § 220 Rn. 15; Lutter/*Joost* § 220 Rn. 21; Semler/Stengel/*Schlitt* § 220 Rn. 26, 28.
[751] Kallmeyer/*Meister*/*Klöcker* § 200 Rn. 25.
[752] Vgl. Lutter/*Decher* § 200 Rn. 10 f.
[753] *Meister* NZG 2008, 767; Semler/Stengel/*Schwanna* § 199 Rn. 8; a.A. *Vossius* DB 2007, 2299; vgl. auch *Preuss* ZGR 2008, 676, 696.
[754] § 134 Abs. 3 AktG, § 47 Abs. 3 GmbHG.
[755] Kallmeyer/*Zimmermann* § 193 Rn. 11; Semler/Stengel/*Bärwaldt* § 193 Rn. 12.
[756] § 2 Abs. 2 GmbHG, § 23 Abs. 1 Satz 2 AktG.
[757] So Kallmeyer/*Zimmermann* § 193 Rn. 11; Lutter/*Decher* § 193 Rn. 4; a.A. aber Semler/Stengel/*Bärwaldt* § 193 Rn. 12 a.E.; Widmann/*Mayer* UmwG § 197 Rn. 25; Schmitt/Hörtnagl/*Stratz* UmwG § 193 Rn. 8 (soweit ausdrückliche Zustimmung erforderlich ist).

ses beim Formwechsel ist diese Betrachtung eher förmlich. Es ist vielmehr zu erwägen, einer extensiven Auslegung des Verweises auf die Gründungsvorschriften durch eine **vorsorgliche notarielle Beglaubigung** der Vollmachten zuvor zu kommen.

Bei Personengesellschaften ist die Ausübung des Stimmrechtes eine **höchstpersönliche** Angelegenheit eines jeden Gesellschafters, wenn nicht durch den Gesellschaftsvertrag oder besondere Zustimmung aller Gesellschafter für den Einzelfall eine Vertretung zugelassen worden ist.[758] 329

Auch die **Anmeldung** des Formwechsels zur Eintragung in das Handelsregister kann **durch Bevollmächtigte** erfolgen.[759] In diesem Falle sind aber persönliche Versicherungen separat von den Betroffenen in notarieller Urkunde abzugeben; dies betrifft bei dem Wechsel in eine GmbH die Eignungsversicherung der Geschäftsführer und auch, soweit eine solche für erforderlich gehalten wird,[760] die Versicherung über die Verfügbarkeit der Einlagen. 330

Bei einem Formwechsel als reiner konzerninterner Strukturmaßnahme werden häufig einzelne Personen gleichzeitig in mehreren Funktionen beteiligt sein. Bei dem Entwurf einer Vollmacht, die den Vollmachtgeber in allen diesen Funktionen von den Formalitäten des Formwechsels entlasten soll, sind daher in Hinblick auf die Beschränkungen des § 181 BGB auch potentielle Fälle der **Mehrfachvertretung** und die notwendigen Befreiungen durch Gesellschaftsvertrag oder Gesellschafterbeschluss zu analysieren. Ein voller Überblick über den Umfang der Beteiligung solcher Personen und der für sie zu entwerfenden Vollmacht ergibt sich oft erst mit dem Entwurf der vollständigen Dokumentation für den Formwechsel. Hieraus kann sich z. B. für den Formwechsel einer GmbH als zu 100% gehaltener Beteiligungsgesellschaft in eine Personengesellschaft unter Berücksichtigung der Vorstufen des Formwechsels folgender Inhalt ergeben: 331

Muster: Vollmacht für Formwechsel

VOLLMACHT

Der unterzeichnete [Name], handelnd in seiner Eigenschaft als jeweils von den Beschränkungen des § 181 BGB befreiter einzelvertretungsberechtigter Geschäftsführer der [Gesellschafter a], [Straße], [Ort], und künftiger einzelvertretungsberechtigter Geschäftsführer der [Komplementär-GmbH], [Straße], [Ort], bevollmächtigt hiermit

[Bevollmächtigter]

unter Befreiung von den Beschränkungen des § 181 BGB und mit dem Recht, Untervollmacht zu erteilen,

a) die [Gesellschafter a] bei der Gründung einer Gesellschaft mit beschränkter Haftung unter der Firma [Komplementär-GmbH] zu vertreten und einen Geschäftsanteil in ihrem Namen zu übernehmen;

b) die [Gesellschafter a] in Gesellschafterversammlungen der [Komplementär-GmbH] zu vertreten und Gesellschafterbeschlüsse jeder Art, insbesondere zur Ernennung von Geschäftsführern der Gesellschaft, und zur Änderung des Gesellschaftsvertrages zu fassen;

c) von der [Gesellschafter a] gehaltene Geschäftsanteile an der [formwechselnde GmbH], [Ort], an die [Komplementär-GmbH] abzutreten und für beide beteiligte Gesellschaften jedwede Erklärungen abzugeben, die für die Durchführung der vorstehenden Abtretung notwendig oder zweckdienlich sind, insbesondere auch einen Treuhandvertrag zwischen ihnen abzuschließen;

d) danach die [Gesellschafter a] und [Komplementär-GmbH] in Gesellschafterversammlungen der [formwechselnde GmbH] zu vertreten, darin jede Art von Beschlüssen zu fassen und insbesondere deren Umwandlung durch Formwechsel in eine Kommanditgesellschaft zu beschließen;

---

[758] Baumbach/*Hopt* HGB § 119 Rn. 21.
[759] Kallmeyer/*Zimmermann* § 198 Rn. 8; Semler/Stengel/*Schwanna* § 198 Rn. 12.
[760] → Rn. 325.

e) jede Art von Erklärungen, die zur Durchführung dieser Beschlüsse notwendig oder zweckdienlich sind, insbesondere auch Zustimmungs- oder Verzichtserklärungen abzugeben;
f) Handelsregisteranmeldungen jeder Art für die [Gesellschafter a], [Komplementär-GmbH], [formwechselnde GmbH] sowie die durch den Formwechsel entstehende Kommanditgesellschaft vorzunehmen;
g) im Namen der [Gesellschafter a] und der [Komplementär-GmbH] einen Gesellschaftsvertrag für die durch den Formwechsel neu entstehende Kommanditgesellschaft und jedwede sonst für die Durchführung des Formwechsels notwendigen oder zweckdienlichen Dokumente zu unterzeichnen.

......
Unterschrift

7. Bearbeitungshinweise

332 Vor der Anforderung von Vollmachten erhält der Mandant den besten Überblick über die Transaktion und über die Tragweite der Vollmachten, wenn ihm ein erster Entwurf der Dokumentation mit begleitender Kommentierung vorgelegt wird. Dies kann bei der Umwandlung einer GmbH in eine Personengesellschaft wie folgt geschehen:

Muster: Mandanteninformation

Im Zusammenhang mit dem Formwechsel der [formwechselnde GmbH] überreiche ich Ihnen zur Durchsicht und Kommentierung folgende Entwürfe:
- Notarurkunde über die Gründung der [Komplementär-GmbH]
- Handelsregisteranmeldung der [Komplementär-GmbH],
- Notarurkunde über die Abtretung von Anteilen an der [formwechselnde GmbH],
- Notarurkunde über den Formwechsel der [formwechselnde GmbH]
- Handelsregisteranmeldung des Formwechsels.

Des Weiteren überreiche ich Ihnen folgende Entwürfe zur Unterzeichnung mit notarieller Unterschriftsbeglaubigung :
- Vollmacht für die Gründung und Anmeldung der [Komplementär-GmbH], für die Abtretung der Anteile an der [formwechselnde GmbH] und für den Formwechsel,
- Eignungsversicherung für die [Komplementär-GmbH]
- Liste der Gesellschafter der [Komplementär-GmbH] (ohne Beglaubigung),

Ich bitte Sie, Ihre Vollmacht nach Unterzeichnung und Beglaubigung alsbald wieder an mich zurückzusenden, damit ich die Gründung der [Komplementär-GmbH] und die Abtretung des Geschäftsanteils an der [formwechselnde GmbH] vornehmen kann.

Im Einzelnen möchte ich Ihnen hierzu folgende Erläuterungen geben:

1. Zeitliche Abfolge

Um den Formwechsel rückwirkend zum [Stichtag] mit steuerlicher Rückwirkung durchführen zu können, ist die Gründung der [Komplementär-GmbH] und ihre Beteiligung an der [formwechselnde GmbH] rechtzeitig vor Vollzug des Formwechsels von Bedeutung. Dabei ist insbesondere die übliche Vorlaufzeit für die Neugründung einer GmbH bis zu deren Eintragung in das Handelsregister von ...... Wochen zu beachten. Danach besteht spätestens bis zum [Stichtag+8Mo] Zeit, um den Formwechsel beim Handelsregister anzumelden. Falls bei der [formwechselnde GmbH] ein Betriebsrat besteht, müßte diesem aber spätestens einen Monat vor der Fassung des Beschlusses über die Umwandlung der Entwurf dieses Beschlusses zugeleitet worden sein. Um hinreichende Zeit für die Bearbeitung der Dokumentation und den Postlauf einzuplanen, sollte angestrebt werden, die Entwürfe spätestens bis [Stichtag+6,5Mo] abgeschlossen und dem Betriebsrat vorgelegt zu haben.

Daher ist erforderlich, die Handelsregisteranmeldung der [Komplementär-GmbH] sobald wie möglich vorzunehmen und auch die Geschäftsführung und die Geschäftsanteile so zu gestalten, wie sie endgültig sein sollen. (Für Ihre Bestellung als Geschäftsführer der [Komplementär-GmbH] bedarf es noch Ihrer Befreiung bei der [formwechselnde GmbH] von § 181 BGB, da Sie als Geschäftsführer der [formwechselnde GmbH] nicht von § 181 BGB befreit sind.)

Für Ihre Anmeldung als Geschäftsführer der [Komplementär-GmbH] benötige ich auch die eingangs erwähnte Eignungsversicherung von Ihnen nach Unterzeichnung zurück; die Unterschrift muss notariell beglaubigt sein.

2. Durchführung des Formwechsels

Um von der zeitlichen Verfügbarkeit der beteiligten Personen unabhängig zu sein, habe ich vorgesehen, dass alle Notarurkunden und Handelsregisteranmeldungen im gesetzlich zulässigen Umfange von Vertretern unterzeichnet werden.

Die innere Ordnung der umgewandelten [GmbH & Co. KG] wird sich nicht mehr nach dem jetzigen Gesellschaftsvertrag richten, sondern es bedarf eines neuen Gesellschaftsvertrages, der sich an dem Recht der Kommanditgesellschaft ausrichtet. Der neue Gesellschaftsvertrag der Kommanditgesellschaft ist Teil des zu beurkundenden Umwandlungsbeschlusses und kann mit einer ¾-Mehrheit in Kraft gesetzt werden. Spätere Änderungen bedürfen jedoch der Einstimmigkeit.

Rechtsanwalt

VI. Auflösung

Beratungscheckliste für die Auflösung einer GmbH

Vorüberlegungen
- ☐ Grund für die Auflösung
  - einseitig: Kündigung oder Auflösungsklage
  - allseitig: Gesellschafterbeschluss
- ☐ Alternativen

Logistik
- ☐ Festlegung personeller Komponenten
  - Person des Liquidators
  - Verwahrer der Bücher
- ☐ Zeitpunkt der Liquidation
  - Einlegung eines Rumpfgeschäftsjahres
  - Verschiebung auf das Ende des laufenden Geschäftsjahres
- ☐ Eröffnungsbilanz
  - Prüfungspflicht
  - Gewinnausschüttung oder Verlustvortrag
  - Feststellung der Verbindlichkeiten
  - Überprüfung Steuerrisiko für Vergangenheit
- ☐ Handelsregisteranmeldung der Auflösung
- ☐ Gläubigeraufruf

Durchführung
- ☐ Zeitplan für Versilberung des Vermögens
- ☐ Kostenplanung für die Abwicklung
- ☐ Tilgung der Verbindlichkeiten
  - Schätzung des Abwicklungsergebnisses
  - Bildung von Steuerrückstellungen
- ☐ Feststellung des Ablaufs des Sperrjahres
- ☐ Auskehr des Reinvermögens
- ☐ Schlussrechnung

Abschluss
- ☐ Löschung im Handelsregister

1. Auflösungsmöglichkeiten

334 **a) Übersicht.** Eine GmbH[761] wird aufgelöst:
- **automatisch** bei Vorliegen von gesetzlichen oder im Gesellschaftsvertrag festgeschriebenen Gründen, etwa gemäß § 60 Abs. 1 GmbHG bei Ablauf der vereinbarten Zeit, bei Verlegung des Satzungssitzes ins Ausland,[762] bei Erwerb aller Anteile durch die Gesellschaft selbst als eigene Anteile,[763] oder bei Eröffnung eines Insolvenzverfahrens oder dessen Scheitern wegen Vermögenslosigkeit,
- auf **Initiative der Gesellschafter,** entweder durch qualifizierten Mehrheitsbeschluss gemäß § 60 Abs. 1 Nr. 2 GmbHG oder nach einer Auflösungsklage durch Minderheitsgesellschafter gemäß § 61 GmbHG, u. U. auch durch Ausübung eines im Gesellschaftsvertrag vorgesehenen Kündigungsrechtes,[764]
- auf **Initiative Dritter,** z. B. bei einer Verfügung des Registergerichtes gemäß § 60 Abs. 1 Nr. 6 GmbHG wegen Mängeln des Gesellschaftsvertrages oder unzureichender Kapitaleinzahlung oder bei gerichtlicher Geltendmachung eines der in § 75 GmbHG aufgeführten Nichtigkeitsgründe durch einen Gesellschafter, Geschäftsführer oder ein Aufsichtsratsmitglied.[765]

335 In der Regel werden Gesellschaften für einen unbestimmten Zeitraum errichtet. Die Gesellschafter können sich dessen ungeachtet aus verschiedenen Gründen veranlasst sehen, ihr gemeinsames unternehmerisches Engagement im Rahmen der Gesellschaft zu beenden, z. B. wegen:
- Erreichung der Unternehmensziele vorwiegend bei projektorientierter Aufgabenstellung
- dauerhaft fehlender Profitabilität oder Verfehlen anderer Planziele
- Fehlen der für die Fortsetzung der Tätigkeit der Gesellschaft erforderlichen Investitionsmittel oder sonstiger Ressourcen
- Divergenzen unter den Gesellschaftern über die Unternehmenspolitik oder Unternehmensführung.

336 Das in §§ 60–74 GmbHG bei einer Auflösung der Gesellschaft vorgesehene **Abwicklungsverfahren** unterscheidet **drei Stufen:**
- die Auflösung, die aus der werbenden Gesellschaft trotz Fortbestehens der Rechtsperson durch Zweckänderung eine Abwicklungsgesellschaft werden lässt,
- die Abwicklung durch Beendigung der Geschäfte, Versilberung des Vermögens und Tilgung der Schulden der Gesellschaft,
- die Beendigung der GmbH durch Vermögensverteilung frühestens nach Ablauf eines Sperrjahres und Löschung der GmbH im Handelsregister.

337 **b) Alternativen.** Die Auflösung der Gesellschaft bedeutet nicht nur die Einstellung der geschäftlichen Tätigkeit der Gesellschaft, sondern insbesondere die Veräußerung ihres Betriebsvermögens und die Freisetzung des in der Gesellschaft gebundenen Kapitals der Gesellschafter. Diese unterliegen bei Durchführung eines Abwicklungsverfahrens **Publizitätswirkungen** und **zeitlichen Zwängen,** die u. U. unerwünscht sind ; außerdem kann die Auflösung der betrieblichen Organisation zur Vernichtung von immateriellen Unternehmenswerten und die Einzelveräußerung der Gegenstände des Betriebsvermögens zu Abwick-

---

[761] Zu Sonderformen vgl. *Passarge* NZG 2010, 646.
[762] OLG Düsseldorf NZG 2001, 506; OLG Hamm NZG 2001, 562; nach Streichung des § 4a Abs. 2 GmbHG zu unterscheiden von der zulässigen Verlegung des Verwaltungssitzes; vgl. auch EuGH NJW 1999, 2027 – Centros; GmbHR 2002, 1137 – Überseering; GmbHR 2003, 1260 – Inspire Art; *Westermann* GmbHR 2005, 4; a. A. Baumbach/*Hueck*/Fastrich GmbHG § 4a Rn. 9: Statt Auflösung nur Nichtigkeit des Beschlusses zur Verlegung des Satzungssitzes; zu den steuerlichen Folgen *Birk* IStR 2003, 469; *Hahn* IStR 2005, 677; zu den Auswirkungen des Referentenentwurfs eines Gesetzes zum Internationalen Privatrecht auf die Sitztheorie *Kußmaul/Richter/Ruiner* DB 2008, 451; Baumbach/*Hueck*/Fastrich, GmbHG Einl. Rn. 61.
[763] So die h. L. vgl. Baumbach/Hueck/*Haas* GmbHG § 60 Rn. 81; *Lutter*/Hommelhoff/*Kleindiek* GmbHG § 60 Rn. 24.
[764] Aber zur Wirkung von Fortsetzungsklauseln BGH NZG 2008, 463.
[765] Im Verfahren nach §§ 394 ff. FamFG.

lungsverlusten führen. Je nach den Gründen für die geplante Auflösung der Gesellschaft, der Gesellschafterkonstellation und der finanziellen Lage der Gesellschaft sollten daher vor der Liquidation einer GmbH etwa bestehende Alternativen bedacht werden.

aa) Verkauf der Geschäftsanteile. Der Verkauf der Geschäftsanteile durch einzelne oder alle Gesellschafter ist häufig ein Weg, **ohne Beeinträchtigung des Unternehmenswertes** durch ein Abwicklungsverfahren den Wert der Beteiligung an der GmbH zeitnah zu realisieren. Dieser Weg bietet sich an, wenn hierdurch dem Unternehmen neue Investitionsmittel, Know-how oder Synergien erschlossen werden können, die u. U. sogar eine aus eigenen Mitteln der Gesellschafter nicht erreichbare Profitabilität ermöglichen. Scheidet nur ein Teil der Gesellschafter aus, sind etwaige zum Überfremdungsschutz erforderliche Zustimmungen der restlichen Gesellschafter zu beachten.

bb) Verschmelzung. Insbesondere bei Konzernsachverhalten, die keine Versilberung des Betriebsvermögens zur Aufteilung des Überschusses unter die Gesellschafter erforderlich machen, kann eine Verschmelzung sehr viel **zügiger** als eine Liquidation zur **Auskehrung des** in der Gesellschaft gebundenen **Reinvermögens** führen. Verlustgesellschaften sollen auch häufig durch eine Sanierungsfusion gerettet werden.[766] Die Verschmelzung kann aber nach Änderung der steuerlichen Rechtslage kein Weg mehr sein, den bei einer Liquidation eintretenden Untergang steuerlicher Verlustvorträge zu retten, die Realisierung stiller Reserven kann jedoch in der Regel weiter vermieden werden.

cc) Stille Liquidation. Bei einer stillen Liquidation werden die Vermögenswerte der Gesellschaft der Reihe nach im laufenden Geschäftsbetrieb ohne förmliches Liquidationsverfahren veräußert. Es wird trotz Durchführung der Abwicklung nicht nur die damit verbundene Publizität vermieden, sondern der **Zeitrahmen** für die Abwicklung kann auch frei gestaltet werden und stufenweise entstehende Abwicklungsgewinne im Rahmen der **jährlichen Gewinnausschüttung** an die Gesellschafter ausgekehrt werden. Häufig schließt sich an eine stille Liquidation die förmliche Auflösung der GmbH an, sobald nach weitgehender Verteilung des Vermögens nur noch ein Betrag in Höhe des Stammkapitals übrig geblieben ist.

c) Wege in die offene Liquidation. Im Regelfall geht die Auflösung und Abwicklung einer Gesellschaft auf eine **Initiative der Gesellschafter** zurück. Wird hingegen die Auflösung als Folge eines wirtschaftlichen Misserfolges durch die Beantragung eines Insolvenzverfahrens herbeigeführt, findet keine Abwicklung nach allgemeinen Vorschriften statt, sondern es ist ein Insolvenzverfahren durchzuführen.

aa) Gesellschafterbeschluss. Wurde eine Gesellschaft wie üblich mit unbestimmter Dauer gegründet, befinden ihre Gesellschafter über eine Auflösung durch einen Gesellschafterbeschluss. Dieser bedarf nach § 60 Abs. 1 Nr. 2 GmbHG einer Mehrheit von ¾ der abgegebenen Stimmen, die durch den Gesellschaftsvertrag verschärft, aber auch abgemildert werden kann.

bb) Minderheitenschutz. Neben der Auflösung durch Gesellschafterbeschluss bleibt für die Praxis **als Minderheitenschutz** die Auflösung der GmbH **durch gerichtliches Gestaltungsurteil** von Bedeutung. Dies verlangt aber gemäß § 61 GmbHG das Vorliegen eines wichtigen Grundes, der von Gesellschaftern mit einer **Beteiligung von mindestens 10%** des Stammkapitals durch Klage geltend gemacht werden muss. Ein solches Vorgehen bietet sich insbesondere an, wenn die Erreichung des Gesellschaftszweckes nach der Vorstellung einzelner Gesellschafter unmöglich geworden ist. Da der Unternehmenszweck im allgemeinen auf Gewinnerzielung ausgerichtet ist, kann auch eine dauerhafte Unrentabilität, nicht jedoch schon eine vorübergehende Ertragsschwäche zur Unmöglichkeit der Zweckerreichung führen. In jedem Falle ist Klagevoraussetzung, dass andere weniger eingreifende Maßnahmen wie eine Satzungsänderung oder das Ausscheiden einzelner Gesellschafter nicht zur Beseitigung des wichtigen Grundes geeignet sind.

---

[766] Vgl. *Blasche* GWR 2010, 441; → Rn. 69; zur Anfechtbarkeit nach §§ 129 ff. InsO Gottwald/*Uhlenbruck/Gundlach*, Insolvenzrechtshandbuch § 7 Rn. 54; *Keller/Klett* DB 2010, 1220, 1223.

344 Das Herausdrängen von Minderheitsgesellschaftern durch eine Übertragung des gesamten Vermögens auf eine andere Konzerngesellschaft des Hauptgesellschafters ist nicht zu beanstanden, solange die Gesellschaft dafür einen wertgerechten Preis erhält.[767]

345 cc) Kündigung. Im GmbHG ist die Kündigung nicht geregelt, sie kann aber **im Gesellschaftsvertrag zugelassen** werden. Vielfach wird sie aber nicht zur Auflösung der Gesellschaft, sondern zum **Ausscheiden des kündigenden Gesellschafters** führen.[768] Bei unklarer Regelung der Rechtsfolgen ist umstritten, ob die Gesellschaft weitergeführt werden kann.[769]

2. Durchführung der Liquidation

346 a) Stellung des Liquidators. Mit der Auflösung endet das Amt der Geschäftsführer. Die Gesellschaft in Liquidation wird durch Liquidatoren vertreten, die regelmäßig auch dann **durch Gesellschafterbeschluss bestellt** werden, wenn die vormaligen Geschäftsführer als geborene Liquidatoren dieses Amt übernehmen. War den Geschäftsführern das Recht zur Einzelvertretung eingeräumt oder Befreiung von den Beschränkungen des § 181 BGB erteilt worden, ist streitig, ob diese **Vertretungsregelung** automatisch auf die Stellung als Liquidator übergeht; zur Vermeidung von Zweifeln sollte sie **neu beschlossen werden,** wenn sie nicht schon im Gesellschaftsvertrag festgelegt worden ist.[770] Sind andere Personen als die vormaligen Geschäftsführer als Liquidatoren vorgesehen, werden diese Personen regelmäßig durch Gesellschafterbeschluss bestellt, es sei denn, die Person des Liquidators ist schon durch den Gesellschaftsvertrag festgelegt worden oder dieser wird gemäß § 66 Abs. 2 GmbHG aus wichtigem Grund auf Antrag von Gesellschaftern, die 10% des Stammkapitals repräsentieren, gerichtlich bestellt.

347 Die Bestellung von **Prokuristen** bleibt von der Auflösung der Gesellschaft unberührt, auch wenn sie zur unechten Gesamtvertretung mit einem Geschäftsführer berechtigt waren.[771] Die Befugnis zur unechten Gesamtvertretung setzt sich mit den Liquidatoren fort, wenn deren mehrere bestellt sind.

348 Es ist nach § 70 GmbHG die Aufgabe der Liquidatoren, die Geschäfte der Gesellschaft zu beenden. Diese haben sich an dem **Zweck einer zügigen Abwicklung,** aber gleichzeitig auch dem Erstreben eines möglichst günstigen Abwicklungsergebnisses zu orientieren. In diesem Rahmen sind die Liquidatoren nach § 70 Satz 2 GmbHG auch berechtigt, neue Geschäfte einzugehen. Sie haften den Gesellschaftern aber gemäß §§ 71 Abs. 4, 43 Abs. 1 GmbHG, wenn sie zweckwidrige Geschäfte ohne die Sorgfalt eines ordentlichen Geschäftsmannes eingehen.

349 b) Form und Inhalt des Gesellschafterbeschlusses. Obwohl der Auflösungsbeschluss zu einer Zweckänderung der GmbH führt, bedarf er **in der Regel nicht** der Form einer **Satzungsänderung;** ist ausnahmsweise eine feste Dauer der Gesellschaft vereinbart, liegt in einer vorzeitigen Auflösung jedoch eine Satzungsänderung.[772] Außer in einem solchen Sonderfall ist eine Niederschrift des Gesellschafterbeschlusses gemäß § 48 Abs. 3 GmbHG nur dann zwingend aufzunehmen, wenn die GmbH von einem Alleingesellschafter beherrscht wird oder der Gesellschaftsvertrag dies verlangt. Da der Beschluss aber meistens mit der Bestellung der Liquidatoren verbunden ist und hierüber bei der Registeranmeldung nach § 67 Abs. 2 GmbHG eine Urkunde vorzulegen ist, empfiehlt sich die Aufnahme einer Niederschrift in jedem Falle.

---

[767] Sog. Moto-Meter-Methode, vgl. BVerfG AG 2001, 42.
[768] So selbst bei Kündigung durch die Mehrheit der Gesellschafter, BGH NZG 2008, 463.
[769] Für Auflösung BayObLG BB 1975, 249; Baumbach/Hueck/*Haas* GmbHG § 60 Rn. 90; a. A. *Lutter*/Hommelhoff/*Kleindiek* GmbHG § 60 Rn. 27; zum Meinungsstand vgl. auch Michalski/*Nerlich* GmbHG § 60 Rn. 320 ff.
[770] Verneinend BGH ZIP 2009, 34; so auch *Lutter*/Hommelhoff/*Kleindiek* GmbHG § 68 Rn. 2; a. A. Baumbach/Hueck/*Haas* GmbHG § 68 Rn. 4, § 69 Rn. 11; Scholz/*K. Schmidt* GmbHG § 68 Rn. 5; Ulmer/*Paura* GmbHG § 68 Rn. 4.
[771] Vgl. Scholz/*K. Schmidt* GmbHG §§ 68 Rn. 6, 69 Rn. 7; Ulmer/*Paura* GmbHG § 68 Rn. 12; OLG München DStR 2011, 1917.
[772] Baumbach/Hueck/*Haas* GmbHG § 60 Rn. 18 f.; Roth/*Altmeppen* GmbHG § 60 Rn. 13.

350 Der Inhalt des Beschlusses wird sich nicht nur auf die Tatsache der Auflösung der GmbH beschränken. Soll die **Bildung eines Rumpfgeschäftsjahres** auf den Tag der Beschlussfassung vermieden werden,[773] ist als Wirksamkeitsdatum ausdrücklich das Ende des laufenden Geschäftsjahres vorzusehen. Allein die Wahl des Kalenderjahres als Geschäftsjahr für die Liquidation reicht dafür nicht aus.[774] Bei prüfungspflichtigen Gesellschaften ist wegen der Prüfungspflicht der Eröffnungsbilanz aus § 71 Abs. 2 Satz 2 GmbHG i. V. m. § 318 Abs. 1 HGB auch der Abschlussprüfer für diese zu bestellen.

351 Grundsätzlich dürfen **Gewinnausschüttungen,** die erst nach Wirksamwerden der Auflösung beschlossen werden, vor Tilgung der Schulden und Ablauf des Sperrjahres[775] nicht mehr ausgezahlt werden.[776] Soll der aufgelaufene Gewinn alsbald ausgeschüttet werden, so muss die Ausschüttung noch vor der Auflösung beschlossen werden. Dies bedeutet für den Gewinn des Rumpfgeschäftsjahres, welches durch den Beschluss einer sofortigen Auflösung gebildet werden kann, dass allenfalls eine Vorabausschüttung vorgenommen werden kann, da der endgültige Jahresabschluss für dieses Rumpfgeschäftsjahr erst nach der Auflösung vorliegen wird. Ist in dem Auflösungsbeschluss vorgesehen, dass die Auflösung erst zum Ende des laufenden Geschäftsjahres wirksam wird, ist die gleichzeitige Vorabausschüttung gleichwohl auf den bereits im Zeitpunkt der Beschlussfassung verdienten Gewinn beschränkt. Soll eine Vorabausschüttung möglichst in voller Höhe des Gewinns des Geschäftsjahres erfolgen, müsste ein neuer Beschluss kurz vor dessen Ende gefasst werden.

352 Es ist im Allgemeinen nicht erforderlich, in den Gesellschafterbeschluss Richtlinien für die **Durchführung der Liquidation** aufzunehmen. Die Versilberung des Gesellschaftsvermögens steht im pflichtgemäßen Ermessen des Liquidators. Den Gesellschaftern ist es aber unbenommen, den Liquidatoren für die Abwicklung Weisungen zu erteilen oder ihr Ermessen durch die Festlegung von Zustimmungsgeschäften einzuschränken. Streben sie eine Realteilung des Gesellschaftsvermögens an oder erwarten sie von einer Sachauskehrung eine Beschleunigung des Abwicklungsverfahrens, können sie den Auflösungsbeschluss um Richtlinien für die Naturalverteilung des Gesellschaftsvermögens oder einzelner Vermögensgegenstände ergänzen.

353 Generell kann der Auflösungsbeschluss der Gesellschafter wie folgt gefasst werden:

Muster: Auflösungsbeschluss

(1) Die Gesellschaft wird mit Wirkung zum [Datum 1], 24.00 Uhr, aufgelöst.

(2) Der [Beruf] [Name 1], [Anschrift], wird mit Auflösung der Gesellschaft zum Liquidator der Gesellschaft bestellt. Er vertritt die Gesellschaft allein, solange er alleiniger Liquidator ist. Werden weitere Liquidatoren bestellt, vertritt er die Gesellschaft gemeinschaftlich mit einem anderen Liquidator. (Er ist von den Beschränkungen des § 181 BGB befreit.)

(3) Herr [Name 2] wird mit Auflösung der Gesellschaft als Geschäftsführer der Gesellschaft abberufen.

(4) Das laufende Geschäftsjahr ist ein Rumpfgeschäftsjahr, das am [Datum 1] endet. Auf das Rumpfgeschäftsjahr wird eine sofort fällige Abschlagsdividende von EUR [Betrag] gezahlt.

(5) Zum Abschlussprüfer für die Eröffnungsbilanz wird die [Wirtschaftsprüfungsgesellschaft], [Ort], bestellt.

(6) Die Bücher und Schriften der Gesellschaft werden nach Beendigung der Liquidation dem [Gesellschafter a] in Verwahrung gegeben, der sich zu dieser Verwahrung bereit erklärt.

---

[773] Aus § 71 GmbHG folgt bei unterjährigem Beschluss die Bildung eines Rumpfgeschäftsjahres, *Olbrich* DStR 2001, 1090.
[774] BFH BStBl. II 1983, 433.
[775] → Rn. 380.
[776] Str., wie hier Scholz/*K. Schmidt* GmbHG § 69 Rn. 25; Rowedder/*Gesell* GmbHG § 69 Rn. 9; Baumbach/ Hueck/*Haas* GmbHG § 69 Rn. 6; Michalski/*Nerlich* GmbHG § 69 Rn. 39; a. A. BFH BStBl. II 1974, 14, 692; GmbHR 1999, 429.

354 c) **Handelsregisteranmeldung.** Wenn die Gesellschaft durch Zeitablauf oder Beschluss der Gesellschafter aufgelöst worden ist, ist die Auflösung nach § 65 Abs. 1 GmbHG zur Eintragung in das Handelsregister anzumelden. Bei Auflösungsgründen aus öffentlichem Interesse erfolgt die Eintragung hingegen von Amts wegen.[777] Obwohl die Firma der Gesellschaft nach § 68 Abs. 2 GmbHG nunmehr als Liquidationsfirma durch den Zusatz „in Liquidation" zu kennzeichnen ist, liegt darin keine anzumeldende Firmenänderung, sondern diese Firmenergänzung ergibt sich kraft Gesetz.

355 Die Handelsregistereintragung hat **nur deklaratorische Bedeutung.** Sie hat regelmäßig durch den ersten Liquidator der Gesellschaft zu erfolgen, es sei denn die Liquidation wird zum konkreten Zeitpunkt erst durch eine Satzungsänderung ermöglicht.[778]

356 Die **Anmeldung der Liquidatoren** folgt in einem gewissen Umfange dem Vorbild der Anmeldung bei der Neubestellung von Geschäftsführern. Die Liquidatoren müssen daher, selbst wenn sie zuvor als Geschäftsführer eingetragen waren, nach § 67 Abs. 3 GmbHG erneut eine Eignungsversicherung abgeben. Der Anmeldung sind die Urkunden über die Bestellung beizufügen.

Formulierungsvorschlag:

357 In der Handelsregistersache [Gesellschaft] – HRB –

überreicht der unterzeichnete Liquidator der Gesellschaft eine beglaubigte Abschrift des Gesellschafterbeschlusses vom [Datum] und meldet hiermit zur Eintragung in das Handelsregister an:

(a) Die Gesellschaft ist aufgelöst. (Hierdurch ist der am [Datum] mit der [Obergesellschaft] mit Sitz in [ ] abgeschlossene [Unternehmensvertrag] erloschen.)[779]

(b) Die Gesellschaft wird in der Liquidation von einem oder mehreren Geschäftsführern vertreten. Ist nur ein Liquidator bestellt, so vertritt dieser die Gesellschaft allein. Sind mehrere Liquidatoren bestellt, so wird die Gesellschaft durch zwei Liquidatoren gemeinsam vertreten. Die Gesellschafterversammlung kann einem oder mehreren Liquidatoren Einzelzeichnungsrecht oder Gesamtvertretungsrecht gemeinsam mit einem Prokuristen einräumen und Befreiung von den Beschränkungen des § 181 BGB gewähren.[780]

(c) [Vorname] [Familienname]

[Wohnort], geb. [Datum]

ist zum Liquidator bestellt worden. Er vertritt die Gesellschaft allein, solange er alleiniger Liquidator ist. Werden weitere Liquidatoren bestellt, vertritt er die Gesellschaft gemeinschaftlich mit einem anderen Liquidator. (Er darf die Gesellschaft bei Rechtsgeschäften mit sich selbst im eigenen Namen oder als Vertreter eines Dritten handelnd vertreten.)

(d) Der bisherige Geschäftsführer [Name] ist abberufen worden.

358 Hinsichtlich der Eignungsversicherung und der notariellen Belehrung ergeben sich keine Abweichungen gegenüber einer allgemeinen Geschäftsführeranmeldung.

359 d) **Öffentliche Bekanntmachung.** Neben die Registerpublizität tritt gemäß § 65 Abs. 2 GmbHG wie bei der Kapitalrückzahlung[781] die Bekanntmachung im Bundesanzeiger und in etwaigen anderen im Gesellschaftsvertrag gemäß § 12 Satz 2 GmbHG vorgesehenen Gesellschaftsblättern. Diese Veröffentlichung gewinnt besonders dadurch an Bedeutung, dass die **Sperrfrist für die Verteilung des Reinvermögens** nach § 73 Abs. 1 GmbHG mit dieser Veröffentlichung zu laufen beginnt. Üblich ist der folgende Wortlaut:

---

[777] Vgl. § 65 Abs. 1 Satz 2 GmbHG.
[778] Der Wortlaut von § 67 Abs. 1 GmbHG ist insoweit irreführend, BayObLG GmbHR 1994, 478; auch Baumbach/Hueck/*Haas* GmbHG § 67 Rn. 4.
[779] Zur Anmeldepflicht bei Beendigung eines Unternehmensvertrages vgl. *Hüffer* AktG § 298 Rn. 2 ff.
[780] Zur Verpflichtung, auch die abstrakte Vertretungsbefugnis anzumelden BGH NZG 2007, 595.
[781] §§ 30 Abs. 2, 58 Abs. 1 Nr. 1 GmbHG.

> **Formulierungsvorschlag:**
> [Gesellschaft] i. L.
> [Adresse]
>
> Die Gesellschaft ist aufgelöst worden.
> Die Gläubiger der Gesellschaft werden aufgefordert, sich bei ihr zu melden.
>
> [Ort], den [Datum]
> Der Liquidator

Die Anmeldung der Auflösung der Gesellschaft zur Eintragung in das Handelsregister **360** kann unabhängig von dieser öffentlichen Bekanntmachung erfolgen; die Veröffentlichungen sind dem Registergericht erst nachzuweisen, wenn die Löschung der Gesellschaft gemäß § 74 Abs. 1 GmbHG nach Abschluss der Liquidation zur Eintragung in das Handelsregister angemeldet wird.

e) **Arbeitsweise der aufgelösten Gesellschaft.** Die aufgelöste Gesellschaft behält ihre volle **361** Rechtsfähigkeit unter Wahrung ihrer Identität, auch wenn sich ihre Firma, Organe und Zweckrichtung ändern.[782] Die von ihr eingegangenen Rechtsverhältnisse bestehen fort, soweit nicht ausdrücklich deren Beendigung mit Auflösung der Gesellschaft vereinbart wurde. Bei Wegfall der Geschäftsgrundlage infolge der Auflösung können aber auch ungeschriebene Kündigungsrechte für die Vertragspartner entstehen. Lediglich Unternehmensverträge enden wegen der Zweckänderung automatisch mit der Auflösung der Gesellschaft.[783]

Der in § 70 Satz 1 GmbHG formulierte gesetzliche Auftrag der Liquidatoren zur Beendi- **362** gung der laufenden Geschäfte, Einziehung der Forderungen und Erfüllung der Verpflichtungen schließt im Interesse eines wirtschaftlich sinnvollen Liquidationsergebnisses auch eine **zeitlich begrenzte Betriebsfortführung** ein. Solange die Liquidatoren sich dabei am Liquidationszweck einer zügigen und möglichst ertragreichen Abwicklung orientieren, müssen sie wie die Geschäftsführer vor der Auflösung der Gesellschaft die Zustimmung der Gesellschafter nur einholen, soweit im Gesellschaftsvertrag Zustimmungsvorbehalte vorgesehen sind. Sie können in diesem Rahmen auch das gesamte Unternehmen oder einzelne Betriebsteile veräußern, gegebenenfalls selbst an den Mehrheitsgesellschafter.[784] Bei Konflikten zwischen einer raschen Abwicklung und einer wirtschaftlichen Optimierung ist aber eine Abstimmung mit den Gesellschaftern zu empfehlen. In jedem Falle bleibt die Allzuständigkeit der Gesellschafter auch in der Liquidationsphase erhalten, so dass die Gesellschafter den Liquidatoren jederzeit auch Weisungen zu der Art und Weise der Geschäftsbeendigung geben können.[785]

Eine besondere Beachtung verlangen die laufenden Rechtsbeziehungen der Gesellschaft zu **363** den Gesellschaftern. Die **Erfüllung von Verpflichtungen aus dem Gesellschaftsverhältnis** gehört zu der Verteilung des Restvermögens, das nach § 73 Abs. 1 GmbHG erst nach Befriedigung aller Drittgläubiger und Ablauf des Sperrjahres[786] gegenüber Gesellschaftern erfolgen darf. Vertragliche Geschäfte mit Gesellschaftern können durch das Gesellschaftsverhältnis bestimmt sein und damit einer Sonderbehandlung unterliegen. Dies gilt für eigenkapitalersetzende Darlehen oder Nutzungsverhältnisse nur im Rahmen von Insolvenzverfahren, während sie im Zuge der Liquidation in der Regel bereits vor Ablauf des Sperrjahres abgewickelt werden können.[787] Das Vermögen der Gesellschaft darf auch auf eine von den Gesellschaftern gegründete Auffanggesellschaft übertragen werden, solange dies nicht unter

---

[782] Zur Sitzverlegung OLG Thüringen GmbHR 2006, 765; zur Firmenänderung LG Frankfurt/Oder DB 2003, 494.
[783] Zur Insolvenz BGH WM 1988, 258; str. vgl. *Hüffer* AktG § 297 Rn. 22 m. w. N. Zu den sich daraus ergebenden steuerliche Folgen → Rn. 372.
[784] Vgl. BGHZ 103, 184.
[785] Vgl. allgemein § 69 Abs. 1 GmbHG.
[786] → Rn. 379.
[787] Baumbach/Hueck/*Haas* GmbHG § 72 Rn. 22 f.; Roth/*Altmeppen* GmbHG § 70 Rn. 21, § 72 Rn. 8.

Wert erfolgt.⁷⁸⁸ Schließlich kann auch die Einziehung einer Forderung gegenüber einem Gesellschafter dem Liquidationszweck widersprechen, wenn die Mittel nicht zu einer zeitnahen Befriedigung von Gläubigern der Gesellschaft oder für die Verteilung an andere Gesellschafter erforderlich sind.

364 Die Liquidatoren haben nicht nur zu Beginn der Liquidation eine Eröffnungsbilanz mit Erläuterungsbericht aufzustellen, sondern nach § 71 Abs. 1 GmbHG auch auf den Schluss eines jeden Jahres wie bei einer werbenden Gesellschaft **Rechnung zu legen.** Allerdings können sich prüfungspflichtige Gesellschaften bei überschaubaren Verhältnissen nach § 71 Abs. 3 GmbHG gerichtlich von der Prüfungspflicht befreien lassen. Zur Reduzierung der Kosten haben die Liquidatoren möglichst hiervon Gebrauch zu machen.

365 **f) Fortsetzung der Gesellschaft.** Während des Liquidationsverfahrens können die Gesellschafter ihre Meinung ändern und mit einer **Mehrheit von ¾ der vertretenen Stimmen** die Fortsetzung der Gesellschaft beschließen, insbesondere wenn sich der Verkauf der Anteile als beste Lösung für die Beendigung ihres gemeinschaftlichen Engagements abzeichnet. Voraussetzung ist allerdings, dass mit der **Verteilung des Vermögens** an die Gesellschafter **noch nicht begonnen** worden ist.⁷⁸⁹ Außerdem muss der ursprüngliche Auflösungsgrund, wenn dieser nicht allein in einem Beschluss der Gesellschafter bestand, beseitigt worden sein.⁷⁹⁰ Streitig ist, ob eine überstimmte Minderheit zum weiteren Verbleib in der Gesellschaft gezwungen werden kann.⁷⁹¹ Bei einer durch Insolvenz aufgelösten Gesellschaft kann nach § 225a Abs. 3 InsO im Insolvenzplan die Fortsetzung der Gesellschaft vorgesehen werden, wodurch ihr auch nach § 3 Abs. 3 UmwG auch der Weg zu Sanierungsumwandlungen eröffnet wird.⁷⁹²

366 Die Fortsetzung der Gesellschaft und die Ersetzung des Liquidators durch einen neuen Geschäftsführer sind zur Eintragung in das Handelsregister anzumelden. Die Wirkung tritt jeweils schon mit dem Beschluss ein, die Eintragung erfolgt nur deklaratorisch.

3. Steuerliche Folgen

367 **a) Pflichten des Liquidators.** Als gesetzlicher Vertreter der Gesellschaft in Liquidation hat der Liquidator gemäß § 34 Abs. 1 AO deren **steuerliche Pflichten zu erfüllen.** Die Verpflichtung, die Mittel der Gesellschaft zur Zahlung der von der Gesellschaft geschuldeten Steuern zu verwenden, ergibt sich schon aus der in § 70 Satz 1 GmbHG normierten allgemeinen Pflicht des Liquidators, die Verpflichtungen der aufgelösten Gesellschaft zu erfüllen. Fehlen die hierfür erforderlichen Mittel, ergibt sich aus der Liquidation **kein Vorrecht des Fiskus** gegenüber anderen Drittgläubigern, aber wohl ein Anspruch auf gleichmäßige Befriedigung.⁷⁹³

368 Die gleichrangige Behandlung des Fiskus mit anderen Gläubigern der aufgelösten Gesellschaft wird aber durch die zeitliche Verzögerung der zu erwartenden Betriebsprüfung gegenüber dem Ablauf des Liquidationsprozesses erschwert. Das Betriebsprüfungsrisiko und der Bedarf an etwaigen Mehrsteuern ist von dem Liquidator sorgfältig abzuschätzen, da er gemäß § 69 AO dem Fiskus **persönlich für** eine vorsätzliche oder auch nur grob fahrlässige Nichterfüllung der **Steuerschulden der Gesellschaft** etwa durch eine voreilige Verteilung ihres Vermögens **haftet.** Es kommt nur darauf an, ob die Steuerforderungen bereits entstanden sind, nicht jedoch, ob sie festgesetzt oder fällig sind.⁷⁹⁴ Solange aber keine Steuerrisiken er-

---

⁷⁸⁸ BGH NZG 2012, 667.
⁷⁸⁹ So die h. L. in Anlehnung an § 274 Abs. 1 AktG; a. A. Roth/*Altmeppen* GmbHG § 60 Rn. 40 ff.; Münch-Komm-GmbH/*Berner* § 60 Rn. 246: bei Vorliegen der Voraussetzungen einer wirtschaftliche Neugründung; nach BayObLG NJW-RR 1998, 902 m. w. N. soll ausreichen, dass eine Überschuldung i. S. v. § 63 GmbHG nicht vorliegt.
⁷⁹⁰ Str. bei bereits eingetretener Vermögenslosigkeit, vgl. Lutter/*Hommelhoff* GmbHG § 60 Rn. 30 m. w. N.; *Kallweit* NZG 2009, 1416.
⁷⁹¹ Für ein Austrittsrecht Scholz/K. *Schmidt* GmbHG § 60 Rn. 89; *Lutter*/Hommelhoff/*Kleindiek* GmbHG § 60 Rn. 35; dagegen Ulmer/*Casper* GmbHG § 60 Rn. 138, Rowedder/*Gesell* GmbHG § 60 Rn. 72; Baumbach/Hueck/*Haas* GmbHG § 60 Rn. 92.
⁷⁹² Vgl. dazu *Kahlert/Gehrke* DStR 2013, 975.
⁷⁹³ BFH BStBl. II 1985, 702.
⁷⁹⁴ BFH BStBl. II 1984, 776.

kennbar sind, handelt der Liquidator nicht pflichtwidrig, wenn er keine vorzeitige Betriebsprüfung beantragt.[795] Er muss sich aber vergewissern, dass die Erklärungen für ungeprüfte Zeiträume vor der Auflösung der Gesellschaft vollständig und richtig sind.

b) Laufende Besteuerung der Gesellschaft.[796] Entsprechend der rechtlichen Identität der aufgelösten Gesellschaft tritt auch steuerlich kein Subjektwechsel ein. Aufgelaufene Verlustvorträge bleiben während der Liquidationsphase verfügbar; ungenutzte **Verluste** gehen erst mit der vollen Beendigung der Gesellschaft verloren. Stellt sich erst nach Abschluss der Liquidation heraus, dass nicht alle vergangenen Verluste durch erzielte Liquidationsüberschüsse aufgezehrt worden sind, können die restlichen Verluste wegen der Missbrauchsregelung in § 8c Abs. 1 Satz 2 KStG nicht durch einen Verkauf des entleerten Gesellschaftsmantels gewinnbringend verwertet werden.

Die Besonderheit der Besteuerung der aufgelösten Gesellschaft liegt in der Ersetzung der für die werbende Gesellschaft geltenden Jahresbesteuerung[797] gemäß § 11 Abs. 1 KStG durch den Abwicklungszeitraum als Besteuerungszeitraum mit einer **Zwischenbesteuerung** in der Regel nach drei Jahren.[798] Das hierbei zu berücksichtigende Abwicklungs-Anfangsvermögen ist nach § 11 Abs. 4 KStG das Betriebsvermögen, das am Schluss des letzten Wirtschaftsjahrs vor der Auflösung der Gesellschaft der Veranlagung zur Körperschaftsteuer zugrunde gelegt worden ist. Fällt die Auflösung in den Lauf eines Wirtschaftsjahres, räumt die Finanzverwaltung ein Wahlrecht ein, für den Zeitraum bis zur Auflösung ein Rumpfgeschäftsjahr zu bilden und dieses der Regelbesteuerung zu unterwerfen oder diesen Zeitraum in die Abwicklungsbesteuerung einzubeziehen.[799] Bei einer Zwischenbesteuerung ist der Schluss des vorletzten Besteuerungszeitraums maßgeblich. Für den Abwicklungszeitraum können Steuervorauszahlungen unter Berücksichtigung der voraussichtlichen Höhe des Abwicklungsgewinnes, der sich in den jährlichen handelsrechtlichen Abschlüssen abzeichnet, festgesetzt werden. Eine Zwischenbesteuerung folgt allgemeinen Regeln.

Der für den Abwicklungszeitraum **zu ermittelnde Gewinn** ergibt sich aus der Gegenüberstellung des herkömmlich bewerteten Betriebsvermögens am Schluss des letzten Wirtschaftsjahres vor der Auflösung bzw. bei einer Zwischenbesteuerung im Zeitpunkt der Auflösung und des zur Verteilung an die Gesellschafter verbleibenden Abwicklungsendvermögens.[800] Nicht versilberte Gegenstände, die an die Gesellschafter in Natur ausgekehrt werden sollen, sind zu gemeinen Werten anzusetzen. Hierdurch wird die Besteuerung aller im Leben der Gesellschaft angesammelten stillen Reserven sichergestellt. Als Gewerbebetrieb kraft Rechtsform unterliegen diese gemäß §§ 2 Abs. 2 Satz 1, 7 GewStG trotz Beendigung der werbenden Tätigkeit auch der Gewerbesteuer.

Durch das nach h. L. automatische Erlöschen aller Unternehmensverträge mit der Auflösung der Gesellschaft entfällt auch die Voraussetzung für eine körperschaftsteuerliche **Organschaft** gemäß § 14 Abs. 1 S. 1 Nr. 3 KStG. Die Organschaft kann sich daher nicht auf den Abwicklungszeitraum erstrecken.[801] Nachdem auch die gewerbesteuerliche Organschaft das Bestehen eines Gewinnabführungsvertrages voraussetzt, scheitert auch die gewerbesteuerliche Organschaft während der Auflösung der Gesellschaft. Die Umsatzsteuer-Organschaft bleibt hingegen von einer Liquidation der Organgesellschaft unberührt, während die Liqui-

---

[795] Zur Haftung des Liquidators vgl. BFH BStBl. II 1971, 614; 1973, 465; FG Baden-Württemberg EFG 1987, 591.
[796] Vgl. dazu auch oben *Mühlhäuser* § 17.
[797] § 31 KStG, § 25 Abs. 1 EStG.
[798] Danach aber jährlich, so *Dötsch/Pung* DB 2003, 1922; vgl. auch BFH BB 2006, 2116 m. w. N.; DStZ 2008, 59.
[799] R 51 Abs. 1 Sätze 4, 5 KStR; die Bildung eines Rumpfwirtschaftsjahres ablehnend BFH BStBl. II 1974, 692; vgl. hierzu *Olbrich* DStR 2001, 1090.
[800] Vgl. *Neu* GmbHR 2000, 57, 59.
[801] H 61 KStR; zur Vertragsbeendigung vgl. MünchKommGmbH/*Liebscher* Anh.KonzernR Rn. 944; MünchHdbGesR IV/*Krieger* § 70 Rn. 201; Michalski/*Servatius* GmbHG Syst. Darst. 4 Rn. 242; *Hüffer* AktG § 297 Rn. 22; *Neu* GmbHR 2000, 57, 60 f. vgl. auch BGH NJW 1988, 1326; zurückhaltender Baumbach/Hueck/*Zöllner/Beurskens*, GmbHG Schlussanh. Rn. 67; differenzierend *Emmerich*/Habersack, Aktien- und GmbH-Konzernrecht (7. Aufl.) § 297 AktG Rn. 51; selbst eine Kündbarkeit ohne wichtigen Auflösungsgrund ablehnend OLG München DStR 2011, 1476.

dation des Organträgers zum Ende der Umsatzsteuer-Organschaft führt, da die Einstellung der aktiven unternehmerischen Tätigkeit die wirtschaftliche Eingliederung ihrer Organgesellschaft entfallen lässt.[802]

Ist der aufzulösenden Gesellschaft ein Vermögen im Wege der Einbringung unter dem gemeinen Wert übertragen worden, wird ihre Auflösung und Abwicklung nach § 22 Abs. 1 Satz 6 Nr. 3 UmwStG wie eine steuerschädliche Veräußerung der dafür erhaltenen Anteile behandelt und löst die nachträgliche zeitanteilige Versteuerung des bislang neutralisierten Einbringungsgewinnes aus, falls die 7-jährige Haltefrist[803] noch nicht abgelaufen ist. Maßgebend für die Fristberechnung ist erst die Schlussverteilung des Vermögens.

373 c) **Steuerliche Folgen für die Gesellschafter.** Auf der Gesellschafterebene treten je nach der rechtlichen Struktur der Anteilsinhaber und während einer Übergangszeit auch nach der steuerlichen Herkunft der Abwicklungsgewinne unterschiedliche Steuerfolgen ein.

374 *aa) Natürliche Personen.* **Abwicklungsgewinne,** die im Abwicklungszeitraum durch die Ausführung laufender Geschäfte entstehen, stellen bei ihrer Schlussverteilung oder einer Zwischenausschüttung an Gesellschafter, die die Anteile im Privatvermögen halten, nach § 20 Abs. 1 Nr. 2 EStG **Einkünfte aus Kapitalvermögen** dar, wenn sie nicht der Rückzahlung von Nennkapital oder des steuerlichen Einlagenkontos dienen. Sie sind nach § 28 Abs. 2 Satz 2 KStG auch dann wie eine Gewinnausschüttung steuerpflichtig, wenn Stammkapital, das durch die Umwandlung von Gewinnrücklagen gebildet worden ist, zurückgezahlt wird. Die Steuer wird als Abgeltungssteuer ohne Abzug von Werbungskosten erhoben, soweit nicht nach § 32d Abs. 2 Nr. 3 EStG bei qualifizierender Beteiligung für das Teileinkünfteverfahren optiert werden kann. Diese wird ebenfalls **Einlagenrückzahlungen,** die von den ursprünglichen Anschaffungskosten abweichen, erfassen, sofern die Anteile ab dem 1.1.2009 angeschafft wurden. Für früher erworbene Anteile verbleibt es für Spekulationsgewinne im Sinne von §§ 22 Nr. 2, 23 Abs. 1 Nr. 2 EStG und zeitunabhängig im Falle einer Beteiligungen im Sinne von § 17 Abs. 4, 1 EStG mit einer Beteiligungsquote von mindestens 1% bei einer Besteuerung nach dem Teileinkünfteverfahren gemäß §§ 3 Nr. 40, 3c Abs. 2 EStG, das nur 60% der Einkünfte nach anteiligem Abzug von Werbungskosten erfasst, soweit nicht Sonderregeln für einbringungsgeborene Anteile greifen. Diese Erträge gelten aber nicht als außerordentliche Einkünfte, so dass der ermäßigte Steuersatz gemäß § 34 Abs. 3 EStG keine Anwendung findet.

375 Wird die Beteiligung von einer natürlichen Person im **Betriebsvermögen** gehalten, gehört der Abwicklungsgewinn oder -verlust ebenfalls nur zu 60% zu den Einkünften aus Gewerbebetrieb. Er ist auch nur in dieser Höhe in die Bemessungsgrundlage für die Gewerbesteuer einzubeziehen, die aber gemäß § 35 EStG in pauschalierter Höhe von der Einkommensteuer abgezogen werden kann. Bei gleichzeitiger Aufgabe des Gewerbebetriebes des Gesellschafters wird der Abwicklungsgewinn der GmbH nicht in die gewerbesteuerpflichtigen Einkünfte des Gesellschafters einbezogen.[804]

376 *bb) Kapitalgesellschaften.* Abwicklungsgewinne, die an eine Kapitalgesellschaft als Gesellschafter verteilt werden, bleiben bei dieser nach § 8b Abs. 1 bzw. 2 KStG **zu 95% steuerfrei,** ob sie nun als Einkünfte aus Kapitalvermögen oder als Veräußerungsgewinne zu qualifizieren wären. Das gilt nicht, soweit sich eine frühere Teilwertabschreibung noch auswirkt. Wenn die Anteile durch eine Sacheinlage unter dem gemeinen Wert erworben worden sind, werden die vermiedenen Einbringungsgewinne gemäß § 22 UmwStG nachträglich besteuert, wenn die Beteiligung nicht mindestens sieben Jahre gehalten worden ist.[805]

377 *cc) Behandlung von Altrücklagen.* Sind bei der Auflösung noch Altbestände an versteuerten Rücklagen, die bis zum Jahre 2000 gebildet wurden, und ein daraus abgeleitetes Körperschaftsteuerguthaben vorhanden, verbleibt es auch im Falle einer Liquidation bei der in § 37 Abs. 5 KStG für den Zeitraum 2008 bis 2017 vorgesehenen ratierlichen Auszahlung.

---

[802] OFD Frankfurt a. M. DStR 2009, 1911 m. w. N.
[803] → Rn. 183.
[804] Abschn. 39 Abs. 1 Nr. 1 Satz 13 GewStR.
[805] Für vor dem 12.12.2006 erworbene Anteile gilt § 34 Abs. 7a KStG.

Der durch Bescheid festgestellte Anspruch ist jedoch veräußerbar.[806] Bei steuerfrei gebildeten Altrücklagen löst die Liquidation hingegen gemäß § 38 Abs. 8 KStG die Vollfälligkeit der ausstehenden Körperschaftsteuererhöhungsbeträge aus der Pauschalbesteuerung dieser Altrücklagen mit 3% aus.

4. Erlöschen der GmbH

Die Gesellschaft erlischt, sobald sie durch Verteilung des nach der Liquidation verbleibenden Reinvermögens zu einem vermögenslosen Mantel wird.[807] Die heute wohl herrschende Meinung verlangt aber zusätzlich die Löschung der Gesellschaft im Handelsregister.[808] Bis zu dieser Endverteilung haben die Liquidatoren für die Erhaltung des Stammkapitals zu sorgen und haften gemäß § 43 Abs. 3 GmbHG für vorzeitige Kapitalrückzahlungen. Vor Beginn der Endverteilung müssen jedoch verschiedene Bedingungen erfüllt sein. 378

a) **Sperrjahr.** Ab der Veröffentlichung des Gläubigeraufrufes steht den Gläubigern der Gesellschaft nach § 73 Abs. 1 GmbHG ein Jahr zur Geltendmachung ihrer Ansprüche zur Verfügung. Dieses Sperrjahr dient dem **Schutz der Gläubiger** vor einer schnellen Verteilung des Vermögens der Gesellschaft. Als Thesaurierungsgebot bezweckt es nicht nur die Sicherung des gesamten Vermögensbestandes, sondern auch der Liquidität für eine vorrangige Befriedigung der Gläubiger. Die Frist steht einer späteren Geltendmachung von Ansprüchen nicht entgegen. Für bekannte Gläubiger, die sich während des Sperrjahres nicht gemeldet haben, ist nach § 73 Abs. 2 GmbHG ein in Geld geschuldeter Betrag zu hinterlegen und für andere geschuldete Leistungen dem Gläubiger vor Beginn der Vermögensverteilung Sicherheit zu stellen. Es ist auch nicht Aufgabe des Sperrjahres, die für die Abwicklung der Gesellschaft erforderliche Zeit zu verkürzen; über das Sperrjahr hinausreichende Fälligkeiten bleiben hiervon unberührt. Ist jedoch kein verteilungsfähiges Vermögen vorhanden, kann von der Einhaltung des Sperrjahres abgesehen werden.[809] 379

Häuft sich bei der Gesellschaft während des Sperrjahres durch die Versilberung ihres Vermögens eine **übermäßige Liquidität** an, besteht häufig der Wunsch zu vorzeitiger Übertragung der liquiden Mittel auf die Gesellschafter. Vor dem Ablauf des Sperrjahres kann dies allenfalls **als Darlehen zu marktüblichen Bedingungen** geschehen.[810] Dabei ist aber sicherzustellen, dass das Darlehen bei unerwarteter Geltendmachung von Gläubigeransprüchen auch tatsächlich an die Gesellschaft zurückgezahlt wird. Kann ein Gesellschafter eine benötigte Finanzierung nicht bei Dritten besorgen, sollte eine Darlehensgewährung aus dem Vermögen der Gesellschaft von der Stellung angemessener Sicherheiten abhängig gemacht werden, um eine Haftung des Liquidators gemäß § 73 Abs. 3 GmbHG zu vermeiden. 380

Gläubiger, die bis Ablauf des Sperrjahres unbekannt geblieben sind und sich erst später melden, sind noch solange zu befriedigen, wie noch verteilungsfähiges Vermögen vorhanden ist. Ist mit der Verteilung des Vermögens schon begonnen worden und fallen einige Gesellschafter wegen der nachträglichen **Befriedigung eines verspäteten Gläubigers** bei der gleichmäßigen Verteilung des Vermögens aus, sind die anderen Gesellschafter diesen gegenüber zum Ausgleich verpflichtet. Meldet sich ein Gläubiger erst nach vollständiger Verteilung des Vermögens oder reicht das noch nicht verteilte Vermögen nicht zu seiner vollen Befriedigung aus, geht er insoweit leer aus.[811] 381

b) **Tilgung oder Sicherstellung der Schulden.** Auch nach Ablauf des Sperrjahres darf mit der Verteilung des Vermögens an die Gesellschafter erst begonnen werden, nachdem alle an- 382

---

[806] Zu den damit verbundenen Risiken *Häuselmann* BB 2008, 20, 22; zu den Modalitäten OFD Hannover DStR 2008, 302.
[807] BGHZ 48, 303, 307; aber offen bei BGH WM 1986, 145.
[808] Vgl. Michalski/*Nerlich* GmbHG § 74 Rn. 31 ff.; Lutter/Hommelhoff/*Kleindiek* GmbHG § 74 Rn. 6 f.; Baumbach/Hueck/*Haas* GmbHG Anh. zu § 77 Rn. 16; zur umfangreichen OLG-Rspr. vgl. zuletzt OLG Düsseldorf NZG 2004, 916; OLG Hamm NZI 2007, 584; OLG Celle GmbHR 2008, 211.
[809] OLG Köln NZG 2005, 83; Baumbach/Hueck/*Haas* GmbHG § 74 Rn. 2 m. w. N.
[810] Vgl. dazu aber BGH DB 2009, 1117; daher ablehnend *K. Schmidt* DB 2009, 1971.
[811] Scholz/*K. Schmidt* GmbHG § 73 Rn. 13; Baumbach/Hueck/*Haas* GmbHG § 73 Rn. 9; Lutter/Hommelhoff/*Kleindiek* GmbHG § 73 Rn. 4, 9.

gemeldeten oder sonst bekannten Schulden der Gesellschaft getilgt oder sichergestellt worden sind. Bestehen **langfristige Verbindlichkeiten,** deren Höhe am Ende des Sperrjahres noch nicht genau feststeht, z. B. Pensionsverpflichtungen mit künftigen Leistungsanpassungen, die von einer ungewissen Lebenserwartung abhängen, kann eine zügige Vermögensverteilung nur durch eine befreiende Schuldübernahme, im Beispielsfalle etwa durch eine Lebensversicherungsgesellschaft, erfolgen.

383   Auch **fortbestehende Haftungsverhältnisse** sind zu berücksichtigen, so insbesondere Gewährleistungsansprüche, wie sie beispielsweise beim Anlagenbau mit langen Fristen vereinbart werden. Aber auch Gewährleistungen, die im Rahmen der Versilberung übernommen worden sind, etwa bei einem Verkauf der gesamten Unternehmung, sind zu beachten.

384   c) **Vermögensverteilung.** Sind die Voraussetzungen für die Verteilung des Vermögens an die Gesellschafter erfüllt, haben diese nach § 72 Satz 1 GmbHG gegenüber dem Liquidator hierauf einen **Anspruch nach dem Verhältnis ihrer Geschäftsanteile,** soweit im Gesellschaftsvertrag nicht ein anderer Maßstab vorgesehen ist. Maßgeblich ist lediglich der Nennbetrag der Geschäftsanteile; ist der Stand der Kapitaleinzahlung unterschiedlich, ist dies nur bei der Rückzahlung der Einlagen zu berücksichtigen.

385   Der gleichmäßigen Bedienung aller Gesellschafter dient die Versilberung des Vermögens und anschließende Verteilung des Geldes. **Sachauskehrungen** tragen immer die Unsicherheit ihrer Bewertung in sich; auch bei einer quotengerechten Teilbarkeit, z.B. bei Wertpapieren, bedürfen sie der Zustimmung aller Gesellschafter, da nach § 70 Satz 1 GmbHG das Vermögen grundsätzlich in Geld umzusetzen ist. Sachauskehrungen sind auf den Verteilungsanspruch des jeweiligen Gesellschafters in Höhe des Verkehrswertes der zugewiesenen Vermögensgegenstände anzurechnen.

386   Nach Durchführung der Verteilung können Fehler bei der Verteilung nur noch gegenüber den anderen Gesellschaftern ohne Nachtragsliquidation, aber nicht mehr gegenüber der Gesellschaft geltend gemacht werden. Der Liquidator haftet ggfs. nach Deliktrecht.

387   d) **Schlussrechnung.** Neben der laufenden Rechnungslegung durch die Liquidatoren ist nach § 74 Abs. 1 GmbHG eine Schlussrechnung als Voraussetzung für die Löschung der Gesellschaft vorgesehen. Hierunter ist die Ermittlung der Verteilungsmasse und die Darstellung der Verteilung an die Gesellschafter zu verstehen. Sind in dem Abwicklungszeitraum neben der Eröffnungsbilanz auch Jahresabschlüsse aufgestellt worden, reicht für die Schlussrechnung die Anknüpfung an die letzte Jahresbilanz.

388   e) **Löschung im Handelsregister.** Nach Beendigung der Liquidation einschließlich der Verteilung des Endvermögens und abschließender Rechnungslegung ist gemäß § 74 Abs. 1 GmbHG der Schluss der Liquidation zur Eintragung in das Handelsregister anzumelden und die Gesellschaft zu löschen. Sind mehrere Liquidatoren bestellt, muss die Anmeldung durch Liquidatoren in vertretungsberechtigter Zahl erfolgen. Hierbei ist die vom Registergericht gemäß § 26 FamFG zu prüfende ordnungsgemäße Durchführung des öffentlichen Gläubigeraufrufes und die Einhaltung des Sperrjahres entsprechend folgendem Muster nachzuweisen:

Muster: Anmeldung der Liquidationsbeendigung

In der Handelsregistersache
[Gesellschaft]
– HRB [Nr.] –

überreicht der unterzeichnete Liquidator der Gesellschaft den Ausdruck des Bundesanzeigers vom [ ], der die Bekanntmachung der Auflösung der Gesellschaft enthält, und meldet zur Eintragung in das Handelsregister an:
1. Die Liquidation der Gesellschaft ist beendet. Ihre Firma ist erloschen.
2. Die Bücher und Schriften der Gesellschaft wurden dem [Gesellschafter a] in Verwahrung gegeben.

5. Nachtragsliquidation

Stellt sich nach der Löschung der Gesellschaft im Handelsregister heraus, dass noch ihr gehörende Vermögensgegenstände vorhanden oder realisierbar[812] sind, fehlte eine der Voraussetzungen für die Vollbeendigung der Gesellschaft. Der Vermögensgegenstand ist nicht herrenlos, sondern die Gesellschaft ist dann noch existent und die Löschung ist fehlerhaft erfolgt.[813] Das Gleiche gilt auch, wenn Rechtsbeziehungen oder Tatsachen bekannt werden, die eine gesetzliche Vertretung der Gesellschaft verlangen,[814] wie etwa Löschungen im Grundbuch oder die Zustellung von Steuerbescheiden. 389

Allerdings ist die Vertretungsbefugnis der ursprünglich bestellten Liquidatoren mit der Löschung der Gesellschaft untergegangen. Gleiches gilt auch für die Kompetenz der Gesellschafter zur **Bestellung eines Nachtragsliquidators.** Dieser ist vielmehr auf Antrag eines Beteiligten durch das Gericht zu bestellen[815] und die Gesellschaft und der bestellte Liquidator zur Fortsetzung der Liquidation wieder in das Handelsregister einzutragen. 390

---

[812] OLG Düsseldorf ZIP 2013, 877.
[813] Vgl. dazu Baumbach/Hueck/*Haas* GmbHG § 60 Rn. 7, 104, 108; BGH GmbHR 1994, 260; a. A. BFH GmbHR 2010, 1272; hierzu kritisch Fichtelmann GmbHR 2011, 912; zu Steueraspekten *Küster* DStR 2006, 209.
[814] OLG München DB 2008, 1311.
[815] § 273 Abs. 4 AktG analog; vgl. auch OLG Schleswig GmbHR 2000, 777; ebenso zur Nachtragsliquidation einer nach LöschG gelöschten GmbH BFH DB 2000, 1799; zur Vornahme von Abwicklungsmaßnahmen nach Beendigung der Nachtragsliquidation KG GmbHR 2012, 216.

Teil L. Krise und Insolvenz

§ 23 Die GmbH in der Krise und in der Insolvenz

Übersicht

	Rn.
I. Begriff und Definition der Krise	1–21
1. Betriebswirtschaftliche Aspekte der Krise	3/4
2. Rechtliche Aspekte der Krise	5–13
a) Zivilrechtliche Aspekte der Krise	5–12
b) Strafrechtliche Aspekte der Krise	13
3. Frühwarnsysteme	14–21
a) Bilanzanalyse	16–18
b) Strategische Frühwarnsysteme	19
c) Früherkennung durch Kreditinstitute	20
d) Vorkehrungen auf Gesellschaftsebene	21
II. Bewältigung der Krise außerhalb der Insolvenz	22–80
1. Sanierungspflicht	23–25
a) Sanierungspflicht der Gesellschafter	23/24
b) Sanierungspflicht der Geschäftsführer	25
2. Sanierungsfähigkeit	26–34
a) Definition	27
b) Prüfungsmethoden	28
c) Praktisches Vorgehen	29–34
3. Sanierung	35–72
a) Finanzwirtschaftliche Sanierungsmaßnahmen	36–63
b) Leistungswirtschaftliche Sanierungsmaßnahmen	64–69
c) Übertragende Sanierung	70/71
d) Steuerrechtliche Aspekte der Sanierung	72
4. Pflichten des Geschäftsführers	73–79
a) Gesteigerte Vermögensschutzpflicht	74
b) Gesteigerte Informationspflicht	75
c) Sanierungs- und Überwachungspflicht	76
d) Antragspflicht	77
e) Haftungsrisiken	78
f) Strafrechtliche Risiken	79
5. Pflichten des Beraters	80
III. Auflösung und gesellschaftsrechtliche Liquidation der GmbH	81–136
1. Anwendungsbereich	81–82
2. Allgemeines; Vorgang und Zweck der Liquidation	86–86
3. Auflösungsgründe	87/88
4. Fortsetzung der aufgelösten GmbH	89–95
a) Allgemeines	89
b) Fortsetzungsbeschluss und Eintragung	90
c) Zusätzliche Maßnahmen	91
d) Minderheitenschutz	92
e) Keine Fortsetzung der GmbH nach Beendigung	93–95
5. Anmeldung und Eintragung der Auflösung	96–100
a) Anmeldung zur Eintragung der Auflösung in das Handelsregister	97
b) Bekanntmachung der Auflösung durch das Registergericht	98
c) Bekanntmachung der Auflösung durch die Liquidatoren und Gläubigeraufruf	99/100
6. Grundzüge der Abwicklung der GmbH	101–136
a) Allgemeines	101
b) Die Liquidatoren	102–112
c) Inhalt der Abwicklung – die einzelnen Abwicklungsschritte	113–134
d) Steuerrechtliche Besonderheiten	135
e) Nachtragsliquidation	136

	Rn.
IV. Insolvenz	137–370
1. Allgemeines	138–142
2. Insolvenzgründe	143–170
a) Zahlungsunfähigkeit (§ 17 InsO)	144–150
b) Überschuldung	151–164
c) Drohende Zahlungsunfähigkeit	165–170
3. Insolvenzfähigkeit	171
4. Insolvenzeröffnungsverfahren	172–204
a) Insolvenzantrag	173–188
b) Sicherungsmaßnahmen	189–197
c) Einsetzung eines vorläufigen Insolvenzverwalters	198–200
d) Rechtsbehelfe gegen die Anordnung von Sicherungsmaßnahmen	201
e) Eigenverwaltung des Schuldners	202
f) Schutzschirmverfahren	203
g) Pflichten des Schuldners im Insolvenzeröffnungsverfahren	204
5. Entscheidung über den Insolvenzantrag	205–230
a) Insolvenzeröffnung gem. §§ 27 ff. InsO	206–224
b) Abweisung des Antrags mangels Masse gemäß § 26 InsO	225/226
c) Rechtsmittel	227–230
6. Die Insolvenzmasse	231–235
a) Allgemeines	231
b) Einzelne Bestandteile der Insolvenzmasse	232–234
c) Insolvenzfreies Vermögen	235
7. Die Rechtsstellung der Verfahrensbeteiligten	236–277
a) Insolvenzgläubiger	236
b) Nachrangige Insolvenzgläubiger	237/238
c) Aussonderungsgläubiger	239–246
d) Absonderungsgläubiger	247
e) Massegläubiger	248
f) Insolvenzverwalter	249–257
g) vorläufiger Insolvenzverwalter	258/259
h) Sachwalter	260
i) vorläufiger Sachwalter	261
j) Gläubigerversammlung	262–273
k) Gesellschaftsorgane	274–277
8. Eigenverwaltung des Schuldners, §§ 270 ff. InsO	278–295
a) Allgemeines; Ziel der Eigenverwaltung	278
b) Antragserfordernis	279/280
c) Voraussetzung für die Anordnung der Eigenverwaltung	281–284
d) Befugnisse des Schuldners	285/286
e) Befugnisse des Sachwalters	287
f) Verhältnis zu den gesellschaftsrechtlichen Bindungen der Geschäftsführung, § 276a InsO	288/289
g) Aufhebung	290
h) Vorläufige Eigenverwaltung	291–295
9. Schutzschirmverfahren	296–321
a) Normzweck	296
b) Voraussetzungen des Schutzschirmverfahrens	297–305
c) Wirkungen des Schutzschirmverfahrens	306–315
d) Haftungs- und Anfechtungsrisiken	316–318
e) Aufhebung des Schutzschirmverfahrens	319–321
10. Insolvenzplan	322–370
a) Begriff; Allgemeines	322–326
b) Vorlageberechtigung	327
c) Bestandteile des Insolvenzplans	328–336
d) Gesellschaftsrechtliche Strukturmaßnahmen, § 225a InsO	337–347
e) Abstimmungsverfahren	348–357
e) Bestätigung des Insolvenzplans	358–360
f) Rechtswirkungen des Insolvenzplans	361–367
g) Steuerliche Behandlung der Sanierungsgewinne im Insolvenzplanverfahren	368–370

Schrifttum: *Adam*, Die Besteuerung von Sanierungsgewinnen aus steuerrechtlicher, insolvenzrechtlicher und europarechtlicher Sicht, ZInsO 2008, 899 ff.; *Ansoff*, Managing Surprise and Discontinuity – Strategic Response to Weak Signals, ZfbF 1976, 129; *Arbeitskreis für Insolvenz- und Schiedsgerichtswesen e. V.* (Hrsg.), Kölner Schrift zur Insolvenzordnung, 3. Aufl. 2009; *Baetge*, Rating von Unternehmen anhand von Bilanzen, Wpg 1994, 1; *Baetge/Schmedt/Hüls/Krause/Uthoff*, Bonitätsbeurteilung von Jahresabschlüssen nach neuem Recht (HGB 1985) mit Künstlichen Neuronalen Netzen auf der Basis von Clusteranalysen, DB 1994, 337; *Baetge/Jerschensky*, Beurteilung der wirtschaftlichen Lage von Unternehmen mit Hilfe von modernen Verfahren der Jahresabschlußanalyse, DB 1996, 1581; *Baur/Stürner*, Zwangsvollstreckungs-, Konkurs- und Vergleichsrecht Band II Insolvenzrecht, 12. Aufl. 1990; *Bichlmeier*, Die Verhinderung der Eigenverwaltung mittels einer Schutzschrift, DZWiR 2000, 62; *Bichlmeier/Engberding/Oberhofer*, Insolvenzhandbuch, 2. Aufl. 2003; *Bitter*, Sanierung in der Insolvenz, ZGR 2010, 147; *Böckenförde*, Unternehmenssanierung, 2. Aufl. 1996; *Bork*, Wie erstellt man eine Fortbestehensprognose?, ZIP 2000, 1709; *Bratschitsch/Schnellinger* (Hrsg.), Unternehmenskrisen – Ursachen, Frühwarnung, Bewältigung, 1979; *Braun*, Insolvenzordnung, 5. Aufl. 2012; *Braun/Uhlenbruck*, Unternehmensinsolvenz, 1997; *Buchalik*, Faktoren einer erfolgreichen Eigenverwaltung, NZI 2000, 294; *ders.*, Das Schutzschirmverfahren nach § 270b InsO (incl. Musteranträge), ZInsO 2012, 349; *Buchanan*, The Economics of Corporate Enterprise, 1940; *Bumiller/Harders*, FamFG, 10. Aufl. 2011; *Burger/Schellberg*, Zur Vorverlagerung der Insolvenzauslösung durch das neue Insolvenzrecht, KTS 1995, 567; *Buth/Hermanns*, Restrukturierung, Sanierung, Insolvenz, 3. Aufl. 2009; *Drenseck/Schmidt, Ludwig*, Einkommensteuergesetz, 28. Aufl. 2010; *Drygala*, Zweifelsfragen im Regierungsentwurf zum MoMiG, NZG 2007, 561 ff.; *Eckert/Happe*, Totgesagte leben länger – Die (vorübergehende) Rückkehr des zweistufigen Überschuldungsbegriffs, ZInsO 2008, 1098; *Eidenmüller*, Unternehmenssanierung zwischen Markt und Gesetz, 1999; *ders.*, Insolvenzbewältigung durch Reorganisation, in: Ott/Schäfer, Effiziente Verhaltenssteuerung und Kooperation im Zivilrecht, Beiträge zum V. Travemünder Symposium zur Ökonomischen Analyse des Rechts, 1996, S. 140; *Elschen* (Hrsg.), Unternehmenssicherung und Unternehmensentwicklung, 1996; *Flume*, Treupflicht und Sanierung, ZiP 1996, 853; *Flume*, Die Rechtsprechung des II. Zivilsenats des BGH zur Treupflicht des GmbH-Gesellschafters und des Aktionärs, ZIP 1996, 161; *Förster/Döring*, Die Liquidationsbilanz, 4. Aufl. 2005; Frind, Aktuelle Anwendungsprobleme beim „ESUG" – Teil 2, ZInsO 2013, 279; *Gehrlein*, Möglichkeiten und Grenzen der Fortsetzung einer aufgelösten GmbH, DStR 1997, 34; *Gerke/Steiner* (Hrsg.), Handwörterbuch des Bank- und Finanzwesens, 3. Aufl. 2001; *Grochla/Wittmann*, Handwörterbuch der Betriebswirtschaft, Teilband 2, 4. Aufl. 1999; *Gross*, Grundsatzfragen der Unternehmenssanierung, DStR 1991, 1572; *Gummert*, BayObLG – Keine Fortsetzung einer nach § 1 I LöschG aufgelösten GmbH, WiB 1994, 119; *Haarmeyer/Wutzke/Förster*, Handbuch zur Insolvenzordnung, 3. Aufl. 2001; *Häsemeyer*, Obstruktionen gegen Sanierungen und gesellschaftsrechtliche Treupflichten, ZHR 160 (1996) 109; *ders.*, Insolvenzrecht, 4. Aufl. 2007; *Heilmann/Smid*, Grundzüge des Insolvenzrechts, 4. Aufl. 2002; *Heller*, Die vermögenslose GmbH, Diss. Bonn 1988; *Hess*, Insolvenzrecht Großkommentar, 2. Aufl. 2013; *ders.*, Sanierungshandbuch, 6. Aufl. 2013; *ders.*, Insolvenzrecht, 4. Aufl. 2007; *Hess/Obermüller*, Die Rechtsstellung der Verfahrensbeteiligten nach der InsO, 1996; *Hoffmann*, Die Ermittlung des Eintritts der Zahlungsunfähigkeit – Teil 1, ZinsO 2008, 785 ff.; *ders.*, Die Besserungsvereinbarung als Gestaltungsmittel im Rahmen von Unternehmenssanierungen, DStR 1998, 196; *Hölzle*, Eigenverwaltung im Insolvenzverfahren nach dem ESUG – Herausforderungen für die Praxis, ZIP 2012, 158; *ders.*, Gesellschaftsrechtliche Veränderungssperre im Schutzschirmverfahren, ZIP 2012, 2427; *Hopt/Mestmäcker*, Die Rückforderung staatlicher Beihilfen nach europäischem und deutschem Recht, WM 1996, 753; *Hüffer*, Zur gesellschaftsrechtlichen Treupflicht als richterrechtlicher Generalklausel, in: Baur, Festschrift für Ernst Steindorff, 1990, S. 59; *Jaeger/Henckel*, Konkursordnung, 9. Aufl. 1997; *Jauernig/Berger*, Zwangsvollstreckungs- und Insolvenzrecht, 23. Aufl. 2010; *Kreft*, Die Wende in der Rechtsprechung zu § 17 KO, ZIP 1997, 865; *Kreft* (Hrsg.), Heidelberger Kommentar zur Insolvenzordnung, 6. Aufl. 2011; *Kromschröder/Lück*, Die Grundsätze risikoorientierter Unternehmensüberwachung, DB 1998, 1573; *Kübler/Prütting/Bork* (Hrsg.), Kommentar zur Insolvenzordnung, 53. Stand: Mai 2013; *Küting/Bender*, Das Ergebnis je Aktie nach DVFA/SG, BB 1992 Beilage 16, 1; *Küting/Weber*, Die Bilanzanalyse, 10. Aufl. 2012; *Lamb*, Die „Vorfinanzierung" von Kapitalerhöhungen durch Voreinzahlung auf eine künftige Einzahlungsverpflichtung, 1991; *Landfermann*, Das neue Unternehmenssanierungsgesetz (ESUG), WM 2012, 821; *Leithaus/Schaefer* Rangrücktrittsvereinbarungen zur Vermeidung der Überschuldung anno 2010 – Unter welchen Voraussetzungen lässt sich eine Rangrücktrittsvereinbarung aufheben?, NZI 2010, 844; *Leonhard/Smid/Zeuner* (Hrsg.), Insolvenzordnung (InsO), 3. Aufl. 2010; *Lutter*, Gescheiterte Kapitalerhöhung, in: Fischer, Festschrift für Wolfgang Schilling, S. 207; *ders.*, Das Girmes-Urteil, JZ 1995, 1053; *ders.*, Treupflicht und ihre Anwendungsprobleme, ZHR 162 (1998) 164; *ders.*, Zahlungseinstellung und Überschuldung unter der neuen Insolvenzordnung, ZIP 1999, 641; *Lutter/Hommelhoff/Timm*, Finanzierungsmaßnahmen zur Krisenabwehr in der Aktiengesellschaft, BB 1980, 737; *Madaus*, Keine Reorganisation ohne die Gesellschafter, ZGR 2011, 749; *Marsch-Barner*, Treupflicht und Sanierung, ZIP 1996, 853; *Maus*, Sanierungskonzept als Voraussetzung von Krisenmaßnahmen, DB 1991, 1133; *Mönning*, Betriebsfortführung in der Insolvenz, 1997; *Mohrbutter/Ringstmeier*, Handbuch der Insolvenzverwaltung, 8. Aufl. 2007; *Müller*, Krisenmanagement in der Unternehmung, 1986; *Müller-Merbach*, Frühwarnsysteme zur betrieblichen Krisenerkennung und Modelle zur Beurteilung von Krisenabwehrmaßnahmen, in: Plötzeneder, Computergestützte Unternehmensplanung, 1977; *Nerlich/Kreplin* (Hrsg.), Münchener Anwaltshandbuch Insolvenz und Sanierung, 2. Aufl. 20012; *Nerlich/Römermann* (Hrsg.), Insolvenzordnung, Stand: April 2012; *Pape*, Rechtliche Stellung, Aufgaben und Befugnisse des Gläubigerausschusses im Insolvenzverfahren, ZInsO 1999, 675; *Paul*, Rechtsprechungsübersicht zum Insolvenzplanverfahren 2011, ZInsO 2012, 613; *Picot/Aleth*, Unternehmenskrise und Insolvenz, 1999; *Pleister*, Restrukturierung nach dem ESUG: Die wichtigsten Praxisfälle, GWR 2013, 220; *Pleister/Tholen*, Zur

Befugnis des Schuldners oder des vorläufigen Sachwalters zur Begründung von Masseverbindlichkeiten im vorläufigen Eigenverwaltungsverfahren, ZIP 2013, 526; *Priester,* Die eigene GmbH als fremder Dritter – Eigensphäre der Gesellschaft und Verhaltenspflichten ihrer Gesellschafter, ZGR 1993, 512; *ders.,* „Sanieren oder Ausscheiden" im Recht der GmbH, ZIP 2010, 497; *Römermann,* Neues Insolvenz- und Sanierungsrecht durch das ESUG, NJW 2012, 645; *Römermann/Praß,* Beratung der GmbH als Schuldnerin in Krise und Insolvenz nach dem ESUG, GmbHR 2012, 425; *Scharpf,* Die Sorgfaltspflichten des Geschäftsführers einer GmbH – Pflicht zur Einrichtung eines Risikomanagement- und Überwachungssystems aufgrund der geplanten Änderung des AktG auch für den GmbH-Geschäftsführer, DB 1997, 737; *Schaub,* Die GmbH in der Krise – Kriterien für die Feststellung von Zahlungsunfähigkeit, Überschuldung und Kreditunwürdigkeit, DStR 1993, 1483; *Scherrer/Heni,* Liquidationsrechnungslegung, 2. Aufl. 1996; *Schluck-Amend,* Paradigmenwechsel bei der Stellung des Gesellschafters im Insolvenzverfahren nach dem ESUG, FS Hoffmann-Becking, 1039; *Schluck-Amend/Walker,* Neue Haftungsrisiken für GmbH-Geschäftsführer durch Pflicht zur Erstellung eines Insolvenzplans?, GmbHR 2001, 375; *Schmidt, Karsten* (Hrsg.), Insolvenzordnung, 18. Aufl. 2013; *ders.,* Wege zum Insolvenzrecht der Unternehmen, 1990; *ders.,* Altlasten, Ordnungspflicht und Beseitigungskosten im Konkurs, NJW 1993, 2833; *Schrader,* Der vorläufige Insolvenzverwalter und die Bundesanstalt für Arbeit, ZInsO 2000, 196; *Siemon/Klein,* Haftung des (Sanierungs-)Geschäftsführers gem. § 64 GmbHG im Schutzschirmverfahren nach § 270b InsO, ZInsO 2012, 2009; *Simon/Merkelbach,* Gesellschaftsrechtliche Strukturmaßnahmen im Insolvenzplanverfahren nach dem ESUG, NZG 2012, 121; *Smid/Rattunde,* Der Insolvenzplan, 1998; *Spiegelberger,* Kauf von Krisenunternehmen, 1996; *Take/Schmidt-Sperber,* Steuerliche Behandlung der Sanierungsgewinne im Insolvenzplanverfahren, ZInsO 2000, 374; *Theiselmann,* Debt Equity Swaps als Instrument zur finanziellen Restrukturierung, GmbH-StB 2013, 150; *Thömmes,* Identitätswahrende Sitzverlegung von Gesellschaften in Europa, DB 1993, 1022; *Tröndle/Fischer,* StGB, 60. Aufl. 2013; *Uhlenbruck,* Rechtsfolgen der Beendigung des Konkursverfahrens, ZIP 1993, 242; *ders.,* Das neue Insolvenzrecht als Herausforderung für die Beratungspraxis, BB 1998, 2009; *Vallender,* Allgemeine Anforderungen an Anträge im Insolvenzverfahren, MDR 1999, 280; *van Venrooy,* Mangelnde Rentabilität als statutarischer Auflösungsgrund nach § 60 Abs. 2 GmbHG, GmbHR 1993, 65; *Verse,* Anteilseigner im Insolvenzverfahren, ZGR 2010, 299; *Wagner,* IDW-Bericht über die Fachtagung, 1994; *Weisemann/Smid,* Handbuch Unternehmensinsolvenz, 1999; *Wellensiek,* Unternehmensfortführung und Betriebsveräußerung im Konkurs („übertragende Sanierung"), in: Siegwart, Meilensteine im Management, Band 2, Restrukturierung und Turn around, 1990, S. 473; *ders.,* Sanieren oder Liquidieren?, WM 1999, 405; *Werder,* Grundsätze ordnungsmäßiger Unternehmensführung für die Unternehmensleitung, Überwachung und Abschlussprüfung, Zfbf Sonderheft 1996, 1; *Willemsen/Rechel,* Kommentar zum ESUG: Die Änderungen der InsO, 2012; *Wimmer* (Hrsg.), Frankfurter Kommentar zur Insolvenzordnung, 7. Aufl. 2013 (zit. FK-InsO); *ders.,* Gesellschaftsrechtliche Maßnahmen zur Sanierung von Unternehmen, DStR 1996, 1249; *Winter,* Mitgliedschaftliche Treuebindung im GmbH-Recht, Diss. Heidelberg 1986; *Winter,* Eigeninteresse und Treupflicht bei der Einmann-GmbH in der neuen BGH-Rechtsprechung, ZGR 1999, 570; *Wittig,* Financial Covenants im inländischen Kreditgeschäft, WM 1996, 1381; *Ziegler-Hochmuth,* Hilfe für Krisenunternehmen in Ostdeutschland. Ein Überblick, DZWiR 2000, 56; *Zöllner/Noack* (Hrsg.), Kölner Kommentar zum Aktiengesetz, 3. Aufl. seit 2008.

I. Begriff und Definition der Krise

1 Mit allein 39.320 Unternehmensinsolvenzen im Jahr 2003 wurde in Deutschland ein Höchststand an Insolvenzen registriert.[1] Mit Ausnahme eines durch die Finanzmarktkrise verursachten Anstiegs in den Jahren 2008 (29.291) und 2009 (32.687), sind die Zahlen zwar mittlerweile rückläufig, halten sich aber dennoch auf einem recht hohen Niveau. So wurden im Jahr 2012 immer noch 28.297 Unternehmensinsolvenzen verzeichnet.[2] Wie sich die Lage für die deutschen Unternehmen weiterentwickeln wird, bleibt abzuwarten. Unverkennbar ist aber in jedem Fall, dass die **Vermeidung, Früherkennung und Bewältigung von Krisen für jedes Unternehmen und dessen Berater** weiterhin von großer Bedeutung ist. Neben dem immer schärferen Wettbewerb, auch im globalisierten Markt, sind ebenso häufig Fehler im Finanzmanagement Krisenursache, die sogar leistungsfähige Unternehmen oder Dritte, Lieferanten und Abnehmer, in die Insolvenz stürzen können. Der dadurch entstehende gesamtwirtschaftliche Schaden darf nicht unterschätzt werden. Besonders krisen- und damit insolvenzanfällig ist die GmbH.[3]

---

[1] Nachzulesen auf der Seite des Statistischen Bundesamtes Deutschland auf https://www.destatis.de/DE/ZahlenFakten/GesamtwirtschaftUmwelt/UnternehmenHandwerk/Insolvenzen/Insolvenzen.html
[2] Vgl. zum Ganzen die Statistik der seit 1950 registrierten Insolvenzen auf https://www.destatis.de/DE/ZahlenFakten/Indikatoren/LangeReihen/Insolvenzen/lrins01.html
[3] Nahezu 2/3 aller Gesellschaftsinsolvenzen betreffen GmbHs, siehe Statistisches Jahrbuch 2000, S. 132–134.

„Krise" stammt von dem altgriechischen Wort „Crisis", das die kritische Zuspitzung einer Handlungssituation im antiken Drama beschreibt.[4] Gemeint ist mit der Krise eine an einen Wendepunkt geknüpfte Entscheidungssituation, von der eine Existenzbedrohung abhängt. Die Überwindung der Krise muss daher vorrangiges Ziel sein. Hierzu steht das Instrument der **Sanierung** zur Verfügung, welche Aufgabe der Unternehmensleitung und der Berater ist. Damit der Überlebenskampf – noch – gewonnen werden kann, ist entscheidend, wie die Krise definiert wird. Betriebswirtschaftslehre, Gesellschaftsrecht, Insolvenz- und Insolvenzstrafrecht gehen von unterschiedlichen Krisenbegriffen aus. Legt man den engen strafrechtlichen Krisenbegriff der §§ 283 ff. StGB in Anlehnung an §§ 17 ff. InsO zugrunde,[5] der erst bei Überschuldung oder drohender bzw. eingetretener Zahlungsunfähigkeit eine Krise annimmt, wäre die Sanierung eines Unternehmens nur noch erschwert möglich: denn sobald hiernach eine Krise vorläge, bestünde nach § 15a InsO schon die Pflicht, innerhalb von drei Wochen Insolvenzantrag zu stellen (eine Ausnahme hiervon stellt insoweit die drohende Zahlungsunfähigkeit dar). Allein hierauf kann deshalb bei der Definition der Unternehmenskrise nicht abgestellt werden, vielmehr muss der Eintritt der Krise zeitlich vor dem Zustand liegen, der mit Zahlungsunfähigkeit und Überschuldung beschrieben wird.[6] Der Krisenbegriff muss daher weiter ausgelegt werden.

1. Betriebswirtschaftliche Aspekte der Krise

Der Krisenbegriff hat betriebswirtschaftlichen Inhalt. Bis heute hat die Betriebswirtschaftslehre aber keine einheitliche, unmissverständliche Begriffsdefinition geliefert.[7] Ganz überwiegend versteht sie den Begriff Krise als Zustand eines Schuldners oder schuldnerischen Unternehmens, der seine Leistungsfähigkeit in Frage stellt, in welchem wesentliche Ziele und Werte des Unternehmens unmittelbar gefährdet sind und so seine Existenz bedroht ist.[8] **Existenzbedrohung** bedeutet dabei nicht zwingend Existenzvernichtung, vielmehr ist die Chance für die „kritische Wendung" zum Positiven wesensbestimmend für den Begriff der Unternehmenskrise.[9]

Anhand unterschiedlicher Krisenmerkmale ist zwischen verschiedenen **Krisenarten** zu differenzieren.[10] Die genaue Identifikation ist richtungsweisend für das Krisenmanagement, hieraus ergeben sich konkrete Anhaltspunkte für den Einsatz entsprechender Maßnahmen zur Sanierung des Unternehmens. Die Möglichkeiten der Bewältigung der Krise unterscheiden sich je nach Krisenart:

- Je nach Krisenherd ist zwischen **endogener** und **exogener Krise** zu unterscheiden.[11] Sind die Ursachen der Krise der Sphäre innerhalb des Unternehmens zuzuordnen, ist die Krise also „hausgemacht", handelt es sich um eine endogene Krise. Hat hingegen der Krisenherd von außerhalb auf das Unternehmen eingewirkt, liegt eine exogene Krise vor. Diese sehr grobe Differenzierung zwischen endogener und exogener Krise bedarf einer weiteren Verfeinerung. So ist etwa eine endogene Krise dahingehend zu untersuchen, aus welchem konkreten Unternehmensbereich (z.B. Konstruktion, Marketing, Kalkulation, Eigenkapital-Ausstattung, Unternehmensleitung etc.) die Krisenursache herrührt. Häufig wird hier das Management eine zentrale Rolle spielen. Bei der exogenen Krise kann die Unterschei-

---

[4] Bratschitsch/Schnellinger/Witte S. 9 ff.; Müller, Krisenmanagement in der Unternehmung, S. 19 ff.
[5] Vgl. etwa die Definition bei Tröndle/Fischer StGB Vor § 283 Rn. 6.
[6] So bereits Uhlenbruck, Betriebswirtschaftliche Aspekte der Insolvenzrechtsreform 1994 – Anspruch und Rechtswirklichkeit in Elschen S. 209, 215.
[7] Grochla/Wittmann/Staehle, Handwörterbuch der Betriebswirtschaft, Teilband 2, S. 2452 definiert sie als „unbeabsichtigte und unerwartete nachhaltige Störung eines Systems (Person oder Institution) oder wesentlicher für dessen Überleben zentraler Teile"; Gabler Wirtschaftslexikon http://wirtschaftslexikon.gabler.de/Archiv/55429/unternehmungskrise-v6.html definiert Unternehmenskrise als „ungeplanten und ungewollten, zeitlich begrenzten Prozess, der in der Lage ist, den Fortbestand der Unternehmung substantiell zu gefährden oder sogar unmöglich zu machen".
[8] Uhlenbruck, Gläubigerberatung in der Insolvenz, S. 1 m.w.N.
[9] Krystek S. 2.
[10] Vgl. MünchHdBGesR III/Wellensiek/Oberle § 66 Rn. 6 ff.
[11] Böckenförde Unternehmenssanierung S. 18; Buth/Hermanns/Wilden § 1 Rn. 6; Hess/Hess/Groß Sanierungshdb., S. 120 ff. Rn. 83–144.

dung dahin verfeinert werden, dass untersucht wird, ob die Krise durch Gesetzesänderung, Zinsentwicklung, Konjunkturschwankungen, Wechselkursschwankungen, Streiks etc. entstanden ist.
- Je nach Zeitdruck, der von der Krise ausgeht und die Einleitung von Sanierungsmaßnahmen erforderlich macht, ist zwischen **latenter** und **akuter Krise** zu unterscheiden.[12]
- Je nach Alter bzw. Lebenszyklusstadium des Unternehmens ist zwischen **Gründungs-, Wachstums-** oder **Alterskrise** zu unterscheiden.[13] Auch diese drei Krisenarten werden weiter differenziert.[14]
- Je nach Stadium der strategischen Entwicklung ist ähnlich wie bei der Differenzierung nach dem Unternehmensalter zu unterscheiden zwischen: **Wachstums-, Stagnations-** und **Schrumpfungskrise**.[15] Allerdings ist nun nicht der Zeitablauf seit Unternehmensgründung entscheidend, sondern die Einordnung in eine strategische Phase, in der sich das von der Krise betroffene Unternehmen gerade befindet. Oft wird dies freilich mit dem Alter des Unternehmens zusammenhängen, da die strategische Entwicklung eines Unternehmens typischerweise mit bestimmten Altersphasen parallel verläuft.
- Je nach bedrohtem Unternehmensziel ist zwischen **Liquiditäts-, Erfolgs-** und **strategischer Krise** zu unterscheiden.[16] Die Liquiditätskrise liegt vor, wenn Zahlungsunfähigkeit unmittelbar droht oder bereits eingetreten ist.[17] Wenn das Unternehmen durch Nichterreichen vorgegebener Ziele Verluste erwirtschaftet, die nach und nach das Eigenkapital aufzuzehren drohen, handelt es sich um eine Erfolgskrise.[18] Die strategische Krise ist dadurch gekennzeichnet, dass das Erfolgspotential des Unternehmens, zu dem unter anderem alle für ein erfolgreiches Operieren am Markt erforderlichen produkt- und marktspezifischen Ressourcen zählen, ernsthaft gefährdet ist.[19] Zwischen diesen drei Krisenarten besteht eine zeitliche Verknüpfung. So ist ein zeitlicher Krisenverlauf von der strategischen zur Erfolgs- und weiter zur Liquiditätskrise zu beobachten. Da in der Regel eine Krise jedoch erst erkannt wird, wenn sie konkrete Auswirkungen nach außen aufzeigt, läuft die Erkenntnis der Entstehungsfolge entgegengesetzt: Nachdem die Banken weitere Kredite verweigern, wird die Liquiditätskrise offenkundig; bei der Suche nach den Ursachen erkennt man die Erfolgskrise, die sich in einer drastisch gesunkenen Eigenkapitalquote auswirkt; erst die weitere Suche nach Ursachen führt zur Entdeckung der Strategiekrise.[20]

2. Rechtliche Aspekte der Krise

5   a) **Zivilrechtliche Aspekte der Krise.** Nicht erst bei Vorliegen der insolvenzrechtlichen Tatbestände der Überschuldung/drohenden Zahlungsunfähigkeit/Zahlungsunfähigkeit liegt eine Krise vor. Vom Vorliegen einer Krise ist schon vorher auszugehen, da ab Eintritt der insolvenzrechtlich relevanten Insolvenztatbestände wegen der Antragspflicht gemäß § 15a InsO für die Überwindung der Krise zu wenig Zeit bleibt. Es ist daher eher auf das Gesellschaftsrecht abzustellen: Der Eintritt der Unterkapitalisierung oder der Verlust der Hälfte des Eigenkapitals nach § 49 Abs. 3 GmbHG könnten den Eintritt einer Krise markieren. Bislang wurde auch die Festlegung der Krise nach dem KonTraG[21] im Sinne von § 32a GmbHG a. F. für die Krisendefinition herangezogen. Durch das MoMiG und der damit einhergehenden Abschaffung des Eigenkapitalersatzrechtes mit Streichung der §§ 32a und 32b GmbHG a. F., ist der Zeitpunkt der Gewährung der Darlehen und damit der Begriff der Kri-

---

[12] *Böckenförde* S. 18.
[13] *Böckenförde* S. 18.
[14] Siehe hierzu bezüglich der Gründungskrise Gottwald/*Maus*, 1. Aufl. 1990, § 2 Rn. 13.
[15] *Böckenförde* S. 18.
[16] *Gross* DStR 1991, 1572 ff.; Hess/*Hess*/*Groß* Sanierungshdb. S. 61 f.
[17] *Bichlmeier*/*Engberding*/*Oberhofer* S. 65.
[18] Hess/*Hess*/*Groß* Sanierungshdb. S. 61; *Bichlmeier*/*Engberding*/*Oberhofer* S. 48 ff.
[19] *Böckenförde* S. 19; Hess/*Hess*/*Groß* Sanierungshdb. S. 62.
[20] Vgl. hierzu Hess/*Hess*/*Groß* Sanierungshdb. S. 62; *Gross* DStR 1991, 1572.
[21] Gesetz zur Kontrolle und Transparenz im Unternehmensbereich vom 27.4.1998 BGBl. I S. 786. Das Gesetz ist am 1.5.1998 in Kraft getreten.

§ 23 Die GmbH in der Krise und in der Insolvenz

se für das Gesellschaftsrecht jedoch irrelevant geworden. Nach neuem Recht werden nun vielmehr gemäß § 39 Abs. 1 Nr. 5 InsO alle Forderungen auf Rückgewähr eines Gesellschafterdarlehens oder Forderungen, die einem solchen Darlehen wirtschaftlich entsprechen, zu nachrangigen Forderungen, unabhängig vom Zeitpunkt ihrer Bereitstellung. Dennoch kann aber auch weiterhin, trotz Abschaffung der rechtlichen Krise durch das MoMiG, zur Definition des Begriffes auf die Krisenmerkmale im Sinne des § 32a GmbHG a. F. zurückgegriffen werden.

aa) Gesellschaftsrecht. Im Vorfeld der Insolvenz setzt das gesellschaftsrechtliche „Frühwarnsystem"[22] an, welches den Geschäftsführern der GmbH zahlreiche Pflichten auferlegt, die zunächst dem Schutz der Gesellschaft, reflexartig aber auch dem Gläubigerschutz dienen: Gesteigerte Sorgfaltspflicht im Umgang mit dem Gesellschaftsvermögen, gesteigerte Informationspflicht der Geschäftsleitung gegenüber den Gesellschaftern und gesteigerte Pflicht zur beständigen wirtschaftlichen Selbstprüfung.[23]

Grundsätzlich gilt im deutschen Gesellschaftsrecht das Prinzip der Finanzierungsfreiheit: Die Gesellschafter können über Art und Umfang der Finanzierung der Gesellschaft frei entscheiden.[24] Es besteht keine Pflicht, die Gesellschaft mit einem ihrer Geschäftstätigkeit angemessenen Stammkapital auszustatten.[25] Demzufolge führt allein eine materielle Unterkapitalisierung, also eine unzureichende Ausstattung der GmbH mit Eigenkapital, nicht zu einer Nachschusspflicht der Gesellschafter.[26] Bei materieller **Unterkapitalisierung** ist der Geschäftsführer der GmbH verpflichtet, die Gesellschafter hierüber zu informieren.[27] Mit Eintritt einer **Unterbilanz** sind dem Geschäftsführer allerdings weitergehende Pflichten auferlegt. Eine Unterbilanz liegt dann vor, wenn das Nettovermögen der Gesellschaft das Stammkapital (§ 3 Abs. 1 Nr. 3 GmbHG) nicht mehr deckt. Das Nettovermögen ist dabei die Summe aller in der Bilanz nach §§ 42, 246 ff., 266 ff. HGB anzusetzender und bewerteter Aktiva abzüglich sämtlicher echter Passiva, wobei Rücklagen und Nachschusskapital nicht einzubeziehen sind.[28] Dem Geschäftsführer ist es nach § 30 Abs. 1 S. 1 GmbHG untersagt, an Gesellschafter Aktivvermögen der Gesellschaft wegzugeben, wenn und soweit dadurch eine Unterbilanz herbeigeführt oder weiter vertieft wird.[29] Ausnahmen regeln § 30 Abs. 1 S. 2 und 3 GmbHG für Beherrschungs- und Gewinnabführungsverträge für den Fall vollwertiger Gegenleistungs- und Rückgewähransprüche sowie für Gesellschafterdarlehen und Rechtshandlungen, die einem solchen wirtschaftlich entsprechen. Sofern der Geschäftsführer gegen dieses Verbot verstößt, haftet er nach § 43 Abs. 3 GmbHG. Darüber hinaus treffen ihn bei Bestehen einer Unterbilanz besondere Pflichten im Umgang mit dem Gesellschaftsvermögen, wie § 43 Abs. 3 GmbHG weiter zeigt, hinsichtlich des Erwerbs eigener Geschäftsanteile und der Gewährung von Krediten aus Gesellschaftsvermögen. Besonders problematisch ist die Thematik der Unterbilanz bei der schon ab 1,00 EUR Stammkapital gründbaren Unternehmergesellschaft nach § 5a GmbHG, da bei dieser die Gründungskosten das niedrige Stammkapital bereits übersteigen können und sich die Gesellschaft damit ab Gründung in der Überschuldung befindet.[30]

Neben die Pflicht zum sorgsamen Umgang mit dem Gesellschaftsvermögen trifft den Geschäftsführer im Vorfeld der Insolvenz gemäß § 49 Abs. 3 GmbHG eine gesteigerte Informationspflicht dergestalt, dass er unverzüglich eine Gesellschafterversammlung einberufen muss, wenn aus dem Jahresabschluss oder einer im Laufe des Geschäftsjahres aufgestellten Bilanz hervorgeht, dass die **Hälfte des Stammkapitals verloren** ist. Damit hat der Gesetzge-

---

[22] So Gottwald/*Haas/Hossfeld* § 92 Rn. 4 ff.
[23] Gottwald/*Haas/Hossfeld* § 92 Rn. 4.
[24] *Von Gerkan/Hommelhoff* Rn. 2.8.
[25] *Von Gerkan/Hommelhoff* Rn. 2.9.
[26] Die h. M. lehnt weiterhin einen allgemeinen Haftungstatbestand der Unterkapitalisierung ab vgl. etwa BGHZ 68, 312, 319; 125, 366; BAG DB 1998, 2532; Schmidt/Uhlenbruck/*K. Schmidt* Rn. 1.21; a. A.: Picot/*Aleth* A II Rn. 16 ff., S. 7 f.
[27] Picot/*Aleth* A II Rn. 23, S. 8 f.
[28] Vgl. Lutter/Hommelhoff/*Hommelhoff* § 30 Rn. 11.
[29] Lutter/Hommelhoff/*Hommelhoff* § 30 Rn. 2.
[30] Vgl. zur gesamten Problematik *Drygala* NZG 2007, 561, 562 f.

ber zum Schutz von Gesellschaft, Gesellschaftern und Gläubigern ein zwingendes,[31] sogar strafbewehrtes[32] Frühwarnsystem errichtet, das auf die Erreichung bestimmter finanzwirtschaftlicher Kennzahlen (Nettovermögen unterschreitet wertmäßig die Hälfte des Stammkapitals) abstellt. Auch hier stellt sich die Frage nach dem maßgeblichen Bilanzansatz für die Bewertung des Gesellschaftsvermögens. Es gilt das zur Unterbilanz Ausgeführte entsprechend.

9   Teil des gesellschaftsrechtlichen Frühwarnsystems ist weiter die Pflicht des Geschäftsführers, für eine **Organisation** der Gesellschaft zu sorgen, die es ihm ermöglicht, die wirtschaftliche und finanzielle Lage der Gesellschaft jederzeit zu überblicken. Hierzu ist der Geschäftsführer nach den Grundsätzen einer ordnungsgemäßen Unternehmensleitung (GoU) im Rahmen des § 43 Abs. 1 GmbHG verpflichtet. Über die Errichtung eines Kontrollsystems entsprechend § 91 Abs. 2 AktG entscheiden die Gesellschafter. Eine Verpflichtung des Geschäftsführers zur Errichtung eines solchen institutionalisierten Risikokontrollsystems besteht nur in den Fällen der Inanspruchnahme des Kapitalmarktes und der Aufsichtsratspflichtigkeit der Gesellschaft nach § 1 MitbestG auf Grund ihrer gesamtwirtschaftlichen Bedeutung.[33]

10 Insgesamt ergibt sich hieraus für das Eingreifen des gesellschaftsrechtlichen Frühwarnsystems ein Kriseneintritt ab Vorliegen einer Unterbilanz oder des Aufzehrens der Hälfte des Eigenkapitals. Im Hinblick auf das Ergreifen etwaiger Sanierungschancen ist dies zu spät.

11 In § 32a Abs. 1 GmbHG a. F. wurde der Begriff der Krise vor der Reformierung des GmbHG durch das MoMiG legaldefiniert. Hiernach lag eine Krise schon dann vor, wenn ein Gesellschafter als ordentlicher Kaufmann der Gesellschaft statt Fremd- Eigenkapital zuführen würde. Diesen normativen Maßstab aus sich heraus zu konkretisieren, bereitete so große Schwierigkeiten, dass auf das von Rechtsprechung und Lehre herausgearbeitete Kriterium der Kreditunwürdigkeit der Gesellschaft gegenüber Dritten zurückgegriffen werden musste.[34] Kreditunwürdig ist die GmbH demnach dann, wenn ein außenstehender Dritter nicht mehr zu marktüblichen Bedingungen ohne Besicherung des Kredits durch die Gesellschafter den Kredit gewährt und die Gesellschaft ohne Zuführung dieser Mittel liquidiert werden müsste.

> **Checkliste: Kriterien, die auf Kreditunwürdigkeit hinweisen.**[35]
>
> ☐ Kündigung eines Kredits,
> ☐ Weigerung anderer Gläubiger, sich an einem Gesellschaftskredit zu beteiligen,
> ☐ Fehlende Kreditlinie bei Banken,
> ☐ Fehlende stille Reserven,
> ☐ Fehlendes Erfolgspotential,
> ☐ Umfang, in dem das Stammkapital bereits verloren ist,
> ☐ Nichtbedienung fälliger Verbindlichkeiten.

Die Kreditunwürdigkeit ist ein durchaus brauchbares Kriterium für die Bestimmung des Kriseneintritts, allerdings stellt diese lediglich auf einen relevanten Aspekt ab, ohne die Gesamtsituation des Unternehmens im Auge zu haben. Eine Krise liegt jedenfalls aber nicht ausschließlich dann vor, wenn Kreditunwürdigkeit gegeben ist.

---

[31] So die h.M. vgl. Ulmer/*Hüffer* § 49 Rn. 32; Lutter/Hommelhoff/*Bayer* § 49 Rn. 20; a.A.: Rowedder/Schmidt-Leithoff/*Koppensteiner/Gruber* § 49 Rn. 15.
[32] § 84 Abs. 1 GmbHG.
[33] Die Gesetzesbegründung zur Änderung des Aktiengesetzes (AktG) BT-Drucks. 13/9712 S. 15 ging von einem Ausstrahlen der Änderung des AktG auf die GmbH aus, die auf Grund ihrer Größe und Struktur mit einer AG vergleichbar ist. Dies dürfte in den oben genannten Fällen vorliegen. In diesem Sinne auch Lutter/Hommelhoff/*Kleindiek* § 43 Rn. 31; a.A.: Gottwald/*Haas/Hossfeld* § 92 Rn. 7.
[34] Lutter/Hommelhoff/*Lutter/Hommelhoff* 16. Aufl. §§ 32a/b Rn. 18; Ulmer/*Habersack* §§ 32a/b Rn. 61 ff.
[35] Aufzählung bei Lutter/Hommelhoff/*Lutter/Hommelhoff* 16. Aufl. §§ 32a/b Rn. 20.

bb) Insolvenzrecht. Das Insolvenzrecht geht vom Bestehen einer insolvenzrechtlichen Krise mit Vorliegen der Insolvenztatbestände **Überschuldung** (§ 19 InsO), **Zahlungsunfähigkeit** (§ 17 InsO) und **drohender Zahlungsunfähigkeit** (§ 18 InsO) aus.[36] Sofern Überschuldung oder Zahlungsunfähigkeit der GmbH vorliegen, ist der Geschäftsführer nach § 15a InsO verpflichtet, Insolvenzantrag zu stellen. Für eine außergerichtliche Sanierung ist es dann in der Regel zu spät. Allenfalls der Insolvenzgrund der drohenden Zahlungsunfähigkeit könnte als Merkmal des Kriseneintritts herangezogen werden. Bei der drohenden Zahlungsunfähigkeit ist nicht auf eine – zu späte – Zeitpunktilliquidität sondern auf eine Zeitraumilliquidität abzustellen. Die für die drohende Zahlungsunfähigkeit relevante Frage nach ausreichender Liquidität im Planungszeitraum ist ein wichtiges Indiz für die Beurteilung, ob eine Krise vorliegt.

b) Strafrechtliche Aspekte der Krise. Nach herrschender Meinung lehnt sich der strafrechtliche Krisenbegriff der §§ 283ff. StGB an die insolvenzrechtliche Definition an,[37] so dass auch hieraus keine weiteren Erkenntnisse für den Krisenbegriff zu gewinnen sind.

3. Frühwarnsysteme

Neben dem gesellschaftsrechtlichen „Frühwarnsystem", das wie oben gezeigt,[38] in der Regel erst viel zu spät greift, ist die **Errichtung eines betriebswirtschaftlichen Frühwarnsystems** erforderlich. Durch das KonTraG hat der Gesetzgeber große und mittelgroße Kapitalgesellschaften und Personengesellschaften zur Einführung eines institutionalisierten Risikokontrollsystems[39] gezwungen. Dieses institutionalisierte Risikokontrollsystem geht über das gesellschaftsrechtliche Frühwarnsystem hinaus; im Unternehmensbereich sollen vielschichtige Kontrollsysteme eine optimale Überwachung auf verschiedenen Ebenen, insbesondere mit Hilfe der Bereiche interne Revision und Controlling gewährleisten. Dadurch sollen Krisensignale frühzeitig erkannt werden. Da diese durch das KonTraG eingeführte Verpflichtung die Mehrzahl der GmbHs nicht betreffen wird, kann nur die Einführung solcher Frühwarnsysteme auf freiwilliger Basis empfohlen werden.

Den Eintritt einer Krise „spürt" ein Unternehmer zwar unstreitig. Es geht jedoch darum, objektiv fassbare Kriterien zu finden, die den Eintritt einer Krise markieren. Nur so kann eine sinnvolle Reaktion auf die Krisenerkennung sichergestellt werden. Zur Früherkennung einer Unternehmenskrise wurden von der Betriebswirtschaftslehre verschiedene Systeme entwickelt. Deren Ziel ist es, eine drohende Krise möglichst frühzeitig anhand gewisser **Krisenindikatoren** zu erkennen, um Sanierungsmaßnahmen zur Rettung des Unternehmens einleiten zu können.[40] Darüber hinaus geht es aus Gläubigersicht darum, das Risiko des Forderungsausfalls zu minimieren und um die Schaffung einer objektiven Entscheidungsgrundlage für die Vergabe weiterer Kredite.[41] Dabei sollen Frühwarnsysteme helfen, die zwischen Schuldner und Gläubiger bestehende Informationsasymmetrie zu verhindern.[42] Deshalb drängen Gläubiger auch zunehmend darauf, geeignete Krisenindikatoren als vertraglichen Bestandteil in Kreditverträge aufzunehmen (sogenannte Financial Covenants).[43] Von der Grundkonzeption her ist dabei zu unterscheiden zwischen Frühwarnsystemen, die auf der Basis von Bilanzanalysen beruhen (**operative Frühwarnsysteme**) und solchen, die bestimmte, nach außen mehr oder weniger in Erscheinung tretende Signale zur Grundlage haben (**strategische Frühwarnsysteme**).

a) Bilanzanalyse. Durch Ermittlung bestimmter Kennzahlen anhand von Angaben in der Bilanz und GuV werden eine Vielzahl von Einzelinformationen in wenigen Kennzahlen

---

[36] Zur Definition der Insolvenztatbestände → Rn. 143 ff.
[37] Vgl. *Fischer* StGB Vor § 283 Rn. 6 ff.; BGH NStZ 2001, 485.
[38] → Rn. 5 ff.
[39] Zu den Anforderungen an ein solches Risikokontrollsystem vgl. *Kromschröder/Lück* DB 1998, 1573 ff.
[40] *Bea/Kötzle* DB 1983, 565, 568; *Picot/Aleth* Rn. 156 ff.; *Krystek* S. 144 f.
[41] Hierzu ausführlich Buth/*Hermanns/Wilden* § 1; Schmidt/Uhlenbruck/*Wittig* Rn. 1.134.
[42] Buth/*Hermanns/Wilden* § 1 Rn. 8 f.
[43] Instruktiv hierzu Schmidt/Uhlenbruck/*Wittig* Rn. 1.142 ff.; *Wittig* WM 1996, 1381 ff.; *Eidenmüller* S. 140 ff.

komprimiert, so dass sich aus diesen ein Gesamtbild über die Vermögens-, Finanz- und Ertragslage eines Unternehmens ergibt. Es gibt verschiedene Varianten von Bilanzanalysen. Neben den **traditionellen Kennzahlanalysen**, wie etwa der sogenannten DVFA/SG-Methode[44] oder dem Du Pont-Kennzahlensystem[45] existieren auch **moderne Krisenindikator-Modelle**. Das bekannteste und in der Praxis häufig angewandte Verfahren ist die **Diskriminanzanalyse**. Hier wird durch die Verdichtung einer großen Zahl von Daten aus dem Jahresabschluss zu wenigen Kennzahlen oder einem Krisenindikator eine Krisenprognose erstellt. Grundlage der Diskriminanzanalyse ist die Annahme, dass sich insolvenzgefährdete Unternehmen bereits Jahre vor Eintritt der Insolvenz in ihrem Jahresabschlussbild statistisch signifikant von „gesunden" Unternehmen unterscheiden.[46] Der Krisenindikator (Gesamtkennzahl) wird durch Addition von als besonders geeignet empfundenen Kennzahlen, die entsprechend ihrer Bedeutung gewichtet werden, ermittelt. Entscheidend ist dabei die Auswahl der Kennzahlen und deren Gewichtung. In der Praxis werden als besonders relevant folgende Kennzahlen eingestuft: Renditemaß (z. B. Verhältnis des Jahresüberschusses zum Umsatz), Kapitalstrukturquote (Verhältnis des Eigenkapitals zum Fremdkapital) und Liquiditätskennziffer (z. B. Umschlagsdauer des Umlaufvermögens).[47]

17 Neuerdings wurde die Bilanzanalyse dadurch verfeinert, dass im Wege **künstlicher Neuronale-Netz-Verfahren**, aufbauend auf der Lernfähigkeit des Systems und komplizierter mathematischer Konstrukte, anhand einer Vielzahl von Eingabedaten (Bilanzkennzahlen) diejenigen Kennzahlen ermittelt und gewichtet werden, die mit größter Zuverlässigkeit die Unternehmen in „solvent" und „insolvenzgefährdet" klassifizieren.[48] Hierauf aufbauend haben *Baetge und Mitarbeiter* das sogenannte Backprogation-Netz mit 14 Kennzahlen (BP-14) entwickelt.[49]

18 **Vorteil** des Systems der Bilanzanalyse als operatives Frühwarnsystem ist die Zugänglichkeit der Informationsquelle – Bilanz, GuV und Anhang – für Externe. Daher handelt es sich immer noch um ein in der Praxis weit verbreitetes Verfahren zur Überprüfung der wirtschaftlichen Lage. **Nachteil** dieser Vorgehensweisen ist, dass die auf der Grundlage der Bilanz ermittelten Kennzahlen immer nur so gut sind wie die Bilanz selbst.[50] Wegen der eröffneten Bilanzspielräume und der Gefahr einer möglichen Bilanzfälschung, die gerade bei krisengeneigten Unternehmen verschärft ist, ist die Bilanz nur eingeschränkt als objektiver Maßstab zur Krisenidentifikation geeignet.[51] Hauptkritikpunkt ist jedoch die Vergangenheitsbezogenheit, die darin begründet ist, dass lediglich Informationen aus der Bilanz verwertet werden, die selbst wiederum vergangenheitsbezogen ist. Ferner fließen wichtige Krisenindikatoren in die Bilanz überhaupt nicht ein – wie etwa Veränderungen am Markt, Qualität des Managements, Wettbewerbsstruktur, Produkt-Know-how, Gesetzesänderungen etc.[52] Die Bilanzanalyse für sich genommen, erscheint daher zu eindimensional; zwar kann sie als „Momentaufnahme"[53] herangezogen werden, weniger aber als Prognoseinstrument. Als unterstützendes Element zur Erkennung von Fehlentwicklungen sind die operativen Frühwarnsysteme jedoch heranzuziehen.

19 **b) Strategische Frühwarnsysteme.** Hierbei handelt es sich um zukunftsorientierte Frühwarnsysteme, die auf der **Sammlung von Signalen oder Symptomen** beruhen und meist mit Checklisten arbeiten. Diese Frühwarnsysteme gehen davon aus, dass sich jede Krise in Form

---

[44] Vgl. eingehend *Küting/Bender* BB 1992, Beilage 16, 1–16.
[45] Vgl. hierzu Gerke/Steiner/*Reichmann* Sp. 901 ff.
[46] Zur Diskriminanzanalyse ausführlich Buth/Hermanns/*Wilden* § 1 Rn. 22 ff.; Gottwald/*Drukarczyk/Schöntag* § 2 Rn. 19 ff.
[47] Buth/Hermanns/*Wilden* § 1 Rn. 27.
[48] Vgl. Buth/Hermanns/*Wilden* § 1 Rn. 33 ff.
[49] *Baetge/Schmedt/Hüls/Krause/Uthoff* DB 1994, 337; *Baetge* Wpg 1994, 1 ff.; *Baetge/Jerschensky* DB 1996, 1581 ff.
[50] Hierzu *Uhlenbruck* (mit Verweis auf R. Denk) S. 48: „Bilanzen sind oftmals wie Kriegsberichte: Im Ganzen falsch, in Kleinigkeiten exakt"; *Küting/Weber* S. 74 ff.
[51] Vgl. *Mönning* Rn. 656.
[52] *Küting/Weber* S. 75.
[53] Buth/Hermanns/*Wilden* § 1 Rn. 30.

von Signalen ankündigt.[54] Indem diese Signale wahrgenommen und dann auf ihre Bedeutung für das Unternehmen bewertet werden, soll sich das Management früh auf mögliche Veränderungen und Gefahren einstellen können.[55] Möchte man dieses System perfektionieren, müsste man praktisch „alles" im Unternehmen laufend messen und auf verdächtige Entwicklungen untersuchen.[56] Der Ausgleich zwischen möglichst effektiver Frühwarnung und wirtschaftlicher Effizienz gebietet es daher, jedenfalls auf die in den hier gegebenen Checklisten aufgeführten Gegebenheiten, Erscheinungen und Vorkommnisse zu achten, die typischerweise in den verschiedenen Bereichen eines Unternehmens im Falle eines drohenden oder bereits begonnenen Krisenausbruchs zu beobachten sind.[57] Hierfür ist die Errichtung eines effektiven Controllings, in welches diese Frühwarnsysteme installiert werden, erforderlich.

c) **Früherkennung durch Kreditinstitute.** Gerade Kreditinstitute als Hauptgläubiger der Gesellschaften haben ein großes Interesse daran, möglichst frühzeitig eine Krise zu erkennen. Ihnen ist darüber hinaus kraft Gesetzes aufgegeben, sich über die wirtschaftlichen Verhältnisse ihrer Kreditnehmer zu informieren. Dabei bedienen sie sich folgender Instrumente: 20

- **Bilanzanalysen.**
- **Persönliche Besuche, Sicherheitenprüfung, Kontenüberwachung** etc. und dem sich daraus ergebenden **Gesamtbild.**
- **Financial Covenants,** die als Klauseln im Rahmen des Kreditvertrags vereinbart werden und den Kreditnehmer verpflichten, bestimmte Mindestanforderungen an die Vermögenssituation (Eigenkapitalausstattung, Verschuldung), den Ertrag oder die Liquidität einzuhalten. Damit der Kreditgeber die Einhaltung dieser Vorgaben auch überwachen kann, sind darüber hinaus Informationspflichten des Kreditnehmers zu vereinbaren, die jedoch im Interesse der wirtschaftlichen Effizienz nicht überzogen sein, sich vielmehr auf ohnehin vorhandene Unterlagen beschränken sollten. Für den Fall der Nichteinhaltung der vorgegebenen Grenzen, wird sich der Kreditgeber die Möglichkeit einräumen, das gesteigerte Kreditrisiko zu begrenzen, etwa durch Bestellung weiterer Sicherheiten oder indem er das Kreditengagement nicht ausweitet.[58]
- **Rating.** Die Zahlungsfähigkeit der Gesellschaft wird von den Kreditgebern eingeschätzt. Entweder erfolgt die Beurteilung durch ein „externes Rating" durch eine Ratingagentur oder im Rahmen eines „internen Ratings" nach bankeigenen Kriterien. Die Insolvenzkriterien, die nach Basel II für Ratings festgelegt wurden, sind erfüllt, wenn ein Kreditnehmer seinen Kreditpflichten nicht nachkommt und mit seinen Zahlungsverpflichtungen mehr als 90 Tage im Verzug ist.

d) **Vorkehrungen auf Gesellschaftsebene.** Die gesetzlich vorgesehene Kontrollinstanz der GmbH, die Gesellschafterversammlung, sollte Vorkehrungen treffen, um einerseits den Geschäftsführer zur Einrichtung von Unternehmenskontroll- und Frühwarnsystemen anzuhalten, andererseits aber auch um ausreichende Kontrolle über die Geschäftsführung ausüben und so selbst Krisensituationen erkennen und darauf entsprechend reagieren zu können. Die Auferlegung einer **vierteljährlichen Berichtspflicht** und deren konkrete Ausgestaltung[59] ist in diesem Zusammenhang empfehlenswert. Darüber hinaus ist die **Einrichtung eines Aufsichtsrates** i. S. d. § 52 GmbHG[60] sinnvoll, der – neben der Gesellschafterversammlung – die Geschäftsführung auf Legalität, Ordnungsmäßigkeit, Zweckmäßigkeit und Wirtschaftlichkeit zu überwachen und dahingehend zu beraten hat.[61] Auch die externe Unternehmenskontrolle durch eine ggf. freiwillige **Abschlussprüfung** kann wichtige Hinweise auf eine mögliche Krisensituation liefern, da der durch das KonTraG geänderte § 321 HGB den Abschlussprüfer dazu verpflichtet, über das Ergebnis schriftlich zu berichten und dieser dabei insbesondere eine Beurteilung des Fortbestands und der künftigen Entwicklung des Unternehmens vorzu- 21

---

[54] *Ansoff* ZfbF 1976, 129 ff.; *Buth/Hermanns/Wilden* § 1 Rn. 49 ff.
[55] *Schmidt/Uhlenbruck/Maus* Rn. 1.121 ff.; siehe dazu auch *Scharpf* DB 1997, 737 ff.
[56] So nahezu wörtlich *Plötzeneder/Müller-Merbach* S. 419, 428, dessen Aussage auch beinahe nach einem viertel Jahrhundert noch Gültigkeit hat.
[57] Vgl. *Uhlenbruck* S. 57 (Checklisten als Insolvenzindikatoren).
[58] Vgl. hierzu ausführlich *Schmidt/Uhlenbruck/Wittig* Rn. 1.142 ff. m. w. N.
[59] Vgl. *Schmidt/Uhlenbruck/Wellensiek/Schluck-Amend* Rn. 1.100.
[60] Bei der GmbH ist meist von Beirat, Gesellschafterausschuss oder Verwaltungsrat die Rede, GmbH-rechtlich handelt es sich dabei jedoch in all diesen Fällen um einen Aufsichtsrat i. S. d. § 52 GmbHG, vgl. *Lutter/Hommelhoff/Lutter* § 52 Rn. 4.
[61] *Ulmer/Raiser/Heermann* § 52 Rn. 87 f.

nehmen hat.[62] Inwieweit dieser Prüfungsbericht tatsächlich dem Aufspüren von Krisen dienlich sein kann, hängt von der Qualität des Prüfungsberichtes ab. Meist wird er aber schon wegen der zeitverzögerten Prüfung und der Vergangenheitsbezogenheit des zu prüfenden Jahresabschlusses keine ausreichende Krisenvorsorge gewährleisten können.

II. Bewältigung der Krise außerhalb der Insolvenz

Beratungscheckliste

Einzufordernde Unterlagen zur Vorbereitung einer Sanierungsberatung außerhalb eines Insolvenzverfahrens:

Allgemein

☐ Gesellschaftsvertrag mit zwischenzeitlichen Änderungen
☐ Handelsregisterauszug
☐ Geschäftsführervertrag
☐ Bilanzen mit Prüfungsbericht des Wirtschaftsprüfers
☐ Firmenbriefbögen

Für die Vermögensübersicht

Aktiva

☐ Einzahlungen der Stammeinlage, Nachweise
☐ Grundbuchauszüge und Wertgutachten
☐ Liste Geschäftsausstattung mit Standort; Anlagenkartei
☐ Lebensversicherungen (Rückkaufswerte)
☐ Inventur Warenvorräte
☐ Schuldnerverzeichnis (Außenstände)
☐ Aufstellung Wechselforderungen
☐ Kassenbuch und aktuelles Kassenguthaben
☐ Banken – Kontoauszüge (Guthaben?)
☐ Gesellschafter-Verrechnungskonten (Ausdrucke)

Passiva

☐ Gläubigerverzeichnis (gegliedert nach Gläubigergruppen)
☐ Arbeitnehmerliste
☐ Sozialversicherungsträger
☐ Darlehensverträge
☐ Sicherungsverträge:
  • Sicherungsübereignungsverträge
  • Zessionsverträge: Einzel- und Globalzessionen
☐ Laufende Verträge:
  • Mietverträge
  • Pachtverträge mit Einzelfirmen
  • Leasingverträge, Werkaufträge
  • Wartungsverträge
  • Versicherungsverträge (Haftpflicht u. a.)
☐ Besondere Verträge
☐ Umweltbelastende Stoffe auf Betriebsgelände

Zu bedenkende Punkte:

☐ Sanierungspflicht
☐ Gesteigerte Vermögensfürsorgepflicht des Geschäftsführers
☐ Gesteigerte Informationspflicht des Geschäftsführers
☐ Insolvenzantragspflicht
☐ Strafrechtliche Risiken

---

[62] Vgl. hierzu auch Schmidt/Uhlenbruck/*Wellensiek*/*Schluck-Amend* Rn. 1.101 f.

1. Sanierungspflicht

a) **Sanierungspflicht der Gesellschafter.** Es besteht eine **allgemeine gesellschaftsrechtliche** 23 **Treuepflicht** der Gesellschafter gegenüber der GmbH und der Gesellschafter untereinander.[63] Intensität und Tragweite der Treuepflicht hängen von den konkreten Verhältnissen des Einzelfalls ab. Der Inhalt der Treuepflicht ist weitgehend von Interessenabwägungen zwischen dem Eigeninteresse des handelnden Gesellschafters und dem Gesellschaftsinteresse bzw. den mitgliedschaftlichen Interessen der anderen Gesellschafter geprägt.[64] Die aktive Förderpflicht des Gesellschafters kann daher im Einzelfall auch eine Sanierungspflicht der Gesellschafter begründen.[65] Der Gesellschafter muss insoweit an allen Maßnahmen mitwirken, die zur Erhaltung des in der Gesellschaft Geschaffenen und zur Erreichung ihres Zwecks notwendig sind.[66] Daher muss er gegebenenfalls einer Änderung des Gesellschaftszwecks, einer vereinfachten Kapitalherabsetzung,[67] einer Kapitalerhöhung,[68] der Aufnahme eines neuen Gesellschafters oder gar der Anteilsübertragung[69] zustimmen, wenn nur dadurch eine wirtschaftlich sinnvolle Fortführung der Gesellschaft gewährleistet ist. Für Publikumspersonengesellschaften hat der BGH in einem unter dem Namen „Sanieren oder Ausscheiden" bekannt gewordenen Urteil[70] entschieden, dass die gesellschaftsrechtliche Treuepflicht die Gesellschafter sogar dazu verpflichten kann, aus der Gesellschaft auszuscheiden, wenn sie sich nicht durch neue Einlagen an der (erfolgversprechenden) Sanierung beteiligen. Voraussetzung hierfür sei allerdings, dass der Ausschluss den Gesellschaftern zumutbar ist. Dies sei insbesondere dann anzunehmen, wenn sie durch den Ausschluss nicht schlechter gestellt werden, als sie im Falle einer sonst unabwendbaren Liquidation der Gesellschaft stünden. Diese Grundsätze sind nach verbreiteter Ansicht in modifizierter Weise auch auf die GmbH übertragbar.[71] Demnach können die Gesellschafter unter bestimmten Voraussetzungen verpflichtet sein, einer Kapitalherabsetzung auf Null verbunden mit einer anschließenden Kapitalerhöhung zuzustimmen. Wer sich an der Kapitalerhöhung nicht durch Übernahme neuer Anteile und Einbringung der entsprechenden Einlagen beteiligt, scheidet dann aus der GmbH aus.[72] Die Grenzen der Sanierungspflicht sind jedenfalls dann erreicht, wenn sie den Gesellschafter zur Leistung einer neuen Einlage verpflichten würden, ihm eine Nachschusspflicht auferlegen oder Verpflichtungen im Sinne des § 3 Abs. 2 GmbHG begründen würden.[73] Auch können die Gesellschafter allesamt von einer Sanierung absehen, da ein gesellschafterunabhängiges Eigeninteresse der Gesellschaft gerade nicht existiert.[74]

Problematisch erweist sich allerdings die **Durchsetzbarkeit dieser Sanierungspflicht:** Zwar 24 ist die treuwidrig, der Sanierung entgegenstehend, abgegebene Stimme nichtig und darf bei der Stimmauszählung nicht mitgezählt werden,[75] eine treuwidrig nicht abgegebene Ja-Stimme kann allerdings nicht hinzugedacht werden, so dass die Durchsetzung der Sanierung hier nur im Wege der Beschlussfeststellungsklage möglich ist.[76] Da dieses Klageverfahren in

---

[63] BGHZ 9, 163; 14, 38; 65, 18; DStR 1994, 215; *Hüffer* S. 59; *Dreher* DStR 1993, 1632; *Raiser* ZHR 157 (1987) 412; *Winter*, Mitgliedschaftliche Treuebindung im GmbH-Recht.
[64] Vgl. hierzu Baumbach/Hueck/*Hueck/Fastrich* § 13 Rn. 23.
[65] BGHZ 98, 276; Lutter/Hommelhoff/*Bayer* § 14 Rn. 22; *Häsemeyer* ZHR 160 (1996) 109; *Winter* ZGR 1994, 570; *Lutter* ZHR 162 (1998) 164; jüngst BGHZ 129, 136 für die AG; Gottwald/*Haas/Hossfeld* § 92 Rn. 20 ff m.w.N.; ablehnend *Flume* ZIP 1996, 161.
[66] Lutter/Hommelhoff/*Bayer* § 14 Rn. 22.
[67] Für die AG siehe BGH NJW 1995, 1739, 1741; zustimmend *Marsch-Barner* ZIP 1996, 853, 854 ff.; *Lutter* JZ 1995, 1053, 1054 ff.; ablehnend dagegen *Flume* ZIP 1996, 161, 165 ff.
[68] Vgl. *K. Schmidt* ZIP 1980, 328, 335.
[69] Vgl. OLG Köln NZG 1999, 1166, 1167 f.
[70] BGH NJW 2010, 65.
[71] *Lieder* in Münchener Kommentar zum GmbHG § 55 Rn. 33; *Priester* ZIP 2010, 497.
[72] Vgl. vertiefend *Priester* ZIP 2010, 497, 500 ff.
[73] So Gottwald/*Haas/Hossfeld* § 92 Rn. 22.
[74] So Lutter/Hommelhoff/*Bayer* § 14 Rn. 29; differenzierend *Ulmer* ZHR 148 (1984) 391, 418 f.; ein Eigeninteresse bejahend dagegen: *Priester* ZGR 1993, 512.
[75] Vgl. Scholz/*K. Schmidt* § 47 Rn. 32; Baumbach/Hueck/*Zöllner* Anh. § 47 Rn. 105.
[76] Vgl. Lutter/Hommelhoff/*Bayer* Anh. § 47 Rn. 30; Scholz/*K. Schmidt* § 47 Rn. 32.

der Regel viel Zeit in Anspruch nimmt, dürfte es danach für eine Sanierung zu spät sein. Gegebenenfalls haftet der treuwidrig sich einer Sanierung verschließende Gesellschafter der Gesellschaft und seinen Mitgesellschaftern auf Schadensersatz, wobei dieser nur geltend gemacht werden kann, wenn zuvor die Möglichkeit der Beschlussanfechtung ausgenutzt wurde und der Verschuldensvorwurf (entsprechend § 117 Abs. 1 AktG analog) gelingt.[77] Im Außenverhältnis wird eine Durchgriffshaftung weiterhin restriktiv gehandhabt, so dass der Gesellschafter hier nichts zu befürchten hat.[78] Sofern es allerdings zur Eröffnung eines Insolvenzverfahrens kommt, wird der Insolvenzverwalter in der Regel versuchen, einen möglichen Schadensersatzanspruch der Gesellschaft gegenüber dem Gesellschafter durchzusetzen.

25 **b) Sanierungspflicht der Geschäftsführer.** Aus § 43 Abs. 1 GmbHG ergibt sich eine an die Organstellung anknüpfende Sanierungspflicht des Geschäftsführers.[79] Diese interne, den Geschäftsführer gegenüber der Gesellschaft verpflichtende, Sanierungspflicht entsteht mit Eintritt der betriebswirtschaftlichen Krise und tritt neben die gesellschaftsrechtlichen Pflichten des Geschäftsführers zur Erhaltung des Kapitals der Gesellschaft (Auszahlungsverbot nach § 30 GmbHG, Informationspflicht gegenüber den Gesellschaftern bei materieller und nomineller Unterkapitalisierung, Pflicht zur Einberufung einer Gesellschafterversammlung nach § 49 Abs. 3 GmbHG bei Verlust der Hälfte des Stammkapitals).[80,81] Entsprechend den Grundsätzen ordnungsgemäßer Unternehmensführung[82] ist der Geschäftsführer verpflichtet, die wirtschaftliche Lage des Unternehmens laufend zu überwachen[83] und sobald Krisensignale auftauchen, Sanierungsmaßnahmen einzuleiten.[84] Dies setzt jedoch zunächst voraus, dass die GmbH sanierungsfähig ist, was anhand einer Sanierungsprüfung zu ermitteln ist.[85]

2. Sanierungsfähigkeit

26 Die Sanierungsfähigkeit entscheidet darüber, ob eine Liquidation oder eine Sanierung erfolgen muss. Sie ist notwendige Voraussetzung für die Einleitung von Sanierungsmaßnahmen.

27 **a) Definition.** Eine Sanierung ist nur dann sinnvoll, wenn das Unternehmen sanierungsfähig ist. Sanierungsfähig ist die GmbH, wenn sie nach Durchführung der Sanierungsmaßnahmen nachhaltig einen Überschuss der Einnahmen über die Ausgaben erzielen kann.[86]

28 **b) Prüfungsmethoden.** Zur Prüfung der Sanierungsfähigkeit existieren verschiedene von der Wissenschaft entwickelte Methoden.[87] Die meisten Prüfungsmethoden sind stark an die Grundsätze der Unternehmensbewertung angelehnt. Ein Vergleich etwa zwischen Liquidations- und Reorganisationswert[88] oder die Höhe des Ertragswerts[89] entscheidet über die Sanierungsfähigkeit und damit über Fortführung oder Liquidation der Gesellschaft.[90]

---

[77] Zum Verschuldensmaßstab vgl. BGH NJW 1995, 1739, 1746; OLG Düsseldorf ZIP 1996, 1211, 1212; Zur Subsidiarität der Schadensersatzklage vgl. *Häsemeyer* ZHR 160 (1996) 109, 117 f.; anders dann, wenn die Anfechtungsklage den Schadenseintritt nicht mehr verhindern kann, was gerade bei der Sanierung häufig der Fall sein dürfte BGH NJW 1995, 1739, 1745.
[78] Vgl. BAG BB 1999, 1385, 1386.
[79] So bereits *K. Schmidt* ZIP 1988, 1497, 1505.
[80] → Rn. 5 ff.
[81] Für eine Sanierungspflicht ebenfalls *Uhlenbruck* S. 6; Lutter/Hommelhoff/*Timm* BB 1980, 737, 739 für die Sanierungspflicht des Vorstands einer AG.
[82] Werder/*Werder*, Grundsätze ordnungsgemäßer Unternehmensführung, 1996, S. 27; VGR/*Lutter* S. 87, 95.
[83] Vgl. *Uhlenbruck* BB 1998, 2009.
[84] Vgl. zum Inhalt und zur Dauer der Sanierungspflicht in der Insolvenz *Schluck-Amend/Walker* GmbHR 2001, 375, 376 f.
[85] Ausführlich zur Sanierungsprüfung: *Brandstätter*, Die Prüfung der Sanierungsfähigkeit notleidender Unternehmen, 1993; *Böckenförde* S. 44 ff.
[86] Vgl. *Maus* DB 1991, 1133; *Gross* DStR 1991, 1572.
[87] Zur Sanierungsfähigkeit Beck'schesHdbGmbH/*Axhausen* § 15 Rn. 50 ff.
[88] So etwa der Ansatz von *Buchanan*, The Economics of Corporate Enterprise, 1940.
[89] So *Maiss*, Diss. Hamburg, 1974.
[90] Zu weiteren Prüfungsmethoden vgl. Gottwald/*Maus*, 1. Aufl. 1990, § 3 Rn. 9 ff.

c) Praktisches Vorgehen. In der Regel werden bei der Sanierungsfähigkeitsprüfung vier Schritte vorgenommen: 29

(1) Beschreibung des Ist-Zustands des Unternehmens;
(2) Analyse der Krisenursachen;
(3) Unternehmensleitbild nach Abschluss der Sanierungsmaßnahmen;
(4) Sanierungskonzept.

Zu (1) Beschreibung des Ist-Zustands des Unternehmens. Grundlage für die Erstellung des Sanierungskonzepts ist die Darstellung und Beschreibung des Unternehmens. Das Unternehmen ist hinsichtlich seiner bisherigen Entwicklung, seiner rechtlichen und leistungswirtschaftlichen Verhältnisse und seiner organisatorischen Grundlagen zu erfassen.[91] 30

Zu (2) Analyse der Krisenursachen. Auf der Basis der Analyse des Unternehmens in sämtlichen Teilbereichen sind Ansätze für Sanierungsmaßnahmen aufzuzeigen. Es ist empfehlenswert, die Gesamtanalyse in mehrere Teilbereiche aufzugliedern: 31

- Analyse der Finanzlage (Liquidität, Vermögensstruktur, Kapitalstruktur)
- Analyse der Ertragslage
- Analyse der strategischen Lage (z. B. Sortiment, Produktion, Kostenstruktur, Absatzmarkt, Marketing)
- Analyse des Managements, des Personals, der Organisation

Zu (3) Unternehmensleitbild nach Abschluss der Sanierungsmaßnahmen. Es soll eine Unternehmensvision geschaffen werden, auf die sich alle zu treffenden Sanierungsmaßnahmen ausrichten. Die diesbezügliche strategische Grundentscheidung erfordert dabei ein Konzept für folgende Punkte:[92] 32

- Corporate Identity (Festlegung der zentralen Unternehmensidee, Unternehmensgrundsätze, Darstellung des Unternehmens nach Innen und Außen).
- Tätigkeitsgebiet und Marktstrategien
- Ausrichtung der produkt-, marktbezogenen und funktionalen Erfolgspotentiale
- Gesellschaftsrechtliche Struktur des Unternehmens
- Beziehungen zu den Kapitalgebern

Hierdurch sollen Zielvorgaben für die zu treffenden Sanierungsmaßnahmen geschaffen werden, aber auch disziplinierende und motivierende Impulse auf die beteiligten Gruppen ausgehen. Der notwendige Umschwung im Unternehmen ist leichter zu vollziehen, wenn ein klares Konzept besteht, wie das reorganisierte Unternehmen in Zukunft aussehen soll.[93] 33

Zu (4) Sanierungskonzept. Aus der Gegenüberstellung des Ist-Zustandes mit dem Soll-Zustand ergeben sich die zu ergreifenden Sanierungsmaßnahmen, die notwendig sind, um das Unternehmen entsprechend der Zielvorgaben führen zu können. 34

3. Sanierung

Nicht nur die GmbH als Unternehmensträger wird saniert, sondern auch und vor allem das Unternehmen selbst. Deshalb müssen verschiedene Maßnahmen gleichzeitig im Unternehmen vorgenommen werden.[94] Neben finanzwirtschaftliche sollten in jedem Fall auch leistungswirtschaftliche Sanierungsmaßnahmen treten, um eine dauerhafte Verbesserung der Leistungsfähigkeit des Unternehmens zu erzielen. 35

a) Finanzwirtschaftliche Sanierungsmaßnahmen. Zur Beseitigung bzw. Vermeidung von Überschuldung und Zahlungsunfähigkeit sind finanzwirtschaftliche Sanierungsmaßnahmen zu ergreifen. 36

---

[91] Vgl. *Gross* DStR 1991, 1572, 1574; Weisemann/Smid/*Weisemann*/Holz S. 615 ff.
[92] Vgl. *Gross* DStR 1991, 1572, 1574.
[93] In diesem Sinne auch *Gross* DStR 1991, 1572, 1574.
[94] Vgl. Gottwald/*Maus*, 1. Aufl. 1990, Vor § 2.

> **Checkliste: Mögliche Maßnahmen
> zur Beseitigung/Vermeidung von Überschuldung**
>
> ☐ Kapitalerhöhung
> ☐ vereinfachte Kapitalherabsetzung
> ☐ Aufnahme neuer Gesellschafter
> ☐ Forderungsverzicht; auch Verzicht mit Besserungsabrede
> ☐ ggf. Rangrücktritt

> **Checkliste: Mögliche Maßnahmen
> zur Beseitigung/Vermeidung von Zahlungsunfähigkeit**
>
> ☐ Barkapitalerhöhung
> ☐ Sanierungskredite
> ☐ Finanzierungshilfen der öffentlichen Hand in Form von verlorenen Zuschüssen

37 *aa) Kapitalerhöhung.* Sofern die Gesellschaft in der Erfolgskrise so viele Verluste erlitten hat, dass diese nicht mehr durch Umwandlung von Rücklagen in Stammkapital (nominelle Kapitalerhöhung) aufgefangen werden können, wird in der Regel bei Bereitschaft der Gesellschafter eine **Kapitalerhöhung, oftmals verbunden mit einer (vereinfachten) Kapitalherabsetzung** (§§ 58, 58a ff. GmbHG), zum Verlustausgleich vorgenommen. Die Kapitalerhöhung ist dazu geeignet, sowohl einer Zahlungsunfähigkeit als auch einer Überschuldung entgegenzuwirken.

38 Gemäß § 55 Abs. 3 GmbHG erfolgt die Kapitalerhöhung durch Ausgabe neuer Geschäftsanteile, die nach Inkrafttreten des MoMiG abweichend zu § 5 Abs. 1 und Abs. 3 GmbHG a. F., nicht mehr jeweils auf mindestens 100 Euro und nicht mehr auf einen durch 50 teilbaren Betrag lauten müssen. Nach § 5 Abs. 2 GmbHG n. F. haben Geschäftsanteile lediglich noch auf volle Euro zu lauten. Entgegen altem Recht, ist es Gesellschaftern nun zudem möglich, mehrere Geschäftsanteile zu übernehmen. Dies gilt auch im Rahmen der Kapitalerhöhung. Ein Gesellschafter kann daher entsprechend § 5 Abs. 2 GmbHG n. F. aus der Kapitalerhöhung auch mehrere neue Geschäftsanteile erhalten. Anstelle der Ausgabe neuer Geschäftsanteile kann auch der Nennbetrag einzelner oder aller bereits bestehender Geschäftsanteile entsprechend erhöht werden.[95]

39 Die Kapitalerhöhung besteht aus zwei Akten: dem Kapitalerhöhungsbeschluss und der Durchführung im Wege der Leistung der Stammeinlage. Der Beschluss der Gesellschafterversammlung über die Kapitalerhöhung muss als Satzungsänderung den Anforderungen der §§ 53, 54 GmbHG genügen.[96] Sofern alle Gesellschafter vor dem Notar erscheinen und sich mit der sofortigen Beschlussfassung einverstanden erklären, bedarf es der Beachtung der im Gesetz oder im Gesellschaftsvertrag vorgesehenen Förmlichkeiten nicht.[97] Sofern gemäß § 48 Abs. 2 GmbHG alle Gesellschafter zustimmen, ist es möglich, dass die Gesellschafter ihre Stimme nacheinander zu Protokoll desselben oder auch verschiedener Notare abgeben. Sofern sie von der **Möglichkeit der Stimmabgabe** bei verschiedenen Notaren Gebrauch machen, sind die Urkunden, dem die Beschlussfassung protokollierenden Notar zu übersenden.[98] Die sich hieraus ergebende Möglichkeit der Beschleunigung des Verfahrens kann im Sanierungsfalle erheblich sein.

40 Der **Kapitalerhöhungsbeschluss** ist mit ¾-Mehrheit zu fassen, sofern nicht in der Satzung eine erhöhte Mehrheit oder sonstige Erfordernisse vorgesehen sind, was häufig der Fall sein

---

[95] BGHZ 63, 116; WM 1987, 1102; Lutter/Hommelhoff/*Lutter/Bayer* § 55 Rn. 15.
[96] Vgl. zu den Anforderungen an eine Satzungsänderung → Rn. 23.
[97] Vgl. *Wimmer* DStR 1996, 1249, 1251.
[98] Vgl. hierzu Baumbach/Hueck/*Zöllner/Noack* § 53 Rn. 74; Ulmer/*Ulmer* § 53 Rn. 46; Scholz/*Priester/Veil* § 53 Rn. 66; gegen diese Möglichkeit BGHZ 15, 328; Meyer-Landrut/*Meyer-Landrut* § 53 Rn. 11.

dürfte.[99] Eine Verpflichtung zur Zustimmung zur Kapitalerhöhung kann sich im Einzelfall aus der als Sanierungspflicht konkretisierten Treuepflicht[100] ergeben.[101] Eine Volleinzahlung des bisherigen Stammkapitals ist nicht zwingend notwendig, es sei denn die Kapitalerhöhung soll über die Erhöhung der Nennbeträge der bisherigen Stammeinlagen vollzogen werden.[102] Sowohl die alten wie die neuen Gesellschafter haften nämlich für Fehlbeträge an allen Emissionen, unabhängig davon, ob die alten Gesellschafter etwa der Kapitalerhöhung nicht zugestimmt haben oder die neuen Gesellschafter die Haftung für alle Geschäftsanteile nicht ausdrücklich übernommen haben.[103] Trotz dieser möglicherweise erheblichen Haftungserweiterung ist aber eine Zustimmung aller Gesellschafter im Sinne von § 53 Abs. 3 GmbHG nach h. M. nicht notwendig, da das von der Rechtsprechung anerkannte Austrittsrecht der bei der Kapitalerhöhung überstimmten Alt-Gesellschafter hinreichenden Schutz gewährt.[104] Im Kapitalerhöhungsbeschluss ist ein Höchstbetrag für die Erhöhung des Stammkapitals festzulegen und der Ausgabepreis festzuhalten, der dem Nennbetrag jedoch mindestens entsprechen muss (Verbot der Unter-pari-Emission).[105] Sofern als Einlage etwas anderes geleistet werden soll als Geld, muss der Beschluss die nach § 56 GmbHG erforderlichen Angaben enthalten. Sofern keine Angaben über eine Sacheinlage im Beschluss gemacht werden, sind die Einlagen in Geld zu leisten. Sofern für den/die neuen Geschäftsanteil/e von den (dispositiven) gesetzlichen Regelungen oder der bisherigen Satzung abweichende Rechte und Pflichten (z. B. erhöhtes Stimmrecht, Vinkulierung, Nachschusspflichten, erhöhter Gewinnanteil) gelten sollen, muss dies ausdrücklich satzungsändernd beschlossen werden und bedarf der Handelsregistereintragung.[106] Sofern das Bezugsrecht[107] ausgeschlossen werden soll oder die Kapitalerhöhung durch Aufstockung einzelner oder aller bereits bestehender Geschäftsanteile erfolgen soll, muss dies ebenso im Kapitalerhöhungsbeschluss beinhaltet sein. Nicht erforderlich sind Angaben zur Höhe der neuen Geschäftsanteile, zur Person der Übernehmer oder zu Fristen der Durchführung. Diese Angaben sind allerdings fakultativ möglich.[108]

Bei der Kapitalerhöhung der Unternehmergesellschaft nach § 5a Abs. 5 GmbHG ist zu unterscheiden. Wird mit der Kapitalerhöhung das Mindeststammkapital nach § 5 Abs. 1 GmbHG erreicht, so gilt gemäß § 57 Abs. 2 GmbHG die Einzahlungsvorschrift des § 7 Abs. 2 S. 1 und 3 GmbHG. Wird das Mindeststammkapital trotz Kapitalerhöhung nicht erreicht, ist der Betrag entsprechend § 5a Abs. 2 GmbHG voll einzuzahlen.

41

Checkliste: Notwendiger Inhalt des Kapitalerhöhungsbeschlusses:

- ☐ Festlegung des Erhöhungsbetrags bzw. des Höchstbetrags hierfür
- ☐ Ausgabepreis
- ☐ Gegebenenfalls abweichende Rechte und Pflichten
- ☐ Gegebenenfalls Aufstockung einzelner oder bereits bestehender Geschäftsanteile
- ☐ Gegebenenfalls Gegenstand der Sacheinlage und auf ihn bezogener Betrag

---

[99] So Scholz/Priester § 55 Rn. 14.
[100] Siehe Ausführungen → Rn. 23 f.
[101] Rowedder/Schmidt-Leithoff/Schnorbus § 55 Rn. 21, § 58a Rn. 11; a.A.: Meyer-Landrut/Meyer-Landrut § 55 Rn. 2.
[102] Wegen § 22 Abs. 4 GmbHG ist die Aufstockung von nicht voll eingezahlten Geschäftsanteilen nicht möglich. Sofern die Geschäftsanteile allerdings noch in der Hand der Gründer oder deren Gesamtrechtsnachfolger sind oder der jetzige Inhaber wegen Ablauf der Frist des § 22 Abs. 3 GmbHG allein für die ausstehende Einlage haftet, ist eine Aufstockung möglich; Scholz/Priester § 55 Rn. 24 f., 15; Baumbach/Hueck/Zöllner/Fastrich § 55 Rn. 46.
[103] Lutter/Hommelhoff/Lutter/Bayer § 55 Rn. 48; Scholz/Priester § 55 Rn. 16.
[104] So Scholz/Priester § 55 Rn. 22, der die Verneinung des Zustimmungserfordernis im Hinblick auf die Gefahr einer Hinausdrängung von Minderheiten als nicht unproblematisch ansieht; Lutter/Hommelhoff/Lutter/Bayer § 55 Rn. 4.
[105] Lutter/Hommelhoff/Lutter/Bayer § 55 Rn. 10, § 5 Rn. 8.
[106] Vgl. Lutter/Hommelhoff/Lutter/Bayer § 55 Rn. 12; Ulmer/Ulmer § 55 Rn. 24; Scholz/Priester § 55 Rn. 26 f.
[107] Siehe zum Bezugsrechtsausschluss → § 5 Rn. 175 ff.
[108] Baumbach/Hueck/Zöllner/Fastrich § 55 Rn. 12; Lutter/Hommelhoff/Lutter/Bayer § 55 Rn. 13.

42 Gemäß § 54 Abs. 1 GmbHG bedarf der Kapitalerhöhungsbeschluss für seine Wirksamkeit wie jede Satzungsänderung der **Eintragung im Handelsregister**.

Allein durch den Kapitalerhöhungsbeschluss besteht noch keine Pflicht der Gesellschafter, eine neue Stammeinlage zu übernehmen. Eine solche Verpflichtung wird erst durch Abschluss eines **Übernahmevertrages** gemäß § 55 Abs. 1 GmbHG begründet. Auch dessen endgültige Wirksamkeit hängt jedoch von der Eintragung im Handelsregister ab.

43 Sofern die GmbH noch vor Eintragung der Kapitalerhöhung im Handelsregister in die **Insolvenz** gerät, stellt sich die Frage, inwieweit die im Übernahmevertrag begründete Einlagepflicht der Gesellschafter erlischt. Der Übernahmevertrag steht unter dem Vorbehalt, dass die Kapitalerhöhung durch Eintragung wirksam wird.[109] Sofern die Anmeldung zur Eintragung im Handelsregister bereits erfolgt ist und nicht eine Rücknahme der Anmeldung erfolgt, ist diese weiter zu behandeln.[110] Die Gesellschafter können aber den Kapitalerhöhungsbeschluss mit einfacher Mehrheit aufheben und den Geschäftsführer anweisen, die Anmeldung zurückzunehmen. Darüber hinaus kann jeder Übernehmer den Übernahmevertrag aus wichtigem Grund kündigen, wenn er die kritische Lage der Gesellschaft im Zeitpunkt der Übernahme nicht kannte.[111] Sofern bereits Einzahlungen erfolgt sind, können diese lediglich aus § 812 Abs. 1 Satz 1 erste Alternative BGB als einfache Insolvenzforderungen geltend gemacht werden, es sei denn die Einzahlung wurde aufschiebend bedingt auf den Zeitpunkt der Eintragung der Kapitalerhöhung im Handelsregister geleistet.[112]

44 Sofern bereits vor dem Beschluss über die Kapitalerhöhung Vorleistungen an die Gesellschaft erbracht wurden, stellt sich die Frage, inwiefern diese als Leistung auf die Einlagepflicht anerkannt werden. Unproblematisch ist es, wenn die **Vorauszahlung** bei Anmeldung der Kapitalerhöhung noch unversehrt vorhanden ist.[113] Probleme stellen sich aber dann, wenn die Vorauszahlung bereits verbraucht ist, etwa weil die Gesellschaft sie zur Schuldentilgung verwendet hat. Gerade in der Krise der Gesellschaft besteht insbesondere im Hinblick auf die kurze Insolvenzantragsfrist des § 15a Abs. 1 InsO aber ein großes praktisches Bedürfnis danach, die Tilgungswirkung der vorgezogenen Leistung eintreten zu lassen.[114] Nach heute vorherrschender Ansicht ist von einer Bareinlage mit antizipierter Leistung, und damit von einer Tilgungswirkung der Vorleistung, auszugehen, wenn in der finanziellen Krise der Gesellschaft mit der klaren und nachweisbaren Zielrichtung der Kapitaleinlage in engem zeitlichen Zusammenhang mit dem Kapitalerhöhungsbeschluss an die GmbH gezahlt worden ist.[115] Die Gefahr der Umgehung der Sacheinlagevorschriften wird dadurch vermieden, dass der Gesellschaft Barmittel effektiv zufließen müssen und eine einwandfreie Deklarierung als Einlagezahlung notwendig ist. Eine nachträgliche Umqualifizierung von Gesellschafterdarlehen scheidet damit aus.[116] Voraussetzungen für die Anerkennung der Tilgungswirkung der Vorauszahlung sind damit:

(1) **Zweckbestimmung** der Zahlung als Vorleistung auf die künftige Einlageverpflichtung.[117]
(2) **Enger zeitlicher Zusammenhang** zwischen Einzahlung und nachfolgender Kapitalerhöhung.[118]
(3) **In der Krise der Gesellschaft** muss die Vorauszahlung erfolgen.[119]

---

[109] Scholz/*Priester* § 55 Rn. 96; Lutter/Hommelhoff/*Lutter*/*Bayer* § 55 Rn. 38.
[110] So BGH ZIP 1995, 29; Brandes WM 1995, 657; Rowedder/Schmidt-Leithoff/*Schnorbus* § 55 Rn. 27; Scholz/*Priester* § 55 Rn. 32; a. A.: *Lutter*, Festschrift Schilling, S. 220; Baumbach/Hueck/Zöllner/*Fastrich* § 55 Rn. 5, die von der Wirkungslosigkeit des Kapitalerhöhungsbeschlusses ausgehen, es sei denn der Beschluss wurde ausdrücklich zur Überwindung der Insolvenz gefasst oder es erfolgt ein neuer satzungsändernder Bestätigungsbeschluss.
[111] OLG Hamm DB 1989, 167; *von Gerkan* EWiR § 55 GmbHG 1/89, 61; *Lutter*, FS Schilling, S. 221.
[112] *Lutter*, FS Schilling, S. 220; Lutter/Hommelhoff/*Lutter*/*Bayer* § 55 Rn. 40.
[113] BGH GmbHR 1996, 772; Lutter/Hommelhoff/*Lutter*/*Bayer* § 56 Rn. 19.
[114] Baumbach/Hueck/Zöllner/*Fastrich* § 56a Rn. 9.
[115] Lutter/Hommelhoff/*Timm* BB 1980, 747; Lutter/Hommelhoff/*Lutter*/*Bayer* § 56 Rn. 20 ff.; Scholz/*Priester* § 56a Rn. 21; Ulmer/*Ulmer* § 56a Rn. 23 ff.; *K. Schmidt* ZGR 1982, 519, 528 ff.
[116] Vgl. Scholz/*Priester* § 56a Rn. 19.
[117] Vgl. nur Baumbach/Hueck/Zöllner/*Fastrich* § 56a Rn. 10; Lutter/Hommelhoff/*Lutter*/*Bayer* § 56 Rn. 21.
[118] BGH ZIP 1995, 29; OLG Köln ZIP 1991, 929; Scholz/*Priester* § 56a Rn. 20; Lutter/Hommelhoff/*Lutter*/*Bayer* § 56 Rn. 20; *Lamb* S. 93 ff.
[119] BGH GmbHR 1996, 772; OLG Köln ZIP 1991, 927; Lutter/Hommelhoff/*Timm* BB 1980, 745; *Priester*, FS Fleck, S. 248 ff.; a. A.: Ulmer/*Ulmer* § 56a Rn. 26; *Lamb* S. 93 ff.; Scholz/*Priester* § 56a Rn. 21.

(4) **Offenlegung** der Vorauszahlung im Kapitalerhöhungsbeschluss, in der Anmeldeversicherung und in der Registereintragung wegen der erforderlichen Publizität und Registerkontrolle.[120]

Liegen diese Voraussetzungen nicht vor, handelt es sich um eine **Sacheinlage**, die den Anforderungen des § 56 GmbHG genügen muss. Um eine Sacheinlage handelt es sich auch, wenn bei einer Kapitalerhöhung im Gegenzug auf Forderungen verzichtet wird, also eine **Umwandlung von Verbindlichkeiten in Eigenkapital** (Debt-Equity-Swap) vorgenommen wird.[121] Ein solcher Debt-Equity-Swap vollzieht sich regelmäßig durch eine Kapitalherabsetzung verbunden mit einer Kapitalerhöhung, bei der die Gläubiger ihre Forderungen gegen die Gesellschaft als Sacheinlage einbringen.[122] Dieses Vorgehen ist für die Gesellschaft insoweit vorteilhaft als dadurch die Überschuldung beseitigt bzw. vermindert wird und ggf. anfallende Fixkosten entfallen. Die Gläubiger erhalten auf der anderen Seite die Möglichkeit, als Neugesellschafter unmittelbar an einer erfolgreichen Sanierung der GmbH zu partizipieren und auf den Gang dieser Sanierung Einfluss zu nehmen. Seit dem In-Kraft-Treten des ESUG stehen der zu sanierenden GmbH zwei Möglichkeiten zur Durchführung eines Debt-Equity-Swaps offen. Zum einen kann dieser (wie bisher) außerhalb eines Insolvenzverfahrens durch Vereinbarung mit den betreffenden Gläubigern und entsprechende gesellschaftsrechtliche Maßnahmen durchgeführt werden. Zum anderen eröffnet der neu geschaffene § 225a Abs. 2 InsO die Möglichkeit, einen Debt-Equity-Swap in den gestaltenden Teil eines Insolvenzplans aufzunehmen und die Rechte der (Alt-)Gesellschafter zu beschneiden. Die Gesellschafter können als Gruppe eingeteilt und ggf. überstimmt werden. Damit ist das Blockadepotential der (Alt-)Gesellschafter erheblich reduziert. Diese beiden Durchführungsarten unterscheiden sich im Hinblick auf die mit ihnen verbundenen Einwirkungsmöglichkeiten und Rechtswirkungen für Gläubiger und Gesellschafter ganz erheblich.

Zentrales Erfordernis des außerhalb eines Insolvenzverfahrens durchgeführten Debt-Equity-Swaps sind die von der Gesellschafterversammlung mit qualifizierter Mehrheit zu treffenden Beschlüsse über Kapitalherabsetzung und -erhöhung, vgl. §§ 58a Abs. 5, 53 Abs. 2 GmbHG. Ohne die Zustimmung der (qualifizierten) Gesellschaftermehrheit ist ein Debt-Equity-Swap abseits des Insolvenzplanverfahrens folglich nicht möglich.[123] Die Gesellschafter haben damit maßgeblichen Einfluss auf die Ausgestaltung des Swaps. Eingeschränkt wird dieser Einfluss lediglich durch die aus der gesellschaftsrechtlichen Treuepflicht fließenden Sanierungspflicht, insbesondere nach den Grundsätzen der BGH-Entscheidung „Sanieren oder Ausscheiden".[124] Für die Gläubiger birgt der außerhalb eines Insolvenzplanverfahrens vollzogene Debt-Equity-Swap dagegen erhebliche Risiken. Nach ständiger Rechtsprechung des BGH,[125] sowie der h. M. in der Literatur[126] sind die eingebrachten Forderungen nämlich nicht mit ihrem Nominalwert zu bewerten, sondern lediglich mit ihrem von der finanziellen Leistungsfähigkeit der schuldnerischen GmbH abhängigen realen wirtschaftlichen Wert. Da die Einbringung der Forderung als Sacheinlage zu qualifizieren ist, ergibt sich daraus bei Überbewertung der Forderung das Risiko einer Differenzhaftung des Gläubigers nach §§ 56 Abs. 2, 9 GmbHG. Eine gewisse Privilegierung wird den sich an einem Debt-Equity-Swap beteiligenden Gläubigern lediglich durch § 39 Abs. 4 Satz 2 InsO zuteil. Demnach tritt für sie trotz der durch den Swap begründeten Gesellschafterstellung nicht die Nachrangigkeit ihrer sonstigen Forderungen nach § 39 Abs. 1 Nr. 5 InsO ein (Sanierungsprivileg). Im Ergebnis hat sich der rein gesellschaftsrechtlich durchzuführende Debt-Equity-Swap wegen des Blockadepotentials durch die Gesellschafter und den erheblichen Risiken

---

[120] So *Priester*, FS Fleck, 1988, S. 249 ff.; *Lamb* S. 91 f., 97 ff., 111 f.; Ulmer/*Ulmer* § 56 Rn. 25; Lutter/Hommelhoff/*Lutter*/Bayer § 56 Rn. 21; Scholz/*Priester* § 56a Rn. 21.
[121] Vgl. hierzu Buth/Hermanns/*Buth/Hermanns* § 13 Rn. 49 ff.
[122] *Redeker* BB 2007, 673 f.
[123] *Müller* KSzW 2013, 65; *Bauer/Dimmling* NZI 2011, 517, 518.
[124] BGH NJW 2010, 65; vgl. hierzu *Ulrich* GmbHR 2010, 32, 36 f.
[125] BGHZ 90, 370, 373; 110, 47, 61; 113, 335, 341.
[126] FK-InsO/*Jaffe* § 225a Rn. 16; *Simon/Merkelbach* NZG 2012, 123; aA *Cahn/Simon/Theiselmann*, DB 2010, 1629.

für die beteiligten Gläubiger in der Vergangenheit jedoch als nicht besonders attraktiv erwiesen.[127]

45b Aus diesem Grund sucht die durch das ESUG eingeführte Neuregelung eines insolvenzplanmäßigen Debt-Equity-Swaps dessen Attraktivität insbesondere für die Gläubiger zu steigern. So werden die Einwirkungsmöglichkeiten der Altgesellschafter in diesem Verfahren durch das Obstruktionsverbot des § 245 Abs. 1, 3 InsO im Ergebnis nahezu vollständig ausgehebelt und das Risiko der Differenzhaftung für die Gläubiger durch § 254 Abs. 4 InsO ausgeschlossen (vgl. hierzu Rn. 302). Da der Debt-Equity-Swap im Falle der Überschuldung der GmbH zumeist eine nominelle Kapitalherabsetzung auf Null, sowie einen Bezugsrechtsausschluss für die Altgesellschafter beinhaltet, birgt dieses insolvenzrechtliche Verfahren für die Altgesellschafter die Gefahr eines gegen ihren Willen durchgeführten und entschädigungslos hinzunehmenden vollständigen Squeeze-Outs.[128]

46 *bb) Vereinfachte Kapitalherabsetzung.* Gerade im Falle der Sanierung wird die Kapitalerhöhung in der Regel mit einer (vereinfachten) Kapitalherabsetzung gemäß §§ 58, 58a ff. GmbHG zum Verlustausgleich und zur Beseitigung einer Unterbilanz verbunden. Die vereinfachte Kapitalherabsetzung wirkt einer Überschuldung entgegen.[129] Kapitalerhöhungs- und -herabsetzungsbeschluss können gleichzeitig gefasst werden. Der Geschäftsführer kann dann angewiesen werden, beide Beschlüsse gemeinsam zum Handelsregister anzumelden und das Registergericht anzuweisen, die Kapitalerhöhung erst nach der Kapitalherabsetzung einzutragen, woran der Registerrichter dann gebunden ist.[130]

47 *cc) Aufnahme eines neuen Gesellschafters.* Sofern neue Gesellschafter im Wege der Kapitalerhöhung aufgenommen werden sollen, ist im Kapitalerhöhungsbeschluss das Bezugsrecht auszuschließen[131] und der/die Übernahmeberechtigte/n zu bestimmen.[132] Für die Bestimmung des/der Übernahmeberechtigten genügt die einfache Mehrheit der Gesellschafterversammlung.[133]

48 *dd) Rangrücktritt; Verzicht von Fremdkapitalgläubigern.* Sowohl Rangrücktritt als auch Forderungsverzicht sind insbesondere für Gesellschafter, die der GmbH Darlehen gewährt haben, sinnvolle Mittel zur Abwendung einer Überschuldung. Sofern bezüglich eines Gesellschafterdarlehens nämlich ein Rangrücktritt erklärt wird, ist dieses nach § 19 Abs. 2 InsO im Überschuldungsstatus nicht zu passivieren.[134] Dieser Rangrücktritt muss explizit erklärt werden und ist von der generellen Nachrangigkeit der Gesellschafterforderungen gemäß § 39 Abs. 1 Nr. 5 i.V.m. § 39 Abs. 4 und 5 InsO zu unterscheiden. Außenstehende Dritte werden in der Regel – sofern ihre Forderung ausreichend besichert ist – nicht zu einem Rangrücktritt oder Erlass zu Sanierungszwecken bereit sein, es sei denn, es erfolgt eine Umwandlung der Forderung in Eigenkapital[135] oder sie haben ein besonderes Interesse an der Fortsetzung der Geschäftsbeziehung. Der **Forderungsverzicht** erfolgt durch Erlassvertrag gemäß § 397 BGB, bei dem der Gläubiger erklärt, dass das zu sanierende Unternehmen seine Verbindlichkeiten ihm gegenüber (ganz oder teilweise) nicht mehr zu begleichen habe. Der Erlassvertrag kann formlos geschlossen werden, setzt aber voraus, dass der Verzicht eindeutig gewollt ist. Es ist jedenfalls empfehlenswert einen solchen Vertrag schriftlich abzuschließen.

---

[127] K. Schmidt/Uhlenbruck/*Wittig* Rn. 2.271; *Kanzler/Mader* GmbHR 2012, 992, 993.
[128] Kritisch hierzu *K. Schmidt*, ZIP 2012, 2085.
[129] Zur Durchführung der vereinfachten Kapitalherabsetzung siehe oben *Schröder* § 6 Rn. 95 ff.
[130] Michalski/*Waldner*, § 58 Rn. 4, Roth/Altmeppen/*Roth*, § 58 Rn. 9.
[131] Generell zum Bezugsrecht und dessen Ausschluss Münchener Anwaltshandbuch GmbH-Recht/*Wiese/Matschernus* § 5 Rn. 175 ff.
[132] Baumbach/Hueck/*Zöllner/Fastrich* § 55 Rn. 28.
[133] Baumbach/Hueck/*Zöllner/Fastrich* § 55 Rn. 28.
[134] Siehe ausführlich zur Überschuldungsbilanz → Rn. 151.
[135] Siehe oben → Rn. 45.

Muster eines Forderungsverzichts:

Die Mustermann-GmbH ...... (Adresse) schuldet Herrn Y (Gläubiger der Mustermann-GmbH) den Betrag von EUR ...... aus dem Darlehensvertrag vom ...... (Datum) zur Zahlung endfällig am ...... (Datum). Darüberhinaus bestehen aus dem Darlehensvertrag Zinsforderungen in Höhe von EUR ......
Aufgrund der gegenwärtigen wirtschaftlichen Situation der Mustermann-GmbH erlässt Herr Y hiermit diese Darlehensforderung samt Zinsforderungen. Die Mustermann-GmbH, vertreten durch ihren Geschäftsführer Herrn A, nimmt diesen Schulderlass hiermit an.

......
(Unterschrift Herr Y)

......
(Unterschrift Geschäftsführer Herr A für die Mustermann-GmbH)

49

Mit Abschluss des Erlassvertrages entfällt die Verbindlichkeit und die Überschuldungsbilanz der GmbH wird entlastet. Als für den Gläubiger weniger einschneidende Alternative zum vollständigen Forderungsverzicht kommt ein **Forderungsverzicht mit Besserungsabrede** oder ein Rangrücktritt in Betracht. Durch die sogenannte Besserungsabrede wird der Verzicht auflösend bedingt erklärt für den Fall, dass die Gesellschaft wieder ausreichend Gewinne erwirtschaftet. Die Forderung erlischt hier ebenso mit Abschluss des Erlassvertrages, lebt aber wieder auf sobald in der Bilanz Gewinne ausgewiesen werden. Die gleiche wirtschaftliche Bedeutung für den Gläubiger hat der Rangrücktritt. Da dieser jedoch nicht ohne weiteres dazu führt, dass die Forderung ausgebucht wird,[136] ist der Forderungsverzicht mit Besserungsabrede dem Rangrücktritt aus Gesellschaftssicht vorzuziehen.

50

Muster eines Forderungsverzichts mit Besserungsabrede:

1. Die Mustermann-GmbH ...... (Adresse) schuldet Herrn Y (Gläubiger der Mustermann-GmbH) den Betrag von EUR ...... aus dem Darlehensvertrag vom ...... (Datum) zur Zahlung endfällig am ...... (Datum). Darüberhinaus bestehen aus dem Darlehensvertrag Zinsforderungen in Höhe von EUR ......
2. Aufgrund der gegenwärtigen wirtschaftlichen Situation der Mustermann-GmbH erlässt Herr Y hiermit diese Darlehensforderung samt Zinsforderungen. Die Mustermann-GmbH, vertreten durch ihren Geschäftsführer Herrn A, nimmt diesen Schulderlass hiermit an.
3. Die hiernach erloschenen Forderungen leben dann und insoweit wieder auf, wie ihre Erfüllung der Mustermann-GmbH aus ihren künftigen Gewinnen oder ihrem die sonstigen Schulden übersteigendem Vermögen oder aus etwaigen Liquidationserlösen möglich ist. Der Forderungserlass ist insoweit auflösend bedingt.
4. Zinsen werden erst wieder berechnet ab dem Zeitpunkt, in dem die Forderungen wieder entstanden sind.

......
(Unterschrift Herr Y)

......
(Unterschrift Geschäftsführer Herr A für die Mustermann-GmbH)

51

Als am wenigsten einschneidend für den Gläubiger, aber immerhin kurzfristig für die Gesellschaft liquiditätsschonend wirkende Maßnahme kommt die Stundung von Gläubigerforderungen und hierfür anfallende Zinsen in Betracht, ein sogenannter Zahlungsaufschub oder **Moratorium**.[137] Hierdurch wird die Fälligkeit der Forderungen im Sinne von § 271 Abs. 2 BGB hinausgeschoben.

52

---

[136] Zum Streit über die Passivierung von Verbindlichkeiten bzgl. deren ein Rangrücktritt erklärt wurde, vgl. Buth/Hermanns/*Buth/Hermanns* § 16 Rn. 30.
[137] Vgl. hierzu Schmidt/Uhlenbruck/*Uhlenbruck* Rn. 2.211 ff.

53 Neben dem Forderungsverzicht u. ä. durch einzelne Gläubiger ist ein teilweiser Verzicht sämtlicher Gläubiger im Wege eines außergerichtlichen Sanierungsplans denkbar. Es sind dann sämtliche Gläubiger der GmbH mit einem Rundschreiben über die Situation in Kenntnis zu setzen und um Mitwirkung an einer außergerichtlichen Schuldenbereinigung zu bitten.

Muster eines Rundschreibens an alle Gläubiger:

54

Herrn/Frau/Firma ......
...... (Adresse)

Ihre Forderung gegen die Mustermann-GmbH   ...... (Adresse)

Sehr geehrte Damen und Herren,

namens und im Auftrag der Mustermann-GmbH wende ich mich an Sie und die übrigen Gläubiger der Mustermann-GmbH, um eine rasche außergerichtliche Schuldenbereinigung zu erzielen.

1. Die Mustermann-GmbH befindet sich auf Grund unvorhergesehener Umsatzeinbrüche im südamerikanischen Raum in einer angespannten finanziellen Situation. Sie ist derzeit nicht imstande, alle bestehenden Forderungen zu bedienen. Ich bin deshalb um Mitwirkung an einer raschen außergerichtlichen Sanierung der Mustermann-GmbH gebeten worden. Nur dadurch kann noch die Insolvenz und ein sich anschließendes Insolvenzverfahren vermieden werden. In einem solchen Verfahren würde es nach derzeitigem Stand der Dinge so aussehen, dass die unbesicherten Gläubiger völlig ausfallen würden, allenfalls mit einer geringfügigen Quote zu rechnen hätten.

2. Die Gesellschafter und die Hausbank der Mustermann-GmbH haben sich bereit gefunden, eine außergerichtliche Sanierung zu finanzieren, in dem sie der Mustermann-GmbH einen bestimmten Betrag zur Verfügung stellen unter der Bedingung, dass sich 90 % aller Gläubiger bereit erklären, auf einen bestimmten Teil ihrer Forderungen zu verzichten.

Sogenannte Kleingläubiger, Inhaber von Forderungen bis max. EUR 500,– sollen von den außergerichtlichen Vergleichsbemühungen ausgenommen werden. Diese Forderungen werden vielmehr in voller Höhe beglichen.

Sofern eine außergerichtliche Schuldenbereinigung gelingt, erscheint der Fortbestand der Mustermann-GmbH nicht mehr gefährdet. Parallel zu dieser Schuldenbereinigung wird ein bereits ausgearbeitetes Sanierungskonzept umgesetzt, das Sie nach vorheriger Anmeldung bei den Geschäftsführern Herrn X und Z in den Räumen der Mustermann-GmbH einsehen können.

3. Nach unserem Kenntnisstand haben Sie gegenüber der Mustermann-GmbH per ...... (Datum) Forderungen in Höhe von EUR ...... aus Lieferung. Der von den Gesellschaftern und der Hausbank der Mustermann-GmbH zur Verfügung gestellte Betrag ist so bemessen, dass alle begründeten Verbindlichkeiten zu 20 % beglichen werden. Eine höhere Quote ist leider nicht darstellbar. Die Zahlung des Ihnen zustehenden Betrages erfolgt nach dem in der Anlage beigefügten Zahlungsplan, der je vier Ratenzahlungen in Höhe von je 5 % des begründeten Forderungsbetrags vorsieht.

Da die Gesellschafter und die Hausbank der Mustermann-GmbH den Sanierungsbetrag unter der Bedingung zur Verfügung gestellt haben, dass eine außergerichtliche Schuldenbereinigung gelingt, bitte ich Sie das vorbereitete Vergleichsvertragsformular unterschrieben bis zum ...... (Datum) an mich zurückzusenden.

Das Angebot zum Abschluss des Vergleichsvertrages durch die Mustermann-GmbH erfolgt unter der Bedingung, dass mindestens 90 % aller Gläubiger diesen Vergleichsvorschlag bis zum ...... (Datum) annehmen.

......
(Unterschrift Geschäftsführer)

Anlagen: – Vorbereiteter Vergleichsvertrag
         – Zahlungsplan

ee) Sanierungskredite. Ein wesentlicher Bestandteil der Sanierungsbemühungen ist die Zuführung neuer bzw. das Stehenlassen bestehender Kredite. Grundsätzlich sind Kreditgeber berechtigt, Kredite zu kündigen, sofern eine wesentliche Verschlechterung der Vermögenslage des Schuldners eingetreten ist. Dies ist in Nr. 19 der AGB-Banken ausdrücklich geregelt. Lediglich durch das Rücksichtnahmegebot ist dieses Kündigungsrecht eingeschränkt. Oftmals wird aber schon der Kreditgeber selbst kein Interesse an der sofortigen Fälligstellung des Kredits haben. Besonders geschützt werden in § 39 Abs. 4 S. 2 InsO nun auch sanierungswillige Gläubiger, die zum Zwecke der Sanierung Anteile erwerben. Deren Forderungen fallen bis zur nachhaltigen Sanierung nicht unter die Nachrangigkeit des § 39 Abs. 1 Nr. 5 InsO (Sanierungsprivileg).

Derartige Sanierungskredite[138] bergen jedoch das Risiko, wegen Insolvenzverschleppung als sittenwidrig qualifiziert zu werden, was die Rechtsfolgen der Nichtigkeit gem. § 138 BGB oder einer Haftung des Kreditgebers nach § 826 BGB nach sich ziehen kann. Dies wird damit begründet, dass durch die Gewährung des Sanierungskredits bzw. das Stillhalten des Kreditgebers gegenüber Drittgläubigern der Schein gewahrt wird, dass es sich um ein lebensfähiges Unternehmen handelt und dies gegebenenfalls zu einer Verbesserung der Position des Kreditgebers (z. B. durch Verstreichen der Anfechtungsfristen) und zu einer Benachteiligung zu Lasten der Drittgläubiger führt. Hinsichtlich der Voraussetzungen einer Qualifikation als sittenwidrig unterscheidet die Rechtsprechung das bloße Stehenlassen eines bereits vor der Krise gewährten Kredits von der Neuvergabe eines Kredits gerade zum Zwecke der Sanierung.

Das bloße **Stehenlassen vorhandener Kredite und Kreditlinien** ist grundsätzlich nicht als sittenwidrig zu qualifizieren. Den Kreditgeber treffen gegenüber anderen Gläubigern im Allgemeinen keine Aufklärungspflichten bezüglich der wirtschaftlichen Lage des Schuldners. Eine Pflicht zur Kündigung des Kredits oder zur Stellung eines Insolvenzantrags zum Schutz von Drittgläubigern kann dementsprechend auch nicht begründet werden.[139] Ausnahmen gelten nur in Fällen, in denen der Kreditgeber den Kredit bewusst zur Verbesserung seiner Stellung in einem bevorstehenden Insolvenzverfahren und damit zu Lasten anderer Gläubiger stehen lässt. Dies ist beispielsweise der Fall, wenn durch das Stehenlassen des Kredits die Insolvenzeröffnung so lange hinausgezögert werden soll, bis die Sicherheiten des Kreditgebers anfechtungsfest geworden sind.[140]

Anders verhält es sich bei der **Neuvergabe von Krediten** in der Krise[141] zum Zwecke der Sanierung. Solche Sanierungskredite sind nach der Rechtsprechung nur dann nicht vom Makel der Sittenwidrigkeit betroffen, wenn der Kreditgeber vor der Vergabe die Sanierungsaussichten des Schuldners hinreichend geprüft hat und aus diesem Grund von dessen Sanierungsfähigkeit ausgehen durfte.[142] Die personellen und sachlichen Anforderungen an eine solche Prüfung sind jedoch bisher noch nicht vollständig geklärt. In personeller Hinsicht ist umstritten, ob ein externer Wirtschaftsprüfer eingeschaltet werden muss, oder ob die Prüfung auch bankintern erfolgen kann. In seiner Grundsatzentscheidung aus dem Jahre 1953 forderte der BGH noch die Prüfung durch einen branchenkundigen Wirtschaftsfachmann.[143] Einige Autoren nehmen an, dass der BGH dieses Erfordernis in einer 1985 ergangenen Entscheidung[144] aufgegeben habe.[145] Andere sehen dagegen in einem 1997 zum Anfechtungsrecht ergangenen Urteil[146] die Bestätigung der ursprünglichen Linie des BGH.[147]

---

[138] Zu unterscheiden sind die Sanierungskredite von sog. Überbrückungskrediten, für die die folgenden Grundsätze nicht gelten, vgl. zur Unterscheidung *Wallner/Neuenhahn* NZI 2006, 553, 554.
[139] *Gottwald/Drukarczyk/Schöntag* § 3 Rn. 44; *Wallner/Neuenhahn* NZI 2006, 553.
[140] Vertiefend hierzu *Gottwald/Drukarczyk/Schöntag* § 3 Rn. 44.
[141] In welchem genauen Zeitraum die folgenden Grundsätze Anwendung finden, ist bislang nicht hinreichend geklärt. Teilweise wird auf das Vorliegen von Insolvenzgründen abgestellt, teilweise werden Begriffe wie „Insolvenzreife" und „Sanierungsbedürftigkeit" verwendet. Einen Überblick über das Meinungsspektrum bieten *Schäffler* BB 2007, 56, 57 m.w.N. und *Wallner/Neuenhahn* NZI 2006, 553, 554f.
[142] BGH NJW 1953, 1665; NJW 1986, 837.
[143] BGH NJW 1953, 1665, 1666.
[144] BGH NJW 1986, 837.
[145] *Schäffler* BB 2007, 56, 59; *Wenzel* NZI 1999, 294, 298; a. A. *Neuhof* NJW 1998, 3225, 3230.
[146] BGH NJW 1998, 1561.

Aufgrund der somit bestehenden Rechtsunsicherheit ist für die Praxis in jedem Fall dazu zu raten, einen externen Wirtschaftsprüfer mit der Prüfung der Sanierungsaussichten zu betrauen, da nur auf diese Weise die Sittenwidrigkeit mit Sicherheit ausgeschlossen werden kann.[148] In sachlicher Hinsicht ist bisher noch kaum geklärt, welchen Inhalt die Sanierungsprüfung haben muss. Teilweise wird die Rechtsprechung so gedeutet, dass stets ein vollständiges Sanierungskonzept nach dem Vorbild des IDW Standards IDW S 6 erforderlich sei.[149] Nach der Rechtsprechung des BGH sind zumindest die Ursachen der Krise und mögliche Wege der Sanierung zu erforschen.[150] Aufgrund dieser Prüfung muss die Sanierung erfolgversprechend erscheinen. Hierbei forderte der BGH ursprünglich, dass der Kreditgeber aufgrund der Prüfung von dem Sanierungserfolg überzeugt sein müsse. Später wurden die Anforderungen jedoch von der Rechtsprechung abgeschwächt.[151] Welchen Grad die Erfolgsaussichten dabei nun konkret erreichen müssen, lässt sich jedoch nicht genau quantifizieren.[152] Umstritten ist schließlich noch, ob die oben ausgeführten Prüfungspflichten nur bei der Vergabe von eigennützigen Krediten[153] gelten.[154] Nach der Rechtsprechung des BGH sind die Prüfungspflichten bei uneigennützigen Krediten zumindest weniger streng als bei eigennützigen Krediten.[155] Auf Warenkreditgeber und darlehensgebende Gesellschafter finden die Prüfungspflichten dagegen wohl gar keine Anwendung.[156]

57 *ff) Kreditbesicherung in der Krise.* In der Regel werden Kreditgeber der Gesellschaft in deren Krise nur dann **neue Kredite** gewähren, wenn diese ausreichend besichert werden. Aber auch für **bereits ausgereichte Kredite** wird der Kreditgeber häufig weitere Sicherheiten verlangen. Aufgrund von Nr. 13 Abs. 2 AGB-Banken und Nr. 22 Abs. 1 AGB-Sparkassen können Kreditinstitute als Kreditgeber die Bestellung oder Verstärkung von Sicherheiten für bereits ausbezahlte Kredite verlangen, wenn nachträglich Umstände eingetreten oder bekannt geworden sind, die eine erhöhte Risikobewertung der Ansprüche gegen die GmbH rechtfertigen, insbesondere wenn sich die wirtschaftlichen Verhältnisse der Gesellschaft nachhaltig verschlechtert haben oder zu verschlechtern drohen, es sei denn, es wurde ausdrücklich vereinbart, dass keine (so wenn der Kredit „blanko" oder „unbesichert" ausbezahlt wurde) oder nur bestimmte Sicherheiten gewährt werden.[157] Ein Nachbesicherungsanspruch kann sich daneben auch auf Grund ausdrücklicher Vereinbarung ergeben.[158]

58 Sofern in der Krise der GmbH nun Sicherheiten gewährt werden, besteht die Gefahr einer **Anfechtung** durch den Insolvenzverwalter in einem möglicherweise nachfolgenden Insolvenzverfahren. Für die Bestellung von Sicherheiten für neu gewährte Kredite ist die Anfechtung nach § 142 InsO allerdings ausgeschlossen, da es sich bei engem zeitlichem Zusammenhang zwischen Kreditgewährung und Sicherheitenbestellung um ein **Bargeschäft** handelt, bei welchem die Benachteiligung der Gläubiger, die in der Sicherheitengewährung durch den Schuldner (die GmbH) liegt, durch die Gegenleistung (die Darlehensvaluta) wieder ausgeglichen wird. Dies ist für die Gewährung von Sanierungskrediten von großer Be-

---

[147] *Wallner/Neuenhahn* NZI 2006, 553, 556.
[148] So auch *Wallner/Neuenhahn* NZI 2006, 553, 556; *Schäffler* BB 2007, 56, 59.
[149] So *Schönfelder* WM 2013, 112, 114 unter Verweis auf die zu § 32a GmbHG a. F. ergangene Entscheidung des OLG Köln ZInsO 2010, 238, sowie die zum Anfechtungsrecht ergangene Entscheidung BGH NJW 1998, 1561.
[150] BGH NJW 1986, 837, 841.
[151] Vgl. hierzu BGH NJW 1986, 837; *Schäffler* BB 2007, 56, 59 m. w. N.
[152] *Gottwald/Drukarczyk/Schöntag* § 3 Rn. 52.
[153] Eigennützige Kredite sind solche, bei denen dem Kreditgeber gegen den Schuldner Altforderungen zustehen, deren Werthaltigkeit durch eine Sanierung des Schuldners gesichert würde; bei uneigennützigen Krediten kommt dem Kreditgeber dagegen über den Kapitaldienst hinaus kein gesonderter Vorteil zu, vgl. *Gottwald/Drukarczyk/Schöntag* § 3 Rn. 47.
[154] Dafür: *Wallner/Neuenhahn* NZI 2006, 553, 556; dagegen: *Schäffler* BB 2007, 56, 58.
[155] BGH NJW 1953, 1665; 1666.
[156] Vgl. hierzu *Schönfelder* WM 2013, 112, 115 f.
[157] Eine solche Vereinbarung liegt noch nicht vor, wenn der Kredit tatsächlich stillschweigend ohne bzw. mit bestimmten Sicherheiten gewährt wurde, vgl. BGH WM 1981, 50; WM 1979, 1176; WM 1983, 926; WM 1984, 1175.
[158] So durch die Vereinbarung von Financial Covenants → Rn. 20.

deutung: Die Sicherheitenbestellung ist selbst dann nicht anfechtbar, wenn die Sanierung scheitert und der Kreditbetrag im Zeitpunkt der Eröffnung des Insolvenzverfahrens nicht mehr im Gesellschaftsvermögen vorhanden ist; vorausgesetzt der Wert der Sicherheit steht nicht außer Verhältnis zur Kredithöhe und es erfolgt keine vorsätzliche Gläubigerbenachteiligung.[159] Werden aus dem Vermögen der GmbH nachträglich für bereits bestehende Verbindlichkeiten Sicherheiten bestellt, erlangen die Tatbestände der **Vorsatzanfechtung** nach § 133 InsO und die **allgemeinen Anfechtungstatbestände** nach §§ 130, 131 InsO besondere Bedeutung. Im Wege der Vorsatzanfechtung nach § 133 InsO ist die Bestellung von Sicherheiten in den letzten zehn Jahren vor Stellung des Insolvenzantrags anfechtbar, wenn der Schuldner mit dem Vorsatz handelte, seine Gläubiger zu benachteiligen und der Kreditgeber diesen Vorsatz des Schuldners kannte. Voraussetzung für den Benachteiligungsvorsatz ist, dass der Schuldner bei Gewährung der Sicherheiten die eigene drohende Zahlungsunfähigkeit kannte. Dies und die Kenntnis des Kreditgebers hiervon ist regelmäßig anzunehmen, wenn der Kreditgeber keinen Anspruch auf die Gewährung der konkreten Sicherheit hat (inkongruente Besicherung), was in der Regel der Fall ist, da er meist einen generellen Anspruch auf Sicherheitenbestellung hat.[160] Im Falle einer kongruenten Sicherheitenbestellung wird der Nachweis des Benachteiligungsvorsatzes regelmäßig kaum gelingen.[161] Sofern die Kreditbesicherung im Rahmen eines Sanierungskonzepts erfolgt, dessen Umsetzung bereits begonnen wurde und ernsthafte Aussichten auf Erfolg hatte, ist selbst im Falle der inkongruenten Sicherheitenbestellung der Vorwurf des Benachteiligungsvorsatzes entkräftet.[162] Relevanter werden daher die allgemeinen Anfechtungstatbestände der §§ 130, 131 InsO sein und dabei insbesondere § 131 InsO (Insolvenzanfechtung bei inkongruenter Sicherheitenbestellung). Hiernach sind Sicherheitenbestellungen im letzten Monat vor Stellung des Insolvenzantrags ohne weitere Voraussetzungen anfechtbar, innerhalb des zweiten und dritten Monats vor Antragstellung, wenn der Schuldner bereits zahlungsunfähig oder dem Kreditgeber die Benachteiligung der übrigen Gläubiger bekannt war.[163] Sofern Kreditgeber ein Gesellschafter ist, muss darüber hinaus an den Anfechtungstatbestand des § 135 Nr. 1 InsO, der zehn Jahre zurückwirkt, gedacht werden. Wird eine Insolvenzverfahrenseröffnung mangels Masse gemäß § 26 Abs. 1 InsO abgelehnt und erfolgt kein Massekostenvorschuss nach § 26 Abs. 1 S. 2 InsO, ist eine Insolvenzanfechtung per se ausgeschlossen. Es verbleibt dann lediglich die sehr viel schwächere Gläubigeranfechtung nach dem AnfG.

Eine Anfechtung ist aber auch dann ausgeschlossen, wenn nicht die Gesellschaft selbst, 59 sondern ein Dritter die Sicherheiten bestellt. Wird eine solche Sicherheit von einem Gesellschafter gewährt, führt dies in der Insolvenz der Gesellschaft dazu, dass Zahlungen auf die besicherte Schuld innerhalb des letzten Jahres vor Insolvenzantragstellung anfechtbar sind gemäß § 135 Abs. 2 InsO. Nach § 143 Abs. 3 InsO sind diese Beträge vom Sicherungsgebenden Gesellschafter an die Insolvenzmasse zu erstatten. Neben den insolvenzspezifischen Anfechtungsregeln stellt sich bei der nachträglichen Kreditbesicherung die Frage der **Sittenwidrigkeit** nach § 138 Abs. 1 BGB.[164] Diese geht noch über die Vorsatzanfechtung hinaus und stellt sowohl in subjektiver als auch in objektiver Sicht erweiterte Anforderungen. Sittenwidrigkeit ist etwa anzunehmen, wenn „Knebelung" des Schuldners durch den Umfang der Sicherheitenbestellung oder durch die Einflussnahme auf den Geschäftsbetrieb, oder aber Gläubigerbenachteiligung mit Täuschungsabsicht oder Schädigungsvorsatz vorliegt.[165]

gg) *Finanzierungshilfen der öffentlichen Hand.* Zur Sanierung von Unternehmen stehen 60 oftmals auch Finanzierungshilfen der öffentlichen Hand zur Verfügung.[166] So kann sich die

---
[159] S. hierzu Schmidt/Uhlenbruck/*Wittig* Rn. 1.251.
[160] Vgl. Kübler/Prütting/Bork/*Paulus* § 133 Rn. 32.
[161] Vgl. BGH WM 1984, 625; WM 1991, 1273.
[162] BGH WM 1993, 270.
[163] Zu den Voraussetzungen im Einzelnen vgl. Kübler/Prütting/*Schoppmeyer* § 131; Schmidt/Uhlenbruck/ *Wittig* Rn. 1.264.
[164] Die Vorschriften über Anfechtung und Sittenwidrigkeit sind nebeneinander anzuwenden, BGH WM 1995, 995.
[165] Siehe hierzu ausführlich Schmidt/Uhlenbruck/*Wittig* Rn. 1.287 ff. m. w. N.
[166] Vgl. hierzu *Hess/Hess* Sanierungshdb. S. 388 ff.

öffentliche Hand als Gesellschafter an einem Unternehmen beteiligen, Investitionszulagen gewähren oder Sicherheiten für Bank- oder Lieferantenkredite stellen.

61 Investitionszulagen haben zwischenzeitlich an Bedeutung verloren, sind aber nach wie vor in bestimmten Bereichen bedeutsam, so etwa in bestimmten Gebieten der Bundesrepublik (insbesondere im früheren Zonenrandgebiet und Gebiet der neuen Bundesländer),[167] im Bereich Forschung und Entwicklung und zur Förderung der Energieeinsparung für Investitionen auf dem Gebiet der Energieerzeugung und -verteilung.

62 Von zentraler Bedeutung für die Sanierung sind **Bürgschaften** der öffentlichen Hand.[168] In der Regel schließen die Bürgschaftsrichtlinien zwar Bürgschaften zum Zwecke der Unternehmenssanierung aus und gestatten diese nur zur Förderung von Investitionen. Tatsächlich werden aber Bürgschaften gerade zu diesem Zweck gewährt; finanzielle Sanierungen sind gewöhnlich auch mit der Umsetzung investiver Maßnahmen verbunden.[169] Es existieren verschiedene Bürgschaftsprogramme,[170] die in der Regel alle eine maximale Besicherung in Höhe von 80 % des Kreditbetrages erlauben.

63 Da es sich bei der Gewährung einer Bürgschaft in der Krise des Unternehmens in der Regel um eine **Beihilfe** im Sinne von Art. 107 AEUV handelt, ist die Kommission nach Art. 108 Abs. 3 AEUV über die beabsichtigte Gewährung der Bürgschaft zu unterrichten. Die Bürgschaft darf wegen des Durchführungsverbots gemäß Art. 108 Abs. 3 Satz 3 AEUV nicht gewährt werden, bevor die Kommission nicht über die Rechtmäßigkeit der Beihilfe entschieden hat bzw. die in der Durchführungsverordnung bestehende Frist abgelaufen ist. Wird die Bürgschaft unter Verstoß gegen Art. 108 Abs. 3 AEUV gewährt und stellt die Kommission die Europarechtswidrigkeit der Beihilfegewährung fest, stellt sich die Frage der Nichtigkeit der Bürgschaft gemäß § 134 BGB.[171] Da die Beihilfe jedoch dem Unternehmen und nicht dem Kreditgeber gewährt wird, ist lediglich der Bewilligungsbescheid rechtswidrig und nach § 48 VwVfG zurückzunehmen. Die Bürgschaft selbst wird von der Rechtswidrigkeit der Beihilfe nicht berührt, vielmehr ist sie über die Möglichkeit einer Kündigung aus wichtigem Grund oder Wegfall der Geschäftsgrundlage abzuwickeln. Dennoch wird auch auf Grund der bestehenden Rechtsunsicherheit kaum ein Kreditgeber derzeit dazu bereit sein, einen Sanierungskredit im Vertrauen auf eine staatliche Bürgschaft zu gewähren. Er sollte in kritischen Fällen – bei Vorliegen der Voraussetzungen des Art. 107 Abs. 1 AEUV – auf eine Notifizierung bestehen.

64 **b) Leistungswirtschaftliche Sanierungsmaßnahmen.** Im sogenannten leistungswirtschaftlichen Bereich des angeschlagenen Unternehmens müssen Schwachstellen und Defizite aufgesucht werden und Gegenmaßnahmen zur Beseitigung dieser Defizite entwickelt werden. Gerade bei Krisenunternehmen wird dies in der Regel schwer fallen, da hier oftmals nicht die erforderliche Transparenz im Bereich Finanzen/Controlling vorhanden ist, so dass entsprechendes Zahlenmaterial fehlt.

Checkliste: Ansatzpunkte im leistungswirtschaftlichen Bereich

☐ Marketing und Vertrieb
☐ Produktion, Materialwirtschaft
☐ Entwicklung
☐ Personal
☐ Finanzen, Controlling

---

[167] Nach dem Gesetz über die Gemeinschaftsaufgabe „Verbesserung der regionalen Wirtschaftsstruktur", dem Investitionszulagengesetz und Fördergebietsgesetz, aber auch einer Vielzahl von Förderprogrammen (z. B. ERP-Beteiligungsprogramm, ERP-Eigenkapitalhöfeprogramm, verschiedene Konsolidierungsfonds, Beteiligungsfond Ost) sind für befristete Zeiträume finanzielle Förderungen möglich.
[168] Vgl. hierzu *Ziegler/Hochmuth* DZWiR 2000, 56, 59.
[169] Vgl. *Ziegler/Hochmuth* DZWiR 2000, 56, 59.
[170] Bürgschaften der Bürgschaftsbanken, der jeweiligen Landesbanken der Deutschen Ausgleichsbank, Bundes-/Landesbürgschaften.
[171] So *Steindorff* ZHR 152 (1988) 474 ff.; zum Streitstand vgl. *Hopt/Mestmäcker* WM 1999, 753.

aa) Marketing und Vertrieb. Dieser Bereich muss daraufhin untersucht werden, ob strategisches Marketing existiert oder ob lediglich willkürlich Werbemaßnahmen vorgenommen werden. Weiterhin sind Vertriebsaufbau, Vertriebsprozesse, Vertriebsressourcen, Vertriebsinformationssysteme und Vertriebsanreizsysteme auf ihre Existenz und Effizienz hin zu untersuchen.

bb) Produktion, Materialwirtschaft. Hier geht es darum eine Lieferperformance herauszuarbeiten, die Lagerkapazitäten dem Bedarf anzupassen, die Durchlaufzeiten zu verringern, ein Bestandsmanagement einzuführen, die Ausschussquote zu reduzieren und gegebenenfalls in neue Anlagen zu investieren.

cc) Entwicklung. Im Bereich von Forschung und Entwicklung ist in vielen Unternehmen festzustellen, dass keine Forschungs- und Entwicklungsstrategie existiert. In diesem Bereich müssen interne und externe Kooperationsbeziehungen aufgebaut werden und es muss eine laufende Kommunikation mit dem Vertrieb und der Marketingabteilung stattfinden. Ferner ist in diesem Bereich auch von großer Relevanz, dass das Innovationsklima stimmt.

dd) Personal. Im Bereich des Personalwesens sind im Wege der Sanierung insbesondere zwei Ziele zu erreichen: **Kostensenkung** und **Steigerung der Mitarbeitereffizienz**. Kostensenkung kann im Wege von operativen Maßnahmen erreicht werden. So sind zunächst interne Personalanpassungsmaßnahmen erforderlich: Es sollte ein Abbau der Überstunden und eine Flexibilisierung der Arbeitszeit erfolgen. Darüber hinaus ist zu prüfen, ob durch Versetzung und Umsetzung und eine bessere Urlaubsplanung Personal effektiver eingesetzt werden kann. Neben der internen Personalanpassung wird in der Regel ein Personalabbau nicht zu vermeiden sein. Der Personalabbau ist möglichst sozialverträglich zu gestalten, so dass in erster Linie auf Neueinstellungen verzichtet wird, Aufhebungsverträge geschlossen, Frühruhestandsregelungen und Altersteilzeitregelungen angestrebt werden sollten. Darüber hinaus muss aber auch geprüft werden, ob Kündigungen möglich und wo sie sinnvoll sind. Eine Steigerung der Mitarbeitereffizienz kann durch strategische Maßnahmen erzielt werden. Hierfür ist eine Optimierung der Personalführung und Personalentwicklung erforderlich. Gute Personalführung ist in der Krise besonders wichtig, da sich für das Krisenunternehmen das Problem der Abwanderung von besonders qualifizierten Arbeitskräften stellen wird. Eine offene Kommunikation und ein guter Führungsstil sind daher unerlässlich. Gerade in der Krise ist die Kommunikation mit den Mitarbeitern und dem Betriebsrat sehr wichtig. Neben der offenen Kommunikation sollte ein kooperativer Führungsstil gepflegt werden. Nur so kann eine Motivation der Mitarbeiter erfolgen. Personalentwicklungsmaßnahmen werden in der Krise meist völlig vernachlässigt. Mit besser qualifizierten Mitarbeitern, die in der Regel auch die motivierteren Mitarbeiter sind, ist eine Krise aber leichter zu bewältigen als mit frustrierten weniger qualifizierten Mitarbeitern.[172]

ee) Finanzen, Controlling. Eine Schlüsselrolle im Rahmen der Sanierung nimmt der Bereich Finanzen und Controlling ein, da sich alle Symptome einer akuten Unternehmenskrise in diesen Bereichen äußern.[173] Oftmals sind gerade Schwächen im Bereich des Controllings Ursache dafür, dass die Krise nicht früher erkannt wurde. Im Finanzbereich gilt es, Liquiditätsreserven zu aktivieren und zusätzliche Finanzierungsspielräume zu schaffen.

c) Übertragende Sanierung. Bei der übertragenden Sanierung[174] wird das Unternehmen von der Unternehmensträgerin, der GmbH, getrennt. Das Unternehmen wird auf einen anderen Rechtsträger im Wege des asset-deals übertragen und in der Regel dort saniert. Einzelne Vermögenswerte werden als Funktionseinheit im Paket verkauft.[175] Es wird vom Grundsatz her eine Trennung der dem Unternehmen gehörenden Vermögensgegenstände (Aktiva) von den beim Unternehmen verbleibenden Schulden (Passiva) vorgenommen. Die Vermögensgegenstände – das Unternehmen an sich – werden auf einen neuen Rechtsträger

---

[172] Insgesamt zum Personalwesen Buth/Hermanns/*Groß* § 10.
[173] Vgl. hier Buth/Hermanns/*Jünger* § 11.
[174] Der Begriff wurde geprägt von *K. Schmidt* ZIP 1980, 336, wird heute aber allgemein gebraucht vgl. MünchHdBGesR III/*Wellensiek*/*Oberle* § 66 Rn. 34 m.w.N.
[175] Vgl. dazu *Spiegelberger* S. 202 f., 216.

übertragen. Das Unternehmen kann damit befreit von den Schulden, die beim Unternehmensträger verbleiben, weiterarbeiten. So kann ein leistungsfähiges Unternehmen gerettet werden und sich voll und ganz auf leistungswirtschaftliche Sanierungsmaßnahmen konzentrieren, ohne im finanzwirtschaftlichen Bereich Sanierungsmaßnahmen vornehmen zu müssen. Die übertragende Sanierung ist insbesondere dann sinnvoll, wenn der Unternehmensträger in einer derart schlechten finanziellen Verfassung ist, dass sich die Insolvenz nicht mehr vermeiden lässt, leistungswirtschaftlich betrachtet, das Unternehmen aber überlebensfähig ist.[176]

71 Wesentliche Voraussetzung für das Gelingen einer übertragenden Sanierung ist, dass der Erwerber, der neue Unternehmensträger, nicht für die Altverbindlichkeiten haftet.[177] Zum 1.1.1999 ist die Haftung des Vermögensübernehmers nach § 419 BGB entfallen.[178] § 25 HGB, der die Haftung des Erwerbers eines Handelsgeschäfts normiert, findet nur bei einem Unternehmenserwerb aus dem Insolvenzverfahren keine Anwendung.[179] Zwar spricht vieles dafür, § 25 HGB generell beim Unternehmenserwerb aus der Krise nicht anzuwenden,[180] dies wird jedoch von der Rechtsprechung anders gesehen.[181] Wegen der Disponibilität des § 25 HGB hindert diese generell bestehende Haftung den Erfolg der übertragenden Sanierung nicht, sofern nicht „vergessen" wird,[182] einen Haftungsausschluss gemäß § 25 Abs. 2 HGB zu vereinbaren und neben der Eintragung im Handelsregister und deren Bekanntmachung in jedem Fall auch den wichtigsten Gläubigern mitzuteilen. Als Hindernis für eine übertragende Sanierung und damit eine Sanierung des Unternehmens an sich kann sich § 613a BGB, die Eintrittspflicht des Erwerbers in alle bestehenden Arbeitsverhältnisse, erweisen.[183]

Insbesondere wenn finanzielle Belastungen Ursache der Krise sind und das Unternehmen an sich gute Zukunftschancen hat, ist die übertragende Sanierung empfehlenswert.

72 **d) Steuerrechtliche Aspekte der Sanierung.** Im Rahmen der Sanierung können durch Gläubigerverzichte Buchgewinne entstehen, die als steuerliche Betriebseinnahme anzusehen sind und damit zu einem steuerpflichtigen Gewinn im Sinne von § 15 EStG führen können. Durch die Abschaffung des § 3 Nr. 66 EStG sind diese Sanierungsgewinne nicht mehr steuerfrei. Die Finanzverwaltung gewährt allerdings – nach Verrechnung mit Verlustvorträgen – Billigkeitsmaßnahmen in Form einer Steuerstundung oder eines Steuererlasses.[184] Das FG München lehnt dagegen die Anwendung von Billigkeitsmaßnahmen ab.[185] Siehe dazu ausführlich unten → Rn. 319 ff.

4. Pflichten des Geschäftsführers

73 In der Krise der GmbH hat der Geschäftsführer gesteigerte Pflichten, deren Verletzung nicht nur zu einer persönlichen Haftung, sondern auch zur Strafbarkeit des Geschäftsführers führen können.

74 **a) Gesteigerte Vermögensschutzpflicht.** § 30 Abs. 1 GmbHG verbietet es dem Geschäftsführer, den Gesellschaftern Vermögen der Gesellschaft auszubezahlen, wenn und soweit dadurch eine Unterbilanz herbeigeführt oder vertieft wird.[186] Ausnahmen regeln § 30 Abs. 1 S. 2 und 3 GmbHG für Beherrschungs- und Gewinnabführungsverträge, für den Fall vollwertiger Gegenleistungs- und Rückgewährungsansprüche sowie für Gesellschafterdarlehen

---

[176] MünchHdBGesR III/*Wellensiek/Oberle* § 66 Rn. 35.
[177] Zu weiteren Voraussetzungen des Gelingens *Wellensiek* S. 473 ff.
[178] § 419 BGB wurde durch Art. 33 Nr. 16 EG InsO mit Wirkung zum 1.1.1999 aufgehoben.
[179] BGHZ 104, 151, 153 f. = WM 1988, 901; MünchKommHGB/*Thiessen* § 25 Rn. 36 ff.
[180] In diesem Sinne *Canaris*, FS Frotz, S. 11, 26 ff., der eine teleologische Reduktion des § 25 HGB für all die Fälle fordert, in denen eine entsprechende Haftungserwartung des Verkehrs gar nicht existiert.
[181] BGH NJW-RR 1990, 1251, 1253; BGH NJW 2006, 1002.
[182] Dazu *Canaris*, FS Frotz, S. 12 ff.; 24.
[183] *Wellensiek* WM 1999, 405, 409.
[184] BMF BStBl. I S. 240.
[185] FG München DStR 2008, 1687.
[186] BGH ZIP 1990, 453.

und Rechtshandlungen, die einem solchen wirtschaftlich entsprechen. Sofern diese Ausnahmen nicht vorliegen und das Nettovermögen der Gesellschaft – also ihr Aktivvermögen abzüglich ihrer Verbindlichkeiten einschließlich Rückstellungen, aber ohne Rücklagen – rechnerisch nicht mehr die Höhe der Stammkapitalziffer erreicht, ist eine **Auszahlung** an die Gesellschafter **untersagt**. Bei Verstößen haftet der Geschäftsführer nach § 43 Abs. 3 GmbHG. Darüber hinaus darf dieses Vermögen auch nicht zum Erwerb eigener Geschäftsanteile nach § 33 GmbHG verwendet werden (§ 33 Abs. 2 GmbHG) und nicht als Kredit an andere Geschäftsführer oder gleichgestellte Personen ausgegeben werden (§ 43a GmbHG).

b) Gesteigerte Informationspflicht. Gegenüber den **Gesellschaftern** trifft den Geschäftsführer eine gesteigerte Informationspflicht, wenn sich aus der Bilanz ergibt, dass die Hälfte des Stammkapitals verloren ist (§ 49 Abs. 3 GmbHG). Gegenüber den **Gläubigern** und sonstigen Dritten ist der Geschäftsführer nicht zur Auskunft über die bedrohliche finanzielle Lage verpflichtet, vielmehr ist er hierzu gar nicht berechtigt.[187]

c) Sanierungs- und Überwachungspflicht. Der Geschäftsführer muss durch eine entsprechende Organisation jederzeit in der Lage sein, die wirtschaftliche Situation der Gesellschaft zu überblicken.[188] Sobald er erkennt, dass sich das Unternehmen in der Krise befindet, hat er dessen Sanierungsfähigkeit zu überprüfen und bei deren Bestehen die Sanierung durchzuführen.[189] Er ist aus § 43 Abs. 1 GmbHG der Gesellschaft gegenüber zur Sanierung verpflichtet.[190] So lange wie das Unternehmen sanierungsfähig ist, besteht die Sanierungspflicht. Sie endet erst, wenn das Unternehmen keine Zukunft mehr hat. Auch mit dem Eintritt der insolvenzrechtlichen Krise ist die Sanierungspflicht nicht beendet, sondern sie besteht im eröffneten Insolvenzverfahren fort. Sobald also die Insolvenzeröffnungsgründe, Überschuldung und Zahlungsunfähigkeit und damit eine Insolvenzantragspflicht bzw. bei drohender Zahlungsunfähigkeit ein Insolvenzantragsrecht vorliegen, treten diese neben die organisationsrechtliche Sanierungspflicht aus § 43 Abs. 1 GmbHG.[191] Parallel zur nach altem Recht bestehenden Pflicht des Geschäftsführers, zunächst Vergleichs- und nicht sofort Konkursantrag zu stellen, liegt es nahe, anzunehmen, dass die Sanierungspflicht dazu führt, dass der Geschäftsführer mit Insolvenzantragstellung verpflichtet ist, einen Insolvenzplan als „prepackaged-plan" vorzulegen.[192]

d) Antragspflicht. Gemäß § 15a Abs. 1 InsO ist der Geschäftsführer verpflichtet, bei Vorliegen der Insolvenzeröffnungsgründe Überschuldung (§ 19 InsO) und Zahlungsunfähigkeit (§ 17 InsO) einen Insolvenzantrag zu stellen. Die in § 15a Abs. 1 InsO genannte Drei-Wochenfrist darf der Geschäftsführer nicht ohne weiteres ausnutzen. Insbesondere wenn Sanierungsbemühungen gescheitert sind, hat er sofort Insolvenzantrag zu stellen.[193] Die Insolvenzantragspflicht trifft neben dem Geschäftsführer auch jeden faktischen Geschäftsführer, als denjenigen, der die Geschicke der Gesellschaft in einer – nach außen erkennbaren – Weise[194] lenkt.

Daneben ist bei Führungslosigkeit der Gesellschaft, also wenn sie keinen Geschäftsführer hat, auch jeder Gesellschafter insolvenzantragspflichtig (§ 15 Abs. 1 S. 2 InsO).

e) Haftungsrisiken. Mit Einritt der Krise bestehen für den Geschäftsführer erhebliche Risiken der persönlichen Haftung gegenüber der Gesellschaft selbst und ihren Gläubigern. Der Gesellschaft gegenüber haftet der Geschäftsführer aus § 43 Abs. 2 GmbHG insbesondere

---

[187] BGH NJW 1995, 1544; das OLG Hamm hat zwar eine Offenbarungspflicht des Geschäftsführers für bestimmte zu erwartende Umstände bejaht, sie aber nicht auf die Finanzlage der GmbH bezogen NJW-RR 1999, 530.
[188] *Uhlenbruck* BB 1998, 2008; zur Reichweite der Überwachungspflicht → Rn. 5 ff.
[189] Siehe hierzu *Schluck-Amend/Walker* GmbHR 2001, 375.
[190] So bereits *K. Schmidt* ZIP 1988, 1497, 1505.
[191] So *Schluck-Amend/Walker* GmbHR 2001, 375, 378 ff.
[192] Vgl. zu dieser Problematik ausführlich *Schluck-Amend/Walker* GmbHR 2001, 375, 380 f.; auch Kölner Schrift/*Undritz* S. 941 Rn. 21 ff.; Nerlich/Römermann/*Römermann* Vor §§ 217 bis 269 Rn. 204.
[193] BGHZ 75, 111; Lutter/Hommelhoff/*Kleindiek* § 64 Rn. 4 zur Haftung nach Eintritt der materiellen Insolvenzreife; MünchKommInsO/*Klöhn* § 15a Rn. 117.
[194] Vgl. BGH BB 2005, 1869.

für die Verletzung seiner Sanierungspflicht. Bedeutsamer und insbesondere weiter ist aber die Haftung gegenüber Dritten. So haftet der Geschäftsführer für die Nichtabführung der Arbeitnehmerbeiträge zur Sozialversicherung aus § 823 Abs. 2 BGB i. V. m. § 266a StGB persönlich. Entsprechendes gilt für die Nichtabführung von Steuern. Wegen verspäteter Insolvenzantragstellung haftet er den Gläubigern nach § 823 Abs. 2 BGB i. V. m. § 15a InsO. Darüber hinaus ergibt sich ein Anspruch aus § 26 Abs. 3 InsO derjenigen Gläubiger, die für ein masseloses GmbH-Insolvenzverfahren einen Massekostenvorschuss geleistet haben.[195] Nach § 43 Abs. 3 GmbHG haftet der Geschäftsführer persönlich für die unter Verletzung seiner gesteigerten Vermögensschutzpflicht im Sinne von § 30 Abs. 1 GmbHG ausbezahlten Beträge. Außerdem haftet der Geschäftsführer gemäß § 64 Satz 2 GmbHG für Zahlungen an Gesellschafter, soweit diese zur Zahlungsunfähigkeit der Gesellschaft führen mussten. Dies hat zur Folge, dass der Geschäftsführer vor jeder Zahlung an Gesellschafter einen Solvenztest durchführen muss. Nur dann, wenn die Zahlungsfähigkeit der Gesellschaft auch nach Auszahlung bis zum Ablauf des nächsten Geschäftsjahres nicht gefährdet wird, kann er diese ohne Haftungsrisiken nach § 64 Satz 2 GmbHG zulassen.

79 f) **Strafrechtliche Risiken.** Darüber hinaus sieht das GmbHG in § 84 und die InsO in § 15a eine Strafbarkeit des Geschäftsführers bei Verletzung der oben aufgeführten Pflichten vor. Auch ist an eine Strafbarkeit des Geschäftsführers wegen Untreue nach § 266 StGB gegenüber der Gesellschaft zu denken.[196]

5. Pflichten des Beraters

80 Der Berater des Geschäftsführers in der Krise der GmbH ist verpflichtet, diesen auf seine Pflichten hinzuweisen, wenn er sich nicht selbst gegenüber dem später in Anspruch genommenen Geschäftsführer haftbar machen will. Darüber hinaus besteht für den Berater die Gefahr einer Strafbarkeit wegen Beteiligung an Delikten, die vom Geschäftsführer begangen wurden.[197] Insbesondere wenn Insolvenzantragspflicht besteht, kann der Berater nicht mehr weiter beraten, ohne sich wegen Beihilfe zur Insolvenzverschleppung strafbar zu machen.

III. Auflösung und gesellschaftsrechtliche Liquidation der GmbH

1. Anwendungsbereich

81 In der Krise der GmbH sind die Anwendungsbereiche einer gesellschaftsrechtlichen Liquidation nach den §§ 60 ff. GmbHG[198] und der insolvenzrechtlichen Verteilung durch den Insolvenzverwalter nach der InsO abzugrenzen. Die §§ 60 ff. GmbHG sind nur anwendbar, wenn keine Verteilung des Gesellschaftsvermögens durch den Insolvenzverwalter gesetzlich angeordnet ist.

81a Weichenstellung für die Abgrenzung ist die Eröffnung des Insolvenzverfahrens. Erfolgt sie, findet gemäß § 199 Satz 2 InsO für eine Verteilung von nach Verfahrensbeendigung noch vorhandenem Vermögen nicht länger eine Liquidation nach Gesellschaftsrecht, sondern eine Verteilung durch den Insolvenzverwalter statt.[199] Der Insolvenzverwalter bleibt auch zur Verwertung des Gesellschaftsvermögens verpflichtet, nachdem er dem Insolvenzgericht gemäß § 208 Abs. 1 Satz 1 InsO die Masseunzulänglichkeit angezeigt hat,[200] weil die Insolvenzmasse voraussichtlich zwar die Verfahrenskosten, nicht aber die sonst fälligen Masseverbindlichkeiten deckt.[201] Eine Verfahrenseinstellung erfolgt hier gemäß § 211 InsO

---

[195] Vgl. OLG Brandenburg NZI 2003, 203.
[196] Vgl. insgesamt zu den strafrechtlichen Risiken für den Geschäftsführer Schmidt/Uhlenbruck/*Uhlenbruck* Rn. 11.1 ff.
[197] Zu den Strafbarkeitsrisiken vgl. Schmidt/Uhlenbruck/*Uhlenbruck* Rn. 11.54 ff.
[198] Vgl. zum Ganzen auch → § 22 Rn. 333 ff.
[199] Baumbach/Hueck/*Haas* § 60 Rn. 24; MünchKommInsO/*Hintzen* § 199 Rn. 2.
[200] Kölner Schrift/*Kübler* S. 583 Rn. 22, S. 585 Rn. 29.
[201] Der nach altem Recht einheitlich verwendete Begriff der Masseunzulänglichkeit ist nun aufgespalten in § 207 InsO und § 208 InsO. § 208 InsO regelt die Massearmut im weiteren Sinne, bei der noch keine Masse-

erst, wenn der Insolvenzverwalter das Gesellschaftsvermögen unter Beachtung der von § 209 InsO vorgegebenen Rangordnung verteilt hat.

Im Gegensatz dazu erfolgt eine unverzügliche **Einstellung des Insolvenzverfahrens mangels Masse** gemäß § 207 InsO, wenn das vorhandene Gesellschaftsvermögen nicht einmal die Verfahrenskosten deckt.[202] Dadurch fallen Verwaltungs- und Verfügungsbefugnis an die GmbH zurück,[203] der Insolvenzverwalter ist gemäß § 207 Abs. 3 Satz 2 InsO zur Verwertung des Gesellschaftsvermögens nicht mehr verpflichtet und es bleibt Raum für eine Liquidation nach Gesellschaftsrecht.[204] Eine gesellschaftsrechtliche Liquidation erfolgt schließlich auch immer dann, wenn schon die **Eröffnung des Insolvenzverfahrens gemäß § 26 InsO mangels Masse abgelehnt** wird.[205] Eine Verteilung des Gesellschaftsvermögens nach Insolvenzrecht kann in den Fällen der §§ 26, 207 InsO nur noch durch einen die Verfahrenskosten deckenden Kostenvorschuss gemäß §§ 26 Abs. 1 Satz 2 InsO, 207 Abs. 1 Satz 2 InsO herbeigeführt werden.[206] Dieser wird in der Praxis aber die Ausnahme bleiben, da ausreichend solvente Großgläubiger angesichts der geringen Insolvenzquoten regelmäßig kein Interesse an der Gleichbehandlung mit allen anderen Gläubigern haben.[207] Wird Kostenvorschuss geleistet, hat der Vorschießende gemäß §§ 26 Abs. 3, 207 Abs. 1 Satz 3 InsO einen Erstattungsanspruch gegen den GmbH-Geschäftsführer, der entgegen § 15a InsO nicht oder verspätet Insolvenzantrag stellte.[208]

2. Allgemeines; Vorgang und Zweck der Liquidation

Ist die gesellschaftsrechtliche Liquidation einschlägig, erfolgt sie ebenso wenig in einem Vorgang, wie die GmbH in einem Akt entsteht. Vielmehr handelt es sich auch beim Ende der GmbH um einen **gestreckten Vorgang**.[209] Die Liquidation der GmbH erfolgt in **vier Stufen:**

> **1. Stufe: Auflösung der GmbH**
>
> Sobald ein Auflösungsgrund gegeben ist, führt dies zu einer **Änderung des Gesellschaftszwecks:** Aus der werbenden Gesellschaft wird eine Abwicklungsgesellschaft. Gesellschaftszweck ist die Abwicklung des Gesellschaftsvermögens, das heißt die Versilberung der Aktiva, die Begleichung der Verbindlichkeiten und die Verteilung des Überschusses.
>
> **2. Stufe: Auseinandersetzung**
>
> Dann erfolgt die **Durchführung des Abwicklungsverfahrens** entsprechend den in den §§ 60 ff. GmbHG oder im Gesellschaftsvertrag vorgesehenen Regeln.
>
> **3. Stufe: Beendigung der GmbH**
>
> Voraussetzung für die Beendigung der GmbH ist, dass das **Sperrjahr** (§ 73 GmbHG) abgelaufen und **kein verteilbares Vermögen** mehr vorhanden ist, weil dieses bereits im Rahmen der Schlussverteilung ausgekehrt wurde oder die GmbH vermögenslos ist und **keine sonstigen Liquidationsmaßnahmen** mehr zu erledigen sind.[210]
>
> **4. Stufe: Löschung der GmbH**
>
> Nach vollständiger Abwicklung ist die GmbH gemäß § 74 Abs. 1 GmbHG im Handelsregister zu löschen.

---

kostenarmut vorliegt, vgl. zum Ganzen Kölner Schrift/*Kübler* S. 582 Rn. 21; Kübler/Prütting/*Pape* InsO § 207 Rn. 12.
[202] Masseunzulänglichkeit im engeren Sinne „Massekostenarmut", Kübler/Prütting/*Pape* InsO § 207 Rn. 7; siehe auch HK-InsO/*Landfermann* § 207 Rn. 3.
[203] Kübler/Prütting/*Pape* InsO § 207 Rn. 35.
[204] Kölner Schrift/*Kübler* S. 594 f. Rn. 50; Kübler/Prütting/*Pape* InsO § 207 Rn. 50; zu einem möglichen Anwendungsfall auch Kübler/Prütting/*Pape* InsO § 207 Rn. 53 m. w. N.
[205] Kölner Schrift/*Kübler* S. 574 Rn. 3
[206] Vgl. zu den Einzelheiten MünchKommInsO/*Haarmeyer* § 26 Rn. 27 ff.
[207] Zum Verfahrenskostenvorschuss Kölner Schrift/*Kübler* S. 578 ff. Rn. 11 ff.
[208] Vgl. im Einzelnen Kübler/Prütting/*Pape* InsO § 26 Rn. 22 ff.
[209] Vgl. *Goette* § 10 Rn. 1.
[210] Vgl. Lutter/Hommelhoff/*Kleindiek* § 74 Rn. 2.

84 Die Auflösung der GmbH ist also nicht deren Beendigung, sondern lediglich der Beginn der Liquidation.[211] So lange die GmbH noch Vermögen hat, besteht die GmbH i. L. mit Firma, Gerichtsstand und allen gesellschaftsrechtlichen Befugnissen nach innen und außen fort.[212] Wegen des geänderten Gesellschaftszwecks darf sie allerdings nicht mehr werbend tätig sein, es sei denn, sie wird fortgesetzt (siehe → Rn. 89).[213]

85 **Vollbeendigung** der GmbH liegt nach allgemeiner Meinung[214] dann vor, wenn der **Doppeltatbestand** aus **Abschluss der Auseinandersetzung und Eintragung der Löschung** im Handelsregister erfüllt ist. Ausnahmsweise erfolgt die Beendigung der GmbH ohne Abwicklungsverfahren, wenn ein der Abwicklung unterliegendes Vermögen nicht vorhanden ist, etwa weil bereits zuvor das gesamte Vermögen der GmbH im Wege der Verschmelzung oder Auf- oder Abspaltung nach dem Umwandlungsgesetz (UmwG) übergegangen ist oder wenn die GmbH gemäß § 394 FamFG wegen Vermögenslosigkeit erlischt.[215]

86 **Zweck** der Liquidation ist gemäß § 70 Satz 1 GmbHG die Beendigung der laufenden Geschäfte mit dem Ziel, das nach Erfüllung aller Verbindlichkeiten noch in Geld bestehende Vermögen gemäß § 72 GmbHG an die Gesellschafter zu verteilen.

3. Auflösungsgründe

87 Neben den in **§ 60 Abs. 1 GmbHG** aufgeführten (Zeitablauf, Auflösungsbeschluss der Gesellschafter, staatlicher Hoheitsakt, Insolvenzverfahrenseröffnung, rechtskräftige Ablehnung des Insolvenzverfahrens mangels Masse, Auflösung nach § 399 FamFG durch das Registergericht, Löschung wegen Vermögenslosigkeit nach § 394 FamFG), den **sonstigen gesetzlichen**[216] (Nichtigerklärung der GmbH gemäß §§ 75, 77 GmbHG,[217] Erwerb bzw. Einziehung des letzten Geschäftsanteils durch die GmbH)[218] und den **gesellschaftsvertraglichen Auflösungsgründen** z. B. Tod, Insolvenz eines Gesellschafters, Verlust eines Patents etc.[219] sind insbesondere die Insolvenz eines Gesellschafters und die Vermögenslosigkeit der GmbH keine Auflösungsgründe, sofern sie nicht wiederum als gesellschaftsvertragliche Auflösungsgründe vereinbart wurden.

88 Bedeutsame Auflösungsgründe in der Krisensituation sind die **Eröffnung des Insolvenzverfahrens** (§ 60 Abs. 1 Nr. 4 GmbHG) und die **rechtskräftige Ablehnung der Insolvenzverfahrenseröffnung mangels Masse** (§ 60 Abs. 1 Nr. 5 GmbHG). Durch die Eröffnung des Insolvenzverfahrens über das Vermögen der GmbH wird diese aufgelöst, aber nicht nach gesellschaftsrechtlichen Liquidationsgrundsätzen beendet, sondern im Insolvenzverfahren voll beendigt.[220] Die gesellschaftsrechtliche Liquidation findet aber dann statt, wenn es zur Verfahrenseröffnung nicht kommt oder das Insolvenzverfahren später mangels Masse eingestellt wird.[221]

4. Fortsetzung der aufgelösten GmbH

89 **a) Allgemeines. Nach Auflösung** aber **vor Beendigung** ist die Fortsetzung der Gesellschaft, die Rückverwandlung der Liquidationsgesellschaft in eine werbende Gesellschaft, also nicht einfach das Fortleben im Zustand der Liquidation, möglich.[222] Vorausgesetzt, der sogenannte

---

[211] Vgl. *Sudhoff* Gesellschaftsvertrag S. 550.
[212] Vgl. *Sudhoff* Gesellschaftsvertrag S. 550; BGHZ 53, 264.
[213] Vgl. *Sudhoff* Gesellschaftsvertrag S. 550.
[214] Vgl. etwa Baumbach/Hueck/*Haas* § 60 Rn. 3; Scholz/*K. Schmidt* § 74 Rn. 14; OLG Köln DStR 1992, 1249.
[215] So in etwa auch *K. Schmidt* § 11 V. 3., S. 308 f.
[216] Gegen die Sitzverlegung als Auflösungsgrund die h. M., vgl. BGHZ 25, 134, 144; Ulmer/*Ulmer* § 4a Rn. 30; a. A. RGZ 7, 69; 88, 54; OLG Hamm GmbHR 1997, 848.
[217] Vgl. Lutter/Hommelhoff/*Kleindiek* § 76 Rn. 2; Scholz/*K. Schmidt* § 77 Rn. 1.
[218] H. M. vgl. Lutter/Hommelhoff/*Kleindiek* § 60 Rn. 24 m. w. N.
[219] Voraussetzung ist, dass die Auflösungsgründe im Gesellschaftsvertrag hinreichend bestimmt sind, vgl. hierzu Ulmer/*Casper* § 60 Rn. 111; Lutter/Hommelhoff/*Kleindiek* § 60 Rn. 26.
[220] So seit Geltung der neuen InsO, vgl. Ausführungen oben unter → Rn. 81 ff.
[221] Siehe zur Bedeutung der gesellschaftsrechtlichen Liquidation in der Krise → Rn. 81 ff.
[222] Vgl. RGZ 118, 337, 339 f.; ausführlich hierzu Lutter/Hommelhoff/*Kleindiek* § 60 Rn. 28.

"**Doppeltatbestand**"[223] liegt vor: Es muss ein diesbezüglicher **Gesellschafterbeschluss** gefasst und i. d. R. müssen Maßnahmen zur **Beseitigung des Auflösungsgrundes** ergriffen werden, was im Fall der Ablehnung der Insolvenzverfahrenseröffnung mangels Masse relativ schwer fallen dürfte, da zunächst die Verfahrenskosten deckende liquide Mittel und zudem so viel Vermögen bzw. liquide Mittel besorgt werden müssten, dass der Insolvenzgrund beseitigt ist.

b) Fortsetzungsbeschluss und Eintragung. Nach heute h. M. ist der Fortsetzungsbeschluss entsprechend § 274 Abs. 1 Satz 2 AktG mit ³/₄-**Mehrheit** zu fassen.[224] Er muss vor dem Beginn der Vermögensverteilung unter den Gesellschaftern zustande kommen.[225] Er ist **nicht formbedürftig** und unterliegt auch nicht den für die Satzungsänderung geltenden formellen Anforderungen, kann aber u. U. eine Satzungsänderung voraussetzen oder mit ihr verbunden werden (siehe unten c). Allerdings ist er durch den/die Geschäftsführer in vertretungsberechtigter Zahl (das Amt der Liquidatoren erlischt mit konstitutiver Wirkung des Fortsetzungsbeschlusses) zur Eintragung ins **Handelsregister** anzumelden.[226]

90

Muster: Fortsetzungsbeschluss der Gesellschafter einer aufgelösten GmbH

Niederschrift einer Gesellschafterversammlung der Mustermann-GmbH vom ...... (Datum)

Wir, die Unterzeichnenden, alleinigen Gesellschafter X und Y der Mustermann-GmbH halten hiermit unter Verzicht auf alle gesetzlichen und gesellschaftsvertraglichen Formen und Fristen der Einberufung und Ankündigung eine außerordentliche Gesellschafterversammlung ab.

Die Mustermann-GmbH HRB ...... ist in Liquidation. Mit der Verteilung des Vermögens unter die Gesellschafter wurde noch nicht begonnen.

Wir beschließen einstimmig:
1. Die Liquidation ist beendet.
2. Die Gesellschaft wird als werbende Gesellschaft fortgesetzt.
3. X ist nicht mehr Liquidator.
4. Y wird zum alleinigen Geschäftsführer bestellt.
5. Y vertritt die Gesellschaft allein, so lange er alleiniger Geschäftsführer ist. Ansonsten vertritt er die Gesellschaft gemeinschaftlich mit einem weiteren Geschäftsführer.
6. Die Bücher und Schriften der Gesellschaft werden von dem Liquidator X aufbewahrt.

(Ort, Datum)

......
Gesellschafter A (Unterschrift)

......
Gesellschafter B (Unterschrift)

c) Zusätzliche Maßnahmen. Zur **Beseitigung des Auflösungsgrundes** sind weitere Maßnahmen zu ergreifen. Bei Auflösung durch Insolvenzverfahrenseröffnung gemäß § 60 Abs. 1 Nr. 4 GmbHG muss das Insolvenzverfahren wegen Wegfall des Eröffnungsgrundes (§ 212 InsO) aufgehoben oder mit Zustimmung aller Gläubiger gem. § 213 InsO eingestellt werden.

91

d) Minderheitenschutz. Er erfolgt bereits dadurch, dass Fortsetzungsbeschlüsse entsprechend § 274 Abs. 1 Satz 2 AktG der ³/₄-Mehrheit bedürfen. Darüber hinaus werden Austritts- und Abfindungsrechte angenommen. So soll demjenigen Gesellschafter, der der Fortsetzung nicht zustimmt, ein **Austrittsrecht** zustehen und er soll eine Abfindung zu Liquidationswerten verlangen können.[227] Voraussetzung dafür muss aber zumindest sein,

92

---

[223] Vgl. Scholz/*K. Schmidt* § 60 Rn. 85.
[224] Instruktiv Ulmer/*Casper* § 60 Rn. 135 ff. m. w. N.
[225] Allgemeine Meinung; jetzt auch Lutter/Hommelhoff/*Kleindiek* § 60 Rn. 29.
[226] So Ulmer/*Casper* § 60 Rn. 139; Scholz/*K. Schmidt* § 60 Rn. 91.
[227] So ohne Einschränkung: *R. Fischer* GmbHR 1955, 165, 167 f.; *Eder* GmbHR 1966, 183; *Hofmann* GmbHR 1975, 217, 227; *Scholz* GmbHR 1982, 228, 232 f.; nicht ganz so weitgehend: Lutter/Hommelhoff/

dass der sich der Fortsetzung widersetzende Gesellschafter nicht zur Zustimmung aus Treuepflicht verpflichtet war.[228] Er musste insbesondere dann nicht zustimmen, wenn ihm die Fortsetzung der GmbH nicht zumutbar gewesen ist.[229] Dann aber steht ihm wiederum nach allg. M. ein **Austrittsrecht aus wichtigem Grund** zu. Allein in der mehrheitlichen Überstimmung kann allerdings ein solcher Austrittsgrund für die überstimmte Minderheit nicht liegen,[230] da der Gesellschafter grundsätzlich dem Mehrheitsprinzip unterworfen ist und die erforderliche ³/₄-Mehrheit die Fortsetzung auch dann beschließen kann, wenn die Auflösung beispielsweise auf einem vorausgegangenen Beschluss gemäß § 60 Abs. 1 Nr. 2 GmbHG beruht, da der Gesellschafter nicht vermehrte Einlagen erbringen muss.[231] Etwas anderes gilt nur dann, wenn die Zustimmung aller oder bestimmter Gesellschafter erforderlich ist, so etwa die Zustimmung des kündigenden Gesellschafters oder desjenigen Gesellschafters, der die Auflösungsklage erhoben hat, aber auch sofern eine Zustimmung nach § 53 Abs. 3 GmbHG notwendig ist. Die Zustimmung nach § 53 Abs. 3 GmbHG ist dann erforderlich, wenn durch die Fortsetzung der GmbH Sonderrechte einzelner Gesellschafter im Liquidationsfalle beschnitten werden oder eine Vermehrung der Leistungspflichten der Gesellschafter mit der Fortsetzung verbunden wird.

93 e) **Keine Fortsetzung der GmbH nach Beendigung.** Sobald die GmbH beendet ist, ist eine Fortsetzung ausgeschlossen.[232] Die fortzusetzende Gesellschaft muss daher als juristische Person noch bestehen. Sie besteht so lange sie noch nicht im Handelsregister gelöscht ist oder so lange noch Gesellschaftsvermögen vorhanden ist (Doppeltatbestandslehre).[233]

94 Ist die GmbH nicht vermögenslos, wurde sie aber bereits im Handelsregister gelöscht, so erfolgt eine **Nachtragsliquidation**. Sehr strittig ist hierbei, ob diese GmbH nach Löschung noch fortgesetzt werden kann, sofern die materiellen Voraussetzungen vorliegen.[234] Sofern Vermögen in dem Umfang vorhanden ist, dass die Schulden abgedeckt sind, spricht nichts gegen eine Gestattung der Fortsetzung der GmbH, da insoweit ein besserer Gläubigerschutz gewährleistet werden kann.[235]

95 Auch die **Fortsetzung einer** nach § 60 Abs. 1 Nr. 5 GmbHG wegen Ablehnung der Insolvenzeröffnung **mangels Masse aufgelösten GmbH** ist stark umstritten. Zwar wird hier lediglich die Auflösung im Handelsregister eingetragen, dennoch soll eine Fortsetzung im Hinblick auf die „Bereinigungsfunktion" des § 60 Abs. 1 Nr. 5 GmbHG ausgeschlossen sein.[236] Wird aber etwa durch Kapitalerhöhung oder Zuschüsse die Überschuldung beseitigt bzw. die Zahlungsfähigkeit wieder hergestellt, so steht der Fortsetzung der GmbH nichts entgegen. Vielmehr kann allein dadurch eine Verbesserung des Gläubigerschutzes bewirkt werden, da nur dann, wenn die Fortsetzung möglich ist, die Bereitschaft der Gesellschafter für weitere Investitionen zu wecken ist.[237] Ein der Fortsetzung entgegenstehendes öffentliches Interesse ist daher nicht ersichtlich.

Kleindiek § 60 Rn. 35, die dieses auf folgende drei Fälle beschränken: Fortsetzung nach statutarischer Auflösung gem. § 60 Abs. 1 Nr. 1 oder Abs. 2 GmbHG, Fortsetzung unter Fortbestand von Sonderlasten (Nebenleistungen, Nachschüsse) und Fortsetzung nach Kündigung; a. A.: Ulmer/*Casper* § 60 Rn. 138 ff.; Baumbach/Hueck/*Haas* § 60 Rn. 92; Meyer-Landrut/*Meyer-Landrut* § 60 Rn. 23; Rowedder/Schmidt-Leithoff/*Gesell* § 60 Rn. 72.
[228] So i. E. auch Scholz/K. *Schmidt* § 60 Rn. 89 ff.; zur aus der Treuepflicht folgenden Zustimmungspflicht vgl. Ulmer/*Casper* § 60 Rn. 137 m. w. N. insbesondere in Fn. 314.
[229] Vgl. Ulmer/*Casper* § 60 Rn. 137.
[230] So auch Ulmer/*Casper* § 60 Rn. 138.
[231] Vgl. Rowedder/Schmidt-Leithoff/*Gesell* § 60 Rn. 71.
[232] Allg. M. vgl. statt aller: Lutter/Hommelhoff/*Kleindiek* § 60 Rn. 33.
[233] Siehe oben unter → Rn. 378 ff.
[234] So die h. M. vgl. etwa Baumbach/Hueck/*Haas* § 60 Rn. 108; Scholz/K. *Schmidt* § 60 Rn. 81, 83; a. A.: Lutter/Hommelhoff/*Kleindiek* § 74 Rn. 23; Ulmer/*Casper* § 60 Rn. 141.
[235] In diesem Sinne auch: Baumbach/Hueck/*Schulze-Osterloh/Fastrich* 18. Aufl. § 60 Rn. 61.
[236] So die h. M. vgl. etwa: BGHZ 75, 178, 180; KG BB 1993, 1751; OLG Düsseldorf ZIP 1993, 215; Ulmer/*Casper* § 60 Rn. 148; Baumbach/Hueck/*Haas* § 60 Rn. 96; Gehrlein DStR 1997, 34.
[237] So auch Lutter/Hommelhoff/*Kleindiek* § 60 Rn. 34; *Gummert* WiB 1994, 120 f.

5. Anmeldung und Eintragung der Auflösung

Gemäß § 65 Abs. 1 GmbHG hat die Eintragung der Auflösung der GmbH im Handelsregister nur **deklaratorische Wirkung**. Ausnahmsweise kommt ihr aber gemäß § 54 Abs. 3 GmbHG konstitutive Wirkung zu, wenn es sich zugleich um eine Satzungsänderung handelt.

a) **Anmeldung zur Eintragung der Auflösung in das Handelsregister.** Die Auflösung der GmbH ist zur Eintragung im Handelsregister anzumelden. Ausnahmsweise erfolgt die Eintragung gemäß § 65 Abs. 1 Satz 3 GmbHG von Amts wegen: Wenn der Auflösungsgrund die Insolvenzverfahrenseröffnung oder die Ablehnung der Eröffnung des Insolvenzverfahrens mangels Masse gemäß § 26 InsO ist oder die gerichtliche Feststellung eines Satzungsmangels nach § 399 FamFG vorliegt.

b) **Bekanntmachung der Auflösung durch das Registergericht.** Gemäß § 10 HGB macht das Registergericht von Amts wegen die Eintragung der Auflösung der GmbH im Bundesanzeiger und mindestens einem weiteren Blatt (**Gerichtsblätter**) bekannt. Lediglich im Falle der Auflösung wegen Insolvenzverfahrenseröffnung erfolgt die Bekanntmachung nicht durch das Registergericht, sondern gemäß §§ 32 HGB, 30 InsO durch das Insolvenzgericht.

c) **Bekanntmachung der Auflösung durch die Liquidatoren und Gläubigeraufruf.** Neben die Bekanntmachung durch das Registergericht in den Gerichtsblättern tritt die Bekanntmachung durch die Liquidatoren gemäß § 65 Abs. 2 GmbHG in den **Gesellschaftsblättern** mit dem **Gläubigeraufruf**.

Muster eines Gläubigeraufrufs

Mustermann-GmbH ...... (Anschrift)
Die Mustermann-GmbH ist aufgelöst. Die Gläubiger der Gesellschaft werden hiermit gemäß § 65 Abs. 2 GmbHG aufgefordert, sich unter Angabe des Grundes und der Höhe ihres Anspruchs bei der Gesellschaft zu melden.
(Ort, Datum)
Der/die Liquidator(en)[238]

Gesellschaftsblätter sind gemäß § 65 Abs. 2 i.V.m. § 30 Abs. 2 GmbHG die gemäß § 10 Abs. 2 GmbHG im Gesellschaftsvertrag genannten öffentlichen Blätter und in Ermangelung solcher die Gerichtsblätter gemäß § 10 HGB (siehe oben c). Die Bekanntmachung der Auflösung und der Gläubigeraufruf haben in **drei verschiedenen Ausgaben** der Gesellschaftsblätter zu erfolgen. Eine Zeitvorgabe existiert nicht, allerdings beginnt die Jahresfrist nach § 73 GmbHG erst mit der dritten Veröffentlichung zu laufen. Auch kommt gegebenenfalls eine Haftung der Geschäftsführer/Liquidatoren oder des Aufsichtsrats wegen des Verzögerungsschadens der GmbH gemäß §§ 71, 43 GmbHG in Betracht.

6. Grundzüge der Abwicklung der GmbH

a) **Allgemeines.** Die GmbH wird mit der Auflösung von einer werbenden in eine **Abwicklungsgesellschaft** umgewandelt. In § 70 GmbHG sind die wesentlichen Aufgaben zur Abwicklung der GmbH genannt: Beendigung der laufenden Geschäfte, Begleichung der Verbindlichkeiten der GmbH, Einziehung der Außenstände der GmbH, Versilberung des Vermögens der GmbH, so dass abschließend ein möglichst hoher Betrag unter den Gesellschaftern verteilt werden kann.[239]

---

[238] Vgl. Muster bei Lutter/Hommelhoff/*Kleindiek* § 65 Rn. 8.
[239] Vgl. *Goette* § 10 Rn. 33.

102 **b) Die Liquidatoren.** Die Durchführung der Abwicklung liegt in der Hand der Liquidatoren.

103 *aa) Bestimmung und Bestellung der Liquidatoren.* Geschäftsfähige natürliche Personen aber auch juristische Personen und Handelsgesellschaften können gemäß § 66 Abs. 4 GmbHG, der nicht auf § 6 Abs. 2 Satz 1 GmbHG verweist, Liquidatoren sein.[240] Die betreffenden natürlichen Personen und die vertretungsberechtigten Organmitglieder/Gesellschafter der betreffenden juristischen Personen und Personenhandelsgesellschaften dürfen nicht Betreute i. S. v. § 6 Abs. 2 Satz 2 Nr. 1 GmbHG oder wegen Bankrotts oder einer anderen Straftat der §§ 283 bis 283d StGB in den letzten fünf Jahren verurteilt worden sein.[241] Gemäß § 66 Abs. 1 GmbHG werden mit Auflösung der Gesellschaft die **amtierenden Geschäftsführer** zu Liquidatoren (**geborene Liquidatoren**), sofern nicht im Gesellschaftsvertrag oder durch Gesellschafterbeschluss etwas anderes bestimmt ist. Sofern im **Gesellschaftsvertrag** eine andere Person oder bestimmbare Person zum Liquidator bestellt wird, wird diese ebenso mit Auflösung zum Liquidator; auch diese Person ist dann geborener Liquidator. Die Regelung im Gesellschaftsvertrag muss allerdings eine bestimmte Person benennen, die Auswahl darf nicht Dritten – auch nicht dem Aufsichtsrat – übertragen werden.[242] Denkbar ist aber etwa folgende Regelung: „Präsident der IHK"; dann ist die Person des Liquidators bestimmbar. Sofern allerdings während der Abwicklung ein Amtswechsel stattfindet, stellt sich die Frage, ob der zurzeit der Auflösung amtierende Präsident Liquidator bleibt oder dessen Nachfolger im Amt Liquidator wird. Mit der h. M.[243] ist davon auszugehen, dass der zurzeit der Auflösung amtierende Präsident Liquidator bleibt, ansonsten würde der Gesellschaftsvertrag die Bestimmung der Person des Liquidators auf Dritte übertragen. Für die **geborenen Liquidatoren** bedarf es **keines besonderen Bestellungsaktes**, sie sind mit Auflösung der GmbH zu Liquidatoren bestellt.[244] Werden nachträglich durch Gesellschafterbeschluss oder das Registergericht andere (**gekorene Liquidatoren**) bestimmt, bleiben die geborenen Liquidatoren so lange im Amt, bis diese ordentlich bestellt sind.[245] Ihr Amt als Liquidatoren lebt aber nicht wieder auf, wenn die gekorenen Liquidatoren etwa durch Abberufung oder Amtsniederlegung wieder wegfallen.[246]

104 Die Liquidatoren können aber auch durch Beschluss der Gesellschafterversammlung bestimmt werden (**gekorene Liquidatoren**). Ein solcher Beschluss kann frühestens mit Auflösung gefasst werden, da es sich zuvor um eine Satzungsänderung handeln würde, die den Anforderungen des § 53 Abs. 2 GmbHG zu genügen hätte. Durch Beschluss kann auch eine im Gesellschaftsvertrag getroffene Regelung abgeändert werden, da § 66 Abs. 3 Satz 2 GmbHG den Gesellschaftern das Recht einräumt, jeden Liquidator, auch den statutarischen oder den nach § 66 Abs. 5 GmbHG gerichtlich bestellten, abzuberufen. Dies ist allerdings dann nicht möglich, wenn die Satzung ein Sonderrecht auf die Liquidatorenstellung gewährt. Dann kommt die Bestellung eines anderen Liquidators nur in Betracht, wenn für die Abberufung des Sonderberechtigten ein wichtiger Grund vorliegt.[247] Sofern im Gesellschaftsvertrag nichts anderes bestimmt ist, bedarf der Beschluss nur einfacher Mehrheit.[248] Nach § 66 Abs. 2 GmbHG kommt weiter die **außerordentliche Liquidatorenbestellung**

---

[240] So die h. M., vgl. nur Ulmer/*Paura* § 66 Rn. 7 ff.; Scholz/*K. Schmidt* § 66 Rn. 3 ff.; Baumbach/Hueck/ Haas § 66 Rn. 5 f.; Lutter/Hommelhoff/*Kleindiek* § 66 Rn. 1; a. A.: bei Personenhandelsgesellschaften: Kölner Kommentar, *Kraft* AktG § 265 Rn. 9.
[241] So auch Lutter/Hommelhoff/*Kleindiek* § 66 Rn. 1.
[242] So RGZ 145, 99, 104; Ulmer/*Paura* § 66 Rn. 20; Rowedder/Schmidt-Leithoff/*Gesell* § 66 Rn. 7; Scholz/ *K. Schmidt* § 66 Rn. 7; Baumbach/Hueck/*Haas* § 66 Rn. 13.
[243] Vgl. etwa *Hofmann* GmbHR, 1976, 229, 230; Ulmer/*Paura* § 66 Rn. 20;; Lutter/Hommelhoff/*Kleindiek* § 66 Rn. 3.
[244] Vgl. Lutter/Hommelhoff//*Kleindiek* § 66 Rn. 2 ; Scholz/*K. Schmidt* § 66 Rn. 5.
[245] Vgl. KG JW 1939, 1166.
[246] So LG Frankental GmbHR 1996, 131; Scholz/*K. Schmidt* § 66 Rn. 31.
[247] Vgl. Rowedder/Schmidt-Leithoff/*Gesell* § 66 Rn. 5; Ulmer/*Paura* § 66 Rn. 28; Scholz/*K. Schmidt* § 66 Rn. 44; Baumbach/Hueck/*Haas* § 66 Rn. 14; Lutter/Hommelhoff/*Kleindiek* § 66 Rn. 4; zur gleichen Frage beim Geschäftsführer vgl. BGH GmbHR 1982, 130; a. A.: Meyer-Landrut/*Meyer-Landrut* § 66 Rn. 15 a. E., der in Rn. 8 die Möglichkeit der Einräumung eines Sonderrechts verneint.
[248] Allg. M.: Vgl. statt aller Lutter/Hommelhoff/*Kleindiek* § 66 Rn. 4.

durch das Registergericht[249] in Betracht. Diese erfolgt auf Antrag von Gesellschaftern, deren Geschäftsanteile mindestens 10% des Stammkapitals ausmachen, unabhängig von der Höhe des damit verbundenen Stimmrechts. § 66 Abs. 2 GmbHG gehört zum unabdingbaren Minderheitenschutz im GmbH-Recht. Dieses Recht kann deshalb im Gesellschaftsvertrag nicht beschnitten werden; wohl aber ist eine Herabsetzung der 10%-Schwelle oder eine Gewährung des Rechts an jeden einzelnen Gesellschafter und damit eine Ausweitung des Rechts möglich.[250] Das Minderheitenrecht nach § 66 Abs. 2 GmbHG gehört zu den Mitverwaltungsrechten, die untrennbar mit der Mitgliedschaft verbunden sind.[251] Das Antragsrecht geht daher nicht auf Dritte wie den Pfandgläubiger oder Nießbraucher über.[252] Der Antrag ist gemäß §§ 66 Abs. 2, 7 Abs. 1 GmbHG, 377 I FamFG an das Registergericht am Sitz der Gesellschaft in Schriftform oder zu Protokoll der Geschäftsstelle zu richten. Das Gericht muss dann – allerdings nicht in seiner Funktion als Registergericht nach §§ 374, 378 ff. FamFG, sondern als Gericht in unternehmensrechtlichen Verfahren nach §§ 375 ff., 402 ff. FamFG[253] – bei Vorliegen eines wichtigen Grundes einen (oder mehrere) Liquidator(en) bestellen.[254] Bezüglich der Wahl der Person des Liquidators ist das Gericht nicht an den Antrag des/der Gesellschafter(s) gebunden; es entscheidet vielmehr frei über die Person und Anzahl der Liquidatoren und die Einzel- oder Gesamtvertretung.[255] Ein wichtiger Grund für die Bestellung des Liquidators durch das Gericht liegt dann vor, wenn ein Liquidator fehlt und keine Aussicht auf Abhilfe durch die Gesellschafter besteht, etwa weil diese unfähig sind, sich auf einen oder mehrere Liquidatoren zu einigen oder überhaupt zu einem Beschluss zu kommen. Dass bereits ein Notliquidator bestellt ist, beseitigt als lediglich vorläufige Regelung das Vorliegen eines wichtigen Grundes nicht.[256] Praktisch relevant ist allerdings der Antrag auf Bestellung eines Liquidators verbunden mit dem Antrag auf Abberufung des vorhandenen Liquidators gemäß § 66 Abs. 3 GmbHG. Dann liegt ein wichtiger Grund etwa vor bei Unfähigkeit,[257] Pflichtvergessenheit oder mangelnder Unparteilichkeit des Liquidators,[258] die zur Erschütterung des Vertrauensverhältnisses der Minderheit der Gesellschaft führen können und somit einen wichtigen Grund für die Abberufung des Liquidators darstellen. Bei der Frage, ob ein wichtiger Grund vorliegt, muss das Gericht die schützenswerten Interessen der Minderheit gegenüber denen der Mehrheit abwägen.[259] Nicht ohne weiteres für das Einschreiten des Gerichts ausreichend ist eine – im Abwicklungsstadium häufig vorkommende – Verfeindung der Beteiligten.[260] Ernstliche, die Gesellschafterinteressen schädigende Unzuträglichkeiten sind aber ein wichtiger Grund.[261]

Rechtsmittel gegen die Entscheidung des Gerichts ist die Beschwerde nach §§ 402 Abs. 1, 58 ff. FamFG, die mit der FGG-Reform an die Stelle der sofortigen Beschwerde gemäß §§ 146 Abs. 2, 22 FGG getreten ist.[262] Beschwerdeberechtigt gemäß § 59 FamFG sind neben den Antragstellern der abberufene Liquidator, die GmbH selbst und jeder einzelne Gesell-

---

[249] Vgl. Scholz/K. *Schmidt* § 66 Rn. 11.
[250] Vgl. Lutter/Hommelhoff/*Kleindiek* § 66 Rn. 5; Scholz/K. *Schmidt* § 66 Rn. 12; Ulmer/*Paura* § 66 Rn. 32 f.; Baumbach/Hueck/*Haas* § 66 Rn. 19; Rowedder/Schmidt-Leithoff/*Gesell* § 66 Rn. 10; Meyer-Landrut/*Meyer-Landrut* § 66 Rn. 11.
[251] Vgl. Ulmer/*Paura* § 66 Rn. 34.
[252] Vgl. Scholz/K. *Schmidt* § 66 Rn. 17; Ulmer/*Paura* § 66 Rn. 34.
[253] Vgl. Baumbach/Hueck/*Haas* § 66 Rn. 21; Scholz/K. *Schmidt* § 66 Rn. 13.
[254] Es handelt sich dabei nicht um eine Ermessensentscheidung: Baumbach/Hueck/*Haas* § 66 Rn. 21.
[255] Vgl. Scholz/K. *Schmidt* § 66 Rn. 22; Rowedder/Schmidt-Leithoff/*Gesell* § 66 Rn. 11; Ulmer/*Paura* § 66 Rn. 43.
[256] Vgl. BayObLG GmbHR 1987, 306, 307; Scholz/K. *Schmidt* § 66 Rn. 19; Ulmer/*Paura* § 66 Rn. 38; Rowedder/Schmidt-Leithoff/*Gesell* § 66 Rn. 13; Baumbach/Hueck/*Haas* § 66 Rn. 20; Lutter/Hommelhoff/*Kleindiek* § 66 Rn. 5.
[257] Vgl. etwa BayObLG ZIP 1987, 1184; OLG Hamm BB 1960, 918.
[258] So etwa im Fall BayObLG GmbHR 1996, 130.
[259] Vgl. Lutter/Hommelhoff/*Kleindiek* § 66 Rn. 5.
[260] Scholz/K. *Schmidt* § 66 Rn. 45.
[261] So BayObLG GmbHR 1969, 153; Scholz/K. *Schmidt* § 66 Rn. 45.
[262] So BayObLG WM 1984, 809; Lutter/Hommelhoff/*Kleindiek* § 66 Rn. 6.

schafter,²⁶³ nicht aber der genannte Liquidator, da diesem ja die Ablehnung des Amtes möglich ist.

106 Darüber hinaus ist auch entsprechend §§ 29, 48 BGB eine **Notbestellung** von Liquidatoren durch das Registergericht möglich,²⁶⁴ wenn Liquidatoren ganz oder in genügender Zahl fehlen und dadurch die Handlungsfähigkeit der GmbH empfindlich gestört ist. Antragsberechtigt ist hier jeder Beteiligte, also auch jeder Gläubiger der GmbH. Rechtsmittel gegen die Bestellung eines Notliquidators oder dessen Ablehnung ist die befristete Beschwerde gemäß §§ 58 ff. FamFG. Das Amt des Notliquidators ist nur ein vorübergehendes und es endet automatisch mit Bestellung der ordentlichen Liquidatoren.²⁶⁵

107 *bb) Anstellung und Vergütung; Vertretungsbefugnis.* Sofern die bisherigen Geschäftsführer zu Liquidatoren werden, setzt sich der Dienstvertrag zur GmbH fort; bezüglich Gehalt etc. gelten die **bisherigen vertraglichen Regelungen** weiter. Für die durch Gesellschaftsvertrag oder Gesellschafterbeschluss bestellten Liquidatoren führt die Annahme der Bestellung zugleich zum Abschluss eines Dienstvertrages, dessen Inhalt notfalls durch das Prozessgericht gemäß **§ 612 Abs. 2 BGB** festgestellt wird. Umstritten ist, ob und wie bei der Liquidatorenbestellung durch das Registergericht ein Dienstvertrag zustande kommt, so wird etwa ein Zwangsdienstvertrag, Vertretung bei Abschluss des Dienstvertrages durch das Registergericht u. a. m. angenommen.²⁶⁶ Tatsächlich ersetzt die Bestellung durch das Registergericht auch den Vertragsschluss nicht und das Gericht kann auch keinen Anstellungsvertrag festsetzen.²⁶⁷ In **analoger Anwendung des § 265 Abs. 4 AktG** ist dem Liquidator ein gesetzlicher Vergütungsanspruch einzuräumen, dessen Höhe im Streitfall vom Registergericht festzusetzen ist.²⁶⁸ Darüber hinaus hat das Gericht aber auch die Möglichkeit, die Bestellung des Liquidators von der Zahlung eines **Kostenvorschusses** abhängig zu machen.²⁶⁹

108 Die Liquidatoren treten mit Auflösung der GmbH bzw. ihrer Bestellung an die Stelle der Geschäftsführer als **vertretungsberechtigtes Organ** der Gesellschaft. Ihre Vertretungsmacht ist grundsätzlich wie die der Geschäftsführer unbeschränkt und unbeschränkbar; auch durch den Abwicklungszweck wird sie nicht eingeschränkt.²⁷⁰ Sie ist in § 68 Abs. 1 GmbHG nahezu entsprechend mit § 35 Abs. 2 Satz 1 GmbHG – und auch § 35 Abs. 2 Satz 2 GmbHG gilt entsprechend²⁷¹ – geregelt: So ist die Gesellschaft von allen Liquidatoren gemeinschaftlich zu vertreten, sofern bei deren Bestellung nichts anderes geregelt ist. Dies gilt selbst dann, wenn die Liquidatoren die bisherigen Geschäftsführer sind und ihre Vertretungsbefugnis anders geregelt war.²⁷² Sowohl in der Satzung als auch bei der Bestellung kann aber davon abweichendes, wie etwa Einzelvertretungsmacht, Einzelvertretungsmacht einzelner, Gesamtvertretungsmacht je zweier, unechte Gesamtvertretungsmacht mit einem Prokuristen²⁷³ ebenso geregelt werden wie wechselseitige Ermächtigung und nachträgliche Genehmigung unter Gesamtvertretern. Beispielsweise kann im Gesellschaftsvertrag folgendes geregelt sein:

---

²⁶³ So die h. M. vgl. etwa: BayObLG GmbHR 1996, 859, 860; Scholz/*K. Schmidt* § 66 Rn. 23; Baumbach/Hueck/*Haas* § 66 Rn. 22; Lutter/Hommelhoff/*Kleindiek* § 66 Rn. 6.
²⁶⁴ BayObLG BB 1976, 998; Lutter/Hommelhoff/*Kleindiek* § 66 Rn. 7.
²⁶⁵ Vgl. Lutter/Hommelhoff/*Kleindiek* § 66 Rn. 7.
²⁶⁶ Vgl. ausführlich Scholz/*K. Schmidt* § 66 Rn. 50.
²⁶⁷ Wie hier: Baumbach/Hueck/*Haas* § 66 Rn. 23; Ulmer/*Paura* § 66 Rn. 75; Scholz/*K. Schmidt* § 66 Rn. 50; Rowedder/Schmidt-Leithoff/*Gesell* § 66 Rn. 24.
²⁶⁸ So Ulmer/*Paura* § 66 Rn. 75.
²⁶⁹ Allg. M. vgl. etwa Ulmer/*Paura* § 66 Rn. 76; Scholz/*K. Schmidt* § 66 Rn. 50; Rowedder/Schmidt-Leithoff/*Gesell* § 66 Rn. 24.
²⁷⁰ Vgl. OLG Stuttgart ZIP 1986, 647, 648; LG Köln DNotZ 1980, 422, 423; Ulmer/*Paura* § 70 Rn. 27; Lutter/Hommelhoff/*Kleindiek* § 70 Rn. 2; Rowedder/Schmidt-Leithoff/*Gesell* § 70 Rn. 5; grundlegend: *K. Schmidt* AcP 174 (1974) 55, 73 ff.
²⁷¹ So Lutter/Hommelhoff/*Kleindiek* § 68 Rn. 2.
²⁷² So BayObLG ZIP 1996, 2110; Lutter/Hommelhoff/*Kleindiek* § 68 Rn. 2; a. A.: Scholz/*K. Schmidt* § 68 Rn. 5; Baumbach/Hueck/*Haas* § 68 Rn. 4; Ulmer/*Paura* § 68 Rn. 4; Meyer-Landrut/*Meyer-Landrut* § 68 Rn. 3, § 66 Rn. 3.
²⁷³ Grundlegend: *K. Schmidt* BB 1989, 229.

Formulierungsvorschläge:
Für die Vertretung in der Liquidation gelten die gleichen Regeln wie für die Geschäftsführer.[274]
In der Liquidation wird die Gesellschaft durch jeden Liquidator einzeln vertreten.
In der Liquidation wird die Gesellschaft durch je zwei Liquidatoren oder einen Liquidator und einen Prokuristen gemeinschaftlich vertreten.

cc) Anmeldung der Liquidatoren. Zweckmäßigerweise wird die Anmeldung der Liquidatoren nach § 67 GmbHG mit der Anmeldung der Auflösung nach § 65 GmbHG **verbunden**. 109

Muster einer Anmeldung der Auflösung und der Liquidatorenbestellung, wenn die Liquidatoren die bisherigen Geschäftsführer sind:

Liquidatoren XY der Mustermann-GmbH

An das Registergericht

Die Mustermann-GmbH (genaue Bezeichnung, Anschrift, HRB-Nr.) ist aufgelöst, die Vertretungsbefugnis der Geschäftsführer ist erloschen. Liquidatoren sind die bisherigen Geschäftsführer ......
(Name, Adresse ......) und ...... (Name, Adresse ......). Diese vertreten die Gesellschaft wie folgt: ......

Die **Anmeldepflicht** trifft grundsätzlich die **Liquidatoren**,[275] da sie mit der Auflösung vertretungsberechtigtes Organ der Gesellschaft sind. Anzumelden sind **Liquidatoren** und die **Art ihrer Vertretungsbefugnis** sowie alle Änderungen hiervon. Die Anmeldepflicht entfällt bei Bestellung und Abberufung der Liquidatoren durch das Registergericht nach § 66 Abs. 2, 3 GmbHG und §§ 29, 48 BGB, denn dann erfolgt die Eintragung ins Handelsregister gemäß § 67 Abs. 4 GmbHG von Amts wegen. 110

Der Anmeldung sind diejenigen **Urkunden** entsprechend § 39 Abs. 2 GmbHG in Urschrift oder öffentlich beglaubigter Abschrift beizufügen, aus denen sich die anzumeldende Tatsache ergibt. Ergibt sie sich aus dem Gesellschaftsvertrag, genügt der Verweis auf diesen.[276] Ferner müssen gemäß § 67 Abs. 3 GmbHG alle Liquidatoren, nicht nur die Anmeldenden,[277] versichern, dass keine Gründe vorliegen, die ihrer Bestellung entgegenstehen – wobei diese einzeln zu verneinen sind[278] – und dass sie über ihre unbeschränkte Auskunftspflicht gegenüber dem Registergericht belehrt worden sind. Darüber hinaus müssen die Liquidatoren ihre Unterschrift in öffentlich beglaubigter Form einreichen, wenn sie nicht zuvor schon als Geschäftsführer der GmbH gezeichnet haben.[279] Bis zur Eintragung und Bekanntmachung der Liquidatoren gelten wegen § 15 Abs. 1 HGB, auch wenn die Auflösung der GmbH eingetragen ist, im Verhältnis zu Dritten die Geschäftsführer als vertretungsberechtigte Liquidatoren, es sei denn, der Dritte hätte positive Kenntnis der tatsächlichen Sachlage.[280] 111

dd) Beendigung des Liquidatorenamtes. Gemäß § 66 Abs. 3 Satz 2 GmbHG können Liquidatoren, wenn sie nicht gemäß § 66 Abs. 2 GmbHG vom Registergericht bestellt wurden, von der **Gesellschafterversammlung** jederzeit und ohne wichtigen Grund durch Beschluss **abberufen** werden. Das Amt des Notliquidators endet automatisch mit der Bestellung eines Liquidators. Das **Registergericht** kann bei **Vorliegen eines wichtigen Grundes** jeden Liquidator gemäß § 66 Abs. 3, 2 GmbHG abberufen.[281] Bezüglich des Anstellungsver- 112

---

[274] Vgl. Formulierungsvorschlag bei Lutter/Hommelhoff/*Kleindiek* § 68 Rn. 2.
[275] So die heute h.M: LG Bielefeld NJW 1987, 1089; Lutter/Hommelhoff/*Kleindiek* § 67 Rn. 2.
[276] So Lutter/Hommelhoff/*Kleindiek* § 67 Rn. 7; Meyer-Landrut/*Meyer-Landrut* § 67 Rn. 5; Scholz/K. Schmidt § 67 Rn. 11; a.A.: Baumbach/Hueck/*Haas* § 67 Rn. 9, die eine Versicherung der Anmeldenden, dass keine Änderung des Gesellschaftsvertrages erfolgt ist, verlangen.
[277] So BayObLG ZIP 1987, 1183; Lutter/Hommelhoff/*Kleindiek* § 67 Rn. 8.
[278] So BayObLG BB 1984, 238.
[279] Vgl. Lutter/Hommelhoff/*Lutter*/*Kleindiek* 16. Aufl. § 67 Rn. 8.
[280] Vgl. Lutter/Hommelhoff/*Kleindiek* § 67 Rn. 10.
[281] Vgl. OLG Düsseldorf NZG 1998, 854; BayObLG DB 1978, 2165.

trages gilt dasselbe wie für den Geschäftsführer.[282] Darüber hinaus können die Liquidatoren durch Erklärung gegenüber der GmbH vertreten durch den/die Liquidator(en) bzw., wenn kein anderer Liquidator vorhanden ist, die Gesellschafter[283] oder bei gerichtlich bestellten Liquidatoren durch Erklärung gegenüber dem Registergericht ihr Liquidatorenamt **niederlegen**. Ansonsten endet das Liquidatorenamt erst mit Beendigung der GmbH.[284]

113 c) **Inhalt der Abwicklung – die einzelnen Abwicklungsschritte.** Gemäß § 70 GmbHG haben die Liquidatoren folgende Aufgaben:
- Beendigung der laufenden Geschäfte
- Erfüllung der Verpflichtungen der aufgelösten Gesellschaft
- Einziehung der Forderungen der aufgelösten Gesellschaft
- Versilberung des Vermögens der Gesellschaft

114 Dabei handelt es sich allerdings nur um eine Aufzählung **typischer Abwicklungsgeschäfte**, die keineswegs vollständig ist,[285] da die Liquidatoren darüber hinaus noch zahlreiche weitere Aufgaben wie etwa die Erfüllung der steuerrechtlichen Pflichten, die Vermögensverwaltung u. v. m. erfüllen müssen.

115 *aa) Erstellen der Liquidationseröffnungsbilanz.* Die Liquidatoren haben gemäß § 71 Abs. 1 GmbHG für den Beginn der Abwicklung eine **Liquidationseröffnungsbilanz mit erläuterndem Bericht**, der Anhang und Lagebericht im Sinne von §§ 284 ff. HGB ersetzt und die angewandten Bilanzierungs- und Bewertungsgrundsätze darstellt, aufzustellen.

Bilanzstichtag ist der Tag der (materiellen) Auflösung der GmbH, bei Auflösung durch Gesellschafterbeschluss kann ein beliebiger künftiger – nicht zurückliegender – Tag als Auflösungstag bezeichnet werden. Sinnvoll ist hier die Bestimmung der Auflösung für den Schluss des Geschäftsjahres.[286] Dann stimmen der Stichtag für die Liquidationsbilanz und der Stichtag für den ohnehin aufzustellenden Jahresabschluss überein. Entsprechend § 264 Abs. 1 Satz 2 HGB ist die Liquidationseröffnungsbilanz **innerhalb von drei Monaten** ab Auflösung der GmbH aufzustellen.[287]

116 Gemäß § 71 Abs. 2 Satz 2 GmbHG sind die Vorschriften über den Jahresabschluss §§ 242 ff. HGB entsprechend anzuwenden. Das bedeutet, dass die Liquidationseröffnungsbilanz eine **fortgeführte Erfolgsbilanz**[288] ist, eine Neubewertung aller Aktiva und Passiva findet nicht statt.[289] Allerdings erlaubt bereits § 71 Abs. 2 Satz 3 GmbHG für einzelne Gegenstände des Anlagevermögens (z. B. für den Geschäftsbetrieb nicht mehr erforderliche Grundstücke, Maschinen etc.) diese wie Umlaufvermögen zu bewerten, wenn sie innerhalb eines überschaubaren Zeitraums veräußert werden oder nicht mehr dem Geschäftsbetrieb dienen. Das Bilanzierungsverbot für immaterielle Vermögensgegenstände gilt weiter.[290]

117 Für den Tag vor dem Bilanzstichtag für die Liquidationseröffnungsbilanz ist eine **Schlussbilanz** für das Rumpfgeschäftsjahr zu erstellen,[291] die nicht zwingend gleich auszufallen hat wie die Liquidationseröffnungsbilanz,[292] in der Regel aber mit dieser identisch sein wird.[293]

---

[282] Siehe oben unter → § 8 zum Anstellungsverhältnis.
[283] So OLG Hamm NJW 1960, 873.
[284] Zur Beendigung der GmbH ausführlich: Lutter/Hommelhoff/*Kleindiek* § 74 Rn. 6.
[285] Vgl. Scholz/*K. Schmidt* § 70 Rn. 6.
[286] So auch Beck'sches HdbGmbH/*Erle/Eberhard* § 16 Rn. 62.
[287] So mit der Begründung des Verweises in § 71 Abs. 2 Satz 2 GmbHG auf § 264 HGB Lutter/Hommelhoff/*Kleindiek* § 71 Rn. 6; Baumbach/Hueck/*Haas* § 71 Rn. 12; für Pflicht zur sofortigen Aufstellung: Brandmüller, Auflösung und Liquidation, in: Brandmüller/Küffner, Bonner Hdb. GmbH, Fach F Rn. 132, S. 26; a. A.: Meyer-Landrut/*Meyer-Landrut* § 71 Rn. 2.
[288] Vgl. Lutter/Hommelhoff/*Kleindiek* § 71 Rn. 2; Scholz/*K. Schmidt* § 71 Rn. 6; a. A.: Meyer-Landrut/*Meyer-Landrut* § 71 Rn. 2.
[289] Vgl. mit Verweis auf die alte Rechtslage Scholz/*K. Schmidt* § 71 Rn. 22; ebenso Lutter/Hommelhoff/*Kleindiek* § 71 Rn. 2; BeckBilKomm/*Winkeljohann/Büssow* § 252 Rn. 19.
[290] So Lutter/Hommelhoff/*Kleindiek* § 71 Rn. 2; a. A.: Meyer-Landrut/*Meyer-Landrut* § 71 Rn. 3; Baumbach/Hueck/*Haas* § 71 Rn. 17.
[291] So Baumbach/Hueck/*Haas* § 71 Rn. 2; Förster/Döring Rn. 293.; Scherrer/Heni S. 24 ff.; a. A.: Budde/Förschle Rn. 55 ff., S. 764 mit ausführlicher Begründung und Darstellung des Streitstandes.
[292] Vgl. hierzu das Beispiel der Norddeutschen Lederwerke AG, dargestellt bei Förster S. 155 ff., 221 ff.
[293] So auch Lutter/Hommelhoff/*Kleindiek* § 71 Rn. 8.

Die Schlussbilanz dient der Ermittlung des Bilanzgewinns und der daraus folgenden Steuerpflicht, allerdings ist eine Gewinnausschüttung wegen § 73 GmbHG ausgeschlossen.[294]

Der Liquidationseröffnungsbilanz ist ein **erläuternder Bericht** beizufügen, der den Anforderungen der §§ 284ff. HGB zu genügen hat, wobei keine größenabhängigen Erleichterungen gemäß §§ 287, 288 HGB gestattet werden. Der zwingend vorgeschriebene erläuternde Bericht hat insbesondere die gegenüber der Schlussbilanz geänderten Bewertungsgrundsätze, aber auch allgemein die angewandten Bilanzierungs- und Bewertungsmethoden, die momentane wirtschaftliche Situation in der Liquidation und den erwarteten weiteren Verlauf, sowie die zu erwartenden Liquidations- bzw. Veräußerungserlöse darzustellen.[295]

Die Liquidationseröffnungsbilanz von mittelgroßen und großen GmbHs ist gemäß §§ 316ff. HGB durch einen Abschlussprüfer zu prüfen. Von dieser Pflicht kann das Gericht aber gemäß § 71 Abs. 3 GmbHG befreien. Darüber hinaus bestehen unter den Voraussetzungen der §§ 325 bis 329 HGB Publizitätspflichten.

bb) Abschluss und Beendigung von Geschäften durch die Liquidatoren. Zwar sind die Liquidatoren im Außenverhältnis unbeschränkt und unbeschränkbar vertretungsbefugt. Im Innenverhältnis ist ihre Geschäftsführungsbefugnis aber **durch den Liquidationszweck begrenzt**. Deshalb sind sie nur zum Abschluss von Geschäften innerhalb des Liquidationszwecks befugt; wollen sie darüber hinaus Geschäfte eingehen, bedarf dies der Zustimmung der Gesellschafter,[296] ansonsten machen sie sich schadensersatzpflichtig (die Haftung der Liquidatoren gegenüber der GmbH richtet sich nach § 43 Abs. 1, 2, 4 GmbHG).[297] Insbesondere dürfen die Liquidatoren keine Geschäfte und Handlungen vornehmen, die die Gesellschaft wieder zu einer werbenden machen (anders wenn ein Fortsetzungsbeschluss der Gesellschafter vorliegt).

Zunächst haben die Liquidatoren die laufenden Geschäfte der GmbH abzuwickeln. Dabei sind unter „laufenden Geschäften" nicht nur Rechtsgeschäfte, sondern die **Geschäftstätigkeit** der Gesellschaft insgesamt zu verstehen.[298] Die **Beendigung der laufenden Geschäfte** bedeutet nicht, dass sofort alle Geschäfte abgebrochen, alle Vermögensgegenstände verkauft und alle Verträge gekündigt werden müssen, sondern es dürfen vielmehr **Neugeschäfte** abgeschlossen werden, sofern sie objektiv dem Liquidationszweck dienen. Die bestehenden Geschäfte sind so zu beenden, dass die Abwicklung zu einem wirtschaftlich sinnvollen Ergebnis gelangt.[299] Daher kann etwa auch eine zeitlich begrenzte Betriebsfortführung zulässig sein, wenn dies das Abwicklungsergebnis verbessert.[300] Im Zweifel ist den Liquidatoren anzuraten, die Zustimmung der Gesellschafter einzuholen.[301] In § 70 Satz 2 GmbHG ist die Eingehung neuer Geschäfte für ausdrücklich zulässig bestimmt, wenn dies zur Beendigung der schwebenden Geschäfte führt. Dies ist, wenn man es wörtlich nimmt, zu eng gefasst,[302] da alle Geschäfte neu eingegangen werden können, wenn dies dem Abwicklungszweck dienlich ist.

cc) Erfüllung der Verpflichtungen und Einziehung der Forderungen der aufgelösten GmbH. Die Liquidatoren haben die **Schulden** der Gesellschaft **zu tilgen**. Grundsätzlich sind dabei keine Unterschiede zu machen zwischen Verbindlichkeiten gegenüber Dritten und gegenüber Gesellschaftern.[303] Vor Inkrafttreten des MoMiG kam die Begleichung einer Verbindlichkeit gegenüber dem Gesellschafter nicht in Betracht, soweit diese Eigenkapitalersatzcharakter hatte, eine Rangrücktrittserklärung vorlag oder in sonstiger Weise die §§ 30ff. GmbHG entgegenstanden. Gemäß der neuen Rechtslage gibt es außerhalb der Insolvenz keine eigenkapitalersetzenden Gesellschafterdarlehen mehr. Eine Rückzahlung kann folglich

---

[294] Vgl. Scholz/*K. Schmidt* § 71 Rn. 9.
[295] Vgl. Groß/Hess/Ley WPK-Mitteilung Sonderheft 1997, 15.
[296] Vgl. hierzu Scholz/*K. Schmidt* § 70 Rn. 6.
[297] Siehe zur entsprechenden Haftung der Geschäftsführer oben unter → § 10.
[298] So die h. M., vgl. etwa Scholz/*K. Schmidt* § 70 Rn. 7; Baumbach/Hueck/*Haas* § 70 Rn. 4.
[299] Vgl. Beck'sches HdbGmbH/*Erle*/*Eberhard* § 16 Rn. 37.
[300] So Baumbach/Hueck/*Haas* § 70 Rn. 4; Scholz/*K. Schmidt* § 70 Rn. 7.
[301] Baumbach/Hueck/*Haas* § 70 Rn. 14.
[302] So die h. M., vgl. etwa Scholz/*K. Schmidt* § 70 Rn. 7; Baumbach/Hueck/*Haas* § 70 Rn. 4.
[303] So aber Scholz/*K. Schmidt* § 70 Rn. 9.

unproblematisch statt finden, wenn nicht ein ausdrücklicher Nachrang – etwa zur Vermeidung einer Überschuldung – vereinbart worden ist. Für die Gläubiger bleibt ansonsten nur noch die Möglichkeit der Anfechtung nach §§ 6, 6a AnfG.

122 Ferner haben die Liquidatoren alle **Forderungen** der Gesellschaft **einzuziehen**. Dazu gehören auch Forderungen gegen die Gesellschafter, sei es aus allgemeinen Rechtsgeschäften oder aus speziellen gesellschaftsrechtlichen Tatbeständen. Noch ausstehende Einlageverpflichtungen sind allerdings nur insoweit einzuziehen, als sie für die Abwicklung benötigt werden.[304]

123 *dd) Abwicklungsjahresabschlüsse.* Je nachdem, wie viel Zeit von der Auflösung bis zur Beendigung der GmbH verstreicht, sind für jedes Liquidationsjahr ein oder mehrere Jahresabschlüsse (Bilanz, GuV, Anhang und Lagebericht § 264 HGB) aufzustellen. Bilanzstichtag ist also wie bei der Liquidationseröffnungsbilanz der Tag der Auflösung der Gesellschaft.[305] Es gelten die allgemeinen Regeln zur Aufstellung, Feststellung, Prüfung und Offenlegung, wobei das Gericht von der Prüfungspflicht gemäß § 71 Abs. 3 GmbHG befreien kann.[306]

124 *ee) Versilberung des Vermögens der Gesellschaft.* Die Versilberung des Gesellschaftsvermögens ist nur insoweit zwingend, als es zur Schuldentilgung erforderlich ist. Darüber hinaus können die Gesellschafter auch die reale Verteilung des Gesellschaftsvermögens beschließen. Hier haben die Liquidatoren dann insbesondere das Gebot der Gleichbehandlung aller Gesellschafter zu beachten.[307]

125 *ff) Vermögensverteilung.* Nach der Schuldentilgung und Ablauf des **Sperrjahres** gem. § 73 GmbHG kann das Vermögen der Gesellschaft gem. § 72 GmbHG unter den Gesellschaftern – soweit im Gesellschaftsvertrag keine anderweitige Regelung vorgesehen ist – im Verhältnis ihrer Geschäftsanteile verteilt werden. Das Sperrjahr beginnt gemäß § 73 Abs. 1 GmbHG mit der dritten Gläubigeraufforderung nach § 65 Abs. 2 Satz 2 GmbHG. Eine Verteilung darf nur erfolgen, nachdem **alle Gläubiger befriedigt** bzw. deren Forderungen **gesichert** sind, soweit es sich um streitige Forderungen handelt bzw. der Betrag **hinterlegt** wurde, wenn die Forderung bekannt ist, der Gläubiger sich aber nicht meldet. Alle bekannten Gläubiger sind unabhängig davon zu befriedigen, ob sie sich auf den Gläubigeraufruf hin gemeldet haben oder nicht.[308] Unbekannten Gläubigern wird so ein Jahr lang die Möglichkeit eröffnet, ihre Forderung bekannt zu machen. Eine Abkürzung des Sperrjahres ist selbst dann nicht möglich, wenn alle (bekannten) Gläubiger zustimmen, da durch § 73 GmbHG gerade auch der unbekannte Gläubiger geschützt werden soll,[309] auch kann sie weder durch die Satzung noch durch Gesellschafterbeschluss erreicht werden.[310] Die Forderung eines unbekannten Gläubigers (besser: „eine unbekannte Forderung")[311] ist auch nach Ablauf des Sperrjahres noch zu befriedigen, soweit noch Vermögen vorhanden ist.[312] Entgegen der Verteilung in der Insolvenz existiert zwischen den Gläubigern keine Rangordnung und kein Anspruch auf gleichmäßige Befriedigung.[313]

126 Gegen die frühzeitige Verteilung des Gesellschaftsvermögens bevor die Voraussetzungen des § 73 GmbHG erfüllt sind, namentlich das Sperrjahr abgelaufen und bekannte Gläubiger befriedigt bzw. sichergestellt worden sind, kann ein Gläubiger den **dinglichen Arrest** gegen

---

[304] Vgl. BGH NJW 1970, 470 und WM 1977, 617.
[305] So die h. M. vgl. Lutter/Hommelhoff/*Kleindiek* § 71 Rn. 9; differenzierend: *Brandmüller* Bonner Hdb-GmbH Fach F Rn. 145, S. 29.
[306] Siehe oben zur Liquidationseröffnungsbilanz unter → Rn. 115 ff.
[307] OLG Hamm BB 1954, 913; zum Ganzen: Lutter/Hommelhoff/*Kleindiek* § 70 Rn. 13.
[308] Vgl. RG JW 1930, 2943; Scholz/*K. Schmidt* § 73 Rn. 8; *Sudhoff* Gesellschaftsvertrag S. 564.
[309] So Lutter/Hommelhoff/*Kleindiek* § 73 Rn. 1; *Hofmann* GmbHR 1976, 258, 266; Ulmer/*Paura* § 73 Rn. 4; Scholz/*K. Schmidt* § 73 Rn. 4, 13; Rowedder/Schmidt-Leithoff/*Gesell* § 73 Rn. 5.
[310] Vgl. OLG Rostock GmbHR 1996, 621, 622.
[311] So Scholz/*K. Schmidt* § 73 Rn. 6.
[312] Allg. M. vgl. RGZ 92, 82; 109, 392; Baumbach/Hueck/*Haas* § 73 Rn. 5; Scholz/*K. Schmidt* § 73 Rn. 3, 13.
[313] Baumbach/Hueck/*Haas* § 73 Rn. 3; Ulmer/*Paura* § 73 Rn. 18 m. w. N.

die GmbH gemäß §§ 916 ff. ZPO erwirken.[314] Alternativ[315] ist eine **einstweilige Verfügung** mit dem Antrag auf Unterlassung der Vermögensverteilung gegen die GmbH bzw. die Liquidatoren persönlich aus § 73 GmbHG i. V. m. §§ 823 Abs. 2, 1004 BGB möglich.[316]

Sobald alle Gläubiger befriedigt bzw. sichergestellt sind, entsteht der **Anspruch der Gesellschafter auf Verteilung des Gesellschaftsvermögens,** der allerdings erst nach Ablauf des Sperrjahres fällig wird;[317] zuvor besteht lediglich das allgemeine Recht der Gesellschafter auf den Liquidationsbeschluss.[318] Der Anspruch besteht **gegenüber der Gesellschaft** und ist **unentziehbar.**[319] Allenfalls mit Zustimmung aller Gesellschafter ist eine Abänderung oder Entziehung möglich.[320] **Anspruchsinhaber** sind grundsätzlich die **Gesellschafter,** wobei eine Vorausabtretung möglich ist, die mit Entstehung des Anspruchs wirksam wird.[321] Grundsätzlich besteht der Anspruch in Geld, es ist aber auch die Verteilung anderer Vermögenswerte als Geld möglich, wenn dies der **Gesellschaftsvertrag** vorsieht oder **alle Gesellschafter zustimmen.**[322] Zu unterscheiden ist die Verteilung in Natura aber von der Rückgabe von Gegenständen, die der Gesellschaft zur Nutzung überlassen wurden.

In entsprechender Anwendung des § 271 Abs. 3 AktG werden zuerst die von den Gesellschaftern geleisteten Einlagen erstattet und dann der weitere Überschuss **nach dem Verhältnis der Geschäftsanteile** (Nennbetrag) unter die Gesellschafter verteilt.[323] Soweit dies erforderlich ist, um eine gleichmäßige Befriedigung aller Gesellschafter zu gewährleisten oder um satzungsgemäße Liquidationsvorrechte zu befriedigen, müssen rückständige Einlagen erbracht werden.[324]

Wurde das Gesellschaftsvermögen unrichtig verteilt, kann der benachteiligte Gesellschafter **Ausgleichsansprüche** gegenüber den anderen Gesellschaftern geltend machen. Es entsteht eine Ausgleichsverpflichtung aus Gesellschaftsvertrag unter den Gesellschaftern, die ohne Nachtragsliquidation zu erfüllen ist.[325] Der Ausschüttungsanspruch des Gesellschafter verjährt, sofern nicht im Gesellschaftsvertrag oder einstimmigen Gesellschafterbeschluss[326] eine verkürzte aber angemessene Verjährung vorgesehen ist, in drei Jahren.[327] Da die gesetzliche Frist von drei Jahren schon sehr gering bemessen ist, hält sich der Spielraum für eine weitere Kürzung in Grenzen.[328]

gg) Schlussrechnung und Beendigung der Liquidation. Die Gesellschaft ist voll beendet, wenn die **Liquidation abgeschlossen** und die **Löschung** der Gesellschaft im Handelsregister **eingetragen** ist (Doppeltatbestand).[329] Die Liquidation ist dann abgeschlossen, wenn das

---

[314] Vgl. Ulmer/*Paura* § 73 Rn. 33; Scholz/*K. Schmidt* § 73 Rn. 14; Baumbach/Hueck/*Haas* § 73 Rn. 11; Lutter/Hommelhoff/*Kleindiek* § 73 Rn. 10.
[315] Für eine Kumulation von beidem gegen die GmbH fehlt das Rechtsschutzbedürfnis vgl. Scholz/ *K. Schmidt* § 73 Rn. 15.
[316] So die h. M. vgl. etwa Lutter/Hommelhoff/*Kleindiek* § 73 Rn. 10; a. A.: Baumbach/Hueck/*Haas* § 73 Rn. 11, der einen Unterlassungsanspruch nur gegen den Liquidator bejaht; Ulmer/*Paura* § 73 Rn. 34.
[317] Vgl. RGZ 124, 210; Rowedder/Schmidt-Leithoff/*Gesell* § 72 Rn. 2; Ulmer/*Paura* § 72 Rn. 2.
[318] RGZ 124, 210.
[319] Vgl. BGHZ 14, 264; KG JW 1937, 2979; Scholz/*K. Schmidt* § 72 Rn. 3; Rowedder/Schmidt-Leithoff/*Gesell* § 72 Rn. 2.
[320] Vgl. BGHZ 14, 264, 269; KG JW 1937, 2979; Baumbach/Hueck/*Haas* § 72 Rn. 2; Rowedder/ Schmidt-Leithoff/*Gesell* § 72 Rn. 2; Scholz/*K. Schmidt* § 72 Rn. 3; Ulmer/*Paura* § 72 Rn. 8, 11.
[321] Vgl. BGH JZ 1984, 99 f.
[322] So BeckOK GmbHG/*Lorscheider* § 72 Rn. 7; Hofmann GmbHR 1976, 258, 264; Ulmer/*Paura* § 72 Rn. 16 f.; Rowedder/Schmidt-Leithoff/*Gesell* § 72 Rn. 7 f.
[323] So BeckOK GmbHG/*Lorscheider* § 72 Rn. 6; Rowedder/Schmidt-Leithoff/*Gesell* § 72 Rn. 12; Lutter/ Hommelhoff/*Kleindiek* § 72 Rn. 11; Hofmann GmbHR 1976, 258, 266.
[324] So Scholz/*K. Schmidt* § 72 Rn. 13; Meyer-Landrut/*Meyer-Landrut* § 72 Rn. 3; Rowedder/Schmidt-Leithoff/*Gesell* § 72 Rn. 12; Lutter/Hommelhoff/*Kleindiek* § 72 Rn. 11; Baumbach/Hueck/*Haas* § 72 Rn. 4.
[325] Vgl. Scholz/*K. Schmidt* § 72 Rn. 17; Lutter/Hommelhoff/*Kleindiek* § 72 Rn. 12; BGHZ 4, 84, 87; 35, 272; Baumbach/Hueck/*Haas* § 72 Rn. 21.
[326] Baumbach/Hueck/*Haas* § 72 Rn. 14–16.
[327] KG JW 1937, 2980; Baumbach/Hueck/*Haas* § 72 Rn. 15; Ulmer/*Paura* § 72 Rn. 20; jetzt auch Scholz/ *K. Schmidt* § 72 Rn. 18.
[328] Baumbach/Hueck/ § 72 Rn. 15.
[329] OLG Saarbrücken GmbHR 1992, 311 m. w. N.; OLG Köln GmbHR 1992, 536; Scholz/*K. Schmidt* § 74 Rn. 14; *K. Schmidt* GmbHR 1988, 209, 211; Baumbach/Hueck/*Haas* § 60 Rn. 6; Ulmer/*Paura* § 74 Rn. 31;

Sperrjahr (§ 73 GmbHG) abgelaufen, kein verteilbares Vermögen mehr vorhanden ist und keine sonstigen Liquidationsmaßnahmen mehr zu erledigen sind.[330]

> **Checkliste: Beendigung der Liquidation**
>
> ☐ Ablauf des Sperrjahres
> ☐ Kein verteilbares Vermögen der GmbH mehr vorhanden
> ☐ Keine sonstigen Liquidationsmaßnahmen mehr erforderlich
>   Keine laufenden Aktivprozesse[331]
>   Keine laufenden Passivprozesse, wenn anderes als Vermögen begehrt (z. B. Berichtigung, Ehrenerklärung, Feststellung, Duldung oder ähnliches)[332]
>   Übergabe der Unterlagen an den Verwahrer muss erfolgt sein[333]

131 Seit 1993[334] ist die Pflicht der Liquidatoren in § 74 Abs. 1 GmbHG geregelt, nach Beendigung der Liquidation eine **Schlussrechnung** zu erstellen. Bei der Schlussrechnung handelt es sich um eine interne Rechnungslegung der Liquidatoren, die Grundlage für deren Entlastung ist. Sie beruht auf der Tatsache, dass Liquidatoren fremde Geschäfte besorgt haben und deshalb zur Rechnungslegung verpflichtet sind (§ 259 BGB).

132 Streng zu unterscheiden ist die Schlussrechnung von der **Liquidationsschlussbilanz**,[335] die externe Rechnungslegung ist und bereits **vor** der Verteilung des Vermögens aufgestellt wird. Die Liquidationsschlussbilanz ist gesetzlich nicht geregelt und ihr Erfordernis wird heftig bestritten.[336] Jedenfalls ist aber die Aufstellung der Liquidationsschlussbilanz ratsam.[337] Sie dokumentiert das Ergebnis seit der letzten Liquidationsbilanz und den Vermögensstand vor der Verteilung.

133 Letzte Pflicht der Liquidatoren ist die **Anmeldung** der Löschung der Gesellschaft zur Eintragung der Löschung **zum Handelsregister**, § 74 Abs. 1 Satz 1 GmbHG. Daraufhin wird die GmbH im Handelsregister **gelöscht**.

134 Gemäß § 74 Abs. 2 GmbHG sind alle tatsächlich geführten – nicht nur die zwingend zu führenden[338] – **Unterlagen** aufzubewahren. Die Aufbewahrungsfrist beträgt **10 Jahre**, es sei denn bezüglich einzelner Unterlagen sind steuer- oder handelsrechtlich längere Aufbewahrungsfristen bestimmt. Die Verwahrung ist durch Gesellschafter oder Dritte, die durch Gesellschaftsvertrag, Gesellschafterbeschluss oder im Einverständnis mit dem Betroffenen durch das Registergericht bestimmt wurden, vorzunehmen. Gesellschafter, deren Erben und nach Gestattung durch das Registergericht bei besonderem Interesse Gläubigern der GmbH ist die Einsicht in diese Unterlagen zu gewähren (§ 74 Abs. 3 GmbHG).

135 d) **Steuerrechtliche Besonderheiten.** Während der Liquidation bleibt die GmbH wie zuvor steuerpflichtig.[339] Darüber hinaus kann bei den Gesellschaftern Einkommensteuer anfallen.

Lutter/Hommelhoff/*Kleindiek* § 74 Rn. 6;; OLG Stuttgart ZIP 1986, 648; NZG 1999, 31; OLG Koblenz NZG 1998, 637; offen gelassen: BGH WM 1986, 145; a. A.: die früher h. M. RGZ 134, 94; 149, 297; BGHZ 48, 303, 307; 53, 264, 266; BAG WM 1982, 220; zur neueren Auffassung, die die Löschung der Gesellschaft im Handelsregister allein genügen lässt vgl. *Hönn* ZHR 138 (1974) 50, 79.

[330] Vgl. Lutter/Hommelhoff/*Kleindiek* § 74 Rn. 2.
[331] Vgl. BGH WM 1986, 145; LM 1 zu § 74 GmbHG; Lutter/Hommelhoff/*Kleindiek* § 74 Rn. 5.
[332] Vgl. BAG, WM 1982, 220; Lutter/Hommelhoff/*Kleindiek* § 74 Rn. 5.
[333] So Lutter/Hommelhoff/*Kleindiek* § 74 Rn. 5.
[334] Bereits zuvor geltendes Recht, so: BayObLG BB 1963, 664.
[335] A. A.: Baumbach/Hueck/*Haas* § 71 Rn. 28 f., der i. d. R. entweder Schlussrechnung oder Liquidationsschlussbilanz für ausreichend hält; Ulmer/*Paura* § 71 Rn. 29, der die Schlussrechnung als zwingenden Teil der Liquidationsschlussbilanz sieht; wie hier: Scholz/*K. Schmidt* § 71 Rn. 30.
[336] So Baumbach/Hueck/*Haas* § 71 Rn. 29; Ulmer/*Paura* § 71 Rn. 29; Meyer-Landrut/*Meyer-Landrut* § 71 Rn. 11.
[337] So Scholz/*K. Schmidt* § 71 Rn. 30.
[338] Baumbach/Hueck/*Haas* § 74 Rn. 7.
[339] Vgl. insoweit gesondertes Kapitel zu den steuerlichen Folgen → § 22 Rn. 367 ff.

e) Nachtragsliquidation. Stellt sich nach Löschung der Gesellschaft im Handelsregister heraus, dass sie tatsächlich noch nicht vollbeendigt war, etwa weil noch verteilungsfähiges Vermögen vorhanden ist oder noch Liquidationsmaßnahmen erforderlich sind,[340] findet eine Nachtragsliquidation statt. Das Registergericht hat dann einen **Nachtragsliquidator** zu bestellen, der mit dem früheren Liquidator identisch sein kann. Der Löschungsvermerk im Handelsregister ist wieder zu löschen. Die Nachtragsliquidation ist Fortsetzung der ursprünglichen Liquidation, so dass es keiner erneuten Liquidationseröffnungsbilanz, keines Gläubigeraufrufs und auch keines Sperrjahres bedarf. Eine Nachtragsliquidation findet beispielsweise statt, wenn die GmbH noch Erklärungen abzugeben hat[341] oder noch an der Löschung eines eingetragenen Grundpfandrechts mitwirken muss,[342] aber auch wenn ein gegen die GmbH durch eine Vormerkung gesicherter Anspruch auf Eintragung einer Sicherungshypothek durchgesetzt werden[343] kann, wenn die GmbH noch steuerliche Pflichten zu erfüllen hat auf Antrag der Steuerbehörde[344] oder noch arbeitsrechtliche Abwicklungsarbeiten ausstehen.[345] Nicht ausreichend ist aber das Vorhandensein weiterer Gläubiger, die nicht berücksichtigt wurden, es sei denn sie waren bekannt oder sie wurden gesetzwidrig übergangen.[346]

IV. Insolvenz

Beratungscheckliste

Einzufordernde Unterlagen zur Beratung bei Vorliegen von Insolvenzgründen:

Allgemein
- ☐ Gesellschaftsvertrag mit zwischenzeitlichen Änderungen
- ☐ Handelsregisterauszug
- ☐ Geschäftsführervertrag
- ☐ Bilanzen mit den letzten verfügbaren Wirtschaftsprüfer-Berichten
- ☐ Firmenbriefbögen

Für die Vermögensübersicht

Aktiva:
- ☐ Einzahlungen der Stammeinlage, Nachweise
- ☐ Grundbuchauszüge und Wertgutachten
- ☐ Liste Geschäftsausstattung mit Standort; Anlagenkartei
- ☐ Lebensversicherungen (Rückkaufswerte)
- ☐ Inventur Warenvorräte
- ☐ Schuldnerverzeichnis (Außenstände)
- ☐ Aufstellung Wechselforderungen
- ☐ Kassenbuch und aktuelles Kassenguthaben
- ☐ Banken – Kontoauszüge (Guthaben?)
- ☐ Gesellschafter-Verrechnungskonten (Ausdrucke)

Passiva:
- ☐ Gläubigerverzeichnis (gegliedert nach Gläubigergruppen)
- ☐ Arbeitnehmerliste
- ☐ Sozialversicherungsträger

---

[340] So oben → Rn. 99 ff.
[341] Vgl. OLG Hamm BB 1987, 294.
[342] Vgl. BayObLG GmbHR 1956, 76 mit Anm. *Gottschling*.
[343] BGHZ 105, 259, der allerdings offen gelassen hat, ob hier Nachtragsliquidation stattfindet oder analog § 1913 BGB ein Pfleger bestellt wird oder eine nachwirkende Liquidatorenzuständigkeit anzunehmen ist.
[344] Vgl. Scholz/K. *Schmidt* § 74 Rn. 20 m. w. N., der selbst jedoch gegen eine Nachtragsliquidation und für eine nachwirkende Zuständigkeit der Liquidatoren plädiert.
[345] Vgl. BAG AP Nr. 5 zu § 50 ZPO; Baumbach/Hueck/*Haas* § 60 Rn. 105.
[346] Vgl. RGZ 92, 77, 84; 109, 387, 391.

- ☐ Darlehensverträge
- ☐ Sicherungsverträge:
  - • Sicherungsübereignungsverträge
  - • Zessionsverträge: Einzel- und Globalzessionen
- ☐ Außenstände
- ☐ Laufende Verträge:
  - • Mietverträge
  - • Pachtverträge mit Einzelfirmen
  - • Leasingverträge, Werkaufträge
  - • Wartungsverträge
  - • Versicherungsverträge (Haftpflicht u. a.)
- ☐ Besondere Verträge
- ☐ Umweltbelastende Stoffe auf Betriebsgelände

Sofern bereits Insolvenzantrag gestellt wurde:
- ☐ Insolvenzantrag
- ☐ Verfügung des Insolvenzgerichts

Zu bedenkende Punkte:
- ☐ Verfahrensstadium, Verfahrensart
- ☐ Verfügungsbefugnis über das Gesellschaftsvermögen
- ☐ Anfechtungsmöglichkeiten
- ☐ Wahlrecht des Insolvenzverwalters
- ☐ Möglichkeiten des Insolvenzplanverfahrens
- ☐ Kapitalersatz

1. Allgemeines

138 Sofern eine Sanierung außerhalb des Insolvenzverfahrens misslungen ist bzw. die Krise des Unternehmens zu spät erkannt wurde, ist bei Vorliegen der Insolvenzgründe die Einleitung eines Insolvenzverfahrens unumgänglich. Aber auch jetzt kommt noch nicht jede Rettung zu spät, denn „die Insolvenz ist nicht der Tod eines Unternehmens, sondern die Einlieferung auf die Intensivstation",[347] insbesondere wenn der Schuldner von seinem Antragsrecht bei drohender Zahlungsunfähigkeit Gebrauch macht und so einen zeitigeren Verfahrenseintritt bewirkt,[348] stehen die Chancen einer **Sanierung** gut. Das Insolvenzverfahren mit Reorganisation oder übertragender Sanierung kann hier als einer von verschiedenen möglichen Sanierungswegen vorteilhaft sein. Die Insolvenzordnung hat die Rahmenbedingungen dafür verbessert, dass Unternehmen in der Insolvenz saniert werden und damit als wirtschaftlicher Wert erhalten bleiben können.

139 Allerdings ist zu beachten, dass bislang ein Insolvenzantrag grundsätzlich erst dann gestellt wird, wenn die Insolvenz unabwendbar geworden ist. Der Gang zum Insolvenzgericht wird also nicht, wie vom Gesetzgeber bezweckt, als alternative Sanierungsmöglichkeit gesehen, sondern vielmehr als notwendiges Übel empfunden. Das Insolvenzverfahren wird weiter als „wirtschaftlicher Exitus" eines Unternehmens angesehen, den es mit allen Mitteln zu verhindern gilt.[349] Das mit der Einführung des Insolvenzgrundes der drohenden Zahlungsunfähigkeit verfolgte Ziel, zeitigere Verfahrenseröffnungen und damit mehr eröffenbare Verfahren zu erhalten, ist bislang noch nicht erreicht.[350]

140 Um diese Defizite zu beseitigen und eine „neue Insolvenzkultur" zu begründen, verabschiedete der Gesetzgeber das ESUG als ersten von drei Schritten eines umfassenden Reformkonzeptes.[351] Durch das ESUG soll die Attraktivität rechtzeitiger bzw. frühzeitiger Insolvenzanträge gesteigert, der Einfluss der Gläubiger erhöht und der Zugang zur Eigen-

---

[347] So *Bichlmeier/Engberding/Oberhofer* Insolvenzhdb. S. 38.
[348] Oppenländer/Trölitzsch/*Leinekugel*, GmbH-Geschäftsführung, § 18 InsO Rn. 56.
[349] Vgl. *Wellensiek* BB 2000, 1, 2.
[350] MünchKommInsO/*rukarczyk* § 18 Rn. 3.
[351] Vgl. hierzu *Leutheusser-Schnarrenberger* BB Die erste Seite 17/2010; *Willemsen/Rechel* BB 2011, 834.

verwaltung erleichtert werden.[352] Inwiefern diese Ziele in der Praxis erreicht werden können, ist bisher noch nicht endgültig abzusehen. Erste Erhebungen[353] deuten jedoch darauf hin, dass die Reformen des ESUG trotz gewisser Anlaufschwierigkeiten zumindest teilweise den gewünschten Erfolg erzielen. Insbesondere das neue Schutzschirmverfahren nach § 270b InsO erfreute sich bereits in den ersten Monaten nach In-Kraft-Treten des ESUG einiger Beliebtheit.[354] Allerdings verzeichnen die Erhebungen in Folge des ESUG auch einen erhöhten Anteil unzulässiger Anträge, was auf die verschärften Anforderungen in § 13 InsO n. F. und die bisher höchstrichterlich noch nicht geklärten Anforderungen des § 270b InsO zurückzuführen ist.

Gerade vor dem Hintergrund dieser neuen Rechtslage sollte der Berater noch mehr als früher die Möglichkeit der **frühzeitigen Insolvenzantragstellung** wegen drohender Zahlungsunfähigkeit, insbesondere in Verbindung mit dem Insolvenzplan- und dem Schutzschirmverfahren zur Sanierung des Schuldners bedenken, da die Erfolgsaussichten für eine Unternehmenssanierung in der Insolvenz maßgeblich vom Vorhandensein ausreichender frei verfügbarer Vermögensmasse abhängen, die nach Eintritt der Liquiditätskrise mit fortschreitendem Zeitablauf bekanntlich abnimmt.[355]

Das Insolvenzverfahren wird nicht über das Unternehmen selbst eröffnet,[356] sondern über das Vermögen des **Rechtsträgers**, bei der GmbH über das Vermögen derselben, §§ 11 Abs. 1 InsO, 13 Abs. 1 GmbHG.

2. Insolvenzgründe

Der Eintritt der betriebswirtschaftlichen Krise verpflichtet die Geschäftsführer der GmbH noch nicht, die Eröffnung des Insolvenzverfahrens zu beantragen. Vielmehr sind sie gemäß § 18 InsO **berechtigt**, bereits **bei drohender Zahlungsunfähigkeit** einen Antrag auf Eröffnung des Insolvenzverfahrens zu stellen. Die **Pflicht zur Antragstellung** besteht gemäß § 17 und § 19 InsO erst, wenn die GmbH **zahlungsunfähig** oder **überschuldet** ist. Gemäß § 16 InsO muss einer der drei Insolvenzgründe vorliegen:

- Bei **Antragstellung durch den Schuldner**: Zahlungsunfähigkeit, drohende Zahlungsunfähigkeit oder Überschuldung, wobei bei Zahlungsunfähigkeit und Überschuldung Antragspflicht besteht.
- Bei **Antragstellung durch Dritte**: Zahlungsunfähigkeit oder Überschuldung.

a) Zahlungsunfähigkeit (§ 17 InsO). Die Zahlungsunfähigkeit des Schuldners ist gemäß § 17 Abs. 1 InsO **allgemeiner Eröffnungsgrund**.

aa) Begriff der Zahlungsunfähigkeit. Zahlungsunfähigkeit nach § 17 Abs. 2 Satz 1 InsO liegt vor, wenn der Schuldner nicht in der Lage ist, seine fälligen Zahlungsverpflichtungen zu erfüllen. Zahlungsunfähigkeit ist in der Regel dann anzunehmen, wenn der Schuldner seine Zahlungen eingestellt hat. Die hierdurch erfolgte Legaldefinition dient der Rechtsklarheit.[357] Diese entspricht der von der Rechtsprechung und Literatur entwickelten Definition unter der Geltung der Konkursordnung,[358] wobei auf das umstrittene Merkmal der Dauerhaftigkeit verzichtet wurde.[359] Es müssen also **Zahlungs**verpflichtungen der Schuldnerin in Geld gegeben sein. Verpflichtungen zur Warenlieferung oder Werkleistung finden insoweit

---

[352] Vgl. BT-Drucks. 17/5712 S. 1 f.; *Leutheusser-Schnarrenberger* BB Die erste Seite 17/2010.
[353] Vgl. hierzu die Erhebung des Leipziger Anwaltvereins e. V. abzurufen unter http://www.anwaltverein-leipzig.de/tl_files/downloads//Fachveroeffentlichungen/ESUG-sechs%20Monate%20und%20150%20Schutzschirme%20spaeter.pdf, sowie die von Roland Berger und Noerr erstellte ESUG-Studie 2012, abzurufen unter http://www.rolandberger.de/media/pdf/Roland_Berger_SUG-Studie_20121106.pdf.
[354] Die Erhebung des Leipziger Anwaltvereins e. V. verzeichnete in den ersten sechs Monaten nach In-Kraft-Treten des ESUG bundesweit bereits 150 Anträge auf Einleitung eines Schutzschirmverfahrens.
[355] Vgl. *Wellensiek* BB 2000, 1, 2.
[356] So aber von *K. Schmidt*, 3. Aufl. 1997, S. 23 ff. gefordert.
[357] Vgl. RegE BT-Drucks. 12/2443 S. 114; MünchKommInsO/*Eilenberger* § 17 Rn. 2.
[358] Vgl. *Kuhn/Uhlenbruck* KO § 102 Rn. 2.
[359] Vgl. *Hoffmann* ZInsO 2008, 785, 786; Braun/*Bußhardt* InsO § 17 Rn. 5.

erst dann Berücksichtigung, wenn sie – insbesondere im Wege der Geltendmachung von Schadensersatz – zu einer Zahlungsverpflichtung geworden sind.[360] Diese Zahlungsverpflichtungen müssen tatsächlich bestehen. Mit Inkrafttreten des MoMiG und der Neufassung des § 30 Abs. 1 GmbHG änderten sich die Regelungen zum Eigenkapitalersatzrecht. Hiernach können Gesellschafterdarlehen jederzeit zurückgewährt werden d. h., dass sie auch bei der Prüfung der Zahlungsunfähigkeit voll zu berücksichtigen sind.[361] Etwas anderes gilt nur, wenn für sie ein Rangrücktritt erklärt worden ist.

146 Nur die Nichterfüllung **fälliger** Zahlungsverpflichtungen kann Zahlungsunfähigkeit gemäß § 17 InsO begründen. Dies ist gerade das Abgrenzungskriterium zur drohenden Zahlungsunfähigkeit. An der Fälligkeit fehlt es bei gestundeten Verbindlichkeiten, vor Vorlage von Schecks und Wechseln, aber auch bei tatsächlich – ohne Rechtsbindungswillen – gestundeten Verbindlichkeiten.[362] Nach der Rechtsprechung des BGH ist die Fälligkeit der Forderungen im Rahmen des § 17 InsO jedoch nicht im zivilrechtlichen Sinne des § 271 BGB zu verstehen.[363] Die zivilrechtliche Fälligkeit ist demnach nur eine notwendige, jedoch keine hinreichende Bedingung für die Fälligkeit im insolvenzrechtlichen Sinne. Hinzutreten muss, dass der Gläubiger die Forderung auch eingefordert hat. Damit hat der BGH das aus der KO nicht in den Gesetzestext des § 17 InsO übernommene Erfordernis des „ernsthaften Einforderns" wiederbelebt, wobei die Anforderungen an ein solches Einfordern gering sind. Es genügt ein (auch konkludentes) Verhalten des Gläubigers, aus dem sich der Wille, vom Schuldner Erfüllung zu verlangen im Allgemeinen ergibt.[364] Insbesondere die erstmalige Übersendung einer Rechnung ist bereits als „ernsthaftes Einfordern" zu werten.[365] Solange der Gläubiger dagegen vollständig stillhält, ist die Forderung nicht in die Beurteilung der Zahlungsfähigkeit einzubeziehen.[366] Dasselbe gilt für Forderungen, die ursprünglich ernsthaft eingefordert worden waren, über die jedoch nachträglich ein Stillhalteabkommen geschlossen wurde, das nicht notwendigerweise eine Stundung im (Zivil-)Rechtssinne enthalten muss.[367] Die bloße Behauptung eines solchen Stillhalteabkommens durch den Schuldner ist hierfür allerdings nicht ausreichend. Vielmehr muss das tatsächliche oder rechtliche Einverständnis des Gläubigers festgestellt werden können, unter Verzicht auf staatliche Zwangsmittel in eine spätere oder nachrangige Befriedigung einzuwilligen.[368] Dieses Einverständnis muss auf dem freien Willen des Gläubigers beruhen; ein „erzwungenes Stillhalten" (bspw. von Arbeitnehmern, die um ihre Anstellung fürchten), genügt nicht.[369] Schließlich ist es möglich, das Stillhalteabkommen an die Bedingung bestimmter Leistungen (insbesondere Ratenzahlungen) zu knüpfen. Kann der Schuldner diese Leistungen nicht mehr erbringen, ist die Forderung wieder vollständig zu berücksichtigen.[370]

147 Der Schuldner muss **zur Erfüllung der Zahlungsverpflichtung nicht in der Lage** sein. Bloße Zahlungsunwilligkeit genügt nicht.[371] Dem Schuldner muss die erforderliche Liquidität fehlen. Sein Bedarf darf also nicht durch Bargeld, kurzfristig angelegtes Buchgeld und sonstige kurzfristig zu versilbernden Vermögenswerte, aber auch durch kurzfristig mögliche Kreditaufnahme zu decken sein.[372]

148 Dabei ist nicht erforderlich, dass der Schuldner zur Bedienung aller Zahlungsverpflichtungen außerstande ist. Auf das Merkmal der „Wesentlichkeit" der Zahlungsunfähig-

---

[360] Vgl. HK-InsO/*Kirchhof* § 17 Rn. 6 mit Verweis auf *Jaeger/H-F Müller* § 17 Rn. 6.
[361] *Uhlenbruck* InsO § 17 Rn. 10.
[362] So *Hess* InsO § 17 Rn. 15.
[363] BGH NZI 2007, 579, 580; kritisch hierzu *Tetzlaff* ZInsO 2007, 1334, 1336 f.
[364] BGH NZI 2007, 579.
[365] BGH NZI 2007, 579, 580, Uhlenbruck/*Uhlenbruck* § 17 Rn. 15.
[366] *Pape* WM 2008, 1949, 1955.
[367] BGH NZI 2008, 231.
[368] *Pape* WM 2008, 1949, 1955; *Stauffenbiel/Hoffmann* ZInsO 2008, 785, 789.
[369] *Pape* WM 2008, 1949, 1955; *Stauffenbiel/Hoffmann* ZInsO 2008, 785, 789.
[370] BGH NZI 2008, 231, 232; *Pape* WM 2008, 1949, 1955.
[371] Bei Vorliegen bloßer Zahlungsunwilligkeit ist die Zwangsvollstreckung das richtige Mittel, so auch *Jaeger/Henckel* KO § 30 Rn. 12, 13; nach a. A. liegt auch bei Zahlungsunwilligkeit Zahlungsunfähigkeit vor, vgl. Braun/*Bußhardt* § 17 Rn. 22.
[372] Vgl. *Hoffmann* ZInsO 2008, 785, 787.

keit wurde in § 17 Abs. 2 Satz 1 InsO verzichtet, sodass diese bereits dann vorliegt, wenn der Schuldner einen kleinen Teil seiner fälligen Verbindlichkeiten nicht begleichen kann. Um einen angemessenen Ausgleich zwischen den schützenswerten Gläubigerinteressen und der Verhinderung der Stellung ungerechtfertigter Insolvenzanträge sicherzustellen, lässt die Rechtsprechung jedoch bloß **geringfügige Zahlungsausfälle**, die nicht mehr als 10 % der Verbindlichkeiten des Schuldners betreffen, zur Begründung der Zahlungsunfähigkeit nicht genügen.[373] Ebenso begründet auch eine lediglich kurzfristige **Zahlungsstockung** noch keine Zahlungsunfähigkeit. Von einer unschädlichen Zahlungsstockung ist solange auszugehen, wie ein solventer Schuldner dafür benötigt, Fremdmittel zu beschaffen.[374] Die Rechtsprechung hat sich hierfür auf einen Richtwert von drei Wochen festgelegt.[375] Eine bloße Zahlungsstockung liegt demnach vor, wenn der Schuldner seine Liquiditätslücke innerhalb von drei Wochen auf unter 10 % seiner fälligen Verbindlichkeiten zurückführen kann, es sei denn es ist bereits abzusehen, dass die Lücke demnächst den Wert von 10 % wieder überschreiten wird.

Bei alledem ist jedoch zu beachten, dass die von der Rechtsprechung zur Unwesentlichkeit und Dauer der Zahlungsausfälle angegebenen Werte lediglich **Richtwerte** sind, die **widerlegliche Vermutungen** über das Bestehen oder Nichtbestehen von Zahlungsunfähigkeit begründen. So kann auch bei einer Liquiditätslücke von unter 10 % Zahlungsunfähigkeit gegeben sein, wenn besondere Umstände hinzutreten, die vom Gericht in Erfüllung seiner Amtsermittlungspflicht nach § 5 InsO zu prüfen sind.[376] Auf der anderen Seite kann Zahlungsfähigkeit selbst dann noch gegeben sein, wenn die Liquiditätslücke den Schwellenwert von 10 % über einen Zeitraum von drei Wochen hinaus überschreitet. Dies soll dann der Fall sein, wenn mit an Sicherheit grenzender Wahrscheinlichkeit erwartet werden kann, dass die Liquiditätslücke demnächst (zumindest fast) vollständig geschlossen werden wird und den Gläubigern ein Zuwarten nach den besonderen Umständen des Einzelfalls zuzumuten ist.[377]

bb) Vermutung der Zahlungsunfähigkeit bei Zahlungseinstellung. In der Regel liegt Zahlungsunfähigkeit gemäß § 17 Abs. 2 Satz 2 InsO vor, wenn der Schuldner seine Zahlungen einstellt. **Zahlungseinstellung** ist „die auf einem Mangel an Zahlungsmitteln beruhende, nach außen erkennbar gewordene Nichterfüllung der fälligen Verbindlichkeiten".[378] **Subjektiv** muss die Zahlungseinstellung den beteiligten Verkehrskreisen erkennbar sein.[379] Die Zahlungseinstellung ist dabei nicht eigenständiger Insolvenzgrund, sondern selbst **widerlegbares Indiz** für das Vorliegen des Insolvenzgrundes der Zahlungsunfähigkeit.[380] Sobald auf Grund von Indizien die Zahlungseinstellung und die Erkennbarkeit derselben feststehen, ist von Zahlungsunfähigkeit auszugehen. Solche Indizien sind:

Checkliste: Indizien für die Zahlungsunfähigkeit

- ☐ Ausdrückliche Erklärung der Nichtzahlung,
- ☐ Unregelmäßige Zahlung bzw. Nichtzahlung der Sozialversicherungsbeiträge und Steuern,[381]
- ☐ Nichtzahlung oder unregelmäßige Zahlung von Löhnen, Gehältern,
- ☐ Nichtzahlung von Telefonrechnungen und Energielieferungen,[382]
- ☐ Wiederholte Hingabe ungedeckter Schecks,
- ☐ Häufig auftretende Wechselproteste,

---

[373] BGH ZInsO 2005, 809 f.
[374] Braun/*Bußhardt* § 17 Rn. 10.
[375] BGH ZInsO 2005, 807.
[376] BGH ZInsO 2005, 807; Uhlenbruck/*Uhlenbruck* § 17 Rn. 21 f.
[377] BGH ZInsO 2005, 807; kritisch hierzu *Tetzlaff* ZInsO 2007, 1334.
[378] *Hess* InsO § 17 Rn. 48; vgl. auch Braun/*Bußhardt* § 17 Rn. 31.
[379] Vgl. BGH NJW 1984, 1953; ZIP 1991, 39, 40.
[380] Vgl. Braun/*Bußhardt* § 17 Rn. 31; MünchKommInsO/*Eilenberger* § 17 Rn. 29.
[381] Vgl. Braun/*Bußhardt* § 17 Rn. 29.
[382] Vgl. *Hess*/Obermüller Rn. 54.

- ☐ Häufig auftretende Zahlungsklagen,
- ☐ Häufige Pfändungen durch den Gerichtsvollzieher und ähnliche Vollstreckungsmaßnahmen,[383]
- ☐ Abgabe der eidesstattlichen Versicherung durch den Geschäftsführer, Versuch eines außergerichtlichen Vergleichs,[384]
- ☐ Informationen in der Presse.[385]

150a Diese gesetzliche Vermutung der Zahlungsunfähigkeit kann der Schuldner aber auch **widerlegen**, in dem er durch Vorlage geeigneter Unterlagen **glaubhaft macht**, dass keine Zahlungseinstellung erfolgt ist, es sich vielmehr nur um eine Zahlungsstockung (vgl. oben) gehandelt hat. Die Zahlungseinstellung muss die Regel und nicht etwa nur eine Ausnahme darstellen.[386]

Muster einer Gegenglaubhaftmachung des Schuldners bei Fremdantrag:

An das Amtsgericht ......
– Insolvenzgericht –
Az.: ......
In dem Insolvenzeröffnungsverfahren über das Vermögen der Mustermann-GmbH (Adresse) wird

beantragt,

den Antrag auf Eröffnung des Insolvenzverfahrens vom ... (Datum) zurückzuweisen.

Begründung

(Alternativ)

1. Die vom Antragsteller geltend gemachte Forderung gegen die Antragsgegnerin besteht nicht mehr.
Glaubhaftmachung: Bestätigung der XY Bank über die Durchführung des Überweisungsauftrages vom ...... (Datum) in Höhe von EUR ...... (Betrag) am ... (Datum) in der Anlage beigefügt.

2. Die vom Antragsteller geltend gemachte Zahlungsunfähigkeit liegt tatsächlich nicht vor. Richtig ist nur, dass es in der Vergangenheit zu einem Liquiditätsengpass gekommen ist, der jedoch zwischenzeitlich wieder behoben ist.
Glaubhaftmachung: Eidesstattliche Versicherung der/des ... (Zeuge aus der Finanzbuchhaltung des schuldnerischen Unternehmens mit genauer Anschrift) vom ... (Datum) in der Anlage beigefügt.

......
Vertretungsberechtigter Geschäftsführer der
Mustermann-GmbH (Unterschrift)

151 b) **Überschuldung.** Der rechtspolitisch bedeutsamste Insolvenzgrund ist die Überschuldung.[387] Sie ist relevant für zivilrechtliche Schadensersatzansprüche und die Begründung von Strafbarkeiten, aber nicht allein ausschlaggebend.[388] Ihre praktische Bedeutung für die Eröffnung eines Insolvenzverfahrens ist hingegen gering. Die Überschuldung ist **kein allgemeiner Insolvenzgrund**, sondern nur einschlägig für **juristische Personen,** Personenhandelsgesellschaften, wenn keine natürliche Person als Komplementär vorhanden ist (§ 19 Abs. 3

---

[383] Vgl. hierzu Heilmann/Smid § 3 Rn. 38; *Kuhn/Uhlenbruck* KO § 30 Rn. 3 ff.
[384] *K. Schmidt* ZGR 1986, 178, 194 f.
[385] Vgl. Nerlich/Römermann/Mönning InsO § 17 Rn. 27.
[386] Vgl. Schmidt/Uhlenbruck/*Uhlenbruck* Rn. 5.17.
[387] Vgl. Schmidt/Uhlenbruck/*K. Schmidt* Rn. 5.53.
[388] Vgl. § 283 Abs. 1 StGB: „Wie bei Überschuldung oder bei drohender oder eingetretener Zahlungsunfähigkeit ...".

S. 1 InsO) und eingetragene Genossenschaften, wenn keine Nachschusspflicht besteht (§ 98 GenG). Die Überschuldung ist daher insbesondere **relevant für Kapitalgesellschaften**. Ihr Vorliegen führt zu einer obligatorischen Vorverlagerung des Insolvenzverfahrens. Sie tritt regelmäßig vor der Zahlungsunfähigkeit ein und soll einen Ausgleich für das Fehlen unbeschränkter Haftung einer natürlichen Person leisten sowie aus Gründen des Gläubigerschutzes verhindern, dass beschränkt haftende Unternehmensträger mit bereits aufgezehrtem Eigenkapital am Rechtsverkehr teilnehmen und das vorhandene Restvermögen des Schuldners weiter schwindet.

aa) Verhältnis zu anderen Insolvenzgründen. In der Regel wird bei Überschuldung der GmbH immer auch **Zahlungsunfähigkeit** vorliegen. Dieser Schluss ist aber nicht zwingend. So wird trotz Überschuldung keine Zahlungsunfähigkeit des Unternehmens anzutreffen sein, wenn das Unternehmen hinreichend Kredit hat. Gerade Maßnahmen zur Beseitigung der Zahlungsunfähigkeit – wie Kreditaufnahmen – können so zur Überschuldung führen. Trotz Zahlungsunfähigkeit wird Überschuldung zu verneinen sein, wenn das Aktivvermögen zur Begleichung der Verbindlichkeiten nicht flüssig gemacht werden kann (siehe oben unter V. 2. 1.), etwa weil hohe stille Reserven nicht realisiert werden können.[389]

Mit dem Insolvenzgrund der **drohenden Zahlungsunfähigkeit** hat der Insolvenzgrund Überschuldung beim **Eigenantrag** an Bedeutung verloren, da die GmbH bei drohender Zahlungsunfähigkeit in der Regel auch überschuldet sein wird. Besonders relevant ist der Insolvenzgrund Überschuldung aber für die **Antragspflicht**. Eine solche besteht nämlich nur bei Überschuldung, nicht auch bei drohender Zahlungsunfähigkeit. Darin liegt die besondere Bedeutung der Überschuldung. Damit prüft bei Antragstellung nicht nur das Insolvenzgericht das Vorliegen des Eröffnungsgrundes der Überschuldung, sondern das Unternehmen bzw. die Geschäftsführer haben laufend zu überprüfen, ob die GmbH möglicherweise überschuldet ist. Daher wird die Überschuldungsprüfung auch für den Berater relevant. Eine Pflicht zur Vornahme einer Überschuldungsprüfung ist nicht nur dann anzunehmen, wenn der Jahresabschluss dazu auf Grund des Ausweises eines lebensbedrohlichen Verlustes oder eines durch Eigenkapital nicht gedeckten Fehlbetrages (§ 268 Abs. 3 HGB) Anlass gibt, sondern auch wenn unterjährig Indizien einer Unternehmenskrise[390] erkennbar werden.

bb) Vorliegen von Überschuldung. Nach der **Legaldefinition** in § 19 Abs. 2 S. 1 InsO liegt Überschuldung dann vor, wenn das Vermögen des Schuldners die bestehenden Verbindlichkeiten des Schuldners nicht mehr deckt. Nach dem ursprünglich in § 19 Abs. 2 InsO festgeschriebenen zweistufigen Überschuldungsbegriff hatte die Fortführungsprognose des schuldnerischen Unternehmens hierbei keine eigenständige Bedeutung, sondern diente lediglich dazu, zu bestimmen, ob die Aktiva mit ihrem Liquidations- oder ihrem Fortführungswert in den Überschuldungsstatus einzustellen waren.[391] Durch Art. 5 des FMStG vom 17.10.2008 wurde dieser zweistufige Überschuldungsbegriff zunächst für befristete Zeit durch einen modifizierten zweistufigen Überschuldungsbegriffs[392] ersetzt. Durch Gesetz vom 5.12.2012[393] wurde die Befristung aufgegeben, womit nach derzeitiger Rechtslage allein der modifizierte zweistufige Überschuldungsbegriff maßgeblich ist.[394]

Nach dem **modifizierten zweistufigen Überschuldungsbegriff** liegt eine Überschuldung im Sinne des § 19 InsO nur vor, wenn kumulativ zwei Voraussetzungen erfüllt sind. Zum einen muss ein auf Grundlage der Liquidationswerte erstellter Überschuldungsstatus zu dem Ergebnis kommen, dass das Aktivvermögen nicht zur Deckung der Passiva ausreicht. Zum anderen darf die Fortführung des Unternehmens nach den Umständen nicht überwiegend wahrscheinlich sein. Eine positive Fortführungsprognose schließt die Überschuldung folglich stets aus.

---

[389] Braun/*Bußhardt* § 19 Rn. 19.
[390] → Rn. 3 ff.
[391] Vertiefend zum für Altfälle vor dem 18.10.2008 noch maßgeblichen zweistufigen Überschuldungsbegriff vgl. MünchKommInsO/*Drukarczyk/Schüler* § 19 Rn. 43 ff.
[392] Grundlegend zum modifizierten zweistufigen Überschuldungsbegriff K. Schmidt AG 1978, 334.
[393] BGBl. I S. 2418.
[394] Vertiefend zur Entwicklungsgeschichte des Überschuldungsbegriffs K. Schmidt/*K. Schmidt* § 19 Rn. 5.

156 Der **Überschuldungsstatus** ist nach betriebswirtschaftlichen Erkenntnissen zu erstellen, er ist keine Bilanz im eigentlichen Sinne. Es werden lediglich den Aktiva Rückstellungen und Verbindlichkeiten gegenübergestellt. Für sie gelten weder die Grundsätze der Steuer- noch der Handelsbilanz. Die für die Erstellung von Jahresabschlüssen geltenden Bewertungsbestimmungen sind nicht anwendbar. Die Ansätze im Jahresabschluss (§§ 264 ff. HGB) sind lediglich Anhaltspunkte. Es ist von den **tatsächlichen Werten,** nicht von den Buchwerten auszugehen. Die Bewertung der Aktiv-/Passivposten erfolgt stets zu Liquidationswerten.

157 *cc) Fortführungsprognose.* Die Fortbestehensprognose bleibt zentrales Element der Überschuldungsprüfung. Sie allein entscheidet über das Vorliegen einer Überschuldung, wenn der Überschuldungsstatus zu Liquidationswerten eine Unterdeckung aufweist.

Subjektive Voraussetzung für eine positive Fortführungsprognose ist, dass der Schuldner gewillt ist, das Unternehmen fortzuführen. Sofern ein Fortführungswille des Schuldners nur bezüglich einzelner Betriebsteile vorliegt, sind die anderen Betriebsteile zu Liquidationswerten zu bewerten.

158 **Objektive Voraussetzung** für eine positive Fortführungsprognose ist, dass die Fortführung des Unternehmens Erfolg versprechend ist. Um diesbezüglich zu der erforderlichen objektiven, für sachverständige Dritte, insbesondere Gläubiger oder im späteren Haftungsprozess das Gericht, nachvollziehbaren Fortbestehensprognose zu gelangen, ist eine nach allgemeinen betriebswirtschaftlichen Grundsätzen durchzuführende Ertrags- und Finanzplanung zu erstellen.[395] Hierfür ist in drei Schritten vorzugehen:[396]

1. Darstellung eines **aussagekräftigen Unternehmenskonzepts**
2. Erstellen eines **Finanzplans** auf der Basis dieses Unternehmenskonzepts
3. Ableiten der **Fortbestehensprognose** aus dem Finanzplan.

159 Für das aussagekräftige Unternehmenskonzept ist zunächst der **Soll-Verlauf** des Unternehmens darzustellen: die Zielvorstellungen und Strategien, die verfolgt werden und der bestehende Gestaltungsrahmen. Sodann erfolgt eine **Ursachen- und Schwachstellenanalyse,** eine realistische Krisenbeurteilung, die sich insbesondere mit den Marktverhältnissen, Fixkosten und mit personellen, sachlichen, fachlichen und finanziellen Ressourcen auseinandersetzt. Daraufhin ist ein **Sanierungskonzept**[397] darzulegen, das Maßnahmen zur Gestaltung des weiteren Unternehmensverlaufs aufzeigt. Diese können im finanzwirtschaftlichen Bereich (z. B. im Zugang zum Kapitalmarkt, in der Aufdeckung eigener finanzieller Ressourcen oder finanzieller Ressourcen verbundener Unternehmen u. a. m.), im leistungswirtschaftlichen Bereich (z. B. Einkauf, Produktion, Absatz, Forschung und Entwicklung) und im rechtlichen Bereich (z. B. Kündigung von Dauerschuldverhältnissen, Beilegung von Rechtsstreitigkeiten, Verwertung von Patenten, Lizenzen, Schaffung öffentlich-rechtlicher Rahmenbedingungen etc.) liegen. Umfang und Tiefe des Unternehmenskonzepts hängen sehr vom konkreten Einzelfall ab, etwa von der Größe des Unternehmens, der Komplexität der Verhältnisse und dem Stand und Ausmaß der Krise.

160 Auf der Grundlage des Unternehmenskonzepts wird dann der **Finanzplan** erstellt. Ein- und Auszahlungen, die auf Grund des Unternehmenskonzepts zu erwarten sind, werden einander gegenübergestellt. Ergebnis sollte ein Einzahlungsüberschuss, jedenfalls aber darf es kein Einzahlungsdefizit sein.[398] Die Ein- und Auszahlungen sind unsaldiert zu erfassen, wobei sie in kriteriengebundene Klassen zu unterteilen sind. Die Zahlungen sind termingenau und tageweise für den Prognosezeitraum zu erfassen. Bezüglich des **Prognosezeitraums** herrscht Streit. Der BGH geht von einer mittelfristigen Prognose aus, während die herr-

---

[395] So BGH NZI 2007, 44; OLG München GmbHR 1998, 281, 282; OLG Schleswig GmbHR 1991, 536 (L), dazu EWiR 1998, 271 *(v. Gerkan);* Kölner Schrift/*Drukarcyk/Schüler* S. 77 Rn. 143; Ulmer/*Casper* § 64 Rn. 50; *Hess* InsO § 19 Rn. 20 f.; Kübler/Prütting/*Pape* InsO § 19 Rn. 16; Lutter/Hommelhoff/*Kleindiek* Anh zu § 64 Rn. 28; Nerlich/Römermann/*Mönning* InsO § 19 Rn. 19; Gundlach/Frenzel/Schirrmeister DStR 2007, 628; *Schaub* DStR 1993, 1483, 1485; *Wagner* S. 171, 181 f.
[396] Zum ganzen *Bork* ZIP 2000, 1709, 1710 f. m. w. N.
[397] Siehe → Rn. 34 ff.
[398] So *Uhlenbruck* KTS 1986, 43 f.

schende Meinung in der Literatur einen betriebswirtschaftlich überschaubaren Zeitraum von zwei bis drei Jahren für angemessen hält.[399] Sinnvollerweise ist auf den konkreten Einzelfall abzustellen und zu überlegen, welcher Zeitraum vernünftigerweise prognostizierbar ist. Jedenfalls aber sollte der Finanzplan für einen Zeitraum von mindestens 12 Monaten erstellt werden.[400]

Aus dem Ergebnis des Finanzplans ist die Fortbestehensprognose abzuleiten: wenn die Finanzplanung ergibt, dass die GmbH ihre Verbindlichkeiten im Prognosezeitraum bezahlen können wird, ist sie positiv. Ergibt sie, dass die GmbH ihre Verbindlichkeiten nicht bezahlen können wird, ist sie negativ.

Besteht eine **positive** Fortbestehensprognose, ist also die Fortführung des Unternehmens **überwiegend wahrscheinlich**, schließt dies den Insolvenzgrund der Überschuldung aus.

Besteht eine **negative** Fortbestehensprognose, ist also die Auflösung des Unternehmens zumindest ebenso wahrscheinlich wie die Fortführung, begründet diese bei einer rechnerischen Überschuldung zu Liquidationswerten die rechtliche Überschuldung.

dd) Überschuldungsstatus. Der Überschuldungsstatus ist ein Vermögensstatus, für den es keine vorgeschriebene Gliederung gibt.

- Zu berücksichtigende **Aktivposten:**[401] Nach dem modifizierten zweistufigen Überschuldungsbegriff des § 19 Abs. 2 InsO müssen rechnerische Überschuldung und negative Fortführungsprognose kumulativ vorliegen. Bei der Bestimmung des Überschuldungsstatus sind allein die Zerschlagungswerte zugrunde zu legen.[402] Der Zerschlagungswert ist der am Absatzmarkt zu erzielende fiktive Wert, wobei umstritten ist, ob bei der Schätzung des Verkaufserlöses von Einzelveräußerungen oder einer Gesamtveräußerung auszugehen ist.[403] Stille Reserven sind aufzulösen. Zu aktivieren sind sämtliche Vermögenswerte: Umlaufvermögen, Gegenstände, die dem Gläubiger ein Recht zur abgesonderten Befriedigung einräumen, Grundstücke und grundstücksgleiche Rechte, wobei ökologische Altlasten bei der Bewertung zu berücksichtigen sind, immaterielle Vermögenswerte, Zusagen für Gesellschafterdarlehen, soweit sie mit einem Rangrücktritt verbunden sind, Ansprüche auf ausstehende Einlagen der Gesellschafter etc.[404] Die Ansatzfähigkeit des Firmenwertes ist umstritten. Regelmäßig wird ein Ansetzen des Firmenwertes ausgeschlossen sein, da im Falle einer Zerschlagung des Unternehmens kein Preis für den Firmenwert an sich am Markt zu erzielen sein wird. Entscheidend wird sein, ob eine konkrete Veräußerungsmöglichkeit für das Unternehmen als Ganzes oder eines Unternehmensteils nachgewiesen werden kann. Hier kommt allenfalls eine Berücksichtigung einzelner immaterieller Wirtschaftsgüter (Marken, Kundenstamm etc.) in Betracht, die zur Bildung des Firmenwerts beigetragen haben.[405] Nicht aktiviert werden können Anfechtungsansprüche gem. §§ 129 ff. InsO, Ansprüche aus Insolvenzverschleppungshaftung, Ansprüche gegen persönlich haftende Gesellschafter, Ansprüche aus Masseschmälerung,[406] eigene Geschäftsanteile und Gründungskosten.[407] Ob Patronatserklärungen aktivierbar sind, ist ungeklärt. Eine Aktivierung harter Patronatserklärungen kann jedoch nur angenommen werden, wenn sie zugunsten aller Gläubiger gilt.

---

[399] *Hess* InsO § 17 Rn. 49.
[400] Braun/*Bußhardt* § 19 Rn. 23.
[401] Vgl. zu einzelnen Punkten HK-InsO/*Kirchhof* § 19 Rn. 18 ff.; Schmidt/Uhlenbruck/*Uhlenbruck* Rn. 5.133 ff.
[402] *Eckert/Happe* ZInsO 2008, 1098; HK-InsO/*Kirchhof* § 19 Rn. 15.
[403] FK-InsO/*Schmerbach* § 19 InsO Rn. 17, 19; *Oppenländer/Trölitzsch* GmbH-Handbuch § 38 Rn. 21.
[404] Aufzählung der Vermögenswerte bei FK-InsO/*Schmerbach* § 19 InsO Rn. 20.
[405] *Bork* ZInsO 2001, 145, 147 f.; Schmidt/Uhlenbruck/*Uhlenbruck* Rn. 5.144; FK-InsO/*Schmerbach* § 19 InsO Rn. 20.
[406] Vgl. FK-InsO/*Schmerbach* § 19 InsO Rn. 20.
[407] Dazu Schmidt/Uhlenbruck/*Uhlenbruck* Rn. 5.143, 5.155; Lutter/Hommelhoff/*Kleindiek* Anh zu § 64 Rn. 31; ausnahmsweise wird eine Aktivierung der Geschäftsanteile für möglich gehalten, vgl. Schmidt/Uhlenbruck/*Uhlenbruck* Rn. 5.155.

164 • Zu berücksichtigende **Passivposten:**[408] Auf der Passivseite sind sämtliche bestehende Verbindlichkeiten unabhängig von deren Fälligkeit zu erfassen, die im Fall der Eröffnung eines Insolvenzverfahrens Insolvenzforderungen sein würden. Sämtliche Eigenkapitalpositionen sind dagegen wegzulassen. Verbindlichkeiten gegenüber Gesellschaftern und diesen gleichgestellten Dritten sind dann nicht zu passivieren, wenn für sie ausdrücklich ein Nachrang vereinbart wurde hinter die in § 39 Abs. 1 Nr. 1 bis 5 InsO bezeichneten Forderungen.[409] Rückstellungen sind nach h. M. insoweit zu passivieren, als mit einer Inanspruchnahme ernsthaft zu rechnen ist.[410] Nicht zu passivieren sind dagegen solche Verbindlichkeiten, die erst durch ein Insolvenzverfahren ausgelöst werden.[411] Eventualverbindlichkeiten (z. B. aus Bürgschaften oder Gewährleistungspflichten) sind wiederum insoweit zu passiveren, als mit einer Inanspruchnahme ernsthaft zu rechnen ist.[412]

165 **c) Drohende Zahlungsunfähigkeit.** *aa) Bedeutung.* Der Insolvenzgrund der drohenden Zahlungsunfähigkeit ist praktisch bedeutsam für natürliche Personen, die ihren Antrag nicht auf Überschuldung stützen können. Aber auch für die GmbH ist der Insolvenzgrund der drohenden Zahlungsunfähigkeit im **Strafrecht** wie schon bisher und im **Anfechtungsrecht** in § 133 Abs. 1 Satz 2 InsO relevant. Die drohende Zahlungsunfähigkeit löst **keine Antragspflicht** aus, sie ermöglicht lediglich dem Schuldner, einen **Eigenantrag** zu stellen. Der Gesetzgeber wollte damit außergerichtlichen Sanierungsbemühungen keine Steine in den Weg legen, dem Schuldner aber eine Option für die frühzeitige Eröffnung des Insolvenzverfahrens an die Hand geben.[413] Auch sollte die drohende Zahlungsunfähigkeit keine Erpressung ermöglichen. Dass sich die drohende Zahlungsunfähigkeit in einigen Fällen zur strategischen Handlungsalternative in Überschuldungssituationen entwickelt hat, war vom Gesetzgeber nicht gewollt. Dennoch kann der Schuldner, konkret der Geschäftsführer der GmbH, mit der Antragstellung wegen drohender Zahlungsunfähigkeit eine Strafbarkeit und Haftung umgehen. Insoweit dient die **Antragstellung als Arglosigkeitsindiz.**

166 Durch den Insolvenzgrund der drohenden Zahlungsunfähigkeit soll die **Insolvenzeröffnung vorverlagert** werden. Der Antrag ist häufig verbunden mit der Vorlage eines Insolvenzplans nach § 218 Abs. 1 InsO und einem Antrag auf Anordnung der Eigenverwaltung nach § 270 Abs. 1 InsO.

167 *bb) Voraussetzung der drohenden Zahlungsunfähigkeit.* Nach der Legaldefinition in § 18 Abs. 2 InsO liegt drohende Zahlungsunfähigkeit vor, wenn der Schuldner voraussichtlich nicht in der Lage sein wird, die bestehenden Zahlungspflichten im Zeitpunkt der Fälligkeit zu erfüllen. In Abgrenzung zur Zahlungsunfähigkeit, ist das Unvermögen zur Begleichung der Verbindlichkeiten nicht gegenwärtig sondern **künftig.**

168 Es muss sich allerdings auf **bestehende Zahlungsverpflichtungen** beziehen, also auf bereits begründete einmalige oder wiederkehrende Zahlungsverpflichtungen. Umstritten ist, ob auch noch nicht begründete, aber vorhersehbare Zahlungspflichten mit einzubeziehen sind. Nach der Gesetzbegründung[414] müssen auch zukünftige noch nicht begründete Zahlungspflichten aufgenommen werden. Mit der herrschenden Meinung ist jedoch davon auszugehen, dass der Rechtsgrund für die Verbindlichkeit bereits gelegt sein muss.[415] Diese bereits bestehenden Zahlungsverpflichtungen müssen in Zukunft **fällig** sein. Es handelt sich hier um **Zeitraumilliquidität**, wobei ein Prognosezeitraum von maximal drei Jahren anzusetzen

---

[408] Vgl. zu einzelnen Posten Schmidt/Uhlenbruck/*Uhlenbruck* Rn. 5.168 ff.; HK-InsO/*Kirchhof* § 19 Rn. 22 ff.
[409] Näher dazu: Beschlussempfehlung und Bericht des Rechtsausschusses vom 24.6.2008, Begründung zur Beschlussempfehlung zu Art. 9 Nr. 4; im Übrigen zur bis 31.10.2008 geltenden Rechtslage BGH GmbHR 2001, 190.
[410] Vgl. Ulmer/*Casper* § 64 Rn. 57: Zum Beispiel unverfallbare Pensionsanwartschaften [zum Barwert], Steuerrückstellungen, aber auch Drohverluste.
[411] Vgl. Schmidt/Uhlenbruck/*Uhlenbruck* Rn. 5.169: Zum Beispiel Ansprüche auf Schadensersatz wegen insolvenzbedingter Nichterfüllung.
[412] Vgl. Schmidt/Uhlenbruck/*Uhlenbruck* Rn. 5.174; *Hess* InsO § 19 Rn. 69.
[413] Vgl. Begr. RegE BT-Drucks. 12/2443 S. 115.
[414] Vgl. *Kübler/Prütting/Pape* § 18 Rn. 6.
[415] Vgl. HK-InsO/*Kirchhof* § 18 Rn. 6 m. w. N.; *Hess* InsO § 18 Rn. 16.

ist.[416] Weiter ist das Wort „**voraussichtlich**" so auszulegen, dass der Eintritt der Zahlungsunfähigkeit wahrscheinlicher sein muss als deren Vermeidung.[417]

Mittel zur Feststellung der drohenden Zahlungsunfähigkeit ist der **Liquiditätsplan**. Sofern der Schuldner die Antragstellung mit der Einreichung eines Insolvenzplans verknüpfen will, hat er gemäß § 218 Abs. 1 InsO beim darstellenden Teil (§ 220 InsO) des Insolvenzplans ohnehin einen Liquiditätsplan vorzulegen.

Muster eines Liquiditätsplans

	Woche 1	Woche 2	Woche 3	Woche 4	Woche 5	Woche 6
Umsätze aus Produktion und Leistung						
Einnahmen aus Vermietung und Verpachtung						
Sonstige Einnahmen						
Summe Erlöse aus Geschäftstätigkeit						
Verwertungserlöse von nicht betriebsnotwendigem Vermögen						
Forderungsverwertung						
SUMME MITTELZUFLUSS						
Beratungs-/Gutachten-/Prüfungskosten						
Personal-/Lohn-/Lohnnebenkosten						
Betriebsausgaben						
Verbindlichkeiten aus Lieferung und Leistung						
Sonstige Verbindlichkeiten						
Summe Begleichung von Verbindlichkeiten						
Sonstige Ausgaben						
Zinsen						
Summe Finanzierungskosten						
SUMME MITTELABFLUSS						
SALDO						

cc) Antragsbefugnis § 18 Abs. 3 InsO. In § 18 Abs. 3 InsO wird § 15 InsO wieder eingeschränkt. § 15 InsO ist die Konsequenz der Haftung auf Schadensersatz nach dem GmbHG und der Strafbarkeit jedes einzelnen Geschäftsführers. Bei § 18 InsO besteht jedoch gerade keine Antragspflicht mit Sanktionierung im Wege der Haftung oder Strafbarkeit, weshalb

---

[416] Nach Nerlich/Römermann/*Mönning* InsO § 18 Rn. 25 wird der Endpunkt des Beurteilungszeitraums durch den Zeitpunkt der zuletzt fällig werdenden Forderung bestimmt; nach Kübler/Prütting/*Pape* InsO § 18 Rn. 6 ist er mit maximal 2 Jahren anzusetzen.
[417] Vgl. Braun/*Bußhardt* § 18 Rn. 5; *Hess* InsO § 18 Rn. 18.

auch keine eigene Antragsbefugnis jedes einzelnen Geschäftsführers erforderlich ist. Vielmehr handelt es sich bei der Antragstellung wegen drohender Zahlungsunfähigkeit um eine **Unternehmensentscheidung,** die der Schuldner, vertreten durch seine Geschäftsführer, zu treffen hat. Für den Geschäftsführer stellt sich in der Situation, in der drohende Zahlungsunfähigkeit vorliegt, sogar die Frage, ob er möglicherweise für die Antragstellung eines Gesellschafterbeschlusses bedarf. Der Gesetzgeber ging hiervon nicht aus, sonst hätte er eine diesbezügliche Regelung getroffen. Sofern das Unternehmen noch sanierungsfähig ist, hat der Geschäftsführer hier sorgfältig abzuwägen zwischen den jeweiligen Vor- und Nachteilen von außergerichtlicher Sanierung und Sanierung im Rahmen des Insolvenzverfahrens.

3. Insolvenzfähigkeit

171   Nach § 11 Abs. 1 S. 1 InsO ist die **werbende GmbH** als juristische Person (§ 13 Abs. 1 GmbHG) insolvenzfähig. Sie bleibt solange insolvenzfähig wie noch verteilungsfähiges Vermögen vorhanden ist bzw. sie noch nicht im Handelsregister gelöscht ist, § 11 Abs. 3 InsO. Bereits als **Vor-GmbH,** also nach Abschluss des notariell beurkundeten Gesellschaftsvertrages und vor Eintragung der GmbH im Handelsregister, ist sie insolvenzfähig, da auf sie die Regeln über die GmbH Anwendung finden. Bei Eintritt von Überschuldung oder Zahlungsunfähigkeit trifft die Geschäftsführer die Pflicht zur Stellung des Insolvenzantrags aus § 15 Abs. 1 InsO. Daneben sind auch die Gründungsgesellschafter zur Antragstellung berechtigt.[418] Im Vorgründungsstadium, also vor Abschluss des notariell beurkundeten Gesellschaftsvertrages, finden zwar noch nicht die Regeln über die GmbH Anwendung, die **Vorgründungsgesellschaft** ist jedoch als Gesellschaft bürgerlichen Rechts bzw. als OHG insolvenzfähig. Ist die GmbH gemäß § 10 Abs. 2 InsO führungslos weil sie keinen Geschäftsführer hat, sind gemäß § 15a Abs. 1 InsO auch deren Gesellschafter insolvenzantragspflichtig.

4. Insolvenzeröffnungsverfahren

172   Zwischen der Stellung des Insolvenzantrags und der Entscheidung des Gerichts über die Eröffnung des Insolvenzverfahrens liegt eine nicht unerhebliche Zeitspanne. Dieser Zeitraum ist eine kritische Phase, in der das Vermögen des Schuldners oft besonderen Gefahren ausgesetzt ist. Insbesondere die Gefahr, dass das Vermögen des Schuldners durch Einzelzugriffe von Gläubigern zerschlagen wird, gilt es zu bannen. Gemäß § 21 Abs. 1 InsO kann das Insolvenzgericht in dieser Phase geeignete Sicherungsmaßnahmen anordnen.

173   a) *Insolvenzantrag.* Gemäß § 13 Abs. 1 S. 1 InsO ist das Insolvenzverfahren ein **Antragsverfahren,** das heißt der Antrag ist Voraussetzung für das Tätigwerden des Gerichts, eine Eröffnung des Insolvenzverfahrens von Amts wegen ist damit ausgeschlossen.

174   *aa) Antragsberechtigung.* Gemäß § 13 Abs. 1 Satz 2 InsO ist neben dem Schuldner jeder **Gläubiger** antragsberechtigt. Der Kreis der Antragsberechtigten ist also nicht wie unter der Konkursordnung auf Konkurs- und in § 59 Abs. 2 KO genannte Massegläubiger beschränkt. Allerdings ist ein Gläubiger gemäß § 14 Abs. 1 InsO nur dann antragsberechtigt, wenn er ein **rechtliches Interesse** an der Eröffnung des Insolvenzverfahrens hat und den Eröffnungsgrund gemäß § 294 ZPO glaubhaft macht. Der Gläubiger muss also seine Forderung schlüssig dartun.[419] Allerdings ist der volle Beweis der Forderung dann erforderlich, wenn deren Bestand für die Frage der Zahlungsunfähigkeit/Überschuldung des Antragsgegners entscheidend ist.[420] Dann genügt auch nicht, dass die Forderung des Gläubigers bereits vorläufig vollstreckbar ist.[421] Faktisch entsprechen diese Einschränkungen des § 14 Abs. 1 InsO damit der Konkursordnung, da etwa aussonderungsberechtigte Gläubiger gemäß § 47 InsO ebenfalls nicht an-

---

[418] So auch Gottwald/*Haas/Hossfeld* § 92 Rn. 561.
[419] Nach AG Göttingen EWiR 1997, 181, 182 (mit Anm. *Pape*) reicht auch ein mit dem Einspruch nicht mehr anfechtbares Versäumnisurteil, weil es für das Insolvenzgericht bei einem rechtskräftigen Titel nicht auf den Grund der Forderung des Gläubigers ankomme.
[420] Ganz h. M. zur KO; vgl. Kuhn/Uhlenbruck/*Uhlenbruck* KO § 105 Rn. 3 f m. w. N.
[421] So BGH ZIP 1992, 947.

tragsberechtigt sind, weil ihre Rechtsstellung mit und ohne Insolvenzverfahren die gleiche ist, ein rechtliches Interesse an der Verfahrenseröffnung mithin fehlt.

Die **Antragsbefugnis der Gläubiger** ist auf die Insolvenzgründe der Zahlungsunfähigkeit und Überschuldung beschränkt. 175

Checkliste: Vor- und Nachteile für den Gläubiger als Antragsteller[422]

Vorteile:
- ☐ Wirksames Druckmittel, den Schuldner zu längst fälligen Zahlungen zu veranlassen.
- ☐ Durchsetzung der Forderung im Wege der Gesamtvollstreckung ohne Prozess und ohne Vollstreckungstitel.
  Keine Beweispflicht – Glaubhaftmachung ist ausreichend.
  Kostenrisiko ist minimal, die Gefahr der Inanspruchnahme des Klägers als Zweitschuldner durch die Staatskasse für Gerichtskosten nach § 49 GKG entfällt.
  Zivilprozess bleibt unter Umständen aber nicht erspart, wenn der Insolvenzverwalter oder Gläubiger im Prüfungstermin die Forderung bestreitet (§ 179 Abs. 1 InsO).

Nachteile:
- ☐ Lediglich Anspruch auf quotale Befriedigung, das heißt mit den übrigen Gläubigern teilen zu wollen.
- ☐ Kostenrisiko: Bei Abweisung der Insolvenzverfahrenseröffnung mangels Masse.

Den **Eigenantrag des Schuldners** hat bei der GmbH das vertretungsberechtigte Organ zu stellen. Das Insolvenzverfahren ändert grundsätzlich nichts an der „Kollektivität" der Organe der GmbH, da die juristische Person so fortbesteht, wie sie auf Grund ihrer gesellschaftsrechtlichen Verfassung geschaffen wurde. Probleme ergeben sich dann, wenn lediglich einer von mehreren gemeinschaftlich vertretungsberechtigten Geschäftsführern der GmbH einen Insolvenzantrag stellen will. Dabei muss eine Antragstellung wegen Zahlungsunfähigkeit (§ 17 InsO) und Überschuldung (§ 19 InsO) zur Vermeidung der zivil-(haftungs-) rechtlichen und strafrechtlichen Verantwortlichkeit auch durch einen einzelnen Geschäftsführer möglich sein, vgl. insoweit § 15 InsO. Auch der faktische Geschäftsführer, nicht aber der Prokurist und sonstige Bevollmächtigte sind zur Antragstellung hiernach berechtigt.[423] Den Antrag auf Eröffnung eines Insolvenzverfahrens wegen drohender Zahlungsunfähigkeit (§ 18 InsO) kann hingegen ein einzelner Geschäftsführer nur dann stellen, wenn er einzelvertretungsberechtigt ist (§ 18 Abs. 3 InsO). Ein Bedürfnis nach der Möglichkeit, auch einzeln einen Insolvenzantrag zu stellen, besteht insoweit nicht, da den einzelnen Geschäftsführer auch keine Sanktionen treffen, § 18 Abs. 3 schränkt insoweit § 15 Abs. 1 InsO ein.[424] Ob der Geschäftsführer gar für eine Antragstellung nach § 18 InsO wegen drohender Zahlungsunfähigkeit eines Gesellschafterbeschlusses bedarf, wurde bislang in Rechtsprechung und Literatur noch nicht erörtert. Im Hinblick darauf, dass der Geschäftsführer die Gesellschaft auch nicht ohne Gesellschafterbeschluss auflösen kann, ist dies durchaus überlegenswert. Im Ergebnis wird man aufgrund der Sanierungsmöglichkeiten im Rahmen des Insolvenzverfahrens jedoch das Erfordernis eines Gesellschafterbeschlusses verneinen können. Damit der Geschäftsführer sich aber gegenüber der Gesellschaft nach § 43 Abs. 2 GmbHG nicht haftbar macht, muss er mit Antragstellung einen Insolvenzplan vorlegen, sofern noch Sanierungschancen bestehen. Nur dadurch genügt er seiner gegenüber der Gesellschaft auch in der Insolvenz weiterhin bestehenden Sanierungspflicht.[425] 176

---

[422] Vgl. Gottwald/*Uhlenbruck*/*Vuia* § 4 Rn. 4 ff.
[423] So zum Antragsrecht des faktischen Geschäftsführers Kübler/Prütting/*Pape* InsO § 15 Rn. 14; Nerlich/Römermann/*Mönning* § 13 Rn. 64; a. A.: *Vallender* MDR 1999, 280, 282 mit dem Argument, die Antragsberechtigung sei formal zu bestimmen; zur mangelnden Antragsbefugnis Bevollmächtigter vgl. Nerlich/Römermann/*Mönning* InsO § 15 Rn. 18.
[424] Siehe hierzu Gottwald/*Haas*/*Hossfeld* § 92 Rn. 35.
[425] Vgl. hierzu *Schluck-Amend*/*Walker* GmbHR 2001.

177

> **Checkliste: Vor- und Nachteile des Eigenantrags eines Schuldners[426] wegen drohender Zahlungsunfähigkeit[427]**
>
> **Vorteile:**
> - Möglichkeit, sich frühzeitig (schon bei drohender Zahlungsunfähigkeit nach § 18 InsO) unter den Schutz eines gerichtlichen Insolvenzverfahrens zu stellen. Der Insolvenzplan bietet dabei die Möglichkeit, Akkordstörer in ihre Schranken zu verweisen (Obstruktionsverbot und ähnliches).
> - Durch frühzeitige Antragstellung sind die Chancen für eine Sanierung und Fortführung des Unternehmens erhöht.
> - Durch die Rückschlagsperre (§ 88 InsO) kann der Gesellschaft mit Verfahrenseröffnung neue Liquidität zufließen.
>
> **Nachteile:**
> - Veröffentlichung sämtlicher Verfügungsbeschränkungen (§ 23 Abs. 1 InsO).
> - Prepackagedplan kann im Berichtstermin hinfällig werden.
> - Gericht kann die Eigenverwaltung ablehnen, so dass keine Einflussmöglichkeiten der Gesellschafter und Geschäftsführer mehr bestehen.

Das weiter erforderliche **Rechtsschutzbedürfnis** fehlt nicht schon bei einem Insolvenzantrag, der auf Grund einer geringfügigen Forderung gestellt wird.[428]

Nach § 15 Abs. 1 InsO sind bei führungslosen juristischen Personen auch die Gesellschafter antragsberechtigt. Dabei ist die Führungslosigkeit vom Antragsteller glaubhaft zu machen (§ 15 Abs. 2 S. 2 InsO).

178 *bb) Antragspflicht.* Zur Stellung eines Insolvenzantrags ist **jeder** Geschäftsführer/Liquidator verpflichtet, wenn die Gesellschaft zahlungsunfähig oder überschuldet ist (§ 15a InsO). Umstritten ist, ob auch der lediglich faktische Geschäftsführer zur Antragstellung verpflichtet ist. Mit der herrschenden Meinung ist eine Antragspflicht zu bejahen.[429] Der einzelne Geschäftsführer kann sich hierbei nicht auf das Ressortprinzip berufen. Jeder einzelne Geschäftsführer, auch wenn Gesamtvertretung angeordnet ist, ist zur Antragstellung verpflichtet. Er kann sich hier nicht auf die Weigerung der anderen berufen. Deshalb ist ihm nach § 15 InsO als Pendant zur Antragspflicht das Antragsrecht eröffnet. Antragspflichtig sind nach Inkrafttreten des MoMiG auch die Gesellschafter, wenn die GmbH führungslos ist und die Gesellschafter Kenntnis von der Überschuldung oder Zahlungsunfähigkeit haben (§ 15a Abs. 3 InsO).

179 Nach Eintritt der Insolvenz (Zahlungsunfähigkeit oder Überschuldung) und der **positiven Kenntnis** des Geschäftsführers hiervon hat der jeweilige Geschäftsführer ohne schuldhaftes Verzögern einen Insolvenzantrag zu stellen. Spätestens jedoch innerhalb von **drei Wochen** muss er seiner Pflicht zur Antragstellung nachkommen (15a Abs. 1 InsO). Umstritten ist, welche Anforderungen an die positive Kenntnis des Insolvenzgrunds beim Geschäftsführer zu stellen sind.[430]

180 *cc) Form und Inhalt des Insolvenzantrags.* Der Eröffnungsantrag ist gemäß § 13 Abs. 1 InsO schriftlich einzureichen; mit dem eindeutigen Wortlaut der Norm ist eine Abgabe zu Protokoll der Geschäftsstelle ausgeschlossen. Der Antrag ist vom Antragsteller, seinem gesetzlichen Vertreter oder Bevollmächtigten zu unterzeichnen.[431] Gegebenfalls ist der Formularzwang nach § 13 Abs. 3 InsO zu beachten. Im Insolvenzantrag sind die Parteien notwendig zu bezeichnen. Ferner sind die Umstände darzulegen, aus denen sich die örtliche Zuständigkeit des Insolvenzgerichts ergibt. Inhaltlich ist darüber hinaus erforderlich, dass

---

[426] Vgl. Gottwald/*Uhlenbruck*/*Vuia* § 4 Rn. 22 ff.
[427] Sofern bereits Überschuldung oder Zahlungsunfähigkeit vorliegt, stellt sich die Frage nach Vor- und Nachteilen nicht mehr, dann besteht Antragspflicht.
[428] So die h. M.; vgl. nur BGH WM 1986, 652; *Hess* Rn. 270.
[429] Vgl. Lutter/Hommelhoff/*Kleindiek* Anh. zu § 64 Rn. 49 m. w. N.
[430] Vgl. zum Streitstand Lutter/Hommelhoff/*Kleindiek* Anh. zu § 64 Rn. 51.
[431] MünchKommInsO/*Schmahl*/*Vuia* § 13 Rn. 90.

das vom Antragsteller verfolgte Ziel die Eröffnung des Insolvenzverfahrens über das schuldnerische Vermögen oder Sondervermögen ist, wobei Umstände darzulegen sind, aus denen sich der Eröffnungsgrund herleiten lässt.[432] Bei einem Eigenantrag des Schuldners hat dieser gemäß § 13 Abs. 1 Satz 3 InsO ein Verzeichnis seiner Gläubiger und ihrer Forderungen beizufügen, um eine frühzeitige Einbindung derselben zu ermöglichen.[433] Wird der Eröffnungsantrag nicht, nicht richtig oder nicht rechtzeitig gestellt, drohen nach § 15a Abs. 4 InsO strafrechtliche Konsequenzen.[434]

Muster: Antrag eines Gläubigers wegen Zahlungsunfähigkeit des Schuldners

Amtsgericht ......
– Insolvenzgericht –

Antrag
der Geschäftspartner-GmbH ...... (Adresse und vertretungsberechtigtes Organ)
– Antragstellerin –

Prozessbevollmächtigte: Rechtsanwälte ......

gegen
Mustermann-GmbH ...... (Adresse)
Gesetzlich vertreten durch den Geschäftsführer ...... (genaue Anschrift)
– Antragsgegnerin –

wegen Eröffnung des Insolvenzverfahrens

In vorbezeichneter Angelegenheit vertreten wir die Interessen der Antragstellerin. Auf uns lautende Vollmacht liegt bei. Es wird

beantragt

über das Vermögen der Mustermann-GmbH wegen Zahlungsunfähigkeit das Insolvenzverfahren zu eröffnen.

Begründung:
Der Antragstellerin steht gegen die Antragsgegnerin eine rechtskräftig titulierte Forderung in Höhe von EUR ...... zu.
Die Zwangsvollstreckung aus dem Urteil des Landgerichts ...... vom ......, Geschäfts-Nr. ...... ist fruchtlos verlaufen. Wie der Gerichtsvollzieher X am ...... (Datum) bestätigt hat, sind Zwangsvollstreckungsmaßnahmen gegen die Antragsgegnerin erfolglos geblieben.
Die Antragsgegnerin ist daher als zahlungsunfähig anzusehen.
Zur Glaubhaftmachung des Antrags werden überreicht:
1. Vollstreckbare Ausfertigung des Urteils des Landgerichts ...... vom ......, Geschäfts-Nr.: ......
2. Fruchtlosigkeitsbescheinigung des Gerichtsvollziehers X vom ......
Zugleich wird

angeregt

zur Vermeidung nachteiliger Änderungen in der Vermögenslage der Antragsgegnerin Sicherungsmaßnahmen im Sinne des § 21 InsO anzuordnen, insbesondere ein allgemeines Verfügungsverbot und ein Vollstreckungsverbot zu erlassen.
Nach den Ermittlungen der Antragstellerin hat die Antragsgegnerin in den letzten Tagen ihre gesamte Betriebs- und Geschäftsausstattung an die Hausbank als Sicherheit für bestehende Kreditverbindlichkeiten verpfändet.
Auch haben kürzlich zahlreiche Gläubiger gegen die Antragsgegnerin Pfändungsmaßnahmen ausgebracht.
Zur Glaubhaftmachung wird in der Anlage eine eidesstattliche Versicherung des/der ...... (genaue Anschrift) überreicht.

Rechtsanwalt/Rechtsanwältin

Anlagen:

---

[432] MünchKommInsO/*Schmahl*/*Vuia* § 13 Rn. 100; zum weiteren Erfordernis des Nachweises eines rechtlichen Interesses beim Gläubigerantrag → Rn. 174 ff.
[433] *Hess* InsO § 13 Rn. 39 f.
[434] *Römermann* NJW 2012, 646.

Muster: Eigenantrag des Schuldners wegen Überschuldung/Zahlungsunfähigkeit

182

Amtsgericht ......
– Insolvenzgericht –
...... (Adresse)

Antrag auf Eröffnung des Insolvenzverfahrens über das Vermögen der Mustermann-GmbH ...... (Adresse) wegen Überschuldung/Zahlungsunfähigkeit

In meiner Eigenschaft als alleinvertretungsberechtigter Geschäftsführer der vorgenannten Gesellschaft

beantrage

ich, über das Vermögen der Mustermann-GmbH ...... (Adresse) das Insolvenzverfahren zu eröffnen.

Die Gesellschaft ist zahlungsunfähig und überschuldet.

Begründung:

I. Einzelheiten zur Schuldnerin und deren Vermögen

Die Gesellschaft wurde am ...... (Datum) unter HRB ...... im Handelsregister des Amtsgerichts ...... eingetragen. Das Stammkapital beträgt EUR 50.000,– und ist voll einbezahlt. Alleingesellschafter und alleiniger Geschäftsführer der Gesellschaft ist der Unterzeichner.

Gesellschaftszweck ist ...... Das Unternehmen wird in gemieteten Räumlichkeiten am Firmensitz betrieben; Vermieter ist ...... (exakte Bezeichnung und Anschrift). Der Mietzins beträgt EUR ...... im Monat.

Beschäftigt werden ...... (Anzahl) fest angestellte Mitarbeiter sowie temporär Aushilfskräfte. Sozialversicherungsträger sind ...... Mit diesen bestehen zum Teil Stundungsvereinbarungen gegen aufgelaufene Beitragsrückstände.

Das Unternehmen wurde vor ...... Jahren als einzelkaufmännisches Unternehmen von ...... (Gründer) gegründet und später in eine OHG umgewandelt. Im Jahre ...... folgte die Umwandlung in eine GmbH. Am ...... wurden die Geschäftsanteile der Gesellschaft vom Unterzeichner erworben.

II. Insolvenzursache

Der Grund für Zahlungsunfähigkeit und Überschuldung der Gesellschaft liegt vor allem darin, dass von Anfang an eine faktische Abhängigkeit von der Firma XY ...... (Anschrift) bestand. Mit dieser Gesellschaft schloss der Unterzeichner am ...... (Datum) einen Kooperationsvertrag, worin diese sich verpflichtete, die Mustermann-GmbH regelmäßig mit Aufträgen zu versorgen. Man ging damals davon aus, dass sich das jährliche Auftragsvolumen zwischen EUR 2 Mio. und EUR 3 Mio. bewegen wird. Tatsächlich wurden seitens der XY ...... jedoch erheblich weniger Aufträge erteilt.

Ein weiterer Grund für das schlechte Betriebsergebnis liegt in bedeutenden Reklamationen auf Grund Schlechtleistung bei der Lohnfertigung in ...... (Werk), die nicht durchsetzbar sind.

Die Unternehmenskrise erreichte ein akutes Stadium, nachdem Verhandlungen mit der Firma Z....... (Adresse) über eine mögliche Beteiligung und Finanzierungshilfe ergaben, dass Voraussetzung hierfür eine Ausfallgarantie durch die XY von mindestens EUR ...... im Jahr gewesen wäre, was von Seiten der XY jedoch nicht dargestellt werden konnte.

III. Vermögensverhältnisse der Gesellschaft

Die Vermögensverhältnisse sind in der beiliegenden Vermögensübersicht dargestellt.
Bei Betriebs- und Geschäftsausstattung handelt es sich um:
...... (genaue Bezeichnung).
Der Fuhrpark besteht aus:
...... (genaue Bezeichnung).
Es bestehen noch offene Mietschulden in Höhe von EUR ...... Bis zum Ablauf der gesetzlichen Kündigungsfrist werden wegen des Mietverhältnisses noch weitere Mietzinsansprüche in Höhe von EUR ...... entstehen. Wegen der Gesamtforderung des Vermieters besteht an den in die Geschäftsräume eingebrachten Sachen ein Vermieterpfandrecht.

Beigefügt ist ein Verzeichnis der Gläubiger und ihrer Forderungen. In diesem sind die höchsten und die höchsten gesicherten Forderungen, sowie die Forderungen der Finanzverwaltung, der Sozialversicherungsträger und solche aus betrieblicher Altersversorgung besonders gekennzeichnet.
Im vergangenen Geschäftsjahr belief sich die Bilanzsumme auf EUR ...... Es wurden Umsatzerlöse in Höhe von EUR ...... erzielt und durchschnittlich ...... Arbeitnehmer beschäftigt.
Ich versichere die Richtigkeit und Vollständigkeit dieser, sowie der im Gläubigerverzeichnis gemachten Angaben.

IV. Anhängige Rechtsstreitigkeiten
Die Mustermann-GmbH ist auf der Beklagtenseite an folgenden Verfahren beteiligt:
1. Vor dem Landgericht ......: A GmbH ...... (genaue Bezeichnung und Adresse) gegen Mustermann-GmbH wegen Mangelrüge auf Grund von fehlerhaft angefertigten und gelieferten Schnittlagebildern,
2. Vor dem Arbeitsgericht ......: Hilde Weiß gegen Mustermann-GmbH wegen fristloser Kündigung.

Des Weiteren liegen gegen die Mustermann-GmbH mehrere Mahn- und Vollstreckungsbescheide vor.

......
(Ort, Datum)

......
(Unterschrift der Geschäftsführer für die Mustermann-GmbH)

Anlagen:
Vermögensübersicht der Mustermann-GmbH per ...... (Datum)
Gläubigerverzeichnis
Debitorenliste
Handelsregisterauszug

Muster: Eigenantrag des Schuldners wegen drohender Zahlungsunfähigkeit

Amtsgericht ......
– Insolvenzgericht –
...... (Adresse)

Antrag auf Eröffnung des Insolvenzverfahrens über das Vermögen der Mustermann-GmbH wegen drohender Zahlungsunfähigkeit

In meiner Eigenschaft als gesamtvertretungsberechtigter Geschäftsführer der vorgenannten Gesellschaft und Namens und mit Vollmacht des Mitgeschäftsführers A ...... (Name und Adresse)

beantrage

ich, über das Vermögen der Mustermann-GmbH ...... (Adresse) das Insolvenzverfahren zu eröffnen. Die Gesellschaft droht zahlungsunfähig zu werden.

Begründung:

I. Einzelheiten zur Schuldnerin und deren Vermögen

Die Gesellschaft wurde am ...... (Datum) und HRB ...... im Handelsregister des Amtsgerichts ...... eingetragen. Das Stammkapital beträgt EUR 100.000,– und ist voll einbezahlt. Gesellschafter sind A ...... (Name und Adresse) und der Unterzeichner B ...... (Name und Adresse). A und B sind gesamtvertretungsberechtigte Geschäftsführer der Gesellschaft.
Gesellschaftszweck ist ...... (genaue Bezeichnung des Unternehmensgegenstandes).
Beschäftigt werden ...... (Anzahl) fest angestellte Mitarbeiter. Sozialversicherungsträger sind ...... (genaue Bezeichnung).

II. Insolvenzgrund
Die Gesellschaft droht zahlungsunfähig zu werden (§ 18 Abs. 2 InsO). Das ergibt sich aus folgendem:

Bis zum ...... (Datum) werden folgende Zahlungen fällig:
1. Löhne und Gehälter in Höhe von EUR ...... (Betrag)
2. Mieten in Höhe von EUR ...... (Betrag)
3. Rückzahlungen gekündigter Darlehen in Höhe von EUR ...... (Betrag)
4. Lieferantenverbindlichkeiten in Höhe von EUR ...... (Betrag)
5. Umsatzsteuer in Höhe von ca. EUR ...... (Betrag)
6. Schadensersatz gem. Urteil des ...... (Gericht) vom ...... (Datum) in Höhe von EUR ...... (Betrag)
7. Leasingraten in Höhe von EUR ...... (Betrag)

Insgesamt sind damit Forderungen in Höhe von EUR ...... (Gesamtbetrag) zum ...... (Datum) fällig.

Die Gesellschaft kann diese Forderungen zum ...... (Datum) nicht begleichen. Die Gesellschaft verfügt derzeit lediglich über liquide Mittel in Höhe von EUR ...... (Betrag). Bis zum ...... (Datum) werden aus Lieferungen und Leistungen höchstens EUR ...... (Betrag) eingehen. Insgesamt besteht bis zum ...... (Datum) damit eine Liquiditätslücke in Höhe von EUR ...... (Betrag).

Die Gesellschaft hat sich bemüht, eine Aufstockung ihres Betriebsmittelkredits zu erhalten, da sie jedoch nicht in der Lage ist, weitere Sicherheiten zur Verfügung zu stellen, werden von den Banken keine weiteren Kredite gewährt. Vielmehr wurde der Kredit in Höhe von EUR ...... (Betrag) der ...... (Bezeichnung des kreditgewährenden Instituts) gekündigt und ist damit zur Rückzahlung fällig.

Die Gesellschaft ist auch nicht in der Lage, durch Veräußerung von Teilen ihres Gesellschaftsvermögens kurzfristig Liquidität zu beschaffen, da sie weder über Grundstücke noch über sonstiges veräußerbares Vermögen verfügt.

Auch sind die Gesellschafter nicht bereit, der Gesellschaft weitere finanzielle Mittel zur Verfügung zu stellen.

Zur Glaubhaftmachung werden beigefügt:
1. Gläubigerverzeichnis der Mustermann-GmbH per ...... (Datum)
2. Schuldnerverzeichnis der Mustermann-GmbH per ...... (Datum)
3. Vermögensübersicht der Mustermann-GmbH per ...... (Datum)
4. Vollmacht des A
5. Eidesstattliche Versicherung des Unterzeichners.

In dem beigefügten Gläubigerverzeichnis sind die höchsten und die höchsten gesicherten Forderungen, sowie die Forderungen der Finanzverwaltung, der Sozialversicherungsträger und solche aus betrieblicher Altersversorgung besonders gekennzeichnet.

Im vergangenen Geschäftsjahr belief sich die Bilanzsumme auf EUR ...... Es wurden Umsatzerlöse in Höhe von EUR ...... erzielt und durchschnittlich ...... Arbeitnehmer beschäftigt.

Ich versichere die Richtigkeit und Vollständigkeit dieser, sowie der im Gläubigerverzeichnis gemachten Angaben.

......
(Ort, Datum)

......
(Unterschrift des B)

Anlage 1–5

184 Der Antrag auf Eröffnung eines Insolvenzverfahrens ist als **Verfahrenshandlung** bedingungsfeindlich.[435] Wegen § 4 InsO i. V. m. § 253 Abs. 2 ZPO muss der Antragsteller seine ladungsfähige Anschrift, und wenn es sich um einen Gläubigerantrag handelt, die ladungsfähige Anschrift des Schuldners und dessen genaue Bezeichnung angeben. Erst wenn ein **zulässiger Antrag** vorliegt, greift der Amtsermittlungsgrundsatz ein, das heißt die Feststellung des richtigen Schuldners (Bezeichnung, Rechtsform etc.) ist Sache des Antragstellers, nicht des Insolvenzgerichts.

---

[435] *Hess* InsO § 13 Rn. 10; BGH NJW-RR 2010, 1199.

Mit der Antragstellung ist kein **Gerichtskostenvorschuss** zu leisten. Allerdings kann ein 185
Vorschuss zur Deckung der Auslagen gemäß § 17 Abs. 3 GKG angefordert werden.[436] Dabei greift dann jedoch der Amtsermittlungsgrundsatz gemäß § 5 Abs. 1 S. 1 InsO.

dd) Antragsrücknahme. Eine Antragsrücknahme ist lediglich vor Wirksamkeit des Insolvenzeröffnungsbeschlusses bzw. vor Rechtskraft des Abweisungsbeschlusses mangels Masse 186
möglich, vgl. § 13 Abs. 2 InsO. Die **Berechtigung** zur Antragsrücknahme hat nur derjenige, der den Antrag gestellt hat. Wenn von mehreren Geschäftsführern nur einer den Antrag gestellt hat, muss dieser an der Rücknahme mitwirken.[437]

Muster: Rücknahme des Insolvenzantrags

Amtsgericht 187
– Insolvenzgericht –
...... (Adresse)
Rücknahme des Antrags auf Eröffnung des Insolvenzverfahrens über das Vermögen der Mustermann-GmbH
In dem Insolvenzeröffnungsverfahren über das Vermögen der Mustermann-GmbH ...... (Adresse) nehmen wir unseren mit Schriftsatz vom ...... (Datum) gestellten Insolvenzantrag zurück.

....
Ort, Datum   (Unterschrift des Gesellschafter A)
                                    ......
                                    (Unterschrift des Gesellschafter B)

Gemäß § 269 Abs. 3 Satz 2 ZPO i.V.m. § 4 InsO hat der Antragsteller die **Kosten** zu tragen, auch wenn der Schuldner den Antragsteller nachträglich wegen seiner Forderung befriedigt hat und der Gläubiger daraufhin seinen Antrag zurückzieht. Für den Antragsteller 188
ist es in diesem Fall daher besser, den Rechtsstreit für erledigt zu erklären, da er sonst auf den materiellen Anspruch aus den §§ 286 Abs. 1, 367 BGB angewiesen ist.

b) Sicherungsmaßnahmen. Der Richter kann alle zur Sicherung der Masse geeigneten 189
Maßnahmen anordnen, wenn er zuvor sorgfältig geprüft hat, ob sie notwendig und zweckmäßig sind. Die in § 21 Abs. 2 InsO aufgezählten Maßnahmen sind keinesfalls abschließend. Vielmehr kommen in Betracht:
- Beschlagnahme einzelner Vermögenswerte, Guthaben, Forderungen des Schuldners
- Siegelung von Räumen, Gebäuden etc.
- Anordnung der vorläufigen Insolvenzverwaltung
- Schließung der Büro-/Betriebsräume
- Allgemeines und besonderes Veräußerungs- oder Verfügungsverbot
- Sperre von Postsendungen aller Art
- Ermächtigung des vorläufigen Insolvenzverwalters zur Schließung des Betriebes
- Zwangsweise Vorführung oder Inhaftierung des Schuldners
- Untersagung der Zwangsvollstreckung und einstweilige Einstellung der Zwangsvollstreckung

aa) Erlass eines Verfügungsverbots. Der Erlass eines **allgemeinen Verfügungsverbots** nach 190
§ 21 Abs. 2 Nr. 2 erste Alternative InsO stellt die wirksamste rechtliche Maßnahme zur Verhinderung manipulativer Eingriffe in das Schuldnervermögen dar. Das allgemeine Verfügungsverbot ist gemäß § 24 Abs. 1 i.V.m. § 81 InsO ein **absolutes Verfügungsverbot**. Vom allgemeinen Verfügungsverbot erfasst sind auch Vorausverfügungen. Gemäß §§ 32 ff. InsO erfolgt eine **Grundbuch- und Registersperre**. Weiter ist das Verfügungsverbot **öffentlich be**-

---
[436] MünchKommInsO/*Schmahl/Vuia* § 13 Rn. 163 f.
[437] MünchKommInsO/*Schmahl/Vuia* § 13 Rn. 116.

kannt zu machen und gemäß § 23 InsO besonders **zuzustellen** an den Schuldner, an den Schuldner des Schuldners und an den vorläufigen Insolvenzverwalter. Ein allgemeines Verfügungsverbot kann nur in Verbindung mit der Anordnung der vorläufigen Insolvenzverwaltung erfolgen, so dass die Verfügungsbefugnis über das Schuldnervermögen dem Insolvenzverwalter zugeordnet ist.

191 Nach § 21 Abs. 2 Nr. 2 zweite Alternative InsO ist aber auch der Erlass eines **besonderen Verfügungsverbots** möglich, das dem Schuldner lediglich die Verfügung über bestimmte Vermögensgegenstände untersagt.

192 *bb) Vollstreckungsverbot.* Da § 89 InsO das allgemeine Vollstreckungsverbot erst für das eröffnete Insolvenzverfahren regelt, ist im Insolvenzeröffnungsverfahren das Vollstreckungsverbot gemäß § 21 Abs. 2 Nr. 3 InsO anzuordnen. Das Vollstreckungsverbot dient dem Zweck, eine Zerschlagung des Schuldnervermögens zu verhindern und so eine spätere Sanierung zu ermöglichen. Auf bereits **erfolgte Vollstreckungsmaßnahmen** hat die vorläufige Einstellung der Zwangsvollstreckung nach § 21 Abs. 2 Nr. 3 InsO (anders bei § 88 InsO nach Verfahrenseröffnung) keinen Einfluss. Der **Rang** eines Pfändungspfandrechts bleibt insoweit gewahrt.[438] Für Immobilien gilt das ZVG.

193 Sofern ein Vollstreckungsverbot im Insolvenzverfahren nicht explizit angeordnet wird, ist aber an die in § 88 InsO verankerte **Rückschlagsperre** zu denken. Hiernach sind Sicherungen, die durch Zwangsvollstreckung im letzten Monat vor Stellung des Insolvenzantrags oder danach erlangt wurden, mit der Eröffnung des Insolvenzverfahrens unwirksam.

194 *cc) Zwangsvorführung und Haftanordnung.* Als **ultima ratio** kommt die Haftanordnung gemäß §§ 21 Abs. 3, 98 Abs. 3 InsO i. V. m. §§ 904 bis 910, 913 ZPO in Betracht. Organschaftliche Vertreter der GmbH, die Geschäftsführer, können nach Anhörung in Haft genommen werden, wenn dies zur Verwirklichung des Insolvenzzwecks geboten ist.

195 *dd) Zustimmungserfordernis.* Dabei handelt es sich um eine Maßnahme, die weniger einschneidend ist als das Verfügungsverbot. Unabdingbare Voraussetzung für die Anordnung eines Zustimmungserfordernisses ist die Anordnung der vorläufigen Insolvenzverwaltung, so dass der Insolvenzverwalter Träger der Zustimmungskompetenz ist.

196 *ee) Anordnung der Postsperre.* Gemäß §§ 21 Abs. 2 Nr. 4 i. V. m. 99 InsO ist die Anordnung einer Postsperre möglich. Hiernach ist der vorläufige Insolvenzverwalter berechtigt, alle an den Schuldner gerichtete Post in Empfang zu nehmen und zu öffnen. Dadurch erhält er einen Einblick in die Geschäftsbeziehungen, kann Scheckzahlungen direkt an die Masse weiterleiten etc. Auch hierbei ist Voraussetzung, dass zugleich die vorläufige Insolvenzverwaltung angeordnet wird, da eine „Postkontrolle" durch das Gericht ausscheidet.

197 *ff) Einsetzung eines vorläufigen Gläubigerausschusses.* Durch das ESUG wurde in § 21 Abs. 2 Nr. 1a InsO die Möglichkeit geschaffen, die Gläubiger durch die Einsetzung eines vorläufigen Gläubigerausschusses frühzeitig zu beteiligen. Diesem werden durch den Verweis auf die §§ 69 bis 73 InsO bereits die Kompetenzen des nach Eröffnung eingesetzten Gläubigerausschusses zugewiesen. Durch die Regelung des § 56a InsO steht dem vorläufigen Gläubigerausschuss das Recht zu, eine Person als Insolvenzverwalter vorzuschlagen.[439] Die Befugnis des Insolvenzgerichts zur Einsetzung eines vorläufigen Gläubigerausschusses gemäß § 21 Abs. 2 Nr. 1a InsO ist von den Regelungen des § 22a InsO zu unterscheiden.[440] Liegen die Voraussetzungen des § 22a Abs. 1 InsO vor, hat das Gericht zwingend einen vorläufigen Gläubigerausschuss einzusetzen. § 22a Abs. 2 InsO ist hingegen als Soll-Vorschrift konzipiert; danach soll das Gericht auf Antrag des Schuldners, des vorläufigen Insolvenzverwalters oder eines Gläubigers einen vorläufigen Gläubigerausschuss einsetzen, wenn Personen genannt werden, die als Mitglieder in Betracht kommen und deren Einverständniserklärungen beigefügt sind. Aufgrund der Ausgestaltung als Soll-Vorschrift, ist das Gericht in der Ausübung seines Ermessens nicht frei, sondern zur Einsetzung des vorläufigen Gläubi-

---

[438] *Hess* InsO § 21 Rn. 142.
[439] Braun/*Böhm* § 21 Rn. 20 ff.; MünchKommInsO/*Haarmeyer* § 21 Rn. 47a.
[440] *Römermann* NJW 2012, 647.

gerausschusses verpflichtet, sofern weder Hinderungsgründe nach § 22a Abs. 3 InsO[441] noch Bedenken gegen die Tauglichkeit der vorgeschlagenen Personen bestehen.[442] Sofern das Insolvenzgericht von einer Einsetzung eines vorläufigen Gläubigerausschusses absieht, steht den Gläubigern gegen die Entscheidung jedoch kein Rechtsbehelf zu, da Entscheidungen des Insolvenzgerichts gemäß § 6 Abs. 1 InsO nur dann einem Rechtmittel unterliegen, wenn die InsO die sofortige Beschwerde ausdrücklich zulässt. Nach § 21 Abs. 1 Satz 2 InsO kann die sofortige Beschwerde aber nur vom Schuldner erhoben werden.[443] Teilweise wird vertreten, dass die fehlende Möglichkeit einer gerichtlichen Überprüfung durch die Gläubiger einen Verstoß gegen Art. 19 Abs. 4 GG darstelle, der eine teleologische Reduktion des § 6 Abs. 1 InsO erforderlich mache.[444] Mangels Sperrwirkung des § 6 InsO könne die sofortige Beschwerde gemäß § 4 InsO, § 567 Abs. 1 Nr. 2 ZPO auch durch die Gläubiger eingelegt werden.[445] Hiergegen ist jedoch einzuwenden, dass das Enumerativprinzip des § 6 InsO der Verfahrensbeschleunigung dient und daher nicht verwässert werden sollte. Aus diesem Grund lässt der BGH die außerordentliche Beschwerde nur in engen Grenzen zu. Danach ist es nicht ausreichend, dass die gerichtliche Maßnahme einen grundrechtsrelevanten Bereich tangiert, sie muss sich vielmehr auch außerhalb der gerichtlichen, gesetzlichen Befugnisse bewegen.[446] An dieser Voraussetzung fehlt es, da § 22a Abs. 3 InsO dem Insolvenzgericht eine entsprechende Entscheidungskompetenz einräumt.

c) Einsetzung eines vorläufigen Insolvenzverwalters. Gemäß § 21 Abs. 2 Nr. 1 InsO kann 198 das Gericht im Rahmen der gerichtlichen Anordnung von Sicherungsmaßnahmen einen vorläufigen Insolvenzverwalter bestellen. Bei der Auswahl des vorläufigen Insolvenzverwalters hat das Gericht die gleichen Kriterien anzuwenden wie bei der Auswahl eines endgültigen Verwalters, vgl. §§ 56, 58 bis 66 InsO. Durch die Einfügung des § 56a InsO wird der bislang fehlende Einfluss der Gläubiger im Eröffnungsverfahren kompensiert, indem dem vorläufigen Gläubigerausschuss Mitspracherechte bei der Verwalterbestellung eingeräumt werden.[447] Aufgabe des vorläufigen Insolvenzverwalters ist die **Verhinderung einer nachteiligen Veränderung der Vermögenslage des Schuldners**, § 21 Abs. 1 InsO. Die allgemeinen Befugnisse des vorläufigen Insolvenzverwalters ergeben sich aus § 22 Abs. 3 InsO. Er hat insbesondere Auskunfts- und Einsichtsrechte.

Wenn das Gericht gegen den Schuldner ein allgemeines Verfügungsverbot erlassen hat, ist 199 der vorläufige Insolvenzverwalter gemäß § 22 Abs. 1 InsO **mit Verfügungsbefugnis** ausgestattet (starker vorläufiger Insolvenzverwalter). Die Verbindlichkeiten, die der vorläufige Insolvenzverwalter mit Verfügungsbefugnis begründet, sind mit Ausnahme der Ansprüche von Arbeitnehmern, sofern sie nach § 187 SGB III auf die Bundesanstalt für Arbeit übergegangen sind (§ 55 Abs. 3 InsO),[448] Masseverbindlichkeiten gemäß § 55 Abs. 2 Satz 1 InsO.[449] Dadurch werden die Wirkungen der Insolvenzverfahrenseröffnung vorverlagert. Sofern die Insolvenzmasse nicht zur vollen Befriedigung dieser Masseverbindlichkeiten ausreicht, haftet der vorläufige Insolvenzverwalter nach § 61 InsO, der hier entsprechend an-

---

[441] MünchKommInsO/*Haarmeyer* § 22a Rn. 144 möchte darüber hinaus sogar die Anwendbarkeit des § 22a Abs. 3 InsO im Wege der teleologischen Reduktion ausschließen.
[442] Braun/*Böhm* § 22a Rn. 8; Nerlich/Römermann/*Mönning* § 22a Rn. 24.
[443] *Pleister* GWR 2013, 220; a. A. *Frind* ZInsO 2013, 284 ff.
[444] *Römermann/Praß* ZInsO 2012, 1925 f.; *Horstkotte* ZInsO 2012, 1931.
[445] Nach Auffassung von *Römermann/Praß* ZInsO 2012, 1925 ff. haben die Gläubiger die Möglichkeit, einen Antrag nach § 23 EGGVG zu stellen, wenn die Einsetzung im Falle des § 22a Abs. 1 InsO abgelehnt werde. Die sofortige Beschwerde sei hier nicht statthaft, da es – anders als nach § 22a Abs. 2 InsO – an einem „Gesuch" der Gläubiger fehle. Um eine Entscheidung noch im Eröffnungsverfahren zu erlangen, sei im Wege des einstweiligen Rechtsschutzes vorzugehen. A. A. *Horstkotte* ZInsO 2012, 1931, der die sofortige Beschwerde auch in diesem Fall für statthaft hält.
[446] *Frind* ZInsO 2013, 285 f.
[447] Nerlich/Römermann/*Mönning* InsO § 22a Rn. 6.
[448] § 55 Abs. 3 n. F. wurde eingefügt durch das Insolvenzrechtsänderungsgesetz vom 26.10.2001 BGBl. I 2710.
[449] So die ganz h. M.; vgl. etwa Nerlich/Römermann/*Andres* InsO § 55 Rn. 129; Kübler/Prütting/Bork/*Pape/Schaltke* InsO § 55 Rn. 206; a. A. aber schon vor Einfügung des § 55 Abs. 3 InsO *Seagon/Wiester* ZInsO 1999, 627, 628.

wendbar ist. Allgemeine Aufgabe des vorläufigen Insolvenzverwalters ist es, die zu verwaltenden Vermögensgegenstände in Besitz zu nehmen, zu inventarisieren und in ihrem Bestand zu erhalten. Auch die Verhinderung der vorzeitigen Realisierung von Absonderungsrechten muss als seine Aufgabe gesehen werden. Die besonderen Pflichten des vorläufigen Insolvenzverwalters mit Verfügungsbefugnis ergeben sich aus § 22 InsO. Nach Nr. 1 hat er das Vermögen zu sichern und zu erhalten. Nach Nr. 2 hat der vorläufige Insolvenzverwalter den Betrieb fortzuführen und nach Nr. 3 hat er zu prüfen, ob die Verfahrenskosten gedeckt sind. Zusätzlich kann das Insolvenzgericht den vorläufigen Insolvenzverwalter als Sachverständigen beauftragen, der zu prüfen hat, ob ein Eröffnungsgrund vorliegt und welche Fortführungschancen für das Unternehmen des Schuldners bestehen.

200 Vorläufige Insolvenzverwaltung **ohne Verfügungsbefugnis** (schwache vorläufige Insolvenzverwaltung) liegt dann vor, wenn gegen den Schuldner kein allgemeines Verfügungsverbot verhängt wurde (§ 22 Abs. 2 InsO). Von der Gesetzessystematik her ist er als Ausnahme der vorläufigen Insolvenzverwaltung gedacht. In der Praxis war es bisher jedoch so, dass dem schwachen, vorläufigen Insolvenzverwalter nach § 22 Abs. 2 InsO größere Bedeutung zukam. Der entscheidende Vorteil der schwachen Insolvenzverwaltung liegt darin, Massebestandteile vor Eröffnung des Hauptverfahrens „umsatzsteuergünstig" verwerten zu können. Die Aufgaben und Befugnisse des vorläufigen Insolvenzverwalters ohne Verfügungsbefugnis werden vom Gericht individuell festgelegt. In der Regel erfolgt die Aufforderung an die Gläubiger, nicht mehr an den Schuldner, sondern ausschließlich an den vorläufigen Insolvenzverwalter zu leisten. Dadurch wird auch bei einer schwachen vorläufigen Insolvenzverwaltung die Sicherung der Insolvenzmasse ermöglicht.

201 **d) Rechtsbehelfe gegen die Anordnung von Sicherungsmaßnahmen.** Gegen die Anordnung von Sicherungsmaßnahmen ist gemäß § 21 Abs. 1 S. 2 InsO die Beschwerde zulässig.

202 **e) Eigenverwaltung des Schuldners.** Bei der Eigenverwaltung des Schuldners bleiben gemäß §§ 270 bis 285 InsO die Verfügungs- und Verwertungsbefugnisse beim Schuldner. Abweichend vom bisherigen Recht setzt die nachträgliche Anordnung der Eigenverwaltung gemäß § 271 InsO nicht mehr voraus, dass die erste einberufene Gläubigerversammlung den Antrag stellt.[450] Die Eigenverwaltung kann auf **Antrag des Schuldners** gemäß § 270 Abs. 2 Nr. 1 InsO angeordnet werden, wobei gemäß § 270 Abs. 3 InsO erforderlich ist, dass dem vorläufigen Gläubigerausschuss Gelegenheit zur Äußerung gegeben wird. Ein Antrag auf Anordnung der Eigenverwaltung ist nur bis zur Entscheidung über die Insolvenzverfahrenseröffnung möglich. In der Regel wird bereits mit Insolvenzantragstellung bzw. spätestens im Rahmen der Anhörung bei einem Gläubigerantrag die Eigenverwaltung durch den Schuldner beantragt. Soweit der Antrag auf Anordnung der Eigenverwaltung nicht offensichtlich aussichtslos ist, soll das Gericht nach § 270a Abs. 1 Satz 1 InsO davon absehen, dem Schuldner ein allgemeines Verfügungsverbot oder einen Zustimmungsvorbehalt gem. § 21 Abs. 2 Satz 1 Nr. 2 InsO aufzuerlegen. Statt eines vorläufigen Insolvenzverwalters hat es in einem solchen Fall der **vorläufigen Eigenverwaltung** nach § 270a Abs. 1 Satz 2 InsO einen vorläufigen Sachwalter einzusetzen.

203 **f) Schutzschirmverfahren.** Solange der Schuldner noch nicht akut zahlungsunfähig ist, kann er, soweit er selbst den Eröffnungsantrag gestellt hat, seinen Antrag auf Eigenverwaltung mit einem Antrag auf Eröffnung eines Schutzschirmverfahrens nach § 270b InsO verbinden. Wenn dieser Antrag Erfolg hat, erhält er ein Vorschlagsrecht in Bezug auf die Person des nach § 270a InsO einzusetzenden vorläufigen Sachwalters und das Gericht setzt ihm eine maximal dreimonatige Frist zur Ausarbeitung eines Insolvenzplans. Während dieser Frist kann der Schuldner beim Insolvenzgericht die Untersagung oder Einstellung von Zwangsvollstreckungsmaßnahmen nach § 21 Abs. 2 Satz 1 Nr. 3 InsO beantragen und sich so vom Zugriff seiner Gläubiger abschirmen.

204 **g) Pflichten des Schuldners im Insolvenzeröffnungsverfahren.** Ist ein zulässiger Antrag gestellt, trifft den Schuldner (bzw. bei der GmbH die vertretungsberechtigten Geschäftsführer) folgende Verpflichtung:

---

[450] Nerlich/Römermann/*Riggert* InsO § 271 Rn. 3.

- Gemäß §§ 20, 97, 101 InsO ist er zur **Auskunft** verpflichtet. Insbesondere muss er geschäftsbezogene Auskünfte gegenüber dem Insolvenzgericht, dem Insolvenzverwalter, dem Gläubigerausschuss und auf Anordnung des Gerichts der Gläubigerversammlung gemäß § 97 Abs. 1 InsO erteilen. Diese Auskunftspflicht trifft ihn selbst dann, wenn er sich dadurch einer strafrechtlichen Verfolgung aussetzen könnte, § 97 Abs. 1 Satz 2 InsO. Gemäß § 97 Abs. 2 InsO hat sich der Schuldner jederzeit auf Anordnung des Gerichts zur Erfüllung seiner Auskunftspflicht zur Verfügung zu stellen. Daneben ist er gemäß §§ 20, 98 InsO i. V. m. 79 ff. ZPO gegebenenfalls zur Abgabe der eidesstattlichen Versicherung verpflichtet. Bei Führungslosigkeit der GmbH wird auch die Auskunftspflicht gemäß § 101 InsO auf die Gesellschafter ausgedehnt. Des Weiteren können den zur Auskunft verpflichteten Personen die Kosten des Verfahrens auferlegt werden, wenn sie den Auskunfts- und Mitwirkungspflichten nicht nachkommen und der Eröffnungsantrag abgewiesen wird.

Checkliste: Arten von Eröffnungsverfahren

Reguläres Eröffnungsverfahren
- ☐ Voraussetzungen
  Eröffnungsantrag des Schuldners oder eines Gläubigers
- ☐ Wesentliche Wirkungen
  Insolvenzgericht kann sämtliche Sicherungsmaßnahmen nach § 21 InsO anordnen
  Typischerweise Einsetzung eines vorläufigen Insolvenzverwalters
- ☐ Sinnvoll insbesondere in folgenden Fällen:
  Zweifel an Verlässlichkeit und/oder fachlicher Kompetenz der Geschäftsführung des Schuldners

Vorläufige Eigenverwaltung nach § 270a InsO
- ☐ Voraussetzungen
  Eröffnungsantrag des Schuldners oder eines Gläubigers
  Antrag des Schuldners auf Anordnung der Eigenverwaltung
  Eigenverwaltungsantrag ist nicht offensichtlich aussichtslos
- ☐ Wesentliche Wirkungen
  Insolvenzgericht soll von der Anordnung eines allgemeinen Verfügungsverbots oder eines Zustimmungsvorbehalts absehen
  Einsetzung eines vorläufigen Sachwalters
- ☐ Sinnvoll insbesondere in folgenden Fällen:
  Verlässlichkeit und fachliche Kompetenz der Geschäftsführung sind gegeben
  Sanierung des schuldnerischen Unternehmens erscheint möglich

Schutzschirmverfahren nach § 270b InsO
- ☐ Voraussetzungen
  Eröffnungsantrag des Schuldners
  Antrag des Schuldners auf Anordnung der Eigenverwaltung
  Antrag des Schuldners auf Anordnung einer Frist zur Ausarbeitung eines Insolvenzplans
  Zahlungsunfähigkeit noch nicht eingetreten
  Sanierung ist nicht offensichtlich aussichtslos
  Bescheinigung nach § 270b Abs. 1 Satz 3 InsO
- ☐ Wesentliche Wirkungen
  Insolvenzgericht soll von der Anordnung eines allgemeinen Verfügungsverbots oder eines Zustimmungsvorbehalts absehen
  Einsetzung eines vorläufigen Sachwalters
  Bindendes Vorschlagsrecht des Schuldners hinsichtlich der Person des vorläufigen Sachwalters
  Insolvenzgericht kann weder allgemeines Verfügungsverbot noch Zustimmungsvorbehalt anordnen

Schuldner kann Einstellung und Untersagung von Zwangsvollstreckungsmaßnahmen beantragen („Schutzschirm")
Schuldner kann die Ermächtigung zur Begründung von Masseverbindlichkeiten beantragen
☐ Sinnvoll insbesondere in folgenden Fällen:
Verlässlichkeit und fachliche Kompetenz der Geschäftsführung sind gegeben
Frühzeitige Antragsstellung durch den Schuldner
Sanierung des schuldnerischen Unternehmens erscheint möglich
Realistisches Sanierungskonzept ist zumindest in Grundzügen bereits ausgearbeitet
Sanierungskonzept droht an Zwangsvollstreckungsmaßnahmen einzelner Gläubiger zu scheitern

5. Entscheidung über den Insolvenzantrag

205   Das Insolvenzeröffnungsverfahren endet mit der **verfahrensabschließenden Entscheidung des Insolvenzgerichts**, wenn nicht der Antrag durch Rücknahme oder Erklärung nach § 91a ZPO seine Erledigung findet. Als verfahrensabschließende Entscheidung des Insolvenzgerichts kommt in Betracht:

- Zurückweisung des Insolvenzantrags als **unzulässig**, wenn es an der örtlichen Zuständigkeit des Insolvenzgerichts,[451] am Rechtschutzinteresse, an der Insolvenzfähigkeit des Schuldners, an der Glaubhaftmachung oder an der Antragsberechtigung (§ 14 Abs. 1 InsO: Rechtliches Interesse) fehlt.
- Zurückweisung des Insolvenzantrags als **unbegründet**, wenn ein Insolvenzgrund nicht vorliegt; das Gericht muss vom Vorliegen des Insolvenzgrunds überzeugt sein, allerdings hindert die rechtskräftige Abweisung nicht die Stellung eines neuen Insolvenzantrags mit anderer oder neuer Begründung. Beim Eigenantrag sind geringere Anforderungen an die Überzeugung des Gerichts vom Vorliegen eines Insolvenzgrundes zu stellen.
- **Abweisung mangels Masse** gemäß § 26 InsO.
- **Eröffnung des Insolvenzverfahrens** gemäß §§ 27 ff. InsO.

206   a) **Insolvenzeröffnung gem. §§ 27 ff. InsO.** *aa) Der Eröffnungsbeschluss.* Voraussetzungen für die Eröffnung eines Insolvenzverfahrens bei Unternehmensinsolvenzen sind:

- Allgemeine Zulässigkeitsvoraussetzungen und spezielle Zulässigkeitsvoraussetzungen (§ 14 InsO) müssen vorliegen.
- Der Eröffnungsgrund (§§ 16 bis 19 InsO) muss zur vollen Überzeugung des Gerichts nachgewiesen sein. Hierbei reicht die Glaubhaftmachung wie für die Zulässigkeit des Antrags nicht.
- Bei Vorliegen eines Gläubigerantrags muss die Forderung glaubhaft gemacht werden. Für den Fall, dass die Forderung des antragstellenden Gläubigers für die Frage nach der Zahlungsunfähigkeit oder Überschuldung entscheidend ist, muss der Gläubiger sogar den vollen Beweis erbringen.[452] Es ist nämlich nicht Sache des Insolvenzeröffnungsverfahrens, den Bestand einer streitigen Forderung zu klären.[453]
- Die Voraussetzungen für eine Abweisung mangels Masse dürfen nicht vorliegen. Das Vermögen des Schuldners muss also voraussichtlich ausreichen, um die Kosten des Verfahrens zu decken. Kosten des Verfahrens sind gemäß § 54 InsO Gerichtskosten (2,5 Gebühren bei Schuldnerantrag, 3,0 Gebühren bei Gläubigerantrag nach § 34 i.V.m. § 58 GKG i.V.m. Nr. 2320, 2330 KV zuzüglich Auslagen insbesondere für die Zustellung und öffentliche Bekanntmachung),[454] die Vergütung des Insolvenzverwalters (in der Regel

---
[451] Vgl. aber § 17a GVG.
[452] So schon die h.M. zur KO: *Jaeger/Weber* KO § 105 Rn. 3; *Kuhn/Uhlenbruck* KO § 105 Rn. 3 f.; *Kilger/K. Schmidt* KO/VglO/GesO § 105 KO Anm. 2.
[453] So BGH ZIP 1992, 947.
[454] HK-InsO/*Kirchhof* § 26 Rn. 12.

zwischen EUR 500,– und 40 % der Teilungsmasse bei Verfahrensbeendigung)[455] und die Vergütung der Mitglieder des Gläubigerausschusses, sofern dieser bestellt wird, die nach geschätztem erforderlichem Zeitaufwand und einem Stundensatz von EUR 5,– bis EUR 50,– zu berechnen ist.[456]

Gemäß § 30 Abs. 1 InsO ist der Eröffnungsbeschluss (§§ 27 bis 29 InsO) **öffentlich bekannt zu machen**. Er ist aber bereits wirksam, wenn er nicht mehr nur eine innere Angelegenheit des Gerichts ist.

Im Eröffnungsbeschluss ist der **Insolvenzverwalter zu ernennen** (§ 27 Abs. 1 InsO). Ausnahmen hierfür ergeben sich nur bei der Anordnung der Eigenverwaltung. Hier wird gemäß § 270c InsO ein Sachwalter ernannt.

Innerhalb der gemäß § 28 Abs. 1 InsO im Eröffnungsbeschluss genannten Frist haben die Gläubiger ihre Forderung schriftlich (§ 174 Abs. 1 Satz 1 InsO) anzumelden; Gläubiger, die Sicherungsrechte in Anspruch nehmen, haben diese unverzüglich dem Insolvenzverwalter mitzuteilen (§ 28 Abs. 2 InsO), Drittschuldner sind gemäß § 28 Abs. 3 InsO im Eröffnungsbeschluss aufzufordern, nicht mehr an den Schuldner zu leisten. Gemäß §§ 31 bis 33 InsO folgt eine Register- und Grundbuchsperre.

bb) Wirkungen der Verfahrenseröffnung. Mit der Eröffnung des Insolvenzverfahrens ändert sich sowohl für Gläubiger als auch Schuldner des Schuldners und den Schuldner selbst einiges. Gläubiger können ihre Ansprüche gegen die Gesellschaft nicht mehr im Wege der Einzelzwangsvollstreckung geltend machen (§ 89 Abs. 1 InsO); sie müssen ihre Forderungen vielmehr zur Insolvenztabelle anmelden. Schuldner des Schuldners haben mit Verfahrenseröffnung nicht mehr an den Schuldner zu leisten (§ 82 InsO), sonst besteht für sie die Gefahr, nochmals an den Insolvenzverwalter leisten zu müssen.

Muster: Forderungsanmeldung

Herrn/Frau ......
als Insolvenzverwalter/in
über das Vermögen der Mustermann-GmbH
Insolvenzverfahren über das Vermögen der Mustermann-GmbH (Adresse)
Hier: Forderungsanmeldung A-GmbH ......
Sehr geehrte/r ...... (Insolvenzverwalter/in),
in vorbezeichneter Angelegenheit vertreten wir gemäß in Kopie beigefügter Vollmachtsurkunde die Interessen der A-GmbH.
Folgende Forderungen werden hiermit zur Insolvenztabelle angemeldet:
1. Forderung aus Warenlieferung gemäß Rechnung vom ...... über EUR ......
2. Aufgelaufene Zinsen gemäß beigefügter Aufstellung bis zum Insolvenzeröffnungszeitpunkt EUR ......
Summe: EUR ......
Abschriften der seitens der Schuldnerin bestätigten Lieferscheine, der Warenrechnung sowie eine Zinsbescheinigung der Hausbank sind beigefügt.
Nach Abhaltung des allgemeinen Prüfungstermins bitten wir um Übersendung einer Bestätigung, dass die angemeldete Forderung in voller Höhe anerkannt wurde.
Mit freundlichen Grüßen

                                                                                                Rechtsanwalt

Durch den Insolvenzbeschlag geht mit Verfahrenseröffnung die **Verwaltungs- und Verfügungsbefugnis** über das Vermögen des Schuldners auf den Insolvenzverwalter über (§ 80 Abs. 1 InsO), sofern im Eröffnungsbeschluss nicht Eigenverwaltung angeordnet wurde.

---

[455] HK-InsO/*Kirchhof* § 26 Rn. 13.
[456] HK-InsO/*Kirchhof* § 26 Rn. 14.

213 **Verfügungen des Schuldners nach Verfahrenseröffnung** über Massegegenstände sind nach § 81 InsO (absolut) unwirksam. Sie können allerdings durch Genehmigung des Insolvenzverwalters geheilt werden.[457] Weiterhin ist der gutgläubige Erwerb von Grundstücksrechten nach §§ 892 f. BGB sowie von Rechten, die diesen gleichgestellt sind, möglich (§ 81 Abs. 1 Satz 2 InsO). Dagegen können nach Insolvenzverfahrenseröffnung Rechte an Massegegenständen am Insolvenzverwalter vorbei gemäß § 91 InsO nicht mehr wirksam erworben werden. § 91 InsO umfasst dabei insbesondere den mehraktigen Rechtserwerb, dessen zeitlich letzter Teil zum Zeitpunkt des Wirksamwerdens des Eröffnungsbeschlusses vollendet sein muss. Der **bedingte Rechtserwerb** (z. B. Eigentumserwerb beim Kauf unter Eigentumsvorbehalt) wird durch § 91 InsO nicht gehindert, weil der Erwerber vor Eröffnung des Insolvenzverfahrens bereits eine gesicherte Rechtsposition (§ 161 Abs. 1 Satz 2 BGB) erworben hat. § 91 InsO kommt auch zur Anwendung, wenn der Gläubiger durch eine im Voraus abgetretene Forderung, die erst nach Eröffnung des Insolvenzverfahrens entsteht, nicht bereits eine gesicherte Rechtsposition erlangt hat.[458]

214 **Leistungen an den Schuldner** durch einen Drittschuldner nach Insolvenzverfahrenseröffnung befreien diesen nur dann, wenn er die Eröffnung des Verfahrens nicht kannte.[459] Wenn die Leistung vor der öffentlichen Bekanntmachung erfolgt, wird gemäß § 82 S. 2 InsO vermutet, dass der Leistende die Eröffnung nicht kannte.

215 Bei der Abtretung von Forderungen, die zum Zeitpunkt der Abtretung noch nicht fällig sind, ist zu unterscheiden: Die **Abtretung bedingter Forderungen**, die zurzeit der Abtretung dem Grunde nach schon entstanden waren (z. B. Ansprüche auf Mietzins und Arbeitslohn), ist trotz Verfahrenseröffnung (grundsätzlich) wirksam (§§ 110, 114 InsO). Die **Abtretung künftiger Forderungen** (auf Grund von Globalzessionen und verlängertem Eigentumsvorbehalt) ist unwirksam.

216 **Vollstreckungssperre:** Gemäß § 89 Abs. 1 InsO sind Einzelzwangsvollstreckungen während der Dauer des Insolvenzverfahrens nicht zulässig. Dies gilt für das gesamte (pfändbare) Vermögen des Schuldners, das heißt auch für das sogenannte Neuvermögen, das der Schuldner erst nach Eröffnung erwirbt.[460] Dieses gehört gemäß § 35 InsO auch zur Insolvenzmasse. Die Zwangsvollstreckung vorbereitende Maßnahmen (z. B. Vollstreckbarkeitserklärung, Klauselerteilung etc.) sind allerdings weiter zulässig. Trotz Unzulässigkeit erfolgte Zwangsvollstreckungen können vom Insolvenzverwalter mit der Erinnerung z. B. nach § 766 ZPO angegriffen werden. Weiter zulässig bleibt aber die Beantragung der Zwangsversteigerung und -verwaltung von Grundstücken des Schuldners auf Grund bestehender Grundpfandrechte (§ 49 InsO).

217 Weiter werden mit Verfahrenseröffnung alle Sicherungen unwirksam, die ein Insolvenzgläubiger im letzten Monat vor Stellung des Insolvenzantrags oder später durch Zwangsvollstreckungsmaßnahmen erlangt hat (§ 88 InsO: sogenannte **Rückschlagsperre**). Von der Rückschlagsperre nicht erfasst sind dagegen rechtsgeschäftlich bestellte Sicherheiten und Befriedigungen, die ein Insolvenzgläubiger in dieser Zeit auf Grund von Zwangsvollstreckungsmaßnahmen erlangt hat. Insofern ist der Verwalter auf die Insolvenzanfechtung verwiesen.[461]

218 **Schwebende Rechtsstreite:** Gemäß § 240 ZPO werden die die Masse betreffenden Prozesse mit Insolvenzverfahrenseröffnung unterbrochen. Der Insolvenzverwalter kann gemäß § 85 InsO **Aktivprozesse** in der Lage, in der sie sich befinden, jederzeit aufnehmen. Der Gegner kann den Prozess dagegen zunächst nicht aufnehmen; er kann dies nur tun, wenn der Verwalter die Aufnahme verzögert (§ 85 Abs. 1 Satz 1 InsO) oder ablehnt (§ 85 Abs. 2 InsO). In letzterem Fall gilt das streitgegenständliche Recht als vom Verwalter freigegeben und der Schuldner kann den Rechtsstreit ebenso aufnehmen wie der Gegner. Sowohl vom Insolvenzverwalter als auch vom Gegner können solche **Passivprozesse** aufgenommen wer-

---

[457] Vgl. Braun/*Kroth* § 81 Rn. 8.
[458] BGH NJW-RR 2010, 924.
[459] Schädlich ist insoweit nur positive Kenntnis vgl. *Hess* InsO § 82 Rn. 12; zur Möglichkeit der Internetabfrage vgl. BGH NJW 2010, 1806.
[460] HK-InsO/*Kayser* § 89 Rn. 3.
[461] Nerlich/Römermann/*Wittkowski/Kruth* InsO § 88 Rn. 4.

den, die die Aussonderung, die abgesonderte Befriedigung oder eine Masseverbindlichkeit betreffen (§ 86 Abs. 1 InsO). Gemäß § 86 Abs. 2 InsO kann der Gegner einen Anspruch auf Erstattung der Kosten des Rechtsstreits nach sofortigem Anerkenntnis des Verwalters nur als Insolvenzgläubiger geltend machen. Sonstige Passivprozesse bleiben bis zum Prüfungstermin unterbrochen und können gemäß § 180 Abs. 2 InsO wieder aufgenommen werden, wenn die Forderung bestritten ist.

Bezüglich **schwebender Verträge** hat der Insolvenzverwalter gemäß § 103 Abs. 1 InsO ein Wahlrecht zwischen Erfüllung und Nichterfüllung. Voraussetzung dafür ist, dass es sich um gegenseitige, zurzeit der Eröffnung des Insolvenzverfahrens beiderseits noch nicht vollständig erfüllte Verträge handelt. Die Verfahrenseröffnung führt zum **automatischen Untergang der Hauptleistungspflichten** von noch nicht vollständig erfüllten gegenseitigen Verträgen.[462] Durch ein **Erfüllungsverlangen** des Verwalters werden vertragliche Erfüllungsansprüche sodann **neu begründet**. Ohne eine Erklärung des Insolvenzverwalters ist zunächst nur ein Schadensersatzanspruch des anderen Teils gegeben, der nach § 103 Abs. 2 S. 1 InsO als Insolvenzforderung zur Tabelle anzumelden ist. Aufgrund der Tatsache, dass sich der Insolvenzverwalter aber auch mit der Erfüllungsverweigerung gegenüber dem Vertragspartner auf die Abwicklung des Vertragsverhältnisses festlegt, handelt es sich bei der Erfüllungsverweigerung zwar nicht um eine vertragsrechtsgestaltende Erklärung aber immerhin um eine haftungsrechtliche Gestaltung (vgl. § 103 Abs. 2 Satz 1, 2 InsO). Der Vertragspartner muss **seine bereits erbrachte Leistung in der Masse belassen, § 105 Satz 2 InsO. Seine Ansprüche kann er nunmehr zur Tabelle anmelden,** weil sie zurzeit der Verfahrenseröffnung schon begründet waren (§ 38 InsO). Sofern der Insolvenzschuldner seinerseits Teilleistungen erbracht hat und diese werthaltiger sind als die vom Vertragspartner etwaig erbrachte Leistung, kann der Insolvenzverwalter den zu viel geleisteten Teil zur Masse zurückverlangen.[463]

Verlangt der Insolvenzverwalter Erfüllung des Vertrages, tritt der Insolvenzverwalter an die Stelle des Insolvenzschuldners. Er hat damit **aus der Insolvenzmasse** die vertraglichen Verpflichtungen gemäß § 55 Abs. 1 Nr. 2 InsO zu erfüllen und kann die Erfüllung derselben vom Vertragspartner zur Masse verlangen. Sofern der Insolvenzverwalter von seinem Wahlrecht nach § 103 Abs. 1 InsO keinen Gebrauch macht, kann der Vertragspartner den mit Verfahrenseröffnung eingetretenen Schwebezustand beenden. Er ist dazu berechtigt, gemäß § 103 Abs. 2 Satz 2 InsO **vom Insolvenzverwalter zu verlangen, dass er sich dazu erklärt**, ob er von seiner Möglichkeit, Erfüllung des Vertrages zu verlangen, Gebrauch macht oder nicht. Sofern der Insolvenzverwalter zur Erklärung hierüber aufgefordert wird, hat er sich unverzüglich zu erklären. Gibt der Insolvenzverwalter nach Aufforderung diese Erklärung nicht unverzüglich ab, so kann er auf Erfüllung des Vertrages nicht mehr bestehen, § 103 Abs. 2 S. 3 InsO.

Gemäß § 105 InsO ist der Insolvenzverwalter befugt, bei **Verträgen über teilbare Leistungen** Erfüllung auch nur insoweit zu verlangen, als es um die noch ausstehenden Leistungen nach Eröffnung des Insolvenzverfahrens geht. Aufgrund dieser Vorschrift ist der Insolvenzverwalter nicht mehr gezwungen, mit der Erfüllungswahl bei Teilleistungen auch die Entstehung von Masseverbindlichkeiten für die Zeit vor Verfahrenseröffnung in Kauf zu nehmen. Der Vertragspartner ist nicht berechtigt, die Erfüllung der noch ausstehenden Leistungsteile von der Leistung durch den Insolvenzverwalter abhängig zu machen.

Für den Kauf unter Eigentumsvorbehalt enthält § 107 InsO eine Sonderregelung. Bei der Insolvenz des Verkäufers ist nach § 107 Abs. 1 InsO unabhängig von der Frage der vollständigen Erfüllung der beiderseitigen Vertragsverpflichtungen das Wahlrecht des Insolvenzverwalters praktisch ausgeschlossen, wenn der Vertragspartner bereits ein Anwartschaftsrecht erlangt hat.[464] Sofern der Eigentumsvorbehaltskäufer der Insolvenzschuldner ist, besteht das Wahlrecht des Insolvenzverwalters gemäß § 107 Abs. 2 InsO. Hier hat der

---

[462] So die Rechtsprechung: Vgl. BGHZ 103, 250, 254; 106, 236, 241 ff.; ZIP 1997, 1072, 1075; siehe auch *Kreft* ZIP 1997, 865, während nach früherer Auffassung das bestehende Vertragsverhältnis zunächst von der Verfahrenseröffnung unberührt blieb und erst durch die Erfüllungsablehnung des Verwalters umgestaltet wurde; zum Ganzen: Nerlich/Römermann/*Balthasar* InsO § 103 Rn. 3 ff.
[463] Vgl. *Häsemeyer* Insolvenzrecht Rn. 20.26; Nerlich/Römermann/*Balthasar* InsO § 103 Rn. 68 f.
[464] Vgl. auch Kübler/Prütting/*Prütting* InsO § 47 Rn. 33.

Insolvenzverwalter das Recht, ein zur Masse gehöriges Anwartschaftsrecht zu zerstören. Allerdings braucht sich der Insolvenzverwalter, wenn er zur Abgabe einer Erklärung über die Ausübung des Wahlrechts aufgefordert wird, nicht wie in § 103 Abs. 2 Satz 2 InsO unverzüglich zu erklären, es genügt, wenn er gemäß § 107 Abs. 2 InsO die **Erklärung erst nach dem Berichtstermin** abgibt.

223 Darüber hinaus sind mit Verfahrenseröffnung solche Rechtshandlungen nach Maßgabe der §§ 130 bis 146 InsO anfechtbar, die vor Eröffnung des Insolvenzverfahrens vorgenommen worden sind und die Insolvenzgläubiger benachteiligen (§ 129 InsO). Die in den §§ 130 bis 136 InsO geregelten **Anfechtungstatbestände** nennen unterschiedliche Fristen für die anzufechtenden Rechtshandlungen.

224 *cc) Auflösung der GmbH.* Durch die Eröffnung des Insolvenzverfahrens wird die GmbH gemäß § 60 Abs. 1 Nr. 4 GmbHG aufgelöst. Maßgeblicher **Zeitpunkt** für die Auflösung ist die im Insolvenzeröffnungsbeschluss gemäß § 27 Abs. 2 Nr. 3 InsO angegebene Uhrzeit. Ein Liquidationsverfahren gemäß §§ 66 ff. GmbHG findet nicht statt; das Insolvenzverfahren hat insoweit Vorrang. Allenfalls nach Beendigung des Insolvenzverfahrens kann noch eine Liquidation nach §§ 66 ff. GmbHG stattfinden. Die Gesellschaft bleibt jedenfalls auch nach Auflösung als Rechtsperson bestehen; sie bleibt im Handelsregister eingetragen.

225 **b) Abweisung des Antrags mangels Masse gemäß § 26 InsO.** Die Abweisung des Insolvenzantrags ist möglich, wenn eine zur **Deckung der Kosten** des Insolvenzverfahrens erforderliche Insolvenzmasse **nicht vorhanden** ist. Gemäß § 60 Abs. 1 Nr. 5 GmbHG führt ein rechtskräftiger Abweisungsbeschluss zur **Auflösung** der GmbH. Gemäß § 31 Nr. 2 InsO ist das zuständige Registergericht zu unterrichten.

226 Der Beschluss hindert einen neuen Eröffnungsantrag nicht, wenn glaubhaft gemacht wird, dass ausreichende Vermögenswerte vorhanden sind, welche die Massekosten decken. Wird allerdings ein ausreichender Betrag nach § 26 Abs. 1 S. 2 InsO vorgeschossen, unterbleibt die Abweisung mangels Masse. Für den Geschäftsführer einer GmbH besteht dann die Gefahr eines Regresses gem. § 26 Abs. 3 InsO, für den vorschussleistenden Gläubiger die Möglichkeit der Geltendmachung von Schadensersatzforderungen. Sinn macht dieses Vorgehen für einen Gläubiger zum Beispiel dann, wenn er vermutet, der Schuldner habe Vermögenswerte durch anfechtbare Rechtshandlungen beiseitegeschafft.[465]

227 **c) Rechtsmittel.** *aa) Gegen den Eröffnungsbeschluss* steht nur dem Schuldner das Rechtsmittel der **sofortigen Beschwerde** gemäß § 34 Abs. 2 InsO zu. Sofern der Antrag nach § 15 InsO nur durch einen von mehreren vertretungsberechtigten Geschäftsführern gestellt wurde, berechtigt dies „den Schuldner" vertreten durch seine Organe dazu, sofortige Beschwerde einzulegen.

228 Die Aufhebung des Eröffnungsbeschlusses durch das Beschwerdegericht führt zur **rückwirkenden Beseitigung des Eröffnungsbeschlusses**. Diese Wirkung tritt mit Rechtskraft der Aufhebungsentscheidung oder mit Anordnung ihrer sofortigen Wirksamkeit durch das Beschwerdegericht gemäß § 6 Abs. 3 InsO ein. Unter anderem fallen damit rückwirkend die Auflösung der Gesellschaft und die Verfügungsbeschränkung ihrer Organe weg. Handlungen des Insolvenzverwalters bleiben hingegen wirksam (§ 34 Abs. 3 S. 3 InsO).[466] Kollidieren solche Handlungen mit denen der Schuldnerin, so geht nach herrschender Meinung das Verwalterhandeln vor.

229 *bb) Gegen die Abweisung des Antrags* steht gemäß § 34 Abs. 1 InsO das Rechtsmittel der **sofortigen Beschwerde** demjenigen zu, der den Eröffnungsantrag gestellt hat; beim Gläubigerantrag, also dem Gläubiger, beim Eigenantrag der GmbH, die – wie auch beim Insolvenzantrag – durch jeden einzelnen ihrer Geschäftsführer unabhängig von der sonst geltenden Vertretungsregelung gemäß § 15 InsO vertreten wird.[467] Wird die Insolvenzeröffnung **mangels Masse abgewiesen,** kann die GmbH wegen der damit verbundenen Auflösungswir-

---

[465] Hess Rn. 367 f.
[466] Vgl. hierzu Kübler/Prütting/Bork/*Pape* InsO § 34 Rn. 83 f.
[467] HK-InsO/*Kirchhof* § 34 Rn. 3 ff.; FK-InsO/*Schmerbach* § 34 Rn. 11.

kung gemäß § 60 Abs. 1 Nr. 5 GmbHG – auch wenn sie nicht Antragstellerin ist – die **sofortige Beschwerde** einlegen, wiederum durch jeden einzelnen ihrer Geschäftsführer.[468]

cc) Gegen Beschwerdeentscheidung. Unter der Voraussetzung, dass in der Beschwerdeentscheidung ein neuer **selbstständiger Beschwerdegrund** liegt, ist das Rechtsmittel der **weiteren Beschwerde** gegeben. Ein solcher Beschwerdegrund kann auch die Verletzung von wesentlichen Verfahrensvorschriften im Beschwerdeverfahren sein. 230

6. Die Insolvenzmasse

a) **Allgemeines.** Gemäß der Zielsetzung des Insolvenzverfahrens in § 1 Satz 1 InsO dient die Insolvenzmasse zur gemeinschaftlichen Befriedigung der Insolvenzgläubiger. Entsprechend dieser Funktion definiert § 35 InsO die Insolvenzmasse als das gesamte Vermögen, das dem Schuldner zur Zeit der Eröffnung des Verfahrens gehört und das er während des Verfahrens erlangt. Dies schließt neben den pfändbaren Vermögensgegenständen alle sonstigen der GmbH zustehenden Vermögenswerte, Gegenstände, Beziehungen und Verhältnisse ein, die zusammen mit dem Unternehmen veräußert werden können.[469] Auch das Auslandsvermögen der Gesellschaft gehört zur Insolvenzmasse.[470] Im Unterschied zur KO umfasst die Insolvenzmasse gemäß § 35 InsO auch den Neuerwerb. Aus der Insolvenzmasse **ausgenommen** ist grundsätzlich unpfändbares Vermögen, § 36 Abs. 1 InsO. 231

b) **Einzelne Bestandteile der Insolvenzmasse.** *aa) Pfändbare und Unpfändbare Vermögensgegenstände.* Zu den pfändbaren Vermögensgegenständen der GmbH gehören neben allen Aktiva des Anlage- und Umlaufvermögens sämtliche Patent-, Urheber- und Geschmacksmusterrechte.[471] Gemäß § 36 Abs. 2 InsO gehören allerdings auch unpfändbare Gegenstände zur Insolvenzmasse, wie etwa Geschäftsbücher des Schuldners. Weiter sind solche unpfändbaren Rechte der Insolvenzmasse zuzuordnen, die mit dem Unternehmen veräußert werden können, wie etwa Warenzeichen, Nießbrauch, beschränkte persönliche Dienstbarkeit und dingliche Vorkaufsrechte.[472] 232

bb) Ansprüche der Gesellschaft. Sämtliche zurzeit der Insolvenzeröffnung bestehenden Ansprüche der GmbH gehören zur Insolvenzmasse; dies schließt auch alle gegen die Gesellschafter bestehenden Ansprüche, wie etwa solche auf Erbringung rückständiger Einlagen, auf Nachschüsse, auf Erstattung verbotener Einlagerückgewähr und auf Erstattung der Rückzahlung von Leistungen der Gesellschaft an die Gesellschafter ein.[473] Außerdem sind Schadensersatzansprüche der Gesellschaft gegen die Geschäftsführer (etwa auf Grund §§ 9a, 43, 64 GmbHG) oder gegen andere Organmitglieder Bestandteil der Insolvenzmasse.[474] 233

cc) Firma. Auch die Firma der GmbH kann der Insolvenzverwalter, als zur Insolvenzmasse gehörend, zusammen mit dem Geschäftsbetrieb in den Grenzen der §§ 22, 23 HGB verwerten. Dies gilt auch dann, wenn die Firma den Namen eines Gesellschafters enthält.[475] Da in aller Regel die Insolvenzabwicklung auch nach der **Verwertung der Firma** durch den Insolvenzverwalter noch einige Zeit fortdauert, ist unter Umständen die Bildung einer Ersatzfirma für die Schuldnerin erforderlich.[476] Die Befugnis hierzu steht nach herrschender Meinung dem Insolvenzverwalter zu,[477] dem es allerdings auch nicht verwehrt ist, mit Zu- 234

---

[468] Baumbach/Hueck/*Haas* § 60 Rn. 66; HK-InsO/*Kirchhof* § 34 Rn. 5.
[469] BGH NJW 1983, 755, 756.
[470] Vgl. BGHZ 88, 147, 150; BVerfG ZIP 1986, 1336.
[471] Vgl. Braun/*Bäuerle* § 35 Rn. 19.
[472] Vgl. MünchKommInsO/*Peters*, § 35 Rn. 464; Gottwald/*Haas/Hossfeld* § 92 Rn. 314.
[473] Vgl. Gottwald/*Haas/Hossfeld* § 92 Rn. 324, 331 ff.
[474] Vgl. Ulmer/*Casper* § 64 Rn. 76f; Kübler/Prütting/*Holzer* § 35 Rn. 93.
[475] Vgl. BGH NJW 1983, 755, 756; MünchKommInsO/*Peters* § 35 Rn. 489 f. mit Darstellung der Gegenansicht.
[476] Vgl. Ulmer/*Casper* § 64 Rn. 73.
[477] Vgl. Ulmer/*Casper* § 64 Rn. 73; *Schulz* ZIP 1983, 194 f.

stimmung des Erwerbers der Firma, diese für die Zeit der Insolvenzabwicklung mit einem Zusatz fortzuführen, der über einen bloßen Insolvenzzusatz hinausgeht.[478]

235 c) **Insolvenzfreies Vermögen.** Im Unterschied zur Insolvenzmasse besitzt der **Insolvenzverwalter** für das insolvenzfreie Vermögen **keine Handlungskompetenz.** Insolvenzfreies Vermögen entsteht durch die Freigabe von Vermögenswerten durch den Insolvenzverwalter.[479] Von erheblicher wirtschaftlicher Bedeutung für die Insolvenzmasse ist die Freigabe von Grundstücken, die infolge einer Belastung von Umweltaltlasten nicht nur für die Masse wertlos sind, sondern unter Umständen zur Beseitigung von Umweltgefahren hohen Kostenaufwand erfordern.[480] Das durch die Freigabe entstandene insolvenzfreie Vermögen ist nach den Liquidationsvorschriften zu versilbern und zu verteilen.

7. Die Rechtsstellung der Verfahrensbeteiligten

236 a) **Insolvenzgläubiger.** Insolvenzgläubiger sind nach der Legaldefinition in § 38 InsO diejenigen persönlichen Gläubiger, die einen zurzeit der Eröffnung des Insolvenzverfahrens begründeten **Vermögensanspruch** gegen den Schuldner haben. Der Anspruch muss also **in Geld** bestehen oder umgerechnet werden können (§ 45 InsO). Wie sich aus §§ 41, 191 InsO ergibt, braucht der Anspruch im Zeitpunkt der Verfahrenseröffnung noch nicht fällig zu sein, es reicht, dass er „begründet" war. Das heißt, dass vor Verfahrenseröffnung die Grundlagen des Schuldrechtsverhältnisses, aus dem sich der Anspruch ergibt, bestanden.

237 b) **Nachrangige Insolvenzgläubiger.** Nach den Insolvenzforderungen gemäß § 38 InsO werden die in § 39 InsO genannten nachrangigen Insolvenzforderungen in der sich aus § 39 InsO ergebenden **Rangfolge** befriedigt. Innerhalb der einzelnen Rangklasse besteht Gleichrang nach dem Verhältnis der Beträge:
- **Forderungen gemäß § 39 Abs. 1 Nr. 1 InsO** sind Zinsen und Säumniszuschläge **auf Forderungen** nach § 38 InsO ab Verfahrenseröffnung. Zinsen für Forderungen nach § 38 InsO sind gemäß § 39 Abs. 3 InsO an der Rangstelle der Hauptforderung zu bedienen.
- **Verfahrenskosten gemäß § 39 Abs. 1 Nr. 2 InsO** sind Parteiaufwendungen und Vertreterkosten für die **Rechtsverfolgung** im Verfahren. Die Norm gilt **nicht** für Massegläubiger und Absonderungsberechtigte in Bezug auf ihr Absonderungsrecht.
- **Geldstrafen gemäß § 39 Abs. 1 Nr. 3 InsO,** die dem Gläubiger auferlegt wurden, sind nachrangig gegenüber Zinsen und Kosten. Steuersäumniszuschläge fallen nicht hierunter.[481]
- **Unentgeltliche Leistungen gemäß § 39 Abs. 1 Nr. 4 InsO.**
- **Gemäß § 39 Abs. 1 Nr. 5 InsO** stehen Forderungen auf Rückgewähr eines Gesellschafterdarlehens oder Forderungen aus Rechtshandlungen, die einem solchen Darlehen wirtschaftlich entsprechen an letzter Rangstelle. Die Anwendung des § 39 Abs. 1 Nr. 5 InsO bleibt dagegen bei einem Anteilskauf mit Sanierungsabsicht bis zur nachhaltigen Sanierung ausgeschlossen („Sanierungsprivileg"). Des Weiteren kommt er nicht zur Anwendung, wenn der nicht geschäftsführende Gesellschafter der Gesellschaft nach Abs. 1 Nr. 5 mit zehn Prozent oder weniger am Haftkapital beteiligt ist (Kleinstbeteiligungsprivileg).
- **Vereinbarter Nachrang** ist möglich. Vereinbarungen eines besseren als des gesetzlichen Ranges sind unwirksam. Sofern für eine Forderung Nachrang vereinbart ist, ist diese ge-

---

[478] *Schulze* ZIP 1983, 194, 195; *Kögel* Rpfleger 1998, 317, 320; Oetker/*Schlingloff* § 30 Rn. 11; für das Ausreichen des bloßen Insolvenzzusatzes *Bokelmann* KTS 1982, 27, 41 ff.
[479] Die Freigabe bleibt auch unter Geltung der InsO möglich, vgl. OLG Rostock ZInsO 2000, 604; VG Darmstadt ZIP 2000, 2077; *Tetzlaff* ZIP 2001, 10, 20; Gottwald/*Haas/Hossfeld* § 92 Rn. 284; auch das BVerwG ZIP 1998, 2167, 2169 ging wohl unter Zugrundelegung seines Urteils NJW 1984, 2427 von der grds. Zulässigkeit von Freigaben aus; gegen eine mögliche Freigabe kontaminierter Grundstücke: Scholz/K. Schmidt/Bitter Vor § 64 Rn. 85; *K.Schmidt.* ZIP 2000, 1913, 1919.
[480] Vgl. hierzu BVerwG NJW 1984, 2427; VGH Mannheim NJW 1992, 64, 65; ablehnend *K. Schmidt* NJW 1993, 2833; für die Einordnung der Ersatzvornahmekosten als Masseverbindlichkeit auch BVerwG ZIP 1999, 538, 540; ZIP 1998, 2167, 2169.
[481] BFH NJW 1974, 719; 1984, 511.

mäß § 39 Abs. 2 InsO im Zweifel nach den in § 39 Abs. 1 InsO genannten Forderungen zu befriedigen.
- **Sonderfälle.** Im Rahmen eines Insolvenzplans erteilte Sanierungskredite sind in einem nachfolgenden erneuten Insolvenzverfahren vorrangig zu befriedigen. Sanierungskredite können jede Art von Kreditgewährung sein, die zur Finanzierung eines Sanierungsplans gewährt werden: Darlehen, Lieferanten- und sonstige Vorleistungskredite, aber auch die Stundung von Masseforderungen.[482] Es muss lediglich ein Kreditrahmen für die Gesamtheit dieser Vorrangkredite festgelegt worden sein. Sofern ein Insolvenzplan erstellt wurde, gilt folgende Rangfolge:
1. Kreditrahmen („Plafond"), § 264 InsO
2. „Ordentliche" Insolvenzgläubiger und Gläubiger nach § 265 InsO
3. Nachrangige Gläubiger (§ 39 InsO); vgl. 266 Abs. 2 InsO.

Die Vollstreckungsbeschränkung nach § 18 GesO gilt gemäß Art. 108 Abs. 1 EG-InsO weiter. Bei einem neuen Insolvenzverfahren sind die von § 18 GesO erfassten Forderungen nach den nach § 39 InsO nachrangigen Forderungen zu bedienen. **238**

c) Aussonderungsgläubiger. Wie in der Einzelzwangsvollstreckung sollen auch vom Insolvenzverfahren nur diejenigen Gegenstände erfasst sein, die dem Schuldner gehören. § 47 InsO regelt daher das Aussonderungsrecht in Parallele zur Möglichkeit der Drittwiderspruchsklage nach § 771 ZPO, wenn der Gläubiger ein Recht geltend macht, das die Zuordnung des Gegenstandes zum haftenden Schuldnervermögen ausschließt.[483] Gegenstände in diesem Sinne sind bewegliche und unbewegliche Sachen, dingliche und persönliche Rechte sowie Forderungen aller Art; auch auf Grund des Besitzes kann ein dinglich begründetes Aussonderungsrecht bestehen.[484] **239**

aa) Dingliches Aussonderungsrecht. Gemeint ist ein Recht, das die Rechtsinhaberschaft an Gegenständen (vgl. oben Rn. 241) zuweist.[485] **240**

bb) Alleineigentum. Es gibt dem Eigentümer ein Aussonderungsrecht in der Insolvenz des Besitzers. Er kann gemäß § 985 BGB vom Insolvenzverwalter die Herausgabe des Gegenstands verlangen, sofern der Schuldner kein Recht zum Besitz hat (§ 986 BGB). Das Recht zum Besitz entfällt häufig wegen eines außerordentlichen Kündigungsrechts des Eigentümers. Allerdings muss dieses wegen § 119 InsO vor Verfahrenseröffnung wirksam ausgeübt worden sein. Aussonderungsberechtigte sind beispielsweise der Vermieter, der Verpächter, der Verleiher, der Leasinggeber etc. **241**

Sofern der Eigentümer eines zum Gebrauch überlassenen Gegenstands Gesellschafter der Schuldnerin ist,[486] kann er seinen Aussonderungsanspruch während des Insolvenzverfahrens, höchstens aber für eine Zeit von einem Jahr ab Insolvenzeröffnung nicht geltend machen, sofern der Gegenstand von erheblicher Bedeutung für die Fortführung des Unternehmens ist (§ 135 Abs. 3 InsO). Im Gegenzug erhält der Gesellschafter aber aus der Insolvenzmasse einen Ausgleich für die Überlassung in Höhe des Durchschnitts der im letzten Jahr vor Verfahrenseröffnung geleisteten Vergütung.

cc) Miteigentum. Sofern der Schuldner **Miteigentümer** ist, gilt § 84 InsO. **242**

dd) Eigentumsvorbehalt. Der **einfache Eigentumsvorbehalt** ist das bedeutsamste Aussonderungsrecht. Allerdings ist dieses abhängig von der Entscheidung des Insolvenzverwalters im Rahmen seines Wahlrechts nach § 103 InsO. **243**

Bei der **Insolvenz des Käufers** besteht kein Aussonderungsrecht, sofern der Insolvenzverwalter Erfüllung wählt. Der Anspruch auf Zahlung des Kaufpreises ist dann allerdings Masseverbindlichkeit. Lehnt der Insolvenzverwalter die Erfüllung ab, kann der Eigentümer sein Aussonderungsrecht geltend machen. **244**

---

[482] Vgl. HK-InsO/*Flessner* § 264 Rn. 5.
[483] *Jauernig* § 13 IV Rn. 8.
[484] *Hess* Rn. 807.
[485] Vgl. *Baur/Stürner* Rn. 46.29.
[486] Vgl. BGHZ 127, 1 ff.

245 Bei der **Insolvenz des Verkäufers** kann der Insolvenzverwalter das Anwartschaftsrecht des Käufers nicht mehr durch Ablehnung der Vertragserfüllung zerstören, § 107 Abs. 1 InsO. Ein Aussonderungsrecht besteht daher jedenfalls.

246 Der **verlängerte Eigentumsvorbehalt** ist wie eine Sicherungsübereignung zu behandeln; der Verkäufer ist daher nicht aussonderungsberechtigt, ihm steht lediglich das Recht zur abgesonderten Befriedigung zu (§ 805 ZPO).[487] Eine **Ersatzaussonderung** nach § 48 InsO kommt in Betracht, wenn der Gegenstand, dessen Aussonderung hätte verlangt werden können, vor der Eröffnung des Insolvenzverfahrens vom Schuldner oder nach Insolvenzverfahrenseröffnung vom Insolvenzverwalter unberechtigt veräußert worden ist. Der zur Aussonderung Berechtigte kann dann die Abtretung des Rechts auf die Gegenleistung, soweit diese noch aussteht, verlangen. Er kann, soweit die Gegenleistung sich noch unterscheidbar in der Masse befindet, diese aus der Insolvenzmasse verlangen. Unter Umständen kann auch eine Schadensersatzpflicht der Insolvenzmasse oder eine Haftung des Insolvenzverwalters in Betracht kommen.

247 d) **Absonderungsgläubiger.** Die Absonderungsgläubiger im Sinne von §§ 49 bis 51 InsO haben ein Recht auf bevorzugte Befriedigung aus dem Verwertungserlös des Sicherungsgutes. Sicherungsgut kann dabei sowohl bewegliches als auch unbewegliches Schuldnervermögen sein. Die Verwertung des Sicherungsgutes erfolgt allerdings nach §§ 166 ff. InsO durch den Insolvenzverwalter, der nach Abzug der Feststellungs- und Verwertungskosten den Erlös an den Absonderungsgläubiger auskehrt. Für die abgesonderte Befriedigung aus Grundstücken gelten nach §§ 49, 165 InsO die Vorschriften des ZVG. Absonderungsgläubiger, die zugleich Insolvenzgläubiger sind, weil ihnen der Schuldner auch persönlich haftet (§ 52 Satz 1 InsO), können sowohl ihre Forderungen zur Tabelle anmelden als auch ihr Absonderungsrecht gegenüber dem Insolvenzverwalter geltend machen. Dadurch erhält der Absonderungsgläubiger einmal den Erlös aus der Verwertung des Sicherungsgutes abzüglich des Verfahrensbeitrags. Im Verteilungsverfahren erhält er dann insoweit anteilsmäßige Befriedigung wie er im Rahmen der abgesonderten Befriedigung ausgefallen ist (§ 52 Satz 2 InsO).

248 e) **Massegläubiger.** Vorweg sind die Kosten des Insolvenzverfahrens gemäß § 54 InsO und die sonstigen Masseverbindlichkeiten gemäß § 55 InsO zu begleichen. Das bedeutet für Gläubiger dieser Forderung, dass sie ihre Ansprüche gegenüber dem Insolvenzverwalter geltend machen. Sie werden weder zur Insolvenztabelle angemeldet noch im gerichtlichen Prüfungstermin geprüft, sondern vor allen Insolvenzgläubigern aus der Insolvenzmasse befriedigt, § 53 InsO. Lediglich die Aus- und Absonderungsrechte gehen den Masseschulden vor.

Die Vollstreckung aus einem vor Eröffnung des Insolvenzverfahrens gegen den Schuldner erwirkten Titel (§§ 704, 794 ZPO) gegen den Insolvenzverwalter ist auch dann nicht möglich, wenn die Vollstreckungsklausel gemäß § 727 ZPO umgeschrieben worden ist, weil sich aus dem Urteil nicht ergibt, dass die titulierte Forderung den Charakter einer Masseverbindlichkeit hat. Der Gläubiger muss vielmehr gegen den Insolvenzverwalter auf Feststellung des Rangs als Masseverbindlichkeit erneut klagen.[488]

Masseverbindlichkeiten sind:
- Verbindlichkeiten aus Handlungen des Insolvenzverwalters, § 55 Abs. 1 Nr. 1 InsO
- Verwaltungs-, Verwertungs- und Verteilungskosten, § 55 Abs. 1 Nr. 1 InsO
- Verbindlichkeiten aus gegenseitigen Verträgen, § 55 Abs. 1 Nr. 2 InsO
- Ungerechtfertigte Bereicherung der Masse, § 55 Abs. 1 Nr. 3 InsO
- Verbindlichkeiten des vorläufigen Insolvenzverwalters, § 55 Abs. 2 InsO

249 f) **Insolvenzverwalter.** *aa) Allgemeines.* Der Insolvenzverwalter ist die **zentrale Figur** des Insolvenzverfahrens. An ihm entscheidet sich oft, insbesondere in Verfahren, bei denen durch die Insolvenz der Gesellschaft ein Großunternehmen betroffen ist, das Schicksal des

---

[487] Vgl. MünchKommZPO/*K. Schmidt/Brinkman* § 771 Rn. 23.
[488] Vgl. LG KA ZIP 1981, 1236.

Verfahrens.[489] Grund dafür ist, dass das Verwaltungs- und Verfügungsrecht des Schuldners in vollem Umfang auf den Insolvenzverwalter übergeht. Seine Befugnisse verdrängen die Befugnisse des bisherigen Geschäftsführers. Mitwirkungsrechte anderer Gesellschaftsorgane, gleich ob sie auf gesetzlicher oder satzungsmäßiger Grundlage bestehen, gelten dem Insolvenzverwalter gegenüber nicht.

Der Insolvenzverwalter wird gemäß § 56 Abs. 1, Abs. 2 InsO **vom Insolvenzgericht** (§ 2 Abs. 1 InsO) **bestellt**. Gemäß § 56a Abs. 1 InsO steht dem vorläufigen Gläubigerausschuss (§ 21 Abs. 2 Nr. 1a InsO) ein Anhörungsrecht zu, das diesem sogar die Möglichkeit einräumt eine konkrete Person als Verwalter zu nennen. Sofern der vorläufige Gläubigerausschuss bereits zum vorläufigen Insolvenzverwalter gehört wurde, findet eine erneute Anhörung nach § 56a Abs. 1 InsO nicht statt.[490] Hat der vorläufige Gläubigerausschuss einstimmig eine bestimmte Person benannt, ist das Insolvenzgericht hinsichtlich der Bestellung grundsätzlich an die Entscheidung gebunden.[491] Die Gläubiger haben gemäß § 57 InsO die Möglichkeit, in der ersten auf die Bestellung des Insolvenzverwalters folgenden Gläubigerversammlung einen anderen Insolvenzverwalter zu wählen. Das Insolvenzgericht darf gemäß § 57 Satz 2 InsO die Ernennung des von der Gläubigerversammlung gewählten Insolvenzverwalters nur aus triftigem Grund versagen, wie etwa wegen mangelnder Fähigkeit, fehlender Objektivität, Unzuverlässigkeit. 250

bb) Rechtsstellung. Nach der herrschenden und von der Rechtsprechung vertretenen[492] **Amtstheorie** handelt der Insolvenzverwalter als amtliches Organ auf Grund unmittelbarer gesetzlicher Legitimation im eigenen Namen, aber mit Wirkung für und gegen den Schuldner. 251

cc) Aufgaben. Der Insolvenzverwalter hat die zur Insolvenzmasse gehörenden Gegenstände in Besitz zu nehmen, zu verwalten, zu verwerten (§§ 148 Abs. 1, 159 InsO) und den Erlös zu verteilen (§ 187 Abs. 3 Satz 1 InsO). In der Insolvenz der GmbH bedeutet dies für den Insolvenzverwalter insbesondere: 252

- **Einziehung ausstehender Einlagen** zur Insolvenzmasse. Hierfür ist weder ein vorheriger Gesellschafterbeschluss nach § 46 Nr. 2 GmbHG erforderlich, noch ist der Insolvenzverwalter an in der Satzung festgesetzte Fälligkeitstermine oder sonstige Beschränkungen im Hinblick auf Geltendmachung/Durchsetzung gebunden. Für den Insolvenzverwalter gilt allerdings auch das Erlassverbot des § 19 Abs. 2 Satz 1 GmbHG.[493] Der betreffende Gesellschafter kann gegen die Einlageforderung nicht aufrechnen, aber auch dem Insolvenzverwalter ist die Aufrechnung mit dieser Forderung verwehrt.[494]
- **Geltendmachung von Schadensersatzansprüchen gegen Geschäftsführer** nach §§ 9a, 43, 64 Abs. 2 GmbHG. Hierfür benötigt er keinen Gesellschafterbeschluss nach § 46 Nr. 8 GmbHG, allerdings gelten die Schranken der §§ 9b Abs. 1, 43 Abs. 3, 64 Abs. 2 Satz 4 GmbHG auch für ihn. Bei Verstoß hiergegen kommt eine Haftung nach § 60 InsO in Betracht.
- **Insolvenzanfechtung**
- **Abwicklung schwebender Geschäfte**
- **Sanierung des Unternehmens in der Insolvenz**

dd) Haftung. Gemäß § 60 Abs. 1 InsO haftet der Insolvenzverwalter für schuldhafte Pflichtverletzungen, die ihm auf Grund der Insolvenzordnung obliegen. Er hat bei der Wahrnehmung seiner Aufgaben die Sorgfalt **eines ordentlichen und gewissenhaften Insolvenzverwalters**[495] zu beachten. Der Insolvenzverwalter ist den am Verfahren Beteiligten für die Erfüllung der ihm obliegenden Pflichten persönlich verantwortlich.[496] Dabei beschränkt 253

---

[489] *Kuhn/Uhlenbruck* KO § 78 Rn. 2.
[490] Nerlich/Römermann/*Delhaes* § 56a Rn. 3 ff.; a. A. MünchKommInsO/*Graeber* § 56a Rn. 19.
[491] Nerlich/Römermann/*Delhaes* § 56a Rn. 11; MünchKommInsO/*Graeber* § 56a Rn. 34; Braun/*Blümle* § 56a Rn. 9.
[492] Vgl. zum Streitstand statt vieler: Nerlich/Römermann/*Delhaes* InsO vor § 56 Rn. 8 ff.
[493] MünchHdBGesR III/*Gummert* § 50 Rn. 59; Scholz/*Veil* § 19 Rn. 50, 71; BayObLG ZIP 1985, 33.
[494] Wobei das Aufrechnungsverbot durch den Insolvenzzweck begrenzt ist, vgl. Scholz/*Veil* § 19 Rn. 91
[495] Zum Inhalt dieser Anforderungen vgl.: Nerlich/Römermann/*Abeltshauser* InsO § 60 Rn. 21 ff.
[496] BT-Drucks. 12/2443 zu § 60.

sich die Haftung ausdrücklich auf die Verletzung von Pflichten, die dem Insolvenzverwalter in dieser Eigenschaft nach der InsO obliegen.[497]

254 Intern haftet der Insolvenzverwalter der GmbH für den entstandenen Schaden. Gemäß § 92 S. 2 InsO kann diesen Anspruch wegen Masseschädigung während des Insolvenzverfahrens nur ein neu bestimmter Insolvenzverwalter auch in Form eines Sonderinsolvenzverwalters[498] geltend machen. Nach Beendigung des Verfahrens können die Gläubiger den Schadensersatzanspruch direkt geltend machen.

255 Auch extern haftet der Insolvenzverwalter denjenigen, denen durch eine insolvenzspezifische Pflichtverletzung des Insolvenzverwalters ein Schaden entstanden ist. Aus § 60 InsO haftet der Insolvenzverwalter allerdings nur den am Insolvenzverfahren Beteiligten. Dies sind nach der heute herrschenden Meinung[499] all diejenigen, gegenüber denen der Insolvenzverwalter insolvenzspezifische Pflichten zu erfüllen hat: der Insolvenzschuldner, der Insolvenzgläubiger einschließlich aus- und absonderungsberechtigter Gläubiger, Massegläubiger und der Steuerfiskus. Sofern der Insolvenzverwalter bei der Betriebsfortführung Vertragspflichten verletzt, haftet er nicht nach §§ 60ff. InsO, sondern nach cic oder §§ 823ff. BGB. Nach § 61 InsO haftet der Insolvenzverwalter für die Nichterfüllung von Masseverbindlichkeiten, wenn er bei Begründung der Masseverbindlichkeit erkennen konnte, dass der Eintritt der Masseunzulänglichkeit wahrscheinlicher war als deren Nichteintritt. Die Beweislast dafür, wie wahrscheinlich welche Alternative war, trägt der Insolvenzverwalter.

256 Der Insolvenzverwalter haftet für eigene **Hilfskräfte** nach § 278 BGB. Sofern er sich der Mitarbeiter des zu verwaltenden Unternehmens bedient, diese nicht offensichtlich ungeeignet sind, er sie überwacht und Entscheidungen von besonderer Bedeutung selbst fällt, haftet er gemäß § 60 Abs. 2 InsO für diese nicht nach § 278 BGB.

257 Die Schadensersatzansprüche gegen den Insolvenzverwalter **verjähren** gemäß § 62 Satz 1 InsO in **drei Jahren**. Über § 21 Abs. 2 Nr. 1 InsO gelten die §§ 60, 61, 62 InsO für den **vorläufigen Insolvenzverwalter** entsprechend.

g) **vorläufiger Insolvenzverwalter.** Das Insolvenzgericht kann als Sicherungsmaßnahme die vorläufige Insolvenzverwaltung anordnen und gemäß § 21 Abs. 2 Nr. 2 InsO einen vorläufigen Insolvenzverwalter bestellen. Dabei sind hinsichtlich der Eignung der Person vergleichbare Anforderungen, wie bei der Bestellung des Insolvenzverwalters im eröffneten Verfahren anzustellen, da in der Praxis der vorläufige Insolvenzverwalter häufig die Position des endgültigen Insolvenzverwalters übernimmt.[500] Gegen die Anordnung der vorläufigen Insolvenzverwaltung steht dem Schuldner das Rechtsmittel der sofortigen Beschwerde zu.[501] Sofern das Gericht in seinem Beschluss kein allgemeines Verfügungsverbot anordnet (§ 21 Abs. 2 Nr. 2 Alt. 1 InsO) hat es den Pflichtenkreis des vorläufigen Insolvenzverwalters im Beschluss genau zu bestimmen und sich dabei an den Grundsätzen der Erforderlichkeit und der Verhältnismäßigkeit zu orientieren.[502] Im Hinblick auf den unterschiedlichen Pflichtenumfang des vorläufigen Insolvenzverwalters wird im Allgemeinen zwischen dem sog. starken vorläufigen Insolvenzverwalter und dem sog. schwachen vorläufigen Insolvenzverwalter unterschieden.

258 aa) *starker vorläufiger Insolvenzverwalter.* Von einem starken vorläufigen Insolvenzverwalter wird gesprochen, wenn neben der Bestellung ein allgemeines Verfügungsverbot des Schuldner nach § 21 Abs. 2 Nr. 2 Alt. 1 InsO angeordnet wird. Die Verwaltungs- und Verfügungsbefugnis geht dann auf den vorläufigen Insolvenzverwalter über; seine Pflichten richten sich nach § 22 Abs. 1 Satz 2 InsO. Die rechtliche Stellung des starken vorläufigen Insolvenzverwalters entspricht der im eröffneten Verfahren. Der Abschluss wirksamer Rechts-

---

[497] BT-Drucks. 12/2443 zu § 60.
[498] Von der Möglichkeit der Bestellung eines Sonderinsolvenzverwalters ist auch weiterhin trotz Fehlens einer ausdrücklichen gesetzlichen Regelung auszugehen, BT-Drucks. 12/7302 S. 162 zu § 77 RegE.
[499] BGHZ 99, 151 ff.; BGH ZIP 1984, 1506; Kölner Schrift/*Smid* S. 273 Rn. 28.
[500] Beck/*Depré*, Praxis der Insolvenz § 1 Rn. 1.
[501] Nerlich/Römermann/*Mönning* § 22 Rn. 18.
[502] Nerlich/Römermann/*Mönning* § 22 Rn. 20; *Haarmeyer/Wutzke/Förster* § 6 Rn. 15.

geschäfte erfolgt folglich ohne Mitwirkung des Schuldners; vielmehr ist er allein durch den Sicherungszweck des § 22 InsO beschränkt.[503] Ihm kommt die Aufgabe zu, das Vermögen des Schuldners zu sichern und zu erhalten und das Unternehmen bis zur Eröffnung des Insolvenzverfahrens fortzuführen, § 22 Abs. 1 Satz 2 Nr. 1, 2 InsO. Ferner hat er regelmäßig als gleichzeitig bestellter Sachverständiger, das Vorliegen eines Eröffnungsgrundes und die Deckung der Verfahrenskosten zu prüfen und eine Fortführungsprognose abzugeben.[504] Sofern der vorläufige Insolvenzverwalter Verbindlichkeiten eingeht und das Verfahren eröffnet wird, gelten diese als sonstige Masseverbindlichkeiten.[505] Ein Anfechtungsrecht gemäß §§ 129 ff. InsO steht dem starken vorläufigen Insolvenzverwalter nicht zu; dazu ist nur der endgültige Insolvenzverwalter im eröffneten Verfahren berechtigt. Dies gilt jedoch nicht für Masseschulden, die der vorläufige Insolvenzverwalter begründet hat. Insoweit ist auch eine Anfechtung des endgültigen Verwalters ausgeschlossen, wobei einzelne Ausnahmen denkbar sind.[506] Der starke vorläufige Insolvenzverwalter haftet nicht nur aus allgemeinem Haftungsrecht, sondern auch gemäß §§ 60, 61 InsO.

bb) schwacher vorläufiger Insolvenzverwalter. Bestellt das Insolvenzgericht einen vorläufigen Insolvenzverwalter und belässt die Verfügungsbefugnis beim Schuldner, so hat es die Befugnisse und Pflichten des vorläufigen Insolvenzverwalters im Beschluss zu bestimmen. Regelmäßig werden die Verfügungen des Schuldners unter einen allgemeinen Zustimmungsvorbehalt des vorläufigen Insolvenzverwalters gestellt.[507] Durch den Zustimmungsvorbehalt kann der vorläufige Insolvenzverwalter Rechtsgeschäfte des Schuldners verhindern, diese aber nicht initiieren. Dennoch ist der schwache vorläufige Insolvenzverwalter unter Anordnung eines allgemeinen Zustimmungsvorbehalts und bei gleichzeitiger Übertragung der Kassenführung der Stellung des starken vorläufigen Insolvenzverwalters angenähert; die Sicherung und der Erhalt des Schuldnervermögens sowie die Unternehmensfortführung obliegt auch ihm.[508] Anders als beim starken vorläufigen Insolvenzverwalter ist der schwache vorläufige Insolvenzverwalter nur aufgrund einer Einzelermächtigung des Insolvenzgerichts zur Begründung von Masseverbindlichkeiten berechtigt.[509] Eine pauschale Ermächtigung des Verwalters für den Schuldner handeln zu dürfen, ist unzulässig. Teilweise werden Gruppenermächtigungen zur Eingehung von Verbindlichkeiten gegenüber einer Mehrzahl von Personen oder Projektermächtigungen zur Durchführung eines bestimmten Projekts, aber für zulässig gehalten.[510] Grundsätzlich haftet der schwache vorläufige Insolvenzverwalter nur nach § 60 InsO bzw. nach dem allgemeinen Haftungsrecht. Liegt jedoch eine gerichtliche Einzelermächtigung zur Begründung von Masseschulden vor, ist er wie der starke vorläufige Insolvenzverwalter nach § 61 InsO haftbar.[511]

h) *Sachwalter.* Sofern das Gericht auf Antrag die Durchführung des Insolvenverfahrens durch den Schuldner im Wege der Eigenverwaltung anordnet, stellt es diesen unter die Überwachung eines Sachwalters, der zwingend zu bestimmen ist. Die Rechtsstellung des Sachwalters richtet sich nach § 274 InsO. Aus der umfassenden Verweisung zu den Rechten und Pflichten des Insolvenzverwalters geht hervor, dass der Sachwalter eine insolvenzverwalterähnliche Stellung inne hat;[512] die Tatsache, dass das Gesetz nicht pauschal auf die Regeln zum Insolvenzverwalter verweist, unterstreicht aber, dass die Kompetenzen des Sachwalters zugusten des Insolvenzschuldners abgeschwächt sind.[513] Anders als bei Bestellung eines Insolvenzverwalters verbleibt die Verwaltungs- und Verfügungsbefugnis beim Schuldner; nach § 275 InsO wird die Begründung bestimmter Verbindlichkeiten jedoch unter einen

---

[503] *Haarmeyer/Wutzke/Förster* § 6 Rn. 23.
[504] *Haarmeyer/Wutzke/Förster* § 6 Rn. 15; FK-InsO/*Schmerbach* § 22 Rn. 8.
[505] *Haarmeyer/Wutzke/Förster* § 6 Rn. 20; Beck/*Depré* § 1 Rn. 47.
[506] FK-InsO/*Schmerbach* § 22 Rn. 24, 113.
[507] *Haarmeyer/Wutzke/Förster* § 6 Rn. 27; Beck/*Depré* § 1 Rn. 48.
[508] FK-InsO/*Schmerbach* § 22 Rn. 22.
[509] Strittig, vgl. *Haarmeyer/Wutzke/Förster*, § 6 Rn. 24 f., wie hier Beck/*Depré* § 1 Rn. 51.
[510] Beck/*Depré* § 1 Rn. 50; *Haarmeyer/Wutzke/Förster* § 6 Rn. 35; FK-InsO § 22 Rn. 98.
[511] FK-InsO/*Schmerbach* § 22 Rn. 26.
[512] Gottwald/*Haas/Kahlert* § 89 Rn. 28; Braun/*Riggert* § 274 Rn. 1.
[513] Andres/*Leithaus* Insolvenzordnung § 274 Rn. 1.

Zustimmungsvorbehalt des Sachverwalters gestellt, der jedoch nur dann die Unwirksamkeit des Rechtsgeschäfts zur Folge hat, wenn die Zustimmungsbedürftigkeit vom Gericht angeordnet wurde. Kernaufgabe des Sachwalters ist die Überwachung des Schuldners bei der Ausübung des Verwaltungs- und Verfügungsrechts, insbesondere da ein Fehlverhalten des Schuldners ein eigenes Fehlverhalten des Sachwalters begründen kann.[514]

261 i) **vorläufiger Sachwalter.** Stellt der Schuldner einen Antrag auf Eigenverwaltung und ist dieser nicht offensichtlich aussichtslos, bestellt das Gericht statt eines vorläufigen Insolvenzverwalters einen vorläufigen Sachwalter, § 270a Abs. 1 InsO. Aufgrund der Verweisung des § 270a Abs. 1 InsO auf die §§ 274, 275 InsO entspricht die Rechtstellung des vorläufigen Sachwalters im Wesentlichen der des endgültigen Sachwalters. Allerdings ist eine gerichtliche Anordnung der Zustimmungsbedürftigkeit mangels eines entsprechenden Verweises auf § 277 InsO ausgeschlossen, sodass der Schuldner im Außenverhältnis wirksame Rechtshandlung ungeachtet einer fehlenden Zustimmung vornehmen kann.[515] Bei der Auswahl des vorläufigen Sachwalters sind hinsichtlich seiner Eignung und Unabhängigkeit die Anforderungen, die an den vorläufigen Insolvenzverwalter gestellt werden, beachtlich. Nach § 56a InsO ist der vorläufige Gläubigerausschuss bei der Auswahl einzubinden.[516]

262 j) **Gläubigerversammlung.** Die in den §§ 74 bis 79 InsO geregelte Gläubigerversammlung ist das oberste Selbstverwaltungsorgan der Gläubiger mit umfassenden Befugnissen.

263 aa) *Einberufung.* Die Einberufung der Gläubigerversammlung **durch das Gericht** erfolgt von Amts wegen oder auf Antrag. Antragsberechtigt sind die in § 75 Abs. 1 InsO Genannten. Es sind in der Regel mindestens drei Gläubigerversammlungen einzuberufen: gemäß § 29 Abs. 1 Nr. 1 InsO ein **Berichtstermin** (§§ 156 ff. InsO), der gemäß § 29 Abs. 2 InsO mit dem gemäß § 29 Abs. 1 Nr. 2 InsO einzuberufenden **Prüfungstermin** (§§ 176 ff. InsO) verbunden werden kann, ein **Schlusstermin** gemäß § 197 InsO und für den Fall des Vorliegens eines Insolvenzplans ein **Erörterungs- und Abstimmungstermin** (§§ 235 ff. InsO). Darüber hinaus steht es im Ermessen des Gerichts, weitere Gläubigerversammlungen einzuberufen bzw. muss das Gericht auf einen gemäß § 75 Abs. 1 InsO erfolgten Antrag hin eine solche einberufen. Eine weitere Gläubigerversammlung ist also zwingend einzuberufen, wenn der Insolvenzverwalter, der Gläubigerausschuss oder mindestens fünf Gläubiger oder Absonderungsberechtigte mit einer Gesamtforderungssumme von mindestens $1/5$ bzw. Gläubiger oder Aussonderungsberechtigte mit einer Forderungssumme von mindestens $2/5$ der Gesamtforderungen die Einberufung beantragen.

264 bb) *Teilnahmerecht.* Gemäß § 74 Abs. 1 Satz 2 InsO sind zur Teilnahme an der Gläubigerversammlung alle absonderungsberechtigten Gläubiger, alle Insolvenzgläubiger, der Insolvenzverwalter, der Schuldner und die Mitglieder des Gläubigerausschusses berechtigt, soweit sie nicht ohnehin bereits teilnahmebefugt sind, aber auch Gläubiger aufschiebend bedingter Forderungen und nachrangige Gläubiger.[517]

265 cc) *Stimmrecht.* Die **Beschlüsse** in der Gläubigerversammlung werden grundsätzlich mit einfacher Mehrheit der angemeldeten Forderungsbeträge der abstimmenden Gläubiger[518] gefasst (§ 76 Abs. 2 InsO). Beschlussfähigkeit ist anzunehmen, wenn mindestens ein stimmberechtigter Gläubiger anwesend ist.[519] Damit ein Beschluss wirksam gefasst werden kann, muss der **Beschlussgegenstand** zuvor den Gläubigern in einer Tagesordnung ordnungsgemäß **bekanntgegeben** worden sein. Beschlüsse der Gläubigerversammlung, die dem gemeinsamen Interesse der Insolvenzgläubiger widersprechen, können vom Insolvenzgericht gemäß § 78 InsO auf Antrag eines Gläubigers oder des Insolvenzverwalters **aufgehoben** werden.

266 Das **Stimmrecht** in der Gläubigerversammlung richtet sich nach der Höhe der angemeldeten Forderung (§ 77 Abs. 1 InsO). Stimmrechtsfähig sind alle Gläubiger nicht nachrangiger

---

[514] Braun/*Riggert* § 274 Rn. 5.
[515] Nerlich/Römermann/*Riggert* § 270a Rn. 15.
[516] Nerlich/Römermann/*Riggert* § 270a Rn. 13 f.
[517] So *Hess* Rn. 894.
[518] *Hess* Rn. 898; *Jauernig* § 42 II Rn. 6.
[519] So HK-InsO/*Eickmann* § 76 Rn. 5.

angemeldeter Insolvenzforderungen sowie die Inhaber von Absonderungsrechten. Gemäß § 77 Abs. 1 Satz 2 InsO sind nachrangige Gläubiger nicht stimmberechtigt, soweit ihre Ansprüche jedoch in absonderungsberechtigter Form besichert sind, werden sie wie Absonderungsberechtigte behandelt. Sofern angemeldete Forderungen vom Verwalter oder von einem stimmberechtigten Gläubiger **bestritten** wurden, kommt es dem Wortlaut des Gesetzes nach zunächst darauf an, ob sich der Verwalter mit den erschienenen stimmberechtigten Gläubigern hierüber einigen kann, § 77 Abs. 2 InsO. Kommt eine Einigung über das Stimmrecht nicht zustande, entscheidet das Gericht, § 77 Abs. 2 Satz 2 InsO. Gleiches gilt für Absonderungsgläubiger und Gläubiger aufschiebend bedingter Forderungen gemäß § 77 Abs. 3 InsO. Die gerichtliche Entscheidung kann der Rechtspfleger jederzeit auf Antrag des Insolvenzverwalters oder eines in der Gläubigerversammlung anwesenden stimmberechtigten Gläubigers hin überprüfen, aufheben oder abändern. Soweit sich die Stimmrechtsentscheidung allerdings auf das Ergebnis der Beschlussfassung ausgewirkt hat, hat der Richter auf Antrag eines Gläubigers oder des Insolvenzverwalters gemäß § 18 Abs. 3 Satz 1 RPflG die Entscheidung des Rechtspflegers zu überprüfen und ggf. zu korrigieren. Wenn der Richter zu der Auffassung gelangt, dass die Entscheidung des Rechtspflegers falsch war, so kann er das Stimmrecht neu festsetzen und den in der Versammlung gefassten Beschluss aufheben und die Wiederholung der Abstimmung anordnen. Der Antrag auf richterliche Entscheidung kann allerdings nur bis zum Schluss des Termins gestellt werden, in dem die Abstimmung stattgefunden hat. Die Entscheidung des Richters ist unanfechtbar, eine sofortige Beschwerde ist nicht vorgesehen, § 6 Abs. 1 InsO.

dd) Gläubigerausschuss. Er dient als Exekutivorgan der Gläubigerversammlung. Der Gläubigerausschuss ist das **(fakultative) Exekutivorgan der Gläubigerschaft**. Er hat die **Aufgabe**, den Verwalter zu überwachen und ihn bei der Erfüllung seiner Aufgaben zu unterstützen, § 69 InsO. Über den Gläubigerausschuss können Gläubiger ihren Einfluss auf die Verfahrensabwicklung ausüben. Sofern das Gericht nicht bereits im Eröffnungsverfahren einen vorläufigen Gläubigerausschuss bestellt hat (vgl. § 21 Abs. 2 Nr. 1a InsO), kann es vor der ersten Gläubigerversammlung nach § 67 InsO eine Bestellung vornehmen.[520] Bereits vor Einfügung des § 22a InsO, der die Einsetzung des vorläufigen Gläubigerausschusses kodifiziert, war es in größeren Verfahren üblich, den Gläubigerausschuss bereits für das Eröffnungsverfahren zu bestellen, in dem die Weichenstellung für das gesamte weitere Verfahren erfolgt.[521] Im Gläubigerausschuss sollen die wichtigsten Gläubigergruppen vertreten sein, wobei die **Ausschussmitglieder** nicht selbst gruppenzugehörig sein müssen, sondern sich auch aus externen Fachleuten zusammensetzen können, § 67 Abs. 3 InsO.

Wählbar sind juristische Personen, die dann durch eine natürliche Person vertreten werden, nicht dagegen Behörden, sondern lediglich deren Mitarbeiter. Nach § 67 Abs. 2 InsO soll sich der Gläubigerausschuss zusammensetzen aus Vertretern der absonderungsberechtigten Gläubiger, der Großgläubiger und der Kleingläubiger, soweit diese als Insolvenzgläubiger mit nicht unerheblichen Forderungen beteiligt sind, sowie eines Vertreters der Arbeitnehmer, der entgegen der bisherigen gesetzlichen Regelung nicht als Insolvenzgläubiger mit erheblichen Forderungen beteiligt sein muss.[522] Gericht und Gläubigerversammlung können jedoch selbst entscheiden, wie viele und welche Ausschussmitglieder bestellt werden sollen. Üblicherweise sind im Gläubigerausschuss vertreten: ein Vertreter der Banken, ein Vertreter der Lieferanten (oftmals aus einer Kreditversicherungsgesellschaft) sowie ein Vertreter der Arbeitnehmer. Hinzu kommt oft noch ein Vertreter des Pensionssicherungsvereins und ggf. ein Vertreter des wichtigsten Großgläubigers außer den Banken.

Der **Gläubigerversammlung** obliegt die Entscheidung über die Einsetzung eines Gläubigerausschusses und dessen Besetzung. Sie beschließt nach § 68 Abs. 1 Satz 2 InsO, ob ein vom Gericht bestellter Gläubigerausschuss beibehalten werden soll und kann gemäß § 68 Abs. 2 InsO vom Gericht bestellte Mitglieder abwählen oder neue Mitglieder hinzuwählen.

---

[520] Braun/*Hirte* § 67 Rn. 1.
[521] MünchKommInsO/*Schmid/Burgk* § 67 Rn. 2; *Römermann* NJW 2012, 647.
[522] *Römermann* NJW 2012, 647.

Gewählte Mitglieder können nach § 70 InsO vom Insolvenzgericht nur **entlassen werden, wenn ein wichtiger Grund vorliegt.**[523]

270 Jedem Mitglied des Gläubigerausschusses obliegt persönlich die Überwachung und Unterstützung des Verwalters gemäß § 69 InsO. Jedes Ausschussmitglied ist dabei dem Interesse aller Gläubiger verpflichtet. Der Gläubigergemeinschaft haften sie für die pflichtgemäße Erfüllung ihrer Aufgaben; allerdings nicht allen Beteiligten gegenüber, sondern nur den Insolvenzgläubigern und den absonderungsberechtigten Gläubigern, § 71 InsO. Der Gläubigerausschuss kann sowohl vom Verwalter als auch vom Schuldner **Auskunft** verlangen, §§ 69 Satz 2, 97 InsO. Ihm ist der Bericht des Verwalters und ein erstellter Insolvenzplan gemäß §§ 156 Abs. 2, 232 Abs. 1 InsO vorab zuzuleiten. Zum weiteren Aufgabenbereich des Gläubigerausschusses gehören:

- Kassenprüfung (§ 69 Satz 2 InsO)
- Genehmigung bedeutsamer Rechtshandlungen des Insolvenzverwalters wie Geschäftsübertragung, Grundstücksverkauf, Darlehensaufnahme oder Prozesshandlungen von besonderer Bedeutung (§ 160 InsO). Allerdings ist diese Genehmigungswirkung auf das Innenverhältnis beschränkt.
- Mitwirkung bei Verteilungen (§§ 187 Abs. 3 S. 2, 195 Abs. 1 S. 1 InsO).

271 Der Gläubigerausschuss bestimmt seine Ordnung selbst, wird im Gegensatz zur Gläubigerversammlung also nicht vom Insolvenzgericht geleitet. Seine **Willensbildung** erfolgt grundsätzlich in Sitzungen, es ist jedoch auch ein schriftliches Verfahren möglich. Zu den Sitzungen sind jeweils alle Mitglieder unter Bekanntgabe der Tagesordnung zu laden.[524]

272 **Beschlüsse** des Gläubigerausschusses werden mit einfacher Kopfmehrheit der stimmberechtigten Mitglieder gefasst. Beschlussfähigkeit ist gegeben, wenn die Mehrheit der Mitglieder anwesend ist (§ 72 InsO). Über die Sitzungen sind Protokolle zu führen; es reichen Ergebnisprotokolle. Diese sind regelmäßig zu den Gerichtsakten zu reichen, wo sie außerhalb der der allgemeinen Akteneinsicht unterliegenden Hauptakte aufbewahrt werden sollen. Die Mitglieder des Gläubigerausschusses haben Anspruch auf Vergütung nach den §§ 17 f. InsVV.

273 *ee) Befugnisse der Gläubigerversammlung.* Nach §§ 157 bis 159 InsO entscheidet die Gläubigerversammlung über den Fortbestand/die Einstellung des Unternehmens. Ferner entscheidet die Gläubigerversammlung über Be- und Einsetzung des Gläubigerausschusses, § 68 InsO. Auch die Bestätigung des ernannten bzw. die Wahl eines anderen Insolvenzverwalters nach § 57 InsO und die Entlassung des Insolvenzverwalters auf Antrag nach § 59 InsO obliegt der Gläubigerversammlung. Nach § 149 Abs. 1 Satz 1 InsO kann der Gläubigerausschuss eine Hinterlegungsstelle bestimmen; die Gläubigerversammlung ist gemäß § 149 Abs. 2 InsO befugt, davon abweichend eine andere Stelle zu bestimmen. Die Gläubigerversammlung bestimmt darüber hinaus, welche Geschäfte zustimmungsbedürftig sein sollen und erteilt die Zustimmung bei besonders bedeutsamen Rechtshandlungen, wenn ein Gläubigerausschuss nicht bestellt ist (§ 160 InsO). Sie beschließt über die Schlussrechnung nach § 197 InsO und ist gemäß § 207 Abs. 2 InsO vor Einstellung des Verfahrens mangels Masse zu hören. Gemäß § 162 InsO ist für die Veräußerung des Unternehmens an dem Schuldner nahestehende Personen oder Großgläubiger die Zustimmung der Gläubigerversammlung erforderlich, ebenso wie für die Veräußerung des Unternehmens unter Wert gemäß § 163 InsO.

274 **k) Gesellschaftsorgane.** Da die GmbH in der Insolvenz als solche fortbesteht, existieren auch ihre Organe weiter. Allerdings beschränken sich deren Kompetenzen auf das vom Insolvenzverfahren nicht berührte Innenverhältnis der GmbH und auf das etwaige insolvenzfreie Vermögen.[525] Die strittige Frage, wie sich die Anordnung der Eigenverwaltung auf die gesellschaftsrechtliche Bindung der Geschäftsleitung auswirkt, wurde durch die Einführung des § 276a InsO zugunsten des Vorrangs der Eigenverwaltungsregeln entschieden.[526] Da-

---

[523] Vgl. zum Streitstand *Pape* ZInsO 1999, 675, 677.
[524] Vgl. *Pape* ZInsO 1999, 675, 680.
[525] Vgl. Lutter/Hommelhoff/*Kleindiek* Anh. zu § 64 Rn. 57.
[526] Zu § 276a InsO → Rn. 288 f.

nach sind die Gesellschaftsorgane von der Mitwirkung und Überwachung der Unternehmensleitung gänzlich ausgeschlossen (§ 276a Satz 1 InsO) und die Abberufung und Neubestellung von Geschäftsleitern ist durch das Zustimmungserfordernis des Sachwalters beschränkt (§ 276a Satz 2 InsO). Nach der Gesetzesbegründung soll verhindert werden, dass den Überwachungsorganen im Rahmen der Eigenverwaltung weitergehende Einflussmöglichkeiten zustehen, als im Regelinsolvenzverfahren, für das die folgenden Ausführungen gelten.[527]

aa) Geschäftsführer. Geschäftsführer bleiben im Amt, allerdings wird ihre Kompetenz durch die Auflösung und Einsetzung des Insolvenzverwalters beschränkt. Die Geschäftsführer übernehmen die Rolle des Schuldners: Sie haben also gemäß §§ 20, 22 Abs. 3 Satz 3, 97 Abs. 1 Satz 1 InsO Auskunft zu erteilen, ihnen obliegt gemäß §§ 20 Abs. 3, 22 Abs. 3 Satz 3, 97 Abs. 3 Satz 1 InsO die Anwesenheitspflicht, sie haben eidesstattliche Versicherungen gemäß § 98 Abs. 1 InsO abzugeben und die entsprechenden Erklärungen im Forderungsprüfungstermin abzugeben. Ihr Anstellungsvertrag bleibt grundsätzlich bestehen, der Vergütungsanspruch für die Zeit ab Insolvenzverfahrenseröffnung ist Masseverbindlichkeit.

bb) Gesellschafter. Die Gesellschafterversammlung bleibt in ihrer Stellung als oberstes Organ der GmbH[528] durch die Insolvenzverfahrenseröffnung unberührt.[529] Allerdings hat sie keinerlei Weisungsbefugnis gegenüber dem Insolvenzverwalter, bleibt aber gegenüber dem Geschäftsführer insoweit weisungsbefugt als dieser handlungsbefugt ist. Sofern die Gesellschafterversammlung die Entlastung des Geschäftsführers beschließt, hat dies keine Auswirkung auf etwaige Regressansprüche.[530] Die Gesellschafterversammlung kann den Geschäftsführer abberufen und ernennen. Für das Organverhältnis der Gesellschaft zum Geschäftsführer bleibt weiterhin die Gesellschafterversammlung zuständig, während das Arbeitsverhältnis zwischen der Gesellschaft und dem Geschäftsführer in den Zuständigkeitsbereich des Insolvenzverwalters fällt. Die Gesellschafterversammlung kann auch Satzungsänderungen beschließen,[531] aber – zumindest ohne Zustimmung des Insolvenzverwalters – keine Änderung der Firma,[532] da diese Teil der Insolvenzmasse ist. Generell sind Satzungsänderungen nur zulässig, soweit sie mit Insolvenz und Abwicklungszweck vereinbar sind.[533]

cc) Aufsichtsrat/Beirat. Die Aufsichtsrats- oder Beiratsmitglieder bleiben trotz Insolvenzverfahrenseröffnung im Amt.[534] Freilich ist infolge der Verdrängungswirkung der Insolvenz das Amt nahezu funktionslos. Dem Aufsichtsrat oder Beirat verbleibt praktisch nur die Befugnis der Kontrolle der Geschäftsführer in den diesen verbleibenden (geringen) insolvenzfreien Tätigkeitsbereichen. Denn im Hinblick auf die Insolvenzmasse und auch die Tätigkeit des Insolvenzverwalters bestehen keinerlei Mitsprache-, Kontroll- oder Informationsrechte.[535] Dem Aufsichtsrat steht für die Zeit nach Insolvenzverfahrenseröffnung auch kein Vergütungsanspruch zu.[536] Wegen des Wegfalls des Vergütungsanspruchs haben die Mitglieder des Aufsichtsrats ein außerordentliches Kündigungsrecht nach § 626 und § 671 BGB.[537]

---

[527] Kritisch dazu *Schluck-Amend* FS Hoffmann-Becking S. 1046, die darin im Vergleich zum Regelinsolvenzverfahren eine weiterreichende Beschränkung der Gesellschafterrechte sieht.
[528] Vgl. Ulmer/*Casper* § 64 Rn. 72; Meyer-Landrut/*Meyer-Landrut* § 63 Rn. 13.
[529] Scholz/*K. Schmidt/Bitter* Vor § 64 Rn. 105.
[530] Scholz/*K. Schmidt/Bitter* Vor § 64 Rn. 106; Ulmer/*Casper* § 64 Rn. 74.
[531] So auch Scholz/*K. Schmidt/Bitter* Vor § 64 Rn. 108 m.w.N. in Fn. 2 auch zur a. A.; Lutter/Hommelhoff/*Kleindiek* Anh. zu § 64 Rn. 58.
[532] Vgl. Lutter/Hommelhoff/*Kleindiek* Anh. zu § 64 Rn. 58; OLG Karlsruhe NJW 1993, 1931.
[533] Vgl. Baumbach/Hueck/*Haas* § 69 Rn. 20 ff.
[534] Vgl. RGZ 81, 332; Scholz/*K. Schmidt/Bitter* Vor § 64 Rn. 115.
[535] Vgl. MünchKommAktG/*Habersack* § 103 Rn. 57.
[536] So schon das RGZ 81, 332; MünchKommAktG/*Habersack* § 103 Rn. 57.
[537] Vgl. Lutter/Hommelhoff/*Kleindiek* Anh. zu § 64 Rn. 58; für eine entsprechende Anwendung des § 113 InsO: Scholz/*K. Schmidt/Bitter* Vor § 64 Rn. 115.

8. Eigenverwaltung des Schuldners, §§ 270 ff. InsO

278 **a) Allgemeines; Ziel der Eigenverwaltung.** Der Gesetzgeber hat in Anlehnung an das Modell der VglO[538] die Möglichkeit geschaffen, das Insolvenzverfahren im Wege der Eigenverwaltung durch den Schuldner durchzuführen. Als Vorteil wurde dabei insbesondere die Verbilligung des Verfahrens hervorgehoben, da kein Insolvenzverwalter, sondern lediglich ein Sachwalter zur Aufsicht bestellt wird. Einarbeitungszeiten würden so vermieden, Kenntnisse und Erfahrungen der bisherigen Geschäftsleitung genutzt und insbesondere soll dadurch für den Schuldner ein Anreiz zur frühzeitigen Antragstellung geschaffen werden. Da die Eigenverwaltung in der Praxis aufgrund der hohen Zulässigkeitsvoraussetzungen eine Ausnahmeerscheinung blieb, wurden die Hindernisse durch erleichterte Voraussetzungen nach § 270 Abs. 2 InsO, sowie die Einführung der vorläufigen Eigenverwaltung gemäß § 270a InsO und das Schutzschirmverfahren gemäß § 270b InsO, reduziert.[539]

Gemäß § 270 Abs. 1 Satz 1 InsO verwaltet der Schuldner als „Amtswalter in eigenen Angelegenheiten"[540] die Insolvenzmasse selbst unter Aufsicht eines Sachwalters.

279 **b) Antragserfordernis.** Nach dem ursprünglichen Wortlaut der InsO setzte die Anordnung der Eigenverwaltung in jedem Fall voraus, dass der **Schuldner** diese **vor Eröffnung des Verfahrens beantragt** hatte, vgl. §§ 270, 271 InsO a. F.[541] Der durch das ESUG geänderte § 271 InsO n. F. stellt dagegen nunmehr klar, dass die Anordnung der Eigenverwaltung auch dann noch möglich ist, wenn der Schuldner dieser erst **nach Verfahrenseröffnung zustimmt**. Eine Antragsstellung im Eröffnungsverfahren ist jedoch weiterhin sinnvoll, da die nachträgliche Anordnung der Eigenverwaltung nach § 271 InsO nur auf **Antrag der Gläubigerversammlung** erfolgen kann. Der Antrag auf Eigenverwaltung ist dem Schuldner im Eröffnungsverfahren unabhängig davon möglich, ob der Eröffnungsantrag von ihm oder von einem Gläubiger gestellt wurde.[542] Anders als nach bisherigen Recht (vgl. § 270 Abs. 2 Nr. 2 InsO a. F.) ist in letzterem Fall auch eine Einwilligung des Gläubigers nicht mehr erforderlich.[543] Aus dem Antrag nach § 270 Abs. 1 InsO muss hervorgehen, dass der Schuldner weiterhin verwaltungs- und verfügungsbefugt sein möchte; sofern Unklarheiten bestehen, ist eine Klarstellung durch den Schuldner möglich.[544] Ob der Antrag bei juristischen Personen oder Gesellschaften von allen Organmitgliedern bzw. persönlich haftenden Gesellschaftern gestellt werden muss oder § 15 Abs. 1, 3 InsO analog anzuwenden ist, ist weiterhin umstritten.[545]

280 Das ESUG hat es durch eine Reihe von Neuerungen für den Schuldner attraktiver gemacht, möglichst **frühzeitig** einen **Eröffnungsantrag verbunden mit einem Antrag auf Eigenverwaltung** zu stellen. So ermöglicht § 270a InsO in diesem Fall eine vorläufige Eigenverwaltung im Eröffnungsverfahren und darüber hinaus kann, soweit noch keine Zahlungsunfähigkeit eingetreten ist, die Einleitung eines Schutzschirmverfahrens nach § 270b InsO beantragt werden. Das für den Schuldner grundsätzlich bestehende Risiko, aufgrund einer Ablehnung des Eigenverwaltungsantrags die Kontrolle über sein Unternehmen zu verlieren, wird dabei durch § 270a Abs. 2 InsO gemildert. Soweit der Schuldner den Eröffnungsantrag bei lediglich drohender Zahlungsunfähigkeit gestellt hat, muss das Gericht ihm vor Eröffnung des Insolvenzverfahrens Gelegenheit zur Rücknahme des Eröffnungsantrags geben, wenn es zu dem Schluss kommt, dass die Voraussetzungen der Eigenverwaltung nicht gegeben sind.

281 **c) Voraussetzung für die Anordnung der Eigenverwaltung.** Neben der formellen Voraussetzung der Antragstellung des Schuldners ist in materieller Hinsicht gemäß § 270 Abs. 2

---

[538] So die Begr. RegE BT-Drucks. 12/2443 S. 222 f.; *Hess* InsO Vor § 270 Rn. 2.
[539] Nerlich/Römermann/*Riggert* § 270 Rn. 1.
[540] So treffend *Häsemeyer* Rn. 8.13; *Hess* InsO § 270 Rn. 16.
[541] Vgl. hierzu und zum Streit um das Erfordernis eines vor Verfahrenseröffnung gestellten Antrags des Schuldners Kübler/Prütting/Bork/*Pape* § 270 Rn. 78; § 271 Rn. 10.
[542] Kübler/Prütting/Bork/*Pape* § 270 Rn. 76.
[543] Kübler/Prütting/Bork/*Pape* § 270 Rn. 74; Nerlich/Römermann/*Riggert* § 270 Rn. 19.
[544] Nerlich/Römermann/*Riggert* § 270 Rn. 19.
[545] Für eine analoge Anwendung des § 15 InsO: Nerlich/Römermann/*Riggert* § 270 Rn. 19; dagegen: FK-Inso/*Foltis* § 270 Rn. 37.

Nr. 2 InsO erforderlich, dass keine Umstände bekannt sind, die erwarten lassen, dass die Anordnung zu **Nachteilen für die Gläubiger** führen wird. Unter Nachteile im Sinne des § 270 Abs. 2 InsO fallen solche Umstände, die eine Schlechterstellung des Gläubigers gegenüber dem Regelinsolvenzverfahren darstellen. Nicht erforderlich ist, dass die Eigenverwaltung für den Gläubiger vorteilhaft ist.[546] Während nach altem Recht das Gericht eine freie Prognoseentscheidung zu treffen hatte, ist umstritten, ob dies auch für die Neufassung des § 270 Abs. 2 InsO gilt. Teilweise wird eine im freien Ermessen des Gerichts stehende Prognoseentscheidung aus systematischen Gründen bejaht: die Bindungswirkung nach § 270 Abs. 3 Satz 2 InsO sei sinnlos, wenn das Gericht bereits gebunden wäre.[547] Dies bedeutet jedoch nicht, dass das Insolvenzgericht hinsichtlich des Nichtvorliegens der Gläubigergefährdungsumstände eine Amtsermittlungspflicht trifft, vielmehr genügt das Fehlen konkreter Umstände, sodass im Regelfall von einer Eigenverwaltungseignung auszugehen ist.[548] Das Gericht hat aber dann ermittelnd tätig zu werden, wenn es Kenntnis von gläubigergefährdenden Umständen erlangt.[549] Da an die Kenntnis konkreter Umstände angeknüpft wird, geht die Unsicherheit, ob Nachteile gegenüber dem Regelinsolvenzverfahren bestehen, nicht zulasten des Schuldners.[550] Die Verfahrensverzögerung, die zuvor zu einem Ausschluss der Eigenverwaltung führen konnte, wird zwar in § 270 Abs. 2 InsO nicht ausdrücklich genannt, sie kann aber einen Nachteil im Sinne der Norm begründen.[551]

282 Vor der gerichtlichen Entscheidung über die Anordnung der Eigenverwaltung ist gemäß § 270 Abs. 3 Satz 1 InsO der **vorläufige Gläubigerausschuss anzuhören**. Die Anhörungsberechtigung liegt nicht bei jedem einzelnen Mitglied des Ausschusses, sondern beim Ausschuss als Organ, sodass eine Anhörung vor Konstituierung des Gläubigerausschusses entfällt.[552] Trifft der vorläufige Gläubigerausschuss einstimmig den Beschluss, dass keine Gläubigergefährdung durch die Eigenverwaltung anzunehmen ist, so ist das Gericht an die Entscheidung gebunden. Der umgekehrte Fall, dass der Gläubigerausschuss einstimmig von einer Gefährdung ausgeht, ist gesetzlich nicht geregelt. Eine Bindungswirkung des Gerichts ist mit Blick auf den abschließenden Charakters des § 270 Abs. 3 Satz 2 nicht anzunehmen; das Gericht hat die im Beschluss dargelegten Gründe bei seiner Entscheidung aber zu berücksichtigen.[553] Eine Stellungnahme des Ausschusses ist nach der gesetzlichen Ausnahmeregelung dann nicht einzuholen, wenn diese offensichtlich zu einer nachteiligen Veränderung in der Vermögenslage des Schuldners führt. Wegen der gesetzgeberischen Intention, den Einfluss der Gläubiger im Eröffnungsverfahren bei der Entscheidung zur Eigenverwaltung zu stärken, ist die Regelung des § 270 Abs. 3 Satz 1 a.E. InsO auf einen engen Anwendungsbereich zu beschränken.[554]

283 Lehnt das Gericht den Antrag auf Eigenverwaltung ab, so ist die Ablehnung gemäß § 270 Abs. 4 InsO schriftlich zu begründen. Da dem Schuldner gegen die Ablehnung der Eigenverwaltung durch das Gericht kein Rechtsmittel zur Verfügung steht (vgl. § 6 Abs. 1 InsO), dient das Begründungserfordernis nicht der Entscheidung einer höheren Instanz. Die Offenlegung bietet aber eine Entscheidungsgrundlage für einen Antrag der Gläubigerversammlung nach § 271 InsO.[555]

284 Ordnet das Gericht die Eigenverwaltung im Eröffnungsbeschluss nicht an - sei es, weil es die Voraussetzungen des § 270 Abs. 2 InsO als nicht gegeben sah, oder aber weil der Schuldner gar keinen Antrag auf Eigenverwaltung gestellt hatte - so verbleibt der Gläubigerversammlung immer noch die Möglichkeit, durch einen entsprechenden Antrag mit Zu-

---

[546] Braun/*Riggert* § 270 Rn. 4; Nerlich/Römermann/*Riggert* § 270 Rn. 20.
[547] FK-InsO/*Foltis* § 270 Rn. 56; a. A. Nerlich/Römermann/*Riggert* § 270 Rn. 20.
[548] FK-InsO/*Foltis* § 270 Rn. 56; Nerlich/Römermann/*Riggert* § 270 Rn. 20; Braun/*Riggert* § 270 Rn. 5.
[549] FK-InsO/*Foltis* § 270 Rn. 56.
[550] BT-Drucks. 17/5712 S. 38; FK-InsO/*Foltis* § 270 Rn. 35.
[551] Braun/*Riggert* § 270 Rn. 4; FK-InsO/*Foltis* § 270 Rn. 59; a.A. Kübler/Prütting/Bork/*Pape* § 270 Rn. 96 ff.
[552] AG München ZIP 2012, 1308.
[553] Braun/*Riggert* § 270 Rn. 8 f.; Nerlich/Römermann/*Riggert* § 270 Rn. 23.
[554] FK-InsO/*Foltis* § 270 Rn. 95.
[555] Braun/*Riggert* § 270 Rn. 10; FK-InsO/*Foltis* § 270 Rn. 107.

stimmung des Schuldners gemäß § 271 InsO die **nachträgliche Anordnung der Eigenverwaltung** herbeizuführen. In diesem Fall hat das Gericht keinen Entscheidungsspielraum,[556] selbst wenn es im Eröffnungsbeschluss dargelegt hat, warum erhebliche Bedenken gegen die Wahrnehmung der Gläubigerinteressen bei Anordnung der Eigenverwaltung bestehen. Entgegen der allgemeinen Regelung des § 76 Abs. 2 InsO genügt für einen entsprechenden Antrag der Gläubigerversammlung jedoch nicht die Summenmehrheit der Forderungen; vielmehr ist zusätzlich die Kopfmehrheit der abstimmenden Gläubiger erforderlich. Ob ein einzelner Gläubiger, der meint, die von der Mehrheit der Gläubigerversammlung beantragte Eigenverwaltung laufe den gemeinsamen Interessen der Gläubiger zuwider, die Möglichkeit hat, im Wege der Gläubigerbeschwerde nach § 78 InsO gegen den Beschluss der Gläubigerversammlung vorzugehen, ist umstritten.[557] Nachdem der BGH in einer Entscheidung vom 21.07.2011 zu § 272 Abs. 2 Nr. 1 InsO a.F. die Anfechtbarkeit nach § 78 InsO abgelehnt hat,[558] wird aus der Entscheidung auch die Unanfechtbarkeit im Rahmen des § 271 InsO geschlussfolgert.[559] Die Gegenansicht bejaht ein Vorgehen nach § 78 InsO mit dem Hinweis, dass der Insolvenzgesetzgeber ausdrücklich auf diese Möglichkeit hingewiesen und der BGH der Verweisungsvorschrift des § 270 Abs. 1 Satz 2 InsO nicht ausreichend Rechnung getragen habe.[560] Ein Rechtsmittel existiert nach § 6 Abs. 1 InsO auch gegen die nachträgliche Anordnung der Eigenverwaltung nicht.

285   d) **Befugnisse des Schuldners.** Dem Schuldner wird bei der Eigenverwaltung kein Verfügungsverbot auferlegt. Es besteht lediglich ein **Zustimmungsvorbehalt** des Sachwalters gemäß § 275 Abs. 1 Satz 2 InsO für Verbindlichkeiten, die nicht zum gewöhnlichen Geschäftsbetrieb gehören, sowie ein Widerspruchsrecht desselbigen für die übrigen Verbindlichkeiten nach § 275 Abs. 1 Satz 2 InsO. Will der Schuldner Rechtshandlungen vornehmen, die von besonderer Bedeutung sind, so bedarf dies gemäß § 276 InsO der Zustimmung des Gläubigerausschusses und wenn dieser nicht besteht, der Gläubigerversammlung. Auch über das Schicksal gegenseitiger Verträge (§ 279 Satz 1 InsO) und die Verwertung des Sicherungsguts (§ 282 InsO) entscheidet der Schuldner allein. Er soll insoweit lediglich im Einvernehmen mit dem Sachwalter handeln. Weder der Zustimmungsvorbehalt in § 275 Abs. 1 Satz 1 InsO, § 276 InsO noch die Widerspruchsmöglichkeit in § 275 Abs. 1 Satz 2 InsO oder das Erfordernis der Herstellung des Einvernehmens haben Auswirkungen auf die Wirksamkeit der vom Schuldner vorgenommenen Rechtsgeschäfte.[561] Verstöße des Schuldners hiergegen führen allenfalls zur Aufhebung der Eigenverwaltung für die Zukunft und zur Haftung des ohnehin insolventen Schuldners. Außenwirkungen und damit Einfluss auf die Wirksamkeit des Rechtsgeschäfts bestehen nur, wenn das Insolvenzgericht die Zustimmungsbedürftigkeit für bestimmte Rechtsgeschäfte nach § 277 Abs. 1 InsO anordnet und im vom Gesetz bereits vorgesehenen Fall des § 279 Satz 3 InsO.

286   Der Schuldner ist berechtigt, selbst die laufenden Geschäfte zu führen. Er selbst hat ein Vermögensverzeichnis aufzustellen und ist zur Rechnungslegung verpflichtet. Darüber hinaus hat er die Verwertung des Sicherungsgutes und die Verteilung der Masse voranzutreiben.

287   e) **Befugnisse des Sachwalters.** Der Sachwalter hat die Tätigkeit des Schuldners zu überwachen und gegebenenfalls an einzelnen Rechtshandlungen mitzuwirken.[562] Er ist berechtigt, Forderungsanmeldungen entgegenzunehmen und die Insolvenztabelle zu führen (§ 270c InsO). Ihm steht die Geltendmachung von Insolvenzanfechtungen nach §§ 129 bis 147 InsO und des Gesamtschadens nach § 92 InsO zu (§ 280 InsO). Bei einer eventuell eintretenden

---

[556] BT-Drucks. 17/5712 S. 41 f.
[557] Zum Streitgegenstand: FK-InsO/*Foltis* § 271 Rn. 6.
[558] BGH NJW-RR 2011, 1547.
[559] Nerlich/Römermann/*Riggert* § 271 Rn. 6.
[560] So auch die Begr. RegE BT-Drucks. 12/2443 S. 223 ff.; FK-InsO/*Foltis* § 271 Rn. 6; Kübler/Prütting/Bork/*Pape* InsO § 271 Rn. 18.
[561] HK-InsO/*Landfermann* § 275 Rn. 5; Haarmeyer/Wutzke/*Förster* S. 1063 Rn. 19; FK-InsO/*Foltis* § 275 Rn. 15, der noch auf eine mögliche Haftung des Vertragspartners für den Fall der Kollusion hinweist.
[562] Siehe oben → Rn. 285 f.

Masseunzulänglichkeit hat er eine Anzeige bei Gericht zu erstatten (§ 285 InsO). Er ist für die Überwachung des Schuldners zuständig und hat eventuelle Bedenken dem Gericht und den Gläubigern mitzuteilen. Bei Verstößen gegen die ihm auferlegten Pflichten, haftet er gemäß § 274 Abs. 1 InsO nach §§ 60, 62 InsO. Für die Erfüllung von Masseverbindlichkeiten haftet er nach § 61 InsO nur, wenn er einem Rechtsgeschäft des Schuldners für das das Gericht gemäß § 277 Abs. 1 Satz 1 InsO die Zustimmungsbedürftigkeit angeordnet hat, zustimmt.[563]

f) Verhältnis zu den gesellschaftsrechtlichen Bindungen der Geschäftsführung, § 276a InsO. Die durch das ESUG geschaffene Norm des § 276a InsO dient dazu, das bisher vom Gesetz nicht behandelte und in der Literatur umstrittene[564] Verhältnis der Eigenverwaltung zu den gesellschaftsrechtlichen Bindungen der Geschäftsführung zu klären. Hintergrund ist, dass sich mit Anordnung der Eigenverwaltung spezifisch insolvenzrechtliche Kontrollorgane (Sachwalter und Gläubigerorgane) und gesellschaftsrechtliche Kontrollorgane (Gesellschafterversammlung, sowie ein eventuell eingesetzter Aufsichtsrat) gegenüberstehen. § 276a Satz 1 InsO löst diese Konfliktlage auf und schließt nach Verfahrenseröffnung jeden **Einfluss der gesellschaftsrechtlichen Kontrollorgane** auf die Geschäftsführung aus.[565] Tragender Gedanke dieser Regelung ist, dass sich die Geschäftsführung bei der Eigenverwaltung allein an den Interessen der Gläubiger und nicht länger an den Eigeninteressen der Gesellschaft zu orientieren hat. Dementsprechend soll die Aufsicht hierüber allein von den insolvenzrechtlichen Kontrollorganen ausgeübt werden.[566] Alle Rechtshandlungen der gesellschaftsrechtlichen Aufsichtsorgane, die dieser Kompetenzverteilung widersprechen, sind gemäß § 134 BGB nichtig.[567] Auch sind die allgemeinen Prüfungs- und Auskunftsrechte ausgeschlossen.[568] Die von § 276a Satz 1 InsO bewirkte Umstrukturierung des Kompetenzgefüges ist für den Geschäftsführer von erheblicher Bedeutung. Ignoriert er diese, indem er Weisungen der Gesellschafterversammlung weiterhin Folge leistet, so läuft er Gefahr, sich wegen Untreue gem. § 266 StGB strafbar zu machen.[569] Der Ausschluss der Kontrollbefugnisse wird jedoch erst mit Eröffnung des Insolvenzverfahrens wirksam. Während des Eröffnungsverfahrens (auch bei vorläufiger Eigenverwaltung) bestehen die Befugnisse dagegen vorerst fort.[570]

Abweichend regelt § 276a Satz 2 InsO die Befugnis zur **Abberufung und Neubestellung von Geschäftsführern.** Hierfür bleibt die Gesellschafterversammlung auch in der Eigenverwaltung dem Grunde nach zuständig. Allerdings bedarf eine entsprechende Maßnahme zu ihrer Wirksamkeit der Zustimmung des Sachwalters. Nach § 276a Satz 3 InsO hat die Gesellschafterversammlung einen Anspruch auf Erteilung der Zustimmung, wenn die Maßnahme nicht zu Nachteilen für die Gläubiger führt. Ungeklärt ist bislang jedoch noch, zu wessen Lasten Zweifel hinsichtlich zu erwartender Nachteile gehen,[571] und, ob ein Anspruch auf Zustimmung auch bei „neutralen" Maßnahmen besteht.[572]

g) Aufhebung. Nach § 272 InsO hebt das Insolvenzgericht die Anordnung der Eigenverwaltung jederzeit wieder auf, wenn der Schuldner (§ 272 Abs. 1 Nr. 3 InsO) oder die Gläubigerversammlung (§ 272 Abs. 1 Nr. 1 InsO) die Aufhebung beantragt oder auf Antrag eines Gläubigers, wenn Umstände bekannt wurden, die erwarten lassen, dass die Eigenverwaltung

---

[563] HK-InsO/*Landfermann* § 274 Rn. 5; Leonhardt/Smid/Zeuner/*Wehdeking* § 274 Rn. 3, 9.
[564] Vgl. zum Meinungsstand MünchKommInsO/*Wittig/Tetzlaff* vor § 270 Rn. 74a ff.
[565] Vgl. zum Ganzen und insbesondere auch zur Kritik an der alternativ vorgeschlagenen Kooperation von insolvenz- und gesellschaftsrechtlichen Kontrollorganen Kübler/Prütting/Bork/*Pape* § 276a Rn. 20 f.
[566] BT-Drucks. 17/5712 S. 42; K. Schmidt/*Undritz* § 276a Rn. 2.
[567] FK-InsO/*Foltis* § 276a Rn. 7.
[568] K. Schmidt/*Undritz* § 276a Rn. 2.
[569] FK-InsO/*Foltis* § 276a Rn. 7.
[570] K. Schmidt/*Undritz* § 276a Rn. 2; Braun/*Riggert* § 276a Rn. 2.
[571] Dafür, dass die Darlegungs- und Beweislast den Sachwalter trifft: FK-InsO/*Foltis* § 276a Rn. 10; widersrpüchlich dagegen K. Schmidt/*Undritz* § 276a Rn. 4 (Darlegungs- und Beweislast beim Sachwalter, im Zweifel aber keine Zustimmungspflicht).
[572] Dafür: Nerlich/Römermann/*Riggert* § 276a Rn. 5; dagegen wohl tendenziell Kübler/Prütting/Bork/*Pape* § 276a Rn. 34 ff.

zu Nachteilen für die Gläubiger führen wird und der Gläubiger dies glaubhaft gemacht hat (§ 272 Abs. 1 Nr. 2, Abs. 2 InsO). Gegen die Aufhebung der Eigenverwaltung oder Ablehnung derselben auf Antrag eines Gläubigers nach § 272 Abs. 1 Nr. 2, Abs. 2 InsO ist gemäß §§ 6 Abs. 1, 272 Abs. 2 Satz 3 InsO die sofortige Beschwerde statthaft.[573]

291 **h) Vorläufige Eigenverwaltung.** Durch die Einfügung des § 270a InsO mit dem ESUG wird der Zweck verfolgt, das Verfahren der Eigenverwaltung für den Schuldner attraktiver zu machen, indem dieser nicht im Eröffnungsverfahren seine Verwaltungs- und Verfügungskompetenzen an den vorläufigen Insolvenzverwalter verliert. Dadurch soll das Hemmnis, frühzeitig einen Insolvenzantrag zu stellen, reduziert werden.[574] Als überwachende Kontrollinstanz wird dem Schuldner ein vorläufiger Sachwalter zur Seite gestellt.

292 Voraussetzung der vorläufigen Eigenverwaltung ist, dass der Schuldner einen Antrag auf Anordnung der Eigenverwaltung gestellt hat.[575] Nicht erforderlich ist dagegen, dass das Eröffnungsverfahren auf einen Insolvenzantrag des Schuldners zurückgeht, dieser kann vielmehr auch ein Fremdantrag sein.[576] Teilweise wird angenommen, dass die vorläufige Eigenverwaltung nur möglich sei, wenn der Antrag auf Eigenverwaltung vor der Anordnung von Sicherungsmaßnahmen nach § 21 Abs. 2 Nr. 1 und 2 InsO gestellt wird.[577] Diese Auffassung steht aber im Widerspruch zum Reformzweck, die Glaubwürdigkeit des Schuldners wiederherzustellen und das Vertrauen der Geschäftspartner in sein Sanierungskonzept zu stärken. Die vorläufige Insolvenzverwaltung entfaltet gegebenenfalls noch keine Außenwirkung und auch wenn diese bereits außenwirksam geworden ist, wirkt eine Beendigung vertrauensfördernd. Letztendlich führt die Möglichkeit, einen Antrag auch nach Anordnung von Sicherungsmaßnahmen gemäß § 21 InsO zu stellen, zur Kostenreduzierung, da der Schuldner andernfalls nur seinen Insolvenzantrag zurücknehmen könnte.[578]

293 Neben dem Antrag des Schuldners setzt § 270a InsO voraus, dass der Antrag auf Eigenverwaltung nicht offensichtlich aussichtslos ist. Das Gericht hat diesbezüglich eine Prognoseentscheidung zu treffen, die sich an den Anordnungsvoraussetzungen des § 270 Abs. 2 Nr. 2 InsO orientiert.[579] Danach ist die Eigenverwaltung dann nicht offensichtlich aussichtslos, wenn das Gericht zu der Feststellung gelangt, dass die spätere Eigenverwaltung unter den bekannten Umständen nicht zu einem Nachteil für die Gläubiger führt. In welchem Umfang das Gericht sich mit den Anordnungsvoraussetzungen des § 270 Abs. 2 Nr. 2 InsO zu beschäftigen hat, ist streitig. Der Auffassung, dass der Begriff der „Offensichtlichkeit" dem des § 231 InsO entspräche und eine gerichtliche Prüfung folglich auf eine Evidenzkontrolle zu beschränken sei,[580] ist abzulehnen. Vielmehr sind die Bewertungsmaßstäbe des § 270 Abs. 2 Nr. 2 InsO vollumfänglich auf § 270a InsO zu übertragen, sodass dem Gericht bei Kenntnis gläubigergefährdender Umstände eine Amtsermittlungspflicht trifft.[581]

294 Soweit die Voraussetzungen der vorläufigen Eigenverwaltung vorliegen, soll das Gericht nach § 270a Abs. 1 Satz 1 InsO davon absehen, ein allgemeines Verfügungsverbot oder einen Zustimmungsvorbehalt nach § 21 Abs. 2 Satz 1 Nr. 2 InsO anzuordnen. Dem Schuldner bleibt dadurch im Eröffnungsverfahren die **Verwaltungs- und Verfügungsbefugnis** über sein Unternehmen erhalten.[582] Gem. § 270a Abs. 1 Satz 2 InsO hat das Insolvenzgericht zudem statt eines vorläufigen Insolvenzverwalters einen **vorläufigen Sachwalter** zu bestellen. Die Auswahl des vorläufigen Sachwalters richtet sich nach den §§ 270a Abs. 1 Satz 2, 274 Abs. 1, 56, 56a InsO. Gemäß §§ 270a Abs. 1 Satz 2, 56a InsO ist der vorläufige Gläubigerausschuss bei der Auswahl des vorläufigen Sachwalters zu beteiligen. Liegt ein einstimmiger Beschluss des Ausschusses vor, ist das Gericht an den Vorschlag gebunden.

---

[573] So auch HK-InsO/*Landfermann* § 272 Rn. 5.
[574] Nerlich/Römermann/*Riggert* § 270a Rn. 2 f.; Braun/*Riggert* § 270a Rn. 1; FK-InsO/*Foltis* § 270a Rn. 1.
[575] Nerlich/Römermann/*Riggert* § 270a Rn. 7.
[576] FK-InsO/*Foltis* § 270a Rn. 12; Kübler/Prütting/Bork/*Pape* § 270a Rn. 6.
[577] Nerlich/Römermann/*Riggert* § 270a Rn. 7; aA FK-InsO/*Foltis* § 270a Rn. 13.
[578] FK-InsO/*Foltis* § 270a Rn. 13.
[579] FK-InsO/*Foltis* § 270a Rn. 15; Braun/*Riggert* § 270a Rn. 2.
[580] Braun/*Riggert* § 270a Rn. 2.
[581] FK-InsO/*Foltis* § 270a Rn. 16.
[582] Nerlich/Römermann/*Rittger* § 270a Rn. 4; Kübler/Prütting/Bork/*Pape* § 270a Rn. 3.

Dem vorläufigen Sachwalter kommen über §§ 270a Abs. 1 Satz 2, 274, 275 InsO die Kompetenzen des Sachwalters im eröffneten Insolvenzverfahren zu. Aufgrund des eindeutigen Wortlauts des § 270a Abs. 1 Satz 2 InsO ist der Befugnisumfang auf die §§ 274, 275 InsO beschränkt. Seit dem Inkrafttreten des ESUG wurde in der Rechtsprechung die Frage, ob der Schuldner (gegebenenfalls mit Einverständnis des vorläufigen Sachwalters) oder der vorläufige Sachwalter Masseverbindlichkeiten begründen können, unterschiedlich behandelt.[583] In einem obiter dictum hat nun der BGH festgestellt, dass § 270a InsO keine Ermächtigung zur Begründung von Masseverbindlichkeiten im Eröffnungsverfahren in vorläufiger Eigenverwaltung darstelle.[584]

9. Schutzschirmverfahren

a) Normzweck. In § 270b InsO wird dem Schuldner ein weiteres Sanierungsinstrumentarium zur Verfügung gestellt, das neben § 270a InsO einen Anreiz zur frühzeitigen Stellung des Eröffnungsantrags bieten soll. Der Anwendungsbereich ist auf drohende Zahlungsunfähigkeit (§ 18 InsO) und Überschuldung (§ 19 InsO) beschränkt. Durch eine Vielzahl von Einzelregelungen soll dem Schuldner die Sorge genommen werden, mit der Stellung des Eröffnungsantrages das Unternehmen nicht mehr kontrollieren zu können.[585] So wird zwar in der Folge des § 270b InsO ein Sachwalter bestellt, die Auswahl obliegt jedoch grundsätzlich dem Schuldner. Ferner wird durch das Schutzschirmverfahren die gerichtliche Kompetenz zur Anordnung von Sicherungsmaßnahmen beschränkt (§ 270b Abs. 2 Satz 3 i.V.m. 21 Abs. 2 Nr. 3 InsO), dem Schuldner die Befugnis eingeräumt, Masseverbindlichkeiten zu begründen (§ 270b Abs. 3 InsO) und die Aufhebung des Verfahrens durch die abschließende Regelung des Abs. 4 beschränkt.[586]

b) Voraussetzungen des Schutzschirmverfahrens. Das Schutzschirmverfahren setzt zunächst voraus, dass der Schuldner drei Anträge stellt: einen Eröffnungsantrag, einen Eigenverwaltungsantrag und einen Schutzantrag zur Vorbereitung der Sanierung. Dabei kann der Eröffnungsantrag nur auf die Insolvenzgründe der drohenden Zahlungsunfähigkeit und der Überschuldung gestützt werden, da im Falle der Zahlungsunfähigkeit eine Anwendung des § 270b InsO aufgrund des eindeutigen Wortlauts und des Regelungszwecks, sanierungsfähige Unternehmen unter besonderen Schutz zu stellen, ausscheidet. Weiterhin darf die Sanierung des schuldnerischen Unternehmens nicht offensichtlich aussichtslos sein. Der Schuldner hat den Anträgen gem. § 270b Abs. 1 Satz 3 InsO eine von einer qualifizierten Person ausgestellte Bescheinigung beizufügen, die bestätigt, dass die oben genannten Voraussetzungen vorliegen.

Qualifiziert für die Ausstellung derartiger Bescheinigungen sind nach § 270b Abs. 1 Satz 3 InsO in Insolvenzsachen erfahrene Steuerberater, Wirtschaftsprüfer und Rechtsanwälte, sowie andere Personen mit vergleichbarer Qualifikation. Der Gesetzesbegründung zufolge sollen demnach insbesondere auch Angehörige anderer EU-Staaten mit vergleichbarer Qualifikation entsprechende Bescheinigungen ausstellen können.[587] Das Kriterium der Erfahrung in Insolvenzsachen erfordert, dass der Aussteller über seine Berufsausbildung hinaus vertiefte praktische Erfahrungen, insbesondere hinsichtlich der Bewertung von Sanierungskonzepten, sowie der Aufstellung von Überschuldungsbilanzen und Liquiditätsplänen, aufweist.[588] In der Literatur ist umstritten, ob der **Ersteller der Bescheinigung** zudem eine vom Antragsteller im Sinne des § 56 Abs. 1 Satz 1 InsO unabhängige Person sein muss.[589]

---

[583] AG Köln ZIP 2012, 788; AG Hamburg ZIP 2012, 787 (nur vorläufiger Sachwalter); AG München ZIP 2012, 1470 (nur Schuldner); a. A. AG Fulda ZIP 2012, 1471.
[584] BGH NZI 2013, 342; sofern sich diese Rechtsauffassung bestätige, sieht *Pleister* GWR 2013, 220 darin das Ende der vorläufigen Eigenverwaltung.
[585] FK-InsO/*Foltis* § 270b Rn. 1.
[586] FK-InsO/*Foltis* § 270b Rn. 1; Braun/*Riggert* § 270b Rn. 1; Nerlich/Römermann/*Riggert* § 270b Rn. 1.
[587] BT-Drucks. 17/5712 S. 40.
[588] Graf-Schlicker/*Graf-Schlicker* § 270b Rn. 8; *Buchalik* ZInsO 2012, 349, 351; *Hölzle* ZIP 2012, 158, 161.
[589] Dafür: *Hölzle* ZIP 2012, 158, 162; FK-InsO/*Foltis* § 270b, Rn. 24; dagegen: *Vallender* GmbHR 2012, 450, 451; *Desch* BB 2012, 2975 f.

In der Praxis wird eine derartige Unabhängigkeit des Erstellers zumindest vom AG München gefordert.[590] Gem. § 56 Abs. 1 Satz 3 Nr. 2 InsO hat dies zur Folge, dass der Ersteller den Antragsteller zuvor grundsätzlich nur in allgemeiner Form über das Insolvenzverfahren beraten haben darf.

299 Die **Eignung des Ausstellers** ist dem Gericht in der Bescheinigung selbst **nachzuweisen**. Soweit dies versäumt wird, ist das Gericht (ggf. nach Setzung einer Frist zur Nachholung des Nachweises) berechtigt, den Antrag auf Einleitung des Schutzschirmverfahrens als unzulässig zurückweisen; zur eigenständigen Sachverhaltsermittlung soll es nicht verpflichtet sein.[591]

300 Gem. § 270b Abs. 1 Satz 3 InsO muss in der Bescheinigung dargelegt werden, dass **drohende Zahlungsunfähigkeit** oder **Überschuldung**, aber **keine Zahlungsunfähigkeit** vorliegt. Zum Nachweis einer drohenden Zahlungsunfähigkeit ist ein entsprechender Liquiditätsplan aufzustellen, zum Nachweis der Überschuldung eine Überschuldungsbilanz.[592] Hierbei ist zu beachten, dass sich der Ausschluss der akuten Zahlungsunfähigkeit auf den Zeitpunkt der Antragsstellung beziehen muss. Die Bescheinigung muss deshalb in zeitlicher Nähe zur Antragstellung ausgestellt worden sein.[593] Ebenfalls ist zu beachten, dass eine hinreichende Zahlungsfähigkeit auch dann nicht angenommen wird, wenn der Schuldner diese nur durch ein in kurzer Zeit auslaufendes Moratorium kurzfristig wiederhergestellt hat.[594]

301 Weiterhin muss die Bescheinigung darstellen, dass eine **Sanierung nicht offensichtlich aussichtslos** ist. Dabei genügt es nicht, dass der Schuldner seine allgemeine Sanierungsabsicht bekundet, vielmehr sind die Eckpunkte der Sanierung von ihm zu nennen.[595] Allerdings dürfen auch keine überhöhten Anforderungen an den Schutzschirmantrag gestellt werden, da das Verfahren dem Schuldner gerade die Möglichkeit geben soll, innerhalb der Frist des § 270b Abs. 1 InsO einen Sanierungsplan zu erstellen.[596] Die Begründung bedarf deshalb nicht des Umfangs eines Sanierungsgutachtens, wie der Wortlaut „Bescheinigung" bestätigt.[597] Die Bescheinigung muss dem Gericht jedoch zumindest die Prüfung der Voraussetzungen des § 270b Abs. 1 InsO ermöglichen. Deshalb muss sie Angaben zu den Krisenursachen und der Sanierungsfähigkeit des Unternehmens, sowie zumindest ein grobes Sanierungskonzept unter Angabe der einzusetzenden Mittel und der zu erwartenden Hemmnisse enthalten.[598] Das IDW hat hierfür den Entwurf eines Standards IDW ES 9 für die Erstellung von Gutachten gem. § 270b Abs. 1 Satz 3 InsO erstellt, der als Orientierungshilfe dienen kann.[599]

302 Unklar ist, wie weit die **Prüfungskompetenz des Insolvenzgerichts** hinsichtlich der in der Bescheinigung dargelegten Zulässigkeitsvoraussetzungen des § 270b Abs. 1 InsO reicht. Teilweise wird angenommen, dass das Gericht zumindest hinsichtlich der Sanierungschancen auf eine Plausibilitätskontrolle der in der Bescheinigung gemachten Angaben beschränkt und insbesondere nicht befugt sei, einen eigenen Sachverständigen mit der Überprüfung der Angaben zu beauftragen.[600] Soweit die Bescheinigung mangels hinreichender Angaben vom Gericht als unzureichend angesehen wird, sei das Gericht dazu verpflichtet, dem Schuldner eine kurze Frist zur Nachbesserung der Bescheinigung zu setzen. Gelinge dem Schuldner die Nachbesserung innerhalb der Frist nicht, müsse das Gericht den Antrag ohne weitere Sachprüfung zurückweisen.[601]

---

[590] AG München NZI 2012, 566.
[591] *Hölzle* ZIP 2012, 158, 161; Kübler/Prütting/Bork/*Pape* § 270b Rn. 59; Graf-Schlicker/*Graf-Schlicker* § 270b Rn. 8.
[592] Braun/*Riggert* § 270b Rn. 7; Graf-Schlicker/*Graf-Schlicker* § 270b Rn. 10.
[593] Kübler/Prütting/Bork/*Pape* § 270b Rn. 49, 52, unter Angabe eines Grenzwertes von drei Wochen.
[594] AG Erfurt ZInsO 2012, 944; vgl. hierzu auch vertiefend *Ganter* NZI 2012, 985.
[595] Braun/*Riggert* § 270b Rn. 7.
[596] FK-InsO/*Foltis* § 270b Rn. 19.
[597] FK-InsO/*Foltis* § 270b Rn. 22; Braun/*Riggert* § 270b Rn. 7.
[598] Kübler/Prütting/Bork/*Pape* § 270b Rn. 48 ff.
[599] Vgl. hierzu *Willemsen/Rechel*, Kommentar zum ESUG, § 270b Rn. 16.
[600] Braun/*Riggert* § 270b Rn. 7; Nerlich/Römermann/*Riggert* § 270b Rn. 11; *Desch* BB 2012, 841; aA *Frind* ZInsO 2011, 2249, 2261; *Buchalik* ZInsO 2012, 349, 352 f.
[601] Kübler/Prütting/Bork/*Pape* § 270b Rn. 59.

Das AG Erfurt ist dem in der Praxis jedoch nicht gefolgt. In einem entsprechenden Fall hat das Gericht einen Sachverständigen mit der Erstellung eines Gutachtens beauftragt, das sowohl das Vorliegen der Insolvenzgründe gem. §§ 18, 19 InsO, als auch die Sanierungschancen des schuldnerischen Unternehmens beurteilen sollte.[602]

Schließlich müssen auch die Voraussetzungen der §§ 270a Abs. 1, 270 InsO vorliegen. Der Verweis in § 270b Abs. 2 Satz 1 InsO wird insoweit als Rechtsgrundverweisung verstanden. Der Antrag auf Einleitung des Schutzschirmverfahrens ist deshalb auch dann abzuweisen, wenn durch die Eigenverwaltung offensichtlich **Nachteile für die Gläubiger** zu erwarten wären.[603]

Checkliste: Voraussetzungen des Schutzschirmverfahrens gem. § 270b InsO

- ☐ Antrag auf Eröffnung des Insolvenzverfahrens wegen Überschuldung (§ 19 InsO) oder drohender Zahlungsunfähigkeit (§ 18 InsO)
- ☐ keine vorliegende Zahlungsunfähigkeit
- ☐ Antrag auf Eigenverwaltung
- ☐ Antrag auf Bestimmung einer Frist zur Vorlage eines Insolvenzplans
- ☐ Bescheinigung gem. § 270b Abs. 1 Satz 3 InsO mit folgendem Inhalt (vgl. hierzu auch IDW ES 9):
  - Darlegung der Unabhängigkeit des Ausstellers vom Schuldner gem. § 56 InsO
  - Qualifikation des Ausstellers, insbesondere praktische Erfahrung in Insolvenzverfahren von ähnlicher Komplexität, bei der Bewertung von Sanierungskonzepten und hinsichtlich der Erstellung von Liquiditätsplänen und Überschuldungsbilanzen
  - Darlegung der drohenden Zahlungsunfähigkeit (Liquiditätsplan) und/oder der Überschuldung (Überschuldungsbilanz)
  - Darlegung des Nichtvorliegens von Zahlungsunfähigkeit im Zeitpunkt der Antragsstellung
  - Ursachen der Unternehmenskrise
  - Sanierungskonzept und Begründung der Sanierungschancen
- ☐ Gläubigern drohen durch die Eigenverwaltung nicht offensichtlich Nachteile

c) Wirkungen des Schutzschirmverfahrens. Entsprechen die drei Anträge des Schuldners sowie die beigefügte Bescheinigung den Voraussetzungen des § 270b Abs. 1 InsO, so erlässt das Gericht einen Beschluss, in dem verschiedene Anordnungen getroffen werden, die das Schutzschirmverfahren ausgestalten.

aa) Fristsetzung zur Vorlage eines Insolvenzplans. Gem. § 270b Abs. 1 InsO setzt das Gericht dem Schuldner eine Frist von höchstens drei Monaten zur Ausarbeitung und Vorlage eines Insolvenzplans. Diese Höchstfrist ist nicht verlängerbar. Allerdings steht es dem Gericht frei, eine zunächst angeordnete kürzere Frist – auch mehrmals – bis zur Gesamtlänge von drei Monaten zu verlängern.[604] Die Entscheidung über die Fristlänge liegt im pflichtgemäßen Ermessen des Gerichts.[605] Dem Schuldner soll es dabei ermöglicht werden, innerhalb der vom Gericht gesetzten Frist einen vollständigen und annahmefähigen Insolvenzplan zu erarbeiten.[606] In der Literatur wird teilweise ein Richtwert von sechs Wochen genannt, der für die Ausarbeitung eines solchen Insolvenzplans im Regelfall ausreichend sein soll.[607]

bb) Einsetzung eines vorläufigen Sachwalters. In dem Beschluss zur Anordnung der Vorlagefrist setzt das Insolvenzgericht gem. § 270 Abs. 2 Satz 1 InsO zudem einen vorläufigen

---

[602] AG Erfurt ZInsO 2012, 944.
[603] Braun/*Riggert* § 270b Rn. 2, 8; Nerlich/Römermann/*Riggert* § 270b Rn. 12.
[604] FK-InsO/*Foltis* § 270b Rn. 26; Kübler/Prütting/Bork/*Pape* § 270b Rn. 60.
[605] FK-InsO/*Foltis* § 270b Rn. 27.
[606] Kübler/Prütting/Bork/*Pape* § 270b Rn. 60.
[607] *Buchalik* ZInsO 2012, 349, 353; Nerlich/Römermann/*Riggert* § 270b Rn. 15; dagegen hält Kübler/Prütting/Bork/*Pape* § 270b Rn. 60 nicht einmal die Höchstfrist von drei Monaten für im Regelfall ausreichend.

Sachwalter ein. Hinsichtlich der Person des vorläufigen Sachwalters hat der Schuldner nach § 270b Abs. 2 Satz 2 InsO ein Vorschlagsrecht. Das Gericht darf von einem Vorschlag des Schuldners nur abweichen, wenn die vorgeschlagene Person mit dem Ersteller der Bescheinigung nach § 270b Abs. 1 Satz 3 InsO identisch oder offensichtlich nicht für das Amt des vorläufigen Sachwalters geeignet ist.

309 Gem. § 270b Abs. 2 Satz 1 InsO muss der vorläufige Sachwalter **personenverschieden vom Ersteller der Bescheinigung** nach § 270b Abs. 1 Satz 3 InsO sein. Diese Voraussetzung soll die Unabhängigkeit des vorläufigen Sachwalters vom Schuldner gewährleisten. Konsequenterweise wird angenommen, dass über die Personenidentität hinaus auch schon andere, die Unabhängigkeit gefährdende Beziehungen zum Ersteller der Bescheinigung, wie z. B. gesellschaftsrechtliche Rechtsverhältnisse oder ein Anstellungsverhältnis, die Bestellung zum vorläufigen Sachwalter hindern müssen.[608]

310 Gem. § 270b Abs. 2 Satz 2 InsO muss das Gericht dem Vorschlag des Schuldners auch dann nicht folgen, wenn die vorgeschlagene Person für das Amt des vorläufigen Sachwalters **offensichtlich ungeeignet** ist. Die damit angesprochenen Eignungsvoraussetzungen für den vorläufigen Sachwalter ergeben sich aus den über die Verweisung des § 270b Abs. 2 Satz 1 InsO anwendbaren §§ 270a Abs. 1 Satz 2, 274 Abs. 1, 56 InsO.[609] Gefordert wird damit insbesondere eine geschäftskundige und vom Schuldner und Gläubigern unabhängige Person, vgl. § 56 Abs. 1 Satz 1 InsO. Die Prüfungskompetenz des Gerichts wird dabei jedoch durch das Kriterium der Offensichtlichkeit eingeschränkt. In Zweifelsfällen muss das Gericht demnach dem Vorschlag des Schuldners folgen, ohne weitere Ermittlungen anstellen zu dürfen.[610]

311 Die **Ablehnung eines Vorschlags** des Schuldners ist gem. § 270b Abs. 2 Satz 2 InsO vom Gericht zu begründen. Dennoch ist die Entscheidung nicht rechtsmittelfähig, vgl. § 6 Abs. 1 InsO. Die Begründung soll vielmehr den Gläubigern nach Verfahrenseröffnung eine Grundlage für die Entscheidung bieten, ob der gerichtlich bestellte Sachwalter nachträglich gem. §§ 274, 57 InsO durch den ursprünglich vom Schuldner vorgeschlagenen ersetzt werden soll.[611]

312 *cc) Anordnung von Sicherungsmaßnahmen.* Zentraler Bestandteil des Schutzschirmverfahrens ist die dem Schuldner in § 270b Abs. 2 Satz 3 InsO eingeräumte Befugnis, beim Insolvenzgericht die vorläufige Untersagung oder Einstellung von Zwangsvollstreckungsmaßnahmen nach § 21 Abs. 2 Satz 1 Nr. 3 InsO zu beantragen. Einem solchen Antrag muss das Gericht entsprechen. Dies ist der namensgebende „**Schutzschirm**" des Schuldners, der diesen dem unmittelbaren Zugriff seiner Gläubiger entzieht.[612] Allerdings betrifft dieser Schutz vor Zwangsvollstreckungsmaßnahmen nur bewegliche Vermögensgegenstände des Schuldners. Hinsichtlich unbeweglicher Gegenstände hat der Schuldner die Möglichkeit, gem. § 30d Abs. 4 Satz 2 ZVG die einstweilige Einstellung der Zwangsversteigerung zu beantragen. Gegen eine Zwangsverwaltung sollen dem Schuldner dagegen nach der Gesetzesbegründung des ESUG keine Maßnahmen zur Verfügung stehen.[613]

313 Gem. § 270b Abs. 2 Satz 3 InsO kann das Insolvenzgericht darüber hinaus, wie im allgemeinen Eröffnungsverfahren auch, **weitere vorläufige Maßnahmen** gem. § 21 Abs. 1 und 2 Nr. 1a, 3 bis 5 InsO anordnen. Ausgeschlossen ist dagegen die Einsetzung eines vorläufigen Insolvenzverwalters gem. § 21 Abs. 2 Satz 1 Nr. 1 InsO, sowie die Anordnung eines allgemeinen Verfügungsverbots oder eines Zustimmungsvorbehalts gem. § 21 Abs. 2 Satz 1 Nr. 2 InsO.[614] Gegen vom Insolvenzgericht angeordnete vorläufige Maßnahmen steht dem Schuldner gem. § 21 Abs. 1 Satz 2 InsO die sofortige Beschwerde zu.

---

[608] FK-InsO/*Foltis* § 270b Rn. 32; Nerlich/Römermann/*Riggert* § 270b Rn. 25.
[609] *Vallender* GmbHR 2012, 450, 452; Kübler/Prütting/Bork/*Pape* § 270b Rn. 61, 64.
[610] Nerlich/Römermann/*Riggert* § 270b Rn. 24; so ist wohl auch der Verweis auf § 291 ZPO bei FK-InsO/*Foltis* § 270b Rn. 35 zu verstehen.
[611] BT-Drucks. 17/5712 S. 40.
[612] BT-Drucks. 17/5712 S. 40.
[613] BT-Drucks. 17/5712 S. 41; aA MünchKommInsO/*Haarmeyer* § 21 Rn. 79.
[614] Braun/*Riggert* § 270b Rn. 14; FK-InsO/*Foltis* § 270b Rn. 39.

dd) Ermächtigung des Schuldners zur Begründung von Masseverbindlichkeiten. Gem. 314
§ 270b Abs. 3 InsO hat das Insolvenzgericht auf Antrag des Schuldners anzuordnen, dass dieser unter entsprechender Anwendung des § 55 Abs. 2 InsO durch seine Handlungen Masseverbindlichkeiten begründet. Diese Vorschrift wurde vom Rechtsausschuss in den Gesetzesentwurf eingefügt, um das Vertrauen der Gläubiger in den Schuldner zu stärken und dadurch deren unerlässliche Mitwirkung an der Betriebsfortführung zu sichern.[615] Nach der Konzeption des Gesetzgebers soll es dem Schuldner hierbei möglich sein, den **Umfang der Befugnis zur Eingehung von Masseverbindlichkeiten** durch seinen Antrag selbst zu bestimmen; sowohl eine globale, als auch eine gegenständlich beschränkte Befugnis soll demnach beantragt werden können.[616] Diese Einschränkungsmöglichkeit sollte in der Praxis gezielt genutzt werden, indem die Befugnis nur für bestimmte Geschäfte oder Geschäftsarten beantragt wird. Auf diese Weise kann eine unkontrollierte und übermäßige Belastung der späteren Insolvenzmasse vermieden werden, die die Sanierungschancen andernfalls erheblich beeinträchtigen könnte.[617]

Über die Verweisung in §§ 270b Abs. 2 Satz 1, 270a Abs. 1 Satz 2 InsO gelten für die Be- 315
gründung von (Masse-)Verbindlichkeiten durch den Schuldner die **Mitwirkungsrechte des vorläufigen Sachwalters** nach § 275 InsO.[618] Diese Mitwirkungsrechte entfalten jedoch keine Wirkungen im Außenverhältnis des Schuldners zu seinen Gläubigern.[619] Auch ohne die Zustimmung des vorläufigen Sachwalters bzw. entgegen dessen Widerspruch eingegangene Verbindlichkeiten sind deshalb Masseverbindlichkeiten. Der vorläufige Sachwalter hat jedoch den vorläufigen Gläubigerausschuss, bzw. bei dessen Fehlen die einzelnen Gläubiger sowie das Gericht über etwaige Verstöße des Schuldners zu informieren (vgl. § 274 Abs. 3 InsO), wodurch diese in die Lage versetzt werden, auf eine Aufhebung des Schutzschirmverfahrens nach § 270b Abs. 4 InsO hinzuwirken.[620]

d) Haftungs- und Anfechtungsrisiken. Für das Gelingen der Sanierung mit Hilfe des 316
Schutzschirmverfahrens ist die Frage nach bestehenden Haftungs- und Anfechtungsrisiken von zentraler Bedeutung. Zu diesen Problemkreisen liegt bisher jedoch – soweit ersichtlich – keine Rechtsprechung vor. Die Sanierungsbemühungen können deshalb in diesem Bereich mit erheblichen Rechtsunsicherheiten belastet sein.

Im Hinblick auf die **Anfechtungsrisiken** stellt sich insbesondere die Frage, inwiefern die 317
vom Schuldner im Rahmen der Betriebsfortführung begründeten Verbindlichkeiten, sowie hierbei erfolgende Befriedigungs- und Sicherungsleistungen einer Anfechtung nach den §§ 129 ff. InsO unterliegen können. Da vergleichbare Rechtshandlungen vorläufiger Insolvenzverwalter insoweit keiner Anfechtung unterliegen, wird angenommen, dass auch Rechtshandlungen des Schuldners im Rahmen der ihm nach § 270b Abs. 3 InsO eingeräumten Befugnis zur Begründung von Masseverbindlichkeiten vor einer Anfechtung geschützt sind.[621]

Bezüglich der **Haftungsrisiken** der Geschäftsführer im Schutzschirmverfahren ist vor al- 318
lem fraglich, inwiefern die Betriebsfortführung Haftungsansprüche gem. § 64 GmbHG begründen kann. Auf Basis der bisherigen Rechtsprechung zu § 64 GmbHG[622] spricht vieles dafür, dass dieser auch innerhalb des Schutzschirmverfahrens Anwendung findet. Wie den daraus resultierenden, erheblichen Haftungsrisiken der Geschäftsführer wirksam begegnet werden kann, ist bislang nicht hinreichend geklärt.[623] Der Geschäftsführer sollte deshalb ab Eintritt von Zahlungsunfähigkeit oder Überschuldung stets darauf achten, ob die Betriebs-

---

[615] BT-Drucks. 17/7511 S. 37.
[616] BT-Drucks. 17/7511 S. 37; Kübler/Prütting/Bork/*Pape* § 270b Rn. 75.
[617] Kübler/Prütting/Bork/*Pape* § 270b Rn. 78; Graf-Schlicker/*Graf-Schlicker* § 270b Rn. 19.
[618] Kübler/Prütting/Bork/*Pape* § 270b Rn. 80; Nerlich/Römermann/*Riggert* § 270b Rn. 21.
[619] Kübler/Prütting/Bork/*Pape* § 270b Rn. 80; *Landfermann* WM 2012, 869, 874; vgl. auch MünchKomm-InsO/Wittig/*Tetzlaff* § 275 Rn. 12; aA wohl *Frind* ZInsO 2011, 2249, 2261.
[620] Kübler/Prütting/Bork/*Pape* § 270b Rn. 80; *Landfermann* WM 2012, 869, 874.
[621] Nerlich/Römermann/*Riggert* § 270b Rn. 19, mit Einschränkungen im Einzelnen auch *Schmittmann/Dannemann* ZIP 2013, 760.
[622] Vgl. BGH ZInsO 2009, 876; OLG Brandenburg ZIP 2007, 724, 725; OLG Hamm ZIP 1980, 280, 281.
[623] Vgl. zum Ganzen und zu einem Lösungsvorschlag *Siemon/Klein* ZInsO 2012, 2009.

fortführung unter dem Schutzschirm gegenüber der sofortigen Einstellung für die Masse noch günstiger ist,[624] da andernfalls die Haftung nach § 64 GmbHG drohen könnte.

e) Aufhebung des Schutzschirmverfahrens. Die Tatbestände, die zur Aufhebung des Schutzschirmverfahrens führen, sind in § 270b Abs. 4 Satz 1 InsO abschließend aufgelistet. Gem. § 270b Abs. 4 Satz 1 Nr. 1 InsO ist das Schutzschirmverfahren vom Insolvenzgericht von Amts wegen aufzuheben, wenn die **Sanierung aussichtslos** geworden ist. Dies soll nach der Gesetzesbegründung beispielsweise der Fall sein, wenn Verhandlungen mit der finanzierenden Bank endgültig scheitern und damit das für die Sanierung notwendige Kapital nicht mehr zur Verfügung steht.[625] Von besonderer Bedeutung für diesen Aufhebungsgrund ist die Verpflichtung des vorläufigen Sachwalters nach § 270b Abs. 4 Satz 2 InsO, das Gericht über eine eingetretene Zahlungsunfähigkeit des Schuldners zu informieren, da dies das Gericht dazu veranlassen wird, zu prüfen, ob das Sanierungskonzept vor diesem Hintergrund noch realisiert werden kann.[626] Allerdings darf von einer eingetretenen Zahlungsunfähigkeit nicht ohne weiteres auf die Aussichtslosigkeit der Sanierung im Sinne des § 270b Abs. 4 Satz 1 Nr. 1 InsO geschlossen werden.[627] Da insbesondere die finanzierenden Kreditinstitute ihre Kredite nicht selten fällig stellen, sobald sie von der Einleitung eines Insolvenzverfahrens Kenntnis erlangen, ist damit zu rechnen, dass die Beantragung eines Schutzschirmverfahrens in vielen Fällen zum Eintritt der Zahlungsunfähigkeit führen wird.[628] Um die Durchführbarkeit des Schutzschirmverfahrens auch vor diesem Hintergrund zu gewährleisten, veranlasste der Rechtsausschuss die Streichung des bis dahin im Gesetzesentwurf enthaltenen Aufhebungsgrundes der eingetretenen Zahlungsunfähigkeit.[629] Diese ist für sich allein genommen also gerade kein Aufhebungsgrund.

Soweit ein **vorläufiger Gläubigerausschuss** eingesetzt wurde, kann dieser nach § 270b Abs. 4 Satz 1 Nr. 2 InsO das Insolvenzgericht durch einen entsprechenden Antrag jederzeit ohne Angabe von Gründen zur Aufhebung des Schutzschirmverfahrens veranlassen. Einen entsprechenden Beschluss fasst der vorläufige Gläubigerausschuss nach § 72 InsO mit einfacher Stimmenmehrheit, Einstimmigkeit ist nicht erforderlich.[630] Der vorläufige Gläubigerausschuss übt damit entscheidenden Einfluss auf das Schicksal des Schutzschirmverfahrens aus. Dem Schuldner ist deshalb zu raten, im Rahmen seiner Möglichkeiten größtmöglichen Einfluss auf die Besetzung des Gläubigerausschusses zu nehmen, um sich dessen Wohlwollen zu sichern. Insbesondere sollte der Schuldner zu diesem Zweck in Fällen, in denen kein Pflichtausschuss nach § 22a Abs. 1 InsO eingesetzt wird, die Einsetzung des Ausschusses nach § 22a Abs. 2 InsO selbst initiieren, da damit ein Vorschlagsrecht (und eine Vorschlagspflicht) hinsichtlich der Ausschussmitglieder einhergeht.[631]

Nur in Fällen, in denen kein vorläufiger Gläubigerausschuss eingesetzt wurde, steht auch **einzelnen Gläubigern** gem. § 270b Abs. 4 Satz 1 Nr. 3 InsO das Recht zu, die Aufhebung des Schutzschirmverfahrens zu beantragen. Damit der Antrag Erfolg hat, muss der Gläubiger zudem glaubhaft machen, dass nachträglich Umstände bekannt geworden sind, die erwarten lassen, dass das Schutzschirmverfahren zu Nachteilen für die Gläubiger führen wird.

10. Insolvenzplan

a) Begriff; Allgemeines. Ziel des Insolvenzplans ist die flexible, wirtschaftlich effektive Abwicklung im deregulierten Verfahren. Gemäß § 1 InsO soll durch den Insolvenzplan eine von den Regeln der InsO abweichende Regelung, insbesondere zum Erhalt des Unterneh-

---

[624] Vgl. zu diesem Kriterium des Haftungsausschlusses BGH NZG 2008, 75; *H.F. Müller* in Münchener Kommentar zum GmbHG, § 64 Rn. 140.
[625] BT-Drucks. 17/5712, S. 41.
[626] Kübler/Prütting/Bork/*Pape* § 270b Rn. 86.
[627] Braun/*Riggert* § 270b Rn. 18; Kübler/Prütting/Bork/*Pape* § 270b Rn. 83, 86; aA FK-InsO/*Foltis* § 270b Rn. 46.
[628] Kübler/Prütting/Bork/*Pape* § 270b Rn. 22; *Desch* BB 2011, 841, 843 f.; vgl. hierzu auch vertiefend *Ganter* NZI 2012, 985.
[629] BT-Drucks. 17/7511, S. 37.
[630] FK-InsO/*Foltis* § 270b Rn. 51; Kübler/Prütting/Bork/*Pape* § 270b Rn. 87; Braun/*Riggert* § 270b Rn. 17.
[631] Kübler/Prütting/Bork/*Pape* § 270b Rn. 88.

mens, aber auch zu einer flexiblen Verwertung des Gesellschaftsvermögens,[632] geschaffen werden. In den §§ 217 ff. InsO finden sich die Regelungen des Insolvenzplans, die lediglich einen Rechtsrahmen für das Zustandekommen des Insolvenzplans vorgeben, das Verfahren für die Planverabschiedung regeln, aber von jeglichen Vorgaben für den materiellen Inhalt eines Insolvenzplans absehen. Gemäß § 217 InsO kann der Insolvenzplan abweichende Regelungen vom Regelverfahren (§§ 148 bis 216 InsO) vorsehen bezüglich:

- Befriedigung der absonderungsberechtigten Gläubiger
- Befriedigung der Insolvenzgläubiger
- Verwertung der Masse und deren Verteilung an die Beteiligten
- Haftung des Schuldners nach Beendigung des Verfahrens
- Verfahrensabwicklung (verfahrensbegleitende Insolvenzpläne)
- Anteils- und Mitgliedschaftsrechten an einer Schuldnerin, die nicht natürliche Person ist

323 Das Insolvenzplanverfahren hat den **Zwangsvergleich** nach §§ 173 ff. KO/16 GesO und den **Vergleich nach der VerglO** abgelöst. Anders als der Vergleich nach der VerglO ist der Insolvenzplan der Eröffnung des Insolvenzverfahrens aber nicht zeitlich vorgelagert, sondern stellt eine mögliche Alternative des Insolvenzverfahrens nach den gesetzlichen Vorschriften selbst dar.[633] Damit soll vermieden werden, dass – wie nach altem Recht – bereits sehr früh die Entscheidung zwischen Sanierung und Zerschlagung fällt.[634] Es bleibt im Insolvenzplanverfahren die Sanierung auch nach Eröffnung des Insolvenzverfahrens als gleichwertige Alternative möglich.[635] In den Insolvenzplan sind nicht nur die Insolvenzgläubiger, sondern auch die absonderungsberechtigten Gläubiger einzubeziehen. Die aussonderungsberechtigten Gläubiger bleiben aber wie bisher außen vor, wenn sie sich nicht freiwillig am Insolvenzplan beteiligen, was jedenfalls dann erstrebenswert ist, wenn die Fortführung des Betriebs beabsichtigt wird. Der Insolvenzplan dürfte auch leichter realisierbar sein als Zwangsvergleich und Vergleich, da hier das (einfache) Mehrheitsprinzip[636] gilt und Akkordstörern mittels des Obstruktionsverbots Einhalt geboten werden kann.

324 **Vorbildfunktion** für das deutsche Insolvenzplanverfahren hat das **US-amerikanische Insolvenzrecht.**[637] So wurden z. B. das System des Plans, das Prinzip der Gruppenbildung und das Obstruktionsverbot übernommen. Dennoch bestehen auch gewichtige Unterschiede zum amerikanischen Recht, so ist der Insolvenzplan keine eigene Verfahrensart, sondern lediglich eine Verwertungsform, auch dient der Insolvenzplan nicht ausschließlich der Sanierung des Schuldners. Das Insolvenzplanverfahren ist kein verwalterloses Verfahren, vielmehr kommt dem Verwalter sowohl bei der Aufstellung als auch bei der Überwachung entscheidende Bedeutung zu (sofern nicht Eigenverwaltung angeordnet wurde und lediglich ein Sachwalter bestellt ist). Einigkeit besteht darin, dass die Erfolgsaussichten des Insolvenzplanverfahrens dann am besten sind, wenn in einem möglichst frühen Stadium ein Insolvenzplan vorgelegt wird, optimalerweise bereits mit Antragstellung bei drohender Zahlungsunfähigkeit als sogenannter Prepackaged-Plan.[638] Allerdings ist in diesen Fällen häufig auch ein außergerichtlicher Sanierungsplan realisierbar, mit denselben Folgen wie in einem Insolvenzplan nur unter geringerem Kostenaufwand.

325 Da der Gesetzgeber das Insolvenzplanverfahren ergebnisoffen gestaltet hat,[639] ist sein Anwendungsbereich nicht auf die Sanierung beschränkt, sondern vielmehr für alle Verfah-

---

[632] Alle Planziele sind nach der Konzeption des Gesetzgebers gleichwertig, vgl. FK-InsO/*Jaffé*, 4. Aufl. 2005, § 217 Rn. 44.
[633] Vgl. FK-InsO/*Jaffé*, § 217 Rn. 4.
[634] Darin lag nach Einschätzung des Gesetzgebers der InsO der Hauptnachteil im alten Recht, vgl. Begr. RegE InsO Allg. 1a BT-Drucks. 12/2443 S. 73. Scheiterte der Vergleich nach der VglO, war ein Zwangsvergleich im eröffneten Konkursverfahren kaum noch möglich, vgl. zum Ganzen *Jauernig* § 59 Rn. 4; *Schluck-Amend/Walker* GmbHR 2001, 375, 377 ff.
[635] FK-InsO/*Jaffé* § 217, 4. Aufl. 2005, Rn. 10, 12; HK-InsO/*Flessner* § 217 Rn. 4.
[636] Im alten Recht war für den Zwangsvergleich und den Vergleich nach der VglO eine qualifizierte Mehrheit erforderlich, vgl. *Jauernig* § 61 Rn. 10 f.
[637] Chapter 11 des Bankruptcy Code von 1978; ausführlich dazu *Braun/Uhlenbruck* S. 491 ff.
[638] Vgl. *Uhlenbruck* BB 1998, 2009, 2014 f m. w. N.
[639] Vgl. Allg. Begr. RegE BT-Drucks. 12/2443 S. 91; *Wellensiek* WM 1999, 410.

rensarten eröffnet. Der Insolvenzplan kann daher je nach Planziel ausgestaltet sein als **Liquidationsplan** oder als **Sanierungsplan**. Es kann hierin die Sanierung des Unternehmensträgers (Reorganisation)[640] oder die **übertragende Sanierung** des Unternehmens oder von Unternehmensteilen vorgesehen sein. Die Insolvenzgläubiger können auf Teile ihrer Forderung verzichten oder diese lediglich im Rahmen eines **Moratoriumsplans** stunden. Meist wird es sich um eine Kombination der verschiedenen Möglichkeiten handeln.[641] Durch das ESUG wurde in § 217 Satz 1 InsO n. F. zudem klargestellt, dass sich der Plan als **verfahrensbegleitender Insolvenzplan** auch darauf beschränken kann, das Regelinsolvenzverfahren lediglich in Verfahrensfragen zu ergänzen, ohne dieses zu ersetzen.[642]

Durch § 210a InsO hat der Gesetzgeber des ESUG weiter klargestellt, dass das Insolvenzplanverfahren auch in Fällen von **Masseunzulänglichkeit** durchgeführt werden kann.[643] Die §§ 217 ff. InsO finden dann mit der Maßgabe Anwendung, dass die Altmassegläubiger gem. § 209 Abs. 1 Nr. 3 InsO an die Stelle der nicht nachrangigen Insolvenzgläubiger im normalen Planverfahren treten.

326   Mangels Legaldefinition des Insolvenzplans ist dessen Rechtsnatur nicht eindeutig geklärt.[644] Bereits unter Geltung der Konkursordnung war umstritten, ob dem dortigen Zwangsvergleich Vertrags-[645] oder Urteilscharakter[646] zukam, oder es sich um ein Rechtsinstitut sui generis handelte.[647] Auch der Insolvenzplan weist eine Doppelnatur[648] aus Vertrags- und Urteilselementen auf, da er einerseits durch Vorlage des Schuldners oder Insolvenzverwalters (§ 218 Abs. 1 InsO) und Annahme der Gläubiger (§ 244 InsO) zustande kommt, andererseits aber auch einer Bestätigung des Insolvenzgerichts gemäß § 248 InsO bedarf. Daher kann keine der auch im Insolvenzrecht noch geltenden Theorien[649] seine Rechtsnatur widerspruchsfrei erklären. Während der **Vertragstheorie** das für eine privatautonome Vereinbarung systemfremde Mehrheitsprinzip gemäß § 244 InsO entgegensteht,[650] spricht gegen die **Urteilstheorie**, dass allein die Parteien den Inhalt des Insolvenzplans bestimmen und dem Gericht für die Genehmigungserteilung keinerlei Prüfungsbefugnis und Gestaltungsmöglichkeit hinsichtlich **Planinhalt und -zweckmäßigkeit** zukommt.[651] Dies legt an sich eine vermittelnde Betrachtungsweise nahe, beispielsweise den Insolvenzplan als gesellschaftsähnlichen Organisationsakt eigener Art[652] oder aus privatrechtlichen und hoheitlichen Elementen bestehendes Rechtsinstitut sui generis anzusehen.[653] Entscheidend muss aber sein, dass der Gesetzgeber den Insolvenzplan als „privatautonome Übereinkunft ... der mitspracheberechtigten Beteiligten"[654] charakterisiert und so einen gewichtigen Akzent für die Vertragstheorie gesetzt hat, der gerade eine letztlich **vertragsähnliche Beurteilung** des Insolvenzplans nahelegt.[655]

---

[640] So Ott/Schäfer/*Eidenmüller* S. 145 ff.
[641] So auch Nerlich/Römermann/*Römermann* InsO Vor § 217 Rn. 196.
[642] BT-Drucks. 17/7511 S. 35.
[643] Dies war zuvor umstritten, vgl. hierzu Kübler/Prütting/Bork/*Pape* § 210a Rn. 5 m. w. N.
[644] Vgl. zum Streitstand Kübler/Prütting/*Otte* InsO § 217 Rn. 62 ff.
[645] So die damals wohl herrschende „Vertragstheorie", etwa *Jaeger/Weber* KO § 173 Rn. 8; zur ausführlichen Darstellung des Streitstands siehe *Kuhn/Uhlenbruck* KO § 173 Rn. 1.
[646] Sog. „Urteilstheorie", in diese Richtung etwa *Bley/Mohrbutter* VglO § 8 Rn. 1: Vergleichsvorschlag des Schuldners und Annahme der Gläubiger als lediglich prozessualer Antrag auf eine gerichtliche, rechtsgestaltende Erklärung.
[647] So eine der zahlreichen vermittelnden Ansichten, *Kuhn/Uhlenbruck* KO § 173 Rn. 1 e.
[648] *Kilger/K. Schmidt* KO/VglO/GesO § 173 Rn. 1.
[649] Hinsichtlich der für die rechtliche Einordnung maßgeblichen Strukturelemente überwiegen die Gemeinsamkeiten mit dem ehemaligen Zwangsvergleich, siehe *Schiessler* S. 8 ff.
[650] *Kuhn/Uhlenbruck* KO § 173 Rn. 1 b.
[651] HK-InsO/*Flessner* § 248 Rn. 2. Es erscheint deshalb fragwürdig in der gerichtlichen Bestätigung das maßgebliche Element zu sehen und der Vorlage des Schuldners oder Insolvenzverwalters und der Annahme der Gläubiger lediglich die Funktion der Beschaffung von Prozessstoff beizumessen; *Jaeger/Weber* KO § 173 Rn. 9.
[652] *Braun/Uhlenbruck* S. 487 ff.
[653] *Kuhn/Uhlenbruck* KO § 173 Rn. 1 e.
[654] Begr. RegE BT-Drucks. 12/2443 S. 91.
[655] FK-InsO/*Jaffé* § 217 Rn. 45; *Schiessler* S. 18 ff.

b) Vorlageberechtigung. Gemäß § 218 Abs. 1 Satz 1 InsO sind zur Vorlage eines Insolvenzplans der **Insolvenzverwalter** und der **Schuldner** berechtigt. Die Vorlage muss spätestens im Schlusstermin erfolgen. Die Gläubigerversammlung oder die Gläubiger selbst sind nicht zur Vorlage eines Insolvenzplans berechtigt,[656] können aber den Insolvenzverwalter im Berichtstermin (§ 157 InsO) mit der Ausarbeitung eines Insolvenzplans beauftragen. Die Gläubigerversammlung kann dem Insolvenzverwalter dabei exakte Vorgaben machen oder aber ihm die Ausgestaltung des Insolvenzplans frei überlassen.[657] Sinnvoll ist die Einreichung eines Insolvenzplans bereits mit Antragstellung (sog. Prepackaged-Plan). Hierzu ist der Geschäftsführer im Rahmen seiner Pflicht zur ordnungsgemäßen Unternehmensführung (§ 43 Abs. 1 GmbHG) sogar verpflichtet, solange das Unternehmen noch sanierungsfähig ist.[658] 327

c) Bestandteile des Insolvenzplans. Der Insolvenzplan besteht gemäß § 219 InsO aus einem darstellenden Teil, einem gestaltenden Teil und Anlagen gemäß §§ 229, 230 InsO. 328

aa) Darstellender Teil. Die Anforderungen an den darstellenden Teil des Insolvenzplans sind in § 220 InsO geregelt. Hier hat der Planaufsteller das Plankonzept vorzustellen. Je nachdem, ob es sich um ein Liquidations-, Übertragungs- oder Sanierungskonzept handelt, sind die hierfür erforderlichen Grunddaten darzustellen: Das Ziel des Plans und der Weg dorthin sind darzulegen.[659] Zunächst sind im Wege der Bestandsaufnahme die gegenwärtige Vermögens-, Finanz- und Ertragslage, die allgemeine wirtschaftliche Lage des Unternehmens, der Branche und der Gesamtwirtschaft sowie die rechtlichen Rahmenbedingungen des Unternehmens darzustellen. Weiter sind die bereits seit Verfahrenseröffnung ergriffenen und noch zu ergreifenden Maßnahmen zu beschreiben (z.B. Betriebsstilllegung, Betriebsänderung, Entlassungen, Kreditaufnahmen etc.) und die Durchführbarkeit der verschiedenen Planalternativen zu überprüfen. Das gewählte Plankonzept ist ausführlich darzustellen und eine Vergleichsrechnung mit der Befriedigung, die die Gläubiger ohne den Insolvenzplan zu erwarten hätten, anzustellen. Die Berechnung der dabei zu erwartenden Quote kann auf der Grundlage des erstellten Vermögensverzeichnisses nach Liquidationswerten erfolgen.[660] Handelt es sich um einen Sanierungsplan, so kommt der Sanierungsfähigkeitsprüfung entscheidende Bedeutung zu.[661] Es ist dann auch genau darzulegen, wie die Unternehmenssanierung erfolgen soll – im Wege der Übertragung oder der Reorganisation – und welche leistungs- und finanzwirtschaftlichen Maßnahmen ergriffen werden sollen und wie sich deren Finanzierung darstellt. Die Entscheidung zwischen Übertragung und Reorganisation hängt entscheidend davon ab, ob genügend Mittel vorhanden sind, um die Sanierung des Unternehmensträgers vorzunehmen oder ob vielmehr die Assets übertragen werden können und nur so ein Neuanfang für das Unternehmen realisierbar ist.[662] Des Weiteren sind die Auswirkungen des Plans auf die Gläubiger darzustellen.[663] Dazu gehören auch strafrechtliche Verurteilungen des Schuldners, die eine Erteilung der Restschuldbefreiung beeinflussen können.[664] 329

bb) Gestaltender Teil. Gemäß § 221 InsO erfolgt im gestaltenden Teil die Regelung, wie die Rechtsstellung der beteiligten Gruppen geändert werden soll. 330

Zunächst werden die Beteiligten in **Gruppen** eingeteilt, § 222 InsO. Die Gruppenbildung erfolgt nach folgenden Kriterien:

- Absonderungsberechtigte, sofern Eingriffe in deren Rechte durch den Insolvenzplan vorgesehen sind. Grundsätzlich bleiben die Sicherungsrechte vom Plan unberührt, es sei denn, es liegt die Zustimmung der Betroffenen vor.

---

[656] Die in § 255 RegE InsO vorgesehene Vorlageberechtigung der Gläubiger fand keinen Eingang in das geltende Recht; vgl. hierzu Begr. RegE.
[657] Allg. Meinung vgl. nur Kübler/Prütting/*Onusseit* InsO § 157 Rn. 15.
[658] Vgl. hierzu *Schluck-Amend/Walker* GmbHR 2001, 375, 376 ff.
[659] Kölner Schrift/*Wellensiek*, S. 224 Rn. 55.
[660] So auch *Haarmeyer/Wutzke/Förster* S. 992 Rn. 42; kritisch *Häsemeyer* Rn. 28.39.
[661] Zur Sanierungsfähigkeitsprüfung → Rn. 26 ff.
[662] Vgl. auch *Picot/Aleth* S. 259 Rn. 809.
[663] *Paul* ZInsO 2008, 843, 844.
[664] LG Berlin ZIP 2008, 324 ff.

- Nicht nachrangige Insolvenzgläubiger.
- Nachrangige Insolvenzgläubiger, soweit ihre Forderung nicht nach § 225 InsO als erlassen gilt.
- Den Inhabern von Anteils- oder Mitgliedschaftsrechten am Schuldner, wenn diese Rechte in den Plan einbezogen werden sollen.
- Arbeitnehmer, wenn ihnen erhebliche Forderungen zustehen, § 222 Abs. 3 InsO.
- Pensionssicherungsverein aG (§ 9 Abs. 4 BetrAVG).

331 Gemäß § 222 Abs. 2 InsO erfolgt eine weitere Untergliederung, soweit eine sachgerechte Abgrenzung möglich ist. Die Kriterien der Gruppenbildung sind im Plan anzugeben.[665] Innerhalb einer Gruppe sind alle Beteiligten **gleich zu behandeln**, § 226 Abs. 1 InsO. Ausnahmen sind nach § 226 Abs. 2 InsO nur mit Zustimmung der Betroffenen möglich.

332 Weiter ist im Insolvenzplan der Betrag anzugeben, um den Absonderungsrechte und Insolvenzforderungen gekürzt werden, §§ 223, 224 InsO. Auch erfolgt gegebenenfalls die Angabe des Zeitraums der Stundung, der Art der Sicherung etc. Eine gesetzlich vorgeschriebene Mindestquote existiert nicht. Dies ist als entscheidender Vorteil gegenüber dem Vergleich anzusehen. Nach § 228 InsO können in den gestaltenden Teil des Insolvenzplans die für die Begründung, Änderung und Aufhebung von Rechten an Sachen erforderlichen Willenserklärungen aufgenommen werden, die nach § 254a InsO als in der vorgeschriebenen Form abgegeben gelten. Mit der rechtskräftigen Bestätigung des Insolvenzplans treten dann direkt die dinglichen Rechtsfolgen ein, sofern nicht noch tatsächliche Handlungen (wie z.B. die Übergabe der beweglichen Sache) oder die Eintragung im Grundbuch erforderlich sind.

333 Im gestaltenden Teil des Insolvenzplans können darüber hinaus vorgesehen werden:[666]
- Durchführungs- und Vollzugsvollmacht des Insolvenzverwalters hinsichtlich der nach dem Plan notwendigen Maßnahmen (§ 221 Satz 2 InsO)
- Befugnis des Insolvenzverwalters zur Berichtigung offensichtlicher Fehler des Plans (§ 221 Satz 2 InsO)
- Überwachung der Planerfüllung durch den Insolvenzverwalter (§ 260 InsO)
- Zustimmungsvorbehalt des Insolvenzverwalters für bestimmte Rechtsgeschäfte (§ 263 InsO)
- Kreditrahmen für sogenannte Plafondkredite (§§ 264 ff. InsO).

334 Insbesondere die Einräumung einer **Durchführungs- und Vollzugsvollmacht**, sowie der **Befugnis zur Berichtigung offensichtlicher Fehler** des Plans nach § 221 Satz 2 InsO sind im Interesse einer zügigen Plandurchführung zu empfehlen.[667] Aufgrund der regelmäßig erheblichen Komplexität von Insolvenzplänen und dem hohen Zeitdruck unter dem diese meist zustandekommen, kommt es bei der Plangestaltung nicht selten zu Fehlern.[668] In solchen Fällen kann durch die Einräumung einer Berichtigungsbefugnis des Insolvenzverwalters die ansonsten notwendige und zeitaufwendige Durchführung eines erneuten Erörterungs- und Abstimmungstermins vermieden werden.[669] Die Beteiligten werden dabei dadurch geschützt, dass der Insolvenzverwalter zur Ausübung seiner Berichtigungsbefugnis der Bestätigung des Insolvenzgerichts bedarf, das wiederum die Beteiligten zumindest insoweit anhören soll,[670] als durch die beabsichtigte Änderung ihre Rechte betroffen wären, § 248a InsO. Soweit ein Beteiligter durch die Änderung voraussichtlich schlechter gestellt würde als nach dem ursprünglichen Planinhalt, hat das Gericht die Bestätigung zudem auf dessen Antrag hin gem. § 248a Abs. 3 InsO zu versagen. Einzelheiten der Berichtigungsbefugnis, insbesondere hinsichtlich ihrer inhaltlichen Reichweite, sind bislang jedoch noch ungeklärt.[671]

335 Sofern im Insolvenzplan ein Kreditrahmen für Kredite, die während der Zeit der Überwachung aufgenommen wurden bzw. nach Verfahrenseröffnung oder durch einen vorläufigen starken Insolvenzverwalter aufgenommen wurden und während der Zeit der Überwachung stehengelassen wurden (**Plafondkredite**), sind Gläubiger mit Forderungen aus

---

[665] BGH Beschl. v. 10.1.2008 – IX ZB 97/07 – BeckRS 2008, 01659.
[666] Zum gestaltenden Teil des Insolvenzplans Schmidt/Uhlenbruck/*Maus* Rn. 8.13 ff.
[667] FK-InsO/*Jaffé* § 221 Rn. 18; *Willemsen/Rechel* § 221 Rn. 1.
[668] Braun/Braun/Frank § 221 Rn. 12.
[669] *Willemsen/Rechel* § 221 Rn. 1.
[670] Zur Frage, ob dem Gericht hierbei Ermessen zukommt, vgl. FK-InsO/*Jaffé* § 248a Rn. 5; *Willemsen/Reichel* § 248a Rn. 11.
[671] Vgl. hierzu FK-InsO/*Jaffé* § 221 Rn. 13 ff.

diesen Krediten in einem vor Aufhebung der Überwachung eröffneten Insolvenzverfahren vor den anderen Insolvenzgläubigern zu befriedigen (§ 266 InsO).

cc) Die Plananlagen. Dem Insolvenzplan sind gemäß § 219 InsO auch die in §§ 229, 230 InsO genannten Plananlagen beizufügen. Sollen die Gläubiger aus Erträgen befriedigt werden, ist eine **integrierte Unternehmensplanung** (Vermögensübersicht, Finanzplan, Ergebnisplan) dem Insolvenzplan beizufügen. Hierbei sind nach § 229 Satz 3 InsO auch solche Forderungen zu berücksichtigen, die zwar nicht angemeldet wurden, dem Planersteller aber dennoch bekannt sind. Sofern der Insolvenzplan Dritten Verpflichtungen auferlegt oder einzelne Gläubiger innerhalb einer Gruppe anders behandelt (§ 226 Abs. 2 InsO), ist jeweils eine **Zustimmungserklärung der Betroffenen** beizufügen. Die Beweggründe Dritter, sich am Insolvenzplan zu beteiligen, sind vielfältig. So kann es sich um Verwandte oder Freunde[672] des Geschäftsführers handeln, die helfen wollen, die GmbH zu erhalten und das Unternehmen fortzuführen. Oder es handelt sich um Geschäftspartner, die aus irgendwelchen Gründen ein Interesse am Fortbestand der Geschäftsführung und damit des Unternehmens haben. Da die aussonderungsberechtigten Gläubiger nicht Beteiligte des Insolvenzplanverfahrens sind, ist deren Einbeziehung besonders bedeutsam, wenn diese unter Eigentumsvorbehalt betriebsnotwendige Gegenstände geliefert haben und eine Sanierung des Unternehmens angestrebt ist.[673]

d) **Gesellschaftsrechtliche Strukturmaßnahmen, § 225a InsO.** Vor Einführung des § 225a InsO blieben die Rechte der Anteilsinhaber durch den Insolvenzplan unberührt. Dies hatte zur Folge, dass eine Durchsetzung von Sanierungsmaßnahmen nach Gesellschaftsrecht nur mit Zustimmung der Anteilsinhaber erfolgen konnte. Ein Sanierungshemmnis stellte die Trennung von Insolvenz- und Gesellschaftsrecht und das damit verbundene Blockadepotential durch die Gesellschafter[674] insbesondere dann dar, wenn der Wert des Unternehmens in erster Linie auf rechtsträgergebundenen Berechtigungen, wie Urheberrechten, basierte. Um zu verhindern, dass eine sinnvolle Verwertungsart an der Zustimmungspflicht der Anteilsinhaber scheitert, wurde die Trennung von Insolvenz- und Gesellschaftsrecht mit der Einführung des § 225a InsO aufgegeben. Anteils- und Mitgliedschaftsrechte können nunmehr durch den Insolvenzplan geändert werden; dies folgt im Umkehrschluss aus § 225a Abs. 1 InsO. Damit findet eine Überlagerung des Gesellschaftsrechts durch das Insolvenzrecht statt, die bislang nur für das Vertragsrecht galt. Der generelle Vorrang des Insolvenzrechts gegenüber dem Vertragsrecht ist durch das Gebot der Gläubigergleichbehandlung gerechtfertigt, das eine Schlechterstellung der Vertragspartner gegenüber den übrigen Insolvenzgläubigern ausschließt. Diese Rechtfertigungsmöglichkeit greift für das Gesellschaftsrecht nicht, da die Anteils- und Mitgliedschaftsrechte nicht nach § 35 InsO unter die Insolvenzmasse fallen.[675] Vor dem Hintergrund, dass Anteils- und Mitgliedschaftsrechte im Insolvenzverfahren grundsätzlich unberührt bleiben, wird die Möglichkeit gemäß § 225a Abs. 3 InsO, erhebliche Einschränkungen durch den Insolvenzplan vorzunehmen, kritisch betrachtet. Insbesondere da ein effektives Stimmrecht der Gesellschafter hinsichtlich des Insolvenzplans nicht besteht und der Minderheitenschutz durch das Obstruktionsverbot gemäß § 251 Abs. 3 InsO beschränkt ist.

aa) Debt-Equity-Swap. § 225a Abs. 2 InsO ermöglicht die Umwandlung von Forderungen gegen die Gesellschaft in eine Unternehmensbeteiligung an derselbigen – auch gegen den Willen der Altgesellschafter.[676] Da es sich bei der Umwandlung von Fremd- in Eigenkapital um einen bilanziellen Passivtausch handelt, wird das Unternehmen zwar nicht mit neuer Liquidität versorgt, durch die Umwandlung verbessert sich jedoch die Eigenkapitalquote und der Verschuldungsgrad, womit sich auch die Zinslast des Unternehmens reduziert. Für die

---
[672] Vgl. FK-InsO/*Jaffé* § 230 Rn. 11.
[673] Schmidt/Uhlenbruck/*Maus* Rn. 8.15.
[674] *Schluck-Amend* FS Hoffmann-Becking S. 1047 weist darauf hin, dass in der Praxis weit weniger Sanierungen an der Zustimmung der Gesellschafter gescheitert sind, als in der Literatur angenommen wird.
[675] *Schluck-Amend* FS Hoffmann-Becking S. 1043 f.
[676] *Pfleister* GWR 2013, 220; FK-InsO/*Jaffe* § 225a Rn. 1; kritisch *Schluck-Amend* FS Hoffmann-Becking S. 1047 f.

Gläubiger hat die Umwandlung den Vorteil, dass sie als künftige Mitgesellschafter an den Entscheidungen der Gesellschaft und an einem etwaigen Sanierungsvorteil zu beteiligen sind.[677]

339 Zum Zeitpunkt in dem ein Debt-Equity-Swap stattfindet, ist das Eigenkapital der Gesellschaft zumeist nahezu aufgezehrt. Mit dem Debt-Equity-Swap ist daher in der Regel ein Kapitalschnitt verbunden, um eine Unterbilanzhaftung der neuen Gesellschaft zu verhindern. Das Stammkapital wird im Wege der einfachen Kapitalherabsetzung nach § 58a GmbHG auf die Höhe des tatsächlichen Vermögens reduziert, ggf. findet eine Herabsetzung auf Null statt.[678] Die Forderungen werden als Sacheinlage in die Gesellschaft durch Erlassvertrag oder durch Abtretung der Forderung eingebracht. Die Abtretung hat zur Folge, dass Schuldner und Gläubiger personenidentisch sind und folglich die Forderung durch Konfusion erlischt. Dabei setzt die Sachkapitalerhöhung durch Forderungseinbringung grundsätzlich einen Kapitalerhöhungsbeschluss und die Werthaltigkeit der Forderung voraus. Ein Beschluss der Gesellschafterversammlung ist dann nicht erforderlich, wenn der Forderungsumfang bei unter 50 Prozent des Stammkapitals liegt und der Gesellschaftsvertrag die Geschäftsführer ermächtigt, das Stammkapital bis zu einem bestimmten Nennbetrag durch Ausgabe neuer Geschäftsanteile gegen Einlage zu erhöhen, § 55a Abs. 1 GmbHG. Bei einem Forderungsumfang von über 50 Prozent des Stammkapitals bedarf es einer ordentlichen Kapitalerhöhung nach § 56 GmbHG, die einen Beschluss der Gesellschafterversammlung vorsieht. Der Kapitalerhöhungsbeschluss setzt nach § 53 Abs. 2 GmbHG eine Dreiviertelmehrheit der Gesellschafter voraus. Sofern sich aus der gesellschaftsrechtlichen Treuepflicht nichts anderes ergibt, wäre daher eine Blockade des Debt-Equity-Swap durch die Gesellschafter möglich. Mit der Einfügung der §§ 225a Abs. 3, 254a Abs. 2 InsO durch das ESUG kann diese nun überwunden werden, indem mit der Annahme des Insolvenzplans die Gesellschafterbeschlüsse fingiert werden.[679]

340 Bei der Werthaltigkeitsprüfung ist nach h. M. nicht der Nennwert, sondern der Zeitwert der Forderung maßgeblich.[680] Dieser Vollwertigkeitsbetrachtung hat sich auch der Gesetzesverfasser des ESUG angeschlossen. Ob hierbei der Zerschlagungs- oder der Forderungswert entscheidend ist, bleibt auch weiterhin umstritten. In der Gesetzesbegründung zu § 225a InsO wird darauf verwiesen, dass die Bewertung der Forderung unter Berücksichtigung der zu erwartenden Quote zu erfolgen hat, womit letztendlich der Zerschlagungswert entscheidend ist. Auch aus systematischen Gründen ist eine Forderungsbewertung auf dieser Grundlage zu bejahen; so ist nach § 225a Abs. 5 InsO bei der Bestimmung des Abfindungsanspruchs von Altgesellschaftern allein der Zerschlagungswert maßgeblich.[681] Sofern die Anrechnung auf die Einlageverpflichtung auf einer Forderung mit mangelnder Werthaltigkeit basierte, schließt § 225a Abs. 4 InsO eine Nachschusspflicht der Gläubiger aus; ein Anspruch der Gesellschaft aus Differenzhaftung besteht nicht.[682]

341 Zum Schutze umwandlungswilliger Gläubiger vor der Gefahr des Nachrangs (§ 39 Abs. 1 Nr. 5 InsO) von Forderungen, die nur teilweise in Gesellschafteranteile umgewandelt werden, kommt den Gläubigern das Sanierungsprivileg des § 39 Abs. 4 InsO zugute.[683] Im Falle einer nachhaltigen Sanierung besteht dieses Privileg allerdings nicht. Weitere gesetzliche Privilegierungen sind in § 39 Abs. 5 InsO (Kleinbeteiligungsprivileg) und § 135 Abs. 4 InsO vorgesehen.

342 Nach § 225a Abs. 2 Satz 3 InsO kann die Umwandlung von Forderungen in Gesellschafteranteile auch unter Ausschluss von Bezugsrechten der Altgesellschafter erfolgen. Sofern die Bezugsrechte nicht ausgeschlossen sind, stellt sich die Frage, in welchem Verhältnis Gläubiger und Altgesellschafter berechtigt sind, sich an der Sanierung der Gesellschaft zu beteiligen, d. h. in welcher Höhe den Gesellschaftern Bezugsrechte eingeräumt werden und wie

---

[677] *Theiselmann* GmbH-StB 2013, 150; Braun/*Braun/Frank* § 225a Rn. 4.
[678] Braun/*Braun/Frank* § 225a Rn. 6; *Theiselmann* GmbH-StB 2013, 151; FK-InsO/*Jaffe* § 225a Rn. 12.
[679] *Theiselmann* GmbH-StB 2013, 151.
[680] *Theiselmann* GmbH-StB 2013, 152; FK-InsO/*Jaffe* § 225a Rn. 16; *Simon/Merkelbach* NZG 2012, 123.
[681] FK-InsO/*Jaffe* § 225a Rn. 16; *Theiselmann* GmbH-StB 2013, 152; *Simon/Merkelbach* NZG 2012, 124.
[682] Braun/*Braun/Frank* § 225a Rn. 10 f.; FK-InsO/*Jaffe* § 225a Rn. 19; *Simon/Merkelbach* NZG 2012, 124.
[683] FK-InsO/*Jaffe* § 225a Rn. 8; *Theiselmann* GmbH-StB 2013, 153.

hoch der Betrag der neuen Anteile ist. Ein gesetzlicher Verteilungsschlüssel existiert nicht, sodass nur durch Verhandlung der an der Sanierung beteiligten Personengruppen eine Lösung dieser Frage möglich ist. Allerdings ist die Verhandlungsposition der Altgesellschafter schwach, da diese durch das Obstruktionsverbot begrenzt ist. Eine Missbrauchskontrolle wird aber über die §§ 231 Abs. 1 Nr. 1, 250 Nr. 1 InsO sichergestellt.[684]

Wie bereits oben ausgeführt, werden die weitreichenden Möglichkeiten die § 225a InsO bietet, um das Gesellschaftsrecht durch den Insolvenzplan einzuschränken, kritisch bewertet. Dabei stößt die Zulässigkeit der Vorschrift sowohl auf europarechtliche,[685] als auch auf verfassungsrechtliche Bedenken. Teilweise wird die Vereinbarkeit mit der Publizitätsrichtlinie (ABl. EU L 258/11) in Zweifel gezogen, weil die nach § 254a Abs. 2 InsO fingierten Beschlüsse, anders als Art. 11 der RL verlangt, nicht öffentlich beurkundet werden können. Diese Diskrepanz kann aber über eine teleologische Auslegung der Richtlinie beseitigt werden. Sinn und Zweck der öffentlichen Beurkundung ist die Vermeidung nichtiger Geschäftsgründungen. Durch die gerichtliche Kontrolle des Insolvenzplans wird diese Gefahr aber in ebenso effektiver Weise beseitigt, sodass ein Verstoß abzulehnen ist.[686] Verfassungsrechtlich ist die Vorschrift wegen eines möglichen Verstoßes gegen Art. 9 Abs. 1 GG und Art. 14 Abs. 1 GG bedenklich. Den Altgesellschaftern ist es nicht möglich, den Erwerb von Gesellschaftsanteilen im Wege des Dept-Equity-Swap zu verhindern, sodass sie in ihrer negativen Vereinigungsfreiheit beeinträchtigt sein könnten. Sieht der Gesellschaftsvertrag bereits die Möglichkeit von Kapitalerhöhungen und Bezugsrechtsausschlüssen vor, ist ein Verstoß aber abzulehnen. Denn in diesem Fall sind die Einschränkungen, die § 225a InsO zulässt, bereits im Gesellschaftsvertrag angelegt. Teilweise wird ein Verstoß gegen Art. 9 Abs. 1 GG insgesamt mit unterschiedlichen Begründungen abgelehnt.[687] Es wird darauf verwiesen, dass die Gesellschafter die Anteile nur treuhänderisch für die Gläubiger hielten oder aber die negative Vereinigungsfreiheit durch das kollidierende Eigentumsrecht der Gläubiger beschränkt sei. Gegen eine nur formale Gesellschafterstellung spricht jedoch, dass die Maßnahmen des § 225a InsO auf eine Sanierung des Unternehmens abzielen, sodass nach Abschluss des Insolvenzverfahrens die Mitgliedschaftsrechte wieder unbeschränkt bestehen. Eine Kollision mit den Eigentumsrechten der Gläubiger kann bereits deshalb nicht angenommen werden, weil die Anteils- und Mitgliedschaftsrechte der Gesellschafter nicht unter die Insolvenzmasse und somit nicht unter das Forderungsrecht der Gläubiger fallen.[688] Sofern den Altgesellschaftern bei Eintritt neuer Gesellschafter ein Austrittsrecht eingeräumt wird, was mit Blick auf § 225a Abs. 5 InsO im Regelfall anzunehmen ist, kommt ein Verstoß gegen Art. 9 Abs. 1 GG ohnehin nicht in Betracht.[689] Durch die Einführung des § 225a InsO könnte ferner die Eigentumsgarantie der Altgesellschafter gemäß Art. 14 Abs. 1 GG beeinträchtigt sein, da ihr Anteil am Unternehmen verhältnismäßig geringer wird und durch einen Bezugsrechtsausschluss ein vollständiges Hinausdrängen aus der Gesellschaft droht.[690] Gegen einen Eingriff wird jedoch eingewandt, dass die Anteilsrechte gerade nicht zur Insolvenzmasse gehören bzw. dass dieser durch die in § 253 Ab. 4 Satz 3 InsO vorgesehenen Kompensation gerechtfertigt ist.[691]

bb) kein Enumerativprinzip, § 225a Abs. 3 InsO. In § 225a Abs. 3 InsO wird klargestellt, dass es sich bei den gesellschaftsrechtlichen Gestaltungsmöglichkeiten nach Abs. 2 nicht um eine abschließende Aufzählung handelt. Vielmehr kann jede gesellschaftsrechtlich zulässige

---

[684] *Simon/Merkelbach* NZG 2012, 126.
[685] Bei Aktiengesellschaften wird teilweise die Vereinbarkeit mit der zweiten gesellschaftsrechtlichen Richtlinie (vgl. Art. 25 Abs. 1, Art. 29 Abs. 4, Art. 30 RL 77/91/EWG) bezweifelt, siehe dazu: FK-InsO/*Jaffé* § 225a Rn. 25 ff.; *Schluck-Amend* FS-Hoffmann-Becking S. 1048.
[686] Zum Ganzen FK-InsO/*Jaffe* § 225a Rn. 28.
[687] *Bitter* ZGR 2010, 196 f.; *Verse* ZGR 2010, 312.
[688] *Schluck-Amend* FS Hoffmann-Becking S. 1050.
[689] FK-InsO/*Jaffe* § 225a Rn. 24; *Schluck-Amend* FS Hoffmann-Becking S. 1051; a. A. *Madaus* ZGR 2011, 761.
[690] *Simon/Merkelbach* NZG 2012, 125 f.
[691] FK-InsO/*Jaffe* § 225a Rn. 23. *Pfleister* GWR 2013, 220 weist auf die nur eingeschränkte Möglichkeit des Rechtsschutzes hin (vgl. § 253 Abs. 2 Nr. 3 InsO).

Regelung Gegenstand des Insolvenzplans sein; das Fehlen eines abschließenden Maßnahmekatalogs wird bereits durch den Wortlaut des § 225a Abs. 2 Satz 2 InsO verdeutlicht. Damit stellt das Debt-Equity-Swap-Verfahren nur einen speziellen Anwendungsfall des § 225a Abs. 3 InsO dar. Besondere Relevanz kommt der Norm insbesondere im Zusammenhang mit sog. share deals und der Übertragung von Gesellschaftsanteilen zu.[692] Die Rechte der Gläubiger bleiben jedoch unberührt, sofern im Insolvenzplan keine ausdrückliche Regelung getroffen wurde, § 225a Abs. 1 InsO.[693]

345 cc) *Verfahrensrechtliche Beteiligung der Anteilseigner (Gruppeneigenschaft, Obstruktionsverbot, Minderheitenschutz)*. Soweit von den gesellschaftsrechtlichen Gestaltungsmöglichkeiten des § 225a Abs. 2 und 3 InsO im Plan Gebrauch gemacht wird, bilden die hiervon in ihren Anteilsrechten betroffenen Gesellschafter nach § 222 Abs. 1 Satz 2 Nr. 4 InsO eine eigene Gruppe. § 222 Abs. 3 Satz 2 InsO eröffnet die Möglichkeit, für geringfügig beteiligte Anteilsinhaber eine separate Gruppe zu bilden. Bei der gem. § 243 InsO in der Gruppe erfolgenden Abstimmung ist nach §§ 244 Abs. 3, Abs. 1 Nr. 2, 238a InsO allein die Mehrheit der Summe der Beteiligungen entscheidend, eine Kopfmehrheit ist dagegen nicht erforderlich.[694] Im Ergebnis haben die Gesellschafter jedoch trotz dieser Beteiligung am Planverfahren kaum eine Möglichkeit, eine von der Mehrheit der Gruppen befürwortete gesellschaftsrechtliche Strukturmaßnahme zu verhindern, da sie regelmäßig vom **Obstruktionsverbot** des § 245 Abs. 1, 3 InsO erfasst werden. Die zentrale Voraussetzung des Obstruktionsverbots, nach der die Betroffenen durch den Plan nicht schlechter gestellt werden dürfen, als sie ohne Plan stünden (§ 245 Abs. 1 Nr. 1 InsO), ist im Falle der Anteilsinhaber nahezu immer erfüllt. Diese erhalten im Regelverfahren gem. § 199 Satz 2 InsO nur dann einen wirtschaftlichen Wert, wenn in der Schlussverteilung alle Insolvenzgläubiger befriedigt werden können. Da dies nur äußerst selten der Fall sein wird, sind die Anteilsrechte in der Insolvenz grundsätzlich als wirtschaftlich wertlos anzusehen. Eine Schlechterstellung durch den Plan ist dementsprechend ausgeschlossen.[695] Soweit die anderen Voraussetzungen des § 245 InsO erfüllt sind (keine Befriedigung der Gläubiger über den vollen Wert ihrer Ansprüche hinaus, keine Besserstellung der im Regelverfahren gleichgestellten Anteilsinhaber), wird die Zustimmung der Gesellschafter damit fingiert. Aus demselben Grund stehen den Gesellschaftern im Regelfall auch **keine Minderheitenschutzrechte** gegen den Plan zur Verfügung, da die §§ 251, 253 InsO hierfür ebenfalls eine Schlechterstellung gegenüber dem Regelverfahren erfordern.

346 dd) *Ausschluss von Change-of-Control-Klauseln*. § 225a Abs. 4 InsO ordnet die Unwirksamkeit sog. Change-of-Control-Klauseln an. Durch derartige Klauseln wird dem Vertragspartner ein Gestaltungsrecht, in der Regel ein Kündigungsrecht, eingeräumt, wenn sich die Kontroll- und Mehrheitsverhältnisse bei dem Vertragspartner ändern.[696] Mit der Einführung des § 225a Abs. 4 InsO soll verhindert werden, dass sich die Sanierungsaussichten der Gesellschaft dadurch wesentlich verschlechtern, dass von der vertraglich vereinbarten Gestaltungsmöglichkeit Gebrauch gemacht wird.[697] Allerdings werden Vertragklauseln, die nicht an Maßnahmen nach § 225a Abs. 2 und Abs. 3 InsO anknüpfen, nicht von der Norm erfasst.[698]

347 ee) *Austritt eines Gesellschafters*. Sofern dem Beteiligten aufgrund einer gesellschaftsrechtlichen Strukturmaßnahme im Sinne des § 225a Abs. 2 und Abs. 3 InsO ein Austrittrecht aus wichtigem Grund zusteht und er dieses wahrnimmt, trifft § 225a Abs. 5 InsO Regelungen zu einem etwaigen Abfindungsanspruch. Gemäß § 225a Abs. 5 Satz 1 InsO richtet

---

[692] FK-InsO/*Jaffe* § 225a Rn. 29; *Simon/Merkelbach* NZG 2012, 121.
[693] *Braun/Frank* § 225a Rn. 1 ff.; *Simon/Merkelbach* NZG 2012, 123.
[694] *Simon/Merkelbach* NZG 2012, 121, 122.
[695] *Hölzle* NZI 2011, 124, 128; *Simon/Merkelbach* NZG 2012, 121, 125.
[696] FK-InsO/*Jaffe* § 225a Rn. 31.
[697] *Braun* § 225a Rn. 24; FK-InsO/*Jaffe* § 225a Rn. 31; *Simon/Merkelbach* NZG 2012, 128.
[698] Teilweise wird daher in Frage gestellt, ob das Ziel, rechtsträgerspezifische Berechtigungen im Insolvenzverfahren zu erhalten, erreicht werden kann, wenn eine Klausel, die einen anderen Anknüpfungsgegenstand für Lösung vom Vertrag hat, wirksam bleibt (*Simon/Merkelbach* NZG 2012, 121).

sich die Höhe dieses Anspruchs nach dem Liquidationswert des Gesellschaftsvermögens. Um einen Sanierungserfolg nicht durch Geltendmachung des Anspruchs zu gefährden, sieht § 225a Abs. 5 Satz eine Stundungsmöglichkeit für die Dauer von bis zu 3 Jahren vor.[699]

e) **Abstimmungsverfahren.** *aa) Prüfung durch das Gericht.* Gemäß § 231 InsO wird der Insolvenzplan zunächst einer Vorprüfung durch das Gericht unterzogen. Das Gericht überprüft, ob der Insolvenzplan unter einem nicht behebbaren Mangel leidet, wie etwa der Vorlage durch einen Nichtvorlageberechtigten, ob der Insolvenzplan eindeutig unzulässig ist oder ob der Insolvenzplan offensichtlich keine Aussicht auf Erfolg hat, von den Gläubigern angenommen oder vom Gericht bestätigt zu werden. Durch das ESUG wurde in § 231 Abs. 1 Satz 1 Nr. 1 InsO klargestellt, dass die Prüfungskompetenz des Gerichts hierbei auch die Sachgerechtigkeit der Gruppenbildung umfasst. Insbesondere bei einer missbräuchlichen, manipulativ auf Mehrheitsbeschaffung ausgerichteten Gruppenbildung hat das Gericht den Plan demnach zurückzuweisen.[700] Die Vorprüfung nach § 231 InsO soll eine Verzögerung des Insolvenzverfahrens durch Vorlage unqualifizierter Insolvenzpläne von vornherein ausschließen. Hält der Insolvenzplan dieser ersten Überprüfung stand, holt das Insolvenzgericht gemäß § 232 InsO Stellungnahmen zum Plan ein; eine Stellungnahme wird eingeholt von: Gläubigerausschuss, Betriebsrat, Sprecherausschuss, Schuldner, wenn der Plan vom Insolvenzverwalter stammt, Insolvenzverwalter, wenn der Plan vom Schuldner stammt und ggf. von der IHK oder der Handwerkskammer. Soweit dies zur Sicherung der Durchführung des Insolvenzplans erforderlich ist, kann das Insolvenzgericht gemäß § 233 InsO die Aussetzung der Verwertung und Verteilung anordnen. Ferner hat das Gericht gemäß § 234 InsO den Insolvenzplan nebst Anlagen zur Einsicht und Stellungnahme durch die Beteiligten in der Geschäftsstelle auszulegen. 348

Im Interesse der Erhöhung der Sanierungschancen wurden durch das ESUG zwei Fristbestimmungen eingeführt, die zu einer Beschleunigung des Insolvenzplanverfahrens beitragen sollen.[701] Zum einen soll das Insolvenzgericht gem. § 231 Abs. 1 Satz 2 InsO über die Zurückweisung des Plans innerhalb von zwei Wochen entscheiden. Zum anderen soll die vom Gericht für die Abgabe der Stellungnahmen nach § 232 InsO zu setzende Frist zwei Wochen ebenfalls nicht überschreiten (§ 232 Abs. 3 Satz 2 InsO). Da es sich um „Soll"-Vorschriften handelt, sind längere Fristen in Ausnahmefällen jedoch nicht ausgeschlossen.[702] 349

bb) Erörterungs- und Abstimmungstermin. Gemäß § 235 InsO hat das Gericht einen Termin zu bestimmen, in dem der Insolvenzplan erörtert und anschließend über ihn abgestimmt wird. Dieser Termin darf nicht vor dem Prüfungstermin liegen, kann aber gegebenenfalls mit diesem verbunden werden (§ 236 InsO). 350

Das Gericht hat alle Gläubiger und Absonderungsberechtigten zu diesem Termin zu **laden**. Dabei hat es den Insolvenzplan abzudrucken oder seinen wesentlichen Inhalt zusammenzufassen (§ 235 Abs. 3 Satz 2 InsO). 351

Die **Erörterung** des Plans kann zu einer Abänderung des Insolvenzplans durch den Vorlegenden führen, allerdings muss der Insolvenzplan in seinem Kern erhalten bleiben (§ 240 InsO). Ansonsten würde ein gerade den Gläubigern nicht zustehendes Initiativrecht geschaffen. 352

Die **Abstimmung** über den Insolvenzplan erfolgt gesondert innerhalb der jeweiligen Gruppen (§ 243 InsO). Innerhalb jeder Gruppe muss die Kopf- und Summenmehrheit der anwesenden, abstimmenden Gläubiger erzielt werden (§ 244 Abs. 1 InsO). Absonderungsberechtigte Gläubiger sind nur dann zur Abstimmung berechtigt, wenn der Schuldner ihnen auch persönlich haftet, wenn ein Verzicht auf abgesonderte Befriedigung vorliegt oder ein Ausfall der abgesonderten Befriedigung gegeben ist und wenn dadurch ein Eingriff in das Absonderungsrecht erfolgt (§ 238 InsO). Gläubiger, deren Forderungen durch den Plan nicht beeinträchtigt sind, haben kein Stimmrecht (§ 237 Abs. 2 InsO). Für nachrangige Gläubiger gilt gemäß § 246 InsO ein vereinfachtes Zustimmungsverfahren. Die **Zustim-** 353

---

[699] Simon/Merkelbach NZG 2012, 121; FK-InsO/*Jaffe* § 225a Rn. 32; *Braun/Frank* § 225a Rn. 30.
[700] FK-InsO/*Jaffé* § 231 Rn. 10.
[701] BT-Drucks. 17/5712 S. 33.
[702] BT-Drucks. 17/5712 S. 33.

mung des Schuldners gilt als erteilt, wenn er nicht spätestens im Abstimmungstermin schriftlich oder zu Protokoll der Geschäftsstelle widerspricht. Allerdings ist der Widerspruch dann unbeachtlich, wenn durch den Insolvenzplan keine Schlechterstellung des Schuldners erfolgt und kein Gläubiger zu mehr als 100 % befriedigt wird (§ 247 Abs. 2 InsO).

354   cc) *Obstruktionsverbot*. Gemäß § 245 InsO gilt der Insolvenzplan trotz Nichterreichens der erforderlichen Mehrheit als angenommen, wenn die Gläubiger der betreffenden Gruppe durch den Plan nicht schlechter gestellt werden und eine „**angemessene Beteiligung**" am wirtschaftlichen Wertzuwachs der betreffenden Gläubigergruppe erfolgt. Wann von einer angemessenen Beteiligung auszugehen ist, regelt § 245 Abs. 2 InsO. Neben den beiden bereits genannten Voraussetzungen setzt das Obstruktionsverbot voraus, dass die Mehrheit der abstimmenden Gruppen dem Plan bereits zugestimmt hat.

355   dd) *Minderheitenschutz*. Grundsätzlich darf durch einen Insolvenzplan kein Gläubiger und keine am Schuldner beteiligte Person schlechter gestellt werden, als er oder sie bei Durchführung eines Regelverfahrens stünde. Zum Schutz der Beteiligten vor solchen Beeinträchtigungen begründet § 251 InsO ein **Einspruchsrecht** gegen den Insolvenzplan. Das Insolvenzgericht hat dem Plan gem. § 251 Abs. 1 InsO auf Antrag einer der oben genannten Personen die Zustimmung zu versagen, wenn diese Person dem Plan spätestens im Abstimmungstermin schriftlich oder zu Protokoll widersprochen hat und sie ohne den Plan voraussichtlich besser stünde.

356   Dieses Einspruchsrecht hat in der Vergangenheit jedoch aufgrund seiner geringen Zulässigkeitsanforderungen teilweise zu erheblichen Verzögerungen bei der Durchführung von Insolvenzplanverfahren geführt. Da solche Verzögerungen eine mit dem Plan angestrebte Sanierung insgesamt gefährden können, wurde das Einspruchsrecht **durch das ESUG erheblich beschränkt**.[703] Zunächst wurden die Zulässigkeitsanforderungen an einen entsprechenden Antrag verschärft. Gem. § 251 Abs. 2 InsO n.F. ist der Antrag nur noch zulässig, wenn der Betroffene die voraussichtliche Schlechterstellung durch den Plan bereits im Abstimmungstermin glaubhaft macht. Somit wird schneller Rechtsklarheit hinsichtlich der Realisierungschancen des Plans geschaffen. Weiterhin wurden auch die Rechtsmittel gegen den Beschluss, in dem das Gericht die Bestätigung des Plans ausspricht oder versagt, eingeschränkt. Gem. § 253 Abs. 2 InsO ist eine Beschwerde nur unter ähnlichen Voraussetzungen wie denen des § 251 InsO zulässig. Zusätzlich hat das Landgericht die Beschwerde auf Antrag des Insolvenzverwalters unverzüglich zurückzuweisen, wenn die aus einer Verzögerung der Planrealisierung resultierenden Nachteile die vom Beschwerdeführer geltend gemachten Nachteile überwiegen (§ 253 Abs. 4 Satz 1 InsO). Der Beschwerdeführer ist dann gem. § 253 Abs. 4 Satz 3 InsO auf einen Schadensersatzanspruch gegen die Masse beschränkt.

357   Schließlich eröffnet § 251 Abs. 3 InsO die Möglichkeit, das Risiko einer Versagung der Bestätigung des Plans wegen Einspruchs eines Beteiligten durch Verwendung einer **salvatorischen Klausel** zu minimieren.[704] Soweit durch eine solche Klausel im Insolvenzplan Mittel bereitgestellt werden, um eine etwaige Schlechterstellung einzelner Beteiligter auszugleichen, sind von solchen Beteiligten gestellte Anträge auf Minderheitenschutz abzuweisen. Gem. § 251 Abs. 3 Satz 2 InsO ist das Bestehen eines Anspruchs auf Gleichstellung aus dieser Klausel dann außerhalb des Insolvenzverfahrens zu klären. Der Minderheitenschutz kann auf diese Weise aus dem Insolvenzplanverfahren ausgelagert und der Bestand des Plans dadurch geschützt werden.[705] Ungeklärt ist bisher jedoch noch, ob die salvatorische Klausel einen bestimmten Betrag ausweisen muss, der für die gegebenenfalls notwendige Gleichstellung reserviert ist.[706] Sollte dies der Fall sein, könnte der Plansteller insbesondere in gro-

---

[703] Vgl. zum Ganzen mit Beispielen aus der Praxis *Rattunde* GmbHR 2012, 455, 459.
[704] Die Zulässigkeit solcher salvatorischer Klauseln war unter der früheren Rechtslage umstritten, vgl. zur ablehnenden Meinung z. B. *Smid/Rattunde* Rn. 15.15 ff.
[705] FK-InsO/*Jaffé* § 251 Rn. 22.
[706] Dafür wohl *Willemsen/Rechel* § 251 Rn. 8 f.; in dieselbe Richtung weist auch die Gesetzesbegründung, die fordert, dass die Gleichstellung durch Rücklagen, Bürgschaften, o. ä. finanziert wird und dass das Gericht vor der Planbestätigung prüft, ob die ausgewiesenen Mittel zur Gleichstellung ausreichen, vgl. BT Drucks.

ßen Verfahren den Bestand des Plans gegenüber dem Minderheitenschutz nie vollständig absichern, da es ihm unmöglich sein wird, abzusehen, wie viele Beteiligte diesen Schutz beantragen werden und wie viele Mittel dementsprechend vorgehalten werden müssen, um alle Anträge abzuwehren.[707]

e) Bestätigung des Insolvenzplans. Wenn die erforderlichen Mehrheiten (Kopf- und Summenmehrheit) in allen Abstimmungsgruppen vorliegen bzw. deren Zustimmung nach der Fiktion gemäß § 245 InsO als erteilt gilt, und auch die Zustimmung des Schuldners erteilt oder fingiert ist, dann wird der Insolvenzplan durch das Insolvenzgericht bestätigt; das Insolvenzgericht erlässt einen **Beschluss**, nachdem es zuvor den Insolvenzverwalter, den Gläubigerausschuss und den Schuldner gehört hat, § 248 Abs. 2 InsO. 358

Checkliste: Voraussetzungen, die kumulativ vorliegen müssen, damit das Insolvenzgericht, den Bestätigungsbeschluss erlässt[708] 359

☐ Einhaltung der formellen und materiellen Verfahrensvorschriften (§ 250 Nr. 1 InsO)
☐ Zustimmung (oder Fiktion der Zustimmung) aller Gläubigergruppen
☐ Zustimmung (oder Fiktion der Zustimmung) des Schuldners
☐ Entscheidung über alle Widersprüche
☐ Keine unlautere Herbeiführung der Annahme des Insolvenzplans
☐ Wahrung der Minderheitenrechte
☐ Kein begründeter Gläubigerwiderspruch nach § 251 InsO (§ 250 Nr. 2 InsO)
☐ Eintritt der Bedingungen im Rahmen eines bedingten Plans (§ 249 InsO)
☐ Anhörung von Insolvenzverwalter, Gläubigerausschuss und Schuldner (§ 248 Abs. 2 InsO)

Liegen die Voraussetzungen vor, muss das Insolvenzgericht den Beschluss erlassen. Es besteht keinerlei Ermessen oder Prüfungsbefugnis des Planinhalts und seiner Zweckmäßigkeit. Auflagen oder inhaltliche Anforderungen kann das Gericht nicht bestimmen.[709] 360

Gegen den Bestätigungsbeschluss und dessen Versagung ist den Gläubigern und dem Schuldner das Rechtsmittel der **sofortigen Beschwerde** eröffnet (§§ 253, 6 Abs. 1 InsO).

f) Rechtswirkungen des Insolvenzplans. Mit Rechtskraft des Bestätigungsbeschlusses treten die Wirkungen, die im gestaltenden Teil des Insolvenzplans vorgesehen sind, ein. Gemäß § 254 Abs. 1 InsO wirkt der Insolvenzplan nun für und gegen alle Beteiligten. § 254b InsO stellt klar, dass dies auch für solche Insolvenzgläubiger gilt, die ihre Forderungen nicht angemeldet oder dem Insolvenzplan widersprochen haben. Die in den Insolvenzplan aufgenommenen Willenserklärungen gelten gem. § 254a Abs. 1 InsO als in der erforderlichen Form abgegeben. Persönliche Ansprüche der Gläubiger gegen Mitschuldner und Bürgen des Schuldners bleiben allerdings durch den Insolvenzplan unberührt, auch wenn der Schuldner durch den Insolvenzplan diesen gegenüber von seinen Verbindlichkeiten befreit wird, § 254 Abs. 2 InsO. 361

aa) Aufhebung des Insolvenzverfahrens. Sofern der Plan nicht etwas anderes vorsieht, beschließt das Insolvenzgericht gem. § 258 Abs. 1 InsO die Aufhebung des Insolvenzverfahrens, so dass der Schuldner sein Verfügungsrecht zurückerhält (§ 259 Abs. 1 Satz 2 InsO) und die Ämter des Insolvenzverwalters und der Mitglieder des Gläubigerausschusses erlöschen (§ 259 Abs. 1 Satz 1 InsO), sofern nicht im gestaltenden Teil die Überwachung durch den Insolvenzverwalter (§§ 260, 261 InsO) und die Einschränkung des Verfügungsrechts des Schuldners durch einen Zustimmungsvorbehalt bezüglich einzelner Rechtsgeschäfte (§ 263 362

17/5712 S. 35; dagegen empfiehlt FK-InsO/*Jaffé* § 251 Rn. 21, die salvatorische Klausel nicht auf eine bestimmte Höhe zu begrenzen.
[707] *Willemsen/Rechel* § 251 Rn. 9.
[708] Vgl. Auflistung bei *Haarmeyer/Wutzke/Förster* S. 1042 Rn. 98.
[709] HK-InsO/*Flessner* § 248 Rn. 2.

InsO) vorgesehen ist. Dann bestehen nach § 261 Abs. 1 Satz 2 InsO die Ämter des Insolvenzverwalters und der Mitglieder des Gläubigerausschusses fort.

363   bb) *Wiederaufleben von Forderungen.* Gemäß § 255 Abs. 1 Satz 1 InsO leben die durch den Plan gestundeten oder (teilweise) erlassenen Forderungen eines Gläubigers wieder auf, wenn der Schuldner ihm gegenüber mit der Erfüllung des Plans erheblich in Rückstand gerät. Erheblich ist der Rückstand dann, wenn der Schuldner die fällige Forderung trotz schriftlicher Mahnung und mindestens zweiwöchiger Nachfrist nicht bezahlt. Etwas anderes gilt allerdings gemäß § 256 InsO bei streitigen Forderungen, hier kann erst nach endgültiger Feststellung der Forderung ein Rückstand eintreten. Darüber hinaus führt die erneute Eröffnung eines Insolvenzverfahrens gemäß § 255 Abs. 2 InsO zum Wiederaufleben aller Forderungen gegen den Schuldner.

364   cc) *Zwangsvollstreckung aus dem Insolvenzplan.* Aus dem rechtskräftig bestätigten Insolvenzplan in Verbindung mit einem Tabelleneintrag ist die Zwangsvollstreckung wie aus vollstreckbaren Urteilen **gegen den Schuldner** möglich (§ 257 Abs. 1 InsO). **Gegen Dritte** ist die Zwangsvollstreckung aus dem Insolvenzplan dann möglich, wenn sie im Insolvenzplan Verpflichtungen übernommen, dies auch schriftlich erklärt haben, die Erklärung als Anlage gemäß § 230 InsO bei Gericht vorliegt und sie sich nicht die Einrede der Vorausklage vorbehalten haben, § 257 Abs. 2 InsO.

365   dd) *Überwachung.* Sofern dies im gestaltenden Teil des Insolvenzplans vorgesehen ist, wird die Erfüllung des Insolvenzplans überwacht (§ 260 Abs. 1 InsO). Diese Überwachung ist Aufgabe des Insolvenzverwalters gemäß § 261 Abs. 1 Satz 1 InsO und dauert gemäß § 268 Abs. 1 Nr. 2 InsO maximal drei Jahre. Die Überwachung erstreckt sich bei einer übertragenden Sanierung auch auf die Übernahmegesellschaft, wenn diese erst nach Eröffnung des Insolvenzverfahrens gegründet worden ist (§ 260 Abs. 3 InsO). Bei Fortführung des schuldnerischen Unternehmens durch einen Dritten, der bereits vorher bestand, ist eine Überwachung nur mit dessen Einverständnis möglich.[710] Die Kosten der Überwachung trägt nach § 269 InsO der Schuldner bzw. wenn sich die Überwachung auf die Übernahmegesellschaft erstreckt, diese.

Die Aufhebung der Überwachung nach § 268 InsO sollte erst nach Begleichung dieser Kosten erfolgen, da danach eine insolvenzrechtliche Durchsetzung insbesondere der Ansprüche des Insolvenzverwalters und des Gläubigerausschusses nicht mehr möglich ist.[711]

366   ee) *Zustimmungsbedürftige Rechtsgeschäfte.* Sofern im gestaltenden Teil des Insolvenzplans vorgesehen ist, dass der Schuldner zur Vornahme bestimmter Rechtsgeschäfte der Zustimmung des Insolvenzverwalters bedarf, sind Verfügungen des Schuldners entgegen dieser Regelung absolut unwirksam (§ 263 Satz 1 InsO).[712]

367   ff) *Nicht angemeldete Forderungen.* Im Grundsatz bestimmt § 254b InsO (früher inhaltlich identisch § 254 Abs. 1 Satz 3 InsO a. F.), dass der Plan auch gegenüber solchen Gläubigern Wirkung entfaltet, die ihre Forderungen nicht angemeldet haben. Dies bewirkt jedoch keinen vollständigen Ausschluss dieser Gläubiger mit ihren Forderungen, sondern lediglich, dass diese Gläubiger den im Plan vorgesehenen Beschränkungen unterworfen sind, soweit sie einer im Plan gebildeten Gruppe zugeordnet werden können.[713] Dementsprechend können nicht angemeldete Forderungen nach Bestätigung des Insolvenzplans unvorhergesehene Belastungen des schuldnerischen Vermögens begründen, die den Erfolg des Plankonzepts gefährden. Dieser Gefährdung begegnete das ESUG durch Einführung der §§ 259a, 259b InsO. Nach § 259a InsO kann das Insolvenzgericht auf Antrag des Schuldners **Zwangsvollstreckungen** solcher Nachzügler ganz oder teilweise **aufheben,** für längstens drei Jahre **untersagen** oder einstweilen **einstellen,** wenn diese die Durchführung des Insolvenzplans gefährden. § 259b InsO begründet eine kurze **einjährige Verjährungsfrist** der nicht angemeldeten Forderungen ab Rechtskraft der Planbestätigung und Fälligkeit der Forderung.

---

[710] So auch *Haarmeyer/Wutzke/Förster* S. 1049 Rn. 117.
[711] So *Kübler/Prütting/Otte* InsO § 269 Rn. 3.
[712] *Haarmeyer/Wutzke/Förster* S. 1051 Rn. 121; *Kübler/Prütting/Otte* InsO § 263 Rn. 3.
[713] *Willemsen/Rechel* § 259a Rn. 2; *Nerlich/Römermann/Braun* § 254 Rn. 5.

g) Steuerliche Behandlung der Sanierungsgewinne im Insolvenzplanverfahren. Seit im Jahre 1997 § 3 Nr. 66 EStG gestrichen wurde, sind auch Sanierungsgewinne steuerpflichtig. Damit sind die durch Gläubigerverzicht im Insolvenzplan erzielten Buchgewinne als steuerliche Betriebseinnahme anzusehen und können zu einem steuerpflichtigen Gewinn im Sinne von § 15 EStG führen, was das Unternehmen in der Krise stark belastet. Die Abschaffung des § 3 Nr. 66 EStG wurde mit der Doppelbegünstigung von Sanierungsgewinnen durch Steuerfreiheit und die Möglichkeit des Verlustabzugs (insbesondere auch des Verlustvor- und -rücktrags) begründet.[714] Die Möglichkeit eines zeitlich unbegrenzten Verlustvortrags ist inzwischen durch zahlreiche Regelungen, wie §§ 10d Abs. 2 EStG, 8c KStG, erheblich eingeschränkt worden.[715] 368

Obwohl in Einzelfällen gemäß §§ 163, 222, 227 AO die Steuer von der Finanzverwaltung gestundet bzw. erlassen werden konnte, führten die Änderungen zu Konflikten mit der InsO, die die schnelle und effektive Sanierung fördern sollte.

Aufgrund der Probleme erging im Jahr 2003 ein Erlass des BMF,[716] das eine einheitliche Vorgehensweise der Finanzverwaltung als Beitrag zu mehr Rechtssicherheit festlegte. Demnach soll die Steuer auf einen näher beschriebenen Sanierungsgewinn auf Antrag abweichend festgesetzt, gestundet bzw. erlassen werden.[717] Dabei setzt ein Antrag auf Steuerstundung oder Steuererlass die Sanierungsfähigkeit, -bedürftigkeit, -eignung der Gesellschaft und die Sanierungsabsicht der Gläubiger voraus.[718] Ob der Erlass von Steuern bei Sanierungsgewinnen rechtlich zulässig ist, war nach einer Entscheidung des FG München,[719] das darin eine Verwaltungspraxis contra legem sah, umstritten. Inzwischen hat der BFH den Steuererlass bei Sanierungsgewinnen grundsätzlich für zulässig erklärt.[720] Danach kann in der Aufhebung des § 3 Nr. 66 EStG a. F. nicht die grundsätzliche Entscheidung des Gesetzgebers gesehen werden, dass es allgemein keine Erlassmöglichkeit für die Steuerforderung geben soll; aus der Gesetzesbegründung gehe vielmehr hervor, dass eine Stundung oder ein Erlass in Härtefällen möglich sein muss.[721] Da es sich in dem vom BFH zu entscheidenden Fall, um Sanierungsgewinne aus einer unternehmerbezogenen Sanierung handelte und nicht um solche aus einer unternehmensbezogenen Sanierung, erklärte er die Vorgaben des BMF-Schreibens für nicht anwendbar. Damit blieb eine Entscheidung darüber, ob das Schreiben allgemein zu weitreichende Maßnahmen zulässt, aus. 369

Durch die Vorgaben des BMF wurden zwar die Schwierigkeiten zwischen Steuer- und Insolvenzrecht weitgehend gelöst, in anderen Bereichen haben sich jedoch neue Unklarheiten (Unbestimmtheit der Rechtsbegriffe einzelner Sanierungsvoraussetzung, Verletzung des europäischen Beihilferechts) ergeben.[722] 370

---

[714] *Schmidt/Heinicke* EStG § 3 „Sanierungsgewinn"; vgl. FK-InsO/*Jaffe* § 217 Rn. 106, der auch die Kritik an der Abschaffung der Steuerfreiheit darstellt.
[715] Lüdicke/Sistermann/*Loose*/Maier Unternehmenssteuerrecht § 17 Rn. 11.
[716] BMF Schreiben v. 27.3.2003 BStBl. I 2003 S. 240.
[717] Näher zu den Voraussetzungen Mohrbutter/Ringstmeier/*Vortmann* § 31 Rn. 128 ff. und *Adam* ZInsO 2008, 899 ff.
[718] *Theiselmann* GmbH-StB 2013, 153; FK-InsO/*Jaffe* § 217 Rn. 113.
[719] FG München DStR 2008, 1687, 1688.
[720] BFH DStRE 2010, 1268.
[721] BFH DStRE 2010, 1271.
[722] *Adam* ZInsO 2008, 899 ff.

Teil M. Besondere Beratungsfelder

§ 24 Corporate Compliance in der GmbH

Übersicht

	Rn.
I. Begriffsbestimmung	1–3
1. Corporate Governance	2
2. Corporate Compliance	3
II. Funktionen von Compliance	4–6
III. Rechtliche Grundlagen	7–35
1. Legalitätspflicht	8
2. Einführung von Risikomanagementsystemen	9–12
3. Organisationspflichten nach §§ 130, 30, 9 OWiG	13–18
4. Deliktsrechtliche Organisationspflichten	19–22
5. Informationsmanagement	23–27
6. Einfluss ausländischer Rechtsordnungen	28
7. Besonderheiten in Konzernstrukturen	29–35
a) Geschäftsleitung der Konzernobergesellschaft	30–34
b) Pflichten der Geschäftsleitung der abhängigen Gesellschaften	35
IV. Umsetzung von Compliance	36–66
1. Risiko-Analyse	38–42
2. Organisation	43–51
a) Angemessene Prozesse („proportionality")	44
b) Einstellung der Geschäftsleitung („top level commitment")	45
c) Risikoeinschätzung („risk assessement")	46/47
d) Sorgfältige Prüfung der für das Unternehmen tätigen Personen („due diligence")	48
e) Kommunikation und Schulungen („communication and training")	49/50
f) Beobachtung und Weiterentwicklung („monitoring and review")	51
3. Kommunikation	52
4. Dokumentation	53
5. Überwachung	54
6. Rechtliche Verankerung	55–66
a) Gesellschaftsrechtliche Implikationen	56–61
b) Arbeitsrecht	62–66
V. Herausforderung: Der „Compliance-Vorfall" und „Compliance-Remediation"	67–96
1. Einleitung	67/68
2. Recht und Pflicht zur Durchführung von unternehmensinternen Untersuchungen innerhalb einer GmbH	69–88
a) Die eigenständige GmbH	69–75
b) Aufsichtsrat	76
c) Gesellschafter	77–82
d) Die konzernzugehörige GmbH	83–88
3. Remediations-Maßnahmen	89–96
a) Begriffsbestimmung	89
b) Rechtspflicht zur Remediation	90
c) Praktische Umsetzung (Remediations-Prozess)	91–96
VI. Herausforderung: Compliance bei Vertrieb und Beschaffung	97–111
1. Einleitung	97
2. Compliance beim Einsatz von Vertriebsberatern	98–106
a) Vertragsanbahnungsphase	99–103
b) Vertrags-Laufzeit	104–106
3. Compliance in der Lieferkette	107–111

§ 24

Schrifttum: *Bank,* in: Patzina/Bank/Schimmer/Simon-Widmann, Haftung von Unternehmensorganen, 1. Aufl. 2010; *Becker/Janker/Müller,* Die Optimierung des Risikomanagements als Chance für den Mittelstand, DStR 2004, 1578; *Berg,* Korruption in Unternehmen und Risikomanagement nach § 91 II AktG, AG 2007; 271; *Bergmoser,* Integration von Compliance-Management-Systemen, BB Special 4/2010, Heft 50, 2; *ders./Theusinger/ Gushurst,* Corporate Compliance – Grundlagen und Umsetzung; BB-Special 5/2008; Heft 25, 1; *Beukelmann,* Der Handelsvertreter unter strafrechtlichem Generalverdacht!?, NJW-Spezial 2011, 184; *Borgmann,* Ethikrichtlinien und Arbeitsrecht, NZA 2003, 352; *Brouwer,* Die Unterwerfung unter fremde Lieferantenkodizes – ein zweistufiges Anerkennungskonzept soll für Erleichterung sorgen, CCZ 2010, 228; *Brückner,* Die Aufarbeitung von Compliance-Verstößen – Praktische Erfahrungen und Fallstricke, BB-Special 4/2010, 21; *Buck-Heeb,* in: Hauschka, Corporate Compliance, 2. Aufl. 2010; *Bunting,* ILF Working Paper 132 (2012); *Bussmann/ Salvenmoser,* Der Wert von Compliance und Unternehmenskultur – Ergebnisse der aktuellen Studie von PricewaterhouseCoopers zur Wirtschaftskriminalität, CCZ 2008, 192; *Campos Nave/Zeller,* Corporate Compliance in mittelständischen Unternehmen, BB 2012, 131; *Deister/Geier,* Der UK Bribery Act 2010 und seine Auswirkungen auf deutsche Unternehmen, CCZ 2011, 12; *Demuth/Schneider,* Die besondere Bedeutung des Gesetzes über Ordnungswidrigkeiten für Betrieb und Unternehmen, BB 1970, 642; *Drygala/Drygala,* Wer braucht ein Frühwarnsystem?, ZIP 2000, 297; *Engelhart,* Reform der Compliance-Regelungen der United States Sentencing Guidelines, NZG 2011, 126; *Fett/Theusinger,* Compliance im Konzern – Rechtliche Grundlagen und praktische Umsetzung, BB-Special 4/2010, Heft 50, 6; *Fleischer,* in: Fleischer, Handbuch des Vorstandsrechts, 2006; *Fleischer,* Corporate Compliance im aktienrechtlichen Unternehmensverbund, CCZ 2008, 1; *Fleischer,* Die Sonderprüfung im GmbH-Recht, GmbHR 2001, 45; *Greeve,* in: Hauschka, Corporate Compliance, 2. Aufl. 2010; *Hauschka/Greeve,* Compliance in der Korruptionsprävention – was müssen, was sollen, was können die Unternehmen tun?, BB 2007, 165; *Hellgardt,* Die deliktische Außenhaftung von Gesellschaftsorganen für unternehmensbezogene Pflichtverletzungen – Überlegungen vor dem Hintergrund des Kirch/Breuer-Urteils des BGH, WM 2006, 1514; *Henze/Lübke,* „Virtuelle Reorganisation" im mehrstufigen GmbH-Vertragskonzern, Der Konzern 2009, 159; *Herb,* in: Hauschka, Corporate Compliance, 2. Aufl. 2010; *Hopson/Koehler,* Effektive ethische Compliance-Programme im Sinne der United States Federal Sentencing Guidelines, CCZ 2008, 208; *Idler/ Waeber,* in: Knierim/Rübenstahl/Tsambikakis, Internal Investigation, 2013; *Jäger,* in Jäger/Rödl/Campos Nave, Praxishandbuch Corporate Compliance, 2009; *Kless,* Beherrschung der Unternehmensrisiken: Aufgaben und Prozesse eines Risikomanagements, DStR 1998, 93; *Knoll/Kaven,* in: Wieland/Steinmeyer/Grüninger, Handbuch Compliance-Management, 2010; *Kort,* Compliance-Pflichten und Haftung von GmbH-Geschäftsführern; GmbHR 2013, 566; *Kreitner,* in: Küttner, Personalbuch, 20. Aufl. 2013; *Kremer/Klahold,* Compliance-Programme in Industriekonzernen, ZGR 2010, 113; *Lampert,* in: Hauschka, Corporate Compliance, 2. Aufl. 2010; *Leinekugel,* Voraussetzungen und Grenzen einer GmbH-rechtlichen Sonderprüfung gem. § 46 Nr. 6 GmbHG bei Konflikten unter Gesellschaftern, GmbHR 2008, 632; *Liese,* Much Adoe About Nothing? oder: Ist der Vorstand einer Aktiengesellschaft verpflichtet, eine Compliance-Organisation zu implementieren?, BB-Special 5/2008, 17; Lutter, Konzernphilosophie vs. Konzernweite Compliance und konzernweites Risikomanagement, FS für Goette, 2011, 289; *Lutter,* Theorie der Mitgliedschaft, AcP 180 (1980), 84; *Meier-Greve,* Vorstandshaftung wegen mangelhafter Coporate Compliance, BB 2009, 2555; *Mengel/Hagemeister,* Compliance und arbeitsrechtliche Implementierung im Unternehmen, BB 2007, 1386; *Moosmayer,* Compliance, 2. Aufl. 2012; *Pampel/Krolak,* in: Hauschka, Corporate Compliance 2. Aufl. 2010; *Peemöller/Reinel-Neumann,* Corporate Governance und Corporate Compliance im Akquisitionsprozess, BB 2009, 206; *Potinecke/Block,* in: Knierim/Rübenstahl/Tsambikakis, Internal Investigation, 2013; *Preußner/Becker,* Ausgestaltung von Risikomanagementsystemen durch die Geschäftsleitung – Zur Konkretisierung einer haftungsrelevanten Organisationspflicht, NZG 2002, 846; Rettenmeier/Palm, Das Ordnungswidrigkeitenrecht und die Aufsichtspflicht von Unternehmensverantwortlichen, NJOZ 2010, 1414; *Rodewald,* in: Maschmann, Corporate Compliance und Arbeitsrecht, 2009; *Rodewald/Unger,* Kommunikation und Krisenmanagement im Gefüge der Corporate Compliance-Organisation, BB 2007, 1629; *Schaupensteiner,* Rechtstreue im Unternehmen – Compliance und Krisenmanagement – Konzertiertes Vorgehen statt einzelbetriebliche Maßnahme, NZA-Beil. 2011, 8; *Schneider/Schneider,* Vorstandshaftung im Konzern, AG 2005, 57; *Schneider/Schneider,* Konzern-Compliance als Aufgabe der Konzernleitung, ZIP 2007, 2061; *Schröder,* Anforderungen an einen Compliance-/CSR-Prozess im Lieferantenmanagement (Compliance-Risiko: Korruption), CCZ 2013, 74; *Seibt/Wollenschläger,* Trennungs-Matrixstrukturen im Konzern, AG 2013, 229; *Tauber/Campos Nave,* in: Jäger/Rödl/Campos Nave, Praxishandbuch Corporate Compliance, 2009; *Teicke/Matthiesen,* Compliance-Klauseln als sinnvoller Bestandteil eines Compliance-Systems, BB 2013, 771;*Theusinger,* in: Bross/Flohr, Vertragshandbuch Geschäftsführer – Vorstand – Aufsichtsrat, 2011; *Theusinger/Liese,* Besteht eine Rechtspflicht zur Dokumentation von Risikoüberwachungssystemen i. S. des § 91 II 1 AktG?, NZG 2008, 289; *Vetter,* in: Wecker/van Laack, Compliance in der Unternehmenspraxis, 2008; *Wagner,* „Internal Investigations" und ihre Verankerung im Recht der AG, CCZ 2009, 8; *Wagner,* in: Maschmann, Coporate Compliance und Arbeitsrecht, 2009; *Weber/Lentfer/Köster,* Einfluss der Corporate Governance auf die Kapitalkosten eines Unternehmens – Ein institutionenökonomischer Erklärungsansatz, eine Bestandsaufnahme empirischer Studienergebnisse und eine Partialbetrachtung des Corporate Governance Reporting, ZCG 2007, 53; *Weber/Weißenberger/Liekweg,* Ausgestaltung eines unternehmerischen Chancen- und Risikomanagements nach dem KonTraG, DStR 1999, 1710; *Wiederholt/Walter,* Compliance – Anforderungen an die Unternehmensorganisationspflichten, BB 2011, 968; *Wieneke,* in: VGR, Gesellschaftsrecht in der Diskussion 2010, 2011; *Wolf,* Stand des Risikomanagements in deutschen Unternehmen – Handlungsempfehlungen, BC 2003, 7.

I. Begriffsbestimmung

Der Begriff Corporate Compliance stammt wie der Begriff der Corporate Governance aus der anglo-amerikanischen Rechts- und Wirtschaftsterminologie. Beide Begriffe sind voneinander abzugrenzen. 1

1. Corporate Governance

Corporate Governance umfasst die Rechte, Aufgaben und Verantwortlichkeiten der gesellschaftsrechtlichen Organe.[1] In den anglo-amerikanischen Herkunftsländern wird dieser „Ordnungsrahmen" in erster Linie als Disziplinierungsmittel der Anteilseigner gegenüber dem angestellten Management aufgefasst und somit als Schutz der Anteilseigner verstanden. In Deutschland traf dieser Begriff auf den breiter angelegten Zielmaßstab des Unternehmensinteresses, der jedenfalls für AG und mitbestimmte GmbHs maßgeblich ist. Danach hat die Unternehmensverfassung für einen Ausgleich der im Einzelfall durchaus konfligierenden Interessen von Mehrheits- und Minderheitsgesellschaftern, Beschäftigten, Gläubigern und Öffentlichkeit zu sorgen, wobei der langfristigen Gewinnmaximierung besondere Bedeutung zukommt.[2] Unabhängig vom unterschiedlichen ordnungspolitischen Hintergrund besteht Einigkeit darüber, dass Corporate Governance die Führung eines Unternehmens betrifft, indem sie den rechtlichen und faktischen Ordnungsrahmen bildet, in dem sich die Unternehmung bewegt. 2

2. Corporate Compliance

Unter Corporate Compliance versteht man die Sicherstellung der Einhaltung von Normen und Geboten, die im Zusammenhang mit der Unternehmung stehen.[3] Ziff. 4.1.3 DCGK enthält eine Definition des Begriffs: *„Der Vorstand hat für die Einhaltung der gesetzlichen Bestimmungen und der unternehmensinternen Richtlinien zu sorgen und wirkt auf deren Beachtung durch die Konzernunternehmen hin (Compliance)."* Wenngleich es sich nicht um eine Legaldefinition handelt und der DCGK unmittelbar nur auf deutsche börsennotierte Unternehmen Anwendung findet, lässt sich diese Definition als wohl allgemein anerkanntes Verständnis von Compliance den weiteren Überlegungen zugrunde legen.[4] Führt man sich diese Definition vor Augen, wird klar, dass es sich bei Compliance nicht um eine „Binsenweisheit" handelt. Es geht nicht um die Tatsache, dass Gesetze und Richtlinien zu beachten sind, sondern darum, wie ihre Einhaltung im Unternehmen sichergestellt wird.[5] 3

II. Funktionen von Compliance

Die Regulierung der Unternehmen steigt stetig. Daher beeinflusst das Recht die Führung und strategische Ausrichtung von Unternehmen immer stärker. Im Rahmen dieses Prozesses wird häufig lediglich die reaktive bzw. verhindernde Rolle des Rechts wahrgenommen. Die unterstützende, aktive Rolle wird hingegen oft übersehen.[6] 4

Corporate Compliance kann dazu beitragen, Schadensersatzansprüche Dritter gegen die Gesellschaft und deren Organmitglieder (sog. Außenhaftung) sowie auch eigene Ansprüche 5

---

[1] Vgl. *Hüffer* § 76 Rn. 15a; *Peemöller/Reinel-Neumann* BB 2009, 206, 206; Baumbach/Hueck/*Zöllner/Noack*, Vor § 35 Rn. 13; MünchKommGmbHG/*Stephan/Tieves* § 37 Rn. 36.
[2] Einführend *Hüffer* § 76 Rn. 12 bis 15c; MünchKommAktG/*Spindler*, Vorbemerkung § 76 Rn. 43 bis 47 und 72 bis 80.
[3] *Campos Nave/Zeller* BB 2012, 131; Michalski/*Haas/Ziemons* § 43 Rn. 75d; MünchKommGmbHG/*Fleischer* § 43 Rn. 142.
[4] MünchKommGmbHG/*Stephan/Tieves* § 37 Rn. 25; Baumbach/Hueck/*Zöllner/Noack* § 35 Rn. 68a.
[5] Baumbach/Hueck/*Zöllner/Noack* § 35 Rn. 68a; Hauschka/*Greeve* Corporate Compliance, § 25 Rn. 126; Küttner/*Kreitner* Personalbuch, Compliance Rn. 1.
[6] Bross/Flohr/*Theusinger* Vertragshandbuch Geschäftsführer – Vorstand – Aufsichtsrat, S. 332.

der Gesellschaft gegen ihre Organmitglieder (sog. Innenhaftung) zu vermeiden.[7] Compliance kann allerdings auch helfen, ökonomische Vorteile zu erschließen und Gestaltungsspielräume zu nutzen. So beziehen Banken bei der Vergabe von Krediten zunehmend auch Compliance-Erwägungen in ihre Kredit-Entscheidung ein.[8] Häufig werden auch Compliance-Erklärungen von Auftraggebern oder Kunden verlangt, ohne deren Abgabe Verträge nicht abgeschlossen werden können.[9] Einige Studien kommen auch daher zu dem Ergebnis, dass eine gute Compliance-Organisation bei börsennotierten Unternehmen zu Kurssteigerungen führen könne.[10]

6 Richtig verstanden und umgesetzt leistet Compliance einen Beitrag zur nachhaltigen Steigerung des Unternehmenswertes.[11] Durch Compliance kann das Image eines Unternehmens verbessert werden. Die „Trade Mark", die häufig beliebig austauschbar ist, kann so zur „Trust Mark" werden, die den Kunden – und auch den Mitarbeitern – Verlässlichkeit und Orientierung bietet.[12]

III. Rechtliche Grundlagen

7 Das deutsche Recht enthält keine ausdrücklich so benannte Pflicht, eine Compliance-Organisation einzurichten. Allerdings ergeben sich aus zahlreichen Normen und der Rechtsprechung Anforderungen an die Unternehmensorganisation, die sich nicht substantiell von ausdrücklich so benannten Compliance-Organisationen unterscheiden.[13]

1. Legalitätspflicht

8 Aus § 43 GmbHG folgt, dass das Handeln des Geschäftsführers im Einklang mit der geltenden Rechtslage stehen muss (sog. Legalitätspflicht). Er ist jedoch nicht nur hinsichtlich seines eigenen Handelns zur Wahrung des Rechts verpflichtet, sondern hat zugleich auch durch geeignete organisatorische Maßnahmen für eine unternehmensweite Legalitätskontrolle Sorge zu tragen.[14]

2. Einführung von Risikomanagementsystemen

9 Gemäß § 91 Abs. 2 AktG hat der Vorstand einer Aktiengesellschaft „*geeignete Maßnahmen zu treffen, insbesondere ein Überwachungssystem einzurichten, damit den Fortbestand der Gesellschaft gefährdende Entwicklungen früh erkannt werden.*" Für die GmbH existiert eine entsprechende Regelung zwar nicht. Jedoch besteht nach ganz überwiegender Meinung die Pflicht des Geschäftsführers, ein entsprechendes System einzurichten.[15]

10 Der Geschäftsleiter hat Maßnahmen zu ergreifen, damit nachteilige Veränderungen, die sich erheblich auf die Vermögens-, Finanz- und Ertragslage der Gesellschaft auswirken können, frühzeitig erkannt werden.[16] Hierunter können nicht nur risikobehaftete Geschäfte,

---

[7] Fleischer/*Fleischer* Handbuch des Vorstandsrechts, § 8 Rn. 40–45; *Campos Nave/Zeller* BB 2012, 131, 135.
[8] Jäger/Rödl/Campos Nave/*Jäger* Praxishandbuch Corporate Compliance, S. 32.
[9] Hierzu → Rn. 103 ff.
[10] *Weber/Lentfer/Köster* ZCG 2007, 53.
[11] Bross/Flohr/*Theusinger* Vertragshandbuch Geschäftsführer – Vorstand – Aufsichtsrat, S. 333.
[12] Jäger/Rödl/Campos Nave/*Jäger* Praxishandbuch Corporate Compliance, S. 32; s. ferner *Bussmann/Salvenmoser* CCZ 2008, 192 ff.
[13] Hauschka/*Lampert* Corporate Compliance, § 9 Rn. 1; *Liese* BB–Special 5/2008, 17, 22; *Wiederholt/Walter* BB 2011, 968 f.
[14] Bürgers/Körber/*Israel* § 93 Rn. 7; Spindler/Stilz/*Fleischer* § 91 Rn. 47; MünchKommAktG/*Spindler* § 76 Rn. 17; MünchKommGmbHG/*Fleischer* § 43 Rn. 142.
[15] *Drygala/Drygala* ZIP 2000, 297, 302 f.; Spindler/Stilz/*Fleischer* § 91 Rn. 40; Lutter/*Hommelhoff/Kleindiek* § 42 Rn. 31; MünchKommAktG/*Spindler* § 91 Rn. 42; Michalski/*Haas/Ziemons* § 43 Rn. 65a und 75c; Patzina/Bank/Schimmer/Simon-Widmann/*Bank* Haftung von Unternehmensorganen, Kapitel 8 Rn. 67; Baumbach/Hueck/Zöllner/*Noack* § 43 Rn. 17; Roth/*Altmeppen* § 41 Rn. 15; *Kless* DStR 1998, 93, 94; → § 10 Rn. 48; a.A.: KölnKommAktG/*Mertens/Cahn* § 91 Rn. 17.
[16] Spindler/Stilz/*Fleischer* § 91 Rn. 31 f.; Patzina/Bank/Schimmer/Simon-Widmann/*Bank* Haftung von Unternehmensorganen, Kapitel 8 Rn. 67; Michalski/*Haas/Ziemons* § 43 Rn. 75c.

sondern auch Unrichtigkeiten der Rechnungslegung und Verstöße gegen gesetzliche Vorschriften fallen.[17] Dabei beschränkt sich § 91 Abs. 2 AktG nur auf Bestandsgefährdungen, erfasst also nicht jede nachteilige Entwicklung.[18] Daher müssen von Gesetzes wegen nur die Risiken erkannt werden, die geeignet sind, das Insolvenzrisiko der Gesellschaft erheblich zu steigern (oder sogar die Insolvenz hervorzurufen).[19]

Das Gesetz äußert sich nicht über die im Detail zu ergreifenden, „geeigneten" Maßnahmen. Ein bestimmtes System ist gesetzlich nicht vorgeschrieben.[20] Einigkeit besteht dahingehend, dass die Norm nicht die Einrichtung eines umfassenden betriebswirtschaftlichen Risikomanagements verlangt.[21] Vielmehr sind die erforderlichen Maßnahmen im Einzelfall zu bestimmen, wobei der Geschäftsleiter einen weiten Ermessensspielraum hat.[22] Wesentliche hierbei in Betracht zu ziehende Faktoren sind die Lage und Größe des Unternehmens, sein Risikopotential und die Art seines Kapitalmarktzuganges.[23]

Ab einer bestimmten Größe dürfte daher die Einrichtung einer zentralen Controlling- und Innenrevisionsstelle naheliegen.[24] Ferner ist es erforderlich, dass die Überwachungszuständigkeiten klar definiert sind und detaillierte Berichts- und Dokumentationspflichten vorgegeben werden („risk reporting").[25] Schließlich ist es ratsam, innerhalb des Unternehmens ein Risikobewusstsein zu schaffen und Risikofelder festzulegen, damit eine diesbezügliche zielgerichtete Kommunikation gefördert wird.[26]

Auf die Maßnahmen zur Früherkennung aufbauend, trifft den Geschäftsleiter ferner die Pflicht, fortlaufend zu überwachen, ob die eingeleiteten Maßnahmen auch tatsächlich umgesetzt und eingehalten werden.[27]

3. Organisationspflichten nach §§ 130, 30, 9 OWiG

Weitere Organisationspflichten erwachsen aus den §§ 130, 30, 9 OWiG.

Geschäftsleiter sind verpflichtet durch Aufsichtsmaßnahmen Risiken zu minimieren, die durch den Einsatz von Mitarbeitern entstehen. Der Umfang der Aufsichtspflicht hängt – ähnlich wie im Rahmen des § 91 Abs. 2 AktG – vom Einzelfall ab, insbesondere[28]

- von der Art, Größe und Organisation des Betriebs,
- der Bedeutung der dem einzelnen Mitarbeiter übertragenen Aufgaben,
- den in der Person des jeweiligen betrauten Mitarbeiters liegenden Umständen (Erfahrung, Qualifikation),
- den rechtlichen und tatsächlichen Überwachungsmöglichkeiten,
- der Komplexität des regulatorischen Umfelds des Betriebs und dem Ausmaß der hieraus erwachsenden Risiken,
- seiner Anfälligkeit für Verstöße – insbesondere bei Verstößen in der Vergangenheit[29] – und den potentiellen Folgen solcher Verstöße.[30]

---

[17] Henssler/Strohn/*Dauner-Lieb* Gesellschaftsrecht, § 91 Rn. 7; *Hüffer* § 91 Rn. 6.
[18] Henssler/Strohn/*Dauner-Lieb* Gesellschaftsrecht, § 91 Rn. 7.
[19] Vgl. Bürgers/Körber/*Israel* § 91 Rn. 9; MünchKommAktG/*Spindler* § 91 Rn. 21.
[20] Bürgers/Körber/*Israel* § 91 Rn. 12; Hauschka/*Pampel/Glage* Corporate Compliance, § 5 Rn. 12.
[21] Berg AG 2007, 271; Henssler/Strohn/*Dauner-Lieb* Gesellschaftsrecht, § 91 Rn. 9; *Hüffer* § 91 Rn. 8; tendenziell auch: LG München I NZG 2008, 319; hierzu: *Theusinger/Liese* NZG 2008, 289.
[22] Vgl. auch OLG Frankfurt AG 2008, 453.
[23] Michalski/*Haas/Ziemons* § 43 Rn. 75c; BeckOK GmbHG/*Haas/Ziemons* § 43 Rn. 123.
[24] Bürgers/Körber/*Israel* § 91 Rn. 11; Spindler/Stilz/*Fleischer* § 91 Rn. 36.
[25] Vgl. LG München I NZG 2008, 319; hierzu: *Theusinger/Liese* NZG 2008, 289; Spindler/Stilz/*Fleischer* § 91 Rn. 36; *Becker/Janker/Müller* DStR 2004, 1578, 1579; Hauschka/*Pampel/Krolak* Corporate Compliance, § 16 Rn. 49.
[26] Vgl. KölnKommAktG/*Mertens/Cahn* § 91 Rn. 20; *Weber/Weißenberger/Liekweg* DStR 1999, 1710, 1716; *Wolf* BC 2003, 7.
[27] Henssler/Strohn/*Dauner-Lieb* Gesellschaftsrecht, § 91 Rn. 6; Spindler/Stilz/*Fleischer* § 91 Rn. 36.
[28] Vgl. auch *Meier-Greve* BB 2009, 2555 f.; *Rettenmaier/Palm* NJOZ 2010, 1414, 1417.
[29] KK-OWiG/*Rogall* § 130 Rn. 64 f.
[30] Vgl. OLG Düsseldorf wistra 1999, 115; OLG Zweibrücken NStZ-RR 1998, 311; OLG Köln wistra 1994, 315.

Einigkeit besteht darüber, dass die Intensität der Aufsichtspflicht steigt, wenn es im Unternehmen bereits zu Unregelmäßigkeiten gekommen ist.[31] Rechtsprechung und Literatur haben die Pflichten, die § 130 OWiG den Geschäftsleitern auferlegt, wie folgt präzisiert:

14 • **Auswahl von Mitarbeitern und Aufsichtspersonen:** Der Aufsichtspflichtige hat für eine sorgfältige Auswahl von Mitarbeitern und Aufsichtspersonen zu sorgen, wobei die Sorgfaltsanforderungen von dem mit der Stelle verbundenen Gefährdungspotential abhängen.[32]

15 • **Aufgabenverteilung:** Der Aufsichtspflichtige ist zudem verpflichtet, eine sachgerechte Organisation und genaue Aufgabenverteilung vorzunehmen. Diese Pflicht ist erst dann erfüllt, wenn alle Aufsichtsmaßnahmen, die der Aufsichtspflichtige nicht selbst wahrnimmt, lückenlos verteilt sind.[33] Der Aufsichtspflichtige hat ferner dafür Sorge zu tragen, dass die sachlichen Betriebsmittel, die die Mitarbeiter zur Erfüllung ihrer betriebsbezogenen Pflichten benötigen, funktionsfähig sind.

Bei größeren Betrieben kann sich zudem die Notwendigkeit der Einrichtung einer Revisionsabteilung ergeben, wobei diese personell so auszustatten ist, dass sie ihre Funktion auch tatsächlich ausüben, d.h. häufiger die einzelnen Betriebszweige unangemeldet überprüfen kann.[34]

16 • **Instruktion:** Der Aufsichtspflichtige hat ferner dafür Sorge zu tragen, dass die Mitarbeiter angemessen instruiert und über ihre Aufgaben und Pflichten aufgeklärt werden. Dies gilt insbesondere für Mitarbeiter von Abteilungen, bei denen das Gefahrenpotential besonders hoch ist.

Die Instruktionen sollten so plastisch wie möglich sein. Die einmalige Unterrichtung dürfte in aller Regel nicht ausreichend sein. Selbst wenn es nicht zu Veränderungen der rechtlichen Rahmenbedingungen kommt, dürfte eine Instruktion in regelmäßigen Abständen, deren Länge vom Einzelfall abhängig ist, angemessen sein.[35] Bei neu eingestellten Mitarbeitern müssen die Instruktionen in aller Regel besonders intensiv sein.[36]

17 • **Laufende Überwachung:** Der Aufsichtspflichtige hat eine ausreichende Überwachung und Kontrolle der Mitarbeiter sicherzustellen. Es gilt das Prinzip: *„Delegation bricht nicht Verantwortung".*[37] Kernbestandteil einer ausreichenden Überwachung sind regelmäßige – unangekündigte – Stichproben.[38] Diese sind umso häufiger und intensiver durchzuführen, je risikobehafteter der jeweilige Bereich ist[39] oder je eigenverantwortlicher der betreffende Mitarbeiter handelt.[40]

Zwar gilt im Grundsatz, dass die Kontrollpflicht umso geringer ist, je höher der Mitarbeiter qualifiziert ist.[41] Ist es jedoch in der Vergangenheit bereits zu Verstößen gekommen, besteht eine gesteigerte Überwachungspflicht.[42] Mit anderen Worten: Jeder Verstoß lässt die Anforderungen an die Aufsichtspflicht anwachsen.

18 • **Sanktionen:** Bei Verstößen hat der Aufsichtspflichtige gegen diese einzuschreiten und – je nach Einzelfall – Sanktionen anzudrohen oder zu verhängen. Dabei steht ihm vor allem das arbeitsvertragliche Instrumentarium zur Verfügung, wobei neben den klassischen

---

[31] KK-OWiG/*Rogall* § 130 Rn. 64f.
[32] OLG Düsseldorf BeckRS 2006 07156, unter IV.C.; *Demuth/Schneider* BB 1970, 642, 648.
[33] KK-OWiG/*Rogall* § 130 Rn. 53.
[34] Vgl. BGH BeckRS 2010, 17534 = LMRR 1981, 17.
[35] KK-OWiG/*Rogall* § 130 Rn. 57.
[36] BayObLG NJW 2002, 766; *Rettenmeier/Palm* NJOZ 2010, 1414, 1417.
[37] Vgl. OLG Hamm BeckRS 2003, 30333739; BayObLG NJW 2002, 766.
[38] Vgl. BGH NJW 1972, 1511, 1513f.; OLG Stuttgart NJW 1977, 1410.
[39] Vgl. BGH NJW 1972, 1511, 1513f.; KK-OWiG/*Rogall* § 130 Rn. 58; zur Kartellanfälligkeit: OLG Düsseldorf BeckRS 2007, 00379, unter IV.1.
[40] OLG Düsseldorf BeckRS 2007, 00379, unter IV.1.
[41] OLG Düsseldorf BeckRS 2007, 00379, unter IV.1; Göhler/*König* Kommentar zum Gesetz über Ordnungswidrigkeiten, § 130 Rn. 12; unter Hinweis darauf, dass die Einschaltung einer spezialisierten Anwaltskanzlei mit der kartellrechtlichen Behandlung eines Anteilskaufs enthaftend wirkt: *Rettenmaier/Palm* NJOZ 2010, 1414, 1417.
[42] *Rettenmaier/Palm* NJOZ 2010, 1414, 1417f.; KK-OWiG/*Rogall* § 130 Rn. 64f.

Mitteln der Abmahnung und Kündigung möglicherweise auch die Verhängung von betrieblichen Geldbußen in Betracht kommt.[43]

4. Deliktsrechtliche Organisationspflichten

Nach der Rechtsprechung des BGH[44] treffen die Geschäftsleitung in besonders gelagerten Fällen zum Schutz Dritter Verkehrssicherungs- und Organisationspflichten persönlich, deren Verletzung eine deliktische Außenhaftung begründen kann.[45] Der Geschäftsleiter haftet daher unter Umständen nicht nur für die unmittelbar durch ihn begangene unerlaubte Handlung, sondern auch für mittelbare Rechtsgutverletzungen, die durch Angestellte begangen worden sind.[46] Der BGH geht insoweit davon aus, dass den Geschäftsleiter kraft seiner Zuständigkeit für die Organisation und Leitung des Unternehmens eine Garantenpflicht zum Schutz fremder Rechtsgüter treffe.[47] Daher besteht für den Geschäftsleiter die Gefahr, persönlich für das deliktische Handeln seiner Mitarbeiter einstehen zu müssen. In der Literatur ist umstritten, ob ihn diese Pflicht nicht nur gegenüber gesellschaftsfremden Dritten, sondern auch gegenüber den Gesellschaftern trifft.[48]

Für eine Haftung gegenüber Dritten ist zweierlei erforderlich:

- Der Geschäftsführer muss durch eine persönliche Pflichtverletzung die absoluten Rechte Dritter in Gefahr gebracht haben.[49]
- Es muss eine Garantenstellung des Geschäftsführers zum Schutz dieser Rechtsgüter bestehen. Eine solche kommt nach Auffassung des BGH nur in Sonderkonstellationen in Betracht. So hat der BGH im sog. „Baustoff-Urteil" aus dem Jahr 1989 einen Verstoß des Geschäftsführers eines Bauunternehmens gegen seine Organisationspflicht darin gesehen, dass Mitarbeiter des Unternehmens von einem Baustoffhändler unter verlängertem Eigentumsvorbehalt bezogene Ware abredewidrig verbauten und hierdurch das Vorbehaltseigentum des Baustoffhändlers gemäß § 946 BGB erlosch. Der BGH hat die Garantenpflicht des Geschäftsführers in diesem Fall darin gesehen, dass der Baustoffhändler sein Eigentum der Einflusssphäre des Geschäftsführers anvertraut habe. Aufgrund dieses Umstands habe eine Gefahrenlage für das Vorbehaltseigentum des Baustoffhändlers bestanden, die der Geschäftsführer durch entsprechende Organisation und Koordination habe entschärfen müssen.[50] Inwieweit diese Grundsätze verallgemeinerungsfähig sind, ist in der Literatur umstritten. Manche nehmen eine Garantenpflicht an, wenn es um den Schutz besonders hochrangiger Rechtsgüter geht.[51] Andere verlangen, dass eine Schädigung des Dritten aufgrund der Beschaffenheit der Situation wahrscheinlich ist oder der potentielle wirtschaftliche Schaden besonders hoch wäre.[52] Teilweise wird insoweit davon gesprochen, dass die Mindeststandards der Unternehmensorganisation verletzt sein müssen, damit eine deliktische Außenhaftung in Betracht kommt.[53] Wiederum andere halten es für erforderlich, dass das Missverhältnis zwischen Gefahrenlage und Organisationsstruktur nicht mehr hinnehmbar ist, wobei dies vor allem bei besonders komplexen Vorgängen als naheliegend erachtet wird.[54]

---

[43] Vgl. BayObLG NJW 2002, 766.
[44] Der für das Gesellschaftsrecht zuständige II. Zivilsenat hat sich insoweit kritisch gezeigt, vgl. BGH NJW 1994, 1801.
[45] BGH NJW 1990, 976; bestätigt durch BGH BB 1996, 1027.
[46] Oppenländer/Trölitzsch/*Ziemons* GmbH-Geschäftsführung § 24 Rn. 10.
[47] BGH („Baustoffe") NJW 1990, 976 f.
[48] Vgl. MünchKommBGB/*Wagner* § 823 Rn. 414, 171 unter Verweis auf BGH („Schärenkreuzer") NJW 1990, 2877; dies befürwortend: *Lutter* AcP 180 (1980), 84, 130.
[49] Michalski/Haas/*Ziemons* § 43 Rn. 343; Oppenländer/Trölitzsch/*Ziemons* GmbH-Geschäftsführung § 24 Rn. 17.
[50] BGH NJW 1990, 976, 978.
[51] Vgl. Baumbach/Hueck/Zöllner/*Noack* § 43 Rn. 78, die das Bestehen einer Garantenpflicht aus der Perspektive der betroffenen Rechtsgüter her beantworten und eine solche Pflicht jedenfalls für Leib und Leben Dritter annehmen.
[52] Oppenländer/Trölitzsch/*Ziemons* GmbH-Geschäftsführung § 24 Rn. 19.
[53] *Hellgardt* WM 2006, 1514, 1522.
[54] Lutter/Hommelhoff/*Kleindiek* § 43 Rn. 87; tendenziell: Baumbach/Hueck/Zöllner/*Noack* § 43 Rn. 78.

22 Hingegen ist nicht erforderlich, dass der Geschäftsleiter Kenntnis von einer Rechtsverletzung hat und hiergegen nichts unternimmt – Anknüpfungspunkt ist vielmehr bereits die nicht angemessene Organisation als solche.

5. Informationsmanagement

23 Im Zusammenhang mit der in einem Unternehmen üblichen Delegation von Aufgaben ist es – losgelöst von rechtlichen Pflichten – im Unternehmensinteresse, alle anfallenden Informationen zu filtern und – soweit sie eine über ihren jeweiligen Bereich hinausgehende Bedeutung haben – über bestehende Berichtswege dorthin zu transportieren, wo sie ebenfalls benötigt werden könnten.

24 Ein funktionierendes Informationsmanagement dient auch zur Absicherung vor rechtlichen Risiken. Denn einer Gesellschaft kann unter Umständen Wissen zugerechnet werden, das typischerweise aktenmäßig festzuhalten ist.[55] Um eine solche Zurechnung zu vermeiden, lassen sich folgende Pflichten für ein Informationsmanagement in groben Zügen skizzieren:

25 • **Informationsweiterleitung:** Jeder Empfänger von Informationen in einem Unternehmen ist verpflichtet, diese innerhalb des Unternehmens weiterzugeben, sofern er davon ausgehen kann, dass sie für andere Stellen von Relevanz sind. Dies setzt jedoch voraus, dass die Geschäftsleitung (i) ein entsprechendes Bewusstsein bei den Informationsempfängern schafft und (ii) die Informationswege klar vorzeichnet.[56] Eine generelle Nachforschungspflicht des Einzelnen, ob das von ihm erlangte Wissen an anderer Stelle von Bedeutung sein könnte, dürfte nicht bestehen.[57] Ein hinreichender Anlass soll dabei vorliegen, wenn eine entsprechende Recherche als verkehrsüblich anzusehen wäre.[58]

26 • **Informationsspeicherung:** Neben der Pflicht zur Weiterleitung von bestimmten Informationen kann auch eine Pflicht zur Erhaltung der Information bestehen. Maßgeblich ist, ob der Informationsempfänger zu dem Zeitpunkt, zu dem er Kenntnis von der jeweiligen Information erhält, davon ausgehen darf, dass diese später zumindest mit einer gewissen Wahrscheinlichkeit rechtserheblich werden kann.[59] Die jeweilige Information ist ferner derart zu speichern, dass sie von anderen Unternehmensangehörigen auch gefunden werden kann.[60] Dabei gilt die Regel, dass eine Information umso länger gespeichert werden muss, je erkennbar wichtiger sie ist.[61]

27 • **Informationsabfrage:** Schließlich ist jeder Entscheidungsträger dazu verpflichtet, bei hinreichendem Anlass abzufragen, ob an anderer Unternehmensstelle entsprechende Informationen abgelegt wurden.[62] Dabei besteht auf Seiten des Entscheidungsträgers nur in besonderen Fällen eine Pflicht zur umfassenden Nachforschung.[63]

Die vorstehenden Ausführungen beziehen sich allein auf die Zurechnung gegenüber der Gesellschaft. Die geschilderten Grundsätze sind nicht anwendbar, soweit die Zurechnung von Wissen gegenüber der Geschäftsleitung in Frage steht.[64]

6. Einfluss ausländischer Rechtsordnungen

28 Compliance ist nicht auf den heimischen Markt beschränkt. Gerade in einem exportorientierten Land wie der Bundesrepublik Deutschland ist Compliance auch in den internationalen Kontext einzuordnen. Unternehmen, die international tätig sind, müssen verschiedene Aspekte im Blick behalten: Sie müssen bei ihrer Tätigkeit die jeweilige nationale Rechtsord-

---

[55] BGH NJW 1990, 975 f.; BGH („Altlasten") NJW 1996, 1339 f.
[56] Allgemeiner: Hauschka/*Buck-Heeb* Corporate Compliance, § 2 Rn. 23.
[57] Hauschka/*Buck-Heeb* Corporate Compliance, § 2 Rn. 23.
[58] BGH NJW-RR 1998, 255.
[59] BGH („Altlasten") NJW 1996, 1339 f.
[60] Hauschka/*Buck-Heeb* Corporate Compliance, § 2 Rn. 28.
[61] Hauschka/*Buck-Heeb* Corporate Compliance, § 2 Rn. 34.
[62] Hauschka/*Buck-Heeb* Corporate Compliance, § 2 Rn. 24.
[63] BGH („Altlasten") NJW 1996, 1339 f.
[64] BGH NJW 2001, 359.

nung beachten. Gleichzeitig müssen sie auf Regelungen achten, die eingreifen können, obwohl die Unternehmen in bestimmten Ländern noch nicht einmal über eine Tochtergesellschaft verfügen. Denn diese Normen können eine Reflexwirkung entfalten: Insbesondere in den USA (aufgrund des Foreign Corrupt Practices Act („FCPA")) und Großbritannien (aufgrund des UK Bribery Act) können unter bestimmten Umständen Geldbußen[65] verhängt werden, selbst wenn z. B. Korruptionsdelikte in anderen Regionen der Welt von Mitarbeitern begangen werden. Das Unternehmen kann sich in solchen Fällen regelmäßig nur damit gegen die Verhängung einer Geldbuße verteidigen, wenn es nachweisen kann, dass es ein Compliance-System eingerichtet hat, das den jeweiligen Anforderungen der USA und Großbritanniens genügt, die in den United States Federal Sentencing Guidelines[66] oder in den Erläuterungen zum UK Bribery Act[67] skizziert werden.

7. Besonderheiten in Konzernstrukturen

Die vorigen Ausführungen bezogen sich auf die Pflichten der Geschäftsleiter unverbundener Unternehmen. Ist die Gesellschaft – wie typischerweise – in eine Unternehmensgruppe eingebunden, können sich diese Pflichten verändern. 29

a) **Geschäftsleitung der Konzernobergesellschaft.** Geschäftsleiter von Konzernobergesellschaften trifft – unabhängig von der dogmatischen Herleitung – eine gruppenweite Verantwortung, die sich jedenfalls darauf stützen lässt, dass sie das Vermögen dieser Gesellschaft, das auch in den Beteiligungen der Tochtergesellschaft besteht, zu wahren haben.[68] Daraus ergeben sich folgende Modifikationen mit Blick auf die vorstehend erläuterten Pflichten: 30

- Compliance-Systeme sind nach wohl überwiegender Meinung konzernweit auszulegen.[69] Wenngleich höchstrichterlich noch nicht anerkannt, befürwortet ein Großteil der gesellschaftsrechtlichen Literatur das Bestehen einer entsprechenden Pflicht. Eine derartige Pflicht zur Einrichtung eines konzernweiten Compliance-Systems umfasst auch ausländische Tochtergesellschaften im Rahmen der jeweiligen Rechtsordnung.[70] 31
- Ob die Verpflichtung zur Einrichtung eines Systems zur Früherkennung bestandsgefährdender Risiken auch konzerndimensional gilt, ist noch nicht zweifelsfrei geklärt.[71] Es ist jedenfalls naheliegend[72] und entspricht weit verbreiteter Praxis. 32
- Auch die Organisationspflichten nach den §§ 130, 30, 9 OWiG entfalten jedenfalls de facto konzernweite Wirkung, auch wenn dieses Ergebnis in der juristischen Literatur umstritten ist. Jedenfalls im Zusammenhang mit Kartellverstößen setzt sich der Europäische Gerichtshof über die rechtliche Trennung der Unternehmen im Ergebnis hinweg und ver- 33

---

[65] Als warnendes Beispiel jüngster Zeit ist insbesondere Siemens zu sehen, die wegen des Verstoßes gegen den FCPA allein in den USA Bußgelder in Höhe von rd. 1 Mrd. EUR zahlte. Hinzu kamen in den deutschen Verfahren noch einmal ca. 400 Mio. EUR, vgl. http://www.compliancemagazin.de/markt/unternehmen/siemens171208.html (letzter Aufruf: 23.7.2013).
[66] Vgl. hierzu jüngst: *Engelhart* NZG 2011, 126, der angesichts der am 1.11.2010 in Kraft getretenen Novelle der Guidelines darauf hinweist, dass nunmehr als angemessenes Verhalten nach Verstößen vor allem auch die Selbstanzeige und Kooperation („*self-reporting*" und „*cooperation*") mit den Ermittlungsbehörden in Betracht kommen; vgl. im Übrigen auch: *Hauschka*, Corporate Compliance, § 1 Rn. 42 und *Hopson/Koehler* CCZ 2008, 208 ff.
[67] Abrufbar unter: http://justice.gov.uk/docs/bribery-response-consultation.pdf. Hierzu im Überblick: *Deister/Geier* CCZ 2011, 12.
[68] *Bürgers/Körber/Israel* § 76 Rn. 24; vlg. insoweit auch die Entscheidung des OLG Jena NZG 2010, 226, in dem das Gericht feststellte, dass ein Geschäftsführer seinen Sorgfaltspflichten nur dann gerecht werde, wenn er ein konzernweites Kontrollsystem in der Buchhaltung einrichte, durch welches Scheinbuchungen verhindert werden können; MünchKommGmbHG/*Liebscher* § 13 Anhang Die GmbH als Konzernbaustein Rn. 1063.
[69] *Bunting*, ILF Working Paper 132 (2012), S. 13 m.w.N.; *Fett/Theusinger* BB-Special 4/2010, 6, 9; *Hüffer* § 76 Rn. 9a; MünchKommAktG/*Spindler* § 76 Rn. 17.
[70] *Fett/Theusinger* BB-Special 4/2010, 6, 9.
[71] *Bunting*, ILF Working Paper 132 (2012), S. 4 ff.; Spindler/Stilz/*Fleischer* § 91 Rn. 41; *Lutter*, FS Goette 2011, 289, 295; *Hommelhoff/Matthaus* BFuP 2000, 217, 219 ff.; *Preußner/Becker* NZG 2002, 846 f.; *Schneider/Schneider* AG 2005, 57 f.; a.A.: *Hüffer* § 91 Rn. 6; K. Schmidt/Lutter/*Krieger/Sailer* § 91 Rn. 10; MünchKommAktG/*Spindler* § 91 Rn. 41; Beck'sches HdbGmbH/*Müller/Winkeljohann* § 17 Rn. 306.
[72] *Lutter*, FS Goette (2011), 289, 296; Beck'sches HdbGmbH/*Müller/Winkeljohann* § 17 Rn. 306; MünchKommGmbHG/*Liebscher* § 13 Anhang Die GmbH als Konzernbaustein Rn. 203 f.

hängt Geldbußen an Muttergesellschaften von Tochtergesellschaften, die aus eigenem Antrieb Kartellverstöße begangen haben.[73] Dabei dürfte der konkrete Pflichtumfang davon abhängen, inwieweit die Konzernspitze Durchgriffsmöglichkeiten gegenüber ihren Konzerngesellschaften hat.[74] Da die durch die §§ 130, 30, 9 OWiG geforderte Organisation in den zentralen Punkten deckungsgleich mit den Maßnahmen ist, die im Rahmen eines sachgerechten Compliance-Systems implementiert würden, dürfte sich für die Geschäftsleitung der Konzernobergesellschaft in aller Regel kein darüber hinausgehender Handlungsbedarf ergeben.[75]

34 • Auch die deliktsrechtlichen Organisationspflichten dürften konzernweit gelten. Dies gilt zunächst für den Fall, dass Verkehrssicherungspflichten delegiert werden, da insoweit den ursprünglichen Adressaten der Verkehrssicherungspflicht eine Überwachungspflicht trifft, deren unzureichende Wahrnehmung durch das Organisationsverschulden sanktioniert wird. Aber auch allein durch die in einem Konzern typische Arbeitsteilung, d. h. unabhängig von einer Aufgabendelegation, kann es im Einzelfall für Dritte zu einer Erhöhung der Gefahren kommen. Dies insbesondere deshalb, da es infolge der Konzernorganisation zu Informationsverlusten kommen kann, die sich nachteilig für den Dritten auswirken. Ferner ist in aller Regel allein infolge der Arbeitsteilung auf Konzernseite eine Vielzahl von Personen mit einem Geschäftsvorfall oder einer Maßnahme betraut, so dass sich der „Risikofaktor Mensch" erhöhen kann.[76] Jedoch dürfte auch dieser Pflicht in aller Regel durch die Einführung eines konzernweiten Compliance-Programms Genüge getan sein, insbesondere wenn die Mitarbeiter für die soeben erwähnten Gefahrenpotentiale sensibilisiert, mit konkreten Verhaltensanweisungen bedacht und regelmäßig auf die Einhaltung dieser Anweisungen kontrolliert werden.

35 b) **Pflichten der Geschäftsleitung der abhängigen Gesellschaften.** Jeden Gesellschaftsleiter – auch den einer abhängigen Konzerngesellschaft – treffen die oben genannten Organisationspflichten. Insbesondere hat die Geschäftsleitung auch eine Compliance-Organisation einzurichten.[77] Kommt der Geschäftsleiter allerdings nach sorgfältiger Analyse zu dem Ergebnis, dass durch die Einbindung der Gesellschaft in das Compliance-System des Konzerns alle relevanten Compliance-Risiken, denen die abhängige Gesellschaft ausgesetzt ist, adressiert sind, reicht dies zunächst aus. Der Geschäftsleiter muss – wie oben dargelegt – allerdings regelmäßig prüfen, ob das Compliance-System aus der Sicht seiner Gesellschaft Modifikationen bedarf.

IV. Umsetzung von Compliance

36 Compliance verlangt neben einzelnen organisatorischen Maßnahmen als wesentlichen Baustein eine von Unternehmenswerten getragene Compliance-Kultur. Die Herausforderung guter Compliance liegt darin, diese Kultur im gesamten Unternehmen fest zu verankern und „von oben nach unten zu leben".

37 Für die Umsetzung eines Compliance-Systems sind regelmäßig die nachfolgend genannten Schritte erforderlich, die deutlich machen, dass es sich bei Compliance um eine Querschnittsaufgabe handelt, die jedenfalls rechtliche und betriebswirtschaftliche Aspekte betrifft.

Nach der Ermittlung der Grundlagen eines Compliance-Systems gilt es, dieses rechtlich sicher im Unternehmen zu verankern (hierzu → Rn. 6).

1. Risiko-Analyse

38 Zu Beginn der Umsetzung eines Compliance-Systems steht immer eine Risiko-Analyse, die sich im Regelfall auf die Bereiche Recht, Organisation und Personal erstrecken sollte.

---

[73] EuGH („Akzo Nobel") EuZW 2009, 816, 821 f.; EuGH („Höfner und Elser") NJW 1991, 2891 Rn. 21.
[74] KK-OWiG/*Rogall* § 130 Rn. 26.
[75] Vgl. *Liese* BB-Special 5/2008, 17, 22.
[76] *Bunting*, ILF Working Paper 132 (2012), S. 19.
[77] *Kort* GmbHR 2013, 566, 572.

Die Verbindung dieser Bereiche ist empfehlenswert, um im Anschluss an die Analyse ein effektives Compliance-System implementieren zu können. Ziel dieser Untersuchung ist es, die bestehende Organisation daraufhin zu überprüfen, ob sie in der Lage ist, Haftungsrisiken zu identifizieren und nach Möglichkeit zu vermeiden, jedenfalls aber zu minimieren.[78]

Dazu müssen die wesentlichen Haftungsrisiken ermittelt werden, wobei es zum einen um allgemeine Risiken geht, zum anderen sektorspezifische Risiken zu ermitteln sind, die sich aus dem jeweiligen Tätigkeitsfeld der Unternehmung ergeben. Dabei sollte sich der Blick zunächst auf die wesentlichen Risiken richten, bei deren Realisierung gewichtige Schäden drohen.[79]

In einem weiteren Schritt sind dann die betrieblichen Funktionen zu analysieren. Dazu zählen bspw. die Geschäftsleitung, Einkauf, Marketing & Vertrieb und das Rechnungswesen. Besonders anfällig für typische Compliance-Risiken wie Bestechung und kartellrechtswidriges Verhalten sind die Funktionen Einkauf und Marketing & Vertrieb. Bei der Analyse dieser Funktionen muss ermittelt werden, ob die Einheiten so organisiert sind, dass die genannten Risiken erkannt und Gegenmaßnahmen ergriffen wurden.[80]

Schließlich wird untersucht, ob die bestehende Unternehmensorganisation zur Vermeidung von Haftungsrisiken beiträgt, ob bereits typische Elemente eines Compliance-Systems vorhanden sind, bspw. Schulungen, Verhaltenskodizes und Whistleblowing-Systeme. Teil dieser Analyse ist auch die Untersuchung der Stellung des Compliance-Officer bzw. Compliance-Beauftragten.

Teil einer umfassenden Untersuchung muss auch das oben skizzierte Wertesystem eines Unternehmens sein, da die Unternehmenskultur eine wesentliche Voraussetzung für die Effizienz eines Compliance-Programms ist. Die so skizzierte Analyse bildet die Grundlage für die Implementierung der Compliance-Organisation im Unternehmen.

2. Organisation

Bei der Verankerung von Compliance im Unternehmen sind klare Organisationsstrukturen erforderlich. Ziel ist es, Strukturen zu schaffen, vorhandene Strukturen zu modifizieren oder sich vorhandener Strukturen zu bedienen, um (rechtliche) Risiken erkennbar und beherrschbar zu machen. Regelmäßig bedarf es dazu einer entsprechenden Aufbauorganisation. Innerhalb dieser Aufbauorganisation sind Abläufe festzulegen, durch die etwa gewährleistet wird, dass Informationen gewonnen, gesammelt, verteilt und ausgewertet werden. Diese Informationen bilden die Grundlage für Entscheidungen, die regelmäßig nach im Voraus festgelegten Kriterien und Routinen getroffen werden. Solche Strukturen werden in der Ablauforganisation abgebildet.[81] Häufig entfalten bereits solche Abläufe verhaltenssteuernde Wirkungen. Auf der Basis dieses Grundmusters gibt es viele typische Bestandteile einer Compliance-Organisation. Im In- und Ausland dürften folgende Elemente, die sich im Kern sowohl in Verlautbarungen des IDW wie auch in den Anforderungen der US Sentencing Guidelines oder den Erläuterungen des UK Bribery Acts finden, allgemein anerkannt sein:

a) **Angemessene Prozesse** („proportionality"). Grundsätzlich dürften folgende Aspekte bei der Gestaltung angemessener Prozesse zu beachten sein:[82]
- Einsatz finanzieller Steuerungsmechanismen (Buchhaltung, Abschlussprüfung);
- Herstellung von Transparenz bei Geschäftsentscheidungen;
- Dezentralisierung der Entscheidungsprozesse, z.B. durch Aufteilung bestimmter Zuständigkeiten oder Zustimmungserfordernisse bei der Bewilligung bestimmter Ausgaben („4-Augen-Prinzip");

---

[78] *Bergmoser/Theusinger/Gushurst* BB Special 5/2008, 1, 9; *Wieland/Steinmeyer/Grüninger/Knoll/Kaven* Handbuch Compliance-Management, S. 457ff.; *Moosmayer*, Compliance, S. 23ff.
[79] *Bergmoser/Theusinger/Gushurst* BB Special 5/2008, 1, 9; *Jäger/Rödl/Campos Nave/Tauber/Campos Nave* Praxishandbuch Corporate Compliance, S. 391, 392.
[80] *Wecker/van Laack/Vetter* Compliance in der Unternehmenspraxis, S. 42.
[81] *Bergmoser/Theusinger/Gushurst* BB Special 5/2008, 1, 9ff.; *Maschmann/Rodewald* Corporate Compliance und Arbeitsrecht, S. 31, 35.
[82] Vgl. The Bribery Act 2010 – Guidance, S. 21 (1.2).

- Überprüfung sämtlicher bestehender oder avisierter Vertragsverhältnisse und zwar sowohl intern (Angestellte, Handelsvertreter etc.) als auch extern (Kunden, Lieferanten etc.);
- Erlass von Richtlinien für bestimmte Themenkomplexe wie beispielsweise die Annahme von Geschenken, die Pflege von Geschäftsbeziehungen, die Vergabe von Spenden bzw. Sponsoring usw.;
- Überwachung der Einhaltung der erlassenen Regeln und konsequente Sanktionierung von Verstößen;
- Erstellung detaillierter Pläne, wie die präventiven Maßnahmen im Unternehmen implementiert und wie die Maßnahmen innerhalb des Unternehmens kommuniziert werden sollen;
- Laufende Überwachung der ergriffenen Maßnahmen und regelmäßige Überprüfung auf Effektivität und Angemessenheit.

Wie umfangreich diese Maßnahmen sein müssen, hängt von der Art, Größe und Komplexität des Unternehmens sowie der Korruptionsanfälligkeit der Länder ab, in denen das Unternehmen aktiv ist.[83]

45 b) **Einstellung der Geschäftsleitung** („top level commitment"). Erforderlich ist, dass die Geschäftsleitung gegenüber den relevanten Führungsebenen des Unternehmens, Schlüsselpersonen und Geschäftspartnern deutlich macht, dass Korruption nicht toleriert wird.[84]

46 c) **Risikoeinschätzung** („risk assessment"). Ferner hat das Unternehmen eine eigene Risikoanalyse durchzuführen.[85] Für eine solche Risikoanalyse müssen angemessene Ressourcen zur Verfügung gestellt werden und die internen und externen Informationsquellen für eine derartige Analyse identifiziert und überprüft werden. Wichtig sei dabei, dass die Führungsebene des Unternehmens einen Überblick über die jeweilige Risikolage habe und die Ergebnisse der Analyse dokumentiert werden.[86] Schließlich sei eine solche Risikoanalyse regelmäßig durchzuführen – insbesondere, wenn sich der Zuschnitt des Unternehmens oder die Art seiner wirtschaftlichen Betätigung ändere.[87]

47 Daher kann zwischen externen und internen Risikofaktoren differenziert werden:
Die **externen Risiken** für Bestechungen werden kategorisiert nach (i) länderspezifischen, (ii) sektorenspezifischen, (iii) transaktionsspezifischen, (iv) projektspezifischen und (v) geschäftspartnerspezifischen Risiken.

Die **internen Risiken** werden unterteilt in (i) Defizite bei den Mitarbeitern hinsichtlich des Trainings, der Fähigkeiten oder des Wissens, (ii) der Unternehmenskultur, (iii) der unzureichenden unternehmensinternen Richtlinien, (iv) der unzureichenden finanziellen Kontrollmechanismen und (v) des Fehlens eines klaren Bekenntnisses der Führungsebene zur Compliance.[88]

48 d) **Sorgfältige Prüfung der für das Unternehmen tätigen Personen** („due diligence"). Vor der Begründung von Geschäftsbeziehungen (insbesondere zu Beratern) oder der Anstellung von Mitarbeitern sind Informationen über diese einzuholen, um das Risiko zu minimieren, dass diese Geschäftspartner oder Mitarbeiter Bestechungsdelikte begehen.[89]

49 e) **Kommunikation und Schulung** („communication and training"). Damit die präventiven Maßnahmen auch von den Mitarbeitern des Unternehmens verinnerlicht und diese hinreichend sensibilisiert werden, wird einerseits zu einer klaren Kommunikation der vom Unternehmen erlassenen Verhaltensrichtlinien und andererseits zu einer regelmäßigen Schulung der Mitarbeiter geraten. Die unternehmensinterne Kommunikation der ergriffenen Maßnahmen hat dabei klar, verständlich und praxisnah zu erfolgen. Es sollte für jeden Mitarbei-

---

[83] Vgl. The Bribery Act 2010 – quick start guide, S. 4 (1).
[84] Vgl. The Bribery Act 2010 – quick start guide, S. 4 (2).
[85] Vgl. The Bribery Act 2010 – quick start guide, S. 4 (3).
[86] Vgl. The Bribery Act 2010 – Guidance, S. 25 (3.3).
[87] Vgl. The Bribery Act 2010 – Guidance, S. 25 (3.3).
[88] Vgl. The Bribery Act 2010 – Guidance, S. 26 (3.6).
[89] Vgl. The Bribery Act 2010 – quick start guide, S. 4 (4).

ter ohne größere Schwierigkeiten ersichtlich sein, welches Verhalten vom Unternehmen missbilligt wird und wie er sich in „Grenzfällen" zu verhalten hat.[90] Kommunikation soll ferner nicht nur „von oben" kommen, sondern in beide Richtungen erfolgen. Daher wird zur Errichtung einer Whistleblower-Hotline oder einer ähnlichen Reporting-Stelle geraten, über die neben Verstößen auch Verbesserungsvorschläge gemacht werden können („speak-up procedures").[91] Neben dieser unternehmensinternen Kommunikation kann es sich zur weiteren Risikoreduzierung der Guidance zufolge auch anbieten, dass das jeweilige Unternehmen seine Präventionsmaßnahmen, deren Überwachung und die Sanktionierung von Verstößen anderen Marktteilnehmern oder der Öffentlichkeit mitteilt.

Ähnlich wie die Kommunikation soll auch das Training innerhalb des Unternehmens individuell auf die jeweilige Risikolage eines Unternehmensteils abgestimmt sein. Ein besonderer Fokus soll der Guidance zufolge auf die Bereiche Vertrieb, Einkauf, Vertragsabschluss und Marketing gelegt werden. Zumindest für Neuangestellte, Vertreter oder andere „high risk persons" sollte die Teilnahme an einer solchen Schulung zwingend sein. Hinsichtlich der Art des Trainings bieten sich vom klassischen Fortbildungsseminar bis hin zum E-Learning vielfältige Medien an. In jedem Fall sollte das Training regelmäßig wiederholt, überwacht und ausgewertet werden.[92]

f) Beobachtung und Weiterentwicklung („monitoring and review"). Schließlich ist es erforderlich, das Compliance-System laufend zu überwachen und entsprechend zu verbessern.[93]

3. Kommunikation

Ein wesentlicher Schritt nach Durchführung der Risikoanalyse und dem Design des Compliance-Systems ist die Kommunikation des Compliance-Gedankens in das Unternehmen.[94] Die Botschaft, dass sich das Unternehmen an die maßgeblichen Rechtsvorschriften wie auch an die internen Vorschriften und Regularien halten will und dazu entsprechende Maßnahmen zur Prävention und Kontrolle getroffen hat, muss in geeigneter Weise im Unternehmen und an Geschäftspartner kommuniziert werden. Ein deutliches Bekenntnis zur Compliance kann die Reputation des Unternehmens ggü. Stakeholdern und Marktteilnehmern stärken. Für den Erfolg einer solchen Kommunikation ist entscheidend, auf den jeweiligen Hierarchieebenen „den richtigen Ton zu treffen". Ebenso wichtig ist es, in diesen jeweiligen Ebenen bestehende Risiken für die Compliance anzusprechen und auch die notwendigen Maßnahmen zur Risikominimierung vorzugeben. In der Praxis finden sich viele Instrumente, die grds. geeignet sind, Compliance zu transportieren, z. B.:

- Mission Statement,
- Code of Conduct,
- Compliance-Handbücher,
- Interne Schulungen inkl. E-Learning.

4. Dokumentation

Ein weiterer Baustein einer effizienten Compliance ist die Dokumentation, insb. der Entscheidungen, Prozesse, Maßnahmen und Berichtswege im Unternehmen. So ist eine schriftliche Fixierung der Geschäftsverteilung seit langem von der steuerrechtlichen Rechtsprechung als wesentliche Voraussetzung für eine Entlastung der Organmitglieder von ihren Pflichten nach der AO anerkannt.[95] Die Bedeutung einer ausführlichen Dokumentation folgt zudem aus § 93 Abs. 2 Satz 2 AktG, der analog auch für die GmbH gilt: Im Zweifelsfall haben die Mitglieder der Geschäftsleitung zu beweisen, dass sie die Sorgfalt eines ordentlichen und

---

[90] Vgl. The Bribery Act 2010 – Guidance, S. 29 (5.2, 5.3).
[91] Vgl. The Bribery Act 2010 – Guidance, S. 29 (5.3).
[92] Vgl. The Bribery Act 2010 – Guidance, S. 30 (5.6-5.8).
[93] Vgl. The Bribery Act 2010 – quick start guide, S. 4 (6).
[94] *Bergmoser/Theusinger/Gushurst* BB Special 5/2008, 1, 10; *Moosmayer*, Compliance, S. 43 ff.
[95] So etwa BFHE 141, 443; dazu näher MünchKommAktG/*Spindler* § 93 Rn. 166.

gewissenhaften Geschäftsleiters eingehalten haben.[96] Ohne eine ausreichende Dokumentation dürfte das außerordentlich schwer fallen. Für internationale Unternehmen ist dies besonders wichtig, weil die Strafmilderung bspw. nach den bereits angesprochenen United States Federal Sentencing Guidelines nur greift, wenn der Nachweis gelingt, dass ein hinreichendes Compliance-System geschaffen worden ist.

5. Überwachung

54   Schließlich bedarf es fortlaufender Anstrengungen der Unternehmensleitung und der für das Compliance-Verfahren zuständigen Mitarbeiter zur stetigen Verbesserung des Verfahrens und damit zur Überwachung der Compliance.[97] Allein die sich ständig verändernden rechtlichen Rahmenbedingungen machen entsprechende Maßnahmen erforderlich. So verpflichtet etwa § 130 OWiG dazu, die Aufsicht in einer Weise zu führen, dass grds. sämtliche betriebsbezogenen Pflichten eingehalten werden.[98] Ein Weg, diese Verpflichtung zu erfüllen, ist die laufende Schulung und Weiterbildung der Mitarbeiter des Unternehmens, damit diese die relevanten rechtlichen Risiken besser erkennen und entsprechend reagieren können. Eine einmalige Weiterbildung dürfte lediglich einen eingeschränkten Lerneffekt haben.

6. Rechtliche Verankerung

55   Der Aufbau der Compliance-Organisation folgt häufig nicht den gesellschaftsrechtlichen Strukturen. Vielmehr wird Compliance zentral gesteuert. Bei der Implementierung von Compliance-Strukturen ist daher darauf zu achten, dass betriebswirtschaftliche Weisungen und rechtliche Grundlagen übereinstimmen.

Im Überblick ergeben sich aus gesellschafts- und arbeitsrechtlicher Sicht folgende Anforderungen an die rechtliche Verankerung der Compliance:

56   a) **Gesellschaftsrechtliche Implikationen.** Aus gesellschaftsrechtlicher Sicht gilt es insbesondere, ein direktes Weisungsrecht des sog. Matrixmanagers gegenüber der Geschäftsleitung des Konzernunternehmens zu verankern (dazu → Rn. 60, zum Weisungsrecht gegenüber den Mitarbeitern → Rn. 65 und den Informationsfluss an den Geschäftsführer der abhängigen Gesellschaft sicherzustellen (dazu → Rn. 62).

57   aa) *„Übertragung" des Weisungsrechts gegenüber dem Geschäftsführer an den Matrixmanager.* Die Geschäftsführung einer Tochter-GmbH ist grundsätzlich verpflichtet, die Weisungen ihrer Gesellschafter zu befolgen. In einer Matrixorganisation ist der Matrixmanager in aller Regel nicht personenidentisch mit dem Geschäftsleiter der weisungsbefugten Obergesellschaft. Gesellschaftsrechtliches und faktisches Weisungsrecht fallen auseinander.

Das gesellschaftsrechtliche Weisungsrecht muss daher – untechnisch gesprochen – auf den Matrixmanager „übertragen" werden.

58   Um dem Matrixmanager die Einflussnahme auf die Geschäftsführung zu ermöglichen, kann er zur Ausübung des Weisungsrechts der Gesellschafterversammlung bevollmächtigt werden. Dafür braucht er nicht notwendigerweise Mitarbeiter des herrschenden Unternehmens zu sein, er muss noch nicht einmal dem Konzern angehören.[99] Zwar ist der zulässige Umfang einer solchen Bevollmächtigung im Einzelnen umstritten. Die rechtswissenschaftliche Literatur hält sie für zulässig, sofern sie (i) widerruflich ist, (ii) im Hinblick auf die Gesellschafterversammlung keine verdrängende Wirkung hat[100] und (iii) inhaltlich nicht das komplette Weisungsrecht erfasst.[101] Die Bevollmächtigung muss sich also auf bestimmte Bereiche beschränken. Ferner wird es für zulässig gehalten, das Weisungsrecht inhaltlich-

---

[96] Etwa Spindler/Stilz/*Fleischer* § 93 Rn. 207–211.
[97] *Bergmoser/Theusinger/Gushurst* BB Special 5/2008, 1, 10.
[98] *Liese* BB Special 5/2008, 17, 22; Hauschka/*Pelz* Corporate Compliance, § 6 Rn. 2.
[99] Zur Delegation des beherrschungsvertraglichen Weisungsrechts: K. Schmidt/Lutter/*Langenbucher* § 308 Rn. 13.
[100] *Henze/Lübke*, Der Konzern 2009, 159 f.; *Seibt/Wollenschläger* AG 2013, 229, 234; VGR/*Wieneke* Gesellschaftsrecht in der Diskussion 2010, 2011, S. 91, 98.
[101] *Seibt/Wollenschläger* AG 2013, 229, 234.

funktional aufzuspalten und mehrere Matrixmanager mit seiner Teilausübung zu bevollmächtigen.

bb) Ausgestaltung der Berichtswege. Da der Geschäftsführer der abhängigen Gesellschaft zur Erfüllung seiner Pflichten auf Informationen angewiesen ist, z. B. über die wirtschaftliche Situation der Gesellschaft, gleichzeitig aber aufgrund der Einbindung „seiner" Gesellschaft in eine Matrixorganisation nicht immer die operativen Entwicklungen der Gesellschaft verfolgt, bietet sich die Einführung eines Informationssystems an, das sicherstellt, dass die Geschäftsführung alle relevanten Informationen erreicht. Dabei sind insbesondere zwei Gestaltungsmöglichkeiten denkbar: 59

- Zum einen wäre es möglich, den vollständigen Informationsfluss zwischen Matrixgesellschaft und Matrixmanager gesellschaftsrechtlich nachzuzeichnen, so dass der Geschäftsführer letztlich über dieselben Berichte und Informationen verfügen würde, wie der Matrixmanager. Diese „große Lösung" hätte aus haftungsrechtlicher Sicht den Vorteil, dass der Geschäftsführer aufgrund der Parallelität der Informationen jedenfalls theoretisch vollständig informiert wäre. Jedoch wird dieser Vorteil in praxi regelmäßig dadurch relativiert, dass eine derartige Parallelität der Informationen nicht nur erheblichen Verwaltungsaufwand für die Gesellschaften nach sich zieht, sondern auch den – regelmäßig anderweitig im Unternehmen eingesetzten – Geschäftsführer einer Informationsflut aussetzt. 60
- Daher könnte es sich anbieten, auf der Grundlage eines vorher festgelegten Katalogs die Informationen danach zu filtern, ob sie potentiell für den Geschäftsführer relevant sind. Darüber hinaus bieten sich regelmäßige Statusberichte beispielsweise hinsichtlich der wirtschaftlichen Situation der Gesellschaft an.[102] 61

Zugleich ist auch die Obergesellschaft zumindest über die wesentlichen Weisungen durch den Matrixmanager zu unterrichten, damit diese ggf. prüfen kann, ob sie durch den Matrixmanager erteilte Weisungen widerruft. Insbesondere steuerliche Gesichtspunkte können für eine solche Regelung sprechen.

b) Arbeitsrecht. Bei der Einführung eines umfassenden Compliance-Systems oder bei Bausteinen eines solchen Systems – wie z. B. Ethikrichtlinien – geht es um die arbeitsrechtliche Festlegung, Umsetzung und Kontrolle von Verhaltenspflichten der Mitarbeiter.[103] Daher sollen nachfolgend die wesentlichen arbeitsrechtlichen Instrumente der Verankerung von Compliance-Strukturen im Überblick dargestellt werden. Es handelt sich dabei um das Direktionsrecht des Arbeitgebers, die arbeitsvertragliche Vereinbarung sowie den Abschluss einer Betriebsvereinbarung. Ergänzend ist immer zu prüfen, ob die beabsichtigte Maßnahme die Mitbestimmungsrechte des Betriebsrats aus § 87 BetrVG berührt. 62

aa) Direktionsrecht. Das arbeitsrechtliche Direktionsrecht ergibt sich aus § 315 BGB sowie aus § 106 GewO. Nach § 106 GewO kann der Arbeitgeber Inhalt, Ort und Zeit der Arbeitsleistung unter Wahrung der Interessen des Arbeitnehmers nach billigem Ermessen näher bestimmen, soweit diese Arbeitsbedingungen nicht durch den Arbeitsvertrag, Bestimmungen einer Betriebsvereinbarung, eines anwendbaren Tarifvertrags oder gesetzliche Vorschriften festgelegt sind. Sofern Weisungen also arbeitsvertragliche Pflichten konkretisieren, können sie genutzt werden, um Compliance-Regelungen einzuführen. 63

Die Rechtfertigung solcher Regelungen hängt von der Nähe zum Tätigkeitsbereich des Arbeitnehmers ab. Ist ausschließlich dieser Bereich betroffen, können Compliance-Regeln grds. ohne Weiteres einseitig vom Arbeitgeber aufgestellt werden. Regelungen, die sowohl den privaten als auch den tätigkeitsbezogenen Bereich betreffen, sind zulässig, wenn gewichtige Gründe des Arbeitgebers dafür sprechen. Regelungen zum außerdienstlichen Verhalten unterfallen regelmäßig nicht dem Direktionsrecht, können aber im Ausnahmefall wirksam sein.[104] 64

---

[102] VGR/*Wieneke* Gesellschaftsrecht in der Diskussion 2010, 2011, S. 91, 111 f.
[103] Ausführlich zum Ganzen: *Mengel,* Compliance und Arbeitsrecht, Kap. 1 Rn. 8.
[104] Dazu näher Maschmann/*Wagner* Corporate Compliance und Arbeitsrecht, S. 70.

Das arbeitsrechtliche Direktionsrecht kann bei ordnungsgemäßer Bevollmächtigung auch vom zuständigen Matrixmanager ausgeübt werden.[105]

65 bb) *Vertrag.* Die Einbeziehung von Compliance-Regeln in den Arbeitsvertrag ist erforderlich, wenn die Arbeitsunternehmerpflichten dadurch erweitert werden sollen, da dies die Grenzen des Direktionsrechts übersteigt. Problemlos möglich ist dies bei der Neueinstellung von Mitarbeitern oder durch eine einvernehmliche Vereinbarung mit dem einzelnen Arbeitnehmer in bereits bestehenden Arbeitsverhältnissen. Fraglich ist allerdings, ob die Einführung solcher vertraglicher Regelungen gegen den Willen des betreffenden Mitarbeiters durch eine Änderungskündigung möglich ist. In Betracht kommt eine solche Änderungskündigung nach § 2 KSchG nur, wenn dringende betriebliche Erfordernisse für die Einführung der Compliance-Regelung sprechen, also bspw. bei einer entsprechenden gesetzlichen Verpflichtung des Unternehmens, die einer Weiterbeschäftigung zu den bisherigen Arbeitsbedingungen entgegenstehen, und die neuen Regelungen für den Arbeitnehmer zumutbar sind.[106] Darüber hinaus muss jede einzelne Compliance-Regelung sozial gerechtfertigt sein, ansonsten ist die gesamte Änderungskündigung unwirksam.[107] Schließlich ist die Änderungskündigung unwirksam, wenn die Compliance-Regel auch durch das Direktionsrecht als vorrangiges milderes Mittel einbezogen werden kann.[108] Möglich ist es allerdings, eine unwirksame Änderungskündigung in eine wirksame Ausübung des Direktionsrechts umzudeuten.[109]

66 cc) *Betriebsvereinbarung.* Wenn ein Betriebsrat besteht, lassen sich Compliance-Regeln auch (mit Ausnahme der leitenden Angestellten i.S.v. § 5 Abs. 3 BetrVG) durch eine Betriebsvereinbarung implementieren. Ein derartiges Vorgehen wird häufig ohnehin erforderlich sein, da zahlreiche Elemente eines Compliance-Systems mitbestimmungspflichtig sein können.[110] Im Einzelfall kann eine Betriebsvereinbarung zudem hilfreich sein: So wird deutlich, dass auch der Betriebsrat hinter den dort verankerten Zielen steht. Dieses Signal kann die Akzeptanz der aufgestellten Regeln unter den Mitarbeitern erhöhen.[111]

V. Herausforderung: Der „Compliance-Vorfall" und „Compliance-Remediation"

1. Einleitung

67 Tritt in einem Unternehmen ein Compliance-Vorfall auf, stellt sich die Frage, welche Verpflichtungen sich für die Unternehmensleitung hieraus ergeben. Ein Compliance-Vorfall bezeichnet eine Situation, in der ein Unternehmen, eine andere Organisation, die Justiz, einzelne Mitarbeiter oder die Öffentlichkeit Hinweise auf Verstöße gegen eine für das Unternehmen verbindliche rechtliche Vorschrift oder eine Norm, die sich aus moralisch-ethischen Wertevorstellungen relevanter Interessensvertreter ableitet, erlangt.[112] Bei einem solchen Compliance-Vorfall rückt das betroffene Unternehmen unaufhaltsam und unwiderruflich in den Fokus von Untersuchungsbehörden und der Öffentlichkeit und es drohen substantielle Geldbußen, eine Strafverfolgung der Geschäftsführung und Aufsichtsorgane sowie Reputationsschäden.

68 Zunehmend in den Fokus gerückt sind dabei die Fragen nach der rechtlichen Gebotenheit der Durchführung einer unternehmensinternen Untersuchung, einer sogenannten „Internal Investigation", sowie nach der rechtlichen Gebotenheit von sogenannten „Remediations-Maßnahmen", also aus Compliance-Vorfällen abgeleitete Maßnahmen zur Fortentwicklung

---

[105] BAG NZA 1998, 1242.
[106] *Borgmann* NZA 2003, 352, 354f.; *Mengel/Hagemeister* BB 2007, 1386, 1390f.
[107] *Mengel,* Compliance und Arbeitsrecht, Kap. 1 Rn. 36 m.w.N.
[108] BAG NZA-RR 2009, 300; *Mengel/Hagemeister* BB 2007, 1386, 1390f m.w.N.
[109] LAG Berlin NZA-RR 2000, 131; *Borgmann* NZA 2003, 352, 355; zum Ganzen *Mengel,* Compliance und Arbeitsrecht, Kap. 1 Rn. 31 ff.
[110] Maschmann/*Wagner* Corporate Compliance und Arbeitsrecht, S. 77.
[111] *Mengel,* Compliance und Arbeitsrecht, Kap. 1 Rn. 50ff.
[112] Definition in Anlehnung an Knierim/Rübenstahl/Tsambikakis/*Idler/Waeber* Internal Investigations, Kap. 20 Rn. 4.

des Compliance-Programms. Diese beiden Fragen werden im Folgenden im Hinblick auf das GmbH-Recht behandelt.[113]

2. Recht und Pflicht zur Durchführung von unternehmensinternen Untersuchungen innerhalb einer GmbH

a) Die eigenständige GmbH. Unternehmensinterne Untersuchungen spielen längst nicht mehr nur bei börsennotierten Kapitalgesellschaften oder Konzernen eine Rolle. Dies gilt gleichermaßen für konzernzugehörige als auch für eigenständige Gesellschaften. Insbesondere im Bereich der mittelständischen Gesellschaften, die als Subunternehmer auch für börsennotierte Konzerne tätig sind, werden konzerninterne Compliance-Vorgaben immer häufiger verpflichtend an alle Subunternehmer und damit regelmäßig auch an GmbHs weitergegeben.[114] 69

Daher stellt sich die Frage, ob bei einer GmbH eine rechtliche Verpflichtung zur Durchführung von unternehmensinternen Untersuchungen bei Compliance-Vorfällen besteht. Eine solche Verpflichtung kann sich sowohl aus dem Gesellschaftsrecht als auch aus dem Ordnungswidrigkeitenrecht ergeben. 70

aa) § 43 Abs. 1 GmbHG. Nach § 43 Abs. 1 GmbHG haben die Geschäftsführer einer GmbH in den Angelegenheiten der Gesellschaft die Sorgfalt eines ordentlichen Geschäftsmannes anzuwenden. Demnach sind bei sämtlichen Handlungen die Grundsätze der Ordnungsgemäßheit, Rechtmäßigkeit, Zweckmäßigkeit und Wirtschaftlichkeit zu beachten.[115] Der Sorgfaltsmaßstab des § 43 Abs. 1 GmbHG entspricht hierbei nach allgemeiner Meinung dem aus § 93 Abs. 1 AktG.[116] Daraus folgt, dass die Geschäftsführung einer GmbH unverzüglich einen Sachverhalt vollständig aufzuklären hat, sofern ausreichende Verdachtsmomente für Verstöße gegen Gesetz oder Richtlinien vorliegen.[117] 71

Nach herrschender Ansicht ist bei der Entscheidung über die Frage, ob eine unternehmensinterne Untersuchung durchgeführt wird, die Business-Judgement-Rule, die nach herrschender Ansicht auch für die GmbH gilt, nicht anwendbar.[118] 72

Adressat der vorstehend diskutierten Regelung sind die Geschäftsführer der GmbH. In der Praxis stellt sich insoweit regelmäßig die Frage, ob die Geschäftsführer diese Verpflichtung innerhalb der Hierarchie an Personen auf niedrigeren Ebenen delegieren können. Nach allgemeiner Meinung ist eine solche Delegation zulässig, entlastet die Geschäftsführer jedoch nicht von ihren Überwachungspflichten.[119] 73

bb) § 130 OWiG. Neben den gesellschaftsrechtlichen Pflichten ergibt sich eine Pflicht zur Durchführung von unternehmensinternen Untersuchungen auch aus dem Ordnungswidrigkeitenrecht. Gemäß § 130 Abs. 1 OWiG handelt ordnungswidrig, wer als Inhaber eines Betriebs oder Unternehmens vorsätzlich oder fahrlässig die Aufsichtsmaßnahmen unterlässt, die erforderlich sind, um in dem Betrieb oder Unternehmen Zuwiderhandlungen gegen Pflichten zu verhindern, die den Inhaber treffen und deren Verletzung mit Strafe oder Geldbuße bedroht ist, wenn eine solche Zuwiderhandlung begangen wird, die durch gehörige Aufsicht verhindert oder wesentlich erschwert worden wäre.[120] Aus dieser Vorschrift lässt sich eine allgemeine Aufsichtspflicht für den Inhaber eines Betriebs oder Unternehmens ableiten. Nach § 9 Abs. 1 Nr. 1 OWiG wird diese Pflicht auch auf die Geschäftsführung einer 74

---

[113] Zu praktischen Erfahrungen und Fallstricken bei Compliance-Untersuchungen generell vgl. *Brückner* BB Special 4 2010, 21 ff.
[114] Hierzu → Rn. 109 ff.
[115] *Wellhöfer/Peltzer/Müller* § 11 Rn. 58, Knierim/Rübenstahl/Tsambikakis/*Potinecke/Block* Internal Investigations, Kap. 2 Rn. 67.
[116] MünchKommGmbHG/*Fleischer* § 43 Rn. 71.
[117] MünchKommGmbHG/*Fleischer* § 43 Rn. 149; Wagner CCZ 2009, 8,13; Knierim/Rübenstahl/Tsambikakis/*Potinecke/Block* Internal Investigations, Kap. 2 Rn. 67.
[118] *Wagner* CCZ 2009, 8, 16; Baumbach/Hueck/Zöllner/*Noack* § 43 Rn. 22b.
[119] BGHZ 127, 336, 347.
[120] Dazu → Rn. 13 ff.

GmbH als vertretungsberechtigtes Organ der GmbH, sowie auf die Mitglieder der Geschäftsführung übertragen.

75 Aus § 130 OWiG ergibt sich insbesondere auch eine Rechtspflicht gegen bereits eingetretene Verstöße einzuschreiten und diese gegebenenfalls zu sanktionieren.[121] Um hierzu in der Lage zu sein, ist es aber zunächst einmal notwendig, Anhaltspunkten für Unregelmäßigkeiten im Sinne von Verstößen gegen Gesetz oder interne Richtlinien nachzugehen.[122]

76 **b) Aufsichtsrat.** Auch wenn eine GmbH im Allgemeinen nicht über einen Aufsichtsrat verfügen muss, steht es den Gesellschaftern frei, im Gesellschaftsvertrag die Bestellung eines Aufsichtsrats vorzunehmen, § 52 Abs. 1 erster HS GmbHG. Die Befugnisse eines solchen Aufsichtsrats können weitgehend frei in der Satzung der GmbH geregelt werden, § 52 Abs. 1 letzter HS GmbHG. Sofern die Satzung keine entsprechenden Regelungen enthält, gelten gemäß § 52 GmbHG die aktienrechtlichen Regelungen zum Aufsichtsrat. Nach den aktienrechtlichen Bestimmungen, ist der Aufsichtsrat zur Überwachung des Vorstands verpflichtet. Eine entsprechende Verpflichtung gilt demnach gegenüber der Geschäftsführung einer GmbH, § 52 Abs. 1 GmbHG i. V. m. § 111 Abs. 1 AktG. Diese Überwachungsverpflichtung gilt uneingeschränkt auch hinsichtlich der Verpflichtung der GmbH-Geschäftsführer zur Durchführung von unternehmensinternen Untersuchungen.

77 **c) Gesellschafter.** Den Gesellschaftern einer GmbH stehen nach dem Gesetz verschiedene Mittel zur Aufsicht über die Geschäftsführung der GmbH zur Verfügung. Vorrangig gelten insoweit die Regelungen der Satzung der GmbH, mit der die gesetzlichen Regelungen weitgehend modifiziert werden können. Soweit die jeweilige Satzung keine entsprechenden Regelungen enthält, gelten gemäß § 45 Abs. 2 GmbHG die folgenden Vorschriften:

78 *aa) Informations- und Einsichtsrechte nach § 51a GmbHG.* Nach § 51a Abs. 1 GmbHG hat jeder Gesellschafter einer GmbH das Recht, von den Geschäftsführern Auskunft über die Angelegenheiten der Gesellschaft zu verlangen. Unter Angelegenheiten der Gesellschaft ist alles zu verstehen, was mit der Geschäftsführung, ihren wirtschaftlichen Verhältnissen und rechtsgeschäftlichen Betätigungen, ihren Beziehungen zu Dritten oder zu verbundenen Unternehmen zusammenhängt.[123] Das in § 51a Abs. 1 GmbHG verankerte Fragerecht der Gesellschafter ist umfassend. Es handelt sich hierbei um ein Individualrecht jedes einzelnen Gesellschafters.[124] Ein Gesellschafterbeschluss ist nicht erforderlich. Träger der Auskunftspflicht ist die Gesellschaft selbst, so dass eine etwaige Klage auf Auskunftserteilung gegen sie zu richten ist.[125]

79 Neben dem Informationsrecht haben die Gesellschafter gemäß § 51a Abs. 1 GmbHG Einsichtsrechte in die Bücher und Schriften der Gesellschaft. Dies bietet den Gesellschaftern die Möglichkeit, erste Anhaltspunkte für einen Verdacht auf Unregelmäßigkeiten in der Gesellschaft zu erlangen oder entsprechende Verdachtsmomente zu überprüfen. Von diesem Recht ist nicht das Recht umfasst, Mitarbeiter befragen zu dürfen.[126]

Sofern den Gesellschaftern das Einsichts- und Auskunftsrecht verweigert wird, kann eine gerichtliche Durchsetzung dieser Rechte gemäß § 51b Satz 1 GmbHG i. V. m. § 132 AktG beantragt werden.

80 *bb) Überwachung der Geschäftsführung nach § 46 Nr. 6 GmbHG.* Gemäß § 46 Nr. 6 GmbHG können die Gesellschafter Maßregeln zur Prüfung und Überwachung der Geschäftsführung treffen. Diese Vorschrift ist so zu interpretieren, dass sie zugleich ein Kontrollrecht und ein Informationsrecht der Gesellschafter statuiert.[127] Diese Rechte stehen der

---

[121] KK-OWiG/*Rogall* § 130 Rn. 40; Knierim/Rübenstahl/Tsambikakis/*Potinecke/Block* Internal Investigations, Kap. 2 Rn. 13.
[122] *Wagner* CCZ 2009, 8.
[123] Baumbach/Hueck/*Zöllner* § 51a Rn. 10.
[124] MünchKommGmbHG/*Hillmann* § 51a Rn. 5.
[125] Baumbach/Hueck/*Zöllner* § 51a Rn. 9; Knierim/Rübenstahl/Tsambikakis/*Potinecke/Block* Internal Investigations, Kap. 2 Rn. 76.
[126] Henssler/*Strohn* Gesellschaftsrecht § 51a Rn. 16.
[127] *Wellhöfer/Peltzer/Müller*, Die Haftung von Vorstand, Aufsichtsrat, Wirtschaftsprüfer, § 11 Rn. 109.

Gesellschafterversammlung im Ganzen zu.[128] § 43 Nr. 6 GmbHG ermächtigt die Gesellschafterversammlung auch zur Einleitung einer Sonderprüfung.[129] Eine solche Sonderprüfung ist nicht auf Maßnahmen der Geschäftsführung beschränkt, sondern kann zu beliebigen Themen eingeleitet werden.[130]

cc) Weisungsrecht der Gesellschafter nach § 37 Abs. 1 GmbHG. Nach § 37 Abs. 1 GmbHG haben die Gesellschafter ein Weisungsrecht gegenüber der Geschäftsführung. Die Geschäftsführer sind verpflichtet, die von den Gesellschaftern rechtmäßig gefassten Beschlüsse umzusetzen.[131]

Solche Weisungen können sehr konkret und detailliert sein.[132] Mit solchen Weisungen können die Gesellschafter nicht nur Aktivitäten der Geschäftsführung per Verbot begrenzen, sondern auch die Vornahme bestimmter Maßnahmen positiv durch ein Gebot vorgeben.[133] Weist die Gesellschafterversammlung die Geschäftsführer an, eine interne Untersuchung aufgrund von Hinweisen auf Unregelmäßigkeiten in der Gesellschaft vorzunehmen, haben die Geschäftsführer dieser Weisung Folge zu leisten. Hierzu genügt ein Beschluss mit einfacher Mehrheit, wenn nicht die Satzung der GmbH andere Mehrheitserfordernisse statuiert. Sofern mit einer internen Untersuchung gegen Geschäftsführer der GmbH selbst ermittelt werden soll, können die Gesellschafter die Geschäftsführung auch anweisen, externe Berater mit der Durchführung der unternehmensinternen Untersuchung zu beauftragen.[134]

d) Die konzernzugehörige GmbH. In einem Konzern sind in Abhängigkeit von der Gesellschaftsform der Vorstand bzw. die Geschäftsführung für die Durchführung unternehmensinterner Untersuchungen prinzipiell zuständig. Insoweit gilt im Hinblick auf konzernzugehörige GmbHs das oben zu eigenständigen GmbHs Gesagte entsprechend.

Besonderheiten ergeben sich, wenn die Geschäftsführung einer konzernzugehörigen GmbH oder deren Aufsichtsrat trotz prinzipieller Verpflichtung keine unternehmensinterne Untersuchung durchführt oder wenn die übergeordnete Gesellschaft gegen den Willen der konzernzugehörigen GmbH eine Untersuchung durchführen möchte, obwohl keine bzw. keine eindeutige Verpflichtung der konzernzugehörigen GmbH zur Durchführung einer internen Untersuchung festzustellen ist.

aa) Verpflichtung zur Durchführung unternehmensinterner Untersuchungen bei konzernzugehörigen GmbHs. Eine konzernweite Pflicht zur Durchführung unternehmensinterner Untersuchungen wird ausdrücklich durch § 25a KWG im Bankaufsichtsrecht und durch § 15 GWG zur Bekämpfung der Geldwäsche bejaht, die den Gesamtkonzern in die interne Unternehmensüberwachung und Organisationspflicht der Konzernleitung einschließen. Eine ähnliche Verpflichtung ergibt sich aus § 91 Abs. 2 AktG, aus dem teilweise eine konzernweite Compliance-Pflicht abgeleitet wird.[135] Zum Teil wird eine entsprechende Compliance-Verpflichtung und damit einhergehend eine Verpflichtung zur Durchführung von internen Untersuchungen bei entsprechenden Verdachtsfällen auch aus der organschaftlichen Leitungssorgfalt der §§ 76 Abs. 1, 93 Abs. 1 AktG abgeleitet.[136] Der Vorstand der Konzernmuttergesellschaft ist demnach insgesamt verpflichtet, Rechtsverstöße bei Tochtergesellschaften zu verhindern, die zu Vermögensschäden und Reputationseinbußen der Muttergesellschaft führen können.[137] Eine entsprechende Verpflichtung gilt für Konzernmütter, die in anderen Rechtsformen als einer AG, also beispielsweise in einer GmbH organisiert sind. Die sich hieraus ergebende Pflicht zur Durchführung unternehmensinterner Untersuchungen bei

---

[128] Roth/Altmeppen, § 46 Rn. 44.
[129] Knierim/Rübenstahl/Tsambikakis/Potinecke/Block Internal Investigations, Kap. 2 Rn. 83; Roth/Altmeppen § 46 Rn. 44; Fleischer GmbHR 2001, 45.
[130] Leinenkugel GmbHR 2008, 632.
[131] Wellhöfer/Peltzer/Müller, Die Haftung von Vorstand, Aufsichtsrat, Wirtschaftsprüfer, § 11 Rn. 68.
[132] Roth/Altmeppen, GmbHG, Anhang zu § 13 Rn. 133; Knierim/Rübenstahl/Tsambikakis/Potinecke/Block Internal Investigations, Kap. 2 Rn. 88.
[133] Baumbauch/Hueck/Zöllner/Noack § 37 Rn. 20.
[134] Knierim/Rübenstahl/Tsambikakis/Potinecke/Block, Internal Investigations, Kap. 2 Rn. 89.
[135] Fleischer CCZ 2008, 1, 4.
[136] Fleischer CCZ 2008, 1, 5.
[137] Fleischer CCZ 2008, 1, 5.

konzernzugehörigen GmbHs gilt auch für Enkelgesellschaften, sofern die Möglichkeit der Einflussnahme auf die jeweilige Gesellschaft für die Konzernleitung gegeben ist.

86 **bb) § 130 OWiG.** Wie bereits dargestellt,[138] ergibt sich aus § 130 Abs. 1 OWiG eine Pflicht zur Durchführung von unternehmensinternen Untersuchungen. Diese Verpflichtung gilt nicht nur innerhalb der jeweils betroffenen Gesellschaft, sondern insgesamt auch innerhalb von Konzernstrukturen.[139] Der Unternehmensbegriff in § 130 OWiG ist weit zu fassen, so dass auch Konzerne als Ganzes unter diesen Begriff zu subsumieren sind.[140] Daraus folgt eine Aufsichtspflicht der Konzern-Muttergesellschaft über ihre Tochter- und Enkelgesellschaften, so dass die Organe der Muttergesellschaft bei Pflichtverletzungen von Organen der Tochtergesellschaft wegen Verletzung der Aufsichtspflicht zur Verantwortung gezogen werden.[141]

87 *cc) Verpflichtung zur Durchführung von unternehmensinternen Untersuchungen im Konzern.* Aus den vorstehend genannten Verpflichtungstatbeständen lässt sich insbesondere eine Verpflichtung der Muttergesellschaft dahingehend ableiten, darauf hinzuwirken, dass Rechts- und Regelverletzungen in allen konzernzugehörigen Gesellschaften abgestellt werden.[142] Damit einher geht eine vorherige saubere Aufarbeitung der entsprechenden Sachverhalte durch eine unternehmensinterne Untersuchung.[143]

88 Ist eine GmbH einem Vertragskonzern zugehörig, so ist das herrschende Unternehmen aufgrund des Beherrschungsvertrages berechtigt, den Tochterunternehmen Weisungen zu erteilen.[144] In einem Vertragskonzern kann die Konzernleitung somit ihren Tochter- und Enkelgesellschaften die Weisung erteilen, bei konkreten Anlässen unternehmensinterne Untersuchungen durchzuführen. Dieses Recht verdichtet sich zu einer gesellschaftsrechtlichen Pflicht, sofern die Konzernleitung Anhaltspunkte für Rechtsverstöße innerhalb ihres Konzerns erhält.[145] Ist eine GmbH einem faktischen Konzern zugehörig, kann die Konzern-Muttergesellschaft als Mehrheits- oder Alleingesellschafterin auch in einem faktischen Konzern über einen Beschluss der Gesellschafterversammlung Weisungen gegenüber der GmbH-Geschäftsführung erteilen.[146] Dies ergibt sich ebenfalls aus dem Weisungsrecht des § 37 GmbHG. Da es innerhalb eines Konzerns keinen Konzernaufsichtsrat gibt, gelten hinsichtlich des Aufsichtsrats keinerlei Besonderheiten mit der Folge, dass der Aufsichtsrat der jeweils betroffenen Konzerngesellschaft die oben beschriebenen Rechte und Pflichten zur Durchführung von unternehmensinternen Untersuchungen hat.

3. Remediations-Maßnahmen

89 **a) Begriffsbestimmung.** Stellt sich etwa als Folge einer internen Untersuchung heraus, dass in einem Unternehmen Compliance-Verstöße begangen wurden, stellt sich die Frage, wie das Unternehmen auf diese Compliance-Verstöße zu reagieren hat. Wie bereits ausgeführt, sind die verschiedenen Organe einer GmbH sowie ihre Gesellschafter primär verpflichtet, Rechtsverstöße abzustellen bzw. auf die Abstellung solcher Rechtsverstöße hinzuwirken. In der Praxis stellt sich allerdings die Frage, ob das Abstellen von Rechtsverstößen eine hinreichende Maßnahme darstellt. Unter Remediation versteht man die Analyse festgestellter Compliance-Verstöße dahingehend, ob zur Verhinderung ähnlich gelagerter zukünftiger Verstöße eine Neuausrichtung von Unternehmensstrukturen (sowie ggf. ganzer Geschäftsmodelle) erforderlich ist.[147] Es ist folglich im Rahmen der Remediation zu über-

---

[138] → Rn. 74 ff.
[139] *Fleischer* CCZ 2008, 1, 5.
[140] KK-OWiG/*Rogall* § 130 Rn. 25.
[141] KK-OWiG/*Rogall* § 130 Rn. 25.
[142] *Schneider/Schneider* ZIP 2007, 2061, 2065.
[143] Knierim/Rübenstahl/Tsambikakis/*Potinecke/Block* Internal Investigations, Kap. 2 Rn. 130.
[144] *Hüffer*, § 76 Rn. 18.
[145] Knierim/Rübenstahl/Tsambikakis/*Potinecke/Block* Internal Investigations, Kap. 2 Rn. 132.
[146] *Roth*/Altmeppen Einleitung Rn. 34, § 37 Rn. 3 ff.; Knierim/Rübenstahl/Tsambikakis/*Potinecke/Block* Internal Investigations, Kap. 2 Rn. 138.
[147] Knierim/Rübenstahl/Tsambikakis/*Idler/Waeber* Internal Investigations, Kap. 20 Rn. 5 ff.; häufig auch bezeichnet als „Krisennachbereitung", vgl. *Rodewald/Unger* BB 2007, 1629, 1634.

prüfen, ob die festgestellten Compliance-Verstöße einen Einzelfall darstellen oder ob Möglichkeiten zu entsprechenden Verstößen systemimmanent, also in den jeweiligen Geschäftsmodellen oder Gesellschaftsstrukturen angelegt sind.[148]

b) Rechtspflicht zur Remediation. Wie bereits dargestellt, sind die Organe einer GmbH bzw. deren Gesellschafter bei Vorliegen entsprechender Anhaltspunkte verpflichtet, interne Untersuchungen durchzuführen, um herauszufinden, ob Compliance-Verstöße begangen wurden. Es stellt sich insoweit die Frage, ob diese Rechtsverpflichtung weitergehend auch dahingehend auszulegen ist, dass die Organe einer GmbH bzw. ihre Gesellschafter nicht nur festgestellte Verstöße abzustellen verpflichtet sind, sondern auch untersuchen müssen, ob Remediations-Maßnahmen erforderlich sind, um zu verhindern, dass zukünftig ähnlich gelagerte Compliance-Verstöße begangen werden können. Wie bereits ausgeführt, ergibt sich aus § 130 Abs. 1 OWiG für den Betriebsinhaber die Pflicht, mittels durchführbarer und zumutbarer Organisationsmaßnahmen sicherzustellen, dass die ihn angehenden straf- und bußgeldbewehrten Ge- und Verbote im Betrieb eingehalten werden. Aus dieser Vorschrift folgt nicht nur eine unmittelbare Verpflichtung der Betriebsinhaber, entsprechende Compliance-Verstöße abzustellen, sondern auch darauf hinzuwirken, dass ähnliche Verstöße zukünftig nicht begangen werden können. Diese Verpflichtung gilt umso mehr, wenn eine interne Untersuchung zu dem Ergebnis gelangt ist, dass festgestellte Compliance-Verstöße auf systemimmanente Schwachstellen zurückzuführen waren. In diesem Fall trifft die Betriebsinhaber und über § 9 Abs. 1 Nr. 1 OWiG auch die Geschäftsführung einer GmbH als vertretungsberechtigtes Organ der GmbH auch die Verpflichtung, die systemimmanenten Schwachstellen durch geeignete Maßnahmen zu beheben, um sicherzustellen, dass sich vergleichbare Fälle nicht wiederholen und die Wirksamkeit der Compliance-Strukturen dauerhaft gewährleistet ist.[149]

Eine entsprechende Verpflichtung ergibt sich auch aus den Überwachungspflichten von Geschäftsführung, Aufsichtsrat und Gesellschaftern einer GmbH. Insoweit gilt das oben hinsichtlich der Verpflichtung zur Durchführung von internen Untersuchungen Gesagte entsprechend.

c) Praktische Umsetzung (Remediations-Prozess). Wurden Compliance-Verstöße festgestellt. In der sich anschließenden Remediations-Phase werden systemimmanente Schwachstellen innerhalb der GmbH behoben. In der Praxis ist insbesondere zu überprüfen, ob die folgenden Maßnahmen zur Behebung der Schwachstellen erforderlich und ggf. hinreichend sind.

aa) Personaldisziplinarische Maßnahmen. Compliance-Verfehlungen gehen meist von Beschäftigten aus, die vorhandene gesetzliche Vorschriften oder interne Regelungen nicht kennen, nicht verstehen oder bewusst missachten. Bei solchen Feststellungen ist zukunftsgerichtet sicherzustellen, dass Mitarbeiter über alle anwendbaren Regelungen in geeigneter Weise informiert werden und durch regelmäßige Überprüfungen sicherzustellen, dass die Regelungen zukünftig eingehalten werden.

Reichen solche Informations- und Schulungsmaßnahmen im Einzelfall nicht aus, ist über weitere personaldisziplinarische Maßnahmen zu entscheiden. Insoweit stehen der Geschäftsführung der GmbH alle arbeitsrechtlichen Disziplinarmaßnahmen, insbesondere Weisungen, Er- und Abmahnungen und Kündigungen, zur Verfügung.

bb) Prozessanalyse und -anpassung. Nicht selten stellt sich nach einer internen Untersuchung heraus, dass Compliance-Verstöße begangen wurden, weil innerhalb der Gesellschaft keine bzw. keine ausreichenden Prozesse zur Verhinderung von Compliance-Verstößen etabliert waren. In diesen Fällen empfiehlt es sich, in einem ersten Schritt zu überprüfen, durch welche Prozesse das festgestellte Fehlverhalten hätte verhindert werden können. Dabei bietet es sich an, nicht nur singulär auf das festgestellte Fehlverhalten abzustellen, sondern vielmehr vorausschauend zu analysieren, ob ähnlich gelagerte Verstöße aufgrund der mangelhaften Prozesse ebenfalls möglich gewesen wären.

---

[148] Knierim/Rübenstahl/Tsambikakis/*Idler/Waeber* Internal Investigations, Kap. 20 Rn. 1 ff.
[149] *Hauschka/Greeve* BB 2007, 165, 171; Knierim/Rübenstahl/Tsambikakis/*Idler/Waeber* Internal Investigations, Kap. 20 Rn. 21.

95 Im Anschluss an diese Analyse sind Prozesse zu erarbeiten, welche dazu geeignet sind, ähnlich gelagerte Verstöße zukünftig zu vermeiden. Dies sind in der Praxis regelmäßig Prozesse in den Bereichen Vertrieb, Einkauf oder Buchhaltung. Wurden entsprechende Prozesse erkannt und beschrieben, sind sie flächendeckend innerhalb der Gesellschaft auszurollen. Sodann ist durch entsprechende Kontrollmaßnahmen sicherzustellen, dass die Prozesse zukünftig auch eingehalten werden. Insoweit empfiehlt es sich, die Prozesse in einem regelmäßigen Turnus daraufhin zu überprüfen, ob sie (noch) ausreichen, um sämtlichen bekannten Compliance-Risiken zu begegnen.

Ziel des Remediations-Prozesses ist dabei, stets sicherzustellen, dass zukünftig flächendeckend keine Verstöße gegen geltendes Recht oder interne Compliance-Richtlinien begangen werden können.

96 Erfahrungsgemäß verursacht der Remediations-Prozess aufgrund des Umfangs der erforderlichen Prüfung erhebliche Kosten, die insbesondere von kleineren Gesellschaften häufig gescheut werden. Gleichwohl ist die Durchführung entsprechender Remediations-Prozesse unbedingt zu empfehlen. Erfahrungsgemäß stehen die hierfür anfallenden Kosten in keinem nennenswerten Verhältnis zu etwaigen Sanktionen oder Reputationsschäden, die auf ein Unternehmen im Falle von Compliance-Verstößen üblicherweise zukommen könnten. Ferner stellt ein effizientes Compliance-Management-System sowie ein etablierter Remediations-Prozess eine Chance zur Steigerung des Unternehmenswertes dar. Nicht zuletzt ist nicht nur das Unternehmen Nutznießer entsprechender Remediations-Prozesse, sondern auch die für das Unternehmen tätigen natürlichen Personen, deren eigene Risiken durch entsprechende Maßnahmen ebenfalls minimiert werden. Dies gilt in entsprechender Weise auch für Gesellschafter einer GmbH, sofern es sich bei diesen um natürliche Personen handelt.

VI. Herausforderung: Compliance bei Vertrieb und Beschaffung

1. Einleitung

97 Für die Beurteilung, welche Systemvorgaben eine GmbH, ihre Organe und ihre Gesellschafter im Hinblick auf die Etablierung von Compliance innerhalb der Gesellschaft einzuhalten haben, gibt es keine allgemeingültigen Anhaltspunkte. Ausgangspunkt jeder Überlegung zu einem praktikablen und wirkungsvollen Compliance-Programm ist eine Risikoanalyse innerhalb der Gesellschaft. In der rechtlichen Beratungspraxis haben sich indes einige Schwerpunktbereiche herausgebildet, in denen sich erfahrungsgemäß Compliance-Risiken am häufigsten offenbaren. Zwei dieser Schwerpunkte bilden Compliance-Risiken im Vertrieb, insbesondere beim Einsatz von Vertriebsberatern,[150] sowie sich aus der Lieferkette ergebende Compliance-Risiken.[151]

2. Compliance beim Einsatz von Vertriebsberatern

98 Wie die öffentlich bekannt gewordenen Compliance-Vorfälle der letzten Jahre in Großkonzernen gezeigt haben, bringt der Einsatz von Vertriebsberatern bei unbedarfter Vorgehensweise nicht unerhebliche Compliance-Risiken mit sich.[152] In der Praxis hat sich zur Reduzierung dieser Risiken zwischenzeitlich ein Quasi-Standard verschiedener risikominimierender Maßnahmen beim Umgang mit Vertriebsberatern herausgebildet. Diese Maßnahmen können grob unterteilt werden in Maßnahmen während der Vertragsanbahnung mit dem Vertriebsberater und Maßnahmen während der Laufzeit des Vertriebsberatervertrags.

---

[150] Vgl. dazu auch *Schaupensteiner* NZA-Beil. 2011, 8, 9; *Kremer/Klahold* ZGR 2010, 113, 128; *Moosmayer*, Compliance, Anhang III.1.

[151] Umfassend zu den Verpflichtungen von Unternehmen im Hinblick auf Korruptionsprävention *Hauschka/Greeve* BB 2007, 165 ff.

[152] Zur Frage des strafrechtlichen Generalverdachts gegen Vertriebsberater („Handelsvertreter") vgl. *Beukelmann* NJW-Spezial 2011, 184 ff.

a) Vertragsanbahnungsphase. Während der Vertragsanbahnungsphase sollten erfahrungs- 99
gemäß zwei risikominimierende Compliance-Maßnahmen im Vordergrund stehen. Die beauftragende Gesellschaft sollte sich eine möglichst umfangreiche Kenntnis über die Person bzw. die Gesellschaft des Vertriebsberaters beschaffen. Als mögliche Auskunftsquellen stehen insoweit zur Verfügung der Vertriebsberater selbst, bzw. bei Vertriebsberatungsunternehmen dessen Mitarbeiter, sowie unabhängige Dritte. Zur letztgenannten Gruppe zählen neben öffentlich zugänglichen Informationen (z. B. aus dem Internet, aus Auskunfteien oder öffentlichen Registern) auch Informationen von anderen Unternehmen, die bereits mit dem jeweiligen Vertriebsberater zusammen gearbeitet haben. Bei konzernzugehörigen GmbHs empfiehlt sich insoweit eine Rücksprache mit den Konzernschwester- und -muttergesellschaften. Hinsichtlich der Informationserhebung über den Vertriebsberater sind mehrere abgestufte Maßnahmen denkbar. Einen Mindeststandard bildet dabei die Erhebung von Informationen direkt beim Vertriebsberater über einen sogenannten Compliance-Fragebogen. In einem solchen Fragebogen werden fallbezogen Compliance-relevante Informationen abgefragt und im Anschluss an die Erhebung risikobewertet. Bei Vorliegen von Anhaltspunkten für erhöhte Compliance-Risiken empfiehlt sich eine weitergehende Überprüfung der erhobenen Daten durch Dritte, etwa professionelle Anbieter von Business-Partner-Screenings.[153] Diese Anbieter haben regelmäßig Zugriff auf verschiedene öffentlich nicht bekannte Informationen zu den jeweiligen Vertriebsberatern. Bei der Beauftragung eines solchen professionellen Anbieters sollte zur Vermeidung von Folgerisiken stets darauf geachtet werden, dass der Anbieter versichert, alle Informationen rechtmäßig erlangt zu haben.

Geben die zum Vertriebsberater erlangten Informationen keinen Anlass, eine Zusammen- 100
arbeit grundsätzlich in Frage zu stellen, ist in einem weiteren Schritt durch rechtliche Vertragsgestaltung sicherzustellen, dass etwaig vorhandene Compliance-Risiken bestmöglich minimiert werden. In der Rechtspraxis haben sich hierzu verschiedene vertragliche Instrumente herausgebildet, deren Einsatz im Einzelfall gegen die zuvor erhobenen Risiken abzuwägen ist. Dabei haben sich – freilich neben verschiedenen Individualklauseln – insbesondere drei Vertragsklauseln als Quasi-Standard etabliert. Im Mindestmaß sollte jeder Vertriebsberatervertrag folgende Klauseln enthalten:[154]

- **Compliance-Klausel:** Eine Vertragsklausel, in der der Vertriebsberater sich verpflichtet, 101
möglichst detailliert beschriebene Compliance-Mindeststandards einzuhalten. Diese Klausel sollte in jedem Einzelfall an die individuellen Geschäftssituationen und Compliance-Risiken angepasst werden.[155] So macht es zum Beispiel Sinn, einem Vertriebsberater, der Kontakte zu einem staatlichen Unternehmen in einem Compliance-Hochrisikoland herstellen soll, andere Verpflichtungen aufzuerlegen als einem klassischen Handelsvertreter, der für die Gesellschaft Ersatzteile in verschiedenen Regionen Deutschlands vertreibt.

- **Steuerklausel:** Der Vertriebsberater sollte vertraglich verpflichtet werden, dem Unterneh- 102
men nachzuweisen, dass er sämtliche aus dem Beratervertrag erlangten Zahlungen ordnungsgemäß versteuert. Die Erfahrung zeigt, dass beauftragende Unternehmen sehr schnell in den erweiterten Kreis von steuerstrafrechtlichen Ermittlungen geraten, sofern Vertriebsberater die von dem Unternehmen erlangten Zahlungen nicht ordnungsgemäß versteuern. Der Nachweis der ordnungsgemäßen Versteuerung kann etwa erfolgen durch den Nachweis ordnungsgemäßer Bilanzierung (bei Unternehmen) bzw. Vorlage entsprechender Steuerbescheide. Ist der Vertriebsberater nicht bereit, dem beauftragenden Unternehmen entsprechende Dokumente zur Verfügung zu stellen, ist ebenfalls denkbar, auf ein Testat eines zugelassenen Steuerberaters abzustellen.

- **Prüfungsklausel:** Das Unternehmen sollte sich vertraglich Prüfungsrechte vorbehalten, 103
insbesondere für den Fall, dass bei dem beauftragenden Unternehmen zukünftig staatliche Ermittlungen durchgeführt werden, die in einem denkbaren Zusammenhang mit dem Einsatz des Vertriebsberaters stehen. Die Prüfungsklausel sollte die dem Unternehmen zu-

---

[153] Vgl. zu solchen Screenings (auch bezeichnet als „Geschäftspartner Due Diligence") *Moosmayer*, Compliance, S. 73 ff.
[154] Vgl. hierzu auch *Schaupensteiner* NZA-Beil. 2011, 8, 11.
[155] Zur Compliance-Risikobewertung insgesamt vgl. *Hauschka/Greeve* BB 2007, 165, 166 ff.

stehenden Rechte und die Mitwirkungspflichten des Vertriebsberaters möglichst genau beschreiben.

104 **b) Vertragslaufzeit.** Das beauftragende Unternehmen muss sodann sicherstellen, dass die in der Vertragsanbahnungsphase mit dem Vertriebsberater getroffenen Vereinbarungen während der Vertragslaufzeit auch gelebt werden. Dieser Maßnahme sollte höchste Priorität eingeräumt werden. In der Beratungspraxis haben sich zuletzt vermehrt Fälle gezeigt, in denen das beauftragende Unternehmen mit dem Vertriebsberater zwar eine einwandfreie risikoorientierte Vertragsgrundlage geschaffen hat, in der Folge sich dann aber an diese vertraglichen Grundlagen nicht gehalten hat. Es ist daher durch das beauftragende Unternehmen sicherzustellen, dass der Vertriebsberater alle vertraglichen Grundlagen erfüllt. Es bietet sich insoweit an, Zahlungen an den Vertriebsberater nur dann zu leisten, wenn durch eine vorherige Prüfung testiert ist, dass der Vertriebsberater alle vertraglichen Voraussetzungen für eine Zahlung erfüllt.

105 Wurden vertragliche Prüfungsrechte mit dem Vertriebsberater vereinbart, ist regelmäßig zu überprüfen, ob von den entsprechenden Rechten Gebrauch gemacht werden sollte. Dies ist jedenfalls dann der Fall, wenn tatsächliche Anhaltspunkte dafür bestehen, dass in der Tätigkeit des Vertriebsberaters erhöhte Compliance-Risiken zu erkennen sind.

106 In der Beratungspraxis hat sich ferner bewährt, von dem Vertriebsberater in einem gleichmäßigen Turnus sogenannte Compliance- und Endempfängererklärungen zu verlangen. In solchen Erklärungen erklärt der Vertriebsberater, dass er sich bei der Erfüllung der Pflichten aus dem Vertriebsberatervertrag stets an die vertraglichen Regelungen sowie das geltende Recht gehalten hat und insbesondere keine vom auftraggebenden Unternehmen erhaltenen Zahlungen rechtswidrig an Dritte weitergeleitet hat. Eine solche Erklärung wird erfahrungsgemäß insbesondere dann sehr wertvoll für das beauftragende Unternehmen, wenn in der Folgezeit die steuerliche Betriebsprüfung die Rechtmäßigkeit von Zahlungen an Vertriebsberater anzweifelt (wenn eine solche Erklärung isoliert auch nicht geeignet ist, manifestierte Compliance-Risiken nachträglich zu beseitigen).

3. Compliance in der Lieferkette

107 Aufgrund aktueller Gesetzesinitiativen, so etwa durch den UK Bribery Act,[156] erstreckt sich in vielen Fällen die Compliance-Haftung nicht nur auf die unternehmensinterne Sphäre, sondern auch auf solche Compliance-Risiken, die sich aus der Lieferkette (Lieferanten und Subunternehmer) ergeben.[157] Compliance-Maßnahmen sollten daher ein integraler Bestandteil des Lieferantenmanagements sein.[158] Dies gilt umso mehr, wenn z.B. mittelständische GmbHs als Zulieferer großer Konzerne agieren und sich diesen gegenüber verpflichtet haben, spezifische Compliance-Anforderungen an die eigenen Lieferanten und Subunternehmer durchzustellen.[159]

108 Im Mindestmaß ist durch Vertragsklauseln und späteres tatsächliches Leben der Verträge sicherzustellen (insoweit gilt das oben zum Einsatz von Vertriebsberatern Gesagte entsprechend), dass Unternehmen in der Lieferkette sich an geltende Gesetze sowie weitere Compliance-Regelungen halten. Eine Besonderheit gilt insoweit, wenn die beauftragende Gesellschaft sich ihrerseits gegenüber den eigenen Kunden auch bestimmten Compliance-Grundsätzen verpflichtet hat. Insoweit ist darauf hinzuwirken, dass neben den gesetzlichen Regelungen und dem eigenen Compliance-Regelwerk auch diese Compliance-Grundsätze des eigenen Kunden in der Lieferkette durchgestellt werden. Dies stellt in der Praxis erfahrungsgemäß oftmals eine große organisatorische Herausforderung dar. Andererseits würde eine Nichtbeachtung dieser Anforderung erhebliche rechtliche Risiken für das beauftragende Unternehmen mit sich bringen. Insbesondere behalten sich Großkonzerne bei der Beauf-

---

[156] Dazu → Rn. 28.
[157] *Schröder* CCZ 2013, 74.
[158] *Bergmoser* BB Special 4 2010, 2, 5.
[159] Zur Unterwerfung unter fremde Lieferantenkodizes vgl. umfassend *Brouwer* CCZ 2010, 228 ff. Umfassend zum Thema Compliance in der Lieferkette Hauschka/*Herb* Corporate Compliance, § 19.

tragung ihrer Subunternehmer und Lieferanten häufig das Recht vor, Verträge fristlos zu kündigen, sofern das beauftragte Unternehmen sich nicht an die vertraglich vereinbarten Compliance-Grundsätze hält.

In Einzelfällen kann es bei Vorliegen erhöhter Compliance-Risiken sinnvoll sein, auch hinsichtlich Lieferanten bzw. Subunternehmern eine weitergehende Überprüfung durchzuführen.[160] Dies ist jedenfalls dann der Fall, wenn sich in der Vertragsanbahnungsphase mit dem Subunternehmer bzw. Lieferanten Anhaltspunkte für vergangenes gesetzwidriges Verhalten ergeben. In diesen Fällen stehen die oben beim Einsatz von Vertriebsberatern kurz dargestellten Compliance-Maßnahmen entsprechend zur Verfügung.

109

Ein besonderes Augenmerk sollte auf der Compliance-Schulung von jenen Mitarbeitern liegen, die regelmäßig mit Subunternehmern bzw. Lieferanten in Kontakt stehen.[161] Diese Schulungen sollten darauf ausgelegt sein, den Kontaktpersonen etwaige Risikokriterien beim Einsatz von Subunternehmern bzw. Lieferanten nahe zu bringen, so dass sie zukünftig in der Lage sind, Compliance-risikobehaftete Situationen zu erkennen und auf diese angemessen reagieren zu können.

110

Die Erfahrung zeigt, dass den in der Praxis unterschiedlichen Compliance-Risiken durch entsprechende Gestaltung von allgemeinen Geschäftsbedingungen oder Musterverträgen nur schwer beizukommen ist.[162] Solche stellen daher zwar eine notwendige, in den meisten Fällen aber jedenfalls keine hinreichende Compliane-Maßnahme dar. Auch beim Einsatz von Subunternehmern bzw. Lieferanten sollte daher auf eine individuelle Erhebung von Compliance-Risiken eine individuelle Minimierung der erhobenen Risiken durch entsprechende Compliance-Maßnahmen folgen. Nur so kann für das beauftragende Unternehmen sichergestellt werden, dass alle rechtlichen Anforderungen eingehalten und Compliance-Risiken größtmöglich minimiert werden.

111

---

[160] Zu „Geschäftspartner-Due-Diligences" in der Lieferkette vgl. *Schröder* CCZ 2013, 74.
[161] Vgl. zum Schulungsprogramm bei Siemens *Moosmayer*, Compliance, Anhang III.2.
[162] *Teicke/Matthiesen* BB 2013, 771 ff.; vgl. hierzu auch zusammenfassend zu Compliance in der Lieferkette *Moosmayer* Compliance S. 77.

§ 25 Prozessführung – Corporate Litigation

Übersicht

	Rn.
I. Prozessuale Vorfragen	1–25
1. Prozessfähigkeit und Vertretung durch Geschäftsführer	1
a) Führungslosigkeit	1/2
b) Passivvertretung durch Gesellschafter	3
c) Ende der Vertretungsbefugnis	4
d) Prozesspfleger oder Notgeschäftsführer	5
e) Geschäftsführer als Partei	6
f) Abberufung streitgegenständlich	7
2. Verfahren mit Geschäftsführern	8/9
3. Vertretung durch Aufsichtsrat	10–13
a) Fakultativer Aufsichtsrat	11/12
b) Obligatorischer Aufsichtsrat	13
4. Actio pro socio	14–18
a) Sozialansprüche	14
b) Anspruchsgegner	15
c) Subsidiarität	16
5. Vorläufiger Rechtsschutz	17/18
6. Gerichtsstand	21–25
a) Allgemeiner Gerichtsstand	21
b) Besondere Gerichtsstände	22
c) Ausschließlicher Gerichtsstand bei Anfechtungs- und Nichtigkeitsklage	23
d) Auskunfts- und Informationsrechte	24
e) Kammern für Handelssachen	25
II. Prozessführung in der GmbH	26–96
1. Einstweiliger Rechtsschutz vor der Beschlussfassung	26–38
a) Nicht ordnungsgemäß einberufene Gesellschafterversammlung	29
b) Stimmbindung des Gesellschafters	30/31
c) Abberufung eines Geschäftsführers	32–38
2. Gerichtliche Beschlusskontrolle	39–86
a) Nichtige Beschlüsse	41–46
b) Anfechtbare Beschlüsse	47–62
c) Informationspflicht der Geschäftsführer	63–66
d) Nebenintervention der Gesellschafter	67–69
e) Prozessdisposition durch GmbH	70–74
f) Freigabeverfahren	75–77
g) Streitwert	78/79
h) Schiedsfähigkeit	80/81
i) Mediation	82–85
j) Einreichung des Urteils zum Handelsregister	86
3. Einstweiliger Rechtsschutz nach der Beschlussfassung	87–96
a) Durchsetzung der Beschlussfassung	88/89
b) Verhinderung der Beschlussausführung	90/91
c) Abberufung eines Geschäftsführers	92–96

Schrifttum: *Bayer/Lieder,* Das aktienrechtliche Freigabeverfahren für die GmbH, NZG 2011, 1170; *Casper/Risse,* Mediation von Beschlussmängelstreitigkeiten, ZIP 2000, 437; *Fest,* Gesetzliche Vertretung und Prozessfähigkeit einer führungslosen Gesellschaft nach dem MoMiG, NZG 2011, 1310; *Fleischer,* Zur (Nicht-)Anwendbarkeit des Freigabe4verfahrens nach § 246a AktG im GmbH-Recht, DB 2011, 2132; *Goette,* Die GmbH; 2. A. 2002; *ders.,* Zwangseinziehung („Hinauskündigung") und Beendigung eines neben der Mitgliedschaft bestehenden Kooperationsvertrages, DStR 2005, 798; *Harbarth,* Freigabeverfahren für strukturändernde Gesellschafterbeschlüsse in der GmbH, GmbHR 2005, 966; *Hoffmann/Köster,* Beschlussfeststellung und Anfechtungserfordernis im GmbH-Recht; GmbHR 2003, 1327; *Kutter,* Prozesspfleger statt Notgeschäftsführer – ein praktikabler Ausweg in Verfahren gegen organlose Kapitalgesellschaften, ZIP 2000, 654; *Mehrbrey,* Handbuch gesellschaftsrechtliche Streitigkeiten, 2013; *Michalski,* Verbot der Stimmabgabe bei Stimmverboten und nicht nach § 16 I GmbH legitimierten Nichtgesellschaftern mittel einstweiliger Verfügung, GmbHR 1991, 12; *ders./Schulenburg,* Einstweilige Vergütung gegen Abberufung und Neubestellung von GmbH-GF, NZG 1999, 407; *Priester/Mayer/Wicke,* Münchener Handbuch des Gesellschaftsrechts Bd. 3 – GmbH, 4. A. 2012,

Rensen, Die Benachrichtigung der GmbH-Gesellschafter von Beschlussmängelstreitigkeiten, NZG 2011, 569; *Schindler/Witzel*, Bedarf es einer neuen gesetzlichen Regelung des Anfechtungsrechts zur Bekämpfung räuberischer Aktionäre? – Stellungnahme zu den Empfehlungen der wirtschaftlichen Abteilung des 63. DJT, NZG 2001, 577; *C. Schmid*, Einstweiliger Rechtsschutz von Kapitalgesellschaften gegen die Blockade von Strukturentscheidungen durch Anfechtungsklagen, ZIP 1998, 1057; *K. Schmidt*, Führungslosigkeit der GmbH oder GmbH & Co.KG im Prozess, GmbHR 2011, 113; *Waclawik*, Prozessführung im Gesellschaftsrecht, 2. A. 2013.

I. Prozessuale Vorfragen

1. Prozessfähigkeit und Vertretung durch Geschäftsführer

Die GmbH ist selbst parteifähig gem. §§ 13 Abs. 1 GmbHG, 50 Abs. 1 ZPO. Sie wird im Prozess gem. § 35 Abs. 1 GmbHG grds. von den Geschäftsführern vertreten. Die Geschäftsführer sind in der Klageschrift gem. §§ 130 Nr. 1, 253 Abs. 4 ZPO als gesetzliche Vertreter der Partei zu benennen. 1

a) **Führungslosigkeit.** Ist die GmbH führungslos, z.B. weil der einzige Geschäftsführer sein Amt niedergelegt hat, so hat sie ihren gesetzlichen Vertreter verloren und ist prozessunfähig i.S.d. § 52 ZPO.[1] Eine gegen sie gerichtete Klage ist unzulässig.[2] Das Gericht hat diese Prozessvoraussetzungen gem. § 56 Abs. 1 ZPO von Amts wegen zu prüfen.[3] 2

b) **Passivvertretung durch Gesellschafter.** Im Falle der Führungslosigkeit wird die Gesellschaft, sofern ihr gegenüber Willenserklärungen abgegeben oder Schriftstücke zugestellt werden, durch die Gesellschafter vertreten, § 35 Abs. 1 Satz 2 BGB.[4] Hierdurch kann die Klageschrift zugestellt und der Rechtsstreit (zumindest) rechtshängig gemacht werden.[5] Eine Vertretung der führungslosen Gesellschaft durch die Gesellschafter findet jedoch nicht statt. Zur Prozessführung ist aber neben der Passiv- auch die Aktivvertretung der GmbH erforderlich. Damit die Klage nicht auch in diesem Fall unzulässig ist, muss der Kläger mit der Klageschrift einen Antrag auf Bestellung eines Prozesspflegers stellen. 3

c) **Ende der Vertretungsbefugnis.** Endet während des Zivilprozesses die Vertretungsbefugnis des alleinigen Geschäftsführers (z.B. durch Abberufung, Niederlegung oder Tod), so wird das Verfahren gem. § 241 ZPO unterbrochen, bis der gesetzliche Vertreter oder der neue gesetzliche Vertreter von seiner Bestellung dem Gericht Anzeige macht oder der Gegner seine Absicht, das Verfahren fortzusetzen, dem Gericht angezeigt und das Gericht diese Anzeige von Amts wegen zugestellt hat. Sind mehrere Geschäftsführer vorhanden, so wird das Verfahren nicht unterbrochen, sofern die verbleibenden gemeinsam oder allein zur Vertretung berechtigt sind.[6] Ist die GmbH durch einen Prozessbevollmächtigten vertreten, so wird das Verfahren nicht unterbrochen, sondern nur auf Antrag ausgesetzt, § 246 Abs. 1 ZPO.[7] 4

d) **Prozesspfleger oder Notgeschäftsführer.** Ist die Gesellschaft schon bei Klageerhebung führungslos bzw. tritt dies während des Rechtsstreites ein, so kann nach § 57 ZPO ein Prozesspfleger bestellt werden. Alternativ[8] kann der Prozessgegner der prozessunfähigen GmbH analog § 29 BGB[9] die Bestellung eines Notgeschäftsführers beantragen. Ein hierfür erforderlicher „dringender Fall" liegt vor allem dann vor, wenn die Gesellschaftsorgane selbst nicht 5

---

[1] BGHZ 121, 263; BGH, ZIP 2007, 144 Rn. 11; BGH NZG 2011, 26 mit Anm. *Fest* NZG 2011, 130.
[2] BGH NZG 2011, 26; MünchKommZPO/*Gehrlein* § 241 Rn. 1.
[3] OLG Karlsruhe, Urt. v. 31.7.2013 – 7 U 184/12, Rn. 8.
[4] Abs. 1 Satz 2 angef., durch G v. 23.10.2008 – BGBl. I S. 2026 – „MoMiG".
[5] *K. Schmidt* GmbHR 2011, 113, 114; *Fest* NZG 2011, 130.
[6] MünchKommZPO/*Gehrlein* Rn. 9.
[7] MünchKommZPO/*Gehrlein* Rn. 3.
[8] Das Verhältnis von § 57 ZPO zu § 29 BGB ist streitig: nach hM sind beide Anträge alternativ zulässig, vgl. BayObLGZ 1998, 179, 184; diff. OLG Zweibrücken NJW-RR 2001, 1057; MünchKommZPO/*Lindacher* § 29 Rn. 7; Soergel/*Hadding* § 29 Rn. 8; Staudinger/*Weick* § 29 Rn. 7 f.; nach a.A. fehlt für einen Antrag nach § 29 BGB das Rechtsschutzbedürfnis, wenn ein Antrag nach § 57 ZPO möglich ist, vgl. OLG Dresden GmbHR 2002, 163; OLG München NZG 2008, 160; MünchKommBGB/*Reuter* § 29 Rn. 11; *Kutter* ZIP 2000, 654 ff.
[9] MünchKommBGB/*Reuter* § 29 Rn. 1.

in der Lage sind, innerhalb angemessener Frist einen Geschäftsführer oder Verfahrensbevollmächtigten zu bestellen. Der Antrag nach § 29 BGB i. V. m. § 23 Abs. 1 FamFG ist nicht beim Prozessgericht, sondern beim Amtsgericht am Sitz der GmbH zu stellen. Antragsberechtigt ist neben den Gesellschaftern jede Person, die ein berechtigtes Interesse an der Notbestellung hat.[10] Neben Gläubigern der GmbH können dies auch andere Geschäftsführer oder Aufsichtsratsmitglieder sein.

6   e) **Geschäftsführer als Partei.** Ist in einem Verfahren der Geschäftsführer auch persönlich Partei, endet i. d. R. seine Vertretungsmacht für die GmbH im Prozess. Die Gesellschafter müssen ggf. gem. § 46 Nr. 8, 2. Fall GmbHG einen Vertreter der Gesellschaft bestimmen.[11]

7   f) **Abberufung streitgegenständlich.** Ist in einer Anfechtungs- oder Nichtigkeitsklage die Abberufung des Geschäftsführers oder Liquidators Streitgegenstand, so muss die Gesellschafterversammlung gem. § 46 Nr. 8, 2. Fall GmbHG einen Prozessvertreter bestellen. Ist bei der Bestellung oder Abberufung eines von mehreren Geschäftsführern streitig, von wem die GmbH vertreten wird, so gilt die Person als Vertreter der Gesellschaft, die bei Abweisung der Klage als solcher anzusehen wäre.[12] Hierdurch wird vermieden, dass die Vertretungsmacht vom Ausgang des Rechtsstreits abhängig ist. Die Frage der Vertretungsmacht würde sonst gegebenenfalls von den Instanzgerichten unterschiedlich bewertet werden.[13]

2. Verfahren mit Geschäftsführern

8   In einem Prozess der GmbH mit deren Geschäftsführer kann die Gesellschaft von einem der anderen Geschäftsführer vertreten werden, sofern dieser satzungsgemäß (alleine) vertretungsbefugt ist.[14] Um die Handlungsfähigkeit der GmbH zu sichern, kann die Gesellschafterversammlung aber auch gem. § 46 Nr. 8 GmbHG einen Prozessvertreter bestellen.[15] Klagt die GmbH gegen den einzigen Geschäftsführer, so muss die Gesellschafterversammlung einen Prozessvertreter bestimmen.

9   Gleiches gilt nach hM[16] bei Prozessen gegen frühere Geschäftsführer. Die Gesellschafter können über die Prozessvertretung entscheiden, weil nicht sichergestellt ist, dass in diesem Prozess die Interessen der Gesellschaft von den aktuellen Geschäftsführern ausreichend berücksichtigt werden.[17]

3. Vertretung durch Aufsichtsrat

10 Besteht in der GmbH ein Aufsichtsrat, so ist bei der Vorbereitung des Prozesses besondere Sorgfalt erforderlich. Es ist zu prüfen, ob in einem Prozess, an dem ein Geschäftsführer als Partei beteiligt ist, die Gesellschaft durch einen anderen Geschäftsführer oder durch den Aufsichtsrat vertreten wird. Wird die Gesellschaft fehlerhaft durch einen Geschäftsführer statt den Aufsichtsrat vertreten, so ist die Klage unzulässig.[18] Dieser Mangel kann durch Beitritt des Aufsichtsrats zum Rechtsstreit geheilt werden.[19]

---

[10] MünchKommBGB/*Reuter* Rn. 13.
[11] Hierzu BGH NJW-RR 1992, 993.
[12] BGH NJW 1981, 1041; OLG Hamm GmbHR 1993, 743, 745 m. w. N.; OLG Köln NJW-RR 2003, 758.
[13] OLG Köln NJW-RR 2003, 758.
[14] BGH NJW-RR 1992, 993; OLG Brandenburg NJW-RR 1998, 1196, 1197; Michalski/*Römermann* § 46 Rn. 522; a. A. Roth/Altmeppen/*Roth* § 46 Rn. 54 f.; Baumbach/Hueck/*Zöllner* § 46 Rn. 68; Lutter/Hommelhoff/*Lutter*/*Hommelhoff* § 46 Rn. 42.
[15] Michalski/*Römermann* § 46 Rn. 467.
[16] BGHZ 28, 355, 357; BGHZ 116, 353, 355; Lutter/Hommelhoff/*Bayer* § 46 Rn. 42; Michalski/*Römermann* § 46 Rn. 485; a. A. OLG Brandenburg NZW 1998, 466; Roth/Altmeppen/*Altmeppen* § 46 Rn. 57; einschränkend Baumbach/Hueck/*Zöllner* § 46 Rn. 67, wonach die Regelung anwendbar sein soll bei Prozessen mit Geschäftsführern, deren Abberufung oder Beendigung des Anstellungsvertrages streitig ist.
[17] Lutter/Hommelhoff/*Bayer* § 46 Rn. 42.
[18] Vgl. BGH NZG 2004, 327, wo die Klage eines früheren Geschäftsführers (erst) in der Revisionsinstanz als unzulässig abgewiesen wurde.
[19] OLG München DStR 2003, 1719.

a) Fakultativer Aufsichtsrat. Wurde ein fakultativer Aufsichtsrat bestellt, so vertritt dieser 11
gem. §§ 52 Abs. 1 GmbHG, 112 AktG die Gesellschaft bei Prozessen gegen amtierende oder
frühere[20] Geschäftsführer. Die Satzung kann eine andere Vertretungsregel treffen.[21]

Von dieser Vertretungsregelung sind jedoch alle Verfahren ausgenommen, die in Zusam- 12
menhang mit der Bestellung des Geschäftsführers, der Entlastung, der Abberufung und der
Geltendmachung von Ersatzansprüchen der Gesellschaft gegen Geschäftsführer stehen.
Grund hierfür ist, dass § 52 GmbHG nicht auf § 84 AktG verweist, diese Fragen gem. § 46
Nr. 5 GmbHG also weiterhin in die Kompetenz der Gesellschafterversammlung und nicht
des Aufsichtsrates fallen.[22]

b) Obligatorischer Aufsichtsrat. Besteht nach MitbestG, DrittelbG oder Montan- 13
MitbestG ein obligatorischer Aufsichtsrat, so vertritt dieser die Gesellschaft (stets) gegenüber Geschäftsführern.[23] Sollen jedoch Ersatzansprüche gegen Geschäftsführer geltend gemacht werden, so kann die Gesellschafterversammlung analog § 147 Abs. 2 AktG[24] einen
besonderen Vertreter bestellen.

4. Actio pro socio.

Mit der actio pro socio kann ein Gesellschafter bestimmte Ansprüche der Gesellschaft im 14
eigenen Namen geltend machen. Der Klageantrag lautet auf unmittelbare Leistung an die
Gesellschaft. Die actio pro socio ist nach hM ein Sonderfall der Prozessstandschaft.[25]

a) Sozialansprüche. Mit der actio pro socio können nur mitgliedschaftliche Ansprüche der 15
Gesellschaft geltend gemacht werden. Ansprüche aus Drittgeschäften sowie gegen gesellschaftsfremde Dritte scheiden aus.[26]

b) Anspruchsgegner. Sozialansprüche der Gesellschaft können gegen einen Mitgesellschaf- 16
ter sowie gegen ihm nahestehende bzw. zuzurechnende Personen (z.B. Konzernunternehm-
en) eingeklagt werden.[27] Ansprüche gegen Fremd-Geschäftsführer und andere Organe der
Gesellschaft scheiden mangels unmittelbarer Rechtsbeziehung zum Gesellschafter aus.[28]

c) Subsidiarität. Eine actio pro socio kommt nur dann in Betracht, soweit die Gesellschaft 17
den Anspruch nicht selbst verfolgt.[29] Hierzu muss der Gesellschafter ggf. zunächst einen Beschluss nach § 46 Nr. 8 GmbHG herbeiführen.[30]

Der Gesellschafter kann jedoch dann unmittelbar klagen, wenn es für diesen ein unzu- 18
mutbarer Umweg wäre, die Gesellschaft erst zu einer Klage zu zwingen.[31] Anerkannt ist
dies, wenn die Gesellschaft führungslos ist, die GmbH bereits erloschen ist, wenn der Minderheitsgesellschafter aufgrund der Mehrheitsverhältnisse keinen Beschluss herbeiführen

---

[20] HM vgl. BGH NJW 1989, 2055; OLG München DStR 2003, 1719; BGH NZW 2004, 327.
[21] BGH NJW-RR 1990, 739; NJW 1999, 3263; NZG 2004, 327.
[22] Lutter/Hommelhoff/*Lutter* § 52 Rn. 77; Michalski/*Giedinghagen* § 52 Rn. 277.
[23] Hierzu Mehrbrey/*Mehrbrey*, Handbuch gesellschaftsrechtliche Streitigkeiten, § 14 Rn. 24.
[24] HM Baumbach/Hueck/*Zöllner* § 46 Rn. 66; Michalski/*Giedinghagen* § 52 Rn. 280; Michalski/*Römermann* § 46 Rn. 470; Lutter/Hommelhoff/*Bayer* § 46 Rn. 43, wonach es keinen Grund gebe, GmbH-Gesellschafter strenger als Aktionäre zu behandeln.
[25] OLG Düsseldorf GmbHR 1994, 172, 175; 1996, 689, 695; OLG Braunschweig Urteil vom 9.9.2009 – 3 U 41/09, BeckRS 2009, 87615 MünchKommZPO/*Lindacher* Vorb. §§ 50 ff. ZPO Rn. 50; Lutter/Hommelhoff/*Lutter*/*Bayer* § 13 Rn. 55; Michalski/*Ebbing* § 14 Rn. 95.
[26] Lutter/Hommelhoff/*Lutter*/*Bayer* § 13 Rn. 53; Michalski/*Ebbing* § 14 Rn. 99, 101.
[27] Lutter/Hommelhoff/*Lutter*/*Bayer* § 13 Rn. 53; Michalski/*Ebbing* § 14 Rn. 101.
[28] Michalski/*Ebbing* § 14 Rn. 101 mwN.
[29] BGH WM 1982, 928, 928; Baumbach/Hueck/*Fastrich* § 13 Rn. 39; Lutter/Hommelhoff/*Lutter*/*Bayer* § 13 Rn. 55; Michalski/*Ebbing* § 14 Rn. 101.
[30] BGH Urt. v. 28.6.1982 – II ZR 199/81, BeckRS 1982, 651; BGH NZG 2005, 216; Michalski/*Ebbing* § 14 Rn. 104; MünchKommGmbHG/*Merkt* § 13 Rn. 327. Nach a. A. bedarf es dieses Beschlusses nicht, vgl. Lutter/Hommelhoff/*Lutter*/*Bayer* § 13 Rn. 53.
[31] So wörtlich BGH NZG 2005, 216; Lutter/Hommelhoff/*Lutter*/*Bayer* § 13 Rn. 56.

kann[32] sowie wenn ein Gesellschafter in der Zwei-Personen-GmbH von der Abstimmung ausgeschlossen ist.[33]

5. Vorläufiger Rechtsschutz

19 Beim vorläufigen Rechtsschutz gibt es in der gesellschaftsrechtlichen Prozessführung keine Besonderheiten. Es gelten die §§ 916 ff. ZPO. Überlagert wird dies aber insoweit durch das Gesellschaftsrecht, dass Gerichte nur in Ausnahmefällen in die Entscheidungskompetenz und Willensbildung der Gesellschafter eingreifen. So ist es nur in engen Grenzen möglich, eine Gesellschafterversammlung oder Beschlussfassung bereits im Vorfeld zu unterbinden.[34] Andere gesellschaftsrechtliche Maßnahmen nach der Beschlussfassung hingegen, wie z. B. der Vollzug eines Gesellschafterbeschlusses oder flankierende Maßnahmen gegen abberufene Geschäftsführer, können mit weniger Bedenken mittels einstweiligen Rechtsschutzes durchgesetzt werden.[35]

20 Eine einstweilige Verfügung ist zulässig, wenn zu besorgen ist, dass durch eine Veränderung des bestehenden Zustandes die Verwirklichung des Rechts einer Partei vereitelt oder wesentlich erschwert werden könnte, § 935 ZPO. Daneben ist nach § 940 ZPO eine einstweilige Verfügungen auch zum Zwecke der Regelung eines einstweiligen Zustandes in Bezug auf ein streitiges Rechtsverhältnis zulässig, sofern diese Regelung, insbesondere bei dauernden Rechtsverhältnissen zur Abwendung wesentlicher Nachteile oder zur Verhinderung drohender Gewalt oder aus anderen Gründen nötig erscheint. In der Rechtsprechung haben sich hierzu Fallgruppen entwickelt, die im Folgenden darzustellen sind.

6. Gerichtsstand

21 a) **Allgemeiner Gerichtsstand.** Der allgemeine Gerichtsstand einer Klage gegen die GmbH wird durch ihren Sitz bestimmt, §§ 12, 17 Abs. 1 ZPO sowie ggf. i. V. m. Art. 22 Nr. 2 EuGVO.[36] Daneben kann gem. § 17 Abs. 3 ZPO durch Satzung der GmbH oder in anderer Weise ein vom Sitz der GmbH abweichender Zusatzgerichtsstand geregelt werden. Hierdurch wird ein weiterer allgemeiner Gerichtsstand neben dem allgemeinen Gerichtsstand nach Abs. 1 begründet.[37] Der Kläger hat die freie Wahl zwischen dem Gerichtsstand des statutarischen Sitzes und dem einer besonderen Vereinbarung i. S. d. Abs. 2; der Zusatzgerichtsstand darf nicht als ausschließlicher geregelt werden.[38] Eine Gerichtsstandsvereinbarung „in anderer Weise" muss dabei jedoch dem Wesen nach einer Satzung entsprechen.[39]

22 b) **Besondere Gerichtsstände.** Als besondere Gerichtsstände für Klagen gegen eine GmbH kommen zunächst der der Niederlassung (§ 21 GmbHG) und der des Erfüllungsortes (§ 29 ZPO) in Betracht. Bei Auseinandersetzungen mit oder zwischen Gesellschaftern ist der besondere Gerichtsstand der Mitgliedschaft (§ 22 ZPO) zu berücksichtigen.

23 c) **Ausschließlicher Gerichtsstand bei Anfechtungs- und Nichtigkeitsklage.** Bei Anfechtungs- und Nichtigkeitsklagen gilt der ausschließliche Gerichtsstand des Sitzes gem. §§ 246 Abs. 3 Satz 1, 249 Abs. 1 Satz 1 AktG analog.[40]

24 d) **Auskunfts- und Informationsrechte.** Für eine gerichtliche Entscheidung über Auskunfts- und Informationsrechte des Gesellschafters nach § 51a GmbHG ist gem. § 51b

---

[32] BGH WM 1982, 928; BGH NZG 2005, 216; Baumbach/Hueck/*Fastrich* § 13 Rn. 39; Michalski/*Ebbing* § 14 Rn. 104; MünchKommGmbH/*Merkt* § 13 Rn. 326.
[33] Lutter/Hommelhoff/*Lutter/Bayer* § 13 Rn. 56.
[34] Gerichte lehnten früher einstweilige Verfügungen vor der Beschlussfassung wegen Vorwegnahme der Hauptsache und Eingriffs in die Willensbildung der Gesellschaft generell als unzulässig ab, vgl. OLG Hamm GmbHR 1993, 163; OLG Frankfurt BB 1982, 274; OLG Celle GmbHR 1981, 264.
[35] Münch. Hdb. GesR III/*Wolff* § 40 Rn. 109.
[36] Ist die EuGVO anwendbar, so wird in Art. 22 Nr. 2 nur die internationale Zuständigkeit deutscher Gerichte, nicht aber das dann örtlich zuständige (deutsche) Gericht geregelt. Diese Regelung obliegt der ZPO.
[37] MünchKommZPO/*Patzina* § 17 ZPO Rn. 17.
[38] Musielak/*Heinrich* § 17 ZPO Rn. 12.
[39] MünchKommZPO/*Patzina* a. a. O; Musielak/*Heinrich* § 17 ZPO Rn. 12.
[40] Lutter/Hommelhoff/*Bayer* Anh zu § 37 Rn. 81.

GmbHG i. V. m. § 132 Abs. 1, 3 bis 5 AktG ausschließlich das Landgericht zuständig, in dessen Bezirk die Gesellschaft ihren Sitz hat. Die Zuständigkeit der Kammern für Handelssachen folgt aus § 95 Abs. 2 Nr. 2 i. V. m. § 71 Abs. 2 Nr. 4 lit. b GVG. Zu berücksichtigen ist die in einigen Bundesländern durchgeführte Zuständigkeitskonzentration dieser Verfahren gem. § 71 Abs. 4 GVG zu einzelnen Landgerichten.[41] Das Verfahren nach § 51b GmbHG ist einer Schiedsvereinbarung zugänglich, was in einer Satzung, einem Schiedsvertrag oder ad hoc nach Entstehung des Streits die Zuständigkeit eines Schiedsgerichtes begründen kann.[42]

e) **Kammern für Handelssachen.** Sofern die Landgerichte zuständig sind, kann der Kläger gem. § 96 GVG die Verhandlung vor der Kammer für Handelssachen beantragen, wenn der Rechtsstreit eine Handelssache betrifft. Bestimmte Gesellschaftsangelegenheiten sind nach § 95 Abs. 1 Nr. 4 lit. a GVG Handelssachen. Hierzu gehören mitgliedschaftsrechtliche Streitigkeiten zwischen den Gesellschaftern sowie Streitigkeiten mit Geschäftsführern[43] und Liquidatoren.[44]

II. Prozessführung in der GmbH

1. Einstweiliger Rechtsschutz vor der Beschlussfassung

Die organschaftliche Willensbildung und -äußerung in der GmbH erfolgt durch Beschlüsse der Gesellschafter. Einstweilige Verfügungen im Vorfeld der Beschlussfassung stellen grundsätzlich einen Eingriff in diese gesellschaftsinterne Willensbildung[45] und eine mögliche Vorwegnahme der Hauptsache[46] dar. Aus diesen Gründen wurden solche einstweiligen Verfügungen bis in die 1990er Jahre als unzulässig angesehen.[47] Erst in jüngeren Entscheidungen fand ein Wandel statt.[48] Demnach ist eine einstweilige Verfügung, die auf ein bestimmtes Abstimmungsverhalten in der Gesellschafterversammlung gerichtet ist, dann zulässig, wenn zugunsten des Antragstellers eine eindeutige Rechtslage oder ein überragendes Schutzbedürfnis besteht und die einstweilige Verfügung nicht am Gebot des geringstmöglichen Eingriffs scheitert.[49]

Einen solchen geringeren Eingriff in die Willensbildung der Gesellschafterversammlung stellt der Fall dar, in dem die Beschluss*ausführung* durch eine einstweilige Verfügung untersagt werden kann. In diesem Fall kann nicht bereits die Beschluss*fassung* verhindert werden. Der Gesellschafter muss in diesem Fall nach der Beschlussfassung Rechtsschutz suchen. So ist beispielsweise die Verhinderung der Anmeldung eines angefochtenen Beschlusses in das Handelsregister gegenüber einem Eingriff in die Willensbildung der geringere und gebotene Eingriff.[50]

Daher ist in der anwaltlichen Beratung besonders zu prüfen, welche Auswirkungen ein Gesellschafterbeschluss auf den Antragsteller hat. Eine Untersagung der Beschlussfassung

---

[41] Übersicht der Landesregelungen bei Michalski/Römermann § 51b Rn. 26 ff.
[42] Lutter/Hommelhoff/Lutter/Bayer § 51b GmbHG Rn. 2 ff.
[43] Hierzu gehören auch faktische Geschäftsführer, vgl. OLG Stuttgart NJW-RR 2005, 699.
[44] MünchKommZPO/Zimmermann § 95 GVG Rn. 12.
[45] Baumbach/Hueck/Zöllner Anh. § 47 Rn. 202.
[46] Kritisch zu diesen Einwänden MünchHdbGmbH/Wolff § 40 Rn. 104 f. m. w. N.
[47] OLG Koblenz DB 1990, 2413; OLG Stuttgart NJW 1987, 2449; OLG Frankfurt BB 1982, 274; OLG Celle GmbHR 1981, 264; OLG Nürnberg BB 1971, 1478.
[48] OLG München NZG 1999, 407 (rkr.) m. Anm. Michalski, Schulenburg; OLG Zweibrücken NZG 1998, 385; OLG Stuttgart GmbHR 1997, 312; OLG Hamm GmbHR 1993, 163; OLG Hamburg GmbHR 1991, 467 m. Anm. K. Schmidt; OLG Koblenz ZIP 1986, 503; Michalski, GmbHR 1991, 12; Lutter/Hommelhoff/Bayer Anh. § 47 Rn. 603.
[49] OLG Stuttgart GmbHR 1997, 312; OLG Hamm GmbHR 1993, 163; OLG Stuttgart NJW 1987, 2449; Lutter/Hommelhoff/Bayer Anh. § 47 Rn. 90; Michalski/Römermann Anh. § 47 Rn. 606; a. A. OLG Jena NZG 2002, 89; Baumbach/Hueck/Zöllner Anh. § 47 Rn. 202 f.; MünchKommGmbHG/Wertenbruch Anh. § 47 Rn. 270.
[50] OLG Hamm GmbHR 1993, 163.

selbst ist nur dann denkbar, wenn ein Vollzugsverbot nicht möglich ist oder zur Rechtswahrung nicht ausreicht.[51]

29 a) **Nicht ordnungsgemäß einberufene Gesellschafterversammlung.** Ist die Gesellschafterversammlung nicht ordnungsgemäß einberufen, so kann ein Gesellschafter die Durchführung und Beschlussfassung mit einer einstweiligen Verfügung verhindern. Hierdurch greift das Gericht nicht in die inhaltliche Willensbildung der Gesellschafter ein sondern trifft lediglich eine vorläufige Maßnahme,[52] die durch eine ordnungsgemäß einberufene Gesellschafterversammlung nachgeholt werden kann. Der Gesellschafter muss jedoch glaubhaft machen, dass die auf der Versammlung zu beschließenden Punkte aufgrund schwerer Einberufungsmängel nichtig sein werden. Denkbar ist dies in Fällen, in denen nicht alle Gesellschafter einberufen wurden oder eine nichtberechtigte Person zur Gesellschafterversammlung eingeladen hat.[53]

30 b) **Stimmbindung des Gesellschafters.** Bestehen in der Gesellschaft Stimmbindungsverträge, so ist umstritten, ob bei einem drohenden Verstoß gegen einen Stimmbindungsvertrag die vertraglich geschuldete Beschlussfassung durch einstweilige Verfügung durchgesetzt werden kann. Da durch eine bestimmte Verpflichtung zur Stimmabgabe die Hauptsache vorweggenommen würde, wird die Zulässigkeit einer einstweiligen Verfügung in diesem Bereich bezweifelt.[54] Richtigerweise ist danach zu unterscheiden, ob eine bestimmte Stimmabgabe verboten oder angeordnet werden soll. An der Zulässigkeit der Anordnung einer bestimmten Stimmabgabe bestehen erhebliche Zweifel, da hierdurch tatsächlich die Hauptsache vorweggenommen würde. In Fällen hingegen, in denen eine vereinbarungswidrige Stimmabgabe droht, kann dies durch einstweilige Verfügung untersagt werden.[55] Der Verfügungsgrund erschöpft sich in diesem Fall jedoch nicht in der drohenden Verletzung des Stimmbindungsvertrages, da ein Gesellschafterbeschluss gegebenenfalls auch nachgeholt werden kann. Vielmehr ist erforderlich, dass in der Beschlussfassung eine endgültige Beeinträchtigung der Rechte des Gläubigers drohen muss.[56] Die Verletzung des Stimmbindungsvertrages muss also einen Zustand herbeiführen, der für den durch den Stimmbindungsvertrag Berechtigten nicht ohne weiteres (mehr) beseitigt werden kann.

31 Die dargestellten Grundsätze gelten auch in Fällen, in denen sich Stimmpflichten aus dem Gesellschaftsvertrag oder der Treuepflicht[57] ergeben.

32 c) **Abberufung eines Geschäftsführers.** Ein besonderes und häufiges Konfliktfeld ist in den Fällen gegeben, in denen die Abberufung eines Geschäftsführers durchgesetzt werden soll. Diese Fälle werden regelmäßig von beiden Seiten mit einstweiligen Verfügungen begleitet, oft auch als Druckmittel für mögliche Vergleichsverhandlungen.

33 Unstreitig verliert der Geschäftsführer mit dem Zugang der Abberufungserklärung seine Organstellung.[58] Daher wird ein Geschäftsführer versuchen, bereits auf den Abberufungsbeschluss Einfluss zu nehmen.

34 *aa) Antragstellung durch den Geschäftsführer.* Einstweiliger Rechtsschutz im Vorfeld des Abberufungsbeschlusses kommt grundsätzlich nur für den Gesellschafter-Geschäftsführer in Betracht. Fremdgeschäftsführern mangelt es bereits am Verfügungsanspruch.[59] Da sie gem.

---

[51] Lutter/Hommelhoff/*Bayer* Anh. § 47 Rn. 91.
[52] OLG Koblenz NJW 1991, 1119; OLG Frankfurt GmbHR 1982, 237.
[53] Vgl. den Fall der Einladung durch einen „Beiratsvorsitzenden", der sich u.a. auf die *actio pro socio* stützte, KG Urt. v. 27.10.2011 – 23 U 226/10 bzgl. einer Beschlussanfechtung.
[54] *Waclawik*, Prozessführung im Gesellschaftsrecht, Rn. 537.
[55] OLG Hamburg GmbHR 1991, 467 m. zust. Anm. *K. Schmidt*; OLG Stuttgart NJW 1987, 2449; OLG Koblenz NJW 1986, 1692; Lutter/Hommelhoff/*Bayer* Anh. § 47 Rn. 92 und § 47 Rn. 19; MünchKommGmbHG/*Drescher* § 47 Rn. 253; *Waclawik*, Prozessführung im Gesellschaftsrecht, Rn. 537.
[56] MünchKommGmbHG/*Drescher* § 47 Rn. 253.
[57] OLG Hamburg GmbHR 1991, 467.
[58] Michalski/*Terlau* § 38 Rn. 63; MünchKommGmbHG/*Stephan/Tieves* § 38 Rn. 50.
[59] OLG Hamm NZG 2002, 50; Baumbach/Hueck/*Zöllner/Noack* § 38 Rn. 70; MünchKommGmbHG/*Stephan/Tieves* § 38 Rn. 108.

§ 38 Abs. 1 GmbHG jederzeit abberufen werden können, haben sie keinen Anspruch, der im Rahmen des einstweiligen Rechtsschutzes geltend gemacht werden kann.

Gesellschafter-Geschäftsführer können, sofern sie im Einzelfall einen Verfügungsanspruch und Verfügungsgrund glaubhaft machen, vor einer Beschlussfassung einstweiligen Rechtsschutz erlangen. Der Abberufungsbeschluss selbst wird jedoch nur in Ausnahmefällen durch eine einstweilige Verfügung verhindert werden können. Mit einer solchen Entscheidung würde das Gericht in die gesellschaftsinterne Willensbildung eingreifen.[60] Denkbar sind vorläufige Maßnahmen nur dann, wenn die Sach- und Rechtslage eindeutig ist oder ein überragendes Schutzbedürfnis zugunsten des Antragstellers besteht.[61] Eine solche Sach- und Rechtslage ist zum Beispiel dann denkbar, wenn der Gesellschafter-Geschäftsführer statutarische Rechte zur Geschäftsführung hat oder kein Anlass für seine Abberufung aus wichtigem Grund vorliegt. 35

Die einstweilige Maßnahme muss jedoch den geringstmöglichen Eingriff darstellen.[62] Daher kommt sie nur dann in Betracht, wenn eine (nachträgliche) Beschlussanfechtung zu keiner schwerwiegenden Beeinträchtigung des Antragstellers führt.[63] 36

bb) Antragstellung durch die Gesellschaft. Der Gesellschaft steht keine Möglichkeit offen, vor der Beschlussfassung einstweiligen Rechtsschutz zu erlangen. Dies gilt auch dann, wenn sie durch Abberufung des einzigen Geschäftsführers führungslos wird. 37

Jedoch kann bis zur Beschlussfassung über eine Abberufung aus wichtigem Grund die Stimmabgabe des Betroffenen wegen des Stimmrechtsausschlusses nach § 47 Abs. 4 GmbHG untersagt[64] oder die Geschäftsführung durch unterbunden werden:[65] 38

- Tätigkeitsverbote des Geschäftsführers;
- Zutrittsverbote zu den Geschäftsräumen;
- Herausgabe bestimmter Geschäftsunterlagen;
- Einsichtsverbote;
- Umwandlung der Einzelvertretung in Gesamtvertretung.[66]

2. Gerichtliche Beschlusskontrolle

Das GmbH-Recht hat die Rechtsfolgen unwirksamer Gesellschafterbeschlüsse nicht geregelt. Nach hM sind die aktienrechtlichen Vorschriften der §§ 241 ff. AktG entsprechend anzuwenden.[67] Zu unterscheiden sind nichtige von anfechtbaren Beschlüssen. Nichtige Beschlüsse sind von Anfang an wirkungslos, was mit der Nichtigkeitsklage analog § 249 AktG oder der allgemeinen Feststellungsklage nach § 256 ZPO festgestellt wird. Anfechtbaren Beschlüssen sind zunächst wirksam und können aufgrund einer Anfechtungsklage analog § 243 Abs. 1 AktG oder einer allgemeinen Feststellungsklage[68] gerichtlich überprüft und für nichtig erklärt werden. 39

Die materiellrechtlichen Einzelheiten zur gerichtlichen Beschlusskontrolle sind in Kapitel → § 15 unter IV. von *Römermann* umfassend erläutert. Im Folgenden sollen daher nur prozessuale Besonderheiten dargestellt werden. 40

a) **Nichtige Beschlüsse.** *aa) Nichtigkeitsgründe.* Bei Verstößen gegen § 241 AktG analog bzw. bei entsprechender Anordnung im AktG oder GmbHG ist der Gesellschafterbeschluss nichtig: 41

---

[60] Baumbach/Hueck/*Zöllner* Anh. § 47 Rn. 202; MünchKommGmbHG/*Stephan/Tieves* § 38 Rn. 108; *Lutz* BB 2000, 833, 836.
[61] OLG München NZG 1999, 407 (rkr.) m. Anm. *Michalski, Schulenburg*; Michalski/*Terlau* § 38 Rn. 79.
[62] OLG München NZG 1999, 407.
[63] Michalski/*Terlau* § 38 Rn. 79.
[64] OLG Zweibrücken NZG 1998, 385, 386; Michalski/*Römermann* Anh. § 47 Rn. 602.
[65] Baumbach/Hueck/*Zöllner* Anh. § 47 Rn. 204; Michalski/*Römermann* Anh. § 47 Rn. 602.
[66] Lutter/Hommelhoff/*Kleindiek* § 38 Rn. 37.
[67] Lutter/Hommelhoff/*Bayer* Anh. § 47 Rn. 1 m. w. N. zur Rspr.
[68] Die hM unterscheidet bei Beschlussmängeln danach, ob eine förmliche Beschlussfeststellung vorliegt. A. A. Michalski/*Römermann* Anh. § 47 Rn. 587.

- Einberufungsmängel, § 241 Nr. 1 AktG analog;
- Beurkundungsmängel, § 241 Nr. 2 AktG analog;
- Inhaltliche Mängel, § 241 Nr. 3 und 4 AktG analog;
- Amtliche Entscheidungen, insbes. Amtslöschung eingetragener Beschlüsse im Handelsregister, § 241 Nr. 5 und 6 AktG analog;
- Nichtigkeit von Aufsichtsratswahlen, § 250 Abs. 1 AktG analog;
- Nichtigkeit des Jahresabschlusses, § 256 AktG analog;[69]
- Bezugsrecht an neuen Geschäftsanteilen, § 57j Satz 2 GmbHG;
- Teilnahme neuer Geschäftsanteile am Gewinn, § 57n Abs. 2 Sätze 3 und 4 GmbHG;
- Beschlüsse über die Kapitalherabsetzung, § 58e Abs. 3 GmbHG und § 58f Abs. 2 GmbHG.

42   bb) *Heilung.* Einberufungsmängel werden geheilt, wenn sämtliche Gesellschafter in einer Universalversammlung bzw. nachträglich beschließen oder auf die Rüge verzichtet wird. Beschlüsse, die nicht in das Handelsregister eingetragen werden, sind bei Vorliegen eines Nichtigkeitsgrundes unheilbar nichtig. Dies gilt auch für Beschlüsse, die beim Handelsregister nur eingereicht und zu den Registerakten genommen, aber nicht eingetragen werden.[70] Eintragungspflichtige Beschlüsse können gem. § 242 Abs. 1 AktG analog mit der Eintragung im Handelsregister geheilt werden. Einberufungsmängel (§ 241 Nr. 1 AktG analog) und inhaltliche Mängel nach § 241 Nr. 3 und 4 AktG analog werden geheilt, wenn seit der Eintragung drei Jahre verstrichen sind, § 242 Abs. 1 Satz 1 AktG analog.

43   cc) *Klagebefugnis.* Die Nichtigkeitsklage analog § 249 AktG kann vom Gesellschafter, Geschäftsführer,[71] Aufsichtsrats- oder Beiratsmitglied[72] geltend gemacht werden. Im Falle der fehlerhaften Wahl eines obligatorischen Aufsichtsrates sind darüber hinaus auch die in § 250 Abs. 2 AktG genannten Organisationen (Betriebsrat, Sprecherausschuss usw.) und Vertretungen der Arbeitnehmer (Gewerkschaften und deren Spitzenorganisationen) aktivlegitimiert.[73]

44   Sofern Dritte ein Feststellungsinteresse haben, können diese die Nichtigkeit mit der allgemeinen Feststellungsklage gemäß § 256 ZPO geltend machen.[74] Hierzu ist erforderlich, dass der Beschluss für sie unmittelbar erheblich ist, z.B. wenn zur Geltendmachung gewinnabhängiger Ansprüche die Bilanz der Gesellschaft festzustellen ist.[75]

45   dd) *Klagefrist.* Die Nichtigkeitsklage ist nicht fristgebunden, unterliegt jedoch der Verwirkung.[76] Zu beachten ist aber die umwandlungsrechtliche Frist von einem Monat ab der Beschlussfassung (§§ 14 Abs. 1; 125 Satz 1; 195 Abs. 1 UmwG). Diese betrifft auch formelle Beschlussmängel, so z.B. nicht form- und fristgerechte Einladungen,[77] und ergänzt somit die allgemeinen Regeln zur Beschlusskontrolle.[78]

46   ee) *Feststellungsantrag.* In der Klageschrift ist die Feststellung der Nichtigkeit zu beantragen:

> **Formulierungsvorschlag:**
>
> Es wird festgestellt, dass der Beschluss der Gesellschafterversammlung vom ... zum Tagesordnungspunkt ... mit dem Inhalt ... **nichtig ist.**

---

[69] Vgl. (h. M.) Lutter/Hommelhoff/*Bayer* Anh. § 47 Rn. 24; Michalski/*Römermann* Anh. § 47 Rn. 187; MünchKommAktG/*Hüffer* § 256 Rn. 88.
[70] MünchKommAktG/*Hüffer* § 242 Rn. 4.
[71] BGHZ 70, 384, 388; Baumbach/Hueck/*Zöllner* Anh. § 47 Rn. 69; Lutter/Hommelhoff/*Bayer* Anh. § 47 Rn. 30.
[72] BGH NJW 1984, 733, 734; Baumbach/Hueck/*Zöllner* Anh. § 47 Rn. 69; Lutter/Hommelhoff/*Bayer* Anh. § 47 Rn. 30.
[73] Lutter/Hommelhoff/*Bayer* Anh. § 47 Rn. 31.
[74] Baumbach/Hueck/*Zöllner* Anh. § 47 Rn. 71; Lutter/Hommelhoff/*Bayer* Anh. § 47 Rn. 30.
[75] Baumbach/Hueck/*Zöllner* Anh. § 47 Rn. 71.
[76] BGHZ 22, 101, 106; Lutter/Hommelhoff/*Bayer* Anh. § 47 Rn. 29; Michalski/*Römermann* Anh. § 47 Rn. 236; MünchKommGmbHG/*Wertenbruch* Anh. § 47 Rn. 204.
[77] Semler/Stengel/*Gehling* § 14 UmwG Rn. 8.
[78] Semler/Stengel/*Gehling* § 14 UmwG Rn. 1.

b) Anfechtbare Beschlüsse. Analog § 243 Abs. 1 AktG kann ein Gesellschafterbeschluss wegen „Verletzung des Gesetzes oder der Satzung durch Klage angefochten werden". Der Beschluss ist zunächst wirksam und wird vom Gericht nachträglich für nichtig erklärt:

> **Formulierungsvorschlag:**
> Der Beschluss der Gesellschafterversammlung vom ... zum Tagesordnungspunkt ... mit dem Inhalt ... **wird für nichtig erklärt.**

Daneben besteht die Möglichkeit der allgemeinen Feststellungsklage nach § 256 ZPO. Ob mit der allgemeinen Feststellungsklage ein Beschluss (lediglich) positiv festgestellt werden kann oder gar (nachträglich) für nichtig erklärt werden kann, ist nicht einheitlich zu beantworten. Dies hängt damit zusammen, ob ein Gesellschafter oder Nicht-Gesellschafter Klage erhebt bzw. was tatsächlicher Gegenstand der Klage ist. Zudem hängt dies davon ab, ob die Anfechtungsklage eine positive Beschlussfeststellung erfordert (hM). Dies wird im Folgenden dargestellt:

aa) Klagebefugnis. (1) *Gesellschafter.* Klagebefugt ist jeder Gesellschafter, auch wenn er einen bloß stimmrechtslosen Geschäftsanteil hält.[79] Er muss im Zeitpunkt der Klageerhebung in der Gesellschafterliste benannt sein,[80] also rechtlich und nicht bloß wirtschaftlich beteiligt sein.[81] Die Klagebefugnis setzt nicht voraus, dass der Gesellschafter dem Beschluss widersprochen hat. § 245 Nr. 1 AktG ist nicht anwendbar.[82] Auch eine Teilnahme an der Beschlussfassung ist nicht notwendig.

Es ist auch nicht erforderlich, dass der Kläger bereits bei der Beschlussfassung oder Bekanntmachung der Tagesordnung Gesellschafter war.[83] Mit dem Geschäftsanteil geht das Anfechtungsrecht mit über.[84]

Die Klagebefugnis der Gesellschafter korrespondiert mit der Willensbildung in und der Allzuständigkeit der Gesellschafterversammlung. Es liegt in den Händen der Gesellschafter, einen anfechtbaren Beschluss zu akzeptieren und den Mangel so zum Gegenstand ihrer Entscheidung zu machen. Ebenso obliegt es den Gesellschaftern, ihren zunächst gefassten Beschluss der gerichtlichen Kontrolle zuzuführen und aufgrund der Anfechtungsklage nachträglich durch das Gericht für nichtig erklären zu lassen.

(2) *Nichtgesellschafter.* Um dies nicht zu umgehen, können Nichtgesellschafter, die ein Feststellungsinteresse haben, zwar die Nichtigkeit eines Beschlusses durch eine allgemeine Feststellungsklage nach § 256 ZPO feststellen lassen. Es ist aber nicht möglich, den (wirksamen) Beschluss in einer allgemeinen Feststellungsklage für nichtig zu erklären.[85] Sonst würde ein Nichtgesellschafter rechtsgestaltend auf die Willensbildung der Gesellschafter Einfluss nehmen.[86]

(3) *Organe.* Aufsichtsrat und Geschäftsführer haben als Organ kein eigenes Anfechtungsrecht.[87] Einzelne Organmitglieder, die nicht gleichzeitig Gesellschafter sind, haben auch dann kein Anfechtungsrecht, wenn sie sich schadensersatzpflichtig oder strafbar oder eine Ordnungswidrigkeit begehen würden.[88] Solche Weisungen müssen nicht ausgeführt wer-

---

[79] BGHZ 14, 264, 271; Lutter/Hommelhoff/*Bayer* Anh. § 47 Rn. 70.
[80] BGH GmbHR 2009, 39, 40; Lutter/Hommelhoff/*Bayer* Anh. § 47 Rn. 70.
[81] BGH NZG 2008, 912, 913.
[82] Baumbach/Hueck/*Zöllner* Anh. § 47 Rn. 136; Lutter/Hommelhoff/*Bayer* Anh. § 47 Rn. 71; Michalski/*Römermann* Anh. § 47 Rn. 392.
[83] Baumbach/Hueck/*Zöllner* Anh. § 47 Rn. 136.
[84] Ausführlich Baumbach/Hueck/*Zöllner* Anh. § 47 Rn. 138.
[85] BGH NZG 2008, 912, 913.
[86] In diesem Sinne auch Michalski/*Römermann* Anh. § 47 Rn. 428.
[87] Baumbach/Hueck/*Zöllner* Anh. § 47 Rn. 140 f.; Lutter/Hommelhoff/*Bayer* Anh. § 47 Rn. 73 f.
[88] BGHZ 76, 154, 159; Michalski/*Römermann* Anh. § 47 Rn. 427 ff.; MünchKommGmbHG/*Wertenbruch* Anh. § 47 Rn. 178; a. A. Baumbach/Hueck/*Zöllner* Anh. § 47 Rn. 140; Lutter/Hommelhoff/*Bayer* Anh. § 47 Rn. 73.

den.[89] Dies kann im Rahmen einer allgemeinen Feststellungsklage gerichtlich festgestellt werden.[90] Die Klagebefugnis folgt dann aus § 245 Nr. 5 AktG analog.

54 *bb) Beschlussfeststellung.* Nach Auffassung der hM kommt eine Anfechtungsklage nur dann in Betracht, wenn in der Gesellschafterversammlung ein Beschluss **festgestellt** worden ist.[91] Fehlt eine solche Feststellung, so ist die allgemeine Feststellungsklage statthaft.[92]

55 Die kassatorische Wirkung einer Anfechtungsklage setzt denknotwendig einen (zunächst rechtswirksamen) Beschluss voraus. Die Beschlussfeststellung selbst ist im GmbH-Recht nun keine Wirksamkeitsvoraussetzung der Beschlussfassung.[93] Wenn von der hM dennoch die Feststellung als Klagevoraussetzung verlangt wird, so bedeutet dies, dass die Gesellschafter im Einzelfall von einer (wirksamen) Beschlussfassung ausgehen müssen. Es muss also tatsächlich ein Beschluss vorliegen, der mit der Anfechtungsklage angegriffen wird. In einem jüngeren Urteil hat der BGH treffend formuliert, dass ein förmliches Festhalten des Beschlussergebnisses erforderlich ist, durch das die Unsicherheit darüber, ob ein wirksamer Beschluss gefasst wurde, beseitigt wird.[94] Dies wird stets dann erfüllt, wenn ein Versammlungsleiter diese Feststellung trifft. Jedoch ist ein **förmliches Festhalten auch auf andere Weise möglich,** solange das Beschlussergebnis zweifelsfrei feststeht.[95]

56 In dem vom BGH entschiedenen Fall sah die Satzung vor, dass über alle Gesellschafterbeschlüsse ein Protokoll anzufertigen sei, das von einem Geschäftsführer zu unterschreiben, an die Gesellschafter zu übersenden und in einem Protokollbuch zu verwahren sei.[96] Aus den Urkunden ergab sich für das Gericht zweifelsfrei eine Beschlussfassung.[97] Seine rechtliche Bedeutung erlangte dies in der Folge dadurch, dass der Kläger (der als Geschäftsführer der Beklagten abberufen worden war) als Nichtgesellschafter[98] geklagt hatte. Damit fehlte ihm, da das Gericht einen Beschluss annahm, die Anfechtungsbefugnis, die allgemeine Feststellungsklage war nicht (mehr) statthaft. Der Beschluss war mit Fristablauf endgültig wirksam geworden.[99]

57 *cc) Keine vorherige Abmahnung.* So wie es nicht erforderlich ist, dass der Kläger gegen eine Beschlussfassung Widerspruch erklärt hat, bedarf es vor der Klageerhebung auch keiner vorherigen „Abmahnung". In Einzelfällen mag es zwar denkbar sein, dass die Gesellschaft vor Klageerhebung aufgefordert wird, einen Fehler zu beseitigen.[100] Eine aus der Treuepflicht erwachsende Pflicht zur Abmahnung[101] ist jedoch abzulehnen.

58 *dd) Anfechtungsfrist.* Die Monatsfrist des § 246 Abs. 1 AktG wird auf die Beschlussanfechtung im GmbH-Recht nicht analog angewandt. Der BGH entschied bislang, dass eine nach den Umständen des Einzelfalles zu bemessende angemessene Frist gelten solle. Dabei könne jedoch die Monatsfrist, die dem Gesellschafter in jedem Fall zur Verfügung stehen muss, als Leitbild (Mindestfrist) herangezogen werden.[102] Zur Begründung wird auch heute noch angeführt, dass die GmbH im Gegensatz zur AG wegen der typischerweise zwischen den Gesellschaftern bestehenden persönlichen Beziehungen auf eine tragfähige Vertrauens-

---

[89] Baumbach/Hueck/Zöllner/Noack § 37 Rn. 22; Michalski/Lenz § 37 Rn. 19; Michalski/Römermann Anh. § 47 Rn. 430.
[90] Michalski/Römermann Anh. § 47 Rn. 431.
[91] BGH NJW 1986, 2051, 2052; BGH NZG 2008, 317 Rn. 22; Baumbach/Hueck/Zöllner Anh. § 47 Rn. 118; Lutter/Hommelhoff/Bayer Anh. § 47 Rn. 38; a. A. Michalski/Römermann Anh. § 47 Rn. 57.
[92] HM BGH NZG 2008, 317, 318 Rn. 22 a. E.
[93] BGHZ 104, 66, 69; Lutter/Hommelhoff/Bayer Anh. § 47 Rn. 38.
[94] BGH NZG 2008, 317, 318 Rn. 24 unter Verweis auf Goette, Die GmbH, § 7 Rn. 78 m. w. N.
[95] BGH NZG 2008, 317, 318 Rn. 24; Lutter/Hommelhoff/Bayer Anh. § 47 Rn. 38; a. A. Hofmann/Köster GmbHR 2003, 1327ff.
[96] BGH NZG 2008, 317, 318 Rn. 25.
[97] BGH NZG 2008, 317, 318 Rn. 26.
[98] Bemerkenswerterweise war er auch Geschäftsführer einer Gesellschafterin der Beklagten, hatte aber nicht für diese Anfechtungsklage erhoben.
[99] BGH NZG 2008, 317, 318 Rn. 26.
[100] Lutter/Hommelhoff/Bayer Anh. § 47 Rn. 71 letzter Satz.
[101] So Baumbach/Hueck/Zöllner Anh. § 47 Rn. 164.
[102] BGH NJW 1990, 2625.

grundlage angewiesen sei. Etwaige Meinungsverschiedenheiten müssten nach Möglichkeit einvernehmlich bereinigt werden können, bevor eine Anfechtungsklage erhoben wird.[103]

In jüngeren Entscheidungen hat der BGH nun festgestellt, dass bei Anfechtungsklagen gegen Beschlüsse einer GmbH **grundsätzlich**[104] die Monatsfrist einzuhalten ist und diese von eng begrenzten Ausnahmen abgesehen **als Maßstab zu gelten** hat.[105]

Etwas anderes gilt nur, wenn die Satzung eine abweichende Regelung (längere Frist)[106] trifft. Wird die Monatsfrist überschritten, kommt es darauf an, ob zwingende Umstände den Gesellschafter an einer früheren klageweisen Geltendmachung gehindert haben.[107]

Innerhalb der Anfechtungsfrist sind sämtliche Anfechtungsgründe „in ihrem Kern" geltend zu machen.[108] Die Anfechtungsfrist ist damit nicht bloßer formaler Akt, sondern für die Einführung der Anfechtungsgründe in den Rechtsstreit entscheidend,[109] soll die Anfechtungsfrist nicht funktionslos werden.[110]

ee) Anfechtungsgrund. Ein Anfechtungsgrund liegt vor, wenn der Beschluss gegen Gesetz oder Satzung verstößt, § 243 I AktG analog.[111] Der Verstoß kann im Beschlussverfahren sowie in der inhaltlichen Beschlussausgestaltung liegen.[112] Bei Verfahrensverstößen muss dieser für das Beschlussergebnis relevant gewesen sein.[113] Der Beschluss muss für das Mitgliedschafts- bzw. Mitwirkungsrecht des Gesellschafters relevant sein, indem dem Beschluss ein Legitimationsdefizit anhaftet, das bei einer wertenden, am Schutzzweck der verletzten Norm orientierten Betrachtung die Rechtfolge der Anfechtbarkeit rechtfertigt.[114]

c) Informationspflicht der Geschäftsführer. Ist gegen einen Gesellschafterbeschluss Klage erhoben worden, hat der Geschäftsführer entsprechend § 246 Abs. 4 AktG sämtliche Gesellschafter über die Klage und den Termin zur mündlichen Verhandlung zu informieren.[115] Dies gilt nicht nur für den Fall der Anfechtungsklage nach § 246 Abs. 1 AktG analog sondern auch, wenn Nichtigkeitsklage[116] oder allgemeine Feststellungsklage erhoben wurde. Die Ratio der Regelung liegt in der notwendigen Information der Gesellschafter. Diese besteht nicht nur bei Anfechtungsklagen, sondern auch in anderen Verfahren der gerichtlichen Beschlusskontrolle, wie § 249 Abs. 1 S. 1 AktG zeigt.

§ 246 Abs. 4 Satz 1 AktG sieht die Bekanntmachung in den Gesellschaftsblättern vor, d. h. gem. § 12 GmbHG regelmäßig im Bundesanzeiger, sofern der Gesellschaftsvertrag keine zusätzlichen anderen Blätter oder elektronischen Informationsmedien vorsieht. Im GmbH-Recht wird die Information der Gesellschafter durch Bekanntmachung als ungenügend angesehen. Der BGH verlangt, dass die Gesellschafter entsprechend § 246 Abs. 4 AktG „unterrichtet" werden.[117] Erforderlich ist daher, dass die Gesellschafter tatsächlich und individuell informiert werden, was sich aus der Art der Einladung zur Gesellschafterversammlung

---

[103] BGH NJW 1990, 2625; Lutter/Hommelhoff/*Bayer* Anh. § 47 Rn. 62 f.; Baumbach/Hueck/*Zöllner* Anh. § 47 Rn. 144 ff.
[104] BGH, Beschluss vom 13. Juli 2009 – II ZR 272/08. Vgl. auch Michalski/*Römermann* Anh. § 47 Rn. 465 ff.
[105] BGH NZG 2005, 551.
[106] Eine Frist von mehr als drei Monaten ist unangemessen, Lutter/Hommelhoff/*Bayer* Anh. § 47 Rn. 63.
[107] BGH, Beschluss vom 13. Juli 2009 – II ZR 272/08, 2. Absatz; BGHZ 137, 378, 386; BGH NZG 2005, 551; BGH NZG 2005, 479.
[108] BGHZ 15, 177, 180; BGHZ 120, 141, 157; BGH NZG 2002, 957; BGH NZG 2005, 479 = DStR 2005, 798 m. Anm. *Goette*; Baumbach/Hueck/*Zöllner* Anh. § 47 Rn. 156 f.; Lutter/Hommelhoff/*Bayer* Anh. § 47 Rn. 68.
[109] Baumbach/Hueck/*Zöllner* Anh. § 47 Rn. 156.
[110] BGH NZG 2005, 479.
[111] Baumbach/Hueck/*Zöllner* Anh. § 47 Rn. 83 ff.
[112] Ausführlich dargestellt von *Römermann* in → § 15 IV. 2.
[113] BGHZ 149, 158, 164 f.; BGH NZG 2005, 77, 79; BGH NJW 2008, 69, 73; Baumbach/Hueck/*Zöllner* Anh. § 47 Rn. 125 ff.; Lutter/Hommelhoff/*Bayer* Anh. § 47 Rn. 50; Michalski/*Römermann* Anh. § 47 Rn. 263 ff.; MünchKommGmbHG/*Wertenbruch* Anh. § 47 Rn. 123.
[114] BGH NZG 2005, 77, 79.
[115] BGHZ NJW 1986, 2051, 2052; OLG Düsseldorf GmbHR 2000, 1050, 1052; Baumbach/Hueck/*Zöllner* Anh. § 47 Rn. 170.
[116] Lutter/Hommelhoff/*Bayer* Anh. § 47 Rn. 33.
[117] BGH NJW 1986, 2051, 2052; Baumbach/Hueck/*Zöllner* Anh. § 47 Rn. 170.

nach § 51 Abs. 1 S. 1 GmbHG ergeben soll.[118] Eine bloße Veröffentlichung in den Gesellschaftsblättern der GmbH genügt nicht.[119]

65 Mit der Informationspflicht werden die übrigen Gesellschafter in die Lage versetzt, sich am Rechtsstreit als Nebenintervenienten zu beteiligen.[120] Sie können darüber hinaus gem. § 51a GmbHG Auskunft über das Verfahren und Einsicht in die Schriftsätze verlangen.[121]

66 Hat die Gesellschaft einen Aufsichtsrat oder Beirat, so ist umstritten, ob auch dessen Mitglieder zu informieren sind.[122] Dies hängt mit der Frage zusammen, ob diesen Organmitgliedern ein eigenes Anfechtungsrecht zusteht.

67 d) Nebenintervention der Gesellschafter. Gesellschafter können sich am Prozess als Nebenintervenienten beteiligen. Sie können dem Verfahren auf Seiten des Anfechtungsklägers oder der Gesellschaft beitreten. Das nach § 66 Abs. 1 ZPO erforderliche rechtliche Interesse liegt in der Urteilswirkung *inter omnes* gem. § 248 AktG analog.[123] Die Monatsfrist zum Beitritt auf Seiten des Klägers nach § 246 Abs. 4 Satz 2 AktG gilt für die GmbH nicht.[124]

68 In Gesellschafterauseinandersetzungen empfiehlt sich die Nebenintervention vor allem dann, wenn der Geschäftsführer im „Lager" des Klägers steht. Dem Geschäftsführer steht zwar keine Dispositionsbefugnis über den Streitgegenstand zu. Wegen der möglichen Einflussnahme auf die Prozessführung durch die Beklagte (s.u. e) Prozessdisposition durch die GmbH) spielt die Nebenintervention bei Gesellschafterauseinandersetzungen eine große Rolle.

69 Als Nebenintervenienten können die Gesellschafter Geständnisse von Tatsachen, Anerkenntnisse der beklagten GmbH und den Erlass eines Versäumnisurteils verhindern. Zudem können sie selbständig Rechtsmittel einlegen.[125]

70 e) Prozessdisposition durch GmbH. Umstritten ist, inwieweit der Geschäftsführer durch prozessuale Maßnahmen (Säumnis, Anerkenntnis, zugestandenen Tatsachen usw.) Einfluss auf den Prozess nehmen kann. Auch hier zeigt sich wieder, dass der Geschäftsführer nicht durch prozessuale Handlungen auf die gesellschaftsinterne Beschlussfassung Einfluss nehmen können soll. Unklar ist hingegen, wie dies mit den zivilprozessualen Regelungen in Einklang gebracht werden kann.

71 aa) Vergleich. Einvernehmen besteht insoweit, als ein Vergleich unzulässig ist, mit dem die Nichtigkeit des Gesellschafterbeschlusses festgestellt oder der Beschluss für nichtig erklärt wird.[126] Die *inter omnes*-Wirkung des Urteils kann nicht durch Parteivereinbarung herbeigeführt werden.[127] Möglich ist lediglich eine Erledigung des Rechtsstreites, wenn die Gesellschafterversammlung zuvor den Beschluss aufgehoben hat.[128]

72 bb) Versäumnisurteil. Der Geschäftsführer der beklagten GmbH könnte durch gezielte Nichtverteidigung ein Versäumnisurteil provozieren und so die Entscheidung der Mehrheitsgesellschafter ins Leere laufen lassen. Jedoch gibt es keine Rechtsgrundlage, um eine von § 331 ZPO abweichende Entscheidung zu treffen. Das Gericht hat auf Antrag des Klä-

---

[118] Lutter/Hommelhoff/*Bayer* Anh. § 47 Rn. 33; MünchKommGmbHG/*Wertenbruch* Anh. § 47 Rn. 201.
[119] Lutter/Hommelhoff/*Bayer* Anh. § 47 Rn. 33 und 86.
[120] Michalski/*Römermann* Anh. § 47 Rn. 498.
[121] Michalski/*Römermann* Anh. § 47 Rn. 502.
[122] Baumbach/Hueck/*Zöllner* Anh. § 47 Rn. 170.
[123] BGH NZG 2008, 912; Baumbach/Hueck/*Zöllner* Anh. § 47 Rn. 177; Lutter/Hommelhoff/*Bayer* Anh. § 47 Rn. 87; Michalski/*Römermann* Anh. § 47 Rn. 538.
[124] Baumbach/Hueck/*Zöllner* Anh. § 47 Rn. 169; Lutter/Hommelhoff/*Bayer* Anh. § 47 Rn. 86; Michalski/*Römermann* Anh. § 47 Rn. 497; MünchKommGmbHG/*Wertenbruch* Anh. § 47 Rn. 203 will jedoch keine starre Monatsfrist sondern entsprechend der Anfechtungsfrist eine „angemessene Interventionsfrist" anwenden; *Rensen*, NZG 2011, 569, 570 f.; nach a. A. ist die Monatsfrist anzuwenden, vgl. Ulmer/*Raiser* Anh. § 47 Rn. 25.
[125] BGH NZG 1999, 68.
[126] Baumbach/Hueck/*Zöllner* Anh. § 47 Rn. 175; Lutter/Hommelhoff/*Bayer* Anh. § 47 Rn. 85; Michalski/*Römermann* Anh. § 47 Rn. 523; MünchKommGmbHG/*Wertenbruch* Anh. § 47 Rn. 241, 244.
[127] Baumbach/Hueck/*Zöllner* Anh. § 47 Rn. 175.
[128] Michalski/*Römermann* Anh. § 47 Rn. 523.

gers zu entscheiden. Daher sieht die wohl hM ein Versäumnisurteil als zulässig.[129] Die Gesellschaftermehrheit ist hier durch die Möglichkeit der Nebenintervention geschützt.

cc) *Unstreitige Tatsachen.* Eine Einflussnahme durch den Geschäftsführer ist auch in der Weise denkbar, dass dieser Tatsachenvortrag des Anfechtungsklägers gezielt nicht bestreitet (§ 138 Abs. 3 ZPO) oder zugesteht (§ 288 Abs. 1 ZPO). Auch dies wird von der hM als zulässig angesehen.[130]

dd) *Anerkenntnis.* Umstritten ist in der Kommentarliteratur hingegen, ob der Geschäftsführer die Anfechtungsklage anerkennen kann. Da Verfügungen des Geschäftsführers über den Streitgegenstand selbst materiellrechtlich unzulässig sind, wird auch die Anerkenntniserklärung als unwirksam angesehen.[131] Nach anderer Auffassung[132] ist das Anerkenntnis zulässig, jedenfalls dann, wenn diesem ein entsprechender Gesellschafterbeschluss zugrunde liegt.[133] Der BGH hat diese Frage bislang offen gelassen,[134] das OLG Stuttgart hat das Anerkenntnisurteil im Falle einer AG zugelassen.[135]

f) **Freigabeverfahren.** Durch das UMAG wurde zum 1.11.2005 das Freigabeverfahren nach § 246a in das AktG aufgenommen. Danach kann bei Kapitalmaßnahmen oder Unternehmensverträgen das Gericht auf Antrag der Gesellschaft durch Beschluss feststellen, dass die Erhebung der Klage der Eintragung nicht entgegensteht und Mängel des Hauptversammlungsbeschlusses die Wirkung der Eintragung unberührt lassen. Hierdurch sollte „räuberischen Aktionären" Einhalt geboten werden.[136]

Dieses Druckmittel auch ist bei Gesellschafterauseinandersetzungen in der GmbH denkbar. Minderheitsgesellschafter können so Strukturmaßnahmen verzögern oder sogar verhindern und durch Blockademaßnahmen versuchen, Einfluss auf Vergleichsverhandlungen oder das eigene Ausscheiden nehmen.[137]

Da die §§ 241 ff. AktG entsprechend angewendet werden, ist auch eine analoge Anwendung des § 246a AktG denkbar. Das KG hat in einer aktuellen und kritisierten Entscheidung eine analoge Anwendung des § 246a AktG mit Hinweis auf die aktienrechtliche Entstehungsgeschichte abgelehnt.[138] In der Kommentarliteratur finden sich vermehrt Stimmen, die einer analogen Anwendung zustimmen.[139]

g) **Streitwert.** Der Streitwert wird unter Berücksichtigung aller Umstände des einzelnen Falles, insbesondere der Bedeutung der Sache für die Parteien, nach billigem Ermessen bestimmt, § 247 Abs. 1 Satz 1 AktG analog.[140]

Ob die Streitwertbegrenzung nach § 247 Abs. 1 Satz 2 AktG auf 10% des Stammkapitals bzw. 500 Tsd. EUR anzuwenden ist, ist hingegen umstritten. Der Meinungsstand hierzu in Rechtsprechung und Literatur lässt eine herrschende Ansicht nicht erkennen. Nach wohl überwiegender Auffassung ist zumindest die Begrenzung auf 10% des Stammkapitals nicht

---

[129] Baumbach/Hueck/*Zöllner* Anh. § 47 Rn. 175; wohl auch Lutter/Hommelhoff/*Bayer* Anh. § 47 Rn. 85, da die GmbH nicht zur ordnungsgemäßen Verteidigung gezwungen werden könne; Michalski/*Römermann* Anh. § 47 Rn. 523; MünchKommGmbHG/*Wertenbruch* Anh. § 47 Rn. 245.
[130] Baumbach/Hueck/*Zöllner* Anh. § 47 Rn. 175; Lutter/Hommelhoff/*Bayer* Anh. § 47 Rn. 85; Michalski/*Römermann* Anh. § 47 Rn. 525; MünchKommGmbHG/*Wertenbruch* Anh. § 47 Rn. 245.
[131] Michalski/*Römermann* Anh. § 47 Rn. 525; MünchKommGmbHG/*Wertenbruch* Anh. § 47 Rn. 244.
[132] Baumbach/Hueck/*Zöllner* Anh. § 47 Rn. 175.
[133] Lutter/Hommelhoff/*Bayer* Anh. § 47 Rn. 85.
[134] BGH NJW-RR 1993, 1253, 1254.
[135] OLG Stuttgart NZG 2003, 1170, 1172.
[136] Zur Problematik der „Berufskläger" *Waclawik*, Prozessführung im Gesellschaftsrecht, Rn. 241 ff.; *Schindler/Witzel* NZG 2001, 577
[137] Hier kann von einem „Lästigkeitswert" gesprochen werden, indem verbleibende Gesellschafter gegen Zahlung einer (höheren) Abfindung einen lästigen Gesellschafter aus der Gesellschaft entlassen.
[138] KG NZG 2011, 1068; ebenso *Fleischer* DB 2011, 2132; „entschiedenen Widerspruch" äußern Bayer/Lieder NZG 2011, 1170.
[139] Mehrbrey/*Mehrbrey*, Handbuch gesellschaftsrechtliche Streitigkeiten, § 19 Rn. 177; *Waclawik*, Prozessführung im Gesellschaftsrecht, Rn. 452 ff. empfiehlt, die Gesellschaft über die Rechtsunsicherheit zu informieren und den „*Versuch zu unternehmen*"; Bayer/Lieder NZG 2011, 1170; *Harbarth* GmbHR 2005, 966, 968.
[140] hM BGH NZG 1999, 999; Lutter/Hommelhoff/*Bayer* Anh zu § 47 Rn. 83; Michalski/*Römermann* Anh. § 47 Rn. 530; MünchKommGmbH/*Wertenbruch* Anh. § 47 Rn. 246; MünchHdbGmbH/*Wolff* § 40 Rn. 82.

anwendbar.[141] Ob eine weitere Begrenzung auf 500 Tsd. EUR stattfindet, ist nicht einheitlich erkennbar.[142] Der BGH hat die Frage offen gelassen.[143]

80 **h) Schiedsfähigkeit.** Seit dem Grundsatzurteil des BGH vom 6.4.2009[144] ist die Schiedsfähigkeit von Beschlussmängelstreitigkeiten anerkannt. Voraussetzung ist, dass das schiedsgerichtliche Verfahren in einer dem Rechtsschutz durch staatliche Gerichte gleichwertigen Weise – d.h. unter Einhaltung eines aus dem Rechtsstaatsprinzip folgenden Mindeststandards an Mitwirkungsrechten und damit an Rechtsschutzgewährung für alle ihr unterworfenen Gesellschafter – ausgestaltet ist. Dazu muss die Schiedsklausel folgende Voraussetzungen erfüllen:

- Die Schiedsabrede muss mit Zustimmung aller Gesellschafter getroffen werden (in der Satzung, einem Vertrag oder ad hoc).
- Jeder Gesellschafter muss über die Einleitung und den Verlauf des Schiedsverfahrens informiert und dadurch in die Lage versetzt werden, dem Verfahren zumindest als Nebenintervenient beizutreten.
- Sofern die Schiedsrichter nicht durch eine neutrale Stelle ausgewählt und bestellt werden, müssen sämtliche Gesellschafter hieran mitwirken können.
- Es muss gewährleistet sein, dass alle denselben Streitgegenstand betreffenden Beschlussmängelstreitigkeiten bei einem Schiedsgericht konzentriert werden.

81 Die üblichen, oft in Formularhandbüchern zu findenden Schiedsklauseln dürften den Anforderungen des BGH nicht genügen. Insbesondere GmbH-Satzungen, die vor der Entscheidung des BGH 2009 formuliert worden sind, dürften in Zweifelsfällen dahingehend auszulegen sein, dass die Schiedsklausel entsprechend der damaligen Rechtsauffassung die Beschlussanfechtung nicht umfasst. Die Deutsche Institution für Schiedsgerichtsbarkeit (DIS) hat zum 15.9.2009 ergänzende Regeln für gesellschaftsrechtliche Streitigkeiten geschaffen. Diese gelten zusätzlich zur DIS-Schiedsgerichtsordnung, müssen von den Parteien jedoch vereinbart worden sein.[145]

82 **i) Mediation.** Die Mediation ist ein strukturiertes freiwilliges Verfahren, bei dem die Parteien ihren Konflikt mit Hilfe eines Mediators zu lösen suchen. Das Ergebnis der Mediation ist stets ein Vergleich. Dieser kann, sofern die Mediation vor einer staatlich anerkannten Gütestelle[146] durchgeführt wurde, vom Amtsgericht gem. § 797a ZPO für vollstreckbar erklärt werden. Eine Unterwerfung unter die sofortige Zwangsvollstreckung wie im Anwaltsvergleich nach § 796a ZPO ist nicht Voraussetzung der Vollstreckbarkeitserklärung.

83 Für eine Beschlusskontrolle ist die Mediation jedoch nicht geeignet. Anders als das Schiedsverfahren endet die Mediation nicht durch ein Urteil, sondern durch außergerichtlichen Vergleich. Da dieser nicht *inter omnes* wirkt, ist er zur Klärung einer unsicheren Beschlusslage nicht geeignet.[147] Zudem hat die GmbH keine Dispositionsbefugnis über den Beschlussinhalt, weshalb ein Vergleich hierüber nicht zulässig ist.[148]

84 Denkbar ist lediglich, dass die Gesellschafter in einer Mediation eine Einigung bezüglich des streitigen Beschlusses treffen. So kann sich eine Gesellschaftermehrheit verpflichten, den Beschluss aufzuheben. Gegebenenfalls kann sogar in der Mediationsverhandlung unter Ver-

---

[141] Keine Anwendung der 10%-Regel: MünchKommGmbH/*Wertenbruch* Anh. § 47 Rn. 246; MünchHdb. GmbH/*Wolff* § 40 Rn. 82; keine Anwendung von § 247 Abs. 1 Satz 2 AktG insgesamt: OLG Frankfurt NJW 1968, 2112; OLG Karlsruhe GmbHR 1995, 300; Baumbach/Hueck/*Zöllner* Anh. § 47 Rn. 171; Michalski/ *Römermann* Anh. § 47 Rn. 529.
[142] Hinweise zum Meinungsstand bei MünchHdbGmbH/*Wolff* § 40 Rn. 82, dort Fn. 336; offenlassend Lutter/Hommelhoff/*Bayer* Anh. § 47 Rn. 83.
[143] BGH NZG 1999, 999.
[144] BGH NZG 2009, 620.
[145] Vorwort zu den ergänzenden Regeln für gesellschaftsrechtliche Streitigkeiten 09 (ERGes), abrufbar unter www.dis-arb.de.
[146] Die Anerkennung als Gütestelle i.S.d. § 794 Absatz 1 Nr. 1 ZPO erfolgt durch die Landesjustizverwaltung, in Baden-Württemberg geregelt in § 22 AGGVG.
[147] Michalski/*Römermann* Anh. § 47 Rn. 566.
[148] Ausführlich unter e) Prozessdisposition durch GmbH.

zicht auf form- und fristgerechte Einladung eine Gesellschafterversammlung stattfinden, die die entsprechenden Beschlüsse fasst.

Ob die Mediation jedoch eine Anfechtungsfrist hemmt, ist zweifelhaft.[149] Da nach den jüngsten Entscheidungen des BGH die Monatsfrist grundsätzlich[150] als Maßstab zu gelten hat,[151] ist müsste in dem Mediationsverfahren eine Ausnahmen gesehen werden können, die eine längere Frist rechtfertigt. Da der Versuch einer freiwilligen Mediation, zu der die Gegenseite zustimmen muss, kein *zwingender* Umstand[152] ist, der den Gesellschafter an einer früheren klageweisen Geltendmachung gehindert hat, kommt eine Hemmung der Anfechtungsfrist wohl nur dann in Betracht, wenn die Parteien tatsächlich inhaltlich über den Beschluss verhandelt haben und es lediglich an einer Einigung scheiterte. 85

j) Einreichung des Urteils zum Handelsregister. War Streitgegenstand ein anmeldepflichtiger Gesellschafterbeschluss, so ist das stattgebende Urteil analog § 248 Abs. 1 Satz 2 und 3 AktG zum Handelsregister einzureichen und einzutragen.[153] 86

3. Einstweiliger Rechtsschutz nach der Beschlussfassung

Aufgrund des engen Anwendungsbereiches einstweiligen Rechtsschutzes vor der Beschlussfassung kommt dem Verfahren im Nachgang von Gesellschafterversammlungen eine große Bedeutung zu. Nach der Beschlussfassung können Gesellschafter auf diesem Wege sowohl gefasste Beschlüsse durchsetzen als auch die Beschluss*ausführung* verhindern. Zu berücksichtigen ist aber, dass im Anwendungsbereich eines Freigabeverfahrens (§ 246a AktG analog (str.);[154] § 16 Abs. 3 UmwG) einstweilige Verfügungen ausgeschlossen sind.[155] 87

a) Durchsetzung der Beschlussfassung. Ein Beschluss kann zwar durch eine einstweilige Verfügung nicht für wirksam erklärt werden. Trotzdem ist die Durchsetzung der Beschlussfassung außerhalb des Freigabeverfahrens, vor allem bei der Abberufung von Geschäftsführern (s. u.), durch einstweilige Verfügung möglich. 88

Bei eintragungspflichtigen Beschlüssen kann das Prozessgericht eine Regelungsverfügung treffen, die feststellt, dass die Erhebung der Anfechtungsklage einer Eintragung des Beschlusses nicht entgegensteht.[156] 89

b) Verhinderung der Beschlussausführung. Wird eine besondere Dringlichkeit dargelegt, so kann der Vollzug nichtiger oder anfechtbarer Beschlüsse durch einstweilige Verfügung unterbunden werden. Eine Anfechtungsklage muss noch nicht erhoben worden sein. In diesem Fall ist aber glaubhaft zu machen, dass die Klageerhebung unmittelbar bevorsteht.[157] 90

Bei eintragungspflichtigen Beschlüssen kann der Gesellschaft die Registeranmeldung untersagt[158] bzw. die Rücknahme der Anmeldung[159] aufgegeben werden. Daneben besteht die Möglichkeit, das Handelsregister im Registerverfahren direkt über die erhobene Klage zu informieren. Aufgrund der summarischen Prüfung der Rechtslage durch den Registerrichter[160] kann die Eintragung zumindest verzögert werden. 91

---

[149] Ebenso Baumbach/Hueck/*Zöllner*, Anh. § 47 Rn 43; Michalski/*Römermann* Anh. § 47 Rn. 564; a. A. Casper/Risse, ZIP 2000, 437, 443.
[150] BGH, Beschluss vom 13. Juli 2009 – II ZR 272/08. Vgl. auch Michalski/*Römermann* Anh. § 47 Rn. 465 ff.
[151] BGH NZG 2005, 551.
[152] BGH, Beschluss vom 13. Juli 2009 – II ZR 272/08, 2. Absatz; BGHZ 137, 378, 386; BGH NZG 2005, 551; BGH NZG 2005, 479.
[153] Lutter/Hommelhoff/*Bayer* Anh. § 47 Rn. 36; nach a. A. sind alle stattgebenden Urteile (zumindest) einzureichen Baumbach/Hueck/*Zöllner* Anh. § 47 Rn. 179.
[154] → Rn. 75.
[155] Baumbach/Hueck/*Zöllner* Anh. § 47 Rn. 205 (str.).
[156] Baumbach/Hueck/*Zöllner* Anh. § 47 Rn. 205; Michalski/*Römermann* Anh. § 47 Rn. 610; *Christoph Schmid*, ZIP 1998, 1057.
[157] Michalski/*Römermann* Anh. § 47 Rn. 619.
[158] Baumbach/Hueck/*Zöllner* Anh. § 47 Rn. 197; Michalski/*Römermann* Anh. § 47 Rn. 620.
[159] Mehrbrey/*Mehrbrey*, Handbuch gesellschaftsrechtliche Streitigkeiten, § 19 Rn. 173.
[160] Baumbach/Hueck/*Zöllner* Anh. § 47 Rn. 197.

92 c) **Abberufung eines Geschäftsführers.** *aa) Gesellschafter-Geschäftsführer.* Geschäftsführende Gesellschafter können gegen ihre Abberufung jederzeit einstweiligen Rechtsschutz beantragen, sofern sie Verfügungsanspruch und Verfügungsgrund darlegen können. Dies gilt auch dann, wenn die Abberufung aus wichtigem Grund entsprechend § 84 Abs. 3 Satz 4 AktG sofort wirksam ist.[161]

93 *bb) Fremdgeschäftsführer.* Fremdgeschäftsführer können einstweiligen Rechtsschutz gegen ihre Abberufung nur beantragen, wenn der Beschluss nichtig ist. Insoweit korrespondiert dies mit der Klagebefugnis. Kann der Fremdgeschäftsführer auch einen Verfügungsgrund darlegen, dann kann das Gericht angeordnet, dass dieser bis zur Entscheidung in der Hauptsache weiter geschäfts- und vertretungsbefugt ist.[162] Ist der Abberufungsbeschluss jedoch nur anfechtbar, so fehlt dem Fremdgeschäftsführer der Verfügungsgrund sogar dann, wenn ein Gesellschafter Anfechtungsklage erhoben hat.[163]

94 *cc) Zwei-Personen-GmbH.* Die besondere Situation einer Zwei-Personen-Gesellschaft zwingt die Gesellschafter im einstweiligen Verfügungsverfahren zur Rücksichtnahme.[164] Die wechselseitigen Abberufungen müssen daher auch gemeinsam verhandelt werden.[165] Bei wechselseitigen Abberufungen kann einem einzelnen von ihnen nicht mit einer einstweiligen Verfügung die Geschäftsführungs- und Vertretungsbefugnis entzogen werden. Nur wenn ganz erhebliche konkrete und unmittelbar bevorstehende Nachteile für die Gesellschaft drohen, ist ein solches Tätigkeitsverbot zu rechtfertigen. Eine gewisse Verunsicherung der Geschäftspartner und eine abstrakte Gefährdung der Kreditwürdigkeit genügen nicht.[166]

95 *dd) Inhalt der einstweiligen Verfügung.* Im Rahmen des einstweiligen Rechtsschutzes kann der Gesellschaft und den Gesellschaftern aufgegebenen werden:
- dem Geschäftsführer Zugang zu den Geschäftsräumen zu ermöglichen,
  bestimmte Tätigkeiten fortzuführen,[167]
  die Anmeldung zur Eintragung der Abberufung vorläufig zu unterlassen.[168]

96 Eine gegen die Geschäftsführung gerichtete einstweilige Verfügung kann dieser auferlegen:
- Tätigkeitsverbote des Geschäftsführers;[169]
- Zutrittsverbote zu den Geschäftsräumen;
- Herausgabe bestimmter Geschäftsunterlagen;
- Einsichtsverbote;
- Umwandlung der Einzelvertretung in Gesamtvertretung[170]

---

[161] Lutter/Hommelhoff/*Kleindiek* § 38 Rn. 36.
[162] *Waclawik*, Prozessführung im Gesellschaftsrecht, Rn. 561.
[163] OLG Hamm NZG 2002, 50; Lutter/Hommelhoff/*Kleindiek* § 38 Rn. 29.
[164] Michalski/*Terlau* § 38 Rn. 77.
[165] OLG Karlsruhe NJW-RR 1993, 1505, 1506; OLG Düsseldorf NJW 1989, 172; Baumbach/Hueck/Zöllner § 38 Rn 76; Michalski/*Terlau* § 38 Rn. 77.
[166] OLG Stuttgart GmbHR 2006, 1258, 1261.
[167] OLG Celle GmbHR 1981, 265.
[168] Lutter/Hommelhoff/*Kleindiek* § 38 Rn. 37.
[169] BGHZ 86, 177, 183.
[170] Lutter/Hommelhoff/*Kleindiek* § 38 Rn. 37.

Sachverzeichnis

Fette Zahlen bezeichnen die Paragrafen, magere die Randnummern.

Abandon
- Nachschusspflicht **2** 83

Abfindung
- ausgeschlossener Erbe **13** 198 ff.
- Ausschluss unwirksam **2** 254
- Auszahlungsmodalitäten **2** 262, 328
- Buchwertklauseln **2** 257
- bei Einziehung **2** 254
- Ertragswertmethode **14** 101
- Formwechsel **22** 258, 278 ff.
- Gleichbehandlung der Gesellschafter **2** 259
- GmbH & Co KG **19** 139 f.
- Good-Will **14** 100
- keine Gläubigerbenachteiligung **2** 261
- Missverhältnis zum wirtschaftlichen Wert **2** 257
- Nennwertklauseln **2** 257
- Ratenzahlung **2** 262; **14** 102
- Sachverständigengutachten **14** 101
- Satzung **14** 102
- Sicherung des Abfindungsanspruchs **2** 262
- stille Reserven **14** 100
- Stuttgarter Verfahren **2** 257
- Substanzwertklauseln **2** 257
- Unternehmensverkauf **1** 123
- Verkehrswert **2** 327; **14** 100
- Verschmelzung **22** 66, 100
- Wirksamwerden unwirksamer Klauseln nach drei Jahren **2** 260

Abgeltungssteuer
- Gesellschafterdarlehen **5** 125
- Teileinkünfteverfahren für Gesellschafterdarlehen **5** 125

Abschreibungen
- Unternehmenskauf **1** 162 ff.

Abspaltung 22
- Zustimmungsvorbehalt bei Verfügungen über Geschäftsanteile **2** 200 f.
- siehe Spaltung

Abspaltungsverbot
- Begriff **11** 54
- Treuhand **11** 70 ff.

Abtretung
- Abtretungsklausel in der Satzung zur Unternehmensnachfolge **13** 182 ff.
- Beschränkungen des § 15 Abs. 5 GmbHG **14** 30 ff.
- Form gem. § 15 GmbHG **14** 14 ff.
- Stimmverbot auf Gesellschafterversammlung **15** 122
- Unternehmenskauf **21** 75 ff.
- Vertrag beim Unternehmenskauf **21** 77

Actio pro societate
- Geltendmachung von Ansprüchen der Gesellschaft gegen Geschäftsführer **10** 180 ff.
- Haftung des Geschäftsführers **10** 10

Actio pro socio
- Anspruchsgegner **25** 16
- Anwendung des § 46 Ziff. 8 GmbHG **15** 15
- GmbH & Co KG **19** 80 ff.
- Prozessführung **25** 14 ff.
- Sozialansprüche **25** 15
- Subsidiarität **25** 17 f.
- Wettbewerbsverbot **12** 97, 101

AG & Co. KG
- Rechtsformwahl **1** 54

AGB
- Anstellungsvertrag des Geschäftsführers **9** 7 f.

Agio
- Abgrenzung zu Zuschuss und Nachschuss **5** 20
- Begriff **2** 79; **5** 4, 21
- Bilanzierung **5** 106 ff.

Aktiengesellschaft (AG)
- europäische **1**, siehe Societas Europaea
- Haftung **1** 157
- Kleinbeteiligungsprivileg gem. § 39 Abs. 5 InsO **7** 109 f.
- Kleine AG **1** 42
- Leitung **1** 142
- Mitbestimmung **1** 149 ff.
- Rechtsform **1** 41

Aktiva 6 31

Amtsauflösungsverfahren
- Fehlen von zwingendem Satzungsinhalt **2** 7
- unzulässige Firma **2** 34

Andienungsrecht
- satzungsmäßige Verankerung **2** 218 f.

Anfechtung
- Abberufungsbeschluss des Geschäftsführers **8** 32

Anfechtung von Gesellschafterbeschlüssen 15 162 ff.
- Aktienrecht als Leitbild **2** 154
- Anfechtungsfrist **2** 154
- Anfechtungsklage **15** 175 ff.
- Anwesenheit nicht teilnahmeberechtigter Personen **15** 166
- Bestätigungsbeschluss **15** 174
- Einberufungsmängel **15** 165
- Erstreben von Sondervorteilen **15** 170
- fehlerhaftes Beschlussergebnis **15** 166
- Geltendmachung **15** 175
- Gleichbehandlungsgrundsatz **15** 171
- Gründe **15** 163 ff.
- Heilung der Anfechtbarkeit **15** 174

1359

Sachverzeichnis

- inhaltliche Mängel **15** 169 ff.
- Ladungsfrist **15** 165
- Minderheitenrechte **15** 168
- Protokollierungsvorschrift **15** 163
- Rederecht auf Gesellschafterversammlung **15** 98
- Relevanz des Mangels für Beschluss **15** 167
- schuldrechtliche Bindungen zwischen Gesellschaftern **15** 171
- Tagesordnung **15** 165, 166
- unzulässige Ordnungsmaßnahme **15** 104
- verdeckte Gewinnausschüttung **15** 171
- Verfahrensverstöße **15** 164 ff.
- Verletzung der Treuepflicht **15** 170a
- Verletzung einer Ordnungsvorschrift **15** 163

Anfechtungsklage
- Formwechsel **22** 322
- Klageverzicht bei Verschmelzung **22** 124 f.
- Verschmelzungsbeschluss **22** 121

Anfechtungsklage gegen Gesellschafterbeschluss
- Anfechtungsbefugnis **15** 177
- Anfechtungsbefugnis, Abtretung des Geschäftsanteils **15** 177
- Anfechtungsbefugnis, Aufsichtsrat **15** 178
- Anfechtungsbefugnis, Geschäftsführer **15** 178
- Anfechtungsfrist **15** 179
- Begriff **15** 175
- besonderer Vertreter der Gesellschaft **15** 182
- eingeschränkte Disposition über den Streitstoff **15** 185
- Ergebnisfeststellungsklage **15** 186 f.
- als Gegenstand eines schiedsgerichtlichen Verfahrens **15** 183
- Gestaltungswirkung **15** 176
- Informationserzwingungsverfahren **15** 181
- Informationspflicht des Geschäftsführers bei Klage **15** 184
- Passivlegitimation **15** 182
- Reaktion der beklagten Gesellschaft **15** 184
- Rechtsmissbrauch **15** 178
- Rechtsschutzbedürfnis **15** 181
- Voraussetzungen **15** 176
- zuständiges Gericht **15** 183

Angehöriger
- Gesellschafterdarlehen im Insolvenzfall **7** 89

Anhang zum Jahresabschluss
- Form **16** 375 ff.
- Funktion **16** 374 ff.
- Gliederung **16** 375 ff.
- Inhalt **16** 378 ff.
- Zwangsgeld bei Nichtaufstellung **16** 380

Anlagevermögen
- andere Anlagen, Betriebs- und Geschäftsausstattung **16** 230
- Ausschüttungssperre bei Aktivierung von Anlagevermögen **16** 220
- Begriff **16** 214 ff.
- Bilanzierung von Wertminderungen **16** 199
- entgeltlich erworbener Geschäfts- oder Firmenwert **16** 221
- Finanzanlagen **16** 232 ff., *s.a. dort*
- Forschungs- und Entwicklungskosten **16** 219
- geleistete Anzahlungen und Anlagen im Bau **16** 231
- Gliederung **16** 215
- Grundstücke **16** 228
- immaterielle Vermögensgegenstände **16** 216 ff.
- Lizenzen **16** 217
- Sachanlagen **16** 225 ff.
- technische Anlagen und Maschinen **16** 229

Anmeldung
- Abschrift des Gesellschaftsvertrags **3** 123
- Anlagen **3** 123 ff.
- Anspruch auf Eintragung **3** 130
- Belehrung im Wortlaut **3** 116
- Bestellung der Geschäftsführer **3** 125
- erneute A. bei Satzungsänderung vor Eintragung **3** 120
- Form **3** 114 ff.
- Gesellschafterliste **3** 123
- Haftung bei Falschangaben **3** 117
- Inhalt, Checkliste **3** 115
- Kosten **3** 135 ff., *s.a. Gründungsaufwand*
- Prüfung der Registergericht **3** 130 ff.
- Stellvertretung **3** 114
- Unternehmergesellschaft, Muster **4** 16
- Verfahren der Anmeldung **3** 131
- Veröffentlichungskosten **3** 139
- Versicherung **3** 125
- Versicherung der Einlageleistung **3** 119

Ansprüche der Gesellschafter gegen Geschäftsführer
- actio pro societate **10** 182
- kein Anspruch aus § 43 Abs. 2 GmbHG **10** 183
- aus Anstellungsvertrag **10** 184
- Auskunftspflicht **10** 183
- Auskunftspflichtverletzung **10** 191
- Buchführungspflicht **10** 190
- Erhaltung des Stammkapitals **10** 183
- fehlerhafte Angaben bei Gründung **10** 189
- gem. § 823 Abs. 1 BGB **10** 186
- Rechnungslegungspflicht **10** 183
- Sachwalterhaftung gem. § 311 Abs. 3 BGB **10** 185, *s.a. dort*

Anstellungsverhältnis des Geschäftsführers
- Abberufung **9** 36 ff., *s.a. Beendigung der Organstellung des Geschäftsführers*
- Abschluss des Vertrages **9** 12 ff.
- AGB im Anstellungsvertrag **9** 7 f.
- alte Rspr. zum Arbeitsvertrag **9** 4
- Altersversorgung **9** 29
- Ansprüche der Gesellschafter gegen Geschäftsführer **10** 184
- Aufhebungsvertrag **9** 57
- Aufwendungsersatz **9** 26
- außerordentliche Kündigung **9** 44 ff.
- Beendigung **9** 36 ff., 55 f.
- Beendigung durch Aufhebungsvertrag **9** 53
- Beendigung durch Insolvenz **9** 52
- Befristung **9** 39
- Bonus **9** 22
- Dienstwagen **9** 27
- Ermessenstantieme **9** 21
- Fehler des Vertrages **9** 15

Sachverzeichnis

- Form des Vertrages 9 14
- Fremdgeschäftsführer 9 2
- Geheimhaltungspflicht 9 18
- Geschäftsführer als Arbeitnehmer 9 4 ff.
- Gesellschafter-Geschäftsführer 9 3
- Gestaltung des Vertrages 9 1 ff.
- GmbH & Co KG, Schutzwirkung zugunsten der KG 19 73
- Haftung wegen Vertragsverletzung 10 155
- Hinterbliebenenversorgung 9 29
- konkludenter Abschluss durch Bestellung 9 12
- Konzern 9 13
- Kündigung vor Dienstantritt 9 43
- Kündigungsfolgen 9 57
- Kündigungsschutz 9 5
- Kündigungsschutzgesetz findet keine Anwendung 9 42
- Lohnfortzahlung bei Krankheit 9 5
- Nebentätigkeiten 9 17
- obligatorischer Aufsichtsrat nach MitbestG 18 184
- ordentliche Kündigung 9 40 ff.
- Rechtsweg bei Streitigkeiten mit Gesellschaft 9 6
- Schutzwirkung zugunsten Dritter 10 194
- sozialversicherungspflichtige Beschäftigung 9 3
- Tätigkeit des Geschäftsführers 9 17 f.
- Urlaub 9 28
- Urlaubsanspruch 9 5
- variable Vergütungsbestandteile 9 22
- Vergütung 9 19 ff.
- Vergütung in der Krise 9 25
- Verhältnis zum Organverhältnis 9 9 ff.
- Verschwiegenheitsgebot 9 30
- Vertragsmuster 9 16
- Vertragsparteien 9 13
- Vertragstypus 9 1 ff.
- Wettbewerbsverbot 9 30 ff., s. a. *Wettbewerbsverbot*
- wichtige Aspekte der Vertragsgestaltung 9 2 f.
- wichtige Gründe für außerordentliche Kündigung 9 45 f.
- Widerspruch von Regelungen zum Gesellschaftsvertrag 9 9 ff.
- zuständiges Organ für Vertragsabschluss 9 13

Anstellungsvertrag des Geschäftsführers
- Stimmverbot auf Gesellschafterversammlung 15 122

Anteilstausch
- steuerrechtliche Auswirkung 5 120

Anwachsung
- Zustimmungsvorbehalt bei Verfügungen über Geschäftsanteile 2 200 f.

Arbeitnehmer
- Geschäftsführer als Arbeitnehmer 9 4 ff.
- Rechtsweg 9 6

Arbeitnehmerbeteiligung
- Ausschluss bei Kapitalerhöhung 2 74

Arbeitsrecht
- Corporate Compliance 24 64 ff., s. a. *dort*

Arbeitsvertrag
- des Geschäftsführers 9 4, s. a. *Anstellungsverhältnis des Geschäftsführers*

Aufgeld 5
- siehe *Agio*

Aufhebungsvertrag
- mit Geschäftsführer 9 53
- Muster A. mit Geschäftsführer 9 57

Auflösung der Gesellschaft 2; 22
- Auflösungsklauseln 2 321
- Vermögensverteilung als fakultativer Satzungsbestandteil 2 8
- s. a. *Liquidation*
- siehe *Liquidation*

Auflösungsklage 2 335
- nach Kündigung 2 324

Aufsichtsrat
- Abberufung 18 54 ff.
- Amtszeit 2 169; 18 53
- Angabe des Vorsitzenden auf Geschäftsbrief 18 10
- Anmeldung zum Handelsregister 18 9
- Aufgaben 18 4, 15 ff.
- Aufgaben der Gesellschafter nach § 46 GmbHG 18 22 ff.
- Aufwandsentschädigung 2 173
- Aufwendungsersatz 18 65
- Ausschluss der Mitgliedschaft 18 40 f.
- Ausschüsse 18 109 f.
- Beendigung des Amtes eines Aufsichtsrats 18 54 ff.
- Bekanntmachung 18 9
- Beratungsfunktion 2 158
- Beratungstätigkeit 18 66
- Berichtspflichten gem. KonTraG 16 73 f.
- Beschlussantragsrecht auf Gesellschafterversammlung 15 106
- Beschlussfähigkeit 18 99
- Beschlussfassung außerhalb von Sitzungen 18 102
- Beschlusskompetenz der Ausschüsse 18 109
- Beseitigung 18 37
- Besetzung 2 168
- besondere Anforderung an Person 18 45
- Bestellung 18 47 ff.
- Bestellung einzelner Mitglieder durch Aufsichtsrat selbst 18 47
- Bindungswirkung von Beschlüssen 18 106 ff.
- D & O-Versicherungen 18 68
- Delegation eines Mitglieds in die Geschäftsführung 18 44
- dispositive Vorschriften 18 12
- Ehrenvorsitzender 18 96
- Einberufung 18 89 ff.
- Einberufung der Gesellschafterversammlung 2 123
- Einberufungsfrist 18 97
- Einladung zur Sitzung 18 97 f.
- Einnahmen des Mitglieds als Einkünfte aus selbstständiger Tätigkeit 18 71
- Einrichtung 18 37
- Entlastung 18 82

Sachverzeichnis

- Entlastungsfunktion 2 157
- Entsendung von Nichtgesellschaftern zum Aufsichtsratsmitglied 18 51
- Entsendungsrecht 18 49
- Entwicklung von Rechtsprechung und Gesetzgebung 18 3
- Ermessensentscheidungen 18 75
- fakultativer 2 165 f.; 15 30; 18 7 ff.
- fehlerhafte Beschlussfassung 18 104
- Funktionen 2 156 ff.
- Gesamtverantwortung 18 78
- Gesamtvertretung 18 30, 94
- Gesamtvertretungsberechtigung 18 92
- Geschäftschance 18 76
- Geschäftsordnung 18 113
- keine Grundlagengeschäfte 18 25
- Grundpflichten 18 73, 74 ff.
- Haftpflicht 2 173
- Haftung des Mitglieds 18 81
- Hilfsgeschäfte des Aufsichtsrats 18 28
- Informationsrechte 18 15 ff.
- innere Ordnung 2 170 f.
- Interessenkollision 18 76
- Kompetenzen 2 172; 15 27 ff.
- Kontaktpflegefunktion 2 158
- Konzern 18 16; 20 225 ff.
- Kooptation 18 47
- Ladungsmängel 18 104
- Minderheitenschutz 2 168
- Mitgliederzahl 2 167
- Mitgliedschaft 18 38 ff.
- Mitwirkung an Geschäftsführung 18 17
- MontanMitbestG 18 197
- Motive für Errichtung eines fakultativen Aufsichtsrats 18 5
- Nichtigkeit eines Gesellschafterbeschlusses 15 160
- Niederlegung des Amtes 18 60
- obligatorischer 2 161 ff.; 15 28
- obligatorischer A. nach dem DrittelbG 18 114 ff., s. a. Drittelbeteiligungsgesetz (DrittelbG)
- obligatorischer A. nach dem MitbestG 18 175 ff., s. a. Mitbestimmung
- Organstreit 18 111
- paritätisch besetzter A. 2 163
- Personalkompetenz 2 156
- persönliche Voraussetzungen 18 38
- Pflichten der Mitglieder 18 72 ff.
- Protokoll 18 103
- Prüfung des Jahresabschlusses 2 271; 18 31
- Rechte 18 15 ff.
- Regelungen in Satzung 18 112
- satzungsmäßiges Gremium gem. § 52 Abs. 1 GmbHG 18 7 ff.
- Schadensersatzanspruch gegen Mitglied 18 81
- Schieds- und Entscheidungsfunktion 2 159
- Sitzungen 18 89 ff.
- Sitzungsgeld 18 62
- Sitzungsvertretung 18 91
- Sondervergütung 18 66
- Sorgfaltsmaßstab 18 79 f.
- Sorgfaltspflichten 18 72
- Straftaten 18 86
- Tagesordnung 18 97 f.
- Teilnahme unberechtigter Dritter 18 104
- Teilnahmeberechtigung 18 91
- Teilnahmeberechtigung des Geschäftsführers 18 81
- Treuepflicht 18 76
- Typen von Gremien 2 155 ff.
- typisierter Verschuldensmaßstab 18 80
- Überblick 18 1 ff.
- Übernahme von Aufgaben der Gesellschafterversammlung 18 21 ff.
- Überwachung der Geschäftsführung 18 16 ff.
- Überwachungsfunktion 2 156
- Umlaufverfahren 18 102
- Umsatzsteuer für Leistung eines Mitglieds 18 70
- Verfahrensfehler der Beschlussfassung 18 104
- Vergütung als Betriebsausgabe 18 70
- Vergütung als verdeckte Gewinnausschüttung 2 173
- Vergütung der Mitglieder 2 173; 18 49 ff.
- Vergütungen nur zur Hälfte Betriebsausgaben 2 173
- Verjährung von Schadensersatzansprüchen gegen Mitglieder 18 81
- Verschulden 18 80
- Verschwiegenheitspflicht 18 73
- Vertretung der Gesellschaft 18 25
- Vertretung der Gesellschaft gegenüber den Geschäftsführern 15 29
- Verweigerung der Zustimmung gegenüber Geschäftsführung 18 105
- Verweigerung der Zustimmung zu Geschäftsführungsmaßnahmen 18 106
- Verweis auf aktiengesetzliche Bestimmungen 18 11 ff.
- Videokonferenz 18 102
- Vorsitz 18 92
- Wahl durch Gesellschafterversammlung 15 22
- Wechsel von Aufsichtsratsmitgliedern 18 60 f.
- Weisungsbefugnis 18 22
- Weisungsrecht gegenüber Aufsichtsratsmitgliedern 18 24
- Wettbewerbsverbot 18 77
- Zuständigkeit für Einberufung 15 32
- Zustimmungsvorbehalte 18 18 f.

Aufspaltung
- siehe Spaltung

Ausfallhaftung
- Begriff 5 84
- Gesamtumfang der Haftung 5 91 f.
- Mitgesellschafter 5 88 ff.
- Rechtsvorgänger 5 85
- Staffelregress 5 86
- Umfang des Anspruchs 6 62 f.
- Voraussetzungen 6 59 ff.

Ausgliederung
- Alternativen zur Spaltung 22 224
- Amtslöschung 22 242
- ausgliederungsfähige Rechtsträger 22 231 ff.

Sachverzeichnis

- Begriff 22 220 ff.
- Bewertungswahlrecht 22 237 ff.
- Dokumentation 22 239 ff.
- Einzelkaufmann 22 232
- Gesellschafterbeschlüsse 22 240
- gleichzeitige Neugründung 22 242
- Haltefristen 22 238a
- Handelsregisteranmeldung 22 241 ff.
- Mandantenschreiben 22 243 ff.
- Mitbestimmung 22 246 f.
- zur Neugründung 22 223
- Plan 22 239
- Rechtsfolgen 22 221
- Steuerrecht 22 234 ff.
- stille Reserven 22 228
- Strukturierung 22 220 ff.
- auf Tochtergesellschaft 22 227
- Übertragung zum Buchwert 22 228, 238
- Unterschiede zur Spaltung 22 229
- Verlustvortrag 22 236
- Vorteile 22 224

Auskunft
- Ansprüche der Gesellschafter gegen Geschäftsführer bei Verletzung 10 183, 191
- GmbH & Co KG 19 92 ff.
- Insolvenzeröffnungsverfahren 23 204
- Pflicht als Schutzgesetz i. S.v § 823 Abs. 2 BGB 10 10
- Recht des Aufsichtsrates 18 15 ff.
- Stimmverbot gem. § 51a GmbHG 15 122

Auslandsbezug
- Beurkundung der Gründung 3 141
- Corporate Compliance 24 28
- Existenznachweis bei Gründung 3 40
- Gründung einer Zweigniederlassung 3 142 ff.
- Hinzurechnungsbesteuerung 17 72 ff.
- Landesholding 17 59
- Quellensteuer 17 61
- Rechtsformwahl 1 63 ff., 213 ff.
- Steuerrecht 17 15, 57 ff.
- Vertretungsnachweis 3 40
- Zwischengesellschaften 17 55

Ausscheiden
- Ausstiegsklauseln 2 225a ff.

Ausschluss
- Abfindung 14 100 ff., s. a. dort
- Ausnutzen von Gesellschafterrechten 2 333
- Ausschlussklage 2 330
- äußerste Mittel 14 93
- Begriff 5 76, s. a. Kaduzierung
- Einziehung 14 99 ff.
- Erhaltung des Stammkapitals 14 94
- Gefährdung des Gesellschaftszwecks 14 90
- Geltendmachung von Auskunftsrechten 2 333
- Gesellschafterbeschluss 14 96 ff.
- Gesellschafterrechte 14 99 ff.
- Gesellschafterrechte bis Rechtskraft 2 331
- Gründe 2 333
- Leaver-Klauseln 2 333
- nachvertragliches Wettbewerbsverbot 12 33
- Rechtsfolgen 14 99 ff.
- Rechtsgrundlage 14 88 f.

- Satzung 14 89
- satzungsmäßige Verankerung 2 329
- Stimmverbot 15 122
- Strafanzeige 2 333
- Verfahren 2 330; 14 95 ff.
- Verstoß gegen Wettbewerbsverbot 12 90 ff.
- Vollzug 14 98
- Voraussetzungen 14 90
- wichtiger Grund 14 90 ff.

Ausstiegsklausel
- Auktionsverfahren 2 225b
- satzungsmäßige Verankerung 2 225a ff.
- Texan-Shoot-Out-Verfahren 2 225a

Austauschverträge innerhalb des Konzerns
- bilaterale Korrekturvorschriften 20 204
- Doppelbesteuerungsabkommen 20 204
- unberechtigte Gewinnverlagerungen 20 203
- verdeckte Gewinnausschüttung 20 203
- Verrechnungspreise 20 206 ff., s. a. dort

Austritt
- Abfindung 14 86, 100 ff., s. a. dort
- Begriff 14 79 ff.
- Erklärung 14 86
- Recht 2, siehe Kündigung
- Rechtsgrundlage 14 81 ff.
- Satzung 14 81 ff.
- Vollzug 14 86
- wichtiger Grund 14 83

Auszahlung
- Begriff 6 7 ff., s. a. dort
- Bestellung einer Sicherheit 6 22
- Drittgeschäfte 6 13 ff.
- Drohverluststellung 6 20
- Leistungen auf Grund des Gesellschaftsverhältnisses 6 11
- verbotswidrige 1 126

Auszahlungsverbot
- Ausfallhaftung gem. § 31 Abs. 3 S. 1 GmbHG 6 59 ff., s. a. dort
- Ausnahmen 6 23 ff.
- Begriff 6 7 ff.
- Begriff der Auszahlung 6 7 ff.
- Begründung einer Verbindlichkeit 6 20
- Beherrschungsverträge 6 23a
- Cash Pooling 6 23c
- Deckung durch vollwertigen Erstattungsanspruch 6 23b
- Drittgeschäfte 6 13 ff., s. a. dort
- Erstattungsanspruch der Gesellschaft 6 47 ff.
- Fremdvergleich 6 14
- Gesellschafterdarlehen 6 23f
- Gewinnabführungsverträge 6 23a
- Haftung 10 92 ff., s. a. Haftung bei Auszahlungsverbot gem. § 43 Abs. 3 GmbHG
- Haftung bei Verstoß gem. § 30 GmbHG 6 46 ff.
- insolvenzrechtliche Neuerungen des MoMiG 6 23d
- Leistungsverweigerungsrecht der Gesellschaft 6 46
- Leveraged Buy-out 6 22
- Minderung des geschützten Vermögens 6 23g
- Rechtsprechungsregeln 10 93

1363

Sachverzeichnis

- Rückzahlung von Nachschüssen 6 37 ff.
- Stellung von Sicherheiten 6 23e
- Tilgung eines Gesellschafterdarlehen 7 20
- Unterbilanz 6 33 ff.
- verdeckte Gewinnausschüttung 6 23e
- Zahlung 10 115

Banken
- Steuerrecht 17 70 f.

Bareinlage
- Besteuerung 5 116

Bargründung
- Anmeldung 5 144 ff.
- befreiende Wirkung der Einzahlung 5 150 ff.
- Durchführung 5 144 ff.
- Gesellschaftsvertrag 5 142 f.
- Gründungsprotokoll 5 139 ff.
- Handelsregister 5 148
- Hin- und Herzahlen 5 145
- Kapitalaufbringung 5 138 ff.
- Leistungen an Vor-GmbH 5 153
- Unternehmergesellschaft (UG) 4 100 ff.
- Vergleich GmbH mit UG 4 32
- Vorgründungsgesellschaft 5 150

Barkapitalerhöhung
- Anmeldung 5 202 ff.
- Beschluss 5 197
- Beweis für Zahlung 5 196
- Durchführung 5 201
- Frist 5 200
- Sanierungsfall 5 195
- durch Tilgung eines Darlehens 5 192
- Übernahmeerklärung 5 199

Beendigung der GmbH
- *siehe Liquidation*

Beendigung der Organstellung des Geschäftsführers
- Abberufung 8 26 ff.; 9 36 ff.
- Abberufung aus wichtigem Grund bei Sonderrecht 8 6
- Amtsniederlegung 8 34 ff.
- Anfechtung des Abberufungsbeschlusses 8 32
- Anmeldung des Ausscheidens 8 39 ff.
- Beratungscheckliste 8 43a
- Beschränkung der Abberufungsmöglichkeit 8 30
- Durchführung der Abberufung 8 28 ff.
- einstweiliger Rechtsschutz 8 27, 33
- Erlöschen des Amtes 8 37 f.
- Gründe für Abberufung 8 30 ff.
- Stimmrecht des Gesellschaftergeschäftsführers 8 28
- vorübergehendes Tätigkeitsverbot 8 27
- Zuständigkeit für Abberufung 8 26 f.

Befreiung vom Wettbewerbsverbot
- gesetzliches Wettbewerbsverbot 12 75
- konkludente 12 76
- materielle Voraussetzungen 12 72
- nachvertragliches Wettbewerbsverbot 12 74
- Öffnungsklausel 12 69
- steuerrechtliche Folgen eines Verstoßes 12 67
- steuerrechtliche Voraussetzungen 12 73

- vertragliches Wettbewerbsverbot 12 68 ff.
- Widerruf der Befreiung 12 77
- Zustimmungspflicht durch Gesellschafter 12 71

Befreiung von den Beschränkungen des § 181 BGB
- eintragungspflichtige Tatsache 8 22
- Musterprotokoll 8 22

Befreiungsverbot
- Begriff 5 38
- Novation 5 39
- Stundung 5 39
- Umwandlung in Darlehen 5 39
- Vorgründungsgesellschaft 5 40

Beherrschungsvertrag
- Aktiengesellschaft 1 157
- kein Auszahlungsverbot 6 23a

Beirat
- Aufgabenzuweisung 18 204
- Ausschluss der Mitgliedschaft 18 209
- Beseitigung 18 207
- Einrichtung 18 207 f.
- Entsendungsrecht 18 210
- Grenzen der Aufgabenübertragung 18 205
- keine Grundlagengeschäfte 18 203
- Gruppenbeirat 18 199
- neben Aufsichtsrat 18 125
- neben obligatorischem Aufsichtsrat 18 201
- persönliche Voraussetzungen der Mitgliedschaft 18 209
- Rechtsgrundlage 18 202 f.
- satzungsmäßiger 18 202 ff.
- schuldrechtlicher Beirat 18 211 ff.
- Überblick 18 198 ff.
- *s. a. Aufsichtsrat*

Bekanntmachung
- elektronischer Bundesanzeiger 2 342

Berater
- Anwesenheit bei Gesellschafterversammlungen 2 135

Beschluss
- *siehe Gesellschafterbeschluss*

Bestechung
- Annahme durch Geschäftsführer treuwidrig 10 64
- Haftung gem. § 43 GmbHG 10 50

Bestellung des Geschäftsführers
- Anmeldung der Geschäftsführerbestellung 8 19 ff.
- Benennungsrecht 8 8
- Beratungscheckliste 8 43a
- Beschluss 8 8 ff.
- durch Dritten 8 5
- einfache Mehrheit 8 9
- aus Gesellschaftsvertrag 8 1 ff.
- aus Gesetz 8 7
- aus Gründungsvertrag 8 6
- Konzern 9 13
- Mitbestimmungsgesetz 8 3
- Präsentationsrecht 8 8
- Sonderrecht des Geschäftsführers 8 6
- Stimmrecht des Geschäftsführers 8 11

Sachverzeichnis

- Vorschlagsrecht 8 8
- Zuständigkeit 8 1 ff.

Besteuerung 2
- Betriebsvermögen 1 35 f.
- Halbeinkünfteverfahren 1 35 f.
- Nebenleistungen 5 123 ff.
- Teileinkünfteverfahren 1 35 f.
- siehe Steuerrecht

Beteiligung
- Steuerrecht bei Verkauf 17 62 ff.

Beteiligungsgesellschaft
- Unternehmensgegenstand 2 53

Betrieb
- Begriff 21 116 ff.

Betriebsaufspaltung
- Begriff 1 62
- Rechtsformwahl 1 62
- keine steuerrechtliche Anerkennung 1 62

Betriebsausgaben
- Gewerbesteuer keine Betriebsausgabe 17 42
- Gewinnausschüttung nicht abziehbar 1 158
- Nebenleistungen 5 123
- Steuerrecht 17 33
- Vergütung der Aufsichtsratsmitglieder 2 173
- Vergütung des Aufsichtsrates 18 70
- Vergütung von Gesellschaftern 1 108

Betriebsgeheimnis
- nachvertragliches Wettbewerbsverbot 12 30

Betriebspachtvertrag
- Betriebsübergang gem. § 613a BGB 20 83
- Mängelansprüche 20 80 f.
- Pachtzins 20 77 ff.
- Unterverpachtung 20 82
- Vertragsgegenstand 20 76
- Vertragsübernahme durch den Pächter 20 83 f.

Betriebsrat
- Konzernbetriebsrat 20 222 ff.
- Spaltung 22 190 f.

Betriebsrente
- Bemessungsdurchgriff 20 227
- Konzern 20 227 ff.
- Rentenkürzung 20 229

Betriebsstätte
- Steuerrecht 1 215

Betriebsübergang
- Begriff 21 111
- Betriebsbegriff 21 116
- Gesamtrechtsnachfolge 21 122
- gesamtschuldnerische Haftung 21 127
- Hauptbelegschaft 21 120
- Indizien für Übergang 21 121
- Kündigungsschutz 21 128
- Organmitglieder keine Arbeitnehmer 21 124
- Outsourcing 21 119
- Rechtsfolgen 21 123
- Richtlinie 77/187/EWG 21 117
- Übernahme von Kollektivvereinbarungen 21 125
- Umwandlung 21 114 ff.
- Unterrichtungspflichten 21 123
- Verschmelzung 22 64
- Widerspruch 21 123

Betriebsvermögen
- Besteuerung bei Veräußerung des Geschäftsanteils 1 172
- Besteuerung des Gesellschafters 17 7
- Einzelgegenstände bei Sachgründung zum Buchwert 5 159
- des Gesellschafters, Besteuerung 5 118
- Halbeinkünfteverfahren 1 107
- Immobilien 1 176 ff.
- Steuerrecht 17 50
- steuerrechtliche Auswirkungen 17 213
- Teileinkünfteverfahren 1 35 f.

Betrug
- Haftung gegenüber Dritten 10 221
- konkludente Erklärung von Erfüllungsfähigkeit und -willigkeit 10 221
- Subventionsbetrug § 264 StGB 10 222

Beurkundung
- Abtretung des Geschäftsanteils 14 14
- Auslandsbezug 14 23 ff.; 21 168
- behinderte Menschen 4 63
- fremdsprachige Beteiligte 4 63
- Genehmigungen 4 63
- Geschäftsform bei Auslandsbeurkundung 14 28 f.
- Konflikt mit Musterprotokoll bei der UG 4 64 f.
- Musterprotokoll 4 62 ff.
- Nichtigkeit des Beschlusses bei schweren Mängeln 15 157
- Ort 4 63
- Ortsform bei Auslandsbeurkundung 14 26 f.
- Schlussvermerk 4 63
- Unternehmenskaufvertrag 21 168 ff.
- Vorbefassung bei Gründung 4 63
- Wirksamkeit von Auslandsbeurkundungen 14 25

Beweislast
- Haftung wegen Sorgfaltspflichtverletzung gem. § 43 GmbHG 10 68 ff.

Bewertung
- Bewertungsstetigkeit 16 206
- Bilanzierung 16 205
- Einzelwertberichtigungen (EWB) 16 265
- first in-first out 16 205
- von Geschäftsanteilen für die Erbschaftssteuer 13 170
- Konzeption des HGB 16 179 ff.
- last in-first out 16 205
- Pauschalwertberichtigungen (PWB) 16 265
- Rückstellungen 16 329 ff.
- Umlaufvermögen 16 264 ff.
- Unternehmenskauf 21 91
- Zeitpunkt bei Sachgründung 5 161
- zu Bilanzwerten 6 29

Bezugsrecht
- Ausschluss 5 187 ff., s. a. dort
- Ausübung 5 191
- Ermessensspielraum des Geschäftsführers bei Ausschluss 10 38
- Steuerrecht 17 94 ff.
- veräußerbar 5 191

1365

Sachverzeichnis

Bezugsrechtsausschluss bei Kapitalerhöhung
- Mehrheitserfordernis 5 190
- sachlicher Grund 5 188
- Satzung 5 187

Bilanz 5
- Agio 5 106 ff.
- Aktiva 6 31
- andere Anlagen, Betriebs- und Geschäftsausstattung 16 230
- Anhang 16 374 ff., s. a. Anhang zum Jahresabschluss
- Anlagevermögen 16, siehe dort
- Ansatzpflicht des erivativen Firmenwerts 16 222
- Anzahlung auf immaterielle Vermögensgegenstände 16 224
- Aperiodizität von Leistung und Gegenleistung 16 269
- Ausgabekosten bei Kapitalerhöhung 5 107
- Ausschüttungssperre bei Aktivierung von Anlagevermögen 16 220
- Ausweis der Kapitalausstattung 5 99
- Bar- und Sachgründung 5 103
- Basisbilanz für Kapitalerhöhung 5 219
- Begriff 16 208 ff.
- Beispielfall X-GmbH 16 433 ff.
- besondere Posten 16 159 ff.
- Bilanzkontinuität 16 148 ff.
- BilMoG 5 102; 16 100 f.
- branchenbezogene Bilanzierungsvorschriften 16 69
- deutsches Bilanzrecht 16 102 ff.
- Disagio 16 274
- eigene Anteile einer GmbH 16 290 ff.
- Eigenkapital 16 275 ff., s. a. dort
- Einheitsbilanz 16 111
- Einlagen 5 102
- Entnahmen 16 287
- Ergebnisverwendung 16, siehe dort
- Eröffnungsbilanz 5 100; 16 212 f.
- Eventualverbindlichkeiten 16 360
- Forderungen 16 257 ff.
- geleistete Anzahlungen und Anlagen im Bau 16 231
- Gesellschafterdarlehen 5 113
- Gesellschafterdarlehen als Verbindlichkeiten 5 114
- Gesellschafterdarlehen im Insolvenzfall 7 116 ff.
- Gewinn 16 303, 470
- Gewinn- und Verlustrechnung 16 362 ff., s. a. dort
- Gliederungsschema 16 210
- Grundstücke 16 228
- Haftungsverhältnisse 16 359 ff.
- Handelsbilanz und Steuerbilanz 16 109 ff.
- Inventur 16 75 ff., s. a. dort
- Jahresabschluss 16, siehe dort
- Kapitalerhöhung 16 280 ff.
- Kapitalerhöhung aus Gesellschaftsmitteln 5 105
- Kapitalerhöhung gegen Einlagen 5 105
- Kapitalrücklage 16 281 ff.
- Lagebericht 16 381 ff.
- Liquidationsbilanz 16 154
- Nachschuss 5 110
- Nachteile der IAS/IFRS 16 99
- Nebenleistungen 5 112
- Passiva 6 32
- Rechnungsabgrenzung 16 269 ff.
- Rückstellungen 16 305 ff., s. a. dort
- Sachanlagen 16 225 ff.
- Schütt-aus-hol-zurück-Verfahren 5 109
- sonstige Zuzahlungen 16 284 ff.
- technische Anlagen und Maschinen 16 229
- Treuhand 11 103 f.
- Umlaufvermögen 16 242 ff., s. a. dort
- Umweltschutzverpflichtungen 16 348 ff., s. a. Umweltschutz
- Unterbilanz 6 26 f.
- Verbindlichkeiten 16 353 ff.
- vereinfachte Kapitalherabsetzung 16 282
- Verlust 16 303
- Verstoß gegen ein Wettbewerbsverbot 12 67
- Vorbelastungsbilanz 5 97; 16 213
- Waren 16 253 ff.
- Zuführung der Rücklage 5 111
- Zuschüsse 5 109
- Zwischenabschluss 5 97
- Zwischenbilanz für Kapitalerhöhung 5 219
- s. a. Buchführungspflicht

Bilanzierung
- Grundsätze ordnungsgemäßer Buchführung (GoB) 16 123 ff.

Bilanzrechtsmodernisierungsgesetz
- Konzernabschluss nach internationalen Grundsätzen 20 246

Bilanzrichtliniengesetz (BiRiLiG)
- Internationalisierung der Rechnungslegung 16 95

Binnenhaftung
- Unterkapitalisierung 5 10

Buchführung
- Ablauforganisation 16 46
- aktienrechtliche Vorschriften 16 70 ff.
- Anlagenbuchhaltung 16 45
- Ansprüche der Gesellschafter gegen Geschäftsführer 10 190
- Anwenderdokumentation 16 60
- Archivierung digitaler Urkunden 16 65
- Aufbauorganisation 16 39 ff.
- Aufbewahrung 16 61
- Aufzeichnungspflichten 16 66
- Beginn 16 33
- Belegbuchführung 16 42
- Belegfunktion 16 54
- Berichtspflichten gegenüber dem Aufsichtsrat 16 73 f.
- Beweisfunktion 16 26
- digitale Signatur 16 65
- Dokumentation 16 59
- doppelte 16 40
- einfache 16 40
- Ende 16 34
- Form 16 41

1366

Sachverzeichnis

- Früherkennungssystem **16** 70
- Generalnorm der Buchführung **16** 124 f.
- Geschäftsführer **16** 27
- Geschäftsverteilung **16** 29
- gesetzliche Ordnungsmäßigkeitsanforderung **16** 49
- Grundbuch **16** 43
- Grundsätze ordnungsgemäßer Buchführung (GoB) **16** 51 ff., 123 ff.
- Handelsbuch **16** 39 ff.
- Hauptbuch **16** 43
- Inventar **16** 75 ff., *s. a. Inventur*
- Inventur **16** 75 ff., *s. a. dort*
- Jahresabschluss **16** 94 ff., *siehe dort*
- Jahresabschlussprüfung **16** 403 ff., *s. a. dort*
- Journal **16** 43
- Journalfunktion **16** 53, 56
- kameralistische **16** 40
- Kontenführung **16** 53
- Kontenfunktion **16** 58
- Kontokorrentbuchhaltung **16** 45
- Kontrollsystem **16** 30
- Lagerbuchhaltung **16** 45
- Lohn- und Gehaltsbuchhaltung **16** 45
- Lohnsteuer **16** 68
- Nebenbuch **16** 43
- Ordnungsgeldverfahren bei unterlassener Offenlegung **16** 36
- Organisation **16** 38 ff.
- Ort **16** 31 f.
- § 41 GmbHG als Schutzgesetz **10** 217 ff.
- Periodengerechtigkeit **16** 53
- persönlich Verpflichtete **16** 27 ff.
- Pflicht **5**; **16** 26 ff., *s. a. Bilanz*
- Pflicht als Schutzgesetz i. S.v § 823 Abs. 2 BGB **10** 10
- Pflichtverletzung **16** 35
- Prüfungsstandard IdW PS 330 **16** 50
- sachliche Ordnung **16** 53
- sachverständiger Dritter **16** 38
- Standard IdW RS FAIT 1 **16** 50
- steuerliche Anforderungen **16** 65 ff.
- steuerliche Aufbewahrungsfristen **16** 63
- Steuerstraftaten **16** 65
- Strafrecht **16** 37
- Summenbuchungen **16** 57
- Systemdokumentation **16** 60
- Verarbeitungsverfahren **16** 46
- Verfahrensdokumentation **16** 59
- Vorgründungsgesellschaft **16** 33 f.
- Wahrheit, Klarheit, Übersichtlichkeit **16** 126
- Warenausgang **16** 67
- Wareneingang **16** 67
- zeitliche Ordnung **16** 53
- zeitliches Ordnungsgebot **16** 56 ff.

Buchführungspflicht
- Pflicht **5** 95

Bürgschaft
- als Haftungsübernahme im Konzern **20** 151
- der öffentlichen Hand zu Sanierungszwecken **23** 62
- steuerrechtliche Auswirkung **17** 123

Cash Management
- Untreue **10** 168 f.

Cash Pooling
- Auszahlungsverbot **6** 20
- kein Auszahlungsverbot **6** 23c
- Begriff **6** 23c; **20** 230
- Drittgeschäft **6** 20
- Hin- und Herzahlen **5** 58
- Konzern **20** 230 ff.
- MoMiG **20** 232
- National Pooling **20** 230
- physisches **20** 230
- Rechtsprechung **20** 231 ff.

Change-of-control
- Zustimmungsvorbehalt bei Verfügungen über Geschäftsanteile **2** 200 f.

Closing
- Bedingungen i. S. v. § 158 **21** 173
- Begriff **21** 172
- Beurkundungskosten **21** 173
- Closing Conditions **21** 173
- Kartellrecht **21** 174 ff., *s. a. Kartellrecht*
- Vollzugsvoraussetzungen **21** 173

Compliance
- *siehe Corporate Compliance*

Corporate Compliance 24 1 ff.
- abhängige Gesellschaften **24** 35
- angemessene Prozesse **24** 44 f.
- Arbeitsrecht **24** 64
- Arbeitsvertrag **24** 67
- Aufgabenverteilung **24** 15
- ausländische Rechtsvorschriften **24** 28
- Auswahl von Mitarbeitern **24** 14
- Befugnisse des Aufsichtsrats **24** 78
- Begriff **24** 3
- Beobachtung **24** 53
- Berichtswege **24** 61 ff.
- Beschaffung **24** 99 ff.
- besondere Konzernstrukturen **24** 29 ff.
- Bestechung **24** 50
- Betriebsvereinbarungen zur Compliance **24** 68
- Compliance-Klausel **24** 103
- Compliance-Vorfall **24** 69 ff.
- deliktsrechtliche Organisationspflichten **24** 19 ff.
- Direktionsrecht **24** 65 f.
- Disziplinarverfahren **24** 94 f.
- Dokumentation **24** 55
- Due Diligence **24** 50
- eigenständige GmbH **24** 71 ff.
- Einführung von Risikomanagementsystemen **24** 9 ff.
- Einsichtsrechte der Gesellschafter **24** 80 f.
- Funktionen **24** 4
- Garantstellung des Geschäftsführers **24** 21
- Geschäftsleitung **24** 46
- Gesellschafterbefugnisse **24** 79
- Gesellschaftsrecht **24** 58
- Informationsmanagement **24** 23 ff.
- Informationsrechte des Gesellschafter **24** 80 f.
- Instruktion von Mitarbeitern **24** 16

1367

Sachverzeichnis

- international Investigation 24 70
- Kommunikation 24 51 f.
- Kommunikation des Compliance-Gedankens 24 54
- Konzern 24 89 f.
- konzernangehörige GmbH 24 85 ff.
- Konzernobergesellschaft 24 30 ff.
- Legalitätspflicht 24 8
- Lieferkette 24 109 ff.
- Matrixmanager 24 59 f.
- Monitoring 24 53
- Organisationspflichten 24 12 ff., 33 f.
- Organisationsstrukturen 24 43 ff.
- proportionality 24 44 f.
- Prozessanalyse 24 96 ff.
- Prüfungsklausel 24 105
- Reaktion auf Vorfall 24 91 ff.
- Rechnungslegung 24 10
- rechtliche Grundlagen 24 7 ff.
- rechtliche Verankerung 24 57 ff.
- Remediations-Maßnahmen 24 91 ff.
- Risiko-Analyse 24 38 ff.
- Risikoeinschätzung 24 47 ff.
- risk assessment 24 47 ff.
- Sanktionen für das Unternehmen 24 69 ff.
- Sanktionierung von Mitarbeitern 24 18
- Schulung 24 51 f.
- Sorgfaltsmaßstab für den Geschäftsführer 24 73 ff.
- Steuerklausel 24 104
- top level commitment 24 46
- Überwachung der Compliance 24 56
- Überwachung der Geschäftsführung 24 82
- Überwachung der Mitarbeiter 24 17
- Umsetzung von Compliance 24 36 f.
- unternehmensinterne Untersuchung eines Falles 24 71 ff.
- Untersuchung 24 71 ff.
- Vermeidung von Schadensersatzansprüchen 24 5
- Vertragslaufzeit 24 106 ff.
- Vertrieb 24 99 ff.
- Weisungsrecht der Gesellschafter 24 83 f.

Corporate Governance 24 1 f.
- s. a. Corporate Compliance

Corporate Litigation 25
- siehe Prozessführung

D & O-Versicherung
- Abtretung 10 274
- Anspruchsinhaber 10 274
- Aufsichtsrat 18 68
- Begriff 10 263 f.
- Beschränkung auf gesetzliche Haftungsbestimmungen 10 272
- als Betriebsausgaben 10 266
- Claims-made-Police 10 275
- Darlehen an Aufsichtsratsmitglied 18 69
- in Ausübung der versicherten Tätigkeiten 10 270 f.
- Prämien als vergütungsähnliche Leistungen 18 68

- Prozessstandschaft 10 274
- Selbstbehalt 10 214
- steuerliche Behandlung der Vergütung 18 70 f.
- versicherte Schäden 10 273
- Versicherungsbedingungen 10 267 ff.
- Versicherungsnehmer 10 269
- Vorsorge 10 1b
- wegen Fehlverhaltens 10 272
- zuständiges Organ für Abschluss 10 265

Darlehen
- an Aufsichtsratsmitglieder 18 69
- Begriff 7 37 ff.
- Debt-Equity-Swap 23 338 ff.
- Gesellschafterdarlehen 17 141 ff.
- Insolvenz 5 9
- steuerrechtliche Aspekte 17 135 ff.
- s. a. Gesellschafterdarlehen

Dauer der Gesellschaft
- grundsätzlich unbeschränkt 2 319

Deckungsbeitrag
- unechter Satzungsbestandteil 2 6

Deliktische Haftung
- Ansprüche der Gesellschafter gegen Geschäftsführer 10 186
- Eigentumsverletzung von Vertragsparteien 10 209 ff.
- gem. § 823 Abs. 1 BGB 10 158
- Haftung gegenüber Dritten 10 208 ff.
- Körperverletzung 10 212
- Lederspray-Entscheidung 10 214
- Schutzgesetzverletzung gem. § 823 Abs. 2 BGB 10 159 ff.
- Vor-GmbH 3 101

Dept-Equity-Swap
- Begriff 5 135
- Gesellschaftsrechtliche Strukturmaßnahmen, § 225a InsO 23 338 ff.
- Sanierung 23 45a
- Umwandlung von Forderungen in Anteile 23 339 ff.
- Werthaltigkeitsprüfung 23 339 f.

Differenzhaftung bei Sachgründung
- Begriff 5 79

Dividende
- Anknüpfen an Geschäftsbereich 2 308 ff.
- Familiengesellschaft 2 307
- Finanzinvestoren 2 307
- satzungsmäßige Verankerung 2 307 ff.
- Vorzugsdividende 2 307

Doppelbesteuerung
- Austauschverträge innerhalb des Konzerns 20 204
- und Rechtsformwahl 1 217

Drittelbeteiligungsgesetz (DrittelbG)
- Abberufung aus wichtigem Grund 18 154 f.
- Abberufung eines Aufsichtsratmitglieds 18 119
- Abschlussprüfer 18 130
- Amtszeit 18 151
- Amtszeit des Aufsichtsrats 2 177
- Anteilseignervertreter 18 145
- Anwendungsvoraussetzungen 18 117 ff.
- Arbeitnehmerbegriff 18 117

Sachverzeichnis

- Arbeitnehmervertreter **18** 146
- Aufsichtsratspflichtigkeit nach Eintragung **18** 135 f.
- Aufsichtsratspflichtigkeit vor Eintragung **18** 134
- Aufsichtsratsvorsitz **18** 168
- Aufwendungsersatz **18** 160
- Ausschluss der Mitgliedschaft im Aufsichtsrat **18** 142 f.
- Ausschüsse **18** 173
- Beendigung des Aufsichtsratsamtes **18** 152
- Beirat neben Aufsichtsrat **18** 125
- Bekanntmachung von Veränderungen **18** 165
- Beschlussfähigkeit **18** 169
- Beschlussfassung des Aufsichtsrates **18** 166, 170
- Beseitigung des Aufsichtsrats **18** 134 ff.
- Bestellung des Aufsichtsrats **18** 144
- Darlehen an Aufsichtsratsmitglieder **18** 161
- Drittelparität **18** 114
- Einberufung einer Gesellschafterversammlung **18** 126
- Einrichtung des Aufsichtsrats **18** 133 ff.
- Entlastung des Aufsichtsrats **18** 164
- Ersatzmitglieder **18** 150
- gerichtliche Bestellung des Aufsichtsrates **18** 149
- Geschäftsordnung **18** 174
- gesetzliche Charakteristika des Aufsichtsrats **2** 181
- Größe **18** 140
- Haftung **18** 162 ff.
- Informationsrechte des Aufsichtsrats **18** 123
- innere Ordnung des Aufsichtsrats **2** 178, **18** 166
- Kompetenzen des Aufsichtsrats **2** 179
- Konzern **18** 119; **20** 225
- Mängel bei Wahl des Aufsichtsrates **18** 148
- Mindestzahl von Arbeitnehmern **18** 117
- Mitbestimmungsgesetz vorrangig **18** 120
- Mitgliederzahl des Aufsichtsrats **2** 175
- obligatorischer Aufsichtsrat **2** 174 ff.
- persönliche Voraussetzungen für die Mitgliedschaft im Aufsichtsrat **18** 142 f.
- Pflichten der Aufsichtsratsmitglieder **18** 162 ff.
- Prüfung des Jahresabschlusses **18** 131 f.
- Recht auf Berichterstattung durch Geschäftsführung **2** 180
- Rechte des Aufsichtsrats **18** 122 ff.
- Schadensersatzpflicht des Aufsichtsratsmitglieds **18** 163
- Sitzungen des Aufsichtsrates **18** 167
- Sonderverträge mit Aufsichtsratsmitgliedern **18** 160
- Tendenzbetrieb **18** 121
- Überblick **18** 114 f.
- Überwachung der Geschäftsführung **18** 124
- Umwandlung **18** 139
- Unabdingbarkeit **18** 115
- keine unternehmensleitende Funktionen **18** 125
- Vergütung des Aufsichtsratsmitglieds **18** 157 ff.
- Vertretung der Gesellschaft durch Aufsichtsrat **18** 130
- vorschriftswidrige Zusammensetzung **18** 137
- Wahrnehmung von Aufgaben der Gesellschafterversammlung gem. § 46 GmbHG **18** 128 ff.
- Wegfall der Voraussetzungen **18** 138
- Zusammensetzung **18** 141
- Zustimmungsverweigerung durch Aufsichtsrat **18** 126, 171 f.

Drittgeschäfte
- Begriff **6** 13
- Cash Pooling **6** 20
- Leistungen an Nicht-Gesellschafter **6** 17
- mittelbare Leistung **6** 18
- Näheverhältnis **6** 19
- Nießbrauch **6** 20
- Pfandrechte **6** 20
- Stille Gesellschaft **6** 20
- Strohmann **6** 20
- Treuhand **6** 20

Due Diligence
- Business Judgement Rule (BJR) **21** 52
- Corporate Compliance **24** 50
- Datenraum (data room) **21** 60
- Datenraumleiter **21** 60
- Executive Summary **21** 62
- Funktionen **21** 53 f.
- Garantie **21** 63
- Geschäftsführerhaftung gem. § 43 GmbHG **10** 90
- Gewährleistung **21** 63
- Gewährleistungsrechte bei unsorgfältiger D. **21** 140
- Haftung **21** 63
- mangelhafte Aufklärung **21** 59
- Pflichten des Geschäftsführers **21** 52
- Post Acquisition Audit **21** 61
- Pre Acquisition **21** 61
- Prüfung **21** 50 f.
- rechtliche **21** 59
- Report **21** 62
- Stand-Alone-Vergleich **21** 55 ff.
- steuerliche Aspekte **17** 216
- Verschweigen von Tatsachen **21** 59
- Vertrauensverhältnis **21** 50
- vorvertragliches Schuldverhältnis **21** 50

Durchgriffshaftung
- existenzvernichtender Eingriff **6** 66a ff., *s. a. dort*
- Unternehmergesellschaft (UG) **4** 90 ff.

Ehe
- Berliner Testament **13** 129 f.
- gemeinschaftliches Testament **13** 128 ff.
- Güterstand, *siehe Güterstand*
- Zustimmung des Ehegatten zur Verfügung über Geschäftsanteile gem. § 1365 BGB **13** 42 ff.

Eigenkapital
- Agio **5** 4
- Ausschüttung im Insolvenzfall über § 199 S. 2 InsO **7** 2
- ausstehende Einlagen in Bilanz **16** 277

Sachverzeichnis

- Begriff **5** 4; **7** 2 ff.
- bilanzielle Überschuldung **16** 172
- Bilanzierung **16** 275 ff.
- Bruttomethode der Bilanzierung **16** 278
- Eigenkapitalgarantie **21** 144
- gezeichnetes Kapital in Bilanz **16** 277 ff.
- Grundsatz der freien Kapitalaufbringung **5** 2
- Kapitalaufbringung **5**, *s. dort*
- Nettomethode der Bilanzierung **16** 277
- Rücklagen in Bilanz **16** 281 ff.
- Unternehmenskauf **21** 95 ff.

Eigenkapitalersatzrecht 7 1 ff.
- Altfälle **7** 114 ff.
- Darlehensbegriff **7** 37 ff.
- Eigenkapital **7** 2
- eigenkapitalersetzendes Darlehen *siehe Gesellschafterdarlehen im Insolvenzfall*
- Finanzierungsfolgenverantwortung, Abkehr durch MoMiG **7** 25 ff.
- Finanzierungsfolgenverantwortung nach altem Recht **7** 6 ff.
- Finanzverfassung der GmbH **7** 2
- Fremdkapital **7** 2
- Gesellschafterdarlehen *siehe Gesellschafterdarlehen im Insolvenzfall*
- Gesellschafterdarlehen gem. § 39 Abs. 1 Nr. 5 InsO **7** 30 ff., *s. a. Gesellschafterdarlehen im Insolvenzfall*
- Krise der GmbH **7** 13
- Nachrang des Gesellschafterdarlehensgläubigers im Insolvenzfall **7** 23
- Novellenregeln nach altem Recht **7** 8 f., 12 ff.
- Prinzip der Haftungsbeschränkung **7** 26
- Problem Gesellschafterdarlehen im Insolvenzrecht verortet **7** 22
- Rechtsgrundlagen **7** 8 ff.
- Rechtsprechungsregeln, Abschaffung durch MoMiG **7** 19 ff.
- Rechtsprechungsregeln nach altem Recht **7** 10 ff.
- Rückzahlungsverbot nach altem Recht **7** 10
- Systemwechsel durch MoMiG **7** 1 ff., 17 ff.
- Übergangsregelung in Art. 103d EGInsO **7** 114
- Umqualifizierung in Eigenkapital nach altem Recht **7** 6
- Unterkapitalisierung durch Rückforderung von Gesellschafterdarlehen **7** 5
- wichtigste Neuerungen durch MoMiG **7** 29
- zweistufiges Schutzsystem nach altem Recht **7** 8 ff.

Eigentumsvorbehalt
- Insolvenz **23** 243 ff.

Eigenverwaltung des Insolvenzschuldners
- Abberufung des Geschäftsführers **23** 289
- Antragserfordernis **23** 279 f.
- Aufhebung **23** 290
- Befugnisse des Sachwalters **23** 287
- Befugnisse des Schuldners **23** 285
- Entscheidung des Gerichts **23** 281
- Eröffnungsantrag und Eigenverwaltung **23** 280
- gesellschaftsrechtliche Bindungen der Geschäftsführung **23** 288
- Gläubigerinteresse **23** 288
- Rechtsmittel gegen nachträgliche Anordnung **23** 284
- Verfügungsbefugnis des Schuldners **23** 294
- vorläufige **23** 291 ff.
- vorläufiger Gläubigerausschuss **23** 281
- vorläufiger Sachwalter **23** 294 f.
- Widerspruchsmöglichkeit des Insolvenzverwalters **23** 285
- Ziel **23** 278
- Zustimmungsvorbehalt gem. § 275 InsO **23** 285

Einberufung der Gesellschafterversammlung
- Abberufung des Geschäftsführers auf Tagesordnung **15** 62
- Adressaten **15** 42 ff.
- Änderung des Gesellschaftsvertrags **15** 65
- Aufsichtsrat teilnahmeberechtigt **15** 51
- Ausschluss der Teilnahme **15** 83 ff.
- Beistände **15** 78
- Bevollmächtigte **15** 74
- Bevollmächtigte als Teilnahmeberechtigte **15** 45
- Bezeichnung der Gesellschaft in Einladung **15** 57
- Einberufung bei Führungslosigkeit **15** 36
- Einberufung durch Aufsichtsrat **15** 35
- Einberufung durch Geschäftsführer **15** 33
- Einberufung durch Gesellschafter **15** 36
- Einberufung durch Unzuständige **15** 38
- Einzelfälle der Tagesordnung **15** 62 ff.
- Einziehung auf Tagesordnung **15** 63
- Erbengemeinschaft **15** 46
- Erkennbarkeit als Gesellschafterversammlung in Einladung **15** 57
- Feststellung des Jahresabschlusses **15** 64
- Folgeversammlung **15** 69
- Form **15** 53
- Frist **15** 55
- Geschäftsführer **15** 79
- Gesellschaften als Teilnahmeberechtigte **15** 49
- gesellschaftsvertragliche Regelungen für Einberufung **15** 38
- gesetzliche Vertreter **15** 48, 73
- Gründe für Einberufung **15** 39 ff.
- Inhalt **15** 56
- Interessen der Gesellschaft **15** 40
- Kapitalerhöhung **15** 66
- durch Minderheitsgesellschafter **15** 60
- Minderjährige **15** 48
- Mitberechtigte an einem Geschäftsanteil **15** 72
- nicht ordnungsgemäße Einladung **15** 52
- Rechtsnachfolger als Teilnahmeberechtigte **15** 44
- Tagesordnung **15** 61
- Teilnahmerecht **15** 42 ff.
- Umwandlung **15** 68
- unbekannter Gesellschafter **15** 46
- unwirksam bestellter oder abberufener Geschäftsführer **15** 33
- unzumutbarer Versammlungsort **15** 58
- Verlust der Hälfte des Stammkapitals **15** 41

Sachverzeichnis

- Versammlungsort **15** 58
- Zeit der Versammlung **15** 59
- Zuständigkeit für Einberufung **15** 32

Einbringung
- Umwandlung **22** 31d, 32a

Ein-Euro-GmbH
- Unternehmergesellschaft **4** 1

Eingetragene Genossenschaft
- Rechtsform **1** 47

Einkommenssteuer
- Treuhand **11** 96

Einlage
- Abgrenzung der Bar- von der Sachgründung **3** 47 ff.
- Aufrechnung **5** 38
- Bareinlage **5** 42
- befreiende Leistung **5** 44
- Befreiungsverbot **5** 38
- Besteuerung der Bareinlage **5** 116
- Besteuerung der Sacheinlage **5** 117 ff.
- Beweislast für Erfüllung **5** 38
- Bilanzierung **5** 102; **16** 167, 277
- Bürgschaft **17** 123
- Durchsetzung der Einlageforderung **5** 68 ff.
- Einforderung **5** 71 ff.
- kein Einkommen **17** 31
- Entstehung der Verpflichtung **5** 35
- Fälligkeitsregelung für restliche Bareinlagen **5** 35
- Formen **5** 42 ff.
- gemischte **5** 47, 167
- Gleichbehandlungsgebot bei Einforderung der Geldeinlagen **5** 35
- GmbH & Co KG **19** 31 ff.
- Gründungshaftung **5** 78
- Haftung **5** 77 ff.
- Haftung der Rechtsvorgänger bei offener Einlageforderung **5** 133
- „Hin- und Herzahlen" **3** 55
- Insolvenz bei ausstehenden Einlagen **5** 131 ff.
- Kapitalerhöhung gegen Einlagen **5** 180 ff., s. a. dort
- Leistungen erfüllungshalber **5** 43
- Mindesteinlage **5** 35
- Mindesteinlage bei Anmeldung **2** 61
- Sacheinlage **5** 45, s. a. dort
- Steuerrecht **17** 119 ff.
- unbefristete Haftung des Gesellschafters **5** 70
- Verbot der Unter-pari-Emission **5** 17
- verdeckte **17** 120
- verdeckte Sacheinlage **3** 52, s. a. dort
- Verhältnis zum Geschäftsanteil **5** 17
- Verjährung der Einlageforderung **5** 37
- Versicherung bei Anmeldung **3** 119
- Versicherung der Geschäftsführer **5** 41
- Verzugsfolgen **2** 61
- Vor-GmbH **5** 40
- zur freien Verfügung der Geschäftsführer **5** 41

Ein-Personen-Gesellschaft
- Beschränkungen des § 181 BGB bei Geschäftsführerbestellung **9** 13
- Gesellschafterbeschluss **15** 188

Ein-Personen-GmbH
- Amtsniederlegung des Geschäftsführers **8** 36
- Begriff **5** 59
- Erbringung der Stammeinlage **5** 59
- Haftung bei Vorgründungsgesellschaft **3** 13
- Haftung gem. § 43 GmbHG bei Weisung **10** 59
- Hin- und Herzahlen **5** 59
- Musterprotokoll **4** 17 ff.

Einstweiliger Rechtsschutz
- Liquidation der GmbH **23** 126

Einzelunternehmen
- Besteuerung **1** 28 ff.

Einziehung
- Abfindung **2** 254 f.
- Abfindungsausschluss unwirksam **2** 254
- Abgrenzung von der Kaduzierung **5** 69
- Ausschluss **14** 99 ff.
- bedingte Ermächtigung zur E. in Satzung **13** 189 ff.
- fakultativer Satzungsbestandteil **2** 8
- Finanzinvestoren **2** 248
- Gesellschafterbeschluss **2** 250; **13** 193 ff.
- Grund **2** 248
- nachträgliche satzungsmäßige Vereinbarung **2** 247
- Rechtsfolgen **2** 252
- Stimmrecht des betroffenen Gesellschafters **2** 251
- Stimmverbot bei Gesellschafterversammlung **15** 122
- Tagesordnung **15** 63
- Voraussetzungen **2** 247 ff.
- Wirkung **2** 246
- Zwangsabtretung **2** 253

Entnahmen
- Steuerrecht **17** 32

Erbrecht
- Alleinerbe **13** 96
- Berliner Testament **13** 129 f.
- Beseitigung der Bindung vertragsmäßiger Verfügungen **13** 143
- Ehegattenerbrecht **13** 114 ff.
- Einberufung der Erbengemeinschaft zur Gesellschafterversammlung **15** 47
- einseitiger Erbvertrag **13** 141
- Erbauseinandersetzung **13** 99 ff.
- Erbengemeinschaft **13** 967 ff.
- Erbschaftssteuerrecht **13** 165 ff.
- Erbvertrag **13** 134 ff.
- Formen letztwilliger Verfügungen **13** 122 ff.
- gemeinschaftliches Testament **13** 128 ff.
- Gesellschafterrechte erst mit Aufnahme in Gesellschafterliste **2** 237
- gesetzliche Erbfolge **13** 106 ff.
- Gestaltungsmöglichkeiten zur Nachfolgeregelung **13** 145 ff.
- GmbH & Co KG **19** 122 ff.
- Gütergemeinschaft **13** 117
- Gütertrennung **13** 114
- Miterben **2** 237

1371

Sachverzeichnis

- Miterbenhaftung 13 98
- Nießbrauchsvermächtnis 13 158
- öffentliches Testament 13 122 ff.
- Parentelsystem 13 107
- Pflichtteilsberechtigter 13 19
- Pflichtteilsergänzungsanspruch 13 164
- Pflichtteilsrecht 13 161 ff.
- Prinzip der Stammeserbfolge 13 108 ff.
- privatschriftliches Testament 13 125 ff.
- Probleme erbrechtlicher Lösungen der Unternehmensnachfolge 13 159 ff.
- Rechtsbeschränkungen des Erben 2 240
- und Rechtsformwahl 1 192 ff.
- Repräsentationsprinzip 13 108 ff.
- satzungsmäßiger Ausschluss der Vererblichkeit 13 178 ff.
- Schenkung unter Lebenden gem. § 2301 BGB 13 16
- Sondererbfolge in Satzung 13 197
- Teilungsanordnung 13 146
- Teilungsvollstreckung 13 155
- Testamentsvollstreckung 2 243; 13 154 ff.
- Universalsukzession 13 95 ff.
- Unternehmensnachfolge 2; 13 12 ff., 93 ff., *siehe dort*
- Verfügung von Todes wegen zur Nachfolgeregelung 13 120 ff.
- Vermächtnis 13 148 f.
- vertragsmäßige Verfügungen 13 136
- verwaltende Testamentsvollstreckung 13 156
- Verzichtserklärung auf Pflichtteil 13 162
- Vierte Ordnung 13 74
- Vorbehalt zur Einschränkung vertragsmäßiger Verfügungen 13 137
- Vorerbschaft 13 150 ff.
- Vorerbschaft, Ausübung von Verwaltungsrechten 13 150
- Vorerbschaft, Nutzungen aus dem Geschäftsanteil 13 151
- Vorausvermächtnis 13 149
- wechselbezügliche Verfügungen im gemeinschaftlichen Testament 13 128 ff.
- Zugewinngemeinschaft 13 116
- Zustimmungsvorbehalt bei Erbauseinandersetzung 2 200 f.

Erbschaftssteuerrecht
- Abkömmlinge 13 166
- begünstigtes Vermögen 13 171
- Bewertung von Geschäftsanteilen 13 170
- Bewertungsabschlag von 85 % 13 171
- Bewertungsgesetz 13 170
- Ehegatte 13 166
- Eltern 13 166
- Freibetrag 13 166 ff.
- Geschwister 13 167
- Lebenspartner 13 166
- Schwiegereltern und -kinder 13 167
- Steuerklassen 13 166 ff.
- Steuersätze 13 169
- Stuttgarter Verfahren 13 170
- Verschonungsabschlag 13 171

Ergebnisabführungsvertrag
- Abfindungsangebot für außenstehende Gesellschafter 20 57 ff.
- Ausgleich für außenstehende Gesellschafter 20 57
- Begriff 20 48
- Ergebnisübernahme 20 55
- Inhalt 20 53
- Laufzeit 20 60
- Organschaft 20 61 ff., *s. a. dort*
- Prüfung des Vertrages 20 51 f.
- Rücklagen 20 56
- Schriftform 20 50
- Steuerrecht 20 61 ff.
- Unterstellung 20 54
- Weisungsrecht 20 54
- Wirksamkeit 20 60

Ergebnisverwendung
- Anknüpfen an Bilanzgewinn 2 311
- Anknüpfen an Geschäftsbereich 2 308 ff.
- Ausschüttungsinteresse der Gesellschafter 2 282
- Ausschüttungsklauseln 2 297 ff.
- Begriff 16 299
- Beschluss 16 486 ff.
- Beschlusskompetenz 2 276
- Bilanzgewinn 16 470
- Bilanzierungsklauseln 2 286
- disquotale Gewinnverteilung 16 495
- Dividende 2 307 ff.; 16 475
- divisionalisierte 2 309 ff.
- Ergebnisabführungsvertrag 16 474 ff.
- fakultativer Satzungsbestandteil 2 8
- Feststellung des Jahresabschluss geht voraus 2 272
- Feststellung des Jahresabschlusses 16 476 ff., *s. a. dort*
- Finanzierungsinteresse der Gesellschaft 2 282
- Gewinnanteile der Gesellschafter 2 304 ff.
- Gewinnauszahlungsanspruch 16 497 ff.
- Gewinnermittlung 16 464 ff.
- Gewinnrücklagen 2 286 ff.
- Gewinnverteilung 16 493 ff.
- Gewinnvortrag 2 279; 16 489 ff.
- Halbeinkünfteverfahren 16 469
- Inhalt 16 466 ff.
- inhaltliche Vorgaben 2 276
- Jahresabschluss als Basis 2 269; 16 464 ff.
- Jahresüberschuss 16 467 ff.
- Minderheitenschutz 16 491 f.
- Minderheitsgesellschafter 2 284
- Recht auf Ausschüttung 2 285
- Rücklagen 16 471, *s. a. dort*
- Rücklagendotierung 16 489 ff.
- Thesaurierung 2 291 ff.
- Tracking Stock-Gestaltungen 2 312
- Unternehmenssteuerrecht 2 282
- verdeckte Gewinnausschüttung 16 501
- Verwendungsklauseln 2 281
- kein Vollausschüttungsgebot 16 460 ff.
- Vorabausschüttung 2 303
- Vorabausschüttungen 16 499 ff.

Sachverzeichnis

- Voraussetzungen **16** 458
- s. a. *Gewinn*

Erstattungsanspruch gem. § 31 Abs. 1 GmbHG
- Abtretung des Anspruchs **6** 50
- Aufrechnungsverbot **6** 57
- Ausfallhaftung gem. § 31 Abs. 3 S. 1 GmbHG **6** 59 ff., s. a. dort
- böslicheHandlungsweise **6** 58
- Dritte **6** 52
- Erlass **6** 57
- guter Glaube **6** 55 f.
- Konkurrenz zu anderen Ansprüchen **6** 67 f.
- Stundung **6** 57
- Umfang des Anspruchs **6** 53 ff.
- Verjährung **6** 58
- Voraussetzungen **6** 48 ff.

Erwerb eigener Geschäftsanteile durch Gesellschaft
- Ausweis einer Rücklage **14** 67
- Beschlussfassung **14** 68
- Rechtsfolge **14** 71
- Verbot bei fehlender Einlageleistung **14** 63 ff.
- Verstoß gegen § 33 GmbHG **14** 69
- Voraussetzungen **14** 66 ff.

Erwerbsrecht
- unechter Satzungsbestandteil **2** 6

Escape-Klausel 5 129

Europäische Aktiengesellschaft
- siehe *Societas Europaea*

Europäische Wirtschaftliche Interessenvereinigung (EWIV)
- Rechtsformwahl **1** 60

Europarecht
- Wettbewerbsverbot **12** 6, 12

Factoring
- Begriff **7** 85
- Bilanzierung **16** 260 ff.
- echtes **7** 85
- Nachrang des Gesellschafters bei Insolvenz **7** 85
- unechtes **7** 85

Faktischer Geschäftsführer
- Haftung **10** 13 ff.
- Haftung gem. § 43 GmbHG **10** 15 f.
- Haftung wegen existenzvernichtendem Eingriff gem. § 826 BGB **10** 174 ff.
- Haftung wegen Zahlung trotz Zahlungsunfähigkeit gem. § 64 S. 1 GmbHG **10** 129
- Kriterien für Beurteilung **10** 13 ff.

Familiengesellschaft
- gemeinsamer Vertreter der Mitberechtigten **2** 245
- Satzungsbesonderheiten **2** 33
- Vorschlagsrecht für Geschäftsführeramt **8** 8
- Vorzugsdividende **2** 307

Familienunternehmen
- Abfindungsausschluss **2** 254
- Einziehungsklausel **13** 201

Finanzanlagen
- Ausleihungen **16** 239 ff.
- Ausweis **16** 237 ff.

- Beteiligung **16** 233
- Bilanzierung **16** 232 ff.
- verbundenes Unternehmen **16** 234 f.
- Zugehörigkeit zum Konsolidierungskreis **16** 236

Finanzierung
- als Faktor der Rechtsformwahl **1** 71
- Außenfinanzierung **1** 72
- Basel II-Vereinbarung **21** 99
- Bilanzierung **16** 197
- Drittvergleich eines Gesellschafterdarlehens **1** 77
- Eigenfinanzierung **1** 73
- Eigenkapital **7** 2 ff.
- Einlagen- und Beteiligungsfinanzierung **1** 72
- Finanzierungsfolgenverantwortung **7** 6 ff.
- Finanzierungsfolgenverantwortung, Abkehr durch MoMiG **7** 25 ff.
- Finanzierungsfreiheit **7** 4
- fremdfinanzierte Einlagen **1** 92
- Fremdfinanzierung **1** 76
- Fremdfinanzierung des Kaufpreises **21** 99
- Fremdkapital **7** 2 ff.
- Innenfinanzierung **1** 94 ff.
- Kapitalaufbringung **5**, s. dort
- Kreditfinanzierung **1** 76
- partiarisches Darlehen **21** 100
- Pensionsgeschäfte **21** 103
- der Sacheinlage **5** 126
- Sale-and-Lease-Back **21** 93, 103
- Schuldscheindarlehen **21** 101
- Selbstfinanzierung **1** 94 ff.
- durch Steuerminderungen bei Verlust **1** 79
- Stille Beteiligung **1** 83
- Tausch mit Gesellschaftsanteilen **21** 104 f.
- Trennungsprinzip **1** 80
- Unternehmenskauf **21** 92 ff.

Finanzinstrumente
- Lagebericht **16** 393

Finanzinvestoren
- Bad-Leaver-Bestimmung **2** 248
- Einziehungsgrund **2** 248
- Good-Leaver-Bestimmung **2** 248
- Informationsrechte **2** 138
- Kapitalerhöhung **2** 73
- Mitverkaufsrecht **2** 222
- Nebenleistungspflichten **2** 80
- Satzungsbesonderheiten, Checkliste **2** 30
- Vorzugsdividende **2** 307
- Vorzugsrecht bei Liquidation **2** 341

Finanzplan
- Freiheit der Kapitalaufbringung **5** 3
- GmbH & Co KG **19** 43 ff.

Firma
- Anmeldung **2** 40
- Begriff **2** 34
- Fantasiefirma **2** 35
- Firmenfortführung **21** 156
- Firmenwahrheit **2** 38
- Fortführung **2** 41
- Funktionen **2** 36 ff.

Sachverzeichnis

- Haftung bei fehlender Kenntlichmachung des Handelns für eine GmbH 10 195
- Irreführung 2 38
- Irreführung bei Zusatz „m.b.H" 3 17
- Kennzeichnungskraft 2 36
- Nichtigkeit von Gesellschafterbeschlüssen 15 157
- Prüfung durch Registergericht 2 40
- Rechtsformzusatz 2 39
- Satzung 2 34 ff.
- Stellungnahme der IHK bei Eintragung 3 131
- Unternehmergesellschaft (UG) 3 27; 4 148 ff.
- Unterscheidbarkeit 2 37
- unzulässige 2 34
- Verwechslungsgefahr bei „GbR mbH" 3 17

Form
- Änderung der Satzung 2 347
- Anmeldung der Gründung 3 114 ff.
- ausländische Notare 2 24
- Musterprotokoll 2 20
- notarielle F. der Satzung 2 20
- Rahmenprotokoll 2 21
- Satzungsänderungen 2 23
- schuldrechtliche Vereinbarungen 2 348
- Verzicht auf Schriftformerfordernis 2 348

Formwechsel
- Abfindung 22 258, 278 ff., 305
- Abtretung eines Geschäftsanteils 22 262
- Aktiengesellschaft in GmbH 22 319a
- Anfechtungsklage 22 322
- Anmeldung zum Handelsregister 22 322 ff.
- Ansatz zum Buchwert auf Antrag 22 274
- Anteile in Betriebsvermögen 22 275
- Auflösung 22 333 ff., s. a. Liquidation
- Aufsichtsrat 22 257
- Ausgleichsregelungen 22 257
- Begriff 22 18
- Beteiligungsverhältnisse 22 261
- Betriebsrat 22 315
- Dokumentation 22 320 ff.
- Einzelunternehmen in GmbH unzulässig 22 253
- fiktive Ausschüttung offener Rücklagen 22 275
- finanzielle Aspekte 22 277 ff.
- Firma 22 260a
- Firmenfortführung 22 327 f.
- Fortdauer der persönlichen Haftung für 5 Jahre 22 287
- Fortführung der Firma 22 257
- GbR 22 253
- Gerichtskosten 22 291
- Gesellschafterbeschluss 22 295 ff.
- Gesellschafterwechsel 14 73 ff.
- gesetzliches Mindestkapital 22 285 f.
- Gewerbesteuer 22 272
- Gewinnrealisierung gem. § 1 Abs. 4 UmwStG 22 271
- GmbH & Co KG 22 254
- GmbH in GmbH & Co KG 22 260 ff.
- GmbH in Personengesellschaft 22 274 ff.
- Grunderwerbssteuer 22 293 f.
- Gründungsvorschriften des neuen Rechtsträgers 22 256
- Haftung 22 287 ff.
- Haltefristen 22 273
- identitätswahrende Fortführung 22 256
- Immobilien 22 307
- Jahresergebnisse der letzten beiden Geschäftsjahre 22 326
- Kapitalerhaltung 22 284 ff.
- KGaA 22 260, 319a
- konzerninterne Strukturmaßnahme 22 331
- Kosten 22 289 f.
- Mandantenschreiben 22 332
- Mehrheitsverhältnisse für Umwandlungsbeschluss 22 316
- Möglichkeiten 22 250 ff.
- Notarkosten 22 290 ff.
- numerus clausus 22 252
- Personengesellschaft in GmbH 22 264 ff., 268 ff.
- Prüfung des Abfindungsangebots gem. § 208 UmwG 22 281
- Prüfungskosten 22 291 f.
- Rechtsfolgen 22 256 ff.
- Rechtsgrundlagen 22 255
- Sachgründungsbericht 22 326
- Sitzverlegung 22 322
- Sonderbetriebsvermögen 22 271
- Spruchverfahren für Höhe der Abfindung 22 282
- steuerlicher Übertragungsstichtag 22 270 ff., 275
- Steuerrecht 22 266 ff.
- steuerrechtliche Vorteile 22 251
- Treuhand 22 263
- Übergang von UG auf GmbH kein Formwechsel 22 252
- Übertragungsbilanz 22 270
- Umwandlungsbericht 22 308 ff.
- Unterbilanz 22 284
- Unternehmensgegenstand 22 301 ff.
- Unternehmergesellschaft (UG) 4 219 ff.
- vermögensverwaltende GmbH 22 301 f.
- Verzichtserklärung 22 320 ff.
- Vollmacht 22 328 ff.
- Vorteile 22 250 ff.
- Wechsel in Kapitalgesellschaft 22 303, 324 ff.
- Wechsel in Personengesellschaft 22 299 ff., 323 ff.
- Widerspruch eines Gesellschafters 22 258, 278 ff.
- Zustimmungen 22 316 ff.

Fremdfinanzierung
- Darlehensverzicht 17 137 ff.
- Formen 17 135 f.
- Gesellschafterdarlehen 17 141 ff.
- Gewerbesteuer 17 136
- Rangrücktritt 17 137 ff.
- steuerrechtliche Aspekte 17 135 ff.
- Zinsschranke 17 144 ff.

Sachverzeichnis

Fremdkapital
- Begriff **5** 7; **7** 2 ff.
- Gesellschafterdarlehen **5** 9

Fusionskontrolle
- siehe Kartellrecht

Garantenstellung
- Baustoff-Entscheidung **10** 209
- Eigentumsverletzung von Vertragsparteien **10** 209 ff.
- Leben, Körper und Gesundheit **10** 212
- Organisationsherrschaft **10** 213

Garantie
- Beschaffenheitsgarantie **21** 140
- Bestandsgarantie **21** 144
- Bilanzgarantie **21** 144
- Closing **21** 145
- Eigenkapitalgarantie **21** 144
- Erfolgsgarantie **21** 144
- Erfüllungsanspruch **21** 147
- harte Garantie-Erklärung **21** 146
- Nichtbestehen von Verbindlichkeiten **21** 145
- Rechtsinhaberschaft **21** 144
- Richtigkeit der Gesellschafterliste **21** 144
- Schadensersatz **21** 147
- selbstständige **21** 140, 153
- selbstständige beim Unternehmenskauf **21** 141 ff.
- Unsicherheitsgarantie **21** 144
- Vertretenmüssen gem. § 276 BGB **21** 135
- weiche Garantie-Erklärung **21** 146

Gehalt
- des Geschäftsführers **9** 19 ff.

Geheimhaltungspflicht
- Geschäftsführer **9** 18

Geltendmachung von Ansprüchen der Gesellschaft gegen Geschäftsführer
- actio pro societate **10** 180 ff.
- Aufsichtsrat **10** 178 f.
- besonderer Vertreter **10** 178 f.
- Gesellschafterbeschluss **10** 177
- Prozessstandschaft **10** 180 ff.

Gemeinschaftsunternehmen
- Feststellung des Jahresabschlusses **2** 275
- Gesellschafterbeschluss **2** 149
- Satzungsbesonderheiten, Checkliste **2** 31

Genehmigtes Kapital
- Begriff **5** 212
- Durchführung **5** 212
- Ermächtigung der Geschäftsführer in Satzung **5** 212
- Kapitalaufbringung **5** 211 ff.
- Mitarbeiterbeteiligung **2** 74
- MoMiG **5** 211
- pflichtgemäßes Ermessen der Geschäftsführer **5** 212

Genussrechte
- Begriff **17** 130
- Beteiligung am Gewinn **17** 131
- steuerrechtliche Auswirkung einer Kapitalerhöhung **17** 130 ff.

Gerichtsstand
- Klauseln im Gesellschaftsvertrag zur Streitbeilegung **2** 350
- Prozessführung **25** 21 ff.

Geschäftsanteil
- aufschiebend bedingter **14** 44a
- Auseinanderfallen von Stammkapitalziffer und Geschäftsanteilen **5** 15
- Begriff **3** 42; **5** 16
- Belastungen in Gesellschafterliste **2** 231d
- Bezeichnung in Satzung **2** 59
- bilanzieller Ausweis **5** 100
- Bildung eines neuen G. **3** 44
- Einziehung siehe Einziehung
- Erbauseinandersetzung **13** 99 ff.
- erschwerte Übertragbarkeit **1** 74
- Erwerb durch Gesellschaft
- Erwerb eigener Geschäftsanteile durch Gesellschaft **6** 69; **14** 63 ff., s. a. dort
- freie Veräußerlichkeit **14** 3 ff.
- fremdfinanzierte **1** 92
- Gattungen **2** 75
- gemeinsamer Vertreter der Mitberechtigten **2** 244 ff.
- Gewerbesteuer bei Veräußerung **1** 166
- Grundsatz der Vererblichkeit **2** 237
- Konvergenzgebot **5** 15
- Mehrstimmrechte **2** 75
- Mindesteinlage bei Anmeldung **2** 60 f.
- namentliche Zuordnung in Satzung **5** 32
- Nennbetrag **2** 58
- „nicht so" bestehender **14** 42
- qualifizierter Anteilstausch **5** 120; **17** 67
- Revalorisierung **5** 15
- Satzung **2** 58 ff.; **3** 62
- Sonderrechte **2** 76 f.
- steuerrechtliche Auswirkung bei Erwerb eigener Anteile **17** 101 ff.
- steuerrechtliche Auswirkung der Ausgabe neuer Anteile **17** 125 ff.
- stimmrechtslose **2** 75
- Teilung **2** 226 ff.; **5** 18; **21** 80
- Treuhand **11** 4 ff.
- Übernahme **5** 32, s. a. Übernahme eines Geschäftsanteils
- Übernahme mehrer G. bei der UG **4** 104
- Übertragung **2**; **14** 1 ff., s. a. Übertragung von Geschäftsanteilen; s. a. Verfügungen über Geschäftsanteile
- Umwandlungssteuergesetz **5** 119
- Verfügungen **2**, siehe Verfügungen über Geschäftsanteile
- Verhältnis zur Einlageverpflichtung **5** 17
- Verzug der Einlageleistung **2** 61
- Vorratsteilung **2** 226; **21** 81
- Vorrechte kraft Satzung **2** 75 ff.
- Vorzugsgeschäftsanteile **2** 75
- Wettbewerbsverbot bei Verkauf **12** 46 ff.
- Zusammenlegung **2** 229 ff.; **5** 18
- Zuständigkeit für Teilung, Zusammenlegung und Einziehung **15** 9
- Zwangsabtretung **2** 253

1375

Sachverzeichnis

Geschäftschance
- Eintrittsrecht der Gesellschaft 10 64
- Fallgruppen der Geschäftschancenlehre 12 63
- Freigabe des Geschäfts 12 113
- Geschäftschancenlehre 12 62 ff.
- Geschäftsführerhaftung gem. § 43 GmbHG 10 90, *s. a. Haftung gem. § 43 GmbHG*
- Nutzen durch Aufsichtsratsmitglied 18 76
- Pflicht des Geschäftsführers 10 64
- steuerrechtliche Geschäftschancenlehre 12 65, 108 ff.
- Zurechnung einer Geschäftschance 12 110 ff.

Geschäftsführer
- Abberufung 2 88 ff.; 8 26 ff.; 25 32, 92 f., *s. a. Beendigung der Organstellung des Geschäftsführers*
- Abberufung als Streitgegenstand des Prozesses 25 7
- Amtsniederlegung 8 34 ff.
- Anmeldung der Geschäftsführerbestellung 8 19 ff.
- Anmeldung des Ausscheidens 8 39 ff.
- Annahme der Bestellung 8 17
- Anstellungsverhältnis 9 1 ff., *s. a. Anstellungsverhältnis des Geschäftsführers*
- Anzahl bei der UG 4 173 ff.
- als Arbeitnehmer 9 4 ff.
- Aufhebungsvertrag 9 57
- Aufwendungsersatz 9 26
- Beendigung der Organstellung 8 26 ff., *s. a. Beendigung der Organstellung des Geschäftsführers*
- Befreiung von den Beschränkungen des § 181 BGB 8 22
- Befugnis im Anstellungsvertrag 2 16 f.
- Befugnis in Satzung 2 106 ff.
- Begrenzung der Befugnis durch Unternehmensgegenstand 2 48
- Belehrung bei Anmeldung im Wortlaut 3 116
- Berichtspflichten 2 136 ff.
- Beschränkung der Befugnis als fakultativer Satzungsbestandteil 2 8
- Bestellung 2 88 ff.; 8 1 ff., *s. a. Bestellung des Geschäftsführers*
- Bestimmungsrecht für Minderheitsgesellschafter 2 95
- Bonus 9 22
- Buchführungspflicht 16 27
- Dauer der Bestellung 2 103 ff.
- Dauer des Amtes 8 15 f.
- Deliktsrecht 24 19 ff., 34
- drohende Zahlungsunfähigkeit der UG 4 146 f.
- Due Diligence Prüfung 21 52
- Durchführung der Handelsregisteranmeldung 8 23 ff.
- Eignung 8 12 ff.; 10 71
- Einberufung der Gesellschafterversammlung 2 123
- eintragungspflichtige Tatsachen 8 19 ff.
- Einzelgeschäftsführung 2 113
- Erkennen einer Krise 23 7
- Ermessen 10 24 ff.
- Ermittlung der Entscheidungsgrundlagen 10 33 ff.
- faktischer 10 13 ff., 15 f., *s. a. dort; s. a. faktischer Geschäftsführer*
- Fremdgeschäftsführer 9 2
- Garantenstellung zum Schutz von Rechtsgütern Dritter 24 21
- Geheimhaltungspflicht 9 18
- Gesamtgeschäftsführerbefugnis 2 110
- Gesamtverantwortung mehrerer Geschäftsführer 10 43
- Geschäftsordnung als Nebenvereinbarung 2 14
- Gesellschafter-Geschäftsführer 9 3
- Gesellschafterliste 4 204
- gesetzliche Anforderungen an Person 8 12 f.
- Grenzen der Befugnisse 2 107
- gutgläubiger Erwerb 2 231b
- Haftung *siehe dort*
- Haftung für Auszahlung 6 64 ff., *s. a. dort*
- Hinderungsgründe für das Amt 8 12a
- Informationsmanagement 24 23 ff.
- Jahresabschluss 2 265
- Jahresplan 16 402
- Kernbereich 2 85
- Kernkompetenz 15 2
- Krise der GmbH 23 73 ff., *s. a. Krise*
- Minderheitsgesellschafter 2 29
- Mutterschutz einer Geschäftsführerin 9 5
- Nebentätigkeiten 9 17
- Notgeschäftsführer 25 5
- Organisationspflichten 24 12 ff., 34, *s. a. Corporate Compliance*
- Organstellung 2 85 ff.
- Partei im Zivilprozess 25 6
- Pattauflösung bei Gesamtgeschäftsführung 2 111
- Pensionszusage 1 123
- Sanierungspflicht 23 25
- Satzung 2 85 ff.
- Satzungsinhalte im Anstellungsvertrag 2 15
- Selbstkontrahierungsverbot 2 120
- Sonderrecht 8 6
- als Sonderrecht 2 93
- Sorgfaltsmaßstab 24 73 ff.
- Sorgfaltspflichten 10 14, 48 ff.
- Stärkung der Befugnis kraft Satzung 2 115
- Stellvertreter 2 114
- steuerrechtliche Behandlung des Gehalts 1 120 ff.
- Stimmverbot bei Abberufung 15 122
- Strohmann 10 13 f., 74
- Treuepflichten 10 14
- Überschreiten des Unternehmensgegenstands 2 49
- unechte Satzungsbestandteile 2 6
- Unternehmergesellschaft (UG) 4 162 ff.
- Unterscheidung vom Anstellungsverhältnis 8 18
- variable Vergütungsbestandteile 9 22
- als Verbraucher 9 6
- verdeckte Gewinnausschüttung 9 23 ff.

Sachverzeichnis

- Vergütung 9 19 ff., s. a. *Anstellungsverhältnis des Geschäftsführers*
- Vergütung als Betriebsausgabe 1 108
- Verhältnis von Anstellungs- und Organverhältnis 9 9 ff.
- Verschmelzung 22 56 f.
- Verschwiegenheit 10 61
- Versicherung bei Anmeldung 8 23a f.
- Versicherung über Einlageleistung 5 41
- Vor-GmbH 3 78 ff.
- Weisung 10 52 ff.
- Weisungsrecht der Gesellschafter 2 116
- Zuständigkeit für Bestellung und Abberufung 2 88 ff.
- Zustimmungskatalog in Satzung 2 5
- Zustimmungsvorbehalt zugunsten der Gesellschafterversammlung 2 108

Geschäftsführerhaftung für Auszahlung gem. § 31 Abs. 6 GmbHG
- Regressanspruch im Innenverhältnis 6 66
- Voraussetzungen 6 64 ff.

Geschäftsgeheimnisse
- Begriff 10
- Geheimhaltungspflicht des Geschäftsführers 9 18
- Unternehmenskauf 21 40

Geschäftsjahr
- korporative Satzungsbestimmung 2 263 ff.

Geschäftsleitung
- *siehe Geschäftsführer, Leitung*

Geschäftsordnung
- Nebenvereinbarung 2 14

Geschäftsverteilung
- Buchführung 16 29
- Haftung gem. § 43 GmbHG 10 44
- Plan 10 44, s. a. *Geschäftsverteilungsplan*
- Sozialversicherungsangelegenheiten 10 232
- Zuständigkeit für Steuersachen 10 255 ff.

Geschäftsverteilungsplan
- Eignung der Geschäftsführer 10 44
- Konsensentscheidungen 10 34a
- Muster 10 46
- Schriftform 10 44
- Überwachungsverantwortung 10 45

Geschütztes Vermögen
- bilanzielle Betrachtungsweise 6 24 f.
- eingetragene Kapitalerhöhung 6 24 f., s. a. *Unterbilanzhaftung*
- Unterbilanz 6 26 f.

Gesellschaft
- Wechsel im Gesellschafterbestand 1 180 ff.

Gesellschaft bürgerlichen Rechts (GbR)
- Grundbuchfähigkeit 3 10
- Markenfähigkeit 3 9

Gesellschafter
- actio pro societate 10 10, 180 ff., s. a. *dort*
- Besteuerung bei Kapitalgesellschaft als Gesellschafter 17 8 f.
- faktischer 6 66c
- i. S. v. § 39 Abs. 1 InsO 7 42 f.
- Unternehmergesellschaft (UG) 4 152 ff.
- Wechsel 17 206 ff.

Gesellschafterausschluss
- Ausstiegsklauseln 2 225a ff.

Gesellschafterbeschluss
- Anfechtbarkeit 25 47 ff.
- Anfechtung 2 154
- Beschlussfähigkeit 2 140
- Beschlussfassung 2 139
- besondere Zustimmungserfordernisse 2 150
- Durchsetzung der Beschlussfassung 25 88 f.
- Einstimmigkeitserfordernis 2 150
- Gemeinschaftsunternehmen 2 149
- gerichtliche Kontrolle 25 39 ff.
- Mehrheitserfordernisse 2 145
- Nichtigkeitsgründe 25 41
- Pattauflösung 2 145
- qualifizierte Mehrheitserfordernisse 2 146
- Quorum 2 140
- Sozialakte 2 152
- Stimmrechte 2 142 f.
- Stimmrechtsausschluss 2 151
- Verhinderung der Beschlussausführung 25 92 f.
- Vertretung 2 144

Gesellschafterdarlehen
- Abgeltungssteuer 5 125
- Anfechtung einer Sicherheit bei Insolvenz 23 58
- Auszahlungsverbot 6 23 f
- Besteuerung 5 124 ff.
- Bilanzierung 5 113
- eigenkapitalersetzendes 7 17, s. a. *Gesellschafterdarlehen im Insolvenzfall*
- Einkünfte aus Kapitalvermögen 5 124
- Forderungsverzicht 23 48
- funktionales Eigenkapital 7 5
- GmbH & Co KG 19 40
- Insolvenz 7, siehe *Gesellschafterdarlehen im Insolvenzfall*
- nicht geschäftsführender Gesellschafter 19 42
- planmäßiges Darlehen 5 9
- steuerliche Behandlung 5 9
- Teileinkünfteverfahren 5 125
- Unterkapitalisierung durch Rückforderung 7 5

Gesellschafterdarlehen im Insolvenzfall 7 1 ff.
- Ablehnung mangels Masse 7 71 ff.
- Altfälle 7 114 ff.
- Anfechtung 7 58 ff., s. a. *Insolvenzanfechtung bei Gesellschafterdarlehen*
- Anfechtung außerhalb des Insolvenzverfahrens 7 71 ff.
- Anfechtung binnen Jahresfrist 7 24
- Angehöriger 7 89
- Ausnahmen 7 24
- Befreiung vom Nachrang 7 76
- Beweislast bei Angehörigen 7 89
- bilanzielle Behandlung 7 116 ff.
- Darlehensbegriff 7 36 ff.
- Dept-Equity-Swap *siehe dort*
- Diskontierung eines Wechsels einem Darlehen gleich stehend 7 85
- Dritte 7 87 ff.
- erfasste Gesellschaften des § 39 Abs. 1 Nr. 5 InsO 7 30 ff.

1377

Sachverzeichnis

- Erstreckung auf Nebenforderung und Zinsen 7 41
- Erwerb einer gestundeten Drittforderung 7 83
- Factoring einem Darlehen gleichstehend 7 85
- Fälligkeitsvereinbarung 7 82
- Freistellung vom Nachrang durch Sanierungsprivileg *siehe Sanierungsprivileg*
- Genossenschaften 7 34
- Gesellschafter als Sicherungsgeber 7 97 ff.
- Gesellschafterbegriff 7 42 f.
- gesellschafterbesichertes Drittdarlehen 7 97 ff.
- Gleichstellung von Nichtgesellschaftern mit Gesellschaftern 7 87 ff.
- Idealverein 7 34
- Kleinbeteiligungsprivileg gem. § 39 Abs. 5 InsO 7 108 ff., s. a. dort
- Krise keine Voraussetzung für § 39 Abs. 1 Nr. 5 InsO 7 44 ff.
- kurzfristige Überbrückungskredite 7 39
- Leasing einem Darlehen gleich stehend 7 86
- Leistung für Rechnung eines Gesellschafters 7 88 ff.
- Nachrang 7 53 ff., s. a. *Nachrang*
- Nachrang im Insolvenzverfahren 7 23
- Nießbrauch im Regelfall nicht nachrangig 7 97
- Novellenregeln nach altem Recht 7 8 ff.
- Nutzungsüberlassung 7 78 ff.
- Personengesellschaft 7 35
- Pfandgläubiger im Regelfall nicht nachrangig 7 93 f.
- Rangrücktritt 7 119 ff., s. a. dort
- Rechtsfolgen des § 39 Abs. 1 Nr. 5 InsO 7 53 ff.
- Rechtsprechung nach altem Recht 7 10 ff.
- Rechtsprechungsregeln, Abschaffung durch MoMiG 7 19 ff.
- Rückzahlung darf nicht verweigert werden durch Geschäftsführer 7 20
- Sanierungsprivileg 7 101 ff., s. a. dort
- Sicherung des Darlehens 7 62a ff.
- stehen gelassenes Darlehen 7 47 ff.
- Stiftung 7 34
- Stille Beteiligung einem Darlehen gleich stehend 7 84
- Stille Gesellschaft 7 92
- Strohmann 7 88
- Stundung einem Darlehen gleichstehend 7 81
- Tatbestand des § 39 Abs. 1 Nr. 5 InsO 7 30 ff.
- Tilgungsleistungen erlaubt nach MoMiG 7 20
- Treuhand 7 90 ff.
- Übergangsregelung in Art. 103d EGInsO 7 114
- Überschuldung und Rangrücktritt 7 117 f.
- keine Umgehung durch Abtretung 7 40
- keine Umgehung durch Aufgabe der Gesellschafterstellung 7 40
- Umgehung durch gleichzeitige Abtretung und Aufgabe der Gesellschafterstellung 7 40
- Unterscheidung eigenkapitalersetzendes G. und normales G. weggefallen 7 17
- unverzinsliches Darlehen 7 38
- verbundene Unternehmen 7 91
- verfahrensrechtliche Bedeutung des Nachrangs 7 57
- Verlagerung der Problematik ins Insolvenzrecht 7 22
- vertretbare Sachen 7 38
- wirtschaftlich dem Darlehen gleich stehend 7 74 ff.
- Zuständigkeit deutscher Gerichte Art. 3 Abs. 1 EuInsVO 7 33
- zweistufiges Schutzsystem nach altem Recht 7 8 ff.

Gesellschafterliste
- Eintragungsfähigkeit von Belastungen 2 231d
- Einziehung von Geschäftsanteilen 2 246
- elektronische Form 4 204
- Formulierung 3 124
- Garantie der Richtigkeit 21 144
- Geschäftsadresse 4 203
- Geschäftsführer 2 231b
- gutgläubiger Erwerb 14 47
- laufende Nummern 3 46
- MoMiG 2 231a
- satzungsrechtliche Bedeutung 2 231a ff.
- Unternehmenskauf 21 79
- Unternehmergesellschaft (UG) 4 197 ff.
- Unterzeichnung durch Geschäftsführer 4 204
- Vermutung für Gesellschafterstellung 21 79
- Vinkulierungsklausel 2 231c

Gesellschafterversammlung
- Abschluss von Unternehmensverträgen 15 20
- Abstimmungsverfahren 15 108
- actio pro socio 15 15 f., s. a. dort
- Allzuständigkeit 15 2
- Anfechtbarkeit von Beschlüssen 15
- Anfechtbarkeit von Gesellschafterbeschlüssen 15 162 ff.
- Anfechtungsklage 15 175 ff.
- Aufgaben 15 1 ff.
- Aufgabenerweiterung und -einschränkung durch Satzung 15 24 ff.
- Auflösung der Gesellschaft 15 21
- Aufsichtsrat 15 106
- Ausschluss der Teilnahme 15 83 ff.
- Beschlussantragsrecht 15 105 ff.
- Beschlussfassung 15 92 ff.
- Beschlussfassung, formlose 15 150 f.
- Beschlussfassung, Sonderfälle 15 147 ff.
- Bestellung, Abberufung und Entlastung von Geschäftsführern 15 10 ff.
- Durchführung 15 89 ff.
- Einberufung 2 123; 15 31 ff.
- einberufungsberechtigte Minderheitsgesellschafter 2 123
- Einberufungsmängel 2 129
- Einberufungspflicht 2 124
- Einberufungsrecht des Aufsichtsrates 18 126
- einfache Mehrheit 15 111
- Ein-Personen-Gesellschaft 15 188
- Entscheidung bei Zustimmungsverweigerung durch Aufsichtsrat 18 105
- Ergebnisfeststellungsklage 15 186 f.
- Ergebnisverwendung 2 276

Sachverzeichnis

- Feststellung der Beschlussfähigkeit **15** 93
- Feststellung des Beschlussergebnisses **15** 141 ff.
- Folgeversammlung **15** 69
- Form und Frist für Einberufung **2** 125
- Geltendmachung von Ansprüchen gegen Geschäftsführer und Gesellschafter **15** 14
- Gesellschafterbeschluss *siehe dort*
- GmbH & Co KG **19** 96 ff.
- Grundsatz der Gestaltungsfreiheit **15** 3
- Hinzuziehung von Beratern **2** 135
- Insolvenz **23** 276
- Liquidation **15** 21
- nicht ordnungsgemäß angekündigte Versammlung **15** 61
- nicht ordnungsgemäß einberufene **25** 29
- Nichtigkeit von Beschlüssen **15** 153 ff.
- online **15** 152
- Ordnungsmaßnahmen **15** 102
- Pflicht zur Beschlussfassung **15** 96
- Prokurist **15** 13
- Protokoll **2** 131
- Protokollierung des Beschlussergebnisses **15** 141 ff.
- Prüfung und Überwachung der Geschäftsführung **15** 12
- qualifizierte Mehrheit **15** 113
- Quorum **15** 93
- rechtswidriger Ausschluss **15** 87 f.
- Rederecht **15** 98
- Richter in eigener Sache **15** 116
- Rückzahlung von Nachschüssen **15** 8
- Satzung **2** 122 ff.
- Satzungsänderungen **15** 18
- Stimmbindung **25** 30
- Stimmbindungsvertrag **15** 131 ff.
- Stimmenthaltung **15** 111
- Stimmrecht **15** 109 ff.
- Stimmverbote **15** 116 ff.
- Stimmverbote, Vornahme eines Rechtsgeschäfts **15** 120 ff.
- Tagesordnung **2** 127; **15** 61
- Tagesordnung, Reihenfolge **15** 95
- Teilnahme vor Anteilsübertragung **21** 79
- Teilnahmerecht **15** 42 ff., 71 ff.
- Teilung, Zusammenlegung und Einziehung von Geschäftsanteilen **15** 9
- Übernahme von Aufgaben durch Aufsichtsrat **18** 21 ff.
- Umlaufverfahren **15** 149
- Umwandlungsrecht **15** 19
- Unternehmensvertrag **15** 113
- unzulässige Ordnungsmaßnahme **15** 104
- Verlegung und Vertagung **15** 70
- Versammlungsleitung **2** 130; **15** 90 f.
- Verschmelzung **15** 19
- Verschmelzungsbeschluss **22** 110 ff.
- Vertretung **2** 132
- Verweisung aus dem Saal **15** 103
- Videokonferenz **15** 152
- virtuelle **15** 152
- Vollversammlung **15** 147 f.
- Vorbereitung **15** 31 ff.
- Wahl des Abschlussprüfers **16** 408
- Wahl des Aufsichtsrates **15** 22
- Zuständigkeit **2** 122

Gesellschafterwechsel
- vor Eintragung **3** 83 ff.
- Vorrats- und Mantelgesellschaft **3** 93

Gesellschaftsblätter
- Bekanntmachung **23** 100

Gesellschaftsrechtliche Strukturmaßnahmen, § 225a InsO 23 339 ff.
- Austritt eines Gesellschafters **23** 347
- Change-of-Control-Klauseln **23** 346
- Debt-Equity-Swap **23** 338 ff.
- Insolvenzplan **23** 337
- Obstruktionsverbot **23** 345
- Umwandlung von Forderungen in Anteile **23** 339 ff.

Gesellschaftsvertrag 2
- Auflösungsklausel bei Tod **13** 180
- Bestellung des Geschäftsführers **8** 1 ff.
- Nachfolgeregelung **13** 172 ff.
- Widerspruch zum Anstellungsvertrag des Geschäftsführers **9** 9 ff.
- s. a. *Satzung*

Gesellschaftszweck
- Begriff **2** 47

Gestaltungsklage
- GmbH & Co KG **19** 113

Gewerbesteuer
- Anrechnungsfaktor bei der Personengesellschaft **1** 30
- Formwechsel **22** 272
- Personengesellschaft **1** 31
- Veräußerung von Geschäftsanteilen **1** 166
- Verschmelzung **22** 89

Gewinn
- Abgeltungsteuer **1** 106
- Anteile der Gesellschafter am Jahresgewinn **2** 304 ff.
- Ausgabe neuer Geschäftsanteile **17** 125 ff.
- ausgeschütteter **1** 105 ff.
- Auszahlungsanspruch **16** 497 ff.
- Berücksichtigung von Vergütungen bei Gewinnausschüttung **1** 112
- Besteuerung bei der Personengesellschaft **1** 29
- Besteuerung der Ausschüttung **1** 158
- einbehaltener **1** 96
- Ergebnisverwendung **2** 277, s. a. *Ergebnisverwendung*
- Ermittlung **16** 464 f.
- Ermittlung 1. Stufe **1** 32
- Ermittlung 2. Stufe **1** 32
- Genussrechte **17** 131
- Gewinnabführungsvertrag **17** 177 ff., 185
- Gewinnanspruch bei Unternehmenskauf **21** 82
- Gewinnvortrag **2** 279
- GmbH & Co KG **19** 150 ff.
- inkongruente Gewinnausschüttung **5** 179
- Rücklagen **2** 286 ff.
- Steuerrecht **17** 46 ff.
- Steuersatz **17** 5

1379

Sachverzeichnis

- Tatbestand **17** 109 ff.
- Thesaurierung **1** 116 f.
- Unzulässigkeit von Gewinnausschüttungen **1** 115
- Veräußerungsgewinn **17** 62 ff.
- verdeckte Gewinnausschüttung **1** 34, 120, 126; **2**; **17** 108 ff., *siehe dort*
- Verteilung **16** 493 ff.
- Verwendung **1** 115 ff.
- Vorabausschüttung **2** 303
- Zinsgewinn durch Thesaurierungsbegünstigung **1** 104
- *s. a. Ergebnisverwendung*

Gewinn- und Verlustrechnung
- absatzbezogener Umsatzerlös **16** 369
- Beispielfall **16** 433 ff.
- Gesamtkostenverfahren **16** 365 ff.
- Gliederung **16** 364
- Grundsätze ordnungsgemäßer Buchführung und Bilanzierung (GoB) **16** 364
- Herstellungskosten **16** 372
- kleine GmbH **16** 364
- Materialaufwand **16** 369
- Periodisierungsprinzip **16** 364
- Pflicht **16** 363
- Produktionsaufwand **16** 368
- Rohertrag **16** 370
- sonstige betriebliche Aufwendungen **16** 373
- Staffelform **16** 364
- Umsatzkostenverfahren **16** 365 ff.
- Verrechnungsverbot **16** 364
- Vollständigkeitsprinzip **16** 364

Gewinnabführungsvertrag 20 48 ff.
- kein Auszahlungsverbot **6** 23a
- und gesetzliche Rücklage der UG **4** 119
- *s. a. Ergebnisabführungsvertrag*

Gläubigerausschuss
- Insolvenz **23** 197

Gläubigerversammlung
- Auskunft **23** 270
- Ausschuss **23** 267 ff.
- Befugnisse **23** 273
- Berichtstermin **23** 263
- Beschlüsse **23** 265 f.
- Beschlussfähigkeit **23** 265
- Einberufung **23** 263 ff.
- Entlassung aus wichtigem Grund **23** 269
- Entlassung des Insolvenzverwalters **23** 273
- Erörterungstermin **23** 263
- schriftliches Verfahren **23** 271
- Stimmrecht **23** 265 f.
- Tagesordnung **23** 271
- Teilnahmerecht **23** 264
- Vergütung **23** 272

GmbH & Co. KG
- Abberufung des Geschäftsführers **19** 66 ff.
- Abfindung **19** 139 ff.
- actio pro socio **19** 80 ff.
- Anmeldepflicht der Gesellschafter **19** 128 f.
- Anmeldung **19** 25
- Anstellungsvertrag des Geschäftsführers mit Schutzwirkung zugunsten der KG **19** 73
- Auflösung bei Tod **19** 123
- keine Ausfallhaftung **19** 7
- Auskunftsrecht des Kommanditisten **19** 92 ff.
- Ausscheiden eines Kommanditisten **19** 122 ff.
- Ausschluss des Erben **19** 123
- Ausschluss eines Kommanditisten **19** 133
- außerordentliches Informationsrecht **19** 95
- Austritt eines Kommanditisten **19** 136
- Befreiung des Geschäftsführers von § 181 BGB **19** 57 ff.
- Beirat **19** 143, 163 f.
- Beschlussfassung unter den Gesellschaftern **19** 96 ff.
- Beschlussmängel **19** 109 f.
- Bestellung des GmbH-Geschäftsführers **19** 63 ff.
- Betreiben eines Handelsgewerbes **19** 20
- Bilanzierung **19** 144
- Bildung von Rücklagen **19** 144
- Darlehenskonto **19** 146
- doppelstöckige GmbH & Co KG **19** 176
- Einberufung der Gesellschafterversammlung **19** 97 ff.
- Einheits-GmbH & Co KG **19** 170 ff.
- Einsichtsrecht des Kommanditisten **19** 85 ff.
- Einstimmigkeit **19** 106
- Eintritt einer GmbH in bestehende KG **19** 29
- Eintrittsrecht **19** 126
- Entnahme vor Gewinnverwendungsbeschluss **19** 161 f.
- Entnahmerecht der Komplementärin **19** 157
- Entnahmerecht des Kommanditisten **19** 158 ff.
- Ergebnisverteilung **19** 150 ff.
- Feststellung des Jahresabschlusses **19** 141
- Finanzplanfinanzierung **19** 43 ff.
- Firma **19** 24
- Form beim Unternehmenskauf **21** 169
- Formerfordernisse der Gründung der KG **19** 21
- Formwechsel **22** 254, 260 ff.
- Fremdorganschaft **19** 3
- Geschäftsführung **19** 3 ff., 46 ff.
- Gesellschafterdarlehen **19** 41 f.
- Gesellschafterkonten **19** 146 ff.
- gesplittete Einlage **19** 43
- Gestaltungsklage **19** 113
- Gewinngutschrift **19** 146
- Gewinnverwendungsbeschluss **19** 150 ff.
- Grundlagenbeschluss **19** 103
- Grundsatz der Selbstorganschaft **19** 3
- Gründung **19** 12 ff.
- Gründung der KG **19** 20 ff.
- Hafteinlage **19** 31
- Haftung bei Einlagenrückgewähr **19** 38
- Haftung bei Gewinnentnahmen **19** 39
- Haftung bei Übertragung des KG-Anteils **19** 119 f.
- Haftung der Gesellschafter **19** 30 ff.
- Haftung der GmbH **19** 30
- Haftung der Kommanditisten **19** 31 ff.

Sachverzeichnis

- Haftung des Geschäftsführers gegenüber dem Kommanditisten **19** 75
- Haftung des Geschäftsführers gegenüber der KG **10** 12; **19** 72 ff.
- Haftung des Kommanditisten bei Gründung **19** 37
- Haftung des Kommanditisten gem. § 30f GmbHG **19** 40
- Haftungsmaßstab des § 43 GmbHG **19** 74
- Hinauskündigungsklausel **19** 134
- Informationsrechte **19** 83 ff.
- Insolvenzverfahren gegen Kommanditisten **19** 131
- Jahresabschluss **19** 138
- Kapitalaufbringung **19** 7 f., 13 ff.
- Kapitalerhaltung **19** 7 f.
- Kapitalkonto **19** 146
- Kernbereich **19** 104
- Kommanditist als Geschäftsführer der GmbH **19** 62
- Kommanditisten als Gesellschafter **19** 15
- Konzernhaftung **1** 155 f.
- Kündigung **19** 132, 136 f.
- Leistung der Stammeinlage **19** 31 ff.
- Leistungspflichten des Kommanditisten **19** 32 ff.
- Leitung **1** 139
- Mehrheitsentscheidung **19** 102
- Mitbestimmung **19** 9
- keine Mithaftung **19** 8
- Motive für Gründung **19** 1 f.
- Nachfolgeproblematik **19** 4
- nicht geschäftsführender Gesellschafter **19** 42
- objektiver Wert der Einlageleistung **19** 35
- personengleiche GmbH & Co KG **19** 165 ff.
- Personenidentität zwischen Kommanditisten und GmbH-Gesellschaftern **19** 48
- Pflichteinlage **19** 31
- qualifizierte Nachfolgeklausel **19** 123
- Rechnungslegungsvorschriften **19** 10
- Recht auf Aushändigung des Jahresabschlusses **19** 90 f.
- Rechtsformwahl **1** 53
- Rechtsstellung des Kommanditisten **19** 6
- Rücklagenkonto **19** 148
- Schiedsgerichtsbarkeit **19** 112
- Schwächung der Position des Kommanditisten, Geschäftsführung **19** 55
- Sonderformen **19** 165 ff.
- Stammkapital als Darlehen **19** 14
- Stärkung der Position des Kommanditisten, Abberufung des Geschäftsführers **19** 67 ff.
- Stärkung der Position des Kommanditisten, Bestellung des Geschäftsführers **19** 64 f.
- Stärkung der Position des Kommanditisten, Geschäftsführung **19** 49 ff.
- Stärkung der Position des Kommanditisten, Vertretungsmacht **19** 61
- steuerrechtliche Aspekte **19** 11
- Tod des Kommanditisten **19** 122 ff.
- Treuepflicht des Kommanditisten **19** 79
- Übertragung des KG-Anteils unter Lebenden **19** 114 ff.
- Unternehmenskauf **21** 83
- Unternehmensnachfolge **19** 114 ff.
- Verlust der Mitgliedschaft **19** 131
- Verlustvortragskonto **19** 148
- Vertretung **19** 3 ff., 57 ff.
- Verwaltung eigenen Vermögens **19** 20
- Verwaltungstestamentsvollstreckung **19** 129
- Vorgesellschaft als Gesellschafterin der KG **19** 16 ff.
- Vor-GmbH als Komplementärin **19** 16
- Weisungsrecht **1** 149; **19** 46 f.
- Wettbewerbsverbot für Geschäftsführer und der Komplementärin **19** 76
- Wettbewerbsverbot für Kommanditisten **19** 77

GmbH & Co. KGaA
- Rechtsformwahl **1** 55

GmbH in der Krise 23 1 ff.
- s. a. Krise

GmbH & Still
- Rechtsformwahl **1** 56

Grunderwerbssteuer 17 246 ff.
- Faktor bei der Rechtsformwahl **1** 177 ff.
- Formwechsel **22** 293 f.
- Treuhand **11** 98 ff.
- Übertragung einer Immobilie auf Gesellschaft **1** 178
- Umwandlung **22** 30
- Verschmelzung **22** 79 f.
- Wechsel im Gesellschafterbestand **1** 180 ff.

Gründung
- Abgrenzung der Bar- von der Sachgründung **3** 47 ff.
- Abschluss des Gründungsvertrages **3** 26 ff.
- Anfechtungsgründe **3** 69 ff.
- Anmeldung zur Eintragung *siehe Anmeldung*
- Aufwand **2** 343 ff., *s. a. Kosten*
- ausländische Gesellschaften **3** 40
- Bargründung **3** 26; **5**, *s. dort*
- Befreiung von § 181 BGB bei Vertretung **3** 37
- Bekanntmachung **2** 342
- Belehrung des Geschäftsführers **3** 116
- Beratungsgrundsätze **2** 27
- Check-Listen **1** 223 ff.
- Firma **3** 58, *s. dort*
- Form, Checkliste **3** 146
- GmbH & Co KG **19** 12 ff.
- Gründungsaufwand **1** 207
- Haftung für fehlerhafte Angaben bei Anmeldung **10** 103 ff., *s. a. dort*
- Haftung für Kapitaleinlagen **5** 78
- Heilung von Mängeln durch Eintragung **3** 72
- Kapitalaufbringung **5** 137 ff.
- Kosten **3** 135 ff., *s. a. Gründungsaufwand*
- Kosten der notariellen Beurkundung **1** 210
- Mängel **3** 69 ff.
- Musterprotokoll **3** 26
- Nichtigkeitsgründe **3** 69 ff.
- Notar, ausländischer **3** 39
- Personengesellschaft **1** 211 f.

1381

Sachverzeichnis

- Protokoll 3 26, 29 ff.
- Prüfung bei der AG durch Vorstand 1 210
- Sachgründung 5 155 ff., *siehe dort*
- Sachgründung der UG 4 105 ff.
- Satzungsinhalt 3 57 ff., *s. a. Satzung*
- Sitz 3 59, *s. a. Gesellschaftssitz*
- Stammkapital 3 41 ff.
- Steuerrecht 17 29
- Stufengründung 2 22
- Unternehmensgegenstand 3 60
- Unternehmergesellschaft (UG) 4 74 ff.
- Urkunde 4 11 ff.
- Varianten 3 26 ff.
- vereinfachtes Verfahren 3 26, *s. a. dort*
- Vertretung 3 35
- Vor-GmbH 3 73 ff., *s. a. dort*
- Vorgründungsgesellschaft *siehe dort*
- Zweigniederlassung einer ausländischen GmbH 3 142 ff.
- *s. a. Satzung*

Gründungsaufwand
- Auslandsbeurkundung 3 141
- Begriff 3 135
- Beratungskosten 2 344
- Gerichtskosten 2 344
- Kapitalaufbringung 5 137 ff.
- Kostentragung 3 140
- Kostenvergleich GmbH mit UG 4 32 ff.
- Musterprotokoll 3 136
- Notarkosten 2 344
- Registerkosten 3 139
- Unternehmergesellschaft, Protokoll 4 24 ff.
- verdeckte Gewinnausschüttung 2 343
- Veröffentlichungskosten 2 344

Gründungsprotokoll
- Bargründung 5 139 ff.
- Musterprotokoll 3 31, *s. a. dort*
- Sachgründung 5 163 ff.
- Standard 3 30
- vereinfachte Gründung 3 31

Gründungsurkunde
- Kostenersparnis bei Musterprotokoll 4 25

Güterrecht
- Gütergemeinschaft 13 117
- Unternehmenskauf 21 166
- Zugewinngemeinschaft 21 166

Güterstand
- Gütergemeinschaft 2 234
- Gütertrennung 2 235; 13 114
- satzungsrechtliche Bedeutung 2 232 ff.
- Zugewinngemeinschaft 2 233
- Zugewinngemeinschaft, Erbrecht 13 116
- Zustimmung des Ehegatten zur Verfügung über Geschäftsanteile gem. § 1365 BGB 13 42 ff.

Gutgläubiger Erwerb 14 40 ff.
- von Anteilen gem. § 16 GmbHG 2 197
- aufschiebend bedingter Geschäftsanteil 14 44a
- Auseinanderfallen des Nennbetrags 14 43
- Begriff 14 40
- Dreijahresfrist 14 41, 49 ff.

- Erwerb durch Rechtsgeschäft 14 45
- Gegenstand 14 42 ff.
- Gesellschafterliste 2 231b
- Gutgläubigkeit 14 48
- kein lastenfreier Erwerb 14 44
- „nicht so" bestehender Geschäftsanteil 14 42
- Rechtsscheinsträger Gesellschafterliste 14 47
- Unrichtigkeit der Gesellschafterliste 14 52
- Unternehmenskauf 21 79
- Verkehrsgeschäft 14 45 f.
- kein Widerspruch 14 53 ff.

Haftpflicht
- Aufsichtsrat 2 173
- Prozess 10 8
- Schiedsgerichtsvereinbarung 10 8

Haftung
- Altverbindlichkeiten beim Unternehmenskauf 21 155 ff.
- des Aufsichtsratsmitglieds 18 81
- Ausfallhaftung *siehe dort*
- Ausfallhaftung gem. § 31 Abs. 3 S. 1 GmbHG 6 59 ff., *s. a. dort*
- Auslaufenlassen einer GmbH 10 250
- Ausschluss gem. § 444 BGB beim Unternehmenskauf 21 149 ff.
- des Beraters beim Unternehmenskauf 21 154
- Bewertung ex ante 10 1
- Bilanzierung von Haftungsverhältnissen 16 359 ff.
- Business Judgement Rule 10 1
- D & O-Versicherung 10 263 ff.
- Differenzhaftung bei Sachgründung 5 79
- direkte H. im Konzern 20 158 ff.
- gegenüber Dritten 10 193 ff., *s. a. Haftung gegenüber Dritten*
- Durchgriffshaftung auf Gesellschafter 1 130 f.
- Eigengeschäftsführung 10 156
- Ein-Personen-GmbH, Vorgründungsgesellschaft 3 13
- Erstattungsanspruch gem. § 31 Abs. 1 GmbHG 6 189 ff., *s. a. dort*
- Erwerb eigener Geschäftsanteile 10 97
- wegen existenzvernichtendem Eingriff gem. § 826 BGB 10, *s. a. dort*
- existenzvernichtender Eingriff gem. 826 BGB 6 66a ff., *s. a. dort*
- wegen existenzvernichtender Zahlung gem. § 64 S. 3 GmbHG 10 113 ff., *s. a. Haftung wegen existenzvernichtender Zahlung gem. § 64 S. 3 GmbHG*
- Falschangaben bei Eintragung 3 117
- fehlerhafte Angaben bei Gründung 10 103 ff., *s. a. Haftung für fehlerhafte Angaben bei Gründung*
- fehlerhafte Angaben bei Kapitalerhöhung 10 103 ff., *s. a. Haftung für fehlerhafte Angaben bei Gründung*
- fehlerhafte Aufklärung bei Warenterminoptionsgeschäften 10 249

Sachverzeichnis

- Formwechsel 22 287 ff.
- für nicht erbrachte Einlagen 1 125 ff.
- gegenüber den Gesellschaftern 10 10, s. a. *Haftung gegenüber den Gesellschaftern*
- gegenüber der Gesellschaft 10 9, s. a. *Haftung gegenüber der Gesellschaft*
- gegenüber Dritten 10 11, s. a. *Haftung gegenüber Dritten*
- Geltendmachung von Ansprüchen der Gesellschaft gegen Geschäftsführer 10 177 ff., s. a. *dort*
- gem. § 30 GmbHG 6 46 ff.
- gem. § 823 Abs. 1 BGB 10 158, 186, 208 ff.
- Geschäftsführerhaftung für Auszahlung gem. § 31 Abs. 6 GmbHG 6 64 ff., s. a. *dort*
- Gesellschafter nach Eintragung 3 134
- Gesellschafterhaftung bei der Vorgründungsgesellschaft 3 12
- gegenüber Gesellschaftern 10 182 ff., s. a. *Ansprüche der Gesellschafter gegen Geschäftsführer*
- GmbH & Co KG 19 30 ff., s. a. *GmbH & Co KG*
- Haftpflichtprozess 10 8
- haftungsrechtliches Mandat 10 1 ff.
- Handelndenhaftung siehe *dort*
- Insolvenz der Vor-GmbH 3 97
- wegen Insolvenzverschleppung gem. § 15a Abs. 1 InsO 10 235 ff., s. a. *dort*
- für Kapitaleinlagen 5 77 ff.
- Konzernhaftung 1 154 ff.
- Mithaftung für Kapitalerhaltung 1 126 f.
- der Muttergesellschaft im Konzern 20 143 ff.
- nach Registereintragung 3 132 ff.
- Prospekthaftung 10 198 f., 207
- Risiko-Analyse 24 38 ff.
- Risikoanalyse des Beraters 10 5 f.
- Sachwalterhaftung gem. § 311 Abs. 3 BGB 10 185, 197 ff., s. a. *dort*
- Schiedsgerichtsvereinbarung 10 8
- Schutzgesetzverletzung gem. § 823 Abs. 2 BGB 10 159 ff.
- Sorgfaltsmaßstab 24 73 ff.
- Spaltung 22 188 ff.
- für Steuerschulden 10 254 ff., s. a. *dort*
- Steuerverbindlichkeiten der Tochter im Konzern 20 160
- des Treugebers 11 75 f.
- unbeschränkte Innenhaftung 1 128
- uneinheitliche Einlageforderungen 5 70
- Unterbilanzhaftung siehe *dort*
- Unterbilanzhaftung bei der Vorratsgesellschaft 3 92
- Unterkapitalisierung 2 57
- unterlassene Offenbarung einer kritischen Vermögenslage 10 252
- verdeckte Gewinnausschüttung 1 126
- Verhinderung des Zugriffs von Bauhandwerkern auf Grundstück 10 251
- wegen Verletzung der T. durch Gesellschafter-Geschäftsführer 10 157
- wegen Verletzung des Anstellungsvertrages 10 155
- Verrat von Geschäftsgeheimnissen § 17 UWG 10 170 ff.
- Verschmelzung 22 71 ff.
- wegen Vorenthaltens von Sozialversicherungsbeiträgen gem. § 266a StGB 10 225 ff., s. a. *dort*
- Vor-GmbH 3 98 ff.
- Vorgründungsgesellschaft 3 11 ff.
- Vorgründungsgesellschaft, Haftungsbegrenzung 3 15 ff.
- wegen vorsätzlicher sittenwidriger Schädigung gem. § 826 BGB 10 248 ff., s. a. *dort*
- Vorsorge 10 4 ff.
- Vorsorge durch D & O-Versicherung 10 1b
- Wettbewerbsverstoß 10 195a
- wegen Zahlung nach Zahlungsunfähigkeit gem. § 64 S. 1 GmbHG 10 126 ff., s. a. *Haftung wegen Zahlung trotz Zahlungsunfähigkeit gem. § 64 S. 1 GmbHG*
- Zahlung trotz Auszahlungsverbot 10 92 ff., s. a. *Haftung bei Auszahlungsverbot gem. § 43 Abs. 3 GmbHG*

Haftung aus § 128 HGB analog
- Autokran-Entscheidung 20 194
- Konzern 20 193 ff.
- scheinbare Identität von Gesellschafter und Gesellschaft 20 197
- Sphärenvermischung 20 197
- Vermögensvermischung 20 194

Haftung bei Auszahlungsverbot gem. § 43 Abs. 3 GmbHG
- Auszahlungsverbot des § 30 GmbHG 10 92 ff., s. a. *Auszahlungsverbot*
- Darlegungs- und Beweislast 10 102
- Entlastung 10 101
- Geltendmachung 10 102
- Gerichtsstand 10 102
- gesamtschuldnerische Haftung 10 95
- keine Haftungsbeschränkung 10 100
- Innenverhältnis 10 95
- Kausalität 10 99
- Mitverschulden 10 99
- Rechtsfolgen 10 102
- Rechtsprechungsregeln 10 93
- Rückzahlung von Nachschüssen 10 93
- Schaden 10 99
- kein Vergleich 10 101
- Verjährung 10 102
- Verschulden 10 98
- kein Verzicht der Gesellschaft 10 101
- Vollwertigkeit des Rückzahlungsanspruchs 10 93

Haftung für fehlerhafte Angaben bei Gründung 10 103 ff.
- falsche Angaben 10 106 f.
- gesamtschuldnerische Haftung 10 104
- Haftungsbeschränkung 10 110
- Kennen müssen 10 109
- Konkurrenzen 10 112
- Mitverschulden 10 110

1383

Sachverzeichnis

- Schütt-aus-hol-zurück-Verfahren 10 107
- Veränderung von Tatsachen bis zur Anmeldung 10 108
- verdeckte Sacheinlage 10 106 f.
- Vergleich 10 110
- Verjährung 10 111
- Verzicht 10 110

Haftung für Steuerschulden 10 254 ff.
- anteilige Tilgung 10 259 f.
- Entlastung durch Steuerberater 10 258
- Geschäftsverteilungsplan 10 255 ff.
- GmbH in der Krise 10 259 f.
- Kausalität 10 258
- Lohnsteuer 10 259 f.
- Pflichten des Geschäftsführers nach § 34 AO 10 255 ff.
- Überwachungspflicht aller Geschäftsführer 10 255 ff.
- Unmöglichkeit der Abführung 10 255 ff.
- Verschulden 10 258
- Vollstreckung 10 261
- Weisung 10 255 ff.
- Zahlungsverbot 10 259 f.

Haftung gegenüber den Gesellschaftern
- Überblick 10 10

Haftung gegenüber der Gesellschaft
- Anspruchsgrundlagen 10 7
- Anspruchskonkurrenz 10 9
- Anspruchsvoraussetzungen des § 43 Abs. 2 GmbHG 10 11 ff., s. a. *Haftung wegen Sorgfaltspflichtverletzung gem. § 43 GmbHG*
- Rechtsprechung zum faktischen Geschäftsführer 10 13a ff.
- Sorgfaltspflichten 10 14
- Sorgfaltspflichtverletzung eines ordentlichen Geschäftsmannes 10 13 ff., s. a. *Haftung gem. § 43 GmbHG*
- Treuepflicht 10 14
- Treuepflichten 10 14
- Überblick 10 9
- Verschwiegenheitspflicht 10 14

Haftung gegenüber der KG
- Überblick 10 12

Haftung gegenüber Dritten
- Aufsichtspflichtverletzung gem. § 130 OWiG 10 223
- aus Schutzgesetz i. S. v. § 823 Abs. 2 BGB 10 214 ff.
- Baugeld 10 224
- Betrug 10 221
- deliktische Haftung 10 208 ff., s. a. dort
- Falsche Angaben bei Gründung gem. § 82 GmbHG 10 215
- fehlende Kenntlichmachung des Handelns für eine GmbH 10 195
- aus Garantie 10 196
- Geltendmachung von gepfändeten Ansprüchen der Gesellschafter 10 262
- Haftung für Steuerschulden 10 254 ff., s. a. dort
- Haftung wegen Insolvenzverschleppung gem. §§ 823 Abs. 1, 15a Abs. 1 InsO 10 235 ff.
- Sachwalterhaftung gem. § 311 Abs. 3 BGB 10 197 ff., s. a. dort
- Subventionsbetrug § 264 StGB 10 222
- Überblick 10 12
- Untreue gem. § 266 StGB 10 220, s. a. dort
- Verletzung von Buchführungspflichten 10 217 ff.
- Vertragshaftung 10 194 ff.
- Vorenthalten von Sozialversicherungsbeiträgen gem. § 266a StGB 10 225 ff.
- wegen vorsätzlicher sittenwidriger Schädigung gem. § 826 BGB 10 248 ff., s. a. dort

Haftung gem. § 43 GmbHG
- der Geschäftsverteilung zugänglich 10 44

Haftung wegen existenzvernichtendem Eingriff
- Darlegungs- und Beweislast 20 179
- Einflussnahme 20 171 ff.
- Eingriff 20 171 ff.
- Existenzvernichtung 20 164 ff., 175 f.
- Gamma-Entscheidung 20 166
- Geltendmachung 20 181
- Handeln eines Gesellschafters 20 169 f.
- Innenhaftung 20 167
- internationaler Konzern 20 201
- KBV-Entscheidung 20 176
- Konzern 20 22, 163 ff.
- qualifiziert faktischer Konzern 20 165
- Rechtsfolgen 20 180
- Schaden 20 180
- Sittenverstoß 20 177
- Tatbestand 20 169 ff.
- Trihotel-Entscheidung 20 166
- Vorsatz 20 178

Haftung wegen existenzvernichtendem Eingriff gem. § 826 BGB 10 174 ff.
- Anspruchskonkurrenz 10 174 ff.
- faktischer Geschäftsführer 10 174 ff.
- Fremdgeschäftsführer 10 176
- gesamtschuldnerische Haftung 10 174 ff.
- Gesellschafter-Geschäftsführer 10 174 ff.
- kein Haftungsausschluss 10 174 ff.
- Trihotel-Entscheidung 10 174
- Unterkapitalisierung 10 174 ff.
- Verzugszinsen 10 174 ff.

Haftung wegen existenzvernichtendem Eingriffs
- Einflussnahme 6 66d
- Existenzvernichtung 6 66f
- faktischer Gesellschafter 6 66c
- Handeln eines Gesellschafters 6 66c
- Sittenverstoß 6 66e
- TRIHOTEL-Entscheidung 6 66a
- Unternehmergesellschaft (UG) 4 93
- Voraussetzungen 6 66a ff.

Haftung wegen existenzvernichtendem Eingriffs gem. § 826 BGB
- Eventualvorsatz 10 176
- Gamma-Entscheidung 10 174
- Voraussetzungen 10 174 ff.

Haftung wegen existenzvernichtender Zahlung gem. § 64 S. 3 GmbHG 10
- Abführen von Sozialversicherungsbeiträgen 10 103 f, s. a. *Haftung wegen Vorenthaltens*

Sachverzeichnis

von Sozialversicherungsbeiträgen gem. §§ 823 Abs. 2 BGB, 266a StGB
- Dokumentation 10 124
- Eingehen von Verbindlichkeiten 10 115
- Geschäftsverteilung für Sozialversicherungsangelegenheiten 10 232
- Gesellschafter 10 117
- Haftungsbeschränkung 10 124
- Kausalität der Zahlung für Zahlungsunfähigkeit 10 123
- Kündigung eines Dauerschuldverhältnisses 10 116
- Leistung an Dritte 10 117
- MoMiG 10 113
- Prüfung der Verschuldung durch Geschäftsführer 10 104
- Rechtsfolgen 10 125
- Weisung 10 125
- Zahlungseinstellung 10 94a
- Zahlungsunfähigkeit 10 118 ff.
- s. a. *Auszahlungsverbot*

Haftung wegen falschen Angaben bei Gründung
- Gründungsschwindel 10 215
- Haftung gegenüber Dritten 10 215 ff.

Haftung wegen fehlerhafter Angabe bei Gründung
- Ansprüche der Gesellschafter gegen Geschäftsführer 10 189

Haftung wegen Insolvenzverschleppung gem. §§ 823 Abs. 1, 15a Abs. 1 InsO
- Altgläubiger 10 237
- Beweislastumkehr 10 240
- Darlegungs- und Beweislast 10 244 f.
- entgangener Gewinn § 252 BGB 10 241
- Entlastung durch Sachverständigen 10 240
- Geltendmachung 10 246
- Kontrahierungsschaden 10 241
- Mitverschulden 10 242 ff.
- negatives Interesse des Neugläubigers 10 238
- Neugläubiger 10 237
- Quotenschaden 10 238, 241
- Sachwalterhaftung 10 238
- Schadensberechnung 10 241
- Umsatzsteuer kein Schaden 10 241
- Verjährung 10 243
- Verschulden 10 238

Haftung wegen Insolvenzverschleppung gem. §§ 823 Abs. 2 BGB, 15a Abs. 1 InsO 10 235 ff.

Haftung wegen Schutzgesetzverletzung gem. § 823 Abs. 2 BGB
- Ansprüche der Gesellschafter gegen Geschäftsführer 10 188 ff.
- Untreue § 266 StGB 10 160 ff., *s. a. dort*

Haftung wegen Sorgfaltspflichtverletzung gem. § 43 GmbHG 10 13 ff.
- Abschluss einer Versicherung 10 67
- Anspruchsvoraussetzungen 10 11 ff.
- ARAG/Garmenbeck-Entscheidung 10 26
- Auswahlverschulden 10 42, 53
- Beachtung von Beschlüssen und Weisungen 10 52 ff.
- Beobachtung von Recht und Gesetz 10 49 ff.
- Bestechung 10 50
- Beurteilungsspielraum 10 38, 66
- Beweist bei subjektivem Verstoß 10 69
- Bezugsrechteausschluss 10 38
- Business Judgement Rule 10 31
- Darlegungs- und Beweislast 10 88
- delegierbare Aufgabe 10 41 ff.
- Dokumentation der Entscheidung 10 37
- Due Diligence 10 62, 90
- eigene Pflichtverletzung 10 40 ff.
- Entlastung 10 80
- Ermessen 10 24 ff., 67
- Ermessensspielraum 10 38, 50
- Ermittlung der Entscheidungsgrundlagen 10 33 ff.
- faktischer Geschäftsführer 10 15 f.
- Fehlbestände 10 91
- Geltendmachung 10 86 ff.
- Generalbereinigung 10 80
- Gesamtverantwortung mehrer Geschäftsführer 10 43
- Geschäftsverteilungsplan, Muster 10 46
- haftende Personen 10 14 ff.
- Haftungsausschluss bei Kenntnis der Gesellschafter von fehlender Eignung 10 74
- Handeln gegen Gesellschaftszweck 10 69 f.
- ideelle Nachteile 10 69 f.
- Insolvenzantrag 10 38, 44
- Kausalität 10 68 ff.
- Kollegialentscheidungen 10 34a, 50
- Kreditvergabe an insolventen Schuldner 10 90
- Leitungsmacht 10 29 ff.
- Management Buy-Out 10 62
- Meldepflichten zum Handelsregister 10 44
- Mitverschulden 10 73 f.
- nachträgliche Zustimmung 10 81
- Nutzen von Geschäftschancen 10 64, 90
- öffentliche Äußerungen 10 60
- Organisationsverschulden 10 42
- Orientierung am Unternehmenswohl 10 36
- örtliche Zuständigkeit 10 87
- Pflichtverletzung 10 22 ff.
- Rechtsfolgen 10 85
- Rechtsgeschäften persönlich mit der Gesellschaft 10 63
- Rechtsprechung 10 26
- Risikomanagement 10 66 ff.
- Schaden 10 68 ff.
- Schmiergelder 10 64, 69 f.
- Selbstbereicherung 10 63
- Sozialaufwendungen 10 51
- Sozialversicherungsbeiträge 10 50
- Spenden 10 69 f.
- spezialgesetzliche Pflichten 10 38 ff.
- spezielle Sorgfaltspflichten 10 48 ff.
- Stichproben 10 42
- Strohmann 10 13 f., 74
- Treuepflicht 10 60
- Trihotel-Entscheidung 10 76
- Überwachung von Mitgeschäftsführern und Mitarbeitern 10 90
- Überwachungsverantwortung 10 45

1385

Sachverzeichnis

- Unterlassen 10 90
- Unternehmenskauf 10 33, 90
- unternehmerisches Ermessen 10 24 ff.
- Verantwortungsbewusstsein 10 34 ff.
- Verjährung 10 82 ff.
- Verschulden 10 71 ff.
- Verschwiegenheit 10 61
- vertragliche Haftungsbeschränkung 10 75
- Verzicht 10 79
- Vorteilsausgleich bei Schaden 10 51
- Wahrscheinlichkeit des Erfolgseintritts 10 35
- Weisungen 10 52 ff.
- Wettbewerbsverbot 10 90

Haftung wegen Vorenthaltens von Sozialversicherungsbeiträgen gem. §§ 823 Abs. 2 BGB, 266a StGB
- Arbeitgeberanteil 10 226
- Arbeitnehmeranteil 10 226
- Darlegungs- und Beweislast 10 233 f.
- Insolvenzreife 10 176a ff., 228 f.
- Krise der GmbH 10 228f
- Schadenshöhe 10 233 f.
- Stundungsvereinbarung mit Träger der Sozialversicherung 10 227
- Tatbestand des § 266a StGB 10 226
- Vorsatz 10 228 f.
- Zahlung in der Krise 10 103f
- Zahlungsunfähigkeit 10 228 f.

Haftung wegen vorsätzlicher sittenwidriger Schädigung gem. § 826 BGB 10 248 ff.
- Auslaufenlassen einer GmbH 10 250
- fehlerhafte Aufklärung bei Warenterminoptionsgeschäften 10 249
- unterlassene Offenbarung einer kritischen Vermögenslage 10 252
- Verhinderung des Zugriffs von Bauhandwerkern auf Grundstück 10 251

Haftung wegen Zahlung trotz Zahlungsunfähigkeit gem. § 64 S. 1 GmbHG
- Einreden 10 150
- faktischer Geschäftsführer 10 129
- Geltendmachung 10 153
- Haftungsbeschränkung 10 151
- keine Gesamtsaldierung 10 133
- Konkurrenzen 10 154
- Kontopfändung 10 134
- Krise 10 126 ff.
- nach Eintritt der Krise 10 135
- Schaden 10 149
- Sorgfalt eines ordentlichen Kaufmanns 10 144
- Sozialversicherungsbeiträge 10 132
- strafbewehrte Ansprüche 10 132
- treuhänderisch verwaltete Gelder 10 146
- Überschuldung 10 136 ff.
- Umsatzsteuer 10 132
- Vergleich 10 151
- Verjährung 10 152
- Verschulden 10 148
- Verzicht 10 151
- Zahlung 10 130 ff.
- Zahlungsunfähigkeit 10 135
- Zweck der Haftung 10 126

Haftungsausschluss
- Entlastung 10 80
- Generalbereinigung 10 80

Haftungsbegrenzung
- Eintragung ins Handelsregister 1 128 f.
- formelle Verankerung 10 77
- Formen 1 125 ff.
- Vergleich 10 79
- vertragliche 10 75
- Vertragsgestaltung 1 124 ff.
- Verzicht 10 79

Halbeinkünfteverfahren
- Prinzip 1 107

Handelndenhaftung
- nach Registereintragung 3 133
- Vor-GmbH 3 99 ff.

Handelsregister
- Amtsermittlungsgrundsatz 3 131
- Anmeldeverfahren 3 131
- Anmeldung der Geschäftsführerbestellung 8 19 ff.
- Anmeldung der Gründung siehe Anmeldung
- Anmeldung, Muster 4 16
- Ausgliederung 22 241 ff.
- Bargründung 5 148
- Barkapitalerhöhung 5 202 ff.
- Eintragung der Haftungsbegrenzung 1 128 f.
- Formwechsel 22 322 ff.
- Kapitalerhöhung 13 38 f.
- Kontrolle der Kapitalaufbringung der UG 4 101 f.
- Kosten der Anmeldung 3 139
- Liquidation 2 338
- Löschung bei Liquidation 22 388
- Prüfung der Anmeldung 3 130 ff.
- Prüfungsumfang bei Anmeldung 3 130 ff.
- Stellungnahme der IHK bei Eintragung 3 131
- Verschmelzung 22 129 ff., 145 f.

Handelsregisteranmeldung
- Mindesteinlage 2 61
- Versicherung des Geschäftsführers 8 23b

Heilung
- Mängel des Gesellschaftsvertrages 3 72
- verdeckte Sacheinlage 5 54

Hin- und Herzahlen
- Bargründung 5 145
- Cash Pool 5 58
- Ein-Personen-GmbH 5 59
- MoMiG 5 57
- Rechtsprechung 5 56
- Rückgewähranspruch 5 57
- Unternehmergesellschaft (UG) 4 103
- verdeckte Sacheinlage 5 55.ff.
- Vorratsgesellschaft 5 62
- Zulässigkeit nach dem MoMiG 5 57

Holding
- Besteuerung 1 158 ff.
- Holding-SE 1 44

Immobilien
- Besteuerung als Sacheinlage 5 117
- im Betriebsvermögen 1 176 ff.

Sachverzeichnis

- Bilanzierung **16** 228
- Ertragssteuerrecht **1** 185 ff.
- Grunderwerbsteuer **1** 177 ff.
- Sacheinlage **5** 45
- Trennungsprinzip **1** 189
- Übertragung bei Kapitalgesellschaften **1** 190
- Umwandlung **22** 29
- Wechsel im Gesellschafterbestand **1** 180 ff.

Inboundinvestition 1 218 ff.
Informationspflichten
- Corporate Compliance **24** 23 ff., 80 f., *s. a. dort*
- Prozessführung **25** 24

Informationsrechte der Gesellschafter
- Aktiengesellschaft **1** 144
- gem. § 51a GmbHG **1** 143
- GmbH & Co. KG **1** 143
- GmbH & Co KG **19** 85 ff.
- Kommanditgesellschaft **1** 145
- Satzung **2** 136 ff.
- Stille Gesellschaft **1** 145
- Verweigerung nur mit Gesellschafterbeschluss **1** 143

Innenhaftung
- Vor-GmbH **3** 104

Insolvenz 10
- Absonderungsgläubiger **23** 247
- Abtretung von Forderungen **23** 215
- Abweisung mangels Masse **23** 225 ff.
- Aktivprozess **23** 218
- Anfechtung bei Gesellschafterdarlehen **7** 58 ff., *s. a. Insolvenzanfechtung bei Gesellschafterdarlehen*
- Anfechtung einer Sicherheit **23** 58
- Ansprüche von Vertragspartnern **23** 219
- Antrag **23** 173 ff.
- Antrag als Verfahrenshandlung **23** 184
- Antrag eines Gläubigers **23** 181
- Antragsbefugnis bei drohender Zahlungsunfähigkeit **23** 170
- Antragsbefugnis der Gläubiger **23** 175
- Antragsberechtigung **23** 174 ff.
- Antragspflicht **23** 178 f.
- Antragspflicht des Geschäftsführers **23** 77
- Antragsrücknahme **23** 186 ff.
- Aufhebung durch Insolvenzplan **23** 362
- Auflösung der GmbH **23** 224
- Aufsichtsrat **23** 277
- Auskunftspflichten des Schuldners **23** 204
- Aussonderungsgläubiger **23** 239 ff.
- ausstehende Einlagen **5** 131 ff.
- Beirat **23** 277
- Darlehen **5** 9
- Dept-Equity-Swap **5** 135
- drohende Zahlungsunfähigkeit **23** 165 ff.
- Eigenantrag des Schuldners **23** 176, 182 f.
- Eigenkapital über § 199 S. 2 InsO **7** 2
- Eigentumsvorbehalt **23** 222, 243 ff.
- Eigenverwaltung des Schuldners **23** 202, 278 ff., *s. a. Eigenverwaltung des Insolvenzschuldners*
- Einstellung der Zwangsvollstreckung **23** 192
- vor Eintragung einer Kapitalerhöhung **23** 43 f.
- keine Einzelzwangsvollstreckung **23** 216
- keine Einzelzwangsvollstreckung nach Eröffnung **23** 210
- Entscheidung über Antrag **23** 205 ff.
- Ermessensspielraum bei Antrag **10** 38
- Eröffnung gem. §§ 27 ff. InsO **23** 206
- Eröffnungsbeschluss **23** 206
- Eröffnungsverfahren **23** 172 ff.
- Firma **23** 234
- Form und Inhalt des Antrags **23** 180 ff.
- Fortführungsprognose **23** 157 ff.
- Gerichtskostenvorschuss **23** 185
- Geschäftsführer **23** 275
- Gesellschafter **23** 276
- Gesellschafterdarlehen gem. § 39 Abs. 1 Nr. 5 InsO **7** 30 ff., *s. a. Gesellschafterdarlehen im Insolvenzfall*
- Gesellschafterdarlehen im Insolvenzfall *siehe dort*
- Gesellschaftsorgane **23** 274 ff.
- gesellschaftsrechtliche Strukturmaßnahmen, § 225a InsO **23** 337 ff., *s. a. dort*
- Gläubiger **23** 236
- Gläubigerversammlung **23** 262 ff., *s. a. dort*
- Gründe **23** 143 ff.
- Haftanordnung **23** 194
- Haftung wegen existenzvernichtender Zahlung gem. § 64 S. 3 GmbHG **10** 94 ff.
- Haftung wegen Insolvenzverschleppung gem. §§ 823 Abs. 1, 15a Abs. 1 InsO **10** 235 ff.
- Haftung wegen Vorenthaltens von Sozialversicherungsbeiträgen gem. §§ 823 Abs. 2 BGB, 266a StGB **10** 176 a ff., 228 f., *s. a. dort*
- Heilung von Verfügungen des Schuldners **23** 213
- Informationspflicht gem. § 49 Abs. 3 GmbHG **23** 8
- Insolvenzfähigkeit **23** 171
- Insolvenzfreies Vermögen **23** 235
- Insolvenzreife **10** 176a
- Insolvenzverwalter **23** 198 ff., *s. a. dort*
- Kapitalaufbringung **5** 131 ff.
- Krise **23** 1 ff., *s. a. Krise*
- Kündigung des Geschäftsführers durch Insolvenzverwalter **9** 52
- Leistung an Schuldner **23** 214
- Masse **23** 231
- Massegläubiger **23** 248
- Masseschädigung **23** 254
- Masseverbindlichkeiten **23** 248
- Nachrang des Gesellschafterdarlehensgläubigers i **7** 23
- nachrangige Insolvenzgläubiger **23** 237
- Passivprozess **23** 218
- Pflichten im Eröffnungsverfahren **23** 205
- Plan **23** 287 ff., *s. a. Insolvenzplan*
- Postsperre **23** 196
- Rechtsbehelfe gegen Sicherungsmaßnahmen **23** 201
- Rechtsmittel gegen Abweisung des Antrags **23** 229

1387

Sachverzeichnis

- Rechtsmittel gegen Beschwerdeentscheidung 23 230
- Rechtsmittel gegen Eröffnungsbeschluss 23 227 f.
- Rückschlagsperre 23 193, 217
- Sachwalter 23 260 f.
- Sanierung 5 134
- Sanierungschancen 23 138 ff.
- Sanierungsprivileg gem. § 39 Abs. 4 S. 2 InsO 7 101 ff.
- Schlussrechnung 23 273
- Schutzschirmverfahren 23 203, 296 ff., s. a. dort
- schwebender Rechtsstreit 23 218
- Sicherungsmaßnahmen des Gerichts 23 189 ff.
- Treuhand 11 77 ff.
- Überschuldung 23 151 ff., s. a. dort
- Überschuldungsbegriff 10 136 ff.
- Untergang der Pflichten bei Verträgen 23 219
- US-Recht 23 324
- vereinfachte Kapitalherabsetzung 6 95 ff., s. a. dort
- Verfahren gegen Kommanditisten 19 131
- Verfahrensbeteiligte 23 236 ff.
- Verfügungsbefugnis auf Insolvenzverwalter 23 212
- Verfügungsverbot 23 190 f., 199
- Vermutung der Zahlungsunfähigkeit 23 150
- Verträge über teilbare Leistungen 23 221
- Vollstreckungssperre 23 216
- Vollstreckungsverbot 23 192 f.
- Vor-GmbH 3 97
- vorläufiger Gläubigerausschuss 23 197
- Wirkung der Verfahrenseröffnung 23 210
- Zahlungsstockung keine Zahlungsunfähigkeit 23 148
- Zahlungsunfähigkeit 10 94a; 23 144 ff., s. a. dort
- Zuständigkeit deutscher Gerichte Art. 3 Abs. 1 EuInsVO 7 33
- Zwangsvorführung 23 194
- s. a. Haftung wegen existenzvernichtender Zahlung gem. § 64 S. 3 GmbHG

Insolvenzanfechtung bei Gesellschafterdarlehen 7 58 ff.
- Anfechtung gem. § 133 InsO 7 63 ff.
- Anfechtung in der Einzelzwangsvollstreckung 7 71 ff.
- anfechtungsberechtigt allein der Insolvenzverwalter 7 68
- wegen Befriedigung eines Darlehens 7 60 ff.
- besonderer Gerichtsstand 7 69
- Frist 7 63 ff.
- wegen Gewährung von Sicherungen 7 62a ff.
- Insolvenzverwalter 7 68
- Kleinbeteiligungsprivileg gem. § 39 Abs. 5 InsO 7 108 ff., s. a. dort
- Rechtsfolge 7 68 ff.
- Tatbestände 7 60 ff.
- Übergangsregelung in Art. 103d EGInsO 7 114 ff.
- Verfahren 7 68 ff.

Insolvenzplan
- Absonderungsrecht 23 332
- Abstimmung 23 353
- Abstimmungsverfahren 23 348
- Aufhebung des Insolvenzverfahrens 23 362
- Begriff 23 322
- Bestandteile 23 328 ff.
- Bestätigung 23 356
- Buchgewinne 23 368 ff.
- darstellender Teil 23 329
- Erörterungstermin 23 349 ff.
- gesellschaftsrechtliche Strukturmaßnahmen, § 225a InsO 23 337 ff., s. a. dort
- gestaltender Teil 23 330 ff.
- integrierte Unternehmensplanung 23 336
- Kreditrahmen 23 335
- Liquidationsplan 23 325
- Minderheitenschutz 23 355
- Mindestquote 23 332
- nachrangige Gläubiger 23 353
- nicht angemeldete Forderungen 23 367
- Obstruktionsverbot 23 354
- Plafondkredite 23 335
- Plananlagen 23 336
- Prepackaged-Plan 23 327
- Prüfung durch Gericht 23 348
- Rechtsfolgen 23 361 ff.
- Rechtsmittel gegen Beschluss 23 360
- Rechtsnatur 23 326
- salvatorische Entschädigungsklausel 23 355
- Sanierungsgewinne 23 368 ff.
- Sanierungsplan 23 325, 329
- Stellungnahme 23 348
- Steuerrecht 23 368 ff.
- Verlustabzug 23 368 ff.
- Vorlageberechtigung 23 327
- Vorprüfung durch Gericht 23 348
- Wiederaufleben von Forderungen 23 363
- Zeitpunkt 23 327
- Zustimmung des Schuldners 23 353
- zustimmungsbedürftige Geschäfte 23 366
- Zustimmungserklärung der Betroffenen 23 336
- Zwangsvergleich 23 323
- Zwangsvollstreckung 23 365 f.

Insolvenzverwalter
- Aufgaben 23 252
- Entlassung durch Gläubigerversammlung 23 273
- Erfüllungsgehilfen gem. § 278 BGB 23 256
- Ernennung 23 208 ff.
- Funktion 23 249 ff.
- Haftung 23 253
- Heilung von Verfügungen des Schuldners 23 213
- Rechtsstellung 23 251
- Sachwalter 23 260 f.
- schwebende Verträge 23 219
- vorläufiger 23 198 ff., 258
- Widerspruchsmöglichkeit bei Eigenverwaltung 23 285

Sachverzeichnis

Inventur
- Aufgabe **16** 75
- Ausnahmen vom Grundsatz der Einzelerfassung **16** 87 f.
- Begriff **16** 75
- Buchinventur **16** 78 ff.
- Deregulierung durch das MicroBilG **16** 93a
- Deregulierung durch § 241a HGB **16** 93
- Dokumentations-- und Nachweisfunktion **16** 75
- Einlagerungsinventur **16** 82
- Einzelerfassung **16** 85 ff.
- Festwertverfahren **16** 89 f.
- Fortschreibeverfahren **16** 82
- Grundsätze **16** 84
- Gruppenbewertung **16** 91 f.
- Inventarpflicht **16** 75
- körperliche **16** 78 ff.
- Nachprüfbarkeit **16** 85
- permanente **16** 80 ff.
- Pflicht **16** 75
- Richtigkeit **16** 85
- Risikoinventur **16** 85
- Sprunginventur **16** 85
- Stichprobeninventur **16** 83
- Stichtagsinventur **16** 80
- Systeme und Verfahren **16** 76 ff.
- systemgestützte Werkstattinventur **16** 82
- Vollständigkeit **16** 85

Investition
- Inboundinvestition **1** 219 ff.
- Outboundinvestition **1** 220 f.

Jahr
- Schwellenwerte zur Klassifizierung der Gesellschaft **16** 106

Jahresabschluss 16
- Abwicklungseröffnungsbilanz bei Auflösung **16** 154
- aktivische Steuerabgrenzung **16** 163
- Änderung von Gliederung oder Posten **16** 177
- Anfechtbarkeit **16** 482 ff.
- Angabe der Vorjahresbeträge **16** 174
- Anhang **16** 114, 374 ff., *s. a. Anhang zum Jahresabschluss*
- Anschaffungskosten **16** 189 ff.
- Anschaffungskostenprinzip **16** 140, 179
- Anschaffungsnebenkosten **16** 192
- Anschaffungspreisminderungen **16** 194
- Aufbau **16** 155
- Aufgaben **16** 117 ff.
- Aufstellung **2** 265
- Ausschüttungssperre **16** 187
- Ausschüttungssperre bei Steuerlatenzen **16** 165
- Ausweis von Steuerlatenzen **16** 165
- Begriff **16** 9, 94
- Beispielfall **16** 433 ff.
- besondere Bilanzposten **16** 159 ff.
- Bestandteile **16** 114 ff.
- Besteuerungsgrundlage **16** 122
- Bewertung **16** 204 ff.
- Bewertung von Steuerlatenzen **16** 164
- Bewertungskonzeption des HGB **16** 179 ff.
- Bewertungsobergrenzen **16** 144
- Bewertungsstetigkeit **16** 206
- Bewertungsvereinfachungsverfahren **16** 141, 204 ff.
- bilanzielle Überschuldung **16** 172
- Bilanzkontinuität **16** 148 ff.
- BilMoG **16** 100 f., 137
- Bindungswirrung für die Zukunft **16** 173
- BiRiLiG **16** 95
- Darstellungsstetigkeit **16** 173
- Derivat **16** 140
- deutsches Bilanzrecht **16** 102 ff.
- Drohverlustrückstellungen **16** 112
- Durchbrechung des Maßgeblichkeitsgrundsatzes **16** 112 ff.
- Durchsetzung des Anspruchs auf Feststellung **16** 480 f.
- eingefordertes Kapital **16** 167
- Einheitsbilanz **16** 111
- Einlagen **16** 167
- Einzelbewertung **16** 138, 140
- Ergebnisneutralität **16** 190
- Ergebnisverwendung **16** 458 ff., *s. a. dort*
- Erhaltungsaufwand **16** 196
- Feststellung **2** 272; **16** 476 ff.
- Feststellungsbeschluss **2** 274
- Festwertverfahren **16** 141
- Finanzierungskosten **16** 193, 197
- Finanzinstrument **16** 184
- Fortführungsgrundsatz **16** 150 ff.
- Fortführungsprognose in Krise **16** 153
- freiwillige Untergliederungen **16** 176
- Fremdkapitalgeber **16** 120
- Frist zur Feststellung **16** 480
- Fristen **2** 265
- Gefahrtragungsregeln **16** 144
- Gemeinschaftsunternehmen **2** 275
- Generalnorm der Buchführung **16** 124 f.
- Gesetzesänderungen **16** 96
- Gewinn- und Verlustrechnung **16** 362 ff.
- Gewinnermittlung **16** 118
- gezeichnetes Kapital **16** 167
- Gläubigerschutz **16** 98, 121
- Gliederung **16** 173 ff.
- GmbH & Co KG **19** 90 f.
- große Gesellschaft **16** 106, 156
- große GmbH **16** 477
- Größenklassen **16** 105 ff.
- Grundsätze **16** 114 ff.
- Grundsätze ordnungsgemäßer Buchführung **2** 266
- Grundsätze ordnungsgemäßer Buchführung (GoB) **16** 123 ff.
- Handelsbilanz und Steuerbilanz **16** 109 ff.
- Herstellungskosten **16** 195 ff.
- IAS-Verordnung **16** 96
- IFRS-Standards **16** 96 f.
- Imparitätsprinzip **16** 135, 145, 200
- Informationsfunktion **16** 119
- Ingangsetzung und Erweiterung des Geschäftsbetriebs **16** 160

Sachverzeichnis

- Internationalisierung der Rechnungslegung 16 95 ff.
- Kapitalrücklage 16 168
- kleine Gesellschaft 16 106, 158, 166
- kleine Kapitalgesellschaft 2 265
- Krise 16 151
- Lagebericht 16 381 ff., s. a. dort
- latente Steuern 16 161 ff.
- Leerposten 16 178
- Liquidation 16 151
- Liquidationsbilanz 16 154
- Lizenzen 16 197
- Maßgeblichkeitsprinzip 16 98, 112 ff.
- mittelgroße Gesellschaft 16 106, 156
- mittelgroße GmbH 16 477
- Mitzugehörigkeit zu anderen Posten 16 175
- Nachschüsse 16 167
- Nachteile der IAS/IFRS 16 99
- Nettomethode 16 167
- neue Posten 16 176
- Nichtigkeit 15 160; 16 482 ff.
- Niederstwertprinzip 16 145, 198 ff.
- obligatorischer Aufsichtsrat 18 131 f.
- Offenlegung 16 485
- passivische Steuerabgrenzung 16 163
- Periodisierungsprinzip 16 146
- Prüfung 2 269
- Prüfung durch Aufsichtsrat 2 271; 18 31
- Publizität 2 267
- Realisationsprinzip 16 144, 179
- Rechnungsabgrenzung 16 132, 147
- Rechtsgrundlagen 16 102 ff.
- Rücklagen 16 170 f.
- Rückstellungsbildung 16 140
- Saldierungsverbot 16 136
- satzungsmäßige Verankerung 2 265 ff.
- Schulden 16 131
- Schuldendeckungspotenzial 16 121
- schwebende Geschäfte 16 135
- Sicherungsgeschäft 16 140
- steuerliche Verlustvorträge 16 162
- steuerrechtlicher Wahlrechtsvorbehalt 16 110
- Stichtagsprinzip 16 127 f.
- Teilgewinnrealisierung 16 144
- Teilwertabschreibungen 16 112
- temporary Konzept 16 162
- true and fair view 2 266
- Turnaround 16 151
- umgekehrte Maßgeblichkeit 16 111
- Umlaufvermögen 16 200
- Verbindlichkeitsspiegel 16 447
- Verbrauchsfolgeverfahren 16 205
- Vermögensgegenstandsbegriff 16 130
- Verrechnungsgebot 16 137
- Verursachungsprinzip 16 146
- Verwendungsbeschluss 2 269
- Vollständigkeit 16 129 ff.
- vom HGB abweichende Bewertungsvorschriften 16 113
- Vorsichtsprinzip 16 121, 140
- Wahrheit, Klarheit, Übersichtlichkeit 16 126
- Währungsumrechnung 16 207

- Wertaufholungsgebot 16 202 f.
- Wertminderung des Anlagevermögens 16 199 ff.
- Wertobergrenze 16 179
- Zeitwert 16 181 ff.
- Zurechnung von Gegenständen und Schulden 16 133 ff.
- Zusammenfassen von Posten 16 178
- s. a. Bilanz

Jahresabschlussprüfung 16 403 ff.
- Bericht 16 423
- Bestellung des Prüfers 16 407 ff.
- Gegenstand der Prüfung 16 418 ff.
- gerichtliche Bestellung des Prüfers 16 416
- gerichtliche Ersetzung 16 415
- Kündigung des Vertrags 16 414
- Offenlegung 16 426 ff.
- Prüfungsplanung 16 422
- Risikoorientierung 16 421
- Unabhängigkeit 16 405 ff.
- unterlassene Offenlegung 16 431
- Vermerk 16 423 ff.
- Vertrag 16 411 ff.
- Wahl des Prüfers 16 408
- Ziele 16 420

Jahresplan
- Abschlussprüfung 16 403 ff.
- Aufstellung 16 400 ff.
- Bestellung des Abschlussprüfers 16 407 ff.
- gerichtliche Bestellung des Abschlussprüfers 16 416
- gerichtliche Ersetzung der Abschlussprüfung 16 415
- Kündigung des Prüfungsvertrags 16 414
- Prüfung 16 403 ff., s. a. Jahresabschlussprüfung
- Prüfungsauftrag 16 411 ff.
- Sanktionen für Nichtaufstellung 16 402
- Unabhängigkeit der Prüfung 16 405 f.
- Verantwortlichkeit für Aufstellung 16 402

Joint Ventures
- Contractual 21 11
- Cross Border 21 10
- Equity 21 11
- Stand-alone-Werte 21 12

Kaduzierung
- Abgrenzung von der Einziehung 5 69
- Begriff 5 76
- Haftung der Mitgesellschafter 5 88 ff.
- Haftung des Vorgesellschafters 14 78
- öffentliche Versteigerung 5 70
- Rechte Dritter am Geschäftsanteil 14 77
- Satzung 14 76
- Stimmverbot bei Gesellschafterversammlung 15 122
- unbefristete Haftung des Gesellschafters 5 70
- Verfahren 5 68

Kapitalaufbringung 5 1 ff.
- Ausfallhaftung 5 84 ff.
- Barkapitalerhöhung 5 192 ff., s. a. dort
- Befreiungsverbot 5 29, 38

Sachverzeichnis

- Besteuerung 5 115 ff.
- Eigenkapital 5 4 ff., s. a. dort
- Einlage siehe. dort
- Finanzplan 5 3
- Freiheit der Kapitalausstattung 5 2 ff.
- Fremdkapital 5 7 ff., s. a. dort
- Genehmigtes Kapital 5 211 ff.
- gesellschaftsrechtliche Grundsätze 5 28 ff.
- Grundsatz der freien K. 5 2
- Grundsätze 5 28 ff.
- Gründung 5 137 ff.
- Hin- und Herzahlen 5 55 ff.
- Insolvenz siehe. dort
- Kaduzierung 5 68 ff., s. a. dort
- Kapitalerhöhung siehe dort
- Kapitalerhöhung aus Gesellschaftsmitteln 5 215 ff., s. a. dort
- Kapitalerhöhung gegen Einlagen 5 180 ff., s. a. dort
- Mantelgesellschaft 5 60 ff., s. a. dort
- Mindesteinlage vor Anmeldung 5 29
- reale Kapitalaufbringung 5 29 ff., 79
- Sachgründung 5 155 ff.
- Stammkapital siehe dort
- Übernahme eines Geschäftsanteils 5 32, s. a. dort
- Umwandlung 5 31
- unbedingte Aufbringung 5 13
- Unterbilanzhaftung 5 10
- Unternehmergesellschaft (UG) 4 99 ff., s. a. Kapitalaufbringung bei der Unternehmergesellschaft (UG)
- Verbot der Zeichnung eigener Anteile 5 29
- verdeckte Sacheinlage 5 48 ff., s. a. dort
- Vorratsgesellschaft 5 60 ff., s. a. dort

Kapitalaufbringung bei der Unternehmergesellschaft (UG)
- Bargründung 4 100 ff.
- Begriff 4 112 ff.
- gesetzliche Verpflichtung 4 115 ff.
- Gewinnabführungsverträge 4 119
- Hin- und Herzahlen 4 103
- Kapitalerhaltungsvorschriften 4 134
- Komplementärgesellschaft 4 120 ff.
- Kontrolle durch Registergericht 4 101 f.
- Obergrenze 4 117
- Sacheinlagen ausgeschlossen 4 105 ff.
- Sanktion bei Verstoß 4 133 f.
- Überblick 4 99 ff.
- verdeckte Gewinnausschüttung 4 116
- Verwendung der Rücklage 4 135
- Volleinzahlung bei der Bargründung 4 100

Kapitalerhaltung 6 1 ff.
- Ansprüche der Gesellschafter gegen Geschäftsführer bei Verletzung 10 183
- Auszahlungsverbot 6 6 ff., s. a. dort
- Begriff 6 1
- bilanzielle Betrachtungsweise 6 2
- Erwerb von Geschäftsanteilen durch Gesellschaft 6 69
- Formwechsel 22 284 ff.
- Gebot des § 30 Abs. 1 GmbHG 6 2

- GmbH & Co KG 19 7 f.
- Haftung gem. § 30 GmbHG 6 46 ff.
- Kapitalherabsetzung 6 74 ff., s. a. dort
- Kreditgewährung an Gesellschaftsvertreter 6 70 ff., s. a. dort
- Mithaftung 1 126 f.
- Rechtsprechungsregeln 10 93
- Rückzahlungsverbot 6 1
- Systematik 6 4
- Untreue § 266 StGB 10 163
- Verschmelzung 22 68 ff.

Kapitalerhöhung 5 170 ff.
- als Sanierungsmaßnahme 23 37 ff.
- Anmeldung zum Handelsregister 13 38 f.
- Anpassung von Dividendenrechten 5 172
- Ansprüche der Gesellschafter gegen Geschäftsführer bei falschen Angaben 10 189
- Arbeitnehmerbeteiligung 2 74
- aus Gesellschaftsmitteln 5 19, 105 ff.
- Austrittsrecht 23 40
- Barkapitalerhöhung 5 192 ff., s. a. dort
- Beschluss 5 171; 23 40
- Beteiligung neuer Gesellschafter 5 173
- Bezugsrecht der Gesellschafter 2 71 ff.
- Bilanzierung 16 280 ff.
- durch Übernahme eines Geschäftsanteils 5 33
- Finanzinvestoren 2 73
- gegen Einlagen 5 105, 180 ff., s. a. Kapitalerhöhung gegen Einlagen
- gleichzeitige Kapitalherabsetzung 6 105 ff.
- Gründe 5 173 ff.
- Haftung für fehlerhafte Angaben bei Anmeldung 10 103 ff., s. a. Haftung für fehlerhafte Angaben bei Gründung
- Haftungserweiterung 23 40
- Insolvenz 5 134 f.
- Insolvenz vor Eintragung 23 43 f.
- Kapitalerhöhung aus Gesellschaftsmitteln 5 215 ff., s. a. dort
- Kosten 2 346
- Leistung auf Einlagepflicht in Krise 23 44
- durch Neuaufnahme eines Nachfolgers 13 32 f.
- Nichtigkeit von Gesellschafterbeschlüssen 15 160
- Sacheinlage 23 45 ff.
- Sachkapitalerhöhung 5 205 ff.
- Sanierungszwecke 5 174 ff.
- Satzungsänderung 5
- Schütt-aus-hol-zurück-Verfahren 5 176 ff.
- solidarische Haftung auch für Neugesellschafter 5 90
- Steuerrecht 17 85 ff.
- Stimmverbot bei Gesellschafterversammlung 15 122
- Tagesordnung der Gesellschafterversammlung 15 66
- Tilgungswirkung einer Voreinzahlung bei Sanierung 5 174 f.
- Übernahmevertrag 23 42
- Übernahmevertrag der neuen Anteile 13 37
- überstimmter Alt-Gesellschafter 23 40

1391

Sachverzeichnis

- Unternehmergesellschaft 23 40
- Verbot der Unter-pari-Emission 23 40
- verdeckte Sacheinlage 23 45 ff.
- Verwässerung der Beteiligung 2 72

Kapitalerhöhung aus Gesellschaftsmitteln 5 215 ff.
- Anmeldung 5 229
- Beschluss 5 216, 226
- Bestätigungsvermerk des Prüfers 5 219
- Bewertung der Anteile 5 230
- Feststellung der Bilanz durch Versammlung 5 220
- Feststellung der Ergebnisverwendung 5 217
- Feststellung des Jahresabschlusses 5 217
- neue Geschäftsanteile 5 226
- stille Reserven 5 222
- Umbuchung von Rücklagen 5 215
- umwandlungsfähige Rücklagen 5 221

Kapitalerhöhung gegen Einlagen
- Anmeldung 5 185
- Ausübung des Bezugsrechts 5 191
- Beschluss 5 181 ff.
- Bezugsrechtsausschluss 5 187 ff., s. a. dort
- gesetzliches Bezugsrecht 5 186
- Mindestbetrag 5 182
- Rahmenbetrag 5 182
- Übernahme 5 184
- Zulassung 5 184

Kapitalgesellschaft
- Grunderwerbsteuer 1 181
- Kleine, Jahresabschluss 2 265
- Organschaftsverhältnis zur Zurechnung von Verlusten 1 87
- Umwandlung 1 199
- Veräußerung von Anteilen 1 171 ff.

Kapitalherabsetzung
- Anmeldung 6 90 f.
- Aufforderung an Gläubiger 6 85
- Begriff 6 74 ff.
- Bekanntmachung 6 85
- Beschluss 6 79
- Betrag 6 82
- EgInsO 6 95
- Eintragung 6 92 f.
- Einziehung 3 44
- gleichzeitige Kapitalerhöhung 6 105 ff.
- Mindestkapitalschutz bei vereinfachter Kapitalherabsetzung 6 95
- ordentliche 6 78 ff.
- Sperrjahr 6 90
- vereinfachte 6 95 ff.; 16 282
- vereinfachte in Krise 23 46
- Veröffentlichung 6 92 f.
- widersprechende Gläubiger 6 86 f.
- Wirkung 6 94
- wirtschaftlicher Zweck 6 77
- Zweckangabe 6 83

Kapitalisierung
- Unterkapitalisierung *siehe dort*

Kapitalistische GmbH
- Begriff 12 11
- Wettbewerbsverbot 12 11 ff.

Kartellrecht
- Anmeldungserfordernis beim Unternehmenskauf 21 174
- Beschwerde Dritter 21 185
- deutsche Fusionskontrolle 21 179 ff.
- europäische Fusionskontrolle 21 175 ff.
- Formblatt für Anmeldung 21 182
- Fusionskontrollberichtsblatt 21 185
- Fusionskontrollklausel 21 177
- Kontrollübernahme 21 181
- One-Stop-Shop-Prinzip 21 176
- Umsatzschwellen 21 180
- Vollzugsverbot bis Entscheidung 21 177
- zweiphasiges Prüfsystem 21 184

Klage 25
- Auflösungsklage 22 343
- Beschlussfeststellungsklage zur Durchsetzung der Sanierung 23 24
- *siehe Prozessführung*

Kleinbeteiligungsprivileg gem. § 39 Abs. 5 InsO
- 10%-Grenze 7 109 ff.
- Aktiengesellschaft 7 109 f.
- Begriff 7 108 ff.
- Beteiligungsquote 7 111
- Rechtsfolgen 7 113
- Stimmkraft oder Gewinnbeteiligung 7 111
- Tatbestand 7 109 ff.
- zeitlicher Anwendungsbereich 7 112

Kleine Kapitalgesellschaften
- Jahresabschluss 2 265, 270

Kollegialentscheidungen
- Gesamtverantwortung bei Haftungsfragen 10 50
- Haftung wegen Sorgfaltspflichtverletzung gem. § 43 GmbHG 10 34a

Kommanditgesellschaft auf Aktien (KGaA)
- Rechtsform 1 45

Kommanditgesellschaft (KG)
- Anmeldung 19 25
- Betreiben eines Handelsgewerbes 19 20
- Betreuung 19 23
- Eintritt einer GmbH in bestehende KG 19 29
- Firma 19 24
- Formerfordernisse der Gründung 19 21
- Genehmigungserfordernisse 19 23
- Gründung 19 20 ff.
- Informationsrechte 1 145
- Leitung 1 141
- Minderjährige 19 23
- Pflegschaft 19 23
- Rechtsform 1 52
- Unternehmergesellschaft (UG) 4 120 ff.
- Verwaltung eigenen Vermögens 19 20
- Vorschlagsrecht des Kommanditisten für Geschäftsführerposition 19 64 f.

Konvergenzgebot
- Begriff 5 15, *s. a. dort*

Konzern
- Anspruch auf Unterlassung schädigender Handlungen 20 134 ff.
- Anwendbarkeit des MitbestG 18 177

Sachverzeichnis

- Arbeitsrecht 20 219 ff.
- Aufsichtsrat 18 16; 20 225 ff.
- ausländische Obergesellschaft 20 198
- Austauschverträge innerhalb des Konzerns 20 202 ff., s. a. dort
- Autokran-Entscheidung 20 22
- Befreiung von der Rechnungslegungspflicht 20 242
- Begriff 1 152 ff.
- Begründung einer Organschaft 20 27
- Beherrschung 20 13
- Beherrschungsvertrag 1 155; 20 47
- Bemessungsdurchgriff bei der Betriebsrente 20 227
- Bestellung des Geschäftsführers des beherrschten Unternehmens 9 13
- betriebsbedingte Kündigung 20 220 ff.
- Betriebspachtvertrag 20 75 ff., s. a. dort
- Betriebsrente 20 227 ff.
- Betriebsüberlassungsvertrag 20 75 ff., s. a. Betriebspachtvertrag
- Bilanzrechtsmodernisierungsgesetz 20 243
- Bremer Vulkan-Entscheidung 20 22
- Bürgschaft als Haftungsübernahme 20 151
- Cash Pooling 20 230 ff., s. a. dort
- direkte Konzernhaftung 20 146, 158 ff.
- enger Konzernbegriff 20 16
- Ergebnisabführungsvertrag 20 48 ff.
- Escape-Klausel 5 128 f.
- existenzvernichtender Eingriff 20 22
- existenzvernichtender Eingriff, Auslandsbezug 20 201
- faktischer 20 4, 21, 103
- Finanzholdingkonzern 20 26
- Gewinngemeinschaftsvertrag 20 72 ff.
- Gleichordnungskonzern 20 15
- Grundbegriffe des Konzernrechts 20 3 ff.
- Haftung aus c. i. c. 20 190 ff.
- Haftung aus § 1 ProdHG 20 161
- Haftung aus § 1 UmweltHG 20 161
- Haftung aus § 4 BBodSchG 20 160
- Haftung aus § 128 HGB analog 20 193 ff., s. a. dort
- Haftung aus § 831 Abs. 1 BGB 20 189
- Haftung ausländischer Muttergesellschaften 20 199
- Haftung ausländischer Tochtergesellschaften 20 200
- Haftung der Muttergesellschaft 20 143 ff.
- Haftung für Schwestergesellschaft 20 182
- Haftung für Steuerverbindlichkeiten der Tochter 20 160
- Haftung gem. § 823 BGB 20 188
- Haftung wegen existenzvernichtendem Eingriff 20 163 ff., s. a. dort
- Haftung wegen Unterkapitalisierung 20 183 ff.
- Höchststimmrechte als Schutzinstrument vor Konzernbildung 20 112
- Holzmüller-Entscheidung 20 139 ff.
- indirekte Konzernhaftung 20 146
- internationaler 20 142, 198 ff.
- Konzernabschluss 20 244
- Konzernbildungsklausel in Satzung 2 53
- Konzernierung § 18 AktG 20 15 ff.
- Konzernklausel in Anstellungsverträgen 20 221
- Kündigungsschutz im Konzern 20 220 ff.
- Leitung 1 154 ff.
- Liquiditätszusage zur Haftungsübernahme 20 157
- Managementholdingkonzern 20 22
- Mehrfachstimmrechte als Schutzinstrument vor Konzernbildung 20 113
- Mehrheitsbeteiligung 20 11 f.
- Minderheitsschutz außerhalb der Satzung 20 115
- Minderheitsschutz bei bestehendem Konzern 20 122 ff.
- Minderheitsschutz bei der Konzernbildung 20 105 ff.
- Minderheitsschutz beim beherrschten Unternehmen 20 104 ff.
- Minderheitsschutz durch Vinkulierung 20 108
- Mitbestimmung 20 222 ff.
- Organschaft 20 61 ff., s. a. dort
- Patronatserklärung als Haftungsübernahme 20 152 ff.
- Pflicht zur Rechnungslegung 20 235 ff.
- polykooperativer Verband 20 144
- publizitätspolitische Ziele 20 28
- qualifiziert faktischer Konzern 20 22, 165
- Rechnungslegung 20 233 ff., s. a. dort
- keine Rechtspersönlichkeit des Konzerns 20 219
- Schädigungsprivileg der §§ 311 ff. AktG 20 133
- Schuldbeitritt als Haftungsübernahme 20 151
- Schutz der Gesellschafter 20 102 ff.
- Schutz der Gesellschafter des herrschenden Unternehmens 20 139 ff.
- Sonderrechte einzelner Gesellschafter 20 114
- Stammhauskonzern 20 26
- Stand-alone-Klausel 5 129
- steuerrechtliche Ziele 20 27
- Stimmbindungsverträge als Schutzinstrument gegen Konzernbildung 20 116
- Stimmverbot als Schutzinstrument gegen Konzernbildung 20 111
- Teilgewinnabführungsvertrag 20 72 ff.
- Trennungsprinzip 20 145
- Treuepflicht als Hinderungsgrund für Konzernbildung 20 117 ff.
- Trihotel-Entscheidung 20 22
- Umstrukturierung 17 168 ff.
- Unternehmensbegriff 20 5 ff.
- Unternehmensverbindung 20 10
- Unternehmensvertrag 20, siehe dort
- unternehmerische Ziele der Konzernbildung 20 25 ff.
- Unterordnungskonzern 20 15
- Verbindung durch Unternehmensvertrag 20 19 ff.
- Verfügungen über Geschäftsanteile 2 205
- Verrechnungspreise 20 206 ff., s. a. dort
- vertragliche Haftungsübernahme 20 149 f.

1393

Sachverzeichnis

- Vertragskonzern 20 4
- wechselseitige Beteiligung gem. § 19 AktG 20 18
- Weiterbeschäftigungsmöglichkeit des Arbeitnehmers im Konzern 20 220
- Wettbewerbsverbot als Schutz vor Konzernbildung 20 110

Konzernhaftung
- GmbH & Co. KG 1 155 f.
- Rechtsformwahl 1 154 ff.

Körperschaft
- Besteuerung 1 33 ff.
- gesetzliches Leitbild 1 25
- Merkmale 1 26
- Mischformen 1 19
- Überblick über die Arten 1 19

Körperschaftssteuer
- Organschaft 20 62 f.
- verdeckte Gewinnausschüttung 1 34

Kosten
- Anderskosten 16 11
- Begriff 16 11
- Durchschnittsprinzip 16 14
- Einzelkosten 16 14
- fixe 16 14
- Gemeinkosten 16 14
- Gründung 3 135 ff., 343 ff., s. a. Gründungsaufwand
- Ist-Kostenrechnung 16 16
- Kostenartenrechnung 16 20
- Kostenobergrenzen 16 18
- Kostenrechnungssysteme 16 14
- Kostenstellenrechnung 16 20
- Kostenträgerrechnung 16 20
- Plankostenrechnung 16 16
- Prozesskostenrechnung 16 18
- Tragfähigkeitsprinzip 16 14
- variable 16 14
- Veröffentlichungskosten der Anmeldung 3 139
- Verursachungsprinzip 16 14
- Vollkostenrechnung 16 17
- Zusatzkosten 16 11

Kredit
- an Gesellschaftsvertreter 6 70 ff., s. a. dort
- Darlehensbegriff 7 37 ff.
- Gesellschafterdarlehen 1 76
- Gewährung, Einzelfälle 6 72
- Kreditfinanzierung 1 76 f.

Kreditgewährung an Gesellschaftsvertreter
- Kreditgewährung 6 72
- nahestehende Person 6 71
- Unzulässigkeit 6 70

Krise
- Antragspflicht zur Insolvenz 23 77
- Arten 23 4 ff.
- Aufsichtsrat zur Prävention 23 21
- Auszahlungsverbot 23 74
- Begriff 7 13; 23 1 ff.
- Beraterpflichten 23 80
- betriebswirtschaftliche Aspekte 23 3 ff.
- Bewältigung außerhalb der Insolvenz 23 22 ff., s. a. Sanierung
- Bilanzanalyse 23 16 ff.

- Diskriminanzanalyse 23 16
- Eintritt 10 136
- endogene 23 4
- exogene 23 4
- Financial Covenants 23 15, 20
- freiwillige Abschlussprüfung 23 21
- Früherkennung durch Kreditinstitute 23 20
- Frühwarnsystem 23 6, 14 ff.
- gesellschaftsrechtliche Aspekte 23 6 ff.
- gesteigerte Vermögensschutzpflicht des Geschäftsführers 23 74
- gesteigerte Vermögensschutzpflicht des Gesellschafters in der Krise 23 74
- Gläubigeranfechtung nach dem AnfG 23 58
- Haftung des Geschäftsführers 23 78
- Haftung für Steuerschulden 10 259 f.
- Haftung wegen existenzvernichtender Zahlung gem. § 64 S. 3 GmbHG 10 103 ff.
- Haftung wegen Vorenthaltens von Sozialversicherungsbeiträgen gem. §§ 823 Abs. 2 BGB, 266a StGB 10 228 f.
- Haftung wegen Zahlung trotz Zahlungsunfähigkeit gem. § 64 S. 1 GmbHG 10 126 ff.
- Informationspflicht gem. § 49 Abs. 3 GmbHG 23 8
- Insolvenz siehe dort
- Insolvenzanfechtung einer Sicherheit 23 58
- insolvenzrechtliche Krise 23 12
- Kontrolle auf Gesellschaftsebene 23 21
- Kontrollpflichten der Geschäftsführer 23 7
- Kreditbesicherung 23 57 ff.
- Kreditunwürdigkeit 23 11
- Krise, Begriff 7 13
- Krisenindikator 23 15
- Liquidation 23 81 ff., s. a. dort
- Liquiditätskrise 23 4
- Massekostenvorschuss 23 78
- nachträgliche Kreditbesicherung 23 59
- Nettovermögen der Gesellschaft 23 7
- neuronale-Netz-Verfahren 23 17
- Nichtabführung der Arbeitnehmerbeiträge zur Sozialversicherung 23 78
- ordnungsgemäße Unternehmensleitung 23 9
- Pflichten des Geschäftsführers 23 73 ff.
- Rating 23 20
- rechtliche Aspekte 23 5
- Risikokontrollsystem 23 14
- Sanierung 23 22 ff., s. a. dort
- Schutzschirmverfahren 23 296 ff., s. a. dort
- Strafrecht 23 13, 79
- strategische Frühwarnsysteme 23 19
- Streichung des § 32a und § 32b GmbHG durch das MoMiG 23 5
- Überschuldung 23 12
- Überwachungspflicht des Geschäftsführers 23 76
- Unterbilanzhaftung 23 7
- Unterkapitalisierung 23 5
- Vergütung des Geschäftsführers 9 25
- vierteljährliche Berichtspflicht zur Prävention 23 21

Sachverzeichnis

- Zahlungsunfähigkeit **23** 12
- *s. a.* Haftung wegen existenzvernichtender Zahlung gem. § 64 S. 3 GmbHG

Kündigung
- Aufhebungsvertrag mit Geschäftsführer **9** 57
- Auflösungsklage **2** 324
- Auflösungsklauseln **2** 321
- außerordentliche für Geschäftsführer **9** 44 ff.
- außerordentliche K. nicht ausschließbar **2** 323
- Austritt **14** 79 ff.
- Betriebsübergang **21** 128
- des Jahresabschlussprüfungsvertrags **16** 414
- Erklärung **2** 324
- Folgen der K. des Geschäftsführers **9** 57
- Fortführungsklauseln **2** 321
- Frist für außerordentliche Kündigung des Geschäftsführers **9** 47 ff.
- Kündigung vor Dienstantritt **9** 43
- Kündigungsschutzgesetz nicht für Geschäftsführer **9** 42
- ordentliche **2** 322
- ordentliche des Geschäftsführers **9** 40 ff.
- satzungsmäßige Verankerung **2** 320 ff.
- sofortige Wirkung **2** 324
- Vor-GmbH **3** 96
- wichtige Gründe für K. des Geschäftsführers **9** 45 f.
- aus wichtigem Grund **2** 323

Kündigungsschutz
- des Geschäftsführers **9** 5

Lagebericht
- Aktiengesellschaft **16** 397
- Analyse **16** 386
- Begriff **16** 9
- Cashflow-Risiken **16** 393
- Chancen- und Risikobericht **16** 388
- Finanzinstrumente **16** 393, *s. a.* dort
- Forschung und Entwicklung **16** 394
- Geschäftsverlauf **16** 384
- Inhalt **16** 383 ff.
- Kennzahlen **16** 386
- Kontroll- und Risikomanagement **16** 398
- Liquiditätsrisiko **16** 393
- Prognosebericht **16** 387
- Überblick **16** 381 ff.
- Zusammensetzung des Aktienkapitals **16** 397
- Zusammensetzung des Vermögens **16** 385
- Zweigniederlassungen **16** 395
- *siehe Jahresabschluss*

Lagerbericht
- Jahresabschlussprüfung **16** 403 ff., *s. a.* dort

Leasing
- einem Gesellschafterdarlehen im Insolvenzfall gleich stehend **7** 86
- Finanzierungsleasing **7** 85
- Operatingleasing **7** 85

Leistungsverkehr Gesellschaft zu Gesellschafter
- Fremdvergleich **2** 313
- satzungsmäßige Verankerung **2** 313 ff.

Leitung
- Aktiengesellschaft **1** 142

- GmbH **1** 138
- GmbH & Still KG **1** 140
- Kommanditgesellschaft **1** 141
- Konzernleitung **1** 154 ff.
- Unterschied zwischen Personengesellschaften und Kapitalgesellschaften **1** 136 ff.
- Weisungsrecht **1** 143

Limited
- Alternative zur Unternehmergesellschaft **4** 2
- Eintragung **1** 65
- Haftung **1** 65
- Rechtsformwahl **1** 64

Liquidation
- Ablehnung der Eröffnung des Insolvenzverfahrens **23** 82, 88
- Abschluss von Geschäften **23** 120 ff.
- Abwicklung **2** 337; **23** 101 ff.
- Abwicklungsjahresabschlüsse **23** 123
- Abwicklungsschritte **23** 113
- Abwicklungszeitraum **17** 221 ff.
- Alternativen zur Auflösung **22** 337
- Altrücklagen **22** 377
- Anmeldung ins Handelsregister **23** 96 ff.
- Anmeldung zum Handelsregister **22** 354 ff.
- Auflösungsgründe **23** 87 f.
- Auflösungsklage **2** 335
- Auflösungsklage bei Beteiligung von 10 % des Stammkapitals **22** 343
- Auflösungsmöglichkeiten **22** 334
- Ausgleichsanspruch bei unrichtiger Verteilung **23** 129
- Austrittsrecht bei Fortsetzung der GmbH **23** 92
- automatisches Erlöschen aller Unternehmensverträge **22** 372
- Beendigung **23** 130
- Beendigung von Geschäften **23** 120 ff.
- Beendigungsgründe **22** 335
- Bekanntmachung **23** 98
- Bericht **23** 118
- Beschluss **2** 336
- Bevorzugung bei Erlösverteilung **2** 75
- Bilanzstichtag **23** 115
- dinglicher Arrest bei frühzeitiger Verteilung des Vermögens **23** 126
- Doppeltatbestand **23** 130
- Doppeltatbestandslehre **23** 93
- drei Stufen der Liquidation **22** 336
- Durchführung **22** 346 ff.
- Eignungsversicherung des Liquidators **22** 356 ff.
- Einstellung des Insolvenzverfahrens mangels Masse **23** 82, 88
- Eintragung ins Handelsregister **2** 338; **23** 96 ff.
- Einzug von Forderungen **23** 122
- Ende der körperschaftsteuerlichen Organschaft **22** 372
- Erfüllung der Verpflichtungen der GmbH **23** 121
- Erlöschen der GmbH **22** 378 ff.
- Eröffnungsbilanz **22** 364; **23** 115 ff.
- Erstattung der Einlagen **23** 128
- Finanzinvestoren mit Vorzugsrecht **2** 341

Sachverzeichnis

- Firmenzusatz „in Liquidation" 22 354
- Form des Gesellschafterbeschlusses 22 349
- Fortsetzung der aufgelösten GmbH 23 89
- Fortsetzung der Gesellschaft 22 365 f.
- Fortsetzung einer wegen mangels Masse aufgelösten GmbH 23 95
- keine Fortsetzung nach Beendigung 23 93
- Fortsetzungsbeschluss 23 90
- Gesellschafterbeschluss 22 342
- Gewinnausschüttung 22 351
- Gläubigerschutz 23 125
- Gleichrang des Fiskus 22 368
- Gründe 2 334
- Haftung des Liquidators wegen Steuerschulden 22 368
- Identitätswahrung 22 361
- Inhalt des Gesellschafterbeschlusses 22 350
- Insolvenz 23; 23 224, siehe dort
- Krise der GmbH 23 81 ff.
- Kündigung 22 345
- laufende Besteuerung 22 369 ff.
- Liquidationserlös 2 339 ff.
- Liquidationsgewinn 17 224 ff.
- Liquidator 2 337; 23 102 ff., s. a. dort
- Löschung im Handelsregister 22 388
- Minderheitenschutz 22 343 f.
- Minderheitenschutz bei Fortsetzung 23 92
- Nachtragsliquidation 22 389 f.; 23 94
- offene 22 341 ff.
- öffentliche Bekanntmachung 22 159 f.
- Plan 23 325
- Prokurist 22 347
- Rechnungslegung 22 364
- Rechtsfolgen 17 229 ff.; 22 361 ff.
- Sachauskehrung 22 385
- Schlussbilanz 23 117, 132
- Schlussrechnung 22 387; 23 130 f.
- Schuldentilgung 22 382 f.
- Sperrjahr 22 351, 379 ff.
- Stellung des Liquidators 22 346 ff.
- steuerliche Folgen 22 367 ff.
- steuerliche Folgen für Gesellschafter 22 373 ff.
- steuerlicher Abwicklungszeitraum 22 370 ff.
- Steuerrecht 17 20
- steuerrechtliche Aspekte 17 218 ff.
- steuerrechtliche Pflichten des Liquidators 22 367 ff.
- Steuervorauszahlungen unter Berücksichtigung des Abwicklungsgewinns 22 370
- stille Reserven 22 371
- Stufen 23 83
- Vermögensverteilung 22 384 ff.; 23 125
- Versilberung des Gesellschaftsvermögens 23 124
- Vollabwicklung bis Löschung 23 81 a
- Vollbeendigung 23 85
- Vor-GmbH 3 95 ff.
- Wegfall der Geschäftsgrundlage 22 361
- Weisungen der Gesellschafter an Liquidator 22 352
- zeitlich begrenzte Betriebsfortführung 22 362

- Zuständigkeit der Gesellschafterversammlung 15 21
- Zustimmungsvorbehalte 22 362
- Zweck 23 86
- Zwischenbesteuerung 22 370 ff.

Liquidator
- Abberufung 23 112
- Abschluss von Geschäften 23 120 ff.
- Abwicklung der Auflösung 23 101 ff.
- Abwicklungsjahresabschlüsse 23 123
- Anmeldung 23 109 ff.
- Anstellung 23 107
- außerordentliche Bestellung durch Gericht 23 104
- Beendigung des Liquidatorenamtes 23 112
- Beendigung von Geschäften 23 120 ff.
- Beschränkung des § 181 BGB 2 337
- Bestellung 23 103 ff.
- Bestellungsbeschluss 23 104
- Bestimmung des L. 23 103 ff.
- Einzug von Forderungen 23 122
- Erfüllung der Verpflichtungen der GmbH 23 121
- geborener 23 103
- gekorener 23 103
- Gesamtvertretungsmacht 23 108
- gesetzlicher Vergütungsanspruch § 265 Abs. 4 AktG analog 23 107
- Minderheitenrechte bei Bestellung 23 104
- Notbestellung 23 106
- Prokurist 23 108
- Sonderrechte der Bestellung 23 104
- Vergütung 23 107
- Versilberung des Gesellschaftsvermögens 23 124
- Vertretungsbefugnis 23 108

Litigation
- siehe Prozessführung

Lizenzen
- Anlagevermögen 16 217
- Bilanzierung 16 197
- Steuerrecht 17 39
- als verdeckte Sacheinlage 5 52

Lohnfortzahlung
- für Geschäftsführer bei Krankheit 9 5

Lohnsteuer
- Buchführung 16 68
- Kapitalertragssteuer 16 68
- Ort der Betriebsstätte 16 68
- Sachbezüge 16 68
- verschärfte Haftung des Geschäftsführers 10 259 f.
- Versorgungsbezüge 16 68

Mantelgesellschaft
- Gesellschafterwechsel 3 93
- Gründung 3 90 ff.
- Kapitalaufbringung 5 60 ff.
- Mantelkauf 5 66, s. a. Vorratsgesellschaft
- Unterbilanzhaftung 3 92; 5 64
- Verwaltung eigenen Vermögens als Gesellschaftszweck 3 91

Sachverzeichnis

- Verwendung 5 63 ff.
- Vorschriften zur Kapitalaufbringung analog 5 63

Mediation
- gesellschaftsinterne Streitigkeiten 2 354 ff.

Mergers & Acquisitions (M & A)
- Due Diligence 17 216
- Gründung einer Mantelgesellschaft 3 90 ff.
- Gründung einer Vorratsgesellschaft 3 90 ff.
- steuerrechtliche Aspekte 17 215 ff.
- *siehe Unternehmenskauf*

Milestones
- Begriff 2 80

Minderheitenschutz
- Bestellung des Liquidators 23 104
- Ergebnisverwendung 16 491 f.
- Fortsetzung der aufgelösten Gesellschaft 23 92
- Insolvenzplan 23 355
- Liquidation 22 343 f.
- Umwandlung 22 35 ff.
- Verschmelzung 22 61

Minderheitsgesellschafter
- Bestimmungsrecht für Geschäftsführeramt 2 95
- Einberufung der Gesellschafterversammlung 15 60
- Ergebnisverwendung 2 284
- mit Geschäftsführeramt 2 29
- Rückgewähranspruch bei verdeckter Gewinnausschüttung 2 317
- typische Satzungsbesonderheiten, Checkliste 2 28

Minderjähriger
- Ergänzungspflegerbestellung bei Eintritt ins Unternehmen 13 54 ff.
- familiengerichtliche Genehmigung bei Eintritt ins Unternehmen 13 54
- Gründung einer KG 19 23
- Übertragung von Geschäftsanteilen 14 12
- Unternehmenskauf 21 166
- als Unternehmensnachfolger 13 49 ff.
- wirksame Gesellschaftsgründung 3 70 f.

Mindestkapital
- vereinfachte Kapitalherabsetzung 6 95

Mindestkapital der Unternehmergesellschaft (UG)
- Angemessenheit 4 82 ff.
- Gesellschafterdarlehen 4 85
- Haftungsrisiken 4 87 ff.
- rechtliche Vorgaben 4 77 ff.
- Überschuldung 4 85

Mini-GmbH
- Unternehmergesellschaft 4 1

Mitarbeiterbeteiligung
- Satzungsbesonderheiten 2 32

Mitbestimmung
- Aktiengesellschaft 1 149 ff.
- Amtszeit des Aufsichtsrats 2 184
- Anforderungen an Geschäftsführer aus Satzung 8 14
- Anstellungsvertrag mit Geschäftsführer 18 184
- Anwendungsvoraussetzungen des MitbestG 18 177 ff.
- Arbeitnehmerzahl 18 177
- Arbeitsdirektor 18 183
- Aufgaben des Aufsichtsrates 18 179
- Aufsichtsratsvorsitz 18 194
- Ausgliederung 22 246 f.
- Ausnahmen 18 178
- Beendigung der Amtszeit eines Aufsichtsratsmitglieds 18 190 f.
- Beschlussfähigkeit 18 195
- Beschlussfassung 18 193 ff., 196
- Bestellung der Geschäftsführung 2 90
- Bestellung des Aufsichtsrats 2 183
- Bestellung des Geschäftsführers durch Aufsichtsrat 8 3
- Bestellung eines Aufsichtsratsmitglieds 18 189
- Bestellung und Abberufung der Geschäftsführer 18 180 ff.
- Beteiligungsgesellschaften 18 186
- gesetzliche Charakteristika des Aufsichtsrats 2 188
- GmbH & Co KG 19 9
- Größe des Aufsichtsrates 18 187
- innere Ordnung 18 193 ff.
- innere Ordnung des Aufsichtsrats 2 185
- Kompetenzen des Aufsichtsrats 2 186 f.
- Konzern 18 177
- Konzernbetriebsrat 20 222 ff.
- MitbestG vorrangig gegenüber DrittelbG 18 120
- MitbestG 1 150
- obligatorischer Aufsichtsrat 2 155
- OHG 1 148 ff.
- paritätisch besetzter Aufsichtsrat 2 163
- persönliche Voraussetzungen der Mitgliedschaft 18 188
- Rechte des Aufsichtsrates 18 179
- Rechtsformwahl 1 147 ff.
- Religionsgemeinschaften 18 178
- Tendenzunternehmen 18 178
- Überblick 18 175 f.
- Verschmelzung 22 64a
- Vertretung 18 185
- Vertretung vor Gericht 2 187a
- Weisungsrecht der Gesellschafterversammlung 18 181
- Zusammensetzung 18 187
- Zustimmung zu Entscheidungen der Geschäftsführung gem. § 111 Abs. 4 AktG 15 29
- Zustimmungsvorbehalt des Aufsichtsrats 2 187

Mitbestimmungsgesetz
- Anwendungsbereich 1 150

Mitunternehmeranteile
- Umwandlungssteuergesetz 5 119

Mitverkaufspflicht
- satzungsmäßige Verankerung 2 223

Mitverkaufsrecht
- Finanzinvestoren 2 222
- satzungsmäßige Verankerung 2 221 ff.

MoMiG
- Bestellungshindernisse bei Zweitniederlassung 3 143

Sachverzeichnis

- bilanzielle Betrachtungsweise bei Kapitalerhaltung 6 2
- Cash Pooling 20 232
- Deregulierung des Eigenkapitalersatzrechts 7 29
- genehmigtes Kapital 5 211
- Gesellschafterdarlehen im Insolvenzfall 7 1 ff., s. a. dort
- Gesellschafterliste 2 231a
- Haftung wegen existenzvernichtender Zahlung gem. § 64 S. 3 GmbHG 10 113 ff.
- Hin- und Herzahlen 5 57
- Mustersatzung 2 20
- Sanktionen des Gesetzgebers 3 54
- Streichung des § 32a und § 32b GmbHG 23 5
- Systemwechsel im Eigenkapitalersatzrecht 7 1 ff.
- Unternehmensgegenstand 2 49
- Unternehmergesellschaft 4 1
- Ziele 4 3

Musterprotokoll
- Abweichungen 4 66 ff.
- Anmeldung, Muster 4 20
- Befreiung der Geschäftsführer von Beschränkungen des § 181 BGB 4 22, 186 ff.
- Begrenzungen 4 156 ff.
- Beurkundungsrecht 4 62 ff., s. a. *Beurkundung*
- einfache Abschrift an Finanzamt 4 71
- Ein-Personen-GmbH 4 17
- Entstehungsgeschichte 4 21
- Geschäftsführerbestellung 4 166
- Gesellschafterliste 4 197 ff.
- individuelle Anpassungen 4 57 ff.
- keine Zusatzbestimmungen 3 34
- Konflikt mit Beurkundungsrecht 4 64 ff.
- Kostentragung 3 136
- Kostenvorteil 4 25
- Nachteile 4 36 ff.
- Pflichten des Notars 4 50 ff.
- Satzungsänderungen 4 73
- Überblick 4 17 ff.
- Vergleich mit individuellen Gründungsurkunde 4 42 ff.
- Vergleich zu individueller Gründungsurkunde 4 8
- Vorteil gegenüber Individualurkunde 4 24 ff.
- Wortlaut 3 32

Mutterschutz
- Geschäftsführerin 9 5

Nachfolgeregelungen
- *siehe Unternehmensnachfolge*

Nachrang
- absoluter 7 54
- Anmeldung der Forderung 7 57
- Beschränkungen 7 55 ff.
- gesetzlicher gem. § 39 Abs. 1 Nr. 5 InsO 7 53 ff.
- verfahrensrechtliche Bedeutung 7 57

Nachschuss
- Abgrenzung zu Zuschuss und Agio 5 20
- Begriff 5 23

- Bilanzierung 5 110; 16 167
- keine Nachschusspflicht in der Krise 7 4
- Rückzahlung an Gesellschafter 5 27
- Rückzahlung trotz Auszahlungsverbot 10 93
- Rückzahlungsverbot bei Unterbilanz 6 37 ff.
- Zuständigkeit für Rückzahlung 15 8

Nachschusspflicht
- Abandon 2 83; 5 24
- Begriff 2 81
- beschränkte 2 83; 5 25
- gemischte 5 26
- Gesellschafterbeschluss zwingend 2 82
- Satzungsregelung zwingend 2 82
- unbeschränkte 2 83; 5 24

Nachvertragliches Wettbewerbsverbot
- Ausschluss des Gesellschafters 12 33
- bedingtes n. ist nichtig 12 34, 45
- Befreiung vom Wettbewerbsverbot 12 74
- berechtigtes Interesse 12 28
- berufliches Fortkommen 12 41 ff.
- Betriebs- und Geschäftsgeheimnis 12 30
- Dauer 12 31
- Entschädigung bei Kundenschutzklausel 12 42
- Entschädigung bei Tätigkeitsverbot 12 43
- erste Prüfungsstufe-berechtigtes Interesse 12 28 ff.
- Fremdgeschäftsführer 12 24
- geltungserhaltende Reduktion 12 37 ff.
- Gesellschafter einer Personengesellschaft 12 24
- Gesellschafter-Geschäftsführer 12 41
- Höhe der Entschädigung 12 44
- Interessenabwägung 12 25
- kapitalistisch beteiligter Gesellschafter 12 27
- Karenzentschädigung 12 36, 41 ff.
- Kundenschutzklausel 12 29, 42
- Maßstab für die Zulässigkeit 12 22 ff.
- Nur-Gesellschafter 12 41
- Personenkreis 12 27
- Prüfungsschema 12 26
- räumliche Einschränkung 12 32
- salvatorische Klausel 12 40
- Schranke des § 138 BGB 12 24
- Tätigkeitsverbot 12 30, 43
- Verweis auf §§ 74 ff. HGB 12 44
- Zulässigkeitsprüfung 12 21 ff.
- zweite Prüfungsstufe-berufliches Fortkommen 12 41 ff.

Nationalitätsprinzip
- Steuerrecht 1 216

Nebenleistungen
- Besteuerung 5 123 ff.
- als Betriebsausgaben 5 123
- Bilanzierung 5 112
- unentgeltliche 5 112, 123

Nebenleistungspflichten
- fakultativer Satzungsbestandteil 2 8
- Inhalt 2 79
- Satzung 2 78 ff.; 3 65
- unechter Satzungsbestandteil 2 6

Nebentätigkeiten
- des Geschäftsführers 9 17

Sachverzeichnis

Nebenvereinbarungen
- Bindungswirkung **2** 12
- Geschäftsordnung für die Geschäftsführung **2** 14
- omnilaterale Gesellschaftervereinbarung **2** 13
- Praxis **2** 11
- Verhältnis zur Satzung **2** 11

Nennbetrag
- Begriff **3** 42

Nichtigkeit von Gesellschafterbeschlüssen **15** 153 ff.
- Beurkundungsmängel **15** 156
- Einberufungsmängel **15** 155
- erfolgreich angefochtener Beschluss nichtig **15** 159
- Heilung **15** 160
- Inhaltsmängel **15** 157
- Jahresabschluss **15** 160
- Kapitalerhöhung **15** 160
- Nichtigkeitsgründe **15** 155 ff.
- Sittenwidrigkeit **15** 158
- Verbot der Überbewertung **15** 157
- Verstoß gegen Gläubigerschutzvorschriften **15** 157
- Vorschriften über die Firma **15** 157
- Wahl von Aufsichtsratsmitgliedern **15** 160

Nichtigkeitsklage
- Fehlen von zwingendem Satzungsinhalt **2** 7

Niederlassungsfreiheit
- Verlegung des Gesellschaftssitzes **2** 46
- Zweigniederlassung einer ausländischen GmbH **3** 142 ff.

Nießbrauch
- Mitwirkungsbefugnisse **11** 10
- Nießbrauchsvermächtnis **13** 158
- Unterschied zur Treuhand **11** 9 f.

Notar
- ausländischer **3** 141
- Beurkundung **4**, s. a. dort
- Gründung vor ausländischem N. **3** 39
- Pflichten beim Musterprotokoll **4** 50 ff.

Notgeschäftsführer
- Prozessführung **25** 5

Nutzung
- Überlassung durch Gesellschafter einem Darlehen gleich stehend **7** 78 ff.

Offene Handelsgesellschaft (OHG)
- Informationsrechte **1** 146
- Mitbestimmung **1** 148

Organschaft
- Ausgleichsposten **17** 192 ff.
- Ergebnisabführungsvertrag **20** 48 ff., 61 ff., s. a. dort
- finanzielle Eingliederung **20** 65 f.
- gewerbesteuerliche **17** 197 f.
- Gewinnabführungsvertrag **1** 87; **17** 177 ff.
- konzernrechtliche Eingliederung **20** 68
- Körperschaftsteuer **20** 62 f.
- Liquidation der Gesellschaft **22** 372
- Organträger **20** 61
- Rechtsfolgen **17** 187 ff.
- Steuerrecht **17** 171 ff.
- steuerrechtliches Verfahren **17** 196
- unbeschränkte Steuerpflicht der Muttergesellschaft **20** 70 f.
- Verschmelzung **22** 87
- Vertragsdauer mindestens 5 Jahre **20** 69
- wirtschaftliche und organisatorische Eingliederung **20** 67 f.
- wirtschaftliches Eigentum **20** 66
- zivilrechtliche Wirksamkeit des Unternehmensvertrages **20** 64 ff.
- Zur Zurechnung von Verlusten **1** 87

Outboundinvestition **1** 218 ff.

Partenreederei
- Rechtsformwahl **1** 61

Partnerschaftsgesellschaft
- Rechtsformwahl **1** 59

Passiva **6** 32

Patronatserklärung
- als Haftungsübernahme im Konzern **20** 152 ff.
- harte **20** 155 f.
- weiche **20** 153

Pensionsrückstellungen
- Bilanzierung **16** 336 ff.
- Projected Unit Credit Method (PUCM) **16** 341
- Rechnungszinsfuß **16** 339
- Richttafeln 2005 G **16** 338
- Teilwertansatz **16** 339
- Teilwertverfahren **16** 343 f.
- Verrechnungsgebot **16** 345

Pensionszusagen
- steuerrechtliche Anerkennung **1** 121 f.
- Vorstandsmitglieder **1** 122

Personalistische GmbH
- Begriff **12** 7
- Wettbewerbsverbot **12** 7 ff.

Personengesellschaft
- Besteuerung **1** 28 ff.
- Formwechsel **22** 264 ff., 274 ff.
- Gewerbesteuer **1** 31, 91
- Gewerbesteueranrechnungsfaktor **1** 30
- Sonderbetriebsvermögen **1** 31
- steuerlicher Verlustausgleich **1** 80
- Strukturunterschiede zur Körperschaft **1** 23 f.
- Thesaurierungsbegünstigung **1** 30
- Überblick über die Arten **1** 19
- Umwandlung **1** 200 ff.

Pfandrecht
- atypischer Pfandgläubiger im Insolvenzverfahren **7** 93
- Bedeutung der Verpfändung **14** 56
- Bestellung des Pfandrechts **14** 58
- Einziehung bei Pfändung **14** 61
- Pfändung durch Dritte **14** 60 f.
- Rechte des Pfandgläubigers **14** 57
- Rechtsfolge der Verpfändung **14** 56
- Verpfändung von Geschäftsanteilen **14** 56 ff.
- Verwertung des Pfandrechts **14** 59
- Zwangsvollstreckung **14** 59

Pflichtteil
- Begriff **13** 161

1399

Sachverzeichnis

- Pflichtteilsergänzungsanspruch 13 164
- Verzichtserklärung 13 162

Post Acquisition Audit
- Due Diligence 21 61

Preisgaberecht
- *siehe Abandon*

Private Equity
- Zustimmungsvorbehalt bei Verfügungen über Geschäftsanteile 2 204

Prokurist
- Bestellung durch Gesellschafterversammlung 15 13

Prozessführung 25 1 ff.
- Abberufung als Streitgegenstand 25 7
- Abberufung des Geschäftsführers 25 32 ff., 92 f.
- actio pro socio 25 14 ff.
- Anerkenntnis 25 74
- anfechtbare Gesellschafterbeschlüsse 25 47 ff.
- Anfechtungsklage 25 23
- Auskunftsklage 25 24
- Beschlusskontrolle durch Gericht 25 39 ff.
- Durchsetzung der Beschlussfassung 25 88
- Einreichung des Urteils zum Handelsregister 25 86
- Freigabeverfahren 25 75 ff.
- führungslose GmbH 25 2
- Gerichtsstand 25 21 ff.
- Geschäftsführer als Partei 25 6
- Informationspflicht des Geschäftsführers bei Anfechtung 25 63 ff.
- Informationsrechte 25 24
- Inhalt der einstweiligen Verfügung 25 95 f.
- Kammer für Handelssachen 25 25
- Klage gegen Geschäftsführer 25 8 f.
- Klagebefugnis 25 43 f.
- Mediation 25 82 ff.
- Nebenintervention der Gesellschafter 25 67 ff.
- nicht ordnungsgemäß einberufene Gesellschafterversammlung 25 29
- Nichtigkeitsgründe 25 41
- Nichtigkeitsklage 25 23
- Notgeschäftsführer 25 5
- Parteifähigkeit der GmbH 25 1
- Passivvertretung durch Gesellschafter 25 3
- Prozessfähigkeit der GmbH 25 1
- Prozesshandlungen 25 70 ff.
- Prozesspfleger 25 5
- Rechtsschutz nach Beschlussfassung 25 87 ff.
- Rechtsschutz vor der Beschlussfassung 25 26 ff.
- Schiedsfähigkeit 25 80 f.
- Stimmbindung des Gesellschafters 25 30
- Streitwert 25 78 f.
- unstreitige Tatsachen 25 73
- Vergleich 25 71
- Verhinderung der Beschlussausführung 25 90 f.
- Versäumnisurteil 25 72
- Vertretung durch Aufsichtsrat 25 10 ff.
- Vertretung durch Geschäftsführer 25 1
- Vorläufiger Rechtsschutz 25 19 f.

Prozessuales
- Vor-GmbH 3 82
- Vorgründungsgesellschaft 3 5 ff.

Publizität
- Begriff 1 132 ff.
- des Jahresabschlusses 2 267

Quellensteuer
- Steuerrecht 17 61

Rangrücktritt
- Auswirkung auf Bilanzierung 7 116 ff.
- Begriff 7 119
- einfacher 7 121
- gesetzlicher gem. § 39 Abs. 1 Nr. 5 InsO 7 53 ff.
- Rangrücktrittserklärung 7 124
- Rechtsfolgen 7 124
- Vereinfachung durch das MoMiG 7 121 ff.

Rechnungslegung
- Ansprüche der Gesellschafter gegen Geschäftsführer 10 183
- Aufbau 16 3 ff.
- Beispielfall X-GmbH 16 433 ff.
- Bilanzrechtsmodernisierungsgesetz 20 243
- Buchführung 16, *s. a. dort*
- Corporate Compliance 24 10
- externes Rechnungswesen 16 7 f.
- Gesetzesänderungen 16 96
- Gläubigerschutz 16 98
- IAS-Verordnung 16 96
- IFRS-Standards 16 96 f.
- Internationalisierung 16 95 ff.
- internes Berichtswesen 16 23 ff.
- internes Rechnungswesen 16 6
- Jahresabschluss 16; 16 94 ff., *siehe dort*
- Konzern 20 233 ff.
- Kosten *siehe dort*
- Kostenrechnung 16 10 ff., *s. a. Kosten*
- Lagebericht *siehe dort*
- Maßgeblichkeitsprinzip 16 98
- Pflicht als Schutzgesetz i. S. v § 823 Abs. 2 BGB 10 10
- Planungsrechnung 16 21 f.
- Rechnungswesen 23 3 ff.
- Standard IdW RS FAIT 1 16 50

Rechnungswesen
- *siehe Rechnungslegung*

Rechtsformwahl 1 1 ff.
- AG & Co. KG 1 54
- Aktiengesellschaft 1 41
- ausgeschütteter Gewinn 1 105 ff.
- Auslandsbezug 1 53 ff.
- Bedeutung des Steuerrechts 1 36
- Bestandsaufnahme des Vorhabens 1 6 ff.
- Besteuerung der Holding 1 158 ff.
- Betriebsaufspaltung 1 62
- Check-Listen 1 223 ff.
- Doppelbesteuerung 1 217
- EG-Ausland 1 63
- eingetragene Genossenschaft 1 47
- Einschränkungen 1 10 ff.
- Entscheidungskriterien 1 68
- Erbrecht 1 192 ff.
- Ertragssteuerrecht 1 185 ff.

Sachverzeichnis

- europäische Entwicklung **1** 66
- europäische Stiftung FE **1** 67
- Europäische Wirtschaftliche Interessenvereinigung (EWIV) **1** 60
- Finanzierung **1** 71
- GbR **1** 49 f.
- Gesellschafterdarlehen **1** 76 ff.
- gesellschaftsrechtliche Aspekte **1** 114 ff.
- gesetzliches Leitbild **1** 23 f.
- Gewinnverwendung **1** 114 ff.
- GmbH **1** 39 f.
- GmbH & Co. KG **1** 53
- GmbH & Co. KGaA **1** 55
- GmbH & Still **1** 56
- Gründungsaufwand **1** 207 ff.
- Haftungsbegrenzung **1** 124 ff.
- Inboundinvestition **1** 218
- internationale Aspekte **1** 213 ff.
- Investitionsebene **1** 215
- Investorenebene **1** 214
- Kapitalgesellschaften **1** 115
- Kommanditgesellschaft auf Aktien KGaA **1** 45
- Kommanditgesellschaft KG **1** 52
- Konzern **1** 152 ff.
- Körperschaften **1** 38 ff.
- Leitung, Überwachung, Mitbestimmung als Kriterium **1** 135 ff.
- Limited **1** 64
- Mitbestimmung **1** 147 ff.
- Nachversteuerung bei Unternehmensverkauf **1** 123
- Outboundinvestition **1** 218
- Partenreederei **1** 61
- Partnerschaftsgesellschaft **1** 59
- Personengesellschaften **1** 49 ff., 115
- persönlicher Parameter **1** 7
- SPE **1** 66
- Steuerpflicht **1** 216
- Stiftung **1** 46
- Stiftung & Co. KG **1** 58
- Strukturunterschiede Körperschaft und Personengesellschaft **1** 21 ff.
- Überblick über die Rechtsformen **1** 37 ff.
- Umwandlung **1** 198 ff.
- Unternehmensgesellschaft & Co. KG **1** 53
- Unternehmenskauf und -verkauf **1** 161 ff.
- Unternehmensnachfolge **1** 192 ff.
- Unternehmergesellschaft **1** 40
- Verein **1** 38
- Vergütung von Gesellschaftern **1** 108, 118 ff.
- Versicherungsverein auf Gegenseitigkeit **1** 48
- Vorüberlegungen **1** 5 ff.
- wirtschaftlicher Parameter **1** 8 f.

Rechtsformzusatz
- Firma **2** 39
- Unternehmergesellschaft (UG) **4** 148 ff.

Rechtsvorgänger
- Haftung bei offener Einlageforderung **5** 133

Registergericht
- Prüfung der Firma **2** 40

Regress
- Staffelregress bei der Ausfallhaftung **5** 86

Revalorisierung
- Begriff **5** 15
- Wirkung **2** 246

Risikomanagement
- KonTraG **10** 66

Rücklagen
- absolute Rücklagenklauseln **2** 287
- Agio **5** 17
- andere Gewinnrücklagen **16** 295 f.
- Begriff **5** 5
- Bilanzierung der Zuführung **5** 111
- eigene Anteile einer GmbH **16** 290 ff.
- Ergebnisdarstellung in Bilanz **16** 297
- Ergebnisverwendung **16** 471, 489 ff.
- Gewinnrücklage in Bilanz **16** 288 ff.
- Jahresüberschuss **16** 298
- Kapitalerhöhung **5** 105 ff.
- Kapitalerhöhung aus Gesellschaftsmitteln **5** 215
- Kapitalrücklage in Bilanz **16** 281 ff.
- qualifizierte Rücklagenklauseln **2** 289
- relative Rücklagenklauseln **2** 288
- Rücklagenklauseln **2** 286 ff.
- satzungsmäßige **16** 294
- Steuerrecht **17** 89
- Umwandlungsfähigkeit **5** 221
- Zuzahlungen **5** 108
- Zweckbindung **5** 224 f.

Rückstellungen
- Abzinsung **16** 334
- Alterteilzeitvereinbarung **16** 328
- Änderungen durch das BilMoG **16** 313 ff.
- Aufwandsrückstellungen **16** 309
- Begriff **16** 305
- Bewertung in Höhe des Erfüllungsbetrags **16** 329 f.
- Bilanzierung **16** 305 ff.
- BilMoG **16** 329 ff.
- für Drittverpflichtungen **16** 317
- drohende Verluste aus schwebenden Geschäften **16** 324 ff.
- Drohverlustrückstellungen **16** 324 ff.
- Gewährleistungsrisiken **16** 328
- Pensionsrückstellungen **16** 336 ff., s. a. dort
- Pflicht **16** 307
- Rechtsstreitrisiken **16** 328
- Steuerrecht **16** 331
- Struktur des § 249 HGB **16** 307 ff.
- Übergangsregelung **16** 315
- ungewisse Verbindlichkeiten **16** 317 ff.
- Verbindlichkeitsrückstellung **16** 308
- wirtschaftliche Verursachung von Verbindlichkeiten **16** 318 ff.

Rücktritt
- des Erblassergesellschafters bei Unternehmensnachfolge **13** 65 ff.

Rückzahlung
- Beschluss **6** 42
- Rechtsfolgen **6** 45
- Sperrfrist **6** 44

1401

Sachverzeichnis

- volle Deckung des Stammkapitals 6 41
- Volleinzahlung des Stammkapitals 6 39
- Zulässigkeit nach § 30 Abs. 2 GmbHG 6 38

Sacheinlage
- Begriff 5 45
- Besteuerung 5 117 ff.
- Bewertung 2 66
- Differenzhaftung bei Sachgründung 5 79
- Einbringungsbilanz 5 165
- gebrauchte Gegenstände 5 158
- Gegenstand 2 65; 5 157
- gemischte 2 69 ff.
- Gewährleistung 5 162
- Grunderwerbssteuer 5 119
- Immobilie 5 45, 117
- Kapitaldeckungszusage 5 79
- Sachgründungsbericht 2 67
- Sachverständigengutachten 5 158
- Satzung 2 63 ff.
- steuerlicher Abzug von Finanzierungsaufwendungen 5 120
- stille Reserve 5 118
- Übertragung nach sachenrechtlichen Vorschriften 5 45
- Umwandlungssteuergesetz 5 119
- unwesentliche Überbewertung 5 157
- verdeckte 5 48 ff., s. a. dort
- verdeckte gemischte 5 49
- verkehrsfähiger Gegenstand 5 45
- Werthaltigkeitsprüfung 5 157

Sachgründung 5
- Anmeldung 5 169
- Bilanz 5 104
- Differenzhaftung 5 79
- Einbringungsbilanz 5 165
- Einzelgegenstände aus dem Betriebsvermögen zum Buchwert 5 159
- Gegenstände aus dem Anlagevermögen 5 159
- Gesellschaftsvertrag 5 155, 166
- Gründungsbericht 5 166, s. a. dort
- Kapitalaufbringung 5 155 ff.
- Kapitaldeckungszusage 5 79
- Protokoll 5 163 ff.
- Sachgesamtheiten 5 165
- Unternehmen als Sacheinlage 5 160, 165
- Unternehmergesellschaft 4 105 ff.
- Zeitpunkt der Bewertung 5 161
- s. a. Sacheinlage

Sachgründungsbericht
- Fehlen 5 168
- Schriftlichkeit 5 167
- vergleichbare Gegenstände 5 167
- vorausgegangene Rechtsgeschäfte 5 167

Sachkapitalerhöhung
- Anmeldung 5 208
- Beschluss 5 206
- Durchführung 5 208
- Sachkapitalerhöhungsbericht 5 210
- Übernahmeerklärung 5 207
- Werthaltigkeit des Einlagegegenstandes 5 210

Sachwalter
- Eigenverwaltung des Insolvenzschuldners 23 287
- vorläufiger im Schutzschirmverfahren 23 308 ff.

Sachwalterhaftung gem. § 311 Abs. 3 BGB
- Ansprüche der Gesellschafter 10 195
- Beweislast 10 205
- Inanspruchnahme besonderen Vertrauens 10 198
- Kausalität für Vertragsschluss 10 198 f.
- Unternehmenskauf 10 204
- Verjährung 10 206
- wirtschaftliches Eigeninteresse 10 200 f.

Salvatorische Klausel
- Ergänzungsklausel 2 349
- Fiktionsklausel 2 349
- Gesellschaftsvertrag 2 349

Sanierung
- Analyse der Krisenursachen 23 31
- Aufnahme neuer Gesellschafter 23 47
- Barkapitalerhöhung 5 195
- Begriff 23 35
- Beihilfen i. S. v. Art. 87 EG 23 63
- Beschlussfeststellungsklage zur Durchsetzung der Sanierung 23 24
- Bürgschaften der öffentlichen Hand 23 62
- Controlling 23 69
- Dept-Equity-Swap 23 45a f.
- Durchsetzbarkeit der Sanierungspflicht 23 24
- Einlageleistung bei Kapitalerhöhung 23 44
- Entwicklung 23 67
- Erlassvertrag 23 48
- Finanzen 23 69
- finanzwirtschaftliche Sanierungsmaßnahmen 23 36 ff.
- Forderungsverzicht 23 48
- Gesellschafterdarlehen 17 141 ff.
- gesellschaftsrechtliche Strukturmaßnahmen, § 225a InsO 23 337 ff., s. a. dort
- Haftung des neuen Unternehmens bei übertragender Sanierung 23 71
- Haftung gem. § 25 HGB bei übertragender Sanierung 23 71
- Hilfen der öffentlichen Hand 23 60
- Investitionszulagen der öffentlichen Hand 23 61
- Kapitalerhöhung 5 174 ff.; 23 37 ff., s. a. dort
- Kapitalherabsetzung 23 37 ff., 46
- Kapitalherabsetzung bei gleichzeitiger Kapitalerhöhung 6 105 ff.
- Konzept bei Überschuldung 23 159
- Kreditbesicherung 23 57 ff.
- leistungswirtschaftliche Sanierungsmaßnahmen 23 64 ff.
- Marketing 23 65
- Maßnahmen 23 35 ff.
- Moratorium 23 52
- Neuvergabe von Krediten 23 56b
- Personal 23 68
- Pflicht zur Sanierung für Gesellschafter 23 23 ff.

Sachverzeichnis

- Plan **23** 325, 329
- Produktion **23** 66
- Prognosezeitraum für Fortbestehen **23** 160 ff.
- Prüfung der Sanierungsfähigkeit **23** 28
- Rangrücktritt **23** 48
- Sanierungsfähigkeit **23** 26 ff.
- Sanierungsfall **7** 102
- Sanierungskredit **23** 55 f.
- Sanierungspflicht des Geschäftsführers **23** 25, 76
- Sanierungsprivileg gem. § 39 Abs. 4 S. 2 InsO **7** 100 ff., s. a. *Sanierungsprivileg*
- Schadensersatz bei Weigerung der Sanierung **23** 24
- Schutzschirmverfahren **23** 296 ff., s. a. dort
- Sicherungstreuhand **11** 19
- Stehenlassen eines Kredits **23** 56a
- Steuerrecht **23** 72
- Stundung **23** 52
- übertragende **23** 70 ff.
- Umwandlung von Forderungen in Anteile **23** 339 ff.
- Unternehmensleitbild **23** 32 f.
- Vertrieb **23** 65
- Zahlungsaufschub **23** 52

Sanierungsprivileg
- Begriff **7** 100 ff.
- Beteiligungserwerb **7** 105
- Freistellung vom Nachrang **7** 107
- Geeignetheit der Maßnahmen **7** 106
- Gutachten **7** 106
- Sanierungsfähigkeit **7** 106
- Sanierungsfall **7** 102
- Sanierungsfolgen **7** 107
- Sanierungsgesellschafter **7** 104
- Sanierungszweck **7** 106
- Tatbestand des § 39 Abs. 4 S. 2 InsO **7** 101 ff.

Satzung
- Änderung vor Eintragung **3** 120
- Änderungen **2** 23
- Änderungen durch Gesellschafterversammlung **15** 18
- Andienungsrecht **2** 218 f.
- Aufsichtsrat **18** 112
- Aufsichtsrat/Beirat **2** 155 ff.
- Auslegung **2** 18 ff.
- Bestellung des Geschäftsführers **8** 6
- Bezugsrechte bei Kapitalerhöhung **2** 71 ff.
- Bezugsrechtsausschluss **5** 187
- Dauer der Gesellschaft **2** 319
- echte Bestandteile **2** 4
- ehelicher Güterstand **2** 232 ff.
- Einziehung von Geschäftsanteilen **2** 246 ff.
- Ergebnisverwendung **2** 276
- Errichtungsgeschäft **2** 1
- fakultative Bestimmungen **3** 66 ff.
- fakultative Satzungsbestimmungen **2** 8
- Familiengesellschaft **2** 33
- Finanzinvestoren, Checkliste **2** 30
- Firma **2** 34 ff.
- Form **2** 20, 347 ff.
- Gattungen von Geschäftsanteilen **2** 75 ff.
- Gemeinschaftsunternehmen, Checkliste **2** 31
- Geschäftsabschluss **2** 265 ff.
- Geschäftsanteile **2** 58 ff.; **3** 62
- Geschäftsführerbestellung **2** 5 f.
- Geschäftsführerbestellung als materieller Satzungsbestandteil **4** 167 ff.
- Geschäftsführervergütung **2** 5 f.
- Geschäftsjahr **2** 263 ff.
- Gesellschafterversammlung **2** 122 ff.
- Gesellschaftszweck **2** 47 ff.
- Grundsatz der Satzungsautonomie **2** 10
- Informationsrechte der Gesellschafter **2** 136 ff.
- Inhalt **2** 3 ff.
- Inhalte im Anstellungsvertrag des Geschäftsführers **2** 15 ff.
- inhaltliche Schranken **2** 10
- Jahresabschluss **2** 265 ff.
- Kapitalerhöhung **2** 346
- Kernbereich **2** 10
- Kollision mit Anstellungsvertrag des Geschäftsführers **2** 16 f.
- körperschaftsrechtliche Regelungen **2** 18
- Kündigung **2** 320
- Leistungsverkehr Gesellschaft zu Gesellschafter **2** 313 ff.
- Minderheitsgesellschafter, Checkliste **2** 28
- Mitarbeiterbeteiligung **2** 32
- Mustersatzung **2** 20
- Mustersatzung Unternehmergesellschaft **4** 15
- Nebenleistungspflichten **2** 78 ff.; **3** 65
- Nebenvereinbarungen **2** 11
- Normentheorie **2** 2
- obligatorischer Inhalt **3** 57 ff.
- Rechtsnatur **2** 1
- Sacheinlage **2** 63 ff.
- Salvatorische Klausel **2** 349
- Selbstkontrahierungsverbot **2** 120
- Sprache **2** 25
- Stammkapital **2** 55 ff.; **5** 12
- Struktur, Checklisten **2** 27
- Teilung von Geschäftsanteilen **2** 226 ff.
- Testamentsvollstreckung **2** 243
- unechte Bestandteile **2** 4
- unechte Bestandteile, Rechtsprechung **2** 6
- Unternehmensgegenstand **2** 48
- Unternehmensnachfolge **2** 237 ff.
- Verfügungen über Geschäftsanteile **2** 196 ff.
- Vertragstheorie **2** 2
- Vorkaufsrecht **2** 210 ff.
- Wettbewerbsverbot **2** 189 ff.
- Zusammenlegung von Geschäftsanteilen **2** 229 ff.
- Zustimmungskatalog für Geschäftsführer **2** 5
- Zustimmungsklausel für Geschäftsführerposition **2** 108
- zwingende Regelungen **2** 10
- zwingender Inhalt **2** 7

Schenkung
- unter Auflage zur Unternehmensnachfolge **13** 60 ff.

1403

Sachverzeichnis

- Bedürftigkeit des Schenkers 13 81
- in Beeinträchtigungsabsicht des Erbvertrags gem. § 2287 Abs. 1 BGB 13 142
- grober Undank 13 75 ff.
- Rückforderungsrechte bei Unternehmensnachfolge 13 74 ff.
- zur Unternehmensnachfolge 13 8 ff.
- Widerrufsrechte bei Unternehmensnachfolge 13 474 ff.
- Zweckverfehlungskondiktion 13 86 ff.

Schiedsgerichte
- gesellschaftsinterne Streitigkeiten 2 351
- Haftung 10 8

Schiedsgerichtsbarkeit
- Anfechtungsklage gegen Gesellschafterbeschluss 15 183
- GmbH & Co KG 19 112

Schiedsklauseln
- Zulässigkeit 2 351 f.

Schmiergeld
- Untreue § 266 StGB 10 164

Schütt-aus-hol-zurück-Verfahren
- Bilanzierung 5 109
- Einstellung in gebundene Rücklage 5 177
- gegenseitige Verrechnung 5 177
- Haftung für fehlerhafte Angaben bei Gründung 10 107
- inkongruente Gewinnausschüttung 5 179
- späterer Kapitalerhöhungsbeschluss 5 177
- Voraussetzungen 5 176 ff.

Schutzgesetz
- Haftung gem. § 823 Abs. 2 BGB 10 159 ff., s. a. Haftung wegen Schutzgesetzverletzung gem. § 823 Abs. 2 BGB

Schutzgesetz i. S. v. § 823 Abs. 2 BGB 10 247
- Ansprüche der Gesellschafter gegen Geschäftsführer 10 188 ff.
- Aufsichtspflichtverletzung gem. § 130 OWiG 10 224
- Auskunftspflicht 10 10
- Betrug § 263 StGB 10 221
- Buchführungspflicht 10 10
- Einsichtsrecht 10 10
- Falsche Angaben bei Gründung gem. § 82 GmbHG 10 215
- Gesetz über die Sicherung von Bauforderungen 10 225
- Haftung gegenüber Dritten 10 214 ff.
- Insolvenzverschleppung gem. §§ 823 Abs. 1, 15a Abs. 1 InsO 10 235 ff., s. a. Haftung wegen Insolvenzverschleppung gem. §§ 823 Abs. 1, 15a Abs. 1 InsO
- Kapitalerhaltung gem. § 31 Abs. 6 GmbHG 10 183
- § 43 Abs. 1 GmbHG kein S. 10 216
- Rechnungslegungspflicht 10 10
- Subventionsbetrug § 264 StGB 10 222
- Untreue gem. § 266 StGB 10 220, s. a. dort
- Verletzung von Buchführungspflichten 10 217 ff.
- Verrat von Geschäftsgeheimnissen § 17 UWG 10 170 ff.

- Vorenthalten von Sozialversicherungsbeiträgen gem. § 266a StGB 10 225 ff.

Schutzschirmverfahren
- Anfechtungsrisiken 23 316 ff.
- Aufhebung 23 319 ff.
- Begründung von Masseverbindlichkeiten durch Schuldner 23 314 ff.
- Bescheinigung 23 297 f.
- Haftungsrisiken 23 316 ff.
- Normzweck des § 270b InsO 23 296
- Prüfung durch Insolvenzgericht 23 302
- Sicherungsmaßnahmen 23 312 f.
- Voraussetzungen 23 297 ff.
- Vorlage eines Insolvenzplans 23 307
- vorläufiger Sachwalter 23 308 ff.
- Wirkungen 23 306 ff.
- keine Zahlungsunfähigkeit 23 300

Schwarzgeld
- Ausschlussgrund 2 333

Share Deal
- keine Abschreibbarkeit 1 162

Sicherheiten
- als Auszahlung 6 22

Sittenwidrigkeit
- Haftung wegen existenzvernichtendem Eingriffs 6 66e
- nachträgliche Kreditbesicherung 23 59
- Nichtigkeit von Gesellschafterbeschlüssen 15 158

Sitz der Gesellschaft
- Änderungen 2 46
- Entscheidungen Centros, Überseering, Inspire Art 2 46
- Gründung im Ausland 3 59
- Niederlassungsfreiheit 2 46
- Satzungssitz 2 44; 3 59
- Steuerrecht 17 12, 13, 14 f.
- Verlegung ins Ausland 2 46
- Verwaltungssitz 2 44; 3 59

Societas Europaea (SE)
- Holding-SE 1 44
- Rechtsform 1 43
- SE-Ausführungsgesetz 1 43

Sonderbetriebsvermögen
- Begriff 1 31

Sozialversicherung
- Geschäftsführer 9 3
- Haftung gem. §§ 823 Abs. 2 BGB, 266a StGB 10 225 ff.
- Krise der GmbH 23 78
- Zahlung in der Krise 10 103 f, s. a. Haftung wegen Vorenthaltens von Sozialversicherungsbeiträgen gem. §§ 823 Abs. 2 BGB, 266a StGB

Spaltung 22 155 ff.
- Arbeitsrecht 22 190 ff.
- Arten 22 156 ff.
- zur Aufnahme 22 158
- ausländische Rechtsverhältnisse 22 172
- Begriff 22 13 ff.
- Bestimmtheitsgrundsatz 22 164
- betriebsbedingte Kündigung 22 192
- Betriebsrat 22 190 f.

Sachverzeichnis

- Betriebsrentengesetz **22** 189
- Betriebsübergang **21** 114
- Bilanz als Darstellungsgrundlage **22** 165
- Dokumentation **22** 197 ff.
- ehemalige Arbeitnehmer **22** 196a
- Einlagekonto **22** 186
- Einstimmigkeit bei nicht verhältniswahrender Spaltung **22** 178
- Gegenleistung **22** 160
- Gegenstand **22** 163 ff.
- gemeinsamer Betrieb **22** 192
- gesamtschuldnerische Haftung von 5 Jahren **22** 188
- Gesellschafterbeschlüsse **22** 205 ff.
- Gesellschafterliste **22** 215
- Gesellschafterwechsel **14** 73 ff.
- Gewährung von Gesellschaftsrechten **22** 175 ff.
- Haftung **22** 188 ff.
- Handelsregisteranmeldung **22** 210 ff.
- Innenverhältnis bei gemeinsamer Haftung **22** 202
- Kapitalherabsetzung **22** 201, 206
- Körperschaft **22** 187
- Kündigungsschutz **22** 193
- Mandantenschreiben **22** 218
- Mitbestimmung **22** 195 f.
- Mitunternehmeranteil **22** 182c
- zur Neugründung **22** 158
- nicht-verhältniswahrende **22** 177 ff., 203, 215
- partielle Gesamtrechtsnachfolge **22** 156
- Personengesellschaft **22** 183e
- Plan **22** 197
- Rechtsgrundlagen **22** 161 f.
- Sozialplan **22** 189
- steuerliche Haltefristen **22** 183
- Steuerrecht **22** 180 ff.
- stille Reserven **22** 180 ff.
- Teilbetrieb **22** 180 ff.
- Teilbilanzen **22** 211
- Übertragbarkeit von Vermögensgegenständen **22** 167
- Übertragung einer Genehmigung **22** 171
- Übertragung von Gegenständen **22** 200
- Umfang des Vermögensteils **22** 173 f.
- Umverteilung der Anteile **22** 204
- Unternehmergesellschaft (UG) **4** 216 f.
- verhältniswahrende **22** 175 ff.
- Verlustvorträge **22** 184 ff.
- Verzichtserklärung **22** 208
- Vollmachten **22** 217
- Wirtschaftsausschuss **22** 194
- Zuordnung von Wirtschaftsgütern **22** 182a f.
- Zuständigkeit der Gesellschafterversammlung für Beschluss **15** 19
- Zustimmungserklärung **22** 209

SPE
- Rechtsformwahl **1** 66

Stammeinlage
- Begriff verdrängt durch Begriff Geschäftsanteil **5** 16

Stammkapital
- Agio **5** 4

- Auseinanderfallen von Stammkapitalziffer und Geschäftsanteilen **5** 15
- bilanzieller Ausweis **5** 100
- Eigenkapitalersatzrecht **7** 1 ff., *s. a. dort*
- Erhöhung siehe *Kapitalerhöhung*
- Funktion **5** 11 ff.
- Geschäftsanteil **5** 15 ff., *s. a. dort*
- gesellschaftsrechtliche Bedeutung **5** 6
- Gründung **3** 41
- Handelsregistereintragung **5** 12
- Kapitalerhaltung **6** 1 ff., *s. a. dort*
- Revalorisierung **5** 15
- Rücklagen **5** 5
- Satzung **2** 55 ff.
- steuerrechtliche Relevanz bei Veränderung **17** 85 ff.
- Unternehmergesellschaft (UG) **4** 5, 77 ff.
- Verbot der Unter-pari-Emission **5** 17
- Verlust der Hälfte als Einberufungsgrund für Gesellschafterversammlung **15** 41
- volle Euro **5** 14
- Zuführung **5** 19, *s. a. Kapitalerhöhung*

Stand-alone-Klausel **5** 128 f.

Statistik
- Anzahl der GmbHs **1** 3
- Anzahl der UGs **1** 3

Steuerberater
- Einschränkung in der Rechtsformwahl **1** 10
- Haftungsentlastung für Geschäftsführer bei § 69 AO **10** 258

Steuerrecht **17** 1 ff.
- Abgeltungssteuer **1** 35 f., 106; **17** 5 f., 49
- Abschreibungsvolumen beim Unternehmenskauf **1** 162 ff.
- Abzug von Finanzierungsaufwendungen **5** 126
- Agio **2** 79
- Anwartschaftsrechte **17** 211
- Aufbewahrungspflichten der Buchführung **16** 63
- Aufwendungen **17** 47
- Ausgabe neuer Geschäftsanteile **17** 125 ff.
- ausgeschüttete Gewinne **1** 105 ff.
- Ausgleichsposten **17** 192 ff.
- Ausgliederung **22** 234 ff.
- ausländische Kapitalgesellschaften **17** 57 ff.
- Auslandsbezug **17** 72 ff.
- Außensteuerrecht **17** 72 ff.
- Banken **17** 70 f.
- Bedeutung für die Rechtsformwahl **1** 36
- Befreiung von Wettbewerbsverbot **2** 191
- Beginn der Steuerpflicht **17** 19 f.
- Berücksichtigung von Vergütungen bei Gewinnausschüttung **1** 112
- beschränkte Steuerpflicht **17** 16 ff.
- Betriebsaufspaltung **1** 62
- Betriebsausgaben **17** 33, 49
- Betriebsstätten **1** 215
- Betriebsvermögen **17** 50, 213
- Buchführung **16** 65 ff.
- Bürgschaft **17** 123
- Darlehen **17** 135 ff.
- Dividende **17** 41

1405

Sachverzeichnis

- Dividenden zur Kapitalerhöhung 17 90
- Doppelbesteuerung 1 217
- Doppelbesteuerungsabkommen 17 12, 53
- Due Diligence 17 216
- Eigenkapitalfinanzierung 17 124 ff.
- einbehaltene Gewinne 1 96
- Einbringungsgewinn bei Beteiligung 17 66
- Einkommensermittlung 17 24 ff.
- Einkommenssteuer 11, s. a. dort
- Einkünfte aus Gewerbebetrieb 17 28
- Einlagen 17 119 ff.
- Einlagen kein Einkommen 17 31
- Ende der Steuerpflicht 17 19 f.
- Entlastung von der Kapitalertragssteuer 17 53, 56
- Entnahmen 17 32
- Entstehen der Kapitalertragssteuer 17 52
- Erbschaftssteuer 17 237 ff.
- Erbschaftssteuerrecht 13 165 ff.
- Ergebnisabführungsvertrag 20 61 ff.
- Ergebniskonsolidierung 17 171
- Ergebnisverwendung 2 282
- Ertragssteuerrecht 1 185 ff.
- Ertragswertverfahren 17 238
- Erwerb eigener Anteile 17 101 ff.
- Erwerb einer GmbH 17 215 ff.
- Escape-Klausel 5 128 f.
- fehlerhafter Unternehmensvertrag 20 87
- Festsetzung der Gewerbesteuer 17 44 f.
- finanzielle Eingliederung der Organgesellschaft 17 175 f.
- Finanzierung der Kapitalerhöhung über atypisch stille Beteiligungen 17 125 ff.
- Formwechsel 22 266 ff.
- fremdfinanzierte Einlagen 1 92
- Fremdkapitalfinanzierung 17 135 ff.
- gemeiner Wert 17 237
- Genussrechte 17 130 ff.
- Geschäftschancenlehre 12 65
- Geschäftsleitung mit Sitz im Inland 17 12
- Gesellschafterdarlehen 5 9, 124 ff.; 17 141 ff.
- Gesellschafterebene 17 4
- Gesellschafterwechsel 17 206 ff.
- Gesellschaftsanteil als Betriebsvermögen 17 7
- Gesellschaftsebene 17 3
- Gewerbeertrag 17 37 ff.
- Gewerbesteuer 1 91; 17 34
- Gewerbesteuer keine Betriebsausgabe 17 42
- Gewerbesteuertarif 17 201 f.
- Gewinn 17 5, 40 f.
- Gewinnabführungsvertrag 17 177 ff.
- Gewinnausschüttung 17 46 ff.
- Gewinne der stillen Gesellschafter 17 39
- Gewinnermittlung 1 32
- GmbH & Co KG 19 11
- Grundbesitz 17 41
- Grunderwerbssteuer 11; 17 246 ff., s. a. Grunderwerbssteuer, Immobilien
- Gründungsaufwand 17 29
- Haftung für Steuerschulden 10 254 ff., s. a. dort
- Halbeinkünfteverfahren 1 107

- Handelsbilanz und Steuerbilanz 16 109 ff.
- Hinzurechnungen und Kürzungen 17 38 ff.
- Hinzurechungsbesteuerung 17 72 ff.
- Holding 1 158 ff.
- Immobilien im Betriebsvermögen 1 176 ff.
- inländische Kapitalgesellschaft als Gesellschafter 17 46
- Insolvenzplan 23 368 ff.
- internationale Aspekte 1 213 ff.
- Kapitalaufbringung 5 115 ff.
- Kapitalerhöhung 17 85 ff.
- Kapitalerhöhungskosten 17 30
- Kapitalertragssteuer 17 5 f.
- Kapitalertragssteuerabzug 17 51
- Kapitalertragssteuereinbehalt 17 53
- Kapitalgesellschaft als Anteilseigner 17 214
- Kapitalgesellschaft als Gesellschafter 17 8 f.
- Kapitalherabsetzung 17 91 ff.
- Kapitalisierungsfaktor 17 239
- Konzernbildung 20 27
- Körperschaften 1 33
- Körperschaftssteuer 17 10, 24 ff.
- Körperschaftssteuerbefreiung 17 46
- Körperschaftssteuertarif 17 199
- Kreditinstitut 17 70 f.
- Landesholding 17 59
- latente Steuern 16 161 ff.
- Liquidation 17 20, 218 ff.; 22 367 ff.
- Lizenzen 17 39
- Mietzinsen 17 39
- Mindestbesteuerung 17 43, 163
- missbräuchliche Zwischenschaltung von Kapitalgesellschaften 17 54
- Mittelpunkt der geschäftlichen Oberleitung 17 13
- Nachversteuerung 1 103
- Nachversteuerung bei Unternehmensverkauf 1 123
- Nationalitätsprinzip 1 216
- Organschaft 20 61 ff., s. a. dort
- Organschaftsverhältnis zur Zurechnung von Verlusten 1 87
- Pensionszusagen 1 121
- Pflicht zur Abgabe einer Steuererklärung 17 203 ff.
- Pflichten des Geschäftsführers nach § 34 AO 10 255 ff.
- Progression gem. § 34 EStG 1 167
- qualifizierter Anteilstausch 17 67
- Regelverschonung 17 242
- Renten 17 39
- Rückstellungen 16 331
- keine Saldierung von Verlusten mit Sondervergütungen 1 111
- Sanierung 23 72
- schädlicher Anteilswechsel 17 164 f.
- Schulden 17 39
- Sitz der Gesellschaft 17 14 f.
- Solidaritätszuschlag 17 200
- Spaltung 22 180 ff.
- Stand-alone-Klausel 5 129
- Steuerarten 17 1, 5

Sachverzeichnis

- Steuerbefreiungen 17 21 ff.
- Steuerfreistellung 17 11
- steuerliche Organschaft 17 171 ff.
- Steuerminderungen bei Verlust 1 79
- steuerrechtliche Behandlung des Geschäftsführergehalts 1 120
- Steuersubjekt 17 1
- Steuerveranlagung 17 203 ff.
- Stille Gesellschaft, Verlustverrechnung 1 83 ff.
- stille Reserve bei Sacheinlage 5 118
- Streubesitz 17 46 ff., 57 ff.
- Tarif 17 199 ff.
- Teilbetrieb 22 180 ff.
- Teileinkünfteverfahren 17 49 f.
- Teileinkünfteverfahren für Gesellschafterdarlehen 5 125
- Thesaurierungsbegünstigung 1 96 ff.
- Tracking Stock-Gestaltungen 2 312
- Trennungsprinzip 1 80
- Treuhand 11 89 ff., s. a. steuerrechtliche Behandlung der Treuhand
- Treuhand und Umsatzsteuer 11 97
- Übertragung von Bezugsrechten 17 94 ff.
- Umsatzsteuer 11; 17 234 ff., s. a. dort
- Umsatzsteuer als Leistung eines Aufsichtsratsmitglieds 18 70
- Umsatzsteuer kein Schaden 10 241
- Umstrukturierung im Konzern 17 168 ff.
- Umwandlung 22 31 ff.
- Umwandlungssteuergesetz 1 198
- unbeschränkte Steuerpflicht 17 12 ff.
- Unternehmensvertrag 20 87
- Unternehmergesellschaft (UG) 4 207 ff.
- Unterschiede bei Personengesellschaften und Körperschaften 1 27 ff.
- Veränderung des Stammkapitals 17 85 ff.
- Veranlagungszeitraum 17 24 ff.
- Veräußerungsgewinn 17 207
- Veräußerungsgewinn bei Verkauf von Beteiligungen 17 62 ff.
- Veräußerungsverlust 17 212
- Verbindlichkeiten 17 39
- verdeckte Gewinnausschüttung 2 315; 17 108 ff.
- verdeckte Gewinnausschüttung an Gesellschafter-Geschäftsführer 9 23 ff.
- Verfahrensrecht 17 1
- Vergütung an Gesellschafter 1 118 ff.
- Vergütung des Aufsichtsrates 18 70 f.
- Verkauf von Beteiligungen 17 62 ff.
- Verlustabzugsbeschränkung 17 161 ff.
- Verluste aus Beteiligungen 17 65
- Verlustvortrag 17 43
- Verrechnungspreise 20 209 ff.
- Verschmelzung 22 79 ff.
- Verwaltungsvermögen 17 242
- Verwendung von Kapitalrücklagen 17 89
- Vollausschüttung 17 229 ff.
- Vorauszahlungen 17 205
- Vor-GmbH 3 113; 5 98
- Vorgründungsgesellschaft 3 25; 5 98
- Werbungskosten 17 49
- Wettbewerbsverbot 12 73
- Wirtschaftsjahr 17 24 ff.
- Zinsschranke 5 128 ff.; 17 144 ff.
- zu versteuerndes Einkommen 17 24 ff.
- Zwischeneinkünfte 17 76 ff.

Steuerrechtliche Behandlung der Treuhand
- Abschreibungsmöglichkeit 11 96
- Abtretung des Rückübertragungsanspruchs 11 100
- AfA 11 96
- Anerkennung der Treuhand 11 90 ff.
- Einkommensteuer 11 96
- Erwerbstreuhand 11 102
- Grunderwerbssteuer 11 98 ff.
- Inhalt des Treuhandverhältnisses maßgebend 11 91
- Nachweiserfordernis 11 95
- Sicherungstreuhand 11 93
- strikte Weisungsgebundenheit 11 91
- Übertragungstreuhand 11 99
- Umsatzsteuer 11 97
- Vereinbarungstreuhand 11 101
- zivilrechtliche Wirksamkeit 11 92

Stiftung
- europäische FE 1 67
- Rechtsform 1 46
- und Co. KG 1 58

Stille Gesellschaft
- atypische 11 4
- Gesellschafterdarlehen im Insolvenzfall 7 92
- Informationsrechte 1 145
- Nachrang bei Insolvenz 7 84
- Steuerrecht 17 125 ff.
- steuerrechtliche Beurteilung bei Familienangehörigen 1 27 ff.
- Verlustverrechnung 1 83 ff.
- Werbungskostenabzug 1 84

Stille Reserven
- Ertragsteuerrecht 1 185 ff.
- nicht umwandlungsfähig für Kapitalerhöhung 5 222
- Spaltung 22 180 ff.
- Umwandlung 22 31
- Verschmelzung 22 83 ff.

Stimmbindungsvertrag
- Ansprüche bei Vertragsverletzung 15 138 f.
- Poolversammlung 15 134
- prozessuale Durchsetzung des Abstimmungsverhaltens 15 140
- Rechtsschutz 25 30
- Sanktionen bei Vertragsbruch 15 135
- Schutzinstrument gegen Konzernbildung 20 116
- Vertragsdauer und Kündigung 15 136a
- Zweck 15 133

Stimmrecht
- Ausschluss bei Einziehungsbeschluss 2 251
- Ausschluss der Vollmacht 11 65
- Einschränkungen eines Unternehmensnachfolgers 13 73
- Gesellschafterversammlung 2 142 f.; 15 109 ff.
- gespaltene Stimmabgabe 2 142

Sachverzeichnis

- Höchststimmrechte als Schutzinstrument vor Konzernbildung 20 112
- Mehrfachstimmrechte als Schutzinstrument vor Konzernbildung 20 113
- Mehrstimmrechte 2 75, 143
- nach Köpfen 2 143
- Stimmbindungsvertrag 15 131 ff.
- Stimmrechtsausschluss 2 151
- stimmrechtslose Anteile 2 75
- Stimmrechtsverbot als Schutzinstrument vor Konzernbildung 20 111
- Stimmverbote 15 116 ff., s. a. dort
- und Treuepflicht 15 128 ff.
- Treuhand 11 53 ff., 56 ff.
- Vereinbarung als unechter Satzungsbestandteil 2 6

Stimmverbote
- Abberufung des Gesellschafters 15 122
- Abtretung eines Geschäftsanteils 15 122
- Anstellungsvertrag des Geschäftsführers 15 122
- Auskunftsersuchen 15 122
- Ausschluss 15 122
- Befreiung vom Wettbewerbsverbot 15 122
- Befreiung von einer Verbindlichkeit 15 119
- Bestellung von Organmitgliedern 15 122
- Einleitung oder Erledigung eines Rechtsstreits 15 125 ff.
- Einziehung eines Geschäftsanteils 15 122
- Entlastung 15 117 f.
- im Gesellschaftsvertrag 15 125 ff.
- Kaduzierung 15 122
- Kapitalerhöhung 15 122
- Rechtsfolgen verbotswidriger Stimmabgabe 15 127
- Umwandlung 15 122
- Vornahme eines Rechtsgeschäfts 15 120 ff.

Störung der Geschäftsgrundlage
- Äquivalenzstörung 21 139
- Material Adverse Change 21 139
- Unternehmenskauf 21 139 ff.
- Voraussetzungen 21 139
- Zweckverfehlung 21 139

Strafanzeige
- Ausschluss bei ungerechtfertigter Anzeige gegen Mitgesellschafter 2 333

Strafrecht
- Aufsichtsrat 18 86
- Buchführung 16 37
- Hinderungsgrund für Geschäftsführeramt 8 12 a
- Krise der Gesellschaft 23 13
- Krise der GmbH 23 79

Streitbeilegung
- Gerichtsstandsklausel 2 350
- Mediation 2 354 ff.
- durch ordentliche Gerichte 2 350
- Schiedsgerichte 2 351
- Schiedsvertrag 2 353
- Schlichter 2 351

Streubesitz
- Auslandsbezug 17 57 ff.

- Körperschaftssteuer 17 10
- Steuerrecht 17 46 ff.

Strohmann
- Gesellschafterdarlehen im Insolvenzfall 7 88
- Haftung gem. § 43 GmbHG 10 74

Stundung
- Befreiungsverbot Befreiungsverbot bei Einlageverpflichtung 5 39
- einem Darlehen im Insolvenzfall gleichstehend 7 81

Subventionen
- Subventionsbetrug § 264 StGB 10 222

Tag along Rechte
- satzungsmäßige Verankerung 2 221 ff.

Teileinkünfteverfahren
- Abzug von Finanzierungsaufwendungen 5 126
- Ergebnisverwendung 2 282
- Gesellschafterdarlehen 5 125
- Veräußerung von Geschäftsanteilen im Betriebsvermögen 1 174
- verdeckte Gewinnausschüttung 2 316

Teilung von Geschäftsanteilen
- Nachfolgeregelung durch Teilung 13 24 f.

Testament
- Berliner T. 13 129
- gemeinschaftliches Testament 13 128 ff.
- öffentliches Testament 13 131 ff.
- privatschriftliches Testament 13 125 ff.
- Vollstreckung 13 154 ff.

Thesaurierung
- Begünstigung 1 30
- Begünstigung § 34 a EStG 1 96 ff.
- Körperschaften 1 33
- Satzung 2 291 ff.
- Zinsgewinn 1 104
- s. a. Ergebnisverwendung, Gewinn

Todesfall
- siehe Erbrecht und Unternehmensnachfolge

Treuepflicht
- Aufsichtsratsmitglied 18 76
- Bereicherung des Geschäftsführers 10 63
- Ergebnisverwendung 2 285
- Haftung gem. § 43 GmbHG 10 60
- Haftung wegen Verletzung der T. durch Gesellschafter-Geschäftsführer 10 157
- Sanierungspflicht 23 23 ff., s. a. Sanierung
- und Stimmrecht 15 128 ff.
- Verletzung als Anfechtungsgrund von Gesellschafterbeschlüssen 15 170 a
- Verschwiegenheitspflicht 2 195
- Wettbewerbsverbot 2 189; 9 32

Treuhand
- Abfindung 11 45
- Abgrenzung zu anderen Beteiligungsformen 11 4
- Abgrenzung zur stillen Gesellschaft 11 4
- Abgrenzung zur Unterbeteiligung 11 5
- Abspaltungsverbot 11 54, 58, 70 ff.
- Abtretung 11 49 f.
- Abtretung, aufschiebend bedingte 11 82
- Abtretung, Formbedürftigkeit 11 32
- Angebot 11 48

Sachverzeichnis

- Arten **11** 12 ff.
- Auftragsrecht **11** 52
- Beendigung des Treuhandverhältnisses **11** 44 ff.
- Begriff **11** 1 ff.
- Begründung **11** 31
- Bevollmächtigung des Treugebers zur Abtretung **11** 51
- Bilanz **11** 103 f.
- Drittwiderspruchsklage **11** 86
- eigennützige **11** 23, 63, 77, 85
- einstweilige Verfügung zur Ausübung des Stimmrechts **11** 64
- Erschwerung des Zugriffs auf eigenes Vermögen **11** 29
- Erwerbstreuhand **11** 14, 36 f., 75, 78, 83, 88
- Form **11** 32 ff.
- Formwechsel **22** 263
- fremdnützige **11** 22, 77, 85
- Geheimhaltungsvereinbarung mit einem Dritten **11** 72
- Geschäftsbesorgungsvertrag **11** 52
- Gesellschafterdarlehen im Insolvenzfall **7** 90 ff.
- Haftung des Treugebers **11** 75 f.
- Insolvenz **11** 77 ff.
- Insolvenz, Aussonderungsrecht **11** 81
- Insolvenz, Recht auf abgesonderte Befriedigung **11** 81
- Insolvenz, Rückfall des Geschäftsanteils an Treugeber **11** 82
- Insolvenz, Treugut nicht in der Insolvenzmasse **11** 79
- Kündigung **11** 44 ff.
- Mitgliedschaftsrechte **11** 70 ff., *s. a. Treuhand*
- Motive **11** 24 ff.
- Nichtanzeige des Gesellschafterwechsels **11** 55
- Nutzungstreuhand **11** 20
- Pfändung des Geschäftsanteils **11** 86
- Rechtsstellung des Treuhänders **14** 62
- Rechtsstellung von Treugeber und Treuhänder **11** 52 ff.
- Rückübertragungsverpflichtung **11** 16
- Sanierungsfall **11** 19
- Sicherung **11** 43 ff.
- Sicherungstreuhand **11** 18, 46
- statuarische Voraussetzungen **11** 41
- Steuerrecht **11** 89 ff., *s. a. steuerrechtliche Behandlung der Treuhand*
- Stimmbindung **11** 56 ff.
- Stimmbindungsvertrag **11** 57 ff.
- Stimmrecht **11** 53 ff.
- Stimmrechtsausschluss **11** 68 f.
- Stimmrechtsbindung bei Vinkulierung **11** 62
- Stimmrechtsvollmacht **11** 65
- Stimmrechtsvollmacht, Schriftform **11** 66
- Stimmrechtsvollmacht, widerrufliche **11** 66
- Strohmann-Gründung **11** 75
- Treugeber, Begriff **7** 90
- Treuhänder, Begriff **7** 90
- Treuhandvertrag, Formbedürftigkeit **11** 33
- Übertragung der Beteiligung **11** 42
- Übertragung der Gesellschafterstellung **11** 47
- Übertragung des Stimmrechts **11** 54
- Übertragungstreuhand **11** 12 f.
- Übertragungstreuhand, Form **11** 34
- Überwindung eines Beteiligungshindernisses **11** 30
- Unmittelbarkeitsprinzip **11** 78, 84
- Unterschied zum Nießbrauch **11** 9 f.
- Unterschied zur Verpfändung **11** 6 ff.
- verbergende Konstruktion **11** 55
- Verdecken der Beteiligung **11** 28 ff.
- Vereinbarungstreuhand **11** 15, 78, 83, 88
- Vereinbarungstreuhand, Form **11** 16, 35
- Vermögensrechte **11** 70
- Vertragsstrafe bei abredewidriger Stimmabgabe **11** 67
- Verwaltung von Geldern in der Krise **10** 103g
- verwaltungsmäßige Entlastung **11** 24
- Verwaltungstreuhand **11** 17
- Vinkulierung **11** 38 ff.
- Weisungsrecht des Treugebers **11** 60
- Zustimmungserfordernisse **11** 38 ff.
- Zustimmungsvorbehalt bei Verfügungen über Geschäftsanteile **2** 200 f.
- Zwangsvollstreckung **11** 84 ff.
- Zweck **11** 17 ff.

Überschuldung
- Aktivposten der Überschuldungsbilanz **23** 163
- Antragspflicht **23** 153, 178 f.
- Begriff **10** 103a ff.; **23** 15, 151
- Bilanz **23** 163
- Eigenantrag **23** 153
- Finanzplan **23** 160
- Fortführungsprognose **23** 157 ff.
- Passivposten der Überschuldungsbilanz **23** 163
- Prognosezeitraum **23** 160 ff.
- Sanierungskonzept **23** 159
- Schutzschirmverfahren **23** 296 ff., *s. a. dort*
- zweistufiger Überschuldungsbegriff **23** 155

Übertragung von Geschäftsanteilen
- Abgrenzung zum Unternehmenskauf **14** 5
- Abtretungsbeschränkungen gem. § 15 Abs. 5 GmbHG **14** 30 ff.
- Belastung mit Einlagen, Rückständen und Nachschusspflichten **14** 8
- Beschränkung des § 15 Abs. 5 nur für Rechtsgeschäfte **14** 35
- Beurkundung **14** 14
- Beurkundung mit Auslandsbezug **14** 23 ff.
- dingliches Geschäft **14** 18
- Einschränkung durch gesetzliche Vorgaben **14** 13
- Form der Abtretung **14** 14 ff.
- Freiberufler-GmbH **14** 13
- freie Veräußerlichkeit gem. § 15 GmbHG **14** 3
- Gefährdung im Bestand **14** 9
- Genehmigung der Gesellschaft **21** 76
- Haftung aus c.i.c **14** 10
- Heilung von Formmängeln **14** 17
- im Insolvenzverfahren **14** 9
- Mängelrechte **14** 10
- Minderjähriger **14** 12

1409

Sachverzeichnis

- Mithaftung des Erwerbers für Einlageverpflichtungen 21 79
- Neuregelung durch MoMiG 14 2
- nicht existierender Geschäftsanteil 14 10
- notarielle Form gem. 8 ff. BeurkG 14 3 ff.
- Rechtsfolgen 14 21
- Rechtskauf 14 5
- Rechtsmängel 14 6
- Teilnahme an Gesellschafterversammlung vor Übertragung 21 79
- Übertragung mehrerer Teile an denselben Erwerber 21 81
- Unternehmenskauf 21 75 ff.
- Verpfändung und Verwertung 21 84
- Verpflichtungsgeschäft 14 15
- Vollmacht 14 20
- Vorkaufsrecht 14 15
- Zustimmungserklärung 14 33
- durch Zwangsvollstreckung 21 87

Überwachung
- Informationsrechte der Gesellschafter 1 143 ff.

UG & Co. KG 19 1 ff.
- Rechtsformwahl 1 53
- s. a. GmbH & Co KG

Umlaufvermögen
- Anzahlungen 16 256
- Aperiodizität von Leistung und Gegenleistung 16 269
- Bewertung 16 264 ff.
- Disagio 16 274
- Factoring 16 260 ff.
- Forderungen 16 257 ff.
- Forderungen aus Lieferungen und Leistungen 16 259
- Forderungen gegen Gesellschafter 16 258
- Guthaben bei Banken 16 268
- Handelswaren 16 253 ff.
- Kassenbestand 16 268
- liquide Mittel 16 267 f.
- Rechnungsabgrenzung 16 269 ff.
- Roh-, Hilfs- und Betriebsstoffe 16 245
- sonstige Vermögensgegenstände 16 262 ff.
- unfertige Erzeugnisse 16 246
- unfertige Leistungen 16 247
- Vorräte 16 243 ff.
- Vorratsbewertung 16 249
- Wertpapiere 16 266
- Wiederbeschaffungskosten 16 251 f.

Umsatzsteuer
- siehe Steuerrecht

Umwandlung
- Aufnahme 22 16 f.
- Ausgliederung s. dort
- Befreiung von § 181 BGB 22 43
- Betriebsübergang 21 114
- Bildung eines obligatorischer Aufsichtsrats 18 139
- Einbringung 22 31d, 32a
- Empfänger der Gegenleistung 22 31c
- Formwechsel sieh dort
- Gestaltungsformen 22 8 ff.
- Gründe für Umstrukturierung 22 1 ff.

- Grunderwerbssteuer 22 30
- Grundsatz der realen Kapitalaufbringung 5 31
- Immobilien 22 29
- Kapitalgesellschaft 1 199
- Kosten 22 27 ff.
- Minderheitenschutz 22 35 ff.
- Neugründung 22 16 f.
- Personengesellschaft 1 200 ff.
- Planung 22 40 ff.
- und Rechtsformwahl 1 198 ff.
- Rechtsgrundlagen 22 10 ff.
- Spaltung 22 155 ff., s. a. dort
- Steuerrecht 22 31 ff.
- steuerrechtliche Behandlung auf Gesellschafterebene 22 32
- Stichtag zur steuerrechtlichen Behandlung 22 33
- stille Reserven 22 31
- Stimmverbot bei Gesellschafterversammlung 15 122
- Tagesordnung der Gesellschafterversammlung 15 68
- Typenzwang 22 19 ff.
- Umwandlungssteuergesetz 1 198; 22 31
- Unternehmergesellschaft in GmbH 4 5, 30
- Unternehmergesellschaft (UG) 4 74 ff., 136 ff., 210 ff.
- Verlustvortrag 22 34
- Verschmelzung siehe dort
- Verzicht auf Ladungsfrist und Form 22 44
- Verzicht der Gesellschafter auf Anteile 22 31a
- Verzicht Formalitäten zur Kostensenkung 22 28
- zeitliche Anforderungen 22 23 ff.
- Zuständigkeit der Gesellschafterversammlung 15 19

Umwandlungssteuergesetz
- Einbringung von Mitunternehmeranteilen 5 119

Umweltschutz
- Altlasten 16 349
- Anpassungsverpflichtungen 16 350
- Bilanzierung 16 348 ff.
- Neulasten 16 348
- normkonkretisierende Verwaltungsvorschriften 16 352

Unterbeteiligung
- Begriff 11 5
- BGB-Innengesellschaft 11 5
- Rechtsformwahl 1 57

Unterbilanz 6
- Auszahlungsverbot 6 33 ff.
- Begriff 6 26 f.
- Bewertung 6 29
- Vorsichtsprinzip 6 29
- s. a. Bilanz

Unterbilanzhaftung
- Binnenhaftung 5 10
- maßgeblicher Zeitpunkt 5 81
- Verjährung des Anspruchs 5 83
- Vor-GmbH 3 101; 5 80

Sachverzeichnis

Unterkapitalisierung
- kein existenzvernichtender Eingriff 10 174 ff.
- Grenze der freien Kapitalausstattung 5 10, s. a. Unterbilanzhaftung
- Haftung 2 57
- Haftung aus § 826 beim Konzern 20 183 ff.
- durch Rückforderung von Gesellschafterdarlehen 7 5
- Unternehmergesellschaft (UG) 4 90 ff.

Unternehmen
- Begriff 21 28 f.
- Nachfolge siehe Unternehmensnachfolge

Unternehmensgegenstand
- Begriff 2 48
- Gründung 3 60
- Öffnungsklausel 2 52
- Unternehmergesellschaft (UG) 4 44 ff.
- Vorratsgesellschaften 2 51
- zwingender Satzungsinhalt 2 48

Unternehmensgesellschaft
- Anzahl in Deutschland 1 3
- Co. KG 1 53, s. a. Unternehmensgesellschaft & Co. KG

Unternehmenskauf
- Abbruch von Vertragsverhandlungen 21 36
- Abgrenzung zur Veräußerung von Geschäftsanteilen 14 5
- Ablauf 21 20
- Abschreibungsvolumen beim Erwerber 1 162 ff.
- Aktionsplan 21 14
- Äquivalenzstörung 21 139
- Asset Deal 21 32, 69, 108 ff.
- Auffangklauseln für mitveräußerte Gegenstände 21 73
- Aufnahme von Vertragsverhandlungen § 241 Abs. 2 BGB 21 17
- Auktionsverfahren 21 21 ff.
- Basel II-Vereinbarung 21 99
- Bedeutung des Vertragsrechts 21 27 ff.
- Betriebsgeheimnisse 21 40
- Betriebsübergang 21 111 ff., s. a. dort
- Bietungsverfahren 21 21 ff.
- Call-Option 21 46
- Case Law 21 65
- Closing 21 172 ff., s. a. dort
- Confidentially Agreements 21 39
- Due Diligence 21 50 ff., s. a. dort
- Durchführung 21 15 ff., 26 ff.
- Eigenkapitalbeschaffung 21 95 ff., s. a. Eigenkapital
- ermäßigter Steuertarif 1 168
- Erscheinungsformen 21 3
- Ertragswertmethode 21 91
- Erwerb vom Nichtberechtigten 21 79
- Erwerb von Personengesellschaften 1 165 ff.
- Faktor bei der Rechtsformwahl 1 161 ff.
- Familienunternehmen 21 10
- Finanzierung des Kaufpreises 21 92 ff.
- Firmenfortführung 21 156
- Form des Kaufvertrags 21 167 ff.

- Freibetrag 1 166
- Fünftelregelung 1 169
- Fusionskontrolle 21 174 ff., s. a. Kartellrecht
- Garantie 21 140 ff.
- Garantie und Due Diligence 21 63
- Gefahrübergang 21 131
- Gegenleistung 21 88 ff.
- Geheimhaltungsinteressen Dritter 21 40
- Geheimhaltungsvereinbarungen 21 38 ff.
- Genehmigung der Gesellschaft 21 163
- Gesamterheblichkeitstheorie 21 133
- Geschäftsführerhaftung gem. § 43 GmbHG 10 90
- Geschäftsgeheimnisse 21 40
- Gesellschafterliste 21 79 ff.
- Gesellschafterwechsel, Erwerb vom Nichtberechtigten 21 187
- Gewährleistung 21 134 ff.
- Gewährleistung und Due Diligence 21 63
- GmbH & Co KG 21 83, 169
- Gremienvorbehalt 21 161
- grenzüberschreitende Transaktion 21 193
- Güterrecht 21 166
- gutgläubiger Erwerb 21 79
- Haftung aus c. i. c. 21 136 ff.
- Haftung bei Abweichen von Letter of Intent 21 43 f.
- Haftung des Beraters 21 154
- Haftung für Altverbindlichkeiten 21 155 ff.
- Haftung gem. § 43 GmbHG 10 33
- Haftung und Due Diligence 21 63
- Haftungsausschluss gem. § 444 BGB 21 149 ff.
- herkömmliches Transaktionsverfahren 21 17
- internationaler 21 192 ff.
- Internationalisierung der Vertragsgestaltung 21 64 ff.
- Joint Ventures 21 10 ff., s. a. dort
- Kartellrecht 21 174 ff., s. a. dort
- Kaufpreis 21 88 ff.
- Kaufvertrag 21 68
- Kenntnis des Käufers vom Mangel gem. § 442 BGB 21 140
- Legitimationskette 21 79
- Letter of Intent (LoI) 21 42 ff.
- Mangel 21 131 ff.
- Material Adverse Change 21 139
- Memorandum of Understanding (MoU) 21 17
- Minderjähriger 21 166
- Minderung 21 134
- Mithaftung des Erwerbers für Einlageverpflichtungen 21 79
- Nacherfüllung bei Mangel 21 134
- Non-disclosure-Agreements 21 39
- notarielle Beurkundung 21 168 ff.
- öffentlich-rechtliche Genehmigungen 21 165
- Option 21 46
- Planung 21 4 ff.
- Planungsinhalt 21 13 ff.
- Protokoll 21 41
- Punktation 21 41
- Put-Option 21 46

1411

Sachverzeichnis

- Rechtsformwahl 1 175
- Rechtskauf 21 72
- Rechtsmangel 21 132 ff.
- Rechtswahlklausel beim internationalen Deal 21 193
- Regelungsmethodik der Vertragsgestaltung 21 65
- Rückabwicklung einer Übertragung 21 188 ff.
- Rückdeckungsanspruch und Pensionszusage des Geschäftsführers 1 123
- Rücktritt 21 134
- Sachmangel 21 131
- Sachwalterhaftung gem. § 311 Abs. 3 BGB 10 204 f.
- Sale-and-Lease-Back 21 93, 103
- Schadensersatz aus c. i. c. 21 35
- Share Deal 1 162; 21 33, 69, 74, 107, 157
- Steuerprogression gem. § 34 EStG 1 167
- stille Beteiligung 21 97
- Störung der Geschäftsgrundlage 21 139 ff.
- Tausch mit Gesellschaftsanteilen 21 104 f.
- Teilen eines Geschäftsanteils 21 80
- Transaktionsphasen 21 4
- Transaktionsverfahren 21 17 ff.
- Übernahme von Rechten und Pflichten 21 107 ff.
- Übertragung durch Abtretung 21 75 ff., s. a. Abtretung, Übertragung von Geschäftsanteilen
- Umwandlung 21 97
- Unternehmensbegriff 21 28 f.
- Unternehmensverbindungen 21 8
- Veräußerung von Kapitalgesellschaften 1 171 ff.
- vereinbarte Beschaffenheit 21 131
- Verfahrensweisen 21 8 ff.
- Verfügungsbeschränkungen 21 161 ff.
- Verlust 1 174
- durch Verpfändung und Verwertung 21 84
- Vertragsgegenstand 21 69 ff.
- Vertragsgestaltung 21 63
- Vertretenmüssen bei Garantie 21 135
- Vorratsteilung 21 81
- Vorvertrag 21 17, 47 f.
- vorvertragliche Verhandlungen 21 34 ff.
- Wert des Unternehmens 21 90 ff.
- Wettbewerbsverbot 12 47; 21 158 ff.
- Wettbewerbsvereinbarungen 21 158 ff.
- Zeitpunkt 21 7
- Zeitpunkt des wirtschaftlichen Übergangs 21 106
- zugesicherte Eigenschaft 21 135
- Zustimmungserfordernisse 21 161 ff.

Unternehmensnachfolge 13 1 ff.
- Abfindung der ausgeschlossener Erben in Satzung 13 198 ff.
- Abfindungsklausel 2 242
- Abtretung 13 12 ff.
- Abtretungsklausel 13 182 ff.
- Analogie zum Einziehungsentgelt für ausgeschlossene Erben 13 201
- auf auf erbrechtlicher Basis 13 93 ff.
- auflösend bedingte Aufnahme 13 70
- Auflösungsklausel im Gesellschaftsvertrag 13 180
- Aufnahme unter Widerrufsvorbehalt 13 72
- Ausgleich an Pflichtteilsberechtigten 13 19
- Ausschluss der Vererblichkeit 13 178 ff.
- bedingte Ermächtigung zur Einziehung in Satzung 13 189
- Berliner Testament 13 129 f.
- Ehegattenerbrecht 13 114 ff.
- Einschränkung der Nachfolge durch Satzung 13 181 ff.
- einseitiger Erbvertrag 13 141
- Eintrittsklausel 13 187
- Einziehungs- und Abtretungsregelungen 2 239 ff.
- Einziehungsklausel 13 188 ff.
- Einziehungsklausel beim Familienunternehmen 13 201
- Erbauseinandersetzung 13 99 ff.
- Erbengemeinschaft 13 97 ff.
- Erbrecht 1 192 ff.
- erbrechtliche Gestaltungsmöglichkeiten zur Nachfolgeregelung 13 145 ff.
- Erbschaftssteuerrecht 13 165 ff.
- Erbvertrag 13 134 ff.
- familienrechtliche Zustimmungs- und Genehmigungserfordernisse 13 41 ff.
- Formen letztwilliger Verfügungen 13 122 ff.
- Formvorschriften der §§ 15 Abs. 3, 4 13 21 f., 28
- gemeinschaftliches Testament 13 128 ff.
- im Gesellschaftsvertrag 13 172 ff.
- gesetzliche Erbfolge 13 106 ff.
- gesetzliche Grundlagen des Erbrechts 13 94 ff.
- GmbH & Co KG 19 114 ff.
- grober Undank 13 75 ff.
- Grundsatz der Vererblichkeit 2 237
- Hinauskündigungsklauseln 13 71
- durch Kapitalerhöhung und Aufnahme des Nachfolgers 13 32 ff.
- Klauseln im Gesellschaftsvertrag 13 175 ff.
- lebzeitige 13 7 ff.
- lebzeitige U., Beschränkungen 13 59 ff.
- Nachteile lebzeitiger U. 13 11, 20
- Nießbrauchsvermächtnis 13 158
- Pflichtteilsrecht 13 161 ff.
- Probleme erbrechtlichen Lösungen 13 159 ff.
- Rechtsbeschränkungen 2 240
- Rechtsbeschränkungen des Nachfolgers in Satzung 13 196
- Rechtsformwahl 1 192 ff.
- rechtsgeschäftliche Nachfolgeklausel 13 18
- Regelung in der Satzung 2 237 ff.
- Rückforderungsrechte bei Schenkung 13 74 ff.
- Schenkung 13 8 ff.
- Schenkung unter Auflage 13 60 ff.
- Schenkungen in Beeinträchtigungsabsicht des Erbvertrags gem. § 2287 Abs. 1 BGB 13 142
- Sondererbfolge in Satzung 13 197
- statuarische Nachfolgeregelungen 2 241
- Stimmrechtseinschränkung des Nachfolgers 13 73

Sachverzeichnis

- Teilabtretung 13 23 ff.
- Teilung vom Geschäftsanteil 13 24 f.
- Teilungsanordnung 13 146
- Übertragung der Mitgliedschaft 13 12
- Übertragung der Mitgliedschaft auf Nachfolger zu Lebzeiten 13 8 ff.
- durch Verfügung von Todes wegen 13 120 ff.
- Vermächtnis 13 148
- Vermögen eines Ehegatten im Ganzen i. S. v. § 1365 BGB 13 42
- vertragliche Gestaltungsmöglichkeiten für Nachfolge zu Lebzeiten 13 60 ff.
- vertragliches Rücktrittsrecht des Erblassergesellschafters 13 65 ff.
- Vorerbschaft 13 150 ff.
- Vorratsteilung 13 14
- Vorausvermächtnis 13 149
- Vorteile lebzeitiger U. 13 8 ff.
- vorweggenommene Erbfolge 13 8 ff.
- Wegfall der Geschäftsgrundlage § 313 BGB 13 91 f.
- Widerrufsrechte bei Schenkung 13 74 ff.
- Ziele 13 1
- Zustimmung des Ehegatten gem. § 1365 BGB 13 42 ff.
- Zweckverfehlungskondiktion 13 86 ff.

Unternehmenssteuerreform 2008
- Zinsschranke 1 78

Unternehmensvertrag 20 29 ff.
- Abschluss 20 31 ff.
- Abschluss bei Muttergesellschaft 20 32 ff.
- Abschluss bei Tochtergesellschaft 20 37 ff.
- Aufhebung 20 95 ff.
- Beendigung im laufendem Geschäftsjahr 20 130
- Beherrschungsvertrag 20 47, 92
- Beschluss durch Gesellschafterversammlung 20 33 ff.
- Betriebspachtvertrag 20 75 ff., s. a. dort
- Betriebsüberlassungsvertrag 20 75 ff., s. a. Betriebspachtvertrag
- Eintragung ins Handelsregister 20 37, 44 f.
- Ergebnisabführungsvertrag 20 48 ff., 92, s. a. dort
- fehlerhafter Vertrag 20 85 ff.
- Gewinngemeinschaftsvertrag 20 72 ff.
- Inhalt 20 46
- internationale 20 101
- Kündigung 20 91 ff.
- Minderheitenschutz durch eine inhaltliche Beschlusskontrolle 20 42
- Organschaft 20 61 ff., s. a. dort
- Sonderbeschluss der Minderheitsgesellschafter bei Aufhebung 20 98 ff.
- Teilgewinnabführungsvertrag 20 72 ff.
- Vertragsänderung 20 89 f.
- Zustimmungspflichtigkeit 20 33, 39 ff.

Unternehmergesellschaft (UG)
- 100.000 Neugründungen 4 225
- keine Abkürzungen beim Rechtsformzusatz 4 149 f.
- Anmeldung, Muster 4 16, 20
- Ausblick 4 225
- Befreiung der Geschäftsführer von Beschränkungen des § 181 BGB 4 186 ff.
- Begriff 1 40; 4 1
- Besonderheiten 4 5 ff.
- Besteuerung 4 207 ff.
- Beurkundung des Gesellschaftsvertrags 4 47 ff.
- Bezeichnung 4 5
- Bilanz 5 104
- Dauer der Gründung 4 34 f.
- drohende Zahlungsunfähigkeit 4 145 ff.
- drohende Zahlungsunfähigkeit als Einberufungsgrund 15 41a
- einheitlich deutsches Recht 4 2
- Firma 4 148 ff.
- Firmenrecht der GmbH 4 148 ff.
- Formwandel 4 219 ff.
- Gesamtvertretung 4 181
- Geschäftsführer 4 6
- Geschäftsführer, Anzahl 4 173 ff.
- Geschäftsführerbestellung als materieller Satzungsbestandteil 4 167 ff.
- Gesellschafter 4 152 ff.
- Gesellschafterliste 4 6, 197 ff.
- Gläubigerschutz 4 87
- GmbH-Recht anwendbar 4 6
- gutgläubiger Erwerb von Anteilen 4 6
- Haftung, Beratungspraxis 4 94 ff.
- Haftung wegen existenzvernichtendem Eingriffs 4 93
- Haftungsverlagerung auf Gläubiger 4 87
- Hinweise des Notars 4 54
- höchstens drei Gesellschafter beim Musterprotokoll 4 156 ff.
- Höchstkapital 4 98 ff.
- individuelle Gründungsurkunde 4 11 ff., 56 ff.
- juristische Personen als Gesellschafter 4 160
- Kapitalaufbringung 4 99 ff., s. a. Kapitalaufbringung bei der Unternehmergesellschaft (UG)
- Kapitalaufholung 4 112 ff., s. a. Kapitalaufholung der UG
- Kapitalerhöhung 23 40
- Komplementärfähigkeit 4 123 ff.
- Komplementärgesellschaft 4 120 ff.
- Kosten der Anmeldung 4 24 ff.
- Kostenvergleich mit GmbH 4 32 ff.
- Krise der Gesellschaft 4 5
- Liquidator 4 196
- Mindesteinlage bei Anmeldung 2 61
- Mindestkapital 4 77 ff., s. a. Mindestkapital der Unternehmergesellschaft (UG)
- Musterprotokoll 4, siehe dort
- Notar 4 50 ff.
- Personengesellschaften als Gesellschafter 4 161
- persönliche Haftung der Gesellschafter 4 6
- Pflichten des Notars bei Beurkundung 4 50 ff.
- Praxistauglichkeit 4 225
- Rechtsformzusatz 4 148 ff.
- Rechtsformzusatz bei KG 4 122
- Rechtsgrundlagen 4 5 ff.
- Rücklagen 1 115

1413

Sachverzeichnis

- Rücklagen, gesetzliche 4 112 ff., s. a. Kapitalaufholung der UG
- Sacheinlagen ausgeschlossen 4
- Sachgründung ausgeschlossen 4 105 ff.
- Satzung, Muster 4 15
- Satzungsänderungen 4 73
- Satzungsautonomie 4 56
- Spaltung 4 216 f.
- Stammkapital 4 5, 77 ff.
- Überführung in GmbH 4 30, 74 ff., 136
- Übergang auf GmbH kein Formwechsel 22 252
- Übernahme mehrer Geschäftsanteile 4 104
- Umwandlung 4 74 ff., 210
- Umwandlung in GmbH 4 5
- Unternehmensgegenstand 4 44 ff.
- vereinfachtes Verfahren 3 27
- Vergleich individuelle Gründungsurkunde Musterprotokoll 4 8 ff.
- Verschmelzung 4 211 ff.
- Vertretung 4 6
- Vertretungsbefugnis 4 177 ff.
- Zwangsrücklage 4 5

Untreue § 266 StGB 10 160 ff.
- Bereitschaft zum Ausgleich des Schadens 10 165
- Bremer Vulkan-Entscheidung 10 168
- Cash Management 10 168 f.
- Haftung gegenüber Dritten 10 220
- Missbrauchstatbestand 10 162
- Nichteinfordern von Zahlungen auf Stammkapital 10 164
- Privatentnahmen 10 164
- Risikogeschäft 10 162
- Spesen 10 162
- Täter 10 161
- Treuebruchtatbestand 10 164
- übertriebene Repräsentation 10 162
- Ungünstige Aufträge 10 164
- verdeckte Gewinnausschüttung 10 169
- Vermögensgefährdung 10 165
- Vermögensnachteil 10 165
- Verrat von Betriebsgeheimnissen 10 164
- Verstoß gegen Kapitalerhaltungsvorschriften 10 163
- wirksames Einverständnis 10 166

Urlaubsanspruch
- des Geschäftsführers 9 5

Venture Capital
- Zustimmungsvorbehalt bei Verfügungen über Geschäftsanteile 2 204

Verbindlichkeiten
- Steuerrecht 17 39

Verbraucher
- Geschäftsführer als Verbraucher 9 6

Verdeckte Gewinnausschüttung
- Anfechtung von Gesellschafterbeschlüssen 15 171
- Aufsichtsratvergütung 2 173
- Austauschverträge innerhalb des Konzerns 20 203
- Befreiung von Wettbewerbsverbot 2 190
- Ergebnisverwendung 16 501
- Fremdvergleich 2 313; 9 24
- Gesellschafter-Geschäftsführer 9 23 ff.
- Gleichbehandlungsgrundsatz 2 313
- Gründungsaufwand 2 343
- Leistungsverkehr Gesellschaft zu Gesellschafter 2 313 ff.
- Rückgewähranspruch 2 314
- Steuerrecht 2 315
- steuerrechtliche Geschäftschancenlehre 12 108 ff.
- Teileinkünfteverfahren 2 316
- Untreue § 266 StGB 10 169
- unzulässig bei Beeinträchtigung des notwendigen Gesellschaftsvermögens 2 313
- Vergütung des Geschäftsführers in der Krise 9 25
- Verstoß gegen ein Wettbewerbsverbot 12 67

Verdeckte Sacheinlage
- Anrechnungslösung 5 49
- Beweislastumkehr 5 48a
- Haftung für fehlerhafte Angaben bei Anmeldung 10 106
- Heilung 5 54
- Lizenzen 5 52
- Mischeinlage 5 49
- MoMiG 5 48
- Rechtsfolgen 5 49
- Rechtslage vor MoMiG 5 49
- Rechtsprechung 5 51 ff.
- Sachgründung 3 51
- sachlicher und zeitlicher Zusammenhang 5 48a
- Tatbestand 5 48a
- Veräußerung an Gesellschaft 5 51
- Vermeidung 5 48
- Verrechnung mit Altforderung 5 53
- Wirksamkeit 3 53

Verein
- Rechtsformwahl 1 38

Vereinfachte Kapitalherabsetzung
- Beschluss 6 101
- Durchführung 6 103 ff.
- Rechtsfolgen 6 103 ff.
- Verlustausgleich 6 99 f.
- Voraussetzungen 6 96 ff.

Vereinfachtes Verfahren
- Befreiung von den Beschränkungen des § 181 BGB obligatorisch 8 22
- Gründung 3 26 f.
- Kosten 3 136 ff.

Verfügung über Geschäftsanteile
- Vor-GmbH 3 83 ff.

Verfügungen über Geschäftsanteile
- aktive Veräußerungspflichten kraft Satzung 2 197
- Entscheidungskriterien für Zustimmung bei Zustimmungsvorbehalt 2 206 ff.
- Grundsatz der freien Übertragbarkeit 2 196
- Güterstand 2 232 ff.
- gutgläubiger Erwerb gem. § 16 GmbHG 2 197
- Konzernklausel 2 205

Sachverzeichnis

- Private Equity **2** 204
- Venture Capital **2** 204
- Veräußerungsbeschränkungen in Satzung **2** 197
- verbundene Unternehmen **2** 202
- Verweigerung der Zustimmung bei Zustimmungsvorbehalt **2** 209
- Vinkulierungsklausel **2** 196
- Vorerwerbsrechte **2** 215 f.
- Vorkaufsrecht **2** 205
- Zustimmungsvorbehalt **2** 199 ff.

Vergütung
- des Geschäftsführers **9** 19 ff.

Vergütung an Gesellschafter
- steuerrechtliche Anerkennung **1** 118 ff.
- steuerrechtliche Angemessenheitsprüfung **1** 120

Vergütung von Gesellschaftern
- Berücksichtigung bei Gewinnausschüttung **1** 112
- Faktor bei Rechtsformwahl **1** 108

Verjährung
- Anspruch aus § 43 GmbHG **10** 82 ff.

Verkauf
- Veräußerungsgewinn **17** 207 ff.
- wesentliche Beteiligung **17** 208 ff.

Verkehrswert
- Begriff **2** 327

Verlustdeckungshaftung
- Vor-GmbH **3** 103

Verluste
- Abzugsbeschränkung **17** 161 ff.

Verpfändung
- Beteiligungsform an Geschäftsanteil **11** 6 ff.
- Erstreckung auf Gewinnanspruch **11** 8
- Vollmacht zur Ausübung des Stimmrechts **11** 7

Verrechnungspreise
- Austauschverträge innerhalb des Konzerns **20** 206 ff.
- dealing at arms length **20** 213
- Drittvergleich **20** 211 ff.
- Ermittlungsmethoden **20** 214 ff.
- Kostenaufschlagsmethode **20** 217
- Preisvergleichsmethoden **20** 215
- Steuerrecht **20** 209 ff.
- tatsächliche Durchführung **20** 218
- Wiederverkaufspreismethode **20** 216
- zivilrechtliche Wirksamkeit **20** 210

Verschmelzung
- Abfindung **22** 66
- Abwärtsverschmelzung **22** 50a, 69a, 97 f.
- Alternativen zur Verschmelzung **22** 51 ff.
- Anfechtung **22** 120 f.
- Anfechtungsklage **22** 61
- Anmeldung zum Handelsregister **22** 145 f.
- Aufwärtsverschmelzung **22** 50
- Barabfindung **22** 100
- Barleistungen **22** 65
- Begriff **22** 12, 46
- Bekanntmachung **22** 112
- Bericht **22** 104 ff.
- Beschluss **22** 58 ff.
- Betriebsrat **22** 111
- Betriebsübergang **21** 114; **22** 64
- bilanzielle Überschuldung **22** 69 ff.
- Buchwertübertragung auf Antrag **22** 83
- Buchwertverknüpfung **22** 83b
- Dokumentation **22** 152
- Ebene der Anteilseigner **22** 83c
- Einbindung der Arbeitnehmer **22** 62
- Entscheidungsprozess **22** 56 ff.
- Erlöschen der Haftung **22** 72
- Ertragssteuern **22** 81 ff.
- finanzielle Aspekte **22** 65 ff.
- Form des Verschmelzungsbeschlusses **22** 117 ff.
- Form des Vertrags **22** 103
- Gerichtskosten **22** 75
- Geschäftsführung **22** 56 f.
- Gesellschafter **22** 58 ff.
- Gesellschafterbeschlüsse **22** 110 ff., 141 ff.
- Gesellschafterversammlung **22** 110 ff.
- Gesellschafterwechsel **14** 73 ff.
- Gestaltung **22** 46 ff.
- Gewerbesteuer **22** 89
- grenzüberschreitende **22** 64b, 102a, 111, 137a, 148
- Grundbuchberichtigung **22** 151a
- Grunderwerbssteuer **22** 79 f.
- Grundsatz der realen Kapitalaufbringung **5** 31
- Haftung **22** 71 ff.
- Handelsgesellschaft **22** 94 f.
- Handelsregisteranmeldung **22** 129 ff.
- Heilung eines Formmangels **22** 151
- Inhalt der Gesellschafterbeschlüsse **22** 113
- inländische **22** 110a
- Kapitalerhaltung **22** 68 ff.
- Kapitalerhöhung **22** 146, 148
- Kapitalerhöhung gegen Sacheinlagen **22** 114
- Klageverzicht **22** 124 f.
- Körperschaftssteuer **22** 90
- Kosten **22** 73 ff., 117 ff.
- keine Liquidation **22** 149
- Mandantenschreiben **22** 154
- Minderheitenschutz **22** 61
- Missbrauchsschutz bei Anfechtungsklage **22** 61
- Mitbestimmung **22** 64a
- auf natürliche Personen **22** 99
- Negativerklärung **22** 128
- Neugründung **22** 101, 136 ff.
- Notarkosten **22** 74 ff.
- Organschaft **22** 87 f.
- Personengesellschaft **22** 93, 135
- Personengesellschaft mit Sonderbetriebsvermögen **22** 83a
- Prüfung **22** 107
- Prüfungskosten **22** 76 ff.
- Prüfungspflicht **22** 77 f.
- Rechtsfolgen **22** 49
- Rechtsgrundlagen **22** 55
- Schlussbilanz **22** 116
- Sicherheitsleistung für Gläubiger **22** 71
- Sozialplan **22** 63
- Spruchverfahren **22** 121
- Steuerrecht **22** 79 ff.
- steuerrechtliche Behandlung des Vermögensübergangs **22** 83 ff.

Sachverzeichnis

- Stichtag 22 150
- stille Reserven 22 83 ff.
- Teileinkünfteverfahren 22 88
- Teilung der Geschäftsanteile 22 98
- Übertragungsgewinn 22 83
- Unternehmergesellschaft (UG) 4 211 ff.
- Unterrichtung 22 112
- Verlustvortrag 22 85
- Vertrag 22 92 ff., 139
- Verzichtserklärungen 22 122 ff., 144
- Vollmachten 22 138
- Wertbegrenzung der Notarkosten 22 103
- Widerspruch 22 60
- Wirkung 22 148 ff.
- Wirtschaftsausschuss 22 63
- Zinsschranke 22 91
- Zuständigkeit der Gesellschafterversammlung für Beschluss 15 19
- Zustimmungserklärung 22 126
- Zustimmungsvorbehalt bei Verfügungen über Geschäftsanteile 2 200 f.
- Zuweisung der Neuanteile im Vertrag 22 96 ff.
- Zuzahlung 22 67

Verschulden
- Aufsichtsratsmitglied 18 80
- Haftung gem. § 43 GmbHG 10 71

Verschuldenshaftung wegen Sorgfaltspflichtverletzung gem. § 43 GmbHG
- Auswahl- und Organisationsverschulden des Geschäftsführers 10 42

Verschwiegenheit
- Due Diligence 10 62
- Haftung gegenüber der Gesellschaft 10 14
- Haftung gem. § 43 GmbHG 10 61
- Management Buy-Out 10 62
- Treuepflicht 2 195

Versicherung
- D & O-Versicherung 10 263 ff.; 18, s. a. dort
- Einschränkung in der Rechtsformwahl 1 10
- Unterlassen des Abschließens nicht immer treuwidrig 10 68

Versicherungsverein
- Rechtsform 1 48

Vertragsstrafe
- abredewidrige Stimmabgabe bei Treuhand 11 67

Vertretung
- Anmeldung der Geschäftsführerbestellung zum Handelsregister 8 19 ff.
- Aufsichtsrat 18 25
- Aufsichtsrat vertritt Gesellschaft gegenüber den Geschäftsführern 15 29
- Befreiung vom Selbstkontrahierungsverbot 2 120
- Beschränkung 2 119
- Einzelvertretung 2 117 ff.
- fakultativer Satzungsbestandteil 2 8
- Geltendmachung von Ansprüchen der Gesellschaft gegen Geschäftsführer 10 178 f.
- bei gemeinsamen Geschäftsanteil 2 244 ff.
- Gesamtvertretung 2 117 ff.
- Gesellschafterbeschluss 2 144
- Gesellschafterversammlung 2 132
- Gründung 3 35
- Liquidator 23 108
- obligatorischer Aufsichtsrat 18 130
- Pattauflösung bei Gesamtgeschäftsführung 2 111
- Satzung 2 117 ff.
- Unternehmergesellschaft (UG) 4 177 ff.
- Vertretung vor Gericht durch obligatorischen Aufsichtsrat 2 187a
- Vorgründungsgesellschaft 3 24

Vertrieb
- Beschaffung 24 99 ff.

Verweigerung der Zustimmung
- Austritt aus wichtigem Grund bei Verweigerung 2 209

Vinkulierung 2
- Gesellschafterliste 2 231c
- Grundsatz der Vererblichkeit 2 237
- Schutzinstrument vor Konzernbildung 20 108
- Treuhand 11 38 ff.
- Zustimmungsvorbehalt bei Verfügungen über Geschäftsanteile 2 200 f.
- s. a. Verfügungen über Geschäftsanteile

Vor-GmbH
- Ausfallhaftung 3 105
- Befreiungsverbot 5 40
- deliktische Haftung 3 101
- Einmann-Vor-GmbH 3 56
- Geschäftsführer 3 78 ff.
- Gesellschafterwechsel vor Eintragung 3 83 ff.
- Haftung 3 98 ff.
- Haftung der Gesellschafter 3 102 ff.
- Haftung, Praxisprobleme 3 107 ff.
- Haftungsumfang 3 106 ff.
- Handelndenhaftung 3 98 ff.
- Handelsregisteranmeldung bei Leistungen 5 153
- keine Identität zur Vorgründungsgesellschaft 3 75
- Innenhaftung 3 104
- Insolvenz 3 97
- Insolvenzfähigkeit 23 171
- Kündigung 3 96
- Liquidation 3 95 ff.
- Organhaftung 3 100
- Partei- und Prozessfähigkeit 3 82
- Prozessrisiko 3 109
- Rechtsfähigkeit 3 74
- Rechtsstellung 3 73 ff.
- Steuerrecht 3 113; 5 96
- taugliche Gesellschafterin einer KG 19 16 f.
- unechte 3 112
- Unterbilanzhaftung 3 101; 5 80
- Verfahrensfragen 3 82
- Verlustdeckungshaftung 3 103 ff.
- Vertragsübernahme 3 77
- Zusatz „i.G." 3 74
- Zusatz „mbH" irreführend 3 74

Vorgründungsgesellschaft
- Begriff 3 1
- Buchführungspflicht 16 33

Sachverzeichnis

- Dauer 3 3
- Ein-Personen-GmbH 3 13
- Form der Errichtung 3 1
- GbR soweit auf Gründung beschränkt 3 3
- Gesellschafterhaftung 3 12
- Haftung 3 11 ff.
- Haftungsbeschränkungen 3 14 ff.
- Individualvereinbarung mit Gläubiger zur Vertragsübernahme 3 20
- Insolvenzfähigkeit 23 171
- Irreführung bei Zusatz „m.b.H" 3 17
- OHG soweit geschäftlich aktiv 3 3
- Prozessuales 3 5 ff.
- Steuerrecht 3 25; 5 98
- Teilrechtsfähigkeit 3 3 f.
- Verhältnis zur späteren GmbH 3 1
- Vertragsabschluss im Namen der GmbH 3 18
- Vertragsübernahme 3 20
- Vertretung 3 24
- Verwechslungsgefahr bei „GbR mbH" 3 17
- Zweckerreichung 3 3

Vorkaufsrecht
- Mitverkaufsrecht 2 221 ff.
- sachlicher Anwendungsbereich 2 212 ff.
- satzungsmäßige Verankerung 2 210 ff.
- Verfügungen über Geschäftsanteile 2 205
- Vorerwerbsrecht 2 215 f.

Vorläufiger Rechtsschutz
- Prozessführung 25 19 f.

Vorratsgesellschaft
- Begriff 2 51
- Gesellschafterwechsel 3 93
- Gründung 3 90 ff.; 5 62
- Hin- und Herzahlen 5 62
- Kapitalaufbringung 5 60 ff.
- Unterbilanzhaftung 3 92; 5 64
- Verwaltung eigenen Vermögens als Gesellschaftszweck 3 91
- Verwendung 5 63 ff.
- Vorschriften zur Kapitalaufbringung analog 5 63
- Zulässigkeit der Gründung 5 61

Vorstand
- Gründungsprüfung 1 210
- Leitung der AG 1 142

Wechsel der Gesellschafter 14 1 ff.
- Ausschluss 14 88 ff.
- Austritt 14 79 ff., s. a. dort
- Erwerb eigener Geschäftsanteile durch Gesellschaft 14 63 ff., s. a. dort
- Erwerb gegen Abfindung 14 73 ff.
- gutgläubiger Erwerb gem. § 16 Abs. 3 GmbHG 14 40 ff.
- Inpfandnahme eigener Geschäftsanteile 14 72
- Insolvenz eines Gesellschafters 14 55
- Kaduzierung 14 76 ff., s. a. dort
- Pfändung durch Dritte 14 60 f.
- Treuhand 14 62
- Übertragung von Geschäftsanteilen 14 1 ff., s. a. dort
- Vererbung 14 36 ff., s. a. Erbrecht

- Verpfändung von Geschäftsanteilen 14 56 ff.
- Verschmelzung, Spaltung, Formwechsel 14 73 ff.

Wegfall der Geschäftsgrundlage § 313 BGB
- Unternehmensnachfolge 13 91 f.

Weisung
- anfechtbare 10 58
- Ausführung durch Geschäftsführer 10 56
- Existenzvernichtung 10 52
- Haftung gem. § 43 GmbHG bei Verstoß 10 52 ff.
- haftungsbefreiend für Geschäftsführer 10 52
- Informationspflicht des Geschäftsführers 10 56
- Kapitalerhaltung 10 52
- Konflikt mit öffentlich-rechtlichen Pflichten 10 52
- nichtige 10 58
- Sittenverstoß 10 52
- W. des obligatorischen Aufsichtsrates an Geschäftsführung 18 128 ff.
- kein Zahlen der Steuerschuld 10 255 ff.
- Zahlung bei Zahlungsunfähigkeit 10 125
- zuständiges Organ 10 52

Wettbewerbsverbot
- actio pro socio 12 97, 101
- Anlagevermögen 16 217
- Ansprüche der Mitgesellschafter 12 96 ff.
- Anteilsverkauf 12 46 ff.
- anwaltliche Beratungssituation 12 2
- Aufsichtsratsmitglied 18 77
- Aufwendungsersatz des Gesellschafters 12 88
- Ausschließungsverfahren 12 95
- Ausschluss als ultima ratio 12 94
- Ausschluss aus wichtigem Grund 12 91
- Ausschluss wegen Verstoßes 12 90 ff.
- Befreiung als verdeckte Gewinnausschüttung 2 190
- Befreiung, Checkliste 12 5
- Befreiung vom W. 12 66 ff., s. a. dort
- Befreiungsbeschluss 2 192
- Befreiungsmöglichkeit in Satzung 9 31
- bilanzielle Folgen eines Verstoßes 12 67
- Eintrittsrecht der Gesellschaft 12 86 ff.
- Europarecht 12 6, 12
- Formulierungsfragen 12 20
- Geltendmachung der Ansprüche bei Verstoß 12 100 ff.
- Geschäftsbereich der Gesellschaft 12 56 ff.
- Geschäftschancen-Lehre 2 189
- Gesellschafter-Geschäftsführer 12 16
- gesetzliches 12 50 ff., 75
- GmbH & Co KG 19 76 ff.
- Haftung gegenüber der Gesellschaft 10 14
- Haftung wegen Wettbewerbsverstoß 10 195a
- Herleitung des gesetzlichen W. aus Treuepflicht 12 50
- Immanenztheorie 12 12
- Informationsrecht gem. § 51a GmbHG 12 14
- Informationsschutzklausel 12 19
- Karenzentschädigung 9 34 f.
- Kunden- und Mandantenschutzklausel 2 194

1417

Sachverzeichnis

- Mehrheitsgesellschafter 12 16
- nachvertragliches 2 194; 9 32 ff.; 12 21 ff., s. a. *nachvertragliches Wettbewerbsverbot*
- Negativattest 21 159
- Öffnungsklausel 2 192
- personalistische GmbH 12 7 ff.
- Personengesellschaft 12 1
- Rechtsfolgen bei Verstoß 12 78 ff.
- Rechtsfolgen einer unzulässigen Klausel 12 17
- Satzung 2 189 ff.
- Schaden 12 84
- Schadensersatzanspruch 12 80 ff.
- Schutzinstrument gegen Konzernbildung 20 110
- steuerrechtliche Folgen eines Verstoßes 12 103 ff.
- Stimmverbot bei Befreiungsbeschluss 15 122
- Treuepflicht 2 189; 9 32
- Umfang des Verbots 12 20 ff., 54 ff.
- unechter Satzungsbestandteil 2 6
- Unterlassungsanspruch 12 79
- Unternehmensgegenstand 2 49
- Unternehmenskauf 12 47; 21 158 ff.
- unzulässige Tätigkeiten bei W. 12 60
- verdeckte Gewinnausschüttung durch Befreiung 9 31
- Vergleich der GmbH mit anderen Gesellschaftsformen 12 15
- Verschulden 12 83
- Verstoß, Checkliste 12 4
- Verstoß eines Verbots gegen § 1 GWB 12 12
- Verstoß eines Verbots gegen § 138 Abs. 1 BGB 12 13
- vertragliches 12 6 ff.
- vertragliches, Checkliste 12 3
- Vertragsstrafe 2 193
- Verzicht der Gesellschaft 9 34
- Vorteilsherausgabe 12 85
- während Dauer der Organstellung des Geschäftsführers 9 30 ff.
- zulässige Tätigkeiten bei W. 12 61
- Zulässigkeit 12 16
- Zweck 12 1 ff.

Witwenversorgung
- unechter Satzungsbestandteil 2 6

Zahlung
- Begriff i. S. v. § 64 GmbHG 10 115
- Haftung wegen Zahlung trotz Zahlungsunfähigkeit gem. § 64 S. 1 GmbHG 10 130 ff.

Zahlungsunfähigkeit 23 144 ff.
- Antragsbefugnis für Insolvenzantrag 23 170
- Antragspflicht 23 178 f.
- Begriff 10 94a
- Begriff der Zahlung 10 100 ff.
- drohende 23 165 ff.
- Eintritt der Krise 10 136
- Haftung wegen existenzvernichtender Zahlung gem. § 64 S. 3 GmbHG 10 94 ff.
- Liquiditätsbilanz 10 94b
- Liquiditätsplan zur Feststellung der drohenden Zahlungsunfähigkeit 23 169
- Vermutung 23 150
- Widerlegung der Vermutung 23 150
- Zahlungseinstellung 10 94a
- Zahlungsstockung keine Zahlungsunfähigkeit 23 148
- *s. a. Haftung wegen existenzvernichtender Zahlung gem. § 64 S. 3 GmbHG*
- *s. a. Insolvenz*

Zahlungsverbot
- Haftung für Steuerschulden 10 259 f.

Zeitwert
- Begriff 5 159

Zinsen
- Vortrag bei unabziehbaren Aufwendungen 5 130
- Zinsschranke 5 127 ff.

Zinsschranke
- Begriff 17 144 f.
- Escape-Klausel 17 158 ff.
- Freigrenze 17 153
- Konzernklausel 17 153
- steuerliche Organschaft 17 148 ff.
- Steuerrecht 17 144 ff.
- Verschmelzung 22 91

Zuschüsse
- Abgrenzung zu Agio und Nachschuss 5 20
- Begriff 5 22
- Bilanzierung 5 109

Zustimmung des Ehegatten zur Verfügung über Geschäftsanteile gem. § 1365 BGB
- Minderjähriger als Unternehmensnachfolger 13 49 ff.

Zustimmungsvorbehalt
- Entscheidungskriterien 2 206 ff.
- bei Verfügungen über Geschäftsanteile 2 199 ff.
- Verweigerung der Zustimmung 2 209

Zuzahlungen
- Bilanzierung 5 106 ff.

Zwangsabtretung
- Einziehung 2 253

Zwangsvollstreckung
- in Insolvenz 23 216
- Treuhand 11 84 ff.